U0781779

建设工程　征收拆迁　房地产开发　房地产买卖　房屋租赁　物业管理

房地产审判手册

REAL ESTATE TRIAL HANDBOOK

李玉生　主编

江苏省高级人民法院民事审判第一庭　编

法律法规　司法解释　地方规定　相关文件　指导案例　公报案例

人民法院出版社

图书在版编目（CIP）数据

房地产审判手册 / 李玉生主编；江苏省高级人民法院民事审判第一庭编. —北京：人民法院出版社，2018.9
ISBN 978-7-5109-2268-8

Ⅰ.①房… Ⅱ.①李… ②江… Ⅲ.①房地产法—案例—中国 Ⅳ.①D922.181.5

中国版本图书馆 CIP 数据核字（2018）第 223099 号

房地产审判手册

李玉生 主编 江苏省高级人民法院民事审判第一庭 编

策划编辑	韦钦平
责任编辑	周利航
执行编辑	邓　灿　张　怡
出版发行	人民法院出版社
地　　址	北京市东城区东交民巷 27 号（100745）
电　　话	（010）67550691（责任编辑）　67550558（发行部查询） 65223677（读者服务部）
客服 QQ	2092078039
网　　址	http://www.courtbook.com.cn
E—mail	courtpress@sohu.com
印　　刷	三河市国英印务有限公司
经　　销	新华书店
开　　本	787×1092 毫米　1/16
字　　数	1594 千字
印　　张	65.75
版　　次	2018 年 9 月第 1 版　2018 年 9 月第 1 次印刷
书　　号	ISBN 978-7-5109-2268-8
定　　价	198.00 元

房地产审判手册
编委会

主　编

李玉生

副 主 编

俞灌南

执行主编

潘军锋

编 写 组

江苏省高级人民法院民事审判第一庭

目　录

综合篇

土地篇

一、 总　类

二、招标投标

三、征收拆迁

建设工程篇

房地产流转篇

一、房地产开发

二、房地产买卖

三、房屋租赁

物业管理篇

权威案例篇

一、土　地

公报案例

二、建设工程

指导性案例

公报案例

三、房地产流转

指导性案例

公报案例

四、物业管理

公报案例

综合篇

中华人民共和国民法总则

（2017 年 3 月 15 日中华人民共和国第十二届全国人民代表大会第五次会议通过
2017 年 3 月 15 日中华人民共和国主席令第 66 号公布
自 2017 年 10 月 1 日起施行）

目 录

第一章 基本规定

第一条 为了保护民事主体的合法权益，调整民事关系，维护社会和经济秩序，适应中国特色社会主义发展要求，弘扬社会主义核心价值观，根据宪法，制定本法。

第二条 民法调整平等主体的自然人、法人和非法人组织之间的人身关系和财产关系。

第三条 民事主体的人身权利、财产权利以及其他合法权益受法律保护，任何组织或者个人不得侵犯。

第四条 民事主体在民事活动中的法律地位一律平等。

第五条 民事主体从事民事活动，应当遵循自愿原则，按照自己的意思设立、变更、终止民事法律关系。

第六条 民事主体从事民事活动，应当遵循公平原则，合理确定各方的权利和义务。

第七条 民事主体从事民事活动，应当遵循诚信原则，秉持诚实，恪守承诺。

第八条 民事主体从事民事活动，不得违反法律，不得违背公序良俗。

第九条 民事主体从事民事活动，应当有利于节约资源、保护生态环境。

第十条 处理民事纠纷，应当依照法律；法律没有规定的，可以适用习惯，但是不得违背公序良俗。

第十一条　其他法律对民事关系有特别规定的，依照其规定。

第十二条　中华人民共和国领域内的民事活动，适用中华人民共和国法律。法律另有规定的，依照其规定。

第二章　自然人

第一节　民事权利能力和民事行为能力

第十三条　自然人从出生时起到死亡时止，具有民事权利能力，依法享有民事权利，承担民事义务。

第十四条　自然人的民事权利能力一律平等。

第十五条　自然人的出生时间和死亡时间，以出生证明、死亡证明记载的时间为准；没有出生证明、死亡证明的，以户籍登记或者其他有效身份登记记载的时间为准。有其他证据足以推翻以上记载时间的，以该证据证明的时间为准。

第十六条　涉及遗产继承、接受赠与等胎儿利益保护的，胎儿视为具有民事权利能力。但是胎儿娩出时为死体的，其民事权利能力自始不存在。

第十七条　十八周岁以上的自然人为成年人。不满十八周岁的自然人为未成年人。

第十八条　成年人为完全民事行为能力人，可以独立实施民事法律行为。

十六周岁以上的未成年人，以自己的劳动收入为主要生活来源的，视为完全民事行为能力人。

第十九条　八周岁以上的未成年人为限制民事行为能力人，实施民事法律行为由其法定代理人代理或者经其法定代理人同意、追认，但是可以独立实施纯获利益的民事法律行为或者与其年龄、智力相适应的民事法律行为。

第二十条　不满八周岁的未成年人为无民事行为能力人，由其法定代理人代理实施民事法律行为。

第二十一条　不能辨认自己行为的成年人为无民事行为能力人，由其法定代理人代理实施民事法律行为。

八周岁以上的未成年人不能辨认自己行为的，适用前款规定。

第二十二条　不能完全辨认自己行为的成年人为限制民事行为能力人，实施民事法律行为由其法定代理人代理或者经其法定代理人同意、追认，但是可以独立实施纯获利益的民事法律行为或者与其智力、精神健康状况相适应的民事法律行为。

第二十三条　无民事行为能力人、限制民事行为能力人的监护人是其法定代理人。

第二十四条　不能辨认或者不能完全辨认自己行为的成年人，其利害关系人或者有关组织，可以向人民法院申请认定该成年人为无民事行为能力人或者限制民事行为能力人。

被人民法院认定为无民事行为能力人或者限制民事行为能力人的，经本人、利害关系人或者有关组织申请，人民法院可以根据其智力、精神健康恢复的状况，认定该成年人恢复为限制民事行为能力人或者完全民事行为能力人。

本条规定的有关组织包括：居民委员会、村民委员会、学校、医疗机构、妇女联合会、残疾人联合会、依法设立的老年人组织、民政部门等。

第二十五条　自然人以户籍登记或者其他有效身份登记记载的居所为住所；经常居所与住所不一致的，经常居所视为住所。

第二节　监　护

第二十六条　父母对未成年子女负有抚养、教育和保护的义务。

成年子女对父母负有赡养、扶助和保护的义务。

第二十七条　父母是未成年子女的监护人。

未成年人的父母已经死亡或者没有监护能力的，由下列有监护能力的人按顺序担任监护人：

（一）祖父母、外祖父母；

（二）兄、姐；

（三）其他愿意担任监护人的个人或者组织，但是须经未成年人住所地的居民委员会、村民委员会或者民政部门同意。

第二十八条　无民事行为能力或者限制民事行为能力的成年人，由下列有监护能力的人按顺序担任监护人：

（一）配偶；

（二）父母、子女；

（三）其他近亲属；

（四）其他愿意担任监护人的个人或者组织，但是须经被监护人住所地的居民委员会、村民委员会或者民政部门同意。

第二十九条　被监护人的父母担任监护人的，可以通过遗嘱指定监护人。

第三十条　依法具有监护资格的人之间可以协议确定监护人。协议确定监护人应当尊重被监护人的真实意愿。

第三十一条　对监护人的确定有争议的，由被监护人住所地的居民委员会、村民委员会或者民政部门指定监护人，有关当事人对指定不服的，可以向人民法院申请指定监护人；有关当事人也可以直接向人民法院申请指定监护人。

居民委员会、村民委员会、民政部门或者人民法院应当尊重被监护人的真实意愿，按照最有利于被监护人的原则在依法具有监护资格的人中指定监护人。

依照本条第一款规定指定监护人前，被监护人的人身权利、财产权利以及其他合法权益处于无人保护状态的，由被监护人住所地的居民委员会、村民委员会、法律规定的有关组织或者民政部门担任临时监护人。

监护人被指定后，不得擅自变更；擅自变更的，不免除被指定的监护人的责任。

第三十二条　没有依法具有监护资格的人的，监护人由民政部门担任，也可以由具备履行监护职责条件的被监护人住所地的居民委员会、村民委员会担任。

第三十三条　具有完全民事行为能力的成年人，可以与其近亲属、其他愿意担任监护人的个人或者组织事先协商，以书面形式确定自己的监护人。协商确定的监护人在该成年人丧失或者部分丧失民事行为能力时，履行监护职责。

第三十四条　监护人的职责是代理被监护人实施民事法律行为，保护被监护人的人身权利、财产权利以及其他合法权益等。

监护人依法履行监护职责产生的权利，受法律保护。

监护人不履行监护职责或者侵害被监护人合法权益的，应当承担法律责任。

第三十五条　监护人应当按照最有利于被监护人的原则履行监护职责。监护人除为维护被监护人利益外，不得处分被监护人的财产。

未成年人的监护人履行监护职责，在作出与被监护人利益有关的决定时，应当根据被监护人的年龄和智力状况，尊重被监护人的真实意愿。

成年人的监护人履行监护职责，应当最大程度地尊重被监护人的真实意愿，保障并协助被监护人实施与其智力、精神健康状况相适应的民事法律行为。对被监护人有能力独立处理的事务，监护人不得干涉。

第三十六条　监护人有下列情形之一的，人民法院根据有关个人或者组织的申请，撤销其监护人资格，安排必要的临时监护措施，并按照最有利于被监护人的原则依法指定监护人：

（一）实施严重损害被监护人身心健康行为的；

（二）怠于履行监护职责，或者无法履行监护职责并且拒绝将监护职责部分或者全部委托给他人，导致被监护人处于危困状态的；

（三）实施严重侵害被监护人合法权益的其他行为的。

本条规定的有关个人和组织包括：其他

依法具有监护资格的人、居民委员会、村民委员会、学校、医疗机构、妇女联合会、残疾人联合会、未成年人保护组织、依法设立的老年人组织、民政部门等。

前款规定的个人和民政部门以外的组织未及时向人民法院申请撤销监护人资格的,民政部门应当向人民法院申请。

第三十七条 依法负担被监护人抚养费、赡养费、扶养费的父母、子女、配偶等,被人民法院撤销监护人资格后,应当继续履行负担的义务。

第三十八条 被监护人的父母或者子女被人民法院撤销监护人资格后,除对被监护人实施故意犯罪的外,确有悔改表现的,经其申请,人民法院可以在尊重被监护人真实意愿的前提下,视情况恢复其监护资格,人民法院指定的监护人与被监护人的监护关系同时终止。

第三十九条 有下列情形之一的,监护关系终止:

(一)被监护人取得或者恢复完全民事行为能力;

(二)监护人丧失监护能力;

(三)被监护人或者监护人死亡;

(四)人民法院认定监护关系终止的其他情形。

监护关系终止后,被监护人仍然需要监护的,应当依法另行确定监护人。

第三节 宣告失踪和宣告死亡

第四十条 自然人下落不明满二年的,利害关系人可以向人民法院申请宣告该自然人为失踪人。

第四十一条 自然人下落不明的时间从其失去音讯之日起计算。战争期间下落不明的,下落不明的时间自战争结束之日或者有关机关确定的下落不明之日起计算。

第四十二条 失踪人的财产由其配偶、成年子女、父母或者其他愿意担任财产代管人的人代管。

代管有争议,没有前款规定的人,或者

前款规定的人无代管能力的,由人民法院指定的人代管。

第四十三条 财产代管人应当妥善管理失踪人的财产,维护其财产权益。

失踪人所欠税款、债务和应付的其他费用,由财产代管人从失踪人的财产中支付。

财产代管人因故意或者重大过失造成失踪人财产损失的,应当承担赔偿责任。

第四十四条 财产代管人不履行代管职责、侵害失踪人财产权益或者丧失代管能力的,失踪人的利害关系人可以向人民法院申请变更财产代管人。

财产代管人有正当理由的,可以向人民法院申请变更财产代管人。

人民法院变更财产代管人的,变更后的财产代管人有权要求原财产代管人及时移交有关财产并报告财产代管情况。

第四十五条 失踪人重新出现,经本人或者利害关系人申请,人民法院应当撤销失踪宣告。

失踪人重新出现,有权要求财产代管人及时移交有关财产并报告财产代管情况。

第四十六条 自然人有下列情形之一的,利害关系人可以向人民法院申请宣告该自然人死亡:

(一)下落不明满四年;

(二)因意外事件,下落不明满二年。

因意外事件下落不明,经有关机关证明该自然人不可能生存的,申请宣告死亡不受二年时间的限制。

第四十七条 对同一自然人,有的利害关系人申请宣告死亡,有的利害关系人申请宣告失踪,符合本法规定的宣告死亡条件的,人民法院应当宣告死亡。

第四十八条 被宣告死亡的人,人民法院宣告死亡的判决作出之日视为其死亡的日期;因意外事件下落不明宣告死亡的,意外事件发生之日视为其死亡的日期。

第四十九条 自然人被宣告死亡但是并未死亡的,不影响该自然人在被宣告死亡期间实施的民事法律行为的效力。

第五十条 被宣告死亡的人重新出现，经本人或者利害关系人申请，人民法院应当撤销死亡宣告。

第五十一条 被宣告死亡的人的婚姻关系，自死亡宣告之日起消灭。死亡宣告被撤销的，婚姻关系自撤销死亡宣告之日起自行恢复，但是其配偶再婚或者向婚姻登记机关书面声明不愿意恢复的除外。

第五十二条 被宣告死亡的人在被宣告死亡期间，其子女被他人依法收养的，在死亡宣告被撤销后，不得以未经本人同意为由主张收养关系无效。

第五十三条 被撤销死亡宣告的人有权请求依照继承法取得其财产的民事主体返还财产。无法返还的，应当给予适当补偿。

利害关系人隐瞒真实情况，致使他人被宣告死亡取得其财产的，除应当返还财产外，还应当对由此造成的损失承担赔偿责任。

第四节 个体工商户和农村承包经营户

第五十四条 自然人从事工商业经营，经依法登记，为个体工商户。个体工商户可以起字号。

第五十五条 农村集体经济组织的成员，依法取得农村土地承包经营权，从事家庭承包经营的，为农村承包经营户。

第五十六条 个体工商户的债务，个人经营的，以个人财产承担；家庭经营的，以家庭财产承担；无法区分的，以家庭财产承担。

农村承包经营户的债务，以从事农村上地承包经营的农户财产承担；事实上由农户部分成员经营的，以该部分成员的财产承担。

第三章 法 人

第一节 一般规定

第五十七条 法人是具有民事权利能力和民事行为能力，依法独立享有民事权利和承担民事义务的组织。

第五十八条 法人应当依法成立。

法人应当有自己的名称、组织机构、住所、财产或者经费。法人成立的具体条件和程序，依照法律、行政法规的规定。

设立法人，法律、行政法规规定须经有关机关批准的，依照其规定。

第五十九条 法人的民事权利能力和民事行为能力，从法人成立时产生，到法人终止时消灭。

第六十条 法人以其全部财产独立承担民事责任。

第六十一条 依照法律或者法人章程的规定，代表法人从事民事活动的负责人，为法人的法定代表人。

法定代表人以法人名义从事的民事活动，其法律后果由法人承受。

法人章程或者法人权力机构对法定代表人代表权的限制，不得对抗善意相对人。

第六十二条 法定代表人因执行职务造成他人损害的，由法人承担民事责任。

法人承担民事责任后，依照法律或者法人章程的规定，可以向有过错的法定代表人追偿。

第六十三条 法人以其主要办事机构所在地为住所。依法需要办理法人登记的，应当将主要办事机构所在地登记为住所。

第六十四条 法人存续期间登记事项发生变化的，应当依法向登记机关申请变更登记。

第六十五条 法人的实际情况与登记的事项不一致的，不得对抗善意相对人。

第六十六条 登记机关应当依法及时公示法人登记的有关信息。

第六十七条 法人合并的，其权利和义务由合并后的法人享有和承担。

法人分立的，其权利和义务由分立后的法人享有连带债权，承担连带债务，但是债权人和债务人另有约定的除外。

第六十八条 有下列原因之一并依法完成清算、注销登记的，法人终止：

（一）法人解散；

（二）法人被宣告破产；

（三）法律规定的其他原因。

法人终止，法律、行政法规规定须经有关机关批准的，依照其规定。

第六十九条 有下列情形之一的，法人解散：

（一）法人章程规定的存续期间届满或者法人章程规定的其他解散事由出现；

（二）法人的权力机构决议解散；

（三）因法人合并或者分立需要解散；

（四）法人依法被吊销营业执照、登记证书，被责令关闭或者被撤销；

（五）法律规定的其他情形。

第七十条 法人解散的，除合并或者分立的情形外，清算义务人应当及时组成清算组进行清算。

法人的董事、理事等执行机构或者决策机构的成员为清算义务人。法律、行政法规另有规定的，依照其规定。

清算义务人未及时履行清算义务，造成损害的，应当承担民事责任；主管机关或者利害关系人可以申请人民法院指定有关人员组成清算组进行清算。

第七十一条 法人的清算程序和清算组职权，依照有关法律的规定；没有规定的，参照适用公司法的有关规定。

第七十二条 清算期间法人存续，但是不得从事与清算无关的活动。

法人清算后的剩余财产，根据法人章程的规定或者法人权力机构的决议处理。法律另有规定的，依照其规定。

清算结束并完成法人注销登记时，法人终止；依法不需要办理法人登记的，清算结束时，法人终止。

第七十三条 法人被宣告破产的，依法进行破产清算并完成法人注销登记时，法人终止。

第七十四条 法人可以依法设立分支机构。法律、行政法规规定分支机构应当登记的，依照其规定。

分支机构以自己的名义从事民事活动，产生的民事责任由法人承担；也可以先以该分支机构管理的财产承担，不足以承担的，由法人承担。

第七十五条 设立人为设立法人从事的民事活动，其法律后果由法人承受；法人未成立的，其法律后果由设立人承受，设立人为二人以上的，享有连带债权，承担连带债务。

设立人为设立法人以自己的名义从事民事活动产生的民事责任，第三人有权选择请求法人或者设立人承担。

第二节 营利法人

第七十六条 以取得利润并分配给股东等出资人为目的成立的法人，为营利法人。

营利法人包括有限责任公司、股份有限公司和其他企业法人等。

第七十七条 营利法人经依法登记成立。

第七十八条 依法设立的营利法人，由登记机关发给营利法人营业执照。营业执照签发日期为营利法人的成立日期。

第七十九条 设立营利法人应当依法制定法人章程。

第八十条 营利法人应当设权力机构。

权力机构行使修改法人章程，选举或者更换执行机构、监督机构成员，以及法人章程规定的其他职权。

第八十一条 营利法人应当设执行机构。

执行机构行使召集权力机构会议，决定法人的经营计划和投资方案，决定法人内部管理机构的设置，以及法人章程规定的其他职权。

执行机构为董事会或者执行董事的，董事长、执行董事或者经理按照法人章程的规定担任法定代表人；未设董事会或者执行董事的，法人章程规定的主要负责人为其执行机构和法定代表人。

第八十二条 营利法人设监事会或者监事等监督机构的，监督机构依法行使检查法人财务，监督执行机构成员、高级管理人员执行法人职务的行为，以及法人章程规定的其他职权。

第八十三条 营利法人的出资人不得滥用出资人权利损害法人或者其他出资人的利益。滥用出资人权利给法人或者其他出资人造成损失的，应当依法承担民事责任。

营利法人的出资人不得滥用法人独立地位和出资人有限责任损害法人的债权人利益。滥用法人独立地位和出资人有限责任，逃避债务，严重损害法人的债权人利益的，应当对法人债务承担连带责任。

第八十四条 营利法人的控股出资人、实际控制人、董事、监事、高级管理人员不得利用其关联关系损害法人的利益。利用关联关系给法人造成损失的，应当承担赔偿责任。

第八十五条 营利法人的权力机构、执行机构作出决议的会议召集程序、表决方式违反法律、行政法规、法人章程，或者决议内容违反法人章程的，营利法人的出资人可以请求人民法院撤销该决议，但是营利法人依据该决议与善意相对人形成的民事法律关系不受影响。

第八十六条 营利法人从事经营活动，应当遵守商业道德，维护交易安全，接受政府和社会的监督，承担社会责任。

第三节 非营利法人

第八十七条 为公益目的或者其他非营利目的成立，不向出资人、设立人或者会员分配所取得利润的法人，为非营利法人。

非营利法人包括事业单位、社会团体、基金会、社会服务机构等。

第八十八条 具备法人条件，为适应经济社会发展需要，提供公益服务设立的事业单位，经依法登记成立，取得事业单位法人资格；依法不需要办理法人登记的，从成立之日起，具有事业单位法人资格。

第八十九条 事业单位法人设理事会的，除法律另有规定外，理事会为其决策机构。事业单位法人的法定代表人依照法律、行政

法规或者法人章程的规定产生。

第九十条 具备法人条件，基于会员共同意愿，为公益目的或者会员共同利益等非营利目的设立的社会团体，经依法登记成立，取得社会团体法人资格；依法不需要办理法人登记的，从成立之日起，具有社会团体法人资格。

第九十一条 设立社会团体法人应当依法制定法人章程。

社会团体法人应当设会员大会或者会员代表大会等权力机构。

社会团体法人应当设理事会等执行机构。理事长或者会长等负责人按照法人章程的规定担任法定代表人。

第九十二条 具备法人条件，为公益目的以捐助财产设立的基金会、社会服务机构等，经依法登记成立，取得捐助法人资格。

依法设立的宗教活动场所，具备法人条件的，可以申请法人登记，取得捐助法人资格。法律、行政法规对宗教活动场所有规定的，依照其规定。

第九十三条 设立捐助法人应当依法制定法人章程。

捐助法人应当设理事会、民主管理组织等决策机构，并设执行机构。理事长等负责人按照法人章程的规定担任法定代表人。

捐助法人应当设监事会等监督机构。

第九十四条 捐助人有权向捐助法人查询捐助财产的使用、管理情况，并提出意见和建议，捐助法人应当及时、如实答复。

捐助法人的决策机构、执行机构或者法定代表人作出决定的程序违反法律、行政法规、法人章程，或者决定内容违反法人章程的，捐助人等利害关系人或者主管机关可以请求人民法院撤销该决定，但是捐助法人依据该决定与善意相对人形成的民事法律关系不受影响。

第九十五条 为公益目的成立的非营利法人终止时，不得向出资人、设立人或者会员分配剩余财产。剩余财产应当按照法人章

程的规定或者权力机构的决议用于公益目的；无法按照法人章程的规定或者权力机构的决议处理的，由主管机关主持转给宗旨相同或者相近的法人，并向社会公告。

第四节 特别法人

第九十六条 本节规定的机关法人、农村集体经济组织法人、城镇农村的合作经济组织法人、基层群众性自治组织法人，为特别法人。

第九十七条 有独立经费的机关和承担行政职能的法定机构从成立之日起，具有机关法人资格，可以从事为履行职能所需要的民事活动。

第九十八条 机关法人被撤销的，法人终止，其民事权利和义务由继任的机关法人享有和承担；没有继任的机关法人的，由作出撤销决定的机关法人享有和承担。

第九十九条 农村集体经济组织依法取得法人资格。

法律、行政法规对农村集体经济组织有规定的，依照其规定。

第一百条 城镇农村的合作经济组织依法取得法人资格。

法律、行政法规对城镇农村的合作经济组织有规定的，依照其规定。

第一百零一条 居民委员会、村民委员会具有基层群众性自治组织法人资格，可以从事为履行职能所需要的民事活动。

未设立村集体经济组织的，村民委员会可以依法代行村集体经济组织的职能。

第四章 非法人组织

第一百零二条 非法人组织是不具有法人资格，但是能够依法以自己的名义从事民事活动的组织。

非法人组织包括个人独资企业、合伙企业、不具有法人资格的专业服务机构等。

第一百零三条 非法人组织应当依照法律的规定登记。

设立非法人组织，法律、行政法规规定须经有关机关批准的，依照其规定。

第一百零四条 非法人组织的财产不足以清偿债务的，其出资人或者设立人承担无限责任。法律另有规定的，依照其规定。

第一百零五条 非法人组织可以确定一人或者数人代表该组织从事民事活动。

第一百零六条 有下列情形之一的，非法人组织解散：

（一）章程规定的存续期间届满或者章程规定的其他解散事由出现；

（二）出资人或者设立人决定解散；

（三）法律规定的其他情形。

第一百零七条 非法人组织解散的，应当依法进行清算。

第一百零八条 非法人组织除适用本章规定外，参照适用本法第三章第一节的有关规定。

第五章 民事权利

第一百零九条 自然人的人身自由、人格尊严受法律保护。

第一百一十条 自然人享有生命权、身体权、健康权、姓名权、肖像权、名誉权、荣誉权、隐私权、婚姻自主权等权利。

法人、非法人组织享有名称权、名誉权、荣誉权等权利。

第一百一十一条 自然人的个人信息受法律保护。任何组织和个人需要获取他人个人信息的，应当依法取得并确保信息安全，不得非法收集、使用、加工、传输他人个人信息，不得非法买卖、提供或者公开他人个人信息。

第一百一十二条 自然人因婚姻、家庭关系等产生的人身权利受法律保护。

第一百一十三条 民事主体的财产权利受法律平等保护。

第一百一十四条 民事主体依法享有物权。

物权是权利人依法对特定的物享有直接支配和排他的权利，包括所有权、用益物权和担保物权。

第一百一十五条 物包括不动产和动产。

法律规定权利作为物权客体的，依照其规定。

第一百一十六条 物权的种类和内容，由法律规定。

第一百一十七条 为了公共利益的需要，依照法律规定的权限和程序征收、征用不动产或者动产的，应当给予公平、合理的补偿。

第一百一十八条 民事主体依法享有债权。

债权是因合同、侵权行为、无因管理、不当得利以及法律的其他规定，权利人请求特定义务人为或者不为一定行为的权利。

第一百一十九条 依法成立的合同，对当事人具有法律约束力。

第一百二十条 民事权益受到侵害的，被侵权人有权请求侵权人承担侵权责任。

第一百二十一条 没有法定的或者约定的义务，为避免他人利益受损失而进行管理的人，有权请求受益人偿还由此支出的必要费用。

第一百二十二条 因他人没有法律根据，取得不当利益，受损失的人有权请求其返还不当利益。

第一百二十三条 民事主体依法享有知识产权。

知识产权是权利人依法就下列客体享有的专有的权利：

（一）作品；

（二）发明、实用新型、外观设计；

（三）商标；

（四）地理标志；

（五）商业秘密；

（六）集成电路布图设计；

（七）植物新品种；

（八）法律规定的其他客体。

第一百二十四条 自然人依法享有继承权。

自然人合法的私有财产，可以依法继承。

第一百二十五条 民事主体依法享有股权和其他投资性权利。

第一百二十六条 民事主体享有法律规定的其他民事权利和利益。

第一百二十七条 法律对数据、网络虚拟财产的保护有规定的，依照其规定。

第一百二十八条 法律对未成年人、老年人、残疾人、妇女、消费者等的民事权利保护有特别规定的，依照其规定。

第一百二十九条 民事权利可以依据民事法律行为、事实行为、法律规定的事件或者法律规定的其他方式取得。

第一百三十条 民事主体按照自己的意愿依法行使民事权利，不受干涉。

第一百三十一条 民事主体行使权利时，应当履行法律规定的和当事人约定的义务。

第一百三十二条 民事主体不得滥用民事权利损害国家利益、社会公共利益或者他人合法权益。

第六章 民事法律行为

第一节 一般规定

第一百三十三条 民事法律行为是民事主体通过意思表示设立、变更、终止民事法律关系的行为。

第一百三十四条 民事法律行为可以基于双方或者多方的意思表示一致成立，也可以基于单方的意思表示成立。

法人、非法人组织依照法律或者章程规定的议事方式和表决程序作出决议的，该决议行为成立。

第一百三十五条 民事法律行为可以采用书面形式、口头形式或者其他形式；法律、行政法规规定或者当事人约定采用特定形式的，应当采用特定形式。

第一百三十六条 民事法律行为自成立时生效，但是法律另有规定或者当事人另有约定的除外。

行为人非依法律规定或者未经对方同意，不得擅自变更或者解除民事法律行为。

第二节 意思表示

第一百三十七条 以对话方式作出的意思表示，相对人知道其内容时生效。

以非对话方式作出的意思表示，到达相

对人时生效。以非对话方式作出的采用数据电文形式的意思表示，相对人指定特定系统接收数据电文的，该数据电文进入该特定系统时生效；未指定特定系统的，相对人知道或者应当知道该数据电文进入其系统时生效。当事人对采用数据电文形式的意思表示的生效时间另有约定的，按照其约定。

第一百三十八条 无相对人的意思表示，表示完成时生效。法律另有规定的，依照其规定。

第一百三十九条 以公告方式作出的意思表示，公告发布时生效。

第一百四十条 行为人可以明示或者默示作出意思表示。

沉默只有在有法律规定、当事人约定或者符合当事人之间的交易习惯时，才可以视为意思表示。

第一百四十一条 行为人可以撤回意思表示。撤回意思表示的通知应当在意思表示到达相对人前或者与意思表示同时到达相对人。

第一百四十二条 有相对人的意思表示的解释，应当按照所使用的词句，结合相关条款、行为的性质和目的、习惯以及诚信原则，确定意思表示的含义。

无相对人的意思表示的解释，不能完全拘泥于所使用的词句，而应当结合相关条款、行为的性质和目的、习惯以及诚信原则，确定行为人的真实意思。

第三节 民事法律行为的效力

第一百四十三条 具备下列条件的民事法律行为有效：

（一）行为人具有相应的民事行为能力；

（二）意思表示真实；

（三）不违反法律、行政法规的强制性规定，不违背公序良俗。

第一百四十四条 无民事行为能力人实施的民事法律行为无效。

第一百四十五条 限制民事行为能力人实施的纯获利益的民事法律行为或者与其年龄、智力、精神健康状况相适应的民事法律行为有效；实施的其他民事法律行为经法定代理人同意或者追认后有效。

相对人可以催告法定代理人自收到通知之日起一个月内予以追认。法定代理人未作表示的，视为拒绝追认。民事法律行为被追认前，善意相对人有撤销的权利。撤销应当以通知的方式作出。

第一百四十六条 行为人与相对人以虚假的意思表示实施的民事法律行为无效。

以虚假的意思表示隐藏的民事法律行为的效力，依照有关法律规定处理。

第一百四十七条 基于重大误解实施的民事法律行为，行为人有权请求人民法院或者仲裁机构予以撤销。

第一百四十八条 一方以欺诈手段，使对方在违背真实意思的情况下实施的民事法律行为，受欺诈方有权请求人民法院或者仲裁机构予以撤销。

第一百四十九条 第三人实施欺诈行为，使一方在违背真实意思的情况下实施的民事法律行为，对方知道或者应当知道该欺诈行为的，受欺诈方有权请求人民法院或者仲裁机构予以撤销。

第一百五十条 一方或者第三人以胁迫手段，使对方在违背真实意思的情况下实施的民事法律行为，受胁迫方有权请求人民法院或者仲裁机构予以撤销。

第一百五十一条 一方利用对方处于危困状态、缺乏判断能力等情形，致使民事法律行为成立时显失公平的，受损害方有权请求人民法院或者仲裁机构予以撤销。

第一百五十二条 有下列情形之一的，撤销权消灭：

（一）当事人自知道或者应当知道撤销事由之日起一年内、重大误解的当事人自知道或者应当知道撤销事由之日起三个月内没有行使撤销权；

（二）当事人受胁迫，自胁迫行为终止之日起一年内没有行使撤销权；

（三）当事人知道撤销事由后明确表示或者以自己的行为表明放弃撤销权。

当事人自民事法律行为发生之日起五年内没有行使撤销权的，撤销权消灭。

第一百五十三条 违反法律、行政法规的强制性规定的民事法律行为无效，但是该强制性规定不导致该民事法律行为无效的除外。

违背公序良俗的民事法律行为无效。

第一百五十四条 行为人与相对人恶意串通，损害他人合法权益的民事法律行为无效。

第一百五十五条 无效的或者被撤销的民事法律行为自始没有法律约束力。

第一百五十六条 民事法律行为部分无效，不影响其他部分效力的，其他部分仍然有效。

第一百五十七条 民事法律行为无效、被撤销或者确定不发生效力后，行为人因该行为取得的财产，应当予以返还；不能返还或者没有必要返还的，应当折价补偿。有过错的一方应当赔偿对方由此所受到的损失；各方都有过错的，应当各自承担相应的责任。法律另有规定的，依照其规定。

第四节 民事法律行为的附条件和附期限

第一百五十八条 民事法律行为可以附条件，但是按照其性质不得附条件的除外。附生效条件的民事法律行为，自条件成就时生效。附解除条件的民事法律行为，自条件成就时失效。

第一百五十九条 附条件的民事法律行为，当事人为自己的利益不正当地阻止条件成就的，视为条件已成就；不正当地促成条件成就的，视为条件不成就。

第一百六十条 民事法律行为可以附期限，但是按照其性质不得附期限的除外。附生效期限的民事法律行为，自期限届至时生效。附终止期限的民事法律行为，自期限届满时失效。

第七章 代 理

第一节 一般规定

第一百六十一条 民事主体可以通过代理人实施民事法律行为。

依照法律规定、当事人约定或者民事法律行为的性质，应当由本人亲自实施的民事法律行为，不得代理。

第一百六十二条 代理人在代理权限内，以被代理人名义实施的民事法律行为，对被代理人发生效力。

第一百六十三条 代理包括委托代理和法定代理。

委托代理人按照被代理人的委托行使代理权。法定代理人依照法律的规定行使代理权。

第一百六十四条 代理人不履行或者不完全履行职责，造成被代理人损害的，应当承担民事责任。

代理人和相对人恶意串通，损害被代理人合法权益的，代理人和相对人应当承担连带责任。

第二节 委托代理

第一百六十五条 委托代理授权采用书面形式的，授权委托书应当载明代理人的姓名或者名称、代理事项、权限和期间，并由被代理人签名或者盖章。

第一百六十六条 数人为同一代理事项的代理人的，应当共同行使代理权，但是当事人另有约定的除外。

第一百六十七条 代理人知道或者应当知道代理事项违法仍然实施代理行为，或者被代理人知道或者应当知道代理人的代理行为违法未作反对表示的，被代理人和代理人应当承担连带责任。

第一百六十八条 代理人不得以被代理人的名义与自己实施民事法律行为，但是被代理人同意或者追认的除外。

代理人不得以被代理人的名义与自己同时代理的其他人实施民事法律行为，但是被代理的双方同意或者追认的除外。

第一百六十九条 代理人需要转委托第三人代理的，应当取得被代理人的同意或者追认。

转委托代理经被代理人同意或者追认的，被代理人可以就代理事务直接指示转委托的第三人，代理人仅就第三人的选任以及对第三人的指示承担责任。

转委托代理未经被代理人同意或者追认的，代理人应当对转委托的第三人的行为承担责任，但是在紧急情况下代理人为了维护被代理人的利益需要转委托第三人代理的除外。

第一百七十条 执行法人或者非法人组织工作任务的人员，就其职权范围内的事项，以法人或者非法人组织的名义实施民事法律行为，对法人或者非法人组织发生效力。

法人或者非法人组织对执行其工作任务的人员职权范围的限制，不得对抗善意相对人。

第一百七十一条 行为人没有代理权、超越代理权或者代理权终止后，仍然实施代理行为，未经被代理人追认的，对被代理人不发生效力。

相对人可以催告被代理人自收到通知之日起一个月内予以追认。被代理人未作表示的，视为拒绝追认。行为人实施的行为被追认前，善意相对人有撤销的权利。撤销应当以通知的方式作出。

行为人实施的行为未被追认的，善意相对人有权请求行为人履行债务或者就其受到的损害请求行为人赔偿，但是赔偿的范围不得超过被代理人追认时相对人所能获得的利益。

相对人知道或者应当知道行为人无权代理的，相对人和行为人按照各自的过错承担责任。

第一百七十二条 行为人没有代理权、超越代理权或者代理权终止后，仍然实施代理行为，相对人有理由相信行为人有代理权的，代理行为有效。

第三节 代理终止

第一百七十三条 有下列情形之一的，委托代理终止：

（一）代理期间届满或者代理事务完成；

（二）被代理人取消委托或者代理人辞去委托；

（三）代理人丧失民事行为能力；

（四）代理人或者被代理人死亡；

（五）作为代理人或者被代理人的法人、非法人组织终止。

第一百七十四条 被代理人死亡后，有下列情形之一的，委托代理人实施的代理行为有效：

（一）代理人不知道并且不应当知道被代理人死亡；

（二）被代理人的继承人予以承认；

（三）授权中明确代理权在代理事务完成时终止；

（四）被代理人死亡前已经实施，为了被代理人的继承人的利益继续代理。

作为被代理人的法人、非法人组织终止的，参照适用前款规定。

第一百七十五条 有下列情形之一的，法定代理终止：

（一）被代理人取得或者恢复完全民事行为能力；

（二）代理人丧失民事行为能力；

（三）代理人或者被代理人死亡；

（四）法律规定的其他情形。

第八章 民事责任

第一百七十六条 民事主体依照法律规定和当事人约定，履行民事义务，承担民事责任。

第一百七十七条 二人以上依法承担按份责任，能够确定责任大小的，各自承担相应的责任；难以确定责任大小的，平均承担责任。

第一百七十八条 二人以上依法承担连带责任的，权利人有权请求部分或者全部连带责任人承担责任。

连带责任人的责任份额根据各自责任大小确定；难以确定责任大小的，平均承担责任。实际承担责任超过自己责任份额的连带责任人，有权向其他连带责任人追偿。

连带责任，由法律规定或者当事人约定。

第一百七十九条 承担民事责任的方式主要有：

（一）停止侵害；

（二）排除妨碍；

（三）消除危险；

（四）返还财产；

（五）恢复原状；

（六）修理、重作、更换；

（七）继续履行；

（八）赔偿损失；

（九）支付违约金；

（十）消除影响、恢复名誉；

（十一）赔礼道歉。

法律规定惩罚性赔偿的，依照其规定。

本条规定的承担民事责任的方式，可以单独适用，也可以合并适用。

第一百八十条 因不可抗力不能履行民事义务的，不承担民事责任。法律另有规定的，依照其规定。

不可抗力是指不能预见、不能避免且不能克服的客观情况。

第一百八十一条 因正当防卫造成损害的，不承担民事责任。

正当防卫超过必要的限度，造成不应有的损害的，正当防卫人应当承担适当的民事责任。

第一百八十二条 因紧急避险造成损害的，由引起险情发生的人承担民事责任。

危险由自然原因引起的，紧急避险人不承担民事责任，可以给予适当补偿。

紧急避险采取措施不当或者超过必要的限度，造成不应有的损害的，紧急避险人应当承担适当的民事责任。

第一百八十三条 因保护他人民事权益使自己受到损害的，由侵权人承担民事责任，

受益人可以给予适当补偿。没有侵权人、侵权人逃逸或者无力承担民事责任，受害人请求补偿的，受益人应当给予适当补偿。

第一百八十四条 因自愿实施紧急救助行为造成受助人损害的，救助人不承担民事责任。

第一百八十五条 侵害英雄烈士等的姓名、肖像、名誉、荣誉，损害社会公共利益的，应当承担民事责任。

第一百八十六条 因当事人一方的违约行为，损害对方人身权益、财产权益的，受损害方有权选择请求其承担违约责任或者侵权责任。

第一百八十七条 民事主体因同一行为应当承担民事责任、行政责任和刑事责任的，承担行政责任或者刑事责任不影响承担民事责任；民事主体的财产不足以支付的，优先用于承担民事责任。

第九章　诉讼时效

第一百八十八条 向人民法院请求保护民事权利的诉讼时效期间为三年。法律另有规定的，依照其规定。

诉讼时效期间自权利人知道或者应当知道权利受到损害以及义务人之日起计算。法律另有规定的，依照其规定。但是自权利受到损害之日起超过二十年的，人民法院不予保护；有特殊情况的，人民法院可以根据权利人的申请决定延长。

第一百八十九条 当事人约定同一债务分期履行的，诉讼时效期间自最后一期履行期限届满之日起计算。

第一百九十条 无民事行为能力人或者限制民事行为能力人对其法定代理人的请求权的诉讼时效期间，自该法定代理终止之日起计算。

第一百九十一条 未成年人遭受性侵害的损害赔偿请求权的诉讼时效期间，自受害人年满十八周岁之日起计算。

第一百九十二条 诉讼时效期间届满的，义务人可以提出不履行义务的抗辩。

诉讼时效期间届满后，义务人同意履行的，不得以诉讼时效期间届满为由抗辩；义务人已自愿履行的，不得请求返还。

第一百九十三条 人民法院不得主动适用诉讼时效的规定。

第一百九十四条 在诉讼时效期间的最后六个月内，因下列障碍，不能行使请求权的，诉讼时效中止：

（一）不可抗力；

（二）无民事行为能力人或者限制民事行为能力人没有法定代理人，或者法定代理人死亡、丧失民事行为能力、丧失代理权；

（三）继承开始后未确定继承人或者遗产管理人；

（四）权利人被义务人或者其他人控制；

（五）其他导致权利人不能行使请求权的障碍。

自中止时效的原因消除之日起满六个月，诉讼时效期间届满。

第一百九十五条 有下列情形之一的，诉讼时效中断，从中断、有关程序终结时起，诉讼时效期间重新计算：

（一）权利人向义务人提出履行请求；

（二）义务人同意履行义务；

（三）权利人提起诉讼或者申请仲裁；

（四）与提起诉讼或者申请仲裁具有同等效力的其他情形。

第一百九十六条 下列请求权不适用诉讼时效的规定：

（一）请求停止侵害、排除妨碍、消除危险；

（二）不动产物权和登记的动产物权的权利人请求返还财产；

（三）请求支付抚养费、赡养费或者扶养费；

（四）依法不适用诉讼时效的其他请求权。

第一百九十七条 诉讼时效的期间、计算方法以及中止、中断的事由由法律规定，当事人约定无效。

当事人对诉讼时效利益的预先放弃无效。

第一百九十八条 法律对仲裁时效有规定的，依照其规定；没有规定的，适用诉讼时效的规定。

第一百九十九条 法律规定或者当事人约定的撤销权、解除权等权利的存续期间，除法律另有规定外，自权利人知道或者应当知道权利产生之日起计算，不适用有关诉讼时效中止、中断和延长的规定。存续期间届满，撤销权、解除权等权利消灭。

第十章 期间计算

第二百条 民法所称的期间按照公历年、月、日、小时计算。

第二百零一条 按照年、月、日计算期间的，开始的当日不计入，自下一日开始计算。

按照小时计算期间的，自法律规定或者当事人约定的时间开始计算。

第二百零二条 按照年、月计算期间的，到期月的对应日为期间的最后一日；没有对应日的，月末日为期间的最后一日。

第二百零三条 期间的最后一日是法定休假日的，以法定休假日结束的次日为期间的最后一日。

期间的最后一日的截止时间为二十四时；有业务时间的，停止业务活动的时间为截止时间。

第二百零四条 期间的计算方法依照本法的规定，但是法律另有规定或者当事人另有约定的除外。

第十一章 附 则

第二百零五条 民法所称的"以上""以下""以内""届满"，包括本数；所称的"不满""超过""以外"，不包括本数。

第二百零六条 本法自 2017 年 10 月 1 日起施行。

中华人民共和国合同法（节录）

（1999 年 3 月 15 日第九届全国人民代表大会第二次会议通过
1999 年 3 月 15 日中华人民共和国主席令第十五号公布
自 1999 年 10 月 1 日起施行）

目 录

总 则

第一章 一般规定

第一条 为了保护合同当事人的合法权益，维护社会经济秩序，促进社会主义现代化建设，制定本法。

第二条 本法所称合同是平等主体的自然人、法人、其他组织之间设立、变更、终止民事权利义务关系的协议。婚姻、收养、监护等有关身份关系的协议，适用其他法律的规定。

第三条 合同当事人的法律地位平等，一方不得将自己的意志强加给另一方。

第四条 当事人依法享有自愿订立合同的权利，任何单位和个人不得非法干预。

第五条 当事人应当遵循公平原则确定各方的权利和义务。

第六条 当事人行使权利、履行义务应当遵循诚实信用原则。

第七条 当事人订立、履行合同，应当遵守法律、行政法规，尊重社会公德，不得扰乱社会经济秩序，损害社会公共利益。

第八条 依法成立的合同，对当事人具有法律约束力。当事人应当按照约定履行自己的义务，不得擅自变更或者解除合同。

依法成立的合同，受法律保护。

第二章 合同的订立

第九条 当事人订立合同，应当具有相应的民事权利能力和民事行为能力。

当事人依法可以委托代理人订立合同。

第十条 当事人订立合同，有书面形式、口头形式和其他形式。

法律、行政法规规定采用书面形式的，应当采用书面形式。当事人约定采用书面形式的，应当采用书面形式。

第十一条 书面形式是指合同书、信件和数据电文（包括电报、电传、传真、电子数据交换和电子邮件）等可以有形地表现所载内容的形式。

第十二条 合同的内容由当事人约定，一般包括以下条款：

（一）当事人的名称或者姓名和住所；

（二）标的；

（三）数量；

（四）质量；

（五）价款或者报酬；

（六）履行期限、地点和方式；

（七）违约责任；

（八）解决争议的方法。

当事人可以参照各类合同的示范文本订立合同。

第十三条　当事人订立合同，采取要约、承诺方式。

第十四条　要约是希望和他人订立合同的意思表示，该意思表示应当符合下列规定：

（一）内容具体确定；

（二）表明经受要约人承诺，要约人即受该意思表示约束。

第十五条　要约邀请是希望他人向自己发出要约的意思表示。寄送的价目表、拍卖公告、招标公告、招股说明书、商业广告等为要约邀请。

商业广告的内容符合要约规定的，视为要约。

第十六条　要约到达受要约人时生效。

采用数据电文形式订立合同，收件人指定特定系统接收数据电文的，该数据电文进入该特定系统的时间，视为到达时间；未指定特定系统的，该数据电文进入收件人的任何系统的首次时间，视为到达时间。

第十七条　要约可以撤回。撤回要约的通知应当在要约到达受要约人之前或者与要约同时到达受要约人。

第十八条　要约可以撤销。撤销要约的通知应当在受要约人发出承诺通知之前到达受要约人。

第十九条　有下列情形之一的，要约不得撤销：

（一）要约人确定了承诺期限或者以其他形式明示要约不可撤销；

（二）受要约人有理由认为要约是不可撤销的，并已经为履行合同作了准备工作。

第二十条　有下列情形之一的，要约失效：

（一）拒绝要约的通知到达要约人；

（二）要约人依法撤销要约；

（三）承诺期限届满，受要约人未作出承诺；

（四）受要约人对要约的内容作出实质性变更。

第二十一条　承诺是受要约人同意要约的意思表示。

第二十二条　承诺应当以通知的方式作出，但根据交易习惯或者要约表明可以通过行为作出承诺的除外。

第二十三条　承诺应当在要约确定的期限内到达要约人。

要约没有确定承诺期限的，承诺应当依照下列规定到达：

（一）要约以对话方式作出的，应当即时作出承诺，但当事人另有约定的除外；

（二）要约以非对话方式作出的，承诺应当在合理期限内到达。

第二十四条　要约以信件或者电报作出的，承诺期限自信件载明的日期或者电报交发之日开始计算。信件未载明日期的，自投寄该信件的邮戳日期开始计算。要约以电话、传真等快速通讯方式作出的，承诺期限自要约到达受要约人时开始计算。

第二十五条　承诺生效时合同成立。

第二十六条　承诺通知到达要约人时生效。承诺不需要通知的，根据交易习惯或者要约的要求作出承诺的行为时生效。

采用数据电文形式订立合同的，承诺到达的时间适用本法第十六条第二款的规定。

第二十七条　承诺可以撤回。撤回承诺的通知应当在承诺通知到达要约人之前或者与承诺通知同时到达要约人。

第二十八条　受要约人超过承诺期限发出承诺的，除要约人及时通知受要约人该承诺有效的以外，为新要约。

第二十九条　受要约人在承诺期限内发

出承诺，按照通常情形能够及时到达要约人，但因其他原因承诺到达要约人时超过承诺期限的，除要约人及时通知受要约人因承诺超过期限不接受该承诺的以外，该承诺有效。

第三十条　承诺的内容应当与要约的内容一致。受要约人对要约的内容作出实质性变更的，为新要约。有关合同标的、数量、质量、价款或者报酬、履行期限、履行地点和方式、违约责任和解决争议方法等的变更，是对要约内容的实质性变更。

第三十一条　承诺对要约的内容作出非实质性变更的，除要约人及时表示反对或者要约表明承诺不得对要约的内容作出任何变更的以外，该承诺有效，合同的内容以承诺的内容为准。

第三十二条　当事人采用合同书形式订立合同的，自双方当事人签字或者盖章时合同成立。

第三十三条　当事人采用信件、数据电文等形式订立合同的，可以在合同成立之前要求签订确认书。签订确认书时合同成立。

第三十四条　承诺生效的地点为合同成立的地点。

采用数据电文形式订立合同的，收件人的主营业地为合同成立的地点；没有主营业地的，其经常居住地为合同成立的地点。当事人另有约定的，按照其约定。

第三十五条　当事人采用合同书形式订立合同的，双方当事人签字或者盖章的地点为合同成立的地点。

第三十六条　法律、行政法规规定或者当事人约定采用书面形式订立合同，当事人未采用书面形式但一方已经履行主要义务，对方接受的，该合同成立。

第三十七条　采用合同书形式订立合同，在签字或者盖章之前，当事人一方已经履行主要义务，对方接受的，该合同成立。

第三十八条　国家根据需要下达指令性任务或者国家订货任务的，有关法人、其他组织之间应当依照有关法律、行政法规规定

的权利和义务订立合同。

第三十九条　采用格式条款订立合同的，提供格式条款的一方应当遵循公平原则确定当事人之间的权利和义务，并采取合理的方式提请对方注意免除或者限制其责任的条款，按照对方的要求，对该条款予以说明。

格式条款是当事人为了重复使用而预先拟定，并在订立合同时未与对方协商的条款。

第四十条　格式条款具有本法第五十二条和第五十三条规定情形的，或者提供格式条款一方免除其责任、加重对方责任、排除对方主要权利的，该条款无效。

第四十一条　对格式条款的理解发生争议的，应当按通常理解予以解释。对格式条款有两种以上解释的，应当作出不利于提供格式条款一方的解释。格式条款和非格式条款不一致的，应当采用非格式条款。

第四十二条　当事人在订立合同过程中有下列情形之一，给对方造成损失的，应当承担损害赔偿责任：

（一）假借订立合同，恶意进行磋商；

（二）故意隐瞒与订立合同有关的重要事实或者提供虚假情况；

（三）有其他违背诚实信用原则的行为。

第四十三条　当事人在订立合同过程中知悉的商业秘密，无论合同是否成立，不得泄露或者不正当地使用。泄露或者不正当地使用该商业秘密给对方造成损失的，应当承担损害赔偿责任。

第三章　合同的效力

第四十四条　依法成立的合同，自成立时生效。

法律、行政法规规定应当办理批准、登记等手续生效的，依照其规定。

第四十五条　当事人对合同的效力可以约定附条件。附生效条件的合同，自条件成就时生效。附解除条件的合同，自条件成就时失效。

当事人为自己的利益不正当地阻止条件成就的，视为条件已成就；不正当地促成条

件成就的，视为条件不成就。

第四十六条 当事人对合同的效力可以约定附期限。附生效期限的合同，自期限届至时生效。附终止期限的合同，自期限届满时失效。

第四十七条 限制民事行为能力人订立的合同，经法定代理人追认后，该合同有效，但纯获利益的合同或者与其年龄、智力、精神健康状况相适应而订立的合同，不必经法定代理人追认。

相对人可以催告法定代理人在一个月内予以追认。法定代理人未作表示的，视为拒绝追认。合同被追认之前，善意相对人有撤销的权利。撤销应当以通知的方式作出。

第四十八条 行为人没有代理权、超越代理权或者代理权终止后以被代理人名义订立的合同，未经被代理人追认，对被代理人不发生效力，由行为人承担责任。

相对人可以催告被代理人在一个月内予以追认。被代理人未作表示的，视为拒绝追认。合同被追认之前，善意相对人有撤销的权利。撤销应当以通知的方式作出。

第四十九条 行为人没有代理权、超越代理权或者代理权终止后以被代理人名义订立合同，相对人有理由相信行为人有代理权的，该代理行为有效。

第五十条 法人或者其他组织的法定代表人、负责人超越权限订立的合同，除相对人知道或者应当知道其超越权限的以外，该代表行为有效。

第五十一条 无处分权的人处分他人财产，经权利人追认或者无处分权的人订立合同后取得处分权的，该合同有效。

第五十二条 有下列情形之一的，合同无效：

（一）一方以欺诈、胁迫的手段订立合同，损害国家利益；

（二）恶意串通，损害国家、集体或者第三人利益；

（三）以合法形式掩盖非法目的；

（四）损害社会公共利益；

（五）违反法律、行政法规的强制性规定。

第五十三条 合同中的下列免责条款无效：

（一）造成对方人身伤害的；

（二）因故意或者重大过失造成对方财产损失的。

第五十四条 下列合同，当事人一方有权请求人民法院或者仲裁机构变更或者撤销：

（一）因重大误解订立的；

（二）在订立合同时显失公平的。

一方以欺诈、胁迫的手段或者乘人之危，使对方在违背真实意思的情况下订立的合同，受损害方有权请求人民法院或者仲裁机构变更或者撤销。

当事人请求变更的，人民法院或者仲裁机构不得撤销。

第五十五条 有下列情形之一的，撤销权消灭：

（一）具有撤销权的当事人自知道或者应当知道撤销事由之日起一年内没有行使撤销权；

（二）具有撤销权的当事人知道撤销事由后明确表示或者以自己的行为放弃撤销权。

第五十六条 无效的合同或者被撤销的合同自始没有法律约束力。合同部分无效，不影响其他部分效力的，其他部分仍然有效。

第五十七条 合同无效、被撤销或者终止的，不影响合同中独立存在的有关解决争议方法的条款的效力。

第五十八条 合同无效或者被撤销后，因该合同取得的财产，应当予以返还；不能返还或者没有必要返还的，应当折价补偿。有过错的一方应当赔偿对方因此所受到的损失，双方都有过错的，应当各自承担相应的责任。

第五十九条 当事人恶意串通，损害国家、集体或者第三人利益的，因此取得的财产收归国家所有或者返还集体、第三人。

第四章　合同的履行

第六十条　当事人应当按照约定全面履行自己的义务。

当事人应当遵循诚实信用原则，根据合同的性质、目的和交易习惯履行通知、协助、保密等义务。

第六十一条　合同生效后，当事人就质量、价款或者报酬、履行地点等内容没有约定或者约定不明确的，可以协议补充；不能达成补充协议的，按照合同有关条款或者交易习惯确定。

第六十二条　当事人就有关合同内容约定不明确，依照本法第六十一条的规定仍不能确定的，适用下列规定：

（一）质量要求不明确的，按照国家标准、行业标准履行；没有国家标准、行业标准的，按照通常标准或者符合合同目的的特定标准履行。

（二）价款或者报酬不明确的，按照订立合同时履行地的市场价格履行；依法应当执行政府定价或者政府指导价的，按照规定履行。

（三）履行地点不明确，给付货币的，在接受货币一方所在地履行；交付不动产的，在不动产所在地履行；其他标的，在履行义务一方所在地履行。

（四）履行期限不明确的，债务人可以随时履行，债权人也可以随时要求履行，但应当给对方必要的准备时间。

（五）履行方式不明确的，按照有利于实现合同目的的方式履行。

（六）履行费用的负担不明确的，由履行义务一方负担。

第六十三条　执行政府定价或者政府指导价的，在合同约定的交付期限内政府价格调整时，按照交付时的价格计价。逾期交付标的物的，遇价格上涨时，按照原价格执行；价格下降时，按照新价格执行。逾期提取标的物或者逾期付款的，遇价格上涨时，按照新价格执行；价格下降时，按照原价格执行。

第六十四条　当事人约定由债务人向第三人履行债务的，债务人未向第三人履行债务或者履行债务不符合约定，应当向债权人承担违约责任。

第六十五条　当事人约定由第三人向债权人履行债务的，第三人不履行债务或者履行债务不符合约定，债务人应当向债权人承担违约责任。

第六十六条　当事人互负债务，没有先后履行顺序的，应当同时履行。一方在对方履行之前有权拒绝其履行要求。一方在对方履行债务不符合约定时，有权拒绝其相应的履行要求。

第六十七条　当事人互负债务，有先后履行顺序，先履行一方未履行的，后履行一方有权拒绝其履行要求。先履行一方履行债务不符合约定的，后履行一方有权拒绝其相应的履行要求。

第六十八条　应当先履行债务的当事人，有确切证据证明对方有下列情形之一的，可以中止履行：

（一）经营状况严重恶化；

（二）转移财产、抽逃资金，以逃避债务；

（三）丧失商业信誉；

（四）有丧失或者可能丧失履行债务能力的其他情形。

当事人没有确切证据中止履行的，应当承担违约责任。

第六十九条　当事人依照本法第六十八条的规定中止履行的，应当及时通知对方。对方提供适当担保时，应当恢复履行。中止履行后，对方在合理期限内未恢复履行能力并且未提供适当担保的，中止履行的一方可以解除合同。

第七十条　债权人分立、合并或者变更住所没有通知债务人，致使履行债务发生困难的，债务人可以中止履行或者将标的物提存。

第七十一条　债权人可以拒绝债务人提

前履行债务，但提前履行不损害债权人利益的除外。

债务人提前履行债务给债权人增加的费用，由债务人负担。

第七十二条　债权人可以拒绝债务人部分履行债务，但部分履行不损害债权人利益的除外。

债务人部分履行债务给债权人增加的费用，由债务人负担。

第七十三条　因债务人怠于行使其到期债权，对债权人造成损害的，债权人可以向人民法院请求以自己的名义代位行使债务人的债权，但该债权专属于债务人自身的除外。

代位权的行使范围以债权人的债权为限。债权人行使代位权的必要费用，由债务人负担。

第七十四条　因债务人放弃其到期债权或者无偿转让财产，对债权人造成损害的，债权人可以请求人民法院撤销债务人的行为。债务人以明显不合理的低价转让财产，对债权人造成损害，并且受让人知道该情形的，债权人也可以请求人民法院撤销债务人的行为。

撤销权的行使范围以债权人的债权为限。债权人行使撤销权的必要费用，由债务人负担。

第七十五条　撤销权自债权人知道或者应当知道撤销事由之日起一年内行使。自债务人的行为发生之日起五年内没有行使撤销权的，该撤销权消灭。

第七十六条　合同生效后，当事人不得因姓名、名称的变更或者法定代表人、负责人、承办人的变动而不履行合同义务。

第五章　合同的变更和转让

第七十七条　当事人协商一致，可以变更合同。

法律、行政法规规定变更合同应当办理批准、登记等手续的，依照其规定。

第七十八条　当事人对合同变更的内容约定不明确的，推定为未变更。

第七十九条　债权人可以将合同的权利全部或者部分转让给第三人，但有下列情形之一的除外：

（一）根据合同性质不得转让；

（二）按照当事人约定不得转让；

（三）依照法律规定不得转让。

第八十条　债权人转让权利的，应当通知债务人。未经通知，该转让对债务人不发生效力。

债权人转让权利的通知不得撤销，但经受让人同意的除外。

第八十一条　债权人转让权利的，受让人取得与债权有关的从权利，但该从权利专属于债权人自身的除外。

第八十二条　债务人接到债权转让通知后，债务人对让与人的抗辩，可以向受让人主张。

第八十三条　债务人接到债权转让通知时，债务人对让与人享有债权，并且债务人的债权先于转让的债权到期或者同时到期的，债务人可以向受让人主张抵销。

第八十四条　债务人将合同的义务全部或者部分转移给第三人的，应当经债权人同意。

第八十五条　债务人转移义务的，新债务人可以主张原债务人对债权人的抗辩。

第八十六条　债务人转移义务的，新债务人应当承担与主债务有关的从债务，但该从债务专属于原债务人自身的除外。

第八十七条　法律、行政法规规定转让权利或者转移义务应当办理批准、登记等手续的，依照其规定。

第八十八条　当事人一方经对方同意，可以将自己在合同中的权利和义务一并转让给第三人。

第八十九条　权利和义务一并转让的，适用本法第七十九条、第八十一条至第八十三条、第八十五条至第八十七条的规定。

第九十条　当事人订立合同后合并的，由合并后的法人或者其他组织行使合同权利，履行合同义务。当事人订立合同后分立的，除债权人和债务人另有约定的以外，由分立的法人或者其他组织对合同的权利和义务享有连带债权，承担连带债务。

第六章 合同的权利义务终止

第九十一条 有下列情形之一的，合同的权利义务终止：

（一）债务已经按照约定履行；

（二）合同解除；

（三）债务相互抵销；

（四）债务人依法将标的物提存；

（五）债权人免除债务；

（六）债权债务同归于一人；

（七）法律规定或者当事人约定终止的其他情形。

第九十二条 合同的权利义务终止后，当事人应当遵循诚实信用原则，根据交易习惯履行通知、协助、保密等义务。

第九十三条 当事人协商一致，可以解除合同。

当事人可以约定一方解除合同的条件。解除合同的条件成就时，解除权人可以解除合同。

第九十四条 有下列情形之一的，当事人可以解除合同：

（一）因不可抗力致使不能实现合同目的；

（二）在履行期限届满之前，当事人一方明确表示或者以自己的行为表明不履行主要债务；

（三）当事人一方迟延履行主要债务，经催告后在合理期限内仍未履行；

（四）当事人一方迟延履行债务或者有其他违约行为致使不能实现合同目的；

（五）法律规定的其他情形。

第九十五条 法律规定或者当事人约定解除权行使期限，期限届满当事人不行使的，该权利消灭。

法律没有规定或者当事人没有约定解除权行使期限，经对方催告后在合理期限内不行使的，该权利消灭。

第九十六条 当事人一方依照本法第九十三条第二款、第九十四条的规定主张解除合同的，应当通知对方。合同自通知到达对方时解除。对方有异议的，可以请求人民法院或者仲裁机构确认解除合同的效力。

法律、行政法规规定解除合同应当办理批准、登记等手续的，依照其规定。

第九十七条 合同解除后，尚未履行的，终止履行；已经履行的，根据履行情况和合同性质，当事人可以要求恢复原状、采取其他补救措施，并有权要求赔偿损失。

第九十八条 合同的权利义务终止，不影响合同中结算和清理条款的效力。

第九十九条 当事人互负到期债务，该债务的标的物种类、品质相同的，任何一方可以将自己的债务与对方的债务抵销，但依照法律规定或者按照合同性质不得抵销的除外。

当事人主张抵销的，应当通知对方。通知自到达对方时生效。抵销不得附条件或者附期限。

第一百条 当事人互负债务，标的物种类、品质不相同的，经双方协商一致，也可以抵销。

第一百零一条 有下列情形之一，难以履行债务的，债务人可以将标的物提存：

（一）债权人无正当理由拒绝受领；

（二）债权人下落不明；

（三）债权人死亡未确定继承人或者丧失民事行为能力未确定监护人；

（四）法律规定的其他情形。

标的物不适于提存或者提存费用过高的，债务人依法可以拍卖或者变卖标的物，提存所得的价款。

第一百零二条 标的物提存后，除债权人下落不明的以外，债务人应当及时通知债权人或者债权人的继承人、监护人。

第一百零三条 标的物提存后，毁损、灭失的风险由债权人承担。提存期间，标的物的孳息归债权人所有。提存费用由债权人负担。

第一百零四条 债权人可以随时领取提存物，但债权人对债务人负有到期债务的，在债权人未履行债务或者提供担保之前，提存部门根据债务人的要求应当拒绝其领取提存物。

债权人领取提存物的权利，自提存之日起五年内不行使而消灭，提存物扣除提存费用后归国家所有。

第一百零五条 债权人免除债务人部分或者全部债务的，合同的权利义务部分或者全部终止。

第一百零六条 债权和债务同归于一人的，合同的权利义务终止，但涉及第三人利益的除外。

第七章 违约责任

第一百零七条 当事人一方不履行合同义务或者履行合同义务不符合约定的，应当承担继续履行、采取补救措施或者赔偿损失等违约责任。

第一百零八条 当事人一方明确表示或者以自己的行为表明不履行合同义务的，对方可以在履行期限届满之前要求其承担违约责任。

第一百零九条 当事人一方未支付价款或者报酬的，对方可以要求其支付价款或者报酬。

第一百一十条 当事人一方不履行非金钱债务或者履行非金钱债务不符合约定的，对方可以要求履行，但有下列情形之一的除外：

（一）法律上或者事实上不能履行；

（二）债务的标的不适于强制履行或者履行费用过高；

（三）债权人在合理期限内未要求履行。

第一百一十一条 质量不符合约定的，应当按照当事人的约定承担违约责任。对违约责任没有约定或者约定不明确，依照本法第六十一条的规定仍不能确定的，受损害方根据标的的性质以及损失的大小，可以合理选择要求对方承担修理、更换、重作、退货、减少价款或者报酬等违约责任。

第一百一十二条 当事人一方不履行合同义务或者履行合同义务不符合约定的，在履行义务或者采取补救措施后，对方还有其他损失的，应当赔偿损失。

第一百一十三条 当事人一方不履行合同义务或者履行合同义务不符合约定，给对方造成损失的，损失赔偿额应当相当于因违约所造成的损失，包括合同履行后可以获得的利益，但不得超过违反合同一方订立合同时预见到或者应当预见到的因违反合同可能造成的损失。

经营者对消费者提供商品或者服务有欺诈行为的，依照《中华人民共和国消费者权益保护法》的规定承担损害赔偿责任。

第一百一十四条 当事人可以约定一方违约时应当根据违约情况向对方支付一定数额的违约金，也可以约定因违约产生的损失赔偿额的计算方法。

约定的违约金低于造成的损失的，当事人可以请求人民法院或者仲裁机构予以增加；约定的违约金过分高于造成的损失的，当事人可以请求人民法院或者仲裁机构予以适当减少。

当事人就迟延履行约定违约金的，违约方支付违约金后，还应当履行债务。

第一百一十五条 当事人可以依照《中华人民共和国担保法》约定一方向对方给付定金作为债权的担保。债务人履行债务后，定金应当抵作价款或者收回。给付定金的一方不履行约定的债务的，无权要求返还定金；收受定金的一方不履行约定的债务的，应当双倍返还定金。

第一百一十六条 当事人既约定违约金，又约定定金的，一方违约时，对方可以选择适用违约金或者定金条款。

第一百一十七条 因不可抗力不能履行合同的，根据不可抗力的影响，部分或者全部免除责任，但法律另有规定的除外。当事人迟延履行后发生不可抗力的，不能免除责任。

本法所称不可抗力，是指不能预见、不能避免并不能克服的客观情况。

第一百一十八条 当事人一方因不可抗力不能履行合同的，应当及时通知对方，以减轻可能给对方造成的损失，并应当在合理期限内提供证明。

第一百一十九条 当事人一方违约后，对方应当采取适当措施防止损失的扩大；没有采取适当措施致使损失扩大的，不得就扩大的损失要求赔偿。

当事人因防止损失扩大而支出的合理费用，由违约方承担。

第一百二十条 当事人双方都违反合同的，应当各自承担相应的责任。

第一百二十一条 当事人一方因第三人的原因造成违约的，应当向对方承担违约责任。当事人一方和第三人之间的纠纷，依照法律规定或者按照约定解决。

第一百二十二条 因当事人一方的违约行为，侵害对方人身、财产权益的，受损害方有权选择依照本法要求其承担违约责任或者依照其他法律要求其承担侵权责任。

第八章 其他规定

第一百二十三条 其他法律对合同另有规定的，依照其规定。

第一百二十四条 本法分则或者其他法律没有明文规定的合同，适用本法总则的规定，并可以参照本法分则或者其他法律最相类似的规定。

第一百二十五条 当事人对合同条款的理解有争议的，应当按照合同所使用的词句、合同的有关条款、合同的目的、交易习惯以及诚实信用原则，确定该条款的真实意思。

合同文本采用两种以上文字订立并约定具有同等效力的，对各文本使用的词句推定具有相同含义。各文本使用的词句不一致的，应当根据合同的目的予以解释。

第一百二十六条 涉外合同的当事人可以选择处理合同争议所适用的法律，但法律另有规定的除外。涉外合同的当事人没有选择的，适用与合同有最密切联系的国家的法律。

在中华人民共和国境内履行的中外合资经营企业合同、中外合作经营企业合同、中外合作勘探开发自然资源合同，适用中华人民共和国法律。

第一百二十七条 工商行政管理部门和其他有关行政主管部门在各自的职权范围内，依照法律、行政法规的规定，对利用合同危害国家利益、社会公共利益的违法行为，负责监督处理；构成犯罪的，依法追究刑事责任。

第一百二十八条 当事人可以通过和解或者调解解决合同争议。

当事人不愿和解、调解或者和解、调解不成的，可以根据仲裁协议向仲裁机构申请仲裁。涉外合同的当事人可以根据仲裁协议向中国仲裁机构或者其他仲裁机构申请仲裁。当事人没有订立仲裁协议或者仲裁协议无效的，可以向人民法院起诉。当事人应当履行发生法律效力的判决、仲裁裁决、调解书；拒不履行的，对方可以请求人民法院执行。

第一百二十九条 因国际货物买卖合同和技术进出口合同争议提起诉讼或者申请仲裁的期限为四年，自当事人知道或者应当知道其权利受到侵害之日起计算。因其他合同争议提起诉讼或者申请仲裁的期限，依照有关法律的规定。

分 则

第九章 买卖合同

第一百三十条 买卖合同是出卖人转移标的物的所有权于买受人，买受人支付价款的合同。

第一百三十一条 买卖合同的内容除依照本法第十二条的规定以外，还可以包括包装方式、检验标准和方法、结算方式、合同使用的文字及其效力等条款。

第一百三十二条 出卖的标的物，应当属于出卖人所有或者出卖人有权处分。

法律、行政法规禁止或者限制转让的标的物，依照其规定。

第一百三十三条 标的物的所有权自标的物交付时起转移，但法律另有规定或者当事人另有约定的除外。

第一百三十四条 当事人可以在买卖合同中约定买受人未履行支付价款或者其他义务的，标的物的所有权属于出卖人。

第一百三十五条 出卖人应当履行向买受人交付标的物或者交付提取标的物的单证，并转移标的物所有权的义务。

第一百三十六条 出卖人应当按照约定或者交易习惯向买受人交付提取标的物单证以外的有关单证和资料。

第一百三十七条 出卖具有知识产权的计算机软件等标的物的，除法律另有规定或者当事人另有约定的以外，该标的物的知识产权不属于买受人。

第一百三十八条 出卖人应当按照约定的期限交付标的物。约定交付期间的，出卖人可以在该交付期间内的任何时间交付。

第一百三十九条 当事人没有约定标的物的交付期限或者约定不明确的，适用本法第六十一条、第六十二条第四项的规定。

第一百四十条 标的物在订立合同之前已为买受人占有的，合同生效的时间为交付时间。

第一百四十一条 出卖人应当按照约定的地点交付标的物。

当事人没有约定交付地点或者约定不明确，依照本法第六十一条的规定仍不能确定的，适用下列规定：

（一）标的物需要运输的，出卖人应当将标的物交付给第一承运人以运交给买受人；

（二）标的物不需要运输，出卖人和买受人订立合同时知道标的物在某一地点的，出卖人应当在该地点交付标的物；不知道标的物在某一地点的，应当在出卖人订立合同时的营业地交付标的物。

第一百四十二条 标的物毁损、灭失的风险，在标的物交付之前由出卖人承担，交付之后由买受人承担，但法律另有规定或者当事人另有约定的除外。

第一百四十三条 因买受人的原因致使标的物不能按照约定的期限交付的，买受人应当自违反约定之日起承担标的物毁损、灭失的风险。

第一百四十四条 出卖人出卖交由承运人运输的在途标的物，除当事人另有约定的以外，毁损、灭失的风险自合同成立时起由买受人承担。

第一百四十五条 当事人没有约定交付地点或者约定不明确，依照本法第一百四十一条第二款第一项的规定标的物需要运输的，出卖人将标的物交付给第一承运人后，标的物毁损、灭失的风险由买受人承担。

第一百四十六条 出卖人按照约定或者依照本法第一百四十一条第二款第二项的规定将标的物置于交付地点，买受人违反约定没有收取的，标的物毁损、灭失的风险自违反约定之日起由买受人承担。

第一百四十七条 出卖人按照约定未交付有关标的物的单证和资料的，不影响标的物毁损、灭失风险的转移。

第一百四十八条 因标的物质量不符合质量要求，致使不能实现合同目的的，买受人可以拒绝接受标的物或者解除合同。买受人拒绝接受标的物或者解除合同的，标的物毁损、灭失的风险由出卖人承担。

第一百四十九条 标的物毁损、灭失的风险由买受人承担的，不影响因出卖人履行债务不符合约定，买受人要求其承担违约责任的权利。

第一百五十条 出卖人就交付的标的物，负有保证第三人不得向买受人主张任何权利的义务，但法律另有规定的除外。

第一百五十一条 买受人订立合同时知

道或者应当知道第三人对买卖的标的物享有权利的，出卖人不承担本法第一百五十条规定的义务。

第一百五十二条 买受人有确切证据证明第三人可能就标的物主张权利的，可以中止支付相应的价款，但出卖人提供适当担保的除外。

第一百五十三条 出卖人应当按照约定的质量要求交付标的物。出卖人提供有关标的物质量说明的，交付的标的物应当符合该说明的质量要求。

第一百五十四条 当事人对标的物的质量要求没有约定或者约定不明确，依照本法第六十一条的规定仍不能确定的，适用本法第六十二条第一项的规定。

第一百五十五条 出卖人交付的标的物不符合质量要求的，买受人可以依照本法第一百一十一条的规定要求承担违约责任。

第一百五十六条 出卖人应当按照约定的包装方式交付标的物。对包装方式没有约定或者约定不明确，依照本法第六十一条的规定仍不能确定的，应当按照通用的方式包装，没有通用方式的，应当采取足以保护标的物的包装方式。

第一百五十七条 买受人收到标的物时应当在约定的检验期间内检验。没有约定检验期间的，应当及时检验。

第一百五十八条 当事人约定检验期间的，买受人应当在检验期间内将标的物的数量或者质量不符合约定的情形通知出卖人。买受人怠于通知的，视为标的物的数量或者质量符合约定。

当事人没有约定检验期间的，买受人应当在发现或者应当发现标的物的数量或者质量不符合约定的合理期间内通知出卖人。买受人在合理期间内未通知或者自标的物收到之日起两年内未通知出卖人的，视为标的物的数量或者质量符合约定，但对标的物有质量保证期的，适用质量保证期，不适用该两年的规定。

出卖人知道或者应当知道提供的标的物不符合约定的，买受人不受前两款规定的通知时间的限制。

第一百五十九条 买受人应当按照约定的数额支付价款。对价款没有约定或者约定不明确，适用本法第六十一条、第六十二条第二项的规定。

第一百六十条 买受人应当按照约定的地点支付价款。对支付地点没有约定或者约定不明确，依照本法第六十一条的规定仍不能确定的，买受人应当在出卖人的营业地支付，但约定支付价款以交付标的物或者交付提取标的物单证为条件的，在交付标的物或者交付提取标的物单证的所在地支付。

第一百六十一条 买受人应当按照约定的时间支付价款。对支付时间没有约定或者约定不明确，依照本法第六十一条的规定仍不能确定的，买受人应当在收到标的物或者提取标的物单证的同时支付。

第一百六十二条 出卖人多交标的物的，买受人可以接收或者拒绝接收多交的部分。买受人接收多交部分的，按照合同的价格支付价款；买受人拒绝接收多交部分的，应当及时通知出卖人。

第一百六十三条 标的物在交付之前产生的孳息，归出卖人所有，交付之后产生的孳息，归买受人所有。

第一百六十四条 因标的物的主物不符合约定而解除合同的，解除合同的效力及于从物。因标的物的从物不符合约定被解除的，解除的效力不及于主物。

第一百六十五条 标的物为数物，其中一物不符合约定的，买受人可以就该物解除，但该物与他物分离使标的物的价值显受损害的，当事人可以就数物解除合同。

第一百六十六条 出卖人分批交付标的物的，出卖人对其中一批标的物不交付或者交付不符合约定，致使该批标的物不能实现合同目的的，买受人可以就该批标的物解除。

出卖人不交付其中一批标的物或者交付

不符合约定，致使今后其他各批标的物的交付不能实现合同目的的，买受人可以就该批以及今后其他各批标的物解除。

买受人如果就其中一批标的物解除，该批标的物与其他各批标的物相互依存的，可以就已经交付和未交付的各批标的物解除。

第一百六十七条 分期付款的买受人未支付到期价款的金额达到全部价款的五分之一的，出卖人可以要求买受人支付全部价款或者解除合同。

出卖人解除合同的，可以向买受人要求支付该标的物的使用费。

第一百六十八条 凭样品买卖的当事人应当封存样品，并可以对样品质量予以说明。出卖人交付的标的物应当与样品及其说明的质量相同。

第一百六十九条 凭样品买卖的买受人不知道样品有隐蔽瑕疵的，即使交付的标的物与样品相同，出卖人交付的标的物的质量仍然应当符合同种物的通常标准。

第一百七十条 试用买卖的当事人可以约定标的物的试用期间。对试用期间没有约定或者约定不明确，依照本法第六十一条的规定仍不能确定的，由出卖人确定。

第一百七十一条 试用买卖的买受人在试用期内可以购买标的物，也可以拒绝购买。试用期间届满，买受人对是否购买标的物未作表示的，视为购买。

第一百七十二条 招标投标买卖的当事人的权利和义务以及招标投标程序等，依照有关法律、行政法规的规定。

第一百七十三条 拍卖的当事人的权利和义务以及拍卖程序等，依照有关法律、行政法规的规定。

第一百七十四条 法律对其他有偿合同有规定的，依照其规定；没有规定的，参照买卖合同的有关规定。

第一百七十五条 当事人约定易货交易，转移标的物的所有权的，参照买卖合同的有关规定。

第十三章 租赁合同

第二百一十二条 租赁合同是出租人将租赁物交付承租人使用、收益，承租人支付租金的合同。

第二百一十三条 租赁合同的内容包括租赁物的名称、数量、用途、租赁期限、租金及其支付期限和方式、租赁物维修等条款。

第二百一十四条 租赁期限不得超过二十年。超过二十年的，超过部分无效。

租赁期间届满，当事人可以续订租赁合同，但约定的租赁期限自续订之日起不得超过二十年。

第二百一十五条 租赁期限六个月以上的，应当采用书面形式。当事人未采用书面形式的，视为不定期租赁。

第二百一十六条 出租人应当按照约定将租赁物交付承租人，并在租赁期间保持租赁物符合约定的用途。

第二百一十七条 承租人应当按照约定的方法使用租赁物。对租赁物的使用方法没有约定或者约定不明确，依照本法第六十一条的规定仍不能确定的，应当按照租赁物的性质使用。

第二百一十八条 承租人按照约定的方法或者租赁物的性质使用租赁物，致使租赁物受到损耗的，不承担损害赔偿责任。

第二百一十九条 承租人未按照约定的方法或者租赁物的性质使用租赁物，致使租赁物受到损失的，出租人可以解除合同并要求赔偿损失。

第二百二十条 出租人应当履行租赁物的维修义务，但当事人另有约定的除外。

第二百二十一条 承租人在租赁物需要维修时可以要求出租人在合理期限内维修。出租人未履行维修义务的，承租人可以自行维修，维修费用由出租人负担。因维修租赁物影响承租人使用的，应当相应减少租金或者延长租期。

第二百二十二条 承租人应当妥善保管租赁物，因保管不善造成租赁物毁损、灭失的，应当承担损害赔偿责任。

第二百二十三条　承租人经出租人同意，可以对租赁物进行改善或者增设他物。

承租人未经出租人同意，对租赁物进行改善或者增设他物的，出租人可以要求承租人恢复原状或者赔偿损失。

第二百二十四条　承租人经出租人同意，可以将租赁物转租给第三人。承租人转租的，承租人与出租人之间的租赁合同继续有效，第三人对租赁物造成损失的，承租人应当赔偿损失。

承租人未经出租人同意转租的，出租人可以解除合同。

第二百二十五条　在租赁期间因占有、使用租赁物获得的收益，归承租人所有，但当事人另有约定的除外。

第二百二十六条　承租人应当按照约定的期限支付租金。对支付期限没有约定或者约定不明确，依照本法第六十一条的规定仍不能确定，租赁期间不满一年的，应当在租赁期间届满时支付；租赁期间一年以上的，应当在每届满一年时支付，剩余期间不满一年的，应当在租赁期间届满时支付。

第二百二十七条　承租人无正当理由未支付或者迟延支付租金的，出租人可以要求承租人在合理期限内支付。承租人逾期不支付的，出租人可以解除合同。

第二百二十八条　因第三人主张权利，致使承租人不能对租赁物使用、收益的，承租人可以要求减少租金或者不支付租金。

第三人主张权利的，承租人应当及时通知出租人。

第二百二十九条　租赁物在租赁期间发生所有权变动的，不影响租赁合同的效力。

第二百三十条　出租人出卖租赁房屋的，应当在出卖之前的合理期限内通知承租人，承租人享有以同等条件优先购买的权利。

第二百三十一条　因不可归责于承租人的事由，致使租赁物部分或者全部毁损、灭失的，承租人可以要求减少租金或者不支付租金；因租赁物部分或者全部毁损、灭失，致使不能实现合同目的的，承租人可以解除合同。

第二百三十二条　当事人对租赁期限没有约定或者约定不明确，依照本法第六十一条的规定仍不能确定的，视为不定期租赁。当事人可以随时解除合同，但出租人解除合同应当在合理期限之前通知承租人。

第二百三十三条　租赁物危及承租人的安全或者健康的，即使承租人订立合同时明知该租赁物质量不合格，承租人仍然可以随时解除合同。

第二百三十四条　承租人在房屋租赁期间死亡的，与其生前共同居住的人可以按照原租赁合同租赁该房屋。

第二百三十五条　租赁期间届满，承租人应当返还租赁物。返还的租赁物应当符合按照约定或者租赁物的性质使用后的状态。

第二百三十六条　租赁期间届满，承租人继续使用租赁物，出租人没有提出异议的，原租赁合同继续有效，但租赁期限为不定期。

第十五章　承揽合同

第二百五十一条　承揽合同是承揽人按照定作人的要求完成工作，交付工作成果，定作人给付报酬的合同。

承揽包括加工、定作、修理、复制、测试、检验等工作。

第二百五十二条　承揽合同的内容包括承揽的标的、数量、质量、报酬、承揽方式、材料的提供、履行期限、验收标准和方法等条款。

第二百五十三条　承揽人应当以自己的设备、技术和劳力，完成主要工作，但当事人另有约定的除外。

承揽人将其承揽的主要工作交由第三人完成的，应当就该第三人完成的工作成果向定作人负责；未经定作人同意的，定作人也可以解除合同。

第二百五十四条　承揽人可以将其承揽的辅助工作交由第三人完成。承揽人将其承揽的辅助工作交由第三人完成的，应当就该第三人完成的工作成果向定作人负责。

第二百五十五条　承揽人提供材料的，承揽人应当按照约定选用材料，并接受定作人检验。

第二百五十六条　定作人提供材料的，定作人应当按照约定提供材料。承揽人对定作人提供的材料，应当及时检验，发现不符合约定时，应当及时通知定作人更换、补齐或者采取其他补救措施。

承揽人不得擅自更换定作人提供的材料，不得更换不需要修理的零部件。

第二百五十七条　承揽人发现定作人提供的图纸或者技术要求不合理的，应当及时通知定作人。因定作人怠于答复等原因造成承揽人损失的，应当赔偿损失。

第二百五十八条　定作人中途变更承揽工作的要求，造成承揽人损失的，应当赔偿损失。

第二百五十九条　承揽工作需要定作人协助的，定作人有协助的义务。定作人不履行协助义务致使承揽工作不能完成的，承揽人可以催告定作人在合理期限内履行义务，并可以顺延履行期限；定作人逾期不履行的，承揽人可以解除合同。

第二百六十条　承揽人在工作期间，应当接受定作人必要的监督检验。定作人不得因监督检验妨碍承揽人的正常工作。

第二百六十一条　承揽人完成工作的，应当向定作人交付工作成果，并提交必要的技术资料和有关质量证明。定作人应当验收该工作成果。

第二百六十二条　承揽人交付的工作成果不符合质量要求的，定作人可以要求承揽人承担修理、重作、减少报酬、赔偿损失等违约责任。

第二百六十三条　定作人应当按照约定的期限支付报酬。对支付报酬的期限没有约定或者约定不明确，依照本法第六十一条的规定仍不能确定的，定作人应当在承揽人交

付工作成果时支付；工作成果部分交付的，定作人应当相应支付。

第二百六十四条　定作人未向承揽人支付报酬或者材料费等价款的，承揽人对完成的工作成果享有留置权，但当事人另有约定的除外。

第二百六十五条　承揽人应当妥善保管定作人提供的材料以及完成的工作成果，因保管不善造成毁损、灭失的，应当承担损害赔偿责任。

第二百六十六条　承揽人应当按照定作人的要求保守秘密，未经定作人许可，不得留存复制品或者技术资料。

第二百六十七条　共同承揽人对定作人承担连带责任，但当事人另有约定的除外。

第二百六十八条　定作人可以随时解除承揽合同，造成承揽人损失的，应当赔偿损失。

第十六章　建设工程合同

第二百六十九条　建设工程合同是承包人进行工程建设，发包人支付价款的合同。

建设工程合同包括工程勘察、设计、施工合同。

第二百七十条　建设工程合同应当采用书面形式。

第二百七十一条　建设工程的招标投标活动，应当依照有关法律的规定公开、公平、公正进行。

第二百七十二条　发包人可以与总承包人订立建设工程合同，也可以分别与勘察人、设计人、施工人订立勘察、设计、施工承包合同。发包人不得将应当由一个承包人完成的建设工程肢解成若干部分发包给几个承包人。

总承包人或者勘察、设计、施工承包人经发包人同意，可以将自己承包的部分工作交由第三人完成。第三人就其完成的工作成果与总承包人或者勘察、设计、施工承包人向发包人承担连带责任。承包人不得将其承包的全部建设工程转包给第三人或者将其承

包的全部建设工程肢解以后以分包的名义分别转包给第三人。

禁止承包人将工程分包给不具备相应资质条件的单位。禁止分包单位将其承包的工程再分包。建设工程主体结构的施工必须由承包人自行完成。

第二百七十三条 国家重大建设工程合同，应当按照国家规定的程序和国家批准的投资计划、可行性研究报告等文件订立。

第二百七十四条 勘察、设计合同的内容包括提交有关基础资料和文件（包括概预算）的期限、质量要求、费用以及其他协作条件等条款。

第二百七十五条 施工合同的内容包括工程范围、建设工期、中间交工工程的开工和竣工时间、工程质量、工程造价、技术资料交付时间、材料和设备供应责任、拨款和结算、竣工验收、质量保修范围和质量保证期、双方相互协作等条款。

第二百七十六条 建设工程实行监理的，发包人应当与监理人采用书面形式订立委托监理合同。发包人与监理人的权利和义务以及法律责任，应当依照本法委托合同以及其他有关法律、行政法规的规定。

第二百七十七条 发包人在不妨碍承包人正常作业的情况下，可以随时对作业进度、质量进行检查。

第二百七十八条 隐蔽工程在隐蔽以前，承包人应当通知发包人检查。发包人没有及时检查的，承包人可以顺延工程日期，并有权要求赔偿停工、窝工等损失。

第二百七十九条 建设工程竣工后，发包人应当根据施工图纸及说明书、国家颁发的施工验收规范和质量检验标准及时进行验收。验收合格的，发包人应当按照约定支付价款，并接收该建设工程。建设工程竣工经验收合格后，方可交付使用；未经验收或者验收不合格的，不得交付使用。

第二百八十条 勘察、设计的质量不符合要求或者未按照期限提交勘察、设计文件拖延工期，造成发包人损失的，勘察人、设计人应当继续完善勘察、设计，减收或者免收勘察、设计费并赔偿损失。

第二百八十一条 因施工人的原因致使建设工程质量不符合约定的，发包人有权要求施工人在合理期限内无偿修理或者返工、改建。经过修理或者返工、改建后，造成逾期交付的，施工人应当承担违约责任。

第二百八十二条 因承包人的原因致使建设工程在合理使用期限内造成人身和财产损害的，承包人应当承担损害赔偿责任。

第二百八十三条 发包人未按照约定的时间和要求提供原材料、设备、场地、资金、技术资料的，承包人可以顺延工程日期，并有权要求赔偿停工、窝工等损失。

第二百八十四条 因发包人的原因致使工程中途停建、缓建的，发包人应当采取措施弥补或者减少损失，赔偿承包人因此造成的停工、窝工、倒运、机械设备调迁、材料和构件积压等损失和实际费用。

第二百八十五条 因发包人变更计划，提供的资料不准确，或者未按照期限提供必需的勘察、设计工作条件而造成勘察、设计的返工、停工或者修改设计，发包人应当按照勘察人、设计人实际消耗的工作量增付费用。

第二百八十六条 发包人未按照约定支付价款的，承包人可以催告发包人在合理期限内支付价款。发包人逾期不支付的，除按照建设工程的性质不宜折价、拍卖的以外，承包人可以与发包人协议将该工程折价，也可以申请人民法院将该工程依法拍卖。建设工程的价款就该工程折价或者拍卖的价款优先受偿。

第二百八十七条 本章没有规定的，适用承揽合同的有关规定。

第二十一章 委托合同

第三百九十六条 委托合同是委托人和受托人约定，由受托人处理委托人事务的合同。

第三百九十七条　委托人可以特别委托受托人处理一项或者数项事务，也可以概括委托受托人处理一切事务。

第三百九十八条　委托人应当预付处理委托事务的费用。受托人为处理委托事务垫付的必要费用，委托人应当偿还该费用及其利息。

第三百九十九条　受托人应当按照委托人的指示处理委托事务。需要变更委托人指示的，应当经委托人同意；因情况紧急，难以和委托人取得联系的，受托人应当妥善处理委托事务，但事后应当将该情况及时报告委托人。

第四百条　受托人应当亲自处理委托事务。经委托人同意，受托人可以转委托。转委托经同意的，委托人可以就委托事务直接指示转委托的第三人，受托人仅就第三人的选任及其对第三人的指示承担责任。转委托未经同意的，受托人应当对转委托的第三人的行为承担责任，但在紧急情况下受托人为维护委托人的利益需要转委托的除外。

第四百零一条　受托人应当按照委托人的要求，报告委托事务的处理情况。委托合同终止时，受托人应当报告委托事务的结果。

第四百零二条　受托人以自己的名义，在委托人的授权范围内与第三人订立的合同，第三人在订立合同时知道受托人与委托人之间的代理关系的，该合同直接约束委托人和第三人，但有确切证据证明该合同只约束受托人和第三人的除外。

第四百零三条　受托人以自己的名义与第三人订立合同时，第三人不知道受托人与委托人之间的代理关系的，受托人因第三人的原因对委托人不履行义务，受托人应当向委托人披露第三人，委托人因此可以行使受托人对第三人的权利，但第三人与受托人订立合同时如果知道该委托人就不会订立合同的除外。

受托人因委托人的原因对第三人不履行义务，受托人应当向第三人披露委托人，第三人因此可以选择受托人或者委托人作为相对人主张其权利，但第三人不得变更选定的相对人。

委托人行使受托人对第三人的权利的，第三人可以向委托人主张其对受托人的抗辩。第三人选定委托人作为其相对人的，委托人可以向第三人主张其对受托人的抗辩以及受托人对第三人的抗辩。

第四百零四条　受托人处理委托事务取得的财产，应当转交给委托人。

第四百零五条　受托人完成委托事务的，委托人应当向其支付报酬。因不可归责于受托人的事由，委托合同解除或者委托事务不能完成的，委托人应当向受托人支付相应的报酬。当事人另有约定的，按照其约定。

第四百零六条　有偿的委托合同，因受托人的过错给委托人造成损失的，委托人可以要求赔偿损失。无偿的委托合同，因受托人的故意或者重大过失给委托人造成损失的，委托人可以要求赔偿损失。

受托人超越权限给委托人造成损失的，应当赔偿损失。

第四百零七条　受托人处理委托事务时，因不可归责于自己的事由受到损失的，可以向委托人要求赔偿损失。

第四百零八条　委托人经受托人同意，可以在受托人之外委托第三人处理委托事务。因此给受托人造成损失的，受托人可以向委托人要求赔偿损失。

第四百零九条　两个以上的受托人共同处理委托事务的，对委托人承担连带责任。

第四百一十条　委托人或者受托人可以随时解除委托合同。因解除合同给对方造成损失的，除不可归责于该当事人的事由以外，应当赔偿损失。

第四百一十一条　委托人或者受托人死亡、丧失民事行为能力或者破产的，委托合同终止，但当事人另有约定或者根据委托事务的性质不宜终止的除外。

第四百一十二条　因委托人死亡、丧失

民事行为能力或者破产，致使委托合同终止将损害委托人利益的，在委托人的继承人、法定代理人或者清算组织承受委托事务之前，受托人应当继续处理委托事务。

第四百一十三条 因受托人死亡、丧失民事行为能力或者破产，致使委托合同终止的，受托人的继承人、法定代理人或者清算组织应当及时通知委托人。因委托合同终止将损害委托人利益的，在委托人作出善后处理之前，受托人的继承人、法定代理人或者清算组织应当采取必要措施。

第二十二章 行纪合同

第四百一十四条 行纪合同是行纪人以自己的名义为委托人从事贸易活动，委托人支付报酬的合同。

第四百一十五条 行纪人处理委托事务支出的费用，由行纪人负担，但当事人另有约定的除外。

第四百一十六条 行纪人占有委托物的，应当妥善保管委托物。

第四百一十七条 委托物交付给行纪人时有瑕疵或者容易腐烂、变质的，经委托人同意，行纪人可以处分该物；和委托人不能及时取得联系的，行纪人可以合理处分。

第四百一十八条 行纪人低于委托人指定的价格卖出或者高于委托人指定的价格买入的，应当经委托人同意。未经委托人同意，行纪人补偿其差额的，该买卖对委托人发生效力。

行纪人高于委托人指定的价格卖出或者低于委托人指定的价格买入的，可以按照约定增加报酬。没有约定或者约定不明确，依照本法第六十一条的规定仍不能确定的，该利益属于委托人。

委托人对价格有特别指示的，行纪人不得违背该指示卖出或者买入。

第四百一十九条 行纪人卖出或者买入具有市场定价的商品，除委托人有相反的意思表示的以外，行纪人自己可以作为买受人或者出卖人。

行纪人有前款规定情形的，仍然可以要求委托人支付报酬。

第四百二十条 行纪人按照约定买入委托物，委托人应当及时受领。经行纪人催告，委托人无正当理由拒绝受领的，行纪人依照本法第一百零一条的规定可以提存委托物。

委托物不能卖出或者委托人撤回出卖，经行纪人催告，委托人不取回或者不处分该物的，行纪人依照本法第一百零一条的规定可以提存委托物。

第四百二十一条 行纪人与第三人订立合同的，行纪人对该合同直接享有权利、承担义务。

第三人不履行义务致使委托人受到损害的，行纪人应当承担损害赔偿责任，但行纪人与委托人另有约定的除外。

第四百二十二条 行纪人完成或者部分完成委托事务的，委托人应当向其支付相应的报酬。委托人逾期不支付报酬的，行纪人对委托物享有留置权，但当事人另有约定的除外。

第四百二十三条 本章没有规定的，适用委托合同的有关规定。

第二十三章 居间合同

第四百二十四条 居间合同是居间人向委托人报告订立合同的机会或者提供订立合同的媒介服务，委托人支付报酬的合同。

第四百二十五条 居间人应当就有关订立合同的事项向委托人如实报告。

居间人故意隐瞒与订立合同有关的重要事实或者提供虚假情况，损害委托人利益的，不得要求支付报酬并应当承担损害赔偿责任。

第四百二十六条 居间人促成合同成立的，委托人应当按照约定支付报酬。对居间人的报酬没有约定或者约定不明确，依照本法第六十一条的规定仍不能确定的，根据居间人的劳务合理确定。因居间人提供订立合同的媒介服务而促成合同成立的，由该合同的当事人平均负担居间人的报酬。

居间人促成合同成立的，居间活动的费

用，由居间人负担。

第四百二十七条 居间人未促成合同成立的，不得要求支付报酬，但可以要求委托人支付从事居间活动支出的必要费用。

附　则

第四百二十八条 本法自 1999 年 10 月 1 日起施行，《中华人民共和国经济合同法》《中华人民共和国涉外经济合同法》《中华人民共和国技术合同法》同时废止。

最高人民法院
关于适用《中华人民共和国合同法》若干问题的解释（一）

法释〔1999〕19 号

（1999 年 12 月 1 日最高人民法院审判委员会第 1090 次会议通过
1999 年 12 月 19 日最高人民法院公告公布　自 1999 年 12 月 29 日起施行）

为了正确审理合同纠纷案件，根据《中华人民共和国合同法》（以下简称合同法）的规定，对人民法院适用合同法的有关问题作出如下解释：

一、法律适用范围

第一条 合同法实施以后成立的合同发生纠纷起诉到人民法院的，适用合同法的规定；合同法实施以前成立的合同发生纠纷起诉到人民法院的，除本解释另有规定的以外，适用当时的法律规定，当时没有法律规定的，可以适用合同法的有关规定。

第二条 合同成立于合同法实施之前，但合同约定的履行期限跨越合同法实施之日或者履行期限在合同法实施之后，因履行合同发生的纠纷，适用合同法第四章的有关规定。

第三条 人民法院确认合同效力时，对合同法实施以前成立的合同，适用当时的法律合同无效而适用合同法合同有效的，则适用合同法。

第四条 合同法实施以后，人民法院确认合同无效，应当以全国人大及其常委会制定的法律和国务院制定的行政法规为依据，不得以地方性法规、行政规章为依据。

第五条 人民法院对合同法实施以前已经作出终审裁决的案件进行再审，不适用合同法。

二、诉讼时效

第六条 技术合同争议当事人的权利受到侵害的事实发生在合同法实施之前，自当事人知道或者应当知道其权利受到侵害之日起至合同法实施之日超过 1 年的，人民法院不予保护；尚未超过 1 年的，其提起诉讼的时效期间为 2 年。

第七条 技术进出口合同争议当事人的权利受到侵害的事实发生在合同法实施之前，自当事人知道或者应当知道其权利受到侵害之日起至合同法施行之日超过 2 年的，人民法院不予保护；尚未超过 2 年的，其提起诉讼的时效期间为 4 年。

第八条 合同法第五十五条规定的"1 年"、第七十五条和第一百零四条第二款规定的"5 年"为不变期间，不适用诉讼时效中止、中断或者延长的规定。

三、合同效力

第九条 依照合同法第四十四条第二款的规定，法律、行政法规规定合同应当办理批准手续，或者办理批准、登记等手续才生效，在一审法庭辩论终结前当事人仍未办理批准手续的，或者仍未办理批准、登记等手续的，人民法院应当认定该合同未生效；法律、行政法规规定合同应当办理登记手续，但未规定登记后生效的，当事人未办理登记手续不影响合同的效力，合同标的物所有权及其他物权不能转移。

合同法第七十七条第二款、第八十七条、第九十六条第二款所列合同变更、转让、解除等情形，依照前款规定处理。

第十条 当事人超越经营范围订立合同，人民法院不因此认定合同无效。但违反国家限制经营、特许经营以及法律、行政法规禁止经营规定的除外。

四、代位权

第十一条 债权人依照合同法第七十三条的规定提起代位权诉讼，应当符合下列条件：

（一）债权人对债务人的债权合法；

（二）债务人怠于行使其到期债权，对债权人造成损害；

（三）债务人的债权已到期；

（四）债务人的债权不是专属于债务人自身的债权。

第十二条 合同法第七十三条第一款规定的专属于债务人自身的债权，是指基于扶养关系、抚养关系、赡养关系、继承关系产生的给付请求权和劳动报酬、退休金、养老金、抚恤金、安置费、人寿保险、人身伤害赔偿请求权等权利。

第十三条 合同法第七十三条规定的"债务人怠于行使其到期债权，对债权人造成损害的"，是指债务人不履行其对债权人的到期债务，又不以诉讼方式或者仲裁方式向其债务人主张其享有的具有金钱给付内容的到期债权，致使债权人的到期债权未能实现。

次债务人（即债务人的债务人）不认为债务人有怠于行使其到期债权情况的，应当承担举证责任。

第十四条 债权人依照合同法第七十三条的规定提起代位权诉讼的，由被告住所地人民法院管辖。

第十五条 债权人向人民法院起诉债务人以后，又向同一人民法院对次债务人提起代位权诉讼，符合本解释第十四条的规定和《中华人民共和国民事诉讼法》第一百零八条规定的起诉条件的，应当立案受理；不符合本解释第十四条规定的，告知债权人向次债务人住所地人民法院另行起诉。

受理代位权诉讼的人民法院在债权人起诉债务人的诉讼裁决发生法律效力以前，应当依照《中华人民共和国民事诉讼法》第一百三十六条第（五）项的规定中止代位权诉讼。

第十六条 债权人以次债务人为被告向人民法院提起代位权诉讼，未将债务人列为第三人的，人民法院可以追加债务人为第三人。

两个或者两个以上债权人以同一次债务人为被告提起代位权诉讼的，人民法院可以合并审理。

第十七条 在代位权诉讼中，债权人请求人民法院对次债务人的财产采取保全措施的，应当提供相应的财产担保。

第十八条 在代位权诉讼中，次债务人对债务人的抗辩，可以向债权人主张。

债务人在代位权诉讼中对债权人的债权提出异议，经审查异议成立的，人民法院应当裁定驳回债权人的起诉。

第十九条 在代位权诉讼中，债权人胜诉的，诉讼费由次债务人负担，从实现的债权中优先支付。

第二十条 债权人向次债务人提起的代位权诉讼经人民法院审理后认定代位权成立的，由次债务人向债权人履行清偿义务，债权人与债务人、债务人与次债务人之间相应的债权债务关系即予消灭。

第二十一条 在代位权诉讼中，债权人行使代位权的请求数额超过债务人所负债务额或者超过次债务人对债务人所负债务额的，对超出部分人民法院不予支持。

第二十二条 债务人在代位权诉讼中，对超过债权人代位请求数额的债权部分起诉次债务人的，人民法院应当告知其向有管辖权的人民法院另行起诉。

债务人的起诉符合法定条件的，人民法院应当受理；受理债务人起诉的人民法院在代位权诉讼裁决发生法律效力以前，应当依法中止。

五、撤 销 权

第二十三条 债权人依照合同法第七十四条的规定提起撤销权诉讼的，由被告住所地人民法院管辖。

第二十四条 债权人依照合同法第七十四条的规定提起撤销权诉讼时只以债务人为被告，未将受益人或者受让人列为第三人的，人民法院可以追加该受益人或者受让人为第三人。

第二十五条 债权人依照合同法第七十四条的规定提起撤销权诉讼，请求人民法院撤销债务人放弃债权或转让财产的行为，人民法院应当就债权人主张的部分进行审理，依法撤销的，该行为自始无效。

两个或者两个以上债权人以同一债务人为被告，就同一标的提起撤销权诉讼的，人民法院可以合并审理。

第二十六条 债权人行使撤销权所支付的律师代理费、差旅费等必要费用，由债务人负担；第三人有过错的，应当适当分担。

六、合同转让中的第三人

第二十七条 债权人转让合同权利后，债务人与受让人之间因履行合同发生纠纷诉至人民法院，债务人对债权人的权利提出抗辩的，可以将债权人列为第三人。

第二十八条 经债权人同意，债务人转移合同义务后，受让人与债权人之间因履行合同发生纠纷诉至人民法院，受让人就债务人对债权人的权利提出抗辩的，可以将债务人列为第三人。

第二十九条 合同当事人一方经对方同意将其在合同中的权利义务一并转让给受让人，对方与受让人因履行合同发生纠纷诉至人民法院，对方就合同权利义务提出抗辩的，可以将出让方列为第三人。

七、请求权竞合

第三十条 债权人依照合同法第一百二十二条的规定向人民法院起诉时作出选择后，在一审开庭以前又变更诉讼请求的，人民法院应当准许。对方当事人提出管辖权异议，经审查异议成立的，人民法院应当驳回起诉。

最高人民法院
关于适用《中华人民共和国合同法》若干问题的解释（二）

法释〔2009〕5 号

（2009 年 2 月 9 日最高人民法院审判委员会第 1462 次会议通过
2009 年 4 月 24 日最高人民法院公告公布 自 2009 年 5 月 13 日起施行）

为了正确审理合同纠纷案件，根据《中华人民共和国合同法》的规定，对人民法院适用合同法的有关问题作出如下解释：

一、合同的订立

第一条 当事人对合同是否成立存在争议，人民法院能够确定当事人名称或者姓名、标的和数量的，一般应当认定合同成立。但法律另有规定或者当事人另有约定的除外。

对合同欠缺的前款规定以外的其他内容，当事人达不成协议的，人民法院依照合同法第六十一条、第六十二条、第一百二十五条等有关规定予以确定。

第二条 当事人未以书面形式或者口头形式订立合同，但从双方从事的民事行为能够推定双方有订立合同意愿的，人民法院可以认定是以合同法第十条第一款中的"其他形式"订立的合同。但法律另有规定的除外。

第三条 悬赏人以公开方式声明对完成一定行为的人支付报酬，完成特定行为的人请求悬赏人支付报酬的，人民法院依法予以支持。但悬赏有合同法第五十二条规定情形的除外。

第四条 采用书面形式订立合同，合同约定的签订地与实际签字或者盖章地点不符的，人民法院应当认定约定的签订地为合同签订地；合同没有约定签订地，双方当事人签字或者盖章不在同一地点的，人民法院应当认定最后签字或者盖章的地点为合同签订地。

第五条 当事人采用合同书形式订立合同的，应当签字或者盖章。当事人在合同书上摁手印的，人民法院应当认定其具有与签字或者盖章同等的法律效力。

第六条 提供格式条款的一方对格式条款中免除或者限制其责任的内容，在合同订立时采用足以引起对方注意的文字、符号、字体等特别标识，并按照对方的要求对该格式条款予以说明的，人民法院应当认定符合合同法第三十九条所称"采取合理的方式"。

提供格式条款一方对已尽合理提示及说明义务承担举证责任。

第七条 下列情形，不违反法律、行政法规强制性规定的，人民法院可以认定为合同法所称"交易习惯"：

（一）在交易行为当地或者某一领域、某一行业通常采用并为交易对方订立合同时所知道或者应当知道的做法；

（二）当事人双方经常使用的习惯做法。

对于交易习惯，由提出主张的一方当事人承担举证责任。

第八条 依照法律、行政法规的规定经批准或者登记才能生效的合同成立后，有义务办理申请批准或者申请登记等手续的一方当事人未按照法律规定或者合同约定办理申请批准或者未申请登记的，属于合同法第四十二条第（三）项规定的"其他违背诚实信用原则的行为"，人民法院可以根据案件的具体情况和相对人的请求，判决相对人自己办理有关手续；对方当事人对由此产生的费用和给相对人造成的实际损失，应当承担损害赔偿责任。

二、合同的效力

第九条 提供格式条款的一方当事人违反合同法第三十九条第一款关于提示和说明义务的规定，导致对方没有注意免除或者限制其责任的条款，对方当事人申请撤销该格式条款的，人民法院应当支持。

第十条 提供格式条款的一方当事人违反合同法第三十九条第一款的规定，并具有合同法第四十条规定的情形之一的，人民法院应当认定该格式条款无效。

第十一条 根据合同法第四十七条、第四十八条的规定，追认的意思表示自到达相对人时生效，合同自订立时起生效。

第十二条 无权代理人以被代理人的名义订立合同，被代理人已经开始履行合同义务的，视为对合同的追认。

第十三条 被代理人依照合同法第四十九条的规定承担有效代理行为所产生的责任后，可以向无权代理人追偿因代理行为而遭受的损失。

第十四条 合同法第五十二条第（五）项规定的"强制性规定"，是指效力性强制性规定。

第十五条 出卖人就同一标的物订立多重买卖合同，合同均不具有合同法第五十二条规定的无效情形，买受人因不能按照合同约定取得标的物所有权，请求追究出卖人违约责任的，人民法院应予支持。

三、合同的履行

第十六条 人民法院根据具体案情可以将合同法第六十四条、第六十五条规定的第三人列为无独立请求权的第三人，但不得依职权将其列为该合同诉讼案件的被告或者有独立请求权的第三人。

第十七条 债权人以境外当事人为被告提起的代位权诉讼，人民法院根据《中华人民共和国民事诉讼法》第二百四十一条的规定确定管辖。

第十八条 债务人放弃其未到期的债权或者放弃债权担保，或者恶意延长到期债权的履行期，对债权人造成损害，债权人依照合同法第七十四条的规定提起撤销权诉讼的，人民法院应当支持。

第十九条 对于合同法第七十四条规定的"明显不合理的低价"，人民法院应当以交易当地一般经营者的判断，并参考交易当时交易地的物价部门指导价或者市场交易价，结合其他相关因素综合考虑予以确认。

转让价格达不到交易时交易地的指导价或者市场交易价百分之七十的，一般可以视为明显不合理的低价；对转让价格高于当地指导价或者市场交易价百分之三十的，一般可以视为明显不合理的高价。

债务人以明显不合理的高价收购他人财产，人民法院可以根据债权人的申请，参照合同法第七十四条的规定予以撤销。

第二十条 债务人的给付不足以清偿其对同一债权人所负的数笔相同种类的全部债务，应当优先抵充已到期的债务；几项债务均到期的，优先抵充对债权人缺乏担保或者担保数额最少的债务；担保数额相同的，优先抵充债务负担较重的债务；负担相同的，

按照债务到期的先后顺序抵充；到期时间相同的，按比例抵充。但是，债权人与债务人对清偿的债务或者清偿抵充顺序有约定的除外。

第二十一条 债务人除主债务之外还应当支付利息和费用，当其给付不足以清偿全部债务时，并且当事人没有约定的，人民法院应当按照下列顺序抵充：

（一）实现债权的有关费用；

（二）利息；

（三）主债务。

四、合同的权利义务终止

第二十二条 当事人一方违反合同法第九十二条规定的义务，给对方当事人造成损失，对方当事人请求赔偿实际损失的，人民法院应当支持。

第二十三条 对于依照合同法第九十九条的规定可以抵销的到期债权，当事人约定不得抵销的，人民法院可以认定该约定有效。

第二十四条 当事人对合同法第九十六条、第九十九条规定的合同解除或者债务抵销虽有异议，但在约定的异议期限届满后才提出异议并向人民法院起诉的，人民法院不予支持；当事人没有约定异议期间，在解除合同或者债务抵销通知到达之日起三个月以后才向人民法院起诉的，人民法院不予支持。

第二十五条 依照合同法第一百零一条的规定，债务人将合同标的物或者标的物拍卖、变卖所得价款交付提存部门时，人民法院应当认定提存成立。

提存成立的，视为债务人在其提存范围内已经履行债务。

第二十六条 合同成立以后客观情况发生了当事人在订立合同时无法预见的、非不可抗力造成的不属于商业风险的重大变化，继续履行合同对于一方当事人明显不公平或者不能实现合同目的，当事人请求人民法院变更或者解除合同的，人民法院应当根据公平原则，并结合案件的实际情况确定是否变更或者解除。

五、违约责任

第二十七条 当事人通过反诉或者抗辩的方式，请求人民法院依照合同法第一百一十四条第二款的规定调整违约金的，人民法院应予支持。

第二十八条 当事人依照合同法第一百一十四条第二款的规定，请求人民法院增加违约金的，增加后的违约金数额以不超过实际损失额为限。增加违约金以后，当事人又请求对方赔偿损失的，人民法院不予支持。

第二十九条 当事人主张约定的违约金过高请求予以适当减少的，人民法院应当以实际损失为基础，兼顾合同的履行情况、当事人的过错程度以及预期利益等综合因素，根据公平原则和诚实信用原则予以衡量，并作出裁决。

当事人约定的违约金超过造成损失的百分之三十的，一般可以认定为合同法第一百一十四条第二款规定的"过分高于造成的损失"。

六、附　则

第三十条 合同法施行后成立的合同发生纠纷的案件，本解释施行后尚未终审的，适用本解释；本解释施行前已经终审，当事人申请再审或者按照审判监督程序决定再审的，不适用本解释。

最高人民法院
关于审理买卖合同纠纷案件适用法律问题的解释

法释〔2012〕8号

（2012年3月31日最高人民法院审判委员会第1545次会议通过
2012年5月10日最高人民法院公告公布　自2012年7月1日起施行）

为正确审理买卖合同纠纷案件，根据《中华人民共和国民法通则》《中华人民共和国合同法》《中华人民共和国物权法》《中华人民共和国民事诉讼法》等法律的规定，结合审判实践，制定本解释。

一、买卖合同的成立及效力

第一条 当事人之间没有书面合同，一方以送货单、收货单、结算单、发票等主张存在买卖合同关系的，人民法院应当结合当事人之间的交易方式、交易习惯以及其他相关证据，对买卖合同是否成立作出认定。

对账确认函、债权确认书等函件、凭证没有记载债权人名称，买卖合同当事人一方以此证明存在买卖合同关系的，人民法院应予支持，但有相反证据足以推翻的除外。

第二条 当事人签订认购书、订购书、预订书、意向书、备忘录等预约合同，约定在将来一定期限内订立买卖合同，一方不履行订立买卖合同的义务，对方请求其承担预约合同违约责任或者要求解除预约合同并主张损害赔偿的，人民法院应予支持。

第三条 当事人一方以出卖人在缔约时对标的物没有所有权或者处分权为由主张合同无效的，人民法院不予支持。

出卖人因未取得所有权或者处分权致使标的物所有权不能转移，买受人要求出卖人承担违约责任或者要求解除合同并主张损害赔偿的，人民法院应予支持。

第四条 人民法院在按照合同法的规定认定电子交易合同的成立及效力的同时，还应当适用电子签名法的相关规定。

二、标的物交付和所有权转移

第五条 标的物为无需以有形载体交付的电子信息产品，当事人对交付方式约定不明确，且依照合同法第六十一条的规定仍不能确定的，买受人收到约定的电子信息产品或者权利凭证即为交付。

第六条 根据合同法第一百六十二条的规定，买受人拒绝接收多交部分标的物的，可以代为保管多交部分标的物。买受人主张出卖人负担代为保管期间的合理费用的，人民法院应予支持。

买受人主张出卖人承担代为保管期间非因买受人故意或者重大过失造成的损失的，人民法院应予支持。

第七条 合同法第一百三十六条规定的"提取标的物单证以外的有关单证和资料"，主要应当包括保险单、保修单、普通发票、增值税专用发票、产品合格证、质量保证书、质量鉴定书、品质检验证书、产品进出口检疫书、原产地证明书、使用说明书、装箱单等。

第八条 出卖人仅以增值税专用发票及税款抵扣资料证明其已履行交付标的物义务，买受人不认可的，出卖人应当提供其他证据证明交付标的物的事实。

合同约定或者当事人之间习惯以普通发票作为付款凭证，买受人以普通发票证明已经履行付款义务的，人民法院应予支持，但有相反证据足以推翻的除外。

第九条 出卖人就同一普通动产订立多重买卖合同，在买卖合同均有效的情况下，买受人均要求实际履行合同的，应当按照以下情形分别处理：

（一）先行受领交付的买受人请求确认所有权已经转移的，人民法院应予支持；

（二）均未受领交付，先行支付价款的买受人请求出卖人履行交付标的物等合同义务的，人民法院应予支持；

（三）均未受领交付，也未支付价款，依法成立在先合同的买受人请求出卖人履行交付标的物等合同义务的，人民法院应予支持。

第十条 出卖人就同一船舶、航空器、机动车等特殊动产订立多重买卖合同，在买卖合同均有效的情况下，买受人均要求实际履行合同的，应当按照以下情形分别处理：

（一）先行受领交付的买受人请求出卖人履行办理所有权转移登记手续等合同义务的，人民法院应予支持；

（二）均未受领交付，先行办理所有权转移登记手续的买受人请求出卖人履行交付标的物等合同义务的，人民法院应予支持；

（三）均未受领交付，也未办理所有权转移登记手续，依法成立在先合同的买受人请求出卖人履行交付标的物和办理所有权转移登记手续等合同义务的，人民法院应予支持；

（四）出卖人将标的物交付给买受人之一，又为其他买受人办理所有权转移登记，已受领交付的买受人请求将标的物所有权登记在自己名下的，人民法院应予支持。

三、标的物风险负担

第十一条 合同法第一百四十一条第二款第（一）项规定的"标的物需要运输的"，是指标的物由出卖人负责办理托运，承运人系独立于买卖合同当事人之外的运输业者的情形。标的物毁损、灭失的风险负担，按照合同法第一百四十五条的规定处理。

第十二条 出卖人根据合同约定将标的物运送至买受人指定地点并交付给承运人后，标的物毁损、灭失的风险由买受人负担，但当事人另有约定的除外。

第十三条 出卖人出卖交由承运人运输的在途标的物，在合同成立时知道或者应当知道标的物已经毁损、灭失却未告知买受人，买受人主张出卖人负担标的物毁损、灭失的风险的，人民法院应予支持。

第十四条 当事人对风险负担没有约定，标的物为种类物，出卖人未以装运单据、加盖标记、通知买受人等可识别的方式清楚地将标的物特定于买卖合同，买受人主张不负担标的物毁损、灭失的风险的，人民法院应予支持。

四、标的物检验

第十五条 当事人对标的物的检验期间

未作约定，买受人签收的送货单、确认单等载明标的物数量、型号、规格的，人民法院应当根据合同法第一百五十七条的规定，认定买受人已对数量和外观瑕疵进行了检验，但有相反证据足以推翻的除外。

第十六条 出卖人依照买受人的指示向第三人交付标的物，出卖人和买受人之间约定的检验标准与买受人和第三人之间约定的检验标准不一致的，人民法院应当根据合同法第六十四条的规定，以出卖人和买受人之间约定的检验标准为标的物的检验标准。

第十七条 人民法院具体认定合同法第一百五十八条第二款规定的"合理期间"时，应当综合当事人之间的交易性质、交易目的、交易方式、交易习惯、标的物的种类、数量、性质、安装和使用情况、瑕疵的性质、买受人应尽的合理注意义务、检验方法和难易程度、买受人或者检验人所处的具体环境、自身技能以及其他合理因素，依据诚实信用原则进行判断。

合同法第一百五十八条第二款规定的"两年"是最长的合理期间。该期间为不变期间，不适用诉讼时效中止、中断或者延长的规定。

第十八条 约定的检验期间过短，依照标的物的性质和交易习惯，买受人在检验期间内难以完成全面检验的，人民法院应当认定该期间为买受人对外观瑕疵提出异议的期间，并根据本解释第十七条第一款的规定确定买受人对隐蔽瑕疵提出异议的合理期间。

约定的检验期间或者质量保证期间短于法律、行政法规规定的检验期间或者质量保证期间的，人民法院应当以法律、行政法规规定的检验期间或者质量保证期间为准。

第十九条 买受人在合理期间内提出异议，出卖人以买受人已经支付价款、确认欠款数额、使用标的物等为由，主张买受人放弃异议的，人民法院不予支持，但当事人另有约定的除外。

第二十条 合同法第一百五十八条规定的检验期间、合理期间、两年期间经过后，买受人主张标的物的数量或者质量不符合约定的，人民法院不予支持。

出卖人自愿承担违约责任后，又以上述期间经过为由翻悔的，人民法院不予支持。

五、违约责任

第二十一条 买受人依约保留部分价款作为质量保证金，出卖人在质量保证期间未及时解决质量问题而影响标的物的价值或者使用效果，出卖人主张支付该部分价款的，人民法院不予支持。

第二十二条 买受人在检验期间、质量保证期间、合理期间内提出质量异议，出卖人未按要求予以修理或者因情况紧急，买受人自行或者通过第三人修理标的物后，主张出卖人负担因此发生的合理费用的，人民法院应予支持。

第二十三条 标的物质量不符合约定，买受人依照合同法第一百一十一条的规定要求减少价款的，人民法院应予支持。当事人主张以符合约定的标的物和实际交付的标的物按交付时的市场价值计算差价的，人民法院应予支持。

价款已经支付，买受人主张返还减价后多出部分价款的，人民法院应予支持。

第二十四条 买卖合同对付款期限作出的变更，不影响当事人关于逾期付款违约金的约定，但该违约金的起算点应当随之变更。

买卖合同约定逾期付款违约金，买受人以出卖人接受价款时未主张逾期付款违约金为由拒绝支付该违约金的，人民法院不予支持。

买卖合同约定逾期付款违约金，但对账单、还款协议等未涉及逾期付款责任，出卖人根据对账单、还款协议等主张欠款时请求买受人依约支付逾期付款违约金的，人民法院应予支持，但对账单、还款协议等明确载有本金及逾期付款利息数额或者已经变更买卖合同中关于本金、利息等约定内容的除外。

买卖合同没有约定逾期付款违约金或者

该违约金的计算方法，出卖人以买受人违约为由主张赔偿逾期付款损失的，人民法院可以中国人民银行同期同类人民币贷款基准利率为基础，参照逾期罚息利率标准计算。

第二十五条 出卖人没有履行或者不当履行从给付义务，致使买受人不能实现合同目的，买受人主张解除合同的，人民法院应当根据合同法第九十四条第（四）项的规定，予以支持。

第二十六条 买卖合同因违约而解除后，守约方主张继续适用违约金条款的，人民法院应予支持；但约定的违约金过分高于造成的损失的，人民法院可以参照合同法第一百一十四条第二款的规定处理。

第二十七条 买卖合同当事人一方以对方违约为由主张支付违约金，对方以合同不成立、合同未生效、合同无效或者不构成违约等为由进行免责抗辩而未主张调整过高的违约金的，人民法院应当就法院若不支持免责抗辩，当事人是否需要主张调整违约金进行释明。

一审法院认为免责抗辩成立且未予释明，二审法院认为应当判决支付违约金的，可以直接释明并改判。

第二十八条 买卖合同约定的定金不足以弥补一方违约造成的损失，对方请求赔偿超过定金部分的损失的，人民法院可以并处，但定金和损失赔偿的数额总和不应高于因违约造成的损失。

第二十九条 买卖合同当事人一方违约造成对方损失，对方主张赔偿可得利益损失的，人民法院应当根据当事人的主张，依据合同法第一百一十三条、第一百一十九条、本解释第三十条、第三十一条等规定进行认定。

第三十条 买卖合同当事人一方违约造成对方损失，对方对损失的发生也有过错，违约方主张扣减相应的损失赔偿额的，人民法院应予支持。

第三十一条 买卖合同当事人一方因对方违约而获有利益，违约方主张从损失赔偿额中扣除该部分利益的，人民法院应予支持。

第三十二条 合同约定减轻或者免除出卖人对标的物的瑕疵担保责任，但出卖人故意或者因重大过失不告知买受人标的物的瑕疵，出卖人主张依约减轻或者免除瑕疵担保责任的，人民法院不予支持。

第三十三条 买受人在缔约时知道或者应当知道标的物质量存在瑕疵，主张出卖人承担瑕疵担保责任的，人民法院不予支持，但买受人在缔约时不知道该瑕疵会导致标的物的基本效用显著降低的除外。

六、所有权保留

第三十四条 买卖合同当事人主张合同法第一百三十四条关于标的物所有权保留的规定适用于不动产的，人民法院不予支持。

第三十五条 当事人约定所有权保留，在标的物所有权转移前，买受人有下列情形之一，对出卖人造成损害，出卖人主张取回标的物的，人民法院应予支持：

（一）未按约定支付价款的；

（二）未按约定完成特定条件的；

（三）将标的物出卖、出质或者作出其他不当处分的。

取回的标的物价值显著减少，出卖人要求买受人赔偿损失的，人民法院应予支持。

第三十六条 买受人已经支付标的物总价款的百分之七十五以上，出卖人主张取回标的物的，人民法院不予支持。

在本解释第三十五条第一款第（三）项情形下，第三人依据物权法第一百零六条的规定已经善意取得标的物所有权或者其他物权，出卖人主张取回标的物的，人民法院不予支持。

第三十七条 出卖人取回标的物后，买受人在双方约定的或者出卖人指定的回赎期间内，消除出卖人取回标的物的事由，主张回赎标的物的，人民法院应予支持。

买受人在回赎期间内没有回赎标的物的，出卖人可以另行出卖标的物。

出卖人另行出卖标的物的，出卖所得价

款依次扣除取回和保管费用、再交易费用、利息、未清偿的价金后仍有剩余的，应返还原买受人；如有不足，出卖人要求原买受人清偿的，人民法院应予支持，但原买受人有证据证明出卖人另行出卖的价格明显低于市场价格的除外。

七、特种买卖

第三十八条 合同法第一百六十七条第一款规定的"分期付款"，系指买受人将应付的总价款在一定期间内至少分三次向出卖人支付。

分期付款买卖合同的约定违反合同法第一百六十七条第一款的规定，损害买受人利益，买受人主张该约定无效的，人民法院应予支持。

第三十九条 分期付款买卖合同约定出卖人在解除合同时可以扣留已受领价金，出卖人扣留的金额超过标的物使用费以及标的物受损赔偿额，买受人请求返还超过部分的，人民法院应予支持。

当事人对标的物的使用费没有约定的，人民法院可以参照当地同类标的物的租金标准确定。

第四十条 合同约定的样品质量与文字说明不一致且发生纠纷时当事人不能达成合意，样品封存后外观和内在品质没有发生变化的，人民法院应当以样品为准；外观和内在品质发生变化，或者当事人对是否发生变化有争议而又无法查明的，人民法院应当以文字说明为准。

第四十一条 试用买卖的买受人在试用期内已经支付一部分价款的，人民法院应当认定买受人同意购买，但合同另有约定的除外。

在试用期内，买受人对标的物实施了出卖、出租、设定担保物权等非试用行为的，人民法院应当认定买受人同意购买。

第四十二条 买卖合同存在下列约定内容之一的，不属于试用买卖。买受人主张属于试用买卖的，人民法院不予支持：

（一）约定标的物经过试用或者检验符合一定要求时，买受人应当购买标的物；

（二）约定第三人经试验对标的物认可时，买受人应当购买标的物；

（三）约定买受人在一定期间内可以调换标的物；

（四）约定买受人在一定期间内可以退还标的物。

第四十三条 试用买卖的当事人没有约定使用费或者约定不明确，出卖人主张买受人支付使用费的，人民法院不予支持。

八、其他问题

第四十四条 出卖人履行交付义务后诉请买受人支付价款，买受人以出卖人违约在先为由提出异议的，人民法院应当按照下列情况分别处理：

（一）买受人拒绝支付违约金、拒绝赔偿损失或者主张出卖人应当采取减少价款等补救措施的，属于提出抗辩；

（二）买受人主张出卖人应支付违约金、赔偿损失或者要求解除合同的，应当提起反诉。

第四十五条 法律或者行政法规对债权转让、股权转让等权利转让合同有规定的，依照其规定；没有规定的，人民法院可以根据合同法第一百二十四条和第一百七十四条的规定，参照适用买卖合同的有关规定。

权利转让或者其他有偿合同参照适用买卖合同的有关规定的，人民法院应当首先引用合同法第一百七十四条的规定，再引用买卖合同的有关规定。

第四十六条 本解释施行前本院发布的有关购销合同、销售合同等有偿转移标的物所有权的合同的规定，与本解释抵触的，自本解释施行之日起不再适用。

本解释施行后尚未终审的买卖合同纠纷案件，适用本解释；本解释施行前已经终审，当事人申请再审或者按照审判监督程序决定再审的，不适用本解释。

中华人民共和国物权法

（2007 年 3 月 16 日第十届全国人民代表大会第五次会议通过
2007 年 3 月 16 日中华人民共和国主席令第 62 号公布
自 2007 年 10 月 1 日起施行）

目　　录

第一编　总　则

第一章　基本原则

第一条　为了维护国家基本经济制度，维护社会主义市场经济秩序，明确物的归属，发挥物的效用，保护权利人的物权，根据宪法，制定本法。

第二条　因物的归属和利用而产生的民事关系，适用本法。

本法所称物，包括不动产和动产。法律规定权利作为物权客体的，依照其规定。

本法所称物权，是指权利人依法对特定的物享有直接支配和排他的权利，包括所有权、用益物权和担保物权。

第三条　国家在社会主义初级阶段，坚持公有制为主体、多种所有制经济共同发展的基本经济制度。

国家巩固和发展公有制经济，鼓励、支持和引导非公有制经济的发展。

国家实行社会主义市场经济，保障一切市场主体的平等法律地位和发展权利。

第四条　国家、集体、私人的物权和其他权利人的物权受法律保护，任何单位和个人不得侵犯。

第五条　物权的种类和内容，由法律规定。

第六条　不动产物权的设立、变更、转让和消灭，应当依照法律规定登记。动产物权的设立和转让，应当依照法律规定交付。

第七条 物权的取得和行使，应当遵守法律，尊重社会公德，不得损害公共利益和他人合法权益。

第八条 其他相关法律对物权另有特别规定的，依照其规定。

第二章 物权的设立、变更、转让和消灭

第一节 不动产登记

第九条 不动产物权的设立、变更、转让和消灭，经依法登记，发生效力；未经登记，不发生效力，但法律另有规定的除外。

依法属于国家所有的自然资源，所有权可以不登记。

第十条 不动产登记，由不动产所在地的登记机构办理。

国家对不动产实行统一登记制度。统一登记的范围、登记机构和登记办法，由法律、行政法规规定。

第十一条 当事人申请登记，应当根据不同登记事项提供权属证明和不动产界址、面积等必要材料。

第十二条 登记机构应当履行下列职责：

（一）查验申请人提供的权属证明和其他必要材料；

（二）就有关登记事项询问申请人；

（三）如实、及时登记有关事项；

（四）法律、行政法规规定的其他职责。

申请登记的不动产的有关情况需要进一步证明的，登记机构可以要求申请人补充材料，必要时可以实地查看。

第十三条 登记机构不得有下列行为：

（一）要求对不动产进行评估；

（二）以年检等名义进行重复登记；

（三）超出登记职责范围的其他行为。

第十四条 不动产物权的设立、变更、转让和消灭，依照法律规定应当登记的，自记载于不动产登记簿时发生效力。

第十五条 当事人之间订立有关设立、变更、转让和消灭不动产物权的合同，除法律另有规定或者合同另有约定外，自合同成立时生效；未办理物权登记的，不影响合同效力。

第十六条 不动产登记簿是物权归属和内容的根据。

不动产登记簿由登记机构管理。

第十七条 不动产权属证书是权利人享有该不动产物权的证明。不动产权属证书记载的事项，应当与不动产登记簿一致；记载不一致的，除有证据证明不动产登记簿确有错误外，以不动产登记簿为准。

第十八条 权利人、利害关系人可以申请查询、复制登记资料，登记机构应当提供。

第十九条 权利人、利害关系人认为不动产登记簿记载的事项错误的，可以申请更正登记。不动产登记簿记载的权利人书面同意更正或者有证据证明登记确有错误的，登记机构应当予以更正。

不动产登记簿记载的权利人不同意更正的，利害关系人可以申请异议登记。登记机构予以异议登记的，申请人在异议登记之日起十五日内不起诉，异议登记失效。异议登记不当，造成权利人损害的，权利人可以向申请人请求损害赔偿。

第二十条 当事人签订买卖房屋或者其他不动产物权的协议，为保障将来实现物权，按照约定可以向登记机构申请预告登记。预告登记后，未经预告登记的权利人同意，处分该不动产的，不发生物权效力。

预告登记后，债权消灭或者自能够进行不动产登记之日起三个月内未申请登记的，预告登记失效。

第二十一条 当事人提供虚假材料申请登记，给他人造成损害的，应当承担赔偿责任。

因登记错误，给他人造成损害的，登记机构应当承担赔偿责任。登记机构赔偿后，可以向造成登记错误的人追偿。

第二十二条 不动产登记费按件收取，

不得按照不动产的面积、体积或者价款的比例收取。具体收费标准由国务院有关部门会同价格主管部门规定。

第二节 动产交付

第二十三条 动产物权的设立和转让，自交付时发生效力，但法律另有规定的除外。

第二十四条 船舶、航空器和机动车等物权的设立、变更、转让和消灭，未经登记，不得对抗善意第三人。

第二十五条 动产物权设立和转让前，权利人已经依法占有该动产的，物权自法律行为生效时发生效力。

第二十六条 动产物权设立和转让前，第三人依法占有该动产的，负有交付义务的人可以通过转让请求第三人返还原物的权利代替交付。

第二十七条 动产物权转让时，双方又约定由出让人继续占有该动产的，物权自该约定生效时发生效力。

第三节 其他规定

第二十八条 因人民法院、仲裁委员会的法律文书或者人民政府的征收决定等，导致物权设立、变更、转让或者消灭的，自法律文书或者人民政府的征收决定等生效时发生效力。

第二十九条 因继承或者受遗赠取得物权的，自继承或者受遗赠开始时发生效力。

第三十条 因合法建造、拆除房屋等事实行为设立或者消灭物权的，自事实行为成就时发生效力。

第三十一条 依照本法第二十八条至第三十条规定享有不动产物权的，处分该物权时，依照法律规定需要办理登记的，未经登记，不发生物权效力。

第三章 物权的保护

第三十二条 物权受到侵害的，权利人可以通过和解、调解、仲裁、诉讼等途径解决。

第三十三条 因物权的归属、内容发生争议的，利害关系人可以请求确认权利。

第三十四条 无权占有不动产或者动产的，权利人可以请求返还原物。

第三十五条 妨害物权或者可能妨害物权的，权利人可以请求排除妨害或者消除危险。

第三十六条 造成不动产或者动产毁损的，权利人可以请求修理、重作、更换或者恢复原状。

第三十七条 侵害物权，造成权利人损害的，权利人可以请求损害赔偿，也可以请求承担其他民事责任。

第三十八条 本章规定的物权保护方式，可以单独适用，也可以根据权利被侵害的情形合并适用。

侵害物权，除承担民事责任外，违反行政管理规定的，依法承担行政责任；构成犯罪的，依法追究刑事责任。

第二编 所有权

第四章 一般规定

第三十九条 所有权人对自己的不动产或者动产，依法享有占有、使用、收益和处分的权利。

第四十条 所有权人有权在自己的不动产或者动产上设立用益物权和担保物权。用益物权人、担保物权人行使权利，不得损害所有权人的权益。

第四十一条 法律规定专属于国家所有的不动产和动产，任何单位和个人不能取得所有权。

第四十二条 为了公共利益的需要，依照法律规定的权限和程序可以征收集体所有的土地和单位、个人的房屋及其他不动产。

征收集体所有的土地，应当依法足额支付土地补偿费、安置补助费、地上附着物和青苗的补偿费等费用，安排被征地农民的社会保障费用，保障被征地农民的生活，维护被征地农民的合法权益。

征收单位、个人的房屋及其他不动产，应当依法给予拆迁补偿，维护被征收人的合法权益；征收个人住宅的，还应当保障被征收人的居住条件。

任何单位和个人不得贪污、挪用、私分、截留、拖欠征收补偿费等费用。

第四十三条 国家对耕地实行特殊保护，严格限制农用地转为建设用地，控制建设用地总量。不得违反法律规定的权限和程序征收集体所有的土地。

第四十四条 因抢险、救灾等紧急需要，依照法律规定的权限和程序可以征用单位、个人的不动产或者动产。被征用的不动产或者动产使用后，应当返还被征用人。单位、个人的不动产或者动产被征用或者征用后毁损、灭失的，应当给予补偿。

第五章 国家所有权和集体所有权、私人所有权

第四十五条 法律规定属于国家所有的财产，属于国家所有即全民所有。

国有财产由国务院代表国家行使所有权；法律另有规定的，依照其规定。

第四十六条 矿藏、水流、海域属于国家所有。

第四十七条 城市的土地，属于国家所有。法律规定属于国家所有的农村和城市郊区的土地，属于国家所有。

第四十八条 森林、山岭、草原、荒地、滩涂等自然资源，属于国家所有，但法律规定属于集体所有的除外。

第四十九条 法律规定属于国家所有的野生动植物资源，属于国家所有。

第五十条 无线电频谱资源属于国家所有。

第五十一条 法律规定属于国家所有的文物，属于国家所有。

第五十二条 国防资产属于国家所有。

铁路、公路、电力设施、电信设施和油气管道等基础设施，依照法律规定为国家所有的，属于国家所有。

第五十三条 国家机关对其直接支配的不动产和动产，享有占有、使用以及依照法律和国务院的有关规定处分的权利。

第五十四条 国家举办的事业单位对其直接支配的不动产和动产，享有占有、使用以及依照法律和国务院的有关规定收益、处分的权利。

第五十五条 国家出资的企业，由国务院、地方人民政府依照法律、行政法规规定分别代表国家履行出资人职责，享有出资人权益。

第五十六条 国家所有的财产受法律保护，禁止任何单位和个人侵占、哄抢、私分、截留、破坏。

第五十七条 履行国有财产管理、监督职责的机构及其工作人员，应当依法加强对国有财产的管理、监督，促进国有财产保值增值，防止国有财产损失；滥用职权，玩忽职守，造成国有财产损失的，应当依法承担法律责任。

违反国有财产管理规定，在企业改制、合并分立、关联交易等过程中，低价转让、合谋私分、擅自担保或者以其他方式造成国有财产损失的，应当依法承担法律责任。

第五十八条 集体所有的不动产和动产包括：

（一）法律规定属于集体所有的土地和森林、山岭、草原、荒地、滩涂；

（二）集体所有的建筑物、生产设施、农田水利设施；

（三）集体所有的教育、科学、文化、卫生、体育等设施；

（四）集体所有的其他不动产和动产。

第五十九条 农民集体所有的不动产和动产，属于本集体成员集体所有。

下列事项应当依照法定程序经本集体成员决定：

（一）土地承包方案以及将土地发包给本集体以外的单位或者个人承包；

（二）个别土地承包经营权人之间承包地的调整；

（三）土地补偿费等费用的使用、分配

办法;

(四)集体出资的企业的所有权变动等事项;

(五)法律规定的其他事项。

第六十条 对于集体所有的土地和森林、山岭、草原、荒地、滩涂等,依照下列规定行使所有权:

(一)属于村农民集体所有的,由村集体经济组织或者村民委员会代表集体行使所有权;

(二)分别属于村内两个以上农民集体所有的,由村内各该集体经济组织或者村民小组代表集体行使所有权;

(三)属于乡镇农民集体所有的,由乡镇集体经济组织代表集体行使所有权。

第六十一条 城镇集体所有的不动产和动产,依照法律、行政法规的规定由本集体享有占有、使用、收益和处分的权利。

第六十二条 集体经济组织或者村民委员会、村民小组应当依照法律、行政法规以及章程、村规民约向本集体成员公布集体财产的状况。

第六十三条 集体所有的财产受法律保护,禁止任何单位和个人侵占、哄抢、私分、破坏。

集体经济组织、村民委员会或者其负责人作出的决定侵害集体成员合法权益的,受侵害的集体成员可以请求人民法院予以撤销。

第六十四条 私人对其合法的收入、房屋、生活用品、生产工具、原材料等不动产和动产享有所有权。

第六十五条 私人合法的储蓄、投资及其收益受法律保护。

国家依照法律规定保护私人的继承权及其他合法权益。

第六十六条 私人的合法财产受法律保护,禁止任何单位和个人侵占、哄抢、破坏。

第六十七条 国家、集体和私人依法可以出资设立有限责任公司、股份有限公司或者其他企业。国家、集体和私人所有的不动

产或者动产,投到企业的,由出资人按照约定或者出资比例享有资产收益、重大决策以及选择经营管理者等权利并履行义务。

第六十八条 企业法人对其不动产和动产依照法律、行政法规以及章程享有占有、使用、收益和处分的权利。

企业法人以外的法人,对其不动产和动产的权利,适用有关法律、行政法规以及章程的规定。

第六十九条 社会团体依法所有的不动产和动产,受法律保护。

第六章 业主的建筑物区分所有权

第七十条 业主对建筑物内的住宅、经营性用房等专有部分享有所有权,对专有部分以外的共有部分享有共有和共同管理的权利。

第七十一条 业主对其建筑物专有部分享有占有、使用、收益和处分的权利。业主行使权利不得危及建筑物的安全,不得损害其他业主的合法权益。

第七十二条 业主对建筑物专有部分以外的共有部分,享有权利,承担义务;不得以放弃权利不履行义务。

业主转让建筑物内的住宅、经营性用房,其对共有部分享有的共有和共同管理的权利一并转让。

第七十三条 建筑区划内的道路,属于业主共有,但属于城镇公共道路的除外。建筑区划内的绿地,属于业主共有,但属于城镇公共绿地或者明示属于个人的除外。建筑区划内的其他公共场所、公用设施和物业服务用房,属于业主共有。

第七十四条 建筑区划内,规划用于停放汽车的车位、车库应当首先满足业主的需要。

建筑区划内,规划用于停放汽车的车位、车库的归属,由当事人通过出售、附赠或者出租等方式约定。

占用业主共有的道路或者其他场地用于

停放汽车的车位，属于业主共有。

第七十五条　业主可以设立业主大会，选举业主委员会。

地方人民政府有关部门应当对设立业主大会和选举业主委员会给予指导和协助。

第七十六条　下列事项由业主共同决定：

（一）制定和修改业主大会议事规则；

（二）制定和修改建筑物及其附属设施的管理规约；

（三）选举业主委员会或者更换业主委员会成员；

（四）选聘和解聘物业服务企业或者其他管理人；

（五）筹集和使用建筑物及其附属设施的维修资金；

（六）改建、重建建筑物及其附属设施；

（七）有关共有和共同管理权利的其他重大事项。

决定前款第五项和第六项规定的事项，应当经专有部分占建筑物总面积三分之二以上的业主且占总人数三分之二以上的业主同意。决定前款其他事项，应当经专有部分占建筑物总面积过半数的业主且占总人数过半数的业主同意。

第七十七条　业主不得违反法律、法规以及管理规约，将住宅改变为经营性用房。业主将住宅改变为经营性用房的，除遵守法律、法规以及管理规约外，应当经有利害关系的业主同意。

第七十八条　业主大会或者业主委员会的决定，对业主具有约束力。

业主大会或者业主委员会作出的决定侵害业主合法权益的，受侵害的业主可以请求人民法院予以撤销。

第七十九条　建筑物及其附属设施的维修资金，属于业主共有。经业主共同决定，可以用于电梯、水箱等共有部分的维修。维修资金的筹集、使用情况应当公布。

第八十条　建筑物及其附属设施的费用分摊、收益分配等事项，有约定的，按照约定；没有约定或者约定不明确的，按照业主专有部分占建筑物总面积的比例确定。

第八十一条　业主可以自行管理建筑物及其附属设施，也可以委托物业服务企业或者其他管理人管理。

对建设单位聘请的物业服务企业或者其他管理人，业主有权依法更换。

第八十二条　物业服务企业或者其他管理人根据业主的委托管理建筑区划内的建筑物及其附属设施，并接受业主的监督。

第八十三条　业主应当遵守法律、法规以及管理规约。

业主大会和业主委员会，对任意弃置垃圾、排放污染物或者噪声、违反规定饲养动物、违章搭建、侵占通道、拒付物业费等损害他人合法权益的行为，有权依照法律、法规以及管理规约，要求行为人停止侵害、消除危险、排除妨害、赔偿损失。业主对侵害自己合法权益的行为，可以依法向人民法院提起诉讼。

第七章　相邻关系

第八十四条　不动产的相邻权利人应当按照有利生产、方便生活、团结互助、公平合理的原则，正确处理相邻关系。

第八十五条　法律、法规对处理相邻关系有规定的，依照其规定；法律、法规没有规定的，可以按照当地习惯。

第八十六条　不动产权利人应当为相邻权利人用水、排水提供必要的便利。

对自然流水的利用，应当在不动产的相邻权利人之间合理分配。对自然流水的排放，应当尊重自然流向。

第八十七条　不动产权利人对相邻权利人因通行等必须利用其土地的，应当提供必要的便利。

第八十八条　不动产权利人因建造、修缮建筑物以及铺设电线、电缆、水管、暖气和燃气管线等必须利用相邻土地、建筑物的，该土地、建筑物的权利人应当提供必要的便利。

第八十九条 建造建筑物，不得违反国家有关工程建设标准，妨碍相邻建筑物的通风、采光和日照。

第九十条 不动产权利人不得违反国家规定弃置固体废物，排放大气污染物、水污染物、噪声、光、电磁波辐射等有害物质。

第九十一条 不动产权利人挖掘土地、建造建筑物、铺设管线以及安装设备等，不得危及相邻不动产的安全。

第九十二条 不动产权利人因用水、排水、通行、铺设管线等利用相邻不动产的，应当尽量避免对相邻的不动产权利人造成损害；造成损害的，应当给予赔偿。

第八章 共 有

第九十三条 不动产或者动产可以由两个以上单位、个人共有。共有包括按份共有和共同共有。

第九十四条 按份共有人对共有的不动产或者动产按照其份额享有所有权。

第九十五条 共同共有人对共有的不动产或者动产共同享有所有权。

第九十六条 共有人按照约定管理共有的不动产或者动产；没有约定或者约定不明确的，各共有人都有管理的权利和义务。

第九十七条 处分共有的不动产或者动产以及对共有的不动产或者动产作重大修缮的，应当经占份额三分之二以上的按份共有人或者全体共同共有人同意，但共有人之间另有约定的除外。

第九十八条 对共有物的管理费用以及其他负担，有约定的，按照约定；没有约定或者约定不明确的，按份共有人按照其份额负担，共同共有人共同负担。

第九十九条 共有人约定不得分割共有的不动产或者动产，以维持共有关系的，应当按照约定，但共有人有重大理由需要分割的，可以请求分割；没有约定或者约定不明确的，按份共有人可以随时请求分割，共同共有人在共有的基础丧失或者有重大理由需要分割时可以请求分割。因分割对其他共有人造成损害的，应当给予赔偿。

第一百条 共有人可以协商确定分割方式。达不成协议，共有的不动产或者动产可以分割并且不会因分割减损价值的，应当对实物予以分割；难以分割或者因分割会减损价值的，应当对折价或者拍卖、变卖取得的价款予以分割。

共有人分割所得的不动产或者动产有瑕疵的，其他共有人应当分担损失。

第一百零一条 按份共有人可以转让其享有的共有的不动产或者动产份额。其他共有人在同等条件下享有优先购买的权利。

第一百零二条 因共有的不动产或者动产产生的债权债务，在对外关系上，共有人享有连带债权、承担连带债务，但法律另有规定或者第三人知道共有人不具有连带债权债务关系的除外；在共有人内部关系上，除共有人另有约定外，按份共有人按照份额享有债权、承担债务，共同共有人共同享有债权、承担债务。偿还债务超过自己应当承担份额的按份共有人，有权向其他共有人追偿。

第一百零三条 共有人对共有的不动产或者动产没有约定为按份共有或者共同共有，或者约定不明确的，除共有人具有家庭关系等外，视为按份共有。

第一百零四条 按份共有人对共有的不动产或者动产享有的份额，没有约定或者约定不明确的，按照出资额确定；不能确定出资额的，视为等额享有。

第一百零五条 两个以上单位、个人共同享有用益物权、担保物权的，参照本章规定。

第九章 所有权取得的 特别规定

第一百零六条 无处分权人将不动产或者动产转让给受让人的，所有权人有权追回；除法律另有规定外，符合下列情形的，受让人取得该不动产或者动产的所有权：

（一）受让人受让该不动产或者动产时是善意的；

（二）以合理的价格转让；

（三）转让的不动产或者动产依照法律规定应当登记的已经登记，不需要登记的已经交付给受让人。

受让人依照前款规定取得不动产或者动产的所有权的，原所有权人有权向无处分权人请求赔偿损失。

当事人善意取得其他物权的，参照前两款规定。

第一百零七条 所有权人或者其他权利人有权追回遗失物。该遗失物通过转让被他人占有的，权利人有权向无处分权人请求损害赔偿，或者自知道或者应当知道受让人之日起二年内向受让人请求返还原物，但受让人通过拍卖或者向具有经营资格的经营者购得该遗失物的，权利人请求返还原物时应当支付受让人所付的费用。权利人向受让人支付所付费用后，有权向无处分权人追偿。

第一百零八条 善意受让人取得动产后，该动产上的原有权利消灭，但善意受让人在受让时知道或者应当知道该权利的除外。

第一百零九条 拾得遗失物，应当返还权利人。拾得人应当及时通知权利人领取，或者送交公安等有关部门。

第一百一十条 有关部门收到遗失物，知道权利人的，应当及时通知其领取；不知道的，应当及时发布招领公告。

第一百一十一条 拾得人在遗失物送交有关部门前，有关部门在遗失物被领取前，应当妥善保管遗失物。因故意或者重大过失致使遗失物毁损、灭失的，应当承担民事责任。

第一百一十二条 权利人领取遗失物时，应当向拾得人或者有关部门支付保管遗失物等支出的必要费用。

权利人悬赏寻找遗失物的，领取遗失物时应当按照承诺履行义务。

拾得人侵占遗失物的，无权请求保管遗失物等支出的费用，也无权请求权利人按照承诺履行义务。

第一百一十三条 遗失物自发布招领公告之日起六个月内无人认领的，归国家所有。

第一百一十四条 拾得漂流物、发现埋藏物或者隐藏物的，参照拾得遗失物的有关规定。文物保护法等法律另有规定的，依照其规定。

第一百一十五条 主物转让的，从物随主物转让，但当事人另有约定的除外。

第一百一十六条 天然孳息，由所有权人取得；既有所有权人又有用益物权人的，由用益物权人取得。当事人另有约定的，按照约定。

法定孳息，当事人有约定的，按照约定取得；没有约定或者约定不明确的，按照交易习惯取得。

第三编 用益物权

第十章 一般规定

第一百一十七条 用益物权人对他人所有的不动产或者动产，依法享有占有、使用和收益的权利。

第一百一十八条 国家所有或者国家所有由集体使用以及法律规定属于集体所有的自然资源，单位、个人依法可以占有、使用和收益。

第一百一十九条 国家实行自然资源有偿使用制度，但法律另有规定的除外。

第一百二十条 用益物权人行使权利，应当遵守法律有关保护和合理开发利用资源的规定。所有权人不得干涉用益物权人行使权利。

第一百二十一条 因不动产或者动产被征收、征用致使用益物权消灭或者影响用益物权行使的，用益物权人有权依照本法第四十二条、第四十四条的规定获得相应补偿。

第一百二十二条 依法取得的海域使用权受法律保护。

第一百二十三条 依法取得的探矿权、采矿权、取水权和使用水域、滩涂从事养殖、捕捞的权利受法律保护。

第十一章　土地承包经营权

第一百二十四条　农村集体经济组织实行家庭承包经营为基础、统分结合的双层经营体制。

农民集体所有和国家所有由农民集体使用的耕地、林地、草地以及其他用于农业的土地，依法实行土地承包经营制度。

第一百二十五条　土地承包经营权人依法对其承包经营的耕地、林地、草地等享有占有、使用和收益的权利，有权从事种植业、林业、畜牧业等农业生产。

第一百二十六条　耕地的承包期为三十年。草地的承包期为三十年至五十年。林地的承包期为三十年至七十年；特殊林木的林地承包期，经国务院林业行政主管部门批准可以延长。

前款规定的承包期届满，由土地承包经营权人按照国家有关规定继续承包。

第一百二十七条　土地承包经营权自土地承包经营权合同生效时设立。

县级以上地方人民政府应当向土地承包经营权人发放土地承包经营权证、林权证、草原使用权证，并登记造册，确认土地承包经营权。

第一百二十八条　土地承包经营权人依照农村土地承包法的规定，有权将土地承包经营权采取转包、互换、转让等方式流转。流转的期限不得超过承包期的剩余期限。未经依法批准，不得将承包地用于非农建设。

第一百二十九条　土地承包经营权人将土地承包经营权互换、转让，当事人要求登记的，应当向县级以上地方人民政府申请土地承包经营权变更登记；未经登记，不得对抗善意第三人。

第一百三十条　承包期内发包人不得调整承包地。

因自然灾害严重毁损承包地等特殊情形，需要适当调整承包的耕地和草地的，应当依照农村土地承包法等法律规定办理。

第一百三十一条　承包期内发包人不得收回承包地。农村土地承包法等法律另有规定的，依照其规定。

第一百三十二条　承包地被征收的，土地承包经营权人有权依照本法第四十二条第二款的规定获得相应补偿。

第一百三十三条　通过招标、拍卖、公开协商等方式承包荒地等农村土地，依照农村土地承包法等法律和国务院的有关规定，其土地承包经营权可以转让、入股、抵押或者以其他方式流转。

第一百三十四条　国家所有的农用地实行承包经营的，参照本法的有关规定。

第十二章　建设用地使用权

第一百三十五条　建设用地使用权人依法对国家所有的土地享有占有、使用和收益的权利，有权利用该土地建造建筑物、构筑物及其附属设施。

第一百三十六条　建设用地使用权可以在土地的地表、地上或者地下分别设立。新设立的建设用地使用权，不得损害已设立的用益物权。

第一百三十七条　设立建设用地使用权，可以采取出让或者划拨等方式。

工业、商业、旅游、娱乐和商品住宅等经营性用地以及同一土地有两个以上意向用地者的，应当采取招标、拍卖等公开竞价的方式出让。

严格限制以划拨方式设立建设用地使用权。采取划拨方式的，应当遵守法律、行政法规关于土地用途的规定。

第一百三十八条　采取招标、拍卖、协议等出让方式设立建设用地使用权的，当事人应当采取书面形式订立建设用地使用权出让合同。

建设用地使用权出让合同一般包括下列条款：

（一）当事人的名称和住所；

（二）土地界址、面积等；

（三）建筑物、构筑物及其附属设施占用的空间；

（四）土地用途；

（五）使用期限；

（六）出让金等费用及其支付方式；

（七）解决争议的方法。

第一百三十九条 设立建设用地使用权的，应当向登记机构申请建设用地使用权登记。建设用地使用权自登记时设立。登记机构应当向建设用地使用权人发放建设用地使用权证书。

第一百四十条 建设用地使用权人应当合理利用土地，不得改变土地用途；需要改变土地用途的，应当依法经有关行政主管部门批准。

第一百四十一条 建设用地使用权人应当依照法律规定以及合同约定支付出让金等费用。

第一百四十二条 建设用地使用权人建造的建筑物、构筑物及其附属设施的所有权属于建设用地使用权人，但有相反证据证明的除外。

第一百四十三条 建设用地使用权人有权将建设用地使用权转让、互换、出资、赠与或者抵押，但法律另有规定的除外。

第一百四十四条 建设用地使用权转让、互换、出资、赠与或者抵押的，当事人应当采取书面形式订立相应的合同。使用期限由当事人约定，但不得超过建设用地使用权的剩余期限。

第一百四十五条 建设用地使用权转让、互换、出资或者赠与的，应当向登记机构申请变更登记。

第一百四十六条 建设用地使用权转让、互换、出资或者赠与的，附着于该土地上的建筑物、构筑物及其附属设施一并处分。

第一百四十七条 建筑物、构筑物及其附属设施转让、互换、出资或者赠与的，该建筑物、构筑物及其附属设施占用范围内的建设用地使用权一并处分。

第一百四十八条 建设用地使用权期间届满前，因公共利益需要提前收回该土地的，应当依照本法第四十二条的规定对该土地上的房屋及其他不动产给予补偿，并退还相应的出让金。

第一百四十九条 住宅建设用地使用权期间届满的，自动续期。

非住宅建设用地使用权期间届满后的续期，依照法律规定办理。该土地上的房屋及其他不动产的归属，有约定的，按照约定；没有约定或者约定不明确的，依照法律、行政法规的规定办理。

第一百五十条 建设用地使用权消灭的，出让人应当及时办理注销登记。登记机构应当收回建设用地使用权证书。

第一百五十一条 集体所有的土地作为建设用地的，应当依照土地管理法等法律规定办理。

第十三章 宅基地使用权

第一百五十二条 宅基地使用权人依法对集体所有的土地享有占有和使用的权利，有权依法利用该土地建造住宅及其附属设施。

第一百五十三条 宅基地使用权的取得、行使和转让，适用土地管理法等法律和国家有关规定。

第一百五十四条 宅基地因自然灾害等原因灭失的，宅基地使用权消灭。对失去宅基地的村民，应当重新分配宅基地。

第一百五十五条 已经登记的宅基地使用权转让或者消灭的，应当及时办理变更登记或者注销登记。

第十四章 地役权

第一百五十六条 地役权人有权按照合同约定，利用他人的不动产，以提高自己的不动产的效益。

前款所称他人的不动产为供役地，自己的不动产为需役地。

第一百五十七条 设立地役权，当事人应当采取书面形式订立地役权合同。

地役权合同一般包括下列条款：

（一）当事人的姓名或者名称和住所；

（二）供役地和需役地的位置；

（三）利用目的和方法；

（四）利用期限；

（五）费用及其支付方式；

（六）解决争议的方法。

第一百五十八条 地役权自地役权合同生效时设立。当事人要求登记的，可以向登记机构申请地役权登记；未经登记，不得对抗善意第三人。

第一百五十九条 供役地权利人应当按照合同约定，允许地役权人利用其土地，不得妨害地役权人行使权利。

第一百六十条 地役权人应当按照约定的利用目的和方法利用供役地，尽量减少对供役地权利人物权的限制。

第一百六十一条 地役权的期限由当事人约定，但不得超过土地承包经营权、建设用地使用权等用益物权的剩余期限。

第一百六十二条 土地所有权人享有地役权或者负担地役权的，设立土地承包经营权、宅基地使用权时，该土地承包经营权人、宅基地使用权人继续享有或者负担已设立的地役权。

第一百六十三条 土地上已设立土地承包经营权、建设用地使用权、宅基地使用权等权利的，未经用益物权人同意，土地所有权人不得设立地役权。

第一百六十四条 地役权不得单独转让。土地承包经营权、建设用地使用权等转让的，地役权一并转让，但合同另有约定的除外。

第一百六十五条 地役权不得单独抵押。土地承包经营权、建设用地使用权等抵押的，在实现抵押权时，地役权一并转让。

第一百六十六条 需役地以及需役地上的土地承包经营权、建设用地使用权部分转让时，转让部分涉及地役权的，受让人同时享有地役权。

第一百六十七条 供役地以及供役地上的土地承包经营权、建设用地使用权部分转让时，转让部分涉及地役权的，地役权对受让人具有约束力。

第一百六十八条 地役权人有下列情形之一的，供役地权利人有权解除地役权合同，地役权消灭：

（一）违反法律规定或者合同约定，滥用地役权；

（二）有偿利用供役地，约定的付款期间届满后在合理期限内经两次催告未支付费用。

第一百六十九条 已经登记的地役权变更、转让或者消灭的，应当及时办理变更登记或者注销登记。

第四编 担保物权

第十五章 一般规定

第一百七十条 担保物权人在债务人不履行到期债务或者发生当事人约定的实现担保物权的情形，依法享有就担保财产优先受偿的权利，但法律另有规定的除外。

第一百七十一条 债权人在借贷、买卖等民事活动中，为保障实现其债权，需要担保的，可以依照本法和其他法律的规定设立担保物权。

第三人为债务人向债权人提供担保的，可以要求债务人提供反担保。反担保适用本法和其他法律的规定。

第一百七十二条 设立担保物权，应当依照本法和其他法律的规定订立担保合同。担保合同是主债权债务合同的从合同。主债权债务合同无效，担保合同无效，但法律另有规定的除外。

担保合同被确认无效后，债务人、担保人、债权人有过错的，应当根据其过错各自承担相应的民事责任。

第一百七十三条 担保物权的担保范围包括主债权及其利息、违约金、损害赔偿金、保管担保财产和实现担保物权的费用。当事人另有约定的，按照约定。

第一百七十四条 担保期间，担保财产毁损、灭失或者被征收等，担保物权人可以就获得的保险金、赔偿金或者补偿金等优先受偿。被担保债权的履行期未届满的，也可以提存该保险金、赔偿金或者补偿金等。

第一百七十五条 第三人提供担保，未经其书面同意，债权人允许债务人转移全部或者部分债务的，担保人不再承担相应的担保责任。

第一百七十六条 被担保的债权既有物的担保又有人的担保的，债务人不履行到期债务或者发生当事人约定的实现担保物权的情形，债权人应当按照约定实现债权；没有约定或者约定不明确，债务人自己提供物的担保的，债权人应当先就该物的担保实现债权；第三人提供物的担保的，债权人可以就物的担保实现债权，也可以要求保证人承担保证责任。提供担保的第三人承担担保责任后，有权向债务人追偿。

第一百七十七条 有下列情形之一的，担保物权消灭：

（一）主债权消灭；

（二）担保物权实现；

（三）债权人放弃担保物权；

（四）法律规定担保物权消灭的其他情形。

第一百七十八条 担保法与本法的规定不一致的，适用本法。

第十六章 抵押权

第一节 一般抵押权

第一百七十九条 为担保债务的履行，债务人或者第三人不转移财产的占有，将该财产抵押给债权人的，债务人不履行到期债务或者发生当事人约定的实现抵押权的情形，债权人有权就该财产优先受偿。

前款规定的债务人或者第三人为抵押人，债权人为抵押权人，提供担保的财产为抵押财产。

第一百八十条 债务人或者第三人有权处分的下列财产可以抵押：

（一）建筑物和其他土地附着物；

（二）建设用地使用权；

（三）以招标、拍卖、公开协商等方式取得的荒地等土地承包经营权；

（四）生产设备、原材料、半成品、产品；

（五）正在建造的建筑物、船舶、航空器；

（六）交通运输工具；

（七）法律、行政法规未禁止抵押的其他财产。

抵押人可以将前款所列财产一并抵押。

第一百八十一条 经当事人书面协议，企业、个体工商户、农业生产经营者可以将现有的以及将有的生产设备、原材料、半成品、产品抵押，债务人不履行到期债务或者发生当事人约定的实现抵押权的情形，债权人有权就实现抵押权时的动产优先受偿。

第一百八十二条 以建筑物抵押的，该建筑物占用范围内的建设用地使用权一并抵押。以建设用地使用权抵押的，该土地上的建筑物一并抵押。

抵押人未依照前款规定一并抵押的，未抵押的财产视为一并抵押。

第一百八十三条 乡镇、村企业的建设用地使用权不得单独抵押。以乡镇、村企业的厂房等建筑物抵押的，其占用范围内的建设用地使用权一并抵押。

第一百八十四条 下列财产不得抵押：

（一）土地所有权；

（二）耕地、宅基地、自留地、自留山等集体所有的土地使用权，但法律规定可以抵押的除外；

（三）学校、幼儿园、医院等以公益为目的的事业单位、社会团体的教育设施、医疗卫生设施和其他社会公益设施；

（四）所有权、使用权不明或者有争议的财产；

（五）依法被查封、扣押、监管的财产；

（六）法律、行政法规规定不得抵押的其他财产。

第一百八十五条 设立抵押权，当事人应当采取书面形式订立抵押合同。

抵押合同一般包括下列条款：

（一）被担保债权的种类和数额；

（二）债务人履行债务的期限；

（三）抵押财产的名称、数量、质量、状况、所在地、所有权归属或者使用权归属；

（四）担保的范围。

第一百八十六条 抵押权人在债务履行期届满前，不得与抵押人约定债务人不履行到期债务时抵押财产归债权人所有。

第一百八十七条 以本法第一百八十条第一款第一项至第三项规定的财产或者第五项规定的正在建造的建筑物抵押的，应当办理抵押登记。抵押权自登记时设立。

第一百八十八条 以本法第一百八十条第一款第四项、第六项规定的财产或者第五项规定的正在建造的船舶、航空器抵押的，抵押权自抵押合同生效时设立；未经登记，不得对抗善意第三人。

第一百八十九条 企业、个体工商户、农业生产经营者以本法第一百八十一条规定的动产抵押的，应当向抵押人住所地的工商行政管理部门办理登记。抵押权自抵押合同生效时设立；未经登记，不得对抗善意第三人。

依照本法第一百八十一条规定抵押的，不得对抗正常经营活动中已支付合理价款并取得抵押财产的买受人。

第一百九十条 订立抵押合同前抵押财产已出租的，原租赁关系不受该抵押权的影响。抵押权设立后抵押财产出租的，该租赁关系不得对抗已登记的抵押权。

第一百九十一条 抵押期间，抵押人经抵押权人同意转让抵押财产的，应当将转让所得的价款向抵押权人提前清偿债务或者提存。转让的价款超过债权数额的部分归抵押人所有，不足部分由债务人清偿。

抵押期间，抵押人未经抵押权人同意，不得转让抵押财产，但受让人代为清偿债务消灭抵押权的除外。

第一百九十二条 抵押权不得与债权分离而单独转让或者作为其他债权的担保。债权转让的，担保该债权的抵押权一并转让，但法律另有规定或者当事人另有约定的除外。

第一百九十三条 抵押人的行为足以使抵押财产价值减少的，抵押权人有权要求抵押人停止其行为。抵押财产价值减少的，抵押权人有权要求恢复抵押财产的价值，或者提供与减少的价值相应的担保。抵押人不恢复抵押财产的价值也不提供担保的，抵押权人有权要求债务人提前清偿债务。

第一百九十四条 抵押权人可以放弃抵押权或者抵押权的顺位。抵押权人与抵押人可以协议变更抵押权顺位以及被担保的债权数额等内容，但抵押权的变更，未经其他抵押权人书面同意，不得对其他抵押权人产生不利影响。

债务人以自己的财产设定抵押，抵押权人放弃该抵押权、抵押权顺位或者变更抵押权的，其他担保人在抵押权人丧失优先受偿权益的范围内免除担保责任，但其他担保人承诺仍然提供担保的除外。

第一百九十五条 债务人不履行到期债务或者发生当事人约定的实现抵押权的情形，抵押权人可以与抵押人协议以抵押财产折价或者以拍卖、变卖该抵押财产所得的价款优先受偿。协议损害其他债权人利益的，其他债权人可以在知道或者应当知道撤销事由之日起一年内请求人民法院撤销该协议。

抵押权人与抵押人未就抵押权实现方式达成协议的，抵押权人可以请求人民法院拍卖、变卖抵押财产。

抵押财产折价或者变卖的，应当参照市场价格。

第一百九十六条 依照本法第一百八十一条规定设定抵押的，抵押财产自下列情形之一发生时确定：

（一）债务履行期届满，债权未实现；

（二）抵押人被宣告破产或者被撤销；

（三）当事人约定的实现抵押权的情形；

（四）严重影响债权实现的其他情形。

第一百九十七条 债务人不履行到期债务或者发生当事人约定的实现抵押权的情形，致使抵押财产被人民法院依法扣押的，自扣押之日起抵押权人有权收取该抵押财产的天然孳息或者法定孳息，但抵押权人未通知应当清偿法定孳息的义务人的除外。

前款规定的孳息应当先充抵收取孳息的费用。

第一百九十八条 抵押财产折价或者拍卖、变卖后，其价款超过债权数额的部分归抵押人所有，不足部分由债务人清偿。

第一百九十九条 同一财产向两个以上债权人抵押的，拍卖、变卖抵押财产所得的价款依照下列规定清偿：

（一）抵押权已登记的，按照登记的先后顺序清偿；顺序相同的，按照债权比例清偿；

（二）抵押权已登记的先于未登记的受偿；

（三）抵押权未登记的，按照债权比例清偿。

第二百条 建设用地使用权抵押后，该土地上新增的建筑物不属于抵押财产。该建设用地使用权实现抵押权时，应当将该土地上新增的建筑物与建设用地使用权一并处分，但新增建筑物所得的价款，抵押权人无权优先受偿。

第二百零一条 依照本法第一百八十条第一款第三项规定的土地承包经营权抵押的，或者依照本法第一百八十三条规定以乡镇、村企业的厂房等建筑物占用范围内的建设用地使用权一并抵押的，实现抵押权后，未经法定程序，不得改变土地所有权的性质和土地用途。

第二百零二条 抵押权人应当在主债权诉讼时效期间行使抵押权；未行使的，人民法院不予保护。

第二节　最高额抵押权

第二百零三条 为担保债务的履行，债务人或者第三人对一定期间内将要连续发生的债权提供担保财产的，债务人不履行到期债务或者发生当事人约定的实现抵押权的情形，抵押权人有权在最高债权额限度内就该担保财产优先受偿。

最高额抵押权设立前已经存在的债权，经当事人同意，可以转入最高额抵押担保的债权范围。

第二百零四条 最高额抵押担保的债权确定前，部分债权转让的，最高额抵押权不得转让，但当事人另有约定的除外。

第二百零五条 最高额抵押担保的债权确定前，抵押权人与抵押人可以通过协议变更债权确定的期间、债权范围以及最高债权额，但变更的内容不得对其他抵押权人产生不利影响。

第二百零六条 有下列情形之一的，抵押权人的债权确定：

（一）约定的债权确定期间届满；

（二）没有约定债权确定期间或者约定不明确，抵押权人或者抵押人自最高额抵押权设立之日起满二年后请求确定债权；

（三）新的债权不可能发生；

（四）抵押财产被查封、扣押；

（五）债务人、抵押人被宣告破产或者被撤销；

（六）法律规定债权确定的其他情形。

第二百零七条 最高额抵押权除适用本节规定外，适用本章第一节一般抵押权的规定。

第十七章　质　权

第一节　动产质权

第二百零八条 为担保债务的履行，债务人或者第三人将其动产出质给债权人占有的，债务人不履行到期债务或者发生当事人约定的实现质权的情形，债权人有权就该动产优先受偿。

前款规定的债务人或者第三人为出质人，债权人为质权人，交付的动产为质押财产。

第二百零九条 法律、行政法规禁止转让的动产不得出质。

第二百一十条 设立质权，当事人应当采取书面形式订立质权合同。

质权合同一般包括下列条款：

（一）被担保债权的种类和数额；

（二）债务人履行债务的期限；

（三）质押财产的名称、数量、质量、状况；

（四）担保的范围；

（五）质押财产交付的时间。

第二百一十一条 质权人在债务履行期届满前，不得与出质人约定债务人不履行到期债务时质押财产归债权人所有。

第二百一十二条 质权自出质人交付质押财产时设立。

第二百一十三条 质权人有权收取质押财产的孳息，但合同另有约定的除外。

前款规定的孳息应当先充抵收取孳息的费用。

第二百一十四条 质权人在质权存续期间，未经出质人同意，擅自使用、处分质押财产，给出质人造成损害的，应当承担赔偿责任。

第二百一十五条 质权人负有妥善保管质押财产的义务；因保管不善致使质押财产毁损、灭失的，应当承担赔偿责任。

质权人的行为可能使质押财产毁损、灭失的，出质人可以要求质权人将质押财产提存，或者要求提前清偿债务并返还质押财产。

第二百一十六条 因不能归责于质权人的事由可能使质押财产毁损或者价值明显减少，足以危害质权人权利的，质权人有权要求出质人提供相应的担保；出质人不提供的，质权人可以拍卖、变卖质押财产，并与出质人通过协议将拍卖、变卖所得的价款提前清偿债务或者提存。

第二百一十七条 质权人在质权存续期间，未经出质人同意转质，造成质押财产毁损、灭失的，应当向出质人承担赔偿责任。

第二百一十八条 质权人可以放弃质权。债务人以自己的财产出质，质权人放弃该质权的，其他担保人在质权人丧失优先受偿权益的范围内免除担保责任，但其他担保人承诺仍然提供担保的除外。

第二百一十九条 债务人履行债务或者出质人提前清偿所担保的债权的，质权人应当返还质押财产。

债务人不履行到期债务或者发生当事人约定的实现质权的情形，质权人可以与出质人协议以质押财产折价，也可以就拍卖、变卖质押财产所得的价款优先受偿。

质押财产折价或者变卖的，应当参照市场价格。

第二百二十条 出质人可以请求质权人在债务履行期届满后及时行使质权；质权人不行使的，出质人可以请求人民法院拍卖、变卖质押财产。

出质人请求质权人及时行使质权，因质权人怠于行使权利造成损害的，由质权人承担赔偿责任。

第二百二十一条 质押财产折价或者拍卖、变卖后，其价款超过债权数额的部分归出质人所有，不足部分由债务人清偿。

第二百二十二条 出质人与质权人可以协议设立最高额质权。

最高额质权除适用本节有关规定外，参照本法第十六章第二节最高额抵押权的规定。

第二节 权利质权

第二百二十三条 债务人或者第三人有权处分的下列权利可以出质：

（一）汇票、支票、本票；

（二）债券、存款单；

（三）仓单、提单；

（四）可以转让的基金份额、股权；

（五）可以转让的注册商标专用权、专利权、著作权等知识产权中的财产权；

（六）应收账款；

（七）法律、行政法规规定可以出质的其他财产权利。

第二百二十四条 以汇票、支票、本票、债券、存款单、仓单、提单出质的，当事人应当订立书面合同。质权自权利凭证交付质权人时设立；没有权利凭证的，质权自有关部门办理出质登记时设立。

第二百二十五条　汇票、支票、本票、债券、存款单、仓单、提单的兑现日期或者提货日期先于主债权到期的，质权人可以兑现或者提货，并与出质人协议将兑现的价款或者提取的货物提前清偿债务或者提存。

第二百二十六条　以基金份额、股权出质的，当事人应当订立书面合同。以基金份额、证券登记结算机构登记的股权出质的，质权自证券登记结算机构办理出质登记时设立；以其他股权出质的，质权自工商行政管理部门办理出质登记时设立。

基金份额、股权出质后，不得转让，但经出质人与质权人协商同意的除外。出质人转让基金份额、股权所得的价款，应当向质权人提前清偿债务或者提存。

第二百二十七条　以注册商标专用权、专利权、著作权等知识产权中的财产权出质的，当事人应当订立书面合同。质权自有关主管部门办理出质登记时设立。

知识产权中的财产权出质后，出质人不得转让或者许可他人使用，但经出质人与质权人协商同意的除外。出质人转让或者许可他人使用出质的知识产权中的财产权所得的价款，应当向质权人提前清偿债务或者提存。

第二百二十八条　以应收账款出质的，当事人应当订立书面合同。质权自信贷征信机构办理出质登记时设立。

应收账款出质后，不得转让，但经出质人与质权人协商同意的除外。出质人转让应收账款所得的价款，应当向质权人提前清偿债务或者提存。

第二百二十九条　权利质权除适用本节规定外，适用本章第一节动产质权的规定。

第十八章　留置权

第二百三十条　债务人不履行到期债务，债权人可以留置已经合法占有的债务人的动产，并有权就该动产优先受偿。

前款规定的债权人为留置权人，占有的动产为留置财产。

第二百三十一条　债权人留置的动产，应当与债权属于同一法律关系，但企业之间留置的除外。

第二百三十二条　法律规定或者当事人约定不得留置的动产，不得留置。

第二百三十三条　留置财产为可分物的，留置财产的价值应当相当于债务的金额。

第二百三十四条　留置权人负有妥善保管留置财产的义务；因保管不善致使留置财产毁损、灭失的，应当承担赔偿责任。

第二百三十五条　留置权人有权收取留置财产的孳息。

前款规定的孳息应当先充抵收取孳息的费用。

第二百三十六条　留置权人与债务人应当约定留置财产后的债务履行期间；没有约定或者约定不明确的，留置权人应当给债务人两个月以上履行债务的期间，但鲜活易腐等不易保管的动产除外。债务人逾期未履行的，留置权人可以与债务人协议以留置财产折价，也可以就拍卖、变卖留置财产所得的价款优先受偿。

留置财产折价或者变卖的，应当参照市场价格。

第二百三十七条　债务人可以请求留置权人在债务履行期届满后行使留置权；留置权人不行使的，债务人可以请求人民法院拍卖、变卖留置财产。

第二百三十八条　留置财产折价或者拍卖、变卖后，其价款超过债权数额的部分归债务人所有，不足部分由债务人清偿。

第二百三十九条　同一动产上已设立抵押权或者质权，该动产又被留置的，留置权人优先受偿。

第二百四十条　留置权人对留置财产丧失占有或者留置权人接受债务人另行提供担保的，留置权消灭。

第五编　占　有

第十九章　占　有

第二百四十一条　基于合同关系等产生的占有，有关不动产或者动产的使用、收益、违约责任等，按照合同约定；合同没有约定或者约定不明确的，依照有关法律规定。

第二百四十二条　占有人因使用占有的不动产或者动产，致使该不动产或者动产受到损害的，恶意占有人应当承担赔偿责任。

第二百四十三条　不动产或者动产被占有人占有的，权利人可以请求返还原物及其孳息，但应当支付善意占有人因维护该不动产或者动产支出的必要费用。

第二百四十四条　占有的不动产或者动产毁损、灭失，该不动产或者动产的权利人请求赔偿的，占有人应当将因毁损、灭失取得的保险金、赔偿金或者补偿金等返还给权利人；权利人的损害未得到足够弥补的，恶意占有人还应当赔偿损失。

第二百四十五条　占有的不动产或者动产被侵占的，占有人有权请求返还原物；对妨害占有的行为，占有人有权请求排除妨害或者消除危险；因侵占或者妨害造成损害的，占有人有权请求损害赔偿。

占有人返还原物的请求权，自侵占发生之日起一年内未行使的，该请求权消灭。

附　则

第二百四十六条　法律、行政法规对不动产统一登记的范围、登记机构和登记办法作出规定前，地方性法规可以依照本法有关规定作出规定。

第二百四十七条　本法自 2007 年 10 月 1 日起施行。

最高人民法院
关于适用《中华人民共和国物权法》若干问题的解释（一）

法释〔2016〕5 号

（2015 年 12 月 10 日最高人民法院审判委员会第 1670 次会议通过
2016 年 2 月 22 日最高人民法院公告公布　自 2016 年 3 月 1 日起施行）

为正确审理物权纠纷案件，根据《中华人民共和国物权法》的相关规定，结合民事审判实践，制定本解释。

第一条　因不动产物权的归属，以及作为不动产物权登记基础的买卖、赠与、抵押等产生争议，当事人提起民事诉讼的，应当依法受理。当事人已经在行政诉讼中申请一并解决上述民事争议，且人民法院一并审理的除外。

第二条　当事人有证据证明不动产登记簿的记载与真实权利状态不符、其为该不动产物权的真实权利人，请求确认其享有物权的，应予支持。

第三条　异议登记因物权法第十九条第二款规定的事由失效后，当事人提起民事诉讼，请求确认物权归属的，应当依法受理。异议登记失效不影响人民法院对案件的实体审理。

第四条　未经预告登记的权利人同意，转移不动产所有权，或者设定建设用地使用权、地役权、抵押权等其他物权的，应当依照物权法第二十条第一款的规定，认定其不发生物权效力。

第五条　买卖不动产物权的协议被认定无效、被撤销、被解除，或者预告登记的权利人放弃债权的，应当认定为物权法第二十条第二款所称的"债权消灭"。

第六条　转让人转移船舶、航空器和机动车等所有权，受让人已经支付对价并取得占有，虽未经登记，但转让人的债权人主张其为物权法第二十四条所称的"善意第三人"的，不予支持，法律另有规定的除外。

第七条　人民法院、仲裁委员会在分割共有不动产或者动产等案件中作出并依法生效的改变原有物权关系的判决书、裁决书、调解书，以及人民法院在执行程序中作出的拍卖成交裁定书、以物抵债裁定书，应当认定为物权法第二十八条所称导致物权设立、变更、转让或者消灭的人民法院、仲裁委员会的法律文书。

第八条　依照物权法第二十八条至第三十条规定享有物权，但尚未完成动产交付或者不动产登记的物权人，根据物权法第三十四条至第三十七条的规定，请求保护其物权的，应予支持。

第九条　共有份额的权利主体因继承、遗赠等原因发生变化时，其他按份共有人主张优先购买的，不予支持，但按份共有人之间另有约定的除外。

第十条　物权法第一百零一条所称的"同等条件"，应当综合共有份额的转让价格、价款履行方式及期限等因素确定。

第十一条　优先购买权的行使期间，按份共有人之间有约定的，按照约定处理；没有约定或者约定不明的，按照下列情形确定：

（一）转让人向其他按份共有人发出的包含同等条件内容的通知中载明行使期间的，以该期间为准；

（二）通知中未载明行使期间，或者载明的期间短于通知送达之日起十五日的，为十五日；

（三）转让人未通知的，为其他按份共有

人知道或者应当知道最终确定的同等条件之日起十五日；

（四）转让人未通知，且无法确定其他按份共有人知道或者应当知道最终确定的同等条件的，为共有份额权属转移之日起六个月。

第十二条　按份共有人向共有人之外的人转让其份额，其他按份共有人根据法律、司法解释规定，请求按照同等条件购买该共有份额的，应予支持。

其他按份共有人的请求具有下列情形之一的，不予支持：

（一）未在本解释第十一条规定的期间内主张优先购买，或者虽主张优先购买，但提出减少转让价款、增加转让人负担等实质性变更要求；

（二）以其优先购买权受到侵害为由，仅请求撤销共有份额转让合同或者认定该合同无效。

第十三条　按份共有人之间转让共有份额，其他按份共有人主张根据物权法第一百零一条规定优先购买的，不予支持，但按份共有人之间另有约定的除外。

第十四条　两个以上按份共有人主张优先购买且协商不成时，请求按照转让时各自份额比例行使优先购买权的，应予支持。

第十五条　受让人受让不动产或者动产时，不知道转让人无处分权，且无重大过失的，应当认定受让人为善意。

真实权利人主张受让人不构成善意的，应当承担举证证明责任。

第十六条　具有下列情形之一的，应当认定不动产受让人知道转让人无处分权：

（一）登记簿上存在有效的异议登记；

（二）预告登记有效期内，未经预告登记的权利人同意；

（三）登记簿上已经记载司法机关或者行政机关依法裁定、决定查封或者以其他形式限制不动产权利的有关事项；

（四）受让人知道登记簿上记载的权利主体错误；

（五）受让人知道他人已经依法享有不动产物权。

真实权利人有证据证明不动产受让人应当知道转让人无处分权的，应当认定受让人具有重大过失。

第十七条 受让人受让动产时，交易的对象、场所或者时机等不符合交易习惯的，应当认定受让人具有重大过失。

第十八条 物权法第一百零六条第一款第一项所称的"受让人受让该不动产或者动产时"，是指依法完成不动产物权转移登记或者动产交付之时。

当事人以物权法第二十五条规定的方式交付动产的，转让动产法律行为生效时为动产交付之时；当事人以物权法第二十六条规定的方式交付动产的，转让人与受让人之间有关转让返还原物请求权的协议生效时为动产交付之时。

法律对不动产、动产物权的设立另有规定的，应当按照法律规定的时间认定权利人是否为善意。

第十九条 物权法第一百零六条第一款第二项所称"合理的价格"，应当根据转让标的物的性质、数量以及付款方式等具体情况，参考转让时交易地市场价格以及交易习惯等因素综合认定。

第二十条 转让人将物权法第二十四条规定的船舶、航空器和机动车等交付给受让人的，应当认定符合物权法第一百零六条第一款第三项规定的善意取得的条件。

第二十一条 具有下列情形之一，受让人主张根据物权法第一百零六条规定取得所有权的，不予支持：

（一）转让合同因违反合同法第五十二条规定被认定无效；

（二）转让合同因受让人存在欺诈、胁迫或者乘人之危等法定事由被撤销。

第二十二条 本解释自 2016 年 3 月 1 日起施行。

本解释施行后人民法院新受理的一审案件，适用本解释。

本解释施行前人民法院已经受理、施行后尚未审结的一审、二审案件，以及本解释施行前已经终审、施行后当事人申请再审或者按照审判监督程序决定再审的案件，不适用本解释。

中华人民共和国建筑法

（1997 年 11 月 1 日第八届全国人民代表大会常务委员会第二十八次会议通过 根据 2011 年 4 月 22 日第十一届全国人民代表大会常务委员会第二十次会议《关于修改〈中华人民共和国建筑法〉的决定》修正）

目 录

第一章 总 则

第一条 为了加强对建筑活动的监督管理，维护建筑市场秩序，保证建筑工程的质量和安全，促进建筑业健康发展，制定本法。

第二条 在中华人民共和国境内从事建筑活动，实施对建筑活动的监督管理，应当遵守本法。

本法所称建筑活动，是指各类房屋建筑及其附属设施的建造和与其配套的线路、管道、设备的安装活动。

第三条 建筑活动应当确保建筑工程质量和安全，符合国家的建筑工程安全标准。

第四条 国家扶持建筑业的发展，支持建筑科学技术研究，提高房屋建筑设计水平，鼓励节约能源和保护环境，提倡采用先进技术、先进设备、先进工艺、新型建筑材料和现代管理方式。

第五条 从事建筑活动应当遵守法律、法规，不得损害社会公共利益和他人的合法权益。

任何单位和个人都不得妨碍和阻挠依法进行的建筑活动。

第六条 国务院建设行政主管部门对全国的建筑活动实施统一监督管理。

第二章 建筑许可

第一节 建筑工程施工许可

第七条 建筑工程开工前，建设单位应当按照国家有关规定向工程所在地县级以上人民政府建设行政主管部门申请领取施工许可证；但是，国务院建设行政主管部门确定的限额以下的小型工程除外。

按照国务院规定的权限和程序批准开工报告的建筑工程，不再领取施工许可证。

第八条 申请领取施工许可证，应当具备下列条件：

（一）已经办理该建筑工程用地批准手续；

（二）在城市规划区的建筑工程，已经取得规划许可证；

（三）需要拆迁的，其拆迁进度符合施工

要求；

（四）已经确定建筑施工企业；

（五）有满足施工需要的施工图纸及技术资料；

（六）有保证工程质量和安全的具体措施；

（七）建设资金已经落实；

（八）法律、行政法规规定的其他条件。

建设行政主管部门应当自收到申请之日起十五日内，对符合条件的申请颁发施工许可证。

第九条 建设单位应当自领取施工许可证之日起三个月内开工。因故不能按期开工的，应当向发证机关申请延期；延期以两次为限，每次不超过三个月。既不开工又不申请延期或者超过延期时限的，施工许可证自行废止。

第十条 在建的建筑工程因故中止施工的，建设单位应当自中止施工之日起一个月内，向发证机关报告，并按照规定做好建筑工程的维护管理工作。

建筑工程恢复施工时，应当向发证机关报告；中止施工满一年的工程恢复施工前，建设单位应当报发证机关核验施工许可证。

第十一条 按照国务院有关规定批准开工报告的建筑工程，因故不能按期开工或者中止施工的，应当及时向批准机关报告情况。因故不能按期开工超过六个月的，应当重新办理开工报告的批准手续。

第二节 从业资格

第十二条 从事建筑活动的建筑施工企业、勘察单位、设计单位和工程监理单位，应当具备下列条件：

（一）有符合国家规定的注册资本；

（二）有与其从事的建筑活动相适应的具有法定执业资格的专业技术人员；

（三）有从事相关建筑活动所应有的技术装备；

（四）法律、行政法规规定的其他条件。

第十三条 从事建筑活动的建筑施工企

业、勘察单位、设计单位和工程监理单位，按照其拥有的注册资本、专业技术人员、技术装备和已完成的建筑工程业绩等资质条件，划分为不同的资质等级，经资质审查合格，取得相应等级的资质证书后，方可在其资质等级许可的范围内从事建筑活动。

第十四条 从事建筑活动的专业技术人员，应当依法取得相应的执业资格证书，并在执业资格证书许可的范围内从事建筑活动。

第三章 建筑工程发包与承包

第一节 一般规定

第十五条 建筑工程的发包单位与承包单位应当依法订立书面合同，明确双方的权利和义务。

发包单位和承包单位应当全面履行合同约定的义务。不按照合同约定履行义务的，依法承担违约责任。

第十六条 建筑工程发包与承包的招标投标活动，应当遵循公开、公正、平等竞争的原则，择优选择承包单位。

建筑工程的招标投标，本法没有规定的，适用有关招标投标法律的规定。

第十七条 发包单位及其工作人员在建筑工程发包中不得收受贿赂、回扣或者索取其他好处。

承包单位及其工作人员不得利用向发包单位及其工作人员行贿、提供回扣或者给予其他好处等不正当手段承揽工程。

第十八条 建筑工程造价应当按照国家有关规定，由发包单位与承包单位在合同中约定。公开招标发包的，其造价的约定，须遵守招标投标法律的规定。

发包单位应当按照合同的约定，及时拨付工程款项。

第二节 发包

第十九条 建筑工程依法实行招标发包，对不适于招标发包的可以直接发包。

第二十条 建筑工程实行公开招标的，发包单位应当依照法定程序和方式，发布招标公告，提供载有招标工程的主要技术要求、主要的合同条款、评标的标准和方法以及开标、评标、定标的程序等内容的招标文件。

开标应当在招标文件规定的时间、地点公开进行。开标后应当按照招标文件规定的评标标准和程序对标书进行评价、比较，在具备相应资质条件的投标者中，择优选定中标者。

第二十一条 建筑工程招标的开标、评标、定标由建设单位依法组织实施，并接受有关行政主管部门的监督。

第二十二条 建筑工程实行招标发包的，发包单位应当将建筑工程发包给依法中标的承包单位。建筑工程实行直接发包的，发包单位应当将建筑工程发包给具有相应资质条件的承包单位。

第二十三条 政府及其所属部门不得滥用行政权力，限定发包单位将招标发包的建筑工程发包给指定的承包单位。

第二十四条 提倡对建筑工程实行总承包，禁止将建筑工程肢解发包。

建筑工程的发包单位可以将建筑工程的勘察、设计、施工、设备采购一并发包给一个工程总承包单位，也可以将建筑工程勘察、设计、施工、设备采购的一项或者多项发包给一个工程总承包单位；但是，不得将应当由一个承包单位完成的建筑工程肢解成若干部分发包给几个承包单位。

第二十五条 按照合同约定，建筑材料、建筑构配件和设备由工程承包单位采购的，发包单位不得指定承包单位购入用于工程的建筑材料、建筑构配件和设备或者指定生产厂、供应商。

第三节 承包

第二十六条 承包建筑工程的单位应当持有依法取得的资质证书，并在其资质等级许可的业务范围内承揽工程。

禁止建筑施工企业超越本企业资质等级许可的业务范围或者以任何形式用其他建筑施工企业的名义承揽工程。禁止建筑施工企业以任何形式允许其他单位或者个人使用本企业的资质证书、营业执照，以本企业的名义承揽工程。

第二十七条 大型建筑工程或者结构复杂的建筑工程，可以由两个以上的承包单位联合共同承包。共同承包的各方对承包合同的履行承担连带责任。

两个以上不同资质等级的单位实行联合共同承包的，应当按照资质等级低的单位的业务许可范围承揽工程。

第二十八条 禁止承包单位将其承包的全部建筑工程转包给他人，禁止承包单位将其承包的全部建筑工程肢解以后以分包的名义分别转包给他人。

第二十九条 建筑工程总承包单位可以将承包工程中的部分工程发包给具有相应资质条件的分包单位；但是，除总承包合同中约定的分包外，必须经建设单位认可。施工总承包的，建筑工程主体结构的施工必须由总承包单位自行完成。

建筑工程总承包单位按照总承包合同的约定对建设单位负责；分包单位按照分包合同的约定对总承包单位负责。总承包单位和分包单位就分包工程对建设单位承担连带责任。

禁止总承包单位将工程分包给不具备相应资质条件的单位。禁止分包单位将其承包的工程再分包。

第四章 建筑工程监理

第三十条 国家推行建筑工程监理制度。
国务院可以规定实行强制监理的建筑工程的范围。

第三十一条 实行监理的建筑工程，由建设单位委托具有相应资质条件的工程监理单位监理。建设单位与其委托的工程监理单位应当订立书面委托监理合同。

第三十二条 建筑工程监理应当依照法律、行政法规及有关的技术标准、设计文件和建筑工程承包合同，对承包单位在施工质量、建设工期和建设资金使用等方面，代表建设单位实施监督。

工程监理人员认为工程施工不符合工程设计要求、施工技术标准和合同约定的，有权要求建筑施工企业改正。

工程监理人员发现工程设计不符合建筑工程质量标准或者合同约定的质量要求的，应当报告建设单位要求设计单位改正。

第三十三条 实施建筑工程监理前，建设单位应当将委托的工程监理单位、监理的内容及监理权限，书面通知被监理的建筑施工企业。

第三十四条 工程监理单位应当在其资质等级许可的监理范围内，承担工程监理业务。

工程监理单位应当根据建设单位的委托，客观、公正地执行监理任务。

工程监理单位与被监理工程的承包单位以及建筑材料、建筑构配件和设备供应单位不得有隶属关系或者其他利害关系。

工程监理单位不得转让工程监理业务。

第三十五条 工程监理单位不按照委托监理合同的约定履行监理义务，对应当监督检查的项目不检查或者不按照规定检查，给建设单位造成损失的，应当承担相应的赔偿责任。

工程监理单位与承包单位串通，为承包单位谋取非法利益，给建设单位造成损失的，应当与承包单位承担连带赔偿责任。

第五章 建筑安全生产管理

第三十六条 建筑工程安全生产管理必须坚持安全第一、预防为主的方针，建立健全安全生产的责任制度和群防群治制度。

第三十七条 建筑工程设计应当符合按照国家规定制定的建筑安全规程和技术规范，保证工程的安全性能。

第三十八条 建筑施工企业在编制施工组织设计时，应当根据建筑工程的特点制定相应的安全技术措施；对专业性较强的工程项目，应当编制专项安全施工组织设计，并采取安全技术措施。

第三十九条 建筑施工企业应当在施工

现场采取维护安全、防范危险、预防火灾等措施；有条件的，应当对施工现场实行封闭管理。

施工现场对毗邻的建筑物、构筑物和特殊作业环境可能造成损害的，建筑施工企业应当采取安全防护措施。

第四十条 建设单位应当向建筑施工企业提供与施工现场相关的地下管线资料，建筑施工企业应当采取措施加以保护。

第四十一条 建筑施工企业应当遵守有关环境保护和安全生产的法律、法规的规定，采取控制和处理施工现场的各种粉尘、废气、废水、固体废物以及噪声、振动对环境的污染和危害的措施。

第四十二条 有下列情形之一的，建设单位应当按照国家有关规定办理申请批准手续：

（一）需要临时占用规划批准范围以外场地的；

（二）可能损坏道路、管线、电力、邮电通讯等公共设施的；

（三）需要临时停水、停电、中断道路交通的；

（四）需要进行爆破作业的；

（五）法律、法规规定需要办理报批手续的其他情形。

第四十三条 建设行政主管部门负责建筑安全生产的管理，并依法接受劳动行政主管部门对建筑安全生产的指导和监督。

第四十四条 建筑施工企业必须依法加强对建筑安全生产的管理，执行安全生产责任制度，采取有效措施，防止伤亡和其他安全生产事故的发生。

建筑施工企业的法定代表人对本企业的安全生产负责。

第四十五条 施工现场安全由建筑施工企业负责。实行施工总承包的，由总承包单位负责。分包单位向总承包单位负责，服从总承包单位对施工现场的安全生产管理。

第四十六条 建筑施工企业应当建立健全劳动安全生产教育培训制度，加强对职工安全生产的教育培训；未经安全生产教育培训的人员，不得上岗作业。

第四十七条 建筑施工企业和作业人员在施工过程中，应当遵守有关安全生产的法律、法规和建筑行业安全规章、规程，不得违章指挥或者违章作业。作业人员有权对影响人身健康的作业程序和作业条件提出改进意见，有权获得安全生产所需的防护用品。作业人员对危及生命安全和人身健康的行为有权提出批评、检举和控告。

第四十八条 建筑施工企业应当依法为职工参加工伤保险缴纳工伤保险费。鼓励企业为从事危险作业的职工办理意外伤害保险，支付保险费。

第四十九条 涉及建筑主体和承重结构变动的装修工程，建设单位应当在施工前委托原设计单位或者具有相应资质条件的设计单位提出设计方案；没有设计方案的，不得施工。

第五十条 房屋拆除应当由具备保证安全条件的建筑施工单位承担，由建筑施工单位负责人对安全负责。

第五十一条 施工中发生事故时，建筑施工企业应当采取紧急措施减少人员伤亡和事故损失，并按照国家有关规定及时向有关部门报告。

第六章 建筑工程质量管理

第五十二条 建筑工程勘察、设计、施工的质量必须符合国家有关建筑工程安全标准的要求，具体管理办法由国务院规定。

有关建筑工程安全的国家标准不能适应确保建筑安全的要求时，应当及时修订。

第五十三条 国家对从事建筑活动的单位推行质量体系认证制度。从事建筑活动的单位根据自愿原则可以向国务院产品质量监督管理部门或者国务院产品质量监督管理部门授权的部门认可的认证机构申请质量体系认证。经认证合格的，由认证机构颁发质量体系认证证书。

第五十四条 建设单位不得以任何理由，要求建筑设计单位或者建筑施工企业在工程设计或者施工作业中，违反法律、行政法规和建筑工程质量、安全标准，降低工程质量。

建筑设计单位和建筑施工企业对建设单位违反前款规定提出的降低工程质量的要求，应当予以拒绝。

第五十五条 建筑工程实行总承包的，工程质量由工程总承包单位负责，总承包单位将建筑工程分包给其他单位的，应当对分包工程的质量与分包单位承担连带责任。分包单位应当接受总承包单位的质量管理。

第五十六条 建筑工程的勘察、设计单位必须对其勘察、设计的质量负责。勘察、设计文件应当符合有关法律、行政法规的规定和建筑工程质量、安全标准、建筑工程勘察、设计技术规范以及合同的约定。设计文件选用的建筑材料、建筑构配件和设备，应当注明其规格、型号、性能等技术指标，其质量要求必须符合国家规定的标准。

第五十七条 建筑设计单位对设计文件选用的建筑材料、建筑构配件和设备，不得指定生产厂、供应商。

第五十八条 建筑施工企业对工程的施工质量负责。

建筑施工企业必须按照工程设计图纸和施工技术标准施工，不得偷工减料。工程设计的修改由原设计单位负责，建筑施工企业不得擅自修改工程设计。

第五十九条 建筑施工企业必须按照工程设计要求、施工技术标准和合同的约定，对建筑材料、建筑构配件和设备进行检验，不合格的不得使用。

第六十条 建筑物在合理使用寿命内，必须确保地基基础工程和主体结构的质量。

建筑工程竣工时，屋顶、墙面不得留有渗漏、开裂等质量缺陷；对已发现的质量缺陷，建筑施工企业应当修复。

第六十一条 交付竣工验收的建筑工程，必须符合规定的建筑工程质量标准，有完整的工程技术经济资料和经签署的工程保修书，并具备国家规定的其他竣工条件。

建筑工程竣工经验收合格后，方可交付使用；未经验收或者验收不合格的，不得交付使用。

第六十二条 建筑工程实行质量保修制度。

建筑工程的保修范围应当包括地基基础工程、主体结构工程、屋面防水工程和其他土建工程，以及电气管线、上下水管线的安装工程，供热、供冷系统工程等项目；保修的期限应当按照保证建筑物合理寿命年限内正常使用，维护使用者合法权益的原则确定。具体的保修范围和最低保修期限由国务院规定。

第六十三条 任何单位和个人对建筑工程的质量事故、质量缺陷都有权向建设行政主管部门或者其他有关部门进行检举、控告、投诉。

第七章 法律责任

第六十四条 违反本法规定，未取得施工许可证或者开工报告未经批准擅自施工的，责令改正，对不符合开工条件的责令停止施工，可以处以罚款。

第六十五条 发包单位将工程发包给不具有相应资质条件的承包单位的，或者违反本法规定将建筑工程肢解发包的，责令改正，处以罚款。

超越本单位资质等级承揽工程的，责令停止违法行为，处以罚款，可以责令停业整顿，降低资质等级；情节严重的，吊销资质证书；有违法所得的，予以没收。

未取得资质证书承揽工程的，予以取缔，并处罚款；有违法所得的，予以没收。

以欺骗手段取得资质证书的，吊销资质证书，处以罚款；构成犯罪的，依法追究刑事责任。

第六十六条 建筑施工企业转让、出借资质证书或者以其他方式允许他人以本企业的名义承揽工程的，责令改正，没收违法所得，并处罚款，可以责令停业整顿，降低资质等级；情节严重的，吊销资质证书。对因该项承揽工程不符合规定的质量标准造成的损失，建筑施工企业与使用本企业名义的单位或者个人承担连带赔偿责任。

第六十七条 承包单位将承包的工程转包的，或者违反本法规定进行分包的，责令改正，没收违法所得，并处罚款，可以责令停业整顿，降低资质等级；情节严重的，吊销资质证书。

承包单位有前款规定的违法行为的，对因转包工程或者违法分包的工程不符合规定的质量标准造成的损失，与接受转包或者分包的单位承担连带赔偿责任。

第六十八条 在工程发包与承包中索贿、受贿、行贿，构成犯罪的，依法追究刑事责任；不构成犯罪的，分别处以罚款，没收贿赂的财物，对直接负责的主管人员和其他直接责任人员给予处分。

对在工程承包中行贿的承包单位，除依照前款规定处罚外，可以责令停业整顿，降低资质等级或者吊销资质证书。

第六十九条 工程监理单位与建设单位或者建筑施工企业串通，弄虚作假、降低工程质量的，责令改正，处以罚款，降低资质等级或者吊销资质证书；有违法所得的，予以没收；造成损失的，承担连带赔偿责任；构成犯罪的，依法追究刑事责任。

工程监理单位转让监理业务的，责令改正，没收违法所得，可以责令停业整顿，降低资质等级；情节严重的，吊销资质证书。

第七十条 违反本法规定，涉及建筑主体或者承重结构变动的装修工程擅自施工的，责令改正，处以罚款；造成损失的，承担赔偿责任；构成犯罪的，依法追究刑事责任。

第七十一条 建筑施工企业违反本法规定，对建筑安全事故隐患不采取措施予以消除的，责令改正，可以处以罚款；情节严重的，责令停业整顿，降低资质等级或者吊销资质证书；构成犯罪的，依法追究刑事责任。

建筑施工企业的管理人员违章指挥、强令职工冒险作业，因而发生重大伤亡事故或者造成其他严重后果的，依法追究刑事责任。

第七十二条 建设单位违反本法规定，要求建筑设计单位或者建筑施工企业违反建筑工程质量、安全标准，降低工程质量的，责令改正，可以处以罚款；构成犯罪的，依法追究刑事责任。

第七十三条 建筑设计单位不按照建筑工程质量、安全标准进行设计的，责令改正，处以罚款；造成工程质量事故的，责令停业整顿，降低资质等级或者吊销资质证书，没收违法所得，并处罚款；造成损失的，承担赔偿责任；构成犯罪的，依法追究刑事责任。

第七十四条 建筑施工企业在施工中偷工减料的，使用不合格的建筑材料、建筑构配件和设备的，或者有其他不按照工程设计图纸或者施工技术标准施工的行为的，责令改正，处以罚款；情节严重的，责令停业整顿，降低资质等级或者吊销资质证书；造成建筑工程质量不符合规定的质量标准的，负责返工、修理，并赔偿因此造成的损失；构成犯罪的，依法追究刑事责任。

第七十五条 建筑施工企业违反本法规定，不履行保修义务或者拖延履行保修义务的，责令改正，可以处以罚款，并对在保修期内因屋顶、墙面渗漏、开裂等质量缺陷造成的损失，承担赔偿责任。

第七十六条 本法规定的责令停业整顿、降低资质等级和吊销资质证书的行政处罚，由颁发资质证书的机关决定；其他行政处罚，由建设行政主管部门或者有关部门依照法律和国务院规定的职权范围决定。

依照本法规定被吊销资质证书的，由工商行政管理部门吊销其营业执照。

第七十七条 违反本法规定，对不具备相应资质等级条件的单位颁发该等级资质证书的，由其上级机关责令收回所发的资质证书，对直接负责的主管人员和其他直接责任人员给予行政处分；构成犯罪的，依法追究刑事责任。

第七十八条 政府及其所属部门的工作人员违反本法规定，限定发包单位将招标发包的工程发包给指定的承包单位的，由上级机关责令改正；构成犯罪的，依法追究刑事责任。

第七十九条 负责颁发建筑工程施工许可证的部门及其工作人员对不符合施工条件的建筑工程颁发施工许可证的，负责工程质量监督检查或者竣工验收的部门及其工作人员对不合格的建筑工程出具质量合格文件或者按合格工程验收的，由上级机关责令改正，对责任人员给予行政处分；构成犯罪的，依法追究刑事责任；造成损失的，由该部门承担相应的赔偿责任。

第八十条 在建筑物的合理使用寿命内，因建筑工程质量不合格受到损害的，有权向责任者要求赔偿。

第八章 附 则

第八十一条 本法关于施工许可、建筑施工企业资质审查和建筑工程发包、承包、禁止转包，以及建筑工程监理、建筑工程安全和质量管理的规定，适用于其他专业建筑工程的建筑活动，具体办法由国务院规定。

第八十二条 建设行政主管部门和其他有关部门在对建筑活动实施监督管理中，除按照国务院有关规定收取费用外，不得收取其他费用。

第八十三条 省、自治区、直辖市人民政府确定的小型房屋建筑工程的建筑活动，参照本法执行。

依法核定作为文物保护的纪念建筑物和古建筑等的修缮，依照文物保护的有关法律规定执行。

抢险救灾及其他临时性房屋建筑和农民自建低层住宅的建筑活动，不适用本法。

第八十四条 军用房屋建筑工程建筑活动的具体管理办法，由国务院、中央军事委员会依据本法制定。

第八十五条 本法自1998年3月1日起施行。

中华人民共和国城乡规划法

(2007年10月28日第十届全国人民代表大会常务委员会第三十次会议通过
根据2015年4月24日第十二届全国人民代表大会常务委员会第十四次会议
《关于修改〈中华人民共和国港口法〉等十部法律的决定》修正)

目 录

第一章 总 则

第一条 为了加强城乡规划管理，协调城乡空间布局，改善人居环境，促进城乡经济社会全面协调可持续发展，制定本法。

第二条 制定和实施城乡规划，在规划区内进行建设活动，必须遵守本法。

本法所称城乡规划，包括城镇体系规划、城市规划、镇规划、乡规划和村庄规划。城市规划、镇规划分为总体规划和详细规划。详细规划分为控制性详细规划和修建性详细规划。

本法所称规划区，是指城市、镇和村庄的建成区以及因城乡建设和发展需要，必须实行规划控制的区域。规划区的具体范围由有关人民政府在组织编制的城市总体规划、镇总体规划、乡规划和村庄规划中，根据城乡经济社会发展水平和统筹城乡发展的需要划定。

第三条 城市和镇应当依照本法制定城市规划和镇规划。城市、镇规划区内的建设活动应当符合规划要求。

县级以上地方人民政府根据本地农村经济社会发展水平，按照因地制宜、切实可行的原则，确定应当制定乡规划、村庄规划的区域。在确定区域内的乡、村庄，应当依照本法制定规划，规划区内的乡、村庄建设应当符合规划要求。

县级以上地方人民政府鼓励、指导前款规定以外的区域的乡、村庄制定和实施乡规划、村庄规划。

第四条 制定和实施城乡规划，应当遵循城乡统筹、合理布局、节约土地、集约发展和先规划后建设的原则，改善生态环境，促进资源、能源节约和综合利用，保护耕地等自然资源和历史文化遗产，保持地方特色、民族特色和传统风貌，防止污染和其他公害，并符合区域人口发展、国防建设、防灾减灾和公共卫生、公共安全的需要。

在规划区内进行建设活动，应当遵守土地管理、自然资源和环境保护等法律、法规的规定。

县级以上地方人民政府应当根据当地经济社会发展的实际，在城市总体规划、镇总体规划中合理确定城市、镇的发展规模、步骤和建设标准。

第五条 城市总体规划、镇总体规划以及乡规划和村庄规划的编制，应当依据国民经济和社会发展规划，并与土地利用总体规划相衔接。

第六条 各级人民政府应当将城乡规划的编制和管理经费纳入本级财政预算。

第七条 经依法批准的城乡规划，是城乡建设和规划管理的依据，未经法定程序不得修改。

第八条 城乡规划组织编制机关应当及时公布经依法批准的城乡规划。但是，法律、行政法规规定不得公开的内容除外。

第九条 任何单位和个人都应当遵守经依法批准并公布的城乡规划，服从规划管理，并有权就涉及其利害关系的建设活动是否符合规划的要求向城乡规划主管部门查询。

任何单位和个人都有权向城乡规划主管部门或者其他有关部门举报或者控告违反城乡规划的行为。城乡规划主管部门或者其他有关部门对举报或者控告，应当及时受理并组织核查、处理。

第十条 国家鼓励采用先进的科学技术，增强城乡规划的科学性，提高城乡规划实施及监督管理的效能。

第十一条 国务院城乡规划主管部门负责全国的城乡规划管理工作。

县级以上地方人民政府城乡规划主管部门负责本行政区域内的城乡规划管理工作。

第二章 城乡规划的制定

第十二条 国务院城乡规划主管部门会同国务院有关部门组织编制全国城镇体系规划，用于指导省域城镇体系规划、城市总体规划的编制。

全国城镇体系规划由国务院城乡规划主管部门报国务院审批。

第十三条 省、自治区人民政府组织编制省域城镇体系规划，报国务院审批。

省域城镇体系规划的内容应当包括：城镇空间布局和规模控制，重大基础设施的布局，为保护生态环境、资源等需要严格控制的区域。

第十四条 城市人民政府组织编制城市总体规划。

直辖市的城市总体规划由直辖市人民政府报国务院审批。省、自治区人民政府所在地的城市以及国务院确定的城市的总体规划，由省、自治区人民政府审查同意后，报国务院审批。其他城市的总体规划，由城市人民政府报省、自治区人民政府审批。

第十五条 县人民政府组织编制县人民政府所在地镇的总体规划，报上一级人民政府审批。其他镇的总体规划由镇人民政府组织编制，报上一级人民政府审批。

第十六条 省、自治区人民政府组织编制的省域城镇体系规划，城市、县人民政府组织编制的总体规划，在报上一级人民政府审批前，应当先经本级人民代表大会常务委员会审议，常务委员会组成人员的审议意见交由本级人民政府研究处理。

镇人民政府组织编制的镇总体规划，在报上一级人民政府审批前，应当先经镇人民代表大会审议，代表的审议意见交由本级人民政府研究处理。

规划的组织编制机关报送审批省域城镇体系规划、城市总体规划或者镇总体规划，应当将本级人民代表大会常务委员会组成人员或者镇人民代表大会代表的审议意见和根据审议意见修改规划的情况一并报送。

第十七条 城市总体规划、镇总体规划的内容应当包括：城市、镇的发展布局，功能分区，用地布局，综合交通体系，禁止、限制和适宜建设的地域范围，各类专项规划等。

规划区范围、规划区内建设用地规模、基础设施和公共服务设施用地、水源地和水系、基本农田和绿化用地、环境保护、自然与历史文化遗产保护以及防灾减灾等内容，应当作为城市总体规划、镇总体规划的强制性内容。

城市总体规划、镇总体规划的规划期限一般为二十年。城市总体规划还应当对城市更长远的发展作出预测性安排。

第十八条 乡规划、村庄规划应当从农村实际出发，尊重村民意愿，体现地方和农村特色。

乡规划、村庄规划的内容应当包括：规划区范围，住宅、道路、供水、排水、供电、垃圾收集、畜禽养殖场所等农村生产、生活服务设施、公益事业等各项建设的用地布局、建设要求，以及对耕地等自然资源和历史文化遗产保护、防灾减灾等的具体安排。乡规划还应当包括本行政区域内的村庄发展布局。

第十九条 城市人民政府城乡规划主管部门根据城市总体规划的要求，组织编制城市的控制性详细规划，经本级人民政府批准后，报本级人民代表大会常务委员会和上一级人民政府备案。

第二十条 镇人民政府根据镇总体规划的要求，组织编制镇的控制性详细规划，报上一级人民政府审批。县人民政府所在地镇的控制性详细规划，由县人民政府城乡规划主管部门根据镇总体规划的要求组织编制，经县人民政府批准后，报本级人民代表大会常务委员会和上一级人民政府备案。

第二十一条 城市、县人民政府城乡规划主管部门和镇人民政府可以组织编制重要地块的修建性详细规划。修建性详细规划应当符合控制性详细规划。

第二十二条 乡、镇人民政府组织编制乡规划、村庄规划，报上一级人民政府审批。村庄规划在报送审批前，应当经村民会议或者村民代表会议讨论同意。

第二十三条 首都的总体规划、详细规划应当统筹考虑中央国家机关用地布局和空间安排的需要。

第二十四条 城乡规划组织编制机关应当委托具有相应资质等级的单位承担城乡规划的具体编制工作。

从事城乡规划编制工作应当具备下列条件，并经国务院城乡规划主管部门或者省、自治区、直辖市人民政府城乡规划主管部门依法审查合格，取得相应等级的资质证书后，方可在资质等级许可的范围内从事城乡规划编制工作：

（一）有法人资格；

（二）有规定数量的经相关行业协会注册的规划师；

（三）有规定数量的相关专业技术人员；

（四）有相应的技术装备；

（五）有健全的技术、质量、财务管理制度。

编制城乡规划必须遵守国家有关标准。

第二十五条　编制城乡规划，应当具备国家规定的勘察、测绘、气象、地震、水文、环境等基础资料。

县级以上地方人民政府有关主管部门应当根据编制城乡规划的需要，及时提供有关基础资料。

第二十六条　城乡规划报送审批前，组织编制机关应当依法将城乡规划草案予以公告，并采取论证会、听证会或者其他方式征求专家和公众的意见。公告的时间不得少于三十日。

组织编制机关应当充分考虑专家和公众的意见，并在报送审批的材料中附具意见采纳情况及理由。

第二十七条　省域城镇体系规划、城市总体规划、镇总体规划批准前，审批机关应当组织专家和有关部门进行审查。

第三章　城乡规划的实施

第二十八条　地方各级人民政府应当根据当地经济社会发展水平，量力而行，尊重群众意愿，有计划、分步骤地组织实施城乡规划。

第二十九条　城市的建设和发展，应当优先安排基础设施以及公共服务设施的建设，妥善处理新区开发与旧区改建的关系，统筹兼顾进城务工人员生活和周边农村经济社会发展、村民生产与生活的需要。

镇的建设和发展，应当结合农村经济社会发展和产业结构调整，优先安排供水、排水、供电、供气、道路、通信、广播电视等基础设施和学校、卫生院、文化站、幼儿园、福利院等公共服务设施的建设，为周边农村提供服务。

乡、村庄的建设和发展，应当因地制宜、节约用地，发挥村民自治组织的作用，引导村民合理进行建设，改善农村生产、生活条件。

第三十条　城市新区的开发和建设，应当合理确定建设规模和时序，充分利用现有市政基础设施和公共服务设施，严格保护自然资源和生态环境，体现地方特色。

在城市总体规划、镇总体规划确定的建设用地范围以外，不得设立各类开发区和城市新区。

第三十一条　旧城区的改建，应当保护历史文化遗产和传统风貌，合理确定拆迁和建设规模，有计划地对危房集中、基础设施落后等地段进行改建。

历史文化名城、名镇、名村的保护以及受保护建筑物的维护和使用，应当遵守有关法律、行政法规和国务院的规定。

第三十二条　城乡建设和发展，应当依法保护和合理利用风景名胜资源，统筹安排风景名胜区及周边乡、镇、村庄的建设。

风景名胜区的规划、建设和管理，应当遵守有关法律、行政法规和国务院的规定。

第三十三条　城市地下空间的开发和利用，应当与经济和技术发展水平相适应，遵循统筹安排、综合开发、合理利用的原则，充分考虑防灾减灾、人民防空和通信等需要，并符合城市规划，履行规划审批手续。

第三十四条　城市、县、镇人民政府应当根据城市总体规划、镇总体规划、土地利用总体规划和年度计划以及国民经济和社会发展规划，制定近期建设规划，报总体规划审批机关备案。

近期建设规划应当以重要基础设施、公共服务设施和中低收入居民住房建设以及生态环境保护为重点内容，明确近期建设的时序、发展方向和空间布局。近期建设规划的规划期限为五年。

第三十五条　城乡规划确定的铁路、公路、港口、机场、道路、绿地、输配电设施及输电线路走廊、通信设施、广播电视设施、管道设施、河道、水库、水源地、自然保护区、防汛通道、消防通道、核电站、垃圾填埋场及焚烧厂、污水处理厂和公共服务设施的用地以及其他需要依法保护的用地，禁止擅自改变用途。

第三十六条 按照国家规定需要有关部门批准或者核准的建设项目，以划拨方式提供国有土地使用权的，建设单位在报送有关部门批准或者核准前，应当向城乡规划主管部门申请核发选址意见书。

前款规定以外的建设项目不需要申请选址意见书。

第三十七条 在城市、镇规划区内以划拨方式提供国有土地使用权的建设项目，经有关部门批准、核准、备案后，建设单位应当向城市、县人民政府城乡规划主管部门提出建设用地规划许可申请，由城市、县人民政府城乡规划主管部门依据控制性详细规划核定建设用地的位置、面积、允许建设的范围，核发建设用地规划许可证。

建设单位在取得建设用地规划许可证后，方可向县级以上地方人民政府土地主管部门申请用地，经县级以上人民政府审批后，由土地主管部门划拨土地。

第三十八条 在城市、镇规划区内以出让方式提供国有土地使用权的，在国有土地使用权出让前，城市、县人民政府城乡规划主管部门应当依据控制性详细规划，提出出让地块的位置、使用性质、开发强度等规划条件，作为国有土地使用权出让合同的组成部分。未确定规划条件的地块，不得出让国有土地使用权。

以出让方式取得国有土地使用权的建设项目，在签订国有土地使用权出让合同后，建设单位应当持建设项目的批准、核准、备案文件和国有土地使用权出让合同，向城市、县人民政府城乡规划主管部门领取建设用地规划许可证。

城市、县人民政府城乡规划主管部门不得在建设用地规划许可证中，擅自改变作为国有土地使用权出让合同组成部分的规划条件。

第三十九条 规划条件未纳入国有土地使用权出让合同的，该国有土地使用权出让合同无效；对未取得建设用地规划许可证的建设单位批准用地的，由县级以上人民政府撤销有关批准文件；占用土地的，应当及时退回；给当事人造成损失的，应当依法给予赔偿。

第四十条 在城市、镇规划区内进行建筑物、构筑物、道路、管线和其他工程建设的，建设单位或者个人应当向城市、县人民政府城乡规划主管部门或者省、自治区、直辖市人民政府确定的镇人民政府申请办理建设工程规划许可证。

申请办理建设工程规划许可证，应当提交使用土地的有关证明文件、建设工程设计方案等材料。需要建设单位编制修建性详细规划的建设项目，还应当提交修建性详细规划。对符合控制性详细规划和规划条件的，由城市、县人民政府城乡规划主管部门或者省、自治区、直辖市人民政府确定的镇人民政府核发建设工程规划许可证。

城市、县人民政府城乡规划主管部门或者省、自治区、直辖市人民政府确定的镇人民政府应当依法将经审定的修建性详细规划、建设工程设计方案的总平面图予以公布。

第四十一条 在乡、村庄规划区内进行乡镇企业、乡村公共设施和公益事业建设的，建设单位或者个人应当向乡、镇人民政府提出申请，由乡、镇人民政府报城市、县人民政府城乡规划主管部门核发乡村建设规划许可证。

在乡、村庄规划区内使用原有宅基地进行农村村民住宅建设的规划管理办法，由省、自治区、直辖市制定。

在乡、村庄规划区内进行乡镇企业、乡村公共设施和公益事业建设以及农村村民住宅建设，不得占用农用地；确需占用农用地的,应当依照《中华人民共和国土地管理法》有关规定办理农用地转用审批手续后,由城市、县人民政府城乡规划主管部门核发乡村建设规划许可证。

建设单位或者个人在取得乡村建设规划许可证后,方可办理用地审批手续。

第四十二条　城乡规划主管部门不得在城乡规划确定的建设用地范围以外作出规划许可。

第四十三条　建设单位应当按照规划条件进行建设;确需变更的,必须向城市、县人民政府城乡规划主管部门提出申请。变更内容不符合控制性详细规划的,城乡规划主管部门不得批准。城市、县人民政府城乡规划主管部门应当及时将依法变更后的规划条件通报同级土地主管部门并公示。

建设单位应当及时将依法变更后的规划条件报有关人民政府土地主管部门备案。

第四十四条　在城市、镇规划区内进行临时建设的,应当经城市、县人民政府城乡规划主管部门批准。临时建设影响近期建设规划或者控制性详细规划的实施以及交通、市容、安全等的,不得批准。

临时建设应当在批准的使用期限内自行拆除。

临时建设和临时用地规划管理的具体办法,由省、自治区、直辖市人民政府制定。

第四十五条　县级以上地方人民政府城乡规划主管部门按照国务院规定对建设工程是否符合规划条件予以核实。未经核实或者经核实不符合规划条件的,建设单位不得组织竣工验收。

建设单位应当在竣工验收后六个月内向城乡规划主管部门报送有关竣工验收资料。

第四章　城乡规划的修改

第四十六条　省域城镇体系规划、城市总体规划、镇总体规划的组织编制机关,应当组织有关部门和专家定期对规划实施情况进行评估,并采取论证会、听证会或者其他方式征求公众意见。组织编制机关应当向本级人民代表大会常务委员会、镇人民代表大会和原审批机关提出评估报告并附具征求意见的情况。

第四十七条　有下列情形之一的,组织编制机关方可按照规定的权限和程序修改省域城镇体系规划、城市总体规划、镇总体规划:

(一)上级人民政府制定的城乡规划发生变更,提出修改规划要求的;

(二)行政区划调整确需修改规划的;

(三)因国务院批准重大建设工程确需修改规划的;

(四)经评估确需修改规划的;

(五)城乡规划的审批机关认为应当修改规划的其他情形。

修改省域城镇体系规划、城市总体规划、镇总体规划前,组织编制机关应当对原规划的实施情况进行总结,并向原审批机关报告;修改涉及城市总体规划、镇总体规划强制性内容的,应当先向原审批机关提出专题报告,经同意后,方可编制修改方案。

修改后的省域城镇体系规划、城市总体规划、镇总体规划,应当依照本法第十三条、第十四条、第十五条和第十六条规定的审批程序报批。

第四十八条　修改控制性详细规划的,组织编制机关应当对修改的必要性进行论证,征求规划地段内利害关系人的意见,并向原审批机关提出专题报告,经原审批机关同意后,方可编制修改方案。修改后的控制性详细规划,应当依照本法第十九条、第二十条规定的审批程序报批。控制性详细规划修改涉及城市总体规划、镇总体规划的强制性内容的,应当先修改总体规划。

修改乡规划、村庄规划的,应当依照本法第二十二条规定的审批程序报批。

第四十九条　城市、县、镇人民政府修改近期建设规划的,应当将修改后的近期建设规划报总体规划审批机关备案。

第五十条　在选址意见书、建设用地规

划许可证、建设工程规划许可证或者乡村建设规划许可证发放后，因依法修改城乡规划给被许可人合法权益造成损失的，应当依法给予补偿。

经依法审定的修建性详细规划、建设工程设计方案的总平面图不得随意修改；确需修改的，城乡规划主管部门应当采取听证会等形式，听取利害关系人的意见；因修改给利害关系人合法权益造成损失的，应当依法给予补偿。

第五章　监督检查

第五十一条　县级以上人民政府及其城乡规划主管部门应当加强对城乡规划编制、审批、实施、修改的监督检查。

第五十二条　地方各级人民政府应当向本级人民代表大会常务委员会或者乡、镇人民代表大会报告城乡规划的实施情况，并接受监督。

第五十三条　县级以上人民政府城乡规划主管部门对城乡规划的实施情况进行监督检查，有权采取以下措施：

（一）要求有关单位和人员提供与监督事项有关的文件、资料，并进行复制；

（二）要求有关单位和人员就监督事项涉及的问题作出解释和说明，并根据需要进入现场进行勘测；

（三）责令有关单位和人员停止违反有关城乡规划的法律、法规的行为。

城乡规划主管部门的工作人员履行前款规定的监督检查职责，应当出示执法证件。被监督检查的单位和人员应当予以配合，不得妨碍和阻挠依法进行的监督检查活动。

第五十四条　监督检查情况和处理结果应当依法公开，供公众查阅和监督。

第五十五条　城乡规划主管部门在查处违反本法规定的行为时，发现国家机关工作人员依法应当给予行政处分的，应当向其任免机关或者监察机关提出处分建议。

第五十六条　依照本法规定应当给予行政处罚，而有关城乡规划主管部门不给予行政处罚的，上级人民政府城乡规划主管部门有权责令其作出行政处罚决定或者建议有关人民政府责令其给予行政处罚。

第五十七条　城乡规划主管部门违反本法规定作出行政许可的，上级人民政府城乡规划主管部门有权责令其撤销或者直接撤销该行政许可。因撤销行政许可给当事人合法权益造成损失的，应当依法给予赔偿。

第六章　法律责任

第五十八条　对依法应当编制城乡规划而未组织编制，或者未按法定程序编制、审批、修改城乡规划的，由上级人民政府责令改正，通报批评；对有关人民政府负责人和其他直接责任人员依法给予处分。

第五十九条　城乡规划组织编制机关委托不具有相应资质等级的单位编制城乡规划的，由上级人民政府责令改正，通报批评；对有关人民政府负责人和其他直接责任人员依法给予处分。

第六十条　镇人民政府或者县级以上人民政府城乡规划主管部门有下列行为之一的，由本级人民政府、上级人民政府城乡规划主管部门或者监察机关依据职权责令改正，通报批评；对直接负责的主管人员和其他直接责任人员依法给予处分：

（一）未依法组织编制城市的控制性详细规划、县人民政府所在地镇的控制性详细规划的；

（二）超越职权或者对不符合法定条件的申请人核发选址意见书、建设用地规划许可证、建设工程规划许可证、乡村建设规划许可证的；

（三）对符合法定条件的申请人未在法定期限内核发选址意见书、建设用地规划许可证、建设工程规划许可证、乡村建设规划许可证的；

（四）未依法对经审定的修建性详细规划、建设工程设计方案的总平面图予以公布的；

（五）同意修改修建性详细规划、建设工

程设计方案的总平面图前未采取听证会等形式听取利害关系人的意见的;

(六)发现未依法取得规划许可或者违反规划许可的规定在规划区内进行建设的行为,而不予查处或者接到举报后不依法处理的。

第六十一条 县级以上人民政府有关部门有下列行为之一的,由本级人民政府或者上级人民政府有关部门责令改正,通报批评;对直接负责的主管人员和其他直接责任人员依法给予处分:

(一)对未依法取得选址意见书的建设项目核发建设项目批准文件的;

(二)未依法在国有土地使用权出让合同中确定规划条件或者改变国有土地使用权出让合同中依法确定的规划条件的;

(三)对未依法取得建设用地规划许可证的建设单位划拨国有土地使用权的。

第六十二条 城乡规划编制单位有下列行为之一的,由所在地城市、县人民政府城乡规划主管部门责令限期改正,处合同约定的规划编制费一倍以上二倍以下的罚款;情节严重的,责令停业整顿,由原发证机关降低资质等级或者吊销资质证书;造成损失的,依法承担赔偿责任:

(一)超越资质等级许可的范围承揽城乡规划编制工作的;

(二)违反国家有关标准编制城乡规划的。

未依法取得资质证书承揽城乡规划编制工作的,由县级以上地方人民政府城乡规划主管部门责令停止违法行为,依照前款规定处以罚款;造成损失的,依法承担赔偿责任。

以欺骗手段取得资质证书承揽城乡规划编制工作的,由原发证机关吊销资质证书,依照本条第一款规定处以罚款;造成损失的,依法承担赔偿责任。

第六十三条 城乡规划编制单位取得资质证书后,不再符合相应的资质条件的,由原发证机关责令限期改正;逾期不改正的,降低资质等级或者吊销资质证书。

第六十四条 未取得建设工程规划许可证或者未按照建设工程规划许可证的规定进行建设的,由县级以上地方人民政府城乡规划主管部门责令停止建设;尚可采取改正措施消除对规划实施的影响的,限期改正,处建设工程造价百分之五以上百分之十以下的罚款;无法采取改正措施消除影响的,限期拆除,不能拆除的,没收实物或者违法收入,可以并处建设工程造价百分之十以下的罚款。

第六十五条 在乡、村庄规划区内未依法取得乡村建设规划许可证或者未按照乡村建设规划许可证的规定进行建设的,由乡、镇人民政府责令停止建设、限期改正;逾期不改正的,可以拆除。

第六十六条 建设单位或者个人有下列行为之一的,由所在地城市、县人民政府城乡规划主管部门责令限期拆除,可以并处临时建设工程造价一倍以下的罚款:

(一)未经批准进行临时建设的;

(二)未按照批准内容进行临时建设的;

(三)临时建筑物、构筑物超过批准期限不拆除的。

第六十七条 建设单位未在建设工程竣工验收后六个月内向城乡规划主管部门报送有关竣工验收资料的,由所在地城市、县人民政府城乡规划主管部门责令限期补报;逾期不补报的,处一万元以上五万元以下的罚款。

第六十八条 城乡规划主管部门作出责令停止建设或者限期拆除的决定后,当事人不停止建设或者逾期不拆除的,建设工程所在地县级以上地方人民政府可以责成有关部门采取查封施工现场、强制拆除等措施。

第六十九条 违反本法规定,构成犯罪的,依法追究刑事责任。

第七章 附 则

第七十条 本法自 2008 年 1 月 1 日起施行。《中华人民共和国城市规划法》同时废止。

中华人民共和国城市房地产管理法

(1994 年 7 月 5 日第八届全国人民代表大会常务委员会第八次会议通过
根据 2007 年 8 月 30 日第十届全国人民代表大会常务委员会
第二十九次会议《关于修改〈中华人民共和国
城市房地产管理法〉的决定》修正
根据 2009 年 8 月 27 日第十一届全国人民代表大会常务委员会
第十次会议通过的《全国人民代表大会常务委员
会关于修改部分法律的决定》修正)

目 录

第一章 总 则

第一条 为了加强对城市房地产的管理，维护房地产市场秩序，保障房地产权利人的合法权益，促进房地产业的健康发展，制定本法。

第二条 在中华人民共和国城市规划区国有土地（以下简称国有土地）范围内取得房地产开发用地的土地使用权，从事房地产开发、房地产交易，实施房地产管理，应当遵守本法。

本法所称房屋，是指土地上的房屋等建筑物及构筑物。

本法所称房地产开发，是指在依据本法取得国有土地使用权的土地上进行基础设施、房屋建设的行为。

本法所称房地产交易，包括房地产转让、房地产抵押和房屋租赁。

第三条 国家依法实行国有土地有偿、有限期使用制度。但是，国家在本法规定的范围内划拨国有土地使用权的除外。

第四条 国家根据社会、经济发展水平，扶持发展居民住宅建设，逐步改善居民的居住条件。

第五条 房地产权利人应当遵守法律和行政法规，依法纳税。房地产权利人的合法权益受法律保护，任何单位和个人不得侵犯。

第六条 为了公共利益的需要，国家可以征收国有土地上单位和个人的房屋，并依法给予拆迁补偿，维护被征收人的合法权益；征收个人住宅的，还应当保障被征收人的居住条件。具体办法由国务院规定。

第七条 国务院建设行政主管部门、土地管理部门依照国务院规定的职权划分，各司其职，密切配合，管理全国房地产工作。

县级以上地方人民政府房产管理、土地管理部门的机构设置及其职权由省、自治区、直辖市人民政府确定。

第二章　房地产开发用地

第一节　土地使用权出让

第八条　土地使用权出让，是指国家将国有土地使用权（以下简称土地使用权）在一定年限内出让给土地使用者，由土地使用者向国家支付土地使用权出让金的行为。

第九条　城市规划区内的集体所有的土地，经依法征收转为国有土地后，该幅国有土地的使用权方可有偿出让。

第十条　土地使用权出让，必须符合土地利用总体规划、城市规划和年度建设用地计划。

第十一条　县级以上地方人民政府出让土地使用权用于房地产开发的，须根据省级以上人民政府下达的控制指标拟订年度出让土地使用权总面积方案，按照国务院规定，报国务院或者省级人民政府批准。

第十二条　土地使用权出让，由市、县人民政府有计划、有步骤地进行。出让的每幅地块、用途、年限和其他条件，由市、县人民政府土地管理部门会同城市规划、建设、房产管理部门共同拟定方案，按照国务院规定，报经有批准权的人民政府批准后，由市、县人民政府土地管理部门实施。

直辖市的县人民政府及其有关部门行使前款规定的权限，由直辖市人民政府规定。

第十三条　土地使用权出让，可以采取拍卖、招标或者双方协议的方式。

商业、旅游、娱乐和豪华住宅用地，有条件的，必须采取拍卖、招标方式；没有条件，不能采取拍卖、招标方式的，可以采取双方协议的方式。

采取双方协议方式出让土地使用权的出让金不得低于按国家规定所确定的最低价。

第十四条　土地使用权出让最高年限由国务院规定。

第十五条　土地使用权出让，应当签订书面出让合同。

土地使用权出让合同由市、县人民政府土地管理部门与土地使用者签订。

第十六条　土地使用者必须按照出让合同约定，支付土地使用权出让金；未按照出让合同约定支付土地使用权出让金的，土地管理部门有权解除合同，并可以请求违约赔偿。

第十七条　土地使用者按照出让合同约定支付土地使用权出让金的，市、县人民政府土地管理部门必须按照出让合同约定，提供出让的土地；未按照出让合同约定提供出让的土地的，土地使用者有权解除合同，由土地管理部门返还土地使用权出让金，土地使用者并可以请求违约赔偿。

第十八条　土地使用者需要改变土地使用权出让合同约定的土地用途的，必须取得出让方和市、县人民政府城市规划行政主管部门的同意，签订土地使用权出让合同变更协议或者重新签订土地使用权出让合同，相应调整土地使用权出让金。

第十九条　土地使用权出让金应当全部上缴财政，列入预算，用于城市基础设施建设和土地开发。土地使用权出让金上缴和使用的具体办法由国务院规定。

第二十条　国家对土地使用者依法取得的土地使用权，在出让合同约定的使用年限届满前不收回；在特殊情况下，根据社会公共利益的需要，可以依照法律程序提前收回，并根据土地使用者使用土地的实际年限和开发土地的实际情况给予相应的补偿。

第二十一条　土地使用权因土地灭失而终止。

第二十二条　土地使用权出让合同约定的使用年限届满，土地使用者需要继续使用土地的，应当至迟于届满前一年申请续期，除根据社会公共利益需要收回该幅土地的，应当予以批准。经批准准予续期的，应当重新签订土地使用权出让合同，依照规定支付土地使用权出让金。

土地使用权出让合同约定的使用年限届满，土地使用者未申请续期或者虽申请续期但依照前款规定未获批准的，土地使用权由国家无偿收回。

第二节 土地使用权划拨

第二十三条 土地使用权划拨，是指县级以上人民政府依法批准，在土地使用者缴纳补偿、安置等费用后将该幅土地交付其使用，或者将土地使用权无偿交付给土地使用者使用的行为。

依照本法规定以划拨方式取得土地使用权的，除法律、行政法规另有规定外，没有使用期限的限制。

第二十四条 下列建设用地的土地使用权，确属必需的，可以由县级以上人民政府依法批准划拨：

（一）国家机关用地和军事用地；

（二）城市基础设施用地和公益事业用地；

（三）国家重点扶持的能源、交通、水利等项目用地；

（四）法律、行政法规规定的其他用地。

第三章 房地产开发

第二十五条 房地产开发必须严格执行城市规划，按照经济效益、社会效益、环境效益相统一的原则，实行全面规划、合理布局、综合开发、配套建设。

第二十六条 以出让方式取得土地使用权进行房地产开发的，必须按照土地使用权出让合同约定的土地用途、动工开发期限开发土地。超过出让合同约定的动工开发日期满一年未动工开发的，可以征收相当于土地使用权出让金百分之二十以下的土地闲置费；满二年未动工开发的，可以无偿收回土地使用权；但是，因不可抗力或者政府、政府有关部门的行为或者动工开发必需的前期工作造成动工开发迟延的除外。

第二十七条 房地产开发项目的设计、施工，必须符合国家的有关标准和规范。

房地产开发项目竣工，经验收合格后，方可交付使用。

第二十八条 依法取得的土地使用权，可以依照本法和有关法律、行政法规的规定，作价入股，合资、合作开发经营房地产。

第二十九条 国家采取税收等方面的优惠措施鼓励和扶持房地产开发企业开发建设居民住宅。

第三十条 房地产开发企业是以营利为目的，从事房地产开发和经营的企业。设立房地产开发企业，应当具备下列条件：

（一）有自己的名称和组织机构；

（二）有固定的经营场所；

（三）有符合国务院规定的注册资本；

（四）有足够的专业技术人员；

（五）法律、行政法规规定的其他条件。

设立房地产开发企业，应当向工商行政管理部门申请设立登记。工商行政管理部门对符合本法规定条件的，应当予以登记，发给营业执照；对不符合本法规定条件的，不予登记。

设立有限责任公司、股份有限公司，从事房地产开发经营的，还应当执行公司法的有关规定。

房地产开发企业在领取营业执照后的一个月内，应当到登记机关所在地的县级以上地方人民政府规定的部门备案。

第三十一条 房地产开发企业的注册资本与投资总额的比例应当符合国家有关规定。

房地产开发企业分期开发房地产的，分期投资额应当与项目规模相适应，并按照土地使用权出让合同的约定，按期投入资金，用于项目建设。

第四章 房地产交易

第一节 一般规定

第三十二条 房地产转让、抵押时，房屋的所有权和该房屋占用范围内的土地使用权同时转让、抵押。

第三十三条 基准地价、标定地价和各类房屋的重置价格应当定期确定并公布。具体办法由国务院规定。

第三十四条 国家实行房地产价格评估制度。

房地产价格评估，应当遵循公正、公平、

公开的原则，按照国家规定的技术标准和评估程序，以基准地价、标定地价和各类房屋的重置价格为基础，参照当地的市场价格进行评估。

第三十五条 国家实行房地产成交价格申报制度。

房地产权利人转让房地产，应当向县级以上地方人民政府规定的部门如实申报成交价，不得瞒报或者作不实的申报。

第三十六条 房地产转让、抵押，当事人应当依照本法第五章的规定办理权属登记。

第二节 房地产转让

第三十七条 房地产转让，是指房地产权利人通过买卖、赠与或者其他合法方式将其房地产转移给他人的行为。

第三十八条 下列房地产，不得转让：

（一）以出让方式取得土地使用权的，不符合本法第三十九条规定的条件的；

（二）司法机关和行政机关依法裁定、决定查封或者以其他形式限制房地产权利的；

（三）依法收回土地使用权的；

（四）共有房地产，未经其他共有人书面同意的；

（五）权属有争议的；

（六）未依法登记领取权属证书的；

（七）法律、行政法规规定禁止转让的其他情形。

第三十九条 以出让方式取得土地使用权的，转让房地产时，应当符合下列条件：

（一）按照出让合同约定已经支付全部土地使用权出让金，并取得土地使用权证书；

（二）按照出让合同约定进行投资开发，属于房屋建设工程的，完成开发投资总额的百分之二十五以上，属于成片开发土地的，形成工业用地或者其他建设用地条件。

转让房地产时房屋已经建成的，还应当持有房屋所有权证书。

第四十条 以划拨方式取得土地使用权的，转让房地产时，应当按照国务院规定，报有批准权的人民政府审批。有批准权的人民政府准予转让的，应当由受让方办理土地使用权出让手续，并依照国家有关规定缴纳土地使用权出让金。

以划拨方式取得土地使用权的，转让房地产报批时，有批准权的人民政府按照国务院规定决定可以不办理土地使用权出让手续的，转让方应当按照国务院规定将转让房地产所获收益中的土地收益上缴国家或者作其他处理。

第四十一条 房地产转让，应当签订书面转让合同，合同中应当载明土地使用权取得的方式。

第四十二条 房地产转让时，土地使用权出让合同载明的权利、义务随之转移。

第四十三条 以出让方式取得土地使用权的，转让房地产后，其土地使用权的使用年限为原土地使用权出让合同约定的使用年限减去原土地使用者已经使用年限后的剩余年限。

第四十四条 以出让方式取得土地使用权的，转让房地产后，受让人改变原土地使用权出让合同约定的土地用途的，必须取得原出让方和市、县人民政府城市规划行政主管部门的同意，签订土地使用权出让合同变更协议或者重新签订土地使用权出让合同，相应调整土地使用权出让金。

第四十五条 商品房预售，应当符合下列条件：

（一）已交付全部土地使用权出让金，取得土地使用权证书；

（二）持有建设工程规划许可证；

（三）按提供预售的商品房计算，投入开发建设的资金达到工程建设总投资的百分之二十五以上，并已经确定施工进度和竣工交付日期；

（四）向县级以上人民政府房产管理部门办理预售登记，取得商品房预售许可证明。

商品房预售人应当按照国家有关规定将预售合同报县级以上人民政府房产管理部门和土地管理部门登记备案。

商品房预售所得款项，必须用于有关的工程建设。

第四十六条 商品房预售的，商品房预购人将购买的未竣工的预售商品房再行转让的问题，由国务院规定。

第三节 房地产抵押

第四十七条 房地产抵押，是指抵押人以其合法的房地产以不转移占有的方式向抵押权人提供债务履行担保的行为。债务人不履行债务时，抵押权人有权依法以抵押的房地产拍卖所得的价款优先受偿。

第四十八条 依法取得的房屋所有权连同该房屋占用范围内的土地使用权，可以设定抵押权。

以出让方式取得的土地使用权，可以设定抵押权。

第四十九条 房地产抵押，应当凭土地使用权证书、房屋所有权证书办理。

第五十条 房地产抵押，抵押人和抵押权人应当签订书面抵押合同。

第五十一条 设定房地产抵押权的土地使用权是以划拨方式取得的，依法拍卖该房地产后，应当从拍卖所得的价款中缴纳相当于应缴纳的土地使用权出让金的款额后，抵押权人方可优先受偿。

第五十二条 房地产抵押合同签订后，土地上新增的房屋不属于抵押财产。需要拍卖该抵押的房地产时，可以依法将土地上新增的房屋与抵押财产一同拍卖，但对拍卖新增房屋所得，抵押权人无权优先受偿。

第四节 房屋租赁

第五十三条 房屋租赁，是指房屋所有权人作为出租人将其房屋出租给承租人使用，由承租人向出租人支付租金的行为。

第五十四条 房屋租赁，出租人和承租人应当签订书面租赁合同，约定租赁期限、租赁用途、租赁价格、修缮责任等条款，以及双方的其他权利和义务，并向房产管理部门登记备案。

第五十五条 住宅用房的租赁，应当执行国家和房屋所在城市人民政府规定的租赁政策。租用房屋从事生产、经营活动的，由租赁双方协商议定租金和其他租赁条款。

第五十六条 以营利为目的，房屋所有权人将以划拨方式取得使用权的国有土地上建成的房屋出租的，应当将租金中所含土地收益上缴国家。具体办法由国务院规定。

第五节 中介服务机构

第五十七条 房地产中介服务机构包括房地产咨询机构、房地产价格评估机构、房地产经纪机构等。

第五十八条 房地产中介服务机构应当具备下列条件：

（一）有自己的名称和组织机构；

（二）有固定的服务场所；

（三）有必要的财产和经费；

（四）有足够数量的专业人员；

（五）法律、行政法规规定的其他条件。

设立房地产中介服务机构，应当向工商行政管理部门申请设立登记，领取营业执照后，方可开业。

第五十九条 国家实行房地产价格评估人员资格认证制度。

第五章 房地产权属登记管理

第六十条 国家实行土地使用权和房屋所有权登记发证制度。

第六十一条 以出让或者划拨方式取得土地使用权，应当向县级以上地方人民政府土地管理部门申请登记，经县级以上地方人民政府土地管理部门核实，由同级人民政府颁发土地使用权证书。

在依法取得的房地产开发用地上建成房屋的，应当凭土地使用权证书向县级以上地方人民政府房产管理部门申请登记，由县级以上地方人民政府房产管理部门核实并颁发房屋所有权证书。

房地产转让或者变更时，应当向县级以上地方人民政府房产管理部门申请房产变更登记，并凭变更后的房屋所有权证书向同级人民政府土地管理部门申请土地使用权变更登记，经同级人民政府土地管理部门核实，由同级人民政府更换或者更改土地使用权证书。

法律另有规定的，依照有关法律的规定办理。

第六十二条　房地产抵押时，应当向县级以上地方人民政府规定的部门办理抵押登记。

因处分抵押房地产而取得土地使用权和房屋所有权的，应当依照本章规定办理过户登记。

第六十三条　经省、自治区、直辖市人民政府确定，县级以上地方人民政府由一个部门统一负责房产管理和土地管理工作的，可以制作、颁发统一的房地产权证书，依照本法第六十一条的规定，将房屋的所有权和该房屋占用范围内的土地使用权的确认和变更，分别载入房地产权证书。

第六章　法律责任

第六十四条　违反本法第十一条、第十二条的规定，擅自批准出让或者擅自出让土地使用权用于房地产开发的，由上级机关或者所在单位给予有关责任人员行政处分。

第六十五条　违反本法第三十条的规定，未取得营业执照擅自从事房地产开发业务的，由县级以上人民政府工商行政管理部门责令停止房地产开发业务活动，没收违法所得，可以并处罚款。

第六十六条　违反本法第三十九条第一款的规定转让土地使用权的，由县级以上人民政府土地管理部门没收违法所得，可以并处罚款。

第六十七条　违反本法第四十条第一款的规定转让房地产的，由县级以上人民政府土地管理部门责令缴纳土地使用权出让金，没收违法所得，可以并处罚款。

第六十八条　违反本法第四十五条第一款的规定预售商品房的，由县级以上人民政府房产管理部门责令停止预售活动，没收违法所得，可以并处罚款。

第六十九条　违反本法第五十八条的规定，未取得营业执照擅自从事房地产中介服务业务的，由县级以上人民政府工商行政管理部门责令停止房地产中介服务业务活动，没收违法所得，可以并处罚款。

第七十条　没有法律、法规的依据，向房地产开发企业收费的，上级机关应当责令退回所收取的钱款；情节严重的，由上级机关或者所在单位给予直接责任人员行政处分。

第七十一条　房产管理部门、土地管理部门工作人员玩忽职守、滥用职权，构成犯罪的，依法追究刑事责任；不构成犯罪的，给予行政处分。

房产管理部门、土地管理部门工作人员利用职务上的便利，索取他人财物，或者非法收受他人财物为他人谋取利益，构成犯罪的，依法追究刑事责任；不构成犯罪的，给予行政处分。

第七章　附　则

第七十二条　在城市规划区外的国有土地范围内取得房地产开发用地的土地使用权，从事房地产开发、交易活动以及实施房地产管理，参照本法执行。

第七十三条　本法自 1995 年 1 月 1 日起施行。

中华人民共和国招标投标法

(1999 年 8 月 30 日第九届全国人民代表大会常务委员会第十一次
会议通过　1999 年 8 月 30 日中华人民共和国主席令
第 21 号公布　自 2000 年 1 月 1 日起施行
根据 2017 年 12 月 27 日第十二届全国人民代表大会
常务委员会第三十一次会议《关于修改〈中华
人民共和国招标投标法〉、〈中华人民共和国
计量法〉的决定》修正)

目　录

第一章　总　则

第一条　为了规范招标投标活动，保护国家利益、社会公共利益和招标投标活动当事人的合法权益，提高经济效益，保证项目质量，制定本法。

第二条　在中华人民共和国境内进行招标投标活动，适用本法。

第三条　在中华人民共和国境内进行下列工程建设项目包括项目的勘察、设计、施工、监理以及与工程建设有关的重要设备、材料等的采购，必须进行招标：

（一）大型基础设施、公用事业等关系社会公共利益、公众安全的项目；

（二）全部或者部分使用国有资金投资或者国家融资的项目；

（三）使用国际组织或者外国政府贷款、援助资金的项目。

前款所列项目的具体范围和规模标准，由国务院发展计划部门会同国务院有关部门制订，报国务院批准。

法律或者国务院对必须进行招标的其他项目的范围有规定的，依照其规定。

第四条　任何单位和个人不得将依法必须进行招标的项目化整为零或者以其他任何方式规避招标。

第五条　招标投标活动应当遵循公开、公平、公正和诚实信用的原则。

第六条　依法必须进行招标的项目，其招标投标活动不受地区或者部门的限制。任何单位和个人不得违法限制或者排斥本地区、本系统以外的法人或者其他组织参加投标，不得以任何方式非法干涉招标投标活动。

第七条　招标投标活动及其当事人应当接受依法实施的监督。

有关行政监督部门依法对招标投标活动实施监督，依法查处招标投标活动中的违法行为。

对招标投标活动的行政监督及有关部门的具体职权划分，由国务院规定。

第二章　招　标

第八条　招标人是依照本法规定提出招标项目、进行招标的法人或者其他组织。

第九条　招标项目按照国家有关规定需要履行项目审批手续的，应当先履行审批手续，取得批准。

招标人应当有进行招标项目的相应资金

或者资金来源已经落实，并应当在招标文件中如实载明。

第十条 招标分为公开招标和邀请招标。

公开招标，是指招标人以招标公告的方式邀请不特定的法人或者其他组织投标。

邀请招标，是指招标人以投标邀请书的方式邀请特定的法人或者其他组织投标。

第十一条 国务院发展计划部门确定的国家重点项目和省、自治区、直辖市人民政府确定的地方重点项目不适宜公开招标的，经国务院发展计划部门或者省、自治区、直辖市人民政府批准，可以进行邀请招标。

第十二条 招标人有权自行选择招标代理机构，委托其办理招标事宜。任何单位和个人不得以任何方式为招标人指定招标代理机构。

招标人具有编制招标文件和组织评标能力的，可以自行办理招标事宜。任何单位和个人不得强制其委托招标代理机构办理招标事宜。

依法必须进行招标的项目，招标人自行办理招标事宜的，应当向有关行政监督部门备案。

第十三条 招标代理机构是依法设立、从事招标代理业务并提供相关服务的社会中介组织。

招标代理机构应当具备下列条件：

（一）有从事招标代理业务的营业场所和相应资金；

（二）有能够编制招标文件和组织评标的相应专业力量。

第十四条 招标代理机构与行政机关和其他国家机关不得存在隶属关系或者其他利益关系。

第十五条 招标代理机构应当在招标人委托的范围内办理招标事宜，并遵守本法关于招标人的规定。

第十六条 招标人采用公开招标方式的，应当发布招标公告。依法必须进行招标的项目的招标公告，应当通过国家指定的报刊、信息网络或者其他媒介发布。

招标公告应当载明招标人的名称和地址、招标项目的性质、数量、实施地点和时间以及获取招标文件的办法等事项。

第十七条 招标人采用邀请招标方式的，应当向三个以上具备承担招标项目的能力、资信良好的特定的法人或者其他组织发出投标邀请书。

投标邀请书应当载明本法第十六条第二款规定的事项。

第十八条 招标人可以根据招标项目本身的要求，在招标公告或者投标邀请书中，要求潜在投标人提供有关资质证明文件和业绩情况，并对潜在投标人进行资格审查；国家对投标人的资格条件有规定的，依照其规定。

招标人不得以不合理的条件限制或者排斥潜在投标人，不得对潜在投标人实行歧视待遇。

第十九条 招标人应当根据招标项目的特点和需要编制招标文件。招标文件应当包括招标项目的技术要求、对投标人资格审查的标准、投标报价要求和评标标准等所有实质性要求和条件以及拟签订合同的主要条款。

国家对招标项目的技术、标准有规定的，招标人应当按照其规定在招标文件中提出相应要求。

招标项目需要划分标段、确定工期的，招标人应当合理划分标段、确定工期，并在招标文件中载明。

第二十条 招标文件不得要求或者标明特定的生产供应者以及含有倾向或者排斥潜在投标人的其他内容。

第二十一条 招标人根据招标项目的具体情况，可以组织潜在投标人踏勘项目现场。

第二十二条 招标人不得向他人透露已获取招标文件的潜在投标人的名称、数量以及可能影响公平竞争的有关招标投标的其他情况。

招标人设有标底的，标底必须保密。

第二十三条　招标人对已发出的招标文件进行必要的澄清或者修改的，应当在招标文件要求提交投标文件截止时间至少十五日前，以书面形式通知所有招标文件收受人。该澄清或者修改的内容为招标文件的组成部分。

第二十四条　招标人应当确定投标人编制投标文件所需要的合理时间；但是，依法必须进行招标的项目，自招标文件开始发出之日起至投标人提交投标文件截止之日止，最短不得少于二十日。

第三章　投　标

第二十五条　投标人是响应招标、参加投标竞争的法人或者其他组织。

依法招标的科研项目允许个人参加投标的，投标的个人适用本法有关投标人的规定。

第二十六条　投标人应当具备承担招标项目的能力；国家有关规定对投标人资格条件或者招标文件对投标人资格条件有规定的，投标人应当具备规定的资格条件。

第二十七条　投标人应当按照招标文件的要求编制投标文件。投标文件应当对招标文件提出的实质性要求和条件作出响应。

招标项目属于建设施工的，投标文件的内容应当包括拟派出的项目负责人与主要技术人员的简历、业绩和拟用于完成招标项目的机械设备等。

第二十八条　投标人应当在招标文件要求提交投标文件的截止时间前，将投标文件送达投标地点。招标人收到投标文件后，应当签收保存，不得开启。投标人少于三个的，招标人应当依照本法重新招标。

在招标文件要求提交投标文件的截止时间后送达的投标文件，招标人应当拒收。

第二十九条　投标人在招标文件要求提交投标文件的截止时间前，可以补充、修改或者撤回已提交的投标文件，并书面通知招标人。补充、修改的内容为投标文件的组成部分。

第三十条　投标人根据招标文件载明的项目实际情况，拟在中标后将中标项目的部分非主体、非关键性工作进行分包的，应当在投标文件中载明。

第三十一条　两个以上法人或者其他组织可以组成一个联合体，以一个投标人的身份共同投标。

联合体各方均应当具备承担招标项目的相应能力；国家有关规定或者招标文件对投标人资格条件有规定的，联合体各方均应当具备规定的相应资格条件。由同一专业的单位组成的联合体，按照资质等级较低的单位确定资质等级。

联合体各方应当签订共同投标协议，明确约定各方拟承担的工作和责任，并将共同投标协议连同投标文件一并提交招标人。联合体中标的，联合体各方应当共同与招标人签订合同，就中标项目向招标人承担连带责任。

招标人不得强制投标人组成联合体共同投标，不得限制投标人之间的竞争。

第三十二条　投标人不得相互串通投标报价，不得排挤其他投标人的公平竞争，损害招标人或者其他投标人的合法权益。

投标人不得与招标人串通投标，损害国家利益、社会公共利益或者他人的合法权益。

禁止投标人以向招标人或者评标委员会成员行贿的手段谋取中标。

第三十三条　投标人不得以低于成本的报价竞标，也不得以他人名义投标或者以其他方式弄虚作假，骗取中标。

第四章　开标、评标和中标

第三十四条　开标应当在招标文件确定的提交投标文件截止时间的同一时间公开进行；开标地点应当为招标文件中预先确定的地点。

第三十五条　开标由招标人主持，邀请所有投标人参加。

第三十六条　开标时，由投标人或者其推选的代表检查投标文件的密封情况，也可以由招标人委托的公证机构检查并公证；经确认无误后，由工作人员当众拆封，宣读投标人名称、投标价格和投标文件的其他主要内容。

招标人在招标文件要求提交投标文件的截止时间前收到的所有投标文件，开标时都应当当众予以拆封、宣读。

开标过程应当记录，并存档备查。

第三十七条 评标由招标人依法组建的评标委员会负责。

依法必须进行招标的项目，其评标委员会由招标人的代表和有关技术、经济等方面的专家组成，成员人数为五人以上单数，其中技术、经济等方面的专家不得少于成员总数的三分之二。

前款专家应当从事相关领域工作满八年并具有高级职称或者具有同等专业水平，由招标人从国务院有关部门或者省、自治区、直辖市人民政府有关部门提供的专家名册或者招标代理机构的专家库内的相关专业的专家名单中确定；一般招标项目可以采取随机抽取方式，特殊招标项目可以由招标人直接确定。

与投标人有利害关系的人不得进入相关项目的评标委员会；已经进入的应当更换。

评标委员会成员的名单在中标结果确定前应当保密。

第三十八条 招标人应当采取必要的措施，保证评标在严格保密的情况下进行。

任何单位和个人不得非法干预、影响评标的过程和结果。

第三十九条 评标委员会可以要求投标人对投标文件中含义不明确的内容作必要的澄清或者说明，但是澄清或者说明不得超出投标文件的范围或者改变投标文件的实质性内容。

第四十条 评标委员会应当按照招标文件确定的评标标准和方法，对投标文件进行评审和比较；设有标底的，应当参考标底。评标委员会完成评标后，应当向招标人提出书面评标报告，并推荐合格的中标候选人。

招标人根据评标委员会提出的书面评标报告和推荐的中标候选人确定中标人。招标人也可以授权评标委员会直接确定中标人。

国务院对特定招标项目的评标有特别规定的，从其规定。

第四十一条 中标人的投标应当符合下列条件之一：

（一）能够最大限度地满足招标文件中规定的各项综合评价标准；

（二）能够满足招标文件的实质性要求，并且经评审的投标价格最低；但是投标价格低于成本的除外。

第四十二条 评标委员会经评审，认为所有投标都不符合招标文件要求的，可以否决所有投标。

依法必须进行招标的项目的所有投标被否决的，招标人应当依照本法重新招标。

第四十三条 在确定中标人前，招标人不得与投标人就投标价格、投标方案等实质性内容进行谈判。

第四十四条 评标委员会成员应当客观、公正地履行职务，遵守职业道德，对所提出的评审意见承担个人责任。

评标委员会成员不得私下接触投标人，不得收受投标人的财物或者其他好处。

评标委员会成员和参与评标的有关工作人员不得透露对投标文件的评审和比较、中标候选人的推荐情况以及与评标有关的其他情况。

第四十五条 中标人确定后，招标人应当向中标人发出中标通知书，并同时将中标结果通知所有未中标的投标人。

中标通知书对招标人和中标人具有法律效力。中标通知书发出后，招标人改变中标结果的，或者中标人放弃中标项目的，应当依法承担法律责任。

第四十六条 招标人和中标人应当自中标通知书发出之日起三十日内，按照招标文件和中标人的投标文件订立书面合同。招标人和中标人不得再行订立背离合同实质性内容的其他协议。

招标文件要求中标人提交履约保证金的，中标人应当提交。

第四十七条 依法必须进行招标的项目，招标人应当自确定中标人之日起十五日内，向有关行政监督部门提交招标投标情况的书面报告。

第四十八条 中标人应当按照合同约定履行义务，完成中标项目。中标人不得向他人转让中标项目，也不得将中标项目肢解后分别向他人转让。

中标人按照合同约定或者经招标人同意，可以将中标项目的部分非主体、非关键性工作分包给他人完成。接受分包的人应当具备相应的资格条件，并不得再次分包。

中标人应当就分包项目向招标人负责，接受分包的人就分包项目承担连带责任。

第五章 法律责任

第四十九条 违反本法规定，必须进行招标的项目而不招标的，将必须进行招标的项目化整为零或者以其他任何方式规避招标的，责令限期改正，可以处项目合同金额千分之五以上千分之十以下的罚款；对全部或者部分使用国有资金的项目，可以暂停项目执行或者暂停资金拨付；对单位直接负责的主管人员和其他直接责任人员依法给予处分。

第五十条 招标代理机构违反本法规定，泄露应当保密的与招标投标活动有关的情况和资料的，或者与招标人、投标人串通损害国家利益、社会公共利益或者他人合法权益的，处五万元以上二十五万元以下的罚款，对单位直接负责的主管人员和其他直接责任人员处单位罚款数额百分之五以上百分之十以下的罚款；有违法所得的，并处没收违法所得；情节严重的，禁止其一年至二年内代理依法必须进行招标的项目并予以公告，直至由工商行政机关吊销营业执照；构成犯罪的，依法追究刑事责任。给他人造成损失的，依法承担赔偿责任。

前款所列行为影响中标结果的，中标无效。

第五十一条 招标人以不合理的条件限制或者排斥潜在投标人的，对潜在投标人实行歧视待遇的，强制要求投标人组成联合体共同投标的，或者限制投标人之间竞争的，责令改正，可以处一万元以上五万元以下的罚款。

第五十二条 依法必须进行招标的项目的招标人向他人透露已获取招标文件的潜在投标人的名称、数量或者可能影响公平竞争的有关招标投标的其他情况的，或者泄露标底的，给予警告，可以并处一万元以上十万元以下的罚款；对单位直接负责的主管人员和其他直接责任人员依法给予处分；构成犯罪的，依法追究刑事责任。

前款所列行为影响中标结果的，中标无效。

第五十三条 投标人相互串通投标或者与招标人串通投标的，投标人以向招标人或者评标委员会成员行贿的手段谋取中标的，中标无效，处中标项目金额千分之五以上千分之十以下的罚款，对单位直接负责的主管人员和其他直接责任人员处单位罚款数额百分之五以上百分之十以下的罚款；有违法所得的，并处没收违法所得；情节严重的，取消其一年至二年内参加依法必须进行招标的项目的投标资格并予以公告，直至由工商行政管理机关吊销营业执照；构成犯罪的，依法追究刑事责任。给他人造成损失的，依法承担赔偿责任。

第五十四条 投标人以他人名义投标或者以其他方式弄虚作假，骗取中标的，中标无效，给招标人造成损失的，依法承担赔偿责任；构成犯罪的，依法追究刑事责任。

依法必须进行招标的项目的投标人有前款所列行为尚未构成犯罪的，处中标项目金额千分之五以上千分之十以下的罚款，对单位直接负责的主管人员和其他直接责任人员处单位罚款数额百分之五以上百分之十以下的罚款；有违法所得的，并处没收违法所得；

情节严重的，取消其一年至三年内参加依法必须进行招标的项目的投标资格并予以公告，直至由工商行政管理机关吊销营业执照。

第五十五条 依法必须进行招标的项目，招标人违反本法规定，与投标人就投标价格、投标方案等实质性内容进行谈判的，给予警告，对单位直接负责的主管人员和其他直接责任人员依法给予处分。

前款所列行为影响中标结果的，中标无效。

第五十六条 评标委员会成员收受投标人的财物或者其他好处的，评标委员会成员或者参加评标的有关工作人员向他人透露对投标文件的评审和比较、中标候选人的推荐以及与评标有关的其他情况的，给予警告，没收收受的财物，可以并处三千元以上五万元以下的罚款，对有所列违法行为的评标委员会成员取消担任评标委员会成员的资格，不得再参加任何依法必须进行招标的项目的评标；构成犯罪的，依法追究刑事责任。

第五十七条 招标人在评标委员会依法推荐的中标候选人以外确定中标人的，依法必须进行招标的项目在所有投标被评标委员会否决后自行确定中标人的，中标无效。责令改正，可以处中标项目金额千分之五以上千分之十以下的罚款；对单位直接负责的主管人员和其他直接责任人员依法给予处分。

第五十八条 中标人将中标项目转让给他人的，将中标项目肢解后分别转让给他人的，违反本法规定将中标项目的部分主体、关键性工作分包给他人的，或者分包人再次分包的，转让、分包无效，处转让、分包项目金额千分之五以上千分之十以下的罚款；有违法所得的，并处没收违法所得；可以责令停业整顿；情节严重的，由工商行政管理机关吊销营业执照。

第五十九条 招标人与中标人不按照招标文件和中标人的投标文件订立合同的，或者招标人、中标人订立背离合同实质性内容的协议的，责令改正；可以处中标项目金额千分之五以上千分之十以下的罚款。

第六十条 中标人不履行与招标人订立的合同的，履约保证金不予退还，给招标人造成的损失超过履约保证金数额的，还应当对超过部分予以赔偿；没有提交履约保证金的，应当对招标人的损失承担赔偿责任。

中标人不按照与招标人订立的合同履行义务，情节严重的，取消其二年至五年内参加依法必须进行招标的项目的投标资格并予以公告，直至由工商行政管理机关吊销营业执照。

因不可抗力不能履行合同的，不适用前两款规定。

第六十一条 本章规定的行政处罚，由国务院规定的有关行政监督部门决定。本法已对实施行政处罚的机关作出规定的除外。

第六十二条 任何单位违反本法规定，限制或者排斥本地区、本系统以外的法人或者其他组织参加投标的，为招标人指定招标代理机构的，强制招标人委托招标代理机构办理招标事宜的，或者以其他方式干涉招标投标活动的，责令改正；对单位直接负责的主管人员和其他直接责任人员依法给予警告、记过、记大过的处分，情节较重的，依法给予降级、撤职、开除的处分。

个人利用职权进行前款违法行为的，依照前款规定追究责任。

第六十三条 对招标投标活动依法负有行政监督职责的国家机关工作人员徇私舞弊、滥用职权或者玩忽职守，构成犯罪的，依法追究刑事责任；不构成犯罪的，依法给予行政处分。

第六十四条 依法必须进行招标的项目违反本法规定，中标无效的，应当依照本法规定的中标条件从其余投标人中重新确定中标人或者依照本法重新进行招标。

第六章 附 则

第六十五条 投标人和其他利害关系人认为招标投标活动不符合本法有关规定的，有权向招标人提出异议或者依法向有关行政监督部门投诉。

第六十六条 涉及国家安全、国家秘密、抢险救灾或者属于利用扶贫资金实行以工代赈、需要使用农民工等特殊情况，不适宜进行招标的项目，按照国家有关规定可以不进行招标。

第六十七条 使用国际组织或者外国政府贷款、援助资金的项目进行招标，贷款方、资金提供方对招标投标的具体条件和程序有不同规定的，可以适用其规定，但违背中华人民共和国的社会公共利益的除外。

第六十八条 本法自 2000 年 1 月 1 日起施行。

中华人民共和国招标投标法实施条例

（2011 年 11 月 30 日国务院第 183 次常务会议通过
2011 年 12 月 20 日中华人民共和国国务院令
第 613 号公布　自 2012 年 2 月 1 日起施行
根据 2017 年 3 月 1 日《国务院关于修改和废止
部分行政法规的决定》第一次修订
根据 2018 年 3 月 19 日《国务院关于修改和废止
部分行政法规的决定》第二次修订）

第一章　总　则

第一条 为了规范招标投标活动，根据《中华人民共和国招标投标法》（以下简称招标投标法），制定本条例。

第二条 招标投标法第三条所称工程建设项目，是指工程以及与工程建设有关的货物、服务。

前款所称工程，是指建设工程，包括建筑物和构筑物的新建、改建、扩建及其相关的装修、拆除、修缮等；所称与工程建设有关的货物，是指构成工程不可分割的组成部分，且为实现工程基本功能所必需的设备、材料等；所称与工程建设有关的服务，是指为完成工程所需的勘察、设计、监理等服务。

第三条 依法必须进行招标的工程建设项目的具体范围和规模标准，由国务院发展改革部门会同国务院有关部门制订，报国务院批准后公布施行。

第四条 国务院发展改革部门指导和协调全国招标投标工作，对国家重大建设项目的工程招标投标活动实施监督检查。国务院工业和信息化、住房城乡建设、交通运输、铁道、水利、商务等部门，按照规定的职责分工对有关招标投标活动实施监督。

县级以上地方人民政府发展改革部门指导和协调本行政区域的招标投标工作。县级以上地方人民政府有关部门按照规定的职责分工，对招标投标活动实施监督，依法查处招标投标活动中的违法行为。县级以上地方人民政府对其所属部门有关招标投标活动的监督职责分工另有规定的，从其规定。

财政部门依法对实行招标投标的政府采购工程建设项目的预算执行情况和政府采购政策执行情况实施监督。

监察机关依法对与招标投标活动有关的监察对象实施监察。

第五条 设区的市级以上地方人民政府可以根据实际需要，建立统一规范的招标投标交易场所，为招标投标活动提供服务。招标投标交易场所不得与行政监督部门存在隶属关系，不得以营利为目的。

国家鼓励利用信息网络进行电子招标投标。

第六条 禁止国家工作人员以任何方式非法干涉招标投标活动。

第二章 招 标

第七条 按照国家有关规定需要履行项目审批、核准手续的依法必须进行招标的项目，其招标范围、招标方式、招标组织形式应当报项目审批、核准部门审批、核准。项目审批、核准部门应当及时将审批、核准确定的招标范围、招标方式、招标组织形式通报有关行政监督部门。

第八条 国有资金占控股或者主导地位的依法必须进行招标的项目，应当公开招标；但有下列情形之一的，可以邀请招标：

（一）技术复杂、有特殊要求或者受自然环境限制，只有少量潜在投标人可供选择；

（二）采用公开招标方式的费用占项目合同金额的比例过大。

有前款第二项所列情形，属于本条例第七条规定的项目，由项目审批、核准部门在审批、核准项目时作出认定；其他项目由招标人申请有关行政监督部门作出认定。

第九条 除招标投标法第六十六条规定的可以不进行招标的特殊情况外，有下列情形之一的，可以不进行招标：

（一）需要采用不可替代的专利或者专有技术；

（二）采购人依法能够自行建设、生产或者提供；

（三）已通过招标方式选定的特许经营项目投资人依法能够自行建设、生产或者提供；

（四）需要向原中标人采购工程、货物或者服务，否则将影响施工或者功能配套要求；

（五）国家规定的其他特殊情形。

招标人为适用前款规定弄虚作假的，属于招标投标法第四条规定的规避招标。

第十条 招标投标法第十二条第二款规定的招标人具有编制招标文件和组织评标能力，是指招标人具有与招标项目规模和复杂程度相适应的技术、经济等方面的专业人员。

第十一条 国务院住房城乡建设、商务、发展改革、工业和信息化等部门，按照规定的职责分工对招标代理机构依法实施监督管理。

第十二条 招标代理机构应当拥有一定数量的具备编制招标文件、组织评标等相应能力的专业人员。

第十三条 招标代理机构在招标人委托的范围内开展招标代理业务，任何单位和个人不得非法干涉。

招标代理机构代理招标业务，应当遵守招标投标法和本条例关于招标人的规定。招标代理机构不得在所代理的招标项目中投标或者代理投标，也不得为所代理的招标项目的投标人提供咨询。

第十四条 招标人应当与被委托的招标代理机构签订书面委托合同，合同约定的收费标准应当符合国家有关规定。

第十五条 公开招标的项目，应当依照招标投标法和本条例的规定发布招标公告、编制招标文件。

招标人采用资格预审办法对潜在投标人进行资格审查的，应当发布资格预审公告、编制资格预审文件。

依法必须进行招标的项目的资格预审公告和招标公告，应当在国务院发展改革部门依法指定的媒介发布。在不同媒介发布的同一招标项目的资格预审公告或者招标公告的内容应当一致。指定媒介发布依法必须进行招标的项目的境内资格预审公告、招标公告，不得收取费用。

编制依法必须进行招标的项目的资格预审文件和招标文件，应当使用国务院发展改革部门会同有关行政监督部门制定的标准文本。

第十六条 招标人应当按照资格预审公告、招标公告或者投标邀请书规定的时间、地点发售资格预审文件或者招标文件。资格预审文件或者招标文件的发售期不得少于5日。

招标人发售资格预审文件、招标文件收取的费用应当限于补偿印刷、邮寄的成本支出，不得以营利为目的。

第十七条　招标人应当合理确定提交资格预审申请文件的时间。依法必须进行招标的项目提交资格预审申请文件的时间，自资格预审文件停止发售之日起不得少于5日。

第十八条　资格预审应当按照资格预审文件载明的标准和方法进行。

国有资金占控股或者主导地位的依法必须进行招标的项目，招标人应当组建资格审查委员会审查资格预审申请文件。资格审查委员会及其成员应当遵守招标投标法和本条例有关评标委员会及其成员的规定。

第十九条　资格预审结束后，招标人应当及时向资格预审申请人发出资格预审结果通知书。未通过资格预审的申请人不具有投标资格。

通过资格预审的申请人少于3个的，应当重新招标。

第二十条　招标人采用资格后审办法对投标人进行资格审查的，应当在开标后由评标委员会按照招标文件规定的标准和方法对投标人的资格进行审查。

第二十一条　招标人可以对已发出的资格预审文件或者招标文件进行必要的澄清或者修改。澄清或者修改的内容可能影响资格预审申请文件或投标文件编制的，招标人应当在提交资格预审申请文件截止时间至少3日前，或者投标截止时间至少15日前，以书面形式通知所有获取资格预审文件或者招标文件的潜在投标人；不足3日或者15日的，招标人应当顺延提交资格预审申请文件或者投标文件的截止时间。

第二十二条　潜在投标人或者其他利害关系人对资格预审文件有异议的，应当在提交资格预审申请文件截止时间2日前提出；对招标文件有异议的，应当在投标截止时间

10日前提出。招标人应当自收到异议之日起3日内作出答复；作出答复前，应当暂停招标投标活动。

第二十三条　招标人编制的资格预审文件、招标文件的内容违反法律、行政法规的强制性规定，违反公开、公平、公正和诚实信用原则，影响资格预审结果或者潜在投标人投标的，依法必须进行招标的项目的招标人应当在修改资格预审文件或者招标文件后重新招标。

第二十四条　招标人对招标项目划分标段的，应当遵守招标投标法的有关规定，不得利用划分标段限制或者排斥潜在投标人。依法必须进行招标的项目的招标人不得利用划分标段规避招标。

第二十五条　招标人应当在招标文件中载明投标有效期。投标有效期从提交投标文件的截止之日起算。

第二十六条　招标人在招标文件中要求投标人提交投标保证金的，投标保证金不得超过招标项目估算价的2%。投标保证金有效期应当与投标有效期一致。

依法必须进行招标的项目的境内投标单位，以现金或者支票形式提交的投标保证金应当从其基本账户转出。

招标人不得挪用投标保证金。

第二十七条　招标人可以自行决定是否编制标底。一个招标项目只能有一个标底。标底必须保密。

接受委托编制标底的中介机构不得参加受托编制标底项目的投标，也不得为该项目的投标人编制投标文件或者提供咨询。

招标人设有最高投标限价的，应当在招标文件中明确最高投标限价或者最高投标限价的计算方法。招标人不得规定最低投标限价。

第二十八条　招标人不得组织单个或者部分潜在投标人踏勘项目现场。

第二十九条　招标人可以依法对工程以及与工程建设有关的货物、服务全部或者部

分实行总承包招标。以暂估价形式包括在总承包范围内的工程、货物、服务属于依法必须进行招标的项目范围且达到国家规定规模标准的，应当依法进行招标。

前款所称暂估价，是指总承包招标时不能确定价格而由招标人在招标文件中暂时估定的工程、货物、服务的金额。

第三十条 对技术复杂或者无法精确拟定技术规格的项目，招标人可以分两阶段进行招标。

第一阶段，投标人按照招标公告或者投标邀请书的要求提交不带报价的技术建议，招标人根据投标人提交的技术建议确定技术标准和要求，编制招标文件。

第二阶段，招标人向在第一阶段提交技术建议的投标人提供招标文件，投标人按照招标文件的要求提交包括最终技术方案和投标报价的投标文件。

招标人要求投标人提交投标保证金的，应当在第二阶段提出。

第三十一条 招标人终止招标的，应当及时发布公告，或者以书面形式通知被邀请的或者已经获取资格预审文件、招标文件的潜在投标人。已经发售资格预审文件、招标文件或者已经收取投标保证金的，招标人应当及时退还所收取的资格预审文件、招标文件的费用，以及所收取的投标保证金及银行同期存款利息。

第三十二条 招标人不得以不合理的条件限制、排斥潜在投标人或者投标人。

招标人有下列行为之一的，属于以不合理条件限制、排斥潜在投标人或者投标人：

（一）就同一招标项目向潜在投标人或者投标人提供有差别的项目信息；

（二）设定的资格、技术、商务条件与招标项目的具体特点和实际需要不相适应或者与合同履行无关；

（三）依法必须进行招标的项目以特定行政区域或者特定行业的业绩、奖项作为加分条件或者中标条件；

（四）对潜在投标人或者投标人采取不同的资格审查或者评标标准；

（五）限定或者指定特定的专利、商标、品牌、原产地或者供应商；

（六）依法必须进行招标的项目非法限定潜在投标人或者投标人的所有制形式或者组织形式；

（七）以其他不合理条件限制、排斥潜在投标人或者投标人。

第三章 投 标

第三十三条 投标人参加依法必须进行招标的项目的投标，不受地区或者部门的限制，任何单位和个人不得非法干涉。

第三十四条 与招标人存在利害关系可能影响招标公正性的法人、其他组织或者个人，不得参加投标。

单位负责人为同一人或者存在控股、管理关系的不同单位，不得参加同一标段投标或者未划分标段的同一招标项目投标。

违反前两款规定的，相关投标均无效。

第三十五条 投标人撤回已提交的投标文件，应当在投标截止时间前书面通知招标人。招标人已收取投标保证金的，应当自收到投标人书面撤回通知之日起 5 日内退还。

投标截止后投标人撤销投标文件的，招标人可以不退还投标保证金。

第三十六条 未通过资格预审的申请人提交的投标文件，以及逾期送达或者不按照招标文件要求密封的投标文件，招标人应当拒收。

招标人应当如实记载投标文件的送达时间和密封情况，并存档备查。

第三十七条 招标人应当在资格预审公告、招标公告或者投标邀请书中载明是否接受联合体投标。

招标人接受联合体投标并进行资格预审的，联合体应当在提交资格预审申请文件前组成。资格预审后联合体增减、更换成员的，其投标无效。

联合体各方在同一招标项目中以自己名

义单独投标或者参加其他联合体投标的，相关投标均无效。

第三十八条 投标人发生合并、分立、破产等重大变化的，应当及时书面告知招标人。投标人不再具备资格预审文件、招标文件规定的资格条件或者其投标影响招标公正性的，其投标无效。

第三十九条 禁止投标人相互串通投标。

有下列情形之一的，属于投标人相互串通投标：

（一）投标人之间协商投标报价等投标文件的实质性内容；

（二）投标人之间约定中标人；

（三）投标人之间约定部分投标人放弃投标或者中标；

（四）属于同一集团、协会、商会等组织成员的投标人按照该组织要求协同投标；

（五）投标人之间为谋取中标或者排斥特定投标人而采取的其他联合行动。

第四十条 有下列情形之一的，视为投标人相互串通投标：

（一）不同投标人的投标文件由同一单位或者个人编制；

（二）不同投标人委托同一单位或者个人办理投标事宜；

（三）不同投标人的投标文件载明的项目管理成员为同一人；

（四）不同投标人的投标文件异常一致或者投标报价呈规律性差异；

（五）不同投标人的投标文件相互混装；

（六）不同投标人的投标保证金从同一单位或者个人的账户转出。

第四十一条 禁止招标人与投标人串通投标。

有下列情形之一的，属于招标人与投标人串通投标：

（一）招标人在开标前开启投标文件并将有关信息泄露给其他投标人；

（二）招标人直接或者间接向投标人泄露标底、评标委员会成员等信息；

（三）招标人明示或者暗示投标人压低或者抬高投标报价；

（四）招标人授意投标人撤换、修改投标文件；

（五）招标人明示或者暗示投标人为特定投标人中标提供方便；

（六）招标人与投标人为谋求特定投标人中标而采取的其他串通行为。

第四十二条 使用通过受让或者租借等方式获取的资格、资质证书投标的，属于招标投标法第三十三条规定的以他人名义投标。

投标人有下列情形之一的，属于招标投标法第三十三条规定的以其他方式弄虚作假的行为：

（一）使用伪造、变造的许可证件；

（二）提供虚假的财务状况或者业绩；

（三）提供虚假的项目负责人或者主要技术人员简历、劳动关系证明；

（四）提供虚假的信用状况；

（五）其他弄虚作假的行为。

第四十三条 提交资格预审申请文件的申请人应当遵守招标投标法和本条例有关投标人的规定。

第四章 开标、评标和中标

第四十四条 招标人应当按照招标文件规定的时间、地点开标。

投标人少于3个的，不得开标；招标人应当重新招标。

投标人对开标有异议的，应当在开标现场提出，招标人应当当场作出答复，并制作记录。

第四十五条 国家实行统一的评标专家专业分类标准和管理办法。具体标准和办法由国务院发展改革部门会同国务院有关部门制定。

省级人民政府和国务院有关部门应当组建综合评标专家库。

第四十六条 除招标投标法第三十七条第三款规定的特殊招标项目外，依法必须进行招标的项目，其评标委员会的专家成员应当从评标专家库内相关专业的专家名单中以随机抽取方式确定。任何单位和个人不得以明示、暗示等任何方式指定或者变相指定参加评标委员会的专家成员。

依法必须进行招标的项目的招标人非因招标投标法和本条例规定的事由，不得更换依法确定的评标委员会成员。更换评标委员会的专家成员应当依照前款规定进行。

评标委员会成员与投标人有利害关系的，应当主动回避。

有关行政监督部门应当按照规定的职责分工，对评标委员会成员的确定方式、评标专家的抽取和评标活动进行监督。行政监督部门的工作人员不得担任本部门负责监督项目的评标委员会成员。

第四十七条　招标投标法第三十七条第三款所称特殊招标项目，是指技术复杂、专业性强或者国家有特殊要求，采取随机抽取方式确定的专家难以保证胜任评标工作的项目。

第四十八条　招标人应当向评标委员会提供评标所必需的信息，但不得明示或者暗示其倾向或者排斥特定投标人。

招标人应当根据项目规模和技术复杂程度等因素合理确定评标时间。超过三分之一的评标委员会成员认为评标时间不够的，招标人应当适当延长。

评标过程中，评标委员会成员有回避事由、擅离职守或者因健康等原因不能继续评标的，应当及时更换。被更换的评标委员会成员作出的评审结论无效，由更换后的评标委员会成员重新进行评审。

第四十九条　评标委员会成员应当依照招标投标法和本条例的规定，按照招标文件规定的评标标准和方法，客观、公正地对投标文件提出评审意见。招标文件没有规定的评标标准和方法不得作为评标的依据。

评标委员会成员不得私下接触投标人，不得收受投标人给予的财物或者其他好处，不得向招标人征询确定中标人的意向，不得

接受任何单位或者个人明示或者暗示提出的倾向或者排斥特定投标人的要求，不得有其他不客观、不公正履行职务的行为。

第五十条　招标项目设有标底的，招标人应当在开标时公布。标底只能作为评标的参考，不得以投标报价是否接近标底作为中标条件，也不得以投标报价超过标底上下浮动范围作为否决投标的条件。

第五十一条　有下列情形之一的，评标委员会应当否决其投标：

（一）投标文件未经投标单位盖章和单位负责人签字；

（二）投标联合体没有提交共同投标协议；

（三）投标人不符合国家或者招标文件规定的资格条件；

（四）同一投标人提交两个以上不同的投标文件或者投标报价，但招标文件要求提交备选投标的除外；

（五）投标报价低于成本或者高于招标文件设定的最高投标限价；

（六）投标文件没有对招标文件的实质性要求和条件作出响应；

（七）投标人有串通投标、弄虚作假、行贿等违法行为。

第五十二条　投标文件中有含义不明确的内容、明显文字或者计算错误，评标委员会认为需要投标人作出必要澄清、说明的，应当书面通知该投标人。投标人的澄清、说明应当采用书面形式，并不得超出投标文件的范围或者改变投标文件的实质性内容。

评标委员会不得暗示或者诱导投标人作出澄清、说明，不得接受投标人主动提出的澄清、说明。

第五十三条　评标完成后，评标委员会应当向招标人提交书面评标报告和中标候选人名单。中标候选人应当不超过3个，并标明排序。

评标报告应当由评标委员会全体成员签字。对评标结果有不同意见的评标委员会成

员应当以书面形式说明其不同意见和理由，评标报告应当注明该不同意见。评标委员会成员拒绝在评标报告上签字又不书面说明其不同意见和理由的，视为同意评标结果。

第五十四条 依法必须进行招标的项目，招标人应当自收到评标报告之日起 3 日内公示中标候选人，公示期不得少于 3 日。

投标人或者其他利害关系人对依法必须进行招标的项目的评标结果有异议的，应当在中标候选人公示期间提出。招标人应当自收到异议之日起 3 日内作出答复；作出答复前，应当暂停招标投标活动。

第五十五条 国有资金占控股或者主导地位的依法必须进行招标的项目，招标人应当确定排名第一的中标候选人为中标人。排名第一的中标候选人放弃中标、因不可抗力不能履行合同、不按照招标文件要求提交履约保证金，或者被查实存在影响中标结果的违法行为等情形，不符合中标条件的，招标人可以按照评标委员会提出的中标候选人名单排序依次确定其他中标候选人为中标人，也可以重新招标。

第五十六条 中标候选人的经营、财务状况发生较大变化或者存在违法行为，招标人认为可能影响其履约能力的，应当在发出中标通知书前由原评标委员会按照招标文件规定的标准和方法审查确认。

第五十七条 招标人和中标人应当依照招标投标法和本条例的规定签订书面合同，合同的标的、价款、质量、履行期限等主要条款应当与招标文件和中标人的投标文件的内容一致。招标人和中标人不得再行订立背离合同实质性内容的其他协议。

招标人最迟应当在书面合同签订后 5 日内向中标人和未中标的投标人退还投标保证金及银行同期存款利息。

第五十八条 招标文件要求中标人提交履约保证金的，中标人应当按照招标文件的要求提交。履约保证金不得超过中标合同金额的 10%。

第五十九条 中标人应当按照合同约定履行义务，完成中标项目。中标人不得向他人转让中标项目，也不得将中标项目肢解后分别向他人转让。

中标人按照合同约定或者经招标人同意，可以将中标项目的部分非主体、非关键性工作分包给他人完成。接受分包的人应当具备相应的资格条件，并不得再次分包。

中标人应当就分包项目向招标人负责，接受分包的人就分包项目承担连带责任。

第五章 投诉与处理

第六十条 投标人或者其他利害关系人认为招标投标活动不符合法律、行政法规规定的，可以自知道或者应当知道之日起 10 日内向有关行政监督部门投诉。投诉应当有明确的请求和必要的证明材料。

就本条例第二十二条、第四十四条、第五十四条规定事项投诉的，应当先向招标人提出异议，异议答复期间不计算在前款规定的期限内。

第六十一条 投诉人就同一事项向两个以上有权受理的行政监督部门投诉的，由最先收到投诉的行政监督部门负责处理。

行政监督部门应当自收到投诉之日起 3 个工作日内决定是否受理投诉，并自受理投诉之日起 30 个工作日内作出书面处理决定；需要检验、检测、鉴定、专家评审的，所需时间不计算在内。

投诉人捏造事实、伪造材料或者以非法手段取得证明材料进行投诉的，行政监督部门应当予以驳回。

第六十二条 行政监督部门处理投诉，有权查阅、复制有关文件、资料，调查有关情况，相关单位和人员应当予以配合。必要时，行政监督部门可以责令暂停招标投标活动。

行政监督部门的工作人员对监督检查过程中知悉的国家秘密、商业秘密，应当依法予以保密。

第六章 法律责任

第六十三条 招标人有下列限制或者排斥潜在投标人行为之一的，由有关行政监督部门依照招标投标法第五十一条的规定处罚：

（一）依法应当公开招标的项目不按照规定在指定媒介发布资格预审公告或者招标公告；

（二）在不同媒介发布的同一招标项目的资格预审公告或者招标公告的内容不一致，影响潜在投标人申请资格预审或者投标。

依法必须进行招标的项目的招标人不按照规定发布资格预审公告或者招标公告，构成规避招标的，依照招标投标法第四十九条的规定处罚。

第六十四条 招标人有下列情形之一的，由有关行政监督部门责令改正，可以处10万元以下的罚款：

（一）依法应当公开招标而采用邀请招标；

（二）招标文件、资格预审文件的发售、澄清、修改的时限，或者确定的提交资格预审申请文件、投标文件的时限不符合招标投标法和本条例规定；

（三）接受未通过资格预审的单位或者个人参加投标；

（四）接受应当拒收的投标文件。

招标人有前款第一项、第三项、第四项所列行为之一的，对单位直接负责的主管人员和其他直接责任人员依法给予处分。

第六十五条 招标代理机构在所代理的招标项目中投标、代理投标或者向该项目投标人提供咨询的，接受委托编制标底的中介机构参加受托编制标底项目的投标或者为该项目的投标人编制投标文件、提供咨询的，依照招标投标法第五十条的规定追究法律责任。

第六十六条 招标人超过本条例规定的比例收取投标保证金、履约保证金或者不按照规定退还投标保证金及银行同期存款利息的，由有关行政监督部门责令改正，可以处5

万元以下的罚款；给他人造成损失的，依法承担赔偿责任。

第六十七条 投标人相互串通投标或者与招标人串通投标的，投标人向招标人或者评标委员会成员行贿谋取中标的，中标无效；构成犯罪的，依法追究刑事责任；尚不构成犯罪的，依照招标投标法第五十三条的规定处罚。投标人未中标的，对单位的罚款金额按照招标项目合同金额依照招标投标法规定的比例计算。

投标人有下列行为之一的，属于招标投标法第五十三条规定的情节严重行为，由有关行政监督部门取消其1年至2年内参加依法必须进行招标的项目的投标资格：

（一）以行贿谋取中标；

（二）3年内2次以上串通投标；

（三）串通投标行为损害招标人、其他投标人或者国家、集体、公民的合法利益，造成直接经济损失30万元以上；

（四）其他串通投标情节严重的行为。

投标人自本条第二款规定的处罚执行期限届满之日起3年内又有该款所列违法行为之一的，或者串通投标、以行贿谋取中标情节特别严重的，由工商行政管理机关吊销营业执照。

法律、行政法规对串通投标报价行为的处罚另有规定的，从其规定。

第六十八条 投标人以他人名义投标或者以其他方式弄虚作假骗取中标的，中标无效；构成犯罪的，依法追究刑事责任；尚不构成犯罪的，依照招标投标法第五十四条的规定处罚。依法必须进行招标的项目的投标人未中标的，对单位的罚款金额按照招标项目合同金额依照招标投标法规定的比例计算。

投标人有下列行为之一的，属于招标投标法第五十四条规定的情节严重行为，由有关行政监督部门取消其1年至3年内参加依法必须进行招标的项目的投标资格：

（一）伪造、变造资格、资质证书或者其他许可证件骗取中标；

（二）3年内2次以上使用他人名义投标；

（三）弄虚作假骗取中标给招标人造成直接经济损失30万元以上；

（四）其他弄虚作假骗取中标情节严重的行为。

投标人自本条第二款规定的处罚执行期限届满之日起3年内又有该款所列违法行为之一的，或者弄虚作假骗取中标情节特别严重的，由工商行政管理机关吊销营业执照。

第六十九条　出让或者出租资格、资质证书供他人投标的，依照法律、行政法规的规定给予行政处罚；构成犯罪的，依法追究刑事责任。

第七十条　依法必须进行招标的项目的招标人不按照规定组建评标委员会，或者确定、更换评标委员会成员违反招标投标法和本条例规定的，由有关行政监督部门责令改正，可以处10万元以下的罚款，对单位直接负责的主管人员和其他直接责任人员依法给予处分；违法确定或者更换的评标委员会成员作出的评审结论无效，依法重新进行评审。

国家工作人员以任何方式非法干涉选取评标委员会成员的，依照本条例第八十一条的规定追究法律责任。

第七十一条　评标委员会成员有下列行为之一的，由有关行政监督部门责令改正；情节严重的，禁止其在一定期限内参加依法必须进行招标的项目的评标；情节特别严重的，取消其担任评标委员会成员的资格：

（一）应当回避而不回避；

（二）擅离职守；

（三）不按照招标文件规定的评标标准和方法评标；

（四）私下接触投标人；

（五）向招标人征询确定中标人的意向或者接受任何单位或者个人明示或者暗示提出的倾向或者排斥特定投标人的要求；

（六）对依法应当否决的投标不提出否决意见；

（七）暗示或者诱导投标人作出澄清、说明或者接受投标人主动提出的澄清、说明；

（八）其他不客观、不公正履行职务的行为。

第七十二条　评标委员会成员收受投标人的财物或者其他好处的，没收收受的财物，处3000元以上5万元以下的罚款，取消担任评标委员会成员的资格，不得再参加依法必须进行招标的项目的评标；构成犯罪的，依法追究刑事责任。

第七十三条　依法必须进行招标的项目的招标人有下列情形之一的，由有关行政监督部门责令改正，可以处中标项目金额10‰以下的罚款；给他人造成损失的，依法承担赔偿责任；对单位直接负责的主管人员和其他直接责任人员依法给予处分：

（一）无正当理由不发出中标通知书；

（二）不按照规定确定中标人；

（三）中标通知书发出后无正当理由改变中标结果；

（四）无正当理由不与中标人订立合同；

（五）在订立合同时向中标人提出附加条件。

第七十四条　中标人无正当理由不与招标人订立合同，在签订合同时向招标人提出附加条件，或者不按照招标文件要求提交履约保证金的，取消其中标资格，投标保证金不予退还。对依法必须进行招标的项目的中标人，由有关行政监督部门责令改正，可以处中标项目金额10‰以下的罚款。

第七十五条　招标人和中标人不按照招标文件和中标人的投标文件订立合同，合同的主要条款与招标文件、中标人的投标文件的内容不一致，或者招标人、中标人订立背离合同实质性内容的协议的，由有关行政监督部门责令改正，可以处中标项目金额5‰以上10‰以下的罚款。

第七十六条　中标人将中标项目转让给他人的，将中标项目肢解后分别转让给他人的，违反招标投标法和本条例规定将中标项目的部分主体、关键性工作分包给他人的，或者分包人再次分包的，转让、分包无效，处转让、分包项目金额 5‰以上 10‰以下的罚款；有违法所得的，并处没收违法所得；可以责令停业整顿；情节严重的，由工商行政管理机关吊销营业执照。

第七十七条 投标人或者其他利害关系人捏造事实、伪造材料或者以非法手段取得证明材料进行投诉，给他人造成损失的，依法承担赔偿责任。

招标人不按照规定对异议作出答复，继续进行招标投标活动的，由有关行政监督部门责令改正，拒不改正或者不能改正并影响中标结果的，依照本条例第八十一条的规定处理。

第七十八条 国家建立招标投标信用制度。有关行政监督部门应当依法公告对招标人、招标代理机构、投标人、评标委员会成员等当事人违法行为的行政处理决定。

第七十九条 项目审批、核准部门不依法审批、核准项目招标范围、招标方式、招标组织形式的，对单位直接负责的主管人员和其他直接责任人员依法给予处分。

有关行政监督部门不依法履行职责，对违反招标投标法和本条例规定的行为不依法查处，或者不按照规定处理投诉、不依法公告对招标投标当事人违法行为的行政处理决定的，对直接负责的主管人员和其他直接责任人员依法给予处分。

项目审批、核准部门和有关行政监督部门的工作人员徇私舞弊、滥用职权、玩忽职守，构成犯罪的，依法追究刑事责任。

第八十条 国家工作人员利用职务便利，以直接或者间接、明示或者暗示等任何方式非法干涉招标投标活动，有下列情形之一的，依法给予记过或者记大过处分；情节严重的，依法给予降级或者撤职处分；情节特别严重的，依法给予开除处分；构成犯罪的，依法追究刑事责任：

（一）要求对依法必须进行招标的项目不招标，或者要求对依法应当公开招标的项目不公开招标；

（二）要求评标委员会成员或者招标人以其指定的投标人作为中标候选人或者中标人，或者以其他方式非法干涉评标活动，影响中标结果；

（三）以其他方式非法干涉招标投标活动。

第八十一条 依法必须进行招标的项目的招标投标活动违反招标投标法和本条例的规定，对中标结果造成实质性影响，且不能采取补救措施予以纠正的，招标、投标、中标无效，应当依法重新招标或者评标。

第七章 附 则

第八十二条 招标投标协会按照依法制定的章程开展活动，加强行业自律和服务。

第八十三条 政府采购的法律、行政法规对政府采购货物、服务的招标投标另有规定的，从其规定。

第八十四条 本条例自 2012 年 2 月 1 日起施行。

不动产登记暂行条例

（2014 年 11 月 24 日国务院令第 656 号公布　自 2015 年 3 月 1 日起施行）

第一章 总 则

第一条 为整合不动产登记职责，规范登记行为，方便群众申请登记，保护权利人合法权益，根据《中华人民共和国物权法》

等法律，制定本条例。

第二条 本条例所称不动产登记，是指不动产登记机构依法将不动产权利归属和其他法定事项记载于不动产登记簿的行为。

本条例所称不动产，是指土地、海域以及房屋、林木等定着物。

第三条 不动产首次登记、变更登记、转移登记、注销登记、更正登记、异议登记、预告登记、查封登记等，适用本条例。

第四条 国家实行不动产统一登记制度。

不动产登记遵循严格管理、稳定连续、方便群众的原则。

不动产权利人已经依法享有的不动产权利，不因登记机构和登记程序的改变而受到影响。

第五条 下列不动产权利，依照本条例的规定办理登记：

（一）集体土地所有权；

（二）房屋等建筑物、构筑物所有权；

（三）森林、林木所有权；

（四）耕地、林地、草地等土地承包经营权；

（五）建设用地使用权；

（六）宅基地使用权；

（七）海域使用权；

（八）地役权；

（九）抵押权；

（十）法律规定需要登记的其他不动产权利。

第六条 国务院国土资源主管部门负责指导、监督全国不动产登记工作。

县级以上地方人民政府应当确定一个部门为本行政区域的不动产登记机构，负责不动产登记工作，并接受上级人民政府不动产登记主管部门的指导、监督。

第七条 不动产登记由不动产所在地的县级人民政府不动产登记机构办理；直辖市、设区的市人民政府可以确定本级不动产登记机构统一办理所属各区的不动产登记。

跨县级行政区域的不动产登记，由所跨县级行政区域的不动产登记机构分别办理。不能分别办理的，由所跨县级行政区域的不动产登记机构协商办理；协商不成的，由共同的上一级人民政府不动产登记主管部门指定办理。

国务院确定的重点国有林区的森林、林木和林地，国务院批准项目用海、用岛，中央国家机关使用的国有土地等不动产登记，由国务院国土资源主管部门会同有关部门规定。

第二章 不动产登记簿

第八条 不动产以不动产单元为基本单位进行登记。不动产单元具有唯一编码。

不动产登记机构应当按照国务院国土资源主管部门的规定设立统一的不动产登记簿。

不动产登记簿应当记载以下事项：

（一）不动产的坐落、界址、空间界限、面积、用途等自然状况；

（二）不动产权利的主体、类型、内容、来源、期限、权利变化等权属状况；

（三）涉及不动产权利限制、提示的事项；

（四）其他相关事项。

第九条 不动产登记簿应当采用电子介质，暂不具备条件的，可以采用纸质介质。不动产登记机构应当明确不动产登记簿唯一、合法的介质形式。

不动产登记簿采用电子介质的，应当定期进行异地备份，并具有唯一、确定的纸质转化形式。

第十条 不动产登记机构应当依法将各类登记事项准确、完整、清晰地记载于不动产登记簿。任何人不得损毁不动产登记簿，除依法予以更正外不得修改登记事项。

第十一条 不动产登记工作人员应当具备与不动产登记工作相适应的专业知识和业务能力。

不动产登记机构应当加强对不动产登记工作人员的管理和专业技术培训。

第十二条 不动产登记机构应当指定专

人负责不动产登记簿的保管，并建立健全相应的安全责任制度。

采用纸质介质不动产登记簿的，应当配备必要的防盗、防火、防渍、防有害生物等安全保护设施。

采用电子介质不动产登记簿的，应当配备专门的存储设施，并采取信息网络安全防护措施。

第十三条 不动产登记簿由不动产登记机构永久保存。不动产登记簿损毁、灭失的，不动产登记机构应当依据原有登记资料予以重建。

行政区域变更或者不动产登记机构职能调整的，应当及时将不动产登记簿移交相应的不动产登记机构。

第三章 登记程序

第十四条 因买卖、设定抵押权等申请不动产登记的，应当由当事人双方共同申请。

属于下列情形之一的，可以由当事人单方申请：

（一）尚未登记的不动产首次申请登记的；

（二）继承、接受遗赠取得不动产权利的；

（三）人民法院、仲裁委员会生效的法律文书或者人民政府生效的决定等设立、变更、转让、消灭不动产权利的；

（四）权利人姓名、名称或者自然状况发生变化，申请变更登记的；

（五）不动产灭失或者权利人放弃不动产权利，申请注销登记的；

（六）申请更正登记或者异议登记的；

（七）法律、行政法规规定可以由当事人单方申请的其他情形。

第十五条 当事人或者其代理人应当到不动产登记机构办公场所申请不动产登记。

不动产登记机构将申请登记事项记载于不动产登记簿前，申请人可以撤回登记申请。

第十六条 申请人应当提交下列材料，并对申请材料的真实性负责：

（一）登记申请书；

（二）申请人、代理人身份证明材料、授权委托书；

（三）相关的不动产权属来源证明材料、登记原因证明文件、不动产权属证书；

（四）不动产界址、空间界限、面积等材料；

（五）与他人利害关系的说明材料；

（六）法律、行政法规以及本条例实施细则规定的其他材料。

不动产登记机构应当在办公场所和门户网站公开申请登记所需材料目录和示范文本等信息。

第十七条 不动产登记机构收到不动产登记申请材料，应当分别按照下列情况办理：

（一）属于登记职责范围，申请材料齐全、符合法定形式，或者申请人按照要求提交全部补正申请材料的，应当受理并书面告知申请人；

（二）申请材料存在可以当场更正的错误的，应当告知申请人当场更正，申请人当场更正后，应当受理并书面告知申请人；

（三）申请材料不齐全或者不符合法定形式的，应当当场书面告知申请人不予受理并一次性告知需要补正的全部内容；

（四）申请登记的不动产不属本机构登记范围的，应当当场书面告知申请人不予受理并告知申请人向有登记权的机构申请。

不动产登记机构未当场书面告知申请人不予受理的，视为受理。

第十八条 不动产登记机构受理不动产登记申请的，应当按照下列要求进行查验：

（一）不动产界址、空间界限、面积等材料与申请登记的不动产状况是否一致；

（二）有关证明材料、文件与申请登记的内容是否一致；

（三）登记申请是否违反法律、行政法规规定。

第十九条 属于下列情形之一的，不动产登记机构可以对申请登记的不动产进行实地查看：

（一）房屋等建筑物、构筑物所有权首次登记；

（二）在建建筑物抵押权登记；

（三）因不动产灭失导致的注销登记；

（四）不动产登记机构认为需要实地查看的其他情形。

对可能存在权属争议，或者可能涉及他人利害关系的登记申请，不动产登记机构可以向申请人、利害关系人或者有关单位进行调查。

不动产登记机构进行实地查看或者调查时，申请人、被调查人应当予以配合。

第二十条 不动产登记机构应当自受理登记申请之日起 30 个工作日内办结不动产登记手续，法律另有规定的除外。

第二十一条 登记事项自记载于不动产登记簿时完成登记。

不动产登记机构完成登记，应当依法向申请人核发不动产权属证书或者登记证明。

第二十二条 登记申请有下列情形之一的，不动产登记机构应当不予登记，并书面告知申请人：

（一）违反法律、行政法规规定的；

（二）存在尚未解决的权属争议的；

（三）申请登记的不动产权利超过规定期限的；

（四）法律、行政法规规定不予登记的其他情形。

第四章 登记信息共享与保护

第二十三条 国务院国土资源主管部门应当会同有关部门建立统一的不动产登记信息管理基础平台。

各级不动产登记机构登记的信息应当纳入统一的不动产登记信息管理基础平台，确保国家、省、市、县四级登记信息的实时共享。

第二十四条 不动产登记有关信息与住房城乡建设、农业、林业、海洋等部门审批信息、交易信息等应当实时互通共享。

不动产登记机构能够通过实时互通共享取得的信息，不得要求不动产登记申请人重复提交。

第二十五条 国土资源、公安、民政、财政、税务、工商、金融、审计、统计等部门应当加强不动产登记有关信息互通共享。

第二十六条 不动产登记机构、不动产登记信息共享单位及其工作人员应当对不动产登记信息保密；涉及国家秘密的不动产登记信息，应当依法采取必要的安全保密措施。

第二十七条 权利人、利害关系人可以依法查询、复制不动产登记资料，不动产登记机构应当提供。

有关国家机关可以依照法律、行政法规的规定查询、复制与调查处理事项有关的不动产登记资料。

第二十八条 查询不动产登记资料的单位、个人应当向不动产登记机构说明查询目的，不得将查询获得的不动产登记资料用于其他目的；未经权利人同意，不得泄露查询获得的不动产登记资料。

第五章 法律责任

第二十九条 不动产登记机构登记错误给他人造成损害，或者当事人提供虚假材料申请登记给他人造成损害的，依照《中华人民共和国物权法》的规定承担赔偿责任。

第三十条 不动产登记机构工作人员进行虚假登记，损毁、伪造不动产登记簿，擅自修改登记事项，或者有其他滥用职权、玩忽职守行为的，依法给予处分；给他人造成损害的，依法承担赔偿责任；构成犯罪的，依法追究刑事责任。

第三十一条 伪造、变造不动产权属证书、不动产登记证明，或者买卖、使用伪造、变造的不动产权属证书、不动产登记证明的，由不动产登记机构或者公安机关依法予以收缴；有违法所得的，没收违法所得；给他人造成损害的，依法承担赔偿责任；构成违反治安管理行为的，依法给予治安管理处罚；构成犯罪的，依法追究刑事责任。

第三十二条 不动产登记机构、不动产登记信息共享单位及其工作人员，查询不动产登记资料的单位或者个人违反国家规定，泄露不动产登记资料、登记信息，或者利用不动产登记资料、登记信息进行不正当活动，给他人造成损害的，依法承担赔偿责任；对有关责任人员依法给予处分；有关责任人员构成犯罪的，依法追究刑事责任。

第六章 附 则

第三十三条 本条例施行前依法颁发的各类不动产权属证书和制作的不动产登记簿继续有效。

不动产统一登记过渡期内，农村土地承包经营权的登记按照国家有关规定执行。

第三十四条 本条例实施细则由国务院国土资源主管部门会同有关部门制定。

第三十五条 本条例自 2015 年 3 月 1 日起施行。本条例施行前公布的行政法规有关不动产登记的规定与本条例规定不一致的，以本条例规定为准。

不动产登记暂行条例实施细则

（2015 年 6 月 29 日国土资源部第 3 次部务会议审议通过
2016 年 1 月 1 日国土资源部令第 63 号公布 自公布之日起施行）

目 录

第一章 总 则

第一条 为规范不动产登记行为，细化不动产统一登记制度，方便人民群众办理不动产登记，保护权利人合法权益，根据《不动产登记暂行条例》（以下简称《条例》），制定本实施细则。

第二条 不动产登记应当依照当事人的申请进行，但法律、行政法规以及本实施细则另有规定的除外。

房屋等建筑物、构筑物和森林、林木等定着物应当与其所依附的土地、海域一并登记，保持权利主体一致。

第三条 不动产登记机构依照《条例》第七条第二款的规定，协商办理或者接受指定办理跨县级行政区域不动产登记的，应当在登记完毕后将不动产登记簿记载的不动产权利人以及不动产坐落、界址、面积、用途、权利类型等登记结果告知不动产所跨区域的其他不动产登记机构。

第四条 国务院确定的重点国有林区的森林、林木和林地，由国土资源部受理并会同有关部门办理，依法向权利人核发不动产权属证书。

国务院批准的项目用海、用岛的登记，由国土资源部受理，依法向权利人核发不动产权属证书。

中央国家机关使用的国有土地等不动产登记，依照国土资源部《在京中央国家机关用地土地登记办法》等规定办理。

第二章 不动产登记簿

第五条 《条例》第八条规定的不动产单元，是指权属界线封闭且具有独立使用价值的空间。

没有房屋等建筑物、构筑物以及森林、林木定着物的，以土地、海域权属界线封闭的空间为不动产单元。

有房屋等建筑物、构筑物以及森林、林木定着物的，以该房屋等建筑物、构筑物以及森林、林木定着物与土地、海域权属界线封闭的空间为不动产单元。

前款所称房屋，包括独立成幢、权属界线封闭的空间，以及区分套、层、间等可以独立使用、权属界线封闭的空间。

第六条 不动产登记簿以宗地或者宗海为单位编成，一宗地或者一宗海范围内的全部不动产单元编入一个不动产登记簿。

第七条 不动产登记机构应当配备专门的不动产登记电子存储设施，采取信息网络安全防护措施，保证电子数据安全。

任何单位和个人不得擅自复制或者篡改不动产登记簿信息。

第八条 承担不动产登记审核、登簿的不动产登记工作人员应当熟悉相关法律法规，具备与其岗位相适应的不动产登记等方面的专业知识。

国土资源部会同有关部门组织开展对承担不动产登记审核、登簿的不动产登记工作人员的考核培训。

第三章 登记程序

第九条 申请不动产登记的，申请人应当填写登记申请书，并提交身份证明以及相关申请材料。

申请材料应当提供原件。因特殊情况不能提供原件的，可以提供复印件，复印件应当与原件保持一致。

第十条 处分共有不动产申请登记的，应当经占份额三分之二以上的按份共有人或者全体共同共有人共同申请，但共有人另有约定的除外。

按份共有人转让其享有的不动产份额，应当与受让人共同申请转移登记。

建筑区划内依法属于全体业主共有的不动产申请登记，依照本实施细则第三十六条的规定办理。

第十一条 无民事行为能力人、限制民事行为能力人申请不动产登记的，应当由其监护人代为申请。

监护人代为申请登记的，应当提供监护人与被监护人的身份证或者户口簿、有关监护关系等材料；因处分不动产而申请登记的，还应当提供为被监护人利益的书面保证。

父母之外的监护人处分未成年人不动产的，有关监护关系材料可以是人民法院指定监护的法律文书、经过公证的对被监护人享有监护权的材料或者其他材料。

第十二条 当事人可以委托他人代为申请不动产登记。

代理申请不动产登记的，代理人应当向不动产登记机构提供被代理人签字或者盖章的授权委托书。

自然人处分不动产，委托代理人申请登记的，应当与代理人共同到不动产登记机构现场签订授权委托书，但授权委托书经公证的除外。

境外申请人委托他人办理处分不动产登记的，其授权委托书应当按照国家有关规定办理认证或者公证。

第十三条 申请登记的事项记载于不动

产登记簿前，全体申请人提出撤回登记申请的，登记机构应当将登记申请书以及相关材料退还申请人。

第十四条 因继承、受遗赠取得不动产，当事人申请登记的，应当提交死亡证明材料、遗嘱或者全部法定继承人关于不动产分配的协议以及与被继承人的亲属关系材料等，也可以提交经公证的材料或者生效的法律文书。

第十五条 不动产登记机构受理不动产登记申请后，还应当对下列内容进行查验：

（一）申请人、委托代理人身份证明材料以及授权委托书与申请主体是否一致；

（二）权属来源材料或者登记原因文件与申请登记的内容是否一致；

（三）不动产界址、空间界限、面积等权籍调查成果是否完备，权属是否清楚、界址是否清晰、面积是否准确；

（四）法律、行政法规规定的完税或者缴费凭证是否齐全。

第十六条 不动产登记机构进行实地查看，重点查看下列情况：

（一）房屋等建筑物、构筑物所有权首次登记，查看房屋坐落及其建造完成等情况；

（二）在建建筑物抵押权登记，查看抵押的在建建筑物坐落及其建造等情况；

（三）因不动产灭失导致的注销登记，查看不动产灭失等情况。

第十七条 有下列情形之一的，不动产登记机构应当在登记事项记载于登记簿前进行公告，但涉及国家秘密的除外：

（一）政府组织的集体土地所有权登记；

（二）宅基地使用权及房屋所有权，集体建设用地使用权及建筑物、构筑物所有权，土地承包经营权等不动产权利的首次登记；

（三）依职权更正登记；

（四）依职权注销登记；

（五）法律、行政法规规定的其他情形。

公告应当在不动产登记机构门户网站以及不动产所在地等指定场所进行，公告期不少于15个工作日。公告所需时间不计算在登记办理期限内。公告期满无异议或者异议不成立的，应当及时记载于不动产登记簿。

第十八条 不动产登记公告的主要内容包括：

（一）拟予登记的不动产权利人的姓名或者名称；

（二）拟予登记的不动产坐落、面积、用途、权利类型等；

（三）提出异议的期限、方式和受理机构；

（四）需要公告的其他事项。

第十九条 当事人可以持人民法院、仲裁委员会的生效法律文书或者人民政府的生效决定单方申请不动产登记。

有下列情形之一的，不动产登记机构直接办理不动产登记：

（一）人民法院持生效法律文书和协助执行通知书要求不动产登记机构办理登记的；

（二）人民检察院、公安机关依据法律规定持协助查封通知书要求办理查封登记的；

（三）人民政府依法做出征收或者收回不动产权利决定生效后，要求不动产登记机构办理注销登记的；

（四）法律、行政法规规定的其他情形。

不动产登记机构认为登记事项存在异议的，应当依法向有关机关提出审查建议。

第二十条 不动产登记机构应当根据不动产登记簿，填写并核发不动产权属证书或者不动产登记证明。

除办理抵押权登记、地役权登记和预告登记、异议登记，向申请人核发不动产登记证明外，不动产登记机构应当依法向权利人核发不动产权属证书。

不动产权属证书和不动产登记证明，应当加盖不动产登记机构登记专用章。

不动产权属证书和不动产登记证明样式，由国土资源部统一规定。

第二十一条 申请共有不动产登记的，不动产登记机构向全体共有人合并发放一本不动产权属证书；共有人申请分别持证的，可以为共有人分别发放不动产权属证书。

共有不动产权属证书应当注明共有情况，并列明全体共有人。

第二十二条 不动产权属证书或者不动产登记证明污损、破损的，当事人可以向不动产登记机构申请换发。符合换发条件的，不动产登记机构应当予以换发，并收回原不动产权属证书或者不动产登记证明。

不动产权属证书或者不动产登记证明遗失、灭失，不动产权利人申请补发的，由不动产登记机构在其门户网站上刊发不动产权利人的遗失、灭失声明15个工作日后，予以补发。

不动产登记机构补发不动产权属证书或者不动产登记证明的，应当将补发不动产权属证书或者不动产登记证明的事项记载于不动产登记簿，并在不动产权属证书或者不动产登记证明上注明"补发"字样。

第二十三条 因不动产权利灭失等情形，不动产登记机构需要收回不动产权属证书或者不动产登记证明的，应当在不动产登记簿上将收回不动产权属证书或者不动产登记证明的事项予以注明；确实无法收回的，应当在不动产登记机构门户网站或者当地公开发行的报刊上公告作废。

第四章 不动产权利登记

第一节 一般规定

第二十四条 不动产首次登记，是指不动产权利第一次登记。

未办理不动产首次登记的，不得办理不动产其他类型登记，但法律、行政法规另有规定的除外。

第二十五条 市、县人民政府可以根据情况对本行政区域内未登记的不动产，组织开展集体土地所有权、宅基地使用权、集体建设用地使用权、土地承包经营权的首次登记。

依照前款规定办理首次登记所需的权属来源、调查等登记材料，由人民政府有关部门组织获取。

第二十六条 下列情形之一的，不动产权利人可以向不动产登记机构申请变更登记：

（一）权利人的姓名、名称、身份证明类型或者身份证明号码发生变更的；

（二）不动产的坐落、界址、用途、面积等状况变更的；

（三）不动产权利期限、来源等状况发生变化的；

（四）同一权利人分割或者合并不动产的；

（五）抵押担保的范围、主债权数额、债务履行期限、抵押权顺位发生变化的；

（六）最高额抵押担保的债权范围、最高债权额、债权确定期间等发生变化的；

（七）地役权的利用目的、方法等发生变化的；

（八）共有性质发生变更的；

（九）法律、行政法规规定的其他不涉及不动产权利转移的变更情形。

第二十七条 因下列情形导致不动产权利转移的，当事人可以向不动产登记机构申请转移登记：

（一）买卖、互换、赠与不动产的；

（二）以不动产作价出资（入股）的；

（三）法人或者其他组织因合并、分立等原因致使不动产权利发生转移的；

（四）不动产分割、合并导致权利发生转移的；

（五）继承、受遗赠导致权利发生转移的；

（六）共有人增加或者减少以及共有不动产份额变化的；

（七）因人民法院、仲裁委员会的生效法律文书导致不动产权利发生转移的；

（八）因主债权转移引起不动产抵押权转移的；

（九）因需役地不动产权利转移引起地役权转移的；

（十）法律、行政法规规定的其他不动产权利转移情形。

第二十八条 有下列情形之一的，当事人可以申请办理注销登记：

（一）不动产灭失的；

（二）权利人放弃不动产权利的；

（三）不动产被依法没收、征收或者收回的；

（四）人民法院、仲裁委员会的生效法律文书导致不动产权利消灭的；

（五）法律、行政法规规定的其他情形。

不动产上已经设立抵押权、地役权或者已经办理预告登记，所有权人、使用权人因放弃权利申请注销登记的，申请人应当提供抵押权人、地役权人、预告登记权利人同意的书面材料。

第二节 集体土地所有权登记

第二十九条 集体土地所有权登记，依照下列规定提出申请：

（一）土地属于村农民集体所有的，由村集体经济组织代为申请，没有集体经济组织的，由村民委员会代为申请；

（二）土地分别属于村内两个以上农民集体所有的，由村内各集体经济组织代为申请，没有集体经济组织的，由村民小组代为申请；

（三）土地属于乡（镇）农民集体所有的，由乡（镇）集体经济组织代为申请。

第三十条 申请集体土地所有权首次登记的，应当提交下列材料：

（一）土地权属来源材料；

（二）权籍调查表、宗地图以及宗地界址点坐标；

（三）其他必要材料。

第三十一条 农民集体因互换、土地调整等原因导致集体土地所有权转移，申请集体土地所有权转移登记的，应当提交下列材料：

（一）不动产权属证书；

（二）互换、调整协议等集体土地所有权转移的材料；

（三）本集体经济组织三分之二以上成员或者三分之二以上村民代表同意的材料；

（四）其他必要材料。

第三十二条 申请集体土地所有权变更、注销登记的，应当提交下列材料：

（一）不动产权属证书；

（二）集体土地所有权变更、消灭的材料；

（三）其他必要材料。

第三节 国有建设用地使用权及
房屋所有权登记

第三十三条 依法取得国有建设用地使用权，可以单独申请国有建设用地使用权登记。

依法利用国有建设用地建造房屋的，可以申请国有建设用地使用权及房屋所有权登记。

第三十四条 申请国有建设用地使用权首次登记，应当提交下列材料：

（一）土地权属来源材料；

（二）权籍调查表、宗地图以及宗地界址点坐标；

（三）土地出让价款、土地租金、相关税费等缴纳凭证；

（四）其他必要材料。

前款规定的土地权属来源材料，根据权利取得方式的不同，包括国有建设用地划拨决定书、国有建设用地使用权出让合同、国有建设用地使用权租赁合同以及国有建设用地使用权作价出资（入股）、授权经营批准文件。

申请在地上或者地下单独设立国有建设用地使用权登记的，按照本条规定办理。

第三十五条 申请国有建设用地使用权及房屋所有权首次登记的，应当提交下列材料：

（一）不动产权属证书或者土地权属来源材料；

（二）建设工程符合规划的材料；

（三）房屋已经竣工的材料；

（四）房地产调查或者测绘报告；

（五）相关税费缴纳凭证；

（六）其他必要材料。

第三十六条 办理房屋所有权首次登记时，申请人应当将建筑区划内依法属于业主共有的道路、绿地、其他公共场所、公用设施和物业服务用房及其占用范围内的建设用地使用权一并申请登记为业主共有。业主转让房屋所有权的，其对共有部分享有的权利依法一并转让。

第三十七条 申请国有建设用地使用权及房屋所有权变更登记的，应当根据不同情况，提交下列材料：

（一）不动产权属证书；

（二）发生变更的材料；

（三）有批准权的人民政府或者主管部门的批准文件；

（四）国有建设用地使用权出让合同或者补充协议；

（五）国有建设用地使用权出让价款、税费等缴纳凭证；

（六）其他必要材料。

第三十八条 申请国有建设用地使用权及房屋所有权转移登记的，应当根据不同情况，提交下列材料：

（一）不动产权属证书；

（二）买卖、互换、赠与合同；

（三）继承或者受遗赠的材料；

（四）分割、合并协议；

（五）人民法院或者仲裁委员会生效的法律文书；

（六）有批准权的人民政府或者主管部门的批准文件；

（七）相关税费缴纳凭证；

（八）其他必要材料。

不动产买卖合同依法应当备案的，申请人申请登记时须提交经备案的买卖合同。

第三十九条 具有独立利用价值的特定空间以及码头、油库等其他建筑物、构筑物所有权的登记，按照本实施细则中房屋所有权登记有关规定办理。

第四节　宅基地使用权及房屋所有权登记

第四十条 依法取得宅基地使用权，可以单独申请宅基地使用权登记。

依法利用宅基地建造住房及其附属设施的，可以申请宅基地使用权及房屋所有权登记。

第四十一条 申请宅基地使用权及房屋所有权首次登记的，应当根据不同情况，提交下列材料：

（一）申请人身份证和户口簿；

（二）不动产权属证书或者有批准权的人民政府批准用地的文件等权属来源材料；

（三）房屋符合规划或者建设的相关材料；

（四）权籍调查表、宗地图、房屋平面图以及宗地界址点坐标等有关不动产界址、面积等材料；

（五）其他必要材料。

第四十二条 因依法继承、分家析产、集体经济组织内部互换房屋等导致宅基地使用权及房屋所有权发生转移申请登记的，申请人应当根据不同情况，提交下列材料：

（一）不动产权属证书或者其他权属来源材料；

（二）依法继承的材料；

（三）分家析产的协议或者材料；

（四）集体经济组织内部互换房屋的协议；

（五）其他必要材料。

第四十三条 申请宅基地等集体土地上的建筑物区分所有权登记的，参照国有建设用地使用权及建筑物区分所有权的规定办理登记。

第五节　集体建设用地使用权及建筑物、构筑物所有权登记

第四十四条 依法取得集体建设用地使用权，可以单独申请集体建设用地使用权登记。

依法利用集体建设用地兴办企业，建设

公共设施，从事公益事业等的，可以申请集体建设用地使用权及地上建筑物、构筑物所有权登记。

第四十五条 申请集体建设用地使用权及建筑物、构筑物所有权首次登记的，申请人应当根据不同情况，提交下列材料：

（一）有批准权的人民政府批准用地的文件等土地权属来源材料；

（二）建设工程符合规划的材料；

（三）权籍调查表、宗地图、房屋平面图以及宗地界址点坐标等有关不动产界址、面积等材料；

（四）建设工程已竣工的材料；

（五）其他必要材料。

集体建设用地使用权首次登记完成后，申请人申请建筑物、构筑物所有权首次登记的，应当提交享有集体建设用地使用权的不动产权属证书。

第四十六条 申请集体建设用地使用权及建筑物、构筑物所有权变更登记、转移登记、注销登记的，申请人应当根据不同情况，提交下列材料：

（一）不动产权属证书；

（二）集体建设用地使用权及建筑物、构筑物所有权变更、转移、消灭的材料；

（三）其他必要材料。

因企业兼并、破产等原因致使集体建设用地使用权及建筑物、构筑物所有权发生转移的，申请人应当持相关协议及有关部门的批准文件等相关材料，申请不动产转移登记。

第六节　土地承包经营权登记

第四十七条 承包农民集体所有的耕地、林地、草地、水域、滩涂以及荒山、荒沟、荒丘、荒滩等农用地，或者国家所有依法由农民集体使用的农用地从事种植业、林业、畜牧业、渔业等农业生产的，可以申请土地承包经营权登记；地上有森林、林木的，应当在申请土地承包经营权登记时一并申请登记。

第四十八条 依法以承包方式在土地上从事种植业或者养殖业生产活动的，可以申请土地承包经营权的首次登记。

以家庭承包方式取得的土地承包经营权的首次登记，由发包方持土地承包经营合同等材料申请。

以招标、拍卖、公开协商等方式承包农村土地的，由承包方持土地承包经营合同申请土地承包经营权首次登记。

第四十九条 已经登记的土地承包经营权有下列情形之一的，承包方应当持原不动产权属证书以及其他证实发生变更事实的材料，申请土地承包经营权变更登记：

（一）权利人的姓名或者名称等事项发生变化的；

（二）承包土地的坐落、名称、面积发生变化的；

（三）承包期限依法变更的；

（四）承包期限届满，土地承包经营权人按照国家有关规定继续承包的；

（五）退耕还林、退耕还湖、退耕还草导致土地用途改变的；

（六）森林、林木的种类等发生变化的；

（七）法律、行政法规规定的其他情形。

第五十条 已经登记的土地承包经营权发生下列情形之一的，当事人双方应当持互换协议、转让合同等材料，申请土地承包经营权的转移登记：

（一）互换；

（二）转让；

（三）因家庭关系、婚姻关系变化等原因导致土地承包经营权分割或者合并的；

（四）依法导致土地承包经营权转移的其他情形。

以家庭承包方式取得的土地承包经营权，采取转让方式流转的，还应当提供发包方同意的材料。

第五十一条 已经登记的土地承包经营权发生下列情形之一的，承包方应当持不动产权属证书、证实灭失的材料等，申请注销登记：

（一）承包经营的土地灭失的；

（二）承包经营的土地被依法转为建设用地的；

（三）承包经营权人丧失承包经营资格或者放弃承包经营权的；

（四）法律、行政法规规定的其他情形。

第五十二条 以承包经营以外的合法方式使用国有农用地的国有农场、草场，以及使用国家所有的水域、滩涂等农用地进行农业生产，申请国有农用地的使用权登记的，参照本实施细则有关规定办理。

国有农场、草场申请国有未利用地登记的，依照前款规定办理。

第五十三条 国有林地使用权登记，应当提交有批准权的人民政府或者主管部门的批准文件，地上森林、林木一并登记。

第七节 海域使用权登记

第五十四条 依法取得海域使用权，可以单独申请海域使用权登记。

依法使用海域，在海域上建造建筑物、构筑物的，应当申请海域使用权及建筑物、构筑物所有权登记。

申请无居民海岛登记的，参照海域使用权登记有关规定办理。

第五十五条 申请海域使用权首次登记的，应当提交下列材料：

（一）项目用海批准文件或者海域使用权出让合同；

（二）宗海图以及界址点坐标；

（三）海域使用金缴纳或者减免凭证；

（四）其他必要材料。

第五十六条 有下列情形之一的，申请人应当持不动产权属证书、海域使用权变更的文件等材料，申请海域使用权变更登记：

（一）海域使用权人姓名或者名称改变的；

（二）海域坐落、名称发生变化的；

（三）改变海域使用位置、面积或者期限的；

（四）海域使用权续期的；

（五）共有性质变更的；

（六）法律、行政法规规定的其他情形。

第五十七条 有下列情形之一的，申请人可以申请海域使用权转移登记：

（一）因企业合并、分立或者与他人合资、合作经营、作价入股导致海域使用权转移的；

（二）依法转让、赠与、继承、受遗赠海域使用权的；

（三）因人民法院、仲裁委员会生效法律文书导致海域使用权转移的；

（四）法律、行政法规规定的其他情形。

第五十八条 申请海域使用权转移登记的，申请人应当提交下列材料：

（一）不动产权属证书；

（二）海域使用权转让合同、继承材料、生效法律文书等材料；

（三）转让批准取得的海域使用权，应当提交原批准用海的海洋行政主管部门批准转让的文件；

（四）依法需要补交海域使用金的，应当提交海域使用金缴纳的凭证；

（五）其他必要材料。

第五十九条 申请海域使用权注销登记的，申请人应当提交下列材料：

（一）原不动产权属证书；

（二）海域使用权消灭的材料；

（三）其他必要材料。

因围填海造地等导致海域灭失的，申请人应当在围填海造地等工程竣工后，依照本实施细则规定申请国有土地使用权登记，并办理海域使用权注销登记。

第八节 地役权登记

第六十条 按照约定设定地役权，当事人可以持需役地和供役地的不动产权属证书、地役权合同以及其他必要文件，申请地役权首次登记。

第六十一条 经依法登记的地役权发生下列情形之一的，当事人应当持地役权合同、不动产登记证明和证实变更的材料等必要材料，申请地役权变更登记：

（一）地役权当事人的姓名或者名称等发生变化；

（二）共有性质变更的；

（三）需役地或者供役地自然状况发生变化；

（四）地役权内容变更的；

（五）法律、行政法规规定的其他情形。

供役地分割转让办理登记，转让部分涉及地役权的，应当由受让人与地役权人一并申请地役权变更登记。

第六十二条 已经登记的地役权因土地承包经营权、建设用地使用权转让发生转移的，当事人应当持不动产登记证明、地役权转移合同等必要材料，申请地役权转移登记。

申请需役地转移登记的，或者需役地分割转让，转让部分涉及已登记的地役权的，当事人应当一并申请地役权转移登记，但当事人另有约定的除外。当事人拒绝一并申请地役权转移登记的，应当出具书面材料。不动产登记机构办理转移登记时，应当同时办理地役权注销登记。

第六十三条 已经登记的地役权，有下列情形之一的，当事人可以持不动产登记证明、证实地役权发生消灭的材料等必要材料，申请地役权注销登记：

（一）地役权期限届满；

（二）供役地、需役地归于同一人；

（三）供役地或者需役地灭失；

（四）人民法院、仲裁委员会的生效法律文书导致地役权消灭；

（五）依法解除地役权合同；

（六）其他导致地役权消灭的事由。

第六十四条 地役权登记，不动产登记机构应当将登记事项分别记于需役地和供役地登记簿。

供役地、需役地分属不同不动产登记机构管辖的，当事人应当向供役地所在地的不动产登记机构申请地役权登记。供役地所在地不动产登记机构完成登记后，应当将相关事项通知需役地所在地不动产登记机构，并由其记载于需役地登记簿。

地役权设立后，办理首次登记前发生变更、转移的，当事人应当提交相关材料，就已经变更或者转移的地役权，直接申请首次登记。

第九节 抵押权登记

第六十五条 对下列财产进行抵押的，可以申请办理不动产抵押登记：

（一）建设用地使用权；

（二）建筑物和其他土地附着物；

（三）海域使用权；

（四）以招标、拍卖、公开协商等方式取得的荒地等土地承包经营权；

（五）正在建造的建筑物；

（六）法律、行政法规未禁止抵押的其他不动产。

以建设用地使用权、海域使用权抵押的，该土地、海域上的建筑物、构筑物一并抵押；以建筑物、构筑物抵押的，该建筑物、构筑物占用范围内的建设用地使用权、海域使用权一并抵押。

第六十六条 自然人、法人或者其他组织为保障其债权的实现，依法以不动产设定抵押的，可以由当事人持不动产权属证书、抵押合同与主债权合同等必要材料，共同申请办理抵押登记。

抵押合同可以是单独订立的书面合同，也可以是主债权合同中的抵押条款。

第六十七条 同一不动产上设立多个抵押权的，不动产登记机构应当按照受理时间的先后顺序依次办理登记，并记载于不动产登记簿。当事人对抵押权顺位另有约定的，从其规定办理登记。

第六十八条 有下列情形之一的，当事人应当持不动产权属证书、不动产登记证明、抵押权变更等必要材料，申请抵押权变更登记：

（一）抵押人、抵押权人的姓名或者名称变更的；

（二）被担保的主债权数额变更的；

（三）债务履行期限变更的；

（四）抵押权顺位变更的；

（五）法律、行政法规规定的其他情形。

因被担保债权主债权的种类及数额、担保范围、债务履行期限、抵押权顺位发生变更申请抵押权变更登记时，如果该抵押权的变更将对其他抵押权人产生不利影响的，还应当提交其他抵押权人书面同意的材料与身份证或者户口簿等材料。

第六十九条 因主债权转让导致抵押权转让的，当事人可以持不动产权属证书、不动产登记证明、被担保主债权的转让协议、债权人已经通知债务人的材料等相关材料，申请抵押权的转移登记。

第七十条 有下列情形之一的，当事人可以持不动产登记证明、抵押权消灭的材料等必要材料，申请抵押权注销登记：

（一）主债权消灭；

（二）抵押权已经实现；

（三）抵押权人放弃抵押权；

（四）法律、行政法规规定抵押权消灭的其他情形。

第七十一条 设立最高额抵押权的，当事人应当持不动产权属证书、最高额抵押合同与一定期间内将要连续发生的债权的合同或者其他登记原因材料等必要材料，申请最高额抵押权首次登记。

当事人申请最高额抵押权首次登记时，同意将最高额抵押权设立前已经存在的债权转入最高额抵押担保的债权范围的，还应当提交已存在债权的合同以及当事人同意将该债权纳入最高额抵押权担保范围的书面材料。

第七十二条 有下列情形之一的，当事人应当持不动产登记证明、最高额抵押权发生变更的材料等必要材料，申请最高额抵押权变更登记：

（一）抵押人、抵押权人的姓名或者名称变更的；

（二）债权范围变更的；

（三）最高债权额变更的；

（四）债权确定的期间变更的；

（五）抵押权顺位变更的；

（六）法律、行政法规规定的其他情形。

因最高债权额、债权范围、债务履行期限、债权确定的期间发生变更申请最高额抵押权变更登记时，如果该变更将对其他抵押权人产生不利影响的，当事人还应当提交其他抵押权人的书面同意文件与身份证或者户口簿等。

第七十三条 当发生导致最高额抵押权担保的债权被确定的事由，从而使最高额抵押权转变为一般抵押权时，当事人应当持不动产登记证明、最高额抵押权担保的债权已确定的材料等必要材料，申请办理确定最高额抵押权的登记。

第七十四条 最高额抵押权发生转移的，应当持不动产登记证明、部分债权转移的材料、当事人约定最高额抵押权随同部分债权的转让而转移的材料等必要材料，申请办理最高额抵押权转移登记。

债权人转让部分债权，当事人约定最高额抵押权随同部分债权的转让而转移的，应当分别申请下列登记：

（一）当事人约定原抵押权人与受让人共同享有最高额抵押权的，应当申请最高额抵押权的转移登记；

（二）当事人约定受让人享有一般抵押权、原抵押权人就扣减已转移的债权数额后继续享有最高额抵押权的，应当申请一般抵押权的首次登记以及最高额抵押权的变更登记；

（三）当事人约定原抵押权人不再享有最高额抵押权的，应当一并申请最高额抵押权确定登记以及一般抵押权转移登记。

最高额抵押权担保的债权确定前，债权人转让部分债权的，除当事人另有约定外，不动产登记机构不得办理最高额抵押权转移登记。

第七十五条 以建设用地使用权以及全

部或者部分在建建筑物设定抵押的，应当一并申请建设用地使用权以及在建建筑物抵押权的首次登记。

当事人申请在建建筑物抵押权首次登记时，抵押财产不包括已经办理预告登记的预购商品房和已经办理预售备案的商品房。

前款规定的在建建筑物，是指正在建造、尚未办理所有权首次登记的房屋等建筑物。

第七十六条　申请在建建筑物抵押权首次登记的，当事人应当提交下列材料：

（一）抵押合同与主债权合同；

（二）享有建设用地使用权的不动产权属证书；

（三）建设工程规划许可证；

（四）其他必要材料。

第七十七条　在建建筑物抵押权变更、转移或者消灭的，当事人应当提交下列材料，申请变更登记、转移登记、注销登记：

（一）不动产登记证明；

（二）在建建筑物抵押权发生变更、转移或者消灭的材料；

（三）其他必要材料。

在建建筑物竣工，办理建筑物所有权首次登记时，当事人应当申请将在建建筑物抵押权登记转为建筑物抵押权登记。

第七十八条　申请预购商品房抵押登记，应当提交下列材料：

（一）抵押合同与主债权合同；

（二）预购商品房预告登记材料；

（三）其他必要材料。

预购商品房办理房屋所有权登记后，当事人应当申请将预购商品房抵押预告登记转为商品房抵押权首次登记。

第五章　其他登记

第一节　更正登记

第七十九条　权利人、利害关系人认为不动产登记簿记载的事项有错误，可以申请更正登记。

权利人申请更正登记的，应当提交下列材料：

（一）不动产权属证书；

（二）证实登记确有错误的材料；

（三）其他必要材料。

利害关系人申请更正登记的，应当提交利害关系材料、证实不动产登记簿记载错误的材料以及其他必要材料。

第八十条　不动产权利人或者利害关系人申请更正登记，不动产登记机构认为不动产登记簿记载确有错误的，应当予以更正；但在错误登记之后已经办理了涉及不动产权利处分的登记、预告登记和查封登记的除外。

不动产权属证书或者不动产登记证明填制错误以及不动产登记机构在办理更正登记中，需要更正不动产权属证书或者不动产登记证明内容的，应当书面通知权利人换发，并把换发不动产权属证书或者不动产登记证明的事项记载于登记簿。

不动产登记簿记载无误的，不动产登记机构不予更正，并书面通知申请人。

第八十一条　不动产登记机构发现不动产登记簿记载的事项错误，应当通知当事人在 30 个工作日内办理更正登记。当事人逾期不办理的，不动产登记机构应当在公告 15 个工作日后，依法予以更正；但在错误登记之后已经办理了涉及不动产权利处分的登记、预告登记和查封登记的除外。

第二节　异议登记

第八十二条　利害关系人认为不动产登记簿记载的事项错误，权利人不同意更正的，利害关系人可以申请异议登记。

利害关系人申请异议登记的，应当提交下列材料：

（一）证实对登记的不动产权利有利害关系的材料；

（二）证实不动产登记簿记载的事项错误的材料；

（三）其他必要材料。

第八十三条　不动产登记机构受理异议登记申请的，应当将异议事项记载于不动产登记簿，并向申请人出具异议登记证明。

异议登记申请人应当在异议登记之日起15日内，提交人民法院受理通知书、仲裁委员会受理通知书等提起诉讼、申请仲裁的材料；逾期不提交的，异议登记失效。

异议登记失效后，申请人就同一事项以同一理由再次申请异议登记的，不动产登记机构不予受理。

第八十四条 异议登记期间，不动产登记簿上记载的权利人以及第三人因处分权利申请登记的，不动产登记机构应当书面告知申请人该权利已经存在异议登记的有关事项。申请人申请继续办理的，应当予以办理，但申请人应当提供知悉异议登记存在并自担风险的书面承诺。

第三节 预告登记

第八十五条 有下列情形之一的，当事人可以按照约定申请不动产预告登记：

（一）商品房等不动产预售的；

（二）不动产买卖、抵押的；

（三）以预购商品房设定抵押权的；

（四）法律、行政法规规定的其他情形。

预告登记生效期间，未经预告登记的权利人书面同意，处分该不动产权利申请登记的，不动产登记机构应当不予办理。

预告登记后，债权未消灭且自能够进行相应的不动产登记之日起3个月内，当事人申请不动产登记的，不动产登记机构应当按照预告登记事项办理相应的登记。

第八十六条 申请预购商品房的预告登记，应当提交下列材料：

（一）已备案的商品房预售合同；

（二）当事人关于预告登记的约定；

（三）其他必要材料。

预售人和预购人订立商品房买卖合同后，预售人未按照约定与预购人申请预告登记，预购人可以单方申请预告登记。

预购人单方申请预购商品房预告登记，预售人与预购人在商品房预售合同中对预告登记附有条件和期限的，预购人应当提交相应材料。

申请预告登记的商品房已经办理在建建筑物抵押权首次登记的，当事人应当一并申请在建建筑物抵押权注销登记，并提交不动产权属转移材料、不动产登记证明。不动产登记机构应当先办理在建建筑物抵押权注销登记，再办理预告登记。

第八十七条 申请不动产转移预告登记的，当事人应当提交下列材料：

（一）不动产转让合同；

（二）转让方的不动产权属证书；

（三）当事人关于预告登记的约定；

（四）其他必要材料。

第八十八条 抵押不动产，申请预告登记的，当事人应当提交下列材料：

（一）抵押合同与主债权合同；

（二）不动产权属证书；

（三）当事人关于预告登记的约定；

（四）其他必要材料。

第八十九条 预告登记未到期，有下列情形之一的，当事人可以持不动产登记证明、债权消灭或者权利人放弃预告登记的材料，以及法律、行政法规规定的其他必要材料申请注销预告登记：

（一）预告登记的权利人放弃预告登记的；

（二）债权消灭的；

（三）法律、行政法规规定的其他情形。

第四节 查封登记

第九十条 人民法院要求不动产登记机构办理查封登记的，应当提交下列材料：

（一）人民法院工作人员的工作证；

（二）协助执行通知书；

（三）其他必要材料。

第九十一条 两个以上人民法院查封同一不动产的，不动产登记机构应当为先送达协助执行通知书的人民法院办理查封登记，对后送达协助执行通知书的人民法院办理轮候查封登记。

轮候查封登记的顺序按照人民法院协助执行通知书送达不动产登记机构的时间先后

进行排列。

第九十二条 查封期间，人民法院解除查封的，不动产登记机构应当及时根据人民法院协助执行通知书注销查封登记。

不动产查封期限届满，人民法院未续封的，查封登记失效。

第九十三条 人民检察院等其他国家有权机关依法要求不动产登记机构办理查封登记的，参照本节规定办理。

第六章 不动产登记资料的查询、保护和利用

第九十四条 不动产登记资料包括：

（一）不动产登记簿等不动产登记结果；

（二）不动产登记原始资料，包括不动产登记申请书、申请人身份材料、不动产权属来源、登记原因、不动产权籍调查成果等材料以及不动产登记机构审核材料。

不动产登记资料由不动产登记机构管理。不动产登记机构应当建立不动产登记资料管理制度以及信息安全保密制度，建设符合不动产登记资料安全保护标准的不动产登记资料存放场所。

不动产登记资料中属于归档范围的，按照相关法律、行政法规的规定进行归档管理，具体办法由国土资源部会同国家档案主管部门另行制定。

第九十五条 不动产登记机构应当加强不动产登记信息化建设，按照统一的不动产登记信息管理基础平台建设要求和技术标准，做好数据整合、系统建设和信息服务等工作，加强不动产登记信息产品开发和技术创新，提高不动产登记的社会综合效益。

各级不动产登记机构应当采取措施保障不动产登记信息安全。任何单位和个人不得泄露不动产登记信息。

第九十六条 不动产登记机构、不动产交易机构建立不动产登记信息与交易信息互联共享机制，确保不动产登记与交易有序衔接。

不动产交易机构应当将不动产交易信息及时提供给不动产登记机构。不动产登记机构完成登记后，应当将登记信息及时提供给不动产交易机构。

第九十七条 国家实行不动产登记资料依法查询制度。

权利人、利害关系人按照《条例》第二十七条规定依法查询、复制不动产登记资料的，应当到具体办理不动产登记的不动产登记机构申请。

权利人可以查询、复制其不动产登记资料。

因不动产交易、继承、诉讼等涉及的利害关系人可以查询、复制不动产自然状况、权利人及其不动产查封、抵押、预告登记、异议登记等状况。

人民法院、人民检察院、国家安全机关、监察机关等可以依法查询、复制与调查和处理事项有关的不动产登记资料。

其他有关国家机关执行公务依法查询、复制不动产登记资料的，依照本条规定办理。

涉及国家秘密的不动产登记资料的查询，按照保守国家秘密法的有关规定执行。

第九十八条 权利人、利害关系人申请查询、复制不动产登记资料应当提交下列材料：

（一）查询申请书；

（二）查询目的的说明；

（三）申请人的身份材料；

（四）利害关系人查询的，提交证实存在利害关系的材料。

权利人、利害关系人委托他人代为查询的，还应当提交代理人的身份证明材料、授权委托书。权利人查询其不动产登记资料无需提供查询目的的说明。

有关国家机关查询的，应当提供本单位出具的协助查询材料、工作人员的工作证。

第九十九条 有下列情形之一的，不动产登记机构不予查询，并书面告知理由：

（一）申请查询的不动产不属于不动产登记机构管辖范围的；

（二）查询人提交的申请材料不符合规定的；

（三）申请查询的主体或者查询事项不符合规定的；

（四）申请查询的目的不合法的；

（五）法律、行政法规规定的其他情形。

第一百条 对符合本实施细则规定的查询申请，不动产登记机构应当当场提供查询；因情况特殊，不能当场提供查询的，应当在5个工作日内提供查询。

第一百零一条 查询人查询不动产登记资料，应当在不动产登记机构设定的场所进行。

不动产登记原始资料不得带离设定的场所。

查询人在查询时应当保持不动产登记资料的完好，严禁遗失、拆散、调换、抽取、污损登记资料，也不得损坏查询设备。

第一百零二条 查询人可以查阅、抄录不动产登记资料。查询人要求复制不动产登记资料的，不动产登记机构应当提供复制。

查询人要求出具查询结果证明的，不动产登记机构应当出具查询结果证明。查询结果证明应注明查询目的及日期，并加盖不动产登记机构查询专用章。

第七章 法律责任

第一百零三条 不动产登记机构工作人员违反本实施细则规定，有下列行为之一，依法给予处分；构成犯罪的，依法追究刑事责任：

（一）对符合登记条件的登记申请不予登记，对不符合登记条件的登记申请予以登记；

（二）擅自复制、篡改、毁损、伪造不动产登记簿；

（三）泄露不动产登记资料、登记信息；

（四）无正当理由拒绝申请人查询、复制登记资料；

（五）强制要求权利人更换新的权属证书。

第一百零四条 当事人违反本实施细则规定，有下列行为之一，构成违反治安管理行为的，依法给予治安管理处罚；给他人造成损失的，依法承担赔偿责任；构成犯罪的，依法追究刑事责任：

（一）采用提供虚假材料等欺骗手段申请登记；

（二）采用欺骗手段申请查询、复制登记资料；

（三）违反国家规定，泄露不动产登记资料、登记信息；

（四）查询人遗失、拆散、调换、抽取、污损登记资料的；

（五）擅自将不动产登记资料带离查询场所、损坏查询设备的。

第八章 附 则

第一百零五条 本实施细则施行前，依法核发的各类不动产权属证书继续有效。不动产权利未发生变更、转移的，不动产登记机构不得强制要求不动产权利人更换不动产权属证书。

不动产登记过渡期内，农业部会同国土资源部等部门负责指导农村土地承包经营权的统一登记工作，按照农业部有关规定办理耕地的土地承包经营权登记。不动产登记过渡期后，由国土资源部负责指导农村土地承包经营权登记工作。

第一百零六条 不动产信托依法需要登记的，由国土资源部会同有关部门另行规定。

第一百零七条 军队不动产登记，其申请材料经军队不动产主管部门审核后，按照本实施细则规定办理。

第一百零八条 本实施细则自公布之日起施行。

房屋登记办法

（2008 年 1 月 22 日建设部第 147 次常务会议讨论通过
2008 年 2 月 15 日中华人民共和国建设部令第 168 号发布
自 2008 年 7 月 1 日起施行）

第一章 总 则

第一条 为了规范房屋登记行为，维护房地产交易安全，保护权利人的合法权益，依据《中华人民共和国物权法》《中华人民共和国城市房地产管理法》《村庄和集镇规划建设管理条例》等法律、行政法规，制定本办法。

第二条 本办法所称房屋登记，是指房屋登记机构依法将房屋权利和其他应当记载的事项在房屋登记簿上予以记载的行为。

第三条 国务院建设主管部门负责指导、监督全国的房屋登记工作。

省、自治区、直辖市人民政府建设（房地产）主管部门负责指导、监督本行政区域内的房屋登记工作。

第四条 房屋登记，由房屋所在地的房屋登记机构办理。

本办法所称房屋登记机构，是指直辖市、市、县人民政府建设（房地产）主管部门或者其设置的负责房屋登记工作的机构。

第五条 房屋登记机构应当建立本行政区域内统一的房屋登记簿。

房屋登记簿是房屋权利归属和内容的根据，由房屋登记机构管理。

第六条 房屋登记人员应当具备与其岗位相适应的专业知识。

从事房屋登记审核工作的人员，应当取得国务院建设主管部门颁发的房屋登记上岗证书，持证上岗。

第二章 一般规定

第七条 办理房屋登记，一般依照下列程序进行：

（一）申请；

（二）受理；

（三）审核；

（四）记载于登记簿；

（五）发证。

房屋登记机构认为必要时，可以就登记事项进行公告。

第八条 办理房屋登记，应当遵循房屋所有权和房屋占用范围内的土地使用权权利主体一致的原则。

第九条 房屋登记机构应当依照法律、法规和本办法规定，确定申请房屋登记需要提交的材料，并将申请登记材料目录公示。

第十条 房屋应当按照基本单元进行登记。房屋基本单元是指有固定界限、可以独立使用并且有明确、唯一的编号（幢号、室号等）的房屋或者特定空间。

国有土地范围内成套住房，以套为基本单元进行登记；非成套住房，以房屋的幢、层、间等有固定界限的部分为基本单元进行登记。集体土地范围内村民住房，以宅基地上独立建筑为基本单元进行登记；在共有宅基地上建造的村民住房，以套、间等有固定界限的部分为基本单元进行登记。

非住房以房屋的幢、层、套、间等有固定界限的部分为基本单元进行登记。

第十一条 申请房屋登记，申请人应当向房屋所在地的房屋登记机构提出申请，并提交申请登记材料。

申请登记材料应当提供原件。不能提供

原件的，应当提交经有关机关确认与原件一致的复印件。

申请人应当对申请登记材料的真实性、合法性、有效性负责，不得隐瞒真实情况或者提供虚假材料申请房屋登记。

第十二条 申请房屋登记，应当由有关当事人双方共同申请，但本办法另有规定的除外。

有下列情形之一，申请房屋登记的，可以由当事人单方申请：

（一）因合法建造房屋取得房屋权利；

（二）因人民法院、仲裁委员会的生效法律文书取得房屋权利；

（三）因继承、受遗赠取得房屋权利；

（四）有本办法所列变更登记情形之一；

（五）房屋灭失；

（六）权利人放弃房屋权利；

（七）法律、法规规定的其他情形。

第十三条 共有房屋，应当由共有人共同申请登记。

共有房屋所有权变更登记，可以由相关的共有人申请，但因共有性质或者共有人份额变更申请房屋登记的，应当由共有人共同申请。

第十四条 未成年人的房屋，应当由其监护人代为申请登记。监护人代为申请未成年人房屋登记的，应当提交证明监护人身份的材料；因处分未成年人房屋申请登记的，还应当提供为未成年人利益的书面保证。

第十五条 申请房屋登记的，申请人应当使用中文名称或者姓名。申请人提交的证明文件原件是外文的，应当提供中文译本。

委托代理人申请房屋登记的，代理人应当提交授权委托书和身份证明。境外申请人委托代理人申请房屋登记的，其授权委托书应当按照国家有关规定办理公证或者认证。

第十六条 申请房屋登记的，申请人应当按照国家有关规定缴纳登记费。

第十七条 申请人提交的申请登记材料齐全且符合法定形式的，应当予以受理，并

出具书面凭证。

申请人提交的申请登记材料不齐全或者不符合法定形式的，应当不予受理，并告知申请人需要补正的内容。

第十八条 房屋登记机构应当查验申请登记材料，并根据不同登记申请就申请登记事项是否是申请人的真实意思表示、申请登记房屋是否为共有房屋、房屋登记簿记载的权利人是否同意更正，以及申请登记材料中需进一步明确的其他有关事项询问申请人。询问结果应当经申请人签字确认，并归档保留。

房屋登记机构认为申请登记房屋的有关情况需要进一步证明的，可以要求申请人补充材料。

第十九条 办理下列房屋登记，房屋登记机构应当实地查看：

（一）房屋所有权初始登记；

（二）在建工程抵押权登记；

（三）因房屋灭失导致的房屋所有权注销登记；

（四）法律、法规规定的应当实地查看的其他房屋登记。

房屋登记机构实地查看时，申请人应当予以配合。

第二十条 登记申请符合下列条件的，房屋登记机构应当予以登记，将申请登记事项记载于房屋登记簿：

（一）申请人与依法提交的材料记载的主体一致；

（二）申请初始登记的房屋与申请人提交的规划证明材料记载一致，申请其他登记的房屋与房屋登记簿记载一致；

（三）申请登记的内容与有关材料证明的事实一致；

（四）申请登记的事项与房屋登记簿记载的房屋权利不冲突；

（五）不存在本办法规定的不予登记的情形。

登记申请不符合前款所列条件的，房屋

登记机构应当不予登记，并书面告知申请人不予登记的原因。

第二十一条 房屋登记机构将申请登记事项记载于房屋登记簿之前，申请人可以撤回登记申请。

第二十二条 有下列情形之一的，房屋登记机构应当不予登记：

（一）未依法取得规划许可、施工许可或者未按照规划许可的面积等内容建造的建筑申请登记的；

（二）申请人不能提供合法、有效的权利来源证明文件或者申请登记的房屋权利与权利来源证明文件不一致的；

（三）申请登记事项与房屋登记簿记载冲突的；

（四）申请登记房屋不能特定或者不具有独立利用价值的；

（五）房屋已被依法征收、没收，原权利人申请登记的；

（六）房屋被依法查封期间，权利人申请登记的；

（七）法律、法规和本办法规定的其他不予登记的情形。

第二十三条 自受理登记申请之日起，房屋登记机构应当于下列时限内，将申请登记事项记载于房屋登记簿或者作出不予登记的决定：

（一）国有土地范围内房屋所有权登记，30 个工作日，集体土地范围内房屋所有权登记，60 个工作日；

（二）抵押权、地役权登记，10 个工作日；

（三）预告登记、更正登记，10 个工作日；

（四）异议登记，1 个工作日。

公告时间不计入前款规定时限。因特殊原因需要延长登记时限的，经房屋登记机构负责人批准可以延长，但最长不得超过原时限的一倍。

法律、法规对登记时限另有规定的，从其规定。

第二十四条 房屋登记簿应当记载房屋自然状况、权利状况以及其他依法应当登记的事项。

房屋登记簿可以采用纸介质，也可以采用电子介质。采用电子介质的，应当有唯一、确定的纸介质转化形式，并应当定期异地备份。

第二十五条 房屋登记机构应当根据房屋登记簿的记载，缮写并向权利人发放房屋权属证书。

房屋权属证书是权利人享有房屋权利的证明，包括《房屋所有权证》《房屋他项权证》等。申请登记房屋为共有房屋的，房屋登记机构应当在房屋所有权证上注明"共有"字样。

预告登记、在建工程抵押权登记以及法律、法规规定的其他事项在房屋登记簿上予以记载后，由房屋登记机构发放登记证明。

第二十六条 房屋权属证书、登记证明与房屋登记簿记载不一致的，除有证据证明房屋登记簿确有错误外，以房屋登记簿为准。

第二十七条 房屋权属证书、登记证明破损的，权利人可以向房屋登记机构申请换发。房屋登记机构换发前，应当收回原房屋权属证书、登记证明，并将有关事项记载于房屋登记簿。

房屋权属证书、登记证明遗失、灭失的，权利人在当地公开发行的报刊上刊登遗失声明后，可以申请补发。房屋登记机构予以补发的，应当将有关事项在房屋登记簿上予以记载。补发的房屋权属证书、登记证明上应当注明"补发"字样。

在补发集体土地范围内村民住房的房屋权属证书、登记证明前，房屋登记机构应当就补发事项在房屋所在地农村集体经济组织内公告。

第二十八条 房屋登记机构应当将房屋登记资料及时归档并妥善管理。

申请查询、复制房屋登记资料的，应当

按照规定的权限和程序办理。

第二十九条 县级以上人民政府建设（房地产）主管部门应当加强房屋登记信息系统建设，逐步实现全国房屋登记簿信息共享和异地查询。

第三章 国有土地范围内房屋登记

第一节 所有权登记

第三十条 因合法建造房屋申请房屋所有权初始登记的，应当提交下列材料：

（一）登记申请书；

（二）申请人身份证明；

（三）建设用地使用权证明；

（四）建设工程符合规划的证明；

（五）房屋已竣工的证明；

（六）房屋测绘报告；

（七）其他必要材料。

第三十一条 房地产开发企业申请房屋所有权初始登记时，应当对建筑区划内依法属于全体业主共有的公共场所、公用设施和物业服务用房等房屋一并申请登记，由房屋登记机构在房屋登记簿上予以记载，不颁发房屋权属证书。

第三十二条 发生下列情形之一的，当事人应当在有关法律文件生效或者事实发生后申请房屋所有权转移登记：

（一）买卖；

（二）互换；

（三）赠与；

（四）继承、受遗赠；

（五）房屋分割、合并，导致所有权发生转移的；

（六）以房屋出资入股；

（七）法人或者其他组织分立、合并，导致房屋所有权发生转移的；

（八）法律、法规规定的其他情形。

第三十三条 申请房屋所有权转移登记，应当提交下列材料：

（一）登记申请书；

（二）申请人身份证明；

（三）房屋所有权证书或者房地产权

证书；

（四）证明房屋所有权发生转移的材料；

（五）其他必要材料。

前款第（四）项材料，可以是买卖合同、互换合同、赠与合同、受遗赠证明、继承证明、分割协议、合并协议、人民法院或者仲裁委员会生效的法律文书，或者其他证明房屋所有权发生转移的材料。

第三十四条 抵押期间，抵押人转让抵押房屋的所有权，申请房屋所有权转移登记的，除提供本办法第三十三条规定材料外，还应当提交抵押权人的身份证明、抵押权人同意抵押房屋转让的书面文件、他项权利证书。

第三十五条 因人民法院或者仲裁委员会生效的法律文书、合法建造房屋、继承或者受遗赠取得房屋所有权，权利人转让该房屋所有权或者以该房屋设定抵押权时，应当将房屋登记到权利人名下后，再办理房屋所有权转移登记或者房屋抵押权设立登记。

因人民法院或者仲裁委员会生效的法律文书取得房屋所有权，人民法院协助执行通知书要求房屋登记机构予以登记的，房屋登记机构应当予以办理。房屋登记机构予以登记的，应当在房屋登记簿上记载基于人民法院或者仲裁委员会生效的法律文书予以登记的事实。

第三十六条 发生下列情形之一的，权利人应当在有关法律文件生效或者事实发生后申请房屋所有权变更登记：

（一）房屋所有权人的姓名或者名称变更的；

（二）房屋坐落的街道、门牌号或者房屋名称变更的；

（三）房屋面积增加或者减少的；

（四）同一所有权人分割、合并房屋的；

（五）法律、法规规定的其他情形。

第三十七条 申请房屋所有权变更登记，应当提交下列材料：

（一）登记申请书；

（二）申请人身份证明；

（三）房屋所有权证书或者房地产权证书；

（四）证明发生变更事实的材料；

（五）其他必要材料。

第三十八条 经依法登记的房屋发生下列情形之一的，房屋登记簿记载的所有权人应当自事实发生后申请房屋所有权注销登记：

（一）房屋灭失的；

（二）放弃所有权的；

（三）法律、法规规定的其他情形。

第三十九条 申请房屋所有权注销登记的，应当提交下列材料：

（一）登记申请书；

（二）申请人身份证明；

（三）房屋所有权证书或者房地产权证书；

（四）证明房屋所有权消灭的材料；

（五）其他必要材料。

第四十条 经依法登记的房屋上存在他项权利时，所有权人放弃房屋所有权申请注销登记的，应当提供他项权利人的书面同意文件。

第四十一条 经登记的房屋所有权消灭后，原权利人未申请注销登记的，房屋登记机构可以依据人民法院、仲裁委员会的生效法律文书或者人民政府的生效征收决定办理注销登记，将注销事项记载于房屋登记簿，原房屋所有权证收回或者公告作废。

第二节 抵押权登记

第四十二条 以房屋设定抵押的，当事人应当申请抵押权登记。

第四十三条 申请抵押权登记，应当提交下列文件：

（一）登记申请书；

（二）申请人的身份证明；

（三）房屋所有权证书或者房地产权证书；

（四）抵押合同；

（五）主债权合同；

（六）其他必要材料。

第四十四条 对符合规定条件的抵押权设立登记，房屋登记机构应当将下列事项记载于房屋登记簿：

（一）抵押当事人、债务人的姓名或者名称；

（二）被担保债权的数额；

（三）登记时间。

第四十五条 本办法第四十四条所列事项发生变化或者发生法律、法规规定变更抵押权的其他情形的，当事人应当申请抵押权变更登记。

第四十六条 申请抵押权变更登记，应当提交下列材料：

（一）登记申请书；

（二）申请人的身份证明；

（三）房屋他项权证书；

（四）抵押人与抵押权人变更抵押权的书面协议；

（五）其他必要材料。

因抵押当事人姓名或者名称发生变更，或者抵押房屋坐落的街道、门牌号发生变更申请变更登记的，无需提交前款第（四）项材料。

因被担保债权的数额发生变更申请抵押权变更登记的，还应当提交其他抵押权人的书面同意文件。

第四十七条 经依法登记的房屋抵押权因主债权转让而转让，申请抵押权转移登记的，主债权的转让人和受让人应当提交下列材料：

（一）登记申请书；

（二）申请人的身份证明；

（三）房屋他项权证书；

（四）房屋抵押权发生转移的证明材料；

（五）其他必要材料。

第四十八条 经依法登记的房屋抵押权发生下列情形之一的，权利人应当申请抵押权注销登记：

（一）主债权消灭；

（二）抵押权已经实现；

（三）抵押权人放弃抵押权；

（四）法律、法规规定抵押权消灭的其他情形。

第四十九条 申请抵押权注销登记的，应当提交下列材料：

（一）登记申请书；

（二）申请人的身份证明；

（三）房屋他项权证书；

（四）证明房屋抵押权消灭的材料；

（五）其他必要材料。

第五十条 以房屋设定最高额抵押的，当事人应当申请最高额抵押权设立登记。

第五十一条 申请最高额抵押权设立登记，应当提交下列材料：

（一）登记申请书；

（二）申请人的身份证明；

（三）房屋所有权证书或房地产权证书；

（四）最高额抵押合同；

（五）一定期间内将要连续发生的债权的合同或者其他登记原因证明材料；

（六）其他必要材料。

第五十二条 当事人将最高额抵押权设立前已存在债权转入最高额抵押担保的债权范围，申请登记的，应当提交下列材料：

（一）已存在债权的合同或者其他登记原因证明材料；

（二）抵押人与抵押权人同意将该债权纳入最高额抵押权担保范围的书面材料。

第五十三条 对符合规定条件的最高额抵押权设立登记，除本办法第四十四条所列事项外，登记机构还应当将最高债权额、债权确定的期间记载于房屋登记簿，并明确记载其为最高额抵押权。

第五十四条 变更最高额抵押权登记事项或者发生法律、法规规定变更最高额抵押权的其他情形，当事人应当申请最高额抵押权变更登记。

第五十五条 申请最高额抵押权变更登记，应当提交下列材料：

（一）登记申请书；

（二）申请人的身份证明；

（三）房屋他项权证书；

（四）最高额抵押权担保的债权尚未确定的证明材料；

（五）最高额抵押权发生变更的证明材料；

（六）其他必要材料。

因最高债权额、债权确定的期间发生变更而申请变更登记的，还应当提交其他抵押权人的书面同意文件。

第五十六条 最高额抵押权担保的债权确定前，最高额抵押权发生转移，申请最高额抵押权转移登记的，转让人和受让人应当提交下列材料：

（一）登记申请书；

（二）申请人的身份证明；

（三）房屋他项权证书；

（四）最高额抵押权担保的债权尚未确定的证明材料；

（五）最高额抵押权发生转移的证明材料；

（六）其他必要材料。

最高额抵押权担保的债权确定前，债权人转让部分债权的，除当事人另有约定外，房屋登记机构不得办理最高额抵押权转移登记。当事人约定最高额抵押权随同部分债权的转让而转移的，应当在办理最高额抵押权确定登记之后，依据本办法第四十七条的规定办理抵押权转移登记。

第五十七条 经依法登记的最高额抵押权担保的债权确定，申请最高额抵押权确定登记的，应当提交下列材料：

（一）登记申请书；

（二）申请人的身份证明；

（三）房屋他项权证书；

（四）最高额抵押权担保的债权已确定的证明材料；

（五）其他必要材料。

第五十八条 对符合规定条件的最高额

抵押权确定登记，登记机构应当将最高额抵押权担保的债权已经确定的事实记载于房屋登记簿。

当事人协议确定或者人民法院、仲裁委员会生效的法律文书确定了债权数额的，房屋登记机构可以依照当事人一方的申请将债权数额确定的事实记载于房屋登记簿。

第五十九条 以在建工程设定抵押的，当事人应当申请在建工程抵押权设立登记。

第六十条 申请在建工程抵押权设立登记的，应当提交下列材料：

（一）登记申请书；

（二）申请人的身份证明；

（三）抵押合同；

（四）主债权合同；

（五）建设用地使用权证书或者记载土地使用权状况的房地产权证书；

（六）建设工程规划许可证；

（七）其他必要材料。

第六十一条 已经登记在建工程抵押权变更、转让或者消灭的，当事人应当提交下列材料，申请变更登记、转移登记、注销登记：

（一）登记申请书；

（二）申请人的身份证明；

（三）登记证明；

（四）证明在建工程抵押权发生变更、转移或者消灭的材料；

（五）其他必要材料。

第六十二条 在建工程竣工并经房屋所有权初始登记后，当事人应当申请将在建工程抵押权登记转为房屋抵押权登记。

第三节 地役权登记

第六十三条 在房屋上设立地役权的，当事人可以申请地役权设立登记。

第六十四条 申请地役权设立登记，应当提交下列材料：

（一）登记申请书；

（二）申请人的身份证明；

（三）地役权合同；

（四）房屋所有权证书或者房地产权证书；

（五）其他必要材料。

第六十五条 对符合规定条件的地役权设立登记，房屋登记机构应当将有关事项记载于需役地和供役地房屋登记簿，并可将地役权合同附于供役地和需役地房屋登记簿。

第六十六条 已经登记的地役权变更、转让或者消灭的，当事人应当提交下列材料，申请变更登记、转移登记、注销登记：

（一）登记申请书；

（二）申请人的身份证明；

（三）登记证明；

（四）证明地役权发生变更、转移或者消灭的材料；

（五）其他必要材料。

第四节 预告登记

第六十七条 有下列情形之一的，当事人可以申请预告登记：

（一）预购商品房；

（二）以预购商品房设定抵押；

（三）房屋所有权转让、抵押；

（四）法律、法规规定的其他情形。

第六十八条 预告登记后，未经预告登记的权利人书面同意，处分该房屋申请登记的，房屋登记机构应当不予办理。

预告登记后，债权消灭或者自能够进行相应的房屋登记之日起三个月内，当事人申请房屋登记的，房屋登记机构应当按照预告登记事项办理相应的登记。

第六十九条 预售人和预购人订立商品房买卖合同后，预售人未按照约定与预购人申请预告登记，预购人可以单方申请预告登记。

第七十条 申请预购商品房预告登记，应当提交下列材料：

（一）登记申请书；

（二）申请人的身份证明；

（三）已登记备案的商品房预售合同；

（四）当事人关于预告登记的约定；

（五）其他必要材料。

预购人单方申请预购商品房预告登记，预售人与预购人在商品房预售合同中对预告登记附有条件和期限的，预购人应当提交相应的证明材料。

第七十一条 申请预购商品房抵押权预告登记，应当提交下列材料：

（一）登记申请书；

（二）申请人的身份证明；

（三）抵押合同；

（四）主债权合同；

（五）预购商品房预告登记证明；

（六）当事人关于预告登记的约定；

（七）其他必要材料。

第七十二条 申请房屋所有权转移预告登记，应当提交下列材料：

（一）登记申请书；

（二）申请人的身份证明；

（三）房屋所有权转让合同；

（四）转让方的房屋所有权证书或者房地产权证书；

（五）当事人关于预告登记的约定；

（六）其他必要材料。

第七十三条 申请房屋抵押权预告登记的，应当提交下列材料：

（一）登记申请书；

（二）申请人的身份证明；

（二）抵押合同；

（四）主债权合同；

（五）房屋所有权证书或房地产权证书，或者房屋所有权转移登记的预告证明；

（六）当事人关于预告登记的约定；

（七）其他必要材料。

第五节 其他登记

第七十四条 权利人、利害关系人认为房屋登记簿记载的事项有错误的，可以提交下列材料，申请更正登记：

（一）登记申请书；

（二）申请人的身份证明；

（三）证明房屋登记簿记载错误的材料。

利害关系人申请更正登记的，还应当提供权利人同意更正的证明材料。

房屋登记簿记载确有错误的，应当予以更正；需要更正房屋权属证书内容的，应当书面通知权利人换领房屋权属证书；房屋登记簿记载无误的，应当不予更正，并书面通知申请人。

第七十五条 房屋登记机构发现房屋登记簿的记载错误，不涉及房屋权利归属和内容的，应当书面通知有关权利人在规定期限内办理更正登记；当事人无正当理由逾期不办理更正登记的，房屋登记机构可以依据申请登记材料或者有效的法律文件对房屋登记簿的记载予以更正，并书面通知当事人。

对于涉及房屋权利归属和内容的房屋登记簿的记载错误，房屋登记机构应当书面通知有关权利人在规定期限内办理更正登记；办理更正登记期间，权利人因处分其房屋权利申请登记的，房屋登记机构应当暂缓办理。

第七十六条 利害关系人认为房屋登记簿记载的事项错误，而权利人不同意更正的，利害关系人可以持登记申请书、申请人的身份证明、房屋登记簿记载错误的证明文件等材料申请异议登记。

第七十七条 房屋登记机构受理异议登记的，应当将异议事项载于房屋登记簿。

第七十八条 异议登记期间，房屋登记簿记载的权利人处分房屋申请登记的，房屋登记机构应当暂缓办理。

权利人处分房屋申请登记，房屋登记机构受理登记申请但尚未将申请登记事项记载于房屋登记簿之前，第三人申请异议登记的，房屋登记机构应当中止办理原登记申请，并书面通知申请人。

第七十九条 异议登记期间，异议登记申请人起诉，人民法院不予受理或者驳回其诉讼请求的，异议登记申请人或者房屋登记簿记载的权利人可以持登记申请书、申请人的身份证明、相应的证明文件等材料申请注销异议登记。

第八十条 人民法院、仲裁委员会的生效法律文书确定的房屋权利归属或者权利内容与房屋登记簿记载的权利状况不一致的，房屋登记机构应当按照当事人的申请或者有关法律文书，办理相应的登记。

第八十一条 司法机关、行政机关、仲裁委员会发生法律效力的文件证明当事人以隐瞒真实情况、提交虚假材料等非法手段获取房屋登记的，房屋登记机构可以撤销原房屋登记，收回房屋权属证书、登记证明或者公告作废，但房屋权利为他人善意取得的除外。

第四章 集体土地范围内房屋登记

第八十二条 依法利用宅基地建造的村民住房和依法利用其他集体所有建设用地建造的房屋，可以依照本办法的规定申请房屋登记。

法律、法规对集体土地范围内房屋登记另有规定的，从其规定。

第八十三条 因合法建造房屋申请房屋所有权初始登记的，应当提交下列材料：

（一）登记申请书；

（二）申请人的身份证明；

（三）宅基地使用权证明或者集体所有建设用地使用权证明；

（四）申请登记房屋符合城乡规划的证明；

（五）房屋测绘报告或者村民住房平面图；

（六）其他必要材料。

申请村民住房所有权初始登记的，还应当提交申请人属于房屋所在地农村集体经济组织成员的证明。

农村集体经济组织申请房屋所有权初始登记的，还应当提交经村民会议同意或者由村民会议授权经村民代表会议同意的证明材料。

第八十四条 办理村民住房所有权初始登记、农村集体经济组织所有房屋所有权初始登记，房屋登记机构受理登记申请后，应当将申请登记事项在房屋所在地农村集体经济组织内进行公告。经公告无异议或者异议不成立的，方可予以登记。

第八十五条 发生下列情形之一的，权利人应当在有关法律文件生效或者事实发生后申请房屋所有权变更登记：

（一）房屋所有权人的姓名或者名称变更的；

（二）房屋坐落变更的；

（三）房屋面积增加或者减少的；

（四）同一所有权人分割、合并房屋的；

（五）法律、法规规定的其他情形。

第八十六条 房屋所有权依法发生转移，申请房屋所有权转移登记的，应当提交下列材料：

（一）登记申请书；

（二）申请人的身份证明；

（三）房屋所有权证书；

（四）宅基地使用权证明或者集体所有建设用地使用权证明；

（五）证明房屋所有权发生转移的材料；

（六）其他必要材料。

申请村民住房所有权转移登记的，还应当提交农村集体经济组织同意转移的证明材料。

农村集体经济组织申请房屋所有权转移登记的，还应当提交经村民会议同意或者由村民会议授权经村民代表会议同意的证明材料。

第八十七条 申请农村村民住房所有权转移登记，受让人不属于房屋所在地农村集体经济组织成员的，除法律、法规另有规定外，房屋登记机构应当不予办理。

第八十八条 依法以乡镇、村企业的厂房等建筑物设立抵押，申请抵押权登记的，应当提交下列材料：

（一）登记申请书；

（二）申请人的身份证明；

（三）房屋所有权证书；

（四）集体所有建设用地使用权证明；

（五）主债权合同和抵押合同；

（六）其他必要材料。

第八十九条 房屋登记机构对集体土地范围内的房屋予以登记的，应当在房屋登记簿和房屋权属证书上注明"集体土地"字样。

第九十条 办理集体土地范围内房屋的地役权登记、预告登记、更正登记、异议登记等房屋登记，可以参照适用国有土地范围内房屋登记的有关规定。

第五章　法律责任

第九十一条 非法印制、伪造、变造房屋权属证书或者登记证明，或者使用非法印制、伪造、变造的房屋权属证书或者登记证明的，由房屋登记机构予以收缴；构成犯罪的，依法追究刑事责任。

第九十二条 申请人提交错误、虚假的材料申请房屋登记，给他人造成损害的，应当承担相应的法律责任。

房屋登记机构及其工作人员违反本办法规定办理房屋登记，给他人造成损害的，由房屋登记机构承担相应的法律责任。房屋登记机构承担赔偿责任后，对故意或者重大过失造成登记错误的工作人员，有权追偿。

第九十三条 房屋登记机构工作人员有下列行为之一的，依法给予处分；构成犯罪的，依法追究刑事责任：

（一）擅自涂改、毁损、伪造房屋登记簿；

（二）对不符合登记条件的登记申请予以登记，或者对符合登记条件的登记申请不予登记；

（三）玩忽职守、滥用职权、徇私舞弊。

第六章　附　则

第九十四条 房屋登记簿的内容和管理规范，由国务院建设主管部门另行制定。

第九十五条 房屋权属证书、登记证明，由国务院建设主管部门统一制定式样，统一监制，统一编号规则。

县级以上地方人民政府由一个部门统一负责房屋和土地登记工作的，可以制作、颁发统一的房地产权证书。房地产权证书的式样应当报国务院建设主管部门备案。

第九十六条 具有独立利用价值的特定空间以及码头、油库等其他建筑物、构筑物的登记，可以参照本办法执行。

第九十七条 省、自治区、直辖市人民政府建设（房地产）主管部门可以根据法律、法规和本办法的规定，结合本地实际情况，制定房屋登记实施细则。

第九十八条 本办法自 2008 年 7 月 1 日起施行。《城市房屋权属登记管理办法》（建设部令第 57 号）、《建设部关于修改〈城市房屋权属登记管理办法〉的决定》（建设部令第 99 号）同时废止。

最高人民法院
关于审理房屋登记案件若干问题的规定

法释〔2010〕15 号

（2010 年 8 月 2 日最高人民法院审判委员会第 1491 次会议通过
2010 年 11 月 5 日最高人民法院公告公布　自 2010 年 11 月 18 日起施行）

为正确审理房屋登记案件，根据《中华人民共和国物权法》《中华人民共和国城市房地产管理法》《中华人民共和国行政诉讼法》等有关法律规定，结合行政审判实际，制定本规定。

第一条 公民、法人或者其他组织对房屋登记机构的房屋登记行为以及与查询、复制登记资料等事项相关的行政行为或者相应的不作为不服，提起行政诉讼的，人民法院应当依法受理。

第二条 房屋登记机构根据人民法院、仲裁委员会的法律文书或者有权机关的协助执行通知书以及人民政府的征收决定办理的房屋登记行为，公民、法人或者其他组织不服提起行政诉讼的，人民法院不予受理，但公民、法人或者其他组织认为登记与有关文书内容不一致的除外。

房屋登记机构作出未改变登记内容的换发、补发权属证书、登记证明或者更新登记簿的行为，公民、法人或者其他组织不服提起行政诉讼的，人民法院不予受理。

房屋登记机构在行政诉讼法施行前作出的房屋登记行为，公民、法人或者其他组织不服提起行政诉讼的，人民法院不予受理。

第三条 公民、法人或者其他组织对房屋登记行为不服提起行政诉讼的，不受下列情形的影响：

（一）房屋灭失；

（二）房屋登记行为已被登记机构改变；

（三）生效法律文书将房屋权属证书、房屋登记簿或者房屋登记证明作为定案证据采用。

第四条 房屋登记机构为债务人办理房屋转移登记，债权人不服提起诉讼，符合下列情形之一的，人民法院应当依法受理：

（一）以房屋为标的物的债权已办理预告登记的；

（二）债权人为抵押权人且房屋转让未经其同意的；

（三）人民法院依债权人申请对房屋采取强制执行措施并已通知房屋登记机构的；

（四）房屋登记机构工作人员与债务人恶意串通的。

第五条 同一房屋多次转移登记，原房屋权利人、原利害关系人对首次转移登记行为提起行政诉讼的，人民法院应当依法受理。

原房屋权利人、原利害关系人对首次转移登记行为及后续转移登记行为一并提起行政诉讼的，人民法院应当依法受理；人民法院判决驳回原告就在先转移登记行为提出的诉讼请求，或者因保护善意第三人确认在先房屋登记行为违法的，应当裁定驳回原告对后续转移登记行为的起诉。

原房屋权利人、原利害关系人未就首次转移登记行为提起行政诉讼，对后续转移登记行为提起行政诉讼的，人民法院不予受理。

第六条 人民法院受理房屋登记行政案件后，应当通知没有起诉的下列利害关系人作为第三人参加行政诉讼：

（一）房屋登记簿上载明的权利人；

（二）被诉异议登记、更正登记、预告登记的权利人；

（三）人民法院能够确认的其他利害关系人。

第七条 房屋登记行政案件由房屋所在地人民法院管辖，但有下列情形之一的也可由被告所在地人民法院管辖：

（一）请求房屋登记机构履行房屋转移登记、查询、复制登记资料等职责的；

（二）对房屋登记机构收缴房产证行为提起行政诉讼的；

（三）对行政复议改变房屋登记行为提起行政诉讼的。

第八条 当事人以作为房屋登记行为基础的买卖、共有、赠与、抵押、婚姻、继承等民事法律关系无效或者应当撤销为由，对房屋登记行为提起行政诉讼的，人民法院应当告知当事人先行解决民事争议，民事争议处理期间不计算在行政诉讼起诉期限内；已经受理的，裁定中止诉讼。

第九条 被告对被诉房屋登记行为的合法性负举证责任。被告保管证据原件的，应当在法庭上出示。被告不保管原件的，应当提交与原件核对一致的复印件、复制件并作出说明。当事人对被告提交的上述证据提出异议的，应当提供相应的证据。

第十条 被诉房屋登记行为合法的，人民法院应当判决驳回原告的诉讼请求。

第十一条 被诉房屋登记行为涉及多个权利主体或者房屋可分，其中部分主体或者房屋的登记违法应予撤销的，可以判决部分撤销。

被诉房屋登记行为违法，但该行为已被登记机构改变的，判决确认被诉行为违法。

被诉房屋登记行为违法，但判决撤销将给公共利益造成重大损失或者房屋已为第三人善意取得的，判决确认被诉行为违法，不撤销登记行为。

第十二条 申请人提供虚假材料办理房屋登记，给原告造成损害，房屋登记机构未尽合理审慎职责的，应当根据其过错程度及其在损害发生中所起作用承担相应的赔偿责任。

第十三条 房屋登记机构工作人员与第三人恶意串通违法登记，侵犯原告合法权益的，房屋登记机构与第三人承担连带赔偿责任。

第十四条 最高人民法院以前所作的相关的司法解释，凡与本规定不一致的，以本规定为准。

农村集体土地上的房屋登记行政案件参照本规定。

最高人民法院
关于印发《第八次全国法院民事商事审判工作会议（民事部分）纪要》的通知

2016 年 11 月 21 日   法〔2016〕399 号

各省、自治区、直辖市高级人民法院，解放军军事法院，新疆维吾尔自治区高级人民法院生产建设兵团分院：

现将《第八次全国法院民事商事审判工作会议（民事部分）纪要》印发给你们，请认真贯彻执行。对于执行中存在的问题，请层报最高人民法院。

附：

第八次全国法院民事商事审判
工作会议（民事部分）纪要

2015 年 12 月 23 日至 24 日，最高人民法院在北京召开第八次全国法院民事商事审判工作会议。中共中央政治局委员、中央政法委书记孟建柱同志专门作出重要批语。最高人民法院院长周强出席会议并讲话。各省、自治区、直辖市高级人民法院，解放军军事法院，新疆维吾尔自治区高级人民法院生产建设兵团分院以及计划单列市中级人民法院派员参加会议。中央政法委、全国人大常委会法工委、国务院法制办等中央国家机关代表，部分全国人大代表、全国政协委员、最高人民法院特邀咨询员、最高人民法院特约监督员以及有关专家学者应邀列席会议。

这次会议是在党的十八届五中全会提出

"十三五"规划建议新形势下召开的一次重要的民事商事审判工作会议。对于人民法院主动适应经济社会发展新形势新常态，更加充分发挥审判工作职能，为推进"十三五"规划战略布局，实现全面建成小康社会"第一个百年目标"提供有力司法保障，具有重要而深远的历史意义。通过讨论，对当前和今后一段时期更好开展民事审判工作形成如下纪要。

一、民事审判工作总体要求

我国正处于奋力夺取全面建成小康社会的决胜阶段，人民法院面临的机遇和挑战前所未有，民事审判工作的责任更加重大。作为人民法院工作重要组成部分的民事审判工作，当前和今后一段时期的主要任务是：深入贯彻落实党的十八大和十八届三中、四中、五中、六中全会精神，以习近平总书记系列重要讲话精神为指导，按照"五位一体"总体部署，协调推进"四个全面"战略布局，围绕"努力让人民群众在每一个司法案件中感受到公平正义"的目标，坚持司法为民、公正司法，充分发挥民事审判职能作用，服务创新、协调、绿色、开放、共享五大发展理念，坚持依法保护产权、尊重契约自由、依法平等保护、权利义务责任相统一、倡导诚实守信以及程序公正与实体公正相统一"六个原则"，积极参与社会治理，切实提升司法公信力，为如期实现全面建成小康社会提供有力司法服务和保障。

二、关于婚姻家庭纠纷案件的审理

审理好婚姻家庭案件对于弘扬社会主义核心价值观和中华民族传统美德，传递正能量，促进家风建设，维护婚姻家庭稳定，具有重要意义。要注重探索家事审判工作规律，积极稳妥开展家事审判方式和工作机制改革试点工作；做好反家暴法实施工作，及时总结人民法院适用人身安全保护令制止家庭暴力的成功经验，促进社会健康和谐发展。

（一）关于未成年人保护问题

1. 在审理婚姻家庭案件中，应注重对未成年人权益的保护，特别是涉及家庭暴力的离婚案件，从未成年子女利益最大化的原则出发，对于实施家庭暴力的父母一方，一般不宜判决其直接抚养未成年子女。

2. 离婚后，不直接抚养未成年子女的父母一方提出探望未成年子女诉讼请求的，应当向双方当事人释明探望权的适当行使对未成年子女健康成长、人格塑造的重要意义，并根据未成年子女的年龄、智力和认知水平，在有利于未成年子女成长和尊重其意愿的前提下，保障当事人依法行使探望权。

3. 祖父母、外祖父母对父母已经死亡或父母无力抚养的未成年孙子女、外孙子女尽了抚养义务，其定期探望孙子女、外孙子女的权利应当得到尊重，并有权通过诉讼方式获得司法保护。

（二）关于夫妻共同财产认定问题

4. 婚姻关系存续期间以夫妻共同财产投保，投保人和被保险人同为夫妻一方，离婚时处于保险期内，投保人不愿意继续投保的，保险人退还的保险单现金价值部分应按照夫妻共同财产处理；离婚时投保人选择继续投保的，投保人应当支付保险单现金价值的一半给另一方。

5. 婚姻关系存续期间，夫妻一方作为被保险人依据意外伤害保险合同、健康保险合同获得的具有人身性质的保险金，或者夫妻一方作为受益人依据以死亡为给付条件的人寿保险合同获得的保险金，宜认定为个人财产，但双方另有约定的除外。

婚姻关系存续期间，夫妻一方依据以生存到一定年龄为给付条件的具有现金价值的保险合同获得的保险金，宜认定为夫妻共同财产，但双方另有约定的除外。

三、关于侵权纠纷案件的审理

审理好侵权损害赔偿案件对于保护民事主体的合法权益，明确侵权责任，预防并制裁侵权行为，促进社会公平正义具有重要意义。要总结和运用以往审理侵权案件所积累下来的成功经验，进一步探索新形势下侵权案件的审理规律，更加强调裁判标准和裁判尺度的统一。当前，要注意以下几方面问题：

（一）关于侵权责任法实施中的相关问题

6. 鉴于侵权责任法第十八条明确规定被侵权人死亡，其近亲属有权请求侵权人承担侵权责任，并没有赋予有关机关或者单位提起请求的权利，当侵权行为造成身份不明人死亡时，如果没有赔偿权利人或者赔偿权利人不明，有关机关或者单位无权提起民事诉讼主张死亡赔偿金，但其为死者垫付的医疗费、丧葬费等实际发生的费用除外。

7. 依据侵权责任法第二十一条的规定，被侵权人请求义务人承担停止侵害、排除妨害、消除危险等责任，义务人以自己无过错为由提出抗辩的，不予支持。

8. 残疾赔偿金或死亡赔偿金的计算标准，应根据案件的实际情况，结合受害人住所地、经常居住地、主要收入来源等因素确定。在计算被扶养人生活费时，如果受害人是农村居民但按照城镇标准计算残疾赔偿金或者死亡赔偿金的，其被扶养人生活费也应按照受诉法院所在地上一年度城镇居民人均消费性支出标准计算。被扶养人生活费一并计入残疾赔偿金或者死亡赔偿金。

（二）关于社会保险与侵权责任的关系问题

9. 被侵权人有权获得工伤保险待遇或者其他社会保险待遇的，侵权人的侵权责任不因受害人获得社会保险而减轻或者免除。根据社会保险法第三十条和四十二条的规定，被侵权人有权请求工伤保险基金或者其他社会保险支付工伤保险待遇或者其他保险待遇。

10. 用人单位未依法缴纳工伤保险费，劳动者因第三人侵权造成人身损害并构成工伤，侵权人已经赔偿的，劳动者有权请求用人单位支付除医疗费之外的工伤保险待遇。用人单位先行支付工伤保险待遇的，可以就医疗费用在第三人应承担的赔偿责任范围内向其追偿。

（三）关于医疗损害赔偿责任问题

11. 患者一方请求医疗机构承担侵权责任，应证明与医疗机构之间存在医疗关系及受损害的事实。对于是否存在医疗关系，应综合挂号单、交费单、病历、出院证明以及其他能够证明存在医疗行为的证据加以认定。

12. 对当事人所举证据材料，应根据法律、法规及司法解释的相关规定进行综合审查。因当事人采取伪造、篡改、涂改等方式改变病历资料内容，或者遗失、销毁、抢夺病历，致使医疗行为与损害后果之间的因果关系或医疗机构及其医务人员的过错无法认定的，改变或者遗失、销毁、抢夺病历资料一方当事人应承担相应的不利后果；制作方对病历资料内容存在的明显矛盾或错误不能作出合理解释的，应承担相应的不利后果；病历仅存在错别字、未按病历规范格式书写等形式瑕疵的，不影响对病历资料真实性的认定。

四、关于房地产纠纷案件的审理

房地产纠纷案件的审判历来是民事审判的重要组成部分，审理好房地产纠纷案件对于保障人民安居乐业，优化土地资源配置，服务经济社会发展具有重要意义。随着我国经济发展进入新常态、产业结构优化升级以及国家房地产政策的调整，房地产纠纷案件还会出现新情况、新问题，要做好此类纠纷的研究和预判，不断提高化解矛盾的能力和水平。

（一）关于合同效力问题

13. 城市房地产管理法第三十九条第一款第二项规定并非效力性强制性规定，当事人仅以转让国有土地使用权未达到该项条件为由，请求确认转让合同无效的，不予支持。

14. 物权法第一百九十一条第二款并非针对抵押财产转让合同的效力性强制性规定，当事人仅以转让抵押房地产未经抵押权人同意为由，请求确认转让合同无效的，不予支持。受让人在抵押登记未涂销时要求办理过户登记的，不予支持。

（二）关于一房数卖的合同履行问题

15. 审理一房数卖纠纷案件时，如果数份合同均有效且买受人均要求履行合同的，一般应按照已经办理房屋所有权变更登记、合法占有房屋以及合同履行情况、买卖合同成立先后等顺序确定权利保护顺位。但恶意办理登记的买受人，其权利不能优先于已经合法占有该房屋的买受人。对买卖合同的成立时间，应综合主管机关备案时间、合同载明的签订时间以及其他证据确定。

（三）关于以房抵债问题

16. 当事人达成以房抵债协议，并要求制作调解书的，人民法院应当严格审查协议是否在平等自愿基础上达成；对存在重大误解或显失公平的，应当予以释明；对利用协议损害其他债权人利益或者规避公共管理政策的，不能制作调解书；对当事人行为构成虚假诉讼的，严格按照民事诉讼法第一百一十二条和《最高人民法院关于适用〈中华人民共和国民事诉讼法〉的解释》第一百九十条、第一百九十一条的规定处理；涉嫌犯罪的，移送刑事侦查机关处理。

17. 当事人在债务清偿期届满后达成以房抵债协议并已经办理了产权转移手续，一方要求确认以房抵债协议无效或者变更、撤销，经审查不属于合同法第五十二条、第五十四条规定情形的，对其主张不予支持。

（四）关于违约责任问题

18. 买受人请求出卖人支付逾期办证的违约金，从合同约定或者法定期限届满之次日起计算诉讼时效期间。

合同没有约定违约责任或者损失数额难以确定的，可参照《最高人民法院关于审理民间借贷案件适用法律若干问题的规定》第二十九条第二款规定处理。

五、关于物权纠纷案件的审理

物权法是中国特色社会主义法律体系中的重要支柱性法律，对于明确物的归属，发挥物的效用，增强权利义务意识和责任意识，保障市场主体的权利和平等发展，具有重要

作用。妥善审理物权纠纷案件，对于依法保护物权，维护交易秩序，促进经济社会发展，意义重大。

（一）关于农村房屋买卖问题

19. 在国家确定的宅基地制度改革试点地区，可以按照国家政策及相关指导意见处理宅基地使用权因抵押担保、转让而产生的纠纷。

在非试点地区，农民将其宅基地上的房屋出售给本集体经济组织以外的个人，该房屋买卖合同认定为无效。合同无效后，买受人请求返还购房款及其利息，以及请求赔偿翻建或者改建成本的，应当综合考虑当事人过错等因素予以确定。

20. 在涉及农村宅基地或农村集体经营性建设用地的民事纠纷案件中，当事人主张利润分配等合同权利的，应提供政府部门关于土地利用规划、建设用地计划及优先满足集体建设用地等要求的审批文件或者证明。未提供上述手续或者虽提供了上述手续，但在一审法庭辩论终结前土地性质仍未变更为国有土地的，所涉及的相关合同应按无效处理。

（二）关于违法建筑相关纠纷的处理问题

21. 对于未取得建设工程规划许可证或者未按照建设工程规划许可证规定内容建设的违法建筑的认定和处理，属于国家有关行政机关的职权范围，应避免通过民事审判变相为违法建筑确权。当事人请求确认违法建筑权利归属及内容的，人民法院不予受理；已经受理的，裁定驳回起诉。

22. 因违法建筑倒塌或其搁置物、悬挂物脱落、坠落造成的损害赔偿纠纷，属于民事案件受案范围，应按照侵权责任法有关物件损害责任的相关规定处理。

（三）关于因土地承包、征收、征用引发争议的处理问题

23. 审理土地补偿费分配纠纷时，要在现行法律规定框架内，综合考虑当事人生产生活状况、户口登记状况以及农村土地对农民

的基本生活保障功能等因素认定相关权利主体。要以当事人是否获得其他替代性基本生活保障为重要考量因素，慎重认定其权利主体资格的丧失，注重依法保护妇女、儿童以及农民工等群体的合法权益。

（四）关于诉讼时效问题

24.已经合法占有转让标的物的受让人请求转让人办理物权变更登记，登记权利人请求无权占有人返还不动产或者动产，利害关系人请求确认物权的归属或内容，权利人请求排除妨害、消除危险，对方当事人以超过诉讼时效期间抗辩的，均应不予支持。

25.被继承人死亡后遗产未分割，各继承人均未表示放弃继承，依据继承法第二十五条规定应视为均已接受继承，遗产属各继承人共同共有；当事人诉请享有继承权、主张分割遗产的纠纷案件，应参照共有财产分割的原则，不适用有关诉讼时效的规定。

六、关于劳动争议纠纷案件的审理

劳动争议案件的审理对于构建和谐劳动关系，优化劳动力、资本、技术、管理等要素配置，激发创新创业活力，推动大众创业、万众创新，促进新技术新产业的发展具有重要意义。应当坚持依法保护劳动者合法权益和维护用人单位生存发展并重的原则，严格依法区分劳动关系和劳务关系，防止认定劳动关系泛化。

（一）关于案件受理问题

26.劳动人事仲裁机构作出仲裁裁决，当事人在法定期限内未提起诉讼但再次申请仲裁，劳动人事仲裁机构作出不予受理裁决、决定或通知，当事人不服提起诉讼，经审查认为前后两次申请仲裁事项属于不同事项的，人民法院予以受理；经审查认为属于同一事项的，人民法院不予受理，已经受理的裁定驳回起诉。

（二）关于仲裁时效问题

27.当事人在仲裁阶段未提出超过仲裁申请期间的抗辩，劳动人事仲裁机构作出实

体裁决后，当事人在诉讼阶段又以超过仲裁时效期间为由进行抗辩的，人民法院不予支持。

当事人未按照规定提出仲裁时效抗辩，又以仲裁时效期间届满为由申请再审或者提出再审抗辩的，人民法院不予支持。

（三）关于竞业限制问题

28.用人单位和劳动者在竞业限制协议中约定的违约金过分高于或者低于实际损失，当事人请求调整违约金数额的，人民法院可以参照《最高人民法院关于适用〈中华人民共和国合同法〉若干问题的解释（二）》第二十九条的规定予以处理。

（四）关于劳动合同解除问题

29.用人单位在劳动合同期限内通过"末位淘汰"或"竞争上岗"等形式单方解除劳动合同，劳动者可以用人单位违法解除劳动合同为由，请求用人单位继续履行劳动合同或者支付赔偿金。

七、关于建设工程施工合同纠纷案件的审理

经济新常态形势下，因建设方资金缺口增大，导致工程欠款、质量缺陷等纠纷案件数量持续上升。人民法院要准确把握法律、法规、司法解释规定，调整建筑活动中个体利益与社会利益冲突，维护社会公共利益和建筑市场经济秩序。

（一）关于合同效力问题

30.要依法维护通过招投标所签订的中标合同的法律效力。当事人违反工程建设强制性标准，任意压缩合理工期、降低工程质量标准的约定，应认定无效。对于约定无效后的工程价款结算，应依据建设工程施工合同司法解释的相关规定处理。

（二）关于工程价款问题

31.招标人和中标人另行签订改变工期、工程价款、工程项目性质等影响中标结果实质性内容的协议，导致合同双方当事人就实质性内容享有的权利义务发生较大变化的，应认定为变更中标合同实质性内容。

（三）关于承包人停（窝）工损失的赔偿问题

32. 因发包人未按照约定提供原材料、设备、场地、资金、技术资料的，隐蔽工程在隐蔽之前，承包人已通知发包人检查，发包人未及时检查等原因致使工程中途停、缓建，发包人应当赔偿因此给承包人造成的停（窝）工损失，包括停（窝）工人员人工费、机械设备窝工费和因窝工造成设备租赁费用等停（窝）工损失。

（四）关于不履行协作义务的责任问题

33. 发包人不履行告知变更后的施工方案、施工技术交底、完善施工条件等协作义务，致使承包人停（窝）工，以至难以完成工程项目建设的，承包人催告在合理期限内履行，发包人逾期仍不履行的，人民法院视违约情节，可以依据合同法第二百五十九条、第二百八十三条规定裁判顺延工期，并有权要求赔偿停（窝）工损失。

34. 承包人不履行配合工程档案备案、开具发票等协作义务的，人民法院视违约情节，可以依据合同法第六十条、第一百零七条规定，判令承包人限期履行、赔偿损失等。

八、关于民事审判程序

程序公正是司法公正的重要内容。人民群众和社会各界对于司法公正的认知和感受，很大程度上来源于其所参与的诉讼活动。要继续严格贯彻执行民事诉讼法及其司法解释，进一步强化民事审判程序意识，确保程序公正。

（一）关于鉴定问题

35. 当事人对鉴定人作出的鉴定意见的一部分提出异议并申请重新鉴定的，应当着重审查异议是否成立；如异议成立，原则上仅针对异议部分重新鉴定或者补充鉴定，并尽量缩减鉴定的范围和次数。

（二）关于诉讼代理人资格问题

36. 以当事人的工作人员身份参加诉讼活动，应当按照《最高人民法院关于适用〈中华人民共和国民事诉讼法〉的解释》第八十六条的规定，至少应当提交以下证据之一加以证明：

（1）缴纳社保记录凭证；

（2）领取工资凭证；

（3）其他能够证明其为当事人工作人员身份的证据。

第八次全国法院民事商事审判工作会议针对新情况、新问题，在法律与司法解释尚未明确规定的情况下，就民事审判中的热点难点问题提出处理意见，对于及时满足民事审判实践需求，切实统一裁判思路、标准和尺度，有效化解各类矛盾纠纷，具有重要指导意义。对于纪要规定的有关问题，在充分积累经验并被证明切实可行时，最高人民法院将及时制定相关司法解释。各级人民法院要紧密团结在以习近平同志为核心的党中央周围，牢固树立政治意识、大局意识、核心意识、看齐意识，充分发挥审判职能，为全面推进"十三五"规划提供有力司法保障，为如期实现全面建成小康社会作出更大贡献。

最高人民法院
关于房地产调控政策下人民法院严格
审查各类虚假诉讼的紧急通知

2013 年 6 月 28 日　　　　　　　法明传〔2013〕359 号

各省、自治区、直辖市高级人民法院，解放│军军事法院、新疆维吾尔自治区高级人民法院生产建设兵团分院：

在"国五条"等房地产调控政策实施背景下，为规避税收、限贷及限购政策，现实生活中出现了大量"假离婚"、借名买房、二手房买卖中签订阴阳合同、虚构债务后协议以房抵债等现象，有些已经形成纠纷诉至法院。这些案件基本表现为：当事人之间虚构借贷等债权债务关系；法院立案受理后，双方当事人自愿达成调解协议约定用债务人的房产抵偿债务，由法院出具调解书后被迅速执行房产过户。这些问题的发生，极大地扰乱和冲击了房地产市场的正常秩序，严重影响了国家房地产调控政策的贯彻落实，也严重干扰了人民法院正常的审判活动。目前，最高人民法院正在对这些问题进行调研并致力于制定司法应对措施。为及时解决和应对当前审判实践中存在的相关问题，现就有关问题紧急通知如下：

一、要密切关注和高度重视本辖区执行国家房地产调控政策措施过程中已经出现和可能出现的虚假诉讼问题，严格依法加大审查排除力度，确保国家房地产调控措施的贯彻落实。

二、在审理相关纠纷案件时，要认真审查当事人的诉讼请求及相关的证据，遇到以下情况，要慎重对待，妥善处理：

1. 当事人在以房抵债协议中约定管辖法院，但抵债的房产与协议管辖法院属异地的，要严格按照民事诉讼法关于专属管辖的规定认定协议管辖的效力；

2. 借贷等债权债务关系仅有借据和双方的认可，但未提供款项往来等证据的，对债权债务关系的真实有效性要严格审查，不能简单认定；

3. 双方以债权债务纠纷为由诉讼至法院，但是立案后对案件事实及实体处理等均无争议并迅速达成"以房抵债"协议的，务必在严格依法查明案件事实的基础上决定是否出具调解书；

4. 当事人在人民法院调解组织等主持下达成包含以房抵债内容的调解协议，并共同申请司法确认的，应当加大审查确认力度，慎重出具确认调解协议有效的裁定；

5. 当事人对以房抵债生效法律文书或者调解协议申请执行的，原则上不得出具以房抵债裁定书或者要求登记机构办理过户的协助执行通知书，当事人要求以房产清偿债务的，应当采取拍卖等执行变价措施；

6. 对其他可能存在虚假诉讼的纠纷案件，亦应依法审查。

三、对本辖区执行国家房地产调控政策过程中出现的包括虚假诉讼在内的带有普遍性或者可能呈现蔓延之势的新问题、新情况，要认真研究和及时应对，并必及时层报。

最高人民法院
印发《关于当前形势下审理民商事合同纠纷案件若干问题的指导意见》的通知

2009 年 7 月 7 日　　　　　　　　　　法发〔2009〕40 号

各省、自治区、直辖市高级人民法院，解放军军事法院，新疆维吾尔自治区高级人民法院生产建设兵团分院：

现将最高人民法院《关于当前形势下审理民商事合同纠纷案件若干问题的指导意见》印发给你们，请结合当地实际，认真贯彻落实。

关于当前形势下审理民商事合同
纠纷案件若干问题的指导意见

当前，因全球金融危机蔓延所引发的矛盾和纠纷在司法领域已经出现明显反映，民商事案件尤其是与企业经营相关的民商事合同纠纷案件呈大幅增长的态势；同时出现了诸多由宏观经济形势变化所引发的新的审判实务问题。人民法院围绕国家经济发展战略和"保增长、保民生、保稳定"要求，坚持"立足审判、胸怀大局、同舟共济、共克时艰"的指导方针，牢固树立为大局服务、为人民司法的理念，认真研究并及时解决这些民商事审判实务中与宏观经济形势变化密切相关的普遍性问题、重点问题，有效化解矛盾和纠纷，不仅是民商事审判部门应对金融危机工作的重要任务，而且对于维护诚信的市场交易秩序，保障公平法治的投资环境，公平解决纠纷、提振市场信心等具有重要意义。现就人民法院在当前形势下审理民商事合同纠纷案件中的若干问题，提出以下意见。

一、慎重适用情势变更原则，合理调整双方利益关系

1. 当前市场主体之间的产品交易、资金流转因原料价格剧烈波动、市场需求关系的变化、流动资金不足等诸多因素的影响而产生大量纠纷，对于部分当事人在诉讼中提出适用情势变更原则变更或者解除合同的请求，人民法院应当依据公平原则和情势变更原则严格审查。

2. 人民法院在适用情势变更原则时，应当充分注意到全球性金融危机和国内宏观经济形势变化并非完全是一个令所有市场主体猝不及防的突变过程，而是一个逐步演变的过程。在演变过程中，市场主体应当对于市场风险存在一定程度的预见和判断。人民法院应当依法把握情势变更原则的适用条件，严格审查当事人提出的"无法预见"的主张，

对于涉及石油、焦炭、有色金属等市场属性活泼、长期以来价格波动较大的大宗商品标的物以及股票、期货等风险投资型金融产品标的物的合同，更要慎重适用情势变更原则。

3. 人民法院要合理区分情势变更与商业风险。商业风险属于从事商业活动的固有风险，诸如尚未达到异常变动程度的供求关系变化、价格涨跌等。情势变更是当事人在缔约时无法预见的非市场系统固有的风险。人民法院在判断某种重大客观变化是否属于情势变更时，应当注意衡量风险类型是否属于社会一般观念上的事先无法预见、风险程度是否远远超出正常人的合理预期、风险是否可以防范和控制、交易性质是否属于通常的"高风险高收益"范围等因素，并结合市场的具体情况，在个案中识别情势变更和商业风险。

4. 在调整尺度的价值取向把握上，人民法院仍应遵循侧重于保护守约方的原则。适用情势变更原则并非简单地豁免债务人的义务而使债权人承受不利后果，而是要充分注意利益均衡，公平合理地调整双方利益关系。在诉讼过程中，人民法院要积极引导当事人重新协商，改订合同；重新协商不成的，争取调解解决。为防止情势变更原则被滥用而影响市场正常的交易秩序，人民法院决定适用情势变更原则作出判决的，应当按照最高人民法院《关于正确适用〈中华人民共和国合同法〉若干问题的解释（二）服务党和国家工作大局的通知》（法〔2009〕165号）的要求，严格履行适用情势变更的相关审核程序。

二、依法合理调整违约金数额，公平解决违约责任问题

5. 现阶段由于国内宏观经济环境的变化

综合篇 · 133 ·

和影响，民商事合同履行过程中违约现象比较突出。对于双方当事人在合同中所约定的过分高于违约造成损失的违约金或者极具惩罚性的违约金条款，人民法院应根据合同法第一百一十四条第二款和最高人民法院《关于适用〈中华人民共和国合同法〉若干问题的解释（二）》〔以下简称《合同法解释（二）》〕第二十九条等关于调整过高违约金的规定内容和精神，合理调整违约金数额，公平解决违约责任问题。

6. 在当前企业经营状况普遍较为困难的情况下，对于违约金数额过分高于违约造成损失的，应当根据合同法规定的诚实信用原则、公平原则，坚持以补偿性为主、以惩罚性为辅的违约金性质，合理调整裁量幅度，切实防止以意思自治为由而完全放任当事人约定过高的违约金。

7. 人民法院根据合同法第一百一十四条第二款调整过高违约金时，应当根据案件的具体情形，以违约造成的损失为基准，综合衡量合同履行程度、当事人的过错、预期利益、当事人缔约地位强弱、是否适用格式合同或条款等多项因素，根据公平原则和诚实信用原则予以综合权衡，避免简单地采用固定比例等"一刀切"的做法，防止机械司法而可能造成的实质不公平。

8. 为减轻当事人诉累，妥当解决违约金纠纷，违约方以合同不成立、合同未生效、合同无效或者不构成违约进行免责抗辩而未提出违约金调整请求的，人民法院可以就当事人是否需要主张违约金过高问题进行释明。人民法院要正确确定举证责任，违约方对于违约金约定过高的主张承担举证责任，非违约方主张违约金约定合理的，亦应提供相应的证据。合同解除后，当事人主张违约金条款继续有效的，人民法院可以根据合同法第九十八条的规定进行处理。

三、区分可得利益损失类型，妥善认定可得利益损失

9. 在当前市场主体违约情形比较突出的

情况下，违约行为通常导致可得利益损失。根据交易的性质、合同的目的等因素，可得利益损失主要分为生产利润损失、经营利润损失和转售利润损失等类型。生产设备和原材料等买卖合同违约中，因出卖人违约而造成买受人的可得利益损失通常属于生产利润损失。承包经营、租赁经营合同以及提供服务或劳务的合同中，因一方违约造成的可得利益损失通常属于经营利润损失。先后系列买卖合同中，因原合同出卖方违约而造成其后的转售合同出售方的可得利益损失通常属于转售利润损失。

10. 人民法院在计算和认定可得利益损失时，应当综合运用可预见规则、减损规则、损益相抵规则以及过失相抵规则等，从非违约方主张的可得利益赔偿总额中扣除违约方不可预见的损失、非违约方不当扩大的损失、非违约方因违约获得的利益、非违约方亦有过失所造成的损失以及必要的交易成本。存在合同法第一百一十三条第二款规定的欺诈经营、合同法第一百一十四条第一款规定的当事人约定损害赔偿的计算方法以及因违约导致人身伤亡、精神损害等情形的，不宜适用可得利益损失赔偿规则。

11. 人民法院认定可得利益损失时应当合理分配举证责任。违约方一般应当承担非违约方没有采取合理减损措施而导致损失扩大、非违约方因违约而获得利益以及非违约方亦有过失的举证责任；非违约方应当承担其遭受的可得利益损失总额、必要的交易成本的举证责任。对于可以预见的损失，既可以由非违约方举证，也可以由人民法院根据具体情况予以裁量。

四、正确把握法律构成要件，稳妥认定表见代理行为

12. 当前在国家重大项目和承包租赁行业等受到全球性金融危机冲击和国内宏观经济形势变化影响比较明显的行业领域，由于合同当事人采用转包、分包、转租方式，出现了大量以单位部门、项目经理乃至个人名义签订或实际履行合同的情形，并因合同主体和效力认定问题引发表见代理纠纷案件。对此，人民法院应当正确适用合同法第四十九条关于表见代理制度的规定，严格认定表见代理行为。

13. 合同法第四十九条规定的表见代理制度不仅要求代理人的无权代理行为在客观上形成具有代理权的表象，而且要求相对人在主观上善意且无过失地相信行为人有代理权。合同相对人主张构成表见代理的，应当承担举证责任，不仅应当举证证明代理行为存在诸如合同书、公章、印鉴等有权代理的客观表象形式要素，而且应当证明其善意且无过失地相信行为人具有代理权。

14. 人民法院在判断合同相对人主观上是否属于善意且无过失时，应当结合合同缔结与履行过程中的各种因素综合判断合同相对人是否尽到合理注意义务，此外还要考虑合同的缔结时间、以谁的名义签字、是否盖有相关印章及印章真伪、标的物的交付方式与地点、购买的材料、租赁的器材、所借款项的用途、建筑单位是否知道项目经理的行为、是否参与合同履行等各种因素，作出综合分析判断。

五、正确适用强制性规定，稳妥认定民商事合同效力

15. 正确理解、识别和适用合同法第五十二条第（五）项中的"违反法律、行政法规的强制性规定"，关系到民商事合同的效力维护以及市场交易的安全和稳定。人民法院应当注意根据《合同法解释（二）》第十四条之规定，注意区分效力性强制规定和管理性强制规定。违反效力性强制规定的，人民法院应当认定合同无效；违反管理性强制规定的，人民法院应当根据具体情形认定其效力。

16. 人民法院应当综合法律法规的意旨，权衡相互冲突的权益，诸如权益的种类、交易安全以及其所规制的对象等，综合认定强制性规定的类型。如果强制性规范规制的是合同行为本身即只要该合同行为发生即绝对地损害国家利益或者社会公共利益的，人民法院应当认定合同无效。如果强制性规定规制的是当事人的"市场准入"资格而非某种类型的合同行为，或者规制的是某种合同的履行行为而非某类合同行为，人民法院对于此类合同效力的认定，应当慎重把握，必要时应当征求相关立法部门的意见或者请示上级人民法院。

六、合理适用不安抗辩权规则，维护权利人合法权益

17. 在当前情势下，为敦促诚信的合同一方当事人及时保全证据、有效保护权利人的正当合法权益，对于一方当事人已经履行全部交付义务，虽然约定的价款期限尚未到期，但其诉请付款方支付未到期价款的，如果有确切证据证明付款方明确表示不履行给付价款义务，或者付款方被吊销营业执照、被注销、被有关部门撤销、处于歇业状态，或者付款方转移财产、抽逃资金以逃避债务，或者付款方丧失商业信誉，以及付款方以自己的行为表明不履行给付价款义务的其他情形的，除非付款方已经提供适当的担保，人民法院可以根据合同法第六十八条第一款、第六十九条、第九十四条第（二）项、第一百零八条、第一百六十七条等规定精神，判令付款期限已到期或者加速到期。

最高人民法院
印发《关于当前形势下进一步做好房地产 纠纷案件审判工作的指导意见》的通知

2009 年 7 月 9 日   法发〔2009〕42 号

各省、自治区、直辖市高级人民法院，解放军军事法院，新疆维吾尔自治区高级人民法院生产建设兵团分院：

现将《关于当前形势下进一步做好房地产纠纷案件审判工作的指导意见》印发给你们，请结合当地实际，认真贯彻落实。

关于当前形势下进一步做好房地产 纠纷案件审判工作的指导意见

当前，稳定房地产市场，保障房地产业的健康发展，是党和国家应对国际金融危机影响，促进经济平稳较快发展的重大决策部署。充分发挥人民法院的审判职能作用，切实做好房地产纠纷案件审判工作，是人民法院为大局服务、为人民司法的必然要求。各级人民法院要深刻认识当前形势下做好房地产纠纷案件审判工作的重要意义，准确把握宏观经济形势发生的客观变化，在法律和国家政策规定框架内，适用原则性和灵活性相统一的方法，妥善审理房地产案件，为国家"保增长、保民生、保稳定"的工作大局提供强有力的司法保障。现就做好房地产纠纷案件的审判工作，提出如下指导意见。

一、切实依法维护国有土地使用权出让市场。要依照物权法、合同法、城市房地产管理法等法律及最高人民法院《关于审理涉及国有土地使用权合同纠纷案件适用法律问题的解释》的规定，尽可能维持土地使用权出让合同效力，依法保护守约方的合法权益，促进土地使用权出让市场的平稳发展。

二、切实依法维护国有土地使用权转让市场。要正确理解城市房地产管理法等法律、

行政法规关于土地使用权转让条件的规定，准确把握物权效力与合同效力的区分原则，尽可能维持合同效力，促进土地使用权的正常流转。

三、切实依法保护国家投资基础设施建设拉大内需政策的落实。要依照法律规定，结合国家政策，妥善审理好涉及国家重大工程、重点项目的建设工程施工合同纠纷案件；要慎用财产保全措施，尽可能加快案件审理进度，发挥财产效益，为重点工程按期完工提供司法保障。

四、加大对招标投标法的贯彻力度。要依照招标投标法和最高人民法院《关于审理建设工程施工合同纠纷案件适用法律问题的解释》的规定，准确把握"黑白合同"的认定标准，依法维护中标合同的实质性内容；对案件审理中发现的带有普遍性的违反招标投标法等法律、行政法规和司法解释规定的问题，要及时与建设行政管理部门沟通、协商，共同研究提出从源头上根治的工作方案，切实维护建筑市场秩序。

五、妥善处理因发包人资金困难产生的发包人拖欠工程款、承包人拖欠劳务分包人

工程款等连锁纠纷案件。要统筹协调各方当事人的利益，加大案件调解力度，力争通过案件审判盘活现有的存量资金，实现当事人双赢、多赢的结果。调解不成的，要综合考虑连锁案件的整体情况，根据当事人的偿付能力和对方的资金需求，确定还款期限、还款方式，最大限度避免连锁案件引发群体事件影响社会稳定。

六、妥善处理非法转包、违法分包、肢解发包、不具备法定资质的实际施工人借用资质承揽工程等违法行为，以保证工程质量。对规避标准化法关于国家强制性标准的规定，降低建材标号，擅自缩减施工流程，降低工程质量标准等危及建筑产品安全的行为，要按照法律规定和合同约定严格予以处理；构成犯罪的，交由有关部门依法追究责任人的刑事责任。

七、妥善处理各类房屋买卖合同纠纷案件，依法稳定房屋交易市场。要依照法律和最高人民法院《关于审理商品房买卖合同纠纷案件适用法律若干问题的解释》的规定，妥善处理房屋销售广告纠纷，认购协议中定金纠纷、房屋质量纠纷、房屋面积纠纷，制裁恶意违约行为，保护购房人利益；对于房地产开发商确因资金暂时困难未按时交付房屋的，要多做双方当事人的调解工作，确无调解可能的案件，可以根据案件的具体情况，依法合理调整违约金数额，公平解决违约责任问题；对于买受人请求解除商品房合同纠纷案件，要严格依法审查，对不符合解除条件的不能解除；要引导当事人理性面对市场经营风险，共同维护诚信的市场交易秩序。对矛盾有可能激化的敏感案件和群体性案件，要及时向当地党委汇报，与政府主管部门沟通情况，力争将不稳定因素化解在萌芽状态。

八、妥善审理商品房抵押贷款合同纠纷案件，维护房地产金融体系安全。在审理因商品房买受人拖欠银行贷款产生的纠纷案件中，要依法保护银行的合法权益；对涉嫌利用虚假房地产交易套取银行信贷资金等违法犯罪活动的，要及时向侦查机关提供线索；对案件中出现的新情况、新问题及时与房地产主管部门、银行业进行沟通，依法支持金融监管机构有效行使管理职能，防范房地产金融体系风险。

九、妥善处理拖欠租金引发的房屋租赁合同纠纷案件。在处理小型企业租赁他人厂房、仓库等经营性用房的案件时，如果承租人因资金短缺临时拖欠租金，但企业仍处于正常生产经营状态的，要从维护企业的生存发展入手，加大调解力度，尽可能促成合同继续履行。

十、妥善采用多种途径处理房地产纠纷案件。房地产案件的审判涉及房地产企业和广大人民群众的切身利益，要从保障企业合法权益，保障人民群众居住权益的角度，切实贯彻"调解优先、调判结合"原则，大力加强诉讼调解工作；要借助行政调解、人民调解力量，多种途径、多种方式化解纠纷，维护稳定，切实防止房地产纠纷转变为群体性行为。

十一、加强对当前形势下房地产业审判工作新情况、新问题的进一步研究。房地产业在国民经济中的重要作用，决定了国际金融危机对房地产业的影响是深远的，要加强对房地产案件审判的前瞻性研究，密切关注国内外经济形势变化可能引发的房地产纠纷案件，对案件审判中出现的新情况、新问题及时提出应对的司法政策；要及时总结审判经验，有效提高解决疑难复杂问题的能力，为房地产业的健康、持续发展提供可靠的司法保证。

最高人民法院
关于房地产案件受理问题的通知

1992 年 11 月 25 日 　　　　　　　　　法发〔1992〕38 号

全国地方各级人民法院、各级军事法院、各铁路运输中级法院和基层法院、各海事法院：

随着我国当前经济的发展和住房制度、土地使用制度的改革，有关房屋和土地使用方面的纠纷在一些经济发达的地区，不仅收案数量和纠纷种类有增多的趋势，而且出现了许多值得重视和研究的新的情况和新问题。为了适应形势发展的需要，现就不少地方提出的而又需要明确的有关房地产纠纷案件的受理问题通知如下：

一、凡公民之间、法人之间、其他组织之间以及他们相互之间因房地产方面的权益发生争执而提起的民事诉讼，由讼争的房地产所在地人民法院的民事审判庭依法受理。

二、公民、法人和其他组织对人民政府或者其主管部门就有关土地的所有权或者使用权归属的处理决定不服，或对人民政府或者其主管部门就房地产问题作出的行政处罚决定不服，依法向人民法院提起的行政诉讼，由房地产所在地人民法院的行政审判庭依法受理。

三、凡不符合民事诉讼法、行政诉讼法有关起诉条件的属于历史遗留的落实政策性质的房地产纠纷，因行政指令而调整划拨、机构撤并分合等引起的房地产纠纷，因单位内部建房、分房等而引起的占房、腾房等房地产纠纷，均不属于人民法院主管工作的范围，当事人为此而提起的诉讼，人民法院应依法不予受理或驳回起诉，可告知其找有关部门申请解决。

土 地 篇

一、总 类

中华人民共和国土地管理法

（1986 年 6 月 25 日第六届全国人民代表大会常务委员会第十六次会议通过
根据 1988 年 12 月 29 日第七届全国人民代表大会常务委员会第五次会议
《关于修改〈中华人民共和国土地管理法〉的决定》第一次修正
1998 年 8 月 29 日第九届全国人民代表大会常务委员会第四次会议
修订 根据 2004 年 8 月 28 日第十届全国人民代表大会常务委员会
第十一次会议《关于修改〈中华人民共和国土地管理法〉
的决定》第二次修正）

目 录

第一章 总 则

第一条 为了加强土地管理，维护土地的社会主义公有制，保护、开发土地资源，合理利用土地，切实保护耕地，促进社会经济的可持续发展，根据宪法，制定本法。

第二条 中华人民共和国实行土地的社会主义公有制，即全民所有制和劳动群众集体所有制。

全民所有，即国家所有土地的所有权由国务院代表国家行使。

任何单位和个人不得侵占、买卖或者以其他形式非法转让土地。土地使用权可以依法转让。

国家为了公共利益的需要，可以依法对土地实行征收或者征用并给予补偿。

国家依法实行国有土地有偿使用制度。但是，国家在法律规定的范围内划拨国有土地使用权的除外。

第三条 十分珍惜、合理利用土地和切实保护耕地是我国的基本国策。各级人民政府应当采取措施，全面规划，严格管理，保护、开发土地资源，制止非法占用土地的行为。

第四条 国家实行土地用途管制制度。

国家编制土地利用总体规划，规定土地用途，将土地分为农用地、建设用地和未利用地。严格限制农用地转为建设用地，控制建设用地总量，对耕地实行特殊保护。

前款所称农用地是指直接用于农业生产

的土地，包括耕地、林地、草地、农田水利用地、养殖水面等；建设用地是指建造建筑物、构筑物的土地，包括城乡住宅和公共设施用地、工矿用地、交通水利设施用地、旅游用地、军事设施用地等；未利用地是指农用地和建设用地以外的土地。

使用土地的单位和个人必须严格按照土地利用总体规划确定的用途使用土地。

第五条　国务院土地行政主管部门统一负责全国土地的管理和监督工作。

县级以上地方人民政府土地行政主管部门的设置及其职责，由省、自治区、直辖市人民政府根据国务院有关规定确定。

第六条　任何单位和个人都有遵守土地管理法律、法规的义务，并有权对违反土地管理法律、法规的行为提出检举和控告。

第七条　在保护和开发土地资源、合理利用土地以及进行有关的科学研究等方面成绩显著的单位和个人，由人民政府给予奖励。

第二章　土地的所有权和使用权

第八条　城市市区的土地属于国家所有。

农村和城市郊区的土地，除由法律规定属于国家所有的以外，属于农民集体所有；宅基地和自留地、自留山，属于农民集体所有。

第九条　国有土地和农民集体所有的土地，可以依法确定给单位或者个人使用。使用土地的单位和个人，有保护、管理和合理利用土地的义务。

第十条　农民集体所有的土地依法属于村农民集体所有的，由村集体经济组织或者村民委员会经营、管理；已经分别属于村内两个以上农村集体经济组织的农民集体所有的，由村内各该农村集体经济组织或者村民小组经营、管理；已经属于乡（镇）农民集体所有的，由乡（镇）农村集体经济组织经营、管理。

第十一条　农民集体所有的土地，由县级人民政府登记造册，核发证书，确认所有权。

农民集体所有的土地依法用于非农业建设的，由县级人民政府登记造册，核发证书，确认建设用地使用权。

单位和个人依法使用的国有土地，由县级以上人民政府登记造册，核发证书，确认使用权；其中，中央国家机关使用的国有土地的具体登记发证机关，由国务院确定。

确认林地、草原的所有权或者使用权，确认水面、滩涂的养殖使用权，分别依照《中华人民共和国森林法》《中华人民共和国草原法》和《中华人民共和国渔业法》的有关规定办理。

第十二条　依法改变土地权属和用途的，应当办理土地变更登记手续。

第十三条　依法登记的土地的所有权和使用权受法律保护，任何单位和个人不得侵犯。

第十四条　农民集体所有的土地由本集体经济组织的成员承包经营，从事种植业、林业、畜牧业、渔业生产。土地承包经营期限为三十年。发包方和承包方应当订立承包合同，约定双方的权利和义务。承包经营土地的农民有保护和按照承包合同约定的用途合理利用土地的义务。农民的土地承包经营权受法律保护。

在土地承包经营期限内，对个别承包经营者之间承包的土地进行适当调整的，必须经村民会议三分之二以上成员或者三分之二以上村民代表的同意，并报乡（镇）人民政府和县级人民政府农业行政主管部门批准。

第十五条　国有土地可以由单位或者个人承包经营，从事种植业、林业、畜牧业、渔业生产。农民集体所有的土地，可以由本集体经济组织以外的单位或者个人承包经营，从事种植业、林业、畜牧业、渔业生产。发包方和承包方应当订立承包合同，约定双方的权利和义务。土地承包经营的期限由承包合同约定。承包经营土地的单位和个人，有保护和按照承包合同约定的用途合理利用土地的义务。

农民集体所有的土地由本集体经济组织以外的单位或者个人承包经营的，必须经村民会议三分之二以上成员或者三分之二以上村民代表的同意，并报乡（镇）人民政府批准。

第十六条　土地所有权和使用权争议，由当事人协商解决；协商不成的，由人民政府处理。

单位之间的争议，由县级以上人民政府处理；个人之间、个人与单位之间的争议，由乡级人民政府或者县级以上人民政府处理。

当事人对有关人民政府的处理决定不服的，可以自接到处理决定通知之日起三十日内，向人民法院起诉。

在土地所有权和使用权争议解决前，任何一方不得改变土地利用现状。

第三章　土地利用总体规划

第十七条　各级人民政府应当依据国民经济和社会发展规划、国土整治和资源环境保护的要求、土地供给能力以及各项建设对土地的需求，组织编制土地利用总体规划。

土地利用总体规划的规划期限由国务院规定。

第十八条　下级土地利用总体规划应当依据上一级土地利用总体规划编制。

地方各级人民政府编制的土地利用总体规划中的建设用地总量不得超过上一级土地利用总体规划确定的控制指标，耕地保有量不得低于上一级土地利用总体规划确定的控制指标。

省、自治区、直辖市人民政府编制的土地利用总体规划，应当确保本行政区域内耕地总量不减少。

第十九条　土地利用总体规划按照下列原则编制：

（一）严格保护基本农田，控制非农业建设占用农用地；

（二）提高土地利用率；

（三）统筹安排各类、各区域用地；

（四）保护和改善生态环境，保障土地的可持续利用；

（五）占用耕地与开发复垦耕地相平衡。

第二十条　县级土地利用总体规划应当划分土地利用区，明确土地用途。

乡（镇）土地利用总体规划应当划分土地利用区，根据土地使用条件，确定每一块土地的用途，并予以公告。

第二十一条　土地利用总体规划实行分级审批。

省、自治区、直辖市的土地利用总体规划，报国务院批准。

省、自治区人民政府所在地的市、人口在一百万以上的城市以及国务院指定的城市的土地利用总体规划，经省、自治区人民政府审查同意后，报国务院批准。

本条第二款、第三款规定以外的土地利用总体规划，逐级上报省、自治区、直辖市人民政府批准；其中，乡（镇）土地利用总体规划可以由省级人民政府授权的设区的市、自治州人民政府批准。

土地利用总体规划一经批准，必须严格执行。

第二十二条　城市建设用地规模应当符合国家规定的标准，充分利用现有建设用地，不占或者尽量少占农用地。

城市总体规划、村庄和集镇规划，应当与土地利用总体规划相衔接，城市总体规划、村庄和集镇规划中建设用地规模不得超过土地利用总体规划确定的城市和村庄、集镇建设用地规模。

在城市规划区内、村庄和集镇规划区内，城市和村庄、集镇建设用地应当符合城市规划、村庄和集镇规划。

第二十三条　江河、湖泊综合治理和开发利用规划，应当与土地利用总体规划相衔接。在江河、湖泊、水库的管理和保护范围以及蓄洪滞洪区内，土地利用应当符合江河、湖泊综合治理和开发利用规划，符合河道、湖泊行洪、蓄洪和输水的要求。

第二十四条　各级人民政府应当加强土

地利用计划管理，实行建设用地总量控制。

土地利用年度计划，根据国民经济和社会发展计划、国家产业政策、土地利用总体规划以及建设用地和土地利用的实际状况编制。土地利用年度计划的编制审批程序与土地利用总体规划的编制审批程序相同，一经审批下达，必须严格执行。

第二十五条 省、自治区、直辖市人民政府应当将土地利用年度计划的执行情况列为国民经济和社会发展计划执行情况的内容，向同级人民代表大会报告。

第二十六条 经批准的土地利用总体规划的修改，须经原批准机关批准；未经批准，不得改变土地利用总体规划确定的土地用途。

经国务院批准的大型能源、交通、水利等基础设施建设用地，需要改变土地利用总体规划的，根据国务院的批准文件修改土地利用总体规划。

经省、自治区、直辖市人民政府批准的能源、交通、水利等基础设施建设用地，需要改变土地利用总体规划的，属于省级人民政府土地利用总体规划批准权限内的，根据省级人民政府的批准文件修改土地利用总体规划。

第二十七条 国家建立土地调查制度。

县级以上人民政府土地行政主管部门会同同级有关部门进行土地调查。土地所有者或者使用者应当配合调查，并提供有关资料。

第二十八条 县级以上人民政府土地行政主管部门会同同级有关部门根据土地调查成果、规划土地用途和国家制定的统一标准，评定土地等级。

第二十九条 国家建立土地统计制度。

县级以上人民政府土地行政主管部门和同级统计部门共同制定统计调查方案，依法进行土地统计，定期发布土地统计资料。土地所有者或者使用者应当提供有关资料，不得虚报、瞒报、拒报、迟报。

土地行政主管部门和统计部门共同发布的土地面积统计资料是各级人民政府编制土地利用总体规划的依据。

第三十条 国家建立全国土地管理信息系统，对土地利用状况进行动态监测。

第四章 耕地保护

第三十一条 国家保护耕地，严格控制耕地转为非耕地。

国家实行占用耕地补偿制度。非农业建设经批准占用耕地的，按照"占多少，垦多少"的原则，由占用耕地的单位负责开垦与所占用耕地的数量和质量相当的耕地；没有条件开垦或者开垦的耕地不符合要求的，应当按照省、自治区、直辖市的规定缴纳耕地开垦费，专款用于开垦新的耕地。

省、自治区、直辖市人民政府应当制定开垦耕地计划，监督占用耕地的单位按照计划开垦耕地或者按照计划组织开垦耕地，并进行验收。

第三十二条 县级以上地方人民政府可以要求占用耕地的单位将所占用耕地耕作层的土壤用于新开垦耕地、劣质地或者其他耕地的土壤改良。

第三十三条 省、自治区、直辖市人民政府应当严格执行土地利用总体规划和土地利用年度计划，采取措施，确保本行政区域内耕地总量不减少；耕地总量减少的，由国务院责令在规定期限内组织开垦与所减少耕地的数量与质量相当的耕地，并由国务院土地行政主管部门会同农业行政主管部门验收。个别省、直辖市确因土地后备资源匮乏，新增建设用地后，新开垦耕地的数量不足以补偿所占用耕地的数量的，必须报经国务院批准减免本行政区域内开垦耕地的数量，进行易地开垦。

第三十四条 国家实行基本农田保护制度。下列耕地应当根据土地利用总体规划划入基本农田保护区，严格管理：

（一）经国务院有关主管部门或者县级以上地方人民政府批准确定的粮、棉、油生产基地内的耕地；

（二）有良好的水利与水土保持设施的耕

地,正在实施改造计划以及可以改造的中、低产田;

（三）蔬菜生产基地;

（四）农业科研、教学试验田;

（五）国务院规定应当划入基本农田保护区的其他耕地。

各省、自治区、直辖市划定的基本农田应当占本行政区域内耕地的百分之八十以上。

基本农田保护区以乡（镇）为单位进行划区定界,由县级人民政府土地行政主管部门会同同级农业行政主管部门组织实施。

第三十五条 各级人民政府应当采取措施,维护排灌工程设施,改良土壤,提高地力,防止土地荒漠化、盐渍化、水土流失和污染土地。

第三十六条 非农业建设必须节约使用土地,可以利用荒地的,不得占用耕地;可以利用劣地的,不得占用好地。

禁止占用耕地建窑、建坟或者擅自在耕地上建房、挖砂、采石、采矿、取土等。

禁止占用基本农田发展林果业和挖塘养鱼。

第三十七条 禁止任何单位和个人闲置、荒芜耕地。已经办理审批手续的非农业建设占用耕地,一年内不用而又可以耕种并收获的,应当由原耕种该幅耕地的集体或者个人恢复耕种,也可以由用地单位组织耕种;一年以上未动工建设的,应当按照省、自治区、直辖市的规定缴纳闲置费;连续二年未使用的,经原批准机关批准,由县级以上人民政府无偿收回用地单位的土地使用权;该幅土地原为农民集体所有的,应当交由原农村集体经济组织恢复耕种。

在城市规划区范围内,以出让方式取得土地使用权进行房地产开发的闲置土地,依照《中华人民共和国城市房地产管理法》的有关规定办理。

承包经营耕地的单位或者个人连续二年弃耕抛荒的,原发包单位应当终止承包合同,收回发包的耕地。

第三十八条 国家鼓励单位和个人按照土地利用总体规划,在保护和改善生态环境、防止水土流失和土地荒漠化的前提下,开发未利用的土地;适宜开发为农用地的,应当优先开发成农用地。

国家依法保护开发者的合法权益。

第三十九条 开垦未利用的土地,必须经过科学论证和评估,在土地利用总体规划划定的可开垦的区域内,经依法批准后进行。禁止毁坏森林、草原开垦耕地,禁止围湖造田和侵占江河滩地。

根据土地利用总体规划,对破坏生态环境开垦、围垦的土地,有计划有步骤地退耕还林、还牧、还湖。

第四十条 开发未确定使用权的国有荒山、荒地、荒滩从事种植业、林业、畜牧业、渔业生产的,经县级以上人民政府依法批准,可以确定给开发单位或者个人长期使用。

第四十一条 国家鼓励土地整理。县、乡（镇）人民政府应当组织农村集体经济组织,按照土地利用总体规划,对田、水、路、林、村综合整治,提高耕地质量,增加有效耕地面积,改善农业生产条件和生态环境。

地方各级人民政府应当采取措施,改造中、低产田,整治闲散地和废弃地。

第四十二条 因挖损、塌陷、压占等造成土地破坏,用地单位和个人应当按照国家有关规定负责复垦;没有条件复垦或者复垦不符合要求的,应当缴纳土地复垦费,专项用于土地复垦。复垦的土地应当优先用于农业。

第五章　建设用地

第四十三条 任何单位和个人进行建设,需要使用土地的,必须依法申请使用国有土地;但是,兴办乡镇企业和村民建设住宅经依法批准使用本集体经济组织农民集体所有的土地的,或者乡（镇）村公共设施和公益事业建设经依法批准使用农民集体所有的土地的除外。

前款所称依法申请使用的国有土地包括

国家所有的土地和国家征收的原属于农民集体所有的土地。

第四十四条 建设占用土地，涉及农用地转为建设用地的，应当办理农用地转用审批手续。

省、自治区、直辖市人民政府批准的道路、管线工程和大型基础设施建设项目、国务院批准的建设项目占用土地，涉及农用地转为建设用地的，由国务院批准。

在土地利用总体规划确定的城市和村庄、集镇建设用地规模范围内，为实施该规划而将农用地转为建设用地的，按土地利用年度计划分批次由原批准土地利用总体规划的机关批准。在已批准的农用地转用范围内，具体建设项目用地可以由市、县人民政府批准。

本条第二款、第三款规定以外的建设项目占用土地，涉及农用地转为建设用地的，由省、自治区、直辖市人民政府批准。

第四十五条 征收下列土地的，由国务院批准：

（一）基本农田；

（二）基本农田以外的耕地超过三十五公顷的；

（三）其他土地超过七十公顷的。

征收前款规定以外的土地的，由省、自治区、直辖市人民政府批准，并报国务院备案。

征收农用地的，应当依照本法第四十四条的规定先行办理农用地转用审批。其中，经国务院批准农用地转用的，同时办理征地审批手续，不再另行办理征地审批；经省、自治区、直辖市人民政府在征地批准权限内批准农用地转用的，同时办理征地审批手续，不再另行办理征地审批，超过征地批准权限的，应当依照本条第一款的规定另行办理征地审批。

第四十六条 国家征收土地的，依照法定程序批准后，由县级以上地方人民政府予以公告并组织实施。

被征收土地的所有权人、使用权人应当在公告规定期限内，持土地权属证书到当地人民政府土地行政主管部门办理征地补偿登记。

第四十七条 征收土地的，按照被征收土地的原用途给予补偿。

征收耕地的补偿费用包括土地补偿费、安置补助费以及地上附着物和青苗的补偿费。征收耕地的土地补偿费，为该耕地被征收前三年平均年产值的六至十倍。征收耕地的安置补助费，按照需要安置的农业人口数计算。需要安置的农业人口数，按照被征收的耕地数量除以征地前被征收单位平均每人占有耕地的数量计算。每一个需要安置的农业人口的安置补助费标准，为该耕地被征收前三年平均年产值的四至六倍。但是，每公顷被征收耕地的安置补助费，最高不得超过被征收前三年平均年产值的十五倍。

征收其他土地的土地补偿费和安置补助费标准，由省、自治区、直辖市参照征收耕地的土地补偿费和安置补助费的标准规定。

被征收土地上的附着物和青苗的补偿标准，由省、自治区、直辖市规定。

征收城市郊区的菜地，用地单位应当按照国家有关规定缴纳新菜地开发建设基金。

依照本条第二款的规定支付土地补偿费和安置补助费，尚不能使需要安置的农民保持原有生活水平的，经省、自治区、直辖市人民政府批准，可以增加安置补助费。但是，土地补偿费和安置补助费的总和不得超过土地被征收前三年平均年产值的三十倍。

国务院根据社会、经济发展水平，在特殊情况下，可以提高征收耕地的土地补偿费和安置补助费的标准。

第四十八条 征地补偿安置方案确定后，有关地方人民政府应当公告，并听取被征地的农村集体经济组织和农民的意见。

第四十九条 被征地的农村集体经济组织应当将征收土地的补偿费用的收支状况向本集体经济组织的成员公布，接受监督。

禁止侵占、挪用被征收土地单位的征地

补偿费用和其他有关费用。

第五十条 地方各级人民政府应当支持被征地的农村集体经济组织和农民从事开发经营,兴办企业。

第五十一条 大中型水利、水电工程建设征收土地的补偿费标准和移民安置办法,由国务院另行规定。

第五十二条 建设项目可行性研究论证时,土地行政主管部门可以根据土地利用总体规划、土地利用年度计划和建设用地标准,对建设用地有关事项进行审查,并提出意见。

第五十三条 经批准的建设项目需要使用国有建设用地的,建设单位应当持法律、行政法规规定的有关文件,向有批准权的县级以上人民政府土地行政主管部门提出建设用地申请,经土地行政主管部门审查,报本级人民政府批准。

第五十四条 建设单位使用国有土地,应当以出让等有偿使用方式取得;但是,下列建设用地,经县级以上人民政府依法批准,可以以划拨方式取得:

(一)国家机关用地和军事用地;

(二)城市基础设施用地和公益事业用地;

(三)国家重点扶持的能源、交通、水利等基础设施用地;

(四)法律、行政法规规定的其他用地。

第五十五条 以出让等有偿使用方式取得国有土地使用权的建设单位,按照国务院规定的标准和办法,缴纳土地使用权出让金等土地有偿使用费和其他费用后,方可使用土地。

自本法施行之日起,新增建设用地的土地有偿使用费,百分之三十上缴中央财政,百分之七十留给有关地方人民政府,都专项用于耕地开发。

第五十六条 建设单位使用国有土地的,应当按照土地使用权出让等有偿使用合同的约定或者土地使用权划拨批准文件的规定使用土地;确需改变该幅土地建设用途的,应当经有关人民政府土地行政主管部门同意,报原批准用地的人民政府批准。其中,在城市规划区内改变土地用途的,在报批前,应当先经有关城市规划行政主管部门同意。

第五十七条 建设项目施工和地质勘查需要临时使用国有土地或者农民集体所有的土地的,由县级以上人民政府土地行政主管部门批准。其中,在城市规划区内的临时用地,在报批前,应当先经有关城市规划行政主管部门同意。土地使用者应当根据土地权属,与有关土地行政主管部门或者农村集体经济组织、村民委员会签订临时使用土地合同,并按照合同的约定支付临时使用土地补偿费。

临时使用土地的使用者应当按照临时使用土地合同约定的用途使用土地,并不得修建永久性建筑物。

临时使用土地期限一般不超过二年。

第五十八条 有下列情形之一的,由有关人民政府土地行政主管部门报经原批准用地的人民政府或者有批准权的人民政府批准,可以收回国有土地使用权:

(一)为公共利益需要使用土地的;

(二)为实施城市规划进行旧城区改建,需要调整使用土地的;

(三)土地出让等有偿使用合同约定的使用期限届满,土地使用者未申请续期或者申请续期未获批准的;

(四)因单位撤销、迁移等原因,停止使用原划拨的国有土地的;

(五)公路、铁路、机场、矿场等经核准报废的。

依照前款第(一)项、第(二)项的规定收回国有土地使用权的,对土地使用权人应当给予适当补偿。

第五十九条 乡镇企业、乡(镇)村公共设施、公益事业、农村村民住宅等乡(镇)村建设,应当按照村庄和集镇规划,合理布局,综合开发,配套建设;建设用地,应当符合乡(镇)土地利用总体规划和土地利用年度计划，并依照本法第四十四条、第六十条、第六十一条、第六十二条的规定办理审批手续。

第六十条 农村集体经济组织使用乡（镇）土地利用总体规划确定的建设用地兴办企业或者与其他单位、个人以土地使用权入股、联营等形式共同举办企业的，应当持有关批准文件，向县级以上地方人民政府土地行政主管部门提出申请，按照省、自治区、直辖市规定的批准权限，由县级以上地方人民政府批准；其中，涉及占用农用地的，依照本法第四十四条的规定办理审批手续。

按照前款规定兴办企业的建设用地，必须严格控制。省、自治区、直辖市可以按照乡镇企业的不同行业和经营规模，分别规定用地标准。

第六十一条 乡（镇）村公共设施、公益事业建设，需要使用土地的，经乡（镇）人民政府审核，向县级以上地方人民政府土地行政主管部门提出申请，按照省、自治区、直辖市规定的批准权限，由县级以上地方人民政府批准；其中，涉及占用农用地的，依照本法第四十四条的规定办理审批手续。

第六十二条 农村村民一户只能拥有一处宅基地，其宅基地的面积不得超过省、自治区、直辖市规定的标准。

农村村民建住宅，应当符合乡（镇）土地利用总体规划，并尽量使用原有的宅基地和村内空闲地。

农村村民住宅用地，经乡（镇）人民政府审核，由县级人民政府批准；其中，涉及占用农用地的，依照本法第四十四条的规定办理审批手续。

农村村民出卖、出租住房后，再申请宅基地的，不予批准。

第六十三条 农民集体所有的土地的使用权不得出让、转让或者出租用于非农业建设；但是，符合土地利用总体规划并依法取得建设用地的企业，因破产、兼并等情形致使土地使用权依法发生转移的除外。

第六十四条 在土地利用总体规划制定前已建的不符合土地利用总体规划确定的用途的建筑物、构筑物，不得重建、扩建。

第六十五条 有下列情形之一的，农村集体经济组织报经原批准用地的人民政府批准，可以收回土地使用权：

（一）为乡（镇）村公共设施和公益事业建设，需要使用土地的；

（二）不按照批准的用途使用土地的；

（三）因撤销、迁移等原因而停止使用土地的。

依照前款第（一）项规定收回农民集体所有的土地的，对土地使用权人应当给予适当补偿。

第六章 监督检查

第六十六条 县级以上人民政府土地行政主管部门对违反土地管理法律、法规的行为进行监督检查。

土地管理监督检查人员应当熟悉土地管理法律、法规，忠于职守、秉公执法。

第六十七条 县级以上人民政府土地行政主管部门履行监督检查职责时，有权采取下列措施：

（一）要求被检查的单位或者个人提供有关土地权利的文件和资料，进行查阅或者予以复制；

（二）要求被检查的单位或者个人就有关土地权利的问题作出说明；

（三）进入被检查单位或者个人非法占用的土地现场进行勘测；

（四）责令非法占用土地的单位或者个人停止违反土地管理法律、法规的行为。

第六十八条 土地管理监督检查人员履行职责，需要进入现场进行勘测、要求有关单位或者个人提供文件、资料和作出说明的，应当出示土地管理监督检查证件。

第六十九条 有关单位和个人对县级以上人民政府土地行政主管部门就土地违法行为进行的监督检查应当支持与配合，并提供工作方便，不得拒绝与阻碍土地管理监督检查人员依法执行职务。

第七十条 县级以上人民政府土地行政主管部门在监督检查工作中发现国家工作人员的违法行为，依法应当给予行政处分的，应当依法予以处理；自己无权处理的，应当向同级或者上级人民政府的行政监察机关提出行政处分建议书，有关行政监察机关应当依法予以处理。

第七十一条 县级以上人民政府土地行政主管部门在监督检查工作中发现土地违法行为构成犯罪的，应当将案件移送有关机关，依法追究刑事责任；尚不构成犯罪的，应当依法给予行政处罚。

第七十二条 依照本法规定应当给予行政处罚，而有关土地行政主管部门不给予行政处罚的，上级人民政府土地行政主管部门有权责令有关土地行政主管部门作出行政处罚决定或者直接给予行政处罚，并给予有关土地行政主管部门的负责人行政处分。

第七章 法律责任

第七十三条 买卖或者以其他形式非法转让土地的，由县级以上人民政府土地行政主管部门没收违法所得；对违反土地利用总体规划擅自将农用地改为建设用地的，限期拆除在非法转让的土地上新建的建筑物和其他设施，恢复土地原状，对符合土地利用总体规划的，没收在非法转让的土地上新建的建筑物和其他设施；可以并处罚款；对直接负责的主管人员和其他直接责任人员，依法给予行政处分；构成犯罪的，依法追究刑事责任。

第七十四条 违反本法规定，占用耕地建窑、建坟或者擅自在耕地上建房、挖砂、采石、采矿、取土等，破坏种植条件的，或者因开发土地造成土地荒漠化、盐渍化的，由县级以上人民政府土地行政主管部门责令限期改正或者治理，可以并处罚款；构成犯罪的，依法追究刑事责任。

第七十五条 违反本法规定，拒不履行土地复垦义务的，由县级以上人民政府土地

行政主管部门责令限期改正；逾期不改正的，责令缴纳复垦费，专项用于土地复垦，可以处以罚款。

第七十六条 未经批准或者采取欺骗手段骗取批准，非法占用土地的，由县级以上人民政府土地行政主管部门责令退还非法占用的土地，对违反土地利用总体规划擅自将农用地改为建设用地的，限期拆除在非法占用的土地上新建的建筑物和其他设施，恢复土地原状，对符合土地利用总体规划的，没收在非法占用的土地上新建的建筑物和其他设施，可以并处罚款；对非法占用土地单位的直接负责的主管人员和其他直接责任人员，依法给予行政处分；构成犯罪的，依法追究刑事责任。

超过批准的数量占用土地，多占的土地以非法占用土地论处。

第七十七条 农村村民未经批准或者采取欺骗手段骗取批准，非法占用土地建住宅的，由县级以上人民政府土地行政主管部门责令退还非法占用的土地，限期拆除在非法占用的土地上新建的房屋。

超过省、自治区、直辖市规定的标准，多占的土地以非法占用土地论处。

第七十八条 无权批准征收、使用土地的单位或者个人非法批准占用土地的，超越批准权限非法批准占用土地的，不按照土地利用总体规划确定的用途批准用地的，或者违反法律规定的程序批准占用、征收土地的，其批准文件无效，对非法批准征收、使用土地的直接负责的主管人员和其他直接责任人员，依法给予行政处分；构成犯罪的，依法追究刑事责任。非法批准、使用的土地应当收回，有关当事人拒不归还的，以非法占用土地论处。

非法批准征收、使用土地，对当事人造成损失的，依法应当承担赔偿责任。

第七十九条 侵占、挪用被征收土地单位的征地补偿费用和其他有关费用，构成犯罪的，依法追究刑事责任；尚不构成犯罪的，

依法给予行政处分。

第八十条 依法收回国有土地使用权当事人拒不交出土地的，临时使用土地期满拒不归还的，或者不按照批准的用途使用国有土地的，由县级以上人民政府土地行政主管部门责令交还土地，处以罚款。

第八十一条 擅自将农民集体所有的土地的使用权出让、转让或者出租用于非农业建设的，由县级以上人民政府土地行政主管部门责令限期改正，没收违法所得，并处罚款。

第八十二条 不依照本法规定办理土地变更登记的，由县级以上人民政府土地行政主管部门责令其限期办理。

第八十三条 依照本法规定，责令限期拆除在非法占用的土地上新建的建筑物和其他设施的，建设单位或者个人必须立即停止施工，自行拆除；对继续施工的，作出处罚决定的机关有权制止。建设单位或者个人对责令限期拆除的行政处罚决定不服的，可以在接到责令限期拆除决定之日起十五日内，向人民法院起诉；期满不起诉又不自行拆除的，由作出处罚决定的机关依法申请人民法院强制执行，费用由违法者承担。

第八十四条 土地行政主管部门的工作人员玩忽职守、滥用职权、徇私舞弊，构成犯罪的，依法追究刑事责任；尚不构成犯罪的，依法给予行政处分。

第八章 附 则

第八十五条 中外合资经营企业、中外合作经营企业、外资企业使用土地的，适用本法；法律另有规定的，从其规定。

第八十六条 本法自 1999 年 1 月 1 日起施行。

中华人民共和国土地管理法实施条例

（1998 年 12 月 27 日国务院令第 256 号发布 根据 2011 年 1 月 8 日《国务院关于废止和修改部分行政法规的决定》第一次修订 根据 2014 年 7 月 29 日《国务院关于修改部分行政法规的决定》第二次修订）

第一章 总 则

第 条 根据《中华人民共和国土地管理法》（以下简称《土地管理法》），制定本条例。

第二章 土地的所有权和使用权

第二条 下列土地属于全民所有即国家所有：

（一）城市市区的土地；

（二）农村和城市郊区中已经依法没收、征收、征购为国有的土地；

（三）国家依法征收的土地；

（四）依法不属于集体所有的林地、草地、荒地、滩涂及其他土地；

（五）农村集体经济组织全部成员转为城镇居民的，原属于其成员集体所有的土地；

（六）因国家组织移民、自然灾害等原因，农民成建制地集体迁移后不再使用的原属于迁移农民集体所有的土地。

第三条 国家依法实行土地登记发证制度。依法登记的土地所有权和土地使用权受法律保护，任何单位和个人不得侵犯。

土地登记内容和土地权属证书式样由国务院土地行政主管部门统一规定。

土地登记资料可以公开查询。

确认林地、草原的所有权或者使用权，确认水面、滩涂的养殖使用权，分别依照

《森林法》《草原法》和《渔业法》的有关规定办理。

第四条 农民集体所有的土地，由土地所有者向土地所在地的县级人民政府土地行政主管部门提出土地登记申请，由县级人民政府登记造册，核发集体土地所有权证书，确认所有权。

农民集体所有的土地依法用于非农业建设的，由土地使用者向土地所在地的县级人民政府土地行政主管部门提出土地登记申请，由县级人民政府登记造册，核发集体土地使用权证书，确认建设用地使用权。

设区的市人民政府可以对市辖区内农民集体所有的土地实行统一登记。

第五条 单位和个人依法使用的国有土地，由土地使用者向土地所在地的县级以上人民政府土地行政主管部门提出土地登记申请，由县级以上人民政府登记造册，核发国有土地使用权证书，确认使用权。其中，中央国家机关使用的国有土地的登记发证，由国务院土地行政主管部门负责，具体登记发证办法由国务院土地行政主管部门会同国务院机关事务管理局等有关部门制定。

未确定使用权的国有土地，由县级以上人民政府登记造册，负责保护管理。

第六条 依法改变土地所有权、使用权的，因依法转让地上建筑物、构筑物等附着物导致土地使用权转移的，必须向土地所在地的县级以上人民政府土地行政主管部门提出土地变更登记申请，由原土地登记机关依法进行土地所有权、使用权变更登记。土地所有权、使用权的变更，自变更登记之日起生效。

依法改变土地用途的，必须持批准文件，向土地所在地的县级以上人民政府土地行政主管部门提出土地变更登记申请，由原土地登记机关依法进行变更登记。

第七条 依照《土地管理法》的有关规定，收回用地单位的土地使用权的，由原土地登记机关注销土地登记。

土地使用权有偿使用合同约定的使用期限届满，土地使用者未申请续期或者虽申请续期未获批准的，由原土地登记机关注销土地登记。

第三章 土地利用总体规划

第八条 全国土地利用总体规划，由国务院土地行政主管部门会同国务院有关部门编制，报国务院批准。

省、自治区、直辖市的土地利用总体规划，由省、自治区、直辖市人民政府组织本级土地行政主管部门和其他有关部门编制，报国务院批准。

省、自治区人民政府所在地的市、人口在 100 万以上的城市以及国务院指定的城市的土地利用总体规划，由各该市人民政府组织本级土地行政主管部门和其他有关部门编制，经省、自治区人民政府审查同意后，报国务院批准。

本条第一款、第二款、第三款规定以外的土地利用总体规划，由有关人民政府组织本级土地行政主管部门和其他有关部门编制，逐级上报省、自治区、直辖市人民政府批准；其中，乡（镇）土地利用总体规划，由乡（镇）人民政府编制，逐级上报省、自治区、直辖市人民政府或者省、自治区、直辖市人民政府授权的设区的市、自治州人民政府批准。

第九条 土地利用总体规划的规划期限一般为 15 年。

第十条 依照《土地管理法》规定，土地利用总体规划应当将土地划分为农用地、建设用地和未利用地。

县级和乡（镇）土地利用总体规划应当根据需要，划定基本农田保护区、土地开垦区、建设用地区和禁止开垦区等；其中，乡（镇）土地利用总体规划还应当根据土地使用条件，确定每一块土地的用途。

土地分类和划定土地利用区的具体办法，由国务院土地行政主管部门会同国务院有关部门制定。

第十一条 乡（镇）土地利用总体规划经依法批准后，乡（镇）人民政府应当在本行政区域内予以公告。

公告应当包括下列内容：

（一）规划目标；

（二）规划期限；

（三）规划范围；

（四）地块用途；

（五）批准机关和批准日期。

第十二条 依照《土地管理法》第二十六条第二款、第三款规定修改土地利用总体规划的，由原编制机关根据国务院或者省、自治区、直辖市人民政府的批准文件修改。修改后的土地利用总体规划应当报原批准机关批准。

上一级土地利用总体规划修改后，涉及修改下一级土地利用总体规划的，由上一级人民政府通知下一级人民政府作出相应修改，并报原批准机关备案。

第十三条 各级人民政府应当加强土地利用年度计划管理，实行建设用地总量控制。土地利用年度计划一经批准下达，必须严格执行。

土地利用年度计划应当包括下列内容：

（一）农用地转用计划指标；

（二）耕地保有量计划指标；

（三）土地开发整理计划指标。

第十四条 县级以上人民政府土地行政主管部门应当会同同级有关部门进行土地调查。

土地调查应当包括下列内容：

（一）土地权属；

（二）土地利用现状；

（三）土地条件。

地方土地利用现状调查结果，经本级人民政府审核，报上一级人民政府批准后，应当向社会公布；全国土地利用现状调查结果，报国务院批准后，应当向社会公布。土地调查规程，由国务院土地行政主管部门会同国务院有关部门制定。

第十五条 国务院土地行政主管部门会同国务院有关部门制定土地等级评定标准。

县级以上人民政府土地行政主管部门应当会同同级有关部门根据土地等级评定标准，对土地等级进行评定。地方土地等级评定结果，经本级人民政府审核，报上一级人民政府土地行政主管部门批准后，应当向社会公布。

根据国民经济和社会发展状况，土地等级每6年调整1次。

第四章　耕地保护

第十六条 在土地利用总体规划确定的城市和村庄、集镇建设用地范围内，为实施城市规划和村庄、集镇规划占用耕地，以及在土地利用总体规划确定的城市建设用地范围外的能源、交通、水利、矿山、军事设施等建设项目占用耕地的，分别由市、县人民政府、农村集体经济组织和建设单位依照《土地管理法》第三十一条的规定负责开垦耕地；没有条件开垦或者开垦的耕地不符合要求的，应当按照省、自治区、直辖市的规定缴纳耕地开垦费。

第十七条 禁止单位和个人在土地利用总体规划确定的禁止开垦区内从事土地开发活动。

在土地利用总体规划确定的土地开垦区内，开发未确定土地使用权的国有荒山、荒地、荒滩从事种植业、林业、畜牧业、渔业生产的，应当向土地所在地的县级以上地方人民政府土地行政主管部门提出申请，按照省、自治区、直辖市规定的权限，由县级以上地方人民政府批准。

开发未确定土地使用权的国有荒山、荒地、荒滩从事种植业、林业、畜牧业或者渔业生产的，经县级以上地方人民政府依法批准，可以确定给开发单位或者个人长期使用，使用期限最长不得超过50年。

第十八条 县、乡（镇）人民政府应当按照土地利用总体规划，组织农村集体经济组织制定土地整理方案，并组织实施。

地方各级人民政府应当采取措施,按照土地利用总体规划推进土地整理。土地整理新增耕地面积的60%可以用作折抵建设占用耕地的补偿指标。

土地整理所需费用,按照谁受益谁负担的原则,由农村集体经济组织和土地使用者共同承担。

第五章 建设用地

第十九条 建设占用土地,涉及农用地转为建设用地的,应当符合土地利用总体规划和土地利用年度计划中确定的农用地转用指标;城市和村庄、集镇建设占用土地,涉及农用地转用的,还应当符合城市规划和村庄、集镇规划。不符合规定的,不得批准农用地转为建设用地。

第二十条 在土地利用总体规划确定的城市建设用地范围内,为实施城市规划占用土地的,按照下列规定办理:

(一)市、县人民政府按照土地利用年度计划拟订农用地转用方案、补充耕地方案、征收土地方案,分批次逐级上报有批准权的人民政府。

(二)有批准权的人民政府土地行政主管部门对农用地转用方案、补充耕地方案、征收土地方案进行审查,提出审查意见,报有批准权的人民政府批准;其中,补充耕地方案由批准农用地转用方案的人民政府在批准农用地转用方案时一并批准。

(三)农用地转用方案、补充耕地方案、征收土地方案经批准后,由市、县人民政府组织实施,按具体建设项目分别供地。

在土地利用总体规划确定的村庄、集镇建设用地范围内,为实施村庄、集镇规划占用土地的,由市、县人民政府拟订农用地转用方案、补充耕地方案,依照前款规定的程序办理。

第二十一条 具体建设项目需要使用土地的,建设单位应当根据建设项目的总体设计一次申请,办理建设用地审批手续;分期建设的项目,可以根据可行性研究报告确定的方案分期申请建设用地,分期办理建设用地有关审批手续。

第二十二条 具体建设项目需要占用土地利用总体规划确定的城市建设用地范围内的国有建设用地的,按照下列规定办理:

(一)建设项目可行性研究论证时,由土地行政主管部门对建设项目用地有关事项进行审查,提出建设项目用地预审报告;可行性研究报告报批时,必须附具土地行政主管部门出具的建设项目用地预审报告。

(二)建设单位持建设项目的有关批准文件,向市、县人民政府土地行政主管部门提出建设用地申请,由市、县人民政府土地行政主管部门审查,拟订供地方案,报市、县人民政府批准;需要上级人民政府批准的,应当报上级人民政府批准。

(三)供地方案经批准后,由市、县人民政府向建设单位颁发建设用地批准书。有偿使用国有土地的,由市、县人民政府土地行政主管部门与土地使用者签订国有土地有偿使用合同;划拨使用国有土地的,由市、县人民政府土地行政主管部门向土地使用者核发国有土地划拨决定书。

(四)土地使用者应当依法申请土地登记。

通过招标、拍卖方式提供国有建设用地使用权的,由市、县人民政府土地行政主管部门会同有关部门拟订方案,报市、县人民政府批准后,由市、县人民政府土地行政主管部门组织实施,并与土地使用者签订土地有偿使用合同。土地使用者应当依法申请土地登记。

第二十三条 具体建设项目需要使用土地的,必须依法申请使用土地利用总体规划确定的城市建设用地范围内的国有建设用地。能源、交通、水利、矿山、军事设施等建设项目确需使用土地利用总体规划确定的城市建设用地范围外的土地,涉及农用地的,按照下列规定办理:

(一)建设项目可行性研究论证时,由土

地行政主管部门对建设项目用地有关事项进行审查，提出建设项目用地预审报告；可行性研究报告报批时，必须附具土地行政主管部门出具的建设项目用地预审报告。

（二）建设单位持建设项目的有关批准文件，向市、县人民政府土地行政主管部门提出建设用地申请，由市、县人民政府土地行政主管部门审查，拟订农用地转用方案、补充耕地方案、征收土地方案和供地方案（涉及国有农用地的，不拟订征收土地方案），经市、县人民政府审核同意后，逐级上报有批准权的人民政府批准；其中，补充耕地方案由批准农用地转用方案的人民政府在批准农用地转用方案时一并批准；供地方案由批准征收土地的人民政府在批准征收土地方案时一并批准（涉及国有农用地的，供地方案由批准农用地转用的人民政府在批准农用地转用方案时一并批准）。

（三）农用地转用方案、补充耕地方案、征收土地方案和供地方案经批准后，由市、县人民政府组织实施，向建设单位颁发建设用地批准书。有偿使用国有土地的，由市、县人民政府土地行政主管部门与土地使用者签订国有土地有偿使用合同；划拨使用国有土地的，由市、县人民政府土地行政主管部门向土地使用者核发国有土地划拨决定书。

（四）土地使用者应当依法申请土地登记。

建设项目确需使用土地利用总体规划确定的城市建设用地范围外的土地，涉及农民集体所有的未利用地的，只报批征收土地方案和供地方案。

第二十四条 具体建设项目需要占用土地利用总体规划确定的国有未利用地的，按照省、自治区、直辖市的规定办理；但是，国家重点建设项目、军事设施和跨省、自治区、直辖市行政区域的建设项目以及国务院规定的其他建设项目用地，应当报国务院批准。

第二十五条 征收土地方案经依法批准后，由被征收土地所在地的市、县人民政府组织实施，并将批准征地机关、批准文号、征收土地的用途、范围、面积以及征地补偿标准、农业人员安置办法和办理征地补偿的期限等，在被征收土地所在地的乡（镇）、村予以公告。

被征收土地的所有权人、使用权人应当在公告规定的期限内，持土地权属证书到公告指定的人民政府土地行政主管部门办理征地补偿登记。

市、县人民政府土地行政主管部门根据经批准的征收土地方案，会同有关部门拟订征地补偿、安置方案，在被征收土地所在地的乡（镇）、村予以公告，听取被征收土地的农村集体经济组织和农民的意见。征地补偿、安置方案报市、县人民政府批准后，由市、县人民政府土地行政主管部门组织实施。对补偿标准有争议的，由县级以上地方人民政府协调；协调不成的，由批准征收土地的人民政府裁决。征地补偿、安置争议不影响征收土地方案的实施。

征收土地的各项费用应当自征地补偿、安置方案批准之日起3个月内全额支付。

第二十六条 土地补偿费归农村集体经济组织所有；地上附着物及青苗补偿费归地上附着物及青苗的所有者所有。

征收土地的安置补助费必须专款专用，不得挪作他用。需要安置的人员由农村集体经济组织安置的，安置补助费支付给农村集体经济组织，由农村集体经济组织管理和使用；由其他单位安置的，安置补助费支付给安置单位；不需要统一安置的，安置补助费发放给被安置人员个人或者征得被安置人员同意后用于支付被安置人员的保险费用。

市、县和乡（镇）人民政府应当加强对安置补助费使用情况的监督。

第二十七条 抢险救灾等急需使用土地的，可以先行使用土地。其中，属于临时用地的，灾后应当恢复原状并交还原土地使用者使用，不再办理用地审批手续；属于永久性建设用地的,建设单位应当在灾情结束后6个月内申请补办建设用地审批手续。

第二十八条 建设项目施工和地质勘查需要临时占用耕地的,土地使用者应当自临时用地期满之日起1年内恢复种植条件。

第二十九条 国有土地有偿使用的方式包括:

(一)国有土地使用权出让;

(二)国有土地租赁;

(三)国有土地使用权作价出资或者入股。

第三十条 《土地管理法》第五十五条规定的新增建设用地的土地有偿使用费,是指国家在新增建设用地中应取得的平均土地纯收益。

第六章 监督检查

第三十一条 土地管理监督检查人员应当经过培训,经考核合格后,方可从事土地管理监督检查工作。

第三十二条 土地行政主管部门履行监督检查职责,除采取《土地管理法》第六十七条规定的措施外,还可以采取下列措施:

(一)询问违法案件的当事人、嫌疑人和证人;

(二)进入被检查单位或者个人非法占用的土地现场进行拍照、摄像;

(三)责令当事人停止正在进行的土地违法行为;

(四)对涉嫌土地违法的单位或者个人,停止办理有关土地审批、登记手续;

(五)责令违法嫌疑人在调查期间不得变卖、转移与案件有关的财物。

第三十三条 依照《土地管理法》第七十二条规定给予行政处分的,由责令作出行政处罚决定或者直接给予行政处罚决定的上级人民政府土地行政主管部门作出。对于警告、记过、记大过的行政处分决定,上级土地行政主管部门可以直接作出;对于降级、撤职、开除的行政处分决定,上级土地行政主管部门应当按照国家有关人事管理权限和处理程序的规定,向有关机关提出行政处分建议,由有关机关依法处理。

第七章 法律责任

第三十四条 违反本条例第十七条的规定,在土地利用总体规划确定的禁止开垦区内进行开垦的,由县级以上人民政府土地行政主管部门责令限期改正;逾期不改正的,依照《土地管理法》第七十六条的规定处罚。

第三十五条 在临时使用的土地上修建永久性建筑物、构筑物的,由县级以上人民政府土地行政主管部门责令限期拆除;逾期不拆除的,由作出处罚决定的机关依法申请人民法院强制执行。

第三十六条 对在土地利用总体规划制定前已建的不符合土地利用总体规划确定的用途的建筑物、构筑物重建、扩建的,由县级以上人民政府土地行政主管部门责令限期拆除;逾期不拆除的,由作出处罚决定的机关依法申请人民法院强制执行。

第三十七条 阻碍土地行政主管部门的工作人员依法执行职务的,依法给予治安管理处罚或者追究刑事责任。

第三十八条 依照《土地管理法》第七十三条的规定处以罚款的,罚款额为非法所得的50%以下。

第三十九条 依照《土地管理法》第八十一条的规定处以罚款的,罚款额为非法所得的5%以上20%以下。

第四十条 依照《土地管理法》第七十四条的规定处以罚款的,罚款额为耕地开垦费的2倍以下。

第四十一条 依照《土地管理法》第七十五条的规定处以罚款的,罚款额为土地复垦费的2倍以下。

第四十二条 依照《土地管理法》第七十六条的规定处以罚款的,罚款额为非法占用土地每平方米30元以下。

第四十三条 依照《土地管理法》第八十条的规定处以罚款的,罚款额为非法占用土地每平方米10元以上30元以下。

第四十四条 违反本条例第二十八条的规定，逾期不恢复种植条件的，由县级以上人民政府土地行政主管部门责令限期改正，可以处耕地复垦费 2 倍以下的罚款。

第四十五条 违反土地管理法律、法规规定，阻挠国家建设征收土地的，由县级以上人民政府土地行政主管部门责令交出土地；拒不交出土地的，申请人民法院强制执行。

第八章 附 则

第四十六条 本条例自 1999 年 1 月 1 日起施行。1991 年 1 月 4 日国务院发布的《中华人民共和国土地管理法实施条例》同时废止。

中华人民共和国城镇国有土地使用权出让和转让暂行条例

（1990 年 5 月 19 日国务院令第 55 号发布 自发布之日起施行）

第一章 总 则

第一条 为了改革城镇国有土地使用制度，合理开发、利用、经营土地，加强土地管理，促进城市建设和经济发展，制定本条例。

第二条 国家按照所有权与使用权分离的原则，实行城镇国有土地使用权出让、转让制度，但地下资源、埋藏物和市政公用设施除外。

前款所称城镇国有土地是指市、县城、建制镇、工矿区范围内属于全民所有的土地（以下简称土地）。

第二条 中华人民共和国境内外的公司、企业、其他组织和个人，除法律另有规定者外，均可依照本条例的规定取得土地使用权，进行土地开发、利用、经营。

第四条 依照本条例的规定取得土地使用权的土地使用者，其使用权在使用年限内可以转让、出租、抵押或者用于其他经济活动，合法权益受国家法律保护。

第五条 土地使用者开发、利用、经营土地的活动，应当遵守国家法律、法规的规定，并不得损害社会公共利益。

第六条 县级以上人民政府土地管理部门依法对土地使用权的出让、转让、出租、抵押、终止进行监督检查。

第七条 土地使用权出让、转让、出租、抵押、终止及有关的地上建筑物、其他附着物的登记，由政府土地管理部门、房产管理部门依照法律和国务院的有关规定办理。

登记文件可以公开查阅。

第二章 土地使用权出让

第八条 土地使用权出让是指国家以土地所有者的身份将土地使用权在一定年限内让与土地使用者，并由土地使用者向国家支付土地使用权出让金的行为。

土地使用权出让应当签订出让合同。

第九条 土地使用权的出让，由市、县人民政府负责，有计划、有步骤地进行。

第十条 土地使用权出让的地块、用途、年限和其他条件，由市、县人民政府土地管理部门会同城市规划和建设管理部门、房产管理部门共同拟定方案，按照国务院规定的批准权限报经批准后，由土地管理部门实施。

第十一条 土地使用权出让合同应当按照平等、自愿、有偿的原则，由市、县人民政府土地管理部门（以下简称出让方）与土地使用者签订。

第十二条 土地使用权出让最高年限按下列用途确定：

（一）居住用地 70 年；

（二）工业用地 50 年；

（三）教育、科技、文化、卫生、体育用地 50 年；

（四）商业、旅游、娱乐用地 40 年；

（五）综合或者其他用地 50 年。

第十三条　土地使用权出让可以采取下列方式：

（一）协议；

（二）招标；

（三）拍卖。

依照前款规定方式出让土地使用权的具体程序和步骤，由省、自治区、直辖市人民政府规定。

第十四条　土地使用者应当在签订土地使用权出让合同后 60 日内，支付全部土地使用权出让金。逾期未全部支付的，出让方有权解除合同，并可请求违约赔偿。

第十五条　出让方应当按照合同规定，提供出让的土地使用权。未按合同规定提供土地使用权的，土地使用者有权解除合同，并可请求违约赔偿。

第十六条　土地使用者在支付全部土地使用权出让金后，应当依照规定办理登记，领取土地使用证，取得土地使用权。

第十七条　土地使用者应当按照土地使用权出让合同的规定和城市规划的要求，开发、利用、经营土地。

未按合同规定的期限和条件开发、利用土地的，市、县人民政府土地管理部门应当予以纠正，并根据情节可以给予警告、罚款直至无偿收回土地使用权的处罚。

第十八条　土地使用者需要改变土地使用权出让合同规定的土地用途的，应当征得出让方同意并经土地管理部门和城市规划部门批准，依照本章的有关规定重新签订土地使用权出让合同，调整土地使用权出让金，并办理登记。

第三章　土地使用权转让

第十九条　土地使用权转让是指土地使用者将土地使用权再转移的行为，包括出售、交换和赠与。

未按土地使用权出让合同规定的期限和条件投资开发、利用土地的，土地使用权不得转让。

第二十条　土地使用权转让应当签订转让合同。

第二十一条　土地使用权转让时，土地使用权出让合同和登记文件中所载明的权利、义务随之转移。

第二十二条　土地使用者通过转让方式取得的土地使用权，其使用年限为土地使用权出让合同规定的使用年限减去原土地使用者已使用年限后的剩余年限。

第二十三条　土地使用权转让时，其地上建筑物、其他附着物所有权随之转让。

第二十四条　地上建筑物、其他附着物的所有人或者共有人，享有该建筑物、附着物使用范围内的土地使用权。

土地使用者转让地上建筑物、其他附着物所有权时，其使用范围内的土地使用权随之转让，但地上建筑物、其他附着物作为动产转让的除外。

第二十五条　土地使用权和地上建筑物、其他附着物所有权转让，应当依照规定办理过户登记。

土地使用权和地上建筑物、其他附着物所有权分割转让的，应当经市、县人民政府土地管理部门和房产管理部门批准，并依照规定办理过户登记。

第二十六条　土地使用权转让价格明显低于市场价格的，市、县人民政府有优先购买权。

土地使用权转让的市场价格不合理上涨时，市、县人民政府可以采取必要的措施。

第二十七条　土地使用权转让后，需要改变土地使用权出让合同规定的土地用途的，依照本条例第十八条的规定办理。

第四章　土地使用权出租

第二十八条　土地使用权出租是指土地

使用者作为出租人将土地使用权随同地上建筑物、其他附着物租赁给承租人使用，由承租人向出租人支付租金的行为。

未按土地使用权出让合同规定的期限和条件投资开发、利用土地的，土地使用权不得出租。

第二十九条 土地使用权出租，出租人与承租人应当签订租赁合同。

租赁合同不得违背国家法律、法规和土地使用权出让合同的规定。

第三十条 土地使用权出租后，出租人必须继续履行土地使用权出让合同。

第三十一条 土地使用权和地上建筑物、其他附着物出租，出租人应当依照规定办理登记。

第五章　土地使用权抵押

第三十二条 土地使用权可以抵押。

第三十三条 土地使用权抵押时，其地上建筑物、其他附着物随之抵押。

地上建筑物、其他附着物抵押时，其使用范围内的土地使用权随之抵押。

第三十四条 土地使用权抵押，抵押人与抵押权人应当签订抵押合同。

抵押合同不得违背国家法律、法规和土地使用权出让合同的规定。

第三十五条 土地使用权和地上建筑物、其他附着物抵押，应当依照规定办理抵押登记。

第三十六条 抵押人到期未能履行债务或者在抵押合同期间宣告解散、破产的，抵押权人有权依照国家法律、法规和抵押合同的规定处分抵押财产。

因处分抵押财产而取得土地使用权和地上建筑物、其他附着物所有权的，应当依照规定办理过户登记。

第三十七条 处分抵押财产所得，抵押权人有优先受偿权。

第三十八条 抵押权因债务清偿或者其他原因而消灭的，应当依照规定办理注销抵押登记。

第六章　土地使用权终止

第三十九条 土地使用权因土地使用权出让合同规定的使用年限届满、提前收回及土地灭失等原因而终止。

第四十条 土地使用权期满，土地使用权及其地上建筑物、其他附着物所有权由国家无偿取得。土地使用者应当交还土地使用证，并依照规定办理注销登记。

第四十一条 土地使用权期满，土地使用者可以申请续期。需要续期的，应当依照本条例第二章的规定重新签订合同，支付土地使用权出让金，并办理登记。

第四十二条 国家对土地使用者依法取得的土地使用权不提前收回。在特殊情况下，根据社会公共利益的需要，国家可以依照法律程序提前收回，并根据土地使用者已使用的年限和开发、利用土地的实际情况给予相应的补偿。

第七章　划拨土地使用权

第四十三条 划拨土地使用权是指土地使用者通过各种方式依法无偿取得的土地使用权。

前款土地使用者应当依照《中华人民共和国城镇土地使用税暂行条例》的规定缴纳土地使用税。

第四十四条 划拨土地使用权，除本条例第四十五条规定的情况外，不得转让、出租、抵押。

第四十五条 符合下列条件的，经市、县人民政府土地管理部门和房产管理部门批准，其划拨土地使用权和地上建筑物、其他附着物所有权可以转让、出租、抵押：

（一）土地使用者为公司、企业、其他经济组织和个人；

（二）领有国有土地使用证；

（三）具有地上建筑物、其他附着物合法的产权证明；

（四）依照本条例第二章的规定签订土地使用权出让合同，向当地市、县人民政府补交土地使用权出让金或者以转让、出租、抵押所获收益抵交土地使用权出让金。

转让、出租、抵押前款划拨土地使用权的，分别依照本条例第三章、第四章和第五章的规定办理。

第四十六条 对未经批准擅自转让、出租、抵押划拨土地使用权的单位和个人，市、县人民政府土地管理部门应当没收其非法收入，并根据情节处以罚款。

第四十七条 无偿取得划拨土地使用权的土地使用者，因迁移、解散、撤销、破产或者其他原因而停止使用土地的，市、县人民政府应当无偿收回其划拨土地使用权，并可依照本条例的规定予以出让。

对划拨土地使用权，市、县人民政府根据城市建设发展需要和城市规划的要求，可以无偿收回，并可依照本条例的规定予以出让。

无偿收回划拨土地使用权时，对其地上建筑物、其他附着物，市、县人民政府应当根据实际情况给予适当补偿。

第八章 附 则

第四十八条 依照本条例的规定取得土地使用权的个人，其土地使用权可以继承。

第四十九条 土地使用者应当依照国家税收法规的规定纳税。

第五十条 依照本条例收取的土地使用权出让金列入财政预算，作为专项基金管理，主要用于城市建设和土地开发。具体使用管理办法，由财政部另行制定。

第五十一条 各省、自治区、直辖市人民政府应当根据本条例的规定和当地的实际情况选择部分条件比较成熟的城镇先行试点。

第五十二条 外商投资从事开发经营成片土地的，其土地使用权的管理依照国务院的有关规定执行。

第五十三条 本条例由国家土地管理局负责解释；实施办法由省、自治区、直辖市人民政府制定。

第五十四条 本条例自发布之日起施行。

中华人民共和国城镇土地使用税暂行条例

(1988 年 9 月 27 日中华人民共和国国务院令第 17 号发布
根据 2006 年 12 月 31 日《国务院关于修改〈中华人民共和国城镇土地使用税暂行条例〉的决定》第一次修订
根据 2011 年 1 月 8 日《国务院关于废止和修改部分行政法规的决定》第二次修订 根据 2013 年 12 月 7 日《国务院关于修改部分行政法规的决定》第三次修订)

第一条 为了合理利用城镇土地，调节土地级差收入，提高土地使用效益，加强土地管理，制定本条例。

第二条 在城市、县城、建制镇、工矿区范围内使用土地的单位和个人，为城镇土地使用税（以下简称土地使用税）的纳税人，应当依照本条例的规定缴纳土地使用税。

前款所称单位，包括国有企业、集体企业、私营企业、股份制企业、外商投资企业、外国企业以及其他企业和事业单位、社会团体、国家机关、军队以及其他单位；所称个人，包括个体工商户以及其他个人。

第三条 土地使用税以纳税人实际占用的土地面积为计税依据，依照规定税额计算征收。

前款土地占用面积的组织测量工作，由

省、自治区、直辖市人民政府根据实际情况确定。

第四条 土地使用税每平方米年税额如下：

（一）大城市 1.5 元至 30 元；

（二）中等城市 1.2 元至 24 元；

（三）小城市 0.9 元至 18 元；

（四）县城、建制镇、工矿区 0.6 元至 12 元。

第五条 省、自治区、直辖市人民政府，应当在本条例第四条规定的税额幅度内，根据市政建设状况、经济繁荣程度等条件，确定所辖地区的适用税额幅度。

市、县人民政府应当根据实际情况，将本地区土地划分为若干等级，在省、自治区、直辖市人民政府确定的税额幅度内，制定相应的适用税额标准，报省、自治区、直辖市人民政府批准执行。

经省、自治区、直辖市人民政府批准，经济落后地区土地使用税的适用税额标准可以适当降低，但降低额不得超过本条例第四条规定最低税额的 30％。经济发达地区土地使用税的适用税额标准可以适当提高，但须报经财政部批准。

第六条 下列土地免缴土地使用税：

（一）国家机关、人民团体、军队自用的土地；

（二）由国家财政部门拨付事业经费的单位自用的土地；

（三）宗教寺庙、公园、名胜古迹自用的土地；

（四）市政街道、广场、绿化地带等公共用地；

（五）直接用于农、林、牧、渔业的生产用地；

（六）经批准开山填海整治的土地和改造的废弃土地，从使用的月份起免缴土地使用税 5 年至 10 年；

（七）由财政部另行规定免税的能源、交通、水利设施用地和其他用地。

第七条 除本条例第六条规定外，纳税人缴纳土地使用税确有困难需要定期减免的，由县以上地方税务机关批准。

第八条 土地使用税按年计算、分期缴纳。缴纳期限由省、自治区、直辖市人民政府确定。

第九条 新征收的土地，依照下列规定缴纳土地使用税：

（一）征收的耕地，自批准征收之日起满 1 年时开始缴纳土地使用税；

（二）征收的非耕地，自批准征收次月起缴纳土地使用税。

第十条 土地使用税由土地所在地的税务机关征收。土地管理机关应当向土地所在地的税务机关提供土地使用权属资料。

第十一条 土地使用税的征收管理，依照《中华人民共和国税收征收管理法》及本条例的规定执行。

第十二条 土地使用税收入纳入财政预算管理。

第十三条 本条例的实施办法由省、自治区、直辖市人民政府制定。

第十四条 本条例自 1988 年 11 月 1 日起施行，各地制定的土地使用费办法同时停止执行。

最高人民法院
关于审理涉及国有土地使用权合同
纠纷案件适用法律问题的解释

法释〔2005〕5号

(2004年11月23日最高人民法院审判委员会第1334次会议通过
2005年6月18日最高人民法院公告公布 自2005年8月1日起施行)

根据《中华人民共和国民法通则》《中华人民共和国合同法》《中华人民共和国土地管理法》《中华人民共和国城市房地产管理法》等法律规定,结合民事审判实践,就审理涉及国有土地使用权合同纠纷案件适用法律的问题,制定本解释。

一、土地使用权出让合同纠纷

第一条 本解释所称的土地使用权出让合同,是指市、县人民政府土地管理部门作为出让方将国有土地使用权在一定年限内让与受让方,受让方支付土地使用权出让金的协议。

第二条 开发区管理委员会作为出让方与受让方订立的土地使用权出让合同,应当认定无效。

本解释实施前,开发区管理委员会作为出让方与受让方订立的土地使用权出让合同,起诉前经市、县人民政府土地管理部门追认的,可以认定合同有效。

第三条 经市、县人民政府批准同意以协议方式出让的土地使用权,土地使用权出让金低于订立合同时当地政府按照国家规定确定的最低价的,应当认定土地使用权出让合同约定的价格条款无效。

当事人请求按照订立合同时的市场评估价格交纳土地使用权出让金的,应予支持;受让方不同意按照市场评估价格补足,请求解除合同的,应予支持。因此造成的损失,由当事人按照过错承担责任。

第四条 土地使用权出让合同的出让方因未办理土地使用权出让批准手续而不能交付土地,受让方请求解除合同的,应予支持。

第五条 受让方经出让方和市、县人民政府城市规划行政主管部门同意,改变土地使用权出让合同约定的土地用途,当事人请求按照起诉时同种用途的土地出让金标准调整土地出让金的,应予支持。

第六条 受让方擅自改变土地使用权出让合同约定的土地用途,出让方请求解除合同的,应予支持。

二、土地使用权转让合同纠纷

第七条 本解释所称的土地使用权转让合同,是指土地使用权人作为转让方将出让土地使用权转让于受让方,受让方支付价款的协议。

第八条 土地使用权人作为转让方与受让方订立土地使用权转让合同后,当事人一方以双方之间未办理土地使用权变更登记手续为由,请求确认合同无效的,不予支持。

第九条 转让方未取得出让土地使用权证书与受让方订立合同转让土地使用权,起诉前转让方已经取得出让土地使用权证书或者有批准权的人民政府同意转让的,应当认定合同有效。

第十条 土地使用权人作为转让方就同一出让土地使用权订立数个转让合同,在转让合同有效的情况下,受让方均要求履行合同的,按照以下情形分别处理:

（一）已经办理土地使用权变更登记手续的受让方，请求转让方履行交付土地等合同义务的，应予支持；

（二）均未办理土地使用权变更登记手续，已先行合法占有投资开发土地的受让方请求转让方履行土地使用权变更登记等合同义务的，应予支持；

（三）均未办理土地使用权变更登记手续，又未合法占有投资开发土地，先行支付土地转让款的受让方请求转让方履行交付土地和办理土地使用权变更登记等合同义务的，应予支持；

（四）合同均未履行，依法成立在先的合同受让方请求履行合同的，应予支持。

未能取得土地使用权的受让方请求解除合同、赔偿损失的，按照《中华人民共和国合同法》的有关规定处理。

第十一条　土地使用权人未经有批准权的人民政府批准，与受让方订立合同转让划拨土地使用权的，应当认定合同无效。但起诉前经有批准权的人民政府批准办理土地使用权出让手续的，应当认定合同有效。

第十二条　土地使用权人与受让方订立合同转让划拨土地使用权，起诉前经有批准权的人民政府同意转让，并由受让方办理土地使用权出让手续的，土地使用权人与受让方订立的合同可以按照补偿性质的合同处理。

第十三条　土地使用权人与受让方订立合同转让划拨土地使用权，起诉前经有批准权的人民政府决定不办理土地使用权出让手续，并将该划拨土地使用权直接划拨给受让方使用的，土地使用权人与受让方订立的合同可以按照补偿性质的合同处理。

三、合作开发房地产合同纠纷

第十四条　本解释所称的合作开发房地产合同，是指当事人订立的以提供出让土地使用权、资金等作为共同投资，共享利润、共担风险合作开发房地产为基本内容的协议。

第十五条　合作开发房地产合同的当事人一方具备房地产开发经营资质的，应当认定合同有效。

当事人双方均不具备房地产开发经营资质的，应当认定合同无效。但起诉前当事人一方已经取得房地产开发经营资质或者已依法合作成立具有房地产开发经营资质的房地产开发企业的，应当认定合同有效。

第十六条　土地使用权人未经有批准权的人民政府批准，以划拨土地使用权作为投资与他人订立合同合作开发房地产的，应当认定合同无效。但起诉前已经办理批准手续的，应当认定合同有效。

第十七条　投资数额超出合作开发房地产合同的约定，对增加的投资数额的承担比例，当事人协商不成的，按照当事人的过错确定；因不可归责于当事人的事由或者当事人的过错无法确定的，按照约定的投资比例确定；没有约定投资比例的，按照约定的利润分配比例确定。

第十八条　房屋实际建筑面积少于合作开发房地产合同的约定，对房屋实际建筑面积的分配比例，当事人协商不成的，按照当事人的过错确定；因不可归责于当事人的事由或者当事人过错无法确定的，按照约定的利润分配比例确定。

第十九条　在下列情形下，合作开发房地产合同的当事人请求分配房地产项目利益的，不予受理；已经受理的，驳回起诉：

（一）依法需经批准的房地产建设项目未经有批准权的人民政府主管部门批准；

（二）房地产建设项目未取得建设工程规划许可证；

（三）擅自变更建设工程规划。

因当事人隐瞒建设工程规划变更的事实所造成的损失，由当事人按照过错承担。

第二十条　房屋实际建筑面积超出规划建筑面积，经有批准权的人民政府主管部门批准后，当事人对超出部分的房屋分配比例协商不成的，按照约定的利润分配比例确定。对增加的投资数额的承担比例，当事人协商不成的，按照约定的投资比例确定；没有约定投资比例的,按照约定的利润分配比例确定。

第二十一条 当事人违反规划开发建设的房屋,被有批准权的人民政府主管部门认定为违法建筑责令拆除,当事人对损失承担协商不成的,按照当事人过错确定责任;过错无法确定的,按照约定的投资比例确定责任;没有约定投资比例的,按照约定的利润分配比例确定责任。

第二十二条 合作开发房地产合同约定仅以投资数额确定利润分配比例,当事人未足额交纳出资的,按照当事人的实际投资比例分配利润。

第二十三条 合作开发房地产合同的当事人要求将房屋预售款充抵投资参与利润分配的,不予支持。

第二十四条 合作开发房地产合同约定提供土地使用权的当事人不承担经营风险,只收取固定利益的,应当认定为土地使用权转让合同。

第二十五条 合作开发房地产合同约定提供资金的当事人不承担经营风险,只分配固定数量房屋的,应当认定为房屋买卖合同。

第二十六条 合作开发房地产合同约定提供资金的当事人不承担经营风险,只收取固定数额货币的,应当认定为借款合同。

第二十七条 合作开发房地产合同约定提供资金的当事人不承担经营风险,只以租赁或者其他形式使用房屋的,应当认定为房屋租赁合同。

四、其 他

第二十八条 本解释自 2005 年 8 月 1 日起施行;施行后受理的第一审案件适用本解释。

本解释施行前最高人民法院发布的司法解释与本解释不一致的,以本解释为准。

最高人民法院负责人就《关于审理涉及国有土地使用权合同纠纷案件适用法律问题的解释》答记者问

(2005 年 11 月 24 日)

出台司法解释的背景

记者:最高人民法院在 2005 年 6 月 22 日正式公布了《关于审理涉及国有土地使用权合同纠纷案件适用法律问题的解释》(以下简称《解释》),请您谈谈为什么要出台这一《解释》。

答:随着我国房地产各项制度改革的推进,房地产业得到迅猛发展,但由于我国的物权法体系不完善,市场管理机制不健全,房地产市场的开发、交易行为很不规范,严重阻碍了我国房地产市场的健康发展。《城市房地产管理法》实施 10 年来,人民法院受理的房地产纠纷案件逐年增加,由于相关法律规定比较原则,人民法院在处理此类纠纷中也遇到了许多具体适用法律的问题。为了指导各级人民法院公正及时地处理房地产纠纷案件,规范房地产市场交易行为,促进房地产市场的健康发展,以《城市房地产管理法》的施行为界,人民法院在审理房地产纠纷案件适用法律上有不同的做法。针对《城市房地产管理法》施行前房地产市场出现的国有土地使用权出让、转让、投资合作建房等问题,最高人民法院于 1995 年 12 月 27 日曾出台了《关于审理房地产管理法施行前房地产开发经营案件若干问题的解答》(以下简称《解答》),考虑到当时的实际情况,《解答》

对因欠缺法定条件进行土地使用权出让、转让、合作建房等行为作出补救性规定，即将违法行为补办合法手续的时间放宽至一审诉讼期间，避免了大量无效合同的出现。《城市房地产管理法》实施后，尽管随之出台了不少的行政法规和政策性规定，房地产开发经营行为也较以往有了很大改观，但伴随着我国市场经济结构的调整加快和土地制度改革的深化，我国现行的不动产立法已不能完全适应房地产市场的快速发展，再加上房地产市场机制不健全，房地产开发经营主体借机违法开发经营，导致房地产纠纷案件不断增加，新问题、新情况层出不穷，人民法院在审理此类纠纷时遇到适用法律的难题。为此，我院从 2002 年开始着手起草关于如何处理《城市房地产管理法》实施后的房地产纠纷的司法解释。期间，起草小组奔赴全国各地进行调研收集情况，召开座谈会广泛征求各级法院、全国人大法工委、国家土地资源部、建设部、北京市房地产管理局、专家学者、律师、房地产开发企业、北京市消费者协会等各方面意见，并通过人民法院报和中国法院网公开向社会征求意见，收集问题。在反复研究讨论的基础上，经最高人民法院审判委员会第 1267 次会议研究通过，于 2003 年 4 月 28 日公布了《关于审理商品房买卖合同纠纷案件适用法律若干问题的解释》，已于 2003 年 6 月 1 日开始实施。随后，《关于审理涉及国有土地使用权合同纠纷案件适用法律问题的解释》也经最高人民法院审委会第 1334 次会议讨论通过并于今天予以公布，2005 年 8 月 1 日起施行。

集体土地和农用土地不适用《解释》

记者：《解释》调整涉及的土地使用权范围是否包括所有的土地使用权。

答：《土地管理法》第 2 条规定，我国实行土地全民所有制和劳动群众集体所有制，全民所有即国家所有。与土地所有制相对应，我国目前土地使用权也可分国有土地使用权和集体土地使用权两类。根据《城市房地产

管理法》的规定，房地产开发是指在依法取得的国有土地使用权的土地上进行基础设施、房屋建设的行为，由此决定房地产开发所需要的土地仅限于国有土地，而非集体土地；城市规划区内的集体所有的土地，经依法征用转为国有土地后，该幅国有土地的使用权方可有偿出让。《土地管理法》也明确规定，任何单位和个人进行建设，需要使用土地的，必须依法申请使用国有土地；农民集体所有的土地的使用权不得出让、转让或者出租用于非农业建设。因此，本《解释》调整的范围只限于涉及国有土地使用权的合同纠纷案件，不包括集体所有土地，这在《解释》的名称中已作出明确界定。

按照《土地管理法》确立的土地用途管制制度和基本农田保护制度，我国土地分为农用地、建设用地和未利用地，严格限制农用地转为建设用地。在国有土地上，对于按照土地利用总体规划划入基本农田保护区的农用地要严格管理，因房地产开发建设需要使用国有建设用地的，可通过出让或者划拨的方式取得；涉及农用地转为建设用地的，应当办理农用地转用审批手续。因此，本《解释》调整的国有土地范围为国有建设用地，不包括国有农用地。

不轻易确认合同无效

记者：《解释》在对合同效力的认定上，是如何体现促进房地产市场健康发展和维护稳定的土地交易秩序这一目标的。

答：合同效力的认定不仅关系着土地交易关系的稳定和当事人合法权益的保护，而且关系到房地产市场的有序发展。因此，《解释》根据《合同法》的规定，结合社会现状和审判实际，在对欠缺生效条件合同的效力认定处理上，采取了补救性的措施，即当事人只要在向人民法院起诉前，符合法律、行政法规规定的条件，不存在《合同法》第 52 条规定的无效情形，就应当认定合同有效，尽量尊重当事人双方的意思表示，不轻易确认合同无效，以促进合同加速履行和社会资

源的有效利用。这在《解释》的第 2 条、第 3 条、第 9 条、第 11 条、第 12 条、第 13 条、第 15 条、第 16 条均有体现。同时，对当事人订立的隐藏真意的合同，我们按照合同约定的实质内容，作出符合当事人真实意思表示的认定，而不是简单地认定合同无效。此外，在合同的解除上，《解释》严格当事人行使解除权的条件，只有在出现根本违约，合同目的无法实现的情况下，当事人请求解除的才予以支持。这样，人民法院在适用法律过程中既能维护法律的严肃性，又能维护合同交易关系的稳定性，确保房地产市场快速发展。

《解释》实施后开发区管委会订立的出让合同无效

记者：《解释》对当前国务院开展的土地市场整治工作中有关开发区管委会自行出让土地的问题是如何认定和处理的。

答： 根据《土地管理法》和《城市房地产管理法》的规定，土地使用权出让合同的出让方为市、县人民政府土地管理部门，其他部门无权出让。但由于以往土地市场管理不规范，特别是对各类开发区内的土地管理缺乏有效措施，导致了一些开发区的国有土地出让、转让呈现无序状态，开发区管委会擅自出让土地的情况较为严重，引发了大量的合同纠纷。针对上述情况，目前国务院已经对全国土地市场部署开展治理整顿工作，其中开发区即为整治的重点。为配合国务院此项工作，我们在制定司法解释时，坚持既要依法规范土地出让行为，同时也要考虑我国实际情况，尽量维护土地市场现有秩序的稳定。为此，在综合相关部门意见的基础上，《解释》对开发区管委会订立的土地使用权合同效力认定作出区别对待的规定。首先，为配合国务院开展的土地市场整治工作，加大促进国土管理部门对土地市场的管理力度，《解释》明确将不具备法定主体资格的开发区管委会与受让人订立的土地使用权出让合同按无效处理，对今后土地出让行为可以给予

有效规范。其次，考虑到我国目前实际情况，对开发区管委会遗留下的为数不少的出让土地问题，仍采取一定的补救手段，即在起诉前经过市、县人民政府土地管理部门追认的，可以认定有效，同时为防止追认手段的滥用，有效规范今后的土地出让行为，对追认的范围限定在本《解释》实施之前的情况。《解释》实施以后，开发区管委会再行订立的土地使用权出让合同一律按照无效处理。通过宽严相济的规定，对此类纠纷给予合理解决。

《解释》的出台有利于和谐社会的构建

记者：最后请您谈谈制定这个司法解释的意义。

答： 第一、《解释》的公布实施，有利于推动我国房地产市场各项制度的改革和土地交易市场健康有序地发展。房地产业作为国民经济的一个重要支柱产业，关系到我国国民经济的快速发展和综合国力的增强，其发展更将会带动 50 多个相关产业的发展，并促进旅游、金融、商业等第三产业的发展，为增加财政收入，推动城市经济发展提供物质基础和前提条件。我国房地产各项制度改革的深化，客观上必然要求建立一个功能完善、稳定有序的房地产市场体系，而房地产市场的建立又依赖土地市场和商品房市场的完美结合。土地作为社会发展的重要物质基础，历来是我国一个十分重要的问题，它涉及众多领域，关系到国民经济的全面发展和社会主义和谐社会的构建以及国家、集体、个人的根本利益。自 1988 年城市国有土地开始实行有偿、有期限使用制度以来，我国的房地产市场体系得以建立并迅猛发展，国家财政收入借此也快速增长。但土地的有限性和不可再生性，决定了必须建立一个高效有序运行的土地市场，以保障土地利用效益的最大化。但由于我国房地产市场仍处于发育阶段，市场功能还不健全，市场交易行为也不规范，引发了许多纠纷，影响了社会的稳定，阻碍了我国房地产各项制度改革的进程。在现行立法尚不完善的情况下，《解释》的出台对规

范我国房地产一级市场、二级市场乃至三级市场（即商品房交易市场）的土地交易行为，维护房地产市场秩序，促进市场经济诚信体系的建立和房地产市场的健康发展，都将产生积极的影响。

第二、《解释》的公布实施，有利于保护房地产市场开发经营主体和广大人民群众的合法权益。房地产业作为社会经济发展的基础性、先导性产业，其发展需要一个良好的市场诚信氛围和法律环境，《解释》通过对土地一级市场和二级市场存在的各类纠纷予以公平、及时的解决，有力地维护了房地产市场开发经营主体的利益。房地产市场的有序发展不仅可以促进国民经济的发展，而且与广大人民群众的切身利益密切相关。房地产业在为推动城市基础设施建设提供物质基础和前提条件的同时，更有利于逐步改善城市居民的居住条件。据相关资料表明，随着城镇居民住房的商品化和市场化，目前房地产开发建设的商品房近90％由个人购买，而商品房的开发建设与土地市场具有直接的关系。因此，《解释》在对房地产开发经营主体依法保护的同时，也充分保护了广大人民群众的

合法权益，也是人民法院落实执行"司法为民"要求的具体体现。

第三、《解释》的公布实施，有利于法制的统一和社会主义和谐社会的构建。房地产作为不动产，属于民事财产权的范畴，应由物权法进行调整。现行的《土地管理法》和《城市房地产管理法》作为行政性法律，主要是从行政管理的角度对房地产的开发经营行为加以规定。由于目前我国还没有完善的不动产法律，物权法也尚未出台，因此，人民法院在处理法律关系复杂的房地产纠纷案件时缺乏具体明确的法律依据，适用法律不统一。这不仅不利于平等保护当事人的合法权益，也不符合法制统一原则的要求。《解释》的制定出台，为人民法院正确、及时处理房地产纠纷案件，维护房地产市场秩序，公平保护当事人合法权益提供了有力的法律武器。这不仅有利于实现人民法院公正与效率的工作主题，也有利于保障我国法制的统一，而且更有利于促进经济与社会全面发展和社会主义和谐社会的构建。

记者：谢谢！

最高人民法院
关于国有土地开荒后用于农耕的土地使用权转让合同纠纷案件如何适用法律问题的批复

法释〔2012〕14号

（2011年11月21日最高人民法院审判委员会第1532次会议通过
2012年9月4日最高人民法院公告公布　自2012年11月1日起施行）

甘肃省高级人民法院：

你院《关于对国有土地经营权转让如何适用法律的请示》（甘高法〔2010〕84号）收悉。经研究，答复如下：

开荒后用于农耕而未交由农民集体使用的国有土地，不属于《中华人民共和国农村

土地承包法》第二条规定的农村土地。此类土地使用权的转让，不适用《中华人民共和国农村土地承包法》的规定，应适用《中华人民共和国合同法》和《中华人民共和国土地管理法》等相关法律规定加以规范。

对于国有土地开荒后用于农耕的土地使

用权转让合同，不违反法律、行政法规的强制性规定的，当事人仅以转让方未取得土地使用权证书为由请求确认合同无效的，人民法院依法不予支持；当事人根据合同约定主张对方当事人履行办理土地使用权证书义务的，人民法院依法应予支持。

《关于国有土地开荒后用于农耕的土地使用权转让合同纠纷案件如何适用法律问题的批复》的理解与适用

《人民司法（应用）》2013 年　孙佑海　陈龙业

2012 年 10 月 26 日，最高人民法院公布了《关于国有土地开荒后用于农耕的土地使用权转让合同纠纷案件如何适用法律问题的批复》（以下简称《批复》），对国有土地开荒后用于农耕的土地使用权的性质及该土地使用权转让合同的效力问题作出了明确规定。为便于审判实践中正确理解和把握《批复》的有关内容，现就《批复》的起草背景及主要内容作简要介绍。

一、《批复》的起草背景和过程

对国有的荒地进行开垦利用，对于充分发挥土地效益，实现土地资源的保值增值，促进经济发展具有重要意义。在我国尤其是中西部地区，开垦利用国有荒地的情形时有发生，由此形成的纠纷案件也不在少数，有关国有土地开荒后用于农耕的土地使用权的性质及该土地使用权转让合同的效力问题也一直是困扰司法实践的一个难题。现行法律对上述问题并无明确规定，导致理论和实践对此存有较大争议，影响裁判尺度的统一。

甘肃省高级人民法院（甘高法〔2010〕84 号）《关于对国有土地经营权转让如何适用法律的请示》（以下简称《请示》），针对国有土地开荒后用于农耕的土地使用权转让合同如何适用法律问题向最高人民法院请示。《请示》对此形成了两种意见：一种意见认为，因案涉土地为国有耕地，不适用与建设用地有关的法律法规及司法解释，属于农村土地

承包法第二条规定的"其他依法用于农业的土地"，应参照适用该法第三十七条"土地承包经营权采取转让方式流转的，应当经发包方同意"的规定；另一种意见认为，此属于新类型涉农案件，根据党的十七届三中全会及最高人民法院《关于为推进农村改革发展提供司法保障和法律服务的若干意见》（法发〔2008〕36 号）的精神，应当认定该国有土地开荒后用于农耕的土地使用权转让合同为有效。此为倾向性意见。

最高人民法院研究室经研究后认为，国有土地开荒后用于农耕的土地使用权的性质问题在现行法律中并无明确规定，该土地使用权转让合同的效力认定问题不仅与相关当事人利益攸关，而且会影响当事人开垦荒地的积极性，进而影响土地效益的充分发挥。鉴于《请示》所涉及问题在司法实践中具有一定普遍性，为统一裁判标准，指导各级法院妥善审理相关案件，有必要制定司法解释予以规范。正式立项后，研究室开展了深入调研，并先后征求了全国人大常委会法工委、国务院法制办、农业部、部分专家学者及最高人民法院有关部门意见，起草了《批复》，经最高人民法院审判委员会审议通过，予以发布施行。

二、《批复》的主要内容

关于国有土地开荒后用于农耕的土地使用权是否应当适用农村土地承包法的问题。

对于这一问题，在调研过程中，有关部门及专家学者一致意见认为，开发未确定使用权的国有荒地从事农业生产的，不适用农村土地承包法，而应适用土地管理法及相关行政法规的规定。我们赞成此意见。农村土地承包法第二条规定："本法所称农村土地，是指农民集体所有和国家所有依法由农民集体使用的耕地、林地、草地，以及其他依法用于农业的土地。"鉴于《请示》所涉及的土地为开荒后用于农耕而未交由农民集体使用的国有土地，并不属于上述规定的农村土地，故不能适用该法调整。此类土地使用权的转让，应适用合同法和土地管理法等相关法律规定加以规范。

关于国有土地开荒后用于农耕的土地使用权转让合同的效力认定问题。

这一问题是《批复》的核心内容。对此，在调研过程中有两种意见：一种意见认为，国有土地开荒后用于农耕的土地使用权转让合同的效力认定不能适用农村土地承包法，而土地管理法等法律对于国有农用地使用权流转并没有设定行政审批等限定条件，其流转无需履行审批手续，未取得相关证书或未经有关部门批准，只是土地使用缺乏合法性，并不影响合同本身效力，故国有土地开荒后用于农耕的土地使用权转让合同应当认定为有效；另一种意见认为，最高人民法院《关于审理涉及国有土地使用权合同纠纷案件适用法律问题的解释》对此已有明确规定，其第9条规定："转让方未取得出让土地使用权证书与受让方订立合同转让土地使用权，起诉前转让方已经取得出让土地使用权证书或者有批准权的人民政府同意转让的，应当认定合同有效。"国有土地开荒后用于农耕的土地使用权转让合同的效力认定问题，可以直接适用此规定，即国有土地开荒后用于农耕的土地使用权转让合同在起诉前未经有关部门批准的，应该认定为无效。我们经认真研究后认为，对于国有土地开荒后用于农耕的土地使用权转让合同的效力认定问题，应该

根据案情进行具体判断，对于不违反法律、行政法规的强制性规定的，当事人仅以转让方未取得土地使用权证书为由请求确认合同无效的，人民法院应依法不予支持。

1. 关于国有土地开荒后用于农耕的土地使用权转让合同效力的判断规则。合同法第四十四条第二款规定："法律、行政法规规定应当办理批准、登记等手续生效的，依照其规定。"物权法第十五条规定："当事人之间订立有关设立、变更、转让和消灭不动产物权的合同，除法律另有规定或者合同另有约定外，自合同成立时生效；未办理物权登记的，不影响合同效力。"最高人民法院《关于适用合同法若干问题的解释（一）》第4条规定："合同法实施以后，人民法院确认合同无效，应当以全国人大及其常委会制定的法律和国务院制定的行政法规为依据，不得以地方性法规、行政规章为依据。"其第9条第1款规定："依照合同法第四十四条第二款的规定，法律、行政法规规定合同应当办理批准手续，或者办理批准、登记等手续才生效，在一审法庭辩论终结前当事人仍未办理批准手续的，或者仍未办理批准、登记等手续的，人民法院应当认定该合同未生效；法律、行政法规规定合同应当办理登记手续，但未规定登记后生效的，当事人未办理登记手续不影响合同的效力，合同标的物所有权及其他物权不能转移。"虽然土地管理法第四十条规定："开发未确定使用权的国有荒山、荒地、荒滩从事种植业、林业、畜牧业、渔业生产的，经县级以上人民政府依法批准，可以确定给开发单位或者个人长期使用。"但是本条规定仅是对国有荒地出让或划拨的限定，并非对国有土地开荒后用于农耕的土地使用权转让的禁止性规定，"经县级以上人民政府依法批准"也不是国有土地开荒后用于农耕的土地使用权转让合同的生效要件。因此，不能以未经县级以上人民政府依法批准或者未取得土地使用权证书认定国有土地开荒后用于农耕的土地使用权转让合同无效。

2. 结合具体案情的考量。合同法第一百零七条规定："当事人一方不履行合同义务或者履行合同义务不符合约定的,应当承担继续履行、采取补救措施或者赔偿损失等违约责任。"《请示》所涉及案件的双方当事人在土地转让契约中明确约定:"待徐某某将所有土地手续办齐全和土地双方验收后付第二次的 40 万元。……徐某某要尽快办理土地使用的一切手续,待办好后交苟某某收存保管。"可见,办理土地使用权审批手续属于合同约定的徐某某应当承担的义务。徐某某未按约定履行该义务,应当承担相应的违约责任,而不能据此认定该合同无效。

3. 从法律效果与社会效果有机统一的办案目标考量。作为一种新的涉农案件类型,在不违反法律、行政法规的强制性规定的情况下,尽量维持合同效力,不以未办理相关土地使用权证书或履行批准手续为由认定合同无效,符合合同法、物权法及最高人民法院《关于为推进农村改革发展提供司法保障和法律服务的若干意见》等法律、规范性文件的精神,有利于维持合同关系稳定,促进土地开发和利用,推动农业生产和发展。

关于在国有土地开荒后用于农耕的土地使用权转让合同纠纷中贯彻物权变动与其原因行为的区分原则的问题。

区分原则是物权法规定的一项重要原则,其第十五条规定:"当事人之间订立有关设立、变更、转让和消灭不动产物权的合同,除法律另有规定或者合同另有约定外,自合同成立时生效;未办理物权登记的,不影响合同效力。"在物权法施行后,有关土地使用权转让的合同效力要与物权变动本身予以区分,未办理批准登记手续影响的是土地使用权是否变动本身,并不能就此认定合同无效。肯定合同效力,至少可以通过追究违约责任的方式对守约方予以救济,也符合诚实信用原则的要求。但是若简单地认定合同有效,在实践操作上容易与土地使用权转让本身相混淆,影响国家的土地管理秩序。从维护合同诚信、公平保护当事人合法权益及鼓励交易的理念出发,按照区分原则的要求,对国有土地开荒后用于农耕的土地使用权转让合同的效力认定问题应作以下理解:

1. 区分认定该土地使用权转让与该土地使用权转让合同的效力。转让人是否取得土地使用权证书或者其使用该土地是否经有批准权的人民政府批准直接涉及当事人对该土地是否为合法有权使用,当然也是该土地使用权合法有效转让的基础性条件。但这应该与该土地使用权转让合同相区分,该合同的效力仍应依据合同法第五十二条等规定从合同本身进行判断。对于当事人仅以转让方未取得土地使用权证书或者其使用该土地未经有批准权的人民政府依法批准为由请求确认该土地使用权转让合同无效的,人民法院应当依法不予支持。

2. 区分认定该土地使用权转让合同的不同条款的效力。合同法第五十六条规定:"合同部分无效,不影响其他部分效力的,其他部分仍然有效。"如上所述,转让人是否取得土地使用权证书或者其使用该土地是否经有批准权的人民政府批准是该土地使用权合法有效转让的基础性条件。这可以影响该合同项下的土地使用权转让部分的效力,但不能影响该合同项下关于当事人履行办理土地使用权证书义务条款的效力。在此条款不违反法律、行政法规的强制性规定的前提下,有关当事人负有办理土地使用权证书的义务。而在其履行办理土地使用权义务并取得土地使用权证书或者经过有批准权的人民政府依法批准后,该合同项下土地使用权转让部分的条款当然也就具备了合法有效的基础。因此,对于未取得土地使用权证书或者未经有批准权的人民政府批准的情况下,将有关土地使用权本身转让的条款理解为未生效更为科学合理。这样规定既充分尊重了当事人的意思自治,又能够有效维护守约方的合法权益,更是倡导了诚实守信、鼓励交易的合同法基本价值取向。

城市国有土地使用权出让转让规划管理办法

(1992 年 12 月 4 日　建设部令第 22 号发布
根据 2011 年 1 月 26 日《住房和城乡建设部
关于废止和修改部分规章的决定》修订)

第一条　为了加强城市国有土地使用权出让、转让的规划管理，保证城市规划实施，科学、合理利用城市土地，根据《中华人民共和国城乡规划法》《中华人民共和国土地管理法》《中华人民共和国城镇国有土地使用权出让和转让暂行条例》和《外商投资开发经营成片土地暂行管理办法》等制定本办法。

第二条　在城市规划区内城市国有土地使用权出让、转让必须符合城市规划，有利于城市经济社会的发展，并遵守本办法。

第三条　国务院城市规划行政主管部门负责全国城市国有土地使用权出让、转让规划管理的指导工作。

省、自治区、直辖市人民政府城市规划行政主管部门负责本省、自治区、直辖市行政区域内城市国有土地使用权出让、转让规划管理的指导工作。

直辖市、市和县人民政府城市规划行政主管部门负责城市规划区内城市国有土地使用权出让、转让的规划管理工作。

第四条　城市国有土地使用权出让的投放量应当与城市土地资源、经济社会发展和市场需求相适应。土地使用权出让、转让应当与建设项目相结合。城市规划行政主管部门和有关部门要根据城市规划实施的步骤和要求，编制城市国有土地使用权出让规划和计划，包括地块数量、用地面积、地块位置、出让步骤等，保证城市国有土地使用权的出让有规划、有步骤、有计划地进行。

第五条　出让城市国有土地使用权，出让前应当制定控制性详细规划。

出让的地块，必须具有城市规划行政主管部门提出的规划设计条件及附图。

第六条　规划设计条件应当包括：地块面积、土地使用性质、容积率、建筑密度、建筑高度、停车泊位、主要出入口、绿地比例、须配置的公共设施、工程设施、建筑界线、开发期限以及其他要求。

附图应当包括：地块区位和现状，地块坐标、标高，道路红线坐标、标高，出入口位置，建筑界线以及地块周围地区环境与基础设施条件。

第七条　城市国有土地使用权出让、转让合同必须附具规划设计条件及附图。

规划设计条件及附图，出让方和受让方不得擅自变更。在出让、转让过程中确需变更的，必须经城市规划行政主管部门批准。

第八条　城市用地分等定级应当根据城市各地段的现状和规划要求等因素确定。土地出让金的测算应当把出让地块的规划设计条件作为重要依据之一。在城市政府的统一组织下，城市规划行政主管部门应当和有关部门进行城市用地分等定级和土地出让金的测算。

第九条　已取得土地出让合同的，受让方应当持出让合同依法向城市规划行政主管部门申请建设用地规划许可证。在取得建设用地规划许可证后，方可办理土地使用权属证明。

第十条　通过出让获得的土地使用权再转让时，受让方应当遵守原出让合同附具的规划设计条件，并由受让方向城市规划行政主管部门办理登记手续。

受让方如需改变原规划设计条件，应当先经城市规划行政主管部门批准。

第十一条　受让方在符合规划设计条件外为公众提供公共使用空间或设施的，经城市规划行政主管部门批准后，可给予适当提高容积率的补偿。

受让方经城市规划行政主管部门批准变更规划设计条件而获得的收益，应当按规定比例上交城市政府。

第十二条　城市规划行政主管部门有权对城市国有土地使用权出让、转让过程是否符合城市规划进行监督检查。

第十三条　凡持未附具城市规划行政主管部门提供规划设计条件及附图的出让、转让合同，或擅自变更的，城市规划行政主管部门不予办理建设用地规划许可证。

凡未取得或擅自变更建设用地规划许可证而办理土地使用权属证明的，土地权属证明无效。

第十四条　各级人民政府城市规划行政主管部门，应当对本行政区域内的城市国有土地使用权出让、转让规划管理情况逐项登记，定期汇总。

第十五条　城市规划行政主管部门应当深化城市土地利用规划，加强规划管理工作。城市规划行政主管部门必须提高办事效率，对申领规划设计条件及附图、建设用地规划许可证的，应当在规定的期限内完成。

第十六条　各省、自治区、直辖市城市规划行政主管部门可以根据本办法制定实施细则，报当地人民政府批准后执行。

第十七条　本办法由建设部负责解释。

第十八条　本办法自 1993 年 1 月 1 日起施行。

划拨土地使用权管理暂行办法

（1992 年 3 月 8 日　国家土地管理局令〔92〕第 1 号发布）

第一条　为贯彻实施《中华人民共和国城镇国有土地使用权出让和转让暂行条例》（以下简称《条例》），加强对划拨土地使用权的管理，特制定本办法。

第二条　划拨土地使用权，是指土地使用者通过除出让土地使用权以外的其他各种方式依法取得的国有土地使用权。

第三条　划拨土地使用权（以下简称"土地使用权"）的转让、出租、抵押活动，适用本办法。

第四条　县级以上人民政府土地管理部门依法对土地使用权转让、出租、抵押活动进行管理和监督检查。

第五条　未经市、县人民政府土地管理部门批准并办理土地使用权出让手续，交付土地使用权出让金的土地使用者，不得转让、出租、抵押土地使用权。

第六条　符合下列条件的，经市、县人民政府土地管理部门批准，其土地使用权可转让、出租、抵押：

（一）土地使用者为公司、企业、其他经济组织和个人；

（二）领有国有土地使用证；

（三）具有合法的地上建筑物、其他附着物产权证明；

（四）依照《条例》和本办法规定签订土地使用权出让合同，向当地市、县人民政府交付土地使用权出让金或者以转让、出租、抵押所获收益抵交土地使用权出让金。

第七条　土地使用权转让，是指土地使

用者将土地使用权单独或者随同地上建筑物、其他附着物转移给他人的行为。

原拥有土地使用权的一方称为转让人，接受土地使用权的一方称为受让人。

第八条 土地使用权转让的方式包括出售、交换和赠与等。

出售是指转让人以土地使用权作为交易条件，取得一定收益的行为。

交换是指土地使用者之间互相转移土地使用权的行为。

赠与是指转让人将土地使用权无偿转移给受让人的行为。

第九条 土地使用权出租，是指土地使用者将土地使用权单独或者随同地上建筑物、其他附着物租赁给他人使用，由他人向其支付租金的行为。

原拥有土地使用权的一方称为出租人，承租土地使用权的一方称为承租人。

第十条 土地使用权抵押，是指土地使用者提供可供抵押的土地使用权作为按期清偿债务的担保的行为。

原拥有土地使用权的一方称为抵押人，抵押债权人称为抵押权人。

第十一条 转让、抵押土地使用权，其地上建筑物、其他附着物所有权随之转让、抵押；转让、抵押地上建筑物、其他附着物所有权，其使用范围内的土地使用权随之转让、抵押。但地上建筑物、其他附着物作为动产转让的除外。

出租土地使用权，其地上建筑物、其他附着物使用权随之出租；出租地上建筑物、其他附着物使用权，其使用范围内的土地使用权随之出租。

第十二条 土地使用者需要转让、出租、抵押土地使用权的，必须持国有土地使用证以及地上建筑物、其他附着物产权证明等合法证件，向所在地市、县人民政府土地管理部门提出书面申请。

第十三条 市、县人民政府土地管理部门应当在接到转让、出租、抵押土地使用权

书面申请书之日起十五日内给予回复。

第十四条 市、县人民政府土地管理部门与申请人经过协商后，签订土地使用权出让合同。

第十五条 土地使用权转让、出租、抵押行为的双方当事人应当依照有关法律、法规和土地使用权出让合同的规定，签订土地使用权转让、租赁、抵押合同。

第十六条 土地使用者应当在土地使用权出让合同签订后六十日内，向所在地市、县人民政府交付土地使用权出让金，到市、县人民政府土地管理部门办理土地使用权出让登记手续。

第十七条 双方当事人应当在办理土地使用权出让登记手续后十五日内，到所在地市、县人民政府土地管理部门办理土地使用权转让、出租、抵押登记手续。

办理登记手续，应当提交下列证明文件、材料：

（一）国有土地使用证；

（二）土地使用权出让合同；

（三）土地使用权转让、租赁、抵押合同；

（四）市、县人民政府土地管理部门认为有必要提交的其他证明文件、材料。

第十八条 土地使用权转让，土地使用权出让合同和登记文件中所载明的权利、义务随之转移。

第十九条 土地使用权出租、抵押，出租人、抵押人必须继续履行土地使用权出让合同。

第二十条 土地使用权转让后，受让人需要改变土地使用权出让合同规定内容的，应当征得所在地市、县人民政府土地管理部门同意，并按规定的审批权限经土地管理部门和城市规划部门批准，依照《条例》和本办法规定重新签订土地使用权出让合同，调整土地使用权出让金，并办理土地登记手续。

第二十一条 土地使用权出租后，承租人不得新建永久性建筑物、构筑物。需要建

造临时性建筑物、构筑物的，必须征得出租人同意，并按照有关法律、法规的规定办理审批手续。

土地使用权出租后，承租人需要改变土地使用权出让合同规定内容的，必须征得出租人同意，并按规定的审批权限经土地管理部门和城市规划部门批准，依照《条例》和本办法规定重新签订土地使用权出让合同，调整土地使用权出让金，并办理土地登记手续。

第二十二条 土地使用权租赁合同终止后，出租人应当自租赁合同终止之日起十五日内，到原登记机关办理注销土地使用权出租登记手续。

第二十三条 土地使用权抵押合同终止后，抵押人应当自抵押合同终止之日起十五日内，到原登记机关办理注销土地使用权抵押登记手续。

第二十四条 抵押人到期未能履行债务或者在抵押合同期间宣告解散、破产的，抵押权人有权依照国家法律、法规和抵押合同的规定处分抵押财产。

因处分抵押财产而取得土地使用权的，土地使用者应当自权利取得之日起十五日内，到所在地市、县人民政府土地管理部门办理变更土地登记手续。

第二十五条 土地使用者转让、出租、抵押土地使用权，在办理土地使用权出让手续时，其土地使用权出让期由所在地市、县人民政府土地管理部门与土地使用者经过协商后，在土地使用权出让合同中订明，但不得超过《条例》规定的最高年限。

第二十六条 土地使用权出让金，区别土地使用权转让、出租、抵押等不同方式，按标定地价的一定比例收取，最低不得低于标定地价的40%。标定地价由所在地市、县人民政府土地管理部门根据基准地价，按土地使用权转让、出租、抵押期限和地块条件核定。

第二十七条 土地使用权出让金，由市、县人民政府土地管理部门代表政府收取，按国家有关规定管理。

第二十八条 土地使用权出让期届满，土地使用者必须在出让期满之日起十五日内持国有土地使用证和土地使用权出让合同，到原登记机关办理注销出让登记手续。

第二十九条 土地使用权出让期满后，土地使用者再转让、出租、抵押土地使用权时，须按本办法规定重新签订土地使用权出让合同，支付土地使用权出让金，并办理变更土地登记手续。

第三十条 土地使用权出让期间，国家在特殊情况下，根据社会公共利益的需要，可以依照法律程序收回土地使用权，并根据土地使用者已使用的年限和开发、利用土地的实际情况给予相应的补偿。

第三十一条 土地使用者未按土地使用权出让合同规定的期限支付全部出让金的，出让方有权解除合同，并可请求违约赔偿。

第三十二条 土地使用权转让、出租、抵押，当事人不办理土地登记手续的，其行为无效，不受法律保护。

第三十三条 对未经批准擅自转让、出租、抵押土地使用权的单位和个人，由所在地市、县人民政府土地管理部门依照《条例》第四十六条规定处理。

第三十四条 当事人对土地管理部门作出的行政处罚决定不服的，可以依照《中华人民共和国行政诉讼法》向人民法院提起诉讼。

第三十五条 县级以上人民政府土地管理部门应当加强对土地使用权转让、出租、抵押活动的监督检查工作，对违法行为，应当及时查处。

第三十六条 土地管理部门在对土地使用权转让、出租、抵押活动进行监督检查时，被检查的单位或者个人应当予以配合，如实反映情况，提供有关文件、资料，不得阻挠。

第三十七条 土地管理部门在监督检查中，可以采取下列措施：

（一）查阅、复制与土地监督检查事项有关的文件、资料；

（二）要求被监督检查的单位和个人提供或者报送与监督检查事项有关的文件、资料及其他必要情况；

（三）责令被监督检查的单位和个人停止正在进行的土地违法行为。

第三十八条 土地管理部门办理土地使用权出让等业务活动的经费，按照国家有关规定办理。

第三十九条 经济组织以外的其他组织从事土地使用权转让、出租、抵押活动的，可参照本办法办理。

第四十条 以土地使用权作为条件，与他人进行联建房屋、举办联营企业的，视为土地使用权转让行为，按照本办法办理。

第四十一条 对《条例》实施后，本办法实施前发生的未经批准擅自转让、出租、抵押土地使用权行为，市、县人民政府土地管理部门应当组织进行清理，并按《条例》规定处罚后，补办出让手续。

第四十二条 本办法由国家土地管理局负责解释。

第四十三条 本办法自发布之日起施行。

国家土地管理局
关于印发《确定土地所有权和使用权的若干规定》的通知

1995 年 3 月 11 日　　　　　〔1995〕国土〔籍〕字第 26 号

各省、自治区、直辖市土地（国土）管理局（厅）：

国家土地管理局《关于确定土地权属问题的若干意见》（〔1989〕国土〔籍〕字第 73 号，以下简称《意见》）印发五年多来，对于贯彻《土地管理法》，解决土地权属争议，促进土地登记工作起到了重要作用。随着土地使用制度改革的深化和发展，需要对《意见》加以充实和完善。为此，我局在研究、总结了各地确权实践及各方面意见和建议的基础上，根据有关法律、法规和政策，将《意见》修订为《确定土地所有权和使用权的若干规定》。现印发给你们，请遵照执行，原《意见》同时废止。

附：

确定土地所有权和使用权的若干规定

第一章　总　则

第一条 为了确定土地所有权和使用权，依法进行土地登记，根据有关的法律、法规和政策，制订本规定。

第二条 土地所有权和使用权由县级以上人民政府确定，土地管理部门具体承办。

土地权属争议，由土地管理部门提出处理意见，报人民政府下达处理决定或报人民政府批准后由土地管理部门下达处理决定。

第二章　国家土地所有权

第三条　城市市区范围内的土地属于国家所有。

第四条　依据一九五〇年《中华人民共和国土地改革法》及有关规定，凡当时没有将土地所有权分配给农民的土地属于国家所有；实施一九六二年《农村人民公社工作条例修正草案》（以下简称《六十条》）未划入农民集体范围内的土地属于国家所有。

第五条　国家建设征收的土地，属于国家所有。

第六条　开发利用国有土地，开发利用者依法享有土地使用权，土地所有权仍属国家。

第七条　国有铁路线路、车站、货场用地以及依法留用的其他铁路用地属于国家所有。土改时已分配给农民所有的原铁路用地和新建铁路两侧未经征收的农民集体所有土地属于农民集体所有。

第八条　县级以上（含县级）公路线路用地属于国家所有。公路两侧保护用地和公路其他用地凡未经征收的农民集体所有的土地仍属于农民集体所有。

第九条　国有电力、通讯设施用地属于国家所有。但国有电力通讯杆塔占用农民集体所有的土地，未办理征收手续的，土地仍属于农民集体所有，对电力通讯经营单位可确定为他项权利。

第十条　军队接收的敌伪地产及解放后经人民政府批准征收、划拨的军事用地属于国家所有。

第十一条　河道堤防内的土地和堤防外的护堤地，无堤防河道历史最高洪水位或者设计洪水位以下的土地，除土改时已将所有权分配给农民，国家未征收，且迄今仍归农民集体使用的外，属于国家所有。

第十二条　县级以上（含县级）水利部门直接管理的水库、渠道等水利工程用地属于国家所有。水利工程管理和保护范围内未经征收的农民集体土地仍属于农民集体所有。

第十三条　国家建设对农民集体全部进行移民安置并调剂土地后，迁移农民集体原有土地转为国家所有。但移民后原集体仍继续使用的集体所有土地，国家未进行征收的，其所有权不变。

第十四条　因国家建设征收土地，农民集体建制被撤销或其人口全部转为非农业人口，其未经征收的土地，归国家所有。继续使用原有土地的原农民集体及其成员享有国有土地使用权。

第十五条　全民所有制单位和城镇集体所有制单位兼并农民集体企业的，办理有关手续后，被兼并的原农民集体企业使用的集体所有土地转为国家所有。乡（镇）企业依照国家建设征收土地的审批程序和补偿标准使用的非本乡（镇）村农民集体所有的土地，转为国家所有。

第十六条　一九六二年九月《六十条》公布以前，全民所有制单位，城市集体所有制单位和集体所有制的华侨农场使用的原农民集体所有的土地（含合作化之前的个人土地），迄今没有退给农民集体的，属于国家所有。

《六十条》公布时起至一九八二年五月《国家建设征收土地条例》公布时止，全民所有制单位、城市集体所有制单位使用的原农民集体所有的土地，有下列情形之一的，属于国家所有：

1. 签订过土地转移等有关协议的；

2. 经县级以上人民政府批准使用的；

3. 进行过一定补偿或安置劳动力的；

4. 接受农民集体馈赠的；

5. 已购买原集体所有的建筑物的；

6. 农民集体所有制企事业单位转为全民所有制或者城市集体所有制单位的。

一九八二年五月《国家建设征收土地条例》公布时起至一九八七年《土地管理法》开始施行时止，全民所有制单位、城市集体所有制单位违反规定使用的农民集体土地，依照有关规定进行了清查处理后仍由全民所有制单位、城市集体所有制单位使用的，确定为国家所有。

凡属上述情况以外未办理征地手续使用的农民集体土地，由县级以上地方人民政府根据具体情况，按当时规定补办征地手续，或退还农民集体。一九八七年《土地管理法》施行后违法占用的农民集体土地，必须依法处理后，再确定土地所有权。

第十七条 一九八六年三月中共中央、国务院《关于加强土地管理、制止乱占耕地的通知》发布之前，全民所有制单位、城市集体所有制单位租用农民集体所有的土地，按照有关规定处理后，能够恢复耕种的，退还农民集体耕种，所有权仍属于农民集体；已建成永久性建筑物的，由用地单位按租用时的规定，补办手续，土地归国家所有。凡已经按照有关规定处理了的，可按处理决定确定所有权和使用权。

第十八条 土地所有权有争议，不能依法证明争议土地属于农民集体所有的，属于国家所有。

第三章 集体土地所有权

第十九条 土地改革时分给农民并颁发了土地所有证的土地，属于农民集体所有；实施《六十条》时确定为集体所有的土地，属农民集体所有。依照第二章规定属于国家所有的除外。

第二十条 村农民集体所有的土地，按目前该村农民集体实际使用的本集体土地所有权界线确定所有权。

根据《六十条》确定的农民集体土地所有权，由于下列原因发生变更的，按变更后的现状确定集体土地所有权。

（一）由于村、队、社、场合并或分割等管理体制的变化引起土地所有权变更的；

（二）由于土地开发、国家征地、集体兴办企事业或者自然灾害等原因进行过土地调整的；

（三）由于农田基本建设和行政区划变动等原因重新划定土地所有权界线的。行政区

划变动未涉及土地权属变更的，原土地权属不变。

第二十一条 农民集体连续使用其他农民集体所有的土地已满二十年的，应视为现使用者所有；连续使用不满二十年，或者虽满二十年但在二十年期满之前所有者曾向现使用者或有关部门提出归还的，由县级以上人民政府根据具体情况确定土地所有权。

第二十二条 乡（镇）或村在集体所有的土地上修建并管理的道路、水利设施用地，分别属于乡（镇）或村农民集体所有。

第二十三条 乡（镇）或村办企事业单位使用的集体土地，《六十条》公布以前使用的，分别属于该乡（镇）或村农民集体所有；《六十条》公布时起至一九八二年国务院《村镇建房用地管理条例》发布时止使用的，有下列情况之一的，分别属于该乡（镇）或村农民集体所有：

1. 签订过用地协议的（不含租借）；

2. 经县、乡（公社）、村（大队）批准或同意，并进行了适当的土地调整或者经过一定补偿的；

3. 通过购买房屋取得的；

4. 原集体企事业单位体制经批准变更的。

一九八二年国务院《村镇建房用地管理条例》发布时起至一九八七年《土地管理法》开始施行时止，乡（镇）、村办企事业单位违反规定使用的集体土地按照有关规定清查处理后，乡（镇）、村集体单位继续使用的，可确定为该乡（镇）或村集体所有。

乡（镇）、村办企事业单位采用上述以外的方式占用的集体土地，或虽采用上述方式，但目前土地利用不合理的，如荒废、闲置等，应将其全部或部分土地退还原村或乡农民集体，或按有关规定进行处理。一九八七年《土地管理法》施行后违法占用的土地，须依法处理后再确定所有权。

第二十四条 乡（镇）企业使用本乡（镇）、村集体所有的土地，依照有关规定进行补偿和安置的，土地所有权转为乡（镇）

农民集体所有。经依法批准的乡（镇）、村公共设施、公益事业使用的农民集体土地，分别属于乡（镇）、村农民集体所有。

第二十五条　农民集体经依法批准以土地使用权作为联营条件与其他单位或个人举办联营企业的，或者农民集体经依法批准以集体所有的土地的使用权作价入股，举办外商投资企业和内联乡镇企业的，集体土地所有权不变。

第四章　国有土地使用权

第二十六条　土地使用权确定给直接使用土地的具有法人资格的单位或个人。但法律、法规、政策和本规定另有规定的除外。

第二十七条　土地使用者经国家依法划拨、出让或解放初期接收、沿用，或通过依法转让、继承、接受地上建筑物等方式使用国有土地的，可确定其国有土地使用权。

第二十八条　土地公有制之前，通过购买房屋或土地及租赁土地方式使用私有的土地，土地转为国有后迄今仍继续使用的，可确定现使用者国有土地使用权。

第二十九条　因原房屋拆除、改建或自然坍塌等原因，已经变更了实际土地使用者的，经依法审核批准，可将土地使用权确定给实际土地使用者；空地及房屋坍塌或拆除后两年以上仍未恢复使用的土地，由当地县级以上人民政府收回土地使用权。

第三十条　原宗教团体、寺观教堂宗教活动用地，被其他单位占用，原使用单位因恢复宗教活动需要退还使用的，应按有关规定予以退还。确属无法退还或土地使用权有争议的，经协商、处理后确定土地使用权。

第三十一条　军事设施用地（含靶场、试验场、训练场）依照解放初土地接收文件和人民政府批准征收或划拨土地的文件确定土地使用权。土地使用权有争议的，按照国务院、中央军委有关文件规定处理后，再确定土地使用权。

国家确定的保留或地方代管的军事设施用地的土地使用权确定给军队，现由其他单位使用的，可依照有关规定确定为他项权利。

经国家批准撤销的军事设施，其土地使用权依照有关规定由当地县级以上人民政府收回并重新确定使用权。

第三十二条　依法接收、征收、划拨的铁路线路用地及其他铁路设施用地，现仍由铁路单位使用的，其使用权确定给铁路单位。铁路线路路基两侧依法取得使用权的保护用地，使用权确定给铁路单位。

第三十三条　国家水利、公路设施用地依照征收、划拨文件和有关法律、法规划定用地界线。

第三十四条　驻机关、企事业单位内的行政管理和服务性单位，经政府批准使用的土地，可以由土地管理部门商被驻单位规定土地的用途和其他限制条件后分别确定实际土地使用者的土地使用权。但租用房屋的除外。

第三十五条　原由铁路、公路、水利、电力、军队及其他单位和个人使用的土地，一九八二年五月《国家建设征收土地条例》公布之前，已经转由其他单位或个人使用的，除按照国家法律和政策应当退还的外，其国有土地使用权可确定给实际土地使用者，但严重影响上述部门的设施安全和正常使用的，暂不确定土地使用权，按照有关规定处理后，再确定土地使用权。一九八二年五月以后非法转让的，经依法处理后再确定使用权。

第三十六条　农民集体使用的国有土地，其使用权按县级以上人民政府主管部门审批、划拨文件确定；没有审批、划拨文件的，依照当时规定补办手续后，按使用现状确定；过去未明确划定使用界线的，由县级以上人民政府参照土地实际使用情况确定。

第三十七条　未按规定用途使用的国有土地，由县级以上人民政府收回重新安排使用，或者按有关规定处理后确定使用权。

第三十八条　一九八七年一月《土地管理法》施行之前重复划拨或重复征收的土地，可按目前实际使用情况或者根据最后一次划拨或征收文件确定使用权。

第三十九条 以土地使用权为条件与其他单位或个人合建房屋的，根据批准文件、合建协议或者投资数额确定土地使用权，但一九八二年《国家建设征收土地条例》公布后合建的，应依法办理土地转让手续后再确定土地使用权。

第四十条 以出让方式取得的土地使用权或以划拨方式取得的土地使用权补办出让手续后作为资产入股的，土地使用权确定给股份制企业。

国家以土地使用权作价入股的，土地使用权确定给股份制企业。

国家将土地使用权租赁给股份制企业的，土地使用权确定给股份制企业。企业以出让方式取得的土地使用权或以划拨方式取得的土地使用权补办出让手续后，出租给股份制企业的，土地使用权不变。

第四十一条 企业以出让方式取得的土地使用权，企业破产后，经依法处置，确定给新的受让人；企业通过划拨方式取得的土地使用权，企业破产时，其土地使用权由县级上人民政府收回后，根据有关规定进行处置。

第四十二条 法人之间合并，依法属于应当以有偿方式取得土地使用权的，原土地使用权应当办理有关手续，有偿取得土地使用权；依法可以以划拨形式取得土地使用权的，可以办理划拨土地权属变更登记，取得土地使用权。

第五章 集体土地建设用地使用权

第四十三条 乡（镇）村办企业事业单位和个人依法使用农民集体土地进行非农业建设的，可依法确定使用者集体土地建设用地使用权。对多占少用、占而不用的，其闲置部分不予确定使用权，并退还农民集体，另行安排使用。

第四十四条 依照本规定第二十五条规定的农民集体土地，集体土地建设用地使用权确定给联营或股份企业。

第四十五条 一九八二年二月国务院发布《村镇建房用地管理条例》之前农村居民建房占用的宅基地，超过当地政府规定的面积，在《村镇建房用地管理条例》施行后未经拆迁、改建、翻建的，可以暂按现有实际使用面积确定集体土地建设用地使用权。

第四十六条 一九八二年二月《村镇建房用地管理条例》发布时起至一九八七年一月《土地管理法》开始施行时止，农村居民建房占用的宅基地，其面积超过当地政府规定标准的，超过部分按一九八六年三月中共中央、国务院《关于加强土地管理、制止乱占耕地的通知》及地方人民政府的有关规定处理后，按处理后实际使用面积确定集体土地建设用地使用权。

第四十七条 符合当地政府分户建房规定而尚未分户的农村居民，其现有的宅基地没有超过分户建房用地合计面积标准的，可按现有宅基地面积确定集体土地建设用地使用权。

第四十八条 非农业户口居民（含华侨）原在农村的宅基地，房屋产权没有变化的，可依法确定其集体土地建设用地使用权。房屋拆除后没有批准重建的，土地使用权由集体收回。

第四十九条 接受转让、购买房屋取得的宅基地，与原有宅基地合计面积超过当地政府规定标准，按照有关规定处理后允许继续使用的，可暂确定其集体土地建设用地使用权。继承房屋取得的宅基地，可确定集体土地建设用地使用权。

第五十条 农村专业户宅基地以外的非农业建设用地与宅基地分别确定集体土地建设用地使用权。

第五十一条 按照本规定第四十五条至第四十九条的规定确定农村居民宅基地集体土地建设用地使用权时，其面积超过当地政府规定标准的，可在土地登记卡和土地证书内注明超过标准面积的数量。以后分户建房或现有房屋拆迁、改建、翻建或政府依法实施规划重新建设时，按当地政府规定的面积标准重新确定使用权，其超过部分退还集体。

第五十二条　空闲或房屋坍塌、拆除两年以上未恢复使用的宅基地，不确定土地使用权。已经确定使用权的，由集体报经县级人民政府批准，注销其土地登记，土地由集体收回。

第六章　附　则

第五十三条　一宗地由两个以上单位或个人共同使用的，可确定为共有土地使用权。共有土地使用权面积可以在共有使用人之间分摊。

第五十四条　地面与空中、地面与地下立体交叉使用土地的（楼房除外），土地使用权确定给地面使用者，空中和地下可确定为他项权利。

平面交叉使用土地的，可以确定为共有土地使用权；也可以将土地使用权确定给主要用途或优先使用单位，次要和服从使用单位可确定为他项权利。

上述两款中的交叉用地，如属合法批准征收、划拨的，可按批准文件确定使用权，其他用地单位确定为他项权利。

第五十五条　依法划定的铁路、公路、河道、水利工程、军事设施、危险品生产和储存地、风景区等区域的管理和保护范围内的土地，其土地的所有权和使用权依照土地管理有关法规确定。但对上述范围内的土地的用途，可以根据有关的规定增加适当的限制条件。

第五十六条　土地所有权或使用权证明文件上的四至界线与实地一致，但实地面积与批准面积不一致的，按实地四至界线计算土地面积，确定土地的所有权或使用权。

第五十七条　他项权利依照法律或当事人约定设定。他项权利可以与土地所有权或使用权同时确定，也可在土地所有权或使用权确定之后增设。

第五十八条　各级人民政府或人民法院已依法处理的土地权属争议，按处理决定确定土地所有权或使用权。

第五十九条　本规定由国家土地管理局负责解释。

第六十条　本规定自一九九五年五月一日起施行。一九八九年七月五日国家土地管理局印发的《关于确定土地权属问题的若干意见》同时停止执行。

国有企业改革中划拨土地使用权管理暂行规定

1998 年 2 月 17 日　　　　　　　　国家土地管理局令第八号

第一条　为支持国有企业改革，进一步推行土地有偿使用制度，明晰土地产权关系，加强土地资产管理，根据土地管理法律、法规和有关政策，制定本规定。

第二条　国有企业实行公司制改造、组建企业集团、股份合作制改组、租赁经营和出售、兼并、合并、破产等改革，涉及的划拨土地使用权管理，应当遵守本规定。

第三条　国有企业使用的划拨土地使用权，应当依法逐步实行有偿使用制度。

对国有企业改革中涉及的划拨土地使用权，根据企业改革的不同形式和具体情况，可分别采取国有土地使用权出让、国有土地租赁、国家以土地使用权作价出资（入股）和保留划拨用地方式予以处置。

本规定所称国有土地租赁，是指土地使用者与县级以上人民政府土地管理部门签订一定年期的土地租赁合同，并支付租金的行为。土地租赁合同经出租方同意后可以转让，改变原合同规定的使用条件，应当重新签订土地租赁合同。签订土地租赁合同和转让土地租赁合同应当办理土地登记和变更登记手续。租赁土地上的房屋等建筑物、构筑物可以依法抵押，抵押权实现时，土地租赁合同同时转让。

本规定所称国家以土地使用权作价出资（入股），是指国家以一定年期的国有土地使用权作价，作为出资投入改组后的新设企业，该土地使用权由新设企业持有，可以依照土地管理法律、法规关于出让土地使用权的规定转让、出租、抵押。土地使用权作价出资（入股）形成的国家股股权，按照国有资产投资主体由有批准权的人民政府土地管理部门委托有资格的国有股权持股单位统一持有。

第四条　国家根据需要，可以一定年期的国有土地使用权作价后授权给经国务院批准设立的国家控股公司、作为国家授权投资机构的国有独资公司和集团公司经营管理。国有土地使用权授权经营，由国家土地管理局审批，并发给国有土地使用权经营管理授权书。被授权的国家控股公司、作为国家授权投资机构的国有独资公司和集团公司凭授权书，可以向其直属企业、控股企业、参股企业以作价出资（入股）或租赁等方式配置土地，企业应持土地使用权经营管理授权书和有关文件，按规定办理变更土地登记手续。

被授权经营土地使用权的国家控股公司、国有独资公司、集团公司必须接受授权部门的监督管理。被授权的企业必须对土地资产保值、增值情况提供年度报告；对企业土地股权的年度变化情况以及对土地资产处置的文件及时报授权部门备案，授权部门每年要对企业经营土地资产的情况和执行土地管理法律、法规的情况进行监督检查，企业违反土地管理法律、法规的规定以及超越授权经营的权限和范围使用土地或处置土地资产的，授权部门有权依法予以查处，并追究当事人的法律责任。

国有土地使用权需要作价授权经营给省属企业的，经国家土地管理局批准，由省级人民政府土地管理部门决定，并按本条规定执行。

第五条　企业改革涉及的划拨土地使用权，有下列情形之一的，应当采取出让或租赁方式处置：

（一）国有企业改造或改组为有限责任公司、股份有限公司以及组建企业集团的；

（二）国有企业改组为股份合作制的；

（三）国有企业租赁经营的；

（四）非国有企业兼并国有企业的。

第六条　国有企业破产或出售的，企业原划拨土地使用权应当以出让方式处置。

破产企业属国务院确定的企业优化资本结构试点城市范围内的国有工业企业，土地使用权出让金应首先安置破产企业职工，破产企业将土地使用权进行抵押的，抵押权实现时土地使用权折价或者拍卖、变卖后所得也应首先用于安置破产企业职工。

第七条　根据国家产业政策，须由国家控股的关系国计民生、国民经济命脉的关键领域和基础性行业企业或大型骨干企业，改造或改组为有限责任公司、股份有限公司以及组建企业集团的，涉及的划拨土地使用权经省级以上人民政府土地管理部门批准，可以采取国家以土地使用权作价出资（入股）方式处置。

第八条　企业改革涉及的土地使用权，有下列情形之一的，经批准可以采取保留划拨方式处置：

（一）继续作为城市基础设施用地、公益事业用地和国家重点扶持的能源、交通、水利等项目用地，原土地用途不发生改变的，但改造或改组为公司制企业的除外；

（二）国有企业兼并国有企业或非国有企业以及国有企业合并，兼并或合并后的企业是国有工业生产企业的；

（三）在国有企业兼并、合并中，被兼并的国有企业或国有企业合并中的一方属于濒

临破产的企业;

（四）国有企业改造或改组为国有独资公司的。

前款第（二）、（三）、（四）项保留划拨用地方式的期限不超过五年。

第九条　处置的土地使用权,应当具备下列条件:

土地使用权必须权属合法、无争议,并已办理土地登记,企业持有土地使用权证书。尚未登记的,企业应向土地所在地的土地管理部门申请土地权属审核,取得土地管理部门出具的土地权属证明。

土地使用权除保留划拨地方式外,采取其他方式处置的,必须进行地价评估。企业应委托经国家土地管理局和省级人民政府土地管理部门认证的、具有相应土地估价资格的机构进行地价评估。

第十条　处置土地使用权应当按下列程序办理:

（一）拟订土地使用权处置方案。由企业或企业隶属单位拟订土地使用权处置方案,主要内容应包括企业改革的形式和内容、企业现使用土地的状况和拟处置土地的状况、拟处置方式和处置价格及理由等。

（二）地价评估结果确认和土地使用权处置方案审批。地价评估结果和土地使用权处置方案应当报有批准权的人民政府土地管理部门确认和审批,报批时还应同时提交企业改革的批准文件、资产重组方案、土地使用权证书或土地权属证明以及其他有关材料。

企业进行公司制改造、改组或组建企业集团,属于国务院或国务院授权部门批准设立的公司和企业集团以及境外上市公司的,土地估价结果和土地使用权处置方案由企业隶属单位报国家土地管理局确认、审批;属于省级人民政府或其授权部门批准设立的公司和企业集团,土地估价结果和土地使用权处置方案由企业隶属单位报省级人民政府土地管理部门确认、审批。

企业实行股份合作制改组、租赁经营和

出售、兼并、合并、破产的,土地估价结果和土地使用权处置方案由企业隶属单位报上一级人民政府土地管理部门确认、审批;属于中央企业的,报国家土地管理局确认、审批。

（三）签订合同与变更土地登记。土地使用权处置方案经批准后,采取国有土地使用权出让方式处置的,企业应持土地使用权处置批准文件和其他有关文件与土地所在地的市、县人民政府土地管理部门签订国有土地使用权出让合同,并按规定办理土地登记手续;采取国有土地租赁方式处置的,企业应持土地使用权处置批准文件和其他有关文件与土地所在地的县级以上人民政府土地管理部门签订国有土地租赁合同,并按规定办理土地登记手续;采取国家以土地使用权作价出资（入股）方式处置的,企业应持国家土地管理局或省级人民政府土地管理部门签署的土地使用权处置批准文件以及作价出资（入股）决定书,按规定办理土地登记手续;采取保留划拨用地方式处置的,企业应持土地使用权处置批准文件及其他有关文件按规定办理土地登记手续。

土地使用权作价出资（入股）决定书的样式、内容由国家土地管理局另行统一规定。

第十一条　处置土地使用权涉及的土地使用权出让金、租金、作价出资（股本）额的确定,均应以经有批准权的人民政府土地管理部门确认的土地估价结果为依据。

第十二条　土地管理部门应当建立地价评估结果确认和土地使用权处置以及授权经营审批的会审制度,经本部门有关机构会审后,方可签署批准意见。

第十三条　国有企业改革中处置土地使用权,其土地用途必须符合当地的土地利用总体规划,在城市规划区内的,还应符合城市规划,需要改变土地用途的,应当依法办理有关批准手续,补交出让金或有关土地有偿使用费;按照国务院规定,属于特殊行业的国有企业,其土地收益可全额留给企业,用于安置企业职工以及偿还企业债务。

第十四条 对土地权属不合法或有争议、未办理土地登记或未能提供土地管理部门出具的土地权属证明，不按土地管理法律、法规和规章及本规定进行地价评估的，地价评估结果不予确认，土地使用权处置方案不予批准。

企业改革中涉及的土地使用权，未经批准擅自处置并发生土地使用权转移或改变土地用途的，按非法转让土地或非法占地处罚。

土地管理部门违反本规定批准的土地使用权处置方案无效，对其单位有关责任人员追究行政责任。

第十五条 本规定未涉及的其他形式国有企业改革中划拨土地使用权处置的，凡不属于本规定中关于保留划拨用地方式处置的情形，均应以出让、租赁、作价出资（入股）方式处置土地使用权。

第十六条 非国有企业改革中涉及的划拨土地使用权处置，按照土地审批权限经有批准权的人民政府土地管理部门批准后，参照本规定执行。

第十七条 在本规定实施之前国家土地管理局作出的有关规定以及各地制定的有关企业改革中土地使用权处置管理办法与本规定不一致的，以本规定为准。各地制定的国有企业改革中划拨土地使用权处置方式应按本规定规范，在土地有偿使用费用方面，可采取适当优惠政策鼓励和支持国有企业改革，具体办法由各地根据本地实际情况制定。

第十八条 本规定由国家土地管理局负责解释。

第十九条 本规定自 1998 年 3 月 1 日起施行。

节约集约利用土地规定

（2014 年 3 月 27 日国土资源部第 1 次部务会议审议通过 2014 年 5 月 22 日国土资源部令第 61 号发布 自 2014 年 9 月 1 日起施行）

第一章 总 则

第一条 为贯彻十分珍惜、合理利用土地和切实保护耕地的基本国策，落实最严格的耕地保护制度和最严格的节约集约用地制度，提升土地资源对经济社会发展的承载能力，促进生态文明建设，根据《中华人民共和国土地管理法》和《国务院关于促进节约集约用地的通知》，制定本规定。

第二条 本规定所称节约集约利用土地，是指通过规模引导、布局优化、标准控制、市场配置、盘活利用等手段，达到节约土地、减量用地、提升用地强度、促进低效废弃地再利用、优化土地利用结构和布局、提高土地利用效率的各项行为与活动。

第三条 土地管理和利用应当遵循下列原则：

（一）坚持节约优先的原则，各项建设少占地、不占或者少占耕地，珍惜和合理利用每一寸土地；

（二）坚持合理使用的原则，盘活存量土地资源，构建符合资源国情的城乡土地利用新格局；

（三）坚持市场配置的原则，妥善处理好政府与市场的关系，充分发挥市场在土地资源配置中的决定性作用；

（四）坚持改革创新的原则，探索土地管理新机制，创新节约集约用地新模式。

第四条 县级以上地方国土资源主管部门应当加强与发展改革、财政、城乡规划、环境保护等部门的沟通协调，将土地节约集约利用的目标和政策措施纳入地方经济社会发展总体框架、相关规划和考核评价体系。

第五条 国土资源主管部门应当建立节约集约用地制度，开展节约集约用地活动，组织制定节地标准体系和相关标准规范，探索节约集约用地新机制，鼓励采用节约集约用地新技术和新模式，促进土地利用效率的提高。

第六条 在节约集约用地方面成效显著的市、县人民政府，由国土资源部按照有关规定给予表彰和奖励。

第二章　规模引导

第七条 国家通过土地利用总体规划，确定建设用地的规模、布局、结构和时序安排，对建设用地实行总量控制。

土地利用总体规划确定的约束性指标和分区管制规定不得突破。

下级土地利用总体规划不得突破上级土地利用总体规划确定的约束性指标。

第八条 土地利用总体规划对各区域、各行业发展用地规模和布局具有统筹作用。

产业发展、城乡建设、基础设施布局、生态环境建设等相关规划，应当与土地利用总体规划相衔接，所确定的建设用地规模和布局必须符合土地利用总体规划的安排。

相关规划超出土地利用总体规划确定的建设用地规模的，应当及时调整或者修改，核减用地规模，调整用地布局。

第九条 国土资源主管部门应当通过规划、计划、用地标准、市场引导等手段，有效控制特大城市新增建设用地规模，适度增加集约用地程度高、发展潜力大的地区和中小城市、县城建设用地供给，合理保障民生用地需求。

第三章　布局优化

第十条 城乡土地利用应当体现布局优化的原则。引导工业向开发区集中、人口向城镇集中、住宅向社区集中，推动农村人口向中心村、中心镇集聚，产业向功能区集中，耕地向适度规模经营集中。

禁止在土地利用总体规划和城乡规划确定的城镇建设用地范围之外设立各类城市新区、开发区和工业园区。

鼓励线性基础设施并线规划和建设，促进集约布局和节约用地。

第十一条 国土资源主管部门应当在土地利用总体规划中划定城市开发边界和禁止建设的边界，实行建设用地空间管制。

城市建设用地应当因地制宜采取组团式、串联式、卫星城式布局，避免占用优质耕地。

第十二条 市、县国土资源主管部门应当加强与城乡规划主管部门的协商，促进现有城镇用地内部结构调整优化，控制生产用地，保障生活用地，提高生态用地的比例，加大城镇建设使用存量用地的比例，促进城镇用地效率的提高。

第十三条 鼓励建设项目用地优化设计、分层布局，鼓励充分利用地上、地下空间。

建设用地使用权在地上、地下分层设立的，其取得方式和使用年期参照在地表设立的建设用地使用权的相关规定。

出让分层设立的建设用地使用权，应当根据当地基准地价和不动产实际交易情况，评估确定分层出让的建设用地最低价标准。

第十四条 促进整体设计、合理布局的建设项目用地节约集约开发。

对不同用途高度关联、需要整体规划建设、确实难以分割供应的综合用途建设项目用地，市、县国土资源主管部门可以按照一宗土地实行整体出让供应，综合确定出让底价。

综合用途建设项目用地供应，包含需要通过招标拍卖挂牌的方式出让的，整宗土地应当采用招标拍卖挂牌的方式出让。

第四章　标准控制

第十五条 国家实行建设项目用地标准控制制度。

国土资源部会同有关部门制定工程建设项目用地控制指标、工业项目建设用地控制指标、房地产开发用地宗地规模和容积率等建设项目用地控制标准。

地方国土资源主管部门可以根据本地实际，制定和实施更加节约集约的地方性建设项目用地控制标准。

第十六条　建设项目应当严格按照建设项目用地控制标准进行测算、设计和施工。

市、县国土资源主管部门应当加强对用地者和勘察设计单位落实建设项目用地控制标准的督促和指导。

第十七条　建设项目用地审查、供应和使用，应当符合建设项目用地控制标准和供地政策。

对违反建设项目用地控制标准和供地政策使用土地的，县级以上国土资源主管部门应当责令纠正，并依法予以处理。

第十八条　国家和地方尚未出台建设项目用地控制标准的建设项目，或者因安全生产、特殊工艺、地形地貌等原因，确实需要超标准建设的项目，县级以上国土资源主管部门应当组织开展建设项目用地评价，并将其作为建设用地供应的依据。

第十九条　国土资源部会同有关部门根据国家经济社会发展状况和宏观产业政策，制定《禁止用地项目目录》和《限制用地项目目录》，促进土地节约集约利用。

国土资源主管部门为限制用地的建设项目办理建设用地供应手续必须符合规定的条件；不得为禁止用地的建设项目办理建设用地供应手续。

第五章　市场配置

第二十条　各类有偿使用的土地供应应当充分贯彻市场配置的原则，通过运用土地租金和价格杠杆，促进土地节约集约利用。

第二十一条　国家扩大国有土地有偿使用范围，减少非公益性用地划拨。

除军事、保障性住房和涉及国家安全和公共秩序的特殊用地可以以划拨方式供应外，国家机关办公和交通、能源、水利等基础设施（产业）、城市基础设施以及各类社会事业用地中的经营性用地，实行有偿使用。

具体办法由国土资源部另行规定。

第二十二条　经营性用地应当以招标拍卖挂牌的方式确定土地使用者和土地价格。

各类有偿使用的土地供应不得低于国家规定的用地最低价标准。

禁止以土地换项目、先征后返、补贴、奖励等形式变相减免土地出让价款。

第二十三条　市、县国土资源主管部门可以采取先出租后出让、在法定最高年期内实行缩短出让年期等方式出让土地。

采取先出租后出让方式供应工业用地的，应当符合国土资源部规定的行业目录。

第二十四条　鼓励土地使用者在符合规划的前提下，通过厂房加层、厂区改造、内部用地整理等途径提高土地利用率。

在符合规划、不改变用途的前提下，现有工业用地提高土地利用率和增加容积率的，不再增收土地价款。

第二十五条　符合节约集约用地要求、属于国家鼓励产业的工业用地，可以实行差别化的地价政策。

分期建设的大中型工业项目，可以预留规划范围，根据建设进度，实行分期供地。

具体办法由国土资源部另行规定。

第二十六条　市、县国土资源主管部门供应工业用地，应当将工业项目投资强度、容积率、建筑系数、绿地率、非生产设施占地比例等控制性指标纳入土地使用条件。

第二十七条　市、县国土资源主管部门在有偿供应各类建设用地时，应当在建设用地使用权出让、出租合同中明确节约集约用地的规定。

在供应住宅用地时，应当将最低容积率限制、单位土地面积的住房建设套数和住宅建设套型等规划条件写入建设用地使用权出让合同。

第六章　盘活利用

第二十八条　国家鼓励土地整治。县级以上地方国土资源主管部门应当会同有关部门，依据土地利用总体规划和土地整治规划，对田、水、路、林、村进行综合治理，对历史遗留的工矿等废弃地进行复垦利用，对城乡低效利用土地进行再开发，提高土地利用效率和效益，促进土地节约集约利用。

第二十九条 农用地整治应当促进耕地集中连片，增加有效耕地面积，提升耕地质量，改善生产条件和生态环境，优化用地结构和布局。

宜农未利用地开发，应当根据环境和资源承载能力，坚持有利于保护和改善生态环境的原则，因地制宜适度开展。

第三十条 高标准基本农田建设，应当严格控制田间基础设施占地规模，合理缩减田间基础设施占地率。

对基础设施占地率超过国家高标准基本农田建设相关标准规范要求的，县级以上地方国土资源主管部门不得通过项目验收。

第三十一条 县级以上地方国土资源主管部门可以依据国家有关规定，统筹开展农村建设用地整治、历史遗留工矿废弃地和自然灾害毁损土地的整治，提高建设用地利用效率和效益，改善人民群众生产生活条件和生态环境。

第三十二条 县级以上地方国土资源主管部门在本级人民政府的领导下，会同有关部门建立城镇低效用地再开发、废弃地再利用的激励机制，对布局散乱、利用粗放、用途不合理、闲置浪费等低效用地进行再开发，对因采矿损毁、交通改线、居民点搬迁、产业调整形成的废弃地实行复垦再利用，促进土地优化利用。

鼓励社会资金参与城镇低效用地、废弃地再开发和利用。鼓励土地使用者自行开发或者合作开发。

第七章 监督考评

第三十三条 县级以上国土资源主管部门应当加强土地市场动态监测与监管，对建设用地批准和供应后的开发情况实行全程监管，定期在门户网站上公布土地供应、合同履行、欠缴土地价款等情况，接受社会监督。

第三十四条 省级国土资源主管部门应当对本行政区域内的节约集约用地情况进行监督，在用地审批、土地供应和土地使用等环节加强用地准入条件、功能分区、用地规模、用地标准、投入产出强度等方面的检查，依据法律法规对浪费土地的行为和责任主体予以处理并公开通报。

第三十五条 县级以上国土资源主管部门应当组织开展本行政区域内的建设用地利用情况普查，全面掌握建设用地开发利用和投入产出情况、集约利用程度、潜力规模与空间分布等情况，并将其作为土地管理和节约集约用地评价的基础。

第三十六条 县级以上国土资源主管部门应当根据建设用地利用情况普查，组织开展区域、城市和开发区节约集约用地评价，并将评价结果向社会公开。

节约集约用地评价结果作为主管部门绩效管理和开发区升级、扩区、区位调整和退出的重要依据。

第八章 法律责任

第三十七条 县级以上国土资源主管部门及其工作人员违反本规定，有下列情形之一的，对有关责任人员依法给予处分；构成犯罪的，依法追究刑事责任：

（一）违反本规定第十七条规定，为不符合建设项目用地标准和供地政策的建设项目供地的；

（二）违反本规定第十九条规定，为禁止或者不符合限制用地条件的建设项目办理建设用地供应手续的；

（三）违反本规定第二十二条规定，低于国家规定的工业用地最低价标准供应工业用地的；

（四）违反本规定第三十条规定，通过高标准基本农田项目验收的；

（五）其他徇私舞弊、滥用职权和玩忽职守的行为。

第九章 附 则

第三十八条 本规定自 2014 年 9 月 1 日起实施。

建设项目用地预审管理办法

（2001 年 7 月 25 日中华人民共和国国土资源部令第 7 号发布
2004 年 10 月 29 日修订 2008 年 11 月 12 日第一次修正
根据 2016 年 11 月 25 日《国土资源部关于修改
〈建设项目用地预审管理办法〉的决定》
第二次修正）

第一条 为保证土地利用总体规划的实施，充分发挥土地供应的宏观调控作用，控制建设用地总量，根据《中华人民共和国土地管理法》《中华人民共和国土地管理法实施条例》和《国务院关于深化改革严格土地管理的决定》，制定本办法。

第二条 本办法所称建设项目用地预审，是指国土资源主管部门在建设项目审批、核准、备案阶段，依法对建设项目涉及的土地利用事项进行的审查。

第三条 预审应当遵循下列原则：

（一）符合土地利用总体规划；

（二）保护耕地，特别是基本农田；

（三）合理和集约节约利用土地；

（四）符合国家供地政策。

第四条 建设项目用地实行分级预审。

需人民政府或有批准权的人民政府发展和改革等部门审批的建设项目，由该人民政府的国土资源主管部门预审。

需核准和备案的建设项目，由与核准、备案机关同级的国土资源主管部门预审。

第五条 需审批的建设项目在可行性研究阶段，由建设用地单位提出预审申请。

需核准的建设项目在项目申请报告核准前，由建设单位提出用地预审申请。

需备案的建设项目在办理备案手续后，由建设单位提出用地预审申请。

第六条 依照本办法第四条规定应当由国土资源部预审的建设项目，国土资源部委托项目所在地的省级国土资源主管部门受理，但建设项目占用规划确定的城市建设用地范围内土地的，委托市级国土资源主管部门受理。受理后，提出初审意见，转报国土资源部。

涉密军事项目和国务院批准的特殊建设项目用地，建设用地单位可直接向国土资源部提出预审申请。

应当由国土资源部负责预审的输电线塔基、钻探井位、通讯基站等小面积零星分散建设项目用地，由省级国土资源主管部门预审，并报国土资源部备案。

第七条 申请用地预审的项目建设单位，应当提交下列材料：

（一）建设项目用地预审申请表；

（二）建设项目用地预审申请报告，内容包括拟建项目的基本情况、拟选址占地情况、拟用地是否符合土地利用总体规划、拟用地面积是否符合土地使用标准、拟用地是否符合供地政策等；

（三）审批项目建议书的建设项目提供项目建议书批复文件，直接审批可行性研究报告或者需核准的建设项目提供建设项目列入相关规划或者产业政策的文件。

前款规定的用地预审申请表样式由国土资源部制定。

第八条 建设单位应当对单独选址建设项目是否位于地质灾害易发区、是否压覆重要矿产资源进行查询核实；位于地质灾害易发区或者压覆重要矿产资源的，应当依据相关法律法规的规定，在办理用地预审手续后，完成地质灾害危险性评估、压覆矿产资源登记等。

第九条 负责初审的国土资源主管部门在转报用地预审申请时，应当提供下列材料：

（一）依据本办法第十一条有关规定，对申报材料作出的初步审查意见；

（二）标注项目用地范围的土地利用总体规划图、土地利用现状图及其他相关图件；

（三）属于《土地管理法》第二十六条规定情形，建设项目用地需修改土地利用总体规划的，应当出具规划修改方案。

第十条 符合本办法第七条规定的预审申请和第九条规定的初审转报件，国土资源主管部门应当受理和接收。不符合的，应当场或在五日内书面通知申请人和转报人，逾期不通知的，视为受理和接收。

受国土资源部委托负责初审的国土资源主管部门应当自受理之日起二十日内完成初审工作，并转报国土资源部。

第十一条 预审应当审查以下内容：

（一）建设项目用地是否符合国家供地政策和土地管理法律、法规规定的条件；

（二）建设项目选址是否符合土地利用总体规划，属《土地管理法》第二十六条规定情形，建设项目用地需修改土地利用总体规划的，规划修改方案是否符合法律、法规的规定；

（三）建设项目用地规模是否符合有关土地使用标准的规定；对国家和地方尚未颁布土地使用标准和建设标准的建设项目，以及确需突破土地使用标准确定的规模和功能分区的建设项目，是否已组织建设项目节地评价并出具评审论证意见。

占用基本农田或者其他耕地规模较大的建设项目，还应当审查是否已经组织踏勘论证。

第十二条 国土资源主管部门应当自受理预审申请或者收到转报材料之日起二十日内，完成审查工作，并出具预审意见。二十日内不能出具预审意见的，经负责预审的国土资源主理部门负责人批准，可以延长十日。

第十三条 预审意见应当包括对本办法第十一条规定内容的结论性意见和对建设用地单位的具体要求。

第十四条 预审意见是有关部门审批项目可行性研究报告、核准项目申请报告的必备文件。

第十五条 建设项目用地预审文件有效期为三年，自批准之日起计算。已经预审的项目，如需对土地用途、建设项目选址等进行重大调整的，应当重新申请预审。

未经预审或者预审未通过的，不得批复可行性研究报告、核准项目申请报告；不得批准农用地转用、土地征收，不得办理供地手续。预审审查的相关内容在建设用地报批时，未发生重大变化的，不再重复审查。

第十六条 本办法自2009年1月1日起施行。

协议出让国有土地使用权规定

（2003年6月5日国土资源部第6次部务会议通过
2003年6月11日国土资源部令第21号发布 自2003年8月1日起施行）

第一条 为加强国有土地资产管理，优化土地资源配置，规范协议出让国有土地使用权行为，根据《中华人民共和国城市房地产管理法》《中华人民共和国土地管理法》和

《中华人民共和国土地管理法实施条例》，制定本规定。

第二条　在中华人民共和国境内以协议方式出让国有土地使用权的，适用本规定。

本规定所称协议出让国有土地使用权，是指国家以协议方式将国有土地使用权在一定年限内出让给土地使用者，由土地使用者向国家支付土地使用权出让金的行为。

第三条　出让国有土地使用权，除依照法律、法规和规章的规定应当采用招标、拍卖或者挂牌方式外，方可采取协议方式。

第四条　协议出让国有土地使用权，应当遵循公开、公平、公正和诚实信用的原则。

以协议方式出让国有土地使用权的出让金不得低于按国家规定所确定的最低价。

第五条　协议出让最低价不得低于新增建设用地的土地有偿使用费、征地（拆迁）补偿费用以及按照国家规定应当缴纳的有关税费之和；有基准地价的地区，协议出让最低价不得低于出让地块所在级别基准地价的70%。

低于最低价时国有土地使用权不得出让。

第六条　省、自治区、直辖市人民政府国土资源行政主管部门应当依据本规定第五条的规定拟定协议出让最低价，报同级人民政府批准后公布，由市、县人民政府国土资源行政主管部门实施。

第七条　市、县人民政府国土资源行政主管部门应当根据经济社会发展计划、国家产业政策、土地利用总体规划、土地利用年度计划、城市规划和土地市场状况，编制国有土地使用权出让计划，报同级人民政府批准后组织实施。

国有土地使用权出让计划经批准后，市、县人民政府国土资源行政主管部门应当在土地有形市场等指定场所，或者通过报纸、互联网等媒介向社会公布。

因特殊原因，需要对国有土地使用权出让计划进行调整的，应当报原批准机关批准，并按照前款规定及时向社会公布。

国有土地使用权出让计划应当包括年度土地供应总量、不同用途土地供应面积、地段以及供地时间等内容。

第八条　国有土地使用权出让计划公布后，需要使用土地的单位和个人可以根据国有土地使用权出让计划，在市、县人民政府国土资源行政主管部门公布的时限内，向市、县人民政府国土资源行政主管部门提出意向用地申请。

市、县人民政府国土资源行政主管部门公布计划接受申请的时间不得少于30日。

第九条　在公布的地段上，同一地块只有一个意向用地者的，市、县人民政府国土资源行政主管部门方可按照本规定采取协议方式出让；但商业、旅游、娱乐和商品住宅等经营性用地除外。

同一地块有两个或者两个以上意向用地者的，市、县人民政府国土资源行政主管部门应当按照《招标拍卖挂牌出让国有土地使用权规定》，采取招标、拍卖或者挂牌方式出让。

第十条　对符合协议出让条件的，市、县人民政府国土资源行政主管部门会同城市规划等有关部门，依据国有土地使用权出让计划、城市规划和意向用地者申请的用地项目类型、规模等，制定协议出让土地方案。

协议出让土地方案应当包括拟出让地块的具体位置、界址、用途、面积、年限、土地使用条件、规划设计条件、供地时间等。

第十一条　市、县人民政府国土资源行政主管部门应当根据国家产业政策和拟出让地块的情况，按照《城镇土地估价规程》的规定，对拟出让地块的土地价格进行评估，经市、县人民政府国土资源行政主管部门集体决策，合理确定协议出让底价。

协议出让底价不得低于协议出让最低价。

协议出让底价确定后应当保密，任何单位和个人不得泄露。

第十二条　协议出让土地方案和底价经有批准权的人民政府批准后，市、县人民政府国土资源行政主管部门应当与意向用地者就土地出让价格等进行充分协商，协商一致且议定的出让价格不低于出让底价的，方可达成协议。

第十三条　市、县人民政府国土资源行政主管部门应当根据协议结果，与意向用地者签订《国有土地使用权出让合同》。

第十四条　《国有土地使用权出让合同》签订后 7 日内，市、县人民政府国土资源行政主管部门应当将协议出让结果在土地有形市场等指定场所，或者通过报纸、互联网等媒介向社会公布，接受社会监督。

公布协议出让结果的时间不得少于 15 日。

第十五条　土地使用者按照《国有土地使用权出让合同》的约定，付清土地使用权出让金、依法办理土地登记手续后，取得国有土地使用权。

第十六条　以协议出让方式取得国有土地使用权的土地使用者，需要将土地使用权出让合同约定的土地用途改变为商业、旅游、娱乐和商品住宅等经营性用途的，应当取得出让方和市、县人民政府城市规划部门的同意，签订土地使用权出让合同变更协议或者重新签订土地使用权出让合同，按变更后的

土地用途，以变更时的土地市场价格补交相应的土地使用权出让金，并依法办理土地使用权变更登记手续。

第十七条　违反本规定，有下列行为之一的，对直接负责的主管人员和其他直接责任人员依法给予行政处分：

（一）不按照规定公布国有土地使用权出让计划或者协议出让结果的；

（二）确定出让底价时未经集体决策的；

（三）泄露出让底价的；

（四）低于协议出让最低价出让国有土地使用权的；

（五）减免国有土地使用权出让金的。

违反前款有关规定，情节严重构成犯罪的，依法追究刑事责任。

第十八条　国土资源行政主管部门工作人员在协议出让国有土地使用权活动中玩忽职守、滥用职权、徇私舞弊的，依法给予行政处分；构成犯罪的，依法追究刑事责任。

第十九条　采用协议方式租赁国有土地使用权的，参照本规定执行。

第二十条　本规定自 2003 年 8 月 1 日起施行。原国家土地管理局 1995 年 6 月 28 日发布的《协议出让国有土地使用权最低价确定办法》同时废止。

征收土地公告办法

（2001 年 10 月 18 日国土资源部第 9 次部务会议通过
2001 年 10 月 22 日国土资源部令第 10 号发布
自 2002 年 1 月 1 日起施行
根据 2010 年 11 月 30 日《国土资源部
关于修改部分规章的决定》修正）

第一条　为规范征收土地公告工作，保护农村集体经济组织、农村村民或者其他权利人的合法权益，保障经济建设用地，根据《中华人民共和国土地管理法》和《中华人民

共和国土地管理法实施条例》，制定本办法。

第二条　征收土地公告和征地补偿、安置方案公告，适用本办法。

第三条　征收农民集体所有土地的，征

收土地方案和征地补偿、安置方案应当在被征收土地所在地的村、组内以书面形式公告。其中，征收乡（镇）农民集体所有土地的，在乡（镇）人民政府所在地进行公告。

第四条 被征收土地所在地的市、县人民政府应当在收到征收土地方案批准文件之日起 10 个工作日内进行征收土地公告，该市、县人民政府土地行政主管部门负责具体实施。

第五条 征收土地公告应当包括下列内容：

（一）征地批准机关、批准文号、批准时间和批准用途；

（二）被征收土地的所有权人、位置、地类和面积；

（三）征地补偿标准和农业人员安置途径；

（四）办理征地补偿登记的期限、地点。

第六条 被征地农村集体经济组织、农村村民或者其他权利人应当在征收土地公告规定的期限内持土地权属证书到指定地点办理征地补偿登记手续。

被征地农村集体经济组织、农村村民或者其他权利人未如期办理征地补偿登记手续的，其补偿内容以有关市、县土地行政主管部门的调查结果为准。

第七条 有关市、县人民政府土地行政主管部门会同有关部门根据批准的征收土地方案，在征收土地公告之日起 45 日内以被征收土地的所有权人为单位拟订征地补偿、安置方案并予以公告。

第八条 征地补偿安置、方案公告应当包括下列内容：

（一）本集体经济组织被征收土地的位置、地类、面积，地上附着物和青苗的种类、数量，需要安置的农业人口的数量；

（二）土地补偿费的标准、数额、支付对象和支付方式；

（三）安置补助费的标准、数额、支付对象和支付方式；

（四）地上附着物和青苗的补偿标准和支付方式；

（五）农业人员的具体安置途径；

（六）其他有关征地补偿、安置的具体措施。

第九条 被征地农村集体经济组织、农村村民或者其他权利人对征地补偿、安置方案有不同意见的或者要求举行听证会的，应当在征地补偿、安置方案公告之日起 10 个工作日内向有关市、县人民政府土地行政主管部门提出。

第十条 有关市、县人民政府土地行政主管部门应当研究被征地农村集体经济组织、农村村民或者其他权利人对征地补偿、安置方案的不同意见。对当事人要求听证的，应当举行听证会。确需修改征地补偿、安置方案的，应当依照有关法律、法规和批准的征收土地方案进行修改。

有关市、县人民政府土地行政主管部门将征地补偿、安置方案报市、县人民政府审批时，应当附具被征地农村集体经济组织、农村村民或者其他权利人的意见及采纳情况，举行听证会的，还应当附具听证笔录。

第十一条 征地补偿、安置方案经批准后，由有关市、县人民政府土地行政主管部门组织实施。

第十二条 有关市、县人民政府土地行政主管部门将征地补偿、安置费用拨付给被征地农村集体经济组织后，有权要求该农村集体经济组织在一定时限内提供支付清单。

市、县人民政府土地行政主管部门有权督促有关农村集体经济组织将征地补偿、安置费用收支状况向本集体经济组织成员予以公布，以便被征地农村集体经济组织、农村村民或者其他权利人查询和监督。

第十三条 市、县人民政府土地行政主管部门应当受理对征收土地公告内容和征地补偿、安置方案公告内容的查询或者实施中问题的举报，接受社会监督。

第十四条 未依法进行征收土地公告的，

被征地农村集体经济组织、农村村民或者其他权利人有权依法要求公告，有权拒绝办理征地补偿登记手续。

未依法进行征地补偿、安置方案公告的，被征地农村集体经济组织、农村村民或者其他权利人有权依法要求公告，有权拒绝办理征地补偿、安置手续。

第十五条 因未按照依法批准的征收土地方案和征地补偿、安置方案进行补偿、安置引发争议的，由市、县人民政府协调；协调不成的，由上一级地方人民政府裁决。

征地补偿、安置争议不影响征收土地方案的实施。

第十六条 本办法自 2002 年 1 月 1 日起施行。

国土资源部
关于印发《规范国有土地租赁若干意见》的通知

1999 年 7 月 27 日   国土资发〔1999〕222 号

各省、自治区、直辖市及计划单列市土地（国土）管理局（厅），解放军土地管理局，新疆生产建设兵团土地管理局：

近年来，一些地方土地管理部门深化土地使用制度改革，完善土地有偿使用方式，开展了国有土地租赁试点，取得了一定的经验。新颁布的《中华人民共和国土地管理法实施条例》（以下简称《条例》）已将国有土地租赁规定为国有土地有偿使用的一种方式。为贯彻实施《条例》，规范国有土地租赁行为，现将《规范国有土地租赁若干意见》（以下简称《意见》）印发给你们，请结合本地实际认真贯彻执行。

附：

规范国有土地租赁若干意见

一、严格依照《中华人民共和国城市房地产管理法》《中华人民共和国土地管理法》的有关规定，确定国有土地租赁的适用范围。

国有土地租赁是指国家将国有土地出租给使用者使用，由使用者与县级以上人民政府土地行政主管部门签订一定年期的土地租赁合同，并支付租金的行为。国有土地租赁是国有土地有偿使用的一种形式，是出让方式的补充。当前应以完善国有土地出让为主，稳妥地推行国有土地租赁。

对原有建设用地，法律规定可以划拨使用的仍维持划拨，不实行有偿使用，也不实行租赁。对因发生土地转让、场地出租、企业改制和改变土地用途后依法应当有偿使用的，可以实行租赁。对于新增建设用地，重点仍应是推行和完善国有土地出让，租赁只作为出让方式的补充。对于经营性房地产开发用地，无论是利用原有建设用地，还是利用新增建设用地，都必须实行出让，不实行租赁。

二、国有土地租赁，可以采用招标、拍卖或者双方协议的方式，有条件的，必须采

取招标、拍卖方式。采用双方协议方式出租国有土地的租金，不得低于出租底

价和按国家规定的最低地价折算的最低租金标准，协议出租结果要报上级土地行政主管部门备案，并向社会公开披露，接受上级土地行政主管部门和社会监督。

三、国有土地租赁的租金标准应与地价标准相均衡。承租人取得土地使用权时未支付其他土地费用的，租金标准应按全额地价折算；承租人取得土地使用权时支付了征地、拆迁等土地费用的，租金标准应按扣除有关费用后的地价余额折算。

采用短期租赁的，一般按年度或季度支付租金；采用长期租赁的，应在国有土地租赁合同中明确约定土地租金支付时间、租金调整的时间间隔和调整方式。

四、国有土地租赁可以根据具体情况实行短期租赁和长期租赁。对短期使用或用于修建临时建筑物的土地，应实行短期租赁，短期租赁年限一般不超过 5 年；对需要进行地上建筑物、构筑物建设后长期使用的土地，应实行长期租赁，具体租赁期限由租赁合同约定，但最长租赁期限不得超过法律规定的同类用途土地出让最高年期。

五、租赁期限六个月以上的国有土地租赁，应当由市、县土地行政主管部门与土地使用者签订租赁合同。租赁合同内容应当包括出租方、承租方、出租宗地的位置、范围、面积、用途、租赁期限、土地使用条件、土地租金标准、支付时间和支付方式、土地租金标准调整的时间和调整幅度、出租方和承租方的权利义务等。

六、国有土地租赁，承租人取得承租土地使用权。承租人在按规定支付土地租金并完成开发建设后，经土地行政主管部门同意或根据租赁合同约定，可将承租土地使用权转租、转让或抵押。承租土地使用权转租、转让或抵押，必须依法登记。

承租人将承租土地转租或分租给第三人的，承租土地使用权仍由原承租人持有，承租人与第三人建立了附加租赁关系，第三人取得土地的他项权利。

承租人转让土地租赁合同的，租赁合同约定的权利义务随之转给第三人，承租土地使用权由第三人取得，租赁合同经更名后继续有效。

地上房屋等建筑物、构筑物依法抵押的，承租土地使用权可随之抵押，但承租土地使用权只能按合同租金与市场租金的差值及租期估价，抵押权实现时土地租赁合同同时转让。

在使用年期内，承租人有优先受让权，租赁土地在办理出让手续后，终止租赁关系。

七、国家对土地使用者依法取得的承租土地使用权，在租赁合同约定的使用年限届满前不收回；因社会公共利益的需要，依照法律程序提前收回的，应对承租人给予合理补偿。

承租土地使用权期满，承租人可申请续期，除根据社会公共利益需要收回该幅土地的，应予以批准。未申请续期或者虽申请续期但未获批准的，承租土地使用权由国家依法无偿收回，并可要求承租人拆除地上建筑物、构筑物，恢复土地原状。

承租人未按合同约定开发建设、未经土地行政主管部门同意转让、转租或不按合同约定按时交纳土地租金的，土地行政主管部门可以解除合同，依法收回承租土地使用权。

八、各级土地行政主管部门要切实加强国有土地租金的征收工作，协助财政部门做好土地租金的使用管理。收取的土地租金应当参照国有土地出让金的管理办法进行管理，按规定纳入当地国有土地有偿使用收入，专项用于城市基础设施建设和土地开发。

九、各省、市在本《意见》下发前对国有土地租赁适用范围已有规定或各地已签订《国有土地租赁合同》的，暂按已有规定及《国有土地租赁合同》的约定执行，并在今后工作中逐步规范；本《意见》下发后实施国有土地租赁的，一律按本《意见》要求规范办理。

国家土地管理局
对山西省土地管理局关于《确定土地所有权和使用权的若干规定》中第五十六条适用范围的请示的复函

1995 年 7 月 31 日　　　　　　　　〔1995〕国土函字第 75 号

山西省土地管理局：

你局《〈关于确定土地所有权和使用权的若干规定〉中第五十六条适用的范围的请示》收悉。经研究，现复函如下：

一、本条是指在批准的四至界线清楚、并与实地的四至界线一致的情况下，界线内的实地面积与批准面积不一致时，以实地面积确定土地所有权和使用权。凡属上述情况的，均适用本条规定，没有特定的时间限制。

二、本条中所证明文件上的四至界线是指按照《土地管理法》及该法实施前的《国家建设征用土地条例》批准的文件上权属界线范围所确定的所有权和使用权界线。有权属界线图的，应以权属界线图上标注的界线尺寸和范围为准。超过批准的四至界线占用的土地属违法占地，不适用本条规定。

江苏省土地管理条例

(2000 年 10 月 17 日江苏省第九届人民代表大会常务委员会第十九次会议通过 根据 2003 年 4 月 21 日江苏省第十届人民代表大会常务委员会第二次 会议《关于修改〈江苏省土地管理条例〉的决定》修正　根据 2004 年 5 月 1 日起施行的《江苏省人民代表大会常务委员会 关于修改〈江苏省土地管理条例〉的决定》进行第二次修正)

目　录

第一章　总　则

第一条　为了加强土地管理，促进本省经济和社会的可持续发展，根据《中华人民共和国土地管理法》和《中华人民共和国土地管理法实施条例》等法律、法规的规定，结合本省实际，制定本条例。

第二条　地方各级人民政府必须贯彻执行十分珍惜、合理利用土地和切实保护耕地的基本国策，加强土地资源和土地资产管理。严格限制农用地转为建设用地，控制建设用地总量，对耕地实行特殊保护；依法实行土地有偿使用制度，防止土地资产流失。

第三条　省人民政府土地行政主管部门统一负责全省土地的管理和监督工作。

设区的市、县（市，下同）人民政府土地行政主管部门统一负责本行政区域内土地的管理和监督工作。

第二章　土地登记发证

第四条　实行土地登记发证制度。依法登记的土地所有权和土地使用权受法律保护，任何单位和个人不得侵犯。

第五条　农民集体所有的土地，由县级人民政府登记造册，核发集体土地所有权证书，确认所有权。单位和个人使用农民集体所有的土地依法用于非农业建设的，由县级人民政府登记造册，核发集体土地使用权证书，确认建设用地使用权。设区的市人民政府可以对市辖区内农民集体所有的土地实行统一登记。

单位和个人依法使用的国有土地，由县级以上地方人民政府登记造册，核发国有土地使用权证书，确认使用权。

未确定使用权的国有土地和依法收回的国有土地，由县级以上地方人民政府登记造册，同级土地行政主管部门负责保护、管理。

第六条　依法改变土地所有权、使用权或者因依法转让地上建筑物、构筑物等附着物导致土地使用权转移的，必须向土地所在地的县级以上人民政府土地行政主管部门提出土地变更登记申请，由原土地登记机关依法进行土地所有权、使用权变更登记。土地所有权、使用权的变更，自土地变更登记之日起生效。

依法改变土地用途的，必须持批准文件，向土地所在地的县级以上人民政府土地行政主管部门提出土地变更登记申请，由原土地登记机关依法进行变更登记。

依法出租、抵押土地使用权的，依照《中华人民共和国担保法》等有关法律、法规的规定办理出租、抵押登记。

第七条　有下列情形之一，致使土地权利终止的，原土地登记机关应当依法办理注销土地登记：

（一）依法被收回土地使用权的；

（二）国有土地使用权出让或者国有土地租赁期满，未申请续期或者续期申请未获批准的；

（三）因自然灾害造成土地权利灭失的；

（四）土地使用权抵押、出租等土地他项权利终止的；

（五）农民集体所有的土地被全部征用或者农村集体经济组织成员全部转为非农业人口的；

（六）其他依法被终止土地权利的。

第八条　土地行政主管部门因工作失误导致登记不当的，应当予以更正，造成损失的应当予以赔偿。

第三章　土地利用总体规划

第九条　地方各级人民政府应当组织本级土地行政主管部门和其他有关部门，依据国民经济和社会发展规划、国土整治和资源环境保护的要求、土地供给能力以及各项建设对土地的需求，编制本辖区土地利用总体规划，并按照法律、法规规定的权限和程序报批。其中，乡（镇）土地利用总体规划由省人民政府授权设区的市人民政府批准。

第十条　土地利用总体规划应当将土地划分为农用地、建设用地和未利用地。

县级、乡（镇）土地利用总体规划应当划分土地利用区，明确土地用途。土地利用区应当包括基本农田保护区、一般农用地区、城市建设用地区、村庄集镇建设用地区、土地开垦区和禁止开垦区等。乡（镇）土地利用总体规划还应当根据土地使用条件，确定每一块土地的用途，并予以公告。

第十一条　城市总体规划、村庄和集镇规划以及江河、湖泊、滩涂综合治理和开发利用规划、交通建设规划等，应当与土地利用总体规划相衔接。

在城市规划区内，村庄和集镇规划区，城市和村庄、集镇建设用地应当符合城市规划、村庄和集镇规划。

在江河、湖泊、水库的管理和保护范围以及蓄洪滞洪区内，土地利用应当符合江河、湖泊综合治理和开发利用规划，符合河道、湖泊行洪、蓄洪和输水的要求。

第十二条　地方各级人民政府应当加强土地利用计划管理，严格执行上级下达的土地利用年度计划，实行建设用地总量控制。

土地利用年度计划指标，应当优先保证国家和省人民政府批准的能源、交通、水利等基础设施建设用地，保证土地利用总体规划确定的城镇建设用地规模范围内的建设用地。

节余的农用地转用计划指标，经核准后，可以结转下一年度使用。

第十三条　县级以上地方人民政府应当将土地利用年度计划的执行情况列为国民经济和社会发展计划执行情况的内容，向同级人民代表大会报告。

第十四条　县级以上地方人民政府应当逐步建立土地管理信息系统，对本辖区土地利用状况进行动态监测。

第四章　耕地保护

第十五条　实行占用耕地补偿制度。非农业建设经批准占用耕地，按照"占多少，垦多少"的原则，由占用耕地的单位和个人承担耕地补偿责任。没有条件开垦或者开垦的耕地不符合要求的，按规定交纳耕地开垦费，由县级以上人民政府土地行政主管部门会同有关部门统一组织开垦新的耕地，补足与所减少的耕地数量和质量相当的耕地。耕地开垦费应当作为建设用地成本列入建设项目总投资。

在土地利用总体规划确定的城市建设用地规模范围内，为实施城市规划占用耕地而由设区的市、县人民政府统一征用的，由设区的市、县人民政府承担耕地补偿责任；农村集体经济组织在土地利用总体规划确定的村庄、集镇建设用地范围内，为实施村庄、集镇规划占用农民集体所有耕地的，由农村

集体经济组织承担耕地补偿责任。在安排具体建设项目用地时，由用地单位按规定标准缴纳耕地开垦费。

耕地开垦费的征收管理办法由省人民政府制定。

第十六条　县级以上地方人民政府土地行政主管部门应当建立耕地占补平衡项目库，供耕地补偿责任承担者从项目库中选择项目进行开垦。

土地后备资源匮乏的设区的市、县，在本辖区开垦的耕地不足以补充建设占用耕地数量的，在报经省人民政府批准后，可以易地开垦，并由省人民政府土地行政主管部门会同省农业等有关部门负责验收。

第十七条　实行基本农田保护制度。地方各级人民政府应当根据上级下达的基本农田保护指标，依法划定基本农田保护区，任何单位和个人不得擅自变更。

农业结构调整应当保护基本农田的耕作条件，不得破坏基本农田的基础设施。

经批准占用基本农田的，耕地开垦费的缴纳标准应当高于其他耕地。

第十八条　县、乡（镇）人民政府应当按照土地利用总体规划，有计划地组织农村集体经济组织实施土地整理，整理的土地经省人民政府土地行政主管部门验收后，其新增耕地面积的百分之六十可以作为耕地占补平衡指标有偿转让。

第十九条　已经办理审批手续的非农业建设占用耕地，一年以上未动工建设的，由设区的市、县人民政府土地行政主管部门按照该耕地前三年平均年产值的二至三倍收取土地闲置费。连续二年未使用的，应当依法无偿收回土地使用权。

第二十条　一次性开发未确定土地使用权的国有荒山、荒地、荒滩从事种植业、林业、畜牧业、渔业生产的，应当符合法律、法规的规定，并按照下列权限审批：

（一）开发荒山、荒地三十公顷以下的，由县级人民政府批准；

（二）开发荒山、荒地三十公顷以上、一百公顷以下的，由设区的市人民政府批准；

（三）开发荒山、荒地一百公顷以上、六百公顷以下，以及开发荒滩六百公顷以下的，由省人民政府批准。

第二十一条 因挖损、塌陷、压占等造成土地破坏的单位和个人必须履行土地复垦义务。没有条件复垦或者复垦不符合要求的，应当缴纳土地复垦费。土地复垦费的征收管理办法由省人民政府制定。

第二十二条 耕地开垦费、新增建设用地的土地有偿使用费地方人民政府留成部分和土地闲置费等，专项用于耕地开发。

第五章 建设用地

第二十三条 因建设需要征用农民集体所有土地、使用国有土地的，实行统一征地、统一供地。建设占用土地，建设单位或者个人应当持法律、行政法规规定的有关批准文件，向土地行政主管部门提出用地申请，由县级以上人民政府依照法定的审批权限和程序批准。

第二十四条 建设占用土地，应当符合土地利用总体规划和土地利用年度计划，涉及农用地转为建设用地的，应当依法办理农用地转用审批手续。其中，为实施乡（镇）土地利用总体规划而将该规划确定的村庄集镇建设用地规模范围内的农用地转为建设用地的，可以由省人民政府授权的设区的市人民政府批准。

需要征用农民集体所有土地的，应当依法办理土地征用审批手续。

第二十五条 具体建设项目需要占用土地利用总体规划确定的国有未利用地的，按照以下审批权限办理：

（一）一公顷以下的，在县行政区域内，由县人民政府批准；在市辖区行政区域内，由设区的市人民政府批准。

（二）一公顷以上、五公顷以下的，由设区的市人民政府批准。

（三）五公顷以上的，由省人民政府批准。

（四）国家重点建设项目、军事设施以及国务院规定的其他建设项目用地，报国务院批准。

农村集体经济组织使用本集体经济组织所有的未利用地进行非农业建设的，按前款规定的审批权限办理。

具体建设项目使用存量建设用地和已批准农用地转用、土地征用范围内的土地的，由土地所在地设区的市、县人民政府批准，并报省人民政府土地行政主管部门备案。

第二十六条 征用土地按照以下标准给予补偿。

（一）土地补偿费

1. 征用耕地的，按其被征用前三年平均年产值的八至十倍计算；

2. 征用精养鱼池的，按其邻近耕地前三年平均年产值的十至十二倍计算，征用其他养殖水面的，按其邻近耕地前三年平均年产值的四至八倍计算；

3. 征用果园或者其他经济林地的，按其邻近耕地前三年平均年产值的八至十二倍计算；

4. 征用其他农用地的，按其邻近耕地前三年平均年产值的六至十倍计算；

5. 征用未利用地的，按其邻近耕地前三年平均年产值的三至五倍计算；

6. 征用农民集体所有的非农业建设用地的，按其邻近耕地前三年平均年产值的六至十倍计算。

（二）安置补助费

1. 征用耕地的安置补助费，按征用耕地的面积计算。征地前被征地单位农业人口人均耕地十五分之一公顷以上的，安置补助费为该耕地被征用前三年平均年产值的五倍；人均耕地不足十五分之一公顷的，从六倍起算，人均耕地每减少一百五十分之一公顷，安置补助费相应增加一倍，但最高不得超过该耕地被征用前三年平均年产值的十五倍；

2. 征用其他农用地的安置补助费，按照

该土地的土地补偿费标准的百分之七十计算；

3. 征用未利用地和农民集体所有的非农业建设用地的，不支付安置补助费。

（三）地上附着物和青苗补偿费

1. 房屋及其他建筑物、构筑物的补偿费，按照重置价格结合成新确定；

2. 农田水利工程设施、人工养殖场和电力、广播、通讯设施等附着物，按照等效替代的原则付给迁移费或者补偿费；

3. 青苗补偿费一般按一季的产值计算，能如期收获的不予补偿。可以移植的苗木、花草以及多年生经济林木等，支付移植费；不能移植的，给予合理补偿或者作价收购。

前款规定的耕地前三年平均年产值每公顷低于一万八千元的，按一万八千元计算。

土地补偿费、安置补助费、地上附着物和青苗补偿费的具体标准，由设区的市人民政府确定，并报省人民政府备案。

第二十七条 土地补偿费支付给行使土地所有权的农村集体经济组织。但被征用的属农民承包经营的土地，农村集体经济组织又未能调整其他数量和质量相当的土地给农民继续承包经营的，应当将不少于百分之七十的土地补偿费支付给被征地农民；农村集体经济组织有条件将土地补偿费用于发展生产、解决农民生活出路的，可以在取得被征地农民同意后，统一安排使用。

需要安置的人员由农村集体经济组织安置的，安置补助费支付给农村集体经济组织；不需要统一安置的，安置补助费支付给被安置人员或者征得被安置人员同意后用于支付被安置人员的保险费用。

第二十八条 经批准占用国有农用地，导致原使用单位受到损失的，可以按不高于征用农民集体所有同类土地的标准予以补偿。

第二十九条 依法征用的土地，按照国家税法规定，自批准征地的次年起停止计征该土地所负担的农业税等税费。

第三十条 依法开采地下矿产资源造成地面塌陷的土地，应当尽量改造利用。造成

耕地等级下降的，应当给予补偿。不能恢复为农用地的农民集体所有土地，依法办理农用地转用和征用手续，具体补偿安置办法由省人民政府另行制定。

第三十一条 临时使用国有土地或者农民集体所有土地的，由土地所在地设区的市、县人民政府土地行政主管部门批准。其中，在城市规划区内的临时用地，在报批前，应当先经有关城市规划行政主管部门同意。土地使用者应当根据土地权属，与土地行政主管部门或者农村集体经济组织、村民委员会签订临时使用土地合同，并按合同的约定支付临时使用土地补偿费。

临时用地的使用者应当按照临时使用土地合同约定的用途使用土地，不得修建永久性建筑物。临时使用土地届满，由临时用地的单位和个人负责恢复土地的原使用状况；无法恢复而造成损失的，应当承担相应的经济补偿责任。

临时使用土地期限一般不超过二年。

第三十二条 逐步建立国有土地储备制度。县级以上地方人民政府可以根据建设用地供求状况和建设用地计划储备一定数量的国有土地。

对城镇闲置和因城市改造或者企业破产、搬迁等需要调整利用的土地，可以由县级以上地方人民政府按照国家规定，统一收回或者收购储备，统一实施有偿供地。

第三十三条 乡镇企业、乡（镇）村公共设施、公益事业建设，需要使用农民集体所有土地的，应当向县级以上地方人民政府土地行政主管部门提出申请，由县级以上地方人民政府按照本条例第二十五条规定的权限审批。其中，涉及占用农用地的，应当依法办理农用地转用审批手续。

第三十四条 农村村民一户在农村只能拥有一处宅基地，其中房屋占地面积不得超过宅基地面积的百分之七十。宅基地面积按如下标准执行：

（一）城市郊区和人均耕地在十五分之一

公顷以下的县，每户宅基地不得超过一百三十五平方米；

（二）人均耕地在十五分之一公顷以上的县，每户宅基地不得超过二百平方米。

不同地区宅基地面积的标准，设区的市、县人民政府在前款规定的限额内可以作出具体规定。

农村村民建住宅应当符合乡（镇）土地利用总体规划、城市总体规划和村庄、集镇规划，鼓励建造公寓式住宅，并尽量使用原有的宅基地和村内空闲地。

经批准后连续二年未使用的宅基地，应交还原集体经济组织另行安排利用。

第三十五条 农村村民新建、翻建住宅使用本集体经济组织农民集体所有土地的，由村民提出用地申请，经村民会议或者农村集体经济组织全体成员会议讨论同意，乡（镇）人民政府审核后，报县级人民政府批准。其中，农村村民建住宅占用农用地的，由县级人民政府按照土地利用年度计划，按年度分批次办理农用地转用审批手续。

农村村民出租住房后，再申请宅基地的，不予批准。购买农村村民房屋的农户应当符合申请建房用地条件。

第六章 土地使用权出让、转让、出租、抵押

第三十六条 建设单位和个人使用国有土地，除按照法律规定可以以划拨方式取得外，应当以国有土地使用权出让、作价出资或者入股、国有土地租赁等有偿使用方式取得。土地使用权出让由县级以上人民政府统一组织，土地行政主管部门负责具体实施，采用协议、招标、拍卖等方式进行。商业、旅游、娱乐和城市规划区范围内的经营性房产等经营性项目用地，必须采用招标、拍卖方式出让。

协议出让国有土地使用权的出让金不得低于省人民政府按照基准地价确定的最低价。

协议、招标、拍卖出让国有土地使用权的具体程序和办法按照省人民政府的规定执行。

第三十七条 依法取得的国有土地使用权，可以按照法律、行政法规和本条例的规定转让、出租、抵押。但有下列情形之一的，不得进行转让、出租、抵押：

（一）土地权属有争议的；

（二）未依法领取土地证书的；

（三）司法机关和行政机关依法裁定、决定查封或者以其他形式限制土地权利的；

（四）县级以上人民政府依法决定收回土地使用权的；

（五）共有土地使用权人未经共有权人书面同意的；

（六）法律、行政法规禁止转让、出租和抵押的其他情形。

第三十八条 国有土地使用权转让、出租、抵押，有下列情形之一的，必须经县级以上人民政府土地行政主管部门审核同意；依法应当报有批准权的人民政府批准的，由土地行政主管部门审核后报有批准权的人民政府批准：

（一）划拨土地使用权转让、出租、抵押的；

（二）改变土地用途的；

（三）法律、行政法规规定应当报经批准同意的其他情形。

第三十九条 以出让方式取得的国有土地使用权首次转让、出租和抵押，必须符合法律、行政法规的规定和土地使用权出让合同约定的条件，不符合条件的不得转让、出租、抵押。

第四十条 以划拨方式取得的国有土地使用权需要转让的，应当报有批准权的人民政府批准。准予转让的，应当由受让方办理出让手续，缴纳出让金。经批准可以不办理出让手续的，转让方应当按照有关规定上缴土地收益。

以划拨方式取得的国有土地使用权需要出租的，应当报有批准权的人民政府批准。准予出租的，应当由出租方依法办理出让或

者国有土地租赁手续，缴纳出让金或者租金。

以划拨方式取得的国有土地使用权需要抵押的，应当先进行地价评估，由县级以上地方人民政府土地行政主管部门核定土地使用权出让金。在实现抵押权时，应当首先缴纳土地使用权出让金。

以划拨方式取得的国有土地使用权，需要改变土地用途进行经营性活动的，必须持有关批准文件，向县级以上人民政府土地行政主管部门提出申请，由有批准权的人民政府批准。准予改变土地用途的，应当依照法定程序办理土地使用权出让或其他有偿使用手续，缴纳土地使用权出让金等有偿使用费。

第四十一条 国有企业改革涉及的划拨土地使用权处置办法，由省人民政府按照国家的规定另行制定。

第四十二条 土地价格评估应当遵循公正、公平的原则，以公布的基准地价和标定地价为基础，参照当地的市场价格，由依法设立的具有土地评估资质的评估机构评估。

第四十三条 土地使用权转让时，转让方应当向县级以上地方人民政府规定的部门如实申报成交价，土地使用权转让的市场价格明显过低时，县级以上地方人民政府可以按照申报价行使优先购买权；土地使用权转让的市场价不合理上涨时，市、县人民政府可以采取必要的措施。

第四十四条 在城市规划区范围内国有土地使用权转让、出租、抵押涉及地上建筑物、构筑物的，按照《中华人民共和国城市房地产管理法》等法律、行政法规的规定办理。

第四十五条 依法取得的农村集体非农业建设用地使用权，可以以租赁、联营、作价入股等方式进行流转，具体办法由省人民政府制定。

第七章 监督检查

第四十六条 县级以上地方各级人民政府土地行政主管部门应当对违反土地管理法律、法规的行为进行监督检查。

土地管理监督检查人员应当忠于职守，

秉公执法；依法执行职务时，应当佩戴标志，出示土地管理监督检查证件。

第四十七条 县级以上地方各级人民政府土地行政主管部门在履行监督检查职责时，有权查验土地证书；对非法占用土地进行建设的单位和个人有权责令其停止建设，自行拆除，并可以通知施工单位和个人停止施工。

第四十八条 下级人民政府土地行政主管部门在土地登记发证、收费和土地使用权出让、租赁等活动中，有违反法律、法规规定行为的，上级人民政府土地行政主管部门应当依法责令其限期纠正。

第四十九条 县级以上地方各级人民政府土地行政主管部门应当及时受理对土地违法行为的检举、控告，依法查处土地违法案件。

下级人民政府土地行政主管部门对土地违法行为不给予行政处罚的，上级人民政府土地行政主管部门有权责令其依法作出处罚或者直接作出处罚，并可以直接给予有关土地行政主管部门的负责人警告、记过、记大过的行政处分。

下级人民政府土地行政主管部门实施行政处罚有下列情形之一的，上级人民政府土地行政主管部门有权责令改正，可以对直接负责的主管人员和其他直接责任人员依法给予行政处分：

（一）没有法定的行政处罚依据的；

（二）擅自改变行政处罚种类、幅度的；

（三）违反法定的行政处罚程序的。

第八章 法律责任

第五十条 采取非法手段骗取土地登记，获取土地权属证书的，由县级以上地方人民政府注销土地登记，吊销土地权属证书，并由县级以上地方人民政府土地行政主管部门处以一千元以上三千元以下的罚款。

第五十一条 违反土地利用总体规划，未经批准或者采取欺骗手段骗取批准，以及超过批准的数量非法占用建设用地或者未利用地的，由县级以上地方人民政府土地行政主管部门责令退还非法占用的土地，限期拆除在非法占用的土地上新建的建筑物和其他设施，可以并处非法占用土地每平方米十元以上三十元以下的罚款。

第五十二条 违反本条例第三十六条规定，低于省人民政府确定的最低价出让国有土地使用权的，由上级人民政府土地行政主管部门责令改正，并可向同级或者上级人民政府监察机关对责任人提出行政处分建议书，有关行政监察机关应当依法予以处理。

第五十三条 违反本条例第四十条第一款、第二款规定，未经批准将以划拨方式取得的国有土地使用权转让、出租的，由县级以上地方人民政府土地行政主管部门没收违法所得，可以并处违法所得的百分之二十以上百分之五十以下的罚款。

第五十四条 截留应当直接支付给被征地农民的土地补偿费、安置补助费或者没有足额支付给农民的，由县级以上地方人民政府土地行政主管部门责令改正。

侵占、挪用土地补偿费、安置补助费、土地附着物和青苗补偿费以及在征地中发生的其他费用的，依法给予行政处分；构成犯罪的，依法追究刑事责任。

第五十五条 农村村民新建住房后，不按用地审批时的约定拆除原有住房的，由县级以上地方人民政府土地行政主管部门责令限期拆除；逾期不拆除的，可以申请人民法院强制执行。

第五十六条 对县级以上人民政府土地行政主管部门的行政处罚决定不服的，可以依法申请行政复议，也可以向人民法院起诉。期满不申请行政复议，也不起诉，又不履行处罚决定的，由作出处罚决定的机关申请人民法院强制执行。

第五十七条 土地行政主管部门的工作人员玩忽职守、滥用职权、徇私舞弊的，由所在单位或上级机关给予行政处分；构成犯罪的，依法追究刑事责任。

第九章 附 则

第五十八条 本条例自2001年1月1日起施行。《江苏省实施〈中华人民共和国土地管理法〉办法》同时废止。

江苏省高级人民法院民事审判第一庭
关于印发《关于审理涉及农村土地承包纠纷案件适用法律问题的解答》的通知

（2016年4月28日）

各市中级人民法院民一庭，南京、常州、镇江、泰州、盐城中院民四庭，各基层人民法院民一庭、人民法庭：

为妥善审理好农村土地承包纠纷案件，统一执法尺度，省法院民一庭经过深入调研，广泛征求意见，形成《关于审理涉及农村土地承包纠纷案件适用法律问题的解答》，现予印发，供审理参考。经省法院审判委员会研究决定，省法院2006年下发的《关于执行〈中华人民共和国农村土地承包法〉和〈最高人民法院关于审理涉及农村土地承包纠纷案件适用法律问题的解释〉若干问题的意见》中涉及家庭承包经营权归属纠纷以及涉集体经济组织成员资格争议的征地补偿费纠纷民事诉讼不予受理的规定，与本解答不一致的，不再执行。审判实践中如遇问题，请及时报省法院民一庭。

附：

关于审理涉及农村土地承包纠纷案件
适用法律问题的解答

农村土地承包现实情况复杂，农村土地承包纠纷案件一直呈现审理难度大的特点。随着农村土地制度"三权分置"改革进一步深化，审判实践面临更多的新情况新问题。为进一步统一农村土地承包纠纷案件执法尺度，根据《中华人民共和国土地承包法》（以下简称《土地承包法》）《中华人民共和国物权法》（以下简称《物权法》）《中华人民共和国土地管理法》（以下简称《土地管理法》）《中华人民共和国村民委员会组织法》（以下简称《村民委员会组织法》）《基本农田保护条例》《最高人民法院关于审理涉及农村土地承包纠纷案件适用法律问题的解释》（以下简称《土地承包解释》）和有关政策，结合我省实际，现对农村土地承包纠纷案件审理中一些较为典型和疑难的问题作如下解答。

1. 如何把握涉及农村土地承包的民事诉讼受案范围。

农村土地承包纠纷的处理，政策性强、涉及面广。人民法院在把握涉及农村土地承包的民事诉讼的受案范围时，应当严格执行《土地承包解释》第一条的规定；对上述规定没有明确应否受理的民事诉讼，应当按照司法权不僭越行政权、村民自治权的原则做出判断。对于涉及农村土地承包合同的签订等相关行政主管部门管理职责以及应当通过村民民主议定解决的事项，应当认定不属于人民法院民事诉讼受案范围，并告知当事人向有关行政主管部门或集体经济组织申请解决。

（1）根据相关政策规定，农村土地承包经营权确权登记颁证工作必须以二轮承包为基础，因此，人民法院应当根据二轮承包情况认定土地承包经营权。当事人以二轮承包时未能取得承包经营权的土地属于其一轮承包地为由，主张该地的承包经营权的，当事人因未参与二轮承包分得承包地或以二轮承包分配的承包地面积偏少或以分配地块不好为由，要求重新分配承包地的，以及因承包地四至、坐落不清，承包地地理位置无法确定发生纠纷，当事人主张该地承包经营权的，属于集体经济组织成员因未实际取得土地承包经营权提起的民事诉讼，应当依据《土地承包解释》第一条第二款规定不予受理，告知其向有关行政主管部门申请解决。

（2）农村土地承包经营权确权登记颁证、农业补贴发放等属于相关行政主管部门的职责范围，当事人因承包合同、承包经营权证记载面积与承包户实际占有承包地面积不一致，或者因承包合同与承包经营权证书记载面积不一致，起诉要求确认承包地面积的，农户对采取确权确股不确地方式确认其承包经营权有异议，起诉要求以确地方式确认其承包经营权或索要承包地的，以及弃耕、抛荒、流转土地的农户起诉要求获得农业补贴的实际耕种经营者返还农业补贴的，应认定不属于人民法院民事案件受案范围。

（3）土地补偿费归农民集体所有，集体经济组织可依法通过民主议定的村民自治程序决定土地补偿费由集体留存还是在本集体内部进行分配。集体经济组织成员就尚未经民主议定程序确定如何分配的土地补偿费提起诉讼请求支付的，以及就集体经济组织依照民主议定程序做出的分不分，或集体留存多少、分配多少的决定有异议，提起民事诉讼的，属于集体经济组织成员就用于分配的土地补偿费数额提起民事诉讼，应当依据

《土地承包解释》第一条第三款规定不予受理。

（4）农村集体经济组织大规模调整承包地，持有异议的农户以调整土地侵害其承包经营权为由提起民事诉讼的，因涉及群体性利益的重新调整分配，依赖民事诉讼无法处理，人民法院应当引导当事人向有关行政主管部门申请解决。

2. 当事人对同一土地主张家庭承包经营权分别提起民事诉讼和行政诉讼的，如何处理。

因家庭承包经营权归属争议，一方当事人以争议土地承包经营权登记、发证错误为由已提起行政诉讼，另一方又提起民事诉讼的，人民法院应当裁定驳回民事诉讼的起诉。

3. 双方当事人对同一土地发生家庭承包经营权归属争议，是否适用《土地承包解释》第二十条的规定处理。

《土地承包法》将农村土地承包经营权区分为家庭承包经营权和其他方式承包经营权，两者的权利性质、内容、救济方式存在明显区别。《土地承包解释》第二十条是对其他方式承包经营权归属争议的专门规定。两个以上农户对同一土地均主张享有家庭承包经营权发生争议的，不能援引该规定处理。

4. 村民小组与承包人发生农村土地承包纠纷，如何确定诉讼主体。

实践中存在村民小组集体所有的土地由村集体发包的现象，对于村民小组集体所有的土地，发包人与他人发生土地承包纠纷，诉讼主体应按照下列情形分别确定：一是村民小组为发包方的，应以村民小组为当事人；二是村民小组集体所有的土地，由村民委员会作为发包方的，应以村民委员会为当事人，村民委员会以承包地属于村民小组集体所有，其不是适格主体为由抗辩的，不予支持。

5. 在当前国家统一部署开展的承包经营权确权登记过程中，双方当事人因同一土地的二轮承包经营权归属发生争议的，如何处理。

人民法院审理家庭承包经营权归属争议，应当注意与当前国家统一部署开展的土地承包经营权确权登记颁证工作相衔接，引导当事人先行通过该程序确定承包经营权。当事人坚持起诉的，裁定中止审理，待当地确权登记颁证工作完结后恢复审理。

当地人民政府对当事人争议的土地承包经营权归属做出处理，予以确权登记颁证，当事人未撤诉的，人民法院应当依照确权登记颁证结论作出裁判。

6. 当地确权登记颁证工作已经结束，对争议土地二轮承包经营权归属未作出结论，或者当事人的二轮承包经营权归属争议在所属地统一的确权登记颁证工作完结后发生，如何处理。

双方当事人因同一土地家庭承包经营权归属发生争议，依据各自持有的二轮承包合同、承包经营权证书或归户表等对成立二轮承包关系具有一定证明力的证据，主张对同一土地享有家庭承包经营权，但其中一方不是本集体经济组织成员的，属于本集体经济组织成员一方主张享有该土地承包经营权的，一般应予支持。

双方属于同一集体经济组织成员的，区分下列情形审核认定证据、确定承包经营权归属：（1）双方当事人对同一土地均持有二轮承包合同或承包经营权证书，一般应当依据当地全面实行二轮承包时签订的合同或颁发的证书，认定该土地承包经营权的归属；（2）一方当事人持有二轮承包合同或者经营权证书，另一方当事人以二轮承包过程中的承包清册、税负监督卡或归户表等其他书面证据主张承包经营权的，应当依据承包合同或者承包经营权证书认定承包经营权归属。但经审查，承包清册、税负监督卡或归户表等书面记载与当地全面实行二轮承包时分配承包地情况相符，而另一方当事人的承包合同的签订与承包经营权证的领取存在不规范情形的，可以依据承包清册、税负监督卡、归户表等证据对承包经营权归属作出认定。

7. 当事人请求确认其对争议土地享有家庭承包经营权的请求成立，同时请求判决土地实际经营者返还承包地，但该承包地已经因与其他土地连片经营，存在四至无法确定等客观上难以判决返还情形的，如何处理。

争议家庭承包地已经与其他农地连片成为规模化、产业化农业经营的一部分，当事人有关确认其家庭承包经营权的请求成立，但返还土地存在客观障碍、易引发其他较大损失等暂时不宜判决返还情形的，对当事人有关返还承包地的诉讼请求不予支持，可根据同类土地流转价款和实际经营者所需合理经营期限等因素，参照土地流转收益判决实际经营者对承包权人进行补偿，并在裁判理由部分阐明实际经营者在具备返还条件时应予以返还。

8. 土地征收后，农村集体经济组织、村委员会或村民小组尚未对征地补偿费的分配作出决定，或者作出分配决定的程序不合法，当事人提起民事诉讼的，如何处理。

土地补偿费是对农民集体所有的集体土地所有权消灭的补偿，其受益主体是该集体经济组织内部的所有具有成员资格的人。根据《村民委员会组织法》第二十四条、《物权法》第五十九条、《土地承包解释》第二十四条规定，土地补偿费如何在本集体内部进行分配，属于村民自治权范畴。对于尚未经农村集体经济组织民主议定程序确定如何分配的土地补偿费，农村集体经济组织成员提起诉讼请求支付的，不属于人民法院民事案件受案范围。

农村集体经济组织分配土地补偿费未遵循民主议定原则，以"村两委会"或负责人决定代替民主议定程序，或虽经民主议定但存在严重违反《村民委员会组织法》第二十二条、二十五条、二十六条、二十八条规定的程序，视为未经所在农村集体经济组织依法进行民主议定，当事人以集体经济组织的分配决定侵害其权益为由，请求判令集体经济组织支付相应份额的，不属于人民法院民

事案件受案范围。但集体经济组织成员根据《物权法》第六十三条规定，以集体经济组织、村民委员会或者其负责人作出的决定侵害其集体成员合法权益，请求人民法院予以撤销的，应予支持。

安置补助费是对需要安置人员丧失具有生活保障功能的土地承包经营权的补偿，地上附着物和青苗补偿费是对财产所有人财产损失的补偿，这两项补偿费用的分配，并无必须经民主议定程序的要求。根据《土地承包解释》第二十二条、二十三条规定，承包方请求发包方给付已经收到的地上附着物和青苗补偿费，或者未予以统一安置或放弃统一安置的家庭承包方，请求发包方给付已经收到的安置补助费的，应予支持。

9. 征地补偿费分配纠纷中涉及农村集体经济组织成员资格争议的，民事诉讼是否一概不予受理。

农村集体经济组织成员资格的认定比较复杂，目前尚无明确的法律规定，应在当地人民政府指导下，根据本地、本村实际情况通过村民自治途径处理，由其所在村的村集体经济组织依照法定程序予以认定。当事人仅提起确认其集体经济组织成员资格之诉的，不属人民法院民事案件受案范围。但对于当事人因征地补偿费分配纠纷提起的民事诉讼，不应简单以涉及集体经济组织成员资格认定问题为由不予受理。审理中可根据个案具体情况，综合考虑当时的政策、当事人生产生活状况、户口登记状况以及农村土地对农民的基本生活保障功能等因素，以当事人是否获得其他替代性基本生活保障为重要考量，慎重确定当事人成员资格的取得或丧失，对当事人成员资格是否丧失作出审慎的认定，在裁判说理部分阐释认定理由，但裁判主文中不应涉及。通过从严把握集体经济组织成员资格丧失的认定，为当事人合法征地补偿权利提供必要司法救济。

10. 当事人不服农村集体经济组织经过民主议定程序作出的征地补偿费分配决定提

起民事诉讼的，如何处理。

农村集体经济组织作出征地补偿费分配决定的程序合法，或程序虽有瑕疵但未达到重大程序违法程度，当事人以分配决定侵害其合法权益为由提起民事诉讼，要求撤销分配决定或取得征地补偿费相应份额，人民法院应根据《村民委员会组织法》第二十七条的规定，区别下列情形处理：

（1）集体经济组织的征地补偿费分配决定，以当事人非本集体经济组织成员为由取消其参与分配的权利，当事人主张该分配决定侵害其合法权益，提起民事诉讼的，人民法院应当按照本解答第9条规定对其成员资格是否丧失作出审慎认定，但当事人有证据证明其参与了该集体经济组织二轮承包地分配，并合法取得家庭承包经营权，或之前曾经作为本集体经济组织成员同等参与过征地补偿费或其他集体收益分配的，应要求集体经济组织说明不予分配的理由和依据，集体经济组织不能提供充分证据证明的，对当事人要求撤销分配决定相应内容或取得相应份额的诉讼请求，应予支持；

（2）当事人参与了集体经济组织的征地补偿费分配，并可以分得一定数额的补偿费用，仅以集体经济组织成员之间分配的土地补偿费数额存在差别为由请求撤销分配决定的，一般不予支持。但集体经济组织实行的差别分配，在该集体内部明显不公，或违背公序良俗，或存在与法律、法规和国家政策相抵触的情形的，当事人请求撤销分配决定相应内容或取得相应份额的，应予支持。

当事人请求支付征地补偿费相应份额的，应当根据该集体经济组织分配决定规定的计算方法确定当事人可以获得的补偿费数额，依据《土地承包解释》第二十四条的规定，判决该农村集体经济组织在确定期限内予以给付。

11. 妇女结婚后，不在原居住地生活，以原居住地的农村集体经济组织、村民委员会或村民小组经民主议定分配征地补偿费时对其不予分配，侵害其权益为由，提起民事诉讼的，如何处理。

根据《土地承包法》第三十条规定，承包期内，妇女结婚、离婚或丧偶，未在新居住地取得承包地的情况下，其原居住地的承包地被征收、征用、占用而产生的有关补偿权，与妇女享有的承包经营权一样受到法律保护。已婚妇女作为原居住地家庭承包户成员在分地时依法取得了相应份额承包地，原居住地集体经济组织无证据证明该妇女在新居住地取得承包地而以其已经出嫁、户口已经迁出等为由经民主议定取消其参与分配权利，当事人提起民事诉讼请求撤销分配决定相应内容或取得相应份额的，应予支持。因已婚妇女原居住地其他农户家庭承包地或集体预留的机动地等征收分配征地补偿费，其原居住地集体经济组织以其已经出嫁为由经民主议定不予分配，当事人提起民事诉讼请求撤销分配决定相应内容或请求支付相应份额征地补偿费，人民法院应当按照本解答第9条规定对其成员资格是否丧失作出审慎认定；妇女出嫁后在新居住地取得了承包地或参与了新居住地集体经济组织征地补偿费等集体收益的分配的，对其请求不应支持。

12. 农村土地承包纠纷案件审理中，对于《村民委员会组织法》《土地承包法》等法律规定应当经过民主议定的事项，农村集体经济组织、村民委员会或村民小组未依法召集村民会议或者村民代表会议讨论决定，越权对外发包的，合同效力应如何认定。

农村集体经济组织成员提起民事诉讼，以发包方违反《土地管理法》第十五条第二款，《村民委员会组织法》第二十四条第一款第四、五项、《土地承包法》第四十八条第一款，《物权法》第五十九条第二款第一项有关涉及村民利益的重大事项必须经村民会议或村民代表会议集体决定的民主议定原则，越权发包，要求确认承包合同无效的，一般应予支持，但存在集体经济组织成员已经实际领取了该承包收益等可以视同履行过程中经过追认的情形或发包方经召集村民会议或村民代表会议讨论明确予以追认的除外。

13. 对于改变承包地农业用途的土地流转合同争议，应当如何处理。

我国实行严格的耕地和基本农田保护制度。双方在土地流转合同中约定的流转用途，存在下列情形的，应当认定土地流转合同无效：

（1）违反《土地管理法》第三十六条第二款、《基本农田保护条例》第十七条第一款有关禁止占有耕地或在基本农田保护区内建窑、建坟或者擅自建房、挖沙、采石、采矿、取土、堆放固体废弃物或者进行其他破坏基本农田的活动等规定的；

（2）违反《基本农田保护条例》第十七条第二款有关禁止任何单位和个人占用基本农田发展林果业和挖塘养鱼的规定的；

（3）未经审批，擅自将农用地作为建设用地使用的。

因在流转土地上违法进行非农建设，被有关行政管理部门确认违法，作出责令违法用地人退还土地、拆除违章建筑等行政处罚决定，流出方提起民事诉讼，要求判令流入方恢复原状、退还土地的，因行政处罚已经对拆除和退地作出决定，应告知当事人通过行政程序申请处理恢复原状和退地问题。流出方要求确认合同无效、判令流入方赔偿损失的，应当根据案件实际作出裁判。

14. 承包方因抵押家庭承包地的经营权与抵押权人发生争议的，合同效力如何认定。

已经纳入承包地经营权抵押试点地区的东海、泗洪、沛县、金湖、姜堰、太仓、如皋、东台、惠山、高淳等地的承包方，以依法取得的家庭承包土地的经营权，向银行、小额贷款公司等为农地融资提供服务的金融机构抵押借款，且在有关登记机关办理抵押登记手续的，应认定抵押合同有效，但为他人债务设定抵押的除外。承包方不能清偿到期债务，抵押权人主张优先受偿的，应当判决抵押权人"有权对抵押的（坐落、四至等

承包地基本信息）承包地剩余承包期限内相应期限的经营权及收益优先受偿。"

15. 承包人因分户或离婚，对家庭承包地的分割不能协商一致，提起诉讼，请求分割承包地的，如何处理。

家庭承包经营权的分割涉及发包方及有关行政主管部门对承包地、承包合同、承包经营权登记及承包经营权证管理等诸多问题，也存在承包地块、质量、坐落等诸多操作性困难，难以通过裁判确定。承包人因分户，向人民法院提起诉讼，请求分割相应份额承包地的，告知其向所在农村集体经济组织申请协调解决。但当事人要求实际行使承包经营权的一方参照当地同期同类土地流转价给予剩余承包期内相应份额的经济补偿的，应予支持。

当事人因离婚请求分割家庭承包地的，告知其向所在集体经济组织申请协调解决，但当事人提供证据证明其对该承包地享有相应份额承包经营权，或存在其在原居住地已无承包地等导致其丧失承包经营权情形的，当事人要求实际行使承包经营权的一方参照当地同期同类土地流转价给予剩余承包期内相应份额的经济补偿的，应予支持。

16. 承包人死亡，其继承人要求继续承包或取得承包收益的，如何处理。

家庭承包以户为单位进行承包，根据其承包主体特点及《土地承包法》第三十一条的规定，家庭承包的收益可以继承，当事人以行使继承权为由要求继承耕地、林地、草地的承包收益的，应予支持。林地承包的承包人死亡，具有继承权的当事人要求在承包期内继续承包的，应予支持。但耕地和草原家庭承包户所有成员死亡的，因权利主体消亡承包经营权亦消灭，不发生承包经营权的继承，与该家庭承包户成员具有亲属关系但已另行分得家庭承包地的集体经济组织成员以行使继承权为由提起民事诉讼要求取得该承包地的，不予支持。

对于其他方式承包的继承问题，根据

《土地承包法》第五十条的规定，承包人死亡，其应得的承包收益，依照继承法的规定继承；在承包期内，其继承人可以继续承包。以其他方式承包的承包人的继承人依照该规定提起民事诉讼，要求继承承包收益或取得承包地剩余期限内的承包经营权的，应予支持。

17.《土地管理法》第三十七条第三款规定，承包经营耕地的单位或者个人连续二年弃耕抛荒的，原发包单位应当终止承包合同，收回承包地。发包方依据《土地管理法》第三十七条规定，以承包人抛荒为由收回承包地的，如何处理。

在《土地承包法》颁布施行后，根据《土地承包解释》第六条的规定，发包方不得因承包方弃耕抛荒而收回农户承包地。审判实践中应当注意区分家庭承包和其他方式承包两种方式进行处理。家庭承包为本集体组织成员以户为单位承包，其他方式承包主体则既可以是单位也可以是个人。《土地管理法》第三十七条规定的适用对象是承包耕地的"单位和个人"，在主体上与其他方式承包一致。因此，在《土地承包法》施行后，《土地管理法》第三十七条第三款可以继续适用于其他方式承包，但不再适用于家庭承包。如果以其他方式承包耕地的单位和个人连续抛荒两年以上，发包方依据《土地管理法》第三十七条第三款要求解除承包合同的，应予支持。人民法院在审理涉弃耕、抛荒的家庭承包地纠纷中，发包方依据《土地管理法》第三十七条行使收回权抗辩的，不予支持。

江苏省高级人民法院
《关于执行〈中华人民共和国农村土地承包法〉和〈最高人民法院关于审理涉及农村土地承包纠纷案件适用法律问题的解释〉若干问题的意见》的通知

2006 年 7 月 26 日

苏高法审委〔2006〕17 号

各市中级人民法院、各基层人民法院、本院各部门：

《中华人民共和国农村土地承包法》（以下简称土地承包法）颁布实施以来，随着农村经济的发展，尤其是国家基本农业政策的调整，以农村土地为中心的利益格局发生重大变化，农村土地承包纠纷案件大幅增长，出现了许多新情况、新问题。农村土地承包纠纷案件的审理已成为当前民商事审判工作中的一个新的热点和难点。为了正确处理新形势下的农村土地承包纠纷案件，最高人民法院于 2005 年 9 月 1 日颁布实施了《关于审理涉及农村土地承包纠纷案件适用法律问题的解释》（以下简称《2005 年司法解释》），该司法解释解决了审判实践中遇到的许多问题。但是，由于实际生活中农村土地承包情况的复杂性，一方面，实践中许多农村土地承包纠纷案件中涉及的问题难以在土地承包法和《2005 年司法解释》中找到依据；另一方面，实践中对现有的土地承包法和《2005 年司法解释》有关规定的理解和适用存在不同认识。由此造成审判实践中农村土地承包纠纷案件难以处理或执法不一的现象日趋严重，全省各级法院迫切要求对理解和适用农村土地承包法和《2005 司法解释》以及审理农村土地承包纠纷中的一些带有普遍性的、突出的法律适用问题加以规范和统一。为了正确理解和执行土地承包法和《2005 年司法解释》，解决审判实践中对土地承包法和《2005 年司法解释》理解和适用中存在的执法不统一问题，正确处理农村土地承包纠纷案件中遇到的新情况、新问题，加强对下级人民法院民商事审判工作的监督和指导，为社会主义新农村建设提供更有力的司法保障，我院审判委员会已于 2005 年 7 月 14 日、7 月 21 日第 31 次、

32 次会议讨论通过了《江苏省高级人民法院关于执行〈中华人民共和国农村土地承包法〉和〈最高人民法院关于审理涉及农村土地承包纠纷案件适用法律问题的解释〉若干问题的意见》。现予印发，供全省各级人民法院参照执行。执行中如有问题，请及时向本院反映。

附：

江苏省高级人民法院

关于执行《中华人民共和国农村土地承包法》和《最高人民法院关于审理涉及农村土地承包纠纷案件适用法律问题的解释》若干问题的意见

(2006 年 7 月 14、21 日由审判委员会第 31、32 次会议讨论通过)

为了正确执行《中华人民共和国农村土地承包法》（以下简称土地承包法）和《最高人民法院关于审理涉及农村土地承包纠纷案件适用法律问题的解释》（以下简称《2005 年司法解释》），解决人民法院在审理涉及农村土地承包纠纷案件中的适用法律问题，切实保护农民的合法权益，维护农村社会的稳定，现结合我省民商事审判实际，提出如下意见：

一、案件的受理

（一）根据土地承包法第五十一条和《2005 年司法解释》第一条的规定，对农民已经取得土地承包经营权之后产生的农村土地承包合同纠纷、土地承包经营权侵权纠纷、土地承包经营权流转纠纷、土地承包经营权继承纠纷以及承包地征收补偿费用分配纠纷，当事人向人民法院提起诉讼的，人民法院应当受理。当事人对于尚未取得而要求取得土地承包经营权的纠纷，以及集体经济组织成员就用于分配的土地补偿费数额提起民事诉讼的，人民法院不予受理。

（二）涉及农村土地承包的纠纷具有下列情形，当事人提起民事诉讼的，人民法院不予受理：

1. 涉及土地所有权或使用权争议而产生的农村土地承包纠纷。

（1）根据《中华人民共和国土地管理法》（以下简称土地法）第十六条的规定，土地所有权和使用权争议，当事人协商解决不成的，由人民政府处理。因此，对土地所有权、使用权权属存在争议的，应当由当事人向有关行政机关申请解决，不能提起民事诉讼。

（2）两个以上的农村集体经济组织、村民委员会或村民小组等因土地的发包权产生争议所引发的纠纷，在本质上也属于土地所有权或使用权争议，应由当事人向有关行政机关申请解决，不能提起民事诉讼。

（3）两个以上农户同时以家庭承包方式取得同一土地的家庭承包经营权而产生承包经营权属争议的，因农户依法获得的家庭承包经营权具有物权属性，土地承包经营权权能中对承包地的合法使用权是最重要、最实质性的权能。因此，土地承包经营权属争议的本质是土地使用权争议，应当由当事人向有关行政机关申请解决，不宜作为民事诉讼

受理。但当事人提起的诉讼符合《2005年司法解释》第六条规定的情形除外。

2. 土地征用补偿费分配纠纷中涉及集体经济组织成员资格确定问题的处理。

如何确认农村集体经济组织成员资格，目前并无具体法律可资适用。根据《中华人民共和国立法法》第四十二条第（一）项规定，该问题有待于立法机关作出进一步明确的规定，目前无法在民事诉讼程序中作出认定。因此，对土地征用补偿费分配争议中涉及集体经济组织成员资格确定问题，当事人提起民事诉讼的，人民法院不应受理。

3. 承包地被依法征收后，村民委员会尚未收到地上附着物、青苗的补偿费和安置补助费，承包方请求发包方给付补偿费用引起的纠纷。

根据《2005年司法解释》第二十二条、第二十三条的规定，发包方是否已经收到地上附着物、青苗的补偿费和安置补助费的事实，是决定承包方请求能否能得到支持的关键。因此，承包方请求发包方给付上述补偿费用，在立案时村民委员会尚未收到上述费用的，人民法院不予受理，并告知其向有关人民政府反映解决。人民法院在审理中，发现发包方确未收到上述费用的，应当裁定驳回起诉。

（三）当事人之间发生的农村土地承包纠纷虽不属于直接的土地权属争议，但该纠纷的处理有待于所涉土地的权属争议结果，已经受理的，应当中止审理，待有关行政机关对土地所有权或使用权权属进行确权处理后，继续审理当事人之间的土地承包纠纷。

（四）涉及大面积土地的重新调整或群体性利益的重新分配的农村土地承包纠纷，依赖民事诉讼程序难以处理的，一般应当由有关地方人民政府先行处理。

二、关于村民小组的诉讼主体地位问题

现实生活中，村民小组集体独立拥有土地所有权的情形仍普遍存在，法律也因此确认了村民小组具有独立的发包主体资格。因此，在农村土地承包纠纷中，村民小组可以作为独立的诉讼主体参加诉讼。

三、关于涉及弃耕、抛荒地纠纷的有关问题

《2005年司法解释》第六条规定，"因发包方收回承包方弃耕、撂荒的承包地产生的纠纷，发包方未将承包地另行发包，承包方请求返还承包地的，应予支持；发包方已将承包地另行发包给第三人，承包方以发包方和第三人为共同被告，请求确认其所签订的承包合同无效、返还承包地的，应予支持。但对其赔偿损失的诉讼请求，不予支持。第三人请求受益方补偿其在承包地上的合理投入的，应予支持。"实践中，在理解和适用上述规定时，存在以下几个问题：

（一）经承包方请求，确认发包方和第三人签订的承包合同无效的实体处理。

1. 合同被确认无效后，承包地原则上应当返还给承包方。返还承包地的履行期限应为地上农作物收获期届满后至下一耕种期开始前。承包地确实无法在上述期间返还的，在明确承包方享有土地承包经营权的前提下，应视具体情况给予承包方适当补偿。

2. 合同被确认无效后，对已经履行完毕的部分，第三人要求发包方返还其已经支付的有关费用的，人民法院不予支持。

3. 合同被确认无效后，承包方要求赔偿其收益损失的，人民法院不予支持。因发包方的过错，给承包方造成其他特定损失的，承包方主张赔偿的，人民法院应予支持。第三人对该损失的发生具有过错的，应承担相应的赔偿责任。

4. 合同被确认无效后，第三人要求受益方补偿其在土地上的合理投入的，人民法院应予支持。第三人未以反诉方式主张的，人民法院应当释明。对补偿数额的确定，当事人难以举证的，可以参照当地同类情况合理认定。

（二）承包方未请求确认发包方和第三方签订的合同无效，而仅是要求获得承包收益的处理。

人民法院应在确认承包方对争议所涉土地享有承包经营权的基础上，认定承包方与第三方之间成立土地流转关系，承包方要求第三人直接向其支付合同约定收益的，人民法院应予支持。如果发包方与第三人签订的是无偿合同，人民法院可以依照《2005年司法解释》第十六条的规定按照公平原则处理。

（三）在发包方和第三人因合同履行发生纠纷的案件审理中，当事人未对合同效力提出异议的，人民法院不主动审查是否涉及抛荒地问题对合同效力的影响。如果承包方请求以有独立请求权的第三人身份参加诉讼并要求确认合同无效的，人民法院应予支持。

四、关于因无偿土地流转而产生的纠纷中的有关问题

《2005年司法解释》第十六条规定，"因承包方不收取流转价款或者向对方支付费用的约定产生纠纷，当事人协商变更无法达成一致，且继续履行又显失公平的，人民法院可以根据发生变更的客观情况，按照公平原则处理"。在理解和适用该条规定时，需要明确以下几个问题：

（一）适用的条件和范围。

1. 适用该条规定仅限于农业税减免、农业补贴政策等国家基本农业政策的重大调整造成当事人之间权利义务明显失衡这一情形。对于因市场行情等其他因素变化而引起的利益变化，不应适用该条规定。

2. 依据流转合同承包方可获取一定的流转收益，如果承包方仅因该受益相对较少而要求变更或解除合同的，人民法院不予支持。但该受益明显偏低，致使当事人利益严重失衡的除外。

3. 当事人之间的流转合同虽是无偿的，但对流转期限有明确约定，且期限即将届满（一般指自起诉时起剩余期限不满一年）的，当事人依据该规定请求变更或解除合同的，人民法院不予支持。

（二）一方要求变更合同，另一方不愿变更而要求解除合同；或者一方要求解除合同，而另一方不愿解除而要求变更合同的处理。

人民法院审理案件应当围绕当事人的诉讼请求进行。但一方当事人请求解除合同，而客观上无法解除的，人民法院应当释明，建议当事人变更诉讼请求。当事人坚持要求解除合同不愿变更的，应当驳回其解除合同的诉讼请求。

（三）变更或解除合同的效力起始日。

人民法院判决变更或解除合同的效力溯及至当事人主张权利之日（一般指起诉之日）。当事人就已经履行完毕的部分主张返还的，人民法院不予支持。

（四）在处理这类纠纷时还应注意以下两个问题：

1. 在判决解除合同时，争议土地上的农作物未到收获期的，合同应在该收获期届满后解除；

2. 合同解除，另一方反诉要求承包户对其在土地上的合理投入给予适当补偿的，人民法院应予支持。

五、关于民主议定原则问题

审判实践中，当事人以违反民主议定原则为由主张合同无效的处理。

（一）《2005年司法解释》施行后，1999年7月8日起施行的法释〔1999〕15号《最高人民法院关于审理农业承包合同纠纷案件若干问题的规定（试行）》（以下简称《1999年司法解释》）并不废止，其内容也与土地承包法及《2005年司法解释》不冲突，仍然应当适用。实践中对于涉及民主议定程序欠缺的合同效力认定，应当适用《1999年司法解释》第二条、第二十五条的规定处理，即发包方所属半数以上村民，以签订承包合同时违反土地法和村民委员会组织法等法律规定的民主议定原则，或者其所签订的合同内容违背多数村民意志，损害集体和村民利益为由，以发包方为被告，要求确认承包合同的效力提起诉讼的，人民法院应当依法受理，并可通知承包人作为第三人参加诉讼。对发包方违背集体经济组织成员大会或者成员代表大会决议，越权发包的，应当认定该承包合同为无效合同，并根据当事人的过错，确定其应承担的相应责任。如自承包合同签订之日起超过一年，或者虽未超过一年，但承包人已经实际作了大量投入的，对原告方要求确认该承包合同无效或者终止该承包合同的，人民法院不予支持。但可根据实际情况，依照公平原则，对该承包合同的有关内容进行适当调整。

（二）根据《1999 年司法解释》的规定，能够以违反民主议定原则请求确认合同无效的主体只能是半数以上村民。因此，发包方、承包方以及第三方以违反民主议定原则为由主张合同无效的，人民法院不予支持。人民法院也不必主动以是否违反了民主议定原则审查合同效力。

六、家庭土地承包经营权的流转关系及流转效力的认定

家庭承包经营权流转纠纷中，承包方要求流入方返还承包土地而提起诉讼时，流入方往往以土地承包经营权已经转让进行抗辩，而承包方则认为双方之间属于代耕或者转包关系。由于在这类纠纷中，当事人之间多未签订书面合同，且多是由流入方负担附着于土地上的税费，并由流入方直接向发包方缴纳。而且有些发包方在税负监督卡或归户表等资料中将争议土地已经登记在流入方名下，流入方以此作为已经发包方同意，受让取得土地承包经营权或经发包方发包取得土地承包经营权的证据。审判实践中应当如何认定双方之间权利义务关系的性质。

我国现阶段的家庭土地承包经营权具有社会保障的性质，是农民的主要生存依靠。法律及有关规定虽然允许承包方自主流转承包经营权，但对以转让方式流转的，法律设定了较为严格的条件，且须经发包方同意。因此，对家庭承包经营权转让的认定应当从严把握。

1. 当事人之间有转让承包经营权的明确意思表示，如双方之间签订了书面转让合同，或者虽无书面转让合同，但承包方向发包方和有关主管部门提出了重新签订承包合同或办理转让变更登记的申请等，经发包方同意的，转让合同成立生效。当事人提出申请后，发包方不同意但无法定理由或在七日内未作表示的（视为拖延表态），亦应认定转让合同成立并生效。

2. 虽无证据证明当事人之间有转让承包经营权的约定，但事后已实际以转让方式办理了承包经营权变更登记的，应认定承包经营权转让成立并生效。

3. 不属于上述情形，流转方仅凭税负监督卡等资料记载内容主张承包经营权转让的，人民法院不予支持。应当根据具体情况确定双方之间流转关系的性质。当事人之间流转土地的方式是转让还是转包意思表示不明确的，应认定当事人之间成立转包关系。

七、承包方依据承包合同中有关对本集体经济组织成员的侵权行为，由发包方负责协调处理或承担违约、赔偿责任的约定，追究发包方的违约或侵权责任的处理。

土地承包合同在无其他无效事由的情形下，根据意思自治原则，当事人之间在合同中的上述约定是其真实意思表示，并不违反法律禁止性规定，应当认定为有效。在具体处理时应当区分下列两种情形：

1. 合同明确约定发包方承担赔偿责任或违约责任的，相对人依据合同的约定要求发包方承担相应责任的，人民法院应予支持。发包方承担责任后，有权向责任人追偿。诉讼中发包方可以申请将侵权行为人追加为第三人参加诉讼，也可另案主张。

2. 合同仅约定在第三方侵权时由发包方负责协调处理，未明确约定由发包方承担赔偿责任或违约责任的，承包方要求发包方承担第三方侵权行为所产生的侵权责任或违约责任的，人民法院不予支持。但发包方确有过错的，应视其过错情况承担相应的民事责任。

八、对家庭承包经营权处分行为的效力认定

家庭承包经营权，是由全体家庭成员共同处分，还是仅是其中某个成员具有处分权，还是任何家庭成员均具有处分权。

农民以家庭为单位取得土地承包经营权并承担义务。但家庭承包经营权由家庭全体成员共同处分并不合理，也不符合现实生活中的习惯做法。承包经营权等证书上记载、承包合同上签字的农户代表人所进行的处分，对全体家庭成员具有约束力，其处分行为有效。其他家庭成员处分的，因承包经营权是以家庭为单位依法取得，家庭成员之间具有亲属关系等特殊性，一般应当认定构成表见代理，该处分行为有效。但有证据表明相对人知道或应当知道该行为人无处分权的除外。

九、关于损失和补偿标准的确定

（一）损失的范围。

根据合同法的规定，损失的赔偿范围应当限于因违约所造成的损失，包括合同履行后可以获得的利益损失。但是，由于农村土地承包关系的特殊性，对农村土地承包纠纷中有关损失范围的确定，应当以补偿实际损失为主要原则。对农村土地承包纠纷中当事人主张可得利益损失的，应当有别于普通民事合同更加严格把握。

（二）地上建筑物、构造物等附属物的处理。

承包方对承包经营过程中在承包地上建造的建筑物、构造物等地上附属物要求发包方予以补偿的，该附属物如确属承包经营所必须，而在承包合同终止时又无法拆除或拆除将严重影响其价值的，人民法院应予支持。但当事人另有约定或该地上附属物按照相关法律、行政法规或行政规章规定必须履行建造审批手续而未经审批的除外。

（三）实际损失的认定。

农村土地承包纠纷案件中的损失认定，一般情况下依靠通常意义上的当事人举证难以实现，因此，对损失的确定不能过于强调当事人举证。审判实践中，对于损失确已发生，当事人之间对损失、违约金或其计算方法已有明确约定的，一般应当依照约定进行认定。当事人之间没有约定或约定不明，又无法通过当事人举证进行认定的，可参照当地同类情况进行认定。当地已经存在行业指导性标准的，该标准可以作为人民法院确定损失的参照标准。但如当事人主张其在承包地上有特殊投入或者存在其他特定损失的，则应视其举证情况合理认定。

（四）补偿标准的确定。

为了提高土地生产能力，承包方对其在承包地上的投入，要求受益方予以补偿的，人民法院应予支持。补偿的标准可以通过专业咨询或其他合理方式参照当地同行业的一般标准进行认定。如果当事人有证据表明其有特殊投入的，应视其举证情况合理认定。

广东省高级人民法院
关于外商独资企业土地使用权转让合同效力问题的批复

2007 年 7 月 30 日　　　　　粤高法民一复字〔2007〕9 号

佛山市中级人民法院：

你院《关于外商独资企业土地使用权转让合同效力问题的请示》收悉。经研究，答复如下：

原则上同意你院审委会多数意见对合同效力的认定。佛山市顺德区顺华铝幕墙制品有限公司与欧阳纯土地使用权转让合同纠纷一案，双方当事人转让外商独资企业拥有的国有土地使用权的行为未经有审批权的机关依法批准，违反了《中华人民共和国外资企业法实施细则》第三十五条关于"土地证书为外资企业使用土地的法律凭证。外资企业在经营期限内未经批准，其土地使用权不得转让"的规定。根据我国《合同法》第五十二条第（五）项的规定，本案土地使用权转让合同应认定为无效。

此复。

广东省高级人民法院
印发《关于审理建设用地使用权合同纠纷案件的指引》的通知

2017 年 9 月 12 日　　　　　　　　粤高法〔2017〕199 号

全省各级人民法院：

现将《广东省高级人民法院关于审理建设用地使用权合同纠纷案件的指引》印发给你们，请结合实际认真贯彻执行。对执行中遇到的问题，请及时报告我院民一庭。

特此通知。

附：

广东省高级人民法院
关于审理建设用地使用权合同纠纷案件的指引

（2017 年 10 月 10 日）

为正确审理建设用地使用权合同纠纷案件，统一裁判尺度，提高审判质量，根据有关法律和司法解释的规定，结合审判实践，制定本指引。

一、根据行政诉讼法第十二条第一款第十一项和《最高人民法院关于适用〈中华人民共和国行政诉讼法〉若干问题的解释》第十一条的规定，政府征收部门与被征收人签订的土地、房屋征收征用补偿协议属于行政协议。一方当事人不履行补偿协议约定的义务，另一方当事人提起诉讼的，不属于民事案件受理范围。集体经济组织或者房地产开发企业等其他主体与被征收人签订征收补偿协议的，依照《广东省高级人民法院关于明确土地、房屋征收征用补偿协议纠纷案件作为行政案件处理的通知》（粤高法〔2017〕148 号）处理。

二、土地使用者未依照建设用地使用权出让合同约定的期限和条件开发、利用土地，土地管理部门依法给予警告、罚款、征缴土地闲置费或者无偿收回土地使用权的，属于行政机关的具体行政行为，由此产生的纠纷不属于民事案件受理范围。出让方起诉请求受让方依照合同约定交纳土地出让金、违约金，或者受让方起诉请求出让方依照合同约定交付土地、办理土地使用权登记的，属于民事案件受理范围。

三、政府或者相关行政部门对外签订的招商引资合同，因合同约定的协助办理建设用地使用权出让手续、完成土地前期开发等民事权利义务内容产生的纠纷，属于民事案件受理范围。当事人起诉请求履行合同约定的税收优惠、户口迁入、子女入学等义务的，不属于民事案件受理范围。

四、对于未取得建设工程规划许可证或者未按照建设工程规划许可证规定的内容建设的违法建筑的认定和处理，属于国家有关行政机关的职权范围。当事人起诉请求确认违法建筑权利归属及内容的，不予受理；已经受理的，裁定驳回起诉，并告知当事人先向行政机关申请处理违法建筑问题。

涉及违法建筑使用费的给付、婚姻家庭、继承案件中的权益分割，占有保护，建筑物、构筑物倒塌损害责任等纠纷，属于民事案件受理范围。

五、经营性建设用地以及同一土地有两个以上意向用地者，未采取招标、拍卖、挂牌等公开竞价方式出让的，应当依照合同法第五十二条第五项和物权法第一百三十七条的规定认定出让合同无效。

六、建设用地使用权出让合同涉及的土地虽然已经取得建设用地规划许可，但未依法办理农用地转用审批手续的，应当依照合同法第五十二条第五项和土地管理法第四十四条的规定认定出让合同无效。

七、土地使用权出让方依据合同向受让方追索土地出让金的请求权，适用诉讼时效的规定。

八、政府在土地征收中划拨给农村集体经济组织的留用地，土地用途为经营性用地的，当事人以未经政府批准转让划拨建设用地使用权为由主张该建设用地使用权转让合同无效，不予支持。

九、当事人以转让抵押房地产未经抵押权人同意为由，主张转让合同无效的，不予支持。一审法庭辩论终结前因转让方未消灭抵押权无法办理建设用地使用权转移登记，受让人请求解除合同并赔偿损失的，应予支持。

十、当事人以建设用地使用权被查封为由，主张转让合同无效的，不予支持。一审法庭辩论终结前未解除查封，受让人请求转让人办理建设用地使用权转移登记的，人民法院可以向其释明变更诉讼请求为解除合同、赔偿损失，或者告知其可以依照民事诉讼法第二百二十五条、第二百二十七条的规定主张权利。

十一、城市房地产管理法第三十九条第一款第二项并非效力性强制性规定，当事人以建设用地使用权转让未达到该项规定条件为由，主张转让合同无效的，不予支持。

十二、土地已经取得建设用地规划许可且符合下列条件之一，当事人以用地手续未完善为由主张建设用地使用权转让合同无效的，不予支持：

（一）未取得建设用地使用权登记，但转让方已经与土地管理部门签订建设用地使用权出让合同的；

（二）未签订建设用地使用权出让合同，但土地管理部门已经通知转让方缴纳土地出让金的；

（三）土地管理部门以其他方式明确表示同意出让建设用地使用权的。

十三、当事人为实现转让建设用地使用权的经济目的签订公司股权转让合同的，合同效力应当按照股权转让的法律规定进行审查。

十四、合同约定设立房地产项目公司进行房地产开发经营的，该合同为公司设立合同。当事人以签约人均不具备房地产开发经营资质为由主张合同无效的，不予支持。

十五、合作开发房地产合同是指当事人

订立的以提供出让建设用地使用权、资金等作为共同投资，共享利润、共担风险合作开发房地产为基本内容的协议，合作各方对因合作开发房地产产生的债务应当承担连带责任。合作方以合同相对性原则为由主张不承担连带责任的，不予支持。

十六、当事人共同承担开发房地产的经营风险，是认定合作开发房地产合同性质的关键。认定当事人是否共担经营风险，不能拘泥于合同名称等词句，应当依据合同权利义务关系的内容判断。出地方不承担经营风险，只收取固定利益，包括固定数额货币、固定面积或者固定比例房屋的，应当认定为建设用地使用权转让合同。合同约定出地方分得固定面积或者固定比例房屋，对是否承担经营风险没有明确约定，但通过合同解释可以认定在房屋无法建成的情况下，出资方应当赔偿出地方相应损失的，该合同为建设用地使用权转让合同。

十七、合作开发房地产合同被确认无效、解除或者撤销后，应当对房地产项目进行清算，参照合同约定分担损失、分享利润，并依照合同约定和法律规定认定赔偿责任。依照物权法第一百四十二条的规定，地上建筑物所有权原则上属于建设用地使用权人。建设用地使用权登记在一方名下的，土地增值属于合作项目的收益，合作方可以请求参照合同约定、实际投资情况等进行分配，进行实物分配时应当作出给付判决。建设用地使用权登记在各合作方名下的，进行实物分配时，可以作出形成判决。

十八、房地产项目公司应当遵守公司法的强制性规定。公司未依法清算，公司股东达成协议直接分配公司财产，违反公司法第三十五条有关公司成立后股东不得抽逃出资的规定以及第一百八十六条第二款有关公司财产在未清偿债务前不得分配给股东的规定。人民法院对于当事人基于上述协议请求分配房地产开发利益的，不予支持，告知当事人依照公司法的规定办理。

十九、农村集体建设用地流转、集体留用地转让等属于涉及村民利益的重要事项，根据村民委员会组织法第二十四条的规定，应当经村民会议或者村民代表会议讨论决定。对于违反民主议定程序的土地使用权流转合同，农村集体经济组织主张合同无效的，应予支持。

合同相对人经对村民会议或者村民代表会议决议进行审查，有理由相信合同符合民主议定程序，农村集体经济组织以违反民主议定程序为由主张合同无效的，不予支持。

合同相对人以违反民主议定程序为由主张合同无效的，不予支持。

城镇农村的合作经济组织、基层群众自治组织处分重大财产违反民主议定程序的，参照本条规定处理。

二十、根据物权法第六十三条第二款的规定，集体经济组织、村民委员会或者其负责人作出的决定侵害集体经济组织成员合法权益的，受侵害的集体成员可以请求人民法院予以撤销。决定被撤销的，集体经济组织依据该决定与善意相对人形成的民事法律关系不受影响。

二、招标投标

国土资源部　　监察部
关于严格实行经营性土地使用权招标
拍卖挂牌出让的通知

2002 年 8 月 26 日　　　　　　　　　　　国土资发〔2002〕265 号

各省、自治区、直辖市国土资源厅（国土环境资源厅、国土资源和房屋管理局、房屋土地资源管理局、规划和国土资源局）、监察厅，计划单列市国土资源行政主管部门、监察局，解放军土地管理局，新疆生产建设兵团国土资源局：

《国务院关于加强国有土地资产管理的通知》（国发〔2001〕15 号）下发以来，全国国有土地使用权招标拍卖挂牌出让工作取得了明显成效。但是，各地工作进展不平衡，本应用市场机制配置土地的，一些领导仍然行政干预土地供应方式，没有实行经营性土地使用权招标拍卖挂牌出让，致使国有土地使用权招标拍卖挂牌出让制度不落实。为全面贯彻落实中央纪委第七次全会和国务院第四次廉政工作会议精神，严格实行商业、旅游、娱乐和商品住宅等各类经营性土地（以下简称经营性土地）使用权以招标、拍卖或者挂牌的方式出让，加强廉政建设，现就有关问题通知如下：

一、通过招标拍卖挂牌方式出让国有土地使用权是从源头防治土地供应环节产生腐败的有效措施

由于土地资产数额巨大，并且具有价值增值性和供给稀缺性等特点，土地供应环节成为腐败分子非法牟取暴利的重点领域。分析土地批租领域发生的腐败现象，实质就是在土地资源配置上，特别是在经营性土地的配置上，个别腐败分子违背市场规律，利用行政职权，搞权钱交易和"暗箱操作"，攫取巨额的地价差额。国有土地使用权招标拍卖挂牌出让制度充分体现了公开、公平、公正的市场经济原则，抑制权力进入市场，减少了人为因素对土地配置的干预和影响，从制度和源头上保证了土地批租领域的廉政建设。

党中央、国务院对此高度重视。今年，中央纪委部署从源头防治腐败任务时明确提出，要实行经营性土地使用权出让招标拍卖制度；国务院第四次廉政工作会议明确要求：今年，各地区、各部门都要实行经营性土地出让招标拍卖制度。为此，各级人民政府土地行政主管部门一定要统一思想，充分认识招标拍卖挂牌出让国有土地使用权的重要意义。对经营性土地使用权全部实行招标、拍卖或者挂牌出让，并将其作为国土资源管理的重要制度和行政纪律，切实抓好落实。

二、规范领导干部从政行为，严禁干预土地资源配置

要适应社会主义市场经济发展的要求，进一步转变政府职能，必须充分发挥市场配置土地资源的基础作用，经营性土地使用权出让必须通过市场机制来运作。各级领导干部不得干预经营性土地使用权的招标拍卖挂牌出让。严禁用行政手段，以打招呼、批条子等各种形式指定供地对象、供地位置、供地面积、供地用途、供地方式和供地价格等。

经营性土地使用权出让必须进入市场，全部实行招标、拍卖或者挂牌出让。如果领导干部继续搞个人审批，无论有没有权钱交易的行为，都属于违反纪律。

三、强化政府土地的集中统一管理，保证土地使用权招标拍卖挂牌出让制度的落实

坚持土地的集中统一管理，严格控制土地供应总量，实行土地集中统一供应是保证土地使用权招标拍卖挂牌出让制度落实，避免多头供地、恶性竞争的基本前提。各类工业园、科技园、开发区用地和各单位使用的原划拨土地改变为商业、旅游、娱乐、商品住宅项目用地的，必须由当地人民政府土地行政主管部门统一管理、统一供应。出让的每幅地块位置、面积、用途、年限和其他条件，由市、县人民政府土地行政主管部门会同城市规划、建设、房产管理部门拟定方案，报经有批准权的人民政府批准后，由市、县人民政府土地行政主管部门集中统一组织实施。

四、加大土地供应的信息披露力度，创造市场竞争的环境

土地供应信息在更广泛的领域公开，不仅是政府提供服务的重要职责，也是创造有效需求，形成市场竞争环境的重要保证。市、县人民政府土地行政主管部门要根据当地社会经济发展计划、土地利用总体规划、土地利用年度计划、城市规划和土地市场状况制定土地使用权出让计划，报同级人民政府批准后实施。土地使用权出让计划及土地供应信息要在有关媒体向社会广泛公布，防止"暗箱操作"。

五、严格依法规范土地使用权招标拍卖挂牌出让，确保土地交易的公开、公平、公正

国有土地使用权招标拍卖挂牌出让必须严格按照《招标拍卖挂牌出让国有土地使用权规定》（国土资源部令第11号）的规范要求执行。市、县人民政府土地行政主管部门要定期及时向社会公开发布国有土地使用权出让计划。经营性土地使用权必须以招标、拍卖或者挂牌方式出让，其他土地的供应计划公布后，同一宗地有两个以上意向用地者的，也应当采取招标、拍卖或者挂牌方式出让。招标拍卖挂牌底价必须根据土地估价结果和政府产业政策集体决策，并严格保密。要统一土地使用权招标拍卖挂牌出让文件，严格规范土地使用权招标拍卖挂牌出让程序。各地要积极采取有效措施，全面落实《招标拍卖挂牌出让国有土地使用权规定》，确保土地使用权招标拍卖挂牌出让的规范、有序进行，促进土地市场的健康发展。

六、加强监督检查，防治土地批租领域的腐败

各级土地行政主管部门和监察机关要加强对经营性土地使用权招标拍卖挂牌出让的监督检查。对经营性土地使用权规避招标拍卖挂牌，仍采取协议出让和划拨的；对单位和个人擅自先行立项、先行选址定点、先行确定地价的；对在土地使用权招标拍卖挂牌出让中弄虚作假、徇私舞弊的；对领导干部干预和插手土地使用权招标拍卖挂牌出让等违纪违法行为，都要严厉追究主管部门及有关人员的责任。应当给予党纪处分的，移送党的纪律检查机关处理；涉嫌犯罪的，移送司法机关处理。

今年年底前，国土资源部和监察部要对各地的经营性土地使用权招标拍卖挂牌出让工作进行联合检查。重点检查土地使用权招标拍卖挂牌出让制度的落实和协议出让土地使用权的情况。

招标拍卖挂牌出让国有建设用地使用权规定

（2002 年 4 月 3 日国土资源部第 4 次部务会议通过
2007 年 9 月 21 日国土资源部第 3 次部务会议修订
2007 年 9 月 28 日国土资源部令第 39 号公布　自 2007 年 11 月 1 日起施行）

第一条　为规范国有建设用地使用权出让行为，优化土地资源配置，建立公开、公平、公正的土地使用制度，根据《中华人民共和国物权法》《中华人民共和国土地管理法》《中华人民共和国城市房地产管理法》和《中华人民共和国土地管理法实施条例》，制定本规定。

第二条　在中华人民共和国境内以招标、拍卖或者挂牌出让方式在土地的地表、地上或者地下设立国有建设用地使用权的，适用本规定。

本规定所称招标出让国有建设用地使用权，是指市、县人民政府国土资源行政主管部门（以下简称出让人）发布招标公告，邀请特定或者不特定的自然人、法人和其他组织参加国有建设用地使用权投标，根据投标结果确定国有建设用地使用权人的行为。

本规定所称拍卖出让国有建设用地使用权，是指出让人发布拍卖公告，由竞买人在指定时间、地点进行公开竞价，根据出价结果确定国有建设用地使用权人的行为。

本规定所称挂牌出让国有建设用地使用权，是指出让人发布挂牌公告，按公告规定的期限将拟出让宗地的交易条件在指定的土地交易场所挂牌公布，接受竞买人的报价申请并更新挂牌价格，根据挂牌期限截止时的出价结果或者现场竞价结果确定国有建设用地使用权人的行为。

第三条　招标、拍卖或者挂牌出让国有建设用地使用权，应当遵循公开、公平、公正和诚信的原则。

第四条　工业、商业、旅游、娱乐和商品住宅等经营性用地以及同一宗地有两个以上意向用地者的，应当以招标、拍卖或者挂牌方式出让。

前款规定的工业用地包括仓储用地，但不包括采矿用地。

第五条　国有建设用地使用权招标、拍卖或者挂牌出让活动，应当有计划地进行。

市、县人民政府国土资源行政主管部门根据经济社会发展计划、产业政策、土地利用总体规划、土地利用年度计划、城市规划和土地市场状况，编制国有建设用地使用权出让年度计划，报经同级人民政府批准后，及时向社会公开发布。

第六条　市、县人民政府国土资源行政主管部门应当按照出让年度计划，会同城市规划等有关部门共同拟订拟招标拍卖挂牌出让地块的出让方案，报经市、县人民政府批准后，由市、县人民政府国土资源行政主管部门组织实施。

前款规定的出让方案应当包括出让地块的空间范围、用途、年限、出让方式、时间和其他条件等。

第七条　出让人应当根据招标拍卖挂牌出让地块的情况，编制招标拍卖挂牌出让文件。

招标拍卖挂牌出让文件应当包括出让公告、投标或者竞买须知、土地使用条件、标书或者竞买申请书、报价单、中标通知书或者成交确认书、国有建设用地使用权出让合同文本。

第八条 出让人应当至少在投标、拍卖或者挂牌开始日前 20 日，在土地有形市场或者指定的场所、媒介发布招标、拍卖或者挂牌公告，公布招标拍卖挂牌出让宗地的基本情况和招标拍卖挂牌的时间、地点。

第九条 招标拍卖挂牌公告应当包括下列内容：

（一）出让人的名称和地址；

（二）出让宗地的面积、界址、空间范围、现状、使用年期、用途、规划指标要求；

（三）投标人、竞买人的资格要求以及申请取得投标、竞买资格的办法；

（四）索取招标拍卖挂牌出让文件的时间、地点和方式；

（五）招标拍卖挂牌时间、地点、投标挂牌期限、投标和竞价方式等；

（六）确定中标人、竞得人的标准和方法；

（七）投标、竞买保证金；

（八）其他需要公告的事项。

第十条 市、县人民政府国土资源行政主管部门应当根据土地估价结果和政府产业政策综合确定标底或者底价。标底或者底价不得低于国家规定的最低价标准。

确定招标标底，拍卖和挂牌的起叫价、起始价、底价，投标、竞买保证金，应当实行集体决策。

招标标底和拍卖挂牌的底价，在招标开标前和拍卖挂牌出让活动结束之前应当保密。

第十一条 中华人民共和国境内外的自然人、法人和其他组织，除法律、法规另有规定外，均可申请参加国有建设用地使用权招标拍卖挂牌出让活动。

出让人在招标拍卖挂牌出让公告中不得设定影响公平、公正竞争的限制条件。挂牌出让的，出让公告中规定的申请截止时间，应当为挂牌出让结束日前 2 天。对符合招标拍卖挂牌公告规定条件的申请人，出让人应当通知其参加招标拍卖挂牌活动。

第十二条 市、县人民政府国土资源行政主管部门应当为投标人、竞买人查询拟出让土地的有关情况提供便利。

第十三条 投标、开标依照下列程序进行：

（一）投标人在投标截止时间前将标书投入标箱。招标公告允许邮寄标书的，投标人可以邮寄，但出让人在投标截止时间前收到的方为有效。

标书投入标箱后，不可撤回。投标人应当对标书和有关书面承诺承担责任。

（二）出让人按照招标公告规定的时间、地点开标，邀请所有投标人参加。由投标人或者其推选的代表检查标箱的密封情况，当众开启标箱，点算标书。投标人少于三人的，出让人应当终止招标活动。投标人不少于三人的，应当逐一宣布投标人名称、投标价格和投标文件的主要内容。

（三）评标小组进行评标。评标小组由出让人代表、有关专家组成，成员人数为五人以上的单数。

评标小组可以要求投标人对投标文件作出必要的澄清或者说明，但是澄清或者说明不得超出投标文件的范围或者改变投标文件的实质性内容。

评标小组应当按照招标文件确定的评标标准和方法，对投标文件进行评审。

（四）招标人根据评标结果，确定中标人。

按照价高者得的原则确定中标人的，可以不成立评标小组，由招标主持人根据开标结果，确定中标人。

第十四条 对能够最大限度地满足招标文件中规定的各项综合评价标准，或者能够满足招标文件的实质性要求且价格最高的投标人，应当确定为中标人。

第十五条 拍卖会依照下列程序进行：

（一）主持人点算竞买人；

（二）主持人介绍拍卖宗地的面积、界址、空间范围、现状、用途、使用年期、规划指标要求、开工和竣工时间以及其他有关事项；

（三）主持人宣布起叫价和增价规则及增价幅度。没有底价的，应当明确提示；

（四）主持人报出起叫价；

（五）竞买人举牌应价或者报价；

（六）主持人确认该应价或者报价后继续竞价；

（七）主持人连续三次宣布同一应价或者报价而没有再应价或者报价的，主持人落槌表示拍卖成交；

（八）主持人宣布最高应价或者报价者为竞得人。

第十六条　竞买人的最高应价或者报价未达到底价时，主持人应当终止拍卖。

拍卖主持人在拍卖中可以根据竞买人竞价情况调整拍卖增价幅度。

第十七条　挂牌依照以下程序进行：

（一）在挂牌公告规定的挂牌起始日，出让人将挂牌宗地的面积、界址、空间范围、现状、用途、使用年期、规划指标要求、开工时间和竣工时间、起始价、增价规则及增价幅度等，在挂牌公告规定的土地交易场所挂牌公布；

（二）符合条件的竞买人填写报价单报价；

（三）挂牌主持人确认该报价后，更新显示挂牌价格；

（四）挂牌主持人在挂牌公告规定的挂牌截止时间确定竞得人。

第十八条　挂牌时间不得少于 10 日。挂牌期间可根据竞买人竞价情况调整增价幅度。

第十九条　挂牌截止应当由挂牌主持人主持确定。挂牌期限届满，挂牌主持人现场宣布最高报价及其报价者，并询问竞买人是否愿意继续竞价。有竞买人表示愿意继续竞价的，挂牌出让转入现场竞价，通过现场竞价确定竞得人。挂牌主持人连续三次报出最高挂牌价格，没有竞买人表示愿意继续竞价的，按照下列规定确定是否成交：

（一）在挂牌期限内只有一个竞买人报价，且报价不低于底价，并符合其他条件的，挂牌成交；

（二）在挂牌期限内有两个或者两个以上的竞买人报价的，出价最高者为竞得人；报价相同的，先提交报价单者为竞得人，但报价低于底价者除外；

（三）在挂牌期限内无应价者或者竞买人的报价均低于底价或者均不符合其他条件的，挂牌不成交。

第二十条　以招标、拍卖或者挂牌方式确定中标人、竞得人后，中标人、竞得人支付的投标、竞买保证金，转作受让地块的定金。出让人应当向中标人发出中标通知书或者与竞得人签订成交确认书。

中标通知书或者成交确认书应当包括出让人和中标人或者竞得人的名称、出让标的、成交时间、地点、价款以及签订国有建设用地使用权出让合同的时间、地点等内容。

中标通知书或者成交确认书对出让人和中标人或者竞得人具有法律效力。出让人改变竞得结果，或者中标人、竞得人放弃中标宗地、竞得宗地的，应当依法承担责任。

第二十一条　中标人、竞得人应当按照中标通知书或者成交确认书约定的时间，与出让人签订国有建设用地使用权出让合同。中标人、竞得人支付的投标、竞买保证金抵作土地出让价款；其他投标人、竞买人支付的投标、竞买保证金，出让人必须在招标拍卖挂牌活动结束后 5 个工作日内予以退还，不计利息。

第二十二条　招标拍卖挂牌活动结束后，出让人应在 10 个工作日内将招标拍卖挂牌出让结果在土地有形市场或者指定的场所、媒介公布。

出让人公布出让结果，不得向受让人收取费用。

第二十三条　受让人依照国有建设用地使用权出让合同的约定付清全部土地出让价款后，方可申请办理土地登记，领取国有建设用地使用权证书。

未按出让合同约定缴清全部土地出让价款的，不得发放国有建设用地使用权证书，也不得按出让价款缴纳比例分割发放国有建设用地使用权证书。

第二十四条　应当以招标拍卖挂牌方式出让国有建设用地使用权而擅自采用协议方式出让的，对直接负责的主管人员和其他直接责任人员依法给予处分；构成犯罪的，依法追究刑事责任。

第二十五条　中标人、竞得人有下列行为之一的，中标、竞得结果无效；造成损失的，应当依法承担赔偿责任：

（一）提供虚假文件隐瞒事实的；

（二）采取行贿、恶意串通等非法手段中标或者竞得的。

第二十六条　国土资源行政主管部门的工作人员在招标拍卖挂牌出让活动中玩忽职守、滥用职权、徇私舞弊的，依法给予处分；构成犯罪的，依法追究刑事责任。

第二十七条　以招标拍卖挂牌方式租赁国有建设用地使用权的，参照本规定执行。

第二十八条　本规定自 2007 年 11 月 1 日起施行。

江苏省招标投标条例

（2003 年 12 月 19 日江苏省第十届人民代表大会常务委员会第七次会议通过　自 2004 年 2 月 1 日起施行）

目　录

第一章　总　则

第一条　为了规范招标投标活动，保护国家利益、社会公共利益和招标投标活动当事人的合法权益，根据《中华人民共和国招标投标法》和有关法律、行政法规，结合本省实际，制定本条例。

第二条　在本省行政区域内进行招标投标活动，适用本条例。

法律、法规对政府采购、机电产品国际招标、科技项目的招标以及国有土地使用权、采矿权、探矿权、特许经营权的出让等招标投标活动另有规定的，从其规定。

第三条　招标投标活动应当遵循公开、公平、公正和诚实信用的原则。

第四条　在本省行政区域内关系社会公共利益和公众安全的大型基础设施、公用事业等项目，使用国有资金投资或者国家融资的项目，使用国际组织或者外国政府贷款和援助资金的项目，必须依法进行招标。其具体范围按照国家有关规定执行；其规模标准由省人民政府规定，国家已有规定的，从其规定。

任何单位和个人不得将依法必须进行招标的项目化整为零或者以其他任何方式规避招标。

第五条　县级以上地方人民政府主管发展计划的行政管理部门负责本行政区域内招标投标活动的指导和协调。省、设区的市人民政府主管发展计划的行政管理部门负责对重大建设项目招标投标活动进行稽察。

县级以上地方人民政府经贸、建设、交通、水利等有关行政监督部门，按照法律、法规和同级人民政府确定的职责负责对招标投标活动实施监督管理。

第六条 县级以上地方人民政府应当通过对招标投标市场的监督检查，指导市场主体各方建立并完善招标投标市场的社会信用机制。通过发挥社会信用机制的自行调节作用，对在招标投标活动中有违诚实信用原则和公平、公正原则的各方当事人进行否定评价和淘汰。

第二章 招 标

第七条 招标分为公开招标和邀请招标。

第八条 依法必须进行招标的项目中，有下列情形之一的，应当公开招标：

一、省、设区的市人民政府确定的地方重点建设项目；

二、全部使用国有资金投资的项目；

三、国有资金投资占控股或者主导地位的项目；

四、法律、法规规定的其他应当公开招标的项目。

第九条 本条例第八条规定的工程建设项目中，有下列情形之一不适宜公开招标的，经设区的市以上项目审批部门或者有关行政监督部门批准，可以邀请招标；属于省、设区的市人民政府确定的地方重点建设项目，应当经同级人民政府批准：

一、技术复杂或者有特殊专业要求，仅有少数几家潜在投标人可供选择的；

二、采用公开招标方式所需费用占项目总价值比例过大等不符合经济合理性要求的；

三、受自然资源或者环境条件限制的；

四、法律、行政法规或者国务院另有规定的。

第十条 有下列不适宜进行招标情形之一的项目，可以不进行招标。但需要审批的项目应当按照本条例第九条规定进行审批：

一、涉及国家安全和国家秘密的；

二、抢险救灾的；

三、利用扶贫资金实行以工代赈、需要使用农民工的；

四、主要工艺、技术需要采用特定专利或者专有技术的；

五、法律、行政法规规定的其他情形。

第十一条 对依法必须进行招标的项目，招标人自行办理招标事宜的，应当具有编制招标文件和组织评标的能力，符合下列条件，并向有关行政监督部门备案：

一、具有法人或者其他组织的资格；

二、有与招标项目规模和复杂程度相适应的技术、经济等方面专业人员；

三、有专门的招标机构或者有三名以上具有招标业务能力的人员；

四、熟悉有关招标投标的法律、法规和规章。

第十二条 招标人具有自行招标能力的，可以自主选择自行招标或者委托有资格的招标代理机构代理招标事宜。

招标人不具有编制招标文件和组织评标能力的，应当委托有资格的招标代理机构办理招标事宜。任何单位和个人不得以任何方式为其指定代理机构。

第十三条 招标代理机构是依法设立、从事招标代理业务并提供相关服务的社会中介组织。招标代理机构的资格认定按照国家有关规定执行。有关行政管理部门应当及时将通过资格认定的招标代理机构名单向社会公布。

招标代理机构应当组织独立，与行政机关和其他国家机关不得存在隶属关系或者其他利益关系。

招标代理机构不得接受招标人违法的委托内容和要求；在招标活动中，不得弄虚作假，损害国家利益和招标人、投标人的合法权益。

第十四条 招标代理机构应当在其资格等级范围内承担招标事宜，并遵守本条例关于招标人的规定。

招标代理机构受委托办理招标事宜的，其代理权限和代理费用应当在招标代理合同中载明。法律、行政法规对代理费用的收取有规定的，从其规定。

招标代理机构应当根据招标代理合同的约定，在代理权限范围内办理招标事宜，并不得接受同一招标项目的投标咨询服务。

第十五条 招标人采用公开招标方式的，应当发布招标公告。招标人对公告内容的真实性、准确性负责。

依法必须进行招标的项目的招标公告应当至少在一家由国家或者省指定的媒介发布。

第十六条 对公开招标的项目，招标人可以对潜在投标人进行资格预审。实行资格预审的，应当将资格预审条件、标准、办法在资格预审文件或者招标公告中载明，但不得以不合理条件限制、排斥潜在投标人进行投标。

招标人进行资格预审时，应当以资格预审文件或者招标公告载明的内容为依据，不得再设定其他条件以限制、排斥或者歧视潜在投标人。

第十七条 招标人应当向资格预审合格的潜在投标人发出资格预审合格通知书，告知获取招标文件的时间、地点和方法，并同时向其他潜在投标人告知资格预审结果。

第十八条 招标文件应当清晰、明确地载明以下内容：

一、招标人名称和项目名称及其简介；

二、项目的数量、规模和主要技术、质量要求；

三、项目的完成期限或者交货、提供服务的时间；

四、对投标人的资格和投标文件以及投标有效期限的要求；

五、提交投标文件的方式、地点和截止时间；

六、投标报价的要求；

七、评标依据、标准、方法，定标原则和确定废标的主要因素；

八、主要合同条款以及协议书内容；

九、图纸、格式附录等招标相关资料和技术文件的要求；

十、其他需要载明的事项。

招标人在招标文件中规定的实质性要求和条件，应当用醒目的方式标明。依法必须进行招标的项目，招标文件或者资格预审文件出售时间不得少于五个工作日，其出售价格依据印刷成本确定；自招标文件开始发出之日起至提交投标文件截止之日止，最短不得少于二十日。

第十九条 招标文件应当明确规定所有评标因素，并对评标因素进行量化或者据此进行评估。

国家对投标人的资格条件有规定的，招标文件中载明的投标人资格条件应当符合国家规定的条件。

招标文件规定的各项技术指标应当符合国家强制性标准。

第二十条 招标项目需要划分标段、确定工期的，招标人应当合理划分标段，确定工期，并在招标文件中载明。

第二十一条 招标项目有下列情况之一的，招标人可以组织潜在投标人踏勘项目现场：

一、项目选址或者工作条件有特殊要求的；

二、实施项目的条件较为复杂的；

三、多数潜在投标人提出要求的。

潜在投标人在阅读招标文件或者现场踏勘中提出的疑问，招标人可以以书面形式或者召开预备会的方式解答，并应当将解答以书面形式通知所有购买招标文件的潜在投标人。解答的内容应当作为招标文件的组成部分。

第二十二条 依法进行项目设计招标的，招标人应当在招标公告或者投标邀请书中载明对未中标的设计项目投标人是否给予经济补偿，给予经济补偿的应当载明补偿标准。

招标人对参与方案设计邀请招标而未中标的设计项目投标人，应当给予补偿并明确补偿标准。

第二十三条 招标人根据项目特点可以

不设标底，进行无标底招标。编制标底的，标底编制过程和标底必须保密。

第二十四条 依法必须进行招标的项目有下列情形之一的，招标人应当依法重新招标：

一、资格预审合格的潜在投标人不足三个的；

二、在投标截止时间届满时提交投标文件的投标人少于三个的；

三、所有投标均被作为废标处理的；

四、经评审，有效投标不足三个使得投标明显缺乏竞争，评标委员会决定否决全部投标的。

第二十五条 招标人应当妥善保存招标项目的有关文件资料，不得伪造、隐匿或者销毁。依法必须招标项目的有关文件资料，其保存期限按照档案保存的有关规定执行。

第三章 投 标

第二十六条 投标人申请投标应当提供下列资料，并对所提供资料的真实性、准确性负责：

一、营业执照和资质证书或者其证明文件；

二、资信证明、履约情况和业绩材料；

三、资格预审文件或者招标文件规定的其他资料；

四、法律、法规规定的其他资料。

科研、咨询、设计等允许个人参加投标的招标项目，投标的个人适用本条例有关投标人的规定。

第二十七条 投标人享有下列权利：

一、按照招标文件的要求和条件自主编制投标文件；

二、对招标文件中含义不明确的内容，可以向招标人询问，并获得不超出招标文件范围的明确答复；

三、在招标文件要求提交投标文件截止时间前，可以补充、修改或者撤回已提交的投标文件；

四、可以向招标人、招标代理机构询问

或者向有关行政监督部门投诉；

五、依法享有的其他权利。

第二十八条 投标人与招标人有利害关系的，不得参加其项目的投标。

投标人之间存在隶属关系的，不得参加同一标段的投标。

第二十九条 下列行为均属投标人串通投标报价：

一、投标人之间相互约定抬高或者压低投标报价；

二、投标人之间相互约定，在招标项目中分别以高、中、低价位报价；

三、投标人之间先进行内部竞价，内定中标人，然后再参加投标；

四、投标人之间其他串通投标报价的行为。

第三十条 下列行为属于招标人与投标人串通投标：

一、招标人在开标前开启投标文件，并将投标情况告知其他投标人，或者协助投标人撤换投标文件，更改报价；

二、招标人向投标人泄露标底；

三、招标人与投标人商定，投标时压低或者抬高标价，中标后再给投标人或者招标人额外补偿；

四、招标人预先内定中标人；

五、法律、法规规定的其他串通投标行为。

第三十一条 招标文件中有投标保证金要求的，保证金不得超过投标总价的百分之一，最高限额应当符合国家的有关规定。

投标保证金可以是现金，也可以是银行出具的银行保函、保兑支票、银行汇票或者现金支票等。投标保证金的有效期应当不短于投标有效期。

第三十二条 投标文件应当对招标文件提出的实质性要求和条件作出响应。以联合体形式投标的，联合体各方应当签订共同投标协议，连同投标文件一并提交招标人。

第四章 开标、评标和中标

第三十三条 开标过程应当记录，并存档备查。开标记录包括以下内容：

一、招标项目名称；

二、开标时间、地点；

三、参加开标的单位和人员；

四、投标文件密封情况；

五、投标人名称和投标报价；

六、设有标底的招标项目的标底；

七、其他重要事项。

第三十四条 评标由招标人依法组建的评标委员会负责。评标委员会成员名单在中标结果确定前应当保密。

省人民政府有关部门应当按照国家相关规定组建评标专家名册库。使用国有资金投资或者政府融资项目的评标委员会专家成员应当从省有关部门提供的评标专家名册库中随机抽取确定。

前款规定的评标专家应当具备以下条件：

一、从事相关领域工作满八年并具有高级职称或者具有同等专业水平；

二、熟悉招标投标相关法律、法规，并具有相关实践经验；

三、能够认真、公正、诚实、廉洁履行职责，遵守职业道德。

第三十五条 有下列情形之一的，不得担任评标委员会成员：

一、投标人的负责人的近亲属；

二、项目行政主管部门或者行政监督部门的人员；

三、与投标人有利害关系，可能影响对投标公正评审的；

四、在招标投标活动中有过违法行为的；

五、法律、法规规定的其他情形。

评标委员会成员有前款规定情形之一的，应当主动提出回避。招标人发现评标委员会成员有本条第一款规定情形的，应当予以调整。

第三十六条 评标委员会应当按照下列要求和程序进行评标：

一、熟悉招标文件的各项要求和规定；

二、按照招标文件规定的评标标准和评标方法对投标文件进行系统地比较和评审；

三、要求投标人对投标文件中含义不明确的内容作出必要的书面澄清或者说明；

四、对报价明显低于其他投标报价或者在设有标底时明显低于标底的，可以要求投标人提供书面说明和相关证明材料；

五、审查每一个投标文件是否对招标文件提出的所有实质性要求和条件作出响应，并逐项列出各投标文件的全部投标偏差；

六、对符合招标文件实质性要求，但在个别地方存在遗漏或者提供的技术信息、数据等方面有细微偏差的投标文件，书面要求投标人提供不会对其他投标人造成不公平结果的书面补正；

七、按照评标情况排序推荐中标人；

八、向招标人提出书面评标报告；

九、法律、法规规定的其他要求和程序。

第三十七条 评标委员会应当依据法律、法规的规定和招标文件明示的废标条件确定废标，不得随意将投标文件确定为废标。

投标文件对招标文件提出的实质性要求和条件不作出响应的，应当视为废标。

第三十八条 评标可以采用经评审的最低投标价法或者综合评估法以及法律、法规允许的其他评标方法。

具有通用技术、性能标准或者招标人对其技术、性能没有特殊要求的一般性工程建设、货物采购项目，应当采用经评审的最低投标价法。对经评审能够满足招标文件的实质性要求，且投标价最低的投标，应当推荐为中标候选人。但是投标价格低于成本的除外。

技术要求复杂的工程建设、货物采购或者服务采购项目，一般应当采用综合评估法。最大限度地满足招标文件中规定的各项综合评价标准的投标，应当推荐为中标候选人。

第三十九条 招标文件中没有规定的评标标准和方法不得作为评标的依据。

招标人设有标底的，标底在评标中可以作为参考，但不得作为评标的唯一依据。

第四十条　评标委员会完成评标后，应当向招标人提出由评标委员会全体成员签字的书面评标报告，推荐合格的中标候选人。评标报告应当如实记载以下内容：

一、基本情况和数据表；

二、评标委员会成员名单；

三、开标记录；

四、符合要求的投标一览表；

五、废标情况说明；

六、评标标准、评标方法或者评标因素一览表；

七、经评审的价格或者评标因素一览表；

八、经评审的投标人排序；

九、推荐的中标候选人名单与签订合同前要处理的事宜；

十、澄清、说明、补正事项的纪要。

评标委员会决定否决所有投标的，应当在评标报告中具体说明理由。

第四十一条　招标人、评标委员会成员和与评标活动有关的工作人员不得泄露、侵犯投标人的技术秘密和商业秘密，不得泄露对投标文件的比较和评审、中标候选人的推荐情况以及与评标有关的其他情况。

第四十二条　招标人应当在接到评标委员会的书面评标报告后的十五日内，从评标委员会推荐的第一至第三的中标候选人中确定中标人。使用国有资金投资或者政府融资的项目，招标人应当确定排名第一的中标候选人为中标人。

第四十三条　中标人确定后，招标人应当向中标人发出中标通知书，同时将中标结果通知所有未中标的投标人。

招标人和中标人应当自中标通知书发出之日起三十日内，按照招标文件和中标人的投标文件订立书面合同。

第四十四条　设有投标保证金的，招标人应当在发出中标通知书后五个工作日内向中标人和未中标人一次性退还投标保证金及其利息。招标公告或者投标邀请书中规定给予未中标人经济补偿的，也应当在此期限内

一并给付。

第四十五条　依法必须进行招标的项目，招标人应当自确定中标人之日起十五日内，向有关行政监督部门提交附有招标项目基本情况、招标公告、投标人情况、评标委员会成员名单、评标标准和方法、废标情况、评标委员会推荐的排序的中标候选人以及中标结果等内容的招标投标情况的书面报告。

第五章　监督管理

第四十六条　县级以上地方人民政府有关行政监督部门应当根据各自的法定职责，加强对招标投标活动的监督检查。监督检查的主要内容包括：

一、招标投标法律、法规和规章　的执行情况；

二、依法必须进行招标的项目进行招标的情况；

三、招标投标活动执行法定程序和规则等情况；

四、根据招标文件和评标结果依法确定中标人、合同签订及履行的情况；

五、招标投标法律、法规规定的其他情况。

第四十七条　县级以上地方人民政府有关行政监督部门可以通过检查、稽察、现场监督等方式对招标投标活动进行监督，招标投标各方应当自觉接受监督检查。

县级以上地方人民政府有关行政监督部门应当及时对招标投标活动有关当事人的投诉进行调查、核实和查处，并将处理结果告知投诉人。

第四十八条　县级以上地方人民政府有关行政监督部门应当依法履行监督职责，提高办事效率，不得随意增设招标投标审批、核准事项，不得干涉招标人依法选择招标代理机构、编制招标文件、组织投标资格审查、编制标底、组织评标、确定中标人以及签订合同等事项的自主权。

第四十九条　县级以上地方人民政府行政监察机关依法对参与招标投标活动的国家

行政机关、国家公务员和国家行政机关任命的其他人员实施监察。

第六章　法律责任

第五十条　依法必须进行招标的项目，招标人有下列行为之一的，责令限期改正，可以处以五千元以上三万元以下的罚款；招标已经结束的，招标无效，应当依法重新招标：

一、不具备自行招标条件而自行招标的；

二、应当公开招标而不公开招标的；

三、应当发布招标公告而不发布的；

四、必须公开招标项目，未经批准而采用邀请招标方式的；

五、自招标文件或者资格预审文件出售之日起至停止出售之日止，时间少于五个工作日的；

六、自招标文件开始发出之日起至提交投标文件截止之日止，时间少于二十日的；

七、投标人数量不符合法定要求而不重新招标的；

八、委托无资格或者资质等级不符合招标项目要求的招标代理机构代理招标的。

招标人有前款行为之一，但项目的主体工程已基本完成，依法重新招标可能造成国家财产重大损失的，可以不进行重新招标。

第五十一条　招标代理机构伪造、出借、涂改、转让资格证书，或者无资格、超越资质等级从事招标代理业务的，责令改正，处以一万元以上二万元以下的罚款；情节严重的，责令停止代理业务、降低资格等级或者收回资质证书，并在三年内不受理其资格申请。

招标代理机构接受同一招标项目的投标咨询服务的，责令改正，没收违法所得，可以并处一万元以上三万元以下的罚款。

第五十二条　评标委员会成员在评标过程中擅离职守，影响评标程序正常进行，或者在评标过程中不能客观公正地履行职责的，给予警告；情节严重的，取消担任评标委员会成员的资格，不得再参加任何招标项目的评标。

第五十三条　依法必须进行招标的项目，招标人有下列情况之一的，评标无效，应当依法重新评标或者重新招标，可以处以一万元以上三万元以下的罚款：

一、评标标准未量化或者使用招标文件未规定的评标标准和方法而影响评标结果的；

二、评标委员会的组建以及人员组成不符合法定要求的；

三、评标过程中有违法行为，影响评标结果的；

四、将标底作为评标唯一依据的。

第五十四条　依法必须进行招标的项目，招标人伪造、隐匿或者销毁招标投标有关文件资料的，责令改正，可以处以一万元以上三万元以下的罚款，对直接负责的主管人员和其他直接责任人员依法给予处分；构成犯罪的，依法追究刑事责任。

第五十五条　县级以上地方人民政府有关行政监督部门及其工作人员在招标投标监督活动中有下列情形之一的，由县级以上地方人民政府行政监察机关对直接负责的主管人员和其他直接责任人员给予行政处分；构成犯罪的，依法追究刑事责任：

一、擅自增加审批事项；

二、非法干涉招标人自主权；

三、违法向招标人、招标代理机构、投标人收取费用和财物；

四、违法从事招标代理工作；

五、其他违反法律、法规的行为。

第五十六条　本章规定的行政处罚，由县级以上地方人民政府有关行政监督部门按照各自的职责依法决定。

违反本条例的行为，法律、行政法规已有行政处罚规定的，从其规定。

第七章　附　则

第五十七条　本条例自 2004 年 2 月 1 日起施行。

江苏省国有土地使用权招标拍卖挂牌出让办法

（2003 年 5 月 15 日经省人民政府第 6 次常务会议讨论通过
2003 年 5 月 19 日发布江苏省人民政府令第 11 号　自 2003 年 7 月 1 日起施行）

第一条　为规范国有土地使用权招标、拍卖、挂牌出让行为，建立公开、公平、公正的土地使用制度，根据《中华人民共和国土地管理法》《中华人民共和国城市房地产管理法》《中华人民共和国城市规划法》《江苏省土地管理条例》等法律、法规的规定，结合本省实际，制定本办法。

第二条　国有土地使用权招标、拍卖、挂牌出让（以下简称土地招标、拍卖、挂牌出让）应当遵循公开、公平、公正和诚实信用的原则，在土地有形市场进行。

第三条　市、县人民政府土地行政主管部门（出让人）负责本行政区域内土地招标、拍卖、挂牌出让的组织实施。

上级人民政府土地行政主管部门对下级人民政府土地行政主管部门的土地招标、拍卖、挂牌出让活动进行监督管理。

第四条　工业、商业、旅游、娱乐和商品住宅等经营性用地以及同一土地有两个以上意向用地者的，应当采取招标、拍卖或者挂牌的方式出让。

第五条　市、县人民政府土地行政主管部门应当会同城市规划等有关部门，根据国民经济和社会发展计划、土地利用总体规划、土地利用年度计划、城市规划以及市场需求状况，编制国有土地使用权出让计划，报经同级人民政府批准后，于 10 个工作日内向社会公布。

第六条　市、县人民政府土地行政主管部门应当按照国有土地使用权出让计划，会同城市规划等有关部门拟定拟招标拍卖挂牌出让宗地的用途、年限、出让方式、时间和其他条件等方案，报经同级人民政府批准后，由设区的市、县（市）人民政府土地行政主管部门组织实施。

第七条　市、县人民政府土地行政主管部门应当在土地·招标、拍卖、挂牌出让开始日前 20 日发布公告，公布拟出让宗地的基本情况、竞投（买）的时间和地点、竞投（买）人的资格要求以及竞投（买）规则等。

公告应当在当地土地有形市场和至少一家设区的市级以上新闻媒体发布。

第八条　竞投（买）人应当了解招标、拍卖或者挂牌出让宗地的有关情况，遵守竞投（买）规则，依法参与招标、拍卖或者挂牌出让活动，不得弄虚作假或者恶意串通。

第九条　土地招标、拍卖、挂牌出让底价，应当由具备土地评估资格的机构按照国家和省规定的技术规程评估后，由土地所在地市、县人民政府土地行政主管部门确定。

第十条　土地招标出让应当遵循下列程序：

（一）市、县人民政府土地行政主管部门（招标人）发布招标公告，或者发出投标邀请书；

（二）招标人对报名的竞投人进行资格审查。经审查合格的竞投人缴纳保证金，领取招标文件，并在公告规定的时间内将密封的标书投入指定标箱；

（三）在公告规定的时间、地点，招标人邀请所有竞投人在公证机构监督下开标，当众启封并宣读标书。竞投人少于 3 名的，招标人应当重新组织出让；

（四）评标小组按照招标文件确定的评标

标准和方法，评审投标文件，提出书面评标报告，并推荐合格的中标候选人；

（五）招标人根据评标小组提出的评标报告和推荐的中标候选人确定中标人。中标人应当能够最大限度地满足招标文件中规定的各项综合评价标准；或者能够满足招标文件的实质性要求，且投标价格最高；

（六）中标人确定后，招标人应当向中标人发出中标通知书，并同时将中标结果通知未中标的竞标人。中标人已缴纳的保证金抵作定金；未中标竞投人的保证金于定标后 5 个工作日内退还，不计利息；

（七）中标人应当在接到中标通知书后 15 日内与招标人签订国有土地使用权出让合同（以下简称出让合同），并支付土地使用权出让金（以下简称出让金）15％的定金；

（八）中标人按照出让合同约定付清出让金后，依法申请办理土地登记，领取国有土地使用权证书。

第十一条 省人民政府土地行政主管部门应当建立土地使用权招标评标专家库。专家库由省、设区的市价格、财政、建设、规划、土地、法律等方面的专家组成。专家库组成人员每两年调整一次，调整比例不低于总人数的 20％。

评标小组从土地招标评标专家库中随机抽取 5 人以上单数成员、并由招标人委派 2 名代表组成，负责进行评标。

第十二条 土地拍卖出让应当遵循下列程序：

（一）市、县人民政府土地行政主管部门（拍卖人）发布拍卖公告；

（二）拍卖人对报名的竞买人进行资格审查。经审查合格的竞买人缴纳保证金，并发给统一编号的应价牌；

（三）在公告规定的时间、地点，拍卖人在公证机构监督下按照下列程序进行拍卖：

1. 竞买人出示应价牌，主持人清点竞买人；

2. 主持人宣布拍卖规则和注意事项，介

绍土地的位置、面积、用途、使用年期、规划要求和其他有关事项，并在拍卖前对拍卖宗地是否设定底价予以声明；

3. 拍卖宗地设定底价的，主持人宣布起叫价，竞买人举牌应价；拍卖宗地未设定底价的，竞买人直接报价；

4. 主持人确认该应价或者报价后继续竞价；

5. 主持人连续三次宣布同一应价而没有再应价的，主持人落槌，宣布最高应价者为竞得人；

6. 竞得人与拍卖人签订成交确认书。

（四）拍卖成交后，竞得人已缴纳的保证金抵作定金；其他竞买人已缴纳的保证金于拍卖成交后 5 个工作日内退还，不计利息；

（五）竞得人应当在拍卖成交后 15 日内与拍卖人签订出让合同，并支付出让金 15％的定金；

（六）竞得人按照出让合同约定付清出让金后，依法申请办理土地登记，领取国有土地使用权证书。

拍卖人进行拍卖时，应当制作拍卖笔录。拍卖笔录应当由主持人、记录人签名；拍卖成交的，还应当由竞得人签名。

第十三条 土地挂牌出让应当遵循下列程序：

（一）市、县人民政府土地行政主管部门（挂牌人）发布土地挂牌公告；

（二）在公告规定的挂牌起始日，挂牌人将挂牌宗地的位置、面积、用途、使用年期、规划要求、起始价、增价规则、增价幅度以及挂牌期限等，在公告规定的土地交易场所挂牌公布；

（三）挂牌人对报名的竞买人进行资格审查。经审查合格的竞买人缴纳保证金，填写报价单；挂牌人确认该报价后，更新显示挂牌价格，继续接受新的报价。

竞买人报名截止期限为挂牌期限截止前 1 日。

（四）在挂牌期限内，只有一个竞买人

的，此次挂牌出让成交；有两个或者两个以上竞买人的，允许多次报价，出价最高者为竞得人，报价相同的，先报价者为竞得人。

挂牌期限截止前 1 小时停止更新挂牌价格。在停止更新挂牌价格期间，仍有竞买人要求报价的，挂牌人应当对挂牌宗地参照土地拍卖规则进行现场竞价，最后挂牌价格为现场竞价的首次报价，出价最高者为竞得人；

（五）出让成交后，挂牌人应当向竞得人发出成交通知书，并将成交结果通知其他竞买人。竞得人已缴纳的保证金抵作定金；其他竞买人已缴纳的保证金于出让成交后 5 个工作日内退还，不计利息；

（六）竞得人应当在收到成交通知书后 15 日内与挂牌人签订出让合同，并支付出让金 15% 的定金；

（七）竞得人按照出让合同约定付清出让金后，依法申请办理土地登记，领取国有土地使用权证书。

第十四条 在规定期限内没有竞投（买）人，或者所有竞投（买）人的报价均低于出让底价或者达不到其他竞投（买）条件的，停止该幅土地招标、拍卖、挂牌出让活动。

第十五条 土地招标、拍卖、挂牌出让结束后，出让人应当在 10 个工作日内将出让结果在土地有形市场和发布土地招标、拍卖、挂牌出让公告的新闻媒体公布，并逐级上报省人民政府土地行政主管部门备案。

出让人公布出让结果，不得向受让人收取费用。

第十六条 土地招标、拍卖、挂牌出让成交后，土地有形市场按照规定向中标人或者竞得人收取交易服务费，用于组织招标、拍卖、挂牌出让的相关经费开支。

第十七条 在城市规划区内，按照本办法取得国有土地使用权时，应当依法先向城市规划部门申请办理建设用地规划许可。

第十八条 土地招标、拍卖、挂牌出让中标或者成交后，中标人或者竞得人不按照规定时间签订出让合同的，其缴纳的保证金不予退还，并承担本次土地交易费用。

第十九条 中标人或者竞得人未按照规定期限付清出让金的，出让人有权解除出让合同；中标人或者竞得人已交付的定金不予退还，并承担相应违约责任。

第二十条 中标人或者竞得人已按照规定期限付清出让金，出让人未按照约定提供出让土地的，中标人或者竞得人有权解除出让合同，由出让人返还已交付的出让金，双倍返还定金，并承担相应违约责任。

第二十一条 中标人或者竞得人应当按照出让合同的约定利用土地。确需改变出让合同约定的土地用途或者其他土地使用条件的，应当依法办理有关批准手续，并取得出让人同意，签订出让合同变更协议，或者重新签订出让合同；未经出让人同意改变出让合同约定的土地用途或者土地使用条件的，该宗地依法收回，重新组织出让。

第二十二条 应当以招标、拍卖、挂牌方式出让国有土地使用权而擅自采用协议方式出让的，对直接负责的主管人员和其他直接责任人员依法给予行政处分。

第二十三条 中标人、竞得人有下列行为之一的，中标、竞得结果无效；造成损失的，中标人、竞得人应当依法承担赔偿责任：

（一）提供虚假文件隐瞒事实的；

（二）采取行贿、恶意串通等非法手段的。

第二十四条 国家工作人员在土地招标、拍卖、挂牌出让活动中玩忽职守、滥用职权、徇私舞弊的，依法给予行政处分；构成犯罪的，依法追究刑事责任。

第二十五条 土地招标、拍卖、挂牌出让，法律、法规另有规定的，从其规定。

第二十六条 国有土地租赁以招标、拍卖、挂牌方式进行的，参照本办法执行。

第二十七条 本办法自 2003 年 7 月 1 日起施行。

江苏省政府办公厅
关于印发《江苏省工业用地招标拍卖挂牌
出让办法（试行）》的通知

2007 年 2 月 25 日　　　　　　　　　　苏政办发〔2007〕16 号

各市、县人民政府，省各委、办、厅、局，省各直属单位：

《江苏省工业用地招标拍卖挂牌出让办法（试行）》已经省人民政府同意，现印发给你们，请遵照执行。

附：

江苏省工业用地招标拍卖挂牌出让办法（试行）

第一条　为贯彻《国务院关于加强土地调控有关问题的通知》（国发〔2006〕31 号）精神，深化土地使用制度改革，规范工业用地招标拍卖挂牌出让行为，根据土地管理有关法律法规和政策规定，结合本省实际，制定本办法。

第二条　工业项目使用国有土地要按照公开、公平、公正原则，在土地有形市场通过招标拍卖挂牌出让方式取得土地使用权。

第三条　市、县国土资源管理部门负责本行政区域内工业用地招标拍卖挂牌出让的组织实施。

第四条　市、县国土资源管理部门会同投资、规划、环境保护等行政主管部门，根据国民经济和社会发展规划、土地利用总体规划、城市总体规划、国家产业政策、土地利用年度计划、土地储备规划和年度实施计划、建设用地控制标准等要求，编制本行政区域工业用地年度出让计划，经同级人民政府批准后向社会公布，并报省国土资源厅备案。

第五条　市、县国土资源管理部门会同投资、规划、环境保护等行政主管部门，编制具体工业用地地块的出让方案。出让方案内容包括产业准入条件、规划设计条件（含园区产业布局规划）、环境保护要求、建设项目用地规模、投资强度、出让年限、开工竣工期限、出让底价等土地使用条件。出让方案报经同级人民政府批准后组织实施。

第六条　工业用地公开出让底价，须由具备土地评估资格的机构按照规定规程进行评估，由土地所在地市、县国土资源管理部门根据评估结果和产业发展政策等综合确定，并不得低于省政府公布的工业用地出让最低价。

第七条　市、县国土资源管理部门按照《招标拍卖挂牌出让国有土地使用权规定》《江苏省国有土地使用权招标拍卖挂牌出让办法》规定程序，组织实施工业用地招标拍卖挂牌出让工作。

第八条　单位或者个人对列入工业用地招标拍卖挂牌出让计划内的具体地块有使用意向的，提出用地预申请。预申请包括对所需地块的要求以及愿意支付的土地价格。

市、县国土资源管理部门负责组织工业用地招标拍卖挂牌出让活动，并通知预申请的单位或者个人参加。预申请的单位或者个人必须参加竞投或者竞买，且报价不得低于其承诺的价格。

第九条 工业用地招标拍卖挂牌出让中标人或者竞得人（以下简称中标人或者竞得人）在接到《中标通知书》或者签订《成交确认书》后15日内，与土地所在地市、县国土资源管理部门签订国有土地使用权出让合同。

工业项目通过公开出让签订的国有土地使用权出让合同，可作为工业项目用地预审文件。

第十条 国有土地使用权出让合同签订后，中标人或者竞得人依据确定的土地使用条件，编制工业项目可行性研究报告（或项目申请报告），并在本办法第十一条规定的时限内，完成环境影响评价审批和工业项目审批、核准手续。

有关环境保护、投资行政主管部门依据国有土地使用权出让合同中约定的土地使用条件，办理环境影响评价审批和工业项目审批、核准手续。

实行备案管理的工业项目，按照有关规定先行备案。但国家规定实行专门备案管理的工业项目，按照本条第一、二款规定执行。

第十一条 自国有土地使用权出让合同签订之日起，中标人或者竞得人未能在下列时限内取得环境影响评价审批和工业项目审批、核准文件的，国有土地使用权出让合同自然终止，所支付的定金按50%予以退还：

（一）由国家环境保护总局负责环境影响评价审批或者由国家发展和改革委员会负责审批、核准的工业项目，时限为12个月，情况特殊的，由省国土资源厅会省有关部门确定；

（二）由省环境保护厅负责环境影响评价审批或者由省级投资行政主管部门负责审批、核准的工业项目，时限为9个月；

（三）由市、县级环境保护行政主管部门负责环境影响评价审批或者由市、县级投资行政主管部门负责审批、核准的工业项目，时限为6个月。

本条前款内容在国有土地使用权招标拍卖挂牌出让公告和国有土地使用权出让合同中予以明确。

第十二条 中标人或者竞得人持环境影响评价审批和工业项目审批（核准、备案）文件，向市、县国土资源管理部门申领建设用地批准书。

中标人或者竞得人按照国有土地使用权出让合同约定付清全部出让金后，依法申请办理土地登记，领取国有土地使用权证书。

第十三条 工业项目竣工后，土地所在地市、县国土资源管理部门对其用地进行验收。

未经出让人同意改变国有土地使用权出让合同约定的土地使用条件的，市、县国土资源管理部门依法收回该宗用地，重新组织出让。

第十四条 工业项目租赁使用国有土地，参照本办法进行。

第十五条 本办法自发布之日起施行。

三、征收拆迁

国有土地上房屋征收与补偿条例

（2011 年 1 月 19 日国务院第 141 次常务会议通过
2011 年 1 月 21 日国务院令第 590 号公布　自公布之日起施行）

第一章　总　则

第一条　为了规范国有土地上房屋征收与补偿活动，维护公共利益，保障被征收房屋所有权人的合法权益，制定本条例。

第二条　为了公共利益的需要，征收国有土地上单位、个人的房屋，应当对被征收房屋所有权人（以下称被征收人）给予公平补偿。

第三条　房屋征收与补偿应当遵循决策民主、程序正当、结果公开的原则。

第四条　市、县级人民政府负责本行政区域的房屋征收与补偿工作。

市、县级人民政府确定的房屋征收部门（以下称房屋征收部门）组织实施本行政区域的房屋征收与补偿工作。

市、县级人民政府有关部门应当依照本条例的规定和本级人民政府规定的职责分工，互相配合，保障房屋征收与补偿工作的顺利进行。

第五条　房屋征收部门可以委托房屋征收实施单位，承担房屋征收与补偿的具体工作。房屋征收实施单位不得以营利为目的。

房屋征收部门对房屋征收实施单位在委托范围内实施的房屋征收与补偿行为负责监督，并对其行为后果承担法律责任。

第六条　上级人民政府应当加强对下级人民政府房屋征收与补偿工作的监督。

国务院住房城乡建设主管部门和省、自治区、直辖市人民政府住房城乡建设主管部门应当会同同级财政、国土资源、发展改革等有关部门，加强对房屋征收与补偿实施工作的指导。

第七条　任何组织和个人对违反本条例规定的行为，都有权向有关人民政府、房屋征收部门和其他有关部门举报。接到举报的有关人民政府、房屋征收部门和其他有关部门对举报应当及时核实、处理。

监察机关应当加强对参与房屋征收与补偿工作的政府和有关部门或者单位及其工作人员的监察。

第二章　征收决定

第八条　为了保障国家安全、促进国民经济和社会发展等公共利益的需要，有下列情形之一，确需征收房屋的，由市、县级人民政府作出房屋征收决定：

（一）国防和外交的需要；

（二）由政府组织实施的能源、交通、水利等基础设施建设的需要；

（三）由政府组织实施的科技、教育、文化、卫生、体育、环境和资源保护、防灾减灾、文物保护、社会福利、市政公用等公共事业的需要；

（四）由政府组织实施的保障性安居工程建设的需要；

（五）由政府依照城乡规划法有关规定组织实施的对危房集中、基础设施落后等地段进行旧城区改建的需要；

（六）法律、行政法规规定的其他公共利

益的需要。

第九条 依照本条例第八条规定，确需征收房屋的各项建设活动，应当符合国民经济和社会发展规划、土地利用总体规划、城乡规划和专项规划。保障性安居工程建设、旧城区改建，应当纳入市、县级国民经济和社会发展年度计划。

制定国民经济和社会发展规划、土地利用总体规划、城乡规划和专项规划，应当广泛征求社会公众意见，经过科学论证。

第十条 房屋征收部门拟定征收补偿方案，报市、县级人民政府。

市、县级人民政府应当组织有关部门对征收补偿方案进行论证并予以公布，征求公众意见。征求意见期限不得少于30日。

第十一条 市、县级人民政府应当将征求意见情况和根据公众意见修改的情况及时公布。

因旧城区改建需要征收房屋，多数被征收人认为征收补偿方案不符合本条例规定的，市、县级人民政府应当组织由被征收人和公众代表参加的听证会，并根据听证会情况修改方案。

第十二条 市、县级人民政府作出房屋征收决定前，应当按照有关规定进行社会稳定风险评估；房屋征收决定涉及被征收人数量较多的，应当经政府常务会议讨论决定。

作出房屋征收决定前，征收补偿费用应当足额到位、专户存储、专款专用。

第十三条 市、县级人民政府作出房屋征收决定后应当及时公告。公告应当载明征收补偿方案和行政复议、行政诉讼权利等事项。

市、县级人民政府及房屋征收部门应当做好房屋征收与补偿的宣传、解释工作。

房屋被依法征收的，国有土地使用权同时收回。

第十四条 被征收人对市、县级人民政府作出的房屋征收决定不服的，可以依法申请行政复议，也可以依法提起行政诉讼。

第十五条 房屋征收部门应当对房屋征收范围内房屋的权属、区位、用途、建筑面积等情况组织调查登记，被征收人应当予以配合。调查结果应当在房屋征收范围内向被征收人公布。

第十六条 房屋征收范围确定后，不得在房屋征收范围内实施新建、扩建、改建房屋和改变房屋用途等不当增加补偿费用的行为；违反规定实施的，不予补偿。

房屋征收部门应当将前款所列事项书面通知有关部门暂停办理相关手续。暂停办理相关手续的书面通知应当载明暂停期限。暂停期限最长不得超过1年。

第三章 补 偿

第十七条 作出房屋征收决定的市、县级人民政府对被征收人给予的补偿包括：

（一）被征收房屋价值的补偿；

（二）因征收房屋造成的搬迁、临时安置的补偿；

（三）因征收房屋造成的停产停业损失的补偿。

市、县级人民政府应当制定补助和奖励办法，对被征收人给予补助和奖励。

第十八条 征收个人住宅，被征收人符合住房保障条件的，作出房屋征收决定的市、县级人民政府应当优先给予住房保障。具体办法由省、自治区、直辖市制定。

第十九条 对被征收房屋价值的补偿，不得低于房屋征收决定公告之日被征收房屋类似房地产的市场价格。被征收房屋的价值，由具有相应资质的房地产价格评估机构按照房屋征收评估办法评估确定。

对评估确定的被征收房屋价值有异议的，可以向房地产价格评估机构申请复核评估。对复核结果有异议的，可以向房地产价格评估专家委员会申请鉴定。

房屋征收评估办法由国务院住房城乡建设主管部门制定，制定过程中，应当向社会公开征求意见。

第二十条 房地产价格评估机构由被征

收人协商选定；协商不成的，通过多数决定、随机选定等方式确定，具体办法由省、自治区、直辖市制定。

房地产价格评估机构应当独立、客观、公正地开展房屋征收评估工作，任何单位和个人不得干预。

第二十一条 被征收人可以选择货币补偿，也可以选择房屋产权调换。

被征收人选择房屋产权调换的，市、县级人民政府应当提供用于产权调换的房屋，并与被征收人计算、结清被征收房屋价值与用于产权调换房屋价值的差价。

因旧城区改建征收个人住宅，被征收人选择在改建地段进行房屋产权调换的，作出房屋征收决定的市、县级人民政府应当提供改建地段或者就近地段的房屋。

第二十二条 因征收房屋造成搬迁的，房屋征收部门应当向被征收人支付搬迁费；选择房屋产权调换的，产权调换房屋交付前，房屋征收部门应当向被征收人支付临时安置费或者提供周转用房。

第二十三条 对因征收房屋造成停产停业损失的补偿，根据房屋被征收前的效益、停产停业期限等因素确定。具体办法由省、自治区、直辖市制定。

第二十四条 市、县级人民政府及其有关部门应当依法加强对建设活动的监督管理，对违反城乡规划进行建设的，依法予以处理。

市、县级人民政府作出房屋征收决定前，应当组织有关部门依法对征收范围内未经登记的建筑进行调查、认定和处理。对认定为合法建筑和未超过批准期限的临时建筑的，应当给予补偿；对认定为违法建筑和超过批准期限的临时建筑的，不予补偿。

第二十五条 房屋征收部门与被征收人依照本条例的规定，就补偿方式、补偿金额和支付期限、用于产权调换房屋的地点和面积、搬迁费、临时安置费或者周转用房、停产停业损失、搬迁期限、过渡方式和过渡期限等事项，订立补偿协议。

补偿协议订立后，一方当事人不履行补偿协议约定的义务的，另一方当事人可以依法提起诉讼。

第二十六条 房屋征收部门与被征收人在征收补偿方案确定的签约期限内达不成补偿协议，或者被征收房屋所有权人不明确的，由房屋征收部门报请作出房屋征收决定的市、县级人民政府依照本条例的规定，按照征收补偿方案作出补偿决定，并在房屋征收范围内予以公告。

补偿决定应当公平，包括本条例第二十五条第一款规定的有关补偿协议的事项。

被征收人对补偿决定不服的，可以依法申请行政复议，也可以依法提起行政诉讼。

第二十七条 实施房屋征收应当先补偿、后搬迁。

作出房屋征收决定的市、县级人民政府对被征收人给予补偿后，被征收人应当在补偿协议约定或者补偿决定确定的搬迁期限内完成搬迁。

任何单位和个人不得采取暴力、威胁或者违反规定中断供水、供热、供气、供电和道路通行等非法方式迫使被征收人搬迁。禁止建设单位参与搬迁活动。

第二十八条 被征收人在法定期限内不申请行政复议或者不提起行政诉讼，在补偿决定规定的期限内又不搬迁的，由作出房屋征收决定的市、县级人民政府依法申请人民法院强制执行。

强制执行申请书应当附具补偿金额和专户存储账号、产权调换房屋和周转用房的地点和面积等材料。

第二十九条 房屋征收部门应当依法建立房屋征收补偿档案，并将分户补偿情况在房屋征收范围内向被征收人公布。

审计机关应当加强对征收补偿费用管理和使用情况的监督，并公布审计结果。

第四章 法律责任

第三十条 市、县级人民政府及房屋征收部门的工作人员在房屋征收与补偿工作中不履行本条例规定的职责，或者滥用职权、玩忽职守、徇私舞弊的，由上级人民政府或者本级人民政府责令改正，通报批评；造成损失的，依法承担赔偿责任；对直接负责的主管人员和其他直接责任人员，依法给予处分；构成犯罪的，依法追究刑事责任。

第三十一条 采取暴力、威胁或者违反规定中断供水、供热、供气、供电和道路通行等非法方式迫使被征收人搬迁，造成损失的，依法承担赔偿责任；对直接负责的主管人员和其他直接责任人员，构成犯罪的，依法追究刑事责任；尚不构成犯罪的，依法给予处分；构成违反治安管理行为的，依法给予治安管理处罚。

第三十二条 采取暴力、威胁等方法阻碍依法进行的房屋征收与补偿工作，构成犯罪的，依法追究刑事责任；构成违反治安管理行为的，依法给予治安管理处罚。

第三十三条 贪污、挪用、私分、截留、拖欠征收补偿费用的，责令改正，追回有关款项，限期退还违法所得，对有关责任单位

通报批评、给予警告；造成损失的，依法承担赔偿责任；对直接负责的主管人员和其他直接责任人员，构成犯罪的，依法追究刑事责任；尚不构成犯罪的，依法给予处分。

第三十四条 房地产价格评估机构或者房地产估价师出具虚假或者有重大差错的评估报告的，由发证机关责令限期改正，给予警告，对房地产价格评估机构并处 5 万元以上 20 万元以下罚款，对房地产估价师并处 1 万元以上 3 万元以下罚款，并记入信用档案；情节严重的，吊销资质证书、注册证书；造成损失的，依法承担赔偿责任；构成犯罪的，依法追究刑事责任。

第五章 附 则

第三十五条 本条例自公布之日起施行。2001 年 6 月 13 日国务院公布的《城市房屋拆迁管理条例》同时废止。本条例施行前已依法取得房屋拆迁许可证的项目，继续沿用原有的规定办理，但政府不得责成有关部门强制拆迁。

住房和城乡建设部
关于印发《国有土地上房屋征收评估办法》的通知

2011 年 6 月 3 日   建房〔2011〕77 号

各省、自治区住房城乡建设厅，直辖市住房城乡建设委员会（房地局），新疆生产建设兵团建设局：

根据《国有土地上房屋征收与补偿条例》，我部制定了《国有土地上房屋征收评估办法》。现印发给你们，请遵照执行。

附：

国有土地上房屋征收评估办法

第一条 为规范国有土地上房屋征收评估活动，保证房屋征收评估结果客观公平，

根据《国有土地上房屋征收与补偿条例》，制定本办法。

第二条　评估国有土地上被征收房屋和用于产权调换房屋的价值，测算被征收房屋类似房地产的市场价格，以及对相关评估结果进行复核评估和鉴定，适用本办法。

第三条　房地产价格评估机构、房地产估价师、房地产价格评估专家委员会（以下称评估专家委员会）成员应当独立、客观、公正地开展房屋征收评估、鉴定工作，并对出具的评估、鉴定意见负责。

任何单位和个人不得干预房屋征收评估、鉴定活动。与房屋征收当事人有利害关系的，应当回避。

第四条　房地产价格评估机构由被征收人在规定时间内协商选定；在规定时间内协商不成的，由房屋征收部门通过组织被征收人按照少数服从多数的原则投票决定，或者采取摇号、抽签等随机方式确定。具体办法由省、自治区、直辖市制定。

房地产价格评估机构不得采取迎合征收当事人不当要求、虚假宣传、恶意低收费等不正当手段承揽房屋征收评估业务。

第五条　同一征收项目的房屋征收评估工作，原则上由一家房地产价格评估机构承担。房屋征收范围较大的，可以由两家以上房地产价格评估机构共同承担。

两家以上房地产价格评估机构承担的，应当共同协商确定一家房地产价格评估机构为牵头单位；牵头单位应当组织相关房地产价格评估机构就评估对象、评估时点、价值内涵、评估依据、评估假设、评估原则、评估技术路线、评估方法、重要参数选取、评估结果确定方式等进行沟通，统一标准。

第六条　房地产价格评估机构选定或者确定后，一般由房屋征收部门作为委托人，向房地产价格评估机构出具房屋征收评估委托书，并与其签订房屋征收评估委托合同。

房屋征收评估委托书应当载明委托人的名称、委托的房地产价格评估机构的名称、评估目的、评估对象范围、评估要求以及委托日期等内容。

房屋征收评估委托合同应当载明下列事项：

（一）委托人和房地产价格评估机构的基本情况；

（二）负责本评估项目的注册房地产估价师；

（三）评估目的、评估对象、评估时点等评估基本事项；

（四）委托人应提供的评估所需资料；

（五）评估过程中双方的权利和义务；

（六）评估费用及收取方式；

（七）评估报告交付时间、方式；

（八）违约责任；

（九）解决争议的方法；

（十）其他需要载明的事项。

第七条　房地产价格评估机构应当指派与房屋征收评估项目工作量相适应的足够数量的注册房地产估价师开展评估工作。

房地产价格评估机构不得转让或者变相转让受托的房屋征收评估业务。

第八条　被征收房屋价值评估目的应当表述为"为房屋征收部门与被征收人确定被征收房屋价值的补偿提供依据，评估被征收房屋的价值"。

用于产权调换房屋价值评估目的应当表述为"为房屋征收部门与被征收人计算被征收房屋价值与用于产权调换房屋价值的差价提供依据，评估用于产权调换房屋的价值"。

第九条　房屋征收评估前，房屋征收部门应当组织有关单位对被征收房屋情况进行调查，明确评估对象。评估对象应当全面、客观，不得遗漏、虚构。

房屋征收部门应当向受托的房地产价格评估机构提供征收范围内房屋情况，包括已经登记的房屋情况和未经登记建筑的认定、处理结果情况。调查结果应当在房屋征收范围内向被征收人公布。

对于已经登记的房屋，其性质、用途和建筑面积，一般以房屋权属证书和房屋登记簿的记载为准；房屋权属证书与房屋登记簿的记载不一致的，除有证据证明房屋登记簿确有错误外，以房屋登记簿为准。对于未经登记的建筑，应当按照市、县级人民政府的认定、处理结果进行评估。

第十条 被征收房屋价值评估时点为房屋征收决定公告之日。

用于产权调换房屋价值评估时点应当与被征收房屋价值评估时点一致。

第十一条 被征收房屋价值是指被征收房屋及其占用范围内的土地使用权在正常交易情况下，由熟悉情况的交易双方以公平交易方式在评估时点自愿进行交易的金额，但不考虑被征收房屋租赁、抵押、查封等因素的影响。

前款所述不考虑租赁因素的影响，是指评估被征收房屋无租约限制的价值；不考虑抵押、查封因素的影响，是指评估价值中不扣除被征收房屋已抵押担保的债权数额、拖欠的建设工程价款和其他法定优先受偿款。

第十二条 房地产价格评估机构应当安排注册房地产估价师对被征收房屋进行实地查勘，调查被征收房屋状况，拍摄反映被征收房屋内外部状况的照片等影像资料，做好实地查勘记录，并妥善保管。

被征收人应当协助注册房地产估价师对被征收房屋进行实地查勘，提供或者协助搜集被征收房屋价值评估所必需的情况和资料。

房屋征收部门、被征收人和注册房地产估价师应当在实地查勘记录上签字或者盖章确认。被征收人拒绝在实地查勘记录上签字或者盖章的，应当由房屋征收部门、注册房地产估价师和无利害关系的第三人见证，有关情况应当在评估报告中说明。

第十三条 注册房地产估价师应当根据评估对象和当地房地产市场状况，对市场法、收益法、成本法、假设开发法等评估方法进行适用性分析后，选用其中一种或者多种方法对被征收房屋价值进行评估。

被征收房屋的类似房地产有交易的，应当选用市场法评估；被征收房屋或者其类似房地产有经济收益的，应当选用收益法评估；被征收房屋是在建工程的，应当选用假设开发法评估。

可以同时选用两种以上评估方法评估的，应当选用两种以上评估方法评估，并对各种评估方法的测算结果进行校核和比较分析后，合理确定评估结果。

第十四条 被征收房屋价值评估应当考虑被征收房屋的区位、用途、建筑结构、新旧程度、建筑面积以及占地面积、土地使用权等影响被征收房屋价值的因素。

被征收房屋室内装饰装修价值，机器设备、物资等搬迁费用，以及停产停业损失等补偿，由征收当事人协商确定；协商不成的，可以委托房地产价格评估机构通过评估确定。

第十五条 房屋征收评估价值应当以人民币为计价的货币单位，精确到元。

第十六条 房地产价格评估机构应当按照房屋征收评估委托书或者委托合同的约定，向房屋征收部门提供分户的初步评估结果。分户的初步评估结果应当包括评估对象的构成及其基本情况和评估价值。房屋征收部门应当将分户的初步评估结果在征收范围内向被征收人公示。

公示期间，房地产价格评估机构应当安排注册房地产估价师对分户的初步评估结果进行现场说明解释。存在错误的，房地产价格评估机构应当修正。

第十七条 分户初步评估结果公示期满后，房地产价格评估机构应当向房屋征收部门提供委托评估范围内被征收房屋的整体评估报告和分户评估报告。房屋征收部门应当向被征收人转交分户评估报告。

整体评估报告和分户评估报告应当由负责房屋征收评估项目的两名以上注册房地产估价师签字，并加盖房地产价格评估机构公章。不得以印章代替签字。

第十八条 房屋征收评估业务完成后，房地产价格评估机构应当将评估报告及相关资料立卷、归档保管。

第十九条 被征收人或者房屋征收部门对评估报告有疑问的，出具评估报告的房地产价格评估机构应当向其作出解释和说明。

第二十条 被征收人或者房屋征收部门对评估结果有异议的，应当自收到评估报告之日起10日内，向房地产价格评估机构申请复核评估。

申请复核评估的，应当向原房地产价格评估机构提出书面复核评估申请，并指出评估报告存在的问题。

第二十一条 原房地产价格评估机构应当自收到书面复核评估申请之日起10日内对评估结果进行复核。复核后，改变原评估结果的，应当重新出具评估报告；评估结果没有改变的，应当书面告知复核评估申请人。

第二十二条 被征收人或者房屋征收部门对原房地产价格评估机构的复核结果有异议的，应当自收到复核结果之日起10日内，向被征收房屋所在地评估专家委员会申请鉴定。被征收人对补偿仍有异议的，按照《国有土地上房屋征收与补偿条例》第二十六条规定处理。

第二十三条 各省、自治区住房城乡建设主管部门和设区城市的房地产管理部门应当组织成立评估专家委员会，对房地产价格评估机构做出的复核结果进行鉴定。

评估专家委员会由房地产估价师以及价格、房地产、土地、城市规划、法律等方面的专家组成。

第二十四条 评估专家委员会应当选派成员组成专家组，对复核结果进行鉴定。专家组成员为3人以上单数，其中房地产估价师不得少于二分之一。

第二十五条 评估专家委员会应当自收到鉴定申请之日起10日内，对申请鉴定评估报告的评估程序、评估依据、评估假设、评估技术路线、评估方法选用、参数选取、评估结果确定方式等评估技术问题进行审核，出具书面鉴定意见。

经评估专家委员会鉴定，评估报告不存在技术问题的，应当维持评估报告；评估报告存在技术问题的，出具评估报告的房地产价格评估机构应当改正错误，重新出具评估报告。

第二十六条 房屋征收评估鉴定过程中，房地产价格评估机构应当按照评估专家委员会要求，就鉴定涉及的评估相关事宜进行说明。需要对被征收房屋进行实地查勘和调查的，有关单位和个人应当协助。

第二十七条 因房屋征收评估、复核评估、鉴定工作需要查询被征收房屋和用于产权调换房屋权属以及相关房地产交易信息的，房地产管理部门及其他相关部门应当提供便利。

第二十八条 在房屋征收评估过程中，房屋征收部门或者被征收人不配合、不提供相关资料的，房地产价格评估机构应当在评估报告中说明有关情况。

第二十九条 除政府对用于产权调换房屋价格有特别规定外，应当以评估方式确定用于产权调换房屋的市场价值。

第三十条 被征收房屋的类似房地产是指与被征收房屋的区位、用途、权利性质、档次、新旧程度、规模、建筑结构等相同或者相似的房地产。

被征收房屋类似房地产的市场价格是指被征收房屋的类似房地产在评估时点的平均交易价格。确定被征收房屋类似房地产的市场价格，应当剔除偶然的和不正常的因素。

第三十一条 房屋征收评估、鉴定费用由委托人承担。但鉴定改变原评估结果的，鉴定费用由原房地产价格评估机构承担。复核评估费用由原房地产价格评估机构承担。房屋征收评估、鉴定费用按照政府价格主管部门规定的收费标准执行。

第三十二条 在房屋征收评估活动中，房地产价格评估机构和房地产估价师的违法违规行为，按照《国有土地上房屋征收与补偿条例》《房地产估价机构管理办法》《注册房地产估价师管理办法》等规定处罚。违反规定收费的,由政府价格主管部门依照《中华人民共和国价格法》规定处罚。

第三十三条 本办法自公布之日起施行。2003 年 12 月 1 日原建设部发布的《城市房屋拆迁估价指导意见》同时废止。但《国有土地上房屋征收与补偿条例》施行前已依法取得房屋拆迁许可证的项目,继续沿用原有规定。

最高人民法院
关于征收国有土地上房屋时是否应当对被征收人未经登记的空地和院落予以补偿的答复

2013 年 5 月 15 日 　　　　　　　　〔2012〕行他字第 16 号

山东省高级人民法院:

你院《关于征收国有土地上房屋时是否应当对被征收人未确权登记的空地和院落单独予以补偿的请示》收悉,经研究,答复如下:

对土地公有制之前,通过购买房屋方式使用私有的土地,土地转为国有后迄今仍继续使用的,未经确权登记,亦应确定现使用者的国有土地使用权。

国有土地上房屋征收补偿中,应将当事人合法享有国有土地使用权的院落、空地面积纳入评估范围,按照征收时的房地产市场价格,一并予以征收补偿。

此复。

最高人民法院
关于违法的建筑物、构筑物、设施等强制拆除问题的批复

法释〔2013〕5 号

(2013 年 3 月 25 日最高人民法院审判委员会第 1572 次会议通过
2013 年 3 月 27 日最高人民法院公告公布　自 2013 年 4 月 3 日起施行)

北京市高级人民法院:

根据行政强制法和城乡规划法有关规定精神,对涉及违反城乡规划法的违法建筑物、构筑物、设施等的强制拆除,法律已经授予行政机关强制执行权,人民法院不受理行政机关提出的非诉行政执行申请。

北京市高级人民法院
关于印发《关于〈国有土地上房屋征收与补偿条例〉施行前已取得拆迁许可证项目所涉案件有关审判、执行工作的若干意见（试行）》的通知

2011 年 6 月 10 日 　　　　　　　　　京高法发〔2011〕194 号

市第一、第二中级人民法院；

各区、县人民法院：

《北京市高级人民法院关于〈国有土地上房屋征收与补偿条例〉施行前已取得拆迁许可证项目所涉案件有关审判、执行工作的若干意见（试行）》已于 2011 年 5 月 30 日由市高级法院审判委员会第 5 次（总第 274 次）会议讨论通过，现予以印发。请在审判实践中参照执行，执行中有何问题，望及时报市高级法院。

特此通知。

附：

北京市高级人民法院
关于《国有土地上房屋征收与补偿条例》施行前已取得拆迁许可证项目所涉案件有关审判、执行工作的若干意见（试行）

为贯彻《国有土地上房屋征收与补偿条例》（以下简称《征补条例》）第三十五条的规定，规范《征补条例》施行前本市国有土地上已取得拆迁许可证项目（以下简称原拆迁许可项目）所涉案件的审判、执行工作，根据有关法律和司法解释的规定，结合本市实际，制定本意见。

第一条 人民法院在原拆迁许可项目所涉案件审判和执行过程中，应紧紧依靠党委领导，争取各方理解和支持，严格依法审查标准，多做矛盾化解工作，慎用强制手段，切实维护社会和谐稳定，努力实现"不强而解、不执而行"。

第二条 当事人对原拆迁许可项目所涉拆迁许可、补偿安置裁决等具体行政行为不服提起诉讼，符合起诉条件的，人民法院应作为行政案件受理。

第三条 原拆迁许可项目所涉拆迁人与被拆迁人或房屋承租人就补偿安置问题已达成协议后，一方反悔或违约，另一方当事人提起诉讼的，人民法院应作为民事案件受理。

第四条 原拆迁许可项目所涉案件有下列情形之一的，应当裁定不予受理；已经受理的，裁定驳回起诉：

（一）原拆迁许可项目所涉被拆迁人或房屋承租人已与拆迁人就补偿安置问题达成协议，又对拆迁许可行为提起诉讼的；

（二）原拆迁许可项目所涉拆迁许可行为已为生效判决认定合法，当事人又对拆迁许可前设关联行为提起诉讼的；

（三）其他不符合法定起诉条件的。

第五条 两个以上当事人对原拆迁许可项目所涉拆迁许可行为不服，在不同时间提起行政诉讼的，人民法院分别立案受理后，对其中一个案件的生效判决，对其他案件具有羁束力。

第六条 人民法院适用《征补条例》施行前的《城市房屋拆迁管理条例》《北京市城市房屋拆迁管理办法》等拆迁规定对原拆迁许可项目所涉拆迁许可、补偿安置裁决等具体行政行为的合法性进行审查。

第七条 原拆迁许可项目所涉补偿安置裁决经人民法院生效判决认定合法后，被拆迁人、房屋承租人在规定期限内仍不搬迁的，拆迁管理部门或拆迁人可以向人民法院申请强制执行。

第八条 被拆迁人、房屋承租人对原拆迁许可项目所涉补偿安置裁决，在法定期限内不提起诉讼又不搬迁的，拆迁管理部门可以向人民法院申请强制执行。

对被拆迁人、房屋承租人尚未超过法定期限的强制执行申请，人民法院不予受理。

第九条 拆迁管理部门对原拆迁许可项目所涉补偿安置裁决向人民法院申请强制执行的，应当自当事人法定起诉期限届满之日起180日内提出。逾期申请的，除有正当理由外，人民法院不予受理。

拆迁管理部门在法定申请执行期限内未申请或放弃申请人民法院强制执行补偿安置裁决的，拆迁人可以在期限届满之日起90日内申请人民法院强制执行。拆迁人申请强制执行的，参照拆迁管理部门申请人民法院强制执行补偿安置裁决的规定。

第十条 拆迁管理部门对原拆迁许可项目所涉补偿安置裁决向人民法院申请强制执行，应当提交下列材料：

（一）强制执行申请书；

（二）补偿安置裁决书；

（三）拆迁许可证及补偿安置裁决所依据的证据和法律规范；

（四）补偿安置裁决书的送达凭证；

（五）补偿安置裁决所涉及的房屋情况说明（包括房屋结构、产权性质、是否出租等情况）；

（六）补偿安置裁决所涉及的被安置补偿人的情况说明（包括产权人、承租人及其同住人员自然状况、联系地址和联系方式等情况）；

（七）补偿安置裁决确定的补偿安置情况说明（包括裁决货币补偿的，应当附具补偿金额和专户存储帐号，裁决现房产权调换的，应当提供房屋的权属证明材料，裁决安置期房的，应提供周转用房的地点和面积等）；

（八）社会稳定风险评估及相关预案情况说明；

（九）需要提交的其他材料。

前款第（一）至（七）、（九）项材料为人民法院行政审判庭审查补偿安置裁决合法性的依据，第（八）、（九）项材料为人民法院执行机构在执行中审查补偿安置裁决可执行性的依据。

第十一条 对不符合法定受案条件以及未提交社会稳定风险评估及相关预案情况说明的申请，受案法院应当退回申请人或裁定不予受理；已经受理的，裁定不予执行。

对申请材料不齐全可以补正的，受案法院应当告知申请人在7日内补充提供。逾期无正当理由不提供的，裁定不予受理。

第十二条 人民法院受理拆迁管理部门强制执行申请后，应当在30日内由行政审判庭组成合议庭对补偿安置裁决进行合法性审查，并就是否准予强制执行作出裁定。有特殊情况需要延长的，由市高级法院批准。

第十三条 人民法院审查强制执行案件，可以采取谈话、现场勘查、责有关方面履行相应义务等方式，核实补偿安置裁决涉及的有关事实，了解拆迁当事人对裁决的意见和被拆迁人未自动履行裁决的原因等情况。

第十四条 原拆迁许可项目所涉补偿安置裁决有下列情形之一的，人民法院应当裁定不予执行：

（一）缺乏事实根据的；

（二）缺乏法律依据的；

（三）补偿安置裁决合法但不合理的；

（四）补偿安置不到位的；

（五）其他不予执行的情形。

第十五条 在诉讼过程中，拆迁管理部门或拆迁人申请人民法院先予执行被诉补偿安置裁决，一般不予执行，但涉及国家利益、重大公共利益的除外。拆迁人申请先予执行的，应当提供相应的财产担保。

第十六条 受案法院应当严格审查申请人先予执行的理由，并要求其提供相关证据。经审查，符合先予执行申请条件，被拆迁人合法权益得到切实充分保障的，受案法院应以书面形式报经市高级法院批准后作出裁定。

第十七条 受案法院准予强制执行的案件，经多方协调仍无法促成当事人自动搬迁，最终确需采取强制搬迁措施的，应当在执行前报上一级法院审查同意。

第十八条 实施强制搬迁，受案法院必须事前向当地党委报告，并在党委统一领导、协调和政府及有关方面的配合下进行。

实施强制搬迁中，发现执行预案不完备或者强制搬迁行为存在不宜再继续执行情形的，受案法院应停止强制执行。

对执行中可能引发社会不稳定因素的案件，受案法院应及时向当地党委和上级法院如实报告有关情况。

第十九条 本意见自发布之日起试行。

上海市高级人民法院
关于房屋动拆迁补偿款分割民事案件
若干问题的解答

2004 年 1 月 12 日　　　　　　　　　　沪高法民一〔2004〕3 号

第一部分　国有土地上的公房拆迁补偿款分割问题

一、本《解答》所指的国有土地上的公房范围如何界定？

答： 本《解答》仅适用于国家福利分配、调配或国家认可的其他原因而取得的公有房屋，包括直管公房、系统公房等。但单位分配住房与职工有特别约定的，按约定处理。

二、因公有房屋动拆迁货币补偿款的分割而发生的纠纷，哪些人员应当作为当事人参加诉讼？

答： 在涉及公有房屋拆迁货币补偿款的纠纷中，一个或数个共同居住人（以下简称"同住人"）、有权分得拆迁补偿款的其他人起诉的，法院应当通知其他同住人作为共同原告或者共同被告参加诉讼。被通知以原告地位参加诉讼的同住人，不愿意参加诉讼又未明确表示放弃实体权利的，法院仍应将其列为共同原告。被通知以被告地位参加诉讼的同住人，其在诉讼中的相关事宜，根据民事诉讼法和有关司法解释的规定处理。

三、同住人需要符合哪些条件？

答： 与《上海市房屋租赁条例》相关条款规定所指的同住人概念不同，本解答所指的同住人，是指在拆迁许可证核发之日，在被拆迁居住房屋处有本市常住户口，已实际居住一年以上，且本市无其他住房或者虽有其他住房但居住困难的人。

他处虽有住房但居住困难的情况，是指在他处房屋内人均居住面积不足法定最低标准的情况。这里所指的他处房屋的性质，仅限于福利性质取得的房屋，包括原承租的公有住房、计划经济下分配的福利房、自己部分出资的福利房，房款的一半以上系用单位的补贴所购买的商品房，公房被拆迁后所得的安置房（包括自己少部分出资的产权安置房），以及按公房出售政策购买的产权房等。

四、在公房内居住的未成年人问题如何解决？

答：对在公房内居住的未成年人实际承担监护义务的人，可以就该房屋的拆迁补偿款适当多分。承租人或同住人允许他人未成年子女在自己承租的公房内居住的，一般可认定为属于帮助性质，并不当然等于同意该未成年人取得房屋的权利份额。因此，在这种情况下，该未成年人无权主张分割房屋拆迁补偿款，除非其能够提供证据证明其居住权并非基于他人的帮助而取得。

当事人对该未成年人入住的相关问题另有约定的，依约定处理。

五、除前述条款列举的以外，还有哪些人员可被视为同住人？

答：（一）有权对公有居住房屋拆迁货币补偿款主张权利的，一般是指被拆公有居住房屋的承租人和本解答第三条所指的同住人。有下列情形之一的人，也视为同住人：

1. 具有本市常住户口，至拆迁许可证核发之日，因结婚而在被拆迁公有住房内居住的，即使居住未满一年，也视为同住人。但其在该处取得拆迁补偿款后，一般无权再主张本市其他公房拆迁补偿款的份额；

2. 一般情况下，在本市无常住户口，至拆迁许可证核发之日，因结婚而在被拆迁公有住房内居住满五年的，也视为同住人，可以分得拆迁补偿款；

3. 在被拆迁公有居住房屋处有本市常住户口，因家庭矛盾、居住困难等原因在外借房居住，他处也未取得福利性房屋的；

4. 房屋拆迁时，因在服兵役、读大学、服刑等原因，户籍被迁出被拆公有居住房屋，且本市他处也没有福利性房屋的。

（二）有下列情况之一的人，不能被视作同住人，无权分得公有居住房屋拆迁货币补偿款：

1. 将本来享有的他处公有住房权利（本解答第二条所列的住房困难的情况除外）予以处分，居住在被拆公有居住房屋的；

2. 获得单位购房补贴款后已有能力购房而不购房，仍居住在被拆公有居住房屋的共同居住人；

3. 已在本市他处公有房屋拆迁中取得货币补偿款。

六、相关利害关系人与承租人就居住问题和拆迁安置达成协议，现一方反悔，如何处理？

答：相关利害关系人在户籍人籍被拆公有居住房屋时或入住被拆房屋时就房屋居住或拆迁补偿等作出承诺的，或者同住人与承租人在拆迁时就补偿达成协议的，如果相关承诺或协议系一方或双方真实意思表示，既不违法，也不损害社会公共利益的，应认可该承诺或协议的效力。

七、承租人与同住人等因对获得的公有房屋拆迁货币补偿款，是用于购房还是予以分割意见不一的，法院应如何判决：

答：房屋拆迁货币补偿款一般应当用于购房，但是有下列情况之一的，也可以支持当事人分割货币补偿款的要求：

1. 承租人与同住人之间、同住人与同住人之间矛盾特别尖锐，无法继续共同生活的；

2. 分割不至于造成当事人居住困难，或当事人曾达成协议同意分割货币补偿款等其他可以分割的情形。

八、拆迁取得的补偿款不足以在市场购得房屋的，当事人是否还可以要求分割货币补偿款？

答：当事人协商一致要求分割公有居住房屋拆迁货币补偿款的，法院在审理时，可不考虑分割后各当事人所得的补偿款能否在市场购得房屋；当事人对公有居住房屋拆迁货币补偿款应予以购房还是予以分割，意见不一的，法院在审理时，应考虑承租人和共同居住人的购房能力。如依据分得的补偿款，确实无法在市场购得房屋，保证正常生活的，可不予分割。

九、公有居住房屋拆迁补偿款，在承租人、同住人之间如何分配？

答：承租人、同住人之间，一般遵循一人一份、均等分割的原则取得拆迁补偿款。但有下列情况除外：

（一）有以下情况之一的人，可以酌情多分：

1. 承租人或同住人属于年老体弱，缺乏经济来源，且按均分所得的补偿款，无法购得房屋保证其正常生活的；

2. 承租人或同住人在取得公房承租权时额外支付过较多款项的；

3. 对公房内居住的未成年人实际承担监护义务的。

（二）属于本市两处以上公房承租人的，其对各处被拆迁公房的补偿款均有权主张分割。

十、公有房屋拆迁补偿款中属非居住用途补偿的部分如何分割？

答：自然人承租的被拆迁公房，租借给承租人和同住人以外的人用于非居住用途的，该补偿问题应当由公房的承租人、同住人与租借人另行解决。

个人承租的公有非居住用房的拆迁补偿款归承租人。

被拆迁的房屋属于居住和非居住兼用的，如果拆迁人在给付拆迁补偿款时已经明确区分居住补偿和非居住补偿份额的，则对居住补偿部分，承租人和同住人可以共同分割；对非居住补偿部分，利用该房屋进行经营的人是该公房的承租人或同住人的，则该承租人或同住人可以适当多分。如果拆迁人在给付拆迁补偿款时未明确区分的，利用该房屋进行经营的承租人或同住人，就整个补偿款可以适当多分，具体份额由人民法院酌定。

以上情况，当事人另有约定的从其约定。

十一、房屋拆迁补偿款之外的其他补偿费，应按什么原则处理？

答：本条所称其他补偿款是指拆迁公有居住和非居住房屋时，根据国务院《城市房屋拆迁管理条例》和《上海市城市房屋拆迁管理实施细则》之规定，以及上海有关拆迁单位的实际操作，被拆迁人除了得到房屋拆迁货币补偿款外，拆迁公有居住房屋的，被拆迁人还可以得到搬家补偿费、设备迁移费、临时安家补助费、搬迁奖励费以及一次性补偿费。拆迁公有非居住房屋的，被拆迁人还可以获得设备搬迁和安装费用、无法恢复使用的设备按重置价结合成新结算的费用、因拆迁造成停产、停业的损失补偿等。

上述费用中，搬家补偿费、设备迁移费、临时安家补助费，应归确因拆迁而搬家、设备迁移和临时过渡的承租人、同住人等。奖励费和一次性补偿费，一般应当由拆迁时在被拆迁房屋内实际居住的人之间予以分割。设备搬迁和安装费用、无法恢复使用的设备按重置价结合成新结算的费用，应归设备所有人。因拆迁造成停产、停业损失的补偿归遭受实际损失的经营人。

第二部分　国有土地上私有房屋的拆迁补偿款分割问题

十二、国有土地上私有房屋的拆迁补偿款如何分割？

答：因落实政策而恢复所有权的代理经租房屋拆迁补偿款的分割，一般归所有权人。实际居住人的安置问题，按照本市有关政策处理。

通过市场买卖取得的使用权公有居住房屋被拆迁后，所得到的货币补偿款，一般应归出资人所有。

售后公房在性质上属于私有房屋，应当按照私有房屋拆迁补偿款份额划分的原则处理。

第三部分　集体土地上私有房屋的拆迁补偿问题

十三、集体土地上私有房屋的拆迁补偿款，如何确定权利人？

答：农村集体土地上建造的私有房屋被拆迁所获得的货币补偿款，由房屋所有权人均等分割。

房屋拆迁时尚未成年的家庭成员问题，参照本《解答》第一部分关于未成年人的意见处理。在申请建造房屋时已满十六周岁的家庭成员，建房时已以自己的劳动取得收入并用于家庭生活的，或者以自己的劳动作为建房的劳动投入的，可认定为共同所有权人。

第四部分　其他问题

十四、《解答》关于承租人、同住人等权利义务的界定是否作为拆迁人进行拆迁安置补偿的标准对待？

答：本《解答》仅调整承租人、同住人等在取得拆迁补偿款以后，权利人相互之间对如何分割该款项产生的纠纷。

拆迁人与被拆迁人之间的安置补偿关系，补偿标准等问题应受国务院《城市房屋拆迁管理条例》及本市的相关房屋拆迁规定的调整，不属于本《解答》调整的范围。

十五、本《解答》在审理案件时如何适用？

答：本《解答》下发前已经生效的案件，不再适用本《解答》。

鉴于相关规定以及本《解答》内容都还比较原则的现实情况，各法院民事法官在适用本《解答》意见处理案件时，对本《解答》尚未考虑周全的特殊情况，可以根据案件的具体情况酌情确定和调整当事人的拆迁补偿款份额。

江苏省城市房屋拆迁管理条例

（2002 年 10 月 23 日江苏省第九届人民代表大会常务委员会第三十二次会议通过
2002 年 10 月 24 日江苏省人民代表大会常务委员会第 24 号公告公布
自 2003 年 1 月 1 日起施行）

第一章　总则

第一条　为了加强城市房屋拆迁管理，维护拆迁当事人的合法权益，保障建设项目顺利进行，根据国务院《城市房屋拆迁管理条例》，结合本省实际，制定本条例。

第二条　在本省行政区域城市规划区内国有土地上实施房屋拆迁，并需要对被拆迁人补偿、安置的，应当遵守国务院《城市房屋拆迁管理条例》和本条例。

第三条　省人民政府建设行政主管部门对本省行政区域内的城市房屋拆迁工作实施监督管理。

设区的市、县（市）人民政府房屋拆迁管理部门对本行政区域内的城市房屋拆迁工作实施监督管理。设区的市、县（市）人民政府有关部门应当依照有关法律、法规的规定，互相配合，保证城市房屋拆迁管理工作的顺利进行。

县级以上地方人民政府土地行政主管部门依照有关法律、法规的规定，负责与城市房屋拆迁有关的土地管理工作。

第二章　拆迁程序

第四条　城市房屋拆迁应当遵循下列程序：

（一）进行拆迁项目评估；

（二）拆迁人向房屋拆迁管理部门申领房屋拆迁许可证；

（三）房屋拆迁管理部门发布拆迁公告；

（四）拆迁人与被拆迁人或者拆迁人与被拆迁人及房屋承租人订立书面拆迁补偿安置协议；

（五）拆迁人按照拆迁补偿安置协议进行

补偿安置;

（六）实施房屋拆除。

实施房屋拆迁施工的时间，应当自拆迁公告公布之日起不少于三十日。对华侨和其他居住在国（境）外的人员，拆迁人应当书面告知实施房屋拆迁的时间，拆迁时间应当相应延长。

第五条 拆迁人在申领房屋拆迁许可证时向房屋拆迁管理部门提交的拆迁计划和拆迁方案，应当包括下列内容：

（一）确切的拆迁范围；

（二）拆迁范围内房屋的用途、面积、权属等现状；

（三）拆迁的实施步骤和安全防护、环保措施；

（四）拆迁资金、安置房、周转房或者其他临时过渡措施的落实情况；

（五）拆迁的方式、时限等。

房屋拆迁管理部门在发放房屋拆迁许可证时，应当附有详细的拆迁范围图。

第六条 拆迁补偿安置资金应当足额存入办理专项存款业务的金融机构，全部用于拆迁补偿安置，不得挪作他用。拆迁补偿安置资金不足的，房屋拆迁管理部门不予发放房屋拆迁许可证。

房屋拆迁管理部门应当加强对拆迁补偿安置资金的监督。

第七条 被拆迁房屋有下列情形之一的，由拆迁人提出补偿安置方案，报房屋拆迁管理部门审核同意并向公证机关办理证据保全后，方可实施拆迁：

（一）产权不明或者产权有纠纷的；

（二）产权人下落不明的。

被拆迁房屋系房产管理部门代管的，拆迁补偿安置协议必须经公证机关公证，并办理证据保全。

第八条 房屋拆除应当由具备保证安全条件，具有建筑施工企业资质证书的企业承担，并编制拆除方案，施工企业负责人对安全负责。

第三章 拆迁补偿与安置

第九条 拆迁人应当依照国务院《城市房屋拆迁管理条例》和本条例规定对被拆迁人给予补偿。

拆迁补偿的方式可以实行货币补偿，也可以实行产权调换，被拆迁人有权选择补偿方式，但下列情形除外：

（一）拆迁非公益事业房屋的附属物，不作产权调换，由拆迁人给予货币补偿；

（二）拆迁租赁房屋，被拆迁人与房屋承租人对解除租赁关系达不成协议的，拆迁人应当对被拆迁人实行房屋产权调换。

第十条 货币补偿的金额，根据被拆迁房屋的区位、用途、建筑面积等因素，以房地产市场评估价确定。对被拆迁房屋进行房地产市场价评估，应当遵守本条例第四章的规定。

实行房屋产权调换的，拆迁人与被拆迁人应当依照前款规定，计算被拆迁房屋的补偿金额和所调换房屋的价格，结清产权调换的差价。对所调换房屋应当进行房地产市场价评估，并应当遵守本条例第四章的规定。

拆迁人应当提供符合国家质量安全标准的房屋，用于拆迁安置。实行异地安置的，应当一次性安置。

拆迁过渡期限自被拆迁人或者房屋承租人腾空房屋之日起，一般不超过十八个月。拆迁人、被拆迁人或者房屋承租人应当遵守过渡期限的协议。

因拆迁人的责任延长过渡期限的，从逾期之月起，除当事人另有约定的，拆迁人应当按照下列规定给被拆迁人或者房屋承租人增付临时安置补助费：

（一）对被拆迁人或者房屋承租人自行解决过渡用房的，延长时间在十二个月以内的，增付一倍临时安置补助费；延长时间超过十二个月的，自超过之月起增付二倍临时安置补助费；

（二）对由拆迁人提供过渡用房的，延长时间在十二个月以内的，按标准付给临时安置补助费；延长时间超过十二个月的，自超过之月起增付一倍临时安置补助费。

拆迁人应当在协议约定或者规定的时间内结清补偿安置费、临时安置补偿费。对被拆迁人因拆迁产生的电话移机费、有线电视安装费、搬家费等费用应当足额补偿。

住宅房屋自竣工之日起至拆迁许可证颁发之日止，不满五年被拆迁的，拆迁人应当对被拆迁人增加补偿金额。具体办法由设区的市人民政府另行制定，但增加补偿的比例最低不得小于补偿金额的百分之十五。

第十一条 拆迁房产管理部门代管的房屋，实行产权调换的，安置房仍由房产管理部门代管；实行货币补偿的，货币补偿金额由代管人专户存入银行。

拆迁房产管理部门管理的公有住宅房屋或者单位自管的公有住宅房屋，被拆迁人与房屋承租人共同选择货币补偿安置的，被拆除房屋的重置价格结合成新部分的补偿支付给被拆除房屋所有人，其余部分支付给房屋承租人。

第十二条 拆迁军事设施、教堂、寺庙、文物古迹等设施以及用于公益事业的非生产经营性房屋及其附属设施的，拆迁人应当依照有关法律、法规的规定办理。

拆迁中、小学校舍或者幼儿园应当征得教育行政主管部门认可，并按照规划要求建设新校舍、幼儿园。房屋拆迁管理部门应当会同教育行政主管部门对在校学生入学作出妥善安排。

第十三条 因拆迁非住宅房屋造成停产、停业的，由拆迁人给予补偿。具体办法由设区的市人民政府制定。

第十四条 被拆迁人仅有一处住房且获得的货币补偿金额低于拆迁补偿最低标准的，拆迁人应当按照拆迁补偿最低标准对被拆迁人予以补偿。拆迁补偿最低标准由设区的市人民政府参照国家住宅设计规范规定的最小户型面积的当地经济适用房价值等因素确定。

被拆迁人按照前款规定获得货币补偿后仍无力解决住房的，由设区的市、县（市）人民政府对该被拆迁人以提供成套城镇廉租住房或者租售经济适用房等形式予以妥善安置。

第四章 拆迁评估

第十五条 对被拆迁房屋进行房地产市场价评估，应当由具有省级以上建设行政主管部门核发的三级以上房地产评估资质的房地产评估机构（以下简称评估机构）进行。

设区的市房产管理部门应当每年向社会公布评估机构名录，供拆迁人、被拆迁人选择。

第十六条 房地产市场价评估应当遵循公开、公平、公正的原则。

第十七条 在同一拆迁项目评估中，评估机构不得与房屋拆迁管理部门、拆迁人和被拆迁人有利害关系。评估机构不得串通一方当事人，损害另一方当事人的利益。

第十八条 拆迁评估应当综合考虑与被拆迁房屋相关的下列因素：

（一）区位：被拆迁房屋区位基准价以及房屋的周边环境、交通和商业服务便利程度、公共事业设施配套状况等区位调节因素。县级以上地方各级人民政府每年应当公布区位基准价，并根据市场情况进行调整；

（二）用途：以房屋所有权证书上标明的用途为准，所有权证未标明用途的，以产权档案中记录的用途为准，但对取得工商营业执照并已持续营业一年以上的，应当参照经营用房评估；

（三）建筑面积：房屋所有权证书载明的建筑面积或者房产管理部门确认的实际测量面积。房屋建筑面积小于土地使用面积的，区位补偿面积应当按照土地使用面积计算；

（四）装饰装修：装饰装修补偿应当结合装潢材料的档次、价格、折旧年限等因素视每自然间不同情况，分别按其建筑面积计算；

（五）其他因素：房屋建筑结构形式、成新程度、楼层、层高、朝向等。

第十九条 对被拆迁房屋进行房地产市

场价评估的机构由拆迁人和被拆迁人共同选定；拆迁人和被拆迁人不能达成一致的，由房屋拆迁管理部门在符合条件的评估机构中抽签确定，房屋拆迁管理部门应当在抽签前三日在拆迁地点公告抽签的时间和地点。

评估机构按照前款规定对被拆迁房屋进行房地产市场价评估的费用，由拆迁人承担。

第二十条 拆迁人或者被拆迁人对评估结果有异议的，可以在评估结果送达之日起五个工作日内要求评估机构作出解释、说明。评估机构应当在五个工作日内作出书面解释、说明。经解释、说明仍有异议的，持有异议的拆迁人或者被拆迁人可以委托符合本条例第十五条规定的其他评估机构重新评估。

重新评估结果与原评估结果在允许误差范围之内的，原评估结果有效，重新评估费用由委托人承担。重新评估结果与原评估结果超出允许误差范围的，由房屋拆迁管理部门在专家库中抽签选定有关专家进行鉴定。鉴定采用原评估结果的，重新评估和鉴定的费用由重新评估的委托人和重新评估的机构共同承担；鉴定采用重新评估结果的，重新评估和鉴定的费用由委托人的相对人和原评估机构共同承担。

前款所称的允许误差范围，由设区的市人民政府规定。

第二十一条 拆迁人应当在评估结束后五日内在拆迁地点公布评估结果。

第五章 法律责任

第二十二条 对违反本条例规定的行为，国务院《城市房屋拆迁管理条例》和其他法律、法规有规定的，按照其规定执行。

第二十三条 承接房屋拆除工程业务的施工企业拆除房屋未采取安全护卫措施的，由建设行政主管部门责令改正，给予警告，并处以二千元以上三万元以下的罚款；造成伤亡事故的，还应当依法承担民事责任；构成犯罪的，依法追究刑事责任。

拆迁实施单位及其工作人员弄虚作假、滥用职权的，对直接负责的主管人员和直接责任人员，由其所在单位或者上级主管部门依法给予处分；情节严重的，由房屋拆迁管理部门吊销其拆迁上岗证，可以并处一千元以上一万元以下罚款。

第二十四条 拆迁当事人违反本条例规定委托不符合条件的评估机构进行拆迁评估的，由房屋拆迁管理部门责令改正。

第二十五条 评估机构与拆迁当事人相互串通，故意压低或者抬高被拆迁房屋的房地产市场评估价的，评估结果无效，由房屋拆迁管理部门处以五千元以上五万元以下的罚款；有违法所得的，并处没收违法所得；情节严重的，暂停直至取消评估资质；构成犯罪的，依法追究刑事责任。给他人造成损失的，依法承担赔偿责任。

第二十六条 房屋拆迁管理部门和其他有关部门的工作人员，玩忽职守、超越或者滥用职权、徇私舞弊、受贿索贿、侵犯拆迁当事人合法权益的，对直接负责的主管人员和直接责任人员由其所在部门或者上级主管部门给予行政处分；构成犯罪的，依法追究刑事责任。

第六章 附 则

第二十七条 在城市规划区外的国有土地上实施房屋拆迁，并需要对被拆迁人补偿、安置的，参照本条例执行。

因城市开发建设征用集体土地实施房屋拆迁的，其拆迁补偿安置办法由设区的市人民政府参照本条例另行制定。

第二十八条 本条例自 2003 年 1 月 1 日起施行。1990 年 12 月 19 日江苏省第七届人民代表大会常务委员会第十八次会议通过，1996 年 12 月 13 日江苏省第八届人民代表大会常务委员会第二十五次会议修订的《江苏省城市房屋拆迁管理条例》同时废止。

江苏省高级人民法院
关于进一步规范城市房屋拆迁案件
审理工作的通知

2004 年 5 月 8 日 　　　　　　　　苏高法〔2004〕第 164 号

各市中级人民法院、各基层人民法院：

　　近年来，随着我省经济建设步伐的不断加快，城市房屋拆迁数量迅速增加，由此引发的拆迁矛盾以及诉讼到法院的城市房屋拆迁案件逐年增多，城市房屋拆迁案件已经成为法院民事、行政审判的热点和难点。由于目前客观上存在被拆迁房屋评估的市场化程度不高，拆迁补偿不到位、安置不落实，一些地方"土政策"较多，拆迁工作方法不当等问题，造成城市房屋拆迁引发的上访和诉讼有进一步增加的趋势，甚至引发了一些恶性事件，影响了全省经济发展的大局和社会的稳定。为提高城市房屋拆迁案件的审判质量，维护社会稳定，现将进一步规范城市房屋拆迁案件审理工作的有关事项通知如下：

一、进一步明确城市房屋拆迁案件审理的指导思想

　　城市房屋拆迁涉及群众的根本利益和长远利益，依法审理好这类案件关系到经济和社会的发展，关系到社会稳定的大局。各级法院要从实践"三个代表"重要思想、贯彻宪法修正案精神、坚持"司法为民"宗旨的高度，充分认识依法审理城市房屋拆迁案件的重要性。要认真执行国办发〔2003〕42 号"关于认真做好城镇房屋拆迁工作，维护社会稳定的紧急通知"的规定，贯彻省委李源潮书记关于"拆迁工作中不能让群众利益受损，要确保居者有其屋"的批示精神，牢固树立依法服务大局、保护拆迁当事人合法权益、纠正违法拆迁行为的审判指导思想。把是否依法拆迁、被拆迁人合法权益是否受到侵犯作为城市房屋拆迁案件司法审查的重点，促进政府依法拆迁，切实保护拆迁案件当事人的合法权益，防止社会群体性纠纷事件的发生，维护社会稳定。

二、强化裁判中立观念，确保司法公正

　　人民法院必须独立行使审判权，司法公正是审判的核心。法院在审理社会矛盾较大、涉及群众切身利益的案件时，更应当坚持公平公正。各级法院在审理城市房屋拆迁案件时，要坚决摒弃损害司法中立的做法，切实维护法律的尊严，维护司法裁判的中立性和独立性。因此，要坚决贯彻最高人民法院法〔2004〕33 号《关于进一步加强行政审判工作的通知》的精神，从本通知下发之日起，严禁任何法院和审判人员以任何借口参与地方政府或行政机关组织的"拆迁指挥部""联合执法"以及"合署办公"，如有违者，追究有关法院领导和相关责任人违反审判纪律的责任。此前参与的，应立即退出上述联合拆迁活动，并对相关拆迁案件不享有管辖权，由上级法院指定辖区内其他法院管辖。

三、明确城市房屋拆迁案件受案范围，切实保护当事人诉权

　　法院受理城市房屋拆迁案件，应当依据法律和国务院《城市房屋拆迁管理条例》等有关法律规范的规定。对于拆迁双方当事人达成安置补偿协议后，一方当事人反悔并起诉的，应当作为民事案件受理；拆迁当事人未达成安置补偿协议的，应当申请房屋拆迁管理机关作出裁决，拆迁当事人对裁决不服起诉的，应当作为行政案件受理。拆迁当事人既未达成安置补偿协议又未经裁决而直接向法院提起诉讼的,人民法院不予受理。

目前有的地方存在着束缚城市房屋拆迁案件受理的"土政策",造成对当事人诉权保护不力,既侵犯了当事人的合法权益,又容易激化社会矛盾。因此,各级法院应当采取有力措施,依法受理拆迁案件,加大对当事人诉权保护的力度。凡符合立案受理条件的,要在法定期间内立案受理,不得以任何借口拒绝立案。

四、正确适用法律法规,依法保护拆迁案件当事人的合法权益

当前拆迁矛盾突出的一个重要原因,就是一些地方政府或主管机关制定的有关拆迁的规范性文件,不尽符合法律和国务院《城市房屋拆迁管理条例》等有关法规的规定,有的甚至相抵触。对此,各级法院在审理城市房屋拆迁案件时要正确适用法律法规。对地方人民政府或者行政机关制定的限制被拆迁人依法自主选择补偿方式;房地产市场评估办法不符合建设部、省政府有关规定;货币补偿金额标准低于市场评估价以及其他与法律、法规相抵触的规章或规范性文件,法院在作出裁判时不予参照或者参考。

对于房屋面积和性质的认定,应坚持实事求是的原则,综合判断。对当事人能够提供产籍及其他具有关联性、合法性和真实性的证据推翻被拆迁房屋所有权证记载的面积的,应作为合法房屋面积认定。除被拆迁人擅自拆除的外,房屋被强制拆除后,拆迁人及拆迁管理机关在相关的诉讼中又对产权证确定的性质或者面积提出异议的,法院不予支持。

五、严格先予执行条件和强制执行审查标准

各级法院要严格掌握先予执行的法律条件,慎用先予执行措施。对民事案件中的先予执行申请,人民法院应当依照有关法律法规的规定严格进行审查。对于当事人之间争议较大、可能引起矛盾激化、涉及社会稳定的案件,一般不予先予执行。在行政诉讼过程中,拆迁人申请先予执行拆迁行为的,人民法院不予准许。

对拆迁案件中拆迁主管机关的非诉行政强制执行申请,要按照最高人民法院司法解释的规定进行审查,对于争议较大的案件,应当进行听证。对于被拆迁人、被拆迁关系人在补偿安置裁决规定的期限内拒不搬迁,但行政复议和起诉期限尚未届满,房屋拆迁管理部门或者拆迁人向法院申请强制执行的,法院一律不予受理。对于明显缺乏事实根据;明显缺乏法律依据;严重违反法定程序;超过申请期限;拆迁人没有对被拆迁人实施货币补偿、补偿货币提存或者未提供拆迁安置用房、周转用房以及其他明显违法并损害被拆迁人合法权益的强制执行申请,法院也应当裁定不予执行。

人民法院经过审查后,认为符合非诉行政强制执行条件的,应当及时作出准予执行的裁定,依法尽快强制执行。

六、做好疏导工作,防止矛盾激化

城市房屋拆迁涉及人民群众的根本利益,极易引起矛盾冲突,并可能影响社会稳定。因此,各级法院在依法审理城市房屋拆迁案件时,应当重视做好教育疏导工作,采取切实措施钝化矛盾。对于城市房屋拆迁案件不能简单就案办案,一判了之。民事案件审理中要尽量调解,尤其是对房屋的安置补偿问题,要注意保护被拆迁人的合法权益。行政案件审理中也要注意做好各方当事人的协调工作,避免矛盾激化。各级法院要采取一切有效措施,切实纠正城市房屋拆迁案件审理中存在的问题,以确保拆迁案件审判的法律效果和社会效果的统一。

建设工程篇

建设工程质量管理条例

(2000 年 1 月 10 日国务院第 25 次常务会议通过 自 2000 年 1 月 30 日起施行 根据 2017 年 10 月 7 日公布的《国务院关于修改部分行政法规的决定》修改)

第一章 总 则

第一条 为了加强对建设工程质量的管理,保证建设工程质量,保护人民生命和财产安全,根据《中华人民共和国建筑法》,制定本条例。

第二条 凡在中华人民共和国境内从事建设工程的新建、扩建、改建等有关活动及实施对建设工程质量监督管理的,必须遵守本条例。

本条例所称建设工程,是指土木工程、建筑工程、线路管道和设备安装工程及装修工程。

第三条 建设单位、勘察单位、设计单位、施工单位、工程监理单位依法对建设工程质量负责。

第四条 县级以上人民政府建设行政主管部门和其他有关部门应当加强对建设工程质量的监督管理。

第五条 从事建设工程活动,必须严格执行基本建设程序,坚持先勘察、后设计、再施工的原则。

县级以上人民政府及其有关部门不得超越权限审批建设项目或者擅自简化基本建设程序。

第六条 国家鼓励采用先进的科学技术和管理方法,提高建设工程质量。

第二章 建设单位的质量责任和义务

第七条 建设单位应当将工程发包给具有相应资质等级的单位。

建设单位不得将建设工程肢解发包。

第八条 建设单位应当依法对工程建设项目的勘察、设计、施工、监理以及与工程建设有关的重要设备、材料等的采购进行招标。

第九条 建设单位必须向有关的勘察、设计、施工、工程监理等单位提供与建设工程有关的原始资料。

原始资料必须真实、准确、齐全。

第十条 建设工程发包单位不得迫使承包方以低于成本的价格竞标,不得任意压缩合理工期。

建设单位不得明示或者暗示设计单位或者施工单位违反工程建设强制性标准,降低建设工程质量。

第十一条 施工图设计文件审查的具体办法,由国务院建设行政主管部门、国务院其他有关部门制定。

施工图设计文件未经审查批准的,不得使用。

第十二条 实行监理的建设工程,建设单位应当委托具有相应资质等级的工程监理单位进行监理,也可以委托具有工程监理相应资质等级并与被监理工程的施工承包单位没有隶属关系或者其他利害关系的该工程的设计单位进行监理。

下列建设工程必须实行监理：

（一）国家重点建设工程；

（二）大中型公用事业工程；

（三）成片开发建设的住宅小区工程；

（四）利用外国政府或者国际组织贷款、援助资金的工程；

（五）国家规定必须实行监理的其他工程。

第十三条　建设单位在领取施工许可证或者开工报告前，应当按照国家有关规定办理工程质量监督手续。

第十四条　按照合同约定，由建设单位采购建筑材料、建筑构配件和设备的，建设单位应当保证建筑材料、建筑构配件和设备符合设计文件和合同要求。

建设单位不得明示或者暗示施工单位使用不合格的建筑材料、建筑构配件和设备。

第十五条　涉及建筑主体和承重结构变动的装修工程，建设单位应当在施工前委托原设计单位或者具有相应资质等级的设计单位提出设计方案；没有设计方案的，不得施工。

房屋建筑使用者在装修过程中，不得擅自变动房屋建筑主体和承重结构。

第十六条　建设单位收到建设工程竣工报告后，应当组织设计、施工、工程监理等有关单位进行竣工验收。

建设工程竣工验收应当具备下列条件：

（一）完成建设工程设计和合同约定的各项内容；

（二）有完整的技术档案和施工管理资料；

（三）有工程使用的主要建筑材料、建筑构配件和设备的进场试验报告；

（四）有勘察、设计、施工、工程监理等单位分别签署的质量合格文件；

（五）有施工单位签署的工程保修书。

建设工程经验收合格的，方可交付使用。

第十七条　建设单位应当严格按照国家有关档案管理的规定，及时收集、整理建设项目各环节的文件资料，建立、健全建设项目档案，并在建设工程竣工验收后，及时向建设行政主管部门或者其他有关部门移交建设项目档案。

第三章　勘察、设计单位的质量责任和义务

第十八条　从事建设工程勘察、设计的单位应当依法取得相应等级的资质证书，并在其资质等级许可的范围内承揽工程。

禁止勘察、设计单位超越其资质等级许可的范围或者以其他勘察、设计单位的名义承揽工程。禁止勘察、设计单位允许其他单位或者个人以本单位的名义承揽工程。

勘察、设计单位不得转包或者违法分包所承揽的工程。

第十九条　勘察、设计单位必须按照工程建设强制性标准进行勘察、设计，并对其勘察、设计的质量负责。

注册建筑师、注册结构工程师等注册执业人员应当在设计文件上签字，对设计文件负责。

第二十条　勘察单位提供的地质、测量、水文等勘察成果必须真实、准确。

第二十一条　设计单位应当根据勘察成果文件进行建设工程设计。

设计文件应当符合国家规定的设计深度要求，注明工程合理使用年限。

第二十二条　设计单位在设计文件中选用的建筑材料、建筑构配件和设备，应当注明规格、型号、性能等技术指标，其质量要求必须符合国家规定的标准。

除有特殊要求的建筑材料、专用设备、工艺生产线等外，设计单位不得指定生产厂、供应商。

第二十三条　设计单位应当就审查合格的施工图设计文件向施工单位作出详细说明。

第二十四条　设计单位应当参与建设工程质量事故分析，并对因设计造成的质量事

故，提出相应的技术处理方案。

第四章　施工单位的质量责任和义务

第二十五条　施工单位应当依法取得相应等级的资质证书，并在其资质等级许可的范围内承揽工程。

禁止施工单位超越本单位资质等级许可的业务范围或者以其他施工单位的名义承揽工程。禁止施工单位允许其他单位或者个人以本单位的名义承揽工程。

施工单位不得转包或者违法分包工程。

第二十六条　施工单位对建设工程的施工质量负责。

施工单位应当建立质量责任制，确定工程项目的项目经理、技术负责人和施工管理负责人。

建设工程实行总承包的，总承包单位应当对全部建设工程质量负责；建设工程勘察、设计、施工、设备采购的一项或者多项实行总承包的，总承包单位应当对其承包的建设工程或者采购的设备的质量负责。

第二十七条　总承包单位依法将建设工程分包给其他单位的，分包单位应当按照分包合同的约定对其分包工程的质量向总承包单位负责，总承包单位与分包单位对分包工程的质量承担连带责任。

第二十八条　施工单位必须按照工程设计图纸和施工技术标准施工，不得擅自修改工程设计，不得偷工减料。

施工单位在施工过程中发现设计文件和图纸有差错的，应当及时提出意见和建议。

第二十九条　施工单位必须按照工程设计要求、施工技术标准和合同约定，对建筑材料、建筑构配件、设备和商品混凝土进行检验，检验应当有书面记录和专人签字；未经检验或者检验不合格的，不得使用。

第三十条　施工单位必须建立、健全施工质量的检验制度，严格工序管理，做好隐蔽工程的质量检查和记录。隐蔽工程在隐蔽前，施工单位应当通知建设单位和建设工程质量监督机构。

第三十一条　施工人员对涉及结构安全的试块、试件以及有关材料，应当在建设单位或者工程监理单位监督下现场取样，并送具有相应资质等级的质量检测单位进行检测。

第三十二条　施工单位对施工中出现质量问题的建设工程或者竣工验收不合格的建设工程，应当负责返修。

第三十三条　施工单位应当建立、健全教育培训制度，加强对职工的教育培训；未经教育培训或者考核不合格的人员，不得上岗作业。

第五章　工程监理单位的质量责任和义务

第三十四条　工程监理单位应当依法取得相应等级的资质证书，并在其资质等级许可的范围内承担工程监理业务。

禁止工程监理单位超越本单位资质等级许可的范围或者以其他工程监理单位的名义承担工程监理业务。禁止工程监理单位允许其他单位或者个人以本单位的名义承担工程监理业务。

工程监理单位不得转让工程监理业务。

第三十五条　工程监理单位与被监理工程的施工承包单位以及建筑材料、建筑构配件和设备供应单位有隶属关系或者其他利害关系的，不得承担该项建设工程的监理业务。

第三十六条　工程监理单位应当依照法律、法规以及有关技术标准、设计文件和建设工程承包合同，代表建设单位对施工质量实施监理，并对施工质量承担监理责任。

第三十七条　工程监理单位应当选派具备相应资格的总监理工程师和监理工程师进驻施工现场。

未经监理工程师签字，建筑材料、建筑构配件和设备不得在工程上使用或者安装，施工单位不得进行下一道工序的施工。未经总监理工程师签字，建设单位不拨付工程款，不进行竣工验收。

第三十八条 监理工程师应当按照工程监理规范的要求，采取旁站、巡视和平行检验等形式，对建设工程实施监理。

第六章 建设工程质量保修

第三十九条 建设工程实行质量保修制度。

建设工程承包单位在向建设单位提交工程竣工验收报告时，应当向建设单位出具质量保修书。质量保修书中应当明确建设工程的保修范围、保修期限和保修责任等。

第四十条 在正常使用条件下，建设工程的最低保修期限为：

（一）基础设施工程、房屋建筑的地基基础工程和主体结构工程，为设计文件规定的该工程的合理使用年限；

（二）屋面防水工程、有防水要求的卫生间、房间和外墙面的防渗漏，为 5 年；

（三）供热与供冷系统，为 2 个采暖期、供冷期；

（四）电气管线、给排水管道、设备安装和装修工程，为 2 年。

其他项目的保修期限由发包方与承包方约定。

建设工程的保修期，自竣工验收合格之日起计算。

第四十一条 建设工程在保修范围和保修期限内发生质量问题的，施工单位应当履行保修义务，并对造成的损失承担赔偿责任。

第四十二条 建设工程在超过合理使用年限后需要继续使用的，产权所有人应当委托具有相应资质等级的勘察、设计单位鉴定，并根据鉴定结果采取加固、维修等措施，重新界定使用期。

第七章 监督管理

第四十三条 国家实行建设工程质量监督管理制度。

国务院建设行政主管部门对全国的建设工程质量实施统一监督管理。国务院铁路、交通、水利等有关部门按照国务院规定的职责分工，负责对全国的有关专业建设工程质量的监督管理。

县级以上地方人民政府建设行政主管部门对本行政区域内的建设工程质量实施监督管理。县级以上地方人民政府交通、水利等有关部门在各自的职责范围内，负责对本行政区域内的专业建设工程质量的监督管理。

第四十四条 国务院建设行政主管部门和国务院铁路、交通、水利等有关部门应当加强对有关建设工程质量的法律、法规和强制性标准执行情况的监督检查。

第四十五条 国务院发展计划部门按照国务院规定的职责，组织稽察特派员，对国家出资的重大建设项目实施监督检查。

国务院经济贸易主管部门按照国务院规定的职责，对国家重大技术改造项目实施监督检查。

第四十六条 建设工程质量监督管理，可以由建设行政主管部门或者其他有关部门委托的建设工程质量监督机构具体实施。

从事房屋建筑工程和市政基础设施工程质量监督的机构，必须按照国家有关规定经国务院建设行政主管部门或者省、自治区、直辖市人民政府建设行政主管部门考核；从事专业建设工程质量监督的机构，必须按照国家有关规定经国务院有关部门或者省、自治区、直辖市人民政府有关部门考核。经考核合格后，方可实施质量监督。

第四十七条 县级以上地方人民政府建设行政主管部门和其他有关部门应当加强对有关建设工程质量的法律、法规和强制性标准执行情况的监督检查。

第四十八条 县级以上人民政府建设行政主管部门和其他有关部门履行监督检查职责时，有权采取下列措施：

（一）要求被检查的单位提供有关工程质量的文件和资料；

（二）进入被检查单位的施工现场进行检查；

（三）发现有影响工程质量的问题时，责

令改正。

第四十九条 建设单位应当自建设工程竣工验收合格之日起 15 日内,将建设工程竣工验收报告和规划、公安消防、环保等部门出具的认可文件或者准许使用文件报建设行政主管部门或者其他有关部门备案。

建设行政主管部门或者其他有关部门发现建设单位在竣工验收过程中有违反国家有关建设工程质量管理规定行为的,责令停止使用,重新组织竣工验收。

第五十条 有关单位和个人对县级以上人民政府建设行政主管部门和其他有关部门进行的监督检查应当支持与配合,不得拒绝或者阻碍建设工程质量监督检查人员依法执行职务。

第五十一条 供水、供电、供气、公安消防等部门或者单位不得明示或者暗示建设单位、施工单位购买其指定的生产供应单位的建筑材料、建筑构配件和设备。

第五十二条 建设工程发生质量事故,有关单位应当在 24 小时内向当地建设行政主管部门和其他有关部门报告。对重大质量事故,事故发生地的建设行政主管部门和其他有关部门应当按照事故类别和等级向当地人民政府和上级建设行政主管部门和其他有关部门报告。

特别重大质量事故的调查程序按照国务院有关规定办理。

第五十三条 任何单位和个人对建设工程的质量事故、质量缺陷都有权检举、控告、投诉。

第八章　罚　则

第五十四条 违反本条例规定,建设单位将建设工程发包给不具有相应资质等级的勘察、设计、施工单位或者委托给不具有相应资质等级的工程监理单位的,责令改正,处 50 万元以上 100 万元以下的罚款。

第五十五条 违反本条例规定,建设单位将建设工程肢解发包的,责令改正,处工程合同价款百分之零点五以上百分之一以下

的罚款;对全部或者部分使用国有资金的项目,并可以暂停项目执行或者暂停资金拨付。

第五十六条 违反本条例规定,建设单位有下列行为之一的,责令改正,处 20 万元以上 50 万元以下的罚款:

(一)迫使承包方以低于成本的价格竞标的;

(二)任意压缩合理工期的;

(三)明示或者暗示设计单位或者施工单位违反工程建设强制性标准,降低工程质量的;

(四)施工图设计文件未经审查或者审查不合格,擅自施工的;

(五)建设项目必须实行工程监理而未实行工程监理的;

(六)未按照国家规定办理工程质量监督手续的;

(七)明示或者暗示施工单位使用不合格的建筑材料、建筑构配件和设备的;

(八)未按照国家规定将竣工验收报告、有关认可文件或者准许使用文件报送备案的。

第五十七条 违反本条例规定,建设单位未取得施工许可证或者开工报告未经批准,擅自施工的,责令停止施工,限期改正,处工程合同价款百分之一以上百分之二以下的罚款。

第五十八条 违反本条例规定,建设单位有下列行为之一的,责令改正,处工程合同价款百分之二以上百分之四以下的罚款;造成损失的,依法承担赔偿责任:

(一)未组织竣工验收,擅自交付使用的;

(二)验收不合格,擅自交付使用的;

(三)对不合格的建设工程按照合格工程验收的。

第五十九条 违反本条例规定,建设工程竣工验收后,建设单位未向建设行政主管部门或者其他有关部门移交建设项目档案的,责令改正,处 1 万元以上 10 万元以下的罚款。

第六十条 违反本条例规定，勘察、设计、施工、工程监理单位超越本单位资质等级承揽工程的，责令停止违法行为，对勘察、设计单位或者工程监理单位处合同约定的勘察费、设计费或者监理酬金1倍以上2倍以下的罚款；对施工单位处工程合同价款百分之二以上百分之四以下的罚款，可以责令停业整顿，降低资质等级；情节严重的，吊销资质证书；有违法所得的，予以没收。

未取得资质证书承揽工程的，予以取缔，依照前款规定处以罚款；有违法所得的，予以没收。

以欺骗手段取得资质证书承揽工程的，吊销资质证书，依照本条第一款规定处以罚款；有违法所得的，予以没收。

第六十一条 违反本条例规定，勘察、设计、施工、工程监理单位允许其他单位或者个人以本单位名义承揽工程的，责令改正，没收违法所得，对勘察、设计单位和工程监理单位处合同约定的勘察费、设计费和监理酬金1倍以上2倍以下的罚款；对施工单位处工程合同价款百分之二以上百分之四以下的罚款；可以责令停业整顿，降低资质等级；情节严重的，吊销资质证书。

第六十二条 违反本条例规定，承包单位将承包的工程转包或者违法分包的，责令改正，没收违法所得，对勘察、设计单位处合同约定的勘察费、设计费百分之二十五以上百分之五十以下的罚款；对施工单位处工程合同价款百分之零点五以上百分之一以下的罚款；可以责令停业整顿，降低资质等级；情节严重的，吊销资质证书。

工程监理单位转让工程监理业务的，责令改正，没收违法所得，处合同约定的监理酬金百分之二十五以上百分之五十以下的罚款；可以责令停业整顿，降低资质等级；情节严重的，吊销资质证书。

第六十三条 违反本条例规定，有下列行为之一的，责令改正，处10万元以上30万元以下的罚款：

（一）勘察单位未按照工程建设强制性标准进行勘察的；

（二）设计单位未根据勘察成果文件进行工程设计的；

（三）设计单位指定建筑材料、建筑构配件的生产厂、供应商的；

（四）设计单位未按照工程建设强制性标准进行设计的。

有前款所列行为，造成工程质量事故的，责令停业整顿，降低资质等级；情节严重的，吊销资质证书；造成损失的，依法承担赔偿责任。

第六十四条 违反本条例规定，施工单位在施工中偷工减料的，使用不合格的建筑材料、建筑构配件和设备的，或者有不按照工程设计图纸或者施工技术标准施工的其他行为的，责令改正，处工程合同价款百分之二以上百分之四以下的罚款；造成建设工程质量不符合规定的质量标准的，负责返工、修理，并赔偿因此造成的损失；情节严重的，责令停业整顿，降低资质等级或者吊销资质证书。

第六十五条 违反本条例规定，施工单位未对建筑材料、建筑构配件、设备和商品混凝土进行检验，或者未对涉及结构安全的试块、试件以及有关材料取样检测的，责令改正，处10万元以上20万元以下的罚款；情节严重的，责令停业整顿，降低资质等级或者吊销资质证书；造成损失的，依法承担赔偿责任。

第六十六条 违反本条例规定，施工单位不履行保修义务或者拖延履行保修义务的，责令改正，处10万元以上20万元以下的罚款，并对在保修期内因质量缺陷造成的损失承担赔偿责任。

第六十七条 工程监理单位有下列行为之一的，责令改正，处50万元以上100万元以下的罚款，降低资质等级或者吊销资质证书；有违法所得的，予以没收；造成损失的，承担连带赔偿责任：

（一）与建设单位或者施工单位串通，弄虚作假、降低工程质量的；

（二）将不合格的建设工程、建筑材料、建筑构配件和设备按照合格签字的。

第六十八条 违反本条例规定，工程监理单位与被监理工程的施工承包单位以及建筑材料、建筑构配件和设备供应单位有隶属关系或者其他利害关系承担该项建设工程的监理业务的，责令改正，处 5 万元以上 10 万元以下的罚款，降低资质等级或者吊销资质证书；有违法所得的，予以没收。

第六十九条 违反本条例规定，涉及建筑主体或者承重结构变动的装修工程，没有设计方案擅自施工的，责令改正，处 50 万元以上 100 万元以下的罚款；房屋建筑使用者在装修过程中擅自变动房屋建筑主体和承重结构的，责令改正，处 5 万元以上 10 万元以下的罚款。

有前款所列行为，造成损失的，依法承担赔偿责任。

第七十条 发生重大工程质量事故隐瞒不报、谎报或者拖延报告期限的，对直接负责的主管人员和其他责任人员依法给予行政处分。

第七十一条 违反本条例规定，供水、供电、供气、公安消防等部门或者单位明示或者暗示建设单位或者施工单位购买其指定的生产供应单位的建筑材料、建筑构配件和设备的，责令改正。

第七十二条 违反本条例规定，注册建筑师、注册结构工程师、监理工程师等注册执业人员因过错造成质量事故的，责令停止执业 1 年；造成重大质量事故的，吊销执业资格证书，5 年以内不予注册；情节特别恶劣的，终身不予注册。

第七十三条 依照本条例规定，给予单位罚款处罚的，对单位直接负责的主管人员和其他直接责任人员处单位罚款数额百分之五以上百分之十以下的罚款。

第七十四条 建设单位、设计单位、施工单位、工程监理单位违反国家规定，降低工程质量标准，造成重大安全事故，构成犯罪的，对直接责任人员依法追究刑事责任。

第七十五条 本条例规定的责令停业整顿，降低资质等级和吊销资质证书的行政处罚，由颁发资质证书的机关决定；其他行政处罚，由建设行政主管部门或者其他有关部门依照法定职权决定。

依照本条例规定被吊销资质证书的，由工商行政管理部门吊销其营业执照。

第七十六条 国家机关工作人员在建设工程质量监督管理工作中玩忽职守、滥用职权、徇私舞弊，构成犯罪的，依法追究刑事责任；尚不构成犯罪的，依法给予行政处分。

第七十七条 建设、勘察、设计、施工、工程监理单位的工作人员因调动工作、退休等原因离开该单位后，被发现在该单位工作期间违反国家有关建设工程质量管理规定，造成重大工程质量事故的，仍应当依法追究法律责任。

第九章 附 则

第七十八条 本条例所称肢解发包，是指建设单位将应当由一个承包单位完成的建设工程分解成若干部分发包给不同的承包单位的行为。

本条例所称违法分包，是指下列行为：

（一）总承包单位将建设工程分包给不具备相应资质条件的单位的；

（二）建设工程总承包合同中未有约定，又未经建设单位认可，承包单位将其承包的部分建设工程交由其他单位完成的；

（三）施工总承包单位将建设工程主体结构的施工分包给其他单位的；

（四）分包单位将其承包的建设工程再分包的。

本条例所称转包，是指承包单位承包建设工程后，不履行合同约定的责任和义务，将其承包的全部建设工程转给他人或者将其承包的全部建设工程肢解以后以分包的名义分别转给其他单位承包的行为。

第七十九条 本条例规定的罚款和没收的违法所得，必须全部上缴国库。

第八十条 抢险救灾及其他临时性房屋建筑和农民自建低层住宅的建设活动，不适用本条例。

第八十一条 军事建设工程的管理，按照中央军事委员会的有关规定执行。

第八十二条 本条例自发布之日起施行。

建设工程安全生产管理条例

(2003 年 11 月 12 日国务院第 28 次常务会议通过 自 2004 年 2 月 1 日起施行)

第一章 总 则

第一条 为了加强建设工程安全生产监督管理，保障人民群众生命和财产安全，根据《中华人民共和国建筑法》《中华人民共和国安全生产法》，制定本条例。

第二条 在中华人民共和国境内从事建设工程的新建、扩建、改建和拆除等有关活动及实施对建设工程安全生产的监督管理，必须遵守本条例。

本条例所称建设工程，是指土木工程、建筑工程、线路管道和设备安装工程及装修工程。

第三条 建设工程安全生产管理，坚持安全第一、预防为主的方针。

第四条 建设单位、勘察单位、设计单位、施工单位、工程监理单位及其他与建设工程安全生产有关的单位，必须遵守安全生产法律、法规的规定，保证建设工程安全生产，依法承担建设工程安全生产责任。

第五条 国家鼓励建设工程安全生产的科学技术研究和先进技术的推广应用，推进建设工程安全生产的科学管理。

第二章 建设单位的安全责任

第六条 建设单位应当向施工单位提供施工现场及毗邻区域内供水、排水、供电、供气、供热、通信、广播电视等地下管线资料，气象和水文观测资料，相邻建筑物和构筑物、地下工程的有关资料，并保证资料的真实、准确、完整。

建设单位因建设工程需要，向有关部门或者单位查询前款规定的资料时，有关部门或者单位应当及时提供。

第七条 建设单位不得对勘察、设计、施工、工程监理等单位提出不符合建设工程安全生产法律、法规和强制性标准规定的要求，不得压缩合同约定的工期。

第八条 建设单位在编制工程概算时，应当确定建设工程安全作业环境及安全施工措施所需费用。

第九条 建设单位不得明示或者暗示施工单位购买、租赁、使用不符合安全施工要求的安全防护用具、机械设备、施工机具及配件、消防设施和器材。

第十条 建设单位在申请领取施工许可证时，应当提供建设工程有关安全施工措施的资料。

依法批准开工报告的建设工程，建设单位应当自开工报告批准之日起 15 日内，将保证安全施工的措施报送建设工程所在地的县级以上地方人民政府建设行政主管部门或者其他有关部门备案。

第十一条 建设单位应当将拆除工程发包给具有相应资质等级的施工单位。

建设单位应当在拆除工程施工 15 日前，将下列资料报送建设工程所在地的县级以上地方人民政府建设行政主管部门或者其他有关部门备案：

（一）施工单位资质等级证明；

（二）拟拆除建筑物、构筑物及可能危及毗邻建筑的说明；

（三）拆除施工组织方案；

（四）堆放、清除废弃物的措施。

实施爆破作业的，应当遵守国家有关民用爆炸物品管理的规定。

第三章　勘察、设计、工程监理及其他有关单位的安全责任

第十二条　勘察单位应当按照法律、法规和工程建设强制性标准进行勘察，提供的勘察文件应当真实、准确，满足建设工程安全生产的需要。

勘察单位在勘察作业时，应当严格执行操作规程，采取措施保证各类管线、设施和周边建筑物、构筑物的安全。

第十三条　设计单位应当按照法律、法规和工程建设强制性标准进行设计，防止因设计不合理导致生产安全事故的发生。

设计单位应当考虑施工安全操作和防护的需要，对涉及施工安全的重点部位和环节在设计文件中注明，并对防范生产安全事故提出指导意见。

采用新结构、新材料、新工艺的建设工程和特殊结构的建设工程，设计单位应当在设计中提出保障施工作业人员安全和预防生产安全事故的措施建议。

设计单位和注册建筑师等注册执业人员应当对其设计负责。

第十四条　工程监理单位应当审查施工组织设计中的安全技术措施或者专项施工方案是否符合工程建设强制性标准。

工程监理单位在实施监理过程中，发现存在安全事故隐患的，应当要求施工单位整改；情况严重的，应当要求施工单位暂时停止施工，并及时报告建设单位。施工单位拒不整改或者不停止施工的，工程监理单位应当及时向有关主管部门报告。

工程监理单位和监理工程师应当按照法律、法规和工程建设强制性标准实施监理，并对建设工程安全生产承担监理责任。

第十五条　为建设工程提供机械设备和配件的单位，应当按照安全施工的要求配备齐全有效的保险、限位等安全设施和装置。

第十六条　出租的机械设备和施工机具及配件，应当具有生产（制造）许可证、产品合格证。

出租单位应当对出租的机械设备和施工机具及配件的安全性能进行检测，在签订租赁协议时，应当出具检测合格证明。

禁止出租检测不合格的机械设备和施工机具及配件。

第十七条　在施工现场安装、拆卸施工起重机械和整体提升脚手架、模板等自升式架设设施，必须由具有相应资质的单位承担。

安装、拆卸施工起重机械和整体提升脚手架、模板等自升式架设设施，应当编制拆装方案、制定安全施工措施，并由专业技术人员现场监督。

施工起重机械和整体提升脚手架、模板等自升式架设设施安装完毕后，安装单位应当自检，出具自检合格证明，并向施工单位进行安全使用说明，办理验收手续并签字。

第十八条　施工起重机械和整体提升脚手架、模板等自升式架设设施的使用达到国家规定的检验检测期限的，必须经具有专业资质的检验检测机构检测。经检测不合格的，不得继续使用。

第十九条　检验检测机构对检测合格的施工起重机械和整体提升脚手架、模板等自升式架设设施，应当出具安全合格证明文件，并对检测结果负责。

第四章　施工单位的安全责任

第二十条　施工单位从事建设工程的新建、扩建、改建和拆除等活动，应当具备国家规定的注册资本、专业技术人员、技术装备和安全生产等条件，依法取得相应等级的资质证书，并在其资质等级许可的范围内承揽工程。

第二十一条 施工单位主要负责人依法对本单位的安全生产工作全面负责。施工单位应当建立健全安全生产责任制度和安全生产教育培训制度，制定安全生产规章制度和操作规程，保证本单位安全生产条件所需资金的投入，对所承担的建设工程进行定期和专项安全检查，并做好安全检查记录。

施工单位的项目负责人应当由取得相应执业资格的人员担任，对建设工程项目的安全施工负责，落实安全生产责任制度、安全生产规章制度和操作规程，确保安全生产费用的有效使用，并根据工程的特点组织制定安全施工措施，消除安全事故隐患，及时、如实报告生产安全事故。

第二十二条 施工单位对列入建设工程概算的安全作业环境及安全施工措施所需费用，应当用于施工安全防护用具及设施的采购和更新、安全施工措施的落实、安全生产条件的改善，不得挪作他用。

第二十三条 施工单位应当设立安全生产管理机构，配备专职安全生产管理人员。

专职安全生产管理人员负责对安全生产进行现场监督检查。发现安全事故隐患，应当及时向项目负责人和安全生产管理机构报告；对违章指挥、违章操作的，应当立即制止。

专职安全生产管理人员的配备办法由国务院建设行政主管部门会同国务院其他有关部门制定。

第二十四条 建设工程实行施工总承包的，由总承包单位对施工现场的安全生产负总责。

总承包单位应当自行完成建设工程主体结构的施工。

总承包单位依法将建设工程分包给其他单位的，分包合同中应当明确各自的安全生产方面的权利、义务。总承包单位和分包单位对分包工程的安全生产承担连带责任。

分包单位应当服从总承包单位的安全生产管理，分包单位不服从管理导致生产安全事故的，由分包单位承担主要责任。

第二十五条 垂直运输机械作业人员、安装拆卸工、爆破作业人员、起重信号工、登高架设作业人员等特种作业人员，必须按照国家有关规定经过专门的安全作业培训，并取得特种作业操作资格证书后，方可上岗作业。

第二十六条 施工单位应当在施工组织设计中编制安全技术措施和施工现场临时用电方案，对下列达到一定规模的危险性较大的分部分项工程编制专项施工方案，并附具安全验算结果，经施工单位技术负责人、总监理工程师签字后实施，由专职安全生产管理人员进行现场监督：

（一）基坑支护与降水工程；

（二）土方开挖工程；

（三）模板工程；

（四）起重吊装工程；

（五）脚手架工程；

（六）拆除、爆破工程；

（七）国务院建设行政主管部门或者其他有关部门规定的其他危险性较大的工程。

对前款所列工程中涉及深基坑、地下暗挖工程、高大模板工程的专项施工方案，施工单位还应当组织专家进行论证、审查。

本条第一款规定的达到一定规模的危险性较大工程的标准，由国务院建设行政主管部门会同国务院其他有关部门制定。

第二十七条 建设工程施工前，施工单位负责项目管理的技术人员应当对有关安全施工的技术要求向施工作业班组、作业人员作出详细说明，并由双方签字确认。

第二十八条 施工单位应当在施工现场入口处、施工起重机械、临时用电设施、脚手架、出入通道口、楼梯口、电梯井口、孔洞口、桥梁口、隧道口、基坑边沿、爆破物及有害危险气体和液体存放处等危险部位，设置明显的安全警示标志。安全警示标志必须符合国家标准。

施工单位应当根据不同施工阶段和周围

环境及季节、气候的变化，在施工现场采取相应的安全施工措施。施工现场暂时停止施工的，施工单位应当做好现场防护，所需费用由责任方承担，或者按照合同约定执行。

第二十九条　施工单位应当将施工现场的办公、生活区与作业区分开设置，并保持安全距离；办公、生活区的选址应当符合安全性要求。职工的膳食、饮水、休息场所等应当符合卫生标准。施工单位不得在尚未竣工的建筑物内设置员工集体宿舍。

施工现场临时搭建的建筑物应当符合安全使用要求。施工现场使用的装配式活动房屋应当具有产品合格证。

第三十条　施工单位对因建设工程施工可能造成损害的毗邻建筑物、构筑物和地下管线等，应当采取专项防护措施。

施工单位应当遵守有关环境保护法律、法规的规定，在施工现场采取措施，防止或者减少粉尘、废气、废水、固体废物、噪声、振动和施工照明对人和环境的危害和污染。

在城市市区内的建设工程，施工单位应当对施工现场实行封闭围挡。

第三十一条　施工单位应当在施工现场建立消防安全责任制度，确定消防安全责任人，制定用火、用电、使用易燃易爆材料等各项消防安全管理制度和操作规程，设置消防通道、消防水源，配备消防设施和灭火器材，并在施工现场入口处设置明显标志。

第三十二条　施工单位应当向作业人员提供安全防护用具和安全防护服装，并书面告知危险岗位的操作规程和违章操作的危害。

作业人员有权对施工现场的作业条件、作业程序和作业方式中存在的安全问题提出批评、检举和控告，有权拒绝违章指挥和强令冒险作业。

在施工中发生危及人身安全的紧急情况时，作业人员有权立即停止作业或者在采取必要的应急措施后撤离危险区域。

第三十三条　作业人员应当遵守安全施工的强制性标准、规章制度和操作规程，正确使用安全防护用具、机械设备等。

第三十四条　施工单位采购、租赁的安全防护用具、机械设备、施工机具及配件，应当具有生产（制造）许可证、产品合格证，并在进入施工现场前进行查验。

施工现场的安全防护用具、机械设备、施工机具及配件必须由专人管理，定期进行检查、维修和保养，建立相应的资料档案，并按照国家有关规定及时报废。

第三十五条　施工单位在使用施工起重机械和整体提升脚手架、模板等自升式架设设施前，应当组织有关单位进行验收，也可以委托具有相应资质的检验检测机构进行验收；使用承租的机械设备和施工机具及配件的，由施工总承包单位、分包单位、出租单位和安装单位共同进行验收。验收合格的方可使用。

《特种设备安全监察条例》规定的施工起重机械，在验收前应当经有相应资质的检验检测机构监督检验合格。

施工单位应当自施工起重机械和整体提升脚手架、模板等自升式架设设施验收合格之日起 30 日内，向建设行政主管部门或者其他有关部门登记。登记标志应当置于或者附着于该设备的显著位置。

第三十六条　施工单位的主要负责人、项目负责人、专职安全生产管理人员应当经建设行政主管部门或者其他有关部门考核合格后方可任职。

施工单位应当对管理人员和作业人员每年至少进行一次安全生产教育培训，其教育培训情况记入个人工作档案。安全生产教育培训考核不合格的人员，不得上岗。

第三十七条　作业人员进入新的岗位或者新的施工现场前，应当接受安全生产教育培训。未经教育培训或者教育培训考核不合格的人员，不得上岗作业。

施工单位在采用新技术、新工艺、新设备、新材料时，应当对作业人员进行相应的安全生产教育培训。

第三十八条 施工单位应当为施工现场从事危险作业的人员办理意外伤害保险。

意外伤害保险费由施工单位支付。实行施工总承包的，由总承包单位支付意外伤害保险费。意外伤害保险期限自建设工程开工之日起至竣工验收合格止。

第五章 监督管理

第三十九条 国务院负责安全生产监督管理的部门依照《中华人民共和国安全生产法》的规定，对全国建设工程安全生产工作实施综合监督管理。

县级以上地方人民政府负责安全生产监督管理的部门依照《中华人民共和国安全生产法》的规定，对本行政区域内建设工程安全生产工作实施综合监督管理。

第四十条 国务院建设行政主管部门对全国的建设工程安全生产实施监督管理。国务院铁路、交通、水利等有关部门按照国务院规定的职责分工，负责有关专业建设工程安全生产的监督管理。

县级以上地方人民政府建设行政主管部门对本行政区域内的建设工程安全生产实施监督管理。县级以上地方人民政府交通、水利等有关部门在各自的职责范围内，负责本行政区域内的专业建设工程安全生产的监督管理。

第四十一条 建设行政主管部门和其他有关部门应当将本条例第十条、第十一条规定的有关资料的主要内容抄送同级负责安全生产监督管理的部门。

第四十二条 建设行政主管部门在审核发放施工许可证时，应当对建设工程是否有安全施工措施进行审查，对没有安全施工措施的，不得颁发施工许可证。

建设行政主管部门或者其他有关部门对建设工程是否有安全施工措施进行审查时，不得收取费用。

第四十三条 县级以上人民政府负有建设工程安全生产监督管理职责的部门在各自的职责范围内履行安全监督检查职责时，有权采取下列措施：

（一）要求被检查单位提供有关建设工程安全生产的文件和资料；

（二）进入被检查单位施工现场进行检查；

（三）纠正施工中违反安全生产要求的行为；

（四）对检查中发现的安全事故隐患，责令立即排除；重大安全事故隐患排除前或者排除过程中无法保证安全的，责令从危险区域内撤出作业人员或者暂时停止施工。

第四十四条 建设行政主管部门或者其他有关部门可以将施工现场的监督检查委托给建设工程安全监督机构具体实施。

第四十五条 国家对严重危及施工安全的工艺、设备、材料实行淘汰制度。具体目录由国务院建设行政主管部门会同国务院其他有关部门制定并公布。

第四十六条 县级以上人民政府建设行政主管部门和其他有关部门应当及时受理对建设工程生产安全事故及安全事故隐患的检举、控告和投诉。

第六章 生产安全事故的应急救援和调查处理

第四十七条 县级以上地方人民政府建设行政主管部门应当根据本级人民政府的要求，制定本行政区域内建设工程特大生产安全事故应急救援预案。

第四十八条 施工单位应当制定本单位生产安全事故应急救援预案，建立应急救援组织或者配备应急救援人员，配备必要的应急救援器材、设备，并定期组织演练。

第四十九条 施工单位应当根据建设工程施工的特点、范围，对施工现场易发生重大事故的部位、环节进行监控，制定施工现场生产安全事故应急救援预案。实行施工总承包的，由总承包单位统一组织编制建设工程生产安全事故应急救援预案，工程总承包单位和分包单位按照应急救援预案，各自建立应急救援组织或者配备应急救援人员，配备救援器材、设备，并定期组织演练。

第五十条　施工单位发生生产安全事故，应当按照国家有关伤亡事故报告和调查处理的规定，及时、如实地向负责安全生产监督管理的部门、建设行政主管部门或者其他有关部门报告；特种设备发生事故的，还应当同时向特种设备安全监督管理部门报告。接到报告的部门应当按照国家有关规定，如实上报。

实行施工总承包的建设工程，由总承包单位负责上报事故。

第五十一条　发生生产安全事故后，施工单位应当采取措施防止事故扩大，保护事故现场。需要移动现场物品时，应当做出标记和书面记录，妥善保管有关证物。

第五十二条　建设工程生产安全事故的调查、对事故责任单位和责任人的处罚与处理，按照有关法律、法规的规定执行。

第七章　法律责任

第五十三条　违反本条例的规定，县级以上人民政府建设行政主管部门或者其他有关行政管理部门的工作人员，有下列行为之一的，给予降级或者撤职的行政处分，构成犯罪的，依照刑法有关规定追究刑事责任：

（一）对不具备安全生产条件的施工单位颁发资质证书的；

（二）对没有安全施工措施的建设工程颁发施工许可证的；

（三）发现违法行为不予查处的；

（四）不依法履行监督管理职责的其他行为。

第五十四条　违反本条例的规定，建设单位未提供建设工程安全生产作业环境及安全施工措施所需费用的，责令限期改正；逾期未改正的，责令该建设工程停止施工。

建设单位未将保证安全施工的措施或者拆除工程的有关资料报送有关部门备案的，责令限期改正，给予警告。

第五十五条　违反本条例的规定，建设单位有下列行为之一的，责令限期改正，处

20 万元以上 50 万元以下的罚款；造成重大安全事故，构成犯罪的，对直接责任人员，依照刑法有关规定追究刑事责任；造成损失的，依法承担赔偿责任：

（一）对勘察、设计、施工、工程监理等单位提出不符合安全生产法律、法规和强制性标准规定的要求的；

（二）要求施工单位压缩合同约定的工期的；

（三）将拆除工程发包给不具有相应资质等级的施工单位的。

第五十六条　违反本条例的规定，勘察单位、设计单位有下列行为之一的，责令限期改正，处 10 万元以上 30 万元以下的罚款；情节严重的，责令停业整顿，降低资质等级，直至吊销资质证书；造成重大安全事故，构成犯罪的，对直接责任人员，依照刑法有关规定追究刑事责任；造成损失的，依法承担赔偿责任：

（一）未按照法律、法规和工程建设强制性标准进行勘察、设计的；

（二）采用新结构、新材料、新工艺的建设工程和特殊结构的建设工程，设计单位未在设计中提出保障施工作业人员安全和预防生产安全事故的措施建议的。

第五十七条　违反本条例的规定，工程监理单位有下列行为之一的，责令限期改正；逾期未改正的，责令停业整顿，并处 10 万元以上 30 万元以下的罚款；情节严重的，降低资质等级，直至吊销资质证书；造成重大安全事故，构成犯罪的，对直接责任人员，依照刑法有关规定追究刑事责任；造成损失的，依法承担赔偿责任：

（一）未对施工组织设计中的安全技术措施或者专项施工方案进行审查的；

（二）发现安全事故隐患未及时要求施工单位整改或者暂时停止施工的；

（三）施工单位拒不整改或者不停止施工，未及时向有关主管部门报告的；

（四）未依照法律、法规和工程建设强制

性标准实施监理的。

第五十八条 注册执业人员未执行法律、法规和工程建设强制性标准的，责令停止执业3个月以上1年以下；情节严重的，吊销执业资格证书，5年内不予注册；造成重大安全事故的，终身不予注册；构成犯罪的，依照刑法有关规定追究刑事责任。

第五十九条 违反本条例的规定，为建设工程提供机械设备和配件的单位，未按照安全施工的要求配备齐全有效的保险、限位等安全设施和装置的，责令限期改正，处合同价款1倍以上3倍以下的罚款；造成损失的，依法承担赔偿责任。

第六十条 违反本条例的规定，出租单位出租未经安全性能检测或者经检测不合格的机械设备和施工机具及配件的，责令停业整顿，并处5万元以上10万元以下的罚款；造成损失的，依法承担赔偿责任。

第六十一条 违反本条例的规定，施工起重机械和整体提升脚手架、模板等自升式架设设施安装、拆卸单位有下列行为之一的，责令限期改正，处5万元以上10万元以下的罚款；情节严重的，责令停业整顿，降低资质等级，直至吊销资质证书；造成损失的，依法承担赔偿责任：

（一）未编制拆装方案、制定安全施工措施的；

（二）未由专业技术人员现场监督的；

（三）未出具自检合格证明或者出具虚假证明的；

（四）未向施工单位进行安全使用说明，办理移交手续的。

施工起重机械和整体提升脚手架、模板等自升式架设设施安装、拆卸单位有前款规定的第（一）项、第（三）项行为，经有关部门或者单位职工提出后，对事故隐患仍不采取措施，因而发生重大伤亡事故或者造成其他严重后果，构成犯罪的，对直接责任人员，依照刑法有关规定追究刑事责任。

第六十二条 违反本条例的规定，施工

单位有下列行为之一的，责令限期改正；逾期未改正的，责令停业整顿，依照《中华人民共和国安全生产法》的有关规定处以罚款；造成重大安全事故，构成犯罪的，对直接责任人员，依照刑法有关规定追究刑事责任：

（一）未设立安全生产管理机构、配备专职安全生产管理人员或者分部分项工程施工时无专职安全生产管理人员现场监督的；

（二）施工单位的主要负责人、项目负责人、专职安全生产管理人员、作业人员或者特种作业人员，未经安全教育培训或者经考核不合格即从事相关工作的；

（三）未在施工现场的危险部位设置明显的安全警示标志，或者未按照国家有关规定在施工现场设置消防通道、消防水源、配备消防设施和灭火器材的；

（四）未向作业人员提供安全防护用具和安全防护服装的；

（五）未按照规定在施工起重机械和整体提升脚手架、模板等自升式架设设施验收合格后登记的；

（六）使用国家明令淘汰、禁止使用的危及施工安全的工艺、设备、材料的。

第六十三条 违反本条例的规定，施工单位挪用列入建设工程概算的安全生产作业环境及安全施工措施所需费用的，责令限期改正，处挪用费用20%以上50%以下的罚款；造成损失的，依法承担赔偿责任。

第六十四条 违反本条例的规定，施工单位有下列行为之一的，责令限期改正；逾期未改正的，责令停业整顿，并处5万元以上10万元以下的罚款；造成重大安全事故，构成犯罪的，对直接责任人员，依照刑法有关规定追究刑事责任：

（一）施工前未对有关安全施工的技术要求作出详细说明的；

（二）未根据不同施工阶段和周围环境及季节、气候的变化，在施工现场采取相应的安全施工措施，或者在城市市区内的建设工程的施工现场未实行封闭围挡的；

（三）在尚未竣工的建筑物内设置员工集体宿舍的；

（四）施工现场临时搭建的建筑物不符合安全使用要求的；

（五）未对因建设工程施工可能造成损害的毗邻建筑物、构筑物和地下管线等采取专项防护措施的。

施工单位有前款规定第（四）项、第（五）项行为，造成损失的，依法承担赔偿责任。

第六十五条 违反本条例的规定，施工单位有下列行为之一的，责令限期改正；逾期未改正的，责令停业整顿，并处 10 万元以上 30 万元以下的罚款；情节严重的，降低资质等级，直至吊销资质证书；造成重大安全事故，构成犯罪的，对直接责任人员，依照刑法有关规定追究刑事责任；造成损失的，依法承担赔偿责任：

（一）安全防护用具、机械设备、施工机具及配件在进入施工现场前未经查验或者查验不合格即投入使用的；

（二）使用未经验收或者验收不合格的施工起重机械和整体提升脚手架、模板等自升式架设设施的；

（三）委托不具有相应资质的单位承担施工现场安装、拆卸施工起重机械和整体提升脚手架、模板等自升式架设设施的；

（四）在施工组织设计中未编制安全技术措施、施工现场临时用电方案或者专项施工方案的。

第六十六条 违反本条例的规定，施工单位的主要负责人、项目负责人未履行安全生产管理职责的，责令限期改正；逾期未改正的，责令施工单位停业整顿；造成重大安全事故、重大伤亡事故或者其他严重后果，构成犯罪的，依照刑法有关规定追究刑事责任。

作业人员不服管理、违反规章制度和操作规程冒险作业造成重大伤亡事故或者其他严重后果，构成犯罪的，依照刑法有关规定追究刑事责任。

施工单位的主要负责人、项目负责人有前款违法行为，尚不够刑事处罚的，处 2 万元以上 20 万元以下的罚款或者按照管理权限给予撤职处分；自刑罚执行完毕或者受处分之日起，5 年内不得担任任何施工单位的主要负责人、项目负责人。

第六十七条 施工单位取得资质证书后，降低安全生产条件的，责令限期改正；经整改仍未达到与其资质等级相适应的安全生产条件的，责令停业整顿，降低其资质等级直至吊销资质证书。

第六十八条 本条例规定的行政处罚，由建设行政主管部门或者其他有关部门依照法定职权决定。

违反消防安全管理规定的行为，由公安消防机构依法处罚。

有关法律、行政法规对建设工程安全生产违法行为的行政处罚决定机关另有规定的，从其规定。

第八章 附 则

第六十九条 抢险救灾和农民自建低层住宅的安全生产管理，不适用本条例。

第七十条 军事建设工程的安全生产管理，按照中央军事委员会的有关规定执行。

第七十一条 本条例自 2004 年 2 月 1 日起施行。

建设工程勘察设计管理条例

（2000 年 9 月 25 日中华人民共和国国务院令第 293 号公布
根据 2015 年 6 月 12 日《国务院关于修改〈建设工程
勘察设计管理条例〉的决定》修订　根据
2017 年 10 月 7 日公布的《国务院关于
修改部分行政法规的决定》修订）

第一章　总　则

第一条　为了加强对建设工程勘察、设计活动的管理，保证建设工程勘察、设计质量，保护人民生命和财产安全，制定本条例。

第二条　从事建设工程勘察、设计活动，必须遵守本条例。

本条例所称建设工程勘察，是指根据建设工程的要求，查明、分析、评价建设场地的地质地理环境特征和岩土工程条件，编制建设工程勘察文件的活动。

本条例所称建设工程设计，是指根据建设工程的要求，对建设工程所需的技术、经济、资源、环境等条件进行综合分析、论证，编制建设工程设计文件的活动。

第三条　建设工程勘察、设计应当与社会、经济发展水平相适应，做到经济效益、社会效益和环境效益相统一。

第四条　从事建设工程勘察、设计活动，应当坚持先勘察、后设计、再施工的原则。

第五条　县级以上人民政府建设行政主管部门和交通、水利等有关部门应当依照本条例的规定，加强对建设工程勘察、设计活动的监督管理。

建设工程勘察、设计单位必须依法进行建设工程勘察、设计，严格执行工程建设强制性标准，并对建设工程勘察、设计的质量负责。

第六条　国家鼓励在建设工程勘察、设计活动中采用先进技术、先进工艺、先进设备、新型材料和现代管理方法。

第二章　资质资格管理

第七条　国家对从事建设工程勘察、设计活动的单位，实行资质管理制度。具体办法由国务院建设行政主管部门商国务院有关部门制定。

第八条　建设工程勘察、设计单位应当在其资质等级许可的范围内承揽建设工程勘察、设计业务。

禁止建设工程勘察、设计单位超越其资质等级许可的范围或者以其他建设工程勘察、设计单位的名义承揽建设工程勘察、设计业务。禁止建设工程勘察、设计单位允许其他单位或者个人以本单位的名义承揽建设工程勘察、设计业务。

第九条　国家对从事建设工程勘察、设计活动的专业技术人员，实行执业资格注册管理制度。

未经注册的建设工程勘察、设计人员，不得以注册执业人员的名义从事建设工程勘察、设计活动。

第十条　建设工程勘察、设计注册执业人员和其他专业技术人员只能受聘于一个建设工程勘察、设计单位；未受聘于建设工程勘察、设计单位的，不得从事建设工程的勘察、设计活动。

第十一条　建设工程勘察、设计单位资质证书和执业人员注册证书，由国务院建设行政主管部门统一制作。

第三章 建设工程勘察设计发包与承包

第十二条 建设工程勘察、设计发包依法实行招标发包或者直接发包。

第十三条 建设工程勘察、设计应当依照《中华人民共和国招标投标法》的规定，实行招标发包。

第十四条 建设工程勘察、设计方案评标，应当以投标人的业绩、信誉和勘察、设计人员的能力以及勘察、设计方案的优劣为依据，进行综合评定。

第十五条 建设工程勘察、设计的招标人应当在评标委员会推荐的候选方案中确定中标方案。但是，建设工程勘察、设计的招标人认为评标委员会推荐的候选方案不能最大限度满足招标文件规定的要求的，应当依法重新招标。

第十六条 下列建设工程的勘察、设计，经有关主管部门批准，可以直接发包：

（一）采用特定的专利或者专有技术的；

（二）建筑艺术造型有特殊要求的；

（三）国务院规定的其他建设工程的勘察、设计。

第十七条 发包方不得将建设工程勘察、设计业务发包给不具有相应勘察、设计资质等级的建设工程勘察、设计单位。

第十八条 发包方可以将整个建设工程的勘察、设计发包给一个勘察、设计单位；也可以将建设工程的勘察、设计分别发包给几个勘察、设计单位。

第十九条 除建设工程主体部分的勘察、设计外，经发包方书面同意，承包方可以将建设工程其他部分的勘察、设计再分包给其他具有相应资质等级的建设工程勘察、设计单位。

第二十条 建设工程勘察、设计单位不得将所承揽的建设工程勘察、设计转包。

第二十一条 承包方必须在建设工程勘察、设计资质证书规定的资质等级和业务范围内承揽建设工程的勘察、设计业务。

第二十二条 建设工程勘察、设计的发包方与承包方，应当执行国家规定的建设工程勘察、设计程序。

第二十三条 建设工程勘察、设计的发包方与承包方应当签订建设工程勘察、设计合同。

第二十四条 建设工程勘察、设计发包方与承包方应当执行国家有关建设工程勘察费、设计费的管理规定。

第四章 建设工程勘察设计文件的编制与实施

第二十五条 编制建设工程勘察、设计文件，应当以下列规定为依据：

（一）项目批准文件；

（二）城乡规划；

（三）工程建设强制性标准；

（四）国家规定的建设工程勘察、设计深度要求。

铁路、交通、水利等专业建设工程，还应当以专业规划的要求为依据。

第二十六条 编制建设工程勘察文件，应当真实、准确，满足建设工程规划、选址、设计、岩土治理和施工的需要。

编制方案设计文件，应当满足编制初步设计文件和控制概算的需要。

编制初步设计文件，应当满足编制施工招标文件、主要设备材料订货和编制施工图设计文件的需要。

编制施工图设计文件，应当满足设备材料采购、非标准设备制作和施工的需要，并注明建设工程合理使用年限。

第二十七条 设计文件中选用的材料、构配件、设备，应当注明其规格、型号、性能等技术指标，其质量要求必须符合国家规定的标准。

除有特殊要求的建筑材料、专用设备和工艺生产线等外，设计单位不得指定生产厂、供应商。

第二十八条 建设单位、施工单位、监理单位不得修改建设工程勘察、设计文件；

确需修改建设工程勘察、设计文件的，应当由原建设工程勘察、设计单位修改。经原建设工程勘察、设计单位书面同意，建设单位也可以委托其他具有相应资质的建设工程勘察、设计单位修改。修改单位对修改的勘察、设计文件承担相应责任。

施工单位、监理单位发现建设工程勘察、设计文件不符合工程建设强制性标准、合同约定的质量要求的，应当报告建设单位，建设单位有权要求建设工程勘察、设计单位对建设工程勘察、设计文件进行补充、修改。

建设工程勘察、设计文件内容需要作重大修改的，建设单位应当报经原审批机关批准后，方可修改。

第二十九条 建设工程勘察、设计文件中规定采用的新技术、新材料，可能影响建设工程质量和安全，又没有国家技术标准的，应当由国家认可的检测机构进行试验、论证，出具检测报告，并经国务院有关部门或者省、自治区、直辖市人民政府有关部门组织的建设工程技术专家委员会审定后，方可使用。

第三十条 建设工程勘察、设计单位应当在建设工程施工前，向施工单位和监理单位说明建设工程勘察、设计意图，解释建设工程勘察、设计文件。

建设工程勘察、设计单位应当及时解决施工中出现的勘察、设计问题。

第五章 监督管理

第三十一条 国务院建设行政主管部门对全国的建设工程勘察、设计活动实施统一监督管理。国务院铁路、交通、水利等有关部门按照国务院规定的职责分工，负责对全国的有关专业建设工程勘察、设计活动的监督管理。

县级以上地方人民政府建设行政主管部门对本行政区域内的建设工程勘察、设计活动实施监督管理。县级以上地方人民政府交通、水利等有关部门在各自的职责范围内，负责对本行政区域内的有关专业建设工程勘察、设计活动的监督管理。

第三十二条 建设工程勘察、设计单位在建设工程勘察、设计资质证书规定的业务范围内跨部门、跨地区承揽勘察、设计业务的，有关地方人民政府及其所属部门不得设置障碍，不得违反国家规定收取任何费用。

第三十三条 施工图设计文件审查机构应当对房屋建筑工程、市政基础设施工程施工图设计文件中涉及公共利益、公共安全、工程建设强制性标准的内容进行审查。县级以上人民政府交通运输等有关部门应当按照职责对施工图设计文件中涉及公共利益、公共安全、工程建设强制性标准的内容进行审查。

施工图设计文件未经审查批准的，不得使用。

第三十四条 任何单位和个人对建设工程勘察、设计活动中的违法行为都有权检举、控告、投诉。

第六章 罚 则

第三十五条 违反本条例第八条规定的，责令停止违法行为，处合同约定的勘察费、设计费1倍以上2倍以下的罚款，有违法所得的，予以没收；可以责令停业整顿，降低资质等级；情节严重的，吊销资质证书。

未取得资质证书承揽工程的，予以取缔，依照前款规定处以罚款；有违法所得的，予以没收。

以欺骗手段取得资质证书承揽工程的，吊销资质证书，依照本条第一款规定处以罚款；有违法所得的，予以没收。

第三十六条 违反本条例规定，未经注册，擅自以注册建设工程勘察、设计人员的名义从事建设工程勘察、设计活动的，责令停止违法行为，没收违法所得，处违法所得2倍以上5倍以下罚款；给他人造成损失的，依法承担赔偿责任。

第三十七条 违反本条例规定，建设工程勘察、设计注册执业人员和其他专业技术人员未受聘于一个建设工程勘察、设计单位或者同时受聘于两个以上建设工程勘察、设计单位，从事建设工程勘察、设计活动的，责令停止违法行为，没收违法所得，处违法所得 2 倍以上 5 倍以下的罚款；情节严重的，可以责令停止执行业务或者吊销资格证书；给他人造成损失的，依法承担赔偿责任。

第三十八条 违反本条例规定，发包方将建设工程勘察、设计业务发包给不具有相应资质等级的建设工程勘察、设计单位的，责令改正，处 50 万元以上 100 万元以下的罚款。

第三十九条 违反本条例规定，建设工程勘察、设计单位将所承揽的建设工程勘察、设计转包的，责令改正，没收违法所得，处合同约定的勘察费、设计费 25% 以上 50% 以下的罚款，可以责令停业整顿，降低资质等级；情节严重的，吊销资质证书。

第四十条 违反本条例规定，勘察、设计单位未依据项目批准文件，城乡规划及专业规划，国家规定的建设工程勘察、设计深度要求编制建设工程勘察、设计文件的，责令限期改正；逾期不改正的，处 10 万元以上 30 万元以下的罚款；造成工程质量事故或者环境污染和生态破坏的，责令停业整顿，降低资质等级；情节严重的，吊销资质证书；造成损失的，依法承担赔偿责任。

第四十一条 违反本条例规定，有下列行为之一的，依照《建设工程质量管理条例》第六十三条的规定给予处罚：

（一）勘察单位未按照工程建设强制性标准进行勘察的；

（二）设计单位未根据勘察成果文件进行工程设计的；

（三）设计单位指定建筑材料、建筑构配件的生产厂、供应商的；

（四）设计单位未按照工程建设强制性标准进行设计的。

第四十二条 本条例规定的责令停业整顿、降低资质等级和吊销资质证书、资格证书的行政处罚，由颁发资质证书、资格证书的机关决定；其他行政处罚，由建设行政主管部门或者其他有关部门依据法定职权范围决定。

依照本条例规定被吊销资质证书的，由工商行政管理部门吊销其营业执照。

第四十三条 国家机关工作人员在建设工程勘察、设计活动的监督管理工作中玩忽职守、滥用职权、徇私舞弊，构成犯罪的，依法追究刑事责任；尚不构成犯罪的，依法给予行政处分。

第七章 附 则

第四十四条 抢险救灾及其他临时性建筑和农民自建两层以下住宅的勘察、设计活动，不适用本条例。

第四十五条 军事建设工程勘察、设计的管理，按照中央军事委员会的有关规定执行。

第四十六条 本条例自公布之日起施行。

房屋建筑工程质量保修办法

（2000 年 6 月 30 日经第 24 次部常务会议讨论通过
自 2000 年 6 月 30 日起施行 建设部令第 80 号）

第一条 为保护建设单位、施工单位、房屋建筑所有人和使用人的合法权益，维护公共安全和公众利益，根据《中华人民共和国建筑法》和《建设工程质量管理条例》，制订本办法。

第二条 在中华人民共和国境内新建、

扩建、改建各类房屋建筑工程（包括装修工程）的质量保修，适用本办法。

第三条 本办法所称房屋建筑工程质量保修，是指对房屋建筑工程竣工验收后在保修期限内出现的质量缺陷，予以修复。

本办法所称质量缺陷，是指房屋建筑工程的质量不符合工程建设强制性标准以及合同的约定。

第四条 房屋建筑工程在保修范围和保修期限内出现质量缺陷，施工单位应当履行保修义务。

第五条 国务院建设行政主管部门负责全国房屋建筑工程质量保修的监督管理。

县级以上地方人民政府建设行政主管部门负责本行政区域内房屋建筑工程质量保修的监督管理。

第六条 建设单位和施工单位应当在工程质量保修书中约定保修范围、保修期限和保修责任等，双方约定的保修范围、保修期限必须符合国家有关规定。

第七条 在正常使用条件下，房屋建筑工程的最低保修期限为：

（一）地基基础工程和主体结构工程，为设计文件规定的该工程的合理使用年限；

（二）屋面防水工程、有防水要求的卫生间、房间和外墙面的防渗漏，为5年；

（三）供热与供冷系统，为2个采暖期、供冷期；

（四）电气管线、给排水管道、设备安装为2年；

（五）装修工程为2年。

其他项目的保修期限由建设单位和施工单位约定。

第八条 房屋建筑工程保修期从工程竣工验收合格之日起计算。

第九条 房屋建筑工程在保修期限内出现质量缺陷，建设单位或者房屋建筑所有人应当向施工单位发出保修通知。施工单位接到保修通知后，应当到现场核查情况，在保修书约定的时间内予以保修。发生涉及结构

安全或者严重影响使用功能的紧急抢修事故，施工单位接到保修通知后，应当立即到达现场抢修。

第十条 发生涉及结构安全的质量缺陷，建设单位或者房屋建筑所有人应当立即向当地建设行政主管部门报告，采取安全防范措施；由原设计单位或者具有相应资质等级的设计单位提出保修方案，施工单位实施保修，原工程质量监督机构负责监督。

第十一条 保修完成后，由建设单位或者房屋建筑所有人组织验收。涉及结构安全的，应当报当地建设行政主管部门备案。

第十二条 施工单位不按工程质量保修书约定保修的，建设单位可以另行委托其他单位保修，由原施工单位承担相应责任。

第十三条 保修费用由质量缺陷的责任方承担。

第十四条 在保修期内，因房屋建筑工程质量缺陷造成房屋所有人、使用人或者第三方人身、财产损害的，房屋所有人、使用人或者第三方可以向建设单位提出赔偿要求。建设单位向造成房屋建筑工程质量缺陷的责任方追偿。

第十五条 因保修不及时造成新的人身、财产损害，由造成拖延的责任方承担赔偿责任。

第十六条 房地产开发企业售出的商品房保修，还应当执行《城市房地产开发经营管理条例》和其他有关规定。

第十七条 下列情况不属于本办法规定的保修范围：

（一）因使用不当或者第三方造成的质量缺陷；

（二）不可抗力造成的质量缺陷。

第十八条 施工单位有下列行为之一的，由建设行政主管部门责令改正，并处1万元以上3万元以下的罚款。

（一）工程竣工验收后，不向建设单位出具质量保修书的；

（二）质量保修的内容、期限违反本办法

规定的。

第十九条　施工单位不履行保修义务或者拖延履行保修义务的，由建设行政主管部门责令改正，处 10 万元以上 20 万元以下的罚款。

第二十条　军事建设工程的管理，按照中央军事委员会的有关规定执行。

第二十一条　本办法由国务院建设行政主管部门负责解释。

第二十二条　本办法自发布之日起施行。

建筑工程设计招标投标管理办法

（第 32 次部常务会议审议通过　2017 年 1 月 24 日住房和城乡建设部令第 33 号发布　自 2017 年 5 月 1 日起施行）

第一条　为规范建筑工程设计市场，提高建筑工程设计水平，促进公平竞争，繁荣建筑创作，根据《中华人民共和国建筑法》《中华人民共和国招标投标法》《建设工程勘察设计管理条例》和《中华人民共和国招标投标法实施条例》等法律法规，制定本办法。

第二条　依法必须进行招标的各类房屋建筑工程，其设计招标投标活动，适用本办法。

第三条　国务院住房城乡建设主管部门依法对全国建筑工程设计招标投标活动实施监督。

县级以上地方人民政府住房城乡建设主管部门依法对本行政区域内建筑工程设计招标投标活动实施监督，依法查处招标投标活动中的违法违规行为。

第四条　建筑工程设计招标范围和规模标准按照国家有关规定执行，有下列情形之一的，可以不进行招标：

（一）采用不可替代的专利或者专有技术的；

（二）对建筑艺术造型有特殊要求，并经有关主管部门批准的；

（三）建设单位依法能够自行设计的；

（四）建筑工程项目的改建、扩建或者技术改造，需要由原设计单位设计，否则将影响功能配套要求的；

（五）国家规定的其他特殊情形。

第五条　建筑工程设计招标应当依法进行公开招标或者邀请招标。

第六条　建筑工程设计招标可以采用设计方案招标或者设计团队招标，招标人可以根据项目特点和实际需要选择。

设计方案招标，是指主要通过对投标人提交的设计方案进行评审确定中标人。

设计团队招标，是指主要通过对投标人拟派设计团队的综合能力进行评审确定中标人。

第七条　公开招标的，招标人应当发布招标公告。邀请招标的，招标人应当向 3 个以上潜在投标人发出投标邀请书。

招标公告或者投标邀请书应当载明招标人名称和地址、招标项目的基本要求、投标人的资质要求以及获取招标文件的办法等事项。

第八条　招标人一般应当将建筑工程的方案设计、初步设计和施工图设计一并招标。确需另行选择设计单位承担初步设计、施工图设计的，应当在招标公告或者投标邀请书中明确。

第九条　鼓励建筑工程实行设计总包。实行设计总包的，按照合同约定或者经招标人同意，设计单位可以不通过招标方式将建筑工程非主体部分的设计进行分包。

第十条 招标文件应当满足设计方案招标或者设计团队招标的不同需求，主要包括以下内容：

（一）项目基本情况；

（二）城乡规划和城市设计对项目的基本要求；

（三）项目工程经济技术要求；

（四）项目有关基础资料；

（五）招标内容；

（六）招标文件答疑、现场踏勘安排；

（七）投标文件编制要求；

（八）评标标准和方法；

（九）投标文件送达地点和截止时间；

（十）开标时间和地点；

（十一）拟签订合同的主要条款；

（十二）设计费或者计费方法；

（十三）未中标方案补偿办法。

第十一条 招标人应当在资格预审公告、招标公告或者投标邀请书中载明是否接受联合体投标。采用联合体形式投标的，联合体各方应当签订共同投标协议，明确约定各方承担的工作和责任，就中标项目向招标人承担连带责任。

第十二条 招标人可以对已发出的招标文件进行必要的澄清或者修改。澄清或者修改的内容可能影响投标文件编制的，招标人应当在投标截止时间至少15日前，以书面形式通知所有获取招标文件的潜在投标人，不足15日的，招标人应当顺延提交投标文件的截止时间。

潜在投标人或者其他利害关系人对招标文件有异议的，应当在投标截止时间10日前提出。招标人应当自收到异议之日起3日内作出答复；作出答复前，应当暂停招标投标活动。

第十三条 招标人应当确定投标人编制投标文件所需要的合理时间，自招标文件开始发出之日起至投标人提交投标文件截止之日止，时限最短不少于20日。

第十四条 投标人应当具有与招标项目相适应的工程设计资质。境外设计单位参加国内建筑工程设计投标的，按照国家有关规定执行。

第十五条 投标人应当按照招标文件的要求编制投标文件。投标文件应当对招标文件提出的实质性要求和条件作出响应。

第十六条 评标由评标委员会负责。

评标委员会由招标人代表和有关专家组成。评标委员会人数为5人以上单数，其中技术和经济方面的专家不得少于成员总数的2/3。建筑工程设计方案评标时，建筑专业专家不得少于技术和经济方面专家总数的2/3。

评标专家一般从专家库随机抽取，对于技术复杂、专业性强或者国家有特殊要求的项目，招标人也可以直接邀请相应专业的中国科学院院士、中国工程院院士、全国工程勘察设计大师以及境外具有相应资历的专家参加评标。

投标人或者与投标人有利害关系的人员不得参加评标委员会。

第十七条 有下列情形之一的，评标委员会应当否决其投标：

（一）投标文件未按招标文件要求经投标人盖章和单位负责人签字；

（二）投标联合体没有提交共同投标协议；

（三）投标人不符合国家或者招标文件规定的资格条件；

（四）同一投标人提交两个以上不同的投标文件或者投标报价，但招标文件要求提交备选投标的除外；

（五）投标文件没有对招标文件的实质性要求和条件作出响应；

（六）投标人有串通投标、弄虚作假、行贿等违法行为；

（七）法律法规规定的其他应当否决投标的情形。

第十八条 评标委员会应当按照招标文件确定的评标标准和方法，对投标文件进行评审。

采用设计方案招标的，评标委员会应当在符合城乡规划、城市设计以及安全、绿色、节能、环保要求的前提下，重点对功能、技术、经济和美观等进行评审。

采用设计团队招标的，评标委员会应当对投标人拟从事项目设计的人员构成、人员业绩、人员从业经历、项目解读、设计构思、投标人信用情况和业绩等进行评审。

第十九条　评标委员会应当在评标完成后，向招标人提出书面评标报告，推荐不超过 3 个中标候选人，并标明顺序。

第二十条　招标人应当公示中标候选人。采用设计团队招标的，招标人应当公示中标候选人投标文件中所列主要人员、业绩等内容。

第二十一条　招标人根据评标委员会的书面评标报告和推荐的中标候选人确定中标人。招标人也可以授权评标委员会直接确定中标人。

采用设计方案招标的，招标人认为评标委员会推荐的候选方案不能最大限度满足招标文件规定的要求的，应当依法重新招标。

第二十二条　招标人应当在确定中标人后及时向中标人发出中标通知书，并同时将中标结果通知所有未中标人。

第二十三条　招标人应当自确定中标人之日起 15 日内，向县级以上地方人民政府住房城乡建设主管部门提交招标投标情况的书面报告。

第二十四条　县级以上地方人民政府住房城乡建设主管部门应当自收到招标投标情况的书面报告之日起 5 个工作日内，公开专家评审意见等信息，涉及国家秘密、商业秘密的除外。

第二十五条　招标人和中标人应当自中标通知书发出之日起 30 日内，按照招标文件和中标人的投标文件订立书面合同。

第二十六条　招标人、中标人使用未标方案的，应当征得提交方案的投标人同意并付给使用费。

第二十七条　国务院住房城乡建设主管部门，省、自治区、直辖市人民政府住房城乡建设主管部门应当加强建筑工程设计评标专家和专家库的管理。

建筑专业专家库应当按建筑工程类别细化分类。

第二十八条　住房城乡建设主管部门应当加快推进电子招标投标，完善招标投标信息平台建设，促进建筑工程设计招标投标信息化监管。

第二十九条　招标人以不合理的条件限制或者排斥潜在投标人的，对潜在投标人实行歧视待遇的，强制要求投标人组成联合体共同投标的，或者限制投标人之间竞争的，由县级以上地方人民政府住房城乡建设主管部门责令改正，可以处 1 万元以上 5 万元以下的罚款。

第三十条　招标人澄清、修改招标文件的时限，或者确定的提交投标文件的时限不符合本办法规定的，由县级以上地方人民政府住房城乡建设主管部门责令改正，可以处 10 万元以下的罚款。

第三十一条　招标人不按照规定组建评标委员会，或者评标委员会成员的确定违反本办法规定的，由县级以上地方人民政府住房城乡建设主管部门责令改正，可以处 10 万元以下的罚款，相应评审结论无效，依法重新进行评审。

第三十二条　招标人有下列情形之一的，由县级以上地方人民政府住房城乡建设主管部门责令改正，可以处中标项目金额 10‰以下的罚款；给他人造成损失的，依法承担赔偿责任；对单位直接负责的主管人员和其他直接责任人员依法给予处分：

（一）无正当理由未按本办法规定发出中标通知书；

（二）不按照规定确定中标人；

（三）中标通知书发出后无正当理由改变中标结果；

（四）无正当理由未按本办法规定与中标

人订立合同;

(五)在订立合同时向中标人提出附加条件。

第三十三条 投标人以他人名义投标或者以其他方式弄虚作假,骗取中标的,中标无效,给招标人造成损失的,依法承担赔偿责任;构成犯罪的,依法追究刑事责任。

投标人有前款所列行为尚未构成犯罪的,由县级以上地方人民政府住房城乡建设主管部门处中标项目金额5‰以上10‰以下的罚款,对单位直接负责的主管人员和其他直接责任人员处单位罚款数额5%以上10%以下的罚款;有违法所得的,并处没收违法所得;情节严重的,取消其1年至3年内参加依法必须进行招标的建筑工程设计招标的投标资格,并予以公告,直至由工商行政管理机关吊销营业执照。

第三十四条 评标委员会成员收受投标人的财物或者其他好处的,评标委员会成员或者参加评标的有关工作人员向他人透露对投标文件的评审和比较、中标候选人的推荐以及与评标有关的其他情况的,由县级以上地方人民政府住房城乡建设主管部门给予警告,没收收受的财物,可以并处3000元以上5万元以下的罚款。

评标委员会成员有前款所列行为的,由有关主管部门通报批评并取消担任评标委员会成员的资格,不得再参加任何依法必须进行招标的建筑工程设计招标投标的评标;构成犯罪的,依法追究刑事责任。

第三十五条 评标委员会成员违反本办法规定,对应当否决的投标不提出否决意见的,由县级以上地方人民政府住房城乡建设主管部门责令改正;情节严重的,禁止其在一定期限内参加依法必须进行招标的建筑工程设计招标投标的评标;情节特别严重的,由有关主管部门取消其担任评标委员会成员的资格。

第三十六条 住房城乡建设主管部门或者有关职能部门的工作人员徇私舞弊、滥用职权或者玩忽职守,构成犯罪的,依法追究刑事责任;不构成犯罪的,依法给予行政处分。

第三十七条 市政公用工程及园林工程设计招标投标参照本办法执行。

第三十八条 本办法自2017年5月1日起施行。2000年10月18日建设部颁布的《建筑工程设计招标投标管理办法》(建设部令第82号)同时废止。

工程建设项目招标范围和规模标准规定(已失效)

(2000年4月4日国务院批准 2000年5月1日国家发展计划委员会令第3号发布)

第一条 为了确定必须进行招标的工程建设项目的具体范围和规模标准,规范招标投标活动,根据《中华人民共和国招标投标法》第三条的规定,制定本规定。

第二条 关系社会公共利益、公众安全的基础设施项目的范围包括:

(一)煤炭、石油、天然气、电力、新能源等能源项目;

(二)铁路、公路、管道、水运、航空以及其他交通运输业等交通运输项目;

(三)邮政、电信枢纽、通信、信息网络等邮电通讯项目;

(四)防洪、灌溉、排涝、引(供)水、滩涂治理、水土保持、水利枢纽等水利项目;

(五)道路、桥梁、地铁和轻轨交通、污水排放及处理、垃圾处理、地下管道、公共停车场等城市设施项目；

（六）生态环境保护项目；

（七）其他基础设施项目。

第三条 关系社会公共利益、公众安全的公用事业项目的范围包括：

（一）供水、供电、供气、供热等市政工程项目；

（二）科技、教育、文化等项目；

（三）体育、旅游等项目；

（四）卫生、社会福利等项目；

（五）商品住宅，包括经济适用住房；

（六）其他公用事业项目。

第四条 使用国有资金投资项目的范围包括：

（一）使用各级财政预算资金的项目；

（二）使用纳入财政管理的各种政府性专项建设基金的项目；

（三）使用国有企业事业单位自有资金，并且国有资产投资者实际拥有控制权的项目。

第五条 国家融资项目的范围包括：

（一）使用国家发行债券所筹资金的项目；

（二）使用国家对外借款或者担保所筹资金的项目；

（三）使用国家政策性贷款的项目；

（四）国家授权投资主体融资的项目；

（五）国家特许的融资项目。

第六条 使用国际组织或者外国政府资金的项目的范围包括：

（一）使用世界银行、亚洲开发银行等国际组织贷款资金的项目；

（二）使用外国政府及其机构贷款资金的项目；

（三）使用国际组织或者外国政府援助资金的项目。

第七条 本规定第二条至第六条规定范围内的各类工程建设项目，包括项目的勘察、设计、施工、监理以及与工程建设有关的重要设备、材料等的采购，达到下列标准之一的，必须进行招标：

（一）施工单项合同估算价的 200 万元人民币以上的；

（二）重要设备、材料等货物的采购，单项合同估算价在 100 万元人民币以上的；

（三）勘察、设计、监理等服务的采购，单项合同估算价在 50 万元人民币以上的；

（四）单项合同估算价低于第（一）、（二）、（三）项规定的标准，但项目总投资额在 3000 万元人民币以上的。

第八条 建设项目的勘察、设计，采用特定专利或者专有技术的，或者其建立艺术造型有特殊要求的，经项目主管部门批准，可以不进行招标。

第九条 依法必须进行招标的项目，全部使用国有资金投资或者国有资金投资占控股或者主导地位的，应当公开招标。

招标投标活动不受地区、部门的限制，不得对潜在投标人实行歧视待遇。

第十条 省、自治区、直辖市人民政府根据实际情况，可以规定本地区必须进行招标的具体范围和规模标准，但不得缩小本规定确定的必须进行招标的范围。

第十一条 国家发展计划委员会可以根据实际需要，会同国务院有关部门对本规定确定的必须进行招标的具体范围和规模标准进行部分调整。

第十二条 本规定自发布之日起施行。

建筑业企业资质管理规定

（第 20 次部常务会议审议通过　2015 年 1 月 22 日住房和城乡建设部令
第 22 号现予发布　自 2015 年 3 月 1 日起施行
根据 2016 年 9 月 13 日《住房城乡建设部关于修改〈勘察设计
注册工程师管理规定〉等 11 个部门规章的决定》修订）

第一章　总　则

第一条　为了加强对建筑活动的监督管理，维护公共利益和规范建筑市场秩序，保证建设工程质量安全，促进建筑业的健康发展，根据《中华人民共和国建筑法》《中华人民共和国行政许可法》《建设工程质量管理条例》《建设工程安全生产管理条例》等法律、行政法规，制定本规定。

第二条　在中华人民共和国境内申请建筑业企业资质，实施对建筑业企业资质监督管理，适用本规定。

本规定所称建筑业企业，是指从事土木工程、建筑工程、线路管道设备安装工程的新建、扩建、改建等施工活动的企业。

第三条　企业应当按照其拥有的资产、主要人员、已完成的工程业绩和技术装备等条件申请建筑业企业资质，经审查合格，取得建筑业企业资质证书后，方可在资质许可的范围内从事建筑施工活动。

第四条　国务院住房城乡建设主管部门负责全国建筑业企业资质的统一监督管理。国务院交通运输、水利、工业信息化等有关部门配合国务院住房城乡建设主管部门实施相关资质类别建筑业企业资质的管理工作。

省、自治区、直辖市人民政府住房城乡建设主管部门负责本行政区域内建筑业企业资质的统一监督管理。省、自治区、直辖市人民政府交通运输、水利、通信等有关部门配合同级住房城乡建设主管部门实施本行政区域内相关资质类别建筑业企业资质的管理工作。

第五条　建筑业企业资质分为施工总承包资质、专业承包资质、施工劳务资质三个序列。

施工总承包资质、专业承包资质按照工程性质和技术特点分别划分为若干资质类别，各资质类别按照规定的条件划分为若干资质等级。施工劳务资质不分类别与等级。

第六条　建筑业企业资质标准和取得相应资质的企业可以承担工程的具体范围，由国务院住房城乡建设主管部门会同国务院有关部门制定。

第七条　国家鼓励取得施工总承包资质的企业拥有全资或者控股的劳务企业。

建筑业企业应当加强技术创新和人员培训，使用先进的建造技术、建筑材料，开展绿色施工。

第二章　申请与许可

第八条　企业可以申请一项或多项建筑业企业资质。

企业首次申请或增项申请资质，应当申请最低等级资质。

第九条　下列建筑业企业资质，由国务院住房城乡建设主管部门许可：

（一）施工总承包资质序列特级资质、一级资质及铁路工程施工总承包二级资质。

（二）专业承包资质序列公路、水运、水利、铁路、民航方面的专业承包一级资质及铁路、民航方面的专业承包二级资质；涉及多个专业的专业承包一级资质。

第十条 下列建筑业企业资质，由企业工商注册所在地省、自治区、直辖市人民政府住房城乡建设主管部门许可：

（一）施工总承包资质序列二级资质及铁路、通信工程施工总承包三级资质。

（二）专业承包资质序列一级资质（不含公路、水运、水利、铁路、民航方面的专业承包一级资质及涉及多个专业的专业承包一级资质）。

（三）专业承包资质序列二级资质（不含铁路、民航方面的专业承包二级资质）；铁路方面专业承包三级资质；特种工程专业承包资质。

第十一条 下列建筑业企业资质，由企业工商注册所在地设区的市人民政府住房城乡建设主管部门许可：

（一）施工总承包资质序列三级资质（不含铁路、通信工程施工总承包三级资质）；

（二）专业承包资质序列三级资质（不含铁路方面专业承包资质）及预拌混凝土、模板脚手架专业承包资质；

（三）施工劳务资质；

（四）燃气燃烧器具安装、维修企业资质。

第十二条 申请本规定第九条所列资质的，可以向企业工商注册所在地省、自治区、直辖市人民政府住房城乡建设主管部门提交申请材料。

省、自治区、直辖市人民政府住房城乡建设主管部门收到申请材料后，应当在5日内将全部申请材料报审批部门。

国务院住房城乡建设主管部门在收到申请材料后，应当依法作出是否受理的决定，并出具凭证；申请材料不齐全或者不符合法定形式的，应当在5日内一次性告知申请人需要补正的全部内容。逾期不告知的，自收到申请材料之日起即为受理。

国务院住房城乡建设主管部门应当自受理之日起20个工作日内完成审查。自作出决定之日起10日内公告审批结果。其中，涉及公路、水运、水利、通信、铁路、民航等方面资质的，由国务院住房城乡建设主管部门会同国务院有关部门审查。

需要组织专家评审的，所需时间不计算在许可时限内，但应当明确告知申请人。

第十三条 本规定第十条规定的资质许可程序由省、自治区、直辖市人民政府住房城乡建设主管部门依法确定，并向社会公布。

本规定第十一条规定的资质许可程序由设区的市级人民政府住房城乡建设主管部门依法确定，并向社会公布。

第十四条 企业申请建筑业企业资质，应当提交以下材料：

（一）建筑业企业资质申请表及相应的电子文档；

（二）企业营业执照正副本复印件；

（三）企业章程复印件；

（四）企业资产证明文件复印件；

（五）企业主要人员证明文件复印件；

（六）企业资质标准要求的技术装备的相应证明文件复印件；

（七）企业安全生产条件有关材料复印件；

（八）按照国家有关规定应提交的其他材料。

第十五条 企业申请建筑业企业资质，应当如实提交有关申请材料。资质许可机关收到申请材料后，应当按照《中华人民共和国行政许可法》的规定办理受理手续。

第十六条 资质许可机关应当及时将资质许可决定向社会公开，并为公众查询提供便利。

第十七条 建筑业企业资质证书分为正本和副本，由国务院住房城乡建设主管部门统一印制，正、副本具备同等法律效力。资质证书有效期为5年。

第三章 延续与变更

第十八条 建筑业企业资质证书有效期

届满，企业继续从事建筑施工活动的，应当于资质证书有效期届满3个月前，向原资质许可机关提出延续申请。

资质许可机关应当在建筑业企业资质证书有效期届满前做出是否准予延续的决定；逾期未做出决定的，视为准予延续。

第十九条 企业在建筑业企业资质证书有效期内名称、地址、注册资本、法定代表人等发生变更的，应当在工商部门办理变更手续后1个月内办理资质证书变更手续。

第二十条 由国务院住房城乡建设主管部门颁发的建筑业企业资质证书的变更，企业应当向企业工商注册所在地省、自治区、直辖市人民政府住房城乡建设主管部门提出变更申请，省、自治区、直辖市人民政府住房城乡建设主管部门应当自受理申请之日起2日内将有关变更证明材料报国务院住房城乡建设主管部门，由国务院住房城乡建设主管部门在2日内办理变更手续。

前款规定以外的资质证书的变更，由企业工商注册所在地的省、自治区、直辖市人民政府住房城乡建设主管部门或者设区的市人民政府住房城乡建设主管部门依法另行规定。变更结果应当在资质证书变更后15日内，报国务院住房城乡建设主管部门备案。

涉及公路、水运、水利、通信、铁路、民航等方面的建筑业企业资质证书的变更，办理变更手续的住房城乡建设主管部门应当将建筑业企业资质证书变更情况告知同级有关部门。

第二十一条 企业发生合并、分立、重组以及改制等事项，需承继原建筑业企业资质的，应当申请重新核定建筑业企业资质等级。

第二十二条 企业需更换、遗失补办建筑业企业资质证书的，应当持建筑业企业资质证书更换、遗失补办申请等材料向资质许可机关申请办理。资质许可机关应当在2个工作日内办理完毕。

企业遗失建筑业企业资质证书的，在申请补办前应当在公众媒体上刊登遗失声明。

第二十三条 企业申请建筑业企业资质升级、资质增项，在申请之日起前一年至资质许可决定作出前，有下列情形之一的，资质许可机关不予批准其建筑业企业资质升级申请和增项申请：

（一）超越本企业资质等级或以其他企业的名义承揽工程，或允许其他企业或个人以本企业的名义承揽工程的；

（二）与建设单位或企业之间相互串通投标，或以行贿等不正当手段谋取中标的；

（三）未取得施工许可证擅自施工的；

（四）将承包的工程转包或违法分包的；

（五）违反国家工程建设强制性标准施工的；

（六）恶意拖欠分包企业工程款或者劳务人员工资的；

（七）隐瞒或谎报、拖延报告工程质量安全事故，破坏事故现场、阻碍对事故调查的；

（八）按照国家法律、法规和标准规定需要持证上岗的现场管理人员和技术工种作业人员未取得证书上岗的；

（九）未依法履行工程质量保修义务或拖延履行保修义务的；

（十）伪造、变造、倒卖、出租、出借或者以其他形式非法转让建筑业企业资质证书的；

（十一）发生过较大以上质量安全事故或者发生过两起以上一般质量安全事故的；

（十二）其他违反法律、法规的行为。

第四章 监督管理

第二十四条 县级以上人民政府住房城乡建设主管部门和其他有关部门应当依照有关法律、法规和本规定，加强对企业取得建筑业企业资质后是否满足资质标准和市场行为的监督管理。

上级住房城乡建设主管部门应当加强对下级住房城乡建设主管部门资质管理工作的监督检查，及时纠正建筑业企业资质管理中的违法行为。

第二十五条 住房城乡建设主管部门、其他有关部门的监督检查人员履行监督检查职责时，有权采取下列措施：

（一）要求被检查企业提供建筑业企业资质证书、企业有关人员的注册执业证书、职称证书、岗位证书和考核或者培训合格证书，有关施工业务的文档，有关质量管理、安全生产管理、合同管理、档案管理、财务管理等企业内部管理制度的文件；

（二）进入被检查企业进行检查，查阅相关资料；

（三）纠正违反有关法律、法规和本规定及有关规范和标准的行为。

监督检查人员应当将监督检查情况和处理结果予以记录，由监督检查人员和被检查企业的有关人员签字确认后归档。

第二十六条 住房城乡建设主管部门、其他有关部门的监督检查人员在实施监督检查时，应当出示证件，并要有两名以上人员参加。

监督检查人员应当为被检查企业保守商业秘密，不得索取或者收受企业的财物，不得谋取其他利益。

有关企业和个人对依法进行的监督检查应当协助与配合，不得拒绝或者阻挠。

监督检查机关应当将监督检查的处理结果向社会公布。

第二十七条 企业违法从事建筑活动的，违法行为发生地的县级以上地方人民政府住房城乡建设主管部门或者其他有关部门应当依法查处，并将违法事实、处理结果或者处理建议及时告知该建筑业企业资质的许可机关。

对取得国务院住房城乡建设主管部门颁发的建筑业企业资质证书的企业需要处以停业整顿、降低资质等级、吊销资质证书行政处罚的，县级以上地方人民政府住房城乡建设主管部门或者其他有关部门，应当通过省、自治区、直辖市人民政府住房城乡建设主管部门或者国务院有关部门，将违法事实、处理建议及时报送国务院住房城乡建设主管部门。

第二十八条 取得建筑业企业资质证书的企业，应当保持资产、主要人员、技术装备等方面满足相应建筑业企业资质标准要求的条件。

企业不再符合相应建筑业企业资质标准要求条件的，县级以上地方人民政府住房城乡建设主管部门、其他有关部门，应当责令其限期改正并向社会公告，整改期限最长不超过3个月；企业整改期间不得申请建筑业企业资质的升级、增项，不能承揽新的工程；逾期仍未达到建筑业企业资质标准要求条件的，资质许可机关可以撤回其建筑业企业资质证书。

被撤回建筑业企业资质证书的企业，可以在资质被撤回后3个月内，向资质许可机关提出核定低于原等级同类别资质的申请。

第二十九条 有下列情形之一的，资质许可机关应当撤销建筑业企业资质：

（一）资质许可机关工作人员滥用职权、玩忽职守准予资质许可的；

（二）超越法定职权准予资质许可的；

（三）违反法定程序准予资质许可的；

（四）对不符合资质标准条件的申请企业准予资质许可的；

（五）依法可以撤销资质许可的其他情形。

以欺骗、贿赂等不正当手段取得资质许可的，应当予以撤销。

第三十条 有下列情形之一的，资质许可机关应当依法注销建筑业企业资质，并向社会公布其建筑业企业资质证书作废，企业应当及时将建筑业企业资质证书交回资质许可机关：

（一）资质证书有效期届满，未依法申请延续的；

（二）企业依法终止的；

（三）资质证书依法被撤回、撤销或吊

销的；

（四）企业提出注销申请的；

（五）法律、法规规定的应当注销建筑业企业资质的其他情形。

第三十一条 有关部门应当将监督检查情况和处理意见及时告知资质许可机关。资质许可机关应当将涉及有关公路、水运、水利、通信、铁路、民航等方面的建筑业企业资质许可被撤回、撤销、吊销和注销的情况告知同级有关部门。

第三十二条 资质许可机关应当建立、健全建筑业企业信用档案管理制度。建筑业企业信用档案应当包括企业基本情况、资质、业绩、工程质量和安全、合同履约、社会投诉和违法行为等情况。

企业的信用档案信息按照有关规定向社会公开。

取得建筑业企业资质的企业应当按照有关规定，向资质许可机关提供真实、准确、完整的企业信用档案信息。

第三十三条 县级以上地方人民政府住房城乡建设主管部门或其他有关部门依法给予企业行政处罚的，应当将行政处罚决定以及给予行政处罚的事实、理由和依据，通过省、自治区、直辖市人民政府住房城乡建设主管部门或者国务院有关部门报国务院住房城乡建设主管部门备案。

第三十四条 资质许可机关应当推行建筑业企业资质许可电子化，建立建筑业企业资质管理信息系统。

第五章　法律责任

第三十五条 申请企业隐瞒有关真实情况或者提供虚假材料申请建筑业企业资质的，资质许可机关不予许可，并给予警告，申请企业在 1 年内不得再次申请建筑业企业资质。

第三十六条 企业以欺骗、贿赂等不正当手段取得建筑业企业资质的，由原资质许可机关予以撤销；由县级以上地方人民政府住房城乡建设主管部门或者其他有关部门给予警告，并处 3 万元的罚款；申请企业 3 年内不得再次申请建筑业企业资质。

第三十七条 企业有本规定第二十三条行为之一，《中华人民共和国建筑法》《建设工程质量管理条例》和其他有关法律、法规对处罚机关和处罚方式有规定的，依照法律、法规的规定执行；法律、法规未作规定的，由县级以上地方人民政府住房城乡建设主管部门或者其他有关部门给予警告，责令改正，并处 1 万元以上 3 万元以下的罚款。

第三十八条 企业未按照本规定及时办理建筑业企业资质证书变更手续的，由县级以上地方人民政府住房城乡建设主管部门责令限期办理；逾期不办理的，可处以 1000 元以上 1 万元以下的罚款。

第三十九条 企业在接受监督检查时，不如实提供有关材料，或者拒绝、阻碍监督检查的，由县级以上地方人民政府住房城乡建设主管部门责令限期改正，并可以处 3 万元以下罚款。

第四十条 企业未按照本规定要求提供企业信用档案信息的，由县级以上地方人民政府住房城乡建设主管部门或者其他有关部门给予警告，责令限期改正；逾期未改正的，可处 1000 元以上 1 万元以下的罚款。

第四十一条 县级以上人民政府住房城乡建设主管部门及其工作人员，违反本规定，有下列情形之一的，由其上级行政机关或者监察机关责令改正；对直接负责的主管人员和其他直接责任人员，依法给予行政处分；直接负责的主管人员和其他直接责任人员构成犯罪的，依法追究刑事责任：

（一）对不符合资质标准规定条件的申请企业准予资质许可的；

（二）对符合受理条件的申请企业不予受理或者未在法定期限内初审完毕的；

（三）对符合资质标准规定条件的申请企业不予许可或者不在法定期限内准予资质许可的；

（四）发现违反本规定规定的行为不予查处，或者接到举报后不依法处理的；

（五）在企业资质许可和监督管理中，利用职务上的便利，收受他人财物或者其他好处，以及有其他违法行为的。

第六章 附 则

第四十二条 本规定自 2015 年 3 月 1 日起施行。2007 年 6 月 26 日建设部颁布的《建筑业企业资质管理规定》（建设部令第 159 号）同时废止。

中华人民共和国住房和城乡建设部
关于印发《建筑工程施工转包违法分包等违法行为认定查处管理办法（试行）》的通知

（2014 年 8 月 4 日）

各省、自治区住房城乡建设厅，直辖市建委，新疆生产建设兵团建设局：

为了规范建筑工程施工承发包活动，保证工程质量和施工安全，有效遏制违法发包、转包、违法分包及挂靠等违法行为，维护建筑市场秩序和建设工程主要参与方的合法权益，我部制定了《建筑工程施工转包违法分包等违法行为认定查处管理办法（试行）》，现印发给你们，请遵照执行。在执行过程中遇到的问题，请及时报我部。

附：

建筑工程施工转包违法分包等违法行为
认定查处管理办法（试行）

第一条 为了规范建筑工程施工承发包活动，保证工程质量和施工安全，有效遏制违法发包、转包、违法分包及挂靠等违法行为，维护建筑市场秩序和建设工程主要参与方的合法权益，根据《建筑法》《招标投标法》《合同法》以及《建设工程质量管理条例》《建设工程安全生产管理条例》《招标投标法实施条例》等法律法规，结合建筑活动实践，制定本办法。

第二条 本办法所称建筑工程，是指房屋建筑和市政基础设施工程。

第三条 住房城乡建设部负责统一监督管理全国建筑工程违法发包、转包、违法分包及挂靠等违法行为的认定查处工作。

县级以上地方人民政府住房城乡建设主管部门负责本行政区域内建筑工程违法发包、转包、违法分包及挂靠等违法行为的认定查处工作。

第四条 本办法所称违法发包，是指建设单位将工程发包给不具有相应资质条件的单位或个人，或者肢解发包等违反法律法规规定的行为。

第五条 存在下列情形之一的，属于违法发包：

（一）建设单位将工程发包给个人的；

（二）建设单位将工程发包给不具有相应资质或安全生产许可的施工单位的；

（三）未履行法定发包程序，包括应当依

法进行招标未招标，应当申请直接发包未申请或申请未核准的；

（四）建设单位设置不合理的招投标条件，限制、排斥潜在投标人或者投标人的；

（五）建设单位将一个单位工程的施工分解成若干部分发包给不同的施工总承包或专业承包单位的；

（六）建设单位将施工合同范围内的单位工程或分部分项工程又另行发包的；

（七）建设单位违反施工合同约定，通过各种形式要求承包单位选择其指定分包单位的；

（八）法律法规规定的其他违法发包行为。

第六条 本办法所称转包，是指施工单位承包工程后，不履行合同约定的责任和义务，将其承包的全部工程或者将其承包的全部工程肢解后以分包的名义分别转给其他单位或个人施工的行为。

第七条 存在下列情形之一的，属于转包：

（一）施工单位将其承包的全部工程转给其他单位或个人施工的；

（二）施工总承包单位或专业承包单位将其承包的全部工程肢解以后，以分包的名义分别转给其他单位或个人施工的；

（三）施工总承包单位或专业承包单位未在施工现场设立项目管理机构或未派驻项目负责人、技术负责人、质量管理负责人、安全管理负责人等主要管理人员，不履行管理义务，未对该工程的施工活动进行组织管理的；

（四）施工总承包单位或专业承包单位不履行管理义务，只向实际施工单位收取费用，主要建筑材料、构配件及工程设备的采购由其他单位或个人实施的；

（五）劳务分包单位承包的范围是施工总承包单位或专业承包单位承包的全部工程，劳务分包单位计取的是除上缴给施工总承包单位或专业承包单位"管理费"之外的全部

工程价款的；

（六）施工总承包单位或专业承包单位通过采取合作、联营、个人承包等形式或名义，直接或变相的将其承包的全部工程转给其他单位或个人施工的；

（七）法律法规规定的其他转包行为。

第八条 本办法所称违法分包，是指施工单位承包工程后违反法律法规规定或者施工合同关于工程分包的约定，把单位工程或分部分项工程分包给其他单位或个人施工的行为。

第九条 存在下列情形之一的，属于违法分包：

（一）施工单位将工程分包给个人的；

（二）施工单位将工程分包给不具备相应资质或安全生产许可的单位的；

（三）施工合同中没有约定，又未经建设单位认可，施工单位将其承包的部分工程交由其他单位施工的；

（四）施工总承包单位将房屋建筑工程的主体结构的施工分包给其他单位的，钢结构工程除外；

（五）专业分包单位将其承包的专业工程中非劳务作业部分再分包的；

（六）劳务分包单位将其承包的劳务再分包的；

（七）劳务分包单位除计取劳务作业费用外，还计取主要建筑材料款、周转材料款和大中型施工机械设备费用的；

（八）法律法规规定的其他违法分包行为。

第十条 本办法所称挂靠，是指单位或个人以其他有资质的施工单位的名义，承揽工程的行为。

前款所称承揽工程，包括参与投标、订立合同、办理有关施工手续、从事施工等活动。

第十一条 存在下列情形之一的，属于挂靠：

（一）没有资质的单位或个人借用其他施

工单位的资质承揽工程的；

（二）有资质的施工单位相互借用资质承揽工程的，包括资质等级低的借用资质等级高的，资质等级高的借用资质等级低的，相同资质等级相互借用的；

（三）专业分包的发包单位不是该工程的施工总承包或专业承包单位的，但建设单位依约作为发包单位的除外；

（四）劳务分包的发包单位不是该工程的施工总承包、专业承包单位或专业分包单位的；

（五）施工单位在施工现场派驻的项目负责人、技术负责人、质量管理负责人、安全管理负责人中一人以上与施工单位没有订立劳动合同，或没有建立劳动工资或社会养老保险关系的；

（六）实际施工总承包单位或专业承包单位与建设单位之间没有工程款收付关系，或者工程款支付凭证上载明的单位与施工合同中载明的承包单位不一致，又不能进行合理解释并提供材料证明的；

（七）合同约定由施工总承包单位或专业承包单位负责采购或租赁的主要建筑材料、构配件及工程设备或租赁的施工机械设备，由其他单位或个人采购、租赁，或者施工单位不能提供有关采购、租赁合同及发票等证明，又不能进行合理解释并提供材料证明的；

（八）法律法规规定的其他挂靠行为。

第十二条 建设单位及监理单位发现施工单位有转包、违法分包及挂靠等违法行为的，应及时向工程所在地的县级以上人民政府住房城乡建设主管部门报告。

施工总承包单位或专业承包单位发现分包单位有违法分包及挂靠等违法行为，应及时向建设单位和工程所在地的县级以上人民政府住房城乡建设主管部门报告；发现建设单位有违法发包行为的，应及时向工程所在地的县级以上人民政府住房城乡建设主管部门报告。

其他单位和个人发现违法发包、转包、违法分包及挂靠等违法行为的，均可向工程所在地的县级以上人民政府住房城乡建设主管部门进行举报并提供相关证据或线索。

接到举报的住房城乡建设主管部门应当依法受理、调查、认定和处理，除无法告知举报人的情况外，应当及时将查处结果告知举报人。

第十三条 县级以上人民政府住房城乡建设主管部门要加大执法力度，对在实施建筑市场和施工现场监督管理等工作中发现的违法发包、转包、违法分包及挂靠等违法行为，应当依法进行调查，按照本办法进行认定，并依法予以行政处罚。

（一）对建设单位将工程发包给不具有相应资质等级的施工单位的，依据《建筑法》第六十五条和《建设工程质量管理条例》第五十四条规定，责令其改正，处以 50 万元以上 100 万元以下罚款。对建设单位将建设工程肢解发包的，依据《建筑法》第六十五条和《建设工程质量管理条例》第五十五条规定，责令其改正，处工程合同价款 0.5％以上 1％以下的罚款；对全部或者部分使用国有资金的项目，并可以暂停项目执行或者暂停资金拨付。

（二）对认定有转包、违法分包违法行为的施工单位，依据《建筑法》第六十七条和《建设工程质量管理条例》第六十二条规定，责令其改正，没收违法所得，并处工程合同价款 0.5％以上 1％以下的罚款；可以责令停业整顿，降低资质等级；情节严重的，吊销资质证书。

（三）对认定有挂靠行为的施工单位或个人，依据《建筑法》第六十五条和《建设工程质量管理条例》第六十条规定，对超越本单位资质等级承揽工程的施工单位，责令停止违法行为，并处工程合同价款 2％以上 4％以下的罚款；可以责令停业整顿，降低资质等级；情节严重的，吊销资质证书；有违法所得的，予以没收。对未取得资质证书承揽工程的单位和个人，予以取缔，并处工程合同价款 2％以上 4％以下的罚款；有违法所得的，予以没收。对其他借用资质承揽工程的施工单位，按照超越本单位资质等级承揽工程予以处罚。

（四）对认定有转让、出借资质证书或者以其他方式允许他人以本单位的名义承揽工程的施工单位，依据《建筑法》第六十六条和《建设工程质量管理条例》第六十一条规定，责令改正，没收违法所得，并处工程合同价款 2％以上 4％以下的罚款；可以责令停业整顿，降低资质等级；情节严重的，吊销资质证书。

（五）对建设单位、施工单位给予单位罚款处罚的，依据《建设工程质量管理条例》第七十三条规定，对单位直接负责的主管人员和其他直接责任人员处单位罚款数额 5％以上 10％以下的罚款。

（六）对注册执业人员未执行法律法规的，依据《建设工程安全生产管理条例》第五十八条规定，责令其停止执业 3 个月以上 1 年以下；情节严重的，吊销执业资格证书，5 年内不予注册；造成重大安全事故的，终身不予注册；构成犯罪的，依照刑法有关规定追究刑事责任。对注册执业人员违反法律法规规定，因过错造成质量事故的，依据《建设工程质量管理条例》第七十二条规定，责令停止执业 1 年；造成重大质量事故的，吊销执业资格证书，5 年内不予注册；情节特别恶劣的，终身不予注册。

第十四条 县级以上人民政府住房城乡建设主管部门对有违法发包、转包、违法分包及挂靠等违法行为的单位和个人，除应按照本办法第十三条规定予以相应行政处罚外，还可以采取以下行政管理措施：

（一）建设单位违法发包，拒不整改或者整改仍达不到要求的，致使施工合同无效的，不予办理质量监督、施工许可等手续。对全部或部分使用国有资金的项目，同时将建设单位违法发包的行为告知其上级主管部门及纪检监察部门，并建议对建设单位直接负责的主管人员和其他直接责任人员给予相应的行政处分。

（二）对认定有转包、违法分包、挂靠、转让出借资质证书或者以其他方式允许他人以本单位的名义承揽工程等违法行为的施工单位，可依法限制其在 3 个月内不得参加违法行为发生地的招标投标活动、承揽新的工程项目，并对其企业资质是否满足资质标准条件进行核查，对达不到资质标准要求的限期整改，整改仍达不到要求的，资质审批机关撤回其资质证书。

对 2 年内发生 2 次转包、违法分包、挂靠、转让出借资质证书或者以其他方式允许他人以本单位的名义承揽工程的施工单位，责令其停业整顿 6 个月以上，停业整顿期间，不得承揽新的工程项目。

对 2 年内发生 3 次以上转包、违法分包、挂靠、转让出借资质证书或者以其他方式允许他人以本单位的名义承揽工程的施工单位，资质审批机关降低其资质等级。

（三）注册执业人员未执行法律法规，在认定有转包行为的项目中担任施工单位项目负责人的，吊销其执业资格证书，5 年内不予注册，且不得再担任施工单位项目负责人。

对认定有挂靠行为的个人，不得再担任该项目施工单位项目负责人；有执业资格证书的吊销其执业资格证书，5 年内不予执业资格注册；造成重大质量安全事故的，吊销其执业资格证书，终身不予注册。

第十五条 县级以上人民政府住房城乡建设主管部门应将查处的违法发包、转包、违法分包、挂靠等违法行为和处罚结果记入单位或个人信用档案，同时向社会公示，并逐级上报至住房城乡建设部，在全国建筑市场监管与诚信信息发布平台公示。

第十六条 建筑工程以外的其他专业工程参照本办法执行。省级人民政府住房城乡建设主管部门可结合本地实际，依据本办法制定相应实施细则。

第十七条 本办法由住房城乡建设部负

责解释。

第十八条 本办法自 2014 年 10 月 1 日起施行。住房城乡建设部之前发布的有关规定与本办法的规定不一致的，以本办法为准。

最高人民法院
关于审理建设工程施工合同纠纷案件
适用法律问题的解释

法释〔2004〕14 号

(2004 年 9 月 29 日最高人民法院审判委员会第 1327 次会议通过
2004 年 10 月 25 日最高人民法院公告公布 自 2005 年 1 月 1 日起施行)

根据《中华人民共和国民法通则》《中华人民共和国合同法》《中华人民共和国招标投标法》《中华人民共和国民事诉讼法》等法律规定，结合民事审判实际，就审理建设工程施工合同纠纷案件适用法律的问题，制定本解释。

第一条 建设工程施工合同具有下列情形之一的，应当根据合同法第五十二条第（五）项的规定，认定无效：

（一）承包人未取得建筑施工企业资质或者超越资质等级的；

（二）没有资质的实际施工人借用有资质的建筑施工企业名义的；

（三）建设工程必须进行招标而未招标或者中标无效的。

第二条 建设工程施工合同无效，但建设工程经竣工验收合格，承包人请求参照合同约定支付工程价款的，应予支持。

第三条 建设工程施工合同无效，且建设工程经竣工验收不合格，按照以下情形分别处理：

（一）修复后的建设工程经竣工验收合格，发包人请求承包人承担修复费用的，应予支持；

（二）修复后的建设工程经竣工验收不合格，承包人请求支付工程价款的，不予支持。

因建设工程不合格造成的损失，发包人有过错的，也应承担相应的民事责任。

第四条 承包人非法转包、违法分包建设工程或者没有资质的实际施工人借用有资质的建筑施工企业名义与他人签订建设工程施工合同的行为无效。人民法院可以根据民法通则第一百三十四条规定，收缴当事人已经取得的非法所得。

第五条 承包人超越资质等级许可的业务范围签订建设工程施工合同，在建设工程竣工前取得相应资质等级，当事人请求按照无效合同处理的，不予支持。

第六条 当事人对垫资和垫资利息有约定，承包人请求按照约定返还垫资及其利息的，应予支持，但是约定的利息计算标准高于中国人民银行发布的同期同类贷款利率的部分除外。

当事人对垫资没有约定的，按照工程欠款处理。

当事人对垫资利息没有约定，承包人请求支付利息的，不予支持。

第七条 具有劳务作业法定资质的承包人与总承包人、分包人签订的劳务分包合同，当事人以转包建设工程违反法律规定为由请求确认无效的，不予支持。

第八条 承包人具有下列情形之一，发包人请求解除建设工程施工合同的，应予支持：

（一）明确表示或者以行为表明不履行合同主要义务的；

（二）合同约定的期限内没有完工，且在发包人催告的合理期限内仍未完工的；

（三）已经完成的建设工程质量不合格，并拒绝修复的；

（四）将承包的建设工程非法转包、违法分包的。

第九条　发包人具有下列情形之一，致使承包人无法施工，且在催告的合理期限内仍未履行相应义务，承包人请求解除建设工程施工合同的，应予支持：

（一）未按约定支付工程价款的；

（二）提供的主要建筑材料、建筑构配件和设备不符合强制性标准的；

（三）不履行合同约定的协助义务的。

第十条　建设工程施工合同解除后，已经完成的建设工程质量合格的，发包人应当按照约定支付相应的工程价款；已经完成的建设工程质量不合格的，参照本解释第三条规定处理。

因一方违约导致合同解除的，违约方应当赔偿因此而给对方造成的损失。

第十一条　因承包人的过错造成建设工程质量不符合约定，承包人拒绝修理、返工或者改建，发包人请求减少支付工程价款的，应予支持。

第十二条　发包人具有下列情形之一，造成建设工程质量缺陷，应当承担过错责任：

（一）提供的设计有缺陷；

（二）提供或者指定购买的建筑材料、建筑构配件、设备不符合强制性标准；

（三）直接指定分包人分包专业工程。

承包人有过错的，也应当承担相应的过错责任。

第十三条　建设工程未经竣工验收，发包人擅自使用后，又以使用部分质量不符合约定为由主张权利的，不予支持；但是承包人应当在建设工程的合理使用寿命内对地基基础工程和主体结构质量承担民事责任。

第十四条　当事人对建设工程实际竣工日期有争议的，按照以下情形分别处理：

（一）建设工程经竣工验收合格的，以竣工验收合格之日为竣工日期；

（二）承包人已经提交竣工验收报告，发包人拖延验收的，以承包人提交验收报告之日为竣工日期；

（三）建设工程未经竣工验收，发包人擅自使用的，以转移占有建设工程之日为竣工日期。

第十五条　建设工程竣工前，当事人对工程质量发生争议，工程质量经鉴定合格的，鉴定期间为顺延工期期间。

第十六条　当事人对建设工程的计价标准或者计价方法有约定的，按照约定结算工程价款。

因设计变更导致建设工程的工程量或者质量标准发生变化，当事人对该部分工程价款不能协商一致的，可以参照签订建设工程施工合同时当地建设行政主管部门发布的计价方法或者计价标准结算工程价款。

建设工程施工合同有效，但建设工程经竣工验收不合格的，工程价款结算参照本解释第三条规定处理。

第十七条　当事人对欠付工程价款利息计付标准有约定的，按照约定处理；没有约定的，按照中国人民银行发布的同期同类贷款利率计息。

第十八条　利息从应付工程价款之日计付。当事人对付款时间没有约定或者约定不明的，下列时间视为应付款时间：

（一）建设工程已实际交付的，为交付之日；

（二）建设工程没有交付的，为提交竣工结算文件之日；

（三）建设工程未交付，工程价款也未结算的，为当事人起诉之日。

第十九条　当事人对工程量有争议的，按照施工过程中形成的签证等书面文件确认。承包人能够证明发包人同意其施工，但未能提供签证文件证明工程量发生的，可以按照当事人提供的其他证据确认实际发生的工程量。

第二十条 当事人约定，发包人收到竣工结算文件后，在约定期限内不予答复，视为认可竣工结算文件的，按照约定处理。承包人请求按照竣工结算文件结算工程价款的，应予支持。

第二十一条 当事人就同一建设工程另行订立的建设工程施工合同与经过备案的中标合同实质性内容不一致的，应当以备案的中标合同作为结算工程价款的根据。

第二十二条 当事人约定按照固定价结算工程价款，一方当事人请求对建设工程造价进行鉴定的，不予支持。

第二十三条 当事人对部分案件事实有争议的，仅对有争议的事实进行鉴定，但争议事实范围不能确定，或者双方当事人请求对全部事实鉴定的除外。

第二十四条 建设工程施工合同纠纷以施工行为地为合同履行地。

第二十五条 因建设工程质量发生争议的，发包人可以以总承包人、分包人和实际施工人为共同被告提起诉讼。

第二十六条 实际施工人以转包人、违法分包人为被告起诉的，人民法院应当依法受理。

实际施工人以发包人为被告主张权利的，人民法院可以追加转包人或者违法分包人为本案当事人。发包人只在欠付工程价款范围内对实际施工人承担责任。

第二十七条 因保修人未及时履行保修义务，导致建筑物毁损或者造成人身、财产损害的，保修人应当承担赔偿责任。

保修人与建筑物所有人或者发包人对建筑物毁损均有过错的，各自承担相应的责任。

第二十八条 本解释自 2005 年 1 月 1 日起施行。

施行后受理的第一审案件适用本解释。

施行前最高人民法院发布的司法解释与本解释相抵触的，以本解释为准。

最高人民法院
关于建设工程价款优先受偿权问题的批复

法释〔2002〕16 号

(2002 年 6 月 11 日最高人民法院审判委员会第 1225 次会议通过
2002 年 6 月 20 日最高人民法院公告公布 自 2002 年 6 月 27 日起施行)

上海市高级人民法院：

你院沪高法〔2001〕14 号《关于合同法第二百八十六条理解与适用问题的请示》收悉。经研究，答复如下：

一、人民法院在审理房地产纠纷案件和办理执行案件中，应当依照《中华人民共和国合同法》第二百八十六条的规定，认定建筑工程的承包人的优先受偿权优于抵押权和其他债权。

二、消费者交付购买商品房的全部或者大部分款项后，承包人就该商品房享有的工程价款优先受偿权不得对抗买受人。

三、建筑工程价款包括承包人为建设工程应当支付的工作人员报酬、材料款等实际支出的费用，不包括承包人因发包人违约所造成的损失。

四、建设工程承包人行使优先权的期限为 6 个月，自建设工程竣工之日或者建设工程合同约定的竣工之日起计算。

五、本批复第一条至第三条自公布之日起施行，第四条自公布之日起 6 个月后施行。此复。

最高人民法院
关于人民法院在审理建设工程施工合同纠纷案件中如何认定财政评审中心出具的审核结论问题的答复

2008 年 5 月 16 日　　　　　　　　　　　　〔2008〕民一他字第 4 号

福建省高级人民法院：

你院（2007）闽民他字第 12 号请示收悉。关于人民法院在审理建设工程施工合同纠纷案件中如何认定财政评审中心出具的审核结论问题，经研究，答复如下：

财政部门对财政投资的评定审核是国家对建设单位基本建设资金的监督管理，不影响建设单位与承建单位的合同效力及履行。但是，建设合同中明确约定以财政投资的审核结论作为结算依据的，审核结论应当作为结算的依据。

最高人民法院
关于发包人收到承包人竣工结算文件后，在约定期限内不予答复，是否视为认可竣工结算文件的复函

2006 年 4 月 25 日　　　　　　　　　　　　〔2005〕民一他字第 23 号

重庆市高级人民法院：

你院渝高法〔2005〕154 号《关于如何理解和适用最高人民法院〈关于审理建设工程施工合同纠纷案件适用法律问题的解释〉第二十条的请示》收悉。经研究，答复如下：

同意你院审委会的第二种意见，即：适用该司法解释第二十条的前提条件是当事人之间约定了发包人收到竣工结算文件后，在约定期限内不予答复，则视为认可竣工结算文件。承包人提交的竣工结算文件可以作为工程款结算的依据。建设部制定的建设工程施工合同格式文本中的通用条款第三十三条第三款的规定，不能简单地推论出，双方当事人具有发包人收到竣工结算文件一定期限内不予答复，则视为认可承包人提交的竣工结算文件的一致意思表示，承包人提交的竣工结算文件不能作为工程款结算的依据。

最高人民法院民事审判庭
关于如何理解和适用最高人民法院《关于审理建设工程施工合同纠纷案件适用法律问题的解释第二十条》的复函

2006 年 4 月 25 日　　　　　　　　　　〔2005〕民一他字第 23 号

重庆市高级人民法院：

你院渝高法〔2005〕154 号《关于如何理解和适用〈最高人民法院关于审理建设工程施工合同纠纷案件适用法律问题的解释〉第 20 条的请示》收悉。经研究，答复如下：

同意你院审委会的第二种意见，即：适用该司法解释第 20 条的前提条件是当事人之间约定了发包人收到竣工结算文件后，在约定期限内不予答复，则视为认可竣工结算文件。承包人提交的竣工结算文件可以作为工程款结算的依据。建设部制定的建设工程施工合同格式文本中的通用条款第 33 条第 3 款的规定，不能简单地推论出，双方当事人具有发包人收到竣工结算文件一定期限内不予答复，则视为认可承包人提交的竣工结算文件的一致意思表示，承包人提交的竣工结算文件不能作为工程款结算的依据。

最高人民法院
关于装修装饰工程款是否享有合同法第二百八十六条规定的优先受偿权的函复

2004 年 12 月 8 日　　　　　　　　　　〔2004〕民一他字第 14 号

福建省高级人民法院：

你院闽高法〔2004〕143 号《关于福州市康辉装修工程有限公司与福州天胜房地产开发有限公司、福州绿叶房产代理有限公司装修工程承包合同纠纷一案的请示》收悉。经研究，答复如下：

装修装饰工程属于建设工程，可以适用《中华人民共和国合同法》第二百八十六条关于优先受偿权的规定，但装修装饰工程的发包人不是该建筑物的所有权人或者承包人与该建筑物的所有权人之间没有合同关系的除外。享有优先权的承包人只能在建筑物因装修装饰而增加价值的范围内优先受偿。

此复。

最高人民法院
关于山东省青岛东方铁塔集团有限公司与河南省
延津县广播电视局建设工程施工合同纠纷一案
指定管辖的通知

2003 年 3 月 26 日 〔2002〕民立他字第 30 号

山东省高级人民法院、河南省高级人民法院:

山东省高级人民法院(2002)鲁民辖协字第 2 号和河南省高级人民法院(2002)豫法民管请字第 5 号报告均收悉,关于山东省青岛东方铁塔集团有限公司(以下简称铁塔公司)与河南省延津县广播电视局建设工程施工合同纠纷一案的管辖权问题,经研究,答复如下:

建设工程合同是包括勘察、设计与施工在内的承包人进行施工建设、发包人支付价款的合同。本案中当事人双方签订的《河南省延津县广播电视发射塔工程合同书》,不仅约定了对施工地点进行勘察设计,而且还对建设工期、工程造价及付款结算方式、技术资料、施工图纸的交付进行了约定,其内容均属施工合同内容,因此本案应为建设工程施工合同纠纷。铁塔公司虽为履行该施工合同在山东省胶州市完成了发射塔零部件的加工,但这些加工只能认定为是为履行该施工合同而做的部分准备工作。本案中铁塔公司履行施工合同的地点在河南省延津县,故延津县为合同履行地,依据《中华人民共和国民事诉讼法》第二十四条之规定,延津县人民法院对本案享有管辖权。因合同履行地不在胶州市,胶州市人民法院对本案不享有管辖权。鉴于本案两地法院对本案争议较大,为依法公正、及时审理本案,根据《中华人民共和国民事诉讼法》第三十七条第二款之规定,本院指定本案由江苏省徐州市鼓楼区人民法院审理。请两省高级人民法院依法监督各自的下级人民法院依法撤销其已作出的民事裁定和民事判决,将本案的案卷材料移送徐州市鼓楼区人民法院。

胶州市人民法院和延津县人民法院在知道当事人以同一事实向各自所在地法院起诉后,未进行协商处理就作出实体判决的做法与最高人民法院的有关规定相悖,应予以批评。

最高人民法院
关于建设工程承包合同案件中双方当事人已确认的
工程决算价款与审计部门审计的工程决算价款
不一致时如何适用法律问题的电话答复意见

2001 年 4 月 2 日 〔2001〕民一他字第 2 号

河南省高级人民法院:

你院"关于建设工程承包合同案件中双

方当事人已确认的工程决算价款与审计部门审计的工程决算价款不一致时如何适用法律问题的请示"收悉。经研究认为，审计是国家对建设单位的一种行政监督，不影响建设单位与承建单位的合同效力。建设工程承包合同案件应以当事人的约定作为法院判决的依据。只有在合同明确约定以审计结论作为结算依据或者合同约定不明确、合同约定无效的情况下，才能将审计结论作为判决的依据。

最高人民法院

对山西省高级人民法院《关于对县级以上人民政府设立的建设工程质量监督站是否应由计量行政主管部门进行计量认证问题的请示》的答复

1997 年 8 月 29 日　　　　　　　　　　　　　　〔1996〕法行字第 7 号

山西省高级人民法院：

你院《关于对县级以上人民政府设立的建设工程质量监督站是否应由计量行政部门进行计量认证问题的请示》收悉。经研究并征求有关部门意见，答复如下：

一、县级以上人民政府根据国家有关规定和实际情况设立的工程质量监督站是专门负责对建设工程质量监督检查的机构，该机构不需要经计量行政部门计量认证。

二、对建筑材料的质量管理应适用《中华人民共和国产品质量法》。凡从事建筑材料质量检验的机构必须具备相应的检验条件和能力，并经省级以上人民政府质量监督管理部门或者其授权的部门考核合格后，方可承担建筑材料的质量检验工作。

三、依据《中华人民共和国产品质量法》第十条的规定，根据监督抽查需要对产品进行检验的，不得向企业收取检验费用。

最高人民法院经济审判庭

关于国营黄羊河农场与榆中县第二建筑工程公司签订的两份建筑工程承包合同的效力认定问题的复函

1992 年 1 月 13 日　　　　　　　　　　　　　　〔1992〕法经字第 10 号

甘肃省高级人民法院：

你院甘法经上〔1991〕22 号请示报告收悉。关于国营黄羊河农场与榆中县第二建筑工程公司签订的两份建筑工程承包合同的效力认定问题。经研究，答复如下：

国营黄羊河农场在经上级主管部门批准建设仓库和职工住宅两项工程后，即于 1989 年 5 月 16 日与榆中县第二建筑工程公司分别签订了仓库和职工住宅两份建筑工程施工合同。合同内容合法，当事人双方均具备主体资格。虽然建设单位国营黄羊河农场当时未领取"建设许可证"，但事后已补办了手续，而且两项工程已完成 82% 的工程总量。因此，对本案合同的效力，可不以建设单位当时未领取"建设许可证"为由确认无效。

此复。

最高人民法院经济审判庭
关于建筑工程承包合同纠纷中工期问题的电话答复

（1988 年 9 月 17 日）

贵州省高级人民法院：

你院〔88〕黔法经请字第 3 号请示报告收悉。关于四川省重庆市铜梁县第二建筑公司诉贵州省息烽县酒厂建筑工程承包合同纠纷一案工期问题，根据来文所提供的情况，经研究答复如下：

贵州省息烽县酒厂与四川省重庆市铜梁县第二建筑公司签订息烽县酒厂粮库、半成品库建筑工程承包合同约定的工期，是在《建筑安装工程工期定额》规定的工期之内。合同是经招标投标之后签订的，故不应以违反《建筑安装工程工期定额》规定为理由，确认合同约定的工期无效。如招标投标有违反主管部门主观规定之情形，则另当别论。息烽县酒厂窖酒车间建筑工程工期，《建筑安装工程工期定额》无明确规定。对双方当事人在承包合同中约定的工期，应认定为有效。

此复。

附：

贵州省高级人民法院
关于重庆市铜梁县第二建筑公司诉贵州省息烽县酒厂建设工程承包合同纠纷一案中工期问题的请示报告

1988 年 7 月 13 日 　　　　　　　〔88〕黔法经请字第 3 号

最高人民法院：

现将我省安顺地区中级人民法院受理的重庆市铜梁县第二建筑公司诉贵州省息烽县酒厂建设工程承包合同纠纷一案中有关工期的问题汇报请示如下：

1985 年初，贵州省息烽县酒厂（以下简称酒厂）将本厂窖酒车间、粮库、半成品库的建设工程公开进行招标，同年 8 月 28 日，酒厂与中标方重庆市铜梁县第二建筑公司（以下简称二建司）签订了《息烽县酒厂窖酒车间、粮库、半成品库建筑工程承包合同》。合同规定：预算金额为 82 万元、窖酒车间、粮库、半成品库的建筑面积分别为 2702.14m²、1030m²、2960.24m²；工期分别为 120 天、105 天、178 天。窖酒车间、粮库如因特殊情况，可延长工期 10 日。逾期 1 日，赔偿经济损失 1000 元。半成品库如遇人力不可抗拒的情况，可延长工期 15 日。逾期 1 日，赔偿经济损失 1000 元。合同签订后，窖酒车间、粮库工程如期开工，半成品库工程因场地腾整，双方同意顺延至同年 11 月中旬开工。窖酒车间、粮库、半成品库工程分别施工 234 日、220 日、377 日后竣工。竣工后，二建司依据贵州省安顺地区〔83〕定额要求工程款应按 116 万元结算，酒厂则认为双方签订的合同有效，应按合同规定的 82 万元结算。为此，双方发生争议，二建司遂向安顺地区中级人民法院起诉，要求酒厂按安顺地区〔83〕定额进行结算工程款，酒厂则反诉提出二建司逾期完工，应依合同规定赔偿损失 29.7 万元。对此，二建司辩称双方在合同中规定的工期违反了 1985 年国家城乡建设环境保护部的《建筑安装工程工期定额》，应属无效。

经查，按《建筑安装工程工期定额》的规定，除窖酒车间因建筑面积超过 2000m² 没有工期规定外，粮库工期应为 135 天，半成品库工期应为 295 天，故双方当事人在合同中对粮库、半成品库工程的工期规定与《建筑安装工程工期定额》的规定不一致。对合同规定的工期条款是否有效的问题，经我院讨论有两种意见。一种意见认为：《建筑安装工程承包合同条例》第九条规定"合同工期，除国务院另有规定者外，应执行各省、自治区、直辖市和国务院主管部门颁发的工期定额。暂时没有规定工期定额的特殊工程，由双方协商确定，工期一经确定，任何一方不得随意变更。"该案双方当事人在合同中对粮库、半成品库工期的规定违反了《建筑安装工程工期定额》的规定，应属无效。窖酒车间工期，因《建筑安装工程工期定额》无明确规定，对该双方当事人协商确定的工期应认定为有效。另一种意见认为：目前建筑工程实行招标投标，是鼓励竞争、提高效益的一种积极手段。对本案招、投标双方关于工程工期的规定，只要确出于双方当事人自愿，不损害双方当事人的利益和公共利益，就应着眼于有利于改革的大局，认定为有效。

上述意见，何为恰当，请批示。

北京市高级人民法院
关于审理建设工程施工合同纠纷案件
若干疑难问题的解答

2012 年 8 月 6 日　　　　　　　　京高法发〔2012〕245 号

一、建设工程施工合同效力的认定

1. 未取得建设审批手续的施工合同的效力如何认定？

发包人就尚未取得建设用地规划许可证、建设工程规划许可证等行政审批手续的工程，与承包人签订的建设工程施工合同无效。但在一审法庭辩论终结前发包人取得相应审批手续或者经主管部门批准建设的，应当认定合同有效。

发包人未取得建筑工程施工许可证的，不影响施工合同的效力。

2.《最高人民法院关于审理建设工程施工合同纠纷案件适用法律问题的解释》（以下简称《解释》）第一条第（二）项规定的"没有资质的实际施工人借用有资质的建筑施工企业名义"承揽建设工程（即"挂靠"）具体包括哪些情形？

具有下列情形之一的，应当认定为《解释》规定的"挂靠"行为：

（1）不具有从事建筑活动主体资格的个人、合伙组织或企业以具备从事建筑活动资格的建筑施工企业的名义承揽工程；

（2）资质等级低的建筑施工企业以资质等级高的建筑施工企业的名义承揽工程；

（3）不具有施工总承包资质的建筑施工企业以具有施工总承包资质的建筑施工企业的名义承揽工程；

（4）有资质的建筑施工企业通过名义上的联营、合作、内部承包等其他方式变相允许他人以本企业的名义承揽工程。

3. 如何认定是否属于必须招标的建设工程？

《解释》第一条第（三）项规定的"必须进行招标"的建设工程的认定应当依据《中华人民共和国招标投标法》第三条的规定、《中华人民共和国招标投标法实施条例》和原国家发展计划委员会《工程建设项目招标范围和规模标准规定》的相关规定予以确定。法律、行政法规有新规定的，适用其新规定。

4. 劳务分包合同的效力如何认定？

同时符合下列情形的，所签订的劳务分包合同有效：

（1）劳务作业承包人取得相应的劳务分包企业资质等级标准；

（2）分包作业的范围是建设工程中的劳务作业（包括木工、砌筑、抹灰、石制作、油漆、钢筋、混凝土、脚手架、模板、焊接、水暖、钣金、架线）；

（3）承包方式为提供劳务及小型机具和辅料。合同约定劳务作业承包人负责与工程有关的大型机械、周转性材料租赁和主要材料、设备采购等内容的，不属于劳务分包。

5. 如何认定建筑企业的内部承包行为？

建设工程施工合同的承包人将其承包的全部或部分工程交由其下属的分支机构或在册的项目经理等企业职工个人承包施工，承包人对工程施工过程及质量进行管理，对外承担施工合同权利义务的，属于企业内部承包行为；发包人以内部承包人缺乏施工资质为由主张施工合同无效的，不予支持。

6. 小型建筑工程及农民低层住宅施工合同、家庭住宅室内装饰装修合同的效力如何认定？

施工人签订合同承建小型建筑工程或两层以下（含两层）农民住宅，或者进行家庭住宅室内装饰装修，当事人仅以施工人缺乏相应资质为由，主张合同无效的，一般不予支持。对于当事人确实违反企业资质管理规定承揽工程的，可以建议有关行政主管部门予以处理。

前述合同对质量标准有约定的，依照其约定，没有约定的，依照通常标准或符合合同目的的特定标准予以确定。当事人有其他争议的，原则上可以参照本解答的相关内容处理。

二、建设工程价款的确定和支付

7. 当事人在诉讼前已就工程价款的结算达成协议，一方要求重新结算的，如何处理？

当事人在诉讼前已就工程价款的结算达成协议，一方在诉讼中要求重新结算的，不予支持，但结算协议被法院或仲裁机构认定为无效或撤销的除外。建设工程施工合同无效，但工程经竣工验收合格，当事人一方以施工合同无效为由要求确认结算协议无效的，不予支持。

8. 承包人项目经理在合同履行过程中所施行为的效力如何认定？

施工合同履行过程中，承包人的项目经理以承包人名义在结算报告、签证文件上签字确认、加盖项目部章或者收取工程款、接受发包人供材等行为，原则上应当认定为职务行为或表见代理行为，对承包人具有约束力，但施工合同另有约定或承包人有证据证明相对方知道或应当知道项目经理没有代理权的除外。

9. 当事人工作人员签证确认的效力如何认定？

当事人在施工合同中就有权对工程量和价款洽商变更等材料进行签证确认的具体人员有明确约定的，依照其约定，除法定代表人外，其他人员所作的签证确认对当事人不具有约束力，但相对方有理由相信该签证人员有代理权的除外；没有约定或约定不明，当事人工作人员所作的签证确认是其职务行为的，对该当事人具有约束力，但该当事人有证据证明相对方知道或应当知道该签证人员没有代理权的除外。

10. 工程监理人员在签证文件上签字确认的效力如何认定？

工程监理人员在监理过程中签字确认的签证文件，涉及工程量、工期及工程质量等事实的，原则上对发包人具有约束力，涉及工程价款洽商变更等经济决策的，原则上对发包人不具有约束力，但施工合同对监理人员的授权另有约定的除外。

11. 固定总价合同履行中，当事人以工程发生设计变更为由要求对工程价款予以调整的，如何处理？

建设工程施工合同约定工程价款实行固定总价结算，在实际履行过程中，因工程发生设计变更等原因导致实际工程量增减，当事人要求对工程价款予以调整的，应当严格掌握，合同对工程价款调整有约定的，依照其约定；没有约定或约定不明的，可以参照合同约定标准对工程量增减部分予以单独结算，无法参照约定标准结算的，可以参照施工地建设行政主管部门发布的计价方法或者计价标准结算。

主张工程价款调整的当事人应当对合同约定施工的具体范围、实际工程量增减的原因、数量等事实承担举证责任。

12. 固定价合同履行过程中，主要建筑材料价格发生重大变化，当事人要求对工程价款予以调整的，如何处理？

建设工程施工合同约定工程价款实行固定价结算，在实际履行过程中，钢材、木材、水泥、混凝土等对工程造价影响较大的主要建筑材料价格发生重大变化，超出了正常市场风险的范围，合同对建材价格变动风险负担有约定的，原则上依照其约定处理；没有约定或约定不明，该当事人要求调整工程价款的，可在市场风险范围和幅度之外酌情予以支持；具体数额可以委托鉴定机构参照施工地建设行政主管部门关于处理建材差价问题的意见予以确定。

因一方当事人原因导致工期延误或建筑材料供应时间延误的，在此期间的建材差价部分工程款，由过错方予以承担。

13. 固定总价合同履行中，承包人未完成工程施工的，工程价款如何确定？

建设工程施工合同约定工程价款实行固定总价结算，承包人未完成工程施工，其要求发包人支付工程款，经审查承包人已施工的工程质量合格的，可以采用"按比例折算"的方式，即由鉴定机构在相应同一取费标准下分别计算出已完工程部分的价款和整个合同约定工程的总价款，两者对比计算出相应系数，再用合同约定的固定价乘以该系数确定发包人应付的工程款。

当事人就已完工程的工程量存在争议的，应当根据双方在撤场交接时签订的会议纪要、交接记录以及监理材料、后续施工资料等文件予以确定；不能确定的，应根据工程撤场时未能办理交接及工程未能完工的原因等因素合理分配举证责任。

14. 承包人依据《解释》第二十条的规定要求按照竣工结算文件结算工程价款的，如何处理？

建设工程施工合同约定发包人应在收到承包人提交的竣工结算文件后一定期限内予以答复，但未明确约定逾期不答复即视为认可竣工结算文件，承包人依据《解释》第二十条的规定要求按照竣工结算文件结算工程价款的，不予支持。

建设工程施工合同对此未作明确约定，承包人仅以原建设部《建筑工程施工发包与承包计价管理办法》第十六条的规定，或者《建设工程施工合同（示范文本）》（GF—1999—0201）通用条款第33.3条的约定为依据，要求按照竣工结算文件结算工程价款的，不予支持。

15. "黑白合同"中如何结算工程价款？

法律、行政法规规定必须进行招标的建设工程，或者未规定必须进行招标的建设工程，但依法经过招标投标程序并进行了备案，当事人实际履行的施工合同与备案的中标合同实质性内容不一致的，应当以备案的中标合同作为结算工程价款的依据。

法律、行政法规规定不是必须进行招标的建设工程，实际也未依法进行招投标，当事人将签订的建设工程施工合同在当地建设行政管理部门进行了备案，备案的合同与实际履行的合同实质性内容不一致的，应当以当事人实际履行的合同作为结算工程价款的依据。

备案的中标合同与当事人实际履行的施工合同均因违反法律、行政法规的强制性规定被认定为无效的，可以参照当事人实际履行的合同结算工程价款。

16. "黑白合同"中如何认定实质性内容变更？

招投标双方在同一工程范围下另行签订的变更工程价款、计价方式、施工工期、质量标准等中标结果的协议，应当认定为《解释》第二十一条规定的实质性内容变更。中标人作出的以明显高于市场价格购买承建房产、无偿建设住房配套设施、让利、向建设方捐款等承诺，亦应认定为变更中标合同的实质性内容。

备案的中标合同实际履行过程中，工程因设计变更、规划调整等客观原因导致工程量增减、质量标准或施工工期发生变化，当事人签订补充协议、会谈纪要等书面文件对中标合同的实质性内容进行变更和补充的，属于正常的合同变更，应以上述文件作为确定当事人权利义务的依据。

17. 无效建设工程施工合同中的工程价款如何确定？

建设工程施工合同无效，但工程经竣工验收合格，当事人任何一方依据《解释》第二条的规定要求参照合同约定支付工程折价补偿款的，应予支持。承包人要求发包人按中国人民银行同期贷款利率支付欠付工程款利息的，应予支持。发包人以合同无效为由要求扣除工程折价补偿款中所含利润的，不予支持。

18. 《解释》中"实际施工人"的范围如何确定？

《解释》中的"实际施工人"是指无效建设工程施工合同的承包人，即违法的专业工程分包和劳务作业分包合同的承包人、转承包人、借用资质的施工人（挂靠施工人）；建设工程经数次转包的，实际施工人应当是最终实际投入资金、材料和劳力进行工程施工的法人、非法人企业、个人合伙、包工头等民事主体。法院应当严格实际施工人的认定标准，不得随意扩大《解释》第二十六条第二款的适用范围。对于不属于前述范围的当事人依据该规定以发包人为被告主张欠付工程款的，应当不予受理，已经受理的，应当裁定驳回起诉。

建筑工人追索欠付工资或劳务报酬的，按照工资支付的相关法律、法规规定及《北京市高级人民法院关于依法快速处理建设领域拖欠农民工工资相关案件的意见》妥善处理。

19. 违法分包合同、转包合同的实际施工人主张欠付工程款的，诉讼主体如何确定？发包人的责任如何承担？

实际施工人以违法分包人、转包人为被告要求支付工程款的，法院不得依职权追加发包人为共同被告；实际施工人以发包人为被告要求支付工程款的，应当追加违法分包人或转包人作为共同被告参加诉讼，发包人在其欠付违法分包人或转包人工程款范围内承担连带责任。发包人以其未欠付工程款为由提出抗辩的，应当对此承担举证责任。

20. 不具有资质的挂靠施工人主张欠付工程款的，如何处理？挂靠人又将工程分包、转包给他人施工，施工人主张欠付工程款的，如何处理？

不具有资质的实际施工人（挂靠施工人）挂靠有资质的建筑施工企业（被挂靠人），并以该企业的名义签订建设工程施工合同，被挂靠人怠于主张工程款债权的，挂靠施工人可以以自己名义起诉要求发包人支付工程款，法院原则上应当追加被挂靠人为诉讼当事人，发包人在欠付工程款范围内承担给付责任。因履行施工合同产生的债务，被挂靠人与挂靠施工人应当承担连带责任。挂靠人承揽工程后，以被挂靠人名义将工程分包、转包给他人施工，施工人主张欠付工程款的，按照《北京市高级人民法院审理民商事案件若干问题的解答之五》第四十七条规定处理。

21. 发包人主张将其已向合法分包人、实际施工人支付的工程款予以抵扣的，如何处理？

承包人依据建设工程施工合同要求发包人支付工程款，发包人主张将其已向合法分包人、实际施工人支付的工程款予以抵扣的，不予支持，但当事人另有约定、生效判决、仲裁裁决予以确认或发包人有证据证明其有正当理由向合法分包人、实际施工人支付的除外。

22. 分包合同中约定总包人收到发包人支付工程款后再向分包人支付的条款的效力如何认定？

分包合同中约定待总包人与发包人进行结算且发包人支付工程款后，总包人再向分包人支付工程款的，该约定有效。因总包人拖延结算或怠于行使其到期债权致使分包人不能及时取得工程款，分包人要求总包人支付欠付工程款的，应予支持。总包人对于其与发包人之间的结算情况以及发包人支付工程款的事实负有举证责任。

23. 发包人以工程未验收或承包人未移交工程竣工资料为由拒绝支付工程款的，如何处理？

建设工程施工合同约定工程竣工验收合格后再支付工程款，发包人收到承包人提交的工程竣工验收资料后，无正当理由在合同约定期限或合理期限内未组织竣工验收，其又以工程未验收为由拒绝支付工程款的，不予支持。发包人以承包人未移交工程竣工资料为由拒绝支付工程款的，不予支持，但合同另有约定的除外。

三、建设工程工期和质量责任的认定

24. 当事人就工程款结算达成一致后又主张索赔的，如何处理？

结算协议生效后，承包人依据协议要求支付工程款，发包人以因承包人原因导致工程存在质量问题或逾期竣工为由，要求拒付、减付工程款或赔偿损失的，不予支持，但结算协议另有约定的除外。当事人签订结算协议不影响承包人依据约定或法律、行政法规规定承担质量保修责任。

结算协议生效后，承包人以因发包人原因导致工程延期为由，要求赔偿停工、窝工等损失的，不予支持，但结算协议另有约定的除外。

25. 工程开竣工日期如何确定？

建设工程施工合同实际开工日期的确定，一般以开工通知载明的开工时间为依据；因发包人原因导致开工通知发出时开工条件尚不具备的，以开工条件具备的时间确定开工日期；因承包方原因导致实际开工时间推迟的，以开工通知载明的时间为开工日期；承包人在开工通知发出前已经实际进场施工的，以实际开工时间为开工日期；既无开工通知也无其他相关证据能证明实际开工日期的，以施工合同约定的开工时间为开工日期。

发包人、承包人、设计和监理单位四方在工程竣工验收单上签字确认的时间，可以视为《解释》第十四条第（一）项规定的竣工日期，但当事人有相反证据足以推翻的除外。

26. 工期顺延如何认定？

因发包人拖欠工程预付款、进度款、迟延提供施工图纸、场地及原材料、变更设计等行为导致工程延误，合同明确约定顺延工期应当经发包人签证确认，经审查承包人虽未取得工期顺延的签证确认，但其举证证明在合同约定的办理期限内向发包人主张过工期顺延，或者发包人的上述行为确实严重影响施工进度的，对承包人顺延相应工期的主张，可予支持。

27. 施工合同约定的工程质量标准与国家强制性标准不一致的是否有效？

建设工程施工合同中约定的建设工程质量标准低于国家规定的工程质量强制性安全标准的，该约定无效；合同约定的质量标准高于国家规定的强制性标准的，应当认定该约定有效。

28. 发包人主张工程质量不符合合同约定的，应按反诉还是抗辩处理？

承包人要求支付工程款，发包人主张工程质量不符合合同约定给其造成损害的，应按以下情形分别处理：

（1）建设工程已经竣工验收合格，或虽未经竣工验收，但发包人已实际使用，工程存在的质量问题一般应属于工程质量保修的范围，发包人以此为由要求拒付或减付工程款的，对其质量抗辩不予支持，但确因承包人原因导致工程的地基基础工程或主体结构质量不合格的除外；发包人反诉或另行起诉要求承包人承担保修责任或者赔偿修复费用等实际损失的，按建设工程保修的相关规定处理。

（2）工程尚未进行竣工验收且未交付使用，发包人以工程质量不符合合同约定为由要求拒付或减付工程款的，可以按抗辩处理；发包人要求承包人支付违约金或者赔偿修理、返工或改建的合理费用等损失的，应告知其提起反诉或另行起诉。

（3）发包人要求承包人赔偿因工程质量不符合合同约定而造成的其他财产或者人身损害的，应告知其提起反诉或另行起诉。

29. 如何认定承包人对建设工程质量缺陷存在过错？

承包人具有下列情形之一的，应当认定其对建设工程质量缺陷存在过错：

（1）承包人明知发包人提供的设计图纸、指令存在问题或者在施工过程中发现问题，而没有及时提出意见和建议并继续施工的；

（2）承包人对发包人提供或指定购买的建筑材料、建筑构配件、设备等没有进行必要的检验或经检验不合格仍然使用的；

（3）对发包人提出的违反法律法规和建筑工程质量、安全标准，降低工程质量的要求，承包人不予拒绝而进行施工的。

前述情形下，因工程质量存在缺陷造成第三人损失的，由发包人与承包人承担连带责任。

30. 发包人以工程质量不符合合同约定为由，要求承包人承担修复费用的，如何处理？

因承包人原因致使工程质量不符合合同约定，承包人拒绝修复、在合理期限内不能修复或者发包人有正当理由拒绝承包人修复，发包人另行委托他人修复后要求承包人承担合理修复费用的，应予支持。

发包人未通知承包人或无正当理由拒绝由承包人修复，并另行委托他人修复的，承包人承担的修复费用以由其自行修复所需的合理费用为限。

31. 施工合同约定工程保修期限低于法定最低期限的条款是否有效？承包人要求返还质量保修金的，如何处理？

建设工程施工合同中约定正常使用条件下工程的保修期限低于法律、行政法规规定的最低期限的，该约定无效。

当事人就工程质量保修金返还期限有约定的，依照其约定，但不影响承包人在保修期限内承担质量保修责任；没有约定或约定不明的，工程质量保修金返还期限为工程竣工验收合格之日起二十四个月。

建设工程施工合同无效，但工程经竣工验收合格并交付发包人使用的，承包人应依据法律、行政法规的规定承担质量保修责任。发包人要求参照合同约定扣留一定比例的工程款作为工程质量保修金的，应予支持。

四、工程造价鉴定

32. 当事人申请对工程造价进行鉴定的，如何处理？

当事人对工程价款存在争议，既未达成结算协议，也无法采取其他方式确定工程款的，法院可以根据当事人的申请委托有司法鉴定资质的工程造价鉴定机构对工程造价进行鉴定；当事人双方均不申请鉴定的，法院应当予以释明，经释明后对鉴定事项负有举证责任的一方仍不申请鉴定的，应承担举证不能的不利后果。

鉴定过程中，一方当事人无正当理由在

规定期限内拒绝提交鉴定材料或拒不配合，导致鉴定无法进行，经法院释明不利后果后其仍拒绝提交或拒不配合的，应承担举证不能的不利后果。

33. 当事人在诉前共同委托鉴定的效力如何认定？

当事人诉前已经共同选定具有相应资质的鉴定机构对建设工程作出了相应的鉴定结论，诉讼中一方当事人要求重新鉴定的，一般不予准许，但有证据证明该鉴定结论具有《最高人民法院关于民事诉讼证据的若干规定》第二十七条第一款规定情形除外。

34. 工程造价鉴定中法院依职权判定的事项包括哪些？

当事人对施工合同效力、结算依据、签证文件的真实性及效力等问题存在争议的，应由法院进行审查并做出认定。法院在委托鉴定时可要求鉴定机构根据当事人所主张的不同结算依据分别作出鉴定结论，或者对存疑部分的工程量及价款鉴定后单独列项，供审判时审核认定使用，也可就争议问题先做出明确结论后再启动鉴定程序。

五、民事责任的承担

35. 发包人无正当理由拒绝结算工程款的，欠付工程款利息的起算点如何确定？

发包人在施工合同约定的审核结算期限内无正当理由拒绝结算或故意拖延结算，在审核期限届满后也未支付工程款，承包人要求发包人从合同约定的审核结算期限届满的次日起计算欠付工程款利息的，可予支持，但合同另有约定的除外。

36. 承包人同时主张逾期支付工程款的违约金和利息的，如何处理？

建设工程施工合同明确约定发包人逾期支付工程款，承包人可以同时主张逾期付款违约金和利息的，依照其约定，发包人主张合同约定的违约金和利息之和过分高于实际损失请求予以适当减少的，按照《最高人民法院关于适用〈中华人民共和国合同法〉若干问题的解释（二）》第二十九条的规定处

理；没有约定或约定不明的，对承包人的主张，一般不应同时支持，但承包人有证据证明合同约定的违约金或利息单独不足以弥补其实际损失的除外。

37. 施工合同约定对承包人违约行为处以"罚款"的条款的性质如何认定？

建设工程施工合同约定承包人存在工期迟延、质量缺陷、转包或违法分包等违约行为，发包人可对承包人处以罚款的，该约定可以视为当事人在合同中约定的违约金条款，应依据《中华人民共和国合同法》第一百一十四条的规定予以处理。

38. 承包人以发包人拖延结算或欠付工程款为由拒绝交付工程的，如何处理？由此造成的损失如何承担？

工程竣工验收合格后，承包人以发包人拖延结算或欠付工程款为由拒绝交付工程的，一般不予支持，但施工合同另有明确约定的除外。

承包人依据合同约定拒绝交付工程，但其拒绝交付工程的价值明显超出发包人欠付的工程款，或者欠付工程款的数额不大，而部分工程不交付会严重影响整个工程使用的，对发包人因此所受的实际损失，应由当事人根据过错程度予以分担。

39. 合作开发房地产项目中，承包人主张欠付工程款的，如何处理？

两个以上的法人、其他组织或个人合作开发房地产项目，其中合作一方以自己名义与承包人签订建设工程施工合同，承包人要求其他合作方对欠付工程款承担连带责任的，应予支持。

承包人仅以建设工程施工合同发包人为被告追索工程款的，应依承包人的起诉确定被告。

40. 发包人承租建筑物后以自己名义对外签订施工合同，承包人应当如何主张权利？

发包人（承租人）与建筑物所有权人签订租赁合同租赁该建筑物后，以自己的名义对外签订施工合同，承包人主张工程款的，

应当以施工合同的发包人为被告提起诉讼。

发包人下落不明或丧失支付能力，且建筑物所有权人与发包人之间的租赁合同已经终止，承包人以建筑物所有权人为被告主张权利的，建筑物所有权人在其实际受益范围内承担赔偿责任。

北京市高级人民法院
审理民商事案件若干问题的解答之五（试行）

2007 年 5 月 18 日 　　　　　　　　　　　京高法发〔2007〕168 号

46. 建筑行业中的挂靠经营行为是否无效？

建筑行业中的挂靠经营行为并不都是当然无效，在下列情形下挂靠行为有效：（1）挂靠者虽然以被挂靠者的名义签订建设工程施工合同，但其本身具备建筑等级资质，且实际承揽的工程与其自身资质证书等级相符；（2）被挂靠者提供工程技术图纸、进行现场施工管理，并由开发单位直接向被挂靠者结算。

47. 在建筑行业的挂靠经营中，挂靠者以被挂靠者的名义从事对外经济活动的，被挂靠者是否承担民事责任？

合同相对人同时起诉挂靠者和被挂靠者的，如果合同相对人对于挂靠事实不明知，由挂靠者与被挂靠者承担连带民事责任；如果合同相对人对于挂靠事实明知，首先由挂靠者承担责任，被挂靠者承担补充的民事责任。

合同相对人只起诉被挂靠者的，被挂靠者对外应先行承担民事责任。

在被挂靠者对外承担责任的范围内，被挂靠者对挂靠者享有追偿权。

关于《北京市高级人民法院审理民商事案件若干问题的解答之五（试行）》的说明

（2007 年 3 月 12 日）

随着我国市场经济的不断发展，经济体制改革进程的不断推进，人民群众维权意识的不断增强，北京市法院受理的民商事案件数量也在持续上升，上亿元标的案件屡见不鲜，当事人主体众多，纠纷结构多样，案件类型复杂；调整民商事主体的法律制度在不断完善的同时，还有一个需要各民商事主体、有权机关正确理解、适用的过程；而且毋庸讳言的是，法律制度往往滞后于社会、经济的发展。凡此种种，使得我们在审理民商事案件中遇到的法律难点、盲点日益突出，疑难问题层出不穷，解决不好，将会影响裁判尺度的统一、民商事审判质量和效率的提高、"司法为民"服务宗旨的实现。为在现有条件下更好完成审判任务，我们成立了课题组，从北京市法院民商事审判的实践出发，对 3 年来相关疑难法律实务问题进行了专题研究，并形成了《北京市高级人民法院审理民商事案件若干问题的解答之五（试行）》（以下简称解答之五）。需要指出的是，2007 年民二庭将对全市法院适用公司法的情况进行专项调研，在相关案件大检查的基础上形成调研报告和指导意见，故解答之五未涉及适用公司法中的一些疑难问题。以下是对解答之五所涉及问题理解和适用所作的简要说明。

一、诉讼程序中的问题

问题解答 1. 这关系到案件的管辖法院问题。《民事诉讼法》第二十二条第二款规定："对法人或者其他组织提起的民事诉讼，由被告住所地人民法院管辖"。最高人民法院《关于适用〈中华人民共和国民事诉讼法〉若干问题的意见》第 4 条规定，"法人的住所地是指法人的主要营业地或主要办事机构所在地"。根据工商登记的要求，法人在设立时其住所应当是其主要经营场所，因此，在一般情况下，营业执照登记的地址为法人住所地。但是在工商登记地与实际营业地或办事机构所在地相分离的情况下，法院应以最终确认的实际营业地或办事机构所在地作为法人住所地。此时，法人的注册登记地址不能作为确定管辖的依据。需要注意的是，"案件受理后，受诉人民法院的管辖权不受当事人住所地、经常居住地变更的影响"。

在当前市场经济条件下，多营业地或多办事机构的法人普遍存在，也很难区分"主、次"。为统一操作，对主要营业地或主要办事机构所在地的"主要"不作条件限定，包括规模、时间等等，只要当事人能够证明其确在该地经营或办公即可。

此问题在讨论中，争议较大。一种意见认为，法人住所地是唯一的，实行工商登记制度，如果发生变化，应根据法人登记条例进行变更，未办理变更登记的仍以营业执照确定住所地。原告只须证明起诉地为被告的登记地即可。如果对实际营业地进行确认，对原告是不利的。一种意见认为，只要法人工商登记地或实际营业地、办事机构有一处在受理案件法院辖区，此法院对案件就具有管辖权。但此两种意见都突破了最高人民法院《关于适用〈中华人民共和国民事诉讼法〉

若干问题的意见》第 4 条的规定。

问题解答 2. 《最高人民法院关于适用〈民法通则〉若干问题的意见》第 41 条的规定，"起字号的个体工商户，在民事诉讼中，应以营业执照登记的户主（业主）为诉讼当事人，在诉讼文书中注明系某字号的户主"。从简便、经济原则及方便当事人角度出发，在诉讼主体未发生实际变更的情况下，不应裁定驳回原告的起诉。

问题解答 3. 此问题出现于多被告情形下。在一被告未提出管辖权异议时，应认为其同意受理案件法院对案件的管辖。即使其关于管辖权的上诉理由成立，因为一审期间，其未在法定期限内提出管辖权异议，当受理案件的一审法院未改变案件管辖时，其诉讼权利和义务并未受到影响。因此，未向一审法院提出管辖权异议的被告，对法院驳回其他被告管辖权异议做出的裁定，虽然享有上诉权，但丧失了胜诉权。但当受理案件的一审法院裁定案件管辖权异议成立时，情况已经发生了变化，一审时未提出管辖权异议的被告不仅可以提起上诉，而且享有胜诉权。

问题解答 4. 确定管辖权是法院进行案件审理的前提。确定管辖权进入实体审理后，有多个被告的情况下，如果法院经审理发现作为确定管辖权依据的被告主体不适格时，在裁定驳回原告对其起诉后，受理案件法院对案件是否依然享有管辖权，审判实践中存在分歧意见：一种意见认为，裁定驳回原告对某一被告的起诉后，虽然受理案件法院实际上已丧失了行使管辖权的基础，在起诉时法院对案件享有管辖权，而且也已经做出裁定驳回被告的管辖权异议，那么就不能因某一被告退出诉讼（即确定管辖的事实在诉讼过程中发生变化）而影响管辖权，否则会造成司法资源的浪费，不利于案件的尽快了结。另一种意见认为，虽然法院做出裁定驳回了管辖权异议，但当某一被告退出诉讼后，法院实际上已经丧失了行使管辖权的基础，这时法院就应当依照《民事诉讼法》第三十六的规定依职权将案件移送到有管辖权的法院。这两种意见都有一定的道理，但依职权移送案件法律有明确的规定，因此我们选择了后一种意见，同时也可以在一定程度上防止当事人虚设被告，争抢案件管辖权情形的发生。

问题解答 5. 最高人民法院《关于人民法院专递方式邮寄送达民事诉讼文书的若干规定》（法释［2004］13号）对专递方式进行了规定。实践中，受送达人拒绝签收情形下，可能邮政机构工作人员简单写一下"拒收"就退回来了，对此，只要没有证据证明"拒收"系邮政机构造假，我们就宜采取认可的态度。因为通常情况下，邮政机构与案件没有利害关系。如果受送达人称签名的人不是本单位的负责人或办公室、收发室、值班室的工作人员，法院应如何处理？我们认为也要采取宽松的态度，只要有人签收，没有证据证明签名系邮政机构造假，就视为已送达，以保证程序能正常进行下去。现在许多写字楼的物业与租户之间有委托收发关系，写字楼就一个收发室，所有这个楼里公司的邮件都由这个收发室收，签收的人当然不是某个公司的人员，但只要这个收发室的人签收了，我们就视为已实际送达到了这个公司。如果邮政机构返回法院的是空白回执，就不能视为已送达，应当要求邮政机构重新送达或进行补记、作出情况说明，将程序补充完整。

问题解答 6. 裁定驳回起诉涉及对当事人权利的处理，根据《民事诉讼法》第一百四十条的规定，当事人对驳回起诉裁定可以上诉。以口头裁定方式不利于当事人行使上诉权利和承担相应的义务。

问题解答 7. 是否准许当事人撤回对部分被告的起诉，涉及重大程序事项，因此应在判决书前部对法院是否准许原告撤回对部分被告起诉的处理过程，作一简单说明和交待，但在判决书主文中不应涉及此程序问题。

问题解答 8. 此问题争议比较大。一种意见认为，我国民事法律关于时效的规定比较短，对权利人的保护不够。法院应主动进行审查。一种意见认为，时效问题与当事人的实体利益息息相关，是一种抗辩权，需基于当事人的提起才产生权利消灭的法律后果。我们选择了第二种意见。

问题解答 9. 我们的基本出发点是裁驳属于程序问题，判决属于实体问题，不应在一份裁判文书主文中同时涉及。但由于裁定驳回起诉涉及重大程序事项，虽然判决书主文不涉及裁驳的内容，但判决书应该反映出诉讼的全过程，因此，判决书前部对裁驳的程序处理应该作出说明和交待。

问题解答 10.《民事诉讼法》第一百九十三条第一款规定："按照规定可以背书转让的票据持有人，因票据被盗、遗失或者灭失，可以向票据支付地的基层法院申请公示催告。依照法律规定可以申请公示催告的其他事项，适用本章规定"，因此，适用公示催告的有价证券范围应当包括可背书转让的票据（无记名票据、被拒绝承兑、被拒绝付款的票据除外）和可以申请公示催告的其他法定事项两部分。

依据最高人民法院《关于对遗失金融债券可否按"公示催告"程序办理的复函》（1992年5月8日法函〔1992〕60号）内容的精神，凡不属于上述我国《民事诉讼法》有关公示催告程序适用范围规定的票据或者其他法定事项的，均不能适用公示催告程序。依照我国《证券法》和《公司法》关于"公司债券"的有关规定，公司债券（或称企业债券）可分为记名债券和无记名债券。记名债券记载了债券持有人的姓名或者名称，其能够有效保障债券持有人对债券的所有权，并且记名债券可以背书方式转让，因此，记名债券属于我国《民事诉讼法》有关公示催告程序适用范围规定的其他法定事项，当记名债券被盗、遗失或者灭失时，债券持有人可以依照《民事诉讼法》规定的公示催告程序，请求法院宣告记名债券失效，依法进行补救。同样理由，除记名证券外，记名式仓单和提单也应属于《民事诉讼法》有关公示催告程序适用范围规定的其他法定事项。

江苏省政府
关于印发《江苏省工程建设项目招标范围和
规模标准规定》的通知

2004 年 5 月 18 日   苏政发〔2004〕48 号

各市、县人民政府，省各委、办、厅、局，省各直属单位：

《江苏省工程建设项目招标范围和规模标准规定》已经省人民政府批准，现印发给你们，请遵照执行。

附：

江苏省工程建设项目招标范围和
规模标准规定

第一条 为了确定本省依法必须进行招标的工程建设项目的具体范围和规模标准，规范招标投标活动，根据《中华人民共和国招标投标法》《中华人民共和国政府采购法》《江苏省招标投标条例》和《工程建设项目招标范围和规模标准规定》（国家计委第 3 号令）的规定，结合本省实际，制定本规定。

第二条 本行政区域内下列工程建设项目的勘察、设计、施工、监理、重要设备和材料的采购，达到本规定第八条规定的规模标准的，必须进行招标：

（一）大中型基础设施、公用事业等关系社会公共利益、公众安全的项目；

（二）使用国有资金投资或者国家融资的项目；

（三）使用国际组织或者外国政府贷款、援助资金的项目。

第三条 关系社会公共利益、公众安全的基础设施项目的范围包括：

（一）煤炭、石油、天然气、电力、新能源等能源项目；

（二）铁路、公路、管道、水运、航空以及其他交通运输业等交通运输项目；

（三）邮政、电信枢纽、通信、信息网络等邮电通讯项目；

（四）防洪、灌溉、排涝、引（供）水、滩涂治理、水土保持、水利枢纽等水利项目；

（五）道路、桥梁、地铁和轻轨交通、地下管道、公共停车场、污水排放及处理、垃圾处理等城市设施项目；

（六）大气环境、河湖水环境治理等生态环境建设和保护项目；

（七）其他基础设施项目。

第四条 关系社会公共利益、公众安全的公用事业项目的范围包括：

（一）供水、供电、供气、供热、园林、绿化、路灯照明等市政工程项目；

（二）科技、教育、文化、体育、旅游、卫生、社会福利、防灾减灾项目；

（三）新闻出版、广播电视项目；

（四）经济适用房、职工集资房；

（五）其他公用事业项目。

第五条　使用国有资金投资项目的范围包括：

（一）使用各级财政预算资金的项目；

（二）使用纳入财政管理的各种政府性专项建设基金或者行政事业性收费资金的项目；

（三）使用国有企事业单位自有资金或者借贷资金，并且国有资产投资者实际拥有控制权的项目。

第六条　使用国家融资项目的范围包括：

（一）使用国家发行债券所筹集资金的项目；

（二）使用国家对外借款、政府担保所筹集资金的项目；

（三）使用国家政策性贷款的项目；

（四）政府授权投资主体融资的项目；

（五）政府特许的融资项目。

第七条　使用国际组织或者外国政府贷款、援助资金项目的范围包括：

（一）使用世界银行、亚洲开发银行等国际金融组织贷款资金的项目；

（二）使用外国政府及其机构贷款资金的项目；

（三）使用国际组织或者外国政府援助资金的项目。

第八条　依法必须招标的规模标准：

（一）勘察、设计、监理等服务的采购，单项合同估算价在 30 万元人民币以上的；

（二）施工单项合同估算价在 100 万元人民币以上或者建筑面积在 2000 平方米以上的；

（三）重要设备和材料等货物的采购，单项合同估算价在 50 万元以上的；

（四）单项合同估算价低于本条第（一）、（二）、（三）项规定的规模标准，但符合下列标准之一的项目：

1. 总投资额在 2000 万元人民币以上的；

2. 本规定第五条第（一）、（二）项和第六条规定的项目，总投资中使用财政预算资金、纳入财政管理的各种政府性专项建设基金或者行政事业性收费资金、国家融资的金额在 100 万元人民币以上的。

第九条　依照本规定必须进行招标的项目中，省、市人民政府确定的地方重点建设项目、全部使用国有资金投资或者国家融资的项目、国有资金投资占控股或主导地位的项目，应当公开招标。

第十条　依照本规定必须进行招标的项目，有下列情形之一的，可以不进行招标：

（一）涉及国家安全、国家秘密或者抢险救灾而不宜招标的；

（二）使用扶贫资金实行以工代赈、需要使用农民工的；

（三）建设工程的设计，采用特定专利技术、专有技术，或者其建筑艺术造型有特殊要求的；

（四）施工所需的主要技术、材料、设备属专利性质，并且在专利保护期内的；

（五）停建或者缓建后恢复建设的工程，且承包人未发生变更的；

（六）施工企业自建自用的工程，且该施工企业资质等级符合工程要求的；

（七）在建工程追加的附属小型工程（追加投资低于原投资总额的 10%）或者主体加层工程，且承包人未发生变更的；

（八）法律、法规、规章规定可以不招标的。

第十一条　属于本规定第五条和第六条规定的范围，但单项合同估算价或投资总额在第八条规定的限额标准以下的项目，可以采用竞争性谈判、询价等方式发包。采用竞争性谈判、询价等方式发包的办法由省发展改革部门会同有关行政主管部门制定。

第十二条　重要设备和材料包括的范围由省发展改革部门会同有关行政主管部门制订相应的目录，并予以公布。

第十三条　依法必须进行招标的工程建设项目的规模标准由省政府依法确定，各地、各部门不得再行制定必须招标范围和规模标准。

第十四条　本规定自下发之日起施行。

江苏省高级人民法院　江苏省住房和城乡建设厅
关于建立化解建设工程合同纠纷案件
联动机制的意见

2015 年 9 月 15 日　　　　　　　　苏高法〔2015〕193 号

为加强住房城乡建设主管部门和人民法院的协作配合，共同规范建设工程施工行为，净化建筑市场环境，提升建设工程合同纠纷案件的专业化审理水平，推动建立健全建设工程合同纠纷的多元解决机制和综合治理长效机制，根据《中华人民共和国民事诉讼法》《中华人民共和国建筑法》《中华人民共和国合同法》等规定，结合我省实际，制定本意见。

一、建立建设工程案件诉调对接机制

第一条　人民法院审理建设工程施工合同案件，可以根据审理案件的需要，邀请建设主管部门或特邀调解员协助调解。

第二条　建设主管部门和特邀调解员在调解过程中应当遵循自愿、合法的原则。

第三条　人民法院邀请建设主管部门或特邀调解员调解建设工程合同纠纷的，应当征得各方当事人的同意，向受邀请的同级建设主管部门或特邀调解员出具邀请函。

第四条　特邀调解员的选聘工作，由省高级人民法院和中级人民法院会同建设主管部门，按照公开、公平、公正的原则进行。

第五条　特邀调解员应当符合以下条件：

（一）在造价、审计、监理、招标等领域有一定专业特长；

（二）一般应当具有大学专科以上文化程度；

（三）品德良好、责任心强、熟悉建筑法律、法规和政策，有一定的群众工作经验和调解工作经验。

受建设主管部门管理，具有建设工程专业特长的建设单位、施工单位、监理单位、鉴定单位工作人员，以及建设工程专家咨询员也可以担任特邀调解员。

第六条　特邀调解员的选聘，由省级、市级建设主管部门按照本意见第五条规定的条件确定初步人选，在征得本人同意后，以书面形式向同级人民法院推荐。

人民法院对于建设主管部门推荐的特邀调解员人选，经审核符合条件的，由省高级人民法院、中级人民法院聘任并颁发聘书。

第七条　特邀调解员有下列情形之一的，人民法院在征求同级建设主管部门意见后予以解聘：

（一）无正当理由不配合人民法院调解工作，影响审判工作正常进行的；

（二）违反与审判工作有关的法律及相关规定，造成工作失误或其他严重后果的；

（三）连续三年无正当理由不履行人民法院委托的职责的；

（四）有其他不适合继续担任特邀调解员情形的。

第八条　建设主管部门可以指派有关人员或者特邀调解员旁听人民法院依法公开审理的建设工程合同案件，并提出相关意见和建议。

人民法院对于建设主管部门或者特邀调解员提出的意见和建议应当认真研究，并以适当的方式予以反馈。

第九条　特邀调解员参与案件调解时，应当保持公正、中立。

特邀调解员对于调解过程中获悉的审判

秘密、当事人隐私、商业秘密以及其他当事人不愿意公开的信息负有保密义务。

第十条　人民法院应当为建设主管部门和特邀调解员的调解工作提供必要的条件。

第十一条　人民法院邀请建设主管部门或特邀调解员参与调解的，应当在三日前通知当事人，同时告知当事人有关调解人员情况以及诉讼权利和诉讼义务。

第十二条　经建设主管部门调解达成的具有民事权利义务内容，并由当事人签字或盖章的调解协议，当事人向人民法院申请司法确认的，人民法院应当及时立案审查。

人民法院应当根据有关法律、司法解释和省高级人民法院相关规定对调解协议进行审查，依法确认调解协议的效力。

第十三条　建设工程特邀调解员接受人民法院邀请后，发现具有以下情形的，应当主动申请回避。当事人有权以口头或者书面形式申请回避，并说明理由。

（一）是本案当事人或者当事人、诉讼代理人的近亲属；

（二）与本案当事人有利害关系；

（三）与本案当事人有其他关系，可能影响案件公正审理的；

（四）有其他违反执业道德准则的行为，可能影响案件公正审理的。

建设工程特邀调解员的回避由负责案件审判的业务庭庭长决定。

第十四条　人民法院应当会同建设主管部门适时对建设工程施工合同案件调解工作中成绩突出的特邀调解员进行表彰和奖励。

第十五条　各市中级人民法院和各市建设主管部门应当每年将辖区内各基层人民法院邀请建设主管部门和特邀调解员协助参与调解建设工程施工合同案件的数量和调解成功案件的数量进行汇总，分别上报省高级人民法院和省住房和城乡建设厅。

第十六条　建设工程特邀调解员任期五年。任期届满后由人民法院会同建设主管部门重新审核确定。全省法院建设工程特邀调

解员名册根据增补、变更情况及时更新。

二、建立违法线索移送制度

第十七条　全省各级人民法院在审理建设工程施工合同纠纷的过程中发现建设单位、施工单位和相关人员涉嫌存在以下违法行为的，应当以《江苏省建筑工程施工合同备案管理办法》（苏建规字【2015】1号）备案的合同为依据，并依照住房和城乡建设部《建筑工程施工转包违法分包等违法行为认定查处管理办法（试行）》（建市【2014】118号文）的规定，向工程所在地的同级建设主管部门提出司法建议，并将相关证据或违法线索一并移送：

（一）建设单位存在将工程发包给不具有相应资质的施工单位、应当招标而未招标、与承包单位签订"阴阳合同"、肢解发包等违法发包行为的；

（二）施工单位存在转包、违法分包、围标串标等违法行为的；

（三）不具备相应资质的实际施工人通过签订虚假联营、合作、内部承包合同等方式借用有资质的施工企业名义承揽工程的；

（四）施工单位转让、出借资质证书或者以其他形式允许他人以本单位的名义承揽工程的；

（五）注册执业人员在认定有转包、挂靠行为的项目中担任施工单位项目负责人的。

第十八条　全省各级人民法院在审理中查明建设单位或施工单位存在第十七条列举的违法行为的，应当在裁判文书中依法对相关事实、法律性质和效力作出认定，并在作出裁判后向工程所在地的同级建设主管部门提出司法建议，移送相关证据或违法线索。

建设主管部门接到人民法院的司法建议后，应当依法进行调查和处理，向人民法院反馈查处结果。

第十九条　人民法院在审理建设工程合同纠纷案件中，可以参照住房和城乡建设部《建筑工程施工转包违法分包等违法行为认定查处管理办法》的规定对转包、违法分包和

挂靠等违法行为进行审查，对建设单位或施工单位存在上述违法行为，且符合《最高人民法院关于审理建设工程施工合同纠纷案件适用法律问题的解释》第一条之规定的，应当依法认定建设工程施工合同无效。

第二十条 人民法院在审理建设工程合同案件中发现建设主管部门行政执法中存在的普遍性问题，需要有关单位采取措施的，可以向同级建设主管部门提出司法建议，由建设主管部门依法处理。

建设主管部门接到司法建议后，应当将处理结果及时反馈人民法院。

第二十一条 建设主管部门在查处违法发包、转包、违法分包、挂靠等违法行为时，发现涉及民事诉讼的，应当及时将认定查处意见和相关线索移送相关人民法院。

三、建立建设工程专家参与审理机制

第二十二条 省高级人民法院和各中级人民法院根据建设工程审判实际需要，建立建设工程案件咨询专家库，选聘一批在建设工程领域施工、监理、审计、招标等方面经验丰富的专家。

第二十三条 符合下列条件的建设工程专家可以入选建设工程案件咨询专家库：

（一）政治立场坚定，道德品行良好，公道正派；

（二）在工程施工、造价、审计、监理、招标等领域有一定专业特长；

（三）在教学、科研机构或者相关工程技术领域具有副高以上职称，或者虽不具有副高以上职称但在相关工程技术领域具有专业特长、有一定知名度并经当地建设主管部门推荐的。

第二十四条 下列人员不得入选建设工程案件咨询专家库：

（一）因违法犯罪受过刑事处罚的；

（二）被开除公职的；

（三）执业律师等从事建设工程案件代理服务的人员。

第二十五条 专家库的选聘工作，由省高级人民法院和中级人民法院会同同级建设主管部门，按照公平、公开、公正的原则进行。

第二十六条 专家库的选聘，由省级、市级建设主管部门按照本意见第二十三条、第二十四条的规定确定初步人选，在征得本人同意后，以书面形式向同级人民法院推荐。

人民法院对于建设主管部门推荐的专家人选，经审核符合条件的，由省高级人民法院和市中级人民法院聘任并颁发聘书。

第二十七条 建设工程案件咨询专家的工作职责：

（一）接受人民法院对建设工程专业问题的咨询；

（二）接受人民法院的委托，协助调解部分建设工程案件。

建设工程案件咨询专家可以接受当事人委托，以专家辅助人的身份参加建设工程案件庭审。

第二十八条 人民法院根据审理建设工程案件的需要，可以提请同级人大常委会任命建设工程案件咨询专家为专家型人民陪审员。

人民法院审理建设工程合同案件，可以根据建设工程案件所涉及的技术领域，在具有相关知识的专家型人民陪审员范围内随机抽取人民陪审员，与法官组成合议庭。

第二十九条 建设工程案件咨询专家的权利：

（一）查阅案件相关卷宗材料；

（二）旁听案件审理；

（三）对案件所涉技术性事实问题独立、充分发表意见和陈述理由；

（四）协调建设工程合同重大复杂案件。

第三十条 建设工程案件咨询专家的义务：

（一）应当对案件所涉技术性事实问题进行认真分析和论证，并根据自己的认知能力、学术水平作出明确客观的答复；

（二）应当仅就案件所涉技术性事实问题发表意见，对法律问题不作评价；

（三）应当对获悉的审判秘密、当事人隐私、商业秘密以及其他当事人不愿意公开的信息负有保密义务。

第三十一条 建设工程案件咨询专家接受当事人委托，担任建设工程案件专家辅助人的，享有以下权利：

（一）查阅案件相关卷宗材料；

（二）经人民法院准许，参与专业问题的法庭审理活动；

（三）就鉴定人作出的鉴定意见或者专业问题提出意见。

第三十二条 建设工程案件咨询专家接受当事人委托，担任建设工程案件专家辅助人的，承担以下义务：

（一）遵守法庭秩序；

（二）不得参与专业问题之外的法庭审理活动，不得超出范围对法律问题提出意见；

（三）应当对获悉的审判秘密、当事人隐私、商业秘密以及其他当事人不愿意公开的信息负有保密义务。

第三十三条 人民法院向建设工程案件咨询专家进行专业咨询的，可以根据专家所承担工作的实际情况支付相应的报酬，具体标准由各地人民法院酌情确定。

当事人申请建设工程案件咨询专家作为专家辅助人参加诉讼的，有关费用由申请的当事人负担。

第三十四条 人民法院向建设工程案件咨询专家进行专业咨询，主要采取口头咨询或书面咨询两种方式：

（一）采取口头咨询的，应当制作咨询笔录。

（二）采取书面咨询的，应当及时将咨询函及相关材料送达建设工程专家，并在咨询函中列明需要咨询的工程问题。工程专家应当就咨询问题制作书面答复意见，并签字确认。

（三）除上述咨询方式外，人民法院还可以根据案件审理需要，采取召开专家论证会、电话、电子邮件等其他咨询方式。

第三十五条 建设工程案件咨询专家有下列情形之一的，应当从专家库中除名：

（一）无正当理由，拒绝参加审判活动，影响审判工作正常开展的；

（二）徇私舞弊影响案件审理的；

（三）本人申请辞去建设工程专家咨询员职务的。

第三十六条 建设工程案件咨询专家因故意造成建设工程案件事实认定错误，妨碍司法公正，情节严重的，应当承担相应的法律责任。

第三十七条 人民法院应当会同建设主管部门适时对建设工程案件审理中成绩突出的咨询专家进行表彰和奖励。

第三十八条 建设工程案件咨询专家聘期五年。任期届满后由人民法院会同建设主管部门重新审核确定。全省法院建设工程专家库根据增补、变更情况及时更新。

四、建立联席会议制度

第三十九条 全省各级人民法院与同级建设主管部门要建立联席会议机制，每半年召开一次联席会议。设立联络工作办公室，联络工作办公室设在人民法院民一庭和建设主管部门法规处。

第四十条 联席会议的主要内容是：

（一）通报建设工程领域违法线索的移送查处情况；

（二）交流建设工程领域出台的新规定、新政策；

（三）交流建设工程案件诉调对接工作情况；

（四）交流建设工程案件审理中的新情况、新问题，共同研究解决对策；

（五）对建设工程案件咨询专家库的选聘、表彰和奖励等工作进行研究；

（六）通报、交流其他需要统一的问题。

第四十一条 人民法院与建设主管部门要积极构建信息共享交换机制，共同搭建信息传递平台，建立裁判文书和违法违规处罚决定书数据库实时对接，实现信息双向交换与共享。

第四十二条 本意见自公布之日起施行。

附件 1：司法建议书格式（普遍性问题）

江苏省××人民法院
司法建议书

×法建字第×号

××（主送单位名称）：

　　本院在审理…………（写明当事人姓名或名称）建设工程施工合同纠纷一案中，发现…………（写明发现有关单位存在的重要问题，分析存在问题的原因，并依据相关法律法规和政策说明提出建议的理由）。为此，特建议：

　　…………（写明建议的具体事项。事项较多的可逐项列明）。

　　以上建议请研究处理，并将处理结果于接收本建议书之日起 X 个月内函复本院。

×年×月×日
（院印）

抄送：××××（抄送机关名称）

附件 2：司法建议书格式（个案）

江苏省××人民法院
司法建议书

×法建字第×号

××（主送单位名称）：

　　本院在审理…………（写明当事人姓名或名称）建设工程施工合同纠纷一案中，发现涉嫌存在……违法行为（写明违法事项，如裁判文书已对此认定的，应一并写明）。依据最高人民法院《关于审理建设工程施工合同纠纷案件适用法律问题的解释》与住房和城乡建设部《建筑工程施工转包违法分包等违法行为认定查处管理办法（试行）》的规定，特建议贵单位依法研究处理，并将处理结果于接收本建议书之日起三个月内函复本院。

×年×月×日
（院印）

　　附：1.……案裁判文书。

　　　　2. 相关证据或违法线索。

　　抄送：××××（抄送机关名称）

江苏省高级人民法院
关于审理建设工程施工合同纠纷案件若干问题的解答

（2018 年 6 月 12 日审判委员会第 6 次会议讨论通过
苏高法审委〔2018〕3 号 2018 年 6 月 26 日下发）

2018 年 6 月 12 日，江苏省高级人民法院召开第 6 次审判委员会，对建设工程施工合同纠纷案件审理中的若干问题进行了专题讨论。近年来，随着建筑业改革不断推进，新型建设工程合同纠纷不断涌现，建设工程施工合同纠纷案件审理中遇到许多疑难复杂问题。为公正、规范地审理建设工程施工合同纠纷案件，依法维护健康有序的建筑市场环境，根据《中华人民共和国民法总则》《中华人民共和国合同法》《中华人民共和国建筑法》《中华人民共和国民事诉讼法》《最高人民法院关于审理建设工程施工合同纠纷案件适用法律若干问题的解释》（简称《建设工程司法解释》）等相关法律、行政法规、司法解释规定，结合我省实际情况，制定本解答：

一、建设工程合同案件的管辖

1. 建设工程合同案件专属管辖如何理解？

《最高人民法院关于适用＜中华人民共和国民事诉讼法＞的解释》第 28 条规定建设工程施工合同案件按照不动产专属管辖确定受诉法院，即建设工程施工合同纠纷一律由建设工程所在地人民法院管辖。"建设工程施工合同纠纷"还包括建设工程价款优先受偿权纠纷、建设工程分包合同纠纷、建设工程监理合同纠纷、装饰装修合同纠纷、建设工程勘察合同纠纷、建设工程设计合同纠纷。

尚未开工建设的建设工程施工合同纠纷，以及达成结算协议的建设工程施工合同纠纷，均适用专属管辖。

工程款债权转让的，债务人与受让人因债务履行发生纠纷的，由于该债权源于建设工程施工合同，按建设工程施工合同纠纷适用专属管辖。

二、建设工程施工合同效力

2. 商品房未经招投标程序签订的建设工程施工合同效力如何认定？

当事人以商品房未经招投标程序主张签订的建设工程施工合同无效的，除符合《招标投标法》第 3 条规定的必须招标的项目外，不予支持。

（备注：《招标投标法》第 3 条：在中华人民共和国境内进行下列工程建设项目包括项目的勘察、设计、施工、监理以及与工程建设有关的重要设备、材料等的采购，必须进行招标：（一）大型基础设施、公用事业等关系社会公共利益、公众安全的项目；（二）全部或者部分使用国有资金投资或者国家融资的项目；（三）使用国际组织或者外国政府贷款、援助资金的项目。前款所列项目的具体范围和规模标准，由国务院发展计划部门会同国务院有关部门制订，报国务院批准。法律或者国务院对必须进行招标的其他项目的范围有规定的，依照其规定。

国家发展和改革委员会 2018 年 6 月 1 日施行的《必须招标的工程项目规定》第二条：全部或者部分使用国有资金投资或者国家融资的项目包括：（一）使用预算资金 200 万元人民币以上，并且该资金占投资额 10% 以上的项目；（二）使用国有企业事业单位资金，并且该资金占控股或者主导地位的项目。第三条：使用国际组织或者外国政府贷款、援助资金的项目包括：（一）使用世界银行、亚洲开发银行等国际组织贷款、援助资金的项目；（二）使用外国政府及其机构贷款、援助资金的项目。第四条：不属于本规定第二条、第三条规定情形的大型基础设施、公用事业等关系社会公共利益、公众安全的项目，必须招标的具体范围由国务院发展改革部门会同国务院有关部门按照确有必要、严格限定的原则制订，报国务院批准。

国家发展和改革委员会 2018 年 6 月 6 日施行的《必须招标的基础设施和公用事业项目范围规定》第二条：不属于《必须招标的工程项目规定》第二条、第三条规定情形的大型基础设施、公用事业等关系社会公共利益、公共安全的项目，必须招标的具体范围包括：（一）煤炭、石油、天然气、电力、新能源等能源基础设施项目；（二）铁路、公路、管道、水运，以及公共航空和 A1 级通用机场等交通运输基础设施项目；（三）电信枢纽、通信信息网络等通信基础设施项目；（四）防洪、灌溉、排涝、引（供）水等水利基础设施项目；（五）城市轨道交通等城建项目。）

3. 未取得建设工程规划许可证、施工许可证所签订的建设工程施工合同的效力如何认定？

发包人未取得建设工程规划许可证，与承包人签订的建设工程施工合同，应认定为无效。但在一审法庭辩论终结前取得建设工程规划许可证或者经规划部门认可的，可以认定有效。

发包人未取得建设工程施工许可证的，不影响建设工程施工合同的效力。

三、工程价款结算

4. 建设工程施工合同无效，建设工程经竣工验收合格的，发包人或承包人请求参照合同约定支付工程价款的，如何处理？

建设工程施工合同无效，建设工程经竣工验收合格的，发包人和承包人均可以请求参照合同约定支付工程价款。

（备注：最高人民法院 2011 年 6 月 29 日给我院的关于常州长兴集团房地产开发有限公司与南通新华建筑集团公司建设工程施工合同纠纷请示一案的答复指出：《建设工程司法解释》第 2 条确立了建设工程施工合同无效，但建设工程经竣工验收合格时的折价补偿原则，即参照合同约定支付工程价款。该条的本意并不是赋予承包人选择参照合同约定或工程定额标准进行结算的权利。根据该条规定精神，建设工程施工合同无效，但建设工程经竣工验收合格，发包人也可以请求参照合同约定支付工程价款。）

5. 建设工程施工合同无效，建设工程经竣工验收合格的，合同约定的哪些条款可以参照适用？

建设工程施工合同无效，建设工程经竣工验收合格的，当事人主张工程价款或确定合同无效的损失时请求将合同约定的工程价款、付款时间、工程款支付进度、下浮率、工程质量、工期等事项作为考量因素的，应予支持。

6. 出借资质的一方或者转包人要求按照合同约定支付管理费的，如何处理？

出借资质的一方或者转包人要求按照合同约定支付管理费的，根据《建设工程司法解释》第 4 条的规定，不予支持。

7.《建设工程司法解释》第 21 条黑白合同的规则，审判实践中如何适用？

强制招投标的建设工程，经过招投标的，当事人在招投标之后另行签订的建设工程施工合同与经过备案的中标合同实质性内容不一致的，备案的中标合同有效，另行签订的合同无效，应当以备案的中标合同作为结算工程价款的依据。

强制招投标的建设工程，当事人在招投标之前进行了实质性协商签订了建设工程施工合同，后经过招投标另行签订了一份实质性内容不一致的建设工程施工合同并进行备案的，前后合同均无效，参照双方当事人实际履行的合同结算工程价款。

非强制招投标的建设工程，经过招投标或备案的，当事人在招投标或备案之外另行签订的建设工程施工合同与经过备案的合同实质性内容不一致的，以双方当事人实际履行的合同作为结算工程价款的依据。

合同履行完毕后当事人达成的结算协议具有独立性，施工合同是否有效不影响结算协议的效力。

8. 固定总价合同履行中，承包人未完成工程施工的，工程价款如何确定？

建设工程施工合同约定工程价款实行固定总价结算，承包人未完成工程施工，其要求发包人支付工程款，发包人同意并主张参照合同约定支付的，可以采用"按比例折算"的方式，即由鉴定机构在相应同一取费标准下计算出已完工程部分的价款占整个合同约定工程的总价款的比例，确定发包人应付的工程款。但建设工程仅完成一小部分，如果合同不能履行的原因归责于发包人，因不平衡报价导致按照当事人合同约定的固定价结算将对承包人利益明显失衡的，可以参照定额标准和市场报价情况据实结算。

9.《建设工程司法解释》第 20 条规定的按照竣工结算文件结算工程价款，审判实践中如何适用？

建设工程施工合同专用条款中明确约定发包人收到竣工结算文件后，在合同约定的期限内不予答复视为认可竣工结算文件，当事人要求按照竣工结算文件进行工程价款结算的，应予支持。建设工程施工合同专用条款中未明确约定，当事人要求按照竣工结算文件进行工程价款结算的，不予支持。

建设工程施工合同专用条款有此明确约定，发包人有证据证明在合同约定的期限内提出异议的，承包人要求按照竣工结算文件进行工程价款结算的，不予支持。

建设工程施工合同无效的，不影响该条款约定的效力。

10. 当事人约定以行政审计、财政评审作为工程款结算依据的如何处理？

当事人约定以行政审计、财政评审作为工程款结算依据的，按照约定处理。但行政审计、财政评审部门明确表示无法进行审计或者无正当理由长期未出具审计结论，当事人申请进行司法鉴定的，可以准许。

11. 欠付工程款利息标准如何确定？

当事人对欠付工程价款利息计付标准有约定的，按照约定处理，但不得超过年利率 24%。

没有约定的，参照《最高人民法院关于审理买卖合同纠纷案件适用法律问题的解释》第 24 条第 4 款的规定，可以中国人民银行同期同类人民币贷款基准利率为基础，参照逾期罚息利率标准计算。

12. 发包人与承包人在工程款已届清偿期，约定以房屋折抵工程价款的，对该抵债协议的效力如何认定？

发包人与承包人在工程款已届清偿期，约定以房屋折抵工程价款的，一方要求确认以房抵债协议无效或者变更、撤销，经审查抵债协议系当事人真实意思表示，且不存在《合同法》第 52 条、第 54 条规定情形的，对其主张不予支持。

13. 发包人能否以承包人未开具发票作为拒绝支付工程款的先履行抗辩的事由？

发包人以承包人未开具发票为由拒绝支付工程款的，不予支持，当事人另有明确约定的除外。

四、建设工程价款优先受偿权

14. 建设工程价款优先受偿权起算如何确定？

建设工程施工合同的承包人行使建设工程价款优先受偿权的期限为六个月，具体起算按照以下方式确定：

（1）工程已竣工且工程结算款已届期的，自建设工程竣工之日或者建设工程施工合同约定的竣工之日起算；

（2）建设工程施工合同解除、终止履行

的，自合同实际解除、终止之日起算；

（3）工程已竣工验收合格，但合同约定除质保金以外的工程款付款期限尚未届满的，自合同约定的工程款付款期限届满之日起算。

15. 建设工程施工合同无效，承包人是否享有建设工程价款优先受偿权？

建设工程价款优先受偿权不受建设工程施工合同效力的影响。建设工程施工合同无效，承包人仍然享有建设工程价款优先受偿权。

16. 实际施工人是否享有建设工程价款优先受偿权？

实际施工人在总承包人或者转包人不主张或者怠于行使工程价款优先受偿权时，就其承建的工程在发包人欠付工程价款范围内可以主张优先受偿权。

17. 工程款利息是否属于建设工程价款优先受偿权的范围？

承包人主张将工程款利息纳入建设工程价款优先受偿权范围的，不予支持。

18. 承包人行使建设工程价款优先受偿权的方式如何认定？

承包人通过提起诉讼或申请仲裁的方式，主张建设工程价款优先受偿权的，属于行使建设工程价款优先受偿权的有效方式。

承包人通过发函形式主张建设工程价款优先受偿权的，不认可其行使的效力。

19. 承包人放弃建设工程价款优先受偿权的效力如何认定？

法律并未禁止承包人放弃建设工程价款优先受偿权。承包人自愿放弃建设工程价款优先受偿权的，只涉及承包人自身利益的，该放弃行为有效。但该放弃行为为损害实际施工人等第三人利益的，对该第三人不产生效力。

20. 工程款债权转让的，建设工程价款优先受偿权是否一并转让？

建设工程价款优先受偿权依附于工程款债权，承包人将建设工程价款债权转让的，建设工程价款优先受偿权随之转让。受让人

是否实际享有建设工程价款优先受偿权，仍应进行实体审查。

五、民事责任承担

21. 发包人主张挂靠人与被挂靠人对工程质量承担连带责任的如何处理？

挂靠人以被挂靠人名义订立建设工程施工合同，发包人要求挂靠人与被挂靠人就工程质量承担连带责任的，应予支持。

22. 实际施工人起诉发包人主张工程款的，发包人的责任如何认定？

实际施工人依据《建设工程司法解释》第26第2款的规定起诉发包人主张工程款的，发包人应举证证明已向总承包人支付的工程款数额。发包人未能举证已付工程款数额的，应当与承包人对工程欠款承担连带责任。

23. 层层转包中，实际施工人要求所有转包人、违法分包人均承担责任的，如何处理？

建设工程因转包、违法分包导致建设工程施工合同无效的，实际施工人要求转包人、违法分包人对工程欠款承担连带责任的，应予支持。前手转包人、违法分包人举证证明其已付清工程款的，可以相应免除其给付义务。发包人在欠付的工程款范围内承担连带责任。

24. 合作开发房地产合同各方对承包人的责任如何承担？

合作开发房地产合同中的一方当事人作为发包人与承包人签订建设工程施工合同，承包人要求合作各方当事人对欠付的工程款承担连带责任的，应根据合作开发协议等证据查明事实，依法作出裁判。

25. 建设工程领域，项目部或项目经理以施工企业名义对外借款，出借人要求施工企业承担责任的如何处理？

建设工程领域，项目部或者项目经理不具有对外借款的职权，其以施工企业名义对外借款的，出借人要求施工企业承担还款责任的，原则上不予支持。出借人举证证明项目经理系获得施工企业授权，或具有款项进

入施工企业账户、实际用于工程等情形，导致其有理由相信项目部或项目经理有代理权的，出借人要求施工企业承担还款责任的，可予支持。

六、其他

26. 本解答自印发之日起施行。

本解答施行后受理的一审案件适用本解答的规定。

本院以前有关规定与本解答相抵触的，不再适用。

江苏省高级人民法院
关于审理建设工程施工合同纠纷案件
若干问题的意见

（2008 年 12 月 17 日审判委员会第 44 次会议讨论通过
苏高法审委〔2008〕26 号）

为统一全省法院审理建设工程施工合同纠纷案件的执法尺度，依据《中华人民共和国民法通则》《中华人民共和国合同法》《中华人民共和国建筑法》《中华人民共和国招标投标法》《最高人民法院关于审理建设工程施工合同纠纷案件适用法律若干问题的解释》等法律、行政法规及司法解释，结合我省实际情况，制定本意见。

第一条 因承包人进行工程施工建设，发包人支付工程价款的建设工程施工合同纠纷案件适用本意见的规定。

劳务承包合同纠纷案件和家庭住宅装饰装修合同纠纷案件不适用本意见的规定。

第二条 发包人与承包人协议约定以房屋直接充抵工程价款且发包人对房屋不再享有权利，因不履行该协议而引起的纠纷属于房屋买卖合同纠纷，不适用本意见的规定。

第三条 具有下列情形之一，当事人要求确认建设工程施工合同无效的，人民法院应予支持：

（一）承包人未取得建筑施工企业资质或者超越资质等级的；

（二）没有资质的实际施工人借用有资质的建筑施工企业名义的；

（三）建设工程必须进行招标而未招标或者中标无效的；

（四）承包单位将工程进行转包或者违法分包的；

（五）中标合同约定的工程价款低于成本价的；

（六）法律、行政法规规定的其他情形。

第四条 有以下情形之一的，应当认定为没有资质的实际施工人借用有资质的建筑施工企业名义承揽建设工程（即通常所称的"挂靠"）：

（一）不具有从事建筑活动主体资格的个人、合伙组织或企业以具备从事建筑活动资格的建筑企业的名义承揽工程；

（二）资质等级低的建筑企业以资质等级高的建筑企业的名义承揽工程；

（三）不具有工程总包资格的建筑企业以具有总包资格的建筑企业的名义承揽工程；

（四）有资质的建筑企业通过其他违法方式允许他人以本企业的名义承揽工程的情形。

第五条 承包人之间具有下列情形之一的，可以认定为本意见第四条规定的"挂靠"：

（一）相互间无资产产权联系，即没有以

股份等方式划转资产的；

（二）无统一的财务管理，各自实行或者变相实行独立核算的；

（三）无符合规定要求的人事任免、调动和聘用手续的；

（四）法律、行政法规规定的其他情形。

第六条 建设工程施工合同中约定的正常使用条件下工程的保修期限低于法律、行政法规规定的最低期限，当事人要求确认该约定无效的，人民法院应予支持。

第七条 经过招标投标订立的建设工程施工合同，工程虽经验收合格，但因合同约定的工程价款低于成本价而导致合同无效，发包人要求参照合同约定的价款结算的，人民法院应予支持。

第八条 建设工程合同生效后，当事人对有关内容没有约定或者约定不明确的，可以协议补充；不能达成补充协议的，按照合同有关条款或者参照国家建设部和国家工商总局联合推行的《建设工程施工合同（示范文本）》的通用条款确定。

第九条 建设工程施工合同约定工程价款实行固定价结算的，一方当事人要求按定额结算工程价款的，人民法院不予支持，但合同履行过程中原材料价格发生重大变化的除外。

建设工程施工合同约定工程价款实行固定价结算的，因设计变更导致工程量变化或质量标准变化，当事人要求对工程量增加或减少部分按实结算的，人民法院应予支持，当事人另有约定的除外。

第十条 建设工程施工合同中明确约定发包人收到竣工结算文件后，在合同约定的期限内不予答复视为认可竣工结算文件，当事人要求按照竣工结算文件进行工程价款结算的，人民法院应予支持；建设工程施工合同中未明确约定，当事人要求按照竣工结算文件进行工程价款结算的，人民法院不予支持。

第十一条 法律、行政法规规定必须要经过招标投标的建设工程，当事人实际履行的建设工程施工合同与备案的中标合同实质性内容不一致的，应当以备案的中标合同作为工程价款的结算根据；未经过招标投标的，该建设工程施工合同为无效合同，应当参照实际履行的合同作为工程价款的结算根据。

法律、行政法规未规定必须进行招标投标的建设工程，应当以当事人实际履行的合同作为工程价款的结算根据；经过招标投标的，当事人实际履行的建设工程施工合同与中标合同实质性内容不一致的，应当以中标合同作为工程价款的结算根据。

第十二条 建设工程价款进行鉴定的，承包人出具的工程签证单等工程施工资料有瑕疵，鉴定机构未予认定，承包人要求按照工程签证单等工程施工资料给付相应工程价款的，人民法院不予支持，但当事人有证据证明工程签证单等工程施工资料载明的工程内容确已完成的除外。

第十三条 由国家财政投资的建设工程，当事人未在合同中约定以国家财政部门或国家审计部门的审核、审计结果作为工程价款结算依据的，承包人要求按照合同约定结算工程价款的，人民法院应予支持。

第十四条 承包人根据建设工程施工合同要求发包人支付工程款，发包人要求对已经向实际施工人支付的部分进行抵扣的，人民法院应予支持，但承包人有证据证明发包人与实际施工人恶意串通的除外。

第十五条 发包人应及时审查承包人提交的工程竣工结算文件。发包人在合同约定的审核结算期限届满后，又以承包人提交的竣工结算文件不完整为由拒绝结算，承包人要求从合同约定的审核结算期限届满之日起计算工程价款利息的，人民法院应予支持。

第十六条 建设工程竣工并经验收合格后，承包人要求发包人支付工程价款，发包人对工程质量提出异议并要求对工程进行鉴定的，人民法院不予支持。

建设工程竣工但未经验收，承包人要求

发包人支付工程价款，发包人对工程质量提出异议并要求进行鉴定的，人民法院应予支持。

第十七条 当事人诉前已经共同选定具有相应资质的鉴定机构对建设工程作出了鉴定结论，诉讼中一方当事人要求重新鉴定的，人民法院不予支持，但有证据证明鉴定结论具有《最高人民法院关于民事诉讼证据的若干规定》第二十七条第一款规定的情形除外。

第十八条 建设工程已经竣工并验收，发包人与承包人签订工程移交协议的，协议约定的移交日视为建设工程交付日；协议未约定移交日的，协议签订日视为建设工程交付日。

第十九条 建设工程已经竣工的，承包人的工程价款优先受偿权的行使期限自建设工程竣工之日起六个月；建设工程未竣工的，承包人的工程价款优先受偿权的行使期限自建设工程合同约定的竣工之日起六个月。

第二十条 承包人将建设工程价款债权转让的，建设工程价款的优先受偿权随之转让。

第二十一条 承包人的优先受偿权范围限于建设工程合同约定的工程价款，包括承包人应当支付的工作人员报酬、材料款、用于建设工程的垫资等实际支出的费用。

未用于建设工程的借款以及发包人应当支付的违约金或者因为发包人违约所造成的损失不属于建设工程价款优先受偿权的受偿范围。

第二十二条 承包人的项目部或项目经理以承包人名义订立合同，债权人要求承包人承担民事责任的，人民法院应予支持，但承包人有证据证明债权人知道或应当知道项目部或者项目经理没有代理权限的除外。

第二十三条 实际施工人以发包人为被告要求支付工程款的，人民法院一般应当追加转包人或者违法分包人为被告参加诉讼。

建设工程因转包、违法分包导致建设工程施工合同无效的，实际施工人要求转包人、违法分包人和发包人对工程欠款承担连带责任的，人民法院应予支持，但发包人只在欠付的工程款范围内承担连带责任。

实际施工人要求发包人给付工程款，发包人以实际施工人要求给付的工程款高于其欠付的工程款进行抗辩的，应当由发包人承担举证责任。

第二十四条 合作开发房地产合同中的一方当事人作为发包人与承包人签订建设工程施工合同，承包人要求合作各方当事人对欠付的工程款承担连带责任的，人民法院应予支持。

第二十五条 挂靠人以被挂靠人名义订立建设工程施工合同，因履行该合同产生的民事责任，挂靠人与被挂靠人应当承担连带责任。

第二十六条 发包人未经设计、规划等部门同意自行变更工程规划、设计，承包人按照发包人指令施工，由此造成发包人损失的由发包人自行承担；造成第三人损失的由发包人与承包人承担连带责任。

第二十七条 建设工程施工合同约定发包人可以因工期、质量、转包或违法分包等情形对承包人处以罚款的，该约定应当视为当事人在合同中约定的违约金条款，当事人要求按照《中华人民共和国合同法》第一百一十四条的规定予以调整的，人民法院应予支持。

第二十八条 承包人转包、违法分包建设工程所获得的利润以及实际施工人支付的管理费，人民法院可以收缴。

第二十九条 本意见自印发之日起施行。

本意见施行后受理和正在审理的第一、二审案件适用本意见的规定；在本意见施行前已经终审，当事人申请再审或者按照审判监督程序决定再审的案件，不适用本意见的规定。

本院以前有关规定与本意见相抵触的，不再适用。

本意见施行后，法律、行政法规和司法解释作出新规定的，从其规定。

江苏省高级人民法院
建设工程施工合同案件审判指南（2010）

一、审理建设工程施工合同纠纷应当坚持的基本原则

审理建设工程施工合同纠纷中应当坚持以下原则：一是坚持质量第一原则；二是坚持规范建筑市场秩序原则；三是慎用合同无效原则；四是坚持保护利益相关人员原则。

1. 坚持质量第一原则。"百年大计、质量第一"，建设工程案件的审判应当始终坚持将建设工程质量的认定放在首位。几乎所有的建设工程案件均涉及建设工程质量问题。在审判中应当紧紧围绕工程质量问题分清各方当事人责任。对于建设工程施工合同无效，且建设工程经竣工验收不合格的，修复后经竣工验收合格的，发包人请求承包人承担修复费用的，应予支持；修复后经竣工验收不合格的，承包人请求支付工程款的，不予支持。发包人提供的设计有缺陷，提供或指定购买的建筑材料、建筑构配件、设备不符合强制性标准，直接指定分包人分包专业工程的，应当承担责任。

2. 坚持规范建筑市场秩序原则。一是严格建筑市场主体准入制度。在以下几种情形认定建设工程施工合同无效：承包人未取得建筑施工企业资质或者超越资质等级的；没有资质的实际施工人借用有资质的建筑施工企业名义的；建设工程必须进行招标而未招标或者中标无效的；承包单位将工程进行转包或者违法分包的。二是规范"黑白合同"。当事人就同一建设工程另行订立的建设工程施工合同与经过备案的中标合同实质性内容不一致的，应当以备案的中标合同作为结算工程价款的根据。中标合同约定的工程价款低于成本价的，建设工程施工合同无效。三是规范工程鉴定。建设工程竣工并经验收合格后，承包人要求发包人支付工程价款，发包人对工程质量提出异议并要求对工程进行鉴定的，法院不予支持。建设工程竣工但未经验收，承包人要求发包人支付工程价款，发包人对工程质量提出异议并要求进行鉴定的，法院应予支持。当事人诉前已经共同选定具有相应资质的鉴定机构对建设工程作出了鉴定结论，诉讼中一方当事人要求重新鉴定的，法院不予支持。

3. 坚持慎用合同无效原则。建设工程合同受到不同领域的多部法律及其他规范性文件调整。如果违反这些规范都以违反法律强制性规定为由而认定合同无效，不符合《合同法》的立法本意。在审判实务中应当将法律、行政法规规定的强制性规定区分为效力性规定与倡导性规定，只有违反效力性规定的建设工程合同方为无效。建设工程合同生效后，当事人对有关内容没有约定或者约定不明确的，可以协议补充；不能达成补充协议的，按照合同有关条款或者参照国家建设部和国家工商总局联合推行的《建设工程施工合同（示范文本）》的通用条款确定。

4. 坚持保护利益相关人原则。建筑业吸收了大量的农民工就业，但由于建设工程的非法转包和违法分包，造成许多农民工追讨工资无门。为了有利地保护农民工合法权益，认定实际施工人以发包人为被告主张权利的，法院可以追加转包人或者违法分包人为案件当事人，发包人只在欠付工程价款的范围内对实际施工人承担责任。

二、建设工程施工合同的效力

（一）建设工程施工合同效力的审查

无论当事人是否对建设工程施工合同的效力提出主张或抗辩，人民法院都应当主动审查建设工程施工合同的效力并在判决书中明确载明。

建设工程施工合同的效力是审理建设工程施工合同纠纷案件首要审查的内容。即使当事人对建设工程施工合同的性质与效力未产生争议，人民法院也应当就合同的性质与效力进行强制审查，不受当事人请求的影响。

（二）建设工程合同的有效要件

1. 合同的当事人即发包人和承包人应当符合法律和行政法规规定的条件，也就是要具备《民法通则》第55条规定的"相应的民事行为能力"。

2. 意思表示真实且发包人和承包人就合同的内容协商一致。

3. 建设工程施工合同的当事人即发包人和承包人在签订合同的过程中应当履行法律和行政法规规定的必须履行的程序。这一条件是建设工程合同所特有的条件。建设工程往往涉及国计民生而且一般投资规模较大，所以国家对建设行为予以更多的关注并通过法律、行政法规和部门规章以及地方性法规来进行约束和规范。如依照《中华人民共和国招标投标法》任何单位和个人不得将依法必须进行招标的项目化整为零或者以其他任何方式规避招标。依法应当招标而未招标的合同无效。

4. 建设工程施工合同应当符合法律规定的形式要件。

5. 内容合法，不违反法律或社会公共利益。

（三）建设工程施工合同的无效情形

1. 承包人未取得建筑施工企业资质或者超越资质等级的；

比较典型的表现形式主要有以下几种情况：（1）个体施工队伍在没有资质的情况下违法承揽建设工程的；（2）施工单位冒用、盗用营业执照、资质证书承揽工程的；（3）建筑施工企业的分支机构以自己的名义对外承揽工程的；（4）非建筑施工企业超越经营范围对外承揽建设工程的。此外，承包人在

工程竣工前未取得相应资质，竣工验收合格后才取得资质的，建设工程施工合同也应认定为无效。

2. 没有资质的实际施工人借用有资质的建筑施工企业名义的；

这种行为在实务中常被称为"挂靠行为"。其特征为：第一，挂靠人没有从事建筑活动的主体资格，或者虽有从事建筑活动的主体资格但没有具备其承揽的建设工程项目所要求的相应的资质等级。第二，挂靠人向被挂靠企业交纳一定数额的"管理费"，这是挂靠的最重要的特征。第三，被挂靠人对挂靠人和其所承揽的工程不实施任何管理行为。第四，形式上合法，容易逃避建设行政主管部门和发包人的审查和监督。实践中判断是否是挂靠行为，可以从三个方面考察：（1）有无产权联系，即其资产是否以入股或合并等方式转入现单位；（2）有无统一的财务管理，不能以承包等名义搞变相的独立核算；（3）有无严格、规范的人事任免、调动聘用手续等。

具体说来，有下列情形之一，应当认定为没有资质的实际施工人借用有资质的建筑施工企业名义承揽建设工程，其签订的建设工程施工合同应当属于无效合同：（1）不具有从事建筑活动主体资格的个人、合伙组织或企业以具备从事建筑活动资格的建筑企业的名义承揽工程；（2）资质等级低的建筑企业以资质等级高的建筑企业的名义承揽工程；（3）不具有工程总包资格的建筑企业以具有总包资格的建筑企业的名义承揽工程；（4）有资质的建筑企业通过其他违法方式允许他人以本企业的名义承揽工程的情形。

3. 建设工程必须进行招标而未招标或者中标无效的；

对属于招投标法第3条规定的必须进行招标的建设项目，建设方与承包方必须采取招投标方式订立合同，否则因合同订立违反法律强制性规定，合同即为无效。常见情形主要有：应当招标的工程而不招标；招标人

隐瞒工程真实情况,如建设规模、建设条件、投资、材料的保证等;招标人或招标代理机构泄漏应当保密的与招标投标活动有关的情况和资料;招标代理机构与招标人、投标人串通损害国家利益、社会公共利益或者他人的合法权益;依法必须进行招标的项目招标人向他人透露已获取招标文件的潜在投标人的名称、数量或者可能影响公平竞争的有关招标投标的其他情况;依法必须进行招标的项目招标人泄露标底;投标人相互串通投标或者与招标人串通投标;投标人向招标人或者评标委员会成员行贿的手段谋取中标;投标人以他人名义投标或以其他方式弄虚作假,骗取中标;依法必须进行招标的项目,招标人违反招标投标法的规定,与投标人就投标价格、投标方案等实质性内容进行谈判;招标人在评标委员会依法推荐的中标候选人以外确定中标人;依法必须进行招标的项目在所有投标被评标委员会否决后,自行确定中标人。

针对具体案件,证明项目确实属于"必须进行招投标"的范围,可以让当事人提供证据。由于合同效力属于法院依职权审查的范围,因此法院就必须主动审查项目是否属于"必须进行招投标"的范围。在确定中标后,当事人如果又签订协议对中标合同进行实质性变更,则违反招投标法第46条,应为无效。

4. 发包人在一审庭审结束前未取得土地使用权证、建设工程规划许可证的;

5. 承包人进行转包或违法分包的;

转包一直是建设工程实务中比较普遍的现象。《建设工程质量管理条例》第78条第3款规定:"本条例所称转包,是指承包单位承包建设工程后,不履行合同约定的责任和义务,将其承包的全部建设工程转给他人或者将其承包的全部工程肢解以后以分包的名义分别转给他人承包的行为。"转包的特征为:(1)转包人不履行建设工程合同全部义务,不履行施工、管理、技术指导等技术经济责任;(2)转包人将合同权利与义务全部转让给转承包人。在司法实践中,转包往往表现为,转包人在承接建设工程后并不成立项目部,也不派驻管理人员和技术人员在施工现场进行管理和技术指导。法官在审理案件时,如果核实查清进行实际工程建设的单位不是承包人而是承包人以外的第三人,承包人也没有为工程项目成立项目部,也未在施工现场派驻管理人员和技术人员进行现场管理和技术指导,施工现场的管理人员和技术人员均隶属于承包人以外的第三人,则基本可以认定承包人的行为为非法转包。

违法分包指下列行为:(1)总承包单位将建设工程分包给不具备相应资质条件的单位的;(2)建设工程总承包合同中未有约定,又未经建设单位认可,承包单位将其承包的部分建设工程交由其他单位完成的;(3)施工总承包单位将建设工程主体结构的施工分包给其他单位的;4、分包单位将其承包的建设工程再分包的。实践中,违法分包行为主要表现在以下几个方面:发包人将应当由一个承包人完成的建设工程肢解成若干部分后分包给几个承包人;承包人未经发包人同意,将自己承包的工程全部或部分地分包给第三人;分包的第三人将其分包的工程再次分包的;承包人将主体结构的施工工作分包给第三人;承包人将其承包的全部建设工程转包给第三人;承包人将其承包的全部建设工程肢解以后以分包名义分别转包给第三人。

6. 中标合同约定工程价款低于成本价的;

7. 法律、行政法规规定的其他情形。

三、招投标情形下黑白合同效力的认定

(一)黑白合同的认定

法律、行政法规规定必须进行招投标的建设工程,当事人实际履行的建设工程施工合同和备案的中标合同实质性内容不一致的,应当以备案的中标合同作为工程价款的结算根据;未经过招标投标的,该建设工程施工合同为无效合同,可以参照实际履行的合同作为工程价款的结算依据。法律、行政法规虽未规定必须进行招投标的建设工程，但当事人依法履行了招投标手续的，当事人实际履行的建设工程施工合同和中标合同实质性内容不一致的，应当以中标合同作为工程价款的结算依据。

1. 强制招标工程中黑白合同效力的认定

所谓强制招标工程是指根据法律或行政法规规定必须通过招标投标形式签署合同的建设工程。根据《招标投标法》第三条规定，在中华人民共和国境内进行下列工程建设项目包括项目的勘察、设计、施工、监理以及与工程建设有关的重要设备、材料等的采购，必须进行招标：（一）大型基础设施、公用事业等关系社会公共利益、公众安全的项目；（二）全部或者部分使用国有资金投资或者国家融资的项目；（三）使用国际组织或者外国政府贷款、援助资金的项目。前款所列项目的具体范围和规模标准，由国务院发展计划部门会同国务院有关部门制订，报国务院批准。法律或者国务院对必须进行招标的其他项目的范围有规定的，依照其规定。第四条规定，任何单位和个人不得将依法必须进行招标的项目化整为零或者以其他任何方式规避招标。强制招标工程若未通过招标程序签订工程合同的，则无论黑白合同，根据《合同法》第五十二条的规定，该合同均因违反法律的强制性规定而无效。若强制招标工程虽然通过招标程序，但是双方签订了黑白合同，则无论黑合同签署在白合同之前还是之后都属无效。

2. 非强制招标工程中黑白合同效力的认定

（1）自主备案中的黑白合同问题。

实践中存在既非强制招投标项目，当事人又未自愿进行招投标，但根据当地行政主管部门的要求，承、发包双方签订的施工合同必须备案。当事人在备案合同之外，另行签订实质性内容不同的合同且未备案的，是否属于黑合同？我们认为，非属强制招投标范围的工程，备案与否不影响合同效力，不

存在黑白合同的问题。当事人签订的合同尽管与备案的合同有实质性内容的不同，但并非不能作为结算的依据。此时对合同的认定，应以该合同是否违反法律禁止性规定，是否体现当事人真实意思表示进行判断。

（2）自主招标中的黑白合同问题。

《最高人民法院关于审理建设工程施工合同纠纷案件适用法律问题的解释》第1条规定"建设工程必须进行招标而未招标或者中标无效所订立的合同"作为无效合同对待。所谓必须进行招标的项目，即强制招标的范围，都是国家投资、融资项目，关系到社会公共利益和公共安全的项目，或者使用国家统借外债的项目，招投标法规定必须采用招投标方式，以体现国家对这类民事活动的干预和监督。但实践中存在强制招标范围以外的一些项目，建设单位根据主管部门要求或者自愿进行招投标并根据招投标结果签订施工合同，将合同进行备案。如果在备案合同之外，当事人又签订实质性内容不同的合同且未备案，是否存在黑合同？对此问题实务中存在两种意见：一种意见认为，当事人自愿进行招投标的项目，在备案的合同之外，如果又另行签订的合同并不违反法律禁止性规定，则不存在黑白合同的问题，根据合同是否体现当事人真实意思表示对其效力予以认定。另一种意见认为，虽然工程项目非强制招投标范围，但当事人自愿进行招投标，应当受《招标投标法》的约束，同样也存在黑白合同问题。我们赞同此说，因为招标投标法所保护的不仅是当事人自身的利益，更是对社会招投标市场的规范，事关不特定投标人利益的保护，涉及市场竞争秩序的维护，因此，只要根据招标投标法进行的招投标并因此签订的合同均应受该法约束，当事人不得在此之外签订黑合同。

（二）实质性内容不一致的判断标准

施工合同的内容包括工程范围、建设工期、中间交工工程的开工和竣工时间、工程质量、工程造价、技术资料交付时间、材料

和设备供应责任、拨款和结算、竣工验收、质量保修范围和质量保证期、双方相互协作等条款。建设工程中事关当事人权利义务的核心条款是工程结算，而影响工程结算的主要涉及三个方面：工程质量、工程期限和计价方式。工程质量指建设工程施工合同约定的工程具体条件，也是这一工程区别其他同类工程的具体特征。工程期限，指建设工程施工合同中约定的工程完工并交付验收的时间。计价方式包括按实结算、固定总价结算、固定单价结算等。如果备案和未备案的两份施工合同在建设工期、施工质量、计价方式等方面发生变化，当无疑义属于实质性内容的变化，未备案的合同应属于无效的黑合同。

四、建设工程施工合同无效的法律后果

最高人民法院《关于审理建设工程合同纠纷案件适用法律问题的解释》第2条规定："建设工程施工合同无效，但建设工程经竣工验收合格，承包人请求参照合同约定支付工程价款的，应予支持。"我们认为应从以下几个方面具体分析：

（一）建设工程施工合同订立后尚未履行前被确认无效的，按缔约过失处理。

（二）建设工程施工合同所约定的工程已经开工但尚未完工时被确认无效的，按下列原则处理：第一，立即停止履行。第二，恢复原状或折价赔偿。对此应当区分三种情况：一是已完成部分工程质量低劣，无法弥补质量缺陷，存在安全隐患的，按照一般无效合同的处理原则，已经完成部分工程应该拆除，建设方支付的工程款应当返还。二是已完成部分工程质量合格或者能够以较小的代价弥补工程质量缺陷的，应该折价补偿。三是建设工程严重违反规划，或未取得项目审批合法手续，无论工程质量是否合格，均应该拆除所建工程和返还所支付的工程款。最高人民法院《关于审理建设工程合同纠纷案件适用法律问题的解释》第3条规定，建设工程施工合同无效，且建设工程经竣工验收不合格的，按以下情形分别处理：1、修复后的建设工程经竣工验收合格，发包人请求承包人承担修复费用的，应予支持；2、修复后的建设工程经竣工验收不合格，承包人请求支付工程价款的，不予支持。该条文对于未履行完毕的无效合同同样适用。第三，赔偿损失。损失主要包括为准备签订、履行合同支出的费用和签订以及履行合同过程中支出的费用，包括直接费用和间接费用。在这里仍应区分情况：一是已建工程应该拆除，而建设方存在过错的，建设方对自己的损失自负，同时应赔偿施工方施工工程支付的人工费、材料费等实际支出费用；如果是施工方存在过错的，施工方对自己的损失自负，同时要赔偿建设方材料费等实际支出的费用。双方都有过错的，按过错大小各自承担相应的赔偿责任。二是已建的部分工程质量合格或可以弥补工程缺陷时，赔偿范围仅限于工程材料和人工外的实际支出费用和维修费用，仍然按照过错大小和比例承担责任。

（三）建设工程施工合同已经履行完毕后被确认无效的，如果建设工程验收合格的，建设方应该参照合同约定支付施工方工程价款，但仍应追究双方的其他相应法律责任。建设工程经竣工验收不合格的，分两种情况不同处理：一是维修后建设工程经竣工验收合格的，建设方仍应参照合同约定支付工程款，但承包人应承担相应的维修义务，或自己维修，或负担建设方维修费；二是维修后建设工程经竣工验收不合格的，建设方不支付施工方工程款，对此损失由施工方自行承担。同时按照双方的过错及过错大小对其他损失承担相应的赔偿责任。其他损失包括签订、履行合同和合同被确认无效后的后续费用，如拆除质量不合格的建筑物的费用、工程延期费用、材料费等。

（四）建设工程施工合同被确认无效后，如果该合同属于损害国家、集体或者第三人利益情形的，应收缴财产。

五、建设工程施工合同无效的处理中应注意问题

基于无效合同的基本原理，考虑到建设工程施工的特殊性，在建设工程施工合同无效的处理中，应注意以下一些问题：

（一）在建设工程案件的审理中，应牢牢把握工程质量是否合格这根主线。

工程质量是承、发包人共同的生命线，它关系到社会的公共安全和人民群众的生命财产安全。为了确保建设工程质量，《合同法》《建筑法》等法律、法规或者部颁规章都作出了许多具体规定，这些规定的核心都是为了保证工程质量。在审理建设工程施工合同纠纷案件时，应牢牢把握工程质量这根主线，以工程质量是否合格作为支付工程价款的前提条件。只要建设工程经验收合格，就可以要求参照合同中的价格条款主张权利，而人民法院应当予以支持。

（二）法释〔2004〕14号第二条之规定确立的原则是施工合同无效时折价补偿原则，而不是无效合同按有效处理原则。

虽然合同无效，但建设工程经竣工验收合格即具备了法定的交付使用条件，发包人应当支付工程款。法释〔2004〕14号第二条确定的"参照合同约定支付工程价款"原则，是按照当前建筑市场供需关系的实际情况所确定，符合我国的基本国情，衡平了合同各方当事人的利益，且避免当事人通过鉴定确定工程价款，扩大诉讼成本。参照合同约定支付工程价款的折价补偿原则，与《民法通则》《合同法》的规定并不矛盾，而是在处理无效的建设工程施工合同纠纷案件中具体体现了《合同法》规定的无效处理原则。

（三）按照法释〔2004〕14号第二条规定，发包人是否有权请求参照合同约定支付工程价款。

法释〔2004〕14号第二条规定了承包人可以请求参照合同约定支付工程价款。相反，发包人是否也有权请求参照合同约定支付工程价款呢？回答是肯定的。一是建设工程施工合同的相对方为发包人与承包人，既然承包人可以请求参照合同约定支付工程价款，根据权利对等原则，发包人理所当然也应享有此权利。二是从法释〔2004〕14号第二条规定的目的和文义内容来看，并没有排斥、否定发包人的适用问题。

（四）当事人不得请求继续履行无效的施工合同。

合同被确认无效后，合同内容对双方当事人失去法律拘束力，合同尚未履行的，不得履行。当事人一方请求继续履行无效的施工合同，应予驳回。

（五）当事人不得请求另一方承担违约责任。

合同被确认无效后，将导致合同自始无效。该合同对当事人不再具有任何约束力，自然也包括合同约定的违约责任条款。由于当事人对合同的效力理解有偏差或法律水平较低，此种情形下，人民法院有告知当事人变更诉讼请求的义务。司法实践中，可能也存在当事人坚持诉讼请求而不愿意变更的情况，此时人民法院可直接驳回当事人的诉讼请求。

（六）当事人不得基于法释〔2004〕14号第二十条请求按照竣工结算文件结算工程价款。

法释〔2004〕14号第二十条规定："当事人约定，发包人收到竣工结算文件后，在约定期限内不予答复，视为认可竣工结算文件的，按照约定处理。承包人请求按照竣工结算文件结算工程价款的，应予支持。"该条是发包人逾期不答复也不结算所承担的法律后果，前提是施工合同为有效。当合同无效时，当事人不得依据此规定请求按照竣工结算文件结算工程价款。

（七）施工合同约定的建设工程是"三无"工程或被行政主管部门认定为违法建筑工程价款的结算。

什么是违法建筑，或者说是违章建筑？违法建筑是指未取得建设工程规划规划许可证或者未按照建设工程规划许可证规定内容建设的房屋及建筑物为违法建筑。所谓"三无"工程，指未取得土地使用权证、未取得建筑工程规划许可证、未办理报建手续的工程。对于这样的工程，如果发包人和承包人签订了施工合同，其效力如何？正式公布的法释〔2004〕14号未作明确规定。认为合同应当有效的理由是：房屋建设者违反《城乡规划法》等公法的规定，引起的法律后果是接受相关行政部门的处罚，其私法行为效力不受违反公法影响。《城乡规划法》第六十四条规定：未取得建设工程规划许可证或者未按照建设工程规划许可证的规定进行建设的，由县级以上地方人民政府城乡规划主管部门责令停止建设；尚可采取改正措施消除对规划实施的影响的，限期改正，处建设工程造价百分之五以上百分之十以下的罚款；无法采取改正措施消除影响的，限期拆除，不能拆除的，没收实物或者违法收入，可以并处建设工程造价百分之十以下的罚款。

我们认为应认定无效。一是2002年8月《最高人民法院关于审理建设工程合同纠纷的暂行意见》第十条规定："发包人与承包人签订无取得土地使用权证、无取得建筑工程规划许可证、无办理报建手续的'三无'工程建设施工合同，应确认无效；但在审理期间已补办手续的，应确认合同有效。"二是违章建筑具有违法性。具体体现在：①违法建筑违反了《城乡规划法》规定。②《城乡规划法》对此作出的规定是强制的规定，是有关合同效力性的规定。三是国家对违法建筑持否定性评价，是因为违法建筑损害了国家利益，规避了国家对规划体系、建筑产品质量、房地产交易市场等系列行为的监管，使得违法建筑在现行体制以外生存，直接危及社会的公共安全，直接危及人民群众的生命财产安全。故，违法建筑直接损害国家和社会公共利益，并不是在当事人私权范畴内就能解决的问题，人民法院作为公权力的行使者，应当旗帜鲜明地认定就违法建筑订立的合同

无效。四是建设工程的特殊性决定了建设工程施工合同效力必然受建设审批手续的影响。建设工程具有不可移转、投资大、对周围环境影响大、涉及人民群众生命财产安全等特点，这些特点也决定了国家对建设工程从建设审批手续上必须作出严格规定和要求，否则有损公共利益。五是由于未取得土地使用权证、未取得建筑工程规划许可证的工程，无法进行竣工验收和备案，也就无法申领到相关权属证书。故该类合同应依据《合同法》第五十二条的规定认定为无效合同。

因违法建筑或"三无"工程严重违反了《土地管理法》《城乡规划法》，这样的建设工程无论工程质量是否合格，都不作为支付工程价款的依据，均应立即拆除和返还所支付的工程款。发包人或承包人的损失，是发包人的过错，发包人对自己的损失自负，同时应赔偿承包人的施工中支付人工费、材料费等实际损失；是承包人的过错，承包人对自己的损失自负，同时应赔偿发包人材料费等实际损失。双方都有过错，按过错大小各自承担相应的赔偿责任。

（八）建设工程施工合同无效的工程质量保修。

建设工程施工合同无效，但建设工程经竣工验收合格，发包人仍应参照合同约定向承包人支付工程价款。在支付了工程价款，如何解决工程质量的保修问题？在正常情况下，建设工程经竣工验收后，在保修期限内出现的质量问题，由承包人依照法律规定或合同约定予以修复。我国实行建设工程实行质量保修制度，这也是《建筑法》确立的一项基本法律制度。对此，《建筑法》第六十二条第一款规定：建筑工程实行质量保修制度。《建设工程质量管理条例》则在建设工程的保修范围、保修期限和保修责任等方面，对该项制度做出了更具体的规定。该条例第四十条规定：在正常使用条件下，建设工程的最低保修期限为：（一）基础设施工程、房屋建筑的地基基础工程和主体结构工程，为设计

文件规定的该工程的合理使用年限；（二）屋面防水工程、有防水要求的卫生间、房间和外墙面的防渗漏，为5年；（三）供热与供冷系统，为2个采暖期、供冷期；（四）电气管线、给排水管道、设备安装和装修工程，为2年。其他项目的保修期限由发包方与承包方约定。建设工程的保修期，自竣工验收合格之日起计算。由此可见，保修期限的规定是强制性的规定。在建设工程施工合同被确认无效后，合同关系不再存在，该合同对当事人不再具有任何拘束力。发包人不得要求承包人承担约定的保修责任，是不是承包人不承担保修责任呢？显然不是。承包人仍应在《建设工程质量管理条例》第四十条规定的最低保修期限内承担法定的保修责任。解决这个问题后，在履行保修责任的方式上，如果施工合同不是因为承包人没有相应的资质而被确认无效的，则仍由承包人承担质量瑕疵的维修义务。若施工合同是由于承包人没有相应的资质而被确认无效的，则不能由承包人自己来承担质量瑕疵的维修义务。可由承包人自行委托具有相应资质的施工队伍，来替代承包人承担质量瑕疵的维修义务，也可由发包人自行维修，修复的费用由承包人承担。

（九）建设工程合同无效，承包人是否享有建设工程价款优先受偿权。

合同无效而取得合法的工程款优先受偿权不符合立法精神，《合同法》第二百八十六条的语境是合同有效为前提。该法第二百八十六条规定：发包人未按照约定支付价款的，承包人可以催告发包人在合理期限内支付价款。发包人逾期不支付的，除按照建设工程的性质不宜折价、拍卖的以外，承包人可以与发包人协议将该工程折价，也可以申请人民法院将该工程依法拍卖。建设工程的价款就该工程折价或者拍卖的价款优先受偿。对于工程价款优先受偿权的法理定性，梁慧星教授指出：在立法过程中，《合同法》该条从设计、起草、讨论、修改、审议直到通过，

始终是法定抵押权。担保物权中的抵押权、质权、保证以及附属于主债权的利息等，都属于主权利的从权利。既然工程款优先受偿权作为一种担保物权，是从主权利派生出来的，即对主债权工程款具有依附性，主权利无效从权利也无效。作为约定主权利的担保物权的工程款优先受偿权亦当然无效。江苏省高院《关于审理建设工程施工合同纠纷案件若干问题的意见》第二十条规定：承包人将建设工程价款债权转让的，建设工程价款的优先受偿权随之转让。该规定的法理也是基于保证债权作为从权利将随主债权的转移而转移的制度。我国《担保法》第二十二条规定："保证期间，债权人依法将主债权转让给第三人的，保证人在原保证担保的范围内继续承担保证责任。保证合同另有约定的，按照约定。"可见，主合同即施工合同无效的情况下，而支持承包人或实际施工人主张建设工程价款优先受偿权，有违法律精神。故，建设工程合同无效，承包人或实际施工人主张建设工程价款优先受偿权的，人民法院不应支持。

（十）无效建设工程施工合同的效力转化

根据法释〔2004〕14号的规定，建设工程施工合同无效有下列几种情形：（1）承包人未取得建筑施工企业资质或者超越资质等级的；（2）没有资质的实际施工人借用有资质的建筑施工企业名义的；（3）建设工程必须进行招标而未招标或者中标无效的；（4）承包单位将工程进行转包或者违法分包的。而法释〔2004〕14号第五条规定：承包人超越资质等级许可的业务范围签订建设工程施工合同，在建设工程竣工前取得相应资质等级，当事人请求按照无效合同处理的，不予支持。由此可见，根据法释〔2004〕14号规定合同效力可以转化的情形只有"超越资质等级许可而签订的合同"这一种。从上述规定可以看出，在效力转化的时间点上应为"在建设工程竣工前"，即只有承包人在建设工程竣工前取得相应资质等级的才能发生合

同效力的转化。

六、建设工程施工合同条款

(一) 关于工程日期

工程日期也就是建设工程合同的履行期限,是建设工程合同的主要条款和必备条款,准确认定工程日期的法律意义在于:确定承包人是否构成迟延履行、风险转移、支付工程价款本金及利息的起算时间、保修期的确定等诸多问题。实务中常见的工程日期约定方式主要有两种:一是仅约定工程日期总天数,例如,自建设工程合同成立之日起 100 个晴天,或者指定某日开始起 100 个晴天;二是分别约定开工日和竣工日,自开工日至竣工日的期间就为工程日期。采取上述第一种约定方式,工程日期实质为不确定的,雨天不计入有效工程日期,实质就会导致工程日期的延长,即使采取上述第二种约定方式,基于各种原因,工程日期也并非固定不变。

1. 开工日期的认定

建设工程合同中,开工日期一般都是确定的,但实务中也时常发生承包人实际开工日期的争议,通常集中为承包人实际延迟开工的原因方面。归纳起来,承包人实际推迟开工的原因主要为以下三个方面:(1) 发包人未能依法依约提供符合承包人开工的条件。根据《建筑法》第 7－11 条的规定,除国务院建设行政主管部门确定的限额以下的小型工程以及按照国务院规定的权限和程序批准开工报告的建筑工程以外,建筑工程开工前,发包人应当按照国家有关规定向工程所在地县级以上人民政府建设行政主管部门申请领取施工许可证;延期、中止开工的,应当办理延期申请、核验或者重新申办施工许可证。由于发包人未申领或者延期、中止施工后未办理核验或者重新申办施工许可证,或者发包人因不具备《建筑法》第 8 条规定的条件而不能领取施工许可证,承包人因此拒绝进场施工。发包人未按照约定的时间和要求提供原材料、设备、场地、资金、技术资料的,致使承包人无法进场施工等;(2) 承包人无

力按时开工,包括施工人员、机械设备、承诺垫资的资金、材料不能按时到位等;(3) 外部原因,比如自然灾害、恶劣气候、流行性疾病、周边群众阻挠等。上述发包人原因、外部原因(周边群众阻挠系因与发包人的纠纷引发)致使承包人确实无法按时开工,不可归责于承包人,承包人可以顺延开工日期而不构成违约。因承包人原因(周边群众阻挠系因与承包人的纠纷引起)致使承包人不能按时开工的,承包人不可以顺延开工日期,因此不能在约定的工程日期内竣工或者不能履行合同的,承包人应承担迟延履行和不能履行的违约责任。

2. 工程日期的顺延

上述提及的因发包人和外部原因致使承包人无法按时开工,承包人可以顺延开工日期,导致工程日期顺延之外,在履行合同过程中,如果出现以下情形,承包人可以顺延工程日期:

(1) 根据《合同法》第 278 条的规定,隐蔽工程在隐蔽以前,承包人应当通知发包人检查,发包人没有及时检查的,承包人可以顺延工程日期;(2) 根据《合同法》第 283 条的规定,发包人未按照约定的时间和要求提供原材料、设备、场地、资金、技术资料的,承包人可以顺延工程日期;(3) 根据最高人民法院《关于审理建设工程施工合同纠纷案件适用法律问题的解释》第 15 条的规定,建设工程竣工前,当事人对工程质量发生争议,工程质量经鉴定合格的,鉴定期间为顺延工期期间;(4) 发包人在履行合同过程中变更设计,造成承包人停工、缓建、返工、改建,或者因发包人的要求而增加工程量;(5) 建设工程勘察、设计合同中,发包人未按照约定的时间和要求提供有关基础资料、文件;建设工程施工合同中,因自然灾害、恶劣气候、流行性疾病以及非承包人引起的纠纷等原因,致使承包人无法在短期内恢复履行合同。

3. 竣工日期的认定

建设工程经过竣工验收且合格的，方能视为建设工程最终完成即竣工。如双方签字确认竣工日期的，应以双方确认的日期为竣工日期。最高人民法院《关于审理建设工程施工合同纠纷案件适用法律问题的解释》第14条对竣工日期的确定作了具体规定，当事人对建设工程实际竣工日期有争议的，视三种不同情形分别予以认定：（1）建设工程竣工验收合格的，以竣工验收合格之日为竣工日期。（2）承包人已经提交竣工验收报告，发包人拖延验收的，以承包人提交验收报告之日为竣工日期，其基本理论基础为"建设单位为了自己的利益恶意阻止条件成就的，应当视为条件成就"，否则也不利于保护承包人的利益。认定"发包人恶意拖延验收"可以参照相关规定，例如，《建筑装饰施工合同（甲种本）》第32条明确："甲方代表在收到乙方送交的竣工验收报告7天内无正当理由不组织验收，或验收后7天内不予批准且不能提出修改意见，视为竣工验收报告的日期，需修改后才能达到竣工要求的，应为乙方修改后提请甲方验收的日期"；2001年11月5日建设部《建筑工程施工发包与承包计价管理办法》中规定："发包方应当在收到竣工结算文件后的约定期限内予以答复。逾期未答复的，竣工结算文件视为已被认可。发承包双方在合同中对上述事项的期限没有明确约定的，可认为其约定期限均为28日。"实务中还需注意的是，适用此项规定的前提是发包人无正理由拖延验收，如果因建设工程存在质量问题、承包人提交的验收报告不符合要求，尚不符合竣工验收条件，发包人拒绝通过竣工验收的，则应另当别论。（3）建设工程未经竣工验收，发包人擅自使用的，以转移占有建设工程之日为竣工日期。建设工程质量关系到人身、财产安全甚至公共安全，根据《建筑法》《建设工程质量管理条例》等规定，建设工程经验收合格的，方可交付使用；使用未经竣工验收合格的建设工程属应

受处罚的违法行为，发包人对此亦应当明知，但是发包人仍然使用未经竣工验收的建设工程，应认定其已经以其行为认可了建设工程质量合格或者自愿承担质量瑕疵和风险，也表明发包人已经实现了合同目的，发包人再以未经竣工验收合格为由，拒付承包人工程款，不太合适。所以，最高人民法院《关于审理建设工程施工合同纠纷案件适用法律问题的解释》第13条也规定："建设工程未经竣工验收，发包人擅自使用后，又以使用部分质量不符合约定为由主张权利的，不予支持；但是承包人应当在建设工程的合理使用寿命内对地基基础工程和主体结构质量承担民事责任。"两条规定具有相同的立法基础。

还应讨论的是，分包人承包的部分建设工程在整体工程之前完工，其是否在工程整体竣工验收之前主张工程价款？我们认为，如果发包人同意承包人分包，应推定其愿意接受分包可能带来的提前支付工程价款的后果，分包工程完工并通过单项工程验收的，如无特别约定，分包人自通过单项工程验收之日起享有工程价款求偿权，而工程质量保修期仍应根据相关规定，从整体工程竣工之日起算；如果分包未经发包人同意，在整体工程未全部竣工时，发包人支付全部工程价款的条件尚不成就，分包人与承包人之间的约定对发包人也不具有约束力，发包人只负有按照合同约定支付工程价款的义务。

（二）关于项目经理

1. 项目经理的职责权限

建设工程实行项目经理负责制。建筑施工企业的项目经理，是指受企业法定代表人委托对工程项目施工过程全面负责的项目管理者，是建筑施工企业法定代表人在工程项目上的代表人。根据建设部《建筑施工企业项目经理资质管理办法》的相关规定，项目经理具有以下主要职权：（1）组织项目管理班子；（2）以企业法定代表人的代表身份处理与所承担的工程项目有关的外部关系，受委托签署有关合同；（3）指挥工程项目建设

的生产经营活动，调配并管理进入工程项目的人力、资金、物资、机械设备等生产要素；（4）选择施工作业队伍；（5）进行合理的经济分配；（6）企业法定代表人授予的其他管理权力。可见，作为承包企业法定代表人在工程项目上的代表，项目经理在工程项目上具有人、财、物等方面全方位的管理权限。

2. 项目经理行为的法律责任

（1）外部责任

一般而言，项目经理在工程项目上的行为代表着承包企业的行为，包括参与建设工程招标、投标和签订建设工程承包合同、决定项目资金的投入和使用、物质采购、分包或转包工程、参与竣工验收、与发包人或分包人结算工程价等行为均属职务代理行为，对外应当由所在的承包企业承担法律责任。在实际生活中，项目经理往往是挂靠建设工程承包企业的"个体包工头"，与施工企业之间存在挂靠关系，项目经理以施工企业的名义承接建设工程，施工企业则收取一定的管理费。但由于项目经理对外仍以施工企业的名义进行经营，无论是根据"合同相对性"原理，还是从施工企业权利与义务的统一、保证建设工程质量、维护发包人等合法权益或是制裁建设工程领域违法挂靠经营的角度考虑，施工企业仍应对挂靠的实际承包人在工程项目上的行为负责，实务中目前普遍的做法是施工企业与挂靠的实际承包人对外承担连带责任。

但是，实务中也出现了实际承包人假借施工企业的名义虚构债务，或者以施工企业名义赊购物资、租赁设备、举债甚至私自占有、挪用，或者在工程项目终止后再以施工企业的名义赊购物资、租赁设备举债，因此引发债务纠纷成为实务中的处理难题。我们认为，审理此类纠纷案件时既要注重保护善意相对人利益，也要兼顾施工企业的利益。对当事人就债务真实性存在争议或者有合理怀疑的，要加强诉讼指导、释明工作，合理分配举证责任，严格审查购销、借贷、租赁、

欠款等基础事实，如果能够查明实际承包人假借名义、虚构债务，施工企业当然不应承担法律责任。但在不能否认债务真实性时，施工企业应否承担法律责任就涉及实际承包人行为性质的认定问题。

根据《合同法解释一》第14条的规定，认定构成表见代理的，应当以被代理人的行为与权利外观的形成具有一定的牵连性即被代理人具有一定的过错为前提，以"相对人有理由相信行为人有代理权"即相对人善意无过失为条件。第15条规定，在衡量相对人是否构成善意无过失时，应结合代理原理和经验法则以及案件的具体情况等因素综合作出判断，下列情形下不应当认定为属于合同法第49条所称的"相对人有理由相信行为人有代理权"：（1）被代理人授权明确，行为人越权代理的；（2）行为人与相对人订立的合同内容明显损害被代理人利益的；（3）基于经验法则，行为人的代理行为足以引起相对人合理怀疑的。通常，实际承包人在赊购物资或者融资时加盖项目经理部的印章，凭此一般可以认定相对人有理由相信实际承包人的行为系职务行为，要求相对人举证证明实际承包人与其发生交易时持有施工企业的授权委托书不符合实际，过于苛刻。但是不能一概而论，根据实务中的一些具体情况，以下情形中不应认定实际承包人的行为构成表见代理：（1）授权委托书载明的授权明确，相对人与实际承包人发生的交易属无权代理权；（2）相对人应对涉及工程项目上的"项目经理"身份进行必要的审查，如其未尽合理的审查义务而与实际没有"项目经理"身份的人、没有"项目经理"授权的人或者在工程项目终止后无权代表施工企业的"项目经理"发生交易；（3）相对人将实际承包人采购的物资、租赁的设备根据实际承包人的指示，运送至施工企业"承包"工程项目以外的工地的，或者相对人将实际承包人所借款项汇至与施工企业或工程项目无关的银行账户的，也即无证据证明交易与施工企业

"承包"的工程项目有关；（4）相对人与实际承包人订立的合同明显损害施工企业的合法利益，可按照当事人恶意串通损害他人利益的原则处理；（5）实际承包人人以自己作为交易主体与相对人订立、履行合同，但未经施工企业授权而以施工企业名义出具债务凭证；（6）实际承包人加盖私刻（或伪造）的印章与相对人发生交易或者向相对人出具债务凭证，相对人又没有证据证明该印章曾在施工企业"承包"的工程项目中使用过或者施工企业知道或应当知道实际承包人利用该印章从事相关行为，又不能证明相关资金、物质、设备用于施工企业"承包"的工程项目的。虽然，相对人可能无法辩明实际承包人加盖的印章与施工企业的关联性，但如果加盖的印章确为实际承包人私刻，且没有证据证明相关资金、物质、设备用于施工企业"承包"的工程项目的，让施工企业承担责任没有法律和事实依据，按合同相对性原则予以处理最为妥当。

（2）内部责任

①挂靠关系产生的内部责任。在挂靠关系中，实际承包人与施工企业主体地位平等，因挂靠关系产生的债权债务关系应属民事权利义务关系。建设工程领域的挂靠行为属于借用资质、出借资质的一种，应为违法行为。但不论建设工程合同是否有效，已经履行的建设工程合同一般不能恢复原状，因此挂靠关系中实际承包人与施工企业之间的债权债务应当参照挂靠协议处理，施工企业取得的工程价款应归实际承包人所有，施工企业为实际承包人支出的费用应由实际承包人承担。至于挂靠管理费问题，因属违法所得，原则上应予收缴。

②内部承包产生的内部责任。实际生活中，内部承包也是施工企业的重要经营方式，内部承包合同通常设定项目经理应当达到的绩效指标，按绩效指标的完成情况，施工企业给予项目经理一定比例的提成，或者规定项目经理上缴利润，给企业造成损失的给予

一定的惩罚。签订内部承包合同纠纷是否具有可诉性，理论和实务中存在争议。有观点认为，企业内部承包是企业实行内部劳动管理、考核的一种方式，内部承包合同争议应属劳动争议。也有观点认为，内部承包合同的主体具有隶属性，而非平等主体之间的财产或人身关系，内部承包合同纠纷不属人民法院民事诉讼受理范围。还有观点认为，内部承包合同一般涉及个人参与企业经营方面的权利义务、责任风险承担及利益归属，应系平等主体之间的民事法律关系。我们认为，内部承包经营是一种生产经营的激励机制，合理使用好内部承包经营有利于增进企业员工的生产经营积极性、责任性，促进企业生产经营水平的提升，如果将内部承包合同纠纷一概拒之诉讼之外，不利于促进内部承包经营制度的健康发展，也不利于双方的权利得到救济。但是，在处理内部承包合同纠纷时，应当贯彻权利与义务相一致以及充分保护劳动者的原则，总体而言，应由承包人享有的权益应予充分保护，对企业要求承包人承担的义务明显失当、责任过重的应予否定或调整。

七、建设工程施工合同工程款的认定

（一）已完工部分验收合格工程的工程款结算

建设工程施工合同履行过程中，当事人双方约定解除或单方法定解除合同，承包方主张其已完工程的工程款。因工程未完工，如何结算该部分工程款，往往涉及鉴定标准的把握。

在工程没有全部完工的情况下，有两种不同的方式来确认工程款，一是根据实际完成的工程量，以建设行政管理部门颁发的定额取费，核定工程价款，并参照合同约定最终确定工程价款；此时，对工程造价鉴定不涉及甩项部分，只须鉴定其完工部分即可。二是确定所完工程的工程量占全部工程量的比例，按所完工程量的比例乘以合同约定的固定价款得出工程价款。此时，对工程造价

鉴定涉及甩项部分，即对涉案工程总造价进行鉴定。第一种方法较为经济，也是较为常用的一种方法，一般用于工程没有总体竣工验收；第二种方法鉴定费用较高，一般用于工程竣工验收合格。上述两种方式均具有一定的合理性，应尽量寻求双方当事人意见的一致，如无法取得一致时由人民法院酌情确定。

（二）建设工程价款优先受偿权

建设工程已经竣工的，发包人拖欠应当支付的工程款，承包人主张对工程行使优先受偿权是较为常见的争议之一。

因承包人不具备工程开发建设的主体资格，即使赋予其留置权也根本无法办理所建工程的产权手续。且建设工程施工合同也没有赋予承包人的留置权。为保护承包人的合法权益，在发包人无力支付工程款时，根据最高人民法院相关批复的意见，建设工程的承包人的优先受偿权优于抵押权和其他债权。但消费者交付购买商品房的全部或者大部分款项后，承包人就该商品房享有的工程价款优先受偿权不得对抗买受人。建筑工程价款包括承包人为建设工程应当支付的工作人员报酬、材料款等实际支出的费用，不包括承包人因发包人违约所造成的损失。建设工程承包人行使优先权的期限为六个月，自建设工程竣工之日或者建设工程合同约定的竣工之日起计算。

建设工程款优先受偿权属于法定抵押权，担保的是工程款债权，主债权转让的，担保物权应一并转让。根据法律条文的表述并不能确定工程款优先受偿权具有人身专属性，故工程款债权转让给他人的，优先受偿权应随之转让。

（三）工程款利息

当事人对工程款利息有约定，从其约定，没有约定的，按照中国人民银行发布的同期同类贷款利率计算利息。利息部分也是工程款常见的争议之一。

工程建设中，大部分的项目都要求承包

人垫付工程款，或者由于发包人的原因，拖欠工程款，给承包人带来资金压力和利息损失。承包人按照合同约定完成工程建设，发包人应当支付工程款，对发包人拖欠的工程款，双方之间有利息约定的，从其约定，没有约定的，工程款利息作为工程款的法定孳息，应当予以支持，标准按照中国人民银行发布的同期同类贷款利率计算。

当事人在合同中约定的工程款利息，明显高于国家法定标准的，应当对该约定标准进行调整，调整的标准应当在国家法定标准的上下线左右。调整因素应当以欠付工程款的数额，占工程总造价的比例，拖欠工程款的时间，利息和本金的比例以及发包人的违约事实等作为依据。

应付工程款的起算时间应当以下列时间为准：一是工程已实际交付的，为交付之日；工程没有交付的，为承包人提交的竣工结算文件之日；工程未交付，也未结算的，为当事人起诉之日。

（四）工程款鉴定中对签证的审核把关

施工合同中，当事人之间会有很多的签证，其中与工程价款结算有关的签证如何认定比较有争议。我们认为，建筑工程类案件，在工程设计、施工、质量验收、决算等方面涉及许多专业性问题，法官不可能都精通，但当事人对工程质量、工程结算的争议，法官一方面可以借助鉴定等诉讼手段认定双方是否按约履行义务；另一方面，法官的专长在于从证据上把关、审核。合同虽然是当事人结算的重要依据，但合同履行中的签证也是认定当事人之间结算的依据。法官应当从证据的真实性、关联性、合法性上来认定证据的效力；其次，从签证的内容来判断当事人是否通过签证改变了合同中的约定，如果签证中涉及工程量或对某些项目计价方式的确定与合同约定不符，可以认为是对合同的变更，法官应根据变更的签证对当事人之间的争议进行认定。

八、建设工程的质量

（一）发包人工程质量问题的主张，有的

属于反诉，有的属于抗辩

发包单位（发包人）以工程质量问题为由要求施工单位（承包人）支付违约金或赔偿金的，应当提起反诉。

发包人以质量不符约定为由仅请求拒付或减付工程款的，或者合同中明确约定可以直接将工程质量违约金或赔偿金从应付工程款中扣减的，属于抗辩，无需反诉。

建设工程案件中，发包人以工程质量问题为由请求拒付、减付工程款，以及请求承包人支付违约金或赔偿损失，是否必须另行反诉，一直存在争议。对此，应当根据发包人主张的内容，区分情况对待：

（1）发包方以工程质量存在问题为由要求承包人支付违约金或赔偿金的，其诉求不仅明确而且具体，具备民事诉讼法"诉"的全部条件，属于独立的诉。发包人不提出反诉的，原则上不在本诉中不审查。

（2）发包人以质量不符约定为由请求拒付或减付工程款，但没有提出承包人因质量不符合约定应当承担的违约金或赔偿金的，其请求不具备民事诉讼法"诉"的全部条件，只是对承包人请求的一种对抗理由，根据《中国人民共和国民事诉讼法》第108条的规定，这种情形下的诉求视为抗辩权的行使，发包人无须提起反诉，对发包人这一抗辩意见应当审查。发包人抗辩成立的，应当直接支持其意见。

（3）如双方在合同中明确约定可以直接将工程质量违约金或赔偿金从应付工程款中扣减的，发包人提出扣减请求的，因双方已有了明确的约定，故该请求可以应视为抗辩，发包人也无须提起反诉。

（二）工程质量诉讼中的共同被告

因工程质量发生争议，发包人可以总承包人、分包人和实际施工人为共同被告提起诉讼。

《建筑法》第二十九条第二款规定：建筑工程总承包单位按照总承包合同约定对建设单位负责；分包单位按照分包合同的约定对总承包单位负责。总承包单位和分包单位就分包工程对建设单位承担连带责任。第五十五条规定：建筑工程实行总承包的，工程质量由工程总承包单位负责，总承包单位将建筑工程分包给其他单位的，应当对分包工程的质量与分包单位承担连带责任。分包单位应当接受总承包单位的质量管理。根据上述法律规定，总承包人与分包人就工程质量对发包人承担连带责任，故发包人可以总承包人与分包人为共同被告提起诉讼。

实际施工人主要指违法分包人和转包的承包人。违法分包和转包合同均属于无效合同，总承包人与实际施工人主观上均存在过错，也应当承担连带责任。故发包人也可以总承包人与实际施工人为共同被告提起诉讼。

江苏省高级人民法院
建设工程施工合同纠纷案件司法鉴定操作规程

（2015 年 12 月 21 日）

为进一步规范建设工程施工合同纠纷案件审理过程中涉及司法鉴定的相关工作流程，提高建设工程案件审判质量和效率，根据《中华人民共和国民事诉讼法》（以下简称

《民事诉讼法》）、《最高人民法院关于适用〈中华人民共和国民事诉讼法〉的解释》（以下简称《民诉法解释》）、《最高人民法院关于审理建设工程施工合同纠纷案件适用法律问

题的解释》(以下简称《建设工程司法解释》)等法律、司法解释的规定,制定本操作规程。

一、鉴定的启动

第一条 建设工程司法鉴定的启动以当事人申请鉴定为主,人民法院依职权委托鉴定为补充。

人民法院依职权委托建设工程司法鉴定一般应限于案件涉及国家利益、社会公共利益或他人合法权益的情形。

第二条 人民法院向当事人释明应当通过申请鉴定的方式进行举证,当事人未在人民法院指定的期限内提出鉴定申请,后又向人民法院申请鉴定,人民法院可以准许,并依照《民事诉讼法》第一百一十五条第一款、《民诉法解释》第一百零二条的规定对当事人予以训诫、罚款。

当事人在一审中经人民法院释明后未提出鉴定申请,在二审中对同一事项申请鉴定,鉴定对案件处理有实质性影响的,一般应当要求当事人按鉴定费标准交纳保证金,并将案件发回原审法院委托鉴定。案件发回后当事人在重审中又不申请鉴定的,人民法院可以根据案件审理的需要依职权委托鉴定,鉴定费从保证金中扣除。

当事人在人民法院审查再审申请期间提出鉴定申请的,人民法院不予准许。

第三条 人民法院鉴定管理部门在确定鉴定机构和鉴定人员过程中应当对鉴定机构和鉴定人员的资质进行审查,并将审查意见和相关资质材料移交审判部门复核。

第四条 人民法院在鉴定开始前应向当事人告知鉴定人的身份及申请鉴定人回避的权利,并询问当事人是否申请鉴定人回避。

在鉴定过程中当事人发现鉴定人具有应当回避的情形并向人民法院申请回避的,人民法院应予准许。

鉴定人的回避,由审判长决定。

第五条 人民法院应当根据当事人的申请,结合双方争议事项,依照《民事诉讼法》及相关司法解释的规定决定是否启动鉴定并合理确定鉴定事项。

人民法院启动鉴定、确定鉴定事项应当遵循以下原则:

(1)必要性原则。因争议事实涉及专门性问题,通过当事人的举证对争议事实无法达到高度盖然性证明标准,当事人申请鉴定的,人民法院可以准许;争议事实虽涉及专门性问题,但通过当事人的举证人民法院可以认定的,不予鉴定。

(2)关联性原则。人民法院应当根据查明待证事实的需要确定鉴定事项,鉴定事项应当与待证事实具有充分关联性,能够为查明待证事实提供依据。

(3)可行性原则。人民法院委托鉴定的事项应当属于能够通过司法鉴定得出鉴定意见的事项。

(4)鉴定范围最小化原则。人民法院在委托鉴定前应通过其他手段排除无争议项,只对有争议项进行鉴定。对于建设工程造价争议应先根据诉辩意见及当事人举证质证确定争议项,再对争议项进行鉴定。

第六条 鉴定的启动和鉴定事项、鉴定思路的确定应当经过合议庭决定,出现以下情形应当提交法官会议讨论:

(1)合议庭存在重大分歧意见的;

(2)合议庭认为需要鉴定机构按照两种以上鉴定依据出具多种鉴定意见的;

(3)合议庭认为其他有必要提请法官会议讨论的。

法官会议的讨论意见供合议庭参考。经法官会议讨论仍存在重大分歧的,应当征求分管院领导意见。

第七条 人民法院应当在鉴定开始前召开鉴定准备会,要求鉴定机构提交鉴定实施方案,组织鉴定人和当事人对鉴定事项和鉴定思路进行沟通和讨论,在充分听取鉴定人和当事人意见的基础上确定鉴定事项和思路,必要时可向专家咨询员咨询。

第八条 人民法院应当严格限制重复鉴定,只有符合《最高人民法院关于民事诉讼证据的若干规定》第二十七条规定的，才能允许重新鉴定。

第九条 建设工程鉴定委托工作由人民法院相关审判部门和鉴定管理部门依据各自的职能，分工协作完成。

审判部门主要负责以下事项：

（1）启动司法鉴定程序；

（2）确定鉴定事项、依据、范围与鉴定思路；

（3）组织质证及确定鉴定资料；

（4）决定已选定的鉴定机构或鉴定人员是否回避；

（5）决定延长鉴定时间；

（6）决定撤回、暂缓、中止或者终结鉴定；

（7）对鉴定意见初稿进行预审查；

（8）对鉴定意见的审查、采信；

（9）其他应当由审判部门负责的事项。

鉴定管理部门主要负责以下事项：

（1）选择确定鉴定机构并审查鉴定机构与鉴定人员的资质；

（2）办理委托手续并移送鉴定材料；

（3）对鉴定工作进行跟踪协调，了解鉴定相关情况，及时处理可能影响鉴定的问题；

（4）鉴定初稿和鉴定意见的送达工作；

（5）组织现场勘验；

（6）监督鉴定机构依法合理收取鉴定费用，按时完成鉴定；

（7）收集民事审判部门对鉴定意见和鉴定机构的评价；

（8）处理违法、违规的工程鉴定机构；

（9）协助审判部门在委托鉴定工作中的其他事项。

二、鉴定资料的准备、质证与移交

第十条 鉴定事项确定后，对于常见鉴定事项应由人民法院鉴定管理部门先行向当事人出具基本鉴定资料准备清单，鉴定机构确定后应当在十日内由鉴定机构向当事人出具鉴定资料准备详单。

第十一条 当事人应当在人民法院指定的时间内提交鉴定资料，控制鉴定资料的一方当事人逾期不提供导致相关争议项无法确定的，人民法院可以根据案件审理情况认定对方当事人主张的相关事实成立。

第十二条 控制鉴定资料的一方当事人经释明后拒不提供资料，导致鉴定无法进行的，人民法院可以终结鉴定，由拒不提供资料的一方当事人承担相应不利后果；双方均有能力提供，经释明后均未提供的，由对相关争议事实承担举证责任的一方当事人承担相应不利后果。

第十三条 人民法院应当在鉴定资料移交鉴定机构前组织当事人进行逐项质证，经质证认可或经人民法院予以认定的资料可以移交鉴定机构使用。

受鉴项目资料较多的，人民法院可以先行委托鉴定机构对双方当事人提交的资料进行核对，确定无争议的资料和有争议的资料后，由人民法院组织双方当事人对核对结果进行书面确认。对于有争议的资料，人民法院应当组织当事人进行逐项质证。

第十四条 当事人提交鉴定资料时应附资料清单，资料经质证后，由人民法院审判部门组织当事人与鉴定机构进行交接，并由鉴定机构在资料清单上盖章签收。

三、鉴定过程中的工作衔接

第十五条 人民法院委托鉴定后，审判部门应当及时掌握鉴定工作进程，必要时可以向鉴定机构发出督促函，要求鉴定机构加快鉴定节奏。

鉴定机构接受委托后未能在指定期限内出具鉴定意见的，审判部门可以会同鉴定管理部门要求鉴定机构说明理由，审判部门与鉴定管理部门认为理由不成立的，对该次鉴定的评价反馈按超期鉴定处理。

第十六条 鉴定机构提出需要进行现场勘验的，审判部门应当及时会同鉴定管理部门组织当事人和鉴定人进行现场勘验。

当事人经人民法院通知拒不配合现场勘验导致争议项无法确定的，人民法院可以根据案件审理情况认定对方当事人对争议项的相关主张成立。

第十七条 鉴定过程中鉴定机构认为需要补充鉴定资料的，人民法院应当要求当事人在指定的期限内提交，当事人未在指定期限内提交的，按照第十一、十二条处理。

四、鉴定意见的审查

第十八条 鉴定人完成鉴定初稿后应当通过人民法院向各方当事人送达，人民法院应当要求当事人在规定的期限内通过法院向鉴定人提交书面异议和相关证明材料。

鉴定人应针对当事人的异议及相关证明材料对鉴定意见初稿进行核对与调整，并通过人民法院书面答复当事人。

第十九条 鉴定初稿经审判部门审查认为结论明确、说理充分、符合委托鉴定要求后，人民法院鉴定管理部门应当及时通知鉴定机构出具正式鉴定意见。

第二十条 当事人对鉴定意见有异议或者人民法院认为鉴定人有必要出庭的，人民法院应当通知在鉴定意见上署名的鉴定人员出庭作证。

鉴定人一审中已出庭作证，当事人在二审、再审中仍对鉴定意见提出相同异议，人民法院认为确有必要的，可以通知鉴定人出庭作证。当事人在二审、再审中对鉴定意见提出新的异议的，人民法院应当通知鉴定人出庭作证。

鉴定意见上署名的鉴定人员在接到人民法院出庭通知时已不在原鉴定机构执业，人民法院应当通知原鉴定机构指派具有相应资质的鉴定人员出庭，回答当事人的质询。

第二十一条 鉴定人经人民法院通知无正当理由拒不出庭作证，经质证当事人对鉴定意见仍持异议，有异议的部分可以与无异议的部分进行区分且互不影响的，有异议的部分不得作为认定案件事实的依据；不能区分或可能产生相互影响的，鉴定意见不得作为证据使用。

第二十二条 当事人可以申请一至两名专家辅助人出庭，代表当事人对鉴定意见进行质证，或者对案件事实所涉及的专业问题提出意见，该意见视为当事人的陈述。

当事人申请专家辅助人出庭应当在开庭前向人民法院申请，并经人民法院准许。一方当事人申请专家辅助人出庭的，人民法院应当在开庭前通知另一方当事人。

当事人针对鉴定意见申请专家辅助人出庭的，一般应在一审程序中提出。当事人在二审程序中申请专家辅助人出庭，人民法院经审查确有必要的，可以准许。

第二十三条 当事人向人民法院提交专业机构或专家辅助人就鉴定问题出具的书面意见，对方当事人提出异议的，人民法院应当要求当事人申请该专业机构或相关人员出庭陈述相关专业意见，当事人不申请或相关人员拒不出庭的，人民法院对该书面意见不予采信。

五、鉴定费与鉴定人出庭费用

第二十四条 当事人申请鉴定的，鉴定费由提出申请的一方当事人全额预交。当事人申请鉴定后未按期全额预交鉴定费，人民法院应当催交并释明不按期交纳将导致鉴定程序终结的不利后果，经催交后当事人仍未按期全额交纳的，人民法院可以终结委托鉴定程序。

第二十五条 鉴定人经人民法院通知拒不出庭作证，导致鉴定结论未予采信，或者鉴定意见因《最高人民法院关于民事诉讼证据的若干规定》第二十七条第一款规定的情形未被人民法院采信，当事人请求返还鉴定费用的，人民法院审判部门应商请鉴定管理部门责令鉴定机构退还。

第二十六条 当事人申请鉴定时应向人民法院预交鉴定人出庭作证的费用，当事人未预交的，人民法院应当在判决时按照《国务院诉讼费用交纳办法》第六条第三项的规定确定费用数额并列明由对鉴定意见提出异议的一方当事人负担，双方均提出异议的，由双方平均分担。

人民法院通知鉴定人出庭，鉴定人以未收到出庭费用为由表示不出庭作证的，人民法院应当向其说明前款规定的内容，并向其释明如不出庭将按照《民事诉讼法》第七十八条的规定处理。

六、建设工程造价鉴定

第二十七条 当事人对工程价款存在争议，既未达成结算协议，也无法采取其他方式确定工程款的，人民法院可以根据当事人的申请委托鉴定机构对工程造价进行鉴定。

当事人申请工程造价鉴定，人民法院经审查具有下列情形之一的，不予准许：

（1）双方当事人就工程款数额已协商一致达成协议；

（2）合同约定按固定总价结算的合同内部分；

（3）当事人诉前已经共同选定鉴定机构对建设工程造价作出鉴定意见，且无充分证据推翻的；

（4）发包人未对承包人提交的结算资料提出异议，符合《建设工程司法解释》第二十条规定的；

（5）人民法院根据双方提交的结算材料可以直接认定工程款数额的。

第二十八条 经过招标投标的建设工程，发包人和承包人另行订立的施工合同与中标合同实质性内容不一致的，不论该中标合同是否经过备案，均应以中标合同作为工程造价鉴定的依据。

当事人违法进行招投标订立中标合同后，又另行订立施工合同，不论中标合同是否经过备案，均应以符合双方当事人的真实意思并在施工中实际履行的施工合同作为工程造价鉴定的依据。

第二十九条 对于工程造价鉴定标准和方法，根据《建设工程司法解释》第十六条的规定处理。

对于工程变更、增加项目的工程价款，合同或者签证单有约定的，按照约定；合同没有约定，采用固定单价合同的，按招投标

文件的计价清单中有相同项目或可套用项目的价格计算，计价清单中无相同项目或可套用项目的，按照合同签订时工程所在地建设行政主管部门发布的计价办法计价，并按计价清单体现的让利率折算；采用可调价合同按实结算的，按照合同履行期间工程所在地建设行政主管部门发布的计价标准计价。

第三十条 对于经过行政审计、财政评审的政府投资的项目，当事人申请对工程造价进行司法鉴定，人民法院经审查认为需要进行鉴定的，可以准许，双方当事人合同约定以行政审计、财政评审结论作为工程款结算依据的除外。

第三十一条 建设工程施工合同无效，但建设工程经竣工验收合格的，应当参照合同约定的结算方法进行鉴定。

对于发包人未领取建设用地规划许可证、建设工程规划许可证、国有土地使用权证的"三无工程"，经竣工验收合格，应当参照合同约定的结算方法进行鉴定。

第三十二条 建设工程施工合同约定工程价款按照固定总价结算，合同履行过程中建设工程发生重大变更导致难以区分合同内工程量与变更部分工程量，一方当事人申请对建设工程全部造价进行鉴定的，人民法院可以准许，但鉴定结论应当计入固定总价体现的下浮水平。

第三十三条 建设工程施工合同解除后，工程由其他承包人继续施工的，人民法院应当在委托鉴定时依据工程交接记录向鉴定人明确承包人的实际施工范围；没有交接记录或依据交接记录不足以作出认定的，人民法院应当通过其他施工资料及组织双方当事人勘验工地现场固定交接界面的方式，确定承包人的实际施工范围；采用上述方法仍不能确定的，人民法院可以根据双方未能办理交接及工程未完工的原因等因素通过分配举证责任确定承包人的实际施工范围。

第三十四条 因发包人违约导致合同解除，人民法院可以根据案件审理的需要委托

鉴定人对下列费用进行鉴定：

（1）合同解除日以前承包人所完成的永久工程的价款；

（2）承包人为受鉴项目施工订购并已付款的材料、工程设备和其他物品的金额；

（3）承包人为完成受鉴项目已发生而发包人未支付的费用；

（4）承包人为完成受鉴项目所建造的临时设施的摊销费用；

（5）承包人撤离施工场地以及遣散承包人人员的费用；

（6）承包人进场施工机械的停滞费用。

第三十五条 因承包人违约导致合同解除，人民法院可以根据案件审理的需要委托鉴定人对下列发包人应向承包人支付的费用进行鉴定：

（1）合同解除日以前承包人所完成的永久工程的价款；

（2）承包人为受鉴项目施工订购并已付款且实际使用的材料、工程设备和其他物品的金额；

（3）承包人为完成受鉴项目已发生而发包人未支付的费用；

（4）承包人为完成受鉴项目所建造的临时设施的摊销费用。

第三十六条 当事人对工程价款有争议，承包人提供了单方竣工结算报告，发包人应当进行审核，并将审核结果反馈给承包人。发包人在收到竣工结算文件后，在约定的期限内不予答复的，符合《建设工程司法解释》第二十条的规定，无需进行造价鉴定，按照约定或者竣工结算文件结算工程价款。

发包人在收到竣工结算文件后，在约定的期限内提出异议的，人民法院经审查需要通过鉴定确定的，应当向承包人释明，由承包人对异议部分申请鉴定。承包人坚持不申请鉴定的，对发包人主张的异议予以支持。

第三十七条 当事人对施工合同效力、结算依据和标准、签证文件的真实性及效力、举证责任分配、应否下浮、奖惩、缴纳管理

费等问题存在争议的，应由人民法院进行审查并作出认定，法院未作出明确认定的，鉴定机构应当对该部分争议鉴定后列入鉴定意见的争议项，由法院判定。

七、建设工程质量鉴定

第三十八条 发包人主张工程质量不符合合同约定，但提交的证据不足以证明的，应由发包人向人民法院申请鉴定；根据已有证据能够证明质量不符合合同约定，承包人主张并非施工原因导致但提交的证据不足以证明的，应当由承包人申请鉴定。

第三十九条 建设工程经竣工验收合格，承包人要求发包人支付工程价款，发包人以工程质量提出抗辩并要求对工程进行质量鉴定的，人民法院不予准许，但涉及地基基础工程和主体结构质量的除外。

建设工程经竣工验收合格，发包人起诉或反诉主张工程质量不合格向人民法院申请鉴定，并就质量问题有初步证据证明的，人民法院可以准许。

第四十条 建设工程未经竣工验收合格，发包人擅自使用后对使用部分质量提出异议并申请鉴定的，人民法院不予准许，但涉及地基基础工程和主体结构质量的除外。

对于因缺乏建设用地规划许可证、建设工程规划许可证、国有土地使用权证的"三无工程"，发包人主张工程存在质量问题申请鉴定的，人民法院不予准许。

第四十一条 应当提出鉴定申请的当事人在合理期限内无正当理由不提出鉴定申请或者不预交鉴定费用或者拒不提供相关工程材料，导致无法进行质量鉴定的，对其主张的事实承担举证不能的后果。

第四十二条 合同约定的质量标准高于国家规定的强制性标准，应当以合同约定的质量标准作为鉴定依据；合同约定的质量标准低于国家规定的强制性标准，应当依据国家规定的强制性标准进行鉴定。

第四十三条 人民法院委托鉴定机构对建设工程质量进行鉴定，在确定鉴定事项时

不应要求鉴定人作出质量合格或不合格的鉴定意见，应根据案件审理需要要求鉴定人对质量是否符合施工图设计文件以及相关标准、技术文件以及造成质量问题的原因和责任做出鉴定意见。

第四十四条 对于工程存在质量缺陷，经有资质的鉴定机构确定修复方案后，鉴定机构可以根据鉴定时施工当地建设行政主管部门制定的工程计价依据计算修复加固费用。

八、建设工程工期与窝工损失鉴定

第四十五条 人民法院根据当事人申请委托鉴定机构对窝工损失进行鉴定，应先根据当事人的举证确定因发包人责任导致工程暂停施工的期间，无法确定的应召开鉴定准备会征询鉴定人的意见，鉴定人认为鉴定不具备条件的，不予鉴定。

第四十六条 人民法院委托鉴定机构对窝工损失进行鉴定，可以根据案件审理的需要，对下列费用委托鉴定：

（1）保护、保管暂停施工部分的工程或全部工程的费用；

（2）由于暂停施工而引起的、必需的安全费用；

（3）项目经理部人员的工资及进入施工现场生产工人的工资；

（4）由于暂停施工而引起的需延期租赁的施工机械和施工机具租赁费用；

（5）为暂停施工部分的工程复工所必需的准备费用。

第四十七条 发包人向承包人主张迟延竣工违约责任，承包人以增加合同工作内容导致工期延长进行抗辩，但提交的证据不足以证明的，应由承包人对工期申请鉴定。

九、附则

第四十八条 案件审理过程中进行委托鉴定的，审判部门应在案件结案后及时填写《委托鉴定案件评价表》，将鉴定机构的鉴定质量、效率、服务质量、鉴定意见采信以及鉴定人出庭等情况作出评价后反馈鉴定管理部门。

审判部门在审理案件过程中，发现鉴定机构及鉴定人员有违规、违法情形，影响鉴定结果，损害当事人或他人合法权益的，应当及时反馈本院鉴定管理部门。

江苏省高级人民法院
关于买卖合同纠纷案中当事人行为是否构成表见代理认定问题的纪要

2013 年 8 月 12 日　　　　　　　审判委员会会议纪要〔2013〕03 号

2013 年 8 月 12 日，江苏省高级人民法院审判委员会第 19 次会议讨论了江苏中兴建设有限公司（以下简称中兴公司）、江苏中兴建设有限公司连云港分公司（以下简称连云港分公司）与陈元林、钮志浩买卖合同纠纷一案，就该案中当事人钮志浩的行为是否构成表见代理问题形成意见。现将讨论意见纪要如下：

一、案件基本情况

2010 年 9 月 28 日，中兴公司与万盛公司签订了一份建设工程施工合同，由中兴公司承建体育城工程，实际施工人为连云港分公司。连云港分公司将工程的土建部分转包给青原公司，青原公司实际承包人赵鲁平又将部分工程转包给钮志浩。2011 年 3 月 27 日，钮志浩以中兴公司名义与陈元林经营的滨湖区辰意建材经营部（以下简称辰意经营部）

签订买卖合同，约定由辰意经营部向中兴公司承建的体育城工程工地供应木方、模板等材料，合同尾部需方及保证人栏均为钮志浩个人签字确认，中兴公司未加盖印章。陈元林按约履行供货义务后，中兴公司及连云港分公司尚欠货款未结清。陈元林遂诉至法院，要求中兴公司、连云港分公司归还欠款，钮志浩承担担保责任。陈元林提交了其在施工工地钮志浩办公室所拍摄的显示钮志浩为工程质量领导小组及安全领导小组成员的铭牌照片、工程项目部向钮志浩施工队所发的要求确保在规定的时间节点完成工程进度的通知等证据，主张中兴公司、连云港分公司应承担买卖合同的付款义务。

二、关于相关问题的处理意见

《中华人民共和国合同法》第 49 条规定："行为人没有代理权、超越代理权或者代理权终止后以被代理人名义订立合同，相对人有理由相信行为人有代理权的，该代理行为有效。"该条是关于认定表见代理的规定。表见代理本属于无权代理，但因本人与无权代理人之间的关系，具有外观授权的特征，致使相对人有理由相信行为人有代理权而与其进行民事法律行为，法律赋予其与有权代理相同的法律效果。表见代理的制度意义在于维护代理制度的诚信基础，保护善意第三人的合法权益，建立正常的民事流转秩序。

会议认为，根据法律规定，认定行为人与相对人订立合同的行为构成表见代理，应当具备以下条件：一是行为人没有代理权；二是签订合同之时具有使相对人相信行为人具有代理权的事实或理由；三是相对人主观上须为善意且无过失；四是行为人与相对人

签订的合同应具备合同有效的一般条件，即不具有无效和可撤销的内容。按照这一判断标准，本案中钮志浩的行为不构成表见代理，主要理由是：1、钮志浩的行为是无权代理行为。本案中，虽然买卖合同的需方填写的是中兴公司，但最终签字确认的是钮志浩个人，中兴公司并未签章；签约时钮志浩亦未向陈元林出示其代表中兴公司或受中兴公司委托订立买卖合同的授权委托书。因此，钮志浩以中兴公司的名义与陈元林签订买卖合同的行为是无权代理行为。2、钮志浩与陈元林签订合同时，不具有足以使陈元林相信其有权代理中兴公司的事实和理由。陈元林主张钮志浩代表中兴公司的主要证据是，体育城项目部向钮志浩施工队所发的通知、函告以及陈元林称其在钮志浩办公室所拍摄的铭牌照片（中兴公司对照片的真实性不予认可）。通知及铭牌照片等证据仅能表明钮志浩的身份是"钮志浩施工队"负责人和工程项目质量领导小组及安全领导小组的成员，并不具有代表中兴公司对外购买建材的权限，且上述通知及照片均系陈元林于合同订立之后的供货期间取得。因此，没有证据证明陈元林在订立合同时相信钮志浩有权代表中兴公司。3、陈元林具有过失。陈元林在与钮志浩签订合同时，既不审查核实钮志浩身份及有无代理权，又不要求中兴公司在合同上加盖印章；在合同履行过程中，也未要求中兴公司予以确认或追认，具有明显过错。综上，钮志浩的行为不符合《中华人民共和国合同法》第 49 条规定的表见代理构成要件，不构成表见代理。

浙江省高级人民法院
关于审理建筑领域职务犯罪和经济犯罪案件若干问题的解答

（2015 年 12 月 29 日）

本省各级人民法院刑事审判庭：

为加强建筑领域职务犯罪和经济犯罪案件的审判工作，现将我们调研中收集到的有关问题梳理汇总解答如下，供审理案件时参考。

一、如何理解和确定建筑领域涉及项目经理职务犯罪和经济犯罪案件的管辖？

答：实践中，由于建筑施工企业分支机构数量众多、分布分散，建筑施工企业的注册地、施工项目所在地、被告人户籍所在地、犯罪行为发生地和犯罪结果地往往不在同一地区，导致以项目经理为主体的经济犯罪和职务犯罪案件容易产生管辖方面的争议。根据刑事诉讼法和司法解释的有关规定，刑事案件一般由犯罪地的人民法院管辖，如果由被告人居住地人民法院管辖更为适宜的，可以由被告人居住地的人民法院管辖；犯罪地包括犯罪行为发生地和犯罪结果发生地。对项目经理职务侵占、挪用资金等职务犯罪和经济犯罪案件的管辖问题一般可按以下几个原则加以把握：

（1）建筑施工企业的工程项目所在地与建筑企业注册地一致的情况下，依照法律规定，犯罪地和被告人居住地的人民法院均当然具有管辖权。

（2）建筑施工企业的工程项目不在建筑施工企业注册地，但所挪用、侵占的资金是由建筑施工企业汇到项目地的，该建筑施工企业注册地可视为犯罪结果发生地，当地司法机关具有管辖权。

（3）被告人居住地、工程项目所在地、资金汇出地均不在建筑施工企业注册地的情况下，可参照单位犯罪、网络犯罪等司法解释的有关规定办理，不具有法人资格的建筑施工企业的项目部作为建筑施工企业的主要办事机构，本质上是建筑施工企业内部分支机构，项目经理在分支机构实施的犯罪可视为建筑施工企业内部人员实施犯罪，有关犯罪行为也必然侵害建筑施工企业的财产利益、使其遭受财产损失，故也应认可建筑施工企业注册地的司法机关有管辖权。

二、如何理解和认定建筑领域项目经理职务犯罪和经济犯罪中的主体身份？

答：项目经理的形态多种多样，既包括建筑施工企业依法设立的企业内部承包人员，也包括挂靠、非法转包等情形下的项目实际负责人；有的与建筑施工企业先前签订了劳动合同，有的补签了劳动合同，有的根本没签订劳动合同，能否成为职务侵占、挪用资金等职务类犯罪的主体，既要作形式审查，又要作实质判断，不宜一概而论。一般情况下，对项目经理的主体身份问题，可按以下几个原则加以把握：

（1）对于项目经理与建筑施工企业签订劳动合同或者存在事实上的劳动关系的情形，由于二者之间存在合法的劳动关系，项目经理由建筑施工企业任命，且以建筑施工企业的名义施工，符合职务类犯罪的主体要件，可以成为职务侵占、挪用资金等职务类犯罪的主体。

（2）对于不存在劳动关系的挂靠、非法转包情形，对项目经理的主体身份问题，可以按"授权型项目经理"和"非授权型项目经理"作进一步区分。所谓授权型项目经理,指建筑施工企业通过签订内部承包协议、出具任命文件、介绍信、委托书或者其他授权方式,赋予与建筑施工企业不存在劳动关系的项目经理以建筑施工企业的名义对外行为的权限,建筑施工企业愿意对外承担责任的情形,授权型项目经理可以成为职务侵占、挪用资金等职务类犯罪的主体。所谓非授权型项目经理,指与建筑施工企业不存在劳动关系的项目经理与建筑施工企业之间,既没有内部承包协议、任命书等文件,也不存在其他足以证明其已获建筑施工企业明确授权的情况,项目经理对外擅自以建筑施工企业的名义从事相关行为的情形,非授权型项目经理不宜成为职务侵占、挪用资金等职务类犯罪的主体。

三、如何理解和认定施工项目资金所有权归属,项目经理将施工项目资金、工程材料等财物占为己有或者将工程款挪作他用是否可构成职务侵占、挪用资金等犯罪?

答:依法准确认定施工项目资金等财物所有权归属,是审查认定职务犯罪和经济犯罪的前提和基础。在项目经理内部承包责任制下,项目经理垫资现象十分常见。因此,在审理相关案件时应以施工项目资金本质上是否垫付为判断标准,具体可分以下三种情况加以把握:

(1)对于项目经理垫付范围内的施工项目资金,垫付并不改变其财产所有权的归属,即应确定施工项目资金的所有权仍归属于项目经理。在此情形下,项目经理"侵占""挪用"其自己垫付的施工项目资金的行为一般不宜以职务侵占、挪用资金等犯罪定罪处罚。

(2)对于项目经理垫付范围外的施工项目资金,工程没有完工的,应当以工程结算节点为界。结算以前或者无法进行结算的,施工项目资金的所有权归属于建筑施工企业,结算以后施工项目资金的所有权归属于项目经理。

(3)建筑施工企业与项目经理对资金归属、资金使用范围等进行明确约定的,从约定。

四、如何理解和把握建筑领域伪造印章犯罪的定性处罚?

答:伪造印章犯罪是建筑领域较为常见的犯罪,通常不单独出现,而是作为伪造证据、虚假诉讼等行为的一种手段。根据刑法第二百八十条规定,伪造公司、企业、事业单位、人民团体印章罪的印章,不仅包括公司公章,还包括公司项目部章、合同专用章、技术专用章、财务专用章等印章。项目经理伪造上述有关印章的,可认定为伪造公司印章。对项目经理实施违规利用(伪造、偷盖、修改粘贴方式)建筑施工企业印章、虚假诉讼以及损害建筑施工企业利益的其他行为,构成其他犯罪的,宜根据从一重罪处断等原则依法处理。

五、如何理解和把握建筑领域项目经理拒不支付劳动报酬行为的定性?

答:《刑法修正案(八)》增设了拒不支付劳动报酬罪,对项目经理拖欠、拒不支付民工工资等行为具有较大的威慑作用。但在司法实践中,对于项目经理拒不支付劳动报酬案件,还存在主体身份难确定、入罪标准不明确等问题。对此,一般宜按以下几个原则加以把握:

(1)根据《最高人民法院关于审理拒不支付劳动报酬刑事案件适用法律若干问题的解释》第二条、第七条的规定,拒不支付劳动报酬罪的犯罪主体为一般主体,既包括用工单位,也包括用工个人。

(2)当建筑施工企业为用人单位时,应由建筑施工企业对外承担支付劳动报酬的法律责任,项目经理以逃匿、去向不明等方式转移资产拒不支付劳动报酬的行为,可按职务侵占等犯罪处理,一般不宜以拒不支付劳动报酬罪定性处罚。

(3)当项目经理作为用工主体时,其以逃避支付劳动者的劳动报酬为目的的转移财产、逃匿、去向不明的，宜以拒不支付劳动报酬罪追究刑事责任。

六、如何理解和把握建筑领域项目经理虚假诉讼行为的定性处罚？

答：虚假诉讼是指民事诉讼各方当事人恶意串通，采取虚构法律关系、捏造案件事实方式提起民事诉讼，或者利用虚假仲裁裁决、公证文书申请执行，使法院作出错误裁判或执行，以获取非法利益的行为。《刑法修正案（九）》实施后，对于项目经理虚假诉讼行为，可按以下原则加以把握：

（1）对于项目经理与他人恶意串通进行虚假诉讼的行为一般以虚假诉讼罪定罪处罚。实践中，应注意审查虚假诉讼行为是个人行为还是单位行为。若项目经理以其个人名义，以捏造的事实提起民事诉讼，并将违法所得归个人所有的，项目经理构成个人犯罪。若项目经理以其所在单位的名义进行虚假诉讼，且违法所得归单位所有的，可构成单位犯罪。

（2）项目经理实施虚假诉讼，非法占有他人财产或者逃避合法债务，同时构成诈骗罪、职务侵占罪等其他犯罪的，依照处罚较重的规定定罪从重处罚。

浙江省高级人民法院民事审判第一庭
关于审理建设工程施工合同纠纷案件
若干疑难问题的解答

（2012 年 4 月 5 日）

近年来随着经济和社会的迅猛发展，建设工程施工合同纠纷案件频发，新情况、新问题层出不穷。为正确审理此类案件，省高院民事审判第一庭经深入调研，并广泛征求意见，现就此类案件审理中的一些突出问题作出解答，供办案时参考。

一、如何认定内部承包合同？如何认定其效力？

建设工程施工合同的承包人与其下属分支机构或在册职工签订合同，将其承包的全部或部分工程承包给其下属分支机构或职工施工，并在资金、技术、设备、人力等方面给予支持的，可认定为企业内部承包合同；当事人以内部承包合同的承包方无施工资质为由，主张该内部承包合同无效的，不予支持。

二、如何认定未取得"四证"而签订的建设工程施工合同的效力？

发包人未取得建设用地规划许可证或建设工程规划许可证，与承包人签订建设工程施工合同的，应认定合同无效；但在一审庭审辩论终结前取得建设用地规划许可证和建设工程规划许可证或者经主管部门予以竣工核实的，可认定有效。

发包人未取得建设用地使用权证或建筑工程施工许可证的，不影响建设工程施工合同的效力。

三、如何认定当事人就工程价款计价方法所约定的条款的效力？

建设工程施工合同约定的工程价款的确定方法虽然与建设工程计价依据不一致，但并不违反法律、行政法规强制性规定的，该约定应认定有效。

四、如何认定当事人约定的保修期低于法律规定的最低保修期限的条款的效力？

建设工程施工合同中约定的正常使用条件下工程的保修期限低于国家和省规定的最低期限的，该约定应认定无效。

五、如何认定开工时间?

建设工程施工合同的开工时间以开工通知或开工报告为依据。开工通知或开工报告发出后,仍不具备开工条件的,应以开工条件成就时间确定。没有开工通知或开工报告的,应以实际开工时间确定。

六、如何认定工期顺延?

发包人仅以承包人未在规定时间内提出工期顺延申请而主张工期不能顺延的,该主张不能成立。但合同明确约定不在规定时间内提出工期顺延申请视为工期不顺延的,应遵从合同的约定。

七、发包人已经签字确认验收合格,能否再以质量问题提出抗辩,主张延期或不予支付工程价款?

发包人已组织验收并在相关文件上签字确认验收合格,后又以工程质量存在瑕疵为由,拒绝支付或要求延期支付工程价款的,该主张不能成立。但确因承包人施工导致地基基础工程、工程主体结构质量不合格的,发包人仍可以拒绝支付或要求延期支付工程价款。

八、如何把握工程质量鉴定程序的启动?

要严格把握工程质量鉴定程序的启动。建设工程未经竣工验收,发包人亦未擅自提前使用,发包人对工程质量提出异议并提供了初步证据的,可以启动鉴定程序。

九、发包人以工程质量为由提出的对抗性主张,究竟是抗辩还是反诉?

承包人诉请给付工程价款,发包人以工程质量不符合合同约定或国家强制性的质量规范标准为由,要求减少工程价款的,按抗辩处理;发包人请求承包人赔偿损失的,按反诉处理。

十、哪些证据可以作为工程量、工程价款的结算依据?

双方当事人在建设工程施工过程中形成的补充协议、会议纪要、工程联系单、工程变更单、工程对账签证以及其他往来函件、记录等书面证据,可以作为工程量计算和认定工程价款的依据。

十一、施工过程中谁有权利对涉及工程量和价款等相关材料进行签证、确认?

要严格把握工程施工过程中相关材料的签证和确认。除法定代表人和约定明确授权的人员外,其他人员对工程量和价款等所作的签证、确认,不具有法律效力。没有约定明确授权的,法定代表人、项目经理、现场负责人的签证、确认具有法律效力;其他人员的签证、确认,对发包人不具有法律效力,除非承包人举证证明该人员确有相应权限。

十二、能否调整总价包干合同的工程量、工程价款?

建设工程施工合同采用固定总价包干方式,当事人以实际工程量存在增减为由要求调整的,有约定的按约定处理。没有约定,总价包干范围明确的,可相应调整工程价款;总价包干范围约定不明的,主张调整的当事人应承担举证责任。

十三、建设工程施工合同无效,但工程竣工验收合格的,谁有权利请求参照合同约定确定工程价款?

建设工程施工合同无效,但工程竣工验收合格,按照最高人民法院《关于审理建设工程施工合同纠纷案件适用法律若干问题的解释》第二条的规定精神,承包人或发包人均可以请求参照合同约定确定工程价款。

十四、承包人能否直接请求按照竣工结算文件结算工程价款?

建设工程施工合同明确约定发包人应在承包人提交竣工结算文件后一定期限内予以答复,且逾期未答复则视为认可竣工结算文件的,承包人可以请求按照竣工结算文件进行工程价款结算。

建设工程施工合同虽约定发包人应在承包人提交竣工结算文件后一定期限内予以答复,但未约定逾期不答复则视为认可竣工结算文件的,承包人不能请求按照竣工结算文件确定工程价款。建设工程施工合同约定发包人在承包人提交竣工结算文件后未答复则视为认可竣工结算文件，但未约定答复期限，且经承包人催告后，发包人仍不予答复的，人民法院可根据实际情况确定合理的答复期限，但答复期限不应超过 60 天。

建设工程施工合同中对此未明确约定，承包人不能仅以 GF－1999－0201《建设工程施工合同（示范文本）》通用条款 33.2 条为依据，要求按照竣工结算文件结算工程价款。

十五、如何认定"黑白合同"？

认定"黑白合同"时所涉的"实质性内容"，主要包括合同中的工程价款、工程质量、工程期限三部分。对施工过程中，因设计变更、建设工程规划指标调整等客观原因，承、发包双方以补充协议、会谈纪要、往来函件、签证等洽商纪录形式，变更工期、工程价款、工程项目性质的书面文件，不应认定为《中华人民共和国招标投标法》第 46 条规定的"招标人和中标人再行订立背离合同实质性内容的其他协议"。

十六、对"黑白合同"如何结算？

当事人就同一建设工程另行订立的建设工程施工合同与中标合同实质性内容不一致的，不论该中标合同是否经过备案登记，均应当按照最高人民法院《关于审理建设工程施工合同纠纷案件适用法律问题的解释》第二十一条的规定，以中标合同作为工程价款的结算依据。

当事人违法进行招投标，当事人又另行订立建设工程施工合同的，不论中标合同是否经过备案登记，两份合同均为无效；应当按照最高人民法院《关于审理建设工程施工合同纠纷案件适用法律问题的解释》第二条的规定，将符合双方当事人的真实意思，并在施工中具体履行的那份合同，作为工程价款的结算依据。

十七、启动工程量和工程价款鉴定程序，应该注意哪些问题？

当事人对工程价款存在争议，不能协议一致，也无法采取其他方式确定的，可以根据当事人的申请，对工程造价进行鉴定；双

方当事人均不申请鉴定的，应向负有举证责任的当事人一方进行释明，其仍不申请鉴定的，由其承担举证不能的法律后果。

诉讼前已经由当事人共同选定具有相应资质的鉴定机构对工程价款进行了鉴定，诉讼中一方当事人要求重新鉴定的，不予准许，但确有证据证明鉴定结论具有最高人民法院《关于民事诉讼证据的若干规定》第二十七条第一款规定的情形除外。

一审诉讼期间对工程价款进行了鉴定，当事人在二审诉讼期间申请重新鉴定或补充鉴定的，不予准许，但确有证据证明鉴定结论具有最高人民法院《关于民事诉讼证据的若干规定》第二十七条第一款规定情形的除外。

二审诉讼期间，双方当事人均同意鉴定的，可予准许，但可能损害社会公共利益或第三人利益的除外。

人民法院应避免随意、盲目委托鉴定和不必要的多次、重复鉴定。根据双方当事人的合同约定或者现有证据，足以认定工程量和工程价款的，不应再就工程价款委托鉴定。

十八、工程因发包人的原因未及时竣工验收，发包人能否以工程未竣工验收为由拒绝支付工程款？

发包人收到承包人竣工验收报告后，在合理期限内无正当理由不组织竣工验收的，不能以工程未验收合格为由，拒绝支付工程价款。

十九、如何认定建设工程施工合同关于工期和质量等奖惩办法约定的性质？

建设工程施工合同关于工期和质量等奖惩办法的约定，应当视为违约金条款。当事人请求按照《中华人民共和国合同法》第一百一十四条第二款，以及最高人民法院《关于适用〈中华人民共和国合同法〉若干问题的解释（二）》第二十七条、第二十八条、第二十九条的规定调整的，可予支持。

二十、合同无效是否影响关于工程质量的约定、承诺的效力？

建设工程施工合同无效,不影响发包人按合同约定、承包人出具的质量保修书或法律法规的规定,请求承包人承担工程质量责任。

二十一、承包人能否一并请求逾期支付工程款的违约金和利息?

承包人不能按照建设工程施工合同的约定,既请求发包人承担逾期支付工程款的违约金,又同时请求支付相应利息。

二十二、建设工程施工合同无效情形下,谁有权行使优先受偿权?

建设工程施工合同无效,但工程经竣工验收合格,承包人可以主张工程价款优先受偿权。分包人或实际施工人完成了合同约定的施工义务且工程质量合格,在总承包人或转包人怠于行使工程价款优先受偿权时,就其承建的工程在发包人欠付工程价款范围内可以主张工程价款优先受偿权。

二十三、实际施工人可以向谁主张权利?

实际施工人的合同相对人破产、下落不明或资信状况严重恶化,或实际施工人至承包人(总承包人)之间的合同均为无效的,可以依照最高人民法院《关于审理建设工程施工合同纠纷案件适用法律问题的解释》第二十六条第二款的规定,提起包括发包人在内为被告的诉讼。

浙江省高级人民法院执行局
执行中处理建设工程价款优先受偿权有关问题的解答

2012 年 1 月 10 日   浙高法执〔2012〕2 号

在建设工程施工合同纠纷案件的执行和涉及建设工程的参与分配中,经常遇到建设工程价款优先受偿权问题,争议也比较大。为正确处理此类问题,省高院执行局经深入调研,依照《中华人民共和国合同法》、最高人民法院《关于审理建设工程施工合同纠纷案件适用法律若干问题的解释》《关于建设工程价款优先受偿权问题的批复》等法律、司法解释的规定,就其中的几个突出问题作出解答,供办案时参考。

一、行使优先权的六个月期限应该如何理解?

六个月期限的起算点应区分以下情况予以确定:发生建设工程施工合同纠纷时工程已实际竣工的,工程实际竣工之日为六个月的起算点;发生建设工程施工合同纠纷时工程未实际竣工的,约定的竣工之日为六个月的起算点;约定的竣工日期早于实际停工日期的,实际停工之日为六个月的起算点。

权利人未在上述期限内行使优先权的,建设工程价款优先受偿权丧失。

二、哪些方式可以认定为具有行使优先权的效力?

建设工程承包人自行与发包人协商以该工程折价抵偿尚未支付的工程价款,或者提起诉讼、申请仲裁要求确认其对该工程拍卖价款享有优先受偿权,或者直接申请法院将该工程拍卖以实现工程款债权,或者申请参加对建设工程变价款的参与分配程序主张优先受偿权,均属于对建设工程价款依法行使优先权。

建设工程承包人提起诉讼、申请仲裁仅要求判决或裁决由发包人向其支付工程款,未要求确认其对该工程拍卖价款享有优先受偿权的,不视为行使优先权。

三、建设工程价款优先受偿权的范围如

何掌握？

建设工程价款优先受偿权的范围为建设工程的工程价款，包括承包人应当支付的工作人员报酬、材料款和用于建设工程的垫资款等。工程价款的利息不在优先受偿范围内。

发包人应当支付的违约金或者因为发包人违约所造成的损失，不属于建设工程价款优先受偿权的受偿范围。

四、建设工程承包人对工程占用范围内的土地使用权的拍卖价款是否享有优先受偿权？

建设工程承包人只能在其承建工程拍卖价款的范围内行使优先受偿权，对该工程占用范围内的土地使用权的拍卖价款不能主张优先受偿。

实际操作中可对建设工程和土地使用权分开进行价值评估，确定各自在总价值中的比例，然后一并拍卖，拍卖成交后再确定建设工程承包人可以优先受偿的金额。

五、建设工程承包人承建的部分工程因另案被执行的，承包人行使优先权的工程价款范围如何掌握？

建设工程承包人承建的部分工程因发包人的其他债务被人民法院执行的，承包人只能根据被执行的工程占其承建的全部工程的比例，对相应的工程价款主张优先受偿。

六、装饰装修工程承包人、工程勘察人或设计人是否享有优先受偿权？

装饰装修工程承包人主张工程价款优先受偿权的，可予以支持。但装修装饰工程的发包人不是该建筑的所有权人，或者承包人与该建筑物的所有权人之间没有合同关系的除外。享有优先权的承包人只能在建筑物因装修装饰而增加价值的范围内优先受偿。

工程勘察人或设计人就工程勘察或设计费主张优先受偿权的，不予支持。

安徽省高级人民法院
关于审理建设工程施工合同纠纷案件适用法律问题的指导意见

（2009 年 5 月 4 日安徽省高级人民法院审判委员会第 16 次会议通过）

为正确审理建设工程施工合同纠纷案件，根据《中华人民共和国民法通则》《中华人民共和国合同法》《中华人民共和国招投标法》《中华人民共和国民事诉讼法》、最高人民法院《关于审理建设工程施工合同纠纷案件适用法律问题的解释》等法律和司法解释的规定，结合本省民事审判实际，制定本意见。

一、建设工程施工合同纠纷诉讼主体的确定

1. 因转包、分包建设工程发生纠纷，实际施工人起诉承包人索要工程款的，一般不追加发包人为案件当事人，但为查明案件事实需要，人民法院可追加发包人为第三人。

因建设工程质量发生纠纷，发包人仅起诉承包人或仅起诉实际施工人的，人民法院可依当事人申请，将实际施工人或承包人追加为共同被告。

2. 实际施工人以被挂靠单位名义签订建设工程施工合同，实际施工人或被挂靠单位单独起诉发包人索要工程款的，发包人可申请人民法院追加被挂靠单位或实际施工人为案件当事人；发包人起诉实际施工人或被挂靠单位的，人民法院可依被挂靠单位或实际施工人的申请，追加被挂靠单位或实际施工人为案件当事人。

3. 未经登记成立的工程项目部不是适格

的诉讼主体，应以设立该项目部的法人或法人的分支机构为当事人。

二、建设工程施工合同效力的认定

4. 同时符合下列情形的，应认定为挂靠经营，所签订的建设工程施工合同无效：

（1）实际施工人未取得建筑施工企业资质或者超越资质等级；

（2）实际施工人以建筑施工企业的分支机构、施工队或者项目部等形式对外开展经营活动，但与建筑施工企业之间没有产权联系，没有统一的财务管理，没有规范的人事任免、调动或聘用手续；

（3）实际施工人自筹资金，自行组织施工，建筑施工企业只收取管理费，不参与工程施工、管理，不承担技术、质量和经济责任。

5. 符合下列情形之一的，应认定为违法分包，所签订的建设工程施工合同无效：

（1）承包人将建设工程主体结构的施工分包给他人完成；

（2）分包单位不具备相应的资质条件；

（3）分包未经建设单位认可；

（4）分包单位将其承包的工程再行分包。

6. 同时符合下列情形的，应认定为劳务分包，所签订的合同有效：

（1）实际施工人具备劳务分包企业资质等级标准规定的一种或几种项目的施工资质，承包的施工任务仅是整个工程的一道或几道工序，而不是工程的整套工序；

（2）承包的方式为提供劳务，而非包工包料。

7. 发包人未取得建设工程规划许可证，与承包人签订建设工程施工合同的，应认定合同无效，但起诉前取得建设工程规划许可证的，应认定合同有效。

违反建设工程规划许可证规定超规模建设的，所签订的建设工程施工合同无效，但起诉前补办手续的，应认定合同有效。

三、建设工程价款的确定

8. 备案合同约定的价款与中标价不一致的，如该工程属必须招投标的工程，应按中标价确定工程价款；如该工程不属必须招投标的工程，当事人举证证明备案合同系双方真实意思表示或实际履行的合同，可以备案合同的约定确定工程价款。

9. 承包人就招投标工程承诺对工程价款予以大幅度让利的，属于对工程价款的实质性变更，应认定无效；承包人就非招投标工程承诺予以让利，如无证据证明让利后的工程价款低于施工成本，可认定该承诺有效，按该承诺结算工程价款。

10. 建设工程施工合同约定发包人应在承包人提交结算文件后一定期限内予以答复，但未约定逾期不答复视为认可竣工结算文件的，承包人请求按结算文件确定工程价款的，不予支持。

11. 建设工程施工合同无效，但工程经竣工验收合格的，应当参照合同约定确定工程价款。

12. 建设工程施工合同终止履行，工程未完工但质量合格的，应参照合同约定确定工程价款。

13. 非法转包、违法分包建设工程，实际施工人与承包人约定以承包人与发包人之间的结算价款作为双方结算依据的，应按该约定确定实际施工人应得的工程价款；实际施工人举证证明承包人与发包人之间的结算结果损害其合法权益的，人民法院可根据实际施工人的申请，依据承包人与发包人之间的合同及相关签证确定实际施工人应得的工程价款。

14. 建设工程施工合同无效，但工程经竣工验收合格并交付发包人使用的，承包人应承担相应的工程保修义务和责任，发包人可参照合同约定扣留一定比例的工程款作为工程质量保修金。

四、违约责任的确定

15. 承包人以发包人未按合同约定支付工程进度款为由主张工期顺延权，发包人以承包人未按合同约定办理工期顺延签证抗辩的，如承包人举证证明其在合同约定的办理工期顺延签证期限内向发包人提出过顺延工期的要求，或者举证证明因发包人迟延支付工程进度款严重影响工程施工进度，对其主张，可予支持。

因发包人迟延支付工程进度款而认定承包人享有工期顺延权的，顺延期间自发包人拖欠工程进度款之日起至进度款付清之日止。

五、工程价款优先受偿权的保护

16. 装饰装修工程承包人主张工程价款优先受偿权，可予支持；工程勘察人或设计人就工程勘察或设计费主张优先受偿权，不予支持。

17. 建设工程施工合同无效，但工程经竣工验收合格的，承包人主张工程价款优先受偿权，可予支持。

18. 分包人或实际施工人完成了合同约定的施工义务且工程质量合格的，在总包人或非法转包人怠于主张工程价款优先受偿权时，就其承建的工程在发包人欠付的工程款范围内主张工程价款优先受偿权，可予支持。

19. 本指导意见自下发之日起施行。

安徽省高级人民法院
关于审理建设工程施工合同纠纷案件
适用法律问题的指导意见（二）

（2013 年 12 月 23 日安徽省高级人民法院审判委员会
民事执行专业委员会第 32 次会议讨论通过）

为正确审理建设工程施工合同纠纷案件，根据《中华人民共和国民法通则》《中华人民共和国合同法》《中华人民共和国招标投标法》《中华人民共和国民事诉讼法》《最高人民法院关于审理建设工程施工合同纠纷案件适用法律问题的解释》等法律和司法解释的规定，结合本省民事审判实际，制定本意见。

第一条 建筑施工企业的内部人员对外以企业名义承包工程，对内与企业签订承包协议，企业只收取管理费，不在资金、技术、设备、人力等方面提供支持，不承担技术、质量监管和经济责任的，应当认定为借用资质，以建筑施工企业名义与发包人签订的建设工程施工合同无效。

第二条 依法必须进行招标的建设工程，招标人与投标人在履行招投标程序前，以签订补充协议等形式对建设工程的施工范围、工期、计价方式、总价款等内容进行约定的，属串通投标，所签订的建设工程施工合同无效。

第三条 建设工程的开工日期应依据开工令、开工报告记载的时间予以认定。当事人认为实际开工时间与开工令、开工报告记载的时间不符的，应当承担举证责任。

因发包人原因导致延误开工的，以实际开工时间作为开工日期；因承包人原因导致延误开工的，以开工令、开工报告记载的时间作为开工日期。

既无开工令、开工报告，又无法查明实际开工时间的，依据合同约定的开工日期予以认定。

第四条 承包人未能提供顺延工期的签证等书面文件，但能够证明工程存在延期开工、不具备施工条件、设计变更、工程量增加、发包人指定的分包工程迟延完工、不可抗力等不可归责于承包人的原因，影响施工进度的，可以允许承包人相应顺延工期。

第五条 承包人已经按照合同约定或者

《建筑法》第六十一条规定，向发包人提交竣工验收报告、其承包部分完整的工程技术经济资料和经签署的工程保修书，发包人拖延验收的，以上述资料提交齐全之日为竣工日期。但工程质量不合格的除外。

第六条 尚未竣工验收或使用的建设工程，承包人主张工程价款，发包人以工程质量不符合合同约定或者国家质量标准为由，主张减少工程价款或者扣除修复费用的，属于抗辩。

工程已经竣工验收合格，发包人又以工程质量不合格为由，主张承包人承担违约责任的，应当提起反诉。

第七条 不属于依法必须招标的建设工程，发包人与承包人又另行签订并实际履行了与备案中标合同不一致的合同，当事人请求按照实际履行的合同确定双方权利义务的，应予支持。

第八条 当事人就同一建设工程订立的数份施工合同均被认定无效，应当参照当事人实际履行的合同结算工程价款。

第九条 经过招投标的建设工程，当事人对工程量变化部分的工程价款如何确定没有约定，且不能协商一致的，参照建设行政主管部门的规定或者行业规范处理。

第十条 政府投资和以政府投资为主的建设项目，当事人在合同中约定以审计机关出具的审计报告、财政评审机构出具的评审结论作为工程价款结算依据，发包人请求依据审计报告、评审结论结算工程价款的，予以支持。

第十一条 非法转包、违法分包建设工程，实际施工人与承包人约定以发包人与承包人的结算结果作为结算依据，承包人与发包人尚未结算，实际施工人向承包人主张工程价款的，分别下列情形处理：

（一）承包人与发包人未结算尚在合理期限内的，驳回实际施工人的诉讼请求。

（二）承包人已经开始与发包人结算、申请仲裁或者诉至人民法院的，中止审理。

（三）承包人怠于向发包人主张工程价款，实际施工人主张参照发包人与承包人签订的建设工程施工合同确定工程价款的，应予支持。

第十二条 非法转包、违法分包建设工程的当事人未签订书面合同，又无法查明双方的计价方法或者计价标准，一方主张参照承包人与发包人签订的建设工程施工合同确定工程价款的，可予支持。

第十三条 实际施工人根据《最高人民法院关于审理建设工程施工合同纠纷案件适用法律问题的解释》第二十六条第二款的规定要求发包人承担责任，发包人对其已支付的工程价款数额负有举证责任。

第十四条 建设工程尚未竣工，合同终止履行的，已完工程质量合格，发包人主张按照合同约定扣留一定比例的工程价款作为质量保修金的，不予支持。

第十五条 建设工程施工合同履行过程中，人工、材料、机械费用出现波动，合同有约定的，按照约定处理；合同无约定，当事人又不能协商一致的，参照建设行政主管部门的规定或者行业规范处理。

因工期延误导致上述费用增加造成损失的，由导致工期延误的一方承担；双方对工期延误均有过错的，应当各自承担相应的责任。

第十六条 当事人同时主张违约金和利息的，可予支持。

当事人主张的总额在中国人民银行公布的同期同类贷款利率或贷款基础利率4倍范围内的，应当综合违约行为的情节、程度，给守约方造成损失的大小等因素进行确定。

当事人主张的总额超出中国人民银行公布的同期同类贷款利率或贷款基础利率4倍范围的，应当举证证明实际损失的数额，人民法院按照《最高人民法院关于适用〈中华人民共和国合同法〉若干问题的解释（二）》第二十九条的规定处理。

第十七条 一方当事人主张以自行委托

中介机构作出的审核意见作为确定建设工程造价的依据，另一方有异议的，审核人员应当出庭接受质询。审核人员无正当理由拒不出庭的，审核意见不得作为定案依据。

第十八条 出具审核意见的审核人员已出庭接受质询，如果审核意见存在《最高人民法院关于民事诉讼证据的若干规定》第二十七条第一款规定情形，且不能通过该条第二款规定解决，当事人又申请司法鉴定的，可予支持。

第十九条 工程价款、质量等需要通过司法鉴定确定，经一审人民法院释明，负有举证责任的当事人无正当理由拒不申请鉴定，或者在人民法院决定委托鉴定后拒不预交鉴定费用的，应当承担举证不能的法律后果。

上述当事人在二审期间又申请鉴定的，应当责令其说明理由，拒不说明理由或者理由不成立的，不予支持。

第二十条 人民法院对外委托工程造价鉴定，应当选择具有建设行政主管部门颁发的工程造价资质证书的鉴定机构。

第二十一条 鉴定机构出具的鉴定意见，因具有《最高人民法院关于民事诉讼证据的若干规定》第二十七条规定情形，未被采信，当事人可以依据《中华人民共和国民事诉讼法》第七十八条的规定，向鉴定机构要求返还鉴定费用。

第二十二条 承包人仅对建设工程占用的土地使用权主张优先受偿权的，不予支持。

第二十三条 因发包人原因导致承包人施工期间停窝工产生的工人工资、设备租赁等费用，承包人将该费用与工程价款一并主张优先受偿权的，应予支持。

第二十四条 本意见自 2014 年 1 月 1 日起施行。

本意见施行后，法律、行政法规和司法解释作出新规定的，按新规定执行。

福建省高级人民法院
关于审理建设工程施工合同纠纷案件疑难问题的解答

（2007 年 11 月 22 日）

1. 问：如何认定施工企业内部承包合同的性质与效力？

答：建设工程施工合同的承包人与其下属分支机构或职工就所承包的全部或部分工程施工所签订的承包合同为企业内部承包合同，属建筑施工企业的一种内部经营方式，法律和行政法规对此并不禁止，承包人仍应对工程施工过程及质量等进行管理，对外承担施工合同的权利义务。当事人以内部承包合同的承包方无施工资质为由主张合同无效的，不予支持。

2. 问：如何区分劳务分包与转包、违法分包？

答：劳务分包是指建设工程的总承包人或者专业承包人将所承包的建设工程中的劳务作业（包括木工、砌筑、抹灰、石制作、油漆、钢筋、混凝土、脚手架、模板、焊接、水暖、钣金、架线等）发包给劳务作业承包人完成的活动。转包是承包人将所承包的全部建设工程转由第三人施工完成。分包是承包人将所承包的建设工程的某一部分施工项目交由第三人施工建设，其中《建筑法》与《建设工程质量管理条例》第七十八条所列的四种行为属违法分包。劳务包既不是转包，也不是分包；转包及违法分包为法律所禁止，劳务分包则不为法律所禁止。

3. 问：被挂靠单位（出借名义的建筑施工企业）是否应对挂靠人在施工过程中的转包、购买施工材料等行为承担责任？

答：挂靠人以自己的名义将工程转包或者与材料设备供应商签订购销合同，实际施工人或者材料设备供应商起诉要求被挂靠单位承担合同责任的，不予支持；挂靠人以被挂靠单位的名义将工程转包或者与材料设备供应商签订购销合同的，一般应由被挂靠单位承担合同责任，但实际施工人或者材料设备供应商签订合同时明知挂靠的事实，并起诉要求挂靠人承担合同责任的，由挂靠人承担责任。

4. 问：发包人与无相应施工资质的承包人签订建设工程施工合同，承包人依合同取得的工程价款超过其实际施工成本的，超过部分是否应予收缴？承包人非法转包、违法分包、出借资质而依合同约定取得的"挂靠费""管理费"等是否应当收缴？

答：承包人无相应施工资质，所签订的建设工程施工合同虽然无效，但最高人民法院《关于审理建设工程施工合同纠纷案件适用法律问题的解释》第二条规定："建设工程施工合同无效，但建设工程经竣工验收合格，承包人请求参照合同约定支付工程价款的，应予支持。"因此，对承包人依合同取得的工程价款不应予以收缴。

对承包人因非法转包、违法分包建设工程而已经取得的利益，或者建筑施工企业因出借施工资质而已经取得的利益，例如："挂靠费""管理费"等，人民法院可以根据我国《民法通则》第一百三十四条的规定予以收缴，但建设行政机关已经对此予以行政处罚的，人民法院不应重复予以制裁。

5. 问：建设工程施工合同无效，但建设工程质量合格，发包人请求按照合同约定计算工程造价，而承包人请求按照工程定额标准计算工程造价的，如何处理？

答：建设工程施工合同无效，但建设工程质量合格的，发包人或者承包人任何一方请求参照合同约定支付工程价款的，均应予以支持。

6. 问：建设工程施工合同约定的价款明显低于工程定额标准，已经超出一定合理范围的，当事人能否以合同约定价款明显违反定额为由，主张价款之约定无效，或者以显失公平为由，主张撤销或变更合同？

答：工程造价定额标准不属于法律、法规的强制性规定，因此，建设工程施工合同约定的价款低于工程定额标准，不导致该约定无效。当事人以合同约定的价款过低从而显失公平为由，主张撤销或变更合同的，依《合同法》的相关规定处理。

7. 问：依据《合同法》第九十六条的规定，当事人一方行使约定或者法定解除权时，应当通知对方，合同自通知到达对方时解除，对方有异议的，可以请求人民法院或者仲裁机构确认解除合同的效力。建设工程施工合同的当事人未通知对方的，能否迳行向人民法院提起解除合同之诉？

答：一方当事人向人民法院起诉请求解除建设工程施工合同的，人民法院不得以未通知对方为由不予受理。

8. 问：一方当事人认为符合合同解除条件，但并未起诉请求解除合同，或者认为合同已经解除，而起诉请求对方承担恢复原状、采取其他补救措施、赔偿损失等合同解除的法律责任，审理后查明其解除合同之主张并未通知对方或者通知并未到达对方的，如何处理？

答：审理中查明解除合同之主张并未通知对方或者通知并未到达对方的，应当告知当事人可以增加解除合同之诉讼请求。告知后，当事人仍不请求解除合同的，应当驳回其诉讼请求。当事人增加解除合同之诉讼请求的，人民法院可以另行给予双方当事人一定的举证期限。

9. 问：根据《合同法》第二百八十七条，

建设工程合同一章没有规定的，适用承揽合同的有关规定，而《合同法》第二百六十八条规定，定作人可以随时解除承揽合同。建设工程施工合同的发包人能否据此行使任意解除权？

答：发包人行使解除权必须符合最高人民法院《关于审理建设工程施工合同纠纷案件适用法律问题的解释》第八条的规定，不宜任意扩大解除权的行使。

10. 问：因承包人的过错造成建设工程质量不符合约定，承包人拒绝修理、返工或者改建，发包人以工程质量不符合约定为由请求减少支付工程价款的，应否必须反诉？工程未经竣工验收交付使用的，发包人以工程质量不符合约定为由请求减少支付工程款，应否支持？

答：发包人可以以此抗辩，请求在工程价款中扣减修理、返工或者改建的合理费用；也可以提起反诉，请求承包人支付修理、返工或者改建的合理费用。但发包人要求承包人赔偿因工程质量不符合约定而造成的其他财产或者人身损害的，应当提起反诉。

工程未经竣工验收，发包人擅自使用后，又以质量不符合约定为由请求减少支付工程价款的，不予支持。

11. 问：建设工程质量不合格，发包人拒绝由承包人修复而另行委托他人修复的，承包人应否承担修复费用？

答：因承包人的原因造成建设工程质量不合格的，承包人应当承担合理的修复费用。发包人无正当理由拒绝由承包人修复而另请他人修复的，因另请他人而增加的费用不应由承包人承担。

12. 问：最高人民法院《关于审理建设工程施工合同纠纷案件适用法律问题的解释》第十二条第二款规定，造成建设工程质量缺陷，承包人有过错的，也应当承担相应的过错责任，应如何理解？

答：承包人具有下列情形的，应当认定其有过错：（1）承包人明知发包人提供的工程设计有问题或者在施工中发现设计文件和图纸有差错，而没有及时提出意见和建议，并继续进行施工的；（2）对发包人提供的建筑材料、建筑构配件、设备等未按规定进行检验或者检验不合格仍予以使用的；（3）对发包人提出的违反法律、行政法规和建筑工程质量、安全标准，降低工程质量要求，未拒绝而进行施工的。

13. 问：承包人已经提交竣工验收报告，发包人拖延验收，而验收后工程质量不合格需要返工的，能否以承包人提交验收报告之日为竣工日期？

答：最高人民法院《关于审理建设工程施工合同纠纷案件适用法律问题的解释》第十四条第（二）项规定的："承包人已经提交竣工验收报告，发包人拖延验收的，以承包人提交验收报告之日为竣工日期"是指工程经竣工验收合格的情形。发包人拖延验收，而验收的工程质量不合格，经修改后才通过竣工验收。当事人对建设工程实际竣工日期有争议的，"以承包人修改后提请发包人验收之日作为竣工日期。但在计算承包人的实际施工工期时，应当扣除发包人拖延验收的期间。

14. 问：当事人约定发包人收到竣工结算文件后一定期限内应予答复，但未明确约定不答复即视为认可竣工结算文件，发包人未在约定的期限内答复，承包人请求以其提交的竣工结算文件作为结算依据的，应否支持？承包人提交的竣工结算资料不完整，发包人未在约定期限内答复的，如何处理？如果当事人未约定答复期限，能否根据建设部《建筑工程施工发包与承包计价管理办法》第十六条第一款第二项和第二款的规定，认定双方约定的答复期限为28日？

答：当事人约定发包人收到竣工结算文件后一定期限内应予答复，但未明确约定不答复即视为认可竣工结算文件的，若发包人未在约定的期限内答复，承包人提交的竣工结算文件不能作为工程造价的结算依据。承包人提交的竣工结算资料不完整的，发包人应在约定的期限内告知承包人，发包人未告知的，视为在约定的期限内不予答复、当事人未约定发包人的答复期限的。不应推定其答复期限。

15. 问施工过程中，发包方工作人员确认的工程量以及价款等的签证能否作为工程价款的结算依据？

答：双方当事人对有权进行工程量和价款等予以签证、确认的具体人员有约定的，除该具体人员及法定代表人外，他人对工程量和价款等所作的签证、确认不能作为工程价款的结算依据；没有约定的，发包人应对其工作人员的职务行为承担民事责任；但发包人有证明承包人明知该工作人员无相应权限的。该工件人员签证的内容对发包人不发生法律效力。

16. 问：人民法院在审理建设工程施工合同案件时，是否可以主动对工程造价进行鉴定？当事人不申请鉴定导致工程价款无法确定的，如何处理？

答：除依照最高人民法院《关于民事诉讼证据的若干规定》属于应当由人民法院调查收集的证据外，人民法院对工程造价进行鉴定应当依照当事人的申请进行。工程造价需经鉴定才能确定的，人民法院应当告知负有举证责任的当事人在一定期限内提出鉴定申请，负有举证责任的当事人拒不申请的，应承担由此产生的不利后果。

17. 问当事人对付款时间没有约定或者约定不明的，最高人民法院《关于审理建设工程施工合同纠纷案件适用法律问题的解释》第十八条规定的应付款时间是否可以作为承包人主张工程款的诉讼时效起算时间？

答：当事人对付款时间没有约定或约定不明，承包人请求发包人支付工程份款的，诉讼时效从建设工程交付之日起算。

18. 建设工程施工合同约定，工程竣工验收合格后支付工程款，但工程完工后，发包人拒不验收或者不组织验收，承包人起诉要求支付工程款的，如何处理？

答：工程完工后，发包人无正当理由不依照法律规定或者合同约定进行竣工验收的，视为恶意阻止付款条件成就，其应当履行验收或者组织验收义务之日为付款条件成就之日。

19. 问：建设工程施工过程中，因设计变更或者遇特殊地质情况等客观原况原因，当事人另行签订合同，变更了中标合同的内容，是否仍应以中标合同作为结算工程价款的依据？

答：建设工程施工合同履行过程中，因设计变更或者遇特殊地质情况等客观原因导致工程量增减，当事人协商一致对中标合同的内容进行修改，属于正常行使合同变更权，修改后的合同可以作为结算工程价款的依据。

20. 问《最高人民法院关于审理建设工程施工合同纠纷案件适用法律问题的解释》是否适用于城镇个人自建房屋、农村建房合同或者房屋建筑之外的其他工程施工合同？

答：城镇个人自建房屋适用该司法解释，但农村建房不适用该司法解释，农村建筑活动由国务院《村庄和集镇规划建设管理条例》及相关法规、法规调整。桥梁、铁路、公路、码头、堤坝等构筑物工程、线路管道和设备安装工程以及构成专业承包的建筑装饰装修工程等施土合同适用该司法解释。

广东省高级人民法院
印发《广东省高级人民法院关于审理建设工程
合同纠纷案件疑难问题的解答》的通知

2017 年 7 月 19 日   粤高法〔2017〕151 号

全省各级人民法院：

现将《广东省高级人民法院关于审理建设工程合同纠纷案件疑难问题的解答》印发给你们，请结合实际，认真贯彻执行。执行中遇到的问题请及时层报省法院环资庭。

特此通知。

附：

广东省高级人民法院关于审理建设工程合同
纠纷案件疑难问题的解答

(2017 年 8 月 1 日)

为统一建设工程合同纠纷案件的审理标准，根据《中华人民共和国合同法》(以下简称《合同法》)及《最高人民法院关于审理建设工程施工合同纠纷案件适用法律问题的解释》(以下简称《建设工程司法解释》)等相关法律的规定，结合我省法院审判工作实际，提出如下解答意见：

一、合同效力

1. 建设工程依法必须进行招标的范围如何确定

工程建设项目包括项目的施工、勘察、设计、监理以及与工程建设有关的重要设备、材料等的采购，符合《中华人民共和国招标投标法》第三条第一款规定的三种条件之一，并达到《工程建设项目招标范围和规模标准规定》的相应范围和标准，应依法进行招标。但根据国务院《关于促进建筑业持续健康发展的意见》(2017 年第 19 号)，在民间投资的建设工程项目中，可由建设单位自主决定发包方式。

2. 家庭室内装修和农村建房合同的效力如何认定

家庭室内装修和农村、建制镇、集镇规划区内自建低层住宅(二层以下、含两层)、建设工程投资额在 30 万元以下或者建筑面积在 300 平方米以下的合同纠纷，当事人以施工人没有施工资质而主张合同无效的，一般不予支持。

3. 施工许可证是否影响建设工程施工合同的效力认定

建设工程施工许可证是行政主管部门对建设施工行为的行政管理措施，发包人未依法领取施工许可证的，不影响当事人签订的建设工程施工合同效力。

4. 发包人或承包人能否按照承揽合同的规定解除建设工程合同

发包人或承包人行使建设工程合同的解除权应符合《建设工程司法解释》第八条和

第九条的规定，其以《合同法》第二百六十八条和第二百八十七条规定为依据主张随时解除施工合同的，不予支持，合同另有约定的除外。

5. 一、二审对建设工程合同效力认定不一致，二审应如何处理

一、二审对建设工程合同效力认定不一致的，二审法院可以释明当事人变更诉讼请求。如果经法院释明当事人变更诉讼请求，且各方当事人均同意由二审法院审理的，二审法院可以参照《最高人民法院关于适用〈中华人民共和国民事诉讼法〉的解释》第三百二十八条第二款的规定审理，案件无需发回重审；当事人不同意由二审法院审理且合同效力对当事人诉讼请求影响重大的，案件发回重审。

承包人基于合同有效主张发包人支付逾期付款违约金，一审法院经审理判令发包人承担违约金，但二审法院经审查认为合同无效的，可依法直接判令发包人支付逾期付款的利息。

二、工程价款结算

6. 建设工程合同无效情形下工程价款应如何结算

建设工程施工合同无效，但建设工程经竣工验收合格，承包人或发包人请求参照合同约定支付工程价款的，应予支持。

7. 中标合同未在行政主管部门备案的，能否作为工程价款结算的依据

发包人经过合法招投标程序与承包人签订的中标合同，即使没有在建设主管部门备案，亦应作为结算工程价款的依据。双方当事人在诉讼中均主张不按照合法的中标合同进行工程价款结算的，不予支持。

8. 《建设工程司法解释》第二十条规定的按照竣工结算文件结算工程价款，审判实践中应如何具体适用

建设工程施工合同约定，发包人收到竣工结算文件后，在约定期限内不予答复，视为认可竣工结算文件的，按照约定处理。即使承包人未在合同约定的期限内提交竣工结算文件，发包人收到竣工结算文件后亦应在合同约定的期限内答复，逾期未答复的，承包人请求按照竣工结算文件结算工程价款的，应予支持。

承包人提交的竣工结算文件不符合合同约定或法律规定的条件，发包人逾期未予回复，承包人主张按照竣工结算文件结算工程价款的，不予支持，但可从逾期答复之日起计付应付工程款的利息，合同另有约定的除外。

9. 工程质量保证金的返还期限应如何认定

根据《建设工程质量保证金管理办法》第二条的规定，质量保证金是用以保证承包人在缺陷责任期内对建设工程出现的缺陷进行维修的资金，缺陷责任期最长为 2 年。当事人对质量保证金返还期限有约定的，从其约定；没有约定或约定不明的，发包人应在最长缺陷责任期（2 年）期满后 28 日内将质量保证金返还给承包人。合同约定的缺陷责任期期满后，承包人仍应在保修期内对工程承担保修责任。

10. 工程造价咨询企业超越其资质等级出具的鉴定意见如何处理

如果鉴定造价超过 5000 万元，但当事人在法院摇珠选定乙级工程造价咨询企业进行鉴定时未对资质提出异议，而在质证过程中又以造价咨询企业为乙级资质不能承接 5 000 万元以上的鉴定业务而否定鉴定意见的，不予支持。

11. 当事人约定以审核、审计结果作为工程款结算的条件无法成就时如何处理

当事人约定以财政、审计等部门的审核、审计结果作为工程款结算依据的，按照约定处理。如果财政、审计等部门明确表示无法进行审核、审计或者无正当理由长期未出具审核、审计结论，经当事人申请，且符合具备进行司法鉴定条件的，人民法院可以通过司法鉴定方式确定工程价款。

12. 建设工程委托代建合同能否依据委托合同的规定处理

对于非经营性政府投资项目根据法律强制实行委托代建，代建单位作为项目建设法人，全权负责项目建设的组织管理、招投标和工程款支付义务的，其属于发包人。承包人依据《合同法》有关委托合同的规定主张委托人承担责任的，不予支持。对于其他委托代建工程建设项目，依据《合同法》有关委托合同的规定处理。

三、工程价款优先受偿权

13. 建设工程合同无效是否影响承包人主张工程价款优先受偿权

建设工程施工合同无效，但工程质量合格的，发包人仅以施工合同无效为由主张承包人无权主张工程价款优先受偿权的，不予支持。

14. 建设工程因承包人原因逾期完工的是否影响其主张工程价款优先受偿权

因承包人的原因，建设工程未能在约定期限内竣工的，承包人应承担的是逾期完工违约责任，其依据《合同法》第二百八十六条规定享有的优先受偿权不受影响。

15. 利息是否属于工程价款优先受偿权的范围

利息属于工程价款的法定孳息，承包人主张利息属于工程价款优先受偿权范围的，应予支持。

16. 建设工程承包人行使工程价款优先受偿权的起算时点应如何确定

建设工程承包人行使优先受偿权的期限为六个月，具体起算点按照以下方式确定：（1）工程已竣工的，自建设工程竣工之日或者建设工程合同约定的竣工之日起算，上述日期不一致的，以在后日期作为起算点，但合同约定的付款期限尚未届满的，以合同约定的付款期限届满之日为起算点；（2）工程尚未竣工而合同解除、终止履行的，以合同实际解除、终止之日作为起算点；（3）发包人主张以《建设工程司法解释》第十四条

第（二）、（三）项作为承包人行使优先受偿权起算点的，不予支持。

17. 承包人行使工程价款优先受偿权的方式应如何认定

建设工程承包人提起诉讼、申请仲裁主张工程价款优先受偿权，自行与发包人协商以该工程折价抵偿欠付工程款，申请法院将该工程拍卖以实现工程款债权，申请对建设工程拍卖款参与分配程序主张优先受偿权，或者向发包人以书面形式明确表示主张优先受偿权的，均属于对建设工程价款依法行使优先受偿权。

18. 承包人能否单独主张工程价款优先受偿权

建设工程承包人提起仲裁、诉讼仅主张发包人向其支付工程款，未主张确认其对工程拍卖价款享有优先受偿权的，不视为行使优先受偿权。承包人另案主张工程价款优先受偿权的，应予受理。

四、工期

19. 建设工程开工日期应如何认定

虽然发包人未取得施工许可证，但承包人已实际开工的，应以实际开工之日为开工日期，合同另有约定的除外。因未取得施工许可证而被行政主管部门责令停止施工的，停工日期可作为工期顺延的事由。

20. 承包人未依约提出工期顺延申请的能否视为放弃工期顺延权利

发包人仅以承包人未在合同约定的期限内提出工期顺延申请而主张工期不能顺延的，不予支持，但合同明确约定承包人未依约提出顺延工期申请视为放弃权利的，按照约定处理。

五、民事责任承担

21. 当事人在一审经释明未请求调整违约金标准，二审中又提出调整申请的，是否应予审查

当事人一方以对方违约为由主张支付违约金，对方以合同不成立、合同未生效、合同无效或者不构成违约等为由进行免责抗辩

而未主张调整过高的违约金的，人民法院应当就法院若不支持免责抗辩，当事人是否需要主张调整违约金进行释明。在一审审理中经法院释明，建设工程合同违约方未提出违约金调整请求，但在二审审理中又主张调整违约金的，不予审查，有新证据证明违约金过高的除外。

22. 实际施工入主张挂靠人和被挂靠人承担欠付工程款连带责任的如何处理

挂靠人以被挂靠人的名义承接工程后，又将工程进行分包或转包，实际施工人主张挂靠人和被挂靠人承担欠付工程款连带责任的，应区分情形处理：挂靠人以被挂靠人名义对外签订分包或转包合同的，挂靠人和被挂靠人承担连带付款责任；挂靠人以自己名义对外签订分包或转包合同的，挂靠人承担付款责任。

23. 挂靠人主张被挂靠人和发包人承担欠付工程款连带责任的如何处理

因发包人欠付工程款，挂靠人主张被挂靠人和发包人承担欠付工程款的连带责任的，不予支持，但挂靠人和被挂靠人之间的合同明确约定被挂靠人承担支付工程款义务的除外。挂靠人主张被挂靠人支付已收取但尚未转付工程款的，应予支持。

24. 《建设工程司法解释》第二十六条第二款规定在审判实践中应如何具体适用

《建设工程司法解释》第二十六条第二款规定的"发包人只在欠付工程价款范围内对实际施工人承担责任"应定性为连带责任。如果发包人和总承包人未就工程款纠纷进入仲裁、诉讼程序，实际施工人单独起诉合同相对人后，另案起诉发包人在欠付工程价款范围内支付工程款的，应予受理。

根据《建设工程司法解释》第二十六条第二款的规定，发包人应举证证明已向总承包人支付的工程款数额。发包人和总承包人已对工程款进行结算的，按照工程结算款扣减已支付工程款确定发包人欠付工程款的数额；发包人和总承包人未对工程款进行结算

且未进入仲裁、诉讼程序的，根据工程实际完工的情况，可以按照合同约定的工程结算款扣减已支付工程款确定发包人欠付工程款的数额，发包人和总承包人实际结算后，如发包人仍欠付总承包人工程款的，实际施工人可就差额部分另行起诉；发包人和总承包人就工程款的结算纠纷进入仲裁、诉讼程序的，实际施工人可以申请参加该案的诉讼，其另案主张发包人承担付款责任的，不予受理。

25. 工程项目多次分包或转包的诉讼主体应如何确定

对于工程项目多次分包或转包的，实际施工人起诉合同相对方、发包人支付工程款的，为查明发包人欠付工程款的数额，应追加总承包人作为第三人。其余违法分包人、转包人如未参与实际施工，不影响案件事实查明的，可以不追加为案件诉讼主体。

26. 违法分包、转包或挂靠合同涉及的管理费、税费应如何处理

违法分包、转包工程合同或者挂靠合同中约定管理费，如果分包人、转包人或被挂靠人在工程施工过程中履行了管理义务，其主张参照合同约定收取劳务费用的，可予支持；实际施工人有证据证明合同约定的管理费过高的，可依法予以调整。分包人、转包人或被挂靠人代实际施工人缴纳了税费，其主张实际施工人负担的，应予支持。

27. 建设工程项目停工后承包人移交场地的时间应如何认定

根据《合同法》第一百一十九条的规定，如果施工项目停工且无法继续履行，发包人已书面通知承包人移交场地的，承包人应在合理期间内（根据具体案情在一至六个月内酌定）与发包人办理场地移交手续以避免损失扩大，合同另有约定的除外。发包人主张承包人承担未及时移交场地所产生损失的，应予支持。

28. 发包人向实际施工人支付的工程款能否在与承包人结算工程时予以抵扣

承包人请求发包人支付工程款，发包人主张对其已向实际施工人支付的工程款进行抵扣的，不予支持，但合同另有约定、承包人予以授权、生效裁决予以确定或者发包人有证据证明其有正当理由向实际施工人支付工程款的除外。

<h1>广东省高级人民法院</h1>
<h1>全省民事审判工作会议纪要（节录）</h1>

2012年6月26日 　　　　　　粤高法〔2012〕240号

二、关于建设工程施工合同纠纷案件
（一）关于民事责任主体问题

15. 对实际施工人向与其没有合同关系的转包人、分包人、总承包人、发包人提起的诉讼，根据最高人民法院《关于审理建设工程施工合同纠纷案件适用法律问题的解释》第二十六条第二款的规定，实际施工人以发包人为被告主张权利的，人民法院可以追加转包人或者违法分包人为案件当事人。审判实践中应注意要严格依照法律、司法解释的规定进行审查；不能随意扩大最高人民法院《关于审理建设工程施工合同纠纷案件适用法律问题的解释》第二十六条第二款的适用范围，并且要严格根据相关司法解释的规定，明确发包人只在欠付工程价款范围内对实际施工人承担责任。

16. 借用资质的实际施工人以自己的名义独立向第二人购买建筑材料等商品的，出借资质方无需对实际施工人的欠付货款承担民事责任。

（二）关于合同效力问题

17. 要依法维护通过招投标方式所签订的中标合同的法律效力。对以低于工程建设成本的工程项目标底订立的施工合同，应当依据《招标投标法》第四十一条第（二）项的规定认定无效；当事人违反工程建设强制性标准，任意压缩合理工期、降低工程质量标准的约定，也应认定无效。对于约定无效后的工程价款结算，应依据最高人民法院《关于审理建设工程施工合同纠纷案件适用法律问题的解释》的相关规定处理。

18. 建设工程没有取得建设工程规划许可证，属于违法建筑，就该违法建筑所签订的施工合同无效。但在一审法庭辩论终结前取得建设工程规划许可证或者经主管部门批准建设的，应当认定该施工合同有效。

19. 承担村庄、集镇规划区内建筑工程施工任务的单位，没有相应的施工资质等级证书或者资质审查证书，可根据国务院《村庄和集镇规划建设管理条例》第二十三条的规定认定合同效力。

（三）关于建设工程质量问题

20. 建设工程竣工验收合格后，发包人请求承包人承担质量问题的民事责任，应依法承担举证责任。经鉴定，建设工程在合理使用寿命内确实存在地基基础工程或主体结构质量问题的，承包人应依法承担民事责任；存在其他质量问题的，承包人应在保修期限内承担保修责任。

（四）关于工程价款结算问题

21. 招标人和中标人另行签订改变工期、工程价款、工程项目性质等中标结果的协议，应认定为变更中标合同实质性内容；中标人作出的以明显高于市场价格购买承建房产、无偿建设住房配套设施、让利、向建设方捐献等承诺，亦应认定为变更中标合同的实质性内容。对于变更中标合同实质性内容的工程价款结算，应按照《关于审理建设工程施

工合同纠纷案件适用法律问题的解释》第二十一条规定，以备案的中标合同作为结算工程价款的根据。协议变更合同是法律赋予合同当事人的一项基本权利。建设工程开工后，因设计变更、建设工程规划指标调整等客观原因，发包人与承包人通过补充协议、会谈纪要、往来函件、签证等洽商记录形式变更工期、工程价款、工程项目性质的，不应认定为变更中标合同的实质性内容。依法有效的建设工程施工合同，双方当事人均应依约履行。除合同另有约定，当事人请求以审计机关作出的审计报告、财政评审机构作出的评审结论作为工程价款结算依据的，不予支持。

22. 合同所涉工程不属于强制招投标的范围，当事人之间也没有进行招投标，但按当地建设行政主管部门的要求进行了备案，该备案合同与当事人另行签订的合同不一致的，以当事人实际履行的合同作为结算工程价款的依据。

23. 工程款的结算和支付，原则上应当在合同相对人之间进行，并符合合同约定。如果没有合同依据或者承包人的授权，发包人直接向没有合同关系的转包人、违法分包人、实际施工人结算和付款，一般不构成有效的结算和支付。

24. 当事人依照无效的建设工程施工合同就工程价款签订了结算协议，且工程经竣工验收合格的，可参照结算协议认定工程价款。

25. 承包人与发包人就工程价款有争议，人民法院认为应当委托进行造价鉴定的，应当向当事人释明。承包人经释明后仍不申请鉴定的，可依据证据规则判令其承担相应的不利后果。

26. 当事人在合同中对建筑材料价格变动的风险有约定的，按约定处理。没有约定的，约定工期内的建筑材料价格变动的风险由承包人承担；逾期竣工的，延误工期期间的建筑材料价格变动的风险，由对工期延误有过错的一方承担；双方均有过错的，按过错大小分担损失。建筑材料价格大幅变动，当事人以情势变更为由请求调整工程价款的，应从严把握。

（五）关于建设工程价款优先受偿权问题

27. 非因承包人的原因，建设工程未能在约定期限内竣工，承包人依据《合同法》第二百八十六条规定享有的优先受偿权不受影响。承包人请求行使优先受偿权的期限，自建设工程实际竣工之日起计算；如果建设工程合同由于发包人的原因解除或终止履行，承包人行使建设工程价款优先受偿权的期限自合同解除或终止履行之日起计算。

28. 建设工程价款优先受偿的范围仅限于建设工程价值，不包括建设工程范围内的建设用地使用权价值。

29. 承包人应当通过行使建设工程价款优先受偿权等合法途径追索工程欠款，不得留置建设工程或施工资料。施工合同终止或工程完工后，承包人以发包人拖欠工程款为由，继续占有工程、拒绝撤场或者移交施工资料，发包人请求承包人赔偿损失的，应予支持。

（六）关于违约责任问题

30. 建设工程施工合同同时约定迟延付款的利息和违约金的，可以同时适用，但二者之和不得过分高于迟延付款的损失，过分高于的认定标准，按照最高人民法院《关于适用〈中华人民共和国合同法〉若干问题的解释（二）》第二十九条的规定把握。

31. 在承包人延误工期或发包人迟延付款的情况下，双方签订补充协议，承包人重新承诺完工时间或发包人重新承诺付款期限，不能视为守约方对违约方放弃主张违约责任，但补充协议明确约定放弃追究违约责任或当事人明确达成谅解的除外。

32. 建设工程施工合同履行过程中，出现了合同约定的迟延支付工程预付款、进度款、设计变更、工程量增加、停水、停电等导致顺延工期的情形，承包人主张顺延工期的，按照施工过程中形成的签证等书面文件确认。没有顺延工期的签证文件，人民法院可以根据当事人提供的会议纪要、往来函件等其他证据认定应否顺延工期。

广东省高级人民法院
关于审理建设工程施工合同纠纷案件
若干问题的指导意见

2011 年 7 月 26 日　　　　　　　　　粤高法发〔2011〕37 号

为正确审理建设工程施工合同纠纷案件，根据《中华人民共和国合同法》、最高人民法院《关于审理建设工程施工合同纠纷案件适用法律问题的解释》、最高人民法院《关于民事诉讼证据的若干规定》等有关规定，结合我省审判实际，制定本意见。

一、工程欠款纠纷案件中，发包人以建设工程质量不符合合同约定为由主张付款条件未成就的，可以作为抗辩处理。

发包人以建设工程质量不符合合同约定为由，请求承包人承担违约责任的，应当提起反诉。

二、最高人民法院《关于审理建设工程施工合同纠纷案件适用法律问题的解释》第二十一条规定的"实质性内容不一致"主要指的是工程计价标准、工程质量标准等主要条款内容差距较大。建设工程施工过程中，当事人以补充协议等形式约定的正常的工程量增减、设计变更等，一般不认定为"实质性内容不一致"。

三、经过招投标程序订立的建设工程施工合同与当事人另行订立的"实质性内容不一致"的建设工程施工合同都被认定为无效的，参照当事人实际履行的合同结算工程价款。

四、建设工程施工合同约定以政府相关文件的规定作为结算标准和依据，不能因该文件被修改、撤销或失效而否定合同相关条款的效力。当事人主张按合同约定结算价款的，应予支持，但符合《最高人民法院关于适用〈中华人民共和国合同法〉若干问题的解释（二）》第二十六条规定的除外。

五、建设工程施工合同约定工程款实行固定价，如建设工程尚未完工，当事人对已完工工程造价产生争议的，可将争议部分的工程造价委托鉴定，但应以建设工程施工合同约定的固定价为基础，根据已完工工程占合同约定施工范围的比例计算工程款。当事人一方主张以定额标准作为造价鉴定依据的，不予支持。

六、当事人于诉前或者诉讼中共同选定具有相应资质的鉴定机构对建设工程进行造价鉴定并出具了鉴定结论，一方当事人要求重新进行鉴定的，不予支持，但有证据证明该鉴定结论具有最高人民法院《关于民事诉讼证据的若干规定》第二十七条第一款规定的情形除外。

七、人民法院委托司法鉴定机构进行工程造价鉴定的，应当对当事人提交的鉴定材料进行质证，并将鉴定材料和质证意见移送鉴定机构。人民法院不得将鉴定材料的质证和审核认定工作交由鉴定机构完成。

鉴定机构出具鉴定报告初稿和定稿后，人民法院应当组织当事人进行质证。

八、承包人请求发包人支付工程款，发包人主张对其已经向实际施工人支付的工程款进行抵扣的，应予支持，但发包人未经承包人同意向实际施工人支付的超出其应得工程款以外的部分除外。

九、建设工程施工合同明确约定发包人收到竣工结算文件后，在约定期限内不予答复，视为认可竣工结算文件的，按照约定处理。建设工程施工合同没有约定或者约定不明，承包人请求参照建设部《建设工程施工发包与承包计价管理办法》第十六条的规定，或者依据建设部制定的建设工程施工合同格式文本（1999 年版）通用条款第 33 条第 3 款的约定处理的，不予支持。

十、发包人在合同约定的审核结算期限届满后，以承包人提交的竣工结算文件不完整为由拒绝结算，承包人请求从合同约定的审核结算期限届满之次日起计算工程款利息的，应予支持，但建设工程施工合同另有约定的除外。

十一、建设工程施工合同约定的违约金低于或者过分高于造成的损失的，经当事人申请，人民法院可以根据《中华人民共和国合同法》第一百一十四条第二款和《最高人民法院关于适用〈中华人民共和国合同法〉若干问题的解释（二）》第二十八条、第二十九条的规定予以调整。

发包人未依约支付工程款给承包人造成的损失，如发包人无法证明承包人实际损失的，可以推定为以未付工程款为基数，参照中国人民银行规定的金融机构同期同类贷款利率计算的利息。

承包人逾期竣工给发包人造成的损失，如承包人无法证明发包人实际损失的，可以推定为迟延期间内按建设工程所在地同期同类指导租金标准计算的租金。对于道路、桥梁等无法参照指导租金标准计算实际损失的建设工程，如承包人无法证明发包人实际损失的，可以推定为以发包人已付工程款为基数，参照中国人民银行规定的金融机构同期同类贷款利率计算的利息。

十二、合作开发房地产合同一方当事人作为发包人与承包人签订建设工程施工合同，承包人请求合作开发房地产合同的其他当事人对施工合同债务承担连带责任的，应予支持。

当事人签订名为合作开发房地产实为土地使用权转让等其他性质的合同，一方当事人与承包人签订建设工程施工合同，承包人请求其他当事人对施工合同债务承担连带责任的，不予支持，但承包人有理由相信当事人之间为合作开发房地产合同关系的除外。其他当事人承担责任后，有权向发包人追偿。

十三、合作开发房地产合同当事人设立具有法人资格的项目公司，项目公司与承包人签订建设工程施工合同，承包人要求合作开发房地产合同各方当事人对施工合同债务承担连带责任的，不予支持。但公司股东存在滥用公司法人独立地位和股东有限责任、虚假出资、抽逃出资等情形的，依照《中华人民共和国公司法》等有关法律、行政法规的规定处理。

十四、挂靠人以被挂靠人的名义与发包人订立建设工程施工合同，被挂靠人与挂靠人应当对施工合同债务承担连带责任，但建设工程施工合同明确约定被挂靠人不承担责任的除外。

十五、承包人将建设工程施工合同约定的工程款债权依法转让，债权受让方主张其对建设工程享有优先受偿权的，可予支持。承包人在转让工程款债权前与发包人约定排除优先受偿权的，该约定对承包人以外的实际施工人不具有约束力。

广东省高级人民法院
关于审理建设工程施工合同纠纷案件
若干问题的意见

2006年11月1日　　　　　　　　　粤高法发〔2006〕37号

为了正确审理建设工程施工合同纠纷案件，根据《中华人民共和国合同法》、最高人民法院《关于审理建设工程施工合同纠纷案件适用法律问题的解释》等有关规定，结合审判工作实践，提出如下意见。

1. 当事人约定工程款实行固定价，而实际施工的工程量比约定的工程范围有所增减的，可在确认固定价的基础上，参照合同约定对增减部分进行结算，再根据结算结果相应增减总价款。不应撇开合同约定，对整个工程造价进行重新结算。

2. 当事人已对政府投资项目进行结算的，应确认其效力。财政部门或审计部门对工程款的审核，是监控财政拨款与使用的行政措施，对民事合同当事人不具有法律约束力。发包人以财政部门或审计部门未完成竣工决算审核、审计为由拒绝支付工程款或要求以财政部门、审计部门的审核、审计结果作为工程款结算依据的，不予支持。但双方当事人明确约定以财政部门、审计部门的审核、审计结果作为工程款结算依据或双方当事人恶意串通损害国家利益的除外。

3. 建设工程施工合同无效，但按照《关于审理建设工程施工合同纠纷案件适用法律问题的解释》第二条的规定可参照合同约定计算工程价款的，如承包人存在延期完工或者发包人存在延期支付工程款的情形，当事人应参照合同约定赔偿对方因此造成的损失。

4. 没有证据证明当事人已同意不计算结算前的违约金和垫资款利息，一方当事人在结算完毕后再主张结算前的违约金和垫资款利息的，可予支持。但如果当事人对违约金和垫资款利息的支付时间有约定的，应从约定支付之日起计算诉讼时效期间；如果当事人对违约金和垫资款利息的支付时间没有约定的，应从工程结算之日起计算诉讼时效期间。如双方未自行结算需委托中介机构进行造价鉴定的，从收到中介机构的鉴定报告之日起计算诉讼时效期间。

5. 发包人在工程款结算后不按期支付工程款，承包人请求发包人按照合同约定支付逾期付款违约金的，应予支持。

当事人未结算需委托中介机构进行造价鉴定，如果双方在合同中约定了工程预算价或支付工程进度款的时间和数额的，在中介机构作出造价鉴定报告前，对超出合同约定的价款部分不计算违约金，但可按中国人民银行同期同类贷款利率计算未付工程款的利息；如果双方在合同中未约定工程预算价，也未约定支付工程进度款的时间和数额的，在中介机构作出造价鉴定报告前，不计算违约金，但可按中国人民银行同期同类贷款利率计算未付工程款的利息。在中介机构作出造价鉴定报告后，按合同约定计算违约金。

6. 人民法院在审理2005年1月1日以前受理的建设工程施工合同纠纷案件时，对相关问题的处理，如以前的法律法规和司法解释没有明确规定的，可参照《解释》的规定处理。

广东省高级人民法院
关于在审判工作中如何适用《合同法》
第 286 条的指导意见

2004 年 1 月 17 日　　　　　　　　　粤高法发〔2004〕2 号

为了规范、及时审理有关建设工程价款优先受偿权的案件，根据《中华人民共和国合同法》、最高人民法院《关于建设工程价款优先受偿权问题的批复》等有关规定，结合审判工作实践，就人民法院如何适用《合同法》第 286 条提出如下指导意见。

1. 当事人在一审诉讼中依法提出要求人民法院确认其对建设工程享有优先受偿权的诉讼请求的，人民法院应对该诉讼请求进行审理，并作出是否支持其诉讼请求的判决。

人民法院支持当事人对建设工程享有优先受偿权的诉讼请求的，判决主文可作如下表述：承包人在××元范围内对于××工程（楼房）享有建设工程价款优先受偿权，但在本判决生效之日（如已对该工程或楼房采取财产保全措施的，为采取财产保全措施之日）前已办理商品房预售登记、变更登记或消费者已交付超过 50% 购房款（在商品房担保贷款中，含消费者向银行所借款项）的房屋部分除外。

2. 建设工程合同订立总承包合同后，再由总承包人订立分包合同的，在总承包合同、分包合同均有效的情形下，发包人拖欠工程款的，总承包人可以对工程折价或者拍卖价款主张优先受偿权。分包人对自己承建部分主张享有优先权的，人民法院不予支持。但如因总承包人怠于行使优先权损害分包人利益，分包人可依照《合同法》第七十三条的规定就其承包工程价款范围内向发包人主张权利。

3. 《合同法》第 286 条所规定的建设工程价款优先受偿权适用于建设工程施工合同。建设工程幕墙装修、装饰合同属于建设工程施工合同。

4. 承包人只能对其所建设的建设工程主张工程价款优先受偿权。承包人对于其参与建设的学校、幼儿园、医院等以公益为目的的事业单位、社会团体的教育设施、医疗设施和其他社会公益设施，不享有建设工程价款优先受偿权。

5. 承包人对其为建设工程应当支付的工作人员报酬、材料款等实际支出的费用主张建设工程价款优先受偿权的，人民法院应予支持。承包人对因发包人违约所造成的损失主张优先受偿权的，人民法院不予支持。

6. 承包人对其承建的建设工程折价或者拍卖价款享有建设工程价款优先受偿权，但对于因建设工程的使用、出租所产生的收益不得行使优先权。

7. 在建设工程承包合同无效的情形下，承包人主张建设工程价款优先受偿权的，人民法院不予支持。

8. 因承包人的原因导致建设工程未经工程质量竣工验收或验收不合格，承包人主张建设工程价款优先受偿权的，人民法院不予支持。但因第三人行使抵押权等权利时需对该建设工程进行处分的情形除外。

9. 承、发包双方当事人在建设工程承包合同中约定承包人不能行使建设工程价款优先权，事后承包人以建设工程价款优先权是法定权利为由向人民法院主张合同约定无效并要求行使建设工程价款优先权的，人民法院不予支持。

10. 承包人在 2002 年 12 月 28 日之后行使建设工程价款优先受偿权的期限为 6 个月，自建设工程竣工之日或者建设工程承包合同约定的竣工之日起计算。建设工程竣工之日与建设工程承包合同约定的竣工之日不一致的，以日期在后的为准。

承包人在 1999 年 10 月 1 日以后 2002 年 12 月 28 日之前行使建设工程价款优先受偿权的，不受 6 个月期限的限制。

11. 合同法实施前，建设工程已办理抵押登记或已出售、预售，承包人主张建设工程价款优先受偿权的，人民法院不予支持。

12. 承、发包双方当事人在合同中约定行使工程价款优先受偿权期限的，该约定有效。但在 2002 年 12 月 28 日之后，承、发包双方当事人在合同中约定行使建设工程价款优先受偿权的期限超过 6 个月的，超过部分无效。

承包人在超过法定的期限后向人民法院主张建设工程价款优先受偿权的，人民法院不予支持。

广东省高级人民法院
关于审理建设工程合同纠纷案件的暂行规定

2000 年 7 月 28 日 粤高法〔2000〕31 号

为了维护、规范建设工程市场经济秩序，正确审理建设工程合同纠纷案件，根据《中华人民共和国合同法》《中华人民共和国建筑法》的有关规定，结合审判实践经验，特作如下暂行规定。

诉讼主体

1. 建设工程合同纠纷案件的当事人通常为建设工程的发包人和承包人。人民法院应根据不同的情况来具体确定该类纠纷案件当事人的诉讼地位。

2. 因拖欠工程款而引起的纠纷，承包人将承包的建设工程合同转包而由实际施工人起诉承包人的，可不将发包人列为案件的当事人；承包人提出将发包人列为第三人，并对其主张权利而发包人对承包人又负有义务的，可将发包人列为第三人，当事人根据不同的法律关系承担相应的法律责任；如转包经发包人同意，即属合同转让，应直接列发包人为被告。

3. 因工程质量引起的纠纷，发包人只起诉承包人，在审理中查明有转包的，应追加实际施工人作共同被告，实际施工人与承包人对工程质量承担连带责任。

4. 施工人挂靠其他建筑施工企业，并以被挂靠建筑施工企业名义签订建设工程合同，而被挂靠建筑施工企业不愿起诉的，施工人可作为原告起诉，不必将被挂靠建筑施工企业列为共同原告。

5. 施工人挂靠其他建筑施工企业，并以被挂靠建筑施工企业的名义签订建设工程合同而被起诉的，应将施工人和被挂靠建筑施工企业列为共同被告；被挂靠建筑施工企业对施工人因承揽的工程不符合质量标准造成发包人损失的，应承担连带责任。

6. 两个以上的承包人联合承包工程，由其中一方与发包人签订建设工程合同而发生纠纷的，其他联合承包工程的施工人应列为共同的原被告。

7. 两个以上的法人、其他经济组织或个人合作建设工程，并对合作建设工程享有共同权益的，其中合作一方因与工程的承包人签订建设工程合同而发生纠纷的，其他合作建设方应列为共同原被告。

合同效力

8. 有下列情形之一的，所签订的建设工程施工合同无效：（1）不具有经营建筑活动主体资格的企业或个人；（2）没有按国家规定的程序和国家批准的投资计划；（3）承包人将其承包的全部建设工程转包给第三人；（4）承包人将其承包的全部建设工程肢解后，以分包名义转包给第三人；（5）建设工程总承包人未经建设单位同意，将承包工程中的部分工程分包；（6）分包单位将其承包的工程再分包或转包。

9. 有下列情形之一，并以被挂靠建筑企业名义签订的建筑工程合同无效：（1）不具有从事建筑活动主体资格的个人、合伙组织或企业以具备从事建筑活动资格的建筑企业的名义承揽工程；（2）资质等级低的建筑企业以资质等级高的建筑企业的名义承揽工程；（3）不具有工程总包资格的建筑企业以具有总包资格的建筑企业的名义承揽工程。

10. 发包人与承包人签订无取得土地使用权证、无取得建设工程规划许可证、无办理报建手续的"三无"工程建设施工合同，应确认无效；但在审理期间已补办手续的，应确认合同有效。

11. 发包人经审查被批准用地，并已取得《建设用地规划许可证》，只是用地手续尚未办理而未能取得土地使用权证的，不宜将因发包人的用地手续在形式上存在欠缺而认定所签订的建设施工合同无效。

12. 违反《建设工程规划许可证》的规定，超规模建设所签订的建设工程合同经批准可补办手续，且无违反其他法律规定的，应确认合同有效。

13. 对承包人超越建筑资质等级签订的建设工程合同，如承包人具备《施工企业资质等级标准》规定的可上浮与建设项目的要求相符的等级条件，工程质量符合设计要求并验收合格的，可按有效合同处理，并以合同约定的建筑资质等级结算工程款。但严重

超越本企业建筑资质等级订立的建设工程合同无效。

14. 承包人跨省区或跨市承揽建设工程，但未办理外来施工企业承包工程许可手续而订立的建设工程施工合同，应责令承包人补办有关手续，并由有关行政部门按规定处理，而不应据此认定合同无效。

15. 对应实行公开招标的建设工程，发包人直接发包后，具备相应资质的承包人已开始履行合同的，不宜以建设工程未实行公开招标为由，认定所签订的建设工程施工合同无效。

16. 建设工程合同中带资、垫资和垫款承包工程的条款应确认无效，对承包人已带资、垫资和垫款承建的工程，发包人应支付该款相应的利息。

外商投资建筑业企业依据国家有关规定，在我境内带资承包工程，合同中的带资条款应认定有效。

17. 建设工程合同对工程款结算没有约定或虽有约定，但发包人与承包人自行结算达成的结算协议有效。属国家投资建设的重大工程，并由国家对工程款结算依法进行管理的除外。

18. 具备法人资格的承包人的内部分支机构，在其营业执照的经营范围内对外签订的建设工程合同，应视为承包人对其行为已授权，其签订的合同有效，并应以该承包人的建筑资质等级结算工程款。

民事责任

19. 发包人知道或应当知道承包人挂靠其他建筑企业仍与之签订建设工程合同的，应对无效合同承担相应的过错责任。

20. 转包、挂靠签订的建设工程合同被确认无效后，应按实际施工人的建筑资质等级结算工程款，但对施工人主张的工程结算中有关计划利润部分的请求可不予支持。

21. 建设工程合同被确认无效后，如属发包人的过错，工程款的结算按有效合同的原则处理；因承包人不具有从事建筑活动主体

资格造成合同无效的，应按非等级建筑资质结算工程款。

22. 发包人与承包人签订建设工程合同后又毁约的，应赔偿承包人由此而造成的损失，该损失应当包括承包人履行合同后可以获得的利益。

23. 发包人未按建设工程合同约定支付工程进度款致使停工、窝工的，承包人可顺延工程日期，并有权要求赔偿停工、窝工等损失。

承包人对发包人逾期支付工程进度款没有异议并继续施工的，在发生纠纷后，承包人要求对方对此承担违约责任的，不予支持。

24. 因发包人的原因致使工程中途停建、缓建的，发包人应及时通知对方采取适当的措施防止损失扩大；承包人没有采取适当措施致使损失扩大的，不得就扩大的损失要求赔偿。

25. 隐蔽工程经双方验收认可后，承包人继续施工而发现隐蔽工程存在质量问题造成损失的，发包人应承担相应的过错责任；若设计单位和监理单位亦有过错，应按过错大小各自承担相应的责任。

26. "三无"工程被有关部门责令停建后，承包人仍然依发包人的要求继续施工的，由此造成的损失发包人负主要过错责任，承包人承担次要的过错责任。

27. 建设工程合同约定对工程总价或材料价格实行包干的，如合同有效，工程款应按该约定结算。因情势变更导致建材价格大幅上涨而明显不利于承包人的，承包人可请求增加工程款。但建材涨价属正常的市场风险范畴，涨价部分应由承包人承担。

28. 因承包人的原因造成逾期交付建设工程的，承包人应承担违约责任。如果由于逾期交付工程致使发包人的损失超过违约金的，发包人可请求对方赔偿，但不得超过承包人违约时预见或应当预见到的因违反合同时可能造成的损失。

29. 工程未经验收，发包人提前使用或擅自动用，因此而发生的质量或其他问题，由发包人承担责任，但工程质量属承包人原因造成的，由承包人负责。对造成质量问题双方都有过错的，应根据过错大小各自承担相应的民事责任。

30. 建设工程竣工验收合格后，承包人有先将工程及相关的资料交付给对方的义务。承包人因发包人未按约定支付工程款而拒绝交付工程，致使发包人无法对竣工的工程行使占有、使用和处分权利而发生的损失，由承包人承担。

31. 工程竣工后，合同约定的验收期限届满，发包人拒绝验收的，承包人可单方与有关部门组织验收，验收费用由双方对半承担。因发包人拒绝提供验收资料、文件，导致无法进行验收的，视为发包人对工程已验收合格。

32. 同一建设工程存在优先权和抵押权的，优先权的效力优于抵押权。

33. 发包人拖欠工程款，应从工程验收后或合同约定的付款期限届满之次日起计付滞纳金，发包人拒绝或拖延验收的，应从合同约定的工程验收期限届满之次日起计付滞纳金，没有约定工程验收期限的，则从工程竣工或施工人要求发包人验收的期限届满之次日起计付滞纳金。

重庆市高级人民法院
关于建设工程造价鉴定若干问题的解答

2016 年 11 月 9 日   渝高法〔2016〕260 号

一、鉴定程序的启动

1. 当事人在何种情形下可以申请通过鉴定方式确定建设工程造价？

具有下列情形之一，当事人申请进行建设工程造价鉴定，人民法院经审查认为根据当事人举示的证据不能自行确定建设工程造价的，可予准许：

（1）合同约定采用固定总价方式确定工程造价，同时对固定总价包含的风险范围、风险费用的计算方法以及风险范围以外的合同价格的调整方法作出了约定，需要确定风险范围以外的工程造价的。

（2）合同约定采用固定单价方式确定工程造价，需要通过鉴定方式确定工程造价的。

（3）合同约定采用成本加酬金方式确定工程造价，需要通过鉴定方式确定建设成本及酬金的。

（4）合同约定采用可调价格方式确定工程造价，需要通过鉴定方式确定工程造价的。

（5）建设工程未完工，需要通过鉴定方式确定已完工程造价的。

（6）合同未约定工程价款的确定方法，需要通过鉴定方式确定工程造价的。

（7）人民法院认为需要通过鉴定方式确定工程造价的其他情形。

2. 当事人已经办理结算，又申请通过鉴定方式确定建设工程造价的，如何处理？

当事人已经办理结算，形成结算文件，又申请通过鉴定方式确定建设工程造价的，人民法院不予准许。但有证据证明双方达成的结算文件无效、被依法撤销的除外。

3. 当事人仅对部分工程造价存在争议，或者人民法院根据当事人举示的证据能够自行确定部分工程造价的，如何进行建设工程造价鉴定？**

当事人仅对部分工程造价存在争议，或者人民法院根据当事人举示的证据能够自行确定部分工程造价，需要通过鉴定方式确定争议部分或者人民法院无法确定部分工程造价的，应当仅对当事人存在争议部分或者人民法院无法确定部分的工程造价进行鉴定。但当事人存在争议部分或者人民法院无法确定部分的工程造价与当事人无争议部分或者人民法院可确定部分的工程造价不可分，客观上需要对工程造价进行整体鉴定的除外。

工程造价是否可分，由人民法院在听取当事人、鉴定人意见后作出认定。人民法院认为有必要的，可以向建设工程造价管理总站、建设工程造价管理协会等专业机构咨询。

4. 当事人逾期申请建设工程造价鉴定的，应当如何处理？

当事人申请建设工程造价鉴定的，应当在举证期限届满前向人民法院提出。当事人逾期提出鉴定申请的，人民法院应当参照《最高人民法院关于适用〈中华人民共和国民事诉讼法〉的解释》第一百零一条、第一百零二条规定的逾期举证的相关规则予以处理。

5. 收到当事人提交的鉴定申请后，人民法院应当如何进行审查？

人民法院在对当事人的鉴定申请是否准许予以审查时，应当在听取对方当事人的意见后，对鉴定事项是否明确、鉴定事项与待证事实是否存在关联性、鉴定是否具有可行性、计价原则和计价方式如何确定等内容进行审查。

6. 当事人未申请进行建设工程造价鉴定，但人民法院认为需要进行鉴定的，应当如何处理？

在案件审理过程中，当事人未申请进行建设工程造价鉴定，但人民法院认为根据当事人举示的证据不能自行确定建设工程造价，确需进行建设工程造价鉴定的，应当根据举证规则向承担举证证明责任的一方当事人履行释明义务，告知其提出鉴定申请。

承担举证证明责任的一方当事人经释明后拒不申请鉴定的，人民法院可以根据举证规则，由承担举证证明责任的一方当事人承担不利后果。

7. 一方当事人自行委托建设工程造价中介机构作出的咨询意见，人民法院是否采信？

一方当事人自行委托建设工程造价中介机构对建设工程造价作出的咨询意见，人民法院原则上不予采信，但该咨询意见经质证，另一方当事人未提出异议，或者提出的异议明显不能成立的，人民法院对该咨询意见可以予以采信。

人民法院对一方当事人自行委托建设工程造价中介机构作出的咨询意见不予采信，且根据当事人举示的证据不能自行确定建设工程造价，确需进行建设工程造价鉴定的，应当根据举证规则向承担举证证明责任的一方当事人履行释明义务，告知其提出鉴定申请。

8. 双方当事人在诉前共同委托建设工程造价中介机构作出了咨询意见，一方当事人在诉讼中请求进行司法鉴定的，如何处理？

双方当事人在诉前共同委托建设工程造价中介机构作出了咨询意见，经质证后，人民法院认为该咨询意见客观、真实、鉴定程序合法的，应当予以采信。一方当事人在诉讼中请求进行司法鉴定的，人民法院一般不予准许。但有证据证明存在当事人与建设工程造价中介机构恶意串通，损害对方当事人利益、鉴定事项与待证事实不具有关联性等

情形，该咨询意见确不应被采信的，人民法院应当根据举证规则确定由承担举证证明责任的一方当事人申请司法鉴定。

一方当事人认为双方共同委托建设工程造价中介机构作出的咨询意见存在算术性错误、个别鉴定资料采信不当等瑕疵而申请进行司法鉴定，人民法院经审查后认为该咨询意见可以补正的，可根据具体情况予以补正。难以补正的，应当对该当事人提起的司法鉴定申请予以准许。

9. 一审中未进行建设工程造价鉴定，当事人在二审中又申请进行鉴定的，应当如何处理？

当事人在一审中申请建设工程造价鉴定，一审法院应当予以准许而未准许，或者一审法院应当向当事人释明申请建设工程造价鉴定而未释明，当事人在二审中又申请建设工程造价鉴定的，二审法院原则上应当发回一审法院重审，由一审法院进行鉴定。

经一审法院释明后当事人拒不申请鉴定，或者当事人拒不选择鉴定机构、拒不交纳鉴定费用、拒不提交完整的鉴定资料等，导致一审法院未能进行建设工程造价鉴定，当事人在二审中又申请鉴定，二审法院认为应当进行建设工程造价鉴定的，原则上应当在二审中进行鉴定，但应当参照《最高人民法院关于适用〈中华人民共和国民事诉讼法〉的解释》第一百零一条、第一百零二条规定的逾期举证的相关规则予以处理。

二、鉴定事项、鉴定方法的确定

10. 建设工程造价鉴定中，鉴定事项应当如何确定？当事人、鉴定人对鉴定事项有异议的，如何处理？

人民法院决定进行建设工程造价鉴定的，原则上应当根据当事人的申请确定鉴定事项。人民法院认为当事人申请的鉴定事项不符合合同约定或者相关法律、法规规定，或者与待证事实不具备关联性的，应当指导当事人选择正确的鉴定事项，并向当事人说明理由以及拒不变更鉴定事项的后果。经人民法院

向当事人说明拒不变更鉴定事项的后果后，当事人仍拒不变更的，对当事人的鉴定申请应当不予准许，并根据举证规则由其承担相应的不利后果。

建设工程造价鉴定过程中，当事人、鉴定人对鉴定事项有异议的，应当向人民法院提交书面意见，并说明理由。人民法院应当对当事人、鉴定人提出的异议进行审查，异议成立的，应当向当事人释明变更鉴定事项；异议不成立的，书面告知当事人、鉴定人异议不成立，鉴定人应当按照委托的鉴定事项进行鉴定。

11. 建设工程造价鉴定中，鉴定方法如何确定？

建设工程的计量应当按照合同约定的工程量计算规则、图纸及变更指示、签证单等确定。

建设工程的计价，通常情况下，可以通过以下方式确定：

（1）固定总价合同中，需要对风险范围以外的工程造价进行鉴定的，应当根据合同约定的风险范围以外的合同价格的调整方法确定工程造价。

（2）固定单价合同中，工程量清单载明的工程以及工程量清单的漏项工程、变更工程均应根据合同约定的固定单价或根据合同约定确定的单价确定工程造价；工程量清单外的新增工程，合同有约定的从其约定，未作约定的，参照工程所在地的建设工程定额及相关配套文件计价。

（3）合同约定采用建设工程定额及相关配套文件计价，或者约定根据建设工程定额及相关配套文件下浮一定比例计价的，从其约定。

（4）可调价格合同中，合同对计价原则以及价格的调整方式有约定的，从其约定；合同虽约定采用可调价格方式，但未对计价原则以及价格调整方式作出约定的，参照工程所在地的建设工程定额及相关配套文件计价。

（5）合同未对工程的计价原则作出约定的，参照工程所在地的建设工程定额及相关配套文件计价。

（6）建设工程为未完工程的，应当根据已完工程量和合同约定的计价原则来确定已完工程造价。如果合同为固定总价合同，且无法确定已完工程占整个工程的比例的，一般可以根据工程所在地的建设工程定额及相关配套文件确定已完工程占整个工程的比例，再以固定总价乘以该比例来确定已完工程造价。

12. 建设工程造价鉴定过程中，当事人、鉴定人对鉴定方法提出异议的，应当如何处理？

建设工程造价鉴定过程中，当事人、鉴定人对鉴定方法有异议的，应当向人民法院提交书面意见，并说明理由。人民法院应当在听取当事人、鉴定人意见后，对当事人、鉴定人提出的异议进行审查。异议成立的，书面告知鉴定人变更鉴定方法；异议不成立的，书面告知当事人、鉴定人异议不成立，鉴定人仍应根据人民法院确定的鉴定方法进行鉴定。

13. 建设工程造价鉴定中，鉴定人认为需要对合同或者合同条款的效力、合同条文的理解、证据的采信等问题作出认定的，应当如何处理？

建设工程造价鉴定中，鉴定人应当对与建设工程造价相关的专门性问题出具鉴定意见。鉴定人在鉴定中认为需要对合同或者合同条款的效力、合同条文的理解、证据的采信等法律性问题作出认定的，应当向人民法院提交书面意见，并说明理由，由人民法院作出认定。人民法院对相关问题作出认定后，应当书面答复鉴定人。

人民法院认为暂时难以对合同或者合同条款的效力、合同条文的理解、证据的采信等法律性问题作出认定，需要在庭审后结合其他证据作出综合认定的，可以要求鉴定人出具多种鉴定意见或者将有争议的事项予以单列。

三、鉴定依据的确定

14. 鉴定资料的提交范围、提交主体应当如何确定？

鉴定程序启动后，人民法院应当与鉴定单位共同确定需要提交的鉴定资料，并形成鉴定资料清单。鉴定资料清单应当载明鉴定资料的名称、提交主体等内容，鉴定资料清单所列资料应当与鉴定事项存在关联性。

鉴定资料清单形成后，人民法院应当及时向当事人送达。鉴定资料的提交范围、提交主体原则上应当根据鉴定资料清单确定。

15. 当事人对鉴定资料清单载明的提交范围、提交主体提出异议的，如何处理？

当事人对鉴定资料清单载明的提交范围、提交主体提出异议的，人民法院应当根据以下情形分别作出处理：

（1）当事人认为需要提交鉴定资料清单外的资料的，原则上应予准许，与鉴定事项不具备关联性的，人民法院可在质证后予以剔除。

（2）当事人认为鉴定资料清单所列资料与鉴定事项不具备关联性的，仍应根据鉴定资料清单要求提交，确与鉴定事项不具备关联性的，人民法院可在质证后予以剔除。

（3）当事人认为鉴定资料清单所列资料在对方当事人控制之下的，可以申请人民法院责令对方当事人提交。申请理由成立的，人民法院应当责令对方当事人提交。

（4）当事人认为鉴定资料由国家有关部门保存，或者涉及国家秘密、商业秘密、个人隐私，因客观原因确不能自行提交的，可以申请人民法院调取或者向人民法院申请律师调查令，是否准许由人民法院决定。

16. 当事人提交鉴定资料的期限如何确定？

人民法院向当事人送达鉴定资料清单时，应当告知当事人提交鉴定资料的期限。

当事人应当在指定期限内向人民法院提交鉴定资料。确难在指定期限内提交鉴定资料的，可在指定期限届满前向人民法院申请延长提交期限，是否准许由人民法院决定。

当事人逾期提交鉴定资料的，人民法院应当参照《最高人民法院关于适用〈中华人民共和国民事诉讼法〉的解释》第一百零一条、第一百零二条规定的逾期举证的相关规则予以处理。

17. 当事人将鉴定资料直接提交给鉴定人的，如何处理？

当事人应当将鉴定资料提交给人民法院，由人民法院组织质证后提交给鉴定人，而不得直接提交给鉴定人。

当事人直接将鉴定资料提交给鉴定人的，鉴定人应当告知当事人将鉴定资料提交给人民法院或者将鉴定资料转交给人民法院。未经人民法院组织质证，鉴定人直接根据当事人提交的鉴定资料作出鉴定意见的，人民法院应当对该鉴定意见不予采信，并重新进行鉴定或者对相关鉴定资料质证后由鉴定人重新出具鉴定意见。

18. 建设工程造价鉴定过程中，鉴定资料如何进行认定？

人民法院收到当事人提交的鉴定资料后，应当组织当事人进行质证。当事人提交的鉴定资料繁多、杂乱，人民法院认为确有必要的，可以委托鉴定人对鉴定资料予以整理后再进行质证。

质证时，当事人应当围绕鉴定资料的真实性、合法性以及与鉴定事项的关联性陈述意见。鉴定人可以参加质证程序。经人民法院允许后，鉴定人可以就鉴定的相关问题向当事人发问。

质证后，人民法院应当结合当事人发表的质证意见对当事人提交的资料能否作为鉴定资料作出认定，并将当事人无异议或者人民法院认为应当作为鉴定依据的鉴定资料移交给鉴定人。人民法院对当事人提交的资料能否被采信暂时难以认定，需要在庭审后结合其他证据一并作出认定的，可以将存在争议的鉴定资料提交给鉴定人，由鉴定人就存在争议的鉴定资料所涉及的工程造价予以单列。

19. 建设工程造价鉴定过程中，鉴定人认为需要补充提交鉴定资料的，如何处理？

建设工程造价鉴定过程中，鉴定人认为需要补充提交鉴定资料的，应当向人民法院发送书面函件。书面函件应当载明需要补充提交鉴定资料的名称、提交主体以及与鉴定事项的关系。人民法院经审查认为确需补充提交的，可以责令当事人限期提交。人民法院收到当事人补交的鉴定资料后，应组织当事人进行质证，并对鉴定资料进行认定后移交鉴定人。

20. 建设工程造价鉴定过程中，鉴定人认为需要进行现场勘验的，如何处理？

建设工程造价鉴定过程中，鉴定人认为需要对建设工程是否实际施工、实际施工的方式、数量以及施工现场状况等进行现场勘验的，应当告知人民法院。人民法院经审查后，认为确需进行现场勘验的，应当组织当事人、鉴定人进行现场勘验。

现场勘验应当形成勘验笔录，由当事人、鉴定人以及人民法院工作人员签字后提交给鉴定人作为鉴定依据。

四、鉴定报告的作出、采信

21. 人民法院对鉴定人出具的初步鉴定意见如何处理？

鉴定人在出具正式鉴定意见前，应当出具初步鉴定意见，征求人民法院和当事人的意见。

收到初步鉴定意见后，人民法院应当及时向当事人送达，并要求当事人在一定期限内提交书面意见。当事人应当就鉴定意见与鉴定事项是否相符、计价原则和计价方式是否科学、鉴定依据是否合法、鉴定意见是否存在错漏等提出意见。当事人提交书面意见后，人民法院认为有必要的，可以组织当事人、鉴定人进行听证，听取当事人、鉴定人的意见。

人民法院将当事人提交的书面意见、听证意见反馈给鉴定人后，鉴定人应当结合当事人提交的书面意见、听证意见对初步鉴定意见进行修正，并及时出具正式的鉴定意见。

22. 鉴定人以当事人未按约交纳鉴定费用为由拒不出具鉴定意见的，如何处理？

鉴定人以当事人未按约交纳鉴定费用为由拒不出具鉴定意见，人民法院审查属实的，可以责令当事人在指定期限内交纳鉴定费用，并告知当事人拒不交纳鉴定费用的后果。当事人在指定期限内仍拒不交纳鉴定费用的，鉴定人可以退回鉴定，并由拒不交纳鉴定费用的当事人承担由此导致的不利后果。

23. 鉴定人出具初步鉴定意见后，当事人又申请补交鉴定资料的，如何处理？

鉴定人出具初步鉴定意见后，当事人又申请补交鉴定资料的，原则上不予同意。但当事人补交的鉴定资料对建设工程造价存在重大影响的，人民法院可以同意，但应参照《最高人民法院关于适用〈中华人民共和国民事诉讼法〉的解释》第一百零一条、第一百零二条规定的逾期举证的相关规则予以处理。

24. 鉴定意见作出后，人民法院应当如何组织对鉴定意见进行质证？

鉴定意见应当经当事人质证后才能作为认定待证事实的根据。质证时，当事人应当对鉴定意见与鉴定事项是否相符、计价原则和计价方式是否科学、鉴定依据是否合法、鉴定意见是否存在错漏等发表质证意见。

当事人对鉴定意见有异议或者人民法院认为鉴定人有必要出庭的，人民法院应当通知鉴定人出庭作证。鉴定人出庭作证的，经人民法院准许，当事人可以就鉴定意见向鉴定人发问。

25. 人民法院发现鉴定意见存在问题的，应当如何处理？

人民法院发现鉴定意见存在鉴定依据采用不当、鉴定数据存在错漏等情形，可以由鉴定人通过出具补充鉴定意见方式予以纠正的，应当书面告知鉴定人，由鉴定人出具补充鉴定意见。

人民法院认为存在鉴定意见与鉴定事项不符、未按照人民法院确定的鉴定方法鉴定、鉴定程序违法等情形，难以通过出具补充鉴定意见方式予以纠正的，应当进行重新鉴定。

重庆市高级人民法院

关于对最高人民法院《关于建设工程价款优先受偿权问题的批复》应如何理解的意见

2003 年 3 月 24 日　　　　　　　　　　　　渝高法〔2003〕48 号

重庆市第一中级人民法院：

你院关于审理购房消费者办理土地使用权证、房屋产权证历史遗留问题有关案件的情况汇报收悉，案件中大量出现购房消费者与抵押权人利益冲突的情况，即同一房屋既存在消费者获得房屋的请求权又存在抵押权人的优先受偿权。因对最高人民法院《关于建设工程价款优先受偿权问题的批复》（法释〔2002〕16 号）的理解不一致，出现了不同意见。经我院审判委员会研究认为，从该批复第一条、第二条的文意理解，应按购房消费者、承包人、抵押权人的顺序享有优先权，故购房消费者与抵押权人利益出现冲突时，人民法院应优先保护购房消费者的利益。

人民法院在审理和执行购房消费者办理土地使用权、房屋产权证历史遗留问题的案件，优先保护购房消费者的利益时，应注意把握以下几个条件。首先，购房消费者中消费者的含义应与《消费者权益保护法》中的"消费者"含义相同，即购房者购房是为生活消费需要而不是为经营需要。其次，购房消费者已交付全部或大部分购房款（超过 50%），且能支付尾款。第三，购房消费者在购买商品房的过程中无恶意损害抵押权人利益的行为。

以上意见在执行中出现什么新情况新问题，请及时报告我院。

四川省高级人民法院

关于审理建设工程施工合同纠纷案件若干疑难问题的解答

2015 年 3 月 16 日　　　　　　　　　　　川高法民一〔2015〕3 号

一、建设工程施工合同效力的认定

1. 哪些情形下的建设工程施工合同无效？

具有下列情形之一的建设工程施工合同，人民法院应当根据《中华人民共和国合同法》第五十二条第（五）项的规定，认定无效：（一）承包人未取得建筑施工企业资质或者超越资质等级的；（二）没有资质的实际施工人借用有资质的建筑施工企业名义的；（三）建设工程必须进行招投标而未招投标或者中标无效的；（四）转包、违法分包建设工程的；（五）法律、行政法规规定的其他情形。

承包人超越资质登记许可的业务范围签

订建设工程施工合同，在建设工程竣工前取得相应资质等级，当事人请求按照无效合同处理的，不予支持。

2. 未取得建设审批手续的建设工程施工合同的效力何认定？

未取得建设用地规划许可证、建设工程规划许可证签订的建设工程施工合同无效。但在审理期间取得建设用地使用权，办理了相应审批手续或者经行政主管部门批准建设且已经竣工验收合格的，应当认定为有效。

建设单位未领取施工许可证的，不影响建设工程施工合同的效力。

3. 如何认定转包？

转包是指建筑施工企业承包工程后，不履行合同约定的责任和义务，将其承包的全部工程或者将其承包的全部工程肢解后以分包的名义分别转给其他企业或个人施工的行为。

存在下列情形之一的，一般可以认定为转包：

（一）建筑施工企业未在施工现场设立项目管理机构或未派驻项目负责人、技术负责人、质量管理负责人、安全管理负责人等主要管理人员，不履行管理义务，未对该工程的施工活动进行组织管理的；

（二）建筑施工企业不履行管理义务，只向实际施工企业或个人收取费用，主要建筑材料、构配件及工程设备由实际施工企业或个人采购的；

（三）劳务分包企业承包的范围是建筑施工企业承包全部工程，劳务分包企业计取的是除上缴给建筑施工承包企业管理费之外的全部工程价款的；

（四）建筑施工企业通过采取合作、联营、个人承包等形式或名义，直接或变相将其承包的全部工程转给其他企业或个人施工的；

（五）法律、行政法规规定的其他转包情形。

4. 如何认定违法分包？

违法分包是指建筑施工企业承包工程后违反法律法规规定或者施工合同关于工程分包的约定，把单位工程或分部分项工程分包给其他企业或个人施工的行为。

存在下列情形之一的，一般可以认定为违法分包：

（一）建筑施工企业将工程分包给个人的；

（二）建筑施工企业将工程分包给不具备相应资质的企业的；

（三）施工合同中没有约定，又未经建设单位认可，建筑施工企业将其承包的部分工程交由其他企业施工的；

（四）施工总承包企业将除钢结构工程以外的房屋建筑工程的主体结构的施工分包给其他企业的；

（五）专业分包企业将其承包的专业工程中非劳务作业部分再分包的；

（六）劳务分包企业除计取劳务作业费用外，还计取主要建筑材料款、周转材料款和大中型施工机械设备费用的；

（七）法律、行政法规规定的其他违法分包情形。

5. 如何认定借用资质（挂靠）？

借用资质（挂靠）是指没有建筑施工资质的企业或个人以其他建筑施工企业的名义，资质等级低的建筑施工企业以资质等级高的建筑施工企业名义，没有施工总承包资质的建筑施工企业以具有施工总承包资质的建筑施工企业名义承揽工程的行为，或者有资质的建筑施工企业通过名义上的联营、合作、内部承包等其他违法方式允许他人以本企业的名义承揽工程的行为。

前述所称承揽工程，包括参与投标、订立合同、办理有关施工手续、从事施工等活动。

审判实践中，可以结合下列情形综合认定是否属于借用资质（挂靠）：

（一）借用资质（挂靠）人通常以出借资

质（被挂靠）人的名义参与招投标、与发包人签订建筑施工合同，借用资质（挂靠）人与出借资质（被挂靠）人之间没有产权联系，没有劳动关系，没有财务管理关系的；

（二）借用资质（挂靠）人在施工现场派驻的项目负责人、技术负责人、质量管理负责人、安全管理负责人中一人以上与出借资质（被挂靠）人没有订立劳动合同，或没有建立劳动工资或社会养老保险关系的；

（三）借用资质（挂靠）人承揽工程经营方式表现为自筹资金，自行组织施工，自主经营，自负盈亏。出借资质（被挂靠）人只收取管理费（包括为确保管理费收取为目的的出借账户），不参与工程施工、管理，不承担工程技术、质量和经济责任的；

（四）出借资质（被挂靠）人与发包人之间没有实质上工程款收付关系，均是以"委托支付""代付"等其他名义进行工程款支付，或者仅是过账转付关系的；

（五）施工合同约定由出借资质（被挂靠）人负责采购主要建筑材料、构配件及工程设备或租赁施工机械设备，实际并非由出借资质（被挂靠）人进行采购、租赁，或者出借资质（被挂靠）人不能提供有关采购、租赁合同及发票等证明，又不能进行合理解释并提供证据证明的；

（六）法律、行政法规规定的其他借用资质（挂靠）情形。

6. 如何认定内部承包？

建筑施工企业将其承包的全部或部分工程交由其下属分支机构或在册的项目经理等本企业职工个人承包施工，建筑施工企业对工程施工过程及质量进行管理，并在资金、技术、设备、人力等方面给予支持的，属于内部承包。

审判实践中，可以结合下列情形综合认定是否属于内部承包：

（一）合同的发包人为建筑施工企业，承包人为建筑施工企业下属分支机构或在册的项目经理等本企业职工，两者之间存在管理

与被管理的行政隶属关系的；

（二）发包给个人的，发、承包人之间有合法的劳动关系以及社会保险关系的；

（三）承包人使用建筑施工企业的建筑资质、商标及企业名称等是履行职责行为，在建筑施工企业的管理和监督下进行项目施工，承包人根据承包合同约定向建筑施工企业交纳承包合同保证金的；

（四）施工现场的项目经理或其他现场管理人员接受建筑施工企业的任免，调动和聘用的；

（五）承包人组织项目施工所需的人、财、物及资金，由建筑施工企业予以协调支持的；

（六）承包人在建筑施工企业统一管理和监督下独立核算、自负盈亏，承包人与建筑施工企业按照承包合同约定对经营利润进行分配的。

内部承包的对外民事权利义务主体为该合同发包人建筑施工企业。

7. 如何认定劳务分包？

劳务分包是指建设工程的总承包人或者专业承包人将其包工程中的劳务作业（包括木工、砌筑、抹灰、石制作、油漆、钢筋、混凝土、脚手架、模板、焊接、水暖、钣金、架线等）发包给具有相应劳务资质的劳务作业承包人完成的行为。

审判实践中，可以结合下列情形综合认定是否属于劳务分包：

（一）劳务作业承包人具有劳务分包企业资质；

（二）分包内容是劳务作业而不是工程本身；

（三）劳务作业承包人一般仅提供劳务作业，施工技术、工程主要材料、大型机械、设备等均由总承包人或者专业承包人负责；

（四）劳务费用一般是通过工日的单价和工日的总数量进行费用结算，不发生主要材料、大型机械、设备等费用的结算，不收取管理费。

8. 如何认定是否属于必须招投标的建设工程？

最高人民法院《关于审理建设工程施工合同纠纷案件适用法律问题的解释》（以下简称《建工司法解释》）第一条第（三）项规定的"必须进行招标"的建设工程的认定应当依据《中华人民共和国招标投标法》第三条、《中华人民共和国招标投标法实施条例》和原国家发展计划委员会《工程建设项目招标范围和规模标准规定》（2000 年第 3 号令）的相关规定予以确定。法律、行政法规有新规定的，适用新规定。

法律、行政法规规定不是必须进行招标的建设工程，但当事人自愿进行招投标的，应当受《中华人民共和国招标投标法》的约束。

9. 如何认定"黑白合同"实质性内容不一致？

招投标双方在同一工程合同范围和条件下，另行订立的建设工程施工合同变更经过备案的中标合同约定的工程价款、计价方式、工程期限、工程质量标准等内容的，应当认定为《建工司法解释》第二十一条规定的与经过备案的中标合同实质性内容不一致。当事人主张按照该变更后的合同结算工程价款的，不予支持。

中标合同备案后，承包人作出的明显高于市场价格购买承建房产、无偿建设住房配套设施、向建设方捐款、让利等承诺应当认定为变更经过备案的中标合同的实质性内容。发包人主张按照该承诺内容结算工程价款的，不予支持。

建设工程施工合同履行过程中，因设计变更、建设工程规划调整等非双方当事人原因，且无需重新进行招投标并备案的，当事人通过签订补充协议、会谈纪要等形式对工程价款、计价方式、工程期限、工程质量标准等合同内容进行合理变更或补充的，不应认定为与经过备案的中标合同"实质性内容不一致"，当事人主张以该变更或补充内容结算工程价款的，应予支持。

10. 如何认定当事人约定的保修期限的效力？

建设工程施工合同中约定的正常使用条件下工程的保修期限低于国家和省相关行政主管部门规定的最低期限的，该约定应认定无效。

11. 如何认定小型建筑工程及农民低层住宅施工合同、家庭住宅室内装饰装修合同的效力？

施工人签订合同承建小型建筑工程或两层以下（含两层）农民住宅，或者进行家庭住宅室内装饰装修，当事人仅以施工人缺乏相应资质为由，主张合同无效的，一般不予支持。

前述合同对质量标准有约定的，依照其约定，没有约定的，依照通常标准或符合合同目的的特定标准予以确定。当事人有其他争议的，原则上可以参照本解答的相关内容处理。

二、诉讼主体的确定

12. "实际施工人"的范围如何确定？

《建工司法解释》中的"实际施工人"是指转包、违法分包以及借用资质的无效建设工程施工合同的承包人。建设工程经数次转包或分包的，实际施工人应当是实际投入资金、材料和劳力进行工程施工的企业或个人。对于不属于前述范围的当事人依据《建工司法解释》第二十六条第二款规定以发包人为被告主张欠付工程款的，应当不予受理，已经受理的，应当裁定驳回起诉。

建筑工人追索欠付工资或劳务报酬的，按照劳动关系或雇佣关系妥善处理。

13. 实际施工人主张欠付工程款的诉讼主体如何确定？发包人、转包人、违法分包人的责任如何承担？

《建工司法解释》第二十六条中的"发包人"应当理解为建设工程的业主，不应扩大理解为转包人、违法分包人等中间环节的相对发包人。

建设工程因转包、违法分包导致建设工程施工合同无效的，实际施工人以转包人、违法分包人为被告主张权利的，人民法院一般不主动依职权追加发包人作为共同被告参加诉讼。

实际施工人以发包人为被告主张权利的，人民法院应当追加与实际施工人存在直接合同关系的转包人、违法分包人作为共同被告参加诉讼，发包人在欠付工程价款范围内对实际施工人承担责任。

发包人以其未欠付工程价款为由提出抗辩的，应当承担举证责任。

实际施工人可以以发包人、转包人，违法分包人为共同被告主张权利，当事人之间依据相应的合同关系承担法律责任。

建设工程施工合同无效，实际施工人要求未与其建立合同关系的转包人、违法分包人对工程欠款承担支付责任的，不予支持。

14. 如何确定借用资质（挂靠）人主张欠付工程款的诉讼主体及责任承担？

发包人知晓并认可实际施工人借用资质施工，能够认定发包人实际与实际施工人建立建设工程施工合同关系，实际施工人要求发包人直接承担工程价款支付责任的，应予支持。

15. 如何确定建设工程质量争议案件的诉讼主体和责任承担？

承包人经发包人同意将自己承包的部分工程交由第三人完成，因建设工程质量发生争议的，发包人可以以承包人、第三人为共同被告主张权利，承包人和第三人对工程质量向发包人承担连带责任。

承包人转包，违法分包建设工程，露建设工程质量发生争议的，发包人可以以转包人、违法分包人和实际施工人为共同被告主张权利，转包人、违法分包人和实际施工人对工程质量向发包人承担违带责任。

16. 仅以不具有独立法人资格的建筑施工企业分支机构作为被告起诉的案件诉讼主体如何确定？

原告仅以不具有独立法人资格的建筑施工企业分支机构作为被告提起诉讼的，人民法院应当追加建筑施工企业作为共同被告参加诉讼。

三、建设工程价歉的确定及交付

17. 政府审计部门审计结果能否作为合同结算依据？

政府投资的建设工程施工合同结算纠纷，发包人主张以政府审计部门审计结果作为工程造价结算依据的原则上不予支持，但当事人在合同中有明确约定的除外。

当事人在合同中明确约定工程价歉以政府审计部门审付结果作为结算依据，并约定了审计时间，在合同约定的审计时间内非因承包人原因未作出审计结论，或虽未约定审计时间，经承包人催告，发包人未在合理期限内送变政府审计部门审计的，承包人主张按照双方签章确认的送审结算价结算工程价款的，可予支持。

政府审计部门审计结论明确部分项目已经超出政府投资项目，但合同明确约定属于施工内容的，承包入主张支付工程价款的，应予支持。

18. 承包人要求按照竣工结算文件结算工程价款如何处理？

当事人在建设工程施工合同专用条款或另行签订的协议中明确约定发包人应在收到承包人提交竣工结算义件后一定期限内予以答复，且逾期未答复则视为认可竣工结算文件的，承包人依据《建工司法解释》第二十条的规定请求按照竣工结算文件结算工程价款的，应予支持。没有明确约定逾期未答复则视为认可竣工结算文件的，承包人请求按照竣工结算文件确定工程价款的，不予支持。

当事人在建设工程施工合同专用条款中未明确约定发包人应在收到承包人提交竣工结算文件后一定期限内予以答复，也未另行签订协议约定，承包人仅以原建设部《建筑工程施工发包与承包计价管理办法》第十六条的规定，或者《建设工程施工合同（示范文本)》通用条款约定为依据，诉请依照《建工司法解释》第二十条的规定按照竣工结算文件结算工程价款的，不予支持。

当事人在建设工程施工合同专用条款或另行签订的协议中明确约定发包人应在承包人提交竣工结算文件后未答复则视为认可竣工结算文件，但未约定答复期限，经承包人催告后，发包人仍不予答复的，人民法院可根据实际情况确定合理的答复期限，但答复期限不应超过 60 日。

19. 被确认无效的建设工程施工合同工程价款如何确定？

建设工程施工合同被确认无效，但工程经竣工验收合格，当事人依据《建工司法解释》第二条的规定要求参照合同约定支付工程价款的，应予支持。

实际施工人以转包或违法分包合同无效，主张按照转包人或违法分包人与发包人之间的合同作为结算依据的，不予支持。但实际施工人与转包人或违法分包人另有约定的除外。

20. 当事人就同一建设工程订立的数份施工合同均被认定无效的，如何结算工程价款？

当事人就同一建设工程订立的数份施工合同均被认定无效，但工程经竣工验收合格，当事人请求按照合同约定结算工程款，应当参照当事人实际履行的合同结算工程价款。不能确定实际履行合同的，可以参照签订建设工程施工合同时当地建设行政主管部门发布的计价方法或者计价标准结算工程价款。

21. 存在"黑白合同"的建设工程，如何结算工程价款？

法律，行政法规规定必须进行招标的建设工程，戒者未规定必须进行招标的建设工程，但依法经过招标投标程序并进行了备案，当事人实际履行的施工合同与备案的中标合同实质性内容不一致的，应当以备案的中标合同律为结算工程价教的依据。

不是法律，行驶法规规定垫囊避行招标

的建设工程，且未进行实质意义的招投标，省事人均明确表示签订的中标合同仅用于于当地建设行政主管部门备案，备案的合同与实际履行的合同实质性内容不一致的，应以反映当事人真实意思表示的实际履行的合同结算工程价款。

备案的中标合同与当事人实际履行的建设工程施工合同均因违反法律，行政法规的强制性规定被认定为无效的，应参照当事人实际履行的合同结算工程价款。

22. 当事人诉前达成的结算协议如何处理？

当事人在诉讼前已就工程价鼓的结算达成协议，一方在诉讼中要求重新结算的，不予支持，但结算协议被人民法院或仲裁机构认定为无效或撤销的除外。

23. 约定工程价款实际固定总价结算的施工合同出现因设计变更导致工程量或者质量标准发生变化的如何结算工程价款？

当事人约定按照固定总价结算工程侨鼓，应当严格按照合同约定的工程价款执行，一方当事人请求对工程造价进行鉴定并依据鉴定结论结算的，不予支持。

建设工程因设计变更导致工程量或质量标准发生变化，当事人要求对工程价款予以调整的，如果合同对工程价款调整有约定的，依照其约定；没有约定或约定不明的，应当由当事人协商解决，不能协商一致的，可以就变更部分参照签订建设工程施工合同时当地建设行政主管部门发布的计价方法或者计价标准结算工程价款。

主张工程价款调整的当事人应当对合同约定施工的具体范围、实际工程量增减的原因、数量等事实承担举证责任。

24. 约定工程价款实行固定总价结算的施工合同在履行过程中材料价格发生重大变化如何处理？

约定工程价款实行固定总价结算的施工合同履行过程中，主要建筑材料价格发生重大变化，超出了正常市场风险范围，合同对建材价格变动风险负担有约定的，依照其约定处理；没有约定或约定不明的，当事人要求调整工程价款，如不调整显失公平的，可在市场风险范围和幅度之外酌情予以支持，具体数额可以委托鉴定机构参照工程所在地建设行政主管部门关于处理建材差价问题的意见予以确定。

因一方当事人原因致使工期或建筑材料供应时间延误导致的建材价格变化风险由该方当事人承担，该方当事人要求调整工程价款的，不予支持。

25. 约定工程价款实行固定总价结算的施工合同在未全部完成施工即终止履行的工程价款如何结算？

约定工程价款实行固定总价结算的建设工程施工合同在未全部完成施工即终止履行，承包人已施工的工程质量合格，承包人要求发包人支付工程价款的，由双方协商确定已施工的工程价款，协商不成的，由鉴定机构根据工程设计图纸、施工图纸、施工签证、交接记录等资料以及现场勘验结果对已完成工程量占合同工程量比例计算系数，再用合同约定的固定价款乘以该系数确定发包人应付的工程价款。

当事人就已施工的工程量存在争议的，应当根据双方在撤场交接时签订的会议纪要、交接记录以及监理材料、后续施工资料等文件予以确定；不能确定的，应根据承包人撤场时未能办理交接及工程未能完工的原因等因素合理分配举证责任。

26. 如何认定当事人的工作人员签证确认行为的效力？

当事人的法定代表人以及经合同约定或当事人授权的工作人员对工程量和价款等的签证确认行为对当事人具有约束力。虽没有合同约定或当事人授权，当事人工作人员的签证确认属于履行职务行为，或者当事人事后追认，或者当事人虽不予追认，相对方有理由相信该签证确认人员有代理权的签证确认行为，对当事人具有约束力。

27. 如何认定承包项目经理在合同履行中所实施的与项目建设有关行为的效力？

合同履行过程中，承包人项目经理以承包人名义在结算报告和签证文件上签字确认、加盖项目部印章、收取工程款、接收发包人供材等行为，一般应当认定为履行职务行为，对承包人具有约束力，但双方另有约定或承包人有证据证明相对人知道或应当知道项目经理没有代理权的除外。

28. 如何认定工程监理人员在签证文件上签字确认行为的效力？

工程监理人员依据监理合明的约定以及蓝理规范实施的签字确认行为，对发包人具有约束力。超越监理合同约定以及监理规范实施的签字确认行为，除承包人有理由相信工程监理人员的签字确认行为未超越其监理合同的约定以及监理规范的以外，对发包人不具有约束力。

29. 欠付工程价款的利息如何确定？

当事人对欠付工程价款利息计付标准有约定的，按照约定处理，但不得超过中国人民银行公布的同期同类贷款利率的4倍；没有约定的，按照中国人民银行发布的同期同类贷款利率计算。

发包人以承包人未开具发票、未移交工程竣工资料为由拒付工程价款的，不予支持。但建设工程施工合同另有约定的除外。

30. 对转包、违法分包、借用资质非法所得如何处理？

承包人转包、违法分包建设工程或者没资质的实际施工人借用有资质的建筑施工企业名义与他人签订的建设工程施工合同被认定无效后，人民法院可以根据《中华人民共和国民法通则》第一百三十四条的规定，对承包人转包、违法分包建设工程已经取得的非法所得、出借资质的建筑施工企业因出借行为已经取得的非法所得，实际施工人固建工程已经取得的非法所得予以收缴。

31. 如何处理发包人提出的工程质量问题？

承包人诉请支付工程价款，发包人主张工程质量不符合合同约定或者国家强制性质量规范标准，要求减少工程价款的，按抗辩主张处理；发包人要求承包人赔偿损失的，应以反诉的方式提出或另行起诉。

建设工程已经竣工验收合格，或虽未竣工验收，但发包人已实际使用，如工程质量问题属于承包人施工原因导致的地基基础工程或工程主体结构质量问题，发包人要求拒付或延期支付工程价款的，应予支持；如发包人提出的工程质量问题属于保修范围，发包人要求拒付或减付工程款的，不予支持。

工程尚未进行竣工验收且未交付使用，发包人以工程质量不符合合同约定或者国家强制性质量规范标准为由要求拒付或减付工程款，经查证属实的，应予支持；发包人要求承包人支付违约金或者赔偿修理，返工或改建的合理费用等损失的，应以反诉的方式提出或另行起诉。

因承包人原因致使工程质量不符合合同约定，发包人要求承包人承担保修责任或者赔偿修复费用等实际损失的，按保修的相关规定处理。承包人拒绝修复、在合理期限内不能修复或者发包人有正当理由拒绝承包人修复，发包人另行委托他人修复后要求承包人承担合理修复费用的，应予支持。发包人未通知承包人或无正当理由拒绝由承包人修复而另请他人修复的，所发生的修复费用由发包人自行承担。

四、工程造价鉴定

32. 当事人在诉前、诉中自行委托鉴定的效力如何认定？

当事人诉前或诉中自行共同选定具有相应工程造价鉴定资质的鉴定机构对建设工程进行造价鉴定并出具了鉴定意见，一方当事人要求重新进行鉴定的，不予支持。但有证据证明该鉴定意见具有最高人民法院《关于民事诉讼证据的若干规定》第二十七条第一款规定的情形除外。

当事人诉前或诉中单方选定具有相应工程造价鉴定资质的鉴定机构对建设工程进行造价鉴定并出具了鉴定意见，一方当事人有证据证明该鉴定意见具有最高人民法院《关于民事诉讼证据的若干规定》第二十七条第一款规定的情形，该鉴定意见不予采信。

33. 如何把握工程造价鉴定的启动原则？

当事人对工程价款存在争议，既未达成结算协议，也无法采取其他方式确定工程价款的，人民法院可以根据当事人的申请，委托有司法鉴定资质的工程造价鉴定机构对工程造价进行鉴定；当事人双方均不申请鉴定的，人民法院应当予以释明，经释明后对工程造价负有举证责任的当事人在人民法院指定的期限内无正当理由仍不申请鉴定，致使工程造价无法认定的，应当对工程造价承担举证不能的不利后果。为了查明案件事实，人民法院也可以根据案件情况，依职权启动司法鉴定程序。当事人应依照人民法院的要求提交鉴定资料、预交鉴定费用、选定鉴定机构，否则，承担相应的不利后果。

申请工程造价鉴定方在人民法院指定的期限内不预交鉴定费用，或者在人民法院指定的缴纳期限内申请延期、分期缴纳鉴定费用未获准许后仍不缴纳的，视为放弃鉴定申请。申请鉴定人对其该行为导致工程造价不能通过鉴定确认的不利后果承担责任。

鉴定过程中，一方当事人无正当理由在规定期限内不提交鉴定相关资料或拒不配合，经人民法院释明不利后果后仍拒绝提交或拒不配合的，应承担举证不能的不利后果。

34. 当事人在一审中未申请鉴定，二审中申请鉴定应否准许？

对相应事实负有举证责任的当事人在一审诉讼中未就该事实申请鉴定，导致该事实不清，二审诉讼中申请鉴定的，人民法院根据案件审理情况认为需要鉴定的，可予准许。但在一审法院告知后，该负有举证责任的当事人在人民法院指定的期限内无正当理由拒不申请鉴定或者在一审法院决定委托鉴定后拒不预交鉴定费用的除外。

当事人已在一审诉讼中对相应事实进行了鉴定，二审诉讼中申请重新鉴定不予准许，但确有证据证明鉴定意见具有最高人民法院《关于民事诉讼证据的若干规定》第二十七条第一款规定情形的除外。

原判决认定基本事实不清或者认定的基本事实缺乏依据，二审法院经审理认为案件基本事实需要通过司法鉴定进行查明的，可以发回一审法院重审，由一审法院委托鉴定查明案件事实。

35. 对当事人提交的鉴定资料应当如何处理？

对当事 A 提交的鉴定资料，人民法院应在移交鉴定机构进行司法鉴定之前，先行组织质证，对鉴定资料的真实性、合法性、关联性进行审核认定，并将经过认证的鉴定资料移送鉴定机构。对当事人争议大、人民法院尚需结合其他证据和事实作出认证的鉴定资料，人民法院应向鉴定机构作出说明，并要求鉴定机构就该证据呆信与不呆信的情形分别作出鉴定意见，供人民法院审核认定。

人民法院不得将鉴定资料的质证和审核认定工作交由鉴定机构完成。

36. 对爱人民法院委托鉴定的鉴定机构作出的鉴定意见如何进行审核认定？

受人民法院委托鉴定的鉴定机构的鉴定意见作出后，人民法院应当组织双方当事人对鉴定意见进行质证。当事人对鉴定意见有异议或者人民法院认为鉴定人有必要出庭的，鉴定机构应当委派鉴定人出庭作证。当事人对鉴定意见提出异议的，鉴定人应当针对异议问题进行回复。人民法院经审查认为当事人提出的异议成立的，应当告知鉴定机构补充鉴定或予以调整，异议不成立的，对该鉴定意见予以采信。

经人民法院通知，鉴定人拒不出庭作证的，鉴定意见不得作为认定事实的根据。

五、建设工程价款的优先受偿

37. 如何确定享有优先受偿权的主体？

建设工程施工合同有效，发包人未按照约定支付价款的，承包人可以催告发包人在合理期限内支付价款，发包人逾期不支付的，承包人可以向人民法院提起诉讼，并有权依据《中华人民共和国合同法》第二百八十六条之规定，要求建设工程的价款就该承建的建设工程折价或拍卖的价款优先受偿。

建设工程施工合同无效，但建设工程经竣工验收合格，或者未经竣工验收但已经实际使用，实际施工人请求其工程

价款就承建的建设工程折价或拍卖的价款优先受偿的，应予支持。

装饰装修工程属于建设工程，可以适用《中华人民共和国合同法》第二百八十六条的规定，但装饰装修工程的发包人不是该建筑物的所有权人或者承包人与该建筑物的所有权人之间没有合同关系的除外。享有优先受偿权的承包人只能在建筑物因装饰装修而增加价值的范围内优先受偿。

38. 如何界定优先受偿权的范围？

建设工程经验收合格，工程的直接成本、间接成本、利润和税金属于优先受偿范围。

承包人、实际施工人支付的履约保证金、工程质量保证金、发包人应当支付的违约金等不属于优先受偿范围。

承包人、实际施工人请求确认对建设工程占用范围内的土地使用权享有优先受偿权的，不予支持。

39. 承包人、实际施工人不享有优先受偿权的情形有哪些？

具有下列情形之一，承包人、实际施工人请求工程价款就承建的建设工程折价或拍卖的价款优先受偿的，不予支持：

（一）经竣工验收不合格的工程；

（二）建设工程属于为公益目的建设的教育设施、医疗设施及其他社会公益设施；

（三）建设工程属于国家机关已投入使用的办公用房或者军事建筑；

（四）建设工程属于设备安装等附属工程；

（五）消费者购买承包人承建的商品房，并已经办理商品房产权变更或预告登记，或者消费者已交付购买商品房的全部或者大部分款项的。

四川省高级人民法院
关于审理涉及招投标建设工程合同纠纷案件的有关问题的意见

（2010 年 6 月 22 日四川省高级人民法院审判委员会第 33 次会议讨论通过）

根据《中华人民共和国招标投标法》《最高人民法院关于审理建设工程施工合同纠纷案件适用法律问题的解释》等法律和司法解释规定，结合民事审判实际，就审理涉及招投标建设工程合同纠纷案件适用法律的有关问题，制定本意见。

第一条 对建设工程必须进行招标而未招标，或者中标无效的，人民法院应当严格按照《最高人民法院关于审理建设工程施工合同纠纷案件适用法律问题的解释》第一条的规定，认定建设工程施工合同无效。

第二条 当事人就同一建设工程另行订立的合同与合法有效的备案中标合同实质性内容不一致的，人民法院应当严格按照《最高人民法院关于审理建设工程施工合同纠纷案件适用法律问题的解释》第二十一条的规定，以备案的中标合同作为结算工程款的依据。

第三条 合同实际履行过程中因设计变更导致工程量（价）增加的，且履行了约定的或规定的报批、审查程序，承包人与发包人就中标合同的内容协商作了修订和补充的，人民法院可以按照《最高人民法院关于审理建设工程施工合同纠纷案件适用法律问题的解释》第十六条第一款的规定，以当事人实际履行的合同作为结算工程价款的依据；当事人对发生变化部分的工程价款不能协商一致的，可以按照《最高人民法院关于审理建设工程施工合同纠纷案件适用法律问题的解释》第十六条第二款的规定，参照建设行政主管部门发布的计价方法或者计价标准结算工程价款。

第四条 有证据证明设计、施工、监理或业主方在设计变更、工程量（价）增加等合同内容变更中有相互串通、弄虚作假情况的，人民法院对虚假部分的内容不予认可，并不得以此作为结算工程价款的依据。

第五条 合同中约定了以第三方审价或者审计确定的造价作为付款依据的，人民法院在诉讼中应当促使双方当事人履行合同，委托第三方对工程款结算的情况进行审价或审计，并以第三方确定的造价作为判决支付工程款的依据。

第六条 依照《中华人民共和国审计法》第二十二条规定必须接受审计监督的国家建设项目的工程，通过审计查验完成的工程量的，经审计确认的有关工程量的签证记录可以作为反映客观事实的证据，具有证明力，人民法院应当采信，作为双方工程价款结算的依据。

北京市第一中级人民法院
对民事审判中部分执法不统一问题的
规范意见（2011）

第三部分　建设工程施工合同案件中的问题

1. 对"必须进行招投标"的建设工程项目如何判定？（有修改）

问题说明：《最高人民法院关于审理建设工程施工合同纠纷案件适用法律问题的解释》（以下简称《建设工程司法解释》）第一条的规定，建设工程必须进行招标而未招标或者中标无效的，所签订的建设工程施工合同无效。在审判实践中，涉及招投标的问题时，常常与合同的效力认定相关，故对于"必须进行招标的项目"的确定需有一定的标准。

基本意见：在国家发改委2000年5月1日发布的《工程建设项目招标范围和规模标准规定》中，对于《招投标法》第三条涉及的项目的性质、规模进行了细化，属于该规定内的项目应当认定为必须进行招投标的项目；不属于该规定范围内的项目，不宜认定属于法律法规规定必须进行招投标的项目。

2. 承包人不具备建设所承包工程的相应资质，是否合同一律应确定为无效？（有补充）

基本意见：对于资质的要求是《建筑法》的规定，在《建设工程司法解释》中明确规定没有取得资质、超越资质等级、借用他人资质签订的合同为无效。在审判实务中有以下几种情形，需要予以特别考虑：（1）不属于《建筑法》调整范围内的工程项目，如小型房屋建筑工程（各省有相应规定）、农民自用的低层住宅等，不宜因施工人无资质而认定合同无效。（2）承包人在签订合同时具备资质，但在合同履行过程中丧失了资质，属

于合同在履行过程中发生情势变更，属于合同无法继续履行，不应按合同无效处理。（3）承包人在签订合同时不具备相应资质，但竣工前取得相应资质，这时仍应认定合同有效。（4）工程项目虽不属于《建筑法》调整范围，但有关地方一级政府行政部门的文件规定要求施工人具有一定的资质，因该规定不属于法律、法规，故该规定，在民事审判中不宜将其作为因资质问题而认定无效的根据。

3. 违反行政法规的行为是否必然导致建设工程施工合同无效？

问题说明：在施工合同的签订、履行过程中，当事人会违反一些行政管理规定，例如没有办理开工许可证、没有进行规划审批或用地审批、合同没有备案等。则能否因存在这些违规行为而认定合同无效？

基本意见：建设工程合同无效的认定，主要是涉及资质、招投标、违法分包、转包几方面，目的是为了保证工程的质量。如果是违反其他的行政管理规定，并不必然导致双方合同的无效，应视具体情况处理：（1）如违反管理禁止性规范，如《建筑法》规定的"没有办理开工许可证不得施工"，还有合同登记备案的规定等，其规定本身并不禁止建设工程的承发包交易，因此并不导致合同无效。（2）如违反效力禁止性规范，特别是涉及公共利益保护，例如违反未经用地和规划审批不得进行工程项目建设的规定等。这些规定为建设工程的承发包交易设立的前提条件，如果不具备这些前提条件，建设工程项目本身就是非法的，当事人就此签订的合同自然也就是无效的。如果当事人能够在诉

讼中补齐相关审批手续，则可以认定合同有效。

4. 中标后双方未签订合同时如何处理？（增加）

基本意见：（1）招投标程序完成后，招标人拒绝与投标人签订合同或者投标人拒绝与招标人签订合同，项目也未实际进行施工，此时可以考虑按照《合同法》第四十二条的缔约过失责任处理。（2）双方不签订合同而直接施工，在施工过程中或工程结束后双方发生争议。此时招投标文件应当作为解决双方争议的依据。

5. 建设工程施工合同被认定为无效后，工程价款如何结算？

问题说明：合同无效后，双方应当返还财产或者折价补偿，有过错的一方要赔偿损失。对于建设工程合同，由于履行中承包方提供的财产物化于工程本身，不适用返还方式，只能适用折价补偿的方式，因此如何结算成为问题。

基本意见：在双方没有签订备案合同的情况下，建设工程施工合同无效但工程经竣工验收合格或已交付使用，承包人可以请求参照合同约定支付工程款。（1）如果双方签订了结算协议，可以依据结算协议确定工程总价款。（2）双方没有签订结算协议，则应通过造价鉴定来确定工程总价款。此时仍应当以双方签订的无效合同作为鉴定依据，除非双方均同意不以该合同为鉴定依据。（3）此时发包人仍应支付拖欠工程款的利息。

6. 如何认定建设工程中存在的"备案合同"和"非备案合同"之间的关系及效力？（有补充）

基本意见：（1）首先应当审查后一个非备案合同是否对前一个备案合同作有实质性内容变更。合同的实质性内容一般指工程量、工程质量、工程价款、施工工期等内容。（2）如发生实质性变更，应当以备案合同作为结算依据。如果"非备案合同"与"备案合同"在工程价款给付时间、施工工期、垫付工程

款等不影响工程价款结算的方面存在差异时，而且双方实际是按照"非备案合同"履行的，可以考虑按"非备案合同"约定确定当事人之间的权利义务。

7. 发包方能否以承包方没有提供竣工资料为由拒付工程款？

基本意见：应坚持"次要义务的不履行不能对抗主义务的履行请求"的原则。不移交竣工资料、施工图纸如果构成违约，应承担违约责任，但不足以吞并或抵消偿付工程款主要义务，除非双方在合同中已明确约定以移交竣工资料、施工图纸作为给付工程款的前提条件。

8. 发包方能否以合同约定是固定价结算为由拒付增项工程的工程款？

问题说明：在有些建筑工程施工合同中，双方约定采用固定价方式结算工程价款，但实际施工过程中双方通过洽商变更增加或减少部分施工项目，由此产生是否仍适用合同约定的固定价结算的问题。

基本意见：（1）如果发生洽商变更，应看双方合同中约定是否增减合同价款，或双方有无另行约定；（2）在约定采用固定价结算时，如果工程没有完成，则应采取"按比例鉴定法"来确定应付工程款，即让鉴定机构算出在同一取费标准下已完工程部分的价款和整个合同工程价款，将两者比例乘以合同约定的固定价。

9. 发包人收到竣工结算文件后，在约定期限内不予答复，承包人请求直接按照竣工结算文件确定工程价款时，如何处理？

问题说明：此即《建设工程司法解释》第二十条规定的"不答复视为认可"如何具体掌握的问题。

基本意见：（1）该条适用的前提条件，必须是当事人将"收到竣工结算文件后，在约定期限内不予答复，视为认可竣工结算文件"的意思表示明确订入合同条款或者另外达成协议，同时对具体的答复期限也必须有明确的约定，否则不能适用"不答复视为认

可"这一规定。（2）在适用"不答复视为认可"这一规定时还应注意由于承包人所报送的结算资料通常含有许多"水分"，因此法院应当依职权进行必要的审核。如果发现其中有明显虚报的部分，应当主动予以剔除，尽力避免当事人之间利益显著失衡。如果发现承包人报送的结算资料与实际情况存在显著性的大的差距，则应当委托专业鉴定部门进行鉴定。

10. 承包方索要工程款，发包方提出工程质量问题，应当按照反诉还是反驳来处理？

基本意见：（1）如果工程尚未竣工验收且未交付使用，发包方提出工程质量不合格因而拒付工程价款，则对于发包方的请求可以作为反驳处理。如经审查工程质量确实不合格，发包方有权拒付工程款。（2）如果工程已经竣工验收或已经交付使用，发包方再提出工程质量不合格因而拒付工程价款，则应作为反诉处理。此时，法院应释明要求发包方提起反诉，如果经释明发包方拒不提起反诉，则其无权以质量问题为由拒付工程款，应告知发包方就工程质量问题另行主张。

11. 转包、违法分包、劳务分包对合同效力的影响？

问题说明：在建设工程的承发包关系中，经常有转包和分包的情况出现，这时如何判断合同的效力？

基本意见：（1）转包是指承包人将其承包的全部工程都交由第三人完成；违法分包是指承包人将其承包的部分工程肢解为若干部分后，全部交由若干单位或个人完成。转包、违法分包的合同无效。（2）对于将全部工程劳务都分包给第三人的，只要第三人具有劳务资质，则劳务分包合同有效。但如是将整个工程肢解分包给若干劳务队伍，则属违法分包，分包合同无效。

12. 工期延误如何认定？

问题说明：发包方常以承包方延误工期为由拒不支付工程款，并以此为由要求承包方承担违约责任或赔偿损失。作为法院应如何确定工期延误责任？

基本意见：承包方未在合同约定的期限内完成施工任务，应承担违约责任。但合同约定的竣工时间并不是判定是否构成工期延误唯一标准，还应审查是否存在设计变更、工程量增加等因素，将其对工期的影响计算在内，必要时应通过鉴定方式来确定工期的合理延长期间。此外，如存在发包方付款不到位、供材料不及时等问题，则承包方停工属正当行为，问题解决前的停工期间不属对工期的延误。

13.《建设工程司法解释》第四条规定了因违法分包、转包、出借资质等情形而认定合同无效后收缴当事人已经取得的非法所得。如何适用？（增加）

基本意见：在审判实践中，出现因违法分包、转包、出借资质等情形而认定合同无效，可以给违法一方所在地的建设行政主管部门提出司法建议，建议由建设行政主管部门按照《建筑法》的规定进行处罚，不宜在案件中直接涉及。

江苏省南通市中级人民法院
关于建设工程实际施工人对外从事商事行为引发纠纷责任认定问题的指导意见（试行）

（通中法〔2010〕130 号）

为统一全市法院审理建设工程中实际施工人对外从事商事行为引发纠纷案件的裁判尺度，规范建筑市场秩序，兼顾善意相对人和建筑单位的合法利益，依据相关法律、行政法规、司法解释，参照江苏省高级人民法院相关指导意见，结合我市实际情况，指定本意见。

一、严格审查基础事实

1. 审理涉建设工程买卖、租赁、借贷等商事纠纷案件，应严格审查案件基础事实，并加强对当事人的诉讼指导和法律释明，强化举证责任分配。

2. 审理涉建设工程买卖、租赁纠纷案件，应通过对合同、结算单、欠条、送货单等证据的综合分析判断，严格审查合同订立、履行及相关债权凭证的真实性，正确认定购买材料、租赁器材等基础事实。

3. 审理涉建设工程借贷纠纷案件，应对借款是否实际发生及借款本金数额的真实性予以严格审查。

对数额较大的借贷案件，建筑单位或实际施工人辩称借款未实际发生或债权凭证载明的借款本金数额包含利息，且提供的证据足以使法官对债权凭证或债权凭证载明本金数额的真实性产生合理怀疑的，应由相对人就借款是否实际发生及借款本金数额的真实性承担举证责任。相对人应对签订的借贷合同、出具债权凭证时间、地点及所涉资金的来源、交付方式、时间、地点等订立履行合同的因素予以举证证明。

4. 审理涉建设工程买卖、租赁、借贷等商事纠纷案件，涉及责任主体认定问题，应根据建筑单位和实际实际施工人之间的协议或其他相关证据查明是否存在工程挂靠、转包、违法分包等相关事实。

5. 建筑单位与实际施工人订立的相关协议的性质和效力，应依照《中华人民共和国建筑法》《最高人民法院关于审理建设工程合同纠纷案件的暂行意见》《最高人民法院关于审理建设工程施工合同纠纷案件适用法律问题的解释》，参照《江苏省高级人民法院关于审理建设工程施工合同纠纷案件若干问题的意见》等相关规定予以认定。

工程挂靠、转包、违法分包协议，违反《中华人民共和国建筑法》等相关法律、行政法规的效力性强制性规定，应认定无效。

二、正确区分行为性质

6. 与建筑单位具有行政隶属关系的项目经理或其他工作人员，在职权范围内以建筑单位名义所从事的买卖、租赁、借贷等相关商事行为，构成职务代理，其行为后果应参照委托代理的规定，由建筑单位承担。

前款规定的建筑单位工作人员职权范围应按建筑单位有无明确授权、相关人员所处职位的性质等因素进行综合分析判断。

建筑单位工作人员超越职权、职权终止后以建筑单位名义从事相关商事行为的，应根据《中华人民共和国合同法》第四十九条的规定认定责任主体。

7. 建设工程施工挂靠、转包、违法分包等关系中的项目经理等实际施工人在施工过程中对外从事买卖、租赁、借贷等相关商事行为，相关人起诉要求建筑单位承担责任的，应根据《中华人民共和国合同法》第四十九条的规定认定责任主体。但实际施工人依法取得建筑单位授权委托或建筑单位对实际施工人以自己名义对外从事的商事行为予以追认的除外。

8. 区分是行政隶属关系还是挂靠、转包、违法分包关系，可根据以下情形综合分析判断：施工合同约定的建筑单位与现场施工方之间有无产权关系、有无统一的财务管理；施工合同约定的建筑单位与施工现场的项目经理或其他现场实际施工人员之间有无合法的人事或劳动关系以及社会保险关系。

三、准确界定责任主体

9. 实际施工人以自己的名义对外订立、履行合同的，应由实际施工人自行承担责任。

实际施工人在订立、履行合同时虽自己签名或盖章，但确有证据证明实际施工人系以建筑单位名义与相对人订立履行合同的，不属于前款规定的"以自己名义"。

10. 实际施工人以建筑单位名义对外订立、履行合同或符合第9条第二款规定情形的，相对人只起诉建筑单位或实际施工人的，应根据案件具体情况对是否追加被告、诉讼请求的责任主体等进行法律释明。当事人申请追加另一方为共同被告的，应予准许；当事人不申请追加的，法院可以视案件具体情况决定是否依职权追加。

相对人只起诉建筑单位或实际施工人，且认定责任主体明确无争议的，为查明买卖、租赁、借贷等商事交易相关事实，可依申请或依职权追加另一方为第三人。

11. 工程挂靠、转包、违法分包等关系双方约定建筑单位对建设工程所涉债权债务不承担责任的，仅在其内部具有约束力，不能对抗善意相对人。

12. 相对人不知道存在挂靠、转包、违法分包的事实，实际施工人以建筑单位名义与相对人进行买卖、租赁、借贷等商事交易，构成表见代理的，其行为后果由建筑单位承担。

依前款规定，建筑单位在承担责任后可依其与实际施工人的约定或依据《最高人民法院关于合同法司法解释（二）》第十三条的规定向实际施工人追偿。

13. 相对人知道或应当知道存在挂靠、转包、违法分包的事实，仍同意实际施工人以建筑单位名义与之发生交易的，由实际施工人承担责任。

四、稳妥认定表见代理

14. 审理涉建设工程买卖、租赁、借贷等商事纠纷案件，应依照《中华人民共和国合同法》第四十九条及最高人民法院《关于当前形势下审理民商事合同纠纷案件若干问题的指导意见》、参照江苏省高级人民法院《关于适用〈中华人民共和国合同法〉若干问题的讨论纪要（一）》的相关规定精神，从严认定表见代理行为。

15. 以下情形应认定实际施工人的行为客观上形成具有代理权的表象：

（1）实际施工人对外订立合同时加盖建筑单位或项目部符合要求的相关印章；

（2）实际施工人对外订立合同时加盖无证据证明经建筑单位同意刻制的相关印章，相对人能举证证明该印章在工程施工中正常使用或者建筑单位知道或应当知道实际施工人利用该印章从事相关行为的；

（3）实际施工人对外订立合同时未加盖相关印章，但以建筑单位、项目部或工地名义，相对人能举证证明在订立合同当时已知道实际施工人具有案涉工程项目部项目经理或其他相关身份的；

（4）实际施工人与相对人未订立书面合同，但相对人能举证证明实际施工人在订立合同当时以建筑单位、项目部或工地名义，且其已知道实际施工人具有案涉工程项目部项目经理或其他相关身份的；

（5）实际施工人的行为客观上形成具有代理权表象的其他情形。

16. 在衡量相对人是否构成善意无过失

时，应依照最高人民法院《关于当前形势下审理民商事合同纠纷案件若干问题的指导意见》第 14 条的规定作出综合分析判断。

17. 建筑单位举证证明实际施工人确系无权代理，相对人主张实际施工人的行为构成表见代理的，应依照最高人民法院《关于当前形势下审理民商事合同纠纷案件若干问题的知道意见》第 13 条的规定，对"实际施工人的行为客观上形成具有代理权的表象"和"善意且无过失地相信行为人具有代理权"承担举证责任。建筑单位主张实际施工人的行为不构成表见代理的，可对相对人主观恶意或重大过失等情形进行反驳举证。

18. 适用第 12、14、15、16 条规定认定是否构成表见代理仍然存在重大争议，难以准确认定建筑单位是否承担责任的，应将合同标的物的用途作为重要参考因素予以审查，如购买的材料、租赁的器材和所借的款项实际用于项目施工的，可以认定建筑单位承担责任。

19. 相对人对"合同标的物的用途"承担举证责任。

相对人举证证明已将借贷资金通过转帐、现金解款、票据等方式交付于建筑单位或项目部的，可以认定所借资金用于工程项目。建筑单位或实际施工人否认所借资金实际用于工程项目的，应证明所借资金的确切去向，或对工程所用资金来源、数额及工程所需资金数额等事实承担举证责任。

数额较大的借贷资金未进入建筑单位或项目部账户，直接现金交付于实际施工人的，建筑单位否认所借资金实际用于工程项目的，不应直接认定所借资金用于工程项目。实际施工人对所借资金是否实际用于工程项目承担举证责任，且所举证据间应形成紧密的证据链条，基本达到所借资金与用于工程开支资金系同一资金的证明程度。

相对人举证证明已将买卖、租赁合同标的物交付至项目部有关人员和工地相关地点

的，可以认定买卖、租赁合同标的物用于工程项目。建筑单位或实际施工人否认买卖、租赁合同标的物实际用于工程项目的，应证明合同标的物的确切去向，或对工程所用该种标的物的来源、数量及工程所需该种标的物的数量等事实承担举证责任。

20. 下列情形不应认定构成表见代理：（1）建筑单位授权明确，相对人明知实际施工人越权代理的；（2）合同的订立履行明显损害建筑单位利益的；（3）实际施工人以自己作为交易主体与相对人订立、履行合同后，未经建筑单位授权又以建筑单位名义出具债权凭证的；（4）实际施工人加盖私刻（或伪造）的印章或偷盖相关印章对外订立合同或出具债权凭证，且无证据证明所涉标的物的交付、使用与本项工程有关的；（5）实际施工人订立合同未加盖建筑公司或项目部相关印章，即以建筑公司、项目部或工地的名义订立合同，相对人无证据证明实际施工人出示过任命书、授权委托书或其具有其他相信实际施工人有代理权的理由和依据；（6）大额借贷资金现金交付于实际施工人，且无证据证明资金的交付、使用与本项目工程有关；（7）运用经验法则，通过对合同缔结和出具债权凭证时间、以谁名义出具、标的物的种类性质及交付使用等情况的综合分析判断，实际施工人或其与相对人的行为明显与常情常理不符的；（8）不应认定构成表见代理的其他情形。

五、附则

21. 本指导意见自下发之日起试行。如具体内容与法律、行政法规、司法解释及江苏省高级人民法院相关指导意见不一致的，以法律、行政法规、司法解释及上级法院指导意见为准。

22. 本意见试行前尚未终审的，适用本意见；本意见试行前已经终审，当时人申请再审或者按照审判监督程序决定再审的，不适用本意见。

江苏省盐城市中级人民法院
关于审理建设工程施工合同纠纷案件
若干问题的指导意见

(2010 年 7 月 15 日)

为进一步统一全市法院审理建设工程施工合同纠纷案件认定事实和适用法律的标准，依法保护当事人的合法权益，依据《中华人民共和国民法通则》《中华人民共和国合同法》《中华人民共和国建筑法》《中华人民共和国招标投标法》《最高人民法院关于审理建设工程施工合同纠纷案件适用法律问题的解释》等规定，结合民事审判实际，制定本指导意见。

一、合同效力及主体

1. 人民法院认定建设工程施工合同的效力，应当严格按照《最高人民法院关于审理建设工程施工合同纠纷案件适用法律问题的解释》（以下简称《解释》）第一条、第四条规定的情形，结合《中华人民共和国合同法》（以下简称《合同法》）第五十二条的规定，依法作出认定。

发包人未取得土地使用权证、建设工程规划许可证或未办理建设用地审批手续、建设工程规划审批手续而签订的施工合同，一般也应当认定无效。但在一审法庭辩论终结前补办相关手续的，可以认定有效。

2. 《解释》第一条所称"必须进行招标"的建设工程应当以《中华人民共和国招标投标法》第三条的规定为依据，并参照原国家发展计划委员会制定的《工程建设项目招标范围和规模标准规定》予以确定。必要时可以省、市人民政府相关规定为补充，主要审查工程用途和资金来源等因素。

3. 建设工程施工许可证的取得与否，不影响发包人与承包人签订的施工合同效力。

4. 承包人跨行政区域承揽工程所签订的建设工程施工合同，不因未办理外来施工企业承包工程许可手续而认定无效。

5. 农民将自建房屋工程承包给建筑施工企业的，建筑活动受《中华人民共和国建筑法》规范；但承包给个体工匠的，其建设行为受《村庄和集镇规划建设管理条例》调整。

6. 《解释》第二十六条规定的"实际施工人"指无效建设工程施工合同的承包人，包括转承包人、违法分包合同的承包人、借用资质的承包人、超越资质等级的承包人、挂靠施工人等，可以是法人、非法人企业、个人合伙、包工头等民事主体，而不包括合法的专业分包工程承包人、劳务作业承包人、直接提供劳动力的农民工。

二、工程质量及期限

7. 建设工程实行质量保修制度。约定的保修期限不得低于《建设工程质量管理条例》第四十条规定的最低保修期限，否则该约定无效。

8. 承包人起诉发包人要求给付工程款，发包人以工程存在质量问题而主张减少工程款的，可以作为抗辩事由予以审查。如发包人以工程存在质量问题而主张损害赔偿的，则应告之提起反诉或另行诉讼。

9. 建设工程未经竣工验收或者验收未通过，发包人擅自使用的，承包人仍应当按合同约定或者法律规定承担质量保修责任。但发包人擅自使用所造成损坏的除外。

10. 建设工程开工日期一般以当事人认可的开工时间为开工日期。当事人对开工日期有争议的，按照下列顺序予以处理：

（1）有证据证明开工日期的，则以该证据能证明的日期为开工日期；

（2）仍不能认定开工日期，但有《开工报告》的，则以《开工报告》中记载的开工时间为开工日期；

（3）既无相关证据证明也无开工报告的，则以合同约定的开工时间为开工日期。

11. 建设工程竣工验收合格日期一般以当事人认可的工程竣工验收合格时间为竣工验收合格日期。

《工程竣工验收报告》与《单位工程竣工验收证明书》载明的工程竣工验收日期不一致时，且当事人对建设工程竣工验收合格日期有争议的，应当以《工程竣工验收报告》中载明的工程竣工验收日期为准。有其他证据证明实际竣工验收合格日期的，则以该证据能证明的日期为竣工验收合格日期。

12. 承包人主张工期顺延的，人民法院应当围绕其主张顺延的理由逐一审查。审查时一般需要考量工程量的增加、发包人临时变更设计、发包人未按约提供原材料、设备、场地、资金、技术资料等因素，必要时可委托司法鉴定机构予以工期鉴定。

对于正常天气变化所造成的施工影响，承包人在协商工期时应当有所预见，一般不应当作为工期顺延的理由。

发包人逾期支付工程进度款，数额不大且承包人并未就此提出异议而继续施工，因工期发生纠纷，承包人主张顺延工期的，不予支持。

13.《解释》第十四条第（二）项所规定的"发包人拖延验收"一般指发包人接到承包人竣工验收报告后三十天内，无正当理由拒不组织验收，则以承包人提交竣工验收报告之日为竣工日期。发包人以工程未经验收为由，拒付工程款的，不予支持，但当事人约定了验收期间的除外。

三、工程结算及鉴定

14. 建设工程施工合同无效，但建设工程经竣工验收合格，当事人请求参照合同约定支付工程价款的，应予支持。

15. 建设工程施工合同中没有约定工程价款的计价标准和结算办法，或虽有约定但约定不明，当事人对工程款的结算存在争议且不能协商一致的，可以参照签订建设工程施工合同时当地建设行政主管部门发布的计价方法或者计价标准结算工程价款。

16. 建设单位与监理单位之间是特殊的委托合同关系。监理人员签认的工程量月报表、价格确认表等，一般不直接作为工程结算的依据，但经建设单位授权或签认行为构成表见代理的除外。

17. 未经招标投标且非必须招标投标的建设工程，当事人之间就同一工程签订两份内容不一致的施工合同的，以实际履行的合同确定各方的权利义务。对实际履行的合同有争议且又不能达成补充协议的，应当综合当事人的陈述、施工的实际情况、签约时间的先后、技术联系单、会议纪要等证据审查认定实际履行的合同。

根据前款规定仍不能确定实际履行的合同，可以在充分衡量两份合同中不一致条款内容的基础上，公平、合理地确定各方的权利与义务。

18. 因主要建筑材料价格大幅度上涨或下跌导致双方当事人权利义务失衡而引发的纠纷，当事人不能协商处理的，必要时可依照《最高人民法院关于适用〈中华人民共和国合同法〉若干问题的解释（二）》第二十六条的规定，并参照建设行政主管部门的相关规定进行处理。

19. 只有通过工程造价司法鉴定才能确定工程价款的，依法进行工程造价司法鉴定。

如果仅通过部分鉴定就可确定总工程价款的，则应当仅就该部分进行工程造价司法鉴定。

对于诉讼中已经委托鉴定过的事项，当事人就同样的事项请求重新鉴定或上诉请求二审重新鉴定的，除出现《最高人民法院关于民事诉讼证据的若干规定》第二十七条第一款规定的情形外，原则上不予支持。

人民法院应当慎重启动建设工程造价司法鉴定程序，只有确需进行司法鉴定并在确定了鉴定范围、鉴定原则、鉴定方法、提供了必要的鉴定材料后方可启动。

20. 人民法院审理建设工程施工合同纠纷案件中，不得将涉及结算方式、证据效力、事实认定、约定效力、违约金等司法裁判问题交由司法鉴定机构进行鉴定。

21. 当事人对固定价结算的建设工程施工合同的施工范围有争议且不能协商一致的，按下列规则处理：

（1）根据合同约定和签约时依据的设计图纸等原始资料确定工程施工范围；

（2）对合同中施工范围条款理解有争议的，按照《合同法》第一百二十五条的规定处理；

（3）根据前两项规定仍不能确定施工范围的，如发包人不能证明争议事项已包括在固定总价包干范围内的，则应当另计工程价款。

四、工程款优先受偿权

22. 建设工程承包人主张优先受偿权的期限为六个月，自建设工程竣工之日或者建设工程合同约定的竣工之日起计算。

23. 多个承包人对建设工程均享有优先受偿权时，按各承包人的工程款所占建设工程折价或拍卖后总价款的比例进行清偿。优先受偿权的范围包括应当支付的工作人员报酬、材料款等实际支出的费用，不包括因发包人违约给承包人造成的损失。

24. 在工程竣工验收合格前，建设工程合同被依法解除的，承包人对已完工程享有建设工程价款优先受偿权，承包人行使优先受偿权的期限为六个月，自建设工程合同解除之日起计算。

五、其他

25. 建设工程施工合同无效，人民法院可以根据《中华人民共和国民法通则》第一百

三十四条的规定，收缴当事人已经取得的非法所得。

前款中的"非法所得"是指当事人因从事非法转包、违法分包、借用资质这三种违法行为而实际获取的利益。当事人为履行施工合同而实际支出的管理费用应当予以合理扣除，相关行政主管部门对此已经作出行政处罚的，人民法院可以不再予以民事制裁。

26. 中标通知书发出后，招标人或中标人拒绝签订施工合同的，除中标无效外，受损失一方要求相对方承担违约责任的，应予支持。

27. 承包人、发包人行使合同解除权必须符合《解释》第八条、第九条以及《合同法》第九十三条、第九十四的规定。

28. 挂靠人为履行施工合同而与第三人发生买卖、租赁、借贷等纠纷，第三人以挂靠人、被挂靠人为被告提起诉讼，要求承担责任的，按下列原则予以处理：

（1）挂靠人明确以自己的名义与第三人交易，根据合同相对性原则，一般应当由挂靠人承担责任，但第三人有证据证明被挂靠人也应承担责任的除外。

（2）挂靠人明确以被挂靠人的名义（如持被挂靠人介绍信或委托书、盖有被挂靠人章印的合同等）与第三人交易或者第三人有理由相信挂靠人系以被挂靠人名义进行交易的，一般应当由被挂靠人与挂靠人承担连带责任，但被挂靠人有证据证明不应当承担责任的除外。

（3）挂靠人以被挂靠人的工程项目部、工程负责人等名义与第三人交易的，一般应当由挂靠人与被挂靠人承担连带责任，但被挂靠人有证据证明不应当承担责任的除外。

29. 建设工程施工合同对工期、质量、付款、违法分包或非法转包等有罚款约定的，应当视为违约责任条款。合同约定可直接从工程款中抵扣或增加为工程款，但具体数额未经相对方同意的，抵扣行为或增加行为无效。

30. 建设工程竣工验收合格后，承包人应当将建设工程的相关资料移交发包人。承包人以发包人拖欠工程款为由，拒不移交竣工档案资料，发包人要求移交的，应予支持。

31. 建设工程竣工验收合格后，承包人应当将建设工程交付给发包人。发包人未按约支付价款的，承包人可以依据《合同法》第二百八十六条的规定行使权利，不得以发包人拖欠工程款为由对建设工程主张"留置权"。

32. 本意见中有关规定，法律、法规、司法解释或上级法院有新的规定的，以新的规定为准。

33. 本意见由盐城市中级人民法院审判委员会负责解释。

34. 本意见自下发之日起执行。

浙江省绍兴市中级人民法院
关于审理建筑领域民商事纠纷案件若干问题的纪要

（2013 年 10 月 15 日绍兴市中级人民法院审判委员会
第 912 次会议通过 2013 年 11 月 1 日）

近年来，我市法院在审理涉及建筑领域的民商事纠纷时，特别是因建筑施工企业项目经理违法违规等行为而引发的纠纷，存在认识不统一、做法不一致等问题。为依法及时公正地化解建筑领域的各类民商事纠纷，维护建筑市场的正常秩序，市中院近期在深入调研的基础上，举行由民一庭、民二庭、刑庭、研究室、办公室等部门参加的座谈会，专题研讨涉及建筑领域民商事纠纷审理中遇到的有关问题。会议认为，在化解因项目经理违法违规等行为引发的纠纷时，要把握好建筑施工企业、项目经理（包括挂靠的项目经理、实际施工人）、第三人（材料商、设备租赁商等）之间的利益平衡，在注重维护交易安全的同时，促进交易行为的规范化。为统一裁判尺度，现经院审判委员会讨论通过，将有关认识比较一致的意见纪要如下：

一、本纪要所指的建筑施工企业项目经理有三种类型：第一类是建筑施工企业在册员工（即受建筑施工企业雇佣、与建筑施工企业签订有劳动合同的人员），受企业委派担任某建设工程的项目经理，或者受企业委派去参与招投标承接工程，中标后企业任命其担任项目经理，负责工程管理，并与企业签订内部（经济责任制）承包合同；第二类是建筑施工企业不在册员工，未与企业签订劳动合同，但对外以企业名义承接工程进行业务活动，企业任命其为该工程的项目经理，该项目经理与企业签订挂靠经营性质的内部承包合同；第三类为除上述两类人员之外，通过向建筑施工企业转包或者分包承接工程的实际施工人（俗称"包工头"）。

二、根据建设部《建筑施工企业项目经理资质管理办法》的规定，建筑施工企业项目经理，是指受企业法定代表人委托对工程项目施工过程全面负责的项目管理者，是建筑施工企业法定代表人在工程项目上的代表人。在我市建筑行业内，目前普遍实行建筑施工企业与项目经理签订内部承包合同，该合同的性质是建筑施工企业实行内部经济责任制的一种经营方式，仅对建筑施工企业和经济责任承包人具有法律约束力，合同约定的内容不能当然约束第三人。

三、建筑施工企业与实际施工人签订的合同，实为挂靠经营合同或者转包、分包合同的，应根据最高人民法院《关于审理建设工程施工合同纠纷案件适用法律问题的解释》有关规定，审查认定合同是否有效。

对有效的合同，建设单位（发包人）与建筑施工企业（承包人）尚未结算工程款的，实际施工人向建筑施工企业（承包人）起诉要求结算并支付工程款的，应当根据其双方合同的约定；没有约定或者约定不明确的，按照《合同法》第六十一条、第六十二条以及《合同法解释（二）》第七条规定的交易习惯予以认定；

对无效的合同，双方就工程款的支付事宜，应参照合同约定的方式结算；没有约定或者约定不明确的，按照《合同法解释（二）》第七条规定的交易习惯予以认定。

四、关于项目经理表见代理行为的构成要件

根据最高人民法院《关于当前形势下审理民商事合同纠纷案件若干问题的指导意见》，严格认定表见代理行为的规定，对项目经理未经企业授权对外签订合同的行为是否构成表见代理，应把握以下构成要件：

（一）客观要件：即行为人的无权代理行为须以被代理人的名义并具有代理权的客观表象；

（二）主观要件：合同相对人善意且无过失地尽到了对行为人有无代理权的注意义务。

五、有下列情形之一的，项目经理对外签订的合同对建筑施工企业具有约束力：

（一）以建筑施工企业名义与合同相对人签订合同，在签订合同时出示有能让合同相对人相信的单位介绍信、委托书，或者建筑施工企业曾向合同相对人所作的授权通知或者其他证明材料的；

（二）以盖有建筑施工企业合同专用章或者公章的空白合同书签订合同的；

（三）以可以对外使用的项目部印章签订合同的；

（四）建筑施工企业知道项目经理对外签订的合同而不表示反对的；

（五）代理权终止后签订合同，合同相对人未收到终止通知或者已经尽到合理注意义务的；

（六）建筑施工企业根据项目经理签订的合同向合同相对人主张权利或者履行支付款项等义务的。

六、有下列情形之一的，项目经理对外签订的合同对建筑施工企业不具有约束力：

（一）项目经理以个人署名签订合同或者虽以企业、项目部名义但个人签署，并无其他证据证明有权代理的；

（二）合同相对人知道或者应当知道项目经理未取得企业授权的；

（三）合同相对人知道或者应当知道项目经理代理权已经终止的；

（四）项目经理与合同相对人签订的合同明显损害企业权益的；

（五）签订合同时所盖印章为技术专用章等非合同专用章的；

（六）合同上所盖印章是项目经理伪造而合同相对人未尽到合理注意义务的。

七、项目经理对外签订的合同对建筑施工企业是否具有约束力，还应将下列情况作为综合分析判断因素：

（一）交易习惯，虽由项目经理个人签订合同，但以往交易后的结算等企业是否认可；

（二）合同标的物是否用于建设工程施工；

（三）合同标的物与建设工程所需是否相符；

（四）签订合同的时间是否在项目经理管理涉案工程项目期间；

（五）影响表见代理主客观要件认定的其他情形。

八、关于合同相对人善意且无过失主观要件的认定

（一）表见代理构成的客观要件和主观要件，是紧密联系相辅相成的两大要件，合同相对人在证明代理表象充分性的同时，一般也证明了自身善意及无过失的程度，即合同相对人在不知道项目经理无代理权方面不存

在疏忽或者懈怠，并为此承担举证责任；

（二）对合同相对人主观上是否善意无过失的认定，应采客观认知标准，包括知道或者根据市场规则、生活常识可以推定的应当知道。原则上不认可因个体认知能力不同的差异性。

九、关于转包、违法分包、借用资质的实际施工人行为与表见代理的认定转包、违法分包、借用资质的实际施工人以建筑施工企业名义与合同相对人签订合同，合同相对人对代理表象应尽合理注意义务，实际施工人的行为构成表见代理的，由建筑施工企业承担责任。但合同相对人知道工程已转包、违法分包或者系出借资质的，应根据合同相对性原则确定责任人。

十、关于经济责任承包人与项目经理分离情况下表见代理的认定

（一）经济责任承包人是指与建筑施工企业以内部承包合同方式约定负责工程项目施工管理并对工程项目结算自负盈亏的承包人；

（二）经济责任承包人与建筑施工企业指派但并不实际行使工程管理权的项目经理不一的，经济责任承包人的职权按项目经理的职权和内部承包合同的规定确定；

（三）经济责任承包人以建筑施工企业名义管理工程，其签订合同的行为性质与表见代理的认定与项目经理相同；

（四）合同相对人知道或者应当知道经济责任承包人为自负盈亏承包工程，仍与其个人签订合同而不要求确认建筑施工企业行为的，应根据合同相对性确定合同主体，合同相对人要求建筑施工企业承担合同责任的，不应予以支持。

十一、严格防止涉及建筑施工企业的虚假诉讼。在审理民商事纠纷时，要从严审查项目经理是否存在以下情形：

（一）与分包人等恶意串通，销毁或者伪造签证、联系单、合同等结算资料后，由分包人等提起民事诉讼，向建筑施工企业索取或者拒付、少付相关款项的；

（二）与材料商、设备租赁商等勾结，签订虚高价格、数量等条款后，由材料商、设备租赁商等提起民事诉讼，向建筑施工企业索取相关款项的；

（三）与第三人恶意串通，伪造借据或者采取工程款债权转让等手段，由假债权人、假受让人提起民事诉讼，向建筑施工企业索取相关款项的。

十二、在审理民商事纠纷时，发现项目经理有下列情形之一的，应及时与侦查机关联系，将案件或者案件线索移送侦查机关处理：

（一）以公司、项目部名义对外签订经济合同，未按合同约定支付材料款或者设备租赁款等费用，携款潜逃、转移的；

（二）以公司、项目部名义采用骗取手段向第三人借款或者为自己借款作担保，携款潜逃、转移的；

（三）与第三人勾结伪造合同、联系单、签证等虚假结算资料向建筑施工企业套取虚高的工程相关款项并进行侵吞，或者携款潜逃、转移的。

对上述情形，建筑施工企业已向侦查机关报案，侦查机关已立案侦查的，法院不应受理；已受理的，中止审理或者移送侦查机关处理。

十三、对项目经理伪造印章的行为，涉嫌犯罪的，应当把握以下几点：

（一）《刑法》第二百八十条"伪造公司、企业、事业单位、人民团体印章罪"，并非"伪造公司、企业、事业单位、人民团体公章罪"，遵从字面解释的方法，将本罪名所称的"印章"理解为包括：公司公章、项目部章、合同专用章、技术专用章、财务专用章、法定代表人私章等印章；

（二）《刑法》第二百八十条属于行为犯，项目经理虽然没有利用伪造印章实施犯罪行为，但伪造印章数量已达3枚的，可以涉嫌犯罪移送侦查机关查处；对于项目经理伪造印章、虚构事实并通过非法手段获取非法利

益的行为，造成严重后果或者恶劣影响的，符合《刑法》关于犯罪本质和该个罪构成要件的规定，可以不受 3 枚的限制，移送侦查机关查处；

（三）项目经理通过违规利用（伪造、偷盖、修改粘贴方式）建筑施工企业印章、虚假诉讼以及损害企业利益的其他手段，为获取非法利益而实施其他行为，可能构成其他犯罪的，应移送侦查机关一并查处。

十四、对项目经理以逃匿、去向不明等方式拒不支付劳动报酬的，对涉嫌犯罪的应移送侦查机关处理：

（一）依据最高人民法院《关于审理拒不支付劳动报酬刑事案件适用法律若干问题的解释》第二条、第七条规定，拒不支付劳动报酬罪犯罪主体的认定与行为人是否具备用工主体资格并不相关。本罪的犯罪主体包括用工单位或者用工个人；

（二）当建筑施工企业为用人单位时，项目经理（包括"合法的项目经理"与"挂靠的项目经理"）不具备用工主体资格，以逃匿、去向不明等方式拒不支付劳动报酬的行为实为职务侵占行为，宜以涉嫌侵犯财产犯

罪移送侦查机关处理；

（三）当项目经理作为"包工头"为用工个人时，具备用工主体资格，以逃避支付劳动者的劳动报酬为目的而转移财产、逃匿、去向不明的，宜以涉嫌拒不支付劳动报酬罪移送侦查机关处理。

十五、对项目经理在工程材料没有使用的情况下，却提供给公司虚假增值税发票的行为，应以涉嫌犯罪移送侦查机关处理。

根据《刑法》第二百零八条第二款的规定，非法购买增值税专用发票或者购买伪造的增值税专用发票后又虚开或者出售的，应依相应的重罪即"虚开增值税专用发票罪"定罪处罚。根据《刑法修正案（八）》的规定，明知是伪造的发票而持有的，若无法查清其来源行为或者来源行为尚不构成犯罪的，则应以《刑法》第二百一十条之一的"持有伪造的发票罪"查处。

十六、有本纪要第十二、十三、十四、十五的情形，涉嫌经济犯罪的案件，应按照最高人民法院《关于在审理经济纠纷案件中涉及经济犯罪嫌疑若干问题的规定》进行处理。

浙江省杭州市中级人民法院民一庭
关于审理建设工程及房屋相关纠纷案件若干实务问题的解答

第一部分　建设工程纠纷案件

一、合同效力认定

1. 如何理解《最高人民法院关于审理建设工程施工合同纠纷案件适用法律问题的解释》（以下简称《解释》）第一条第一款第（二）项中规定的"没有资质的实际施工人借用有资质的建筑施工企业名义承揽建设工程"。

答： 具体可分为以下几种情形，即：

（1）不具有从事建筑活动主体资格的个

人、合伙组织或企业以具备从事建筑活动资格的建筑企业的名义承揽工程。

（2）资质等级低的建筑企业已资质等级高的建筑企业的名义承揽工程。

（3）不具有工程总包资格的建筑企业以具有总包资格的建筑企业的名义承揽工程。

2. 如何区分建设工程施工过程中的挂靠与内部承包？

对于建设单位内部承包合同，应当认定为是工程承包人就其承包的全部或部分工程

与其下属分支机构或职工签订的工程承包合同，属建筑施工企业的一种内部经营方式，法律和行政法规对此并不禁止，该承包人应对工程施工过程及质量等进行管理，对外承担施工合同的权利义务。当事人一方以内部承包合同中的承包方无施工资质为由主张该内部承包合同无效的，不予支持。而挂靠则是指实际施工主体借用有资质的建筑施工企业名义承揽建设工程，该实际施工主体与被挂靠企业间并不存在隶属或管理关系，构成独立主体间的承包合同关系，如果挂靠单位并无相应施工资质的，应认定该承包合同关系无效。因此，二者区分主要应从合同当事人间是否有劳动或隶属管理关系，承包工程所需资金、材料、技术是否由对方当事人提供等进行判断。

二、合同责任认定

1. 对《解释》第二十六条中规定的，发包人在欠付工程价款范围内对实际施工人所应承担的责任，应如何理解？

答： 建设工程因非法转包、违法分包导致建设工程施工合同无效的，发包人应当在其欠付工程价款范围内，与非法转包人、违法分包人向实际施工人承担连带责任。同时，实际施工人以发包人为被告要求支付工程价款的，一般应当追加非法转包人或者违法分包人为被告参加诉讼。

发包人以款项已付清或实际施工人要求给付的工程价款高于其欠付的工程价款进行抗变的，应当由发包人承担举证责任。

2. 挂靠人以被挂靠人名义订立建设工程施工合同，因履行该合同产生的民事责任，被挂靠人是否应当与挂靠人一并承担连带责任？

答： 挂靠人作为实际施工主体应对自己的施工内容承担相应的法律后果，被挂靠人虽未直接参与工程建设施工，但允许他人以自己名义承揽施工，也应负担该施工行为产生的法律后果。因此，当该建设工程施工合同向对方主张挂靠人与被挂靠人承担连带责

任的，一般应予以支持。

三、工程鉴定

1. 在建设工程造价鉴定中，鉴定单位以承包人出具的工程签证单等工程施工资料有瑕疵为由不予认定的，对于相应的工程量及工程价款法院应当如何处理？

答： 首先，应当有鉴定机构对其不予认定的理由予以说明，在当事人一方有证据证明该工程签证单等施工资料有效的，或者所涉工程量已实际施工完毕的情况下，可要求鉴定机构对存疑部分工程量及价款仍予以签订并单列，供审判时审核认定。

2. 对于确需鉴定才能认定工程量或工程造价的案件中，当事人双方均拒不申请鉴定的，应如何处理？

答： 除依照《最高人民法院关于民事诉讼证据的若干规定》，属于应当由人民法院调查收集的证据外，对工程量或工程造价进行鉴定应当依照当事人的申请进行，对工程量或工程造价进行鉴定应当依照当事人的申请进行。工程量或工程造价须经鉴定才能确定的，应当告知负有举证责任的当事人在一定期限内提出鉴定申请，负有举证责任的当事人拒不申请的，应承担由此产生的不利后果。

在鉴定过程中，因一方当事人拒不配合，导致鉴定无法进行的，在释明不利后果的情况下，可以判决不履行举证义务一方承担举证不能的不利后果。

四、价款结算

1. 建设工程施工合同中未明确约定"发包人收到竣工结算文件后，在合同约定的期限内不予答复视为认可竣工结算文件"的，承包人要求按照竣工结算文件进行工程价款结算的，如何处理？

答： 合同中没有此项明确约定的，承包人要求按照竣工结算文件进行工程价款结算的，应不予支持。

2. 承包人向发包人提交工程结算文件，但发包人无正当理由拒绝结算的，承办人主张支付欠付工程价款利息的，应如何计算？

答：应区分为两种情况进行处理（1）建设工程施工合同中明确约定，发包人应当在相应期限内对承包人送交的结算文件进行审核，发包人在期满后仍未支付工程价款的，应自合同约定的审核结算期限届满的次日起计算工程价款利息。（2）如果双方未作欠款约定或者约定不明的，该项利息应从承包人起诉之日开始计算。

3. 工程验收承包人向发包人提交竣工验收报告，发包人无正当理由拒绝验收的，或因发包人无正当理由，拒绝提供验收资料文件而导致无法验收的，如何认定处理？

答：在上述情形下，发包人的行为可视为放弃工程验收的权利，可推定该工程已验收合格。

五、工程质量

《解释》第十三条规定："建设工程未经竣工验收，发包人擅自使用后，又以使用部分质量不符合约定为由主张权利的，不予支持"。但如果建设工程进行了竣工验收，在竣工验收报告出具之前，发包方擅自占有建筑物并开始使用的，又再行以使用部分工程质量不合格为由，主张权利的，应如何进行认定？

答：此行为与使用未竣验收工程性质一致，均属于接收不安全、不合格的建筑物，应由发包人自担质量风险。

六、工程价款给付

1. 在承包人诉请给付工程价款诉讼中，发包方以工程质量存在问题为由拒绝支付价款或扣减工程价款的，应如何处理？

答：可按照以下情形进行处理：

（1）如果是工程通过竣工验收合格后出现的质量问题，一般应属于保修范围，建设单位不能以此作为拒绝支付价款的抗辩而应当就此提出反诉或另行起诉，要求承包人承担保修责任或者赔偿损失；

（2）如果是在竣工验收之前或者竣工验收过程中，有证据证明存在质量问题的，建设单位以此作为抗辩拒绝支付价款或减少价

款的，基于合同法先履行抗辩的原则，应当予以支持。但是如果发包方要求承包方承担修理、返工或者改建费用或要求承包方赔偿因工程质量不符合约定而造成的其他财产或者人身损害的，则应告知其进行反诉或另行起诉。

应当注意的是，发包人在施工过程中提出质量异议，若经鉴定异议不称立的，承包人的相应损失均应由发包方承担。

（3）若发包人要求承包人赔偿因工程质量不符合约定而造成的其他财产或者人身损害的，也应当告知其进行反诉或另行起诉。

2. 在建设工程施工合同中未约定付款期限或约定期限不明的情况下，是否可以在该合同示范文本中规定的结算文件审核期限届满后，即开始计算承包人向发包人主张欠付工程价款的诉讼时效期间？

答：根据工程建设现状，承包人提交决算文件后发包人长期未答复的情形较为普遍，如果一概在合同示范文本中规定的结算文件审核期限届满后，即开始计算欠付工程款的诉讼时效期间，不利于保护承包人的合法利益。鉴于此，应当综合考虑工程价款已具备给付的客观性，应当在决算报告或者审计报告出具后，确定相应的合理时间点，开始计算承包人追索工程欠款的诉讼时效期间。如果在双方签订的建设工程施工合同中明确约定"发包人收到竣工结算文件后，在合同约定的期限内不予答复视为认可竣工结算文件"的，则发包人未在该约定期限内答复的，即应视为认可竣工结算文件，在此情况下，若未再在另行约定付款日期的，则上述诉讼时效期间应从该约定的期间届满次日起计算。

七、其他问题

1. 如何认定加盖有项目部专用章或者由项目经理签字的单据、票证的行为效力？

答：项目部是施工承包企业具体实施施工行为的组织体，项目经理指受企业委托对工程项目施工过程全面负责的项目管理者，是企业在工程项目上的代表人。从当前的建

筑工程承包现状来看，承包人的项目部或项目经理以承包人名义订立合同，债权人要求承包人承担民事责任的，一般应予支持，但承包人有证据证明债权人知道或应当知道项目部或者项目经理没有代理权限的除外。但应当注意的是，对于除项目经理以外的所谓现场负责人或材料员、采购员等，因其自身并无法律、法规或行业规范所赋予的项目部管理权力，故对此类人员的签证是否具有表见代理的效力，则应当由主张该表见代理行为成立的一方当事人举证。同理，对于项目部技术专用章的效力，也同样如此。

2. 按照《解释》第21条规定，应当以备案的中标合同为结算依据，但在建设工程合同履行过程当中，因设计变更或者遇特殊地质情况等客观原因导致工程量增减，当事人协商一致对中标合同的内容进行修改的，应如何认定该项变更行为的效力？

答：该项变更行为属于正常行使合同变更权，修改后的合同可以作为结算过程价款的依据。

3. 根据《合同法》第287条的规定，建设过程合同一章没有规定的，适用承揽合同的有关规定。而《合同法》第268条规定，定作人可以随时解除承揽合同。那么是否可以理解为，建设工程施工合同的发包人也享有"随时解除权"？

答：建设工程合同的发包人行使解除权必须符合《解释》第8条的规定，不应任意扩大解除权的行使范围。

4. 无效合同的实际施工人是否仍可行使优先受偿权？

答：建设工程价款优先受偿权，是立法对承包人应得工程价款的优先保护，属于承包人的法定权利。即使承包合同被认定无效，但承包人所享有的工程价款请求权依然存在，相应的其优先受偿权也应一并受到保护。

5.《最高人民法院关于建设工程价款优先受偿权问题的批复》第四条规定：建设工程承包人行使优先权的期限为六个月，自建设工程竣工之日或者建设工程合同约定的竣工之日起计算。那么承包人行使该优先受偿权是否适用诉讼时效的规定？

答：虽然上述批复规定了该优先受偿权的行使期限为六个月，但从《合同法》第286条的条文本意分析，该六个月的期限，仅是规定应由承包人向发包人催告支付工程价款，至于是否选择折价、拍卖等形式受偿的，并不在该期限内。但应当明确，从承包人催告时起，就意味着其知道自身可以行使优先受偿权了，所以也应当从这一时间点计算该项权利的诉讼时效，即为两年，若两年还内不起诉的，则应丧失该优先受偿的胜诉权。

广东省深圳市中级人民法院
关于建设工程合同若干问题的指导意见

（2010年3月9日深圳市中级人民法院审判委员会第6次会议修订）

为了依法、公正、及时处理建设工程施工合同纠纷，统一裁判标准，根据《中华人民共和国建筑法》《中华人民共和国合同法》《中华人民共和国建筑法》《中华人民共和国民事诉讼法》等法律规定，以及最高人民法院《关于审理建设工程施工合同纠纷案件适用法律问题的解释》等司法解释，结合民事审判实践，就审理建设工程施工合同纠纷案件适用法律的问题，提出以下指导意见。

1. 人民法院受理的建设工程施工合同纠

纷，在审理过程中，如行政主管部门正在对涉案工程的合法性进行审查处理，应中止审理，待行政主管部门作出有效决定后恢复审理。涉案工程被认定为非法建筑的，应认定合同无效，承包人请求参加合同支付工程价款的，应予支持。在开庭前，涉案工程已按行政主管部门规定补办手续，建设工程施工合同有效。

2. 人民法院受理的建设工程施工合同纠纷，在审理过程中，一方当事人以涉案工程未取得土地使用权或建设用地规划许可、建设工程规划许可主张合同无效的，在开庭前发包人仍未取得土地使用权及上述行政许可的，应认定施工合同无效；开庭前已经取得土地使用权及上述行政许可，但未取得施工许可的，应认定施工合同有效。

3. 两个以上的法人、其他经济组织或个人合作建设工程，并对合作建设工程享有共同权益的，其中合作一方因与工程的承包人签订建设工程合同而发生纠纷的、其他合作建设方应与签订建设工程合同的合作方共同对建设工程合同的履行承担连带责任。

4. 建设工程合同的发包人非建设工程项目的所有人，发包人以自己的名义实际履行合同的，建设工程的所有人与发包人共同对建设工程合同的履行承担连带责任。

工程代建合同的委托人与受托人共同对建设工程合同的履行承担连带责任，但建设工程合同明确约定仅由受托人、委托人或发包人承担合同约定义务的除外。

5. 承包人将工程分包给无劳务作业法定资质的劳务分包人，发包人以承包人违法劳务分包为由要求解除建设工程施工合同的，不予支持。

6. 按照《中华人民共和国招标投标法》第三条规定必须进行招标的工程，经过招投标而签订的施工合同，承包人有证据证明工程价款低于成本价，主张合同无效的，应予支持。

不属于《中华人民共和国国招标投标法》

第三条规定必须进行招标的工程，建设工程合同履行中承包人有证据证明工程价款低于成本价或承包人对总价包干合同中工程量有重大误解的，承包人在法定期限内要求撤销或变更合同的，应予支持。

7. 发包人有下列情形之一，致使承包人无法施工，且在催告的合理期限内仍未履行相应义务，承包人请求解除建设工程施工合同的，应予支持：

（1）未在约定时间内提供材料，或提供的材料不符合约定的；（2）未在约定时间内提供施工场地、施工道路、施工用水、施工用电的；（3）未在约定时间内提供完整工程地质和地下管线资料或施工图纸；（4）未在约定时间内办理工程中间验收；（5）未履行合同约定的其他协助义务的。

8. 发包人与承包人签订建设工程合同后毁约的，应赔偿承包人由此造成的损失，该损失应包括承包人履行合同后可获得的利益。

9. 建设工程开工时间一般以发包人签发的《开工报告》确认的时间为准，但如果发包人签发的《开工报告》确认的开工时间早于《施工许可证》确认的开工时间，则以《施工许可证》确定的开工时间作为建设工程开工时间。承包人在领取《施工许可证》之前已实际施工，且双方约定以实际施工日为工期起算时间的，依照约定。如果发包人签发开工报告后，迟延履行合同的约定义务而无法施工，工期顺延。

10. 发包人未按建设工程合同约定支付工程进度款致使停工、窝工的，承包人可顺延工程日期并有权要求赔偿停工、窝工等损失。

承包人在发包人逾期支付工程进度款后继续施工的，在发生纠纷后，发包人要求承包人承担工期违约责任的，不予支持。

11. 施工过程中因发包人拖欠工程预付款、进度款、变更设计造成工程停工、窝工或因不可抗力因素造成工程停工的，工期顺延计算。

12. 发包人或监理单位已组织验收并在填写的《建筑工程验收报告书》或相关文件上签字确认验收合格的，应认定工程验收合格，对工程中存在的质量问题作保修期内质量问题处理，发包人以工程存在质量问题为由，要求不支付或缓支付工程款的，不予支持。

13. 发包人接到承包人竣工报告后，无正当理由不组织验收的，经过一定合理时间（30）天后应视为工程已竣工验收，发包人以工程未验收或存在质量问题为由，要求不支付或缓支付工程款的，不予支持。

14. 发包人擅自变更工程设计的，承包人按照发包人指令施工的，除违反国家强制性标准造成质量缺陷外，发包人不得以未经过设计人同意为由主张改变更无效。

15. 工程已施工完毕，承包人以发包人未按约定支付工程款为由，不协助办理工程竣工验收的，视为工程停工；工程施工完毕且已竣工验收的，发包人拖欠工程款或结算已到期工程尚未交工的，承包人可以行使抗辩权为由不交付建设工程，但不交付的工程价值应与工程欠款基本相当。如果发包人拖欠的工程款与不交付的建设工程价值差距较大或部分不交付影响整个工程使用的，承包人应承担赔偿责任。

16. 建设工程完工后未经竣工验收，工程已由发包人实际控制的，发包人即不组织竣工验收，又未提出质量问题的，视为工程已经竣工验收合格，工程完工之日视为工程竣工验收合格日。

17. 当事人就同一工程签订的建设工程合同的实际内容与招投标文件不一致发生争议的，应当以招投标文件规定的计价方法或计价标准结算工程价款。

18. 当事人约定，发包人受到竣工结算文件后，在约定期限内不予答复，视为认可竣工结算文件的，按照约定处理。发包人的答复应是针对竣工结算文件的内容，与竣工结算文件内容无关的答复是为没有答复，当事人另行约定的除外。

19. 当事人约定发包人审核结算的期限，审核期限届满后，发包人以承包人送交的结算文件不完整为由要求延期审核的，不予支持。发包人应承担违约责任。

20. 建设工程合同无效或解除的，承包人主张工程款，发包人提出对已完成工程进行质量鉴定的，应予支持。

21. 建设工程合同约定为固定总价的，承包人以工程量增加为由要求调整合同价款的，应按照以下方式处理：

（1）在固定总价若干范围以外增加的工程量，应计入合同价款。

（2）固定总价若干范围约定不明，如发包人不能证明该增加的工程量已包括在包干范围内的，应计入合同价款。

（3）发包人以固定单价包干形式，招标而签订固定总价包干合同后，发生工程量争议的，以实际工程量计算包干总价。

（4）签订固定总价合同后，工程发生重大变化或固定总价所依据的设计图纸发生重大变更的，按照双方确定的工程量清单单价据实计价。

22. 施工过程中修改施工图纸或工程返工的，工程造价按双方约定或签证单确定；如果施工过程中废止原图纸，采用新的施工图纸，双方又重新约定工程造价的，按新约定确定；没有新约定或者新约定不明确的，则按实际工程量和原合同确定的单项价格确定工程造价；如果新的施工图纸所涉及施工内容原施工合同没有规定，双方又未重新约定工程造价或约定不明确，则按实际工程量，参照签订建设工程合同时当地建设行政主管部门发布的计价方法和计价标准结算。

23. 合同已约定工程价款或双方已经委托中介机构审计并确认的价款，与政府行政审计确定的价款不一致的，应以双方确认的为结算依据。但在合同明确约定以审计结论作为结算依据或者合同约定不明确、合同约定无效的情况下，可以将审计结论作为结算依据。

24. 承包人在施工过程中不按图纸施工，擅自改变约定的建筑材料、构配件、设备的品种、规格等情形，发包人要求核减原材料差价的，应予支持。

25. 当事人共同选定审价机构审定价款后，一方当事人有异议要求重新审定的，不予支持，但有证据证明审价中存在重大错误、遗漏或审价机构与另一方恶意串通的除外。如审价机构出具报告后明确告知如有异议可在一定期限内提出，当事人超过期限提出的，应视为认可。

26. 当事人约定工程款于工程竣工验收并交付后支付的，建设工程已竣工验收，发包人已实际控制工程，承包人已移交施工现场的，视为工程已交付使用，发包人以未签订工程移交协议为由不支付工程款的，不予支持。

27. 当事人约定工程价款以工程结算完毕作为支付条件，发包人拖延工程结算，合同对拖延结算有约定的，按照约定处理；没有约定的，按照中国人民银行同期同类贷款利率自拖延之日起计息。

28. 发包人已按约定支付工程价款或办理结算，但在建设工程竣工之日或建设工程合同约定的竣工之日起六个月内，承包人请求确认建设工程价款优先受偿权的，应予支持。

29. 在工程竣工验收合格前，建设工程合同被解除的，承包人对已完工程享有建设工程价款优先受偿权，承包人行使优先权的期限为六个月，自建设工程合同解除之日起计算。

30. 建设工程合同无效，承包人主张建设工程价款优先受偿权的，不予支持。

31. 承包人将其对发包人的工程款债权转让给第三人的，建设工程价款优先受偿权

不能随之转让。

32. 建设单位直接发包的基础工程，享有工程价款优先受偿权。建设单位直接发包的消防工程、玻璃幕墙工程、装修装饰工程，在该工程增加价值的范围内享有工程价款优先受偿权。总承包人分包的专业工程，专业工程分包人不享有工程价款优先权。

33. 建设工程合同约定履约保证金、质量保证金在工程质量不符合约定或未按期竣工时罚没，但实际损失少，保证金数额大，承包人认为全部罚没过高的，应当按照公平合理原则并参照合同法第一百一十四条关于调整过告违约金的规定处理。

34. 建设工程合同对工期、质量、违法分包或非法转包等的罚款约定，视为违约条款，合同虽约定可直接从工程款中抵扣，但罚款未经承包人同意的，抵扣行为无效。

35. 劳务分包人不属于实际施工人，劳务分包人以建设工程的发包人为被告主张劳务报酬的，不予支持。

36. 当事人约定保修金在保修期届满后支付的，地基基础工程及主体结构工程的保修金应在工程竣工验收2年后返还。

37. 建设工程的工程款诉讼时效以合同约定最后一期工程款的支付期限为起算时间，工程质量保修款的诉讼时效以保修款返还日起算。

38. 建设工程质量诉讼时效，以知道或应当知道发生质量问题之日起起算。发包人请求总包人、分包人承担质量违约责任的，诉讼时效为两年；发包人、所有权人、实际使用人、受损害人请求总包人、分包人、实际施工人或保修义务人承担侵权责任的，诉讼时效为一年。

39. 承包人要求结算工程价款的诉讼时效为二年，自工程竣工或承包人移交完毕竣工档案资料或施工合同解除之日起计算。

房地产流转篇

一、房地产开发

城市房地产开发经营管理条例

（1998 年 7 月 20 日中华人民共和国国务院令第 248 号发布
根据 2011 年 1 月 8 日《国务院关于废止和修改部分
行政法规的决定》第一次修订
根据 2018 年 3 月 19 日《国务院关于修改和废止部分
行政法规的决定》第二次修订）

第一章 总 则

第一条 为了规范房地产开发经营行为，加强对城市房地产开发经营活动的监督管理，促进和保障房地产业的健康发展，根据《中华人民共和国城市房地产管理法》的有关规定，制定本条例。

第二条 本条例所称房地产开发经营，是指房地产开发企业在城市规划区内国有土地上进行基础设施建设、房屋建设，并转让房地产开发项目或者销售、出租商品房的行为。

第三条 房地产开发经营应当按照经济效益、社会效益、环境效益相统一的原则，实行全面规划、合理布局、综合开发、配套建设。

第四条 国务院建设行政主管部门负责全国房地产开发经营活动的监督管理工作。

县级以上地方人民政府房地产开发主管部门负责本行政区域内房地产开发经营活动的监督管理工作。

县级以上人民政府负责土地管理工作的部门依照有关法律、行政法规的规定，负责与房地产开发经营有关的土地管理工作。

第二章 房地产开发企业

第五条 设立房地产开发企业，除应当符合有关法律、行政法规规定的企业设立条件外，还应当具备下列条件：

（一）有 100 万元以上的注册资本；

（二）有 4 名以上持有资格证书的房地产专业、建筑工程专业的专职技术人员，2 名以上持有资格证书的专职会计人员。

省、自治区、直辖市人民政府可以根据本地方的实际情况，对设立房地产开发企业的注册资本和专业技术人员的条件作出高于前款的规定。

第六条 外商投资设立房地产开发企业的，除应当符合本条例第五条的规定外，还应当依照外商投资企业法律、行政法规的规定，办理有关审批手续。

第七条 设立房地产开发企业，应当向县级以上人民政府工商行政管理部门申请登记。工商行政管理部门对符合本条例第五条规定条件的，应当自收到申请之日起 30 日内予以登记；对不符合条件不予登记的，应当说明理由。

工商行政管理部门在对设立房地产开发企业申请登记进行审查时，应当听取同级房地产开发主管部门的意见。

第八条 房地产开发企业应当自领取营业执照之日起 30 日内，持下列文件到登记机关所在地的房地产开发主管部门备案：

（一）营业执照复印件；

（二）企业章程；

（三）验资证明；

（四）企业法定代表人的身份证明；

（五）专业技术人员的资格证书和聘用合同。

第九条 房地产开发主管部门应当根据房地产开发企业的资产、专业技术人员和开发经营业绩等，对备案的房地产开发企业核定资质等级。房地产开发企业应当按照核定的资质等级，承担相应的房地产开发项目。具体办法由国务院建设行政主管部门制定。

第三章 房地产开发建设

第十条 确定房地产开发项目，应当符合土地利用总体规划、年度建设用地计划和城市规划、房地产开发年度计划的要求；按照国家有关规定需要经计划主管部门批准的，还应当报计划主管部门批准，并纳入年度固定资产投资计划。

第十一条 确定房地产开发项目，应当坚持旧区改建和新区建设相结合的原则，注重开发基础设施薄弱、交通拥挤、环境污染严重以及危旧房屋集中的区域，保护和改善城市生态环境，保护历史文化遗产。

第十二条 房地产开发用地应当以出让方式取得；但是，法律和国务院规定可以采用划拨方式的除外。

土地使用权出让或者划拨前，县级以上地方人民政府城市规划行政主管部门和房地产开发主管部门应当对下列事项提出书面意见，作为土地使用权出让或者划拨的依据之一：

（一）房地产开发项目的性质、规模和开发期限；

（二）城市规划设计条件；

（三）基础设施和公共设施的建设要求；

（四）基础设施建成后的产权界定；

（五）项目拆迁补偿、安置要求。

第十三条 房地产开发项目应当建立资本金制度，资本金占项目总投资的比例不得低于 20%。

第十四条 房地产开发项目的开发建设应当统筹安排配套基础设施，并根据先地下、后地上的原则实施。

第十五条 房地产开发企业应当按照土地使用权出让合同约定的土地用途、动工开发期限进行项目开发建设。出让合同约定的动工开发期限满 1 年未动工开发的，可以征收相当于土地使用权出让金 20% 以下的土地闲置费；满 2 年未动工开发的，可以无偿收回土地使用权。但是，因不可抗力或者政府、政府有关部门的行为或者动工开发必需的前期工作造成动工迟延的除外。

第十六条 房地产开发企业开发建设的房地产项目，应当符合有关法律、法规的规定和建筑工程质量、安全标准、建筑工程勘察、设计、施工的技术规范以及合同的约定。

房地产开发企业应当对其开发建设的房地产开发项目的质量承担责任。

勘察、设计、施工、监理等单位应当依照有关法律、法规的规定或者合同的约定，承担相应的责任。

第十七条 房地产开发项目竣工，依照《建设工程质量管理条例》的规定验收合格后，方可交付使用。

第十八条 房地产开发企业应当将房地产开发项目建设过程中的主要事项记录在房地产开发项目手册中，并定期送房地产开发主管部门备案。

第四章 房地产经营

第十九条 转让房地产开发项目，应当符合《中华人民共和国城市房地产管理法》第三十九条、第四十条规定的条件。

第二十条 转让房地产开发项目，转让人和受让人应当自土地使用权变更登记手续办理完毕之日起 30 日内，持房地产开发项目转让合同到房地产开发主管部门备案。

第二十一条 房地产开发企业转让房地产开发项目时，尚未完成拆迁补偿安置的，原拆迁补偿安置合同中有关的权利、义务随之转移给受让人。项目转让人应当书面通知被拆迁人。

第二十二条 房地产开发企业预售商品房，应当符合下列条件：

（一）已交付全部土地使用权出让金，取得土地使用权证书；

（二）持有建设工程规划许可证和施工许可证；

（三）按提供的预售商品房计算，投入开发建设的资金达到工程建设总投资的 25％ 以上，并已确定施工进度和竣工交付日期；

（四）已办理预售登记，取得商品房预售许可证明。

第二十三条 房地产开发企业申请办理商品房预售登记，应当提交下列文件：

（一）本条例第二十三条第（一）项至第（三）项规定的证明材料；

（二）营业执照和资质等级证书；

（三）工程施工合同；

（四）预售商品房分层平面图；

（五）商品房预售方案。

第二十四条 房地产开发主管部门应当自收到商品房预售申请之日起 10 日内，作出同意预售或者不同意预售的答复。同意预售的，应当核发商品房预售许可证明；不同意预售的，应当说明理由。

第二十五条 房地产开发企业不得进行虚假广告宣传，商品房预售广告中应当载明商品房预售许可证明的文号。

第二十六条 房地产开发企业预售商品房时，应当向预购人出示商品房预售许可证明。

房地产开发企业应当自商品房预售合同签订之日起 30 日内，到商品房所在地的县级以上人民政府房地产开发主管部门和负责土地管理工作的部门备案。

第二十七条 商品房销售，当事人双方应当签订书面合同。合同应当载明商品房的建筑面积和使用面积、价格、交付日期、质量要求、物业管理方式以及双方的违约责任。

第二十八条 房地产开发企业委托中介机构代理销售商品房的，应当向中介机构出具委托书。中介机构销售商品房时，应当向商品房购买人出示商品房的有关证明文件和商品房销售委托书。

第二十九条 房地产开发项目转让和商品房销售价格，由当事人协商议定；但是，享受国家优惠政策的居民住宅价格，应当实行政府指导价或者政府定价。

第三十条 房地产开发企业应当在商品房交付使用时，向购买人提供住宅质量保证书和住宅使用说明书。

住宅质量保证书应当列明工程质量监督单位核验的质量等级、保修范围、保修期和保修单位等内容。房地产开发企业应当按照住宅质量保证书的约定，承担商品房保修责任。

保修期内，因房地产开发企业对商品房进行维修，致使房屋原使用功能受到影响，给购买人造成损失的，应当依法承担赔偿责任。

第三十一条 商品房交付使用后，购买人认为主体结构质量不合格的，可以向工程质量监督单位申请重新核验。经核验，确属主体结构质量不合格的，购买人有权退房；给购买人造成损失的，房地产开发企业应当依法承担赔偿责任。

第三十二条 预售商品房的购买人应当自商品房交付使用之日起 90 日内，办理土地使用权变更和房屋所有权登记手续；现售商品房的购买人应当自销售合同签订之日起 90

日内，办理土地使用权变更和房屋所有权登记手续。房地产开发企业应当协助商品房购买人办理土地使用权变更和房屋所有权登记手续，并提供必要的证明文件。

第五章　法律责任

第三十三条　违反本条例规定，未取得营业执照，擅自从事房地产开发经营的，由县级以上人民政府工商行政管理部门责令停止房地产开发经营活动，没收违法所得，可以并处违法所得 5 倍以下的罚款。

第三十四条　违反本条例规定，未取得资质等级证书或者超越资质等级从事房地产开发经营的，由县级以上人民政府房地产开发主管部门责令限期改正，处 5 万元以上 10 万元以下的罚款；逾期不改正的，由工商行政管理部门吊销营业执照。

第三十五条　违反本条例规定，擅自转让房地产开发项目的，由县级以上人民政府负责土地管理工作的部门责令停止违法行为，没收违法所得，可以并处违法所得 5 倍以下的罚款。

第三十六条　违反本条例规定，擅自预售商品房的，由县级以上人民政府房地产开发主管部门责令停止违法行为，没收违法所得，可以并处已收取的预付款 1‰ 以下的罚款。

第三十七条　国家机关工作人员在房地产开发经营监督管理工作中玩忽职守、徇私舞弊、滥用职权，构成犯罪的，依法追究刑事责任；尚不构成犯罪的，依法给予行政处分。

第六章　附　则

第三十八条　在城市规划区外国有土地上从事房地产开发经营，实施房地产开发经营监督管理，参照本条例执行。

第三十九条　城市规划区内集体所有的土地，经依法征收转为国有土地后，方可用于房地产开发经营。

第四十条　本条例自发布之日起施行。

中华人民共和国契税暂行条例

（1997 年 4 月 23 日国务院第 55 次常务会议通过
1997 年 7 月 7 日国务院令第 224 号　自 1997 年 10 月 1 日起施行）

第一条　在中华人民共和国境内转移土地、房屋权属，承受的单位和个人为契税的纳税人，应当依照本条例的规定缴纳契税。

第二条　本条例所称转移土地、房屋权属是指下列行为：

（一）国有土地使用权出让；

（二）土地使用权转让，包括出售、赠与和交换；

（三）房屋买卖；

（四）房屋赠与；

（五）房屋交换。

前款第二项土地使用权转让，不包括农村集体土地承包经营权的转移。

第三条　契税税率为 3—5%。

契税的适用税率，由省、自治区、直辖市人民政府在前款规定的幅度内按照本地区的实际情况确定，并报财政部和国家税务总局备案。

第四条　契税的计税依据：

（一）国有土地使用权出让、土地使用权出售、房屋买卖，为成交价格；

（二）土地使用权赠与、房屋赠与，由征收机关参照土地使用权出售、房屋买卖的市场价格核定；

（三）土地使用权交换、房屋交换，为所交换的土地使用权、房屋的价格的差额。

前款成交价格明显低于市场价格并且无正当理由的，或者所交换土地使用权、房屋的价格的差额明显不合理并且无正当理由的，由征收机关参照市场价格核定。

第五条 契税应纳税额，依照本条例第三条规定的税率和第四条规定的计税依据计算征收。应纳税额计算公式：

应纳税额＝计税依据×税率

应纳税额以人民币计算。转移土地、房屋权属以外汇结算的，按照纳税义务发生之日中国人民银行公布的人民币市场汇率中间价折合成人民币计算。

第六条 有下列情形之一的，减征或者免征契税：

（一）国家机关、事业单位、社会团体、军事单位承受土地、房屋用于办公、教学、医疗、科研和军事设施的，免征；

（二）城镇职工按规定第一次购买公有住房的，免征；

（三）因不可抗力灭失住房而重新购买住房的，酌情准予减征或者免征；

（四）财政部规定的其他减征、免征契税的项目。

第七条 经批准减征、免征契税的纳税人改变有关土地、房屋的用途，不再属于本条例第六条规定的减征、免征契税范围的，应当补缴已经减征、免征的税款。

第八条 契税的纳税义务发生时间，为纳税人签订土地、房屋权属转移合同的当天，或者纳税人取得其他具有土地、房屋权属转移合同性质凭证的当天。

第九条 纳税人应当自纳税义务发生之日起10日内，向土地、房屋所在地的契税征收机关办理纳税申报，并在契税征收机关核定的期限内缴纳税款。

第十条 纳税人办理纳税事宜后，契税征收机关应当向纳税人开具契税完税凭证。

第十一条 纳税人应当持契税完税凭证和其他规定的文件材料，依法向土地管理部门、房产管理部门办理有关土地、房屋的权属变更登记手续。

纳税人未出具契税完税凭证的，土地管理部门、房产管理部门不予办理有关土地、房屋的权属变更登记手续。

第十二条 契税征收机关为土地、房屋所在地的财政机关或者地方税务机关。具体征收机关由省、自治区、直辖市人民政府确定。

土地管理部门、房产管理部门应当向契税征收机关提供有关资料，并协助契税征收机关依法征收契税。

第十三条 契税的征收管理，依照本条例和有关法律、行政法规的规定执行。

第十四条 财政部根据本条例制定细则。

第十五条 本条例自 1997 年 10 月 1 日起施行。

中华人民共和国契税暂行条例细则

1997 年 10 月 28 日 　　　　　　　　财法字〔1997〕52 号

第一条 根据《中华人民共和国契税暂行条例》（以下简称条例）的规定，制定本细则。

第二条 条例所称土地、房屋权属，是指土地使用权、房屋所有权。

第三条 条例所称承受，是指以受让、购买、受赠、交换等方式取得土地、房屋权属的行为。

第四条　条例所称单位，是指企业单位、事业单位、国家机关、军事单位和社会团体以及其他组织。

条例所称个人，是指个体经营者及其他个人。

第五条　条例所称国有土地使用权出让，是指土地使用者向国家交付土地使用权出让费用，国家将国有土地使用权在一定年限内让予土地使用者的行为。

第六条　条例所称土地使用权转让，是指土地使用者以出售、赠与、交换或者其他方式将土地使用权转移给其他单位和个人的行为。

条例所称土地使用权出售，是指土地使用者以土地使用权作为交易条件，取得货币、实物、无形资产或者其他经济利益的行为。

条例所称土地使用权赠与，是指土地使用者将其土地使用权无偿转让给受赠者的行为。

条例所称土地使用权交换，是指土地使用者之间相互交换土地使用权的行为。

第七条　条例所称房屋买卖，是指房屋所有者将其房屋出售，由承受者交付货币、实物、无形资产或者其他经济利益的行为。

条例所称房屋赠与，是指房屋所有者将其房屋无偿转让给受赠者的行为。

条例所称房屋交换，是指房屋所有者之间相互交换房屋的行为。

第八条　土地、房屋权属以下列方式转移的，视同土地使用权转让、房屋买卖或者房屋赠与征税：

（一）以土地、房屋权属作价投资、入股；

（二）以土地、房屋权属抵债；

（三）以获奖方式承受土地、房屋权属；

（四）以预购方式或者预付集资建房款方式承受土地、房屋权属。

第九条　条例所称成交价格，是指土地、房屋权属转移合同确定的价格。包括承受者应交付的货币、实物、无形资产或者其他经济利益。

第十条　土地使用权交换、房屋交换，交换价格不相等的，由多交付货币、实物、无形资产或者其他经济利益的一方缴纳税款。交换价格相等的，免征契税。

土地使用权与房屋所有权之间相互交换，按照前款征税。

第十一条　以划拨方式取得土地使用权的，经批准转让房地产时，应由房地产转让者补缴契税。其计税依据为补缴的土地使用权出让费用或者土地收益。

第十二条　条例所称用于办公的，是指办公室（楼）以及其他直接用于办公的土地、房屋。

条例所称用于教学的，是指教室（教学楼）以及其他直接用于教学的土地、房屋。

条例所称用于医疗的，是指门诊部以及其他直接用于医疗的土地、房屋。

条例所称用于科研的，是指科学试验的场所以及其他直接用于科研的土地、房屋。

条例所称用于军事设施的，是指：

（一）地上和地下的军事指挥作战工程；

（二）军用的机场、港口、码头；

（三）军用的库房、营区、训练场、试验场；

（四）军用的通信、导航、观测台站；

（五）其他直接用于军事设施的土地、房屋。

本条所称其他直接用于办公、教学、医疗、科研的以及其他直接用于军事设施的土地、房屋的具体范围，由省、自治区、直辖市人民政府确定。

第十三条　条例所称城镇职工按规定第一次购买公有住房的，是指经县以上人民政府批准，在国家规定标准面积以内购买的公有住房。城镇职工享受免征契税，仅限于第一次购买的公有住房。超过国家规定标准面积的部分，仍应按照规定缴纳契税。

第十四条　条例所称不可抗力，是指自然灾害、战争等不能预见、不能避免并不能克服的客观情况。

第十五条 根据条例第六条的规定，下列项目减征、免征契税：

（一）土地、房屋被县级以上人民政府征用、占用后，重新承受土地、房屋权属的，是否减征或者免征契税，由省、自治区、直辖市人民政府确定。

（二）纳税人承受荒山、荒沟、荒丘、荒滩土地使用权，用于农、林、牧、渔业生产的，免征契税。

（三）依照我国有关法律规定以及我国缔结或参加的双边和多边条约或协定的规定应当予以免税的外国驻华使馆、领事馆、联合国驻华机构及其外交代表、领事官员和其他外交人员承受土地、房屋权属的，经外交部确认，可以免征契税。

第十六条 纳税人符合减征或者免征契税规定的，应当在签订土地、房屋权属转移合同后 10 日内，向土地、房屋所在地的契税征收机关办理减征或者免征契税手续。

第十七条 纳税人因改变土地、房屋用途应当补缴已经减征、免征契税的，其纳税义务发生时间为改变有关土地、房屋用途的当天。

第十八条 条例所称其他具有土地、房屋权属转移合同性质凭证，是指具有合同效力的契约、协议、合约、单据、确认书以及由省、自治区、直辖市人民政府确定的其他凭证。

第十九条 条例所称有关资料，是指土地管理部门、房产管理部门办理土地、房屋权属变更登记手续的有关土地、房屋权属、土地出让费用、成交价格以及其他权属变更方面的资料。

第二十条 征收机关可以根据征收管理的需要，委托有关单位代征契税，具体代征单位由省、自治区、直辖市人民政府确定。

代征手续费的支付比例，由财政部另行规定。

第二十一条 省、自治区、直辖市人民政府根据条例和本细则的规定制定实施办法，并报财政部和国家税务总局备案。

第二十二条 本细则自 1997 年 10 月 1 日起施行。此前财政部关于契税的各项规定同时废止。

房地产开发企业资质管理规定

（2000 年 3 月 29 日建设部第 77 号令发布　根据 2015 年 5 月 4 日《住房和城乡建设部关于修改〈房地产开发企业资质管理规定〉等部门规章的》修订）

第一条 为了加强房地产开发企业资质管理，规范房地产开发企业经营行为，根据《中华人民共和国城市房地产管理法》《城市房地产开发经营管理条例》，制定本规定。

第二条 本规定所称房地产开发企业是指依法设立、具有企业法人资格的经济实体。

第三条 房地产开发企业应当按照本规定申请核定企业资质等级。

未取得房地产开发资质等级证书（以下简称资质证书）的企业，不得从事房地产开发经营业务。

第四条 国务院建设行政主管部门负责全国房地产开发企业的资质管理工作；县级以上地方人民政府房地产开发主管部门负责本行政区域内房地产开发企业的资质管理工作。

第五条 房地产开发企业按照企业条件分为一、二、三、四四个资质等级。

各资质等级企业的条件如下：

（一）一级资质：

1. 从事房地产开发经营 5 年以上；

2. 近 3 年房屋建筑面积累计竣工 30 万平方米以上，或者累计完成与此相当的房地产开发投资额；

3. 连续 5 年建筑工程质量合格率达100%；

4. 上一年房屋建筑施工面积 15 万平方米以上，或者完成与此相当的房地产开发投资额；

5. 有职称的建筑、结构、财务、房地产及有关经济类的专业管理人员不少于 40 人，其中具有中级以上职称的管理人员不少于 20 人，持有资格证书的专职会计人员不少于 4 人；

6. 工程技术、财务、统计等业务负责人具有相应专业中级以上职称；

7. 具有完善的质量保证体系，商品住宅销售中实行了《住宅质量保证书》和《住宅使用说明书》制度；

8. 未发生过重大工程质量事故。

（二）二级资质：

1. 从事房地产开发经营 3 年以上；

2. 近 3 年房屋建筑面积累计竣工 15 万平方米以上，或者累计完成与此相当的房地产开发投资额；

3. 连续 3 年建筑工程质量合格率达100%；

4. 上一年房屋建筑施工面积 10 万平方米以上，或者完成与此相当的房地产开发投资额；

5. 有职称的建筑、结构、财务、房地产及有关经济类的专业管理人员不少于 20 人，其中具有中级以上职称的管理人员不少于 10 人，持有资格证书的专职会计人员不少于 3 人；

6. 工程技术、财务、统计等业务负责人具有相应专业中级以上职称；

7. 具有完善的质量保证体系，商品住宅销售中实行了《住宅质量保证书》和《住宅使用说明书》制度；

8. 未发生过重大工程质量事故。

（三）三级资质：

1. 从事房地产开发经营 2 年以上；

2. 房屋建筑面积累计竣工 5 万平方米以上，或者累计完成与此相当的房地产开发投资额；

3. 连续 2 年建筑工程质量合格率达100%；

4. 有职称的建筑、结构、财务、房地产及有关经济类的专业管理人员不少于 10 人，其中具有中级以上职称的管理人员不少于 5 人，持有资格证书的专职会计人员不少于 2 人；

5. 工程技术、财务等业务负责人具有相应专业中级以上职称，统计等其他业务负责人具有相应专业初级以上职称；

6. 具有完善的质量保证体系，商品住宅销售中实行了《住宅质量保证书》和《住宅使用说明书》制度；

7. 未发生过重大工程质量事故。

（四）四级资质：

1. 从事房地产开发经营 1 年以上；

2. 已竣工的建筑工程质量合格率达100%；

3. 有职称的建筑、结构、财务、房地产及有关经济类的专业管理人员不少于 5 人，持有资格证书的专职会计人员不少于 2 人；

4. 工程技术负责人具有相应专业中级以上职称，财务负责人具有相应专业初级以上职称，配有专业统计人员；

5. 商品住宅销售中实行了《住宅质量保证书》和《住宅使用说明书》制度；

6. 未发生过重大工程质量事故。

第六条 新设立的房地产开发企业应当自领取营业执照之日起 30 日内，持下列文件到房地产开发主管部门备案：

（一）营业执照复印件；

（二）企业章程；

（三）企业法定代表人的身份证明；

（四）专业技术人员的资格证书和劳动合同；

（五）房地产开发主管部门认为需要出示的其他文件。

房地产开发主管部门应当在收到备案申请后30日内向符合条件的企业核发《暂定资质证书》。

《暂定资质证书》有效期1年。房地产开发主管部门可以视企业经营情况延长《暂定资质证书》有效期，但延长期限不得超过2年。

自领取《暂定资质证书》之日起1年内无开发项目的，《暂定资质证书》有效期不得延长。

第七条 房地产开发企业应当在《暂定资质证书》有效期满前1个月内向房地产开发主管部门申请核定资质等级。房地产开发主管部门应当根据其开发经营业绩核定相应的资质等级。

第八条 申请《暂定资质证书》的条件不得低于四级资质企业的条件。

第九条 临时聘用或者兼职的管理、技术人员不得计入企业管理、技术人员总数。

第十条 申请核定资质等级的房地产开发企业，应当提交下列证明文件：

（一）企业资质等级申报表；

（二）房地产开发企业资质证书（正、副本）；

（三）企业资产负债表；

（四）企业法定代表人和经济、技术、财务负责人的职称证件；

（五）已开发经营项目的有关证明材料；

（六）房地产开发项目手册及《住宅质量保证书》《住宅使用说明书》执行情况报告；

（七）其他有关文件、证明。

第十一条 房地产开发企业资质等级实行分级审批。

一级资质由省、自治区、直辖市人民政府建设行政主管部门初审，报国务院建设行政主管部门审批。

二级资质及二级资质以下企业的审批办法由省、自治区、直辖市人民政府建设行政主管部门制定。

经资质审查合格的企业，由资质审批部门发给相应等级的资质证书。

第十二条 资质证书由国务院建设行政主管部门统一制作。资质证书分为正本和副本，资质审批部门可以根据需要核发资质证书副本若干份。

第十三条 任何单位和个人不得涂改、出租、出借、转让、出卖资质证书。

企业遗失资质证书，必须在新闻媒体上声明作废后，方可补领。

第十四条 企业发生分立、合并的，应当在向工商行政管理部门办理变更手续后的30日内，到原资质审批部门申请办理资质证书注销手续，并重新申请资质等级。

第十五条 企业变更名称、法定代表人和主要管理、技术负责人，应当在变更30日内，向原资质审批部门办理变更手续。

第十六条 企业破产、歇业或者因其他原因终止业务时，应当在向工商行政管理部门办理注销营业执照后的15日内，到原资质审批部门注销资质证书。

第十七条 房地产开发企业的资质实行年检制度。对于不符合原定资质条件或者有不良经营行为的企业，由原资质审批部门予以降级或者注销资质证书。

一级资质房地产开发企业的资质年检由国务院建设行政主管部门或者其委托的机构负责。

二级资质及二级资质以下房地产开发企业的资质年检由省、自治区、直辖市人民政府建设行政主管部门制定办法。

房地产开发企业无正当理由不参加资质年检的，视为年检不合格，由原资质审批部门注销资质证书。

房地产开发主管部门应当将房地产开发企业资质年检结果向社会公布。

第十八条 一级资质的房地产开发企业承担房地产项目的建设规模不受限制，可以在全国范围承揽房地产开发项目。

二级资质及二级资质以下的房地产开发企业可以承担建筑面积 25 万平方米以下的开发建设项目，承担业务的具体范围由省、自治区、直辖市人民政府建设行政主管部门确定。

各资质等级企业应当在规定的业务范围内从事房地产开发经营业务，不得越级承担任务。

第十九条 企业未取得资质证书从事房地产开发经营的，由县级以上地方人民政府房地产开发主管部门责令限期改正，处 5 万元以上 10 万元以下的罚款；逾期不改正的，由房地产开发主管部门提请工商行政管理部门吊销营业执照。

第二十条 企业超越资质等级从事房地产开发经营的，由县级以上地方人民政府房地产开发主管部门责令限期改正，处 5 万元以上 10 万元以下的罚款；逾期不改正的，由原资质审批部门吊销资质证书，并提请工商行政管理部门吊销营业执照。

第二十一条 企业有下列行为之一的，由原资质审批部门公告资质证书作废，收回证书，并可处以 1 万元以上 3 万元以下的罚款：

（一）隐瞒真实情况、弄虚作假骗取资质证书的；

（二）涂改、出租、出借、转让、出卖资质证书的。

第二十二条 企业开发建设的项目工程质量低劣，发生重大工程质量事故的，由原资质审批部门降低资质等级；情节严重的吊销资质证书，并提请工商行政管理部门吊销营业执照。

第二十三条 企业在商品住宅销售中不按照规定发放《住宅质量保证书》和《住宅使用说明书》的，由原资质审批部门予以警告、责令限期改正、降低资质等级，并可处以 1 万元以上 2 万元以下的罚款。

第二十四条 企业不按照规定办理变更手续的，由原资质审批部门予以警告、责令限期改正，并可处以 5000 元以上 1 万元以下的罚款。

第二十五条 各级建设行政主管部门工作人员在资质审批和管理中玩忽职守、滥用职权、徇私舞弊的，由其所在单位或者上级主管部门给予行政处分；构成犯罪的，由司法机关依法追究刑事责任。

第二十六条 省、自治区、直辖市人民政府建设行政主管部门可以根据本规定制定实施细则。

第二十七条 本规定由国务院建设行政主管部门负责解释。

第二十八条 本规定自发布之日起施行。1993 年 11 月 16 日建设部发布的《房地产开发企业资质管理规定》（建设部令第 28 号）同时废止。

江苏省城市房地产交易管理条例

(2002 年 2 月 5 日江苏省第九届人民代表大会常务委员会
第二十八次会议通过 根据 2004 年 8 月 20 日江苏省
第十届人民代表大会常务委员会第十一次会议
《关于修改〈江苏省城市房地产交易管理条例〉
的决定》第一次修正 根据 2018 年 3 月 28 日
江苏省人民代表大会常务委员会《关于修改
〈江苏省大气污染防治条例〉等十六件
地方性法规的决定》第二次修正)

第一章 总 则

第一条 为了加强城市房地产交易的管理，规范城市房地产交易行为，维护房地产交易当事人的合法权益，根据《中华人民共和国城市房地产管理法》等法律、法规，结合本省实际，制定本条例。

第二条 在本省行政区域内的城市规划区国有土地上从事房地产交易，实施房地产交易管理，应当遵守本条例。

本条例所称房地产交易，包括房地产转让、房地产抵押和房屋租赁。

第三条 以出让或者划拨方式取得的国有土地使用权转让、抵押、出租，应当符合《中华人民共和国城市房地产管理法》《中华人民共和国土地管理法》和《江苏省土地管理条例》规定的条件和要求。

第四条 房地产交易应当遵循合法、公平、自愿和诚实信用的原则。

第五条 省人民政府建设行政主管部门、土地管理部门依照省人民政府规定的职权，各司其职，密切配合，管理本省行政区域内房地产交易工作。

市、县（市）人民政府房产管理部门、土地管理部门按照各自职责，负责本行政区域内房地产交易活动的监督管理工作。

工商、财政、税务、物价、人民银行等有关部门依照各自的职责分工，共同做好与房地产交易有关的管理工作。

第六条 县级以上地方人民政府及其有关部门办理房地产交易手续，应当公开条件，简化程序，提高效率，方便当事人。

市、县（市）人民政府应当报经省人民政府确定，由一个部门统一负责房产管理和土地管理工作，在本市、县（市）行政区域内颁发统一的房地产权证书，依法将房屋的所有权和该房屋占用范围内的土地使用权的确认和变更，分别载入房地产权证书。尚未确定由一个部门负责房产管理和土地管理工作的，市、县（市）人民政府应当组织、协调房产管理部门和土地管理部门，在一个场所统一受理房地产交易登记申请，并发放房地产权属证书。

第七条 省人民政府财政、物价、建设、土地部门应当严格执行国家有关房地产交易管理行政事业性收费的规定，对国家明令取消的收费项目，不得继续收取或者改变名称变相收取。市、县（市）人民政府及其财政、物价、房产、土地等部门不得自行设定房地产交易管理收费项目。对房地产交易服务收费项目应当按宗收费，国家另有规定的从其规定。

收费项目和收费标准应当在受理房地产

交易登记申请的场所予以公示。房地产交易当事人有权拒绝不合法的收费。

第八条 省和设区的市人民政府应当制定具体办法，简化交易程序，降低交易收费，鼓励和支持房改房、经济适用住房上市交易。

第二章 房地产转让

第九条 房地产转让，是指房地产权利人通过买卖、赠与或者其他合法方式将其房地产转移给他人的行为。

前款所称其他合法方式主要是指：

（一）房地产交换；

（二）以房地产抵债；

（三）以房地产作价入股、与他人成立企业法人，房地产权属发生变更的；

（四）企业被收购、兼并或者合并，房地产权属发生转移的。

第十条 转让房地产，除法律另有规定外，应当按照下列程序进行：

（一）房地产转让当事人签订书面转让合同；

（二）房地产转让当事人在转让合同签订后，持房地产权证书或者房屋所有权证书、国有土地使用权证书和契税完税凭证、当事人合法证明、转让合同，向房产管理部门提出房屋权属转移登记申请；

（三）房产管理部门审查当事人提交的有关材料，对符合前项规定的，予以受理；不予受理或者需要补充材料的，应当在收到申请之日起三个工作日内告知当事人，并说明理由；

（四）房产管理部门应当在受理房地产转让当事人房屋权属转移登记申请后十个工作日内，核准登记并颁发房屋所有权证书；

（五）房地产受让人向土地管理部门申请土地使用权变更登记，土地管理部门应当在收件后十个工作日内核准登记并颁发土地使用权证书。

法律、行政法规禁止转让的房地产，不得转让。

第十一条 建筑设计为独立成套的房屋不得分割转让，配套使用的房屋附属设施、设备及共用部位不得单独分割转让。

第十二条 现售商品房的，应当符合下列条件：

（一）房地产开发企业具有法人营业执照和房地产开发企业资质证书；

（二）已交付全部土地使用权出让金，取得国有土地使用权证书；

（三）持有建设工程规划许可证和施工许可证；

（四）已通过竣工验收；

（五）具有资质的房产测绘机构出具的房屋建筑面积测绘成果报告；

（六）拆迁安置方案已经落实；

（七）供水、供电、燃气、通讯等配套基础设施和公共设施具备交付使用条件；

（八）物业管理方案已经落实。

房地产开发企业应当在商品房现售前将房地产开发项目手册及符合商品房现售条件的有关证明文件报送房产管理部门备案。

第十三条 预售商品房的，应当符合下列条件：

（一）房地产开发企业具有法人营业执照和房地产开发企业资质证书；

（二）已交付全部土地使用权出让金，取得国有土地使用权证书；

（三）持有建设工程规划许可证和施工许可证；

（四）按提供预售的商品房计算，投入开发建设的资金达到工程建设总投资的百分之二十五以上，并已经确定施工进度和竣工交付日期。

房地产开发企业进行商品房预售，应当持前款第（一）项至第（四）项规定的证明文件、工程施工合同、预售商品房分层平面图、商品房预售方案，向房产管理部门申请办理商品房预售登记。房产管理部门应当自收到商品房预售申请之日起十日内，作出同意或者不同意预售的答复。同意预售的，应当核发商品房预售许可证；不同意预售的，应当说明理由。

未取得商品房预售许可证的，不得预售商品房。

房产管理部门应当定期公布商品房预售许可证发放信息，并免费提供查询服务。

第十四条 商品房预售人与预购人应当依法签订商品房预售合同。

商品房预售人应当在预售合同签订后三十日内，持预售合同向房地产所在地的市、县（市）房产管理部门和土地管理部门登记备案，受理部门应当在一个工作日内予以登记。

第十五条 商品房销售可以按建筑面积计价，也可以按套（单元）计价或者按套内建筑面积计价。房地产开发企业销售商品房，应当向购房人明示计价方式和计价依据。

商品房建筑面积由套内建筑面积和分摊的共有建筑面积组成，套内建筑面积部分为独立产权，分摊的共有建筑面积部分为共有产权，购房人按照法律、法规的规定对其享有权利，承担责任。按套（单元）计价或者按套内建筑面积计价的，商品房买卖合同中应当分别注明建筑面积和分摊的共有建筑面积。

房地产开发企业销售商品房，应当向购房人明示分摊面积的范围。

按照房产测量规范不能计入分摊面积的配套使用的房屋附属设施、设备，属于全体购房人共有。

第十六条 房地产开发企业发布的商品房销售广告和宣传资料，内容应当真实、合法。

对商品房销售广告和宣传资料中明示的事项，购房人有权要求房地产开发企业在销售合同中载明。商品房销售广告的内容符合要约规定的，视为要约。

商品房预售广告应当载明商品房预售许可证的批准文号。

第十七条 商品房预售，实际交付面积与预售合同约定面积不一致时的处理方式，由当事人双方在预售合同中载明。当事人双方未在预售合同中载明的，应当适用下列规定：

（一）实际交付面积大于或者小于预售合同约定面积超过百分之三的，预购人有权退房；预购人退房的，预售人应当在预购人提出退房之日起三十日内将预购人已付房价款退还给预购人，同时按银行同期活期存款利率支付已付房价款的利息；

（二）实际交付面积大于预售合同约定面积，大于部分不超过百分之一的，由预购人按照合同约定的价格补交房价款；大于部分超过百分之一的，产权归预购人所有，预购人并可以不支付该部分的房价款；

（三）实际交付面积小于预售合同约定面积，小于部分不超过百分之三的，预售人应当退还预购人多付的房价款，并按银行同期活期存款利率向预购人支付该部分房价款的利息；小于部分超过百分之三的，预售人应当向预购人双倍返还超过百分之三部分的房价款。

当事人双方虽在预售合同中约定以实际交付面积为准，但实际交付面积大于或者小于预售合同约定面积超过百分之三的，预购人有权退房。预购人退房的，适用前款第（一）项规定。预购人不退房的，大于或者小于部分不超过百分之三的，按照预售合同约定的价格多退少补；大于部分超过百分之三的，产权归预购人所有，并可以不支付该部分的房价款，小于部分超过百分之三的，预售人应当向预购人双倍返还该部分的房价款。

实际交付面积是指由有资质的房产测绘机构测绘，经房产管理部门审核的房屋建筑面积。

第十八条 房地产开发企业向购房人交付商品房时，应当提供住宅质量保证书和住宅使用说明书，并按照国家规定承担保修责任。

房地产开发企业应当协助商品房买受人办理国有土地使用权变更和房屋所有权登记

手续。

第十九条 房地产权属证书上载明的面积应当与实际交付的面积相一致。

第三章 房地产抵押

第二十条 房地产抵押，是指抵押人以其合法的房地产，以不转移占有的方式向抵押权人提供担保的行为。

合法拥有的房地产、在建工程以及预购的商品房，可以设定抵押权。

以在建工程、预购的商品房设定抵押权，所担保的债权仅限于建造该工程、购买该商品房的贷款。但已以自有资金付清该工程全部建造款、该商品房全部购房款的不在此限。

第二十一条 下列房地产不得抵押：

（一）学校、幼儿园、医院等以公益为目的的事业单位、社会团体的教育设施、医疗卫生设施和其他社会公益设施；

（二）权属不明或者有争议的；

（三）被确定为文物保护单位或者具有重要纪念意义的建筑物；

（四）依法被查封的；

（五）县级以上人民政府依法收回土地使用权的；

（六）共同共有房地产未经其他共有人书面同意的；

（七）已依法公告列入拆迁范围的；

（八）法律、法规规定不得抵押的其他房地产。

第二十二条 房地产抵押，应当按照下列程序办理：

（一）房地产抵押人和抵押权人签订书面抵押合同；

（二）当事人在合同签订后，持房地产权证书或者房屋所有权证书、土地使用权证书（以预购的商品房设定抵押或者以在建工程设定抵押的，提供已生效的预售合同以及其他有权设定抵押权的文件与证明材料等）、当事人的合法证明、主合同和抵押合同、抵押房地产价格的证明资料，向房产管理部门或者县级以上人民政府规定的部门申请抵押物登记；

（三）房产管理部门或者县级以上人民政府规定的部门应当在受理房地产抵押物登记申请之日起五个工作日内，对符合规定的，核准抵押物登记并颁发房屋他项权证书或者抵押物登记证明；对不符合规定的，不予核准登记，并书面通知申请人，说明理由。

房地产抵押合同，自抵押物登记之日起生效。

第二十三条 以在建工程设定抵押的，其担保的债务以该房地产项目已完工部分的价值为限，但应扣除依法已预售部分和已设定抵押部分的价值。

已设定抵押的在建工程依法预售时，预售人应当将抵押事实告知预购人。在交付该房屋时，预售人负有保证第三人不得向预购人就该房屋及其占用范围内的土地使用权主张任何权利的义务，但法律另有规定的除外。

在建工程在债务履行期限内竣工的，在办理权属登记时，登记机关应当将在建工程抵押物登记转为房地产抵押物登记，并告知当事人。

第二十四条 以预购的商品房设定抵押的，应当符合下列规定：

（一）抵押人持有的商品房预售合同由抵押权人收存；

（二）商品房预售合同双方不得擅自转让、变更、解除、终止合同；

（三）房屋在抵押期间竣工交付的，预购人在办理权属登记时，登记机关应当同时办理抵押物登记手续。

第二十五条 抵押已出租的房屋时，抵押人应当将房屋出租的事实告知抵押权人，同时还应当书面告知承租人。抵押合同生效后，原租赁合同继续有效。

抵押人将已抵押的房地产出租的，抵押权实现后，租赁合同对受让人不具有约束力。

第二十六条 房地产抵押需要价格评估的，由有资质的房地产价格评估机构进行价格评估。

第二十七条 抵押合同发生变更或者抵押关系终止的，抵押人和抵押权人应当在变更或者终止之日起十五日内到原登记机关办理变更或者注销登记。

第四章 房屋租赁

第二十八条 房屋租赁，是指房屋所有权人作为出租人将其房屋出租给承租人使用，由承租人向出租人支付租金的行为。

第二十九条 有下列情形之一的房屋，不得出租：

（一）已建成的房屋无房地产权证书或者房屋所有权证的；

（二）共有房屋未取得其他共有人书面同意的；

（三）依法被查封的；

（四）经鉴定属于危险房屋不能继续使用的；

（五）改变房屋用途，依法须经有关部门批准而未经批准的；

（六）法律、法规禁止出租的其他情形。

第三十条 高层建筑已部分建成，已经取得国有土地使用权证、建设工程规划许可证，并且该部分建筑已通过竣工验收，经建设行政主管部门确认，符合建筑施工安全和房屋安全使用条件的，可以出租该建筑已建成的部分。

第三十一条 公有住房和廉租房租金按照国家和省有关规定执行，其他房屋租金由租赁双方协商议定。

以营利为目的，房屋所有权人将以划拨方式取得使用权的国有土地上建设的房屋出租的，应当按照国务院的规定将租金中所含土地收益上缴国家。

第三十二条 房屋租赁合同当事人应当在签订合同后三十日内，持房地产权证书或者房屋所有权证书、房屋租赁合同和当事人合法证明，向市、县（市）房产管理部门申请登记备案，受理部门应当在三个工作日内予以办理，当事人要求出具备案登记证明的，房产管理部门应当出具。

第三十三条 承租人应当按照租赁合同约定的用途合理使用房屋，并遵守国家和地方有关房屋使用和物业管理的规定。

承租人需要拆改、装修承租房屋或者增加附属设施、设备的，应当征得出租人书面同意；须经有关部门审批的，应当由出租人或者出租人委托承租人报有关部门批准。

租赁期限届满，出租人同意保留装修的部分或者增加的附属设施、设备的，应当按照所存价值补偿承租人。当事人另有约定的，从其约定。

第五章 房地产中介服务

第三十四条 从事房地产咨询、价格评估、经纪等中介服务业务的机构，应当依法设立，不得与行政机关和其他国家机关存在隶属关系或者其他利益关系。

第三十五条 设立房地产价格评估机构，应当向工商行政管理部门申请办理登记。房地产价格评估机构应当自领取营业执照之日起三十日内向房产管理部门备案，房产管理部门应当及时将房地产价格评估机构报备的其机构名称、评估人员等情况向社会公告。

房地产价格评估人员应当依法经过资格认证，取得执业资格。

第三十六条 房地产中介服务机构的执业人员承办业务由其所在中介服务机构统一受理，并与委托人签订书面委托合同。

房地产中介服务机构及其执业人员在房地产中介服务活动中不得有下列行为：

（一）索取、收受委托合同以外的酬金或者其他财物，或者利用工作之便牟取其他不正当利益；

（二）允许他人以自己的名义从事房地产中介业务；

（三）同时在两个或者两个以上的房地产中介服务机构执行业务；

（四）与一方当事人串通，损害另一方当事人的利益；

（五）法律、法规禁止的其他行为。

第三十七条 房地产中介服务机构从事

中介活动，应当查阅当事人提供的有关房地产权利证书等证件。对不提供有关证件或者提供的证件不符合规定的，中介服务机构应当拒绝接受委托。

因房地产中介服务机构的过错，造成当事人损失的，中介服务机构应当承担相应的法律责任。

第三十八条　房地产中介服务机构应当按照法律、法规和省级以上人民政府及其价格主管部门的规定收取费用，并使用税务部门统一监制的专用发票。

第六章　法律责任

第三十九条　转让、抵押房地产或者租赁房屋，按照本条例规定应当办理登记或者备案手续而未办理的，由负责登记或者备案的机关责令限期办理。

第四十条　违反本条例规定，出租不能继续使用的危险房屋的，由市、县（市）房产管理部门责令改正，没收违法所得，并可处以五百元以上二千元以下的罚款。造成人身、财产损害的，依法承担赔偿责任。

第四十一条　违反本条例规定，擅自将在建高层建筑已建成的部分出租的，由市、县（市）建设行政主管部门责令改正，没收违法所得；情节严重的，并处以三千元以上十万元以下的罚款。

第四十二条　违反本条例规定，未取得房地产价格评估人员资格而从事房地产价格评估业务的，由房地产行政主管部门责令改正，没收违法所得，并可处以一百元以上一千元以下的罚款。

第四十三条　违反本条例规定，属于土地、工商、税务、物价等部门职责范围的，分别由土地、工商、税务、物价等部门按照有关法律、法规的规定予以处罚。

第四十四条　房产管理部门、土地管理部门及其他有关部门的工作人员在房地产交易管理工作中，玩忽职守、滥用职权、徇私舞弊、索贿受贿的，由其所在单位或者上级主管机关给予行政处分；构成犯罪的，依法追究刑事责任。

第七章　附　则

第四十五条　本省行政区域内城市规划区以外的国有土地上的房地产交易，参照本条例的规定执行。

第四十六条　本条例自2002年5月1日起施行。

北京市高级人民法院
关于妥善处理涉及"新国五条"的房屋纠纷案件若干问题的会议纪要

（2013年7月9日）

为进一步加强和改善房地产市场调控，国务院办公厅于2013年2月26日下发了《关于继续做好房地产市场调控工作的通知》（以下简称"新国五条"），其后北京市人民政府办公厅于3月30日下发了《贯彻落实〈国务院办公厅关于继续做好房地产市场调控工作的通知〉精神进一步做好本市房地产市场调控工作的通知》（以下简称"京十九条"），在本市进一步细化限购、限贷政策，对二手房交易严格按转让所得的20%缴纳个人所得税，客观上对当事人在房屋交易中的权利义务产生了一定的影响。实践中，本市法院民庭受理了一批涉及"新国五条"的房屋纠纷案件。为正确适用法律、统一裁判标准，市高院民一庭召集市一、二中院及部分基层法院民庭召开了专题研讨会，经充分深入讨论，就该类案件审理中的相关法律适用问题，形成以下纪要内容：

一、（审理案件的基本原则和导向）

全市三级法院应当准确把握"新国五条"和"京十九条"规定的精神实质，正确适用规定中的限购、限贷、税收等措施，通过司法裁判保障国家房地产调控政策的有效落实，增强当事人的诚信意识和市场风险意识，依法维护健康有序的房地产交易秩序，避免让司法裁判成为当事人违反诚信、谋取不当利益的途径和手段。

二、（两个纪要的适用）

为妥善处理涉及房屋新政的民事纠纷，市高院民一庭于 2010 年 12 月、2011 年 12 月先后下发了《关于妥当审理涉及房贷新政相关房屋买卖案件的会议纪要》《关于妥善处理涉及住房限购政策的房屋买卖合同纠纷案件若干问题的会议纪要》，对住房限贷、限购政策的定性及纠纷的处理提出了具体的指导意见，其精神和处理原则对于涉及"新国五条"的房屋买卖合同纠纷案件依然可以参照适用。

三、（涉及住房限购纠纷的处理）

"京十九条"规定：本市户籍成年单身人士在本市未拥有住房的，限购 1 套住房；已拥有 1 套及以上住房的，暂停在本市向其出售住房。因涉及该住房限购政策的房屋买卖合同纠纷，可以参照市高院民一庭《关于妥善处理涉及住房限购政策的房屋买卖合同纠纷案件若干问题的会议纪要》相关规定内容处理。

四、（"新国五条"施行前签订买卖合同税费增加的处理）

当事人在"新国五条"施行前签订房屋买卖合同，但未在"京十九条"施行前办理网上签约，因国家政策调控导致办理房屋过户需要缴纳的个人所得税增加，当事人就合同履行及税费负担发生争议的，可以按以下情形处理：

1. 当事人一方同意支付增加税费，并要求继续履行合同的，应予支持，另一方要求解除合同的，不予支持。

2. 当事人双方就增加的税费如何负担无法达成一致，属于因不可归责于双方当事人的原因导致合同难以履行，当事人据此要求解除合同的，一般应予支持；出卖人应当将收受的购房款或定金返还给买受人；当事人一方要求赔偿损失或适用定金罚则的，不予支持。

3. 确有证据证明因国家政策调控导致税费增加的数额较小，且对当事人履约能力不构成严重影响的，合同应当继续履行，当事人一方要求解除合同的，不予支持；由此增加的税费依据合同约定予以承担，合同没有约定或约定不明的，依据国家税收法规规定由出卖人承担。

4. 当事人依合同约定的履行期限在"京十九条"施行前能够完成房屋过户或网上签约，因可归责于一方当事人的原因导致合同迟延履行，在此期间由于国家政策调控导致税费增加，守约方主张继续履行合同，并要求违约方承担增加税费的，应予支持。

五、（"新国五条"施行后签订买卖合同税费增加的处理）

当事人在"新国五条"施行后签订房屋买卖合同，合同对税费负担有约定的，从其约定，没有约定或约定不明的，依据国家相关税收法规确定税费缴纳主体，当事人一方以税费增加为由要求解除合同的，不予支持。

六、（"京十九条"施行前已受理案件的处理）

"京十九条"施行前，买受人已经向法院起诉要求继续履行合同办理房屋过户登记，经审查房屋买卖合同签订在"新国五条"施行之前，但未办理网上签约，法院应当向双方当事人释明因国家政策调控导致税费增加，并告知其可以变更、增加诉讼请求或提起反诉，当事人一方要求解除合同或要求违约方承担增加税费的，按本纪要第四条规定的内容处理。

前述案件已经进入二审程序的，法院应当组织当事人就增加税费如何负担进行调解，调解不成的，应当在原审诉讼请求范围内继续审理并作出判决。

七、（房地产中介公司的责任认定）

当事人因房地产中介公司的居间行为订立房屋买卖合同，在履行过程中因税费增加导致买卖合同解除，房地产中介公司以已经促成合同订立为由要求支付居间报酬的，一般不予支持，但房地产中介公司可以要求委托人支付从事居间活动支出的合理费用。

因房地产中介公司未及时履行受托义务，导致房屋买卖双方因国家政策调控而受到增加支付税费等损失的，房地产中介公司应根据其过错程度承担相应的赔偿责任。

八、（规避房地产调控政策行为的处理）

最高人民法院于近日下发了《关于房地产调控政策下人民法院严格审查各类虚假诉讼的紧急通知》，全市三级法院应当认真学习，严格适用。重点加强对签订阴阳合同、房屋确权、借名买房、房屋赠与、以房抵债、离婚财产分割等容易出现虚假诉讼和规避房地产调控政策案件的审查，准确认定当事人间真实的法律关系和交易金额，释明风险、积极引导、慎用调解、依法裁判、及时层报，经审查认定构成虚假诉讼的，应当依法判决驳回当事人的诉讼请求。同时，在案件审理中发现当事人在房屋交易过程中存在违法、违规等行为的，应当及时告知住建、税务等相关部门予以处理，必要时可以有针对性地提出司法建议，积极建立沟通协调的长效机制，共同推动和促进房地产市场平稳健康发展。

二、房地产买卖

最高人民法院
关于审理商品房买卖合同纠纷案件
适用法律若干问题的解释

法释〔2003〕7号

（2003年3月24日最高人民法院审判委员会第1267次会议通过
2003年4月28日最高人民法院公告公布　自2003年6月1日起施行）

为正确、及时审理商品房买卖合同纠纷案件，根据《中华人民共和国民法通则》《中华人民共和国合同法》《中华人民共和国城市房地产管理法》《中华人民共和国担保法》等相关法律，结合民事审判实践，制定本解释。

第一条　本解释所称的商品房买卖合同，是指房地产开发企业（以下统称为出卖人）将尚未建成或者已竣工的房屋向社会销售并转移房屋所有权于买受人，买受人支付价款的合同。

第二条　出卖人未取得商品房预售许可证明，与买受人订立的商品房预售合同，应当认定无效，但是在起诉前取得商品房预售许可证明的，可以认定有效。

第三条　商品房的销售广告和宣传资料为要约邀请，但是出卖人就商品房开发规划范围内的房屋及相关设施所作的说明和允诺具体确定，并对商品房买卖合同的订立以及房屋价格的确定有重大影响的，应当视为要约。该说明和允诺即使未载入商品房买卖合同，亦应当视为合同内容，当事人违反的，应当承担违约责任。

第四条 出卖人通过认购、订购、预订等方式向买受人收受定金作为订立商品房买卖合同担保的，如果因当事人一方原因未能订立商品房买卖合同，应当按照法律关于定金的规定处理；因不可归责于当事人双方的事由，导致商品房买卖合同未能订立的，出卖人应当将定金返还买受人。

第五条 商品房的认购、订购、预订等协议具备《商品房销售管理办法》第十六条规定的商品房买卖合同的主要内容，并且出卖人已经按照约定收受购房款的，该协议应当认定为商品房买卖合同。

第六条 当事人以商品房预售合同未按照法律、行政法规规定办理登记备案手续为由，请求确认合同无效的，不予支持。

当事人约定以办理登记备案手续为商品房预售合同生效条件的，从其约定，但当事人一方已经履行主要义务，对方接受的除外。

第七条 拆迁人与被拆迁人按照所有权调换形式订立拆迁补偿安置协议，明确约定拆迁人以位置、用途特定的房屋对被拆迁人予以补偿安置，如果拆迁人将该补偿安置房屋另行出卖给第三人，被拆迁人请求优先取得补偿安置房屋的，应予支持。

被拆迁人请求解除拆迁补偿安置协议的，按照本解释第八条的规定处理。

第八条 具有下列情形之一，导致商品房买卖合同目的不能实现的，无法取得房屋的买受人可以请求解除合同、返还已付购房款及利息、赔偿损失，并可以请求出卖人承担不超过已付购房款一倍的赔偿责任：

（一）商品房买卖合同订立后，出卖人未告知买受人又将该房屋抵押给第三人；

（二）商品房买卖合同订立后，出卖人又将该房屋出卖给第三人。

第九条 出卖人订立商品房买卖合同时，具有下列情形之一，导致合同无效或者被撤销、解除的，买受人可以请求返还已付购房款及利息、赔偿损失，并可以请求出卖人承担不超过已付购房款一倍的赔偿责任：

（一）故意隐瞒没有取得商品房预售许可证明的事实或者提供虚假商品房预售许可证明；

（二）故意隐瞒所售房屋已经抵押的事实；

（三）故意隐瞒所售房屋已经出卖给第三人或者为拆迁补偿安置房屋的事实。

第十条 买受人以出卖人与第三人恶意串通，另行订立商品房买卖合同并将房屋交付使用，导致其无法取得房屋为由，请求确认出卖人与第三人订立的商品房买卖合同无效的，应予支持。

第十一条 对房屋的转移占有，视为房屋的交付使用，但当事人另有约定的除外。

房屋毁损、灭失的风险，在交付使用前由出卖人承担，交付使用后由买受人承担；买受人接到出卖人的书面交房通知，无正当理由拒绝接收的，房屋毁损、灭失的风险自书面交房通知确定的交付使用之日起由买受人承担，但法律另有规定或者当事人另有约定的除外。

第十二条 因房屋主体结构质量不合格不能交付使用，或者房屋交付使用后，房屋主体结构质量经核验确属不合格，买受人请求解除合同和赔偿损失的，应予支持。

第十三条 因房屋质量问题严重影响正常居住使用，买受人请求解除合同和赔偿损失的，应予支持。

交付使用的房屋存在质量问题，在保修期内，出卖人应当承担修复责任；出卖人拒绝修复或者在合理期限内拖延修复的，买受人可以自行或者委托他人修复。修复费用及修复期间造成的其他损失由出卖人承担。

第十四条 出卖人交付使用的房屋套内建筑面积或者建筑面积与商品房买卖合同约定面积不符，合同有约定的，按照约定处理；

合同没有约定或者约定不明确的，按照以下原则处理：

（一）面积误差比绝对值在 3% 以内（含 3%），按照合同约定的价格据实结算，买受人请求解除合同的，不予支持；

（二）面积误差比绝对值超出 3%，买受人请求解除合同、返还已付购房款及利息的，应予支持。买受人同意继续履行合同，房屋实际面积大于合同约定面积的，面积误差比在 3% 以内（含 3%）部分的房价款由买受人按照约定的价格补足，面积误差比超出 3% 部分的房价款由出卖人承担，所有权归买受人；房屋实际面积小于合同约定面积的，面积误差比在 3% 以内（含 3%）部分的房价款及利息由出卖人返还买受人，面积误差比超过 3% 部分的房价款由出卖人双倍返还买受人。

第十五条 根据《合同法》第九十四条的规定，出卖人迟延交付房屋或者买受人迟延支付购房款，经催告后在三个月的合理期限内仍未履行，当事人一方请求解除合同的，应予支持，但当事人另有约定的除外。

法律没有规定或者当事人没有约定，经对方当事人催告后，解除权行使的合理期限为三个月。对方当事人没有催告的，解除权应当在解除权发生之日起一年内行使；逾期不行使，解除权消灭。

第十六条 当事人以约定的违约金过高为由请求减少的，应当以违约金超过造成的损失 30% 为标准适当减少；当事人以约定的违约金低于造成的损失为由请求增加的，应当以违约造成的损失确定违约金数额。

第十七条 商品房买卖合同没有约定违约金数额或者损失赔偿额计算方法，违约金数额或者损失赔偿额可以参照以下标准确定：

逾期付款的，按照未付购房款总额，参照中国人民银行规定的金融机构计收逾期贷款利息的标准计算。

逾期交付使用房屋的，按照逾期交付使用房屋期间有关主管部门公布或者有资格的房地产评估机构评定的同地段同类房屋租金

标准确定。

第十八条 由于出卖人的原因，买受人在下列期限届满未能取得房屋权属证书的，除当事人有特殊约定外，出卖人应当承担违约责任：

（一）商品房买卖合同约定的办理房屋所有权登记的期限；

（二）商品房买卖合同的标的物为尚未建成房屋的，自房屋交付使用之日起 90 日；

（三）商品房买卖合同的标的物为已竣工房屋的，自合同订立之日起 90 日。

合同没有约定违约金或者损失数额难以确定的，可以按照已付购房款总额，参照中国人民银行规定的金融机构计收逾期贷款利息的标准计算。

第十九条 商品房买卖合同约定或者《城市房地产开发经营管理条例》第三十三条规定的办理房屋所有权登记的期限届满后超过一年，由于出卖人的原因，导致买受人无法办理房屋所有权登记，买受人请求解除合同和赔偿损失的，应予支持。

第二十条 出卖人与包销人订立商品房包销合同，约定出卖人将其开发建设的房屋交由包销人以出卖人的名义销售的，包销期满未销售的房屋，由包销人按照合同约定的包销价格购买，但当事人另有约定的除外。

第二十一条 出卖人自行销售已经约定由包销人包销的房屋，包销人请求出卖人赔偿损失的，应予支持，但当事人另有约定的除外。

第二十二条 对于买受人因商品房买卖合同与出卖人发生的纠纷，人民法院应当通知包销人参加诉讼；出卖人、包销人和买受人对各自的权利义务有明确约定的，按照约定的内容确定各方的诉讼地位。

第二十三条 商品房买卖合同约定，买受人以担保贷款方式付款、因当事人一方原因未能订立商品房担保贷款合同并导致商品房买卖合同不能继续履行的，对方当事人可以请求解除合同和赔偿损失，因不可归责于

当事人双方的事由未能订立商品房担保贷款合同并导致商品房买卖合同不能继续履行的，当事人可以请求解除合同，出卖人应当将收受的购房款本金及其利息或者定金返还买受人。

第二十四条 因商品房买卖合同被确认无效或者被撤销、解除，致使商品房担保贷款合同的目的无法实现，当事人请求解除商品房担保贷款合同的，应予支持。

第二十五条 以担保贷款为付款方式的商品房买卖合同的当事人一方请求确认商品房买卖合同无效或者撤销、解除合同的，如果担保权人作为有独立请求权第三人提出诉讼请求，应当与商品房担保贷款合同纠纷合并审理；未提出诉讼请求的，仅处理商品房买卖合同纠纷。担保权人就商品房担保贷款合同纠纷另行起诉的，可以与商品房买卖合同纠纷合并审理。

商品房买卖合同被确认无效或者被撤销、解除后，商品房担保贷款合同也被解除的，出卖人应当将收受的购房贷款和购房款的本金及利息分别返还担保权人和买受人。

第二十六条 买受人未按照商品房担保贷款合同的约定偿还贷款，亦未与担保权人办理商品房抵押登记手续，担保权人起诉买受人，请求处分商品房买卖合同项下买受人合同权利的，应当通知出卖人参加诉讼；担保权人同时起诉出卖人时，如果出卖人为商品房担保贷款合同提供保证的，应当列为共同被告。

第二十七条 买受人未按照商品房担保贷款合同的约定偿还贷款，但是已经取得房屋权属证书并与担保权人办理了商品房抵押登记手续，抵押权人请求买受人偿还贷款或者就抵押的房屋优先受偿的，不应当追加出卖人为当事人，但出卖人提供保证的除外。

第二十八条 本解释自 2003 年 6 月 1 日起施行。

《中华人民共和国城市房地产管理法》施行后订立的商品房买卖合同发生的纠纷案件，本解释公布施行后尚在一审、二审阶段的，适用本解释。

《中华人民共和国城市房地产管理法》施行后订立的商品房买卖合同发生的纠纷案件，在本解释公布施行前已经终审，当事人申请再审或者按照审判监督程序决定再审的，不适用本解释。

《中华人民共和国城市房地产管理法》施行前发生的商品房买卖行为，适用当时的法律、法规和《最高人民法院〈关于审理房地产管理法施行前房地产开发经营案件若干问题的解答〉》。

最高人民法院民一庭负责人就《最高人民法院关于审理商品房买卖合同纠纷案件适用法律若干问题的解释》的有关问题答记者问

（2003 年）

记者：《解释》除《民法通则》《合同法》《房地产管理法》《担保法》以外，其他的法律根据是什么？

答：最高人民法院制定的这个司法解释，主要是解决因商品房买卖合同引发的各种纠纷，以规范房地产商的开发经营行为，保护商品房买受人的合法权益，促进房地产市场的健康发展。商品房买卖问题，横跨债权法、物权法两大法域，涉及众多的部门法律，法律关系非常复杂。制定这个司法解释时，在实体法方面，除《解释》中所列举的法律根据外，其他的法律依据还有全国人大常委会颁布的《建筑法》《城市规划法》等法律，此外还参照了国务院颁布的《城市房地产开发经营管理条例》等行政法规、最高人民法院制定的关于适用《民法通则》《担保法》《合同法》等司法解释以及建设部发布的《城市商品房预售管理办法》《商品房销售管理办法》等规章。在程序法方面的法律根据主要是《民事诉讼法》和最高人民法院《关于适用〈民事诉讼法〉若干问题的意见》。

记者：《解释》第 8 条、第 9 条规定的惩罚性赔偿责任与《消费者权益保护法》（以下简称《消法》）第 49 条的双倍赔偿有何关系？

答：应当说《解释》规定的惩罚性赔偿责任与《消法》第 49 条的规定既有联系又有区别。二者的联系表现在：《消法》第 49 条的惩罚性赔偿原则是《解释》制定惩罚性赔偿责任的法律根据之一。传统的民法理论认为，合同领域中的赔偿责任重在填补损失，不在惩罚，因此，惩罚性赔偿只适用于侵权领域，不适用于合同纠纷。但是从我国《消法》第 49 条和《合同法》第 113 条的规定看，惩罚性赔偿已突破了传统理论，其适用范围从侵权领域扩大到合同领域，成为一种合同责任形式。依据《消法》第 49 条和《合同法》第 113 条确立的惩罚性赔偿原则精神，结合商品房买卖合同纠纷审判实践，针对合同履行过程中的恶意违约和合同订立时的欺诈行为，《解释》明确规定了适用惩罚性赔偿责任。这样，不仅有利于保护买受人的合法权益，而且有利于维护房地产市场的正常秩序，并且也有利于促进重合同、守信用的诚信体系的建立。

虽然《解释》中的惩罚性赔偿责任主要是依据《消法》第 49 条的规定制定的，但是，它在适用范围、条件及赔偿数额的确定标准与《消法》第 49 条确实有所不同，具体表现在以下三个方面：一是适用范围不同。《消法》第 49 条规定的惩罚性赔偿责任适用

范围比较宽，只要经营者提供商品或者服务有欺诈行为的，都可以适用惩罚性赔偿，而《解释》规定的惩罚性赔偿责任适用范围比较窄，仅适用于商品房买卖行为，并且适用的情形也有严格的限定。二是适用条件不同。《消法》第 49 条规定的惩罚性赔偿责任适用的条件是经营者提供给消费者的商品或者服务有欺诈行为，也就是说，消费者已经取得了商品或者得到了服务。而《解释》规定的惩罚性赔偿责任适用的条件是，出卖人在订立商品房买卖合同时或者·在商品房买卖合同履行过程中严重违反诚实信用原则，欺诈或者恶意违约，致使买受人无法得到房屋，也就是说《解释》中的惩罚性赔偿责任并不以买受人是否为消费者，是否已取得商品房为条件。三是赔偿数额的确定标准不同。《消法》第 49 条规定的惩罚性赔偿数额是"消费者购买商品的价款或者接受服务的费用的一倍"，即以购买商品的价款或者服务费用为标准的"双倍赔偿"。而《解释》规定的惩罚性赔偿数额为不超过买受人已付购房款的一倍，即人民法院可根据当事人的过错程度等具体情况，在买受人已付购房款的一倍之内确定赔偿数额，最高赔偿数额为买受人已付购房款的一倍。

记者：《解释》第 8 条规定的买受人无法取得房屋是指什么情况？

答：《解释》第 8 条规定，商品房买卖合同订立后，出卖人未告知买受人又将该房屋抵押给第三人或者又将该房屋出卖给第三人，导致买受人无法取得房屋的，可以适用惩罚性赔偿。这里的无法取得房屋是指两种情况：一是出卖人将房屋出卖给买受人后，未告知买受人又将该房屋抵押给第三人的，在因出卖人不履行对第三人的到期债务，第三人依法行使对该房屋的抵押权，致使买受人无法取得房屋的情况；二是出卖人"一房二卖"，并将房屋交付给后买受人，致使先买受人无法取得房屋的情况。

记者：《解释》第 9 条规定的惩罚性赔偿

的适用条件?

答:《解释》第9条规定的惩罚性赔偿主要是为制裁、遏制出卖人的欺诈行为,第8条则是针对恶意违约行为所作的规定。根据《解释》第9条规定,在出卖人具有所列的三种欺诈情形之一,导致商品房买卖合同被确认无效或者被撤销、解除的条件下,买受人可以请求出卖人返还已付购房款及利息、赔偿损失,并可以请求出卖人承担不超过已付购房款一倍的赔偿责任。根据《合同法》第56条和第91条规定,无效和被撤销的合同自始没有法律约束力,合同解除后当事人之间的合同权利义务终止。所以,在合同被确认无效、被撤销或者合同解除后,买受人也就不可能再取得合同中约定的房屋,只有在合同被确认为无效、被撤销或者解除的情况下,买受人依据该条规定提出的出卖人承担惩罚性赔偿责任的诉讼请求才有可能得到支持。

记者:《解释》第14条为何将面积误差比定为3%,而不是2%或者4%?

答:《解释》将面积误差比确定为3%,是参照建设部及与其他7部委联合发布的《关于整顿和规范房地产秩序》《商品房销售管理办法》规定制定的。面积误差比是指交付使用的房屋套内建筑面积或者建筑面积与商品房买卖合同约定面积不符部分的百分比。3%的标准,是建设主管部门结合我国房地产建筑工程的实际情况,在总结建设管理工作经验的基础上确定的。

记者:《解释》第8条、第9条的惩罚性赔偿不以得到房屋为条件,而《解释》第14条第(2)项后句规定的惩罚性赔偿则是在取得房屋的情况下适用的,这是否可以认为是直接适用了《消法》第49条的规定?

答:《解释》第14条第(2)项后句规定的惩罚性赔偿在构成要件上与第8条和第9条有所区别,但是不能据此得出该条适用了《消法》第49条规定。因为,第一,在制定该条规定时,实际上是把这种情形作为一种恶意违约的特殊情况处理的,而没有考虑直接适用《消法》第49条规定。因为,开发商往往是通过加大公摊面积、减少居住面积、故意减少房屋面积或者故意增加房屋面积等手段,来实现其利益的最大化。不论是减少了面积,还是加大了面积,都违反了合同的约定,严重损害了买受人的合法权益。为了促使出卖人全面履行合同,切实维护买受人的合法权益,《解释》规定这种在面积上恶意违约的行为,也应当适用惩罚性赔偿责任。第二,该条规定的惩罚性赔偿与《消法》第49条规定的惩罚性赔偿的责任不同。《消法》第49条规定的惩罚性赔偿是按照消费者购买商品价款的一倍赔偿,而本条规定的惩罚性赔偿责任是仅就超出3%的部分承担惩罚性赔偿责任,这与《消法》第49条规定的惩罚性赔偿是不同的。因此,不能仅根据以取得房屋为条件,就认为该条直接适用了《消法》第49条的规定。

记者:《解释》第15条规定了三种期限,这三种期限有什么区别?

答:《解释》第15条分为两款,分别是对《合同法》第94条第(3)项、第95条第2款做出的补充性解释。虽然,从形式上看《解释》第15条规定了三种期限,但实际上这三种期限可以分为两类,一类是催告履行合同义务的期限,另一类是行使解除权的期限,这两类期限是不同的。

《解释》第15条第1款规定的是催告履行合同义务的合理期限。《合同法》第94条第(3)项规定,当事人一方迟延履行主要债务,经催告后在合理期限内仍未履行的,对方当事人可以解除合同。但《合同法》没有对"合理期限"做出具体规定,《解释》第15条第1款将这个"合理期限"规定为3个月。也就是说,催告违约方履行合同义务的期限为3个月,这3个月的期限从催告违约方履行合同义务的次日起开始起算。

《解释》第15条第2款规定的是行使解除权的合理期限。《合同法》第95条第2款规定,法律没有规定或者当事人没有约定解除权行使期限的，经对方催告后在合理期限内不行使解除权的，该权利消灭。但是，对解除权行使的合理期限《合同法》也未做出具体规定。为督促解除权人及时行使权利，尽快结束双方权利义务关系不确定的状态，《解释》第15条第2款规定了解除权行使的合理期限。一是经催告后解除权行使的合理期限。解除权发生以后，在违约方催告解除权人行使解除权的情况下，解除权人应当在对方当事人催告后的次日起3个月内行使解除权，期限届满未行使的，解除权消灭。二是违约方不催告解除权人行使解除权的期限。在违约方不催告解除权人行使解除权的情况下，解除权人应当在解除权发生之日起1年内行使。也就是说在解除权发生之后，如果违约方没有催告，解除权人在解除权发生之日起1年的期间内也没有行使解除权的，解除权消灭。

记者：《解释》第15条第2款规定了两种解除权行使的期限。这两种期限应当从何时起算？

答：《解释》第15条第2款规定了"3个月"和"1年"两种解除权行使的期限，这两种解除权行使的期限起算日是不同的。

解除权行使的3个月合理期限是从违约方催告解除权人行使解除权之次日起算。1年的解除权行使期限则是从解除权发生之日起开始起算。解除权的行使期限为除斥期间，不发生中止、中断、延长的问题，属于不变期间。

记者：《解释》为何没有把经济适用房纳入其调整范围？

答：经济适用房是政府为照顾无住房的中低收入居民而组织建设的具有福利性和保障性住房。之所以没有将其纳入到《解释》调整的范畴，主要是基于以下三点考虑。一是经济适用房是政府组织建设的。商品房是房地产开发经营企业为了出售而建设的，商品房的建设者以营利为目的，是一种商人行为。而经济适用房则是政府组织建设的，其目的是保障中低收入群体有房居住，具有福利性和保障性。根据《国务院关于深化住房制度改革的决定》《国家安居工程实施方案》《关于进一步深化城镇住房制度改革加快住房建设的通知》等有关住房制度政策的规定，各级政府在组织建设经济适用房时，都给予了许多特殊的政策支持，如经济适用房的用地一般实行无偿划拨。二是经济适用房不能自由买卖。商品房是面向社会公开出售的，任何人都可以购买，而经济适用房则不能在市场上公开出售。首先，经济适用房不是社会上任何人都可以购买的，而是面向特定群体，并由政府按照一定的规定分配购买的，如政府对经济适用房的购买实行申请、审批制度。其次，买受人转让此类房屋时，也有许多限制性规定，如经济适用房上市出售，应缴纳土地出让金或相当于土地出让金的价款。因此，经济适用房不是具有完整意义上的商品房。三是经济适用房的价格不是由市场决定的。商品房的价格是由市场决定的，而经济适用房的价格则是由政府决定的。根据国务院关于经济适用房的有关政策，经济适用房的销售价格，实行政府指导价，按保本微利原则确定，其利润控制在3%以下。鉴于经济适用房与商品房有许多不同特点，如果按照商品房的处理原则解决经济适用房买卖中发生的纠纷，不仅有违公平原则，而且也不利于经济适用房的开发建设。基于以上考虑，没有把经济适用房纳入到《解释》调整的范畴，如果因买卖经济适用房发生纠纷，应当依据有关法律规定和国家有关住房政策进行规范调整。

记者：法律一般"不溯及既往"，为何《解释》具有溯及力？

答：《解释》不存在是否溯及既往的问题。因为，是否具有溯及既往，是指新法律颁布施行后，对其生效前发生的事件和行为是否适用新法律调整的问题，如果适用新法律调整，即具有溯及力；如果不适用，即不具有溯及力。国家不应要求公民和法人遵守尚不存在的行为规则，所以，在法律没有特别规定的情况下，处理新法律施行前的纠纷应当以行为发生时的法律为根据，新法律一般没有溯及既往的效力。但是，在处理新法和旧法的关系时，新法也可以明文规定对其生效前发生的法律关系具有溯及力。司法解释只是对已经生效法律如何适用的解释，而不是新的法律，原则上不存在是否溯及既往的问题。现行法律的时间效力不能因司法解释的出台而改变。因本《解释》是对审理《城市房地产管理法》施行后订立的商品房买卖合同并由此发生的纠纷案件适用法律所作

的解释，故《解释》第 28 条确定《解释》的时间适用效力以《城市房地产管理法》的施行为标准。也就是说，凡是《城市房地产管理法》施行以前发生的商品房买卖合同纠纷案件，应当适用当时的法律、法规和司法解释；凡是《城市房地产管理法》施行后发生的商品房买卖合同纠纷案件适用该司法解释处理。因此，即使《解释》规定对《解释》施行前的商品房买卖合同纠纷案件可以适用该《解释》处理，也并不涉及是否溯及既往的问题。

《关于审理商品房买卖合同纠纷案件适用法律若干问题的解释》的理解与适用

载《人民司法》2003 年第 6 期　韩延斌

一、起草背景

随着我国市场经济体制的建立，房地产业迅猛发展，已成为国民经济的支柱产业。住房制度深化改革和城镇居民住房的社会化和商品化，使得房地产业在我国实现全面小康进程中的基础性、先导性、支柱性地位越来越为社会所认同。城市房地产管理法的颁布施行和商品房市场的发展变化，商品房买卖纠纷也日益凸现，成为社会矛盾的焦点。

针对城市房地产管理法施行前的房地产纠纷案件，最高人民法院曾于 1995 年 12 月 27 日制定了《关于审理房地产管理法施行前房地产开发经营案件若干问题的解答》（以下简称《解答》），使房地产纠纷得以及时、有效地处理。城市房地产管理法施行后，房地产市场秩序虽较以往有了较大改观，但由于房地产市场处于发育阶段，市场管理机制尚不健全，商品房交易行为很不规范，特别是出卖人借机违法经营，如无证销售、一房数卖、面积缩水、发布虚假广告等，严重扰乱

了房地产市场秩序，损害了广大买受人的利益，导致商品房买卖合同纠纷大量增加。据统计，全国法院 2002 年受理的 8 万多件房地产案件中，商品房买卖合同纠纷占 25%，而在 2003 年第一季度受理的 6898 件房地产案件中，商品房买卖合同纠纷就占近 50%。同时，现实社会和审判实践中出现的商品房包销、商品房担保贷款（按揭）等新问题也亟待解决。而现行的法律、法规比较原则，人民法院在审理商品房纠纷案件中遇到法律适用的难题。为此，从 2002 年 3 月初，最高人民法院们多次派人赴全国各地进行调研，并广泛征求各级法院、全国人大法工委、国家土地资源部、建设部、专家学者、律师、房地产开发企业、消费者协会等各方面意见，经过数十次讨论易稿，最后经最高人民法院审委会讨论通过，于 2003 年 5 月 7 日公布了《关于审理商品房买卖合同纠纷案件适用法律若干问题的解释》（以下简称《解释》），共 28 条。下面就《解释》的有关内容和情况作简

要说明，以便读者了解。

二、《解释》的适用范围

这是适用本《解释》首先要明确的前提条件。受国情和历史原因的影响，目前我国存在着不同种类的房屋，有由房地产开发企业建造的商品房、政府组织建设的经济适用房、公房改制出售的房改房、单位集资房、公民个人所有的私有房等等。但根据我国现行的房地产法律、法规和有关政策，经济适用房、公房改制出售的房改房、单位集资房等房屋的上市交易要受国家政策的调整，该类房屋不能自由交易。如，需补交土地出让金或者相当于土地出让金的价款或者居住一定年限后方可出售。而私有房屋虽可上市交易，但纠纷不突出，在审判实践中发生的房屋买卖纠纷绝大多数是因房地产开发企业出售其建造的商品房而引发的。因此，《解释》将调整对象明确为因商品房买卖合同发生的纠纷案件，即房地产开发企业建造并向社会公开出售房屋的买卖行为，出卖人主体只限为房地产开发企业。

根据合同法关于买卖合同的规定和出卖人出售的商品房建造状况，《解释》第1条对商品房买卖合同作出明确解释，即商品房买卖合同是指出卖人将尚未建成或者遥竣工的房屋向社会销售并转移房屋所有权于买受人，买受人支付价款的合同，包括商品房预售合同和商品房现售合同。而商品房买卖合同的标的物为正在建设和遥竣工的房屋，其中正在建设的房屋就是通常所说的期房、楼花，包括经依法获准尚未建造或者正在建造中的房屋；遥竣工的房屋是已建成的房屋，包括经有关部门验收合格的房屋和尚未验收合格的房屋。

三、商品房预售合同的效力认定

审判实践中，因预售合同效力引发的纠纷严重影响着社会秩序的稳定。《解释》第2条、第6条分别就商品房预售许可证明的取得和商品房预售合同的登记备案对预售合同效力的认定处理作出了相应的规定。

根据城市房地产管理法第四十四条规定，商品房预售需具备4个条件：（1）已交付全部土地使用权出让金，取得土地使用权证书；（2）持有建设工程规划许可证和施工许可证；（3）按提供的预售商品房计算，投入开发建设的资金达到工程建设总投资的25%以上，并已确定施工进度和竣工交付日期；（4）已办理预售登记，取得商品房预售许可证明。但对如何理解预售条件和认定合同效力之间的关系问题，起草过程中有两种意见。一种意见认为，因商品房预售实行许可证制度，只要出卖人持有预售许可证明，其与买受人签订的预售合同即为有效。另一种意见认为，城市房地产管理法规定的4个条件是商品房预售行为必须同时具备的法定要件，否则预售合同无效。

笔者认为，城市房地产管理法作为行政管理法，主要是对出卖人开发经营行为的行政监管和规范。从该法规定的商品房预售条件看，也均反映的是出卖人与行政管理部门之间的关系问题。在我国，商品房预售实行许可证制度，对此，《城市房地产开发经营管理条例》第二十四条明确列举了办理商品房预售许可证的必备条件和相关程序，其中就包括了城市房地产管理法第四十四条规定的前3个条件。这就表明只要出卖人按照法定程序向房地产行政管理部门申请办理并取得预售许可证明的，即可认定其具备全部预售条件。因此，为避免司法权与行政权之间的冲突，人民法院在认定商品房预售合同的效力时，对出卖人的预售资格应只从形式上进行审查，即对出卖人未取得商品房预售许可证明签订的预售合同应认定无效，出卖人取得商品房预售许可证明的，可认定预售合同有效。从实质上审查出卖人是否具备全部预售条件则是行政管理部门的权限。当事人对预售许可证持有异议的，可通过行政复议或行政诉讼的方式解决。这既可划清司法审判机关与行政管理部门之间的权限，有利于各司其职，也可避免大量无效合同的出现，有利于促进房地产交易和推动房地产市场的发展。《解释》采纳了第一种观点。

其次，考虑到我国目前房地产市场管理机制还不健全，商品房交易行为也不规范，《解释》将出卖人取得商品房预售许可证明的时间放宽至起诉前，而不是签订合同时，也就是只要出卖人在起诉前取得商品房预售许可证明的，人民法院也可认定商品房预售合同有效，以尽量促使合同有效成立和维护商品房交易的安全。这比《解答》规定的一审诉讼期间及最高人民法院《关于适用合同法若干问题的解释（一）》规定的一审法庭辩论终结前更为严格，同时也便于当事人在起诉前预先知晓诉讼行为的结果，更好地行使诉权。

对城市房地产管理法第四十四条规定的商品房预售合同登记备案问题，笔者认为，从我国现行的有关不动产登记的立法规定看，商品房预售合同的登记备案在目前应属于房产管理部门和土地管理部门对合同的一种行政管理措施，不是确认合同效力的必要条件，实务界和理论界对此也已基本形成共识。为此，《解释》第6条明确规定："当事人以商品房预售合同未按照法律、行政法规规定办理登记备案手续为由，请求确认合同无效的，不予支持。"

四、商品房销售广告和宣传资料内容的性质认定

目前，商品房90%以上是以广告形式向社会公开出售的，出卖人为了获取高额利润，就会在宣传广告中夸大渲染，而在交房时往往又无法兑现，因此，商品房销售广告引发的纠纷在审判实践中也大量存在。所以，《解释》第3条专门就商品房销售广告和宣传资料内容的认定处理作出了明确规定。对此，在起草过程中有一种意见认为，销售宣传广告只是一种要约邀请，如未将广告宣传的内容订入合同，就不能认定为是合同内容，销售广告中的虚假宣传，只是违背诚实信用原则应负的义务，可考虑以缔约过失责任对买受人予以补救。笔者认为，对商品房销售宣

传广告的内容性质认定，应根据具体情况区别处理，不能机械地将其一概作为要约邀请。首先，根据合同法第十五条第一款规定，对商业广告的内容在原则上应认定为是一种要约邀请，更不能将未订入合同中的宣传广告内容作为合同内容看待。但对在实际生活中，一些出卖人在销售广告和宣传资料中对商品房及相关设施所作的具体明确的说明和允诺，如，小区绿化率达80%，规划区内有健身房、游泳池，每单元两部电梯等等内容，就应具体问题具体处理，不能简单地认定为要约邀请。

根据合同法第十四条关于要约的规定，如果意思表示内容具体确定，并表明经受要约人承诺要约人即受该意思表示约束时，该意思表示即为要约。在实际生活中，买受人往往也正是基于出卖人在宣传资料中对房屋及相关设施所作的具体确定的说明和允诺才决定购买房屋的。笔者认为，如出卖人对其开发项目规划范围内的商品房及相关基础设施所作的一些说明和允诺具体确定，并对房屋价格的确定有决定作用，足以让买受人产生信赖而签订商品房买卖合同的，此时，买受人就此内容向出卖人提出订立合同的行为已使销售广告的对象和内容具有特定性，根据合同法第十四条关于要约的规定，该说明和允诺的内容应视为出卖人向买受人发出的要约，而买卖合同的订立则为买受人对要约的承诺。由于目前商品房买卖合同均是由出卖人提供的格式合同，即使双方当事人可就格式合同之外的宣传广告内容进行协商约定，但因出卖人在房地产市场中处于强势地位，销售广告和宣传资料中的一些具体确定的说明和允诺内容没有订入买卖合同之中，而纠纷也正是因交付使用的房屋与说明和允诺不符发生的。为保护弱势群体买受人的合法利益，根据上述理由，《解释》规定，即使该说明和允诺没有明确订立在合同之中，也应认定为合同内容，出卖人违反该内容的，应承担违约责任。

据此，买受人在商品房销售广告和宣传资料中的说明和允诺，符合以下3个条件的，即可视为要约：1. 该内容是对开发规划范围内的房屋及相关设施所作的说明和允诺。如，广告称房屋为混凝土结构，居住区有绿地、电梯、车库、健身、购物、收视等设施齐全等，对规划范围之外的周边环境的渲染、描述等应予除外。2. 对房屋的说明和允诺应具体确定。如，小区绿化率达到80%、每单元配有日本原装三菱电梯两部等。3. 该说明和允诺对商品房买卖合同的订立和房屋价格的确定有重大影响。只要买受人就该具体明确的说明和允诺提出与出卖人签订商品房买卖合同的，即使该内容未订入商品房买卖合同中，也应视为合同内容，出卖人交付的房屋及相关设施不符合广告和宣传中的具体确定的说明和允诺的，应承担违约责任。这不仅符合合同法规定和客观实际，也有利于保护买受人权益和规范出卖人的经营行为，建立维护市场诚信制度。而缔约过失责任虽可对买受人给予适当的补救，但对买受人遭受的信赖利益损失无法计算，司法实践中难以操作，极易造成权利滥用和法律适用的不统一，也不利于对买受人合法利益的保护。对销售广告和宣传资料的内容问题，实务界也已突破传统认识，开始区别情况予以认定，并作出变通规定。如广东省高级人民法院《关于合同法施行后认定房地产开发经营合同效力问题的指导意见》第24条规定，商品房售楼广告的内容没有在商品房预售合同中约定，但符合下列情形之一的，该广告内容具有法律约束力：（1）向购房者提供优惠条件或赠送礼品的许诺；（2）对商品房外墙或共用部分装饰标准的告示；（3）对商品房各组成部分或共用部分使用功能质量的陈述；（4）对商品房周围环境质量作出的具有明确的公建指标的说明；（5）其他载有明确指标的说明。这值得我们借鉴。

五、商品房认购书与定金的问题

出卖人与买受人在签订商品房买卖合同前先行签订认购书，就房屋买卖有关事宜进行初步确认，并收取一定数量的定金作为订立商品房买卖合同的担保，是当前商品房买卖的通常形式。由于现行法律、法规对认购书问题没有具体规定，引发了大量纠纷，急需给予明确认定。

对认购书性质的认定问题有两种观点：第一种观点认为认购书即为商品房买卖合同。因认购书是当事人就房屋买卖所作出的真实意思表示，应具有买卖合同的效力。第二种观点认为认购书不是独立的合同。因认购书仅是对签订正式合同相关事宜的约定，而且认购书中的定金条款是为担保主合同履行的从合同。

笔者认为，前述观点均有不足。首先，认购书是独立的合同。认购书是平等主体间为设立某种民事权利义务关系而签订的协议，符合合同法第二条关于合同定义的规定，因此，认购书可以成为独立的合同。其次，从认购书签订的过程和约定的内容看，认购书是当事人就签订商品房买卖合同相关事宜进行的约定，是约定当事人有义务在一定期限内签订买卖合同，不是对行为结果的直接确认。所以，认购书尚不属于商品房买卖合同。根据司法实践中认购书订立的实际情况和合同法理论，笔者认为，认购书作为出卖人与买受人约定为将来订立商品房买卖合同而签订的协议，应属于商品房买卖合同的预约合同，即认购书与商品房买卖合同是预约与本约的关系。

对当事人在签订认购书时约定交付定金的，根据担保法第八十九条、最高人民法院《关于适用担保法若干问题的解释》第115条的规定，该定金为立约定金。根据当事人的约定和法律关于定金的规定，在因当事人一方违反认购书约定，导致商品房买卖合同未能订立的，按照定金罚则承担责任，即交付定金的当事人一方违约的，丧失取回定金的权利；收取定金的当事人一方违约的，应双倍返还对方当事人定金。如当事人双方均无违约行为，只是就有关条款协商不一致，或者因不可归责于当事人双方的事由，如不可抗力和其他当事人意志以外的因素而导致商品房买卖合同未能订立的，收取定金的当事人一方应将定金返还给对方当事人。

六、惩罚性赔偿责任的适用

理论界和实务界关于商品房买卖合同能否适用惩罚性赔偿责任的争论，主要集中反映在能否适用《中华人民共和国消费者权益保护法》（以下简称《消法》）第四十九条的问题上。反对意见认为，传统民法理论的民事赔偿主要以补偿性为主，且惩罚性赔偿主要适用于侵权责任。我国的惩罚性赔偿虽在《消法》第四十九条和合同法第一百一十三条有明确规定，但其主要是产品质量方面的责任，适用范围不包括商品房在内。其次，商品房买卖数额巨大，惩罚性赔偿将导致双方利益显失平衡，商品房质量问题可通过瑕疵担保责任制度得到更妥善的解决。最后，对出卖人的欺诈行为难以认定，很难操作。赞成观点认为，商品房买卖合同应适用《消法》第四十九条的规定。《消法》的立法者并没有将商品房买卖排除在《消法》之外，商品房、出卖人、买受人分别属于《消法》第四十九条调整的商品、经营者和消费者。从文义上解释，《消法》第四十九条所说的商品，既包括动产，也包括不动产，不能把商品仅仅理解为动产商品。合同法在违约责任中的第一百一十三条第二款仍然重申了《消法》第四十九条，并未对商品的外延作出限制。

从我国合同法和《消法》的规定看，对商品房能否直接适用《消法》第四十九条的规定没有明确的规定，《消法》第四十九条和合同法第一百一十三条规定的适用条件仅仅限于提供的商品和服务有欺诈行为，而商品房是否属于其适用范围没有明确规定，学术界和实务界也认识不一。考虑到我国的实际情况，笔者认为，商品房买卖合同目前不宜直接适用《消法》第四十九条的规定。但对商品房买卖行为中，出卖人利用其优势地位，为追求最大经济利益，采取欺诈手段与买受人签订合同，或签订合同后又恶意违约的行为，应给予制裁。理由如下：第一，出卖人的恶意违约和欺诈行为完全摒弃了诚实信用原则，严重损害了市场经济的交易安全秩序，它同因客观原因导致合同不能履行的情况有本质区别，对此类行为仅仅依靠补偿性的赔偿是无法弥补买受人损失的，也不能有效地制裁和遏制出卖人恶意违约和欺诈的行为。第二，从各国对损害赔偿制度的研究和审判实践看，也均未对惩罚性赔偿的原则予以否定，而且惩罚性赔偿以其全面补偿受害人的损失、制裁惩罚和遏制不法行为等多重功能，已逐渐被英美法系和大陆法系的各个国家立法逐步采纳，并由侵权纠纷向合同纠纷的方向延伸和扩展。美国司法部的研究资料表明，1985年至1995年的10年间，法院将惩罚性赔偿责任适用于合同纠纷中的数量是侵权案件的3倍。第三，在我国，《消法》第四十九条首次在立法上确立了惩罚性赔偿制度，随后在合同法第一百一十三条的合同责任中也明确了惩罚性赔偿制度，此外，合同法第十四条第二款对当事人在合同中约定的违约金不是过分高于实际损失的也予以认可，这其中就包含了对违约行为的惩罚性赔偿。同时，实务中对《商品房销售管理办法》第二十条关于面积误差绝对值超出3％部分的房价款实行双倍返还规定的执行效果也很好。由此可见，我国立法对惩罚性赔偿适用于合同责任不是绝对否定的，且具有良好的社会基础。

综上，经多次讨论研究认为，根据《消法》第四十九条和合同法第一百一十三条所确立的惩罚性赔偿原则精神，对商品房买卖合同中的某些出卖人违约恶意和欺诈的行为可有条件地适用惩罚性赔偿。为此，结合审判实践和商品房买卖合同纠纷的实际情况，《解释》第8条、第9条明确规定了5种适用惩罚性赔偿责任的情形：一是商品房买卖合同订立后，出卖人未告知买受人又将该房屋抵押给第三人；二是商品房买卖合同订立后，出卖人又将该房屋出卖给第三人；三是订立合同时，出卖人故意隐瞒没有取得商品房预售许可证明的事实或者提供虚假商品房预售许可证明；四是在订立合同时，出卖人故意隐瞒所售房屋已经抵押的事实；五是订立合同时，出卖人故意隐瞒所售房屋已经出卖给第三人或者为拆迁补偿安置房屋的事实。由此5种情形导致商品房买卖合同被确认无效或者被撤销、解除时，买受人除可请求出卖人返还已付购房款及利息、赔偿损失外，还可以请求出卖人承担不超过已付购房款一倍的赔偿责任。由此可见，《解释》所规定的惩罚性赔偿责任在适用条件和结果上都与《消法》第四十九条的规定有所不同。它只是以合同法第一百一十三条和《消法》第四十九条规定的惩罚性赔偿责任原则为依据，但不是对《消法》第49条规定的直接适用。这样既注意到依法有效维护买受人的合法权益，又考虑到商品房开发经营过程中的实际情况，有利于促进房地产市场的健康发展，也是符合国际立法趋势和我国当前社会发展需要的。

七、房屋的交付使用和风险责任承担

因房屋交付使用引发的诉讼，主要涉及房屋所有权的转移和风险的承担及违约金的计算等问题。

房屋的交付使用。合同法第一百三十三条和第一百三十五条规定，商品房买卖合同的出卖人负有向买受人交付房屋并转移所有权的义务，买卖合同的标的物所有权自交付时起转移，法律另有规定或当事人另有约定的除外。据此规定，买卖合同的标的物所有权一般自交付时起转移。而根据城市房地产管理法第六十条、《城市房地产开发经营管理条例》第三十三条规定，不动产房屋的所有权则从办理所有权登记手续时起转移，这也是不动产物权变动的公示方式和要件。因此，房屋所有权就应从办理所有权登记手续时转移。

但在审判实践中，存在着因当事人在签订商品房买卖合同时对房屋的交付使用约定不明而导致的大量纠纷。出卖人认为房屋的交付使用就是买受人直接占有使用房屋，也就是俗称的"交钥匙"；而买受人则认为，房屋的交付使用不仅仅是交付房屋的占有，而且还包括交付房屋所有权证书。依据上述法律、法规对房屋所有权转移的有关规定，笔者认为，在法律、法规和当事人没有明确约定房屋的交付使用为交付房屋所有权证书的，出卖人对房屋的转移占有，即为合同约定的房屋交付使用。也就是说，出卖人只要在合同约定的期限向买受人交付房屋，即"交钥匙"，就已履行了合同约定的交付房屋的义务。如果当事人在合同中明确约定房屋的交付使用不仅是转移房屋占有，还应办理房屋所有权移转登记的，出卖人就应按约定履行义务。因此，《解释》第11条规定，对房屋的转移占有，视为房屋的交付使用，但当事人另有约定的除外。当然，即使在当事人没有明确约定房屋的交付使用包括办理房屋所有权登记手续时，出卖人"交钥匙"义务的履行也并非就意味着出卖人的合同义务履行完毕，根据法律规定，它还应协助买受人办理房屋所有权登记，转移房屋所有权于买受人。至于房屋所有权转移的时间问题，当事人可另行协商约定，没有约定的，按照《城市房地产开发经营管理条例》第三十三条的规定，预售商品房的买受人应当自房屋交付使用之日起90日内，现售商品房的买受人应当自买卖合同签订之日起90日内，办理土地使用权变更和房屋所有权登记手续，出卖人应当协助买受人办理，并提供必要的证明文件。

风险责任承担。风险责任是因不可抗力或意外事件等不可归责于当事人的事由而导致标的物毁损、灭失。根据合同法第一百四十二条规定："标的物毁损、灭失的风险，在标的物交付之前由出卖人承担，交付之后由买受人承担，但法律另有规定或者当事人另有约定的除外"。可见，风险责任一般情况下与标的物交付的同时一并转移。而从法理上讲，风险责任则是随着标的物的所有权转移而转移的。如前所述，由于我国房屋所有权的转移是以办理登记为生效要件，所以，房屋所有权的转移时间和标的物的交付时间存在差异，在房屋交付使用后至办理所有权登记手续前的时间内，标的物发生意外风险的责任如何承担，现行法律、法规均无明确规定。笔者认为，既然合同法第一百四十二条是针对所有买卖合同标的物作的规定，并没有明确区分动产和不动产，而且，根据该条"法律另有规定或当事人另有约定的除外"的规定，在法律、法规没有规定或者当事人没有约定的情况下，房屋的风险转移应适用该条规定。因此，《解释》第 11 条第 2 款明确规定："房屋毁损、灭失的风险，在交付使用前由出卖人承担，交付使用后由买受人承担；买受人接到出卖人的书面交房通知，无正当理由拒绝接收的，房屋毁损、灭失的风险自书面交房通知确定的交付使用之日起由买受人承担，但法律另有规定或者当事人另有约定的除外。"

八、商品房包销合同的认定处理

商品房包销是盛行于我国香港和台湾地区的一种商品房销售方式，随后进入我国内地。它在促进商品房市场快速发展的同时，也带来了诸多纠纷。在广东、上海、北京等一些经济发达城市，很早就已出现因包销引发的诉讼，最高人民法院也已审结多起此类案件。但因内地对商品房包销尚无规定，因此，急需对包销予以认定。

根据司法实践中遇到的包销行为的一般做法，包销是出卖人与包销人签订商品房包销合同，约定在包销期内，出卖人将要竣工或者尚未建成但符合预售条件的房屋，确定包销基价交由包销人以出卖人的名义与买受人签订商品房买卖合同，包销期限届满，包销人以约定的包销价格买入未出售的剩余商品房的行为。对包销的性质认定有三种观点。一是附条件的代理说。认为包销是包销人以出卖人的名义销售商品房，赚取差价利益，

但包销人在包销期满后购买未出售的房屋。二是买卖说。认为包销人最终购买所包销的商品房，包销人虽以出卖人的名义销售商品房，但实质上是包销人在为自身利益销售商品房。包销价格的确定，已在出卖人和包销人之间成立了买卖关系，只是未生效而已。三是两合行为说。认为包销是一种兼具代理和买卖特征的民事法律行为，在包销期内为一种委托代理关系，包销期届满后则为一种买卖关系。

笔者认为因目前对商品房包销没有规定，《解释》也不便对包销行为的性质给予归类，而只宜按照包销的通常做法，根据合同法第七条、第八条、第一百二十四条规定，将其定性为无名合同。根据包销的实践做法，《解释》第 20 条规定：对包销期满后的剩余房屋，当事人有约定的，按照约定处理，没有约定或约定不明的，由包销人按包销价格购买。为便于包销纠纷的及时解决，《解释》第 22 条同时对因包销引发的诉讼主体问题也作了明确规定。根据合同的相对性原则，因包销合同发生的纠纷，诉讼主体为出卖人与包销人。因买卖合同发生的纠纷，诉讼主体为出卖人与买受人，尽管商品房买卖合同是包销人出面与买受人签订的，但因包销人是以出卖人名义与买受人签订的合同，而且商品房买卖合同的主体仍是出卖人，因此，买卖合同纠纷的诉讼当事人应为出卖人和买受人。但如果出卖人、买受人、包销人三方在买卖合同中约定包销人与出卖人共同承担履行义务的，包销人也应作为当事人参加诉讼。

九、商品房担保贷款合同纠纷的处理

说到商品房担保贷款合同，就必然会涉及商品房按揭的问题。按揭是英美法系不动产担保的一项基本制度，与大陆法系的让与担保制度大致相同。商品房按揭是从香港传入我国内地的一种融资购楼方式，包括楼花按揭和现楼按揭。我国内地法律没有按揭的称谓，只是在 2000 年最高人民法院审委会审议的《关于适用担保法若干问题的解释（送

审稿)》的说明中，涉及楼花按揭。该说明将楼花按揭定义为"楼宇预售合同中的买方支付部分购楼款后，将其依合同取得的对楼宇的期待权让渡给银行作为取得银行贷款的担保，也称按揭贷款。如买方未能按约履行还本付息的义务，就丧失了赎回这种期待权的权利的一种贷款方法。楼宇竣工后，楼花按揭即转为楼宇按揭。楼花按揭的法律性质是购房抵押贷款，与抵押基本相同，是一种不动产抵押方式，但又有别于我国法律规定的抵押担保方式"。楼花按揭是以其在预售合同中的全部权益为抵押，而法律规定的抵押是以现存实物为抵押标的的，因此称为准抵押。各国民法一般也均规定权利抵押准用民法关于一般抵押的规定。现楼按揭则与《城市房地产抵押管理办法》第三条规定的预购商品房贷款抵押相同，属于现房抵押贷款。同时，《关于适用担保法若干问题的解释》第47条明确规定了依法获准尚无建造的或者正在建造中的房屋或者其他建筑物可作为抵押权的标的物。《中国物权法草案建议稿》也作了相同规定。理论界对商品房按揭也有不同观点：1. 不动产抵押说。认为尽管楼花不是现存楼宇，但买楼花会导致事实上获得楼宇，而且由于购房人在买楼花时已支付部分楼款，因此，虽然楼花具有一种不确定性，它还是具有相当于现存楼宇的价值。同时它与普通房地产抵押在设立目的和法律效力方面是 样的，所以，楼花按揭属于不动产抵押担保。2. 债权质押说。认为购房人在订立楼花按揭合同时，其向银行提供的担保标的物不是楼花所有权而是对开发商享有的债权，而且这种债权符合可作为权利质押标的的权利的性质（财产权、具有可转让性）。3. 让与担保说。认为楼花按揭与让与担保都渊源与罗马法的信托担保；二者都是通过权利的转移而对债权进行担保；有利于保护银行债权的实现。

从我国的司法实践看，实务中通常将按揭作为抵押处理，已不是英美法系国家法律原本意义上的按揭。鉴于我国内地法律尚无

按揭的名称，为便于同我国现行法律和正在制定过程中的民法草案统一，《解释》将商品房按揭贷款行为统称为商品房担保贷款，包括以现房抵押的贷款合同和期房抵押的贷款。目前，商品房担保贷款已成为我国房地产金融体系的重要组成部分，而法律无明确规定，《解释》在总结司法实践经验的基础上，用5个条款对人民法院审理商品房担保贷款纠纷案件的一些基本原则作出了相应规定。

首先，根据合同法第九十四条的规定，《解释》第23条明确规定，商品房买卖合同约定买受人以担保贷款方式付款的，因当事人一方原因未能订立商品房担保贷款合同并导致商品房买卖合同不能继续履行的，对方当事人可以请求解除合同和赔偿损失。因不可归责于当事人双方的事由未能订立商品房担保贷款合同，并导致商品房买卖合同不能继续履行的，当事人可以请求解除合同，出卖人应当将收受的购房款本金及其利息或者定金返还买受人。《解释》第24条规定，因商品房买卖合同被确认无效或者被撤销、解除，致使商品房担保贷款合同的目的无法实现，当事人请求解除商品房担保贷款合同的，应予支持。因为，结合实际情况，在买受人没有能力支付购房款，或者因商品房买卖合同无效、撤销、解除使买受人的贷款目的失去意义时，如果不允许当事人解除合同，对买受人或者贷款银行都是极为不利的。其次，根据合同法、民事诉讼法的有关规定，《解释》第25条、第26条、第27条又分别对处理商品房担保贷款纠纷案件的程序性问题作了明确规定。

在商品房担保贷款纠纷中，一般存在三方主体，三个合同关系。三方主体是借款人（担保人、买受人）、贷款人（担保权人、银行）、保证人（出卖人）；三个合同关系是出卖人与买受人之间的商品房买卖合同关系、买受人与银行之间的担保贷款合同关系、出卖人与银行之间的保证合同关系。商品房担保贷款合同的订立是以商品房买卖合同有效

成立为前提条件，与商品房买卖合同具有密切联系但又相互独立。对买受人与出卖人因商品房买卖合同发生纠纷而请求确认买卖合同无效、撤销或解除时银行的诉讼地位问题，有两种观点。一是银行作为担保权人，可依据对买卖合同的标的物所享有的担保物权，作为有独立请求权的第三人向人民法院提起诉讼，人民法院将商品房买卖合同与商品房担保贷款合同关系一并解决，否则人民法院应仅审理商品房买卖合同。理由：根据诉讼法理论，主张由于诉讼结果而使自己权利受到损害的案外人，也可以独立请求权第三人身份参与诉讼。也就是说，第三人就他人间的诉讼标的的全部或部分有所请求，或主张因他人之间的诉讼结果，自己的权利被侵害时，可以本诉当事人双方为共同被告向法院起诉。这就是所谓的诈害防止参加理论。如德、日等国民事诉讼法均有此规定。法国民事诉讼法还赋予受诈害的第三人提起第三人撤销本诉判决的诉权。二是银行只可作为无独立请求权第三人参加诉讼。理由：民事诉讼法第五十六条第一款规定："对当事人双方的诉讼标的，第三人认为有独立请求权的，有权提起诉讼。"而在买受人与出卖人因商品房买卖合同发生的纠纷诉讼中，银行对双方争议的标的买卖合同关系没有独立请求权，因此，银行不能作为有独立请求权第三人参加诉讼，而只是案件处理结果与其有法律上利害关系的无独立请求权第三人，它只可申请参加诉讼或者由人民法院通知参加诉讼。如银行单独就担保贷款合同起诉的，人民法院根据具体情况予以诉的合并，可以将担保贷款诉讼与商品房买卖合同诉讼一并处理。

对上述观点，银行方面坚决要求应给予其有独立请求权第三人的地位，实践中有的法院也是以银行享有对楼花或现房的抵押权而将银行列为有独立请求权第三人的。《解释》暂时采纳了第一种观点。这不仅符合诉讼效率原则，也有利于及时保护银行的合法权益。

买受人与银行因担保贷款合同发生纠纷时，因担保贷款合同是买受人以现房或将来对期房取得享有的一种期待权作为抵押物，所以，在买受人未按贷款合同约定偿还贷款时，银行就可对现房行使优先受偿权，或通过行使类似债权人代位权的方法请求处分买受人在预售合同中享有的房屋期待权，以获得优先受偿。在买受人未取得房屋权属证书也未与银行办理房屋抵押登记手续时，银行只能就买受人在商品房买卖合同中享有的期待权请求处分。根据合同法第八十条规定，债权人转让权利的，应当通知债务人。据此，人民法院在银行提起转让商品房买卖合同权利的诉讼时，应通知出卖人参加诉讼；如出卖人为担保贷款合同提供保证，银行同时起诉出卖人的，出卖人应为共同被告，银行也可直接提起诉讼，要求出卖人承担保证责任。若买受人已取得房屋权属证书并与银行办理房屋抵押登记手续，银行请求买受人偿还贷款或就抵押的房屋优先受偿的，人民法院不应追加出卖人为当事人，但出卖人提供保证的除外。

城市商品房预售管理办法

(1994 年 11 月 15 日建设部令第 40 号发布　根据 2001 年 8 月 15 日
《建设部关于修改〈城市商品房预售管理办法〉的决定》第一次修正
2004 年 7 月 20 日《建设部关于修改〈城市商品房预售
管理办法〉的决定》第二次修正)

第一条　为加强商品房预售管理，维护商品房交易双方的合法权益，根据《中华人民共和国城市房地产管理法》《城市房地产开发经营管理条例》，制定本办法。

第二条　本办法所称商品房预售是指房地产开发企业（以下简称开发企业）将正在建设中的房屋预先出售给承购人，由承购人支付定金或房价款的行为。

第三条　本办法适用于城市商品房预售的管理。

第四条　国务院建设行政主管部门归口管理全国城市商品房预售管理；

省、自治区建设行政主管部门归口管理本行政区域内城市商品房预售管理；

市、县人民政府建设行政主管部门或房地产行政主管部门（以下简称房地产管理部门）负责本行政区域内城市商品房预售管理。

第五条　商品房预售应当符合下列条件：

（一）已交付全部土地使用权出让金，取得土地使用权证书；

（二）持有建设工程规划许可证和施工许可证；

（三）按提供预售的商品房计算，投入开发建设的资金达到工程建设总投资的 25％ 以上，并已经确定施工进度和竣工交付日期。

第六条　商品房预售实行许可制度。开发企业进行商品房预售，应当向房地产管理部门申请预售许可，取得《商品房预售许可证》。

未取得《商品房预售许可证》的，不得进行商品房预售。

第七条　开发企业申请预售许可，应当提交下列证件（复印件）及资料：

（一）商品房预售许可申请表；

（二）开发企业的《营业执照》和资质证书；

（三）土地使用权证、建设工程规划许可证、施工许可证；

（四）投入开发建设的资金占工程建设总投资的比例符合规定条件的证明；

（五）工程施工合同及关于施工进度的说明；

（六）商品房预售方案。预售方案应当说明预售商品房的位置、面积、竣工交付日期等内容，并应当附预售商品房分层平面图。

第八条　商品房预售许可依下列程序办理：

（一）受理。开发企业按本办法第七条的规定提交有关材料，材料齐全的，房地产管理部门应当当场出具受理通知书；材料不齐的，应当当场或者 5 日内一次性书面告知需要补充的材料。

（二）审核。房地产管理部门对开发企业提供的有关材料是否符合法定条件进行审核。

开发企业对所提交材料实质内容的真实性负责。

（三）许可。经审查，开发企业的申请符合法定条件的，房地产管理部门应当在受理之日起 10 日内，依法作出准予预售的行政许可书面决定，发送开发企业，并自作出决定之日起 10 日内向开发企业颁发、送达《商品房预售许可证》。

经审查，开发企业的申请不符合法定条件的，房地产管理部门应当在受理之日起 10 日内，依法作出不予许可的书面决定。书面决定应当说明理由，告知开发企业享有依法申请行政复议或者提起行政诉讼的权利，并送达开发企业。

商品房预售许可决定书、不予商品房预售许可决定书应当加盖房地产管理部门的行政许可专用印章，《商品房预售许可证》应当加盖房地产管理部门的印章。

（四）公示。房地产管理部门作出的准予商品房预售许可的决定，应当予以公开，公众有权查阅。

第九条 开发企业进行商品房预售，应当向承购人出示《商品房预售许可证》。售楼广告和说明书应当载明《商品房预售许可证》的批准文号。

第十条 商品房预售，开发企业应当与承购人签订商品房预售合同。开发企业应当自签约之日起 30 日内，向房地产管理部门和市、县人民政府土地管理部门办理商品房预售合同登记备案手续。

房地产管理部门应当积极应用网络信息技术，逐步推行商品房预售合同网上登记备案。

商品房预售合同登记备案手续可以委托代理人办理。委托代理人办理的，应当有书面委托书。

第十一条 开发企业预售商品房所得款项应当用于有关的工程建设。

商品房预售款监管的具体办法，由房地产管理部门制定。

第十二条 预售的商品房交付使用之日起 90 日内，承购人应当依法到房地产管理部门和市、县人民政府土地管理部门办理权属登记手续。开发企业应当予以协助，并提供必要的证明文件。

由于开发企业的原因，承购人未能在房屋交付使用之日起 90 日内取得房屋权属证书的，除开发企业和承购人有特殊约定外，开发企业应当承担违约责任。

第十三条 开发企业未取得《商品房预售许可证》预售商品房的，依照《城市房地产开发经营管理条例》第三十九条的规定处罚。

第十四条 开发企业不按规定使用商品房预售款项的，由房地产管理部门责令限期纠正，并可处以违法所得 3 倍以下但不超过 3 万元的罚款。

第十五条 开发企业隐瞒有关情况、提供虚假材料，或者采用欺骗、贿赂等不正当手段取得商品房预售许可的，由房地产管理部门责令停止预售，撤销商品房预售许可，并处 3 万元罚款。

第十六条 省、自治区建设行政主管部门、直辖市建设行政主管部门或房地产行政管理部门可以根据本办法制定实施细则。

第十七条 本办法由国务院建设行政主管部门负责解释。

第十八条 本办法自 1995 年 1 月 1 日起施行。

城市房地产转让管理规定

（1995 年 8 月 7 日建设部令第 45 号发布　根据《建设部
关于修改〈城市房地产转让管理规定〉的决定修正
2001 年 8 月 15 日以建设部令第 96 号发布）

第一条　为了加强对城市房地产转让的管理，维护房地产市场秩序，保障房地产转让当事人的合法权益，根据《中华人民共和国城市房地产管理法》，制定本规定。

第二条　凡在城市规划区国有土地范围内从事房地产转让，实施房地产转让管理，均应遵守本规定。

第三条　本规定所称房地产转让，是指房地产权利人通过买卖、赠与或者其他合法方式将其房地产转移给他人的行为。

前款所称其他合法方式，主要包括下列行为：

（一）以房地产作价入股、与他人成立企业法人，房地产权属发生变更的；

（二）一方提供土地使用权，另一方或者多方提供资金，合资、合作开发经营房地产，而使房地产权属发生变更的；

（三）因企业被收购、兼并或合并，房地产权属随之转移的；

（四）以房地产抵债的；

（五）法律、法规规定的其他情形。

第四条　国务院建设行政主管部门归口管理全国城市房地产转让工作。

省、自治区人民政府建设行政主管部门归口管理本行政区域内的城市房地产转让工作。

直辖市、市、县人民政府房地产行政主管部门（以下简称房地产管理部门）负责本行政区域内的城市房地产转让管理工作。

第五条　房地产转让时，房屋所有权和该房屋占用范围内的土地使用权同时转让。

第六条　下列房地产不得转让：

（一）以出让方式取得土地使用权但不符合本规定第十条规定的条件的；

（二）司法机关和行政机关依法裁定，决定查封或者以其他形式限制房地产权利的；

（三）依法收回土地使用权的；

（四）共有房地产，未经其他共有人书面同意的；

（五）权属有争议的；

（六）未依法登记领取权属证书的；

（七）法律、行政法规规定禁止转让的其他情形。

第七条　房地产转让，应当按照下列程序办理：

（一）房地产转让当事人签订书面转让合同；

（二）房地产转让当事人在房地产转让合同签订后 90 日内持房地产权属证书、当事人的合法证明、转让合同等有关文件向房地产所在地的房地产管理部门提出申请，并申报成交价格；

（三）房地产管理部门对提供的有关文件进行审查，并在 7 日内作出是否受理申请的书面答复，7 日内未作书面答复的，视为同意受理；

（四）房地产管理部门核实申报的成交价格，并根据需要对转让的房地产进行现场查勘和评估；

（五）房地产转让当事人按照规定缴纳有关税费；

（六）房地产管理部门办理房屋权属登记

手续，核发房地产权属证书。

第八条 房地产转让合同应当载明下列主要内容：

（一）双方当事人的姓名或者名称、住所；

（二）房地产权属证书名称和编号；

（三）房地产座落位置、面积、四至界限；

（四）土地宗地号、土地使用权取得的方式及年限；

（五）房地产的用途或使用性质；

（六）成交价格及支付方式；

（七）房地产交付使用的时间；

（八）违约责任；

（九）双方约定的其他事项。

第九条 以出让方式取得土地使用权的，房地产转让时，土地使用权出让合同载明的权利、义务随之转移。

第十条 以出让方式取得土地使用权的，转让房地产时，应当符合下列条件：

（一）按照出让合同约定已经支付全部土地使用权出让金，并取得土地使用权证书；

（二）按照出让合同约定进行投资开发，属于房屋建设工程的，应完成开发投资总额的百分之二十五以上；属于成片开发土地的，依照规划对土地进行开发建设，完成供排水、供电、供热、道路交通、通信等市政基础设施、公用设施的建设，达到场地平整，形成工业用地或者其他建设用地条件。

转让房地产时房屋已经建成的，还应当持有房屋所有权证书。

第十一条 以划拨方式取得土地使用权的，转让房地产时，按照国务院的规定，报有批准权的人民政府审批。有批准权的人民政府准予转让的，除符合本规定第十二条所列的可以不办理土地使用权出让手续的情形外，应当由受让方办理土地使用权出让手续，并依照国家有关规定缴纳土地使用权出让金。

第十二条 以划拨方式取得土地使用权的，转让房地产时，属于下列情形之一的，

经有批准权的人民政府批准，可以不办理土地使用权出让手续，但应当将转让房地产所获收益中的土地收益上缴国家或者作其他处理。土地收益的缴纳和处理的办法按照国务院规定办理。

（一）经城市规划行政主管部门批准，转让的土地用于建设《中华人民共和国城市房地产管理法》第二十三条规定的项目的；

（二）私有住宅转让后仍用于居住的；

（三）按照国务院住房制度改革有关规定出售公有住宅的；

（四）同一宗土地上部分房屋转让而土地使用权不可分割转让的；

（五）转让的房地产暂时难以确定土地使用权出让用途、年限和其他条件的；

（六）根据城市规划土地使用权不宜出让的；

（七）县级以上人民政府规定暂时无法或不需要采取土地使用权出让方式的其他情形。

依照前款规定缴纳土地收益或作其他处理的，应当在房地产转让合同中注明。

第十三条 依照本规定第十二条规定转让的房地产再转让，需要办理出让手续、补交土地使用权出让金的，应当扣除已经缴纳的土地收益。

第十四条 国家实行房地产成交价格申报制度。

房地产权利人转让房地产，应当如实申报成交价格，不得瞒报或者作不实的申报。

房地产转让应当以申报的房地产成交价格作为缴纳税费的依据。成交价格明显低于正常市场价格的，以评估价格作为缴纳税费的依据。

第十五条 商品房预售按照建设部《城市商品房预售管理办法》执行。

第十六条 房地产管理部门在办理房地产转让时，其收费的项目和标准，必须经有批准权的物价部门和建设行政主管部门批准，不得擅自增加收费项目和提高收费标准。

第十七条 违反本规定第十条第一款和

第十一条，未办理土地使用权出让手续，交纳土地使用权出让金的，按照《中华人民共和国城市房地产管理法》的规定进行处罚。

第十八条　房地产管理部门工作人员玩忽职守、滥用职权、徇私舞弊、索贿受贿的，依法给予行政处分；构成犯罪的，依法追究刑事责任。

第十九条　在城市规划区外的国有土地范围内进行房地产转让的，参照本规定执行。

第二十条　省、自治区人民政府建设行政主管部门、直辖市房地产行政主管部门可以根据本规定制定实施细则。

第二十一条　本规定由国务院建设行政主管部门负责解释。

第二十二条　本规定自 1995 年 9 月 1 日起施行。

商品房销售管理办法

（2001 年 4 月 4 日建设部第 88 号令发布　2001 年 6 月 1 日施行）

第一章　总　则

第一条　为了规范商品房销售行为，保障商品房交易双方当事人的合法权益，根据《中华人民共和国城市房地产管理法》《城市房地产开发经营管理条例》，制定本办法。

第二条　商品房销售及商品房销售管理应当遵守本办法。

第三条　商品房销售包括商品房现售和商品房预售。

本办法所称商品房现售，是指房地产开发企业将竣工验收合格的商品房出售给买受人，并由买受人支付房价款的行为。

本办法所称商品房预售，是指房地产开发企业将正在建设中的商品房预先出售给买受人，并由买受人支付定金或者房价款的行为。

第四条　房地产开发企业可以自行销售商品房，也可以委托房地产中介服务机构销售商品房。

第五条　国务院建设行政主管部门负责全国商品房的销售管理工作。

省、自治区人民政府建设行政主管部门负责本行政区域内商品房的销售管理工作。

直辖市、市、县人民政府建设行政主管部门、房地产行政主管部门（以下统称房地产开发主管部门）按照职责分工，负责本行政区域内商品房的销售管理工作。

第二章　销售条件

第六条　商品房预售实行预售许可制度。商品房预售条件及商品房预售许可证明的办理程序，按照《城市房地产开发经营管理条例》和《城市商品房预售管理办法》的有关规定执行。

第七条　商品房现售，应当符合以下条件：

（一）现售商品房的房地产开发企业应当具有企业法人营业执照和房地产开发企业资质证书；

（二）取得土地使用权证书或者使用土地的批准文件；

（三）持有建设工程规划许可证和施工许可证；

（四）已通过竣工验收；

（五）拆迁安置已经落实；

（六）供水、供电、供热、燃气、通讯等配套基础设施具备交付使用条件，其他配套基础设施和公共设施具备交付使用条件或者已确定施工进度和交付日期；

（七）物业管理方案已经落实。

第八条　房地产开发企业应当在商品房

现售前将房地产开发项目手册及符合商品房现售条件的有关证明文件报送房地产开发主管部门备案。

第九条 房地产开发企业销售设有抵押权的商品房，其抵押权的处理按照《中华人民共和国担保法》《城市房地产抵押管理办法》的有关规定执行。

第十条 房地产开发企业不得在未解除商品房买卖合同前，将作为合同标的物的商品房再行销售给他人。

第十一条 房地产开发企业不得采取返本销售或者变相返本销售的方式销售商品房。

房地产开发企业不得采取售后包租或者变相售后包租的方式销售未竣工商品房。

第十二条 商品住宅按套销售，不得分割拆零销售。

第十三条 商品房销售时，房地产开发企业选聘了物业管理企业的，买受人应当在订立商品房买卖合同时与房地产开发企业选聘的物业管理企业订立有关物业管理的协议。

第三章 广告与合同

第十四条 房地产开发企业、房地产中介服务机构发布商品房销售宣传广告，应当执行《中华人民共和国广告法》《房地产广告发布暂行规定》等有关规定，广告内容必须真实、合法、科学、准确。

第十五条 房地产开发企业、房地产中介服务机构发布的商品房销售广告和宣传资料所明示的事项，当事人应当在商品房买卖合同中约定。

第十六条 商品房销售时，房地产开发企业和买受人应当订立书面商品房买卖合同。

商品房买卖合同应当明确以下主要内容：

（一）当事人名称或者姓名和住所；

（二）商品房基本状况；

（三）商品房的销售方式；

（四）商品房价款的确定方式及总价款、付款方式、付款时间；

（五）交付使用条件及日期；

（六）装饰、设备标准承诺；

（七）供水、供电、供热、燃气、通讯、道路、绿化等配套基础设施和公共设施的交付承诺和有关权益、责任；

（八）公共配套建筑的产权归属；

（九）面积差异的处理方式；

（十）办理产权登记有关事宜；

（十一）解决争议的方法；

（十二）违约责任；

（十三）双方约定的其他事项。

第十七条 商品房销售价格由当事人协商议定，国家另有规定的除外。

第十八条 商品房销售可以按套（单元）计价，也可以按套内建筑面积或者建筑面积计价。

商品房建筑面积由套内建筑面积和分摊的共有建筑面积组成，套内建筑面积部分为独立产权，分摊的共有建筑面积部分为共有产权，买受人按照法律、法规的规定对其享有权利，承担责任。

按套（单元）计价或者按套内建筑面积计价的，商品房买卖合同中应当注明建筑面积和分摊的共有建筑面积。

第十九条 按套（单元）计价的现售房屋，当事人对现售房屋实地勘察后可以在合同中直接约定总价款。

按套（单元）计价的预售房屋，房地产开发企业应当在合同中附所售房屋的平面图。平面图应当标明详细尺寸，并约定误差范围。房屋交付时，套型与设计图纸一致，相关尺寸也在约定的误差范围内，维持总价款不变；套型与设计图纸不一致或者相关尺寸超出约定的误差范围，合同中未约定处理方式的，买受人可以退房或者与房地产开发企业重新约定总价款。买受人退房的，由房地产开发企业承担违约责任。

第二十条 按套内建筑面积或者建筑面积计价的，当事人应当在合同中载明合同约定面积与产权登记面积发生误差的处理方式。

合同未作约定的，按以下原则处理：

（一）面积误差比绝对值在3％以内（含

3%）的，据实结算房价款；

（二）面积误差比绝对值超出3%时，买受人有权退房。买受人退房的，房地产开发企业应当在买受人提出退房之日起30日内将买受人已付房价款退还给买受人，同时支付已付房价款利息。买受人不退房的，产权登记面积大于合同约定面积时，面积误差比在3%以内（含3%）部分的房价款由买受人补足；超出3%部分的房价款由房地产开发企业承担，产权归买受人。产权登记面积小于合同约定面积时，面积误差比绝对值在3%以内（含3%）部分的房价款由房地产开发企业返还买受人；绝对值超出3%部分的房价款由房地产开发企业双倍返还买受人。

$$面积误差比 = \frac{产权登记面积 - 合同约定面积}{合同约定面积} \times 100\%$$

因本办法第二十四条规定的规划设计变更造成面积差异，当事人不解除合同的，应当签署补充协议。

第二十一条 按建筑面积计价的，当事人应当在合同中约定套内建筑面积和分摊的共有建筑面积，并约定建筑面积不变而套内建筑面积发生误差以及建筑面积与套内建筑面积均发生误差时的处理方式。

第二十二条 不符合商品房销售条件的，房地产开发企业不得销售商品房，不得向买受人收取任何预订款性质费用。

符合商品房销售条件的，房地产开发企业在订立商品房买卖合同之前向买受人收取预订款性质费用的，订立商品房买卖合同时，所收费用应当抵作房价款；当事人未能订立商品房买卖合同的，房地产开发企业应当向买受人返还所收费用；当事人之间另有约定的，从其约定。

第二十三条 房地产开发企业应当在订立商品房买卖合同之前向买受人明示《商品房销售管理办法》和《商品房买卖合同示范文本》；预售商品房的，还必须明示《城市商品房预售管理办法》。

第二十四条 房地产开发企业应当按照批准的规划、设计建设商品房。商品房销售后，房地产开发企业不得擅自变更规划、设计。

经规划部门批准的规划变更、设计单位同意的设计变更导致商品房的结构型式、户型、空间尺寸、朝向变化，以及出现合同当事人约定的其他影响商品房质量或者使用功能情形的，房地产开发企业应当在变更确立之日起10日内，书面通知买受人。

买受人有权在通知到达之日起15日内做出是否退房的书面答复。买受人在通知到达之日起15日内未作书面答复的，视同接受规划、设计变更以及由此引起的房价款的变更。房地产开发企业未在规定时限内通知买受人的，买受人有权退房；买受人退房的，由房地产开发企业承担违约责任。

第四章 销售代理

第二十五条 房地产开发企业委托中介服务机构销售商品房的，受托机构应当是依法设立并取得工商营业执照的房地产中介服务机构。

房地产开发企业应当与受托房地产中介服务机构订立书面委托合同，委托合同应当载明委托期限、委托权限以及委托人和被委托人的权利、义务。

第二十六条 受托房地产中介服务机构销售商品房时，应当向买受人出示商品房的有关证明文件和商品房销售委托书。

第二十七条 受托房地产中介服务机构销售商品房时，应当如实向买受人介绍所代理销售商品房的有关情况。

受托房地产中介服务机构不得代理销售不符合销售条件的商品房。

第二十八条 受托房地产中介服务机构在代理销售商品房时不得收取佣金以外的其他费用。

第二十九条 商品房销售人员应当经过专业培训，方可从事商品房销售业务。

第五章 交 付

第三十条 房地产开发企业应当按照合同约定，将符合交付使用条件的商品房按期交付给买受人。未能按期交付的，房地产开发企业应当承担违约责任。

因不可抗力或者当事人在合同中约定的其他原因，需延期交付的，房地产开发企业应当及时告知买受人。

第三十一条 房地产开发企业销售商品房时设置样板房的，应当说明实际交付的商品房质量、设备及装修与样板房是否一致，未作说明的，实际交付的商品房应当与样板房一致。

第三十二条 销售商品住宅时，房地产开发企业应当根据《商品住宅实行质量保证书和住宅使用说明书制度的规定》（以下简称《规定》），向买受人提供《住宅质量保证书》《住宅使用说明书》。

第三十三条 房地产开发企业应当对所售商品房承担质量保修责任。当事人应当在合同中就保修范围、保修期限、保修责任等内容做出约定。保修期从交付之日起计算。

商品住宅的保修期限不得低于建设工程承包单位向建设单位出具的质量保修书约定保修期的存续期；存续期少于《规定》中确定的最低保修期限的，保修期不得低于《规定》中确定的最低保修期限。

非住宅商品房的保修期限不得低于建设工程承包单位向建设单位出具的质量保修书约定保修期的存续期。

在保修期限内发生的属于保修范围的质量问题，房地产开发企业应当履行保修义务，并对造成的损失承担赔偿责任。因不可抗力或者使用不当造成的损坏，房地产开发企业不承担责任。

第三十四条 房地产开发企业应当在商品房交付使用前按项目委托具有房产测绘资格的单位实施测绘，测绘成果报房地产行政主管部门审核后用于房屋权属登记。

房地产开发企业应当在商品房交付使用之日起60日内，将需要由其提供的办理房屋权属登记的资料报送房屋所在地房地产行政主管部门。

房地产开发企业应当协助商品房买受人办理土地使用权变更和房屋所有权登记手续。

第三十五条 商品房交付使用后，买受人认为主体结构质量不合格的，可以依照有关规定委托工程质量检测机构重新核验。经核验，确属主体结构质量不合格的，买受人有权退房；给买受人造成损失的，房地产开发企业应当依法承担赔偿责任。

第六章 法律责任

第三十六条 未取得营业执照，擅自销售商品房的，由县级以上人民政府工商行政管理部门依照《城市房地产开发经营管理条例》的规定处罚。

第三十七条 未取得房地产开发企业资质证书，擅自销售商品房的，责令停止销售活动，处5万元以上10万元以下的罚款。

第三十八条 违反法律、法规规定，擅自预售商品房的，责令停止违法行为，没收违法所得；收取预付款的，可以并处已收取的预付款1%以下的罚款。

第三十九条 在未解除商品房买卖合同前，将作为合同标的物的商品房再行销售给他人的，处以警告，责令限期改正，并处2万元以上3万元以下罚款；构成犯罪的，依法追究刑事责任。

第四十条 房地产开发企业将未组织竣工验收、验收不合格或者对不合格按合格验收的商品房擅自交付使用的，按照《建设工程质量管理条例》的规定处罚。

第四十一条 房地产开发企业未按规定将测绘成果或者需要由其提供的办理房屋权属登记的资料报送房地产行政主管部门的，处以警告，责令限期改正，并可处以2万元以上3万元以下罚款。

第四十二条 房地产开发企业在销售商品房中有下列行为之一的，处以警告，责令限期改正，并可处以1万元以上3万元以下罚款。

（一）未按照规定的现售条件现售商品房的；

（二）未按照规定在商品房现售前将房地产开发项目手册及符合商品房现售条件的有关证明文件报送房地产开发主管部门备案的；

（三）返本销售或者变相返本销售商品房的；

（四）采取售后包租或者变相售后包租方式销售未竣工商品房的；

（五）分割拆零销售商品住宅的；

（六）不符合商品房销售条件，向买受人收取预订款性质费用的；

（七）未按照规定向买受人明示《商品房销售管理办法》《商品房买卖合同示范文本》《城市商品房预售管理办法》的；

（八）委托没有资格的机构代理销售商品房的。

第四十三条 房地产中介服务机构代理销售不符合销售条件的商品房的，处以警告，责令停止销售，并可处以 2 万元以上 3 万元以下罚款。

第四十四条 国家机关工作人员在商品房销售管理工作中玩忽职守、滥用职权、徇私舞弊，依法给予行政处分；构成犯罪的，依法追究刑事责任。

第七章 附 则

第四十五条 本办法所称返本销售，是指房地产开发企业以定期向买受人返还购房款的方式销售商品房的行为。

本办法所称售后包租，是指房地产开发企业以在一定期限内承租或者代为出租买受人所购该企业商品房的方式销售商品房的行为。

本办法所称分割拆零销售，是指房地产开发企业以将成套的商品住宅分割为数部分分别出售给买受人的方式销售商品住宅的行为。

本办法所称产权登记面积，是指房地产行政主管部门确认登记的房屋面积。

第四十六条 省、自治区、直辖市人民政府建设行政主管部门可以根据本办法制定实施细则。

第四十七条 本办法由国务院建设行政主管部门负责解释。

第四十八条 本办法自 2001 年 6 月 1 日起施行。

建设部
关于印发《商品房销售面积计算及公用建筑面积分摊规则》（试行）的通知

1995 年 9 月 8 日　　　　　　　　　建房〔1995〕517 号

各省、自治区、直辖市建委（建设厅），市政管委，计划单列市建委：

为保护消费者的合法权益，规范商品房销售行为，减少商品房销售过程中买卖双方间的纠纷，特制定《商品房销售面积计算及公用建筑面积分摊规则》（试行），现予印发，请遵照执行。现就有关问题通知如下：

一、商品房买卖所签订的商品房购销合同中，应明确载明购房者所购置的商品房的建筑面积，并注明该商品房的套内建筑面积（实得建筑面积）及应合理分摊的公用建筑面积。

二、在本规则实施前已签订的商品房屋购销合同，除合同对商品房销售面积的约定有明显违法或计算错误的外，应维持合同约定的面积。若买卖双方有一方提出按本规则计算商品房销售面积的，或房地产权属登记机关按本规则测定商品房建筑面积的，合同双方可对合同中的销售面积作调整，但应维持原合同约定的总价款不变。

三、房地产权属登记机关进行房屋产权登记，应遵循《商品房销售面积计算及公用建筑面积分摊规则》（试行）测定商品房的建筑面积。

附件：商品房销售面积计算及公用建筑面积分摊规则（试行）

附：

建设部
商品房销售面积计算及公用建筑
面积分摊规则（试行）

第一条 根据国家有关技术标准，制定《商品房销售面积计算及公用建筑面积分摊规则》（试行）。

第二条 本规则适用于商品房的销售和产权登记。

第三条 商品房销售以建筑面积为面积计算单位。建筑面积应按国家现行《建筑面积计算规则》进行计算。

第四条 商品房整栋销售，商品房的销售面积即为整栋商品房的建筑面积（地下室作为人防工程的，应从整栋商品房的建筑面积中扣除）。

第五条 商品房按"套"或"单元"出售，商品房的销售面积即为购房者所购买的套内或单元内建筑面积（以下简称套内建筑面积）与应分摊的公用建筑面积之和。

商品房销售面积＝套内建筑面积＋分摊的公用建筑面积

第六条 套内建筑面积由以下三部分组成：

1. 套（单元）内的使用面积；

2. 套内墙体面积；

3. 阳台建筑面积。

第七条 套内建筑面积各部分的计算原则如下：

1. 套（单元）内的使用面积

住宅按《住宅建筑设计规范》（GBJ96－86）规定的方法计算。其他建筑，按照专用建筑设计规范规定的方法或参照《住宅建筑设计规范》计算。

2. 套内墙体面积

商品房各套（单元）内使用空间周围的维护或承重墙体，有共用墙及非共用墙两种。

商品房各套（单元）之间的分隔墙、套（单元）与公用建筑空间之间的分隔墙以及外墙（包括山墙）均为共用墙，共用墙墙体水平投影面积的一半计入套内墙体面积。

非共用墙墙体水平投影面积全部计入套内墙体面积。

3. 阳台建筑面积

按国家现行《建筑面积计算规则》进行计算。

4. 套内建筑面积的计算公式为：

套内建筑面积＝套内使用面积＋套内墙体面积＋阳台建筑面积

第八条 公用建筑面积由以下两部分组成：

1. 电梯井、楼梯间、垃圾道、变电室、设备间、公共门厅和过道、地下室、值班警卫室以及其他功能上为整栋建筑服务的公共用房和管理用房建筑面积；

2. 套（单元）与公用建筑空间之间的分

隔墙以及外墙（包括山墙）墙体水平投影面积的一半。

第九条 公用建筑面积计算原则

凡已作为独立使用空间销售或出租的地下室、车棚等，不应计入公用建筑面积部分。作为人防工程的地下室也不计入公用建筑面积。

公用建筑面积按以下方法计算：

整栋建筑物的建筑面积扣除整栋建筑物各套（单元）套内建筑面积之和，并扣除已作为独立使用空间销售或出租的地下室、车棚及人防工程等建筑面积，即为整栋建筑物的公用建筑面积。

第十条 公用建筑面积分摊系数计算

将整栋建筑物的公用建筑面积除以整栋建筑物的各套套内建筑面积之和，得到建筑物的公用建筑面积分摊系数。

$$公用建筑面积分摊系数 = \frac{公用建筑面积}{套内建筑面积之和}$$

第十一条 公用建筑面积分摊计算

各套（单元）的套内建筑面积乘以公用建筑面积分摊系数，得到购房者应合理分摊的公用建筑面积。

$$分摊的公用建筑面积 = 公用建筑面积分摊系数 \times 套内建筑面积$$

第十二条 其他房屋的买卖和房地产权属登记，可参照本规则执行。

第十三条 本规则由建设部解释。

第十四条 本规则自 1995 年 12 月 1 日起施行。

房地产估价机构管理办法

（2005 年 10 月 12 日建设部令第 142 号发布
根据 2013 年 10 月 16 日住房城乡建设部令第 14 号修正
根据 2015 年 5 月 4 日住房和城乡建设部《关于修改
〈房地产开发企业资质管理规定〉等部门规章
的决定》修订）

第一章 总 则

第一条 为了规范房地产估价机构行为，维护房地产估价市场秩序，保障房地产估价活动当事人合法权益，根据《中华人民共和国城市房地产管理法》《中华人民共和国行政许可法》和《国务院对确需保留的行政审批项目设定行政许可的决定》等法律、行政法规，制定本办法。

第二条 在中华人民共和国境内申请房地产估价机构资质，从事房地产估价活动，对房地产估价机构实施监督管理，适用本办法。

第三条 本办法所称房地产估价机构，是指依法设立并取得房地产估价机构资质，从事房地产估价活动的中介服务机构。

本办法所称房地产估价活动，包括土地、建筑物、构筑物、在建工程、以房地产为主的企业整体资产、企业整体资产中的房地产等各类房地产评估，以及因转让、抵押、房屋征收、司法鉴定、课税、公司上市、企业改制、企业清算、资产重组、资产处置等需要进行的房地产评估。

第四条 房地产估价机构从事房地产估价活动，应当坚持独立、客观、公正的原则，执行房地产估价规范和标准。

房地产估价机构依法从事房地产估价活

动，不受行政区域、行业限制。任何组织或者个人不得非法干预房地产估价活动和估价结果。

第五条 国务院住房城乡建设主管部门负责全国房地产估价机构的监督管理工作。

省、自治区人民政府住房城乡建设主管部门、直辖市人民政府房地产主管部门负责本行政区域内房地产估价机构的监督管理工作。

市、县人民政府房地产主管部门负责本行政区域内房地产估价机构的监督管理工作。

第六条 房地产估价行业组织应当加强房地产估价行业自律管理。

鼓励房地产估价机构加入房地产估价行业组织。

第二章 估价机构资质核准

第七条 国家建立全国统一的房地产估价行业管理信息平台，实现房地产估价机构资质核准、人员注册、信用档案管理等信息关联共享。

第八条 房地产估价机构资质等级分为一、二、三级。

省、自治区人民政府住房城乡建设主管部门、直辖市人民政府房地产主管部门负责房地产估价机构资质许可。

省、自治区人民政府住房城乡建设主管部门、直辖市人民政府房地产主管部门应当执行国家统一的资质许可条件，加强房地产估价机构资质许可管理，营造公平竞争的市场环境。

国务院住房城乡建设主管部门应当加强对省、自治区人民政府住房城乡建设主管部门、直辖市人民政府房地产主管部门资质许可工作的指导和监督检查，及时纠正资质许可中的违法行为。

第九条 房地产估价机构应当由自然人出资，以有限责任公司或者合伙企业形式设立。

第十条 各资质等级房地产估价机构的条件如下：

（一）一级资质

1. 机构名称有房地产估价或者房地产评估字样；

2. 从事房地产估价活动连续 6 年以上，且取得二级房地产估价机构资质 3 年以上；

3. 有 15 名以上专职注册房地产估价师；

4. 在申请核定资质等级之日前 3 年平均每年完成估价标的物建筑面积 50 万平方米以上或者土地面积 25 万平方米以上；

5. 法定代表人或者执行合伙人是注册后从事房地产估价工作 3 年以上的专职注册房地产估价师；

6. 有限责任公司的股东中有 3 名以上、合伙企业的合伙人中有 2 名以上专职注册房地产估价师，股东或者合伙人中有一半以上是注册后从事房地产估价工作 3 年以上的专职注册房地产估价师；

7. 有限责任公司的股份或者合伙企业的出资额中专职注册房地产估价师的股份或者出资额合计不低于 60%；

8. 有固定的经营服务场所；

9. 估价质量管理、估价档案管理、财务管理等各项企业内部管理制度健全；

10. 随机抽查的 1 份房地产估价报告符合《房地产估价规范》的要求；

11. 在申请核定资质等级之日前 3 年内无本办法第三十三条禁止的行为。

（二）二级资质

1. 机构名称有房地产估价或者房地产评估字样；

2. 取得三级房地产估价机构资质后从事房地产估价活动连续 4 年以上；

3. 有 8 名以上专职注册房地产估价师；

4. 在申请核定资质等级之日前 3 年平均每年完成估价标的物建筑面积 30 万平方米以上或者土地面积 15 万平方米以上；

5. 法定代表人或者执行合伙人是注册后从事房地产估价工作 3 年以上的专职注册房地产估价师；

6. 有限责任公司的股东中有 3 名以上、

合伙企业的合伙人中有 2 名以上专职注册房地产估价师，股东或者合伙人中有一半以上是注册后从事房地产估价工作 3 年以上的专职注册房地产估价师；

7. 有限责任公司的股份或者合伙企业的出资额中专职注册房地产估价师的股份或者出资额合计不低于 60%；

8. 有固定的经营服务场所；

9. 估价质量管理、估价档案管理、财务管理等各项企业内部管理制度健全；

10. 随机抽查的 1 份房地产估价报告符合《房地产估价规范》的要求；

11. 在申请核定资质等级之日前 3 年内无本办法第三十三条禁止的行为。

（三）三级资质

1. 机构名称有房地产估价或者房地产评估字样；

2. 有 3 名以上专职注册房地产估价师；

3. 在暂定期内完成估价标的物建筑面积 8 万平方米以上或者土地面积 3 万平方米以上；

4. 法定代表人或者执行合伙人是注册后从事房地产估价工作 3 年以上的专职注册房地产估价师；

5. 有限责任公司的股东中有 2 名以上、合伙企业的合伙人中有 2 名以上专职注册房地产估价师，股东或者合伙人中有一半以上是注册后从事房地产估价工作 3 年以上的专职注册房地产估价师；

6. 有限责任公司的股份或者合伙企业的出资额中专职注册房地产估价师的股份或者出资额合计不低于 60%；

7. 有固定的经营服务场所；

8. 估价质量管理、估价档案管理、财务管理等各项企业内部管理制度健全；

9. 随机抽查的 1 份房地产估价报告符合《房地产估价规范》的要求；

10. 在申请核定资质等级之日前 3 年内无本办法第三十三条禁止的行为。

第十一条 申请核定房地产估价机构资质等级，应当如实向资质许可机关提交下列材料：

（一）房地产估价机构资质等级申请表（一式二份，加盖申报机构公章）；

（二）房地产估价机构原资质证书正本复印件、副本原件；

（三）营业执照正、副本复印件（加盖申报机构公章）；

（四）法定代表人或者执行合伙人的任职文件复印件（加盖申报机构公章）；

（五）专职注册房地产估价师证明；

（六）固定经营服务场所的证明；

（七）经工商行政管理部门备案的公司章程或者合伙协议复印件（加盖申报机构公章）及有关估价质量管理、估价档案管理、财务管理等企业内部管理制度的文件、申报机构信用档案信息；

（八）随机抽查的在申请核定资质等级之日前 3 年内申报机构所完成的 1 份房地产估价报告复印件（一式二份，加盖申报机构公章）。

申请人应当对其提交的申请材料实质内容的真实性负责。

第十二条 新设立的中介服务机构申请房地产估价机构资质的，应当提供第十一条第（一）项、第（三）项至第（八）项材料。

新设立中介服务机构的房地产估价机构资质等级应当核定为三级资质，设 1 年的暂定期。

第十三条 房地产估价机构资质核准中的房地产估价报告抽查，应当执行全国统一的标准。

第十四条 申请核定房地产估价机构资质的，应当向设区的市人民政府房地产主管部门提出申请，并提交本办法第十一条规定的材料。

设区的市人民政府房地产主管部门应当自受理申请之日起 20 日内审查完毕，并将初审意见和全部申请材料报省、自治区人民政府住房城乡建设主管部门、直辖市人民政府房地产主管部门。

省、自治区人民政府住房城乡建设主管部门、直辖市人民政府房地产主管部门应当自受理申请材料之日起 20 日内作出决定。

省、自治区人民政府住房城乡建设主管部门、直辖市人民政府房地产主管部门应当在作出资质许可决定之日起 10 日内,将准予资质许可的决定报国务院住房城乡建设主管部门备案。

第十五条 房地产估价机构资质证书分为正本和副本,由国务院住房城乡建设主管部门统一印制,正、副本具有同等法律效力。

房地产估价机构遗失资质证书的,应当在公众媒体上声明作废后,申请补办。

第十六条 房地产估价机构资质有效期为 3 年。

资质有效期届满,房地产估价机构需要继续从事房地产估价活动的,应当在资质有效期届满 30 日前向资质许可机关提出资质延续申请。资质许可机关应当根据申请作出是否准予延续的决定。准予延续的,有效期延续 3 年。

在资质有效期内遵守有关房地产估价的法律、法规、规章、技术标准和职业道德的房地产估价机构,经原资质许可机关同意,不再审查,有效期延续 3 年。

第十七条 房地产估价机构的名称、法定代表人或者执行合伙人、组织形式、住所等事项发生变更的,应当在工商行政管理部门办理变更手续后 30 日内,到资质许可机关办理资质证书变更手续。

第十八条 房地产估价机构合并的,合并后存续或者新设立的房地产估价机构可以承继合并前各方中较高的资质等级,但应当符合相应的资质等级条件。

房地产估价机构分立的,只能由分立后的一方房地产估价机构承继原房地产估价机构资质,但应当符合原房地产估价机构资质等级条件。承继原房地产估价机构资质的一方由各方协商确定;其他各方按照新设立的

中介服务机构申请房地产估价机构资质。

第十九条 房地产估价机构的工商登记注销后,其资质证书失效。

第三章 分支机构的设立

第二十条 一级资质房地产估价机构可以按照本办法第二十一条的规定设立分支机构。二、三级资质房地产估价机构不得设立分支机构。

分支机构应当以设立该分支机构的房地产估价机构的名义出具估价报告,并加盖该房地产估价机构公章。

第二十一条 分支机构应当具备下列条件:

(一)名称采用"房地产估价机构名称+分支机构所在地行政区划名+分公司(分所)"的形式;

(二)分支机构负责人应当是注册后从事房地产估价工作 3 年以上并无不良执业记录的专职注册房地产估价师;

(三)在分支机构所在地有 3 名以上专职注册房地产估价师;

(四)有固定的经营服务场所;

(五)估价质量管理、估价档案管理、财务管理等各项内部管理制度健全。

注册于分支机构的专职注册房地产估价师,不计入设立分支机构的房地产估价机构的专职注册房地产估价师人数。

第二十二条 新设立的分支机构,应当自领取分支机构营业执照之日起 30 日内,到分支机构工商注册所在地的省、自治区人民政府住房城乡建设主管部门、直辖市人民政府房地产主管部门备案。

省、自治区人民政府住房城乡建设主管部门、直辖市人民政府房地产主管部门应当在接受备案后 10 日内,告知分支机构工商注册所在地的市、县人民政府房地产主管部门,并报国务院住房城乡建设主管部门备案。

第二十三条 分支机构备案,应当提交下列材料:

(一)分支机构的营业执照复印件;

（二）房地产估价机构资质证书正本复印件；

（三）分支机构及设立该分支机构的房地产估价机构负责人的身份证明；

（四）拟在分支机构执业的专职注册房地产估价师注册证书复印件。

第二十四条 分支机构变更名称、负责人、住所等事项或房地产估价机构撤销分支机构，应当在工商行政管理部门办理变更或者注销登记手续后 30 日内，报原备案机关备案。

第四章 估价管理

第二十五条 从事房地产估价活动的机构，应当依法取得房地产估价机构资质，并在其资质等级许可范围内从事估价业务。

一级资质房地产估价机构可以从事各类房地产估价业务。

二级资质房地产估价机构可以从事除公司上市、企业清算以外的房地产估价业务。

三级资质房地产估价机构可以从事除公司上市、企业清算、司法鉴定以外的房地产估价业务。

暂定期内的三级资质房地产估价机构可以从事除公司上市、企业清算、司法鉴定、房屋征收、在建工程抵押以外的房地产估价业务。

第二十六条 房地产估价业务应当由房地产估价机构统一接受委托，统一收取费用。

房地产估价师不得以个人名义承揽估价业务，分支机构应当以设立该分支机构的房地产估价机构名义承揽估价业务。

第二十七条 房地产估价机构及执行房地产估价业务的估价人员与委托人或者估价业务相对人有利害关系的，应当回避。

第二十八条 房地产估价机构承揽房地产估价业务，应当与委托人签订书面估价委托合同。

估价委托合同应当包括下列内容：

（一）委托人的名称或者姓名和住所；

（二）估价机构的名称和住所；

（三）估价对象；

（四）估价目的；

（五）价值时点；

（六）委托人的协助义务；

（七）估价服务费及其支付方式；

（八）估价报告交付的日期和方式；

（九）违约责任；

（十）解决争议的方法。

第二十九条 房地产估价机构未经委托人书面同意，不得转让受托的估价业务。

经委托人书面同意，房地产估价机构可以与其他房地产估价机构合作完成估价业务，以合作双方的名义共同出具估价报告。

第三十条 委托人及相关当事人应当协助房地产估价机构进行实地查勘，如实向房地产估价机构提供估价所必需的资料，并对其所提供资料的真实性负责。

第三十一条 房地产估价机构和注册房地产估价师因估价需要向房地产主管部门查询房地产交易、登记信息时，房地产主管部门应当提供查询服务，但涉及国家秘密、商业秘密和个人隐私的内容除外。

第三十二条 房地产估价报告应当由房地产估价机构出具，加盖房地产估价机构公章，并有至少 2 名专职注册房地产估价师签字。

第三十三条 房地产估价机构不得有下列行为：

（一）涂改、倒卖、出租、出借或者以其他形式非法转让资质证书；

（二）超越资质等级业务范围承接房地产估价业务；

（三）以迎合高估或者低估要求、给予回扣、恶意压低收费等方式进行不正当竞争；

（四）违反房地产估价规范和标准；

（五）出具有虚假记载、误导性陈述或者重大遗漏的估价报告；

（六）擅自设立分支机构；

（七）未经委托人书面同意，擅自转让受托的估价业务；

（八）法律、法规禁止的其他行为。

第三十四条 房地产估价机构应当妥善保管房地产估价报告及相关资料。

房地产估价报告及相关资料的保管期限自估价报告出具之日起不得少于 10 年。保管期限届满而估价服务的行为尚未结束的，应当保管到估价服务的行为结束为止。

第三十五条 除法律、法规另有规定外，未经委托人书面同意，房地产估价机构不得对外提供估价过程中获知的当事人的商业秘密和业务资料。

第三十六条 房地产估价机构应当加强对执业人员的职业道德教育和业务培训，为本机构的房地产估价师参加继续教育提供必要的条件。

第三十七条 县级以上人民政府房地产主管部门应当依照有关法律、法规和本办法的规定，对房地产估价机构和分支机构的设立、估价业务及执行房地产估价规范和标准的情况实施监督检查。

第三十八条 县级以上人民政府房地产主管部门履行监督检查职责时，有权采取下列措施：

（一）要求被检查单位提供房地产估价机构资质证书、房地产估价师注册证书，有关房地产估价业务的文档，有关估价质量管理、估价档案管理、财务管理等企业内部管理制度的文件；

（二）进入被检查单位进行检查，查阅房地产估价报告以及估价委托合同、实地查勘记录等估价相关资料；

（三）纠正违反有关法律、法规和本办法及房地产估价规范和标准的行为。

县级以上人民政府房地产主管部门应当将监督检查的处理结果向社会公布。

第三十九条 县级以上人民政府房地产主管部门进行监督检查时，应当有两名以上监督检查人员参加，并出示执法证件，不得妨碍被检查单位的正常经营活动，不得索取或者收受财物、谋取其他利益。

有关单位和个人对依法进行的监督检查应当协助与配合，不得拒绝或者阻挠。

第四十条 房地产估价机构违法从事房地产估价活动的，违法行为发生地的县级以上地方人民政府房地产主管部门应当依法查处，并将违法事实、处理结果及处理建议及时报告该估价机构资质的许可机关。

第四十一条 有下列情形之一的，资质许可机关或者其上级机关，根据利害关系人的请求或者依据职权，可以撤销房地产估价机构资质：

（一）资质许可机关工作人员滥用职权、玩忽职守作出准予房地产估价机构资质许可的；

（二）超越法定职权作出准予房地产估价机构资质许可的；

（三）违反法定程序作出准予房地产估价机构资质许可的；

（四）对不符合许可条件的申请人作出准予房地产估价机构资质许可的；

（五）依法可以撤销房地产估价机构资质的其他情形。

房地产估价机构以欺骗、贿赂等不正当手段取得房地产估价机构资质的，应当予以撤销。

第四十二条 房地产估价机构取得房地产估价机构资质后，不再符合相应资质条件的，资质许可机关根据利害关系人的请求或者依据职权，可以责令其限期改正；逾期不改的，可以撤回其资质。

第四十三条 有下列情形之一的，资质许可机关应当依法注销房地产估价机构资质：

（一）房地产估价机构资质有效期届满未延续的；

（二）房地产估价机构依法终止的；

（三）房地产估价机构资质被撤销、撤回，或者房地产估价资质证书依法被吊销的；

（四）法律、法规规定的应当注销房地产估价机构资质的其他情形。

第四十四条 资质许可机关或者房地产

估价行业组织应当建立房地产估价机构信用档案。

房地产估价机构应当按照要求提供真实、准确、完整的房地产估价信用档案信息。

房地产估价机构信用档案应当包括房地产估价机构的基本情况、业绩、良好行为、不良行为等内容。违法行为、被投诉举报处理、行政处罚等情况应当作为房地产估价机构的不良记录记入其信用档案。

房地产估价机构的不良行为应当作为该机构法定代表人或者执行合伙人的不良行为记入其信用档案。

任何单位和个人有权查阅信用档案。

第五章 法律责任

第四十五条 申请人隐瞒有关情况或者提供虚假材料申请房地产估价机构资质的，资质许可机关不予受理或者不予行政许可，并给予警告，申请人在1年内不得再次申请房地产估价机构资质。

第四十六条 以欺骗、贿赂等不正当手段取得房地产估价机构资质的，由资质许可机关给予警告，并处1万元以上3万元以下的罚款，申请人3年内不得再次申请房地产估价机构资质。

第四十七条 未取得房地产估价机构资质从事房地产估价活动或者超越资质等级承揽估价业务的，出具的估价报告无效，由县级以上地方人民政府房地产主管部门给予警告，责令限期改正，并处1万元以上3万元以下的罚款；造成当事人损失的，依法承担赔偿责任。

第四十八条 违反本办法第十七条规定，房地产估价机构不及时办理资质证书变更手续的，由资质许可机关责令限期办理；逾期不办理的，可处1万元以下的罚款。

第四十九条 有下列行为之一的，由县级以上地方人民政府房地产主管部门给予警告，责令限期改正，并可处1万元以上2万元以下的罚款：

（一）违反本办法第二十条第一款规定设立分支机构的；

（二）违反本办法第二十一条规定设立分支机构的；

（三）违反本办法第二十二条第一款规定，新设立的分支机构不备案的。

第五十条 有下列行为之一的，由县级以上地方人民政府房地产主管部门给予警告，责令限期改正，逾期未改正的，可处5千元以上2万元以下的罚款；给当事人造成损失的，依法承担赔偿责任：

（一）违反本办法第二十六条规定承揽业务的；

（二）违反本办法第二十九条第一款规定，擅自转让受托的估价业务的；

（三）违反本办法第二十条第二款、第二十九条第二款、第三十二条规定出具估价报告的。

第五十一条 违反本办法第二十七条规定，房地产估价机构及其估价人员应当回避未回避的，由县级以上地方人民政府房地产主管部门给予警告，责令限期改正，并可处1万元以下的罚款；给当事人造成损失的，依法承担赔偿责任。

第五十二条 违反本办法第三十一条规定，房地产主管部门拒绝提供房地产交易、登记信息查询服务的，由其上级房地产主管部门责令改正。

第五十三条 房地产估价机构有本办法第三十三条行为之一的，由县级以上地方人民政府房地产主管部门给予警告，责令限期改正，并处1万元以上3万元以下的罚款；给当事人造成损失的，依法承担赔偿责任；构成犯罪的，依法追究刑事责任。

第五十四条 违反本办法第三十五条规定，房地产估价机构擅自对外提供估价过程中获知的当事人的商业秘密和业务资料，给当事人造成损失的，依法承担赔偿责任；构成犯罪的，依法追究刑事责任。

第五十五条 资质许可机关有下列情形之一的，由其上级主管部门或者监察机关责令改正，对直接负责的主管人员和其他直接责任人员依法给予处分；构成犯罪的，依法追究刑事责任：

（一）对不符合法定条件的申请人准予房地产估价机构资质许可或者超越职权作出准予房地产估价机构资质许可决定的；

（二）对符合法定条件的申请人不予房地产估价机构资质许可或者不在法定期限内作出准予房地产估价机构资质许可决定的；

（三）利用职务上的便利，收受他人财物或者其他利益的；

（四）不履行监督管理职责，或者发现违法行为不予查处的。

第六章 附 则

第五十六条 本办法自 2005 年 12 月 1 日起施行。1997 年 1 月 9 日建设部颁布的《关于房地产价格评估机构资格等级管理的若干规定》（建房〔1997〕12 号）同时废止。

本办法施行前建设部发布的规章的规定与本办法的规定不一致的，以本办法为准。

房产测绘管理办法

2001 年 2 月 28 日　　　　建设部、国家测绘局第 83 号令

第一章 总 则

第一条 为加强房产测绘管理，规范房产测绘行为，保护房屋权利人的合法权益，根据《中华人民共和国测绘法》和《中华人民共和国城市房地产管理法》，制定本办法。

第二条 在中华人民共和国境内从事房产测绘活动，实施房产测绘管理，应当遵守本办法。

第三条 房产测绘单位应当严格遵守国家有关法律、法规，执行国家房产测量规范和有关技术标准、规定，对其完成的房产测绘成果质量负责。

房产测绘单位应当采用先进技术和设备，提高测绘技术水平，接受房地产行政主管部门和测绘行政主管部门的技术指导和业务监督。

第四条 房产测绘从业人员应当保证测绘成果的完整、准确，不得违规测绘、弄虚作假，不得损害国家利益、社会公共利益和他人合法权益。

第五条 国务院测绘行政主管部门和国务院建设行政主管部门根据国务院确定的职责分工负责房产测绘及成果应用的监督管理。

省、自治区、直辖市人民政府测绘行政主管部门（以下简称省级测绘行政主管部门）和省、自治区人民政府建设行政主管部门、直辖市人民政府房地产行政主管部门（以下简称省级房地产行政主管部门）根据省、自治区、直辖市人民政府确定的职责分工负责房产测绘及成果应用的监督管理。

第二章 房产测绘的委托

第六条 有下列情形之一的，房屋权利申请人、房屋权利人或者其他利害关系人应当委托房产测绘单位进行房产测绘：

（一）申请产权初始登记的房屋；

（二）自然状况发生变化的房屋；

（三）房屋权利人或者利害关系人要求测绘的房屋。

房产管理中需要的房产测绘，由房地产行政主管部门委托房产测绘单位进行。

第七条 房产测绘成果资料应当与房产自然状况保持一致。房产自然状况发生变化时，应当及时实施房产变更测量。

第八条　委托房产测绘的，委托人与房产测绘单位应当签订书面房产测绘合同。

第九条　房产测绘单位应当是独立的经济实体，与委托人不得有利害关系。

第十条　房产测绘所需费用由委托人支付。

房产测绘收费标准按照国家有关规定执行。

第三章　资格管理

第十一条　国家实行房产测绘单位资格审查认证制度。

第十二条　房产测绘单位应当依照《中华人民共和国测绘法》和本办法的规定，取得省级以上测绘行政主管部门颁发的载明房产测绘业务的《测绘资格证书》。

第十三条　除本办法另有规定外，房产测绘资格审查、分级标准、作业限额、年度检验等按照国家有关规定执行。

第十四条　申请房产测绘资格的单位应当向所在地省级测绘行政主管部门提出书面申请，并按照测绘资格审查管理的要求提交有关材料。

省级测绘行政主管部门在决定受理之日起5日内，转省级行政主管部门初审。省级房地产行政主管部门应当在15日内，提出书面初审意见，并反馈省级测绘行政主管部门；其中，对申请甲级房产测绘资格的初审意见应当同时报国务院建设行政主管部门备案。

申请甲级房产测绘资格的，由省级测绘行政主管部门报国务院测绘行政主管部门审批发证；申请乙级以下房产测绘资格的，由省级测绘行政主管部门审批发证。

取得甲级房产测绘资格的单位，由国务院测绘行政主管部门和国务院建设行政主管部门联合向社会公告。取得乙级以下房产测绘资格的单位，由省级测绘行政主管部门和省级房地产行政主管部门联合向社会公告。

第十五条　《测绘资格证书》有效期为5年，期满3个月前，由持证单位提请复审，发证机关负责审查和换证。对有房产测绘项目的，发证机关在审查和换证时，应当征求同级房地产行政主管部门的意见。

在《测绘资格证书》有效期内，房产测绘资格由测绘行政主管部门进行年检。年检时，测绘行政主管部门应当征求同级房地产行政主管部门的意见。对年检中被降级或者取消房产测绘资格的单位，由年检的测绘行政主管部门和同级房地产行政主管部门联合向社会公告。

在《测绘资格证书》有效期内申请房产测绘资格升级的，依照本办法第十四条的规定重新办理资格审查手续。

第四章　成果管理

第十六条　房产测绘成果包括：房产簿册、房产数据和房产图集等。

第十七条　当事人对房产测绘成果有异议的，可以委托国家认定的房产测绘成果鉴定机构鉴定。

第十八条　用于房屋权属登记等房产管理的房产测绘成果，房地产行政主管部门应当对施测单位的资格、测绘成果的适用性、界址点准确性、面积测算依据与方法等内容进行审核。审核后的房产测绘成果纳入房产档案统一管理。

第十九条　向国（境）外团体和个人提供、赠送、出售未公开的房产测绘成果资料，委托国（境）外机构印制房产测绘图件，应当按照《中华人民共和国测绘法》和《中华人民共和国测绘成果管理规定》以及国家安全、保密等有关规定办理。

第五章　法律责任

第二十条　未取得载明房产测绘业务的《测绘资格证书》从事房产测绘业务以及承担房产测绘任务超出《测绘资格证书》所规定的房产测绘业务范围、作业限额的，依照《中华人民共和国测绘法》和《测绘资格审查认证管理规定》的规定处罚。

第二十一条　房产测绘单位有下列情形

之一的，由县级以上人民政府房地产行政主管部门给予警告并责令限期改正，并可处以1万元以上3万元以下的罚款；情节严重的，由发证机关予以降级或者取消其房产测绘资格：

（一）在房产面积测算中不执行国家标准、规范和规定的；

（二）在房产面积测算中弄虚作假、欺骗房屋权利人的；

（三）房产面积测算失误，造成重大损失的。

第二十二条 违反本办法第十九条规定的，根据《中华人民共和国测绘法》《中华人民共和国测绘成果管理规定》及国家安全、保密法律法规的规定处理。

第二十三条 房产测绘管理人员、工作人员在工作中玩忽职守、滥用职权、徇私舞弊的，给予行政处分；构成犯罪的，依法追究刑事责任。

第六章 附 则

第二十四条 省级房地产行政主管部门和测绘行政主管部门可以根据本办法制定实施细则。

第二十五条 本办法由国务院建设行政主管部门和国务院测绘行政主管部门共同解释。

第二十六条 本办法自2001年5月1日起施行。

建设部 中国人民银行
关于印发《住房置业担保管理试行办法》的通知

2000年5月16日　　　　　　　　　　建住房〔2000〕108号

各省、自治区建委（建设厅），直辖市房地局，中国人民银行各分行、营业管理部、各商业银行，新疆生产建设兵团、解放军总后营房部：

现将《住房置业担保管理试行办法》印发给你们，请遵照执行。并将有关要求通知如下：

一、住房置业担保公司提供的住房置业担保，是担保方式的一种补充，担保公司不得强制要求商业银行接受住房置业担保，不得干预银行的正常信贷经营活动。任何单位和个人也不得强制要求担保公司提供住房置业担保。

二、各地执行中如遇到问题，应及时向建设部、中国人民银行报告。

附：

住房置业担保管理试行办法

第一章 总 则

第一条 为支持城镇个人住房消费，发展个人住房贷款业务，保障债权实现，根据《中华人民共和国担保法》《中华人民共和国城市房地产管理法》以及《城市房地产抵押管理办法》《个人住房贷款管理办法》等法律、法规、规章，制定本办法。

第二条 本办法所称住房置业担保，是指依照本办法设立的住房置业担保公司（以下简称担保公司），在借款人无法满足贷款人要求提供担保的情况下，为借款人申请个人住房贷款而与贷款人签订保证合同，提供连带责任保证担保的行为。

第三条 住房置业担保，应当遵循平等、自愿、公平、诚实信用的原则。任何单位和个人不得干预贷款人及担保公司的正常经营活动。

第四条 借款人向担保公司申请提供住房置业担保的，应当将其本人或者第三人的合法房屋依法向担保公司进行抵押反担保。

第五条 贷款人与借款人依法签订的个人住房借款合同为主合同，担保公司、贷款人依法签订的保证合同是其从合同。主合同无效，从合同无效。保证合同另有约定的，从其约定。

保证合同被依法确认无效后，担保公司、借款人和贷款人有过错的，应当根据其过错各自承担相应的民事责任。

第六条 国务院建设行政主管部门归口管理全国住房置业担保管理工作。

省、自治区建设行政主管部门归口管理本行政区域内住房置业担保管理工作。

直辖市、市人民政府房地产行政主管部门负责管理本行政区域内住房置业担保管理工作。

第二章 担保公司

第七条 担保公司是为借款人办理个人住房贷款提供专业担保，收取服务费用，具有法人地位的房地产中介服务企业。

第八条 设立担保公司，应当报经城市房地产行政主管部门审核，并经城市人民政府批准后，方可向工商行政管理部门申请设立登记，领取营业执照。

第九条 担保公司的组织形式为有限责任公司或者股份有限公司。

第十条 设立担保公司应当具备下列条件：

（一）有自己的名称和组织机构；

（二）有固定的服务场所；

（三）有不少于1000万元人民币的实有资本；

（四）有一定数量的周转住房；

（五）有适应工作需要的专业管理人员；

（六）有符合《公司法》要求的公司章程；

（七）符合《公司法》和相关法律、法规规定的其他条件。

第十一条 担保公司的实有资本以政府预算资助、资产划拨以及房地产骨干企业认股为主。

货币形态的实有资本应当存入城市房地产行政主管部门指定的国有独资银行，或发放由担保公司提供住房置业担保的个人住房贷款的其他银行。

第十二条 贷款人不得在担保公司中持有股份，其工作人员也不得在担保公司中兼职。

第十三条 一个城市原则上只设一个担

保公司，以行政区内的城镇个人为服务对象。

县（区）一般不设立担保公司，个人住房贷款量大的县（区）可以设立担保公司的分支机构。

第十四条 担保服务收费标准应报经同级物价部门批准。担保服务费由借款人向担保公司支付。

第十五条 担保公司应当设立内部监督机构，负责对内部担保经营状况的监督。

第三章 担保的设立

第十六条 借款人向担保公司申请住房置业担保，应当具备下列条件：

（一）具有完全民事行为能力；

（二）有所在城镇正式户口或者有效居留的身份证件；

（三）收入来源稳定，无不良信用记录，且有偿还贷款本息的能力；

（四）已订立合法有效的住房购销合同；

（五）已足额交纳购房首付款；

（六）符合贷款人和担保公司规定的其他条件。

第十七条 担保公司提供住房置业担保，应当严格评估借款人的资信。对于资信不良的借款人，担保公司可以拒绝提供担保。

第十八条 住房置业担保当事人应当签订书面保证合同。保证合同一般应当包括以下内容：

（一）被担保的主债权种类、数额；

（二）债务人履行债务的期限；

（三）保证的方式；

（四）保证担保的范围；

（五）保证期间；

（六）其他约定事项。

第十九条 住房置业担保的保证期间，由担保公司与贷款人约定，但不得短于借款合同规定的还款期限，且不得超过担保公司的营业期限。

第二十条 设定住房置业担保的，借款人未按借款合同约定偿还贷款本息的，贷款人可以依保证合同约定要求担保公司在其保

证范围内承担债务清偿责任。

第二十一条 借款人向担保公司申请提供住房置业担保的，担保公司有权要求借款人以其自己或者第三人合法所有的房屋向担保公司进行抵押反担保。

第二十二条 房屋抵押应当订立书面合同。抵押合同一般包括以下内容：

（一）抵押当事人的姓名、名称、住所；

（二）债权的种类、数额、履行债务的期限；

（三）房屋的权属和其他基本情况；

（四）抵押担保的范围；

（五）担保公司清算时，抵押权的处置；

（六）其他约定事项。

第二十三条 抵押当事人应当自抵押合同订立之日起三十日内向房屋所在地的房地产行政主管部门办理抵押登记。

抵押合同发生变更或者抵押关系终止时，抵押当事人应当在变更或者终止之日起十五日内，到原登记机关办理变更或者注销登记。

第二十四条 房屋抵押权与其担保的债权同时存在。借款人依照借款合同还清全部贷款本息后，房屋抵押权方可终止。

第二十五条 抵押权人要求抵押人办理抵押房屋保险的，抵押人应当在抵押合同订立前办理保险手续，并在保证合同订立后将保险单正本移交抵押权人保管。抵押期间，抵押权人为保险赔偿的第一受益人。

第二十六条 抵押期间，抵押人不得以任何理由中断或者撤销保险。抵押的房屋因抵押人的行为造成损失致使其价值不足作为履行债务担保时，抵押权人有权要求抵押人重新提供或者增加担保以弥补不足。

第四章 担保的解除

第二十七条 借款人依照借款合同还清全部贷款本息，借款合同终止后，保证合同和房屋抵押合同即行终止。

第二十八条 借款人到期不能偿还贷款本息时，依照保证合同约定，担保公司按贷款人要求先行代为清偿债务后，保证合同自

然终止。

保证合同终止后，担保公司有权就代为清偿的债务部分向借款人进行追偿，并要求行使房屋抵押权，处置抵押房屋。

第二十九条 抵押房屋的处置，可以由抵押当事人协议以该抵押房屋折价或者拍卖、变卖该抵押房屋的方式进行；协议不成的，抵押权人可以向人民法院提起诉讼。

处置抵押房屋时，抵押人居住确有困难的，担保公司应当予以协助。

第五章 风险防范

第三十条 担保公司的资金运用，应当遵循稳健、安全的原则，确保资产的保值增值。

担保公司只能从事住房置业担保和房地产经营业务（房地产开发除外），不得经营财政信用业务、金融业务等其他业务，也不得提供其他担保。

第三十一条 担保公司应当从其资产中按照借款人借款余额的一定比例提留担保保证金，并存入借款人的贷款银行。担保公司未按规定或合同约定履行担保义务时，贷款人有权从保证金账户中予以扣收。

保证金的提留比例，由贷款人与担保公司协商确定。

第三十二条 担保公司应当建立担保风险基金，用于担保公司清算时对其所担保债务的清偿。

担保风险基金由担保公司按照公司章程规定的比例从营业收入中提取，专户存储，不得挪用。

第三十三条 担保公司担保贷款余额的总额，不得超过其实有资本的三十倍；超过三十倍的，应当追加实有资本。

第三十四条 担保公司清算时，房屋抵押权可转移给贷款人，并由贷款人与借款人重新签订抵押合同。但抵押合同另有约定的，从其约定。

第六章 附 则

第三十五条 住房置业担保可在直辖市、省会城市、计划单列市及有条件的设区城市先行试点。试点期间，住房置业担保公司经批准设立后，应当报建设部备案。

第三十六条 本办法由国务院建设行政主管部门负责解释。

第三十七条 本办法自发布之日起施行。

已购公有住房和经济适用住房上市出售管理暂行办法

(1999 年 4 月 19 日建设部第十一次部常务会议通过
并经国土资源部会签 建设部 1999 年第 69 号令公布
自 1999 年 5 月 1 日起施行)

第一条 为规范已购公有住房和经济适用住房的上市出售活动，促进房地产市场的发展和存量住房的流通，满足居民改善居住条件的需要，根据《国务院关于进一步深化城镇住房制度改革加快住房建设的通知》及有关规定，制定本办法。

第二条 本办法适用于已购公有住房和经济适用住房首次进入市场出售的管理。

第三条 本办法所称已购公有住房和经济适用住房，是指城镇职工根据国家和县级以上地方人民政府有关城镇住房制度改革政策规定，按照成本价（或者标准价）购买的公有住房，或者按照地方人民政府指导价购买的经济适用住房。

本办法所称经济适用住房包括安居工程住房和集资合作建设的住房。

第四条 经省、自治区、直辖市人民政府批准，具备下列条件的市、县可以开放已购公有住房和经济适用住房上市出售的交易市场：

（一）已按照个人申报、单位审核、登记立档的方式对城镇职工家庭住房状况进行了普查，并对申报人在住房制度改革中有违法、违纪行为的进行了处理；

（二）已制定了已购公有住房和经济适用住房上市出售收益分配管理办法；

（三）已制定了已购公有住房和经济适用住房上市出售的具体实施办法；

（四）法律、法规规定的其他条件。

第五条 已取得合法产权证书的已购公有住房和经济适用住房可以上市出售，但有下列情形之一的已购公有住房和经济适用住房不得上市出售：

（一）以低于房改政策规定的价格购买且没有按照规定补足房价款的；

（二）住房面积超过省、自治区、直辖市人民政府规定的控制标准，或者违反规定利用公款超标准装修，且超标部分未按照规定退回或者补足房价款及装修费用的；

（三）处于户籍冻结地区并已列入拆迁公告范围内的；

（四）产权共有的房屋，其他共有人不同意出售的；

（五）已抵押且未经抵押权人书面同意转让的；

（六）上市出售后形成新的住房困难的；

（七）擅自改变房屋使用性质的；

（八）法律、法规以及县级以上人民政府规定其他不宜出售的。

第六条 已购公有住房和经济适用住房所有权人要求将已购公有住房和经济适用住房上市出售的，应当向房屋所在地的县级以上人民政府房地产行政主管部门提出申请，并提交下列材料：

（一）职工已购公有住房和经济适用住房上市出售申请表；

（二）房屋所有权证书、土地使用权证书或者房地产权证书；

（三）身份证及户籍证明或者其他有效身份证件；

（四）同住成年人同意上市出售的书面意见；

（五）个人拥有部分产权的住房，还应当提供原产权单位在同等条件下保留或者放弃优先购买权的书面意见。

第七条 房地产行政主管部门对已购公有住房和经济适用住房所有权人提出的上市出售申请进行审核，并自收到申请之日起十五日内作出是否准予其上市出售的书面意见。

第八条 经房地产行政主管部门审核，准予出售的房屋，由买卖当事人向房屋所在地房地产交易管理部门申请办理交易过户手续，如实申报成交价格。并按照规定到有关部门缴纳有关税费和土地收益。

成交价格按照政府宏观指导下的市场原则，由买卖双方协商议定。房地产交易管理部门对所申报的成交价格进行核实，对需要评估的房屋进行现场查勘和评估。

第九条 买卖当事人在办理完毕交易过户手续之日起三十日内，应当向房地产行政主管部门申请办理房屋所有权转移登记手续，并凭变更后的房屋所有权证书向同级人民政府土地行政主管部门申请土地使用权变更登记手续。

在本办法实施前，尚未领取土地使用权证书的已购公有住房和经济适用住房在 2000 年底以前需要上市出售的，房屋产权人可以凭房屋所有权证书先行办理交易过户手续，办理完毕房屋所有权转移登记手续之日起三十日内由受让人持变更后的房屋所有权证书到房屋所在地的市、县人民政府土地行政主管部门办理土地使用权变更登记手续。

第十条 城镇职工以成本价购买、产权归个人所有的已购公有住房和经济适用住房上市出售的，其收入在按照规定交纳有关税费和土地收益后归职工个人所有。

以标准价购买、职工拥有部分产权的已购公有住房和经济适用住房上市出售的，可以先按照成本价补足房价款及利息，原购住房全部产权归个人所有后，该已购公有住房和经济适用住房上市出售收入按照本条前款的规定处理；也可以直接上市出售，其收入在按照规定交纳有关税费和土地收益后，由职工与原产权单位按照产权比例分成。原产权单位撤销的，其应当所得部分由房地产交易管理部门代收后，纳入地方住房基金专户管理。

第十一条　鼓励城镇职工家庭为改善居住条件，将已购公有住房和经济适用住房上市出售换购住房。已购公有住房和经济适用住房上市出售后一年内该户家庭按照市场价购买住房，或者已购公有住房和经济适用住房上市出售前一年内该户家庭已按照市场价购买住房的，可以视同房屋产权交换。

第十二条　已购公有住房和经济适用住房上市出售后，房屋维修仍按照上市出售前公有住房售后维修管理的有关规定执行。个人缴交的住房共用部位、共用设施设备维修基金的结余部分不予退还，随房屋产权同时过户。

第十三条　已购公有住房和经济适用住房上市出售后，该户家庭不得再按照成本价或者标准价购买公有住房，也不得再购买经济适用住房等政府提供优惠政策建设的住房。

第十四条　违反本办法第五条的规定，将不准上市出售的已购公有住房和经济适用住房上市出售的，处以10000元以上30000元以下罚款。

第十五条　违反本办法第十三条的规定，将已购公有住房和经济适用住房上市出售后，该户家庭又以非法手段按照成本价（或者标准价）购买公有住房或者政府提供优惠政策建设的住房的，由房地产行政主管部门责令退回所购房屋，不予办理产权登记手续，并处以10000元以上30000元以下罚款；或者按照商品房市场价格补齐房价款，并处以10000元以上30000元以下罚款。

第十六条　房地产行政主管部门工作人员玩忽职守、滥用职权、徇私舞弊、贪污受贿的，由其所在单位或者上级主管部门给予行政处分；情节严重、构成犯罪的，依法追究刑事责任。

第十七条　省、自治区、直辖市人民政府可以根据本办法的规定和当地实际情况，选择部分条件比较成熟的市、县先行试点。

第十八条　已购公有住房和经济适用住房上市出售补交土地收益的具体办法另行规定。

第十九条　本办法由国务院建设行政主管部门负责解释。

第二十条　本办法自1999年5月1日起施行。

北京市高级人民法院
关于审理房屋买卖合同纠纷案件若干疑难问题的会议纪要

2014年12月16日　　　　　　京高法发〔2014〕489号

近年来，我市法院受理的房屋买卖合同纠纷案件中出现了一些新问题、新情况。为统一裁判标准和执法尺度，市高院民一庭组织市一、二、三中院及部分基层法院民庭召开了专题座谈会，经充分深入讨论，就该类案件审理中的相关法律适用问题，形成以下纪要内容：

一、符合房屋现售条件的商品房预售合同的效力

出卖人未取得商品房预售许可证明即签订预售合同转让房屋，在一审法庭辩论终结前房屋已经竣工验收合格的，可以认定为商品房现售，当事人以出卖人未取得商品房预售许可证明为由主张合同无效的，不予支持。

二、预约合同的效力和履行

当事人以出卖人在签订预购书、购房意向书等预约协议时未取得商品房预售许可证明为由，要求确认预约协议无效的，不予支持，但预约协议被认定为商品房预售合同的除外。

预约协议订立后，当事人一方无正当理由拒绝签订房屋买卖合同，守约方起诉要求法院强制违约方订立买卖合同的，一般不予支持。

三、基于假按揭签订房屋买卖合同的效力

当事人为套取银行贷款虚构房屋买卖事实订立买卖合同，双方并无买卖房屋的真实意思表示，房屋买卖合同无效。当事人尚未还清银行贷款的，对于合同无效的法律后果可以参照《最高人民法院关于审理商品房买卖合同纠纷案件适用法律若干问题的解释》第 25 条的规定处理。

四、房屋买卖中阴合同的效力

当事人在房屋买卖合同（包括双方已经签字的网签合同）中为规避国家税收监管故意隐瞒真实的交易价格，该价格条款无效，但该条款无效不影响合同其他部分的效力。当事人以逃避国家税收为由，要求确认买卖合同全部无效的，不予支持。

当事人对房屋买卖合同（包括双方已经签字的网签合同）的效力及履行存在争议，经审查其名为房屋买卖，实为赠与等其他法律行为的，应根据隐藏法律行为的性质进行处理。

五、购房指标转让合同的效力

当事人签订合同将房屋（包括拆迁安置用房等）的购买指标转让给他人，当事人一方主张转让合同无效的，一般不予支持，但当事人转让经济适用住房等政策性保障住房购房指标的除外。

六、无权处分合同的效力和履行

夫妻一方未经另一方同意，以自己名义转让登记在自己名下的法定共有房屋，当事人以出卖人在缔约时对房屋没有所有权或者处分权为由主张房屋买卖合同无效的，不予支持。

前款房屋已经交付但尚未办理过户登记，不符合《物权法》第 106 条第 1 款规定的善意取得构成要件，买卖合同构成法律上的履行不能，买受人要求继续履行买卖合同办理房屋过户登记的，法院应当释明买受人可以主张解除合同，经释明买受人坚持不变更诉讼请求的，应当判决驳回其诉讼请求。房屋买卖合同解除的，善意买受人有权要求出卖人承担包括赔偿房屋差价损失在内的违约责任。

前款房屋已经过户登记到买受人名下，但不符合《物权法》第 106 条第 1 款规定的善意取得其他构成要件，夫妻另一方依据该规定要求追回房屋的，应予支持。

"善意"的判断时点以买受人申请过户登记时为准。

七、房屋共有权利人的诉讼地位与责任承担

夫妻一方转让登记在自己名下的法定共有房屋，买受人要求继续履行合同办理房屋过户登记，法院应当对出卖人（登记方）的行为是否构成无权处分或无权代理进行审查，并释明买受人可以申请追加夫妻另一方作为共同被告或第三人参加诉讼，买受人不申请的，法院可以通知夫妻另一方作为无独立请求权第三人参加诉讼。夫妻另一方以出卖人构成无权处分为由要求追回房屋的，可以作为有独立请求权第三人参加诉讼。夫妻另一方向法院表示同意出卖人转让房屋的，可以不追加其参加诉讼。

经审查夫妻另一方追认出卖人的处分行为或有证据证明其以自己的行为同意履行的，构成对房屋过户登记债务的加入，应当判决夫妻双方共同为买受人办理房屋过户登记手续；出卖人的行为构成《最高人民法院关于适用〈中华人民共和国婚姻法〉若干问题的解释（一）》第17条第（2）项或《民法通则》第66条第1款规定的，该买卖合同对夫妻另一方具有约束力，应当判决夫妻双方共同为买受人办理房屋过户登记手续。

八、冒名签订房屋买卖合同的效力

出卖人冒用房屋所有权人名义（如伪造所有权人身份证明、找相貌近似者冒充所有权人交易等）擅自转让房屋，可以参照《合同法》第48条无权代理的规定认定房屋买卖合同无效，该合同对房屋所有权人没有约束力，但买受人有证据证明构成《合同法》第49条规定表见代理的除外。

买受人信赖出卖人享有代理权法律外观的形成系不可归因于房屋所有权人的，不构成前款规定的表见代理。

九、连环买卖中的合同效力

房屋连环买卖中，前一手房屋买卖合同被确认无效，并不必然影响后一手房屋买卖合同的效力，法院应当根据后一手买卖合同是否存在其他法定无效情形予以认定。但后一手买卖合同的买受人能否取得房屋权利，应当依据《物权法》第106条关于善意取得的规定进行处理。

十、借名买房的认定和处理

借名人以出名人（登记人）为被告提起诉讼，要求确认房屋归其所有的，法院应当向其释明，告知其可以提起合同之诉，要求出名人为其办理房屋过户登记手续。

《北京市高级人民法院关于审理房屋买卖合同纠纷案件适用法律若干问题的指导意见（试行）》第16条规定中的政策性保障住房包括经济适用住房、两限房等保障中低收入家庭住房困难的房屋。借名人要求办理房屋过户登记手续，经审查借名购买的经济适用住房的原购房合同系2008年4月11日（含）之前签订的，可以参照前述指导意见第6条第2款的规定处理。

房屋腾退纠纷中，被告方以双方之间存在借名买房关系作为抗辩的，法院应当释明其可以提出反诉要求办理房屋过户登记手续，当事人坚持不反诉的，应就其抗辩是否成立进行审理并作出判定。

十一、请求合同继续履行的处理

当事人要求继续履行房屋买卖合同，但诉讼请求中没有具体履行内容的，法院应当向当事人释明，要求其变更诉讼请求明确具体履行内容，如支付购房款、交付房屋、办理房屋过户登记等，并告知仅判决继续履行合同存在履行内容不明确无法执行的风险；当事人坚持不变更的，可以根据当事人的请求作出相应的判决，并告知当事人在履行中发生新的争议可就具体履行内容另行起诉。

十二、商品房不符合交付条件的处理

买受人要求交付商品房，经审查房屋已经完工但未办理竣工验收手续，不符合法定强制性交付条件的，可以判决出卖人在合理期限内组织工程竣工验收，并将验收合格的房屋交付给买受人，但买卖合同存在永久性履行不能情形的除外。

买受人明知商品房不具备法定或约定交付条件仍同意接收房屋后，又以房屋不具备交付条件为由主张逾期交房违约金的，不予支持，但买受人有权要求出卖人依据法律规定或合同约定完善房屋交付条件，并主张因房屋交付条件不具备给其造成的实际损失。

商品房买卖合同示范文本约定出卖人"于房屋实际交付之日起三十日内支付违约金"，出卖人实际逾期交付房屋的，买受人应当依合同约定的履行期限主张逾期交房违约金；房屋逾期尚未实际交付，买受人主张逾期交房违约金，出卖人以合同约定的履行期

限尚未届至为由提出抗辩的，不予采信。

十三、买受人拒绝接收商品房的处理

出卖人交付的房屋符合商品房买卖合同约定及法定的强制性交付条件和质量标准，买受人以房屋质量存在表面瑕疵为由拒绝接收房屋，并要求出卖人承担逾期交房违约责任的，一般不予支持，但买受人确有证据证明房屋在交付时存在功能性质量瑕疵以致严重影响正常居住使用的除外。买受人接收房屋不影响出卖人对房屋的质量瑕疵承担保修义务。

十四、因"出卖人原因"未办理房屋过户登记的认定

商品房买卖合同约定买受人委托出卖人代为办证，出卖人未在合同约定或法定办证期限内将房屋过户登记到买受人名下，并通知买受人领取房屋权属证书的，应当承担逾期办证的违约责任，但出卖人有证据证明办证逾期系因买受人未缴纳办证所需相关税费或提供相关证明等自身原因造成的除外。

商品房买卖合同未明确约定出卖人代为办证的，出卖人仍负有为买受人办理房屋过户登记的义务，即出卖人应当在合同约定或法定办证期限届满的三十日前，完成房屋初始登记并将协助办证所需的必要证明材料备齐提交房屋登记机关，且依合同约定或其他合理方式告知买受人可以自行申请房屋过户登记。出卖人未履行上述义务的，应当承担逾期办证的违约责任。

因行政部门原因导致买受人未能在合同约定或法定期限内取得房屋所有权登记的，可以根据其影响程度减轻或免除出卖人的逾期办证违约责任。

十五、对待给付义务的同时履行

买受人要求出卖人交付房屋或办理房屋过户登记，经审查合同约定买受人支付剩余购房款的义务先于或与出卖人的交房、过户义务同时履行，且买受人同意依约支付剩余购房款但出卖人拒绝受领的，法院应当向出卖人释明可以反诉要求支付剩余购房款，经

释明出卖人坚持不反诉，仅以买受人未支付剩余购房款作为拒绝履行抗辩的，法院应当依据买受人的诉讼请求判决："出卖人在买受人依合同约定支付剩余购房款时，交付房屋、协助买受人办理房屋过户登记手续"。

十六、一房数卖中买受人的权利顺位

一房数卖中的数个买受人均要求继续履行房屋买卖合同的，应当依据《全国民事审判工作会议纪要》第二部分第（二）方面、《北京市高级人民法院关于审理房屋买卖合同纠纷案件适用法律若干问题的指导意见（试行）》第13条的规定确定权利保护顺位。在房屋查封期间占有房屋的买受人，其权利不能对抗在先查封房屋的买受人；办理商品房预售合同备案或房屋网签手续买受人的权利，不能对抗合法占有房屋的买受人。

买受人要求办理房屋过户登记的案件中，法院应当告知其可以申请对房屋采取保全措施，法院在必要时可以在查封房屋处张贴封条或者公告，并提取保存有关财产权证照。

十七、第三人过户登记请求权的行使

房屋买卖合同中约定出卖人应向买受人指定的第三人办理房屋过户登记手续的，该第三人有权直接要求出卖人办理房屋过户登记；买受人也可以要求出卖人向其指定的第三人履行合同义务，但第三人拒绝受领的除外。

十八、出卖人死亡后房屋买卖合同的履行

出卖人在签订房屋买卖合同后死亡，买受人有权要求出卖人的继承人在继承遗产范围内继续履行合同债务，交付房屋并办理房屋过户登记。法院应当依据买受人的诉讼请求判决："出卖人的继承人协助买受人办理房屋过户登记手续"。

十九、房屋涨价损失与一倍赔偿的并用

出卖人具有《最高人民法院关于审理商品房买卖合同纠纷案件适用法律若干问题的解释》第8、9条规定的违约情形，导致商品房买卖合同解除，买受人要求同时赔偿房屋

涨价损失和不超过已付购房款一倍损失的，可予以支持，但合同另有约定的除外。出卖人有证据证明两项赔偿数额相加过分高于买受人所受实际损失的，可以酌情降低赔偿总额。

二十、同时主张逾期交房、办证违约金的处理

出卖人存在违反房屋买卖合同约定逾期交房和逾期办证的违约行为，买受人同时主张上述两项违约金的，可予以支持。出卖人主张两项违约金相加数额过高的，法院可以综合买受人所受实际损失、出卖人的过错程度、是否使用格式条款等因素，对于违约行为重复期间的违约金，择一高标准予以支持。

商品房买卖合同约定出卖人逾期取得初始登记和逾期办理过户登记应当支付违约金，买受人同时主张两项违约金的，依前款原则处理。

二十一、逾期办证违约金过高的判断标准

出卖人主张房屋买卖合同约定的逾期办证违约金数额明显过高，经审查买受人实际损失无法确定的，法院可以买受人已付购房款为基数，在日万分之三的标准范围内对违约金数额进行调整。

二十二、违约金分别主张与分段主张的调整

房屋买卖合同纠纷中，出卖人以买受人主张的违约金数额过高作为抗辩的，应区分以下情形处理：

（一）出卖人存在多项违约行为，买受人分别提起诉讼主张违约金，前诉法院已经做出处理的，后诉法院应当综合考虑前后案件的具体情况、买受人的实际损失、前诉案件的赔偿数额等因素综合确定赔偿数额。

（二）买受人就出卖人的同一违约行为分段起诉主张违约金，前诉法院已经确定出卖人支付违约金，出卖人有证据证明前诉案件确定的违约金数额加上买受人在后案中主张的违约金数额过分高于其所受实际损失的，

应当判决部分驳回直至全部驳回买受人的诉讼请求。

（三）买受人就出卖人的同一违约行为先后主张迟延履行违约金和解除合同违约金，前诉法院已经确定出卖人承担迟延履行违约金的，后诉法院在支持解除合同违约金时，应当扣除出卖人已经承担的迟延履行违约金的数额。

二十三、违约金诉讼时效的认定

房屋买卖合同中约定当事人违反合同义务应承担的违约金为数额确定的一次性违约金的，诉讼时效期间从合同约定的义务履行期限届满之次日起算；约定违约金为按日（月）计付的继续性违约金的，以每个个别的债权分别单独适用诉讼时效，当事人在诉讼中提出时效抗辩的，违约金保护范围为当事人起诉之日前两年。期间有时效中断或中止情形的，适用《民法通则》关于诉讼时效中断或中止的相关规定。

二十四、民间借贷与代理售房的处理

民间借贷关系的借款人在借款时出具委托书，授权贷款人（或其指定的第三人）出售借款人的房屋，贷款人（或其指定的第三人）在借款人未偿还借款的情况下，以借款人名义转让其房屋，借款人主张买卖合同无效的，一般不予支持，但贷款人与买受人存在恶意串通行为，或者买受人明知或应当知道代理人实际没有代理权或滥用代理权的除外。贷款人应当将收取的购房款扣除贷款本金、合法利息等后剩余的款项及时退还给借款人。

借款人认为合同约定的房屋转让价格明显过低，显失公平的，可以依据《合同法》第54条第1款第（2）项的规定行使撤销权。转让价格是否明显过低的标准可以参照《最高人民法院关于适用〈中华人民共和国合同法〉若干问题的解释（二）》第19条的规定予以确定，即合同约定的房屋转让价格达不到当时交易地的市场交易价百分之七十的，一般可以视为价格明显过低。

法院应当严格审查授权委托书的内容、买卖合同的订立和履行是否符合市场交易习惯、买受人是否实际支付购房款并实地查看房屋、买受人的身份等因素综合予以认定。

二十五、民间借贷与以房抵债的处理

当事人在民间借贷债务履行期限届满前签订合同约定，借款人逾期不偿还借款即愿意以自己所有（或经第三人同意以第三人所有）的房屋抵偿归贷款人所有，该合同实为基础借贷债权的担保，应当根据当事人的真实意思表示认定双方之间系民间借贷法律关系。贷款人可以选择行使以下权利：（1）贷款人依原基础借贷法律关系主张偿还借款的，应予支持；（2）贷款人在履行清算义务的前提下，要求借款人办理房屋过户登记手续的，应予支持。房屋价值超过担保基础借贷债权（贷款本金、合法利息等）的，贷款人应将剩余款项返还给借款人。房屋价值以贷款人要求借款人办理房屋过户登记时予以确定。

当事人在民间借贷债务履行期限届满后签订合同约定以房抵债，性质上属于债务履行方式的变更，贷款人要求继续履行合同办理房屋过户登记手续的，应予支持。借款人认为抵债价格明显过低，显失公平的，可以参照本纪要第 24 条第 2 款规定处理。

二十六、以房抵债与调解

当事人以债务纠纷诉至法院，在诉讼中自愿达成以房抵债协议的，各级法院应当严格依据《最高人民法院关于房地产调控政策下人民法院严格审查各类虚假诉讼的紧急通知》的相关规定，加大对可能出现的虚假诉讼案件的审查力度，对抵债协议的内容一般不出具正式调解书予以确认，确实需要出具正式调解书的，应当报经所在法院主管副院长或庭长审核。

二十七、适用范围

本纪要中的房屋买卖合同，未在表述中指明仅适用于商品房买卖的，即包括商品房买卖和存量房买卖，但不包括农村房屋买卖。

北京市高级人民法院
关于审理房屋买卖合同纠纷案件适用法律若干问题的指导意见（试行）

2010 年 12 月 21 日 京高法发〔2010〕458 号

为妥善处理房屋买卖合同纠纷，统一审判标准和裁判尺度，根据《中华人民共和国民法通则》《中华人民共和国物权法》《中华人民共和国合同法》《中华人民共和国城市房地产管理法》《中华人民共和国民事诉讼法》等法律法规及最高人民法院有关司法解释的规定，结合我市民事审判实践，制订本意见。

第一条 本意见所称的房屋买卖，是指城镇区域内国有土地上的"二手房"买卖。

商品房买卖合同纠纷案件，可以参照本意见处理。但法律、司法解释另有规定的，适用其规定。

第二条 当事人签订的预购书、购房意向书等协议已经具备了拟购房屋的基本状况、价款数额、价款支付方式等合同主要内容的，可以认定为房屋买卖合同，但当事人另有约定的除外。

因可归责于当事人一方的原因致使房屋买卖合同未能订立，预约协议约定有定金条款的，应当适用定金罚则；没有约定定金条款，或者定金处罚数额不足以弥补守约方实际损失的，违约方应当赔偿守约方因此所受到的信赖利益损失。守约方要求赔偿合同履行的可得利益损失的，一般不予支持。

第三条 《城市房地产管理法》第三十八条第（六）项"未依法登记领取权属证书"的房屋不得转让的规定，在性质上不属于《最高人民法院关于适用〈中华人民共和国合同法〉若干问题的解释（二）》第十四条规定中的"效力性强制性规定"，不应作为认定房屋买卖合同无效的法律依据。

第四条 对以将来可能取得所有权的房屋为标的物的买卖合同，法院不应仅以出卖人在签订合同时尚未取得房屋所有权为由认定买卖合同无效。出卖人在合同履行期限届满时仍未取得房屋所有权，致使买受人不能办理房屋所有权转移登记的，应当承担相应的违约责任。

前款所称将来可能取得所有权的房屋，包括尚未取得所有权的已购商品房及已购按经济适用住房管理的房屋等。

第五条 出卖人将登记在其个人名下的法定共有房屋，未经占份额三分之二以上的按份共有人或全体共同共有人同意，擅自以自己名义转让给他人，买受人为善意的，可以认定房屋买卖合同有效。买受人符合《物权法》第一百零六条第一款规定的善意取得构成要件办理了房屋所有权转移登记，其他共有人要求追回该房屋的，不予支持。

前款中出卖人为夫妻一方，转让房屋行为符合《最高人民法院关于适用〈中华人民共和国婚姻法〉若干问题的解释（一）》第十七条第（二）项规定的，应当优先适用该规定。

第六条 相关政策、法规规定的限制上市交易期限内买卖已购经济适用住房，当事人主张买卖合同无效的，可予支持。政策、法规有新规定的，适用其规定。

出卖人转让的经济适用住房的原购房合同系 2008 年 4 月 11 日（含）之前签订，当事人又在转让该已购房屋的合同中约定在限制上市交易期限届满后再办理房屋所有权转移

登记或在一审法庭辩论终结前该房屋已具备上市交易条件的，可以认定合同有效。

经出卖人主张房屋买卖合同被确认无效的后果，适用《合同法》第五十八条的规定，并考虑居住安置问题妥善处理，在认定买受人所受损失数额时应当综合考虑出卖人因房屋升值获得的利益、买受人因此丧失的订约机会损失、买受人装修房屋的添附价值及双方的过错程度等因素，公平合理的予以确定。

第七条 出卖人转让已购按经济适用住房管理的房屋，当事人主张房屋买卖合同无效的，不予支持。

第八条 房屋抵押权存续期间，出卖人（抵押人）未经抵押权人同意转让抵押房屋的，不影响房屋买卖合同的效力。

出卖人在合同约定的履行期限届满时仍未履行消灭抵押权的义务，致使买受人无法办理房屋所有权转移登记，买受人请求解除合同，并要求出卖人承担相应违约责任的，应予支持；买受人要求继续履行合同，办理房屋所有权转移登记，经法院释明后仍坚持不变更的，对其诉讼请求，不予支持，但买受人同意并能够代为清偿债务消灭抵押权的除外。

法院可以根据案件具体情况征询抵押权人的意见，必要时可以追加抵押权人作为无独立请求权第三人参加诉讼。

第九条 出卖人擅自将已被有权国家机关采取了查封等强制措施的房屋转让给他人的，买卖合同一般认定为无效，但相应有权国家机关或申请采取强制措施的权利人同意转让，或者一审法庭辩论终结前强制措施已经解除的，可以认定合同有效。

出卖人转让房屋后，有权国家机关对房屋采取了查封等强制措施的，不影响已成立的房屋买卖合同的效力。合同约定的履行期限届满时针对出卖人的强制措施仍未解除，致使买受人不能办理房屋所有权转移登记的，可以参照本意见第八条第二款规定的内容处理。

第十条　房屋权利人依据《物权法》第二十八条至第三十条规定取得房屋所有权，尚未办理宣示登记即转让房屋的，不影响房屋买卖合同的效力。买受人要求办理房屋所有权转移登记，经审查诉讼请求应予支持的，应当判决房屋权利人将房屋登记到自己名下后，再为买受人办理所有权转移登记。

第十一条　出卖人因婚前购买、拆迁安置等原因单独享有房屋所有权，其配偶、其他亲属或被拆迁安置人因婚姻、亲属关系或拆迁政策规定有权居住该房屋，并形成共居事实，居住人以出卖人转让房屋未经其同意、侵害其居住权益为由，要求确认房屋买卖合同无效的，不予支持。但居住人的相关权益应当得到法律保护。

第十二条　当事人之间就转让同一房屋先后分别签订数份买卖合同，合同中关于房屋价款、履行方式等约定存在不一致，当事人就此产生争议的，应当依据当事人真实意思表示的合同约定继续履行。对于当事人在房屋买卖中确实存在规避税收征管、骗取贷款等行为的，必要时可一并建议相关行政主管部门予以处理。

第十三条　出卖人就同一房屋分别签订数份买卖合同，在合同均为有效的前提下，买受人均要求继续履行合同的，原则上应按照以下顺序确定履行合同的买受人：

（1）已经办理房屋所有权转移登记的；

（2）均未办理房屋所有权转移登记，已经实际合法占有房屋的；

（3）均未办理房屋所有权转移登记，又未合法占有房屋，应综合考虑各买受人实际付款数额的多少及先后、是否办理了网签、合同成立的先后等因素，公平合理的予以确定。

买受人中之一人起诉要求出卖人继续履行买卖合同，出卖人以房屋已转让给他人为由提出抗辩的，法院可以根据案件具体情况决定是否追加其他买受人作为第三人参加诉讼；其他买受人另行提起诉讼要求继续履行

合同的，应当依据前款原则协调处理。

第十四条　房屋经多次转手买卖，均未办理转移登记，终局买受人以前手出卖人为被告提起诉讼，要求办理房屋所有权转移登记的，法院可以依申请或根据案件具体情况追加登记权利人（第一手出卖人）作为第三人参加诉讼，经审查诉讼请求应予支持的，可以判决当事人依次办理房屋所有权转移登记，但当事人另有约定的除外。

对于参与中间流转的其他出卖人，法院可以根据案件具体情况决定是否追加其为第三人。

第十五条　当事人约定一方以他人名义购买房屋，并将房屋登记在他人名下，借名人实际享有房屋权益，借名人依据合同约定要求登记人（出名人）办理房屋所有权转移登记的，可予支持。但是，该房屋因登记人的债权人查封或其他原因依法不能办理转移登记，或者涉及善意交易第三人利益的除外。

当事人一方提供证据证明其对房屋的购买确实存在出资关系，但不足以证明双方之间存在借名登记的约定，其主张确认房屋归其所有或要求登记人办理房屋所有权转移登记的，不予支持；其向登记人另行主张出资债权的，应当根据出资的性质按照相关法律规定处理。

第十六条　借名人违反相关政策、法规的规定，借名购买经济适用住房等政策性保障住房，并登记在他人名下，借名人主张确认房屋归其所有或者依据双方之间的约定要求登记人办理房屋所有权转移登记的，一般不予支持。

第十七条　登记人将登记在其名下的房屋擅自转让给他人，借名人以其对房屋享有实际权利为由，要求确认买卖合同无效的，不予支持，但借名人能够证明买受人知道或应当知道房屋存在借名登记的除外。买受人、借名人均要求继续履行合同的，可以参照本意见第十三条第一款的规定处理。

第十八条　《物权法》第一百零六条规

定的房屋的无权处分主要包括以下情形：

（1）权利人基于非依法律行为的物权变动取得房屋所有权，但未办理宣示登记，房屋登记在他人名下，登记人擅自以自己名义处分房屋的；

（2）因房屋登记机关登记错误，致使房屋登记簿上记载的原所有权消灭，产生了新的登记权利，登记人擅自以自己名义处分房屋的；

（3）夫妻共同共有及其他法定共有房屋仅登记在其中部分共有人名下，登记人未经占份额三分之二以上的按份共有人或全体共同共有人同意，擅自以自己名义处分房屋的；

（4）出卖人转让房屋并办理了所有权转移登记，其后买卖合同被确认无效或被撤销、解除，尚未办理所有权回复登记，登记人（买受人）擅自以自己名义处分房屋的；

（5）其他无权处分房屋的情形。

第十九条 《物权法》第一百零六条第一款规定在适用上应作如下理解：

（1）房屋善意取得中"善意"的判断标准：买受人信赖房屋登记簿中关于物权登记的记载，不知道出卖人无处分权即推定买受人为善意，但确有证据证明买受人明知或因重大过失不知房屋登记簿中物权登记错误或者登记簿中存在异议登记的除外。房屋原权利人对于买受人为恶意负有举证责任。

（2）"以合理的价格转让"是指买卖双方之间存在以合理价格转让房屋的交易行为，且买受人已实际全部或部分支付了房屋价款。

（3）房屋善意取得以房屋所有权已经转移登记到买受人名下为生效要件。房屋已经办理转移登记但尚未交付的不影响善意取得的构成，但该事实可以作为判断买受人是否构成善意的因素之一。

第二十条 房屋买卖合同签订后，出卖人未依约为买受人办理房屋所有权转移登记，买受人提起房屋确权之诉，要求确认房屋归其所有的，法院应当行使释明权，告知其应当变更诉讼请求要求出卖人办理所有权转移

登记，买受人坚持不变更的，对其诉讼请求，不予支持。

第二十一条 房屋买卖合同履行过程中，一方当事人构成根本违约的，守约方有权解除合同，违约方不享有合同法定解除权。如果因不可抗力或情事变更等原因，致使合同目的无法实现的，合同双方均有权要求解除合同。

第二十二条 房屋买卖合同签订后，一方当事人不同意继续履行，愿意以承担相应违约责任为代价解除合同，而另一方坚持要求继续履行，经审查合同继续履行不存在现实困难的，应当判决双方继续履行合同，但合同另有解约定金等约定或符合《合同法》第一百一十条规定情形的除外。

第二十三条 当事人在房屋买卖合同中对定金性质约定不明的，不应视为解约定金。

房屋买卖合同中同时约定了解约定金和违约金，当事人一方已构成违约的，在约定条件成就时解约定金处罚与违约金可以同时适用。

第二十四条 房屋买卖合同签订后，因一方当事人根本违约致使另一方订立合同的目的不能实现，守约方要求解除合同，并要求违约方赔偿房屋差价损失、转售利益损失等可得利益损失的，应酌情予以支持，但当事人另有约定的除外。

在认定和计算可得利益损失时，应从守约方主张的可得利益赔偿总额中扣除守约方未采取合理措施不当扩大的损失、守约方亦有过失所造成的损失、守约方因此获得的利益以及守约方取得利益需要支出的必要的交易成本，并综合考虑守约方的履约情况等因素予以确定。

第二十五条 房屋买卖合同不成立、被确认无效或被撤销，信赖合同有效成立致受损害的一方当事人要求另一方赔偿信赖利益损失的，应予支持。信赖利益损失包括所受损害和所失利益（当事人信赖合同有效成立而丧失另订其他有利合同的机会损失等），损

失赔偿数额以不超过履行利益为限。

第二十六条 出租人转让房屋给第三人，侵害承租人优先购买权，承租人请求判决其与出租人在与第三人同等条件下成立房屋买卖合同关系，出租人为其办理房屋所有权转移登记，经审查承租人购买房屋的意思表示真实，且具备合同履行能力的，法院可以支持其诉讼请求，并判决承租人在合理期限内依同等条件支付房屋价款，但法律、司法解释另有规定的除外。法院在审理过程中可以根据案件实际情况要求承租人提供相应的担保以证明其具备合同履行能力。

承租人在诉讼中仅要求法院确认其对房屋享有优先购买权，而不要求行使优先购买权，经法院释明后仍坚持不变更的，对承租人的诉讼请求，不予支持。

第二十七条 房屋中介机构对于房屋权属状况等订约相关事项及当事人的订约能力负有积极调查并据实报告的义务。

房屋中介机构违反忠实居间义务，严重损害委托人利益的，不得要求委托人支付中介服务费用及从事居间活动的必要费用。委托人有损失的，房屋中介机构应当承担相应的损害赔偿责任。

第二十八条 在房屋买卖等非权属纠纷民事案件中，当事人一方对另一方作为权属证据提供的房屋登记簿和权属证书提出异议，法院原则上仅对房屋登记簿和权属证书形式上的真实性进行审查，经查证属实的，即可作为民事诉讼的证据使用。

第二十九条 因房屋买卖合同纠纷提起的诉讼，原则上按照《民事诉讼法》第二十四条关于合同纠纷管辖的规定确定管辖权。

第三十条 本意见自下发之日起施行。

本意见的具体规定与新颁布的法律、法规和司法解释不一致的，本意见的相关规定不予执行。

本意见施行后尚未审结的一、二审案件，适用本意见；本意见施行前已经终审，当事人申请再审或者按照审判监督程序决定再审的，不适用本意见。

北京市高级人民法院
关于涉及住房限购政策的房屋买卖合同纠纷案件处理的暂行意见

2011 年 11 月 3 日　　　　　　　　京高法发〔2011〕400 号

为配合国务院和北京市政府房地产市场调控政策特别是住房限购政策的实施，就涉及住房限购政策的房屋买卖合同纠纷案件的处理原则，提出以下意见：

一、依法受理涉及住房限购政策的房屋买卖合同纠纷，保障当事人诉讼权利。

二、审理涉及住房限购政策的房屋买卖合同纠纷案件时，应遵循维护国家住房限购政策、保护当事人合法权利的原则。

三、当事人签订的房屋买卖合同涉及北京市住房限购政策时，法院在审理过程中，原则上以网签合同日期作为判断合同是否成立的重要依据之一。

四、房屋买受人无法办理房屋所有权转移登记系因住房限购政策实施所致的，当事人有权请求解除合同。

五、对于因住房限购政策实施导致当事人解除合同后，出卖人应当将收受的购房款或定金返还给买受人，买受人应将接受的房屋返还给出卖人。因解除合同造成的损失按照公平原则处理。

六、在对涉及住房限购政策的房屋买卖合同纠纷进行调解的过程中，在自愿合法调解的基础上，应对房屋买受人是否符合住房限购政策规定进行审查，防止利用调解协议规避住房限购政策的现象。

意见中所称住房限购政策为：《国务院办公厅关于进一步做好房地产市场调控工作有关问题的通知（国办发〔2011〕1号）》，《北京市人民政府办公厅关于贯彻落实国务院办公厅文件精神进一步加强本市房地产市场调控工作的通知（京政办发〔2011〕8号）》，《北京市住房和城乡建设委员会关于落实本市住房限购政策有关问题的通知（京建发〔2011〕65号）》。

北京市高级人民法院
关于审理个人购房贷款纠纷案件座谈会纪要

2007年8月9日 　　　　　　　　　　京高法发〔2007〕273号

2007年7月23日，北京市高级人民法院召开了北京市法院民事、商事审判工作座谈会，全市三级法院负责民事、商事审判的主管院长、庭长参加了座谈会。北京市高级人民法院朱江副院长在部署下半年民事、商事审判工作任务中，强调处理好我市法院受理的涉及房地产开发商以个人购房贷款的名义套取银行按揭贷款的个人购房贷款纠纷案件，服务大局，维护稳定。与会人员对高院民二庭通过深入调查研究，就此类案件相关问题形成的调研报告和拟定的处理意见进行了认真讨论，并就有关此类案件的合同效力、举证责任分配、民事责任承担及涉及刑民交叉的问题统一了认识，取得了基本一致的意见。现纪要如下：

一、个人购房贷款合同的效力问题：

1. 在个人购房贷款合同履行过程中，查明开发商以使用贷款为目的、以其他个人名义贷款，由自己作为担保人，并将贷款用于本企业经营的，开发商应为贷款的实际使用人，上述行为属于借款人、担保人（开发商）擅自改变借款用途的违约行为，该违约行为不影响个人购房贷款合同的效力，在审理中应认定贷款合同有效。

2. 在个人购房贷款合同履行过程中，出现了符合《中华人民共和国合同法》第五十四条第二款规定的情形，利益受损害方有权请求人民法院变更或撤销贷款合同。如其不行使请求人民法院变更或撤销贷款合同的权利，在审理中仍应认定贷款合同有效。

二、举证责任：

1. 借款人下落不明的，银行可直接诉连带保证人（开发商），银行对其是否履行放款义务负有举证责任。

2. 由于借款人、开发商均下落不明，不能出庭参加诉讼，导致个人购房贷款合同的主要履行事实无法查清时，银行对其是否按约定履行放款义务负有举证责任。

三、个人购房贷款合同案件民事责任认定问题：

1. 借款人及开发商下落不明，借款所购房屋产权登记在借款人名下，且银行已向法院举证证明其履行了发放贷款的义务，应由借款人按借款合同约定承担还款责任，开发商作为担保人承担连带保证责任。

2. 借款人抗辩认为购房并非其真实意思表示，但开发商下落不明，借款人无其他证据证明其抗辩理由，且借款所购房屋的产权登记在借款人名下，应按借款合同约定，由借款人承担还款义务，开发商作为担保人承担连带保证责任。

3. 借款人下落不明或借款人抗辩认为购房并非其真实意思表示，向银行支付首付款及月供款均由开发商负责，开发商亦认可上述借款合同履行事实，且借款人未实际占有借款所购房屋，则开发商系以融资为目的并实际使用贷款，借款人及开发商的民事责任按以下原则处理：

（1）借款人系因开发商欺诈、胁迫而签订借款合同的，由于其未参与合同履行，应由开发商向银行承担偿还贷款本息的责任，借款人不承担还款责任。

（2）借款人明知开发商系以融资为目的以借款人的名义贷款，仍向开发商提供身份证明，并与银行签订借款合同的，由开发商向银行承担偿还贷款本息的责任；借款人虽未参与合同履行，亦未实际占有借款所购房屋，但其帮助开发商套取银行按揭贷款并造成损失，借款人应就其过错向银行承担不超过开发商不能偿还部分10%的赔偿责任。

四、个人购房贷款合同案件中涉及刑事犯罪的问题：

在审理个人购房贷款合同纠纷案件中，有充足证据证明案件具有骗取银行贷款的犯罪嫌疑情形的，应将有关案件材料移送公安机关处理，在公安机关立案后，应当裁定驳回起诉。

会议还认为，上述个人购房贷款合同案件法律关系复杂，审理难度大，政策性强，因此各法院在审理中应注意把握以下三个问题：一是必须认真细致地查明案件事实，尤其是有关借款人是否真正使用贷款并实际占有贷款所购房屋的事实必须查清；二是在审理此类案件时要注意公平原则的适用，防止各主体之间利益严重失衡，对于已查明未实际使用贷款亦未实际占有贷款所购房屋的借款人，不能仅因其签订贷款合同而判决其承担全部的贷款偿还责任；三是本会议纪要自下发之日起参照执行，所确定的审理原则应仅适用于新收及一、二审未结的案件，对已审结的案件当事人又申请再审的不应适用。

北京市高级人民法院
农村私有房屋买卖纠纷合同效力认定及处理原则研讨会会议纪要

2004 年 12 月 15 日　　　　　　　京高法发〔2004〕391 号

近年来，我市法院受理了一批涉及农村私有房屋买卖的合同纠纷案件，由于目前相关法律、法规不够明确，对合同效力认定认识存在差异，在一定程度上产生了此类案件在不同法院、不同业务庭、不同审判人员之间裁判标准不统一的问题。为研究、统一执法尺度，2004 年 12 月，高院民一庭与审监庭、立案庭联合召开会议，就农村私有房屋买卖合同的效力认定及案件处理原则等问题进行了专门研讨，初步形成了处理意见，纪要如下：

一、涉及农村私有房屋买卖纠纷案件的主要情况

目前此类纠纷主要有以下情况：从诉讼双方和案由来看，主要为房屋出卖人诉买受人，要求确认合同无效并收回房屋；从买卖双方身份来看，出卖人为农村村民，买受人主要是城市居民或外村村民，也有出卖给同村村民的情况；从交易发生的时间看，多发生在起诉前两年以上，有的甚至在 10 年以上；从合同履行来看，大多依约履行了合同义务，出卖人交付了房屋，买受人入住并给付了房款，但多未办理房屋登记变更或宅基地使用权变更登记手续；从诉讼的起因来看，多缘于土地增值以及土地征用、房屋拆迁等因素，房屋现值或拆迁补偿价格远远高于原房屋买卖价格，出卖人受利益驱动而起诉；从标的物现状来看，有的房屋已经过装修、翻建、改建等添附行为。

二、关于农村私有房屋买卖纠纷合同效力的认定

与会人员多数意见认为，农村私有房屋买卖合同应当认定无效。主要理由是：

首先，房屋买卖必然涉及宅基地买卖，而宅基地买卖是我国法律、法规所禁止的。根据我国土地管理法的规定，宅基地属于农民集体所有，由村集体经济组织或者村民委员会经营、管理。国务院办公厅 1999 年颁布的《关于加强土地转让管理严禁炒卖土地的通知》规定："农民的住宅不得向城市居民出售，也不得批准城市居民占用农民集体土地建住宅，有关部门不得为违法建造和购买的住宅发放土地使用证和房产证。"国家土地管理局〔1990〕国土函字第 97 号《关于以其他形式非法转让土地的具体应用问题请示的答复》也明确规定：原宅基地使用者未经依法批准通过他人出资翻建房屋，给出资者使用，并从中牟利或获取房屋产权，是属"以其他形式非法转让土地"的违法行为之一。

其次，宅基地使用权是集体经济组织成员享有的权利，与特定的身份关系相联系，不允许转让。目前农村私房买卖中买房人名义上是买房，实际上是买地，在房地一体的格局下，处分房屋的同时也处分了宅基地，损害了集体经济组织的权益，是法律法规明确禁止的。

第三，目前农村房屋买卖无法办理产权证书变更登记，故买卖虽完成，但买受人无法获得所有权人的保护。

第四，认定买卖合同有效不利于保护出卖人的利益，在许多案件中，出卖人相对处于弱者的地位，其要求返还私有房屋的要求更关涉到其生存权益。

与会者同时认为，此类合同的效力以认定无效为原则，以认定有效为例外，如买卖双方都是同一集体经济组织的成员，经过了宅基地审批手续的，可以认定合同有效。

三、涉及农村私有房屋买卖纠纷案件的处理原则

与会者一致认为，处理此类案件应坚持以下原则：

第一，要尊重历史，照顾现实。农村私有房屋交易是在城乡人口流动加大、居住区域界限打破和城乡一体化的大背景下产生的，相关部门监管不力、农村集体经济组织相对涣散是造成这种现状的制度诱因，而土地市场价格的持续上扬、房屋拆迁补偿等利益驱动是引起此类案件的直接原因。审理此类案件应实事求是地看待上述背景，要考虑到目前城乡界限仍未完全打破，农村集体经济组织仍有一定的封闭性，农村土地属于集体所有，目前法律、政策限制集体土地流转是一种现实；同时要认识到此类案件产生的复杂性，并妥善解决相关的利益冲突和矛盾。

第二，要注重判决的法律效果和社会效果。判决要以"有利于妥善解决现有纠纷、有利于规范当事人交易行为"为指导，起到制约农民审慎处分自己房屋的积极效果。

第三，要综合权衡买卖双方的利益。首先，要全面考虑到合同无效对双方当事人的利益影响，尤其是出卖人因土地升值或拆迁、补偿所获利益，以及买受人因房屋现值和原买卖价格的差异造成的损失；其次，对于买受人已经翻建、扩建房屋的情况，应对其添附价值进行补偿；再次，判决返还、腾退房屋同时应注意妥善安置房屋买受人，为其留出合理的腾退时间，避免单纯判决腾退房屋给当事人带来的消极影响。

特此纪要。

北京市高级人民法院民一庭
关于妥善处理涉及住房限购政策的房屋买卖合同纠纷案件若干问题的会议纪要

(2011 年 12 月 13 日)

为贯彻落实国务院通知精神，进一步加强和改善房地产市场调控，切实解决城镇居民住房问题，北京市人民政府办公厅于 2011 年 2 月 15 日下发了《关于贯彻落实国务院办公厅文件精神进一步加强本市房地产市场调控工作的通知》（以下统称"京十五条"），对居民家庭在本市购买住房的资格限制及限购套数等问题均作出了相应的规定。上述政策的出台对于有效遏制投资投机性购房，促进房地产市场平稳健康发展起到了重要的作用，同时也对房屋买卖当事人的利益产生了重大影响。实践中，本市法院民庭受理了一批涉及住房限购政策的房屋买卖合同纠纷案件。为正确适用法律、统一裁判标准，市高院民一庭召集市一、二中院及部分基层法院民庭召开了专题研讨会，经充分深入讨论，就该类案件审理中的相关法律适用问题，形成以下纪要内容：

一、（审理案件的基本原则和导向）

对房地产市场加强和完善宏观调控是党和国家为维护房地产市场健康有序发展，遏制部分城市房价过快上涨的重大决策部署。依据国家和本市的住房限购政策规定（以下统称住房限购政策），妥善处理相关房屋买卖合同纠纷案件是人民法院为大局服务、为人民司法的必然要求，要确保司法审判与国家对房地产市场宏观调控政策的导向相一致。

二、（住房限购政策与不可抗力）

国家对于房地产市场的宏观调控并非是一个令所有市场主体猝不及防的突变过程，而是经历了一个从限贷到限购逐步加强和完善的发展过程。房屋买卖合同作为一种标的额相对较大、与买卖双方切身利益密切相关的合同，当事人在签订合同时对合同订立后可能出现的房地产市场风险及各种履行障碍均应当有一定程度的预见和判断。因此，住房限购政策在司法实践中不宜认定为《合同法》第一百一十七条规定的不可抗力。

三、（住房限购政策的性质和合同解除的处理原则）

住房限购政策在性质上具有公共政策的性质，确实会对房屋买卖合同能否继续履行造成重大影响。对于合同订立后由于住房限购政策的实施致使买受人无法办理房屋过户登记的，属于因不可归责于双方当事人的原因导致合同目的无法实现，当事人要求解除合同的，除合同另有约定外，一般应予支持。出卖人应当将收受的购房款或定金返还给买受人；当事人一方要求另一方承担违约责任或适用定金罚则的，不予支持；经审查合同解除确实导致当事人间利益失衡，损失方要求对方补偿其所受合理损失的，可酌情予以支持。

房屋买卖合同依约定期限能够实际履行，因一方当事人的原因致合同处于迟延履行状态，在此期间由于住房限购政策的实施导致合同无法继续履行的，对守约方要求解除合同，并要求另一方承担赔偿损失等违约责任的诉讼请求，应予支持。

四、（对已办理网签的合同要求继续履行的处理原则）

房屋买受人要求出卖人继续履行合同，

办理房屋过户登记，经审查双方签订的买卖合同已经在相应的房屋管理部门办理了网上签约的，可以判决或调解出卖人为买受人办理房屋过户登记。

诉讼中，当事人对买受人是否具备购房资格、网签是否正确等事实存在异议的，应告知其可向相应的房屋管理部门反映。当事人向相应行政部门反映的，法院可根据案件具体情况决定是否等待行政部门的处理结果。

五、（对未办理网签的合同要求继续履行的处理原则）

房屋买受人要求出卖人继续履行合同，办理房屋过户登记，经审查双方虽未办理网上签约，但买受人家庭（含夫妻双方及未成年子女）具备"京十五条"规定的购房资格（见附件一）的，可以判决或调解出卖人为买受人办理房屋过户登记；不具备资格的，法院应向当事人释明其可以变更诉讼请求，即要求解除买卖合同；经释明当事人变更请求的，按本纪要第三条的内容处理，当事人坚持要求继续履行的，判决驳回其诉讼请求。

买受人对其具备"京十五条"规定的购房资格负有举证责任。买受人应当依据北京市住房和城乡建设委员会《关于落实本市住房限购政策有关问题的通知》第三条的规定提供相应的证据材料（见附件二），并提交书面承诺保证其陈述真实。买受人无正当理由拒绝提供证据材料以致法院无法审查核实的，应当判决驳回其要求办理房屋过户登记的诉讼请求。出卖人对买受人的权利主张表示认可的，不免除买受人的举证责任。

法院应当根据买受人提交的证据主动审查买受人家庭是否具备"京十五条"规定的购房资格并做出认定，必要时应当向相应的房屋管理部门进行核实，避免当事人通过法院生效判决、调解书的方式规避上述政策规定，实现房屋过户的目的。

六、（对"京十五条"实施前签订的合同要求继续履行的处理原则）

本纪要第五条涉及案件中，买受人家庭不具备"京十五条"规定的购房资格，但买卖双方在该规定实施（2011 年 2 月 17 日）之前已经订立房屋买卖合同，且已经支付购房款并实际占有使用房屋，解除合同会导致当事人间利益明显失衡的，对买受人要求继续履行合同并办理房屋过户登记的诉讼请求，可予支持；不符合前述条件的，按本纪要第五条第一项的内容处理。

法院对当事人提交的证明上述事实的证据应当严格审查，全面审核，判决支持买受人要求办理房屋过户登记诉讼请求的，应当在判前向受理法院的主管院庭长汇报，必要时可向二审法院汇报；原则上不宜以出具正式调解书的方式确认由出卖人为买受人办理房屋过户登记手续。

买受人在相应的住房限购政策实施前已经提起诉讼要求办理房屋过户登记，尚未审结的，不受该政策规定的住房限购条件的限制。

七、（合同存在欺诈的处理原则）

住房限购政策实施后，因一方当事人故意隐瞒或虚构相关事实，导致订立的合同违反住房限购政策而无法继续履行，另一方当事人请求解除或撤销合同，并要求对方当事人赔偿其因此所受损失的，应予支持。

八、（明知合同违反住房限购政策的处理原则）

当事人双方在订立合同时明知或应当知道该合同不符合当时的住房限购政策，一方当事人要求继续履行的，不予支持，但一审法庭辩论前买受人家庭具备"京十五条"规定的购房资格的除外；合同约定待买受人符合住房限购政策后再办理房屋过户登记的，依照其约定。

九、（规避住房限购政策的借名买房合同的处理原则）

因住房限购政策的限制，当事人约定一方以他人名义购买房屋，并将房屋登记在他人名下，借名人以其系实际买受人为由，要求确认房屋归其所有或办理房屋过户登记的，不予支持；借名人因自身条件变化或政策发生调整等原因符合住房限购政策的，可以判决登记人为其办理房屋过户登记手续。

十、（适用范围）

本纪要所称的"房屋买卖"，包括商品房买卖和二手房买卖。当事人依据房屋赠与合同或以房抵债合同要求办理房屋过户登记的，可以参考适用本纪要相关内容。

国家和本市就住房限购政策有新规定的，适用其新规定。

当事人因房屋买卖合同的效力及履行发生的其他争议，依据合同法的相关规定处理。

上海市高级人民法院
关于审理房地产买卖与抵押、租赁交叉纠纷若干问题的意见

2008 年 4 月 11 日　　　　　　　　　　沪高法民一〔2008〕7 号

一、房屋买卖合同效力对房屋抵押权的影响

房屋买受人在购买房屋后，以该房屋认定抵押进行借贷的，通常产生三层法律关系，即房屋买卖合同、借贷合同、房屋抵押合同。一般而言，借贷合同与提供的房屋抵押合同之间构成主从合同关系，而房屋买卖合同与房屋抵押合同之间不形成主从合同关系。房屋买卖合同被确认有效、房屋抵押合同不存在其他无效因素，一般应认定有效。

房屋买卖合同被确认无效，则无效合同自始没有法律约束力，买受人若认定房屋抵押权，则成为无处分权人。无处分权人认定的房屋抵押权，抵押权人可基于《物权法》第 106 条的规定取得。审理实践中，适用不动产抵押权善意取得制度，须注意把握抵押权人认定抵押权时的善意、合理价以及办理不动产抵押权登记等法律要件。其中抵押权人对不动产登记的信赖，一般情况下可构成善意，但有证据证明抵押权人知道或应当知道抵押物的权利存在瑕疵的除外。法官可结合抵押权人是否知道抵押人对抵押物无权处分、交通是否符合习惯等方面进行综合判断。

二、房屋抵押合同已被生效判决认定有效后，房屋买卖合同的一方当事人诉请确认买卖合同无效并要求返还房屋的处理。

房屋买卖合同的当事人在房屋抵押合同已被确认有效后，提起合同无效之诉，目的在于对抗抵押权人行使抵押权。由于房屋买卖合同与房屋抵押合同分属不同法律关系，房屋买卖合同的效力应根据买卖双方的交易情况适用合同法等相关进行认定，不受生效法律文书确认房屋抵押合同效力的影响。

一旦买卖合同经审理被确认无效的，因该合同取得的财产，双方应予返还。至于认定抵押权的房屋，可区分以下三种情况进行处理：

1. 抵押权人已经申请执行，且抵押物已被拍卖、变卖的，鉴于系争房屋事实上已经无法返还，可判令买受人折价赔偿。

2. 抵押物尚未被拍卖、变卖的，可判令买受人在涤除抵押权后，将房屋返还给出卖人。

3. 出卖人已经代为清偿债务消灭抵押权的，可判令买受人返还房屋。

三、当事人诉请确认房屋买卖合同无效，但买受人为获得贷款已将系争房屋抵押给银行的，买卖合同与抵押借款合同的处理程序。

房屋买卖合同可能被确认无效或被撤销、解除的，法院可将诉讼情况告知担保权人。

若担保权人就此提出诉讼请求的，可与房屋买卖合同纠纷合并审理；若担保权人未申请参加诉讼的，仅处理房屋买合同纠纷，但应尽可能查明房屋上认定的权利，并在处理时予以考量。

四、不动产上认定抵押权与租赁权的实现顺序

根据《物权法》第190条的规定，订立抵押合同前抵押财产已出租的，原租赁关系不受抵押权的影响。抵押权认立后抵押财产出租的，该租赁关系不得对抗已登记的抵押权。因此，抵押权与租赁权的实现取决于两者设立的先后顺序。审判实践中，可区分以下情况进行处理：

1. 不动产抵押权自登记时生效，登记的抵押权可对抗其后发生的租赁关系。

2. 不动产抵押权登记前，不动产租赁合同已经登记备案的，租赁关系不受抵押权的影响。

3. 不动产抵押权登记前，不动产租赁合同虽未登记备案的，但租赁关系实际存在的，如承租人已经实际占有使用不动产的，租赁关系不受抵押权的影响。

五、抵押将已抵押的不动产出租的，不动产抵押权实现时，不动产租赁关系的处理

根据最高院《关于适用担保法若干问题的解释》第66条的规定，抵押人将已抵押的财产出租的，抵押权实现后，租赁合同对买受人具有约束力。因此，抵押权实现后，抵押物的买受人要求承租人迁让的主张，一般可予支持。至于承租人的损失可基于租赁关系向出租人主张。

上海市高级人民法院
关于审理"二手房"买卖案件若干问题的解答

(2005 年 12 月 16 日)

1. **本解答的适用范围**

答：本解答所涉之"二手房"买卖，系指买卖双方经合意，出卖人转移房屋所有权于买受人，买受人支付一定对价而产生的民事合同关系。

新建商品房的买卖及公房使用权的转让，不适用本解答。

2. **未经房屋共同共有人同意，出卖人对外签订的"二手房"买卖合同，效力如何认定？**

答：审判实践中，经常遇到房屋共有人以其他共有人擅自处分共有财产为由，主张其他共有人对外签订的"二手房"买卖合同无效。对此问题，应区别不同的情形分别处理。一是房屋出售时，权利登记仅为出卖人一人的，基于不动产的公示、公信原则，买受人有理由相信出卖人系房屋的完全权利人，其与出卖人之间签订的买卖合同，应认定为有效；但如有证据证明买受人存有过错，与出卖人恶意串通，损害其他共有人利益的除外。二是房屋出售时，权利登记为数人的，基于部分共同共有人不得擅自处分共有财产的法律规定，在其他权利人事后不予追认的情况下，应认定买卖合同无效；但买受人有理由相信出卖人有代理权，符合表见代理构成要件的，应确认买卖合同有效。

3. **未经在房屋内共同居住的其他成员同意，房屋所有权人对外签订的"二手房"买卖合同，效力如何认定？**

答：房屋权利人个人购买所得的房屋，配偶或其他亲属因婚姻或亲属关系形成了同住事实，房屋所有权人有义务保障其居住权益，但该权益的存在并不构成对房屋所有权人处分房屋的限制。因此，未经在房屋内共同居住的其他成员同意并不影响房屋所有权人对外签订的房屋买卖合同的效力。

4. 2004 年 4 月 26 日"期房限转"政策出台后，一方尚未取得房屋所有权证，即与他人订立转让合同。该转让合同的效力如何认定？

答：高院在今年 6 月 16 日《民事法律适用问答》（2005 年第 1 期）对此作了阐述，明确不能仅因出卖方尚未取得房屋所有权证而认定转让合同无效。其理由是：房屋买卖合同的买方在尚未取得房屋所有权证之前，其虽不能享有房屋所有权，但享有买卖合同上的债权。而债权转让是合同法赋予合同当事人的权利之一，没有理由不允许当事人转让自己的合同权利，因此买方再予转让并不违反法律禁止性规定。至于上海市目前关于"期房限转"的地方性规定，其所规定的是当事人在取得房屋所有权证之前的再转让行为，房地产登记部门不予办理登记，该规定所产生的后果是受让方可能要承担无法实际取得房屋的风险，但并不影响转让合同的效力。

5. 当事人已就房屋买卖事宜达成了具体约定，但未签订《上海市房地产买卖合同》示范文本。当事人之间的买卖合同是否成立、有效？

答：《上海市房地产买卖合同》是上海市房屋土地资源管理局、上海市工商行政管理局共同制定的示范文本，当事人可以约定采用，或参照示范文本订立买卖合同。实践中，买卖双方就房屋买卖事宜达成一致意见后，为办理过户手续之需要，大多约定双方再需签订《上海市房地产买卖合同》示范文本。对此，买卖合同是否成立、有效应根据双方的合意情况，予以区别对待。

如双方明确以签订《上海市房地产买卖合同》为买卖合同成立、生效要件的，从其约定。

如双方并未作出上述约定，而双方已经签订的协议书具备了房屋买卖合同的主要内容，应视为买卖合同成立，并认定合同有效。双方约定再签订《上海市房地产买卖合同》，只是以格式合同的形式对买卖关系予以确认。当事人未签订《上海市房地产买卖合同》的，不影响原已成立的合同关系。

6. 合同签订后，一方不愿意再履行买卖合同，而另一方坚决要求继续履行的，如何处理？

答：按照约定全面履行合同义务是合同履行的一项基本原则。因此，除合同另有约定或出现可单方解除合同的法定情形外，无论是合同签订后的预期违约还是合同履行期届满后的实际违约，如另一方坚决要求继续履行的，除符合《合同法》第一百一十条规定外，应责令双方继续履行。在履行义务的同时，另一方还有其他损失的，应当赔偿损失。

对于确不能继续履行的，违约方应当赔偿因违约而给对方造成的损失，包括直接损失和预期可得利益损失。其中房屋涨跌损失的确定，可参照以下方式：一、双方协商确定的，从其约定；二、双方不能协商确定的：（一）原则上可比照最相类似房屋的市场成交价（首先是同幢相同楼层及房型；其次是相邻幢同楼层及房型；再次是相同区域内房屋）与买卖合同成交价之差确定房屋涨跌损失；（二）无最相类似房屋比照的，可通过专业机构评估确定房屋涨跌损失。认定损失的时间点应从保护守约方的利益出发，以守约方的请求为基础，结合合同约定的履行期限届满之日、违约方的违约行为确定之日以及审理中房屋的涨跌情况等，合理确定。

最后，守约方损失的认定还应综合考虑守约方的履约情况、违约方能预见的因房屋价值涨跌而产生的损失以及双方是否已采取必要措施防止损失扩大等因素。

7. "二手房"买卖合同中，因房屋质量问题引发纠纷，出卖人应如何承担房屋质量瑕疵担保责任？

答：买卖合同的出卖人应就买卖标的物向买受人承担质量瑕疵担保责任。但由于"二手房"买卖中的标的物一般已使用一定年限，并存在装修、装饰等现状，买受人对房屋的瑕疵状况也应有理性的判断。因此，对于出卖人故意隐瞒房屋质量瑕疵的，应承担赔偿责任。对于出卖人已如实告知瑕疵或买受人已明知瑕疵的，则出卖人不承担责任。对于房屋的隐蔽瑕疵，如并非出卖人在装潢、使用过程中所产生，而系房屋本身所固有的，若没有证据证明出售一方对此是知晓的，出卖人亦不承担瑕疵担保责任，但买受人可以房屋所有人身份，依据因合同转让而取得的权利，向开发商主张保修责任或赔偿责任。

8. 当事人分别签订了几份买卖合同，但约定的房价不一致。现当事人对于房屋成交价格产生争议，如何认定？

答：对于前后合同约定的房价不一致这一情况，根据后合同优先于前合同的原则，原则上应以后订立的合同为准。如一方当事人确有证据证明双方为规避纳税、骗取贷款等，而故意在此后的《上海市房地产买卖合同》等合同中订立虚假价格的，因该项变更非双方变更房价的真实意思，且具有非法目的，不应予以认定，仍应以前合同约定的成交价履行。

判断时，除由提出异议方承担举证责任外，还应结合前后合同签订后的履行情况、前后合同约定的成交价与市场价格的差距大小、合同登记备案情况等综合判断。此外，对于当事人确存在规避纳税、骗取贷款等行为的，可一并建议相关部门予以处理。

9. 买卖合同成立后，出卖人未能自动履行产权过户义务。对此，实践中买受方既有主张确权的，也有要求出卖人履行产权过户义务的，如何处理？

答：在买卖合同履行过程中，双方间存在的是债权债务关系，买受人只能依据合同约定，要求出卖人履行合同义务，包括按约将标的物的所有权移转给买受人。买受人不能依据买卖合同而直接取得标的物的所有权，实践中也可能由于出现法律上或者事实上不能履行等法定情形，而导致买受人不能实际取得标的物所有权的情况发生。同时，确权之诉系对民事权利是否存在、如何归属等加以确认，而如前述，在出卖人未自动履行所有权移转义务前，买受人尚未取得标的物的所有权，其依据合同约定要求确认房屋所有权归其所有，缺乏基础。因此，对出卖人不履行产权过户义务的，买受人不能直接要求确认房屋产权归其所有，只能按合同约定要求出卖人履行产权过户义务。

10. 二手房买卖中，当事人因户口问题发生争执，法院是否处理？

答：对于"二手房"买卖中，当事人约定出卖人迁出户口，并由买受人迁入户口，但嗣后因出卖人拒不迁出户口而引发纠纷的，我们已在2003年第3期《民事法律适用问答》中，对此问题作了明确，但实践中仍有不同理解。经研究，我们认为，当事人虽在买卖合同中就户口迁移事宜作出了约定，但户口迁移涉及相关行政部门的审批制度，属于行政管理范畴，不属于民事案件的受理范围。经释明后，当事人仍坚持主张迁移户口的，应裁定不予受理或驳回起诉。

上海市高级人民法院
关于慎重处理房价下跌后购房人拒还贷款
可能引发的诉讼案件的通知

2005 年 12 月 15 日   沪高法〔2005〕397 号公布

上海市第一、第二中级人民法院，上海铁路运输中级法院及上海铁路运输法院，各区、县人民法院，本院有关庭、室：

自今年 11 月份以来，本市接连出现个人住房贷款的借款人因房价下跌，与房产开发商协商退房未果而集体宣布停止归还银行贷款的情况。虽然此类情况目前仍属个别现象，开发商也正在与相关业主协商，但不排除因协商不成借款人故意停止还贷情形的发生。如果此类情况大量发生，将涉及银行巨额贷款资金安全，对银行的贷款资产构成潜在的系统性风险，不利于上海的房地产市场和金融市场的稳定和健康发展。

从法律关系上分析，购房人与银行签订的房屋抵押借款合同，虽然与购房人和开发商之间的商品买卖合同存在一定关联，但借款合同与商品房买卖合同的履行应当彼此独立。贷款发放之后，购房人与房产开发商之间发生的纠纷，一般与银行无关，购房人作为借款人应当按照借款合同约定履行义务。目前，虽然银行尚未对此类借款人提起诉讼，但不排除今后通过诉讼方式追究借款人的违约责任。由于此类案件可能涉及金融和房地产市场的稳定，望各级法院慎重予以处理。

现将有关事项通知如下：

一、全市法院民商事审判条线要密切关注购房人拒还贷款事件的进展情况。如果银行一旦对借款人提起诉讼，受理法院要将受理情况及时报告上级法院。

二、依法维护合同效力，制裁恶意违约行为，保障金融债权安全。各级法院在审理此类纠纷案件中，对依法成立、有效的借款合同，应当维护其效力，对恶意违约行为依据合同约定或法律规定予以制裁，以维护合同的严肃性。

三、为确保此类案件的审判质量和效率，各级法院可考虑指定专门的合议庭或法官进行审理。

四、在案件受理和审理过程中，遇矛盾激化或可能产生社会不稳定因素的，要及时向有关部门报告，商请有关部门及时协调，做好维稳工作。

五、严格把好新闻宣传关。对此类案件，在有关方面没有确定统一的宣传提纲之前，受理法院不宜接受新闻媒体的采访和报道，以免产生不良影响。

特此通知

上海市高级人民法院
关于印发《处理公有住房出售后纠纷的若干意见》的通知

1996 年 10 月 31 日　　　　　　　　　　沪高法〔1996〕250 号

第一、二中级人民法院，各区、县人民法院：

　　自城镇住房制度改革、公有住房出售以来，房屋纠纷出现了一些新情况、新问题。为处理好公房出售后的纠纷，我院在调查研究基础上，听取了有关部门意见，提出了《处理公有住房出售后纠纷的若干意见》。

该意见业经上海市高级人民法院 1996 年第 36 次审判委员会讨论通过，现发给你们，请你们在审理这类案件中参照执行。执行中注意总结经验，有何意见和问题请及时报告我院。

附：

处理公有住房出售后纠纷的若干意见

　　本市公有住房出售以来，相应纠纷陆续发生，出现了一些新情况、新问题。为处理好公房出售后的纠纷，保障住房制度的改革，现根据《民法通则》、国务院、建设部及本市有关的规定，结合审判实践，制定本意见。

　　一、受理

　　1. 出售人及有购房资格的人起诉要求确认购买公房协议无效的应予受理。

　　2. 购房人起诉要求同住人迁让，同住人起诉要求确认房屋居住权的，应予受理。

　　3. 为修缮楼房的公用设备或相邻房屋、设备，利害关系人起诉要求相邻方予以配合的，应以相邻纠纷受理。

　　4. 违法改变房屋使用性质，妨碍相邻住户的正常生活或在单元房屋内安放危险物品，影响楼房住户安全的诉讼，以相邻纠纷受理。

　　5. 楼房中的单元房屋产权人、业主管理委员会为楼房的墙面、屋顶、共用部位、公共设施全部或部分被人占用提起诉讼的，应

予受理。

　　6. 楼房房屋产权人以物业管理委员会违约或侵害产权人产权、使用权等利益的起诉，应予受理。

　　二、产权与使用权的确认

　　7. 除天井和庭园外，单元房屋业主自用部位和自用设备的产权为房屋产权证登记人所有。

　　自用部位是指单元房屋业主自用的客厅、房间、厨房、卫生间、阳台、天井和庭园（含围墙）以及室内墙粉饰等部位。

　　自用设备是指单元房屋内业主自用的门窗、浴缸、抽水马桶等设备。

　　8. 除内天井外，楼房中的共用部位、共用设备为整幢房屋业主共有。住宅区内的公共设施为住宅区域内的业主共同使用。

　　共用部位是指整幢房屋业主共同使用的楼梯间、水泵间、电表间、电梯间、电话分线间、电梯机房、走廊通道、门厅、传达室、

内天井以及房屋承重结构、外墙、外墙面、走廊墙、墙面粉饰和屋顶等部位。

共用设备是指整幢房屋业主共同使用的上下水管道、落水管、共同照明灯具、垃圾通道、天线、水箱、水泵、电梯、避雷装置和消防器具等设备。

公共设施是指住宅区域内住户共同使用的道路、上下水管道、窨井、化粪池、垃圾废弃物储存设施、照明路灯、绿化地等设施。

9. 按"九四"方案购买的房屋，产权证登记为一人的，在诉讼时效内，购房时的购房人、工龄人、职级人、原公房的同住人及具有购房资格的出资人主张房屋产权的，可确认房屋产权共有。

10. 婚姻存续期间购得的房屋，房屋产权虽以配偶中一人名义登记的，除有书面约定外，该房屋产权为夫妻共同财产，房产取得时间以房屋买卖合同签订的时间确定。

11. 对该处公房无购房资格而与有购房资格人协议出资购房的人，主张房屋产权的，不予支持。

12. 在审理房产确权案件中发现系争房屋产权登记错误的，可建议房屋发证部门撤销错误登记，也可根据查证的事实重新确权。

三、产权的分割

13. 购得的房屋在法定限制上市的期限内，由于离婚、继承等原因要求分割该房的，房屋能分割的尽可能予以分割。对房屋能予分室分割的，可确定各方的房屋产权；对无法分割实房的，除双方协议一方得实房，一方得房屋折价款外，一般暂不分割，确定房屋产权共有。在产权共有期间，对无亲属关系的当事人，可参照租赁私房的规定由住房方给付让房方一定的房屋使用费，待该房依法能上市交易时，按当时的市场价，由一方得房屋折价款。

法院只能就房屋的产权、使用权作出判决，不应对当事人户口迁移作出判决。

四、产权的转让和继承

14. 未经有购买公房资格人的同意，冒用名义购得房屋，该房屋买卖合同无效。在法定限制交易期间内买卖房屋的，房屋买卖合同无效。

15. 依法可以出卖的房屋，房屋的共有人、同住人、承租人在出售时，在同等条件下，有优先购买的权利。

16. 房屋所有权人在法定限制转让的期间将房屋产权赠与他人的行为无效。房屋所有权人在法定限制转让期届满后将房屋明示赠与他人，受赠人已实际占有了受赠房屋，在办理房屋产权过户手续中，赠与人死亡或丧失行为能力的，该赠与行为有效。

17. 房屋所有权人在法定限制转让的期限内立遗嘱将房屋产权遗赠他人的，该遗嘱又符合其他法定条件的为有效。

五、产权的使用与收益

18. 房屋产权人要求无产权的原公房同住人迁让的，对有扶养、监护关系的同住人应保护其房屋居住使用权；对其他同住人可根据其在他处有无住房等情况，分别作出处理。

19. 因擅自改动或拆除房屋主体的承重结构，擅自在内天井、天井和庭园内搭建，擅自移动或损坏共用设备，占用共用部位，侵占或损坏住宅区域内的公共设施等发生纠纷提起的诉讼，可按相邻关系原则处理；违反物业管理合同约定的，按约定处理。

20. 因装修等造成相邻住户的房屋或设备等财产损失的，判令责任人予以修复或赔偿。

21. 未经批准，擅自改变自住房的使用性质，影响相邻住户正常生活或者安放影响房屋安全的物品的纠纷，应判令排除妨碍、恢复原状。

22. 为修缮房屋及其公、私设备，相邻住户应予配合而不配合的，可作排除妨碍处理，因此造成相邻住户财产损失的应予补偿。但因相邻住户自身原因造成损失的除外。

23. 单元房屋产权人或第三人使用楼房外墙或屋顶做合法商业性广告、进行经营性活动等，须经同楼房的产权人同意，并给付使用费。对公房出售前就出租外墙、屋顶的，在原合同期限内所得的收益，应由楼房的产权人按房屋产权证明的建筑面积的比例分得。

浙江省高级人民法院
关于审理涉及房地产登记民事案件
若干问题的意见（试行）

2009 年 4 月 16 日　　　　　　　　　　浙法民一〔2009〕3 号

为正确审理涉及房地产登记的民事案件，根据《中华人民共和国物权法》《中华人民共和国城市房地产管理法》《中华人民共和国民事诉讼法》等有关法律、司法解释的规定，结合我省民事审判工作实际情况，制定本意见。

第一条　涉及房地产登记的民事案件包括：

（一）与房地产所有权登记、使用权登记、抵押权登记、地役权登记、预告登记、异议登记、更正登记有关的权属纠纷民事案件；

（二）以房地产登记为证据的其他非权属纠纷民事案件；

（三）与异议登记不当、错误登记有关的民事赔偿纠纷案件。

第二条　在权属纠纷民事案件中，当事人主张房地产登记簿和权属证书上记载的物权状况与真实的权利状况不一致的，可以告知当事人先行向登记机构申请更正登记、异议登记或提起行政诉讼，对错误登记予以更正；在错误登记更正期间，可裁定中止民事诉讼。当事人坚持进行民事诉讼而不同意先行更正错误登记的，人民法院应当审查当事人提供的证据是否足以推翻房地产登记簿和权属证书记载的内容；可以通过对当事人主张的基础性民事法律关系，如共有、析产、继承、合伙等民事法律关系的审查，确定物权归属和内容。

第三条　房屋买卖、土地使用权出让和转让等房地产转让合同合法有效，受让人请求转让人履行合同，并协助办理房地产登记过户手续的，应予支持。

第四条　在非权属纠纷民事案件中，如一方当事人对另一方当事人作为权属证据提供的房地产登记簿和权属证书提出异议的，人民法院仅对房地产登记簿和权属证书形式上的真实性进行审查；经查证属实的，即可作为定案的依据。

第五条　利害关系人申请异议登记，房地产登记机构予以登记的，申请人应在异议登记之日起十五日内，以不动产登记簿记载的权利人为被告提起民事诉讼。

人民法院收到异议登记申请人起诉状的，应当向其出具收到起诉状的证明，由申请人在异议登记之日起十五日内递交给房地产登记机构。

第六条　因异议登记不当，造成权利人损害，权利人请求申请人承担民事赔偿责任的，应予支持。

第七条　预告登记具有权利保全效力。预告登记后，未经预告登记权利人同意，处分该不动产的，不发生物权效力。

预告登记不改变双方当事人之间的法律关系。双方当事人基于债权债务关系享有的抗辩权，不受预告登记的影响。

第八条　商品房开发企业就同一商品房订立数个预售合同，在预售合同有效的情况下，买受人均要求履行合同的，按照以下情形分别处理：

（一）已经办理过商品房预售合同登记备案的买受人，请求履行合同的，应予支持；

（二）均已或均未办理商品房预售合同登记备案，已先行合法占有房屋的买受人，请求履行合同的，应予支持；

（三）均已或均未办理商品房预售合同登记备案，亦未合法占有房屋，先行支付购房款的买受人，请求履行合同的，应予支持；

（四）均已或均未办理商品房预售合同登记备案，合同均未履行，合同登记备案在先或成立在先的买受人，请求履行合同的，应予支持。

未能取得房屋的买受人请求解除合同的，按照《中华人民共和国合同法》、最高人民法院《关于审理商品房买卖合同纠纷案件适用法律若干问题的解释》的有关规定处理。

第九条　因申请人提供虚假材料申请登记，导致登记错误，并给他人造成损害，权利人要求申请人承担民事赔偿责任的，应予支持。

第十条　房地产登记簿和权属证书记载的登记权利人未经其他实际共有人同意，擅自处分共有的房地产，买受人符合善意取得条件而取得物权，因此造成实际共有人损失的，应由登记权利人承担赔偿责任。

第十一条　城市房屋经多次转手买卖，均未办理过户登记手续，最后一手买受人起诉前手出卖人，要求协助办理过户登记手续的，应当将登记权利人列为第三人参加诉讼，并可判决其协助办理过户登记手续。

对于参与中间流转的其他出卖人，可视案情需要追加为第三人。

第十二条　涉及房地产登记的民事案件，如存在民事、行政争议交叉的情形，应当遵循民事诉讼法第一百三十六条第（五）项规定的"依据优先审理"原则，确定案件审理的先后顺序。如民事争议的解决必须依赖于行政争议的解决，应当向当事人释明先行解决行政争议，并可裁定中止民事诉讼。

第十三条　本意见自下发之日起施行。法律法规、司法解释等有新规定的，按新规定执行。

附《中华人民共和国物权法》相关条文

"第九条　不动产物权的设立、变更、转让和消灭，经依法登记，发生效力；未经登记，不发生效力，但法律另有规定的除外。

依法属于国家所有的自然资源，所有权可以不登记。"

第十四条　不动产物权的设立、变更、转让和消灭，依照法律规定应当登记的，自记载于不动产登记簿时发生效力。

第十五条　当事人之间订立有关设立、变更、转让和消灭不动产物权的合同，除法律另有规定或者合同另有约定外，自合同成立时生效；未办理物权登记的，不影响合同效力。

第十六条　不动产登记簿是物权归属和内容的根据。不动产登记簿由登记机构管理。

第十七条　不动产权属证书是权利人享有该不动产物权的证明。不动产权属证书记载的事项，应当与不动产登记簿一致；记载不一致的，除有证据证明不动产登记簿确有错误外，以不动产登记簿为准。

第十八条　权利人、利害关系人认为不动产登记簿记载的事项错误的，可以申请更正登记。不动产登记簿记载的权利人书面同意更正或者有证据证明登记确有错误的，登记机构应当予以更正。

不动产登记簿记载的权利人不同意更正的，利害关系人可以申请异议登记。登记机构予以异议登记的，申请人在异议登记之日起十五日内不起诉，异议登记失效。异议登记不当，造成权利人损害的，权利人可以向申请人请求损害赔偿。

第十九条　当事人签订买卖房屋或者其他不动产物权的协议，为保障将来实现物权，按照约定可以向登记机构申请预告登记。预告登记后，未经预告登记的权利人同意，处分该不动产的，不发生物权效力。

预告登记后，债权消灭或者自能够进行不动产登记之日起三个月内未申请登记的，预告登记失效。

第二十条 当事人提供虚假材料申请登记，给他人造成损害的，应当承担赔偿责任。

因登记错误，给他人造成损害的，登记机构应当承担赔偿责任。登记机构赔偿后，可以向造成登记错误的人追偿。

浙江省高级人民法院民一庭
关于审理受房地产市场调控政策影响的房屋买卖合同纠纷案件的若干意见（试行）

（2011 年 4 月 21 日）

为依法妥善审理受房地产市场调控政策（以下简称调控政策）影响的房屋买卖合同纠纷案件，依据《中华人民共和国合同法》、最高人民法院《关于审理商品房买卖合同纠纷案件适用法律若干问题的解释》（以下简称《解释》）等法律、行政法规、司法解释及相关政策规定，制定本意见。

一、审理受调控政策影响的房屋买卖合同纠纷案件，应坚持合同自由、诚实信用、依合同履行义务和公平原则。认定相关房屋买卖合同效力时，应严格依照法律、行政法规和司法解释的规定；只有明确存在法定无效情形的，才可以认定合同无效。

二、纯粹因受限贷、限购、禁购等调控政策的直接影响，合同确实无法继续履行的，不属于"不可抗力"，一般应认定属于《解释》第四条、第二十三条规定的"不可归责于当事人双方的事由"。当事人据此请求解除合同的，可予以支持，但当事人另有约定的除外。

三、调控政策实施前订立的合同并未明确约定以按揭贷款方式付款，现买受人以其因受限贷政策影响而无法继续履行为由，请求解除合同的，一般不予支持。

四、调控政策实施前订立的合同约定以按揭贷款方式付款，现买受人举证证明其确因首付款比例提高、不能办理按揭贷款等导致无法继续履行，而请求解除合同的，可予以支持；出卖人应当将收受的购房款或者定金返还买受人。出卖人请求买受人承担其为订立合同而实际发生的费用等合理损失的，可酌情予以支持。

五、调控政策实施前订立的合同在限贷政策实施后，买受人既未按约履行也未提出解约，经出卖人催告后仍未在合理期限内履行或提出解约，出卖人请求继续履行合同或解除合同，并由买受人承担违约责任的，应予以支持。

六、调控政策实施前订立的合同确因限购、禁购政策而导致无法继续履行的，当事人均可以请求解除合同，出卖人应当将收受的购房款或者定金返还买受人。出卖人起诉或反诉请求买受人继续履行合同、承担违约责任或适用定金罚则的，不予支持；但出卖人请求买受人承担其为订立合同而实际发生的费用等合理损失的，可酌情予以支持。

七、调控政策实施后，因一方当事人隐瞒或虚构事实情况，导致订立的合同违背调控政策而无法继续履行，另一方当事人请求依法变更或撤销合同，并要求对方当事人承担其因此所受损失的，可予以支持。双方当事人均知道或应当知道订立的合同违反调控政策的强制性规定，一方当事人请求确认合同有效、继续履行的，不予支持。

八、实际买受人为规避限购、禁购政策，以他人名义与出卖人订立合同并办理房屋权属证书后，以其系实际买受人为由，请求确认其为房屋产权人的，不予支持，但调控政策重新调整并准许其取得产权的除外。

九、房屋买卖合同因受调控政策影响而解除，房地产经纪机构请求房屋买卖合同当事人支付其已实际支出的必要费用以及合理报酬的，应酌情予以支持；但对未予明码标价、虚假误导、混合标价、捆绑标价、炒卖房号、赚取差价，以及其他违反住房和城乡建设部、国家发展和改革委员会、人力资源和社会保障部发布的《房地产经纪管理办法》等规定的收费，不予支持。

房屋买卖合同当事人请求房地产经纪机构退还当事人委托其保管的购房款、定金和房屋产权证书等资料的，应予以支持。

十、根据个案特殊情况，确需依照《最高人民法院关于适用〈中华人民共和国合同法〉若干问题的解释（二）》的规定，适用情势变更原则处理的，应严格按照《最高人民法院关于正确适用〈中华人民共和国合同法〉若干问题的解释（二）服务党和国家的工作大局的通知》（法〔2009〕165号）第二条的规定，逐级层报我院审核。

十一、审理受调控政策影响的房屋买卖合同纠纷案件，应坚持"调解优先，调判结合"的工作原则，依法合理平衡各方当事人的合法权益，着力做好调解工作，妥善化解矛盾纠纷。

十二、本意见所称"房屋买卖"，包括商品房买卖和二手房买卖；本意见所称"合同"，包括预约合同和本约合同。

十三、本意见自2011年4月21日起执行。

本意见施行后尚未审结的一、二审案件和新受理的一审案件，适用本意见。已经作出生效裁判的案件依法再审的，不适用本意见。

法律、行政法规、司法解释有新规定的，从其规定。

广东省高级人民法院
印发《关于审理房屋买卖合同纠纷案件的指引》的通知

2017年9月12日　　　　　　　　　粤高法〔2017〕191号

全省各级人民法院：

现将《广东省高级人民法院关于审理房屋买卖合同纠纷案件的指引》印发给你们，请结合实际认真贯彻执行。对执行中遇到的问题，请及时报告我院民一庭。

特此通知。

附：

广东省高级人民法院
关于审理房屋买卖合同纠纷案件的指引

为正确审理房屋买卖合同纠纷案件，统一裁判尺度，提高审判质量，根据有关法律和司法解释的规定，结合审判实践，制定本指引。

一、当事人通过缴纳诚意金、签订意向书等方式，仅表达房屋买卖意向，未约定在将来一定期限内签订买卖合同，一方以对方不签订买卖合同为由主张对方承担违约责任的，不予支持。

二、认购书、订购书、购房意向书等协议虽然约定在将来一定期限内签订房屋买卖合同，但协议已经具备房屋买卖合同主要条款，且当事人依据协议负有支付房屋价款或者交付房屋义务的，该协议应当认定为房屋买卖合同。

三、就预售商品房签订的认购书、订购书等预约合同，出卖人未取得商品房预售许可证明的，不影响预约合同的效力。

四、当事人签订预约合同时已经知道将来拟签订的房屋买卖合同主要条款，拒绝签约的一方以双方不能就该主要条款达成合意为由抗辩不承担违约责任的，不予支持。

五、当事人一方无正当理由不履行预约合同约定的签约义务，守约方请求人民法院判决强制签订房屋买卖合同的，不予支持。预约合同约定的定金等违约责任明显不足以弥补守约方的信赖利益损失，守约方请求增加赔偿的，可予支持。

六、出卖人未取得商品房预售许可证明与买受人签订商品房预售合同，但在一审法庭辩论终结前房屋竣工验收合格，当事人以出卖人未取得商品房预售许可证明为由主张合同无效的，不予支持。

七、当事人以房屋买卖合同存在下列情形之一为由主张合同无效的，不予支持：

（一）出卖人未领取权属证书的；

（二）买卖未经抵押权人同意的；

（三）买卖未经预告登记权利人同意的；

（四）房屋被国家机关依法采取查封等强制措施的；

（五）部分共有人擅自出卖共有房屋的；

（六）按份共有人违反法律规定转让其份额，侵害其他共有人优先购买权的；

（七）出租人违反法律规定出售房屋，侵害承租人优先购买权的；

（八）违反政府房地产市场调控政策，但不违反法律、行政法规效力性强制性规定或者公序良俗的。

八、出卖人冒用房屋所有权人名义转让房屋，该合同对房屋所有权人没有约束力，但买受人有证据证明出卖人的行为构成表见代理的除外。

出卖人冒用房屋所有权人名义伪造身份证、房产证等证件转让房屋的，不适用善意取得的规定。

九、房屋连环买卖中，前一手买卖合同被确认无效，不影响后一手买卖合同的效力。后一手买卖合同的买受人能否取得房屋所有权，依照善意取得的规定处理。

十、转让划拨建设用地上的房屋，府部门同意缴纳土地使用权出让金后可以办理所有权转移登记的，视为有批准权的人民政府同意转让。

十一、商品房买卖合同违反规划，约定将业主共有的绿地、空地、露台等赠与买受人或者由买受人专用，或者约定出卖人利用建筑物共有部分的，属于违反物权法第七十条、七十六条的规定，应当认定该约定无效。

十二、出卖人为套取贷款与他人签订虚假的房屋买卖合同，应当依照民法总则第一百四十六条第一款的规定，认定买卖合同无效。

金融机构知道或者应当知道房屋买卖合同虚假，仍然与买受人签订房屋担保贷款合同的，该贷款合同亦属虚假，应当认定无效。该贷款合同关系实际存在于金融机构与出卖人之间，合同效力依照民法总则第一百四十六条第二款的规定处理。

十三、一方当事人主张房屋买卖合同实为民间借贷合同的担保的，应当举证证明民间借贷合同关系的存在。

当事人以签订房屋买卖合同作为民间借贷合同的担保，出借人主张就买卖合同项下的房屋优先受偿的，不予支持。出借人请求履行房屋买卖合同的，应当依照《最高人民法院关于审理民间借贷案件适用法律若干问题的规定》第二十四条的规定处理。

当事人以签订房屋买卖合同作为民间借贷合同的担保，双方已经办理房屋所有权转移登记，借款人以不存在真实的买卖合同关系为由，主张合同无效并请求返还房屋的，人民法院应当向当事人释明变更诉讼请求为返还借款本息与房屋过户登记时或债务履行期限届满时房屋价值的差额。

十四、当事人签订房屋买卖合同，实为以房款抵偿其他债务，一方当事人以不存在真实的房屋买卖合同关系为由主张合同无效的，不予支持。因债务人未履行房屋买卖合同，债权人请求解除合同，按照原约定清偿债务的，应予支持。

债务人举证证明所抵销的债务中存在非法高额利息的，应当扣除该部分利息。一方请求确认以房抵债协议无效或者变更、撤销协议的，应当依照合同法第五十二条、第五十四条的规定审查。当事人通过以房抵债协议逃避债务，侵害第三人合法权益的，第三

人可以依照合同法第七十四条的规定行使撤销权。

十五、当事人达成以房抵债调解协议，人民法院对协议中涉及确认债权人对未登记在其名下的抵债房屋享有所有权的内容，应当不予确认，但可以确认当事人在约定时间办理抵债房屋所有权转移登记的内容。

当事人达成以房抵债协议，并要求制作调解书的，应当根据《第八次全国法院民事商事审判工作会议（民事部分）纪要》第16条的规定审查。

十六、当事人在规定的限制上市交易期限内买卖保障性住房，应当依照合同法第五十二条第四项或者民法总则第一百五十三条第二款的规定认定合同无效。

十七、农村宅基地上房屋买卖合同纠纷，根据《第八次全国法院民事商事审判工作会议（民事部分）纪要》第19条的规定处理。向不具备本集体经济组织成员资格的人出卖宅基地上房屋，合同被认定无效，买受人主张出卖人承担因房地产价格上涨造成的房屋差价损失的，人民法院应当全面考虑出卖人因土地升值或者拆迁补偿所获利益，平衡买卖双方的利益。

十八、当事人在提交登记机关的房屋买卖合同中虚构交易价格，该价格条款无效。一方请求按照真实的交易价格履行合同的，应予支持。

当事人在提交登记机关的房屋买卖合同中虚构交易价格，登记机关按照真实价格核算或者追缴税费，导致交易税费增加，对增加部分税费的负担当事人不能协商一致的，一般由当事人按照法律规定负担。

十九、夫妻一方擅自出卖共有房屋，买受人要求继续履行合同办理房屋所有权转移登记的，人民法院应当依照《最高人民法院关于适用〈中华人民共和国民事诉讼法〉的解释》第七十三条的规定通知夫妻另一方作为共同被告参加诉讼。买受人也可以申请追加夫妻另一方作为共同被告参加诉讼。买卖

合同因出卖人没有处分权不能履行的，人民法院可以向买受人释明变更诉讼请求为解除合同、赔偿损失。但有以下情形之一的，可以判决合同继续履行：

（一）夫妻另一方追认买卖合同的；

（二）买受人举证证明夫妻另一方知道而未表示反对的；

（三）买受人已经按照合同约定支付价款，并占有使用房屋，夫妻另一方未在合理期间提出异议的；

（四）有其他情形，可以认定买受人属于《最高人民法院关于适用〈中华人民共和国婚姻法〉若干问题的解释（一）》第十七条规定的"有理由相信其为夫妻双方共同意思表示的"。

夫妻一方擅自出卖登记在自己一方名下的共有房屋，已经办理所有权转移登记，另一方请求追回房屋的，依照善意取得的规定审查。

二十、合同项下房屋设定的抵押权未消灭，买受人请求出卖人依照房屋买卖合同的约定办理房屋所有权转移登记的，人民法院可以向其释明变更诉讼请求为代为清偿债务消灭抵押权后办理房屋所有权转移登记或者解除合同、赔偿损失。

二十一、房屋被依法查封，买受人起诉请求出卖人办理房屋所有权转移登记的，人民法院可以向其释明变更诉讼请求为解除合同、赔偿损失，或者告知其可以依照民事诉讼法第二百二十五条、第二百二十七条的规定主张权利。

二十二、出卖人无处分权不影响房屋买卖合同的效力，但买卖合同属于合同法第一百一十条第一项规定的法律上不能履行的情形，买受人请求出卖人继续履行合同的，人民法院可以向其释明变更诉讼请求为解除合同、赔偿损失。

二十三、对《最高人民法院关于建设工程价款优先受偿问题的批复》规定的消费者，应当按照《最高人民法院关于人民法院办理执行异议和复议案件若干问题的规定》第二十九条第二项的规定认定，即所购商品房系用于居住且名下无其他居住房屋的购房人。

二十四、出卖人就同一房屋签订多重买卖合同，在买卖合同均有效的情况下，买受人均要求继续履行合同的，一般应当按照下列情形分别处理：

（一）先行办理房屋所有权转移登记的买受人请求确认所有权已经转移的，应予支持；

（二）均未办理房屋所有权转移登记，先行办理房屋所有权转移预告登记的买受人在预告登记有效期内请求继续履行合同的，应予支持；

（三）均无上述履行行为，先行接受商品房交付的买受人请求继续履行合同的，应予支持；

（四）均无上述履行行为，登记机关已经受理其房屋所有权转移登记申请的买受人请求继续履行合同的，应予支持；

（五）均无上述履行行为，先行办理网上签约或者商品房预售合同备案的买受人请求继续履行合同的，应予支持；

（六）均无上述履行行为，先行依约支付价款的买受人请求继续履行合同的，应予支持；

（七）均无上述履行行为，成立在先合同的买受人请求继续履行合同的，应予支持。

恶意抢先办理所有权转移登记或者预告登记的买受人，不能优先于已经合法占有房屋的买受人。在房屋查封期间占有房屋的买受人，其权利不能对抗申请查封房屋的买受人。

对买卖合同的成立时间，应当综合主管机关备案时间、合同载明的签订时间以及其他证据等因素进行确定。

人民法院在审理房屋买卖合同纠纷案件时，查明还存在其他买卖合同关系的，应当通知其他买受人作为第三人参加诉讼。原告的诉讼请求明显不能成立，或者案件争议焦点不涉及原告与第三人权利先后顺序的，可以不通知该第三人。

二十五、房屋连环买卖均未办理所有权转移登记，最终买受人以其合同相对人为被告提起诉讼，请求协助办理房屋所有权转移登记的，人民法院可以通知参与房屋买卖的其他当事人作为第三人参加诉讼。

被告以及第三人不提出抗辩或者抗辩理由不成立的，可以判决当事人依次办理房屋所有权转移登记。第三人提出的抗辩理由成立的，人民法院可依照合同法第一百一十条第一项的规定驳回最终买受人的诉讼请求。

二十六、房屋尚未办理所有权转移登记，买受人请求确认房屋归其所有的，人民法院应当向其释明变更诉讼请求为出卖人协助其办理房屋所有权转移登记。买受人不同意变更的，驳回其诉讼请求。

二十七、限购房屋的买受人请求出卖人协助办理房屋所有权转移登记的，人民法院应当按照《广东省高级人民法院广东省住房和城乡建设厅广东省司法厅关于在审判执行、办理公证工作中落实住房限购政策的意见》（粤高法〔2013〕403号），要求其在举证期限内提交房屋所在地房地产登记机构出具的《购房资格证明》。

二十八、借他人名义购买房屋，借名人请求确认房屋归其所有的，不予支持。借名人请求出名人（登记权利人）协助办理房屋所有权转移登记的，可予支持，但房屋在限购范围内，借名人不具有购房资格的除外。

出名人将房屋出卖给第三人，借名人以无权处分为由主张追回房屋的，不予支持。

二十九、房地产调控政策实施后，一方当事人故意隐瞒或者虚构事实，或者明知另一方当事人的条件不符合政策要求仍诱导其签订房屋买卖合同的，另一方当事人因合同无法履行请求解除或者撤销合同，并要求对方当事人赔偿损失的，可予支持。

房屋买卖合同签订后，因房地产调控政策的实施，导致无法办理房屋所有权转移登记或者不能订立房屋担保贷款合同的，属于因不可归责于当事人双方的事由导致合同不能履行，人民法院可以参照《最高人民法院关于审理商品房买卖合同纠纷案件适用法律若干问题的解释》第二十三条的规定处理。一方请求另一方承担违约责任或者适用定金罚则的，不予支持。买受人请求判令出卖人办理所有权转移登记的，人民法院可以向其释明变更诉讼请求为解除合同、返还财产。

买卖合同约定即使买受人无法获得银行贷款也应当支付房款的，不因房贷政策调整而免除买受人未履行付款义务的违约责任。

因一方当事人迟延履行，致使房屋买卖合同受房地产调控政策影响无法继续履行，守约方请求解除合同并赔偿损失的，应予支持。

三十、根据《住房和城乡建设部关于进一步加强房地产市场监管完善商品房住房预售制度有关问题的通知》（建房〔2010〕53号）第十一条的规定，交付使用的商品房应当经过竣工验收合格并已在当地建设行政主管部门办理工程竣工验收备案。

合同约定的交付条件高于前款标准的，以合同约定为准；合同约定的交付条件低于前款标准的，按前款规定认定。

三十一、出卖人交付的商品房符合合同约定及法定交付条件，买受人以商品房质量存在瑕疵为由拒绝接收，并要求出卖人承担逾期交房违约责任的，不予支持，但买受人有证据证明商品房在交付时存在严重影响正常居住使用的质量问题的除外。买受人接收商品房不影响出卖人对商品房质量问题承担保修义务。

商品房符合合同约定的交付条件，且合同约定的交付期限届满，出卖人已经依约通知买受人接收商品房，买受人无正当理由拒绝接收的，视为办理交付手续的期限届满之日商品房已经交付。

三十二、买受人知道商品房不具备约定或者法定交付条件同意接收商品房，又以商品房不具备交付条件为由主张逾期交房违约责任的，不予支持。但买受人可以请求出卖人依据法律规定或者合同约定完善商品房交付条件，并赔偿因此造成的实际损失。

三十三、商品房出卖人以买受人没有缴纳公共维修基金、前期物业费等为由拒绝交付商品房的，不予支持。

三十四、商品房买卖合同未明确约定出卖人代为办理所有权登记的，出卖人仍然负有协助义务。出卖人应当在合理期限内办理初始登记，并将办理所有权转移登记所需要的材料提交登记机关，依照合同约定或者其他合理方式告知买受人可以自行申请办理房屋所有权转移登记。出卖人未履行上述义务的，应当承担逾期办证的违约责任。

买受人起诉请求出卖人协助其办理房屋所有权转移登记，但一审法庭辩论终结前出卖人尚未办理初始登记的，人民法院可以向买受人释明变更诉讼请求为解除合同、赔偿损失。买受人不变更的，驳回其诉讼请求。

三十五、存量房屋的买受人起诉请求出卖人迁出户籍，不属于民事案件的受理范围。出卖人迁出户籍对房屋买卖合同的订立和房屋价格的确定有重大影响，买受人因出卖人拒不迁出户籍主张解除合同并赔偿损失的，应予支持。

三十六、买受人请求出卖人交付房屋或者办理房屋所有权转移登记，出卖人以买受人未履行付款义务抗辩，经审查合同约定买受人支付剩余购房款的义务先于或者与出卖人的交房、过户义务同时履行的，人民法院可以向出卖人释明反诉请求买受人支付剩余购房款，出卖人不提起反诉且合同符合继续履行条件的，可以作出同时履行判决，即出卖人在买受人依合同约定支付剩余购房款时，交付房屋、协助买受人办理房屋所有权转移登记。

三十七、当事人约定以办理房屋担保贷款作为付款方式的，出卖人拒绝配合办理担保贷款，买受人符合下列条件之一的，可以支持其继续履行合同的诉讼请求：

（一）已经依约付清购房款，或者同意在合理期限内一次性付清全部购房款且有充分证据证明其有履行能力的；

（二）同意代为清偿债务以消灭房屋上的抵押权，并且同意在合理期限内一次付清购房款且有充分证据证明其有履行能力的；

（三）已经取得银行贷款承诺函，且贷款银行在诉讼中明确表示同意按照承诺函发放贷款的。

除上述情形外，一般应当依照合同法第一百一十条第一项关于合同事实上不能履行的规定，对买受人继续履行合同的诉讼请求不予支持。

三十八、房屋买卖合同未约定逾期办证、逾期付款违约金或者损失数额难以确定的，人民法院可以参照《最高人民法院关于审理民间借贷案件适用法律若干问题的规定》第二十九条第二款第一项的规定，以已付购房款或者未付购房款总额为基数，按年利率6%的标准计算违约金。

三十九、房地产开发企业提供的商品房买卖合同格式文本约定按固定数额承担迟延履行违约金，金额低于买受人实际损失，当事人根据合同法第一百一十四条第二款的规定请求增加违约金的，人民法院应予支持。

四十、房屋买卖合同因一方当事人违约被解除的，守约方可以要求违约方赔偿房屋差价或者转售利益等可得利益损失。计算损失时，应当扣除守约方未采取合理措施不当扩大的损失、守约方因此获得的利益以及取得利益需要支出的必要费用，并综合考虑守约方的履约情况等确定，但不得超过违约方订立合同时预见到或者应当预见到的因违约可能造成的损失。

四十一、买受人请求办理房屋所有权转移登记的案件，人民法院可以告知其申请对房屋采取保全措施。

四十二、有权解除合同的当事人继续履行合同或者接受对方履行的，视为放弃合同解除权。

四十三、合同解除权行使期限届满或者解除权放弃后，对方当事人经催告仍然不履行合同，守约方主张依照合同约定或者法律规定解除合同的，应予支持。

四十四、房屋买卖合同被认定无效或者被撤销、解除后，买受人应当将房屋返还给出卖人，并支付房屋占有使用的费用，费用可参照同期同地段同类房屋租金标准计算；出卖人应当将收取的价款返还给买受人，并支付贷款利息。

一方当事人起诉请求确认房屋买卖合同无效或者撤销、解除合同并返还财产，人民法院经审理认为合同无效或者应予撤销、解除的，应当向被告释明反诉请求返还财产，避免判决单方返还财产造成当事人利益失衡。

合同无效或者被撤销的，一方因房产价值波动受到的损失，由当事人按照各自的过错承担。合同解除的，守约方因房产价值波动受到的损失，由违约方赔偿。

四十五、买受人将房屋抵押给债权人后，当事人一方请求确认房屋买卖合同无效或者撤销、解除合同并请求返还财产，担保权人或者第三人提出独立的诉讼请求的，可以与房屋买卖合同纠纷合并审理。担保权人或者第三人就抵押担保的债权债务关系另行起诉的，可以与房屋买卖合同纠纷合并审理。

房屋买卖合同被确认无效或者被撤销、解除，抵押权未消灭，出卖人请求返还房屋，要求办理房屋所有权转移登记的，不予支持；出卖人主张将应当返还给买受人的价款在担保债权的范围内支付给抵押权人或者将该款提存消灭抵押权后返还房屋的，应予支持。

四十六、房屋交付后，买受人请求出卖人办理房屋所有权转移登记，出卖人提出诉讼时效抗辩的，不予支持。

四十七、买受人请求出卖人支付逾期办证或者逾期交房违约金，违约金为固定金额的，从合同约定或者法定的履行期限届满之次日起计算诉讼时效期间。按日或者按月等时间单位累计计算违约金的，按每个个别债权分别计算诉讼时效期间。

四十八、合同约定委托人在一定期限内不得另行委托他人，委托人依据合同法第四百一十条的规定主张任意解除权的，不予支持。

四十九、委托人违反商品房包销合同约定，将约定由包销人包销的商品房或者商品房项目转让给第三人，导致包销合同无法履行，包销人请求委托人赔偿损失的，应予支持。合同对损失赔偿没有约定的，可以参照包销价格与商品房市场价格的差价、包销人的实际投入等因素确定损失。

五十、包销人超出商品房包销合同的授权范围从事包销活动，致使委托人承担赔偿责任的，委托人可以向包销人追偿。

五十一、当事人签订的房地产求购协议书、看房协议书、看房确认书、委托看房书等约定居间人向委托人报告签订买卖合同的机会，并由委托人支付报酬的，可以认定为居间合同。

五十二、委托人违反居间合同的约定，利用居间人提供的信息直接与他人签订房屋买卖合同或者委托第三人签订房屋买卖合同，居间人请求委托人承担违约责任的，应予支持。

居间合同禁止委托人在一定期限内另行委托他人提供居间服务，委托人违反约定通过其他居间人提供的服务签订房屋买卖合同，居间人请求委托人承担违约责任的，应予支持。

居间合同未禁止委托人另行委托他人提供居间服务，委托人利用其他居间人提供的服务签订房屋买卖合同，居间人请求委托人承担违约责任的，不予支持。

五十三、房屋买卖合同签订后，委托人以买卖合同被确认无效、被撤销或者解除为由，拒绝向居间人支付报酬的，不予支持。居间人因此减少服务项目的，应当减少报酬；居间人对买卖合同无效、被撤销或者解除有过错的，应当减少报酬，赔偿损失。

房屋买卖合同签订后，因房地产调控策的实施导致合同无法继续履行，居间人以已经促成合同订立为由请求支付报酬的，一般不予支持，但居间人要求委托人支付从事居间活动支出的合理费用的，应予支持。居间人违反居间义务，故意隐瞒重要信息，恶意促成合同订立，如果房屋买卖合同不能履行，居间人请求委托人支付报酬的，不予支持。委托人请求居间人赔偿所造成的损失的，应根据当事人的过错程度处理。

广东省高级人民法院
关于房屋买卖合同中承租人优先购买权有关问题的批复

2007 年 11 月 23 日　　　　　粤高法民一复字〔2007〕10 号

湛江市中级人民法院：

你院《关于湛江市洋州百货有限公司、林小明与中国工商银行湛江市分行、广东省湛江市粤海进出口公司、吴滨、黄千砰、中国工商银行湛江市第一支行租赁房屋优先购买权纠纷一案的请示》收悉。经研究，答复如下：

一、关于法院和拍卖机构分别在出租房屋和当地报纸上张贴和刊登拍卖公告，能否视为已履行对承租人的通知义务的问题。根据最高人民法院《关于人民法院民事执行中拍卖、变卖财产的规定》第 14 条的规定，人民法院应当在拍卖五日前以书面或者其他能够确认收悉的适当方式，通知当事人和已知的担保物权人、优先购买权人或者其他优先权人于拍卖日到场。法院和拍卖机构在规定的期限内，在出租房屋和当地报纸上张贴和刊登拍卖公告，如无特别情形，这些公告能推定为承租人所知悉，可认定已履行了对承租人的通知义务。

二、关于出租房屋流拍后，出租人变卖房屋之前是否负有再次通知承租人的义务的问题。出租房屋流拍后，出租人以变卖方式转让出租房屋的，如转让方式、转让价格等因素已发生重大改变，为保护承租人的优先购买权，出租人应再次将变卖出租房屋的事实和相关条件通知承租人。

三、关于承租人拖欠租金是否仍享有优先购买权的问题。法律规定承租人享有优先购买权，并不以承租人按照租赁合同约定交纳租金为前提。但如果承租人拖欠租金已构成法定解除或约定解除租赁合同的条件，且出租人主张解除租赁合同的，因租赁关系不存在，则承租人不享有优先购买权。

四、在宣告出租人与购买人签订的买卖合同无效的情况下，人民法院能否根据承租人的请求，直接判决承租人以同等条件购买房屋的问题。法律规定承租人的优先购买权，其立法目的在于使得承租人能够以同等条件购得租赁的房屋。若出租人的买卖行为侵害了承租人的优先购买权，承租人主张出租人与购买人的房屋买卖合同无效，并要求以同等条件购买的，可予支持。但在具体案件中，如何认定"同等条件"是关键。"同等条件"的判断应结合出租人与购买人的关系、是否附加其他条件等因素加以确定。

此复。

广东省高级人民法院
关于审理商品房买卖合同纠纷案件
若干问题的指导意见

2003 年 10 月 24 日　　　　　　　　　　粤高法发〔2003〕24 号

为了正确审理商品房买卖合同纠纷案件，根据《中华人民共和国民法通则》《中华人民共和国合同法》《中华人民共和国城市房地产管理法》《中华人民共和国担保法》最高人民法院《关于审理商品房买卖合同纠纷案件适用法律若干问题的解释》《关于适用担保法〉若干问题的解释》和《广东省商品房预售管理条例》等法律法规、司法解释的规定，结合审判实践，提出如下指导意见。

1. 人民法院在审理《城市房地产管理法》施行后订立的商品房买卖合同发生的一、二审纠纷案件时，对于当事人请求解除合同的，均应适用最高人民法院《关于审理商品房买卖合同纠纷案件适用法律若干问题的解释》第十五条第二款关于合同解除权行使期限的规定。但对方当事人确实已无法履行合同主要义务的情形除外。

前款所引述的合同解除权的行使期限属于除斥期间，不存在期间的中止、中断和延长的情形。对方当事人在解除权发生之日起的一年内进行催告的，解除权的行使期限自催告之日起计算三个月。

2. 根据最高人民法院《关于审理商品房买卖纠纷案件适用法律若干问题的解释》第十八条的规定，出卖人只有在因其自身的原因导致买受人不能在合同约定或法律规定的期限内领取房屋权属证书的情形下，才需承担逾期办证的违约责任。因此，出卖人能举证证明其已在合同约定或法律规定的办证期限内之合理时间将有关办理房屋权属证书的资料交给政府主管部门并已具备办证条件的，

可不承担逾期办证的违约责任。

3. 在一方当事人的违约行为给对方当事人造成的损失数额难以确定的情形下，当事人以约定的违约金过分高于或低于所造成的损失为由要求减少或增加违约金的，人民法院一般不予支持。

4. 在审理以担保贷款为付款方式的商品房买卖合同纠纷案件时，要注意正确区分和认定当事人之间合同关系的法律性质。在此类案件中，一般存在两份合同书，即买受人与出卖人签订的商品房买卖合同书和买受人、担保权人及出卖人签订的商品房担保贷款合同书。在后一份合同书中，一般存在三个法律关系，即买受人与担保权人之间的借款合同关系、买受人与担保权人之间的以尚未建成或者已竣工的房屋为抵押物的抵押合同关系、出卖人与担保权人之间以保证或回购等具体条款加以确定的保证合同关系。

5. 在以担保贷款为付款方式的商品房买卖合同纠纷案件中，抵押合同与保证合同是借款合同的从合同，借款合同无效的，抵押合同、保证合同也无效。但抵押合同、保证合同另有约定的除外。

商品房买卖合同与借款合同不存在主从合同的关系，商品房买卖合同无效的，借款合同不因此而无效。但因商品房买卖合同被确认无效或者被撤销、解除，致使借款合同的目的无法实现，当事人请求解除借款合同的，人民法院应予支持。

6. 因买受人要求出卖人支付逾期交楼违约金或出卖人要求买受人支付逾期付款违约

金而发生的纠纷，一般不应通知担保权人作为当事人参加诉讼。但买受人以逾期付款是因为担保权人的违约行为造成为由，申请人民法院追加担保权人作为第三人参加诉讼的，人民法院应予支持。

7. 出卖人或买受人请求确认商品房买卖合同无效或撤销、解除商品房买卖合同的，人民法院应当在开庭前告知担保权人可以作为有独立请求权的第三人参加诉讼。若担保权人就借款合同和抵押、保证合同另行起诉的，人民法院一般应将该案与商品房买卖合同纠纷合并审理。商品房买卖合同被确认无效或者被撤销、解除后，借款合同也被解除的，人民法院可判决出卖人将买受人所欠担保权人借款本息直接支付给担保权人，其余款项支付给买受人。

若担保权人不参加诉讼的，法院仅审理商品房买卖合同纠纷。商品房买卖合同被确认无效或者被撤销、解除的，出卖人应将收受的购房款（包括买受人已实际支付的款项和向担保权人所借款项）本息返还买受人，违约责任按双方约定和有关法律规定处理。出卖人与买受人达成解除商品房买卖合同并由出卖人代替买受人清偿其所欠担保权人全部债务，其余款项则返还给买受人的和解协议的，人民法院应予支持。

8. 买受人未按照借款合同的约定还款，担保权人以执行回购条款为由请求出卖人承担连带保证责任、偿还买受人所欠贷款本息的，人民法院应予支持。

9. 出卖人与买受人恶意串通，为骗取借款而签订虚假商品房买卖合同的，该商品房买卖合同因恶意串通、损害第三人利益而无效，担保权人可依照《合同法》第五十四条第二款、第五十五条的规定对借款合同行使撤销权。

借款合同被撤销后，由买受人承担还款责任，出卖人承担连带清偿责任。

10. 担保权人与买受人、出卖人签订预售商品房担保贷款合同后，因登记部门的原因致使其未办理预售商品房担保贷款合同备案登记或抵押登记的，人民法院可以认定预售商品房担保贷款合同中的抵押合同关系有效，但不得对抗第三人。

11. 商品房担保贷款合同中关于"抵押房产的全部或部分发生毁损，不论何时和何种原因，亦不论何人过失，均由买受人负全部责任，并赔偿由此引起的一切损失"的条款，加重了买受人的责任，导致当事人利益的失衡，人民法院在当事人请求时可依据《合同法》第四十条的规定，以提供格式条款一方加重对方责任为由，认定该条款无效。房屋毁损、灭失的风险，在交付使用前由出卖人承担，交付使用后由买受人承担；买受人接到出卖人的书面交房通知，无正当理由拒绝接收的，房屋毁损、灭失的风险自书面交房通知确定的交付使用之日起由买受人承担。如果抵押房产已经买了保险的，保险金应当作为抵押财产。

12. 对于因建设工程"烂尾"而解除商品房买卖合同和商品房担保贷款合同后，担保权人要求买受人返还款项时，买受人以出卖人的商品房预售款开户银行违反《广东省商品房预售管理条例》第三十三条第二款规定的法定监管义务而造成其损失为由，要求银行承担赔偿责任的，如果担保权人同时是出卖人的商品房预售款开户银行，人民法院应对买受人的主张一并审理；如果担保权人不是出卖人的商品房预售款开户银行的，人民法院应告知买受人另行起诉。

13. 对于商品房担保贷款合同中关于买受人不得将抵押房产出租、转让的条款，人民法院可依据《合同法》第四十条的规定，以提供格式条款一方排除对方主要权利为由，认定该条款无效。

14. 买受人未经担保权人同意将抵押房产出租的，可认定租赁合同有效，但担保权人在实现抵押权时，承租人的租赁权不具有优先于抵押权的效力。

如果买受人在出租抵押房产时，未书面

告知承租人该财产已抵押的，买受人对出租抵押物造成承租人的损失承担赔偿责任；如果买受人已书面告知承租人该财产已抵押的，因实现抵押权造成承租人的损失，由承租人自行承担。

15. 买受人未经担保权人同意将抵押房产转让的，可认定转让合同有效。如果原来已办理抵押登记或商品房担保贷款合同备案登记的，担保权人仍可以行使抵押权。受让人可以代替原买受人清偿其全部债务后，向原买受人追偿。受让人不代替原买受人清偿债务时，因担保权人行使抵押权给受让人造成损失的，对于原买受人所欠担保权人的债务部分，应由原买受人承担清偿责任，其余损失则由受让人和原买受人按照过错大小分担。但当事人另有约定的除外。

如果原来未办理抵押登记或商品房担保贷款合同备案登记的，担保权人不能对抵押物行使抵押权。因此给担保权人造成损失的，由原买受人承担赔偿责任。

广东省高级人民法院
关于《合同法》施行后认定房地产开发经营合同效力问题的指导意见

2001 年 10 月 30 日　　　　　　　　　　粤高法发〔2001〕41 号

《中华人民共和国合同法》（下称《合同法》）以维护市场交易安全，促进市场经济发展为目的，限制了无效合同的范围，扩大了可撤销合同的情形，增加了合同成立但未生效、合同效力待定两种新的效力状态。而且，《合同法》规定，只有违反法律、行政法规强制性规定的合同才确认为无效。因此，法院在审理房地产开发经营合同纠纷案件中，在认定合同效力问题上要充分注意立法的这一重要变化，增强合同意识，贯彻合同自由和当事人意思自治原则，不要将可以认定为有效的合同认定为无效，或者将可以继续履行的合同随意解除或撤销，并在不违反法律、行政法规的前提下，对成立但未生效或效力待定的合同，尽可能赋予生效条件，促成当事人实现合同目的。

一、认定房地产开发经营合同效力的总的原则

1. 《合同法》施行以后，人民法院认定房地产开发经营合同的效力，不得以地方性法规、行政规章（包括经济特区制定的法规）为依据，而应当以全国人大及其常委会制定的法律和国务院制定的行政法规为依据，只有违反了法律、行政法规强制性规定的合同，才确认为无效合同。

2. 人民法院确认合同效力时，对《合同法》实施以前成立的合同，适用当时的法律、行政法规认定合同无效，而适用《合同法》可认定合同有效的，则适用《合同法》。

3. 确认房地产开发经营合同的效力，应当注意《中华人民共和国城市房地产管理法》（以下简称《城市房地产管理法》）施行前、后的区别：1995 年 1 月 1 日《城市房地产管理法》施行前，认定合同效力可以在投资条件和法定手续两个方面从宽，即只要转让方具备"投入一定的开发建设资金"的投资条件，以及"在一审诉讼期间"办理了房地产转让前的法定手续，可以认定合同有效；1995 年 1 月 1 日《城市房地产管理法》施行后，认定合同效力应当在投资条件和法定手续两个方面从严，即如果转让方不具备足额的投资条件，或者"在起诉前"尚未办理房地产转让前的法定手续，应当认定合同无效。

4. 适用《合同法》第五十二条的规定，确认房地产开发经营合同无效，主要从以下两个方面进行审查确认：

（1）审查合同主体是否具有房地产开发经营资格。具备房地产开发经营资格的企业，必须是经工商行政管理部门核准登记，并持有房地产开发企业资质证书（含中外合资经营企业、中外合作经营企业和外资企业）。当事人签订以房地产开发经营为内容的合同，双方均不具备房地产开发企业资质的，一般应当认定该开发经营合同无效，但在起诉前当事人已依法取得房地产开发企业资质的，可以认定合同有效。

（2）审查合同内容是否违反法律、行政法规的强制性规定。主要是审查合同标的物是否具备转让、交易条件。如果当事人开发经营的房地产属于《城市房地产管理法》第三十七条规定的不得转让的房地产范围的，一般应当认定合同无效。但在起诉前上述禁止转让的原因已经消除的，可以认定合同有效。

5. 依照最高人民法院《关于适用〈中华人民共和国合同法〉若干问题的解释（一）》第九条的规定，法律、行政法规规定合同应当办理批准手续，或者办理批准、登记等手续才生效的，在一审法庭辩论终结前当事人仍未办理批准手续的，或者仍未办理批准、登记等手续的，人民法院应当认定该合同未生效；法律、行政法规规定合同应当办理登记手续，但未规定登记后生效的，当事人未办理登记手续不影响合同的效力，但合同标的物所有权及其他物权不能转移。

6. 合同成立，但因当事人未按《中华人民共和国中外合作经营企业法》《中华人民共和国担保法》等法律、行政法规的规定办理批准、登记手续而未生效，有下列情形之一的，人民法院可以责令当事人补办批准、登记手续，强制赋予合同生效条件后继续履行：

（1）双方已实际履行合同，或者房屋已

基本建成，无其他违法行为的；

（2）合同未生效是由一方当事人违反诚实信用原则造成，而另一方当事人坚持要求继续履行的；

（3）非当事人自身的原因造成不能办理批准、登记手续或批准、登记手续不完善的；

（4）其他能够强制赋予合同生效条件后继续履行的情形。

7. 合同成立但未生效，且不符合本意见第6条规定的情形，一方当事人请求人民法院解除合同的，应予准许，但有过错的一方应当承担缔约过错责任；双方都有过错的，应当各自承担相应的责任。

二、土地使用权转让合同的效力认定

8. 以出让方式取得的土地使用权，土地使用人已经领取了土地行政主管部门颁发的土地使用权证书，但其未付清全部土地使用权出让金即转让土地使用权的，不因此认定该转让合同无效。

以出让方式受让的土地使用权，土地使用权受让人已经履行了出让合同约定的全部义务，但其未领取土地使用权证书又转让土地使用权，如再转让合同已基本履行，再转让合同的受让人已投资开发并建成房屋的，不因转让人未取得土地使用权证而认定再转让合同无效。

9. 以出让方式取得的土地使用权，土地使用人已经领取了土地行政主管部门颁发的土地使用权证书，但其未按照出让合同约定进行投资开发即转让土地使用权的，如在起诉前已办理了土地使用权变更登记手续，不因此认定该转让合同无效。

10. 以划拨方式取得土地使用权的，在转让房地产时，土地使用人应当按照《城市房地产管理法》第三十九条的规定，办理审批、出让手续。当事人在一审法庭辩论终结前仍未办理审批、出让手续的，认定转让房地产合同未生效。

三、合作建房合同的效力认定

11. 享有土地使用权的一方以土地使用

权作为投资与他人合作建房的，认定该合作建房合同是土地使用权有偿转让的一种特殊形式。

以划拨方式取得土地使用权，当事人未按《城市房地产管理法》第三十九条的规定，办理合建审批手续的，应当认定合作建房合同未生效；以出让方式取得土地使用权的，当事人未办理合建审批手续不影响合作建房合同的效力，但合同违反《城市房地产管理法》《规划法》《城镇国有土地使用权出让和转让暂行条例》等法律、行政法规强制性规定的除外。

以划拨方式或以出让方式取得的土地使用权，当事人在签订合作建房合同后未办理土地使用权变更登记手续的，均不影响合作建房合同的效力。

12. 合作建房合同的各方当事人约定共同成立专门的项目公司开发房地产，无论项目公司是否成立，以及土地使用权是否已经变更登记为该项目公司享有，均不影响合作建房合同的效力。

13. 合作建房合同约定一方提供土地使用权，另一方提供资金，由提供资金一方以提供土地使用权一方的名义单独经营，提供土地使用权一方收取固定利润而不承担经营风险的，这是名为合作建房，实为土地使用权有偿转让的合同。依照最高人民法院《关于审理房地产管理法施行前房地产开发经营案件若干问题的解答》第二十二条规定，如土地使用权的转让符合法律规定的，可以认定合同有效，并责令当事人办理土地使用权变更登记手续，按有关规定补交税费。

14. 合作建房合同约定一方提供土地使用权，另一方提供资金，由提供土地使用权一方以自己的名义单独经营，提供资金一方收取固定利润而不承担经营风险的，这是名为合作建房，实为借贷的合同。由于非金融企业之间的借贷行为违反了法律、行政法规的强制性规定，因此，该合同应认定为无效。

15. 合作建房合同虽然约定合作各方共同经营，但为了逃避交易税收而又约定不办理土地使用权变更登记手续，房地产项目以原土地使用者的名义进行开发建设的，视为恶意串通，逃避税收，损害国家利益，依照《合同法》第五十二条第二项的规定，应当认定当事人约定不办理土地使用权变更登记手续的条款无效，并责令当事人办理土地使用权变更登记手续，按有关规定补交税费。

16. 合作建房合同约定合作各方共同经营、共负盈亏、共担风险，土地使用权已经变更登记到合作各方的名下，其中的一方经其他合作方同意，将合同的权利和义务全部或部分转让给第三人的，该转让合同应当认定为有效；土地使用权尚未变更登记的，未取得土地使用权的一方，将合同的权利和义务全部或部分转让给第三人的，由于转让方不享有土地使用权，依照《城市房地产管理法》第三十七条的规定，该转让合同认定无效。

17. 提供土地使用权的一方未付清全部土地使用权出让金，而与他人签订合作建房合同的，一般认定合同无效。但政府土地行政主管部门以书面明示的方式同意缓交或者先行开发的，可认定合同有效。

政府土地行政主管部门虽无上述书面明示意见，但在提供土地使用权的一方未付清土地使用权出让金的情况下，政府土地行政主管部门已经核发了土地使用权证书（含临时使用证），或者建设行政主管部门核发了建筑工程施工许可证，房产管理部门核发了商品房预售许可证的，也可认定合同有效。

18. 合作建房合同的当事人为解决一方或一方以上的当事人退出合作而签订的合同效力，不受原合作建房合同效力的影响。

四、商品房预售合同的效力认定

19. 预售合同未经办理登记备案手续的，不影响预售合同的效力。但双方当事人约定以办理登记备案手续为合同生效条件的，从其约定。

20. 商品房预购人将购买的未竣工的预

售商品房再行转让，如无其他违法行为，可认定转让合同有效。

21. 不具备《城市房地产管理法》第四十四条规定的条件预售商品房的，一般认定合同无效。但预售方在起诉前已补交土地使用权出让金，并已补办有关手续，具备了上述预售条件的，可以认定合同有效。

22. 商品房的预售方与预购方签订商品房认购合同，约定预购方以定金担保其将来与预售方订立正式的商品房预售合同，如该认购合同是当事人的真实意思表示，内容合法的，应当认定有效。

23. 商品房的预售方与预购方在商品房预售合同中按明码标价约定购房价格后，预售方又以其他名义增加收费，该增加收费的条款应当认定为无效。双方当事人以逃避商品房交易税收为目的，故意变相减少商品房交易价款的，这一条款也应认定无效。

24. 商品房售楼广告的内容没有在商品房预售合同中约定，但符合下列情形之一的，该广告内容具有法律约束力：

（1）向购房者提供优惠条件或赠送礼品的许诺；

（2）对商品房外墙或共用部分装饰标准的告示；

（3）对商品房各组成部分或共用部分使用功能质量的陈述；

（4）对商品房周围环境质量作出的具有明确的公建指标的说明；

（5）其他载有明确指标的说明。

25. 预售商品房合同签订后，在预购方未取得房屋所有权证前，预售方未经预购方同意，就同一预售商品房又与他人签订预售合同的，前后签订的预售合同均可认定有效。当事人不能按照合同约定履行义务的，应当承担履约不能的违约责任。

26. 预售方逾期交房，应当按照预售合同约定的违约金标准向预购人支付违约金。当事人以约定的违约金过高、过低为由请求人民法院调整的，按《合同法》第一百一十四条第二款的规定处理。

五、商品房包销合同的效力认定

27. 包销商与开发商签订包销合同，约定由其以统一价格向开发商购买房屋，再以开发商的名义销售房屋给他人，其实质是开发商将商品房卖给包销商，包销商再卖给他人的两次买卖行为。无论包销商是否具有房地产经营资质，均可认定包销合同有效，但应责令当事人限期补交再转让商品房应缴纳的税费，并函告税务部门。

六、城镇房屋租赁合同的效力认定

28. 出租人在出租房屋前是否办理房屋租赁许可证，租赁合同有无办理登记手续，不影响合同的效力。但双方当事人约定以办理房屋租赁许可证和登记手续为合同生效条件的，从其约定。

29. 土地使用权人办理了合法的报建手续，房屋已经建成并经工程质量验收和消防验收合格，具备交付使用的条件，在未领取房屋产权证书前将房屋出租的，租赁合同可认定有效。

城镇私有房屋不要求验收的，前款出租的房屋可不受工程质量验收和消防验收合格的限制。

30. 承租人转租未经出租人同意、默认或者事后追认的，根据《合同法》第二百二十四条第二款的规定，转租合同可认定有效，但出租人可以解除租赁合同。在出租人解除租赁合同时，转承租人可以解除转租合同，并有权要求转租人承担履约不能的违约责任。

三、房屋租赁

最高人民法院
关于审理城镇房屋租赁合同纠纷案件
具体应用法律若干问题的解释

法释〔2009〕11 号

(2009 年 6 月 22 日最高人民法院审判委员会第 1469 次会议通过
2009 年 7 月 30 日最高人民法院公告公布　自 2009 年 9 月 1 日起施行)

为正确审理城镇房屋租赁合同纠纷案件,依法保护当事人的合法权益,根据《中华人民共和国民法通则》《中华人民共和国物权法》《中华人民共和国合同法》等法律规定,结合民事审判实践,制定本解释。

第一条　本解释所称城镇房屋,是指城市、镇规划区内的房屋。

乡、村庄规划区内的房屋租赁合同纠纷案件,可以参照本解释处理。但法律另有规定的,适用其规定。

当事人依照国家福利政策租赁公有住房、廉租住房、经济适用住房产生的纠纷案件,不适用本解释。

第二条　出租人就未取得建设工程规划许可证或者未按照建设工程规划许可证的规定建设的房屋,与承租人订立的租赁合同无效。但在一审法庭辩论终结前取得建设工程规划许可证或者经主管部门批准建设的,人民法院应当认定有效。

第三条　出租人就未经批准或者未按照批准内容建设的临时建筑,与承租人订立的租赁合同无效。但在一审法庭辩论终结前经主管部门批准建设的,人民法院应当认定有效。

租赁期限超过临时建筑的使用期限,超过部分无效。但在一审法庭辩论终结前经主管部门批准延长使用期限的,人民法院应当认定延长使用期限内的租赁期间有效。

第四条　当事人以房屋租赁合同未按照法律、行政法规规定办理登记备案手续为由,请求确认合同无效的,人民法院不予支持。

当事人约定以办理登记备案手续为房屋租赁合同生效条件的,从其约定。但当事人一方已经履行主要义务,对方接受的除外。

第五条　房屋租赁合同无效,当事人请求参照合同约定的租金标准支付房屋占有使用费的,人民法院一般应予支持。

当事人请求赔偿因合同无效受到的损失,人民法院依照合同法的有关规定和本司法解释第九条、第十三条、第十四条的规定处理。

第六条　出租人就同一房屋订立数份租赁合同,在合同均有效的情况下,承租人均主张履行合同的,人民法院按照下列顺序确定履行合同的承租人:

(一) 已经合法占有租赁房屋的;

(二) 已经办理登记备案手续的;

(三) 合同成立在先的。

不能取得租赁房屋的承租人请求解除合同、赔偿损失的,依照合同法的有关规定处理。

第七条　承租人擅自变动房屋建筑主体和承重结构或者扩建,在出租人要求的合理期限内仍不予恢复原状，出租人请求解除合同并要求赔偿损失的，人民法院依照合同法第二百一十九条的规定处理。

第八条 因下列情形之一，导致租赁房屋无法使用，承租人请求解除合同的，人民法院应予支持：

（一）租赁房屋被司法机关或者行政机关依法查封的；

（二）租赁房屋权属有争议的；

（三）租赁房屋具有违反法律、行政法规关于房屋使用条件强制性规定情况的。

第九条 承租人经出租人同意装饰装修，租赁合同无效时，未形成附合的装饰装修物，出租人同意利用的，可折价归出租人所有；不同意利用的，可由承租人拆除。因拆除造成房屋毁损的，承租人应当恢复原状。

已形成附合的装饰装修物，出租人同意利用的，可折价归出租人所有；不同意利用的，由双方各自按照导致合同无效的过错分担现值损失。

第十条 承租人经出租人同意装饰装修，租赁期间届满或者合同解除时，除当事人另有约定外，未形成附合的装饰装修物，可由承租人拆除。因拆除造成房屋毁损的，承租人应当恢复原状。

第十一条 承租人经出租人同意装饰装修，合同解除时，双方对已形成附合的装饰装修物的处理没有约定的，人民法院按照下列情形分别处理：

（一）因出租人违约导致合同解除，承租人请求出租人赔偿剩余租赁期内装饰装修残值损失的，应予支持；

（二）因承租人违约导致合同解除，承租人请求出租人赔偿剩余租赁期内装饰装修残值损失的，不予支持。但出租人同意利用的，应在利用价值范围内予以适当补偿；

（三）因双方违约导致合同解除，剩余租赁期内的装饰装修残值损失，由双方根据各自的过错承担相应的责任；

（四）因不可归责于双方的事由导致合同解除的，剩余租赁期内的装饰装修残值损失，由双方按照公平原则分担。法律另有规定的，适用其规定。

第十二条 承租人经出租人同意装饰装修，租赁期间届满时，承租人请求出租人补偿附合装饰装修费用的，不予支持。但当事人另有约定的除外。

第十三条 承租人未经出租人同意装饰装修或者扩建发生的费用，由承租人负担。出租人请求承租人恢复原状或者赔偿损失的，人民法院应予支持。

第十四条 承租人经出租人同意扩建，但双方对扩建费用的处理没有约定的，人民法院按照下列情形分别处理：

（一）办理合法建设手续的，扩建造价费用由出租人负担；

（二）未办理合法建设手续的，扩建造价费用由双方按照过错分担。

第十五条 承租人经出租人同意将租赁房屋转租给第三人时，转租期限超过承租人剩余租赁期限的，人民法院应当认定超过部分的约定无效。但出租人与承租人另有约定的除外。

第十六条 出租人知道或者应当知道承租人转租，但在六个月内未提出异议，其以承租人未经同意为由请求解除合同或者认定转租合同无效的，人民法院不予支持。

因租赁合同产生的纠纷案件，人民法院可以通知次承租人作为第三人参加诉讼。

第十七条 因承租人拖欠租金，出租人请求解除合同时，次承租人请求代承租人支付欠付的租金和违约金以抗辩出租人合同解除权的，人民法院应予支持。但转租合同无效的除外。

次承租人代为支付的租金和违约金超出其应付的租金数额，可以折抵租金或者向承租人追偿。

第十八条 房屋租赁合同无效、履行期限届满或者解除，出租人请求负有腾房义务的次承租人支付逾期腾房占有使用费的，人民法院应予支持。

第十九条 承租人租赁房屋用于以个体工商户或者个人合伙方式从事经营活动，承租人在租赁期间死亡、宣告失踪或者宣告死亡，其共同经营人或者其他合伙人请求按照原租赁合同租赁该房屋的，人民法院应予支持。

第二十条 租赁房屋在租赁期间发生所有权变动，承租人请求房屋受让人继续履行原租赁合同的，人民法院应予支持。但租赁房屋具有下列情形或者当事人另有约定的除外：

（一）房屋在出租前已设立抵押权，因抵押权人实现抵押权发生所有权变动的；

（二）房屋在出租前已被人民法院依法查封的。

第二十一条 出租人出卖租赁房屋未在合理期限内通知承租人或者存在其他侵害承租人优先购买权情形，承租人请求出租人承担赔偿责任的，人民法院应予支持。但请求确认出租人与第三人签订的房屋买卖合同无效的，人民法院不予支持。

第二十二条 出租人与抵押权人协议折价、变卖租赁房屋偿还债务，应当在合理期限内通知承租人。承租人请求以同等条件优先购买房屋的，人民法院应予支持。

第二十三条 出租人委托拍卖人拍卖租赁房屋，应当在拍卖 5 日前通知承租人。承租人未参加拍卖的，人民法院应当认定承租人放弃优先购买权。

第二十四条 具有下列情形之一，承租人主张优先购买房屋的，人民法院不予支持：

（一）房屋共有人行使优先购买权的；

（二）出租人将房屋出卖给近亲属，包括配偶、父母、子女、兄弟姐妹、祖父母、外祖父母、孙子女、外孙子女的；

（三）出租人履行通知义务后，承租人在十五日内未明确表示购买的；

（四）第三人善意购买租赁房屋并已经办理登记手续的。

第二十五条 本解释施行前已经终审，本解释施行后当事人申请再审或者按照审判监督程序决定再审的案件，不适用本解释。

妥处房屋租赁纠纷　促进市场健康发展

——最高人民法院民一庭负责人就《关于审理城镇房屋租赁合同纠纷案件具体应用法律若干问题的解释》答记者问

（2010 年 2 月 23 日）

最高人民法院《关于审理城镇房屋租赁合同纠纷案件具体应用法律若干问题的解释》（以下简称《解释》）2009 年 9 月 1 日正式施行。最高人民法院民一庭负责人近日就相关话题回答了本报记者提问。

据这位负责人介绍，在我国经济高速发展和住房制度改革日益深化的推动下，房屋租赁经营方式日益普遍，房屋租赁业迅猛发展，涌现出许多新情况、新问题，并形成诉讼进入司法领域。近年来，人民法院受理的房屋租赁合同纠纷案件日益增多。由于相关法律规范比较原则，人民法院在审理房屋租赁合同纠纷案件中面临很多具体适用法律的难点问题。为统一法律适用，指导各级人民法院及时公正审理房屋租赁合同纠纷案件，促进房屋租赁市场的健康发展，最高人民法院于 2006 年 9 月着手《解释》（征求意见稿）的起草和调研工作。

房屋租赁主要包括居住用房的租赁和经营用房的租赁。居住用房是人类生存的基本物质条件，经营用房是人类从事生产经营的必要生产资料，因此，房屋租赁与国家利益、社会公共利益和广大人民群众的切身利益息息相关，亦与社会的和谐稳定、经济的平稳发展息息相关。最高人民法院从"保增长、保民生、保稳定"的全局工作出发，高度重视该部司法解释的起草工作，确定以落实科学发展观和司法为民作为指导思想，严循立法精神，重视调查研究，强化起草内容的针对性和可操作性。其间，起草小组多次奔赴全国各地调研，广泛征求各方意见。在反复研究讨论的基础上，《解释》经最高人民法院审判委员会第 1469 次会议研究通过。

明确租赁合同无效的范围

问：《解释》在合同效力的认定上，是如何体现促进房屋租赁市场发展和维护稳定的房屋租赁交易秩序这一目标的？

答： 合同效力的认定对促进房屋租赁市场发展，维护房屋租赁市场交易秩序稳定意义重大。《解释》在准确判断相关法律、行政法规的强制性规定是否为效力性强制性规定基础上，确定了认定合同效力的原则：一是限定无效合同的范围。《解释》仅将违法建筑物租赁合同、转租期限超过承租人剩余租赁期限的合同、未经出租人同意的转租合同认定为无效。在违法建筑物范围认定上，确定未取得建设工程规划许可证或者未按照建设工程规划许可证规定建设的房屋，未经批准或者未按照批准内容建设的临时建筑，超过批准使用期限的临时建筑为违法建筑。二是对欠缺生效条件合同效力的处理上，采取了补救性的措施，即当事人只要在一审法庭辩论终结前，取得了法律、行政法规规定的条件，不存在合同法第五十二条规定的无效情形，就认定合同有效。《解释》在遵循法律规定精神的基础上，采用宽严适当的原则，确定合同效力，目的就是在尽量维持合同效力的基础上，促进社会资源的有效利用，保障房屋租赁市场的健康发展。

问：《解释》规定合同被认定无效后，承租人要支付房屋占有使用费，是将无效合同按照有效处理吗？为什么参照合同约定的租金标准确定占有使用费？

答： 这种理解是错误的。合同无效后，承租人支付占有房屋期间的使用费，是返还依无效合同取得的财产的一种方式，并不是按照合同履行支付的租金。依照无效合同的处理原则，承租人应返还依无效合同取得的财产，包括占有租赁的房屋和实际占有房屋所获取的占有利益。占有利益为无形财产，承租人只能采用折价补偿的方式，即支付房屋使用费予以返还。

对于房屋使用费按照何种标准确定，实践中做法很多。合同约定的租金标准，与合同签订时的市场行情相符，易于双方当事人认可，且标准明确，有利于人民法院判断掌握，亦可避免采用评估方式确定房屋使用费，加重当事人诉讼成本，延长案件审理期间的弊端。考虑到实践中存在因房屋质量问题或其他原因影响承租人使用房屋的情形，完全参照合同约定的租金标准确定承租人支付使用费可能与其获取的占有利益不符，有失公平，本条规定"当事人请求参照合同约定的租金标准支付房屋占有使用费的，人民法院一般应予支持。"将是否支持的裁量权交由人民法院，根据承租人对房屋的实际使用状况确定是否参照、如何参照合同约定的租金标准确定占有使用费。

适用不同民法理论处理装饰装修问题

问：房屋租赁合同纠纷案件中装饰装修的处理，一直是司法审判中的热点和难点问题，《解释》对此问题是如何规定的？

答： 装饰装修的处理涉及债权和物权两大领域，关涉添附制度、不当得利等民法理论，该类案件的处理在理论界及审判实务界均引起高度关注。《解释》在吸收各级人民法院和学术界意见基础上，确立了处理此类纠纷的规则：承租人擅自进行装饰装修，构成侵权，承担侵权责任；承租人经同意装饰装修，区分情况适用不同的处理原则，一是对附合和未形成附合的装饰装修物分别适用不同的处理规则。未形成附合的装饰装修物，承租人作为所有权人享有处分权；已形成附合的装饰装修物区分合同无效、合同有效解除、合同履行期限届满情形，适用不同的处理规则。二是出租人是否对承租人的装饰装修进行补偿，如何补偿，要区分不同情况。合同无效时，出租人同意利用的装饰装修，基于不当得利对承租人进行补偿；不同意利用的，装饰装修的现值损失作为无效合同的损失，由双方按照过错承担；合同解除，由导致合同解除的违约方承担装饰装修残值损失。在双方均无过错情形下，由双方依照公平原则分担装饰装修残值损失；需要注意的是，合同解除时，如果出租人同意利用承租人装饰装修的，仍需基于不当得利对承租人予以补偿；合同履行期间届满，出租人取得附合装饰装修物无需补偿。

问：《解释》就附合装饰装修的处理出现"现值损失"和"残值损失"两个名词，如何理解和区分这两种损失。

答：一直以来，各地人民法院对附合装饰装修损失的认定，方法多样，标准不同，统一这一问题的法律适用，对司法审判意义重大。《解释》根据有效合同和无效合同的不同法律效果，对装饰装修损失采用了现值损失和残值损失两种不同的标准。现值损失是指合同被认定无效时，装饰装修的现存价值。在合同无效场合，承租人通常已经占用使用租赁房屋一段时间，其在此期间享有的装饰装修利益，不应再列入合同无效的损失范围。残值损失是指在合同解除时，装饰装修的剩余"价值"，这一"价值"的确定是以合同解除时装饰装修的现值为基础，且不能低于合同履行期间摊销的装饰装修费用。《解释》依照租赁合同的权利义务内容、行业惯例、交易习惯，规定在双方当事人无约定情形下，承租人的附合装饰装修费用应当在租赁期内

摊销完毕，出租人无需补偿。按照这一规定，合同履行期间已经摊销的装饰装修费用，不应列入合同解除的损失范围。如装饰装修造价60万元，租期5年，则60万元造价摊销在租期内，每年平均摊销12万元。合同履行三年后解除，按照评估价值，装饰装修现值为30万元，但按照租期内摊销价计算，三年摊销费用为36万元。则残值应当按照摊销费用确定为36万元。如果装饰装修现值高于摊销的造价费用，则应当按照装饰装修的现值来确定残值。

依法保护承租人的优先购买权

问：《解释》规定承租人优先购买权受侵害时，无权主张认定出租人与第三人签订的买卖合同无效，是基于何种考虑？

答：首先需要明确，《解释》规定的是"承租人不能以出租人侵害其优先购买权为由，请求确认出租人与第三人签订的房屋买卖合同无效"，而不是规定在何种情形下，承租人均不得主张认定出租人与第三人签订的买卖合同无效。

优先购买权纠纷一直是审判实践中的难点问题。承租人优先购买权性质的认定，是解决该难点首要面临的问题。2007年10月1日施行的物权法，并未将优先购买权规定为物权，该权利因此不具有"对世性"权利。最高人民法院废止了《〈民法通则〉适用意见》第118条规定，就是基于该条规定与物权法规定相冲突。本《解释》遵循法律规定精神，将承租人优先购买权定性还原为债权，规定承租人不能以出租人侵害其优先购买权为由，请求确认出租人与第三人签订的房屋买卖合同无效。该项规定并不妨碍出租人与第三人恶意串通签订买卖合同损害承租人优先购买权时，承租人依照民法通则第五十八条第一款第（四）项规定和合同法第五十二条第（二）项规定，主张认定出租人与第三人签订的买卖合同无效。

问：出租人出租房屋上设立抵押权的情况在房屋租赁中时有发生，《解释》对抵押权

人行使抵押权时承租人优先购买权的保护是如何规定的？

答：从权力的设置目的看，抵押权是从抵押物的交换价值优先受偿，其追求的是抵押物的交换价值，不要求转移抵押物的占有，亦不享有对抵押物的处分权。优先购买权是优先购买租赁房屋的权力，并以同等条件为权力行使的必备要件。上述两种权利从设置目的上看，行使时不会发生冲突。抵押权人与出租人协商折价、变卖或者拍卖抵押房屋实现抵押权时，属于出租人出卖房屋的方式，承租人以同等条件优先购买抵押的租赁房屋，不会影响抵押权人实现债权，不论抵押权设立在租赁合同成立前或后，均不会与抵押人实现抵押权发生冲突。因此，解释依照抵押权与承租人优先购买权立法目的不同，规定出租人与抵押权人协议折价、变卖租赁房屋偿还债务，或者拍卖房屋时，依法保护承租人的优先购买权。出租人以其他方式出卖房屋时，应当采取同样的规则保护承租人的优先购买权。当然，承租人主张优先购买房屋时，人民法院应当考虑以下两方面的问题，一是承租人应当具有让出租人信赖的履约能力，如责令承租人以交付押金或者定金等方式提供履约担保，使出租人信赖其履约能力，以避免人民法院支持承租人购买房屋的主张后，因承租人缺乏履约能力导致合同无法履行，损害出租人利益。二是依照权利义务对等原则，承租人的优先购买权亦应当在合理期限内主张，在出租人履行通知义务后，承租人应当在 15 日内明确表示是否行使优先购买权；出租人没有履行通知义务的，承租人可在知道或者应当知道出租人出卖房屋之日起一年内主张，超过合理期限的，人民法院不应予以支持。

问：按照《解释》规定，是否只要出租人出卖租赁房屋，承租人就可主张优先购买房屋？

答：这种理解是错误的。《解释》第 24 条规定了承租人优先购买权行使的四种例外情形：（一）房屋共有人行使优先购买权的。法律设定共有人具有优先购买权，宗旨是简化物权关系，维护共有关系的稳定性，充分发挥物的用益价值，而承租人优先购买权主要是维护使用关系的稳定性，从利益衡量的角度考量，应当优先保护共有人的购买权。（二）出租人将房屋出卖给近亲属情形。我国是靠亲情和人情为纽带联系起来的熟人社会，人们在经济交往中，亲情关系往往是交换价值确定的重要考虑因素，具有浓厚的人身色彩，与纯粹的买卖关系终究有所不同。《解释》立足国情，将出租人出卖房屋给近亲属的情况，列为出租人出售房屋的特别方式，排除承租人优先购买权。这一规定有利于促进家庭和睦和社会稳定，符合构建和谐社会的重大历史任务要求。（三）出租人履行告知义务后，承租人在 15 日内未明确表示愿意购买的。本项是对合同法第二百三十条规定的进一步细化。从权利义务对等的角度分析，承租人在合理期限内行使优先购买权，亦应为承租人优先购买权的内容。如果承租人不及时行使优先购买权，将导致出租人所有者权益受到损害。在房屋交易市场价格波动加大的情况下，这种损害更为明显。因此，本项将承租人接到通知后 15 日，作为行使优先购买权的合理期限，逾期视为承租人放弃优先购买权。（四）购买房屋的第三人出于善意并已办理登记手续的。物权法第一百零六条规定了善意取得制度，即受让人以财产所有权转移为目的，善意、对价受让且占有该财产，即使出让人无处分权，受让人仍可取得转让物的所有权。根据"举重以明轻"的民法解释原则，在第三人善意购买出租房屋，并办理登记手续情形下，可以对抗承租人优先购买房屋的主张。

【背景】

司法解释适用范围

《解释》将适用范围确定为城镇房屋租赁合同纠纷案件，是基于何种考虑？

最高人民法院民一庭负责人告诉记者，

按照城乡规划法有关规划区域的规定，我国现有房屋可分为城市规划区、镇规划区、乡规划区、村庄规划区范围内的房屋。《解释》为表述简练，将城市规划区、镇规划区范围内的房屋统称为城镇房屋。城镇房屋建设规模大，房屋性质多样，用途广泛。其开发、建设、交付使用受到城市房地产管理法、城乡规划法、建筑法、消防法等法律和行政法规强制性规范的调整。

如建筑法规定，限额以上的工程应当向工程所在地县级以上人民政府建设行政主管部门申请领取施工许可证。该类工程按照消防法的规定，属于按照国家工程建筑消防技术标准需要进行消防设计的建筑工程。上述工程未经竣工验收，不得交付使用。而乡、村庄规划区内的房屋因建设规模小，达不到适用上述法律、行政法规强制性规范的标准，在房屋建设、使用条件上的强制性法律规定较少。同时，由于城镇房屋和乡村房屋租赁经营活跃程度不同，租赁交易规则和租赁纠纷产生的原因亦有很大不同。从数量上看，乡村房屋租赁合同纠纷数量较少。为解决审判实践中的突出问题，我们确定本司法解释的适用范围为城镇房屋租赁合同纠纷案件。

随着我国城市化和城乡一体化进程的快速推进，一部分经济比较发达的乡村和城镇规划区周边的乡村，房屋建设规模扩大、房屋使用性质多样、租赁经营日益活跃，与城镇房屋租赁在适用法律和采用的交易规则方面已没有区别。为满足这部分乡村房屋租赁合同纠纷案件审判的需要，《解释》规定："乡、村庄规划区内的房屋租赁合同纠纷案件，可以参照本解释处理。但法律另有规定的，适用其规定。"

承租人依照国家福利政策承租的公有住房、廉租住房、经济适用房，具有社会福利性和保障性，其租赁关系不属于完全的民事法律行为，有关合同纠纷不适用本《解释》。

《关于审理房屋租赁合同纠纷案件具体应用法律若干问题的解释》的理解与适用

《人民司法（应用）》2009 年 杜万华 冯小光 关丽

《关于审理房屋租赁合同纠纷案件具体应用法律若干问题的解释》（以下简称《解释》）经最高人民法院审判委员会第 1469 次会议通过，于 2009 年 9 月 1 日施行。为便于司法实践正确理解与适用，现就司法解释起草的背景及主要内容介绍如下。

《解释》的起草背景和指导思想

在我国经济高速发展和住房制度改革日益深化的推动下，房屋租赁业迅猛发展，涌现出许多新情况、新问题，并形成诉讼进入司法领域。近年来，人民法院受理的房屋租赁合同纠纷案件以 10% 的增长率逐年上升。为应对与日俱增的审判压力，很多高级人民法院对房屋租赁合同纠纷案件的审判进行深入研究，并颁布了专门性指导意见。由于对法律规范理解上的差异，各地人民法院对此类案件的法律适用存在不同的观点，导致裁判结果迥异，亟需出台司法解释，统一裁判标准。最高人民法院基于审判实践的迫切需求，于 2006 年 9 月着手《解释》的起草和调研工作。

《解释》起草过程中，坚持了以下指导思想：一是，立足司法为和谐社会构建提供司法保障的政治职能，维护房屋租赁市场交易秩序，维护社会和谐稳定。房屋是人类生存的基本物质条件，是从事生产经营的必要生产资料，房屋租赁案件的审判直接关系到广大人民群众的切身利益、社会的和谐稳定和经济的平稳发展。《解释》的起草必须要坚持保障民生、维护社会稳定的指导思想。二是，严循立法精神，切实增强《解释》的实践应用性。房屋租赁主要发生在人民群众的生活和经营需要中，大量的房屋租赁合同纠纷案件由基层人民法院受理，《解释》应在严循法律规定精神，确保合法性基础上，强化规定内容的针对性和可操作性，切实服务审判实践。三是，总结实践经验，合理吸收借鉴法学理论成果和国外成功经验。房屋租赁纠纷属于传统的民事案件，各级人民法院均有大量的司法实践活动，并积累了行之有效的裁判方法。《解释》应在调查研究、总结审判经验的基础上，吸收法学界理论研究成果，借鉴其他国家的相关理论和成功经验，以满足我国经济快速发展后，房屋租赁合同纠纷案件审判新情况、新变化的需求。

《解释》的主要内容

《解释》的适用范围。

人民法院受理的租赁纠纷案件主要为城镇房屋（城市规划区、镇规划区范围内的房屋）租赁合同纠纷案件，法律适用的难点多出现在此类案件的审判中。为解决审判实践中的突出问题，《解释》将适用范围确定为城镇房屋租赁合同纠纷案件。城镇房屋的判断标准是依据城乡规划法规定的土地规划性质，即房屋占有土地是否在城市规划区、镇规划区内，与租赁房屋占地性质是国有土地还是集体所有制土地无关。

承租人依照国家福利政策承租的公有住房、廉租住房、经济适用房，具有社会福利性和保障性，不属于完全的民事法律行为，有关合同纠纷不适用《解释》。

随着我国城市化和城乡一体化进程的快速推进，一部分经济比较发达的乡村和城市规划区、镇规划区周边的乡村，房屋建设规模扩大、用途多样，租赁经营日益活跃，与城镇房屋租赁采用的交易规则和适用的法律

已没有区别。为满足这部分乡村房屋租赁合同纠纷案件审判的需要，《解释》规定："乡、村庄规划区内的房屋租赁合同纠纷案件，可以参照本解释处理。"案件受理法院可以根据乡村租赁房屋的建设规模、使用用途、装饰装修等情况，决定是否参照《解释》规定处理案件。

合同效力的认定。

合同效力的认定对促进房屋租赁市场发展，维护房屋租赁市场交易秩序意义重大。《解释》回应社会经济发展需求，在遵循法律规定精神的基础上，确定了尽量维持合同效力原则，体现在以下两个方面：一是明确合同无效的情形。《解释》将违法建筑租赁合同、转租期限超过承租人剩余租赁期限的合同、未经出租人同意的转租合同认定为无效。二是对欠缺生效条件的合同效力处理上，采取了补救性的措施，即当事人只要在一审法庭辩论终结前，取得了法律、行政法规规定的条件，不存在合同法第五十二条规定的无效情形，就认定合同有效。

1. 违法建筑租赁合同无效。

实践中，违法建筑租赁较为普遍，对违法建筑租赁合同效力的认定一直是人民法院面临的法律适用难点问题。城乡规划法规定，禁止房屋建设者未取得建设工程规划许可证或者未按照建设工程规划许可证的规定进行建设。民法通则第七十二条规定，"财产所有权的取得，不得违反法律规定"。物权法第三十条规定，"因合法建造、拆除房屋等事实行为设立或者消灭物权的，自事实行为成就时发生效力"。依照上述法律规定，违法建筑因建设行为的违法性，不能产生设立物权的法律效果，建设人因此对违法建筑不享有物权权益。《城市房屋拆迁管理条例》第二十二条规定，拆迁人拆除违章建筑和超过批准期限的临时建筑，不予补偿。上述法律规定表明，法律不仅从维护公共利益的角度禁止违法建设行为，同时也否定违法建设的法律效力。《解释》遵循法律意旨，规定违法建筑租赁合

同无效。

依照城乡规划法的规定，违法建筑是指未取得建设工程规划许可证或者未按照建设工程规划许可证规定进行建设的建筑物和构筑物。《解释》第 2 条、第 3 条规定的"未取得建设工程规划许可证或者未按照建设工程规划许可证规定建设的房屋，未经批准或者未按照批准内容建设的临时建筑，超过批准使用期限的临时建筑"均为违法建筑。

2. 合同无效后占有利益的返还。

依照无效合同的处理原则，承租人应返还依无效合同取得的财产，包括占有的房屋和实际占有房屋期间所获取的占有利益。这里需要注意的是，违法建筑租赁合同被认定无效，如果承租人已经占有租赁房屋，仍然需要向出租人返还占有利益。依照物权法对占有的规定，出租人（建设者）不能取得违法建筑的所有权，但不影响其基于占有享有的占有利益。承租人取得了出租人对违法建筑享有的占有利益，应当予以返还。占有利益为无形财产，承租人只能采用折价补偿的方式返还。《解释》将支付房屋占有使用费作为承租人对获取的占有利益进行折价补偿的主要方式。从审判实践既有案例的裁判效果看，按照合同约定的租金标准确定房屋占有使用费，易于双方当事人认可，且标准明确，有利于人民法院判断掌握，可避免采用评估方式确定房屋占有使用费，加重当事人诉讼成本，延长案件审理期间的弊端。考虑到存在因房屋质量问题或其他原因影响承租人使用房屋，完全参照合同约定的租金标准可能与承租人获取的占有利益不符，《解释》规定"当事人请求参照合同约定的租金标准支付房屋占有使用费的，人民法院一般应予支持。"案件受理法院可以根据承租人对房屋的实际使用状况确定是否参照、如何参照合同约定的租金标准。

装饰装修物的处理。

装饰装修物的处理涉及债权和物权两大领域，关涉添附制度、不当得利等民法理论，

在理论界及审判实务界均引起高度关注。《解释》针对合同无效、合同解除、合同履行期间届满三种情形，吸收装饰装修物形成附合、未形成附合情形下所有权归属理论及补偿理论，用五个条款对装饰装修物的处理进行了详细规定。

1. 装饰装修物的范围。

合同法第二百二十三条规定，"承租人经出租人同意，可以对租赁物进行改善或者增设他物"。改善是指不改变租赁物的外观形状，对其性能进行改良。增设他物是指在原有的租赁物上又添加另外的物。实践中，承租人对租赁房屋进行改善或者增设他物多在装饰装修中进行。建设部颁布的《建筑装饰装修管理规定》规定，建筑装饰装修是指为使建筑物、构筑物内外空间达到一定的环境质量要求，使用装饰装修材料，对建筑物、构筑物外表和内部进行修饰处理的工程建筑活动。《建设工程质量管理条例》释义解释称，"改建是指不增加建筑物或建设项目体量，在原有基础上，为改善建筑物使用功能、改变使用目的，对原有工程进行改造的建设项目。装修工程也是改建"。从上述部颁规定对专业术语的解释看，改建包括装饰装修，均是对建筑物进行改善的重要方式。房屋租赁市场普遍将改建称为装饰装修，房屋增设他物因多在装饰装修中进行，且常与房屋结合密切不可分离，同装饰装修区分不明显，一般也纳入装饰装修的范畴。《解释》依照行业理解，条文中所称的装饰装修物包括改建工程、普通装饰装修工程的装饰装修物和增设的他物。

2. 装饰装修物的归属。

对租赁房屋进行改善或者增设他物，均是将动产附着于不动产。按照装饰装修物与房屋结合的继续性与固定性的物理形态和装饰装修物是否丧失独立价值的经济学标准划分，装饰装修物可分为附合和未形成附合装饰装修物两类。附合装饰装修物是动产与不动产结合后，动产成为不动产的重要部分，

非毁损或变更其性质而不能分离。例如对租赁房屋铺设地板砖、吊设天花板；租赁房屋作为酒店或者商场所安装的空调管道、照明设施等。依照世界各国和我国有关添附理论的通说，动产与不动产的附合发生物权法上的效果，包括两个方面：一是动产的所有权被不动产所有权所吸纳，动产所有权灭失。二是不动产所有人即时取得动产的所有权。依照添附理论，对于未形成附合的装饰装修物，不能产生所有权变动的法律后果，其所有权仍属于承租人。《解释》针对装饰装修物的两种形态，吸收物权添附理论，规定未形成附合的装饰装修物可由承租人取回。形成附合的装饰装修物由出租人取得所有权。

3. 附合装饰装修物的补偿。

承租人未经出租人同意装饰装修构成侵权，承担侵权责任。下文对《解释》有关附合装饰装修物补偿规定的介绍，均是建立在经承租人同意装饰装修的前提下。

——合同履行期间届满时附合装饰装修费用的处理。

附合发生债权法上的效果是丧失动产所有权的人有权基于不当得利请求返还添附物的价值。不动产所有权人获取利益与动产所有权人遭受损失是构成不当得利的两个重要要件。但在房屋租赁合同中，出租人收回房屋时取得装饰装修物的所有权，却不必然获得利益，承租人亦不会当然遭受损失，不能适用不当得利理论。这由以下方面因素决定：一是，承租人对租赁房屋装饰装修，是为满足己方的使用需要，根据其审美情趣和使用目的进行。当承租人审美情趣与确定的房屋用途与出租人不一致时，出租人往往要重新进行装修，不会因接受承租人的装饰装修获取利益。二是，承租人如经出租人同意装饰装修，应当本着诚实信用原则确定与其租赁期限相适应的装饰装修费用，该费用作为其租赁房屋的投资成本，应当在租赁期间内摊销完毕。合同法第二百三十五条规定，"租赁期间届满，承租人应当返还租赁物。返

还的租赁物应当符合按照约定或者租赁物的性质使用后的状态。"依照该条法律规定，承租人返还的房屋应当符合经装饰装修使用后的状态，出租人不能要求承租人恢复房屋原状，亦无需对装饰装修予以补偿。三是，装饰装修主要发生在经营用房租赁中，缔约双方普遍约定合同履行期间届满，出租人无偿取得装饰装修物，上述约定已经成为行业惯例。《解释》综合考虑上述因素，规定，"承租人经出租人同意装饰装修，租赁期间届满时，承租人请求出租人补偿附合装饰装修费用的，不予支持。但当事人另有约定的除外。"

——合同解除时附合装饰装修费用的处理。

《解释》第 11 条规定，"承租人经出租人同意装饰装修，合同解除时，双方对已形成附合的装饰装修物的处理没有约定的，人民法院按照下列情形分别处理：（1）因出租人违约导致合同解除，承租人请求出租人赔偿剩余租赁期内装饰装修残值损失的，应予支持；（2）因承租人违约导致合同解除，承租人请求出租人赔偿剩余租赁期内装饰装修残值损失的，不予支持。但出租人同意利用的，应在利用价值范围内予以适当补偿；（3）因双方违约导致合同解除，剩余租赁期内的装饰装修残值损失，由双方根据各自的过错承担相应的责任；（4）因不可归责于双方的事由导致合同解除的，剩余租赁期内的装饰装修残值损失，由双方按照公平原则分担。法律另有规定的，适用其规定。"上述规定中，涵盖了如下方面的内容：一是明确了装饰装修损失的负担原则。合同解除，承租人装饰装修费用尚未摊销完毕。承租人不能利用剩余租赁期内的装饰装修价值，是由合同解除导致的，该价值作为合同解除的损失，由导致合同解除的违约方负担。双方违约的，根据各自过错分担。因不可归责于当事人双方的原因导致合同解除的，按照公平责任原则分担。依照物权法、《城市房屋拆迁管理条

例》的规定，出租房屋被国家征收或者被拆迁时，政府部门或者拆迁人要对被征收或者被拆迁的房屋进行补偿。依照相关行政规范，补偿事项一般包括房屋的装饰装修损失。租赁房屋在返还出租人之前，装饰装修物归承租人所有，补偿款作为装饰装修物的代位物，依照物权归属原则，归承租人所有。此时，虽然合同解除具有不可归责于双方的事由，却不能适用公平原则解决装饰装修损失的补偿问题，装饰装修的补偿按照物的归属，在拆迁补偿款中处理。《解释》第 11 条第（4）项因此作出"法律另有规定的，适用其规定"的表述，作为适用《解释》规定的负担原则之外的兜底条款；二是确定了装饰装修损失的范围。按照《解释》规定，合同解除时装饰装修的损失为残值损失，这一损失范围的确定，需要考虑出租人是否同意利用装饰装修的因素。如果出租人同意利用装饰装修，表明装饰装修对出租人具有利用价值，该价值由出租人实际取得，其应当依照不当得利的民法理论，对承租人予以补偿，补偿的款项应当在承租人装饰装修损失中扣除。考虑到上述装饰装修损失范围的认定原则已被审判实践普遍采用，因此，仅在《解释》第 11 条第（2）项进行了规定，在第（3）、（4）项中未作表述，但该原则在第（3）、（4）项规定情形中同样适用。

——合同无效时附合装饰装修物的处理。

依照《解释》第 9 条第 2 款的规定，合同无效时，已形成附合的装饰装修物，出租人同意利用的，可折价归出租人所有；不同意利用的，由双方各自按照导致合同无效的过错分担现值损失。

——现值损失和残值损失的计算方法。

《解释》根据有效合同和无效合同的不同法律后果，对装饰装修损失采用了现值损失和残值损失两种不同的认定标准。现值损失是指合同被认定无效时，装饰装修的现存价值。该价值一般采用审计鉴定的方法确定。残值损失是指在合同解除时装饰装修的剩余

价值，该价值通过装饰装修的工程造价扣减合同履行期间消耗的装饰装修价值来确定。通常情况下，残值损失与装饰装修的现值相符，但因为《解释》确定装饰装修费用在租赁期间内摊销完毕，故合同履行期间已经摊销（消耗）的装饰装修费用，不应纳入合同解除后的损失范围。残值损失应考虑因合同解除未摊销的费用，该费用可能高于或者低于装饰装修的现值，此时确定装饰装修残值损失采用"就低"原则：如果未摊销费用高于现值，残值损失按照装饰装修的现值确定。因装饰装修损失作为合同解除的损失，应当以实际损失为基础确定；如果未摊销费用低于现值，残值损失按照未摊销的费用确定。因装饰装修费用在租赁期间摊销完毕是基本原则，如果每年摊销（消耗）的费用高于按照审计确定的折旧费用，双方必须按照已摊销的费用确定租赁期间消耗的费用，按照未摊销的费用确定残值损失，否则，装饰装修费用在租赁期内摊销完毕的原则无法体现。如装饰装修费用 60 万元，租期五年，合同履行三年后解除，则摊销费用为 36 万元，未摊销费用为 60－36＝24 万元。如果装饰装修现值为 20 万元，残值损失应当确定为 20 万元；如装饰装修现值为 30 万元，残值损失应当确定为 24 万元。

承租人优先购买权的保护。

承租人优先购买权是当今世界各国普遍确立的一项民事法律制度，我国合同法也确定了承租人优先购买权制度，但未对该权利的法律性质、实现程序及救济方法作出规定，使该权利的保护成为司法实践中适用法律的重要难点问题之一。在《解释》起草过程中，各方面意见均强烈要求对承租人优先购买权问题作出规定。《解释》用 4 个条款对这一问题进行了规定，以期弥补现有法律有关承租人优先购买权制度的立法缺失，最大效益地发挥这项法律制度的社会功能。

1. 承租人优先购买权的性质。

依照物权法规定的物权法定原则，在法

律未规定承租人的优先购买权为物权情形下，该权利不应认定为物权并具有排他性。合同法第二百三十条规定的"承租人享有以同等条件优先购买的权利"应为债权，不具有对抗第三人的效力。基于上述原因，最高人民法院于 2008 年 12 月 18 日公布的《关于废止 2007 年底以前发布的有关司法解释（第七批）的决定》中，以民法通则适用意见第 118 条规定"出租人出卖出租房屋，应提前三个月通知承租人，承租人在同等条件下，享有优先购买权；出租人未按此规定出卖房屋的，承租人可以请求人民法院宣告该房屋买卖无效"与物权法规定冲突为由，予以废止。《解释》将承租人优先购买权定性为债权，规定承租人不能以出租人侵害其优先购买权为由，请求确认出租人与第三人签订的房屋买卖合同无效。

2. 不同情形下优先购买权的保护。

从《解释》第 21 条至第 24 条规定内容中，可以归纳出对优先购买权保护的整体思路。

——将承租人的优先购买权作为强制缔约请求权予以保护。

通说认为，承租人的优先购买权是指当出租人出卖房屋时，承租人在同等条件下，依法享有优先于其他人而购买房屋的权利。该权利系请求权。从功能上看，请求权旨在实现请求权人的利益，使当事人取得物权或者其他支配性的权利或者利益。请求权在性质上属于手段性的权利，但如果法律规定请求权的相对人负有不得拒绝的义务，该请求权就具有了一定的终局性和目的性。合同法设立优先购买权制度，就是赋予承租人相对于第三人优先购买房屋的权利，将其性质定为附强制缔约义务的请求权，赋予承租人在行使优先购买权时，出租人无正当理由不得拒绝，就能使承租人取得租赁物买受人的地位，使法律关系的稳定性增强，优先购买权的立法目的得以彰显。同时，也解决了审判实践中承租人优先购买权保护不周延，该权

利无法行使的突出问题。从《解释》第 22 条、第 24 条对承租人优先购买权保护的规定中，可以推断出上述含义。承租人优先购买权是法律规定的特定权利，该权利受到侵害时，承租人享有损害赔偿请求权，也享有强制缔约请求权，两种请求权竞合，承租人可以选择一种请求权予以主张。

当然，承租人主张优先购买房屋时，人民法院应当考虑以下两方面的问题，一是承租人应当具有履约能力，如责令承租人交付押金或者定金等方式提供履约担保，以避免人民法院支持承租人购买房屋的主张后，因承租人缺乏履约能力导致合同无法履行，损害出租人利益。二是依照权利义务对等原则，承租人的优先购买权亦应当在合理期限内主张，在出租人履行通知义务后，承租人应当在 15 日内明确表示是否行使优先购买权；出租人没有履行通知义务的，承租人可在知道或者应当知道出租人出卖房屋之日起一年内主张，超过合理期限的，人民法院不应予以支持。上述内容是完整保护承租人优先购买权必须要考虑的问题，实践中可以借鉴探索。

——抵押权人实现抵押权或者租赁房屋拍卖时优先购买权的保护。

从权利的设置目的看，抵押权是从抵押物的交换价值中优先受偿，其追求的是抵押物的交换价值，不享有对抵押物的处分权。优先购买权是优先购买租赁房屋的权利，并以同等条件为权利行使的必备要件。上述两种权利行使时不会发生冲突。抵押权人与出租人协商折价、变卖或者拍卖抵押房屋实现抵押权时，属于出租人出卖房屋的方式，承租人以同等条件优先购买抵押的租赁房屋，不会影响抵押权人实现债权，不论抵押权设立在租赁合同成立前或后，均不会与抵押人实现抵押权发生冲突。因此，《解释》规定，出租人与抵押权人协议折价、变卖租赁房屋偿还债务时，依法保护承租人的优先购买权。

拍卖是出租人出售租赁房屋的一种方式，将该种出售方式排除在承租人优先购买权保

护范围外，与合同法规定不符。《解释》（征求意见稿）第23条规定，"出租人以拍卖方式出卖租赁房屋时，应当在拍卖5日前通知承租人。承租人未参加拍卖的，人民法院应当认定承租人放弃优先购买权。拍卖过程中，有最高应价时，承租人可以表示以该最高价购买，如无更高应价，承租人享有以该最高价优先购买的权利；如有更高应价，承租人不作表示的，人民法院应当认定承租人放弃优先购买权。"因最高人民法院正在准备就拍卖法进行司法解释立项，《解释》删除了第23条有关具体拍卖程序中承租人优先购买权行使的规定，留待拍卖法司法解释作出规定。但这一问题的研究已较为成熟，审判实践可以参照《解释》（征求意见稿）中的规定，判断承租人在具体拍卖程序中优先购买权的行使问题。

——优先购买权行使的例外情形。

《解释》第24条从权利设置目的和法律价值衡量角度综合考虑，规定了承租人优先购买权行使的四种例外情形：（1）房屋共有人行使优先购买权的。法律设定共有人具有优先购买权，宗旨是简化物权关系，维护共有关系的稳定性，充分发挥物的用益价值，而承租人优先购买权主要是维护使用关系的稳定性，从利益衡量的角度考量，应当优先保护共有人的购买权。（2）出租人将房屋出卖给近亲属情形。我国是靠亲情和人情为纽带联系起来的熟人社会，人们在经济交往中，亲情关系往往是交换价值确定的重要考虑因素，具有浓厚的人身色彩，与纯粹的买卖关系终究有所不同。《解释》立足国情，将出租人出卖房屋给近亲属的情况，列为出租人出售房屋的特别方式，排除承租人优先购买权。这一规定有利于促进家庭和睦和社会稳定，符合构建和谐社会的重大历史任务要求。（3）出租人履行告知义务后，承租人在15日内未明确表示愿意购买的。本项是对合同法第二百三十条规定的进一步细化。从权利义务对等的角度分析，承租人在合理期限内行使优先购买权，亦应为承租人优先购买权的内容。如果承租人不及时行使优先购买权，将导致出租人权益受到损害。在房屋交易市场价格波动加大的情况下，这种损害更为明显。因此，本项将承租人接到通知后15日，作为行使优先购买权的合理期限，逾期视为承租人放弃优先购买权。（4）购买房屋的第三人出于善意并已办理登记手续的。物权法第一百零六条规定了善意取得制度，即受让人以财产所有权转移为目的，善意、对价受让且占有该财产，即使出让人无处分权，受让人仍可取得转让物的所有权。根据"举重以明轻"的民法解释原则，在第三人善意购买出租房屋，并办理了登记手续的情形下，可以对抗承租人优先购买房屋的主张。

最高人民法院
关于承租部分房屋的承租人在出租人整体出卖房屋时是否享有优先购买权的复函

2005 年 7 月 26 日　　　　　　　　　　〔2004〕民一他字第 29 号

江苏省高级人民法院：

你院请示的关于承租部分房屋的承租人在出租人整体出卖房屋时是否享有优先购买权的问题，目前，法律和司法解释对此均无明确规定。经研究认为：目前处理此类案件，可以从以下两个方面综合考虑：

第一，从房屋使用功能上看，如果承租人承租的部分房屋与房屋的其他部分是可分的、使用功能可相对独立的，则承租人的优先购买权应仅及于其承租的部分房屋；如果承租人的部分房屋与房屋的其他部分是不可分的、使用功能整体性较明显的，则其对出租人所卖全部房屋享有优先购买权。

第二，从承租人承租的部分房屋占全部房屋的比例看，承租人承租的部分房屋占出租人出卖的全部房屋一半以上的，则其对出租人出卖的全部房屋享有优先购买权；反之则不宜认定其对全部房屋享有优先购买权。

请你院结合以上因素，根据案件具体情况，妥善处理。

商品房屋租赁管理办法

（2010 年 12 月 1 日住房和城乡建设部第 6 号令发布　2011 年 2 月 1 日施行）

第一条　为加强商品房屋租赁管理，规范商品房屋租赁行为，维护商品房屋租赁双方当事人的合法权益，根据《中华人民共和国城市房地产管理法》等有关法律、法规，制定本办法。

第二条　城市规划区内国有土地上的商品房屋租赁（以下简称房屋租赁）及其监督管理，适用本办法。

第三条　房屋租赁应当遵循平等、自愿、合法和诚实信用原则。

第四条　国务院住房和城乡建设主管部门负责全国房屋租赁的指导和监督工作。

县级以上地方人民政府建设（房地产）主管部门负责本行政区域内房屋租赁的监督管理。

第五条　直辖市、市、县人民政府建设（房地产）主管部门应当加强房屋租赁管理规定和房屋使用安全知识的宣传，定期分区域公布不同类型房屋的市场租金水平等信息。

第六条　有下列情形之一的房屋不得出租：

（一）属于违法建筑的；

（二）不符合安全、防灾等工程建设强制性标准的；

（三）违反规定改变房屋使用性质的；

（四）法律、法规规定禁止出租的其他情形。

第七条　房屋租赁当事人应当依法订立租赁合同。房屋租赁合同的内容由当事人双方约定，一般应当包括以下内容：

（一）房屋租赁当事人的姓名（名称）和住所；

（二）房屋的坐落、面积、结构、附属设施，家具和家电等室内设施状况；

（三）租金和押金数额、支付方式；

（四）租赁用途和房屋使用要求；

（五）房屋和室内设施的安全性能；

（六）租赁期限；

（七）房屋维修责任；

（八）物业服务、水、电、燃气等相关费用的缴纳；

（九）争议解决办法和违约责任；

（十）其他约定。

房屋租赁当事人应当在房屋租赁合同中约定房屋被征收或者拆迁时的处理办法。

建设（房地产）管理部门可以会同工商行政管理部门制定房屋租赁合同示范文本，供当事人选用。

第八条　出租住房的，应当以原设计的房间为最小出租单位，人均租住建筑面积不得低于当地人民政府规定的最低标准。

厨房、卫生间、阳台和地下储藏室不得

出租供人员居住。

第九条 出租人应当按照合同约定履行房屋的维修义务并确保房屋和室内设施安全。未及时修复损坏的房屋，影响承租人正常使用的，应当按照约定承担赔偿责任或者减少租金。

房屋租赁合同期内，出租人不得单方面随意提高租金水平。

第十条 承租人应当按照合同约定的租赁用途和使用要求合理使用房屋，不得擅自改动房屋承重结构和拆改室内设施，不得损害其他业主和使用人的合法权益。

承租人因使用不当等原因造成承租房屋和设施损坏的，承租人应当负责修复或者承担赔偿责任。

第十一条 承租人转租房屋的，应当经出租人书面同意。

承租人未经出租人书面同意转租的，出租人可以解除租赁合同，收回房屋并要求承租人赔偿损失。

第十二条 房屋租赁期间内，因赠与、析产、继承或者买卖转让房屋的，原房屋租赁合同继续有效。

承租人在房屋租赁期间死亡的，与其生前共同居住的人可以按照原租赁合同租赁该房屋。

第十三条 房屋租赁期间出租人出售租赁房屋的，应当在出售前合理期限内通知承租人，承租人在同等条件下有优先购买权。

第十四条 房屋租赁合同订立后三十日内，房屋租赁当事人应当到租赁房屋所在地直辖市、市、县人民政府建设（房地产）主管部门办理房屋租赁登记备案。

房屋租赁当事人可以书面委托他人办理租赁登记备案。

第十五条 办理房屋租赁登记备案，房屋租赁当事人应当提交下列材料：

（一）房屋租赁合同；

（二）房屋租赁当事人身份证明；

（三）房屋所有权证书或者其他合法权属

证明；

（四）直辖市、市、县人民政府建设（房地产）主管部门规定的其他材料。

房屋租赁当事人提交的材料应当真实、合法、有效，不得隐瞒真实情况或者提供虚假材料。

第十六条 对符合下列要求的，直辖市、市、县人民政府建设（房地产）主管部门应当在三个工作日内办理房屋租赁登记备案，向租赁当事人开具房屋租赁登记备案证明：

（一）申请人提交的申请材料齐全并且符合法定形式；

（二）出租人与房屋所有权证书或者其他合法权属证明记载的主体一致；

（三）不属于本办法第六条规定不得出租的房屋。

申请人提交的申请材料不齐全或者不符合法定形式的，直辖市、市、县人民政府建设（房地产）主管部门应当告知房屋租赁当事人需要补正的内容。

第十七条 房屋租赁登记备案证明应当载明出租人的姓名或者名称，承租人的姓名或者名称、有效身份证件种类和号码，出租房屋的坐落、租赁用途、租金数额、租赁期限等。

第十八条 房屋租赁登记备案证明遗失的，应当向原登记备案的部门补领。

第十九条 房屋租赁登记备案内容发生变化、续租或者租赁终止的，当事人应当在三十日内，到原租赁登记备案的部门办理房屋租赁登记备案的变更、延续或者注销手续。

第二十条 直辖市、市、县建设（房地产）主管部门应当建立房屋租赁登记备案信息系统，逐步实行房屋租赁合同网上登记备案，并纳入房地产市场信息系统。

房屋租赁登记备案记载的信息应当包含以下内容：

（一）出租人的姓名（名称）、住所；

（二）承租人的姓名（名称）、身份证件种类和号码；

（三）出租房屋的坐落、租赁用途、租金数额、租赁期限；

（四）其他需要记载的内容。

第二十一条 违反本办法第六条规定的，由直辖市、市、县人民政府建设（房地产）主管部门责令限期改正，对没有违法所得的，可处以五千元以下罚款；对有违法所得的，可以处以违法所得一倍以上三倍以下，但不超过三万元的罚款。

第二十二条 违反本办法第八条规定的，由直辖市、市、县人民政府建设（房地产）主管部门责令限期改正，逾期不改正的，可处以五千元以上三万元以下罚款。

第二十三条 违反本办法第十四条第一款、第十九条规定的，由直辖市、市、县人民政府建设（房地产）主管部门责令限期改正；个人逾期不改正的，处以一千元以下罚款；单位逾期不改正的，处以一千元以上一万元以下罚款。

第二十四条 直辖市、市、县人民政府建设（房地产）主管部门对符合本办法规定的房屋租赁登记备案申请不予办理，对不符合本办法规定的房屋租赁登记备案申请予以办理，或者对房屋租赁登记备案信息管理不当，给租赁当事人造成损失的，对直接负责的主管人员和其他直接责任人员依法给予处分；构成犯罪的，依法追究刑事责任。

第二十五条 保障性住房租赁按照国家有关规定执行。

第二十六条 城市规划区外国有土地上的房屋租赁和监督管理，参照本办法执行。

第二十七条 省、自治区、直辖市人民政府住房和城乡建设主管部门可以依据本办法制定实施细则。

第二十八条 本办法自 2011 年 2 月 1 日起施行，建设部 1995 年 5 月 9 日发布的《城市房屋租赁管理办法》（建设部令第 42 号）同时废止。

北京市高级人民法院
关于审理房屋租赁合同纠纷案件若干疑难问题的解答

2013 年 12 月 19 日　　　　　　　　京高法发〔2013〕462 号

一、房屋租赁合同的效力

1. 当事人就未取得所有权的房屋订立租赁合同的效力如何认定？

当事人一方以出租人在订立租赁合同时对租赁房屋没有所有权为由，要求确认房屋租赁合同无效的，不予支持。

2. 当事人就经济适用住房等政策性保障住房订立租赁合同的效力如何认定？

当事人一方以租赁房屋为经济适用住房或限价商品住房为由，要求确认房屋租赁合同无效的，不予支持。裁判文书中应当写明法院对租赁合同效力的认定不影响行政主管机关对违反行政管理规定的违法行为予以处理。

3. 当事人就未经工程竣工或消防验收合格的房屋订立租赁合同的效力如何认定？

当事人一方以租赁房屋未办理工程竣工或消防验收，或者经验收不合格为由，要求确认房屋租赁合同无效的，不予支持。

租赁房屋因出租人原因未经工程竣工或消防验收合格致使房屋不符合使用条件，承租人依据《最高人民法院关于审理城镇房屋租赁合同纠纷案件具体应用法律若干问题的解释》（下称《解释》）第八条第（三）项规定要求解除租赁合同的，应予支持。

4. 涉及"群租"房屋的租赁合同效力如何认定？

当事人一方以租赁房屋属于"群租"房屋为由，要求确认房屋租赁合同无效的，不予支持。裁判文书中应当写明法院对租赁合同效力的认定不影响行政主管机关对违反行政管理规定的违法行为予以处理。

5. 集体土地租赁合同的效力如何认定？

当事人未经合法审批订立集体土地租赁合同，约定将集体所有土地出租用于非农业建设的，租赁合同无效。但租赁合同出租农村集体建设用地的，可以认定租赁合同有效。

二、经营性房屋租赁

6. 从事经营活动的承租人以租赁房屋存在行政管理限制致其无法办理营业执照为由，要求解除租赁合同的，如何处理？

实践中应区分以下情形处理：（1）因租赁房屋在使用上存在行政管理限制，致使承租人无法以该房屋为经营场所办理营业执照，租赁合同目的无法实现，承租人依据《中华人民共和国合同法》（下称《合同法》）第九十四条第（四）项规定主张解除租赁合同，并要求出租人承担违约责任的，应予支持。但承租人违反合同约定用途使用房屋，或者承租人在签订合同时知道或应当知道租赁房屋存在上述限制的除外。（2）租赁房屋在使用上虽存在行政管理限制，但承租人无法以该房屋为经营场所办理营业执照系因不可归责于双方当事人的原因，致使租赁合同目的无法实现，当事人一方要求解除租赁合同的，应予支持。

租赁合同存续期间发生的租金，可以根据承租人是否实际使用租赁房屋、租赁房屋瑕疵是否影响承租人实际经营、租赁合同目的是否实现、当事人过错程度等因素酌情予以减免。

7. 从事经营活动的承租人以出租人未协助其办理营业执照为由，要求解除租赁合同的，如何处理？

租赁房屋在使用上不存在不能办理营业执照的行政管理限制，出租人迟延履行协助承租人以该房屋为经营场所办理营业执照的义务，经催告后在合理期限内仍未履行，承租人依据《合同法》第九十四条第（三）项规定要求解除租赁合同的，应予支持，但合同另有约定或根据出租房屋用途、合同签订目的等可以确定出租人不负有此协助义务的除外。

8. 承租人以租赁房屋面积不符合约定为由，主张拒付、减付租金的，如何处理？

实践中应区分以下情形处理：（1）租赁房屋是当事人双方认可的特定房屋，合同约定的租金标准为固定数额，出租人依约交付该特定房屋，承租人在合理期限内未提出异议，其又以合同约定面积与实际面积不符为由主张拒付、减付租金的，不予支持，但租赁合同存在《合同法》第五十四条规定的可撤销情形的除外。（2）租赁房屋需要依据合同约定的面积来确定具体范围，租金数额与租赁面积直接相关，承租人以合同约定面积与实际面积不符为由，依据《合同法》第一百一十一条规定要求出租人承担减付相应租金等违约责任的，可予支持。

9. 租赁合同订立后，承租人以租赁房屋为经营场所设立企业并实际使用房屋产生纠纷的，如何处理？

承租人订立租赁合同后，以租赁房屋为经营场所设立企业（或个体工商户）实际使用房屋，因租赁合同履行发生纠纷的，原则上应当依据合同相对性确定诉讼主体。出租人以承租人和实际使用房屋的企业为共同被告提起诉讼，要求两者就租赁合同产生的债务承担连带责任的，一般不予支持，但有证据证明该企业对承租人所欠合同债务构成债务加入的除外。实际使用房屋的企业同意承担承租人欠付租金等合同债务，或者其存在以自己名义交纳租金、与出租人进行债务对账清算等实际履行租赁合同义务行为的，可以认定为前述的债务加入。

承租人作为发起人为设立公司租赁房屋，符合《最高人民法院关于适用〈中华人民共和国公司法〉若干问题的规定（三）》第二条规定情形的，优先适用该规定。

10. 带照租赁合同纠纷如何处理？

出租人将房屋及以该房屋为经营场所办理的企业（或个体工商户）营业执照一并租赁给承租人，约定承租人持该营业执照在租赁房屋中实际经营，该合同包含了挂靠经营和房屋租赁两部分内容，当事人主张租赁合同无效的，一般不予支持。但承租人实际经营的行业属于国家限制经营、特许经营或特殊资质行业的，应当认定合同无效。裁判文书中应当写明法院对租赁合同效力的认定不影响行政主管机关对违反行政管理规定的违法行为予以处理。

因承租人带照经营行为违法以致租赁合同无法继续履行，当事人一方据此要求解除合同的，可予支持。承租人要求减付租金的，可以根据承租人是否占有房屋从事实际经营、对承租人实际经营的影响、当事人过错程度等因素予以确定。

合同约定当事人将企业营业执照及作为经营场所的房屋交给相对方的同时，也将企业经营权、资产或从业人员交给相对方管理，并收取相应费用的，该合同性质上应认定为承包经营合同。

11. 出租人是否有权以承租人拖欠租金为由采取断电（水、气）等行为，承租人是否应当支付在此期间的租金？

房屋租赁合同履行过程中，从事经营活动的承租人经出租人催告并事先告知将采取断电（水、气）等行为的情况下，在合理期限内仍未依约支付租金，出租人采取前述行为属于行使合同履行抗辩权的行为，但合同另有约定的除外。承租人应当支付断电（水、气）期间的租金。

出租人采取断电（水、气）等行为对合同履行造成的影响应当与承租人欠付租金的数额、比例及过错程度相适应，超过必要限度给承租人造成损失的，应当承担赔偿损失等违约责任。

12. 房屋租赁合同约定如遇拆迁合同解除，当事人何时有权解除合同？

房屋租赁合同履行过程中，拆迁人取得房屋拆迁许可证或其他合法审批手续，并发布拆迁公告，当事人据此要求解除租赁合同的，应予支持。

13. 房屋租赁合同当事人就停产停业损失补偿的分配发生争议的，如何处理？

房屋租赁合同履行过程中遇拆迁解除，当事人就停产停业损失补偿的分配存在争议，合同对此有约定的，依约定处理，合同没有约定或约定不明的，应区分以下情形处理：（1）承租人（或次承租人）以拆迁房屋为经营场所办理了营业执照，并在此实际经营，其要求出租人给付拆迁补偿安置协议中确定的停产停业损失补偿的，一般应予支持。出租人以拆迁房屋为经营场所也办理了营业执照的，停产停业损失补偿可在其与承租人（或次承租人）之间合理分配。（2）对于存在房屋性质以租赁为主要用途、租赁合同剩余期限较短等情形的，停产停业损失补偿可在承租人（或次承租人）与出租人之间进行合理分配，但出租人分得的数额不宜超过50%。（3）有证据证明拆迁补偿安置协议确定不补偿停产停业损失，或者补偿协议尚未签订，出租人亦未取得该补偿费，承租人要求出租人支付停产停业损失补偿的，不予支持。承租人可待出租人取得补偿后再行主张权利或通过其他行政途径解决。（4）房屋拆迁公告发布时租赁合同已经期满终止，承租人要求出租人给付停产停业损失补偿的，不予支持。（5）拆迁公告发布后房屋实际拆迁腾退前，租赁合同期满终止，且出租人已经取得停产停业损失补偿，承租人要求出租人给付该补偿费的，可酌情予以支持。

当事人就拆迁补偿安置协议中停产停业损失的补偿对象、标准和数额等有争议的，法院在必要时可以就相关事实咨询拆迁人予以确定。

三、房屋装饰装修损失

14. 出租人对承租人的装饰装修或扩建行为未提出异议的，如何认定？

租赁合同约定房屋装饰装修或扩建须经出租人同意，出租人知道或者应当知道承租人对租赁房屋进行装饰装修或扩建，但在合理期限内（一般为六个月）未提出异议，或者在合理期限内提出异议后又继续履行合同或接受承租人履行义务的，可以视为出租人同意装饰装修或扩建，或者放弃再提出异议的权利。

15. 房屋租赁合同无效或解除，承租人未要求赔偿装饰装修损失的，如何处理？

房屋租赁合同无效或非因承租人单方违约导致解除，法院应当释明承租人可就装饰装修的现值或残值损失要求赔偿，承租人坚持不主张或只提出抗辩的，就装饰装修损失，法院不予处理，告知承租人可另行起诉。法院判决承租人腾退房屋的，应当告知其可就装饰装修物申请采取必要的证据保全措施。

16. 法院依职权认定房屋租赁合同无效，对合同无效的后果，包括腾退房屋、装饰装修损失等是否一并处理？

当事人就房屋租赁合同的履行或解除发生争议，经审查认定租赁合同无效，法院应当释明当事人变更诉讼请求，尽量引导当事人就合同无效的法律后果一并处理，经释明当事人坚持不变更的，应当判决确认租赁合同无效，并驳回当事人的全部诉讼请求，同时告知当事人可就房屋腾退、装饰装修损失等争议另行主张。

四、房屋租赁与转租

17. 房屋租赁合同无效、履行期限届满或解除，出租人要求返还房屋的，次承租人的诉讼地位如何确定？

房屋租赁合同无效、履行期限届满或解除，转租合同亦不能履行，出租人既可以依据合同约定要求承租人返还房屋，也可以房屋物权人名义要求次承租人（实际使用房屋

的承租人）腾退房屋。出租人仅以承租人为被告提起诉讼的，法院可以向其释明，告知其可以追加次承租人为共同被告，或者申请通知次承租人作为无独立请求权第三人参加诉讼；法院也可基于判决生效后的执行以及保护次承租人利益的需要，直接通知次承租人作为无独立请求权第三人参加诉讼。如果次承租人为多人，且各方利益不同，则不宜追加次承租人为第三人，可根据案件实际情况，由当事人另行分别解决。

房屋租赁合同无效、履行期限届满或解除纠纷中，次承租人要求租赁合同的承租人或出租人赔偿装饰装修损失或承担违约责任的，与租赁合同纠纷不属于同一法律关系，不构成反诉，应告知次承租人可另行起诉。法院判决次承租人腾退房屋的，应当告知次承租人可就装饰装修物申请采取必要的证据保全措施。

18. 房屋转租合同解除后，次承租人要求出租人赔偿装饰装修损失的，如何处理？

因房屋租赁合同无效、履行期限届满或解除导致转租合同解除，次承租人要求出租人赔偿装饰装修损失的，不予支持，次承租人应当依据合同相对性向承租人主张权利，或者依据《合同法》第七十三条的代位权规定处理。

19. 房屋租赁合同无效、履行期限届满或解除后，出租人要求承租人和次承租人支付逾期腾房的房屋使用费的，如何处理？

房屋租赁合同无效、履行期限届满或解除后，承租人和次承租人逾期腾退房屋给出租人造成损失，出租人要求承租人和次承租人共同支付逾期腾房的房屋使用费的，应予支持。房屋使用费可依出租人请求参照租赁合同约定、转租合同约定或当时当地同地段房屋的租金标准酌情确定。

20. 房屋连环转租中某一手租赁合同无效、履行期限届满或解除，当事人要求返还房屋的，如何处理？

房屋经多次转租，当事人就其中某一手

租赁合同发生纠纷，经审查认定租赁合同无效、履行期限届满或解除，该合同出租人要求返还房屋的，一般不需要追加其他租赁合同的当事人参加诉讼，可以依据合同相对性判决承租人直接将房屋返还给该出租人。

21. 承租人擅自转租获得差价收益是否属于不当得利？

承租人未经出租人同意转租租赁房屋，出租人解除房屋租赁合同时，要求承租人返还向次承租人收取的超出出租人应收租金部分收益的，不予支持。

22. 次承租人在房屋租赁合同解除纠纷中如何行使代偿请求权？

出租人以承租人欠付租金为由主张解除房屋租赁合同，次承租人依据《解释》第十七条第一款规定主张代承租人向出租人履行租赁合同债务的，可以作为无独立请求权第三人参加诉讼，法院应当根据案件具体情况要求次承租人在合理期限内（一般为三十日），按照出租人主张的租金和违约金数额向法院提供等额现金担保，逾期不提供的，对次承租人的该主张，不予支持。

五、房屋租赁合同的解除及民事责任

23. 房屋租赁合同解除的具体时间如何确定？

实践中应区分以下情形处理：（1）诉讼前，当事人一方行使合同解除权，通知对方当事人解除合同，相对方有异议致双方形成诉讼，法院审理后认为当事人行使合同解除权符合合同约定或法律规定的，解除合同通知送达之日即为合同解除之日。当事人诉讼请求中未要求确认合同解除具体时间的，可以在判决理由部分予以明确。（2）当事人一方未通知对方，径行向法院起诉或反诉要求解除合同，法院审理后认为当事人行使合同解除权符合合同约定或法律规定的，应当判决解除合同。（3）当事人双方对合同是否解除存在争议，法院审理后认为主张解除的当事人无合同解除权，合同应当继续履行，但当事人在诉讼中均同意解除合同的，以双方

合意解除之日为合同解除之日。

24. 承租人在合同租赁期限内单方搬离租赁房屋，并主张解除合同，而出租人坚持要求继续履行合同的，如何处理？

承租人在租赁合同履行期限内拒绝接收房屋，或者单方搬离租赁房屋并通知出租人收回房屋的行为，属于以自己的行为表明其不再履行租赁合同，其拒绝接收或搬离房屋的行为不符合合同法规定的解除条件，不具有单方解除合同的效力，出租人有权据此解除合同，但合同另有约定的除外。经法院释明出租人坚持不解除的，考虑到承租人不愿继续履行租赁合同，该义务性质又不宜强制履行，租赁合同目的已无法实现，法院可以直接判决解除租赁合同，并根据案件具体情况以出租人收回房屋、当事人起诉或判决生效之日等时间合理确定合同解除的具体时间。承租人拒绝履行租赁合同给出租人造成损失的，应当承担赔偿损失的违约责任，出租人作为守约方也负有减少损失扩大的义务，具体损失数额由法院根据合同的剩余租期、租赁房屋是否易于再行租赁、出租人另行出租的差价、承租人的过错程度等因素予以酌定，一般以合同约定的三至六个月的租金为宜。

出租人因自身事由主张解除租赁合同收回房屋的，不符合合同法规定的法定解除条件，承租人要求继续履行合同的，应予支持，但合同另有约定的除外。

25. 房屋租赁合同纠纷中违约金过高的判断标准如何确定？

房屋租赁合同的违约方主张违约金数额过高的，应当依据《最高人民法院关于适用〈中华人民共和国合同法〉若干问题的解释（二）》第二十九条的规定，以违约造成的实际损失为基准，根据公平原则和诚实信用原则，综合衡量合同履行程度、当事人过错、预期利益、当事人缔约地位强弱、是否适用格式合同或条款等多项因素予以确定。

承租人主张逾期支付租金的违约金数额过高，经审查出租人实际损失无法确定的，

一般以欠付租金为基数，以不超过中国人民银行同期贷款基准利率四倍的标准对违约金数额进行相应调整。

26. 房屋租赁合同因违约解除产生的实际损失如何确定？

因承租人根本违约行为导致房屋租赁合同解除，出租人要求承租人赔偿其房屋闲置期间的租金等实际损失的，可予支持，但合同另有约定的除外。因出租人根本违约行为导致房屋租赁合同解除，承租人要求出租人赔偿其另行寻找替代房屋周转期间所受损失的，可予支持，但合同另有约定的除外。损失具体数额不能确定的，可以推定为租赁房屋闲置期间或寻找替代房屋周转期间的租金损失，但最长一般不得超过六个月。

27. 房屋租赁合同无效的信赖利益损失如何确定？

集体所有土地上的房屋租赁合同在履行过程中被认定无效，经审查认为简单采用恢复原状的方式会导致当事人间利益失衡，信赖合同有效及能够履行的当事人一方要求对方赔偿因此所造成的订约机会损失等信赖利益损失的，可以根据诚信原则，综合当事人过错程度、另行租赁房屋的差价及成本、合同的剩余租期等因素酌情予以支持，损失数额一般以不超过六个月的房屋使用费为限。

六、承租人优先购买权

28. 《合同法》第二百三十条规定优先购买权行使的"同等条件"和出租人"通知"义务如何理解？

同等条件主要是指房屋转让的价格、价款支付方式等。

出租人通知承租人时，应当告知租赁房屋转让的事实、时间及具体出卖条件。出租人虽然通知承租人出卖租赁房屋的事实，但未告知具体出卖条件或告知内容不真实、不全面，或者在出卖条件发生变化后未及时告知承租人的，应当认定其未履行通知义务。

29. 承租部分房屋的承租人在出租人整体转让房屋时是否享有优先购买权？

出租人整体转让房屋，该房屋为不可分割或分割明显降低其整体价值，而承租人仅要求对其承租的部分房屋行使优先购买权的；或者承租人虽主张优先购买整体房屋，但其承租面积未达到整体房屋面积 50% 以上的，对承租人主张行使优先购买权的诉讼请求，不予支持。

30. 转租房屋的优先购买权行使主体如何确定？

承租人经出租人同意转租租赁房屋的，承租人不再享有优先购买权，次承租人要求行使优先购买权的，应予支持；未经出租人同意转租租赁房屋，承租人或者次承租人要求行使优先购买权的，均不予支持。

31. 拖欠租金的承租人是否享有优先购买权？

承租人对租赁房屋享有优先购买权，并不以其依据租赁合同约定支付租金为前提。但承租人欠付租金已构成法定解除或约定解除租赁合同的条件，且出租人主张解除租赁合同的，承租人不再享有优先购买权。

32. 承租人依据租赁合同约定主张优先承租权的，如何处理？

优先承租权并非法定权利，而是基于租赁合同的约定产生，仅在合同当事人之间发生效力，不能对抗已经实际承租的善意第三人。出租人未在合同约定期限或合理期限内通知原承租人续租就将房屋另行出租给他人，承租人要求确认出租人与第三人签订的房屋租赁合同无效，或者要求直接适用出租人与第三人签订的租赁合同的，不予支持。但承租人要求出租人承担赔偿损失等相应违约责任的，应予支持。

七、其他

33. 涉及房地产中介公司的房屋租赁合同纠纷中，诉讼主体如何确定？

实践中应区分以下情形处理：（1）房地产中介公司提供订立合同的居间服务，促成租赁合同成立，收取居间费用的，房屋出租委托合同性质上属于居间合同，租赁双方仅就租赁合同发生纠纷的，一般不需要追加中介公司参加诉讼。（2）房地产中介公司依约定向出租人交纳固定租金，并以自己名义对外签订租赁合同出租管理房屋、收取租金的，当事人应分别依据各自合同主张权利。

34. 租赁期间房屋发生所有权变动的，出租主体的变更时间如何确定？房屋转让双方未通知承租人所有权变动会产生何种法律后果？

租赁合同履行过程中租赁房屋发生所有权变动的，房屋所有权变动的时间为新的租赁关系成立的时间，转让房屋双方对此另有约定的，从其约定。

房屋转让双方未将租赁房屋让与的事实通知承租人，承租人已经依合同约定向出租人支付或者提前预付租金的，可以对抗买受人，买受人再向承租人主张该部分租金的，不予支持；房屋转让双方已经通知承租人向买受人支付租金后，承租人仍向出租人支付租金的，不得对抗买受人，买受人要求承租人支付该部分租金的，应予支持。

35. 诉讼期间发生的租金或房屋使用费如何承担？

出租人起诉要求承租人腾退房屋但未同时主张诉讼期间租金或房屋使用费的，法院可予以释明，告知其可以增加诉讼请求，要求承租人支付至实际腾退之日止的租金或房屋使用费。诉讼期间发生的租金或房屋使用费根据承租人是否实际占有使用房屋、房屋是否符合合同约定的使用条件、评估鉴定期限延长的原因、当事人过错程度等因素予以确定。

诉讼期间，当事人双方同意终止合同或者经审查合同确实无法继续履行的，法院应当组织双方尽快办理房屋交接，需要对装饰装修进行评估鉴定的，在完成鉴定所需要求后，法院也应尽快组织房屋交接。经法院释明当事人一方仍拒绝办理交接的，应当承担在此期间的房屋租金或房屋使用费。

36. 租金债权的诉讼时效期间如何确定？

房屋租赁合同约定分期支付租金，承租人未按期支付的，诉讼时效期间应从最后一期租金约定支付期间届满的次日起计算，适用一年的诉讼时效。

37. 因公有住房、廉租住房和公共租赁住房租赁产生的纠纷是否适用本解答？

当事人依照国家福利政策租赁公有住房、廉租住房、公共租赁住房以及转租前述房屋产生的纠纷案件，不适用本解答。

江苏省高级人民法院
关于审理城镇房屋租赁合同纠纷案件若干问题的意见

2008 年 12 月 15 日　　　　苏高法审委〔2008〕24 号

为正确审理城镇房屋租赁合同纠纷案件，保护当事人的合法权益，根据《中华人民共和国民法通则》《中华人民共和国合同法》《中华人民共和国城市房地产管理法》等法律、法规和司法解释的规定，结合我省实践，制定本意见。

第一条 因出租人将房屋交付承租人使用、收益，承租人支付租金而产生的城镇房屋租赁合同纠纷案件适用本意见的规定。

承租人依照国家福利政策承租的公有住房以及转租该公有住房产生的房屋租赁合同纠纷案件不适用本意见的规定。

合同约定由承租人提供资金在出租人的土地上建设房屋,房屋产权归出租人所有,并由承租人以较低租金或免交租金等方式租赁使用该房屋20年以上的,由此产生的纠纷不适用本意见的规定。

第二条 当事人以租赁房屋系未取得合法建设手续的违法建筑或临时建筑房屋超过批准期限为由要求确认租赁合同无效,在一审庭审终结前出租人仍未取得合法建设手续的,人民法院应予持。

第三条 当事人以租赁房屋未取得房屋产权证书为由要求确认房屋租赁合同无效的,人民法院不予支持,但未取得合法建设手续无法领取产权证书的除外。

第四条 当事人以房屋租赁合同未办理登记备案手续为由,要求确认房屋租赁合同无效的,人民法院不予支持。

当事人在合同中明确约定以办理登记备案手续为房屋租赁合同生效条件,当事人未办理登记备案手续的,房屋租赁合同不生效,但当事人已经实际履行的除外。

第五条 不属于法律明确规定必须经过消防验收的房屋,当事人以租赁房屋未经消防验收或者经消防验收不合格为由,要求确认房屋租赁合同无效的,人民法院不予支持。

第六条 出租人就同一房屋出租给两个以上的承租人的,按照下列顺序确定承租人的房屋租赁权:

(一)占有租赁房屋的承租人;

(二)最先支付租金的承租人;

(三)生效在先合同的承租人。

上列情形下,导致房屋租赁合同目的不能实现,无法取得房屋租赁权的承租人可以要求解除房屋租赁合同、返还租金及利息、赔偿损失。

第七条 出租人出卖租赁房屋侵害承租人优先购买权,承租人要求出租人赔偿损失的,人民法院应予支持。

承租人以出租人与第三人之间恶意串通,侵害其优先购买权,要求确认出租人与第三人之间的房屋买卖合同无效的,人民法院应予支持。

出租人与第三人之间的房屋买卖合同被确认无效或者被撤销的,承租人要求按第三人购买房屋的同等条件购买的,人民法院不予支持,但出租人同意的除外。

第八条 出租人没有通知承租人,将租赁房屋出卖给第三人,第三人未办理房屋产权过户登记手续,承租人要求撤销租赁房屋买卖合同的,人民法院应予支持。

出租人没有通知承租人,将租赁房屋出卖给第三人,第三人已经办理房屋产权过户登记手续,承租人要求撤销租赁房屋买卖合同的,人民法院不予支持,但承租人能够证明第三人在订立合

同时知道或应当知道房屋存在租赁关系且未到期,出租人出卖房屋未通知承租人的除外。

第九条 承租人对出租人出卖的租赁房屋在同等条件下享有优先购买权。同等条件主要是指价格、价款支付方式等,但出租人有证据证明其与第三人存在亲属关系或其他特殊关系,且该关系对其是否出卖房屋或出卖房屋的条件确有重大影响的除外。

第十条 出租人出卖租赁房屋时,必须以书面方式通知承租人本人或者授权的代理人。

出租人以在租赁房屋处张贴告示、在新闻媒体上刊登公告等方式告知的,不发生通知的法律后果,但出租人有证据证明无法通知承租人本人及其授权的代理人的除外。

第十一条 出租人以书面方式通知承租人时,应当告知出卖租赁房屋的事实、时间及相关条件。

出租人虽然以书面方式通知承租人出卖租赁房屋的事实,但未告知具体出卖条件或告知内容不真实、不全面或者在出卖条件发生变化后未及时告知承租人的,应当认定为未履行通知义务。

第十二条 承租人要求行使优先购买权

的，应当自收到出租人的书面通知之日起的合理期限内作出是否购买的书面意思表示。当事人另有约定的除外。

第十三条 出租人整体出卖租赁房屋，该房屋为不可分割或分割明显降低其整体价值的，承租人要求对承租的部分房屋行使优先购买权的，人民法院不予支持。

第十四条 出租人以拍卖方式出卖租赁房屋的，除拍卖人发布拍卖公告外，出租人同时应当在拍卖日七日前以书面方式通知承租人参加拍卖。承租人收到出租人的书面通知后未参加竞拍的，视为放弃优先购买权。

出租人未尽通知义务导致承租人未能行使优先购买权，承租人要求撤销出租人与第三人之间的房屋买卖合同的，人民法院不予支持，由此给承租人造成损失的，承租人可以要求出租人赔偿。

第十五条 出租人以承租人未经其同意转租为由，要求确认承租人与次承租人之间的房屋租赁合同无效的，人民法院不予支持。

出租人以承租人未经其同意转租为由，要求解除与承租人之间的房屋租赁合同的，人民法院应予支持。因租赁合同解除造成次承租人损失，次承租人要求承租人赔偿的，人民法院应予支持，但次承租人知道或者应当知道承租人未经出租人同意转租的除外。

第十六条 未经出租人同意，承租人将其承租的房屋部分转租他人的，出租人要求解除与承租人的房屋租赁合同的，人民法院应予支持。

第十七条 出租人知道或者应当知道承租人转租租赁房屋，但未及时提出异议的，视为同意转租。

第十八条 未经出租人同意，承租人转租租赁房屋，出租人解除房屋租赁合同时，要求承租人返还向第三人收取的超出出租人应收租金部分的利益的，人民法院应予支持。

第十九条 承租人经出租人同意转租租赁房屋的，承租人不享有优先购买权；次承租人要求行使优先购买权的，人民法院应予

支持。未经出租人同意转租租赁房屋的，承租人或者次承租人要求行使优先购买权的，人民法院不予支持。

第二十条 因房屋租赁合同产生的纠纷，租赁房屋被转租的，人民法院可以通知次承租人作为第三人参加诉讼。

因租赁房屋转租合同产生的纠纷，人民法院应当通知出租人作为第三人参加诉讼。

第二十一条 经出租人同意，承租人对租赁房屋进行装饰装修的，房屋租赁合同履行期间届满后，承租人要求出租人补偿装饰装修损失的，人民法院不予支持，但当事人另有约定的除外。

第二十二条 未经出租人同意，承租人对租赁房屋进行装饰装修，房屋租赁合同履行期限届满后，承租人要求出租人补偿装饰装修损失的，人民法院不予支持。

未经出租人同意，承租人对租赁房屋进行装饰装修，出租人要求承租人承担违约责任或者侵权损害赔偿责任的，人民法院应予支持，但出租人知道或应当知道承租人装饰装修而未提出异议的除外。

第二十三条 房屋租赁合同解除或者租赁期限届满，承租人或者次承租人返还租赁房屋后，其无法回收的物品仍然具有使用价值，出租人接受的，应当按照重置折旧价对承租人或者次承租人予以补偿。

第二十四条 承租人有下列违约情形之一，出租人要求解除租赁合同的，人民法院应予支持：

（一）未经出租人同意，将租赁房屋整体或者部分转租的；

（二）未按照合同约定的用途使用租赁房屋，或未经出租人同意擅自改变房屋结构，在出租人要求的合理期限内仍不予纠正或恢复原状的；

（三）住宅用房承租人累计三个月未支付租金，经出租人催告后，在十五日内仍未支付的；

（四）经营用房承租人累计六个月未支付

租金，经出租人催告后，在一个月内仍未支付的；

（五）法律、行政法规规定或者当事人约定的其他情形。

第二十五条　出租人有下列违约情形之一，承租人请求解除房屋租赁合同的，人民法院应予支持：

（一）未按照合同约定期限交付房屋，经承租人催告后，经营用房在两个月内仍未交付的，住宅用房在十五日内仍未交付的；

（二）交付的房屋不符合约定的使用条件，无法使用或者严重影响经营的；

（三）法律、行政法规规定或者当事人约定的其他情形。

第二十六条　因承租人的违约行为导致房屋租赁合同解除，出租人请求承租人赔偿损失的，人民法院应予支持。承租人要求出租人补偿剩余租赁期内装饰装修残值的，人民法院不予支持。

因承租人违约行为导致房屋租赁合同解除的，出租人可以要求承租人赔偿租赁房屋闲置期间的租金损失，但最长不得超过六个月。

第二十七条　因出租人的违约行为导致房屋租赁合同解除，承租人要求出租人赔偿损失的，人民法院应予支持。承租人要求出租人赔偿剩余租赁期内装饰装修残值，且该装饰装修系经出租人同意的，人民法院应予支持；该装饰装修未经出租人同意的，人民法院不予支持，但出租人知道或应当知道承租人对租赁房屋进行装饰装修而未提出异议的除外。

因出租人违约行为导致房屋租赁合同解除的，承租人可以要求出租人赔偿其租金差价损失及相关费用。租赁房屋用于商业用途的，承租人还可要求出租人赔偿其合理期间内的经营损失，但最长不得超过六个月。

第二十八条　房屋租赁合同期限届满、解除、确认无效后，承租人拆卸装饰装修材料以及其他添附物品，造成租赁房屋损坏，

出租人要求承租人赔偿损失的，人民法院应予支持。

第二十九条　房屋租赁合同租赁期限内，租赁房屋被拆迁的，房屋租赁合同应当终止履行。

出租人知道或者应当知道租赁房屋将被拆迁，出租该房屋时未将租赁房屋拆迁事实告知承租人，承租人要求出租人赔偿损失的，人民法院应予支持，但承租人知道或者应当知道的除外。

出租人不知道租赁房屋将被拆迁，出租的租赁房屋被拆迁后，出租人应当在拆迁补偿范围内对承租人的损失予以补偿。

第三十条　房屋租赁合同被确认无效后，承租人应将租赁房屋返还给出租人。出租人请求承租人参照合同约定的租金标准支付其使用房屋期间的费用的，人民法院应予支持。有过错的一方应当赔偿对方因此而受的损失；双方都有过错的，应当各自承担相应的责任。

第三十一条　房屋租赁合同租赁期限届满、解除、确认无效后，承租人逾期退房的，出租人有权要求承租人返还租赁房屋并赔偿损失。租赁房屋被转租的，出租人有权要求次承租人返还租赁房屋并赔偿损失，承租人承担连带赔偿责任。

第三十二条　房屋租赁合同约定的租赁期限届满后，承租人继续使用租赁房屋，出租人未提出异议的，原房屋租赁合同继续有效，租赁期间为不定期，当事人可以随时解除合同，但出租人解除房屋租赁合同的，必须给予承租人合理的准备期间。

第三十三条　出租人将已出租的房屋抵押的，抵押权实现后，房屋租赁合同在有效期内对抵押物的受让人继续有效。

出租人将已抵押的房屋出租的，抵押权实现后，房屋租赁合同对受让人不具有约束力。出租人出租房屋时，未将房屋抵押事实书面告知承租人的，应对承租人因此造成的损失承担赔偿责任；已经书面告知的，该损失由承租人自行承担。

第三十四条　本意见自印发之日起施行。《中华人民共和国合同法》施行后订立的城镇房屋租赁合同，本意见施行后受理和正在审理的第一、二审案件适用本意见的规定；在本意见施行前已经终审，当事人申请再审或者按照审判监督程序决定再审的案件，不适用本意见的规定。

本院以前的有关规定与《中华人民共和国合同法》和本意见相抵触的，不再适用。

物业管理篇

物业管理条例

（2003 年 6 月 8 日国务院令第 379 号公布　根据 2007 年 8 月 26 日
《国务院关于修改〈物业管理条例〉的决定》第一次修订
根据 2018 年 3 月 19 日国务院《关于修改和废止部分
行政法规的决定》第二次修订）

第一章　总　则

第一条　为了规范物业管理活动，维护业主和物业服务企业的合法权益，改善人民群众的生活和工作环境，制定本条例。

第二条　本条例所称物业管理，是指业主通过选聘物业服务企业，由业主和物业服务企业按照物业服务合同约定，对房屋及配套的设施设备和相关场地进行维修、养护、管理，维护物业管理区域内的环境卫生和相关秩序的活动。

第三条　国家提倡业主通过公开、公平、公正的市场竞争机制选择物业服务企业。

第四条　国家鼓励采用新技术、新方法，依靠科技进步提高物业管理和服务水平。

第五条　国务院建设行政主管部门负责全国物业管理活动的监督管理工作。

县级以上地方人民政府房地产行政主管部门负责本行政区域内物业管理活动的监督管理工作。

第二章　业主及业主大会

第六条　房屋的所有权人为业主。

业主在物业管理活动中，享有下列权利：

（一）按照物业服务合同的约定，接受物业服务企业提供的服务；

（二）提议召开业主大会会议，并就物业管理的有关事项提出建议；

（三）提出制定和修改管理规约、业主大会议事规则的建议；

（四）参加业主大会会议，行使投票权；

（五）选举业主委员会成员，并享有被选举权；

（六）监督业主委员会的工作；

（七）监督物业服务企业履行物业服务合同；

（八）对物业共用部位、共用设施设备和相关场地使用情况享有知情权和监督权；

（九）监督物业共用部位、共用设施设备专项维修资金（以下简称专项维修资金）的管理和使用；

（十）法律、法规规定的其他权利。

第七条　业主在物业管理活动中，履行下列义务：

（一）遵守管理规约、业主大会议事规则；

（二）遵守物业管理区域内物业共用部位和共用设施设备的使用、公共秩序和环境卫生的维护等方面的规章制度；

（三）执行业主大会的决定和业主大会授权业主委员会作出的决定；

（四）按照国家有关规定交纳专项维修资金；

（五）按时交纳物业服务费用；

（六）法律、法规规定的其他义务。

第八条 物业管理区域内全体业主组成业主大会。

业主大会应当代表和维护物业管理区域内全体业主在物业管理活动中的合法权益。

第九条 一个物业管理区域成立一个业主大会。

物业管理区域的划分应当考虑物业的共用设施设备、建筑物规模、社区建设等因素。具体办法由省、自治区、直辖市制定。

第十条 同一个物业管理区域内的业主，应当在物业所在地的区、县人民政府房地产行政主管部门或者街道办事处、乡镇人民政府的指导下成立业主大会，并选举产生业主委员会。但是，只有一个业主的，或者业主人数较少且经全体业主一致同意，决定不成立业主大会的，由业主共同履行业主大会、业主委员会职责。

第十一条 下列事项由业主共同决定：

（一）制定和修改业主大会议事规则；

（二）制定和修改管理规约；

（三）选举业主委员会或者更换业主委员会成员；

（四）选聘和解聘物业服务企业；

（五）筹集和使用专项维修资金；

（六）改建、重建建筑物及其附属设施；

（七）有关共有和共同管理权利的其他重大事项。

第十二条 业主大会会议可以采用集体讨论的形式，也可以采用书面征求意见的形式；但是，应当有物业管理区域内专有部分占建筑物总面积过半数的业主且占总人数过半数的业主参加。

业主可以委托代理人参加业主大会会议。

业主大会决定本条例第十一条第（五）项和第（六）项规定的事项，应当经专有部分占建筑物总面积2/3以上的业主且占总人数2/3以上的业主同意；决定本条例第十一条规定的其他事项，应当经专有部分占建筑物总面积过半数的业主且占总人数过半数的

业主同意。

业主大会或者业主委员会的决定，对业主具有约束力。

业主大会或者业主委员会作出的决定侵害业主合法权益的，受侵害的业主可以请求人民法院予以撤销。

第十三条 业主大会会议分为定期会议和临时会议。

业主大会定期会议应当按照业主大会议事规则的规定召开。经20%以上的业主提议，业主委员会应当组织召开业主大会临时会议。

第十四条 召开业主大会会议，应当于会议召开15日以前通知全体业主。

住宅小区的业主大会会议，应当同时告知相关的居民委员会。

业主委员会应当做好业主大会会议记录。

第十五条 业主委员会执行业主大会的决定事项，履行下列职责：

（一）召集业主大会会议，报告物业管理的实施情况；

（二）代表业主与业主大会选聘的物业服务企业签订物业服务合同；

（三）及时了解业主、物业使用人的意见和建议，监督和协助物业服务企业履行物业服务合同；

（四）监督管理规约的实施；

（五）业主大会赋予的其他职责。

第十六条 业主委员会应当自选举产生之日起30日内，向物业所在地的区、县人民政府房地产行政主管部门和街道办事处、乡镇人民政府备案。

业主委员会委员应当由热心公益事业、责任心强、具有一定组织能力的业主担任。

业主委员会主任、副主任在业主委员会成员中推选产生。

第十七条 管理规约应当对有关物业的使用、维护、管理，业主的共同利益，业主应当履行的义务，违反管理规约应当承担的责任等事项依法作出约定。

管理规约应当尊重社会公德，不得违反

法律、法规或者损害社会公共利益。

管理规约对全体业主具有约束力。

第十八条 业主大会议事规则应当就业主大会的议事方式、表决程序、业主委员会的组成和成员任期等事项作出约定。

第十九条 业主大会、业主委员会应当依法履行职责，不得作出与物业管理无关的决定，不得从事与物业管理无关的活动。

业主大会、业主委员会作出的决定违反法律、法规的，物业所在地的区、县人民政府房地产行政主管部门或者街道办事处、乡镇人民政府，应当责令限期改正或者撤销其决定，并通告全体业主。

第二十条 业主大会、业主委员会应当配合公安机关，与居民委员会相互协作，共同做好维护物业管理区域内的社会治安等相关工作。

在物业管理区域内，业主大会、业主委员会应当积极配合相关居民委员会依法履行自治管理职责，支持居民委员会开展工作，并接受其指导和监督。

住宅小区的业主大会、业主委员会作出的决定，应当告知相关的居民委员会，并认真听取居民委员会的建议。

第三章 前期物业管理

第二十一条 在业主、业主大会选聘物业服务企业之前，建设单位选聘物业服务企业的，应当签订书面的前期物业服务合同。

第二十二条 建设单位应当在销售物业之前，制定临时管理规约，对有关物业的使用、维护、管理，业主的共同利益，业主应当履行的义务，违反临时管理规约应当承担的责任等事项依法作出约定。

建设单位制定的临时管理规约，不得侵害物业买受人的合法权益。

第二十三条 建设单位应当在物业销售前将临时管理规约向物业买受人明示，并予以说明。

物业买受人在与建设单位签订物业买卖合同时，应当对遵守临时管理规约予以书面承诺。

第二十四条 国家提倡建设单位按照房地产开发与物业管理相分离的原则，通过招投标的方式选聘物业服务企业。

住宅物业的建设单位，应当通过招投标的方式选聘物业服务企业；投标人少于3个或者住宅规模较小的，经物业所在地的区、县人民政府房地产行政主管部门批准，可以采用协议方式选聘具有相应资质的物业服务企业。

第二十五条 建设单位与物业买受人签订的买卖合同应当包含前期物业服务合同约定的内容。

第二十六条 前期物业服务合同可以约定期限；但是，期限未满、业主委员会与物业服务企业签订的物业服务合同生效的，前期物业服务合同终止。

第二十七条 业主依法享有的物业共用部位、共用设施设备的所有权或者使用权，建设单位不得擅自处分。

第二十八条 物业服务企业承接物业时，应当对物业共用部位、共用设施设备进行查验。

第二十九条 在办理物业承接验收手续时，建设单位应当向物业服务企业移交下列资料：

（一）竣工总平面图，单体建筑、结构、设备竣工图，配套设施、地下管网工程竣工图等竣工验收资料；

（二）设施设备的安装、使用和维护保养等技术资料；

（三）物业质量保修文件和物业使用说明文件；

（四）物业管理所必需的其他资料。

物业服务企业应当在前期物业服务合同终止时将上述资料移交给业主委员会。

第三十条 建设单位应当按照规定在物业管理区域内配置必要的物业管理用房。

第三十一条 建设单位应当按照国家规定的保修期限和保修范围，承担物业的保修责任。

第四章　物业管理服务

第三十二条　从事物业管理活动的企业应当具有独立的法人资格。

国务院建设行政主管部门应当会同有关部门建立守信联合激励和失信联合惩戒机制，加强行业诚信管理。

第三十三条　一个物业管理区域由一个物业服务企业实施物业管理。

第三十四条　业主委员会应当与业主大会选聘的物业服务企业订立书面的物业服务合同。

物业服务合同应当对物业管理事项、服务质量、服务费用、双方的权利义务、专项维修资金的管理与使用、物业管理用房、合同期限、违约责任等内容进行约定。

第三十五条　物业服务企业应当按照物业服务合同的约定，提供相应的服务。

物业服务企业未能履行物业服务合同的约定，导致业主人身、财产安全受到损害的，应当依法承担相应的法律责任。

第三十六条　物业服务企业承接物业时，应当与业主委员会办理物业验收手续。

业主委员会应当向物业服务企业移交本条例第二十九条第一款规定的资料。

第三十七条　物业管理用房的所有权依法属于业主。未经业主大会同意，物业服务企业不得改变物业管理用房的用途。

第三十八条　物业服务合同终止时，物业服务企业应当将物业管理用房和本条例第二十九条第一款规定的资料交还给业主委员会。

物业服务合同终止时，业主大会选聘了新的物业服务企业的，物业服务企业之间应当做好交接工作。

第三十九条　物业服务企业可以将物业管理区域内的专项服务业务委托给专业性服务企业，但不得将该区域内的全部物业管理一并委托给他人。

第四十条　物业服务收费应当遵循合理、公开以及费用与服务水平相适应的原则，区别不同物业的性质和特点，由业主和物业服务企业按照国务院价格主管部门会同国务院建设行政主管部门制定的物业服务收费办法，在物业服务合同中约定。

第四十一条　业主应当根据物业服务合同的约定交纳物业服务费用。业主与物业使用人约定由物业使用人交纳物业服务费用的，从其约定，业主负连带交纳责任。

已竣工但尚未出售或者尚未交给物业买受人的物业，物业服务费用由建设单位交纳。

第四十二条　县级以上人民政府价格主管部门会同同级房地产行政主管部门，应当加强对物业服务收费的监督。

第四十一条　物业服务企业可以根据业主的委托提供物业服务合同约定以外的服务项目，服务报酬由双方约定。

第四十四条　物业管理区域内，供水、供电、供气、供热、通信、有线电视等单位应当向最终用户收取有关费用。

物业服务企业接受委托代收前款费用的，不得向业主收取手续费等额外费用。

第四十五条　对物业管理区域内违反有关治安、环保、物业装饰装修和使用等方面法律、法规规定的行为，物业服务企业应当制止，并及时向有关行政管理部门报告。

有关行政管理部门在接到物业服务企业的报告后，应当依法对违法行为予以制止或者依法处理。

第四十六条　物业服务企业应当协助做好物业管理区域内的安全防范工作。发生安全事故时，物业服务企业在采取应急措施的同时，应当及时向有关行政管理部门报告，协助做好救助工作。

物业服务企业雇请保安人员的，应当遵守国家有关规定。保安人员在维护物业管理区域内的公共秩序时，应当履行职责，不得侵害公民的合法权益。

第四十七条　物业使用人在物业管理活动中的权利义务由业主和物业使用人约定，

但不得违反法律、法规和管理规约的有关规定。

物业使用人违反本条例和管理规约的规定，有关业主应当承担连带责任。

第四十八条 县级以上地方人民政府房地产行政主管部门应当及时处理业主、业主委员会、物业使用人和物业服务企业在物业管理活动中的投诉。

第五章 物业的使用与维护

第四十九条 物业管理区域内按照规划建设的公共建筑和共用设施，不得改变用途。

业主依法确需改变公共建筑和共用设施用途的，应当在依法办理有关手续后告知物业服务企业；物业服务企业确需改变公共建筑和共用设施用途的，应当提请业主大会讨论决定同意后，由业主依法办理有关手续。

第五十条 业主、物业服务企业不得擅自占用、挖掘物业管理区域内的道路、场地，损害业主的共同利益。

因维修物业或者公共利益，业主确需临时占用、挖掘道路、场地的，应当征得业主委员会和物业服务企业的同意；物业服务企业确需临时占用、挖掘道路、场地的，应当征得业主委员会的同意。

业主、物业服务企业应当将临时占用、挖掘的道路、场地，在约定期限内恢复原状。

第五十一条 供水、供电、供气、供热、通信、有线电视等单位，应当依法承担物业管理区域内相关管线和设施设备维修、养护的责任。

前款规定的单位因维修、养护等需要，临时占用、挖掘道路、场地的，应当及时恢复原状。

第五十二条 业主需要装饰装修房屋的，应当事先告知物业服务企业。

物业服务企业应当将房屋装饰装修中的禁止行为和注意事项告知业主。

第五十三条 住宅物业、住宅小区内的非住宅物业或者与单幢住宅楼结构相连的非

住宅物业的业主，应当按照国家有关规定交纳专项维修资金。

专项维修资金属于业主所有，专用于物业保修期满后物业共用部位、共用设施设备的维修和更新、改造，不得挪作他用。

专项维修资金收取、使用、管理的办法由国务院建设行政主管部门会同国务院财政部门制定。

第五十四条 利用物业共用部位、共用设施设备进行经营的，应当在征得相关业主、业主大会、物业服务企业的同意后，按照规定办理有关手续。业主所得收益应当主要用于补充专项维修资金，也可以按照业主大会的决定使用。

第五十五条 物业存在安全隐患，危及公共利益及他人合法权益时，责任人应当及时维修养护，有关业主应当给予配合。

责任人不履行维修养护义务的，经业主大会同意，可以由物业服务企业维修养护，费用由责任人承担。

第六章 法律责任

第五十六条 违反本条例的规定，住宅物业的建设单位未通过招投标的方式选聘物业服务企业或者未经批准，擅自采用协议方式选聘物业服务企业的，由县级以上地方人民政府房地产行政主管部门责令限期改正，给予警告，可以并处 10 万元以下的罚款。

第五十七条 违反本条例的规定，建设单位擅自处分属于业主的物业共用部位、共用设施设备的所有权或者使用权的，由县级以上地方人民政府房地产行政主管部门处 5 万元以上 20 万元以下的罚款；给业主造成损失的，依法承担赔偿责任。

第五十八条 违反本条例的规定，不移交有关资料的，由县级以上地方人民政府房地产行政主管部门责令限期改正；逾期仍不移交有关资料的，对建设单位、物业服务企业予以通报，处 1 万元以上 10 万元以下的罚款。

第五十九条 违反本条例的规定，物业

服务企业将一个物业管理区域内的全部物业管理一并委托给他人的，由县级以上地方人民政府房地产行政主管部门责令限期改正，处委托合同价款30%以上50%以下的罚款。委托所得收益，用于物业管理区域内物业共用部位、共用设施设备的维修、养护，剩余部分按照业主大会的决定使用；给业主造成损失的，依法承担赔偿责任。

第六十条 违反本条例的规定，挪用专项维修资金的，由县级以上地方人民政府房地产行政主管部门追回挪用的专项维修资金，给予警告，没收违法所得，可以并处挪用数额2倍以下的罚款；构成犯罪的，依法追究直接负责的主管人员和其他直接责任人员的刑事责任。

第六十一条 违反本条例的规定，建设单位在物业管理区域内不按照规定配置必要的物业管理用房的，由县级以上地方人民政府房地产行政主管部门责令限期改正，给予警告，没收违法所得，并处10万元以上50万元以下的罚款。

第六十二条 违反本条例的规定，未经业主大会同意，物业服务企业擅自改变物业管理用房的用途的，由县级以上地方人民政府房地产行政主管部门责令限期改正，给予警告，并处1万元以上10万元以下的罚款；有收益的，所得收益用于物业管理区域内物业共用部位、共用设施设备的维修、养护，剩余部分按照业主大会的决定使用。

第六十三条 违反本条例的规定，有下列行为之一的，由县级以上地方人民政府房地产行政主管部门责令限期改正，给予警告，并按照本条第二款的规定处以罚款；所得收

益，用于物业管理区域内物业共用部位、共用设施设备的维修、养护，剩余部分按照业主大会的决定使用：

（一）擅自改变物业管理区域内按照规划建设的公共建筑和共用设施用途的；

（二）擅自占用、挖掘物业管理区域内道路、场地，损害业主共同利益的；

（三）擅自利用物业共用部位、共用设施设备进行经营的。

个人有前款规定行为之一的，处1000元以上1万元以下的罚款；单位有前款规定行为之一的，处5万元以上20万元以下的罚款。

第六十四条 违反物业服务合同约定，业主逾期不交纳物业服务费用的，业主委员会应当督促其限期交纳；逾期仍不交纳的，物业服务企业可以向人民法院起诉。

第六十五条 业主以业主大会或者业主委员会的名义，从事违反法律、法规的活动，构成犯罪的，依法追究刑事责任；尚不构成犯罪的，依法给予治安管理处罚。

第六十六条 违反本条例的规定，国务院建设行政主管部门、县级以上地方人民政府房地产行政主管部门或者其他有关行政管理部门的工作人员利用职务上的便利，收受他人财物或者其他好处，不依法履行监督管理职责，或者发现违法行为不予查处，构成犯罪的，依法追究刑事责任；尚不构成犯罪的，依法给予行政处分。

第七章 附 则

第六十七条 本条例自2003年9月1日起施行。

最高人民法院
关于审理物业服务纠纷案件具体
应用法律若干问题的解释

法释〔2009〕8 号

(2009 年 4 月 20 日最高人民法院审判委员会第 1466 次会议通过
2009 年 5 月 15 日最高人民法院公告公布　自 2009 年 10 月 1 日起施行)

为正确审理物业服务纠纷案件，依法保护当事人的合法权益，根据《中华人民共和国民法通则》《中华人民共和国物权法》《中华人民共和国合同法》等法律规定，结合民事审判实践，制定本解释。

第一条　建设单位依法与物业服务企业签订的前期物业服务合同，以及业主委员会与业主大会依法选聘的物业服务企业签订的物业服务合同，对业主具有约束力。业主以其并非合同当事人为由提出抗辩的，人民法院不予支持。

第二条　符合下列情形之一，业主委员会或者业主请求确认合同或者合同相关条款无效的，人民法院应予支持：

（一）物业服务企业将物业服务区域内的全部物业服务业务一并委托他人而签订的委托合同；

（二）物业服务合同中免除物业服务企业责任、加重业主委员会或者业主责任、排除业主委员会或者业主主要权利的条款。

前款所称物业服务合同包括前期物业服务合同。

第三条　物业服务企业不履行或者不完全履行物业服务合同约定的或者法律、法规规定以及相关行业规范确定的维修、养护、管理和维护义务，业主请求物业服务企业承担继续履行、采取补救措施或者赔偿损失等违约责任的，人民法院应予支持。

物业服务企业公开作出的服务承诺及制定的服务细则，应当认定为物业服务合同的组成部分。

第四条　业主违反物业服务合同或者法律、法规、管理规约，实施妨害物业服务与管理的行为，物业服务企业请求业主承担恢复原状、停止侵害、排除妨害等相应民事责任的，人民法院应予支持。

第五条　物业服务企业违反物业服务合同约定或者法律、法规、部门规章规定，擅自扩大收费范围、提高收费标准或者重复收费，业主以违规收费为由提出抗辩的，人民法院应予支持。

业主请求物业服务企业退还其已收取的违规费用的，人民法院应予支持。

第六条　经书面催交，业主无正当理由拒绝交纳或者在催告的合理期限内仍未交纳物业费，物业服务企业请求业主支付物业费的，人民法院应予支持。物业服务企业已经按照合同约定以及相关规定提供服务，业主仅以未享受或者无需接受相关物业服务为抗辩理由的，人民法院不予支持。

第七条　业主与物业的承租人、借用人或者其他物业使用人约定由物业使用人交纳物业费，物业服务企业请求业主承担连带责任的，人民法院应予支持。

第八条　业主大会按照物权法第七十六条规定的程序作出解聘物业服务企业的决定后，业主委员会请求解除物业服务合同的，人民法院应予支持。

物业服务企业向业主委员会提出物业费主张的，人民法院应当告知其向拖欠物业费的业主另行主张权利。

第九条 物业服务合同的权利义务终止后，业主请求物业服务企业退还已经预收，但尚未提供物业服务期间的物业费的，人民法院应予支持。

物业服务企业请求业主支付拖欠的物业费的，按照本解释第六条规定处理。

第十条 物业服务合同的权利义务终止后，业主委员会请求物业服务企业退出物业服务区域、移交物业服务用房和相关设施，以及物业服务所必需的相关资料和由其代管的专项维修资金的，人民法院应予支持。

物业服务企业拒绝退出、移交，并以存在事实上的物业服务关系为由，请求业主支付物业服务合同权利义务终止后的物业费的，人民法院不予支持。

第十一条 本解释涉及物业服务企业的规定，适用于物权法第七十六条、第八十一条、第八十二条所称其他管理人。

第十二条 因物业的承租人、借用人或者其他物业使用人实施违反物业服务合同，以及法律、法规或者管理规约的行为引起的物业服务纠纷，人民法院应当参照本解释关于业主的规定处理。

第十三条 本解释自 2009 年 10 月 1 日起施行。

本解释施行前已经终审，本解释施行后当事人申请再审或者按照审判监督程序决定再审的案件，不适用本解释。

《关于审理物业服务纠纷案件具体应用法律若干问题的解释》的理解与适用

《人民司法（应用）》2009 年　杜万华　辛正郁　杨永清

2009 年 5 月 22 日，最高人民法院公布了《关于审理物业服务纠纷案件具体应用法律若干问题的解释》（以下简称《物业服务司法解释》），并将于 2009 年 10 月 1 日起施行。该司法解释是在物业服务纠纷案件数量不断增加、新问题、新情况不断涌现，审判实践面临的压力与日俱增的情况下出台的，必将对人民法院正确适用法律规定，统一相关案件的裁判尺度起到重要的规范和指导作用。从内容上看，该司法解释在既有审判实践经验的基础上，严循立法目的与宗旨，参酌法学理论研究成果，对相关法律规定以及亟待解决的审判实践中突出存在的问题作出了详细的解释和规定。现就其中涉及的几个主要问题作一阐释，供理解与适用时参考。

一、起草制定该司法解释的指导原则

《物业管理条例》的正式施行，为相关社会生活领域的和谐稳定奠定了积极的法治条件，更为人民法院在审判实践中准确裁判和妥善处理纠纷案件提供了权威的法律依据。但不容否认的是，该条例侧重于物业管理层面所作的规定，对实践中大量发生的物业服务纠纷往往存在针对性不强的问题。人民法院在审理物业服务纠纷案件过程中，更多的要通过适用民法通则、合同法特别是物权法等法律的相关规定去妥善解决矛盾争议。自 2003 年 9 月 1 日《物业管理条例》施行以来，如何解决物业服务纠纷案件审判工作中具体应用法律问题已经成为日益紧迫的课题。根据这种实际情况，《物业服务司法解释》的起草制定工作确立了这样几个指导原则：一是严循立法精神。立足于司法解释功能定位，严格按照民法通则、物权法、合同法等法律规定精神，确保解释内容符合立法宗旨和目的。二是平等保护当事人利益。注意广大业主和物业服务企业等物业服务法律关系各方当事人利益的平等保护，力求实现当事人间权利义务的平衡。三是民主原则。广泛听取社会各界意见、建议，努力做到兼听则明。四是针对性和可操作性原则。紧贴审判工作实践中的热点、难点问题，不务虚，不贪大求全，切实为审判实践提供统一的裁判依据。五是合理吸收法学研究成果原则。在满足审判实践需要的基础上，合理借鉴法学理论通说，确保学理上的妥当性。起草制定该司法解释的目的只有一个，就是依法履行好宪法、法律赋予最高人民法院的工作职责，通过司法解释的形式统一裁判尺度，维护法律的权威，切实做好物业服务纠纷案件民事审判工作。

二、《物业服务司法解释》中的几个主要问题

关于合法有效的物业服务合同对业主的约束力。

实践中，经常会遇到业主以其并非物业服务合同（包括前期物业服务合同）当事人为由，拒绝接受合同约束的现象。根据《物业管理条例》第 3 章的相关规定，在业主、业主大会选聘物业服务企业之前，建设单位可以通过招投标或者经行政主管部门批准采用协议方式选聘物业服务企业，签订前期物业服务合同。物权法第七十六条规定，选聘物业服务企业应当由业主共同决定。业主委员会根据《物业管理条例》的相关规定，与业主大会依法选聘的物业服务企业签订物业服务合同。建设单位依法与物业服务企业签订的前期物业服务合同是在特定条件下，为维护业主利益和物业区域正常秩序而为。业主委员会按照授权与业主大会选聘的物业服务企业订立的物业服务合同，则是业主自治权行使的结果。无论是哪一个合同，业主虽

然不是形式意义上的签订者，但其是物业服务合同项下权利义务的一方实际享有者和承担者。从这个角度看，物业服务企业是和业主而不是与业主委员会建立的物业服务法律关系。如果业主所提前述主张和抗辩成立，则势必导致物业服务关系发生紊乱。

从另一个角度看，尽管学理上对物业服务合同的法律性质存在诸多争议，但就物业服务合同的内容看，尽管其存在一定的特殊性，但物业服务企业为作为委托人的业主办理物业服务事务、提供劳务，是实现合同目的的必要手段。同时，物业服务合同为双务、诺成及不要式合同，这与委托合同也是一脉相承的。就物业服务合同的有偿性而言，民事委托以无偿为原则，有偿为例外，而商事委托以有偿为原则。物业服务合同为商事合同，当然以营利为目的，属于有偿的委托合同。因此，学界通说主张应当借鉴委托合同的制度机理处理物业服务合同相关争议。综观前期物业服务合同以及物业服务合同，建设单位根据行政法规的规定，在业主、业主大会选聘物业服务企业之前，依法与物业服务企业签订物业服务合同应当解释为法定的受托情形；而业主委员会代表全体业主依法签订的物业服务合同，既有行政法规依据，也有业主大会的决议和授权依据。不管是在哪种情形，业主都是实质上的委托人。根据合同法第四百零二条的规定，除非有确切证据证明该合同只约束受托人和第三人，受托人以自己的名义，在委托人的授权范围内与第三人订立合同，第三人在订立合同时知道受托人与委托人之间的代理关系的，该合同直接约束委托人和第三人。据此，《物业服务司法解释》第 1 条前段规定，业主以其并非合同当事人为由提出抗辩的，人民法院不予支持。

关于物业服务企业就全部物业服务业务签订转委托合同以及物业服务合同中部分条款的效力。

《物业管理条例》第四十条规定：物业服

务企业可以将物业管理区域内的专项服务业务委托给专业性服务企业，但不得将该区域内的全部物业管理一并委托给他人。根据该规定，《物业服务司法解释》第2条第1款第（1）项规定，物业服务企业将物业服务区域内的全部物业服务一并委托他人，业主委员会或者业主请求确认该委托合同无效的，人民法院应予支持。实践中，相当一部分物业服务合同是由物业服务企业提供的格式文本。合同法第四十条规定：……提供格式条款一方免除其责任、加重对方责任、排除对方主要权利的，该条款无效。据此，《物业服务司法解释》第2条第1款第（2）项规定，物业服务合同中免除物业服务企业责任、加重业主委员会或者业主责任、排除业主委员会或者业主主要权利的，业主委员会或者业主请求确认该条款无效的，人民法院应予支持。

关于物业服务企业的义务范围。

实践中，很多物业服务合同约定内容并不十分详细，而对物业服务管理行为的规范很多是通过法律、法规规定或者相关行业规范来进行的。为更好地维护业主权益，《物业服务司法解释》第3条依据合同默示条款理论，合理扩充了物业服务企业应承担义务的依据范围，即不仅限于物业服务合同中的明示条款，也包括法律、法规规定、相关行业规范的相关规定。关于物业服务企业公开作出的服务承诺及制定的服务细则，因其对业主作出选聘决定具有重要作用，如果放任物业服务企业可以不受其自己的表示行为约束，一方面会动摇物业服务合同的订约基础，也会对业主合法权益造成损害。所以，该有关承诺等也应纳入物业服务企业应当承担义务的范围之内。根据《物业管理条例》第二条规定，物业服务企业应当承担的义务主要是对房屋及配套的设施设备和相关场地进行维修、养护、管理，维护相关区域内的环境卫生和秩序。就其义务量而言，《物业服务司法解释》第3条对物业服务企业应尽义务所做的规定并不会额外增加物业服务企业的义务。

物业服务企业是否有权就业主相关妨害物业服务秩序的行为提起诉讼。

物业服务企业与业主之间的物业服务关系具有一定的特殊性，其中很重要的一个方面就是全体业主将维护物业服务区域秩序的管理权交给物业服务企业。该权利行使的主要途径是对业主实施"人"的管理。业主实施妨害物业服务与管理的行为，既有可能是违反物业服务合同的违约行为，有时也可能是一种侵权行为。赋予物业服务企业以相应诉权，并未超出其对"人"管理权的行使边界，而且可以及时有效地制止不法行为。在实践中，其他业主往往都是要求物业服务企业去制止妨害、侵害行为，而不愿自己亲力亲为。由此可见，那种认为物业服务企业只不过是服务提供者，其没有权利就业主相关妨害物业服务秩序的行为提起诉讼的观点是不正确的。基于以上考虑，《物业服务司法解释》第4条规定，业主违反物业服务合同或者法律、法规、管理规约，实施妨害物业服务与管理的行为，物业服务企业请求业主承担恢复原状、停止侵害、排除妨害等相应民事责任的，人民法院应予支持。

如何理解欠费纠纷中业主据以抗辩的正当理由。

《物业服务司法解释》第6条前段规定，业主抗辩需要基于正当理由。业主能否仅以物业服务企业没有把小区扫干净或者没有定期剪除花园里的杂草等一般违约行为作为拒交物业费用的理由，实践中存在不同观点。笔者认为，本条规定的正当理由，应当限定在物业服务企业不履行物业服务合同，或者履行合同有重大瑕疵。总之，司法实践中要对正当理由认真审查，从严掌握，防止业主滥用正当理由损害物业服务企业合法权益。

三、关于司法解释的适用与实施

关于物业使用人的准用。

实践中，物业服务纠纷常常会涉及房屋的承租人、借用人等物业使用人。物业使用人虽然不是业主，但其居住生活在物业服务区域内，也应当受到物业服务合同、法律、法规以及管理规约的约束。从这个意义上说，司法解释应当同样适用于非业主的物业使用人。对此，《物业服务司法解释》第 12 条作出了明确规定。

关于司法解释的施行时间。

2007 年 8 月 26 日，根据物权法的有关规定，国务院对《物业管理条例》作出了相应修改。物权法施行后，该法的相关规定势必对物业服务法律关系的规范和调整带来一定的影响。如果不对《物业服务司法解释》的时间效力进行适当限制，将有可能使得许多已经稳定的社会关系重新被打破，并引发大量纠纷案件。基于此种考虑，同时也为了在司法解释正式施行之前，给各界预留一个宣传学习的时间，并最大限度地通过自律、自纠的方式消化可能发生的纠纷案件，该司法解释将于 2009 年 10 月 1 日起施行。

最高人民法院
关于金湖新村业主委员会是否具备民事诉讼主体资格请示一案的复函

2003 年 8 月 20 日　　　　　　　　〔2002〕民立他字第 46 号

安徽省高级人民法院：

你院〔2002〕皖民一终字第 112 号《关于金湖新村业主委员会是否具备民事诉讼主体资格的请示报告》收悉。经研究，答复如下：

根据《中华人民共和国民事诉讼法》第四十九条、最高人民法院《关于适用〈中华人民共和国民事诉讼法〉若干问题的意见》第四十条的规定，金湖新村业主委员会符合"其他组织"条件，对房地产开发单位未向业主委员会移交住宅区规划图等资料、未提供配套公用设施、公用设施专项费、公共部位维护费及物业管理用房、商业用房的，可以自己名义提起诉讼。

建设部办公厅
关于对《物业管理条例》有关条款理解适用问题的批复

（2003 年 10 月 17 日）

黑龙江省建设厅：

你厅《关于〈物业管理条例〉有关条款解释的请示》（黑建函〔2003〕121 号）收悉。经研究，批复如下：

一、根据我国《立法法》的规定，地方性法规可以作为《物业管理条例》第五十二条规定中"依法承担物业管理区域内相关管线和设施设备的维修、养护责任"的依据。

二、根据《物业管理条例》第五十二条的规定，物业管理区域内相关管线和设施设备的维修、养护责任的划分，法律法规有规定的，依照其规定；法律法规没有规定的，应当通过合同约定来确定；没有合同或者合同没有约定的，由当事人协商解决；如果供水、供电、供气、供热、通讯、有线电视等供应价格已包含了物业管理区域内相关管线和设施设备的维修、养护费用的，物业管理区域内相关管线和设施设备的维修、养护责任由相应的供应单位承担。

业主大会和业主委员会指导规则

2009 年 12 月 1 日　　　　　　　建房〔2009〕274 号

第一章　总　则

第一条　为了规范业主大会和业主委员会的活动，维护业主的合法权益，根据《中华人民共和国物权法》《物业管理条例》等法律法规的规定，制定本规则。

第二条　业主大会由物业管理区域内的全体业主组成，代表和维护物业管理区域内全体业主在物业管理活动中的合法权利，履行相应的义务。

第三条　业主委员会由业主大会依法选举产生，履行业主大会赋予的职责，执行业主大会决定的事项，接受业主的监督。

第四条　业主大会或者业主委员会的决定，对业主具有约束力。

业主大会和业主委员会应当依法履行职责，不得作出与物业管理无关的决定，不得从事与物业管理无关的活动。

第五条　业主大会和业主委员会，对业主损害他人合法权益和业主共同利益的行为，有权依照法律、法规以及管理规约，要求停止侵害、消除危险、排除妨害、赔偿损失。

第六条　物业所在地的区、县房地产行政主管部门和街道办事处、乡镇人民政府负责对设立业主大会和选举业主委员会给予指导和协助，负责对业主大会和业主委员会的日常活动进行指导和监督。

第二章　业主大会

第七条　业主大会根据物业管理区域的划分成立，一个物业管理区域成立一个业主大会。

只有一个业主的，或者业主人数较少且经全体业主同意，不成立业主大会的，由业主共同履行业主大会、业主委员会职责。

第八条　物业管理区域内，已交付的专有部分面积超过建筑物总面积50%时，建设单位应当按照物业所在地的区、县房地产行政主管部门或者街道办事处、乡镇人民政府的要求，及时报送下列筹备首次业主大会会议所需的文件资料：

（一）物业管理区域证明；

（二）房屋及建筑物面积清册；

（三）业主名册；

（四）建筑规划总平面图；

（五）交付使用共用设施设备的证明；

（六）物业服务用房配置证明；

（七）其他有关的文件资料。

第九条　符合成立业主大会条件的，区、县房地产行政主管部门或者街道办事处、乡镇人民政府应当在收到业主提出筹备业主大会书面申请后60日内，负责组织、指导成立首次业主大会会议筹备组。

第十条　首次业主大会会议筹备组由业主代表、建设单位代表、街道办事处、乡镇人民政府代表和居民委员会代表组成。筹备组成员人数应为单数，其中业主代表人数不低于筹备组总人数的一半，筹备组组长由街道办事处、乡镇人民政府代表担任。

第十一条　筹备组中业主代表的产生，

由街道办事处、乡镇人民政府或者居民委员会组织业主推荐。

筹备组应当将成员名单以书面形式在物业管理区域内公告。业主对筹备组成员有异议的，由街道办事处、乡镇人民政府协调解决。

建设单位和物业服务企业应当配合协助筹备组开展工作。

第十二条 筹备组应当做好以下筹备工作：

（一）确认并公示业主身份、业主人数以及所拥有的专有部分面积；

（二）确定首次业主大会会议召开的时间、地点、形式和内容；

（三）草拟管理规约、业主大会议事规则；

（四）依法确定首次业主大会会议表决规则；

（五）制定业主委员会委员候选人产生办法，确定业主委员会委员候选人名单；

（六）制定业主委员会选举办法；

（七）完成召开首次业主大会会议的其他准备工作。

前款内容应当在首次业主大会会议召开15日前以书面形式在物业管理区域内公告。业主对公告内容有异议的，筹备组应当记录并作出答复。

第十三条 依法登记取得或者根据物权法第二章第三节规定取得建筑物专有部分所有权的人，应当认定为业主。

基于房屋买卖等民事法律行为，已经合法占有建筑物专有部分，但尚未依法办理所有权登记的人，可以认定为业主。

业主的投票权数由专有部分面积和业主人数确定。

第十四条 业主委员会委员候选人由业主推荐或者自荐。筹备组应当核查参选人的资格，根据物业规模、物权份额、委员的代表性和广泛性等因素，确定业主委员会委员候选人名单。

第十五条 筹备组应当自组成之日起90日内完成筹备工作，组织召开首次业主大会会议。

业主大会自首次业主大会会议表决通过管理规约、业主大会议事规则，并选举产生业主委员会之日起成立。

第十六条 划分为一个物业管理区域的分期开发的建设项目，先期开发部分符合条件的，可以成立业主大会，选举产生业主委员会。首次业主大会会议应当根据分期开发的物业面积和进度等因素，在业主大会议事规则中明确增补业主委员会委员的办法。

第十七条 业主大会决定以下事项：

（一）制定和修改业主大会议事规则；

（二）制定和修改管理规约；

（三）选举业主委员会或者更换业主委员会委员；

（四）制定物业服务内容、标准以及物业服务收费方案；

（五）选聘和解聘物业服务企业；

（六）筹集和使用专项维修资金；

（七）改建、重建建筑物及其附属设施；

（八）改变共有部分的用途；

（九）利用共有部分进行经营以及所得收益的分配与使用；

（十）法律法规或者管理规约确定应由业主共同决定的事项。

第十八条 管理规约应当对下列主要事项作出规定：

（一）物业的使用、维护、管理；

（二）专项维修资金的筹集、管理和使用；

（三）物业共用部分的经营与收益分配；

（四）业主共同利益的维护；

（五）业主共同管理权的行使；

（六）业主应尽的义务；

（七）违反管理规约应当承担的责任。

第十九条 业主大会议事规则应当对下列主要事项作出规定：

（一）业主大会名称及相应的物业管理

区域；

　　（二）业主委员会的职责；

　　（三）业主委员会议事规则；

　　（四）业主大会会议召开的形式、时间和议事方式；

　　（五）业主投票权数的确定方法；

　　（六）业主代表的产生方式；

　　（七）业主大会会议的表决程序；

　　（八）业主委员会委员的资格、人数和任期等；

　　（九）业主委员会换届程序、补选办法等；

　　（十）业主大会、业主委员会工作经费的筹集、使用和管理；

　　（十一）业主大会、业主委员会印章的使用和管理。

　　第二十条　业主拒付物业服务费，不缴存专项维修资金以及实施其他损害业主共同权益行为的，业主大会可以在管理规约和业主大会议事规则中对其共同管理权的行使予以限制。

　　第二十一条　业主大会会议分为定期会议和临时会议。

　　业主大会定期会议应当按照业主大会议事规则的规定由业主委员会组织召开。

　　有下列情况之一的，业主委员会应当及时组织召开业主大会临时会议：

　　（一）经专有部分占建筑物总面积20%以上且占总人数20%以上业主提议的；

　　（二）发生重大事故或者紧急事件需要及时处理的；

　　（三）业主大会议事规则或者管理规约规定的其他情况。

　　第二十二条　业主大会会议可以采用集体讨论的形式，也可以采用书面征求意见的形式；但应当有物业管理区域内专有部分占建筑物总面积过半数的业主且占总人数过半数的业主参加。

　　采用书面征求意见形式的，应当将征求意见书送交每一位业主；无法送达的，应当

在物业管理区域内公告。凡需投票表决的，表决意见应由业主本人签名。

　　第二十三条　业主大会确定业主投票权数，可以按照下列方法认定专有部分面积和建筑物总面积：

　　（一）专有部分面积按照不动产登记簿记载的面积计算；尚未进行登记的，暂按测绘机构的实测面积计算；尚未进行实测的，暂按房屋买卖合同记载的面积计算；

　　（二）建筑物总面积，按照前项的统计总和计算。

　　第二十四条　业主大会确定业主投票权数，可以按照下列方法认定业主人数和总人数：

　　（一）业主人数，按照专有部分的数量计算，一个专有部分按一人计算。但建设单位尚未出售和虽已出售但尚未交付的部分，以及同一买受人拥有一个以上专有部分的，按一人计算；

　　（二）总人数，按照前项的统计总和计算。

　　第二十五条　业主大会应当在业主大会议事规则中约定车位、摊位等特定空间是否计入用于确定业主投票权数的专有部分面积。

　　一个专有部分有两个以上所有权人的，应当推选一人行使表决权，但共有人所代表的业主人数为一人。

　　业主为无民事行为能力人或者限制民事行为能力人的，由其法定监护人行使投票权。

　　第二十六条　业主因故不能参加业主大会会议的，可以书面委托代理人参加业主大会会议。

　　未参与表决的业主，其投票权数是否可以计入已表决的多数票，由管理规约或者业主大会议事规则规定。

　　第二十七条　物业管理区域内业主人数较多的，可以幢、单元、楼层为单位，推选一名业主代表参加业主大会会议，推选及表决办法应当在业主大会议事规则中规定。

　　第二十八条　业主可以书面委托的形式，

约定由其推选的业主代表在一定期限内代其行使共同管理权,具体委托内容、期限、权限和程序由业主大会议事规则规定。

第二十九条 业主大会会议决定筹集和使用专项维修资金以及改造、重建建筑物及其附属设施的,应当经专有部分占建筑物总面积三分之二以上的业主且占总人数三分之二以上的业主同意;决定本规则第十七条规定的其他共有和共同管理权利事项的,应当经专有部分占建筑物总面积过半数且占总人数过半数的业主同意。

第三十条 业主大会会议应当由业主委员会作出书面记录并存档。

业主大会的决定应当以书面形式在物业管理区域内及时公告。

第三章 业主委员会

第三十一条 业主委员会由业主大会会议选举产生,由 5 至 11 人单数组成。业主委员会委员应当是物业管理区域内的业主,并符合下列条件:

(一)具有完全民事行为能力;

(二)遵守国家有关法律、法规;

(三)遵守业主大会议事规则、管理规约,模范履行业主义务;

(四)热心公益事业,责任心强,公正廉洁;

(五)具有一定的组织能力;

(六)具备必要的工作时间。

第三十二条 业主委员会委员实行任期制,每届任期不超过 5 年,可连选连任,业主委员会委员具有同等表决权。

业主委员会应当自选举之日起 7 日内召开首次会议,推选业主委员会主任和副主任。

第三十三条 业主委员会应当自选举产生之日起 30 日内,持下列文件向物业所在地的区、县房地产行政主管部门和街道办事处、乡镇人民政府办理备案手续:

(一)业主大会成立和业主委员会选举的情况;

(二)管理规约;

(三)业主大会议事规则;

(四)业主大会决定的其他重大事项。

第三十四条 业主委员会办理备案手续后,可持备案证明向公安机关申请刻制业主大会印章和业主委员会印章。

业主委员会任期内,备案内容发生变更的,业主委员会应当自变更之日起 30 日内将变更内容书面报告备案部门。

第三十五条 业主委员会履行以下职责:

(一)执行业主大会的决定和决议;

(二)召集业主大会会议,报告物业管理实施情况;

(三)与业主大会选聘的物业服务企业签订物业服务合同;

(四)及时了解业主、物业使用人的意见和建议,监督和协助物业服务企业履行物业服务合同;

(五)监督管理规约的实施;

(六)督促业主交纳物业服务费及其他相关费用;

(七)组织和监督专项维修资金的筹集和使用;

(八)调解业主之间因物业使用、维护和管理产生的纠纷;

(九)业主大会赋予的其他职责。

第三十六条 业主委员会应当向业主公布下列情况和资料:

(一)管理规约、业主大会议事规则;

(二)业主大会和业主委员会的决定;

(三)物业服务合同;

(四)专项维修资金的筹集、使用情况;

(五)物业共有部分的使用和收益情况;

(六)占用业主共有的道路或者其他场地用于停放汽车车位的处分情况;

(七)业主大会和业主委员会工作经费的收支情况;

(八)其他应当向业主公开的情况和资料。

第三十七条 业主委员会应当按照业主大会议事规则的规定及业主大会的决定召开

会议。经三分之一以上业主委员会委员的提议,应当在 7 日内召开业主委员会会议。

第三十八条 业主委员会会议由主任召集和主持,主任因故不能履行职责,可以委托副主任召集。

业主委员会会议应有过半数的委员出席,作出的决定必须经全体委员半数以上同意。

业主委员会委员不能委托代理人参加会议。

第三十九条 业主委员会应当于会议召开 7 日前,在物业管理区域内公告业主委员会会议的内容和议程,听取业主的意见和建议。

业主委员会会议应当制作书面记录并存档,业主委员会会议作出的决定,应当有参会委员的签字确认,并自作出决定之日起 3 日内在物业管理区域内公告。

第四十条 业主委员会应当建立工作档案,工作档案包括以下主要内容:

(一)业主大会、业主委员会的会议记录;

(二)业主大会、业主委员会的决定;

(三)业主大会议事规则、管理规约和物业服务合同;

(四)业主委员会选举及备案资料;

(五)专项维修资金筹集及使用账目;

(六)业主及业主代表的名册;

(七)业主的意见和建议。

第四十一条 业主委员会应当建立印章管理规定,并指定专人保管印章。

使用业主大会印章,应当根据业主大会议事规则的规定或者业主大会会议的决定;使用业主委员会印章,应当根据业主委员会会议的决定。

第四十二条 业主大会、业主委员会工作经费由全体业主承担。工作经费可以由业主分摊,也可以从物业共有部分经营所得收益中列支。工作经费的收支情况,应当定期在物业管理区域内公告,接受业主监督。

工作经费筹集、管理和使用的具体办法由业主大会决定。

第四十三条 有下列情况之一的,业主委员会委员资格自行终止:

(一)因物业转让、灭失等原因不再是业主的;

(二)丧失民事行为能力的;

(三)依法被限制人身自由的;

(四)法律、法规以及管理规约规定的其他情形。

第四十四条 业主委员会委员有下列情况之一的,由业主委员会三分之一以上委员或者持有 20% 以上投票权数的业主提议,业主大会或者业主委员会根据业主大会的授权,可以决定是否终止其委员资格:

(一)以书面方式提出辞职请求的;

(二)不履行委员职责的;

(三)利用委员资格谋取私利的;

(四)拒不履行业主义务的;

(五)侵害他人合法权益的;

(六)因其他原因不宜担任业主委员会委员的。

第四十五条 业主委员会委员资格终止的,应当自终止之日起 3 日内将其保管的档案资料、印章及其他属于全体业主所有的财物移交业主委员会。

第四十六条 业主委员会任期内,委员出现空缺时,应当及时补足。业主委员会委员候补办法由业主大会决定或者在业主大会议事规则中规定。业主委员会委员人数不足总数的二分之一时,应当召开业主大会临时会议,重新选举业主委员会。

第四十七条 业主委员会任期届满前 3 个月,应当组织召开业主大会会议,进行换届选举,并报告物业所在地的区、县房地产行政主管部门和街道办事处、乡镇人民政府。

第四十八条 业主委员会应当自任期届满之日起 10 日内,将其保管的档案资料、印章及其他属于业主大会所有的财物移交新一届业主委员会。

第四章 指导和监督

第四十九条 物业所在地的区、县房地产行政主管部门和街道办事处、乡镇人民政府应当积极开展物业管理政策法规的宣传和教育活动，及时处理业主、业主委员会在物业管理活动中的投诉。

第五十条 已交付使用的专有部分面积超过建筑物总面积50％，建设单位未按要求报送筹备首次业主大会会议相关文件资料的，物业所在地的区、县房地产行政主管部门或者街道办事处、乡镇人民政府有权责令建设单位限期改正。

第五十一条 业主委员会未按业主大会议事规则的规定组织召开业主大会定期会议，或者发生应当召开业主大会临时会议的情况，业主委员会不履行组织召开会议职责的，物业所在地的区、县房地产行政主管部门或者街道办事处、乡镇人民政府可以责令业主委员会限期召开；逾期仍不召开的，可以由物业所在地的居民委员会在街道办事处、乡镇人民政府的指导和监督下组织召开。

第五十二条 按照业主大会议事规则的规定或者三分之一以上委员提议，应当召开业主委员会会议的，业主委员会主任、副主任无正当理由不召集业主委员会会议的，物业所在地的区、县房地产行政主管部门或者街道办事处、乡镇人民政府可以指定业主委员会其他委员召集业主委员会会议。

第五十三条 召开业主大会会议，物业所在地的区、县房地产行政主管部门和街道办事处、乡镇人民政府应当给予指导和协助。

第五十四条 召开业主委员会会议，应当告知相关的居民委员会，并听取居民委员会的建议。

在物业管理区域内，业主大会、业主委员会应当积极配合相关居民委员会依法履行自治管理职责，支持居民委员会开展工作，并接受其指导和监督。

第五十五条 违反业主大会议事规则或者未经业主大会会议和业主委员会会议的决定，擅自使用业主大会印章、业主委员会印章的，物业所在地的街道办事处、乡镇人民

政府应当责令限期改正，并通告全体业主；造成经济损失或者不良影响的，应当依法追究责任人的法律责任。

第五十六条 业主委员会委员资格终止，拒不移交所保管的档案资料、印章及其他属于全体业主所有的财物的，其他业主委员会委员可以请求物业所在地的公安机关协助移交。

业主委员会任期届满后，拒不移交所保管的档案资料、印章及其他属于全体业主所有的财物的，新一届业主委员会可以请求物业所在地的公安机关协助移交。

第五十七条 业主委员会在规定时间内不组织换届选举的，物业所在地的区、县房地产行政主管部门或者街道办事处、乡镇人民政府应当责令其限期组织换届选举；逾期仍不组织的，可以由物业所在地的居民委员会在街道办事处、乡镇人民政府的指导和监督下，组织换届选举工作。

第五十八条 因客观原因未能选举产生业主委员会或者业主委员会委员人数不足总数的二分之一的，新一届业主委员会产生之前，可以由物业所在地的居民委员会在街道办事处、乡镇人民政府的指导和监督下，代行业主委员会的职责。

第五十九条 业主大会、业主委员会作出的决定违反法律法规的，物业所在地的区、县房地产行政主管部门和街道办事处、乡镇人民政府应当责令限期改正或者撤销其决定，并通告全体业主。

第六十条 业主不得擅自以业主大会或者业主委员会的名义从事活动。业主以业主大会或者业主委员会的名义，从事违反法律、法规的活动，构成犯罪的，依法追究刑事责任；尚不构成犯罪的，依法给予治安管理处罚。

第六十一条 物业管理区域内，可以召开物业管理联席会议。物业管理联席会议由街道办事处、乡镇人民政府负责召集，由区、县房地产行政主管部门、公安派出所、居民

委员会、业主委员会和物业服务企业等方面的代表参加，共同协调解决物业管理中遇到的问题。

第五章 附 则

第六十二条 业主自行管理或者委托其他管理人管理物业，成立业主大会，选举业主委员会的，可参照执行本规则。

第六十三条 物业所在地的区、县房地产行政主管部门与街道办事处、乡镇人民政府在指导、监督业主大会和业主委员会工作中的具体职责分工，按各省、自治区、直辖市人民政府有关规定执行。

第六十四条 本规则自 2010 年 1 月 1 日起施行。《业主大会规程》（建住房〔2003〕131 号）同时废止。

住宅专项维修资金管理办法

（2007 年 12 月 4 日发布　2008 年 2 月 1 日施行
建设部、财政部令第 165 号）

第一章 总 则

第一条 为了加强对住宅专项维修资金的管理，保障住宅共用部位、共用设施设备的维修和正常使用，维护住宅专项维修资金所有者的合法权益，根据《物权法》《物业管理条例》等法律、行政法规，制定本办法。

第二条 商品住宅、售后公有住房住宅专项维修资金的交存、使用、管理和监督，适用本办法。

本办法所称住宅专项维修资金，是指专项用于住宅共用部位、共用设施设备保修期满后的维修和更新、改造的资金。

第三条 本办法所称住宅共用部位，是指根据法律、法规和房屋买卖合同，由单幢住宅内业主或者单幢住宅内业主及与之结构相连的非住宅业主共有的部位，一般包括：住宅的基础、承重墙体、柱、梁、楼板、屋顶以及户外的墙面、门厅、楼梯间、走廊通道等。

本办法所称共用设施设备，是指根据法律、法规和房屋买卖合同，由住宅业主或者住宅业主及有关非住宅业主共有的附属设施设备，一般包括电梯、天线、照明、消防设施、绿地、道路、路灯、沟渠、池、井、非经营性车场车库、公益性文体设施和共用设施设备使用的房屋等。

第四条 住宅专项维修资金管理实行专户存储、专款专用、所有权人决策、政府监督的原则。

第五条 国务院建设主管部门会同国务院财政部门负责全国住宅专项维修资金的指导和监督工作。

县级以上地方人民政府建设（房地产）主管部门会同同级财政部门负责本行政区域内住宅专项维修资金的指导和监督工作。

第二章 交 存

第六条 下列物业的业主应当按照本办法的规定交存住宅专项维修资金：

（一）住宅，但一个业主所有且与其他物业不具有共用部位、共用设施设备的除外；

（二）住宅小区内的非住宅或者住宅小区外与单幢住宅结构相连的非住宅。

前款所列物业属于出售公有住房的，售房单位应当按照本办法的规定交存住宅专项维修资金。

第七条 商品住宅的业主、非住宅的业主按照所拥有物业的建筑面积交存住宅专项维修资金，每平方米建筑面积交存首期住宅专项维修资金的数额为当地住宅建筑安装工程每平方米造价的5%至8%。

直辖市、市、县人民政府建设（房地产）主管部门应当根据本地区情况，合理确定、公布每平方米建筑面积交存首期住宅专项维修资金的数额，并适时调整。

第八条 出售公有住房的，按照下列规定交存住宅专项维修资金：

（一）业主按照所拥有物业的建筑面积交存住宅专项维修资金，每平方米建筑面积交存首期住宅专项维修资金的数额为当地房改成本价的2%。

（二）售房单位按照多层住宅不低于售房款的20%、高层住宅不低于售房款的30%，从售房款中一次性提取住宅专项维修资金。

第九条 业主交存的住宅专项维修资金属于业主所有。

从公有住房售房款中提取的住宅专项维修资金属于公有住房售房单位所有。

第十条 业主大会成立前，商品住宅业主、非住宅业主交存的住宅专项维修资金，由物业所在地直辖市、市、县人民政府建设（房地产）主管部门代管。

直辖市、市、县人民政府建设（房地产）主管部门应当委托所在地一家商业银行，作为本行政区域内住宅专项维修资金的专户管理银行，并在专户管理银行开立住宅专项维修资金专户。

开立住宅专项维修资金专户，应当以物业管理区域为单位设账，按房屋户门号设分户账；未划定物业管理区域的，以幢为单位设账，按房屋户门号设分户账。

第十一条 业主大会成立前，已售公有住房住宅专项维修资金，由物业所在地直辖市、市、县人民政府财政部门或者建设（房地产）主管部门负责管理。

负责管理公有住房住宅专项维修资金的部门应当委托所在地一家商业银行，作为本行政区域内公有住房住宅专项维修资金的专户管理银行，并在专户管理银行开立公有住

房住宅专项维修资金专户。

开立公有住房住宅专项维修资金专户，应当按照售房单位设账，按幢设分账；其中，业主交存的住宅专项维修资金，按房屋户门号设分户帐。

第十二条 商品住宅的业主应当在办理房屋入住手续前，将首期住宅专项维修资金存入住宅专项维修资金专户。

已售公有住房的业主应当在办理房屋入住手续前，将首期住宅专项维修资金存入公有住房住宅专项维修资金专户或者交由售房单位存入公有住房住宅专项维修资金专户。

公有住房售房单位应当在收到售房款之日起30日内，将提取的住宅专项维修资金存入公有住房住宅专项维修资金专户。

第十三条 未按本办法规定交存首期住宅专项维修资金的，开发建设单位或者公有住房售房单位不得将房屋交付购买人。

第十四条 专户管理银行、代收住宅专项维修资金的售房单位应当出具由财政部或者省、自治区、直辖市人民政府财政部门统一监制的住宅专项维修资金专用票据。

第十五条 业主大会成立后，应当按照下列规定划转业主交存的住宅专项维修资金：

（一）业主大会应当委托所在地一家商业银行作为本物业管理区域内住宅专项维修资金的专户管理银行，并在专户管理银行开立住宅专项维修资金专户。

开立住宅专项维修资金专户，应当以物业管理区域为单位设账，按房屋户门号设分户账。

（二）业主委员会应当通知所在地直辖市、市、县人民政府建设（房地产）主管部门；涉及已售公有住房的，应当通知负责管理公有住房住宅专项维修资金的部门。

（三）直辖市、市、县人民政府建设（房地产）主管部门或者负责管理公有住房住宅专项维修资金的部门应当在收到通知之日起30日内，通知专户管理银行将该物业管理区域内业主交存的住宅专项维修资金账面余额

划转至业主大会开立的住宅专项维修资金账户，并将有关账目等移交业主委员会。

第十六条 住宅专项维修资金划转后的账目管理单位，由业主大会决定。业主大会应当建立住宅专项维修资金管理制度。

业主大会开立的住宅专项维修资金账户，应当接受所在地直辖市、市、县人民政府建设（房地产）主管部门的监督。

第十七条 业主分户账面住宅专项维修资金余额不足首期交存额30%的，应当及时续交。

成立业主大会的，续交方案由业主大会决定。

未成立业主大会的，续交的具体管理办法由直辖市、市、县人民政府建设（房地产）主管部门会同同级财政部门制定。

第三章 使 用

第十八条 住宅专项维修资金应当专项用于住宅共用部位、共用设施设备保修期满后的维修和更新、改造，不得挪作他用。

第十九条 住宅专项维修资金的使用，应当遵循方便快捷、公开透明、受益人和负担人相一致的原则。

第二十条 住宅共用部位、共用设施设备的维修和更新、改造费用，按照下列规定分摊：

（一）商品住宅之间或者商品住宅与非住宅之间共用部位、共用设施设备的维修和更新、改造费用，由相关业主按照各自拥有物业建筑面积的比例分摊。

（二）售后公有住房之间共用部位、共用设施设备的维修和更新、改造费用，由相关业主和公有住房售房单位按照所交存住宅专项维修资金的比例分摊；其中，应由业主承担的，再由相关业主按照各自拥有物业建筑面积的比例分摊。

（三）售后公有住房与商品住宅或者非住宅之间共用部位、共用设施设备的维修和更新、改造费用，先按照建筑面积比例分摊到各相关物业。其中，售后公有住房应分摊的

费用，再由相关业主和公有住房售房单位按照所交存住宅专项维修资金的比例分摊。

第二十一条 住宅共用部位、共用设施设备维修和更新、改造，涉及尚未售出的商品住宅、非住宅或者公有住房的，开发建设单位或者公有住房单位应当按照尚未售出商品住宅或者公有住房的建筑面积，分摊维修和更新、改造费用。

第二十二条 住宅专项维修资金划转业主大会管理前，需要使用住宅专项维修资金的，按照以下程序办理：

（一）物业服务企业根据维修和更新、改造项目提出使用建议；没有物业服务企业的，由相关业主提出使用建议；

（二）住宅专项维修资金列支范围内专有部分占建筑物总面积三分之二以上的业主且占总人数三分之二以上的业主讨论通过使用建议；

（三）物业服务企业或者相关业主组织实施使用方案；

（四）物业服务企业或者相关业主持有关材料，向所在地直辖市、市、县人民政府建设（房地产）主管部门申请列支；其中，动用公有住房住宅专项维修资金的，向负责管理公有住房住宅专项维修资金的部门申请列支；

（五）直辖市、市、县人民政府建设（房地产）主管部门或者负责管理公有住房住宅专项维修资金的部门审核同意后，向专户管理银行发出划转住宅专项维修资金的通知；

（六）专户管理银行将所需住宅专项维修资金划转至维修单位。

第二十三条 住宅专项维修资金划转业主大会管理后，需要使用住宅专项维修资金的，按照以下程序办理：

（一）物业服务企业提出使用方案，使用方案应当包括拟维修和更新、改造的项目、费用预算、列支范围、发生危及房屋安全等紧急情况以及其他需临时使用住宅专项维修资金的情况的处置办法等；

（二）业主大会依法通过使用方案；

（三）物业服务企业组织实施使用方案；

（四）物业服务企业持有关材料向业主委员会提出列支住宅专项维修资金；其中，动用公有住房住宅专项维修资金的，向负责管理公有住房住宅专项维修资金的部门申请列支；

（五）业主委员会依据使用方案审核同意，并报直辖市、市、县人民政府建设（房地产）主管部门备案；动用公有住房住宅专项维修资金的，经负责管理公有住房住宅专项维修资金的部门审核同意；直辖市、市、县人民政府建设（房地产）主管部门或者负责管理公有住房住宅专项维修资金的部门发现不符合有关法律、法规、规章和使用方案的，应当责令改正；

（六）业主委员会、负责管理公有住房住宅专项维修资金的部门向专户管理银行发出划转住宅专项维修资金的通知；

（七）专户管理银行将所需住宅专项维修资金划转至维修单位。

第二十四条 发生危及房屋安全等紧急情况，需要立即对住宅共用部位、共用设施设备进行维修和更新、改造的，按照以下规定列支住宅专项维修资金：

（一）住宅专项维修资金划转业主大会管理前，按照本办法第二十二条第四项、第五项、第六项的规定办理；

（二）住宅专项维修资金划转业主大会管理后，按照本办法第二十三条第四项、第五项、第六项和第七项的规定办理。

发生前款情况后，未按规定实施维修和更新、改造的，直辖市、市、县人民政府建设（房地产）主管部门可以组织代修，维修费用从相关业主住宅专项维修资金分户账中列支；其中，涉及已售公有住房的，还应当从公有住房住宅专项维修资金中列支。

第二十五条 下列费用不得从住宅专项维修资金中列支：

（一）依法应当由建设单位或者施工单位承担的住宅共用部位、共用设施设备维修、更新和改造费用；

（二）依法应当由相关单位承担的供水、供电、供气、供热、通讯、有线电视等管线和设施设备的维修、养护费用；

（三）应当由当事人承担的因人为损坏住宅共用部位、共用设施设备所需的修复费用；

（四）根据物业服务合同约定，应当由物业服务企业承担的住宅共用部位、共用设施设备的维修和养护费用。

第二十六条 在保证住宅专项维修资金正常使用的前提下，可以按照国家有关规定将住宅专项维修资金用于购买国债。

利用住宅专项维修资金购买国债，应当在银行间债券市场或者商业银行柜台市场购买一级市场新发行的国债，并持有到期。

利用业主交存的住宅专项维修资金购买国债的，应当经业主大会同意；未成立业主大会的，应当经专有部分占建筑物总面积三分之二以上的业主且占总人数三分之二以上业主同意。

利用从公有住房售房款中提取的住宅专项维修资金购买国债的，应当根据售房单位的财政隶属关系，报经同级财政部门同意。

禁止利用住宅专项维修资金从事国债回购、委托理财业务或者将购买的国债用于质押、抵押等担保行为。

第二十七条 下列资金应当转入住宅专项维修资金滚存使用：

（一）住宅专项维修资金的存储利息；

（二）利用住宅专项维修资金购买国债的增值收益；

（三）利用住宅共用部位、共用设施设备进行经营的，业主所得收益，但业主大会另有决定的除外；

（四）住宅共用设施设备报废后回收的残值。

第四章　监督管理

第二十八条 房屋所有权转让时，业主应当向受让人说明住宅专项维修资金交存和结余情况并出具有效证明，该房屋分户账中结余的住宅专项维修资金随房屋所有权同时过户。

受让人应当持住宅专项维修资金过户的协议、房屋权属证书、身份证等到专户管理银行办理分户账更名手续。

第二十九条 房屋灭失的，按照以下规定返还住宅专项维修资金：

（一）房屋分户账中结余的住宅专项维修资金返还业主；

（二）售房单位交存的住宅专项维修资金账面余额返还售房单位；售房单位不存在的，按照售房单位财务隶属关系，收缴同级国库。

第三十条 直辖市、市、县人民政府建设（房地产）主管部门，负责管理公有住房住宅专项维修资金的部门及业主委员会，应当每年至少一次与专户管理银行核对住宅专项维修资金账目，并向业主、公有住房售房单位公布下列情况：

（一）住宅专项维修资金交存、使用、增值收益和结存的总额；

（二）发生列支的项目、费用和分摊情况；

（三）业主、公有住房售房单位分户账中住宅专项维修资金交存、使用、增值收益和结存的金额；

（四）其他有关住宅专项维修资金使用和管理的情况。

业主、公有住房售房单位对公布的情况有异议的，可以要求复核。

第三十一条 专户管理银行应当每年至少一次向直辖市、市、县人民政府建设（房地产）主管部门，负责管理公有住房住宅专项维修资金的部门及业主委员会发送住宅专项维修资金对账单。

直辖市、市、县建设（房地产）主管部门，负责管理公有住房住宅专项维修资金的部门及业主委员会对资金账户变化情况有异议的，可以要求专户管理银行进行复核。

专户管理银行应当建立住宅专项维修资金查询制度，接受业主、公有住房售房单位对其分户账中住宅专项维修资金使用、增值收益和账面余额的查询。

第三十二条 住宅专项维修资金的管理和使用，应当依法接受审计部门的审计监督。

第三十三条 住宅专项维修资金的财务管理和会计核算应当执行财政部有关规定。

财政部门应当加强对住宅专项维修资金收支财务管理和会计核算制度执行情况的监督。

第三十四条 住宅专项维修资金专用票据的购领、使用、保存、核销管理，应当按照财政部以及省、自治区、直辖市人民政府财政部门的有关规定执行，并接受财政部门的监督检查。

第五章　法律责任

第三十五条 公有住房售房单位有下列行为之一的，由县级以上地方人民政府财政部门会同同级建设（房地产）主管部门责令限期改正：

（一）未按本办法第八条、第十二条第三款规定交存住宅专项维修资金的；

（二）违反本办法第十三条规定将房屋交付买受人的；

（三）未按本办法第二十一条规定分摊维修、更新和改造费用的。

第三十六条 开发建设单位违反本办法第十三条规定将房屋交付买受人的，由县级以上地方人民政府建设（房地产）主管部门责令限期改正；逾期不改正的，处以 3 万元以下的罚款。

开发建设单位未按本办法第二十一条规定分摊维修、更新和改造费用的，由县级以上地方人民政府建设（房地产）主管部门责令限期改正；逾期不改正的，处以 1 万元以下的罚款。

第三十七条 违反本办法规定，挪用住宅专项维修资金的，由县级以上地方人民政府建设（房地产）主管部门追回挪用的住宅专项维修资金，没收违法所得，可以并处挪用金额 2 倍以下的罚款；构成犯罪的，依法追究直接负责的主管人员和其他直接责任人员的刑事责任。

物业服务企业挪用住宅专项维修资金，情节严重的，除按前款规定予以处罚外，还应由颁发资质证书的部门吊销资质证书。

直辖市、市、县人民政府建设（房地产）主管部门挪用住宅专项维修资金的，由上一级人民政府建设（房地产）主管部门追回挪用的住宅专项维修资金，对直接负责的主管人员和其他直接责任人员依法给予处分；构成犯罪的，依法追究刑事责任。

直辖市、市、县人民政府财政部门挪用住宅专项维修资金的，由上一级人民政府财政部门追回挪用的住宅专项维修资金，对直接负责的主管人员和其他直接责任人员依法给予处分；构成犯罪的，依法追究刑事责任。

第三十八条 直辖市、市、县人民政府建设（房地产）主管部门违反本办法第二十六条规定的，由上一级人民政府建设（房地产）主管部门责令限期改正，对直接负责的主管人员和其他直接责任人员依法给予处分；造成损失的，依法赔偿；构成犯罪的，依法追究刑事责任。

直辖市、市、县人民政府财政部门违反本办法第二十六条规定的，由上一级人民政府财政部门责令限期改正，对直接负责的主管人员和其他直接责任人员依法给予处分；造成损失的，依法赔偿；构成犯罪的，依法追究刑事责任。

业主大会违反本办法第二十六条规定的，由直辖市、市、县人民政府建设（房地产）主管部门责令改正。

第三十九条 对违反住宅专项维修资金专用票据管理规定的行为，按照《财政违法行为处罚处分条例》的有关规定追究法律责任。

第四十条 县级以上人民政府建设（房地产）主管部门、财政部门及其工作人员利用职务上的便利，收受他人财物或者其他好处，不依法履行监督管理职责，或者发现违法行为不予查处的，依法给予处分；构成犯罪的，依法追究刑事责任。

第六章 附 则

第四十一条 省、自治区、直辖市人民政府建设（房地产）主管部门会同同级财政部门可以依据本办法，制定实施细则。

第四十二条 本办法实施前，商品住宅、公有住房已经出售但未建立住宅专项维修资金的，应当补建。具体办法由省、自治区、直辖市人民政府建设（房地产）主管部门会同同级财政部门依据本办法制定。

第四十三条 本办法由国务院建设主管部门、财政部门共同解释。

第四十四条 本办法自 2008 年 2 月 1 日起施行，1998 年 12 月 16 日建设部、财政部发布的《住宅共用部位共用设施设备维修基金管理办法》（建住房〔1998〕213 号）同时废止。

物业服务定价成本监审办法（试行）

2007 年 9 月 10 日　　　　　　发改价格〔2007〕2285 号

第一条 为提高政府制定物业服务收费的科学性、合理性，根据《政府制定价格成本监审办法》《物业服务收费管理办法》等有关规定，制定本办法。

第二条 本办法适用于政府价格主管部门制定或者调整实行政府指导价的物业服务

收费标准，对相关物业服务企业实施定价成本监审的行为。

本办法所称物业服务，是指物业服务企业按照物业服务合同的约定，对房屋及配套的设施设备和相关场地进行维修、养护、管理，维护物业管理区域内的环境卫生和秩序的活动。

本办法所称物业服务定价成本，是指价格主管部门核定的物业服务社会平均成本。

第三条 物业服务定价成本监审工作由政府价格主管部门负责组织实施，房地产主管部门应当配合价格主管部门开展工作。

第四条 在本行政区域内物业服务企业数量众多的，可以选取一定数量、有代表性的物业服务企业进行成本监审。

第五条 物业服务定价成本监审应当遵循以下原则：

（一）合法性原则。计入定价成本的费用应当符合有关法律、行政法规和国家统一的会计制度的规定；

（二）相关性原则。计入定价成本的费用应当为与物业服务直接相关或者间接相关的费用。

（三）对应性原则。计入定价成本的费用应当与物业服务内容及服务标准相对应。

（四）合理性原则。影响物业服务定价成本各项费用的主要技术、经济指标应当符合行业标准或者社会公允水平。

第六条 核定物业服务定价成本，应当以经会计师事务所审计的年度财务会计报告、原始凭证与账册或者物业服务企业提供的真实、完整、有效的成本资料为基础。

第七条 物业服务定价成本由人员费用、物业共用部位共用设施设备日常运行和维护费用、绿化养护费用、清洁卫生费用、秩序维护费用、物业共用部位共用设施设备及公众责任保险费用、办公费用、管理费分摊、固定资产折旧以及经业主同意的其他费用组成。

第八条 人员费用是指管理服务人员工资、按规定提取的工会经费、职工教育经费，以及根据政府有关规定应当由物业服务企业缴纳的住房公积金和养老、医疗、失业、工伤、生育保险等社会保险费用。

第九条 物业共用部位共用设施设备日常运行和维护费用是指为保障物业管理区域内共用部位共用设施设备的正常使用和运行、维护保养所需的费用。不包括保修期内应由建设单位履行保修责任而支出的维修费、应由住宅专项维修资金支出的维修和更新、改造费用。

第十条 绿化养护费是指管理、养护绿化所需的绿化工具购置费、绿化用水费、补苗费、农药化肥费等。不包括应由建设单位支付的种苗种植费和前期维护费。

第十一条 清洁卫生费是指保持物业管理区域内环境卫生所需的购置工具费、消杀防疫费、化粪池清理费、管道疏通费、清洁用料费、环卫所需费用等。

第十二条 秩序维护费是指维护物业管理区域秩序所需的器材装备费、安全防范人员的人身保险费及由物业服务企业支付的服装费等。其中器材装备不包括共用设备中已包括的监控设备。

第十三条 物业共用部位共用设施设备及公众责任保险费用是指物业管理企业购买物业共用部位共用设施设备及公众责任保险所支付的保险费用，以物业服务企业与保险公司签订的保险单和所交纳的保险费为准。

第十四条 办公费是指物业服务企业为维护管理区域正常的物业管理活动所需的办公用品费、交通费、房租、水电费、取暖费、通讯费、书报费及其他费用。

第十五条 管理费分摊是指物业服务企业在管理多个物业项目情况下，为保证相关的物业服务正常运转而由各物业服务小区承担的管理费用。

第十六条 固定资产折旧是指按规定折旧方法计提的物业服务固定资产的折旧金额。物业服务固定资产指在物业服务小区内由物业服务企业拥有的、与物业服务直接相关的、使用年限在一年以上的资产。

第十七条 经业主同意的其他费用是指业主或者业主大会按规定同意由物业服务费开支的费用。

第十八条 物业服务定价成本相关项目按本办法第十九条至第二十二条规定的方法和标准审核。

第十九条 工会经费、职工教育经费、住房公积金以及医疗保险费、养老保险费、失业保险费、工伤保险费、生育保险费等社会保险费的计提基数按照核定的相应工资水平确定；工会经费、职工教育经费的计提比例按国家统一规定的比例确定，住房公积金和社会保险费的计提比例按当地政府规定比例确定，超过规定计提比例的不得计入定价成本。医疗保险费用应在社会保险费中列支，不得在其他项目中重复列支；其他应在工会经费和职工教育经费中列支的费用，也不得在相关费用项目中重复列支。

第二十条 固定资产折旧采用年限平均法，折旧年限根据固定资产的性质和使用情况合理确定。企业确定的固定资产折旧年限明显低于实际可使用年限的，成本监审时应当按照实际可使用年限调整折旧年限。固定资产残值率按 3%－5% 计算；个别固定资产残值较低或者较高的，按照实际情况合理确定残值率。

第二十一条 物业服务企业将专业性较强的服务内容外包给有关专业公司的，该项服务的成本按照外包合同所确定的金额核定。

第二十二条 物业服务企业只从事物业服务的，其所发生费用按其所管辖的物业项目的物业服务计费面积或者应收物业服务费加权分摊；物业服务企业兼营其他业务的，应先按实现收入的比重在其他业务和物业服务之间分摊，然后按上述方法在所管辖的各物业项目之间分摊。

第二十三条 本办法未具体规定审核标准的其他费用项目按照有关财务制度和政策规定审核，原则上据实核定，但应符合一定范围内社会公允的平均水平。

第二十四条 各省、自治区、直辖市价格主管部门可根据本办法，结合本地实际制定具体实施细则。

第二十五条 本办法由国家发展和改革委员会解释。

第二十六条 本办法自 2007 年 10 月 1 日起施行。

物业服务收费管理办法

2003 年 11 月 13 日　　　　　　发改价格〔2003〕1864 号

第一条 为规范物业服务收费行为，保障业主和物业管理企业的合法权益，根据《中华人民共和国价格法》和《物业管理条例》，制定本办法。

第二条 本办法所称物业服务收费，是指物业管理企业按照物业服务合同的约定，对房屋及配套的设施设备和相关场地进行维修、养护、管理，维护相关区域内的环境卫生和秩序，向业主所收取的费用。

第三条 国家提倡业主通过公开、公平、公正的市场竞争机制选择物业管理企业；鼓励物业管理企业开展正当的价格竞争，禁止价格欺诈，促进物业服务收费通过市场竞争形成。

第四条 国务院价格主管部门会同国务院建设行政主管部门负责全国物业服务收费

的监督管理工作。

县级以上地方人民政府价格主管部门会同同级房地产行政主管部门负责本行政区域内物业服务收费的监督管理工作。

第五条 物业服务收费应当遵循合理、公开以及费用与服务水平相适应的原则。

第六条 物业服务收费应当区分不同物业的性质和特点分别实行政府指导价和市场调节价。具体定价形式由省、自治区、直辖市人民政府价格主管部门会同房地产行政主管部门确定。

第七条 物业服务收费实行政府指导价的，有定价权限的人民政府价格主管部门应当会同房地产行政主管部门根据物业管理服务等级标准等因素，制定相应的基准价及其浮动幅度，并定期公布。具体收费标准由业主与物业管理企业根据规定的基准价和浮动幅度在物业服务合同中约定。

实行市场调节价的物业服务收费，由业主与物业管理企业在物业服务合同中约定。

第八条 物业管理企业应当按照政府价格主管部门的规定实行明码标价，在物业管理区域内的显著位置，将服务内容、服务标准以及收费项目、收费标准等有关情况进行公示。

第九条 业主与物业管理企业可以采取包干制或者酬金制等形式约定物业服务费用。

包干制是指由业主向物业管理企业支付固定物业服务费用，盈余或者亏损均由物业管理企业享有或者承担的物业服务计费方式。

酬金制是指在预收的物业服务资金中按约定比例或者约定数额提取酬金支付给物业管理企业，其余全部用于物业服务合同约定的支出，结余或者不足均由业主享有或者承担的物业服务计费方式。

第十条 建设单位与物业买受人签订的买卖合同，应当约定物业管理服务内容、服务标准、收费标准、计费方式及计费起始时间等内容，涉及物业买受人共同利益的约定应当一致。

第十一条 实行物业服务费用包干制的，

物业服务费用的构成包括物业服务成本、法定税费和物业管理企业的利润。

实行物业服务费用酬金制的，预收的物业服务资金包括物业服务支出和物业管理企业的酬金。

物业服务成本或者物业服务支出构成一般包括以下部分：

1. 管理服务人员的工资、社会保险和按规定提取的福利费等；

2. 物业共用部位、共用设施设备的日常运行、维护费用；

3. 物业管理区域清洁卫生费用；

4. 物业管理区域绿化养护费用；

5. 物业管理区域秩序维护费用；

6. 办公费用；

7. 物业管理企业固定资产折旧；

8. 物业共用部位、共用设施设备及公众责任保险费用；

9. 经业主同意的其他费用。

物业共用部位、共用设施设备的大修、中修和更新、改造费用，应当通过专项维修资金予以列支，不得计入物业服务支出或者物业服务成本。

第十二条 实行物业服务费用酬金制的，预收的物业服务支出属于代管性质，为所交纳的业主所有，物业管理企业不得将其用于物业服务合同约定以外的支出。

物业管理企业应当向业主大会或者全体业主公布物业服务资金年度预决算并每年不少于一次公布物业服务资金的收支情况。

业主或者业主大会对公布的物业服务资金年度预决算和物业服务资金的收支情况提出质询时，物业管理企业应当及时答复。

第十三条 物业服务收费采取酬金制方式，物业管理企业或者业主大会可以按照物业服务合同约定聘请专业机构对物业服务资金年度预决算和物业服务资金的收支情况进行审计。

第十四条 物业管理企业在物业服务中应当遵守国家的价格法律法规，严格履行物业服务合同，为业主提供质价相符的服务。

第十五条 业主应当按照物业服务合同的约定按时足额交纳物业服务费用或者物业服务资金。业主违反物业服务合同约定逾期不交纳服务费用或者物业服务资金的，业主委员会应当督促其限期交纳；逾期仍不交纳的，物业管理企业可以依法追缴。

业主与物业使用人约定由物业使用人交纳物业服务费用或者物业服务资金的，从其约定，业主负连带交纳责任。

物业发生产权转移时，业主或者物业使用人应当结清物业服务费用或者物业服务资金。

第十六条 纳入物业管理范围的已竣工但尚未出售，或者因开发建设单位原因未按时交给物业买受人的物业，物业服务费用或者物业服务资金由开发建设单位全额交纳。

第十七条 物业管理区域内，供水、供电、供气、供热、通讯、有线电视等单位应当向最终用户收取有关费用。物业管理企业接受委托代收上述费用的，可向委托单位收取手续费，不得向业主收取手续费等额外费用。

第十八条 利用物业共用部位、共用设施设备进行经营的，应当在征得相关业主、业主大会、物业管理企业的同意后，按照规定办理有关手续。业主所得收益应当主要用于补充专项维修资金，也可以按照业主大会的决定使用。

第十九条 物业管理企业已接受委托实施物业服务并相应收取服务费用的，其他部门和单位不得重复收取性质和内容相同的费用。

第二十条 物业管理企业根据业主的委托提供物业服务合同约定以外的服务，服务收费由双方约定。

第二十一条 政府价格主管部门会同房地产行政主管部门，应当加强对物业管理企业的服务内容、标准和收费项目、标准的监督。物业管理企业违反价格法律、法规和规定，由政府价格主管部门依据《中华人民共和国价格法》和《价格违法行为行政处罚规定》予以处罚。

第二十二条 各省、自治区、直辖市人民政府价格主管部门、房地产行政主管部门可以依据本办法制定具体实施办法，并报国家发展和改革委员会、建设部备案。

第二十三条 本办法由国家发展和改革委员会会同建设部负责解释。

第二十四条 本办法自2004年1月1日起执行，原国家计委、建设部印发的《城市住宅小区物业管理服务收费暂行办法》（计价费〔1996〕266号）同时废止。

江苏省物业管理条例

（2000年12月24日江苏省第九届人民代表大会常务委员会第二十次会议通过 根据2003年10月25日江苏省第十届人民代表大会常务委员会第六次会议《关于修改〈江苏省物业管理条例〉的决定》第一次修正 2012年11月29日江苏省第十一届人民代表大会常务委员会第三十一次会议修订 根据2018年3月28日江苏省第十三届人民代表大会常务委员会第二次会议《关于修改〈江苏省大气污染防治条例〉等十六件地方性法规的决定》第二次修正）

第一章 总 则

第一条 为了规范物业管理活动，维护物业管理各方的合法权益，营造良好的居住和工作环境，促进和谐社区建设，根据《中华人民共和国物权法》、国务院《物业管理条例》等法律、行政法规，结合本省实际，制定本条例。

第二条 本条例适用于本省行政区域内物业的使用、维护、服务及其监督管理活动。

本条例所称物业管理，是指业主通过选聘物业服务企业或者业主自行对物业管理区域内的建筑物、构筑物及配套的设施设备和相关场地进行维修、养护、管理，维护环境卫生和相关秩序的活动。

第三条 县级以上地方人民政府应当将物业服务纳入现代服务业发展规划、社区建设和社区管理体系，制定、落实扶持政策，减轻物业服务企业负担；建立和完善专业化、社会化、市场化的物业管理机制，鼓励采用新技术、新方法，提高物业管理和服务水平。

街道办事处（乡镇人民政府）具体负责本辖区内物业管理工作的指导、协助和监督，协调物业管理与社区管理、社区服务的关系，协调建设单位与前期物业服务企业、业主与物业服务企业的关系。社区居（村）民委员会应当予以协助和配合。

第四条 县级以上地方人民政府住房和城乡建设或者房产行政主管部门（以下简称物业管理行政主管部门）负责本行政区域内物业管理活动的监督管理工作。

县级以上地方人民政府其他有关部门，按照各自职责，负责物业管理活动的有关监督管理工作。

第五条 县级以上地方人民政府物业管理行政主管部门应当加强对街道办事处（乡镇人民政府）物业管理工作人员和业主委员会成员的培训，提高物业管理水平，所需经费列入同级人民政府财政预算。

对在物业服务中取得显著成绩或者获得省级以上物业管理荣誉称号的物业服务企业，县级以上地方人民政府物业管理行政主管部门应当给予表彰、奖励。

第六条 物业服务行业协会应当加强行业自律管理，规范从业行为，促进诚信经营，加强物业服务企业从业人员培训，提高物业服务水平，维护物业服务企业的合法权益。

第二章 物业管理区域

第七条 物业管理区域的划分以有利于实施物业管理为原则，综合考虑规划条件、建筑物规模、共用设施设备、业主人数、自然界限、社区布局、社区建设等因素确定。

规划行政主管部门在审查住宅建设工程设计方案时，应当听取物业所在地的县（市、区）物业管理行政主管部门对物业管理区域划分的意见。

建设单位应当根据物业建设用地规划许可证确定的红线图范围，结合物业的共用设施设备、社区建设等因素划定物业管理区域。物业的配套设施设备共用的，应当划定为一个物业管理区域；配套设施设备能够分割、独立使用的，可以划定为不同的物业管理区域。

第八条 新建物业出售前，建设单位应当将划定的物业管理区域向物业所在地的县（市、区）物业管理行政主管部门备案，并将经备案的物业管理区域在商品房买卖合同中明示。

已划定物业管理区域并实施物业管理但尚未向物业管理行政主管部门备案的，由物业服务企业向物业所在地的县（市、区）物业管理行政主管部门备案。

已投入使用但尚未划分物业管理区域的，由县（市、区）物业管理行政主管部门会同街道办事处（乡镇人民政府）征求相关业主意见后确定物业管理区域。

第九条 县（市、区）物业管理行政主管部门应当建立物业管理区域档案。

物业管理区域档案应当载明物业管理区域的地理位置、四至界限、建筑物总面积、专有部分数量、业主共有部分主要情况、建设单位以及其他需要载明的事项。

第三章 业主、业主大会与 业主委员会

第十条 房屋的所有权人为业主。

业主应当依照法律、法规和管理规约行使权利，自觉履行法定和约定的义务。

第十一条 一个物业管理区域成立一个业主大会。

业主大会由物业管理区域内全体业主组成。物业管理区域内业主人数较少且经全体业主一致同意，决定不成立业主大会的，由业主共同履行业主大会、业主委员会的职责。

第十二条 业主户数超过三百户的，可以成立业主代表大会，履行业主大会的职责。

第十三条 符合下列条件之一的，应当召开首次业主大会或者业主代表大会（以下统称业主大会）会议：

（一）物业管理区域内房屋出售并交付使用的建筑面积达到百分之五十以上的；

（二）物业管理区域内业主已入住户数的比例达到百分之五十以上的。

第十四条 物业管理区域内已交付的专有部分面积超过建筑物总面积百分之五十时，建设单位应当按照物业所在地的街道办事处（乡镇人民政府）的要求，报送下列筹备首次业主大会会议所需的文件资料：

（一）物业管理区域证明；

（二）房屋及建筑物面积清册；

（三）业主名册；

（四）建筑规划总平面图；

（五）交付使用共用设施设备的证明；

（六）物业服务用房配置证明；

（七）其他有关的文件资料。

第十五条 符合成立业主大会条件的，街道办事处（乡镇人民政府）应当在收到建设单位或者十人以上的业主公开联名提出筹备业主大会书面申请后六十日内，组织成立首次业主大会筹备组。

筹备召开首次业主大会会议所需费用由建设单位承担。

第十六条 首次业主大会筹备组由业主、建设单位、街道办事处（乡镇人民政府）、社区居（村）民委员会等派员组成。筹备组中的业主成员由街道办事处（乡镇人民政府）组织业主推荐产生。

筹备组人数应当为五至十一人的单数，其中业主成员应当不少于筹备组人数的百分之六十。筹备组组长由街道办事处（乡镇人民政府）指定人员担任。

筹备组应当自成立之日起七日内，将成员名单在物业管理区域内显著位置进行公示。业主对筹备组成员有异议的，由街道办事处（乡镇人民政府）协调解决。

第十七条 首次业主大会筹备组履行下列职责：

（一）确定首次业主大会会议召开的时间、地点和内容；

（二）拟订管理规约、业主大会议事规则、业主委员会工作规则草案；

（三）确认业主身份，确定业主在首次业主大会会议上的投票权数；

（四）提出首届业主委员会委员候选人条件、名单和选举办法；

（五）依法确定首次业主大会会议表决规则；

（六）召开首次业主大会会议的其他准备工作。

对前款规定的内容，筹备组应当在首次业主大会会议召开十五日前，在物业管理区域内显著位置公告，并书面通知全体业主。业主对业主身份和投票权数等提出异议的，筹备组应当予以复核并告知异议人复核结果。

筹备组应当自成立之日起九十日内组织召开首次业主大会会议。

第十八条 业主大会会议分为定期会议和临时会议。

业主大会定期会议应当按照业主大会议事规则的规定召开。经专有部分占建筑物总面积百分之二十以上且占总人数百分之二十以上的业主提议，业主委员会应当组织召开业主大会临时会议。

第十九条 召开业主大会会议，应当于会议召开十五日前通知全体业主。召开住宅小区的业主大会会议，应当同时告知社区居

（村）民委员会。业主委员会应当做好业主大会会议记录，并妥善保存。

第二十条 业主可以委托他人参加业主大会会议。业主委托家庭成员以外的人参加业主大会会议的，应当出具书面委托书，载明委托事项、委托权限及期限。

第二十一条 业主委员会由业主大会会议选举产生。业主委员会委员应当由热心公益事业、责任心强、具有一定组织能力的业主担任。业主有损坏房屋承重结构、违法搭建、破坏房屋外貌、擅自改变物业使用性质、无故欠交物业服务费或者专项维修资金、违法出租房屋等违反法律、法规和管理规约的情形且未改正的，不得担任业主委员会委员；担任业主委员会委员后出现上述情形的，应当按照业主大会确定的规则予以罢免。

业主委员会由五至十一人的单数委员组成，每届任期三至五年，委员可以连选连任，具体人数、任期由业主大会议事规则确定。业主委员会主任、副主任在业主委员会委员中推选产生。

业主委员会是否实行差额选举以及实行差额选举的差额比例由业主大会议事规则确定。

业主委员会实行差额选举的，未当选业主委员会委员且得票数达到法定票数的候选人，可以按照得票顺序当选业主委员会候补委员，并在业主委员会委员出缺时依次递补。候补委员人数由业主大会议事规则确定，但最多不得超过业主委员会委员总数的百分之五十。候补委员可以列席业主委员会会议，不具有表决权。

第二十二条 业主委员会应当自选举产生之日起三十日内，持下列材料向物业所在地的县（市、区）物业管理行政主管部门和街道办事处（乡镇人民政府）备案：

（一）业主委员会备案申请书；

（二）业主委员会委员名单；

（三）业主大会议事规则和管理规约；

（四）业主大会会议记录；

（五）其他应当提供的材料。

第二十三条 依法成立的业主委员会，以其选举产生之日为成立日期。

业主大会议事规则和管理规约自业主大会审议通过之日起生效。

第二十四条 业主大会、业主委员会应当依法履行职责，不得作出与物业管理无关的决定，不得从事与物业管理无关的活动。

业主大会、业主委员会作出的决定违反法律、法规的，县（市、区）物业管理行政主管部门应当责令其限期改正或者撤销其决定，并通告全体业主。

业主委员会不能正常开展工作的，物业所在地的街道办事处（乡镇人民政府）应当组织召开业主大会临时会议对业主委员会进行调整。

第二十五条 业主大会和业主委员会日常工作经费由全体业主承担，可以从物业共有部分、共用设施设备经营收益中列支，也可以由全体业主分摊。

经费的筹集、管理和使用以及业主委员会委员的工作补贴由业主大会议事规则具体规定。业主委员会应当每半年在物业管理区域内显著位置公告经费收支情况，接受业主的监督。

第二十六条 业主大会、业主委员会应当积极配合有关主管部门，与社区居（村）民委员会相互协作，共同做好物业管理区域内与物业管理有关的社会管理工作。

在物业管理区域内，业主大会、业主委员会应当积极配合社区居（村）民委员会依法履行自治管理职责，支持社区居（村）民委员会开展工作，并接受其指导和监督。社区居（村）民委员会应当支持业主大会、业主委员会开展工作。

住宅小区的业主大会、业主委员会作出的决定，应当书面告知社区居（村）民委员会。

第二十七条 不具备成立业主大会条件，或者具备成立条件但未成立业主大会的住宅小区，经物业所在地的县（市、区）物业管理行政主管部门或者街道办事处（乡镇人民政府）指导后仍不能成立的，可以由街道办事处（乡镇人民政府）、社区居（村）民委员会、社区服务机构、建设单位、业主代表等组成所在物业管理区域内的物业管理委员会，代行业主大会和业主委员会职责。

物业管理委员会的人员组成，应当在所在物业管理区域内显著位置公示。

第二十八条　同一物业管理区域内有两幢以上房屋的，可以以幢、单元为单位成立业主小组。业主小组由该幢、单元的全体业主组成。

业主小组应当履行下列职责：

（一）推选业主代表出席业主大会会议；

（二）决定本幢、单元范围内住宅共用部分、共用设施设备的维修、养护、更新和改造；

（三）决定本小组范围内的其他事项。

业主小组议事由该业主小组产生的业主代表主持。业主小组履行职责时不得违反业主大会或者业主大会授权的业主委员会作出的决定。业主小组履行职责的程序，参照本物业管理区域业主大会议事规则执行。

第二十九条　街道办事处（乡镇人民政府）应当建立物业管理矛盾投诉调解、协调物业应急维修服务等社区服务机构，完善社区公共服务体系，为业主提供基本服务。

第三十条　街道办事处（乡镇人民政府）应当建立由社区居（村）民委员会、公安派出所、业主委员会、物业服务企业等参加的联席会议制度，协调处理物业管理重大事宜。

第四章　前期物业管理

第三十一条　新建住宅物业实行前期物业管理。

在业主、业主大会选聘物业服务企业之前，前期物业管理由建设单位负责。建设单位应当与选聘的物业服务企业签订书面的前期物业服务合同。

前期物业服务合同可以约定期限；期限未满，业主委员会与物业服务企业签订的物业服务合同生效的，前期物业服务合同终止。

第三十二条　住宅物业的建设单位，应当通过招投标的方式选聘物业服务企业。

投标人少于三个或者住宅规模建筑面积小于三万平方米的，经物业所在地的县（市、区）物业管理行政主管部门批准，可以采用协议方式选聘物业服务企业。

建设单位应当提供前期物业管理开办费，用于购买物业办公设备等固定资产。所购资产归全体业主所有，由物业服务企业使用。

第三十三条　建设单位与物业买受人签订的买卖合同应当包含前期物业服务合同约定的内容，或者同时签订前期物业服务委托协议，对前期物业服务的内容予以约定。

第三十四条　前期物业服务费用由物业买受人按照房屋买卖合同约定的标准承担，房屋买卖合同未约定的，由建设单位承担。

已竣工但尚未售出或者尚未交付物业买受人的物业，物业服务费用由建设单位全额承担。

第三十五条　新建住宅物业管理区域内，建设单位应当按照不低于地上地下总建筑面积千分之四的比例配置物业服务用房，低于一百平方米的按照一百平方米配置，并无偿移交。其中，用于业主委员会议事活动用房的，应当按照配置物业服务用房的比例合理确定，一般按照建筑面积二十至四十平方米配置。

集中建设的保障性住房还应当按照不低于总建筑面积千分之三增加配置物业服务经营性用房，收益用于弥补物业服务费不足。

配置物业服务用房、业主委员会议事活动用房、物业服务经营性用房的具体标准，由设区的市人民政府制定。

第三十六条　物业服务用房应当是地面以上的房屋，由建设单位装修，具备独立、正常使用功能，相对集中安排在住宅小区中心区域或者住宅小区出入口附近。物业服务用房设置在住宅楼内的，应当具有独立的通道。

物业服务用房不计入分摊公用建筑面积，其所有权属于全体业主。建设单位在申请办理房屋所有权初始登记时，应当注明物业服务用房并申请登记。

物业服务用房不得买卖和抵押。

第三十七条 新建住宅物业管理区域内的供水、供电、供气、供热等终端用户的分户计量表或者终端用户入户端口以外的专业经营设施设备，应当符合国家技术标准和专业技术规范。

建设单位在组织竣工验收时，应当通知供水、供电、供气、供热等专业经营单位参加；在竣工验收合格后，应当将住宅物业管理区域内专业经营设施设备移交给专业经营单位负责管理。专业经营单位应当接收并承担维修、养护和更新的责任，有关费用由专业经营单位承担，但二次供水设施的费用承担，按照《江苏省城乡供水管理条例》有关规定执行。

本条例实施前建设的住宅小区内的专业经营设施设备，业主大会决定移交给专业经营单位管理的，专业经营单位应当接收。具体实施办法由设区的市人民政府制定。

专业经营设施设备包括变（配）电、二次供水、燃气调压、供热等设施设备及相关管线。

第三十八条 前期物业服务企业应当向业主提供物业服务手册，并可以接受建设单位的委托，协助建设单位办理住宅物业交付的有关具体事宜。

第三十九条 建设单位应当按照国家有关规定和房屋买卖合同的约定，交付权属明确、资料完整、质量合格、功能完备、配套齐全的物业。

新建住宅小区应当具备以下条件：

（一）建设工程竣工验收合格，取得规划、公安、消防、环境保护、民防等主管部门出具的认可或者准许使用文件，并经建设行政主管部门备案；

（二）供水、排水、供电、供气、供热、通信、公共照明、有线电视等市政公用设施设备按照规划设计要求建成，供水、供电、供气、供热已安装独立的经检定合格的计量表具；

（三）教育、邮政、医疗卫生、文化、体育、环境卫生、社区服务以及人民防空等公共服务设施已按照规划设计要求建成；

（四）道路、绿地和物业服务用房等公共配套设施按照规划设计要求建成，并满足使用功能要求；

（五）电梯、二次供水、高压供电、消防设施、压力容器、监控安防等共用设施设备依法取得使用合格证书；

（六）物业使用、维护和管理的相关资料完整齐全；

（七）法律、法规规定的其他条件。

第四十条 物业服务企业承接物业时，应当对物业共用部分、共用设施设备进行查验。物业承接查验应当遵循诚实信用、客观公正、权责分明以及保护业主共同财产的原则。

现场查验物业二十日前，建设单位应当向物业服务企业移交下列资料：

（一）竣工总平面图，单体建筑、结构、设备竣工图，配套设施、地下管网工程竣工图等竣工验收资料；

（二）设施设备的安装、使用和维护、保养等技术资料；

（三）物业质量保修文件和物业使用说明文件；

（四）物业管理所必需的其他资料。

未能全部移交前款所列资料的，建设单位应当列出未移交资料的详细清单并书面承诺补交的具体时限。

第四十一条 物业服务企业应当自物业交接后三十日内，持下列文件向物业所在地的县（市、区）物业管理行政主管部门办理备案手续：

（一）前期物业服务合同；

（二）临时管理规约；

（三）物业承接查验协议；

（四）建设单位移交资料清单；

（五）查验记录；

（六）交接记录；

（七）其他与承接查验有关的文件。

物业服务企业应当在备案后将物业承接查验情况，在物业管理区域内显著位置公告。

第四十二条 物业服务企业应当将承接查验有关的文件、资料和记录建立档案，并妥善保管。

物业承接查验档案属于全体业主所有。前期物业服务合同终止，业主大会选聘新的物业服务企业的，被解聘的物业服务企业应当在前期物业服务合同终止之日起十日内，在业主委员会的监督确认下，向被选聘的物业服务企业移交物业承接查验档案，或者向业主委员会移交。

第五章 物业服务

第四十三条 从事物业服务的企业应当具有独立的法人资格。

第四十四条 业主委员会应当与业主大会选聘的物业服务企业签订物业服务合同。

物业服务企业应当自物业服务合同签订之日起三十日内，将物业服务合同报物业所在地的县（市、区）物业管理行政主管部门、街道办事处（乡镇人民政府）备案。

第四十五条 物业服务企业可以将物业管理区域内的专项服务业务委托给专业性服务企业，但不得将该区域内的全部物业服务委托给他人。

电梯、消防、监控安防等涉及人身、财产安全以及其他有特定要求的设施设备，物业服务企业应当委托专业机构进行维修和养护。

第四十六条 物业服务企业应当按照物业服务合同指派项目负责人。更换项目负责人的，应当及时告知业主并在物业管理区域内显著位置进行公示。

业主委员会经征求业主意见，可以要求物业服务企业更换项目负责人；要求更换项目负责人的，物业服务企业应当及时更换，并在物业管理区域内显著位置进行公示。

第四十七条 物业服务企业应当按照物业服务合同中关于安全防范的约定，落实安全防范措施，做好物业管理区域内的安全防范工作。物业服务企业未履行物业服务合同义务或者履行合同义务不符合约定，导致业主人身、财产受到损害的，应当依法承担相应的法律责任。

物业管理区域内发生安全事故等突发事件时，物业服务企业应当采取应急措施，及时向有关主管部门报告，并协助做好救助工作。

业主、物业使用人对人身、财产安全有特殊保护要求的，由业主、物业使用人与物业服务企业另行约定。

第四十八条 业主应当根据物业服务合同的约定交纳物业服务费用。业主与物业使用人约定由物业使用人交纳物业服务费用的，从其约定，业主负连带交纳责任。

物业所有权发生转移时，业主应当与物业服务企业结清物业服务费用。

第四十九条 物业服务收费应当区分不同物业的性质和特点，遵循合理、公开、服务质量和价格相符的原则确定，实行政府指导价和市场调节价。普通住宅的前期物业服务收费实行政府指导价，业主大会成立后，物业服务收费是否实行政府指导价由业主大会决定；非普通住宅和非住宅、满足部分业主需要或者接受业主委托开展的特约服务等其他物业服务收费，实行市场调节价。具体物业服务收费标准，由当事人在物业服务合同中约定。

实行政府指导价的，价格行政主管部门应当会同物业管理行政主管部门，综合考虑物业服务平均成本、最低工资标准调整幅度以及消费物价指数变动情况，制定物业服务等级标准以及相应的基准价与浮动幅度，并向社会公布。价格行政主管部门应当每三年内对物业服务等级标准以及相应的基准价与浮动幅度进行评估，并根据评估结果适时调整。

物业服务企业为业主或者物业使用人提供物业服务合同约定以外的专项服务的，其收费标准可以由双方另行约定。

第五十条 物业服务收费可以采取包干制或者酬金制等方式，具体收费方式由物业服务合同约定。实行酬金制收费方式的，物业服务企业应当按照规定对物业服务各项资金的收支建立台账，并接受业主委员会的核查。

第五十一条 物业服务收费应当明码标价，物业服务企业应当在物业管理区域内显著位置，将服务内容、服务标准、收费项目、收费标准等有关情况如实公示。

物业服务企业应当按照物业服务合同的约定定期将物业服务费用和经营设施收益收支情况、公共水电费分摊情况如实公示。

物业服务企业可以根据物业服务合同预收物业服务费用，但是预收物业服务费用的期限最长不得超过一年。

第五十二条 物业服务企业应当定期公布共用场地、共用设施设备产生的供水、供电、供气、供热的用量、单价、金额，并按照实际费用和物业服务合同约定的方式由全体业主分摊。没有约定或者约定不明确的，按照业主专有部分占建筑物总面积的比例分摊。

业主或者业主委员会对公布的共用场地、共用设施设备产生的供水、供电、供气、供热费用的分摊情况提出异议的，物业服务企业应当答复。

第五十三条 物业管理区域内，供水、供电、供气、供热等专业经营单位应当按照最终用户使用的计量器具显示的量值向最终用户收取费用，不得转嫁户外管线或者其他设施的能源损耗和损失。最终用户是指接受供水、供电、供气、供热等服务的最终分户业主或者实际使用人。

物业服务企业接受专业经营单位委托代收费用的，不得向业主收取手续费等额外费用，但可以根据约定向专业经营单位收取报酬。

第五十四条 物业服务企业享受国家和省有关现代服务业规定的税收优惠政策。物业服务企业代收代征的各类费用，不计征营业税和企业所得税。

住宅小区内共用设施设备维护管理、保洁、绿化等物业服务过程中的用水、用电、用气价格按照当地居民使用价格的标准执行，但洗车、餐饮等经营性用水、用电、用气除外。

第五十五条 物业服务合同期限届满三个月前，业主委员会应当组织召开业主大会会议，决定选聘或者续聘物业服务企业，将决定书面告知物业服务企业、物业所在地的县（市、区）物业管理行政主管部门和街道办事处（乡镇人民政府），并在物业管理区域显著位置公告。

物业服务企业决定不再续签物业服务合同的，应当在物业服务合同期限届满三个月前书面告知业主委员会、物业所在地的县（市、区）物业管理行政主管部门和街道办事处（乡镇人民政府），并在物业管理区域内显著位置公告。

业主大会决定续聘的，业主委员会应当在物业服务合同期限届满一个月前与物业服务企业续签物业服务合同。

第五十六条 业主大会决定解聘物业服务企业的，被解聘的物业服务企业应当按照规定办理移交手续。被解聘的物业服务企业在办理交接至撤出物业管理区域前的期间内，应当维持正常的物业管理秩序，但物业服务合同另有约定的除外。

业主大会决定选聘新的物业服务企业的，被解聘的物业服务企业应当在物业服务合同终止之日起十五日内，退出物业管理区域，并向业主委员会或者在业主委员会的监督确认下与被选聘的物业服务企业履行下列交接义务：

（一）移交占用的物业共用部分、由前期物业管理开办费购买的物业办公设备等固定资产；

（二）移交本条例第四十条第二款规定的相关资料；

（三）移交物业服务期间形成的物业和设施设备使用、维护、保养、定期检验等技术资料，运行、维护、保养记录；

（四）结清预收、代收和预付、代付的有关费用；

（五）法律、法规规定和物业服务合同约定的其他事项。

物业服务合同期限届满，业主大会未作出选聘或者续聘决定，物业服务企业按照原合同约定继续提供服务的，原合同权利义务对双方具有约束力。在原合同权利义务延续期间，任何一方当事人提出终止合同的，应当提前三个月书面告知另一方当事人和物业所在地的县（市、区）物业管理行政主管部门、街道办事处（乡镇人民政府），并在物业管理区域内显著位置公告。

第五十七条 物业所在地的县（市、区）物业管理行政主管部门、街道办事处（乡镇人民政府）应当加强对物业服务企业交接工作的监管。

被解聘的物业服务企业拒不撤出物业管理区域的，物业所在地的县（市、区）物业管理行政主管部门应当责令其限期撤出，业主委员会可以依法提起诉讼或者申请仲裁。

第五十八条 物业管理行政主管部门应当根据物业服务企业基本状况、履行物业服务合同、投诉处理和日常检查等情况，建立物业服务企业及其项目负责人信用档案，并向社会公开。

第五十九条 单体物业或者规模较小的物业，经业主或者业主大会决定，在物业所在地的街道办事处（乡镇人民政府）的监督指导下，业主可以对物业实施自行管理。

业主自行管理的，应当对下列事项作出决定：

（一）自行管理的执行机构、管理人；

（二）自行管理的内容、标准、费用和期限；

（三）聘请专业机构的方案；

（四）其他有关自行管理的内容。

电梯、消防、监控安防等涉及人身、财产安全以及其他有特定要求的设施设备，应当委托专业机构进行维修和养护。

第六章　物业的使用和维护

第六十条 业主、物业使用人对物业的使用与维护，应当遵守法律、法规、管理规约的规定及业主大会的决定，不得损害公共利益和他人合法权益。

第六十一条 物业管理区域内按照规划建设的公共建筑和共用设施，不得擅自改变用途。

平时开发利用人民防空工程设施，不得影响其战时防空效能和应急避难功能。

第六十二条 物业管理区域内规划用于停放汽车的车位、车库，建设单位应当首先满足本区域内业主的停车需要，其归属由当事人通过出售、附赠或者出租等方式约定。

建设单位办理商品房房屋预销售登记后出售或者附赠的车位、车库，应当明示并在物业管理区域内显著位置公示拟出售车位、车库的产权证明文件和出售价格。拟出售车位、车库数量少于本区域要求购买车位、车库业主的房屋套数时，应当通过抽签等公平方式确定，每户业主只能购买一个车位或者车库。

建设单位未出售或者未附赠的车位、车库，应当优先出租给本区域内业主，租金按照价格行政主管部门核定的标准执行；业主要求承租车位、车库的，建设单位不得只售不租。拟出租车位、车库数量少于本区域要求承租车位、车库业主的房屋套数时，应当通过抽签等公平方式确定给未购买或者未受赠车位、车库的业主，每户业主只能承租一个车位或者车库。

在首先满足本物业管理区域内业主的购买和承租需要后还有多余车位、车库的，可以出租给本物业管理区域外的使用人，但租赁期限不得超过六个月。

第六十三条 占用业主共有的道路或者其他场地用于停放汽车的车位、车库，由业主大会或者业主大会授权的业主委员会决定使用。

物业管理区域内划定车位、停放车辆，不得占用、堵塞、封闭疏散通道、安全出口、消防车通道，不得影响其他车辆和行人的正常通行。

第六十四条 在物业管理区域内公共、共用车库、道路、场地停放汽车的，应当根据业主大会或者业主大会授权的业主委员会决定交纳汽车停放费。

物业服务企业可以根据物业服务合同收取汽车停放费。汽车停放费的具体标准，由价格行政主管部门会同物业管理行政主管部门制定并公布。

物业服务企业应当将汽车停放费单独列账，独立核算。业主委员会应当对汽车停放费的收支情况进行监督，并向业主大会报告。

业主对汽车停放有保管要求的，应当与物业服务企业另行签订保管服务合同。

第六十五条 业主大会成立前，需要占用业主共有的道路或者其他场地停放汽车的，应当在前期物业服务合同中约定。物业服务企业应当将汽车停放费单独列账，所得收益的百分之七十纳入住宅专项维修资金，其余部分可以用于补贴物业服务费。

业主大会成立后，需要占用业主共有的道路或者其他场地用于停放汽车，以及利用业主共有部分、共用设施从事广告等经营性活动的，物业服务企业应当提请业主大会或者业主大会授权的业主委员会决定后，依法办理有关手续并公示。利用业主共有部分、共用设施从事广告等经营性活动的，还应当经有利害关系的业主同意。收益按照业主大会或者业主大会授权的业主委员会决定、物

业服务合同约定使用；没有决定或者约定的，按照前款规定使用。

第六十六条 物业管理区域内依法配建的人民防空工程，应当按照设计文件在实地标注。

物业管理区域内依法配建的人民防空工程平时用作停车位的，应当向全体业主开放，出租的租赁期限不得超过三年，不得将停车位出售、附赠。

人民防空工程平时用作停车位收取的汽车停放费、租金，应当依照有关规定，用于该人民防空工程设施的维护管理和停车管理的必要支出，有剩余费用的按照本条例第六十五条第一款规定使用。管理办法和具体收费标准由省价格行政主管部门会同物业管理、民防等行政主管部门制定并公布。

第六十七条 物业管理区域内禁止下列行为：

（一）擅自改变物业的规划用途；

（二）损坏或者擅自变动房屋承重结构、主体结构；

（三）违法搭建建筑物、构筑物；

（四）损坏或者擅自占用、改建物业共用部分，损坏或者擅自占用、移装共用设施设备；

（五）存放易燃、易爆、剧毒、放射性物质或者超负重等违反安全规定的物品；

（六）制造超过规定标准的噪音、振动或者影响邻居采光、通风；

（七）任意弃置垃圾、排放污水、抛掷杂物和露天焚烧；

（八）侵占绿地、毁坏绿化和绿化设施；

（九）擅自摆摊设点、占道经营，无序停放车辆；

（十）破坏或者擅自改变房屋外观；

（十一）擅自在建筑物、构筑物上悬挂、张贴、涂写、刻画；

（十二）法律、法规和管理规约禁止的其他行为。

有前款所列行为之一的，物业服务企业、

业主委员会应当及时劝阻、制止；劝阻、制止无效的，应当及时报告有关主管部门，有关主管部门应当及时依法处理；业主、物业使用人对侵害自己合法权益的行为，可以依法向人民法院提起诉讼；业主委员会对侵害业主共同利益的行为，可以依法向人民法院提起诉讼。

第六十八条　城市管理、公安、工商、环保、卫生、规划等行政管理部门，应当加强物业管理区域内公共秩序、治安消防、环境卫生、房屋使用等方面的监督管理，建立违法行为投诉登记制度，并在物业管理区域内显著位置公布联系人姓名和联系方式，依法处理物业管理区域内的违法行为。

第六十九条　住宅物业需要使用共有部分增设电梯等进行二次开发、改造的，应当经本幢或本单元房屋专有部分占建筑物总面积三分之二以上且占总人数三分之二以上的业主同意，符合规划、土地、建设、环境保护、消防管理等法律、法规和技术标准，并且依法办理相关批准手续。

第七十条　业主或者物业使用人对住宅装饰装修的，应当事先告知物业服务企业。物业服务企业应当将住宅装饰装修的禁止行为和注意事项告知业主或者物业使用人。

业主或者物业使用人在住宅装饰装修工程开工前，应当持有关资料向物业服务企业办理登记手续，签订住宅装饰装修服务协议。变动建筑主体或者承重结构的，需要提交原设计单位或者具有相应资质等级的设计单位提出的设计方案和城市房屋安全鉴定机构出具的审定意见，并按照规定办理批准手续。

业主或者物业使用人拒不办理登记、批准手续的，物业服务企业可以按照临时管理规约或者管理规约，禁止装饰装修施工人员进入物业管理区域。

物业服务企业对住宅装饰装修活动进行巡查时，业主或者物业使用人、装饰装修施工人员不得拒绝和阻碍。

第七十一条　在国家规定的保修期限内，物业由建设单位负责保修。保修期届满后，物业全体共有部分的维修责任由全体业主承担，物业部分共有部分的维修责任由部分共有的业主承担，物业专有部分的维修责任由该业主承担。

第七十二条　建设单位应当按照国家规定的保修期限和保修范围，承担物业的保修责任。建设单位委托物业服务企业保修的，应当与物业服务企业另行签订委托协议。

第七十三条　物业存在安全隐患、严重影响市容或者妨碍他人正常使用的，业主、物业使用人或者物业服务企业应当及时维修、养护或者采取防范措施。

物业共用部分、共用设施设备维修、更新和改造时，相关业主、物业使用人应当予以配合。因相关业主、物业使用人阻挠维修、更新和改造，造成其他业主、物业使用人财产损失的，责任人应当予以赔偿。

第七十四条　住宅物业和住宅小区内的非住宅物业的业主，应当在办理房屋入住手续或者房屋所有权登记时，将首期住宅专项维修资金存入住宅专项维修资金专户。在国家规定的保修期届满后未出售的物业，由建设单位先行交存住宅专项维修资金。

住宅专项维修资金属于业主所有，专项用于国家规定的保修期届满后物业共用部分、共用设施设备的维修、更新和改造，不得挪作他用。

第七十五条　住宅物业交付使用后，电梯、消防等设施设备的日常维护费用由业主承担；其更新和改造按照相关法律、法规执行，所需资金由业主承担，政府可以给予补贴。

本条例施行后受让土地的住宅物业配置电梯的，建设单位应当在交付使用前按照建筑安装总费用百分之一的比例交存资金，专项用于电梯、消防等设施设备的更新和改造。该资金归业主所有，纳入物业管理区域住宅专项维修资金管理。

第七十六条　发生下列危及房屋安全情

形之一，需要立即对住宅物业共用部分、共用设施设备进行应急维修、更新和改造，相关的业主不能形成法定多数意见的，物业服务企业、业主委员会或者相关业主可以提出应急处置方案，经住宅专项维修资金代管部门复核后进行应急处置：

（一）屋面防水损坏造成渗漏的；

（二）电梯故障危及人身安全的；

（三）公共护（围）栏破损严重，危及人身安全的；

（四）楼体单侧外立面有脱落危险的；

（五）专用排水设施因坍塌、堵塞、爆裂等造成功能障碍，危及人身、财产安全的；

（六）危及房屋安全的其他情形。

应急维修费用应当经过审计并向业主公示后，从相关业主的住宅专项维修资金分户账中按照专有面积分摊列支；其中涉及已售公有住房的，从公有住房住宅专项维修资金中列支。

第七十七条 住宅专项维修资金余额不足首期筹集金额百分之三十的，业主应当按照国家和省相关规定以及业主大会的决定，续筹住宅专项维修资金。

业主申请房地产转移登记时，应当向房地产登记机构提供已足额交存住宅专项维修资金的相关凭证。

第七十八条 业主委员会可以向住宅专项维修资金代管部门提出申请，将不低于住宅专项维修资金百分之八十的款项转存为一年以上的定期存款，住宅专项维修资金代管部门应当自收到申请之日起五个工作日内予以办理。利息计入相关业主的住宅专项维修资金分户账。

住宅专项维修资金代管部门应当将住宅专项维修资金保值增值情况向业主公开，业主有权查询本人的住宅专项维修资金结存情况。

住宅专项维修资金代管部门应当根据维修资金的使用计划和本条第一款、第二款的规定，履行维修资金保值增值的责任。具体

办法由省物业管理行政主管部门、省财政行政主管部门自本条例施行之日起一年内制定。

第七十九条 对配套设施不齐全、环境较差的旧住宅小区，设区的市、县（市、区）人民政府应当采取措施进行改造整治，并将改造整治规划和年度计划向社会公布。旧住宅小区的范围，由设区的市、县（市、区）人民政府确定。

旧住宅小区内的道路、照明、绿地及文化体育、安全防范、物业服务用房等配套建筑及设施设备的改造建设资金，由政府负责；业主专有部分的设施设备改造支出，由业主承担。

第八十条 旧住宅小区改造整治中，经有利害关系的业主同意，并经法定程序批准可以建设物业服务用房和一定比例的物业服务经营性用房。物业服务经营性用房的经营收益作为旧住宅小区维护管理费用的补充资金，由业主大会监督使用。

第七章 法律责任

第八十一条 违反本条例第三十七条规定，专业经营单位拒不承担维修、养护或者更新责任的，由县（市、区）物业管理行政主管部门责令限期改正，造成业主损失的，应当依法承担赔偿责任。

第八十二条 违反本条例第四十条第一款规定，物业服务企业承接物业未进行查验的，由县（市、区）物业管理行政主管部门责令限期改正，并记入物业服务企业信用档案。

第八十三条 违反本条例第四十一条第二款规定，物业服务企业未将物业承接查验情况在物业管理区域内显著位置公告的，由县（市、区）物业管理行政主管部门责令限期改正；逾期不改正的，处一万元以上十万元以下罚款。

第八十四条 违反本条例第四十八条第一款规定，业主、物业使用人未按照物业服务合同的约定交纳物业服务费用的，业主委员会、物业服务企业可以通过上门催交、在

物业管理区域内显著位置公示等形式，督促其限期交纳；逾期不交纳的，物业服务企业可以向人民法院起诉。

第八十五条 违反本条例第五十一条第一款、第二款规定，物业服务企业未在物业管理区域内显著位置公示服务内容、服务标准、收费项目、收费标准、物业服务费用和经营设施收益收支情况、公共水电费分摊情况或者公示失实信息的，由县（市、区）价格行政主管部门责令限期改正；逾期不改正的，处一万元以上五万元以下罚款。

第八十六条 违反本条例第五十三条第二款规定，物业服务企业在接受委托代收有关费用时向业主收取手续费等额外费用的，由县（市、区）价格行政主管部门责令限期改正，并退还已收取的费用。

第八十七条 有下列行为之一的，由县（市、区）物业管理行政主管部门责令限期改正；逾期不改正的，处五万元以上二十万元以下罚款：

（一）违反本条例第五十六条第一款规定，被解聘的物业服务企业未按照规定办理移交手续，或者除物业服务合同另有约定外，被解聘的物业服务企业在办理交接至撤出物业管理区域前的期间内不维持正常的物业管理秩序的；

（二）违反本条例第五十七条第二款规定，被解聘的物业服务企业拒不撤出物业管理区域的。

第八十八条 违反本条例第六十二条第三款、第四款规定，建设单位将未出售或者未附赠的车位、车库不优先出租给本区域内业主，或者将多余车位、车库出租给本物业管理区域外使用人的租赁期限超过六个月的，由县（市、区）物业管理行政主管部门责令限期改正，没收违法所得；逾期不改正的，处五万元以上十万元以下罚款。

违反本条例第六十二条第三款规定，建设单位对业主要求承租的车位、车库只售不租的，由县（市、区）物业管理行政主管部

门责令限期改正；逾期不改正的，处十万元以上五十万元以下罚款。

第八十九条 违反本条例第六十六条第二款规定，将平时用作停车位的人民防空工程不向全体业主开放、出租停车位的租赁期限超过三年或者将停车位出售、附赠的，由县级以上民防行政主管部门责令限期改正，没收违法所得；逾期不改正的，处五万元以上二十万元以下罚款。

第九十条 违反本条例第六十七条第一款规定，给他人造成损害的，依法承担民事责任；违反行政管理规定的，由县级以上地方人民政府规划、建设、房管、城管、公安、环保等有关行政主管部门按照各自职责依法查处。

第九十一条 县级以上地方人民政府物业管理行政主管部门、街道办事处（乡镇人民政府）以及其他有关主管部门的工作人员滥用职权、玩忽职守、徇私舞弊，尚未构成犯罪的，依法给予行政处分；构成犯罪的，依法追究刑事责任。

第八章 附 则

第九十二条 本条例所称住宅共用部分，是指根据法律、法规和房屋买卖合同，由单幢住宅内业主或者单幢住宅内业主及与之结构相连的非住宅业主共有的部分，一般包括住宅的基础、承重墙体、柱、梁、楼板、屋顶以及户外的墙面、门厅、楼梯间、走廊通道等。

本条例所称共用设施设备，是指根据法律、法规和房屋买卖合同，由住宅业主或者住宅业主和有关非住宅业主共有的附属设施设备，一般包括电梯、天线、照明、消防设施、监控安防设施、绿地、道路、路灯、沟渠、池、井、非经营性车场车库、公益性文体设施和共用设施设备使用的房屋等。

本条例规定的面积和人数，按照下列方式计算：

（一）专有部分面积按照不动产登记簿记载的面积计算；尚未进行登记的，暂时按照

测绘机构的实测面积计算；尚未进行实测的，暂时按照房屋买卖合同记载的面积计算；建筑物总面积，按照前项的统计总和计算；

（二）业主人数按照专有部分的数量计算，一个专有部分按照一人计算。但建设单位尚未出售和虽已出售但尚未交付的部分，以及同一买受人拥有一个以上专有部分的，按照一人计算；总人数，按照前项的统计总和计算。

第九十三条 本条例自 2013 年 5 月 1 日起施行。

江苏省高级人民法院
关于审理物业服务合同纠纷案件若干问题的意见

2009 年 9 月 29 日　　　　　　　苏高法审委〔2009〕36 号

为正确审理物业服务合同纠纷案件，保障当事人合法权益，根据《中华人民共和国合同法》《中华人民共和国物权法》《物业管理条例》《最高人民法院关于审理物业服务纠纷案件具体应用法律若干问题的解释》等法律、法规和司法解释的规定，参照《江苏省物业管理条例》的规定，结合我省实际，制定本意见。

第一条 因物业服务人提供物业服务，业主支付服务费用而产生的物业服务合同纠纷案件适用本意见的规定。

本意见中的物业服务人包括提供物业服务的企业以及其他组织或者个人。

本意见中的业主，按照《最高人民法院关于审理建筑物区分所有权纠纷案件具体应用法律若干问题的解释》第一条的规定确定。

业主与业主之间、业主与房地产开发企业之间的民事纠纷，不适用本意见。

第二条 物业出售以后至业主委员会或者业主与物业服务人正式签订物业服务合同前所发生的物业服务纠纷，业主与物业服务人有约定的，依照其约定处理；没有约定或者约定不明的，按照法律和行政法规的规定处理；法律、行政法规没有规定的，可以参照以下情况处理：

（一）商品房买卖合同及其附件中的有关约定；

（二）地方性法规、部门规章的相关规定；

（三）当地建设、房产行政主管部门的相关规定；

（四）当地物业服务行业的惯例，但该惯例明显不合理的除外。

已经竣工但尚未出售或者虽然出售但尚未交付物业买受人的物业，物业服务人要求建设单位交纳物业服务费用的，人民法院应予支持。但当事人另有约定的除外。

第三条 业主将其物业转让后，物业服务合同自受让人占有、使用该物业时始，对受让人和物业服务人具有约束力。

第四条 物业服务合同期限届满后，物业服务人继续提供物业服务，专有部分建筑面积占建筑区划内总建筑面积过半数且人数占全体业主过半数的业主没有提出异议的，应当认定双方成立了不定期的物业服务合同。原物业服务合同当事人可以随时解除该合同，但是应当给对方必要的准备时间。

第五条 虽没有签订物业服务合同，但业主事实上接受了该物业服务人的物业服务，物业服务人起诉要求业主支付相应的物业服务费用的，人民法院应予支持。当事人不能就物业服务费用的取费标准达成一致意见的，人民法院可以参照当地政府规定的取费标准或同类物业服务项目收费标准予以处理。

对于因事实上的物业服务关系而发生的其他纠纷，人民法院可以参照本意见最相类似的规定予以处理。

第六条 业主擅自改变物业用途，致使物业服务成本增加，物业服务人要求业主增加物业服务费用的，人民法院应予支持。但当事人另有约定的除外。

第七条 物业服务人以业主未给付物业服务费用为由，拒绝履行物业服务合同的，人民法院不予支持。但业主拖欠物业服务费用造成物业服务人不能正常运营的除外。

第八条 业主拖欠物业服务费用，物业服务人停止对业主供应水、电、气等服务，造成业主损害，业主要求物业服务人承担损害赔偿责任的，人民法院应予支持。

业主拖欠水、电、气费用，物业服务人受水、电、气供应企业的书面委托，停止对业主供应水、电、气等服务，造成业主损害，业主起诉要求物业服务人承担赔偿责任的，人民法院不予支持。

第九条 物业服务合同中约定的在拖欠物业服务费用时应当给付的滞纳金，应当视为违约金。当事人要求依据《中华人民共和国合同法》第一百一十四条的规定予以调整的，人民法院应予支持。

第十条 物业服务合同中明确约定物业服务人具有协助管理物业管理区的公共秩序、安全防范、消防、交通等义务，包括安全监控、巡视、门岗、执勤等，物业服务人未能履行或者未能完全履行应尽义务，致使业主人身或者财产受到第三人侵害，业主起诉请求物业服务人承担相应赔偿责任的，人民法院应予支持。

第十一条 物业服务人将业主提供的物业服务用房出租或者用于经营，所获得的收益按照双方的约定确定其归属或者用途；没有约定或者约定不明确的，应当用于物业管理区域内物业共用部位、共用设施、设备的维修、养护，剩余部分按照业主大会或者业主的决定使用。

第十二条 业主委员会擅自订立、变更或者解除物业服务合同，业主大会不予追认的，应当认定业主委员会的订立、变更或者解除物业服务合同的行为对全体业主不发生效力，由此产生的后果由业主委员会中负有责任的个人承担。

第十三条 物业服务合同被确认无效后，已经提供物业服务的物业服务人要求业主参照合同约定的物业服务费用标准给付相应的服务费用的，人民法院应予支持。造成损失的，有过错的一方应当予以赔偿；双方都有过错的，应当各自承担相应的责任。

第十四条 为维护全体业主的利益，业主委员会具有诉讼主体资格。业主委员会承担的民事责任以及为诉讼所支出的费用，由全体业主承担。

业主委员会怠于起诉、应诉或者作为第三人参加诉讼的，经专有部分建筑面积占建筑区划内总建筑面积过半数且人数占全体业主过半数的业主同意的业主可以自己的名义起诉、应诉或者作为第三人参加诉讼，业主大会议事规则或管理规约另有约定的除外。

没有成立业主委员会的，由全体业主起诉、应诉或者作为第三人参加诉讼。

因业主的专属权益而发生的物业服务合同纠纷，应当由该业主起诉、应诉或者作为第三人参加诉讼。

第十五条 物业服务人要求业主给付物业服务费用的诉讼时效期间，从最后一期物业服务费用的履行期限届满之日起计算。

第十六条 业主与业主大会、业主委员会之间因业主大会、业主委员会的召开、决议等行为而发生的纠纷，应由当地政府房地产行政主管部门处理，当事人向人民法院提起民事诉讼的，不予受理。但法律另有规定的除外。

第十七条 本意见自下发之日起施行。

本意见施行后受理和正在审理的第一、二审案件适用本意见的规定；在本意见施行前已经终审，当事人申请再审或者按照审判监督程序决定再审的案件，不适用本意见的规定。

本院以前有关规定与本意见相抵触的，不再适用。

本意见施行后，法律、行政法规和司法解释做出新规定的，从其规定。

浙江省高级人民法院民一庭
关于审理物业服务合同纠纷案件适用 法律若干问题的意见（试行）

2011 年 10 月 27 日 　　　　　　　　　浙法民一〔2011〕3 号

为依法妥善审理物业服务合同纠纷案件，根据《中华人民共和国物权法》《中华人民共和国合同法》、国务院《物业管理条例》、最高人民法院《关于审理物业服务合同纠纷案件具体应用法律若干问题的解释》《浙江省物业管理条例》等法律、法规、司法解释的规定，结合我省实际，制定本意见。

第一条 本意见所称的物业服务合同纠纷，是指物业服务人与业主方因物业服务合同而发生的有关民事纠纷。

本意见所称的物业服务人，是指物业服务企业和其他物业管理人。

本意见所称的业主，是指依法取得建筑物专有部分所有权的人，以及基于与建设单位之间的商品房买卖民事法律行为，已经合法占有建筑物专有部分，但尚未依法办理所有权登记的人。

本意见所称的业主委员会，是指依法成立的业主委员会。

第二条 因相邻关系、车位车库权属、商品房质量等发生的纠纷，不属于本意见所称的物业服务合同纠纷；当事人在物业服务合同纠纷诉讼中因此提出主张或者抗辩的，应告知其另行处理。

第三条 因业主大会、业主委员会的召开、选举、表决等属于业主自治范围内的事项而发生的纠纷，不属于本意见所称的物业服务合同纠纷；因此提起民事诉讼的，不予受理，但法律、法规、司法解释另有规定的除外。

第四条 为维护业主的共同权益，业主委员会依照法律规定或者经过业主大会授权，可以以自己的名义提起诉讼。

未依法成立业主委员会，或者业主委员会怠于提起诉讼的，经过业主大会授权的业主也可以以自己的名义提起诉讼。

第五条 物业服务人与业主委员会因双方所签订物业服务合同中涉及业主共同权益的事项发生争议，物业服务人对业主委员会提起诉讼的，应予受理。业主委员会怠于应诉的，依法承担相应的法律后果。

第六条 业主委员会已经作为当事人参加诉讼，业主又要求作为共同诉讼主体参加诉讼的，不予准许。

第七条 业主委员会参加诉讼的，应当提供其依法成立的相关证明材料。

第八条 经过业主大会授权，业主委员会在诉讼中可以承认、放弃、变更诉讼请求，进行和解，提起反诉或者上诉。

第九条 业主委员会及经过业主大会授权的业主参加有关诉讼的诉讼风险和后果由全体业主共同承担。人民法院裁判结果涉及业主委员会依法承担财产给付责任的，可以业主大会赋予业主委员会自行管理的资金及其他合法收益支付；不足部分由业主按照专有部分占建筑区划内建筑物总面积的比例分担。

第十条　物业服务人一般应当向业主委员会或者业主主张物业服务合同的相关权利，但物业的承租人、借用人或者其他使用人有下列情形之一的，物业服务人也可以直接向其主张相关权利，或者要求其与业主承担连带责任：

（一）与物业服务人直接签订物业服务合同的；

（二）与物业服务人形成事实物业服务合同关系的；

（三）与业主约定由其交纳物业服务费的；

（四）违反法律、法规或者管理规约约定义务的。

第十一条　物业服务企业以隐瞒或者伪造有关资质、资格证书等形式骗取签订物业服务合同的，业主委员会可请求依法变更或者撤销物业服务合同或者部分条款。

第十二条　业主委员会虽未经业主大会授权或者同意，擅自订立、变更或者解除物业服务合同，但在一审法庭辩论终结前经过业主大会追认的，该行为有效。

第十三条　物业服务合同被确认无效或者撤销后，已经提供物业服务的物业服务人要求业主给付相应物业服务费的，可以结合物业服务合同约定、物业服务人实际提供的物业服务水平、有关部门提供的物业服务成本、当地物业服务费标准等因素合理确定。

第十四条　双方对物业服务费没有约定、约定不明且又协商不成的，可以结合物业服务人实际提供的物业服务水平、有关部门提供的物业服务成本、当地物业服务费标准、同类物业服务收费标准等因素合理确定。

第十五条　物业服务合同期限届满后未续签，物业服务人继续提供物业服务，且业主委员会不能证明已明确拒绝接受服务的，应当认定构成事实物业服务合同关系，双方权利义务可参照原物业服务合同确定；但双方可以随时终止该事实物业服务合同关系，并参照浙江省住房和城乡建设厅公布的《浙江省物业项目服务退出管理办法（试行）》的有关规定，提前90日通知对方。

第十六条　物业服务人未以书面形式向业主催交物业服务费而直接提起诉讼的，应当告知其先行向业主送达催交通知书；物业服务人坚持起诉的，不予受理。

物业服务人向欠费业主送达催交通知书，应当采取直接送达、邮寄送达、留置送达的方式；仍不能送达的，可以采取在欠费业主物业门口和小区内张贴公告的方式送达。

第十七条　经书面形式催交后，业主无正当理由拒绝交纳或者在催告的合理期限内仍未交纳物业服务费的，物业服务人可以依法向有管辖权的基层人民法院申请支付令。

欠费业主对债权债务关系没有异议，仅对清偿能力、清偿期限、清偿方式等提出异议的，不影响支付令的效力。

第十八条　物业服务合同中约定逾期给付物业服务费应承担的滞纳金，应当视为违约金。约定的滞纳金过分高于造成的损失，业主根据《中华人民共和国合同法》第一百一十四条第二款以及最高人民法院《关于适用〈中华人民共和国合同法〉若干问题的解释（二）》第二十九条的规定，要求予以调整的，应予支持。

第十九条　物业服务人违反物业服务合同约定或者法律、法规规定以及相关行业规范确定的义务，造成业主人身、财产损失，业主依法请求其承担相应赔偿责任的，应予支持。

业主的损害系由第三人侵权造成的，应由该第三人承担侵权责任；物业服务人确有明显过错的，可以根据其过错程度、物业服务收费标准、安保能力等情况，综合确定其承担相应的补充赔偿责任。物业服务人承担责任后，可以向第三人追偿。业主起诉物业服务人承担侵权责任的，应当将第三人作为共同被告，但第三人不能确定的除外。

第二十条 本意见涉及的业主大会授权的事项，必须经过专有部分占建筑物总面积过半数的业主且占总人数过半数的业主同意。

业主大会授权的形式包括：

（一）对授权事项召开一次或数次业主大会分别授权或集中授权；

（二）制定管理规约进行概括授权；

（三）书面征求全体业主意见后进行授权；

（四）依法进行的其他授权。

第二十一条 审理物业服务合同纠纷案件，应当坚持"调解优先、调判结合"的工作原则，积极引导当事人接受社区、街道组织的人民调解，努力探索诉调衔接的纠纷处理模式；并通过简易程序和小额速裁程序等，不断完善物业服务合同纠纷快速处理机制。

第二十二条 因物业的承租人、借用人或者其他使用人实施违反物业服务合同或者法律、法规以及管理规约的行为而发生的物业服务合同纠纷，可以参照本意见关于业主的规定处理。

第二十三条 本意见自 2011 年 10 月 27 日起施行。

本意见施行后新受理的一审案件，适用本意见的规定；本意见施行后尚未审结的一、二审案件和已经作出生效裁判依法再审的案件，不适用本意见。

本意见施行后，法律、法规、司法解释有新规定的，按新规定执行。

广东省高级人民法院
关于审理住宅物业服务纠纷案件若干问题的指导意见

2011 年 10 月 12 日 　　　　　　　　　粤高法发〔2011〕49 号

为正确审理住宅物业服务纠纷案件，依法保护当事人的合法权益，根据《中华人民共和国民法通则》《中华人民共和国合同法》《中华人民共和国物权法》《中华人民共和国民事诉讼法》《物业管理条例》《广东省物业管理条例》、最高人民法院《关于审理物业服务纠纷案件具体应用法律若干问题的解释》等有关法律、行政法规和司法解释的规定，结合我省审判实际，制定本意见。

一、关于诉讼主体

1. 业主委员会作为当事人，就物业服务有关事项代表全体业主进行诉讼，法律后果由全体业主承担。

业主委员会起诉、应诉、提起反诉、上诉、撤诉，变更、放弃或者承认诉讼请求，进行和解、调解等诉讼行为的，应当向人民法院提交业主大会的授权决定。

2. 涉及全体业主共同利益的事项，由业主委员会作为原告进行诉讼。但具有本意见第 10 条至第 13 条规定的情形之一，有直接利害关系的业主可以书面请求业主委员会向人民法院提起诉讼；业主委员会明确表示不提起诉讼，或者自收到请求之日起六十日内未提起诉讼，或者情况紧急、不立即提起诉讼将会使有直接利害关系的业主或全体业主的共同权益受到难以弥补的损害的，有直接利害关系的业主在不增加其他业主义务或负担的前提下可以自己的名义直接向人民法院提起诉讼。

未成立业主委员会的，有直接利害关系

的业主可以自己的名义直接向人民法院提起诉讼。

仅涉及单个业主或者部分业主权益的,单个业主或者部分业主可作为原告提起诉讼。

3. 符合下列情形之一的,物业使用人可以作为诉讼当事人参加诉讼:

(1) 物业使用人与物业服务企业直接签订物业服务合同引起的纠纷;

(2) 物业使用人因违反物业服务合同或法律、行政法规、管理规约引起的纠纷;

(3) 其他与物业使用人有直接利害关系的情形。

物业使用人作为当事人参加诉讼的,人民法院可依《中华人民共和国民事诉讼法》第一百一十九条的规定通知业主参加诉讼。

二、关于物业服务合同无效的认定与处理

4. 具有下列情形之一的物业服务合同或有关合同条款应当认定为无效:

(1) 建设单位未依照《物业管理条例》第二十四条第二款的规定选聘物业服务企业的;

(2) 物业服务企业违反《物业管理条例》第三十二条第二款的规定,在起诉前没有取得相应物业管理资质的;

(3) 业主委员会违反《物业管理条例》第十二条第三款的规定,没有取得业主·大会的授权决定或未按业主大会授权决定的内容签订物业服务合同,且在起诉前未取得业主大会或者专有部分占建筑物总面积过半数同时占总人数半数以上的业主追认的;

(4) 建设单位违反《合同法》第四十条的规定,在与业主签订的商品房预售合同中约定排除业主选择物业服务企业或商定物业费的权利的;

(5) 其他违反法律、行政法规强制性规定的情形。

5. 物业服务合同被认定无效,物业服务企业已提供物业服务的,如合同无效主要是由物业服务企业或建设单位的过错造成,可根据物业服务企业提供的服务项目和服务质量,参照当地政府部门制定的指导价计算物业费。但双方约定的物业费低于该指导价的,按合同约定支付物业费;如合同无效主要是由业主方的过错造成,可按合同约定支付物业费。

三、关于物业费纠纷的处理

6. 业主应自房屋交付之日起支付物业费。

房屋已具备交付条件,业主无正当理由拒绝办理房屋交付手续的,应当自建设单位通知其办理交付手续的期限届满之次日起支付物业费。当事人另有约定的,从其约定。

7. 物业服务企业与业主委员会或者业主虽未签订书面物业服务合同,但业主事实上已接受了物业服务,物业服务企业请求业主支付相应的物业费的,可予支持。双方没有约定物业费的支付标准和支付方式的,可根据物业服务企业提供的服务项目和服务质量,并参照当地政府部门制定的指导价计算物业费。

8. 业主拖欠物业费,物业服务企业可请求业主按照合同约定支付滞纳金。

当事人约定的滞纳金数额超过迟延支付物业费造成损失的百分之三十的,业主可依照《合同法》第一百一十四条第二款的规定请求适当减少。迟延支付物业费造成的损失可推定为以拖欠的物业费总额为基数,参照中国人民银行规定的金融机构同期同类贷款利率计算的利息。

9. 2009 年 10 月 1 日以后,物业服务企业收取的物业费超出当地政府部门制定的指导价的,业主以物业服务企业违规收费为由提出抗辩或请求退还超出部分的物业费的,应予支持。但物业服务企业的收费标准已经当地价格行政主管部门核定的除外。

物业服务收费根据有关规定实行市场调节价的,不适用前款规定。

四、关于民事责任的承担

10. 物业服务企业具有下列行为之一的,应承担违约责任:

（1）对共用部位、共用设施设备维护管理不善的；

（2）对物业管理区域内的卫生、绿化、公共秩序等未尽到管理职责造成物业区域环境恶化的；

（3）有其他不履行合同义务行为的。

11．物业服务企业未经业主同意擅自经营共用部位、共用设施设备，或者未经业主同意搭建构筑物、设置广告牌、停车位等进行营利活动，或者有其他侵害业主共同权益的行为的，应当停止侵害、排除妨碍、恢复原状、赔偿损失、返还收益。

12．物业服务企业未按《物业管理条例》第二十八条、第二十九条的规定履行查验和接受资料义务，造成物业共用部位、共用设施设备的缺陷未能及时发现，导致业主不能在法定或约定期限内向建设单位主张权利而遭受损失的，物业服务企业应承担相应的赔偿责任。

13．物业服务企业未按物业服务合同的性质、目的及通常标准履行必要的报告、通知或者提示等义务，造成业主权益损害的，物业服务企业应依其过错大小承担相应的赔偿责任。

14．物业服务企业无正当理由侵扰业主的生活或宣扬、披露业主的隐私，造成业主相关权益损害，业主可以请求其停止侵害、赔偿损失、恢复名誉。

15．业主拒绝为物业服务企业提供必要的协助，使物业服务企业无法全面、适当履行物业服务合同，物业服务企业可以此作为其未能完全履行合同义务的抗辩事由，请求减轻或免除责任。

16．业主违反物业服务合同或法律、行政法规、管理规约，实施妨害物业服务的行为，业主委员会或物业服务企业可请求业主承担停止侵害、排除妨碍、恢复原状等民事责任。

物业服务企业对业主或物业使用人违反物业服务合同或法律、行政法规、管理规约的行为采取"罚款"措施，业主或物业使用人请求物业服务企业返还该款项的，应予支持。但"罚款"性质实为违约金的，按照《中华人民共和国合同法》第一百一十四条的规定处理。

17．物业服务合同对财物保管有约定的，从其约定。

物业服务合同对财物保管没有约定，物业服务企业已尽必要的安全保障义务的，物业服务企业不承担赔偿责任。

18．物业服务企业对业主或物业使用人的专用停车位或者停放在住宅小区的其他车辆收取物业费或者保管费，如发生车辆毁损、丢失的，按照《中华人民共和国合同法》第三百七十四条关于有偿保管合同的规定处理。

物业服务企业对停放在住宅小区内的车辆没有收取费用，但采取发卡、登记等管理措施的，应当认定形成无偿保管合同关系，如发生车辆毁损、丢失的，按照《中华人民共和国合同法》第三百七十四条关于无偿保管合同的规定处理。

物业服务企业对停放在住宅小区内的车辆没有收取费用，也没有采取发卡、登记等管理措施，如果发生车辆毁损、丢失的，应根据物业服务企业是否尽到安全保障义务及其过错程度确定其应否承担赔偿责任及责任的大小。

车辆所有人或使用人对车辆毁损、丢失也存在过错的，可减轻或免除物业服务企业的赔偿责任。

19．因共用部位、共用设施设备存在不安全因素导致业主、物业使用人或第三人受到人身、财产损害，物业服务企业不能证明自己没有过错的，应当承担相应的民事责任。

20．业主、物业使用人或其他合法进入住宅小区者在物业服务区域内因第三人的行为遭受人身、财产损害，有证据证明物业服务企业未尽到安全保障义务，受害人请求物业服务企业赔偿损失的，可根据物业服务企业的过错大小、收费标准等因素，合理确定物业服务企业的赔偿责任。

21. 业主拖欠物业费，物业服务企业擅自采取停水、电、气等措施，造成业主损害，业主请求物业服务企业停止侵害、赔偿损失的，应予支持。

业主拖欠水、电、气等费用，物业服务企业受水、电、气供应企业的委托，停止对业主供应水、电、气等，业主请求物业服务企业承担赔偿责任的，不予支持。

一、土 地

公报案例

重庆索特盐化股份有限公司与重庆新万基房地产开发有限公司土地使用权转让合同纠纷案

《最高人民法院公报》2009 年第 04 期

【裁判摘要】

一、根据《中华人民共和国物权法》第一百九十一条、《中华人民共和国担保法》第四十九条的规定，抵押期间抵押人转让抵押物，应当通知抵押权人并经抵押权人同意，否则转让行为无效。但《中华人民共和国物权法》第一百九十一条以及最高人民法院《关于适用〈中华人民共和国担保法〉若干问题的解释》第六十七条还同时规定，未经通知或者未经抵押权人同意转让抵押物的，如受让方代为清偿债务消灭抵押权的，转让有效。即受让方通过行使涤除权涤除转让标的物上的抵押权负担的，转让行为有效。上述法律、司法解释的规定，旨在实现抵押权人、抵押人和受让人之间的利益平衡，既充分保障抵押权不受侵害，又不过分妨碍财产的自由流转，充分发挥物的效益。

二、根据《中华人民共和国物权法》第十五条的规定，当事人之间订立有关设立、变更、转让和消灭不动产物权的合同，除法律另有规定或者合同另有约定外，自合同成立时生效；未办理物权登记的，不影响合同效力。该规定确定了不动产物权变动的原因与结果相区分的原则。物权转让行为不能成就，并不必然导致物权转让合同无效。

最高人民法院
民事判决书

(2008) 民一终字第 122 号

上诉人（原审被告、反诉原告）：重庆新万基房地产开发有限公司，住所地重庆市渝北区龙溪街道松牌路 523 号金龙商厦 1 幢 1 单元 6—1。

法定代表人：文敬诚，该公司董事长。

委托代理人：任秀旗，北京市久炀律师事务所律师。

被上诉人（原审原告、反诉被告）：重庆索特盐化股份有限公司，住所地重庆市万州区沙龙路三段。

法定代表人：李俊，该公司董事长。

委托代理人：杨智，该公司职员。

委托代理人：韩梅，北京市德恒律师事务所律师。

上诉人重庆新万基房地产开发有限公司（以下简称新万基公司）与重庆索特盐化股份有限公司（以下简称索特公司）土地使用权转让合同纠纷一案，重庆市高级人民法院于2008年7月31日作出（2008）渝高法民初字第2号民事判决。新万基公司对该判决不服，向本院提起上诉。本院依法组成合议庭，于2008年11月26日进行了开庭审理。新万基公司的法定代表人文敬诚及其委托代理人任秀旗，索特公司的委托代理人杨智、韩梅到庭参加诉讼。本案现已审理终结。

一审法院经审理查明：索特公司在重庆市万州区观音岩1号拥有四块商服用地使用权，并将上述土地抵押给相关银行用于贷款担保，抵押期限自2005年至2011年。2005年12月1日，新万基公司与索特公司签订了《金三峡花园联合开发协议》（以下简称《联合开发协议》），在上述土地上联合开发金三峡花园。约定：第一条，索特公司现已将上述土地抵押给某银行融资贷款，同意在约定时间内将该土地的抵押权解除；第二条，以新万基公司出资、索特公司出土地使用权，共同投资、共享利润的方式，共同进行房地产开发；第四条，新万基公司承诺按项目开发需要逐步投入开发资金，首期资金500万元在合同签订之日起7个工作日内位，用于前期开发筹备工作。索特公司承诺，本项目所涉及的土地已办理的抵押手续应在不影响开发进度的前提下办理解除抵押的相关手续，并保证不存在其他权利瑕疵，也没有被司法机关查封或被行政机关限制。若第三人对该地块权益提出主张，或权属手续不完善，或有权属障碍，由索特公司负责解决，并独自承担其费用，由此给新万基公司造成的损失，索特公司应承担违约责任；第五条，新万基

公司提供合作项目的全部建设资金不低于4亿元，索特公司提供合作项目合法取得的全部建设用地；第六条，新万基公司对索特公司的办公大楼进行四星级酒店的改造升级，改造金额3100万元，改造后，其产权归索特公司所有；第九条，土地上的建筑物、构筑物由新万基公司负责拆除；第十条，本协议签订后，索特公司违约不与新万基公司合作，或者在本项目的方案设计经过政府的审核同意后，索特公司不配合新万基公司向政府以双方名义申请审批联建、立项、规划等工作的，视为索特公司根本违约，索特公司按照新万基公司总投资额的30%向新万基公司支付违约金，并赔偿因此给新万基公司造成的包括并不限于前期设计及往返谈判等各项经济损失；因新万基公司资金不能按开发进度到位而影响了开发或新万基公司未按时支付索特公司利润款，新万基公司应按总投资额的30%向索特公司支付违约金，因项目开发资金问题而造成停工30天以上，除新万基公司应向索特公司支付违约金以外，索特公司有权终止合同，并有权通过法律途径要求新万基公司支付因此造成的全部损失。

2005年12月1日，新万基公司与索特公司又签订了《联合开发协议之补充协议（一）》（以下简称《补充协议》）。约定：1. 本项目具备开工条件时，双方共同确定"金三峡花园联合开发项目开发进度表"，并以此作为新万基公司开发资金到位及索特公司工作配合的时间表；2. 本项目无论以任何方式开发、分配所涉及的税费，由新万基公司承担，索特公司只以本补充协议第四条约定的利润分配方式获得税后利润；3. 索特公司以实际交付给新万基公司开发的土地使用权计算分配的税后利润，双方同意按照37万元/亩计算出总利润额。由新万基公司按本条支付给索特公司。索特公司对新万基公司在开发本项目产生的经营风险及亏损不承担任何责任。本补充协议签订之日起一年内，新万基公司向索特公司支付总利润额的30%；本补充协

议签订之日起二年内，新万基公司向索特公司支付总利润额的 40%；本补充协议签订之日起三年内（或开发期满），新万基公司向索特公司支付总利润额的 30%，新万基公司已向索特公司支付的履约定金转为利润额，冲抵新万基公司应付给索特公司的利润额；4.在本项目开工之时，新万基公司对索特公司现有的办公大楼进行四星级酒店改造，并于一年内按索特公司的方案完成改造，改造所产生的费用 3100 万元由新万基公司承担，该费用不属于本补充协议第四条新万基公司支付索特公司利润的范围；5.本《补充协议》是《联合开发协议》的有效附件，与《联合开发协议》有冲突之处，以本《补充协议》为准。

2005 年 12 月 5 日，新万基公司向索特公司发出《金三峡花园联合开发项目开发进度表（一）》，载明，为推进各项工作的顺利进行，请索特公司在相应时间内配合完成项目前期开发工作，于 2006 年 1 月 20 日前办理好土地解押手续，并要求索特公司予以确认回复。索特公司未予回复。

2005 年 12 月 25 日，新万基公司与中冶赛迪工程技术股份有限公司签订了《建设工程设计合同（一）》，约定，新万基公司委托中冶赛迪工程技术股份有限公司对金三峡花园城进行设计，设计费按 22 元/平方米计算，暂估为 1100 万元。合同签订后，中冶赛迪工程技术股份有限公司出具了设计平面图与设计效果图。

2005 年 12 月 25 日，新万基公司与重庆索特（集团）有限责任公司旅游公司（以下简称索特旅游公司）签订了《人员借用协议》。约定，为配合新万基公司与索特公司联合开发项目的进度，索特宾馆已正式停业，为妥善解决索特旅游公司职工在项目建设过渡期间的工作安置问题，索特旅游公司以借用形式向新万基公司输出职工 17 人，新万基公司按照劳动法规定支付借用人员的报酬、社会保险和福利待遇。2006 年 3 月 10 日，新

万基公司分别向王幼敏、洪江等 17 名职工支付了 18980 元工资。

2005 年 12 月，新万基公司与索特旅游公司签订了两份《借款协议》，约定，由新万基公司借款 150 万元给索特旅游公司。

自 2005 年 12 月 25 日起，新万基公司多次致函索特公司，要求索特公司履行金三峡花园项目开发的配合工作。

2006 年 1 月 4 日，新万基公司与成都尚筑地产顾问有限公司签订了《重庆新万基地产"万州观音岩"项目全程开发顾问暨营销代理合同》。新万基公司委托成都尚筑地产顾问有限公司担任金三峡项目"全程开发顾问暨营销代理"，代理费用按照本项目销售合同金额的 2.2%收取。合同签订后，成都尚筑地产顾问有限公司向新万基公司提供了《服务计划书》。

2006 年 3 月 6 日，中国建设银行重庆万州分行致函索特公司称，索特公司未经该行同意，擅自将抵押物与他人合作进行房地产开发，严重侵害了该行的抵押权。要求索特公司必须立即停止侵权行为。

2006 年 4 月 10 日，新万基公司与杨天歌签订了《房屋拆除合同》，约定由杨天歌承包金三峡花园项目范围内的地上建筑物拆除和垃圾清除工作。2007 年 4 月 12 日，新万基公司与杨天歌又签订了《金三峡开发项目拆除补充协议》。该协议载明，因新万基公司未能履行其 2006 年 6 月开工的承诺，致杨天歌遭受一定经济损失，经双方协商，对 2006 年 4 月 10 日的《房屋拆除合同》作出一定修改。

2005 年 12 月 29 日，新万基公司向重庆市万州区房地产管理局缴纳了 2 万元"房交会参展费"。2006 年 4 月 25 日，新万基公司向成都康美凯信广告有限责任公司支付了"2006 年万州房交会展台设计装修搭建费"40340.5 元。

索特公司 2007 年 12 月 20 日向重庆市高级人民法院起诉称：其与新万基公司签订《联合开发协议》和《补充协议》后，新万基

公司并未按照合同约定履行相应义务，致使联建工作无法进行，联合开发的目的无法实现。据此，请求法院判决：1. 解除双方签订的《联合开发协议》及《补充协议》；2. 新万基公司向索特公司支付违约金1000万元；3. 新万基公司承担本案诉讼费用。

新万基公司辩称：合同签订后，新万基公司积极履行了自身义务，但索特公司却以各种理由拒不履行合同义务，导致联建工作无法开展。因此，新万基公司请求法院驳回索特公司的诉讼请求。

新万基公司反诉称：在《联合开发协议》及《补充协议》签订后，新万基公司积极开展前期开发工作，并多次催促索特公司履行合同义务，但索特公司至今仍未履行合同主要义务。此外，由于项目所涉土地价格上涨，索特公司为独享项目利益，以种种借口企图毁约。据此，新万基公司请求法院判决：1. 索特公司向新万基公司支付违约金6000万元；2. 本案诉讼费用由索特公司承担。

索特公司针对新万基公司反诉辩称：根据合同约定，新万基公司应先履行付款义务，并提供经政府审批的方案之后，才有权要求索特公司履行相应的配合义务。但新万基公司至今未履行上述义务，因此，新万基公司的反诉请求不能成立，应当予以驳回。

一审法院认为，（一）双方当事人之间法律关系的性质。根据最高人民法院《关于审理涉及国有土地使用权合同纠纷案件适用法律问题的解释》第十四条的规定，合作开发房地产合同以共同投资、共享利润、共担风险为构成要件。本案中，对于双方在金三峡花园项目开发中的利益分配与风险承担，《联合开发协议》并未作出明确约定，而是由《补充协议》进行了规定。从《补充协议》第4条、第5条确定的权利义务来看，在项目开发中，索特公司的主要义务是提供土地，并对新万基公司的开发行为予以配合，取得的利益则包括获得10360万元（37万元/亩—280亩）的价款，以及价值3100万元的办公

大楼改造，索特公司并不承担项目的经营风险。因此，双方当事人之间法律关系不具备共担风险这一要件，在法律性质上不属于合作开发房地产合同。从该权利义务的具体内容来看，索特公司在提供该宗地的使用权之后，获得固定金额的对价，其实质是土地使用权转让，即索特公司是土地转让人，新万基公司是受让人。

（二）转让行为的法律效力。该土地使用权转让行为违反法律规定，应属无效。首先，《中华人民共和国担保法》（以下简称《担保法》）第四十九条第一款规定："抵押期间，抵押人转让已办理登记的抵押物的，应当通知抵押权人并告知受让人转让物已经抵押的情况；抵押人未通知抵押权人或者未告知受让人的，转让行为无效。"本案中，没有证据证明索特公司将转让行为通知了建设银行与工商银行，根据上述规定，该转让行为应属无效。其次，最高人民法院《关于适用〈中华人民共和国担保法〉若干问题的解释》（以下简称《担保法司法解释》）第六十七条第一款规定："抵押权存续期间，抵押人转让抵押物未通知抵押权人或者未告知受让人的，如果抵押物已经登记的，抵押权人仍可以行使抵押权；取得抵押物所有权的受让人，可以代替债务人清偿其全部债务，使抵押权消灭。受让人清偿债务后可以向抵押人追偿。"由于新万基公司受让的标的物上存在抵押权，根据该款规定，新万基公司可以通过行使涤除权消灭该抵押权，从而对转让行为的效力予以补正，但新万基公司并未行使涤除权，该转让行为的效力未能得到补正。索特公司请求解除双方签订的《联合开发协议》及其《补充协议》，这一诉讼请求不能成立。所谓合同的解除，是使合法有效的合同的法律效力归于消灭，而《联合开发协议》及其《补充协议》系无效合同，故不存在解除的问题。

（三）转让行为无效的法律责任。根据《中华人民共和国合同法》（以下简称《合同法》）第五十八条的规定，无效合同的法律后

果是返还财产及赔偿损失。本案中，双方当事人之间并无财产交付、转移行为，故不存在返还的问题。至于损失，新万基公司为履行合同，先后向索特旅游公司17名职工支付了18980元工资，向重庆市万州区房地产管理局缴纳了"房交会参展费"2万元，向成都康美凯信广告有限责任公司支付了40340.5元展台设计装修搭建费，共计79320.5元。上述款项系新万基公司因履行合同而遭受的损失，应当按照当事人的过错确定赔偿责任。从本案合同无效的原因来看，是未将土地转让的情况通知抵押权人。根据《担保法》第四十九条第一款的规定，应当由抵押人履行该通知义务。因此，系索特公司单方的过错导致了合同无效，对新万基公司因此遭受的损失应由索特公司承担赔偿责任。虽然根据《担保法司法解释》第六十七条第一款的规定，也可由受让人行使涤除权消灭抵押权，从而使转让行为生效，但对受让人而言，该规定系权利的赋予，受让人作为权利人不行使权利，并不构成法律上的过错；新万基公司提出，其与索特旅游公司签订了《借款协议》借出款项143万元，属于为履行合同而支出的费用。既然是借款，则借款人负有归还的义务，新万基公司有要求借款人返还的权利。因此，该协议约定的借款金额不应视为新万基公司受的损失；新万基公司称，其与中冶赛迪工程技术股份有限公司签订了《建设工程设计合同（一）》，并支付了设计费440万元；与成都尚筑地产顾问有限公司签订了《重庆新万基地产"万州观音岩"项目全程开发顾问暨营销代理合同》，并支付了策划代理费115万元；与杨天歌签订了《房屋拆除合同》及《金三峡开发项目拆除补充协议》，不履行合同将导致相应的违约责任。上述合同及付款的真实性可另案审查。即使合同及付款真实有效，由于《联合开发协议》及其《补充协议》无效，因此上述四个合同无法继续履行。对于这类未履行完毕的合同，在确定其法律后果时，既要考虑已经履行的部分，也要考虑尚未履行的部分，要根据合同当事人的违约情况来确定违约责任。因此，新万基公司已经支付的费用并不等于其遭受的损失。目前，这四个合同的法律后果并未最终确定，所以无法认定新万基公司因此遭受的损失。只有待新万基公司在上述合同中的责任确定之后，人民法院才可以根据损失的不同性质，考虑发生原因、控制主体、可控程度、双方过错，确定新万基公司与索特公司之间的分担比例。基于此，本案对这部分损失不作处理；新万基公司称，其与张建华签订《房屋租赁合约》，并支付23.7万元租金；与李果签订《办公室装修合同》，并支付15万元装修费；购买办公家具、办公用品，支出313334元。新万基公司举示的证据无法证明这些费用与"金三峡花园"项目的关联性，即无法认定这些费用系因开发"金三峡花园"项目而支出的费用，故对新万基公司主张的这部分费用，不予支持；新万基公司提出的交通费、差旅费、招待费等费用支出，因无证据证明，不予支持。

（四）双方当事人诉请的违约责任。在本诉中，索特公司要求新万基公司支付违约金1000万元。在反诉中，新万基公司要求索特公司支付违约金6000万元，这两项诉讼请求均不能成立。违约金属于违约责任范畴，而违约责任是因违反有效合同导致的法律责任，以存在合法有效的合同关系为基础。本案中，《联合开发协议》及《补充协议》无效，故不存在违约的问题，亦不会引发违约责任的承担。

综上，一审法院依据《担保法》第四十九条第一款、《担保法司法解释》第六十七条第一款、《合同法》第五十八条之规定，判决：（一）《联合开发协议》及《补充协议》无效；（二）自本判决生效之日起十日内索特公司向新万基公司赔偿损失79320.5元；（三）驳回索特公司的诉讼请求；（四）驳回新万基公司的反诉请求。

新万基公司不服一审判决，向本院上诉

称，1. 一审判决认定双方签订的土地使用权转让合同为无效合同，适用法律错误。根据《担保法司法解释》第 67 条、《中华人民共和国物权法》（以下简称《物权法》）第一百九十一条的规定，在未告知抵押权人的情况下，转让抵押物的行为并不当然无效。本案中，双方约定由索特公司履行先行解除转让土地的抵押，能够保护抵押权人的利益，该约定不违反法律的强制性规定，转让合同应为有效合同；2. 索特公司在合同签订后，虽经新万基公司多次敦促，迟迟不履行解除转让土地抵押的先履行义务，主动提起诉端，以谋求土地升值的巨大利益，有违诚信。新万基公司积极投入履约，蒙受了巨大经济损失。索特公司应为此承担违约责任；3. 索特公司应按合同约定承担违约金 6000 万元。故上诉请求：1. 撤销一审判决；2. 认定双方签订的《联合开发协议》及《补充协议》有效；3. 认定索特公司违约并承担 6000 万元违约金；4. 由索特公司承担全部诉讼费用。

索特公司答辩称，1. 本案所涉合同因违反《担保法》的强制性规定而无效。2. 双方的协议中并未对索特公司解除抵押权的时间作出规定，因新万基公司没有根据约定在合同签订的七日内投入首期资金 500 万元及后续资金，致使索特公司无法归还银行的贷款，从而向银行行使解除抵押权。因此可以看出，索特公司并没有违约，而是新万基公司违约。3. 违约金条款只有在合同有效的前提下才能适用。本案因合同无效，故新万基公司诉称适用违约金条款主张 6000 万元不成立。综上，一审判决程序合法，认定事实清楚，适用法律正确，应予维持。

本院二审查明：双方 2005 年 12 月 1 日签订《联合开发协议》及《补充协议》中约定的土地转让价格，双方确认为 48 万元/亩。2008 年 2 月，索特公司将相关土地再次向银行进行抵押贷款时，其评估价约为 88 万/亩。

本院二审查明的其他事实，与一审法院查明的基本事实一致。

根据当事人双方上诉请求及答辩情况，本案争议焦点为：（一）《联合开发协议》及其《补充协议》的效力问题。（二）索特公司是否应向新万基公司支付违约金。

（一）关于《联合开发协议》及其《补充协议》的效力问题。根据《担保法》第四十九条的规定，抵押期间抵押人转让抵押物应当通知抵押权人，否则转让行为无效；《物权法》第一百九十一条亦规定抵押期间转让抵押物须经抵押权人同意。其立法目的是为了确保抵押权人的利益不受侵害。但《担保法司法解释》第六十七条和《物权法》第一百九十一条也规定，未经通知或者未经抵押权人同意转让抵押物的，如受让方代为清偿债务消灭抵押权的，转让有效。即受让人通过行使涤除权涤除转让标的物上的抵押权负担的，转让行为有效。上述法律和司法解释的规定体现了相关立法和司法解释的指导思想是要在抵押权人和抵押人、受让抵押标的物的第三人之间实现利益平衡，既充分保障抵押权不受侵害，又不过分妨碍财产的自由流转，充分发挥物的效益。本案双方当事人在《联合开发协议》中约定由索特公司在不影响开发进度的前提下办理解除抵押的相关手续，即以约定的方式将先行解除本案所涉土地上的抵押权负担的义务赋予了索特公司；该约定既保障了抵押权人的利益，也不妨害抵押人和受让土地的第三人的利益，与《担保法》《物权法》以及《担保法司法解释》保障各方当事人利益平衡的立法精神并不相悖，不违反法律规定。从合同法的角度看，转让方对转让标的负有权利瑕疵担保责任，其主动告知转让土地上的权利负担，并承诺由其在不影响开发进度的前提下先行解除抵押，该承诺构成合同中的负担行为，即承担义务的行为，符合意思自治和合同自由原则，且确保了抵押权人的利益不受侵害，与《担保法》《物权法》和《担保法司法解释》的立法本意和制度设计不相抵触。因此，应当确认该《联合开发协议》及《补充协议》有效，双方应按照合同诚信履行，索特公司有义务根据双方商定的开发进度清偿银行债务，从而解除该转让土地上的抵押权负担。

其次，根据《物权法》第十五条的规定，当事人之间订立有关设立、变更、转让和消灭不动产物权的合同，除法律另有规定或者合同另有约定外，自合同成立时生效；未办理物权登记的，不影响合同效力。该规定确定了不动产物权变动的原因与结果相区分的原则。物权转让行为不能成就，并不必然导致物权转让的原因即债权合同无效。双方签订的《联合开发协议》及《补充协议》作为讼争土地使用权转让的原因行为，是一种债权形成行为，并非该块土地使用权转让的物权变动行为。相关法律关于未经通知抵押权人而导致物权转让行为无效的规定，其效力不应及于物权变动行为的原因行为。因为当事人可以在合同约定中完善物权转让的条件。使其转让行为符合法律规定。本案即属此种情形。

综上，双方当事人签订的《联合开发协议》未违反法律强制性规定，应为有效合同。一审判决对此问题的认定适用法律不当，应予纠正。

（二）索特公司是否应向新万基公司支付违约金。一审判决根据双方签订的《联合开发协议》及《补充协议》约定的权利义务内容，确定双方的协议为土地使用权转让协议，此认定事实清楚，适用法律止确，双方当事人亦无异议，本院予以确认。土地使用权转让协议作为一项双务合同，要求出让方首先提供具有使用权无瑕疵的土地，受让方依约支付转让款。双方的《联合开发协议》第一条即明确了该转让土地已被抵押，且约定索特公司履行解除抵押的义务。该条约定表明，索特公司作为土地使用权的转让方具有消除转让土地上所存权利瑕疵的义务。双方在随后签订的《补充协议》中对履行各自义务的时间作出了约定，即以双方共同确定的《金三峡花园联合开发项目开发进度表》作为双

方履行义务的时间表。新万基公司依《补充协议》的约定，于2005年12月5日向索特公司提交了《金三峡花园联合开发项目开发进度表》，要求索特公司解除转让土地上的抵押，索特公司未予回复。索特公司此举违反了《联合开发协议》第一条关于双方共同确定项目开发进度表的义务性规定，未能按协议约定适时解除转让土地上设定的抵押，提供无权利瑕疵的土地，此种消极不履行合同的行为，已构成违约。索特公司的沉默行为，引起新万基公司对合同继续履行的正当信赖，导致新万基公司与中冶赛迪工程技术股份有限公司等第三方签订了工程设计等一系列与项目开发实施行为有关的合同。在此情况下，索特公司提起诉讼请求解除《联合开发合同》及《补充协议》，根据《合同法》第一百零八条规定，应认定其构成根本违约。索特公司辩称，索特公司未能解除抵押的原因是由于新万基公司未能支付转让款，致使其无资金解除抵押。根据《联合开发协议》第四条索特公司的承诺，索特公司应以其自有资金履行解除抵押权义务，而不是以新万基公司现行支付转让款为条件，因此，索特公司的抗辩理由不成立。综上，结合涉案土地已经大幅升值的实际情况，以及双方在土地使用权转让过程中的利益平衡，索特公司应按《联合开发协议》第十条的约定承担违约责任。依据该条约定，索特公司根本违约，应按照新万基公司总投资额的30%支付违约金。由于双方签订的《联合开发协议》实为土地使用权转让协议，故应将该条约定的"总投资额"变更为合同约定的转让款的数额，以之作为确定违约责任的计算依据。根据《补充协议》的约定，双方确定的索特公司转让土地使用权的应得收益为10360万元（280亩×37万/亩），新万基公司应负担的索特公司办公楼装修款3100万元；作为土地使用权转让的对价，两项共计13460万元。以此计算，索特公司应向新万基公司承担4038万元的违约金。新万基公司以其计划开发投入的总投资数额为依

据主张索特公司应给付 6000 万元违约金的请求，系以合作开发为前提，与本案事实不符。本院不予支持。鉴于新万基公司认为索特公司不履行合同义务已构成根本违约，本院对此也予以确认，且索特公司在一审诉讼中请求解除双方所签订的合同，故双方签订的《联合开发协议》及其《补充协议》应予解除。新万基公司在诉讼中提出，为履行协议实际支付了相关费用，要求本院予以确认：由于此项主张并非其一审的诉讼请求，且索特公司应支付的违约金已超出了该项请求，本院二审对该项主张不予支持。

本院认为，双方当事人签订的《联合开发协议》及其《补充协议》系当事人的真实意思表示，不违反法律和行政法规的禁止性规定，合法有效。索特公司未履行合同义务的行为，构成违约，应承担合同约定的违约责任。新万基公司的上诉理由部分成立，本院予以支持。根据《中华人民共和国民事诉讼法》第一百五十三条第一款第（二）项、第（三）项之规定，判决如下：

一、撤销重庆市高级人民法院（2008）渝高法民初字第 2 号民事判决；

二、《金三峡花园联合开发协议》及《金三峡花园联合开发协议之补充协议（一）》有效；

三、解除双方签订的《金三峡花园联合开发协议》及《金三峡花园联合开发协议之补充协议（一）》；

四、重庆索特盐化股份有限公司自本判决生效之日起十日内向重庆新万基房地产开发有限公司支付违约金 4038 万元；

五、驳回重庆新万基房地产开发有限公司其他上诉请求。

逾期履行本判决确定之金钱给付义务，依照《中华人民共和国民事诉讼法》第二百二十九条的规定，加倍支付迟延履行期间的债务利息。

一审案件受理费 304900 元，反诉费 170900 元，共计 475800 元。由重庆索特盐化股份有限公司负担 350694 元，重庆新万基房地产开发有限公司负担 125106 元。

二审案件受理费 170900 元，由重庆索特盐化股份有限公司负担 112794 元，重庆新万基房地产开发有限公司负担 58106 元。

本判决为终审判决。

审　判　长　×××
审　判　员　×××
审　判　员　×××
二〇〇八年十二月二十三日
书　记　员　×××

青岛市国土资源和房屋管理局崂山国土资源分局与青岛乾坤木业有限公司土地使用权出让合同纠纷案

《最高人民法院公报》2008 年第 05 期

【裁判摘要】

一、对于双方当事人意思表示真实，约定内容不损害国家、集体和第三人的合法权益，且已经过公证的合同，应认定已经成立。

二、根据合同法的相关规定，依法成立的合同，自成立时生效。法律、行政法规规定应当办理批准、登记等手续生效的，依照其规定。

三、合同部分内容无效，但不影响其他部分效力的，应当认定合同其他部分内容有效。

最高人民法院
民事判决书

(2007) 民一终字第 84 号

上诉人(原审被告):青岛市国土资源和房屋管理局崂山国土资源分局(原青岛市崂山区国土资源局),住所地山东省青岛市崂山区石老人社区居委会办公大楼 3 楼。

法定代表人:杨浩,该局局长。

委托代理人:孟凡胜,北京市中经律师事务所律师。

委托代理人:赵汕可,该局工作人员。

被上诉人(原审原告):青岛乾坤木业有限公司,住所地山东省青岛市崂山区北宅街道办事处沟崖村。

法定代表人:江国锋,该公司董事长。

委托代理人:马旭,北京大成律师事务所济南分所律师。

上诉人青岛市国土资源和房屋管理局崂山国土资源分局(以下简称崂山国土资源分局)因与被上诉人青岛乾坤木业有限公司(以下简称乾坤公司)土地使用权出让合同纠纷一案,不服山东省高级人民法院(2006)鲁民一初字第 8 号民事判决,向本院提起上诉。本院依法组成合议庭,于 2007 年 10 月 24 日开庭审理了本案。崂山国土资源分局的委托代理人孟凡胜、赵汕可,乾坤公司的法定代表人江国锋、委托代理人马旭到庭参加诉讼。本案现已审理终结。

一审法院经审理查明:2000 年 5 月 29 日,青岛市崂山区人民政府向青岛市人民政府报送《青岛市崂山区人民政府关于 2000 年度第一批城市建设用地的请示》。该请示称:根据《崂山区土地利用总体规划》,我区拟批次转用北宅街道办事处沟崖村园地 126666 平方米、洪园村园地 6667 平方米,合计 133333 平方米。上述用地在《崂山区土地利用总体规划》中已确定为城市建设用地。该批次土地办理农转用手续和征归国有后,我区将按照土地审批权限和具体建设项目另行审批。后青岛市人民政府向山东省人民政府报送青政地发〔2000〕267 号《关于崂山区 2000 年度第一批城市建设用地的请示》。

2001 年 2 月 28 日,乾坤公司与北宅街道办事处签订《土地使用权出让协议》。该协议约定,北宅街道办事处将北宅工业区内土地约 150 亩(松岭路以西、麦沟路以北)的土地使用权出让给乾坤公司,使用期限 50 年,每亩地价为 6.88 万元,总价款约为人民币 1032 万元。合同签订后,乾坤公司依据 1999 年青岛市崂山区人民政府的有关文件,分别于 2001 年 4 月 20 日和 2001 年 9 月 5 日,向原崂山区国土资源局的派出机构—崂山区人民政府北宅街道办事处土地规划与矿产资源管理所(以下简称土管所)缴纳土地出让定金 180 万元和 50 万元,土管所为其开具收款收据。2001 年 8 月 25 日,乾坤公司给付土管所 258 万元支票一张,土管所向其开具 258 万元收款收据一份。该款实际于 2003 年 3 月 27 日划转至土管所。

2001 年 9 月 10 日,乾坤公司取得青岛市崂山区环保局下发的〔2001〕青崂环预定字第 10 号《建设项目定点环保审核通知书》。2001 年 9 月 28 日,取得青岛市崂山区村镇规划建设管理办公室下发的青崂村规定字〔2001〕第(045)号《青岛市崂山区村镇建设项目定点通知书》。2001 年 9 月 29 日,取得青岛市崂山区村镇规划建设管理办公室下发的崂建村字第(045)号《建设用地规划许可证》,明确本用地项目符合城市规划要求,准予办理征用划拨土地手续。同日,取得青岛市崂山区村镇规划建设管理办公室下发的青崂村规设字〔2001〕第(045)号《青岛市崂山区村镇规划建设项目规划设计要求通知单》。同年 9 月 30 日,青岛市崂山区发展计划局依据北宅街道办事处经济贸易办公室的立项申请,下发崂计项字〔2001〕96 号《关于同意青岛乾坤木业有限公司新建厂房项目立项的批复》。同日，崂山区国土局出具《关于青岛乾坤木业有限公司用地的说明》，该说明载明：青岛乾坤木业有限公司位于北宅工业园的150亩工业用地，因北宅工业园规划调整，经北宅街道办事处申请，我局研究同意将该公司用地调整为215亩，现该公司土地手续正在办理之中。

2002年1月31日，山东省人民政府下发鲁政土字〔2002〕35号《山东省人民政府关于青岛市崂山区城市建设用地的批复》称：青岛市崂山区土地管理局拟征用该区北宅街道办事处沟崖村等2个村园地133333平方米（折合200亩），作为青岛市崂山区政府建设储备用地。经审查，该批次用地符合青岛市崂山区土地利用总体规划，并已纳入你市土地利用年度计划，上报农用地转用方案和征用土地方案切实可行，同意该批次用地。

2003年1月16日，原青岛市崂山区国土资源局与乾坤公司签订青崂土合字〔2003〕4号《国有土地使用权出让合同》，其中约定，崂山区国土局出让给乾坤公司的宗地位于北宅街道沟崖村麦沟路北、松岭路西，宗地面积为175907平方米，其中出让土地面积为146383平方米。本合同项下出让宗地的用途为工业。本合同项下的土地使用权出让年限为50年。本合同项下的土地使用权出让金为每平方米103.20元，总额为18153602.40元。本合同签订之日起60日内，受让人一次性付清上述土地使用权出让金……。合同还约定，受让人在按合同约定支付全部土地使用权出让金之日起30日内，应持本合同和土地使用权出让金支付凭证，按规定向出让人申请办理土地登记，领取《国有土地使用证》，取得出让土地使用权。出让人应在受让土地登记申请之日起30日内，依法为受让人办理出让土地使用权登记，颁发《国有土地使用证》。受让人必须按照本合同约定，按时支付土地使用权出让金。如果受让人不能按时支付土地使用权出让金的，自滞纳之日起，每日按

迟延支付款项的3‰向出让人缴纳滞纳金，延期付款超过6个月的，出让人有权解除合同，收回土地，受让人无权要求返还定金，出让人并可请求受让人赔偿因违约造成的其他损失。本合同项下宗地出让方案尚需经山东省人民政府批准，本合同自山东省人民政府批准之日起生效。本合同未尽事宜，可由双方约定后作为合同附件，与本合同具有同等法律效力。同日，双方签订《补充协议》，就代征道路及绿化带面积、费用作出约定。2003年2月18日，双方共同申请，对上述合同和协议在青岛市公证处办理了公证。同年3月26日，乾坤公司向土管所交付300万元支票一张，土管所向其开具300万元收款收据，但未实际划转该300万元。现崂山国土资源分局认可实际收取乾坤公司土地出让金共计488万元。此后，乾坤公司未缴纳剩余土地出让金。上述合同涉及的146383平方米的出让土地中，部分土地经鲁政土字〔2002〕35号文批准转为建设用地。

2005年6月6日，原青岛市崂山区国土资源局以乾坤公司未按合同约定如期缴纳全部土地使用权出让金以及项目用地违反青岛市政府〔2003〕95号文件为由，作出崂国土〔2005〕139号《崂山区国土资源局关于撤销国有土地使用权出让合同的决定》，决定撤销与乾坤公司2003年1月16日签订的《国有土地使用权出让合同》，并要求乾坤公司自收到本决定之日起10日内持《国有土地使用权出让合同》原件到该局办理解除合同相关事宜，已交款项的退还事宜到北宅街道办事处建设服务中心（原北宅街道办事处土管所）办理。2005年6月7日，原青岛市崂山区国土资源局通过特快专递将上述决定送达乾坤公司。

2006年3月13日，青岛市崂山区国土资源局更名为青岛市国土资源和房屋管理局崂山国土资源分局。

一审审理期间，崂山国土资源分局向一审法院提交涉案土地"现状地形图"一张，载明图中全部黑线部分为签订土地使用权出

让合同后的地形图，图中红线圈定的部分为农转用获批准的部分。经质证，乾坤公司对此证据没有异议。

由于崂山国土资源分局单方解除合同，乾坤公司交付部分出让金后未能受让合同项下的土地，乾坤公司认为崂山国土资源分局违反合同约定，给其造成各项经济损失1200余万元，故向一审法院起诉，请求判令崂山国土资源分局履行青崂土合字［2003］4号《国有土地使用权出让合同》，向乾坤公司交付合同项下的全部土地。

一审法院认为，双方当事人签订的《国有土地使用权出让合同》涉及的土地中有部分履行了农用地转为建设用地的批准手续，根据《土地管理法》第四十三、四十四条的规定，崂山国土资源分局对该部分土地有权进行出让，其余部分未经人民政府批准，仍然为农村集体土地，崂山国土资源分局对此无权处分。因此，双方签订的《国有土地使用权出让合同》部分有效。关于乾坤公司缴纳的土地出让金问题。签订合同之前，乾坤公司已向崂山国土资源分局缴纳土地出让金共计488万元。2003年3月26日，乾坤公司向崂山国土资源分局交付300万元银行转账支票，崂山国土资源分局为其开具收款收据。上述一系列行为表明，乾坤公司一直在履行合同义务，对崂山国土资源分局辩称该300万元银行转账支票是空头支票、无法划转的理由，没有证据支持，一审法院不予采纳。关于《国有土地使用权出让合同》应否继续履行的问题。因合同项下的该宗土地部分获得山东省人民政府批准，该部分土地具备履行条件。鉴于乾坤公司涉案土地的相关项目已经政府有关部门批准，获得了项目立项、规划、环保等审批手续。故崂山国土资源分局应当向其交付该部分土地。崂山国土资源分局主张合同解除的抗辩理由，没有法律依据，一审法院不予支持。

综上所述，双方当事人签订的《国有土地使用权出让合同》部分有效，乾坤公司亦部分履行了付款义务，崂山国土资源分局应在政府批准的农用地转建设用地范围内向乾坤公司交付涉案土地。乾坤公司请求崂山国土资源分局履行青崂土合字［2003］4号《国有土地使用权出让合同》，向其交付合同项下的全部土地的主张部分成立。一审法院依据《中华人民共和国合同法》第八条、第五十六条、第一百零七条之规定，判决：（一）被告崂山国土资源分局于本判决生效后三十日内向原告乾坤公司交付合同项下已经审批转为建设用地的土地（具体以山东省人民政府鲁政土字［2002］35号《山东省人民政府关于青岛市崂山区城市建设用地的批复》及现状地形图红线坐标为准）；（二）驳回原告乾坤公司其他诉讼请求。案件受理费160778元，由乾坤公司承担130070元，崂山国土资源分局承担30708元。

崂山国土资源分局认为一审判决认定事实错误，适用法律不当。向本院提起上诉，请求二审撤销一审判决，依法驳回乾坤公司的诉讼请求，一、二审诉讼费由乾坤公司承担。理由是：

1. 一审判决认定上诉人和被上诉人双方签订的《国有土地使用权出让合同》部分有效是错误的。（1）本案合同中的标的物—宗地为不可分物，不适用量上的部分有效、部分无效。（2）上诉人对土地没有处分权，本案土地的出让要经过青岛市人民政府审批。（3）本合同项下宗地出让方案尚需经山东省人民政府批准，本合同自山东省人民政府批准之日起生效。由于本案项下的土地还没有完全办理农转用手续，所以不具备拟定出让方案报人民政府批准的条件，本案中的出让合同还不具有法律效力，被上诉人只具有一种期待权。（4）一审判决上诉人出让部分土地给被上诉人，违反了青岛市人民政府的规划。青岛市人民政府于2003年11月11日批准了包括本案宗地在内的地区规划。根据该规划，高新产业区"适当往东北方向发展延伸至李沙路，严禁继续往崂山风景区内延伸",本案出让合同中的土地在青岛市政府规定的不准建设区域内。本案已经办理农转用的84亩土地的批准文件依法已经自动失效。

2. 一审法院认定"崂山国土资源分局主张合同解除的抗辩理由,没有法律依据"是错误的。上诉人对被上诉人交纳的土地出让金数额有异议,即使按一审认定的788万元,也只占土地出让金总数18153602.4元的43%。被上诉人在合同签订后超过6个月没有付清出让金,上诉人依据涉案合同第9条和31条,具有解除合同的权利,且乾坤公司已经收到解除合同的决定书。依据《合同法》第九十六条的规定,双方签订的《国有土地使用权出让合同》自乾坤公司收到该决定书时解除。由于合同没有约定上诉人行使解除权的时间,在解除条件构成后,上诉人可以随时行使解除权。

3. 一审判决关于被上诉人所交出让金数额的认定是错误的。一审判决认定乾坤公司所交土地出让金为488万元是错误的,不符合本案实际。扣除崂山区人民法院扣划的土地出让金3813357元,应认定乾坤公司所交的土地出让金为1066643元。

乾坤公司辩称:1. 一审认定涉案合同部分有效具有事实和法律依据,处理结果正确。涉案合同约定崂山国土资源分局向乾坤公司交付215亩土地,但实际上只有84亩具备了出让条件,符合合同部分无效的情形。崂山国土资源分局所称审批权上交是合同签订后发生的,审批权上交不影响合同的效力。至于崂山国土资源分局强调的政府新规划,是指规划后不再向风景区延伸,并不影响之前的合同。2. 一审认定崂山国土资源分局主张解除合同的抗辩理由不成立是正确的。乾坤公司没有全额付款的原因在崂山国土资源分局,当时乾坤公司的银行支票账户内存款多达700余万元,但土管所却停收土地出让金,致使乾坤公司履约不能。崂山国土资源分局单方解除合同的条件未成就。崂山区人民法院扣划土地出让金发生在合同解除之前,该

行为与本案无关,崂山国土资源分局应当继续履行合同。

二审查明:乾坤公司于2003年3月26日向土管所提交的银行转账支票未记载出票日期和收款人,双方当事人对这一事实均无异议。本院认为,根据《票据法》第八十五条的规定,出票日期是支票的必要记载事项,涉及支票使用期限的起算,无出票日期的支票应认定为无效支票。

二审查明的其他事实与一审查明的事实相同。

本院认为,本案涉及三个争议焦点:(一)关于《国有土地使用权出让合同》效力的认定;(二)一审认定乾坤公司交纳土地出让金的数额是否正确;(三)崂山国土资源分局是否有权解除合同。

(一)关于《国有土地使用权出让合同》效力的认定问题。本合同虽约定合同须经山东省人民政府批准方可生效,但在合同签订前,合同项下的84亩土地已经山东省人民政府批准,由农业用地转为建设用地,故这部分土地未经审批不影响相应部分的合同效力;合同项下其余部分土地尚未办理农用地转用审批手续,按约定合同尚未生效,依法不得出让。崂山国土资源分局认为合同已经成立但未生效,不应认定部分有效、部分无效。本院认为,涉案合同是双方当事人的真实意思表示,内容不损害国家、集体和第三人的合法权益,且已经过公证,应认定已经成立。我国《合同法》第四十四条规定:"依法成立的合同,自成立时生效。法律、行政法规规定应当办理批准、登记等手续生效的,依照其规定。"《土地管理法》第四十四条规定:"建设占用土地,涉及农用地转为建设用地的,应当办理农用地转用审批手续。"据此认定本案中未经政府批准农转用土地的部分合同无效。根据《合同法》第五十六条的规定,部分合同无效,不影响其他部分效力的,其他部分仍然有效。就本案情况看,认定部分合同无效,不会影响其他部分的效力。因此,

应当认定合同中经过政府批准的 84 亩土地使用权出让有效，未经政府批准的 131 亩土地使用权出让无效，其他合同条款仍然有效。对于崂山国土资源分局关于涉案合同项下转让的土地是不可分物，不适用量上的部分有效、部分无效的上诉主张，本院不予支持。

（二）关于一审认定乾坤公司交纳土地出让金的数额是否正确的问题。一审认定乾坤公司已向崂山国土资源分局交纳土地出让金 788 万元，乾坤公司对此不持异议。而崂山国土资源分局只承认收到乾坤公司的土地出让金 488 万元，且被崂山区人民法院划走 3813357 元，目前仅剩 1066643 元。双方当事人的主要分歧在于 2003 年 3 月 26 日乾坤公司向土地管理所交付的一张 300 万元的支票应否算作已付土地出让金。鉴于该支票因无出票日期而被认定为无效，凭无效支票不能划转乾坤公司的银行存款。乾坤公司的出票行为应被认定为无效民事行为。尽管土地管理所收到这张支票后出具了收据，但因支票无效，土地管理所出具的收据并不意味着已经或者能够收到 300 万元土地出让金，事后乾坤公司也未对这张支票进行补正。事实上崂山国土资源分局也未收到此笔款项。由于乾坤公司对这张支票的无效具有过错，不能认定乾坤公司提交这张支票即视为其支付了 300 万元土地出让金。崂山国土资源分局关于该支票无效的抗辩具有事实和法律依据，本院应予支持。一审认定乾坤公司已向崂山国土资源分局支付土地出让金 788 万元有误，应予纠正。

为执行（2004）崂执字 297 号、1162 号民事裁定书，崂山区人民法院于 2005 年 3 月 25 日扣划被执行人乾坤公司在北宅街道办事处的出让土地定金 907528 元、2905829 元至该院账户。同月 29 日，北宅街道办事处致函乾坤公司称，崂山区人民法院强行扣划北宅街道办事处财政款 3813357 元，北宅街道办事处已从乾坤公司交付的土地出让金 488 万元中支付 486.623 万元。因此，一审判决认

定乾坤公司交纳的土地出让金为 488 万元是正确的。乾坤公司应交纳的土地出让金应按照合同有效部分的土地出让面积计算，乾坤公司应交纳的土地出让金为 5782089.6 元（84 亩×667 平方米×103.2 元＝5782089.6 元），所付 488 万元低于应付的土地出让金数额，故应认定乾坤公司未交齐合同有效部分的土地出让金。

（三）崂山国土资源分局是否有权解除合同。解除合同的前提是合同已经生效。涉案《国有土地使用权出让合同》第 31 条约定，受让人延期支付土地出让金超过 6 个月的，出让人有权解除合同。该合同未约定行使合同解除权的期限，也未约定出让方在解除合同前要进行催告。鉴于该合同部分有效，乾坤公司应在合同有效部分的范围内履行义务。涉案合同于 2003 年 1 月 16 日签订，截至 2003 年 3 月 26 日，乾坤公司向崂山国土资源分局交付土地出让金 488 万元，未达到 84 亩土地的出让金总额。因此，解除合同的条件已经成就。崂山国土资源分局根据《合同法》第九十三条第二款的规定，行使了合同解除权，且已经通知了乾坤公司。其未对乾坤公司进行催告，并不构成违约。对崂山国土资源分局关于乾坤公司没有按期付清合同项下全部土地出让金，其有权解除合同的主张，本院应予支持。对乾坤公司关于解除合同的条件未成就，崂山国土资源分局无权单方解除合同的主张，本院不予支持。

综上，本院认为，根据双方当事人在土地出让合同中的约定，涉案合同经过政府批准的部分有效、未经政府批准的部分无效。对于合同的有效部分，双方当事人均有义务履行。乾坤公司未在合同约定的期限内履行合同有效部分的交纳土地出让金的义务，解除合同的条件已经成就，崂山国土资源分局解除合同的行为有效。合同解除后，崂山国土资源分局不再履行向乾坤公司出让 84 亩土地使用权的义务。崂山国土资源分局的上诉有理，本院予以支持。一审法院认定事实不

清，适用法律不当，应予改判。依照《中华人民共和国民事诉讼法》第一百五十三条第一款第（三）项的规定，判决如下：

驳回青岛乾坤木业有限公司的诉讼请求。

本案一审案件受理费 160778 元，二审案件受理费 192568.01 元，均由青岛乾坤木业有限公司负担。

本判决为终审判决。

审　判　长　×××
审　判　员　×××
代理审判员　×××
二〇〇七年十一月三十日
书　记　员　×××

山西嘉和泰房地产开发有限公司与太原重型机械（集团）有限公司土地使用权转让合同纠纷案

《最高人民法院公报》2008 年第 03 期

【裁判摘要】

一、根据《最高人民法院关于审理涉及国有土地使用权合同纠纷案件适用法律问题的解释》第九条的规定，转让方未取得出让土地使用权证书与受让方订立合同转让土地使用权，起诉前转让方已经取得出让土地使用权证书或者有批准权的人民政府同意转让的，应当认定合同有效。

二、虽然我国税收管理方面的法律、法规对于各种税收的征收均明确规定了纳税义务人，但是并未禁止纳税义务人与合同相对人约定由合同相对人或者第三人缴纳税款，即对于实际由谁缴纳税款并未作出强制性或禁止性规定。因此，当事人在合同中约定由纳税义务人以外的人承担转让土地使用权税费的，并不违反相关法律、法规的强制性规定，应认定为合法有效。

三、根据《中华人民共和国合同法》第一百一十四条的规定，对于当事人在合同中约定的违约金数额，只有在当事人请求调整、且合同约定的违约金数额确实低于或者过分高于违约行为给当事人造成的损失时，人民法院才能进行调整。

最高人民法院
民事判决书

（2007）民一终字第 62 号

上诉人（原审被告）：山西嘉和泰房地产开发有限公司。住所地：山西省太原市并州南路西一巷 10 号。

法定代表人：范维明，该公司董事长。

委托代理人：张刚，山西元升律师事务所律师。

上诉人（原审原告）：太原重型机械（集团）有限公司。住所地：山西省太原市玉河街 53 号。

法定代表人：高志俊，该公司董事长。

委托代理人：段伟岳，山西德为律师事务所律师。

上诉人山西嘉和泰房地产开发有限公司（以下简称嘉和泰公司）与上诉人太原重型机械（集团）有限公司（以下简称太重公司）土地使用权转让合同纠纷一案，山西省高级人民法院于 2007 年 1 月 22 日作出（2006）晋民初字第 20 号民事判决。双方当事人均不服该判决，向本院提起上诉。本院依法组成合议庭，于 2007 年 12 月 18 日开庭审理了本案。嘉和泰公司的委托代理人张刚，太重公司的委托代理人段伟岳到庭参加诉讼。本案现已审理终结。

一审法院经审理查明：2002 年 3 月 26 日，太重公司（甲方）与嘉和泰公司（乙方）签订《协议书》。其主要内容如下：……（二）开发地段：位于太原市并州南路西一巷 48 号，并规选字（2001）第 0068 号规选中，南北约 232 米，东西约 221 米，除去其中西南角锅炉房、西北角已有建筑物，并留出变电室位置 0.5 亩左右，占地约 64.5 亩。（三）双方权利义务：（1）太重公司负责上述地段的旧屋拆除及安置；（2）太重公司负责三通一平，具体时间为 2002 年 6 月 10 日前为主干道以西地段，2002 年 11 月 30 日前为剩余地段；（3）在土地转让手续办理完毕之前，太重公司协助嘉和泰公司办理项目的建设手续；（4）太重公司负责嘉和泰公司施工中的水、电供应，费用由嘉和泰公司按月支付，房屋建成后的水电增容及设施费用由嘉和泰公司承担；（5）太重公司现有锅炉房、变电室可与嘉和泰公司共同使用，由此产生的增容费由嘉和泰公司承担（产权归太重公司）；（6）嘉和泰公司负责开发项目所需规划、设计、报建等工作及费用；（7）嘉和泰公司负责工程费用筹措、支付、施工及房屋建成后的销售；（8）太重公司负责办理土地出让手续，土地出让金及相关出让费用由嘉和泰公司按太重公司与土地管理部门签署的《国有土地出让合同》约定的付款方式及付款时间支付给太重公司，再由太重公司向政府相关部门缴纳；（9）太重公司土地出让手续办理完毕且嘉和泰公司向太重公司支付全部土地补偿金后，太重公司即为嘉和泰公司办理土地使用权转让手续，转让费用由嘉和泰公司承担；（10）嘉和泰公司为取得土地使用权，向太重公司支付土地补偿金每亩 94 万元（不含土地出让金及相关税费）；（11）建成后的商铺和住宅，太重公司可按嘉和泰公司确定的价格优先购买；（12）如太重公司需在本小区内建设职工住宅，其占地面积从总面积中扣除；（13）嘉和泰公司在售房过程中发生的各类税、费均由嘉和泰公司承担。（四）付款方式：（1）协议签订后两日内，嘉和泰公司向太重公司支付土地补偿金 500 万元，十日内支付 1500 万元；（2）太重公司与土地部门签订土地出让合同后十日内，嘉和泰公司按该合同确定的土地出让金比例和数额向太重公司支付该笔款项；（3）太重公司土地出让完毕，且已取得国有土地使用权后，太重公司与嘉和泰公司签订该土地使用权转让合同，此合同一经土地局批准十日内，嘉和泰公司支付剩余的土地补偿金，太重公司收到土地补偿金后，将土地证及已批准的土地使用权转让协议交由嘉和泰公司办理过户手续。（五）违约责任：（1）在土地转让手续办理完毕前，太重公司如未按本协议第三条第二项约定时间实现三通一平，应按嘉和泰公司已付款额，以每日万分之四计息赔偿待工损失，超过三个月仍无法实现约定条款，嘉和泰公司有权解除协议，太重公司须退还所收款项。（2）嘉和泰公司未按本协议第四条约定时间向太重公司支付该条约定款项，按该条应支付款项，每超过一日按万分之四计息补偿给太重公司，如超过约定时间三个月后仍不能支付，太重公司有权终止协议，除留下已付款的 10% 作为对太重公司补偿外，其余款项退回嘉和泰公司。（3）施工期间，如因太重公司原因不能保证用水、用电，太重公司应赔偿嘉和泰公司因此所遭受的直接损失；嘉和泰公司未按本协议约定支付水、电及增容费用，太重公司免除责任。（4）在土地转让手续办理完毕之前，因太重公司原因，嘉和泰公司未能及时办理工程项目审批手续，影响施工，太重公司须赔偿因此给嘉和泰公司造成的直接损失，但由于嘉和泰公司未按通知如期支付相关费用，太重公司免除责任。

2002 年 4 月 2 日，太重公司（甲方）与嘉和泰公司（乙方）签订《补充协议》。其主要内容如下：（一）按原订协议的期限，嘉和泰公司按每亩 94 万元向太重公司支付土地补偿金，94 万元/亩中的流转税按太重公司 76%，嘉和泰公司 24% 的比例承担。嘉和泰公司承担的 24% 流转税款按原《协议书》约定在嘉和泰公司支付每期土地补偿金的同时一并支付，最终以实际交付的税款按双方约定的比例多退少补。（二）除以上 1 条以外，原协议履行过程中的所有各项税费（包括土地增值税、交易税等，但不限于此）均由嘉和泰公司承担。（三）以上各项税费凡以太重公司名义缴纳的，须由嘉和泰公司如数支付给太重公司。

2002 年 9 月 24 日，太重公司与太原市国土资源局签订《国有土地使用权出让合同》（以下简称《出让合同》），太重公司取得了该宗土地的使用权。确认出让土地面积为 42968.75 平方米（约 64.45 亩）。

2002 年 12 月，太重公司与嘉和泰公司签订《太原市出让土地使用权转让合同书》（以下简称《转让合同》）。该合同主要内容如下：第 7 条土地使用权转让价格为每平方米 1223 元，总额为 5255.08 万元。第 8 条太重公司同意按原出让合同规定向国家交纳转让时的土地增值税。第 10 条双方在本合同签订十五日内，由嘉和泰公司按太原市地产交易管理所审批意见，办理有关手续，交纳有关税费。第 11 条双方在本合同签订后三十日内到太原市国土资源局申请土地使用权变更登记。

根据《协议书》第四条 1 约定：本协议签订后两日内，嘉和泰公司支付土地补偿金 500 万元，十日内支付土地补偿金 1500 万元。2002 年 4 月 2 日，嘉和泰公司以承兑汇票方式向太重公司支付土地补偿金 2000 万元（该承兑汇票 2002 年 9 月到期）。

2002 年 10 月 30 日，嘉和泰公司以支票方式向太重公司支付土地补偿金 250 万元。

根据《协议书》第四条 3 约定：太重公司取得国有出让土地使用权后，由太重公司与嘉和泰公司签订该土地使用权转让合同（按土地局规定文本），此合同一经土地局批准十日内，嘉和泰公司即支付剩余的土地补偿金。2002 年 12 月，太重公司与嘉和泰公司签订《转让合同》，2003 年 1 月 20 日，嘉和泰公司以承兑汇票方式向太重公司支付土地补偿金 2000 万元。

2005 年 1 月 5 日、8 月 19 日、8 月 29 日、9 月 22 日，嘉和泰公司以支票、现金方式，四次向太重公司支付土地补偿金 330 万元。

综上，嘉和泰公司以承兑汇票、支票、现金方式共支付土地补偿金 4580 万元，余款未付。

根据《协议书》第三条 8 约定：太重公司负责办理土地出让手续，土地出让金及相关出让费用由嘉和泰公司按太重公司与土地管理部门签署的《出让合同》约定的付款方式和付款时间支付给太重公司。《协议书》第四条 2 约定：太重公司与土地管理部门签订土地出让合同十日内，嘉和泰公司应按该合同确定的土地出让金比例和数额向太重公司支付该笔款项。

2002 年 9 月 24 日太重公司和太原市国土资源局签订《出让合同》。2002 年 8 月 12 日嘉和泰公司以承兑汇票方式向太重公司支付土地出让金 1000 万元（该承兑汇票 2003 年 2 月到期）。2002 年 9 月 23 日嘉和泰公司以电汇方式向太重公司支付土地出让金 50 万元。嘉和泰公司合计向太重公司支付土地出让金 1050 万元。

2003 年 1 月 15 日，太重公司与嘉和泰公司取得国有土地使用权转让鉴证单。双方通过办理权属变更登记手续，嘉和泰公司于 2003 年 1 月取得该宗土地的国有土地使用证。

按照《协议书》和《补充协议》有关税费承担的约定，嘉和泰公司尚欠太重公司各种税金。

一审法院还查明，2002 年 12 月 31 日，嘉和泰公司向太原市国土资源局支付土地出让金386.72万元。

一审法院另查明，太重公司已缴纳契税41.25万元；已申报营业税281.25万元，实际缴纳营业税242.526万元。

一审法院再查明，嘉和泰公司住所地由原太原市并州南路西一巷48号变更为太原市并州南路西一巷10号。

2006年1月16日，太重公司向一审法院起诉称，2002年3月16日太重公司与嘉和泰公司签订《协议书》，就太重公司向嘉和泰公司转让太原市并州南路西一巷48号土地拆迁补偿事宜进行了明确约定。2002年4月2日又签订《补充协议》，就《协议书》中有关税费承担问题进一步明确。合同签订后，太重公司按约履行了合同，而嘉和泰公司只支付了土地补偿金4559.7万元，尚欠太重公司土地补偿金、相关税费等合计3548.6271万元。嘉和泰公司应支付欠款并对其违约行为按照合同约定承担违约责任。请求依法判令：嘉和泰公司立即支付土地补偿金、相关税费合计3548.6271万元及违约金755.86256万元（截至2006年1月12日）及至全部清偿之日止的违约金；嘉和泰公司承担全部诉讼费用及律师费用。

2006年8月7日，太重公司向一审法院递交补充诉状，称根据太重公司与嘉和泰公司签订的《转让合同》，嘉和泰公司还另外拖欠太重公司土地转让金5255.08万元没有支付。因此增加诉讼请求，请求依法判令嘉和泰公司立即支付土地出让金5255.08万元并承担全部诉讼费用。

嘉和泰公司辩称，嘉和泰公司不欠太重公司任何款项，太重公司的诉讼请求应被驳回。（1）太重公司主张的"土地补偿金"与"土地转让金"是转让同一地块的不同阶段的称谓，其实质是土地转让价。2002年3月26日，双方签订《协议书》时土地性质为划拨土地，且协议的名义是合作开发，故使用"补偿金"这一名词，实质是土地使用权转让

合同。2002年12月，双方就该地块重新签订了《转让合同》，并经政府批准。该合同是最终确定土地使用权转让法律关系的合法文件，转让价格为5255.08万元。嘉和泰公司已超额支付土地转让款，不存在欠款一说。（2）嘉和泰公司不欠太重公司任何税费。《转让合同》中没有约定由嘉和泰公司负担相关税费，且在该合同第八条明确约定增值税由太重公司负担。（3）嘉和泰公司不欠太重公司任何款，太重公司无权主张所谓的违约金。

一审法院认为，双方当事人争议的主要焦点是：（一）《协议书》的效力问题；（二）《补充协议》的效力问题；（三）《转让合同》的效力问题；（四）嘉和泰公司已付价款数额的确定问题、税金问题及违约金问题。

（一）关于《协议书》的效力问题。一审法院从三个方面分析《协议书》的效力：1.《协议书》的性质。太重公司认为《协议书》约定的土地补偿金，系用于地上房屋拆迁、职工安置、工厂搬迁及地上建筑物补偿等，与《转让合同》约定的土地转让金，是两个概念，无法替代。嘉和泰公司认为《协议书》名为合作开发，实际是不同时期转让土地使用权的同一称谓，《协议书》的实质为土地使用权转让合同。一审法院认为，《协议书》的性质是土地使用权转让合同。就《协议书》内容看，主要是约定嘉和泰公司为取得该宗土地使用权，向太重公司支付94万元/亩的补偿金。并非以提供土地使用权、资金等作为共同投资，共同经营，共享利润、共担风险合作开发为基本内容。根据最高人民法院《关于审理涉及国有土地使用权合同纠纷案件适用法律问题的解释》第二十四条规定，应当认定为土地使用权转让合同。2.《协议书》《补充协议》和《转让合同》的关系。太重公司认为《协议书》涉及土地的拆迁、安置、办理出让手续等内容；《补充协议》涉及税费承担问题；《转让合同》仅是土地使用权的转让。三者之间不存在矛盾，《转让合同》不能取代《协议书》和《补充协议》。嘉和泰公司

认为《协议书》和《补充协议》实质是不具合同效力的土地使用权转让合同,最终被《转让合同》取代。一审法院认为,从形式上讲,《协议书》和《补充协议》是未经备案登记、仅由双方持有的合同。《转让合同》是经过备案登记的合同。从内容上讲,《协议书》和《补充协议》约定转让土地补偿金 94 万元/亩,共 6058.3 万元,土地增值税及相关税费由嘉和泰公司承担。《转让合同》约定土地转让金为每平方米 1223 元,共 5255.08 万元,土地增值税由太重公司承担。《协议书》约定的权利、义务、付款方式、违约责任、争议解决方式等条款,在《转让合同》中没有条款约定或者说明。二者是针对同一标的所签订的形式不同、内容也不尽相同的两份合同。虽然都有转让的真实意思表示,但《协议书》是真实履行的合同,而《转让合同》只是用于办理过户之用。3.《协议书》的效力问题。太重公司认为《协议书》是双方真实意思表示,不违反国家法律法规,是合法有效的合同。嘉和泰公司认为《协议书》是转让划拨土地,违反《中华人民共和国城市房地产管理法》第三十九条规定,是效力瑕疵合同,被《转让合同》取代。一审法院认为,《协议书》是双方当事人真实的意思表示,也是实际真正履行的合同。《协议书》和《转让合同》是对同一标的所签的先后两份合同,但后签订的《转让合同》并不当然取代《协议书》。因为:一是《转让合同》未废止《协议书》及《协议书》中约定的补偿金条款,也未约定《协议书》与《转让合同》相抵触的部分无效;二是《协议书》和《补充协议》约定了包括拆迁、安置、履行期限、履行方式、违约责任承担、纠纷解决方式等内容,《转让合同》不具备该类交易行为所签合同的必要条款。依照《中华人民共和国合同法》第七十八条规定,应推定为未变更。三是《协议书》不违反国家法律、法规。太重公司与嘉和泰公司签订《协议书》时,该土地为划拨用地,但双方在履行合同过程中,在经

政府管理部门批准后,该划拨用地使用权已转化为出让土地使用权,不存在《中华人民共和国合同法》第五十二条规定的合同无效的任何一种情形。根据最高人民法院《关于审理涉及国有土地使用权合同纠纷案件适用法律问题的解释》第十一条规定,《协议书》应认定为合法有效。

(二)关于《补充协议》的效力问题。太重公司认为《补充协议》合法有效。嘉和泰公司认为《补充协议》同样是效力瑕疵合同,已被《转让合同》取代。一审法院认为,双方在《协议书》的基础上,签订《补充协议》,对土地增值税、流转税的金额及履行方式等进行了明确约定,其内容与《协议书》内容并不冲突,与《协议书》的内容共同构成完整的合同内容,二者是同一的关系。根据《中华人民共和国合同法》第六十一条规定,该《补充协议》的内容是对《协议书》内容的补充。可以确认《补充协议》与《协议书》具有相同的法律效力。

(三)关于《转让合同》的效力问题。太重公司认为《转让合同》也是合法有效的。嘉和泰公司认为《转让合同》是唯一有效合同。一审法院认为,(1)《转让合同》第 7 条约定的土地转让价格 5255.08 万元,是国土局的评估价格,是国家土地管理部门对土地交易双方成交价格进行间接调控和引导的最低限价,并非双方达成合意的表示。(2)《转让合同》约定的价格不符合客观事实,按照《转让合同》约定,该宗土地价格为 5255.08 万元,土地增值税由太重公司承担,相关税费没有约定,按规定由太重公司承担。则太重公司在取得 5255.08 万元收入时,需向国家交纳土地出让金 1417.97 万元,需向国家交纳土地增值税及其他相关税费,还要负责拆迁、安置,且该宗土地上建筑物评估价为 1041.2171 万元。显然,太重公司以 5255.08 万元转让该宗土地与客观事实和真实合意不符。(3)按照《转让合同》约定的价款 5255.08 万元,嘉和泰公司的支付有悖常理。嘉和泰公司在已支付

3300 万元前提下，只应向太重公司支付 1955.08 万元。但嘉和泰公司于 2003 年 1 月 20 日支付了 2000 万元，在取得土地使用证，认为已超额支付的情况下，又于 2005 年 1 月 5 日、8 月 19 日、8 月 29 日、9 月 22 日四次向太重公司共付款 330 万元，显然与常理不符。(4)《转让合同》约定的重要条款形同虚设。《转让合同》第 8 条约定：太重公司同意按原出让合同规定向国家交纳土地增值税。但原出让合同中并无交纳土地增值税的约定。(5)《转让合同》没有约定土地交付、价款支付、违约责任、纠纷解决方式等内容，不具备土地使用权转让合同的必要条款，不符合一般的交易习惯。(6) 按照《协议书》第四条 3 约定：太重公司土地出让完毕，且已取得国有出让土地使用权后，与嘉和泰公司签订该土地使用权转让合同（按土地局规定文本），此合同一经土地局批准十日内，即由嘉和泰公司向太重公司支付剩余的土地补偿金，太重公司收到土地补偿金后，将土地证及已批准的土地使用权转让协议交由嘉和泰公司办理过户手续。《协议书》第三条 8 约定：出让费标准为太重公司在政策中能享受到的最优惠的价格标准。显然双方存在合理减少土地转让费的合意。由此可以推断，《转让合同》是按照土地局规定文本，为履行土地局的批准手续而作出的。双方将转让价格约定为 5255.08 万元，是为了少报纳税金额，而非变更原约定的转让价格。因此，《转让合同》中关于转让价格及土地增值税的约定并非双方当事人真实意思表示，该类条款只会使国家税款减少，因此该类条款应认定无效。其余条款与以前协议内容基本竞合，是双方当事人的真实意思表示，且经土地管理部门审查，并作了土地权属变更登记，双方已实际履行，为有效条款。

（四）关于嘉和泰公司已付价款数额的确定问题、税金问题及违约金问题。

（1）嘉和泰公司已付土地补偿金数额的问题。太重公司和嘉和泰公司对已付款有两

个问题意见不同：一是承兑汇票。太重公司认为 2002 年 4 月 2 日 2000 万元和 8 月 12 日 1000 万元承兑汇票应当扣除贴现利息；嘉和泰公司认为应以收款金额和收据金额为准。一审法院认为，在双方未就付款方式作出明确约定情况下，嘉和泰公司以承兑汇票方式付款并无不妥，太重公司收取承兑汇票后也没有提出异议。对太重公司扣除贴现利息的主张不予支持。二是国土资源局收取的 386.72 万元土地出让金。嘉和泰公司认为其向国土资源局交纳的 386.72 万元出让金应计入太重公司收取的土地补偿金数额。一审法院认为，太重公司出售该地，实际就是要取得 94 万元／亩，合计 6058.3 万元的土地补偿金收益，其他一切费用均由嘉和泰公司支付。《协议书》第三条 9 约定：太重公司土地出让手续办理完毕且嘉和泰公司已支付全部土地补偿金后，太重公司即为嘉和泰公司办理土地使用权转让手续，转让费由嘉和泰公司承担。因此，该笔出让金不应算在太重公司收取的补偿金中。

故按照《协议书》约定，嘉和泰公司应支付太重公司土地补偿金 6058.3 万元，已支付 4580 万元，欠付太重公司土地补偿金 1478.3 万元。

（2）税金问题。双方在《补充协议》中约定：除流转税按 76% 和 24% 的比例由太重公司和嘉和泰公司承担外，其余所有税费均由嘉和泰公司承担。嘉和泰公司认为，各项税金的纳税主体是明确的，双方的约定是规避法律的行为，应属无效。一审法院认为双方当事人对税金的约定并不违反法律、法规强制性规定。嘉和泰公司向太重公司支付的补偿金是双方约定的不含税价格，双方约定各种税金由嘉和泰公司承担合法有效。但是土地增值税和印花税太重公司并未交纳，营业税部分交纳部分未发生，对于未交纳的税费太重公司没有权利向嘉和泰公司主张，在各税费实际发生后，太重公司可依据《协议书》及《补充协议》向嘉和泰公司主张或另

行起诉。对太重公司已缴付的 41.25 万元契税，予以支持。

（3）违约金问题。一审法院认为嘉和泰公司没有完全履行其付款义务，是基于双方签订了两份合同，双方都有过错，因此对太重公司主张按照日万分之四计算违约金的请求，不予支持。但由于嘉和泰公司迟延付款的责任显然大过太重公司，其迟延付款的行为客观上给太重公司造成了利息损失。依照《中华人民共和国合同法》第一百零七条的规定，利息损失也属违约责任的一种，太重公司虽然未提出利息损失的请求，但提出了违约金请求。因此嘉和泰公司应负担迟延付款的利息。

综上，一审法院依照《中华人民共和国民事诉讼法》第六十四条第一款，《中华人民共和国合同法》第五十六条、第七十八条、第一百零七条、第一百零九条之规定，判决：（一）嘉和泰公司于判决生效后三十日内向太重公司支付土地补偿金 1478.3 万元及利息（自 2005 年 9 月 23 日起至判决确定的支付之日，以 1478.3 万元为基数，按照中国人民银行同期贷款利率计算）。（二）嘉和泰公司于判决生效后三十日内，向太重公司支付契税 41.25 万元。（三）驳回太重公司的其他诉讼请求。案件受理费 51.7998 万元，保全费 26.5 万元，其他诉讼费 4.5 万元，由太重公司负担 50 万元，由嘉和泰公司负担 32.7998 万元。

嘉和泰公司不服一审判决，向本院提起上诉，请求：1. 撤销一审判决，依法改判驳回太重公司的诉讼请求；2. 一、二审诉讼费用由太重公司承担。事实和理由如下：（1）关于《转让合同》的效力。《转让合同》是双方当事人真实意思表示，符合法律规定，并经政府批准，是最终确定双方土地使用权转让法律关系的合法文件，土地价格应以《转让合同》的约定为准。嘉和泰公司已按约定履行完毕自己的义务，不存在拖欠款项的行为，一审判决嘉和泰公司承担责任是错误的。

（2）关于《协议书》和《补充协议》的效力。《协议书》和《补充协议》签订时，该宗土地为行政划拨地。根据法律规定，太重公司无权转让该宗土地，应属无效协议。在办理出让手续后，《协议书》的效力才得到补正，才发生法律效力。虽然该协议有效了，但它先天不足是事实，需要在履行过程中逐步合法化。《协议书》是《转让合同》的准备，并最终被《转让合同》取代。（3）一审判决认定"《协议书》和《转让合同》是针对同一标的所签订的新旧两份合同"。既然如此，根据合同法的一般原理，后合同（《转让合同》）的效力应当优于前合同（《协议书》），政府批准的合同效力当然优于未经批准的合同。（4）《转让合同》和《协议书》相冲突的约定，应以《转让合同》为准。与《协议书》相比，《转让合同》在转让范围、面积、价格、增值税负担等方面都发生了变化，当然应以《转让合同》为准。（5）《补充协议》就税费负担所作的约定，违反了税法的强制性规定。即使有效，增值税的负担约定也显失公平。增值税的纳税主体是转让人而非受让人，所以《转让合同》变更增值税由太重公司承担。（6）一审判决认定嘉和泰公司已付价款数额有误，嘉和泰公司代太重公司支付的 386.72 万元出让金，应计入已付款数额。（7）2005 年以后所付 330 万元是为了促使太重公司履行全面交付土地义务，被迫多付的。（8）假如一审判决结果是正确的，其对诉讼费的分担违背了人民法院诉讼收费办法，超过嘉和泰公司应负担的比例。

针对嘉和泰公司的上诉，太重公司答辩称，（一）嘉和泰公司主张《转让合同》取代《协议书》和《补充协议》毫无根据且严重歪曲事实。（二）嘉和泰公司对协议约定的出让金和税金提出异议目的是歪曲协议、赖账。（三）嘉和泰公司认为 386.72 万元出让金应由太重公司承担，没有根据。

太重公司不服一审判决，向本院提起上诉，请求：1. 撤销一审判决，依法改判支持太重公司一审的全部诉讼请求；2. 一、二审诉讼费用均由嘉和泰公司承担。事实和理由是：（1）一审判决对嘉和泰公司欠付土地转让金的事实没有认定是错误的。《协议书》约定嘉和泰公司支付土地补偿金每亩94万元，是对太重公司进行土地拆迁、安置、三通一平等工作的补偿，而非土地转让价格。《转让合同》约定的是土地转让金，是土地本身的转让价格。两份合同的约定并不矛盾，更不重复，嘉和泰公司应当分别履行相应的合同付款义务。《协议书》与《转让合同》的内容相互独立，没有重复，均有双方当事人的盖章签字。根据《合同法》规定，两份合同均成立并生效。在两份合同中，并没有任何相互否定或者变更的条款，分别构成双方不同的权利义务。（2）一审判决为嘉和泰公司减免大部分违约责任，没有依据，也不公平。一审判决已认定嘉和泰公司拖欠土地补偿金的事实存在，应当履行付款义务，但是将太重公司根据合同约定诉请的违约金改为支付同期贷款利息，并且违约金的起算时间也被推迟了两年零八个月之多，显然不符合约定，对太重公司是不公平的。根据《协议书》第四条约定，协议签订后两日内，嘉和泰公司支付土地补偿金500万元，十日内支付1500万元；太重公司取得国有土地使用权后，双方签订土地使用权转让合同，此合同经土地局批准十日内，嘉和泰公司支付剩余的土地补偿金。第五条约定，嘉和泰公司未按本协议第四条约定的时间支付该条约定款项，则按该条应支付的款项，每超过一日按万分之四计息补偿给太重公司。以上约定清楚明确，对双方均有法律约束力，人民法院应当尊重当事人的意思自治。按《协议书》约定，嘉和泰公司应在《转让合同》经批准十日内付清土地补偿金。而《转让合同》经批准的时间双方均认可为2003年1月15日，则嘉和泰公司付清土地补偿金的时间应为2003年1月25日。太重公司正是据此计算违约金，并且对嘉和泰公司中间几次还款均相应予以核减，

分段计算。截至2006年1月12日，嘉和泰公司应当支付违约金755.86256万元。这一计算结果既符合合同约定，也符合客观事实，应当得到法院的支持。（3）一审判决驳回太重公司对税金的诉讼请求是错误的。依法纳税是企业应承担的义务，税金对于太重公司是必然发生的费用，太重公司当然有权主张，是否已经发生并不影响嘉和泰公司承担合同义务。而且应纳税款的计算均有国家相关法律法规的规定，太重公司起诉税费金额是依法计算的结果，有充分的法律依据，应当得到支持。（4）一审判决对嘉和泰公司已付款数额认定也存在错误。嘉和泰公司支付的款项中有2002年4月2日2000万元承兑汇票应扣除贴现利息30.3万元；8月12日1000万元的承兑汇票应扣除贴现利息15.6万元。

针对太重公司的上诉，嘉和泰公司答辩称，嘉和泰公司不欠太重公司任何款项，太重公司的上诉请求应被驳回。（一）《协议书》和《补充协议》已被《转让合同》取代。嘉和泰公司已按《转让合同》确定的价格履行完毕付款义务，并无任何拖欠。（二）嘉和泰公司按约履行了全部付款义务，不拖欠太重公司的任何款项，太重公司无权主张所谓的违约金。（三）太重公司主张的各种税费包括营业税、契税、印花税、土地增值税由嘉和泰公司承担不能成立。因为《转让合同》取代《协议书》及《补充协议》后，《转让合同》并没有约定上述税费由嘉和泰公司承担，《转让合同》第8条还明确约定增值税由太重公司承担。（四）太重公司认为已付款中应扣除贴现利息，没有依据。嘉和泰公司支付承兑汇票时，太重公司按票面金额开具了收据，已认可不扣除贴现利息，现在无权主张扣除。

本院二审查明的事实与一审法院查明的事实相同。

本院认为，嘉和泰公司和太重公司对于《协议书》《补充协议》及《转让合同》的真实性均无异议。综合双方当事人的上诉请求及事实和理由，本案二审争议的焦点问题是：

（一）《协议书》《补充协议》和《转让合同》的效力及相互关系问题；（二）嘉和泰公司已付土地补偿金的数额问题；（三）太重公司关于税金的请求是否成立问题；（四）太重公司关于违约金的请求是否成立问题。

（一）关于《协议书》《补充协议》和《转让合同》的效力及相互关系问题。

首先，关于《协议书》《补充协议》的效力，太重公司认为《协议书》《补充协议》是双方的真实意思表示，不违反国家法律法规，是合法有效的合同。嘉和泰公司认为《协议书》签订时，该宗土地为行政划拨地，根据法律规定，太重公司无权转让该宗土地，应属无效协议。而《补充协议》就税费负担的约定，违反了税法的强制性规定。本院认为，《协议书》《补充协议》是双方在平等的基础上，自愿协商达成的协议，是双方真实的意思表示。《协议书》不仅详细的约定了所转让土地的面积、价格、付款方式、违约责任，还具体约定了双方权利义务及履行程序。《协议书》签订时，嘉和泰公司及太重公司均知道该宗土地属于划拨用地，所以在《协议书》第三条8约定：由太重公司负责办理土地出让手续；第三条9约定：太重公司土地出让手续办理完毕，即为嘉和泰公司办理土地使用权转让手续。这一缔约行为并没有规避法律损害国家利益，事实上，太重公司和嘉和泰公司正是按照上述约定完成该宗土地转让的。2002年9月24日太重公司与太原市国土资源局签订《出让合同》，取得该宗土地的使用权，嘉和泰公司支付土地出让金；同年12月太重公司与嘉和泰公司签订《转让合同》，嘉和泰公司依据《协议书》向太原市国土资源局支付土地转让款，随后完成土地使用权变更登记；均是双方履行《协议书》的真实行为。根据最高人民法院《关于审理涉及国有土地使用权合同纠纷案件适用法律问题的解释》第九条规定："转让方未取得出让土地使用权证书与受让方订立合同转让土地使用权，起诉前转让方已经取得出让土地使用权

证书或者有批准权的人民政府同意转让的，应当认定合同有效。"因此，《协议书》合法有效。《补充协议》是对《协议书》约定转让土地使用权的税费承担所作的补充约定，明确了转让土地使用权的税费如何承担及由谁承担的问题。虽然我国税收管理方面的法律法规对于各种税收的征收均明确规定了纳税义务人，但是并未禁止纳税义务人与合同相对人约定由合同相对人或第三人缴纳税款。税法对于税种、税率、税额的规定是强制性的，而对于实际由谁缴纳税款没有作出强制性或禁止性规定。故《补充协议》关于税费负担的约定并不违反税收管理方面的法律法规的规定，属合法有效协议。嘉和泰公司关于《协议书》签订时，所转让的土地属划拨地，太重公司无权转让及《补充协议》就税费负担的约定违反税法的强制性规定，均属无效协议的主张，没有法律依据，不予支持。一审法院关于《协议书》合法有效及《补充协议》与《协议书》具有相同的法律效力的认定是正确的，应予维持。

其次，关于《转让合同》的效力问题，嘉和泰公司认为，《转让合同》是双方当事人真实意思表示，符合法律规定，并经政府批准，是最终确定双方土地使用权转让关系的合法文件，土地使用权转让价格应以《转让合同》约定为准。太重公司认为，《转让合同》有效，嘉和泰公司应承担《转让合同》约定的支付土地转让金义务。本院认为，太重公司与嘉和泰公司之所以在《协议书》之外又签订《转让合同》，是因为签订《协议书》时，双方当事人均知道所转让的土地属划拨用地，不能直接转让。只有在太重公司办完土地出让手续，取得国有出让土地使用权后，再与嘉和泰公司签订国有出让土地使用权转让合同，并由双方共同到土地管理部门办理登记备案，才能完成该宗土地使用权转让。因此，《转让合同》对于太重公司及嘉和泰公司来讲就是到土地管理部门办理登记备案手续，以完成《协议书》约定的转让土地

使用权行为，而并非为了变更《协议书》的约定条款或者构成双方新的权利义务关系；对于土地管理部门来讲，以《转让合同》登记备案，则表明土地管理部门认可《转让合同》中的价格并据此征收转让税费，办理相关手续。虽然《转让合同》中的价格比双方当事人实际约定的价格低，但土地管理部门给予登记备案的事实表明，土地管理部门认可双方当事人可以此最低价格办理土地使用权转让手续，也表明双方当事人这一做法并不违反土地管理部门的相关规定。事实上，土地管理部门也正是依据该《转让合同》办理了土地权属变更手续。由此可以认定，在本案中《转让合同》仅是双方办理登记备案之用，别无他用，其效力仅及于登记备案。《转让合同》对于合同双方既没有变更《协议书》约定条款，也不构成新的权利义务关系。从嘉和泰公司支付土地补偿金的过程和数额看，也可证明嘉和泰公司在签订《转让合同》后，仍是按《协议书》约定的土地补偿金数额支付的。故嘉和泰公司关于应以《转让合同》中的价格作为本案土地使用权转让价格及太重公司关于以《转让合同》请求另外支付土地转让金的主张，均不符合本案实际情况，没有事实依据，不能成立。

再次，关于《协议书》《补充协议》与《转让合同》的关系，对于《补充协议》是《协议书》的补充约定双方均无异议，但对于《协议书》与《转让合同》双方争议较大。嘉和泰公司认为，《协议书》已被《转让合同》所取代，《转让合同》是本案唯一有效的合同。太重公司则认为，《协议书》约定的土地补偿金是对拆迁、安置的补偿。《转让合同》约定的土地转让金是土地本身的转让价格，两份合同的约定并不矛盾，也不重复，相互独立，均成立并有效。本院认为，双方当事人签订《转让合同》的目的是为了办理土地使用权转让登记备案手续。《转让合同》没有约定变更或取代《协议书》的条款，并未在双方当事人之间成立新的权利义务关系。从

双方当事人实际履行合同的情况看，太重公司转让土地使用权收取土地补偿金、出让金、转让金、太重公司与太原市国土资源局签订《出让合同》及其与嘉和泰公司签订《转让合同》到土地管理部门登记等行为都是在履行《协议书》约定的权利义务。而嘉和泰公司支付土地补偿金、出让金、转让金，取得土地使用权等也是履行《协议书》约定的权利义务。因此，本案中的《转让合同》是双方在土地管理部门办理土地使用权转让手续的备案合同；《协议书》才是双方实际履行的合同。嘉和泰公司关于《转让合同》取代《协议书》，《转让合同》是本案唯一有效合同的主张不能成立。太重公司关于《协议书》和《转让合同》相互独立，均成立有效，并据此要求嘉和泰公司分别支付土地补偿金及土地转让金的主张也不能成立。

综上，本院认为，《协议书》及《补充协议》是合法有效的协议，是确定双方当事人权利义务及违约责任的合同依据。

（二）嘉和泰公司已付土地补偿金的数额问题。

太重公司对于已收到嘉和泰公司以承兑汇票、支票、现金形式支付的土地补偿金总额4580万元人民币并无异议。但认为其中2002年4月2日2000万元承兑汇票应扣除贴现利息30.3万元及2002年8月12日1000万元承兑汇票应扣除贴现利息15.6万元。本院认为，根据2002年3月26日太重公司与嘉和泰公司签订的《协议书》第四条1约定，嘉和泰公司在《协议书》签订十日内，应支付土地补偿金2000万元。嘉和泰公司应按约定时间履行付款义务。但嘉和泰公司以2002年9月到期的2000万元承兑汇票支付该笔土地补偿金，导致太重公司不能在约定时间实际收到该款项。太重公司只有支付贴现利息，才能在约定时间取得上述款项。嘉和泰公司这种以远期承兑汇票履行到期付款义务的行为，实际是迟延付款，属于不当履行合同义务的行为。由于嘉和泰公司不当履行合同义

务，造成太重公司为此支付 30.3 万元的贴现利息损失，应由嘉和泰公司承担。太重公司关于扣除该贴现利息的上诉请求成立，应予支持。一审判决对此处理不当，应予纠正。关于 2002 年 8 月 12 日 1000 万元承兑汇票，是嘉和泰公司依据《协议书》第三条 8 的约定支付的土地出让金。而太重公司在一审中并未对土地出让金提出诉讼请求，因此太重公司关于该 1000 万元承兑汇票的贴现利息的上诉请求不属于本院二审的审理范围。

嘉和泰公司认为其 2002 年 12 月 31 日向太原市国土资源局支付的 386.72 万元土地出让金应计入已付土地补偿金数额。本院认为，该笔款项是 2002 年 12 月太重公司与嘉和泰公司签订《转让合同》后，由嘉和泰公司直接支付给太原市国土资源局的。依据《协议书》第三条 9 约定，太重公司土地出让手续办理完毕且嘉和泰公司支付全部土地补偿金后，太重公司即为嘉和泰公司办理土地使用权转让手续，转让费用由嘉和泰公司承担。故该笔款项属于嘉和泰公司应承担的土地转让款，不应计入其已付的土地补偿金数额。一审判决处理适当，应予维持。

综上，一审判决认定嘉和泰公司已付土地补偿金 4580 万元，尚欠太重公司土地补偿金 1478.3 万元有误，应予纠正。嘉和泰公司实欠太重公司土地补偿金 1508.6 万元。

（三）太重公司的税金请求是否成立问题。

根据《补充协议》的约定、除流转税按 76% 和 24% 的比例由太重公司和嘉和泰公司分别承担外，其余所有税费均由嘉和泰公司承担。如前所述，《补充协议》关于税费负担的约定并不违反税收管理法律法规的规定，是合法有效协议，双方当事人应按约定履行自己的义务。关于太重公司在没有缴纳税金的情况下是否有权请求嘉和泰公司支付其所承担的税金的问题。本院认为，《补充协议》约定转让土地使用权税费的承担，只是明确了转让土地使用权过程中所发生的相关税费

由谁负担的问题。而对于何时缴纳何种税费及缴纳多少税费，《补充协议》没有约定，也无法约定。只有在相关主管部门确定税费种类及额度，太重公司缴纳后，嘉和泰公司才能支付。太重公司在未缴纳税金，也没有相关部门确定纳税数额的情况下，请求嘉和泰公司支付转让土地税金，没有事实依据。一审判决对于太重公司要求嘉和泰公司支付其尚未缴纳的税费的请求不予支持，但提示其在实际缴纳税费后可以向嘉和泰公司另行主张权利的处理，并无不当，应予维持。对太重公司已缴纳的营业税和契税，一审判决只支持太重公司的契税请求而没有支持其关于营业税的请求不当，应予纠正。对于太重公司已缴纳的 242.526 万元营业税。嘉和泰公司应按 24% 比例负担 58.20624 万元。

（四）关于太重公司的违约金请求是否成立问题。

本院认为，《协议书》对于双方当事人具体的权利义务中包括嘉和泰公司付款时间、数额及违约责任均作出了明确约定。太重公司及嘉和泰公司都应按照诚实、信用原则，实际履行合同义务。太重公司按约定办理了土地出让、转让手续并将涉案地块实际交付给嘉和泰公司。嘉和泰公司应按约定履行付款义务，但嘉和泰公司在取得土地使用权后，未按约定时间及数额支付土地补偿金。嘉和泰公司迟延向太重公司支付土地补偿金是引起本案诉讼的主要原因。因此，嘉和泰公司的行为已构成违约，应按合同约定承担违约责任。一审判决认定嘉和泰公司迟延付款构成违约，但对太重公司按照合同约定的日万分之四的比例计算违约金的请求却未予支持，并将双方当事人按照日万分之四的比例计算违约金的约定调整为按银行利率计算利息。根据《中华人民共和国合同法》第一百一十四之规定，人民法院对于当事人在合同中约定的违约金的数额，只有在当事人请求调整，并确实低于或过分高于违约行为给当事人造成的损失时，才能进行调整。一审判决对违

约金的调整既违背当事人双方的约定，也缺少法律依据，应予纠正。太重公司关于嘉和泰公司应按合同约定承担违约责任，支付违约金的上诉请求理据充分，应予支持。因为嘉和泰公司最后支付土地补偿金的时间是2005年9月23日，太重公司此前并未要求嘉和泰公司支付违约金。故嘉和泰公司应从2005年9月23日起承担违约责任。

综上所述，嘉和泰公司的上诉请求没有事实和法律依据，应予驳回。太重公司的上诉请求，部分有事实和法律依据，应予支持；部分没有事实和法律依据，应予驳回。一审判决认定事实清楚，但适用法律部分有误，应予纠正。根据《中华人民共和国民事诉讼法》第一百五十三条第一款第（二）项之规定，判决如下：

一、维持山西省高级人民法院（2006）晋民初字第20号民事判决第三项；

二、变更山西省高级人民法院（2006）晋民初字第20号民事判决第一项为：山西嘉和泰房地产开发有限公司于判决生效后三十日内向太原重型机械（集团）有限公司支付土地补偿金1508.6万元人民币，并从2005年9月23日起按实际迟延付款天数以日万分之四的比例计算违约金支付给太原重型机械

（集团）有限公司直至还清之日止；

三、变更山西省高级人民法院（2006）晋民初字第20号民事判决第二项为：山西嘉和泰房地产开发有限公司于判决生效后三十日内，向太原重型机械（集团）有限公司支付营业税58.20624万元人民币，支付契税41.25万元人民币。

如逾期不履行本判决确定之金钱给付义务，应当依照《中华人民共和国民事诉讼法》第二百三十二条之规定，加倍支付迟延履行期间的债务利息。

一审案件受理费51.7998万元，保全费26.5万元，其他诉讼费4.5万元，合计82.7998万元，由太原重型机械（集团）有限公司负担50万元，山西嘉和泰房地产开发有限公司负担32.7998万元；二审案件受理费48.799848万元，由山西嘉和泰房地产开发有限公司负担。

本判决为终审判决。

审　判　长　×××
审　判　员　×××
审　判　员　×××
二〇〇七年十二月二十一日
书　记　员　×××

崂山国土局与南太置业公司国有土地使用权出让合同纠纷案

《最高人民法院公报》2007年第03期

【裁判摘要】

（一）根据《中华人民共和国合同法》第四十五条的规定，当事人对合同的效力约定所附条件，是指在合同中特别约定一定的条件，以条件成就与否作为合同效力发生的根据。该条件必须是将来发生的、不确定的、约定的、合法的事实。政府机关对有关事项或者合同审批或者批准的权限和职责，源于法律和行政法规的规定，不属于当事人约定的范畴。当事人将上述权限和职责约定为合同所附条件，不符合法律规定。

（二）根据《中华人民共和国合同法》第

五十二条第（五）项和最高人民法院《关于适用〈中华人民共和国合同法〉若干问题的解释（一）》第四条的规定，确认合同无效应当以法律和行政法规作为依据，不得以地方性法规和行政规章作为依据。双方当事人签订的《国有土地使用权出让合同》中约定的土地用途与规划和评估报告中的土地用途不同，如果可能导致土地使用权出让金低于订立合同时当地政府按照国家规定确定的最低价的，属于影响国有土地使用权出让合同价格条款效力的因素，但不导致国有土地使用权出让合同无效。

（三）根据《中华人民共和国民法通则》第六条的规定，民事主体从事民事活动，除必须遵守法律外，在法律没有规定的情况下还应当遵守国家政策。国务院下发的有关规范整顿土地出让市场秩序的通知以及国务院有关部委颁发的贯彻配套规定等规范性文件，属于国家政策。按照国家有关政策规定，在2002年7月1日前未经市、县政府前置审批或者签订书面项目开发协议而在此后协议出让经营性用地的，应当按照有关规定改为以招标拍卖挂牌方式出让。完善招标拍卖挂牌手续的，属于对有关国有土地使用权出让合同的变更或者解除，影响到相关合同能否实际履行以及是否解除问题，不影响和限制合同的效力。

（四）解除权在实体方面属于形成权，在程序方面则表现为形成之诉。在没有当事人依法提出该诉讼请求的情况下，人民法院不能依职权径行裁判。

最高人民法院
民事判决书

(2004) 民一终字第 106 号

上诉人（原审被告）：青岛市崂山区国土资源局，住所地山东省青岛市崂山区政府行政大厦。

法定代表人：冯益光，该局局长。

委托代理人：罗杰，北京市中经律师事务所律师。

委托代理人：孟凡胜，北京市中经律师事务所律师。

被上诉人（原审原告）：青岛南太置业有限公司，住所地山东省青岛市市南区太平角六路2号。

法定代表人：宋雷，该公司董事长。

委托代理人：唐俭，山东万润律师事务所律师。

委托代理人：马桂芹，山东万润律师事务所律师。

上诉人青岛市崂山区国土资源局（以下简称崂山区国土局）与被上诉人青岛南太置业有限公司（以下简称南太公司）国有土地使用权出让合同纠纷一案，山东省高级人民法院于2004年9月14日作出（2004）鲁民一初字第9号民事判决。崂山区国土局不服一审判决，向本院提起上诉。本院受理后，依法组成合议庭，于2004年12月2日开庭审理了本案。崂山区国土局的委托代理人罗杰、孟凡胜，南太公司的委托代理人唐俭、马桂芹到庭参加诉讼。本案现已审理终结。

一审法院经审理查明：2001年2月23日，山东省青岛市人民政府在澳大利亚举办"青岛日"招商活动。在招商活动中，山东省青岛市崂山区沙子口街道办事处段家埠村与澳大利亚南太置业股份有限公司、青岛鑫城房地产有限公司签订了《开发"澳大利亚旅游观光度假村"联建合同书》，青岛高科园管委会副主任张运平作为山东省青岛市崂山区沙子口街道办事处段家埠村授权代表，澳洲南太资源开发集团公司首席执行官作为澳大利亚南太置业股份有限公司和青岛鑫城房地产有限公司授权代表，山东省青岛市人民政府副市长周嘉宾作为山东省青岛市崂山区沙子口街道办事处段家埠村证人代表，澳洲本市政厅议员派克柯·顿作为澳大利亚南太置业股份有限公司和青岛鑫城房地产有限公司证人代表，分别在合同上签了字。

2001年8月15日，崂山区国土局与南太公司、澳大利亚南太置业股份有限公司签订青崂土预字（2001）第18号《青岛市崂山区国有土地使用权预约协议》。该协议约定：土地位于山东省青岛市崂山区沙子口街道办事处段家埠村，土地面积为20万平方米，土地使用权出让费用为每亩21万元，总计金额为6300万元，土地规划用途为综合用地，使用期限为50年；南太公司和澳大利亚南太置业股份有限公司凭本协议办理企业设立等手续，在预约有效期内，与崂山区国土局正式签订《国有土地使用权出让合同》，取得土地使用权。

2001年10月11日，山东省青岛市人民政府以商外资青府字（2001）0820号《外商投资企业批准证书》同意成立南太公司。该批准证书载明，企业类型为中外合资企业，经营年限为十年，注册资本为2000万元，其中澳大利亚南太置业股份有限公司出资600万元，占注册资本的30%；青岛鑫城房地产有限公司出资200万元，占注册资本的10%；青岛福日汽车销售有限公司出资600万元，占注册资本的30%；青岛高科工业园竟佳商贸有限责任公司出资600万元，占注册资本的30%。经营范围：在山东省青岛市崂山区沙子口街道办事处段家埠村，依据青崂土预字（2001）第18号文确定的300亩土地范围内，从事房地产开发及房屋销售等业务。2001年11月13日，山东省青岛市工商行政管理局给南太公司颁发了《企业法人营业执照》。

2002年1月24日，山东省青岛市崂山区发展计划局依据南太公司的申请，下发崂计项字（2002）29号《关于澳洲花园项目立项的批复》，同意澳洲花园开发项目实施。该批复载明：1.项目内容：建设澳洲花园住宅小区，包括住宅、公寓和别墅。2.项目位于沙子口街道办事处段家埠村，总占地面积20万平方米，总建筑面积26万平方米。3.项目计划总投资3.5亿元，所需资金由南太公司自筹解决。4.项目计划2002年10月开工，建设工期3年。5.项目须办理土地使用、规划定点、环保、消防等审批手续后方可开工建设。

2002年2月4日，山东省青岛市规划局下发青规函字（2002）84号《建设工程规划审查意见书》。该意见书载明，根据《中华人民共和国城市规划法》和有关法规、规范规定及城市规划要求，函复意见如下：（1）根据山东省青岛市人民政府批复的沙子口镇总体规划，该项目用地规划性质为居住用地，开发性质与规划用地性质相符，同意选址建设。（2）考虑到拟建用地周边的建设现状与规划情况，为统筹安排拟建用地周边的开发建设与各类设施的综合配套，请建设单位依据沙子口总体规划，按照《城市规划编制办法》的要求，先行编制汉河西侧图示红线围合区域的控制性详细规划方案。（3）请到山东省青岛市规划局崂山分局落实河道蓝线、周边及区内道路红、绿线。（4）请抓紧作出上述区域的控制性详细规划并报山东省青岛市规划局审批后，再办理相关规划手续。

2002年7月29日，山东省青岛市规划局下发《建设用地规划设计条件通知书》，同意南太公司按规划设计条件，对该用地进行规划设计。

2002年12月26日，山东省青岛市人民政府向山东省人民政府报送《关于崂山区2002年度第十八批城市建设用地的请示》。该请示称，经审查，该批用地符合崂山区沙子口街道办事处土地利用总体规划，在确定的建设用地范围内，所占耕地已开发补充同等数量的耕地，并验收合格，拟同意作为崂山区2002年度第十八批城市建设用地呈报，办理农用地转用和土地征用手续。该用地经批准后，由崂山区国土局作为储备土地进行管理。具体安排项目时，按照国家规定分别供地。土地有偿使用费由崂山区人民政府负责缴纳。

2002年12月27日，山东省青岛市规划局崂山分局下发《建设工程规划方案审查意见书》，原则同意南太公司报送的沙子口8号线、10号线、12号线、15号线、17号线、19号线道路工程规划设计方案，并要求南太公司报审施工图。

2003年1月6日，崂山区国土局与南太公司签订《国有土地使用权出让合同》。该合同第三条约定：崂山区国土局出让给南太公司的宗地位于沙子口街道办事处段家埠村，宗地面积186235平方米，其中出让土地面积为152702平方米。第四条约定：出让土地用途为住宅。第六条约定：出让年限为50年。第七条约定：出让金为每平方米369.15元，总额为56369943.3元。第十五条约定：南太公司在按本合同约定支付全部土地使用权出让金之日起30日内，应持本合同和土地使用权出让金支付凭证，按规定向崂山区国土局申请办理土地登记，领取《国有土地使用权证》，取得出让土地使用权。崂山区国土局应在受理土地登记申请之日起30日内，依法为南太公司办理出让土地使用权登记，颁发《国有土地使用权证》。第四十条第二款约定：本合同项下宗地出让方案尚需经山东省人民政府批准，本合同自山东省人民政府批准之日起生效。第四十五条约定：本合同未尽事宜，由双方约定后作为合同附件，与本合同具有同等法律效力。同日，双方就本合同未尽事宜达成《补充协议》，该《补充协议》第四条约定：根据合同第三条约定，宗地总面积为186235平方米，其中净地面积152702平方米，南太公司同意代征道路及绿化带面积33533平方米，价格为每亩5万元，总计2514975元，并承担相关税费及地面附着物补偿费。最终用地面积确定后，本款用地面积作相应调整。第五条约定：崂山区国土局供地时间自本合同批准之日起。第六条约定：本协议经崂山区国土局和南太公司双方签字、盖章后生效。

2003年1月13日，山东省青岛市规划局向南太公司发放了青规用地字（2003）3号《建设用地规划许可证》，明确"澳洲花园"项目用地符合城市规划要求，准予办理规划用地手续。

2003年2月19日，山东省人民政府下发鲁政土字（2003）52号《关于青岛市崂山区2002年第十八批次城市建设用地的批复》，同意青岛市将崂山区沙子口街道办事处20万平方米农用地转为建设用地，其中耕地66191平方米，园地133809平方米。上述农用地转用后同意征用，用于山东省青岛市城市建设。

2004年4月12日，崂山区国土局以《国有土地使用权出让合同》无效、其无法履行合同约定的义务为由，通知南太公司解除双方签订的《国有土地使用权出让合同》，并要求南太公司于接到通知后30日内到崂山区经营性用地合同清理办公室办理退款等相关事宜。2004年6月18日，崂山区国土局向南太公司送达《关于抓紧办理土地出让金退款手续的函》，要求南太公司于接到本函后15日内到崂山区经营性用地合同清理办公室办理土地出让金退款等相关手续，逾期崂山区经营性用地合同清理办公室将依法律程序退还南太公司已经缴纳的土地出让金。

另查明，自2001年9月28日至2003年5月29日，南太公司付清了出让合同约定的土地出让金56369943.3元及《补充协议》约定的代征道路及绿化用地征地费2514975元，两项合计58884918.3元。

2004年6月28日，南太公司向一审法院起诉称，南太公司系青岛"澳洲花园"项目的开发商，《国有土地使用权出让合同》是为该项目用地所签。该项目是山东省青岛市人民政府的招商引资项目，该项目及为此项目成立的项目公司已经山东省青岛市人民政府合法批准。2003年2月19日，山东省人民政府以鲁政土字（2003）52号文批复了澳洲花园项目所涉土地使用权的农用地转用手续及征地事宜。山东省青岛市规划局及崂山分局、崂山区发展计划局以及崂山区国土局为南太公司办理了"澳洲花园"项目所需的各种规划手续。依据2001年8月15日南太公司与崂山区国土局签订的《国有土地使用权预约协议》，2003年1月6日双方正式签订了《国有土地使用权出让合同》。该合同签订后，南太公司不仅如约履行了自己的义务，还向当地村民支付了500万元的土地补偿费，并协助当地村委会给全体村民办理了养老保险等相关事宜。但崂山区国土局却不仅没有依约为南太公司办理《国有土地使用权证》，反而以合同无效为由，于2003年7月口头通知南太公司解除合同，于2004年4月12日书面通知南太公司解除合同，于同年6月18日发函催促南太公司办理退款手续。崂山区国土局的行为不仅严重违约，而且给南太公司造成了不可估量的经济损失。为维护自己的合法权益，特请依法判令崂山区国土局继续履行《国有土地使用权出让合同》，立即为南太公司颁发土地使用权证。

崂山区国土局口头答辩称，崂山区国土局和南太公司签订的《国有土地使用权出让合同》没有生效，该合同对双方当事人没有约束力。请求一审法院判决驳回南太公司的诉讼请求。

一审法院经审理认为，双方当事人的争议焦点为：《国有土地使用权出让合同》是否生效及是否有效；《国有土地使用权出让合同》应否继续履行。

关于《国有土地使用权出让合同》是否生效及是否有效问题。根据《国有土地使用权出让合同》第四十条第二款的约定，该合同的生效条件为"本合同项下宗地出让方案尚需经山东省人民政府批准，本合同自山东省人民政府批准之日起生效"。经查，本案所涉及的"澳洲花园"项目是山东省青岛市人民政府在招商引资活动中引入的项目，该项目引进后，与该项目相关的立项、规划、用地等手续已经山东省青岛市人民政府有关职能部门批准。2002年12月26日山东省青岛市人民政府向山东省人民政府报送了《关于

崂山区2002年第十八批城市建设用地的请示》，该请示的内容包括了本案所涉及的土地。2003年2月19日，山东省人民政府以《关于青岛市崂山区2002年第十八批次城市建设用地的批复》，批准了山东省青岛市人民政府的用地请示。至此，双方当事人所签订的《国有土地使用权出让合同》的生效条件已成就，该合同自山东省人民政府批复之日起生效。至于山东省青岛市人民政府报送的请示中是否包括合同约定的"出让方案"，不影响该合同的效力。崂山区国土局关于《国有土地使用权出让合同》没有生效的抗辩主张不成立，不予支持。双方当事人签订的《国有土地使用权出让合同》及《补充协议》内容合法，意思表示真实，为有效合同。

关于《国有土地使用权出让合同》应否继续履行问题。南太公司按照《国有土地使用权出让合同》和《补充协议》约定，付清了土地出让金和代征道路及绿化用地征地费，山东省青岛市人民政府有关职能部门为该项目办理了项目立项、规划、土地农转用、征用等手续，双方的合同义务已基本履行完毕。根据合同第十五条的约定，今后只要崂山区国土局继续履行合同义务，依约为南太公司办理国有土地使用权证，合同目的即可得到实现。因此，南太公司请求崂山区国土局继续履行合同的主张，予以支持。据此判决：（一）崂山区国土局、南太公司继续履行双方于2003年1月6日签订的《国有土地使用权出让合同》；（二）崂山区国土局于判决生效后三十日内为南太公司办理《国有土地使用权证》。案件受理费291859.72元，财产保全费281849.72元，均由崂山区国土局负担。

崂山区国土局不服一审判决，向本院提起上诉，请求撤销一审判决，改判驳回南太公司的诉讼请求，由南太公司负担本案一审、二审诉讼费及财产保全费。主要事实和理由是：

（一）一审判决认定崂山区国土局与南太公司所签《国有土地使用权出让合同》的生

效条件已经成就不符合事实和法律规定。

1. 本案所涉《国有土地使用权出让合同》是附生效条件的合同，所附条件并未成就。双方明确约定了合同的生效条件，即在《国有土地使用权出让合同》第四十条约定："本合同项下宗地出让方案尚需经山东省人民政府批准，本合同自山东省人民政府批准之日起生效。"在双方签订的《补充协议》第五条中也约定，崂山区国土局供地时间自本合同批准之日起。《合同法》第四十五条规定："当事人对合同的效力可以约定附条件。附条件的合同，自条件成就时生效。"本案中双方约定的合同生效条件，即本合同项下宗地出让方案，山东省人民政府从未批复过。按国家法律规定，只有供地方案（包括出让方案）经过有批准权的人民政府批准后，市、县人民政府土地行政管理部门才能与土地使用者签订《国有土地使用权出让合同》。《中华人民共和国土地管理法实施条例》第二十二条明确规定："建设单位持建设项目的有关批准文件，向市、县人民政府土地行政主管部门提出建设用地申请，由市、县人民政府土地行政主管部门审查，拟订供地方案，报市、县人民政府批准；需要上级人民政府批准的，应当报上级人民政府批准。供地方案经批准后，由市、县人民政府向建设单位颁发建设用地批准书。有偿使用国有土地的，由市、县人民政府土地行政主管部门与土地使用者签订国有土地有偿使用合同。"可见，供地方案的审批，是市、县人民政府土地行政主管部门签订土地出让合同的必经步骤，也是前置程序。在实践中，也存在先签合同后报批的情况。正因为有这种情况，由国土资源部和国家工商行政管理局监制的标准合同《国有土地使用权出让合同》才在开头部分"使用说明"第七条中指出："合同第四十条关于合同生效的规定中，宗地出让方案业经有权人民政府批准的，按照第一款规定生效；宗地出让方案未经有权人民政府批准的，按照第二款规定生效。"双方在签订《国有土地使

用权出让合同》时，对第四十条关于合同生效的规定作出了第二项选择，即"本合同项下宗地出让方案尚需经山东省人民政府批准，本合同自山东省人民政府批准之日起生效。"并且，根据《山东省实施〈中华人民共和国土地管理法〉办法》的规定，本案中的出让方案应当由山东省人民政府审批。实践中的做法是，土地使用者向建设项目当地市、县人民政府土地行政管理部门提出申请，由当地市、县人民政府土地行政管理部门拟定出让方案，报同级人民政府批准；需要报上级人民政府批准的，再报上级人民政府批准。根据 1999 年 8 月 22 日山东省人大常委会制定的《山东省实施〈中华人民共和国土地管理法〉办法》第二十四条规定："占用土地 8 公顷以上的，由省人民政府批准。"这是山东省地方性法规关于建设项目使用国有建设用地审批权限的规定。本案项下合同出让土地的面积为 15.27 公顷，依法应由山东省人民政府批准。因本案所涉的出让方案至今没有得到山东省人民政府批准，因而合同的生效条件始终没有成就。

2. 一审判决混淆了政府对出让方案审批和对农用地转用审批这两个不同性质的审批，错误地认定对农用地转用的审批就是对出让方案的审批。通过和取得农用地转用的审批是形成供地方案的前提条件。供地方案包括划拨方案和出让方案。之所以需要对供地方案（包括出让方案）进行审批，是因为我国《城市房地产管理法》第十一条规定："土地使用权出让，由市、县人民政府有计划、有步骤地进行。出让的每幅地块、用途、年限和其他条件，由市、县人民政府土地管理部门会同城市规划、建设、房地产管理部门共同拟订方案，按照国务院规定，报有审批权的人民政府批准后，由市、县人民政府土地管理部门实施。"依照《建设用地审查报批管理办法》第十条第四款的规定，供地方案（包括出让方案）应当包括供地方式、面积、用途、土地有偿使用费标准、数额等。可见，

对农用地转用的审批是对供地方案（包括出让方案）审批的前置程序，二者不能等同。而一审法院恰恰混淆了两者，在当事人已经在合同中明确约定以出让方案得到批准作为合同生效条件的情况下，错误地认为山东省人民政府批准山东省青岛市人民政府的农用地转用请示后，双方所签订《国有土地使用权出让合同》的生效条件就已经成就。山东省人民政府对青岛市人民政府的用地请示的批复，是对包括该《国有土地使用权出让合同》项下宗地在内的 20 万平方米的农用地转为建设用地的批复，并非是对出让方案的审批。一审判决认定双方当事人所签订的《国有土地使用权出让合同》的生效条件已成就，没有事实和法律依据。

（二）一审判决认定双方签订的《国有土地使用权出让合同》为有效合同不能成立。

1. 双方签订的《国有土地使用权出让合同》严重违反了《城市房地产管理法》第八条"城市规划区内的集体所有的土地，经依法征用转为国有土地后，该幅土地的使用权方可有偿转让"的规定。山东省人民政府是在 2003 年 2 月 19 日《关于青岛市崂山区 2002 年第十八批次城市建设用地的批复》中，同意青岛市将崂山区沙子口街道办事处 20 万平方米农用地转为建设用地。上述农用地转用后同意征用，用于青岛市城市建设。而本案所涉的《国有土地使用权出让合同》却早在 2003 年 1 月 6 日即已签订，其时农用地尚未被征用转为国有土地。建设用地须先征用后签订出让合同，这是房地产管理法的强制性规定。本案所涉的《国有土地使用权出让合同》违反了这一强制性规定。因此，该合同自始即没有法律效力。

2. 双方签订的《国有土地使用权出让合同》严重违反了国家关于招标拍卖挂牌出让国有土地使用权的相关强制性规定。国土资源部颁发的《招标拍卖挂牌出让国有土地使用权规定》早在 2002 年 7 月 1 日即已开始实施，而本案所涉的《国有土地使用权出让合同》在 2003 年 1 月 6 日才签订。《招标拍卖挂牌出让国有土地使用权规定》第四条规定："商业、旅游、娱乐和商品住宅等各类经营性用地，必须以招标、拍卖或者挂牌方式出让。"按照这一规定，本案《国有土地使用权出让合同》项下的土地必须通过招标、拍卖、挂牌的方式公开进行出让，而双方在《招标拍卖挂牌出让国有土地使用权规定》已实施半年后仍以协议方式签订《国有土地使用权出让合同》，出让国有土地用于住宅建设，违反了国家关于招标拍卖挂牌出让国有土地使用权的规定，也违反了国土资源部和监察部国土资发（2002）265 号《关于严格实行经营性土地使用权招标拍卖挂牌出让的通知》的相关规定。因此，该《国有土地使用权出让合同》属无效合同。

3. 除前述导致《国有土地使用权出让合同》无效的情形外，南太公司在签订《国有土地使用权出让合同》过程中还存在着与前崂山区国土局局长于志军恶意串通、损害国家利益的嫌疑。这一点从土地评估的过程即可窥知一斑。同以 2002 年 8 月 13 日为基准日，南太公司委托的青岛东部房地产评估咨询有限公司对本案项下土地的评估价格是每平方米 369.15 元，据此确认的南太公司应交纳的出让金为 56369943.3 元。崂山区国土局在处理群众对本案的举报中，又委托青岛衡元评估有限责任公司进行评估，评估的价格是每平方米 1001.9 元，如果据此要求南太公司交纳土地出让金，则应为 152992133.8 元。也就是说，每平方米的评估价格相差了近三倍，土地出让金的差距更是达 96622190.5 元之巨。根据《城市房地产市场估价管理暂行办法》第十条的规定，每个土地估价项目必须由两名以上的估价师承办，而南太公司委托的青岛东部房地产评估咨询有限公司的《土地估价报告》却是由一名估价师做出的。评估时的土地用途为综合用地，到了出让合同中就变成了住宅。而且，《国有土地使用权出让合同》使用说明中规定：合同第四条土地用途按《城镇地籍调查规程》规定的土地二级分类填写，属于综合用地的，应注明各类具体用途及所占的面积比例。双方签订的出让合同与规划和评估报告中的土地用途都不相同。

（三）一审法院以支持南太公司诉讼主张的判决结果，错误地否定了崂山区国土局贯彻中央和各级政府指示精神，对非法出让土地进行的纠偏行为。鉴于改革开放以来，由于我国政府在土地管理上的经验不足和立法上的滞后，加之部分房地产商与个别官员相勾结，在暴利的诱惑下不惜采用非法手段攫取土地，造成国家土地出让秩序混乱，大面积土地进入个别人的控制范围，国有资产流失严重，国务院于2001年以来出台了一系列政策、法规，严格整顿和规范土地出让行为。本案就是在这种国家整顿和治理土地管理秩序的大背景下发生的。在山东省人民政府高度重视下，山东省青岛市人民政府经对本案项下出让行为进行充分调查研究后，认定该宗地的出让是非法出让，指示崂山区国土局依法进行查处，并将此出让行为认定为违法违规重点案件之一。

一审法院认定只要崂山区国土局依约为南太公司办理《国有土地使用权证》，合同目的即可实现，这是错误的。依照我国土地管理法规的规定，只有土地出让方案经过有权人民政府批准以后，土地管理部门才有权依照出让方案和相对方签订出让合同。就本案来讲，土地管理部门在签订合同以前没有经过有权人民政府批准，所以约定出让方案经过有权人民政府批准以后合同才生效。而目前既然政府已经认定该宗地的出让是非法出让，政府就不会再批准该宗地的出让方案，崂山区国土局根本无法继续履行合同义务。如果按照一审法院的判决内容，为南太公司办理《国有土地使用权证》，则不仅否定了崂山区国土局在治理整顿土地市场秩序过程中针对向南太公司非法出让土地而进行的纠偏行为，与中央和各级政府的指示精神相冲突，

而且也不符合相关法律法规的规定。因此，无论从《国有土地使用权出让合同》未生效及无效的法律层面亡考虑，还是从贯彻中央和各级政府指示精神的层面考虑，双方签订的《国有土地使用权出让合同》均已没有履行的可能。如果二审法院不支持崂山区国土局的上诉请求，其结果是合同无法履行，当事人主张的权利也无法实现。故请求二审法院查清事实，实事求是地作出判决，即使认定合同有效，也要考虑到由于法律和事实上的障碍，崂山区国土局已经无法继续履行本案中的合同的事实，作出合法合理合情的判决。

（四）一审判决超越民事审判权限，扩大了判决范围，违反了"不告不理"的民事诉讼法准则。南太公司在民事诉状中提出的诉讼请求为两项：1. 判令崂山区国土局继续履行双方所签《国有土地使用权出让合同》；2. 判令崂山区国土局承担案件受理费、保全费及其他诉讼费用（庭审过程中，南太公司撤销了原来提出的要求判令崂山区国土局赔偿损失的诉讼请求）。可见，南太公司的实质性诉讼请求只有一项，即"继续履行《国有土地使用权出让合同》"，而一审判决除支持南太公司的诉讼请求外，又增加了一项崂山区国土局于判决生效后三十日内为南太公司办理《国有土地使用权证》。该判项内容，南太公司在起诉中并没有作为一项诉讼请求提出。一审法院超出当事人的诉讼请求做出判决，违反了"不告不理"的民事诉讼法准则。另外，颁发《国有土地使用权证》在性质上应属于崂山区国土局的行政行为，一审法院在民事案件审理和判决中无权判决当事人做出行政行为。因此，一审判决既超出了当事人的诉请范围，又超越了民事审判权限，应予撤销。

（五）一审判决在认定事实和适用法律方面还存在以下问题：1. 混淆了山东省青岛市人民政府与崂山区国土局的关系，将山东省青岛市人民政府的行政行为视同为崂山区国

土局的履行合同行为。本案中的项目不是山东省青岛市人民政府引入的项目。签订《开发"澳大利亚旅游观光度假村"联建合同书》的双方中没有山东省青岛市人民政府，而且所签合同违反了土地管理法的强制性规定，属于无效合同。2. 不合理地采取诉讼保全措施并判决崂山区国土局负担财产保全费。3. 错误地认定山东省青岛市人民政府有关的职能部门为该项目办理了项目立项、规划等手续，双方的合同义务已基本履行完毕。4. 没有采纳崂山区国土局在一审中提交的大量证据，也没有说明理由。

南太公司答辩称，崂山区国土局提起上诉依据的事实和理由不成立，请求驳回上诉，维持原判。主要事实和理由是：

（一）一审判决认定双方当事人所签订的《国有土地使用权出让合同》的生效条件已成就，符合事实和法律规定。

1. 根据现行土地管理法和土地管理法实施条例等法律和行政法规的规定，国有土地使用权出让中，像本案所涉土地的情况，只有农用地转用方案、补充耕地方案、征用土地方案应当由省人民政府审批，而本案中山东省人民政府已以鲁政土字（2003）52 号文就上述事项批复同意。

2. 正因为只有上述内容依法应由省人民政府审批，因此双方合同第四十条关于合同的生效条件"本合同项下的宗地出让方案尚需经山东省人民政府批准，本合同自山东省人民政府批准之日生效"，只能是指对宗地出让方案中的农用地转用方案、补充耕地方案、征用土地方案的审批，其余事项山东省人民政府既无法律授予的审批权限，也无此义务。即使合同中用了"宗地出让方案"这个不确切的词，也只能依法确定其真实意思并据此审查合同是否生效。

3. 崂山区国土局在上诉状中，将供地方案、宗地出让方案及农用地转用方案、补充耕地方案、征用土地方案的审批，混淆不清，其认为本案所涉《国有土地使用权出让合同》

不生效的理由不能成立。（1）供地方案的审批，并非双方合同约定的生效条件；（2）供地方案的审批机关依法并非山东省人民政府，而是山东省青岛市崂山区人民政府。法律依据为《中华人民共和国土地管理法实施条例》第二十二条第（二）项规定；（3）崂山区国土局在上诉状中所有引用的法律条文，均没有供地方案（或其所称的出让方案）应由山东省人民政府批准的规定。其引用《山东省实施〈中华人民共和国土地管理法〉办法》第二十四条来论证供地方案的审批机关是山东省人民政府，也是错误的，因为从该条所处的章节位置来看，该条规定的是农用地转用的审批权限，并非供地方案的审批权限。综上，一审判决认定出让合同设定的生效条件已成就是完全符合事实和法律规定的。

（二）一审判决认定双方当事人签订的《国有土地使用权出让合同》为有效合同是完全正确的。本案双方所签出让合同的内容并未违反法律和行政法规的强制性规定，合同的主体、客体、意思表示等各要素均合法。至于崂山区国土局在上诉状中列举的所谓违法问题，均是崂山区国土局对法律规定的任意曲解和有意回避法律规定造成的，依法根本不能成立。（1）崂山区国土局对房地产管理法的错误理解。该法第八条规定："城市规划区内的集体所有的土地，经依法征用转为国有土地后，该幅土地的使用权方可有偿出让。"该规定崂山区国土局任意曲解为"城市规划区内的集体所有的土地，经依法征用转为国有土地后，该幅土地的使用权方可签订出让合同（有偿出让）。"所以才得出"建设用地须先征用，后签订出让合同"的错误结论。该规定的立法本意是，强调集体所有的土地未经依法征用转为国有后，不能进行事实上的出让行为或产生出让的结果。也即该条款限制的是《土地使用权出让合同》的具体履行时间，并非是对《土地使用权出让合同》签订时间的限制，法律也不可能对合同的签订时间进行限制。况且，本案所涉出让合同签订时，约定了以土地征用等被批准为生效条件，该生效条件业已成就。崂山区国土局已与原土地所有权人签订土地征用合同，已经履行完毕。（2）崂山区国土局有意回避国家关于招标拍卖挂牌出让国有土地使用权的相关规定。崂山区国土局在论证本案所涉土地可否协议出让这一问题时，有意回避了国地发（365）号文，即国土资源部《关于进一步治理整顿土地市场秩序中自查自纠若干问题的处理意见》。该意见第三条专门对《招标拍卖挂牌出让国有土地使用权规定》实施前遗留问题进行了明确规定。根据该规定，本案所涉土地是可以协议出让的。崂山区国土局无视该 365 号文已颁布实施的事实，论证出让合同无效是错误的。（3）关于崂山区国土局提及的南太公司在签订出让合同过程中存在与前崂山区国土局局长于志军恶意串通、损害国家利益的嫌疑，纯属对南太公司的中伤。对于评估问题，在南太公司起诉到一审法院前一年多"调查时间"里，崂山区国土局从未向南太公司提起该问题，本案所涉土地的评估符合当时的法律规定。关于评估报告上应当由几个评估师署名，法律无明确规定。

（三）所谓"纠偏行为"与本案无关。举报的内容为南太公司是假外商，未投一分钱，土地付款超期，均与事实相悖。本案的土地本已通过了国务院五部委、省国土资源厅等部门的土地审查验收，因匿名举报人的恶意举报，引起所谓的"纠偏"。崂山区国土局竟不顾举报内容不实之事实，就直奔收地主题。并且在举报到正式通知收地的过程中，崂山区国土局一次又一次找理由（不是举报中的理由）欲收回土地，当所找理由均不能成立时，才以最终书面通知的理由解除合同，而该解除理由与所谓的举报无关。

（四）一审判决并未超越审判范围。关于请求法院判令由崂山区国土局为南太公司办理《国有土地使用权证》的申请，南太公司在当庭宣读诉状第一项请求判令崂山区国土

局继续履行双方所签合同时，特意明确了为南太公司办理《国有土地使用权证》这一继续履行合同的实质内容，并记录在案。因此，一审并未超越审判范围，并未违反"不告不理"原则。另外，颁发《国有土地使用权证》是崂山区国土局在民事合同中应尽义务，该判决内容也未超出民事审判范围。

（五）一审判决并未混淆山东省青岛市人民政府与崂山区国土局的关系。本案所涉《国有土地使用权出让合同》中崂山区国土局的主要义务，就是提供土地和为南太公司办理土地证。上述义务履行涉及依法应办理的审批手续，是崂山区国土局履行上述义务的必经程序，也是其应尽义务。

（六）采取诉讼保全措施是正当必需的，其费用理应由崂山区国土局承担。本案在南太公司向崂山区国土局及其上级部门积极反映情况，要求公正合法处理过程中，崂山区国土局于 2004 年 4 月 12 日书面通知解除合同，并于同年 6 月 18 日办理退款手续，且限期为 15 天，否则依法处理。如果南太公司不采取保全措施，崂山区国土局完全可以提存土地款项并另行出让土地。故南太公司申请保全是必需的、正当的。

本院二审查明：青岛鑫城房地产有限公司为南太公司股东，占南太公司的 10% 股份。2001 年 8 月 15 日，崂山区国土局与南太公司、澳大利亚南太置业股份有限公司签订《青岛市崂山区国有土地使用权预约协议》时，路国强担任南太公司的总经理，并作为南太公司代表在该预约协议上签字。

另查明，2003 年 2 月 19 日，山东省人民政府下发鲁政土字（2003）52 号《关于青岛市崂山区 2002 年第十八批次城市建设用地的批复》，除同意青岛市将崂山区沙子口街道办事处 20 万平方米农用地转为建设用地，以及上述农用地转用后征用，用于青岛市城市建设外，同时指出，要严格按照有关规定向具体建设项目提供用地，供地情况要经青岛市国土资源部门及时报山东省国土资源厅备案。

又查明，2002 年 10 月 31 日，崂山区国土局以崂国土价字（2002）55 号《关于确认土地估价结果的批复》，对南太公司委托青岛东部房地产评估咨询有限公司土地评估结果进行了确认。

还查明，2004 年 3 月 1 日，青岛市人民政府法制办公室与青岛市国土资源和房屋管理局共同下发青法制［2004］22 号《关于崂山区段家埠村"澳洲花园"项目用地的情况报告》提出的处理意见为：鉴于目前情况，该宗用地实际已不能按 2003 年 1 月 6 日崂山区国土局与南太公司签订的《国有土地使用权出让合同》的约定进行协议出让，处理该问题的关键是依法解除该出让合同。但因该合同的性质属民事法律关系范畴，其主体是崂山区国土局与南太公司，而不是市政府，故应由合同双方当事人依法解除该合同。为此，建议市政府召集崂山区政府及相关单位会议，对下列事项进行研究和明确后，由有关责任单位依法组织实施：（一）崂山区国土局依法解除与南太公司签订的《国有土地使用权出让合同》，退还土地出让金等相关费用。（二）崂山区国土局依法完善该宗地征地手续，并将其依法纳入政府储备。2004 年 3 月 8 日，山东省青岛市人民政府办公厅向山东省人民政府督查处报送《关于青岛市崂山区段家埠村"澳洲花园"项目用地的情况报告》提出的处理意见为：鉴于目前情况，该宗用地实际已不能按 2003 年 1 月 6 日崂山区国土局与南太公司签订的《国有土地使用权出让合同》的约定进行协议出让，应依法解除该出让合同，退还其土地出让金等相关费用，将该宗地依法纳入政府储备。

2005 年 7 月 4 日，崂山区国土局向本院提交《关于青岛市崂山区国土资源局上诉青岛南太置业有限公司一案的几点补充说明》，在该材料中提到，如果不支持崂山区国土局的上诉请求，其结果是合同无法履行，当事人主张的权利也无法实现。请求本院查清事实，实事求是地作出判决，即使认定合同有

效，也要考虑到由于法律和事实上的障碍，崂山区国土局已经无法继续履行本案中的出让合同的事实，作出合法合理合情的判决。

2005 年 9 月 1 日，山东省青岛市崂山区人民政府向本院提交崂政函［2005］21 号《关于我区国土资源局与青岛南太置业有限公司国有土地使用权出让合同纠纷案有关情况说明的函》。该函中提及，因该案涉及执行国家部委规定及落实国务院领导批示事宜，特作如下说明：（一）根据有关规定和领导批示精神，崂山区国土局于 2004 年 4 月 14 日作出《关于解除〈国有土地使用权出让合同〉的通知》；（二）根据现行国有土地出让管理的规定以及目前崂山区实际情况，该宗土地出让合同已无法继续履行，理由及相关具体意见请参见青岛市人民政府法制办公室与青岛市国土资源和房屋管理局青法制［2004］22 号《关于崂山区段家埠村"澳洲花园"项目用地的情况报告》。

本院二审期间，2005 年 3 月 10 日，崂山区国土局提供山东省泰安市中级人民法院于 2005 年 1 月 13 日作出的（2004）泰刑二初字第 20 号刑事判决书。被告人于志军在法定期间内未提起上诉，该判决已经发生法律效力。南太公司对此不持异议。该判决书认定，2001 年 8 月，被告人于志军利用担任崂山区国土局局长职务的便利，接受青岛鑫城房地产有限公司总经理路国强的请托，为该公司办理了国有土地使用权预约手续。为表示感谢及继续得到于志军的关照，2002 年春节前一天，路国强送给于志军 3 万元的青岛佳世客购物卡。2003 年 1 月，于志军以购车为由，向路国强索要 33 万元。于志军的上述行为已构成受贿罪，且具有索贿情节。

本院二审查明的其他事实与一审法院查明的事实相同。

本院认为，本案双方当事人在二审中争议的焦点问题有三个，一是双方签订的《国有土地使用权出让合同》是否生效，二是双方签订的《国有土地使用权出让合同》是否

有效，三是一审判决是否违反"不告不理"民事诉讼原则。

1. 关于双方签订的《国有土地使用权出让合同》是否生效的问题。根据《中华人民共和国合同法》第四十五条规定，当事人对合同的效力可以约定附条件。附条件的合同，自条件成就时生效。所谓附条件的合同，是指当事人在合同中特别约定一定的条件，以条件是否成就作为合同效力发生的根据。合同所附条件，必须是将来发生的、不确定的事实，是当事人约定的而不是法定的，同时还必须是合法的。在我国，政府机关对有关事项或者合同审批或者批准的权限和职责，源于法律和行政法规的规定，而不属于当事人约定的范围。当事人将法律和行政法规规定的政府机关对有关事项或者合同的审批权或者批准权约定为附条件的合同中的条件，不符合合同法有关附条件的合同的规定。当事人将法律和行政法规没有规定的政府机关对有关事项或者合同的审批权或者批准权约定为附条件的合同中的条件，同样不符合合同法有关附条件合同的规定。根据合同法规定精神，当事人在订立合同时，将法定的审批权或者批准权作为合同生效条件的，视为没有附条件。将法律未规定为政府机关职责范围的审批权或者批准权作为包括合同在内的民事法律行为生效条件的，同样视为没有附条件，所附的"条件"不产生限制合同效力的法律效果。

根据一审法院和本院查明的事实，本案涉及的"澳洲花园"项目是山东省青岛市人民政府在招商引资活动中引入的项目，与该项目相关的立项、规划、用地等手续已经山东省青岛市人民政府有关职能部门及山东省青岛市崂山区人民政府有关职能部门陆续批准。2002 年 12 月 26 日，山东省青岛市人民政府向山东省人民政府报送了《关于崂山区 2002 年第十八批城市建设用地的请示》，内容中包括了本案所涉及的土地。2003 年 2 月 19 日，山东省人民政府下发鲁政土字（2003）

52 号《关于青岛市崂山区 2002 年第十八批次城市建设用地的批复》，同意青岛市将崂山区沙子口街道办事处 20 万平方米农用地转为建设用地。上述农用地转用后同意征用，用于青岛市城市建设。该批复还指出，要严格按照有关规定向具体建设项目提供用地，供地情况要经青岛市国土资源部门及时报山东省国土资源厅备案。这表明山东省人民政府对建设项目供地管理采取的是备案制而不是审批制，有关供地事项不需要报经山东省人民政府审批。

崂山区国土局与南太公司在《国有土地使用权出让合同》中约定"本合同项下宗地出让方案尚需经山东省人民政府批准，本合同自山东省人民政府批准之日起生效"，虽然表明双方约定经山东省人民政府批准合同项下宗地出让方案作为《国有土地使用权出让合同》的生效条件，但该条件不属于我国合同法规定的附生效条件合同的条件，并且山东省人民政府在有关批复中明确指出，具体建设项目提供用地情况经青岛市国土资源部门及时报山东省国土资源厅备案，表明不需要报经批准。因此，双方关于合同项下宗地出让方案需经山东省人民政府批准生效的约定，对本案所涉《国有土地使用权出让合同》不产生限制合同效力的法律效果。崂山区国土局认为双方签订的《国有土地使用权出让合同》约定的合同生效条件未成就，以此为由主张所涉土地出让合同未生效，没有法律依据。一审法院认为山东省青岛市人民政府报送的请示中是否包括合同约定的"出让方案"，不影响该合同的效力，适用法律是正确的。

2. 关于双方签订的《国有土地使用权出让合同》是否有效的问题。本案双方所签《国有土地使用权出让合同》，是在平等自愿基础上达成的协议，意思表示真实。根据自 1999 年 1 月 1 日起施行的《中华人民共和国土地管理法》第四十四条规定，建设占用土地，涉及农用地转为建设用地的，应当办理农用地转用审批手续。在土地利用总体规划确定的城市和村庄、集镇建设用地规模范围内，为实施该规划而将农用地转为建设用地的，按土地利用年度计划分批次由原批准土地利用总体规划的机关批准。在已批准的农用地转用范围内，具体建设项目用地可以由市、县人民政府批准。本案讼争土地已经山东省人民政府鲁政土字（2003）52号批复批准，属于已批准的建设用地，土地出让方案应由市、县人民政府批准。根据自1999年1月1日起施行的《中华人民共和国土地管理法实施条例》第二十二条规定，具体建设项目占用土地利用总体规划确定的城市建设用地范围内的国有建设用地的，需要市、县土地行政主管部门出具建设项目用地预审报告，由市、县人民政府批准土地行政主管部门拟定的供地方案，市、县人民政府批准供地方案后向建设单位颁发建设用地批准书，然后由市、县土地行政主管部门与土地使用者签订国有土地有偿使用合同。本案中，作为市、县一级土地行政主管部门的崂山区国土局与作为土地使用者的南太公司签订《国有土地使用权出让合同》之前，虽然没有颁发建设用地批准书，但这属于崂山区国土局在办理有关供地手续过程中程序的简化或者遗漏，不属于违反《中华人民共和国合同法》第五十二条规定导致合同无效的情形。

在崂山区国土局与南太公司于2003年1月6日签订《国有土地使用权出让合同》后不久，即2003年2月19日，山东省人民政府批准了合同项下宗地农用地转为建设用地的审批手续和征地手续，同时要求按照有关规定向具体建设项目提供用地并将供地情况报山东省国土资源厅备案。这表明双方签订的《国有土地使用权出让合同》项下的土地已经履行了农用地转为建设用地以及征地手续，符合《中华人民共和国土地管理法》规定的由市、县人民政府批准具体建设项目用地条件，不再需要将合同项下宗地出让方案报经山东省人民政府批准，合同项下宗地符合建设用地条件，可以进入土地出让市场。双方于2003年1月6日签订的《国有土地使用权出让合同》效力自此得到补正，符合《中华人民共和国合同法》第五十一条关于无处分权的人处分他人财产，订立合同后取得处分权的，该合同有效的规定精神。故崂山区国土局主张双方签订的《国有土地使用权出让合同》违反法律和行政法规的强制性规定，应认定为无效合同，于法无据，不予支持。

山东省人大常委会制定的《山东省实施〈中华人民共和国土地管理法〉办法》，是一部地方性法规；自2002年7月1日起施行的《招标拍卖挂牌出让国有土地使用权规定》，是国土资源部为加强土地管理而制定的部门规章。根据《中华人民共和国合同法》第五十二条第（五）项的规定和最高人民法院《关于适用〈中华人民共和国合同法〉若干问题的解释（一）》第四条"合同法实施以后，人民法院确认合同无效，应当以全国人大及其常委会制定的法律和国务院制定的行政法规为依据，不得以地方性法规、行政规章为依据"的规定，只有违反法律和行政法规强制性规定的合同才能被确认为无效，地方性法规和行政规章不能作为确认合同无效的依据。因此，崂山区国土局提出双方签订的《国有土地使用权出让合同》违反山东省人大常委会制定的地方性法规和国土资源部制定的部门规章，应认定为无效的请求，于法无据，不予支持。此外，按照国家有关规定，在2002年7月1日前未经市、县政府前置审批或者签订书面项目开发协议而在此后协议出让经营性用地的，应当按照有关规定改为以招标拍卖挂牌方式出让。崂山区国土局提出其出让讼争土地的行为违反有关行政管理规定需要完善招标拍卖挂牌手续，无法继续履行《国有土地使用权出让合同》，属于对相关合同的变更或者解除，影响到相关合同能否实际履行以及是否解除的问题，不影响和限制合同的效力，不是认定合同无效的理由和依据。

根据崂山区国土局提供的已经生效的山东省泰安市中级人民法院于 2005 年 1 月 13 日作出的（2004）泰刑二初字第 20 号刑事判决书认定，路国强在 2001 年 8 月签订《国有土地使用权预约协议》后，送给于志军价值 3 万元的购物卡。于志军于 2003 年 1 月以购车为由，向路国强索要 33 万元。于志军利用时任崂山区国土局局长职务的便利条件受贿和索贿，是其个人犯罪行为，已由有关法院对其追究了相应的刑事责任。崂山区国土局与南太公司签订《国有土地使用权预约协议》和《国有土地使用权出让合同》，是具体落实山东省青岛市人民政府有关招商引资项目，于志军在签订有关协议时虽然担任崂山区国土局局长，但不具有决定有关协议和合同是否签订的权力和责任。作为时任崂山区国土局局长的于志军，在签订有关协议后向对方索要 33 万元购车款的事实，不能证明崂山区国土局与南太公司签订有关国有土地使用权预约协议和出让合同时，恶意串通，损害国家利益。没有证据证明崂山区国土局与南太公司在签订《国有土地使用权出让合同》过程中存在恶意串通，损害国家利益的情形。故崂山区国土局以此为由主张认定有关国有土地使用权出让合同无效，证据不足，不予采信。

关于本案所涉土地的评估是否符合有关规定的问题。崂山区国土局主张其在处理群众对本案的举报中委托青岛衡元评估有限责任公司同以 2002 年 8 月 13 日为基准日，对本案项下土地的评估价格，与当时作为签订出让合同价款依据的青岛东部房地产评估咨询有限公司对本案项下土地的评估价格相差很大，以此为由主张土地使用权出让合同无效，并未对鉴定机构的鉴定资质提出异议。南太公司委托评估的鉴定机构由两名土地估价人员进行评估，符合有关规定。崂山区国土局委托评估时的土地用途为住宅用地，双方签订出让合同之前南太公司委托评估的土地用途为综合用地。因此，虽然同是以 2002 年 8 月 13 日为基准日，但由于鉴定结论出自不同的鉴定机构和鉴定人员，评估时间不同，土地用途不同，土地评估价格会出现较大差异。双方在国有土地使用权预约合同中约定的土地用途是综合用地，但山东省青岛市规划局于 2002 年 2 月 4 日下发的青规函字（2002）84 号《建设工程规划审查意见书》载明意见，根据山东省青岛市人民政府批复的沙子口镇总体规划，该项目用地规划性质为居住用地，开发性质与规划用地性质相符，同意选址建设。因此，在双方签订《国有土地使用权出让合同》之前南太公司委托评估土地用途为综合用地，在签订《国有土地使用权出让合同》中将土地用途变成住宅，属于崂山区国土局与南太公司通过签订合同的形式对部分条款内容的变更，与《中华人民共和国土地管理法》第五十六条关于建设单位使用国有土地的，应当按照土地使用权出让等有偿使用合同的约定或者土地使用权规划批准文件的规定使用土地的内容不相冲突。双方签订的《国有土地使用权出让合同》与规划和评估报告中的土地用途不相同，如果可能导致土地使用权出让金低于订立合同时当地政府按照国家规定确定的最低价的，属于影响国有土地使用权出让合同价格条款效力的因素，但不导致国有土地使用权出让合同无效。

3. 关于一审判决是否违反"不告不理"民事诉讼原则的问题。经查，南太公司在一审当庭宣读起诉状第一项请求判令崂山区国土局继续履行双方所签合同时，特意明确了办理《国有土地使用权证》这一继续履行合同的实质内容，并有一审庭审笔录佐证。按照双方在《国有土地使用权出让合同》第十五条第二款约定，崂山区国土局应依法为南太公司办理出让土地使用权登记，颁发《国有土地使用权证》。这是崂山区国土局基于双方签订的《国有土地使用权出让合同》而应尽的合同义务，属于继续履行合同义务范畴。一审法院对此进行审理并作出判决，没有超出民事审判范围，并未违反"不告不理"民事诉讼原则。

在对当事人的上述三个争议焦点问题作出评判之后，本案还面临着双方签订的《国有土地使用权出让合同》如何处理的问题。从双方当事人在本案一审和二审中的诉辩情况看，当事人争议的焦点问题始终围绕本案所涉《国有土地使用权出让合同》的效力问题。在经法院审理确认崂山区国土局主张合同未生效、无效的理由不成立的情况下，从本案的具体情况看，还存在一个合同权利义务是否应当终止问题，或者说合同应否解除问题。民事主体从事民事活动，除必须遵守法律外，在法律没有规定的情况下还应当遵守国家政策。按照国家有关规定，在2002年7月1日前未经市、县政府前置审批或者签订书面项目开发协议，而在此后协议出让经营性用地的，应当按照有关规定改为以招标拍卖挂牌方式出让。本案所涉项目用地在2002年7月1日前只取得计划立项而未取得《建设用地规划许可证》，不属于已进行了前置审批情形；在2002年7月1日前，双方当事人虽然签订了联建合同书和国有土地使用权预约协议，但未签订书面项目开发协议，故本案讼争用地不符合国家有关规定确定的历史遗留问题可以协议方式出让的范围。南太公司在一审中提出的请求法院判令崂山区国土局继续履行《国有土地使用权出让合同》，立即为南太公司颁发国有土地使用权证，因本案讼争国有土地使用权需要按照国家有关规定改为以招标拍卖挂牌方式出让，属于国家政策性要求。崂山区国土局未严格执行国家有关政策通过招标拍卖挂牌方式出让本案讼争土地使用权，是造成双方签订的《国有土地使用权出让合同》无法继续履行的原因。这一政策方面的程序要求虽不导致本案所涉《国有土地使用权出让合同》无效，但却影响该合同在客观上无法继续履行，故南太公司要求判令崂山区国土局继续履行《国有土地使用权出让合同》的诉讼请求，难以支持，一审判决相关判项应予撤销，对南太公司的该项诉讼请求应予驳回。根据有关法律规定

精神，解除权在实体方面属于形成权，在程序方面则表现为形成之诉，在没有当事人依法提出该诉讼请求的情况下，人民法院不能依职权径行裁判。该《国有土地使用权出让合同》的解除或者权利义务终止及其法律责任承担问题，需通过独立的诉讼请求予以保护。本案中，南太公司始终未就此问题提出诉讼请求。限于本案当事人的诉讼请求和二审案件的审理范围，本院对此问题不予审理。

综上所述，崂山区国土局上诉主张本案所涉《国有土地使用权出让合同》未生效、无效的理由不能成立，认为一审判决违反民事诉讼原则的理由亦不能成立。因双方签订的《国有土地使用权出让合同》事实上无法继续履行，南太公司要求判令继续履行该合同的诉讼请求难以支持，一审判决相关判项应予撤销，南太公司的该项诉讼请求应予驳回。本案所涉《国有土地使用权出让合同》是否应当依法予以解除及其法律后果承担问题，当事人可依法另行解决。由于双方纠纷成讼以及南太公司关于继续履行合同的诉讼请求不能得到支持的根本原因，是崂山区国土局的行为造成的，崂山区国土局应当为诉讼成本付出代价，即承担本案的全部诉讼费用。依照《中华人民共和国民事诉讼法》第一百五十三条第一款第（三）项之规定，判决如下：

一、撤销山东省高级人民法院（2004）鲁民一初字第9号民事判决；

二、驳回青岛南太置业有限公司关于继续履行合同的诉讼请求。

一审案件受理费、财产保全费和二审案件受理费共计865569.16元，均由青岛市崂山区国土资源局负担。

本判决为终审判决。

审　判　长　×××
代理审判员　×××
代理审判员　×××
二○○五年十二月二十二日
书　记　员　×××

大连远东房屋开发有限公司与辽宁金利房屋实业公司、辽宁澳金利房地产开发有限公司国有土地使用权转让合同纠纷案

《最高人民法院公报》2006 年第 12 期

【裁判摘要】

一、根据《中华人民共和国民法通则》第七十九条、第八十条的规定，债权人可以将合同权利全部或者部分转让给第三人，转让只需通知到债务人即可而无须征得债务人的同意。因此，转让行为一经完成，原债权人即不再是合同权利主体，亦即丧失以自己名义作为债权人向债务人主张合同权利的资格。

二、当事人的起诉被人民法院裁定驳回，该裁定已经发生法律效力的，如果当事人对该裁定不服，除依法通过启动审判监督程序对案件重新审理外，不得在以后的诉讼中主张与该生效裁定相反的内容，亦不能就同一诉讼标的重复起诉。

最高人民法院
民事裁定书

(2005) 民一终字第 95 号

上诉人（原审被告）：大连远东房屋开发有限公司，住所地辽宁省大连市沙河口区民权北二街 2 号。

法定代表人：刘秉强，该公司董事长。

委托代理人：于沄，辽宁大连大显集团有限公司副总经理。

委托代理人：许振国，海南金裕律师事务所律师。

被上诉人（原审原告）：辽宁金利房屋实业公司，住所地辽宁省沈阳市沈河区十三纬路 58 号。

法定代表人：白宝山，该公司经理。

委托代理人：葛长胜，辽宁盛京律师事务所律师。

委托代理人：张建华，辽宁人民律师事务所律师。

被上诉人（原审原告）：辽宁澳金利房地产开发有限公司，住所地辽宁省沈阳市沈河区十三纬路 58 号。

法定代表人：宛吉廷，该公司董事长。

委托代理人：华泽耕，该公司职员。

委托代理人：张建华，辽宁人民律师事务所律师。

上诉人大连远东房屋开发有限公司（以下简称远东公司）与被上诉人辽宁金利房屋实业公司（以下简称金利公司）、辽宁澳金利房地产开发有限公司（以下简称澳金利公司）国有土地使用权转让合同纠纷一案，辽宁省高级人民法院于 2005 年 8 月 15 日作出 (2004) 辽民一房初字第 9 号民事判决，远东公司不服该判决，向本院提起上诉。本院依法组成合议庭，于 2005 年 11 月 29 日公开开庭审理了本案。上诉人远东公司的委托代理人许振国、于沄，被上诉人金利公司的法定代表人白宝山及其委托代理人葛长胜、澳金利公司的委托代理人华泽耕以及金利公司和澳金利公司的委托代理人张建华，到庭参加了诉讼。本案现已审理终结。

一审法院经审理查明：1991 年 12 月 20

日，远东公司与案外人中国国际游艇俱乐部（以下简称游艇俱乐部）签订《共同开发金石滩合同书》（以下简称《开发合同书》），约定游艇俱乐部将其开发区域内的 10 万平方米的土地使用权以每平方米 80 元的价格转让给远东公司，转让年限 49 年，转让总价款 800 万元。该合同仅载明地块为公建区西侧南海边 1、2、3 组团，未标明转让面积的四至，并约定具体位置以规划图为准。1992 年 10 月 8 日，游艇俱乐部与大连市土地管理局签订《国有土地使用权出让合同》，约定大连市土地管理局将位于金石滩国家旅游度假区内的 46 万平方米土地出让给游艇俱乐部，出让年限为 49 年，出让金每平方米 20 元。该《国有土地使用权出让合同》未标明出让地块的四至，仅载明详见附件地块地理位置图，而地理位置图中圈定的绿线面积位置与游艇俱乐部转让给远东公司的地块并不在同一位置。1993 年 1 月 29 日，远东公司与金利公司签订《联合开发土地有偿使用协议书》（以下简称《联合开发协议》），约定远东公司将已购得使用权的金石滩游艇俱乐部会员别墅区 8.6 万平方米的土地使用权有偿转让给金利公司，使用期限 48 年，转让价格每平方米 320 元，转让总价款 2752 万元（转让土地面积以双方认定最后测量的规划红线内面积为准）。远东公司应向金利公司提供转让地块的土地使用证明，附图及经过修订并定稿的详细规划图和规划要求。协议签订后 5 日内，金利公司须向远东公司交纳定金 200 万元，1993 年 3 月末前不少于 1800 万元，同年 4 月末前付清全部转让费用。如不能按期交付应付款项，金利公司除承担远东公司经济损失外，远东公司可将未交付部分的土地使用权收回。转让地块红线内的配套费由金利公司负责，红线外的配套费由金利公司按游艇俱乐部的要求提前交给远东公司，远东公司统一交给游艇俱乐部。

1993 年 1 月 31 日，远东公司为金利公司自行印制《土地使用证》一份，该《土地使用证》载明，金利公司在金石滩游艇俱乐部规划用地范围内共同开发游艇俱乐部会员别墅区项目，使用土地面积 8.6 万平方米，使用年限 49 年。

为履行上述协议，金利公司向远东公司支付了 200 万元定金，并陆续支付转让费用 1150 万元，合计付款 1350 万元。其中，1993 年 4 月 30 日支付的 1000 万元为金利公司向案外人中国有色金属进出口公司辽宁分公司（以下简称金属公司）拆借而来，由金属公司直接汇给远东公司，远东公司于 1994 年 7 月 31 日为金利公司出具收款凭证。

1995 年 2 月 27 日，远东公司以书面形式向澳金利公司发出《关于催缴土地配套费的通知》，"该通知载明的通知对象为澳金利公司（原辽宁金利公司）"，主要内容为：你方已交土地款 1350 万元，折合土地 42187.5 平方米，用地范围外配套费每平方米 220 元，应交 9281250 元，按游艇俱乐部要求，配套费应在 1995 年 3 月底前全部付清。如你方愿意保留土地 42187.5 平方米，就应按规定时间付清配套费，否则土地无法保留。如用已交款 1350 万元支付土地款和配套费（每平方米 540 元），你方应得土地 2.5 万平方米。如选择第一方案，请按时付清全部配套费，否则按第二方案划给你方土地 2.5 万平方米，并为你方办理 2.5 万平方米的土地证。

1995 年 3 月 5 日，澳金利公司给远东公司回函（双方均未能提供澳金利公司的回函）。1995 年 3 月 10 日，远东公司给澳金利公司复函称：1995 年 3 月 5 日回函收悉，鉴于当前情况及贵公司回函意见，提出两个办法请贵公司选择后告知我方：贵公司已交款 1350 万元，应划给土地 2.5 万平方米，因规划调整，位置稍有变动，有一块土地面积为 27800 平方米可全部划给你并将土地证办给贵公司，多出 2800 平方米的经济问题以后再说。这样，贵公司可独立或者双方联合运作；另一种办法是土地交给我方统一运作好后，退还给贵公司本金 1350 万元，如运作获利，考虑付给贵公司部分或者全部利息，如运作不好，只付本金不付利息。1995 年 11 月 17 日，远东公司给澳金利公司出具的函中称：远东公司于 1992 年分期借澳金利公司资金 1350 万元，目前暂时偿还不了，经双方协商，同意此借款于 1996 年分四期偿还：1 月还 400 万元，3 月还 500 万元，6 月还 300 万元，9 月还 150 万元。1995 年 11 月 18 日，白宝山（当时为金属公司的财务主任，并协助管理澳金利公司的财务工作）为远东公司出具书面《资金占用说明》称：此件为双方利益需要，作为内部使用，我作为一方经办人员特此说明。白宝山在一审法院于 2004 年 3 月 12 日审结的（2003）辽民一房终字第 310 号澳金利公司诉远东公司土地使用权转让纠纷案件开庭审理时，当庭认证了该说明的真实性，并指出"此件"指的是 1995 年 11 月 17 日远东公司为澳金利公司出具的分期还款函件。1996 年 8 月 30 日，远东公司出具《协议书》致函澳金利公司称：远东公司于 1992 年开始分期收到澳金利公司资金 1350 万元，如经济形式出现转机，分三期于 1999 年 7 月返还完毕，如经济形式未出现转机，返还计划按年度顺延。

1997 年 4 月 22 日，游艇俱乐部向大连金石滩国家旅游度假区管理委员会（以下简称度假区管委会）递交《关于土地调整的报告》称：游艇俱乐部获批的 1141197 平方米建设规划用地被度假区管委会占用 338361 平方米，被占用的土地中涉及另外三家已付价款的合作开发单位，现合作开发单位多次要求拨付土地进行开工建设。望度假区管委会归还占用土地以利我们与合作开发单位协调运作，如不能归还，建议将我部区域边缘的地块调整给我们，以保持我部项目的完整性。1997 年 9 月 24 日，远东公司与游艇俱乐部签订《合作开发大连金石滩土地合同书》，表明该合同为 1992 年 10 月游艇俱乐部与大连市土地局签署《国有土地出让合同》第五条所确定可转让 46 万平方米范围内的转让合同之

一。并约定游艇俱乐部将其拥有的 100 万平方米总体规划区内的 7 万平方米转让给远东公司，转让年限 49 年，土地转让金每平方米 80 元，配套费每平方米 220 元，合计每平方米转让价款为 300 元，转让总价款为 2100 万元。

1999 年 3 月 24 日，游艇俱乐部与度假区管委会签订《调换建设用地协议书》约定：度假区管委会占用和应补给游艇俱乐部建设用地总面积为 317844 平方米，度假区管委会以游艇俱乐部建设用地相邻地调换给游艇俱乐部 235217.74 平方米。因度假区管委会调整了游艇俱乐部的建设用地，造成远东公司不能向金利公司依约交付靠海边的地块。

1999 年 7 月，远东公司取得大金度国用（1999）字第 00006 号和第 00007 号《国有土地使用证》，土地使用权面积合计 7 万平方米（该两份土地使用证项下的土地不是远东公司与金利公司在协议中约定的地块）。

1999 年 7 月 2 日，案外人金属公司以澳金利公司和远东公司为被告向辽宁省沈阳市中级人民法院提起诉讼称：澳金利公司向金属公司拆借 1000 万元资金支付给远东公司并拖欠不还，要求判令澳金利公司和远东公司尽快还本付息。澳金利公司认可自己拆借了金属公司的资金。远东公司认为其与金属公司没有法律关系，不应承担还款责任。辽宁省沈阳市中级人民法院作出（1999）沈经初字第 440 号民事判决，认定金属公司与远东公司之间不存在借款法律关系，判决澳金利公司偿还本金。该判决已经发生法律效力。

澳金利公司曾于 2000 年以远东公司为被告向辽宁省大连市中级人民法院提起联建土地开发纠纷之诉，后又于 2000 年 4 月 4 日，以诉讼主体有误为由申请撤诉，2000 年 4 月 10 日，辽宁省大连市中级人民法院作出（2000）大民房初字第 29 号民事裁定，准许其撤诉。

2002 年 3 月 12 日，澳金利公司向远东公司公证送达由金利公司和澳金利公司共同加

盖印章的《催收欠款通知书》，内容为：债权主体是澳金利公司，并正式通知大连大显集团有限公司和远东公司，已经向远东公司支付的1350万元土地使用权转让价款都是澳金利公司提供的，此通知可作为权利转让之用，澳金利公司要求远东公司尽早还本付息。

2002年9月23日，澳金利公司再次向辽宁省大连市中级人民法院提起诉讼，请求确认远东公司与金利公司签订的《联合开发协议》无效，要求远东公司返还投资款1350万元，并承担占用该款期间的利息。辽宁省大连市中级人民法院于2003年10月16日作出（2002）大民房初字第109号民事判决，认为远东公司在签订合同时虽未取得土地使用权，但在起诉前已经取得土地使用权，因此认定合同有效。远东公司的三份还款协议不是真实意思表示，判决驳回澳金利公司的诉讼请求。澳金利公司及远东公司均不服，向辽宁省高级人民法院提起上诉。澳金利公司的上诉理由是一审判决认定远东公司的三份还款协议不是真实意思表示错误，请求撤销一审判决，支持澳金利公司的诉讼请求。远东公司的上诉理由是一审判决适用法律错误，应当裁定驳回澳金利公司的起诉。辽宁省高级人民法院于2004年3月12日作出（2003）辽民一房终字第310号民事裁定，认定在远东公司与金利公司及澳金利公司之间没有形成合同权利和合同义务一并转让的法律关系，《联合并发协议》的主体是金利公司，合同以外的当事人无权请求认定他人之间的合同无效，故裁定驳回澳金利公司起诉。

一审法院另查明：澳金利公司是由金利公司、金属公司和澳大利亚中澳资源有限公司合资成立的公司。1992年9月14日，金属公司的主管公司中国有色金属工业沈阳公司下发了中色沈办字（1992）348号文件，决定成立中外合资企业澳金利公司。辽宁省对外经济贸易委员会于1992年12月14日以辽外经贸资字（1992）654号文件，批复同意由金利公司、金属公司、辽宁意达国际投资服务

公司（以下简称意达公司）与澳大利亚亚太资源有限公司（以下简称亚太公司）合资成立澳金利公司，注册资本为1000万元人民币。该1000万元总投资额中，金利公司投资350万元，金属公司投资300万元，意达公司投资100万元，亚太公司以美元现汇出资折合人民币250万元。澳金利公司于1993年6月17日经辽宁省工商行政管理局批准并登记注册。

金利公司与澳金利公司于2004年4月6日向一审法院起诉称，金利公司是澳金利公司的大股东，金利公司于1993年1月29日代理澳金利公司与远东公司签订《联合开发协议》后，金利公司陆续向远东公司汇入土地转让款1350万元，远东公司自制一份《土地使用证》，开具了4张白条收据交给澳金利公司，澳金利公司将1350万元投资款计入本公司在建工程投资成本项目，4张白条收据一并挂在对应的投资项目下。由于远东公司没有获得合同约定的土地使用权，曾三次以书面材料向澳金利公司承诺偿还1350万元投资款，但并未实际还款。远东公司长期占用该款，给金利公司及澳金利公司造成利息及其他损失合计1700万元。远东公司应当承担交易不当的过错责任，请求判令远东公司返还投资款本息合计3050万元并承担案件全部诉讼费用。

一审诉讼期间，金利公司及澳金利公司在一审法院第二次开庭时增加诉讼请求，要求认定双方于1993年1月29日签订的《联合开发协议》无效。

远东公司答辩称，金利公司在起诉书中主张其是澳金利公司的代理人，远东公司认为代理人无权主张实体权利，不具备诉讼主体资格，应驳回金利公司的起诉。澳金利公司在起诉书中主张其是合同的主体，是实际投资者和付款人，而辽宁省高级人民法院（2003）辽民一房终字第310号民事裁定书，认定其无权向远东公司主张权利并驳回澳金利公司的起诉，故本案亦应驳回澳金利公司

的起诉。

远东公司在一审法院开庭审理后补充答辩称，金利公司作为实体权利人主张权利已过诉讼时效，双方签订的合同合法有效，要求金利公司继续履行合同或者承担违约责任。

一审法院认为，双方签订《联合开发协议》的性质为国有土地使用权转让合同。最高人民法院《关于审理房地产管理法施行前房地产开发经营案件若干问题的解答》第7条规定："转让合同的转让方，应当是依法办理了土地使用权登记或变更登记手续，取得土地使用证的土地使用者。未取得土地使用证的土地使用者为转让方与他人签订的合同，一般应当认定无效，但转让方已按出让合同约定的期限和条件投资开发利用了土地，在一审诉讼期间，经有关主管部门批准，补办了土地使用权登记或变更登记手续的，可认定合同有效。"因为远东公司与金利公司签订《联合开发协议》时未能取得金石滩游艇俱乐部会员别墅区8.6万平方米的土地使用权，远东公司1997年7月19日取得《国有土地使用证》项下的土地亦不是约定转让地块的位置，所以，远东公司并未取得双方协议约定转让地块的土地使用权，双方所签《联合开发协议》应认定无效。远东公司作为国有土地转让合同的转让方，应承担合同无效的主要责任。金利公司在不清楚远东公司是否取得了土地使用权的情况下，就与其签订合同，对合同无效也应承担一定责任。金利公司主张合同无效，要求远东公司返还已支付的土地转让费1350万元，应予支持，但金利公司要求远东公司支付全部利息的主张，不能支持。因金利公司未能正确行使诉权，造成拖延诉讼长达12年之久，增加了利息损失，对增加的利息损失，金利公司应承担主要责任，但因双方在协议履行期间，远东公司曾多次给澳金利公司出具还款计划，也是造成澳金利公司以自己的名义提起诉讼的原因，因此远东公司对金利公司及澳金利公司不能正确行使诉讼权利也应承担一定的责任。综合双

方当事人的过错及责任，远东公司负主要责任，承担利息损失的60%，金利公司负次要责任，承担利息损失的40%。

关于金利公司主张其代理澳金利公司签订《联合开发协议》的问题。该协议是由金利公司与远东公司于1993年1月29日签订的，虽然辽宁省经济贸易委员会于1992年12月14日批复同意由金利公司、金属公司、意达公司与亚太公司合资成立澳金利公司，但澳金利公司在工商行政管理部门登记注册的时间为1993年6月17日，澳金利公司的主体资格应起始于其登记注册的时间。金利公司与远东公司签订协议时，澳金利公司不具有法人的主体资格，金利公司不能代替没有主体资格的澳金利公司签订协议，故对金利公司提出其代澳金利公司签订协议的主张，不予支持。

关于澳金利公司是否有权向远东公司主张权利的问题。澳金利公司不是合同的主体，澳金利公司在另案中向远东公司主张权利，已经被法院裁定驳回起诉，故澳金利公司就同一案由再次向法院提起诉讼，不予支持。

关于金利公司是否主张了自己权利的问题。金利公司与澳金利公司作为共同原告提起诉讼，金利公司在庭审陈述及书面代理意见中均表示与澳金利公司共同主张权利。虽然在起诉状中金利公司主张是代澳金利公司签订合同，但从未表示放弃自己权利。当被告知金利公司代澳金利公司与远东公司签订合同的主张不成立时，金利公司表示，如果法院认定合同是金利公司与远东公司签订的，金利公司就明确主张自己的权利，因此，应认定金利公司在本案中已经主张了自己的权利，远东公司提出的金利公司未实际主张自己权利的理由不成立，不予支持。

关于金利公司主张权利是否超过诉讼时效的问题。远东公司于1994年7月31日为金利公司出具收款凭证后，自1995年2月27日至1996年8月30日4次以书面形式向澳金利公司发出通知，协商或承诺偿还1350万元，

其中第一次通知载明的对象为澳金利公司（原金利公司），最后一次还款承诺书，承诺还款时间为 1999 年 7 月，并表示如经济形式未出现转机，返还计划按年度顺延。2000 年 4 月，澳金利公司向辽宁省大连市中级人民法院提起诉讼，后撤诉。2002 年 3 月 12 日，金利公司及澳金利公司共同向远东公司发出《催收欠款通知书》。2002 年 9 月 23 日，澳金利公司再次提起诉讼，辽宁省高级人民法院于 2004 年 3 月 12 日作出终审裁定。2004 年 4 月 6 日，金利公司与澳金利公司共同以远东公司为被告向一审法院提起诉讼。根据上述事实，金利公司于本案中主张权利并未超过诉讼时效。

综上，依照《中华人民共和国民法通则》第五十八条、第六十一条及最高人民法院《关于审理房地产管理法施行前房地产开发经营案件若干问题解答》第 7 条之规定，判决：（一）远东公司与金利公司于 1993 年 1 月 29 日签订的《联合开发协议》无效；（二）远东公司于判决生效后十五日内向金利公司返还 1350 万元土地转让费，并按中国建设银行同期贷款利率向金利公司支付该款利息的 60%（支付利息的起始时间为：200 万元自 1993 年 1 月 31 日起至该款给付之日止，1000 万元自 1993 年 4 月 30 日起至该款给付之日止，100 万元自 1993 年 10 月 30 日起至该款给付之日止，50 万元自 1994 年 1 月 11 日起至该款给付之日止）；（三）驳回金利公司的其他诉讼请求；（四）驳回澳金利公司的诉讼请求。案件受理费 162510 元，诉讼保全费 68020 元，合计 230530 元，由远东公司负担 180000 元，由金利公司负担 50530 元，其他差旅费用 5000 元，由远东公司负担。

远东公司不服一审判决，向本院提出上诉称，一审法院审理本案程序违法、认定事实错误、适用法律不当，请求：1. 撤销一审判决；2. 驳回金利公司的诉讼请求；3. 诉讼费用由金利公司和澳金利公司负担。其主要理由：（一）一审法院程序违法。首先，一审

法院受理本案违反一事不再理的民事诉讼基本原则。2002 年 9 月 23 日，澳金利公司以远东公司为被告，向辽宁省大连市中级人民法院提起诉讼，请求确认《联合开发协议》无效并判令远东公司返还投资款 1350 万元及占用该款期间利息 600 万元。辽宁省大连市中级人民法院作出（2002）大民房初字第 109 号民事判决，驳回澳金利公司的诉讼请求。澳金利公司不服该判决，向辽宁省高级人民法院提出上诉。辽宁省高级人民法院以（2003）辽民一房终字第 310 号民事裁定驳回了澳金利公司的起诉，该裁定已发生法律效力。澳金利公司如不服该生效裁定，应当通过审判监督程序解决。此后，金利公司以澳金利公司代理人身份与澳金利公司作为共同原告，又向辽宁省高级人民法院提起本案诉讼，其原被告主体、诉讼请求及理由等均与被（2003）辽民一房终字第 310 号民事裁定驳回起诉案件中的相关事实完全相同。据此，一审法院应当依据《中华人民共和国民事诉讼法》第一百一十一条第一款第（五）项之规定，对本案不予受理或者驳回起诉。其次，金利公司不是本案的适格主体。金利公司递交起诉状至一审庭审结束，始终称自己为澳金利公司代理人，从未以自己的名义主张过权利。（二）金利公司主张权利已过诉讼时效。金利公司从 1993 年至一审庭审结束前并未以自己名义向远东公司主张过权利。远东公司为澳金利公司出具的 3 份还款函，是应对方要求所为的虚假材料，目的是澳金利公司用于应付财务检查及对付金属公司索要欠款。白宝山给远东公司出具《资金占用说明》，已经明确表示该还款函不能作为最后处理问题的法律依据。2002 年，澳金利公司和金利公司向远东公司送达的《催收欠款通知书》，已经明确表示债权主体不是金利公司而是澳金利公司，说明金利公司已放弃了自己的权利。（三）一审判决错误地将《联合开发协议》认定为无效。一审法院认为远东公司 1999 年 7 月 19 日取得的《国有土地使用证》

项下土地并非远东公司与金利公司约定转让的地块，据此认定远东公司并未取得双方约定地块的土地使用证，与事实不符。实际上，远东公司 1999 年 7 月 19 日取得的《国有土地使用证》，其项下土地就是双方约定的土地。远东公司与游艇俱乐部签订《开发合同书》时，因辽宁省大连市政府正对金石滩地区进行重新规划，远东公司取得地块的准确位置当时无法确定，故双方特别约定具体位置以最终的规划图为准。远东公司与金利公司签订《联合开发协议》中只约定为"金石滩中国国际游艇俱乐部会员别墅区的土地"，具体位置待辽宁省大连市政府规划图出来后再定。同时，远东公司还将与游艇俱乐部签订的《开发合同书》复印件交给金利公司，以便让其准确了解有关转让地块的具体情况。1995 年 3 月 10 日，远东公司发函给金利公司，通报因政府规划调整的需要，原约定地块位置稍有变动，金利公司对此未提异议。1995 年 11 月 18 日，白宝山在出具的《资金占用说明》中明确表示："对前期合同未履行项目今后将继续履行"，足以说明金利公司对地块位置调整是认可的。远东公司于一审起诉前取得了对方认可的规划调整后的地块的《国有土地使用证》，依据最高人民法院《关于审理房地产管理法施行前房地产开发经营案件若干问题的解答》第 6 条规定，远东公司与金利公司所签《联合开发协议》应认定有效。

金利公司和澳金利公司答辩称，一审判决认定事实清楚、适用法律正确，应予维持；请求二审法院依法驳回远东公司的上诉。其主要理由：（一）一审法院受理金利公司的起诉符合最高人民法院《关于适用〈中华人民共和国民事诉讼法〉若干问题的意见》第 142 条"裁定不予受理、驳回起诉的案件，原告再次起诉的，如果符合起诉条件，人民法院应予受理"之规定。金利公司与澳金利公司是一审的共同原告，在本案中都有诉权。辽宁省高级人民法院（2003）辽民一房终字第 310 号民事裁定并不涉及金利公司，同时该裁定书并未对澳金利公司的实体权利作出处分。本案其诉讼请求与（2003）辽民一房终字第 310 号案件中澳金利公司所提诉讼请求不同，此前所提诉讼请求中就本金 1350 万元所主张的利息为 600 万元，本案中金利公司就本金 1350 万元所主张的利息为 1700 万元。因此，一审法院受理本案符合法律规定，并非一事再理。（二）金利公司作为签订合同的一方当事人，理应依法享有诉权。一审法院已查明签订《联合开发协议》主体为远东公司与金利公司，并非如远东公司所言需要申请才能享有诉讼权利。（三）本案并未超过诉讼时效。土地使用权转让合同案件中，只要出让土地一方没有获得转让金，或受让一方没有获得土地，其诉讼时效就存在中断的理由，金利公司与澳金利公司从未放弃过对远东公司要求返还合同款本息的权利。（四）一审判决对《联合开发协议》效力的认定是正确的。远东公司 1999 年 7 月取得的《国有土地使用证》，其项下土地并非远东公司与金利公司约定的土地，且远东公司也未就双方约定的土地取得合法手续。一审判决认定双方所签合同无效，是正确的。

本院查明的事实与一审法院查明的事实基本一致。

本院认为，解决本案纠纷，首先应正确认定金利公司和澳金利公司何者依法享有向远东公司主张返还 1350 万元本金及利息的权利。

（一）关于金利公司提起本案诉讼应否支持的问题。

《联合开发协议》虽系金利公司与远东公司所签，但后来围绕联合开发所发生的往来函件、付款等一系列民事行为，主要是澳金利公司以其名义与远东公司之间展开。

从各方履行《联合开发协议》的实际情况看，该协议中约定的地块位置因政府规划变更而有所调整，远东公司将此事告知对方后，对方并未提出异议，表明对远东公司提供地块有所变动之事，金利公司和澳金利公司是知道并认可的。金利公司和澳金利公司不断地催要本金及利息并为此事专门进行公证，远东公司多次就对方催款事宜作出愿意归还的书面承诺，证明各方均已无意继续履行《联合开发协议》，并且对远东公司向澳金利公司偿还 1350 万元本金及利息形成一致的意思表示。因此，远东公司的合同义务已由向对方交付土地转变为向对方归还本息。

依据已查明的案件事实，2002 年，金利公司和澳金利公司向远东公司送达《催收欠款通知书》，明确表示债权主体只有澳金利公司且此通知可作为权利转让之用，说明金利公司已经将其基于《联合开发协议》享有的要求远东公司还本付息的权利转移给了澳金利公司。按照《中华人民共和国合同法》第七十九条、第八十条之规定，债权人可以将合同权利全部或者部分转让给第三人，转让只需通知到债务人即可而无须征得债务人的同意。根据前面所述双方履行《联合开发协议》的实际情况，金利公司依法享有向远东公司要求还本付息的权利且无须再履行其他义务，故其有权将该权利在不损害远东公司合法权益的前提下予以转让。本案中金利公司和澳金利公司就《催收欠款通知书》的内容及送达过程专门进行了公证，足以证明该转让行为系出于其真实意思表示，该转让内容不违反法律规定，应予认可。远东公司收到《催收欠款通知书》后未持异议，应视为当事人对《联合开发协议》中的权利主体变更已经达成共识。公证机关为此出具了正式的具有较强公示效力的《公证书》，此权利转让已经完成，权利主体已由金利公司变更为澳金利公司。金利公司此后已经丧失了以自己名义作为债权人向远东公司主张还本付息的主体资格。2004 年 4 月 6 日，金利公司以自己名义向远东公司主张其已经转让了的权利，远东公司对此提出抗辩的理由成立，应予支持。

有鉴于此，金利公司主体不适格，不享有提起本纠纷之诉权，对其起诉应予驳回。

（二）关于澳金利公司提起本案诉讼应否支持的问题。

根据查明的事实，在一审法院受理本案之前，澳金利公司于 2002 年 9 月 23 日向辽宁省大连市中级人民法院提起诉讼，请求确认远东公司与金利公司签订的《联合开发协议》无效并要求远东公司返还投资款 1350 万元及相应利息。该案由辽宁省高级人民法院以（2003）辽民一房终字第 310 号民事裁定，驳回了澳金利公司的起诉。

2004 年 4 月 6 日，澳金利公司作为原告提起本案诉讼，仍然要求确认《联合开发协议》无效并由远东公司返还投资款 1350 万元及相应利息，除了利息数额有所增加以外，与（2003）辽民一房终字第 310 号民事裁定驳回起诉案件的诉请和理由均相同。利息数额因时间推移而增加，并不属于最高人民法院《关于适用〈中华人民共和国民事诉讼法〉若干问题的意见》第 142 条规定中具备符合起诉应予受理的情形，故对澳金利公司就同一诉讼标的重复提起的本案诉讼，应当驳回其起诉。

当事人对已经发生法律效力的判决不服，除依法通过启动审判监督程序对案件重新审理外，不得在以后的诉讼中主张与已生效判决相反的内容，亦不能就同一诉讼标的重复起诉。因此，澳金利公司如认为其有权向远东公司主张权利，应当另循法律途径解决。

综上，依照《中华人民共和国民事诉讼法》第一百零八条、第一百一十一条第（五）项、第一百四十条第一款第（三）项之规定，裁定如下：

一、撤销（2004）辽民一房初字第 9 号民事判决；

二、驳回辽宁金利房屋实业公司 2004 年 4 月 6 日对大连远东房屋开发有限公司提出的起诉；

三、驳回辽宁澳金利房地产开发有限公司 2004 年 4 月 6 日对大连远东房屋开发有限公司提出的起诉。

一审案件受理费 50 元、二审案件受理费 50 元共计 100 元，由辽宁金利房屋实业公司和辽宁澳金利房地产开发有限公司各负担 50 元。

本裁定为终审裁定。

审　判　长　×××
代理审判员　×××
代理审判员　×××
二〇〇六年五月二十九日
书　记　员　×××

广西北生集团有限责任公司与北海市威豪房地产开发公司、广西壮族自治区畜产进出口北海公司土地使用权转让合同纠纷案

《最高人民法院公报》2006 年第 09 期

【裁判摘要】

一、《中华人民共和国民法通则》第三十六条规定："……法人的民事权利能力和民事行为能力，从法人成立时产生，到法人终止时消灭。"《中华人民共和国公司登记管理条例》第三十八条规定，"经公司登记机关核准注销登记，公司终止。"因此，法人被依法吊销营业执照后没有进行清算，也没有办理注销登记的，不属于法人终止，依法仍享有民事诉讼的权利能力和行为能力。此类法人与他人产生合同纠纷的，应当以自己的名义参加民事诉讼。其开办单位因不是合同当事人，不具备诉讼主体资格。

二、只有人民法院和仲裁机构有权确认合同是否有效，合同当事人不享有确认合同效力的权利。合同无效系自始无效，当事人请求确认合同无效的，不应受诉讼时效期间的限制，而合同经确认无效后，当事人请求返还财产及赔偿损失的，应当适用法律关于诉讼时效的规定。

中华人民共和国最高人民法院

民事判决书

(2005) 民一终字第 104 号

上诉人（原审被告）：广西北生集团有限责任公司，住所地广西壮族自治区北海市北海大道 168 号。

法定代表人：何玉良，该公司董事长。

委托代理人：张波，北京市天如律师事务所律师。

被上诉人（原审原告）：北海市威豪房地产开发公司，住所地广西壮族自治区北海市四川路口岸大厦 9 楼。

法定代表人：刁江南，该公司总经理。

委托代理人：李崇文，北京市凯文律师事务所律师。

委托代理人：胡小顺，北京市凯文律师事务所律师。

被上诉人（原审原告）：广西壮族自治区畜产进出口北海公司，住所地广西壮族自治区北海市四川路口岸大厦 9 楼。

法定代表人：彭家龙，该公司总经理。

委托代理人：李崇文，北京市凯文律师事务所律师。

委托代理人：胡小顺，北京市凯文律师事务所律师。

上诉人广西北生集团有限责任公司（以下简称北生集团）与被上诉人北海市威豪房地产开发公司（以下简称威豪公司）、广西壮族自治区畜产进出口北海公司（以下简称北海公司）土地使用权转让合同纠纷一案，广西壮族自治区高级人民法院于2005年9月20日作出（2005）桂民一初字第3号民事判决。北生集团不服该判决，向本院提起上诉。本院依法组成合议庭，于2006年2月10日开庭审理了本案。北生集团的委托代理人张波，威豪公司及北海公司的委托代理人李崇文、胡小顺到庭参加诉讼。本案现已审理终结。

一审法院经审理查明：1993年3月3日，北生集团与威豪公司签订《土地合作开发协议书》约定，双方合作开发乡镇企业城范围内土地150亩；威豪公司按每亩20.5万元标准交付合作开发费用，共计3075万元；协议签订后两个工作日内，威豪公司支付北生集团土地合作开发费500万元作为定金，同时将原有的土地蓝线图正本和北生集团与广西壮族自治区北海市乡镇企业城招商中心（以下简称招商中心）签订的土地合作开发协议交给威豪公司保管；北生集团原则上在收到定金后，从招商中心办理好以威豪公司为该150亩土地占有人的蓝线图和转换合同，办理的手续费由北生集团负担；威豪公司在签约后10日内再付1000万元，其余的1575万元在1993年5月1日前付足；北生集团办理蓝线图及转换合同，最迟不能超过13日（自合同签订之日起），逾期北生集团赔偿给威豪公司100万元，同时本合同有效执行；威豪公司付清全款，北生集团根据威豪公司要求同意向威豪公司转让土地使用权，威豪公司提供办理红线图及土地使用权证所需的立项等全部文件，北生集团负责为其办理红线图及土地使用权证；协议自签字盖章，交纳定金

之日起正式生效。同日，双方又签订《补充协议》约定，北生集团与招商中心合作开发该150亩土地，尚欠合作开发费50%即600万元。在1993年5月1日威豪公司支付全款前，北生集团欠交土地合作开发费的损失由其自行承担，如果招商中心提高土地价格，加价部分由北生集团承担；如果收回土地，北生集团应在损失发生时将所收的款项全部退还给威豪公司，并在5日内赔偿500万元；如威豪公司未能在1993年5月1日前付足款给北生集团，威豪公司则赔偿500万元。同日，北生集团将土地示意图正本交付给威豪公司。威豪公司法定代表人刁江南出具了收条。

合同签订后，威豪公司分别于1993年3月4日、3月13日及4月30日支付500万、1000万、1000万元给北生集团，北生集团开具了收款收据。但北生集团未依约办理蓝线图及转换合同，也未为威豪公司办理土地使用权证。北生集团至今未取得讼争土地的土地使用权，也未对讼争土地进行开发利用。双方当事人均当庭确认威豪公司在诉讼前一直未向北生集团主张过权利。

一审法院另查明，威豪公司系由北海公司申办成立，其性质为全民所有制企业法人，主管部门为北海公司。由于威豪公司未按规定申报工商年检，2003年11月26日，广西壮族自治区北海市工商行政管理局作出行政处罚决定书，决定吊销威豪公司的营业执照，但至今尚未成立清算组进行清算。北生集团在1997年1月1日前的名称为浙江广厦建筑集团北海公司；1997年1月1日变更为广西北海浙江广厦建筑有限责任公司；2002年8月23日变更为广西北生企业（集团）有限责任公司；2002年9月19日再次变更为北生集团。

一审法院还查明，2000年1月26日，广西壮族自治区北海市中级人民法院就柳州市恒通房地产开发公司（以下简称恒通公司）与威豪公司及成都三业投资开发股份有限公

司（以下简称三业公司）土地使用权转让合同纠纷一案作出（1999）北民初字第 66 号民事判决，认定威豪公司转让给恒通公司的 150 亩土地是根据 1993 年 3 月 3 日其与北生集团签订的《土地合作开发协议书》受让而来。但威豪公司与三业公司未取得该幅土地的使用权即与恒通公司签订土地使用权转让协议，在一审期间也未补办土地使用权手续，因此，该土地使用权转让合同无效。遂判决威豪公司返还其从恒通公司取得的土地款 2820 万元及该款利息。该判决已为生效判决。

威豪公司、北海公司向一审法院提起诉讼称，1993 年 3 月 3 日，威豪公司与北生集团的前身浙江广厦建设集团北海公司签订《土地合作开发协议书》约定，双方合作开发北海乡镇企业城范围内的土地 150 亩，威豪公司按照每亩 20.5 万元的标准向北生集团支付开发费用，北生集团应将土地使用权办理到威豪公司名下。协议订立后，威豪公司先后共支付 2500 万元，但北生集团未履行合同约定义务。事后，威豪公司发现北生集团无权签订该合作开发协议，协议违反了法律强制性规定，属无效合同。由于威豪公司两年未参加工商年检，现由其开办单位北海公司与威豪公司共同清理威豪公司的债权债务，故请求：1. 确认双方签订的《土地合作开发协议书》无效；2. 判令北生集团向其返还因无效合同取得的合作开发费用 2500 万元，并赔偿利息损失 28395234.25 元（自北生集团收到款项之日起到实际返还之日止，暂计至 2005 年 4 月 29 日）。

北生集团答辩称，1. 北海公司没有按照法定程序成立清算组对威豪公司进行清算，该公司又不是讼争合同的当事人，故北海公司不具备原告的主体资格。2. 威豪公司与北生集团签订的《土地合作开发协议书》的性质是合同权利义务之转让。北生集团原与招商中心约定由招商中心出地，北生集团出资，共同合作开发土地。而北生集团与威豪公司签订的合同即是将北生集团的出资义务转让给了威豪公司。该合同没有违反法律强制性规定，合同合法有效。由于威豪公司未依约支付全额款项，致使北生集团不能协助威豪公司取得土地使用权，威豪公司对此应自行负责。3. 威豪公司的起诉已经超过了法定诉讼时效期间。《土地合作开发协议书》约定自合同签订之日起最迟不能超过 13 日，北生集团应办理土地的蓝线图及转换合同，但北生集团并没有在该期限内办理好上述手续，威豪公司在 1993 年 3 月 16 日就知道或应当知道其权利被侵害。此外，在另案诉讼中，2000 年 1 月 26 日，广西壮族自治区北海市中级人民法院在（1999）北民初字第 66 号民事判决书中，已认定威豪公司未能取得土地使用权，亦不能协助恒通公司取得土地使用权，遂判决威豪公司返还土地款及赔偿利息损失给恒通公司。广西壮族自治区北海市中级人民法院作出该判决时，威豪公司就知道或应当知道其权利被侵害，诉讼时效最迟应该自此时起算，而威豪公司一直未向北生集团主张权利，直到 2005 年才提起诉讼，已超过了法定诉讼时效期间。故请求法院依法驳回威豪公司的诉讼请求。

一审法院经审理认为，本案争议焦点为：1. 北海公司是否为本案适格原告；2.《土地开发协议书》是否无效；3. 威豪公司及北海公司的起诉是否超过了法定诉讼时效期间。

关于第一个争议焦点，即北海公司是否为适格原告的问题，一审法院认为，北海公司在本案中为适格原告。因为威豪公司系北海公司开办的全民所有制企业，威豪公司被工商管理部门依法吊销营业执照后，其民事行为能力受到一定的限制，且至今未成立清算组进行清算，北海公司作为该公司的开办单位、主管部门及唯一的出资方有权利及义务对威豪公司的债权债务进行清理。该公司作为共同原告参加诉讼并无不当。北生集团主张其是与威豪公司签订的合同，北海公司不是合同相对人，因而无权参加诉讼的理由不成立，不予支持。

关于第二个争议焦点，即《土地合作开发协议书》是否无效的问题，一审法院认为，威豪公司与北生集团签订的《土地合作开发协议书》，名为合作开发，实为土地使用权转让，该协议为无效合同。依据最高人民法院《关于审理房地产管理法施行前房地产开发经营案件若干问题的解答》第7条"未取得土地使用证的土地使用者为转让方与他人签订的合同，一般应当认定无效，但转让方已按出让合同约定的期限和条件投资开发利用了土地，在一审诉讼期间，经有关主管部门批准，补办了土地使用权登记或变更登记手续的，可认定合同有效"之规定，北生集团未取得讼争土地的使用权即与威豪公司签订协议转让该土地的使用权，且既未对土地进行实际的投资开发，也未在一审审理期间补办有关土地使用权登记或变更登记手续，因此，双方当事人签订的《土地合作开发协议书》无效。依据无效合同返还原则，北生集团应返还其收取的购地款2500万元及利息。

北生集团答辩认为，《土地合作开发协议书》合法有效，该协议的性质是合同权利义务的转让，即北生集团将其与招商中心签订的土地合作开发协议中的权利义务转让给威豪公司。但在一审审理期间，北生集团不能提供其与招商中心签订的协议或其他证据证明其与招商中心之间具有土地合作开发关系。而北生集团与威豪公司签订的《土地合作开发协议书》中也没有任何关于共同出资、共同经营、共担风险的约定。相反该协议书第六条约定威豪公司付清全款后，北生集团向威豪公司转让土地使用权，并为威豪公司办理土地使用权证。显然，威豪公司与北生集团之间的法律关系并非土地合作开发合同的权利义务转让，而是土地使用权的转让。即使《土地合作开发协议书》是合同权利义务的转让，北生集团的转让行为未得到原合同相对方的同意，该转让行为亦无效。所以，北生集团关于合同合法有效的抗辩主张没有事实和法律依据，不予采信。

北生集团还认为，威豪公司未按照《补充协议》的约定付足全部款项，致使其无法协助威豪公司取得该幅土地的使用权，威豪公司对此应自行负责。一审法院认为，依照最高人民法院《关于审理房地产管理法施行前房地产开发经营案件若干问题的解答》第7条的规定，北生集团作为土地使用权的转让方应当取得土地使用权后方可转让该土地使用权。北生集团在本案中的转让行为违反了上述规定。受让方未付清全部款项并不能使北生集团的违法行为合法化，也不是导致涉案合同无效的原因。北生集团的该抗辩主张与司法解释的规定相悖，不予支持。

关于第三个争议焦点，即威豪公司、北海公司的起诉是否超过法定诉讼时效期间的问题，一审法院认为，威豪公司、北海公司的起诉没有超过法定诉讼时效期间。当事人向法院请求保护民事权利的诉讼时效期间为两年，诉讼时效期间从知道或应当知道权利被侵害时起计算。首先，《中华人民共和国民法通则》规定的两年的诉讼时效期间适用于债权请求权，不适用于形成权。而威豪公司、北海公司关于确认合同无效的请求属于形成权之诉，不应受两年诉讼时效的限制。其次，因合同无效产生的财产返还请求权在性质上属于债权请求权范畴，理应受《中华人民共和国民法通则》关于诉讼时效期间的规定的限制，诉讼时效期间从原告知道或应当知道权利被侵害时起算。鉴于当事人并不享有确认合同无效的法定权力，合同只有在被法定裁判机关确认为无效之后，才产生不当得利的财产返还请求权及该请求权的诉讼时效问题。因此，威豪公司与北生集团签订的《土地合作开发协议书》被法院宣告无效后，威豪公司才享有财产返还请求权。如北生集团不予返还，威豪公司才知道或应当知道该权利受到侵害，诉讼时效才开始起算。以合同被宣告无效为无效合同诉讼时效的起点，威豪公司、北海公司的起诉没有超过法定诉讼时效期间。北生集团提出以合同被宣告无效为诉讼时效的起算点，可能会导致以无效合同为基础的民事关系长期处于不稳定状态，但诉讼时效原则体现的是国家公权力对私权的合理干预，以及在公共利益与私人利益产生冲突时，立法对公共利益的倾斜与保护。同时，在涉及无效合同财产返还的诉讼中，对《中华人民共和国民法通则》第一百三十七条如何适用，司法实践中还存在另一种诠释：即以无效合同的履行期限为确定诉讼时效的依据。其理由是无效合同的当事人通常在合同被法定机关确认为无效前，并不知道合同无效，当事人对无效合同约定的合同利益有合理的预期。如无效合同约定了履行期限，在该履行期限届满后；如合同未约定履行期限，在当事人主张权利后，合同相对方仍不能完全履行义务，当事人即知道或应当知道其"合同权利"受到侵害，则应积极地行使诉讼权利，维护自身利益。但由于本案双方当事人未对土地使用权转让的履行时间进行约定，威豪公司、北海公司从未向北生集团主张过权利，北生集团也从未告知威豪公司不能办理土地使用权转让手续，威豪公司不知道也不应知道北生集团不能履约。所以，无论是以合同被法定裁判机关宣告无效，还是以无效合同的履行期限为依据确定诉讼时效的起算点，威豪公司、北海公司在2005年提起返还财产的诉讼，均未超过法定诉讼时效期间。

北生集团认为，《土地合作开发协议书》约定北生集团应在合同签订之日起13日内为威豪公司办理蓝线图和转换合同。北生集团未在该期限内履行上述义务，威豪公司就应当知道其权利受到侵害，诉讼时效即开始起算。一审法院认为，首先，合同的诉讼时效计算应以合同主要义务的履行期限为依据。《土地合作开发协议书》中约定的威豪公司支付购地款的对价是北生集团转让土地使用权给威豪公司，办理蓝线图等只是附随义务，其履行期限并不能替代合同主要义务的履行期限，也不应作为确定整个合同的诉讼时效

的依据。其次，《土地合作开发协议书》约定，如果北生集团未能在合同订立之日起13日内办理蓝线图和转换合同，合同仍然继续有效执行。实际上在该时间之后，双方也还在继续履行合同。可见，未及时办理蓝线图及转换合同并不影响合同其他权利义务的履行。再次，从现实操作而言，土地使用权过户的全部手续通常也不可能在13日内能办理完毕。因此，无论从法理、合同约定、实际履约情况还是从现实操作的情况分析，在合同签订后的13日内北生集团虽未依约办理好蓝线图等，但并不能据此推断威豪公司就知道或应当知道北生集团不能履行转让土地使用权的义务。

此外，北生集团还认为，广西壮族自治区北海市中级人民法院作出（1999）北民初字第66号民事判决后，威豪公司就知道或应当知道其权利被北生集团侵害，诉讼时效期间即开始起算。一审法院认为，广西壮族自治区北海市中级人民法院审理的是威豪公司与恒通公司的争议，并未就本案原、被告之间的纠纷进行审理。广西壮族自治区北海市中级人民法院判决认定威豪公司与恒通公司之间的合同不能履行、合同无效，并不能推导出威豪公司与北生集团之间的合同不能履行或无效，两者之间没有必然的逻辑关系。依照最高人民法院《关于审理房地产管理法施行前房地产开发经营案件若干问题的解答》第7条的规定，威豪公司与北生集团之间的土地使用权转让协议在威豪公司提起诉讼时，实质上还处于效力待定状态，即如在本案一审诉讼期间北生集团能补办有关土地使用权的手续，合同仍然可以有效履行。此外，威豪公司与北生集团之间的合同没有约定办理土地使用权转让的履行期限，虽然威豪公司与恒通公司产生了诉讼，威豪公司仍未向北生集团主张权利，北生集团也未告知威豪公司不能办理土地使用权转让手续。所以，威豪公司虽在与恒通公司的诉讼中败诉，但并不能由此推定威豪公司知道或应当知道北生

集团侵害了其权利，从而致使其不能履行与恒通公司之间的合同义务。

综上所述，北海公司作为威豪公司的开办单位、主管部门及唯一的出资方有权参加诉讼，对威豪公司的债权进行清理。威豪公司与北生集团之间的《土地合作开发协议书》名为合作开发，实为土地使用权转让，该协议违反了法律法规强制性规定，为无效合同。北生集团取得 2500 万元购地款及利息没有合法依据，应予以返还。威豪公司、北海公司提起诉讼，符合法律关于诉讼时效期间的规定，其诉权应依法受到保护。依照《中华人民共和国民法通则》第六十一条第一款、第九十二条、第一百三十五条、第一百三十七条及最高人民法院《关于审理房地产管理法施行前房地产开发经营案件若干问题的解答》第 7 条之规定，经一审法院审判委员会讨论决定，判决：（一）威豪公司与北生集团于 1993 年 3 月 3 日签订的《土地合作开发协议书》为无效合同；（二）北生集团返还威豪公司、北海公司 2500 万元及利息（利息计算从北生集团取得款项之日起至判决规定的履行期限届满为止，按中国人民银行同期一年期存款利率计算）。上述债务义务人应于判决生效之日起 15 日内履行完毕，逾期则应加倍支付迟延履行期间的债务利息。案件受理费 282986 元，由北生集团负担。

北生集团不服一审判决，向本院提起上诉，请求：1. 撤销一审判决；2. 驳回威豪公司、北海公司的诉讼请求；3. 由威豪公司、北海公司承担本案的全部诉讼费用。

（一）北海公司不是本案适格原告。北海公司作为威豪公司的开办单位、主管部门及唯一的出资方，虽然有权利和义务对威豪公司的债权债务进行清理，但并无法律规定，在法人尚未注销时，其开办单位有权作为当事人代为或共同参加诉讼。这在根本上违背了法人独立的原则。法人的民事权利能力和民事行为能力，从法人成立时产生，到法人终止时消灭。威豪公司虽然系由北海公司申请开办，但被依法吊销了营业执照之后并没有在包括其开办单位北海公司在内的组织下进行清算，也没有办理注销登记。因此威豪公司仍然是一个依法独立存在的法人。被吊销营业执照并不影响威豪公司依法保持独立的民事权利能力和其他民事行为能力，威豪公司仍然有权且只能以自己的名义独立行使法律赋予的各项民事权利，包括参加诉讼。因此，一审法院认定北海公司为本案适格原告显属错误。

（二）威豪公司的起诉已过诉讼时效。1. 一审法院关于"原告确认合同无效的请求属于形成权之诉，不应受两年诉讼时效的限制"的认定，没有法律依据。关于请求确认无效合同是否适用诉讼时效的问题，我国法律没有明确规定，一直以来在理论界和实务界都存在一定的争议。我国是成文法国家，在法律没有明确规定无效合同不适用诉讼时效制度的情况下，人民法院不宜也不应该把存在争议的学理、学说作为定案的依据，应该同样适用法律关于诉讼时效的规定，即以 2 年为限。2. 一审法院认定"以合同被宣告无效为无效合同诉讼时效的起点"是错误的。一审法院认为，"鉴于当事人并不享有确认合同无效的法定效力，合同只有在被法定裁判机关确认为无效之后，才产生不当得利的财产返还请求权及该请求权的诉讼时效问题"。北生集团认为，合同是否有效并不影响当事人主张权利，故确认合同无效和返还财产请求权是可以分开且应该分开的两个问题。法院不能抛开法律规定，自行推定威豪公司何时知道其权利受损，否则诉讼时效将形同虚设。而且，合同无效虽然存在违法因素，但本案涉及的财产均为当事人自由处分的范围，属私权，不是国家必须主动干预的范畴。简单地以合同被宣告无效为财产返还请求权诉讼时效的起点，必然导致以无效合同为基础的民事关系长期处于不稳定状态，不利于整个社会经济生活的健康发展。3. 权利人的权利是否受到侵害是一个价值判断问题，应由法定裁判机关确定，但权利人知否其权利受到侵害则是一个事实问题，要靠证据来认定。威豪公司与恒通公司的土地转让合同被判无效，确实不能推导出本案合同无效，从而确定威豪公司的权利受到侵害，但可以据此认定威豪公司应当知道自己的权利受到了侵害。首先，北生集团对涉案土地并无使用权，也没有实际投资开发利用土地，经过十几年，仍然不能办理土地转让手续，其与威豪公司的土地转让合同违反法律的强制性规定，极有可能被判无效；其次，威豪公司已经向恒通公司承担了法律责任，遭受了巨大的经济损失。威豪公司权利受到侵害的事实已经发生。而威豪公司怠于行使自己的权利，从未向北生集团提出主张，致使诉讼时效期间届满。

威豪公司及北海公司答辩认为，一审判决认定事实清楚，适用法律正确，应予维持。北生集团的上诉请求不能成立，应予驳回。

（一）关于北海公司的主体问题。北海公司是威豪公司的开办单位，威豪公司已于2003年11月26日被广西壮族自治区北海市工商行政管理局吊销营业执照，并被责令由主办单位、投资人或清算组进行清算。威豪公司至今未成立清算组，因此作为主办单位的北海公司有权利有义务对威豪公司的债权债务进行清算工作。本次诉讼，亦是对威豪公司债权债务的清算工作之一，由北海公司同权利义务已受限制的威豪公司共同参加诉讼，符合法律规定。

（二）关于诉讼时效问题。威豪公司的起诉没有超过诉讼时效，威豪公司的诉讼请求应当得到法院的支持。1. 无效合同的确认不适用诉讼时效，无效合同产生的财产返还请求权的诉讼时效期间应自合同被确认无效之日起算。无效合同的确认不受诉讼时效期间限制。合同无效是法律所代表的公共权力对合同成立过程进行干预的结果。确认合同效力是价值判断的范畴，只要法律、行政法规认为合同是无效的或损害社会公共利益的，

就应当认定合同无效，而不应考虑合同无效经历的时间过程。此外，诉讼时效制度适用于债权请求权，而确认合同无效则属于形成权，确认合同无效之诉属确认之诉，不适用诉讼时效制度。合同无效是一种法律状态，法律不应强求当事人随时随地对合同效力进行审视，从而使交易处于不确定的状态。当事人在善意履行合同过程中，不发生对合同效力认定及无效合同财产处理的主张起算诉讼时效问题。无效合同产生的财产返还请求权的诉讼时效期间应自合同被确认无效之日起算。如果说以"民事关系的稳定"为借口使无效合同经过时间的延续达到与有效合同相同的事实结果，这显然是违背立法宗旨。2. 即使无效合同的诉讼时效应从知道或应当知道权利被侵害之日起计算，北生集团有关威豪公司的诉讼请求已过诉讼时效的主张也是不能成立的。首先，威豪公司与北生集团之间的《土地合作开发协议书》未就主债务的履行约定履行期限。对于无履行期限的合同，根据我国民法通则与合同法的相关规定，诉讼时效的起算有如下几种：（1）债权人催告当时债务人就表示立即履行，实际上未履行的，诉讼时效自催告次日起算；（2）如果当事人协商一致，确定一个明确的履行期限的，诉讼时效自该期限届满之次日起算；如果当事人就履行期限协商不成，在任何一方提出了一个合理的履行期限后，诉讼时效自该合理期限之次日起算；（3）债权人向债务人主张债权，债务人当即明确拒绝，而该拒绝含有将来也不履行债务的意思，那么，诉讼时效应从该拒绝之日的次日起计算。本案中，上述几种情况均不存在，因此本案不存在威豪公司知道或应当知道权利被侵害的事实，诉讼时效并未起算。实际上，正是双方当事人结合北海市房地产业的状况，从最大限度维护双方利益的角度出发，共同认可合同处于一个持续的事实状态，因此不存在权利被侵害的情形。3. 威豪公司与北生集团之间的合同效力非经裁判机关裁决，当事人及

任何第三人都无权认定合同效力，威豪公司也不能援引另案的判决，来主观推断其在本案合同中的权利被侵害。事实上，威豪公司与第三人订立合作开发合同时，对北生集团何时能真正取得争议地块的土地使用权并不明确，对由此产生的可能对第三人的违约早有合理预知，并愿意承担此种风险，因北生集团即便不能在威豪公司与第三方约定的期限内取得该地块的国有土地使用权，威豪公司也不能想当然的单方推定北生集团违约。况且，在威豪公司与恒通公司的争议经广西壮族自治区北海市中级人民法院（1999）北民初字第66号民事判决书判决后，北生集团在本案一审前，依然存在依法取得约定地块国有土地使用权，并依合同约定再转让给威豪公司的可能性。事实上，威豪公司与北生集团之间的合同并非绝对无效的合同，如果北生集团在本案一审期间能够取得争议土地的国有土地使用权，该合同仍可认定为有效合同。威豪公司未能在另一诉讼一审期间取得争议地块的国有土地使用权，并不等于北生集团不能在此后取得国有土地使用权。根据最高人民法院《关于审理房地产管理法施行前房地产开发经营案件若干问题的解答》的精神，如果北生集团在本案一审期间能够取得争议地块的国有土地使用权，双方的合作开发合同仍可以被认定为有效合同。事实上，当时威豪公司的权利也未遭受侵害，直到起诉前，威豪公司及北海公司仍希望北生集团继续履行交付土地使用权的义务，但北生集团至今无法完成该合同义务，直接导致了合作开发合同的无效。

本院二审查明的事实与一审法院查明的事实相同。

本院认为，本案二审双方当事人争议焦点有二：其一，北海公司是否具备原告的主体资格；其二，威豪公司的起诉是否超过诉讼时效期间。

（一）关于北海公司是否具备原告的主体资格。

经查，威豪公司是由北海公司申办成立的。由于威豪公司未按规定申报工商年检，2003年11月26日，广西壮族自治区北海市工商行政管理局作出行政处罚决定书，决定吊销威豪公司的营业执照，但至今尚未成立清算组进行清算。根据《中华人民共和国民法通则》第三十六条的规定："法人是具有民事权利能力和民事行为能力，依法独立享有民事权利和承担民事义务的组织。法人的民事权利能力和民事行为能力，从法人成立时产生，到法人终止时消灭。"《中华人民共和国公司登记管理条例》第三十八条规定："经公司登记机关核准注销登记，公司终止。"威豪公司虽然系由北海公司申请开办，但被依法吊销了营业执照之后并没有进行清算，也没有办理公司的注销登记，因此威豪公司仍然享有民事诉讼的权利能力和行为能力，即有权以自己的名义参加民事诉讼。北海公司作为威豪公司的开办单位，虽然有权利和义务对威豪公司的债权债务进行清理，但在威豪公司尚未注销时，其开办单位作为当事人共同参加诉讼，没有法律依据。北海公司不是威豪公司与北生集团所签合同的缔约人，其与北生集团之间没有直接的民事法律关系。因此，一审法院认定北海公司为本案适格原告，于法无据。北生集团关于北海公司不具备本案原告的诉讼主体资格的上诉请求，应予支持。

（二）关于威豪公司的起诉是否超过诉讼时效期间。

一审法院认为，威豪公司与北生集团签订的《土地合作开发协议书》，名为合作开发，实为土地使用权的转让协议。因北生集团未取得讼争土地的使用权即与威豪公司签订协议转让该土地的使用权，且既未对土地进行实际的投资开发也未在一审审理期间补办有关土地使用权登记或变更登记手续，故双方当事人签订的《土地合作开发协议书》应为无效。一审法院上述关于合同性质及效力的认定，符合本案事实，适用法律正确。且双方当事人对合同效力亦无异议。

依照《中华人民共和国民法通则》第一百三十五条、第一百三十七条之规定，当事人向人民法院请求保护民事权利的诉讼时效期间为二年，诉讼时效期间从知道或者应当知道权利被侵害时起计算。本院认为，合同当事人不享有确认合同无效的法定权利，只有仲裁机构和人民法院有权确认合同是否有效。合同效力的认定，实质是国家公权力对民事行为进行的干预。合同无效系自始无效，单纯的时间经过不能改变无效合同的违法性。当事人请求确认合同无效，不应受诉讼时效期间的限制，而合同经确认无效后，当事人关于返还财产及赔偿损失的请求，应当适用法律关于诉讼时效的规定。本案中，威豪公司与北生集团签订的《土地合作开发协议书》被人民法院确认无效后，威豪公司才享有财产返还的请求权，故威豪公司的起诉没有超过法定诉讼时效期间。

北生集团主张，双方签订的《土地合作开发协议书》约定，北生集团应在合同签订之日起13日内为威豪公司办理蓝线图和转换合同，北生集团未在该期限内履行上述义务，威豪公司就应当知道其权利受到侵害，诉讼时效即开始起算。本院认为，双方当事人签订的《土地合作开发协议书》约定，如果北生集团未能在合同订立之日起13日内办理蓝线图和转换合同，合同仍然继续有效执行，只是北生集团应承担相应的违约责任，即赔偿威豪公司100万元。因此，合同仍处在继续履行状态，未及时办理蓝线图及转换合同并不影响合同其他权利义务的履行，而且，上述义务也不是双方合同的主要义务。故在合同签订后的13日内北生集团虽未依约办理好蓝线图等，但并不能据此推断威豪公司就知道或应当知道北生集团不能履行转让土地使用权的义务。北生集团的该点上诉理由，不能成立。

北生集团上诉还认为，广西壮族自治区北海市中级人民法院作出（1999）北民初字第66号民事判决后，威豪公司就知道或应当知道其权利被北生集团侵害，诉讼时效期间即开始起算。本院认为，一审法院对此问题的认定，理据充分。广西壮族自治区北海市中级人民法院审理的是威豪公司与恒通公司的争议，与本案没有直接的联系。广西壮族自治区北海市中级人民法院判决认定威豪公司与恒通公司之间的合同无效，并不能推导出威豪公司与北生集团之间的合同亦为无效。依照最高人民法院《关于审理房地产管理法施行前房地产开发经营案件若干问题的解答》第7条的规定，威豪公司与北生集团之间的土地使用权转让协议在威豪公司提起诉讼时处于效力待定状态，即如在本案一审诉讼期间北生集团能补办有关土地使用权的手续，合同仍然可以有效并得到履行。北生集团也未告知威豪公司不能办理土地使用权转让手续。所以，威豪公司虽在与恒通公司的诉讼中败诉，但并不能由此推定威豪公司知道或应当知道北生集团侵害了其权利。北生集团的该点上诉理由，亦不能成立。

综上，依据《中华人民共和国民事诉讼法》第一百五十三条第一款第（二）项之规定，判决如下：

一、维持广西壮族自治区高级人民法院（2005）桂民一初字第3号民事判决第一项；

二、变更广西壮族自治区高级人民法院（2005）桂民一初字第3号民事判决第二项为：广西北生集团有限责任公司于本判决生效后15日内返还北海市威豪房地产开发公司2500万元及利息（利息从取得款项之日起，按中国人民银行同期一年期存款利率计算）。

一审案件受理费、二审案件受理费共计565972元，由广西北生集团有限责任公司负担。

本判决为终审判决。

审　判　长　×××
代理审判员　×××
代理审判员　×××
二〇〇六年六月二日
书　记　员　×××

桂馨源公司诉全威公司等土地使用权
转让合同纠纷案

《最高人民法院公报》2005 年第 07 期

【裁判摘要】

签订国有土地使用权转让合同时，转让人虽未取得国有土地使用权证，但在诉讼前已经取得该证的，应认定转让合同有效。当事人取得国有土地使用权证后未足额缴纳土地出让金，或对转让土地的投资开发未达到投资总额 25% 以上的，属转让标的瑕疵，不影响转让合同的效力。

最高人民法院
民事判决书

（2004）民一终字第 46 号

上诉人（原审被告）：柳州市全威电器有限责任公司，住所地广西壮族自治区柳州市柳石路 153 号。

法定代表人：刘全章，该公司董事长。

委托代理人：田旷，北京市嘉和律师事务所律师。

委托代理人：罗茂隆，北京市嘉和律师事务所律师。

上诉人（原审被告）：柳州超凡房地产开发有限责任公司，住所地广西壮族自治区柳州市城中区长青路 29 号。

法定代表人：覃锦生，该公司董事长。

委托代理人：罗茂隆，北京市嘉和律师事务所律师。

委托代理人：田旷，北京市嘉和律师事务所律师。

被上诉人（原审原告）：南宁桂馨源房地产有限公司，住所地广西壮族自治区南宁市沈阳路 48 号。

法定代表人：罗先友，该公司董事长。

委托代理人：李正国，四川康维律师事务所律师。

委托代理人：黄媛，四川康维律师事务所律师。

上诉人柳州市全威电器有限责任公司、柳州超凡房地产开发有限责任公司与被上诉人南宁桂馨源房地产有限公司土地使用权转让合同纠纷一案，广西壮族自治区高级人民法院于 2004 年 4 月 18 日作出（2004）桂民一初字第 1 号民事判决，柳州市全威电器有限责任公司、柳州超凡房地产开发有限责任公司对该判决不服，向本院提起上诉。本院依法组成合议庭于 2004 年 7 月 15 日进行了开庭审理。柳州市全威电器有限责任公司及柳州超凡房地产开发有限责任公司的委托代理人田旷、罗茂隆，南宁桂馨源房地产有限公司的法定代表人罗先友、委托代理人李正国到庭参加诉讼。本案现已审理终结。

一审法院经审理查明：2003 年 9 月 18 日，柳州市全威电器有限责任公司（以下简称全威公司）、柳州超凡房地产开发有限责任公司（以下简称超凡公司）与南宁桂馨源房地产有限公司（以下简称桂馨源公司）签订《土地开发合同》约定，全威公司、超凡公司同意将全威公司位于柳州市柳石路 153 号 51.9979 亩土地转让给桂馨源公司，土地转让价款为 2860 万元。鉴于超凡公司在与全威公司签订 2003 年 3 月 31 日《协议书》之后投入了前期资金并做了一些前期工作，本协议签订后，全威公司同意桂馨源公司支付给超凡公司补偿款1640万元。土地转让款的付款期限和办法：根据全威公司的要求，桂馨源公司同意于2003年9月30日前，将200万元转入全威公司账户作为合作定金，逾期视为桂馨源公司违约，全威公司、超凡公司有权单方解除合同；全威公司、超凡公司必须在两个月内办理完成市政府同意该宗土地转让给桂馨源公司控股或桂馨源公司法定代表人控股的、在柳州新成立的公司，并给予今年或明年上半年土地开发计划指标；桂馨源公司在得到开发指标批准可以进行房地产开发时起一个月内，代全威公司支付向中国工商银行柳州分行所借的795万元贷款及表内利息96万元（此利息如能减免，此款便加在厂房拆迁费里支付），此贷款经银行同意可转贷给桂馨源公司，全威公司应积极协助桂馨源公司办理，并提供该宗土地作贷款担保抵押，如银行确认，由于此贷款转给桂馨源公司的原因，而不能免去表内利息96万元（准确金额以银行确认的为准），此利息应由桂馨源公司承担，其他任何原因全威公司未得到银行的免息，均由全威公司承担；桂馨源公司在得到市政府将土地转让给桂馨源公司控股的或桂馨源公司法定代表人控股的柳州成立的新公司，并得到开发指标批准可以进行房地产开发时起一个月内必须代全威公司支付该宗土地办理土地使用性质变更（由工业用地变更为商业用地）向土地管理部门交纳的土地变性费用及契税约600万元；全威公司在办理完成将该宗土地过户给桂馨源公司在柳州的控股公司或桂馨源公司法定代表人控股的公司三个月内，桂馨源公司在柳州的控股公司或桂馨源公司法定代表人控股的公司代全威公司分期支付职工安置费、厂房搬迁费及代全威公司偿还零星欠款，此三项共约600万元。以上共计2300万元在桂馨源公司支付给全威公司的土地转让费中扣除，余下2200万元（桂馨源公司根据全威公司和超凡公司

的要求，支付给全威公司560万元、支付给超凡公司1640万元），桂馨源公司在得到土地使用和开发指标批准，可以进行房地产开发时起一年内支付给全威公司和超凡公司。由于政府和房地产开发建设管理部门因总体规划、市政建设和市政管理原因以及全威公司、超凡公司两方的原因（包括全威公司职工、全威公司周边单位及个人的原因），以及全威公司、超凡公司两方债权人追债等非桂馨源公司原因，半年内不能办理完成本项目工程开工报建手续进行开工建设的，按实际延续的时间，付款期间相应顺延。如全威公司、超凡公司愿意购买桂馨源公司在该宗土地上所开发的商品房，其购房款可在桂馨源公司支付给全威公司的费用中扣减。在桂馨源公司代全威公司、超凡公司向土地局支付该宗土地变性费及契税的同时，全威公司须将该宗土地过户给桂馨源公司控股或桂馨源公司法定代表人控股的在柳州新成立的公司。但桂馨源公司在付清全威公司、超凡公司4500万元之前，不得将该宗土地转让给桂馨源公司控股的或桂馨源公司法定代表人控股的公司以外的其他人。全威公司向桂馨源公司所转让的该宗土地使用权年限按政府的有关规定办理。桂馨源公司计划该宗土地分期开发，从桂馨源公司支付完需开发部分土地的厂房搬迁费和职工安置费之日起算，全威公司必须在三个半月内搬迁完毕，并将所拆除的垃圾清除干净，将达到三通一平的土地交付桂馨源公司。桂馨源公司未付给全威公司、超凡公司的部分款项，由桂馨源公司或桂馨源公司在柳州的控股公司或桂馨源公司法定代表人控股公司提供相应价值的土地和房产作为抵押担保。全威公司、超凡公司因自己的原因未按合同约定的期限办理完成土地过户手续、土地使用性质的变更和土地开发指标的办理及未按期搬迁完毕该宗土地上的所有附着物和完成三通一平，每逾期一日，按桂馨源公司已支付金额的千分之一向桂馨源公司支付罚息，逾期达30日以上，桂馨源

公司有权单方解除合同。桂馨源公司因以上原因提出解除合同的，全威公司、超凡公司应双倍返还 200 万元定金。桂馨源公司未在合同约定的时间内代全威公司全额支付有关款项给有关单位及未付清全威公司、超凡公司土地转让费和补偿费，每逾期一日，桂馨源公司应按应付金额的千分之一分别向全威公司和超凡公司支付罚息，逾期达 30 日以上，全威公司、超凡公司有权单方解除合同。全威公司、超凡公司因以上原因单方提出解除合同，桂馨源公司以支付的 200 万元定金作为对全威公司、超凡公司的违约赔偿等。且约定本合同为三方执行合同，全威公司与超凡公司于 2003 年 3 月 31 日签订的《协议书》及全威公司与桂馨源公司于 2003 年 9 月 1 日签订的《房地产项目合作开发合同书》于本合同签订之日同时作废。2003 年 9 月 29 日，桂馨源公司将 200 万元定金转入全威公司账户。2003 年 11 月 18 日，柳州市发展计划委员会批准将本案所涉及的土地用途改变为经营性用地。2003 年 11 月 3 日，桂馨源公司函告全威公司、超凡公司，授权桂馨源公司法定代表人罗先友控股的柳州市盛源房地产有限公司代其履行合同，要求全威公司超凡公司按合同约定将土地过户给柳州市盛源房地产有限公司。2003 年 12 月 15 日，桂馨源公司又函告全威公司、超凡公司，将代其履行合同的公司变更为柳州恒贸源房地产有限公司，要求全威公司、超凡公司按合同约定将土地过户给该公司。2003 年 11 月 21 日，全威公司与超凡公司函告桂馨源公司，其已于 2003 年 11 月 18 日将柳州市发展计划委员会批准土地用途改变的文件办妥，并将复印件交于桂馨源公司，要求桂馨源公司提前支付 600 万元款项，其中 300 万元用于交纳土地收益金，办理土地过户及办理解封和搬厂，另 300 万元在办理完土地过户手续后的一个月内支付。2003 年 11 月 25 日，全威公司提出资金计划：第一期资金计划总计 300 万元，包括：1. 支付河北科技有限公司欠款 42 万

元，用于办理土地解封事宜；2. 交纳土地收益金 120 万元；3. 搬迁厂房所需费用 100 万元；4. 偿还其他零星欠款 38 万元。第二期资金应在土地过户后一个月内到位。2003 年 12 月 2 日，超凡公司、全威公司再次致函桂馨源公司：一、根据超凡公司、全威公司于中国工商银行柳州分行主要负责领导处得到的结果是，今年内还清银行欠款的本金，则所欠表内和表外利息全部免掉，明年的政策目前尚未明确。因此，要求桂馨源公司今年内全部按合同代柳州市磁电机厂（即全威公司）还清银行欠款，如果采用承担债务的做法，桂馨源公司必须承诺承担所有的利息。二、桂馨源公司必须尽快书面确认最终合作公司并给予该公司有关法律认证的复印件。三、桂馨源公司必须提供合同规定的抵押担保手续，使双方得以尽快进入下一步的土地办理程序。在该函中全威公司、超凡公司还提出：其曾于 2003 年 11 月 21 日给桂馨源公司发函，未见桂馨源公司复函。为了表示合作诚意，现再次发函，希望桂馨源公司在五日内给予函复，使双方合作的操作程序得以进行，否则产生的一切后果和全部责任由桂馨源公司承担。2003 年 12 月 18 日，全威公司、超凡公司致函桂馨源公司：由于《土地开发合同》第七条对桂馨源公司提供抵押担保的时间、抵押物、保证范围及担保金额均未作出明确约定，为此，三方都认为有修改并完善该条款的必要并于 2003 年 11 月 5 日、12 月 15 日、12 月 16 日开会讨论了此问题，但没有达成一致意见。2003 年 11 月 22 日、12 月 2 日，全威公司、超凡公司也曾两次给桂馨源公司发函，要求桂馨源公司提供抵押手续，但桂馨源公司至今未予答复。由于桂馨源公司能否提供并办理抵押担保登记手续，对确保全威公司、超凡公司今后利益的实现至关重要，因此再次发函，希望桂馨源公司务必在 2003 年 12 月 8 日前到全威公司商谈修改完善上述问题并最终达成一致意见，否则，《土地开发合同》无法履行，三方将全面终止该合同。

2003 年 12 月 20 日，柳州恒贸源房地产有限公司函复全威公司、超凡公司：《土地开发合同》充分体现了三方意志，是公正合法的，违约方在对方无违约行为或不同意解除合同的情况下，是不能随意终止合同的。我公司在 2003 年 11 月 15 日、16 日的协商会议及 19 日协商时都表态，只要是合同上约定的，都会坚决执行且将土地过户给我公司是安全的、无风险的。现全威公司、超凡公司以根本就不存在的不安全因素为由拒不办理该宗土地过户，已属严重违约，全威公司、超凡公司应以实际行动表明其合作诚意，在实实在在履行合同的前提下，三方才可以对合同约定以外的事项进行协商。2003 年 12 月 29 日，全威公司、超凡公司致函桂馨源公司，以三方没有就办理抵押担保登记的时间及担保金额、保证范围达成一致意见、桂馨源公司又不愿商谈及全威公司是一个改制企业，桂馨源公司能否提供有效的抵押担保将关系到企业职工未来生活安置问题和社会安定问题为由，决定从即日起终止《土地开发合同》，并要求桂馨源公司商谈办理定金退还事宜。2004 年 1 月 3 日，桂馨源公司致函超凡公司、全威公司，拒绝终止合同。

一审法院另查明，2004 年 1 月 18 日，中国工商银行柳州分行鱼峰支行函复柳州恒贸源房地产有限公司：1. 只要全部归还所欠我行贷款本金，我行即按规定解除该宗土地使用权的抵押关系；2. 根据以上原则，贵公司能代债务人柳州市磁电机厂归还所欠我行的全部贷款本息，我行即解除该宗土地使用权的抵押关系。

一审法院还查明，全威公司系柳州市磁电机厂于 2003 年改制成立，其营业执照所载明的营业期限为 2003 年 6 月 8 日；本案所涉及的位于柳州市柳石路 153 号土地属国有出让土地，土地证号为柳国用（2003）字第 188461 号，土地面积为 34665.3 平方米（合 51.9979 亩），用途为工业用地，系全威公司根据与柳州市国土资源局 2003 年 6 月 26 日所签订的《国有土地使用权出让合同》受让取得；该宗土地按抵押合同设定土地使用权抵押登记，抵押面积为 34537.3 平方米，抵押金额为 837 万元，抵押期限从 1997 年 7 月 11 日至 1999 年 7 月 9 日，抵押权人为中国工商银行柳州分行，目前该笔抵押已到期，尚未办理注销登记；全威公司经企业改制后以出让方式处理该宗土地使用权，尚欠 292.5 万元的职工经济补偿金未支付；2003 年 11 月 18 日，柳州市发展计划委员会通知全威公司：柳州市土地收购储备与审批委员会 2003 年第 9 次工作会议已同意你单位位于柳石路 153 号土地的用途改变为经营性用地，请于《通知》发出之日起至 2004 年 6 月 30 日，到市计委、规划局、国土局等有关部门办理相关手续，期限内未办理的，视为自动放弃，并告知：一、房地产开发公司宗地改变用途的，请按房地产开发项目的有关程序办理；二、非房地产开发公司宗地改变用途的，应在获得房地产开发资格后，按房地产开发项目的有关程序办理。

2004 年 1 月 13 日，桂馨源公司向一审法院提起诉讼称，该公司与全威公司、超凡公司于 2003 年 9 月 18 日签订《土地开发合同》约定，桂馨源公司以 2860 万元受让全威公司位于柳州市柳石路 153 号 51.9979 亩土地作为房地产开发用地，桂馨源公司在 2003 年 9 月 30 日前将定金 200 万元支付给全威公司，合同即为生效。合同签订后，桂馨源公司按期支付了定金 200 万元。依合同约定，全威公司必须在合同生效后两个月内办理完成将该宗土地转让给桂馨源公司或桂馨源公司法定代表人控股的、在柳州新成立的公司，并给予今年或明年上半年土地开发计划指标，但全威公司已逾期四十日仍不向土地管理部门办理过户手续，且于 2003 年 12 月 29 日函告桂馨源公司终止《土地开发合同》，使合同无法履行，给桂馨源公司造成和即将继续造成巨大的损失。故请求：一、判令 2003 年 9 月 18 日签订的《土地开发合同》合法有效，全威公司与超凡公司应当继续履行。二、全威公司、超凡公司双倍返还定金 400 万元，并赔偿由此给桂馨源公司造成的一切经济损失；三、判令由全威公司、超凡公司承担本案全部诉讼费用。

全威公司答辩称：一、不同意继续履行合同。全威公司是一个特困企业，在得到开发指标后，要求桂馨源公司提供未付款项的抵押担保。桂馨源公司对全威公司这一正当要求予以拒绝。因此，全威公司已对桂馨源公司失去信任，若再继续履行，全威公司将承担很大的风险。二、不同意双倍返还定金。全威公司在本案中不存在违约行为，全威公司是依法终止与桂馨源公司的合作。三、不同意赔偿桂馨源公司的经济损失。桂馨源公司对此没有具体的诉讼请求且赔偿的前提是全威公司存在违约行为。

超凡公司答辩称：一、本案《土地开发合同》于 2003 年 9 月 18 日签订之时，全威公司并不具备独立的民事主体资格，该合同应为无效合同且超凡公司要求桂馨源公司对 1000 多万元应付款提供担保，桂馨源公司不提供，超凡公司对此承担很大的风险，故超凡公司不同意继续履行合同；二、超凡公司没有收到 200 万元的定金，也不存在违约行为，因此不同意双倍返还 200 万元定金；三、不同意赔偿桂馨源公司的经济损失，桂馨源公司没有具体的损失数额，超凡公司在本案中亦未违约，定金罚则和违约金罚则不能同时适用，主张双倍返还定金则不能主张损失赔偿。

一审法院经审理认为：本案性质为土地使用权转让合同纠纷。三方当事人签订的《土地开发合同》是在自愿、协商一致基础上签订的，合同约定转让的标的物亦系全威公司通过出让而取得的拥有使用权并经有关部门批准进行房地产开发的土地，该土地可以进入市场，合同内容没有违反法律规定。至于超凡公司所提出的在订立该合同时，全威公司已超过了营业期限的问题，根据《中华

人民共和国民法通则》的规定，法人的民事行为能力始于设立，终于法人的终止，而本案中全威公司并未随着营业期限的到期而终止，其营业执照并未被注销或者吊销，其作为一个企业法人至今仍然合法存在，法人资格并未终止。且本案合同亦不属其营业执照所确定的营业范围之内，而是其对自身财产的自愿处分，符合合法的意思自治原则，故本案合同为有效合同。超凡公司主张合同无效没有法律和事实依据，不予支持。对于有效合同，根据诚实信用原则，各方当事人均应恪守合同的约定，全面履行合同。桂馨源公司已按照合同履行了合同交付了定金并将合同中所约定的代其履行的公司告知了全威公司与超凡公司，而全威公司与超凡公司却没有按照合同的约定履行自己的义务，而是以三方在合同中对抵押担保问题约定不明确，又没有协商一致、其利益存在着风险为由，拒绝按合同的约定办理有关土地手续，并进而要求终止合同，显然有悖于合同的约定。根据合同约定，在桂馨源公司将 200 万元定金转至全威公司账户后，全威公司和超凡公司就应当履行合同第三条第 2 款所约定的义务，此间并不存在桂馨源公司应先行办理抵押手续的问题，因为合同并没有将桂馨源公司办理抵押手续作为全威公司和超凡公司履行该义务的前置条件，且综观合同分析，合同第七条所指的"桂馨源公司未付给全威公司、超凡公司的部分款项"也不是指 200 万元定金之后其余应付款项，而是合同第三条第 3 款所指的在支付 2300 万元之后余下的 2200 万元，也只有在其时并办理过户手续中才存在风险，才有要求桂馨源公司办理未付余款担保抵押的必要性。由此可见，合同约定的抵押担保条款并非不明确。何况，即使存在着全威公司和超凡公司所主张的抵押担保条款不明确的问题，也不影响合同的履行。根据合同约定中，桂馨源公司在履行本案合同中，除已支付给全威公司的 200 万元定金外，还需代全威公司履行相关的义务，支付

约 1500 万元的款项后，方能实际取得土地过户且桂馨源公司也承诺以过户的土地使用权作为对未付款项的抵押担保，该承诺不违反法律规定且是切实可行的，故全威公司与超凡公司所主张的风险没有事实依据，是不存在的，不予支持。综上所述，全威公司、超凡公司在本案中的行为已构成违约，应承担违约责任，其无权主张终止本案合同；桂馨源公司作为守约方主张继续履行合同的诉讼请求于法有据，是成立的；其主张全威公司、超凡公司赔偿一切损失的诉讼请求，由于没有提出具体的损失数量和相应的证据，不予支持，予以驳回；由于桂馨源公司在本案中要求继续履行合同的诉讼请求已得到本院的支持，故其主张由全威公司与超凡公司双倍返还 200 万元定金的诉讼请求，既与三方当事人在本案合同中的约定不符，又不符合定金罚则的适用范围，该罚则中的双倍返还只适用于履行落空的情形中，故桂馨源公司的该诉讼请求亦不能成立，不予支持，予以驳回。据此，依照《中华人民共和国合同法》（以下简称合同法）第八条、第六十条、第一百零七条之规定，判决：一、桂馨源公司、全威公司、超凡公司继续履行三方于 2003 年 9 月 18 日所签订的《土地开发合同》，全威公司与超凡公司应于判决生效之日起五个工作日内依该合同第三条第 2 款的约定，办理完成土地过户的相关手续；二、驳回桂馨源公司的其他诉讼请求。案件受理费 179010 元，由桂馨源公司负担 35802 元，超凡公司负担 71604 元、全威公司负担 71604 元，财产保全费 143629 元，由超凡公司、全威公司负担。

全威公司不服一审判决向本院提起上诉，请求依法改判，驳回桂馨源公司的诉讼请求并解除本案合同，由桂馨源公司承担违约责任。主要理由：1. 一审判决对合同抵押担保条款的认定错误。讼争地块是本案土地转让的标的物，不是抵押的标的物，且只有全威公司有权在该地块上设置抵押。桂馨源公司主张全威公司应将土地使用权全部过户给该

公司，然后其再以该块土地作为抵押财产向全威公司提供担保属无理要求。2. 合同第七条约定的"部分款项"应指全部未付款项，全威公司有权根据履行合同的需要随时要求桂馨源公司履行担保义务。一审判决将实际违约和预期违约混为一谈，显失公正。3. 对土地过户和提供抵押担保的时间应依同时履行作为判定依据。在桂馨源公司未依约提供相应价值的土地和房产作为抵押担保，双方未能达成一致意见且桂馨源公司根本不具备履约能力的情况下，全威公司提出解除合同符合法律规定。一审判决认为全威公司要求桂馨源公司履行担保义务构成违约错误。4.《土地开发合同》第三条第 2 款主要约定了桂馨源公司的付款义务即全威公司将土地过户给桂馨源公司的前置条件，没有全威公司将土地过户给桂馨源公司的义务约定。双方于 2003 年 11 月 18 日收到柳州市发展计划委员会土地开发指标后全威公司已履行完第三条第 2 款的约定义务，桂馨源公司应在一个月内即 2003 年 12 月 18 日以前支付中国工商银行柳州分行本息 891 万元，而桂馨源公司除交纳定金 200 万元外，其余款项并未支付。同时，《土地开发合同》第四条约定全威公司将土地过户给桂馨源公司成立的新公司的时间应在桂馨源公司付清 600 万元土地变性费及契税的同时，即全威公司履行土地过户义务的条件尚未成就。因此，双方纠纷的原因为桂馨源公司未按期履行合同且明确表示不履行担保的主要义务，一审判决认定桂馨源公司为"守约方"错误。5. 一审判决全威公司于"五个工作日"内单方履行土地过户义务而不要求桂馨源公司承担相应义务，与合同约定不符。且一审判决超越三方合同内容，要求不是土地使用权人的超凡公司承担其无法履行的义务，没有法律依据。

超凡公司不服一审判决向本院提起上诉，请求确认《土地开发合同》无效，由双方承担同等过错责任。主要理由：1. 本案土地使用权转让合同，违反了法律法规的强制性规

定，应认定无效。其中国有土地出让金至今未全部付清，尚欠 292.5 万元职工经济补偿金和 97 万余元土地收益金；当事人对该块"工业用地"至今没有投入开发资金，更未达到 25% 的投资标准；合同签订时尚未取得国有土地使用权证；合同签订前后，讼争地块已处于有关法院的查封之中；讼争土地转让情况未通知该地块的抵押权人柳州市工商银行；涉案"工业用地"的转让未办理相应的审批、登记手续。2. 桂馨源公司作为专业从事房地产开发的企业明知上述合同无效情形的存在和有关法律法规的规定，故合同无效双方应承担同等过错责任。

桂馨源公司答辩称，一审判决认定事实清楚，适用法律正确，应予维持。主要理由：1. 本案土地使用权转让合同符合《中华人民共和国城市房地产管理法》（以下简称城市房地产管理法）及合同法的规定，应认定有效。全威公司已于出让合同签订后一次性付清 800805 元土地出让金，其欠交的职工经济补偿金及土地收益金不属土地出让金；全威公司于起诉前取得了土地使用权证，享有涉案土地的处分权，具备转让的法定条件；涉案土地为工业用地且出让合同没有投资开发的约定及在该地块上进行房屋建设的约定，城市房地产管理法关于投资 25% 的规定不适用本案土地使用权的转让；抵押权人不仅知道土地转让事宜且明确同意转让；2. 全威公司、超凡公司拒不履行合同义务，已严重违约，其认为桂馨源公司违约并要求解除合同的上诉理由不能成立。全威公司和超凡公司于合同生效后不仅未将土地使用权过户到桂馨源公司指定的公司名下且连过户的申请手续都未开始办理，已严重违反合同；全威公司、超凡公司关于桂馨源公司必须先办理抵押担保才能开始办理土地转让过户手续及要求桂馨源公司对全部转让款的支付提供抵押担保的要求没有合同依据，本案不存在合同约定不明以及其他风险问题；合同第三条第 2 款为本案合同对全威公司和超凡公司办理土地使用权转让过户的唯一约定，即桂馨源公司支付 200 万元定金之外的转让款的条件是全威公司应首先将土地使用权转让过户到桂馨源公司指定公司的名下，桂馨源公司得到开发指标批准，并在可以进行房地产开发以后。本案桂馨源公司支付转让款的条件尚未满足，不存在违约问题，全威公司、超凡公司主张桂馨源公司未按约支付转让款而要求解除合同的理由不能成立。

本院二审查明，2003 年 12 月 17 日，在柳州市国土资源局与全威公司签订《国有土地使用权出让合同》后，全威公司办理了柳州市柳石路 153 号土地的国有土地使用权证。

本院二审查明的其他事实与一审法院查明的事实相同。

本院认为，全威公司、超凡公司与桂馨源公司于 2003 年 9 月 18 日签订的《土地开发合同》约定，全威公司、超凡公司将柳州市柳石路 153 号土地使用权转让给桂馨源公司，桂馨源公司向全威公司、超凡公司支付 2860 万元土地转让价款，故本案性质为土地使用权转让合同纠纷。该《土地开发合同》为三方当事人协商一致后作出的真实意思表示，内容亦不违反法律规定。合同签订前，柳州市国土资源局已同意全威公司以出让方式取得讼争土地的使用权，双方订有《国有土地使用权出让合同》。本案一审起诉前全威公司办理了国有土地使用权证，讼争土地具备了进入市场进行依法转让的条件。而土地出让金的交纳问题，属土地出让合同当事人即柳州市国土资源局和全威公司之间的权利义务内容，其是否得到完全履行不影响对本案土地使用权转让合同效力的认定，故超凡公司提出的因《土地开发合同》签订时未取得国有土地使用权证及土地出让金未全部交清违反法律强制性规定应认定该合同无效的上诉主张，本院不予支持。关于投资开发的问题，城市房地产管理法第三十八条关于土地转让时投资应达到开发投资总额 25% 的规定，是对土地使用权转让合同标的物设定的于物权变动时的限制性条件，转让的土地未达到 25％以上的投资，属合同标的物的瑕疵，并不直接影响土地使用权转让合同的效力，城市房地产管理法第三十八条中的该项规定，不是认定土地使用权转让合同效力的法律强制性规定。因此，超凡公司关于《土地开发合同》未达到 25％投资开发条件应认定无效的主张，本院亦不予支持。关于转让土地使用权是否已向抵押权人履行通知义务的问题，中国工商银行柳州分行 2004 年 1 月 18 日向柳州恒茂源房地产有限公司出具的复函、2003 年 12 月 2 日全威公司、超凡公司与中国工商银行柳州分行商谈银行贷款了结事宜的函件及《土地开发合同》第三条第 2 款三方当事人关于抵押债务数额及处理方式的约定内容等证据均表明，本案讼争土地的抵押权人中国工商银行柳州分行知道该土地使用权的转让事宜，且未提出异议。超凡公司关于本案土地使用权转让未通知该土地抵押权人导致转让无效的理由与事实不符，不能成立。综上，《土地开发合同》于签订之时虽有瑕疵，但经补正后已不存在违反法律强制性规定的情形，应认定有效。一审法院关于合同效力的认定，适用法律正确，应予维持。当事人各方在有效合同的履行过程中对合同条款的约定内容发生歧义，应依合同法规定的合同解释方法确定发生争议条款的真实意思表示。一审判决根据合同目的、合同条款之间的关系，确认《土地开发合同》第七条约定的应由桂馨源公司提供抵押担保的"未付款项"是指桂馨源公司依合同第三条约定的义务内容代全威公司支付 2300 万元款项以外的余款 2200 万元，认定事实并无不当。全威公司要求桂馨源公司先行就全部转让款项提供抵押担保作为其履行合同义务的前置条件，与合同约定不符。同时，因柳州恒茂源房地产有限公司不是履行《土地开发合同》付款义务的债务人，其工商注资问题与认定桂馨源公司是否具有履约能力之间不具有关联性。因此，全威公司在未能提供确切证据证明桂馨

源公司于履行期限届至时将不履行或不能履行合同的情形下，其行使合同解除权的条件尚未成就，故全威公司以存在履约风险为由要求解除合同的主张因缺乏事实和法律依据，本院不予支持。关于办理土地过户手续的问题，《土地开发合同》虽然存在前后条款约定不准确的问题，但从文义表述、交易习惯等方面综合判断，可以认定合同第三条第 2 款关于"办理完成市政府同意该宗土地转让给桂馨源公司控股的或桂馨源公司法定代表人控股的、在柳州新成立的公司，并给予今年或明年上半年土地开发计划指标"的约定，是指全威公司、超凡公司应履行的义务为办理政府同意将土地使用权转让给合同约定的公司和政府给予土地开发指标的手续。合同第四条则应是全威公司向土地管理部门办理土地使用权变更过户手续的义务。全威公司主张的其已办理的经柳州市发展计划委员会批准的土地变性手续就是履行合同第三条第 2 款的义务，与合同约定内容不符。一审判决认定全威公司、超凡公司于桂馨源公司支付定金后未能按期履行合同第三条第 2 款所约定的义务，已构成违约，适用法律未有不妥。至于全威公司、超凡公司履行《土地开发合同》第三条第 2 款义务的期限，一审判决指定为五个工作日，符合本案的实际情况。综上，一审判决认定事实清楚，适用法律正确，根据《中华人民共和国民事诉讼法》第一百五十三条第一款第（一）项之规定，判决如下：

驳回上诉，维持原判。

二审案件受理费 179010 元，由全威公司、超凡公司各半负担。

本判决为终审判决。

审　判　长　×××
审　判　员　×××
代理审判员　×××
二〇〇四年八月三十一日
书　记　员　×××

时间集团公司诉浙江省玉环县国土局
土地使用权出让合同纠纷案

《最高人民法院公报》2005 年第 05 期

【裁判摘要】

根据《合同法》第十五条第一款的规定，国有土地使用权出让公告属于要约邀请，竞买人在竞买申请中提出报价，并按要约邀请支付保证金的行为，属于要约，双方当事人尚未形成土地使用权出让合同关系。国有土地使用权出让方因出让公告违反法律的禁止性规定，撤销公告后，造成竞买人在缔约阶段发生信赖利益损失的，应对竞买人的实际损失承担缔约过失责任。

中华人民共和国最高人民法院
民事判决书

(2003) 民一终字第 82 号

上诉人 (原审原告)：时间房地产建设集团有限公司，住所地浙江省台州市椒江区赤山东路 321 号。

法定代表人：李卫军，该公司董事长。

委托代理人：谢冠斌，北京市立方律师事务所律师。

被上诉人 (原审被告)：玉环县国土资源局，住所地浙江省台州市玉环县珠港镇城关玉兴东路。

法定代表人：王伍勇，该局局长。

委托代理人：吴勇敏，浙江泽大律师事务所律师。

委托代理人：黄艳，北京市同达律师事务所律师。

上诉人时间房地产建设集团有限公司与被上诉人玉环县国土资源局土地使用权出让合同纠纷一案，浙江省高级人民法院于 2003 年 10 月 24 日作出 (2003) 浙民一初字第 1 号民事判决，上诉人时间房地产建设集团有限公司对该判决不服，向本院提起上诉。本院依法组成合议庭于 2004 年 2 月 9 日进行了开庭审理。上诉人时间房地产建设集团有限公司的委托代理人谢冠斌，被上诉人玉环县国土资源局的委托代理人吴勇敏、黄艳到庭参加诉讼。本案现已审理终结。

一审法院经审理查明：2002 年 11 月 7 日，玉环县国土资源局 (以下简称国土局) 在《玉环报》上刊登了《玉环县国土资源局国有土地使用权挂牌出让公告》(以下简称《挂牌出让公告》)，主要内容：经玉环县人民政府批准，国土局定于 2002 年 11 月 21 日 8 时到同年 12 月 4 日 15 时，在玉环县地产交易窗口挂牌出让下列一宗国有土地使用权：1. 该地块位于玉环县珠港镇坎门鱼港花礁岩填海开发工程区域，开发编号为 2002－005 号，面积 25.9434 公顷，用途为混合住宅用地 (商住混合)，土地使用年限为 70 年；容积率不大于 1.5，绿化率不少于 35%，日照间距为 1∶1.1 以上，建筑密度在 30% 以下，在取得土地使用权之日起 5 年内完成建设；2. 该地块挂牌起拍价为 4300 万元，成交地价在成交后付 40%，余额在合同中约定付清；3. 凡具有资金实力，并能在规定时间完成建设的中华人民共和国境内外的公司、企业和其他组织均可参加竞买；4. 报名时间：2002 年 11 月 1 日至同年 11 月 20 日 15 时止；报名地点：

玉环县地产交易窗口；报名需带资料：注册资本在1亿元（注册到位5000万元）以上的营业执照副本原件，加盖公章的法定代表人证明书；5. 参加竞买者在报名时须交纳保证金2000万元；6. 挂牌时间：2002年11月21日8时始至同年12月4日15时止；挂牌地点：玉环县地产交易窗口。《玉环县国土资源局国有土地使用权挂牌出让须知》（以下简称《挂牌出让须知》）第十三条载明："挂牌期限届满，按照下列规定确定是否成交：（1）在挂牌期限内只有一个竞买人报价，且报价高于底价并符合其他条件的，挂牌成交；（2）在挂牌期限内有两个或两个以上的竞买人报价的，出价最高者为竞得人；报价相同的，先提交报价单者为竞得人，但报价低于底价者除外；（3）在挂牌期限内无应价者或竞买人的报价均低于底价或均不符合其他条件的，挂牌不成交；（4）在挂牌期限截止时仍有两个或两个以上的竞买人要求报价的，出让人可以决定实行现场竞价，也可另行确定时间实行拍卖竞价，出价最高者为竞得人"。2002年11月20日，国土局收到时间房地产建设集团有限公司（以下简称时间公司）的"挂牌出让竞买申请书"，该申请书载明："经认真审阅贵局国有土地使用权挂牌出让文件，我们愿意遵守国有土地挂牌出让文件的要求和规定，决定申请参加贵局2002年11月21日至同年12月4日在玉环县地产交易所窗口进行的国有土地使用权挂牌出让竞买。"同日，时间公司依约汇入玉环县土地储备中心2000万元，国土局出具了浙江省行政事业单位往来收据一份，确认收到该笔款项。次日，时间公司向国土局提供了"挂牌出让竞买报价单"，报价为5000万元。

2001年12月14日，浙江渝汇置业有限公司（以下简称渝汇公司）与国土局签订《国有土地使用权出让草签合同》，该合同第四条、第七条约定："本合同项下出让宗地的用途为《浙江省玉环县坎门湾风景区总体开发规划（草案）》一期投资的海景花园小区"；

"本合同项下宗地的土地使用权出让金为每平方米人民币165元，总额为4400万元"。同年12月18日，渝汇公司汇入浙江省玉环县坎门渔港开发中心100万元，该中心确认收到该笔款项；2002年10月17日，渝汇公司汇入玉环县财政局1120万元；同日，渝汇公司又汇入玉环县财政局200万元；次日，渝汇公司汇入玉环县财政局300万元；同年11月14日，渝汇公司向国土局提供了《关于将应退土地转让金转为土地挂牌保证金的报告》，要求将上述款项直接转为挂牌竞买保证金；同年11月18日，国土局法定代表人王伍勇书面同意转为保证金；同年11月20日，渝汇公司汇入玉环县土地储备中心280万元，同日，国土局出具收到该笔款项的收据；同年11月22日，该款项进入玉环县土地储备中心账户；同年11月21日，渝汇公司向国土局提供了"挂牌出让竞买报价单"，报价为5100万元。

2002年11月20日，国土局将"玉环海滨新城金港湾（即2002－005号海域开发宗地）挂牌出让底价为5700万元，计人民币伍仟柒佰万元整"的底价函保存在玉环县公证处。

2002年11月20日，浙江省国土资源厅接到举报称国土局在当日坎门渔港金海湾土地挂牌出让中有不规范、暗箱操作行为后，查明该宗土地正在上报审批而未获批准，要求国土局在未经依法批准前停止挂牌。同年11月22日，国土局分别向时间公司、渝汇公司发出了《关于对2002－005号海域开发宗地停止挂牌出让的通知》，该通知载明："根据浙江省国土资源厅意见，玉环海滨新城金港湾，即开发编号为2002－005号海域开发宗地，未经省厅批准前，不得进行挂牌出让。故本局停止对2002－005号海域开发宗地的挂牌出让，若重新挂牌，另行公告。"同日，国土局将2000万元退还给时间公司。时间公司收到上述通知和款项后，于同年12月6日发给国土局《关于对2002－005号海域开发宗地停止挂牌出让通知的复函》，认为"贵局的发布公告及接受挂牌押金和我公司挂牌报价的行为是民事法律行为，对双方都具有法律约束力，贵局擅自停止挂牌的行为已违反了我国的有关法律规定，应属无效行为。我公司现要求贵局恢复挂牌，将该幅土地依法出让。若贵局一意孤行，我公司将依法要求贵局双倍返还挂牌押金，并赔偿相应的经济损失。请贵局在收到函后于五个工作日内给予答复，否则，我公司将依法对贵局提起诉讼。"

另：一审法院根据时间公司的申请，于2003年5月22日委托浙江省高级人民法院司法鉴定处（以下简称司法鉴定处）对下列事项进行鉴定：1. 2002年11月20日挂牌出让底价为5700万元的函件的真实性，即该函件上的打印字体及函件上国土局的印章是否系2002年11月20日或在此以前所写、所盖；2. 2002年11月21日"挂牌出让竞买报价单"上打印字体、书写字体和渝汇公司的印章是否在2002年11月21日或在此以前所写、所盖。2003年6月27日，司法鉴定处发了退卷函，结论为"样本材料不足，且鉴定技术条件限制，故无法作出鉴定结论"。双方对该函件无异议，但时间公司认为应送更权威部门进行鉴定，故再次提出申请。

2003年1月9日，时间公司向浙江省高级人民法院提起诉讼称：2002年11月7日，国土局在《玉环报》上刊登出《挂牌出让公告》，载明经玉环县人民政府批准，国土局挂牌出让开发编号为2002-005号、面积25.9434公顷、用途为混合住宅用地、土地使用年限为70年的国有土地使用权。根据公告的要约，时间公司于2002年11月20日向国土局提交了注册资金为10089万元的营业执照副本，并交纳了挂牌押金2000万元。2002年11月21日，时间公司在国土局规定的挂牌地点玉环县地产交易窗口依法参加挂牌竞投活动，并于当日14时30分挂出了5000万元报价的竞买单。2002

年11月22日，国土局以该开发宗地未经浙江省国土资源厅批准为由，通知时间公司对该开发宗地停止挂牌出让，拒绝与时间公司订立国有土地使用权出让合同。时间公司认为，根据国家法律规定："商业、旅游、娱乐和商品住宅等各类经营性用地，必须以招标、拍卖或挂牌方式出让"，而国土局作为唯一代表国家出让国有土地的部门，在未经有权部门批准发布挂牌公告后又取消挂牌，按照常理，是不可能的事情，国土局对此恶意毁约行为应承担全部的法律责任。时间公司已取得了本次挂牌的最高报价，是本次挂牌的竞得人。根据2001年11月11日台州市人民政府第74号令即《台州市国有土地使用权出让招标拍卖管理办法》（以下简称台州市政府令）第二十九条之规定，时间公司交纳的2000万元履约保证金，是时间公司、国土局约定的在签订国有土地使用权出让合同之前的立约定金，根据《中华人民共和国担保法》（以下简称担保法）第八十九条、第九十条之规定，国土局应双倍返还。根据《中华人民共和国民法通则》第四条、《中华人民共和国合同法》（以下简称合同法）第五条所规定的公平原则和国土资源部、监察部于2002年8月26日颁布的《关于严格实行经营性土地使用权招标拍卖挂牌出让的通知》的精神，为了防止国有资产流失，国土局不得改变《挂牌出让公告》和《挂牌出让须知》中确定的报名主体的条件，应尽速补办相关手续，继续履行公告所确定的义务。故时间公司请求：1. 判令国土局继续履行合同，将开发编号为2002-005号开发宗地出让给时间公司；2. 判令国土局双倍返还时间公司所交的约定为定金性质的保证金计4000万元（已返还2000万元）；3. 由国土局承担案件受理费。

国土局答辩称：1. 2002年11月7日的《挂牌出让公告》就法律性质而言，是向不特定的多数人所发出的要约邀请，并不是要约，因此，国土局在发出该公告后，根据浙江省国土资源厅的指令撤销该具有要约邀请性质的出让公告，不是毁约行为，更谈不上继续履行合同的问题；2. 国土局停止对该开发宗地的挂牌出让，不是出于恶意，而是为了执行浙江省国土资源厅的指令和遵守程序的规定。2002 年 11 月 21 日，国土局不只收到了时间公司的"挂牌出让竞买报价单"，还收到了渝汇公司的"挂牌出让竞买报价单"，且时间公司并不是本次挂牌的最高报价者。时间公司在报名后，当场向国土局索要挂牌材料，因当时在国土局办理事务的人较多，国土局工作人员无法分身，国土局要求时间公司在 30 分钟后再来领取材料，遭到了时间公司的无端怀疑，时间公司当即向浙江省国土资源厅举报，称国土局暗箱操作。鉴于此次挂牌竞买有人举报，加之未经批准就将土地挂牌出让违反了《中华人民共和国土地管理法》（以下简称《土地管理法》）的有关规定，故在浙江省国土资源厅的干预下，国土局向时间公司发出了停止挂牌的通知。可见，在此次停止挂牌出让的问题上，国土局不存在任何恶意；3. 不论是国土局所发布的《挂牌出让公告》，还是国土局出具的行政事业单位往来款收据，均明确记载时间公司于 2002 年 11 月 20 日向国土局支付的 2000 万元只是保证金，并不是定金，时间公司将保证金说成是定金，缺乏法律依据。故请求驳回时间公司的诉讼请求。

一审法院认为，关于 2000 万元是保证金还是定金的问题，根据担保法第九十条规定"定金应当以书面形式约定。当事人在定金合同中应当约定交付定金的期限。定金合同从实际交付定金之日起生效"。而从本案的证据来看，双方当事人之间没有签订过任何形式的定金合同或定金条款。从双方挂牌出让的有关文件来看，只约定了 2000 万元的保证金。而《最高人民法院关于适用〈中华人民共和国担保法〉若干问题的解释》（以下简称担保法若干问题解释）第一百一十八条规定"当事人交付留置金、担保金、保证金、订约金、押金或订金等，但没有约定定金性质的，

当事人主张定金权利的，人民法院不予支持"，从该规定来看，时间公司主张定金权利，缺乏法律依据。约定，是指双方当事人之间意思表示一致，而台州市政府令是独立于当事人意思表示之外的行政规章，据此，时间公司认为台州市政府令的内容就是双方当事人之间意思表示的内容的理由，不能成立。关于双方当事人之间国有土地使用权出让合同是否成立的问题，合同法第十五条第一款明确规定"要约邀请是希望他人向自己发出要约的意思表示。寄送的价目表、拍卖公告、招标公告、招股说明书、商业广告等为要约邀请"。据此，本案的挂牌公告系要约邀请，而非要约。时间公司诉称本案系要约的理由不能成立。2002 年 11 月 21 日，时间公司的报价系要约。根据中华人民共和国国土资源部 2002 年 5 月 9 日颁布的《招标拍卖挂牌出让国有土地使用权规定》第十九条的规定"挂牌期限届满，按照下列规定确定是否成交：1. 在挂牌期限内只有一个竞买人报价，且报价高于底价，并符合其他条件的，挂牌成交；2. 在挂牌期限内有两个或两个以上的竞买人报价的，出价最高者为竞得人；报价相同的，先提交报价单者为竞得人，但报价低于底价者除外；3. 在挂牌期限内无应价者或竞买人的报价均低于底价或均不符合其他条件的，挂牌不成交。在挂牌期限截止时仍有两个或两个以上的竞买人要求报价的，出让人应当对挂牌宗地进行现场竞价，出价最高者为竞得人"。而本案国土局在未经依法批准前，擅自挂牌出让国有土地使用权，浙江省国土资源厅责令停止挂牌，在此情况下，既没有确定时间公司为中标人，也没有与其签订确认书，国土局尚未作出承诺，据此，双方之间的合同关系尚未成立。时间公司诉称双方之间已形成合同关系的理由不能成立。鉴于 2002 年 11 月 20 日挂牌出让底价为 5700 万元的函件及 2002 年 11 月 21 日"挂牌出让竞买报价单"非本案主要证据，对其认定与否对本案实体处理没有影响，故对时间公司

要求对上述两份证据再次申请鉴定，不予支持。关于双方之间的国有土地使用权出让合同是否有效的问题，双方之间的国有土地使用权出让合同关系尚未成立，因此，不存在国有土地使用权出让合同的效力问题。至于本次挂牌出让行为的效力问题，《土地管理法》《中华人民共和国城市房地产管理法》（以下简称城市房地产管理法）、《中华人民共和国土地管理法实施条例》《城市房地产开发经营管理条例》等法律法规对土地出让的权限范围均未作规定，但浙江省人大常委会颁布的于 2000 年 7 月 5 日施行的《浙江省实施〈中华人民共和国土地管理法〉办法》第二十一条规定"在已批准的农用地转用范围内和原有建设用地范围内，具体建设用地按照下列规定办理审批手续：（一）二公顷以下的建设项目用地，由县（市）人民政府土地行政管理部门审核，报同级人民政府批准，并报设区的市和省人民政府土地行政主管部门备案；（二）二公顷以上五公顷以下的建设项目用地，由设区的市人民政府土地行政主管部门审核，报同级人民政府批准，并报省人民政府土地行政主管部门备案；其中杭州、宁波两市人民政府可以批准二公顷以上六公顷以下的建设项目用地；（三）杭州、宁波两市六公顷以上、其他设区的市五公顷以上的建设项目用地，由省人民政府土地行政主管部门审核，报省人民政府批准。具体建设项目需要占用土地利用总体规划确定的国有未利用地的，按照前款规定办理审批手续。法律、行政法规另有规定的除外"。而讼争地块达 25.9434 公顷，依据上述规定，应报省政府批准，而国土局在挂牌出让公告以前，未报经省政府批准，这种挂牌行为也是无效的。综上，一审法院认为，国土局的挂牌出让行为未经浙江省人民政府批准，该挂牌出让行为是无效的；在挂牌过程中，经浙江省国土资源厅制止，国土局停止了挂牌出让行为，未确认时间公司为中标单位，对时间公司的报价行为未作出承诺，双方之间的合同关系尚

未成立，时间公司要求判决双方继续履行合同，将讼争地块出让给时间公司的诉讼请求，缺乏法律依据，不予支持；双方之间也未约定时间公司所交 2000 万元为定金性质，据此，时间公司要求双倍返还定金的诉讼请求，不予支持。根据合同法第十五条、担保法第九十条、担保法若干问题解释第一百一十八条、《中华人民共和国民事诉讼法》第六十四条之规定，判决：驳回时间公司的诉讼请求。案件受理费 360010 元，由时间公司负担。

时间公司不服一审判决，向本院提起上诉称：一审判决认定事实不清，证据不足，适用法律错误，请求撤销一审判决，依法支持时间公司起诉请求并判令国土局承担本案诉讼费用。主要事实和理由是：（一）一审判决基本事实认定错误。时间公司应为本次挂牌竞买唯一合法竞买人，国土局虚拟了案外人渝汇公司参与本次挂牌竞买的事实。本次挂牌交易不存在底价，国土局串通地方公证处出具了虚假底价证明。国土局在挂牌公告前已就涉案土地与渝汇公司签订出让合同，挂牌公告系为渝汇公司"量身定做"。（二）一审判决适用法律不当。1. 一审判决混淆了挂牌出让法律关系与国有土地使用权出让法律关系。2. 时间公司与国土局之间挂牌出让合同关系已经形成，国土局国有土地使用权挂牌出让行为应为有效。合同法第十五条第一款并没有排除挂牌公告作为要约的情形，本案挂牌公告明确表示将与出价最高者订立合同，符合合同法关于构成要约的全部要件。时间公司是唯一具备资格的竞买人，且其报价 5000 万元高于起拍价 4300 万元，在没有继续竞价的情况下，该报价是针对国土局要约的有效承诺。浙江省国土资源厅的电话通知属国土资源行政系统内部非规范行政行为，不影响双方当事人之间挂牌出让法律关系的效力。根据城市房地产管理法的规定，本案讼争宗地应由玉环县人民政府批准，国土局具体实施出让，因此，国土局是唯一有权组织讼争宗地实施出让的政府机构，符合有关

土地使用权出让主体的法律规定。根据《最高人民法院关于适用〈中华人民共和国合同法〉若干问题的解释（一）》第四条的规定，一审法院将浙江省人大常委会颁布的地方性法规作为法律依据确认国土局所实施的挂牌出让行为无效显属不当。3. 在通过有效挂牌行为确定了交易对象和交易价格后，双方国有土地使用权出让合同已经成立，未经有关部门批准属效力待定。一审法院关于讼争宗地必须经有关部门批准才能挂牌出让以及双方国有土地使用权出让合同未成立的观点于法无据。4. 时间公司在挂牌交易过程中向国土局缴纳的 2000 万元保证金在法律上应认定为立约定金，一审判决认为其不是定金，定性不当。依据台州市政府令第二十九条之规定，在台州市国有土地使用权出让活动中保证金的性质属于定金，这是台州市政府在此类活动中作为平等民事主体的公开、真实的意思表示，非一审法院所认定的是政府颁布行政规章的行为。根据担保法若干问题解释第一百一十八条之规定，时间公司缴纳的 2000 万元保证金在性质上属于定金，应当适用担保法关于定金罚则的相关规定。国土局要求时间公司缴纳该 2000 万元的目的是为防止时间公司在竞标成功后不按规定订立出让合同并支付相应价款，同时，根据《中华人民共和国招标投标法》第六十条之规定，如果中标人拒绝签订土地出让合同，该保证金是不予退还的，显然该笔保证金在本案中具有担保正式订立合同的立约定金性质，因此，国土局应当继续履行合同，否则，应承担双倍返还定金的责任。

国土局答辩称：一审判决认定事实清楚，适用法律正确，请求驳回上诉，维持原判。主要事实和理由是：1. 时间公司不是本次挂牌出让唯一合法的竞买人，且同样符合竞买人条件的渝汇公司所提的报价明显高于时间公司报价。时间公司将政府有关部门提供的原始凭证、出具的证明说成"伪造"，没有依据。2. 本次挂牌存在底价。《挂牌出让须知》第十三条和国土局存于玉环县公证处内的底价原件充分说明在挂牌前双方已明确了本次挂牌存在底价且底价不可能为事后虚构。3. 依法律规定，挂牌公告为向不特定的人所发出的要约邀请，国土局不可能对时间公司未达底价的报价进行承诺，也不可能与时间公司签订确认书，故时间公司关于合同已成立的诉讼请求，缺乏事实和法律依据，不能成立。4. 本次挂牌为国土局作为政府职能部门严格按照行政规章的规定进行国有土地使用权出让活动的举措，不存在时间公司所称的为渝汇公司"量身定做"的问题。国土局与渝汇公司草签出让合同是在国土资源部发布《招标拍卖挂牌出让国有土地使用权规定》之前。5. 时间公司所支付的 2000 万元保证金不能解释为带有担保性质的定金，不应双倍返还。挂牌公告只规定 2000 万元为履约保证金，双方之间没有对保证金作过定金性质的约定，也从未订立过任何专门的定金合同或定金条款。台州市政府令第二十九条因不具立法权限、内容性质迥然等原因不能作为处理本案的法律依据。6. 本案事实不符合效力待定合同法定情形。国土局未经有权机关批准而将讼争土地挂牌出让，违反了土地管理法和合同法的规定，其挂牌行为应当认定无效。

本院二审查明，至二审庭审结束时止，玉环县珠港镇坎门鱼港花礁岩填海开发工程区域即开发编号为 2002－005 号的国有土地使用权出让仍未获浙江省人民政府批准。

二审期间，时间公司当庭提交一份新证据，即玉环县人民政府常务会议纪要（［2003］4号），以证明国土局在本案尚未了结的情况下，就准备将涉案土地继续以协议方式出让给渝汇公司，缺乏履行挂牌义务的起码诚意。国土局认为该份证据已过举证时限，不予发表质证意见。

本院二审查明的其他事实与一审法院查明的事实基本相同。

二审庭审结束后，时间公司递交书面申

请,请求对渝汇公司的报价单和国土局的底价单的真实性进行重新鉴定,对渝汇公司是否实际交纳 2000 万元保证金等进行调查取证。

本院认为,时间公司与国土局之间国有土地使用权出让合同关系是否已成立的问题,是时间公司请求继续履行合同的前提,也是国土局承担合同责任的基础。对这一问题的判定应综合挂牌出让公告的法律性质、本案是否存在承诺、国土局承担责任的法律根据等三方面内容进行确定。关于挂牌出让公告的法律性质是要约邀请还是要约的问题,其区分标准应首先依照法律的规定。合同法第十五条载明拍卖公告和招标公告的法律性质为要约邀请,本案刊登于报纸上的挂牌出让公告与拍卖公告、招标公告相同,亦是向不特定主体发出的以吸引或邀请相对方发出要约为目的的意思表示,其实质是希望竞买人提出价格条款,其性质应认定为要约邀请。时间公司于 2002 年 11 月 21 日所作的报价应为本案要约。时间公司诉称挂牌出让公告即为要约的主张缺乏法律依据,不能成立。合同法对要约邀请的撤回未作条件限制,在发出要约邀请后,要约邀请人撤回要约邀请,只要没有给善意相对人造成信赖利益的损失,要约邀请人一般不承担法律责任。要约邀请不形成合同关系,撤回要约邀请亦不产生合同上的责任。因此,时间公司要求国土局继续挂牌并与之签订国有土地使用权出让合同的主张于法无据,不予支持。关于本案是否存在承诺的问题,2002 年 11 月 22 日,即时间公司与渝汇公司虽已报价但未开始竞价的次日,浙江省国土资源厅以"未经依法批准,擅自挂牌出让国有土地使用权"为由,责令国土局停止挂牌,从而使正在进行中的缔约行为因事实原因的出现而发生中断,此时,挂牌出让程序中的竞价期限尚未届满,国有土地使用权出让合同的主要条款即讼争宗地使用权的价格未能确定,国土局尚未对时间公司的报价作出承诺,双方关系仍停留于缔

结合同过程中的要约阶段,因此,本案合同因尚未承诺而没有成立,双方当事人之间没有形成合同关系。时间公司主张存在有效承诺,双方之间已形成合同关系的理由不能成立。因本案合同未成立,故时间公司认为其与国土局之间存在效力待定合同的主张,亦不予支持。关于国土局承担责任的法律根据问题,本案正在进行中的国有土地使用权挂牌交易,不仅于挂牌之时未获审批且至本院二审庭审结束时止该宗国有土地使用权出让仍未获浙江省人民政府批准,从而造成时间公司期待缔结国有土地使用权出让合同的目的不能实现,国土局对此存在过错,应承担相应的缔约过失责任。在缔约阶段所发生的信赖利益的损失,必须通过独立的赔偿请求予以保护。本案二审期间,虽然国土局同意承担缔约过失的赔偿责任,但时间公司直至二审庭审结束前仍坚持要求国土局承担继续履行合同或双倍返还保证金的责任,未就国土局缔约过失致其损失提出赔偿请求,限于当事人的诉讼请求和二审案件的审理范围,对此问题,本院不予审理。鉴于本案当事人之间的合同关系尚未成立,一审判决驳回时间公司要求国土局承担合同责任的诉讼请求,适用法律并无不当。至于《挂牌出让公告》和《挂牌出让须知》所规定的 2000 万元保证金是否为定金的问题,该 2000 万元在本案《挂牌出让公告》中载明为"保证金",双方并未约定为定金。担保法及担保法若干问题解释中规定了定金和保证金的界定标准,即当事人主张保证金为定金的前提是双方有明确约定。时间公司所引用的台州市政府令第二十九条将保证金作为定金处理的规定,因其既不是双方当事人的约定,又不符合法律的相关规定,该政府令不能作为本案认定 2000 万元保证金为定金的法律依据。一审判决认定本案 2000 万元保证金不是定金,适用法律正确。时间公司关于该 2000 万元保证金应为担保正式订立合同的立约定金,国土局应予以双倍返还的主张,缺乏事实和法律依

据，本院不予支持。时间公司在二审期间提出的对渝汇公司的报价单和国土局的底价单的真实性进行重新鉴定，对渝汇公司是否实际交纳 2000 万元保证金的事实进行调查的请求，因对本院认定双方当事人之间的合同并未成立没有影响，故不予同意。综上，一审判决认定事实清楚，适用法律正确。根据《中华人民共和国民事诉讼法》第一百五十三条第一款第（一）项之规定，判决如下：

驳回上诉，维持原判。

二审案件受理费 360010 元，由时间公司负担 240010 元，国土局负担 120000 元。

本判决为终审判决。

审　判　长　×××
审　判　员　×××
代理审判员　×××
二〇〇四年六月十五日
书　记　员　×××

陈清棕诉亭洋村一组、亭洋村村委会征地补偿款分配纠纷案

《最高人民法院公报》2005 年第 10 期

【裁判摘要】

依照《土地管理法》第十四条和土地承包法第二十六条的规定，承包土地的农民到小城镇落户后，其土地承包经营权可以保留或者依法流转；该土地如果被征用，承包土地的农民有权获得征地补偿款。

原告：陈清棕，男，33 岁，住福建省厦门市同安区马巷镇亭洋村。

被告：福建省厦门市同安区马巷镇亭洋村村民委员会第一村民小组，住所地：厦门市同安区马巷镇亭洋村。

代表人：陈中文，该组副组长。

被告：福建省厦门市同安区马巷镇亭洋村村民委员会，住所地：厦门市同安区马巷镇亭洋村。

法定代表人：陈乌番，该村民委员会主任。

原告陈清棕因与被告福建省厦门市同安区马巷镇亭洋村村民委员会第一村民小组（以下简称亭洋村一组）、福建省厦门市同安区马巷镇亭洋村村民委员会（以下简称亭洋村村委会）发生征地补偿款分配纠纷，向福建省厦门市同安区人民法院提起诉讼。

原告诉称：原告一家四口是被告亭洋村一组的村民。1996 年 1 月 5 日，原告代表全家承包了亭洋村一组的 1.54 亩土地，该土地承包关系得到厦门市同安区人民政府于 1998 年 12 月 31 日颁发的 No066277 号《土地承包经营权证》的确认。2002 年 7 月 23 日，被告亭洋村村委会与厦门如意食品有限公司（以下简称如意食品公司）签订土地征用协议，由如意食品公司在向亭洋村村委会支付土地补偿款、安置款及青苗补偿款后，征用亭洋村的旱地 69.8 亩，其中包括原告承包的 1.16 亩土地。亭洋村一组在向承包土地被征用的各户村民发放土地补偿款时，不给原告一家发放。请求判令亭洋村一组和亭洋村村委会给原告支付土地征用补偿款、安置款共计 17400 元。

被告亭洋村一组辩称：原告一家四口原来虽是本组村民，并在本组承包过土地，但自 2002 年 1 月 21 日，原告一家已将户口迁出

本村并转为非农户。其原承包的土地，已由本组按村规民约形成的惯例，重新调整给其他村民承包。本组土地被征用后，土地补偿款、安置款等，均已如数发放给相关农户。由于自2002年1月21日后，原告已不是本集体经济组织的成员，没有承包经营的土地被征用，故无权请求分配征地补偿款。原告即使仍持有前几年发放的《土地承包经营权证》，也改变不了这一事实，因此其诉讼请求应当驳回。

被告亭洋村村委会辩称：首先，支持亭洋村一组的答辩意见。其次，依照《中华人民共和国村民委员会组织法》第五条的规定，本村委会作为村农民集体所有土地的管理者，只是按照亭洋村一组大多数村民的意愿，履行与如意食品公司签订《土地征用协议》的手续而已。土地被征用后获得的土地补偿款，村委会已经全部交给亭洋村一组，由该组村民按照自主决策的方案全部分配。村委会没有截留这笔款项，谈不上与原告发生土地补偿款分配纠纷。原告将本村委会列为被告起诉，是错误的。请依法驳回原告的诉讼请求。

厦门市同安区人民法院经审理查明：1996年1月5日，原告陈清棕代表全家四口人，以被告亭洋村一组村民（户别为农业户口）的身份，与亭洋村一组签订农业承包合同，承包了该组村民所有的旱地1.16亩、水田0.38亩，共计1.54亩。1998年12月31日，厦门市同安区人民政府给陈清棕发放证号为No066277的《土地承包经营权证》，确认了陈清棕一家与亭洋村一组之间的农业承包合同关系。2002年1月21日，陈清棕一家迁往同安区大同镇碧岳村岳口居住，户别也转为非农业户。陈清棕一家迁出后，亭洋村一组就将陈清棕一家原来承包的土地调整给其他村民。2002年7月23日，如意食品公司与被告亭洋村村委会签订《土地征用协议》，征用了包括陈清棕一家原来承包的1.16亩土地在内的旱地69.8亩，支付了土地补偿款、安置款及青苗补偿款。亭洋村村委会和亭洋村

一组按比例将补偿款分发给被征用土地的各户村民，但未分给陈清棕一家，因此引起纠纷。2002年7月24日，陈清棕将全家户口从大同镇碧岳村岳口迁回亭洋村，户口类别仍为非农业户。2003年3月11日，陈清棕提起本案诉讼。

厦门市同安区人民法院认为：《中华人民共和国民法通则》（以下简称民法通则）第七十一条规定："财产所有权是指所有人依法对自己的财产享有占有、使用、收益和处分的权利。"第七十四条第二款规定："集体所有的土地依照法律属于村农民集体所有，由村农业生产合作社等农业集体经济组织或者村民委员会经营、管理。已经属于乡（镇）农民集体经济组织所有的，可以属于乡（镇）农民集体所有。"原告陈清棕一家原来虽是被告亭洋村一组的村民，但因其一家已于2002年1月21日迁往大同镇居住，户别也转为非农户，故已丧失了作为农业人员承包土地的权利。亭洋村一组依法收回陈清棕一家承包的土地，是合理的。陈清棕一家承包该地享有的权利及应尽的义务随之消灭。此后，该承包土地于2002年7月23日被征用。陈清棕一家虽于2002年7月24日回迁亭洋村，但仍保留非农业户性质。故陈清棕请求亭洋村一组及被告亭洋村村委会给其支付征地补偿安置款，理由不能成立，不予支持。

据此，厦门市同安区人民法院于2003年6月25日判决：

驳回原告陈清棕的诉讼请求。

本案案件受理费706元，由原告陈清棕负担。

一审宣判后，原告陈清棕不服，向福建省厦门市中级人民法院提出上诉。理由是：1.《土地承包经营权证》是证实农村土地承包合同关系真实有效存在的唯一法律凭证，上诉人在一审中已经举出这个证据和《农业承包合同书》，充分证实上诉人一家对亭洋村一组的1.16亩旱地享有三十年的承包经营权。上诉人迁出亭洋村时，将自己的承包地

交给他人耕种，不是由被上诉人亭洋村一组调整给他人耕种。亭洋村一组虽然主张其已经收回上诉人的承包地，但却没有举出任何有效证据。在此情况下，一审置真实有效的法律凭证于不顾，完全采信亭洋村一组的说法，认定亭洋村一组已经收回上诉人的承包地，这是认定事实错误。2. 根据《中华人民共和国农村土地承包法》（以下简称土地承包法）第二十六条的规定，只有在承包方全家迁入设区的市并转为非农户的情况下，发包方才能收回承包地；相反，承包人如果仅是迁入城镇或者仅是将户口转为非农户，承包地则不能被收回。上诉人一家虽于 2002 年初迁往大同镇生活半年，户口也转为非农户，但由于大同镇未曾建立相应的社会保障机制，上诉人与妻子到那里后，没有固定职业，缺乏稳定的收入来源，因此生活无着，不得已才又于当年 7 月份迁回原址居住，准备继续靠承包地收入维持生活。上诉人一家常年在被上诉人的村民小组劳作生活，与其他村民一样将农业收入作为重要生活来源，理应享有参与分配土地补偿款、安置款的权利。短短半年时间，户籍类别虽然变更为非农户，但上诉人的农民身份却未改变。从今年 7 月 1 日起，厦门市的户籍管理开始取消农户与非农户的区别。现在，那些事实上已经取得过土地补偿款、安置款的村民，也和上诉人一样，都是居民户。这说明，尽管户籍管理上曾经存在过类别的区分，但这不能成为取得土地补偿款、安置款的决定因素。被上诉人亭洋村村委会、亭洋村一组负有维护成员合法财产权利及生活保障权利的责任，理应妥善安置上诉人一家，帮助上诉人一家摆脱生活困境。然而亭洋村村委会、亭洋村一组竟以上诉人已不是本村农户为由，不给上诉人以同等的村民待遇，剥夺上诉人一家的生存基本权利，将上诉人一家推向生活困境，这种做法与法律规定明显不符。一审忽视了上诉人的具体情况，违背相关法律规定的基本精神，简单地以上诉人一家已转为非农户为

由，认定亭洋村一组收回上诉人的承包地合理，继而依此驳回上诉人的诉讼请求，是适用法律错误。请求二审撤销一审判决，改判支持上诉人在一审提出的诉讼请求。

被上诉人亭洋村一组答辩称：自从实行生产责任制以来，本组村民的承包地，每年都要根据各户人口增减情况调整一次，后来改为每二年变动一次。这种变动方式，已经延续了二十年，成为本组村民约定俗成的土地调整分配形式。尽管 1998 年底实行了土地延包和给各户发放了《土地承包经营权证》，但本组村民还都一直按原来约定俗成的惯例，进行承包土地的调整分配。这种约定俗成的承包土地分配形式，全体村民（包括迁出户口前的上诉人在内）没有异议，已构成一项村规民约。上诉人正是根据本组村民人口构成比例和此项村规民约，才在当时按惯例取得一家四口相应份额的承包土地。2002 年 1 月 21 日以后，上诉人的户口迁出本村，按照本组的村规民约，其原承包的土地已由全组村民重新调整分配承包。本组所有 69.8 亩土地的使用权按照每亩 1.5 万元标准出让给如意食品公司后，获得的 104.7 万元土地补偿款和 168792.40 元地上物补偿款已经全部支付给承包土地被征用的农户。由于上诉人不是本组村民，此次也没有承包经营的土地被征用，故无权请求分配征地补偿款。一审判决正确，应当维持。

被上诉人亭洋村村委会支持亭洋村一组的答辩意见。

厦门市中级人民法院经审理查明：一审判决事实认定部分关于"陈清棕一家迁出后，亭洋村一组就将陈清棕一家原来承包的土地调整给其他村民"的认定，没有相应的证据证实，应不予确认；关于如意食品公司支付土地补偿款、安置款及青苗补偿款的时间，应当是 2002 年 9 月 1 日。除此以外，确认一审认定的其他事实属实。另查明，在土地被征用前，被上诉人曾以《新乡村征地表决书》一份，逐户征求在征地范围内有承包地的村

民对征地的意见，上诉人陈清棕在该表决书上签字同意征地。

厦门市中级人民法院认为：

民法通则第四条规定："民事活动应当遵循自愿、公平、等价有偿、诚实信用的原则。"《中华人民共和国土地管理法》（以下简称土地管理法）第十四条第一款规定："农民集体所有的土地由本集体经济组织的成员承包经营，从事种植业、林业、畜牧业、渔业生产。土地承包经营期限为三十年。发包方和承包方应当订立承包合同，约定双方的权利和义务。承包经营土地的农民有保护和按照承包合同约定的用途合理利用土地的义务。农民的土地承包经营权受法律保护。"第二款规定："在土地承包经营期限内，对个别承包经营者之间承包的土地进行适当调整的，必须经村民会议三分之二以上成员或者三分之二以上村民代表的同意，并报乡（镇）人民政府和县级人民政府农业行政主管部门批准。"土地承包法第二十六条第一款规定："承包期内，发包方不得收回承包地。"第二款规定："承包期内，承包方全家迁入小城镇落户的，应当按照承包方的意愿，保留其土地承包经营权或者允许其依法进行土地承包经营权流转。"第三款规定："承包期内，承包方全家迁入设区的市，转为非农业户口的，应当将承包的耕地和草地交回发包方。承包方不交回的，发包方可以收回承包的耕地和草地。"

农民到城市落户，是社会发展趋势，然而适合小城镇特点的社会保障制度，还在积极探索和建立中。目前农民进入小城镇后，无论户口类别是否改变，都还不能确保享受到基本生活保障。土地承包法之所以规定"承包方全家迁入小城镇落户的，应当按照承包方的意愿，保留其土地承包经营权或者允许其依法进行土地承包经营权流转"，主要是考虑土地是农民的基本生活保障，在农民进入小城镇后的基本生活保障尚未落实时，如果收回他们的承包地，可能使他们面临生活困难。

2002年1月21日以前，上诉人陈清棕及其家人居住在亭洋村，是被上诉人亭洋村村委会和亭洋村一组的村民。《土地承包经营权证》证明，陈清棕一家在亭洋村一组承包了土地，承包期至2028年12月31日。陈清棕签字同意的《新乡村征地表决书》，不仅可以证明陈清棕承包的部分土地在此次征地范围内，还可以证明在该土地被征用前，亭洋村村委会和亭洋村一组承认陈清棕对这部分土地享有承包经营权。在承包期内，陈清棕一家的土地承包经营权，依法应当受到保护。2002年1月22日至7月24日期间，陈清棕一家的户口虽然迁离亭洋村并转为非农业户，但其不是迁往设区的市，而是小城镇。在此期间，陈清棕一家在亭洋村承包的土地，应当按照其意愿保留土地承包经营权，或者允许其依法进行土地承包经营权的流转。亭洋村村委会和亭洋村一组没有证据证明陈清棕承包的旱地已经在征用前被调整给其他村民，即使能证明此事属实，这种做法也由于不符合土地管理法第十四条第二款和土地承包法第二十六条第一、第二款的规定，不能受到法律保护。因此，陈清棕诉请比照其他村民的标准获得征地补偿款（即每亩1.5万元×1.16亩＝17400元），符合法律规定，应当支持。一审判决认定事实不清，适用法律错误，依法应当改判。

据此，厦门市中级人民法院依照《中华人民共和国民事诉讼法》第六十四条第一款、第一百五十三条第一款第（三）项的规定，于2003年12月11日判决：

一、撤销一审民事判决；

二、被上诉人亭洋村一组、亭洋村村委会应于本判决生效之日起10日内，支付上诉人陈清棕土地补偿款17400元。

本案一、二审案件受理费各706元，均由被上诉人亭洋村一组、亭洋村村委会负担。

北沙坡村村委会诉西安市高新技术产业开发区东区管委会等拖欠征地款纠纷案

《最高人民法院公报》2005 年第 01 期

【裁判摘要】

依照《合同法》第一百一十四条第二款的规定，当事人在合同中约定的违约金过分高于违约方给守约方造成的损失的，人民法院可根据当事人的请求适当予以减少。

中华人民共和国最高人民法院
民事判决书

（2003）民一终字第 40 号

上诉人（原审原告）：西安市碑林区北沙坡村村民委员会，住所地陕西省西安市碑林区北沙坡村。

法定代表人：窦永强，该村民委员会主任。

委托代理人：李长才，男，1940 年 12 月 8 日出生，住陕西省西安市碑林区北沙坡 69 号，该村党支部委员。

委托代理人：王炳森，陕西王炳森律师事务所律师。

上诉人（原审被告）：西安高新技术产业开发区东区管理委员会，住所地陕西省西安市火炬路。

法定代表人：卢渭峰，该管理委员会主任。

委托代理人：李建明，男，1958 年 12 月 12 日出生，住陕西省西安市新城区韩森寨 31 街坊 18 楼 32 门 3 层，该管理委员会职员。

委托代理人：黄亚英，陕西法智律师事务所律师。

上诉人（原审被告）：西安高新技术产业开发区碑林科技产业园，住所地陕西省西安市火炬路。

法定代表人：卢渭峰，该科技产业园主任。

委托代理人：李建明，男，1958 年 12 月 12 日出生，住陕西省西安市新城区韩森寨 31 街坊 18 楼 32 门 3 层，该科技产业园职员。

委托代理人：黄亚英，陕西法智律师事务所律师。

上诉人西安市碑林区北沙坡村村民委员会与上诉人西安高新技术产业开发区东区管理委员会、上诉人西安高新技术产业开发区碑林科技产业园拖欠征地款纠纷一案，陕西省高级人民法院于 2002 年 12 月 16 日作出（2002）陕民一初字第 2 号民事判决，上诉人西安市碑林区北沙坡村村民委员会和上诉人西安高新技术产业开发区东区管理委员会、上诉人西安高新技术产业开发区碑林科技产业园不服该判决，向本院提起上诉。本院依法组成合议庭，于 2003 年 8 月 13 日开庭进行了审理，上诉人西安市碑林区北沙坡村村民委员会的委托代理人李长才、王炳森，上诉人西安高新技术产业开发区东区管理委员会和上诉人西安高新技术产业开发区碑林科技产业园的委托代理人李建明、黄亚英参加了诉讼。本案现已审理终结。

一审法院经审理查明：西安高新技术产业开发区东区管理委员会和西安高新技术产业开发区碑林科技产业园（以下统称碑林科技园）系一套班子，两块牌子。1991 年，碑林科技园根据陕西省人民政府和陕西省西安市人民政府以及陕西省西安市碑林区人民政府有关行政文件、批复，以撤村转户的方式征用西安市碑林区北沙坡村村民委员会（以下简称北沙坡村委会）集体土地，并先期使用了北沙坡村委会土地 94.532 亩。1997 年 9 月 30 日，根据北沙坡村委会不愿撤村转户的请求，陕西省西安市碑林区人民政府以碑政发（1997）079 号批复，对北沙坡村委会已交给碑林科技园使用的土地补办征地手续。

1998 年 4 月 27 日，北沙坡村委会与碑林科技园签订《征地协议》，约定：……2. 碑林科技园生产区征用北沙坡村委会菜子湾 94.532 亩，按每亩地价 12.6 万元计算，共计 1191.10 万元。3. 碑林科技园负责将规划范围内生活区（位于二环路北的土地）统一征为国有土地后，除去城市绿化和道路用地外，全部返还给北沙坡村委会，并把土地证过户到北沙坡村委会所属的双环公司第二分公司名下。……5. 北沙坡村委会对已付的原地面附着物给予的赔偿不再提出任何异议。6. 付款办法：协议经双方签字盖章生效后，碑林科技园分四次付款，第一次在协议生效 30 日内付给北沙坡村委会总地价款的 20%；第二次在 1998 年 12 月 31 日前付给北沙坡村委会总地价款的 20%；第三次在 1999 年 6 月 30 日前付给北沙坡村委会总地价款的 40%（同时扣除本合同签订前碑林科技园已支付给北沙坡村委会的征地预付款及垫付的有关费用）；剩余地价款在 1999 年 12 月 31 日前付清。碑林科技园从 1998 年 6 月 30 日起按当年中国人民银行公布的贷款利率开始计算所欠北沙坡村委会款额的利息，直到付清为止，利息当年结清。7. 违约责任：碑林科技园不按规定期限向北沙坡村委会付款，每逾期一天，向北沙坡村委会交纳本合同第六条第一款所规定欠款额的千分之二违约金；北沙坡村委会应做好村民工作，不能影响碑林科技园正常施工和工作，若发生村民闹事或阻挡施工等现象，每发生一天，碑林科技园扣除

本合同第六条第一款所规定欠北沙坡村委会款额的千分之二违约金。同年 6 月 26 日，双方签订《协议》约定，考虑到其他因素，碑林科技园向北沙坡村委会补偿 21 万元。上述协议签订前，碑林科技园支付北沙坡村委会征地款 137.5616 万元。协议签订后，碑林科技园自 1998 年 5 月 25 日至 2001 年 1 月 4 日先后支付北沙坡村委会征地款 764 万元。碑林科技园还为北沙坡村委会代付农业税 7.716085 万元，付给北沙坡村委会青苗及地面补偿费 144.1538 万元（不含 1991 年 6 月碑林科技园付给北沙坡村土地承包户青苗补偿费 16.2 万元）。一审庭审期间，北沙坡村委会提供其与碑林科技园 2001 年 4 月 9 日《对账清单》载明：截至 2001 年 3 月 30 日碑林科技园尚欠北沙坡村委会征地款 289.5384 万元，以上数字经双方核对无误，共同予以确认。此后，碑林科技园分别于 2001 年 7 月 17 日、同年 8 月 31 日、2002 年 1 月 8 日和 9 日先后付给北沙坡村委会征地款 430 万元。碑林科技园共付给北沙坡村委会征用土地款 1331.5616 万元，青苗及地面补偿费 144.1538 万元，代付农业税 7.7116085 万元，以上共计 1483.431485 万元。

另，1993 年 11 月 16 日，碑林科技园和北沙坡村委会为碑林科技园与西安环保设备厂用地进行调整，替该厂征用土地签订了两份内容相同的《征地补偿协议书》，其中一份协议对土地费用的计算明显有误，且碑林科技园已向北沙坡村委会实际支付了 27.741 万元土地征用费。

2002 年 5 月 8 日，北沙坡村委会诉至陕西省高级人民法院称，1990 年碑林科技园在未与北沙坡村委会签订征地协议的情况下，先期使用了北沙坡村委会 94.532 亩土地。1998 年 4 月 27 日，双方签订《征地协议》约定了征地亩数、地价款，其中还约定了碑林科技园负责将规划范围内生活区（位于二环路北的土地）统一征为国有土地后，除去城市绿化和道路用地外，全部返还给北沙坡村

委会，把土地证过户到北沙坡村委会所属的双环公司第二分公司名下，以及征地款的支付方法、欠款利息和违约责任。协议签订后，北沙坡村委会按约履行了合同全部义务，而碑林科技园没有全面履行合同义务，给北沙坡村委会造成巨大经济损失。请求判令碑林科技园支付拖欠征地款 211.9946 万元及其利息 81932 元和违约金 1391.4275 万元（截至2002 年 3 月 31 日）；继续履行《征地协议》第三条约定的义务；负担诉讼费用。同年 6月 20 日，北沙坡村委会增加诉讼请求，判令碑林科技园继续履行《征地协议》第三条约定的义务或者向北沙坡村委会支付办理国有土地使用证所需费用 530 万元。

碑林科技园辩称，北沙坡村委会的诉讼请求缺乏事实、法律和合同依据，应予驳回。理由是：《征地协议》第三条应属无效条款。该条约定改变了陕西省人民政府征地批文中的征地用途，明显违反了《城市房地产管理法》的禁止性规定，损害了国家和社会公共利益，依据《合同法》第五十二条规定应属无效合同；碑林科技园已付款 1499.631485万元，不但已足额支付双方合同约定的1191.1 万元，而且超付了 308.531485 万元；双方《征地协议》第七条第三款约定的日千分之二违约金数额明显高于同期日利息损失。请求按照最高人民法院关于逾期付款违约金标准日万分之四和日万分之三分段计算，本案涉及逾期付款违约金总额应为 122.0266 万元。欠款或逾期付款的实际损失体现为利息损失，而在支付了逾期付款违约金的情况下，再计算利息损失属重复计算。请求驳回北沙坡村委会的请求，并由其负担诉讼费用。

一审法院经审理认为，碑林科技园经陕西省人民政府和陕西省西安市人民政府以及陕西省西安市碑林区人民政府批准，取得征用北沙坡村委会土地的主体资格。碑林科技园虽先期使用北沙坡村委会土地，但双方已于 1998 年 4 月 27 日签订《征地协议》和同年6 月 26 日签订补充《协议》。该《征地协议》

除第三条约定违反法律规定，损害国家利益应属无效，既计算利息又计算违约金属重复计算以及违约金计算标准过高应予变更或核减外，其他条款系双方当事人平等协商，并不违反国家法律和行政法规强制性规定，应确认有效。双方已于 2001 年 4 月 9 日对碑林科技园付款情况进行了对账，该对账清单所确认的付款事实予以采信。双方在对账清单中并未对北沙坡村委会前期逾期付款违约金和利息承担进行约定，现碑林科技园已向北沙坡村委会足额支付了征地款，故北沙坡村委会请求碑林科技园继续支付征地款并承担利息和违约金的理由不能成立，本不应支持，但北沙坡村委会起诉后，碑林科技园愿意依照最高人民法院关于逾期付款违约金计算标准承担 123.1311 万元违约责任，予以认可。北沙坡村委会请求碑林科技园支付 1993 年 11月 16 日《征地补偿协议》约定的征地补偿款 27.72 万元。双方同一日就同一宗土地签订了两份《征地补偿协议》，碑林科技园已按其中一份《征地补偿协议》支付了征地款，北沙坡村委会要求碑林科技园按另一份《征地补偿协议》支付征地款，属同一宗土地的重复补偿，故其请求不予支持。根据《中华人民共和国合同法》第四十四条、第五十六条、第七十七条第一款、第一百一十四条第一款、第二款，《中华人民共和国土地管理法》第四十七条第一款、第二款之规定，判决：（一）北沙坡村委会与碑林科技园签订的《征地协议》以及补充《协议》，除《征地协议》第三条约定无效、约定违约金标准过高应予核减外，其余协议内容合法有效；（二）判决生效之日起十日内，碑林科技园支付北沙坡村委会逾期付款违约金 123.1311 万元，逾期加倍支付迟延履行期间的债务利息；（三）驳回北沙坡村委会其他诉讼请求。一审案件受理费90591 元，北沙坡村委会负担 63414 元，碑林科技园负担 27177 元。

北沙坡村委会和碑林科技园不服一审判决，向本院提起上诉。

北沙坡村委会上诉称，一审判决认定事实错误，适用法律不当，请求二审法院查清事实，依法改判。主要事实和理由是：（一）一审判决认定事实有误。1. 认定碑林科技园已足额支付征地款不能成立。征地款的支付应当依据《征地协议》约定的付款方式计算。依据该协议第六条约定计算，碑林科技园至今仍拖欠征地款 211.9946 万元和利息 8.1932 万元。2. 2001 年 4 月 9 日双方的《对账清单》不构成对《征地协议》违约金和利息条款的变更。如同每次对账一样，该清单只是对碑林科技园已付款数额的确定，不涉及利息和违约金的计算。一审法院认为该《对账清单》未约定违约金和利息，故不支持北沙坡村委会主张违约金和利息的结论不能成立。对违约金和利息的承担，双方在《征地协议》中约定得非常清楚，没有必要再约定。（二）一审判决以违反法律规定和损害国家利益为由认定《征地协议》第三条无效，但未指出违反了哪部法律规定，也未具体说明如何损害了国家利益，该条并不违反我国法律的强制性规定。（三）一审判决认为既计算利息又计算违约金属重复计算，因而利息条款无效的理由不能成立。利息条款并不是违约条款，而是支付款及其支付方式条款，碑林科技园支付利息，是履行合同义务，并非承担违约责任。既约定利息又约定违约金不是重复计算，利息和违约金是两种不同性质的规定。我国各类银行贷款都是利息和违约金并用，法律并未禁止。（四）碑林科技园违约给北沙坡村委会造成巨大损失和全村不安定因素，双方约定的违约金相对该损失并不过高。一审法院对本案违约金处理不当。《征地协议》约定碑林科技园不按规定期限付款，每逾期一天，支付欠款额的千分之二违约金，应承担违约金 1391.4275 万元（截至 2002 年 3 月 31 日）。一审法院不应在当事人有约定违约金的情况下直接适用法定违约金。

碑林科技园上诉称，一审判决第二项判令其支付北沙坡村委会违约金 123.1311 万元不当，请求二审法院撤销该判项，维持其他判项，由北沙坡村委会负担二审案件诉讼费用。事实和理由是：（一）一审判决在认定碑林科技园已足额和超额付款事实，并认定北沙坡村委会请求继续支付征地款并承担利息和违约金的理由不能成立之后，又判令碑林科技园再向北沙坡村委会支付违约金 123.1311 万元，自相矛盾。（二）一审判决关于碑林科技园愿意承担 123.1311 万元违约责任的认定没有事实依据，是对碑林科技园一审答辩的误解。碑林科技园在一审答辩状中明确提出，其实际付款比应付款多出 308.531485 万元。碑林科技园虽然同意按 123.1311 万元的标准计算违约金，但未承诺在已付款之外再付给北沙坡村委会 123.1311 万元违约金，由于多付的 308.531485 万元已包含并超出了应付的 123.1311 万元违约金，不存在再付 123 万余元违约金。

本院二审查明：1998 年 5 月 11 日，受碑林科技园委托，西安市勘察测绘院对《征地协议》第三条涉及的规划范围内生活区属于北沙坡村委会所有的位于陕西省西安市二环路北的土地进行了测绘，结论为土地面积共 90.387 亩，其中绿地 11.602 亩，占路面积 36.937 亩，余下可开发面积为 41.848 亩。碑林科技园未办理该部分土地征用手续，北沙坡村委会及其所属的双环公司自行开发经营该部分土地。

北沙坡村委会在一审庭审中认可《征地协议》第四条有关青苗补偿费的条款中没有约定具体金额，其中一份《征地协议》文本第四条中有关青苗补偿费数额系北沙坡村委会在签订后单方填写。双方于 1998 年 6 月 15 日形成的《对账清单》确认碑林科技园在 1991 年至 1998 年 4 月 30 日期间，付给北沙坡村委会的 287 万余元款项中，包括代付农业税、青苗及地面补偿费和征地费等。

北沙坡村委会在一审起诉和二审上诉时均提出碑林科技园尚欠其征地款 211.9946 万元及其利息 81932 元，在二审中虽提出碑林科技园尚欠其逾期付款利息 255.07 万元，但未提供证据予以证明。碑林科技园举证证明其尚欠北沙坡村委会逾期付款利息为 51.6289 万元。

北沙坡村委会主张的违约金 1391.4275 万元中，碑林科技园经计算认为，按照《征地协议》约定标准，违约金数额为 620 余万元。

北沙坡村委会和碑林科技园均未履行 1998 年 6 月 26 日双方签订的《协议》。北沙坡村委会在一审起诉时未涉及该《协议》内容。

本院二审查明的其他事实与一审法院查明的事实相同。

本院认为，碑林科技园经有批准权的人民政府批准，依法取得征用北沙坡村委会农村集体所有土地的资格之后，与北沙坡村委会于 1998 年 4 月 27 日签订的《征地协议》，是双方在平等自愿的基础上，经协商达成的协议，意思表示真实。该《征地协议》第三条约定碑林科技园负责将规划范围内生活区的土地统一征为国有土地后，除去城市绿化和道路用地外，全部返还给北沙坡村委会，把土地证过户到北沙坡村委会所属的双环公司第二分公司名下，改变了陕西省有关人民政府征地批文中的征地用途，违反了我国土地管理法中有关国有土地用途的强制性规定，并且在没有约定取得对价的情况下，把农村集体所有的土地征为国有土地后又返还给北沙坡村委会，损害了国家和社会公共利益，违反了合同法第五十二条的规定，一审法院认定该条款无效、其他条款有效，适用法律是正确的。无效的合同条款，对当事人自始就没有法律约束力，且该条款约定的内容尚未实际履行，双方无须相互返还，北沙坡村委会自行开发经营该部分土地所需支出的费用也应由其自行承担。北沙坡村委会主张碑林科技园继续履行该《征地协议》第三条约定的义务或者承担其自行开发经营该部分土地所需支出的土地出让金等相关费用 530 万

元，没有合同依据和法律依据，本院不予支持。根据《征地协议》约定的征地亩数和单价，碑林科技园应向北沙坡村委会支付征地款 1191.10 万元。《征地协议》第四条中约定的青苗补偿费没有约定具体金额，双方于 1998 年 6 月 15 日形成的《对账清单》确认碑林科技园在 1991 年至 1998 年 4 月 30 日期间，付给北沙坡村委会的 287 万余元款项中，包括代付农业税、青苗及地面补偿费和征地费等。截至 2002 年 1 月 9 日，碑林科技园共付给北沙坡村委会征地款、青苗及地面补偿费、农业税等共计 1483.431485 万元，按照《征地协议》第六条付款办法中有关扣除碑林科技园已支付给北沙坡村委会的征地预付款及垫付的有关费用的约定，碑林科技园先期付给北沙坡村委会的征地款、青苗及地面补偿费、农业税等均属于征地预付款及垫付的有关费用，应一并计入征地款中。双方经对账后，北沙坡村委会对碑林科技园共支付 1483.431485 万元款项的事实予以认可。北沙坡村委会在一审起诉时和二审上诉中主张碑林科技园拖欠征地款 211.9946 万元和利息 8.1932 万元，是根据《征地协议》约定从 1998 年 6 月 30 日起碑林科技园按当年中国人民银行公布的贷款利率开始计算所欠款额的利息。碑林科技园共支付给北沙坡村委会 1483.431485 万元，已经超额支付了按照《征地协议》约定应支付的 1191.10 万元，不欠北沙坡村委会的征地款，但根据碑林科技园举证证明计算得出其尚欠逾期付款利息 51.6289 万元。在未经人民法院或者仲裁机构确定违约责任、双方亦未经协商违约责任承担的情况下，碑林科技园超额支付的款项不具有违约金性质，余下 292.331485 万元中的一部分款项可视为对自 1998 年 6 月 30 日起碑林科技园逾期付款利息的支付，一审中碑林科技园没有提出请求北沙坡村委会返还该笔多支付的款项，二审中碑林科技园也没有提出请求返还多支付的款项，对此本院不作处理；北沙坡村委会再主张碑林科技园支付征

地款 211.9946 万元和利息 8.1932 万元，缺乏事实依据，本院不予支持。双方在合同中约定逾期付款支付利息的同时约定承担违约责任，不违反法律的强制性规定。欠款或逾期付款造成接受款项一方的损失体现为利息的期待利益的丧失。北沙坡村委会没有提供有效证据证明其因碑林科技园逾期付款造成的损失超出同期贷款利息损失。按照双方在《征地协议》中约定日千分之二标准计算违约金数额，无论是北沙坡村委会主张的 1391.4275 万元，还是碑林科技园计算的 620 余万元，均过分高于按照中国人民银行规定的同期同类贷款利率计算该部分逾期付款的利息 51.6289 万元。如何确定过分高于损失的标准，根据合同法第一百一十四条的规定精神，应以约定的违约金数额是否过分高于违约行为所造成的损失为标准。本案中，碑林科技园以双方在合同中约定违约金数额过分高于北沙坡村委会逾期收到征地款所造成的利息损失为由，请求予以调整，符合合同法规定的条件。一审法院结合本案实际情况，基于碑林科技园愿意按照最高人民法院关于逾期付款违约金标准分段计算，确定逾期付款违约金具体数额，虽然与利息损失相比数额较高，但介于约定的违约金数额与违约行为造成的损失之间，大大低于约定的违约金数额，这是对双方约定的违约金过分高于违约行为造成的损失所进行的调整，属于人民法院依法裁量的结果，在适用法律上并无不当。在当事人对违约金有约定的情况下，一般应当适用约定违约金，但在当事人提出约定违约金过分高于造成的损失时，人民法院依法有权参照一定的计算标准予以适当调整，

不是直接适用法定违约金；北沙坡村委会认为一审法院没有适用约定违约金而适用法定违约金标准应予纠正的主张，理由不成立，本院不予支持。碑林科技园没有按照《征地协议》约定的付款期限付清征地款，一审法院在认定其存在逾期付款行为需承担违约责任的基础上，基于碑林科技园的请求，针对双方在合同中约定的违约金标准过分高于逾期付款利息损失的实际情况，判令碑林科技园按照中国人民银行公布的同期逾期付款利率标准，向北沙坡村委会支付 123.1311 万元违约金，是根据当事人请求依法对约定违约金过分高于造成的损失进行调整的行为，并无不妥。碑林科技园上诉请求撤销一审判决相关判项的理据不足，本院不予支持；北沙坡村委会主张一审判决不应将双方约定的日千分之二违约金标准调整为中国人民银行公布的同期逾期付款利率标准，请求判令碑林科技园支付 1391.4275 万元违约金的理由不成立，本院亦不予支持。综上，根据《中华人民共和国民事诉讼法》第一百五十三条第一款第（一）项之规定，判决如下：

驳回上诉，维持原判。

二审案件受理费 9.0591 万元，由北沙坡村委会负担 4.52955 万元，碑林科技园负担 4.52955 万元。

本判决为终审判决。

审 判 长 ×××
代理审判员 ×××
代理审判员 ×××
二〇〇三年九月二日
书 记 员 ×××

二、建设工程

指导性案例

指导案例 73 号：通州建总集团有限公司诉安徽天宇化工有限公司别除权纠纷案

（最高人民法院审判委员会讨论通过 2016 年 12 月 28 日发布）

关键词 民事/别除权/优先受偿权/行使期限/起算点

裁判要点

符合《中华人民共和国破产法》第十八条规定的情形，建设工程施工合同视为解除的，承包人行使优先受偿权的期限应自合同解除之日起计算。

相关法条

《中华人民共和国合同法》第 286 条

《中华人民共和国破产法》第 18 条

基本案情

2006 年 3 月，安徽天宇化工有限公司（以下简称安徽天宇公司）与通州建总集团有限公司（以下简称通州建总公司）签订了一份《建设工程施工合同》，安徽天宇公司将其厂区一期工程生产厂区的土建、安装工程发包给通州建总公司承建，合同约定，开工日期：暂定 2006 年 4 月 28 日（以实际开工报告为准），竣工日期：2007 年 3 月 1 日，合同工期总日历天数 300 天。发包方不按合同约定支付工程款，双方未达成延期付款协议，承包人可停止施工，由发包人承担违约责任。后双方又签订一份《合同补充协议》，对支付工程款又做了新的约定，并约定厂区工期为 113 天，生活区工期为 266 天。2006 年 5 月

23 日，监理公司下达开工令，通州建总公司遂组织施工，2007 年安徽天宇公司厂区的厂房等主体工程完工。后因安徽天宇公司未按合同约定支付工程款，致使工程停工，该工程至今未竣工。2011 年 7 月 30 日，双方在仲裁期间达成和解协议，约定如处置安徽天宇公司土地及建筑物偿债时，通州建总公司的工程款可优先受偿。后安徽天宇公司因不能清偿到期债务，江苏宏远建设集团有限公司向安徽省滁州市中级人民法院申请安徽天宇公司破产还债。安徽省滁州市中级人民法院于 2011 年 8 月 26 日作出（2011）滁民二破字第 00001 号民事裁定，裁定受理破产申请。2011 年 10 月 10 日，通州建总公司向安徽天宇公司破产管理人申报债权并主张对该工程享有优先受偿权。2013 年 7 月 19 日，安徽省滁州市中级人民法院作出（2011）滁民二破字第 00001－2 号民事裁定，宣告安徽天宇公司破产。通州建总公司于 2013 年 8 月 27 日提起诉讼，请求确认其债权享有优先受偿权。

裁判结果

安徽省滁州市中级人民法院于 2014 年 2 月 28 日作出（2013）滁民一初字第 00122 号民事判决：确认原告通州建总集团有限公司对申报的债权就其施工的被告安徽天宇化工

有限公司生产厂区土建、安装工程享有优先受偿权。宣判后，安徽天宇化工有限公司提出上诉。安徽省高级人民法院于2014年7月14日作出（2014）皖民一终字第00054号民事判决，驳回上诉，维持原判。

裁判理由

法院生效裁判认为：本案双方当事人签订的建设工程施工合同虽约定了工程竣工时间，但涉案工程因安徽天宇公司未能按合同约定支付工程款导致停工。现没有证据证明在工程停工后至法院受理破产申请前，双方签订的建设施工合同已经解除或终止履行，也没有证据证明在法院受理破产申请后，破产管理人决定继续履行合同。根据《中华人民共和国破产法》第十八条"人民法院受理破产申请后，管理人对破产申请受理前成立而债务人和对方当事人均未履行完毕的合同有权决定解除或继续履行，并通知对方当事人。管理人自破产申请受理之日起二个月未通知对方当事人，或者自收到对方当事人催告之日起三十日内未答复的，视为解除合同"

之规定，涉案建设工程施工合同在法院受理破产申请后已实际解除，本案建设工程无法正常竣工。按照最高人民法院全国民事审判工作会议纪要精神，因发包人的原因，合同解除或终止履行时已经超出合同约定的竣工日期的，承包人行使优先受偿权的期限自合同解除之日起计算，安徽天宇公司要求按合同约定的竣工日期起算优先受偿权行使时间的主张，缺乏依据，不予采信。2011年8月26日，法院裁定受理对安徽天宇公司的破产申请，2011年10月10日通州建总公司向安徽天宇公司的破产管理人申报债权并主张工程款优先受偿权，因此，通州建总公司主张优先受偿权的时间是2011年10月10日。安徽天宇公司认为通州建总公司行使优先受偿权的时间超过了破产管理之日六个月，与事实不符，不予支持。

（生效裁判审判人员：洪平、胡小恒、台旺）

指导案例7号：牡丹江市宏阁建筑安装有限责任公司诉牡丹江市华隆房地产开发有限责任公司、张继增建设工程施工合同纠纷案

（最高人民法院审判委员会讨论通过 2012年4月9发布）

关键词 民事诉讼抗诉申请撤诉终结审查

裁判要点

人民法院接到民事抗诉书后，经审查发现案件纠纷已经解决，当事人申请撤诉，且不损害国家利益、社会公共利益或第三人利益的，应当依法作出对抗诉案终结审查的裁定；如果已裁定再审，应当依法作出终结再审诉讼的裁定。

相关法条

《中华人民共和国民事诉讼法》第一百四十条第一款第（十一）项

基本案情

2009年6月15日，黑龙江省牡丹江市华隆房地产开发有限责任公司（简称华隆公司）因与牡丹江市宏阁建筑安装有限责任公司（简称宏阁公司）、张继增建设工程施工合同纠纷一案，不服黑龙江省高级人民法院同年2

月 11 日作出的（2008）黑民一终字第 173 号民事判决，向最高人民法院申请再审。最高人民法院于同年 12 月 8 日作出（2009）民申字第 1164 号民事裁定，按照审判监督程序提审本案。在最高人民法院民事审判第一庭提审期间，华隆公司鉴于当事人之间已达成和解且已履行完毕，提交了撤回再审申请书。最高人民法院经审查，于 2010 年 12 月 15 日以（2010）民提字第 63 号民事裁定准许其撤回再审申请。

申诉人华隆公司在向法院申请再审的同时，也向检察院申请抗诉。2010 年 11 月 12 日，最高人民检察院受理后决定对本案按照审判监督程序提出抗诉。2011 年 3 月 9 日，最高人民法院立案一庭收到最高人民检察院高检民抗［2010］58 号民事抗诉书后进行立案登记，同月 11 日移送审判监督庭审理。最高人民法院审判监督庭经审查发现，华隆公司曾向本院申请再审，其纠纷已解决，且申请检察院抗诉的理由与申请再审的理由基本相同，遂与最高人民检察院沟通并建议其撤回抗诉，最高人民检察院不同意撤回抗诉。再与华隆公司联系，华隆公司称当事人之间已就抗诉案达成和解且已履行完毕，纠纷已经解决，并于同年 4 月 13 日再次向最高人民法院提交了撤诉申请书。

裁判结果

最高人民法院于 2011 年 7 月 6 日以（2011）民抗字第 29 号民事裁定书，裁定本案终结审查。

裁判理由

最高人民法院认为：对于人民检察院抗诉再审的案件，或者人民法院依据当事人申请或依据职权裁定再审的案件，如果再审期间当事人达成和解并履行完毕，或者撤回申诉，且不损害国家利益、社会公共利益的，为了尊重和保障当事人在法定范围内对本人合法权利的自由处分权，实现诉讼法律效果与社会效果的统一，促进社会和谐，人民法院应当根据《最高人民法院关于适用〈中华人民共和国民事诉讼法〉审判监督程序若干问题的解释》第三十四条的规定，裁定终结再审诉讼。

本案中，申诉人华隆公司不服原审法院民事判决，在向最高人民法院申请再审的同时，也向检察机关申请抗诉。在本院提审期间，当事人达成和解，华隆公司向本院申请撤诉。由于当事人有权在法律规定的范围内自由处分自己的民事权益和诉讼权利，其撤诉申请意思表示真实，已裁定准许其撤回再审申请，本案当事人之间的纠纷已得到解决，且本案并不涉及国家利益、社会公共利益或第三人利益，故检察机关抗诉的基础已不存在，本案已无按抗诉程序裁定进入再审的必要，应当依法裁定本案终结审查。

公报案例

大庆筑安建工集团有限公司、大庆筑安建工集团有限公司曲阜分公司与中煤第六十八工程有限公司施工合同纠纷案

《最高人民法院公报》2016年第09期

[裁判摘要]

《中华人民共和国民事诉讼法》第二百二十四条及最高人民法院《关于适用〈中华人民共和国仲裁法〉若干问题的解释》第二十九条对仲裁案件执行的级别管辖和地域管辖作出的明确规定，具有强制约束力。关于仲裁裁决的执行，其确定管辖的连接点只有两个，一是被执行人住所地，二是被执行的财产所在地。民事诉讼法属于公法性质的法律规范，法律没有赋予权利即属禁止。虽然民事诉讼法没有明文禁止当事人协商执行管辖法院，但对当事人就执行案件管辖权的选择限定于上述两个连接点之间，当事人只能依法选择向其中一个有管辖权的法院提出执行申请。民事诉讼法有关应诉管辖的规定适用于诉讼程序，不适用于执行程序。因此，当事人通过协议方式选择，或通过不提管辖异议、放弃管辖异议等默认方式自行确定向无管辖权的法院申请执行的，不予支持。

最高人民法院

执行裁定书

（2015）执申字第42号

申诉人：大庆筑安建工集团有限公司。

住所地：黑龙江省大庆市龙凤区卧里屯大街52巷6号。

法定代表人：霍瑞金，该公司总经理。

委托代理人：董鹏，北京市炜衡律师事务所律师。

委托代理人：路卢玮，北京市易行律师事务所律师。

申诉人（被执行人）：大庆筑安建工集团有限公司曲阜分公司。住所地：山东省济宁市曲阜市东门大街11号。

负责人：郝德坤，该公司总经理。

委托代理人：董鹏，北京市炜衡律师事务所律师。

委托代理人：路卢玮，北京市易行律师事务所律师。

被申诉人（申请执行人）：中煤第六十八工程有限公司。住所地：山东省邹城市矿建东路1号。

法定代表人：汤敬东，总经理。

委托代理人：郭现伟，该公司法律顾问。

申诉人大庆筑安建工集团有限公司、大庆筑安建工集团有限公司曲阜分公司不服山东省高级人民法院（2014）鲁执复议字第4号执行裁定，向本院申诉。本院受理后，依法组成合议庭进行审查。2015年6月24日本院组织听证，大庆筑安建工集团有限公司和大庆筑安建工集团有限公司曲阜分公司的委托代理人、中煤第六十八工程有限公司的委

托代理人参加了听证。本案现已审查终结。

本院经审查查明，中煤第六十八工程有限公司与大庆筑安建工集团有限公司曲阜分公司施工合同纠纷一案，2011 年 8 月 5 日，青岛仲裁委员会作出青仲裁字（2008）第 453 号裁决书，裁决大庆筑安建工集团有限公司曲阜分公司向中煤第六十八工程有限公司支付工程款 5367813.65 元、支付利息 840295.79 元、支付维修金及罚款 467000 元。因被执行人大庆筑安建工集团有限公司曲阜分公司未履行生效法律文书确定的义务，申请执行人中煤第六十八工程有限公司于 2012 年 5 月 11 日向青岛市中级人民法院申请强制执行，该院立（2012）青执字第 160 号案件执行，于同年 5 月 16 日制作执行通知，同年 7 月 20 日向被执行人大庆筑安建工集团有限公司曲阜分公司寄出执行通知，要求其履行义务。当月 28 日，被执行人大庆筑安建工集团有限公司曲阜分公司向青岛市中级人民法院提出执行管辖异议。青岛市中级人民法院立（2013）青执裁字第 25 号案件审查。同年 8 月 15 日，大庆筑安建工集团有限公司曲阜分公司因对方同意协商处理，遂决定撤回书面管辖异议。此后，双方未协商达成一致意见，大庆筑安建工集团有限公司曲阜分公司对执行管辖坚持异议。2013 年 5 月 19 日，大庆筑安建工集团有限公司向青岛市中级人民法院提出管辖异议。同年 11 月 12 日，青岛市中级人民法院作出（2013）青执裁字第 25 号执行裁定，驳回大庆筑安建工集团有限公司与大庆筑安建工集团有限公司曲阜分公司对本案执行管辖的异议。后大庆筑安建工集团有限公司、大庆筑安建工集团有限公司曲阜分公司不服该裁定，分别于 2013 年 11 月 19 日和 20 日向山东省高级人民法院申请复议，请求撤销该裁定。

另查明，被执行人大庆筑安建工集团有限公司曲阜分公司由大庆筑安建工集团有限公司于 2002 年 9 月 30 日在曲阜市工商局注册成立，属于无法人资格的分支机构。经营范围是施工承包、专业承包。注册资本 0 万元。该公司工商年检至 2009 年，目前该分公司处于吊销营业执照状态。

另查明，2012 年 10 月 5 日被执行人大庆筑安建工集团有限公司曲阜分公司向青岛市中级人民法院申请不予执行仲裁裁决。青岛市中级人民法院于 2013 年 4 月 19 日作出（2013）青执裁字第 13 号执行裁定，裁定驳回了大庆筑安建工集团有限公司曲阜分公司不予执行仲裁裁决的申请。

另查明，2012 年 10 月 8 日，申请执行人中煤第六十八工程有限公司向青岛市中级人民法院申请追加大庆筑安建工集团有限公司为被执行人。青岛市中级人民法院于 2013 年 11 月 13 日作出（2013）青执裁字第 24 号执行裁定，追加大庆筑安建工集团有限公司为青岛市中级人民法院（2012）青执字第 160 号案件的被执行人。大庆筑安建工集团有限公司不服该裁定，向青岛市中级人民法院提出执行异议，青岛市中级人民法院于 2014 年 5 月 6 日作出（2014）青执异字第 10 号执行裁定，驳回了大庆筑安建工集团有限公司的执行异议。

另查明，2012 年 11 月 12 日，青岛市中级人民法院作出（2012）青执字第 160 号执行裁定，裁定终结本次执行程序。

山东省高级人民法院认为，按照最高人民法院《关于适用〈中华人民共和国民事诉讼法〉执行程序若干问题的解释》第三条第一款的规定，本案被执行人大庆筑安建工集团有限公司曲阜分公司在法定期限内提出了执行管辖权异议。在青岛市中级人民法院审查期间，大庆筑安建工集团有限公司曲阜分公司决定撤回了管辖权异议，同意青岛市中级人民法院对该案行使管辖权，是其真实意思表示，无证据证明违反了自愿原则，因此不违反法律规定。2012 年 10 月 25 日，被执行人大庆筑安建工集团有限公司曲阜分公司向青岛市中级人民法院提出不予执行该仲裁裁决的申请，说明其认可青岛市中级人民法院对该案具有执行管辖权。青岛市中级人民法院依法驳回大庆筑安建工集团有限公司、大庆筑安建工集团有限公司曲阜分公司的异议并无不当。综上，申请复议人大庆筑安建工集团有限公司及大庆筑安建工集团有限公司曲阜分公司的复议理由不成立。该院于2014年1月27日作出（2014）鲁执复议字第4号执行裁定，驳回大庆筑安建工集团有限公司及大庆筑安建工集团有限公司曲阜分公司的复议申请。

申诉人大庆筑安建工集团有限公司、大庆筑安建工集团有限公司曲阜分公司对上述裁定不服，向我院申诉，请求撤销山东省高级人民法院（2014）鲁执复议字第4号执行裁定，指定有管辖权的法院执行。主要理由是：一、根据《中华人民共和国民事诉讼法》第二百二十四条、第二百三十七条及最高人民法院《关于适用〈中华人民共和国仲裁法〉若干问题的解释》的相关规定，仲裁裁决可以由被执行人住所地或被执行的财产所在地的中级人民法院管辖。青岛市中级人民法院既不是被执行人住所地也不是被执行的财产所在地的中级人民法院，该院无权立案、受理、管辖本案。二、我国法律及司法解释并未规定当事人可以自由选择法定管辖之外的法院执行的权利，即使双方均选择法定管辖之外的法院执行，也是违反法律强制性规定的，应属于无效的约定。青岛市中级人民法院及山东省高级人民法院认为对该案行使管辖权是当事人真实意思表示，不违反法律规定是错误的。

中煤第六十八工程有限公司答辩称：鉴于被执行人大庆筑安建工集团有限公司曲阜分公司称其与济宁市中级人民法院和大庆市中级人民法院有特殊关系，如果由上述法院执行，无法实现债权。此外，大庆筑安建工集团有限公司曲阜分公司向青岛市中级人民法院提出撤销仲裁裁决申请被驳回。故向青岛市中级人民法院申请执行。立案执行后，大庆筑安建工集团有限公司曲阜分公司提出

管辖权异议、不予执行仲裁裁决申请等拖延执行，逃避执行，致使仲裁裁决至今没有得到执行。

本院经审查认为，本案的焦点问题是青岛市中级人民法院对本案的执行是否有管辖权。《中华人民共和国民事诉讼法》第二百二十四条及最高人民法院《关于适用〈中华人民共和国仲裁法〉若干问题的解释》第二十九条对仲裁案件执行的级别管辖和地域管辖作出明确规定，具有强制约束力。仲裁裁决的执行，其确定管辖的连接点只有两个，一是被执行人住所地；二是被执行的财产所在地。民事诉讼法属于公法性的法律规范，法律没有赋予的权力就是属于禁止。虽然民事诉讼法没有明文禁止当事人可协商执行管辖法院，但法律对当事人就执行案件管辖权的选择限定于上述两个连接点之间，当事人只能依法选择其中的一个有管辖权的法院提出执行申请，不得以任何方式改变法律规定的执行管辖法院。《中华人民共和国民事诉讼法》有关应诉管辖的规定适用于诉讼程序，在执行程序中适用没有法律依据、法理依据。因此，当事人通过协议方式选择，或通过不提管辖异议、放弃管辖异议等默认方式来确定无执行管辖权的法院享有管辖权，均不符合法律的规定。就本案而言，被执行人大庆筑安建工集团有限公司曲阜分公司的住所地或财产所在地均不在青岛市中级人民法院管辖范围内，青岛市中级人民法院对本案执行没有管辖权。申请执行人中煤第六十八工程有限公司以被执行人称其与住所地或财产所在地的法院有特殊关系为由，不向有管辖权的法院提出申请执行，而向无管辖权的青岛市中级人民法院申请执行，青岛市中级人民法院明知自己无管辖权仍然受理本案，不符合法律的规定。本案被执行人大庆筑安建工集团有限公司曲阜分公司在法定期限内提出了执行管辖权异议，青岛市中级人民法院应当依法予以审查，并依据法律规定确定其异议是否成立。虽然在此期间，大庆筑安建工

集团有限公司曲阜分公司决定撤回管辖权异议，并且还向青岛市中级人民法院提出不予执行该仲裁裁决的申请，但当事人的上述行为均不能改变法律的规定而使青岛市中级人民法院取得对本案的执行管辖权。综上，大庆筑安建工集团有限公司曲阜分公司申诉理由成立，青岛市中级人民法院和山东省高级人民法院关于本案执行管辖异议的处理缺乏法律依据，应予纠正。在法院确定执行管辖权时，大庆筑安建工集团有限公司不是本案的当事人，而是法院基于另一当事人申请追加的当事人，其无权就本案的管辖权确定提出异议。鉴于大庆筑安建工集团有限公司不是仲裁裁决案件的当事人，该仲裁裁决案件执行管辖的确定不能以其住所地或财产所在地作为根据，应以仲裁裁决案件中被执行人住所地或被执行的财产所在地作为确定执行管辖法院的根据，即被执行人大庆筑安建工集团有限公司曲阜分公司住所地或者被执行的财产所在地的中级人民法院有管辖权。鉴于青岛市中级人民法院对本案不具有执行管辖权，为方便有执行管辖权法院顺利执行本案，排除执行程序中的障碍，故青岛市中级人民法院所作出的涉及本案非财产控制措施的相关执行裁定应予以一并撤销。综上，依

据《中华人民共和国民事诉讼法》第二百二十四条、最高人民法院《关于适用〈中华人民共和国仲裁法〉若干问题的解释》第二十九条、最高人民法院《关于人民法院执行工作若干问题的规定（试行）》第129条之规定，参照《中华人民共和国民事诉讼法》第一百七十条第一款第（二）项之规定，裁定如下：

一、撤销山东省高级人民法院（2014）鲁执复议字第4号执行裁定。

二、撤销青岛市中级人民法院作出的（2012）青执字第160号、（2013）青执裁字第25号、（2013）青执裁字第13号、（2013）青执裁字第24号、（2014）青执异字第10号执行裁定。

三、申请执行人依法向有管辖权的人民法院申请执行。

本裁定送达后即发生法律效力。

审　判　长　×××
代理审判员　×××
代理审判员　×××
二〇一五年九月十六日
书　记　员　×××

中铁二十二局集团第四工程有限公司与安徽瑞讯交通开发有限公司、安徽省高速公路控股集团有限公司建设工程施工合同纠纷案

《最高人民法院公报》2016年第04期

【裁判摘要】

最高人民法院《关于建设工程价款优先受偿权问题的批复》第三条规定："建筑工程价款包括承包人为建设工程应当支付的工作人员报酬、材料款等实际支出的费用，不包括承包人因发包人违约所造成的损失"。承包人诉讼请求中所主张的因发包人违约造成的停窝工损失和材料价差损失，不属于建设工程价款优先受偿权的权利行使范围，承包人请求对上述两部分款项行使优先受偿权的，

人民法院不予支持。

中华人民共和国最高人民法院
民事判决书
(2014) 民一终字第 56 号

上诉人（一审原告）：中铁二十二局集团第四工程有限公司，住所地河北省高碑店市和平路 39 号。

法定代表人：杨忠孝，该公司董事长。

委托代理人：张安红，男，汉族，1975 年 4 月 27 日出生，该公司项目经理。

委托代理人：李永，北京市同创律师事务所律师。

上诉人（一审被告）：安徽瑞讯交通开发有限公司，住所地安徽省合肥市经济技术开发区紫云路（民营科技经济园内）。

法定代表人：刘丰，该公司总经理。

委托代理人：王文峰，安徽承义律师事务所律师。

委托代理人：张翔宇，北京市君泰律师事务所律师。

被上诉人（一审被告）：安徽省高速公路控股集团有限公司，住所地安徽省合肥市高新开发区望江西路 520 号。

法定代表人：周仁强，该公司董事长。

委托代理人：宋世俊，安徽安泰达律师事务所律师。

委托代理人：程军，安徽安泰达律师事务所律师。

上诉人中铁二十二局集团第四工程有限公司（以下简称中铁公司）与上诉人安徽瑞讯交通开发有限公司（以下简称瑞讯公司）、被上诉人安徽省高速公路控股集团有限公司（以下简称安徽高速公司）建设工程施工合同纠纷一案，安徽省高级人民法院（以下简称一审法院）于 2013 年 10 月 16 日作出 (2011) 皖民四初字第 8 号民事判决。中铁公司、瑞讯公司不服该判决，向本院提起上诉。本院

依法组成合议庭，于 2014 年 3 月 31 日开庭审理了本案。瑞讯公司的委托代理人王文峰、张翔宇，中铁公司的委托代理人张安红、李永，安徽高速公司的委托代理人宋世俊、程军到庭参加了诉讼。本案现已审理终结。

一审法院经审理查明：2003 年，安徽瑞鑫交通开发有限公司（后更名为瑞讯公司，以下统称瑞讯公司）获得了阜阳至周集高速公路（以下简称阜周高速公路）建设经营权。同年 12 月 31 日，中铁十八局集团第四工程有限公司（后更名为中铁公司，以下统称中铁公司）经过招投标，与瑞讯公司签订阜周高速公路路基工程施工《合同协议书》，约定瑞讯公司将阜周高速公路 13 标段发包给中铁公司施工，合同总价为 201901950 元，工期 22 个月等内容。

2004 年 2 月 18 日，安徽省公路工程建设监理有限责任公司阜周高速公路路基工程总监理工程师办公室向包括中铁公司在内的各合同段承包人发出《开工令》，明确工期从 2004 年 2 月 18 日开始计算。中铁公司按合同约定进行施工，但未在合同约定的工期内完工。中铁公司于 2006 年 3 月完成了原计划应于 2005 年 3 月完成的施工工程量。

2008 年 12 月 22 日，安徽省人民政府（以下简称安徽省政府）召开阜周高速公路复工建设协调会，会议形成了第 253 号《安徽省政府专题会议纪要》（以下简称《253 号会议纪要》），主要内容为，决定由安徽省交通运输厅（以下简称安徽省交通厅）收回阜周高速公路建设经营权，交由安徽高速公司作为项目新业主负责建设和经营。安徽高速公司作为项目新业主，承担复工进场新施工单位的组织协调责任，项目原业主瑞讯公司承担原施工单位及处理此前项目债权债务的责任。瑞讯公司要妥善处理好与原施工、监理等单位的债权债务及利益关系，积极筹措资金支付所欠债务、材料款、农民工工资等。对阜周高速公路工程已经审计计量的工程量，安徽省交通厅、安徽高速公司、瑞讯公司三

方认识一致且签署明确意见的，由安徽省国有资产监督管理委员会（以下简称安徽省国资委）按规定严格审核把关，尽快报安徽省政府研究；对已施工未计量或已计量但认识不一致的，安徽省国资委要尽快协调各方达成一致意见。

2009 年 4 月 1 日，瑞讯公司与中铁公司签订《协议书》，约定：1. 双方一致确认瑞讯公司尚欠中铁公司已完工已计量的工程款共计 391674.41 元，扣除应由中铁公司承担的已完工已计量核减额 1458466 元后，中铁公司尚需退还瑞讯公司多付的已完工已计量的工程款共计 1066791.59 元。2. 双方共同核定中铁公司已完工未计量的工程量共计 6410929.13 元；如安徽省国资委委托的审计事务所基于充足的理由对上述工程量予以合理核减，双方一致同意以审计单位最终认定的数额为准，但瑞讯公司须在审计单位征求被审计单位意见期间及时通知中铁公司到审计单位就涉及中铁公司已完工未计量的工程量核减依据等进行质疑或提出书面异议及理由，否则，审计单位对中铁公司上述工程量的核减额全部由瑞讯公司承担。3. 双方一致确认中铁公司向瑞讯公司缴纳的质保金为 7462567.99 元，瑞讯公司同意全额退还。双方一致同意索赔事宜在 2009 年 4 月 20 日前开始协商处理等。之后，瑞讯公司又向中铁公司支付了部分工程款。

2009 年 5 月 22 日，中铁公司向瑞讯公司和作为案涉工程审计单位的皖瑞审计事务所提出书面申诉意见称，中铁公司于 2009 年 5 月 21 日上午 10 时收到瑞讯公司发来的关于阜周高速公路工程第二步审计初步结果的电子文件后十分震惊，对审计中扣减的已完工未计量工程量等不能理解和接受，提出申诉等内容。

一审诉讼中，中铁公司为证明其主张，向一审法院提交了 2004 年 3 月至 2005 年 3 月期间现场监理人员王波签署的每日停工、窝工人员机械统计表及每月停工人员、机械费用统计表，每日停工、窝工人员机械统计表载明的停窝工原因为资金不到位、取土场问题未解决。

一审诉讼期间，一审法院根据中铁公司的申请，依法委托安徽明珠建设项目管理有限公司（以下简称明珠公司）就中铁公司所主张的停窝工损失是否存在及如存在则具体数额为多少进行了鉴定。明珠公司于 2012 年 7 月 17 日出具了皖明珠基字（2012）119 号《阜周高速公路 13 标段停窝工损失费用工程造价鉴定报告》（以下简称《鉴定报告》），结论为：根据现有资料，中铁公司承建的阜周高速公路 13 标段工程停窝工损失费为：1、2004 年 3 月至 2005 年 3 月第一次停工期间停窝工损失费：（1）确定部分造价为 6778661.54 元。（2）不确定部分造价为 6929833.87 元。2、2006 年 11 月至 2009 年 3 月第二次停工期间停窝工损失费，根据现有的证据资料不能计算具体金额。2013 年 3 月 7 日明珠公司作出《补充鉴定报告》，结论为：根据现有资料，中铁公司承建的阜周高速公路 13 标段工程因 2004 年停工影响原材料及油料价格上涨费用为 3119237.63 元。

中铁公司提起诉讼，请求：一、瑞讯公司支付尚欠工程款 5585903.73 元，并支付自 2009 年 6 月 1 日开始至实际支付之日止的利息损失（按同期人民银行贷款利率计算）；二、赔偿迟延支付工程预付款利息 201018.62 元；三、赔偿 2004 年 1 月至 2005 年 3 月第一次停工期间发生的停窝工损失 22565873.85 元；赔偿 2006 年 11 月至 2009 年 4 月第二次停工期间停窝工损失 32006719.12 元（房租 40986.67 元＋用地费 405096 元＋人员机械设备停窝工损失 30970300 元＋石灰款 590336.45 元）；赔偿中铁公司因工期延长和实际工程总价款减少而引起的管理费增加的损失 4078795 元；四、确认中铁公司就其所主张的工程款和各项损失款项对案涉工程享有优先受偿权；五、安徽高速公司承担连带支付责任。

一审法院认为，《合同协议书》及《协议书》合法有效。中铁公司要求瑞讯公司支付尚欠工程款及利息的诉请无事实依据，不予支持。中铁公司要求瑞讯公司支付因迟延支付开工预付款所导致的利息损失的诉请，不予支持。中铁公司主张的 2004 年 3 月至 2005 年 3 月期间的停窝工损失中确定部分 6778661.54 元，予以支持；不确定部分，不予支持。中铁公司主张的 2006 年 11 月至 2009 年 4 月期间的停窝工损失，不予支持。对于中铁公司停窝工期间原材料及油料价格的上涨费用，瑞讯公司与中铁公司平均负担，瑞讯公司应赔偿中铁公司 1559618.82 元。对于中铁公司主张的管理费，要求确认其就案涉工程享有优先受偿权及要求安徽高速公司承担连带责任等诉请，均不予支持。据此，一审法院判决：一、瑞讯公司于判决生效后十日内赔偿中铁公司经济损失 8338280.36 元；二、驳回中铁公司其他诉讼请求。如果未按判决指定的期间履行给付金钱义务，应当按照《中华人民共和国民事诉讼法》第二百五十三条之规定，加倍支付迟延履行期间的债务利息。案件受理费 346810.65 元，由中铁公司负担 299405.65 元，瑞讯公司负担 47405 元；鉴定费 35 万元，由中铁公司负担 297940 元，瑞讯公司负担 52060 元。

瑞讯公司上诉称，一、一审判决认定停工所依据的王波签字的统计表，与其他证据相互矛盾，且属于违法出具，依法不能作为定案依据。瑞讯公司已证明中铁公司在 2004 年和 2005 年期间涉案工程没有停工，不存在停工损失；一审判决认定该期间存在停窝工损失，认定事实错误。二、一审判决以《鉴定报告》为依据，判定双方分摊油料上涨的损失，违背事实和公平原则。

中铁公司上诉并答辩称，一、关于已完工未计量审计核减金额 2573395.71 元及未纳入审计的 1378989.97 元工程款，鉴于该部分工程量确实存在，瑞讯公司也完全认可，故应据实结算，且瑞讯公司未及时通知审计单位的审计情况，瑞讯公司应支付此部分核减金额及未纳入审计的工程量的欠付工程款 3816805.76 元及自 2009 年 6 月 1 日起开始计算的相应利息。二、按照《协议书》约定，第二笔工程预付款应在 2004 年 2 月 18 日下达开工令时支付，但瑞讯公司拖至 2004 年 11 月 28 日才支付，逾期 9 个月零十天，瑞讯公司应支付 5047548 元工程预付款九个月的同期贷款利息 201018.62 元。三、一审法院一方面对于有"王波"签字的《停窝工统计表》的真实性及效力表示认可，另一方面却仅支持了 2004 年 7 月—11 月停工期间的损失 6778661.54 元，对 2004 年 3 月—6 月、12 月、2005 年 1 月—3 月期间的停窝工损失 6929833.87 元，以统计表中"存有矛盾"为由拒绝支持，无事实和法律依据。而对于 2006 年 11 月至 2009 年 4 月期间的第二次停工损失，尽管缺乏监理的签字确认，但停工事实不可否认，停工原因亦非常清楚；考虑到一审诉讼请求中要求的第二次停工损失 2200 万元的证据不够充分，故仅上诉请求二审法院酌判 400 万元。四、2004 年的停工完全系瑞讯公司资金不到位所造成，对于停工影响原材料及油料价格上涨费用，瑞讯公司应当负全部责任，一审法院判决双方各担 50% 不符合事实。五、《招标书》第 51.1 款、第 52.3 款约定，合同的价格增加或减少总共超过有效合同价格 15% 的，应进行管理费调整。如为正值，管理费向下调；如为负值，则向上调。合同价款 2.019 亿元，实际施工价值 1.162 亿元，减少了近一半，远超 15% 的约定标准，根据上述合同约定，管理费需要上调。六、为保护广大农民工的利益，至少应该对于拖欠工程款、人员机械费用、材料上涨费用、管理费用等，判令确认中铁公司享有建设工程价款优先受偿权。七、安徽省政府收回阜周高速公路，交给安徽高速公司经营，并要求瑞讯公司将遗留问题移交给政府主管部门及安徽高速公司处理，安徽高速公司应对瑞讯公司所欠的债务承担连带清偿责任。综上，请求驳回瑞讯公司的上诉请求，并改判：一、撤销一审判决第二项，改判瑞讯公司支付尚欠的工程款 3816805.76 元及自 2009 年 6 月 1 日开始至判决生效之日止的利息损失 287119.21 元（暂计算至 2010 年 10 月 30 日），支付迟延支付工程预付款的利息 201018.62 元，支付 2004 年 3 月至 2005 年 3 月第一次停工期间停窝工损失 6929833.87 元及 2006 年 11 月至 2009 年 4 月第二次停工期间停窝工损失 400 万元，支付 1559618.82 元的原材料及油料价差损失，支付因工期延长和实际工程总价款减少而引起的管理费增加的费用 4078795 元；二、确认中铁公司就案涉工程享有工程价款优先受偿权；三、安徽高速公司承担连带支付责任。

瑞讯公司针对中铁公司的上诉答辩称，一、对于已完工未计量的工程量，双方明确约定交由审计单位审核，审计单位核准的金额及核准程序并无不当，且瑞讯公司已经按照约定及时履行了告知中铁公司的义务，故这部分费用应以审计单位的意见为准，瑞讯公司已经不欠中铁公司工程款及利息。二、关于延付工程款的情况，一审法院认定事实清楚，中铁公司没有提供证据证明瑞讯公司存在拖延支付工程款的情况，其上诉请求没有依据。三、关于停窝工损失，监理王波的签字是无效的，是王波的个人行为，《鉴定报告》依据无效的签字而鉴定的停窝工损失没有任何依据，且中铁公司并没有证据证明其实际支出了所主张的停窝工损失款项，这表明其并没有任何损失，进一步其也无权请求对该部分损失予以赔偿，即使有停窝工的行为，也是由于中铁公司自身原因造成的。一审法院判决支付第一次停工损失没有依据，瑞讯公司已经提起上诉请求，请予支持。四、关于 2004 年至 2005 年停工导致的材料价差损失问题，中铁公司并未提供证据证明其实际支出了价差部分的费用，且造成工程延期的原因是由于中铁公司组织不力造成的，此部分价差损失如果存在，也应该由中铁公司承担，而不应由瑞讯公司分担。五、关于中铁公司诉请的管理费问题，中铁公司没有证据证明实际发生了此部分费用，且此部分费用已经通过其实际误工损失予以补偿，中铁公司的诉请构成重复主张。六、中铁公司主张对案涉建设工程享有优先受偿权不具备法定的前提条件，一方面该建设工程属于公益性基础设施，不宜折价或者拍卖；另一方面瑞讯公司与中铁公司的施工合同已经解除，中铁公司一直没有主张优先受偿权，已经放弃了该权利。综上，请求驳回中铁公司对瑞讯公司的上诉请求，支持瑞讯公司的上诉请求。

安徽高速公司针对中铁公司的上诉答辩称，同意瑞讯公司关于工程款及各项损失不应得到支持的答辩意见。对于中铁公司主张对案涉工程享有优先受偿权问题，一方面案涉工程属于公共设施，不宜折价和拍卖；另一方面中铁公司在本案诉请属于因违约所造成的损失，不属于应支付的工作人员报酬、材料款等实际支出的费用，也不符合《最高人民法院关于建设工程价款优先受偿权问题的批复》第三条规定的条件，故中铁公司的该诉请应予驳回。对于中铁公司要求其承担连带责任问题，安徽省政府、安徽省交通厅文件均明确，案涉工程原债权、债务由瑞讯公司负责处理，从未要求安徽高速公司承担连带支付责任，且瑞讯公司系法定的具有民事权利能力和行为能力人，中铁公司所称的瑞讯公司资不抵债的主张无法律依据，故其上诉要求安徽高速公司承担连带责任的请求无事实及法律依据。综上，请求驳回中铁公司对其的上诉请求。

本院经审理查明，瑞讯公司与中铁公司所签订的《协议书》约定，合同专用条款、合同通用条款、技术规范专用条款、投标书及投标书附录等作为协议书的组成部分，各文件互相补充。

关于合同的变更，合同通用条款第 52.3 款约定，如果在签发交工证书时，发现合同价格的增加或减少总共超过"有效合同价格"的15％（这里的"有效合同价格"是指扣除暂定金额后的合同价格），这种总额超过或减少15％或以上是产生于：（1）根据52.1和52.2款作价过的全部变更的工程累计结果；和（2）根据实际计量对工程量清单中的估算工程量所做的一切调整，但不包括暂定金额和物价因素价格调整。如果发生这种情况，监理工程师应与业主和承包人协商后确定一笔管理费调整额，从合同价格中扣除或加到合同价格上。

关于索赔程序，合同通用条款第53条约定，如果承包人根据合同条款中任何条款提出任何附加支付的索赔时，应该在该索赔事件首次发生的21天之内将其索赔意向书提交监理工程师，并抄送业主。监理工程师在接到上述索赔意向书时，无须认可是否系业主责任，应先审查这些当时记录，并可指示承包人进一步做好当时记录。如果承包人提出的索赔要求未能遵守本条中的各项规定，则承包人无权得到索赔或只限于索赔由监理工程师按当时记录予以核实的那部分款额。监理工程师在与业主和承包人协商后，确定承包人有权得到的全部或部分的索赔款额。合同专用条款进一步针对合同通用条款第53条增加约定，承包人提出索赔申请的记录包括业主、监理工程师与承包人的谈话记录，工地人工、材料、机械统计报表，施工备忘录、监理记录及驻地监理工程师填写的各种报表。

关于业主的违约责任，合同通用条款第69.1款约定，如果业主在根据第60.15款规定的支付期到期后的42天之内，未能向承包人支付根据监理工程师签发的任何支付证书项下的应付款额，也未向承包人说明理由；或未根据本合同任何条款而无理阻挠或拒绝对任何上述证书颁发的所需批准，则承包人有权终止对本合同项下的承包，并通知业主，抄送监理工程师，该终止在发出通知14天后生效。第69.4款约定，当第69.1款（1）所述的业主违约情况发生后，承包人可提前28天向业主发出通知并抄送监理工程师，表明承包人可能要暂停本工程施工，或放慢工程进度，承包人这种行动并不影响其获得利息和终止承包合同的权利。如果承包人根据本款的规定在向业主发出通知28天后暂停施工，或者降低了工程进度率，因此而受到延误或发生额外费用，监理工程师在与承包人和业主协商后应确定：（1）承包人应得的延长工期；（2）应该加到合同价格上的上述费用款额。

关于费用的变更，合同通用条款第70.3款约定，如果承包人未能在投标书附录中写明的工期内完成本合同工程，则在该交工日期以后施工的工程，其价格调整计算应采用该交工日期所在年份的价格指数作为当期价格指数。但是，在延长的交工日期到期以后施工的工程，其价格调整计算应采用该延长的交工日期所在年份的价格指数作为当期价格指数。

又查明，《鉴定报告》载明，关于2004年至2005年第一次停窝工期间的确定部分造价为6778661.54元，是指既有现场监理人员签字确认的每日停窝工情况具体统计表，也有现场监理人员签字确认的每月停窝工情况统计表。对于不确定部分的造价6929833.87元是指：2004年12月份，现场监理人员签字确认的每日停窝工情况具体统计表只有12月1日至6日的明细，其他天数的明细则没有；2004年1－6月和2005年1－3月，只有现场监理人员签字确认的每月停窝工情况统计表，没有现场监理人员签字确认的每日停窝工情况统计表。对于上述载明事实，中铁公司与瑞讯公司均予以认可。

安徽省阜周高速公路路基工程总监理工程师办公室文件［阜周总监办（2004）011号］载明，经审查，各施工单位均存在机械设备不足、不配套问题。阜周高速公路路基工程项目工程监理通知单（编号：2004－56）中载明，第13合同项目部张某某自10月22日至11月14日离开工地没有履行请假手续，处以违约金四万元，以示惩戒，希 13 合同项目部严格执行项目管理制度，不得再犯。上述文件及通知单系中铁公司自行提供，以作为证据使用。

对于 2006 年 11 月至 2009 年 4 月期间的停窝工损失，中铁公司在本院诉讼中亦自认，其并未依据合同约定提出索赔，而其在本案上诉中仅请求法院对该损失酌定瑞讯公司赔偿 400 万元。

2008 年 12 月 24 日，瑞讯公司与中铁公司签署《备忘录》载明，对中铁公司请求支付因工期延长和实际工程总价款减少引起的管理费增加费用 4078795 元问题，系双方有分歧的事项，瑞讯公司表示此费用按索赔事项处理。

再查明，2009 年 6 月 25 日安徽省交通厅出具《关于阜周高速公路投资经营权收回补偿款首次分配的意见》载明，确定将阜周高速公路经营权收回补偿款首期 15.5 亿元首先支付瑞讯公司欠付的沿线地方款项及施工工程款项 2 亿元，其余 13.5 亿元按相同比例清偿原则，偿还工商银行和中国银行的贷款本息。

2010 年 12 月 16 日，本院作出（2010）执复字第 19 号执行裁定书，该裁定书载明的安徽高速公司的义务为协助停止清偿对瑞讯公司所负到期债务 3000 万元，而非由安徽高速公司承担瑞讯公司基于案涉工程所产生的债务。

本院审理查明的其他事实与一审法院查明的事实相同。

本院认为，结合本案当事人的诉辩情况，本案当事人之间的争议焦点为：（一）中铁公司要求瑞讯公司支付工程款 3816805.76 元及相应利息的诉请是否成立；（二）瑞讯公司是否存在迟延支付工程预付款及应否赔偿中铁公司迟延支付的工程预付款利息 201018.62 元；（三）瑞讯公司应否赔偿中铁公司停窝工损失，如应赔偿，则赔偿的数额是多少；（四）瑞讯公司应否赔偿中铁公司因 2004 年 3 月至 2005 年 3 月停工导致的原材料及油料价差损失，如应赔偿，则赔偿的数额是多少；（五）瑞讯公司应否赔偿中铁公司管理费 4078795 元；（六）安徽高速公司应否对瑞讯公司应支付中铁公司的款项承担连带责任；（七）中铁公司主张对案涉工程项目享有优先受偿权的请求能否成立。对于上述争议焦点，本院分析认定如下：

（一）关于中铁公司要求瑞讯公司支付工程款 3816805.76 元及相应利息的诉请是否成立的问题。

2009 年 5 月 22 日中铁公司在其申诉意见书中写明，其于 2009 年 5 月 21 日上午 10 时收到瑞讯公司关于阜周高速公路工程审计初步结果的电子文件。由此可以确认，对于审计单位针对《协议书》已完工未计量部分的审计情况，瑞讯公司已经及时通知了中铁公司，否则中铁公司不可能对于上述审计结果提出申诉意见，故中铁公司主张瑞讯公司未就审计结果履行及时通知义务的上诉理由，明显同其自认的事实相矛盾，对该上诉理由，本院不予采纳。

进一步，对于中铁公司诉称安徽省国资委委托的审计单位对已完工未计量部分中的未纳入审计 1378989.97 元及核减 2573395.71 元无理由的主张，根据 2009 年 4 月 1 日瑞讯公司与中铁公司签订的《协议书》约定，对于中铁公司已完工未计量的工程款 6410929.13 元，如安徽省国资委委托的审计事务所基于充足的理由对上述工程量予以合理核减，双方一致同意以审计单位最终认定的数额为准。在瑞讯公司已经依约及时将审计单位的审计结果通知中铁公司的情况下，则依照上述约定，中铁公司如果不能对上述核减结果提出合理的异议，则应该按照审计单位所审计的结果来结算中铁公司与瑞讯公司之间的工程款。而从本案的事实看，尽管中铁公司认为其对审计结果提出了异议，但其并未提供证据证明审计单位的核减错误，且直到本院审理本案期间，中铁公司仍然未提供证据证明审计单位的审计核减结果错误,故一审法院针对案涉工程中已完工未计量部分的工程款,按照审计单位的核减结果进行结算,符合瑞讯公司与中铁公司的约定,理据充分。中铁公司针对审计单位未纳入审计的 1378989.97 元及核减 2573395.71 元的上诉请求,无事实及法律依据,应予驳回。

(二)关于瑞讯公司是否存在迟延支付工程预付款及应否赔偿中铁公司迟延支付的工程预付款利息 201018.62 元的问题。

一方面,在本案诉讼过程中,中铁公司并未提供证据证明瑞讯公司存在迟延支付工程预付款的违约事实,故无法确定迟延支付开工预付款的准确时间和数额,也无法计算迟延付款的利息。另一方面,假使存在瑞讯公司违约迟延支付工程预付款的情况,中铁公司要求瑞讯公司支付迟延支付工程预付款利息的请求也不能获得支持,主要理由在于:首先,依据合同通用条款第 69.1 款约定,如果瑞讯公司存在迟延支付工程款的情形,中铁公司有权终止对本合同项下的承包,并通知业主,抄送监理工程师。但是,从本案施工合同的实际履行情况来看,中铁公司并未依据上述约定终止对本合同的承包,也未履行通知业主及抄送监理工程师的义务,这应视为其已经默许瑞讯公司迟延支付工程预付款的行为。其次,即使存在瑞讯公司迟延支付工程预付款、应根据合同通用条款约定支付中铁公司迟延利息的义务,中铁公司还应根据合同通用条款第 53 条约定,在该索赔事件首次发生的 21 天之内将其索赔意向书提交监理工程师,并抄送业主;但是,中铁公司并未提供证据证明其依据上述约定,向瑞讯公司提出针对迟延支付工程预付款的利息索赔请求,故亦根据该条关于"如果承包人提出的索赔要求未能遵守本条中的各项规定,承包人无权得到索赔"的约定,中铁公司也无权获得该部分利息的赔偿请求。

综上,一审法院在无法计算迟延付款的利息及中铁公司未提供证据证明其在损失发生后及时向瑞讯公司提出索赔主张的情况下,驳回中铁公司关于瑞讯公司支付迟延支付工程预付款利息 201018.62 元的请求,并无不当;中铁公司针对该工程预付款利息的上诉请求,无事实及法律依据,应予驳回。

(三)关于瑞讯公司应否赔偿中铁公司停窝工损失,如应赔偿,则赔偿的数额是多少的问题。

对于该争议问题,中铁公司、瑞讯公司的诉辩又包括以下两部分停窝工损失的争议:

1. 关于 2004 年 3 月至 2005 年 3 月期间的停窝工损失问题。根据合同通用条款第 53 条约定,如果承包人根据合同条款中任何条款提出任何附加支付的索赔时,其应该在该索赔事件首次发生的 21 天之内将其索赔意向书提交监理工程师,并抄送业主;监理工程师在与业主和承包人协商后,确定承包人有权得到的全部或部分索赔款额。对于 2004 年至 2005 年第一次停窝工期间的确定部分造价为 6778661.54 元,经查明,是指既有现场监理人员签字确认的每日停窝工情况具体统计表,也有现场监理人员签字确认的每月停窝工情况统计表,这说明对于这部分损失,中铁公司已经按照索赔程序提出了索赔,且该索赔已经经过监理签字予以确认,故中铁公司的该索赔符合上述合同通用条款第 53 条的约定,一审法院判决瑞讯公司赔偿中铁公司此部分确定款项的损失,并无不当,应予维持。

至于瑞讯公司上诉主张,在上述索赔材料上签字的王波非其监理人员,无权确定索赔事项的理由,经查明,王波系案涉阜周高速公路 13 标段 2004 年 5 月至 2005 年 3 月期间的现场监理人员;而合同通用条款第 53.5 款明确约定,监理具有确定索赔的权利,因此,在瑞讯公司无证据证明上述索赔依据上的监理"王波"的签证系虚假的情况下,一审法院判决瑞讯公司赔偿中铁公司上述经过监理王波签证认可的可确定部分停窝工损失 6778661.54 元,并无不当。瑞讯公司的上诉理由不能成立，本院不予采信。

对于 2004 年至 2005 年第一次停工期间人员、机械设备停窝工费用不确定部分的造价 6929833.87 元，经查明，该部分诉请款项是指：2004 年 12 月份的统计表中，只有 12 月 1 日至 6 日的明细，没有其他天数的明细；2004 年 1—6 月和 2005 年 1—3 月，只有现场监理人员签字确认的每月停窝工情况统计表，没有现场监理人员签字确认的每日停窝工情况统计表。上述事实表明，该不确定部分停窝工损失款项虽然有每月的总统计表，但没有与此总统计表一一对应的每日索赔签证统计表，这同案涉工程针对确定部分停窝工损失的通常做法不符，一审法院未支持中铁公司针对该不确定部分停窝工损失的诉请，并无不当。中铁公司上诉请求瑞讯公司赔偿该部分损失，理据不足，应予驳回。

2. 关于 2006 年 11 月至 2009 年 4 月期间的停窝工损失问题。经查，对此部分损失，中铁公司亦自认，其并未依据合同约定提出过索赔，因此，在中铁公司未依据合同通用条款第 53 条约定履行索赔程序的情况下，根据该条的进一步约定，中铁公司无权获得该部分诉请款项的赔偿，而其在本案中主张由法院酌定瑞讯公司赔偿该停窝工损失 400 万元，无事实及法律依据，应予驳回。

综上，一审法院判决瑞讯公司赔偿中铁公司停窝工损失的数额并无不当，中铁公司与瑞讯公司针对停窝工损失的上诉请求均无事实及法律依据，本院均不予支持。

（四）关于瑞讯公司应否赔偿中铁公司因 2004 年 3 月至 2005 年 3 月停工导致的原材料及油料价差损失，如应赔偿，则赔偿的数额是多少的问题。

本案中铁公司请求瑞讯公司赔偿 2004 年 3 月至 2005 年 3 月停工导致的原材料及油料价差损失，系以瑞讯公司违反合同约定导致案涉工程停工作为其诉请的基础。对此，如果确实存在如中铁公司所主张的瑞讯公司违约的全部原因或者部分原因，且中铁公司也

确实存在由于瑞讯公司违约所导致的原材料及油料价差损失，则该请求符合《中华人民共和国合同法》第一百一十三条关于"当事人一方不履行合同义务或者履行合同义务不符合约定，给对方造成损失的，损失赔偿额应当相当于因违约所造成的损失"的规定，故一审法院对中铁公司在本案中关于瑞讯公司赔偿 2004 年至 2005 年 3 月停工所产生的原材料及油料价差损失的请求进行审理，并无不当。

对于一审法院认定案涉工程没有按时完成施工量系中铁公司与瑞讯公司共同造成的问题，在本案诉讼过程中，中铁公司虽然上诉主张案涉工程停工完全系瑞讯公司资金不到位、征地补偿未完成等原因造成，但是，阜周高速公路路基工程总监理工程师办公室文件［阜周总监办（2004）011 号］载明，各施工单位均存在机械设备不足、不配套问题；阜周高速公路路基工程项目工程监理通知单（编号：2004－56）中载明，第 13 合同项目部张某某自 10 月 22 日至 11 月 14 日离开工地没有履行请假手续，处以违约金四万元，以示惩戒，希 13 合同项目部严格执行项目管理制度，不得再犯。上述文件和通知单系中铁公司自行提供的证据，这说明，即使从中铁公司自认的事实来看，也确实存在中铁公司施工组织不力、管理不到位的情况，故一审法院认定其对于工程延期具有过错，并无不当；中铁公司的上诉理由，理据不足，本院不予采信。至于瑞讯公司上诉主张案涉工程停工完全系中铁公司的原因造成的理由，从本案安徽省政府《253 号会议纪要》及安徽高速公路收回案涉阜周高速公路建设经营权的事实来看，确实存在瑞讯公司资金不足、工程无法继续进行的事实，故一审法院认定瑞讯公司对于工程停工负有责任，亦无不当，瑞讯公司关于案涉工程停工完全归咎于中铁公司的上诉理由与事实不符，本院不予采信。至于一审法院所认定的双方过错程度相当及双方均担 2004 年 3 月至 2005 年 3 月停工导致

的原材料及油料价差损失，系一审法院在对案件事实审查的基础上对本案双方当事人过错程度及双方当事人应承担责任的裁量，瑞讯公司与中铁公司均无证据证明上述裁量显失公平，故本院予以维持。

至于鉴定单位将 2005 年 3 月至 2006 年 3 月作为原材料及油料价差价格调整期间的问题，鉴于中铁公司于 2006 年 3 月完成了原计划应于 2005 年 3 月完成的施工工程量，故鉴定单位所采纳的价格调整指数符合合同通用条款第 70.3 款关于"在延长的交工日期到期以后施工的工程，其价格调整计算应采用该延长的交工日期所在年份的价格指数作为当期价格指数"的约定，并无不当。而一审法院在中铁公司与瑞讯公司均未能提交施工所在地原材料的市场价格信息的情况下，采纳鉴定单位参照合肥地区市场价格信息所计算的价差，也属适当。因此，瑞讯公司关于《鉴定报告》所采纳的原材料及油料价差价格调整计算期间及采用的市场价格信息错误的理由，无事实及法律依据，均不予采信。

综上，一审法院认定瑞讯公司与中铁公司对造成案涉工程停窝工均负有责任，并在此基础上判决瑞讯公司与中铁公司共同分担此部分材料价差的损失，并无不当。中铁公司与瑞讯公司均上诉主张该部分原材料及油料价差损失应由对方全部承担的请求，均无事实及法律依据，本院不予支持。

（五）关于瑞讯公司应否赔偿中铁公司管理费 4078795 元问题。

合同通用条款第 52.3 款约定，如果在签发交工证书时，发现合同价格根据变更的工程累计结果和根据实际计量对工程量清单中的估算工程量所做的一切调整后增加或减少总共超过"有效合同价格"的 15%，则对中铁公司管理费进行调整。上述约定表明，对中铁公司的管理费进行调整的前提是案涉 13 标段建设工程竣工且存在对所有合同约定工程量调整后增加或者减少工程价款并实际导致增加了工程管理费的情形。进而言之，中

铁公司与瑞讯公司签订该条款的真实意思包含两个方面的内容：首先，案涉工程竣工并经过总结算；其次，中铁公司需要基于工程量的增加或减少而实际产生了增加的管理费。

对于中铁公司依据上述合同条款的约定，要求瑞讯公司赔偿管理费 4 078 795 元的主张，一方面，本案案涉合同并非履行完毕，而是在合同履行过程中基于案涉工程无法继续完成施工而形成的双方合意解除合同的局面，因此合同通用条款关于合同履行完毕后所有工程量变更的前提条件并不满足。且从本案双方当事人在解除案涉施工合同的过程来看，中铁公司与瑞讯公司并无合同履行过程中形成未完工程的管理费增加的约定；相反，从中铁公司同瑞讯公司所签《备忘录》的约定来看，双方当事人均同意此部分损失按照索赔程序处理，这说明双方当事人对该索赔事项尚存争议，瑞讯公司未同意支付此部分工程款，故中铁公司针对管理费的诉请，无当事人之间的合意依据。另一方面，从《备忘录》中的约定来看，瑞讯公司与中铁公司均同意将此部分争议费用界定为一种损失，则此损失应为合同履行过程中中铁公司已经实际产生的损失。而从本案事实来看，案涉合同并没有履行完毕，而是在合同解除情况下对于未完工程的一种清算。中铁公司并无证据证明其在合同未履行完毕情况下实际增加了管理费用，故应承担举证不能的责任。因此，一审法院在中铁公司对其所主张的施工管理费用增加 4078795 元未提供证据证明的情况下，未支持中铁公司的诉请，并无不当；中铁公司关于瑞讯公司应支付此部分所增加管理费的上诉请求，应予驳回。

（六）关于安徽高速公司应否对瑞讯公司应支付中铁公司的款项承担连带责任的问题。

首先，从本案当事人之间的合同关系来看，虽然安徽高速公司基于安徽省政府的决定收回阜周高速公路投资经营权，并且导致中铁公司与瑞讯公司之间的施工合同终止，但是，安徽高速公司与中铁公司之间并未形

成施工合同关系。而案涉工程发包人是瑞讯公司，合同承包方是中铁公司，在此二者之间形成合同关系。《中华人民共和国合同法》第八条规定，依法成立的合同，对当事人具有法律约束力，因此，基于合同相对性原理，中铁公司应向其合同相对方瑞讯公司请求赔偿损失，而不能向与其没有合同关系的安徽高速公司请求。其次，从本案安徽高速公司实际接受案涉公路的过程来看，安徽省政府《253 号会议纪要》明确安徽高速公司作为项目新业主，承担复工进场新施工单位的组织协调责任，项目原业主瑞讯公司承担原施工单位及项目此前债权债务的处理责任。这说明，《253 号会议纪要》并未要求安徽高速公司对瑞讯公司的对外负债承担责任。而 2010 年 12 月 16 日本院所作出的（2010）执复字第 19 号执行裁定书要求，安徽高速公司协助停止清偿对瑞讯公司所负到期债务 3000 万元，该裁定内容进一步说明，安徽高速公司仅仅是负担停止清偿其对瑞讯公司债务的协助执行义务，而非承担瑞讯公司由于案涉工程所产生的债务。再次，从本案诉讼过程来看，中铁公司并无证据证明存在安徽高速公司应与瑞讯公司承担连带清偿责任的法定情形。综上，中铁公司上诉要求安徽高速公司承担连带支付责任，既无事实基础，也无法律依据，本院不予支持。

当然，对于安徽高速公司收回案涉阜周高速公路建设经营权后依据相关政府决定所给予瑞讯公司的补偿，中铁公司如果有证据证明此种补偿明显不合理，且对其权益造成了侵害，其可依据相关法律规定，另寻途径解决。

（七）关于中铁公司主张对案涉工程项目享有优先受偿权的请求能否成立问题。

根据《最高人民法院关于建设工程价款优先受偿权问题的批复》第三条规定："建筑工程价款包括承包人为建设工程应当支付的工作人员报酬、材料款等实际支出的费用，不包括承包人因发包人违约所造成的损失"，能够行使建设工程价款优先受偿权的权利范围不包括因发包人违约导致的损失。而从前述中铁公司在本案中被支持的诉请款项来看，包括因瑞讯公司违约给其造成的停窝工损失和材料价差损失两项，均不属于建设工程价款优先受偿权的权利行使范围，故一审法院未予支持中铁公司主张对案涉工程项目享有优先受偿权的请求，并无不当。中铁公司主张对案涉工程项目享有优先受偿权的该项上诉请求，无事实及法律依据，应予驳回。

综上，瑞讯公司与中铁公司的上诉请求均无事实及法律依据，应予驳回；原审判决认定事实清楚，适用法律正确，应予维持。本院依据《中华人民共和国民事诉讼法》第一百七十条第一款第一项的规定，判决如下：

驳回上诉，维持原判。

二审案件受理费 150193 元，由安徽瑞讯交通开发有限公司负担 70168 元，由中铁二十二局集团第四工程有限公司负担 80025 元。

本判决为终审判决。

审　判　长　×××
代理审判员　×××
代理审判员　×××
二〇一四年五月十五日
书　记　员　×××

青海方升建筑安装工程有限责任公司与青海隆豪置业有限公司建设工程施工合同纠纷案

《最高人民法院公报》2015 年第 12 期

【裁判摘要】

对于约定了固定价款的建设工程施工合同，双方未能如约履行，致使合同解除的，在确定争议合同的工程价款时，既不能简单地依据政府部门发布的定额计算工程价款，也不宜直接以合同约定的总价与全部工程预算总价的比值作为下浮比例，再以该比例乘以已完工程预算价格的方式计算工程价款，而应当综合考虑案件实际履行情况，并特别注重双方当事人的过错和司法判决的价值取向等因素来确定。

最高人民法院
民事判决书

（2014）民一终字第 69 号

上诉人（一审原告、反诉被告）：青海方升建筑安装工程有限责任公司，住所地青海省西宁市城西区西关大街永和大厦 b 座 9 楼。

法定代表人：方加富，该公司董事长。

委托代理人：朱树英，上海建维律师事务所律师。

委托代理人：姬冰，北京德和衡律师事务所律师。

上诉人（一审被告、反诉原告）：青海隆豪置业有限公司，住所地青海省西宁市生物科技产业园经四路 16 号。

法定代表人：张武科，该公司董事长。

委托代理人：杨生文，青海同一律师事务所律师。

委托代理人：尚青春，该公司职员。

上诉人青海方升建筑安装工程有限责任公司（以下简称方升公司）与上诉人青海隆豪置业有限公司（以下简称隆豪公司）因建设工程施工合同纠纷一案，不服青海省高级人民法院（以下简称一审法院）作出的（2012）青民一初字第 5 号民事判决，分别向本院提起上诉。本院受理后，依法组成合议庭，于 2014 年 6 月 3 日开庭审理了本案。方升公司的委托代理人朱树英、姬冰，隆豪公司的委托代理人杨生文、尚青春到庭参加了诉讼。本案现已审理终结。

一审法院经审理查明：2011 年 9 月 1 日，隆豪公司与方升公司签订《建设工程施工合同》约定：由方升公司为隆豪公司的建设工程施工。工程名称为海南藏文化产业创意园商业广场；工程内容为：建筑结构为独立基础、框架结构；层数为 1 层、局部 2 层和 3 层；建筑高度分别为 5.70 米、10.20 米、14.10 米，建筑面积为 36745 ㎡，最终以双方审定的图纸设计面积为准；开工日期为 2011 年 5 月 8 日，竣工日期为 2012 年 6 月 30 日，工期 419 天。工程单价 1860 元/㎡，单价一次性包死，合同总价款 68345700 元。

2011 年 5 月 15 日，方升公司开始施工；2012 年 6 月 13 日，方升公司、隆豪公司与相关单位组织主体验收；2011 年 6 月，北京龙安华诚建筑设计有限公司（以下简称龙安华诚公司）完成设计图纸，同月 27 日双方当事人及有关单位进行图纸会审；2011 年 11 月 23 日，方升公司、隆豪公司、监理单位、设计单位、勘察单位、质检单位在海南州共和县隆豪公司售房部形成《基础验收会议纪要》，工程基础验收合格。

2012年1月9日，龙安华诚公司向隆豪公司作出《设计变更通知单》，通知单内容为：对广场地砖、涂料、找平、找坡、结构板等进行变更；2012年3月31日，设计单位向隆豪公司发出了《海南州共和县恰卜恰镇藏文化产业创意园商业广场》的变更通知单，内容为面层、结构板等变更要求；2013年5月27日，设计单位下发了《设计修改通知单》，对原结施节点详图中过梁作了补充和变更；2012年3月、4月、5月，方升公司向监理单位分别报送《隆豪置业有限公司工程进度申报（审核）表》，监理单位盖有印鉴。

2012年6月19日，方升公司发出《通知》，要求隆豪公司于2013年6月23日前支付1225.14万工程款，否则将停止施工。2012年6月25日，隆豪公司发出《通知》，内容为：方升公司不按约履行合同，拖延工程进度，不按图施工，施工力量薄弱，严重违约，导致工程延误，给隆豪公司造成了巨大经济损失，要求解除合同，要求方升公司接到通知的一日内撤场、拆除临舍。之后，双方解除合同，方升公司撤场。

2012年6月28日，隆豪公司与四川省鸿盛实业集团有限公司（以下简称鸿盛实业公司）签订《建设工程施工合同》，以包工包料的方式，将方升公司未完成的全部工程发包给鸿盛实业公司施工。2012年7月22日，隆豪公司与青海兴业建设有限公司（以下简称兴业建设公司）签订《建设工程施工合同》，将鸿盛实业公司未完成施工内容发包给兴业建设公司施工。

2011年8月10日至2012年4月18日，隆豪公司陆续支付给方升公司工程款2850万元；2012年7月10日，隆豪公司为方升公司垫付民工工资2297562元；隆豪公司垫付施工用水费130000元；监理单位的罚款10000元；防雷检测、沉降观测费20000元，合计30957562元，方升公司对上述款项予以认可。方升公司对2011年12月14日毛俊峰从隆豪公司处领取100000元，不予认可。

方升公司对于隆豪公司提出的3.36%的税金税率无异议，方升公司同意由隆豪公司将税金代扣代缴，隆豪公司出具发票给方升公司。

根据方升公司的申请，一审法院委托青海省规划设计研究院工程造价咨询部（以下简称规划研究院咨询部）对方升公司承建的青海省海南藏文化产业创意园广场已完工程造价和方升公司应当施工但未施工部分工程项目合同价款进行了鉴定。工程造价鉴定结论有7项：1. 依据双方当事人签订的《建设工程施工合同》、设计施工图等相关资料，标的物合同价格＝建筑面积×合同单价＝36691.76元㎡×1860元/㎡2=68246673.60元。2. 依据设计施工图纸及《青海省建设工程消耗量定额（2004）》等相关资料，标的物施工图预算价格合计为89098947.93元。即：合同与预算相比下浮比例为76.6%。3. 依据双方当事人签订的《建设工程施工合同》、设计施工图、《青海省建设工程消耗定额（2004）》等相关资料，标的物已完部分工程预算价格合计为40652058.17元。4. 标的物已完工程项目鉴定价格＝40652058.17元×76.6%＝31139476.56元。5. 双方当事人无争议的工程变更、签证项目（廊桥）鉴定价格为83361.10元。6. 增加的加气砼墙面抹灰费用50000元。7. 双方当事人有争议，需经人民法院审理确认的工程变更、签证项目鉴定价格为1451136.16元，其中：2012年3月25日工程签证单（取消11—16—/r—s轴商铺）内容价格合计为146771.20元；2012年3月25日工程签证单（回填3：7灰土）内容价格合计为723520元；2012年3月25日工程签证单（室外大台阶返工）内容合计为448582.4元；2012年4月20日工程签证单内容价格为31744.96元；2012年6月7日工程联系签证单内容价格合计为100517.6元。以上已完工程项目鉴定价格合计 32723973.82 元。方升公司应当施工但未施工部分工程项目合同价款为 21446706.70 元。

根据隆豪公司的申请，一审法院委托甘肃土木工程科学研究院对海南州共和县恰卜哈镇藏文化产业创意园中心广场的工程质量进行了鉴定，鉴定意见书表述内容为：维护墙体出现裂缝，一道踏步梁出现斜向裂缝，一层雨篷未按图纸施工造成坍塌，安装塔吊部分混凝土未浇筑塔、吊口断梁，一层部分梁体侧面出现竖向裂纹，一层柱子和二、三层踏步混凝土浇筑模板涨模，一层安装暖气管道高度未按图施工，已安装桥架盖子未盖，已安装排水管材料与设计不符，强弱电接地母线未检测，采光井井口不圆、梁过高，广场楼梯未开口，消防箱未按设计要求施工，一层需砸洞 64 个、封堵 38 个，二层需砸洞 8 个、封堵 1 个，三层需砸洞 4 个，4 号、8 号楼梯及楼梯上的梁未按图施工。同时，根据一审委托书和隆豪公司的司法鉴定申请书，甘肃土木工程科学研究院对出现的质量问题做出了维修方案，并对维修费用进行了计算。工程质量维修费用鉴定意见书表述内容为：1. 墙体裂缝（中心广场一周围围护墙体）维修费用 90000 元；2. 广场踏步梁断裂（33－34×f 轴线位置）维修费用 6000 元；3. 一层雨篷未按图纸施工造成坍塌维修费用无法确定，双方同意对该部分从造价鉴定结果中予以剔除；4. 安装塔吊部分混凝土未浇筑，塔吊口断梁维修费用 60000 元；5. 一层部分梁体出现裂纹维修费用 50000 元；6. 一层柱子和二、三层踏步混凝土浇筑模板胀模，施工单位已维修，当事人对此无异议；7. 已安装桥架线缆施工完成后盖桥架盖子费用 3000 元，当事人双方对此维修费用无异议。排水管按原设计要求进行施工，对该项根据现场使用情况，从本次造价鉴定中予以剔除，当事人双方对此无异议，强弱电接地母线进行检测，检测费用为 5000 元，当事人双方对此维修费用均无异议；8. 采光井井口不圆，梁过

高维修费用 30000 元；9. 广场楼梯未开口维修费用 1000 元；10. 消防箱未按设计要求施工，一层需砸洞 64 个、封堵 38 个，二层需砸洞 8 个、封堵 1 个，三层需砸洞 4 个，维修费用 3000 元。综上，维修总费用为 248000 元，该费用中未包含按本次造价鉴定中需剔除部分。

2012 年 7 月 9 日，方升公司向一审法院起诉称：2011 年 5 月 8 日，方升公司与隆豪公司签订《建设工程施工合同》，合同签订后，方升公司依约进行了施工。至 2012 年 6 月 13 日，方升公司已完成合同约定工程的基础及主体，方升公司、隆豪公司、设计单位、监理单位均同意对基础及主体进行验收。经过验收，勘察、监理单位均确认基础及主体质量合格。现方升公司已完成主体工程，但因为隆豪公司拖欠进度款 22439200 元，致使方升公司无法继续施工，并造成无法支付民工工资，无法继续履行合同。同时，按约隆豪公司应承担所欠工程款万分之二的违约金。请求：1. 判令隆豪公司向方升公司支付工程款 22439200 元，并支付违约金（工程款以及违约金以司法鉴定结果为准）；2. 本案诉讼费用由隆豪公司承担。

隆豪公司未作书面答辩但反诉称：2011 年 9 月 1 日，隆豪公司与方升公司签订《建设工程施工合同》，合同约定的总工期为 419 天，其中开工日期为 2011 年 5 月 8 日，竣工日期为 2012 年 6 月 30 日。在合同履行过程中，方升公司由于技术力量严重不足，施工管理及施工现场管理混乱，施工人员不足且极不稳定，根本不具备与承建工程相适应的施工能力，造成工期严重延误。方升公司不按设计图纸及规范施工，经常发生违规施工情况，造成工程出现严重质量问题。方升公司的上述行为，严重违反了合同约定和法律规定，给隆豪公司造成了巨额经济损失，隆豪公司于 2012 年 6 月 25 日书面通知方升公司解除了合同。请求判令：1. 方升公司退还隆豪公司多支付工程款 1065808.18 元；2. 方升

公司赔偿隆豪公司损失 4926190.40 元，其中包括：工期延误造成的损失 4678199.40 元、已完工部分质量不合格造成的损失 248000.00 元；3. 方升公司承担违约金共计 2558829.80 元，包括：工期延误违约金 425000 元、质量达不到一次交验合格违约金 183458.80 元、严重违反合同条款违约金 2050371 元；4. 方升公司交付已施工部分工程的全部施工资料；5. 方升公司退还全部工程图纸；6. 方升公司承担本案全部诉讼费用。

一审法院经审理，对以下问题作出了认定。

（一）关于隆豪公司欠付方升公司工程款数额及应否承担逾期付款违约金问题。

1. 关于鉴定意见书能否作为定案依据的问题。一审法院认为，在合同履行过程中，双方当事人产生争议，隆豪公司书面通知方升公司解除合同，方升公司未完成全部的施工内容。案涉合同是双方当事人真实意思表示，未违反法律法规的强制性规定，合法有效。因此，双方当事人对工程价款的计价方式明确约定的情况下，对于方升公司已完工程价款的计取，应以合同中约定的工程价款的计价条款为依据。根据双方当事人的申请，一审法院委托规划研究院咨询部就案涉工程方升公司已施工和未施工部分的工程价款进行了鉴定，鉴定机构分别就相应的鉴定内容出具了鉴定意见书。

2. 关于鉴定人员资质问题。一审法院认为，首先，方升公司依据的《建设工程造价规程》（cecca/gc8－2012）只是行业自律性规范，其对鉴定人员资质要求并不具有强制执行效力，并且该规程在青海省并未施行。其次，2011 年 8 月 14 日公布、2011 年 10 月 1 日起施行的《青海省建设工程造价管理办法》第二十三条规定："建设工程造价执业人员应当依法取得相应的造价工程师或造价员资格，注册登记后，方可在其资格范围内按照相关职业准则和规范，从事建设工程造价计价活动。建设工程造价文件应由具备相应资格的

注册造价工程师、造价员编制。"对此问题，鉴定机构作了专门说明，此情形符合青海省的实际。因此，虽然本案工程价款鉴定意见书署名人员为注册造价员，但在无证据证明鉴定人员存在违反法律法规的情形下，案涉鉴定意见书署名人员具备工程造价编制资质。

3. 关于鉴定意见书的效力问题。一审法院认为，双方当事人对工程计价有明确约定，虽然案涉工程为未完工程，并且合同已经解除，但合同的解除，并不影响合同中约定的工程价款的结算条款。最高人民法院《关于审理建设工程施工合同纠纷案件适用法律问题的解释》第十条第一款规定："建设工程施工合同解除后，已完成的建设工程质量合格的，发包人应当按照约定支付相应的工程价款……"；第二十二条规定："当事人约定按照固定价结算工程款价款，一方当事人请求对建设工程造价进行鉴定的，不予支持"。方升公司关于合同约定的工程量因隆豪公司解除合同的行为发生了变更，本案的工程款计价方式不再适用合同中关于固定单价的约定，应当按照定额进行结算的主张旨在于突破合同对双方当事人的拘束，打破双方之间的利益平衡。在合同解除后，由于案涉工程为未完工程，无法直接以固定价计算工程价款，鉴定机构将合同价与预算价相比，计算出方升公司按合同约定已完成的工程价款，符合双方合同的约定，也符合上述司法解释的规定，有事实和法律依据。无证据证明鉴定机构在鉴定过程中存在程序违法的情形，并且，双方当事人对鉴定意见书的内容未提出实质性异议。因此，方升公司的主张缺乏事实和法律依据，不予支持。鉴定意见书应作为定案依据。

4. 关于方升公司完成的工程价款问题。一审法院认为，鉴定机构依据双方签订的《建设工程施工合同》、设计施工图及《青海省建设工程消耗量定额（2004）》等相关资料，计算出定额预算总价款 89098947.93 元，合同约定的总价款 68246673.60 元，合同价

与预算价相比下浮比例为 76.6%，方升公司已完工程定额预算价为 40652058.17 元，已完工程项目鉴定价格为 32723973.82 元（包括双方有争议的工程变更、签证项目 1451136.16 元）。双方有争议的工程变更、签证单包括：2012 年 3 月 25 日工程签证单（取消 11－16／r－s 轴商铺）内容价格合计为 146771.20 元；2012 年 3 月 25 日工程签证单（回填 3∶7 灰土）内容价格合计为 723520 元；2012 年 3 月 25 日工程签证单（室外大台阶返工）内容价格为 448582.40 元；2012 年 4 月 20 日工程签证单内容价格为 31744.96 元；2012 年 6 月 7 日工程联系签证单内容价格为 100517.60 元，以上合计 1451136.16 元。对于双方有争议的签证单由于无监理单位的签章，隆豪公司不予认可，监理单位兰州华铁工程监理咨询有限公司西宁分公司（以下简称华铁监理西宁分公司）于 2012 年 9 月 13 日出具情况说明，上述签证单签名的监理人员冯永贵无总监理工程师的授权，总监理工程师不知情，并且在监理资料中无上述签证单，认为上述工程签证单是冯永贵超越权限的个人行为，不能作为结算工程款的依据。方升公司未提交其他证据证明上述签证单所涉工程量及价款的真实性。因此，双方有争议的工程变更、签证项目 1451136.16 元应从鉴定意见已完合同价款 32723973.82 元中扣减。方升公司已完成的工程总价款为 31272837.66 元。

5. 关于已付款的问题。一审法院认为，除方升公司对毛俊峰领取的 100000 元不予认可外，双方均认可隆豪公司已支付 2850 万元、垫付民工 2297562 元、方升公司应承担的水费 13 万元、防雷检测费和沉降观测费 20000 元、罚款 10000 元，共计 30957562 元。关于毛峻峰领取的 10 万元，是由毛峻峰向隆豪公司出具收条，以现金方式领取的工程款，并且毛峻峰为案涉工程项目方升公司的合伙人，以往的工程款支付借据中均有毛峻峰的签字，因此该笔款项应作为隆豪公司的已付款。隆豪公司的已付款为 31057562 元。另外，双方对税金税率 3.36% 及从法院最终认定的工程总价款中扣除税金，由隆豪公司代扣代缴，向方升公司提供税务发票无异议。方升公司按其实际完成的工程价款所承担的税金为 1050767.35 元。综上，方升公司完成的工程总价款 31272837.66 元，扣除税金 1050767.35 元、已付款 31057562 元，隆豪公司超付方升公司工程款 835491.69 元，应由方升公司向隆豪公司返还。

6. 关于隆豪公司应否承担逾期付款违约金问题。一审法院认为，双方在"合同专用条款第二十五条工程量确认部分"约定，承包人向工程师提交已完工程量报告时间为每月 25 日前提交当月完成工程量报告和累计完成工程量报告。第二十六条约定，工程款（进度款）支付的方式和时间为双方约定承包人垫资至主体建筑 30% 后甲方（隆豪公司）向乙方（方升公司）开始支付进度款，按月完成工程量的 70% 于次月十五日前支付，主体结构封顶后 10 日内支付至已完工程量的 80%，待竣工验收和具备备案条件后，预留 5% 保证金后于 30 日内一次性付清剩余工程款。案涉工程于 2011 年 5 月 15 日开工，方升公司也认可在 2012 年 3 月 23 日报送工程进度申报（审核）表前，未报送过工程量进度。自 2011 年 8 月 10 日至 2012 年 4 月 18 日，隆豪公司实际付款 2860 万元，案涉工程主体于 2012 年 6 月 13 日完工交验，此时，隆豪公司支付的工程款超过合同约定的主体封顶后支付已完工程量 80% 的比例。因此，方升公司主张逾期付款违约金缺乏事实依据，不予支持。

（二）关于已完工程的质量及维修费问题。一审法院认为，虽然主体部分工程验收记录未签署验收意见，但在 2012 年 6 月 13 日形成的基础、主体验收会议纪要中，建设、设计、勘察、质检和监理等单位对案涉工程均表示同意验收，并强调了整改的内容。根据甘肃土木工程科学研究院出具鉴定意见书，隆豪公司主张的质量问题，主要是由于方升公司在施工中施工措施不到位或未按图纸施工造成的。在案涉工程通过验收的情况下，因合同解除方升公司已撤场，对存在的质量缺陷由方升公司进行维修已无可能，因此，对该部分的维修费用 248000 元应由方升公司向隆豪公司支付。

（三）关于方升公司是否存在工期延误及是否赔偿工期延误损失的问题。一审法院认为，本案合同生效时间为 2011 年 9 月 1 日，双方当事人合同约定的开工日期为 2011 年 5 月 8 日，竣工日期为 2012 年 6 月 30 日，合同工期总日历天数 419 天。在合同生效之前，方升公司已开始施工。方升公司施工期间，双方当事人与有关单位于 2011 年 6 月 29 日完成图纸会审，此时施工的内容才得以明确具体，双方当事人对合同约定的施工内容在合同生效时进一步得到最终的确认。另外，在方升公司施工期间也存在部分工程的设计变更，虽然方升公司未提交证据证明发生以上事实后办理了工期顺延手续，但结合到本案的实际，方升公司的施工期限不应严格依照合同约定的施工期间执行。隆豪公司发出解除合同通知时，方升公司仍在施工。隆豪公司主张方升公司延误工期，赔偿工期延误损失，不符合本案实际，并且其主张工期延误损失的计算方法亦依据不足。因此，对隆豪公司对此的反诉请求，不予支持。

（四）关于方升公司应否承担工期延误和严重违反合同条款违约金的问题。一审法院认为，隆豪公司对工期延误和严重违反合同条款违约金的主张，不予支持。双方在合同专用条款 35.2 条承包人违约责任部分约定，除按通用条款第 15.1 条执行外，质量达不到一次交验合格，按 5 元/m² 罚款。有证据证明，方升公司施工的基础和主体工程通过了验收，只是存在整改项目，未有证据证明方升公司完成的工程项目不合格。因此，隆豪公司该部分的主张依据不足，不予支持。

（五）方升公司应否向隆豪公司交付已施工部分的全部施工资料及工程图纸的问题。一审法院认为，双方当事人均认可合同已解除的事实，由施工方向建设方交付施工资料和图纸是合同解除后的清理事项，方升公司应向隆豪公司交付已施工部分的全部施工资料及工程图纸。

综上，经一审法院审判委员会讨论，依照《中华人民共和国合同法》第九十八条，最高人民法院《关于审理建设工程施工合同纠纷案件适用法律问题的解释》第十条第一款、第十六条第一款、第二十三条，《中华人民共和国民事诉讼法》第六十四条第一款、第七十六条第一款、第一百四十八条第三款之规定，判决：一、方升公司于本判决生效后 30 日内向隆豪公司返还超付的工程款 835491.69 元；二、方升公司于本判决生效后 30 日内向隆豪公司支付质量缺陷修复费用 248000 元；三、驳回方升公司的诉讼请求；四、驳回隆豪公司的其他反诉请求。本案本诉案件受理费 153996 元，由青海方升建筑安装工程有限责任公司负担。反诉案件受理费 49733 元，由青海方升建筑安装工程有限责任公司负担 5471 元、青海隆豪置业有限公司负担 44262 元。鉴定费 295000 元（工程造价鉴定费 240000 元，工程质量鉴定费 55000 元），由青海方升建筑安装工程有限责任公司负担 147500 元、青海隆豪置业有限公司负担 147500 元。

方升公司和隆豪公司均不服一审判决，分别向本院提起上诉。

方升公司提起上诉称：一、一审判决认定"双方当事人对工程价款的计价方式明确约定的情况下，对于方升公司已完工程价款的计取，应以合同中约定的工程价款的计价条款为依据"，并无法律及合同的依据且违反起码的常理。方升公司完成基础、主体施工后，隆豪公司单方解除合同，致使合同约定工程未能全部完工，合同约定的固定单价无法适用，隆豪公司应当按照定额结算已完工程价款。一审判决认定根据合同约定的固定单价按比例折算已完工程的工程价款，既无法律根据也无合同的依据，显然适用法律错误。二、本案鉴定意见书不能作为定案依据。1. 一审判决认定"……虽然本案工程价款鉴定意见书署名人员为注册造价员，但在无证据证明鉴定人员存在违反法律法规的情形下，案涉鉴定意见书署名人员具备工程造价编制资质"，违反了《建设工程造价鉴定规程》。2. 鉴定意见书的错误计价方式误导了一审判决，一审判决据以作出错误的认定。三、一审判决认定方升公司完成的工程量和工程价款计算存在一系列事实错误。1. 一审判决认定"合同价与预算价相比下浮比例为 76.6%，方升公司已完工程定额预算价为 40652058.17 元，已完工程项目鉴定价格为 32723973.82 元"，无事实及合同约定。2. 一审判决认定"签证单由于无监理单位的签章，隆豪公司不予认可……双方有争议的工程变更、签章项目 1451136.16 元应从鉴定意见已完合同价款 32723973.82 元中扣减"，属于认定事实错误。3. 一审判决认定毛峻峰领取的 10 万元系隆豪公司支付的工程款，属于认定事实错误。4. 一审判决认定"方升公司主张逾期付款违约金缺乏事实依据"，属于认定事实错误。5. 一审判决认定"维修费用 248000 元应由方升公司向隆豪公司支付"，属于认定事实错误。6. 一审判决认定"方升公司应向隆豪公司交付已施工部分的全部施工资料及工程图纸"，属于认定事实错误。请求：1. 依法撤销（2012）青民一初字第 5 号民事判决第一、二、三项；2. 依法改判支持方升公司原审的全部诉讼请求，驳回隆豪公司的全部反诉请求；3. 本案案件受理费、鉴定费由隆豪公司承担。

隆豪公司答辩称：一、方升公司关于工期和违约责任的主张及理由均不能成立。二、方升公司要求按照定额结算已完工程工程价款的主张和理由，因不符合双方合同的明确约定和法律规定，故不成立。三、方升公司关于鉴定意见书不能作为定案依据的主张和理由不能成立：1. 方升公司依据的《建设工程造价规程》仅为行业自律性文件，无强制执行的效力，且在鉴定结论做出时该规程并没有公开公布也未在青海省转发和施行。方升公司的该主张没有法律依据。2. 根据《青海建设工程造价管理办法》，鉴定书上签名的鉴定人员符合相应的资质要求。3. 方升公司的主张旨在突破合同约定打破双方当事人之间的利益平衡。工程造价鉴定意见充分考虑了双方当事人的不同意见，完全能够满足人民法院审理案件的需要，符合法律规定，并无不当。四、方升公司关于一审判决认定其完成的工程量和工程价款计算存在一系列错误的主张和理由不能成立。方升公司主张的签证单无总监理工程师授权，在监理材料中也没有其主张的签证单，在没有提供变更真实存在证据的情况下不能作为结算工程款的依据。毛俊峰为方升公司的合伙人且所有工程款均由其出具收条（借据）后领取，因此判决毛俊峰收取的 100000 元为已付工程款并无不当。隆豪公司在合同解除后占有建设工程并继续建设施工的行为不是对建设工程的"交付使用"，方升公司的主张偷换概念，其应当承担鉴定结论确定的维修费用。在双方当事人均认可合同已经解除的情况下，施工方向建设方返还施工图纸、交付已经施工部分的施工资料，属于施工方的合同义务，施工方应当履行。同时，由于隆豪公司并不拖欠方升公司工程款，故其所谓先履行抗辩权在本案中并无适用的客观基础。综上所述，方升公司提出的全部上诉请求及理由均不能成立，请求二审法院依法驳回其上诉请求。

隆豪公司上诉称：1. 方升公司故意拖延施工，造成工期严重延误，在本案中是铁一般的事实。一审判决以双方与有关单位于 2011 年 6 月 29 日完成图纸会审，此时施工内容才得以明确具体；施工期间存在部分工程的设计变更，施工期限不应严格依照合同约定的施工期限执行为由，驳回隆豪公司要求赔偿因工期延误造成的损失和违约责任的主张，不符合当事人合同中的明确约定，亦有悖于法律规定。2. 本案因方升公司严重违反合同约定导致合同被解除，方升公司依约应当承担严重违反合同条款的违约金；同时，在方升公司根本未完成施工任务的情况下，谈不上"一次交验合格"，其应承担质量达不到一次交验合格的违约金。3. 一审判决在正确认定方升公司应向隆豪公司交付已施工部分的全部施工资料及图纸的情况下，却又对隆豪公司的该第二项诉讼请求未作判决，实属漏判。请求：1. 撤销（2012）青民一初字第5号民事判决第四项；2. 判令方升公司赔偿隆豪公司损失4678199.40元；3. 判令方升公司承担违约金共计2558829.80元；4. 判令方升公司向隆豪公司交付已施工部分全部施工资料；5. 判令方升公司退还全部工程图纸；6. 方升公司承担全部诉讼费用。

方升公司未提交书面答辩意见，当庭答辩称：隆豪公司的六项上诉请求都不能成立。其第一、二、三项是建立在方升公司延误工期的前提下，这个事实不能成立。隆豪公司认为延误不是事实，实际开工时间和施工许可证上载明的时间不一致，应当以施工许可证上的时间为准。没有完成工程是因为隆豪公司单方解除合同，因此交付违约金的理由也不成立。由于隆豪公司单方解除合同，所以不可能达到交验标准。施工资料没有交，是因为隆豪公司没有支付工程款，隆豪公司支付了工程款，方升公司自然会交付施工资料。

二审查明的事实与一审法院查明的事实相同。

二审庭审时，方升公司提交了一份《藏文化产业创意园项目监理部拟进场人员名单》，证明冯永贵是监理单位华铁监理西宁分公司指派的总监代表，隆豪公司质证表示认可。

本院认为，双方当事人二审争议焦点是：一、案涉合同履行过程中哪一方存在违约行为；二、案涉合同工程价款如何确定；三、违约责任后果如何确定。

一、关于案涉合同履行过程中哪一方存在违约行为的问题。

第一，就案涉工程开工日期的确定而言。本院认为，首先，方升公司与隆豪公司签订的《建设工程施工合同》约定的工期为2011年5月8日，竣工日期为2012年6月30日；由方升公司呈送并经监理单位确认的《开工报告》中载明的计划开工日期为2011年5月15日，竣工日期为2012年10月1日；由隆豪公司申报办理的经青海省共和县住房和城乡建设局颁发的《建筑工程施工许可证》中载明的开工日期为2011年6月20日，竣工日期为2012年12月31日。上述三份文本中记载的开工与竣工日期均不相同的情形下，应当以监理单位确认的《开工报告》中载明的2011年5月15日作为本案工程开工日期。尽管方升公司与隆豪公司签订《建设工程施工合同》约定的工期为2011年5月8日，但双方均认可在该时间节点上，方升公司并未开始施工。合同约定的开工日期与实际开工日期不一致的，应当以改变了的日期作为开工日期。

其次，方升公司在给案涉项目监理机构华铁监理西宁分公司出具的《工程开工报审表》《开工报告》中明确载明，"管理人员及机械设备已到场，施工人员已到位……符合开工条件"；华铁监理西宁分公司经审核作出了同意施工的意见。由此可见，无论是作为施工一方的方升公司，还是作为监理单位的华铁监理西宁分公司，均认可开工日期为2011年5月15日。

再次，一审法院委托规划研究院咨询部对已完工程造价部分工程项目价款进行鉴定时，方升公司与隆豪公司共同确认案涉工程开工时间为2011年5月15日。就建设工程而言，建设单位、施工单位与监理机构共同确认的开工日期当然具有明显优势的证明力和说服力，应当成为认定案件事实的重要依据。

最后，虽然《建筑工程施工许可证》载明的开工日期为2011年6月20日，但是，施工许可证载明的日期并不具备绝对排他的、无可争辩的效力，建筑工程施工许可证是建设主管部门颁发给建设单位的准许其施工的凭证，只是表明了建设工程符合相应的开工条件，建设工程施工许可证并不是确定开工日期的唯一凭证。实践中，建设工程开工日期早于或者晚于施工许可证记载日期的情形大量存在。当施工单位实际开工日期与施工许可证上记载的日期不一致时，同样应当以实际开工日期而不是施工许可证上记载的日期作为确定开工日期的依据。本案中，在方升公司、隆豪公司及监理机构均确认开工日期为2011年5月15日的情况下，再以施工许可证上载明的日期确定为开工日期，无事实和法律依据。

综上，一审判决认定2011年5月15日为案涉工程开工日期正确；方升公司提出的开工日期为2011年6月20日、隆豪公司提出的开工日期为2011年5月8日的上诉主张，均与事实不符，不予支持。

第二，就方升公司履行合同过程中是否存在违约而言。本院认为，首先，在以方升公司、隆豪公司及监理机构均曾确认的2011年5月15日作为开工日期的前提下，案涉工程的竣工日期同样应当以《开工报告》载明的日期为准。《开工报告》中记载了"计划竣工时间为2012年10月1日"，因此，应当以此作为认定双方约定的竣工日期。隆豪公司辩称，竣工日期应当根据双方签订的《建设工程施工合同》约定的2012年6月30日为依据，如果发包人未提供开工条件，未按期办理施工许可证，其后果也仅仅产生工期顺延，并不能改变双方在合同中确定的实际开工和竣工日期，而方升公司从未提出过工期顺延。本院认为，当合同约定的开工日期与实际开工日期不一致时，竣工日期一般情况下也要随之发生变更。此外，隆豪公司向建设行政主管部门申领的施工许可证上，明确载明方升公司为施工单位，合同竣工日期为2012年12月31日，且该日期甚至晚于《开工报告》

中载明的竣工日期。由此可见，隆豪公司亦认为《建设工程施工合同》约定的竣工日期发生了相应变化。隆豪公司的抗辩于事实不符，不予支持。

其次，2012年6月25日，隆豪公司解除了合同，此时距《开工报告》确定的竣工日期尚有三个多月才届满；在工程施工期间，双方当事人与有关单位于2011年6月29日才完成图纸会审，施工内容才得以明确具体；施工期间还存在着部分工程的设计变更；隆豪公司解除合同时，方升公司已经完成了基础和主体工程的施工。由此而见，方升公司并不存在工程延误的情形。一审判决认定方升公司未延误工期正确，应予维持；隆豪公司提出的方升公司故意拖延施工造成工期严重延误的上诉理由不当，不予支持。

再次，2011年11月23日，方升公司、隆豪公司、监理单位、设计单位、勘察单位、质检单位在海南州共和县隆豪公司售房部形成了《基础验收会议纪要》，确认工程基础验收合格；2012年6月13日，上述单位共同形成《海南州共和县藏文化产业创意园基础、主体验收会议纪要》，确认工程基础和主体质量合格。根据隆豪公司的申请，一审法院曾委托甘肃土木工程科学研究院对工程质量进行鉴定，出具的鉴定意见也表明，存在的部分整改项目，是由于方升公司在施工中施工措施不到位或未按图纸施工造成的，但并未存在质量问题。

最后，至于隆豪公司上诉主张工程质量存在问题，没有达到合同约定的"一次交验合格"的要求。本院认为，建设工程施工"一次交验合格"，在正常情况下一般要在工程完全竣工后的验收阶段才能达到的目标要求，其间，施工方可通过检验反复整理修复进而达到"一次交验合格"。本案中，在距竣工日期尚有三个多月时，隆豪公司即解除了与方升公司签订的建设工程施工合同，此时对于已完工程要求全部达到"一次交验合格"，对于方升公司而言不公。方升公司施工的基础和主体工程通过了验收，在没有证据证明方升公司已经完成的工程项目质量不合格的情况下，应当认定其已完工程质量合格。隆豪公司提出的工程质量没有达到"一次交验合格"的上诉理由，于事实不符，于法律无据，不予支持。

综上，方升公司不存在工期延误现象，已完工程质量合格，方升公司履行合同过程中不构成违约。

第三，就隆豪公司履行合同过程中是否存在违约而言。本院认为，首先，隆豪公司与方升公司签订的《建设工程施工合同》第44.1条约定，发包人、承包人协商一致，可以解除合同，这是双方当事人对于协议解除合同事宜所作的安排。本案合同履行过程中，2012年6月25日，隆豪公司以工期严重拖延，部分工程存在质量安全隐患，方升公司不具备继续承建工程能力为由，事先未与方升公司协商的情况下单方解除了合同。因此，本案不适用于协议解除合同的相关规定。

其次，按照隆豪公司与方升公司签订的《建设工程施工合同》第44.4条约定，因不可抗力或者因一方违约致使合同无法履行，发包人、承包人可以解除合同。这是双方当事人对于约定解除权的行使事宜所作的安排。本案合同履行过程中，方升公司并未发生施工工期延误，经一审法院委托鉴定，本案工程也无质量安全隐患，因此，双方当事人尚不具备约定解除权的行使要件。

再次，隆豪公司单方解除合同也不符合《合同法》第九十四条规定的法定解除情形。法定解除的事由，主要是指因不可抗力或一方违约致使合同履行成为不必要、不可能，合同目的无法实现。本案中案涉工程主体于2012年6月13日已经完工交验，不存在合同目的无法实现的情形，因而不具备法定解除的事由。隆豪公司在此情形下单方解除合同构成违约。

最后，按照《建设工程施工合同》第26条有关工程款（进度款）支付方式和时间的约定，主体结构封顶后十日内支付至已完工程量的80%。2012年6月13日，双方当事人会同有关单位共同确认工程基础和主体质量合格，因此，隆豪公司应当于2012年6月24日前向方升公司支付工程款约54670000元（合同价款约68345700元×80%）。然而，自2011年8月10日至2012年6月13日完工交验，隆豪公司实际付款2860万元，远远低于双方约定的应支付工程款。隆豪公司构成违约。

综上，隆豪公司单方解除合同且未按照约定时间支付相应工程款，属于对合同义务的严重违反，构成了根本违约。一审判决认定隆豪公司没有违约显然于事实不符，应予纠正。

二、关于案涉合同工程价款应当如何确定的问题。

第一，就本案应当采取的计价方法而言。本院认为，首先，根据双方签订的《建设工程施工合同》约定，合同价款采用按约定建筑面积量价合一计取固定总价，即，以一次性包死的承包单价1860元/㎡乘以建筑面积作为固定合同价，合同约定总价款约68345700元。作为承包人的方升公司，其实现合同目的、获取利益的前提是完成全部工程。因此，本案的计价方式，贯彻了工程地下部分、结构施工和安装装修三个阶段，即三个形象进度的综合平衡的报价原则。

其次，我国当前建筑市场行业普遍存在着地下部分和结构施工薄利或者亏本的现实，这是由于钢筋、水泥、混凝土等主要建筑材料价格相对较高且大多包死，施工风险和难度较高，承包人需配以技术、安全措施费用才能保质保量完成等所致；而安装、装修施工是在结构工程已完工之后进行，风险和成本相对较低，因此，安装、装修工程大多可以获取相对较高的利润。本案中，方升公司将包括地下部分、结构施工和安装装修在内的土建+安装工程全部承揽，其一次性包死的承包单价是针对整个工程作出的。

如果方升公司单独承包土建工程，其报价一般要高于整体报价中所包含的土建报价。作为发包方的隆豪公司单方违约解除了合同，如果仍以合同约定的 1860 元/m² 作为已完工程价款的计价单价，则对方升公司明显不公平。

再次，合同解除时，方升公司施工面积已经达到了双方审定的图纸设计的结构工程面积，但整个工程的安装、装修工程尚未施工，方升公司无法完成与施工面积相对应的全部工程量。此时，如果仍以合同约定的总价款约 68345700 元确定本案工程价款，则对隆豪公司明显不公平，这也印证了双方当事人约定的工程价款计价方法已无法适用。

最后，根据本案的实际，确定案涉工程价款，只能通过工程造价鉴定部门进行鉴定的方式进行。通过鉴定方式确定工程价款，司法实践中大致有三种方法：一是以合同约定总价与全部工程预算总价的比值作为下浮比例，再以该比例乘以已完工程预算价格进行计价；二是已完施工工期与全部应完施工工期的比值作为计价系数，再以该系数乘以合同约定总价进行计价；三是依据政府部门发布的定额进行计价。

第二，就鉴定意见书能否作为定案依据而言。本院认为，首先，一审法院根据方升公司的申请，委托了规划研究院咨询部就案涉工程方升公司已施工和未施工部分的工程价款进行了鉴定，鉴定机构分别就相应的鉴定内容出具了鉴定意见书。在委托鉴定程序上并不存在违法环节。

其次，方升公司提出上诉主张，鉴定意见书中署名人员为注册造价员，违反了《建设工程造价鉴定规程》。然而，方升公司依据的《建设工程造价规程》（cecca/gc8－2012）只是行业自律性规范，其对鉴定人员资质要求并不具有强制执行效力，并且该规程在青海省并未施行。

再次，《青海省建设工程造价管理办法》第二十三条规定："建设工程造价执业人员应当依法取得相应的造价工程师或造价员资格，注册登记后，方可在其资格范围内按照相关职业准则和规范，从事建设工程造价计价活动。建设工程造价文件应由具备相应资格的注册造价工程师、造价员编制"。对于这一问题，在一审审理期间，鉴定机构已向一审法院作出专门说明，此情形符合青海省的实际。虽然鉴定意见书署名人员为注册造价员，但在无证据证明鉴定人员存在违反法律法规的情形下，应当认定该鉴定意见书署名人员具备工程造价编制资质。

最后，尽管鉴定意见属于证据，是具备资格的鉴定人对民事案件中出现的专门性问题，运用专业知识作出的鉴别和判断，但是，鉴定意见只是诸多证据中的一种，其结果并不当然成为人民法院定案的唯一依据。在认定案件事实上，尤其涉及法律适用时，尚需要结合案件的其他证据加以综合审查判断。

第三，就已完工工程价款如何确定而言。本院认为，首先，前述第一种方法的应用，是在当事人缔约时，依据定额预算价下浮了一定比例形成的合同约定价，只要计算出合同约定价与定额预算价的下浮比例，据此就能计算出已完工程的合同约定价。鉴定意见书即采用了该种方法，一审判决也是采纳了该鉴定意见。遵循这一思路，本案已完工程的价款应为：68246673.60 元（鉴定的合同总价款）÷89098947.93 元（鉴定的全部工程预算价）×40652058.17 元（鉴定的已完工工程预算价）＝31139476.56 元。然而，无论是鉴定意见书还是一审判决，采用这一方法计价存在着明显不合理之处：一是现无证据证明鉴定的全部工程预算价 89098947.93 元是当事人缔约时依据的预算价，何况合同总价款 68246673.60 元也是通过鉴定得出的，并非当事人缔约时约定的合同总价款。二是用鉴定出的两个价款进行比对得出的下浮比例，与当事人的意思表示没有任何关联，如此计算出来的价款当然不可能是合同约定的价格。三是如采用这一种方法，隆豪公司应支付的全部工程价款大致为：31139476.56 元＋13500000 元（被隆豪公司分包出去的屋面工程价款）＋14600000 元（剩余工程价款）＝59239476.56 元。由此，隆豪公司应支付的全部工程价款将明显低于合同约定的总价 68345700 元，两者相差 910 余万元。显然，如采用此种计算方法，将会导致隆豪公司虽然违反约定解除合同，却能额外获取 910 余万元利益的现象。这种做法无疑会助长因违约获得不利益的社会效应，因而该方法在本案中不应被适用。四是虽然一审判决试图以这一种计算方法还原合同约定价，但却忽略了当事人双方的利益平衡以及司法判决的价值取向。至隆豪公司解除合同时，方升公司承包的土建工程已全部完工，隆豪公司解除合同的行为破坏了双方的交易背景，此时如再还原合同约定的土建工程价款，既脱离实际情况，违背交易习惯，又会产生对守约一方明显不公平的后果。

其次，如果采用第二种方法计算本案工程的工程价款，本案已完工程价款应为：408 天（2011 年 5 月 15 日至 2012 年 6 月 25 日）÷506 天（2011 年 5 月 15 日至 2012 年 10 月 1 日）×68246673.60 元（鉴定的合同总价款）＝55028938.40 元。采用这一种方法，与建设工程中发包人与承包人多以单位时间内完成工程量考核进度的交易习惯相符。隆豪公司应支付的全部工程价款为：55028938.40 元＋13500000 元（被隆豪公司分包出去的屋面工程价款）＋14600000 元（剩余工程的工程价款）＝83128938.40 元。隆豪公司应支付的全部工程价款明显高于合同约定的总价 68345700 元，两者相差 14783238.40 元，此时虽然符合隆豪公司中途解除合同必然导致增加交易成本的实际情况，但该计算结果明显高于已完工工程相对应的定额预算价 40652058.17 元，对隆豪公司明显不公，因而也不应采用。

再次，如采用第三种方法即依据政府部门发布的定额计算已完工工程价款，则已完工工程价款应是 40652058.17 元。隆豪公司应支付的全部工程价款为：40652058.17 元＋13500000 元（被隆豪公司分包出去的屋面工程）＋14600000 元（剩余工程的工程价款）＝68752058.17 元，比合同约定的总价 68345700 元仅高出 36 万余元。此种处理方法既不明显低于合同约定总价，也不过分高于合同约定总价，与当事人预期的价款较为接近，因而比上述两种计算结果更趋合理。另外，政府部门发布的定额属于政府指导价，依据政府部门发布的定额计算已完工程价款亦符合《合同法》第六十二条第二项"价款或者报酬不明确的，按照订立合同时履行地的市场价格履行；依法应当执行政府定价或者政府指导价的，按照规定履行"以及《民法通则》第八十八条第四项"价格约定不明确，按照国家规定的价格履行；没有国家规定价格的，参照市场价格或者同类物品的价格或者同类劳务的报酬标准履行"等相关规定，审理此类案件，除应当综合考虑案件实际履行情况外，还特别应当注重双方当事人的过错和司法判决的价值取向等因素，以此确定已完工程的价款。一审判决没有分清哪一方违约，仅仅依据合同与预算相比下浮的 76.6％确定本案工程价款，然而，该比例既非定额规定的比例，也不是当事人约定的比例，一审判决以此种方法确定工程价款不当，应予纠正；方升公司提出的以政府部门发布的预算定额价结算本案已完工工程价款的上诉理由成立，应予支持。

最后，经一审法院委托的有关鉴定机构作出的鉴定意见，双方无争议的工程变更、签证项目（廊桥）价格为 83361.1 元，增加的加气砼墙面抹灰费用 50000 元，上述两笔费用均已实际发生，因此应当由发包人隆豪公司支付。双方有争议的工程变更、签证项目均由监理单位指派的监理人中冯永贵签字确认，该部分鉴定价格为 1451136.16 元。根据方升公司提交的《藏文化产业创意园项目监理部拟进场人员名单》，冯永贵系监理单位指派的总监代表，双方有争议的工程鉴证单均系冯永贵签署。根据最高人民法院《关于审理建设工程施工合同纠纷案件适用法律若干问题的解释》第十九条"当事人对工程量有争议的，按照施工过程中形成的签证等书面文件确认。承包人能够证明发包人同意其施工，但未能提供签证文件证明工程量发生的，可以按照当事人提供的其他证据确认实际发生的工程量"的规定，冯永贵作为总监代表，又是现场唯一监理，其在工程签证单上的签字，是对本案建设工程现场施工情况的真实反映。因此，其签署的工程签证单能够证明变更、签证项目的实际发生，变更、签证的工作量应当予以认定。一审判决以签证单上无监理单位签章，隆豪公司不予认可，总监理工程师不知情为由，认定上述签证单是冯永贵超越权限的个人行为，不能作为结算工程款，于事实不符，于法律无据，予以纠正；方升公司提出的变更、签证的工程量应当予以认定的上诉理由成立，予以支持。

综上，本案应当根据实际完成的工程量，以建设行政管理部门颁发的定额取费核定工程价款为依据，计算已完工程价款为：40652058.17 元＋83361.1 元＋50000 元＋1451136.16 元＝42236555.43 元。

三、关于违约责任后果应当如何确定的问题。

第一，就隆豪公司欠付的工程价款及应承担的违约责任而言。本院认为，首先，隆豪公司已付的工程款中，除方升公司对毛俊峰领取的 100000 元不予认可外，双方均认可隆豪公司已支付工程款合计 30957562 元。毛俊峰为案涉工程项目方升公司的合伙人，以往的工程款支付借据中均有毛俊峰的签字；毛俊峰代表方升公司经办了向隆豪公司申请工程款的事宜，其向隆豪公司出具的收条载明，该 100000 元系海南工地五标工程款。由此，毛俊峰向隆豪公司出具收条的法律后果应当由方升公司承担，毛俊峰领取的 100000

元应当认定为隆豪公司支付的工程款。方升公司提出的一审判决错误认定毛俊峰领取的 100000 元系隆豪公司支付的工程款的上诉理由不成立，不予支持。本院确认隆豪公司已支付工程款共计 30957562 元＋100000 元＝31057562 元。

其次，隆豪公司主张已完工程需要维修花费 248000 元，根据甘肃土木工程科学研究院出具的鉴定意见书，隆豪公司主张的工程质量问题，主要是由于方升公司在施工中施工措施不到位或未按图纸施工造成的。在案涉工程通过验收的情况下，因合同解除方升公司已撤场，由方升公司进行维修已无可能。因此，对该部分维修费用 248000 元应由方升公司向隆豪公司支付。方升公司提出的不应支付隆豪公司维修费用 248000 元的上诉理由不成立，不予支持。

再次，双方对于税金税率为 3.36% 并由隆豪公司代扣代缴，隆豪公司向方升公司提供税务发票无异议。方升公司按其实际完成的工程价款所承担的税金为：42236555.43 元 × 3.36% ＝1520516 元，该部分款项可从已完工程价款中扣除。隆豪公司实际欠付方升公司的工程款为：42236555.43 元－31057562 元－248000 元－1520516 元＝9410477.43 元。

最后，2012 年 6 月 25 日，隆豪公司事先未与方升公司协商的情况下单方解除了合同，且未依约支付工程款，构成违约，应当承担相应的违约责任。方升公司提出的隆豪公司应当承担相应违约责任的上诉理由于法有据，本院予以支持。按照双方签订的合同专用条款 35.1 约定，"除按通用条款 26.4 条执行外，每天承担所欠工程款万分之二的违约金。"据此，隆豪公司应当自解除合同的 2012 年 6 月 25 日起，至提起诉讼的 2012 年 7 月 25 日止，以所欠工程款 9410477.43 元为基数，每日向方升公司支付万分之二的违约金，计 60227 元。方升公司上诉主张，隆豪公司还应当按照鉴定的工程总造价的 3% 支付违约金。但因双方合同对于如何承担此项违约责任约定不明，且隆豪公司已经承担前述违约责任，故对于方升公司提出的隆豪公司额外承担工程总造价3％的上诉请求，不予支持。

第二，就方升公司应否承担违约责任而言。本院认为，首先，如前述，方升公司已完工程质量合格，方升公司履行合同不构成违约。

其次，隆豪公司提起上诉，主张方升公司应当赔偿损失4678199.4元，但由于方升公司在履行涉案合同中并不存在违约行为，且该损失数额是如何计算得出的，隆豪公司在上诉状中并未明确说明。对于其提出的方升公司应向隆豪公司赔偿损失4678199.4元的上诉主张，不予支持。

再次，案涉工程主体于2012年6月13日已经完工交验，质量合格，且不存在延误工期。因此，对于隆豪公司提出的方升公司应当承担违约金2558829.8元的主张，与本案事实不符，不予支持。

最后，尽管隆豪公司单方违约解除合同，但就已完工程的施工资料和全部工程图纸，方升公司有义务交付和退还，这属于承包人的附随义务，不应因发包人拒付工程款而免除。隆豪公司提出的方升公司交付已施工部分全部施工资料和全部工程图纸的上诉理由于法有据，予以支持。

综上，方升公司履行本案合同中不存在违约行为，不应当承担违约责任；隆豪公司构成违约，应当依法承担相应的违约责任。

综上所述，一审判决认定事实错误，适用法律不当，应予以纠正。本院依照《中华人民共和国民事诉讼法》第一百七十条第一款第二项、第一百七十五条之规定，判决如下：

一、撤销青海省高级人民法院（2012）青民一初字第5号民事判决；

二、青海隆豪置业有限公司于本判决生效后10日内向青海方升建筑安装工程有限责任公司支付工程款9410477.43元；

三、青海隆豪置业有限公司于本判决生效后10日内向青海方升建筑安装工程有限责任公司支付违约金60227元；

四、青海方升建筑安装工程有限责任公司于本判决生效后10日内向青海隆豪置业有限公司交付已施工部分全部施工资料和全部工程图纸；

五、驳回青海方升建筑安装工程有限责任公司的其他诉讼请求；

六、驳回青海隆豪置业有限公司的其他反诉请求。

本案一审本诉案件受理费153996元，由青海方升建筑安装工程有限责任公司负担89414元、青海隆豪置业有限公司负担64582元；反诉案件受理费49733元，由青海方升建筑安装工程有限责任公司负担5471元、青海隆豪置业有限公司负担44262元；鉴定费295000元，由青海方升建筑安装工程有限责任公司负担147500元、青海隆豪置业有限公司负担147500元。二审案件受理费266188元，由青海方升建筑安装工程有限责任公司负担26619元、青海隆豪置业有限公司负担239569元。

本判决为终审判决。

审　判　长　×××
审　判　员　×××
代理审判员　×××
二〇一四年十二月五日
书　记　员　×××

重庆建工集团股份有限公司与中铁十九局集团
有限公司建设工程合同纠纷案

《最高人民法院公报》2014 年第 4 期

【裁判摘要】

一、根据《审计法》的规定，国家审计机关对工程建设单位进行审计是一种行政监督行为，审计人与被审计人之间因国家审计发生的法律关系与本案当事人之间的民事法律关系性质不同。因此，在民事合同中，当事人对接受行政审计作为确定民事法律关系依据的约定，应当具体明确，而不能通过解释推定的方式，认为合同签订时，当事人已经同意接受国家机关的审计行为对民事法律关系的介入。

二、在双方当事人已经通过结算协议确认了工程结算价款并已基本履行完毕的情况下，国家审计机关做出的审计报告，不影响双方结算协议的效力。

最高人民法院
民事判决书

（2012）民提字第 205 号

申请再审人（一审被告、反诉原告、二审上诉人）：中铁十九局集团有限公司，住所地北京市北京经济技术开发区荣华南路 19 号 1 号楼。

法定代表人：葛永利，该公司董事长。

委托代理人：邓群，北京市东元律师事务所律师。

委托代理人：张思琦，女，中国人民大学法学院 2011 级研究生，住北京市海淀区中关村大街 59 号。

被申请人（一审原告、反诉被告、二审被上诉人）：重庆建工集团股份有限公司，住所地重庆市经开区北区金开大道 1596 号。

法定代表人：杨镜璞，该公司董事长。

委托代理人：张兆鑫，北京市东易律师事务所律师。

委托代理人：孙靖，北京市汉卓律师事务所律师。

申请再审人中铁十九局集团有限公司（以下简称中铁十九局）与被申请人重庆建工集团股份有限公司（以下简称重庆建工集团）建设工程合同纠纷一案，重庆市高级人民法院于 2012 年 3 月 19 日作出（2012）渝高法民终字第 00006 号民事判决。中铁十九局不服，向本院申请再审。本院于 2012 年 8 月 27 日作出（2012）民申字第 830 号民事裁定，提审本案。本院依法组成合议庭，于 2013 年 1 月 15 日开庭进行了审理。中铁十九局的委托代理人邓群、张思琦，重庆建工集团的委托代理人张兆鑫、孙靖到庭参加诉讼。本案现已审理终结。

重庆市第一中级人民法院（以下简称重庆一中院）一审查明：2003 年 8 月 22 日，重庆金凯实业股份有限公司（以下简称金凯公司）作为重庆市北部新区经开园金山大道西延段建设项目业主单位和监管单位，与重庆建工集团签订《金山大道西延段道路工程建设工程施工合同》，将金山大道西延段道路工程发包给重庆建工集团承建。在《金山大道西延段道路工程工程造价计价原则》中，双方对未定价的材料、立交桥专用材料、路灯未计价材料价格的确定方式约定为"金凯公司、经开区监审局审定后纳入工程结算"。中铁十九局经金凯公司确认为岚峰隧道工程分包商，并于2003年11月17日与重庆建工集团签订《单项工程项目承包合同》（以下简称分包合同），主要约定，重庆建工集团将金山大道西延段岚峰隧道工程分包给中铁十九局，合同价暂定80000000元（最终结算价按照业主审计为准）；第6条资金管理6.2约定：工程竣工经综合验收合格，结算经审计部门审核确定后，扣除工程保修金，剩余工程尾款的支付，双方另行签订补充协议明确；合同对工程内容、承包结算等内容进行了具体约定。之后，中铁十九局按照合同约定施工。

2003年12月，金凯公司改制，重庆市北部新区经开园金山大道西延段项目业主变更为重庆市经开区土地储备整治中心，即现重庆市北部新区土地储备整治中心（以下简称土储中心）。2005年，金山大道更名为金渝大道。

2005年9月8日，金山大道西延段道路工程竣工，同年12月通过验收并于2006年2月6日取得《重庆市建设工程竣工验收备案登记证》（建竣备字〔2006〕024号）。之后，出于为该路段工程岚峰隧道、花沟隧道部分竣工结算提供价值依据的目的，重庆市经开区监察审计局（以下简称经开区监审局）委托重庆西恒招标代理公司（以下简称西恒公司）对上述工程进行竣工结算审核。2006年8月10日，西恒公司出具《基本建设工程结算审核报告》（以下简称审核报告），载明岚峰隧道造价114281365.38元（包含岚峰隧道内人行道面层费用28569.53元，非本案诉争工程范围）。以该审核报告为基础，重庆建工集团与中铁十九局于2007年12月5日对中铁十九局分包的工程进行结算，确认中铁十九局图纸范围内结算金额为114252795.85元，扣除各项费用后，分包结算金额为102393794元（税金等费用由财务部门按规定收取）。至一审起诉前，重庆建工集团累计已向中铁十九局支付涉案工程的工程款98120156.63元。

2008年10月9日至11月21日，重庆市审计局以土储中心为被审计单位，对金渝大道（原金山大道）道路工程竣工决算进行审计，并出具渝审报〔2008〕142号审计报告，审定土储中心应核减该工程竣工结算价款15481440.93元，其中本案所涉的岚峰隧道工程在送审金额114252795.85元的基础上审减8168328.52元。同年12月24日，重庆市审计局以《关于北部新区经开园金渝大道道路工程竣工决算的审计决定》（渝审决〔2008〕111号），责令土储中心核减该工程结算价款15481440.93元，调整有关账目，并要求土储中心在2009年3月20日前执行完毕。

2009年2月9日，土储中心向重庆建工集团发出《关于执行重庆市审计局对金渝大道（原金山大道）工程竣工决算审计决定的函》（渝新土储函〔2009〕5号），要求其按照重庆市审计局复议结果，将审减金额在3月1日前退还土储中心。重庆建工集团已经扣还了部分款项。

2010年9月1日，重庆建工集团向重庆一中院起诉称，根据重庆市审计局对金山大道西延段项目的审计，对中铁十九局完成工程的价款审减8168328.52元，扣除双方约定的费用，实际分包结算金额应为94878931.76元（含重庆建工集团应退的管理费）。重庆建工集团在上述审计前已累计向中铁十九局支付工程款98120156.63元，多支付了工程款3241224.87元，故请求：1.中铁十九局立即返还重庆建工集团多支付的工程款3241224.87元；2.本案诉讼费用由中铁十九局承担。

中铁十九局辩称兼反诉称，经开区监审局是本案工程的适格审计主体。案涉工程竣工后，按分包合同之约定由经开区监审局出于为案涉工程提供竣工结算依据的目的，委托西恒公司进行造价审计，西恒公司出具的审核报告得到了项目建设方、重庆建工集团及中铁十九局三方的认可，符合分包合同关于"最终结算价按业主审计为准"的约定。重庆建工集团与中铁十九局基于西恒公司的报告达成了分包结算协议，该协议依法成立，合法有效，对双方具有法律约束力。双方已按照该协议基本履行完毕。重庆市审计局的审计属二次审计，并非分包合同中双方当事人约定的范围，不能否认西恒公司审核报告的效力，亦未得到中铁十九局的认可，其审计报告及其审计结论对本案双方当事人不具有约束力，更不影响分包结算协议的效力。依据合同的相对性，重庆建工集团与业主方依据重庆市审计局的审计报告和审计决定，协商变更或调整总包合同的结算工程价款，对依据分包合同结算收取工程价款的分包人中铁十九局不具约束力。重庆建工集团尚欠中铁十九局工程款 4273637.37 元未支付，故请求驳回重庆建工集团的全部诉讼请求，并反诉请求：1. 重庆建工集团立即向中铁十九局支付拖欠的工程款 4273637.37 元；2. 重庆建工集团向中铁十九局支付拖欠工程款的资金占用损失，按同期银行贷款利率，从 2009 年 6 月 6 日起算计付至付清之日止；3. 由重庆建工集团承担本案的全部诉讼费用。

重庆建工集团对反诉答辩称，双方约定以最终的审计结果作为结算依据，2007 年 12 月 5 日双方签订的结算协议不能作为本案工程的最终结算依据。西恒公司不是双方约定的审计单位，其作出的审计报告也不是双方约定的最终的审计报告，故西恒公司出具的报告不能作为双方结算的审计依据，请求驳回中铁十九局的反诉请求。

重庆一中院一审认为，重庆建工集团自建设单位金凯公司处承包金山大道西延段道路工程后，在取得金凯公司同意的情况下将其中的岚峰隧道工程分包给中铁十九局承建，不违反法律及行政法规的强制性规定，合法有效，双方当事人签订的分包合同对双方均具有法律约束力，双方均应按约定履行。本案争议的焦点主要是案涉工程结算依据的认

定，即西恒公司是否是符合双方合同约定的审计单位以及案涉工程结算应按照双方 2007 年 12 月 5 日确认的金额还是按照重庆市审计局审计报告的审定金额进行。根据审计法以及《重庆市国家建设项目审计办法》的相关规定，案涉工程为重庆市市级重点建设项目，应当由重庆市审计局对其竣工决算进行审计。经开区监审局作为经开区的内部审计机构，并非国家审计机关，无权代表国家行使审计监督的权力。本案双方当事人在分包合同中对合同价款的约定，并未明确该审计是指被审计单位的内部审计还是国家审计机关的审计，不能推断双方当事人之间约定的审计就是指内部审计。本案中，西恒公司受经开区监审局的委托作出的审核报告系以该公司名义出具，即使经开区监审局认可该审核结果，也不能据此认定该审核报告具有内部审计结论和决定的性质。经开区监审局既非法律规定对案涉工程具有审计管辖权的国家审计机关，西恒公司出具的审核报告亦非审计结果，中铁十九局主张经开区监审局是本案适格审计主体，西恒公司是符合双方合同约定的审计单位，理由不成立。因案涉工程的审计管辖权属重庆市审计局，故该局对案涉工程竣工决算审计是依法行使国家审计监督权的行为，不存在重复审计，其作出的审计决定具有一定的强制性，被审计单位及有关协助执行部门或单位应当主动自觉予以执行或协助执行。虽然审计是国家对建设单位的一种行政监督，其本身并不影响民事主体之间的合同效力，但是本案双方当事人"最终结算价按业主审计为准"的约定，实际上就是将有审计权限的审计机关对业主单位的审计结果作为双方结算的最终依据。结合土储中心要求重庆建工集团按照重庆市审计局的复议结果退还审减金额的事实，证明业主最终认可并执行的是重庆市审计局审计报告审定的金额。根据本案中双方当事人的合同约定，以及我国对政府投资和以政府投资为主的建设项目预算管理的相关规定，结合案涉工程的

具体情况，经开区监审局委托西恒公司做出的审核报告仅是对案涉工程的结算提供阶段性的依据，而本案双方当事人根据该审核报告确认涉案工程总价为102393794元，重庆建工集团亦按照上述结算支付部分款项等行为，仅是诉争工程结算过程中的阶段性行为，不能以此对抗本案双方当事人之间关于工程结算的合同约定以及审计监督的相关法律法规。因此，中铁十九局诉请重庆建工集团按照双方2007年12月5日进行的结算支付尚欠工程款并支付利息的请求，理由不成立，该院不予支持。重庆建工集团诉请中铁十九局返还多支付的工程款，于法有据，该院予以支持。

重庆一中院根据《中华人民共和国民法通则》第四条、第九十二条之规定，判决：一、中铁十九局于判决生效后十日内返还重庆建工集团多支付的工程款3130595元；二、驳回重庆建工集团的其他诉讼请求；三、驳回中铁十九局的反诉请求。案件本诉受理费32729.80元，由重庆建工集团负担1117.80元，由中铁十九局负担31612元；反诉受理费20495元，由中铁十九局负担。

中铁十九局不服一审判决，向重庆市高级人民法院（以下简称重庆高院）提起上诉称，分包合同只约定了以业主对分包工程"审计"作为最终结算的前提条件，对审计的经办单位、具体的实施方式、出具审计结论的形式并未作任何限制。该条款应理解为只要是经业主认可的审计结果，就足以作为工程结算的依据。经开区监审局委托西恒公司对工程结算进行审核后，工程业主土储中心在审核报告上签字盖章，说明土储中心对监审局委托西恒公司进行审计和审核报告本身均予以认可。审核报告符合合同约定的"业主审计"，合同约定的结算条件成就，双方于2007年12月5日签订结算协议是分包工程的最终结算行为。重庆市审计局对土储中心的审计是依职权发起的行政行为，是对土储中心进行的事后监督，该行政法律关系的相对

人是土储中心，不能因此否认本案双方当事人之间民事法律关系中履约行为的合法性和正当性。重庆建工集团同意向土储中心返还审减金额，是重庆建工集团在已履约行为之外与土储中心达成的新的合意，但重庆建工集团与中铁十九局之间未有过依据重庆市审计局的审计结果修改结算的合意。中铁十九局对重庆市审计局的审计报告，没有任何提出异议的机会，如果该审计结果直接对中铁十九局生效，将形成行政权力对合法民事权利的不当侵害。因此重庆市审计局的审计报告和其对土储中心减低工程款的要求，并不当然对中铁十九局发生法律效力。故请求1. 撤销一审判决；2. 依法改判驳回重庆建工集团的全部诉讼请求，支持中铁十九局的全部反诉请求。

重庆建工集团答辩称，虽然双方当事人不是重庆市审计局审计的相对人，但对业主的最终审计结果作为结算依据，是双方在合同中明确约定的。因此，业主最终认定重庆市审计局的审计结果作为双方结算依据，不违反双方的约定。业主虽然在审核报告上签字，但该审核报告不是最终认定结果，不符合双方合同约定的结算条件，不能作为结算依据。本案所涉工程是政府投资的重点工程，业主不能作为审计主体，只能是被审计的对象。合同约定的审计部门本身就是一个法律概念，指的就是审计局，其他任何机关不能代替。一审判决认定事实清楚，适用法律正确，请求驳回上诉，维持原判。

重庆高院二审查明的案件事实与一审查明的案件事实一致。

重庆高院二审认为，本案争议焦点为：案涉工程应当采用经开区监审局委托西恒公司所作的审核报告还是重庆市审计局所作的审计报告作为结算依据。中铁十九局与重庆建工集团签订的分包合同既是双方当事人真实意思表示，同时所涉承包事项也得到业主同意，且不违反法律、行政法规的强制性规定，故一审判决关于分包合同有效的认定正

确。双方当事人在合同中约定"最终结算价按照业主审计为准","审计"一词本身有其特定的含义，能否进行扩张解释，应当结合案涉工程的实际情况，以及双方当事人作此约定的真实目的进行分析。案涉工程系政府投资的重点工程，应当受到国家的审计监督，即工程业主的财务收支须受此审计监督的约束，且该种审计监督并不当然以业主或当事人的意志为转移。对此，本案双方当事人是明知的。双方当事人在合同中约定以独立于双方之外的第三方审计作为结算依据，充分表明其知晓该种审计是严格的、重要的，并将影响双方以及业主最终结算结果的行为。基于此，对合同中约定的"审计"应当限缩解释为法定审计，而非广义的审核。从审计的主体资格上讲，案涉工程的业主并非审计部门或审计机关，不具备审计主体资格，不能成为审计主体，亦不能完成审计行为，本案中的审核报告、审计报告的出具方或委托方均非业主。因此，合同并未将审计主体限定为业主，案涉工程的审计主体应当遵循审计的法定主体。根据审计法和《重庆市国家建设项目审计办法》的规定，案涉工程作为重庆市市级重点建设项目，法定审计主体是重庆市审计局。经开区监审局作为经开区内部审计机构，并非法定国家审计机关，不能代表国家对案涉工程行使审计监督职能。因此，重庆市审计局才是符合合同约定的审计主体，其出具的审计结果才是符合双方当事人合同约定的结算依据。而且，即使按照中铁十九局提出的"业主审计"是指"业主同意的审计"来理解，业主最终同意和认可的审计仍然是重庆市审计局的审计结论。审核报告仅是施工过程中阶段性的审核意见，而非最终的审计结果，由于此时工程审计尚未完成，双方当事人根据审核报告所作的结算，只是双方结算过程中的一个阶段性行为，而非最终结算，双方最终结算仍有待于符合合同约定的审计结果形成后决定。但双方在结算中就其他费用的计算方式所达成的合意是

有效的，对双方仍具有约束力。故一审法院按照重庆市审计局的审计结果以及双方无争议的其他费用计算方式计算出双方的最终结算价，并无不当。审计作为国家的一种行政监督，在当事人没有约定以审计结果作为结算依据的情况下，通常不会直接对当事人的结算产生法律后果。但在双方当事人约定以审计结果作为结算依据的情况下，由于双方当事人自愿选择以审计结果约束双方之间的结算，虽然从形式上表现为行政权力对民事法律关系的干涉，但这正是当事人意思自治的体现。本案双方当事人在合同中明确约定以审计作为结算依据，对可能出现的后果，当事人是知道或应当知道的，也是必须接受的。因此，中铁十九局的上诉请求，缺乏事实和法律依据。

重庆高院依照《中华人民共和国民事诉讼法》第一百五十三条第一款第（一）项的规定，判决：驳回上诉，维持原判。二审案件受理费77800元，由中铁十九局负担。

中铁十九局对二审判决不服，向本院申请再审称：中铁十九局与重庆建工集团签订的结算协议是双方当事人真实意思表示，内容不违反国家法律，为合法有效。根据合同法及相关司法解释的规定，国家审计不能否定当事人之间已经签订的结算协议。一、二审均未判决撤销结算协议或认定结算协议无效，重庆建工集团也未提出要求撤销结算协议或确认结算协议无效的诉讼请求。因此，以重庆市审计局的审计报告否定结算协议效力，缺乏事实和法律依据。结算协议在法律上的效力与分包合同相同，一、二审判决以对分包合同约定的理解来否定结算协议没有法律依据。一、二审判决将西恒公司的社会审计混淆为经开区监审局的内部审计，属于基本概念错误，以经开区监审局违反审计管辖原则、内部审计无效等理由变相认定结算协议无效的做法，是违反合同法规定的当事人自愿原则的。国家审计不能否定社会审计的效力，本案双方当事人没有约定国家审计，

社会审计也不属于内部审计，不存在所谓审计管辖权的问题。故请求：1. 撤销重庆高院 (2012) 渝高法民终字第 00006 号民事判决和重庆一中院（2010）渝一中法民初字第 425 号民事判决；2. 驳回重庆建工集团的全部诉讼请求；3. 改判重庆建工集团向中铁十九局支付拖欠工程款 4273637.37 元并按中国人民银行同期贷款利率支付自 2009 年 6 月 6 日起至实际给付之日止的利息。

重庆建工集团再审答辩称，西恒公司作出的审核报告，不属于社会审计报告，该公司不具备社会审计主体资格，该报告仅是阶段性审核意见，经开区监审局是经开区的内部部门，不具有审计主体资格，该审核报告仅是一个内部审核，不能代替最终的竣工结算审计。重庆市审计局作出的审计报告是双方的竣工结算依据，因诉争项目是重庆市确定的重点建设项目，属于法定审计范围，应当受到国家审计监督。双方在分包合同中约定了最终结算价按照业主审计为准，即明确约定了审计作为最终的结算依据，按照最高院电话答复的意见，应属于当事人约定了以国家审计作为结算依据的情形。重庆市审计局的审计报告，对案涉工程的业主、重庆建工集团和中铁十九局均具有约束力。本案在执行过程中，双方已经达成执行和解，中铁十九局已经基本履行完毕给付义务。本案一、二审判决认定事实清楚，适用法律正确，中铁十九局的再审请求，没有事实和法律依据，应予驳回。

本院再审查明，2012 年 5 月 29 日，重庆建工集团与中铁十九局签订执行还款协议，中铁十九局已实际支付重庆建工集团 300 万元。本院再审查明的其他案件事实与二审查明的事实一致。

本院认为，重庆建工集团与中铁十九局签订的分包合同，取得了项目建设单位金凯公司的同意，不违反法律及行政法规的强制性规定，合法有效，该合同对双方均具有法律约束力，双方均应按约定履行。

本案的争议焦点为：如何确定重庆建工集团与中铁十九局之间结算工程款的依据。

关于重庆建工集团主张案涉工程属于法定审计范围，因此必须按照国家审计机关的审计结果进行结算的问题。本院认为，根据审计法的规定及其立法宗旨，法律规定审计机关对政府投资和以政府投资为主的建设项目的预算执行情况和决算进行审计监督，目的在于维护国家财政经济秩序，提高财政资金使用效益，防止建设项目中出现违规行为。重庆建工集团与中铁十九局之间关于案涉工程款的结算，属于平等民事主体之间的民事法律关系。因此，本案诉争工程款的结算，与法律规定的国家审计的主体、范围、效力等，属于不同性质的法律关系问题，即无论案涉工程是否依法须经国家审计机关审计，均不能认为，国家审计机关的审计结论，可以成为确定本案双方当事人之间结算的当然依据，故对重庆建工集团的上述主张，本院不予采信，对案涉工程的结算依据问题，应当按照双方当事人的约定与履行等情况确定。

关于分包合同是否约定了案涉工程应以国家审计机关的审计结论作为结算依据的问题。本院认为，分包合同中对合同最终结算价约定按照业主审计为准，系因该合同属于分包合同，其工程量与工程款的最终确定，需依赖合同之外的第三人即业主的最终确认。因此，对该约定的理解，应解释为工程最终结算价须通过专业的审查途径或方式，确定结算工程款的真实合理性，该结果须经业主认可，而不应解释为须在业主接受国家审计机关审计后，依据审计结果进行结算。根据审计法的规定，国家审计机关的审计系对工程建设单位的一种行政监督行为，审计人与被审计人之间因国家审计发生的法律关系与本案当事人之间的民事法律关系性质不同。因此，在民事合同中，当事人对接受行政审计作为确定民事法律关系依据的约定，应当具体明确，而不能通过解释推定的方式，认为合同签订时，当事人已经同意接受国家机关的审计行为对民事法律关系的介入。因此，重庆建工集团所持分包合同约定了以国家审计机关的审计结论作为结算依据的主张，缺乏事实和法律依据，本院不予采信。

从上述分包合同的约定及双方当事人的合同履行情况看，案涉工程于 2005 年 9 月 8 日竣工，同年 12 月通过验收并于 2006 年 2 月 6 日取得《重庆市建设工程竣工验收备案登记证》。之后，出于为该路段工程岚峰隧道、花沟隧道部分竣工结算提供价值依据的目的，重庆市经开区监审局委托西恒公司对上述工程进行竣工结算审核。2006 年 8 月 10 日，西恒公司出具审核报告，载明案涉工程范围的工程造价为 114252796 元。2007 年 12 月 5 日，重庆建工集团与中铁十九局对分包工程进行结算，确认中铁十九局图纸范围内结算金额为 114252795.85 元。虽然在本案一、二审期间，双方当事人对西恒公司出具的审核报告是否属于分包合同约定的"业主审计"存在争议，但在该审核报告上，业主、承包人和分包人均签字盖章表示了对审核结果的认可。之后，重庆建工集团与中铁十九局签订结算协议，其确定的结算数额也与上述审核报告审定的数额一致。本院认为，以上事实能够形成完整的证据链，证明 2007 年 12 月 5 日双方当事人签订的结算协议，属于分包合同约定的旨在确定最终结算价格的补充协议。本案一审起诉前，重庆建工集团累计已向中铁十九局支付涉案工程的工程款 98120156.63 元，数额已经到达结算协议约定结算数额的 96％。结算协议的实际履行情况，也佐证了其系双方当事人的真实意思表示。重庆建工集团虽主张结算协议仅是双方就案涉工程款结算的阶段性行为，但未提供相应证据证明，且分包合同未约定需对工程结算进行阶段性审核和阶段性结算，结算协议本身亦未体现其仅是对案涉工程的阶段性结算。因此，对重庆建工集团的上述主张，本院不予采信。结算协议属于合法有效的合同，对双方当事人具有法律拘束力。

结合结算协议的签订和实际履行情况，本院认为，虽然本案审理中，双方当事人对西恒公司出具的审核报告是否就是双方在分包合同中约定的业主审计存在争议，但该审核报告已经得到了案涉工程业主和本案双方当事人的认可，重庆建工集团与中铁十九局又在审核报告的基础上签订了结算协议并已实际履行。因此，即使西恒公司的审核报告与双方当事人签订分包合同时约定的业主审计存在差异，但根据《中华人民共和国合同法》第七十七条第一款的规定，双方当事人签订结算协议并实际履行的行为，亦可视为对分包合同约定的原结算方式的变更，该变更对双方当事人具有法律拘束力。在双方当事人已经通过结算协议确认了工程结算价款并已基本履行完毕的情况下，国家审计机关做出的审计报告，不影响双方结算协议的效力。现重庆建工集团提出不按结算协议的约定履行，但未举出相应证据证明该协议存在效力瑕疵，故本院对其主张不予支持；中铁十九局依据上述结算协议要求重庆建工集团支付欠付工程款，具有事实和法律依据，本院予以支持。

关于中铁十九局主张的利息问题，本院认为，双方在分包合同及结算协议中均未对工程款的给付时间、利息标准及计付时间等作出明确约定。因此，应当按照法律规定确定工程款利息是否应当支付以及按照何种标准支付。按照最高人民法院《关于审理建设工程施工合同纠纷案件适用法律问题的解释》第十七条、第十八条的规定，重庆建工集团应当按照中国人民银行发布的同期同类贷款利率，向中铁十九局支付自案涉工程实际交付之日起的利息；本案一、二审均未查明案涉工程的实际交付日期，再审中，经询问双方当事人，均不能提供案涉工程实际交付时间的证明，故对利息的起算时间，本院参照上述司法解释规定，酌定为中铁十九局提出反诉之日。

此外，关于重庆建工集团提出双方已于

2012 年 5 月 29 日签订了执行还款协议书，中铁十九局已实际支付 300 万元，根据司法解释的规定，应当终结本案再审审查的问题。本院认为，最高人民法院《关于适用〈中华人民共和国民事诉讼法〉审判监督程序若干问题的解释》第二十五条规定，有下列情形之一的，人民法院可以裁定终结审查，其中第（三）项规定，当事人达成执行和解协议且已履行完毕的，但当事人在执行和解协议中声明不放弃申请再审权利的除外。上述司法解释的适用条件为当事人达成执行和解协议且已履行完毕，本案中铁十九局虽与重庆建工集团达成了执行和解协议，但尚未履行完毕，且该条司法解释是针对再审审查阶段的规定，本案再审审查阶段已经结束，案件已经进入再审审理阶段，故不应适用上述司法解释规定，对重庆建工集团的上述答辩意见，本院不予采信。

另，关于本案案件受理费的计算问题。根据《诉讼费用交纳办法》第十八条之规定，被告提起反诉，人民法院决定合并审理的，应当减半交纳案件受理费。本案二审案件受理费的计算有误，本院对此予以纠正。

综上，本院认为，中铁十九局的申请再审请求具有事实和法律依据，一审、二审判决将重庆市审计局的审计报告确定为重庆建工集团与中铁十九局案涉工程的结算依据不妥，应予纠正。本院根据《中华人民共和国

民事诉讼法》第二百零七条第一款、第一百七十条第一款第（二）项之规定，判决如下：

一、撤销重庆市高级人民法院（2012）渝高法民终字第 00006 号民事判决；

二、撤销重庆市第一中级人民法院（2010）渝一中法民初字第 425 号民事判决；

三、重庆建工集团股份有限公司于本判决生效后十日内向中铁十九局集团有限公司支付工程款 4273637.37 元，并按照中国人民银行同期同类贷款利率支付上述工程款自 2010 年 10 月 28 日起至实际付款之日止的利息。

如果未按本判决指定的期间履行给付金钱义务，应当依照《中华人民共和国民事诉讼法》第二百五十三条之规定，加倍支付迟延履行期间的债务利息。

一审案件受理费 32729.80 元、一审反诉案件受理费 20495 元，由重庆建工集团股份有限公司负担；二审案件受理费 53224.80 元，由重庆建工集团股份有限公司负担。

本判决为终审判决。

审　判　长　×××
代理审判员　×××
代理审判员　×××
二○一三年三月二十日
书　记　员　×××

江苏南通二建集团有限公司与吴江恒森房地产开发有限公司建设工程施工合同纠纷案

《最高人民法院公报》2014 年第 8 期

【裁判摘要】

承包人交付的建设工程应符合合同约定的交付条件及相关工程验收标准。工程实际存在明显的质量问题，承包人以工程竣工验收合格证明等主张工程质量合格的，人民法院不予支持。

在双方当事人已失去合作信任的情况下，为解决双方矛盾，人民法院可以判决由发包人自行委托第三方参照修复设计方案对工程质量予以整改，所需费用由承包人承担。

原告、反诉被告：江苏南通二建集团有限公司，住所地：江苏省启东市人民中路。

被告、反诉原告：吴江恒森房地产开发有限公司，住所地：江苏省吴江市松陵镇笠泽路。

江苏南通二建集团有限公司（以下简称南通二建）因与吴江恒森房地产开发有限公司（以下简称恒森公司）本诉支付工程余款、反诉赔偿屋面渗漏重作损失建设工程施工合同纠纷一案，向江苏省苏州市中级人民法院提起诉讼。该院于 2010 年 8 月 5 日作出（2006）苏中民一初字第 0022 号民事判决，南通二建、恒森公司均不服，向江苏省高级人民法院提起上诉。该院于 2011 年 3 月 3 日作出（2010）苏民终字第 0188 号民事裁定，撤销原判并发回重审。

重审中，原告南通二建诉称：2004 年 10 月 15 日，原、被告签订《建设工程施工合同》一份，约定由原告承建吴江恒森国际广场的土建工程。2005 年 7 月 20 日涉案工程全部竣工验收合格，并同时由被告恒森公司接收使用。被告仅支付了 26815307 元，余款计 16207442 元拒不支付。请求判令：1. 被告支付工程余款及逾期付款违约金 153922.39 元合计 16361364.39 元。2. 被告赔偿由于设计变更造成原告钢筋成型损失 6 万元。

被告恒森公司辩称：被告已按约定要求支付工程款，请求驳回原告南通二建诉讼请求；并反诉：1. 反诉被告偷工减料，未按设计图纸施工，质量不合格，导致屋面广泛渗漏，该部分重作的工程报价为 3335092.99 元，请求判令反诉被告赔偿该损失。2. 双方约定工程竣工日期为 2005 年 4 月中旬，实际工程竣工日期为 2005 年 7 月 26 日，逾期 91.5 天，反诉被告应赔偿延误工期违约金 915 万元。

南通二建针对恒森公司的反诉辩称：1. 涉案工程已竣工验收合格。对已竣工验收合格的工程，《建设工程质量管理条例》规定施工单位仅有保修义务。2. 屋面渗漏系原设计中楼盖板伸缩缝部位没有翻边等原因造成。且工程竣工后恒森公司的承租方在屋顶擅自打螺丝孔装灯，破坏了防水层。3. 根据双方会议纪要，恒森公司已承认是地下室等各种因素导致工期延误，明确不追究原合同工期，不奖也不罚。故对反诉请求不予认可。

江苏省苏州市中级人民法院一审查明：

2004 年 10 月 15 日，南通二建与恒森公司依法签订建设工程施工合同，其中约定由南通二建承建恒森公司发包的吴江恒森国际广场全部土建工程，合同价款 30079113 元，开工日期 2004 年 10 月 31 日，竣工日期 2005 年 4 月 28 日。同日，双方签订补充协议约定：开工日期计划 2004 年 10 月 2 日（以开工令为准），竣工日期 2005 年 3 月 11 日，工期 141 天（春节前后 15 天不计算在内）。每滞后一天，南通二建支付违约金 10 万元。土建工程造价按标底暂定为 3523 万元，竣工结算经吴江市有资质的审计部门审计核实后，按审计决算总价下浮 9.5％为本工程决算总价。补充协议还对付款方式进行了约定，并约定留总价 5％款项作为保修保证金，两年后返还。

2004 年 10 月 30 日，南通二建致函恒森公司，认为因设计变更造成其钢筋成型损失约 6 万元，要求恒森公司承担该损失。2004 年 11 月 10 日，恒森公司致函南通二建，认为应对成型钢筋尽量利用，对确实无法利用的，由南通二建上报明细，经双方核对后，由恒森公司给予补偿。嗣后，南通二建未报损失明细。

2005 年 1 月 6 日，南通二建与恒森公司签订会议纪要，双方确认南通二建为总包单位，由南通二建收取恒森公司分包合同总价 1％总包管理费。该会议纪要同时明确，由于工期延误引发的争议已经双方协商解决，因地下室等各种因素的制约导致工期延误，双方不追究原合同工期，双方同意既不奖也不罚，但恒森公司法定代表人强调必须在 2005 年 4 月中旬全部竣工通验。

2005 年 4 月 20 日，南通二建与恒森公司签订补充合同，约定恒森公司将恒森国际广场室外铺装总体工程发包给南通二建施工，工程总价暂按 270 万元计，最终结算价按江苏省建安 2004 定额审计下浮 12% 确认，室外工程工期为 2005 年 4 月 20 日至 2005 年 6 月 20 日。

2005 年 6 月 27 日，南通二建与恒森公司就工程现场签证单确认问题等事项立会议纪要，双方经协商确认工程于六月底前全部竣工，如不能如期竣工，根据原因由责任方承担责任。

施工期间，恒森公司陆续将水电、消防、暖通通风、二次装修、幕墙工程分别分包给第三方施工。其中幕墙分包工程固定总价 205 万元，另四份协议均约定由南通二建按分包合同总价 2.5% 向分包单位收取配合管理费。经确认，南通二建已收取配合管理费 323750 元。

涉案工程于 2005 年 7 月 20 日竣工验收。工程竣工后，恒森公司将其中建筑面积 22275 平方米的房屋出租。原一审中经现场勘查，承租人在屋顶场地中央打螺丝孔安装照明灯 4 盏。

原一审中，南通二建申请对工程造价进行审计；恒森公司申请对屋面渗漏的重作损失进行鉴定。一审法院依当事人申请，委托苏州市价格认证中心（以下简称认证中心）、苏州天正房屋安全司法鉴定所（以下简称天正鉴定所）及苏州东吴建筑设计院有限责任公司（以下简称东吴设计院）对相关事项予以鉴定。

认证中心的鉴定意见为：南通二建施工工程造价为 35034260.23 元，其中屋面结构层以上实际施工部分造价为 1677635 元。

天正鉴定所经鉴定确定，屋面渗漏部位主要位于伸缩缝、落水管、出屋面排气管及

屋面板；南通二建实际施工部分与原设计图纸相比，屋面防水构造做法中无 50 厚粗砂隔离层、干铺无纺布一层、2.0 厚聚合物水泥基弹性防水涂料层及 20 厚水泥砂浆找平层，伸缩缝部位另缺 3.0 厚防水卷材。鉴定意见为：屋面构造做法不符合原设计要求，屋面渗漏范围包括伸缩缝、部分落水管道、出屋面排气管及局部屋面板。

东吴设计院鉴定明确，因现有屋面板构造做法与原设计不符，局部修复方案不能保证屋面渗漏问题彻底有效解决（主要指局部维修施工带来其余部位的渗漏），建议将原防水层全面铲除，重做屋面防水层，并出具了全面设计方案。该全面设计方案中包括南通二建在实际施工中未施工工序，并在原设计方案伸缩缝部位增加了翻边。

认证中心根据东吴设计院上述全面设计方案出具的鉴证价格为 3975454 元（以 2009 年 4 月 27 日为鉴定基准日）。

重一审中，一审法院委托苏州市建设工程质量检测中心就本案原设计方案中伸缩缝部位无翻边设计是否符合国家和地方强制标准及屋顶安装 4 盏路灯与屋面渗漏是否存在因果关系进行鉴定。2012 年 3 月 15 日该检测中心出具书面鉴定意见为：伸缩缝设计样式及用材均为参考而并无统一的强制性规范。所调查 4 处路灯基座，3 处未见螺栓破坏现有防水层现象，其中一处路灯基座位置现有防水层存在局部破损现象，但其对屋面防水层整体防水功能的影响程度无法做出明确判断。

重一审中，认证中心出具汇总表一份，明确在全面设计方案的总修复费用中，屋面防水构造做法中未施工的 50 厚粗砂隔离层、干铺无纺布一层、2.0 厚聚合物水泥基弹性防水涂料层及 20 厚水泥砂浆找平层的工程款为 755036.46 元；伸缩缝部位 50 厚粗砂隔离层、干铺无纺布一层、2.0 厚聚合物水泥基弹性防水涂料、3.0 厚防水卷材的工程款为 13267.56 元；伸缩缝部位翻边的工程款为 8713.30 元。

一审法院认定本案争议焦点为：一、工程价款如何认定。二、因屋面渗漏，南通二建作为施工单位应如何承担责任。三、南通二建是否应承担延误工期的违约责任。

一、关于工程价款如何认定的问题。

诉讼中，南通二建、恒森公司均同意以鉴定造价 35034260.23 元作为工程款结算的依据，并一致认可已支付工程款 26815307元。南通二建同时认为，工程价款还应加上总包管理费 15 万元及钢筋成型损失 6 万元。

一审认为，因诉讼中双方一致认可按司法鉴定造价为工程款结算依据，应予准许。关于总包管理费问题，施工期间双方曾确定南通二建为总包单位、南通二建可收取恒森公司分包合同总价 1% 总包管理费，此系双方真实意思表示，应予确认。恒森公司分包合同总价为 1500 万元，故恒森公司应按约支付 15 万元。关于钢筋成型损失问题，双方曾约定恒森公司给予损失补偿的前提是由南通二建上报无法利用钢筋的明细，现因南通二建未能提供因设计变更导致无法利用的钢筋数量明细，应视为该部分成型钢筋已合理用于本案工程中，施工方未实际发生成型钢筋损失，故对南通二建该项诉讼请求不予支持。另，因保修期限届满，且屋面广泛性渗漏问题将在本案中作出处理，故恒森公司应退还保修保证金。综上，一审法院认定恒森公司应付工程总价款为 35184260.23 元（35034260.23 元 +150000 元），扣除恒森公司已付工程款 26815307 元，恒森公司尚应支付南通二建工程价款 8368953.23 元。恒森公司欠付工程款的利息可参照双方确认的补充协议中的付款期限计算。

二、关于屋面渗漏，南通二建作为施工单位应如何承担责任的问题。

一审认为，结合鉴定意见及现场情况，应确认屋面渗漏系南通二建未按原设计图纸施工导致隐患及承租人擅自安装路灯破坏防水层两方面因素所致，其中未按设计图纸施工为主要原因，路灯破坏防水层为局部和次要原因。南通二建提出的原设计不合理的问题，因标准或规范中对伸缩缝部位设计翻边并无强制性要求，其也无其他依据得出伸缩缝部位无翻边必然会漏水的结论，故对南通二建该抗辩不予支持。

南通二建主张自己仅应承担保修义务，而不应承担全面修复费用的问题。一审认为，因现有屋面板构造做法与原设计不符，存在质量隐患，局部修复方案不能保证屋面渗漏问题得到彻底解决，还会因维修施工带来其余部位的渗漏；况且，南通二建因偷工减料造成质量不符合设计要求是全面性而非局部性的问题。东吴设计院建议将原防水层全面铲除，重做屋面防水层，并由此出具全面设计方案，该方案较原设计方案相比，仅增加了伸缩缝翻边设计。因此，可以认定全面设计方案宜作为彻底解决本案屋面渗漏的修复方案。鉴于诉讼双方目前已失去良好的合作关系，由南通二建进场施工重做防水层缺乏可行性，故恒森公司可委托第三方参照全面设计方案对屋面缺陷予以整改，并由南通二建承担整改费用。

关于对全面设计方案修复费用 3975454元应如何承担的问题。一审认为，全面设计方案中相较原设计，伸缩缝部位增加了一道翻边，由此增加的费用 8713 元应扣除。南通二建在实际施工中少做的工序并未计入工程总价款，而全面设计方案中包含了该几道工序，基于权利义务相一致的原则，该部分费用应扣除。但屋面渗漏主要系南通二建施工原因造成，工程实际修复时建筑行业人工、材料价格均有上涨，此事实上增加了恒森公司的负担，该上涨部分的费用应由南通二建承担。经鉴定，2004 年 10 月 15 日，南通二建工程屋面结构层以上实际施工部分工程价款为 1677635 元，而 2009 年 4 月 27 日，相同工程量的工程价款为 3198436.68 元（全面修复总费用 3975454 元 - 屋面防水构造做法中增做部分 755036.46 元 - 伸缩缝部位增做部分 13267.56 元 - 伸缩缝翻边 8713.30 元）。因此，屋面防水构造做法与伸缩缝部位中应做而未做的部分在 2004 年 10 月 15 日的实际工程价款为 402988.66 元，而在 2009 年 4 月 27 日相应工程价款则为 768304.02 元，两者之间的差额 365315.36 元应由南通二建承担。另，承租人在屋顶打洞装灯破坏防水层，亦是导致屋面渗漏的原因之一，故应当相应减轻南通二建的责任。鉴于该处路灯位于屋面停车场中央较高位置及该路灯仅对屋面板渗漏有影响，而实际渗漏部位还包括伸缩缝、落水管、出屋面排气管等多部位，酌情认定应予扣除修复工程款金额 15 万元。综上，南通二建应支付的修复费用合计为 3413752.04 元。

三、关于南通二建是否应承担延误工期的违约责任。

一审认为，根据双方补充协议，南通二建应于 2005 年 3 月 11 日完工，否则按每天 10 万元承担违约责任；实际施工期间，因地基工程施工失败，双方约定由南通二建接替原地基工程施工单位实施地下室围护的抢险施工及围护桩加固工作，该项工作并非总包单位合同内容，属于增加工程，必然导致工期延长，故双方就工期协商约定互不追究原合同工期、既不奖也不罚，但恒森公司并未放弃工期要求，在承诺不针对原工期奖罚的同时要求南通二建必须于 2005 年 4 月中旬竣工。此外，恒森公司将室外铺装工程另行发包给南通二建施工，并明确室外铺装工程工期至 2005 年 6 月 20 日止，结合双方于 2005 年 6 月 27 日会议纪要中作出的工程应于六月底前竣工、否则根据原因由责任方承担责任的意思表示，可认为双方因地下室及工程量增加等原因，已协商将竣工时间延长至 2005 年 6 月 30 日。事实上，本案工程于 2005 年 7 月 20 日竣工，南通二建逾期完工 20 天，南通二建未能举证证明该 20 天存在可据实延长的情形，故逾期完工 20 天的责任应由南通二建承担。因恒森公司投资建房的目的之一系对外招租开设大卖场以获取租金收益，南通

二建逾期完工必然导致恒森公司迟延接收使用房屋并获得租金收益，结合恒森公司将所建房屋对外实际出租的状况及规模，一审法院酌定由南通二建赔偿工期延误损失 25 万元。

综上，一审法院遂依照《中华人民共和国合同法》第七十七条、第一百零七条、第二百八十一条，最高人民法院《关于审理建设工程施工合同纠纷案件适用法律问题的解释》第十四条、第十七条、第十八条，《中华人民共和国民事诉讼法》（2007 年修正）第十三条，最高人民法院《关于民事诉讼证据的若干规定》第二条、第七十一条之规定，于 2012 年 8 月 31 日作出判决：

一、恒森公司支付南通二建工程价款 8368953.23 元。二、恒森公司支付南通二建工程余款利息。三、南通二建赔偿恒森公司屋面修复费用 3413752.04 元。四、南通二建赔偿恒森公司工期延误损失 250000 元。五、驳回南通二建及恒森公司其他诉讼请求。

南通二建不服一审判决，向江苏省高级人民法院提起上诉称：1. 涉案工程已竣工验收合格，施工单位仅应履行保修义务，一审法院判决南通二建承担屋面整体重作费用没有法律依据。2. 原设计方案有缺陷，此也是造成屋面渗漏的原因，一审法院对原设计缺陷的责任未加认定错误。3. 双方合同已约定工程总价款下浮 9.5%，故修复费用也应下浮 9.5%；4. 0～100 厚 c30 细石混凝土找平层系为配合伸缩缝翻边而增加的工序，原设计方案中没有此工序，该费用应予扣除。5. 一审法院确认屋面渗漏原因中，路灯破坏防水层为次要原因，仅减轻南通二建 15 万元赔偿责任不公平。综上，请求依法改判。

被上诉人恒森公司答辩认为：1. 南通二建认为涉案工程已验收合格，故只承担保修义务的理由不能成立，因为屋面渗漏系南通二建擅自减少工序而导致，不全面重作已不能有效解决渗漏，南通二建理应承担全面赔偿责任。2. 实际施工部分的工程款下浮是基

于双方在施工合同中的约定，而全面设计方案的工程造价，是南通二建作为施工人向恒森公司承担的赔偿责任，不应下浮；3.0～100厚c30细石混凝土找平层费用不应扣除，因全面设计方案是为彻底解决屋面渗漏而设计的，而屋面渗漏是南通二建未按设计施工导致的，因此，不应扣除全面设计方案中的任何费用。请求驳回上诉，维持原判。

江苏省高级人民法院查明事实与一审相同。

二审法院另查明：东吴设计院鉴定人员在二审庭审中陈述，涉案工程原设计方案无0～100毫米厚细石混凝土找平层工程，该工程是为配合伸缩缝部位翻边设计而增设的。该部分费用合计536379.74元。经双方当事人确认，二审争议焦点为：1.屋面渗漏的质量问题是否存在设计方面的原因；屋面渗漏的质量问题应按何种方案修复。2.若选择全面设计方案修复，全面设计方案的费用应如何分担；全面设计方案的费用是否应下浮9.5%；全面设计方案的费用中，0～100毫米厚细石混凝土找平层费用是否应当扣除。

江苏省高级人民法院二审认为：

一、屋面广泛性渗漏属客观存在并已经法院确认的事实，竣工验收合格证明及其他任何书面证明均不能对该客观事实形成有效对抗，故南通二建根据验收合格抗辩屋面广泛性渗漏，其理由不能成立。其依据《建设工程质量管理条例》，进而认为其只应承担保修责任而不应重作的问题，同样不能成立。因为该条例是管理性规范，而本案屋面渗漏主要系南通二建施工过程中偷工减料而形成，其交付的屋面本身不符合合同约定，且已对恒森公司形成仅保修无法救济的损害，故本案裁判的基本依据为民法通则、合同法等基本法律而非该条例，根据法律位阶关系，该条例在本案中只作参考。本案中屋面渗漏质量问题的赔偿责任应按谁造成、谁承担的原则处理，这是符合法律的公平原则的。

二、屋面渗漏的质量问题不在于原设计

而在于南通二建偷工减料，未按设计要求施工，故应按全面设计方案修复。南通二建上诉提出，原设计方案中伸缩缝部位无翻边设计，不符合苏j9503图集要求；原设计方案中屋面伸缩缝未跨越坡低谷点，设计坡度不够；原设计方案中屋面伸缩缝以两种不匹配材料粘接。并认为上述设计缺陷均是造成屋面渗漏的原因。对南通二建所提的异议，工程质量检测中心曾于2012年3月15日出具鉴定意见，对原设计方案是否有缺陷以及与屋面渗漏是否存在因果关系作出说明。二审庭审中，工程质量检测中心的鉴定人员也出庭接受了质询。关于原设计方案中伸缩缝部位无翻边设计的问题，二审认为，苏j9503图集并非强制性规定，伸缩缝翻边仅是为进一步保险起见采取的更有效的防水措施，伸缩缝是否做翻边与屋面渗漏之间无必然联系，施工方如果按照原设计规范保质保量施工，结合一般工程施工实际考量，屋面不会渗漏。南通二建欲以原设计方案伸缩缝部位无翻边设计减轻其自身责任的上诉理由缺乏依据。关于原设计屋面伸缩缝未跨越坡低谷点的问题，二审认为，增大屋面坡度并跨越坡低谷点，其虽有利防水防漏，但南通二建严格按原设计标准施工即能防止渗漏，故南通二建该上诉理由亦不能成立。关于原设计中屋面伸缩缝以两种不匹配材料粘接的问题，二审认为，不同种材料原本难言完全匹配，且国家并没有相关规范或标准对材料粘接匹配作出禁止性规定，此点与屋面渗漏亦无必然联系，故南通二建该上诉理由也不能成立。退而言之，合同双方在合同的履行中均应认真而善意地关注对方的权利实现，这既属于合同的附随义务，亦与自身的权利实现紧密关联，故而南通二建的此类抗辩更应事前沟通而不应成为其推卸责任的充分理由。

关于本案屋面渗漏应按何种方案修复的问题，二审认为，根据《中华人民共和国合同法》第一百零七条、第二百八十一条之规定，因施工方原因致使工程质量不符合约定的，施工方理应承担无偿修理、返工、改建或赔偿损失等违约责任。本案中，双方当事人对涉案屋面所做的工序进行了明确约定，然南通二建在施工过程中，擅自减少多道工序，尤其是缺少对防水起重要作用的 2.0 厚聚合物水泥基弹性防水涂料层，其交付的屋面不符合约定要求，导致屋面渗漏，其理应对此承担违约责任。鉴于恒森公司几经局部维修仍不能彻底解决屋面渗漏，双方当事人亦失去信任的合作基础，为彻底解决双方矛盾，原审法院按照司法鉴定意见认定按全面设计方案修复，并判决由恒森公司自行委托第三方参照全面设计方案对屋面渗漏予以整改，南通二建承担与改建相应责任有事实和法律依据，亦属必要。

三、全面设计方案修复费用应在考虑案情实际的基础上合理分担。二审认为，在确定赔偿责任时，应以造成损害后果的各种原因及原因力大小为原则。一审法院根据天正鉴定所及工程质量检测中心的鉴定意见，认定屋面渗漏南通二建未按设计图纸施工为主要原因，路灯破坏防水层为局部和次要原因。一审法院在鉴定机构就破坏防水层的路灯对屋面防水层整体防水功能的影响程度无法做出明确判断的情况下，鉴于屋面渗漏位置与路灯位置的关系、路灯局部破坏防水层对屋面渗漏整体情形的影响力大小等因素，且南通二建擅自减少工序在先，即使没有该处路

灯螺栓孔洞影响防水层，也难避免屋面渗漏的事实，酌情减轻南通二建 15 万元赔偿责任尚属得当。至于全面设计方案的费用应否下浮 9.5% 的问题。二审认为，承担全面设计方案的工程造价，是南通二建作为施工人向恒森公司承担的违约责任，与工程实际施工工程款结算分属不同的法律关系，南通二建要求比照施工工程款下浮 9.5% 的方式计算全面设计方案修复费用，缺乏合同依据和法律依据。关于全面设计方案费用中，0～100 毫米厚细石混凝土找平层费用 536379.74 元是否应当扣除的问题。二审认为，0～100 毫米厚细石混凝土找平层是涉案工程原设计方案没有的，系全面设计方案中为配合伸缩缝部位翻边设计而增加的，由此增加的费用 536379.74 元应从总修复费用中扣除。综前所述，南通二建在本案中应支付的修复费用合计为 2877372.30 元（3198436.68 元 + 365315.36 元 - 150000 元 - 536379.74 元）。

综上，江苏省高级人民法院遂依照《中华人民共和国民事诉讼法》第一百五十三条第一款第（三）项（2007 年修正）之规定，于 2012 年 12 月 15 日作出判决：

维持一审判决主文第一项、第二项、第四项、第五项；变更一审判决主文第三项为：南通二建赔偿恒森公司屋面修复费用 2877372.30 元。

本判决为终审判决。

海擎重工机械有限公司与江苏中兴建设有限公司、中国建设银行股份有限公司泰兴支行建设工程施工合同纠纷案

《最高人民法院公报》2015 年第 6 期

【裁判摘要】

从事建设工程活动，必须严格执行基本建设程序，坚持先勘察、后设计、再施工原则。建设单位未提前交付地质勘查报告、施

工图设计文件未经过建设主管部门审查批准的，应对于因双方签约前未曾预见的特殊地质条件导致工程质量问题承担主要责任。施工单位应秉持诚实信用原则，采取合理施工方案，避免损失扩大。

人民法院应当根据合同约定、法律及行政法规规定的工程建设程序，依据诚实信用原则，合理确定建设单位与施工单位对于建设工程质量问题的责任承担。

最高人民法院
民事判决书

（2012）民提字第 20 号

申请再审人（一审原告、反诉被告，二审上诉人）：海擎重工机械有限公司，住所地辽宁省葫芦岛市经济开发区北港工业园区。

法定代表人：曹克谦，该公司总经理。

委托代理人：陈波，山东齐鲁律师事务所律师。

委托代理人：季杰，山东齐鲁律师事务所律师。

被申请人（一审被告、反诉原告，二审被上诉人）：江苏中兴建设有限公司，住所地江苏省泰兴市济川路 26 号。

法定代表人：倪道仁，该公司董事长。

委托代理人：李华东，江苏龙蟠律师事务所律师。

委托代理人：徐晓龙，该公司职工。

被申请人（一审被告，二审被上诉人）：中国建设银行股份有限公司泰兴支行，住所地江苏省泰兴市通江路 1 号。

负责人：倪红卫，该支行行长。

申请再审人海擎重工机械有限公司（以下简称海擎公司）因与被申请人江苏中兴建设有限公司（以下简称中兴公司）、中国建设银行股份有限公司泰兴支行（以下简称泰兴建行）建设工程施工合同纠纷一案，不服江苏省高级人民法院（2010）苏民终字第 0012

号民事判决，向本院申请再审，本院于 2011年 11 月 14 日作出（2010）民申字第 912－1号民事裁定，提审本案。本院依法组成合议庭，于 2012 年 4 月 25 日开庭审理本案，海擎公司的委托代理人陈波、季杰，中兴公司的委托代理人李华东、徐晓龙到庭参加诉讼，泰兴建行经本院传票传唤未到庭。本案现已审理终结。

江苏省连云港市中级人民法院（以下简称一审法院）经审理查明：2007 年 12 月 1日，海擎公司就重型钢结构厂房基础工程发出招标邀请，其招标文件载明，本次报价只对钢结构厂房桩基及基础的施工进行报价（图纸内所有项目）；投标方根据招标方提供的厂房基础设计图纸要求及招标文件要求，根据材料市场自主报价，一次包死风险自负。招标文件同时载明其他内容。中兴公司投标标价为 1510.65 万元，预算价 1368.98 万元。中兴公司投标的土方开挖方案载明了挖土要求、基坑内外排水、基坑挖土的交通组织、挖土方法、基坑开挖注意事项、基坑开挖过程中可能出现的问题及相应处理措施、安全生产措施等。其中基坑开挖注意事项第（1）项为开挖深度应该严格按照基础结构施工图进行；第（5）项为基坑开挖后如发现坑底土质与勘察报告不符，及时向业主、监理及设计单位反映。

同年 12 月 15 日，中兴公司中标。当日，双方签订了《钢结构厂房桩基及基础工程合同》（以下简称《合同书》），约定：海擎公司重型钢结构厂房桩基及基础工程工期 60 天（2007 年 12 月 20 日至 2008 年 2 月 22 日具备验收条件并书面通知海擎公司进行验收合格之日止）；工程内容：重型钢结构厂房桩基及基础工程（图纸以内全部工程），图纸作为合同附件；承包方式为包工包料（包括材料、人工、机械、材料检验报检费等所有费用）；工程造价为 1330 万元，工程造价为工程竣工、验收合格的总金额，为不变价。因设计变更导致工程量发生变化，增减部分双方以补充协议的方式另行商议。合同生效后三个工作日内海擎公司向中兴公司支付工程款总金额的20％即266万元；工程质量要求合格；海擎公司权利义务为：中兴公司施工过程中，海擎公司有权在现场进行监督质量、进度工作。成立质量检查小组，负责工程建设的监督、验收、其组员由监理公司、海擎公司技术人员组成。质检小组对工程进度、质量进行抽查。对材料加工如有质量问题、施工不合格或工期未达到要求等，有权制止施工。海擎公司代表提出的意见，中兴公司应采取相应的改进措施，以保证质量。为中兴公司提供三通一平条件，海擎公司提供水准点及坐标点，进行现场交验，组织有关单位图纸会审。中兴公司权利和义务为：严格按照图纸设计要求及有关国家规范、标准进行施工，保质保量，确保工程按期交工；制定详细、可靠的施工方案和安全保证措施等。双方约定，合同签订后，任何一方不得擅自解除合同，否则违约方赔偿守约方一次性违约金100万元；中兴公司发生重大质量问题或不符合本合同约定的技术标准及要求，每影响海擎公司正常开工或正常生产一天，中兴公司应向海擎公司支付本合同总造价3‰的违约金，以此类推，并承担此给海擎公司造成的一切经济损失。海擎公司、中兴公司双方共同负责办理开工前的一切报检手续、桩基检测、外部协调工作。合同变更、修改和终止约定：发生或者出现（1）中兴公司破产或无施工能力；（2）中兴公司违约未能履行合同规定的其他义务，海擎公司可以用书面方式通知中兴公司，提出全部或部分终止合同。中兴公司应立即返还海擎公司所支付的所有款项。合同附件为招标文件、招标书、中标通知书、双方往来传真文件。合同同时约定了工程款支付、质保期、验收等内容。

海擎公司所提供桩位布置图说明载明：本工程基础设计以连云港市民用设计院有限责任公司对海擎公司一期所做的《岩土工程详细勘察报告》（2007年11月）为依据。地基基础设计为乙级，建筑桩基安全等级二级。基坑开挖时应注意对桩身的保护，在桩侧严禁临时堆土。桩基施工时应严格按照《建筑桩基技术规范》执行等。

同年12月16日，海擎公司向中兴公司递交岩土勘察报告和现场总平面图各一份。

同年12月20日，中兴公司进场施工。12月26日中兴公司致海擎公司工作联系单二份，主要内容为因现场地质条件复杂，原自然土为水中所泡淤泥等，现土方量大大超出合同工程量范围，并需解决降水，建议提高室内+0.00标高及场区标高至合理位置，请示设计院增加桩长提高承台（并修改承台），解决排水问题。

同年12月27日，泰兴建行向海擎公司出具《承包保函》，主要内容为：为中兴公司履行上述合同约定义务承担连带责任保证，担保金额最高不超过260万元，保证期间自2007年12月27日至2008年2月26日。保函同时保证了其他条款。2008年2月22日，泰兴建行将到期时间延期到2008年3月30日。

2007年12月30日，中兴公司致海擎公司工作联系单，主要内容为因道路问题运输车辆无法把材料运送到位，请求加快道路修复。

2008年2月19日，海擎公司与中兴公司签订《补充协议》一份，协议内容为施工工期延长至2008年3月30日，每延期一天罚款1万元，合同还约定了其他条款。

2月26日，中兴公司致海擎公司报告，主要内容为现土方量大大超出合同工程量范围，且全是淤泥，请求海擎公司拿出措施，否则申请工期顺延。2月27日，中兴公司致海擎公司报告，称由于现场施工道路不合格，二次倒运土方坍塌，无法正常施工。

2月27日，海擎公司针对上述26、27日报告回复中兴公司，主要内容为：双方所订施工合同是竣工验收合格价格，是不变价格（有设计变更除外），不管地质情况是淤泥还是亚粘土，我方均认为施工方在签订合同以前，对建设地点进行了现场勘察，并已了解现场地质情况。因此关于施工的一切事宜，均由施工方处理，与海擎公司无关。

2月28日，中兴公司函告海擎公司，主要内容为：1. 我单位是在合同签订后无法打桩的情况下，提出要求后贵公司才给我单位地质勘探报告。2. 我单位签订合同前是对现场进行了考察，但考察前贵单位已对现场进行了回填，也未曾告诉我单位。在开挖过程中，发现大面积淤泥。3. 我单位投标书中总的土方开挖，回填量才1万方，现a轴线在还没有开挖完的情况下挖出土方就已超出了整个标书的土方量。4. 我单位拿出多种施工方案报批，但贵单位一项也没有批复。5. 贵单位进行开挖试验致开挖的承台又有淤泥坍塌。如再不拿出可行的开挖措施回复我单位，我单位将于2008年3月2日停止一切施工，由贵单位赔偿损失并追加违约责任。

3月11日，海擎公司通知中兴公司变更工程量。当日，中兴公司通知监理单位出现三、四类桩，并提出对于三、四类桩的处理意见。监理单位经与海擎公司共同商定，同意三类桩处理办法，并称相关费用由中兴公司自负。四类桩要提供有设计单位认可的处理意见。

3月15日，海擎公司、中兴公司和监理单位达成会议纪要，主要内容为：a轴线除四类桩外，到19日上午完成到设计标高－1.5米的工程量；b轴线三、四类桩处理完成后，10天内完成所有工程量。施工方严格施工，逾期完不成上述任务，施工方自动撤场。

3月19日，中兴公司书面报告海擎公司和监理单位称，目前出现的三、四类桩已无法正常进行下道工序的施工，要求当日下午共同对三、四类桩出现的原因进行分析和探讨。当日下午，由海擎公司、中兴公司和监理单位、检测单位、设计单位开会并形成纪要，主要内容：出现三、四类桩问题的原因与地质状况和重型机械碾压有关，要求对地基进行处理。

3月25日，中兴公司书面报告海擎公司和监理单位称，因土质问题，无法进行下道工序。

3月26日，监理单位致中兴公司工作联系单称，a轴暂停施工，待设计院处理方案出来后再进行施工，其他清理工作继续进行。

3月28日，中兴公司向海擎公司和监理单位递交基坑支护方案和大样图。次日，由中兴公司、海擎公司、监理单位共同就支护方案达成会议纪要，主要内容为：海擎公司图纸已经送审并审批，中兴公司提出支护方案并送审。

3月31日，由中兴公司、海擎公司、监理单位和连云港市建设局、连云港市建设工程质量监督站、连云港市建设工程施工图审查中心、连云港市宇建建设工程鉴定有限责任公司等单位专家共同就基坑支护研究方案，会上海擎公司要求中兴公司拿出支护方案计算书以便确认。专家确认中兴公司的二方案均可行，主要取决于费用和工期。当日，连云港市宇建建设工程鉴定有限责任公司出具《关于海擎公司煤化工设备制造厂房基础基坑围护设计方案的论证意见》，该论证意见于4月5日递交海擎公司。《论证意见》认为，中兴公司的两个《设计方案》均可行，并由海擎公司择优选择。连云港市宇建建设工程鉴定有限责任公司对设计方案同时作出了深化、完善意见。

4月1日，中兴公司向海擎公司递交基坑防护费报表。4月2日，中兴公司函请海擎公司选择确认基坑支护方案。

4月6日，中兴公司致函海擎公司，主要内容为，由于海擎公司在投标时未提供地质勘探报告，中兴公司的报价及编制的投标方案均是按正常施工程序进行的，基坑支护不在原施工范围，工期延误是因现场条件不具备等。

4月30日，中兴公司报告海擎公司，请尽快拿出解决办法，恢复施工。

5月21日，由海擎公司委托，由海擎公

司和监理公司指定抽检,进行基桩质量检测,基桩施工期间在 2008 年 2 月 16 日—同年 3 月 10 日的总桩数 1476 根,其中检测 474 根,江苏省建祥工程检测有限公司就海擎公司煤化工厂房(部分)基桩质量出具 2008－x－x17－3 号检测报告,报告结论:本工程共进行低应变检测 474 根,其中一类桩 90 根;二类桩 83 根;三类桩 210 根(指桩身有明显缺陷,对桩身结构承载力有影响);四类桩 91 根(指桩身存在严重缺陷)。对于该检测报告结论双方均无异议。

5 月 24 日,海擎公司致函中兴公司,要求解除合同,并要求中兴公司承担违约责任,赔偿经济损失 575 万元。5 月 26 日,中兴公司复函要求继续履行合同。

5 月 30 日,海擎公司向一审法院提起诉讼称,其在合同履行中共投入工程款 772 万元,用于工程施工,但由于中兴公司的原因导致工程质量出现严重问题。双方几经交涉,中兴公司以种种理由予以推诿,不及时采取措施整改,致使后续工程无法正常衔接,最终造成海擎公司不能按期投产。目前,由于中兴公司的违约行为,双方所签合同已无法正常履行,解除合同才能避免损失的继续扩大,遂请求:一、依法确认解除合同通知函有效并解除合同;二、责令中兴公司承担违约责任,赔偿经济损失 572 万元;三、责令泰兴建行承担连带责任,履行担保义务;四、诉讼费用由中兴公司与泰兴建行承担。

中兴公司提出反诉称,中兴公司为该工程已投入资金 13335172 元,海擎公司至今仍欠 5615172 元,同时,由于海擎公司无诚意继续履行合同,导致中兴公司长期窝工、停工,至今损失已达 1978846 元,对此,海擎公司应予赔偿。此外,由于地基情况特殊,设计及施工方案必须变更,工程款远非原合同约定金额能够解决,仅基坑支护费用一项就将达 1000 万余元,而海擎公司对此一直不予认可,合同已无法履行。请求判决解除双方签订的《合同书》,判令海擎公司支付工程款及损失 7594018 元,本案所有诉讼费用由海擎公司承担。

一审法院另查明,本案争议工程在施工过程中,海擎公司对中兴公司轴线定位、基础桩位、土方开挖、钢筋工程(原材料、钢筋加工)、隐蔽工程、混凝土工程(原材料、配合比设计)、模板工程等工序进行了批质量验收,批质量验收均为合格。对于桩长度、承台的施工、海擎公司在庭审中确认中兴公司均是按图施工。海擎公司自 2008 年 1 月 2 日至 3 月 13 日共支付中兴公司工程款 772 万元。

又查明,海擎公司一审庭审中称,本案争议工程现尚未取得工程建设许可证、施工许可证。工程图纸现已经过审查,但因未交纳费用,海擎公司尚未取得经过审查的图纸。

一审期间,根据中兴公司的申请,一审法院就工程质量和工程造价分别委托有关机构鉴定、评估。关于工程造价,连云港永安工程造价咨询有限责任公司(以下简称永安造价咨询公司)作出 2009 第 108 号《海擎公司重型钢结构厂房基础工程造价鉴定报告》,结论为:基础工程已完工程为 11338644.49 元;停工期间损失为 2518309.41 元,其中:人工费为 880750 元、材料费为 1581058.77 元(其中工程实体用材料 1289133.17 元,分别为钢筋 1179873.9 元、地脚螺栓 71630 元、钢筋制作费 37629.27 元;措施性材料 291925.60 元,分别为碳钢板 9935 元、架扣 104676 元、无缝管 7560 元、木模板 55200 元、脚手架钢管租赁费 77059.6 元、脚手架钢管购置费 331568.64 元。上述材料,一审法院审理中根据海擎公司的申请已经查封),机械费 56500.64 元。报告说明:已完工程量是依据现场实测工程量结合施工图纸计算;材料价格一般执行连云港 2007 年 12 月份指导价,桩指导价没有,是依据案卷中桩的单价扣除打桩费用后所得单价,桩尖单价为案卷中相关文件注明单价。钢筋的单价因施工期间价格波动太大,依据政府有关部门文件规定及 2008 年 2 月连云港指导价、案卷资料定为 4700 元/吨。停工损失的材料损失为实体性原材料计算购置费；实体性半成品材料计算购置费及加工费；措施性材料主要是脚手架钢管及扣件，依据案卷中租赁合同，计算了租赁费及购置费。

连云港市建设工程质量监督站对于本案争议工程产生倾斜、断裂，作出连质监 [2009] 第 001 号《工程质量鉴定报告》，鉴定分析意见为：（一）本次工程桩倾斜与开裂的施工由以下因素造成：1. 现场观察：由于运土路线只作一些简单的回填压实，并没有作特殊的加固处理，故基坑外侧土体受载重车辆的碾压产生沉降、蠕变、滑移，加大了基坑土体压力，这是引起工程桩倾斜变形断裂的主要因素之一。2. 根据地质报告，其场地地基土的评价为：本工程的地基承台坐落在海淤层上，其基坑开挖时的放坡系数根据计算应约 1：7，即要想保护基坑内工程桩不受损，其基坑开挖边坡的安全放坡距离应为 21 米，同时在没有围护与路基加固措施的情况下，基坑边缘约 18 米内不能行驶每平方米荷重大于 4 吨的载重汽车与挖土机械设备，而针对本工程而言，恰恰是犯了以上所述的错误。3. 建设单位与监理单位在该工程施工前，没有按照基本建设的正常施工程序办理施工图审查与质监和安监等手续，致使工程没有进入良性施工状况。监理单位对此没有实行监控，在土建施工单位进行基坑内土方开挖前没有按照建设部（2004）第 213 号文件与连云港市连建（2005）第 175 号与连建（2006）第 577 号文件的精神，对施工单位编制的土方开挖方案进行审查。同时没有采取有效措施制止土建施工单位在土方开挖方案没经审查就进行开挖与建设单位介入基坑内土方开挖与运输的现象，故对本次桩基倾斜开裂的质量事故也负有一定的责任。如果建设单位在该工程开工前，将设计施工图送审，如果施工单位在基坑土方开挖前，按正常的施工程序进行，按照建设部、连云港市上述

文件精神，编报详细的施工方案，报经监理审查，组织专家论证，然后再施工，则本次桩身倾斜、开裂的质量事故是可以避免的。

（二）鉴定单位到施工现场进行技术踏勘，据施工单位反映：1. 施工单位在 2007 年 12 月 26 日桩基施工前，建议将桩身加长，±0.00 不变，承台向上提高，以减少基坑内土方开挖的深度，但建设单位没有回复。2. 建设单位在桩基施工与基坑土方开挖前，没有向其提供工程地质报告，同时提供的施工图没有按规定经过连云港市建设工程施工图审查中心审查。3. 建设单位参与了该工程基坑土方的开挖与运输，干扰了施工单位正常的施工。4. 据此，分析认为，如上述反映情况属实，则对桩基施工的质量问题有很大的影响，如果建设与监理单位按上述意见报施工图进行审查，向设计单位反映提高桩身长度与承台标高，按基本建设程序办理，则本次的质量事故是可以减轻或避免的。

一审中，海擎公司对该鉴定结论的规范性有异议，认为其没有参加现场勘验，对检材的真实性没有确认，故对该鉴定报告不予认可。鉴于海擎公司对该鉴定报告不认可，亦未提出具体的实质性异议，一审法院在庭审中释明，如需当面及书面答复，提交书面具体的异议，海擎公司答复庭后提交书面异议但未提交。中兴公司对该鉴定结论表示认可。

一审法院认为，双方争议焦点是：1. 本案中工程质量出现问题是谁的责任；2. 中兴公司在合同履行中是否有违约行为；3. 本案中工程款数额。

一审法院认为，当事人双方通过招、投标达成的合同书，系当事人真实意思表示，合同内容不违反国家法律法规的禁止性规定，为有效合同。对于双方所签订的合同，鉴于当事人双方在诉讼中均同意解除合同，一审法院予以照准。

关于中兴公司在合同履行中是否有违约行为的问题。本案中，中兴公司作为投标方，

根据招标方海擎公司提供的招标文件和厂房基础设计图纸要求，制订投标文件及工程预算。中兴公司在其投标文件的基坑开挖主要事项中亦明确"严格按照基础结构施工图进行；基坑开挖后如发现坑底土质与勘察报告不符，及时向业主、监理及设计单位反映"等内容。根据中兴公司的工作联系单，可以确认中兴公司履行了报告义务。根据海擎公司和监理单位对于批质量验收均为合格的验收记录，能够证明海擎公司在中兴公司施工过程中，进行了现场监督质量，对于桩长度、承台的施工，海擎公司在庭审中亦确认中兴公司均是按图施工。结合工程质量鉴定结论中的分析意见，能够确认中兴公司在合同履行过程中，并未违反合同约定。现海擎公司诉称中兴公司违约，没有事实依据，其要求中兴公司承担违约责任的请求，一审法院不予支持。同时，泰兴建行未违反《承包保函》下作出的承诺，海擎公司要求泰兴建行承担保函下责任，没有事实和法律依据，该请求一审法院亦不予支持。

关于涉案桩基工程质量责任问题。《建设工程质量管理条例》第十一条规定，建设单位应当将施工图设计文件报县级以上人民政府建设行政主管部门或者其他部门审查。施工图设计文件未经审查批准的，不得使用。本案中，海擎公司虽然向中兴公司提交了相关施工图纸，诉讼中也认可中兴公司是按该图纸进行施工，但是海擎公司提交的图纸并不是经过审查的施工图纸。同时，中兴公司在2007年12月26日工作联系单中已经向海擎公司报告地质状况，并要求海擎公司请示设计院增加桩长，提高承台。中兴公司的该报告行为，符合其投标文件中土方开挖方案的要求，对此海擎公司理应及时给予回复。海擎公司在施工图纸未经审查，且在收到中兴公司对于地质状况异常的报告又不予答复的情况下，对此造成的后果应由其自己承担。另外，根据施工过程中的会议纪要记载，能够确认海擎公司在中兴公司基坑开挖中，干扰了中兴公司的正常施工。结合质量鉴定过程中，当事人双方共同选择了连云港市建设工程质量监督站作为质量问题鉴定单位，且该站在鉴定过程中到海擎公司工地现场进行了踏勘的实际情况，在海擎公司不能提供足以反驳的相反证据和理由的情况下，一审法院对连云港市建设工程质量监督站《工程质量鉴定报告》的鉴定结论予以认定。海擎公司称未通知其到现场及对检材的真实性没有确认的理由，一审法院不予采信。就涉案工程相关工序，海擎公司进行了批质量验收，验收结果为合格，也足以证明这一点。综上，依据该鉴定结论，结合各方当事人履行合同的具体行为，一审法院认为，海擎公司应对桩基施工过程中的质量问题承担责任。

关于工程款数额问题。永安造价咨询公司鉴定报告结论为：基础工程已完工程为11338644.49元；停工期间损失为2518309.41元，其中：人工费为880750元，材料费为1581058.77元（工程实体用材料1289133.17元、措施性材料291925.60元），机械费为56500.64元。对于该工程造价鉴定结论，海擎公司表示不认可，但未提出具体实质性异议。一审法院不予支持。对于钢材数量和价格，鉴定单位对于钢材数量系按图纸计算且参照市场价对价格作了调整，中兴公司认为其投入钢材数量比鉴定结论多出100余吨且价格应参照2008年3月市场价，在中兴公司不能提供证据证实实际投入工程钢材量的情况下，一审法院对该异议不予采信。对于土方单价，鉴定单位在案涉土方量与预算量出现较大出入时，按实计算，并无不当。中兴公司要求参照预算单价计算总价，没有事实依据，不予支持。

综上，中兴公司已完成工程价款为11338644.49元、停工期间人工费损失为880750元、材料费为1581058.77元、机械费损失为56500.64元，合计13856953.90元。现海擎公司已付工程款为772万元，尚欠6136953.90元，海擎公司应支付给中兴公司，并承担中兴公司自提起反诉之日起的同期银行贷款利息。

一审法院于 2009 年 9 月 9 日作出（2008）连民一初字第 0067 号民事判决：一、解除海擎公司与中兴公司于 2007 年 12 月 15 日签订的《合同书》；二、驳回海擎公司的其他诉讼请求；三、海擎公司于判决生效后十日内给付中兴公司工程款 6136953.90 元及利息（利息按中国人民银行同期贷款利率计算，时间自 2008 年 6 月 25 日至判决确认给付之日止）；四、驳回中兴公司其他诉讼请求。本诉案件受理费 48690 元，由海擎公司负担。反诉案件受理费 32480 元，由中兴公司负担 1480 元，海擎公司负担 31000 元。保全费 5000 元由海擎公司负担。工程造价评估费 110000 元，由中兴公司负担 10000 元，海擎公司负担 100000 元。工程质量鉴定费 29900 元，由海擎公司负担。

海擎公司不服一审判决，向江苏省高级人民法院（以下简称二审法院）提出上诉称：一、一审判决认定事实错误。1. 关于工期问题。海擎公司与中兴公司原签订的合同中约定的工期为 2007 年 12 月 20 日起至 2008 年 2 月 22 日止，后因中兴公司提出种种理由，双方经协商，于 2008 年 2 月 19 日达成《补充协议》，将工期延长至 2008 年 3 月 30 日。2008 年 3 月 6 日，双方再次在《补充协议》中约定，工期仍然为 2008 年 3 月 30 日到期。此后，双方再没就工期问题达成新的一致意见。中兴公司后期虽然就基坑支护方案及费用问题与海擎公司协商，但基坑支护方案是中兴公司合同约定范围内的工作，费用已包括在合同包死价之内。因此，后期协商问题不能作为中兴公司延长工期的理由。故自 2008 年 3 月 31 日起产生的工期延误，应由中兴公司负责，中兴公司理应承担违约责任。2. 关于《岩土工程详细勘察报告》以及设计图纸问题。首先，设计图纸是建立在《岩土工程详细勘察报告》基础上的，设计图纸已通过审查证实没有实质性问题，按照设计图纸施工

完全可以满足工程质量要求；其次，中兴公司在投标过程中看过《岩土工程详细勘察报告》，而设计图纸是其编制投标书的依据；再次，《岩土工程详细勘察报告》及设计图纸是双方签订合同次日，中兴公司实际开工前拿到，完全有时间作出合理、科学的施工方案；最后，（2009）第 001 号《工程质量鉴定报告》并没有认定，没有《岩土工程详细勘察报告》是造成施工质量不合格的原因。根据双方都认可的材料，足以证实《岩土工程详细勘察报告》及设计图纸不是工期拖延的原因，因为双方在签订《补充协议》中重新约定竣工日期时已经充分考虑了各方面的因素和中兴公司的请求。3. 关于中兴公司在合同履行中其他违约行为问题。《工程质量鉴定报告》明确说明：（1）由于运土路线只作了简单的回填压实，这是引起工程桩倾斜变形断裂的主要因素之一；（2）放坡系数不对；（3）施工单位没有按照正常的施工程序进行等。这些问题应是中兴公司未按照规范施工产生的后果，属于重大违约行为，应当按照合同约定承担违约责任。4.《工程质量鉴定报告》部分内容错误。首先，海擎公司没有采纳中兴公司的建议，是因为该建议只是便于中兴公司施工，但是不符合设计单位的设计要求及海擎公司今后使用要求；其次，建设单位干扰施工单位正常施工一事，纯属子虚乌有；再次，该鉴定报告也称是根据施工单位反映的情况，未经过法院审理查明。《工程质量鉴定报告》虽然提到施工单位的过错，却没有指明中兴公司没有按照国家规范施工，也没有按照招标文件中的承诺施工，才是导致本案质量问题发生的最主要原因。本案中，中兴公司既没有基坑支护，又长时间在桩侧堆土，致使出现严重质量问题，一审判决在上述问题上均作出了错误认定。二、一审审理程序不当。一审中《工程质量鉴定报告》的鉴定人未到庭接受询问，对《工程造价鉴定报告》海擎公司亦不认可。首先，关于已完工程造价，双方明确约定包死价为 1330 万

元，不考虑质量问题，中兴公司完成不到一半工程量，而鉴定造价为 11338644.49 元，明显不符合双方合同约定。海擎公司认为如果不考虑质量问题，应鉴定整个工程造价，然后以 11338644.49 元/整个工程造价×1330 万元，来确定中兴公司已完成造价。其次，停工损失完全是依据中兴公司单方提交的未经质证的资料鉴定的。三、一审适用法律错误。中兴公司已完工程大部分不合格，而鉴定结论虽然错误，也足以证明中兴公司对工程质量不合格负有重大过错责任；并且工程停工也完全是因中兴公司的原因导致的，停工损失应由中兴公司自负。一审判决海擎公司支付中兴公司工程款并承担停工损失属于适用法律错误。综上请求依法改判，支持海擎公司的诉讼请求，驳回中兴公司的反诉请求。

中兴公司口头答辩称：一、关于工期问题。本案工期延误的原因：1. 施工现场地质条件严重不足，地下全是淤泥，水分含量过高，导致打桩无法固定，势必会出现裂缝。对此问题海擎公司负有责任，其提供地质勘查报告是在签订施工合同之后，导致施工方在不知道地质条件的前提下进行的投标报价，远低于实际造价。中兴公司在拿到地质勘查报告后已经提出相应补救办法，但海擎公司未采纳。2. 海擎公司没有履行三通一平的合同义务，导致无法正常施工。3. 相关工程量变更增加影响工期。4. 中兴公司发现地质条件恶劣后多次报请海擎公司修改设计，甚至主动拟订方案，但海擎公司未予答复。5. 桩基出现问题后，中兴公司积极联系专家组、海擎公司寻找原因，拟订可行方案并报送预算，海擎公司始终未答复。6. 海擎公司的上诉理由与合同履行中达成的合意矛盾。合同履行过程中，海擎公司对工期顺延是认同的，对 a 轴线需等设计院方案出台后再施工，b 轴线是三、四类桩问题处理后 10 天内完成施工。鉴于双方有此合意，中兴公司既无工期延误事实，也不应承担工期延误责任。二、

关于工程质量问题。1. 质量鉴定报告已经明确工程质量问题不是由中兴公司的施工造成；2. 工程每一步的单项质量验收记录均合格，符合施工规范，中兴公司均按图纸施工；3. 中兴公司并未完全机械地按图纸施工，在发现地质问题后已经向海擎公司提出解决方案但未被采纳；4. 由于施工地的地质情况恶劣，工程质量先天不足；5. 中兴公司提出的抬高承台方案未被采纳，如采纳该意见，则质量问题可以避免；6. 海擎公司参与干扰施工方施工；7. 施工图未按规定报审，势必出现质量问题；8. 施工合同包死价是基于普通地质条件的，中兴公司收到地质勘查报告发现地质情况特殊，应属于工程变更。三、关于工程造价和损失价款，一审鉴定结论是正确的。四、关于程序问题。1. 一审庭审中海擎公司对质量鉴定报告提出的异议过于笼统，法庭要求其详细列明问题，海擎公司当场表示庭后提交书面材料，但至今未提交，应当视为对权利的放弃，一审程序并无不当；2. 对工程造价的鉴定，海擎公司虽提出异议，但不足以推翻鉴定结论。五、关于法律适用问题，由法庭评判。综上，请求驳回海擎公司上诉，维持一审判决。

泰兴建行未做答辩。

二审法院认为双方当事人对一审法院查明的事实均无异议，予以确认。

二审庭审中海擎公司提交了连云港市建设施工图审查中心于 2008 年 4 月 15 日出具的《施工图设计审查意见书》，以及浙江工业大学建筑规划设计研究院于 2009 年 11 月 15 日出具的《意见反馈单》，以证明设计单位出具的施工图已经经过了有关部门审查。中兴公司质证认为，该《施工图设计审查意见书》及《意见反馈单》是在工程质量事故发生后才作出，已经无法避免事故的发生，并且该意见书已经提出了设计存在问题并要求会同勘察及设计单位进行修改、调整，说明施工图审查并未获得通过。

二审法院认为，本案争议焦点是：1. 讼

争工程产生质量问题的原因和责任；2. 中兴公司是否应当承担违约责任；3. 工程款与停工损失应当如何认定。

（一）关于讼争工程产生质量问题的原因与责任。

二审法院认为，根据连云港市建设工程质量监督站所作出的《工程质量鉴定报告》，案涉工程发生桩倾斜与断裂的事故是由于一系列因素综合造成，对这些因素进行具体分析，应当认定建设单位与施工单位都应当承担相应的责任。

1. 海擎公司在该工程施工前没有按照基本建设的正常施工程序办理施工图审查与质监和安监等手续，给工程质量事故的发生造成隐患，海擎公司应当对此承担责任。海擎公司在二审庭审中提交了连云港市建设施工图审查中心出具的《施工图设计审查意见书》，其中关于地基处理及结构设计的安全性、合理性的评价为"无违反强条、强标"，但同时说明"因承台埋置较深至流塑淤泥设计应提醒施工单位做好基槽支护，同时设备基础应同时施工"。在审查综合意见中载明："一、施工图设计文件深度与完整性基本符合规定。二、各专业均存在不满足设计规范和标准的内容，应按审查意见组织修改与完善。三、调整、修改原设计应按格式出具整改措施和正规设计变更，复查合格后，予以通过"。二审法院认为，从该《施工图设计审查意见书》的内容看，已经发现了施工地特殊土质以及设计方案中的承台高度可能造成的隐患，并提出了相应的要求，如果建设单位、监理单位与设计单位及时收到该意见书并给予充分重视，采取相应的保护措施或调整设计方案，则可能减轻或避免质量事故的发生。但是由于该意见书出具的日期是2008年4月15日，此时工程质量事故已经发生，故意见书的出具显然已经于事无补。因此，应当认定海擎公司未在施工前将施工图按照《建设工程质量管理条例》及其他规章的规定要求进行报审与工程质量事故的发生之间存在因

果关系，海擎公司应当承担相应的责任。

2. 由于案涉工程所处地区的地质条件较为特殊，其地基承台坐落在海淤层上，其基坑开挖时的放坡系数根据计算应约1：7，即要想保护基坑工程桩不受损，其基坑开挖边坡的安全放坡距离应为21米，而工程的实际放坡宽度远远不足21米，这是导致工程质量事故的主要原因之一。关于放坡不足的责任，二审法院认为建设单位与施工单位都存在一定的责任。首先，中兴公司所编制的土方开挖方案中载明"土坡坡度不大于安全坡度（1：1.5）"，显然不能满足基坑安全的要求，对此，中兴公司抗辩认为，其是在签订合同后的第二天才收到建设单位提供的岩土勘查报告，导致其在不知道地质条件的情况下所进行的招标报价远低于实际需要的工程造价，而其多次要求海擎公司追加工程款，海擎公司不予理睬，使其无法调整施工方案，增加土方开挖量。二审法院认为，从中兴公司收到建设单位提供的岩土勘察报告的时间来看，是在双方签订合同之后，因此中兴公司在合同签订时客观上难以对当地特殊的地质情况作出准确的判断，其只能根据一般的地质条件进行招标并编制土方开挖方案。但其在施工前已经收到了岩土勘察报告，对现场情况已有了解并能够作出正确判断，中兴公司此时应当注意原土方开挖方案可能造成质量隐患，有义务及时向业主、监理及设计单位反映，重新调整土方开挖方案。当然，如果按照鉴定结论中1：7的要求放宽坡度，将造成工程造价大幅度增加，可能导致合同签订基础发生重大变化，对此，双方均应秉承诚实信用原则，重新进行协商，共同商定可行的开挖方案及合同价款。但中兴公司只是提出了增加桩长、提高承台的优化设计方案，在该方案未得到建设单位采纳后，其未能从工程质量安全出发，进一步向建设单位提出调整开挖方案的要求，而是仍按原方案实施，故中兴公司对于施工产生的质量后果应当承担一定的责任。海擎公司一味强调工程造价

为不变价,并以中兴公司施工过程应当采取何种施工方案与建设单位无关为由,对施工单位调整设计方案的建议未予重视与答复,亦应承担一定的责任。此外,监理单位在施工单位进行基坑内土方开挖前没有按照建设部与连云港市建设主管部门的文件精神对施工单位编制的土方开挖方案进行有效审查,没有采取有效措施制止土建施工单位可能影响工程质量的开挖行为与建设单位介入基坑内土方开挖与运输的现象,故对基坑开挖放坡不足导致的质量事故也应负有一定的责任。由于本案处理的是建设单位与施工单位之间的争议,而监理单位是作为建设单位的代理人代表建设单位对工程质量进行监督与管理,故监理单位的责任在本案中亦应视为建设单位的责任。综上,在放坡系数不足的问题上,建设单位海擎公司应负主要责任,施工单位中兴公司负有次要责任。

3. 本工程中,运土路线只作了一些简单的回填压实,没有作特殊的加固处理。在没有围护和路基加固措施的情况下,基坑边缘6h范围内(约18米)不能行驶每平方米荷重大于4吨的载重汽车与挖土机械设备。但本工程中,因为基坑外侧土体受载重车辆的碾压产生的沉降、蠕变、滑移,加大了基坑内土体压力,是引起工程桩倾斜变形断裂的主要因素之一。

关于重型汽车与挖土机械的碾压问题,根据中兴公司2008年2月28日的工作联系单,可以证明海擎公司在施工中自行组建了挖掘机和大型运土车辆进行了基坑开挖,该工作联系单已由监理单位签收,海擎公司虽然予以否认,但并无充分证据推翻,故二审法院对该证据予以确认。海擎公司认为中兴公司使用的挖土机械与运土车辆对土体下沉亦有影响。二审法院认为虽然中兴公司也使用了挖土机械,但对土体下沉造成的影响要远远小于大型运土车辆,至于中兴公司是否使用了载重汽车进行运土,海擎公司并未能够提供证据证明中兴公司的运土工作不符合

施工规范,故二审法院对其主张不予支持。

关于运土路线没有加固的责任问题。二审法院认为双方在《合同书》中仅约定建设单位应当为施工单位提供三通一平条件,而并未具体约定是否包含施工场地内的道路。在合同约定不明的情况下,根据《中华人民共和国合同法》第六十一条的规定,应当由双方协议补充,不能达成补充协议的,按照合同有关条款或交易习惯认定。本案中虽然中兴公司向建设单位出具了工程联系单要求其对道路进行修复,但海擎公司未予答复,不能视为双方对原合同的补充已达成合意。根据工程建设合同的行业惯例,施工用道路系工程施工所用的临时性道路,在合同没有明确约定的情况下,应由施工单位自行承担。因此,本案中施工道路没有加固的责任应由中兴公司承担,而重型汽车及挖土机械碾压的主要责任则应由海擎公司承担。

综上所述,二审法院认为,在涉案桩基工程施工前,海擎公司未按照国家有关规定将施工图报审后再交给施工单位进行施工,给工程质量留下了隐患。在施工过程中发现特殊的地质条件对工程施工造成困难后,双方均未能够秉承诚实信用原则积极作为。作为建设单位,海擎公司未能会同监理单位、设计单位对于施工单位提出的"增加桩长、提高承台"的合理建议予以充分重视并研究相应措施,亦未能会同监理单位对施工单位的土方开挖方案进行审查及专家论证;作为施工单位,中兴公司未能根据特殊的土质要求合理调整土方开挖方案并报监理单位审查,而是机械地按照施工图和原来的挖土方案进行施工。此外,在施工过程中,中兴公司没有对道路进行加固,海擎公司使用载重汽车参与土方开挖和运输,干扰了正常施工,双方均存在过错。综合分析、比较以上因素,二审法院认为,建设单位应当对本案工程质量问题的发生承担80%的责任,施工单位应当承担20%责任。

(二)关于中兴公司是否应当承担违约

责任。

海擎公司认为，根据双方合同约定，中兴公司发生重大质量问题或不符合合同约定的技术标准及要求，每影响海擎公司正常开工或正常生产一天，中兴公司应向海擎公司支付本合同工程总造价的3‰的违约金。

二审法院认为，涉案工程发生质量问题的根本原因在于涉案工程所处的地质条件较为特殊，双方当事人在签订合同时对该地质条件均未充分预见。在合同履行中发现土质问题影响施工后，双方原应本着诚实信用原则对施工方案及合同价款的调整进行协商、公平合理地确定彼此的权利义务并履行合同。但由于双方均未能遵循诚实信用原则履行自己的义务，造成工期延误，并发生了工程质量事故，导致巨大的建设成本损失，对该损失的发生，根据双方的过错大小，应由海擎公司承担主要责任，中兴公司承担次要责任。

在建设成本损失之外，海擎公司还主张中兴公司应承担工程不能如期竣工、投入使用的工期延误违约责任，对此二审法院认为由于工程质量问题的发生导致无法按期竣工的主要过错在海擎公司，因此，海擎公司在建设成本之外主张中兴公司承担工期违约责任的法律依据并不充分，不予支持。

（三）关于工程款与停工损失应当如何认定。

永安造价咨询公司作出的工程造价结论为：基础工程已完工程为11338644.49元；停工期间损失为2518309.41元，其中：人工费为880750元，材料费为1581058.77元（工程实体用材料1289133.17元、措施性材料291925.60元），机械费为56500.64元。合计13856953.90元。海擎公司对造价鉴定结论提出如下异议：

1. 对工程造价鉴定方法有异议。海擎公司认为，双方合同约定是固定价，鉴定造价也应按合同约定，即鉴定已完工程造价/按图纸施工造价再乘以合同约定的固定价。

2. 鉴定报告中认定为中兴公司损失的材料清单是中兴公司单方提供的，不能作为认定事实依据。

3. 2008年5月24日双方合同已经解除，机械并没有留在工地上，故机械停工损失计算到2008年11月30日与事实不符。

4. 中兴公司只是二、三个管理人员，二、三十个工人，造价鉴定采纳的是中兴公司单方提供的未经质证的材料认定工人工资缺乏依据。

二审法院认为，1. 关于鉴定方法问题。对于海擎公司提出的异议，鉴定人在二审庭审中答复，虽然双方在合同中约定的是固定价，但由于目前工程尚未竣工，且在工程施工中所采取的措施费数额较大，故仅按施工图鉴定工程造价难以准确测算实际完成工程量占全部工程量的比例。因此，二审法院认为海擎公司主张的以鉴定已完工程造价/整个工程造价×1330万元固定价的方法不具备合理性，鉴定机构对已完工程按实结算并无不当，应予维持。

2. 关于钢筋与钢管、扣件等材料损失及机械损失，均系由于海擎公司在一审期间申请诉讼保全而导致的损失，其数额虽是根据中兴公司提供的清单计算，但已在诉讼保全期间经一审法院进行过清点，海擎公司在一审法院采取诉讼保全过程中并未提出异议，故其上诉主张缺乏证据证明，不予支持。

3. 关于人工工资损失。本案中，鉴定机构是以中兴公司提供的工资表为依据计算人工损失。其中管理人员工资从2008年4月计算至11月，共168000元；工人工资从2008年4月计算至6月双方在一审诉讼中同意解除合同为止，共712750元；此外，还计算了工人遣散费用50000元，合计880750元。海擎公司虽提出异议，但并不能提供充分的反证予以推翻；且从时间及数额看，也并非不合常理，故应予维持。

综上，二审法院认为，中兴公司已完工程款及停工期间损失为13856953.90元，对该损失应由海擎公司承担80%的责任，其余

20%应由中兴公司自行承担。因此，海擎公司应当支付中兴公司 11085563.12 元，现海擎公司已付工程款 772 万元，尚欠3365563.12 元，海擎公司应当支付中兴公司，并承担中兴公司同期银行贷款利息。

二审法院于 2010 年 3 月 2 日作出（2010）苏民终字第 0012 号民事判决：一、维持一审判决第一项，即解除海擎公司与中兴公司于2007 年 12 月 15 日签订的《合同书》；二、维持一审判决第二项，即驳回海擎公司其他诉讼请求；三、维持一审判决第四项，即驳回中兴公司其他诉讼请求；四、变更一审判决第三项为：海擎公司于判决生效后十日内给付中兴公司工程款 3365563.12 元及利息（利息按中国人民银行同期贷款利率计息，时间自 2008 年 6 月 25 日至给付之日）。

一审本诉案件受理费 48690 元，由海擎公司负担。反诉案件受理费 32480 元，由中兴公司负担 6496 元，海擎公司负担 25984 元。保全费 5000 元由海擎公司承担。工程造价评估费 110000 元，由中兴公司负担 22000 元，海擎公司负担 88000 元。工程质量鉴定费29900 元，由中兴公司负担 5980 元，海擎公司负担 23920 元。二审案件受理费 32480 元，由海擎公司负担 25984 元，中兴公司负担6496 元。

海擎公司不服江苏省高级人民法院（2010）苏民终字第 0012 号民事判决，向本院申请再审请求：撤销江苏省高级人民法院（2010）苏民终字第 0012 号民事判决，依法改判。再审开庭时，海擎公司明确其再审请求为：请求判令中兴公司承担违约责任 572万元；判令泰兴建行在担保函范围内承担连带责任；判令驳回中兴公司的反诉请求；所有诉讼费用由中兴公司承担。后经本院释明，海擎公司放弃对泰兴建行的再审请求。

海擎公司申请再审的事实与理由是：

（一）原判决认定事实错误。1. 设计图纸事先未经审查与工程质量问题没有因果关系。2. 中兴公司提出"增加桩长、提高承台"的

方案，只是便于施工人施工，但不符合设计单位的设计要求以及海擎公司使用，且"增加桩长、提高承台"会对承重能力产生影响，从而影响到厂房的基础安全，必须要经过设计单位重新测算、重新设计出图纸才能施工，原设计图纸没有问题，《设计图审查意见书》也没有提出实质性意见。3. 没有证据证实道路是海擎公司压坏的，海擎公司、监理单位从未收到中兴公司 2008 年 2 月 28 日工作联系单，即便收到也只能证明海擎公司进行约一天的挖掘试验，也没有大型运土车辆运土的记载。本案施工单位就是中兴公司，认定其动用机械和车辆完成了绝大部分开挖和全部运土的工作没有问题。在道路损害导致桩基损害的责任上，中兴公司至少要承担 99%的责任。4. 二审认定本案工程放坡系数不足，海擎公司承担主要责任。但因施工道路两侧均要开挖基坑，如满足放坡系数，则无法满足施工通行要求。中兴公司应当承担的是，在不能满足正常放坡系数的情况下，没有采取合理的施工方案，包括支护方案导致出现质量事故的责任。5. 从鉴定报告可以看出，施工通道如果加固就没有问题，如果没有大型或重型车辆通行也没有问题，如果采用基坑支护也没有问题。但中兴公司既未加固道路，也没有采用稳妥的方式开挖基坑和运土，实际施工中也没有采取基坑支护措施，这才是导致本案工程质量的最主要原因。中兴公司提出支护方案的时间是 2008 年 3 月 28 日，而 3 月 25 日海擎公司委托连云港市建祥桩基检测有限公司对于桩基的检测结果表明，大部分桩均为废桩，再用基坑支护方案已经于事无补。此外，假设中兴公司 2007 年 12 月16 日才知道地质情况，中兴公司可以选择不干，既然选择了干，就应当确定合理、科学的施工方案，或者干脆停工，以避免更大的损失，而非出现了严重质量问题后才想到调整施工方案。二审确定的责任应当颠倒过来，由中兴公司承担 80%的责任。6. 关于工程造价鉴定报告。一是对已完工程量造价鉴定方

法有问题，不仅应鉴定已完成工程量造价，还应按图纸鉴定出整个工程的造价，这样两个造价之比乘以合同造价，才是按照合同约定计算出来的中兴公司已完工程的造价。二是，关于工人和管理人员的工资核算，鉴定人就是根据中兴公司单方提供的工资表做的，没有其他证据佐证。二审庭审中，海擎公司强烈要求中兴公司提供名单上所有人员的身份证复印件和缴纳养老保险、个人所得税的相关凭证，但二审置海擎公司的合理质疑于不顾。二审认定工资时间、数额很不合理。再审审查中，海擎公司提交了监理单位的《工作联系单》，这份新证据足以说明中兴公司的施工人员于2008年4月底之前全部撤离了工地。7.《工程造价鉴定报告》提到的物料损失不是损失，不应成为工程造价的组成部分。海擎公司申请查封的包括钢筋、钢板、施工用脚手架、部分设备等，该部分物料没有物化在工程之中，结案后中兴公司可以拉走，不应成为工程造价的组成部分。而且，2010年7月26日，在连云港中院执行过程中，已经以现场物料归中兴公司所有，由中兴公司将上述物料全部拉走。

（二）中兴公司应承担违约责任。海擎公司与中兴公司原签订的合同中约定的工期为2007年12月20日起至2008年2月22日止，后因中兴公司提出种种理由，双方经协商，于2008年2月19日达成《补充协议》，将工期延长至2008年3月30日。2008年3月6日，双方再次在《补充协议》中约定，工期仍然为2008年3月30日到期。此后，双方再没就工期问题达成新的一致意见。中兴公司后期虽然就基坑支护方案及费用问题与海擎公司协商，但基坑支护方案是中兴公司合同约定范围内的工作，费用已包括在合同包死价之内。因此，后期协商问题不能作为中兴公司延长工期的理由。故自2008年3月31日起产生的工期延误，应由中兴公司负责，中兴公司理应承担违约责任。

本院对于一审、二审查明的事实予以确认。

本院认为，本案争议焦点是：1.本案工程质量出现问题责任应当如何承担；2.中兴公司应否承担工期违约责任；3.关于工程款及停工损失如何认定。

（一）本案工程质量出现问题责任应当如何承担。

海擎公司申请再审主张原判决认定事实错误，由其承担工程质量问题主要责任错误，以下分项论述：

1.关于设计图纸事先未经审查与工程质量问题有无因果关系。海擎公司主张设计图纸事先未经审查与质量问题没有因果关系，二审认为审查意见书认定设计图纸有问题错误。中兴公司答辩称海擎公司没有如实提供地质勘查报告，施工图纸未经过审批、未组织会审、缺乏科学论证，导致脱离当地地质实际，没有针对淤泥层设计专门措施，导致质量问题，且时至今日，海擎公司提供的图纸仍未经过审查，没有加盖审图章。

本院认为，《建设工程质量管理条例》第五条规定，从事建设工程活动，必须严格执行基本建设程序，坚持先勘查、后设计、再施工的原则；第十一条规定，建设单位应当将施工图设计文件报县级以上人民政府建设行政主管部门或者其他有关部门审查。施工图设计文件未经审查批准的，不得使用。本案中，工程质量问题产生原因很大程度是基于当地特殊地质。根据《建设工程质量管理条例》要求，在基本建设的规定程序中，与工程质量的形成关系密切的是勘察、设计、施工三个阶段。勘察工作为设计提供地质、水文等情况，给出地基承载力。勘察成果文件是设计工作的基础资料，设计单位据此确定选用的结构形式，进行地基基础设计，向施工单位提供施工图，施工单位按图施工。本案中，海擎公司在招投标过程中并未能提供证据证明曾提供岩土工程详细勘查报告，而是在签订合同的次日才提交，给工程质量事故的发生造成隐患，海擎公司应当对此承担责任。

海擎公司虽在二审庭审中提交了连云港市建设施工图审查中心出具的《施工图设计审查意见书》，该意见书关于地基处理及结构设计的安全性、合理性的评价为"无违反强条、强标"，但同时说明"因承台埋置较深至流塑淤泥设计应提醒施工单位做好基槽支护，同时设备基础应同时施工"。在审查综合意见中载明："各专业均存在不满足设计规范和标准的内容，应按审查意见组织修改与完善"。由此可见，该《施工图设计审查意见书》已经发现了施工地特殊土质以及设计方案中的承台高度可能造成的隐患，并提出了相应的要求"调整、修改原设计应按格式出具整改措施和正规设计变更，复查合格后，予以通过"。本案中，如果建设单位、监理单位与设计单位及时收到该意见书并给予充分重视，采取相应的保护措施或调整设计方案，则可能减轻或避免质量事故的发生。但该意见书出具的日期是 2008 年 4 月 15 日，此时工程质量事故已经发生，故意见书的出具已经于事无补。因此，本案中海擎公司违反行政法规未将施工图纸送审，且事后出具的《施工图设计审查意见书》对风险进行了提示、提出了整改及变更要求，应认定海擎公司未进行图纸报审与案涉工程质量事故的发生之间存在因果关系，并承担主要责任。中兴公司作为施工单位，在建设单位未提交岩土工程详细勘查报告和经过审核的施工图纸情况下，违背基本建设程序、急于报价承揽工程，亦有一定的过错。二审法院对此认定并无不妥，海擎公司所称设计图纸未经审查与质量问题没有因果关系依据不足，理由不能成立，本院不予支持。

2. 关于中兴公司提出"增加桩长、提高承台"的方案问题。海擎公司申请再审称中兴公司提出该方案，只是便于施工人施工，但不符合设计单位的设计要求以及海擎公司使用，且"增加桩长、提高承台"会对承重能力产生影响，从而影响到厂房的基础安全，

必须要经过设计单位重新测算、重新设计出图纸才能施工，原设计图纸没有问题，《设计图纸审查意见书》也没有提出实质性意见。故海擎公司不应因此导致质量问题承担相应责任。中兴公司答辩称该方案已经过专家论证，质量鉴定报告亦可证实，该方案如被采纳可以避免质量问题，且该方案成本较低。

本院认为，中兴公司于 2007 年 12 月 16 日得到岩土工程详细勘查报告和现场总平面图后，同年 12 月 20 日进场施工，12 月 26 日，中兴公司致海擎公司工作联系单二份，主要内容为因现场地质条件复杂，原自然土为水中所泡淤泥等，现土方量大大超出合同工程量范围，并需解决降水，建议提高室内 ±0.00 标高及场区标高至合理位置，请示设计院增加桩长提高承台（并修改承台），解决排水问题。另外，中兴公司在其投标文件的基坑开挖主要事项中亦明确"严格按照基础结构施工图进行；基坑开挖后如发现坑底土质与勘察报告不符，及时向业主、监理及设计单位反映"等内容。可见中兴公司已及时履行报告义务，并提出建议。且"增加桩长、提高承台"方案在连云港市建设工程质量监督站《工程质量鉴定报告》"关于海擎公司煤化工设备制造厂部分工程桩倾斜，断裂的鉴定分析意见"中亦说明针对"增加桩长、提高承台"方案对桩基施工的质量问题有很大影响，如果建设与监理单位报施工图进行审查，向设计单位反映提高桩身长度与承台标高，按基本建设程序办理，则本次的质量事故是可以减轻或避免的。但海擎公司未能会同监理单位、设计单位对于中兴公司提出的建议予以充分重视并研究相应措施，故其应对其后的工程质量事故责任承担主要责任。二审法院对此责任认定并无不当。

3. 关于重型汽车与挖土机械的碾压责任问题。海擎公司申请再审称没有证据证实道路是海擎公司压坏的，海擎公司、监理单位从未收到过中兴公司 2008 年 2 月 28 日工作联

系单，即便收到只能证明海擎公司只进行了约一天的挖掘试验，也没有大型运土车辆运土的记载。本案施工单位就是中兴公司，认定其动用机械和车辆完成了绝大部分开挖和全部运土的工作没有问题。在道路损害导致桩基损害的责任上，中兴公司至少要承担99％的责任。中兴公司答辩称，道路碾压完全是由海擎公司造成，海擎公司自行组织大型机械现场开挖、大型车辆土方外运导致道路压坏、桩发生倾斜。

本院认为，2008年2月28日的工作联系单载明"2008年2月24日建设单位自行组建了挖机和大型运土车辆对a轴交33-35轴进行了基坑开挖，采取即挖即运的方式，进行该基坑的土方开挖，致使大型运土车辆所行经过的道路沿线均发生了土体下沉。"海擎公司虽称从未收到过2008年2月28日的工作联系单，但该工作联系单有监理单位签字。工程监理单位，是受建设单位委托，依照国家法律规定要求和建设单位要求，在建设单位委托的范围内对建设工程进行监督管理的单位，所以该工作联系单尽管海擎公司予以否认，但并无充分证据推翻，故应予认定。且海擎公司并未提交证据证明其曾对该工作联系单中提及的由于海擎公司自行组建挖机和大型运土车辆碾压导致土体下沉后果提出异议。综上，二审法院关于因海擎公司重型汽车与挖上机械碾压导致土体下沉、基桩倾斜变形断裂的责任认定并无不妥。海擎公司此项再审理由依据不足，不予支持。

4.关于工程放坡系数不足的问题。海擎公司申请再审称因施工道路两侧均要开挖基坑，如满足放坡系数1：7，则无法满足施工通行要求。中兴公司应当承担的是，在不能满足正常放坡系数的情况下，没有采取合理的施工方案，包括支护方案导致出现质量事故的责任。中兴公司答辩称放坡系数达标。

本院认为，中兴公司所编制的土方开挖方案中载明"土坡坡度不大于安全坡度（1：1.5）"，是按照一般地质条件作出的开挖方案，但基于案涉工程特殊地质并不能满足基坑安全的要求，海擎公司虽未提出异议，但中兴公司在收到建设单位提供的岩土勘察报告后，已对现场地质情况有所了解，中兴公司此时应当注意到原土方开挖方案可能造成质量隐患，有义务及时向业主、监理及设计单位反映，重新调整土方开挖方案。建设单位与施工单位亦应秉承诚实信用原则，重新进行协商，共同商定可行的开挖方案及合同价款。但本案中，中兴公司只是提出了增加桩长、提高承台的优化设计方案，在该方案未得到建设单位采纳后，其未能从工程质量安全出发，进一步向建设单位提出调整开挖方案的要求，而是仍按原方案实施，故中兴公司对于施工产生的质量后果应当承担一定的责任。海擎公司一味强调工程造价为不变价，并以中兴公司施工过程应当采取何种施工方案与建设单位无关为由，对施工单位调整设计方案的建议未予重视与答复，亦应承担一定的责任。

5.关于基坑支护问题。海擎公司申请再审称中兴公司在投标文件中明确基坑支护结构，但实际施工中没有采取基坑支护措施，是导致本案工程质量事故的主要原因。中兴公司答辩称该公司在投标文件中基坑支护的承诺没有依据，因招标及签约时没有见到地质勘查报告，不可能考虑到基坑支护问题。

本院认为，根据《建设工程质量管理条例》规定，从事建设工程活动，必须严格执行基本建设程序，坚持先勘查、后设计、再施工的原则。案涉工程所处地区地质条件较为特殊，从中兴公司收到建设单位提供的岩土勘查报告的时间来看，是在双方签订合同之后，因此中兴公司在投标时乃至签订合同时客观上难以对当地特殊的地质情况作出准确判断。在中兴公司的投标文件中，虽载明"开挖过程中发现支护结构局部位移较大，已超过许可范围时，应暂时中止挖土，采用钢管或钢管索在竖直平面内进行斜撑，同时在支护结构外侧卸载，以减少主动土压力，也可打设锚杆进行加固；当支撑结构出现裂缝时，可用钢管或钢管索在支撑结构和支撑桩之间进行对撑加固"，但该支护方案应视为针对一般地质而并非案涉工程特殊地质作出。中兴公司于2008年3月28日拟定基坑支护方案并请专家予以论证，结果是要增加1000多万元工程造价，而本案工程合同预算价格为1300余万元亦可佐证。在发现地质情况特殊后，施工单位与建设单位均应秉承诚实信用原则，进行协商、调整方案。本案中，中兴公司提出有关方案，而海擎公司强调工程造价为包死价，并以中兴公司提出基坑支护方案和费用与建设单位无关，态度消极，应对工程质量出现问题承担主要责任；中兴公司虽于2008年3月28日提出基坑支护方案，但2008年5月21日，海擎公司委托鉴定单位对基桩施工期间（2008年2月16日—同年3月10日）的桩基抽测鉴定，案涉桩基已出现重大质量问题，此质量问题的发生，与中兴公司签订合同后发现特殊地质并提出建议，但在海擎公司不予认可之后仍不计后果施工有一定关系，故中兴公司亦应承担一定责任。

综上，案涉工程质量出现重大问题，建设单位与施工单位均有过错。海擎公司违反诚信原则，在签订合同之前未提交岩土工程详细勘查报告，未提交经过审核的施工图纸，违反《建设工程质量管理条例》规定的基本建设程序，为质量事故发生埋下隐患；海擎公司未能会同监理单位、设计单位对于施工单位提出的"增加桩长、提高承台"的合理建议予以充分重视并研究相应措施，亦未能会同监理单位对施工单位的土方开挖方案进行审查及组织专家论证，且在施工过程中，使用载重汽车参与土方开挖及运输导致道路碾压，海擎公司一味强调工程造价为不变价，并以中兴公司施工应当采取何种方案与建设单位无关为由，对施工单位调整设计方案的

建议未予重视与答复，故应承担相应的责任。作为专业施工单位，中兴公司在没有看到岩土详细勘查报告及经过审核的施工图情况下，即投标承揽工程，本身就不够慎重，发现特殊地质情况后虽提出建议，但在海擎公司不予认可之后仍不计后果冒险施工，对桩基出现的质量问题采取了一种放任态度。这种主观状态和做法应得到否定性评价。如果中兴公司真正关心工程质量，应当与海擎公司就地质情况所带来的问题进行协商，协商不成，明知工程无法继续应当采取措施避免损失的扩大。从案涉工程施工开始，中兴公司都可采取停止施工的止损措施，但其为了自己的合同利益，一味蛮干，且直到2008年3月6日，还与海擎公司签订内容为"考虑到中兴公司施工有一定困难土方量加大，海擎公司一次性补助中兴公司42万元，对中兴公司在施工过程中出现的道路、排水、塌方等一切困难及问题，海擎公司一律不再承担任何费用，全部由中兴公司自行承担并解决"的补充协议。中兴公司虽主张该协议的补助仅是针对土方量增加的补助而非工程质量问题，但也说明中兴公司为谋取合同利益而忽视质量风险。因此本院认为中兴公司对工程质量事故责任应承担比二审判决所确定的比例更高的责任。

综上，建设单位海擎公司对本案工程质量问题的发生应承担主要责任，施工单位中兴公司承担次要责任。本院认为，应对二审法院确定的责任比例进行调整，由海擎公司对本案工程质量问题的发生承担70％的责任，中兴公司承担30％的责任。

（二）关于中兴公司应否承担违约责任。

海擎公司申请再审称其与中兴公司原签订的合同中约定的工期为2007年12月20日起至2008年2月22日止，后因中兴公司提出种种理由要求顺延工期，双方经协商，于2008年2月19日达成《补充协议》，将工期延长至2008年3月30日。2008年3月6日，双方再次在《补充协议》中约定，工期仍然

为 2008 年 3 月 30 日到期。此后，双方再没就工期问题达成新的一致意见。中兴公司后期虽然就基坑支护方案及费用问题与海擎公司协商，但基坑支护方案是中兴公司合同约定范围内的工作，费用已包括在合同包死价之内。因此，后期协商问题不能作为中兴公司延长工期的理由。故自 2008 年 3 月 31 日起产生的工期延误，应由中兴公司负责，中兴公司理应承担违约责任。中兴公司答辩称由于海擎公司的原因，导致工程无法继续，工期延误，应由海擎公司承担责任。

本院认为，如前所述，涉案工程发生质量问题的根本原因在于工程所处的地质条件较为特殊。在合同履行中发现土质问题影响施工后，双方当事人均未能遵循诚实信用原则履行自己的义务，造成工期延误，并发生了工程质量事故，导致巨大的建设成本损失，对该损失的发生，根据双方的过错大小，应由海擎公司承担主要责任，中兴公司承担次要责任。

在建设成本损失之外，海擎公司还主张中兴公司应承担工程不能如期竣工的违约责任，本院认为由于工程质量问题的发生导致无法按期竣工的主要过错在海擎公司，因此，海擎公司在建设成本之外主张中兴公司承担工期违约责任的法律依据并不充分，本院不予支持。

（三）关于工程款与停工损失应当如何认定。

永安造价咨询公司作出的工程造价结论为：基础工程已完工程为 11338644.49 元；停工期间损失为 2518309.41 元，其中：人工费为 880750 元，材料费为 1581058.77 元（工程实体用材料 1289133.17 元、措施性材料 291925.60 元），机械费为 56500.64 元。合计 13856953.90 元。

海擎公司申请再审称，已完工程量造价鉴定方法有问题，不仅应鉴定已完成工程量造价，还应按图纸鉴定出整个工程的造价，这样两个造价之比乘以合同造价，才是按照合同约定计算出来的中兴公司已完工程的造价。本院认为，由于工程尚未竣工，且在工程施工中所采取的措施费数额较大，故仅按施工图鉴定工程造价难以准确测算实际完成工程量占全部工程量的比例。因此，海擎公司主张的以鉴定已完工程造价/按图纸施工造价再乘以合同约定的固定价的方法不具备合理性，二审法院对此认定并无不妥。

海擎公司申请再审称《工程造价鉴定报告》提到的物料损失 158 万余元不是损失，不应成为工程造价的组成部分。其一审时申请法院查封的包括钢筋、钢板、施工用脚手架、部分设备等，该部分物料没有物化在工程之中，结案后中兴公司可以拉走，不应成为工程造价的组成部分。而且，2010 年 7 月 26 日，在连云港中院执行过程中，已经以现场物料归中兴公司所有为由让中兴公司将上述物料全部拉走。本院认为，该材料费 1581058.77 元不应予以扣除。理由是：关于钢筋与钢管、扣减等材料损失及机械损失，是海擎公司在一审期间申请诉讼保全而导致的损失，根据《中华人民共和国民事诉讼法》第九十六条规定，申请有错误的，申请人应当赔偿被申请人因财产保全所遭受的损失。尽管在执行过程中，中兴公司已拉走该部分材料，应予以抵扣，当事人对此有异议，但这是执行程序中的问题，不在本案的审理范围。

海擎公司申请再审称关于工人和管理人员的工资核算错误。首先鉴定人根据中兴公司单方提供的工资表进行核算，没有其他证据佐证；二是认定工资时间、数额很不合理；再审审查中，海擎公司提交了监理单位的《工作联系单》，主张这份证据足以说明中兴公司的施工人员于 2008 年 4 月底之前全部撤离了工地。中兴公司答辩称关于施工人员工资证据一审中已经质证，在海擎公司没有明确要求撤场情况下，中兴公司保留几十个工人很有必要，已尽到止损义务。

本院认为，海擎公司提交的泰安市泰山

工程建设监理咨询公司出具的 2008 年 4 月 29 日《工作联系单》，从时间上看，在一审诉讼前已形成，但海擎公司在一审、二审过程中均未提交，不符合最高人民法院《关于民事诉讼证据的若干规定》第四十四条对新的证据的解释；且从出具人来看，是监理单位出具，监理公司与建设单位海擎公司有利害关系，亦不能单独作为认定案件事实的依据。故对该证据，本院不予采信。海擎公司申请再审称鉴定人根据中兴公司单方提供的工资表核算工资，没有其他证据佐证，本院认为海擎公司虽提出异议，但并不能提供充分反证予以推翻，且从时间及数额看，也并非不合常理。故本院认为，二审法院关于工程款与停工损失的认定并无不当，海擎公司的该项再审请求依据不足，本院不予支持。中兴公司已完工程款及停工期间损失为 13856953.90 元。对该损失应由海擎公司承担 70% 的责任，其余 30% 应由中兴公司自行承担。因此，海擎公司应当支付中兴公司 9699867.73 元，海擎公司已付工程款 772 万元，尚欠 1979867.73 元，海擎公司应当向中兴公司支付，并承担中兴公司同期银行贷款利息。

综上，本院认为，海擎公司申请再审部分理由成立，根据《中华人民共和国民事诉讼法》第一百八十六条第一款、第一百五十三条第一款第（三）项规定，判决如下：

一、维持江苏省高级人民法院（2010）苏民终字第 0012 号民事判决第一项、第二项、第三项；

二、变更江苏省高级人民法院（2010）苏民终字第 0012 号民事判决第四项为：海擎重工机械有限公司于本判决生效后十日内给付江苏中兴建设有限公司工程款 1979867.73 元及利息（利息按中国人民银行同期贷款利率计算，时间自 2008 年 6 月 25 日至给付之日止）。

如果海擎重工机械有限公司未按本判决指定的期间履行给付金钱义务，应当依照《中华人民共和国民事诉讼法》第二百二十九条之规定，加倍支付迟延履行期间的债务利息。

一审本诉案件受理费 48690 元，由海擎重工机械有限公司负担。反诉案件受理费 32480 元，由江苏中兴建设有限公司负担 9744 元，海擎重工机械有限公司负担 22736 元。保全费 5000 元由海擎重工机械有限公司负担。工程造价评估费 11 万元，由江苏中兴建设有限公司负担 33000 元，海擎重工机械有限公司负担 77000 元。工程质量鉴定费 29900 元，由江苏中兴建设有限公司负担 8970 元，海擎重工机械有限公司负担 20930 元。二审案件受理费 32480 元，由海擎重工机械有限公司负担 22736 元，江苏中兴建设有限公司负担 9744 元。

本判决为终审判决。

审　判　长　×××
代理审判员　×××
代理审判员　×××
二〇一二年六月二十五日
书　记　员　×××

齐河环盾钢结构有限公司与济南永君物资有限责任公司建设工程施工合同纠纷案

《最高人民法院公报》2012 年第 9 期

【裁判摘要】

鉴定机构分别按照定额价和市场价作出鉴定结论的，在确定工程价款时，一般应以市场价确定工程价款。这是因为，以定额为基础确定工程造价大多未能反映企业的施工、技术和管理水平，定额标准往往跟不上市场价格的变化，而建设行政主管部门发布的市场价格信息，更贴近市场价格，更接近建筑工程的实际造价成本，且符合《合同法》的有关规定，对双方当事人更公平。

最高人民法院
民事判决书

(2011) 民提字第 104 号

申请再审人（一审被告、二审被上诉人，原被申诉人）：济南永君物资有限责任公司，住所地山东省济南市历城区工业北路 64 号。

法定代表人：杨文平，该公司总经理。

委托代理人：于毅，山东德孚律师事务所律师。

委托代理人：陈学锋，该公司法律顾问。

被申请人（一审原告、二审上诉人，原申诉人）：齐河环盾钢结构有限公司，住所地山东省德州市齐河县晏北工业园区。

法定代表人：刘文栋，该公司执行董事。

委托代理人：陈杰，山东鼎杰律师事务所律师。

委托代理人：李乔，山东源达明华律师事务所律师。

申请再审人济南永君物资有限责任公司（以下简称永君公司）与被申请人齐河环盾钢结构有限公司（以下简称环盾公司）建设工程施工合同纠纷一案，不服山东省高级人民法院（2008）鲁民提字第 304 号民事判决，向本院申请再审。本院于 2010 年 12 月 22 日作出（2010）民再申字第 109 号民事裁定，提审本案。本院依法组成合议庭，于 2011 年 6 月 21 日开庭审理了本案。永君公司的法定代表人杨文平及其委托代理人于毅、陈学锋，环盾公司的委托代理人陈杰、李乔到庭参加诉讼。本案现已审理终结。

2006 年 4 月 22 日，环盾公司起诉至山东省济南市历城区人民法院称，2003 年 11 月 1 日，环盾公司承揽了永君公司的 30 万吨棒材轧钢厂厂房与翼缘板轧制厂厂房项目，按合同约定，两项工程共计 1588 万元。该工程已经交付永君公司使用近两年，永君公司尚欠环盾公司工程款 455 万余元拒绝支付，请求法院判令永君公司立即支付工程款。永君公司辩称，环盾公司从未与永君公司签订任何合同，也不欠其工程款，环盾公司主体不适格，请求驳回环盾公司的起诉。

山东省济南市历城区人民法院一审查明，一、关于钢结构厂房工程的实际施工主体问题。环盾公司提供了两份建设工程施工合同均是制式合同。两份合同记载的发包人均是永君公司，承包人均是"第九冶金建设公司第五分公司"。其中一份合同约定：工程名称是翼缘板轧制厂，厂房建筑面积 11639 平方米，工程内容是按投标工程报价的各项目内容及施工图纸规定项目施工，承包范围是图纸设计内容（除水电安装、地面以外图纸所设计的所有内容），工程质量标准为合格，争取优良，合同价款是452万元，合同订立时间是2003年11月1日，项目经理是刘文栋。另一份合同约定：工程名称是30万吨棒线材轧钢厂，厂房建筑面积18601平方米，工程内容是按投标工程报价的各项目内容及施工图纸规定项目施工，承包范围是图纸设计内容（除水电安装、地面以外图纸所设计的所有内容），工程质量标准为合格，争取优良，合同价款1186万元，合同订立时间是2003年11月1日，项目经理是刘文栋。两份合同在甲方（发包方）一栏加盖公章的均是永君公司，签名的委托代理人均是刘泽洪；在乙方（承包方）一栏加盖公章的名称均是"第九冶金建筑公司第五分公司合同专用章"，签名的委托代理人均是石忠义；电话0534－5676388，传真0534－5676999。环盾公司为证明自己是钢结构厂房的实际施工人，除提供其持有的上述两份施工合同，还提供中国网通齐河分公司书证，证明上述施工合同乙方（承包方）一栏记载的电话0534－5676388、0534－5676999均是环盾公司办公电话。环盾公司提供山东省齐河经济开发区管理委员会书证，证明争议工程的合同和技术资料中出现的石忠义在环盾公司任经理，王振楼与李宗义是公司的技术员。环盾公司提供工程图纸会审和设计交底记录、地基与基础工程质量评定表、地基隐蔽工程验收记录、纤探结论等工程技术资料中施工单位加盖的公章均是"第九冶金建筑公司第五分公司"公章，签名是环盾公司法定代表人刘文栋。环盾公司提供提货单，证明永君公司抵顶工程款的钢材均运送到环盾公司。环盾公司提供三份施工合同、环盾公司财务记账凭证、外联单位的收款收据、发票等证据来证明支付给工程外联单位的各种款项均是环盾公司支付。永君公司对环盾公司提供的上述证据的真实性没有异议，但认为环盾公司提

供的证据不能证明环盾公司是工程的实际施工人。

为查明争议工程合同主体和实际施工主体情况，山东省济南市历城区人民法院调取了（2005）历城民商初字第739号民事卷宗和（2006）历城民商初字第1113号民事卷宗中的有关材料。（2005）历城民商初字第739号民事卷宗的卷宗材料有：1.环盾公司法定代表人刘文栋以"第九冶金建筑公司第五分公司"项目经理名义作为该案委托代理人参加诉讼的授权委托书，委托书加盖"第九冶金建筑公司第五分公司"公章，落款时间是2005年6月12日。2.环盾公司法定代表人刘文栋与永君公司工作人员刘泽洪签订的一份证明，证明称永君公司发包给"第九冶金建筑公司第五分公司"承建的30万吨棒线材轧钢厂、加热炉厂房及翼缘板轧钢工程的施工地点已由济南市工业北路68号改为董家镇机场路谢家屯村西。3.环盾公司法定代表人刘文栋以"第九冶金建筑公司第五分公司"名义与案外人山东英格利实业有限公司签订的用于"济南永君钢铁公司轧钢厂房"工程预拌混凝土供需合同。（2006）历城民商初字第1113号民事卷宗的卷宗材料有：1.中国第九冶金建设公司第五工程公司出具的书证，证明石忠义、刘文栋不是该公司人员，该公司从未在山东济南从事施工和承接工程。2.法院工作人员在工商注册登记机关未查到有"第九冶金建筑公司第五分公司"工商注册登记记录的情况说明。3.环盾公司工作人员徐显富以"第九冶金建筑公司第五分公司"名义与案外人刘延平签订的铝合金安装及制作工程承包合同，以及徐显富为刘延平出具的刘延平在永君翼板厂安装铝合金窗完成的工程量的书面证明。审理中双方当事人对上述证据均无异议。

根据（2006）历城民商初字第1113号民事卷宗中的调查材料及中国第九冶金建设公司第五工程公司出具的书证表明，"第九冶金建筑公司第五分公司"公章是虚假的，中国

第九冶金建设公司第五工程公司并未承揽双方争议的钢结构厂房工程。环盾公司提供的证据表明，环盾公司持有双方争议工程的施工合同、施工技术资料，收取了永君公司供应的工程用钢材及永君公司支付的工程价款。结合环盾公司提供的外联采购合同和调取的另外两案卷宗中环盾公司法定代表人和工作人员以"第九冶金建筑公司第五分公司"名义，为争议的钢结构工程建设签订采购混凝土和外包铝合金门窗加工合同等证据，能够认定环盾公司是双方争议的钢结构厂房工程的实际施工人。

二、关于钢结构工程的竣工验收及工程造价问题。1. 工程竣工验收情况。环盾公司提供《工程竣工质量验收报告》，报告载明的工程类别为钢结构，工程地点在谢家屯，工程名称是永君钢铁轧钢车间，工程性质是工业用，包工总价是 1588 万元，发包单位是永君公司，工程量及简要内容是柱基开挖、浇筑混凝土、钢结构厂房的制作、安装（含行车梁的制作安装），发包、监理、承包和设计单位验收意见是验收达到合格标准、开工日期是 2003 年 11 月 2 日，验收日期是 2004 年 5 月 28 日。永君公司在报告发包方一栏加盖公章，陕西省冶金设计研究院在设计单位一栏加盖公章，承包单位一栏加盖的公章名称是"第九冶金建筑公司第五分公司"，报告书监理单位一栏未加盖公章。环盾公司还提供了钢结构安装单位工程观感质量表、各分项工程质量验收记录、分部工程质量评定表均记载质量合格，济南市历城区建设工程监理服务中心业务一科在上述材料上加盖了公章。环盾公司提供工程竣工验收总表，竣工验收情况结论是基础施工、钢构件制作、焊接、钢构件安装等符合要求合格，永君公司、济南市历城区建设工程监理服务中心业务一科在总表上加盖公章，施工单位一栏加盖的公章是"第九冶金建筑公司第五分公司"，签名的是环盾公司法定代表人刘文栋。永君公司对环盾公司提供的上述证据有异议，认为验

收报告不真实，出具报告的时间是 2004 年 5 月 23 日，但报告书中验收日期是 2004 年 5 月 28 日，所以报告书是在未验收的情况下形成的；报告书没有监理部门签章，不能证明工程已经验收；验收总表记载竣工日期是 2004 年 5 月 20 日与验收报告记载的日期矛盾，所以，环盾公司不能证明工程已竣工验收合格。环盾公司提供的《工程竣工质量验收报告》虽然没有监理单位加盖公章，但环盾公司提供了钢结构安装单位工程观感质量表、各分项工程质量验收记录、分部工程质量评定表均记载质量合格，济南市历城区建设工程监理服务中心业务一科加盖公章；环盾公司还提供了工程竣工验收总表，竣工验收情况结论是基础施工、钢构件制作、焊接、钢构件安装等符合要求合格，永君公司、济南市历城区建设工程监理服务中心业务一科加盖公章。该工程永君公司也已接收并投入使用，结合环盾公司提供的竣工验收明细材料应认定，环盾公司实际施工的双方争议的钢结构厂房工程已经竣工验收，质量合格。2. 工程造价问题。环盾公司主张工程造价应按其提供的两份施工合同约定的造价合计 1588 万元结算。针对环盾公司提供的两份施工合同，审理中永君公司也提供一份施工合同。该合同约定：发包人为济南永君钢铁有限公司，承包人为第九冶金建设公司第五分公司，工程名称是轧钢厂房，厂房建筑面积 28254 平方米，工程内容按投标工程报价的各项目内容及施工图纸规定项目施工，承包范围是图纸设计内容（除水电安装、地面以外图纸所设计的所有内容），工程质量标准为合格，争取优良，合同价款是 988 万元，合同订立时间是 2003 年 11 月 1 日，项目经理是刘文栋。合同在甲方（发包方）一栏加盖公章的是永君公司，签名的委托代理人是刘泽洪，在乙方（承包方）一栏加盖公章的名称是"第九冶金建筑公司第五分公司合同专用章"，签名的委托代理人是石忠义。因双方当事人提供的合同价款相互矛盾，但合同记载的签订时

间却是同一日期，相同的委托代理人签订，承包方公章是虚假的，所以无法按合同确定工程价款。山东省济南市历城区人民法院一审审理中委托山东省实信工程造价咨询有限公司（以下简称实信造价公司）对环盾公司承建的钢结构厂房的造价进行鉴定。实信造价公司出具的济南永君轧钢车间《造价鉴定报告书》认定，济南永君轧钢车间工程造价无异议部分是 15772204.01 元，其中直接工程费和措施费合计 12097423.01 元；有异议部分是 39922.82 元。该报告书第五项有关情况说明称，钢结构工程有两种结算方式：一种为市场价；另一种为定额价。按照钢结构工程造价鉴定的惯例，应以市场价进行鉴定。根据一审法院要求，实信造价公司出具《造价鉴定补充说明》，该说明以永君公司提供的总价款为 988 万元的合同约定的单价 337.73 元/平方米和施工图纸及施工记录记载的建筑面积 29240 平方米为依据，得出工程总造价市场价值为 9875225.20 元。环盾公司对此认定提出异议，认为进行鉴定就是因为双方提供的合同约定的价款相互矛盾，鉴定部门仍依永君公司提供的合同得出市场价显然不妥。实信造价公司又出具《造价鉴定补充说明（一）》，该说明称收到的三份合同相互矛盾，均不采纳。结合当时市场情况和双方提供的其他证据，认为综合单价应采用鲁正基审字（2004）第 0180 号造价咨询报告的综合单价，建筑面积采用施工图纸，比较符合市场情况，即工程造价（市场价）为：388.35 元/平方米（综合单价），建筑面积为 29240 平方米，总造价为 9875225.20 元。因该说明中总造价数字计算有误，实信造价公司出具《造价鉴定补充说明（二）》称：本公司于 2007 年 8 月 10 日出具的《造价鉴定补充说明（一）》认定工程综合单价为 388.35 元/平方米，工程面积为 29240 平方米，工程总造价为 11355354 元，因笔误，补充说明（一）将总造价误算为 9875225.20 元，应更正为 11355354 元。上述《造价鉴定补充说明

（一）》和《造价鉴定补充说明（二）》中依据的鲁正基审字（2004）第 0180 号造价咨询报告，是山东鲍德永君翼板有限公司委托山东正诺工程造价咨询有限公司所作的《关于山东鲍德永君翼板有限公司钢结构厂房工程结算的审核报告》。山东鲍德永君翼板有限公司委托审核的是订立时间为 2003 年 11 月 1 日合同价款为 452 万元的翼缘板轧制厂工程合同。报告审核结果为：原送审结算值为 452 万元，经审核核定的工程结算值为 452 万元，净核减值为 0。工程造价审核说明称合同价款 452 万元为中标价。该工程造价鉴定结果认定表中建设单位加盖公章的是山东鲍德永君翼板有限公司，施工单位加盖的公章是"第九冶金建筑公司第五分公司"，经办人签名是徐显富（环盾公司的工作人员）。3. 工程款的支付情况。环盾公司确认收到永君公司支付工程款 11952835.52 元，其中永君公司为工程提供钢材抵工程款 5877835.52 元，永君公司直接支付工程款 605 万元，环盾公司工作人员王振楼在施工中为工程施工向永君公司借款 25000 元，审理中环盾公司认可是永君公司支付的工程款。

三、环盾公司的施工资质和向公安机关报案情况。环盾公司提供的资质证书载明，环盾公司注册资金 327 万元；主项资质等级是钢结构工程叁级，承包范围是可承担单项合同额不超过企业注册资金 5 倍且跨度 24 米及以下、总重量 600 吨及以下、单体建筑面积 6000 平方米及以下的钢结构工程。环盾公司提交齐河县公安局证明，证明内容为：2005 年 12 月份环盾公司来报案称，2003 年 11 月张育鑫、薛兴堂等人冒充中国第九冶金建设公司工作人员，提供了中国第九冶金建设公司的相关资质材料及中国第九冶金建设公司第五分公司的印鉴及其他材料，以该公司的名义承包了永君公司的钢结构工程，并由环盾公司实际施工。在施工过程中，张育鑫、薛兴堂等人从环盾公司骗走 20 余万元。2005 年 10 月经环盾公司到中国第九冶金建设

公司落实，发现并无"中国第九冶金建筑公司第五分公司"，中国第九冶金建设公司也无张育鑫、薛兴堂等工作人员。于是向公安机关报案，要求追究张育鑫、薛兴堂等人的诈骗责任。该局接到报案后，由于环盾公司当时无法提供张育鑫、薛兴堂等人的确切身份、住址等情况，就告知环盾公司暂时不予立案，待公司将张育鑫、薛兴堂等人的身份、住址情况搞清楚后再决定是否立案。永君公司对环盾公司提供的该证明真实性无异议，但认为该书证只能证明环盾公司于 2005 年 10 月曾报过案，工程于 2004 年就结束了，该证明不能证明环盾公司受到过诈骗。一审法院认为永君公司异议成立，齐河县公安局的证明只能证明环盾公司曾报过案，仅依此书证不能证明环盾公司曾受过诈骗。

山东省济南市历城区人民法院一审认为，环盾公司和永君公司提供的三份施工合同中，工程承包方加盖的公章均是虚假的，环盾公司诉称是被张育鑫、薛兴堂等人诈骗，并曾经报警，但环盾公司提供的公安机关的证明表明环盾公司不能说清张育鑫、薛兴堂等人的确切身份、住址等情况，所以，环盾公司该主张的证据不充分，不能证明存在环盾公司被他人诈骗的事实。环盾公司和永君公司提供的合同、施工技术资料、财务往来凭证上的经办人均是环盾公司工作人员，这一方面能证明环盾公司是双方争议工程的实际施工人，同时也证明环盾公司在与永君公司业务往来中一直在使用"中国第九冶金建筑公司第五分公司"虚假公章。而且环盾公司为工程施工购买混凝土，外联委托加工铝合金门窗不是以自己公司名义签订合同，而是使用这枚虚假公章，充分说明环盾公司在此钢结构工程合同签订和履行过程中使用虚假公章，存在欺诈行为。环盾公司冒用虚假资质，使用虚假公章与永君公司签订的三份钢结构工程施工合同均是无效合同。但由于环盾公司按质量要求完成了钢结构厂房工程，工程质量验收合格，永君公司也已经接收厂房并

已投入使用，所以，环盾公司可以实际施工人的身份主张工程款。本案争议的最大焦点是工程造价如何计算，工程款按什么标准结算。按照最高人民法院的有关司法解释规定，冒用资质签订的建设施工合同无效，但实际施工人完成工程，工程竣工验收合格，可以按双方合同约定结算工程款。但本案双方当事人针对同一工程提供的三份合同，约定的工程价款差额巨大，但合同记载的签订时间却是同一日期，由相同的委托代理人签订的，依据合同不能确认合同当事人对合同价款约定的真实意思表示。所以，法院委托鉴定机构鉴定该工程总造价，鉴定机构出具的报告称，钢结构工程有两种结算方式：一种为市场价；另一种为定额价，按照钢结构工程造价鉴定的惯例，应以市场价进行鉴定。鉴定机构根据法院委托按定额价和市场价结算方式分别出具了鉴定结论。一审法院审查后认为，鉴定机构按市场价结算方式出具的鉴定结论主要是以山东鲍德永君翼板有限公司委托山东正诺工程造价咨询有限公司所作的鲁正基审字（2004）第 0180 号《关于山东鲍德永君翼板有限公司钢结构厂房工程结算的审核报告》为鉴定依据。第一、该报告委托主体不是合同双方当事人；第二、鲁正基审字（2004）第 0180 号《关于山东鲍德永君翼板有限公司钢结构厂房工程结算的审核报告》报告结论是，"原送审结算值为 452 万元，经审核核定的工程结算值为 452 万元"，表明该报告是对 452 万元的施工合同约定结算值的认定，前面已经论述 452 万元的施工合同是无效合同，不能确认合同内容是工程发包方和实际施工人的真实意思表示；第三、鉴定机构按市场价结算方式出具的鉴定结论缺乏较充分的工程同期材料、人工、机械等工程造价主要构成要素的市场价格资料作依据。所以一审法院对鉴定机构以市场价出具的鉴定结论不予采信。钢结构工程与传统建筑工程相比属于较新型建设工程，工程定额与传统建筑工程定额相比不够完备，但本案中鉴

定机构按定额价结算方式出具的鉴定结论与市场价结算方式出具的结论相比，事实和法律上的依据都较充分，所以一审法院采信鉴定机构按定额价结算方式出具的鉴定结论。鉴定机构依据定额结算方式计算的工程造价是采用的 2003 年山东省建设委员会颁布的《山东省建筑工程消耗量定额》，该定额是按工程类别确定取费标准。双方争议的工程属一类工程，环盾公司不具有承揽此类工程的施工资质，在合同签订和履行过程中环盾公司有欺诈行为，一审法院认为永君公司应按鉴定机构依据定额结算方式计算的工程总造价无异议部分中直接费总额给付环盾公司工程款。环盾公司与永君公司签订的三份钢结构工程施工合同无效，主要是环盾公司冒用资质承揽工程，使用虚假公章签订合同的行为造成。三份合同约定的工程价款差额巨大，但记载的却是同一签订时间，由永君公司同一个委托代理人签订，均加盖永君公司公章，永君公司在合同签订过程中也有过错，永君公司的过错行为也是造成无法依合同约定确认工程价款的原因之一，所以，鉴定费用应由环盾公司与永君公司按各自的过错分担。山东省济南市历城区人民法院于 2007 年 11 月 9 日作出（2006）历城民商初字第 825 号民事判决：一、永君公司给付环盾公司工程款 144586.48 元，永君公司于本判决生效之日起 10 日内付清；二、驳回环盾公司其他诉讼请求。案件受理费 32770 元，由环盾公司负担 28370 元，永君公司负担 4400 元；财产保全费 23520 元，由环盾公司负担；鉴定费 13 万元，由环盾公司负担 9 万元，永君公司负担 4 万元。

环盾公司不服一审判决，向山东省济南市中级人民法院提起上诉称，一、一审判决依据的是错误的鉴定报告。一审时对环盾公司提出的鉴定异议并未质证，违反了证据须经当事人进行质证才能采信的原则，该鉴定报告漏项及错算多达十几项，没有真实地反映该工程造价。环盾公司针对鉴定报告以上存在的诸多问题提出异议后鉴定人虽然进行了答复，但鉴定人答复显然不当，环盾公司针对其答复提出异议后，一审法院并未就此进一步质证，没有保障环盾公司充分地行使诉权。二、一审法院仅判令永君公司支付工程直接费违背了等价有偿的原则。虽然环盾公司在签订合同时应永君公司的要求而犯了错误，但环盾公司按合同要求，保质保量的按期履行了合同义务，该工程已经质监机构和永君公司验收合格并交付使用三年多。在履行该合同时，环盾公司同样付出了施工企业应当付出的一切，环盾公司也会发生企业管理费、规费、税金及其他项目费用，而这些也是承建该项目成本的一部分，虽然环盾公司承建该项目超越了资质，但对发生的成本应计算在内，超越资质承包与无资质承包显然是本质不同的，一审法院判决将这些费用排除在外，是对直接费概念的曲解。三、一审法院做出"在合同签订和履行过程中环盾公司有欺诈行为"的认定是错误的。1. 环盾公司使用"第九冶金建筑公司第五分公司"的名义与永君公司签订合同，是应永君公司要求。永君公司签订合同时的代理人刘洪泽（永君公司工作人员，已去世）在与环盾公司洽谈该业务时，要求环盾公司以一级资质的企业名义签订合同，这样便于永君公司将该建好后的工程与"济钢"合资。为了满足永君公司的要求，环盾公司通过莱钢永峰轧钢厂介绍，认识了第九冶金建筑公司第五分公司的张育鑫，经协商张育鑫同意环盾公司挂靠该单位，并以该单位的名义承揽工程，由其出具第九冶金建筑公司第五分公司的全套手续，与永君公司签订合同，并收取环盾公司的管理费。在整个合同履行期间包括外协合同的签订，后来的应诉，张育鑫始终控制公章，所有文件和合同都由其加盖，环盾公司则向其交纳管理费。直至本案起诉前的 2005 年 10 月份，经与中国第九冶金建设公司接触，环盾公司才知道所谓的第九冶金建筑公司第五分公司并不存在，于是就在齐河县公安局报了案。因此，环盾公司并未有欺诈的故意。同时需要说明，从工程开始永君公司就知道工程是环盾公司承建，永君公司提供的主要材料都是由永君公司直接送到环盾公司院内，一审法院认定环盾公司在签订履行合同中存在欺诈行为无事实依据。2. 在合同履行期间环盾公司没有任何欺诈行为。诚然，在合同签订时环盾公司因受了张育鑫等人的蒙骗而使用了不存在的分公司名义签订合同，但环盾公司积极地履行了合同义务，按期完成了工程并经质监机构验收合格，而且在结算上没有弄虚作假，不存在欺诈，一审法院在未查明事实的情况下认定环盾公司在合同签订和履行过程中有欺诈行为，没有事实依据。四、一审法院在审理期间，违法解除对永君公司存款的冻结保全措施，损害了环盾公司的合法权益。请求撤销一审判决，依法改判或发回重审；本案一、二审诉讼费、保全费、鉴定费用，全部由永君公司承担。

2008 年 2 月 2 日，环盾公司又提交补充上诉状称，一审法院仅支持工程造价鉴定无异议部分中的直接费用无事实和法律依据。尽管环盾公司不具有承揽涉案工程的施工资质，但是争议的工程确实属于一类工程，而且该工程已经竣工验收合格，并投入使用三年之久，最高人民法院《关于审理建设工程施工合同纠纷案件适用法律问题的解释》第二条 a) 的规定，建设工程施工合同无效，但建设工程经竣工验收合格，承包人请求参照合同约定支付工程价款的，应予支持。工程价款包括直接费、间接费、税金及成本。而直接费和间接费是工程造价里面的成本，由于间接费是施工企业为工程所支出的实际费用，并不能因为合同无效而由施工人承担本应由发包人承担的成本。如果折价补偿应当包括施工人为建设工程所支出的所有实际费用，其价值就是建设工程的整体价值，也即建设工程的完整造价。如果合同无效后承包人只能主张合同约定的价款中的直接费和间接费，则承包人融进建筑工程产品当中的利润及税金就被发包人获得。发包人依据无效合同取得了承包人应当得到的利润，这与无效合同的处理原则不符合，违背了等价有偿原则。因此，一审法院扣减环盾公司应得的间接费、税金和利润无法律依据。

永君公司答辩称，其亦不同意一审判决。环盾公司主体不适格，应当认定真实的合同价款是 988 万元，并依此作为判决的依据。对环盾公司提交的补充上诉状，主张已过上诉期，不予认可，请求二审法院不予采纳。

山东省济南市中级人民法院二审查明，一审判决认定的事实属实，予以确认。另查明，本案一审期间，鉴定人员根据永君公司的申请，出庭接受双方当事人的质询，同时就环盾公司对鉴定报告的异议进行了回复。二审中，环盾公司提出鉴定申请，并提供鉴定材料。永君公司对鉴定材料质证后认为，一审法院审理过程中，依据当事人的申请，要求鉴定人员出庭接受询问，两位鉴定工程师出庭接受了当事人的询问，对鉴定过程中的问题作了解答，鉴定过程中不存在漏项的情况。因此，环盾公司认为原鉴定结论有漏项根本不存在。

山东省济南市中级人民法院二审认为，一审法院已经对涉案工程委托了有资质的鉴定机构进行了鉴定，并对环盾公司提出的相关问题进行了回复，对环盾公司提出的漏项部分已经答复，一审法院委托的鉴定机构出具的鉴定报告合法有效，环盾公司申请重新鉴定不予支持。环盾公司 2008 年 1 月 2 日提交的补充上诉状，因已过上诉期，永君公司不予认可，故不予审理。环盾公司使用虚假"第九冶金建筑公司第五分公司"的名义与永君公司签订建设工程施工合同，"第九冶金建筑公司第五分公司"公章系环盾公司冒用，环盾公司不具有承包涉案建筑工程的资质，违背了法律的强制性规定，故环盾公司与永君公司签订的三份建设工程施工合同均无效。最高人民法院《关于审理建设工程施工合同纠纷案件适用法律问题的解释》第二条的规定，建设工程施工合同无效，但建设工程竣工验收合格，承包人请求参照合同约定支付工程价款的，应予支持。但因本案中，涉案工程有三份价款不一致的建设工程施工合同，不能确定双方当事人对涉案工程价款的约定，故一审法院依据鉴定报告确定双方之间的工程款，并无不当。环盾公司称，鉴定报告未进一步质证，鉴定报告有漏项及错算的主张。但是，一审审理过程中，鉴定报告已送达双方当事人签收，鉴定人员已经出庭接受了双方当事人的询问，环盾公司对鉴定报告的异议，鉴定机构已做了答复，故环盾公司关于鉴定报告未进一步质证的主张，不予支持。关于鉴定报告中是否漏算车间钢屋架梁制作和安装、漏算车间采光带、漏算运输费、漏算钢制动梁、漏算面漆、漏算车间墙角泛水包角、背檐口包角、窗口包角、门口包角、漏算 3mm 的天沟钢构件及拉丝、隔撑及定额套用是否有误，实信造价公司就此问题已做说明，鉴定报告已对吊车梁、屋面采光带等做了计算，故环盾公司该主张，不予支持。关于环盾公司称一审法院判令永君公司向环盾公司支付工程直接费对环盾公司不公的主张，由于环盾公司冒用虚假公司的名义与永君公司签订建设施工合同，致使双方之间的建设施工合同无效，一审法院判令永君公司向环盾公司支付工程直接费用并无不当。关于环盾公司称一审法院违法解除对永君公司存款冻结的主张，在一审法院采取财产保全措施后，永君公司对冻结的存款已经提供了相应的担保，一审法院解除对永君公司存款的冻结并无不当。综上，环盾公司的上诉请求和理由，证据不足，不予支持。一审判决认定事实清楚，应予维持。依照《中华人民共和国民事诉讼法》第九十五条、一百五十二条、第一百五十三条第一款第（一）项、第一百五十八条之规定，山东省济南市中级人民法院于 2008 年 4 月 11 日作出（2008）济民五终字第 44 号民事判决：驳回上诉，维持原判。二审案件受理费 32770 元，由环盾公司负担。

环盾公司不服，向检察机关提出申诉。山东省人民检察院抗诉认为，二审判决以环盾公司没有承揽该类工程的施工资质，在合同签订和履行过程中其有欺诈行为为由，仅认定了实信造价公司《建筑工程结算书》中无异议部分的直接费用 12097423.01 元，而对施工过程中产生的间接费、税金、利润等部分均未予以认定，系适用法律错误。首先，二审判决因双方当事人提交的三份合同系当事人冒用"第九冶金建筑公司第五分公司"的名义签订的，且环盾公司系超越资质承揽业务，故认定合同无效，符合相关法律规定。最高人民法院《关于审理建设工程施工合同纠纷案件适用法律问题的解释》第二条规定："建设工程施工合同无效，但建设工程经竣工验收合格，承包人请求参照合同约定支付工程价款的，应予支持。"所以，环盾公司请求永君公司按照原合同的约定支付工程价款，并无不当。既然涉案的三份合同均无效，则工程价款的数额应当以实际发生的价款为准。2004 年 5 月，涉案工程经双方当事人共同验收结算，工程达到合格标准，该工程的《工程竣工质量验收报告》中载明工程造价为 1588 万元。本案一审期间，经法院委托，实信造价公司于 2007 年 1 月 19 日对该工程作出《建筑工程结算书》，认定涉案工程造价无异议部分为 15772204.01 元，本案一、二审判决均对此予以确认。该认定的造价数额与双方当事人之间结算数额基本一致，进一步证明涉案工程实际造价应当是 1588 万元左右。其次，建设工程施工合同履行的过程，就是将劳动和建筑材料物化在建筑产品中的过程。合同被确认无效后，已经履行的内容不能适用返还的方式使合同恢复到签约前的状态，而只能按照折价补偿的方式处理。而所谓的"价"，从工程施工管理的角度来讲，应当包括直接费、间接费、税金及利润等各种实际发生的价款，而非仅仅指原材料费、人工费等直接费。最高人民法院《关于审理建设工程施工合同纠纷案件适用法律问题的解释》第二条实际上是对在因为无资质而导致合同无效的情况下所实际发生的合格建筑工程予以有条件的认可，从而对现实生活中普遍存在的此类现象予以合理规范与控制，对由此所产生的社会关系予以合理的解决与疏导。二审判决认定了上述事实，但却以环盾公司没有承揽该类工程的施工资质，在合同签订和履行过程中其有欺诈行为为由，仅认定了实信造价公司《建筑工程结算书》中无异议部分的直接费用12097423.01元，而对施工过程中产生的各种间接费、税金、利润等部分均未予以认定，明显与最高人民法院《关于审理建设工程施工合同纠纷案件适用法律问题的解释》第二条的本意不符。而且直接费和间接费均属于工程造价里面的成本，是施工企业为工程所支出的实际费用，折价补偿理当包括施工人为建设工程所支出的所有实际费用。再次，就建设工程而言，其价值就是建设工程的整体价值，也即建设工程的完整造价。如果合同无效后承包人只能主张合同约定价款中的直接费和间接费，则承包人融入建筑工程产品当中的利润及税金就将被发包人获得。发包人依据无效合同取得了利润，这也与无效合同的处理原则不符，对施工方不公平，违背了等价有偿的原则。原审判决以环盾公司没有承揽该类工程的施工资质，在合同签订和履行过程中其有欺诈行为为由，仅认定了实信造价公司《建筑工程结算书》中无异议部分的直接费用12097423.01元，而对施工过程中产生的间接费、税金、利润等部分均未予以认定，系适用法律确有错误。

原再审过程中，环盾公司称，一、《工程竣工验收总表》和《工程竣工质量验收报告》记载的预算造价和包工总价均为1588万元，且签署在涉案工程竣工后，可以作为永君公司向环盾公司进行工程结算的依据。经法院委托，实信造价公司于2007年1月19日作出《建筑工程结算书》，认定涉案工程造价无异

议部分为15772204.01元，本案一、二审判决均对此予以确认。该认定的造价数额与双方当事人之间结算数额基本一致，证明涉案工程实际造价是1588万元左右。二、一审法院采用的工程造价鉴定报告存在漏项、定额套用错误，导致对工程造价的认定错误，二审未予纠正。三、二审判决以环盾公司没有承揽该类工程的施工资质，在合同签订和履行过程中有欺诈行为为由，仅认定了实信造价公司鉴定报告中无异议部分的直接费用12097423.01元，而对施工过程中产生的间接费、税金、利润等部分均未予以认定，系适用法律错误。

永君公司辩称，原审判决正确，应予维持。

山东省高级人民法院再审查明的事实与原一、二审认定的事实一致。

山东省高级人民法院再审认为，环盾公司冒用"第九冶金建筑公司第五分公司"的名义，使用虚假公章与永君公司签订的三份建设工程施工合同均无效。因环盾公司按工程质量要求施工完成了工程，经验收工程质量合格，永君公司已经接收了工程并已投入使用，环盾公司以实际施工人的身份主张工程款，予以支持。因本案双方当事人分别举证的三份合同中约定的工程价款不同，双方均各自认为自己所举证的合同真实，因双方对三份合同本身及合同的工程价款存在分歧，法院无法予以参照。根据一审法院委托实信造价公司所作的《造价鉴定报告书》，经质证后，原一、二审法院判决均予以采信，《造价鉴定报告书》中济南永君轧钢车间工程造价无异议部分是15772204.01元，有异议部分是39922.82元。建设工程价值就是整体价值，也即建设工程的完整造价。合同无效后，如施工方只能主张建设工程造价中的直接费，则施工方融入建筑工程当中的间接费、利润及税金就被发包方获得，这与无效合同的处理原则不符，对施工方不公平，违背了等价有偿的原则。原审判决以环盾公司没有承揽

涉案工程的施工资质，在合同签订和履行过程中有欺诈行为为由，仅支持了环盾公司无异议部分的直接费用 12097423.01 元，而对间接费、税金、利润等均未予以支持不当。检察机关关于本案应当保护环盾公司整体工程造价（包括直接费、间接费、利润及税金）的抗诉意见成立，予以支持。原一、二审判决适用法律不当，应予纠正。经山东省高级人民法院审判委员会研究决定，依照《中华人民共和国民事诉讼法》第一百五十三条第一款第（二）项，第一百八十六条第一款之规定，判决：一、撤销山东省济南市中级人民法院（2008）济民五终字第 44 号民事判决与山东省济南市历城区人民法院（2006）历城民商初字第 825 号民事判决；二、永君公司于本判决生效 10 日内偿付给环盾公司工程款 3819368.49 元（鉴定的工程造价 15772204.01 元—已支付的 11952835.52 元）。一审案件受理费 32770 元，由环盾公司负担 16385 元，永君公司负担 16385 元；财产保全费 23520 元，由环盾公司负担；鉴定费 13 万元，由环盾公司负担 9 万元，永君公司负担 4 万元。二审案件受理费 32770 元，由环盾公司负担 16385 元，永君公司负担 16385 元。

永君公司不服该判决，向本院申请再审称，一、环盾公司并非是施工人，从涉案项目的投标到合同的签订、履行，始终都是石忠义、刘文栋冒用"中国第九冶金建筑公司第五分公司"资质，使用虚假公章，属于严重欺诈行为，这是造成工程施工合同无效的根本原因。在山东省高级人民法院再审期间，永君公司曾申请对三份合同是否是同一天签订申请鉴定，但山东省高级人民法院未予采纳，属于程序不当。二、988 万元是涉案工程的真实价款，应参照该 988 万元的施工合同进行工程结算。山东省高级人民法院采纳定额价结算方式的鉴定报告，存在误算、多算的问题，对工程造价类别划分界定错误，将二类工程按照一类工程计取费率。即使本案采用司法审价也只能采用市场价结算方式的

鉴定结论。三、涉案工程并没有经过竣工验收，山东省高级人民法院依据被申请人伪造的证据认定涉案工程经验收工程质量合格，显然属于事实认定错误。四、退一步讲，本案即使采用定额结算方式的鉴定结论，应仅支持直接费，而对于间接费、利润和税金则不应支持。五、原一、二审和原再审法院采纳的定额价鉴定报告本身就存在严重的硬伤。综上，请求撤销山东省高级人民法院（2008）鲁民提字第 304 号民事判决，驳回环盾公司的诉讼请求。

环盾公司辩称，原再审判决认定事实清楚，适用法律正确，应予维持。

本院再审查明的事实与原审判决认定的事实一致。

本院再审认为，本案争议的焦点问题是：1. 环盾公司是否是涉案工程的实际施工人；2. 涉案工程施工合同的效力认定；3. 涉案工程价款的确定依据。

一、关于环盾公司是否是涉案工程的实际施工人的问题。

本院认为，首先，虽然从本案建设工程施工合同的形式看，承包人为第九冶金建设公司第五分公司，与环盾公司并无直接的法律关系，从本案建设工程施工合同的内容看，也没有约定与环盾公司有关的权利义务内容，但是，环盾公司提供了中国网通齐河分公司书证，证明上述施工合同乙方（承包方）一栏记载的电话 0534　5676388、0534－5676999 均是环盾公司办公电话。其次，环盾公司提供的提货单证明永君公司抵顶工程款的钢材均运送到环盾公司；环盾公司的财务记账凭证、外联单位的收款收据、发票等证据能够证明支付给涉案工程外联单位的各种款项由环盾公司支付；环盾公司法定代表人刘文栋还以"第九冶金建筑公司第五分公司"名义与案外人山东英格利实业有限公司签订的用于"济南永君钢铁公司轧钢厂房"工程预拌混凝土供需合同。再次，环盾公司法定代表人刘文栋与永君公司工作人员刘泽洪签

订的一份证明，证明称永君公司发包给"第九冶金建筑公司第五分公司"承建的30万吨棒线材轧钢厂、加热炉厂房及翼缘板轧钢工程的施工地点已由济南市工业北路68号改为董家镇机场路谢家屯村西。最后，环盾公司持有双方争议工程的施工合同、施工技术资料，收取了永君公司供应的工程用钢材及永君公司支付的工程价款。因此，原一、二审和认定环盾公司是涉案工程的实际施工人并无不当。永君公司提出的主张环盾公司不是实际施工人的申请再审理由不成立，本院不予支持。

二、关于涉案工程施工合同的效力问题。

本院认为，根据原一、二审查明的事实和证据，能够证明承包人"第九冶金建筑公司第五分公司"系环盾公司工作人员假冒中国第九冶金建设公司第五工程公司的企业名称和施工资质承包涉案工程，环盾公司的行为构成欺诈，且违反建筑法以及相关行政法规关于建筑施工企业应当取得相应等级资质证书后，在其资质等级许可的范围内从事建筑活动的强制性规定。依照《中华人民共和国合同法》第五十二条第（五）项、最高人民法院《关于审理建设工程施工合同纠纷案件适用法律问题的解释》第一条之规定，应当认定环盾公司假冒中国第九冶金建设公司第五工程公司的企业名称和施工资质与永君公司签订的建设工程施工合同无效。永君公司提出的建设工程施工合同无效的主张正确，本院予以支持。

三、关于涉案工程价款的确定依据的问题。

本院认为，第一，本案应当通过鉴定方式确定工程价款。尽管当事人签订的三份建设工程施工合同无效，但在工程已竣工并交付使用的情况下，根据无效合同的处理原则和建筑施工行为的特殊性，对于环盾公司实际支出的施工费用应当采取折价补偿的方式予以处理。本案所涉建设工程已经竣工验收且质量合格，在工程款的确定问题上，最高

人民法院《关于审理建设工程施工合同纠纷案件适用法律问题的解释》第二条a）的规定，可以参照合同约定支付工程款。但是，由于本案双方当事人提供了由相同的委托代理人签订的、签署时间均为同一天、工程价款各不相同的三份合同，在三份合同价款分配没有规律且无法辨别真伪的情况下，不能确认当事人对合同价款约定的真实意思表示。因此，该三份合同均不能作为工程价款结算的依据。一审法院为解决双方当事人的讼争，通过委托鉴定的方式，依据鉴定机构出具的鉴定结论对双方当事人争议的工程价款作出司法认定，并无不当。

第二，本案不应以定额价作为工程价款结算依据。一审法院委托实信造价公司进行鉴定时，先后要求实信造价公司通过定额价和市场价两种方式鉴定。2007年1月19日，实信造价公司出具的鲁实信基鉴字〔2006〕第006号鉴定报告载明，采用定额价结算方式认定无异议部分工程造价为15772204.01元，其中直接工程费和措施费合计12097423.01元，有异议部分工程造价为39922.82元。一、二审判决以直接工程费和措施费合计12097423.01元作为确定工程造价的依据；山东省高级法院再审判决则以无异议部分15772204.01元作为工程造价。首先，建设工程定额标准是各地建设主管部门根据本地建筑市场建筑成本的平均值确定的，是完成一定计量单位产品的人工、材料、机械和资金消费的规定额度，是政府指导价范畴，属于任意性规范而非强制性规范。在当事人之间没有作出以定额价作为工程价款的约定时，一般不宜以定额价确定工程价款。其次，以定额为基础确定工程造价没有考虑企业的技术专长、劳动生产力水平、材料采购渠道和管理能力，这种计价模式不能反映企业的施工、技术和管理水平。本案中，环盾公司假冒中国第九冶金建设公司第五工程公司的企业名称和施工资质承包涉案工程，如果采用定额取价，亦不符合公平原则。再

次，定额标准往往跟不上市场价格的变化，而建设行政主管部门发布的市场价格信息，更贴近市场价格，更接近建筑工程的实际造价成本。此外，本案所涉钢结构工程与传统建筑工程相比属于较新型建设工程，工程定额与传统建筑工程定额相比还不够完备，按照钢结构工程造价鉴定的惯例，以市场价鉴定的结论更接近造价成本，更有利于保护当事人的利益。最后，《中华人民共和国合同法》第六十二条第（二）项规定，当事人就合同价款或者报酬约定不明确，依照合同法第六十一条的规定仍不能确定的，按照订立合同时履行地的市场价格履行；依法应当执行政府定价或者政府指导价的，按照规定履行。本案所涉工程不属于政府定价，因此，以市场价作为合同履行的依据不仅更符合法律规定，而且对双方当事人更公平。

第三，以市场价进行鉴定的结论应当作为定案依据。实信造价公司根据一审法院的委托又以市场价进行了鉴定，并于 2007 年 9 月 26 日出具的造价鉴定补充说明（二）指出，涉案工程综合单价每平方米 388.35 元，工程总造价 11355354 元。一审法院认为，实信造价公司按市场价结算方式出具的鉴定结论主要是以山东鲍德永君翼板有限公司委托山东正诺工程造价咨询有限公司所作的鲁正基审字（2004）第 0180 号《关于山东鲍德永君翼板有限公司钢结构厂房工程结算的审核报告》为鉴定依据，而该报告委托主体不是合同双方当事人，该报告所涉 452 万元的施工合同是无效合同，且该鉴定结论缺乏较充分的工程同期材料、人工、机械等工程造价主要构成要素的市场价格资料作依据。但是，实信造价公司于 2007 年 8 月 10 日出具的补充说明（一）已经明确载明，鲁正基审字（2004）第 0180 号造价咨询报告中的综合单价 388.35 元，比较符合当时的市场情况。对于这一鉴定结论，双方当事人均未提供充分证据予以反驳。《关于山东鲍德永君翼板有限公司钢结构厂房工程结算的审核报告》委托

主体是否为本案合同双方当事人，以及该报告所涉 452 万元施工合同是否有效，均不影响对综合单价每平方米 388.35 元的认定。一、二审和原再审判决对以市场价出具的鉴定结论不予采信的做法不当，应予纠正。本案所涉工程总面积为 29240 平方米，故工程总造价按市场价应为 11355354 元。鉴于永君公司已经支付工程款 11952835.52 元，永君公司在一审判决后没有上诉；二审维持一审判决后，永君公司亦没有提出申请再审，因此，本案工程总造价可按一审确定的 12097423.01 元，作为永君公司应当支付的工程款项。

综上所述，永君公司申请再审的理由成立，原再审判决认定事实不当，应予纠正。依照《中华人民共和国民事诉讼法》第一百五十三条第一款第（二）项、第（三）项，第一百八十六条第一款之规定，判决如下：

一、撤销山东省高级人民法院（2008）鲁民提字第 304 号民事判决；

二、维持济南市中级人民法院（2008）济民五终字第 44 号民事判决和济南市历城区人民法院（2006）历城民商初字第 825 号民事判决。

一审案件受理费 32770 元，由齐河环盾钢结构有限公司负担 28370 元，济南永君物资有限责任公司负担 4400 元；财产保全费 23520 元，由齐河环盾钢结构有限公司负担；鉴定费 13 万元，由齐河环盾钢结构有限公司负担 9 万元，济南永君物资有限责任公司负担 4 万元。二审案件受理费 32770 元，由齐河环盾钢结构有限公司负担。

本判决为终审判决。

审 判 长 ×××
代理审判员 ×××
代理审判员 ×××
二〇一一年十一月十七日
书 记 员 ×××

河源市劳动服务建筑工程公司与龙川县人民政府
建设工程施工合同纠纷案

《最高人民法院公报》2013 年第 6 期

【裁判摘要】

原告提出诉讼请求并经人民法院作出生效裁判后，又以实际争议标的额超出原诉讼请求为由，就超出的数额另行提起诉讼，系对同一争议事实再次起诉，违反一事不再理的民事诉讼原则，人民法院不应予以支持。

最高人民法院
民事裁定书

（2011）民再申字第 68 号

申请再审人（一审原告、二审被上诉人、原被申请人）：河源市劳动服务建筑工程公司。住所地：广东省河源市新市红星路 163 号。

法定代表人：陈芄光，该公司经理。

委托代理人：李秀云，北京市融商律师事务所律师。

被申请人（一审被告、二审上诉人、原申请再审人）：龙川县人民政府。住所地：广东省河源市龙川县老隆镇中山东路 20 号县府大院。

法定代表人：韦钦强，该县代县长。

委托代理人：姜同光，广东中安律师事务所律师。

委托代理人：丛松平，广东中安律师事务所律师。

申请再审人河源市劳动服务建筑工程公司（以下简称劳服公司）因与被申请人龙川县人民政府（以下简称龙川县政府）建设工程施工合同纠纷一案，不服广东省高级人民法院（以下简称广东高院）（2010）粤高法审监民再字第 11 号民事裁定（以下简称再审裁定），向本院申请再审。本院依法组成合议庭对本案进行了审查，现已审查终结。

劳服公司申请再审称：（一）有新的证据，足以推翻再审裁定。劳服公司提交的 2005 年 12 月 15 日的工程款结算表是新的证据，证明双方确认龙川县政府所欠工程款 4506688 元及利息正在诉讼中，不在结算范围之内。（二）再审裁定认定的基本事实缺乏证据证明。广东高院（2004）粤高法民一终字第 402 号民事判决（以下简称 402 号判决）未对 4506688 元工程款进行判决，劳服公司对该部分工程款另行起诉，不违反一事不再理原则。再审裁定认定劳服公司再次对涉案工程的造价提起诉讼违反了一事不再理原则，缺乏证据证明。（三）再审裁定适用法律确有错误。再审裁定所依据的河源市公路局设计室出具的《审核报告》、广东省交通工程造价管理站出具的粤交造价〔2003〕091 号《省道 227（原 1920）线龙川老隆至江广亭段改建工程调整投资规模审查意见》（以下简称《审查意见》）均不是由具备工程造价咨询企业资质的单位作出，适用法律确有错误。（四）再审裁定遗漏诉讼请求。再审裁定遗漏了双方签字认可 402 号判决未对 4506688 元工程款进行判决的事实。劳服公司依据《中华人民共和国民事诉讼法》第一百七十九条第一款第（一）项、第（二）项、第（六）项、第（十二）项的规定申请再审。

龙川县政府提交意见认为，劳服公司的再审申请缺乏事实与法律依据，请求予以驳回。

本院认为：1. 关于劳服公司提交的 2005 年 12 月 15 日的工程款结算表是否属于新的证据的问题。劳服公司提交的工程款结算表在本案二审期间就已经存在，但劳服公司无正当理由未予提交，该证据不符合最高人民法院《关于适用〈中华人民共和国民事诉讼法〉审判监督程序若干问题的解释》第十条关于"新的证据"的规定，不属于新的证据。2. 关于再审裁定认定劳服公司起诉违反一事不再理原则是否缺乏证据证明的问题。2004 年 2 月 18 日，劳服公司以《审核报告》为依据，向广东省河源市中级人民法院（以下简称河源中院）起诉，请求龙川县政府、龙川县交通公路建设指挥部支付工程款 15061995.39 元。诉讼中，劳服公司依据河源市振丰工程造价咨询有限公司作出的《第三期工程造价鉴定报告》（以下简称《鉴定报告》），增加了工程款本金 4506688 元及利息的诉讼请求，后又以不能支付诉讼费为由撤回了增加的诉讼请求。河源中院一审以《审核报告》为依据，判决龙川县政府向劳服公司支付工程款 15061995.39 元及其利息。一审判决作出后，龙川县政府提起上诉。广东高院 402 号判决在一审判决的基础上，扣除双方当事人在二审期间重新确认的已支付工程款等，判令龙川县政府向劳服公司支付工程款 14792283.71 元及其利息，该判决已发生法律效力。第一次起诉时，劳服公司系以《审核报告》作为依据，并提出了相应的诉讼请求，只是由于在诉讼过程中，《鉴定报告》所确认的工程造价高于《审核报告》所确认的工程造价，劳服公司才增加了诉讼请求，

后又以不能缴纳诉讼费为由，撤回了增加的诉讼请求。河源中院一审判决后，劳服公司亦未提起上诉。广东高院 402 号判决系对涉案工程款全案作出的终审判决，在该判决作出后，劳服公司再次对涉案工程款另案提起诉讼，系对同一争议事实再次起诉，违反一事不再理原则。故再审裁定驳回劳服公司的起诉，有充分的事实依据。3. 关于再审裁定适用法律是否确有错误的问题。再审裁定仅对劳服公司的再次起诉是否违反一事不再理原则进行了认定，并未对涉案工程款数额进行认定，亦未将《审核报告》《审查意见》作为认定事实的依据。因此，劳服公司关于再审裁定适用法律确有错误的申请再审理由不能成立。4. 关于再审裁定是否遗漏诉讼请求的问题。双方当事人签字认可 402 号判决未对 4506688 元工程款进行判决，属于事实问题，而非诉讼请求，且再审裁定驳回劳服公司的起诉，并不涉及工程款的认定，故本案不存在遗漏诉讼请求的问题。

综上，劳服公司的再审申请不符合《中华人民共和国民事诉讼法》第一百七十九条第一款第（一）项、第（二）项、第（六）项、第（十二）项规定的情形。依照《中华人民共和国民事诉讼法》第一百八十一条第一款之规定，裁定如下：

驳回河源市劳动服务建筑工程公司的再审申请。

审　判　长　×××
审　判　员　×××
审　判　员　×××
二〇一一年十月二十六日
书　记　员　×××

莫志华、深圳市东深工程有限公司与东莞市长富广场房地产开发有限公司建设工程合同纠纷案

《最高人民法院公报》2013 年第 11 期

【裁判摘要】

鉴于建设工程的特殊性，虽然合同无效，但施工人的劳动和建筑材料已经物化在建筑工程中，依据最高人民法院《关于审理建设工程施工合同纠纷案件适用法律的解释》第二条的规定，建设工程合同无效，但建设工程经竣工验收合格，承包人请求参照有效合同处理的，应当参照合同约定来计算涉案工程价款，承包人不应获得比合同有效时更多的利益。

最高人民法院
民事判决书

（2011）民提字第 235 号

申请再审人（一审原告、反诉被告、二审上诉人）：莫志华，男，汉族，1956 年 8 月 14 日出生，住广东省清新县太平镇太平居委会西闸街 6 号。

委托代理人：朱海波，广东智洋律师事务所律师。

委托代理人：韦宁，北京市开越律师事务所律师。

被申请人（一审被告、反诉原告、二审被上诉人）：东莞市长富广场房地产开发有限公司，住所地广东省东莞市大朗镇长富商业街步行街 238 号。

法定代表人：叶见杨，该公司董事长。

委托代理人：何筝君，广东三恩律师事务所律师。

委托代理人：兰华，广东三恩律师事务所律师。

原审原告：深圳市东深工程有限公司，住所地广东省深圳市罗湖区水库南东深供水工程管理局办公楼一楼。

法定代表人：林进宇，该公司董事长。

委托代理人：王征，该公司员工。

委托代理人：周娜，该公司员工。

申请再审人莫志华因与被申请人东莞市长富广场房地产开发有限公司（以下简称长富广场公司）、原审原告深圳市东深工程有限公司（以下简称东深公司）建设工程合同纠纷一案，不服广东省高级人民法院（2008）粤高法民一终字第 71 号民事判决，向本院申请再审。本院于 2010 年 12 月 2 日作出（2010）民申字第 1418 号民事裁定，提审本案。本院依法组成合议庭，公开审理了本案。莫志华及其委托代理人朱海波、韦宁，长富广场公司的委托代理人何筝君，东深公司的委托代理人王征、周娜到庭参加诉讼。本案现已审理终结。

莫志华一审诉称，2003 年初，莫志华为承建东莞市长富商贸广场工程项目与长富广场公司进行了多次洽谈，在莫志华支付长富广场公司 50 万元投标保证金（后转为履约保证金）后，长富广场公司同意莫志华承建该项目，但是同时还提出莫志华必须以具有二级建筑资质的公司名义投标、签订合同和报建。2003 年 4 月 30 日，莫志华与深圳市东深工程有限公司（以下简称东深公司）签订了《长富商贸广场工程合作协议》，确立了双方

在东莞市长富商贸广场工程项目上的挂靠承包关系。同年 5 月 11 日，莫志华以东深公司的名义与长富广场公司签订《长富广场工程初步协议》，约定由莫志华承建的工程分为三部分：第一部分为设计面积为 80523 平方米的商住楼及地下室部分工程；第二部分为步行街街景及设施；第三部分为电力安装工程，莫志华在同等条件下具有优先承包权。莫志华与长富广场公司又分别于同年的 5 月 19 日和 5 月 21 日签订《东莞市建设工程施工合同》及《大朗长富商贸广场工程施工合同》，然而上述施工合同的工程造价以初步设计图纸粗略估算而来，是不真实的。长富广场公司与莫志华约定先行施工，工程造价则按照经会审后的设计施工图纸按实结算。在交付了 270 万元的履约保证金后，莫志华从 2003 年 6 月 23 日进场施工至 2003 年底，共计投入了 550 万元的现金以及价值约 300 万元的设备材料，其间长富广场公司却没有支付任何的工程进度款。从 2003 年下半年开始，建材价格不断大幅度涨价，工程造价成本大幅度提高。尽管莫志华多次与长富广场公司就造价调整进行协商，但双方均未达成协议。在这种情况下，莫志华仍积极采取措施，保证正常施工。截至 2005 年 3 月 31 日，莫志华完成了 3 层 1 栋、4 层 1 栋、6 层 1 栋、12 层 2 栋、16 层 2 栋共 70522 平方米建筑面积的全部土建工程，12800 平方米的地下室工程以及其他约定和增加、变动的工程，仅余下 12 层 2 栋和 16 层 2 栋裙楼以下小部分室内和外墙工程因长富广场公司停止支付工程款而未完成。莫志华实际已完成了相当于 76291753.31 元的工程量，然而长富广场公司仅支付了 57860815.68 元的工程款，仍欠莫志华工程款 18430937.83 元。在双方合作过程中，长富广场公司没有将步行街街景及设施工程发包给莫志华，又剥夺了莫志华对该项目第三部分的电力安装工程的优先承包权；未按照约定追加工程投资款，反而要求莫志华承担建筑材料大幅涨价所造成的后果；长富广场公司

没有及时确定有关工程修改方案，导致工程工期严重延误，增加了莫志华的成本；在工程尚未交付和进行任何验收的情况下，强行将部分建筑交付使用，严重违法并影响了工程工期。综上所述，莫志华请求一审法院判令：1. 长富广场公司向莫志华支付工程款 18431937.83 元及该款从起诉之日到付清之日期间的利息（利率按人民银行规定同期同类贷款利率）；2. 长富广场公司向莫志华退还履约保证金 270 万元及自该保证金交付日至返还日利息（利率按人民银行规定同期同类贷款利率）计至 2005 年 3 月 31 日为 278302.5 元，3. 长富广场公司承担本案全部诉讼费及鉴定费。

东深公司一审诉称，2003 年 4 月，莫志华与东深公司签订《长富商贸广场工程合作协议》。2003 年 5 月，莫志华以东深公司的名义与长富广场公司签订《长富广场工程初步协议》。现莫志华以挂靠承包建筑工程违反国家相关法律为由，向法院起诉要求解除与长富广场公司的合同，并要求长富广场公司支付工程款和退还履约保证金及相关利息。为了保护自身的合法利益，东深公司特向法院起诉，请求一审法院依法判令：1. 长富广场公司向东深公司支付工程款 18430937.83 元及该款从起诉之日到付清之日期间的利息（利率按人民银行规定同期同类贷款利率），并将上述款项付至东深公司的账户；2. 长富广场公司向东深公司退还履约保证金 270 万元及该保证金自交付之日至返还日的利息（利率按人民银行规定同期同类贷款利率）计至 2005 年 3 月 31 日为 278302.5 元，并将上述款项付至东深公司的账户；3. 长富广场公司承担本案全部诉讼费。

长富广场公司于一审反诉并答辩称，其与东深公司最后约定工程总造价约为 5480 万元，合同工期由 2003 年 6 月 1 日至 2004 年 7 月 31 日，共计 420 天。其严格按照约定履行了付款义务，已经实际支付工程款 57166406.48 元，但是东深公司无理停工，提

前退出项目工程的施工，没有最后完成工程任务，东深公司的违约行为已经给长富广场公司造成了巨额经济损失。长富广场公司认为莫志华可能与东深公司串通，编造合同文件，以达到废除长富广场公司与东深公司签订的合约、规避法律责任和逃避合同责任的目的。故请求一审法院判令东深公司、莫志华：1. 返还工程款4871657.84元；2. 赔偿长富广场公司其他经济损失2918177.97元，其中包括：（1）垫付工程款的利息236177.97元，从2004年8月1日计至2005年6月1日（以后顺延计算）；（2）工程逾期交付违约金1818000元（按照每天6000元计算，从2004年8月1日至2005年6月1日）；（3）被查封价值1500万元房产经济损失864000元（自2005年8月23日被查封时起至被解封日止，损失比照银行同期贷款暂计至2006年8月23日）；3. 承担本案的诉讼费用。

莫志华、东深公司均未对长富广场公司的反诉提出答辩。

广东省东莞市中级人民法院一审查明：2003年4月30日，莫志华与东深公司订立《长富商贸广场工程合作协议书》，协议由莫志华以东深公司的名义与建设单位签订大朗商贸广场工程施工合同，东深公司的权利义务由莫志华实际享有和承担，莫志华向东深公司缴纳工程造价的1.5%的费用作为东深公司工程管理费。2003年5月13日，东深公司与长富广场公司订立《长富广场工程初步协议》。2003年5月19日，东深公司与长富广场公司签订《东莞市建设工程施工合同》。2003年5月21日，东深公司与长富广场公司订立《大朗长富商贸广场工程施工合同》，工程范围为：东莞市大朗长富商贸广场的土建工程（不包括二次装修工程，但包含内墙身、天花找平层压光、天花线管预留到位）、给排水工程、防雷工程（包括基本防雷设施及阳台护栏、金属部件、铝窗的防雷施工）、地下室装修工程、公共楼梯装修工程等。建筑总面积为80523平方米，工程总量按双方及设

计单位、监理单位综合会审后确定的施工图纸为准，按施工图纸施工。东深公司的施工除包括该工程施工所需的所有必要工作、管理、开支外，还包括为工程施工而必须配套的临时设施、环保设施临时工程及政府对承包人的收费等。合同确定工程造价为5480万元，现行定额仅作为造价计算的参考，除合同规定可以调整的情况外，任何市场价格行情的变化都不能成为调价的理由。工程土建部分及安装部分，根据广东省建筑工程预算定额广东省《2001预算定额》，安装部分按照广东省《2002预算定额》进行编制，并参照东莞市2002年第六期东莞工程造价管理信息及东莞市现行材料价格，土建工程按照三类工程标准计费，其余工程按照相关规定计费。工程造价除合同另有约定外均下浮16.5%计算。所有预算外的其他费用，如：设备、人员进退场费、防护网费、卫生费、取土资源费、弃土费、相邻承包人之间的施工干扰等，已由承包人在议标报价时一起综合考虑于造价下浮率中，结算时不得计算，文明施工费已在合同价预算中。工程造价计算规定：如合同文件与定额站公布的解释有冲突，以合同文件为准。预算包干费的内容：施工雨水的排除、因地形影响造成的场内料具二次运输、工程用水如压措施、完工清场后的垃圾外运、施工材料堆放场地的整理、水电安装后的补洞工料费、工程成品保护费、施工中临时停水停电、基础的塌方、日间照明增加费（不包括地下室和特殊工程）、场地硬化、施工现场临时道路。合同约定，如果东深公司将工程转给其他单位和个人，长富广场公司一经发现，立即解除合同，并没收履约保证金，并且由东深公司承担长富广场公司因此产生的所有损失。合同确定工程的工期为420天，东深公司不按照合同的规定开工或不按照批准的施工方案的施工计划施工，造成施工进度严重滞后，长富广场公司和监理工程师书面通知勒令其改正，而14天内仍未采取改正措施，长富广场公司有权解除合

同并没收履约保证金或重新调整合同施工范围,并且由东深公司承担长富广场公司因此产生的所有损失。由于东深公司的责任造成工期拖延时,每拖延一天,给予 6000 元的处罚。东深公司在附件一中声明:如果履行合同中出现有关国家政策、法规、定额、价格、行业标准的编号涉及调整工程价款,除合同规定允许调整的情况外,自愿维持合同的规定不变,自愿放弃因上述的变化而追加费用的权利。对于双方签订的《东莞市建设工程施工合同》,双方确定只是给东深公司作办理报建等手续使用,一切合同条款的履行均以《大朗长富广场工程施工合同》为准。上述协议签订后,莫志华于 2003 年 6 月 23 日开始施工,长富广场公司中途设计变更及增加了部分工程。在工程施工过程中,由于材料涨价等原因,莫志华、东深公司与长富广场公司多次协商未果,在东莞市建设局的协调下,东深公司承诺退场。由于对已完成工程的造价产生争议,莫志华、东深公司遂提起诉讼。涉案工程在诉讼前没有进行造价结算,莫志华在诉讼过程中提出了对工程造价进行鉴定的申请。在诉讼中,莫志华确认长富广场公司已支付工程款 57860815.68 元。

一审法院另查明,莫志华以清远市清新建筑安装工程公司东莞分公司的名义于 2003 年 4 月 30 日通过中国建设银行汇款 50 万元给东莞市长和物业投资有限公司,进账单载明票据的种类为工程投标保证金。莫志华于 2003 年 5 月 23 日以东莞市金信联实业投资有限公司的名义通过广东发展银行东莞分行汇款 220 万元给长富广场公司。莫志华于 2003 年 6 月 27 日以清远市清新建筑安装工程公司东莞联络处的名义通过广东发展银行东莞分行汇款 30 万元给长富广场公司进账单载明票据种类为预交报建费。

一审法院根据长富广场公司的申请向东莞市建设局调取了如下证据:建筑企业项目经理暂代证、单项工程备案确认书、外籍企业单项工程备案表、外籍企业进莞承接工程

项目备案登记表、向东莞市大朗镇人民政府城建规划办公室调取的涉案工程备案的图纸一套。对一审法院向东莞市建设局调取的证据,莫志华、东深公司均不予确认。对一审法院向东莞市大朗镇人民政府城建规划办公室调取的图纸,各方当事人均予确认。

由于各方当事人在一审诉讼中对工程款的数额未能达成一致意见,莫志华申请一审法院委托有资质的结算部门对其所做的工程价款进行结算。一审法院根据当事人的申请委托了东莞市华城工程造价咨询有限公司对莫志华所做的工程进行结算。东莞市华城工程造价咨询有限公司根据法院的要求作出了两份工程造价鉴定书,一份是按当事人在合同中约定的计价办法、包干价及调幅比例进行结算:工程含税总造价为 52989157.84 元(包括增加、减少及未完成工程)。另一份是按实际完成的工程量及建筑工程类别,参照定额及材差(未考虑合同中下浮 16.5% 的约定)结算:含税总造价为 69066293.11 元,其中利润为 1518306.67 元,税金为 2228340.07 元。

工程造价鉴定书作出后,一审法院开庭质证,对于鉴定机构确定的工程量,各方当事人均无异议。各方的异议主要有:莫志华对按合同结算的工程造价鉴定书不予质证。对按实结算的工程造价鉴定书的意见为:对于工程造价鉴定确定的建筑面积及工程量没有异议。对于长富广场公司指定的原材料,应当按当时的成本价(采购成本+运输成本),对于没有指定的原材料价格,应当统一按市场价或东莞市建设局公布的信息价计算。其中:1. 长富广场公司指定企石沙场的河沙,应按当时市场价每立方米 56.67 元计价;长富广场公司指定樟木头铁路石场及大岭山铁路石场的碎石,应按当时的市场价每立方米 71.67 元计价;以上两项合计少计价款为 1220933.10 元;2. 长富广场公司指定外墙所有文化砖、纸皮砖等装饰材料使用东莞唯美陶瓷厂定做的产品,上述装饰材料的价格应

按厂方当时的报价计算。其中文化砖应按每平方米130元计算，纸皮砖应按每平方米60元计算，此两项合计少计价款为1955805.44元；3.工程抗渗膨胀砼采用uba低碱高效膨胀剂，uba膨胀剂的单价按2003年及2004年的市场价格为1650元/吨，而非900元/吨，因此应补c30及c25膨胀砼的价差370499.22元；4.2004年东莞市排气管道（tgwe9型）及排烟管道（tgca6型）的成品市场价为80元/米，而非排气管道65元/米及排烟管道33元/米，应补价差67605.8元；5.c栋独立费表（一）第2、3项及独立费表（二）所列费用150620元未经双方确认，应以单独项目列出作为有争议的工程处理，不能作为确定的费用直接结算，该费用应从总额中剔除；6.对于双方确认的增加工程结算应作单独项目工程按双方已确认的价格进行计算，无需按定额执行计算，双方已确认的价格为1385456.31元，对比应补计工程款64万元；7.增加计算行政事业收费，该项费用有关部门已收取共531696元，所以应补回此部分费用。另外，应补回社保金66837953.10元×2.9％＝1938300.64元；8.漏计的费用共350000元，包括："三通一平"施工现场填碎石4500立方米，费用为49500元；材料二次运输费239300元；9个月的材料堆放费61200元；9.按实结算的工程造价鉴定书中确定的利润1518306.67元没有根据。

东深公司认为双方所签合同因涉及挂靠而无效，因此按合同结算的工程造价鉴定书缺乏合法性。对按实结算工程造价鉴定书，东深公司基本同意莫志华的意见。

长富广场公司对涉案工程量的鉴定基本上没有异议，但认为基坑支护部分属于施工措施，不是增加的工程量。

东莞市华城工程造价咨询有限公司作出如下回应：1.莫志华提到的沙石，由于没有具体品牌，故按照建委公布的信息价计算；2.外墙砖是到唯美公司咨询的价格，并非市场价；3.由于双方没有指定品牌的膨胀砼，

故按照当时的市场价以及在网上查询的信息以平均价1200元/吨计价；4.因排气管道及排烟管道无指定品牌，故以建委公布的信息价计算，如果莫志华能够提供购买单据，法院对此单据予以认可，可以该单据计价；5.c栋独立费扣除10万元的原因是c栋没有完工就退场了，而现场清理是需要费用的，该费用是酌定的；6.莫志华提出的行政事业收费问题，是作为成本来计算的，由于莫志华没有提交这些单据，故造价未计算该部分；7.莫志华提出的漏计的费用，是包括在包干费中的；8.增加工程的问题，有部分工程是双方协商确定的，在按合同结算的工程造价鉴定中，是按照双方协定计价的，在按实结算的工程造价鉴定中，是按照实际完成的工程量计价的；9.对于长富广场公司提到的基坑支护问题，该部分造价已经单列出来，由法院确定是否计入工程总造价。

一审法院认为，综合本案案情及需判决的事项归纳成以下几个焦点：一是本案的合同效力问题；二是本案工程款如何确定；三是长富广场公司的反诉请求应否支持；四莫志华已交纳的履约保证金270万元应否由长富广场公司返还；五是东深公司的诉讼请求应否支持。

一、关于本案合同的效力问题。本案莫志华与东深公司在一审庭审及诉讼中自认莫志华挂靠东深公司承建涉案工程的事实，根据《中华人民共和国建筑法》第十二条："从事建筑活动的建筑施工企业、勘察单位、设计单位和工程监理单位，应当具备下列条件：（一）有符合国家规定的注册资本；（二）有与其从事的建筑活动相适应的具有法定执业资格的专业技术人员；（三）有从事相关建筑活动所应有的技术装备；（四）法律、行政法规规定的其他条件及第二十六条"承包建筑工程的单位应当持有依法取得的资质证书，并在其资质等级许可的业务范围内承揽工程。禁止建筑施工企业超越本企业资质等级许可的业务范围或者以任何形式，用其他建筑施

工企业的名义承揽工程。禁止建筑施工企业以任何形式允许其他单位或者个人使用本企业的资质证书、营业执照，以本企业的名义承揽工程之规定，莫志华作为自然人，不具有承包建筑工程的资质，莫志华挂靠有资质的建筑施工企业东深公司承包工程，违反了上述法律的强制性规定。根据《中华人民共和国合同法》第五十二条："有下列情形之一的，合同无效：……（五）违反法律、行政法规的强制性规定"及最高人民法院《关于审理建设工程施工合同纠纷案件适用法律问题的解释》第一条："建设工程施工合同具有下列情形之一的，应当根据合同法五十二条第（五）项的规定，认定无效：（二）没有资质的实际施工人借用有资质的建筑施工企业名义的。"东深公司与长富广场公司签订的《长富广场工程初步协议》《东莞市建设工程施工合同》及《大朗长富商贸广场工程施工合同》依法应认定为无效。根据两原告之间订立的《长富商贸广场工程合作协议书》中约定的："甲乙双方必须保证本协议内容不得对外泄露，严格保密……"，结合在《长富广场工程初步协议》中载明的乙方为东深公司、《大朗长富商贸广场工程施工合同》上载明的承包人为东深公司、《东莞市建设工程施工合同》上载明的承包方为东深公司、有关施工现场签证单中施工单位、工程联系单中的收件单位均署名东深公司、有关工程造价协商往来文书中载明的收件单位是深圳市东深工程有限公司项目经理部、主体分部（子分部）工程验收记录中施工单位一栏签章者为东深公司、隐蔽工程载明的施工单位为东深公司、工程移交单中载明的移交单位为东深公司、深圳市东深工程有限公司大朗长富商贸广场工程项目经理部、长富广场公司提交的收款收据表明涉案工程进度款是向东深公司支付的、在有关协调会议中莫志华是以"施工单位深圳市东深工程有限公司"工作人员的名义参加的，即使是莫志华所提交的借条及借据也均是以东深公司大朗长富商贸广场工程

项目经理部的名义借款的。以上证据及事实表明，在合同的签订和履行过程中与长富广场公司发生法律关系的是东深公司，同时莫志华与东深公司未能提供充分的证据证明长富广场公司对于莫志华与东深公司之间的挂靠关系知情。因此，本案导致合同无效的根本原因在于莫志华与东深公司，东深公司明知莫志华无建筑资质而仍让其挂靠承建工程违法却仍然实施了上述行为，故应承担全部过错责任。

二、本案工程款如何确定问题。《中华人民共和国合同法》第五十八条规定："合同无效或者被撤销后，因该合同取得的财产，应当予以返还；不能返还或者没有必要返还的，应当折价补偿。有过错的一方应当赔偿对方因此所受到的损失，双方都有过错的，应当各自承担相应的责任。"本案莫志华与东深公司要求是请求长富广场公司支付工程款，而长富广场公司取得的是莫志华与东深公司将劳动和建筑材料物化的建筑物。鉴于建设工程合同的特殊性，尽管合同被确认无效，但已经履行的内容不能适用返还的方式使合同恢复到签约前的状态，故只能按折价补偿的方式处理。但如何执行，各方当事人未能达成一致意见。如前所述，导致本案合同无效的原因在莫志华与东深公司，莫志华、东深公司不应因由其过错而导致合同无效反而获得比如期履行有效合同还要多的利益，同时，鉴于长富广场公司对于已完成工程的质量未提出异议，因此，本案虽然合同无效，但仍应按照实际完成的工程量以合同约定的结算办法来计算工程造价，增加、减少或变更的工程造价应参考合同约定及鉴定单位通常做法来计算，一审法院只能参照合同约定和参考专业机构鉴定结论来确定。

本案中共有两份合同，分别是2003年5月19日用于备案的东莞市建设工程施工合同（以下简称备案合同）和2003年5月21日的大朗长富商贸广场工程施工合同。合同结算时应以哪份合同为准，莫志华、东深公司主

张以2003年5月21日的大朗长富商贸广场工程施工合同为准。长富广场公司称如判决应以备案合同为准，如调解应以2003年5月21日的大朗长富商贸广场工程施工合同为准。但长富广场公司对于按合同结算的工程造价鉴定书中鉴定公司确定的2003年5月21日的大朗长富商贸广场工程施工合同为结算的依据并无提出异议。可认定2003年5月21日的大朗长富商贸广场工程施工合同反映了各方当事人的真实意思表示，因此，应以2003年5月21日的大朗长富商贸广场工程施工合同作为本案结算的依据（以下所称的合同均指2003年5月21日的大朗长富商贸广场工程施工合同）。

一审法院委托了东莞华城工程造价咨询有限公司对工程造价进行结算，结论为：按合同结算的工程造价是52989157.84元。由于合同规定了所有工程价款的应缴税金，包括：营业税、教育费附加、城市建设维护税、带征所得税，均由承包人向税务部门交纳，所有预算外的其他费用，如：设备、人员进退场费、防护网费、卫生费、取土资源费、弃土费、相邻承包人之间的施工干扰等，已由承包人在议标报价时一起综合考虑于造价下浮率中，结算时不得计算，因此，有关的行政事业收费已经包括在合同价内，莫志华提出的增加计算行政事业收费531696元的请求不予支持。由于未能举证证明，因此对于莫志华提出的增加社保金1938300.64元的请求，一审法院不予支持。关于长富广场公司提出的基坑支护不属实体工程，而是施工措施的问题。经咨询鉴定机构，基坑支护属于一项实体工程，因此，基坑支护应该作为增加工程，其造价应计入工程造价。关于莫志华对鉴定机构对有些材料以市场询价计算提出异议，要求以其购买价及运输价的总和计算材料价的问题。由于合同中已经固定了上述材料的产地及规格，而合同在"2.7材料价格的确定"中规定："本工程的材料按照本合同2.6中所列材料的价格计算，结算时不得

调整"，这就意味着订立合同时，合同价格已经规定了上述结算时的取价办法，因此，对于莫志华要求增加河沙及碎石价款的请求，一审法院不予支持。因鉴定单位的鉴定人员是具有专业知识的人员，鉴定程序合法，因此，鉴定机构以市场询价计算定额中未能涉及的材料的价格，并无不当，对莫志华要求增加文化砖、纸皮砖等装饰材料、排气管道及排烟管道及c30和c25膨胀砼的价差的请求，一审法院不予支持。关于莫志华提出的c栋独立费表中涉及的减少工程问题，在按合同结算的造价结算中，包括了清场及垃圾外运等的费用10万元，由于5月21日的合同约定了预算包干费用包括了完工清场后的垃圾外运，因此，鉴定机构扣减该部分费用符合合同的约定。至于c栋独立费表中扣减及修补洞口12030个和扣减混凝土10立方米的费用，该工程量有长富广场公司提供的由东深公司、长富广场公司及监理公司东莞市粤建监理工程有限公司共同盖章确认的《长富广场未完成工程量（实量）》为据，作为未完成的工程，应当在计算工程造价时扣减该部分的费用，莫志华要求补回c栋独立费表中涉及该部分费用的主张，缺乏依据，一审法院不予支持。关于莫志华提出的增加现场签证费350000元，莫志华提交了2003年9月17日及2004年10月30日的施工现场签证单来证明。鉴于签证单上"东莞市粤建监理工程有限公司"一栏虽有工程师签名但该公司没有盖章，长富广场公司不予确认，而莫志华未能提供证据证明签名的工程师系东莞市粤建监理工程有限公司现场监理人员，因此，莫志华的该项证据不能证明该部分费用属其已支出且经长富广场公司同意支付的，对莫志华的该项请求，予以驳回。经询问东莞市华城工程造价咨询有限公司，莫志华针对按实结算的工程造价鉴定书提出的其他意见对于按合同结算的工程造价没有影响。综上，涉案工程总价款为52989157.84元。

三、莫志华、东深公司关于支付工程款

的请求应否支持。最高人民法院《关于审理建设工程施工合同纠纷案件适用法律问题的解释》规定支付工程款的前提条件是工程经竣工验收合格。涉案工程作为公共产品，其质量是否合格不能仅仅依据各方当事人的确认，需要经过建设行政主管部门依法验收方能确定。由于莫志华拒绝提供施工资料，涉案工程无法进入竣工验收程序，同时，莫志华请求支付工程款，就负有证明其所作工程经竣工验收合格的责任，现莫志华不配合竣工验收，对其要求支付工程款的诉讼请求，依法予以驳回。

四、莫志华已交纳的履约保证金 270 万元应否由长富广场公司返还。莫志华提交了 2003 年 4 月 30 日中国建设银行进账单、2003 年 5 月 23 日的广东发展银行东莞分行进账单、清远市清新建筑安装工程公司东莞分公司出具的证明、东莞市金信联实业投资有限公司出具的证明，用以证明其支付了 270 万元的履约保证金。长富广场公司对两份进账单的真实性无异议，认为其收到了上述履约保证金，但对于清远市清新建筑安装工程公司东莞分公司出具的证明、东莞市金信联实业投资有限公司出具的证明的真实性不予确认，认为上述证明不能证明履约保证金属莫志华所有，而东深公司确认 270 万元的履约保证金属莫志华所有并支付。由于长富广场公司确认其已收到合同约定的履约保证金，而当时签订合同时另一方是东深公司，现东深公司自认上述履约保证金属莫志华所有，因此，应当确认长富广场公司收到的 270 万元的履约保证金属莫志华所有。由于合同无效，长富广场公司依据合同取得的履约保证金应当返还莫志华，对莫志华要求长富广场公司返还履约保证金 270 万元的请求，一审法院予以支持。关于履约保证金的利息，由于合同中并无约定，故长富广场公司应从莫志华请求之日即莫志华起诉之日开始支付，利率为中国人民银行规定的同期同类贷款利率。

五、东深公司的诉讼请求应否支持。对于东深公司请求长富广场公司支付工程款及其利息和退还履约保证金 270 万元及其利息的问题。由于东深公司出借资质给莫志华承建涉案工程的行为同样违反国家禁止性规定，为无效民事行为，同时东深公司并未承建涉案工程且履约保证金实为莫志华所支付，故对东深公司的诉讼请求，一审法院不予支持。

六、长富广场公司反诉请求应否支持。长富广场公司已付工程款为 57860815.68 元，莫志华、东深公司应当返还长富广场公司多支付的工程款 4871657.84 元。虽然合同无效，但长富广场公司实际上已垫付了上述的工程款，莫志华、东深公司实际占用了资金，根据公平原则，莫志华、东深公司应向长富广场公司支付垫付工程款的利息。长富广场公司请求莫志华、东深公司返还其多支付的工程款的利息，起算时间为合同约定的竣工日期的第二日即 2004 年 8 月 1 日。由于涉案工程在莫志华、东深公司起诉时并未竣工且合同无效，故应从莫志华、东深公司起诉时即 2005 年 4 月 20 日开始计算上述利息，即莫志华、东深公司应从 2005 年 4 月 20 日起至清偿日止按中国人民银行规定的同期同类贷款利率计付长富广场公司多支付的工程款的利息。长富广场公司反诉要求莫志华、东深公司支付逾期完工的违约金，因合同无效，不存在违约的问题，故对长富广场公司的这一反诉请求，一审法院不予支持。长富广场公司提供了租赁合同以证明其由于莫志华、东深公司未能如期完工所遭受的租金损失，但上述合同未能载明长富广场公司减少部分租赁方租金及部分租赁方未能签订租赁合同是由于莫志华、东深公司未能如期完工所造成，因此，对长富广场公司的该项反诉请求，一审法院不予支持。长富广场公司要求的其他经济损失，由于未能提供证据证明，对其该项反诉请求一审法院也不予支持。

综上所述，依照《中华人民共和国合同法》第五十二条第（五）项、第五十八条，

《中华人民共和国建筑法》第十二条、第二十六条、最高人民法院《关于民事诉讼证据的若干规定》第一条、第二条、第七十一条、第七十二条及最高人民法院《关于审理建设工程施工合同纠纷案件适用法律问题的解释》第一条之规定，一审法院于2007年11月30日判决：一、东深公司与长富广场公司签订的《长富广场工程初步协议》《东莞市建设工程施工合同》《大朗长富商贸广场工程施工合同》无效。二、莫志华、东深公司于判决发生法律效力之日起十天内返还长富广场公司多支付的工程款4871657.84元及该款的利息（从2005年4月20日起按中国人民银行规定的同期同类贷款利率计至付清日止）。三、长富广场公司于判决发生法律效力之日起十天内返还莫志华支付的履约保证金270万元及该款的利息（从2005年4月20日起按中国人民银行规定的同期同类贷款利率计至付清日止）。四、驳回莫志华其他的诉讼请求。五、驳回东深公司的诉讼请求。六、驳回长富广场公司反诉的其他诉讼请求。各方当事人如未按本判决指定的期限履行给付金钱义务，应当依照《中华人民共和国民事诉讼法》有关规定，加倍支付迟延履行期间的债务利息。本诉诉讼费137059元、诉讼保全费75520元、鉴定结算费611146元共计82372.5元，由莫志华承担358320元、东深公司承担358320元，由长富广场公司承担107085元。本案反诉诉讼费44360元，由长富广场公司（反诉原告）承担16618元，由莫志华承担13871元，由东深公司承担13871元。

莫志华不服一审判决，向广东省高级人民法院提起上诉称，（一）双方签订的施工合同无效，应依据实结算。2003年5月21日签订《大朗长富商贸广场工程施工合同》为实际施工依据，但并非结算依据。（二）最高人民法院《关于审理建设工程合同纠纷案件适用法律问题的解释》并没有规定所有未经验收合格的工程不能支付工程款。本案涉诉工程全部单项工程已经验收合格，只是没有进

行综合验收，而且长富广场公司已经使用了建设工程。（三）一审判决违反公平原则。本案双方合同属无效合同，长富广场公司一直与莫志华个人洽谈合同，保证金由莫志华支付，工程施工管理由莫志华负责，长富广场亦向莫志华支付工程款，这些都足以证明长富广场公司一直知道并认可莫志华为实际施工人。一审判决认定合同无效的过错责任全部由莫志华和东深公司承担不当。（四）一审法院无故超期审理，损害当事人利益。故请求撤销一审判决，支持莫志华的起诉请求。

东深公司亦不服一审判决，上诉称，（一）长富广场公司对莫志华非法挂靠施工行为是明知的，一审判决东深公司和莫志华承担全部过错责任是错误的。双方签订合同时，长富广场公司就指定施工方项目经理为莫志华，合同附件中莫志华的《项目经理证书》也显示其并非长富广场公司员工。而且施工期间，长富广场公司将4000多万元工程款汇入莫志华的指定账户，这些都说明挂靠施工行为是长富广场公司积极促成的。（二）一审判决在认定工程造价上存在错误。本案合同无效，一审法院再依照无效合同办理结算，在逻辑上存在矛盾。莫志华在编制施工预算报价时，图纸尚未最后完成，存在严重的缺项，施工单价也明显低于施工成本，按无效合同办理结算，显失公平。（三）长富商贸广场工程已实际交付使用，已基本销售完毕。依照合同约定，应视为验收合格。（四）一审判决东深公司与莫志华共同清偿长富广场公司487万元工程款不符合法律规定，应该先以挂靠者的资产清偿债务，被挂靠人承担补充清偿责任。故请求：撤销一审判决第二、三、五项，改判准许东深公司的诉讼请求。

长富广场公司针对莫志华的上诉答辩认为，（一）依照最高人民法院《关于审理建设工程施工合同纠纷案件适用法律问题的解释》第二十一条的规定，本案应适用经备案的建设施工合同作为本案审计评估的结算依据。（二）一审法院已经对涉案双方关于结算工程

款问题进行了实质的处理，不存在一审法院实质性驳回莫志华请求支付工程款的事实。（三）涉案工程在洽谈、正式合同签署、工程质量验收、工程款支付、工程退场、工程尾项处理、工程纠纷洽商以及东莞市建设局协商处理都是由东深公司出具介绍信、签订涉案合同、提供收款银行账号、收据、组织派人处理的，莫志华与东深公司签订的挂靠承包合同是一秘密协议，泄露该协议的违约处罚是 10 万元。这些都证明挂靠承包的全部过错责任应由莫志华及东深公司承担。（四）由于莫志华非法挂靠和扰乱建筑市场行为造成涉案物业至今都无法竣工备案，形成巨大的社会隐患。请求二审法院维护长富广场公司的合法权益。

长富广场公司针对东深公司的上诉答辩认为，东深公司推定长富广场公司应当知道非法挂靠行为没有事实依据，一审法院认定涉案工程造价及处理方式基本程序是公平、合法的。一审判决认定东深公司对涉案返还工程款承担连带责任合理、合法。请求二审法院维护长富广场公司利益。

二审法院查明的事实与一审法院查明的事实相同。

二审法院认为，莫志华以东深公司的名义与长富广场公司签订的《大朗长富商贸广场工程施工合同》等合同，违反了《中华人民共和国建筑法》第二十六条第二款的规定，应确认为无效合同。鉴于建设工程合同的特殊性，双方无法相互返还，故只能按折价补偿的方式处理。从现有证据来看，并无证据显示长富广场公司在签约及履约过程中知道莫志华挂靠东深公司进行施工，因此，造成合同无效的过错责任应由莫志华和东深公司承担。

关于莫志华、东深公司提出合同无效，长富广场公司清楚挂靠事实，也存在过错，已完成的工程应按实结算的问题。无论签约还是履约过程中，莫志华都以东深公司项目经理的名义出现，莫志华的行为都代表东深

公司，长富广场公司与莫志华协商有关工程事宜，依照莫志华的指令支付工程款都不能证明长富广场公司知道莫志华与东深公司之间的挂靠关系，莫志华、东深公司认为长富广场公司知道他们之间的挂靠关系证据不足，不予采纳。本案一审法院委托中介机构对已完成工程分别按合同及按实进行了结算，按实结算的工程造价远高于按合同价结算的工程造价。由于长富广场公司没有过错，讼争工程又已实际使用，那么依照公平和诚实信用原则，本案的处理就不能让无过错方长富广场公司承担合同外的损失。而且比照最高人民法院《关于审理建设工程施工合同纠纷案件适用法律问题的解释》第二条的规定，可以得出如下结论：除非合同无效的原因归于价格条款违反法律、行政法规的强制性规定，否则无效的施工合同仍应按照合同的约定确定工程造价。故一审法院比照原合同约定确定已完成工程的造价是正确的，予以维持。莫志华和东深公司关于应按实结算工程款的依据不足，不予支持。由于比照合同约定进行结算，长富广场公司已多支付了工程款，因此，莫志华、东深公司请求长富广场继续支付工程款依据不足，亦不予支持。

关于东深公司提出莫志华挂靠其进行经营，因此对于长富广场公司多付的工程款，应由莫志华的资产偿还，东深公司只应承担补充清偿责任，不应承担共同清偿责任的问题。莫志华以东深公司与长富广场公司签订合同、进行施工及收取工程款，东深公司亦予以认可，因此，长富广场公司支付的工程款应视为是莫志华和东深公司共同收取的，两者应共同承担还款责任。东深公司的该项上诉请求依据不足，不予支持。综上，一审判决认定事实清楚，适用法律正确，依法应予维持。依照《中华人民共和国民事诉讼法》第一百五十三条第一款第（一）项的规定，二审判决：驳回上诉，维持原判。二审案件受理费 181419 元，由东深公司、莫志华各承担 90709.5 元。

莫志华不服该判决，向本院申请再审称：（一）东莞市华城工程造价咨询有限公司依据合同约定和据实结算分别做出了含税总造价为52989157.84元的《工程造价鉴定书》（简称合同造价鉴定报告）和工程含税总造价为69066293.11元的《工程造价鉴定书》两份鉴定结论。原审判决认定工程价款依据的是《合同造价鉴定报告》，该报告未经莫志华质证。根据《中华人民共和国民事诉讼法》第一百七十九条第一款第（四）项规定，人民法院认定的主要证据未经质证的，应当再审。（二）《合同造价鉴定报告》存在以下错误：1. 2004年2月28日，双方签订有一份《会议纪要》，该会议纪要明确了双方已达成钢材、水泥两大主要材料差价各承担50%的协议，但该份鉴定书没有按照该协议的内容对钢材、水泥的差价予以扣减，遗漏鉴定材料。2. 该份《工程造价鉴定书》存在对增加工程部分的少计和漏计的情况以及对减少工程存在多计的情况。具体理由见附件《关于大朗长富广场工程〈工程造价鉴定书〉按合同结算部分的异议》。3. 根据《中华人民共和国建筑法》第四十八条规定：建筑施工企业必须为从事危险作业的职工办理意外伤害保险，支付保险费。莫志华依法交纳社保金198300.64元，是证明莫志华是奉公守法的公民，其依法履行建筑法规定的必须交的保险费。原审法院未能核实，简单以无证据为由不予支持违背事实。（三）2003年5月21日《大朗长富商贸广场工程施工合同》结算条款是附条件的条款，在2003年5月11日《长富广场工程初步协议》中长富广场公司承诺将电力安装工程、街景工程、二次装修工程承包给莫志华前提下，工程总造价方能下浮16.5%，但长富广场公司并没有按此履行，从而使2003年5月21日《大朗长富商贸广场工程施工合同》结算条款失去履行的条件和基础。本案所争议的工程并没有竣工验收，属未完工程。该项工程经过了增加工程、设计变更的情况，莫志华是依据实际完成工程量向长

富广场公司主张工程款，该公司也是按实际工程量支付工程款，而不是按约定支付。原审判决依据2003年5月21日《大朗长富商贸广场工程施工合同》结算工程款错误。（四）长富广场公司明知莫志华挂靠东深公司承包本案工程，原审法院认定长富广场公司不知情，合同无效的全部责任由莫志华承担错误。根据《中华人民共和国民事诉讼法》第一百七十九条第一款第（二）、（四）、（六）项的规定，申请再审。

长富广场公司答辩称，原判决认定事实清楚，适用法律正确，应予维持。

本院再审查明：双方就材差问题，在广东省东莞市建设局的主持下，进行过调解。陈志鹏作为长富广场公司的代表，在大朗长富广场工程会议上表示，长富广场公司除愿意承担两大主材的价差的50%，约380万元，为表示诚意，愿意再多补偿100万元给东深公司，即共计约480万元。

本院再审查明的其他事实与一审、二审查明的事实相同。

本院认为，本案双方当事人在再审中争议的焦点为：1. 原判决对于合同无效后责任的认定是否适当。2. 涉案工程款应如何计算。包括（1）涉案工程款是应按照合同约定结算还是据实结算；（2）原审法院采信的《合同造价鉴定报告》是否经过质证；（3）该鉴定报告对于工程款数额的鉴定是否有误。

一、关于原判决对于合同无效后责任的认定是否适当的问题。

双方当事人对于合同无效均不存在争议，但莫志华认为原判决对于合同无效的责任认定有失公正。莫志华认为，长富广场公司对于其挂靠东深公司的行为应当知情，但未提供相应证据证明其主张。从莫志华与东深公司签订的保密协议的内容看，保密协议以外的第三人很难知晓他们之间的挂靠关系。涉案合同的签订主体为长富广场公司与东深公司，长富广场公司提交的收款收据表明涉案工程进度款是向东深公司支付的，且莫志华

参加有关协调会议中亦是以东深公司的工作人员身份参加的，莫志华所提交的借条及借据也均是以东深公司大朗长富商贸广场工程项目经理部的名义借款的。以上证据及事实表明，在合同的签订和履行过程中与长富广场公司发生法律关系的是东深公司，而非莫志华。因此，莫志华与东深公司对于合同无效应当承担全部责任，原判决对于合同无效后责任的认定并无不当。即便长富广场公司对此知情，应承担一定的过错责任，也不影响本案的实体处理。过错责任的划分，仅在计算损失赔偿时有意义，对于涉案工程款数额的认定并无影响。依据《合同法》第五十八条的规定，"合同无效或者被撤销后，因该合同取得的财产，应当予以返还；不能返还或者没有必要返还的，应当折价补偿。有过错的一方应当赔偿对方因此所受到的损失，双方都有过错的，应当各自承担相应的责任。"而本案中双方仅对工程款的计算数额存在争议，双方当事人均未提起损害赔偿之诉，因此，过错责任的认定其并不影响对于涉案工程款数额的计算。

二、关于涉案工程款应如何计算的问题。

（一）关于涉案工程款的计算依据。关于涉案工程款是应按照合同约定结算还是据实结算。鉴于建筑工程的特殊性，虽然合同无效，但莫志华与东深公司的劳动和建筑材料已经物化在涉案工程中，依据《最高人民法院关于审理建设工程施工合同纠纷案件适用法律的解释》第二条的规定，建设工程无效合同参照有效合同处理，应当参照合同约定来计算涉案工程款。莫志华与东深公司主张应据实结算工程款，其主张缺乏依据。莫志华与东深公司不应获得比合同有效时更多的利益。涉案工程款应当依据合同约定结算。

（二）关于《合同造价鉴定报告》是否经过质证。莫志华主张《合同造价鉴定报告》未经其质证。2006年9月6日，一审法院开庭审理本案，莫志华、长富广场公司、东深公司以及鉴定单位均参加庭审。一审庭审过程中，一审法院要求各方当事人对本案两份鉴定报告发表意见，莫志华对于据实结算的鉴定报告发表意见，对于按合同结算的鉴定报告不认可，因此不予质证。一审法院已将相关证据材料在法庭出示并要求各方当事人互相质证，莫志华主张《合同造价鉴定报告》未经质证与事实不符。

（三）关于鉴定报告对涉案工程款数额的计算是否有误的问题。莫志华主张，鉴定报告存在对增加工程部分的少计和漏计的情况以及对减少工程存在多计的情况。东莞市华城工程造价咨询有限公司已对其异议给予解答。该鉴定机构主体合格且鉴定程序合法，因此，莫志华主张鉴定数额有误，缺乏依据，本院不予支持。

关于长富广场公司是否多支付给莫志华与东深公司480多万元工程款。从本院再审查明的事实看，莫志华与长富广场公司曾在东莞市建设局的主持下进行过调解。就760万元钢材、水泥价差问题，长富公司表示愿意负担50%，在此基础上，长富广场公司另行补偿100万元，两者相加共计约480万元，长富广场公司作出该意思表示，同时亦有已多支付480万元工程款的行为，应当认定其自愿补偿给莫志华与东深公司的行为，其现又主张莫志华与东深公司退回其多支付的工程款，有违诚实信用原则，本院不予支持。原判决认定莫志华、东深公司返还长富广场公司多支付的工程款4871657.84元及该款的利息，显属不当，应予纠正。综上，依照《中华人民共和国民事诉讼法》第一百八十六条第一款、第一百五十三第一款第（三）项之规定，判决如下：

一、撤销广东省高级人民法院（2008）粤高法民一终字第71号民事判决；

二、维持广东省东莞市中级人民法院（2005）东中法民一初字第11号民事判决第一项、第三项、第四项、第五项、第六项；

三、撤销广东省东莞市中级人民法院（2005）东中法民一初字第11号民事判决第二项。

一审案件本诉诉讼费 137059 元、诉讼保全费 75520 元、鉴定费 611146 元，共计 823725 元，由莫志华负担 358320 元，深圳市东深工程有限公司负担 358320 元，东莞市长富广场房地产开发有限公司负担 107085 元；反诉诉讼费 44360 元，由东莞市长富广场房地产开发有限公司负担。

二审案件受理费 181419 元，由莫志华负担 63496.65 元、深圳市东深工程有公司负担

63496.65 元，东莞市长富广场房地产开发有限公司负担 54425.70 元。

本判决为终审判决。

审　判　长　×××
代理审判员　×××
代理审判员　×××
二〇一一年十月二十三日
书　记　员　×××

西安市临潼区建筑工程公司与陕西恒升房地产开发有限公司建设工程施工合同纠纷案

《最高人民法院公报》2008 年第 8 期

【裁判摘要】

最高人民法院《关于审理建设工程施工合同纠纷案件适用法律问题的解释》第二十一条关于"当事人就同一建设工程另行订立的建设工程施工合同与经过备案的中标合同实质性内容不一致的，应当以备案的中标合同作为结算工程价款的根据"的规定，是指当事人就同一建设工程签订两份不同版本的合同，发生争议时应当以备案的中标合同作为结算工程价款的根据，而不是指以存档合同文本作为结算工程价款的依据。

最高人民法院
民事判决书

（2007）民一终字第 74 号

上诉人（原审原告）：西安市临潼区建筑工程公司，住所地陕西省西安市临潼区东关街 21 号。

法定代表人：孙刚，该公司总经理。

委托代理人：韩松，北京市康达律师事务所西安分所律师。

委托代理人：王东宽，该公司职工。

被上诉人（原审被告）：陕西恒升房地产开发有限公司，住所地陕西省西安市东关南街大新巷 4 号。

法定代表人：何西京，该公司总经理。

委托代理人：翟存柱，北京市中凯律师事务所律师。

委托代理人：郝雅玲，北京市中凯律师事务所律师。

西安市临潼区建筑工程公司（以下简称临潼公司）与陕西恒升房地产开发有限公司（以下简称恒升公司）建设工程施工合同纠纷一案，陕西省高级人民法院于 2007 年 3 月 19 日作出（2006）陕民一初字第 15 号民事判决。临潼公司不服该判决，向本院提起上诉。本院依法组成合议庭于 2007 年 9 月 21 日进行了开庭审理。临潼公司的委托代理人韩松、王东宽，恒升公司的委托代理人翟存柱、郝雅玲到庭参加诉讼。本案现已审理终结。

一审法院经审理查明：2003年3月10日，临潼公司依照约定进入恒升公司位于陕西省西安市建工路8号的恒升大厦综合楼工程工地进行施工。同年9月10日，临潼公司与恒升公司签订《建设工程施工合同》，约定：恒升公司（甲方）将其建设的恒升大厦综合楼项目的土建、安装、设备及装饰、装修和配套设施等工程发包给临潼公司（乙方）；开竣工日期：2003年3月10日—2005年9月10日；合同价款：承包总价以决算为准，由乙方包工包料。价款计算以设计施工图纸加变更作为依据。土建工程执行99定额，安装工程执行2001定额，按相关配套文件进行取费，工程所用材料定额规定需要做差价的以当期信息价为准。定额信息价购买不到的，甲乙双方协商议价，高出定额部分作差价处理。施工现场签证作为合同价款组成部分并入合同价款内；价款支付及调整：工程施工到正负零时，甲方向乙方首次支付已完工程量95％的工程款。正负零以下工程，作为乙方第一次报量期。正负零以上工程，由乙方每月25日将当月工程量报甲方，经其审核后在次月1—3日内将上月所完工程量价款95％支付给乙方；竣工与决算：已完工验收后，乙方应在15天内提出决算，甲方到决算后30天内审核完毕，甲方无正当理由在批准竣工报告后30天内不办理结算，从第31天起按施工企业向银行计划外贷款的利率支付拖欠工程款利息，并承担违约责任；违约与索赔：甲方不按合同约定履行自己的各项义务，支付款项及发生其他使合同无法履行的行为，应承担违约责任，相应顺延工期，按协议条款约定支付违约金和赔偿因其违约给乙方造成的窝工等损失。乙方不能按合同工期竣工，按协议条款约定支付违约金，赔偿因违约给甲方造成的损失；双方施工现场总代表人：甲方何西京，乙方张安明。合同还对双方应负责在开工前办理的事项、材料设备供应、设计、质量与验收等均作了具体明确的约定。

2004年4月5日，西安市城乡建设监察大队对未经招标的恒升大厦综合楼工程进行了处罚，恒升公司即委托临潼公司张安明在西安市招投标办公室补办了工程报建手续，双方所签合同已经备案。诉讼中双方持有的合同，内容区别是有无29—3条。恒升公司持有西安市城市建设档案馆出具的备案合同附有此条。其内容为：本工程为乙方垫资工程，以实结算，实做实收，按工程总价优惠8个点，工程结算以本合同为准。

2005年2月2日，恒升公司与临潼公司、设计单位、监理公司等就恒升大厦综合楼地基与基础分部工程，主体（1—10层）分部工程进行验收，认定该工程为合格工程。11—24层主体工程已完工但未进行竣工验收，恒升公司承认主体已封顶。同年2月26日，临潼公司作出恒升大厦综合楼《建设工程主体完决算书》，决算工程造价为31020507.31元，并主张已送达恒升公司，但无恒升公司签收的文字记录及其他证据佐证，恒升公司不予认可。后双方发生纠纷，致使工程于2005年4月停工至今。

一审法院依据临潼公司申请，委托陕西华春建设项目管理有限责任公司对恒升大厦综合楼已完工程造价和截至2006年6月22日的停窝工损失进行鉴定。2006年。11月25日，2007年1月12日，陕西华春建设项目管理有限责任公司作出华春鉴字（2006）07号鉴定报告及对该报告的异议答复、补充意见确认：恒升大厦综合楼已完工程造价为20242313.44元；2004年4月至2006年6月22日的停窝工损失为346421.84元。该工程造价中混凝土使用现场搅拌价，且按工程总造价优惠8个点即1818793.15元及四项保险费175452.75元。对该鉴定结论，临潼公司认为该工程造价应依照合同约定采用信息价；商品砼应采用购买价；备案合同29—3内容是恒升公司事后添加的，所以优惠8个点即1818793.15元没有依据。恒升公司则认为，临潼公司停工的原因完全在于其自身，故停窝工损失根本没有计算的合法依据。

恒升公司主张已支付工程款12219182.8元，但临潼公司仅对2004年6月20日、9月15日张安明以工程款内容签收的175万元予以确认。对其他款项一审法院依据庭审质证意见作以下分类：（一）项下2773932.40元恒升公司认为全部用于工程，应认定为已付工程款。临潼公司认可该笔款项用于工程，但认为是归还其借款480万元。（二）项下款项共计680万元，恒升公司主张依张安明要求支付至陕西致圣装饰工程有限公司（以下简称致圣公司），因张安明系该公司总经理。对此临潼公司不予认可，认为收款主体非临潼公司。（三）项下款项208410元，恒升公司主张由于临潼公司施工中不慎造成的支出，应认定为已付工程款。临潼公司认为依照监理公司的签证应由恒升公司承担。（四）项下款项686840.4元，恒升公司认为临潼公司口头承诺从工程款中予以扣减，应认定为已付工程款。临潼公司认为与本案无关，不予认可。

另查明，临潼公司工地代表张安明，系致圣公司总经理，该公司的法定代表人张宏发与其系父子关系。

临潼公司2006年5月15日起诉至一审法院称，2003年9月10日，临潼公司与恒升公司签订《建设工程施工合同》，约定：由临潼公司包工包料承包恒升大厦综合楼工程，恒升公司按工程进度向其支付工程价款。工程施工到正负零时，恒升公司向临潼公司首次支付已完工程量95％的工程价款。正负零以上工程，由临潼公司每月25日报告当月工程量，经恒升公司审核后在次月1—3号将上月所完成工程量价款95％支付给临潼公司。若恒升公司不能依约支付工程款项，应赔偿因违约给临潼公司造成的损失，并支付逾期付款利息。临潼公司先后完成正负零以下工程、大厦主体工程，经验收均为合格，但恒升公司仅付工程款284万元。故请求：判令恒升公司立即支付拖欠的工程款29480391.06

元及逾期利息2825417元；判令恒升公司赔偿临潼公司停、窝工损失200万元；判令恒升公司承担本案诉讼费用。

恒升公司辩称，双方签订《建设工程施工合同》属实，但对该工程进行施工的不是临潼公司，而是借用临潼公司资质的个人包工头张安明。本案合同项目为商业、住宅用途的商品房，关系社会公共利益、公共安全，但对施工单位的选定却未进行招标投标工作，违反了法律、法规的强制性规定，本案合同应当认定无效，临潼公司主张的利息及损失的诉讼请求依法应予驳回；在施工过程中恒升公司多次替张安明支付材料款、水电费，并将部分工程款支付至其指定的致圣公司。截至目前，恒升公司支付的各项工程款为12219182.8元，但张安明从未按合同约定向恒升公司申报过工程量及申请支付工程款，故对造成的拖欠工程款、停窝工损失不承担责任。

一审法院经审理认为，临潼公司与恒升公司双方签订并经西安市城乡建设委员会备案的建设工程施工合同，系双方当事人真实意思表示，张安明作为工地负责人组织施工，该工程应视为临潼公司实施完成，该合同内容不违反法律、行政法规的强制性规定，应依法有效。审理中双方当事人持有的合同内容不同，但鉴于备案合同手续是由临潼公司工地代表张安明办理，且一审法院对备案合同中有关29－3条内容到西安市城市建设档案馆进行了核查，故对备案合同应予以认定并作为结算依据。依照合同中对工程所用材料约定，定额规定需要做差价的以当期信息价为准，而混凝土不属于需要做差价的材料，不能采用信息价。一审庭审中，临潼公司未提供外购商品混凝土的相关证据，涉案工程也不在政府强制使用商品混凝土的范围内，故鉴定结论中混凝土采用现场搅拌价计算恒升大厦已完工程造价依据充分，临潼公司主张采用信息价计算造价及商品砼采用购买价的理由不能成立。同时该报告依据备案合同约定在总造价中优惠 8 个点并扣除四项保险费，符合合同和法律规定，应予采信。临潼公司未提供 29-3 条系事后添加的相关证据，故其主张不应在总造价中优惠 8 个点的理由不能成立。鉴定报告确定恒升大厦综合楼已完工程造价为 20242313.44 元，客观真实应予以采信。对于恒升公司已付的 175 万元工程款双方无争议予以确认。依照合同承包总价以决算为准由乙方包工包料的约定，对于临潼公司认可用于工程的（一）项下内容，因其没有证据证明借款事实的存在，故其主张的恒升公司归还借款的理由不能成立。对于（二）项下款项，恒升公司本应支付至临潼公司，但由于张安明既是临潼公司驻工地代表，又是致圣公司总经理，恒升公司主张应张安明要求支付至此理由成立，对于该公司签收的 9 笔 580 万元，应认定为已付工程款。对于 2002 年 12 月 24 日支付的 100 万元，因发生在双方进场、签订合同之前，且合同中并无预付款的特别约定，故不予认定。对于（三）项下共计 208410 元，是临潼公司在施工中不慎发生天然气泄漏事故造成，应以监理公司的签证为依据认定责任，由临潼公司承担。对于租房费用因系工地实际发生费用，亦应由临潼公司承担，应认定为已付工程款。（四）项下共计 686840.4 元，与本案工程无关联性，不予认定。综上，恒升公司已付工程款为 10532342.4 元。对临潼公司起诉请求的下欠工程款利息，因该工程未竣工，工程价款亦未结算，故依据最高人民法院审理建设工程施工合同纠纷案件法律适用的相关规定，应从起诉之日起计算。由于临潼公司未按合同约定申报工程量及申请支付工程款，亦未提供监理公司确认的停窝工证据，故对其主张的停窝工损失不予采信。据此判决：（一）临潼公司与恒升公司签订并备案的《建设工程施工合同》依法有效；（二）恒升公司于判决生效之日起 30 日内支付临潼公司工程款 9709971.04 元及利息（自 2006 年 5 月 15 日起按照同期同类银行贷款利率计息）。逾期履行，按照《中华人民共和国民事诉讼法》第二百三十二条之规定，加倍支付迟延履行期间的债务利息；（三）驳回临潼公司的其他诉讼请求。案件受理费 181539 元、诉讼保全费 10520 元、鉴定费 30 万元，共计 492059 元，由临潼公司与恒升公司各承担 246029.50 元。

临潼公司不服一审判决，向本院提起上诉称，1. 本项工程因周边环境所限，不能在施工现场进行混凝土搅拌作业，整个大厦全部使用商品混凝土，诉讼中恒升公司也没有否认大厦实际使用商品混凝土的事实，只是强调要以实际购买价结算。一审判决按照现场搅拌混凝土价格计算工程造价，有违公平，恒升公司应按照鉴定报告以商品混凝土市场信息价计算的工程款向临潼公司支付工程欠款及利息。2. 一审判决以临潼公司未按合同约定申报工程量及申请支付工程款，亦未提供监理公司确认的停窝工证据为由，对停窝工损失不予认定明显错误。3. 恒升公司提交的存档合同文本是经过篡改和伪造的，不能作为定案的依据。双方 2003 年 9 月 10 日签订的《建设工程施工合同》一式四份均经备案，双方各持一份，存档两份。本案中恒升公司开始提供的合同文本与临潼公司提交的合同文本并无差异，在工程造价鉴定结果出来之后又提供添加了 29-3 款的存档文本。29-3 款的字迹明显与前款不同，非一人所写，同时其内容又明显与其他条款相矛盾。4. 一审判决认定恒升公司已经向临潼公司支付了 1053 万元工程款与实际不符。其一，（一）项下的 277 万元，临潼公司确实收到该款项，也用于工程建设，但系恒升公司归还之前所借债务。其二，一审判决认定恒升公司向致圣公司支付的 580 万元全部为恒升公司付给临潼公司的工程款是错误的，对于致圣公司收款收据上写明是恒升大厦工程款的 340 万元予以认可。其三，临潼公司是在执行恒升公司指令的施工方案时发生的事故，对此造成的实际损失，恒升公司当时就承诺完全由其承担，此事不仅有监理公司出具字据为证，也有其实际支付相关费用的事实相佐。5. 一审判决恒升公司支付欠款利息的起息日不当，恒升公司约定给付工程款而不予给付，即属迟延履行合同义务，利息就应当产生，而不应从临潼公司起诉之日开始计息。为了简化违约利息计算的复杂性，请求从 2005 年 4 月 12 日停工之日起开始计息。故请求撤销一审判决；改判恒升公司支付工程款 22173276.52 元及利息，并赔偿停窝工损失 346421.60 元；一审、二审案件受理费、保全费、鉴定费由恒升公司承担。

恒升公司答辩称，1. 临潼公司所主张备案合同 29－3 款是擅自添加的上诉理由，既不是事实也无足够的证据支持。备案合同中的 29－3 款是双方经过协商同意，由何西京填写。该合同是施工方代表张安明和建设方代表何西京一起到建委办理的备案手续，张安明对备案合同中填写 29－3 款是知道或应当知道。根据最高人民法院建设工程的司法解释的规定，建设工程施工合同若出现"阴阳合同"，即备案合同和实际履行合同，依法应以备案合同为有效合同并以此办理工程结算。2. 临潼公司提供不出反映本案所用混凝土是商品混凝土的直接证据，本案所涉工程所在位置也不在政府强制性使用商品混凝土的范围内，完全可以使用现场搅拌。根据一·市鉴定单位的补充鉴定意见，本案所涉混凝土应当按现场搅拌价计价。3. 停窝工损失完全是临潼公司自身原因导致的，因而一审判决不支持临潼公司主张的停窝工损失是正确的。4. 恒升公司以工程款名义支付给致圣公司的款项应当被认定是本案所涉工程款。临潼公司主张恒升公司支付款项中有 480 万元是归还临潼公司的借款，而临潼公司未提供证据证明借款事实的存在，即便借款成立，也是双方的债权债务关系，与本案无涉，临潼公司应另行起诉。5. 恒升公司提供的证据足以证实本案所涉施工合同是实际施工人张安明借用临潼公司资质签订的，根据相关法律规定应当认定无效。

本院二审查明：陕西华春建设项目管理有限责任公司 2006 年 11 月 25 日作出的华春鉴字（2006）07 号鉴定报告载明："(1) 恒升大厦已完工程总造价 23846047.39 元是在该工程所采用的混凝土为商品混凝土且单价采用实际购买价的情况下计算的结果。这里所说的实际购买价，是指被告所提供的资料'陕西尧柏混凝土有限公司用于华业有限公司的商品混凝土报价单'中的商品混凝土单价。以此单价为依据所鉴定的恒升大厦已完工程总造价相对于其他两种总造价较真实。（2）恒升大厦已完工程总造价 22734914.34 元是在该工程所采用的混凝土为现场搅拌的情况下计算的结果。该工程所在位置不在地方政府强制性使用商品混凝土的范围内，可以使用现场搅拌混凝土，而且比较经济。（3）恒升大厦已完工程总造价 25297208.92 元是在该工程所采用的混凝土为商品混凝土且单价采用当期信息价的情况下计算的结果。""该工程停、窝工时间为自 2004 年 4 月至 2006 年 6 月 22 日，但数量没有建设单位指定的工地代表签证。"2007 年 1 月 12 日对该鉴定报告异议的答复及补充意见载明："工程造价中所含的四项保险费应在总造价中扣除，其金额为 175452.75 元；鉴定报告中的已完工程造价应扣除六层以下及十七层以上部分的 90 厚 gs 板的造价，其金额为 498355 元。"

另查明，陕西长安工程建设监理有限责任公司（以下简称长安监理公司）出具的《情况说明》载明："一、我项目部监理的恒升大厦综合楼《建设工程施工合同》复印件第 17 页第 29 条增订条款中仅有 29－1 款和 29－2 款。二、在 2005 年 4 月 21 日资金专题会议上，双方没有提出垫资与优惠 8 个百分点的问题。"西安市城市建设档案馆存档的一份委托书，内容是恒升公司委托何西京前去西安市建委工程建设审批办公室办理招投标手续。《建设工程项目报建表》上也注明经办人是何西京。2004 年 3 月 15 日临潼公司向恒升公司出具的"法人代表授权委托书",授权张安明为临潼公司办理恒升大厦招投标事宜。

再查明,2004年1月1日,临潼公司恒升大厦项目部编制了恒升综合大厦基础筏板砼施工方案,该方案第五条明确写道:"采用商品砼,砼配合比的选料要严格控制,水泥用尧柏股份公司尧柏牌p.o32.5水泥,自来水。"2004年1月10日,长安监理公司经审查同意该施工方案。2004年10月18日及2006年2月26日长安监理公司出具的恒升综合大厦主体工程1—10层及11—24层《质量评估报告》均载明:"对商品混凝土及砌体中用到的砂浆(混合砂浆)均按规范要求留置了足够数量的试块,进行了标准养护,作为评定主体中砼及砂浆强度的依据。"2005年6月2日,长安监理公司出具的"关于恒升大厦工程审计过程中需要明确的几个问题"中写明:"砼搅拌现场无堆材料场地,施工中用砼全部为外购商品砼。"临潼公司还提供了在陕西尧柏混凝土有限公司购买商品混凝土的发票。

在二审庭审中,临潼公司提供了西北政法大学司法鉴定中心作出的鉴定结论,证明存档合同文本中29—3条款内容是恒升公司的何西京私自添加的。恒升公司认为,西北政法大学的鉴定结论只能说明29—3条款是何西京书写,这一点本身不存在任何异议,根本无须通过鉴定加以证明。

本院认为,根据临潼公司的上诉请求和庭审调查辩论,双方当事人争议的焦点问题为:(一)本案所涉工程应以哪个《建设工程施工合同》文本作为结算依据;(二)一审判决关于混凝土采用现场搅拌价计算恒升大厦已完工程造价是否适当;(三)恒升公司已向临潼公司支付工程款的数额;(四)临潼公司主张的停窝工损失是否应得到支持;(五)恒升公司应从何时开始向临潼公司支付所欠工程款利息。

(一)关于本案所涉工程应以哪个《建设工程施工合同》文本作为结算依据的问题。

恒升公司与临潼公司于2003年9月10日签订《建设工程施工合同》,2004年4月5日在西安市城乡建设委员会进行了备案。双方当事人在一审举证期限内向一审法院提供的《建设工程施工合同》文本内容是一致的,即没有29—3条款的内容,长安监理公司出具的《情况说明》也证明《建设工程施工合同》的文本没有29—3条款的内容。《建设工程施工合同》第十一条约定了工程进度款问题,对具体的工程进度和付款期限做了明确约定,恒升公司自己也主张已向临潼公司支付工程款12219182.8元,而29—3条款的内容与《建设工程施工合同》第十一条明显矛盾。

最高人民法院《关于审理建设工程施工合同纠纷案件适用法律问题的解释》第二十一条规定:"当事人就同一建设工程另行订立的建设工程施工合同与经过备案的中标合同实质性内容不一致的,应当以备案的中标合同作为结算工程价款的根据。"该条是指当事人就同一建设工程签订两份不同版本的合同,发生争议时应以备案的中标合同作为结算工程价款的依据,而不是指以存档合同文本为依据结算工程价款。恒升公司提交的西安市城市建设档案馆存档的《建设工程施工合同》文本,该合同文本上的29—3条款是恒升公司何西京书写的,没有证据证明该条款系经双方当事人协商一致。故应以一审举证期限届满前双方提交的同样内容的《建设工程施工合同》文本作为本案结算工程款的依据。一审判决仅凭招投标补办手续档案中有临潼公司向恒升公司出具的"法人代表授权委托书",认定备案合同手续是由临潼公司工地代表张安明办理并按恒升公司提交的存档合同文本作为工程价款结算根据,缺乏事实和法律依据,本院应予纠正。

(二)一审判决关于混凝土采用现场搅拌价计算恒升大厦已完工程造价是否适当的问题。

根据恒升大厦工程设计施工方案关于采

用商品砼的具体要求、长安监理公司工程主体质量评估报告中关于采用商品砼符合规范要求的评估结论、长安监理公司出具的关于全部采用商品砼的情况说明以及临潼公司从陕西尧柏混凝土有限公司购买商品混凝土的发票等一系列证据，足以证明本案所涉工程采用的是商品砼而非现场搅拌砼。陕西华春建设项目管理有限责任公司对恒升大厦综合楼已完工程造价作出的华春鉴字（2006）07号鉴定报告也认为，"恒升大厦已完工程总造价23846047.39元是在该工程所采用的混凝土为商品混凝土且单价采用实际购买价的情况下计算的结果。以此单价为依据所鉴定的恒升大厦已完工程总造价相对于其他两种总造价较真实。"故恒升大厦已完工程总造价应以鉴定结论中的23846047.39元为依据，对恒升公司以混凝土现场搅拌价格计算工程造价的主张及临潼公司以商品混凝土市场信息价计算工程造价的主张均不予采信。

（三）关于恒升公司已向临潼公司支付工程款的数额问题。

一审判决认定恒升公司已付工程款数额为10532342.4元，临潼公司认为该认定数额错误。临潼公司提出异议的有三个方面，其一是主张恒升公司向其借款480万元应从恒升公司的已付工程款中予以扣除。本院认为，临潼公司的诉讼请求是要求判令恒升公司支付拖欠的工程款及利息，赔偿停、窝工损失。支付工程款与借款是两个不同的法律关系，临潼公司主张将借款480万元从恒升公司已付工程款中直接扣除缺乏相应的法律依据，本院不予支持，临潼公司主张的借款问题应另行解决；其二是临潼公司主张恒升公司支付给致圣公司的580万元不应全部认定为恒升公司已付工程款。本院认为，对于恒升公司已付工程款数额的认定问题，一般来讲，收款人应当是临潼公司，如果是按临潼公司的要求向其他单位付款，恒升公司应出具临潼公司委托付款方面的证据，而恒升公司并没有提供相关证据。鉴于临潼公司已认可其

中的340万元为恒升公司已付工程款，故恒升公司支付给致圣公司的340万元应认定为恒升公司已付工程款；其三是临潼公司主张天然气泄漏事故造成的支出208410元应由恒升公司承担。本院认为，对天然气泄漏事故造成的支出208410元，应以长安监理公司最后出具的说明为依据，临潼公司主张由恒升公司承担依据不足，本院不予采信。综上，恒升公司已付工程款的数额应认定为8132342.4元。

（四）关于临潼公司主张的停窝工损失是否应得到支持的问题。

本院认为，虽然陕西华春建设工程项目管理有限责任公司2006年11月25日出具的鉴定报告中，对于恒升大厦工程停、窝工损失计算为346421.84元，但该鉴定报告也明确说明："该工程停、窝工时间为自2004年4月至2006年6月22日，但数量没有建设单位指定的工地代表签证。"一审判决以临潼公司未按合同约定申报工程量及申请支付工程款，亦未提供监理公司确认的停、窝工证据，故对临潼公司主张的停、窝工损失不予支持。由于二审中临潼公司也没有提供相关证据支持其主张，故对临潼公司上诉要求恒升公司按鉴定报告计算的346421.84元支付停、窝工损失，本院亦不予支持。

（五）关于恒升公司应从何时开始向临潼公司支付所欠工程款利息的问题。

本院认为，依照最高人民法院《关于审理建设工程施工合同纠纷案件适用法律问题的解释》第十八条规定："利息从应付工程价款之日计付。当事人对付款时间没有约定或者约定不明的，下列时间视为应付款时间：（一）建设工程已实际交付的，为交付之日；（二）建设工程没有交付的，为提交竣工结算文件之日；（三）建设工程未交付，工程价款也未结算的，为当事人起诉之日。"合同有约定的，应当遵从当事人约定，只有在当事人对付款时间没有约定或者约定不明的，才分别不同情况适用该条司法解释的规定。从本

案双方当事人签订的《建设工程施工合同》的约定来看，约定工程施工到正负零时，甲方向乙方首次支付已完工程量 95％的工程款。正负零以下工程，作为乙方第一次报量期。正负零以上工程，由乙方每月 25 日将当月工程量报甲方，经其审核后在次月 1—3 日内将上月所完工程量价款 95％支付给乙方。故一审判决恒升公司从临潼公司起诉之日起支付工程欠款利息不当，本院予以纠正。临潼公司主张从 2005 年 4 月 12 日停工之日起支付利息，本院照准。

综上，根据《中华人民共和国民事诉讼法》第一百五十三条第一款第（二）项之规定，判决如下：

一、维持陕西省高级人民法院（2006）陕民一初字第 15 号民事判决第一项、第三项；

二、变更陕西省高级人民法院（2006）陕民一初字第 15 号民事判决第二项为：陕西恒升房地产开发有限公司于本判决生效之日起 30 日内支付西安市临潼区建筑工程公司工程款 15039897.24 元及利息（自 2005 年 4 月 12 日起按照中国人民银行同期同类贷款利率计息）。

逾期不履行本判决确定的金钱给付义务，应当依照《中华人民共和国民事诉讼法》第二百三十二条之规定，加倍支付迟延履行期间的债务利息。

一审案件受理费等按一审判决执行；二审案件受理费 181539 元，由陕西恒升房地产开发有限公司负担 72616 元，西安市临潼区建筑工程公司负担 108923 元。

本判决为终审判决。

审　判　长　×××
审　判　员　×××
代理审判员　×××
二〇〇七年十二月七日
书　记　员　×××

大连渤海建筑工程总公司与大连金世纪房屋开发有限公司、大连宝玉房地产开发有限公司、大连宝玉集团有限公司建设工程施工合同纠纷案

《最高人民法院公报》2008 年第 11 期

【裁判摘要】

债权属于相对权，相对性是债权的基础，故债权在法律性质上属于对人权。债是特定当事人之间的法律关系，债权人和债务人都是特定的。债权人只能向特定的债务人请求给付，债务人也只对特定的债权人负有给付义务。即使因合同当事人以外的第三人的行为致使债权不能实现，债权人不能依据债权的效力向第三人请求排除妨害，也不能在没有法律依据的情况下突破合同相对性原则要求第三人对债务承担连带责任。

最高人民法院
民事判决书

（2007）民一终字第 39 号

上诉人（原审原告）：大连渤海建筑工程

总公司，住所地辽宁省大连市沙河口区长兴街 90 号。

法定代表人：刘万有，该公司经理。

委托代理人：徐长胜，辽宁源德律师事务所律师。

委托代理人：卢士才，男，汉族，1955年8月出生，海军大连舰艇学院教师。

上诉人（原审被告）：大连金世纪房屋开发有限公司，住所地辽宁省大连市沙河口区迎宾路 52 号。

法定代表人：张真，该公司董事长。

委托代理人：孟冰，北京市京都律师事务所律师。

委托代理人：柳波，北京市京都律师事务所律师。

被上诉人（原审被告）：大连宝玉房地产开发有限公司，住所地辽宁省大连市西岗区秦公街 142 号 6－2 号。

法定代表人：滕宝玉，该公司董事长。

委托代理人：鲁海云，辽宁亚太律师事务所律师。

被上诉人（原审被告）：大连宝玉集团有限公司，住所地辽宁省大连市西岗区沈阳路 139 号。

法定代表人：潘国彦，该公司董事长。

委托代理人：宋子生，该公司法律顾问。

上诉人大连渤海建筑工程总公司（以下简称渤海公司）与上诉人大连金世纪房屋开发有限公司（以下简称金世纪公司）、被上诉人大连宝玉集团有限公司（以下简称宝玉集团）、大连宝玉房地产开发有限公司（以下简称宝玉公司）建设工程施工合同纠纷一案，不服辽宁省高级人民法院（2006）辽民一初字第 3 号民事判决，向本院提起上诉。本院受理后，依法组成合议庭，于 2007 年 5 月 17 日公开开庭审理了本案。渤海公司的委托代理人徐长胜、卢士才，金世纪公司的委托代理人孟冰、柳波，宝玉公司的委托代理人鲁海云，宝玉集团的委托代理人宋子生到庭参加诉讼。本案现已审理终结。

一审法院经审理查明：2001 年 3 月 5 日，渤海公司与宝玉集团签订《建设工程施工合同》，约定由渤海公司承建大连新世纪住宅小区（后更名为新世纪家园，以下简称新世纪家园）2♯、4♯高层住宅楼，合同价款 4440 万元（按实结算）。工程质量等级为省优质工程。工程质量等级要求的经济支出：执行政府有关文件《大建质字 1989－32 号》。工程款支付方式：按施工形象进度银行转账支票，工程进度款一周内支付，工程竣工后 30 日内支付总造价 98%。宝玉集团在收到渤海公司竣工报告后 30 日内不办理结算，从第 31 天起按施工企业计划贷款利率支付拖欠工程款利息，并承担违约责任。

2001 年 3 月 18 日，渤海公司与宝玉集团签订《补充协议书》，约定：渤海公司承建新世纪家园 2♯、4♯楼建筑安装工程（包括地下室工程）合同造价暂定为 4440 万元，渤海公司同意垫款施工至地上 6 层时，宝玉集团付给渤海公司合同造价 10%的工程款。渤海公司施工至主体 15 层时，宝玉集团再付给渤海公司合同造价 10%的工程款。主体封顶时宝玉集团再付给渤海公司合同造价 10%的工程款。外墙抹灰、贴瓷砖、刷涂料等施工完毕时，再付给合同造价 10%的工程款。工程全部竣工，渤海公司将所有竣工档案资料整理交档，工程经有关部门按合同约定的质量等级验收后，渤海公司所有人员、材料、设备必须全部撤离场地，宝玉集团再付给渤海公司合同造价 8%的工程款，另 2%留做工程质量保修金，法定保修期满后返还。剩余50%25程款，宝玉集团按 7800 元/平方米以该项目的商品房抵给渤海公司，抵工程款的商品房确定为 2♯楼 6－14 层的 b 户型（202.20 平方米）及 c 户型（151.57 平方米）。工程质量必须达到省优，屋面、墙身、厨房、卫生间、花台，不准漏水、渗水。如有渗漏现象，每处由渤海公司负责赔偿宝玉集团 3 万元，在工程决算和保修金中扣除。渤海公司开始施工的时间是 2001 年 3 月 1 日。

2001 年 7 月 14 日，渤海公司与宝玉集团签订停工报告，该报告载明：一、因建设单位未按合同约定及时拨付工程进度款，渤海公司拖欠搅拌站、钢筋厂家巨额材料款，现搅拌站、钢筋厂家已停止向渤海公司供应混凝土、钢筋。二、由于车库方案、砌筑方案至今未定，导致 2001 年 6 月 28 日进场的钢筋二班（36 人）、2001 年 7 月 2 日进场的砌筑砖工班（38 人）一直处于待工状态，于 2001 年 7 月 14 日前全部走光。三、现场所有施工人员自本项目开工以来一直没有开支，钢筋、钢模工段罢工 3 天。鉴于以上各项，无法使工程正常进行下去，渤海公司被迫从 2001 年 7 月 15 日全面停止施工，放假。

2002 年 9 月 6 日，为保证新世纪家园项目贷款专款专用，宝玉公司与中国农业银行大连市沙河口支行（以下简称沙河口支行）签订了《资金监管协议》。

2002 年 11 月 26 日，渤海公司与宝玉公司签订《协议书》，约定：一、宝玉公司于 2001 年 3 月与渤海公司签订的《建设工程施工合同》，约定渤海公司承建新世纪家园 2#楼、4#楼，合同原定施工工期自 2001 年 3 月 18 日开工，2001 年 12 月 31 日竣工。但因宝玉公司资金未到位，致使工程中途停工，给渤海公司造成一定经济损失。二、鉴于宝玉公司资金已到位，经双方协商，宝玉公司同意以大连宝玉苑大酒店 80 万元消费卡和新世纪家园 4#楼一单元 10 楼 1 号商品房一套补偿渤海公司所受损失。……五、本协议签订后，渤海公司应立即进入新世纪家园施工现场恢复施工，并保证于 2003 年 9 月 30 日前竣工，交付宝玉公司使用。本协议签订后，渤海公司不再要求宝玉公司任何补偿，并放弃追究本协议签订前宝玉公司违约责任的权利。

2002 年 12 月 1 日，渤海公司与宝玉公司签订《协议书》，约定：一、渤海公司在履行与宝玉公司签订的施工合同过程中，因宝玉公司资金不到位，致使工程长时间处于停工状态。渤海公司因停工而受到很大损失。渤海公司要求索赔的损失金额为：人工费、材料费、机械费 7707021.14 元；管理费 1541404.23 元。另外，渤海公司要求宝玉公司承担违约金 133.2 万元，以上三项累计索赔金额为 10580425.37 元。二、虽然渤海公司损失是因宝玉公司工程款不到位造成的，但渤海公司体谅宝玉公司的困难，同意将索赔金额减少到 550 万元，并保证不再提出任何其他补偿或赔偿要求。三、本协议签订后的一周内一次性将上述 550 万元赔偿金支付给渤海公司，如宝玉公司不按期支付全部赔偿金，渤海公司保留再次停工的权利。因宝玉公司不按时支付赔偿金，而造成再次停工的损失，由其全部承担。

2002 年 12 月 5 日，渤海公司与宝玉公司及该工程的监理公司大连宏达建设监理有限公司（以下简称宏达公司）签订《复工报告》，该报告载明，现工程款全部到位，从现在开始进行冬季施工。

2003 年 6 月 27 日，渤海公司与宝玉公司签订《补充协议》，约定：宝玉公司将新世纪家园 1#—4#楼全部地热和地下一层车库建筑工程发包给渤海公司施工。地热工程即从主管道分支以后的一切相关地热系统及水泥面层工程，面积约 4 万平方米，每平方米确定为 78 元（包括水泥砂浆找平层）。工程总造价暂定为 312 万元，待工程完工后，按实际量结算。宝玉公司先支付 70 万元工程款，其余工程款以新世纪家园 2#楼 6 层东侧商品房（面积 245.94 平方米）一套冲抵工程款，单价按 8500 元/平方米计算。地下一层车库建筑面积约 4200 平方米，单价暂定为 1500 元/平方米，等工程竣工后按实结算。2#、4#楼地下车库（约 2100 平方米）施工，宝玉公司支付 50%工程款，其余 50%宝玉公司以房抵款：房屋位置为 2#楼中间单元 6—14 层商品房，面积 178.32 平方米，单价为 7800 元/平方米。1#、3#楼间的地下车库（约 2100 平方米）施工甲方（宝玉公司）支付

55％工程款，其余45％宝玉公司以2#楼6层c户型东侧第二套商品房，面积为178.32平方米，单价为7800元/平方米。

2003年8月29日，渤海公司与宝玉公司就1#楼地热工程及2#、4#楼收尾工程签订《协议书》，约定：一、双方对剩余工程量进行核对。二、宝玉公司在签署协议后3日内向渤海公司拨付竣工前最后一次工程进度款100万元。三、渤海公司按照宝玉公司对收尾工程的要求保质保量完成，承诺除公建和地下室部分外，2#楼于2003年9月20日交工，4#楼于2003年9月5日交工。宝玉公司在交工前将所有工程量签证单确认后返还渤海公司。四、本协议履行期间因不可抗力或宝玉公司原因及宝玉公司外委单位原因影响渤海公司施工，耽误工期，每耽误一天宝玉公司向渤海公司支付赔偿金2万元，以工程量签证形式体现。如果渤海公司延误交工，每逾期一天罚款2万元。……七、按双方合同约定，竣工后30日内，渤海公司向宝玉公司提交竣工资料和验收报告，工程质量达到省优。

2004年4月9日，渤海公司与宝玉公司签订《协议书》，约定：一、本次协议签订之日起到2004年4月9日前，宝玉公司保证向渤海公司支付工程款25万元，2004年4月16日前再支付25万元，上述两笔款项若每延误一天，宝玉公司向渤海公司缴纳罚金2万元。二、本次付款后，渤海公司保证将所有工程在2004年5月6日前完工，并且达到原合同质量标准及通过宝玉公司与监理验收，所有人员、机具撤离新世纪家园施工现场。上述约定每延期一天，渤海公司向宝玉公司交纳罚金1.5万元，若宝玉公司或宝玉公司委托施工队伍原因造成的延误，每延误一天工期顺延。

2004年5月1日，宏达公司出具新世纪家园2#、4#楼《工程质量评估报告书》，该报告的"单位工程结论意见"一栏载明"完成了设计文件和合同中约定的工作内容。整

个施工过程中严格执行了强制性标准。地基基础、主体结构安全可靠，无质量隐患，满足使用功能要求，观感质量符合验评标准要求，建筑工程（室内外）得分率90.42％，暖卫得分率99.13％，电气得分率96％，通风空调得分率90％，电梯得分率100％，合计折算得分率106.73％。单位工程综合评定为优良"。

2004年5月8日，渤海公司施工的2#、4#楼工程竣工。

2004年5月18日，宝玉公司出具新世纪家园2#、4#楼工程竣工验收报告，该报告的工程竣工验收意见一栏载明："经验收组讨论一致认为该项工程完成了设计图纸和合同约定的内容，工程质量符合强制标准规定，地基与基础、主体结构不存在安全隐患，使用功能符合技术要求，工程技术档案、监理档案完整，保证资料齐全，质量检验标准准确。同意新世纪家园工程通过竣工验收。"同年5月30日，渤海公司与宝玉公司及宏达公司签订新世纪家园2#、4#楼的《单位工程交工验收证明》，该证明的验收意见部分内容载明"经对现场实物及技术资料进行检查、验收，认定该工程满足设计及施工规范要求，满足强制性标准及规定要求，满足使用功能要求，工程质量综合评定为优良，同意验收。"

2004年11月15日，宝玉公司出具《关于工程款结算的情况说明》，载明"宝玉公司发包的新世纪家园2#、4#住宅楼工程由渤海公司承建，该工程已由渤海公司按照宝玉公司的工程范围、工程质量和工期要求施工完毕，双方正在针对具体工程量进行最后决算。工程量核算复杂，预计在年末前决算完毕。"

2004年11月17日宝玉公司出具收条一张，该收条载明"今天收到渤海公司送交的新世纪1-4#楼采暖工程决算，其中包括地热工程主管分支（立水管-分水器部分）的工程决算书4份，决算书中合计价款为

798664.00 元，和 2♯、4♯楼采暖主立管，决算书中合计价款 180759.00 元。我公司对决算还需审核确认。该款项经审核确认后与所欠 2♯、4♯楼工程款、索赔款（协议额为 550 万元）及补偿房屋（一套）一并给付你公司。"

2004 年 12 月，渤海公司施工的新世纪家园 2♯、4♯楼工程荣获 2004 年度辽宁省优质主体结构工程称号。

2005 年 1 月 17 日，大连市建设工程质量监督站出具的《责令整改通知书》，该通知书载明：工程名称为新世纪家园 1—4♯楼及地下车库，存在问题为：（1）消防手续、墙改专项基金手续不全；（2）小区市政工程未完善；（3）公建工程（室内外）未完工；（4）地下室部分水箅子未安装、局部装饰面层霉变；（5）室内外墙体裂纹；（6）部分北侧窗窗台高度不足 0.9 米，未加防护措施；（7）部分门洞口封闭不实；（8）个别房间有透寒现象；（9）屋面防水细部处理不到位，有翘曲现象；（10）无障碍设施不完善；（11）地下车库顶层柱筋外露，未进行处理；（12）工程技术档案资料未完善。

2005 年 5 月 18 日，渤海公司与宝玉公司签订《渤海建设工程的新世纪家园工程审核表》，载明：经审核工程造价合计 48321289.00 元，其中无争议部分 2♯楼 29191563.00 元（主体结构部分 27691044.00 元），4♯楼 13399132.00 元（主体结构部分为 12278635.00 元），车库桩工程 493188.00 元，地热 3018256.00 元，甲供材料保管费 12330.00 元，有争议部分 2206890.00 元。

2005 年 5 月 20 日，宝玉公司出具《承诺书》一份，该《承诺书》载明"因宝玉公司与渤海公司签订的《补充协议》确定以部分房屋抵付工程款，但该开发项目房屋目前还不能办理产权，宝玉公司承诺在半年内办理完该项目房屋产权所需要的土地证、销售许可证、工程竣工备案证等相关手续，以便为渤海公司抵款房屋办理产权，否则宝玉公司

同意以现金方式给付渤海公司工程款。关于工程款事宜宝玉公司同意将 2002 年 11 月 28 日宝玉公司转账至渤海公司账户上的 2500 万元中的剩余部分 800 万元作为工程款给付渤海公司，其中 1700 万元宝玉公司另有使用，不能作为工程款给付渤海公司，宝玉公司欠渤海公司的工程款另行安排给付。"

沙河口支行给渤海公司转款情况如下：转账支票记载收款人为渤海公司的为：2002 年 11 月 28 日转 2500 万元，2003 年 4 月 3 日转 100 万元，2003 年 4 月 11 日转 200 万元，2003 年 5 月 13 日转 100 万元，2003 年 7 月 14 日转 350 万元，2003 年 9 月 2 日转 100 万元，合计 3350 万元。另外，沙河口支行 2003 年 3 月 18 日转款 550 万元，转账支票记载收款人为尤军，2003 年 4 月 7 日转款 200 万元，转账支票记载收款人为宝玉公司，此两笔款项在沙河口支行的资金监管台账记载用款单位均为渤海公司。2003 年 4 月 10 日转款 30 万元，转账支票记载收款人为大连市电业局市内供电局，在沙河口支行资金监管台账记载用款单位为渤海公司及另一施工单位永嘉公司。渤海公司于 2003 年 2 月 28 日给沙河口支行出具确认书一份，确认于 2002 年 11 月 29 日收到宝玉公司工程款 2500 万元。一审法院审理期间，渤海公司与宝玉公司确认渤海公司收到 2500 万元后，又给宝玉公司返回 1700 万元。

一审审理期间，经渤海公司与宝玉公司共同确认，宝玉公司在施工过程中支付工程款总额为 19986030.00 元，其中通过沙河口支行转账支付 1695 万元，提供材料折款为 3036030.00 元。渤海公司在宝玉公司处领取消费卡 104.2 万元。

另查明，渤海公司的营业执照副本载明：主营为一级土木工程建筑、维修、室内外装修等。注册资金为 1901 万元。宝玉公司于 2001 年 9 月 27 日取得《建筑工程施工许可证》。2004 年 4 月 23 日宝玉公司出具《关于办理建筑工程施工许可证的情况说明》，该说

明称："2001 年 4 月我公司独自去大连市建委办理建筑工程施工许可证申请，并最终将建筑工程施工许可证办至我公司名下。现该建设项目已符合办理销售许可证的条件，因我公司将建筑工程施工许可证办至我名下，致使金世纪公司缺少该证而无法办理销售许可证，为尽快办理销售许可证，我公司将积极配合金世纪公司将建筑工程施工许可证变更至金世纪公司名下。"以后金世纪公司办理了《建筑工程施工许可证》。大连市城乡建设委员会 1989 年 11 月 15 日发布的大建质字 [1989] 32 号文件第三条，关于强化质量否决权，实行按质论价，奖优罚劣规定"凡被评为省级以上优良工程，由建设单位支付工程总造价的 2% 奖励施工单位。"三方当事人对文件的真实性均无异议，但宝玉公司认为不能以此作为奖励渤海公司的依据。

再查明，2000 年 10 月 8 日，宝玉集团与金世纪公司签订《联合建房协议书》，约定：金世纪公司与宝玉集团在大连市沙河口区星海二站 39023 部队院内联合开发建设新世纪家园，由金世纪公司办理项目用地的相关手续，并承担全部费用。由宝玉集团和金世纪公司共同办理《施工许可证》及相关手续，宝玉集团承担项目开工至竣工所需的全部费用。宝玉集团向金世纪公司支付 3000 万元，以解决金世纪公司在办理该项目前期手续中所负债务。金世纪公司已在该联建项目的分成比例中将宝玉集团交给的 3000 万元的本息房产返还给宝玉集团，增加在宝玉集团的分成比例之内。金世纪公司分得项目可销售面积的 35%，宝玉集团分得项目可销售面积的 65%。金世纪公司负责项目的地质勘查、工程设计和工程监理工作。宝玉集团和金世纪公司共同负责工程指挥领导和房屋销售工作，费用由双方按比例承担。双方共同选定施工队伍，工程预算由双方共同认可。宝玉集团在联建过程中，可以使用本项目的土地证或半成品房屋抵押贷款，所贷款额应放在双方认可的账户上，由双方共管，保证款额全部

用在联建项目建设中，所贷款额由宝玉集团负责偿还。联建项目动工后，因金世纪公司原因造成停工，由金世纪公司付给施工单位误工损失费，因宝玉集团原因造成停工，由宝玉集团付给施工单位误工损失费。

2002 年 10 月 15 日，宝玉集团与金世纪公司签订《联合建房协议书之补充协议》，约定：双方联建项目分成比例为金世纪公司分得联建项目总面积的 33.5%，宝玉集团分得联建项目总面积的 66.5%，项目由双方共同负责，联合办公。宝玉集团负责承担全部监理费用。双方通过招标共同选择项目承包单位、分包单位、材料供应商等（乙方在本补充协议生效前已签订的土石方合同、建筑施工合同、弱电合同、消防工程合同和监理合同等六份合同除外）。各种涉及联建项目的合同，协议和预算必须经双方共同审查并出具有双方授权人员签字之书面确认函，否则不得对外签约或付款。双方在沙河口支行设立贷款共管账户，账号为 202001040002036。同年 11 月 1 日，宝玉集团与金世纪公司签订《关于共管账户的补充协议》，约定，为更好地管理使用贷款，切实做到专款专用，双方在沙河口支行设立贷款专用账户，账号为 303901040014155。本项目的《商品房销售许可证》办理在金世纪公司名下。

金世纪公司于 2000 年 6 月 26 日取得新世纪家园的《建设用地规划许可证》，2000 年 12 月 12 日取得《国有土地使用证》，2001 年 8 月 16 日取得《建设工程规划许可证》，2004 年 5 月 13 日办理了《商品房预售许可证》。新世纪家园的房屋销售工作，均以金世纪公司名义对外签订房屋销售合同。

金世纪公司在大连日报发表郑重声明，该声明称：新世纪家园开发权及所有权属于金世纪公司，凡涉及该项目的任何交易（包括以该项目房屋抵顶工程款或债务等）均属非法。

还查明，宝玉集团 2000 年 10 月 8 日与金世纪公司签订协议时的名称为大连宝玉房地

产开发有限公司，于 2002 年 2 月 5 日变更为宝玉集团，法定代表人为滕宝玉，后更换为现在的法定代表人潘国彦。2002 年 7 月 8 日，宝玉集团向大连市工商局申请以原宝玉公司的资质证书重新设立大连宝玉房地产开发有限公司，宝玉集团在申请报告中称"如果涉及债权债务问题，因为原房地产开发公司变更为宝玉集团前已增注册资金为 1.2 亿元，所以此阶段如有债权债务可由宝玉集团承担，其他阶段的债权债务仍由宝玉房地产承担，重新登记的宝玉房地产注册资金为 1500 万元，保证不会在涉及债权债务的问题上损害他人的利益。"同年 8 月 8 日，宝玉集团与其下属的大连宝玉建设有限公司共同出资再次注册成立了大连宝玉房地产开发有限公司，与更名前的大连宝玉房地产开发有限公司名称完全一致。

渤海公司向一审法院起诉请求，渤海公司与宝玉公司于 2001 年 3 月 5 日签订《建设工程施工合同》，合同约定由渤海公司承建新世纪家园住宅小区 2♯、4♯楼工程。渤海公司履行了施工义务，双方进行工程竣工结算，但宝玉公司未能按合同约定支付工程款。请求：1. 判令宝玉公司给付尚欠工程款 34633923.88 元及自 2005 年 5 月 18 日起至付清之日止的利息；2. 判令宝玉公司支付优良工程的奖励款 966425.00 元及自 2005 年 5 月 18 日起至给付之日止的利息；3. 判令宝玉公司向渤海公司交付新世纪家园 4♯楼 1 单元 10 楼 1 号商品房一套（暂估价 80 万元）；4. 判令宝玉集团与宝玉公司共同承担给付工程款的责任；5. 判令本项目的联建单位金世纪公司承担连带责任。

宝玉公司答辩称：1. 本案工程的总造价为 48321289.00 元，宝玉公司已向渤海公司支付工程款现金人民币 1695 万元、材料款 3036030.00 元、抵顶工程款的消费卡 140 万元（合计 21386030.00 元）、以房抵款共计 22736666.00 元，在未扣除工程总造价 2‰工程质量保修金的情况下，宝玉公司尚欠工程

款仅为 4198593.00 元。渤海公司应按协议约定向宝玉公司提交所有的竣工资料和验收报告，宝玉公司才能给付渤海公司尚欠工程款 3232167.22 元（应扣除工程总造价 2‰的工程质量保修金 966425.78 元）。2. 按协议约定，宝玉公司只能向渤海公司交付价值为 1923978.50 元的房屋抵顶尚欠的工程款，而不应以现金方式支付工程款。3. 由于渤海公司至今未向宝玉公司提交竣工资料和验收报告，宝玉公司不应支付尚欠工程款利息。4. 金世纪公司应与宝玉公司一起就给付上述工程款（包括以房屋抵顶工程款）共同向渤海公司承担责任。5. 渤海公司主张的地热工程的工程款 798664.00 元，没有依据。6. 渤海公司提出的工期逾期赔偿金与事实不符，渤海公司的此项主张迄今为止已经超过法律规定的两年诉讼时效期间。7. 关于渤海公司提出的 966425.00 元奖励款项的问题。虽然大连市文件规定"凡被评为省级以上优良工程，由建设单位支付工程总造价的百分之二奖励施工单位。"但渤海公司提供的证书只能证明其所施工的主体结构工程为辽宁省优，不是整个工程为省优，不符合该文件的规定。渤海公司提出的 966425.00 元奖励款项是不能成立的。8. 渤海公司曾承诺放弃索要大连新世纪家园 4♯楼 1 单元 10 楼 1 号商品房一套。双方就此签订协议后，宝玉公司盖章，但渤海公司拿去盖章后未返还给宝玉公司。因此，渤海公司应遵守其放弃向宝玉公司索要此房屋的承诺。9. 渤海公司违约，应承担违约金 834 万元，其中因工程质量问题违约金 204 万元；延误工期违约金 486 万元；未交付竣工资料违约金 144 万元。综上，宝玉公司欠渤海公司工程款 3232167.22 元，渤海公司应向宝玉公司支付违约金共计为 834 万元。请求法院驳回渤海公司的诉讼请求，并判决渤海公司立即向宝玉公司交付竣工资料和验收报告，支付剩余部分违约金 415 万元。10. 涉案项目系宝玉公司与金世纪公司联建，且该项目是宝玉公司与金世纪公司共有，双方亦未

就该项目利益进行分配，因此，宝玉公司请求法院判令宝玉公司应与金世纪公司共同向渤海公司支付上述工程款，且金世纪公司应将渤海公司所得的抵顶工程款的房屋尽快落实到渤海公司名下。

金世纪公司答辩称：1. 渤海公司要求金世纪公司承担支付工程款的连带责任既无事实依据，又无法律依据，属于滥用诉权。2. 渤海公司请求支付的工程欠款数额没有事实依据。宝玉公司实际支付工程款数额为3900万元。渤海公司与宝玉公司双方认可的付款数额并不是实际工程款的支付数额，而是扣除渤海公司与宝玉公司之间自愿发生的借款和其他往来款后的数额。渤海公司在收到工程款后又借给宝玉公司，渤海公司请求偿还借款，应另案处理，不属于本案的审理范围，不宜合并审理，渤海公司应另案起诉。3. 渤海公司与宝玉公司于2001年3月18日签订的以房抵付工程款的《补充协议书》违反了相关法律、法规的规定，损害了金世纪公司和贷款银行的利益，应当认定协议无效。4. 宝玉公司一方面认为不应再支付渤海公司工程款，并提出支付834万余元违约金的反诉请求，另一方面又要求金世纪公司承担支付工程款的连带责任，自相矛盾，目的是想转嫁责任给金世纪公司。请求法院依法驳回渤海公司诉讼请求，保护金世纪公司的合法权益。同时，金世纪公司保留追究渤海公司滥用诉权给金世纪公司造成损失的损害赔偿请求权。

宝玉集团未提供书面答辩状，当庭表示同意被追加为共同被告，并同意宝玉公司的答辩意见。宝玉集团认可渤海公司承建的工程已经竣工交付，同意与金世纪公司共同承担给付工程款的责任。

一审法院认为，宝玉公司与金世纪公司签订的《联合建房协议书》《联合建房补充协议》、渤海公司与宝玉公司签订的《建设工程施工合同》是当事人的真实意思表示，且无违法行为，合法有效。渤海公司已履行了合同约定的施工义务，双方亦进行了结算，宝玉公司亦应履行合同义务，向渤海公司支付尚欠工程款及利息。

一审法院认定本案争议的焦点问题如下：

（一）关于地热工程有争议部分（分支管）的工程造价问题。

一审法院认为，2003年6月27日，渤海公司与宝玉公司签订《补充协议》，约定新世纪家园1♯—4♯楼全部地热工程由渤海公司施工，合同约定的地热价款为312万元。双方在2005年5月18日的新世纪家园工程审核表中共同确认了地热工程造价为3018256.00元。审核表既包括了无争议部分的工程造价，也包括了有争议部分的工程造价，应认定是双方对全部工程造价的最终结算。

渤海公司主张宝玉公司于2004年11月收到地热工程决算书，在长达一年的时间里未予答复，也未提出异议。但渤海公司将决算书交给宝玉公司的时间在前，双方决算时间在后，双方在决算时未提出此部分工程款的问题，现渤海公司主张工程造价应增加地热工程款798664.00元，依据不足，不予支持。

（二）关于渤海公司与宝玉公司2002年12月1日签订的《协议书》效力认定的问题。

一审法院认为，虽然宝玉公司与渤海公司在2002年11月26日签订的《协议书》中约定"本协议签订后，渤海公司不再要求宝玉公司任何补偿，并放弃追究本协议签订前宝玉公司违约责任的权利"，但渤海公司主张宝玉公司赔偿550万元的协议是在此协议之后的2002年12月1日签订的，宝玉集团及宝玉公司主张此协议是为了向沙河口支行请款，但未能提供证据证明其主张。宝玉公司在2004年11月17日的收条上再次承诺同意向渤海公司支付550万元的索赔款。宝玉集团及宝玉公司虽然对收条提出异议，但放弃了对收条上公章进行鉴定的申请，应认定其对公章真实性的认可，故应认定2002年12月1日协议书的效力。渤海公司要求宝玉集团及宝玉公司支付 550 万元赔偿款应予支持。至于宝玉集团及宝玉公司提出渤海公司请求赔偿超过诉讼时效问题，因宝玉公司于 2004 年 11 月 17 日承诺给付赔偿款，渤海公司于 2006 年 1 月 26 日向法院提起诉讼，主张此项权利，未超过法定诉讼时效期间。

（三）关于渤海公司提出的 966425.00 元奖励款项问题。

一审法院认为，依据渤海公司与宝玉集团签订的施工合同，渤海公司施工的范围是土建、采暖、下水、屋面防水及室外配套工程。双方在施工合同中还约定了工程质量等级要求的经济支出为执行大建质字 1989－32 号文件。渤海公司施工的工程，经宝玉公司及监理公司验收工程质量综合评定为优良，并获得辽宁省优质主体结构工程称号。该工程已交付使用，并已有部分入住。虽然主体工程不包括渤海公司施工的采暖、下水、屋面防水及室外配套工程等全部工程，但由于该工程完工并实际使用后，宝玉集团及宝玉公司作为建设单位未能组织对整个工程进行申报评定工程质量等级，造成渤海公司施工的不属于主体结构部分的工程是否符合省优的标准不能确定的责任不在渤海公司。另外，该工程土建、采暖、下水、屋面防水及室外配套工程以外的工程不是由渤海公司施工的，宝玉集团及宝玉公司目前没有证据证明该工程的整体工程最终不能确认为省优质工程的责任应由渤海公司承担。渤海公司请求宝玉集团及宝玉公司支付优质工程奖励款，符合双方合同的约定，应予支持。但因渤海公司施工部分仅有主体工程获得了省优质工程称号，渤海公司主张宝玉公司按全部工程造价支付奖励款，并要求宝玉公司支付该款利息，依据不足，不能支持。根据双方确认的工程总造价明细，可以认定渤海公司施工的工程主体结构工程款应为 39969679.00 元（2＃楼 27691044.00 元加 4＃楼 12278635.00 元），宝玉集团及宝玉公司应支付的省优质工程奖励款为 7993935.80 元。宝玉集团与宝玉公司以

渤海公司的《辽宁省优质主体结构工程证书》只能证明工程主体结构为优良，不是整体工程优良，且其并未承诺奖励事宜，不应支付优质工程奖励款的主张与事实不符，一审法院不予支持。

（四）金世纪公司应否承担向渤海公司支付工程款责任问题。

一审法院认为，首先，施工合同虽然是宝玉集团与渤海公司签订的，但金世纪公司是渤海公司施工工程项目的联合开发方，金世纪公司与宝玉集团的联建利益尚未分割，且新世纪家园项目土地使用证、销售许可证等均以金世纪公司名义办理，销售新世纪家园项目房产的《商品房买卖合同》也是以金世纪公司名义签订。金世纪公司虽未与渤海公司签订施工合同，却享有了渤海公司已施工工程的权利，并从该合同中获取利益，因此金世纪公司理应承担该合同相应的义务。金世纪公司主张其承担给付工程款的连带责任突破了合同相对性的原则，没有事实和法律依据，不能支持。其次，宝玉集团及宝玉公司和金世纪公司在《联合建房协议书》《联合建房协议书之补充协议》中均约定，双方共同选定施工队伍，共同管理新世纪家园项目，新世纪家园项目贷款放在双方共同认可的账户，由双方共同管理。虽然渤海公司不是宝玉集团与金世纪公司共同选定的施工队伍，但在金世纪公司与宝玉集团的补充协议中及在宝玉集团与渤海公司施工合同履行期间，金世纪公司对宝玉集团与渤海公司签订的施工合同是予以认可的，渤海公司在施工期间向宝玉集团请款时，金世纪公司也曾在《请款报告》上签字盖章，说明金世纪公司已实际参与了施工合同的履行，金世纪公司主张上述均不能作为承担连带责任的理由，依据不足，亦不予支持。第三、根据宝玉集团和金世纪公司签订的联建协议，双方共同投资，共同获取利益，其联建行为在法律性质上应属合伙行为，合伙人应当对合伙债务承担责任。因此，金世纪公司虽然未直接与渤

海公司签订施工合同，但不能免除金世纪公司依法向渤海公司支付工程款的义务。金世纪公司应对宝玉集团及宝玉公司拖欠的工程款承担连带责任。至于金世纪公司提出在宝玉集团与渤海公司的工程决算未经其认可的情况下承担连带责任，剥夺了其与承担责任相对应的权利问题。因施工合同是由渤海公司与宝玉集团签订的，渤海公司与宝玉集团作出的工程造价决算是有效的，金世纪公司在诉讼中并未对工程造价提出异议，也未举证证明该决算损害了金世纪公司的利益，因此，金世纪公司不认可渤海公司与宝玉集团之间的工程决算没有依据。且本案判决金世纪公司承担的是连带责任，而不是直接给付工程款的责任，在本判决执行过程中，如果金世纪公司按此判决承担了宝玉集团及宝玉公司向渤海公司给付工程款的连带责任，金世纪公司既可以随时向宝玉集团及宝玉公司主张权利，又可以在双方分劈联建利益时主张自己的权利，不存在剥夺其权利，损害其利益的问题。金世纪公司以不是建设工程施工合同的当事人为由，主张不应承担给付工程款的责任，不予支持。

关于宝玉集团及宝玉公司提出渤海公司施工的工程存在质量缺陷，要求渤海公司支付违约金 8349638.67 元，扣除工程质量保修金 966425.78 元，渤海公司未提交竣工资料和验收报告，不应支付尚欠工程款利息等请求的问题。虽然新世纪家园工程项目未经质检部门验收，但渤海公司承建的工程已经宝玉公司及监理单位验收合格，工程质量评定为优良，并荣获辽宁省优质主体工程结构称号。宝玉公司在 2004 年 11 月 15 日出具的《关于工程款结算的情况说明》中，再次确认工程质量符合合同约定标准。现房屋已开始出售，并有部分买房人实际入住。宝玉集团及宝玉公司以工程质量存在问题为由，要求渤海公司承担违约责任，依据不足，不予支持。因渤海公司与宝玉公司在验收报告中明确了工程档案资料完整，宝玉集团及宝玉公

司以渤海公司未按协议约定的时间交工及未交付竣工资料不能支付工程款及利息的主张，没有事实及法律依据，不予采纳。

关于宝玉集团及宝玉公司支付工程款的数额认定问题。从沙河口支行转账看，宝玉集团及宝玉公司支付给渤海公司的工程款应为 3350 万元，但渤海公司实收工程款为 1695 万元，渤海公司与宝玉集团及宝玉公司均无异议，应按此数额认定。至于金世纪公司提出渤海公司在收到工程款后，又返还给宝玉公司的工程款，应视为借款，不应与本案合并审理的主张，不能支持。因渤海公司于 2002 年 11 月 29 日收到宝玉公司 2500 万元工程款后又返还给宝玉公司 1700 万元，金世纪公司对此部分不承担连带责任。关于渤海公司在宝玉公司领取的酒店消费卡能否认定为已付工程款的问题，有渤海公司签字的消费数额为 104.2 万元酒店消费卡应计算为已付工程款。至于宝玉公司与亿达集团签订协议并支付 120 万元的消费卡问题。因宝玉公司未能提供证据证明此消费卡是渤海公司领取的，应由宝玉公司另行主张权利。关于以房抵顶工程款问题，虽然渤海公司与宝玉公司之间有以房抵顶工程款的协议，但该部分房屋是宝玉集团与金世纪公司联建的，双方尚未进行利益分配，哪部分房屋属于宝玉集团尚不明确，金世纪公司既不同意以房抵顶工程款，也不同意给渤海公司办理房屋产权手续，该部分房屋也未实际交付给渤海公司，故不能认定为已付工程款。综上，渤海公司施工的工程总造价为 48321289.00 元，宝玉集团及宝玉公司已支付工程款 21028030.00 元（沙河口支行转账支付 1695 万元，材料折款为 3036030.00 元，渤海公司在宝玉公司处领取酒店消费卡 104.2 万元）。宝玉集团及宝玉公司尚欠渤海公司工程款为 27293259.00 元。

关于渤海公司要求宝玉集团及宝玉公司按 2002 年 11 月 26 日的协议支付 80 万元酒店消费卡及一套房屋问题。虽然渤海公司与宝

玉公司在 2002 年 11 月 26 日的协议约定宝玉公司以 80 万元的酒店消费卡及一套房屋对渤海公司停工损失进行补偿，但渤海公司与宝玉公司在此后的 12 月 1 日又签订一份停工损失补偿协议，双方在 12 月 1 日的协议中明确约定宝玉公司向渤海公司一次性支付赔偿金 550 万元，应认定双方已经在后协议中变更了前协议对停工损失补偿的约定，对渤海公司提出的此项诉讼请求不能支持。

关于宝玉集团与宝玉公司之间的关系问题。由于宝玉集团在与金世纪公司及渤海公司签订联建协议及施工合同时的名称为大连宝玉房地产开发有限公司与其后注册成立的宝玉公司名称完全一致，且在其更名为宝玉集团及重新注册成立新的宝玉公司时均未通知金世纪公司和渤海公司，金世纪公司与渤海公司认为签订合同及履行合同均是一个宝玉房地产开发有限公司。一审法院认为，渤海公司是与宝玉集团签订的施工合同及补充协议，宝玉集团应当承担给付工程款的责任，在履行合同过程中，宝玉集团及宝玉公司在未通知合同相对方的情况下，由宝玉公司承接了合同的权利义务，在渤海公司以宝玉公司为被告提起诉讼后，宝玉公司对其被告的主体资格也未提出异议，因此，本案中宝玉集团和宝玉公司应为施工合同发包方的共同主体，共同承担给付工程款的责任。

综上，一审法院依照《民法通则》第五十二条、第八十四条及《合同法》第六十条、第一百一十四条之规定，并经审判委员会讨论决定，判决如下：一、宝玉集团与宝玉公司于本判决生效后 15 日内共同向渤海公司支付尚欠工程款 27293259.00 元，并按中国人民银行同期贷款利率支付该款自 2005 年 5 月 18 日起至本判决生效之日止的利息；二、宝玉集团与宝玉公司于本判决生效后 15 日内共同向渤海公司支付停工损失 550 万元；三、宝玉集团与宝玉公司于本判决生效后 15 日内共同向渤海公司支付优质工程奖励款 7993935.80 元；四、金世纪公司对本判决第

一项中宝玉集团与宝玉公司于本判决生效后 15 日内向渤海公司支付尚欠工程款 27293259.00 元中的 10293259.00 元，承担连带给付责任；五、驳回渤海公司其他诉讼请求。一审案件受理费 192333.00 元，由宝玉集团与宝玉公司共同负担。

2006 年 12 月 1 日，一审法院以（2006）辽民一初字第 3 号民事裁定书补正一审判决中的"宝玉集团及宝玉公司应支付的省优质工程奖励款应为 7993935.80 元"，"宝玉集团与宝玉公司于本判决生效后 15 日内共同向渤海公司支付优质工程奖励款 7993935.80 元"，现将优质工程奖励款补正为 799393.58 元。

渤海公司不服一审判决，向本院提起上诉，请求变更一审判决主文第二、三项，增加给付相应的利息；变更一审判决主文第四项，金世纪公司对宝玉集团、宝玉公司支付渤海公司全部工程款承担连带责任。事实和理由如下：

（一）关于金世纪公司对全部工程款承担连带责任问题。

一审判决认定金世纪公司应当承担连带责任的理由概括为三点：第一，金世纪公司是真正的开发商，联建利益尚未分割，联建各方应对施工方承担连带责任；第二，金世纪公司不仅享有施工合同所带来的利益，而且还参与了施工合同的履行；第三，联建各方共同投资、共同管理、共同受益，在法律上属于合伙，即合伙型联营。除此之外，还应具体强调以下理由：

第一，从联建协议及补充协议的性质看，合同内容表现出当事人的真实意思是合伙，如"甲乙双方共同负责工程指挥领导和房屋销售""甲乙双方在统一账户上记账决算""甲乙双方共同选定施工队伍，工程预算由甲乙双方共同认可""甲乙双方工程建筑管理、技术管理及工程预算人员联合办公"等等，显见，完全符合合伙的法律特征，故有关合伙的法律规定，应适用于本案联营各方。

第二，从施工合同的约束力上看，金世

纪公司不仅受联建协议约束,还应受施工合同约束,即双重约束,两个合同相互依存,具有不可分性。金世纪公司虽然未在渤海公司与宝玉集团签订的施工合同上签字,但基于相关证据,特别是金世纪公司在《请款报告》上的签认行为,以及《施工许可证》《开工许可证》均明示施工单位为渤海公司,据此,足以证实渤海公司作为案涉施工单位,不仅得到了金世纪公司的充分认可,且金世纪公司具体的履约行为也已形成了实践性的法律事实。联营各方的权利义务相互委托及合伙人的对外分工,任何一方所实施的民事行为,都具有合伙人的共同的整体对外性,合伙人一方的行为所产生的效力应及于各联营合伙人。显见,金世纪公司所称"两个独立的合同"及"合同相对性"等抗辩理由不能成立。

第三,从合法债权的实现上来看,法律赋予了施工单位拥有工程款优先受偿权,这种权利直接指向建筑物这一合同成果,即本案的"金玉星海"项目。渤海公司在工程中的投入,已全部物化在整个工程之中,无法分别向联建一方单独行使份额主张权。案涉土地使用权证、销售许可证、销售合同等均以金世纪公司名义办理,由其实际控制工程成果,为保障债权人合法债权实现的最大化,金世纪公司应当对偿还工程欠款承担连带责任。

第四,从维护房地产开发市场安全秩序上看,如仅仅强调施工合同的相对性原则,即宝玉集团与渤海公司签订的施工合同中没有金世纪公司给付工程款的相关约定,进而免除金世纪公司连带责任的话,将会出现联建各方因此而规避法律,恶意约定权利分配较低的或根本无法控制工程成果的一方独立履行施工合同,最终造成损害施工人利益的后果发生,势必造成纵容违背民法公平公正原则,扰乱房地产开发市场的恶劣行为的严重后果。

第五,从相关法律、法规规定上看,《民法通则》将自然人间的合伙称个人合伙,而将法人间的合伙视为联营,案涉联营显属三种联营中的"合伙性联营",即法人间的合伙,其联营各方有着共同的目标和共同的利益,这一特征与个人合伙的法律特征完全相同。最高人民法院《关于审理联建合同纠纷案件若干问题的解答》第9条第(2)项规定:合伙型联营各方应当依照有关法律、法规的规定,或者合同约定,对联建债务负连带清偿责任。依此规定,金世纪公司应当对宝玉集团、宝玉公司偿还全部欠付工程价款承担连带责任。一审判决在已认定金世纪公司与宝玉集团为连带法律关系,而又没有任何其他相反理由的前提下,却判令承担"部分"连带责任,显为欠妥。

(二)关于停工损失、优质工程奖励款本金的利息问题。

两笔款的性质均属于整个工程款不可分割的一部分。550万元的停工损失款,若按合同约定于2002年12月1日诚信给付,799393.58元优质工程奖励款,若按条件成就的2005年1月诚信给付,该两笔款项无论是用于经营或存款得息,都当然地产生相应利益。据此,渤海公司主张上述两笔款项的相应利息应予保护,具有合理性和合法性,理由充分,应予以支持。

金世纪公司不服一审判决,向本院提起上诉,请求撤销一审判决主文第四项,即"大连金世纪房屋开发有限公司对本判决第一项中大连宝玉集团有限公司与大连宝玉房地产开发有限公司于本判决生效后15日内向大连渤海建筑工程总公司支付尚欠工程款27293259.00元中的10293259.00元,承担连带给付责任"的判项,改判金世纪公司对宝玉集团、宝玉公司给付工程款不承担责任。主要事实和理由如下:

(一)一审判决认定金世纪公司与宝玉集团的联建利益尚未分割,从施工合同中获取利益,理应承担施工合同相应的义务,该认定与事实不符,且无法律依据。

金世纪公司与宝玉集团在《联合建房协议书》及补充协议中已就联建利益进行分配，金世纪公司分得联建项目总建筑面积的33.5％房产，宝玉集团分得66.5％房产，并不是一审判决认定的联建利益尚未分割。且两份协议业已明确约定金世纪公司与宝玉集团双方的权利义务，明确约定"宝玉集团承担项目开工到竣工所需的全部费用（当然包括了施工费用）"，一审判决却判令金世纪公司对部分工程款承担连带给付责任，既无合同依据，也无法律依据。

联建项目土地使用证、销售许可证等以金世纪公司名义办理，商品房买卖合同以金世纪公司名义签订，是履行金世纪公司与宝玉集团签订的联建合同义务的行为，与宝玉集团是否履行本案施工合同约定的付款义务无关。合作开发房地产合同与施工合同属于不同法律关系，金世纪公司在一个法律关系中的履约行为，不能成为金世纪公司根本不是合同当事人的另一法律关系中应承担连带给付责任的事实依据。

金世纪公司享有的开发项目权益是基于其与宝玉集团合作开发法律关系产生的，履约的目的是从联建项目中获利，并不是从施工合同中获利。事实上，宝玉集团已获取了施工合同的全部利益，而这种利益的获得是履行联建合同约定义务的结果。所以，金世纪公司不是施工合同的获益人，金世纪公司从联建合同中获益不能成为承担施工合同付款责任的依据。如按一审判决设定的逻辑关系推理，联建项目的购房人也接受了施工成果，难道能因此认定购房人也是从施工合同中获取了利益，而让购房人承担付款连带责任吗？

渤海公司与宝玉集团间存在施工合同关系，金世纪公司与宝玉集团间存在合作开发房地产合同关系，属于两个独立合同，两种合同间不存在连带关系。合同具有相对性，正如一审判决引用的《民法通则》第八十四条规定，合同之债只"在当事人之间产生特

定的权利和义务关系"。金世纪公司不是施工合同的当事人，与金世纪公司不存在特定的权利义务关系，不负有向其给付工程款义务。

一审判决判令金世纪公司承担施工合同付款义务，既违背了合同自愿原则，也与民事法律的公平原则相悖，因为金世纪公司已依合作开发合同约定承担了相应的合同义务，再要求金世纪公司承担合作开发合同另一方应承担的义务，有失公允。

（二）一审判决认定金世纪公司认可本案所涉施工合同，在《请款报告》上的签章行为即说明实际参与了施工合同的履行，属认定事实错误。

《联合建房协议书》虽有双方共同选定施工队伍的约定，但并不等于这一约定已实际履行。一审判决也认可"渤海公司不是宝玉集团与金世纪公司共同选定的施工队伍"。金世纪公司在补充协议中并没有涉及施工合同内容。补充协议中没有金世纪公司认可六份施工合同的书面意思表示，其中提及"土石方合同、建筑施工合同、弱电合同、消防工程合同和监理合同除外"的本意是指六份合同外必须经双方招标共同选择，意在强调六份合同之外，但并不是说金世纪公司认可了这六份施工合同。因为宝玉集团就涉案项目签署的施工合同不止一份，与宝玉集团签署施工合同的也不止渤海公司一家，如金世纪公司要认可某一份施工合同，需要有明确的书面认可才能确定。探求"土石方合同、建筑施工合同、弱电合同、消防工程合同和监理合同除外"的本意，必须以作为合同当事人的金世纪公司签署该协议时的真实意思表示为准，而结合当时存在多份施工合同、多家施工单位的客观事实，金世纪公司当时无法，也没有作出认可宝玉集团与渤海公司签订施工合同的意思表示。

金世纪公司在《请款报告》上签字盖章是基于与宝玉集团存在联建关系依照联建协议约定，行使资金监管权利的行为，其目的是为了保障以宝玉集团作为贷款人、金世

公司作为担保人、以工程项目抵押，向沙河口支行的贷款能够专款专用所采取的保障措施。金世纪公司在《请款报告》上的签字盖章行为，是依约履行权利的行为，与履行施工合同根本就是两码事。如果可以像一审判决逻辑推定，支付工程款的沙河口支行也对付款进行了审核，难道因此认定银行也参与履行了施工合同，让银行承担付款连带责任吗？

（三）一审判决认定金世纪公司与宝玉集团合作开发是合伙行为，应对外承担连带责任，属于认定事实错误，适用法律不当。

金世纪公司与宝玉集团之间肯定不是个人合伙，当然不受《民法通则》第二章"公民（自然人）"之第五节"个人合伙"中关于"合伙人对合伙的债务承担连带责任"的法律规定的调整。金世纪公司与宝玉集团从无合伙的意思表示，也没有签订合伙协议，双方之间也不属于法人间的合伙型联营。即使认定金世纪公司与宝玉集团之间属于法人间合伙型联营，金世纪公司也不应承担连带责任。通说认为，《民法通则》第五十二条规定的是法人间合伙型联营关系，一审判决也是以此作为金世纪公司承担连带责任的法律依据。但必须指出，该条恰恰并没有规定合伙型联营的合伙人必须承担连带责任，而明确规定"依照法律的规定或者协议的约定负连带责任的，承担连带责任"，也就是说，合伙人要承担连带责任，只有在法律有规定或当事人有约定的前提下才成立。这正是法人间的合伙型联营与个人合伙的区别，个人合伙是合伙人当然对合伙债务承担连带责任，而法人间的合伙型联营却是有前提的。在本案中，即使认定金世纪公司与宝玉集团属法人间的合伙型联营，但没有金世纪公司应承担连带责任的前提。首先是金世纪公司与宝玉集团之间没有承担连带责任的协议。其次，《建筑法》《城市房地产管理法》及相关司法解释均没有联建方应对另一方债务承担连带责任的法律规定。一审判决也没有指出相关的法律

依据，只是在"一审法院认为"部分笼统讲"合伙人应当对合伙债务承担责任"。此论点不能成立，其一，这并不是一条法律规定，也没有这条法律规定；其二，也没有说明要承担什么责任，如果指的是连带责任，则恰恰是《民法通则》在个人合伙部分的规定，不适用于本案。所以，一审判决混淆了个人合伙与法人间合伙联营的区别，属适用法律不当。

应该指出，连带责任是非常重大的民事责任，对此的认定必须非常严谨和慎重，在没有明确的法律规定或当事人清晰的意思表示的前提下，应尊重合同的相对性，不应随意扩大连带责任的适用范围，以保护当事人的合法权益。

综上，请求二审法院查明事实，正确适用法律，依法撤销一审判决第四项，改判金世纪公司不承担任何工程款给付责任。

金世纪公司针对渤海公司的上诉答辩认为，渤海公司请求金世纪公司对宝玉集团偿还工程欠款承担连带责任，无事实和法律依据。金世纪公司与宝玉集团、宝玉公司之间没有合伙的意思表示，没有签订合伙协议，也不属于合伙型联营。退一步说，即使属于合伙型联营，也只有在法律有规定或者当事人有约定的情形下，合伙企业才承担连带责任，本案不具备上述条件，金世纪公司不应当承担连带责任。渤海公司上诉请求增加给付利息及金世纪公司承担诉讼费的请求，没有事实和法律依据。停工损失费没有证据支持，省优质工程奖励费没有事实基础和法律依据，当事人无权对诉讼费提出上诉请求，据此上述请求均不成立，应予驳回。

渤海公司未提供书面答辩意见。

宝玉集团、宝玉公司同意渤海公司的上诉请求及理由，主张金世纪公司应当对其偿还渤海公司工程欠款承担连带责任。

本院二审查明的事实与一审法院查明的事实相同。

本院认为，宝玉集团、宝玉公司与渤海

公司签订的施工合同及补充协议有效。讼争建设项目办妥了工程开工的法定手续，取得《建筑工程施工许可证》，具备法定开工条件。施工单位渤海公司是具有一级资质的专业施工企业，具备与工程相应的法定资质。签约时，合同当事人意思表示真实，内容不违反法律、行政法规的强制性规定，应当认定宝玉集团、宝玉公司与渤海公司签订的施工合同及补充协议有效。就违约、索赔等相关问题，一审判决已作出认定，权利人未就此提出上诉，故违约及索赔款数额等内容不属于本院二审审理范围。

从发包人主体演变情况看，签订施工合同的发包人原宝玉公司名称已变更为宝玉集团，以后宝玉集团又向大连市工商局申请以原宝玉公司的资质证书重新设立宝玉公司，宝玉集团在申请报告中向政府主管部门承诺"如果涉及债权债务问题，因为原房地产开发公司变更为宝玉集团前已增注册资金为1.2亿元，所以此阶段如有债权债务可由宝玉集团承担，其他阶段的债权债务仍由宝玉房地产承担，重新登记的宝玉房地产注册资金为1500万元，保证不会在涉及债权债务的问题上损害他人的利益。"因新设立的宝玉公司使用原宝玉公司的资质证书，两个宝玉公司名称完全相同，从外观特征看，合同相对人难以区分新旧宝玉公司，故在本案中应当认定宝玉集团与其下属单位合资设立的宝玉公司与宝玉集团为施工合同的共同发包人。一审判决对此作出的认定正确，本院认可。

依据《民事诉讼法》第一百五十一条规定并结合渤海公司和金世纪公司的上诉请求，确定本案的争议焦点有两个：一是金世纪公司是否对宝玉集团、宝玉公司偿还渤海公司工程欠款承担连带责任；二是对停工损失费、优质工程奖励款应否支付利息。就上述两个争议焦点，本院作出如下认定：

（一）金世纪公司不应当对宝玉集团、宝玉公司偿还施工人渤海公司工程欠款承担连带责任。

第一，金世纪公司对宝玉集团、宝玉公司向渤海公司清偿工程欠款不承担连带责任。首先，本案讼争的法律关系是施工合同纠纷，而不是合作开发房地产合同纠纷。本案施工合同的当事人为宝玉集团、宝玉公司与渤海公司，宝玉集团、宝玉公司为发包人，渤海公司为承包人。施工合同只对合同当事人产生约束力，即对宝玉集团、宝玉公司和渤海公司发生法律效力，对合同当事人以外的人不发生法律效力。金世纪公司与宝玉集团之间存在合作开发房地产关系，不是施工合同当事人，不应对施工合同承担合同义务。其次，债权属于相对权，相对性是债权的基础。债是特定当事人之间的法律关系，债权人和债务人都是特定的。债权人只能向特定的债务人请求给付，债务人只能对特定的债权人负有给付义务。即使因第三人的行为致使债权不能实现，债权人也不能依据债权的效力向第三人请求排除妨害，债权在性质上属于对人权。再次，《民法通则》第八十四条第一款规定：债是按照合同的约定或者依照法律的规定，在当事人之间产生的特定的权利和义务关系。第二款规定：债权人有权要求债务人按照合同的约定或者依照法律的规定履行义务。"特定的"含义就是讲只有合同当事人才受合同权利义务内容的约束。债权人要求债务人履行义务的基础是合同约定或法律规定。本案渤海公司主张金世纪公司就宝玉集团、宝玉公司偿还工程欠款承担连带责任，因当事人之间不存在"特定的"债的关系，突破合同相对性也没有法律依据，渤海公司主张金世纪公司对还款承担连带责任的上诉请求，于法无据。

第二，金世纪公司不存在取代施工合同的发包人或因加入债的履行而与宝玉集团、宝玉公司成为共同发包人的事实。一审判决认定金世纪公司参与施工合同实际履行的行为包括：联建合同约定由宝玉集团和金世纪公司共同选定施工队伍。施工人向建设方请款时，金世纪公司在《请款报告》上签字盖章。本院认为，合作开发合同中有关共同审定施工队伍的约定及以后认可施工合同的意思表示与"金世纪公司已实际参与了施工合同的履行"的证明目的之间没有关联性。金世纪公司对施工人《请款报告》的审核行为是为了保障施工款项专款专用，是履行合作开发合同的行为，亦不能因此认定金世纪公司参与了施工合同的履行。

第三，渤海公司主张金世纪公司对宝玉集团、宝玉公司偿还工程欠款承担连带责任，缺乏法律依据。最高人民法院《关于审理涉及国有土地使用权合同纠纷案件适用法律问题的解释》第14条规定：本解释所称的合作开发房地产合同，是指当事人订立的以提供出让土地使用权、资金等作为共同投资，共享利润、共担风险合作开发房地产为基本内容的协议。合作开发合同各方是按照合同约定各自承担权利义务的，"共同投资，共享利润、共担风险"是指合作各方内部关系，而不是指对外关系。《民法通则》第五十二条规定：企业之间或者企业、事业单位之间联营，共同经营、不具备法人条件的，由联营各方按照出资比例或者协议的约定，以各自所有的或者经营管理的财产承担民事责任。依照法律的规定或者协议的约定负连带责任的，承担连带责任。第五十三条规定：企业之间或者企业、事业单位之间联营，按照合同的约定各自独立经营的，它的权利和义务由合同约定，各自承担民事责任。参照上述两条规定，本案当事人没有成立合作开发房地产的项目公司或成立不具备法人条件的其他组织，应属"独立经营"，应按照约定各自独立承担民事责任。退一步说，即使金世纪公司与宝玉集团、宝玉公司之间合作开发合同属于《民法通则》第五十二条规定的情形，联营各方也应当按照法律规定或者协议约定承担连带责任。金世纪公司与宝玉集团、宝玉公司之间合作开发合同，既不属于个人合伙，也没有成立合伙企业，不应当适用《民法通则》或《合伙企业法》有关个人合伙和普通合伙人承担连带责任的规定。

一审判决认为，联建利益尚未分割，讼争建设项目在金世纪公司名下，其享有了渤海公司已施工工程的权利，并从该合同中获取利益，据此应承担连带责任。应当看到，金世纪公司虽以取得讼争建设项目的部分房屋作为受益方式，但这是其以土地使用权作为出资应当获得的回报，属对价有偿的商业行为，并非无端受益。

综上，本院认为一审判决金世纪公司对宝玉集团、宝玉公司偿还施工人渤海公司部分工程欠款承担连带责任的判项，应予撤销。渤海公司主张金世纪公司应当对全部工程欠款承担连带责任的上诉请求，缺乏事实和法律依据，本院不予支持。金世纪公司主张对宝玉集团、宝玉公司偿还施工人渤海公司工程欠款不承担连带责任的上诉请求成立，本院予以支持。

（二）渤海公司请求增付停工损失费、优质工程奖励款利息的诉讼请求应予支持。最高人民法院《关于审理建设工程施工合同纠纷案件适用法律问题的解释》第17条规定：当事人对欠付工程价款利息的计付标准有约定的，按照约定处理；没有约定的，按照中国人民银行发布的同期同类贷款利率计息。第18条规定：利息从应付工程价款之日计付。依此规定，发包人应当对欠付工程价款按照法定基准利率支付利息。参照建设部《建筑工程发包与承包计价管理办法》第5条规定：招标标底和投标报价（工程价款）由成本（直接费、间接费）、利润、税金构成。直接费以人工、材料、机械的消耗量及其相应价格规定。间接费、利润、税金按照有关规定另行计算。最高人民法院《关于建设工程价款优先受偿问题的批复》第3条规定：建筑工程价款包括承包人为建设工程应当支付的工作人员报酬、材料款等实际支出的费用，不包括承包人因发包人违约所造成的损失。按照上述规定，停工损失费属于"因发包人违约所造成的损失"，优质工程奖励款不属于工程价款范围，本不应适用司法解释规定计息。但在 2002 年 12 月 1 日承、发包双方当事人签订的《协议书》中就明确有发包人赔偿因其资金不到位给承包人造成的停工损失费 550 万元，此款为承包人在合同约定的索赔数额基础上几经减让的结果，且该合同还约定"因宝玉公司不按时支付赔偿金，而造成再次停工的损失，由其全部承担"，宝玉公司至今未按照合同约定支付停工损失费，并拖欠巨额工程款至今未付，其恶意违约的主观过错明显。本案仅判决发包人支付停工损失费本金与合同约定由发包人赔偿损失扩大部分的约定不符，且难以弥补因发包人恶意违约给承包人造成的巨大经济损失。据此，发包人向承包人支付的停工损失费，应当自工程结算时起计息。2005 年 5 月 18 日，渤海公司与宝玉公司签订《渤海建设工程的新世纪家园工程审核表》，双方对 2♯楼、4♯楼主体结构部分的工程造价无争议。渤海公司依据有关政府文件规定和合同约定，应当取得优质工程奖励款，为平衡承发包双方当事人利益，也应当自工程结算时起计息。

辽宁省高级人民法院（2006）辽民一初字第 3 号民事判决第（三）项表述有误，已经该院以（2006）辽民一初字第 3 号民事裁定书补正，本院认可。

据此，渤海公司上诉主张宝玉集团、宝玉公司对停工损失费、优质工程奖励款计息的上诉请求成立，本院予以支持。

综上，依据《中华人民共和国民事诉讼法》第一百五十三条第一款第（二）项之规定，判决如下：

一、维持辽宁省高级人民法院（2006）辽民一初字第 3 号民事判决第一、五项；

二、变更辽宁省高级人民法院（2006）辽民一初字第 3 号民事判决第二项为：大连宝玉房地产开发有限公司与大连宝玉集团有限公司于本判决生效后 15 日内向大连渤海建筑工程总公司支付停工损失费 550 万元，并按照中国人民银行同期同类贷款利率计息，自 2005 年 5 月 18 日起算至付清款项时止；

三、变更辽宁省高级人民法院（2006）辽民一初字第 3 号民事判决第三项为：大连宝玉房地产开发有限公司与大连宝玉集团有限公司于本判决生效后 15 日内向大连渤海建筑工程总公司支付优质工程奖励款 799393.58 元，并按照中国人民银行同期同类贷款利率计息，自 2005 年 5 月 18 日起算至付清款项时止；

四、撤销辽宁省高级人民法院（2006）辽民一初字第 3 号民事判决第四项。

一审案件受理费的负担按一审判决执行。二审案件受理费 192333.00 元，由大连渤海建筑工程总公司负担 96166.50 元，大连宝玉房地产开发有限公司和大连宝玉集团有限公司共同负担 96166.50 元。

本判决为终审判决。

审　判　长　×××
审　判　员　×××
代理审判员　×××
二〇〇七年十一月二十七日
书　记　员　×××

陕西西岳山庄有限公司与中建三局建发工程有限公司、中建三局第三建设工程有限责任公司建设工程施工合同纠纷案

《最高人民法院公报》2007 年第 12 期

【裁判摘要】

根据《中华人民共和国合同法》第七十九条的规定，债权人可以将合同的权利全部或者部分转让给第三人，但根据合同性质不得转让的、按照当事人约定不得转让的和依照法律规定不得转让的除外。法律、法规并不禁止建设工程施工合同项下的债权转让，只要建设工程施工合同的当事人没有约定合同项下的债权不得转让，债权人向第三人转让债权并通知债务人的，债权转让合法有效，债权人无须就债权转让事项征得债务人同意。

最高人民法院
民事判决书

(2007) 民一终字第 10 号

上诉人：(原审被告、反诉原告) 陕西西岳山庄有限公司。住所地：陕西省华阴市康复路。

法定代表人：张黎阳，该公司董事长。

委托代理人：徐邦炜，北京市竞天公诚律师事务所律师。

委托代理人：董纯钢，北京市竞天公诚律师事务所实习律师。

被上诉人：(原审原告、反诉被告) 中建三局建发工程有限公司。住所地：湖北省武汉市洪山区关山一路 552 号。

法定代表人：李全立，该公司董事长。

委托代理人：张晓飞，陕西仁和万国律

师事务所律师。

委托代理人：肖坚，北京市中瑞律师事务所律师。

被上诉人 (原审第三人)：中建三局第三建设工程有限责任公司。住所地：湖北省武汉市洪山区关山一路 552 号。

法定代表人：李全立，该公司董事长。

委托代理人：陈常凯，男，该公司职工。

委托代理人：田莉莉，女，该公司职工。

上诉人陕西西岳山庄有限公司 (以下简称西岳山庄) 为与被上诉人中建三局建发工程有限公司 (原武汉中建三局建发工程有限公司，以下简称建发公司)、中建三局第三建设工程有限责任公司 (原中国建筑第三工程局第三建筑安装工程公司，以下简称三公司) 建设工程施工合同纠纷一案，不服陕西省高级人民法院 (2005) 陕民一初字第 10 号民事判决，向本院提起上诉。本院依法组成合议庭，于 2007 年 2 月 12 日对本案进行了开庭审理。上诉人西岳山庄的委托代理人徐邦炜、董纯钢，被上诉人建发公司的委托代理人张晓飞、肖坚，被上诉人三公司的委托代理人陈常凯、田莉莉到庭参加了诉讼。本案现已审理终结。

一审法院经审理查明：西岳山庄 (甲方) 就其所属的华山假日酒店工程，于 2001 年 11 月 30 日与三公司 (乙方) 签订《建设工程施工合同》(以下简称施工合同)，约定工程开、竣工日期为 2001 年 12 月 26 日至 2002 年 10 月 31 日。合同价款：以最终结算价为准；工

程为包工包料，依据 1999 年《陕西省建筑工程综合概预算定额》《全国统一安装工程预算定额陕西省价目表》（2001 版）及配套使用的《陕西省建筑工程、安装工程、仿古园林工程及装饰工程费用定额》（1999 版）及省、市有关造价文件的规定计算；本工程按二类工程取费，并对四项费率下浮 20％计算。工期奖罚：在合同工期上每提前或延误一天，按乙方承包工程总造价 0.1‰对等奖罚。合同价款支付及合同价款的调整：桩基施工由甲方支付乙方 300 万元工程预付款；本工程按形象进度付款，基础施工完，甲方支付乙方 300 万元工程进度款；主体施工完，甲方另支付乙方 500 万元装饰工程预付款；装饰工程完成 50％t 作量，甲方再支付乙方 1300 万元工程进度款；工程完工交付甲方前，甲方再支付乙方 1000 万元工程款；工程验收合格后甲方支付乙方 800 万元；工程竣工验收后，除留 5％质保金外，剩余工程款甲方在两年内分期支付给乙方；5％质保金在保修期满后，甲方一次性返还乙方。合同价款调整：合同价款在合同约定后，任何一方不得擅自改变，但发生下列情况之一的可作调整：甲方代表确认的工程量增减；甲方代表确认的设计变更或工程洽商；工程造价管理部门公布的价格调整；一周内非乙方原因造成停水、停电、停气影响停工累计超过 8 小时，且造成经济损失的；合同约定的其他增加或调整；乙方应在上述情况发生 10 日内将调整原因、金额以书面形式通知甲方代表，甲方代表批准后通知经办银行和乙方，甲方代表收到乙方通知后 10 日内不作答复，即视为已经批准；乙方未按上述要求及时办理而造成工程延误，由乙方负责；甲方未按上述要求及时办理审核签字和付款时，乙方可向甲方发出要求付款通知，甲方在收到乙方通知 5 日内仍不能按要求支付时，应承担违约责任。竣工与结算：甲方代表在收到乙方送交的竣工验收报告后 10 日内无正当理由不组织验收，或验收后 5 天内不予批准且不能提出修改意见，可视为竣工验收已被批准，即可办理结算手续。甲方无正当理由在批准竣工报告后 30 日内不办理结算，从第 31 天起按施工企业向银行计划外贷款的利率支付拖欠工程款利息，并承担违约责任。违约责任：甲方代表不能及时给出必要指令、确认、批准，不按合同约定履行自己的各项义务、支付款项及发生其他使合同无法履行的行为，应承担违约责任（包括支付因其违约导致乙方增加的经济支出和从应支付之日起计算的应支付款项的利息等），相应顺延工期；按协议条款约定支付违约金和赔偿因其违约给乙方造成的窝工等损失。乙方不能按合同工期竣工，施工质量达不到设计和规范的要求，或发生其他使合同无法履行的行为，甲方代表可通知乙方，按协议条款约定支付违约金，赔偿因其违约给甲方造成的损失。除非双方协议将合同终止，或因一方违约使合同无法履行，违约方承担上述违约责任后仍应继续履行合同；因一方违约使合同不能履行，另一方欲中止或解除合同，应提前 10 天通知违约方后，方可中止或解除合同，由违约方承担违约责任。本合同履行过程中根据合同发生的会议纪要、签证、各种通知文件、委托、证书等书面资料均应作为合同条款以补充内容，与合同条款具有同等效力。增订条款：本工程所需材料由乙方自行采购、保管，其中钢材、水泥由乙方采购，甲方提供资金担保；任何材料的选购，其价格和质量、数量需经甲方同意验证方可采购；工程欠款不计贷款利息。2002 年 4 月 23 日，西岳山庄将其与陕西林华工程监理公司（以下简称监理公司）签订的《建设工程委托监理合同》送交三公司，并要求其接受监督和管理。

2002 年 7 月 30 日，一、二区基础分部工程验收合格。2002 年 9 月 20 日，西岳山庄与三公司签订的《会议纪要》约定：华山假日酒店一区素土回填完，二区素土回填一半，由西岳山庄一周内付款 100 万元；砌体队伍进场后一周内由西岳山庄付款 50 万元；后期工程施工的主要材料由西岳山庄供应或代付款；一区 10 月 10 日主体封顶，三区 10 月 15 日主体封顶，一区回填素土 25 天完，二区素土回填至第 40 天完，四区土方开挖 10 月 15 日开始，员工宿舍 9 月 25 日动工，西岳山庄保证一周内一次性付款不少于 300 万元；三区保证地下室及时施工，完毕后及时回填，甲方张总认可后付款 50 万元。2003 年 3 月 11 日三区基础分部工程验收合格。2003 年 4 月 11 日，主体分部工程验收合格。2003 年 3 月 17 日，西岳山庄与中建三局三公司安装分公司签订了安装工程补充协议。2003 年 7 月，三公司取得渭南市城乡建设局颁发的安全文明工地奖牌。

2004 年 4 月 14 日，三公司向西岳山庄发出债权转移通知书称，"贵方与公司于 2002 年签订了建设工程施工合同，现在我公司因改制重组的需要，欲将我公司对贵方所享有的上述债权转让给武汉中建三局建发实业发展公司"。西岳山庄予以签收。

2004 年 9 月 29 日，西岳山庄与江苏环建建设投资有限公司（以下简称环建公司）签订《建设工程施工合同》（关于给水、排水、强弱电、暖通工程）；2004 年 10 月 1 日，西岳山庄与华阴市永泰建筑公司签订《建设工程施工合同》（关于华山假日酒店未完的土建工程）。2005 年 10 月 10 日，三公司向西岳山庄发出《关于解除合同的通知》。

2006 年 1 月 19 日，一审法院依据双方当事人的申请，委托陕西三秦工程造价咨询有限责任公司（以下简称三秦造价公司），就三公司已完成的涉案工程造价、西岳山庄已支付的工程款及欠付的工程款数额进行鉴定。2006 年 6 月 20 日，三秦造价公司做出的鉴定结论为：1. 根据双方认可的中国轻工西安设计院设计的华山假日酒店结构施工图纸扣除未做部分签认量加现场签证，计算出三公司已完成的华山假日酒店（含员工宿舍）土建工程量工程造价为 23121871.05 元（不含劳保统筹和安全文明工地费）。2. 根据双方认可

的中国轻工西安设计院设计施工图纸、现场签证及双方提供的三公司完成工程量记录等资料，计算出三公司已完成的华山假日酒店（含员工宿舍）安装工程量工程造价为 1607359.51 元（不含劳保统筹和安全文明工地费）。3. 确认西岳山庄已付工程款、材料款合计为 15199163.76 元。鉴定报告另对当事人有争议的工程量造价、有争议的付款项目详细列明。2006 年 6 月 27 日，鉴定报告送达给三方当事人，当事人在限定期限内对鉴定报告提出了书面异议。2006 年 7 月 26 日，一审法院对鉴定报告进行庭审质证，并由三秦造价公司出庭接受当事人的质询。三秦造价公司在庭后就当事人质询作了书面答复。2006 年 8 月 2 日，该答复意见送达给三方当事人。

另查明：2002 年 12 月 27 日，中国建筑第三工程局第三建筑安装工程公司变更登记为中建三局第三建设工程有限责任公司。2004 年 11 月 17 日，武汉中建三局建发工程有限公司变更登记为中建三局建发工程有限公司。

2002 年 7 月至 2003 年 4 月间，三公司数次向西岳山庄催要工程进度款；2004 年 10 月 29 日，三公司向西岳山庄以特快专递方式送达《工作联系单》《现场变更签证单》《致陕西西岳山庄有限公司关于华山假日酒店工程进度报量问题的函》，请求西岳山庄确认工期顺延、窝工费及机械停滞费。西岳山庄亦提供了大量的监理例会纪要、工程联系单等证据，用以证明三公司施工不规范，工程质量不合格，管理不严，拖延工期等问题。

2002 年 7 月，三公司与陕西省荣誉军人康复医院签订供水协议。2006 年 4 月 12 日陕西省荣誉军人康复医院出具证明，三公司从 2003 年 6 月 24 日至 2005 年 12 月 21 日共欠水费 13307.68 元至今未交。西岳山庄代付工地 2002 年 8 月至 2003 年 5 月电费 137932.97 元双方无争议（鉴定报告已作为西岳山庄已付款计入），对西岳山庄主张代付 2003 年 7 月

至 2004 年 9 月电费 63513.52 元，三公司、建发公司不予认可。

建发公司认为西岳山庄违反合同约定，拖欠工程款并造成窝工损失，遂向一审法院提起诉讼，请求：（1）依法判令西岳山庄依约支付拖欠建发公司工程款及窝工损失共计 23213450 元；（2）由西岳山庄承担本案的诉讼费、保全费及律师费用等全部诉讼费用；（3）建发公司对所承接的工程依法享有优先受偿权。

西岳山庄提起反诉，认为三公司违反合同约定，迟延交付涉案工程，给西岳山庄造成了经济损失，请求依法判令建发公司与三公司：（1）向西岳山庄赔偿拖延工期罚金 1552460 元；（2）赔偿西岳山庄额外支出的工程款 1472921 元；（3）赔偿西岳山庄因工程拖延交付使用造成的不能营业的经济损失 8558237 元；（4）承担本案全部诉讼费用。

一审法院认为：西岳山庄与三公司所签订的《施工合同》，系双方的真实意思表示，且不违反法律、行政法规强制性规定，应为有效合同。三公司将合同债权转让给建发公司，并向西岳山庄送达了债权转让通知书，符合相关法律规定。该转让行为系转让人与受让人真实意思表示，并不损害债务人的利益，依法认定有效。建发公司因此取得三公司应享有的合同债权。由于华山假日酒店工程正在施工之中，西岳山庄与三公司并未就工程款最后决算，建发公司所享有的合同债权数额并未确定；对于西岳山庄已支付的工程款数额，三公司与西岳山庄也说法不一，一审法院依据双方当事人申请，委托三秦造价公司对涉案工程造价及西岳山庄已付工程款进行鉴定，该鉴定结论已经双方当事人庭审质证，依法应予确认。

对于鉴定报告单列有争议工程量工程造价部分，经一审法院审核，应作如下认定：1. 关于有争议的工程量工程造价部分，对于三公司所报而西岳山庄不予认可部分的工程量，仅凭三公司所报工程量，没有西岳山庄及监理公司签证，无法认定该工程量，对该部分所涉及的土建、安装工程造价不予确认。2. 关于应否计取安全文明工地费。经核算土建工程造价的安全文明工地费 221299.07 元，安装工程量工程造价的安全文明工地费 15504.62 元，因该工地已被渭南市城乡建设局授予安全文明工地，故该部分费用应按规定计取，并随工程造价的调整而增减。3. 关于有争议的已付工程款部分。有争议的 2003 年 6 月 24 日至 2005 年 12 月 21 日水费 13307.68 元（其中 2003 年 6 月 24 日至 8 月 21 日 4003.96 元；2003 年 9 月 21 日至 11 月 24 日 1692.60 元；2003 年 11 月 24 日至 2005 年 12 月 21 日 7611.12 元），鉴于票据无法详细区分，因 2004 年 9 月 29 日西岳山庄已与环建公司签订了施工合同，故对水费 13307.68 元中 2003 年 11 月 24 日前的 5696.56 元水费由三公司承担，2003 年 11 月 24 日至 2005 年 12 月 21 日的水费 7611.12 元由西岳山庄与三公司各半负担。西岳山庄已购石渣、沙子、配电箱、线管、管件等费用合计 407078.71 元，因未见三公司收料单，该笔费用未计入工程造价，亦不应计入已付工程款。侯宏伟借款 1 万元，属另一法律关系，本案不予涉及。供电局劳动服务公司收取西岳山庄 2 万元，因系线路维修所产生之费用，亦不应计入已付工程款。西岳山庄代付 2003 年 7 月至 2004 年 9 月电费 63513.52 元，理应由三公司承担，并从应结算的工程款中扣付。综上，双方虽有争议，但应计入已付工程款合计为 73015.64 元。

综上，西岳山庄应支付工程款共计 24992875.13 元，扣减西岳山庄已付工程款、材料款及代付的水电费共计 15273309.40 元后，西岳山庄应支付建发公司剩余工程款 9719565.73 元。依照《合同法》第二百八十六条的规定，建发公司就该工程在西岳山庄应付的工程款范围内享有优先受偿的权利。由于华山假日酒店工程至今尚未完工，双方均有一定责任。因西岳山庄付款不到位，三公司施工不规范、施工管理不严、返工等情况，共同造成工期延误。据此，对建发公司主张的窝工损失以及西岳山庄反诉请求三公司、建发公司支付拖延工期的罚金，一审法院均不予支持。关于西岳山庄诉请的额外支出，因环建公司等单位施工的相关费用并未计入本次鉴定的工程造价内，西岳山庄并不存在额外支出，一审法院亦不予支持。关于西岳山庄请求的逾期营业损失，因其提供的证据并不能证明其逾期开业的损失数额，且三公司对洲际集团等公司的管理合同没法预见，故依法对该证据不予采信，对其请求不予支持。一审法院依照《中华人民共和国合同法》第七条、第八条、第六十条、第八十条、第二百八十六条的规定，判决：（一）自该判决生效之日起 30 日内，西岳山庄支付建发公司工程款 9719565.73 元；（二）建发公司在西岳山庄欠付的工程款范围内，对该工程享有优先受偿权；（三）驳回建发公司的其余诉讼请求；（四）驳回西岳山庄的反诉请求。一审案件受理费 126077.25 元，鉴定费 16.5 万元，共计 291077.25 元由建发公司承担 174646.35 元，西岳山庄承担 116430.90 元；反诉费 67928.08 元，由西岳山庄公司承担；诉讼保全费 109738 元，由建发公司承担。

西岳山庄不服一审判决，向本院提起上诉称：原判认定事实和适用法律均有错误。（1）原审判决判令三公司将其涉案合同债权转让给建发公司有效。依据合同性质，涉案合同债权依法不得转让，转让时涉案工程项目根本不具备结算条件，三公司与西岳山庄之间的债权债务关系无法确定，西岳山庄仅在回执上注明收到该通知并未同意其转让行为；（2）西岳山庄已超额支付工程款，并不存在付款不到位的事实；（3）三公司承认在施工中存在不按施工计划开工、窝工、施工质量不合格及不文明施工等事实。三公司依约应向西岳山庄支付违约金。三公司在拒不完成主体部分施工的情况下，于 2004 年 2 月

后逐渐全部撤场，导致合同无法继续履行。由于三公司恶意违约，致使华山假日酒店迟迟不能竣工，应承担逾期竣工造成的营业损失。西岳山庄的反诉请求依法应予支持；（4）原判将鉴定报告中关于土建及安装工程所对应税金、安全文明工地费、文明补贴等费用计入工程造价，超出合同约定，应以合同约定为准；（5）三公司单方提出解除合同，西岳山庄并未表示同意，《施工合同》仍应履行；（6）建发公司作为《施工合同》以外的第三人，既不是合同约定的施工方，也不是该建设项目的承包人，因此建发公司对涉案工程行使优先受偿权于法无据。鉴此，西岳山庄请求：（1）撤销一审判决，驳回被上诉人的全部诉讼请求；（2）支持上诉人的全部反诉请求；（3）被上诉人承担全部诉讼费用。

被上诉人建发公司、三公司辩称：（1）关于债权转让问题。三公司与建发公司就本案债权转让达成了合意，并将这一合意通知了债务人，转让合法有效；（2）关于拖欠工程款问题。西岳山庄并未依照合同约定支付工程款。截至 2003 年 4 月 14 日，有关催要工程款的签证单、监理会议纪要多达 16 份之多，证明西岳山庄严重拖欠工程款。2004 年 10 月 29 日，三公司以公证送达的方式向西岳山庄进行了付款催告，西岳山庄拒绝履行付款义务。其行为已构成根本违约，三公司享有先履行抗辩权，未如期完成工程施工不构成违约；（3）关于解除《施工合同》的问题。西岳山庄的违约行为，特别是违法重复发包行为致使合同目的无法实现，三公司依法获得合同解除权；（4）关于西岳山庄额外支付工程款的问题。本案未涉及环建公司完成的工程量，西岳山庄因工程施工支付的工程款不属于额外支出；（5）关于西岳山庄的预期收益损失问题。洲际酒店集团的损益表缺乏证据的基本要件，三公司没有实施违约行为，不承担违约责任。

二审开庭后，西岳山庄向本院提交了三公司关于申报文明工地不向西岳山庄索取费

用的《证明》等证据。本院认为：西岳山庄本应在一审举证期限内提交这些证据，其在二审开庭后举证已超过举证期限，且未说明延期举证的理由。根据本院《关于民事诉讼证据的若干规定》第34条的规定，逾期举证的，视为放弃举证权利，西岳山庄在二审中提交的证据对本案不具有证明力。

本院二审查明：西岳山庄于2001年4月10日经工商行政管理部门批准成立并取得企业法人营业执照。2002年3月7日，西岳山庄取得华阴市人民政府城市规划部门颁发的2002—3号《建设用地规划许可证》和《建设工程规划许可证》。翌日又取得华阴市建设局颁发的2002—24号《建设工程施工许可证》，其中载明建设工程名称为华山假日酒店，建筑面积43000平方米，工程造价6000万元，开工日期2002年3月8日。2003年5月，西岳山庄分别取得华阴市人民政府颁发的阴国用（2003）字第606、607号《国有土地使用证》。

《施工合同》还约定，主体结构三层完，西岳山庄再向三公司支付300万元工程款；主体封顶，西岳山庄再向三公司支付300万元工程款。2002年3月19日，西岳山庄尚未向三公司提供施工图和地质勘探资料，亦未解决施工所需的供水、供电问题。三公司开挖地基时遇到大石块，曾安排破碎机进行破石。2002年4月15日，三公司将其依据施工图制订的《施工组织设计》提交监理部门。同年6月5日，工程监理对《施工组织设计》提出了审查意见。同年6月13日，主体工程进入二层顶板施工，西岳山庄尚未提供三层以上安装图。

建发公司、三公司均于2002年12月27日经工商行政管理部门批准成立并取得企业法人营业执照，前者的经营范围包括各类建设工程总承包、施工、咨询等，后者的经营范围包括建筑装饰装修工程、钢结构工程、房屋建筑工程总承包等。

二审查明的本案其他事实与一审判决认定的事实相同。2007年9月27日，建发公司向本院提出，同意在二审维持原判的前提下，在执行阶段放弃文明工地定额费用中的20万元，在提出执行申请时予以扣除。

本院认为：西岳山庄与三公司签订的《施工合同》和2002年9月20日签订的《会议纪要》，是双方当事人的真实意思表示，该合同与纪要的内容不违反法律、法规的强制性规定，应认定合法有效，双方对此均负有履行义务。涉案工程工期拖延是由于西岳山庄和三公司共同违约造成的，均应承担违约责任。本案涉及以下焦点问题：（1）三公司向建发公司转让债权是否合法有效；（2）西岳山庄是否按工程进度向三公司足额支付了工程款；（3）《施工合同》是否应当解除；（4）一审认定的工程款项目和数额是否合理；（5）西岳山庄的反诉请求是否成立；（6）建发公司对其完成的工程是否享有优先受偿权。现分述如下：

（一）关于三公司向建发公司转让债权是否合法有效的问题。

本案中，三公司履行了部分合同义务，取得了向西岳山庄请求支付相应工程款的权利。转让行为发生时，三公司的此项债权已经形成，债权数额后被本案鉴定结论所确认。西岳山庄接到三公司的《债权转移通知书》后，并未对此提出异议，法律、法规亦不禁止建设工程施工合同项下的债权转让，债权转让无须征得债务人同意。根据《合同法》第八十条、八十一条的规定，本院确认涉案债权转让合法有效，建发公司因此受让三公司对西岳山庄的债权及从权利。西岳山庄虽然主张涉案债权依法不得转让，但并未提供相关法律依据，故对西岳山庄关于三公司转让债权的行为无效的主张，本院不予支持。建发公司基于受让三公司的债权取得本案诉讼主体资格。

（二）关于西岳山庄是否按工程进度向三公司足额支付了工程款的问题。

根据《施工合同》约定，涉案工程按形

象进度付款。这里的付款是指西岳山庄向三公司直接支付工程款，不包括西岳山庄对涉案工程的其他支出抵扣工程款的情形。按照工程进度，2003 年 4 月 11 日，华山假日酒店主体分部工程验收合格，三公司还完成楼面找平和部分内粉，按进度西岳山庄应支付工程款 1700 万元，而工程鉴定报告确认西岳山庄支付的工程款、材料款两项合计为 15273309.4 元。西岳山庄拖欠工程款的行为已构成违约，应对工程迟延交付承担相应的违约责任。西岳山庄关于向三公司超额支付工程款的主张缺乏事实依据，本院不予支持。建发公司关于西岳山庄拖欠工程款的主张有理有据，本院予以支持。

（三）关于涉案《施工合同》是否应当解除的问题。

根据《施工合同》第 18 条 18－1 的约定，只要因一方违约导致合同不能继续履行，另一方即可解除合同并应提前 10 天通知对方，无须征得对方同意。三公司解除合同前已撤出施工现场，西岳山庄就同一工程与环建公司签订续建的施工合同，客观上《施工合同》已不能继续履行，三公司行使合同解除权符合合同约定。对于西岳山庄关于未经其同意，三公司无权单方解除合同的主张，本院不予支持。三公司应根据实际完成的工程量结算工程款。

（四）关于一审认定的工程款项目和数额是否合理的问题。

一审中，鉴定部门针对双方当事人就工程造价鉴定结论所提异议作了答复，并对异议合理的项目做了调整。本院认为，一审判决已在应付工程款中扣除了西岳山庄支付的 1130 元破石人工费，对西岳山庄所提工程其他项目的造价不作调整也是合理的。关于土建及安装所对应税金、安全文明工地费、文明补贴等费用是否应计入工程造价的问题。根据《施工合同》第 4 条的约定，合同价款计算的依据为 1999 年陕西省建筑工程相关定额，该定额包括税金和安全、文明施工定额

补贴费。因此，一审判决将这两项费用计入工程造价，符合合同约定，不存在额外增加计费项目。对西岳山庄关于相应税金、安全文明工地费、文明补贴等费用不应计入工程造价的主张，本院不予支持。

（五）关于西岳山庄的反诉请求是否成立的问题。

首先，关于支付拖延工期罚金的请求。涉案工程迟延交付的原因，一是西岳山庄办理工程报建手续迟延，取得建设工程开工许可证的日期晚于合同约定的开工日期 4 个多月，取得《国有土地使用证》的日期晚于合同约定的工程竣工日期。二是西岳山庄提供施工图纸迟延，并且未在开工前解决施工所需的供水、供电。按图施工是建设工程的客观要求，但时至 2002 年 3 月 19 日，西岳山庄尚未向三公司交付施工图纸，水、电供应不足，导致三公司不能正常施工。三是西岳山庄没有按进度付足工程款，严重影响施工。三公司也存在施工现场人员和设备不足，施工管理不严和返工等情况，影响了施工进度。鉴此，一审认定西岳山庄与三公司共同造成工期延误并无不当。由于西岳山庄存在严重违约，对其关于三公司应当承担赔偿责任的主张，本院不予支持。其次，关于西岳山庄要求赔偿额外支付的工程款问题。一审判决确认的西岳山庄向建发公司支付工程款，仅包括三公司已完成的工程量所应支付的工程款，西岳山庄并不存在额外支出。西岳山庄关于建发公司应向其赔偿另一合同工程款的主张，缺乏事实和法律依据，本院不予支持。再次，关于西岳山庄索赔逾期营业损失的问题。由于西岳山庄违约在先，且不能提供足够的证据证明损失的数额，故对西岳山庄的此项主张，本院不予支持。

（六）关于建发公司对涉案工程是否享有优先受偿权的问题。

建设工程款具有优先受偿性质。建发公司基于受让债权取得此项权利。鉴于该项建设工程目前尚未全部竣工，《施工合同》因西

岳山庄拖欠工程款等原因而迟延履行，建发公司优先受偿权的行使期限应从 2005 年 10 月 10 日解除合同时起算。此前建发公司已提起诉讼，故不应认定其优先受偿权的行使期限已超过 6 个月。对于西岳山庄关于建发公司已超过行使优先受偿权期限的主张，本院不予支持。

综上，三公司向建发公司转让债权合法有效，建发公司具有诉讼主体资格。西岳山庄与三公司在履行《施工合同》过程中均有违约行为，对工程延期完工均有责任。但由于西岳山庄违约在先，并长期拖欠工程款，也不存在额外支出，故对西岳山庄的反诉请求，一审法院不予支持是正确的。鉴于《施工合同》确已无法履行，三公司依约有权解除合同。合同解除后，未履行的部分不再履行。由于《施工合同》约定的工程保质期已过，质保金不再从工程款中扣除。建发公司基于债权受让，在合同解除前已提起诉讼，对涉案工程享有优先受偿权。原判认定事实基本清楚，适用法律正确。二审中，建发公司提出在本案执行阶段放弃 20 万元文明工地定额费用，并在申请执行时予以扣除，依法应予准许。依据《中华人民共和国民事诉讼法》第一百五十三条第一款第（一）项之规定，判决如下：

驳回上诉，维持原判。

逾期不履行本判决确定的金钱给付义务，应当依照《中华人民共和国民事诉讼法》第二百三十二条的规定，加倍支付迟延履行期间的债务利息。

二审案件受理费 126077.25 元，由陕西西岳山庄有限公司负担。

本判决为终审判决。

审　判　长　×××
审　判　员　×××
代理审判员　×××
二〇〇七年十月十六日
书　记　员　×××

江西圳业房地产开发有限公司与江西省国利建筑工程有限公司建设工程施工合同纠纷案

《最高人民法院公报》2007 年第 6 期

【裁判摘要】

根据最高人民法院《关于民事诉讼证据的若干规定》第三十四条的规定，当事人应当在举证期限内向人民法院提交证据材料，当事人在举证期限内不提交的，视为放弃举证权利，人民法院可以根据对方当事人提供的证据认定案件事实。但是，被视为放弃举证权利的一方当事人依法仍享有抗辩权，人民法院对其抗辩应当依法审查，抗辩有理的应当予以采纳、支持。

最高人民法院
民事判决书

(2006) 民一终字第 52 号

上诉人（原审被告）：江西圳业房地产开发有限公司，住所地江西省南昌市二七北路 98 号。

法定代表人：梁耀科，该公司总经理。

委托代理人：汤忠赞，江西金凤凰律师

事务所律师。

委托代理人：万艺娇，江西金凤凰律师事务所律师。

被上诉人（原审原告）：江西省国利建筑工程有限公司，住所地江西省南昌市朝阳洲团结路10号。

法定代表人：张国仔，该公司董事长。

委托代理人：熊韶云，该公司职员。

委托代理人：王开定，北京市中伦金通律师事务所律师。

上诉人江西圳业房地产开发有限公司（以下简称圳业公司）为与被上诉人江西省国利建筑工程有限公司（以下简称国利公司）建设工程施工合同纠纷一案，不服江西省高级人民法院（2005）赣民一初字第5号民事判决，向本院提起上诉。本院依法组成合议庭，于2006年9月12日公开开庭审理了本案。圳业公司的委托代理人汤忠赞、万艺娇，国利公司的委托代理人王开定、闵翰奇到庭参加了诉讼。本案现已审理终结。

一审法院经审理查明：2002年6月6日，江西省进贤县人民政府（以下简称进贤县人民政府）与深圳市圳昌投资实业有限公司（以下简称圳昌公司）签订《进贤县政府大院开发及新区建设合同书》。2002年6月8日，圳昌公司向进贤县人民政府出具授权委托书，委托圳业公司全权负责该项目的开发、经营和建设。2002年6月12日，圳业公司申请设立"进贤县政府大院开发行政中心建设项目总指挥部"，并经进贤县工商行政管理局依法核准。进贤县政府大院开发行政中心建设项目总指挥部分别于2002年9月1日、2003年2月25日、2003年3月10日与国利公司签订了三份《建设工程施工合同》及其《补充协议书》，建设工程项目分别为进贤县行政中心建设工程县政府大楼、档案馆、食堂及宾馆。合同约定的承包范围为土建工程（基础、主体、屋面、砌筑、塑钢窗、抹灰楼地面、水电安装等），三份合同的工程总价款为人民币1424万元。工程项目采用可调价格，合同价

款调整方法、范围为：按施工图、变更通知书、签证单进行调整，调整范围不得超过圳业公司与进贤县政府决算价格，最终价格以进贤县政府审定认可的造价为基础。合同约定国利公司承建的工程项目全面竣工结算后，圳业公司半年内需向国利公司支付90%～e程款，土建保修期满付7%，余款3%作为工程质保金。国利公司同意在工程总造价上让利8%。结算依据为2001年《全国统一建筑（安装）工程定额》（江西省单位估价表），按三类取费。工程质量标准：政府大楼及档案馆为市级优良工程，如达不到市优将扣除工程总造价3%作为违约金；宾馆、食堂为合格工程。合同关于工程竣工结算约定：发包人（圳业公司）收到承包人（国利公司）递交的竣工结算报告及结算资料后28天内进行核实，给予确认或者提出修改意见。发包人收到竣工结算报告及结算资料后28天内无正当理由不支付工程竣工结算价款，从第29天起按承包人同期向银行贷款利率支付拖欠工程价款的利息，并承担违约责任。在施工过程中，圳业公司将合同约定的屋面、水电安装工程发包给他人施工。圳业公司分别于2004年9月23日、2004年11月8日和2004年12月30日收到国利公司递交的进贤县行政中心建设工程——档案馆、政府大楼、食堂、宾馆楼的工程决算书。工程决算书反映的工程总造价为24742895.8元。2004年8月25日，国利公司承建的县政府大楼、档案馆、食堂、宾馆通过竣工验收并投入使用。食堂、宾馆楼经验收评定为合格工程；政府大楼、资料楼经南昌市建设工程质量监督站评为市级优质结构工程；政府大楼经南昌市城乡建设委员会评定为市级优良工程。2005年4月1日，进贤县政府大院开发行政中心建设项目总指挥部向各施工单位发出通知，要求各施工单位尽快提供齐全有效的决算资料进入决算程序。至本案起诉之日止，圳业公司共向国利公司支付工程款人民币1264万元。国利公司单方提供的工程决算显示，圳业公司尚欠国

利公司工程款 12102895.8 元。

一审法院另查明，圳昌公司与进贤县人民政府签订《进贤县政府大院开发及新区建设合同书》第十一条约定："新区建设工程验收合格后，双方进行财务结算，结算必须在验收之日起壹个月内完成。"圳昌公司与进贤县人民政府的工程结算至今未进行。

一审法院通知当事人的举证期限为 2005 年 8 月 15 日前，并于 2005 年 9 月 12 日、9 月 29 日两次组织双方当事人进行证据交换。在此期间，圳业公司未提出对本案所涉工程造价进行司法鉴定的申请。2005 年 10 月 8 日，圳业公司向一审法院提出书面申请，要求就本案所涉工程项目款项进行司法鉴定。在移送鉴定中，圳业公司对鉴定事项范围提出异议，且未在通知要求的时间内按规定交纳鉴定费用，一审法院司法技术处于 2006 年 3 月 17 日将案件退回。

2005 年 12 月 13 日，国利公司向一审法院提出先予执行申请，一审法院经审查，于 2006 年 1 月 16 日作出（2005）赣民一初字第 5—2 号民事裁定，由圳业公司向国利公司支付 200 万元。此款已执行完毕。

因涉案工程款未结清，国利公司于 2005 年 4 月 27 日向江西省南昌市西湖区人民法院（以下简称西湖区人民法院）提起诉讼。西湖区人民法院受理后，圳业公司提出管辖权异议。2005 年 5 月 23 日，西湖区人民法院将本案移送江西省高级人民法院。国利公司的诉讼请求是：判令圳业公司清偿工程款 1210 万元及利息 90 万元；由圳业公司承担本案的案件受理费和财产保全费。

一审法院认为，圳业公司申请并经工商行政管理部门依法核准设立进贤县政府大院开发行政中心建设项目总指挥部，该指挥部与国利公司所签订的三份《建设工程施工合同》及其《补充协议书》，系当事人的真实意思表示，其内容没有违反国家法律及行政法规的禁止性规定，应为合法有效。该指挥部因无法人资格，其民事责任由圳业公司承担。

圳业公司对其在本案中的诉讼地位无异议，该院依法予以确认。国利公司按合同约定履行了义务，完成了承包范围内的县政府大楼、档案馆、食堂及宾馆土建工程。工程竣工后，圳业公司向国利公司支付了部分工程款。在工程结算中，国利公司向圳业公司分别递交了县政府大楼、档案馆、食堂及宾馆的工程决算书。双方签订的建设工程施工合同中关于工程竣工结算条款约定，发包人收到承包人递交的竣工结算报告及结算资料后 28 天内进行核实，给予确认或者提出修改意见，发包人收到竣工结算报告及结算资料后 28 天内无正当理由不支付工程竣工结算价款，从第 29 天起按承包人同期向银行贷款利率支付拖欠工程价款的利息，并承担违约责任。最高人民法院《关于审理建设工程施工合同纠纷案件适用法律问题的解释》第二十条规定："当事人约定，发包人收到竣工结算文件后，在约定期限内不予答复，视为认可结算文件的，按照约定处理。承包人请求按照竣工结算文件结算工程价款的，应予支持。"国利公司提出的关于圳业公司支付所欠工程款的诉讼请求，符合双方之间的约定及最高人民法院上述司法解释的规定，依法应予支持。圳业公司收到国利公司递交的工程决算书后，未在合同约定的时间内对决算问题提出任何异议。圳业公司关于国利公司未向其提交完整的决算资料，导致决算工作无法正常进行，责任完全在国利公司的抗辩理由不能成立。双方当事人所签订的建设工程施工合同虽然约定工程项目采用可调价格，合同价款调整方法、范围为：按施工图、变更通知书、签证单进行调整，调整范围不得超过圳业公司与进贤县人民政府决算价格，最终价格以进贤县人民政府审定认可的造价为基础，但圳业公司与进贤县人民政府至今未就承建的工程造价进行决算，进贤县人民政府最终审定认可的造价无法确定。在对本案所涉工程款可调部分价格进行司法鉴定时，圳业公司未在法院对外委托鉴定部门通知要求的时间内按规定交纳鉴定费用，应视为圳业公司行使诉讼权利中对鉴定请求的放弃。国利公司在诉讼请求中，要求判令圳业公司清偿所欠工程款1210万元。诉讼中，国利公司递交书面材料，说明在起诉时未将双方当事人签订的补充协议中8％（计197.92万元）让利从工程款中减去，圳业公司实际尚欠国利公司工程款1012.08万元。此为国利公司在法律规定范围内对自己民事权利的处分，一审法院予以准许。上述款项减去通过先予执行圳业公司向国利公司支付的200万元，圳业公司向国利公司支付的工程款应为812.08万元。国利公司要求圳业公司支付所欠工程款利息90万元，因未能提供计算依据，所欠工程款利息数额只能按一般利息计算规则予以确定。且依据合同约定，国利公司诉请所欠工程款中还含有3％的工程质量保修金。合同约定土建工程质量保修期为一年，现保质期已过，但依据合同约定，保修金在返还时不计利息。故国利公司关于要求圳业公司支付利息的诉请，一审法院部分不予支持。据此，一审法院依照《中华人民共和国合同法》第六十条、第一百零七条、第一百零九条，最高人民法院《关于审理建设工程施工合同纠纷案件适用法律问题的解释》第十七条、第二十条，最高人民法院《关于民事诉讼证据的若干规定》第二十五条，《中华人民共和国民事诉讼法》第十二条之规定，判决：圳业公司于判决生效之日起十五日内向国利公司支付工程款812.08万元及利息（利息数额自2005年1月28日开始按中国人民银行发布的同期同类贷款利率计算至执行完毕时止，但工程款中3％保修金不计利息）。案件受理费75010元、财产保全费65520元，共计140530元，由圳业公司承担90％，即126477元；由国利公司承担10％，即14053元。

圳业公司不服一审判决，于2006年5月28日向本院提出上诉，请求撤销江西省高级人民法院（2005）赣民一初字第5号民事判决，驳回国利公司的一审全部诉讼请求并由其承担一、二审全部诉讼费用。其主要上诉理由是：1.一审判决认定证据和适用法律均有错误。工程变更单并未得到建设单位的确认，但一审判决对国利公司提供的六份工程变更单全部予以确认；依据工作联系函认定国利公司在2004年11月8日向圳业公司递交进贤县政府大楼工程决算资料，亦属认定事实错误；对涉案《会议纪要》及于国利公司的效力不予认定，系适用法律错误；2.国利公司提交的决算资料不全，且迟迟没有补齐，国利公司要求支付工程款的条件未成就，无权要求圳业公司支付工程款。一审判决错误适用关于审理建设工程施工合同纠纷案件的司法解释，将单方面的决算书作为支付工程款的依据；3.工程决算书存在计算错误，多算工程款金额达11378038.05元，其中一笔就多算1879343.98元；4.一审判决程序违法，对圳业公司的财产进行保全及先予执行不当，对涉案工程的全部工程造价没有进行司法鉴定。涉案工程为政府投资工程，进贤县人民政府为涉案工程的建设方，圳昌公司为代建方，法院应当通知其参加诉讼。

国利公司答辩时请求维持原判，驳回圳业公司的上诉请求。其主要理由是：1.2004年8月25日，国利公司承建的涉案工程通过竣工验收并交付使用。圳业公司对国利公司提交的工程竣工结算书分别予以签收，充分说明圳业公司对国利公司工作联系函所述内容的确认。在合同约定的期限内，圳业公司未对有关结算书提出异议；2.一审法院规定的举证期限为2005年8月15日，圳业公司于同年10月8日才提出鉴定申请，违反了证据规则的有关规定。一审法院同意鉴定后，圳业公司又拒不预交鉴定费用，致使鉴定无法进行，应承担举证不能的责任；3.关于工程变更单的问题。六份工程变更单均有国利公司与圳业公司的签章，双方当事人对工程量变更的意思表示一致，圳业公司应当根据工程变更单支付工程款；国利公司与圳业公司之间系建设工程承包合同关系，圳业公司与进贤县人民政府之间则为房地产开发合同关系，国利公司未与进贤县人民政府签订任何协议，根据各方当事人权利义务的相对性，送交工程变更单应由进贤县人民政府确定的义务人圳业公司完成。涉案工程已通过竣工验收并交付使用，进贤县人民政府是验收单位之一，该事实足以证明进贤县人民政府对整个工程量的确认；4. 国利公司与圳业公司在合同中明确约定了结算期限，圳业公司在约定的结算期限内未对国利公司提交的结算资料进行确认或修改，圳业公司应承担违约责任；5. 关于 2005 年 1 月 8 日《会议纪要》的效力问题。熊小平虽是国利公司委派的项目经理，但根据双方合同（通用条款第 1.5 条）的规定，项目经理只有负责施工管理、履行合同的职能，无权代表国利公司订立、变更或解除合同。该《会议纪要》对国利公司不具有法律约束力；6. 一审法院裁定采取财产保全措施和先予执行，终止司法鉴定，依照合同约定判决扣除 8% 的让利工程款，均符合法律规定。

本院二审查明：本案中的"资料楼"即是《建设工程施工合同》约定的档案馆；圳业公司不是 2005 年 1 月 8 日《会议纪要》的参与方；国利公司编制的工程结算书因计算错误，多算工程款 1879343.98 元。

2006 年 12 月 26 日，国利公司变更诉讼代理人：委托该公司职员熊韶云为该公司在本案二审中的诉讼代理人，解除与闵翰奇的委托代理合同。

本院二审期间，国利公司于 2007 年 2 月 2 日出具《确认函》，明确表示放弃工程款的利息 60 万元；放弃因编制工程结算书中计算错误而多算的工程款 1879343.98 元，两项合计 2479343.98 元。

本院二审查明的其他事实与一审法院查明的事实相同。

本院认为：圳业公司与国利公司签订的三份《建设工程施工合同》及其《补充协议书》，是双方当事人的真实意思表示，其内容不违反法律法规的规定，应认定合法有效。上述合同对双方当事人均具有约束力。当事人二审期间争议的主要问题是：

（一）关于支付工程款的条件是否已经成就的问题。国利公司已经履行了合同义务，且涉案工程已通过验收并交付使用，圳业公司对工程质量不持异议。此后，国利公司依约将竣工结算文件提交给圳业公司。圳业公司在收到竣工资料后的 28 日内，既不表示认可也未提出修改意见，违反了双方当事人选择适用的建设部制定的《建设工程施工合同》格式文本中第 33 条第 3 款的规定，从第 29 天起，支付工程款的条件成就。圳业公司的违约行为不能阻却支付工程款条件的成就。

关于 2005 年 1 月 8 日《会议纪要》对工程款支付时间的影响。圳业公司以该《会议纪要》及 2005 年 1 月 18 日国利公司向其递交的《工程款正常支付申报表》和其分四次通过工商银行向国利公司支付工程款的九张凭证作为证据，主张该《会议纪要》对双方当事人具有约束力。根据该《会议纪要》，国利公司已经领取了部分工程款，在有关工程总结算完成前，不得再索要工程款。国利公司则认为，圳业公司提出的《工程款正常支付申请表》及付款凭证举证不属于新证据，对这些在举证期限届满后提交的证据不予认可。国利公司还主张，《会议纪要》上虽有其项目经理熊小平的签字，但其并不负责国利公司财务和工程结算。未经公司授权，熊小平在该纪要上签字无效。上诉人支付全部工程款的条件已经成就。本院认为，该《会议纪要》列明的与会方并不包括圳业公司，作为与会的工程款付款义务人在该纪要上盖章的是圳昌公司。该纪要与圳业公司没有直接关系，即使圳业公司举出的相关付款凭证证明国利公司已经领取了部分工程款，也并不能证明其通过该《会议纪要》承诺不向圳业公司索要工程款。由于圳昌公司、圳业公司均为独立的法人，是不同的民事主体，圳业公司关于"圳昌公司就是圳业公司"的主张不能成立，其关于《会议纪要》形成后至进贤县人民政府有关工程总结算完成前，国利公司不得要求圳业公司支付工程款的主张亦不能成立。因此，对于圳业公司关于支付工程款条件未成就的主张，本院不予支持。

（二）关于工程款的计算问题。鉴于本案合同约定工程采用可调价格，双方当事人在价格调整问题上存在争议。圳业公司认为，一审判决将国利公司提交的六张工程变更单全部予以确认是错误的，其中两份没有建设单位代表签字、一份没有设计单位代表签字。这三张工程变更单是无效的。国利公司则坚持认为六张变更单有效。经审查，这六份工程变更单中虽有两份没有建设单位代表签字，但均系圳业公司提出变更，并由其和国利公司、监理单位的代表签字后经双方当事人盖章确认。由于涉案合同是在双方当事人之间履行的，作为发包方的圳业公司有义务将工程变更单提交建设单位、设计单位代表签字，即使工程变更单存在未提交有关代表签字的瑕疵，也不能成为其否认工程变更单效力的理由。因此，一审法院认定六份工程变更单有效并无不当。对圳业公司关于部分工程变更单未经建设单位等签字确认，应认定无效的主张，本院不予支持。

圳业公司虽主张已付清全部工程款，但不能提出有效证据加以证明。因此，一审法院只能以国利公司提供的证据作为计算工程款的依据。尽管圳业公司提出了通过鉴定确定工程款数额的请求，且这一请求因其未按期交纳鉴定费而未能得到支持，但在确定工程款数额问题上，圳业公司仍享有抗辩权。对于其抗辩，本院仍应进行审查。圳业公司提出因国利公司计算工程款有误，致使一审判决认定的工程款数额多了1879343.98元。本院二审期间，国利公司对误算工程款一事予以确认并明确表示放弃向圳业公司主张1879343.98元工程款的诉讼请求，本院对

此依法予以确认。圳业公司关于一审判决多算上述工程款的抗辩有理，本院予以支持。

（三）关于一审判决适用最高人民法院《关于审理建设工程施工合同纠纷案件适用法律问题的解释》第二十条之规定是否正确的问题。适用本条司法解释的前提条件是，当事人之间约定了发包人收到竣工结算文件后，在约定的期限内不予答复，则视为认可竣工结算文件。本案当事人只是选择适用了建设部制定的建设工程施工合同格式文本，并没有对发生上述情况下是否以承包人报送的竣工结算文件作为工程款结算依据一事作出特别约定。因此，不能以该格式合同文本中的通用条款第33条第3款之规定为据，简单地推定出发包人认可以承包人报送的竣工结算文件为确定工程款数额的依据。圳业公司关于本案不应适用最高人民法院《关于审理建设工程施工合同纠纷案件适用法律问题的解释》第二十条的上诉理由成立，本院予以支持。

本案不适用最高人民法院《关于审理建设工程施工合同纠纷案件适用法律问题的解释》第二十条之规定，以承包人单方提交的竣工结算文件作为确认工程款数额的依据，并不意味着《建设工程施工合同》中通用条款第33条第3款的内容，对双方当事人没有约束力，违反这一规定，仍应承担违约责任。之所以维持一审判决以国利公司向圳业公司报送的竣工结算文件作为确认工程款数额基础的结论，是因为在一审诉讼中，国利公司将该竣工结算文件作为确定工程款数额的证据提交后，圳业公司没有在一审法院指定的举证期限内提出相反的证据，亦未在这一期限内申请鉴定。在一审法院同意就与工程款有关的问题进行鉴定后，圳业公司以不同意一审法院确定的鉴定范围为由，未在一审法院负责对外委托鉴定工作的部门指定的期限内交纳鉴定费，致使鉴定工作未能进行，应承担举证不能的后果。在此情况下，人民法院只能以一方当事人提供的证据作为确认工

程款的依据。

（四）关于一审程序是否违法的问题。一审法院根据国利公司提出的财产保全申请和江西联友房地产开发有限公司出具的担保，依法裁定冻结、查封、扣押圳业公司的财产。之后，该院又根据国利公司提交的《先予执行申请书》和江西联友房地产开发有限公司另行出具的担保，依法裁定从冻结款中向国利公司支付 200 万元，用以支付为国利公司所拖欠的民工工资等，圳业公司声称国利公司没有提供担保与事实不符，一审法院的先予执行措施符合法定条件。本案一审中工程造价的鉴定未能进行，是由于圳业公司放弃鉴定权利的行为造成的。国利公司未将涉案工程的建设单位进贤县人民政府、开发商圳昌公司列为第三人，后两者也未申请参加诉讼，且二者均非涉案合同义务的承担者，故一审法院未将后两者追加为第三人并无不当。圳业公司关于一审程序违法的上诉理由不能成立，本院不予采信。

（五）关于工程款利息的计算问题。圳业公司上诉请求驳回国利公司的全部诉讼请求，应当包括驳回国利公司关于工程款利息的诉讼请求。本院二审期间，国利公司以《确认函》的方式表示放弃 60 万元工程款利息。国利公司的上述意思表示真实，不违反法律规定，本院对此予以认可。根据双方当事人所签合同约定，工程款的利息应当从国利公司向圳业公司提交竣工结算报告第 29 天起算。由于国利公司起诉时主张的利息总额为 90 万元，扣除其自愿放弃的 60 万元，国利公司主张的工程款利息应当以 30 万元为限。因以中国人民银行同期同类贷款利率计息，所得利息总数已经超过 30 万元，故国利公司所得工程款利息应为 30 万元。

综上，一审判决在计算工程款数额和确认利息起算日期上有误，适用法律不当，依法应予纠正。依照《中华人民共和国民事诉讼法》第一百五十三条第一款第（二）项之规定，判决如下：

一、变更江西省高级人民法院（2005）赣民一初字第 5 号民事判决为：江西圳业房地产开发有限公司于本判决生效之日起十五日内给付江西省国利建筑工程有限公司工程款 6394467.67 元及利息 30 万元。

如逾期不履行本判决确定之金钱给付义务，应当依照《中华人民共和国民事诉讼法》第二百三十二条之规定，加倍支付迟延履行期间的债务利息。

本案一、二审案件受理费 150020 元、财产保全费 65520 元，共计 215540 元，由江西圳业房地产开发有限公司承担 65%，即 140101 元；江西省国利建筑工程有限公司承担 35%，即 75439 元。

本判决为终审判决。

审 判 长 ×××
审 判 员 ×××
审 判 员 ×××
二〇〇七年三月十三日
书 记 员 ×××

南通一建公司诉均英光电公司建设工程价款
优先受偿权纠纷案

《江苏省高级人民法院公报》2015年第4辑

【裁判摘要】

《中华人民共和国合同法》第二百八十六条规定，发包人未按照约定支付价款，经承包人催告后在合理期限内仍未支付价款的，承包人有权就该工程折价或者拍卖的价款优先受偿。该规定明确了承包人行使优先受偿权的前提条件是发包人未按约付款，即工程款债权已届清偿期未获清偿，且经催告后仍未清偿。因此，计算承包人优先受偿权行使的期限最早应当从债权清偿期届满而未获清偿时开始起算。如果工程款在建设工程竣工之日或当事人约定的竣工之日尚未届清偿期，则承包人的优先受偿权行使期限最早应从工程款债权清偿期届满开始起算，发包人主张从工程竣工之日或合同约定的竣工之日开始计算承包人的优先受偿权行使期限的，人民法院不予支持。

原告：南通一建集团有限公司，住所地在南通市工农路。

被告：江苏均英光电有限公司，住所地在高邮市屏淮北路。

原告南通一建集团有限公司（以下简称南通一建公司）因与被告江苏均英光电有限公司（以下简称均英光电公司）建设工程施工合同纠纷一案，向扬州市中级人民法院提起诉讼。

原告南通一建公司诉称：2010年6月、2011年6月，南通一建公司与均英光电公司分别签订两份建设工程施工合同，由南通一建公司承建均英光电公司位于高邮市经济开发区的新建厂房工程。2012年9月18日，南通一建公司与均英光电公司签订付款协议，但均英光电公司未按该协议履行付款义务，尚欠南通一建公司工程价款760.2万元。请求法院判令均英光电公司给付工程价款760.2万元及20万元违约金，南通一建公司对建设工程价款就该工程折价或者拍卖的价款优先受偿。

被告均英光电公司辩称：双方在2012年9月18日签订付款协议后，由于南通一建公司没有依据协议提供付款发票，也没有对工程质量不合格的部分进行维修，故均英光电公司未支付工程价款。南通一建公司未能在工程竣工后六个月内行使优先受偿权，况且，厂房及土地已抵押给银行，南通一建公司主张优先受偿权不应得到支持。请求法院查明事实，依法判决。

扬州市中级人民法院一审审理查明：

2010年6月，南通一建公司与均英光电公司签订建设工程施工合同，合同约定由南通一建公司承建均英光电公司1#生产厂房（一期工程），工期从2010年6月28日至2011年1月28日，总造价2006万元。2012年5月4日，双方就1#生产厂房签订工程竣工交接单，主要内容为：南通一建公司高邮项目部已完成了均英光电公司1#厂房图纸设计内容和合约中的一切项目；1#厂房于2011年6月25日竣工验收合格；均英光电公司于2011年6月25日接收投产使用。

2011年6月，双方又签订建设工程施工合同，约定由南通一建公司承建均英光电公司的2#、3#生产厂房、办公楼、生产车间及门卫土建工程（二期工程），总造价 4398 万元，工期从 2011 年 6 月 5 日至 2012 年 6 月 5 日。该工程目前尚未通过竣工验收。

2012 年 9 月 18 日，南通一建公司与均英光电公司签订付款协议书，主要内容为：双方一期（2006 万元）与二期已完成部分（工程款 360 万元＋材料款 280 万元）工程款合计 2646 万元，均英光电公司已支付 1885.8 万元，剩余 760.2 万元未付。均英光电公司于 2012 年 10 月 31 日支付两期工程款及材料款 400 万元，余款 360.2 万元在 2012 年 12 月 31 日前付清。南通一建公司必须无条件在年底前提供所付款项的发票。如有一方违约，则赔偿对方各项损失 20 万元。均英光电公司保留 30.16 万元工程款作为保证金，如南通一建公司 2012 年年底前履行工程维修义务，均英光电公司则按时支付，反之待均英光电公司验收改善后支付。该协议签订后，均英光电公司没有向南通一建公司支付工程价款。一审庭审中，均英光电公司要求在工程价款内扣除保证金 30.16 万元不再向南通一建公司支付，南通一建公司表示同意。案涉工程及土地于 2013 年 5 月 21 日抵押给江苏银行高邮支行，已办理了土地、房屋抵押他项权证。

本案一审争议的焦点为：1. 均英光电公司是否应当给付工程价款及承担违约责任；2. 南通一建公司主张优先受偿权能否得到支持。

扬州市中级人民法院一审审理认为：

关于争议焦点一，均英光电公司应当对南通一建公司支付工程价款及承担违约责任。主要理由是：（1）南通一建公司与均英光电公司于 2010 年 6 月、2011 年 6 月签订的两份建设工程施工合同，系双方真实意思表示，内容并不违反法律、行政法规的规定，合同有效；（2）双方于 2012 年 9 月 18 日签订的付款协议书，系对工程价款支付、违约责任承担等进行的约定，对各方具有约束力。由于均英光电公司未履行给付工程价款 760.2 万元的义务，故南通一建公司要求其支付工程价款应当得到支持，因南通一建公司同意从工程价款扣减 30.16 万元，是其对权利的处分，法院予以准许。关于违约责任的承担，均英光电公司认为南通一建公司没有提供发票及对工程质量履行维修义务，违约在先，均英光电公司不应承担违约责任。对此，法院认为，均英光电公司承担给付工程价款系其承担的主要合同义务，而南通一建公司开具发票系附随义务，在均英光电公司没有支付工程价款的前提下，其要求南通一建公司先行开具发票与理相悖，不应得到支持。根据协议约定，均英光电公司对于工程价款的支付并非以南通一建公司先行对工程质量进行维修为前提条件，况且，均英光电公司在其应付工程价款中已扣留 30.16 万元作为质量保证金后，其仍以南通一建公司没有履行维修义务为由拒付工程价款，已违反合同约定，其应承担违约责任。故南通一建公司在合同履行过程中不存在违约行为，其要求均英光电公司支付违约金 20 万元，符合双方合同约定，法院予以支持。

关于争议焦点二，法院认为，南通一建公司主张优先受偿权不应得到支持。理由是：《中华人民共和国合同法》第二百八十六条规定："发包人未按照约定支付价款的，承包人可以催告发包人在合理期限内支付价款。发包人逾期不支付的，除按照建设工程的性质不宜折价、拍卖的以外，承包人可以与发包人协商将该工程折价，也可以申请人民法院将该工程依法拍卖。建设工程的价款就该工程折价或者拍卖的价款优先受偿。"《最高人民法院关于建设工程价款优先受偿权问题的批复》第四条规定："建设工程承包人行使优先受偿权的期限为六个月，自建设工程竣工之日或者建设工程合同约定的竣工之日起计算。"本案中，南通一建公司与均英光电公司共签订两份建设工程施工合同。对 2010 年 6 月建设工程施工合同，双方已于 2012 年 5 月 4 日签订竣工交接单，按上述法律规定，南通一建公司在 2013 年 5 月 23 日起诉时主张优先受偿权已超过法定期限，依法不能得到支持。2011年6月的建设工程施工合同虽未通过竣工验收，但该合同已约定竣工日期为2012年6月5日，故南通一建公司在2013年5月23日起诉主张优先受偿权时，同样也超过了法定期限，依法不予支持。

综上所述，由于均英光电公司未按付款协议书履行给付工程价款，其应依合同约定承担给付工程价款及承担支付违约金20万元的责任。扣减30.16万元后，均英光电公司应给付南通一建公司工程价款730.04万元，均英光电公司付款730.04万元后，由南通一建公司为其出具工程发票。南通一建公司主张优先受偿权不能成立，依法不予支持。

据此，扬州市中级人民法院依照《中华人民共和国合同法》第四十四条、第六十条、第一百一十四条第一款、第二百六十三条之规定，于2013年11月18日作出（2013）扬民初字第0054号判决：

一、均英光电公司于本判决生效之日起10日内给付南通一建公司工程价款730.04万元、支付违约金20万元，合计750.04万元。均英光电公司付清上述款项之日起10日内，由南通一建公司负责为其开具工程发票；

二、驳回南通一建公司主张优先受偿权的诉讼请求。

南通一建公司不服一审判决，向江苏省高级人民法院提起上诉称：（1）一审法院以承包人主张的优先受偿权期限自建设工程实际竣工之日起计算超过法定期限为由，不支持一期工程价款优先受偿权，又以自工程约定的竣工之日起计算超过法定期限为由，不支持未实际竣工的二期工程价款优先受偿权，适用不同标准裁判自相矛盾，明显有误。二期工程由于均英光电公司无法支付工程款而违约处于"烂尾"状态，并未实际竣工，无法确定实际竣工日期，并且已经远远超过了约定的竣工日期，一审法院采用约定的竣工日期作为优先权的起算点明显有误。（2）南通一建公司行使优先受偿权期限的起算时间

应以工程款债权付款期限届满时为宜，即从2013年1月1日起算。双方在付款协议中约定均英光电公司应于2012年12月31日前付清工程款，因此优先受偿权的行使期限6个月的起算点应从付款履行期限届满次日起计算。南通一建公司于2013年5月提起诉讼并未超过6个月，一审法院未支持其优先受偿权有误。（3）《最高人民法院关于建设工程价款优先受偿权问题的批复》第四条的规定与合同法第二百八十六条的规定存在冲突，应适用合同法第二百八十六条规定。根据合同法第二百八十六条规定，在工程款到期之前，南通一建公司无权要求均英光电公司付款，均英光电公司也可以付款期限未到为由拒绝履行。因此，只要截至2012年12月31日，均英光电公司未付款，自2013年1月1日起南通一建公司可以享有优先受偿权。综上，上诉人南通一建公司请求：（1）撤销一审判决书第二项，改判支持其就建设工程款主张优先受偿权的请求。（2）二审诉讼费用由均英光电公司承担。

均英光电公司答辩称：一审判决认定事实清楚，适用法律正确，请求驳回上诉，维持原判。

江苏省高级人民法院经审理，确认了一审法院查明的事实。

二审另查明：针对一期工程，双方签订的《建设工程施工合同》专用条款第二十六条约定：基础完成支付合同款之10%；二层结构平面完成支付合同款之10%；封顶后支付合同款之10%；主体验收合格后一年内支付合同款之30%，按月支付；主体验收后二年内结清余款，按月支付。发包方提早付款，承包方同意以银行同期贷款利息抵减各阶段金额。针对二期工程，双方签订的《建设工程施工合同》专用条款第二十六条约定：二期厂房基础结构全面完成付合同款之10%；二层厂房一层结构全面完成付合同款之10%；二层厂房封顶（三层）结构全面完成付合同款之10%；二期厂房竣工验收付合同款之

10%；自竣工验收合格二年内付合同款之60%，按月支付，结清余款（结算工程总价按审计部门最终审核价格为准）。发包方提早付款，承包方同意以银行同期贷款利息抵减各阶段金额。

本案二审争议焦点是：南通一建公司主张对涉案工程享有优先受偿权是否有事实和法律依据。

江苏省高级人民法院二审审理认为：

《中华人民共和国合同法》第二百八十六条规定："发包人未按照约定支付价款的，承包人可以催告发包人在合理期限内支付价款。发包人逾期不支付的，除按照建设工程的性质不宜折价、拍卖的以外，承包人可以与发包人协商将该工程折价，也可以申请人民法院将该工程依法拍卖。建设工程的价款就该工程折价或者拍卖的价款优先受偿。"《最高人民法院关于建设工程价款优先受偿权问题的批复》第四条规定："建设工程承包人行使优先权的期限为六个月，自建设工程竣工之日或者建设工程合同约定的竣工之日起计算。"据此，对于承包人是否享有优先受偿权，应当结合《中华人民共和国合同法》第二百八十六条和《最高人民法院关于建设工程价款优先受偿权问题的批复》第四条的规定处理。由于实践中工程竣工之日往往也是工程款应当结清之时，因此，承包人主张工程款优先受偿权一般应从建设工程竣工之日或者建设工程合同约定的竣工之日起计算，但如果工程款债权在建设工程竣工之日或者建设工程合同约定的竣工之日尚未届清偿期，建设工程价款优先受偿权的起算点最早应当从债权应受清偿时起算，即在发包人未按约定支付价款，承包人在合理期限内催告后，发包人仍未支付的，从此时起算建设工程优先受偿权的行使期间。本案中，双方于2012年9月18日签订了付款协议，对一、二期工程款进行了最终结算，约定工程款于2012年

12月31日前付清。因此，南通一建公司的建设工程价款优先受偿权的行使期限最早应从债权未受清偿时开始计算，即从2013年1月1日起算，到起诉时（即2013年5月23日）并未超过6个月法定期限。南通一建公司的上诉请求成立，予以支持。

关于建设工程价款优先受偿权的行使范围，《最高人民法院关于建设工程价款优先受偿权问题的批复》第三条规定："建设工程价款包括承包人为建设工程应当支付的工作人员报酬、材料款等实际支出的费用，不包括承包人因发包人违约所造成的损失。"违约金属于因发包人违约所造成的损失，因此，南通一建公司对违约金20万元不享有优先受偿权，仅对工程价款730.04万元享有优先受偿权。

关于均英光电公司将涉案工程进行抵押的问题，《最高人民法院关于建设工程价款优先受偿权问题的批复》第一条规定："人民法院在审理房地产纠纷案件和办理执行案件中，应当依照《中华人民共和国合同法》第二百八十六条的规定，认定建设工程的承包人的优先受偿权优于抵押权和其他债权。"因此，均英光电公司以涉案工程上存在抵押权来对抗南通一建公司优先受偿权的抗辩主张不能成立。

综上，一审法院适用法律错误，应予以改判。江苏省高级人民法院依据《中华人民共和国民事诉讼法》第一百七十条第一款第（二）项之规定，于2014年11月12日作出（2014）苏民终字第0289号民事判决：

一、维持江苏省扬州市中级人民法院（2013）扬民初字第0054号民事判决第一项。

二、变更江苏省扬州市中级人民法院（2013）扬民初字第0054号民事判决第二项为：南通一建公司对其施工完成的工程折价或拍卖的价款在730.04万元范围内享有优先受偿权。

南通百盛市政公司诉苏州东太湖开发公司主张以低于成本价报价投标合同无效被判驳回案

《江苏省高级人民法院公报》2015 年第 3 辑

【裁判摘要】

《中华人民共和国招标投标法》第三十三条规定，投标人不得以低于成本的报价竞标。该规定旨在规范投标人的行为，防止投标人为排挤其他竞争对手以低于成本价投标，从而维护公平竞争秩序和招投标项目质量。上述规定中的"成本"应指投标企业的个别成本，鉴定机构依据社会平均成本作出的鉴定结论不能当然作为认定投标人投标价低于其企业个别成本的依据。投标人在自主投标并中标后，又以工程价款低于成本价为由主张合同无效，有违诚实信用原则，人民法院不予支持。

原告：南通市通州百盛市政工程有限公司，住所地在南通市通州区金沙镇交通路 35 号。

被告：苏州市吴江东太湖综合开发有限公司，住所地在吴江市松陵镇笠泽路 87 号。

原告南通市通州百盛市政工程有限公司（以下简称百盛市政公司）因与被告苏州市吴江东太湖综合开发有限公司（以下简称东太湖开发公司）建设工程施工合同纠纷一案，向苏州市中级人民法院提起诉讼。

原告百盛市政公司诉称：东太湖开发公司就东太湖综合整治工程——围垦区团结圩取土工程（以下简称涉案工程）发布招标公告，工程规模土方约 250 万 m²，投标最高限价为 5130 万元。百盛市政公司参与竞标并最终中标，中标价格为 51296536.29 元。双方签订《建筑工程施工合同》后，百盛市政公司进场施工。施工过程中，百盛市政公司出

现亏损，后经查询得知，东太湖开发公司公布的投标最高限价仅为标底价格的 60% 左右。东太湖开发公司违反招投标相关法律、行政法规的强制性规定违法招标，合同约定的工程价格大大低于成本价，致使百盛市政公司遭受巨大损失。涉案工程价款应当以鉴定定额计算为依据。故诉至法院，请求判令：（1）确认双方签订的《建筑工程施工合同》无效；（2）判令东太湖开发公司支付工程款 63583909.61 元及逾期付款利息（自 2011 年 9 月 1 日起按照中国人民银行同期贷款利率暂计算至 2013 年 12 月 31 日，实际计算至判决履行之日止）；（3）判令东太湖开发公司承担全部诉讼费用。

被告东太湖开发公司辩称：东太湖开发公司公布的最高限价系参照同期同类工程的市场成交价格制定，招标文件和最高限价均经备案，符合建设工程主管部门的要求。本案《建筑工程施工合同》未违反法律、行政法规的强制性规定，且在参与工程投标和实际履行两年内百盛市政公司未提出工程价款低于成本价的异议。百盛市政公司没有证据证明其企业个别成本，也没有证据表明被迫以低于成本价投标及签订合同，在公开招标情况下，百盛市政公司有能力准确计算工程成本，理性评判投标行为及后果。百盛市政公司的报价包含了企业管理费与利润，投标时承诺不低于成本价投标，并以自己的企业成本编制投标文件，以实际行为放弃适用社会平均成本计算成本价。经过招标投标订立的施工合同，即使因合同低于成本价而导致

合同无效，发包人要求参照合同约定价款结算的，也应予支持。本案双方约定工程价款采取固定单价的方式，属于不应进行鉴定的情形，百盛市政公司提出按照定额鉴定违反法律规定，不应支持。涉案工程系使用财政资金的苏州重点基本建设项目，应按审计机关的决算执行，而非由社会中介机构进行鉴定评估。请求驳回百盛市政公司的诉讼请求。

苏州市中级人民法院一审审理查明：

2009 年 4 月，东太湖开发公司公开招标涉案工程，并于 2009 年 4 月 2 日至 4 月 9 日发布招标公告。招标文件载明：工程估价"7000 万元"，工程量"250 万 m³"。招标主要范围：土方的挖运、堆放、便道、便桥、土源管理等。招标质量"合格"，定额工期为 1090 天（日历天），招标工期 1090 天（日历天）。计划：2009 年 5 月 6 日开工，2012 年 4 月 29 日竣工。投标报价范围：投标人报价应包括招标文件所确定的工程量清单等资料注明的全部内容，以及为完成上述内容所必需的全部费用。投标报价方式：本工程项目采用固定单价报价方式。限价公布为"最高限价"，公布时间为开标前三天。

2009 年 4 月 18 日，苏州市协诚工程咨询有限公司（以下简称协诚公司）受东太湖开发公司委托，为涉案工程进行标底编制咨询，并出具了《关于东太湖综合整治工程——围垦区团结圩取土工程标底编制报告》。标底造价：83154456.80 元；工程概况：建设规模约 7000 万元；工程特征：取土约 277 万 m³，运距暂按 10km 计。

4 月 20 日，东太湖开发公司发布涉案工程最高限价为 5130 万元，开标日期为 2009 年 4 月 23 日 9：30。

4 月 28 日，东太湖开发公司向百盛市政公司发出《中标通知书》，确定百盛市政公司为涉案工程的中标人。中标价：5129.653629 万元，中标内容：取土等，规模：土方约 277 万 m³。该《中标通知书》经东太湖开发公司、招标代理机构、吴江市招标办盖章确认。

5 月 8 日，东太湖开发公司与百盛市政公司就涉案工程签订《建筑工程施工合同》。工程内容：土方的挖运、堆放、便道、便桥等。开工日期：2009 年 5 月 6 日（按实际开工日期为准），竣工日期：2012 年 4 月 29 日（按实际开工日期推算），合同工期总日历天数 1090 天。工程质量标准：合格。合同价款：51296539.29 元，采用固定单价方式确定。合同价款中包括的风险范围：综合单价的风险因素（包括人工费、材料费、机械费、管理费、利润）。合同价款的其他调整因素：工程量增减等。双方还在合同中对进度款支付的方式和时间、单价确定原则等作出约定。

2010 年 3 月，双方签订《补充协议》，就排水及便道新增费用达成协议：一、……在运动中心填土中按照填土面积增加 138 元/亩的排水费用（填土区面积以测量报告为准）。二、……填土区新增施工便道 4700m，施工队需按照我方（即东太湖开发公司）给定的便道路线图进行施工，便道按照 58 万元/km 的价格包干。……四、运动中心填土工作按期完成后，本协议所定费用支付至 70%，审计后付至审定造价的 90%，余款一年内付清。

5 月 25 日，因涉案工程新增约 60 万 m³ 供土计划，双方协商一致在原中标合同基础上增加 60 万 m³ 土方工程量。对此，2010 年 10 月 27 日，东太湖开发公司水利工程指挥组主持召开了会议，其《会议纪要》载明需对芦荡路进行土方回填，总需求量约 60 万 m³，因此，拟在团结圩取土坑中局部黏土较多区域进行深挖，拟增加深挖区至原便道间新修便道长度约 800m。深挖面积约 15 万 m³，开挖深度约 4m，单价参照团结圩取土工程中标土方挖装运单价。便道费用根据原中标便道单价乘以新修便道长度计算。双方一致确认芦荡路新增土方工程量包含在最终测量的所有土方验收方量内。

同日，双方就运动中心填土区新增便道及排水费用、云龙西路村道口铺设及五鱼塘翻运淤泥便道铺设、淤质土变更三项变更施工内容进行变更备案登记，变更造价分别为 284.015912 万元、30.316022 万元、207.057147 万元，合计备案变更造价为 521.389081 万元。双方一致确认上述三项变更工程价款监理暂估为 458 万元，最终以审计为准。

7月4日，双方又签订《补充协议》，工程内容为：（芦荡路供土）途经所有便道日常洒水、保养、下穿段围堰加固、便道一次性修复及日常维护、日常排水等（以下简称下穿230工程），协议费用为 129529 元，具体以审计为准。

11月4日，双方就军用港北侧太湖供土便道一次性加固（铺设 20cm 厚二灰结石）增加工程进行变更备案，变更金额为 43.056 万元。

施工过程中，双方又协商一致增加了学院路便道工程，价款为 33 万元，不需要土方，仅需加固。

双方一致确认涉案工程于 2009 年 5 月 6 日实际开工，土方工程以测绘验收为准，实际施工过程中四方签字代表验收合格。现所有工程量已经过四方签字确认，不需要撤场交接。最后验收土方日期为 2011 年 9 月 10 日。

2011 年 7 月 28 日，百盛市政公司报请监理单位称"目前合同内工程量已完成"，报请监理、业主组织相关单位验收。监理单位及业主意见均同意验收。2011 年 7 月 29 日至 8 月 8 日，合同双方、监理单位和测绘单位对涉案工程取土坑进行了测量。8 月 14 日，测绘单位出具《团结圩取土区土方验收测量技术总结报告》，该报告 4.6 条载明："取土方量：平场面积 632543.8m²，平场标高 0.142m，取土土方量为 43509.1m³，填土土方量为 2886803.3m³，实际取土方量为 2843294.2m³。"百盛市政公司签收该报告后未提出异议。2011 年 8 月 12 日，施工单位、监理单位、业主及接收方四方代表签字确认芦荡路收方 25344.32m³；9 月 10 日四方代表签字确认鲈乡南路西侧收方 7730.9m³。

双方一致确认截至一审庭审辩论终结前，东太湖开发公司已付款总额为 40721790 元（包括在诉讼过程中，东太湖开发公司分三次向百盛市政公司支付的 909 万元），包含中标合同工程量、新增的芦荡路约 60 万方土方工程、运动中心填土区新增便道及排水费用、云龙西路村道口铺设及五鱼塘翻运淤泥便道铺设、淤质土变更、军用港北侧太湖供土便道一次性加固（铺设 20cm 厚二灰结石）、下穿 230 工程、学院路便道工程，进度款均已付至 70%。上述已付款同时包含了经由双方及监理单位审核的暂定项目措施费及暂估税金，按照 70% 计算。

2012 年 2 月 14 日，百盛市政公司向一审法院提出鉴定申请：1. 涉案工程招标范围内工程的成本价；2. 东太湖开发公司招标设置的最高限价是否低于成本价；3. 已完成工程的总造价。对此，一审法院委托苏州市姑苏工程造价事务所（以下简称姑苏造价事务所）进行了鉴定。2013 年 11 月 21 日，姑苏造价事务所出具的鉴定报告载明：1. 围垦区团结圩取土工程招标范围内工程的成本价，采用按苏州市建设行政主管部门颁发苏建价〔2007〕3 号文、苏建价〔2008〕10 号文得到成本价为 57926557.54 元（计风险费）、55510060.17 元（未计风险费），上述成本价均包含投标时的成本价、增加取土区场内便道成本价及钢便桥调整的成本价。采用市场询价得出的成本价载重按每车 8m³，投标时成本价为 69323066.13 元（计风险费）、66105011.60 元（不计风险费），实际施工期成本价 73079129.35 元；载重按每车 13m³，投标时成本价为 55318704.74 元（计风险费）、52767524.56 元（不计风险费），实际施工期成本价 58295408.78 元；载重按每车 16m³，投标时成本价为 48191485.10 元（计风险费）、45979696.34 元（不计风险费），实际施工期成本价 50771550.99 元。2. 围垦区团结圩取土工程实际全部已完工程（包含经过备案的芦荡土方工程）以及淤质土变更成本价，按实际施工期计，按市场询价，运输车辆的载重量按 13m³ 计，为 68602861.03 元。3. 围垦区团结圩取土工程实际全部已完工程（包含经过备案的芦荡土方工程）以及淤质土变更成本价，按实际施工期计，以市政定额计算，为 104305699.61 元。

2013 年 2 月 27 日，苏州市吴江区基建项目审计中心出具工程造价报告（以下简称审计报告），载明：涉案工程标底价为 83154456.8 元，中标价为 51296536.29 元，中标让利幅度为 38.31%。结论：1. 合同内造价为 46952481.74 元。2. 合同外部分：（1）运动中心填土区新增施工便道及排水费用根据《补充协议》及备案资料造价为 3034449.36 元；淤质土变更造价为 2496779.33 元；军用港北侧太湖便道一次性加固造价为 430569.58 元；因对双捕河进行筑坝运土，影响村民船只通行，补偿费用 5938.75 元，以上四项共计 5967737.02 元。（2）云龙西路村道口铺设计五鱼塘翻运淤泥便道费用造价为 228139.09 元。（3）吴江市政府南地块填土便道及绿化土翻平造价为 246391.77 元。（4）军用港北侧便道、S230 大浦口桥下便道保养维护造价为 129529 元。

苏州市中级人民法院一审审理认为：

一、关于涉案《建筑工程施工合同》是否有效

《中华人民共和国招标投标法》第三十三条规定："投标人不得以低于成本的报价竞标。"该法中所指建设工程的成本价对不同承包企业而言是不同的，主要取决于其成本管理控制能力，低于成本应理解为企业个别生产成本，故招标过程中协诚公司编制的工程造价咨询标底造价严格讲并非成本价认定的根据。对于成本问题，应由投标人加以关注并结合自身能力预先估测。投标人不得以低于成本价的报价竞标，其目的并非出于对其缔约自由意思本身之强行约束，而是基于《中华人民共和国建筑法》以维护建筑产品质量安全这一社会公共利益考量作出的规制。

本案中标合同所涉标的，并非一般意义上的建设工程或建筑产品，而是取土工程，招投标主要范围是土方挖运、堆放、便道（桥）和土源管理等，技术含量相对较低，带有一定的劳务承包特征。故百盛市政公司在自主报价并中标施工的基础上，在施工过程中又以合同约定工程价格因受迫东太湖开发公司而低于成本价，主张合同无效，缺乏事实和法律依据。合同未有证据表明系可变更、可撤销，百盛市政公司也未依法行使相关权利，百盛市政公司继续施工直至工程竣工验收，故其主张不执行合同约定价款，改由东太湖开发公司按实结算工程款，不予支持。据此，双方签订的《建筑工程施工合同》合法有效。

二、关于如何结算本案工程款

1. 合同内的工程价款（中标合同及新增的芦荡路土方工程量）确定

按照合同约定，土方的数量须四方（施工方、接收方、接收方监理及业主）确认，现经双方、监理单位及测绘单位联合测量，测绘单位出具了总结报告，确认实际取土方量为 2843294.2m³。因此，认定四方确认的土方量为 2843294.2m³。根据审计报告的审计结论，合同内造价为 46952481.74 元，鉴于双方在土方运距和土方量的计算上争议较大，百盛市政公司目前提供的证据证明其在施工中产生的费用已远远大于合同价，考虑到审计报告中对合同内部分的造价确定上没有明确的分部分项工程结算综合单价分析，项目的单价组成尚不明确，故按照《建筑工程施工合同》约定的合同价款结合中标通知书中约定的最高限价确定涉案工程合同内的工程价款为 51296536.29 元。

2. 合同外的工程价款确定

（1）运动中心填土区新增便道及排水费用

对于运动中心填土区新增便道及排水费用，双方一致确认以《补充协议》（2010 年 3 月签订）为计算依据，以实际施工资料中记载发生的工程量计算。因此，运动中心填土

区新增便道及排水费用根据审计报告，工程价款应为 3034449.36 元。

（2）淤质土变更

淤质土翻运填土（变更）系双方协商一致新增工程量，实际施工过程中，双方均认可最终以审计报告为准。根据审计报告，认定淤质土变更工程价款为 2496779.33 元。

（3）军用港北侧太湖供土便道一次性加固（铺设 20cm 厚二灰结石）

军用港北侧便道加固工程款以备案登记的 43.056 万元为依据，根据审计报告，认定为 430569.58 元。

同时，根据审计报告，因对双捕河进行筑坝运土，影响村民船只通行，补偿费用 5938.75 元。

以上费用共计 5967737.02 元。

（4）云龙西路村道口铺设及五鱼塘翻运淤泥便道铺设

对于增加的云龙西路村道口铺设及五鱼塘翻运淤泥便道铺设的工程款，双方一致确认以实际施工资料的计算方法为准，该部分工程价款以经东太湖开发公司确认的 2010 年 8 月 2 日的付款计算书确认的金额为准，即 303160.22 元。

（5）军用港北侧便道、S230 大浦口桥下便道的保养维护工程

根据审计报告，认定该项目工程款为 129529 元。

（6）学院路便道工程

双方一致确认学院路便道工程以实际施工资料中的计算方法为准，双方已在实际施工中确认进度款按照 330000 元支付，因此，学院路便道工程的价款应为 330000 元。

（7）根据审计报告，合同外部分尚有吴江市政府南地块填土便道及绿化土翻平，造价为 246391.77 元。该部分费用一并予以认定。

据此，一审法院认定合同内部分的土方工程价款为 51296536.29 元，合同外部分的工程价款为 5967737.02 元＋303160.22 元＋

129529 元 ＋ 330000 元 ＋ 246391.77 元 ＝ 6976818.01 元。因此，百盛市政公司已完工程量总造价为 51296536.29 元＋6976818.01 元＝58273354.3 元。东太湖公司已付工程款为 40721790 元，还应支付工程款 58273354.3 元－40721790 元＝17551564.3 元。

综上，苏州市中级人民法院依照《中华人民共和国合同法》第四十四条、第六十条、第六十一条之规定，于 2014 年 6 月 20 日作出（2011）苏中民初字第 0032 号民事判决：一、东太湖开发公司支付百盛市政公司工程款 17551564.3 元，并自 2011 年 9 月 1 日起按照中国人民银行同期贷款利率计算至判决生效之日止的利息，于判决生效后十五日内履行；二、驳回百盛市政公司的其他诉讼请求。

百盛市政公司不服一审判决，向江苏省高级人民法院提起上诉称：涉案东太湖综合整治工程项目获得国家发改委审批的时间是 2012 年 3 月 22 日，而东太湖开发公司发布招标公告的时间是 2009 年 4 月，双方签订《建筑工程施工合同》的时间是 2009 年 5 月 8 日，早于涉案工程获得批准的日期，因此东太湖开发公司的招标行为违法。东太湖开发公司公布的投标最高限价为 5130 万元，仅为标底价的 60%，超过了苏州市工程造价管理处制定的苏建价便〔2008〕2 号《关于调整苏州市建筑、装饰、安装和市政工程最高限价合理浮动幅度的通知》中规定的 93% 的合理浮动幅度。双方签订的《建筑工程施工合同》约定的工程价款低于成本价。基于东太湖开发公司在招标和签订合同过程中均违反了法律强制性规定，《建筑工程施工合同》应认定为无效。在建设工程施工合同无效，但经竣工验收合格的情况下，承包人可选择按合同约定结算工程款，也可选择按照定额结算工程款，因此东太湖开发公司应按照姑苏造价事务所依据市政定额计算的工程造价与百盛市政公司结算工程款。请求撤销原判，改判支持百盛市政公司的一审诉讼请求，一、二审诉讼费用由东太湖开发公司负担。

东太湖开发公司辩称：《中华人民共和国招标投标法》第九条关于招标项目需要按照国家有关规定履行项目审批手续的规定是管理性规范，不能作为认定涉案《建筑工程施工合同》无效的依据。东太湖开发公司制定的最高限价参照了同期同类工程的市场成交价格，招标文件和最高限价均经备案，符合建设工程主管部门的要求，百盛市政公司没有提供证据证明其企业的个别成本，也没有证据证明系被迫低于成本价投标及签订合同，在参与投标和履行合同期间也未提出过工程价款低于成本价的异议，其报价中包含了企业管理费和利润，并承诺不低于成本价投标，现涉案工程已施工完毕，百盛市政公司以其自身行为违反法律规定主张合同无效，违背诚实信用原则。姑苏造价事务所的鉴定结论载明运输车辆载重量在 16m³ 的情况下，最低成本价为 45979696.34 元，东太湖开发公司公布的最高限价为 5130 万元，高于最低成本价。最高限价是根据招标文件要求确定的，工程变更、风险费等均不应计入成本，招标文件中未限定工程机械的型号，允许投标企业使用大型车辆降低成本投标。如百盛市政公司以较低的价格中标，却以实际使用小型车辆造成较高成本而主张合同无效，对其他投标人不公平。因此双方签订的《建筑工程施工合同》是有效的，本案应以苏州市吴江区基建项目审计中心出具的审计报告为结算依据。即使工程价款低于成本价而导致合同无效，东太湖开发公司也有权要求参照合同约定的价款结算。原审判决在运距和利息的计算上已倾向保护了百盛市政公司，百盛市政公司要求按照市政定额结算涉案工程款，没有事实和法律依据。请求驳回上诉，维持原判。

江苏省高级人民法院经审理，确认了一审法院查明的事实。

二审另查明：2008 年 2 月，水利部、江苏省人民政府联合下发了水规计〔2008〕72 号《关于东太湖综合整治规划的批复》，批复同意了东太湖综合整治规划。江苏省发展和改革委员会事后又以苏发改农经发〔2010〕870 号文件批复同意了东太湖综合整治工程初步设计。

本案二审的争议焦点为：（1）百盛市政公司与东太湖开发公司签订的《建筑工程施工合同》是否有效；（2）百盛市政公司要求按照姑苏造价事务所依据市政定额计算的工程造价结算涉案工程款，是否有事实和法律依据。

江苏省高级人民法院二审审理认为：

关于争议焦点一，百盛市政公司与东太湖开发公司通过招投标程序签订的《建筑工程施工合同》为当事人真实意思表示，不违反法律、行政法规的强制性规定，依法应认定为有效。理由是：

首先，关于工程审批问题，《中华人民共和国招标投标法》第九条规定："招标项目按照国家有关规定需要履行项目审批手续的，应当先履行审批手续，取得批准。"涉案工程在招标前，水利部、江苏省人民政府水规计〔2008〕72 号文件已批复同意了东太湖综合整治规划，江苏省发展和改革委员会事后又以苏发改农经发〔2010〕870 号文件批复同意了东太湖综合整治工程初步设计，故涉案工程已履行了相关审批手续，东太湖开发公司的招标行为符合法律规定。百盛市政公司以东太湖开发公司的招标行为违法为由主张双方签订的《建筑施工合同》无效，没有事实和法律依据，不予支持。

其次，关于最高限价问题，双方当事人系采取最高限价的方式进行的招投标并签订的《建筑工程施工合同》，目前法律对于最高限价与标底之间的浮动幅度并无强制性规定，苏州市工程造价管理处制定的苏建价便〔2008〕2 号文件不能作为认定合同无效的依据。且本案中，东太湖开发公司没有采取标底招标方式，而是采用最高限价方式招标，标底并非其确定最高限价的依据。百盛市政公司以最高限价与标底之间超过了合理浮动幅度为由主张《建筑工程施工合同》无效，于法无据，不予支持。

最后，关于成本问题，《中华人民共和国招标投标法》第三十三条规定，投标人不得以低于成本的报价竞标。该规定旨在规范投标人的行为，防止投标人为排挤其他竞争对手以低于成本价投标，从而维护公平竞争秩序和招投标项目质量。上述规定中的"成本"应指投标企业的个别成本。姑苏造价事务所出具的鉴定结论系依据建筑行业主管部门颁布的工程定额标准和价格信息编制的，而定额和价格信息反映的是建筑市场的社会平均成本。企业个别成本与企业规模、管理水平相关，管理水平越高的企业其个别成本越低，故姑苏造价事务所出具的鉴定结论并不能当然作为认定百盛市政公司投标价低于其企业个别成本的依据。更何况，鉴定结论载明对于招标范围内的工程，在采用市场询价得出的成本价载重按每车 $16m^3$ 计算时，无论是按照投标时成本价还是实际施工期成本价，均低于东太湖开发公司的最高限价。现百盛市政公司没有提供证据证明其企业的个别成本，故其主张《建筑工程施工合同》约定的工程价款低于成本价，亦不予支持。本案中，百盛市政公司作为专业从事市政工程的单位，应能够依据招标时的工程量清单准确核算工程量，据此判断最高限价是否低于其个别成本而选择是否参加投标，现百盛市政公司在自主投标并中标后，又以工程价款低于成本价为由主张《建筑工程施工合同》无效，有违诚实信用原则，对其主张不予采信。

关于争议焦点二，《建筑工程施工合同》既然合法有效，即应作为双方结算的依据。退一步讲，即使《建筑工程施工合同》无效，本案也应参照《建筑工程施工合同》结算工程款。理由是：根据《最高人民法院关于审理建设工程施工合同纠纷案件适用法律问题的解释》第二条的规定，建设工程施工合同无效，但建设工程经竣工验收合格，承包人可以请求参照合同约定支付工程价款。一般情形下，合同约定工程价款会低于按照定额标准按实结算的工程价款，在合同无效时，如果允许承包人按照定额标准结算工程价款将高于合同约定工程价款，就会使其获得比合同有效情形下更多的利益，故从平等保护合同双方当事人的利益考虑，在建设工程施工合同无效，但建设工程经竣工验收合格的情况下，发包人也有权请求参照合同约定支付工程款。现东太湖开发公司要求参照《建筑工程施工合同》结算工程款，应予以支持。百盛市政公司主张该司法解释赋予其要求参照合同约定或者定额标准结算工程款的选择权，显然扩大了司法解释的文义，于法无据。此外，如果百盛市政公司压低报价中标涉案工程之后，又允许其在结算时以低于成本价为由主张中标合同无效而按照定额标准结算工程价款，将极大损害其他投标人的利益，此亦为法律所不允许。故百盛市政公司要求按照姑苏造价事务所依据市政定额计算的工程造价结算涉案工程款，无事实和法律依据，不予支持。

综上，百盛市政公司的上诉请求及理由均不能成立。江苏省高级人民法院依照《中华人民共和国民事诉讼法》第一百七十条第一款第一项之规定，于 2015 年 1 月 29 日作出 (2014) 苏民终字第 0367 号民事判决：

驳回上诉，维持原判。

怡庭物业公司诉龙海建工公司等建筑物
致人损害追偿权纠纷案

《江苏省高级人民法院公报》2014 年第 5 辑

【裁判摘要】

1. 建筑物脱落造成他人损害，建筑物的管理人不能证明自己没有过错的，应当承担侵权赔偿责任，其在赔偿后，有权向其他责任主体进行追偿。建筑物脱落发生在建筑物合理使用年限内，系因工程质量缺陷所造成的，建设单位、施工单位亦应对损害承担相应的赔偿责任。

2. 建筑物合理使用年限不同于工程质量保修期，后者仅是施工单位就建设工程质量问题进行无偿修理的期限，调整的是建设工程施工合同中发包方与承包方之间的关系。因建筑物质量缺陷造成他人损害的，施工单位以建筑物超过保修期为由，主张不承担侵权赔偿责任的，人民法院不予支持。

原告：无锡市怡庭物业管理有限公司，住所地在无锡市广石家园。

被告：无锡市北塘城市投资发展有限公司，住所地在无锡市顾桥港。

被告：江苏龙海建工集团有限公司，住所地在溧阳市溧城镇码头街。

原告无锡市怡庭物业管理有限公司（以下简称怡庭物业公司）因与被告无锡市北塘城市投资发展有限公司（以下简称北塘城投公司）、江苏龙海建工集团有限公司（以下简称龙海建工集团公司）人身损害赔偿追偿权纠纷，向无锡市北塘区人民法院提起诉讼。

原告怡庭物业公司诉称：其系广石家园小区前期物业单位，2012 年 8 月 8 日，林某某途经该小区的超市门前时，被房屋上方掉落的外墙粉层水泥块砸伤致死。为维护小区居民的正常生活秩序，经有关部门协调，由其对死者家属协调并垫付了赔偿款 49.9 万元，同时取得了可向相关责任人予以追偿的权利。北塘城投公司、龙海建工集团公司分别系该小区的建设单位与施工单位，对本次事故后果负有责任，故要求北塘城投公司、龙海建工集团公司支付其垫付的赔偿款 49.9 万元。

被告北塘城投公司辩称：涉案事故属怡庭物业公司的管理不善所致，与北塘城投公司无关。如涉及建设单位需承担本案责任的，其愿履行相应义务。

被告龙海建工集团公司辩称：其承建施工该小区至事发时已五年有余，承建房屋掉落粉层块与其施工质量不存在因果关系，粉层块掉落主要系租赁户擅自对房屋予以改造，且在改造施工中采用不当操作方式，引起了粉层块与墙体的剥离，从而导致了本案后果的发生，不应由其承担责任。

无锡市北塘区人民法院一审审理查明：

原告怡庭物业公司系无锡市广石家园小区的前期物业管理单位，该小区 100 号、101 号房屋系一幢东面为四层、西面为三层的非住宅楼房。怡庭物业公司的物业用房也在该幢房屋内，该房屋朝东南侧底层处开设了一超市。2012 年 8 月 8 日下午 4 时许，在无锡市某单位工作的外地籍民工林某某（女，1976 年 5 月 15 日生）途经该超市门口的非机动车道时，被超市承租房屋上方挑檐板外侧立面脱落的水泥砂浆粉层块砸中头部，经医院抢救无效死亡。

事发后，为维持小区居民正常的生活秩序，在有关部门的协调下，怡庭物业公司与林某某家属进行了解决纷争的商谈。当月中旬，双方达成赔偿协议书。协议书载明：（1）林某某丈夫张某某受林某某父母的委托与怡庭物业公司签订协议。（2）林某某与丈夫婚后生育了一子（1998年10月12日生）。（3）由怡庭物业公司一次性支付林某某家属丧葬补助金、一次性死亡赔偿金、精神抚慰金、儿子扶养费、父母赡养费、医疗费、交通费、丧事处理费合计49.9万元。（4）前述款项包含了林某某死亡后亲属享有的所有权利，也不得再以任何理由向其他单位与个人提出赔偿要求；怡庭物业公司在支付垫付的赔偿款后，有权对相关责任方行使追偿的权利，林某某家属负有配合义务。此后，怡庭物业公司支付了49.9万元赔偿款。

另查明：北塘城投公司系事发小区的实际建设单位，小区100号、101号楼房由龙海建工集团公司承建，于2007年1月竣工验收。诉讼中，一审法院至事故现场勘查，经勘查：（1）该楼房系东西朝向坐落，朝东处面向道路及人行道，朝西处与小区内部相连。（2）该房屋的东面南侧底层处开设了一家便利超市，四层楼房的屋顶有离墙体约2米左右的混凝土挑檐板结构，挑檐板外侧下方为超市门前的非机动车道。（3）该房屋的南面东侧为电梯出入门，西侧系怡庭物业公司的出入门。（4）该房屋顶部东南角处有一自建的混凝土结构建筑物（长约5米、宽约4米、高约3.4米）。（5）该房屋东面顶部混凝土挑檐板外侧立面的水泥砂浆粉层已被敲落，现大量散落于楼顶；西面南侧挑檐板水泥砂浆粉层也被敲落，北侧处挑檐板的下方因系三层楼房的顶部而部分保留了水泥砂浆粉层。（6）被敲落的水泥粉层块大小不等，厚为15毫米至20毫米间不等，长为100毫米至200毫米间不等，宽为100毫米至150毫米间不等。

诉讼中，怡庭物业公司陈述：（1）挑檐板水泥砂浆粉层脱落情形，早在2011年8月7日即有先例，并砸坏了几辆摩托车，后在有关部门的牵头下，龙海建工集团公司予以了维修，但在一年后又在相距不远处发生了本次事故。（2）本次事故发生后，为了安全，其已将存在危险的挑檐板外侧立面水泥砂浆粉层铲除。（3）其租赁户虽有对房屋改建情形，但与水泥砂浆粉层脱落无联系。龙海建工集团公司认为：（1）事发日距建筑物竣工验收已超过五年，超过了保质期。（2）事发当日正遇恶劣天气，发生本次事故属不可抗力下的意外事件。（3）水泥砂浆粉层的脱落与怡庭物业公司的租赁户对房屋进行了大范围的改动有关，且有居民反映改动时在挑檐板外侧直接拖拉建筑材料，从而影响了外墙牢固度，怡庭物业公司未尽到管理人职责。北塘城投公司认为：其与龙海建工集团公司的前述第二、第三项意见一致。

本案一审争议焦点为：对造成林某某之死的损害后果，本案被告是否应当承担赔偿责任，以及所应承担的责任比例。

无锡市北塘区人民法院一审审理认为：

根据现有证据材料，可以确认林某某之死，系由房屋顶部挑檐板坠落的水泥砂浆粉层块所致。因而，该房屋的建设人、施工人、管理人负有不可推卸的责任，应在事发后积极参与解决林某某的善后、与家属之间进行赔偿协商等。本案中，北塘城投公司系涉案小区的实际建设单位，龙海建工集团公司系施工人，怡庭物业公司系物业管理人。涉案事发后，怡庭物业公司在有关部门的协调下，为了事发小区居民的正常生活秩序，先行与林某某家属达成了赔偿协议，但并不排除其他责任人的应尽义务。该赔偿协议书的内容及赔偿数额，经法院审查，不违反法律规定，故予以确认。现怡庭物业公司对其他义务人行使追偿权，符合法律规定，应予支持。根据本案情形，法院判定怡庭物业公司、北塘城投公司、龙海建工集团公司按照35%、20%、45%的比例分担涉案事故责任，即怡庭物业公司承担 175000 元，北塘城投公司承担 100000 元，龙海建工集团公司承担 224000 元。理由如下：（1）怡庭物业公司作为该小区前期物业管理人，负有对小区物业予以管理的义务，所坠落的水泥块系房屋附着物，存在的安全隐患其虽难以预料，但其在本案事故发生前即知晓曾有水泥块坠落并造成后果的事实，且坠落地点对人身安全可能造成的危险程度显而易见，除了需与有关单位联系予以及时维修外，在未彻底排除该危险因素前，应立即采取防卫与警示措施，以免产生严重后果。但怡庭物业公司未予采取有效措施，以致未能有效避免本次事故的发生，属未尽到管理人责任。（2）建设方应对建筑物工程质量负责，负有对该建筑物不得对他人造成损害的义务，同时亦负有对建筑物予以修葺以及排除安全隐患等职责，本案中可以判定建设方未能尽到相应义务。（3）龙海建工集团公司作为房屋施工人，所建房屋的挑檐板外侧水泥砂浆粉层整块脱落，明显存在安全隐患，脱落的粉层块造成林某某的死亡后果，其应承担相应责任。龙海建工集团公司辩称粉层块脱落系不可抗力所致、所建房屋已过保质期的意见，与事实不符，与法律相悖，对该意见不予采纳。龙海建工集团公司应当从本案中吸取教训，增强"人命关天、安全第一"的安全生产意识，以杜绝此类事件的再次发生。（4）基于怡庭物业公司已向林某某家属支付了赔偿款，扣除其应承担的赔偿数额外，余款有权向其他义务人追偿。

据此，无锡市北塘区人民法院依照《中华人民共和国民法通则》第八十四条、第八十七条，《中华人民共和国侵权责任法》第十六条、第八十五条、第八十六条之规定，于 2013 年 5 月 29 日作出（2012）北民初字第 1321 号民事判决：

一、北塘城投公司于本判决发生法律效力之日起十日内支付怡庭物业公司垫付的赔偿款 100000 元。

二、龙海建工集团公司于本判决发生法律效力之日起十日内支付怡庭物业公司垫付的赔偿款 224000 元。

三、驳回怡庭物业公司的本案其他诉讼请求。

一审判决后，龙海建工集团公司不服，向无锡市中级人民法院提起上诉称：龙海建工集团公司在本案中不应承担任何责任。（1）事发工程通过了竣工验收，表明质量是合格的。事故发生时，龙海建工集团公司承建的房屋已过保修期，房屋建筑最长的保修期为五年，事发时，房屋竣工验收已超过五年。怡庭物业公司认为房屋存在质量问题，没有提供任何证据证明。（2）房屋在发生事故前已被进行了大范围改建，房屋加装了电梯，在脱落粉层下面原镂空处已搭建了房屋，进行上述改建时，改建人在挑檐板外侧直接拖拉建筑材料，严重影响了挑檐板外侧粉刷层的牢固度。物业管理人未尽管理职责，事故责任不在龙海建工集团公司。（3）本次事故当日恰逢台风，陆地风力达 8 至 9 级，阵风 10 级，外墙粉刷层脱落造成的事故，属不可抗力的意外事件。（4）本次事故赔偿责任应由怡庭物业公司自行承担，外墙属小区公共部位，按物业服务协议，应由物业公司承担维护管理责任，怡庭物业公司怠于履行义务所产生的责任，应由其自行承担。请求二审法院撤销一审判决，改判驳回怡庭物业公司对龙海建工集团公司的诉讼请求。

被上诉人怡庭物业公司辩称：（1）本次事故不属外墙防渗漏问题，不适用五年保修期的规定。（2）龙海建工集团公司认为粉刷层脱落与房屋改建及天气有关，没有依据。（3）物业公司对房屋公共部位的维护管理责任，是建立在建筑物质量不存在问题的前提下，对建筑物正常使用情况下的正常损耗进行维护维修，而本案建筑物明显存在严重的工程质量问题，不属于物业公司维护范围，物业公司不应承担责任，龙海建工集团公司与建设单位应负全部责任，但怡庭物业公司尊重一审判决，请求维持原判。

被上诉人北塘城投公司辩称：原审判决认定事实清楚，只是在责任认定上，应由怡庭物业公司自行承担全部责任，但服从一审判决。

无锡市中级人民法院经二审审理，确认了一审查明的事实。

另查明：2011年8月，事发小区100号、101号房屋挑檐板南侧外立面曾发生粉刷层脱落并砸坏电瓶车的情况，龙海建工集团公司接报后，曾派员进行了维修。

二审中，龙海建工集团公司代理人向研究员级高级工程师王胜天就本案有关专业技术问题进行了咨询，王胜天工程师复函称，本案所坠落的水泥粉刷层在建筑上称为抹灰，属装饰装修工程范围，抹灰层没有单独的合理使用年限，作为装修项目其保修期为两年。保修期满后，由开发公司或物业管理公司负责保养和维护，有专门的维修基金用于维修房屋的公共部位，外墙也包含在内。工程竣工验收时，需要对抹灰层进行验收，属于分项验收，验收合格就说明抹灰层符合规范，无质量问题。抹灰层脱落有多种原因，可能是不可抗力的原因，也可能是人为原因，如工程竣工后，后期施工（包括改造）产生震动或改变原结构，使结构不平衡都会导致抹灰层脱落。房屋中增加电梯井，需要把屋面现浇板打通，在施工过程中使用大型冲击机械破碎楼面，会产生巨大震动，从而影响抹灰层牢度。房屋外部原来镂空的梁上加建了墙和窗，还有电梯，改变了原设计的荷载，会影响到整个框架结构的内力平衡，梁柱会发生变形，抹灰与梁柱的变化不完全相同，就会与原结构梁产生微小位移，造成裂缝，久而久之就会脱落。电梯运行也会产生震动，影响抹灰层牢度。

二审中，经法院释明，龙海建工集团公司坚持认为，本案所涉建设工程质量合格且已过保修期，龙海建工集团公司不应承担责任，本案无须进行质量鉴定及抹灰层脱落原因的鉴定。即便需要鉴定，由于本案系怡庭物业公司行使追偿权，其应提供能够证明被追偿人在事故发生中负有责任的证据，如果怡庭物业公司认为工程质量存在问题，应由怡庭物业公司申请鉴定。因此，龙海建工集团公司未提出鉴定申请。

本案二审争议焦点为：（1）建设工程保修期满后，建筑物发生倒塌、脱落等情形而造成他人损害的，施工单位是否应承担赔偿责任？（2）涉案建设工程竣工验收合格，是否即意味着工程质量不存在问题，施工单位无须承担赔偿责任？

无锡市中级人民法院二审审理认为：

关于争议焦点一，龙海建工集团公司认为，本案发生脱落致人损害的抹灰层属建筑装修工程，根据《建设工程质量管理条例》，装修工程保修期限为两年，而房屋建筑最长的保修期亦仅为五年。本案中保修期限届满，施工单位即不应承担责任。法院认为，《建设工程质量管理条例》中的最低保修期限调整的是建设工程施工合同发包方与承包方之间的关系，保修期限是对施工单位就建设工程质量问题进行无偿修理期限的规定。建筑物致他人损害所产生的赔偿责任的确定，不应适用保修期限的有关规定。

建筑物的各分项工程，应当有合理使用年限，在合理使用年限内出现的倒塌、脱落等问题，如无证据证明系其他原因所致，即应认定建设工程存在质量缺陷，对因工程质量缺陷造成他人损害的，施工单位应当承担相应赔偿责任。虽然我国法律对建筑装修工程的合理使用年限没有明确规定，但不能就此将行政法规中规定的"保修期限"等同于合理使用年限；而应在充分考虑房屋建筑属于可以长期使用的固定资产这一特性的基础上，参照同类装修工程普遍的、通常可以达到的实际合理使用年限，使所确定的建筑物工程合理使用年限符合社会公众对房屋合理使用年限的预期，为社会公众认同和接受。考察我们周围的建筑物可以发现，绝大多数建筑物在建成后十余年甚至数十年并不会出现外墙抹灰层脱落等现象，社会公众对建筑物外墙装修工程的合理使用年限的预期亦不会低于此。建筑物室外装修工程一旦出现脱落等严重质量问题，对公众安全所可能造成的危害将是巨大且难以弥补的。如认定本案所涉装修工程的合理使用年限已经届满，不仅与通常建筑物外墙装修工程实际能够达到的合理使用年限明显不符，也与社会公众的普遍认识相悖，更不利于促进建筑施工企业注重施工质量以确保公共安全。因此，龙海建工集团公司以建筑物超过保修期限为由，主张不承担侵权赔偿责任，对此法院不予支持。

关于争议焦点二，龙海建工集团公司认为，涉案建设工程竣工验收合格，因此质量是合格的，抹灰层的脱落系房屋改建、自然灾害等其他原因所致，如果怡庭物业公司认为工程质量存在问题，应由怡庭物业公司举证证明。法院认为，房屋所存在的内在质量缺陷和瑕疵，可能经过一定时期才能显露出来，竣工验收合格，只表明竣工验收时的状态，因此，竣工验收报告只有推定建筑物质量合格的证明效力，在有相反证据证明的情况下，仍可认定建筑物存在质量问题。本案建筑物抹灰层在合理使用年限内已然脱落，在无证据证明脱落系其他原因造成的情况下，脱落现象本身，即证明建筑物存在质量问题。龙海建工集团公司主张脱落系建筑物改建等

其他原因造成，对此应提供证据加以证明。本案二审过程中，龙海建工集团公司提供了专业工程师对相关问题的分析说明，但该说明仅系个人观点，并非法定证据形式，房屋改建等情况是否与抹灰层脱落有关、建筑装修工程本身有无质量问题，仍应当通过专业机构的鉴定明确，但龙海建工集团公司在一审期间并未申请鉴定，二审中经法院释明，仍然坚持不提出鉴定申请，应承担举证不能的不利后果。对龙海建工集团公司关于抹灰层脱落系其他原因造成而非工程质量问题的主张，法院不予采信。

同时，法院注意到，本案所涉建筑物在事发前一年已出现挑檐板外侧立面抹灰层脱落并损坏他人财物的情况，龙海建工集团公司接报后虽进行了维修，但其作为专业建筑施工单位和本案所涉工程的施工人，对出现的问题并未予以足够重视，没有对挑檐板外侧立面抹灰层其他部位进行检修，以充分、全面排除安全隐患，以致再次发生事故，其对损害的发生存在过错，应承担相应责任。

综上，龙海建工集团公司的上诉理由不能成立，一审法院对各当事人责任分配并无不当，可予维持。无锡市中级人民法院依照《中华人民共和国民事诉讼法》第一百七十条第一款第（一）项之规定，于 2013 年 10 月 9 日作出（2013）锡民终字第 0930 号民事判决：

驳回上诉，维持原判。

许敬贤诉刘洪奎、王学朋在村镇私宅施工中受伤由承包人承担人身损害赔偿纠纷案

《江苏省高级人民法院公报》2013 年第 4 辑

【裁判摘要】

施工人员在建房过程中发生伤亡事故，

如建造活动由他人承包并由其寻找人员、安排施工、向施工人员支付报酬的，则施工人

员与承包人之间构成雇佣关系。房主未参与人员选任、施工管理及直接向施工人员支付报酬，与施工人员间未形成雇佣关系。施工人员在施工过程中发生伤亡的，承包人作为雇主应承担赔偿责任，受害人自身对损害的发生存在过错的，应当承担相应的民事责任。

原告：许敬贤，男，44 岁，住江苏省东海县黄川镇许村。

被告：刘洪奎（又名刘顺新），男，51 岁，住连云港市海州区张庄路。

被告：王学朋，男，43 岁，住江苏省赣榆县墩尚镇西韩庄三组，现住连云港市海州区海青路。

原告许敬贤因与被告刘洪奎、王学朋人身损害赔偿纠纷一案，向江苏省连云港市海州区人民法院提起诉讼。

原告许敬贤诉称：被告王学朋带着原告在被告刘洪奎家盖房子，2010 年 7 月 13 日在施工过程中，原告从墙头上摔落到地面，随即被送往医院治疗。住院治疗 27 天，出院记录记载：继续住院治疗并专人护理。出院后，原告在自家附近的卫生室继续治疗。原告的伤情经鉴定构成八级伤残。被告仅支付医疗费用 4000 元，其他费用经多次讨要，被告拒不支付。现请求法院撤销 2010 年 8 月 8 日许斯维与朱静签订的和解协议并判令两被告赔偿原告各项损失共计 133206.82 元。

被告刘洪奎辩称：我家房子是请被告王学朋来盖的，包工包料，发生任何事故都由王学朋负责，工人也是王学朋自己找的。

被告王学朋辩称：原告摔伤与我没有因果关系，原告所主张的赔偿项目没有事实和法律依据。

江苏省连云港市海州区人民法院一审审理查明：

2010 年 7 月，被告王学朋承包了被告刘洪奎家的房屋建造工程，刘洪奎将建房全部费用支付给王学朋。原告系王学朋雇用的带班人员，原告的工资由被告王学朋给付。2010 年 7 月 13 日早上，原告在爬上刚砌好的墙顶量尺寸时，墙上新加的砖塌了两块，原告从墙上摔下，致腰部受伤。原告当即被送往连云港市第二人民医院住院治疗，王学朋为许敬贤支付医疗费 4000 余元。后原告转至连云港市第一人民医院住院治疗 27 天，医疗费用均为被告王学朋支付。原告支付急救费用 405 元，后续门诊治疗 152.5 元。2011 年 1 月 20 日，原告的伤情经连云港市第三人民医院司法鉴定所鉴定，鉴定结论为：许敬贤于 2010 年 7 月 13 日在工作中受伤，致腰 1 椎体爆裂骨折伴截瘫，目前双下肢肌力四级，构成人体损伤八级。上述损伤一期手术医疗时限（包括休息期）为十个月、护理期六个月、营养期伤后三个月。二期手术的医疗时限为一个月、住院期间可设陪护、术后营养期两周。上述腰 1 椎体爆裂骨折内固定物今后需再次手术取出，费用为 8000 元。为此，原告支付鉴定费 1900 元。

另查明，2010 年 8 月 8 日，原、被告双方在案外人李永艾的主持调解下，原告之子许斯维与被告王学朋之妻朱静签订了一份协议，该协议载明：经双方同意，收医药费 4000 元，出院回家疗养，互不干扰。被告王学朋除了支付原告在住院期间的费用外，依据该协议在原告出院后又支付了原告 4000 元。

再查明，原告许敬贤系无相应资质的个体工匠。

江苏省连云港市海州区人民法院一审认为：

首先，关于原告之子许斯维与被告王学朋之妻朱静签订和解协议是否可撤销的问题。根据《中华人民共和国合同法》第五十四条的规定，因重大误解订立的合同，当事人一方有权请求人民法院撤销，具有撤销权的当事人自知道或应当知道撤销事由之日起一年内行使撤销权。本案中，2010 年 8 月 8 日签订和解协议时，原告的伤情尚未进行司法鉴定，原告对伤情存在重大误解，2011 年 1 月 20 日原告的伤情经司法鉴定后，原告才知其伤情构成八级伤残，故原告方在签订和解协议时存在重大误解，其于2011年12月29日起诉至法院要求被告赔偿伤残赔偿金未超过行使撤销权的期间，故对于原告要求撤销2010年8月8日许斯维与朱静签订的和解协议的主张，予以支持。

其次，关于原告在施工过程中受到的损伤，房主刘洪奎是否承担赔偿责任的问题。在村镇进行各类施工活动的个体工匠，应当依法办理资质审批手续，按照规定的范围进行施工。村镇居民个人建造住宅，由不具备资质的个体工匠施工，在建房过程中发生伤亡事故的，建造活动由他人承包并由其寻找人员、安排施工、直接支付报酬，施工人员发生伤亡的，承包人作为雇主承担赔偿责任，受害人自身对损害的发生存在过错的，应当承担相应的民事责任。本案中，房主刘洪奎将房屋建造工程承包给王学朋并已支付全部建房费用，未参与选择施工人员，未对建造活动进行具体管理，施工人员的报酬也系由王学朋支付，故刘洪奎与施工人员之间未形成雇佣关系。许敬贤系王学朋安排的带班人员，对于许敬贤在施工中受伤的损失，被告王学朋作为雇主承担赔偿责任，被告刘洪奎不承担责任。原告作为带班人员，并不具备相关资质，且明知墙刚砌好，尚不稳固，却爬上去量尺寸，自身存在过错，应承担次要责任，故原告对自己的损失承担20%的责任，被告王学朋承担主要责任，即80%的赔偿责任。

对于原告主张的在连云港市第一人民医院住院治疗的费用36955.95元，因原告未提供票据，且原告住院期间费用均为王学朋支付，故对该主张法院不予支持；对于原告主张的出院后在本市东海县黄川镇许村村社区卫生服务站支付的2978元医疗费用，因未提供医疗费发票，法院不予支持。对于原告主张的后续二次手术的相关费用，因未实际发生，法院不予支持，待该项费用实际发生后，原告另行主张。对于被告王学朋提出的原告摔伤与其没有因果关系的抗辩意见，与本案事实不符，故对该抗辩意见，法院不予采纳。

原告主张的急救费及医疗费557元、伤残赔偿金54708元、误工费7598元、护理费4559元、营养费1350元、住院伙食补助费810元、精神抚慰金15000元、鉴定费1900元，不违反法律规定，法院依法予以确认。对于原告主张的交通费，根据本案的具体情况，法院酌定支持500元。原告的损失法院核定共计86982元。被告王学朋应承担80%，即69586元，扣除已支付的4000元，还需支付65586元。

综上，连云港海州区人民法院依照《中华人民共和国合同法》第五十四条，《最高人民法院关于审理人身损害赔偿案件适用法律若干问题的解释》第十七条第一、二款、第十八条、第十九条、第二十条、第二十一条、第二十二条、第二十三条第一款、第二十四条、第二十五条之规定，于2012年3月14日作出（2012）海民初字第0063号民事判决：

一、撤销2010年8月8日许斯维与朱静签订的协议；

二、被告王学朋于本判决生效之日起十日内给付原告许敬贤65586元；

三、驳回原告许敬贤的其他诉讼请求。

一审判决后，双方当事人在法定上诉期内均未提出上诉，一审判决已生效。

龚炳江诉都邦保险承保建筑工程团体人身意外伤害险
又以无劳动关系拒赔保险合同纠纷案

《江苏省高级人民法院公报》2013 年第 1 辑

【裁判摘要】

建筑施工企业将工程转包给不具备施工及用工资格的自然人，该自然人召集的施工人员在作业中受到意外伤害，用工主体责任应由建筑施工企业承担。该施工人员依据建筑施工企业为其购买的意外伤害保险向保险公司理赔，保险公司以施工人员非为与建筑施工企业建立劳动关系人员为由拒绝理赔的，人民法院不予支持，而不论保险格式合同中有未提及"劳动关系"，概因其承保的施工风险责任不应被其设定的概念圈套或文字游戏所推卸，且此处劳动关系应指劳动施工事实而非狭义的制式劳动合同。

原告：龚炳江，男，汉族，45 岁，住河南省商城县汪岗乡。

被告：都邦财产保险股份有限公司苏州中心支公司，住所地在江苏省苏州市吴中区东吴北路 109—119 号东吴大厦。

原告龚炳江因与被告都邦财产保险股份有限公司苏州中心支公司（以下简称都邦公司）保险合同纠纷一案，向苏州市吴中区人民法院提起诉讼。

原告龚炳江诉称：2008 年 5 月 11 日，苏州怀成市政工程有限公司（以下简称怀成公司）与苏州百佳房屋拆迁有限公司（以下简称百佳公司）签订了吴中区 48 号地块项目的拆房协议并召集拆房工人实施拆房。2008 年 7 月 30 日，怀成公司根据吴中区建设局安监部门的规定，为包括原告在内的 10 名拆房施工人员投保了"建筑工程团体人身意外伤害险"。后原告在 48 号工地作业时，因楼板断裂从高处跌落而受伤，被定为一级伤残。现要求都邦公司根据保险合同的约定支付意外伤害保险金人民币 18 万元、医疗费 2 万元，合计人民币 20 万元，并承担逾期付款利息。

被告都邦公司辩称：原告不是保险合同的被保险人，其不应向原告支付赔偿金。请求驳回原告的诉讼请求。

苏州市吴中区人民法院一审查明：

2008 年 7 月 30 日，怀成公司就吴中区旧城改造第 48 号地块拆房工程向都邦公司投保建筑工程施工人员短期意外伤害险。同日，都邦公司向怀成公司签发了短期健康保险和意外伤害保险保险单，保险单上注明了保险费按施工面积收取为 6400 元，施工意外伤害保险最高限额为 180000 元，施工意外医疗保险金额最高限额为 20000 元。保险期限自 2008 年 8 月 1 日起至 2009 年 12 月 31 日止。建筑工程团体人身意外伤害保险条款第二条投保范围明确为：凡在建筑工程施工现场从事管理和作业并与施工企业建立劳动关系的人员均可作为被保险人，以团体为单位，由所在施工企业或对被保险人具有保险利益的团体作为投保人，经被保险人同意，向本公司投保本保险；第十五条第三项注明被保险人：指本合同所附被保险人名册中所载人员。

2008 年 10 月 13 日，原告龚炳江在吴中区旧城改造 48 号地块拆房时，因楼板断裂而从高空跌落受伤，被鉴定为一级伤残。

2009 年 7 月 2 日，原告龚炳江向苏州市沧浪区人民法院起诉要求沈一民、杨庭德、怀成公司、百佳公司赔偿医药费等经济损失。

苏州市沧浪区人民法院经审理后查实，吴中区旧城改造 48 号地块的拆房工程是苏州市吴中城市建设投资发展有限公司委托百佳公司实施，百佳公司又委托怀成公司实施。怀成公司的代表沈一民又转包给杨庭德。后杨庭德召集原告在内的数人从事旧房拆除的具体工作。苏州市沧浪区人民法院于 2009 年 12 月 3 日出具民事判决书，判决杨庭德作为雇主赔偿龚炳江医疗费等合计人民币 726401.34 元（其中医疗费 100088.12 元），沈一民、怀成公司对杨庭德的赔偿义务承担连带责任。

双方当事人的争议焦点是：原告是否是保险合同的被保险人。

苏州市吴中区人民法院认为：怀成公司在承接吴中区旧房改造 48 号地块拆房工程后，按当地建设主管部门的要求向被告投保了建筑工程团体意外伤害险，被告据此签发了意外伤害险的保单及保险条款，明确了建筑工程团体人身意外伤害险中被保险人的范围为在建筑工程施工现场从事管理与作业并与施工企业建立劳动关系的人员。怀成公司虽将拆房工程转包给不具备用工主体资格的自然人具体实施，但对原告系吴中区旧房改造 48 号地块拆房工程上的现场作业人员是确认的，即与怀成公司存在事实上的劳动关系，符合被保险人的条件。且在建筑工程团体人身意外保险条款中明确被保险人为合同所附被保险人名册所载人员，现原告提供了怀成公司出具的被保险人名单，被告否认有被保险人名单并以此否认原告是被保险人的意见依据不足，本院不予采信。现原告因意外伤害而导致的经济损失达人民币 726401.34 元（其中医疗费 100088.12 元），超过了保险金额，都邦公司应按保险金额赔付。原告要求被告支付逾期付款利息的诉讼请求依据不足，本院不予支持。

据此，苏州市吴中区人民法院依照《中华人民共和国保险法》第十七条、第十八条、第二十三条之规定，于 2010 年 10 月 18 日作出（2010）吴商初字第 500 号民事判决：

一、被告都邦财产保险股份有限公司苏州中心支公司于本判决生效之日起十日内支付原告龚炳江意外伤害保险金人民币 18 万元、意外伤害医疗保险金人民币 2 万元，合计人民币 20 万元。

二、驳回原告要求被告支付逾期付款利息的诉讼请求。

都邦公司不服一审判决，向苏州市中级人民法院提起上诉。上诉人认为：龚炳江从事施工由其雇主杨德庭安排，并非接受怀成公司安排，且其也未从怀成公司领取劳动报酬并接受劳动保护，所以龚炳江与怀成公司不构成事实上的劳动关系。一审判决以龚炳江与怀成公司构成事实劳动关系为由确认龚炳江为被保险人并要求上诉人承担保险责任，没有事实及法律依据，请求二审撤销原判并驳回龚炳江的起诉。

被上诉人龚炳江辩称：怀成公司与龚炳江形成事实劳动关系，这为相关规定所认可。怀成公司为龚炳江投保，都邦公司予以接受，也认可了龚炳江为被保险人，现都邦公司以龚炳江非怀成公司员工抗辩没有道理，一审法院认定正确。

苏州市中级人民法院经审理，确认了一审查明的事实。

苏州市中级人民法院认为：怀成公司为吴中区旧城改造第 48 号地块拆房工程施工人员向都邦公司投保了短期意外伤害险并支付了相应保险费，双方保险合同成立并有效。该地块拆房施工过程中，怀成公司认可的施工人员龚炳江因意外事故受伤并致残，都邦公司理应根据实际损失在保险金额范围内按约向龚炳江进行赔付。都邦公司上诉以龚炳江与怀成公司不具有劳动关系、非被保险人为由拒绝赔付，对此本院认为，虽然怀成公司将上述地块拆房工程转包给杨庭德，龚炳江由杨庭德召集在上述工地从事拆房，但因杨庭德本身不具备施工及用工资格，所以由怀成公司承担用工主体责任，其与龚炳江之间事实劳动关系成立。怀成公司提供了被保险人名单确认龚炳江系其向都邦公司投保的被保险人之一，都邦公司对此加以否认却不能提供证据证明投保时被保险人名单中不包括龚炳江。况且，保险风险来自拆房，而非来自劳动关系，因而即使没有劳动关系只要是在拆房工作中受伤，其亦应理赔。所以，其上诉拒绝向龚炳江赔偿的理由不能成立，

本院不予支持。原审判决认定事实清楚，适用法律正确，实体处理并无不当。依照《中华人民共和国民事诉讼法》第一百五十三条第一款第（一）项之规定，于 2011 年 2 月 24 日作出（2011）苏中商终字第 0058 号民事判决：

驳回上诉，维持原判。

京华公司诉中色公司工程验收交付后质量问题减损措施费用承担纠纷案

《江苏省高级人民法院公报》2013 年第 1 辑

【裁判摘要】

建设工程竣工验收合格后，在质保期内出现质量问题，承包人应履行保修义务。在承包人不及时维修，而发包人损失将扩大的情况下，发包人可以采取适当的措施防止损失及其扩大，支出的合理费用应由承包人承担；发包人也有责任的，应根据其责任酌情分担。

原告：扬州京华城中城生活置业有限公司，住所地在江苏省扬州市文昌西路国际会展中心内。

被告：北京中色建设工程有限公司，住所地在北京市丰台区西客站南广场驻京办 1 号楼 B 座中色建设大厦。

原告扬州京华城中城生活置业有限公司（以下简称京华公司）因与被告北京中色建设工程有限公司（以下简称中色公司）发生建设工程施工合同纠纷，于 2008 年 11 月 10 日向江苏省扬州市中级人民法院提起诉讼。

原告京华公司诉称：中色公司承建京华公司开发的京华城中城项目蒸汽热网安装工程（以下简称热网工程），自投入运行以来，一直存在管道泄漏现象，蒸汽外泄损失严重。京华公司多次发函给中色公司要求其检修，

中色公司未有实际行动，以致损失扩大。2008 年 7 月 2 日，京华公司再次向中色公司发律师函，要求其派专人来扬处理此事。同年 7 月 16 日，中色公司派专人来扬，其相关人员对管道泄漏的检修及其补救措施提出另行重建管道的建议。京华公司为减少损失，委托有资质的伟业公司重建管道，并支付工程价款 280 万元。请求判令中色公司承担京华公司热网工程重建管道费用 280 万元，并赔偿损失 3390904.50 元。

被告中色公司辩称：中色公司只承包了热网工程的部分工程，其主要工程由京华公司聘请扬州市扬子工业设备安装有限公司（以下简称扬子公司）完成的。中色公司派员到现场，京华公司私自录音，其所提供的录音资料断章取义，不能因此确认双方达成了处理此事的意见。该录音中的中色公司工作人员已于 2010 年 1 月离开中色公司，其没有得到中色公司的授权，其陈述只是其个人意见。工程不存在质量问题，请求驳回京华公司的诉讼请求。

江苏省扬州市中级人民法院一审查明：

2005 年 3 月 21 日，京华公司与中色公司签订《扬州京华城中城项目孙庄路段蒸汽热

网工程施工承包合同》（以下简称工程施工承包合同），约定：京华公司将其开发的京华城中城项目中的热网工程发包给中色公司施工；工程总造价325万元；承包方式包工包料；质量验收要求及验收标准为执行《工业金属管道工程施工及验收规范》国家标准（GB50235－97）及相关行业标准，按照设计图纸要求进行验收，工程质量必须达到国家验收规范要求；材料设备供应为承包方负责采购材料设备，并提供产品合格证明，对材料设备质量负责；质量保修为承包方应按法律、行政法规或国家关于工程质量保修的有关规定，对交付发包方使用的工程，在质量保修期内承担质量保修责任，承包方应在工程竣工验收之前与发包方签订质量保修书，作为本合同附件等。合同签订后，中色公司按约承包施工了该热网工程。

施工该热网工程必须持有国家有关部门颁发的《特种设备安装改造维修（压力管道）许可证》，中色公司不具备施工热网工程的资质。一审中，经一审法院向扬子公司调查，扬子公司出具《情况说明》称：热网工程的施工方为中色公司，因中色公司没有施工压力管道的许可证，故在该工程完工时以扬子公司的名称及资质进行竣工验收，扬子公司未参与该工程的招投标和施工及工程价款结算事宜。

2006年12月18日，京华公司、扬子公司、江苏石油勘探勘察设计研究院为涉案工程共同签章出具《单位工程竣工验收证明书》，载明施工单位为扬子公司，质量验收合格。同日，江苏省特种设备安全监督检验研究院出具《压力管道安装质量证明书》，载明施工单位为扬子公司，结论为本管道安装质量符合《压力管道安全管理与监察规程》和有关验收标准的规定。

截至2007年2月13日，京华公司已给付中色公司工程价款3314306.94元，尚欠工程价款122920.19元。

2008年7月2日，律师受京华公司的委托发给中色公司《律师函》称："该工程投入运行以来一直存在蒸汽泄漏现象，京华公司于2007年5月30日至2007年7月间多次发函与贵司联络，请贵司委派专人商谈处理方式，贵司虽对函件回复但一直未派专人来扬处理此事。据京华公司判断，蒸汽直埋管道内管破裂导致了蒸汽外泄。蒸汽外泄直接导致了每月近二十万元的经济损失。请贵司在收悉本函后五日内派专人来扬处理此事，否则由此而引起的一切损失及后果将由贵司承担，且京华公司保留追究贵司赔偿责任的权利。"

2008年7月16日，中色公司派宋钰龙、李工至京华公司，双方就热网工程质量问题进行专题协商，专题会议期间，京华公司制作了《专题会议纪录》1份，同时还作了录音。该录音表明：双方确认中色公司承建的热网工程存在蒸汽外泄的现象；对蒸汽外泄的原因和责任划分，双方同意待鉴定后确认；京华公司提出可以停气三天给中色公司检修，否则停气造成的损失较大，中色公司提出停气三天根本无法完成检修，并提出从有效减损出发，建议首先找有资质的单位从京华城中城桥东至供气点重新铺设管道，再检测原管道是否存在施工质量问题；京华公司提出双方在《专题会议纪录》上签名，宋钰龙提出第二天上午他还过来，他回去将双方接触的情况向中色公司托管小组汇报，听取他们的意见。次日，宋钰龙、李工未将中色公司托管小组的意见反馈给京华公司，也未在《专题会议纪录》上签名。之后，中色公司未能给京华公司回复。

2008年8月7日至28日，京华公司遂与伟业公司磋商由伟业公司承建上述热网工程的改造，工程分为两个标段进行发包，京华城桥东侧为一标段，桥西侧为二标段。先实施一标段范围内工程，京华公司视一标段工程完成后的效果再决定是否实施二标段工程。

2008年9月6日，京华公司与伟业公司签订《施工合同书》约定：将京华城路蒸汽管网及附属设施改造工程发包给伟业公司施工；总造价 280 万元；承包方式为包工包料、包工期、包质量、包安全的总价包干承包（以上价款按图纸内容施工），直到合同执行完成，累计超过 2% 的工程变更，仅对超出部分作费用调整等。合同签订后，伟业公司按约承包施工了一标段工程。

2009 年 3 月 10 日，供气单位扬州威达供热有限公司向京华公司发出《通知》称，京华公司于 2008 年年底完成京华城桥东管道改造，消除了蒸汽泄漏现象，但京华城桥西管道仍存在蒸汽泄漏现象，要求京华公司尽快整改，否则将停止供汽直至整改完成。其后，京华公司要求伟业公司承包施工了二标段工程。

截至 2009 年 12 月 31 日，京华公司已给付伟业公司工程价款 252 万元，余 28 万元为工程质保金尚未给付。

一审中，经京华公司申请，一审法院委托江苏省产品质量监督检验研究院对热网工程是否存在蒸汽管道泄漏质量问题及原因进行司法鉴定。2009 年 9 月 15 日鉴定单位出具《蒸汽管道泄漏鉴定报告》意见为：（1）蒸汽管线泄漏一事属实。（2）蒸汽管线泄漏原因：①成品件补偿器存在制造缺陷是引起蒸汽管泄漏一个点的重要原因。②发现一处外护管开裂使地下水浸入护套内也是造成内管热损失的一个原因。③管线排潮口全部进入地面以下，成为管线后期腐蚀（开裂）以及热能损失的另一个原因。经质证，京华公司对鉴定报告无异议，但中色公司提出异议。对此，鉴定单位作出书面答复称：（1）鉴定专家组的采样过程受到开挖条件的限制及影响，故仅针对用户反映有蒸汽外溢现象的地点选择性地开挖三处抽检，寻找蒸汽泄漏处，开挖查明其中一处是补偿器角焊缝缺陷的扩展造成蒸汽直接泄漏。补偿器在出厂时存在不允许缺陷（焊接缺陷），当属不合格品。该产品在制造时有针对该角焊缝的检验项目，按正常检验程序应检查出该缺陷，如果及时检出，

产品可以返修并重新检验合格后方可出厂使用。但由于漏检，补偿器已安装到管道上并埋入地下且被包覆在外护套管内，返修的难度和代价都很大。针对本次鉴定是抽检，由于工厂检查工序把关不严，所以不能排除其他未检查到的蒸汽管道也存在类似泄漏缺陷。（2）鉴定报告首先确认管道穿孔蒸汽泄漏这一事实，又考虑到在表观上观察到的是地面多处蒸汽外溢现象，故将排潮口进水及外护套开裂列为次要原因。至于热能损失的主次，管道穿孔造成的蒸汽泄漏是直接、持续且不断扩大，而排潮口进水及外护套开裂视地下水位情况的变化而定，夏季或雨水至其损失大，而冬季干燥气候可能就小。

江苏省扬州市中级人民法院一审认为：

（一）本案所涉工程实际由中色公司承建。中色公司与京华公司签订了工程施工承包合同，约定京华公司将热网工程发包给中色公司施工。合同签订后，中色公司承包施工了该工程，由于中色公司不具备施工该热网工程的资质，在该工程完工时以扬子公司的名称及资质进行竣工验收，而扬子公司未参与该工程的招投标和施工及工程价款结算。中色公司认为该工程由扬子公司承建，仅提供了工程竣工验收资料，但未能提供扬子公司与京华公司存在工程施工合同关系及实际结算工程价款的相关证据，故对中色公司的该辩称理由不予采信。该工程竣工验收合格后，中色公司向京华公司结算了该工程价款，现仅存部分质量保证金在京华公司。况且，因工程出现蒸汽泄漏现象，京华公司与中色公司就此进行交涉时，中色公司所指派的人员也未对工程系其承建表示异议。据此，确认本案所涉工程实际由中色公司承建。

（二）中色公司应承担相应的工程重建费用。中色公司不具备施工热网工程的资质，故其与京华公司签订的《工程施工承包合同》无效，但工程经竣工验收合格，根据《最高人民法院关于审理建设工程施工合同纠纷案件适用法律问题的解释》的规定，京华公司

可参照合同约定向中色公司支付工程价款，中色公司也应参照合同约定向京华公司承担质量保修义务。

在工程质量保修期间，双方为蒸汽泄漏一事进行了专题磋商，确认热网工程存在蒸汽外泄的现象。对于蒸汽外泄的原因和责任划分，双方同意待鉴定后确认。对于整改及处理措施，京华公司提出可以停气三天给中色公司检修，否则停气所造成的损失较大，中色公司提出停气三天无法完成检修，并提出从有效减损出发，建议首先找有资质的单位，从京华城桥东至供气点重新铺设管道，再检测原管道是否存在施工质量问题。为此，京华公司与伟业公司签订了《施工合同书》，由伟业公司承建京华公司上述热网工程中一期工程的改造工程，合同总造价为 280 万元。合同签订后，伟业公司按约进行了施工。

根据鉴定报告确认的蒸汽泄漏原因，管线排潮口全部进入地面以下与京华公司有关，京华公司对蒸汽管线泄漏也存在过错。根据本案的实际情况，综合蒸汽管线泄漏的原因及本案所涉合同无效等原因，酌情认定京华公司对蒸汽管线泄漏承担 35% 的过错责任，中色公司应向京华公司承担 65% 的工程重建费用，但该款中应扣除中色公司尚余的工程质量保证金，合计 1697079.81 元（即 280 万元×65%－122920.19 元）。

至于宋钰龙在专题会议上的表态，因中色公司在接到京华公司要求派专人来扬州处理工程质量问题的《律师函》后，指派宋钰龙至扬州参加该专题会议，宋钰龙到会的身份表明其参加会议是履行职务行为，其在会上强调其观点是个人意见，但回京后中色公司对其表态意见未提出异议，致使京华公司有理由相信宋钰龙在专题会议上的表态代表中色公司的意见。

（三）京华公司主张赔偿损失依据不足。京华公司要求中色公司赔偿蒸汽管线泄漏损失 3390904.50 元，其举证虽可证明存在蒸汽管线泄漏损失，但其损失构成是其自行采集的数据，真实性无法核实，故不支持京华公司主张赔偿损失的请求。

江苏省扬州市中级人民法院依照《中华人民共和国合同法》第五十二条第（五）项、第五十八条，《中华人民共和国民事诉讼法》第六十四条、第一百二十八条的规定，于 2011 年 4 月 15 日作出（2008）扬民一初字第 0049 号民事判决：

一、中色公司于本判决生效后十日内给付京华公司蒸汽管线重建费用 1697079.81 元；

二、驳回京华公司的其他诉讼请求。

一审宣判后，中色公司向江苏省高级人民法院提起上诉。

中色公司上诉请求撤销原审判决，改判驳回京华公司诉讼请求。理由是：（1）中色公司仅承担安装蒸汽管网所需的土石方开挖及填覆工作。蒸汽管网焊接等工作，京华公司分包给扬子公司完成，扬子公司才是本案工程质量责任人。（2）工程主材蒸汽管道的制造商、供应商上海科华热力管道有限公司（以下简称科华公司）由京华公司确定，本案应追加科华公司为第三人。（3）鉴定报告揭示的三个原因不能证明工程施工质量存在问题。参与本案工程的建设单位、勘察设计单位、施工单位、检测机构，任何一方过错都可能导致蒸汽泄漏。（4）鉴定报告仅发现一处管道穿孔，不能推导出整个工程存在施工质量问题。整个工程重铺管道是不必要的，中色公司从未同意京华公司重建工程。原审判令中色公司承担重铺费用有失公平。

京华公司答辩称，请求驳回上诉，维持原判。

江苏省高级人民法院二审查明的事实与一审相同。

经双方当事人确认，本案二审争议焦点是：（1）中色公司是否为本案工程的施工人；（2）原审判令中色公司分担京华公司热网重建费用的 65% 是否得当。

江苏省高级人民法院二审认为：

（一）中色公司是涉案工程的施工人。

首先，中色公司与京华公司订有施工合同，约定将涉案热网工程发包给中色公司施工。其次，关于工程竣工验收资料施工单位栏盖有扬子公司公章一事，因中色公司不具备施工该热网工程的资质，故在工程完工时以扬子公司的名称及资质进行竣工验收，扬子公司并未实际参与该工程招投标、施工及工程价款结算。原审法院向扬子公司调查的结果与京华公司辩解一致。最后，热网工程竣工验收合格后，中色公司向京华公司结算了该工程价款，仅存部分质量保证金在京华公司。本案无证据显示扬子公司参与了该工程价款的结算。因此，中色公司所称蒸汽管网焊接等工作分包给扬子公司施工、应追加扬子公司为当事人的上诉主张缺乏证据支持，不能成立。

（二）原审判令中色公司承担重建费用的65％并无不当。

第一，虽然中色公司与京华公司签订的施工合同无效，但工程经竣工验收合格，京华公司可参照合同约定向中色公司支付工程款，中色公司也应承担质量保修义务。由于中色公司不具备《特种设备安装改造维修（压力管道）许可证》，不能亲自实施维修工作，但可采取承担维修费用的方式履行其保修义务。

第一，就本案情形而言，京华公司逐步重铺管道是防止损失扩大的合理措施。该工程作为京华城中城小区的配套设施，在投入使用后出现蒸汽外泄现象，双方2008年7月16日召开专题会议协商对此事予以确认。关于蒸汽外泄的原因，双方同意待鉴定后确认。专题会议中，京华公司提出可以停气三天给中色公司检修，否则停气造成损失较大，但由于本案工程主要为埋地管道，管道外径较大，埋层较深，且该工程管道上有给水管道、煤气管道等同向或交叉埋地铺设，检修非常困难，中色公司提出无法在三天内完成检修，并从有效减损出发，建议京华公司先找有施

工资质的单位从京华城桥东至供汽点重新铺设管道，再检测原管道是否存在施工质量问题。为此，京华公司于2008年11月10日向原审法院提起本案诉讼，并申请司法鉴定；又于2008年9月6日与伟业公司签订合同，由伟业公司承建热网工程一期工程的改造工程，分两个标段进行发包。伟业公司按约施工了一标段工程后，因京华城桥西管道仍存在蒸汽泄漏现象，供气单位发函要求京华公司尽快整改，否则停止供汽，京华公司为减少损失又要求伟业公司施工了二标段工程。因此，从及时有效减少损失的角度来看，京华公司逐步重建工程并非不合理。

宋钰龙是中色公司接到京华公司《律师函》后指派到扬州专门处理工程质量问题的工作人员，其到会是履行职务行为，其在会上强调其观点只是个人意见，但京华公司相信宋钰龙在该专题会议上的发言可以代表中色公司，从合理减损的角度出发，根据专题会议的意见重铺管道没有过错。

第三，关于本案蒸汽管线泄漏的原因及责任。鉴定专家组因采样过程受到开挖条件的限制及影响，仅针对用户反映有蒸汽外溢现象的地点选择性地开挖三处抽检，寻找蒸汽泄漏处，出具了鉴定报告，根据概率认为蒸汽管线泄漏的原因有三个。鉴定报告列明的第一个原因补偿器质量缺陷是重要原因，因涉案工程由中色公司以包工包料的方式承包，原审判决将材料缺陷导致的施工质量问题归责于中色公司并无不当，这并不妨碍中色公司依法向其材料制造商、供应商追偿。根据鉴定报告及书面答复，鉴定报告中的第二、第三个原因是次要原因。第二个原因外护管开裂，鉴定报告认为内管蒸汽泄漏及该管线由热膨胀、地下水位造成的基础沉降等诸多因素的综合均可能造成该处开裂。第三个原因管线排潮口全部进入地面以下与京华公司的要求有关，京华公司也应就自己的过错承担相应的责任。综上，原审法院根据本案实际情况，综合蒸汽管线泄漏的原因及涉

案施工合同无效等因素，酌情认定中色公司对蒸汽管线重建费用承担 65% 的责任并无不当，故其上诉请求不能得到支持。

江苏省高级人民法院依照《中华人民共和国民事诉讼法》第一百五十三条第一款第（一）项之规定，于 2012 年 11 月 26 日作出（2011）苏民终字第 0118 号民事判决：

驳回上诉，维持原判。

如缘装饰公司诉中德投资公司自愿加入建设工程合同债务履行纠纷案

《江苏省高级人民法院公报》2011 年第 2 辑

【裁判摘要】

债务加入是指债务人并不脱离原有的债务关系，而第三人又自愿加入债务履行中，并由第三人与债务人共同向债权人承担债务的行为。债务加入与原债务具有同一性，没有主从债务关系，没有偿债顺序上的区别，也不适用保证期间。

原告：上海如缘装饰设计有限公司，住所地在上海市江桥镇金山一路。

被告：扬州中德投资开发有限公司，住所地在宝应县经济开发区宝应大道尚东理想城售楼处。

被告：宝应县东亚建筑安装工程有限公司，住所地在宝应县叶挺东路江苏开发大厦。

原告上海如缘装饰设计有限公司（以下简称如缘公司）因与被告扬州中德投资开发有限公司（以下简称中德公司）、宝应县东亚建筑安装工程有限公司（以下简称东亚公司）发生建设工程纠纷，向扬州市宝应县人民法院提起诉讼。

原告如缘公司诉称：2006 年 6 月 9 日，原告和被告东亚公司签订了工程承包合同，约定由原告为被告中德公司加工安装阳台栏杆、楼梯扶手等，原告依约完工，被告却未按约支付工程款。2009 年 1 月 5 日，东亚公司项目经理王伟标向我公司出具欠条确认拖欠工程款的事实，中德公司亦于 2006 年 6 月 10 日向我公司出具承诺书，表示如东亚公司不及时结清，则由中德公司代支付。经原告催要，两被告至今未履行付款义务，为维护原告自身权益，诉至法院，要求被告给付工程款 13 万元及逾期违约金 2 万元，两被告承担连带责任，诉讼费用由两被告承担。

被告东亚公司辩称：原告与东亚公司之间不存在工程承包合同关系，与原告签订合同是王伟标个人行为，与东亚公司无关。即便王伟标签的合同是职务行为或者代理行为，因原告不具备承揽的资质，属无效合同。东亚公司未授权王伟标与原告进行结算，更未授权他向原告出具欠条，他以个人名义出具的欠条对东亚公司不具约束力，且原告的诉讼请求早已超过了诉讼时效，请求依法驳回原告的诉讼请求。

被告中德公司辩称：因为王伟标与原告之间签订的主合同本身为无效合同，因此从合同也相应无效。原告要求中德公司承担担保责任的诉求已超过诉讼时效，请求依法驳回原告的诉讼请求。

扬州市宝应县人民法院一审查明：2006 年 6 月 9 日，原告与被告东亚公司第二项目部签订了一份工程承包合同，约定由原告为其加工、安装大上海国际公寓西南小区 A1、A2、A3、A8、A9、B1、B2、B3、B5、B6、B7 十一幢楼房的阳台栏杆、楼梯扶手，付款方式为每幢楼经质监部门验收合格后 20 天内付工程款 95%，余款 5% 一年内无质量问题付清。2006 年 6 月 10 日，被告中德公司出具了承诺书一份，载明：如东亚公司项目部在一个月内没有按合同及时结清工程款，我公司承诺先行代付工程款。原告按约进行施工，并已经验收合格交付使用。2007 年 8 月 4 日，原告与被告东亚公司第二项目部就工作量进行了结算。2009 年 1 月 5 日，由被告东亚公司第二项目部王伟标出具欠条一份，承认欠到工程款 13.3 万元。上述款项，经原告多次催要，两被告未能履行付款义务，遂引起本诉。

以上事实，有原告提供的工程承包合同、结算清单、欠条、承诺书、律师函、特快专递回执及被告中德公司提供的竣工验收证明书等以及当事人陈述等证据在卷佐证。

扬州市宝应县人民法院一审认为：原告与被告东亚公司第二项目部王伟标签定工程承包合同时，东亚公司经理王松林在该合同上作为见证人签字，应视为东亚公司对原告与王伟标所签合同的认可。王伟标的行为应视为职务行为。因此，双方所签的合同合法有效，依法予以保护。被告中德公司作为大上海国际公寓的开发商，为原告出具承诺书代付工程款，是为自己的工程进度着想，中德公司是受益者。因此，理应承担连带清偿责任。对两被告辩称原告与王伟标签定的承包合同系个人行为，为无效合同，因签订合同时东亚公司经理王松林在承包合同上签字见证，第二天中德公司就出具承诺书代付工程款，王伟标的行为是得到东亚公司认可的，故对两被告的辩称意见不予支持。

综上，扬州市宝应县人民法院依据《中华人民共和国合同法》第五十二条第一款第（五）项、第二百七十二条、第二百八十六条，《最高人民法院关于审理建设工程施工合同纠纷案件适用法律问题的解释》第二十六条之规定，于 2010 年 12 月 9 日作出（2010）宝民初字第 1141 号民事判决如下：

一、东亚公司于判决生效之日起 10 日内给付如缘公司工程款 133000 元，利息从 2008 年 1 月 17 日起至本金还清时止，按银行同期贷款利率计算。

二、中德公司对东亚公司承担连带清偿责任。

判决后，中德公司不服原审判决，向扬州市中级人民法院提起上诉。

上诉人中德公司上诉称：（1）原审认定中德公司与如缘公司存在建筑工程分包关系没有事实依据。根据《承诺书》的内容，中德公司承诺的义务仅限于"先行代付工程款"，双方之间不存在合同关系。原审判决以中德公司"为自己工程进度着想，中德公司是受益者"为由，认定中德公司与如缘公司存在工程承包关系，进而得出承担连带责任的结论，违背了合同相对性原则。（2）中德公司与如缘公司的法律关系应为担保关系。从《承诺书》记载的内容可见，中德公司仅承担"先行代付工程款"的责任，而所谓"代付"与《担保法》第六条、第七条及《最高人民法院关于适用〈中华人民共和国担保法〉若干问题的解释》第十三条、第十四条明确的"代偿"如出一辙。双方的关系应为担保关系，现如缘公司主张权利已超过保证期间，中德公司不承担保证责任。（3）如缘公司提供的律师函邮件，东亚公司对邮件的签收人不予认可，不能证明如缘公司向东亚公司、中德公司主张权利，本案的诉讼时效未发生中断，如缘公司对东亚公司提起诉讼时已经超过诉讼时效。（4）如缘公司与东亚公司的关系依法不能成立，即便成立也为无效合同。如缘公司提供的合同及欠条均是王伟标签字，并未得到东亚公司的认可，亦未有其他证据证明王伟标签订合同及结算是一种职务或代理行为。而且，因如缘公司未能提供相关的资质证书，合同应属无效。

被上诉人如缘公司辩称：东亚公司服判表明其与如缘公司的债务关系成立，并且诉讼时效也没有问题。中德公司与东亚公司是债务承担关系，不属保证关系，进行担保应当明示，只要不是明示即应认定为债务承担。中德公司在原审中已经承认确实收到如缘公司的律师函，说明诉讼时效没有问题。该工程早已实际完成并验收合格交付使用，现在中德公司主张合同无效已没有实际意义，即使合同无效也不影响中德公司付款责任。综上，请求二审法院驳回上诉，维持原判。

原审被告东亚公司未作答辩。

扬州市中级人民法院经二审，确认了一审查明的事实。

本案二审争议焦点为：（1）王伟标在工程承包合同中签名是否属于职务行为；（2）《承诺书》的性质是债务加入还是保证；（3）如缘公司起诉是否超过诉讼时效。

扬州市中级人民法院二审认为：

（一）王伟标在工程承包合同中的签名系职务行为。其理由为：宝应大上海国际公寓工程由东亚公司承包，而非王伟标个人承包。如缘公司与王伟标签订了工程承包合同，分包了宝应大上海国际公寓工程中的阳台栏杆、楼梯扶手工程，应当认定王伟标与如缘公司签订合同系属职务行为，其法律后果应由东亚公司承担。

（二）中德公司出具的《承诺书》应认定系其对东亚公司的债务加入，而非保证。其理由为：债务加入是指债务人并不脱离原有的债务关系，而第三人自愿加入债务关系中，并由第三人与债务人共同向债权人承担债务。债务加入与原债务具有同一性，没有主从债务关系，没有偿债顺序上的区别，也不适用保证期间。而保证是指保证人和债权人约定，当债务人不履行债务时，保证人按照约定履行债务或者承担责任的行为。依《担保法》相关规定保证应当设立保证合同，需双方达成合意才能成立。本案中，中德公司于2006年6月10日向如缘公司出具《承诺书》，内容为："为了加快大上海国际公寓工程建设，经我公司协商决定，由贵公司负责承担大上海国际公寓工程的阳台栏杆、楼梯扶手施工。

工程经质检站验收合格后，如东亚公司项目部在一个月内没有按合同及时结清工程款，我公司承诺先行代付工程款。"从《承诺书》的内容看并不具有中德公司为东亚公司与如缘公司之间债务提供保证的意思表示，因此，不能就《承诺书》的内容认定中德公司提供了保证。从《承诺书》的内容可以反映中德公司已主动加入合同债务之中，该《承诺书》应认定为中德公司对东亚公司的债务加入。中德公司应按其承诺在工程验收合格后，且东亚公司在一个月内未按约及时结清工程款的情况下，先行代东亚公司履行支付工程款的义务。由于该工程于2007年12月27日通过竣工验收，东亚公司、如缘公司于2007年8月进行结算，但东亚公司未按约支付工程款，而在2009年1月5日出具欠条，因而中德公司应按承诺履行债务。故一审判决中德公司对东亚公司欠付工程款承担连带清偿责任并无不当。

（三）如缘公司的起诉并未超过法定诉讼时效期间。理由是：本案系建设工程分包合同纠纷，根据《民法通则》相关规定适用二年的诉讼时效。如缘公司自宝应县大上海公寓工程于2007年12月27日通过竣工验收，东亚公司自工程竣工验收之日起一个月内未结清工程款，如缘公司可依据《承诺书》向中德公司主张权利，本案的诉讼时效期间应从2008年1月27日开始计算至2010年1月26日。《中华人民共和国民法通则》第一百四十条规定："诉讼时效因提起诉讼、当事人一方提出要求或者同意履行义务而中断。从中断时起，诉讼时效期间重新计算。"由于如缘公司于2009年11月19日通过律师向中德公司、东亚公司发函主张权利，因而发生诉讼时效中断，并从该日起诉讼时效期间重新计算，故如缘公司于2010年8月31日提起诉讼并未超法定的诉讼时效期间。

另外，关于被告一审及上诉中所辩原告资质问题，本院认为，被告东亚公司及中德公司在向原告作出承诺前自应审查。先前不审，却在工程完工并验收合格后又据此抗辩，企图推卸付款义务，自相矛盾，显属不公；且最高人民法院法释〔2004〕14号司法解释第二条亦明确对此种情形下请求支付工程价款的应予支持。故对被告此点抗辩一审法院亦理当不予支持。

综上，上诉人中德公司以《承诺书》系保证行为而非债务加入，且已过诉讼时效等为由，拒绝连带清偿工程款缺乏事实与法律依据，不予支持。

一审判决认定事实清楚，适用法律正确，依法应予维持。据此，扬州市中级人民法院依照《中华人民共和国民事诉讼法》第一百五十三条第一款第（一）项的规定，于2011年3月15日作出（2011）扬民终字第0185号民事终审判决：

驳回上诉，维持原判。

宜兴市海德电子有限公司等诉宜兴市建筑设计研究院有限公司等建设工程施工质量纠纷案

《江苏省高级人民法院公报》2009年第6辑

【裁判摘要】

设计院在单方提供的委托设计合同格式文本中为己方设定限额赔偿责任条款，且在与建设单位签订设计合同时，未将该条款特别说明，应认定该条款为格式条款，由于该条款免除了设计院在超出设计费之外的赔偿责任，排除了建设方请求赔偿的权利，违反公平原则，依据《中华人民共和国合同法》第四十条的规定，应认定为无效。

设计院在履行设计合同、施工单位在履行建筑工程施工合同过程中，因未按国家建设工程规范规定适当履行合同义务，使建设单位遭受工程质量事故损失，构成违约责任和侵权责任的竞合，建设方选择要求承担侵权责任的，法院应按侵权之诉进行审理。设计单位和施工方因无共同过错，且对于损害后果，原因力可以区分，应认定不构成共同侵权，按各自的过失责任及原因力比例承担按份赔偿责任。

江苏省高级人民法院
民事判决书

（2009）苏民终字第0231号

上诉人（原审原告）宜兴市海德电子有限公司，住所地江苏省宜兴市丁蜀镇汤蜀路。

法定代表人杨世芹，该公司董事长。

上诉人（原审原告）无锡海德电子有限公司，住所地江苏省宜兴市丁蜀镇陶都工业园。

法定代表人王召领，该公司董事长。

委托代理人刁长江（受以上两上诉人共同委托），江苏法德永衡律师事务所律师。

上诉人（原审被告）宜兴市建筑设计研究院有限公司，住所地江苏省宜兴市宜城镇通贞观东路86号。

法定代表人梅小培，该公司董事长。

委托代理人勇亚成，江苏无锡金陶都律师事务所律师。

委托代理人浦纯钰，江苏神阙律师事务

所律师。

上诉人（原审被告）溧阳市建筑安装工程有限公司，住所地江苏省溧阳市溧城镇平陵中 216 号。

法定代表人姜尧忠，该公司总经理。

委托代理人王兆龙，男，该公司工作人员。

委托代理人朱建锋，江苏百年东吴律师事务所律师。

上诉人宜兴市海德电子有限公司（以下简称宜兴海德）、上诉人无锡海德电子有限公司（以下简称无锡海德）、上诉人宜兴市建筑设计研究院有限公司（以下简称宜兴设计院）与上诉人溧阳市建筑安装工程有限公司（以下简称溧阳建安公司）因建设工程施工合同纠纷一案，不服江苏省无锡市中级人民法院（2007）锡民初字第 0030 号民事判决，向本院提起上诉。本院于 2009 年 9 月 22 日受理后，依法组成合议庭，于 2009 年 11 月 12 日公开开庭审理了本案，上诉人宜兴海德、无锡海德委托代理人刁长江，上诉人宜兴设计院有限公司法定代表人梅小培、委托代理人勇亚成、浦纯钰，上诉人溧阳建安公司委托代理人王兆龙、朱建锋到庭参加诉讼。本案现已审理终结。

原审经审理查明，宜兴海德系无锡海德的股东。2003 年 11 月 5 日，无锡海德与江荣法签订了一份《协议书》，约定：无锡海德新建厂区回填任务由江荣法承担，回填时间为 2003 年 11 月 5 日至 12 月 15 日（无锡海德提出暂缓回填除外，但今后需随叫随到）；回填时应分层回填，并用压路机分层压实，特别低洼水塘处更应多次压实；无锡海德在浇筑场地及车间地坪时，江荣法应免费用压路机再压实（压路机费用改为宜兴海德支付）等。

2003 年 12 月 3 日，宜兴设计院向宜兴海德出具了《岩土工程勘查报告》。

2003 年 12 月 28 日，无锡海德（甲方）与宜兴设计院（乙方）签订了《建设工程设计合同》合同约定：无锡海德委托宜兴设计

院承担车间、食堂、宿舍工程设计，设计内容为方案、施工图，标准为国家现行规范，面积分别为车间 16000 平方米、食堂 1790 平方米、宿舍 2740 平方米，施工图包括土建、水电（正常），设计费按每平方米 5 元计算，总费用为 102650 元，工程特征及附注说明：包括桩基、斜屋面等。该协议第 6.2.2 条约定：乙方对设计文件出现的遗漏或错误负责修改或补充。由于乙方设计错误造成工程质量事故损失，乙方除负责采取补救措施外，应免收受损部分的设计费，并根据损失程度向甲方偿付赔偿金，赔偿金最多与免收的设计费金额相等。

2004 年 2 月 16 日，宜兴海德与溧阳建安公司签订了《建筑工程施工合同》《建筑工程施工合同补充协议》及《主车间打桩工程补充协议》，约定：溧阳建安公司为宜兴海德建造施工图纸范围内新厂区的全部土建工程，其中打桩 2 月 19 日开工，土建 3 月 19 日开工，其他工程 7 月 19 日至 9 月 15 日交建设方验收使用，建筑面积为 15987 平方米，合同价款为 8792850 元。

2004 年 4 月 15 日，宜兴设计院作出了关于"海德电子"车间工程质量问题的处理意见。

2004 年 6 月 7 日，宜兴海德向宜兴市丁山质量监督站发出了《海德电子车间工程关于基础出现质量事故的报告》。同年 12 月 4 日，宜兴设计院、当地建设局、工业园、质监站、建设方、施工方对厂房质量进行了讨论。

2005 年 1 月 4 日，宜兴设计院、建设方又对厂房墙体与地面裂缝进行了研究。

2005 年 4 月 10 日，南京东南建设工程安全鉴定有限公司接受宜兴海德的委托，对宜兴海德新厂区车间地坪的工程质量进行了检测，检测发现，地面存在不同程度的下沉，最大地坪沉降达 16 厘米，地坪开裂严重，车间地坪和底层填充墙已严重不符合国家施工质量验收规范要求，不能满足正常使用要求，

同时底层填充墙存在安全隐患。

该报告同时认定,地坪下填土分三次实施,第一次是地方工业园管理部门于2003年11月在征地范围内实施平整土地,本次填土以粘性素填土为主填平鱼塘,回填时塘内积水、淤泥没有排除,未压实,鱼塘深度以自然地坪下1~2米;接受单位接受土地后于2003年12月初开始实施第二次填土,本次填土填至自然地坪以上1米左右,填好后用30吨压路机碾压一次,至2004年1月上旬结束;2004年4月11日至2004年5月10日实施第三次填土,2004年4月11日起一区用红粘土填至地坪下,用手扶拖拉机式打夯机夯实两遍,2004年4月19日起二区用条形基础和承台施工时挖出的土填至地坪下,用30吨压路机压实一遍。2004年5月6日起三区回填至地坪下,用推土机压实一遍,至2004年5月10日结束。本次填土厚度约为一米左右。2003年12月12日至2003年12月22日宜兴设计院进行现场勘探,设计绝对标高从3.85改为4.35,车间混凝土地坪于2004年7月29日至2004年8月11日施工。

该报告分析事故原因为:土方回填应按规定的施工工序要求进行,在水田、沟渠、池塘上填方应先排水疏干,挖去淤泥,选用碎石类土作填料时,其最大粒径不得超过每层铺填厚度的2/3,每层铺土厚度和压实遍数应根据土质、压实系数和机具性能而定。一般来说,土方回填时选用振动压路机,分层厚度宜为250~350毫米,每层压实遍数宜为3~4遍。如选用柴油打夯机,分层厚度宜为200~250毫米,每层压实遍数宜为3~4遍。如选用人工打夯,分层厚度不宜大于200毫米,每层压实遍数宜为3~4遍。

通过现场检测得知:(1)从上述场地土层的分布特征看,土方回填未按要求进行,回填过程中未对填方材料进行控制,未对压实机具进行控制,未对分层厚度进行控制,未对压密度进行控制,未按规定进行分项验收。(2)由于第一次、第二次填土的回填时间均较短,回填土还未完成自重固结,属于未固结或欠固结土。这种土体不宜直接作为地坪基土和基础持力土层。(3)在"不宜直接作为地坪基土和基础持力土层"的不良土层上未经处理就进行施工,加速了土体的自重压密性。(4)墙体开裂严重处位置与原始地貌的沟塘位置对应,说明填埋沟塘时,没有抽干塘水、清除塘淤、逐层堆填、分层压实。由于填土土质疏松,地下水埋藏浅(0.9米左右),浸水后填土产生湿陷。综上,本工程墙体开裂和地坪下沉是由于地坪下的填土层工程性质差且不均匀性、欠固结、自重压密性差和湿陷性所致,与回填土工程质量差有直接的因果关系。

该报告事故责任分析:(1)设计单位。本工程地质勘探工作在第二次填土刚完成时进行,地质勘探报告显示第一次、第二次填土层为松软状态,根据"建筑工程设计文件编制深度规定"设计单位对软弱土层应提出处理意见,施工方"对软弱土层应按设计要求进行处理"。而本工程设计资料中未明确对勘探已明确的软弱土层作处理的设计意见,设计变更"将原设计±0.000相对于绝对标高3.850,加高0.5米",改为4.350时,未对其间填土提出明确的施工要求。(2)施工单位。本工程涉及场地内土方分三次回填,有关施工单位均未按施工质量规范要求施工,工程质量均不能满足规范要求。《建筑地面工程施工质量验收规范》规定:填土应分层压(夯)实,填土质量应符合现行国家标准《地基与基础工程质量验收规范》GB50202的有关规定,基土应均匀密实,压实系数应符合设计要求,设计无要求时,不应小于0.90。而本次检测发现基土施工质量不符合要求,施工过程中分项质量评定结果与事实严重不符,说明施工过程中未按规定对基土进行检验。(3)建设(监理)单位。建设单位未委托监理,自行实施监理中对回填土施工严重违反工序和质量要求未予制止,回填土分项工程质量验收结论与事实严重不符,对工程质量缺乏监督或缺乏监督管理能力。

该报告结论为：宜兴市海德电子有限公司新厂区车间地坪的质量问题与回填土质量差有直接的因果关系，属于工程质量事故。在工程建设过程中建设单位、设计单位、有关施工单位均存有不适当履行国家建设工程规范规定之过失。建设单位对工程组织管理不力，对工程质量缺乏验评、监督和协调管理的能力；设计单位未对勘探报告指出的软弱填土层提出处理措施，未对提高地坪标高后的填土施工提出设计要求；填方施工单位在回填土方时工序、材料均不符合要求，填土工程质量不符合要求；工程质量检验未按规定进行。处理意见为：（1）采用压密注浆对填土部分进行加固对开裂的填充墙予以拆除重砌。（2）现水磨石地坪应予以重做。

2005年4月29日，宜兴设计院、宜兴海德、溧阳建安公司、丁山建管站、陶都工业园对该工程进行了验收，评定为合格工程，并出具了单位工程竣工验收证明书。

2006年6月，宜兴海德和溧阳建安公司对该工程的决算审定价为11319447元。

2008年12月2日，无锡市价格认证中心接受原审法院的委托，对宜兴海德受损车间修缮工程的价格进行了鉴证，结论为：地坪加固的工程造价为1875338.14元，修缮拆除的工程造价为72514.48元，门窗工程的工程造价为187991.70元，合计为2132844.32元。

2009年1月11日，无锡市价格认证中心对原审法院转交的宜兴设计院和溧阳建安公司对价格鉴证结论书的异议，作出了《关于宜兴海德电子有限公司车间受损修缮工程价格鉴证项目的复函》，对原工程造价总额2135844.32元，调减人工费152245.96元，调整后造价为1983598.36元。

2009年4月28日，原审法院从宜兴市城建档案馆调取了由溧阳建安公司制作，由无锡海德送交的三份施工日志等材料，上面载明，"从2004年4月11日至2004年4月27日，（清理、室内）回填土方由业主组织江荣法回填及压实"等内容。

原审法院认为，宜兴设计院与无锡海德签订的《建设工程设计合同》及宜兴海德与溧阳建安公司签订的《建设工程施工合同》和相关的补充协议，不违反法律的禁止性规定，不侵犯他人的合法权益，是双方真实意思表示，应为有效。宜兴海德诉前单方委托南京东南建设工程安全鉴定有限公司对无锡海德新厂区车间地坪的工程质量进行检测并出具的检测结论，因宜兴设计院、溧阳建安公司未在诉讼中申请鉴定，也未书面提出异议，故原审法院对该鉴定结论予以认可。对于原审法院委托无锡市价格认证中心就工程质量问题作出的修缮费用（包括地坪加固、修缮拆除、门窗工程）的鉴定及复函意见，各方当事人对调整后的造价1983598.36元均无异议，原审法院亦予以确认。

原审的争议焦点是：各方当事人对所涉工程质量应承担的责任。

根据无锡海德与江荣法签订协议的约定，无锡海德新建厂区第二次回填任务由江荣法承担，并约定江荣法今后需随叫随到。从宜兴市城建档案馆调查的三份"施工日志"中可以看出，从2004年4月11日至2004年4月27日"清理、回填土方由业主组织江荣法回填及压实"，该"施工日志"无锡海德和宜兴海德虽在本案审理时有异议，但系无锡海德于2007年1月17日报送的，应视为宜兴海德和无锡海德对报送资料的认可，且宜兴海德与溧阳建安公司签订的施工合同也明确，施工场地具备施工条件的要求及完成的时间为"开工前7日内，具备三通一平，基础设施进场条件"，故可以认定第三次回填土工程亦系江荣法所完成。由于江荣法无施工资质，无锡海德将回填土工程发包给无相应资质人员施工，且根据鉴定结论，宜兴海德和无锡海德未委托监理，自行实施监理中对回填土施工严重违反工序和质量要求未予制止，回填土分项工程质量验收结论与事实严重不符，对工程组织管理不力，对工程质量缺乏验评、监督和协调管理的能力，故宜兴海德和无锡海德对本案所涉工程质量应承担主要责任。

溧阳建安公司在施工过程中未按规定对基土进行检验，对工程质量问题的造成亦有一定影响，故溧阳建安公司应对本案所涉工程质量承担次要责任并进行相应赔偿。

宜兴设计院未对勘探报告指出的软弱填土层提出处理措施，未对提高地坪标高后的填土施工提出设计要求，应对该工程因质量问题产生的损失承担相应责任。由于宜兴设计院在与无锡海德的设计合同中明确约定，宜兴设计院承担的是限额赔偿责任，即赔偿金最多与免收的设计费金额相等，本案所涉工程整体存在质量问题，按照约定，宜兴设计院应免收全额设计费。本案中工程受损部分的总设计费为102650元，故宜兴设计院应在该限额内向宜兴海德和无锡海德进行赔偿。又因设计合同与施工合同系两个合同，也是两个法律关系，故宜兴设计院和溧阳建安公司分别承担责任。

综上，原审法院认为，本案所涉工程质量损失共计1983598.36元，宜兴设计院限额赔偿102650元，余款由宜兴海德和无锡海德自负80%，溧阳建安公司承担20%。依照《中华人民共和国合同法》第四十四条第一款、第一百一十一条、第一百一十二条、第一百一十三条第一款、第二百八十条和《最高人民法院关于审理建设工程施工合同纠纷案件适用法律问题的解释》第十二条的规定，判决：一、宜兴设计院在判决生效后十日内支付给宜兴海德和无锡海德赔偿款102650元。二、溧阳建安公司在判决生效后十日内支付给宜兴海德和无锡海德赔偿款376190元。三、驳回宜兴海德和无锡海德的其他诉讼请求。

一审宣判后，四方当事人均不服，向本院提起上诉。宜兴海德和无锡海德上诉称：原审在认定事实上存在以下重大错误：（1）宜兴设计院既没有对第一次、第二次回填的软弱土层提出处理意见或有针对性的设计，

在增加标高后，也没有对增加的土层提出处理意见，这是导致工程质量事故产生的根本原因，而原审却认定回填土质量差是引发工程质量事故的主要原因，该认定属认定事实错误；施工单位没有按规范进行回填土的施工仅仅是导致质量事故加剧的一个因素，而不是根本因素；江荣法的填土行为仅仅是"三通一平"中的平，而之后的勘探、设计、施工行为都可以对填土的结果进行修正，正因如此，这些行为"割断"了原工业园区和江荣法填土行为与本次工程质量事故之间的联系。（2）原审认定第三次填土系江荣法完成的证据极不充分。第一，江荣法的施工日期远在溧阳建安公司之前；第二，原审将"随叫随到"的约定无限延伸到溧阳建安公司施工之后，是典型的偷换概念；第三，原审将第三次回填土工程混同于"三通一平"的施工环境准备工作，是无知的表现；第四，三份"施工日志"虚假的可能性极大，而原审却草率地作为定案依据使用；第五，土层压实度试验检测报告足以证明溧阳建安公司在该材料中自认第三次回填土工程是其自己完成；第六，按经验法则，地基基槽的开挖、回填、夯实都是施工方完成，只要施工方没有充分证据证明回填土系由他人完成，就应推定是施工方自行完成。（3）原审将工程设计合同中的格式条款认定为有效，并认定宜兴设计院承担限额赔偿责任，是根本的适用法律错误。（4）是否委托监理与工程质量事故间无必然的关系，因此原审认定宜兴海德和无锡海德承担80%的责任显然是错误的。（5）宜兴设计院和溧阳建安公司构成共同侵权，应承担不真正连带赔偿责任，而原审却认定宜兴设计院和溧阳建安公司分别承担责任是完全错误的。综上，请求撤销原判，依法改判支持宜兴海德和无锡海德的诉讼请求。

宜兴设计院答辩称，设计报告中对回填土明确表明了处理要求，宜兴海德和无锡海德及施工方没有按照规范施工，是造成工程质量事故的直接原因；本案是基于设计、建

设合同引起的违约纠纷，而不是侵权纠纷，建设合同和设计合同是相互独立的合同，故即使宜兴设计院存在过错，也不应与施工单位承担连带责任；设计合同中的赔偿条款是双方真实意思的表示，应认定为有效；宜兴设计院即使有过错，也不是重大过错，因为本案所涉存在质量的工程只占一小部分，整体工程是完好的。故请求驳回宜兴海德和无锡海德的上诉。

溧阳建安公司答辩称，原审认定第三次回填土是江荣法实施的是正确的，因三次回填土工程均不是溧阳建安公司实施，故溧阳建安公司不应承担责任；宜兴海德和无锡海德要求宜兴设计院和施工方承担不真正连带责任没有事实及法律依据，本案即使有赔偿责任，也是由于违约造成的，而不是侵权。故请求驳回宜兴海德和无锡海德的上诉。

宜兴设计院上诉称，其严格按照国家规范要求出具设计报告，而建设单位和施工单位未按照国家规范要求组织施工，因此造成质量事故的责任不在宜兴设计院；南京东南建设工程安全鉴定有限公司和东南大学工程报告与材料试验中心出具的鉴定报告，宜兴设计院并未认可，且该鉴定结构只能对建筑工程质量问题原因作出结论，没有权力确定各方人的责任，另外，对加固方案及工程加固价，宜兴设计院在庭审中也提出了异议；设计合同总设计费102600元，但本案涉及的有质量问题工程的设计费仅80000元，故即使宜兴设计院存在过错，也仅应赔偿80000元。故请求撤销原审判决第（一）项，依法驳回宜兴海德和无锡海德的诉讼请求。

宜兴海德和无锡海德答辩称，宜兴设计院称宜兴海德和无锡海德没有按规范组织施工没有事实依据，宜兴海德和无锡海德没有请监理是存在的，但是否聘请监理与发生质量事故之间没有必然的联系，且聘请监理也是在设计完成之后，所以设计方面的责任不因宜兴海德和无锡海德没有请监理而免除；鉴定机构并没有在鉴定中明确各方的法律责任；对于加固方案是各方在庭审中确认的，现再提出异议应不予理睬；设计合同中的限额赔偿条款为格式条款，该条款应认定为无效，宜兴设计院认为在设计费限额内赔偿没有法律依据。故请求驳回宜兴设计院的上诉。

溧阳建安公司对宜兴设计院的上诉未陈述答辩意见。

溧阳建安公司上诉称，原审已查明导致工程质量问题的回填土施工方非溧阳建安公司，而根据相关规定，所谓的基土检验系在回填土施工过程中分层压实、分批检验，此项义务应为回填土的施工方及发包方为确保后续地面工程施工安全所应进行的必要检验步骤，因本案中回填土施工与地上建筑物施工系由不同的施工方进行，所以此项义务非由溧阳建安公司承担，故原审认定溧阳建安公司未进行基土检验而承担责任无任何事实及法律依据。故请求撤销原审判决第（二）项，依法驳回宜兴海德和无锡海德的诉讼请求。

宜兴海德和无锡海德答辩称，室内回填土工程实际由谁实施这一节事实的举证责任应由溧阳建安公司承担；土层压实度试验检测报告中注明送检人和施工单位是溧阳建安公司，这证明室内回填土工程是溧阳建安公司实施的；工业园的第一次填土和江荣法的第二次填土上"三通一平"的前期工作，与本案工程无关，真正的回填土工程是第三次回填，是溧阳建安公司实施的，因此其应承担相应的责任。

宜兴设计院对溧阳建安公司的上诉未陈述答辩意见。

二审另查明，宜兴设计院共进行了二次地质勘查，并出具了二份《岩土工程勘察报告》，第一份于2003年12月3日出具，第二份于2003年12月29日出具。

二审庭审中，宜兴海德和无锡海德申请证人李军和江荣法出庭作证，以证明第三次回填土工程不是江荣法实施。

当事人确认，本案二审的争议焦点为：

（1）工程质量事故产生的原因及各方当事人应承担的责任如何进行确定；（2）原审认定宜兴设计院承担限额赔偿责任是否正确；（3）宜兴海德和无锡海德主张溧阳建安公司与宜兴设计院构成共同侵权并承担不真正连带责任是否有事实及法律依据。

焦点一，宜兴海德和无锡海德认为，宜兴设计院没有对回填土及增加的土层提出处理意见，是导致工程质量事故产生的根本原因，应承担主要责任，施工单位没有按规范进行回填土的施工是导致质量事故加剧的一个因素，也应承担相应的责任。宜兴设计院认为，设计报告中对回填土明确表明了处理要求，因此不应当承担责任，宜兴海德和无锡海德及施工方没有按照规范施工，才是造成工程质量事故的直接原因。溧阳建安公司认为，三次回填土工程均不是其实施，故不应承担责任。

首先，关于宜兴设计院的责任。宜兴设计院共进行了二次岩土勘察，勘察时间分别为 2003 年 11 月 25 日至 27 日、2003 年 12 月 12 日至 22 日，从时间上来看为江荣法实施第二次填土的期间，因此宜兴设计院经勘察后应对第一次、第二次填土的土层有清晰的了解。同时，勘察报告也显示第一次、第二次填土层为松软状态，根据"建筑工程设计文件编制深度规定"，设计单位对软弱土层应提出处理意见，但宜兴设计院在设计资料中未对已探明的软弱土层提出明确的处理意见，在设计变更"将原设计±0.000 相对于绝对标高 3.850，加高 0.5m，改为 4.350 时"，也未对其间填土提出明确的施工要求。本院在二审庭审中曾询问鉴定人，由于宜兴设计院未提出上述处理意见，对造成本案工程质量事故产生多大影响，鉴定人的答复意见为"直接原因"。综上，本院认为，宜兴设计院未按国家规范对已探明的软弱填土层提出处理措施，也未对提高地坪标高后的填土施工提出设计要求，是导致本案工程质量事故的直接原因，应对该工程因质量问题产生的损失承担主要的赔偿责任。

至于宜兴设计院主张，其已在设计图纸和建筑设计一般施工说明中交代地面做法应按江苏省标准图集苏 J9501（11/2）施工，即已提出了地面填土须素土夯实的设计要求，因此不应承担责任的问题，本院认为，从设计图中可以看出，宜兴设计院提出的上述素土夯实的设计要求是针对水磨石地面提出，且设计图纸及建筑设计施工说明是 2004 年 1 月才制作的，很难理解是针对第一、第二次的软弱土层提出的处理意见，且素土夯实的要求过于笼统，即使可以理解为是对第三次填土提出的设计要求，鉴定人在二审庭审中也答复认为，宜兴设计院在设计图纸中提出的苏 J9501（11/2）并不是明确具体的处理方案，即使可以理解为提出了夯实的要求，也只能视为对后继填土提出了一个不明确的要求，且即使后继填土按照国家规范进行施工的话，也只能减弱事故的程度，事故的发生还是不可避免。综上，本院认为，对宜兴设计院提出的上述抗辩主张不应支持。

其次，关于溧阳建安公司的责任。对于第三次回填土工程到底由谁实施，宜兴海德和无锡海德在二审庭审中申请证人李军和江荣发出庭，以证明第三次回填土工程是由溧阳建筑工程公司实施的。李军陈述第一次填土是由工业园实施的，江荣法曾去其处领取过二次运土的通行证，江荣法没有夯土的设备，他只能把土运到现场。江荣法陈述自己曾填过二次土，第一次填土后用压路机压平，第二次填土是在室内，自己的压路机不可能开到室内去，所以自己只负责运土，由溧阳建安公司用桩机夯实。宜兴海德和无锡海德亦对第三次回填土工程由江荣法负责运土予以认可。

本院认为，结合证人证言和相关证据进行分析判断，应当认定第三次回填中的夯实部分是由溧阳建安公司施工。第一，第三次回填是在溧阳建安公司施工过程中进行的；第二，宜兴海德与溧阳建安公司在建设工程施工合同补充协议第 4 条中也约定："二层生产车间土建工程内容及要求：……室内地坪回填（不包括场外土方运输）……"；第三，在 2004 年 12 月 4 日的会议记录中，建设方的陈工称"我们负责运输回填土，乙方（溧阳公司）施工，负责室内回填，深达 0.8 米，执行过一次夯实，后又经压路机碾压一次"，溧阳建安公司的王兆龙在该记录下方签字。因此，溧阳建安公司主张其施工的是第三次回填土上的地面结构层而不是第三次回填，需举出充分依据予以反驳，因其未提供充分证据证明自己的主张，应承担举证不能的责任。再从水磨石地坪施工验评资料质量来看，"基土分项工程检验批质量验收记录"验收评定为"基土均匀密实符合要求"，而之后宜兴市土木工程质量检测有限公司 2004 年 8 月 2 日的地坪基土密度的检测结论却是基土施工质量不符合要求，意即施工过程中分项工程质量评定结果与事实严重不符，也就是说，溧阳建安公司在施工过程中未按规定对基土进行检验，并在不合格的基土层上未经处理继续施工，造成了事故程度的进一步加重。综上，溧阳建安公司对第三次回填未按施工质量规范要求进行夯实，且未按规定对基土进行检验，故对最终质量事故的发生也应承担相应的责任。

最后，关于宜兴海德和无锡海德的责任。宜兴海德和无锡海德作为建设项目的组织者，应负责组织有关单位对工程质量进行验评，对工程质量负有监督责任，在其不具备监理能力时应委托有资质的监理单位对工程质量进行监督。但宜兴海德和无锡海德自始至终未委托监理，在自行实施监理过程中对回填土施工严重违反工序和质量要求未予制止。因此，宜兴海德和无锡海德由于疏于监督管理，使每一步的质量问题都没有及时发现并得以解决，并造成最终的质量事故，因当说，作为组织方其也应当承担相应的责任。

综上，本院认为，对于本案工程质量事故的发生，各方均有一定的责任，根据上述对各方责任大小的分析，酌情确定各方的责任比例为：宜兴设计院承担 50%，宜兴海德和无锡海德承担 30%，溧阳建安公司承担 20%。

关于争议焦点二，无锡海德与宜兴设计院在《建设工程设计合同》第 6.2.2 条中约定，由于乙方（宜兴设计院）设计错误造成工程质量事故损失，乙方除负责采取补救措施外，应免收受损部分的设计费，并根据损失程度向甲方（无锡海德）偿付赔偿金，赔偿金最多与免收的设计费金额相等。宜兴海德和无锡海德上诉认为，该条款属于制式合同中的格式条款，应认定为无效。宜兴设计院则认为，该条款是双方真实意思的表示，应认定为有效。

本院认为，格式条款是指当事人为了重复使用而预先拟定，并在订立合同时未与对方协商的条款。根据《中华人民共和国合同法》（以下简称《合同法》）第三十九条的规定："采用格式条款订立合同的，提供格式条款的一方应当遵循公平原则确定当事人之间的权利和义务，并采取合理的方式提请对方注意免除或者限制其责任的条款，按照对方的要求，对该条款予以说明。"本案中的设计合同文本由宜兴设计院单方提供，其中第 6.2.2 条免除了宜兴设计院在超出设计费之外的赔偿责任，排除了宜兴海德和无锡海德请求赔偿的权利，显然违反公平原则。同时，宜兴设计院不能举证证明其在订立合同时对该免责条款已经尽到了合理提示和说明义务，亦不能举证证明双方就该条款进行过协商。根据《合同法》第四十条的规定："格式条款具有本法第五十二条和第五十三条规定情形的，或者提供格式条款一方免除其责任、加重对方责任、排除对方主要权利的，该条款无效。"故本案中，设计合同的第 6.2.2 条，因此应认定无效。

关于争议焦点三，宜兴海德和无锡海德认为，宜兴设计院和溧阳建安公司分别在履行不同的合同义务时对宜兴海德和无锡海德实施了不同的侵权行为，但不同的侵权行为造成了同一损害后果，因此应认定为构成共同侵权，由此宜兴设计院和溧阳建安公司应对工程质量事故损失承担不真正连带责任。宜兴设计院和溧阳建安公司均认为本案是基于设计、建设施工合同引起的违约纠纷，而不是侵权纠纷，设计合同和建设施工合同是相互独立的合同，故即使宜兴设计院和溧阳建安公司存在过错，也应按各自合同分别承担责任。

本院认为，宜兴设计院在履行设计合同、溧阳建安公司在履行建筑工程施工合同过程中，均存在未按国家建设工程规范的规定适当履行之过失，并产生使宜兴海德和无锡海德遭受工程质量事故损失的后果，因此构成加害给付。加害给付虽属违约，但同时又符合侵权行为的构成要件，属于侵权行为，构成违约责任和侵权责任的竞合。根据《合同法》第一百二十二条的规定："因当事人一方的违约行为，侵害对方人身、财产权益的，受损害方有权选择依法要求其承担违约责任或者依照其他法律要求其承担侵权责任。"因此，宜兴海德和无锡海德既可以依据《合同法》要求宜兴设计院和溧阳建安公司承担违约责任，也可以依据《中华人民共和国民法通则》要求宜兴设计院和溧阳建安公司承担侵权赔偿责任。由于宜兴海德和无锡海德在一审中已明确提出要求宜兴设计院和溧阳建安公司承担侵权责任，因此本案应当按侵权之诉进行审理。对于宜兴设计院和溧阳建安公司是否构成共同侵权，本案中，宜兴设计院和溧阳建安公司之间并无意思联络，没有共同过错，是因为各自的行为导致了同一损害结果的发生。从因果关系上来说，溧阳建安公司的行为导致质量事故的原因在于未按国家规范进行基土检验和施工，而宜兴设计院的行为导致质量事故的原因在于未提交合格的勘察和设计报告，两者的原因不同，对于加害后果而言，各自的原因力和加害部分并非无法区分。综上，本院认为，宜兴设计

院和溧阳建安公司之间不构成共同侵权，其根据各自过失大小或者原因力比例承担按份的赔偿责任。宜兴海德和无锡海德一方面主张宜兴设计院和溧阳建安公司构成共同侵权，另一方面又主张两公司承担不真正连带责任，缺乏法律依据，本院不予支持。由于无锡海德和宜兴海德主张的是侵权责任而不是违约责任，且其亦未主张要求减收或免收设计费，因此对于宜兴设计院是否应当减收或免收设计费的问题，不在本院审理范围之内。

另关于宜兴设计院在二审庭审结束后提出的重新鉴定的申请问题，本院认为，根据《最高人民法院关于民事诉讼证据的若干规定》第二十五条"当事人申请鉴定，应当在举证期限内提出"的规定，第四十二条"当事人在一审程序中提供新的证据的，应当在一审开庭前或者开庭审理时提出。当事人在二审程序中提供新的证据的，应当在二审开庭前或者开庭审理时提出；二审不需要开庭审理的，应当在人民法院指定的期限内提出"的规定，宜兴设计院的该重新鉴定申请已超过举证时限。对于工程质量检测报告和加固方案，宜兴设计院和溧阳建安公司均已认可由宜兴海德和无锡海德委托第三人进行鉴定和设计，且原审法院也多次召集各方进行质证，并在原审法院已释明的情况下，宜兴设计院和溧阳建安公司仍未提交书面意见，亦未提出重新鉴定的申请，因此原审法院将工程质量检测报告予以确认并将加固方案作为价格鉴定的依据并无不当。对于无锡市价格认证中心出具的价格鉴证结论及复函意见，原审法院召集各方进行了质证，鉴定单位也根据各方当事人的意见对造价进行了调整，之后各方均未提交书面异议，因此原审法院对造价结论 1983598.36 元予以确认亦无不当。综上，宜兴设计院提出的重新鉴定申请已超过举证期限，且无事实及法律依据，本院不予采纳。

综上，原审法院认定事实部分不清，适用法律上存在明显错误，应予纠正，根据

《中华人民共和国合同法》第三十九条、第四十条、第一百二十二条,《中华人民共和国民法通则》第一百一十七条、第一百三十一条,《最高人民法院关于民事诉讼证据的若干规定》第二十五条、第四十二条,《中华人民共和国民事诉讼法》第一百五十三条第一款第(二)、(三)项的规定,判决如下:

一、变更江苏省无锡市中级人民法院(2007)锡民初字第0030号民事判决第一项为:宜兴市建筑设计研究院有限公司在本判决生效后十日内支付无锡海德电子有限公司和宜兴海德电子有限公司赔偿款991799.18元。

二、变更江苏省无锡市中级人民法院(2007)锡民初字第0030号民事判决第二项为:溧阳市建筑安装工程有限公司在本判决生效后十日内支付无锡海德电子有限公司和宜兴海德电子有限公司赔偿款396719.672元。

三、驳回宜兴海德电子有限公司和无锡海德电子有限公司其他上诉请求。

四、驳回宜兴市建筑设计研究院有限公司上诉请求。

五、驳回溧阳市建筑安装工程有限公司上诉请求。

如果未按本判决指定的期限履行给付金钱义务,应当按照《中华人民共和国民事诉讼法》第二百二十九条之规定,加倍支付迟延履行期间的债务利息。

一审案件受理费23600元,评估费22700元,合计46300元,由无锡海德电子有限公司和宜兴海德电子有限公司负担6945元,宜兴市建筑设计研究院有限公司负担23150元,溧阳建筑安装工程有限公司负担4630元。二审案件受理费29783元,由无锡海德电子有限公司和宜兴海德电子有限公司负担20000元,宜兴市建筑设计研究院有限公司负担2840元,溧阳建筑安装工程有限公司负担6943元。

本判决为终审判决。

审　判　长　×××
代理审判员　×××
代理审判员　×××
二〇〇九年十二月四日
书　记　员　×××

三、房地产流转

指导性案例

指导案例 72 号：汤龙、刘新龙、马忠太、王洪刚诉新疆鄂尔多斯彦海房地产开发有限公司商品房买卖合同纠纷案

（最高人民法院审判委员会讨论通过 2016 年 12 月 28 日发布）

关键词 民事/商品房买卖合同/借款合同/清偿债务/法律效力/审查

裁判要点

借款合同双方当事人经协商一致，终止借款合同关系，建立商品房买卖合同关系，将借款本金及利息转化为已付购房款并经对账清算的，不属于《中华人民共和国物权法》第一百八十六条规定禁止的情形，该商品房买卖合同的订立目的，亦不属于《最高人民法院关于审理民间借贷案件适用法律若干问题的规定》第二十四条规定的"作为民间借贷合同的担保"。在不存在《中华人民共和国合同法》第五十二条规定情形的情况下，该商品房买卖合同具有法律效力。但对转化为已付购房款的借款本金及利息数额，人民法院应当结合借款合同等证据予以审查，以防止当事人将超出法律规定保护限额的高额利息转化为已付购房款。

相关法条

《中华人民共和国物权法》第一百八十六条

《中华人民共和国合同法》第五十二条

基本案情

原告汤龙、刘新龙、马忠太、王洪刚诉

称：根据双方合同约定，新疆鄂尔多斯彦海房地产开发有限公司（以下简称彦海公司）应于 2014 年 9 月 30 日向四人交付符合合同约定的房屋。但至今为止，彦海公司拒不履行房屋交付义务。故请求判令：一、彦海公司向汤龙、刘新龙、马忠太、王洪刚支付违约金 6000 万元；二、彦海公司承担汤龙、刘新龙、马忠太、王洪刚主张权利过程中的损失费用 416300 元；三、彦海公司承担本案的全部诉讼费用。

彦海公司辩称：汤龙、刘新龙、马忠太、王洪刚应分案起诉。四人与彦海公司没有购买和出售房屋的意思表示，双方之间房屋买卖合同名为买卖实为借贷，该商品房买卖合同系为借贷合同的担保，该约定违反了《中华人民共和国担保法》第四十条、《中华人民共和国物权法》第一百八十六条的规定无效。双方签订的商品房买卖合同存在显失公平、乘人之危的情况。四人要求的违约金及损失费用亦无事实依据。

法院经审理查明：汤龙、刘新龙、马忠太、王洪刚与彦海公司于 2013 年先后签订多份借款合同，通过实际出借并接受他人债权转让，取得对彦海公司合计 2.6 亿元借款的

债权。为担保该借款合同履行，四人与彦海公司分别签订多份商品房预售合同，并向当地房屋产权交易管理中心办理了备案登记。该债权陆续到期后，因彦海公司未偿还借款本息，双方经对账，确认彦海公司尚欠四人借款本息 361398017.78 元。双方随后重新签订商品房买卖合同，约定彦海公司将其名下房屋出售给四人，上述欠款本息转为已付购房款，剩余购房款 38601982.22 元，待办理完毕全部标的物产权转移登记后一次性支付给彦海公司。汤龙等四人提交与彦海公司对账表显示，双方之间的借款利息系分别按照月利率 3% 和 4%、逾期利率 10% 计算，并计算复利。

裁判结果

新疆维吾尔自治区高级人民法院于 2015 年 4 月 27 日作出（2015）新民一初字第 2 号民事判决，判令：一、彦海公司向汤龙、马忠太、刘新龙、王洪刚支付违约金 9275057.23 元；二、彦海公司向汤龙、马忠太、刘新龙、王洪刚支付律师费 416300 元；三、驳回汤龙、马忠太、刘新龙、王洪刚的其他诉讼请求。上述款项，应于判决生效后十日内一次性付清。宣判后，彦海公司以双方之间买卖合同系借款合同的担保，并非双方真实意思表示，且欠款金额包含高利等为由，提起上诉。最高人民法院于 2015 年 10 月 8 日作出（2015）民一终字第 180 号民事判决：一、撤销新疆维吾尔自治区高级人民法院（2015）新民一初字第 2 号民事判决；二、驳回汤龙、刘新龙、马忠太、王洪刚的诉讼请求。

裁判理由

法院生效裁判认为：本案争议的商品房买卖合同签订前，彦海公司与汤龙等四人之间确实存在借款合同关系，且为履行借款合同，双方签订了相应的商品房预售合同，并办理了预购商品房预告登记。但双方系争商品房买卖合同是在彦海公司未偿还借款本息的情况下，经重新协商并对账，将借款合同关系转变为商品房买卖合同关系，将借款本息转为已付购房款，并对房屋交付、尾款支付、违约责任等权利义务作出了约定。民事法律关系的产生、变更、消灭，除基于法律特别规定，需要通过法律关系参与主体的意思表示一致形成。民事交易活动中，当事人意思表示发生变化并不鲜见，该意思表示的变化，除为法律特别规定所禁止外，均应予以准许。本案双方经协商一致终止借款合同关系，建立商品房买卖合同关系，并非为双方之间的借款合同履行提供担保，而是借款合同到期彦海公司难以清偿债务时，通过将彦海公司所有的商品房出售给汤龙等四位债权人的方式，实现双方权利义务平衡的一种交易安排。该交易安排并未违反法律、行政法规的强制性规定，不属于《中华人民共和国物权法》第一百八十六条规定禁止的情形，亦不适用《最高人民法院关于审理民间借贷案件适用法律若干问题的规定》第二十四条规定。尊重当事人嗣后形成的变更法律关系性质的一致意思表示，是贯彻合同自由原则的题中应有之意。彦海公司所持本案商品房买卖合同无效的主张，不予采信。

但在确认商品房买卖合同合法有效的情况下，由于双方当事人均认可该合同项下已付购房款系由原借款本息转来，且彦海公司提出该欠款数额包含高额利息。在当事人请求司法确认和保护购房者合同权利时，人民法院对基于借款合同的实际履行而形成的借款本金及利息数额应当予以审查，以避免当事人通过签订商品房买卖合同等方式，将违法高息合法化。经审查，双方之间借款利息的计算方法，已经超出法律规定的民间借贷利率保护上限。对双方当事人包含高额利息的欠款数额，依法不能予以确认。由于法律保护的借款利率明显低于当事人对账确认的借款利率，故应当认为汤龙等四人作为购房人，尚未足额支付合同约定的购房款，彦海公司未按照约定时间交付房屋，不应视为违约。汤龙等四人以彦海公司逾期交付房屋构成违约为事实依据，要求彦海公司支付违约金及律师费，缺乏事实和法律依据。一审判决判令彦海公司承担支付违约金及律师费的违约责任错误，本院对此予以纠正。

（生效裁判审判人员：辛正郁、潘杰、沈丹丹）

指导案例1号：上海中原物业顾问有限公司诉陶德华居间合同纠纷案

（最高人民法院审判委员会讨论通过 2011年12月20日发布）

关键词 民事 居间合同 二手房买卖 违约

裁判要点

房屋买卖居间合同中关于禁止买方利用中介公司提供的房源信息却绕开该中介公司与卖方签订房屋买卖合同的约定合法有效。但是，当卖方将同一房屋通过多个中介公司挂牌出售时，买方通过其他公众可以获知的正当途径获得相同房源信息的，买方有权选择报价低、服务好的中介公司促成房屋买卖合同成立，其行为并没有利用先前与之签约中介公司的房源信息，故不构成违约。

相关法条

《中华人民共和国合同法》第四百二十四条

基本案情

原告上海中原物业顾问有限公司（简称中原公司）诉称：被告陶德华利用中原公司提供的上海市虹口区株洲路某号房屋销售信息，故意跳过中介，私自与卖方直接签订购房合同，违反了《房地产求购确认书》的约定，属于恶意"跳单"行为，请求法院判令陶德华按约支付中原公司违约金1.65万元。

被告陶德华辩称：涉案房屋原产权人李某某委托多家中介公司出售房屋，中原公司并非独家掌握该房源信息，也非独家代理销售。陶德华并没有利用中原公司提供的信息，不存在"跳单"违约行为。

法院经审理查明：2008年下半年，原产权人李某某到多家房屋中介公司挂牌销售涉案房屋。2008年10月22日，上海某房地产经纪有限公司带陶德华看了该房屋；11月23日，上海某房地产顾问有限公司（简称某房地产顾问公司）带陶德华之妻曹某某看了该房屋；11月27日，中原公司带陶德华看了该房屋，并于同日与陶德华签订了《房地产求购确认书》。该《确认书》第2.4条约定，陶德华在验看过该房地产后六个月内，陶德华或其委托人、代理人、代表人、承办人等与陶德华有关联的人，利用中原公司提供的信息、机会等条件但未通过中原公司而与第三方达成买卖交易的，陶德华应按照与出卖方就该房地产买卖达成的实际成交价的1%，向中原公司支付违约金。当时中原公司对该房屋报价165万元，而某房地产顾问公司报价145万元，并积极与卖方协商价格。11月30日，在某房地产顾问公司居间下，陶德华与卖方签订了房屋买卖合同，成交价138万元。后买卖双方办理了过户手续，陶德华向某房地产顾问公司支付佣金1.38万元。

裁判结果

上海市虹口区人民法院于2009年6月23

日作出（2009）虹民三（民）初字第 912 号民事判决：被告陶德华应于判决生效之日起十日内向原告中原公司支付违约金 1.38 万元。宣判后，陶德华提出上诉。上海市第二中级人民法院于 2009 年 9 月 4 日作出（2009）沪二中民二（民）终字第 1508 号民事判决：一、撤销上海市虹口区人民法院（2009）虹民三（民）初字第 912 号民事判决；二、中原公司要求陶德华支付违约金 1.65 万元的诉讼请求，不予支持。

裁判理由

法院生效裁判认为：中原公司与陶德华签订的《房地产求购确认书》属于居间合同性质，其中第 2.4 条的约定，属于房屋买卖居间合同中常有的禁止"跳单"格式条款，其本意是为防止买方利用中介公司提供的房源信息却"跳"过中介公司购买房屋，从而使中介公司无法得到应得的佣金，该约定并不存在免除一方责任、加重对方责任、排除对方主要权利的情形，应认定有效。根据该条约定，衡量买方是否"跳单"违约的关键，是看买方是否利用了该中介公司提供的房源信息、机会等条件。如果买方并未利用该中介公司提供的信息、机会等条件，而是通过其他公众可以获知的正当途径获得同一房源信息，则买方有权选择报价低、服务好的中介公司促成房屋买卖合同成立，而不构成"跳单"违约。本案中，原产权人通过多家中介公司挂牌出售同一房屋，陶德华及其家人分别通过不同的中介公司了解到同一房源信息，并通过其他中介公司促成了房屋买卖合同成立。因此，陶德华并没有利用中原公司的信息、机会，故不构成违约，对中原公司的诉讼请求不予支持。

公报案例

海南海联工贸有限公司与海南天河旅业投资有限公司、三亚天阔置业有限公司等合作开发房地产合同纠纷案

《最高人民法院公报》2016 年第 01 期

【裁判摘要】

合作开发房地产关系中，当事人约定一方出地、一方出资并以成立房地产项目公司的方式进行合作开发，项目公司只是合作关系各方履行房地产合作开发协议的载体和平台，合作各方当事人在项目公司中是否享有股权不影响其在合作开发合同中所应享有的权益；合作各方当事人在合作项目中的权利义务应当按照合作开发房地产协议约定的内容予以确定。

最高人民法院
民事判决书

（2015）民提字第 64 号

再审申请人（一审原告、二审上诉人）：海南海联工贸有限公司，住所地海南省海口市文明中路康达大厦四楼。

法定代表人：邢坚，该公司董事长。

委托代理人：侯佳音，北京市大成律师事务所律师。

委托代理人：赵振华，海南海大平正律师事务所律师。

被申请人（一审被告、二审被上诉人）：海南天河旅业投资有限公司，住所地海南省海口市金贸区国贸大道 48 号新达商务大厦 15e。

法定代表人：高彪，该公司董事长。

委托代理人：田岷，北京市惠中律师事务所律师。

被申请人（一审被告、二审被上诉人）：三亚天阔置业有限公司，住所地海南省三亚市解放四路时运大酒店。

法定代表人：张鸥，该公司董事长。

委托代理人：朱德胜，浙江志和律师事务所律师。

原审第三人：三亚丽源投资管理有限公司，住所地海南省三亚市河东区港门上村 21 号。

法定代表人：刘万生，该公司董事长。

原审第三人：王家金。

原审第三人：中国爱地房地产开发有限责任公司，住所地北京市朝阳区东三环北路 38 号院 1 号楼泰康金融大厦 809－811 室。

法定代表人：张鸥，该公司董事长。

原审第三人：杭州富丽达置业有限公司，住所地浙江省杭州市萧山区金城路 185 号 a 座 25 层。

法定代表人：娄旭明，该公司董事长。

再审申请人海南海联工贸有限公司（以下简称海联公司）因与被申请人海南天河旅业投资有限公司（以下简称天河公司）、三亚天阔置业有限公司（以下简称天阔公司）及原审第三人三亚丽源投资管理有限公司（以下简称丽源公司）、王家金、中国爱地房地产开发有限责任公司（以下简称爱地公司）、杭州富丽达置业有限公司（以下简称富丽达公司）合作开发房地产合同纠纷一案，不服海南省高级人民法院（以下简称海南高院）

（2012）琼民一终字第 51 号民事判决，向本院申请再审。本院受理后经审查，作出（2014）民申字第 840 号民事裁定，提审本案。本院依法组成合议庭，开庭审理了本案。海联公司的委托代理人侯佳音、赵振华，天河公司的委托代理人田岷，天阔公司的委托代理人朱德胜，到庭参加诉讼。丽源公司、王家金、爱地公司、富丽达公司经依法传唤，未到庭参加诉讼。本案现已审理终结。

海联公司一审起诉请求：1. 判决解除其与天河公司签订的《合作项目合同书》；2. 判决天阔公司将其依据海口仲裁委员会（2008）海仲裁字第 249 号裁决书确定的第 2 项权利和义务返还给海联公司；3. 判决天阔公司将"天阔广场"土地及项目开发权返还给海联公司，判令天阔公司将"天阔广场"项目批准文件中项目建设主体变更为海联公司；4. 本案诉讼费由天河公司承担。

海南省三亚市中级人民法院（以下简称三亚中院）经审理查明：1992 年 6 月，海联公司垫资代海南省三亚市人民政府（以下简称三亚市政府）建设三亚新风桥公园和儿童公园，拓宽解放三、四路等工程。1993 年 1 月，三亚市政府批准将"三亚市金融贸易开发区"5.1 公顷土地以协议出让方式补偿给海联公司开发。同年 2 月，海南省三亚市规划局批准开发区的规划方案，海联公司取得用地许可和规划许可，投入资金进行拆迁。经海联公司委托海南恒誉会计师事务所审计，认定海联公司直接投入新风桥和儿童公园及该块地的拆迁安置资金为 9582.8 万元。

2001 年 6 月，三亚市政府同意海联公司与世英兄弟房地产公司合作开发，项目更名为"世英花园"。后世英公司退出合作，经三亚中院（2004）三亚民一终字第 60 号民事判决，判决海联公司收回"世英花园"项目 46.5 亩用地。

2007 年 4 月 23 日，海联公司与天河公司签订《合作项目合同书》，约定：海联公司提供合作项目建设用地 46.5 亩，拟建地上建筑总面积 62000m²；天河公司提供建设商品房及配套附属设施所需的全部建设资金，合作建房用地上现状居民搬迁所发生的补偿及拆迁安置面积 10000m²；天河公司承诺除合作建房用地上"三亚时运大酒店"以外的拆迁补偿金支付的最高金额 2000 万元；双方利益分配比例为 0.238：0.762，即在建设用地规划指标容积率为 2.0 的状况下，海联公司取得全部销售房屋面积总收入的 23.8%，天河公司取得全部销售房屋面积总收入的 76.2%；如果实际容积率大于 2.0，则增加的面积仍按上述比例分配，增加建筑面积所需的建设资金仍由天河公司承担；为保障双方的权益及便于管理，双方同意就本项目的开发组成具备独立法人资格的项目有限责任公司；项目公司注册资本为 1000 万元，公司注册资金由海联公司出资 238 万元，天河公司出资 762 万元，海联公司占有项目公司的 23.8% 股权，天河公司占有项目公司 76.2% 股权；海联公司应在天河公司完成拆迁工程之日起 60 个日历天内将 46.56 亩合作建房用地的国有土地使用权证办理在项目公司名下，由此发生的土地使用权出让金等相关费用由海联公司承担。至此，海联公司享有项目公司 23.8% 股权，天河公司享有项目公司 76.2% 股权；股权系指本合作项目自拆迁工程开始至项目建成后商品房全部销售完毕，双方按上述比例分配结束；除本合同另有规定外，由于天河公司拆、迁资金在本合同生效一个月内不能及时到位，且不能保证海联公司宽限的期限内筹到资金，海联公司认为天河公司无履约能力，没收天河公司的履约保证金，终止合同，并将项目公司代表人由天河公司变更为海联公司，天河公司退出项目合作等。

在海联公司与天河公司签订《合作项目合同书》之前 2006 年 10 月 16 日，天阔公司设立，注册资金 1000 万元。天阔公司的初始股东登记为天河公司、王家金、邢坚、邢伟。其中，天河公司货币出资 687 万元，占 68.7% 股权；王家金货币出资 75 万元，占 7.5% 股权；邢坚货币出资 138 万元，占 13.8% 股权；邢伟货币出资 100 万元，占 10% 股权。

海联公司为履行《合作项目合同书》中的义务，将项目用地过户给天阔公司，经其申请和积极办理，2007 年 5 月 11 日，三亚市发改委批准"世英花园"更名为"天阔广场"，项目业主变更为天阔公司，天阔公司取得项目开发权；5 月 22 日，天阔公司取得《建设项目选址意见书》；8 月 31 日，天阔公司取得《房屋拆迁许可证》；9 月 3 日，海南省国土环境资源厅同意该项目环境影响报告。2008 年 5 月 19 日，三亚市政府批准该项目旧城改造拆迁补偿安置方案；7 月 10 日，三亚市规委会批准"天阔广场"项目用地规模为 62 亩，容积率为 4.0。

2009 年 2 月 2 日，海南省海口市仲裁委员会作出（2008）海仲裁字第 249 号裁决书，将海联公司与三亚市政府之间的投资补偿合同关系及三亚市政府向海联公司协议出让土地，变更为三亚市政府与天阔公司之间的投资补偿关系，三亚市政府向天阔公司协议出让"天阔广场"项目的土地使用权。至此，海联公司履行了《合作项目合同书》约定的主要义务。

海南省三亚市房产管理局 2007 年 8 月 31 日颁发的三房拆许（2007）第 03 号《房屋拆迁许可证》明确要求，在 2008 年 9 月必须完成拆迁建筑面积 30468m²，但天河公司未完成。2008 年 7 月 20 日，三亚市住房保障和房产管理局批准其延期完成拆迁，并签发新的《房屋拆迁许可证》，要求在 2009 年 7 月 20 日前完成全部拆迁任务，但天河公司仍未能完成。天河公司投入的拆迁资金约 2000 万元（含时运大酒店拆迁补偿款），仅完成拆迁量的 20%。

2008 年 10 月 29 日，邢坚、邢伟与天河公司签订《股权转让协议》，约定以 904 万元的价款，将其二人在天阔公司持有的 23.8% 的股权转让给天河公司，双方并办理了价款支付和股权交割的工商变更登记手续。

2009年7月13日，丽源公司成立，7月23日，天河公司与丽源公司签订《股权转让协议》，将其持有的天阔公司70.5％的股权转让给丽源公司；同日，王家金也与丽源公司签订《股权转让协议》，将其持有的5.7％股权转让给丽源公司，丽源公司持有天阔公司股权为76.2％。同年8月31日，丽源公司与爱地公司、富丽达公司签订《股权转让合同》，丽源公司将其持有的天阔公司股权全部转让给爱地公司和富丽达公司。

2009年9月7日，海联公司调取天阔公司的工商登记资料，得知天河公司的上述行为，遂于9月11日给天河公司发出《关于"天阔广场"项目有关问题的函》称："贵公司通过对项目公司股权的重大变更，将贵公司项目权益转让，造成我公司在《合作项目合同书》项下的权益（即合作项目收入分配23.8％收益及天阔公司23.8％股权）面临风险。"同年9月13日，海联公司给天河公司、爱地公司、富丽达公司和天阔公司发出《关于天阔广场项目有关问题的函》建议："一、鉴于本项目的现状，应当由项目公司承担天河公司在2007年4月23日所签订的《合作项目合同书》项下的权利和义务，继续履行该合同；二、确认我公司已履行《合作项目合同书》的主要义务，项目用地已通过海口仲裁委（2008）海仲裁第249号裁决，明确由三亚市政府出让办证全项目公司天阔公司名下的事实；三、项目公司新股东爱地公司和富丽达公司为项目履行《合作项目合同书》提供担保；四、在此基础上尽快举行股东及实际权益人会谈，理顺、完善、衔接有关事宜，明确各方责权利，加快本项目开发进度。"因对方没有回应，2009年11月18日，海联公司向天河公司发出《通知书》，解除《合作项目合同书》。

三亚中院作出（2010）三亚民一初字第26号民事判决，驳回海联公司的诉讼请求。案件受理费291800元由海联公司负担。

海联公司不服，上诉至海南高院，请求：1.撤销三亚中院（2010）三亚民一初字第26号民事判决；2.解除海联公司与天河公司签订的《合作项目合同书》；3.判决天河公司将其依据海口仲裁委员会（2008）海仲裁字第249号裁决书确定的第2项权利和义务返还给海联公司；4.判决天河公司将"天阔广场"土地及项目开发权返还给海联公司，判决天河公司将"天阔广场"项目批准文件中项目建设主体变更为海联公司；5.本案诉讼费由天河公司承担。

海南高院二审查明的事实与一审认定基本事实一致，予以确认。

海南高院二审另查明：海联公司企业档案中显示海联公司系中外合资有限责任公司，注册资金500万元，出资人海口建材公司出资额200万元，比例40％；广东石化公司出资额150万元，比例30％；加拿大毛纱公司出资额150万元，比例30％。海口建材公司和广东石化公司系全民性质。海口建材公司于2000年12月完成企业关闭职工安置工作，2005年11月3日被吊销营业执照，对海联公司应收款391万元。海口中院委托海咨资产评估事务所对海口建材公司持有海联公司40％的股权进行资产评估，2011年7月20日作出《资产评估报告书》，评估价值为零。广东石化公司于2001年全面停业并与职工解除劳动关系，2011年转让给广州鑫索亚化工产品公司。1998年8月2日，海联公司董事会决议合营期限延长至2008年9月2日。邢坚、刁兆华、林光、林师雄、杨广文签名，无公章。同日，章程修正案延长合营期限，海口建材公司、广东石化公司加盖公章，林光签名。2008年9月1日，第二次董事会决议经营期限延长至2018年9月2日，邢坚、刁兆华、林光签名，加盖海联公司公章。同日，章程修正案邢坚签名加盖海联公司公章。2006年10月16日，海联公司和邢坚共同委托天河公司将根据《合作项目合同书》第八条履约保证金200万元中的100万元补偿款及 100 万元履约保证金委托付款至海南国泰房地产开发有限公司名下。同年 10 月 20 日，海联公司和邢坚共同向天河公司出具收据："兹收到天河公司《合作项目书》履约保证金及补偿款计贰佰万元整"。天阔广场注册资金 1000 万元，邢坚、邢伟应出资的 238 万元系天河公司法定代表人高彪以个人账户中分别汇入邢坚、邢伟个人账户。2007 年 5 月 22 日，海联公司和邢坚共同致三亚市规划局《关于同意解放四路 45.7 亩旧城改造项目转给三亚天阔置业公司开发的报告》，"我司原解放四路 45.7 亩旧城改造项目，由于拆迁等历史原因，加上我司建设资金不足，造成该项目进展缓慢，经我司研究决定：该项目由三亚天阔公司投资建设和经营管理，请求将该项目的用地选址意见和《建设用地规划许可证》办理到三亚天阔公司名下，以便项目的顺利开发"。2008 年 10 月 29 日，邢坚、邢伟作为转让方与受让方天河公司签订股权转让协议的同时，天河公司作为转让方、邢坚、邢伟作为受让方另签订了一份股权转让协议。该协议约定邢坚、邢伟以 1170 万股权转让对价回购天河公司受让的邢坚、邢伟 23.8% 股权；同时约定，股权转让款应于 60 日内支付，受让方迟付款超过 60 日以上时应视为根本违约，转让方可据此单方解除协议；该协议自 2009 年 5 月 30 日发生法律效力，但该协议未实际履行。2013 年 8 月 22 日，海联公司法定代表人邢坚向海南高院递交《海联公司关于笔录的补充意见》：天阔公司成立前已经起草了项目合同书，合同内容一直在讨论中，直至 2007 年 4 月 23 日成熟时才正式签约。天阔公司股权登记在邢坚、邢伟名下是和天河公司共同商量的，考虑到批文、拆迁、土地证等手续需办理，所以先成立天阔公司，等手续完善后逐渐改制成项目公司，按合同约定到办土地证时 23.8% 的股权就变更为海联公司的股权。该意见有邢坚的签字并加盖海联公司公章。

海南高院认为，本案的争议焦点：一、天阔公司是否系海联公司与天河公司共同设立的项目公司；二、邢坚、邢伟是否代海联公司持有天阔公司的股权；三、邢坚、邢伟在天阔公司中享有的股权应否视为海联公司在《合作项目合同书》中的合同权益；四、海联公司是否有权解除《合作项目合同书》，并要求天阔公司将其依据海口仲裁委员会 (2008) 海仲裁字第 249 号《裁决书》确定的第 2 项权利和义务、"天阔广场"土地及项目开发权、项目建设主体返还并变更为海联公司。

一、关于天阔公司是否系海联公司与天河公司共同设立的项目公司的问题

海联公司在起诉状中自认天阔公司系其与天河公司共同成立的项目公司。海联公司致三亚市发展和改革局《关于变更"世英花园"项目和项目业主的请示》声明："该项目由海南海联工贸有限公司和海南天河旅业投资有限公司共同组成的三亚天阔置业有限公司进行投资开发"。海联公司同邢坚共同致三亚市规划局报告："该项目由三亚天阔公司投资建设和经营管理，请求将该项目的用地选址意见和《建设用地规划许可证》办理到三亚天阔公司名下，以便项目的顺利开发"。海联公司向海口仲裁委员会提交的《承诺书》声明："我公司与海南天河旅业投资有限公司联合投资，成立了三亚天阔置业有限公司作为项目公司"，《合作项目合同书》签订后，在天阔公司与三亚市政府的"投资补偿合同纠纷仲裁案"中，海联公司法定代表人邢坚作为天阔公司委托代理人参加开庭。海联公司在 2009 年 9 月 7 日发给天河公司的函及同年 9 月 13 日发给天河公司、爱地公司、富丽达公司和天阔公司的函中，自认天阔公司为项目公司。海联公司法定代表人邢坚在二审自认天阔公司成立前已经起草了项目合同书，合同内容一直在讨论中，直至 2007 年 4 月 23 日成熟时才正式签约。天阔公司股权登记在邢坚、邢伟名下是和天河公司共同商量的，考虑到批文、拆迁、土地证等手续需办理，

所以先成立天阔公司。故天阔公司是海联公司与天河公司共同设立的项目公司。

二、关于邢坚、邢伟是否代海联公司持有天阔公司股权的问题

邢坚、邢伟应认缴的 238 万元天阔公司注册资金为天河公司法定代表人高彪代付，根据《合作项目合同书》第六章第一款关于"公司注册资本中甲方出资人民币贰佰叁拾捌万元占公司股权的 23.8% 股权，甲方应缴付的出资由乙方代付"的约定，不实际缴付 238 万元注册资金而享有天阔公司 23.8% 的股权，系海联公司在《合作项目合同书》中的权利。且合同签订前，海联公司和邢坚共同收取天河公司 200 万元保证金和补偿金。海联公司法定代表人邢坚代表天河公司参加与三亚市政府"投资补偿合同纠纷"仲裁案，认可天阔公司为项目公司，并作出同意将三亚市政府尚未兑现的"三亚金融公司开发区"投资补偿权益全部转让给天阔公司，海联公司今后不得以任何方式和理由撤销的承诺。邢坚、邢伟在《关于推进天阔广场项目合作事宜的函》中，称其作为天阔广场项目的合作方，及持有项目公司天阔公司 23.8% 股权的股东，并称按照《合作项目合同书》规定，天阔广场所需的全部各项开发建设资金应由天阔公司的其他股东筹措投入，我方没有出资义务，而《合作项目合同书》的当事人只有海联公司和天河公司。在本案审理过程中，海联公司法定代表人在《关于笔录的补充意见》中自认天阔公司股权登记在邢坚、邢伟名下是和天河公司共同商量的，且 3 个自然人均是现金注入，考虑到批文、拆迁、土地证等手续需办理，所以先成立天阔公司，等手续完善后逐渐改制成项目公司，按合同约定到办土地证时 23.8% 的股权就变更为海联公司的股权。本案事实表明，海联公司出资人海口建材公司、广东石化公司在海联公司和天河公司合作前已进行企业改制并被吊销营业执照，且改制时未体现对外有投资，海联公司实际控制人为邢坚，海联公司已形骸化。邢

坚作为海联公司的法定代表人，在履行合作开发天阔广场项目过程中的一系列行为，使海联公司与其本人之间构成人格混同，邢坚、邢伟系代海联公司持有天阔公司 23.8% 股权。海联公司关于邢坚、邢伟转让股权是个人行为，与海联公司无关的上诉理由与其自认相矛盾，不能成立。

三、关于邢坚、邢伟所持有天阔公司 23.8% 的股权应否视为海联公司在《合作项目合同书》中的合同权益的问题

海联公司与天河公司采取设立项目公司形式开发"天阔广场"项目，双方为此签订的《合作项目合同书》约定了合作方的出资形式、股权比例、注册资金、利润分配方式等内容，其性质相当于股东出资协议。天阔公司设立后，双方于《合作项目合同书》项下的合同权益已转化为项目公司的股权。《合作项目合同书》第四项第一款约定甲乙双方的权益分配比例为 0.238∶0.762，即在建设用地规划指标容积率在 2.0 的状态下，甲方取得全部可销售房屋面积总收入的 23.8%，乙方取得全部可销售房屋面积总收入的 76.2%，该分配比例与股权比例 23.8% 与 76.2% 相同。《合作项目合同书》第六项第一款约定，为保障双方的权益及便于管理，双方同意就本项目的开发成立项目有限公司，项目公司注册资本为 1000 万元，注册资本中甲方出资 238 万元，乙方出资 762 万元，甲方占公司 23.8% 股权，乙方占有 76.2% 股权，甲方应缴付的出资款由乙方代付。第二款明确约定：股权系指本合作项目自拆迁工程开始至项目建成后商品房屋全部销售完毕，双方按第四条利益分配结束。该股权含有分房权。根据上述约定，海联公司在《合作项目合同书》中的 23.8% 的合同权益即海联公司主张的 23.8% 分房权和天阔广场 23.8% 股权，应为邢坚、邢伟在天阔公司持有 23.8% 股权，一审判决认定正确。

四、关于海联公司是否有权解除《合作项目合同书》，并要求天阔公司将其依据海口

仲裁委员会（2008）海仲裁字第249号《裁决书》确定的第2项权利和义务、"天阔广场"土地及项目开发权、项目建设主体返还并变更为海联公司的问题

本案中，天河公司按照《合作项目合同书》的约定，向天阔公司投入一定的资金，并完成一定的拆迁工作，履行了合同约定的主要义务。天阔公司是海联公司与天河公司共同设立的项目公司，海联公司于《合作项目合同书》项下的合同权益已经转化为邢坚、邢伟所持天阔公司的23.8%的股权。当邢坚、邢伟将其代海联公司所持天阔公司23.8%的股权转让给天河公司，海联公司法定代表人邢坚代表天阔公司参加与三亚市人民政府"投资补偿合同纠纷"仲裁案，作出同意将三亚市政府尚未兑现的"三亚市金融贸易开发区"投资补偿权益全部转让给天阔公司，海联公司今后不得以任何方式和理由撤销的承诺后，仲裁裁决将天阔广场项目裁决给了天阔公司。至此，海联公司在天阔公司已不享有股份，其在《合作项目合同书》中及"天阔广场"项目上也已无权益，故海联公司无权主张解除合同并要求天阔公司将其依据海口仲裁委员会（2008）海仲裁字第249号《裁决书》确定的第2项权利和义务、"天阔广场"土地及项目开发权、项目建设主体返还并变更为海联公司。因此，海联公司的上诉主张和理由，没有事实和法律依据，其上诉请求不能成立，不予支持。

经海南高院审判委员会讨论决定，依据《中华人民共和国民事诉讼法》第一百七十条第一款第（一）项的规定，作出（2012）琼民一终字第51号民事判决，驳回上诉，维持原判。二审案件受理费291800元由海联公司负担。

海联公司不服，根据《中华人民共和国民事诉讼法》第二百条第一款第（一）、（二）、（六）项的规定，向本院申请再审。请求：（一）撤销海南高院（2012）琼民一终字第51号民事判决书，裁定再审。（二）判决

解除海联公司与天河公司签订的《合作项目合同书》。（三）判决天阔公司将其依据海口仲裁委员会（2008）海仲裁字第249号《裁决书》所取得的以协议方式受让三亚市"天阔广场"项目下土地使用权的权利返还给海联公司，即三亚市政府继续履行与海联公司签订的投资补偿合同，向海联公司协议出让"天阔广场"项目下的土地使用权，判决"天阔广场"建设项目归海联公司所有。（四）判令天阔公司配合办理该项目的立项、规划、报建、选址、环境评估批复等批准文件的变更手续。（五）本案一审、二审诉讼费由天河公司承担。事实和理由：

（一）海南高院判决认定事实错误，适用法律不当，应予撤销。

第一，不可否认，天阔公司承担了"天阔广场"项目公司的职能，海联公司在多种场合也表示天阔公司是"天阔广场"的项目公司，但这些均不能否认的是天阔公司并非《合作项目合同书》约定设立的项目公司。海联公司将其拥有的46.5亩建设用地权益及项目权益过户到天阔公司名下，对天阔公司享有的是一种债权，而不是股东权益。邢坚、邢伟转让其在天阔公司的股权，是天阔公司股东之间的关系，与海联公司无关，并不能导致海联公司在《合作项目合同书》中权利义务的消灭，更不能导致海联公司对其已经过户到天阔公司名下的46.5亩土地权益及项目权益这种债权的消灭。

如果天阔公司是海联公司与天河公司共同设立的公司，根据《公司法》的规定，海联公司必须与天河公司共同出资、共同制订公司章程、召开股东会、申请工商登记，并将海联公司登记在天阔公司的股东名册中。但根据天阔公司的工商登记档案，海联公司并没有对天阔公司出资，也没有与天河公司共同制订章程，没有参加过天阔公司的股东会，天阔公司的股东名册中并没有记载海联公司。

第二、海南高院判决认定"邢伟、邢坚

系代海联公司持有天阔公司 23.8% 股权"，不能成立。根据最高人民法院关于《公司法》解释三第 25、26 条的规定，代持股权一般需符合两个条件，一是名义股东与实际出资人之间有委托持股协议；二是实际出资人真正地履行了注册资金的出资义务。本案中，海联公司与邢坚、邢伟之间既没有签订过委托持股协议，海联公司也没有实际向天阔公司出资 238 万元。

第三、海南高院判决认定"海联公司已骸化"，以此否认海联公司的企业法人资格，不能成立。公司法没有关于公司"骸化"的规定。根据《民法通则》第三十六条规定"法人的民事权利能力和行为能力，从法人成立时产生，到法人终止时消灭"。第四十条规定"法人终止，应当依法进行清算"，然后在工商局登记注销法人资格。海联公司并没有经过清算，也没有注销，海联公司并没有终止，怎么可以认定海联公司已经"骸化"？公司法规定公司享有的民事权利能力和行为能力并不依赖于是否经营正常，即使被吊销营业执照，也仍然享有权力能力和行为能力，当然享有对其投资的公司的权利和义务。海南高院以海联公司的股东已改制、已被吊销营业执照为由，认定海联公司已经"骸化"既不符合法律规定也与事实不符。海南高院判决以邢坚与海联公司之间"构成人格混同"为由，认定"邢坚、邢伟系代海联公司持有天阔公司 23.8% 股权"的观点也不能成立。"人格混同"指的是公司与其股东之间因财产混同而导致"公司与股东之间人格混同"。邢坚作为一个自然人，不是海联公司的股东，与海联公司之间在财产上也没有混同的情况。邢伟从来不是海联公司的股东，也没有代海联公司持有天阔公司的股权。因此，海南高院判决认定邢坚与海联公司"人格混同"没有事实根据。

第四、海南高院判决认定"天阔公司设立后，双方于《合作项目合同书》项下的合同项目权益转化为项目公司的股权"，缺乏证据证明。天阔公司 2006 年 10 月设立，《合作项目合同书》2007 年 4 月签订，天阔公司设立时，《合作项目合同书》还没有签订，《合作项目合同书》合同项目权益怎么可能转化为天阔公司的股权呢？合同权利义务的转让或者变更，必须由合同的当事人来决定，其他任何人均无权决定，这是合同法的基本规则，天河公司及海联公司从来没有约定过"天阔公司设立后，双方于《合作项目合同书》项下的合同项目权益转化为项目公司的股权"，海联公司也更没有同意将其在《合作项目合同书》中的合同项目权益转化为邢坚、邢伟在天阔公司 23.8% 的股权，海南高院判决完全错误。海联公司在《合作项目合同书》中的合同项目权益与邢坚、邢伟在天阔公司的股东权益来源不同、价值差距巨大。邢坚、邢伟在天阔公司出资 238 万元，取得天阔公司 23.8% 的股权；而海联公司在《合作项目合同书》享有天阔广场"全部可销售房屋面积总收入的 23.8%"，是由于海联公司提供天阔广场项目 46.5 亩建设用地土地使用权，从而享有的权益。生效的海口中院（2009）海中法执异字第 105 号执行裁定书已认定邢坚、邢伟在天阔公司的股权不等同于海联公司在《合作项目合同书》中的项目权益。

第五、邢坚、邢伟转让其在天阔公司的 23.8% 股权，不能产生海联公司在《合作项目合同书》中权利义务消灭的法律后果。关于合同权利义务的终止，也就是合同权利义务的消灭，《合同法》第九十一条做了明确的规定，本案中，没有任何法定情形导致海联公司在《合作项目合同书》中的权利义务的消灭，海南高院判决认定海联公司在《合作项目合同书》中的权利已经消灭，显然没有法律依据。《合作项目合同书》是海联公司与天河公司签订的，只有海联公司及天河公司有权终止该合同的权利义务。

（二）天河公司以其行为表明其已不再履行《合作项目合同书》约定的义务，海联公司有权解除合同，请求恢复原状。

根据《合作项目合同书》的约定，海联公司已按约提供天阔广场46.5亩建设用地，而天河公司却只投入了2000万元左右，迟迟没有完成合同约定的拆迁安置工作。天河公司在未告知海联公司的情况下，将其及关联方王家金持有天阔公司的76.2%的股权转让给丽源公司，天河公司以其行为表明其不再履行《合作项目合同书》约定的义务，严重损害了海联公司的权利。根据《合同法》第九十四条第一款第（三）项的规定，海联公司有权解除合同，并根据《合同法》第九十七条的规定，有权请求天河公司及天阔公司"恢复原状"，将已经过户、更名到天阔公司名下的46.5亩土地及项目批准文件恢复到海联公司名下。丽源公司、爱地公司及富丽达公司受让天河公司76.2%股权后，没有对"天阔广场"项目进行任何拆迁和建设，判决天河公司"恢复原状"、返还海联公司46.5亩建设用地及项目，不存在任何障碍。按照最高人民法院公报指导性案例（2005）民一终字第60号"华茂公司与杰昌公司纠纷案"所确定的原则："无论项目公司是否成立，均不影响合作开发房地产合同的效力；项目公司是该项目合作的载体，是为运作双方的合作项目设立的；项目公司在该项目合作中具有双重的地位，一方面作为合作各方开发该项目的项目公司，另一方面，替代出资一方成为合作主体，与出地一方履行合作协议。"本案系房地产合作合同纠纷，应依据合作合同约定和合同法规定予以处理。至于天阔公司的股权纠纷，如股东构成、股权的代持和转让纠纷，与本案无关。一审判决认定了天河公司根本违约的事实，天河公司没有上诉，二审判决也确认了一审判决的事实，且天河公司已明确不再出资，以其行为表明不再履行合作合同的义务。同时，天阔公司作为项目公司，替代了天河公司履行合作协议，天阔公司未能完成拆迁任务就是天河公司没有完成拆迁任务，海联公司解除合作合同有理有据。

天河公司答辩称，（一）天阔公司自设立起即是天河公司与海联公司为合作开发天阔广场项目之目的而共同设立的项目公司，海联公司在项目公司的权益由其法定代表人邢坚及邢伟代为持有的事实，除海联公司和邢坚、邢伟于本案诉讼之前均予以认可外，邢坚在本案二审期间亦签署并加盖海联公司公章的《海联公司关于笔录的补充意见》明确自认。上述事实清楚，不容辩驳。海联公司致三亚市发展和改革局《关于变更"世英花园"项目名称和项目业主的请示》声明，"该项目由海南海联工贸有限公司和海南天河旅业投资有限公司共同组建的三亚天阔置业有限公司进行投资开发"；海联公司向海口仲裁委员会提交的《承诺书》声明，"我公司与海南天河旅业投资有限公司联合投资，成立了三亚天阔置业有限公司作为项目公司"。至于海联公司在项目公司的权益由其法定代表人邢坚及邢伟代为持有的事实，天河公司提供的证据证明：天阔公司名义上由邢坚、邢伟认缴的238万元注册资金均为天河公司代付，根本没有实际认缴出资。不实际缴付238万元注册资金而享有天阔公司23.8%股权，是海联公司于《合作项目合同书》项下享有的特殊权利，实为代海联公司持有天阔公司的股权。

（二）鉴于天阔公司是天河公司与海联公司就《合作项目合同书》项下"天阔广场"项目共同设立的项目公司，海联公司在《合作项目合同书》项下23.8%的投资权益依法已经转化为其对天阔公司享有的23.8%股权，其合同项下的投资权益通过在天阔公司23.8%股权份额得以完全体现和保障。在天阔公司以及"天阔广场"项目中，海联公司法律上和事实上根本不存在独立于上述股权之外的其他权益。特别是当邢坚、邢伟所持天阔公司股权明显系替海联公司代持的情况下，海联公司所谓邢坚、邢伟享有天阔公司23.8%的股权，海联公司则另外单独享有"天阔广场"项目的23.8%合同权益的说法，完全是错误的。天河公司与海联公司采取设立项目公司的形式开发"天阔广场"项目，双方为此签订的《合作项目合同书》因约定了合作方的出资方式、股权比例、注册资金、利润分配方式等内容，其性质依法当属股东出资协议。因此，在天阔公司设立后，双方于《合作项目合同书》项下的合同权益均已转化为在项目公司的股权。对此，《合作项目合同书》第六条"项目公司"第2项明确约定："股权系指本合作项目自拆迁工程开始至项目建成后商品房全部销售完毕，双方按第四条利益分配结束"。而合同第四条第1项对利益分配定义为："甲方取得全部可销售房屋面积总收入的23.8%"。根据双方上述事先约定，海联公司在"天阔广场"项目的23.8%的合同权益，即所谓的23.8%的分房权，就是指在项目公司的股权。在合作项目合同书中，天河公司与海联公司已就项目公司成立后合同项下投资权益转化为公司股权予以确认，并且该确认也与公司法的规定相一致，海联公司的合同权益已经通过在天阔公司的股权份额得以充分体现和保障。因此，在天阔公司以及"天阔广场"项目中，海联公司在法律上和事实上根本不存在独立于上述股权之外的其他权益。海联公司所谓的邢坚、邢伟享有天阔公司23.8%的股权与其无关，其在登记的100%股权之外另外单独享有"天阔广场"项目的23.8%合同权益的说法，与邢坚签署《海联公司关于笔录的补充意见》中关于先行设立的天阔公司中邢坚、邢伟于所持23.8%日后变更为海联公司股权的自认相矛盾。

（三）天河公司切实履行了《合作项目合同书》约定义务，其根据公司法律规范转让部分天阔公司股权亦是合法行使股东权利，并无违约。海联公司在违约导致天阔公司项目受阻后，反过来以天河公司违约为由主张解除《合作项目合同书》，根本没有事实上和法律上依据。特别是海联公司于2008年10月29日将其在天阔公司的23.8%股权全部转

让给天河公司，处分了其在"天阔广场"项目的投资权益，退出了合作项目。至此，海联公司在天阔公司以及"天阔广场"项目上已无任何权益，在法律上已不再是合作项目的一方当事人，根本无权主张解除《合作项目合同书》。天河公司按照《合作项目合同书》的约定，按期向天阔公司投入相应的资金，负担了天阔公司和"天阔广场"项目运作至今的、包括但不限于拆迁补偿费在内的各项费用，总额已逾5000万元，切实履行了合同义务，并无任何违约。

（四）天阔公司是依照《公司法》设立的有限责任公司，受《公司法》的保护与调整。海联公司作为股东出资投入到天阔公司的建设项目用地开发资格，是其履行出资义务，依法属于天阔公司的资产。根据公司法律制度，为保护公司财产以及公司债权人的利益，非经公司解散、破产等法定程序，股东的出资不得抽回。就本案而言，不论海联公司是否还合法持有天阔公司的股权，都无权要求天阔公司返还其出资项目建设用地开发资格。海联公司提出解除《合作项目合同书》，要求天阔公司返还其土地与项目开发权的诉求均应予以驳回。

天阔公司答辩称，（一）关于天河公司是否履行拆迁任务的义务问题。拆迁任务的完成并非仅凭天河公司的单方意思表示就可以履行该约定义务，需要依靠被拆迁人与拆迁人双方达成一致，特别是需要行政许可才能实施，因此如果没有按时完成拆迁任务是被拆迁人的原因或者是行政许可未获准的原因，那么，无论天河公司如何积极的履行约定义务，均可能仍然无法实现约定拆迁完成目标，但是如此情形下所谓的以其行为表示不履行主要债务的主张却因少了天河公司的主观故意而无法成立。事实上，本案没有完成拆迁目标的原因正是由于与被拆迁人无法达成一致而无法动迁导致不能按时完成，但是，天河公司乃至双方设立的项目公司天阔公司的后续股东均一直在努力的推进拆迁。无论是

天河公司还是天阔公司的后续股东从来没有以自己的行为表明不履行主要债务。海联公司的这一理由不能成立。

（二）关于天河公司没有建设安置房的问题。安置房的建设依赖于行政许可及土地取得，本案中所涉安置房的土地因行政许可的原因一直没有取得，直至2013年由天阔公司向三亚市政府申请获准之后，才使得安置房的建设成为可能，而接受天河公司转让股权的爱地公司、富丽达公司在取得行政许可之后短短一年多的时间里就为建设安置房工程支付了3.1亿元的工程进度款。可见所谓没有建设安置房也并非天河公司的主观故意造成。

（三）关于天河公司转让其持有的天阔公司的76.2%股权的行为是否构成不履行主要债务的问题。首先，转让股权的行为正是由于海联公司的要求展开的筹资行为，天河公司向法庭提供的由海联公司的法定代表人邢坚、邢伟出具给当时的天阔公司全体股东的《关于推进天阔广场项目合作事宜的函》中，邢坚、邢伟作为天阔广场项目的合作方，以及持有项目公司23.8%投资权益的股东，认为其根据《合作项目合同书》没有出资义务，要求其他股东及时足额以增加天阔公司注册资本金或股东贷款方式投入资金；要求各股东可以寻求以转让部分或者全部股权的方式处置天阔广场项目的投资权益或引进新的合作方、投资方。除擅自违约处置不属于本人所持有的股权份额损害其他股东权益的情形外，全体股东均应给予协助和配合，不得以主张优先受让权或其他任何理由不予配合办理相关手续，拒绝接受新的合作方、投资方。这一证据恰恰证明了其后天河公司出让股权、引进新的投资方、增资等一系列行为都是应海联公司的要求进行的履行合同义务的行为。且天河公司所转让的是本就属于自己持有的项目公司天阔公司的76.2%股权，至今为止，无论是合作项目合同约定的所谓海联公司的23.8%收益权还是项目公司原本属于其所有

的23.8%股权均未转让，不能构成海联公司所称的天河公司为了转嫁逾期拆迁的违约责任以及实现提前盈利未经其同意以转让项目公司股权的形式，将其在《合作项目合同书》中约定的承担全部建设资金的义务，转移给第三人爱地公司和富丽达公司，实际退出了合作，以其行为表明不再履行合同主要义务，构成根本违约的事实。天河公司的后续股东爱地公司、富丽达公司在取得行政许可之后短短一年多的时间里就为建设安置房工程支付了3.1亿元的工程进度款。

本院再审查明，针对当事人就涉案天阔广场项目争议的拆迁开发建设进度现状及所涉及的三亚市食品厂安置建设项目的开发建设问题、天阔广场项目拆迁情况等，合议庭专程前往涉案项目所在地三亚市天涯区政府住房建设局和项目推进办公室就天阔广场项目的现状、拆迁安置、开发建设等问题进行实地调查。从天阔广场项目的实际现状看，从2009年海联公司将天阔广场项目转到天阔公司名下，至今天阔广场项目所在地域拆迁工作尚未进行。为了解决包括天阔广场项目在内的旧城改造拆迁安置工作（三亚市食品厂）全部是由三亚市天涯区管委会以政府财政和银行贷款自行投资建设的，由上海中锦建设集团股份有限公司承建。天阔公司所称接受天河公司转让股权的爱地公司、富丽达公司在取得行政许可之后短短一年多的时间里就为建设安置房工程支付了3.1亿元的工程进度款，没有事实依据。

本院再审审查查明的其他事实与一审、二审查明的事实相同。

根据当事人再审申请请求及答辩，本案的争议焦点为：一、天阔公司是否系海联公司与天河公司共同设立的项目公司；二、邢坚、邢伟是否代海联公司持有天阔公司的股权；三、邢坚、邢伟转让其在天阔公司的23.8%股权，能否产生海联公司在《合作项目合同书》中权利义务消灭的法律后果以及海联公司是否有权解除《合作项目合同书》，

并要求天阔公司将"天阔广场"土地及项目开发权、项目建设主体返还并变更为海联公司。

一、关于天阔公司是否系海联公司与天河公司共同设立的项目公司的问题

本院认为,根据查明的事实,2007年4月23日,海联公司与天河公司签订《合作项目合同书》,约定:海联公司提供46.5亩建设用地及项目开发权,天河公司提供全部建设资金合作开发房地产项目,所建成的商品房销售收入,按海联公司23.8%,天河公司76.2%的比例分配;为保障双方权益及便于管理,双方同意就本项目开发组成具备独立法人资格的项目有限责任公司。项目公司注册资本为1000万元,海联公司出资238万元,占23.8%股权,天河公司出资762万元,占76.2%股权,海联公司应缴的出资由天河公司代付。但随后,双方并未按照《合作项目合同书》的约定成立项目公司,而是借用了早在2006年10月16日即已设立的天阔公司作为合作开发的项目公司。根据天阔公司的工商注册登记显示,天阔公司注册资金1000万元,全部为货币出资,股东为天河公司和三个自然人,其中天河公司出资687万元,占68.7%股权;王家金出资75万元,占7.5%股权;邢坚出资138万元,占13.8%股权;邢伟出资100万元,占10%的股权。为履行《合作项目合同书》的约定,2007年5月9日,海联公司和天河公司联合致函三亚市发展和改革局,请求将三亚市政府原决定由海联公司与世英公司开发建设的"世英花园"项目业主变更为天阔公司,项目名称也变更为"天阔广场"。同年5月11日,三亚市发展和改革局批准将"世英花园"的项目名称变更为"天阔广场",业主变更为天阔公司。随后,根据海联公司的申请,"天阔广场"项目的《建设规划许可证》《拆迁许可证》等政府批文全部变更为天阔公司。2008年4月1日,海联公司又致函三亚市政府,承诺将三亚市政府尚未兑现的三亚金融开发

区投资补偿权益转让给天阔公司。根据该承诺,海口仲裁委于2009年2月2日裁决将海联公司与三亚市政府之间的投资补偿合同关系及三亚市政府向海联公司协议出让土地,变更为三亚市政府与天阔公司之间的投资补偿关系,三亚市政府向天阔公司协议出让天阔广场项目土地使用权。至此,海联公司完成了《合作项目合同书》约定的义务,天阔公司成为海联公司与天河公司合作开发建设"天阔广场"的项目公司。虽然天阔公司承担了"天阔广场"项目的开发建设职能,但天阔公司并非是由海联公司与天河公司按照《合作项目合同书》约定共同设立的合作开发项目公司,其只是被海联公司和天河公司为合作开发"天阔广场"而借用的一个项目公司,从其成立的时间和股东构成也可得到进一步证实。天阔公司成立于2006年10月16日,股东为天河公司和邢坚、邢伟、王家金;而海联公司与天河公司签订《合作项目合同书》则是在2007年4月23日,合作方为海联公司与天河公司。据此,可以认定,天阔公司并非是由海联公司和天河公司共同设立的项目公司。

尽管海联公司在起诉状中也自认天阔公司系其与天河公司共同成立的项目公司,而且在后期海联公司致三亚市发展和改革局《关于变更"世英花园"项目和项目业主的请示》声明、海联公司向海口仲裁委员会提交的《承诺书》中等均声明天阔公司是其与天河公司共同设立的项目公司,但正如海联公司在声明中所称,海联公司与天河公司联合投资,成立了天阔公司作为项目公司,项目由天阔公司投资建设和经营管理,请求将该项目的用地选址意见和《建设用地规划许可证》办理到天阔公司名下,以便项目的顺利开发。这恰恰说明,天阔公司是海联公司与天河公司为便于合作项目的顺利开发而借用天阔公司作为项目公司,海联公司是在按照《合作项目合同书》的约定履行义务。如何认定天阔公司是海联公司与天河公司共同设立

的项目公司，应当依据《公司法》的规定，而不应仅仅凭借当事人的自认。根据《公司法》关于有限责任公司设立的规定看，设立有限责任公司应由全体股东指定的代表或者共同委托的代理人向公司登记机关报送登记申请书、公司章程、验资证明等文件，申请设立登记；股东应当按期足额缴纳公司章程中规定的各自认缴的出资额；有限责任公司成立后，应当向股东签发出资证明书。而天阔公司并非是海联公司与天河公司申请设立的，也没有共同制定天阔公司的章程，没有按章程缴纳出资，天阔公司也没有向海联公司签发出资证明书，更没有将海联公司登记在天阔公司的股东名册上。如果认定天阔公司为海联公司与天河公司共同设立，天阔公司的工商注册股东就应当是海联公司与天河公司，即便如海南高院所认定的，天阔公司股权登记在邢坚、邢伟名下是和天河公司共同商量的，那么天阔公司的另一个股东王家金又是如何成为海联公司与天河公司合作项目的成员。尽管天阔公司作为开发天阔广场的项目公司，是各方当事人均认可的客观事实，并承担了合作项目公司的职能，但不能就此认定天阔公司是海联公司与天河公司共同设立的项目公司，三亚中院和海南高院认定天阔公司是海联公司与天河公司共同设立的项目公司显属不当。即便如海南高院判决所认定的天阔公司是海联公司与天河公司共同设立的项目公司，但天阔公司也仅是天河公司与海联公司双方按照《合作项目合同书》约定为进行天阔广场项目合作开发，履行各自权利义务的载体，并非是《合作项目合同书》的合同主体，更不是海联公司、天河公司在合作开发协议中的合同相对方。

二、关于邢坚、邢伟是否代海联公司持有天阔公司股权的问题

本院认为，根据《公司法》的规定，股东资格的认定是以工商登记和股东名册进行确认。本案事实表明，天阔公司的股东是天河公司、邢坚、邢伟、王家金，没有海联公司。即便邢坚、邢伟应认缴的238万元天阔公司注册资金为天河公司法定代表人高彪代付，但这仅是高彪与邢坚、邢伟之间的债权债务关系，不能就此否认邢坚、邢伟没有出资，否定其公司股东资格。虽然《合作项目合同书》第六章第一款有项目公司注册资本中海联公司出资238万元占公司股权的23.8%股权，海联公司应缴付的出资由天河公司代付的约定，但这是海联公司与天河公司之间的约定，况且海联公司与天河公司根本没有按照《合作项目合同书》的约定申请设立项目公司。天河公司法定代表人高彪代邢坚、邢伟出资是天河公司、邢坚、邢伟、王家金四方在设立天阔公司过程中发生的债权债务关系，不能据此认定邢坚、邢伟不实际缴付238万元注册资金而享有天阔公司23.8%的股权，系海联公司在《合作项目合同书》中的权利，海联公司既没有向天阔公司缴纳注册资金，更不能成为天阔公司的股东，其所享有的23.8%权益是依据《合作项目合同书》对合作项目"天阔广场"的利益分配比例，而非天阔公司的股东权。既然海联公司非天阔公司股东，也没有委托邢坚、邢伟代为持股的事实，就不能认定邢坚、邢伟在天阔公司的股权是代海联公司持股。三亚中院、海南高院仅仅以邢坚作为海联公司的法定代表人，是实际控制人，在履行合作开发"天阔广场"项目过程中的一系列行为，而认定海联公司已形骸化，海联公司与邢坚本人之间已构成人格混同，从而判定邢坚、邢伟系代海联公司持有天阔公司23.8%股权，没有事实和法律依据。公司是否已经形骸化，公司与股东之间是否构成人格混同，应严格按照法律关于公司法人终止、股东是否滥用权利、是否在财产、业务、人员等多方面出现混同等因素进行判定。从本案事实看，海联公司并不存在形骸化和公司与股东人格混同的情形。邢坚、邢伟所持有的天阔公司23.8%的股权不能视为海联公司在《合作项目合同书》中的合同权益，海联公司是否为

天阔公司的股东，不影响其在《合作项目合同书》中所应享有的权利。

三、关于海联公司是否有权解除《合作项目合同书》，并要求天阔公司将其依据海口仲裁委员会（2008）海仲裁字第249号《裁决书》确定的第2项权利和义务、"天阔广场"土地及项目开发权、项目建设主体返还并变更为海联公司的问题

本院认为，本案是海联公司与天河公司基于《合作项目合同书》而发生的合作开发纠纷。根据前述，天阔公司只是天河公司与海联公司双方按照《合作项目合同书》约定为开发天阔广场项目而借用的合作项目载体，不是涉案合作开发合同的相对方，海联公司无论是否为天阔公司的股东，均不影响其在《合作项目合同书》中所享有的收益权。海联公司对天阔广场项目所享有的23.8%房地产利益分配权，是依据其与天河公司双方所签订的《合作项目合同书》约定，以三亚市政府补偿给其的项目开发权以及46.5亩建设用地使用权投入项目公司，获取的23.8%房地产利益分配比例；而邢坚、邢伟是以出资238万元取得天阔公司的23.8%股权，不是同一法律关系，邢坚、邢伟将其所持的天阔公司23.8%的股权转让给天河公司是天阔公司股东之间产生的股权转让法律关系，与海联公司在《合作项目合同书》中所享有的23.8%房地产利益分配比例没有关系，不能以海联公司在天阔公司不享有股权，就认定其退出了天阔广场项目。按照《合作项目合同书》的约定，海联公司以三亚市政府补偿给其的项目开发权以及46.5亩建设用地使用权投入项目公司，并通过仲裁裁决的方式将天阔广场项目裁决给了天阔公司，这是海联公司履行《合作项目合同书》约定的义务，并非是向天阔公司的出资。根据合同相对性原则，《合作项目合同书》是海联公司与天河公司之间签订的合作合同，在海联公司与天河公司双方当事人没有就合同解除终止达成一致的情况下，三亚中院、海南高院以邢坚、邢伟

转让了代海联公司在天阔公司所持股权，并已将46.5亩土地投入了项目公司，来认定海联公司已退出合作项目，不享有任何权利，没有法律事实和法律依据。《合作项目合同书》是双方当事人的真实意思表示，没有违反法律、行政法规的强制性规定，合法有效，在没有经过依法依约解除、终止的情况下，海联公司有权主张解除合同并要求天阔公司将"天阔广场"土地及项目开发权返还并变更主体为海联公司。

如上所述，天阔公司作为项目公司，是海联公司与天河公司为共同履行各自在《合作项目合同书》权利义务的载体，按照约定，海联公司将"天阔广场"项目开发权及三亚市政府给海联公司的46.5亩土地投资补偿权变更到天阔公司的名下，完成了《合作项目合同书》项下的义务，但该义务并非是向天阔公司的出资，不构成天阔公司法人财产权；而天河公司则应按照约定履行项目开发的全部建设资金。但根据一审、二审、再审查明的事实，按照海南省三亚市房产管理局2007年8月31日颁发的三房拆许（2007）第03号《房屋拆迁许可证》明确要求，在2008年9月必须完成拆迁建筑面积30468㎡，但天河公司未完成。2008年7月20日，三亚市住房保障和房产管理局批准其延期完成拆迁，并签发新的《房屋拆迁许可证》，要求在2009年7月20日前完成全部拆迁任务，但天河公司仍未能完成。大河公司投入的拆迁资金约2000万元（含时运大酒店拆迁补偿款），仅完成拆迁量的20%。针对一审判决认定的以上事实，各方当事人均没有上诉。二审判决在事实认定上对一审判决认定的事实予以确认。但二审判决随后在没有新的证据和事实的情况下，又认定"天河公司向天阔公司投入一定的资金，并完成一定的拆迁工作，履行了合同约定的主要义务"，该项事实认定缺乏证据证明，更与其在事实认定部分已确认的事实相悖，事实认定错误。

2009年7月13日，丽源公司成立，7月

23 日，未经海联公司同意，天河公司即与丽源公司签订《股权转让协议》，将其持有的天阔公司 70.5％ 的股权转让给丽源公司；同日，王家金也与丽源公司签订《股权转让协议》，将其持有的 5.7％ 股权转让给丽源公司。同年 8 月 31 日，丽源公司又与爱地公司、富丽达公司签订《股权转让合同》，将其持有的天阔公司股权全部转让给爱地公司和富丽达公司。

天河公司从 2009 年 7 月 13 日丽源公司成立，到 23 日未经海联公司同意将其持有的天阔公司 70.5％ 的股权转让给丽源公司后，再没有向天阔广场项目进行投资，该行为表明已不再履行《合作项目合同书》约定的义务；而在同年 8 月 31 日，丽源公司再次将其持有的天阔公司股权全部转让给爱地公司和富丽达公司后，后续的股东至今也没有完成天阔广场项目的拆迁安置工作。而且在海联公司得知天河公司转让其所持天阔公司股权的情况后，向天河公司及受让公司股权的丽源公司、爱地公司、富丽达公司发函，建议新承接天阔广场项目权利义务的股东召开会议以落实完善补充合同条款及安排下步投资开发等事宜，而天河公司、丽源公司、爱地公司、富丽达公司没有回应，拒绝承认海联公司在《合作项目合同书》中的权利，也不承认海联公司享有天阔广场 23.8％ 的分配权，2009 年 11 月 18 日，海联公司向天河公司发出《通知书》，解除《合作项目合同书》。

根据上述事实，在天河公司未经海联公司同意即将所持天阔公司股权转让给丽源公司、丽源公司又很快再次将其受让的股权转让给爱地公司和富丽达公司后，以及天阔公司的后续股东不仅没有按照约定进行投资完成拆迁工作，而且也拒绝与海联公司进行协商等行为，充分表明天河公司已不再履行与海联公司所签订的《合作项目合同书》所约定的义务。从本案查明的事实看，由于天河公司迟延履行合同义务，后续股东也没有按

约完成拆迁安置工作，天阔广场项目目前仍处于停滞状态，致使海联公司在《合作项目合同书》中的合同目的不能实现。天河公司不但明确表示，而且以其行为表明不再履行《合作项目合同书》约定的义务，其行为已构成根本违约。根据《合同法》第九十四条第（二）、（四）项、第九十七条的规定，海联公司请求解除《合作项目合同书》，返还"天阔广场"项目的开发权和土地使用权的诉讼请求，于法有据，应予支持。

综上，海南省三亚市中级人民法院、海南省高级人民法院的判决认定事实不当，适用法律错误。本院根据《中华人民共和国民事诉讼法》第二百零七条、第一百七十条第一款第（二）项，《中华人民共和国合同法》第九十四条第（二）、（四）项、第九十七条之规定，判决如下：

一、撤销海南省高级人民法院（2012）琼民一终字第 51 号民事判决；

二、撤销海南省三亚市中级人民法院（2010）三亚民一初字第 26 号民事判决；

三、解除海南海联工贸有限公司与海南天河旅业投资有限公司签订的《合作项目合同书》；

四、三亚天阔置业有限公司在本判决生效之日起三个月内，将其名下的"天阔广场"项目开发权和土地使用权返还变更至海南海联工贸有限公司。

一审案件受理费 291800 元和二审案件受理费 291800 元由海南天河旅业投资有限公司负担。

本判决为终审判决。

审　判　长　×××
代理审判员　×××
代理审判员　×××
二〇一五年十月十一日
书　记　员　×××

四川省聚丰房地产开发有限责任公司与达州广播电视大学合资、合作开发房地产合同纠纷案

《最高人民法院公报》2014 年第 10 期

【裁判摘要】

根据《中华人民共和国物权法》的规定，不动产物权应当依不动产登记簿的内容确定，不动产权属证书只是权利人享有该不动产物权的证明。行政机关注销国有土地使用证但并未注销土地登记的，国有土地的使用权人仍然是土地登记档案中记载的权利人。国有土地使用权转让法律关系中的转让人以国有土地使用证被注销、其不再享有土地使用权为由主张解除合同的，人民法院不应支持。

最高人民法院
民事判决书

(2013) 民一终字第 18 号

上诉人（一审原告）：四川省聚丰房地产开发有限责任公司，住所地四川省达县南外镇开发区二号南北干道鸿福新村一楼 19 号。

法定代表人：廖坡，该公司总经理。

委托代理人：周忻，四川金世达律师事务所律师。

委托代理人：张兴剑，北京市君致律师事务所律师。

被上诉人（一审被告）：达州广播电视大学（达州财贸学校），住所地四川省达州市通川区金山南路 183 号。

法定代表人：张永霞，该校校长。

委托代理人：唐隆茂，四川法之缘律师事务所律师。

委托代理人：陈光健，四川奥飞律师事务所律师。

上诉人四川省聚丰房地产开发有限责任公司（以下简称聚丰公司）与被上诉人达州广播电视大学（达州财贸学校）（以下简称电大财校）合资、合作开发房地产合同纠纷一案，四川省高级人民法院于 2012 年 10 月 24 日作出 (2012) 川民初字第 11 号民事判决。聚丰公司不服该判决，向本院提起上诉。本院依法组成合议庭，于 2013 年 2 月 28 日开庭审理了本案。聚丰公司的法定代表人廖坡，委托代理人周忻、张兴剑，电大财校的委托代理人唐隆茂、陈光健到庭参加诉讼。本案现已审理终结。

一审法院经审理查明：2001 年 12 月 7 日，达州市政府向电大财校发出达市府土函 [2001] 75 号《关于同意达州广播电视大学原划拨用地补办土地出让手续的批复》，同意该校位于四川省达州市通川区西外镇金山路与南北十道交汇处的划拨用地 18681.15 平方米补办土地出让手续，要求该校与达州国土局签订土地出让合同，并申请办理土地变更登记手续。

2001 年 12 月 12 日达州国土局颁发达州市国用（2001）字第 3683 号《国有土地使用权证》载明：土地使用者电大财校，坐落四川省达州市通川区西外镇金山路西侧与南北干道交汇处，地号 G/12/145－2，用途企建用地，使用权类型出让，使用权面积 18681.15 平方米。

2002 年 6 月达州国土局颁发《土地他项权利证明书》主要载明：权利人中国农业银

行达州市分行营业部，义务人电大财校，坐落四川省达州市通川区西外镇金山路西侧与南北干道交汇处，地号 6/12/145－2，使用权类型出让，他项权利种类及范围设定抵押权：1. 土地证书号：达州市国用（2001）字第 3683 号；2. 抵押面积：18681.15 平方米；3. 抵押金额 1100 万元整；4. 抵押期限：3 年（2002 年 6 月 13 日至 2005 年 6 月 12 日）。设定期限 2002 年 6 月 13 日。存续期限 3 年，终止日期 2005 年 6 月 12 日。

2005 年 1 月 30 日电大财校通过招商引资形式与聚丰公司签订《引资协议书》，将四川省达州市通川区西外镇金山路与南北干道交汇处面积约 18 亩土地使用权作价投资与聚丰公司合作建设。

2005 年 3 月 15 日电大财校与聚丰公司签订《联合开发投资新建西外校区临街部分协议书》约定：电大财校以四川省达州市通川区西外镇金山路与南北干道交汇处面积约 8422m² 性质为商住用地的土地（道路规划发生变化的新增土地约 12 亩，原达市府土函 [2001] 75 号批复的土地下剩约 6 亩）的使用权作为投资，不承担项目投资盈亏风险及销售之责，聚丰公司筹集工程建设所需的资金，并负责工程的开发建设及房地产销售。

2005 年 9 月 23 日电大财校向达州市政府提交达州电大校发（2005）17 号《关于改变土地用途的请示》主要载明：该校分三次在四川省达州市通川区西外镇征地 63.12 亩，其中 35.12 亩由划拨变为出让地 28 亩（根据抵押贷款要求）。因达州市政府的规划调整，致使电大财校在四川省达州市通川区西外镇的新基地临金山路和南北干道边沿 10 余亩土地（含道路占地）未被综合利用。为充分发挥土地资源的最大效益，经电大财校研究，将这 10 余亩土地由教育用地改变为商住综合用地，综合利用。

2005 年 11 月 3 日达州教育局、达州国土局、达州规建局向达州市政府提交达市国土资发 [2005] 350 号《关于市电大西外新校区部分用地改变性质的请示》主要载明：根据达州市政府领导批示，现请示如下：电大财校在四川省达州市通川区西外镇分三次征地 63.12 亩建新校区，经过 7 年建设，新建了教学楼等，篮球场等设施正在通过招商的办法筹集资金建设。2002 年达州市政府对四川省达州市通川区西外镇南北干道南延线道路线路走向进行了调整，电大财校新增加用地约 8400 平方米，并按划拨地价补交了使用费。2001 年底新校区全面启动建设以来，电大财校报经达州市政府同意后，通过招商引资筹集资金。按照中国农业银行达州市分行要求，出让取得的土地才能抵押贷款，达州市政府以达市府土函 75 号文件同意电大财校补办 28 亩土地由划拨变为出让的手续，获得了 2000 万元贷款。现电大财校再次申请对划拨土地约 12 亩补交土地出让金，土地用途变更为商住用地，作为申请贷款抵押物。鉴于电大财校已通过划拨取得了约 12 亩土地使用权，特建议：1. 同意将土地用途调整为商住用地。2. 鉴于南北干道道路线形走向调整，新增加的约 12 亩已划拨给电大财校使用，由于用地形状呈楔形无法单独使用，建议参照该地块相邻地块拍卖成交价补交土地出让金，依法办理土地变更手续。

2006 年 1 月 11 日达州市政府向达州教育局、达州国土局、达州规建局发出达市府函 [2006] 6 号《关于同意达州广播电视大学部分划拨用地补办土地出让手续的批复》主要载明：达市国土资发 [2005] 350 号收悉，经达州市政府研究，现批复如下：一、同意电大财校位于四川省达州市通川区西外镇金山路与南北干道交汇处已取得划拨土地使用权、面积为 8422 平方米的土地依法办理土地出让手续。用地范围以 2005 年 5 月四川省达州市国土勘测规划队 2005－189 号《宗地图》为准。二、该宗土地由电大财校依法补办土地出让手续。土地出让金参照相邻地块拍卖成交价进行补交，补差价格要公正合理并报达州市政府批准。

2007年1月11日达州市政府向达州国土局发出达市府函〔2007〕3号《关于达州广播电视大学补办土地出让手续的批复》主要载明：同意电大财校补办四川省达州市通川区西外镇金山路与南北干道交汇处8056.20平方米出让手续，并补交土地出让金。同意四川锦都恒缘实业有限公司将出让土地使用权365.80平方米转让给电大财校。用地范围均以2005年5月四川省达州市国土勘测规划队2005－189号《宗地图》为准。

2007年3月7日达州市政府向电大财校颁发达州市国用（2007）第01499号《国有土地使用证》坐落四川省达州市通川区西外镇金山路与南北干道交汇处，地号7/7/2－500，图号2005－189，地类商住综合用地，使用权类型出让，使用权面积8422㎡。

2008年1月28日达市府阅〔2008〕6号《研究达州电大和财贸校临街出让土地化解学校债务的会议纪要》主要载明：会议要求（一）电大财校临街出让土地开发化解学校债务事宜是在原电大财校已同开发商签订合同并由该开发商全额交付土地出让金的基础上形成的，与一般的开发项目有着本质的区别。各相关职能部门要确保该项目的顺利实施。（二）根据达州市政府领导的要求，由电大财校与开发商再洽谈一次，尽力为学校争取更大的收益。（三）以电大财校为主体及早拟订合作合同。

2008年3月15日电大财校与聚丰公司签订《合作开发协议书》主要载明：为化解电大财校债务，根据达市府阅〔2008〕6号《研究达州电大和财贸校临街出让土地化解学校债务的会议纪要》精神，双方达成如下协议。一、合作开发项目名称：学府铭苑。二、项目地址：四川省达州市通川区西外镇金山南路与南北街道交汇处。三、项目规模：按达州市政府批准的电大财校《校园总体规划调整方案》，临街开发建设规模129800平方米（包括电大财校享有的6200平方米教学用房。四、合作方式：电大财校以达州市政府批准

的《校园总体规划调整方案》及学校临街开发的出让土地使用权作为投资，聚丰公司以现金全额投资并独立开发建设学府铭苑。五、电大财校的权利和义务：1. 电大财校有权按约定获取开发效益，且不承担项目开发建设风险。4. 将达州市政府批准的《校园总体规划调整方案》中的由聚丰公司独自开发部分的土地使用权转让至聚丰公司名下。5. 确保聚丰公司项目建设规模达到129800平方米。若因规划变更导致建设规模增减，增减幅度在2％以内（含2％），电大财校收益不变；增减幅度超过2％，电大财校的收益则相应的按同比例增减。7. 协助配合聚丰公司办理土地过户等相关手续。六、聚丰公司的权利和义务：1. 有权按约定享有开发效益。2. 有权按达州市政府批准的电大财校《校园总体规划调整方案》受让电大财校临街土地使用权。3. 有权自主开发、自主销售、独自承担开发建设风险。4. 确保完成设计图纸要求的建设规模129800平方米，并按约兑现电大财校利益。八、利益分配：1. 电大财校按约定分享的开发利益：①2500万元人民币；②6200平方米的教学用房（2900平方米的图书馆、实验楼和3300平方米的学生公寓）；③200米塑胶环形跑道运动场，建设资金200万元，不足200万元由聚丰公司向电大财校补足，超出200万元由电大财校支付超出部分。2. 聚丰公司享有受让的土地使用权和支付电大财校所得的开发利益后的剩余利润。九、双方利益实现方式：1. 电大财校享有人民币2500万元收益由聚丰公司按以下方式支付：聚丰公司在合同签订后土地使用权过户前向电大财校首付500万元人民币现金；首付款付清后的6个月内聚丰公司向电大财校再付款500万元人民币现金，自首付款付清后18个月内聚丰公司向电大财校再付款500万元人民币现金，保证电大财校享有的2500万元人民币兑现总额达到2300万元。剩余200万元聚丰公司在首付款付清后24个月内付清电大财校。3. 聚丰公司的利益在兑现电大财校利益

并缴纳了开发建设有关税费后实现，并按约定受让土地使用权。4. 办理土地使用权转让期限，电大财校在聚丰公司付清首付款后二十日内办理土地使用权过户手续。十、双方的其他约定：1. 聚丰公司未按照本合同第九条第一款约定按期兑现电大财校利益，则视为违约，电大财校可解除合同。5. 本协议为双方合作开发之正式合同文本，电大财校与聚丰公司在此之前签订的相关协议与本协议不一致的，以本协议为准。双方合同还约定了图纸及工期、违约责任等内容。

2011 年 5 月 9 日电大财校向聚丰公司发出达电大财校函〔2010〕3 号《解除函》主要载明：2010 年 6 月 22 日达州市政府召开专题会议，对学校临街出让土地实行阳光操作，以招拍挂方式公开进行交易。因此，学校已无法履行《合作开发协议书》，并决定解除此协议，请贵公司尽快派人到电大财校办理相关手续，开展清算工作，理清账务，处理善后事宜。

2011 年 11 月 17 日达州市政府在《达州日报》刊登《关于注销土地使用证的公告》主要载明：根据《中华人民共和国城市房地产管理法》（以下简称《城市房地产管理法》）等法律法规的规定及 2011 年 10 月 27 日市政府专题会议精神，决定注销市广播电视大学Ⅱ F3－1—　b 地块内达州市国用〔2007〕第 01499 号、达州市国用〔2001〕第 3683 号土地使用证，达州市国用〔2007〕第 01499 号、达州市国用〔2001〕第 3683 号土地使用证作废。

一审诉讼中，2012 年 4 月 27 日电大财校向聚丰公司发出达电大校发〔2012〕25 号《解除通知》，以聚丰公司未按期支付 500 万元首付款、达州市政府不予批准《校园规划整体方案》导致合同无法履行、达州市政府要求收回土地为由，通知解除合同。

一审庭审中，电大财校确认聚丰公司在签订《合作开发协议书》后已付款为 5717000 元。

2012 年 9 月 14 日、26 日，一审法院就双方签订的《合作开发协议书》已不能履行，聚丰公司是否变更诉讼请求问题组织双方到庭，向聚丰公司进行释明。聚丰公司当庭向一审法院提交一份其于 2012 年 9 月 20 日作出的《关于是否变更诉讼请求的说明》，明确表示不变更诉讼请求。同时向一审法院提交两份《民事起诉状》，均注明"复印属实 2012 年 9 月 20 日"，并加盖有四川省达州市中级人民法院印章。拟证明其在法定期限内已向法院提起诉讼主张权利，请求继续履行合同。其中一份《民事起诉状》系聚丰公司于 2010 年 5 月 11 日向四川省达州市中级人民法院出具，另一份系聚丰公司于 2011 年 11 月 6 日向一审法院出具。两份《民事起诉状》载明起诉请求均为：请求确认聚丰公司与电大财校于 2008 年 3 月 15 日签订的《合作开发协议书》合法有效，并判决电大财校严格履行合同约定。

电大财校认为该证据不能证明聚丰公司在法定的异议期限内已向法院提起诉讼主张权利，不能证明其主张。并明确表明拒绝对聚丰公司超出法定期限提交的上述证据予以质证。

聚丰公司于 2012 年 2 月 28 日向一审法院提起诉讼，请求：1. 判令电大财校因单方解除与聚丰公司于 2008 年 3 月 15 日签订的《合作开发协议书》给聚丰公司造成的经济损失 11200 万元（前期投入约 3200 万元，最低预期利益 8000 余万元）；2. 诉讼费由电大财校承担。2012 年 3 月 7 日，聚丰公司向一审法院提交《变更诉讼请求申请书》载明：因聚丰公司前期在此项目投入资金数额巨大，解除合同将会造成重大经济损失，故申请将原诉讼请求第一项变更为：判令电大财校立即全面履行与聚丰公司于 2008 年 3 月 15 日签订的《合作开发协议书》，确定规模为 129800 平方米的合作开发项目（前期投入约 3200 万元，预期利益最低不少于 8000 余万元）。

电大财校答辩称：1. 电大财校与聚丰公

司签订的《合作开发协议书》约定电大财校只享有收益，不承担风险，该协议应为土地使用权转让合同，该转让行为因违反了法律的强制性规定而无效。2. 假定双方签订的《合作开发协议书》没有违反法律的强制性规定，电大财校也有权按约行使解除权。聚丰公司未按协议第九条第一项的约定付清2300万元价款，故按约应解除《合作开发协议书》。3. 假如《合作开发协议书》有效，电大财校也有权解除。达州市政府已决定将该宗土地收回整体处置，使双方的合同目的无法实现，故应解除《合作开发协议书》。且用于合作开发的国有土地使用权证已被达州市政府公告注销，双方无法履行合同，故应解除《合作开发协议书》。

一审法院认为，关于合同性质及合同效力应如何认定问题。根据2008年3月15日电大财校与聚丰公司签订《合作开发协议书》约定的电大财校以达州市政府批准的《校园总体规划调整方案》及学校临街开发的部分土地使用权作为投资，聚丰公司以现金全额投资并独立开发建设学府铭苑，开发利润的分配等内容表明，电大财校与聚丰公司签订的《合作开发协议书》符合合资、合作开发房地产合同的法律特征，系合资、合作开发房地产合同。电大财校认为系土地使用权转让合同纠纷的抗辩理由不能成立，一审法院不予支持。《合作开发协议书》系双方当事人的真实意思表示，不违反法律、行政法规的强制性规定，不损害国家、集体或者第三人的利益，合法有效。

关于双方签订的《合作开发协议书》是否应当继续履行，是否能够继续履行的问题。根据查明的事实，2011年5月9日电大财校以因政府拟对合作开发的土地重新进行拍卖，无法履行合作协议向聚丰公司发出《解除函》，通知聚丰公司解除合同。聚丰公司在《解除函》到达之日起三个月内并未向人民法院或者仲裁机构确认能否解除合同。根据《中华人民共和国合同法》（以下简称《合同法》）第九十六条第一款"当事人一方依照本法第九十三条第二款、第九十四条的规定主张解除合同的，应当通知对方。合同自通知到达对方时解除。对方有异议的，可以请求人民法院或者仲裁机构确认解除合同的效力"以及最高人民法院《关于适用〈中华人民共和国合同法〉若干问题的解释（二）》（以下简称合同法解释二）第二十四条"当事人对合同法第九十六条、第九十九条规定的合同解除或者债务抵销虽有异议，但在约定的异议期限届满后才提出异议并向人民法院起诉的，人民法院不予支持；当事人没有约定异议期间，在解除合同或者债务抵销通知到达之日起三个月以后才向人民法院起诉的，人民法院不予支持"之规定，《解除函》到达聚丰公司时就已发生法律效力，《合作开发协议书》已经解除。况且达州市政府已公告注销了双方合同项下土地的《国有土地使用权证》，在法律上或事实上也不能继续履行合同。为此，根据最高人民法院《关于民事诉讼证据的若干规定》（以下简称民事证据规定）第三十五条第一款"诉讼过程中，当事人主张的法律关系的性质或者民事行为的效力与人民法院根据案件事实作出的认定不一致的，不受本规定第三十四条规定的限制，人民法院应当告知当事人可以变更诉讼请求"的规定，一审法院向聚丰公司释明，告知其可以变更诉讼请求，但聚丰公司明确表明不变更诉讼请求，故一审法院对聚丰公司的诉讼请求予以驳回。

关于聚丰公司在一审法院释明后，向一审法院提供的2010年5月11日、2011年11月6日的《民事起诉状》问题。根据民事证据规定第三十四条第一款、第二款"当事人应当在举证期限内向人民法院提交证据材料，当事人在举证期限内不提交的，视为放弃举证权利。对于当事人逾期提交的证据材料，人民法院审理时不组织质证。但对方当事人同意质证的除外"的规定，电大财校明确拒绝对聚丰公司超过法定举证期限提交的上述证据予以质证，故一审法院不组织质证。一审法院认为，该证据复印件不能证明聚丰公司在法定期限内已向人民法院提起诉讼，也不能证明人民法院在法定期限内对聚丰公司的起诉立案受理的事实。经查证《民事起诉状》载明的起诉请求为确认《合作开发协议书》有效，双方继续履行合同，并不是请求撤销合同解除行为，或者确认解除合同行为无效。聚丰公司提供的两份《民事起诉状》不能证明其主张，一审法院不予采信。

一审法院依照《合同法》第四十四条第一款、第九十六条第一款，合同法解释二第二十四条，民事证据规定第二条、第三十四条第一款、第二款、第三十五条第一款，《中华人民共和国民事诉讼法》第九条、第一百三十八条之规定，判决：驳回聚丰公司的诉讼请求。案件受理费 601800 元，由聚丰公司负担。

聚丰公司不服一审判决，向本院提起上诉称，1. 电大财校解除合同的理由既非约定，也不符合法律规定，其在诉讼中的合同解除行为否定了诉讼前的解除行为，双方合同并未解除，应当继续履行；2. 聚丰公司已经依法向达州市中级人民法院提起诉讼，一审法院对此不予确认，认定事实不清，适用法律错误；3. 双方之间的合作关系不止表现为《合作开发协议》，即使《合作开发协议》解除，也不能终止双方合作开发房地产的权利义务；4. 达州市政府无权收回双方合同项下的土地使用权，更无权注销该土地的国有土地使用证，其违法侵权行为最多只是中止而不是终止合同履行，且涉案土地使用权仍然在电大财校名下，该土地保持现状，双方合同没有到无法履行的程度；5. 电大财校和达州市政府违反诚实信用原则，应当受到法律制裁。故请求：1. 撤销（2012）川民初字第 11 号民事判决；2. 判令电大财校立即全面履行与聚丰公司 2008 年 3 月 15 日签订的《合作开发协议书》；3. 一、二审诉讼费用由电大财校承担。

电大财校答辩称，1. 双方签订的《合作开发协议书》性质是土地使用权转让合同，该合同违反了《国有资产评估管理办法》第三条第（一）项、《城镇国有土地使用权出让和转让暂行条例》第十九条、《城市房地产管理法》第三十九条，且该土地使用权没有通过招、拍、挂的方式转让，也违反了《事业单位国有资产管理暂行办法》第二十八条的规定，因此，该合作开发协议应当认定无效；2. 聚丰公司没有在收到电大财校《解除合同函》之日起三个月内对该解除函提出异议并向人民法院起诉，如果人民法院认定协议有效，电大财校解除《合作开发协议书》符合约定解除权和法定解除权的条件；3、达州市国土资源局向电大财校发出了收回土地的函告，达州市政府已经依法注销了合作开发的土地使用证，而用于合作开发的土地在政府出让的批文中已经明确仅用于抵押给银行贷款不能用于其他目的，且合作开发协议内容一直没有获政府相关部门受理，达州市政府 2010 年 6 月 22 日的专题会议上明确决定电大财校不能与任何单位和个人进行房地产合作开发，因此，合作开发协议已经无法实际履行。

本院二审另查明，二审诉讼期间，涉案土地的土地登记档案载明的权利人为达州市广播电视大学。

本院认为，本案当事人争议的焦点问题是：1.《合作开发协议书》性质和效力问题；2.《合作开发协议书》是否解除；3.《合作开发协议书》能否继续履行。

（一）关于合同性质和效力问题。

本院认为，涉案合同虽然冠以"合作开发协议书"之名，但合同中明确约定电大财校只享有固定开发收益，不承担开发经营的风险。根据最高人民法院《关于审理涉及国有土地使用权合同纠纷案件适用法律问题的解释》第二十四条"合作开发房地产合同约定提供土地使用权的当事人不承担经营风险，只收取固定利益的，应当认定为土地使用权转让合同"的规定，《合作开发协议书》性质为土地使用权转让合同。一审法院关于合同性质的认定有误，本院予以纠正。

根据最高人民法院《关于适用〈中华人民共和国合同法〉若干问题的解释（一）》第四条"合同法实施以后，人民法院确认合同无效，应当以全国人大及其常委会制定的法律和国务院制定的行政法规为依据，不得以地方性法规、行政规章为依据"的规定，以及合同法解释二第十四条关于"合同法第五十二条第（五）项规定的'强制性规定'，是指效力性强制性规定"的规定，因"违反法律、行政法规的强制性规定"而无效的合同，是指违反了法律、行政法规中的效力性强制性规定，法律、行政法规中的管理性强制性规定不能作为认定合同无效的依据。本案中，电大财校主张合同无效的理由是《合作开发协议书》违反了《国有资产评估管理办法》第三条第（一）项、《招标拍卖挂牌出让国有建设用地使用权规定》《事业单位国有资产管理暂行办法》第二十八条，以及《城镇国有土地使用权出让和转让暂行条例》第十九条、《城市房地产管理法》第三十九条第二项的规定，但《国有资产评估管理办法》《招标拍卖挂牌出让国有建设用地使用权规定》和《事业单位国有资产管理暂行办法》系行政规章，而《城市房地产管理法》第三十九条第二项、《城镇国有土地使用权出让和转让暂行条例》第十九条为法律、行政法规中的管理性强制性规定，均不能作为认定合同无效的依据。电大财校关于合同无效的主张，缺乏法律依据，本院不予支持。聚丰公司和电大财校之间订立的《合作开发协议书》是双方当事人真实的意思表示，不违反法律、行政法规的强制性规定，合同有效。

（二）关于《合作开发协议书》是否解除问题。

本院认为，根据《合同法》第九十三条的规定，"当事人协商一致，可以解除合同。当事人可以约定一方解除合同的条件。解除

合同的条件成就时，解除权人可以解除合同"。第九十四条规定，"有下列情形之一的，当事人可以解除合同：（一）因不可抗力致使不能实现合同目的；（二）在履行期限届满之前，当事人一方明确表示或者以自己的行为表明不履行主要债务；（三）当事人一方迟延履行主要债务，经催告后在合理期限内仍未履行；（四）当事人一方迟延履行债务或者有其他违约行为致使不能实现合同目的；（五）法律规定的其他情形"。本案中，双方在《合作开发协议》第十条中约定电大财校可以解除合同的条件为，"在乙方（聚丰公司）未按照本合同第九条第一款约定按期兑现甲方（电大财校）利益"以及"乙方（聚丰公司）违反合同第六条第七款之规定（即不得将本项目整体或部分转让给其他任何单位或个人开发）"。电大财校所主张的政府拟对合作开发的土地重新拍卖、无法履行合作协议的解除合同的理由，并非合同约定的电大财校可以解除合同的条件，也不属于《合同法》第九十四条可以行使法定解除权的情形。《合同法》第九十六条和合同法解释二第二十四条关于合同的约定解除和法定解除权利行使方式和期限的规定，不能适用于本案电大财校通知解除合同的情形。电大财校以《解除函》通知聚丰公司解除合同的行为，不发生解除合同的效力。一审判决根据《合同法》第九十六条和合同法解释二第二十四条的规定认定《合作开发协议书》已经解除，适用法律错误，本院予以纠正。

（三）关于《合作开发协议书》能否继续履行问题。

2011年11月17日，达州市人民政府在《达州日报》刊登《关于注销土地使用证的公告》，注销了涉案土地的国有土地使用证。一审判决据此认定合同在法律上或事实上不能继续履行。电大财校在二审期间亦辩称，达州市国土资源局向其发出了收回土地的函告，达州市人民政府已经注销了土地使用权证，其"不再享有该宗土地使用权"，"双方合作

开发房地产这行为丧失了履行合同的基础和条件，该协议书在客观上已经不能履行"。

本院认为，根据《中华人民共和国物权法》（以下简称《物权法》）第十四条的规定，"不动产物权的设立、变更、转让和消灭，依照法律规定应当登记的，自记载于不动产登记簿时发生效力"；第十七条规定，"不动产权属证书是权利人享有该不动产物权的证明。不动产权属证书记载的事项，应当与不动产登记簿一致；记载不一致的，除有证据证明不动产登记簿确有错误外，以不动产登记簿为准"。上述法律规定表明，不动产权利人的确定，应当以不动产登记簿的记载为依据。达州市人民政府虽然公告注销了作为涉案土地不动产物权证明的国有土地使用证，但并未注销土地登记，且至二审诉讼期间，涉案土地的土地登记档案中载明的权利人仍然是达州市广播电视大学。这一事实说明，达州市人民政府注销国有土地使用证的行为，并未改变涉案土地的权属状况。根据《中华人民共和国城镇国有土地使用权出让和转让暂行条例》第四十二条的规定，"国家对土地使用者依法取得的土地使用权不提前收回。在特殊情况下，根据社会公共利益的需要，国家可以依照法律程序提前收回，并根据土地使用者已使用的年限和开发、利用土地的实际情况给予相应的补偿"。《物权法》第四十二条、第四十四条也对为了公共利益以及因抢险、救灾等紧急需要，依照法律规定的权限和程序可以征收单位、个人的不动产作出规定。但迄今并无证据证明涉案土地已经被依法征收、征用的事实。综上，涉案土地使用权的权属并未发生变化，电大财校仍然是涉案土地使用权的权利人，《合作开发协议书》的履行不存在法律上的障碍，能够继续履行。

关于电大财校提出的涉案土地的政府出让批文中明确表示该宗土地仅用于抵押给银行贷款不能用于其他目的、合作开发协议书无法履行的抗辩，本院认为，2008 年 1 月 28 日达市府阅〔2008〕6 号《研究达州电大和财贸校临街出让土地化解学校债务的会议纪要》的内容已经表明，电大财校与聚丰公司就涉案土地进行合作开发已获达州市人民政府同意，电大财校的此项抗辩无事实依据，本院不予支持。关于电大财校提出的政府不可能受理审批《校园总体规划调整方案》、合作开发协议书不可能履行的抗辩，本院认为，政府是否受理审批《校园总体规划调整方案》系尚未确定的事实，以此作为合同不能实际履行的依据，缺乏事实基础，本院不予支持。

综上所述，一审判决认定事实清楚，但适用法律错误。依照《中华人民共和国民事诉讼法》第一百七十条第一款第（二）项之规定，判决如下：

一、撤销四川省高级人民法院于 2012 年 10 月 24 日作出（2012）川民初字第 11 号民事判决；

二、达州广播电视大学（达州财贸学校）继续履行与四川省聚丰房地产开发有限责任公司 2008 年 3 月 15 日签订的《合作开发协议书》。

一审案件受理费 601800 元、二审案件受理费 601800 元，均由达州广播电视大学（达州财贸学校）负担。

本判决为终审判决。

审　判　长　×××
审　判　员　×××
代理审判员　×××
二○一三年五月二十八日
书　记　员　×××

江西省南昌百货总公司、湖南赛福尔房地产开发公司与南昌新洪房地产综合开发有限公司合资、合作开发房地产合同纠纷案

《最高人民法院公报》2013 年第 01 期

【裁判摘要】

一、在审理合作开发房地产纠纷时，判断争议房屋产权的归属应当依据合作协议的约定以及房地产管理部门的登记情况全面分析。在没有证据证明双方变更了合作协议约定的情况下，一方当事人仅以为对方偿还部分债务或向对方出借款项、对争议房产享有优先受偿权，以及"五证"登记在其名下等事实为由，主张确认全部房产归其所有的，人民法院不予支持。

二、合作双方在签订合作合同之后，合作项目在双方共同努力下得以优化变更，建筑面积在土地面积不变的情况下因容积率变化而得以增加。由于土地价值与容积率呈正相关，提供土地一方的出资部分因容积率增加而增值，其应分获的房产面积亦应相应增加，该方当事人可按照原合同约定的分配比例请求分配新增面积部分。当事人对于应分得但未实际获得的不足部分，如让另一方实际交付已不现实，可根据市场行情认定该部分房产价值，由另一方以支付现金的方式补足该部分面积差。

最高人民法院
民事裁定书

（2011）民申字第 777 号

申请再审人（一审被告、二审上诉人）：南昌新洪房地产综合开发有限公司。住所地：

江西省南昌市民德路 342 号。

法定代表人：廖石花，该公司董事长。

委托代理人：章主恩，该公司员工。

委托代理人：高枫，北京市大都律师事务所律师。

被申请人（一审原告、二审被上诉人）：江西省南昌百货总公司。住所地：江西省南昌市天佑路 5 号。

法定代表人：王杰，该公司总经理。

委托代理人：陈文，该公司副总经理。

委托代理人：严少芳，北京市宝盈律师事务所律师。

被申请人（一审原告、二审被上诉人）：湖南赛福尔房地产开发公司。住所地：湖南省长沙市红旗区一片附一栋。

法定代表人：谭立勋，该公司总经理。

委托代理人：严少芳，北京市宝盈律师事务所律师。

委托代理人：陈文，江西省南昌百货总公司副总经理。

申请再审人南昌新洪房地产综合开发有限公司（以下简称新洪公司）因与被申请人江西省南昌百货总公司（以下简称百货公司）、湖南赛福尔房地产开发公司（以下简称赛福尔公司）合资、合作开发房地产合同纠纷一案，不服江西省高级人民法院（以下简称江西高院）（2010）赣民一终字第 93 号民事判决，向本院申请再审。本院依法组成合议庭对本案进行了审查，现已审查终结。

新洪公司申请再审称：（一）有新证据证

明新洪公司已经买断了争议房产所有权。（二）一、二审判决认定事实错误，缺乏证据证明。1. 现房产证1层实际为架空层0层，不是争议标的楼层，判决认定该层所有权属百货公司错误；2. 现房产证1、2、3层裙楼房产所有权应由新洪公司享有，判决新洪公司支付该部分租金、补足裙楼面积差价缺乏证据证明；3. 整栋国恩大厦房产所有权均属新洪公司所有，一、二审判决认定新洪公司向被申请人补足整幢楼面积差价缺乏证据证明；4. 赛福尔公司与新洪公司无任何关系，且其企业法人营业执照已被吊销，丧失了法人主体资格，其不具备原告主体资格。（三）原判决适用法律错误。现房产证1层的消防通道、公共面积应当由业主共有，一、二审判决认定该部分归百货公司所有属适用法律错误。（四）一、二审判决违反法定程序，影响案件公正审理。1. 本案属不动产纠纷，应由南昌市东湖区人民法院专属管辖；2. 一、二审判决依据另案执行裁定确定产权，使新洪公司对案件实体问题丧失了辩论权利；3. 据以作出二审判决的三份井冈山市人民法院执行裁定已发生变更，原审判决丧失了判决依据和基础；4. 一审法院委托评估程序以及二审法院未采纳新洪公司重新评估申请的做法均违反法定程序。新洪公司根据《中华人民共和国民事诉讼法》第一百七十九条第一款第（一）项、第（二）项、第（六）项、第（七）项、第（十）项、第（十三）项以及第二款的规定申请再审。

百货公司和赛福尔公司提交意见认为：（一）新洪公司提交的证据已经过一、二审质证、认定，不符合再审新证据要求，且上述证据也不能证明新洪公司的诉讼主张。（二）本案一、二审判决认定事实正确，有充分的证据证明。1. 新洪公司实际施工的第1层从始至终就是综合商业用房而不是0层架空层，且有其自行抵押4楼的行为为证；2. 判决确定国恩大厦1-3层裙楼的房产所有权属百货公司正确，所依据的裁定合法有效；3.2001

年江西高院的裁定仅为程序裁定，并未将1-3层权属裁定归新洪公司所有，也不能以"五证"登记情况否定房屋实际所有权。4. 双方并未约定将1-3层裙楼直接抵债给新洪公司，直接抵债违反法律强制性规定。5. 赛福尔公司为产权共有人，主体适格。（三）一、二审判决适用法律正确。消防安全规范同物权产权登记是不同法律关系，国恩大厦已通过消防验收，不违反强制性规定；消防通道公摊问题房管部门已作处理，新洪公司未提起行政诉讼视为放弃权利，且无理由主张对消防通道的产权。（四）一、二审判决程序并无不当。1. 本案管辖正确；2. 井冈山市人民法院的另案裁定已恢复执行，未发生变更；3. 本案鉴定机构主体资格合法，程序正当，评估结果准确。请求驳回新洪公司再审申请。

本院认为，本案双方当事人争议的焦点问题在于：1. 新洪公司提交的证据是否属于新证据，并足以推翻原审判决结果；2. 合同约定由百货公司拥有的裙楼1-3层产权是否已由新洪公司买断，原判认定百货公司享有该争议房产产权是否正确；3. 原审判令新洪公司向百货公司及赛福尔公司支付1-3层裙楼未交付期间的租金是否正确；4. 原审判令新洪公司向百货公司补足裙楼面积差、整楼面积差的市场差价是否正确；5. 赛福尔公司是否享有原告主体资格；6. 原判适用法律是否正确；7. 原审法院是否存在违反法定程序影响公正判决的情形。

第一，关于新证据问题。

新洪公司提供的"新证据"为：1. 江西高院执行部门2001年9月4日、5日召集中国银行及新洪公司进行执行协调的会议纪要；2.2004年10月25日百货公司与新洪公司共同向江西高院递交的《关于要求对中百大厦0层以上1、2层裙楼实行调解处置的申请》；3. 新洪公司为百货公司还款的转账凭证以及百货公司借条若干份。上述三份证据，经审查，第1、2份证据在原审中均已提交并经过质证，不符合新证据的条件，本院不予采纳。

第 3 份证据转账凭证以及借条，百货公司认可在原审中未提交过，但认为上述证据不能证明新洪公司已经买断 1—3 层裙楼的主张，不能推翻原判决。根据最高人民法院《关于适用〈中华人民共和国民事诉讼法〉审判监督程序若干问题的解释》第十条规定，再审中"新的证据"须符合以下三个条件之一：（一）原审庭审结束前已客观存在庭审结束后新发现的证据；（二）原审庭审结束前已经发现，但因客观原因无法取得或在规定的期限内不能提供的证据；（三）原审庭审结束后原作出鉴定结论、勘验笔录者重新鉴定、勘验，推翻原结论的证据。上述转账凭证及借条均发生于 1998 年至 2002 年期间，属原审庭审结束前客观存在的证据，但新洪公司不能说明上述证据属新发现证据或存在因客观原因无法取得、在规定的期限内不能提供的原因，更不属于鉴定结论、勘验笔录等证据，因而上述证据虽在原审未曾提交，但亦不构成新的证据，本院不作为新证据采纳。另外，上述证据除能证明百货公司与新洪公司之间存在代为履行还款责任的法律关系以及借款关系之外，不能证明新洪公司已经买断争议房产产权的诉讼主张，不足以推翻原判决结果。

第二，关于合同约定由百货公司拥有的 1—3 层裙楼是否已由新洪公司买断，原判认定百货公司享有该争议房产产权是否正确的问题。

新洪公司在原审中主张其已经买断争议房产 1—3 层产权，主要依据是百货公司与新洪公司 2001 年 2 月 17 日签订的《补充协议》、2001 年 12 月 17 日签订的《借款协议书》、江西高院执行局 2001 年 9 月 4 日、5 日执行协调会会议纪要、（2001）赣执字第 39—1 号民事裁定书（以下简称 39—1 号裁定）以及合作项目的"五证"（土地使用权证、建设用地规划许可证、建设工程规划许可证、建设工程施工许可证、商品房预售许可证）均登记在新洪公司名下的事实。经审查，《补充协议》约定，为了将中百大厦项目用地从建设

银行贷款和赛福尔公司欠款所涉诉讼而进行的查封中解封出来，新洪公司同意帮助百货公司归还建设银行贷款本息 730 万元，归还赛福尔公司 600 万元，百货公司同意用合同约定其所获裙楼 1、2、3 层由新洪公司售后优先受偿，百货公司须在借款期满后一年内以商场招商收入偿还新洪公司债务；如到期不能归还该款，新洪公司须按百货公司指定的评估机构评估，价格须经百货公司同意并报百货公司主管部门批复同意后，方可收购并处置，总金额超出百货公司借款部分，由新洪公司全部付给百货公司。《借款协议》约定，为了完成项目土地转让手续，新洪公司暂借给百货公司 726 万元，百货公司于 2002 年 12 月 31 日必须归还，如到期不还，百货公司同意用中百大厦所得的第 1、2 层房屋由新洪公司销售后优先受偿等。江西高院执行局的协调会记录，仅有中国银行徐文斌和新洪公司章主恩参加，百货公司并未参加，记录内容并不涉及百货公司与新洪公司协商转让裙楼 1—3 层产权的问题。39—1 号裁定仅叙述了将原查封的项目地块解封、变更查封中百大厦第一层和第二层的事实，并未体现新洪公司买断争议房产 1—3 层的事实。从以上新洪公司所提供的证据来看，《补充协议》和《借款协议》仅能证明：新洪公司与百货公司合作开发房地产过程中，双方为了合作项目能顺利进行，新洪公司同意以借款或为百货公司偿还部分债务的方式使项目用地解封出来继续开发，双方之间因此形成了借款关系，百货公司用其应得的裙楼 1—3 层作为抵押担保，在债务不能偿还时由新洪公司销售后优先受偿；但不能证明百货公司已经同意将 1—3 层裙楼产权以物抵债，或新洪公司已经买断该部分产权的事实。会议纪要以及 39—1 号裁定是应新洪公司的异议请求作出的，目的是为了大厦建设的需要，解除对百货公司拥有土地的查封，转而查封属于百货公司的涉案房产。虽然该裁定表述了新洪公司用涉案房产进行抵押的内容，但并非对涉

案房产产权归属的确认。关于"五证"，新洪公司作为项目开发商，办在其名下符合常理，但持有"五证"并不能说明其拥有大厦全部房屋的所有权，从而否定联建合同对涉案房产所有权分配的约定。因此，新洪公司上述证据及理由不能证明其已经买断1－3层裙楼产权的诉讼主张。

百货公司与新洪公司签订的联建合同为有效合同，应受法律保护，按照合同约定，案涉裙楼1－3层属百货公司所有。在中百大厦建成后，房地产登记机关根据人民法院生效法律文书，为百货公司办理了争议房产的房产证及土地使用权证。根据公示公信原则，该争议房产的产权应属于百货公司所有。虽新洪公司对该房屋产权一直存有争议，但新洪公司所提出的执行异议经江西省井冈山市人民法院审查，认为其异议不能成立，已裁定予以驳回；此外，对于争议房产的权属，新洪公司本应通过正常的诉讼渠道寻求救济，但其一直怠于行使诉权，在此情况下，原审法院依据双方当事人签订的合同以及政府部门颁发的产权证，认定百货公司享有争议房屋产权并无不当。

新洪公司认为，即便按照合同约定裙楼1－3层属百货公司所有，现房产证所载明的1层也并非合同约定的争议层1层，房产证载明的1层实际为架空层0层，为消防通道层，合同约定的1层应为该层之上的第二层，百货公司应得的部分是目前大楼的2、3、4层，因此原判将房产证1层产权确定为百货公司所有属认定事实错误。经审查，合同约定裙楼建8层，百货公司拥有1－3层；目前裙楼已建设完毕，包括新洪公司所述0层在内共8层；新洪公司所谓作为消防通道的架空层0层即地面以上第一层，目前除少量用于消防通道外，其余部分用作国恩酒店的大堂、精品廊、瓷器店等商务用房；新洪公司认为约定属百货公司享有的第四层已被新洪公司抵押并变卖给他人用于偿债。根据我国民用建筑设计标准，"架空层"是指仅有结构支撑而

无外围护结构的开敞空间层。现裙楼地面以上第一层从结构到用途显然与上述定义不符，不应视为架空层。由于裙楼楼层数与合同约定相同，并未因新洪公司所谓的架空层出现而多出一个楼层，因而目前的裙楼8层即应视为合同约定建设的1－8层，地面以上第一层即为1层，从该层起算至第三层按照合同约定即应属于百货公司，原判将1－3层产权确定为百货公司享有并无不当。另外，新洪公司已将第四层抵押并变卖他人偿债的行为与其辩称的地面以上第一层为0层架空层、2－4层属约定为百货公司所有的主张相矛盾，该行为亦证明了地面以上第一至三层属百货公司，第四层以上属新洪公司所有的事实。再者，在新洪公司提交南昌市档案馆备案的中百大厦设计图、竣工图中也不存在架空层0层。因此，新洪公司关于房产证载明的1层属合同以外的架空层0层，不属争议房产，原判将该层产权确定为百货公司所有属认定事实错误的主张不能成立，本院不予支持。

第三，关于原审判令新洪公司向百货公司支付1－3层裙楼未交付期间的租金是否正确的问题。

由于争议房产1－3层产权应属百货公司所有，新洪公司一直占有该部分房屋，并自行用于商业用途。在此情况下，原判根据百货公司的请求，结合鉴定机构对同时期市场租金行情所作出的鉴定结论认定该部分房产租金数额，由新洪公司支付给百货公司及赛福尔公司，符合公平原则及等价有偿原则，并无不当。

第四，关于原审判令新洪公司向百货公司补足裙楼面积差、整楼面积差市场差价是否正确的问题。

新洪公司认为，根据合同约定，百货公司分获1－3层裙楼，其余部分归新洪公司享有，因此不论面积发生何种变化均与百货公司无关，新洪公司不应向其补足裙楼面积差及整楼面积差差价。

百货公司认为，双方约定合同以南昌市

商贸委洪商贸市字〔1997〕18号《关于南昌中百大厦项目工程开发方案的批复》（以下简称18号批复）以及江西省计委（1992）41号《关于南昌中百大厦立项的批复》（以下简称41号批复）为合作基础，上述两文件中确定了合作项目总建筑面积以及百货公司应得面积，百货公司应获得部分占总建筑面积比例为17％。由于百货公司实际获得产权的1—3层裙楼面积少于18号批复和41号批复确定的面积，应由新洪公司补足；合作项目经双方共同努力增加了面积，新洪公司应按实际面积的17％补足整栋面积差。

经审查，联建合同第二条约定，双方以18号批复和41号批复为合作基础，沿用此立项进行合作；合同第四条约定："……裙楼6层均由乙方投入（每层层高4.5米，面积约　㎡），裙楼建成后，甲方（百货公司）分获1—3层裙楼（基建面积约　㎡），乙方分获4—6层裙楼，主楼部分由乙方投入并归乙方所有。"由于合同对裙楼总面积以及由百货公司分获的1—3层面积作了专门表述，仅未填写具体面积数，而双方又约定以上述批复作为合作原则和基础，因而上述未填写的面积数应理解为根据上述批复内容进行确定。根据上述两份批复内容，双方合作项目总建筑面积为55600㎡，百货公司分获1—3层裙楼9544㎡。该内容一是填补了双方联建合同中百货公司分获裙楼部分未填写面积的空白；二是明确了整栋楼面积，并由此使百货公司在总建筑面积内获得房产面积的比例得以确定。因此，在中百大厦建成之后，百货公司不仅应按照上述文件内容以及合同约定获得裙楼的相应面积数，而且在合作项目变更优化致使面积扩大之后，有权按照原确定的比例获得相应增加部分。在本院组织的询问调查中，双方当事人均表示，项目规划的变更是双方明知且系在双方共同努力下完成的，双方曾就增加面积的分配问题进行过协商但未果。因而，一方面，由于规划和设计变更，以至于合作房地产项目的容积率增加（在相

同用地面积上总建筑面积增加），使合作项目的价值得以增加，该增加的价值中包含了土地价值部分。申言之，百货公司所投入的土地价值因容积率增加也随之增加，在其投入增加的情况下，百货公司应分获面积亦应相应增加。另一方面，合作项目面积的增加，是百货公司及其上级主管机构与新洪公司共同努力的结果，现该结果表现为实际的现实利益，百货公司亦应有权共同分享。因此，新洪公司应当补足百货公司裙楼面积差以及整栋楼面积差。原判根据查明的事实以及鉴定机构对补差部分的价值所作出的鉴定结论，判决由新洪公司支付百货公司补差部分的相应市场差价，并无不当。

第五，关于赛福尔公司是否享有原告主体资格的问题。

根据各方当事人的诉辩主张，本案包括百货公司和赛福尔公司因新洪公司占用其所有的1—3层房产而请求支付租金损失的侵权纠纷，以及百货公司请求确认并返还新增面积部分的确权纠纷。在侵权纠纷部分，赛福尔公司作为原告参与诉讼，其依据是井冈山市人民法院（2004）井执字第96—97—3、4、5号民事裁定书，该裁定书明确了因百货公司无法偿还赛福尔公司等债权人债务，抵押房产（本案争议房产）又三次流拍，根据相关法律规定直接将上述抵押房产交付赛福尔公司等债权人共同所有以抵销债务。在办理产权证时，房地产管理部门根据法院的裁定书先将产权办至百货公司名下，并说明办理后将此房挂牌上市，上市所得资金用于还清债务。诉讼中，百货公司亦认可争议房产属赛福尔公司与其共有。因此，赛福尔公司等债权人虽与新洪公司无合同关系，但对于争议房产有诉的利益，其可基于侵权法律关系对新洪公司提起诉讼。其他债权人已经全权委托赛福尔公司一并行使债权，赛福尔公司因此对1—3层的租金享有诉权。此外，企业法人营业执照吊销并不影响民事诉讼主体参加诉讼，新洪公司关于赛福尔公司已被吊销营

业执照，不具有诉讼主体资格的主张不能成立。

第六，关于原判适用法律是否正确的问题。

新洪公司认为，争议房产1层为架空层，系消防通道和公共设施等公摊部分，属业主共同所有，现一、二审判决认定该层属百货公司所有属适用法律错误。该理由不能成立。首先，根据上述分析，争议房产1层并非新洪公司所主张的架空层，也并非全部用于消防通道，而是用于新洪公司开设国恩大酒店的大堂、精品廊、瓷器店等商业用途区域；其次，一、二审法院认定该层产权属于百货公司所有系根据百货公司与新洪公司的合同约定以及房地产登记部门颁发的有效产权证书，事实依据和法律依据充分，并无不当。至于房地产登记部门将包括消防通道的1层产权办至百货公司名下是否符合法律规定，属于行政行为范畴，系另一法律关系，本案中不予审查。

第七，关于原审法院是否存在违反法定程序影响公正判决的问题。

1. 关于管辖问题。

本案虽属因不动产纠纷提起的诉讼，属专属管辖范围，但一是本案不动产所在地就在南昌市辖区内，南昌市中级人民法院管辖并无不当；二是按照有关级别管辖的规定，诉讼标的金额超过500万元人民币的案件由南昌市中级人民法院管辖，本案诉讼标的金额约3000万元人民币，符合南昌市中级人民法院管辖范围。新洪公司关于原审法院管辖错误的主张不能成立。

2. 关于辩论权问题。

首先，一、二审判决认定百货公司享有争议房产1-3层产权，系根据双方当事人签订的合同、房地产登记部门颁发的有效产权证等证据并结合现行法律规定作出的判定，并非根据另案执行裁定进行认定。其次，即便一、二审判决确系依据另案执行裁定认定百货公司、赛福尔公司对争议房产享有权益，

由于上述裁定未被撤销，属有效法律文书，依据有效法律文书认定案件事实并无不当；至于上述执行裁定内容的合法性问题不是本案审查的范围，新洪公司如对以上裁定的合法性存在质疑，应通过执行异议监督程序寻求救济，在本案中不予评判。第三，在本案一、二审诉讼过程中，对于争议房产产权的实体问题，新洪公司已经充分发表了其抗辩主张，对于其所提出的抗辩观点，一、二审法院均作了详尽的分析和评判，其辩论权并未受到限制。

3. 关于另案执行裁定是否已发生变更的问题。

新洪公司称，一、二审判决据以作出判决结果的另案执行裁定，即江西省井冈山市人民法院（2004）井执字96-97-3、4、5号裁定已经在江西高院（2007）赣执监字第7号《江西省高级人民法院关于"国恩大厦"执行异议一案的监督处理意见》（以下简称7号函）下达后发生变更，一、二审判决因此丧失了认定本案事实以及作出判决的基础。该理由不能成立。首先，上述执行裁定并非一、二审判决认定事实和作出判决的基础和依据。其次，经审查，上述执行裁定下达后，由于新洪公司对上述裁定提出执行异议，江西高院确于2007年8月7日向江西省井冈山市人民法院发出7号函中止了上述裁定的执行。但7号函下达后，2008年1月28日，江西高院再次下达了（2007）赣执监字第7-1号函，对7号函做了修正。该函件指出，现有证据难以认定1-3层裙楼的所有权从百货公司转移给了新洪公司，新洪公司提出的执行异议应予驳回；如果新洪公司继续坚持其权属主张，可以通知其在30日内向人民法院提起国恩大厦1-3层裙楼的确权诉讼，逾期则恢复上述裁定的执行。该文件抄送了包括新洪公司在内的多家当事人及南昌市人民政府等机构。新洪公司之后未就争议的1-3层裙楼产权问题提起确权诉讼，上述裁定中止执行的状态已经解除，最终恢复了执行。因

此，新洪公司关于上述裁定发生变更的主张，因裁定再次发生了新的变更而缺乏事实依据，本院不予支持。

4. 关于委托鉴定问题。

新洪公司认为，一审法院委托鉴定评估机构未通知其到场，也未采取随机抽取的方式确定评估机构，且委托评估的机构不在江西高院待选评估机构名录当中，因此委托程序违法；另外，新洪公司申请重新鉴定，一、二审法院均不予理睬亦属违法。

经审查，本案一审法院已按规定通知了双方当事人参与摇号抽取鉴定评估机构，但新洪公司未到庭，主动放弃了诉讼权利。一审法院采用摇号方式确定了江西居易房地产估价有限公司作为鉴定机构，该公司属江西高院司法委托专业机构名册中的评估机构之一，故新洪公司认为本案委托鉴定程序违法的诉讼主张不能成立。此外，根据最高人民法院《关于民事诉讼证据的若干规定》第27条，申请重新鉴定须符合以下条件之一：鉴定机构或者鉴定人员不具备相关的鉴定资格的；鉴定程序严重违法的；鉴定结论明显依据不足的；经过质证认定不能作为证据使用的其他情形。本案鉴定过程中新洪公司不予配合，作出鉴定结论后，新洪公司除表示不同意鉴定结论之外，并未提出相应证据证明鉴定结论存在上述应重新鉴定的情形，因此，一、二审法院未采纳其重新鉴定的申请并无不当。

综上，新洪公司的再审申请不符合《中华人民共和国民事诉讼法》第一百七十九条第一款第（一）项、第（二）项、第（六）项、第（七）项、第（十）项、第（十三）项以及第二款规定的情形。根据《中华人民共和国民事诉讼法》第一百八十一条第一款之规定，裁定如下：

驳回南昌新洪房地产综合开发有限公司的再审申请。

审　判　长　×××
审　判　员　×××
代理审判员　×××
二〇一一年十二月二十日
书　记　员　×××

深圳富山宝实业有限公司与深圳市福星股份合作公司、深圳市宝安区福永物业发展总公司、深圳市金安城投资发展有限公司等合作开发房地产合同纠纷案

《最高人民法院公报》2011 年第 05 期

【裁判摘要】

合同一方当事人构成根本违约时，守约的一方当事人享有法定解除权。合同的解除在解除通知送达违约方时即发生法律效力，解除通知送达时间的拖延只能导致合同解除时间相应后延，而不能改变合同解除的法律后果。当事人没有约定合同解除异议期间，在解除通知送达之日起三个月以后才向人民法院起诉的，人民法院不予支持。

最高人民法院
民事判决书

（2010）民一终字第 45 号

上诉人（原审原告）：深圳富山宝实业有限公司，住所地广东省深圳市深南中路东方大厦 1605 室。

法定代表人：许礼庚，该公司代理董事长。

委托代理人：王国安，广东信利盛达律师事务所律师。

委托代理人：徐冲，北京市天为律师事务所律师。

被上诉人（原审被告）：深圳市福星股份合作公司，住所地广东省深圳市宝安区福永街道福永社区。

法定代表人：陈锦旭，该公司总经理。

委托代理人：王峰，北京市天同律师事务所律师。

委托代理人：易民胜，广东广大律师事务所律师。

被上诉人（原审被告）：深圳市宝安区福永物业发展总公司，住所地广东省深圳市宝安区福永政丰北路龙腾阁管理大厦。

法定代表人：梁光明，该公司总经理。

委托代理人：陈治民，广东晟典律师事务所律师。

委托代理人：陈耀权，北京市天同律师事务所律师。

被上诉人（原审被告）：深圳市金安城投资发展有限公司，住所地广东省深圳市罗湖区莲塘聚福路金色年华二楼。

法定代表人：任勇辉，该公司董事长。

委托代理人：李卫星，广东金阳律师事务所律师。

委托代理人：曾达琴，女，1973 年 8 月 20 日出生，汉族，该公司副总经理，住广东省深圳市罗湖区爱国路 3016 号天井湖 16 栋。

原审第三人：深圳市大金利投资发展有限公司，住所地广东省深圳市深南东路 123 号百货广场西座 8 楼。

法定代表人：陈金龙，该公司董事长。

委托代理人：张少元，广东粤商律师事务所律师。

委托代理人：宋校红，广东国晖律师事务所律师。

原审第三人：深圳市海洋城房地产开发有限公司，住所地广东省深圳市宝安区西乡街道宝民路鸿隆广场 1 栋 B 座 1222。

法定代表人：林中青，该公司总经理。

委托代理人：刘继承，广东胜伦律师事务所律师。

委托代理人：林庭勇，该公司董事长。

上诉人深圳市富山宝实业有限公司（以下简称富山宝公司）与被上诉人深圳市福星股份合作公司（以下简称福星公司）、被上诉人深圳市宝安区福永物业发展总公司（以下简称福永公司）、被上诉人深圳市金安城投资发展有限公司（以下简称金安城公司）、原审第三人深圳市大金利投资发展有限公司（以下简称大金利公司）、原审第三人深圳市海洋城房地产开发有限公司（以下简称海洋城公司）合作开发房地产合同纠纷一案，广东省高级人民法院于 2009 年 11 月 21 日作出（2006）粤高法民一初字第 18 号民事判决。富山宝公司不服该判决，向本院提起上诉。本院受理后，依法组成合议庭于 2010 年 6 月 24 日开庭审理了本案。富山宝公司的法定代表人许礼庚及其委托代理人王国安、徐冲，福星公司的法定代表人陈锦旭及其委托代理人王峰、易民胜，福永公司的法定代表人梁光明及其委托代理人陈治民、陈耀权，金安城公司的法定代表人任勇辉及其委托代理人李卫星、曾达琴，大金利公司的委托代理人张少元、宋校红，海洋城公司的委托代理人刘继承、林庭勇均到庭参加诉讼。本案现已审理终结。

一审法院经审理查明，1992 年 5 月 14

日，广东省深圳市原宝安县国土局以国地字〔1992〕1607号《划拨机场返还的安置用地的通知》，同意将深圳机场征地返还用地中位于兴围路口的70亩土地的使用权划拨给广东省深圳市原宝安县福永镇福永村委会。1992年12月14日，深圳宝安福永镇福永经济发展公司（该公司于2004年10月21日更名为福星公司）作为甲方与深圳大地木竹制品有限公司（后更名为富山宝公司）作为乙方就合作开发上述划拨用地中位于深圳机场出口处约1.5公里（即广深公路三角地带），面积为44143.7平方米的地块，签订《合作投资兴建三星花园合同书》。双方约定的主要内容如下：（二）合作形式：1.甲方提供上述地块作为双方合作发展的商住用地（附土地批文及地形红线图）；2.乙方负责提供该用地建筑的全部资金及配合建筑开发区有关费用；3.合作期为50年，自1993年1月1日至2042年12月30日止，合作期满后建筑物产权归甲方所有；4.宾馆、商业、铺位、托儿所等，在经营使用期限内如需转让、抵押，必须取得一致同意。（三）甲乙双方责任：1.甲方责任：（1）负责该地平整好，并把施工时所需的用电、用水的来源引至该红线边（包括费用）；（2）负责办理规划立项、工程报建等手续，负责与镇物业公司对口挂钩工作；（3）负责与有关单位协商该商住区的供电、通讯等增容及申报报装；（4）负责结合施工现场的管理及乙方委托办理的力所能及的其他事由；（5）负责楼房产权的报批和登记手续。2.乙方责任：（1）负责该用地全部投建资金费用（包括立项、工程报建及镇物业公司的市政及对口经费）及商住区的供电、供水、通讯、道路、绿化等配套设施的报资费用；（2）负责在签订本合同协议时提供资金壹仟万元给甲方作开发费用，时间2年，由1992年12月15日起至1994年12月14日止，月利息按9.39‰计算；（3）负责该商住地划量、规划、绘图等工作及施工管理，把好测量、规划、绘图等工作及施工管理，把好测量、

并在甲方完成三通一平的基础上于1993年3月开始施工投建。该工程必须在合同生效之日起3年内完成，否则逾期不建的土地，甲方有权收回；（4）负责计划分批投建的面积、资金等投放的可行性报告及计划（计划在3年内完成）。（四）组织机构：双方在签订协议后，需在与镇物业公司对口挂钩的基础上双方派员组建"物业投建管理总公司"，负责投建事项的质量及今后合作公司的物业管理及收益。（五）利润分成：1.该商住区以高层建设为主，结合宾馆、商业铺店、停车场、幼儿园等附属设施，该建筑的密度比例及高程均按部门的有关规定为准（建筑总面积：约15万平方米）；2.双方对合作兴建的物业产权均享有出租、抵押、转让、外销等权益。物业所得的利润分成则以商住楼销售扣除福永公司挂勾费分成，利润的25%归甲方，乙方占75%；3.对甲乙双方共同管理的固定资产经营或承包、转让等分成则甲方占35%，乙方占65%。协议还约定，本合同生效后，乙方在基建期内发生的一切债权债务与甲方无关；合同期内，甲方不得以任何借口收回该幅土地的使用权，否则赔偿乙方因此造成的一切损失。上述合同于签订当日由广东省宝安县福永镇法律服务所见证。

1993年7月28日，福星公司、富山宝公司与福永公司（具备房地产开发经营资质）签订《合作开发"三星别墅"合同书》，约定福星公司、富山宝公司提供开发用地及建设资金，福永公司投入管理技术，以福永公司的名义共同开发涉案项目，项目称为"三星别墅"（后经批准更名为"金银城"项目），总建筑面积为28万平方米。福永公司协助福星公司、富山宝公司办理项目开发及工程建设的各项手续，房产内、外销售及产权登记手续，编制房产销售计划、确定房产销售价格等，费用全部由福星公司、富山宝公司承担。福永公司从房产销售总额中提取6%作为经营管理费，其余盈益全部归福星公司、富山宝公司所有，项目三年内完成建设。

1994 年 2 月 22 日，福星公司与富山宝公司又签订一份《补充协议》约定：福星公司以 1.913625 亿元的价格将其按协议应得商住楼面积的 25％转让给富山宝公司。双方一致同意组建物业管理公司，以富山宝公司为主，福星公司派员参加，共同管理，物业的合作管理为 50 年，起止期以原协议的约定为准；共同管理之宾馆、商场铺位是双方共同之固定资产，其产权及利润分成福星公司占 35％，富山宝公司占 65％，已售商住楼的管理收入利润则按固定资产的分成比例分成；如本补充协议与合作条款有矛盾，按本协议条款执行。

福星公司与富山宝公司签订上述合同后，1993 年 12 月，福星公司与深圳市宝安区国土局签订［1993］147 号《土地使用权出让合同》，约定国土局将涉案地块，编号为福永广深路兴围路口土地约 47012 平方米土地出让给福星公司，土地用途为商住用途，土地出让金为 17338026 元（诉讼中双方确认合作合同约定土地出让金由富山宝公司支付）。1993 年 12 月 30 日，深圳市宝安区建设局应福星公司、福永公司的申请，又作出深宝建 (1993) 第 286 号《关于福永经济发展总公司向福永镇物业发展总公司转让土地使用权的批复》，决定同意福星公司在补交地价后，将前述 47012 平方米的土地使用权转让给福永公司，土地用途为商住用地，由福星公司与福永公司共同使用兴建。同年，福星公司、福永公司取得了规划部门核发的涉案项目的《建设项目详细规划审批表》，载明经批准的项目用地性质为商住用地，建筑面积为 287347.28 平方米。1998 年 6 月 30 日，福星公司、福永公司与深圳市规划局签订深地配协字 (1998) 4－013 号《协议书》，约定福星公司、福永公司在缴纳土地出让金的同时缴纳其中建设用地面积为 5739.5 平方米的市政配套费 10832370 元。上述土地出让合同及《协议书》签订后，深圳市财政局于 2000 年 9 月 30 日以福永公司为交款单位出具收据，载

明收到上述土地出让金 17338026 元及其中建设用地面积为 5739.5 平方米的市政配套费 10832370 元。对上述两笔费用，富山宝公司主张均由其交纳，但对土地出让金 17338026 元富山宝公司不能提供证据证明，对市政配套费 10832370 元，福星公司确认是富山宝公司交纳；但对土地出让金 17338026 元，福星公司以上述收据为据，坚持主张是福星公司缴纳。

1993 年 7 月 14 日，富山宝公司与福建省惠安第七建筑工程公司（以下简称惠安建筑公司）签订深圳市基建工程项目《施工合同》，约定惠安建筑公司承包涉案项目 3 幢 20 层工程的施工。根据富山宝公司提交的证据，即富山宝公司于 1994 年 12 月 26 日至 2000 年 11 月 14 日出具的欠条显示，福星公司此期间陆续借款 33094849.42 元（其中一张欠条金额为 12643397.02 元，另一张欠条金额为 8740227.70 元）给富山宝公司，其中代富山宝公司向施工单位惠安建筑公司垫付的涉案项目工程款为 26817106.53 元。富山宝公司诉讼中确认福星公司代其垫付工程款 26817106.53 元，并同意福星公司诉讼中主张的上述借款中与实际垫付工程款的差额部分应算是福星公司借给富山宝公司的款项。因富山宝公司拖欠施工单位惠安建筑公司对涉案工程项目的工程款，深圳仲裁委员会于 1999 年 5 月 31 日作出［1999］深仲裁字第 057 号《裁决书》，裁决：富山宝公司偿还惠安建筑公司工程欠款 2152372.28 元及利息、停工费 4689694.8 元，以及仲裁费、审计费等。另外，该《裁决书》还查明涉案项目 3 幢未完工程评估造价为 31319478.81 元。该裁决作出后，福星公司为解除因该案被查封的房屋，与惠安建筑公司（后改为福建省闽南建筑工程有限公司宝安分公司，以下简称闽南建筑公司）达成《执行和解协议》，约定富山宝公司拖欠闽南建筑公司上述［1999］深仲裁字第 057 号裁决及［2000］深仲裁字第 22 号《裁决书》项下确定的债务，包括

工程欠款、停工费、仲裁费、审计费等，闽南建筑公司同意作价为人民币796万元（不含利息）由福星公司全部承担支付；闽南建筑公司在收到上述款后全面放弃上述裁决书中所确定的全部利息，并同意将其拥有对富山宝公司的全部债权转让给福星公司，由福星公司向富山宝公司负责追索；闽南建筑公司在收到上述款项后申请法院对房屋解封。2005年12月14日，福星公司向闽南建筑公司付清了上述796万元。

1993年9月22日，福永公司取得了"金银城"项目中的23043平方米建筑面积的宝建开字930329号《建设工程项目施工许可证》。1998年5月20日，福星公司、福永公司取得了上述土地中占地5739.5平方米、总建筑面积46341平方米金银城1号楼的深规土建许字〔1998〕068号《建设工程规划许可证》。福永公司还取得了金银城其中3栋楼建筑面积为46202.5平方米，共计462套住宅的《房地产预售许可证》和《商品住宅外销许可证》。为方便项目楼盘的销售，福星公司于1998年8月5日还取得了占地5739.5平方米金银城1号楼金宝阁6—07号代用《房地产证》。1996年3月1日，金银城项目建至3栋15层后全面停工。因金银城项目全面停工，福星公司、福永公司解除了原与该项目房屋的购房者签订的房产买卖合同，为此，福星公司向金银城项目的购房者退回了所收取的房款。

1998年4月23日，福永公司作为乙方，与福星公司、富山宝公司作为甲方就"金银城"项目之财务收支情况达成《结算书》，明确了以下内容：（一）双方对附件《"金银城"财务核算报告》确认无异，并确认此核算报告之收支账目为截至1998年4月22日止之最终结算，双方均不得对上述核算报告所列的收支账目提出异议。（二）核算报告第（8）项税项部分，乙方提出暂付100万港元，其余由甲方代付，甲方予以同意，但甲方申明，日后双方发生经济往来时该代付款必须优先抵扣，乙方对此确认无误。（三）核算报告第（9）项挂靠部分，是按合作合同条款约定的按实收楼款的6%计算，双方同意：就本期的销售收入（指销售总额）而言，甲方按3%收取挂靠费，日后仍按合同约定的6%计提，即本项甲方收取的挂靠费实为1333768.6元。（四）由于楼盘严重烂尾，甲方将直接面对业主诉讼索偿、换楼处理及延期交楼利益补偿等问题。双方同意，结存在甲方的收入余额在已发售的五栋楼交楼入住前不作清退，作为甲方处理上述问题时的各项支出，而甲方所负的经济责任仅以上述结存余额为限。（五）明确核算报告第（12）项换楼的八个单位，此八个单位买卖合同已取消，甲方已与业主达成换楼安排，而业主所付楼款亦相应转作新单位的楼款。（六）由于"福永村"与"富山宝"同为合作的乙方，两方应是一个整体，对该项目而言，任何一方均不得作出单方面决定，甲方只认可两方联署的合作文件。

作为上述《结算书》附件的《"金银城"财务核算报告》（简称《核算报告》）载明：截至1998年4月22日止收支情况：（1）销售总额：86379328元（港币，下同）；（2）楼款收入：44458964.07元减；（3）支付福永村：16200000元；200000元人民币折港币186916元；（4）支付富山宝：5000000元；（5）律师费：822380元；（6）宣传费用：10070408.31元（含广告楼书、模型、展销费用）；（7）代理费用：2676697.89元；（8）税项：2164735.73元（营业税及城建税）；（9）挂靠费：2667537.84元；（10）公证费：259137.98元；（11）查账费：11966元；（12）换楼：1477810元；（13）退款：244450元；（14）律师楼结存：45950元。按本结算条款结算余额为：5129478.65元。该《核算报告》有福星公司、富山宝公司与福永公司签章确认。诉讼中，富山宝公司以该《核算报告》记载的第（3）项为据主张福星公司、福永公司对售楼收入中的44458964.07元截留了1620万元港币及20万元人民币，使得项目缺少后续资金从而导致项目停工，故是福星公司、福永公司的违约才导致项目的停工。而福星公司则认为，其取走的上述款项是富山宝公司偿还其之前对福星公司的借款而为各方所同意的行为，并非其私自截留，故不存在违约。福星公司对该主张提供了：1. 富山宝公司于 1996 年 10 月 30 日出具，并加盖其印章的《首期结欠报告》（1994年 12 月 23 日）。其中载明：福星公司在收取福永公司转来售楼款 900 万元港币折人民币990 万元，及富山宝公司转来其他项目来款5348000 元后，富山宝公司结欠村公司（福星公司）人民币为 12643397.02 元。福星公司称该结欠款项正好与其提供的证据 13 中富山宝公司所写金额为 12643397.02 元的欠条相吻合，由此说明了富山宝公司在向福星公司出具金额为 12643397.02 元的欠条时，已扣除了福星公司收取的售楼款 990 万元。2. 富山宝公司于同日出具的加盖其公章的《第二期欠款结算情况》（1996 年 9 月 18 日止）。载明富山宝公司在扣除物业（福永公司）转来的售楼款 620 万元港币折人民币 682 万元后，本期结欠村公司人民币 8740227.70 元。福星公司称该笔欠款恰好对应其提交证据中富山宝公司所写金额为 8740227.70 元的另一欠条。由此可见，富山宝公司在出具欠条时已经扣除了福星公司已取走的 1520 万元港币后的实欠金额，也即证明了福星公司取走的1520 万元是抵扣了富山宝公司的其他欠款。3. 富山宝公司于同日出具的并加盖其公章的《物业转来售楼款（港币）往来情况》。载明：福星公司收港币 1520 万元，富山宝公司收港币 600 万元。福星公司诉讼中称在 98 年的结算中确认是福星公司收取 1620 万元港币，富山宝公司是 500 万元港币。福星公司对此同意按 98 年的结算报告为准，以避纷争。4. 富山宝公司于同日出具的并加盖其公章的《"金银城"资金往来综合情况》。富山宝公司对福星公司提交的上述 4 份证据材料均予认可，但认为应以《核算报告》核对的数字为准，即富山宝公司取走了 500 万元。

由于涉案"金银城"项目在建设开发中出现问题而成为深圳市"52 个问题楼盘"之一。2004 年 9 月，深圳市人民政府出台了深府函〔2004〕124 号《关于子悦台等 52 个"问题楼盘"处理意见的批复》，同意"在开发商自行处理好债权债务关系的前提下，对问题楼盘进行合作建房或者直接置换土地使用权的受让方"。2005 年 8 月 8 日，第三人金安城公司作为直接置换土地使用权的受让方与福星公司就"金银城"项目烂尾楼项目的置换及开发事宜签订《"金银城"置换合同书》，约定福星公司将涉案土地置换到金安城公司名下，由金安城公司对涉案项目独立开发，金安城公司为此向福星公司支付 1.5 亿元。2006 年 8 月 21 日，双方签订《补充协议》，约定福星公司负责解除所有本项目预售房买卖合同，清退所有业主房款及补偿费，收回该项目已核发的 113 本代用房产证原件；负责解除其与富山宝公司签订的该项目合作合同，并承担原合作关系所引起的债务责任及相关费用；负责该项目置换前的建设费以及偿还施工队工程款，本项目土地使用权登记至金安城公司名下后若由于福星公司原因而出现法院查封，福星公司须尽快解封。

上述合同签订后，金安城公司于 2006 年4 月 14 日领取了深圳市规划局宝安分局就涉案项目 42872.11 平方米土地颁发的 05－2006－0100 号《建设用地规划许可证》。据此，涉案地块的用地单位登记为金安城公司。金安城公司领取了涉案土地的《建设用地规划许可证》后，富山宝公司以深圳市规划局宝安分局为被告，诉请深圳市宝安区人民法院判令撤销该《建设用地规划许可证》，深圳市宝安区人民法院以富山宝公司不是深圳市规划局宝安分局核发 05－2006－0100 号《建设用地规划许可证》的行政相对人，与深圳市规划局宝安分局的具体行政行为没有法律上的利害关系，且富山宝公司没有充分证据证明其为共同权利人为由，以（2007）深宝法行初字第 419 号行政裁定书驳回了富山宝公司的起诉。该裁定书于 2008 年 7 月 28 日被深圳市中级人民法院以（2008）深中法行终字第 35 号行政裁定书所维持。

2008 年 1 月 18 日，深圳市工商行政管理局作出深工商外处字［2008］罗 1 号《行政处罚决定书》，查明富山宝公司于 2007 年 2 月 27 日和 3 月 14 日两次办理变更登记时，向公司登记机关提交了假冒法人股东江西省婺源县宁婺联营开发总公司公章的《外商投资的公司法定代表人登记表》《股东会决议》《委派书》等有关变更申请材料，取得了公司变更登记（即将法定代表人及董事徐金富变更为法定代表人及董事许礼庚，变更公司经营期限、经营范围等），决定撤销富山宝公司上述两次工商变更登记，并恢复原登记事项。该《行政处罚决定书》后为广东省工商行政管理局粤工商复决字［2008］第 12 号《行政复议决定书》所维持。2008 年 5 月 19 日，富山宝公司又以深圳市工商行政管理局为被告向广东省深圳市福田区人民法院诉请撤销上述《行政处罚决定书》，广东省深圳市福田区人民法院经审理于 2008 年 7 月 30 日以（2008）深福法行初字第 189 号行政判决书驳回了富山宝公司该诉请。该判决后被深圳市中级人民法院（2008）深中法行终字第 325 号行政判决书所维持。

在福星公司与富山宝公司，以及福星公司、富山宝公司与福永公司就涉案"金银城"项目签订上述一系列合作开发合同的同时，福星公司与大地国际控股有限公司（以下简称大地公司）、福星公司、大地公司与福永公司也签订了涉案项目合作合同，合同内容与前述一系列合建合同内容基本相同。在本案诉讼期间，富山宝公司提交大地公司于 2006 年 6 月 20 日出具并经南京市公证处公证的《关于金银城项目有关权益的确认书》［（2006）宁证内经字第 58718 号］，其中载明：鉴于大地公司和富山宝公司分别签订的两份合作开发合同，名称虽然不同，但都同指一个标的，即"金银城"项目。由于在合作开

发过程中，大地公司应尽的合同义务，都是由富山宝公司代为完成的，即项目所有投资、融资以及工程建设等事宜，都由富山宝公司独立经办，富山宝公司实际上已经完全取代了大地公司开发商的地位的事实。大地公司为此追认并确认金银城项目 75％的权益属富山宝公司所有，富山宝公司有权独立处分，相应的义务亦由富山宝公司承担。福星公司、福永公司对该确认书不持异议。

2005 年 1 月 21 日，大地公司与大金利公司签订《转让协议》，约定大地公司将其 1993 年 1 月 3 日和 1996 年 11 月 20 日先后两次与福星公司签订合作开发涉案"金银城"项目协议中大地公司占有股权的 75％转让给大金利公司；大地公司向福星公司声明退出原有协议；大地公司转让"金银城"项目，由大金利公司向福星公司以人民币 1.65 亿元一次性买断该项目，大金利公司为此补偿大地公司人民币 150 万元。

富山宝公司起诉称，1992 年 12 月 14 日，富山宝公司与福星公司签订一份《合作投资兴建三星花园合同书》，约定福星公司提供位于深圳机场出口处约 1.5 公里（即广深公路三角地带），面积为 44143.7 平方米的一块建设用地为双方合作发展商住用地；富山宝公司负责提供该用地建筑的全部资金及配合建筑开发区有关费用。物业所得的利润分成则以商住楼销售扣除福永公司挂钩费分成，按利润的 25％归福星公司，富山宝公司占 75％。另外，合同第七条第二项还明确约定："本合同生效后，富山宝公司在基建期内发生的一切债权债务与甲方无关。"即所有债权债务均由富山宝公司承担，福星公司不承担任何风险。1994 年 2 月 22 日，双方又签订了一份《补充协议——合作建房转让协议书》，协议约定：福星公司以 1.93 亿元的价格将其按协议应得商住楼面积转让给富山宝公司。根据当时当地政府的有关规定，1993 年 7 月 28 日，富山宝公司、福星公司与福永公司签订《合作开发"三星别墅"合同书》（即挂靠合

同），约定：以福永公司的名义开发建设并管理，福星公司、富山宝公司提供建设资金；利益分配为福永公司从房产销售总额中提取6%作为经营管理费，其余盈益归富山宝公司和福星公司。合同签订后，双方均开始履行合同。合同"三星花园"项目以"金银城"的名义获得批准。1993年9月22日，宝安区建设局发给福永公司《建设工程项目施工许可证》；1996年6月9日深圳市规划国土局给福永公司发放了《深圳市房地产预售许可证》及《深圳市商品住宅外销许可证》。项目前期开发工作进展顺利，由富山宝公司投资兴建的第一期三栋楼房，在香港售楼200余套，销售总额86379358元港币，实际收款44458964元港币。但由于福星公司、福永公司利用职权将绝大部分售楼款截留分掉，导致这三栋楼建至15层后（共18层）因后续资金跟不上而停工，双方因此产生分歧，对外也失去信誉，无法继续融资，整个项目停工至今，成为深圳市52个问题楼盘之一。按照双方合作合同的特别约定，福星公司只是固定分利而不承担风险，所有投资和经营风险均由富山宝公司承担；而且在补充协议中更是将其25%的利润分成明确转变成具体、明确的金额，其股权已转化为债权。福星公司在所谓合作建房中明显属于不承担经营风险，只收取固定利益的情况。因此，本案属名为合作建房实为土地使用权的有偿转让。现项目土地登记在福星公司、福永公司的名下，既不利于富山宝公司对项目的继续开发建设，也不利于双方之间的权利明晰。本案正是由于项目土地挂在福星公司、福永公司名下，才导致履约过程中出现了严重问题。由于福星公司、福永公司已将自己合法拥有的土地使用权有偿转让给富山宝公司，福星公司、福永公司对合作项目只有转让款的债权请求权，而非股权，故应当允许富山宝公司办理土地使用权的转名登记手续，然后由富山宝公司继续完成项目的开发建设，尽快复工，彻底解决烂尾问题。据此，特诉请：

1. 依法确认富山宝公司与福星公司签订的《合作投资兴建三星花园合同书》及《补充协议—合作建房转让协议书》是名为合作建房实为土地使用权转让的合同；2. 判令双方继续履行《补充协议—合作建房转让协议书》，确认金银城项目土地使用权（价值1.5亿元）归富山宝公司，依法责令办理土地使用权的变更登记手续，由富山宝公司继续完成该项目的开发建设；3. 依法解除富山宝公司、福星公司与福永公司间的挂靠经营关系；4. 本案诉讼费由福星公司、福永公司共同承担。

2009年2月9日，富山宝公司增加并变更其诉讼请求为：1. 确认富山宝公司与福星公司签订的《合作投资兴建三星花园合同书》合法有效，判令双方继续履行合同；2. 确认富山宝公司享有深圳市宝安区福永镇兴围路口西"金银城"房地产项目的土地房屋75%的权益；3. 判令解除富山宝公司与福星公司、福永公司签订的《合作开发"三星别墅"合同书》；4. 请求确认福星公司与金安城公司签订的《"金银城"置换合同书》及《〈"金银城"置换合同书〉补充协议》无效；5. 由福星公司、福永公司、金安城公司共同承担本案诉讼费用。富山宝公司提出上述增加及变更诉讼请求的事实及理由如下：富山宝公司与福星公司于1992年签订了《合作投资兴建三星花园合同书》，该合同不违反法律法规的规定，且双方已合作进行了实际开发，建设了配套设施及第一期三栋房产，合同应属合法有效。根据法律的规定，合法有效的合同具有法律约束力，各方应继续履行，并依法办理合作开发的土地使用权变更手续。同时，依据该合同的约定及其他相关文件，富山宝公司享有"金银城"项目75%的权益，福星公司享有25%的权益，上述事实清楚，证据充分，应予支持。福星公司与金安城公司签订了《"金银城"置换合同书》及《补充协议》，将"金银城"项目置换给金安城公司。这两份协议明显违反深圳市《关于子悦台等52个"问题楼盘"处理意见的批复》（深府函

[2004] 124 号）中关于"在自行妥善处理好债权债务关系的前提下允许对问题楼盘项目进行合作建房或直接置换土地使用权的受让方"的规定。福星公司无视富山宝公司的合法权益，在与富山宝公司签订的合作合同尚未解除、富山宝公司权益未得到保障和补偿的情况下，虚构"项目经济关系理顺、债务得到清偿"的事实，直接将土地使用权进行置换，严重损害了富山宝公司权益。金安城公司明知上述事实，仍为获取巨额利润签订了置换合同，双方的行为违反了有关法律法规的强制性规定，置换合同处分了富山宝公司占有 75％权益的房产，应属于无效合同。

福星公司答辩称：（一）不同意富山宝公司的第 1 项诉讼请求，理由如下：1. 本案中福星公司与富山宝公司均不具备房地产开发企业资质，双方签订的《合作投资兴建三星花园合同书》依法应当认定为无效合同，不受法律保护。因此，富山宝公司要求继续履行合同缺乏法律基础。2. 富山宝公司已丧失履约能力，其要求继续履行合同缺乏物质基础。富山宝公司实际上一开始就不具备履行合同的能力，签订合同后，便以该合同为诱饵，大肆对外举债，而所借款项并未投入到项目开发中，而是挪作他用，并把福星公司作为担保人为其举债承担连带责任。当债务到期无法偿还时，还是要由福星公司承担连带责任代为偿还。富山宝公司目前已是债台高筑。仅由福星公司代为支付或偿还的款项就有土地出让金和配套设施费 28170396 元；垫付的工程款 33094849.42 元；富山宝公司因被起诉还债由福星公司代偿的各种债务 30700819.78 元，再加上富山宝公司单独还欠其他公司的数千万元的债务，富山宝公司已资不抵债。3. 富山宝公司经营期限已于 2007 年 3 月 5 日届满，且无取得合法持续经营的法律手续，其弄虚作假办理的工商变更登记手续被工商管理部门依法撤销，富山宝公司由此提起行政诉讼也以败诉而告终，富山宝公司已丧失民事行为能力，已不具备继续经

营的主体资格，合同无法继续履行。4. 富山宝公司已构成根本违约，无法实现合同目的，福星公司已于 2004 年 12 月 25 日送达解除合同通知书给富山宝公司，合同事实上已经解除，不存在继续履行的可能性。富山宝公司构成根本违约的主要事实如下：①合同约定由富山宝公司负责该用地全部投建资金费用，出资是富山宝公司最基本义务。而实际上富山宝公司根本没有投入资金，正如前所述，项目资金都是由福星公司垫付。②合同约定合建项目三年内完成 44143.7 平方米土地的项目开发，但时至今日已过去 16 年，仅在 5739.5 平方米的分宗用地上开发了三栋烂尾楼。经过多年已变成危楼，完全丧失了使用价值。福星公司的上千名村民股东期盼了十六年的土地开发，却没有得到任何回报。正是由于富山宝公司这些根本性违约，致使合同目的完全没有实现，已构成法定解除合同的条件。富山宝公司负责人许礼庚于 2004 年 12 月 25 日签收的由福星公司委托律师发出的解除合同通知书，符合《合同法》第九十四条和第九十六条的规定。（二）不同意富山宝公司的第 2 项诉讼请求，富山宝公司要求确认其享有金银城房地产项目的土地房屋 75％的权益没有任何事实和法律依据。首先，合作合同并未约定富山宝公司享有金银城房地产项目 75％的土地房产权益。富山宝公司在诉状中主张的是金银城项目的物权，而合作合同约定的是富山宝公司履行出资义务，建成物业所得利润后享有 75％或 65％的利润分成（视物业性质而定），享有的只是债权。该债权的实现必须以履行相应的出资义务为代价，完成项目开发并取得利润后才能兑现。富山宝公司从来没有取得土地使用权和房屋所有权等物权，无权要求法院确认其享有土地和房屋的 75％权益。仅凭一纸合同书，是不能将福星公司和福永公司拥有的 47012 平方米的土地使用权中 75％的份额据为己有的。（三）同意富山宝公司的第 3 项诉讼请求，本来富山宝公司就是挂靠经营，不受法律保护，

依法应当解除。(四)不同意富山宝公司的第4项诉讼请求。首先,富山宝公司该诉讼请求不属于本案审理范围,应责令其撤回该增加的诉讼请求。福星公司和富山宝公司签订的《合作投资三星花园合同书》与福星公司和金安城公司签订的《"金银城"置换合同书》产生的纠纷中,诉讼主体不同、案由及产生的权利义务关系各不相同,两者是完全不同性质的纠纷案件。富山宝公司不经起诉就搭便车增加该诉讼请求,违反了《民事诉讼法》第五十六条的规定。其次,福星公司与金安城公司签订《金银城置换合同书》是在富山宝公司已根本违约导致项目工程烂尾多年,成为深圳市52个问题楼盘之一,福星公司依法行使合同解除权,解除了与富山宝公司的合作合同后,才与金安城公司签订置换合同,不存在"一女二嫁"问题。再次,金银城置换合同的签订,符合深圳市政府有关处理烂尾楼的政策,得到了政府有关部门的认可,宝安区政府规划部门已向金安城公司颁发了《建设用地规划许可证》,虽然富山宝公司以利害关系人的身份就规划部门颁发的《建设用地规划许可证》提起行政诉讼,但其提起的诉讼均以败诉而告终,更进一步证明了《金银城置换合同》合法有效。最后,由于富山宝公司的根本违约造成的项目烂尾,已引发了社会不稳定因素。此前购买了金银城房产的200多名业主要求退还房款,社会反响很大。而此时富山宝公司早就不见任何踪影,是金安城公司接手这个项目后,才得以解决因烂尾楼导致的购房者退房风潮,清还了所有小业主的购房款,这样一个利国、利民、利社会的法律行为不能被确认无效。(五)虽然海洋城公司被迫加为本案的第三人,但迄今为止,海洋城公司在事实上没有与本案形成法律上的利害关系,其所有收购富山宝公司股权的行为,都欠缺必要的法律程序。就算海洋城公司收购宁婆公司的股权合法,他也仅仅是富山宝公司的股东,富山宝公司有独立的诉讼主体资格,其作为法人的股东不

能作为第三人参加诉讼。更何况海洋城公司未办妥任何一项有法律效力的变更登记手续。综上所述,富山宝公司的5项诉讼请求除第三项外,其他诉讼请求都没有法律和事实依据,请法院驳回富山宝公司的第1、2、4、5项诉讼请求。海洋城公司与本案没有法律上的利害关系,不应当作为第三人参加诉讼。

福永公司答辩称:(一)富山宝公司已构成根本违约,其没有履行合作合同的基本义务,福星公司已经将土地投入到项目中,但至今为止,富山宝公司没有证据证明其曾经为项目投入过资金。富山宝公司称其已经履行了合同,但没有任何证据。事实上,只实际完成4000多万元的销售额,没有其所称的8000多万元。(二)合作合同已按法律的程序解除,不可能继续履行。(三)富山宝公司依合同可以享有合同权利,但无权依照合同享受项目土地房产75%的权益。(四)海洋城公司作为本案的第三人没有任何事实和法律依据。海洋城公司签订的置换合同实际上是合同权利义务的转让,按合同法的规定,合同义务的转让必须经过债权人的同意,但我方从来没有收到过其要求同意转让的文书。(五)大金利公司与本案没有任何法律上的利害关系,不应作为第三人参加诉讼。(六)福星公司与金安城公司的置换合同合法有效。

金安城公司答辩称:(一)福星公司与富山宝公司订立的金银城项目合作开发合同和补充协议均无效,富山宝公司要求继续履行该合同的诉讼请求应予以驳回。1. 富山宝公司提出确认本案合同为土地使用权转让合同,不符合法律规定。福星公司与富山宝公司之间订立的合作开发合同中虽有"建筑期内发生的一切债权债务"福星公司不承担责任的约定,但富山宝公司不能理解成"不承担任何风险"。首先,该合同是利润分成,没有固定数额,如果发生经营亏损,根据法律规定应当风险共担,福星公司不可以避免经营风险。其次,按约定建筑施工是由富山宝公司负责,在履行义务的期间内予以责任约束未

尝不合理，并不表示在合作开发期间福星公司不承担任何经营风险。再次，根据福星公司提供的证据，该公司已出资垫付多笔经营期间的债务，总额达几千万元，事实上已履行风险义务。最高人民法院《关于审理涉及国有土地使用权合同纠纷案件适用法律问题的解释》第二十四条所指固定利润，实为土地使用权转让金。而利润分成比例无法固定，而且可能是负数，视为土地转让金不合理。2. 富山宝公司与福星公司订立的合作开发房地产合同应认定为无效。双方订立合同时都没有取得房地产开发资质，虽然与福永公司签订过"挂靠"经营合同，但不受法律保护。根据最高人民法院《关于审理涉及国有土地使用权合同纠纷案件适用法律问题的解释》第十五条规定："双方都不具备房地产开发经营资质的，应当认定合同无效"。而且，福星公司在该合同中提供的是政府划拨用地，与富山宝公司订立合同未经政府批准，事后也未得到政府追认。根据该司法解释第十六条规定，也应当认定合同无效。3. 富山宝公司与福星公司订立合同之后，以开发项目作资本，向多人多处借款建房，引发多项诉讼纠纷，说明其根本不具备开发能力。这是形成"烂尾楼"的主要原因，应当承担过错责任。

（二）富山宝公司不享有金银城项目土地房产75％的权益。根据福星公司与富山宝公司签订的《合作投资兴建三星花园合同书》，富山宝公司享有的是金银城项目75％的利润分成而不是权益分成。利润和权益是两个不同的概念，不容混淆使用。在房地产开发活动中，利润必须承担经营亏损之后才能体现，金银城项目已经停止建设，烂尾楼十年以上，负债累累，根本没有利润可言。权益包含土地使用权和房产所有权，《物权法》第九条规定"不动产物权的设立、变更、转让和消灭，经依法登记，发生效力；未经登记，不发生效力"。富山宝公司所谓的75％权益，未补办任何登记手续，所以无依据予以认定。富山宝公司自签订合作开发房地产合同之后，没有

自有资金投入，而是利用金银城项目大肆举债，一系列的判决书和裁定书证明富山宝公司不享有金银城项目土地房产75％的权益。

（三）《"金银城"置换合同书》及《〈"金银城"置换合同书〉补充协议》的效力与本案其他诉讼请求不是同一个法律关系，不符合合并审理的受理条件，应当驳回该项起诉。本案审理的是《合作投资兴建三星花园合同书》引起的纠纷，金安城公司与该合同纠纷的当事人没有直接的法律事实和关系，但案件处理结果同金安城公司有法律上的利害关系的，依法作为无独立请求权的第三人参加诉讼，符合《民事诉讼法》第五十六条之规定。《"金银城"置换合同书》及《〈"金银城"置换合同书〉补充协议》是金安城公司与福星公司签订的合同，不是富山宝公司与福星公司之间签订的合同纠纷，合同主体不同，合同依据的法律事实也不同，该合同与富山宝公司没有直接的法律关系。（四）《"金银城"置换合同书》及《〈"金银城"置换合同书〉补充协议》是在《合作投资兴建三星花园合同书》停止履行多年之后，合同标的物已经成为"烂尾楼"事实的背景下，由深圳市政府（2004）124号文件指导签订的土地使用权置换合同，根本不存在损害富山宝公司利益的法律事实。2005年12月5日，国土部门正式复函，同意将该项目土地使用权置换至金安城公司名下。2009年2月28日止，金安城公司已陆续支付置换款9500万元，说明置换合同实际履行，双方还进一步明确处理债权债务中的法律责任。2006年4月11日，国土部门给金安城公司颁发了《建设用地规划许可证》。2006年9月7日，宝安区国土部门向市处理问题楼盘领导小组行文请示，即深国房宝（2006）565号《关于处理"金银城"问题楼盘有关问题的请示》，政府部门的处理意见是将土地使用权置换给金安城公司。金安城公司与福星公司订立的《"金银城"置换合同书》的订立过程，符合相关的法律规定，合同的内容经国土部门同意，且取得规

划许可证书，法律应当保护金安城公司的合法权益。综上所述，富山宝公司没有房地产开发资格，没有投资能力，没有完善用地手续，挂靠在福永公司名下经营，是合作开发房地产合同无效的基本事实。富山宝公司变更前后的诉讼请求均没有法律依据，应当予以驳回。

第三人大金利公司陈述称：（一）徐金富代表大地公司致函福星公司、福永公司，提出退出"金银城"项目，由大金利公司开发。为进一步明确转让，大地公司于该日与大金利公司签订《转让协议书》，约定大金利公司以1.65亿元买断该项目。故应确认"金银城"项目土地使用权属大金利公司所有，大金利公司对该项目拥有完全的和充分的权利。（二）大地公司与富山宝公司分别与福星公司签订了合作投资兴建"金银城"项目协议书及补充协议。尽管2003年4月29日富山宝公司与大地公司签订了《关于抵债物业权属的确认函》，但这是无效的。2005年1月21日，徐金富代表大地公司作出的《关于金银城项目的有关权益的确认》，以及2006年6月26日所作出的《声明》因与《转让协议》矛盾，且违背诚实信用原则，对大金利公司没有约束力。（三）富山宝公司在"金银城"项目中是受大地公司的委托，代表大地公司进行管理，直接利害关系人是大地公司，其后果应由大地公司享有和承担。富山宝公司在举证期限届满后又去增加和变更诉讼请求，应裁定驳回富山宝公司的起诉或判决驳回其诉讼请求。（四）大地公司是本案直接利害关系人，其必须参与本案的诉讼，否则，程序上违法。

第三人海洋城公司陈述称：（一）对富山宝公司提出的第一项诉讼请求没有异议。（二）富山宝公司提出的第二项诉讼请求，应按合同履行。（三）同意富山宝公司的第三项诉讼请求。（四）金安城公司与福星公司签订的置换合同无效。（五）金银城项目属于富山宝公司和福星公司的按份共有财产，富山宝

公司在金银城项目置换关系中依法享有优先受让权。海洋城公司具备开发经营金银城项目的各项条件。由于海洋城公司实际已经成为富山宝公司的股东，双方具有直接的产权关系。尽管手续上不完善，但不等于没有实体权利的存在。当富山宝公司将其在金银城项目的75%权益份额置换给海洋城公司以后，相应海洋城公司对于金银城项目的任何置换行为也享有优先受让权。由海洋城公司以高价位受让金银城项目，有利于保护合建双方的投资利益，有利于解决金银城项目的债务纠纷。

一审法院认为，双方当事人争议焦点问题是：富山宝公司与福星公司签订的《合作投资兴建三星花园合同书》及《补充协议》的性质、效力问题；富山宝公司在履约过程中是否存在根本违约，福星公司是否享有单方合同解除权，涉案合建合同是否应继续履行问题。

（一）关于富山宝公司与福星公司签订的《合作投资兴建三星花园合同书》及《补充协议》的性质问题。1992年12月14日，福星公司与富山宝公司就合作开发涉案土地而签订的《合作投资兴建三星花园合同书》约定，福星公司提供土地，富山宝公司提供资金；涉案项目所得的利润分成以商住楼销售扣除福永公司挂靠费分成，利润25%归福星公司，75%归富山宝公司。双方共同管理的固定资产经营或承包、转让等分成则按福星公司占35%，富山宝公司占65%。上述约定明确了双方权利义务是各自以其提供的土地、资金等作为共同投资条件合作开发房地产，并共享利润、共担风险。因此，该合同应定性为合作开发房地产合同。随后双方又于1994年2月12日签订《补充协议》，该协议虽约定福星公司将其按照上述合作合同书应得的商住楼以固定的价款转让给富山宝公司，但同时也明确了共同管理经营之宾馆、商场铺位是双方共同之固定资产，其产权及利润分成仍为福星公司占35%，富山宝公司占65%，且

已售的商住楼的管理收入利润按固定资产的分成比例分成（35：65）；双方组建物业公司，共同管理，合作管理 50 年。由此可见，《补充协议》只是对《合作投资兴建三星花园合同书》约定的利益分配方式进行了部分调整，并没有完全约定福星公司只收取固定利益，而是仍包含了福星公司与富山宝公司共担风险、共享利润的利润分配约定。由于《补充协议》中约定的双方权利义务的性质仍然具备合作开发合同的特征，因此，《补充协议》亦应定性为合作开发房地产合同。富山宝公司主张双方签订的合同是土地使用权转让合同，与事实不符，依法不予采纳。

（二）关于《合作投资兴建三星花园合同书》及《补充协议》的效力问题。双方当事人在签订合建合同时，涉案土地属划拨用地，但在合同签订后福星公司与国土局签订了《土地使用权出让合同》，缴纳了土地出让金，且土地的用途已经批准变更为商住用地，故涉案标的物具备合作开发的条件。福星公司与富山宝公司虽都不具备房地产开发资质，但此后双方与有房地产开发资质的福永公司签订了《合作开发"三星别墅"合同书》，约定由福永公司办理涉案项目开发及工程建设的各项手续。该三方合同签订后，土地主管部门应福星公司、福永公司的申请，同意将涉案土地转让给福永公司，由福星公司、福永公司共同使用兴建涉案地块。随后，福星公司、福永公司也与规划部门签订了关于涉案项目市政配套费《协议书》，福永公司也由此对先行开发的部分土地及在建房屋取得了建设主管部门、房产管理部门核发的《建设工程规划许可证》《房地产预售许可证》等相关批文。行政主管部门上述一系列的批文、证照均是基于富山宝公司与福星公司签订的合作开发合同，以及富山宝公司、福星公司与福永公司签订的合作开发合同而作出的，故应视为本案双方的合作开发合同，以及三方的合作开发合同已经取得相关行政主管部门的审批和同意，双方的及三方合作开发合

同应认定为有效。富山宝公司诉请双方签订的《合作投资兴建三星花园合同书》合法有效有理，依法予以支持。

（三）关于富山宝公司在履约过程中是否存在根本违约，福星公司与富山宝公司签订的合建合同是否应确认已经解除，涉案合同是否应继续履行问题。就福星公司而言，涉案合作合同签订后，福星公司与土地管理部门签订了《土地使用权出让合同书》，完善了涉案土地进行商住项目开发的用地手续。随后福星公司也完成了整个涉案项目的规划立项审批工作，于 1993 年 7 月 13 日取得了规划部门颁发的《建设项目详细规划审批表》，此后又取得了富山宝公司拟先行动工兴建部分的《建设工程项目施工许可证》。可见，福星公司已完成了合作开发合同第三条约定的其应履行的主要义务。就富山宝公司而言，根据双方签订的合作开发合同，富山宝公司的主要义务是出资及开发建设该项目。经查，对于已缴纳的涉案土地出让金合计人民币 17338026 元，合作开发合同虽约定应由富山宝公司支付，但富山宝公司不能提供证据证明其缴纳。又根据福星公司持有的财政部门开出的收据，可认定该笔费用系由福星公司缴纳；而对造价为 31319478.81 元的涉案项目未完工程的工程款，根据福星公司提交的证据及富山宝公司诉讼中的确认，可认定福星公司垫付了其中的 26817106.53 元，及剩余工程款、停工补偿费等 796 万元，两项共计 34777106.53 元。富山宝公司亦未能提供证据证明其依照合作合同第三条第（二）款第二项的约定提供了资金 1000 万元给福星公司作开发费用。涉案项目仅动工修建了三幢 15 层近 28000 平方米的框架结构的事实，表明富山宝公司也未能在合同第三条约定的三年内（至 1995 年底）完成合同约定的 15 万平方米的建设。可见，富山宝公司在履行合同约定的主要出资义务及开发建设义务上，已构成根本违约。鉴于富山宝公司上述履约情况，福星公司委托律师于 2004 年 4 月 25 日

向富山宝公司发出《律师函》，通知富山宝公司解除双方签订的《合作投资兴建三星花园合同书》及《补充协议书》。该《律师函》虽无福星公司的签章，但函头已明确该函是受福星公司的委托所拟，且福星公司对该委托代理行为予以认可。富山宝公司在其负责人许礼庚于 2004 年 12 月 25 日签收该《律师函》后至本案诉讼前也从未提出异议。故该《律师函》应视为福星公司发出，并在福星公司与富山宝公司之间产生应有的法律后果。由于富山宝公司迟延履行双方合作合同中约定的主要出资义务及开发建设义务，致使双方合同目的不能实现，福星公司向富山宝公司发函通知解除双方合同，符合《中华人民共和国合同法》第九十四条第（四）项关于"当事人一方迟延履行债务或者有其他违约行为致使不能实现合同目的"，当事人可以解除合同的规定。福星公司解除合同的通知已于 2004 年 12 月 25 日到达富山宝公司，根据《中华人民共和国合同法》第九十六条的规定，应依法确认富山宝公司与福星公司之间的合作开发合同已经在该通知到达富山宝公司时解除。富山宝公司诉请继续履行其与福星公司签订的《合作投资兴建三星花园合同书》，以及要求确认富山宝公司享有深圳市宝安区福永镇兴围路口西"金银城"房地产项目的土地房屋 75％的权益，因与《中华人民共和国合同法》第九十七条关于"合同解除后，尚未履行的，终止履行；已经履行的，根据履行情况和合同性质，当事人可以要求恢复原状"的规定不符，依法予以驳回。另外，富山宝公司诉请解除富山宝公司、福星公司与福永公司签订的《合作开发"三星别墅"合同书》，由于福星公司、福永公司均同意富山宝公司该诉请，对此依法予以照准。

（四）对于富山宝公司主张福星公司利用职权将绝大部分售楼款截留私分，导致涉案项目无后续资金停工的问题。该问题涉及对《核算报告》第（3）项所载福星公司支取售楼款港币 1620 万元的性质认定。经查，福星公司提交的截至 1994 年 12 月 23 日《首期结欠报告》及截至 1996 年 9 月 18 日的《第二期欠款结算情况》清楚载明了：富山宝公司之前对福星公司的欠款在扣除福星公司收取的售楼款 900 万元港币、620 万元港币及富山宝公司还来的其他款项后，富山宝公司仍先后结欠福星公司人民币 12643397.02 元和 8740227.70 元。这两笔结欠金额与富山宝公司随后出具的两张欠条载明的欠款金额完全吻合。同时，上述福星公司取走的售楼款也与富山宝公司随后出具的《物业转来售楼款（港币）往来情况》载明的福星公司收取售楼款金额完全一致。上述材料显示的福星公司取走售楼款金额 1520 万元，以及富山宝公司取走售楼款金额 600 万元，与《核算报告》第（3）项所载福永公司（福星公司）取走售楼款港币 1620 万元、富山宝公司取走售楼款港币 500 万元尽管并不完全一致，但富山宝公司诉讼中对此除了同意按其取走售楼款港币 500 万元来认定外，对上述材料的真实性及载明的内容并不持异议；而福星公司也同意富山宝公司的上述意见，以《核算报告》为准来认定各自取走的售楼款。对此，一审法院依法予以照准。基于以上事实，福星公司主张《核算报告》中福星公司收取的 1620 万元售楼款是富山宝公司向其偿还以前的欠款且为双方所认可，事实清楚、证据充分，依法应予采信。富山宝公司主张福星公司利用职权将绝大部分售楼款截留私分，导致涉案项目无后续资金停工，因与事实不符，依法不予采纳。

（五）对于富山宝公司诉请确认福星公司与金安城公司签订的《"金银城"置换合同书》及《〈"金银城"置换合同书〉补充协议》的效力问题。一审法院认为，《"金银城"置换合同书》及《〈"金银厅"置换合同书〉补充协议》由福星公司与金安城公司签订，设立的是福星公司与金安城公司之间的民事法律关系，且福星公司在与金安城公司签订上述合同时，福星公司与富山宝公司之间的合作合同已经解除。故富山宝公司既不是上述两合同的签订主体，也与上述合同确立的民事法律关系并无直接的利害关系。富山宝公司诉请确认上述两合同无效，依法不予处理。

至于大金利公司主张涉案土地使用权属其所有的问题，因与本案讼争的福星公司、福永公司与富山宝公司之间的合作开发房地产法律关系无直接的利害关系，大金利公司应另循途径解决，在此不作处理。

综上，一审法院依照《中华人民共和国合同法》第六十条第一款、第九十四条第（四）项、第九十六条、第九十七条，《中华人民共和国民事诉讼法》第十三条、第六十四条第一款，最高人民法院《关于审理涉及国有土地使用权合同纠纷案件适用法律问题的解释》第十四条及最高人民法院《关于审理房地产管理法施行前房地产开发经营案件若干问题的解答》第十九条的规定，判决：一、解除富山宝公司、福星公司与福永公司签订的《合作开发"三星别墅"合同书》；二、驳回富山宝公司的其他诉讼请求。案件受理费人民币 760010 元，由富山宝公司负担 684009 元，福星公司、福永公司负担 76001元；诉讼保全费人民币 5000 元，由富山宝公司负担。

富山宝公司不服一审判决，向本院提起上诉，请求：1. 撤销广东省高级人民法院（2006）粤高法民一初字第 18 号民事判决；2. 同意 审认定上诉人与第一被上诉人签订的《合作投资兴建三星花园合同书》及《补充协议》合法有效，请求判令双方继续履行合同；3. 请求判决上诉人享有深圳市宝安区福永镇兴围路口西"金银城"房地产项目的土地房屋 75％的权益；4. 请求判决确认第一被上诉人与第三被上诉人签订的《"金银城"置换合同书》及《〈"金银城"置换合同书〉补充协议》无效；5. 由全部被上诉人共同承担本案诉讼费用。事实和理由如下：

一、富山宝公司依据与福星公司、福永公司签订的合作合同享有"金银城"项目的土地、房屋 75％权益，富山宝公司的权益应得到保护。认定双方约定的合作开发分成模式究竟是利润分成还是建筑面积分成，应当综合各类文件来判断合同双方的真实意思表示，而并非仅只看字面的表述。而至少有以下几方面的材料证明双方的真实意思表示是约定面积分成而不是利润分成：（一）本案双方合作开发模式是一方出地一方出钱，并且约定一切债务由富山宝公司承担，对于合作开发的项目而言，由于全部债务均由富山宝公司承担，合作项目本身并没有承担任何债务，项目开发成果包括土地和建成的地上建筑物，如果建筑物实际销售的，则按销售款项计算利润，如果没有销售则按建筑物面积进行分成。从最初三星花园立项的可行性报告也可以看出，1992 年 12 月 29 日《福永三星花园可行性研究报告》也明确写明合作双方各按 75％及 25％分得房产；另外从合同约定来看，合作开发合同第五款 2 项关于"利润分成"的约定是这样表述的："双方合作兴建的物业产权均享有出租、抵押、转让、外销等权益"，出租、抵押、转让、外销等权利均属于物权的范围，即收益与处分权利，表明双方约定的是对物业产权共同所有；这里所计的分成也是对物业产权面积的分配。（二）1994 年 2 月 22 日，福星公司与富山宝公司签订了《补充协议》，约定福星公司将应得商住楼 25％的面积 54675 平方米按每平方米 3500 元转让给富山宝公司，总价为一亿九千余万元，该协议尽管没有履行，但充分说明双方当时所约定的利润分配实为建筑面积分成。1992 年 12 月 23 日，福星公司曾出具的《经济担保书》，明确表明"深圳大地公司（即富山宝）享有土地房屋权 75％，并拥有使用、租赁、抵押、转让、销售和合作的权力，使用期七十年，深圳大地公司可以抵押、合作、融资、借款"。（三）深圳中院（2003）深中法民五初字第 161 号民事裁定书、（2005）深中法执字第 820 号协助执行通知书；石家庄中院（2006）石法执字第 00146

号协助执行通知书；河源中院（2004）河中法执字第 39－2 号民事裁定书；宝安区法院（2006）深宝法执字第 2316－1、2318－1 号民事裁定书；揭阳中院等各级法院先后作出的民事裁定书或协助执行通知书均基于同一个理由，即富山宝公司拥有金银城项目 75％份额，而对金银城项目进行查封；除部分裁定因执行完毕而解封外，至今还有包括石家庄中院作出的生效法律文书所确认的事实，可以作为法院处理案件的依据。综上所述，富山宝公司在"金银城"项目中享有 75％的权益，并且该权益是"金银城"项目的土地、房屋建筑面积 75％的权益。一审判决未查清相关事实，错误认定富山宝公司享有的是"金银城"项目利润分成的权益，依法应予以纠正。

二、福星公司不具有合同解除权，一审判决认定富山宝公司与福星公司、福永公司的合作合同已于 2004 年解除是错误的。首先，福星公司于 2004 年 4 月发出关于解除《合作投资兴建三星花园合同书》及《补充协议》的《律师函》，但是该《律师函》并没有福星公司的任何签章，无法证明《律师函》所列内容是经福星公司的委托而发出。一审判决以"函头已明确该函受福星公司委托所拟"为由认为确系福星公司委托，理由不成立。其次，福星公司本身也认为合作合同并未因《律师函》的通知而解除，如果福星公司也认为其已通过《律师函》解除了双方的合同，则其在（2006）粤高法民一初字第 26 号案件中的诉求应是请求确认解除合同通知的效力，而不是仍然请求一审法院判决解除双方的合作合同。第三，福星公司与金安城公司在 2006 年 8 月签订的《〈"金银城"置换合同书〉补充协议》第一条甲方责任第 5 项约定，由福星公司负责解除与富山宝公司、大地公司所签订的合作合同，可见福星公司直至将"金银城"项目进行违法置换，其自身也认可双方的合作合同并未解除。第四，《律师函》上签署的日期是 2004 年 4 月 25 日，

而送达富山宝公司的时间却是 2004 年年底，前后相差 8 个月之久，在法律上应当认定无效。第五，一审判决书认为富山宝公司负责人未提出异议即可视为同意错误。对于解除合同这种重大并将产生重要法律后果的行为只能是明示。一审判决将未表示异议解释为同意，是对合同法的歪曲。综上，一审判决未查明上述事实，错误认定合作合同已经解除，依法应予以纠正。

三、福星公司、福永公司与金安城公司所签订的置换合同应属无效，一审判决完全无视置换合同违反有关强制性规定的事实，以富山宝公司不是置换合同的签订主体、无直接的利害关系为由不予处理富山宝公司的诉讼请求。（一）福星公司、福永公司与金安城公司的置换合同违反众多强制性规定，依法应认定为无效。（1）置换合同违反深圳市政府"理顺债权债务"的规定，且违反了《城市管理法》关于"权属有争议的土地不得转让"的强行规定，应属无效。深圳市政府《关于子悦台等 52 个"问题楼盘"处理意见的批复》明确规定置换的前提是"自行妥善处理好债权债务关系"，同时，深圳市国土资源和房产管理局宝安分局在《关于"金银城"置换方案复函的申请》和复函中（深国房函第 BA0500850 号）对福星公司与金安城公司的回复要求："同意你们在自行理顺债权债务关系，妥善处理好与该项目原投资商、施工单位、预售人等经济利益主体问题的前提下，将该项目土地使用权置换至深圳金安城投资发展有限公司"。而福星公司、福永公司及金安城公司完全无视上述要求，径行置换，违法明显。另外，根据《城市管理法》第三十八条第五项的规定，对权属有争议的房地产不得进行转让，本案中关于金银城项目土地及权属的归属问题，包括本案当事人在内的多方主体提出了权利主张，属于权属争议中的房地产，依法不能进行转让。（2）置换合同违反"未取得土地使用权证的房产不得转让"的强制性规定，应属无效。《城市房地产

管理法》第三十八条第（六）项规定，未依法登记领取权属证书的房地产不得转让；第三十九条规定，以出让方式取得土地使用权的，转让房地产时，应当按照出让合同约定已经支付全部土地使用权出让金，并取得土地使用权证书；最高人民法院《关于审理涉及国有土地使用权合同纠纷案件适用法律问题的解释》第九条规定："转让方未取得出让土地使用权证书与受让方订立合同转让土地使用权，起诉前转让方已经取得出让土地使用权证书或者有批准权的人民政府同意转让的，应当认定合同有效。"从以上规定可以看出，取得土地使用权证书是转让房地产必要前提条件，如果在起诉前仍未取得土地使用权证书的，转让合同无效。本案即属于这种情况，诉讼至今也未取得土地使用证书，因此置换合同无效。（3）置换合同违反"司法机关依法裁定查封或以其他形式限制权利的房产不得转让"的规定，应属无效。本案中置换合同先后签订了两次，2005年8月8日签订的前一份置换合同由于签约主体仅为福星公司与金安城公司，而土地登记产权人为福永公司，没有福永公司作为合同当事人，形式上也不符合法律的要求，因此在2006年8月2日所签订的置换合同补充协议加入了福永公司，置换合同是否有效应以补充协议的签署日期来判断。2003年8月15日，深圳中院作出（2003）深中法民五初字第161号民事裁定书，明确查封富山宝公司名下享有75％的金银城项目的权益，该裁定在送达福星公司、福永公司后即产生法律约束力，而福星公司、福永公司仍然与金安城公司签订置换合同，违反了《城市房地产管理法》第三十八条第二项规定，应属无效。（二）福星公司、福永公司与金安城公司恶意串通所签订的置换合同损害了国家、集体及富山宝公司的利益，富山宝公司依法有权提起诉讼确认置换合同无效。富山宝公司享有金银城项目75％的权益，福星公司、福永公司及金安城公司擅自单方置换转让土地，严重损害了

富山宝公司的权益，富山宝公司与置换合同所涉及的土地有直接的利害关系，富山宝公司依法有权确认该合同无效。（三）富山宝公司拥有金银城项目75％的权益，福星公司和福永公司未经富山宝公司同意而进行转让，属于无权处分行为，该行为未经富山宝公司同意或追认而无效，并且置换合同严重损害了福永村民的利益。

四、一审判决漏列必须参加诉讼当事人之一的大地公司进行审判，不仅违反法定程序，在实体上也损害了大地公司及上诉人的合法权益，依法应发回重审或予以改判。（一）大地公司作为必要共同诉讼当事人，一审判决剥夺其参加诉讼的权利，属于严重的程序违法，依法应当发回重审。（1）在（2006）粤高法民一初字第26号案中，被上诉人曾将大地公司一并起诉，后又以其他理由撤回，而本案中，一审法院曾追加大地公司参与诉讼，但一审法院为简化诉讼程序，认为大地公司的权益转让给富山宝公司后，大地公司即与本案的处理无利害关系，便剥夺了大地公司参加诉讼的权利。若大地公司不参与本案的诉讼，大地公司将失去主张权利的机会，将不利于从根本上解决"金银城"项目的债务纠纷，促进工程项目尽快恢复建设，从而彻底解决历史遗留问题。（2）本案中，双方所争议的合同为福星公司与富山宝公司签订的《合作投资兴建二星花园合同书》（以下简称"《合同一》"），富山宝公司依据该合同享有"金银城"项目75％的权益。同时，大地公司与福星公司就同一标的物"金银城"项目也签订了《合作投资兴建深圳国际机场配套工程—"金银城"合同书》（以下简称"合同二"），《合同二》至今合法有效，未有任何一方主张解除，大地公司依据《合同二》在"金银城"项目中也享有土地、房屋75％权益。（二）一审判决实体上存在违法之处，损害了富山宝公司及大地公司的合法权益。本案中，富山宝公司依据与福星公司、福永公司签订的合作合同享有"金银城"项目的

土地、房屋75%的权益，同时依据大地公司与福星公司、福永公司签订的合作合同也享有"金银城"项目75%的权益。而大地公司所签合同合法有效，各方至今均未主张合同无效或解除，无论富山宝与福星公司、福永公司所签订的合同效力如何、是否解除，均不影响富山宝公司依据大地公司所签合同享有"金银城"项目土地、房屋75%权益。根据一审法院（2006）粤高法民一初字第26-1号民事裁定，该裁定中对大地公司《关于金银城项目有关权益的确认书》的真实性予以确认，并同时确认"福星公司、福永公司对此也不持异议"。因此，依据该份确认书和一审法院的生效裁定，富山宝公司已享有大地公司在金银城项目中的权益，但是，一审判决违背事实，未处理大地公司所签订的《合同二》，不仅是损害富山宝公司的合法权益，而且损害了大地公司在"金银城"项目中的合法权益。综上所述，一审判决遗漏大地公司作为必须参加诉讼的当事人，严重违反法定程序，并且实体上也已损害了富山宝公司及大地公司的合法权益。

福星公司答辩称：1. 对于富山宝公司在该案中提出的"福星公司不享有解除《合作投资兴建三星花园合同书》的权利""大地公司是必须参加本案诉讼的当事人，一审判决程序违法"这两项上诉理由，福星公司在前文中已进行了充分、有力的驳斥，此不赘述。2. 富山宝公司上诉认为其享有《合作投资兴建三星花园合同书》项下"金银城"项目的土地、房屋75%的权益，缺乏事实根据和法律依据，其理由不能成立。（1）如前所述，因富山宝公司未按约提供开发资金，导致金银城项目烂尾搁置十余年、合同目的无法实现，福星公司已经依法行使合同解除权，解除了双方之间的《合作投资兴建三星花园合同书》。根据合同法的相关规定和合同约定，一审判决令富山宝公司将金银城土地和其尚未建成的房屋交还给福星公司，事实清楚，依据充分。（2）《合作投资兴建三星花园合同

书》第五条第二款明确约定，物业所得的利润分成，按利润的25%归甲方（即福星公司），乙方（即富山宝公司）占75%。第三款则约定，双方对共同经营的固定资产经营或承包出租等产业的收益，按35%（福星公司）和65%（富山宝公司）分成。由前述合同约定可见，所谓的25%和75%的分成比例，是一种当事人按合同约定对合作开发利润的分配比例，是一项合同之债，不是富山宝公司所称其享有75%物权的约定。因此上诉人主张享有"金银城"项目土地、房屋75%权益即物权，没有合同依据，更没有法律依据。（3）从《合作投资兴建三星花园合同书》的履行来看，如果认定富山宝公司享有金银城项目75%的土地和房产，也有违最基本的公平原则。一审判决已明确认定，富山宝公司没有提供项目开发建设资金构成根本违约。因此，富山宝公司在未支付受让对价的情形下，不可能依据受让方式取得"金银城"项目土地、房屋75%权益。（4）从众多已生效的法律文书来看，均认定上诉人对涉案项目的土地使用权及房屋所有权不享有任何直接的权益。（2003）深中法民五初字第161号判决书、（2006）深罗法执一字第2850、2851号之民事裁定书、（2007）深宝法执字第116号民事裁定书、（2007）深宝法行初字第419号行政裁定书、（2008）深中法行终字第35号行政裁定书亦认定富山宝公司不是涉案土地的使用权人。3. 一审判决未对福星公司与金安城公司签订的《"金银城"置换合同书》的效力作出认定是正确的，富山宝公司的此项上诉理由不能成立。（1）福星公司与金安城公司签订的《"金银城"置换合同书》是在富山宝公司已根本违约导致项目工程烂尾多年，成为深圳市52个问题楼盘之一，福星公司依法行使合同解除权，解除了与富山宝公司的合作合同后，才与金安城公司签订的置换合同，不存在"一女二嫁"问题。（2）《"金银城"置换合同书》的签订，符合深圳市政府有关处理烂尾楼的政策，得到了政府有关部

门的认可，宝安区政府规划部门已向金安城公司颁发了《建设用地规划许可证》。（3）《"金银城"置换合同书》的签订，是福星公司行使自身财产处置权。"金银城"项目用地的使用权为福星公司所有，福星公司有充分的处置权，与富山宝公司无关，因此该合同的签订合法有效。（4）《"金银城"置换合同书》的签订，利国、利民、利社会。

金安城公司答辩称：一、福星公司已于2004年12月25日解除与富山宝公司签订的《合作投资兴建三星花园合同书》，并且清理了合作项目的债权债务，该合同不可能继续履行。二、富山宝公司不拥有"金银城"项目土地房产75%的权益。"金银城"项目的现状是巨亏，根本无利润分配，富山宝公司的出资，抵偿福星公司的垫付款后，出资额是倒挂，等于没有出资，自然丧失实体权益，富山宝公司要求确认权益没有事实依据。富山宝公司在合作开发合同中的地位是挂靠经营，不享有物权，（2009）深中法行终字第35号行政裁定书认定富山宝公司不是土地使用权的共同权利人。富山宝公司将执行中有争议的措施作为认定结果使用，不符合法律规定。三、福星公司与金安城公司签订的《"金银城"置换合同书》合法有效。在签订《"金银城"置换合同书》之前，福星公司已经书面通知富山宝公司解除合作开发合同并已发生法律效力，而且金安城公司在国土局查询"金银城"项目未有任何司法查封，以及"金银城"项目土地使用权及开发手续均登记在福星公司、福永公司名下，说明具备签订土地使用权置换合同的条件。《"金银城"置换合同书》是在政府主导下签订，内容和形式符合政府规定的政策。置换合同经国土规划部门认可，金安城公司已取得《深圳建设用地规划许可证》、宗红线地图、深圳市建设用地地界放点测量报告等相关职能部门批准文件，并征得福永街道办、宝安区政府、深圳市政府等政府部门的同意。金安城公司为善意的第三人，与福星公司签订的《"金银城"

置换合同书》利国、利民、利社会，双方并无过错，其合法权益应该受到保护。并且，金安城公司是具有合法资格的房地产开发企业，福星公司与金安城公司签订的《"金银城"置换合同书》已实际履行，金安城公司已支付履约款9500万元。《"金银城"置换合同书》不违反《城市房地产管理法》第三十八条第（五）项规定和第三十八条第（六）项规定，不存在法律和行政层面上的土地转让权属争议。依据最高人民法院《关于审理涉及国有土地使用权合同纠纷案件适用法律问题的解释》第九条"起诉前转让方已取得出让土地的使用权证书或者有批准权的人民政府同意转让的，应当认定合同有效"的规定，深国房函BA0500850号《复函》和05—2006—0100号《深圳建设用地许可证》就是当地政府同意转让的事实依据，因而合同有效。富山宝公司作为置换合同中的案外人，无权要求法院确认置换合同无效。四、大地公司不应参加本案诉讼。1.富山宝公司与大地公司的法定代表人均为徐金富，徐金富于2006年6月以公证文件的形式确认大地公司在"金银城"项目中没有投入资金，其义务实际全部由富山宝公司履行。因此，大地公司与本案的处理无利害关系，不属于民事诉讼法规定必须参加诉讼的当事人，取消其诉讼资格不会影响到任何当事人的实体权益。大地公司的权益自愿归并到富山宝公司，双方的权益可以另寻法律途径解决。另外，2009年4月2日一审法院开庭笔录（二）中富山宝公司同意不将大地公司列为当事人（第22—23、43页），海洋城公司在该笔录第25页也表示"既然权益已归到富山宝公司，则不需要追加大地公司"。说明本案主要当事人的意见基本一致，同意大地公司不参加本案诉讼。综上所述，富山宝公司没有投资能力，造成工程烂尾，已构成根本违约；福星公司与富山宝公司所签的《合作投资兴建三星花园合同书》已于2004年12月25日解除，福星公司也拒不与富山宝公司继续合作；金安城公司签订的置换合同经政府批准合法有效；项目的债权债务已经得到妥善处理，置换合同应当受到法律保护；大地公司权益已归并富山宝公司，海洋城公司参加诉讼主体不适格。

原审第三人大金利公司称：一、一审法院（2006）粤高法民一初字第 18 号案诉讼程序违法，应当发回重审。大地公司应作为 18 号案的共同原告参与到诉讼中来。（一）从现有证据来看，无论是作为合资合作开发合同，还是在此基础上变更为在建项目合同权利义务的转让，"金银城"项目的开发都离不开大地公司，大地公司是"金银城"项目合同实际履行的当事人，与本案具有直接的权利义务关系。（二）大地公司于 2006 年 6 月 20 日出具并经南京市公证处公证的（2006）宁证内经字第 58718 号《关于金银城项目有关权益的确认书》，是一份内容并不合法的证据。2005 年 1 月 21 日徐金富代表大地公司与大金利公司签订了《转让协议》，同意将"金银城"项目转让给大金利公司，并同时致函福星公司和福永公司，表明其已经从"金银城"项目中退出，徐金富代表大地公司单方写一份《确认书》决定将 75％权益确认给富山宝公司，是违法和无效的。该份《确认书》的公证员也仅仅是对徐金富签名的真实性予以认可，并没有对其内容是否合法进行证明，其也无权证明。（三）依中国驻英国大使馆认证的大地公司《注册证明书》，不能否定大地公司至少从 1994 年 4 月 21 日起到现在它是客观存在的，其法定代表人徐金富的去世无法否定大地公司作为一个在国外注册的法人的存在，对其可以适用《民事诉讼法》关于涉外民事诉讼规定的 7 种送达方式予以送达。（四）富山宝公司行使的是受委托代大地公司管理的职责，其权利和义务最终由大地公司享有和承担。另外徐金富的身份较为特殊，他不仅是大地公司的投资人、董事长，也是富山宝公司的投资人、总裁、董事长，实质上是两个公司的法人代表和股东，本案中大

地公司与富山宝公司不断交替出现就是因为徐金富是两公司的投资人，结合《大地公司董事局决议》《委托协议书》《富山宝公司的董事会决议》，可以认定实质上的利害关系人是大地公司，至少大地公司应作为本案的共同原告参与诉讼中来，从以上四点可以看出，不让大地公司参与诉讼令人难以信服，一审法院程序违法。二、福星公司委托律师于 2004 年 4 月 25 日发出的《律师函》不能产生解除《合作投资兴建三星花园合同书》及《补充协议》的效力。（一）解除权具有不可分性，大地公司实际参与了"三星花园"的开发，是合作开发合同实际履行的当事人，解除的意思表示应向合同的全体为之。即使《律师函》没有瑕疵，福星公司委托发函仅仅是向富山宝公司，并没有向大地公司提出单方解除的意思表示，也不应产生解除的效力。（二）富山宝公司与福星公司在 1992 年 8 月 14 日签订的《合作投资兴建三星花园合同书》中的约定排除了法定解除。（三）被上诉人的诉讼行为表明其没有解除。民事行为的核心是意思表示，被上诉人在 26 号案最终诉讼请求是"确认原告福星公司与被告深圳富山宝实业有限公司签订的《合作投资兴建三星花园合同书》及《补充协议》无效，判令解除"，反映出被上诉人最终意思表示是上述合同无效，并不认为律师函产生了解除合同的效力。三、大地公司从金银城项目退出的权利应由大金利公司享有。（一）2005 年 1 月 21 日的转让协议是徐金富代表大地公司的处分行为，权利已经转让给了大金利公司，富山宝公司是受大地公司委托代为管理，结合（2005）1305 号公证书，徐金富是有权同时对大地公司和富山宝公司两个法人单位的财产和权利作出处分，因此，2005 年 1 月 21 日签订的转让协议有效。（二）大地公司于 2005 年 1 月 21 日同时发给福星公司和福永公司从金银城项目退出的函，福星公司和福永公司已经收到了上述函件，并没有作出反对的意思表示。（三）大金利公司实际已经履行了与

大地公司签订的转让协议，并给付了大地公司转让款2450206.60元。尽管多方当事人提出了不是发票、章有问题以及经办人杨鹤年笔迹有异议，但无法否认上述证据的客观真实性。（四）上述函的内容可以看出大地公司的退出与大金利的参与是不可分割密切联系的，大地公司退出的同时也就将权利让与了大金利公司。大地公司与大金利公司的转让协议已经实际履行，大地公司在金银城项目的权利现属于大金利公司所有，富山宝公司已失去本案第2项和第3项的请求权和胜诉权。四、《"金银城"置换合同书》及《补充协议》应确认无效，本案富山宝公司的此项请求应得到支持。（一）富山宝公司是请求确认《"金银城"置换合同书》及其《补充协议》无效，并不是提起的侵权诉讼，是确认合同的效力问题，一审法院受理并无不当。（二）福星公司、福永公司将权利转让给大地公司后，又转让给金安城公司，而转让给金安城公司并没有经过大地公司的同意，也没有经过大金利公司的同意，是违法的和无效的。五、本案跨度时间长，当事人众多，法律关系并不是单一的，不仅有合资合作开发房地产合同纠纷，还涉及在合资、合作开发房地产合同纠纷基础上在建项目合同权利义务的转让纠纷，有两个以上的法律关系。六、本案大金利公司曾提出作为有独立请求权的第三人参加诉讼，一审法院也予以同意，由于当时一审法院通知缴纳的诉讼费用过高，大金利公司没有交纳，但这并不能否定大金利公司在金银城项目所享有的权利。

本案二审查明的事实与一审法院查明的事实相同。

本院认为，各方当事人二审争议的焦点问题是：1. 福星公司是否与富山宝公司解除了《合作投资兴建三星花园合同书》。2. 富山宝公司是否享有"金银城"项目75%的权益。3. 福星公司、福永公司与金安城公司签订的《"金银城"置换合同书》及其《补充协议》的效力问题。4. 大地公司是否应当参加本案

诉讼的问题。

一、关于福星公司与富山宝公司之间的《合作投资兴建三星花园合同书》是否解除的问题。

本院认为，第一，福星公司与富山宝公司之间签订的《合作投资兴建三星花园合同书》合法有效。福星公司与富山宝公司就合作开发涉案土地签订了《合作投资兴建三星花园合同书》，该合同明确约定了双方各自的权利义务，约定了合作方式为福星公司提供土地，富山宝公司提供资金作为投资条件，双方共享利润、共担风险。虽然签订该合同时，双方均无房地产开发资质，且涉案土地亦为国有划拨土地，但随后双方又与具有房地产开发资质的福永公司签订了三方合作开发合同，并陆续缴纳了土地出让金，还将涉案土地变性为商住用地，同时也取得了政府相关部门审批颁发的《建设工程规划许可证》《房地产预售许可证》等行政批文，因此，福星公司与富山宝公司双方在合作开发房地产方面先期存在的资质缺陷等问题得以弥补，据此应当认定双方之间系合作开发房地产关系，二者之间签订的《合作投资兴建三星花园合同书》应为有效合同，对双方当事人具有约束力。福星公司与富山宝公司应当按照该合同的约定，全面履行各自的权利义务。

第二，福星公司已经履行了《合作投资兴建三星花园合同书》约定的主要合同义务。福星公司在该合同签订后，先后办理了涉案项目的用地审批手续，完成了规划立项审批工作，依法取得了《建设工程项目施工许可证》，从而基本完成了合同约定的由其承担的主要义务。

第三，富山宝公司构成根本违约。首先，根据二审庭审查明事实，富山宝公司仅在涉案土地上动工建设了三幢15层近28000平方米的未完建筑，这与合同约定的应在三年内完成15万平方米建设相距甚远。其次，按照合同约定，对于已缴纳的涉案土地出让金应由富山宝公司支付，但根据福星公司持有的

财政部门开出的收据，证明该笔费用 17338026 元系由福星公司缴纳。再次，富山宝公司本应按照合作合同约定提供资金 1000 万元给福星公司作开发费用，但富山宝公司没有履行这一义务。最后，在涉案工程建设过程中，富山宝公司应当按约履行全部出资义务，但对造价为 31319478.81 元的涉案项目未完工程的工程款，根据福星公司提交的证据以及富山宝公司一审诉讼中确认，福星公司垫付了 26817106.53 元以及剩余工程款、停工补偿费等 796 万元，两项合计 34777106.53 元。由此可见，富山宝公司均未履行其应承担的出资及开发建设项目的主要合同义务，其行为构成了对合同义务的根本违反。

第四，福星公司有权解除其与富山宝公司之间的《合作投资兴建三星花园合同书》。由于项目建设中富山宝公司构成根本违约，导致未完工程被列为清理对象的深圳市 52 个问题楼盘之一，致使双方签订合同的目的无法实现。鉴于此，作为守约一方的福星公司委托律师向富山宝公司发函，提出解除双方之间的《合作投资兴建三星花园合同书》，是享有合同解除权的一方行使法定解除权，并无不当。

第五，福星公司已经解除其与富山宝公司之间的《合作投资兴建三星花园合同书》。首先，福星公司委托律师发出了解除合同的律师函，虽然该函件未加盖福星公司的公章，但函件中明确载明受福星公司的委托所拟，且福星公司作为委托人对此予以认可，因此，该行为并未违反我国合同法的相关规定，不能以该函件未加盖福星公司的公章而认定无效。其次，尽管解除合同的律师函上签署日期是 2004 年 4 月 25 日，而送达富山宝公司的时间却在 2004 年年底，前后相差 8 个月之久，但是，合同解除的确定是以享有解除权一方的相关文书送达到相对方之时作为开始发生法律效力的依据，送达时间的拖延只能产生合同解除的起始时间相应后延的后果，

而不能导致相关文书送达后不发生法律效力。富山宝公司提出的因送达长达 8 个月从而应当认定解除合同无效的理由没有法律依据，本院不予支持。再次，虽然在一审判决中认定，福星公司提出了解除其与富山宝公司签订的《合作投资兴建三星花园合同书》及《补充协议》的诉讼请求，但福星公司提出这一诉讼请求并不能否定解除合同的律师函已送达到富山宝公司这一法律事实的存在。最后，最高人民法院《关于适用〈中华人民共和国合同法〉若干问题的解释（二）》第二十四条规定："当事人对合同法第九十六条、第九十九条规定的合同解除或者债务抵销虽有异议，但在约定的异议期限届满后才提出异议并向人民法院起诉的，人民法院不予支持；当事人没有约定异议期间，在解除合同或者债务抵销通知到达之日起三个月以后才向人民法院起诉的，人民法院不予支持。"本案中富山宝公司于 2004 年 12 月 25 日收到解除函件后，并未在规定的时间内行使异议权。因此，应当认定福星公司与富山宝公司签订的《合作投资兴建三星花园合同书》已经在合同解除函到达富山宝公司时解除。至于富山宝公司在一审中申请对"金银城"项目投资情况进行审计，以及富山宝公司在本案项目是否另有其他投资款项及其返还问题，因富山宝公司未就合同解除后其投资款的返还问题在一审中提出诉请，故本案二审亦不作处理，富山宝公司可另案解决。

第六，福星公司与富山宝公司之间的《合作投资兴建三星花园合同书》及其《补充协议》没有继续履行的可能。"金银城"项目被深圳市人民政府列入清理范围的问题楼盘后，在当地政府及其有关部门的协调下，福星公司与金安城公司就"金银城"项目烂尾楼项目的后续补救开发等一系列问题达成了置换协议。这一置换协议不仅得到了当地政府及其相关部门的认可，而且已经实际履行。福星公司与富山宝公司之间不存在继续履行《合作投资兴建三星花园合同书》的现实条件

和可能。综合以上，富山宝公司提出的双方之间合作开发合同并未解除，主张继续履行该合同的上诉请求，于法无据，本院不予支持。

二、关于富山宝公司是否享有"金银城"项目75%的权益问题。

本院认为，第一，从双方约定看，根据双方签订的《合作投资兴建三星花园合同书》的约定，福星公司以提供土地、富山宝公司以提供建设资金作为投资条件，涉案项目所得的利润分成以商住楼销售扣除福永公司挂靠费分成，利润25%归福星公司，75%归富山宝公司，双方共同管理的固定资产经营或承包、转让等分成则按福星公司占35%，富山宝公司占65%；随后双方签订的《补充协议》约定，福星公司将其按照上述合作合同书应得的商住楼面积的25%以固定价格转让给富山宝公司，但同时明确了双方共同管理经营之宾馆、商场铺位为双方共同的固定资产，其产权及利润分成仍为福星公司占35%，富山宝公司占65%，且已售的商住楼的管理收入利润按固定资产的分成比例即35：65分成；由双方组建物业公司，共同合作管理50年。从上述内容可以看出，双方之间系就合作项目的利润而非不动产物权所作的分配约定，《补充协议》则是对分配比例进行的部分调整。富山宝公司享有的是合同权益，就其性质而言应属于债权，而不是对"金银城"项目上的土地和地上建筑物享有75%的物权。

第二，从法律规定看，我国《物权法》第九条规定："不动产物权的设立、变更、转让和消灭，经依法登记，发生效力；未经登记，不发生效力，但法律另有规定的除外。"本案中，"金银城"项目土地使用权不仅从未登记在富山宝公司名下，反而因其违约导致福星公司与富山宝公司解除了合作开发合同。富山宝公司在合作开发合同被解除之后，不再享有"金银城"项目土地的使用权利。

第三，从合同履行看，富山宝公司能否最终取得《合作投资兴建三星花园合同书》

中约定的75%的利润，既取决于合作开发房地产项目是否全部完成并通过结算后产生利润，又取决于其是否完全履行了合同义务。在整个合作项目没有完成、双方之间的合作开发合同已经解除以及富山宝公司在合作开发中构成根本违约的情况下，即主张其享有"金银城"项目75%的权益，既没有事实依据也没有法律依据。此外，尽管双方于1994年2月22日签订的《补充协议》约定，福星公司将其按照上述合作合同书应得的商住楼面积的25%以1.913625亿元的价格转让给富山宝公司，但是，富山宝公司未向福星公司支付转让款，该《补充协议》并未实际履行。综合以上，富山宝公司有关对"金银城"项目享有75%权益的主张，本院不予支持。

三、关于福星公司、福永公司与金安城公司签订的《"金银城"置换合同书》及其《补充协议》的效力问题。

本院认为，第一，福星公司是在依法解除了其与富山宝公司之间的《合作投资兴建三星花园合同书》之后，才与金安城公司签订了《"金银城"置换合同书》及其《补充协议》。由于涉案项目土地使用权主体为福星公司和福永公司，作为该宗土地的合法使用权人，福星公司和福永公司自然有权自主决定与其他市场主体签订涉案项目置换合同。而富山宝公司既非置换合同的利害关系人，亦非置换合同的相对人，其请求确认《"金银城"置换合同书》及其《补充协议》无效违反了合同相对性原则。

第二，由于富山宝公司的违约行为，致使"金银城"项目成为被广东省深圳市人民政府列入清理范围的问题楼盘。在广东省深圳市宝安区政府等相关行政部门的协调下，福星公司与金安城公司就"金银城"项目烂尾楼项目的置换及开发事宜签订了《"金银城"置换合同书》及其《补充协议》，约定由福永公司和福星公司将涉案土地置换到金安城公司名下，金安城公司对涉案项目独立开发。这一置换合同既符合深圳市政府有关处理问题楼盘的政策，又得到了政府及其相关部门的批准认可，金安城公司随后获得了宝安区政府规划部门颁发的《建设用地规划许可证》。作为善意第三人的金安城公司在与福星公司签订置换合同方面并无过错，其合法权益应获得保护。

第三，福星公司、福永公司与金安城公司签订上述置换合同并未违反有关强制性规定。首先，该置换合同的签订已经得到当地政府及相关部门的批准。尽管深圳市政府《关于子悦台等 52 个"问题楼盘"处理意见的批复》明确规定置换前应当"自行妥善处理好债权债务关系"，但该置换合同最终获得政府及其相关部门的批准，金安城公司还取得了涉案项目《建设用地规划许可证》、宗红线地图、深圳市建设用地地界放点测量报告等相关职能部门批准文件，可见，当地政府及有关部门对福星公司、福永公司与金安城公司之间的置换合同是认可的。其次，该置换合同的效力一定程度上获得有关生效裁判文书的支持。富山宝公司就《建设用地规划许可证》问题曾以深圳市规划局宝安分局为被告，诉请广东省深圳市宝安区人民法院判令撤销，广东省深圳市宝安区人民法院以 (2007) 深宝法行初字第 419 号行政裁定书驳回了富山宝公司的起诉，该裁定书又于 2008 年 7 月 28 日被广东省深圳市中级人民法院以 (2008) 深中法行终字第 35 号行政裁定书所维持。再次，该置换合同的内容并不为相关法律所禁止。即使涉案项目存在司法查封，按照物权法原理，双方当事人之间订立的有关转让不动产物权的合同，自合同成立时亦产生债的法律效力，在解除查封或撤销查封后，当事人仍然可以办理不动产变更手续。因此，该置换合同并不违背《房地产管理法》第三十八条有关不得转让房地产的强制性规定。最后，该置换合同的履行符合社会利益和公平原则。金安城公司为履行上述置换合同，已经投入资金，用于解决因烂尾楼导致的购房者退房风潮，偿还了业主的购房款项，

代为清偿了富山宝公司以项目名义对外的部分借款，项目的有关债权债务已经得到妥善处理。金安城公司履行置换合同的行为，不仅得到了合同相对方福星公司的承认，而且符合公平正义与社会利益的需求。综上，福星公司、福永公司与金安城公司签订的《"金银城"置换合同书》及其《补充协议》不违反法律、行政法规的强制性规定，亦未侵害国家、集体和他人合法权益，因此应当认定有效。富山宝公司提出的有关确认福星公司、福永公司与金安城公司签订的上述置换合同无效的上诉请求，既与客观实际不符，又于法无据，本院不予支持。

四、关于大地公司是否应当必须参加本案诉讼的问题。

本院认为，第一，根据查明的事实，福星公司在与富山宝公司签订合作开发合同的同时，又与大地公司就同一标的签订了内容相同的合作开发合同，但在实际履行合同过程中，是由富山宝公司与惠安建筑公司签订施工合同，并与福星公司、福永公司就涉案项目的财务收支情况达成结算书，签署财务结算报告。上述行为表明富山宝公司是涉案项目的实际履行主体，大地公司虽然签订了书面合作开发合同，但并未履行该合同。

第二，一审期间，富山宝公司提交了大地公司出具的并经南京市公证处公证的〔(2006) 宁证内经字第 58718 号〕《关于金银城项目有关权益的确认书》，载明：鉴于大地公司和富山宝公司分别签订的两份合作开发合同，名称虽然不同，但都同指一个标的，即"金银城"项目，由于在合作开发过程中，大地公司应尽的合同义务，是由富山宝公司代为履行的，即项目中应由大地公司负责投资、融资以及工程建设等事宜，都由富山宝公司独立经办，大地公司并未参与，富山宝公司实际上已经完全取代了大地公司开发商的地位，大地公司为此追认并确认金银城项目 75% 的权益属富山宝公司所有，富山宝公司有权独立处分，相应的义务亦由富山宝公

司承担。由此可见，大地公司已将自己的所有权利、义务全部转让给富山宝公司。

第三，尽管在2005年1月21日大地公司与大金利公司签订了《转让协议》，约定大地公司将其1993年1月3日和1996年11月20日先后两次与福星公司签订合作开发涉案"金银城"项目协议中大地公司占有股权的75％转让给大金利公司，大地公司向福星公司声明退出原有协议，由大金利公司向福星公司一次性买断该项目，大金利公司为此补偿大地公司人民币150万元，但是，大金利公司并未实际参与到涉案"金银城"项目的开发，其与大地公司之间的转让协议纠纷，与本案并非同一法律关系，应另案处理。

第四，大地公司与本案的处理结果并无利害关系，本案的实体处理亦未损害其合法权益，大地公司未参与本案诉讼，同样也没有影响到其他各方当事人的程序权利和实体权利，大地公司并不属于《中华人民共和国民事诉讼法》规定的必须参加诉讼的当事人，一审法院在一审中没有追加大地公司为第三人并无不当。综上，富山宝公司和大金利公司提出的一审判决严重违反法定程序，遗漏了大地公司作为必须参加诉讼的当事人的理由不成立，本院不予支持。

综上所述，富山宝公司各项上诉请求均不成立，本院依法予以驳回；一审法院认定事实清楚，适用法律正确，审判程序合法，处理结果妥当，本院依法予以维持。依照《中华人民共和国民事诉讼法》第一百五十三条第一款第（一）项之规定，判决如下：

驳回上诉，维持原判。

二审案件受理费684009元，由深圳富山宝实业有限公司负担。

本判决为终审判决。

审　判　长　×××
代理审判员　×××
代理审判员　×××
二〇一〇年十月二十二日
书　记　员　×××

北京公达房地产有限责任公司诉北京祥和三峡房地产开发公司房地产开发合同纠纷案

《最高人民法院公报》2010年第11期

【裁判摘要】

公司的法定代表人依法代表公司对外进行民事活动。法定代表人发生变更的，应当在工商管理部门办理变更登记。公司的法定代表人在对外签订合同时已经被上级单位决定停止职务，但未办理变更登记，公司以此主张合同无效的，人民法院不予支持。

最高人民法院
民事判决书

（2009）民提字第76号

申请再审人（一审原告、二审上诉人）：北京公达房地产有限责任公司，住所地北京市西城区木樨地南里31号楼220号。

法定代表人：喻小冬，该公司董事长。

被申请人（一审被告、二审被上诉人）：北京祥和三峡房地产开发公司，住所地北京市西城区复内成方街 33 号 521 室。

负责人：王明友，该公司负责人。

委托代理人：凌芸，北京市首信律师事务所律师。

委托代理人：王敏，北京市首信律师事务所律师。

申请再审人北京公达房地产有限责任公司（简称公达公司）因与被申请人北京祥和三峡房地产开发公司（简称三峡公司）房地产开发合同纠纷一案，不服北京市高级人民法院（1997）高民终字第 114 号民事判决，向本院申请再审。本院于 2008 年 4 月 7 日作出（2007）民一监字第 329－1 号民事裁定，提审本案。本院依法组成合议庭，于 2009 年 11 月 16 日开庭审理了本案。公达公司法定代表人喻小冬，三峡公司委托代理人凌芸、王敏到庭参加诉讼。2009 年 11 月 23 日，本院就案件相关事实询问了喻小冬、王敏。本案现已审理终结。

1996 年 3 月 12 日，一审原告公达公司起诉至北京市第一中级人民法院称，公达公司于 1995 年 4 月 13 日与三峡公司（原称北京燕南三峡房地产开发公司）签订北京市崇文区革新里二十六号房地产开发项目（以下简称革新里项目）的转让合同，由三峡公司将革新里项目的开发权全部转让给公达公司。但三峡公司自改名后，不仅不履行合同，而且不承认双方所签订的合同，故要求三峡公司履行合同并赔偿经济损失 250 万元。三峡公司辩称，三峡公司的前身北京燕南三峡房地产开发公司的法定代表人刘玉章与公达公司签订革新里项目转让合同系在其被停止职务后所为，不能代表该公司，该合同属无效合同，故不同意公达公司的诉讼请求。

北京市第一中级人民法院一审查明，北京燕南三峡房地产开发公司系由中国三峡经济发展总公司批准成立，1993 年 3 月 19 日由北京市大兴县工商行政管理局注册登记，其法定代表人为刘玉章。1994 年 4 月 12 日，北京厨房设备集团公司（简称北厨集团）（甲方）与三峡公司（乙方）签订《关于北京厨房设备厂旧址有偿转让合同》，约定甲方将其所拥有的坐落在北京市崇文区永外大街革新里二十六号总面积约共七千四百平方米、建筑面积五千平方米的房屋产权转让给乙方；乙方支付甲方 2500 万元转让费。后三峡公司下属的经营部经理吕京会将 1500 万元交付北厨集团。1994 年 11 月 14 日，三峡公司又付给北厨集团 200 万元。1994 年 6 月 10 日，北京市建委以（94）京建开字第 294 号文批复三峡房地产开发公司，同意三峡房地产开发公司在京成立北京燕南三峡房地产开发公司，经营范围为海淀区学院南路明光村综合楼、崇文区永外革新里二十六号院改建住宅楼两个项目的开发建设，经营、销售商品房。同年 7 月 10 日，三峡公司所属经营部（甲方）与北京市华泰房地产经营开发公司（乙方，以下简称华泰公司）签订合作开发革新里项目协议书，由乙方提供 3800 万元的购地资金。此后华泰公司交付三峡公司部分款项。1994 年 7 月 31 日，三峡公司与公达公司签订合作开发革新里二十六号院协议，约定由双方共同筹集资金，按投资比例分成。同年 8 月 3 日，中国三峡经济发展总公司房地产经营开发部与三峡房地产开发公司联合发文，作出了停止刘玉章三峡公司经理工作的决定。同月 9 日刘玉章收到该决定。1994 年 9 月 19 日，北京市计委、北京市建委以京计基字（1994）第 1165 号文批复，同意三峡公司开发建设革新里小区。1994 年北京市建委以（94）京建开字第 541 号文批复同意成立公达公司，经营范围是与华泰公司联合开发革新里项目。1995 年 2 月，华泰公司以三峡公司拒绝履行双方于 1994 年 7 月 14 日签订的协议为由，诉至一审法院，要求三峡公司继续履行合同。一审法院于 1995 年 7 月 26 日以（1995）中经初字第 192 号民事判决书判决双方继续合作开发革新里项目，双方均未上诉。1995 年 2 月 28 日，三峡房地产开发公司向北京市大兴县工商局申请变更企业法人代表刘玉章为张胜利。1995 年 4 月 13 日、15 日、17 日，刘玉章持三峡公司公章以法定代表人身份与公达公司签订了革新里项目转让协议及补充协议，约定三峡公司将此项目全部转让给公达公司，由公达公司全权负责完成此项目，一切债权债务由公达公司负责。同月 18 日，三峡公司与公达公司共同向北京市建委、北京市计委提交革新里项目的报告。该报告称，双方商定，待市里"四委"正式批复文件下达后，再报市建委、计委批准备案。1995 年 4 月 22 日，北京市大兴县工商局将三峡公司法人代表由刘玉章变更为张胜利。同年 6 月 8 日，北京市经济委员会、北京市计划委员会、北京市城乡规划委员会、北京市市政管理委员会以（95）京安字第 278 号文批复，同意北厨集团将位于革新里二十六号原厂址使用权有偿转让给三峡公司。6 月 29 日，北京燕南三峡房地产开发公司经西城区工商局更名为三峡公司。诉讼中，公达公司称其已向革新里项目投资 1700 万元，但未提供证据。

一审法院认为，民事活动应当遵循自愿、公平、等价有偿、诚实信用的原则。三峡公司在未正式取得革新里项目开发权的情况下，与公达公司签订转让协议，虽三峡公司的开发权经有关部门追认批准，但因三峡公司原法定代表人刘玉章在明知其已被停止职务后，仍以该公司法定代表人的身份与公达公司签订转让革新里项目协议，系无权代理行为，且其时正值华泰公司与三峡公司为解决履行合作协议产生的纠纷在法院诉讼期间，刘玉章既向一审法院隐瞒实情，又不征询合作方华泰公司的意见，侵害了他人利益，故该协议无效。公达公司依据该无效协议要求三峡公司继续履行并赔偿损失于法无据，不予支持。公达公司称其已对该项目投资 1700 万元，因其不能提供相应证据，不予采信。根

据《中华人民共和国民法通则》第四条、第五十八条、第六十六条第一款之规定，北京市第一中级人民法院于 1997 年 4 月 4 日作出（1996）一中民初字第 733 号民事判决：驳回公达公司的诉讼请求。

公达公司不服一审判决，向北京市高级人民法院提起上诉称，双方签订项目转让协议时，刘玉章是三峡公司的法定代表人，一审判决将刘玉章的法定代表人身份曲解为代理人，混淆了基本事实和法律关系。公达公司依协议合法、善意受让项目后，按国家规定积极实施项目开发，并获得了各有关主管部门的认可。三峡公司的内部纷争，不能损害当事人即公达公司的正当权益。三峡公司严重违约，依法应赔偿损失。三峡公司答辩称，刘玉章与公达公司签订项目转让合同时，已被停止职务，不具该公司法定代表人身份，不能代表该公司签订合同，故不同意公达公司的诉讼请求。

北京市高级人民法院二审查明的事实与一审法院查明的事实一致。

北京市高级人民法院二审认为，刘玉章隐瞒三峡公司与华泰公司已经签订了合作开发革新里项目协议书、自己已被停止履行三峡公司法定代表人之职务和时值华泰公司与三峡公司履行双方所签订合作协议正在法院诉讼期间之事实，仍与公达公司签订转让革新里项目协议，违背了诚实信用原则，属欺诈行为，且北京市第一中级人民法院已判决确认华泰公司与三峡公司合作开发革新里项目，故三峡公司与公达公司所签订的协议属无效协议，刘玉章应承担其造成协议无效之责任，公达公司的请求不予支持。北京市高级人民法院于 1997 年 9 月 13 日作出（1997）高民终字第 114 号民事判决：驳回上诉，维持原判。

公达公司申请再审称，公达公司与三峡公司所签协议时间是 1995 年 4 月 13 日，而三峡公司变更法人代表刘玉章为张胜利的日期是 1995 年 4 月 22 日。根据国家工商管理法

规，三峡公司应对与公达公司所签协议承担责任，原审法院以三峡公司企业内部决定判案缺乏法律依据。华泰公司与三峡公司所签协议均是两个公司下属部门所为，既未盖法人公章也没有法人代表签字，且两个公司在工商局都未登记有分支机构，应属无效协议。直至今日十余年来，华泰公司未能根据法院判决履行合同，也未取得合法手续，未进行任何投资。公达公司自 1994 年 10 月经北京市建委以（94）经建开字第 541 号文《关于成立北京公达房地产有限责任公司的批复》批准成立并负责革新里小区项目的开发建设。1995 年 4 月 18 日三峡公司与公达公司联合报告北京市建委、计委请求将革新里项目转让给公达公司。1996 年 1 月 10 日北京市建委开发办召开协调会明确三峡公司虽变更法人代表但革新里项目转让给公达公司有效。1996 年 4 月 5 日北京市计委、建委联合发文同意革新里项目由公达公司负责开发建设。1997 年 1 月 17 日，北京市房屋土地管理局与公达公司签订《北京市国有土地使用权出让合同》。1997 年 6 月 9 日，北京市规划局又给公达公司颁发了建设工程规划许可证。1997 年 6 月 23 日，北京市建委又给公达公司颁发了建设工程开工证。毫无疑问公达公司已取得了革新里项目的所有合法有效手续。随后北京市大龙建设集团进入工地开始施工建设。但 1997 年 9 月 13 日，北京市高级人民法院（1997）高民终字第 114 号民事判决认定三峡公司与公达公司转让协议无效，于是北京市建委、计委于 1999 年 3 月 15 日联合发文撤销革新里开发项目并明确此项目引起的债务债权以及经济纠纷依据法院判决执行。2000 年 10 月 16 日，北京市第二中级人民法院就北京兴路房地产开发公司（简称兴路公司）诉公达公司房屋购销合同纠纷案下达民事调解书，并于 2001 年 3 月 2 日查封了公达公司名下的革新里项目用地。2001 年 4 月 16 日，兴路公司与公达公司签订了执行和解协议。4 月 17 日，北京市第二中级人民法院向北京市国土

资源和房屋土地管理局送达协助执行通知书。2002 年 4 月 12 日，土地使用权过户给兴路公司。但又由于北京市高级人民法院（1997）高民终字第 114 号民事判决，北京市第二中级人民法院于 2007 年 4 月 29 日下达民事裁定书，认为将土地使用权由公达公司过户给兴路公司不妥，应予撤销，恢复到执行前的状态。至此，从 1995 年至 2007 年历经十二年，公达公司所有经济行为全被否定，北京市政府主管部门的行政行为，也全被推翻，为革新里项目所有投资近五千万元也将付诸东流。为此，请求最高人民法院撤销北京市高级人民法院（1997）高民终字第 114 号民事判决。

三峡公司答辩认为，三峡公司上级单位于 1994 年 8 月 3 日已经停止了刘玉章的工作，取消了其法定代表人的资格。刘玉章是在三峡公司不知情的情况下与公达公司签订的合同。这个合同未履行，土地使用权证未办到公达公司的名下，此案不适用表见代理。本案项目是三峡公司与北厨集团具体签订的，刘玉章未经北厨集团同意将合同权利义务转让给公达公司，应是无效合同。

本院再审查明：1. 1996 年 1 月 10 日，北京市城市开发建设综合开发办公室召集三峡公司和公达公司开会研究革新里项目的开发建设问题，三峡公司的时任法定代表人张胜利、公达公司法定代表人喻小冬参加会议，并印发了会议纪要。该会议纪要确认，关于北京市厨房设备厂改造项目，三峡公司于 1995 年 4 月 13 日与公达公司签订协议，将该项目转让给公达公司是有效的。2. 1996 年 4 月 5 日，北京市计划委员会、北京市城乡建设委员会批复公达公司，同意革新里项目由公达公司开发建设。3. 公达公司陈述，公达公司与三峡公司签订合同后，进行开发，并与兴路公司签订了房屋买卖合同，后因房屋未建成，不能交房，双方形成诉讼。2000 年 10 月 16 日，北京市第二中级人民法院就兴路公司诉公达公司房屋购销合同纠纷案作出民事调解书，并于 2001 年 3 月 2 日查封了公达

公司名下的革新里项目用地。2001 年 4 月 16 日，兴路公司与公达公司签订了执行和解协议。4 月 17 日，北京市第二中级人民法院向北京市国土资源和房屋土地管理局送达协助执行通知书。2002 年 4 月 12 日土地使用权过户给兴路公司。由于北京市高级人民法院 (1997) 高民终字第 114 号民事判决生效，北京市第二中级人民法院于 2007 年 4 月 29 日作出民事裁定书，认为将土地使用权由公达公司过户给兴路公司不妥，应予撤销，恢复到执行前的状态。目前，土地使用权证尚在兴路公司名下。4. 华泰公司与三峡公司曾因革新里项目的合作开发问题在原北京市中级人民法院进行过诉讼，该院于 1995 年 7 月 26 日一审判决双方履行合作项目，该判决已生效。此后，北京市政府有关部门关于该项目的相关批复都是确定公达公司为项目开发主体，华泰公司不是开发主体。

本院再审查明的其他事实与原审法院查明的事实相同。

本院再审认为，根据当事人的申请再审的理由及答辩情况，本案的争议焦点是，公达公司与三峡公司签订的项目转让合同是否有效。

1995 年 4 月 13 日刘玉章作为三峡公司的法定代表人与公达公司签订了革新里项目转让协议，在该协议书上有三峡公司的公章及刘玉章的签字。此时，刘玉章虽然已被三峡公司上级单位停止了工作，但直至 1995 年 4 月 22 日，工商登记才将三峡公司的法定代表人刘玉章变更为张胜利。即刘玉章在与公达公司签订项目转让协议时，在三峡公司的工商登记上刘玉章仍为该公司的法定代表人。刘玉章以法定代表人的身份与公达公司签订协议符合企业法人对外进行民事活动的形式要件，并且该协议也加盖了三峡公司的公章，因此，双方签订的项目转让协议应当依法成立并生效。刘玉章在签订协议时虽已被其上级单位决定停止职务，但该决定属三峡公司内部工作调整，刘玉章代表三峡公司对外进

行民事活动的身份仍应以工商登记的公示内容为依据。不能以其公司内部工作人员职务变更为由，否认其对外代表行为的效力。此外，1996 年 1 月 10 日，北京市城市开发建设综合开发办公室召集三峡公司和公达公司开会研究革新里项目的开发建设问题，三峡公司的时任法定代表人张胜利参加了会议。此事实表明三峡公司也认可了三峡公司与公达公司签订项目转让协议的效力。原审法院以三峡公司内部人员调整为由认定刘玉章与公达公司签订协议为无权代理，属认定事实错误，应予纠正。

1994 年 4 月 12 日，北厨集团与三峡公司签订《关于北京厨房设备厂旧址有偿转让合同》，北京市建委以 (94) 京建开字第 294 号文批复同意三峡公司经营开发革新里项目。在此情况下三峡公司将已获得开发权的革新里项目转让给公达公司，由公达公司进行建设开发。1994 年 10 月 11 日，北京市建委以 (94) 京建开字第 541 号文批复同意成立公达公司，与华泰公司联合开发革新里项目。此后北京市房屋土地管理局与公达公司签订《北京市国有土地使用权出让合同》，北京市规划局又给公达公司颁发了建设工程规划许可证。北京市建委又给公达公司颁发了建设工程开工证。上述事实表明，公达公司依据其与三峡公司的项目转让协议取得了革新里项目的开发经营权并得到了政府主管部门的认可。三峡公司与华泰公司签订项目转让协议后又与公达公司签订同样协议的行为属违约行为，并不能产生本案讼争协议无效的法律后果。原审法院依此认定公达公司与三峡公司签订的项目转让协议无效，缺乏法律依据，应予纠正。

公达公司在原审诉讼中虽主张要求三峡公司赔偿其 250 万元违约经济损失，但因其未提供相应证据，原审法院不予支持并无不当。公达公司申诉主张因一审判决合同无效，导致其开发项目被有关部门撤销造成损失并要求本院对涉案项目的归属问题作出裁决等

主张，不是本案审理范围，其应向有关部门另循途径解决。

综上，依照《中华人民共和国民事诉讼法》第一百八十六条第一款、第一百五十三条第一款第（二）项、第（三）项之规定，判决如下：

一、撤销北京市第一中级人民法院（1996）一中民初字第 733 号民事判决和北京市高级人民法院（1997）高民终字第 114 号民事判决；

二、北京公达房地产有限责任公司与北京祥和三峡房地产开发公司签订的《开发项目转让协议》有效；

三、驳回北京公达房地产有限责任公司的其他诉讼请求。

一审案件受理费 107510 元，由北京公达房地产有限责任公司负担 13976 元，北京祥和三峡房地产开发公司负担 93534 元；二审案件受理费 107510 元，由北京公达房地产有限责任公司负担 13976 元，北京祥和三峡房地产开发公司负担 93534 元。

本判决为终审判决。

审　判　长　×××
审　判　员　×××
代理审判员　×××
二○○九年十二月二十二日
书　记　员　×××

浙江省乐清市乐城镇石马北村村民委员会与浙江顺益房地产开发有限公司合作开发房地产合同纠纷案

《最高人民法院公报》2008 年第 09 期

【裁判摘要】

根据《中华人民共和国村民委员会组织法》第十八条、第十九条的规定，村民会议由村民委员会召集，对于涉及村民利益的事项和村民会议认为应当由村民会议讨论决定的涉及村民利益的其他事项，村民委员会必须提请村民会议讨论决定后方可办理。村民委员会经依法召集村民会议讨论决定后与他人订立的协议，应当认定为合法有效。

最高人民法院
民事判决书

（2006）民一终字第 59 号

上诉人（原审原告）：浙江省乐清市乐成镇石马北村村民委员会，住所地：浙江省乐清市乐成镇石马北村。

法定代表人：李龙康，村委会主任。

委托代理人：陈旭，北京市隆安律师事务所律师。

委托代理人：赵洪石，北京市隆安律师事务所律师。

被上诉人（原审被告）：浙江顺益房地产开发有限公司，住所地：浙江省瑞安市安阳镇万松东路 283 弄 1 幢。

法定代表人：余和平，董事长。

委托代理人：刘心稳，北京市广住律师事务所律师。

委托代理人：徐波，北京市广住律师事务所律师。

上诉人浙江省乐清市乐成镇石马北村村民委员会（以下简称村委会）与被上诉人浙江顺益房地产开发有限公司（以下简称顺益

公司）合作开发房地产合同纠纷一案，浙江省高级人民法院于 2006 年 5 月 18 日作出 (2005) 浙民一初字第 7 号民事判决。村委会不服该判决，向本院提起上诉。本院依法组成合议庭，于 2006 年 11 月 8 日开庭审理了本案。村委会的委托代理人陈旭、赵洪石，顺益公司的法定代表人余和平，委托代理人刘心稳到庭参加诉讼。本案现已审理终结。

一审法院经审理查明：2003 年 1 月，村委会集体所有的土地 700 余亩被乐清市国土资源局征用，乐清市国土资源局返还村委会留用地指标 70 亩，其中包括双方讼争的 C—c41 地块（以下简称 7 号地块），作为村委会从事开发经营、兴办企业及村民住宅用地。由于土地被征用后，土地承包户强烈要求补足每亩 30 万元的补偿款，故村委会经村民代表会议讨论，决定开发 7 号地块，以解决土地承包户的补偿款问题。村委会与瑞安市汇通房地产开发有限公司（以下简称汇通公司）多次协商开发该地块。经村委会村民代表会议讨论后，村委会与汇通公司先后于 2003 年 8 月 30 日、9 月 9 日、10 月 16 日签订了三份协议书。其中 8 月 30 日的协议书载明，双方就 7 号地块（约 12.27 亩，以附图为准）挂牌出让有关问题达成如下协议：1. 确保村委会该地块土地出让净值 5000 万元，即无论汇通公司以任何价格取得该地，均应净付给村委会 5000 万元。涉及该地块的政策等规定及政策或其他一切因素的变化而产生的任何权利与义务均与村委会无关。2. 若挂牌出让时其他公司取得该地块，村委会净得出让金少于 5000 万元，不足部分由汇通公司补足；村委会净得出让金多于 5000 万元，多余部分双方各半分成。3. 本协议签订后，汇通公司于 2003 年 9 月 10 日前付给村委会保证金 3000 万元（包括已收 700 万元），挂牌结束后多退少补。汇通公司承诺本协议签订后约 6 个月完成该地块出让。4. 本协议双方各执一份为凭。9 月 9 日的协议书载明，村委会承诺拥有 7 号地块合法使用权，面积约为 12.27 亩，经

村民代表大会决议，决定与汇通公司合作开发。为此，双方就相关事宜形成协议如下：1. 村委会提供上述土地使用权，汇通公司提供资金、技术、管理经营资源等为主进行开发事宜，双方共同开发上述土地，然后按约定比例分成。2. 为表示合作诚意，汇通公司先行支付 3000 万元前期资金到村委会账户，用于处理前期合作的相关费用等。3. 汇通公司即日起抽调组织人员，对土地进行勘察、测量、设计，完成相关经营技术数据和图纸，并进行必要的策划和广告，以提升该地块的商业价值。4. 合作的相关详细事宜，另行协商。在详细协议达成前，双方合作事宜必须不停止执行。2003 年 10 月 16 日的协议书载明，村委会拥有一块被国家征用的返回地，面积约为 12.27 亩，规划编号为 7 号地块。对该地块，村委会承诺持有合法使用权。村委会经多次召开村民代表大会决议，决定与汇通公司共同合作开发该地块。为此，汇通公司支付村委会 3000 万元，同时，抽调人员进行合作开发的咨询、设计、勘察、策划等工作，基本完成开发实施前的所有工作，使该地块价值得以大幅度提升。现村委会提出，该地块按乐清市土地主管机关要求，必须"挂牌"出让，由此，必须对双方合作事宜重新进行协商。村委会经村民代表大会决议后，重新与汇通公司达成如下协议：1. 为了使双方合作事务继续下去，汇通公司参与乐清市土地主管机关就上述地块挂牌出让的竞投。如由汇通公司取得该地块权属，鉴于双方合作前汇通公司投入人、财等使地价上升等因素，双方约定：不论土地主管机关挂牌出让后返给村委会多少数额的土地出让款项，村委会净得额为 5000 万元，多余部分作为汇通公司此前合作过程的投入和努力的受益分成，此款连同汇通公司已付村委会的 3000 万元，由村委会一并返回给汇通公司。返回时间为村委会收到土地主管机关出让款项的七天内，否则，按日万分之十支付违约金。同时，汇通公司如支付土地主管机关出让款资金紧张，

则可以提前要求村委会返回原所交的 3000 万元，村委会应予支持。2. 如挂牌出让由其他单位取得上述地块权属，则村委会返还汇通公司已投入支付的 3000 万元。同时，乐清市土地主管机关返回村委会的土地出让款额超过 5000 万元的，超出部分属双方前期合作的收益，双方各半分享，村委会应支付汇通公司享有的一半份额，支付时间及违约的条款同于第一条。3. 汇通公司五条件保证，鉴于汇通公司曾承诺经设计策划并进行合作开发的土地总地价将达到 5000 万元，而此承诺作为村委会同意合作的前提，因此，如土地主管机关返回村委会款项少于 5000 万元，则汇通公司保证补足，兑现承诺。否则承担违约金 3000 万元。4. 协议达成前的双方所作口头、书面协议均作废，以本协议为准。5. 不论何种情形出现，双方就上述利益数额确定方案，对双方具有不可撤销的效力，如协议条款因故无效，则条款的有关数额转为同额赔偿款。

协议书签订后，汇通公司根据双方的约定先后支付给村委会 3000 万元，并为该地块的开发进行了前期设计、测量、资金筹集等工作。

2003 年 11 月 27 日，汇通公司更名为顺益公司。

2003 年 11 月 5 日，村委会向乐清市国土资源局呈送报告，要求对 7 号地块予以挂牌出让。2004 年 1 月 22 日，乐清市国土资源局对 7 号地块使用权进行招标出让，后由顺益公司以 1.565 亿元的价格竞得。2004 年 2 月 27 日，顺益公司与乐清市国土资源局签订了《国有土地使用权出让合同》。2004 年 3 月 8 日至 2004 年 5 月 12 日，顺益公司分五次向乐清市国土资源局交清了 1.565 亿元土地出让金。村委会根据其与顺益公司的约定，将其中的 8240 万元转给了顺益公司。

2005 年 7 月 11 日，村委会向浙江省高级人民法院起诉，请求：确认双方当事人在 2003 年 10 月 16 日签订的协议书无效，并返

还村委会 5240 万元；诉讼费由顺益公司承担。事实和理由为：2003 年，乐清市国土资源局征用村委会土地 700 亩，按规定返还 70 亩作为村委会安置留用地，用于村民住宅和经营性开发。后村委会就该留用地中 12.27 亩的 7 号地块与顺益公司于 2003 年 8 月 30 日、10 月 16 日签订了两份协议书。协议的大致意思为无论土地主管机关返还村委会的土地款是多少，村委会都净得 5000 万元，如由顺益公司竞得，则超出部分连同顺益公司已付给村委会的 3000 万元保证金一并返回顺益公司；如由其他单位竞得，则超出部分双方各半分成。2004 年 1 月 22 日，乐清市国土资源局依法对 7 号地块土地使用权进行招标出让，后由顺益公司以 1.565 亿元的价格竞得。根据有关规定，乐清市政府又将该土地出让金中的 1.224 亿元返还给了村委会。2004 年 4 月 21 日、5 月 8 日，村委会分两次通过转账形式共付给了顺益公司 8240 万元（该款项包含了村委会返还顺益公司的 1000 万元保证金）。

对于村委会的上述行为，原告称当时村民并不知道。事后村民要求村委会向顺益公司索回除顺益公司已付 3000 万元保证金外的 5240 万元，但村委会未履行其职责。村民还向政府要求废除顺益公司的中标，也未被支持。村民又向法院起诉协议书无效，并要求退款，但因主体问题而未能立案。为此，村民依照《中华人民共和国村民委员会组织法》重新选举了新村委成员和村主任。新村委成立后，曾要求政府主动废标，但政府仍在不作为。在招投标中，土地的起价为 7000 万元，顺益公司以 1.565 亿元的价格竞得，而第二标的报价仅比顺益公司的竞得价低 20 万元。因此，双方当事人签订的协议书属恶意串通损害村民集体及其他竞标人合法利益的行为，属无效合同。双方应当返还各自取得的财产。顺益公司曾向村委会支付了 3000 万元保证金，村委会两次共向顺益公司支付了 8240 万元。因此，顺益公司应当向村委会返

还除已付保证金外的 5240 万元。

顺益公司于 2005 年 7 月 11 日向一审法院提起反诉，后又申请撤回，一审法院裁定予以准许。

顺益公司答辩称：依据 2003 年 1 月 28 日村委会与乐清市国土资源局签订的统一征地协议及乐清市政府乐政（1999）7 号、乐政（2000）149 号文件，证明双方合作经营的标的物（土地）的取得是合法的。村委会于 2003 年 8 月 29 日召开村民代表大会，依法形成有效的村民代表决议。该次村民代表大会应到人数 89 人，实到 72 人，最后以 71 票同意，1 票弃权，通过了该决议（其中村民代表应到 44 人、实到 39 人；党员应到 45 人、实到 33 人、党员外出 5 人）。双方的合作是以公开、自愿为基础，村委会所称双方恶意串通不实。2003 年 8 月 30 日与 10 月 16 日的两份协议书是在村民代表大会以后双方签订的，基本内容与大会决议一致，但是对该土地挂牌时超过 5000 万元或低于 5000 万元时如何操作以及双方违约时的罚则作了进一步的约定，其实质是对双方权利与义务及罚则的界定。双方协议签订后，由于 7 号地块的建筑容积率政府未予规定，而容积率的高低，决定土地的商业价值，为此，顺益公司做了大量工作。2004 年 1 月 12 日，乐清市国土资源局下发了建设用地批准书，该批准书规定容积率＜5.8，建筑面积＜50610 平方米，从而提升了 7 号地块的商业价值。另按照双方的协议，顺益公司还进行了前期的土地规划设计、测量等。2004 年 2 月 28 日，顺益公司以 1.565 亿元价格竞得 7 号土地使用权。同时，顺益公司与乐清市国土资源局签订了《国有土地使用权出让合同》，并经公证。综上，双方订立的协议是双方真实意思的表示，且符合相关的法律法规，故协议有效，双方应继续履行，请求依法驳回村委会的诉讼请求。

一审法院审理认为，综合双方当事人诉辩意见，本案争议的焦点是双方于 2003 年 10 月 16 日签订的协议书效力问题。村委会称，双方当事人签订的协议书系前任村"两委"所为，村民不知道，违反了《中华人民共和国村民委员会组织法》有关规定，协议书系双方恶意串通，损害村民集体及其他竞标人合法利益的行为，依法应确认无效。顺益公司则称，该协议书已经村民代表会议讨论通过，双方恶意串通无事实证据；双方签订协议书后，顺益公司已为开发该地块做了大量的工作，并通过挂牌出让的合法途径取得了国有土地使用权，双方所签订的协议书是真实意思的表示，符合法律的规定，属有效协议。

一审法院认为，村民代表会议的记录，证实村委会已按照《中华人民共和国村民委员会组织法》第十九条有关涉及村民利益处置的规定，就双方协议所指事项提交村民代表会议讨论通过，村委会称村民不知道与事实不符，不予采信。乐清市国土资源局文件乐土资〔2003〕76 号函，只证明乐清市国土资源局于 2003 年 6 月 15 日发函给乐成镇石马北村双委，要求终止村双委所筹划的对 7 号地块向社会公开招标的行为，无法证明双方当事人之间系恶意串通。虽然诉争地块的挂牌出让的起始价为 7100 万元，最后成交价为 1.565 亿元，都高于双方协议约定的 5000 万元，但并没有证据证实双方当事人在签订协议前存在恶意串通的事实。双方签订协议的目的是为了确保双方的利益，且协议内容经过村民代表会议讨论通过，不存在损害集体利益的问题。乐清市国土资源局已于 2004 年 2 月 27 日确认诉争国有土地使用权的挂牌出让以 1.565 亿元成交，作为受让方顺益公司亦已经付清了土地出让款 1.565 亿元，并于 2004 年 6 月 26 日取得了讼争地块的国有土地使用权证，整个挂牌出让过程已经完成。双方对此并无异议，挂牌行为是合法有效的。顺益公司参与挂牌并没有违反招标拍卖挂牌出让国有土地使用权的规定，因此也不存在侵害其他竞投人利益。本案不存在《中华人民共和国合同法》第五十二条第（二）项规定的恶意串通，损害国家、集体或者第三人利益的无效情形，也不存在第五十二条规定的其他无效情形，顺益公司主张双方协议有效，予以采纳。依照《中华人民共和国民事诉讼法》第六十四条第一款之规定，判决驳回村委会的诉讼请求。一审案件受理费272010元，调查费2000元，由村委会负担。

村委会不服一审判决，向本院提起上诉。请求：1. 撤销一审判决；2. 确认双方当事人在2003年10月16日签订的协议书无效，并返还村委会5240万元；3. 诉讼费由顺益公司承担。主要事实理由是：1. 村委会与顺益公司签订协议前未召开村民大会，"村民会议记录"来源不明，不应采信；2. 顺益公司没有提供证据证明因其做工作提高了土地容积率；3. 讼争土地挂牌损害其他竞标人的合法权益；4. "村民会议记录"中张从定、唐长敏、杨明忠村民代表的签字是假的，不具有法律效力；5. 三份协议书没有经过合法的村民代表会议讨论；6. "村民会议记录"没有对"超出5000万元的部分"如何分配作出明确约定。

顺益公司答辩称：对双方争执土地，顺益公司是经合法程序取得的，其与村委会不存在非法转让关系，也不存在与他人恶意串通等；"村民会议记录"的取得不违反法律，其真实性不可否认，三村民的证言前后矛盾，不可采信；对挂牌效力异议与本案无关。

二审查明的事实与一审查明的事实相同。

本院认为，本案争议焦点为：双方签订的2003年10月16日协议书是否有效，土地挂牌出让所得价款1.224亿元如何处理，对挂牌效力异议应如何认定三个问题。

关于双方签订的2003年10月16日协议书是否有效的问题。双方当事人前后共签订三份协议书，村委会与顺益公司在签订8月30日协议书前，于2003年8月29日召开了村民代表大会，形成了会议决议。其内容为：确保净地款5000万元（土地竞标部门抽多少由顺益公司自负与村无涉），先付开发保证金3000万元解决困难，找补承包户，其余款在挂牌后付清（一次性），竞标后的价格多少双方各无反悔。会后第二天，双方当事人签订协议约定，顺益公司确保村委会该地块土地出让金净值5000万元，即无论顺益公司以任何价格取得该地，均应净付给村委会5000万元。涉及该地块的政策等规定及政策或其他一切因素的变化而产生的任何权利与义务均与村委会无关。若挂牌出让时其他公司取得该地块，村委会净得出让金少于5000万元，不足部分由顺益公司补足，村委会净得出让金多于5000万元，多余部分双方各半分成。同年9月9日，双方又签订协议书，由于该协议书与双方争议问题无关不再赘述。2003年10月16日，双方签订第三份协议书，该协议书除约定村委会净得额为5000万元以外，又明确约定，多出5000万元的部分作为顺益公司此前合作过程的投入和努力的受益分成，此款连同顺益公司已付村委会的3000万元，由村委会一并返回给顺益公司。另该协议书还约定了本协议达成前的双方所作口头、书面协议均作废，以本协议书为准。

本院认为，村委会召开村民代表大会后，双方当事人签订的是8月30日协议书。而双方于10月16日签订协议书之前，村委会没有再召开村民代表大会。虽然两个协议书在约定的给付村委会土地出让款额及挂牌出让后出现的情况如何处理等内容上大致相同，但8月30日协议书没有明确约定竞标多于5000万元部分由村委会全部返回给顺益公司的内容，村民代表大会决议也没有此项内容。因此，10月16日协议书作为一个新协议，没有证据证明已经村民代表大会同意。顺益公司称10月16日协议书是经过村民代表大会决议而签订的事实依据不足，故该协议应认定无效。一审判决认定10月16日协议书有效是错误的，应予纠正。顺益公司提供的村民代表大会的会议记录，仅能证明8月30日协议书是经村民代表大会决议后签订的。根据村委会会议记录证明，2003年8月29日村委会召开了村民代表大会，到会人员 72 人，签名同意会议决议的 71 人，弃权 1 人。从会议召开的程序看，符合《中华人民共和国村民委员会组织法》第十八条的法律规定，而且 8 月 30 日协议书约定与村民代表大会决议内容基本上是一致的，即确保村委会取得净地款 5000 万元，对顺益公司中标后超出 5000 万元的部分如何处理均没有明确意见。因此，8 月 30 日双方所签订的协议书内容是经过村民代表大会讨论决定的，符合《中华人民共和国村民委员会组织法》第十九条的规定，故该协议书应认定为有效。至于在庭审中，有三名村民代表称村民代表大会决议中，不是本人签名问题，本院认为，即使会议决议中有个别人的名字是代签的，也不能由此而否认多数村民代表通过的会议决议。因此，村委会主张 8 月 30 日协议书无效证据不足，不予支持。

关于 7 号地块挂牌出让所得价款 1.224 亿元，应如何处理问题。本院认为，根据协议书的约定，1.224 亿元土地价款中的 5000 万元应归村委会所有；其余 7240 万元双方当事人如何分配未作明确约定。分配这笔款项，应当衡平双方当事人的利益，从本案的具体情况看，顺益公司在土地竞标前对土地作了一些前期工作，这笔款项关系到失地村民的生产和生活。由于双方当事人的情况没有直接的可比性，确定分配款项的数额可以依据相对公平的原则由双方各分得一半，即村委会与顺益公司各分得 3620 万元。1.224 亿元土地价款，村委会实得 8620 万元；顺益公司实得 3620 万元。因村委会已返还顺益公司 8240 万元，扣除村委会尚未退还顺益公司已付的 2000 万元保证金，顺益公司还应再付给村委会 1620 万元。

关于对挂牌效力异议应如何认定问题。

村委会认为在竞标中双方当事人有串标行为，侵害了第三方利益，应为无效。本院认为，乐清市国土资源局在确认讼争土地使用权的挂牌出让后，顺益公司中标，而且在中标后付清了土地出让款，并已取得了讼争地块的《国有土地使用权证》。对此，如果有第三方提出异议，认为在竞标中当事人有串标行为侵害其利益，应由第三方向有关部门提出主张，而村委会无权主张。对村委会该项诉讼请求，不予支持。

综上，依照《中华人民共和国民事诉讼法》第一百五十三第一款第（二）项之规定，判决如下：

一、撤销浙江省高级人民法院（2005）浙民一初字第 7 号民事判决；

二、浙江顺益房地产开发有限公司在本判决生效后十五日内给付浙江省乐清市乐成镇石马北村村民委员会 1620 万元。如逾期不履行本判决确定的金钱给付义务，应当依照《中华人民共和国民事诉讼法》第二百三十二条的规定，加倍支付迟延履行期间的债务利息；

三、驳回浙江省乐清市乐成镇石马北村村民委员会的其他诉讼请求。

一、二审案件受理费 544020 元、调查费 2000 元，共计 546020 元，由双方各半承担，即浙江省乐清市乐成镇石马北村村民委员会负担 273010 元，浙江顺益房地产开发有限公司负担 273010 元。

本判决为终审判决。

审　判　长　×××
审　判　员　×××
代理审判员　×××
二〇〇七年九月三十日
书　记　员　×××

长治市华茂副食果品有限公司与长治市杰昌房地产开发有限公司合作开发房地产合同纠纷案

《最高人民法院公报》2007 年第 08 期

【裁判摘要】

合作开发房地产合同，是指当事人之间订立的以提供土地使用权、资金等方式共同出资，共享利润、共担风险，合作开发房地产项目的合同。土地使用权投入方将其土地使用权变更为合作各方共有或者归于项目公司名下，通常是这类合同的重要内容。确认某合同是以土地使用权作价出资的合作开发房地产合同，还是单一的土地使用权转让合同，应根据合同各方是否对房地产开发项目共享利润、共担风险等情形进行判断。

最高人民法院
民事判决书

(2005) 民一终字第 60 号

上诉人（原审原告）：长治市华茂副食果品有限公司，住所地山西省长治市北关街 1 号。

法定代表人：刘华川，该公司董事长。

委托代理人：田锐华，北京市华茂硅谷律师事务所律师。

委托代理人：韩挺，北京市汉衡律师事务所律师。

上诉人（原审被告）：长治市杰昌房地产开发有限公司，住所地山西省长治市长兴中路 302 号。

法定代表人：苏福伦，该公司董事长。

委托代理人：高原，北京市中瑞律师事务所律师。

委托代理人：张树勤，山西双师律师事务所律师。

上诉人长治市华茂副食果品有限公司（以下简称华茂公司）与上诉人长治市杰昌房地产开发有限公司（以下简称杰昌公司）合作开发房地产合同纠纷一案，山西省高级人民法院于 2005 年 6 月 5 日作出 (2005) 晋民初字第 1 号民事判决。华茂公司、杰昌公司均不服该判决，分别向本院提起上诉。本院依法组成合议庭，于 2005 年 9 月 20 日进行了开庭审理。华茂公司的法定代表人刘华川及委托代理人田锐华、韩挺，杰昌公司的法定代表人苏福伦及委托代理人高原、张树勤到庭参加诉讼。本案现已审理终结。

一审法院经审理查明：2001 年 8 月 22 日，山西省长治市建设局根据长治市城区副食果品公司《关于华茂商业园区开发改造方案的报告》向山西省长治市人民政府请示，山西省长治市计委于 2001 年 11 月 28 日以长计投字 (2001) 216 号批复同意长治市城区副食果品公司对华茂小区进行开发，项目总建筑面积 43787 平方米。2001 年 12 月 31 日，山西省长治市建委为长治市城区副食果品公司核发建设项目选址意见书和建设用地规划许可证。2002 年 1 月 12 日，山西省长治市人民政府办公厅以长政办发 (2002) 1 号通知对华茂商业园区进行拆迁改造。2002 年 3 月 28 日，长治市城区副食果品公司变更登记为长治市华茂副食果品有限公司，该公司变更登记前后的法定代表人均为刘华川。2002 年 4 月 21 日，杰昌公司注册成立，法定代表人为刘华川。2002 年 4 月 27 日，山西省长治市计委以长计投字（2002）172 号通知同意华茂商业园区一期工程超市购物中心建设，建筑面积为 28380 平方米。

2002 年 5 月 25 日，华茂公司、苏福伦、香港益群企业贸易有限公司（以下简称香港益群公司）签订《协议书》约定合作开发华茂商住园，但该协议未履行。2002 年 7 月 6 日，华茂公司、苏福伦、香港益群公司、陈培森签订合作开发华茂商业园区项目的《房地产合作开发协议书》约定，各方一致同意合作开发建设华茂商业园区项目，各方的权利和义务通过本协议予以规范。主要条款有：一是原华茂商业园区项目已经长治市长计投字（2001）216 号、长建发（2001）136 号、长政办发（2002）1 号、长计投字（2002）172 号等文件批准，并办理了选址字 58 号建设项目选址意见书和长投 2001 年编号用地 66 号建设用地规划许可证。现因项目建设需要，经三方友好协商，增加苏福伦、香港益群公司对该项目进行开发建设。二是项目用地范围中包括华茂公司自有出让土地，即长治国用（2001）字第 044 号土地使用面积 15293.9 平方米及长治国用（2001）字第 014 号土地使用面积 2451.2 平方米。三是开发方式为各方商定以杰昌公司作为对华茂商住步行街改造建设的项目公司；对杰昌公司的股东股权进行变更；华茂公司应配合苏福伦、香港益群公司在本协议签订后办理杰昌公司股东变更登记手续，所发生的费用，由苏福伦、香港益群公司支付。四是开发条件为根据华茂商住步行街建设规划，该项目分两期建设并由苏福伦、香港益群公司具体实施。华茂公司负责将原改造建设单位由华茂公司变更为杰昌公司改造建设经营，负责办理杰昌公司开工前政府所有批文；华茂公司长治国用（2001）字第 044 号土地面积 15293.9 平方米和长治国用（2001）字第 014 号土地使用面积 2451.2 平方米，纳入杰昌公司对华茂商住步行街整体开发建设；土地变更手续在拆迁协议签订后统一办理；华茂公司按一、二期开发进度负责该部分土地地上建筑物的拆迁补偿安置及"三通一平"，并承担由此发生的费用（拆迁保证金、搬迁、拆除、清运）；华茂公司协同办理杰昌公司的股权变更手续和办理杰昌公司房地产开发经营的资质，所需费用由苏福伦、香港益群公司承担。苏福伦、香港益群公司负责除华茂公司提供项目建设用地以外部分土地的拆迁、安置及费用，并交纳该部分所需补交的土地出让金，负责除华茂公司承担的费用之外的本项目开发建设经营所需的全部资金的投入，负责杰昌公司具体运作，并对本项目整体进行规划设计、施工、销售，负责对其费用及项目公司注册资金的投入。五是分配与销售为华茂公司分得项目总建筑面积 11070 平方米房产，其中一期为商场 3700 平方米〔作为对华茂超市长治国用（2001）字第 014 号宗地及其上部建筑物的拆迁补偿安置的全部费用）、独立店面 500 平方米、住宅 2205 平方米；二期为商场 1000 平方米、独立店面 1500 平方米、住宅 2165 平方米；项目开始运作，拆迁公告发布时，即由杰昌公司与华茂公司按照以上条件签订拆迁安置协议，具体补偿房产的位置、层次，在项目总图中商定；除补偿华茂公司 11070 平方米的房产外，其余的房产全部归苏福伦、香港益群公司所有；各方所得房产相对集中、好坏搭配，并按物业管理条例由各方各自承担应交的各项费用。协议还约定了房产销售、违约责任和期限等。

根据上述协议，2002 年 7 月 7 日，杰昌公司的股东由刘华川、李钦定、李淑珍变更为刘华川、苏福伦和陈培森，法定代表人由刘华川变更为苏福伦。2002 年 11 月 20 日，杰昌公司以出让的方式取得 19983.19 平方米的土地使用权。2002 年 10 月 25 日，杰昌公司向山西省长治市城区计委申请：杰昌公司通过报名等程序取得了市政府挂牌出让华茂项目土地的开发权，与土地部门签署了国有土地使用权出让合同，交纳了土地出让金并办理了国有土地使用证；杰昌公司对项目的规划设计进行了优化调整，项目总建筑面积为 74464 平方米，分两期建设；……特申请变更立项，确立杰昌公司为项目开发主体，并申请将项目名称由"华茂商业园区"变更为"假日阳光广场"。

2002 年 11 月 1 日，杰昌公司与华茂公司签订《拆迁安置协议》。主要约定：根据《长治市房屋拆迁管理实施办法》的规定及《房地产合作开发协议书》第五条第一款之约定，在坚持公平、守信的原则下，双方就拆迁安置中的有关事项，签订如下协议：杰昌公司将严格按照原《房地产合作开发协议书》第五条之规定对华茂公司拆迁房屋进行安置补偿，鉴于华茂公司流动资金欠缺及目前拆迁工作中遇到的实际困难，双方协商同意，在原协议基础上，华茂公司减少分取项目一期的住宅建筑面积 800 平方米，由杰昌公司按每平方米建筑面积 1000 元的价格进行现金补偿，即华茂公司分得项目总建筑面积 10270 平方米（原为 11070 平方米）及现金补偿 80 万元。补偿房屋应相对集中，好坏搭配，具体补偿房产的位置、朝向、层次，在项目设计文件批准定稿后，在设计平面图纸中商定。本协议签订后，华茂公司即可将其长国用 (2001) 字第 044 号土地面积 15293.9 平方米的土地使用权人变更为杰昌公司，待二期拆迁开始时，将长治市国用 (2001) 字第 014 号土地面积 2451.2 平方米的土地使用权人变更为杰昌公司。本协议签订后，华茂公司需按原《房地产合作开发协议书》之规定，按项目建设进度对其用地范围内的地上建筑物进行拆除和场地三通一平，并承担相应的费用和责任。该协议还约定了定金、土地使用证、建筑许可证、房屋所有权证等内容。

2002 年 12 月 31 日，山西省长治市计委根据杰昌公司的申请以长计投字 (2002) 604 号批复：项目名称由原"华茂商业园区"更名为"假日阳光广场"；建设单位由华茂公司变更为杰昌公司；建设规模及主要内容：工程总用地面积 19983 平方米，总建筑面积 74464 平方米；总投资及资金来源：该项目总投资 7500 万元，资金全部由杰昌公司自筹解决。2003 年 6 月 19 日，杰昌公司领取建设工程规划许可证。2003 年 8 月 11 日，山西省长治市计委以长计投字 (2003) 328 号通知，同意将"假日阳光广场"项目名称更名为"凯旋都汇广场"。

2003 年 11 月 8 日，华茂公司与杰昌公司签订《补充协议书》，双方根据《房地产合作开发协议书》和《拆迁安置协议》，就项目分配补偿等具体问题协议如下：一是双方在项目运作过程中，应遵守互惠互利、诚实信用、合法等原则，涉及双方利益的事宜应互相透明及时沟通协商；二是补偿给华茂公司的房产面积、位置及其他要根据《拆迁安置协议》的约定进行补偿，具体补偿的类型、方位、面积、层次为：大小商场及店铺补偿面积、位置编号按双方签字的"建筑平面位置分配图"（附件一）及"商业补偿面积及位置编号表"（附件二）执行，住宅补偿面积位置编号按双方签字的"住宅补偿面积及位置编号表"（附件三）执行。协议还对设计变更相关事项约定：双方同意项目整体根据深圳设计装饰工程有限公司绘制的，并经长治市建设管理部门审批的全套施工图纸施工；杰昌公司应将立项文件、一书两证、施工许可证复印件在协议签订后 15 日内提交华茂公司一份备存；杰昌公司补偿给华茂公司的所有房产，按回迁安置对待，并协助华茂公司办理产权证及土地使用权证手续；华茂商业园区由杰昌公司整体开发，该园区的整体投资、规划、设计、建设、销售等均由杰昌公司负责；但根据合作原则，对上述问题，杰昌公司应及时与华茂公司沟通，涉及补偿华茂公司房产的设计、建设施工等相关问题，杰昌公司必须征求华茂公司意见，并取得华茂公司认可，不得自作主张，损害华茂公司利益；本协议与 2002 年 7 月 6 日合作协议及以前双方签订的协议具有同等法律效力；本协议与以前协议不一致或有矛盾的，以本协议为准。根据双方当事人的协议以及政府部门的批准文件，杰昌公司对该项目进行了开发。华茂公司在与杰昌公司就房产分配签订补充协议后，称才知道杰昌公司开发面积由 43787 平方米增加为 71549.8 平方米，作为合作开发主体请求就增加面积进行分配，为此双方发生纠纷。

2004 年 9 月 22 日，华茂公司向山西省长治市中级人民法院起诉，杰昌公司提出管辖权异议。2004 年 11 月 20 日山西省高级人民法院以（2004）晋立民终字第 77 号裁定本案由山西省高级人民法院提审。华茂公司起诉称，华茂公司作为开发单位开发华茂商业园区项目，是经山西省长治市改革发展计划委员会以长计投字（2001）216 号立项批准的，开发建设规模总面积为 43787 平方米。华茂公司为开发该项目，成立了杰昌公司，并办理了相关开发手续。2002 年 7 月 6 日，根据山西省长治市人民政府有关文件，华茂公司作为土地投资合作者，与苏福伦、香港益群公司、陈培森签订了合作开发华茂商业园区项目《房地产合作开发协议书》。协议签订后，华茂公司出于对合作方的信任并根据协议，为杰昌公司办理了变更注册登记和土地变更手续。双方根据《房地产合作开发协议书》，针对为华茂公司分配的房地产定位及相关问题，又签订了《拆迁安置协议》，在该协议中同时还约定华茂公司提供的 26.62 亩土地上的建筑物由华茂公司自己拆迁。

杰昌公司作为合作方苏福伦、香港益群公司、陈培森的合作代表和该项目的项目公司，在经营过程中违反双方合作原则，对涉及该项目的重大事项，对华茂公司既不公开，也不透明。如办理该项目的后改文件资料、设计图纸及相关资料及变更项目名称等重大事项，均由杰昌公司擅自行事，既不征求华茂公司意见，也不向华茂公司提供，更不告知华茂公司。在 2003 年 9 月份之前，华茂公司多次提出异议，并就给华茂公司分配房地产和定位问题，曾反复多次要求杰昌公司提

供全套图纸及相关资料，杰昌公司拒不提供。后经华茂公司咨询才发现给华茂公司分配的商场设计高度不合理，项目名称已被杰昌公司单方变更为"凯旋都汇广场"，为此双方发生纠纷。2003 年 11 月 8 日，双方签订了《补充协议书》，该协议确定了双方运作原则，并对当时发生的部分争议问题和相关问题达成了协议。但在协商签订该协议时，杰昌公司故意隐瞒了该项目建设规模已变更增加为 71549.8 平方米的重要事实。杰昌公司未根据《补充协议书》第五条第 2 项约定，于 2003 年 11 月 18 日才向华茂公司提供了该项目全套设计图纸和相关审批文件。由此发现杰昌公司不仅单方变更了该项目名称，同时在华茂公司开发使用土地面积不变的情况下，将原开发建设规模总面积 43787 平方米单方增加到 71549.8 平方米，其中比原来增加 27762.8 平方米，增加比例占 61.2%。该增加的面积是在华茂公司所投资的 26.62 亩土地上增加和以该投资土地作为抵押向银行贷款形成的，无疑华茂公司的贡献是主要的。根据合作和公平原则及贡献大小，杰昌公司应按新增面积的 50% 的比例并按好坏位置、层次搭配原则和各类房产面积比例，为华茂公司再增加分配房产面积 13881.4 平方米。同时认为杰昌公司变更该项目名称，属单方违约，也是对华茂公司合法权益的损害。故请求：1. 判令杰昌公司在双方签订的《房地产合作开发协议书》和《补充协议书》基础上，对其单方扩大建设规模增加的开发建设面积 27762.8 平方米，按 50% 的比例和各种类型房产面积比例，为华茂公司按照好坏位置、层次搭配原则增加分配面积共计 13881.4 平方米，其中住宅面积 5480.38 平方米，独立店铺 2508.37 平方米，大小商场 5894.04 平方米；2. 判令杰昌公司对合作项目决策的重大事项和全部预销售活动，由双方共同签字盖章办理手续，避免判决结果难以实现；3. 判令杰昌公司恢复双方协议项目名称"华茂商住步行街"，停止和取消其单方变更的项目

名称"凯旋都汇广场"及以该项目名称进行的预售活动，并赔偿华茂公司经济损失 100 万元。

杰昌公司答辩称，双方没有合作开发的合同法律关系，双方是一种房屋拆迁、安置、补偿的合同法律关系。一是华茂公司无权分得《拆迁安置协议》及《补充协议书》之外的开发房屋面积的 13881.4 平方米。双方订立的《拆迁安置协议》标志着形式上的房地产合作开发关系的终止和实质上的房屋拆迁、安置、补偿关系的确立。《房地产合作开发协议书》名称上称为合作，但在其内容中并没有各方出资和所占比例的任何约定，不存在共同投资、共同经营、共担风险、共享盈余的房地产合作关系。双方的权利义务关系确立为《拆迁安置协议》中的拆迁人与被拆迁人之法律关系。开发过程中，杰昌公司对所有的被拆迁人（包括华茂公司）全部给予了安置和补偿，有些已经履行完毕，有的正在履行。华茂公司虽然曾经作为项目开发主体，有别于其他被拆迁人，但其全部利益已经在《拆迁安置协议》和《补充协议书》中得到了完全的安置和补偿。华茂公司现在不是杰昌公司的股东，因此，其无权干涉公司的决策和经营，更无权处分协议约定以外的开发房屋面积。根据《房地产合作开发协议书》约定原改造建设单位由华茂公司变更为杰昌公司，证明了开发项目已经变更为杰昌公司。《补充协议书》是对《拆迁安置协议》中双方为拆迁与被拆迁法律关系的再次认可。杰昌公司增加面积是从多方面加大了投入，是公司经营行为的结果。如果重新规划、设计在实施过程中出现了问题，导致公司经营亏损，华茂公司是否也要按照凭空来的 50% 的比例分担经营亏损呢？二是华茂公司提出"7·6"协议的前提是项目总面积为 43787 平方米不符合事实。双方签订协议前，对项目面积的增加早就达成了一致。签订"7·6"协议是在对原方案进行变更的前提下进行的，相关的变更手续也是华茂公司配合办理的。因此，

华茂公司以项目面积增加为由要求多分房地产毫无道理。三是华茂公司的起诉已超过法定的除斥期间。华茂公司起诉杰昌公司要求增加分配面积的另一个理由是原协议"明显不合理不公平"，华茂公司法定代表人刘华川早在 2002 年 10－12 月间就亲自到有关部门参与办理了相关事项的变更手续，从这个时间起算，华茂公司也以自己的行为放弃了此项权利。四是华茂公司无权要求杰昌公司在本项目进行整体规划、设计、销售等环节上对其尽告知义务或履行签字手续。根据《房地产合作开发协议书》约定杰昌公司对本项目整体进行规划、设计、销售，并负责对其费用及项目公司注册资金的投入。更何况项目公司是有限责任公司，重大决策事项只对其公司的股东负责，而华茂公司并非杰昌公司的股东。五是华茂公司主张赔偿 100 万元没有任何依据，相反其应当赔偿杰昌公司巨额经济损失。杰昌公司既没有侵权行为，也没有违约行为，不存在给华茂公司赔偿的问题。综上，华茂公司无视大量的双方为拆迁安置、补偿合同法律关系的客观证据，以自己现在仍然属于房地产合作开发项目的合作主体为由主张增加 13881.4 平方米，超出了《拆迁安置协议》和《补充协议书》确立的补偿和安置面积的范围，其请求没有事实依据和法律依据。并且华茂公司的起诉超过了法定的除斥期间，依法应当驳回华茂公司的起诉，维护杰昌公司的合法权益。

一审法院经审理认为，华茂公司与苏福伦、香港益群公司、陈培森于 2002 年 7 月 6 日签订的《房地产合作开发协议书》，华茂公司、杰昌公司分别于 2002 年 11 月 1 日签订的《拆迁安置协议》以及 2003 年 11 月 8 日签订的《补充协议书》，均系各方的真实意思表示，且各方均无异议，其法律效力应予确认，各方均应严格履行。根据《房地产合作开发协议书》中确定，华茂公司作为合作开发的主体共同签订了协议，且约定了其应履行的义务，即拆迁地上建筑物，达到"三通一

平"，并承担由此发生的费用等内容，由此应认定华茂公司系该项目的合作开发主体。《房地产合作开发协议书》同时约定了以杰昌公司作为对"华茂商住步行街"改造建设的项目公司。原改造建设单位由华茂公司变更为杰昌公司改造建设经营；除华茂公司承担"三通一平"的费用外，由苏福伦和香港益群公司负责本项目开发建设经营所需的全部资金的投入，并负责杰昌公司具体运作和本项目整体进行规划设计、施工、销售。对于房产的分配，规定除补偿华茂公司 11070 平方米的房产外，其余的房产全部归苏福伦和香港益群公司所有。由此证明华茂公司应分得的房产面积已确定为 11070 平方米。为履行《房地产合作开发协议书》而成立的项目公司杰昌公司根据该协议与华茂公司就分配的房产面积及具体位置达成了《拆迁安置协议》和《补充协议书》，双方均应严格履行。

杰昌公司并非《房地产合作开发协议书》的一方当事人，而是作为合作各方成立的项目公司，负责对该项目进行规划设计、施工、销售。杰昌公司在对项目规划设计进行优化调整的基础上，将原建筑面积由 43787 平方米增加为 71549.8 平方米，并报经有关部门批准实施。其增加的面积是由杰昌公司在投入相同的土地上增加投资，优化设计而形成的，华茂公司仍是出让的 26.62 亩土地，并未增加其他投资。虽然华茂公司是合作开发的主体，但应分面积在《房地产合作开发协议书》中已确定为 11070 平方米；且在开发过程中华茂公司也与杰昌公司就其应分配的建筑面积又签订了《补充协议书》，进一步确定了其应得到补偿的房产面积和具体位置，故华茂公司请求对增加面积进行分配，理由不足。华茂公司称杰昌公司单方增加房产面积，致使所应分配的商场高度不合理、采光不足等问题，属履行合同过程中的违约问题，并非华茂公司增加分配房产面积的理由。但是鉴于在杰昌公司开发前，华茂公司已经做了一些前期的开发工作；在该项目的开发过

程中，华茂公司作为合作一方又履行了《房地产合作开发协议书》规定的合作义务，根据公平和诚实信用原则，就杰昌公司开发中增加的面积可酌情对华茂公司进行适当补偿。

华茂公司诉请的对合作项目决策的重大事项和全部预销售活动由双方共同签字盖章、办理手续的请求，因华茂公司是与苏福伦、香港益群公司、陈培森签订的《房地产合作开发协议书》，该协议中合作方并未包括杰昌公司，杰昌公司只是合作方委托开发该项目的具有独立法人资格的项目公司，其享有独立经营活动的资格，且开发协议也赋予了杰昌公司相应的权利，华茂公司的诉请于法无据，不予支持。在开发过程中，杰昌公司将项目名称变更为"凯旋都汇广场"，是经过山西省长治市计委批准的，华茂公司请求恢复原"华茂商住步行街"的名称的理由不当，其因此请求赔偿造成的 100 万元经济损失，一审庭审中未提供相应的证据，也不予支持。

综上，华茂公司虽然是合作开发的主体，但其应分配的面积已在三份协议中确定，予以确认。杰昌公司作为开发的项目公司，对开发过程中增加的面积应归自己所有，但鉴于华茂公司作为该项目的合作一方，根据合作协议履行了自己的义务，从公平和诚实信用原则考虑，杰昌公司应酌情将增加面积 27762 平方米的 20% 给华茂公司作适当补偿，具体位置可根据好坏搭配的原则确定；对华茂公司的其他诉讼请求应予驳回。依据《中华人民共和国民法通则》第四条和《中华人民共和国合同法》第五条、第八条和第六十条之规定，判决：（一）杰昌公司从增加的面积中补偿华茂公司 5552 平方米，其中住宅面积为 2166 平方米，独立店铺为 1000 平方米，大小商场为 2386 平方米；（二）驳回华茂公司的其他诉讼请求。案件受理费 74087.15元，由华茂公司负担 44452.15 元，杰昌公司负担 29635 元。

华茂公司和杰昌公司均不服一审判决，向本院提起上诉。

华茂公司上诉称，一审判决不符合事实，应予改判。请求：1. 依法撤销山西省高级人民法院（2005）晋民初字第 1 号民事判决，并改判：（1）杰昌公司对其单方扩大建设规模增加的开发建设面积 27762.8 平方米，按 50％的比例和各种类型房产面积比例，为华茂公司按照好坏位置、层次搭配原则再行增加分配面积共计 13881.4 平方米，其中，住宅面积增加 5480.38 平方米，独立店铺增加 2508.37 平方米，大小商场增加 5894.04 平方米；（2）杰昌公司将项目名称恢复为"华茂商住步行街"并停止以其单方变更的项目名称"凯旋都汇广场"进行的预销售活动；（3）杰昌公司赔付华茂公司经济损失 100 万元；（4）合作项目的重大决策事项和全部销售活动由合作双方共同办理手续，避免合作分配和判决结果难以执行；2. 杰昌公司负担一、二审的全部诉讼费用。

主要事实和理由：（一）杰昌公司是本案房地产合作开发项目合同义务的直接承担者和合作主体，其有义务就新增加的建筑面积给华茂公司重新分配。华茂公司作为本案合作开发的主体且已经履行了合作协议规定的合作义务。杰昌公司名义上是项目公司，但其直接被苏福伦、陈培森、香港益群公司所掌握和控制，在《房地产合作开发协议书》的履行过程中，杰昌公司既代表苏福伦、陈培森和香港益群公司履行他们在《房地产合作开发协议书》项目下的各项义务，又直接代表苏福伦、陈培森、香港益群公司与华茂公司签订与合作事项有关的各项补充协议，并且所有工作都是由杰昌公司以合作主体运作的。1.《房地产合作开发协议书》中明确规定由苏福伦、香港益群公司负责杰昌公司的具体运作。2. 苏福伦和陈培森是杰昌公司的控股股东，占杰昌公司 98％的股份；陈培森同时又作为香港益群公司的名誉股东在杰昌公司代表香港益群公司行使权利。3.《房地产合作开发协议书》中约定由苏福伦、香港益群公司所承担的义务包括负责除华茂公司提供项目建设用地以外部分土地的拆迁、安置及费用，缴纳该部分所需补交的土地出让金，以及负责本项目开发建设经营所需的全部资金的投入等，实际上都是由杰昌公司履行的。4.《房地产合作开发协议书》签订后，就该合作协议的未尽事宜，各方又分别签订了《拆迁安置协议》和《补充协议书》，这两份协议都是杰昌公司代表苏福伦、陈培森、香港益群公司与华茂公司签订的，特别是在《补充协议书》中多次提到双方的合作关系。5. 在山西省长治市城区人民政府所出具的《关于华茂公司和杰昌公司反映的有关问题协调会议纪要》中，杰昌公司也明确承认双方是合作关系，并表示要信守协议，在一审中提交的证据目录中也承认双方的合作关系。综上，无论在事实还是书面协议方面，杰昌公司都已经代替了苏福伦、陈培森和香港益群公司成为《房地产合作开发协议书》的一方当事人，因此，其有义务直接承担本案合同责任并就新增加的建筑面积给华茂公司重新分配。

（二）26.62 亩开发使用土地是华茂公司的合作投资土地，不是杰昌公司以出让方式取得的土地。该项目中总共使用土地 35 亩，其中 26.62 亩（占 76.06％）开发使用土地，是华茂公司根据双方签订的《房地产合作开发协议书》自行承担拆迁安置费用，达到"三通一平"以自有出让土地及合作投资的方式过户在杰昌公司名下的，是双方合作的真实体现，并非杰昌公司以出让方式取得的。

（三）合作项目规模变更而增加的 27762.8 平方米建筑面积是双方投资形成的财产。项目规模变更后增加的 27762.8 平方米建筑面积是在已确定的开发土地上形成的，合作项目面积的增加，华茂公司投入的土地的价值也随之增值，没有华茂公司前期土地的投资，就不能有现在增加的建筑面积。且同样面积的土地上增加建筑面积，必然加大项目的容积率，减少绿化面积及公共设施，客观上减损了华茂公司原来应分得建筑面积

権威案例篇/三、房地产流转 · 885 ·

（四）本案房产项目增加的 27762.8 平方米建筑面积，双方在协议中并没有约定如何分配，理应由合作双方共同所有。

（五）对项目规模变更后增加的 27762.8 平方米建筑面积，应当按照公平原则及贡献大小的原则为华茂公司再行分配 50% 的房产。1. 在合同履行过程中，华茂公司以自有土地作为出资，履行了提供建设用地、支付土地出让金、进行拆迁安置、负责"三通一平"以及办理手续等义务，实际出资的市场价值超过 6400 万元。杰昌公司及其股东的实际投入却很少，只是在开发初期有少量的资金投入，建设项目开始后，款项来源主要是房产预售的销售款和银行贷款及施工单位的垫资，而这些运作如果没有华茂公司先期的土地投资是不能实现的。2. 即使把杰昌公司规划中所称的总投资 7500 万元全部作为其实际投入，与华茂公司实际投入的 6400 万元比较，双方总的投资比例也已经达到 54% 和 46%。华茂公司仅要求在新增加的面积部分按照 50% 的比例分配，符合法律规定。3. 通常的房地产项目合作中，提供建设土地一方所占的分配比例至少占总面积的 40% 到 50% 左右，而本案中华茂公司不仅是提供建设土地的一方，还负责绝大部分用地的拆迁事宜。根据惯例及诚实信用原则，华茂公司要求对规模变更后所增加的面积再分得 50% 的房产是合情合理的。4. 华茂公司要求对新增加的建筑面积再分得其中的 50%，符合公平原则。

（六）杰昌公司在履行合同过程中有多项违约事实。1. 杰昌公司单方面将双方约定的项目名称由"华茂商住步行街"变更为"凯旋都汇广场"，严重损害华茂公司的利益，已构成违约。"华茂"是华茂公司十余年努力精心打造的商业品牌，是华茂公司的无形资产。在本案合作项目中使用该名称，具有重大的商业广告价值，因此是华茂公司与其合作者合作的前提条件之一。杰昌公司未经华茂公司同意，擅自将项目名称变更，使华茂公司

本应获得的巨大的广告效益化为乌有，给华茂公司造成重大经济损失，因此，华茂公司要求杰昌公司将项目名称恢复为"华茂商住步行街"并赔付华茂公司的经济损失不少于 100 万元。2. 杰昌公司无权单方变更合作项目的规模增加总建筑面积，也已经构成违约。根据《房地产合作开发协议书》和《补充协议书》中确定的合作原则，"华茂商住步行街"由杰昌公司整体开发，但对整体投资、规划、设计、建设、销售等问题，杰昌公司应及时与华茂公司沟通，杰昌公司不得自作主张，损害华茂公司利益。因此，杰昌公司自行向山西省长治市计委申请变更总建筑面积，既违约又违反了诚实信用原则。

（七）合作项目重大事项依法应当由合作双方办理手续，由于杰昌公司在整个合作过程中种种欺诈和不诚信行为，已给华茂公司造成精神和经济上的很大损失，足以表明其毫无诚信可言。为防止其继续违规运作，华茂公司有理由要求与杰昌公司就共同涉及合作项目的重大事项和全部预销售活动行使决策权并共同签字盖章加以控制，以确保华茂公司分配利益和判决结果的实现。

杰昌公司上诉称，一审判决第一项错误，应根据本案事实和法律的规定作出改判。请求：1. 撤销山西省高级人民法院（2005）晋民初字第 1 号民事判决第一项，改判驳回华茂公司的全部诉讼请求；2. 维持山西省高级人民法院（2005）晋民初字第 1 号民事判决第二项；3. 华茂公司负担一、二审的全部诉讼费用。

主要事实和理由：（一）一审判决认定华茂公司请求对增加面积分配的理由不足，是正确的，但在判决中适用公平和诚实信用的原则，判决杰昌公司适当补偿华茂公司 5552 平方米的面积，显然是错误和矛盾的。1. 华茂公司履行的义务均是三份协议中约定的义务，没有超出协议约定的范围，以履行这些义务为前提，才可以得到协议书中约定得到的安置补偿 11070 平方米的面积。因此，一

审判决以履行协议约定的义务为理由而适用公平和诚实信用原则，从杰昌公司增加的面积中对华茂公司补偿是错误的。2. 不存在杰昌公司自行增加面积。所谓增加面积是针对华茂公司原来的设计方案而言的。该协议约定"华茂公司负责办理杰昌公司开工前政府所有批文：长政办发（2002）1 号文待苏福伦、香港益群公司规划方案领导批示同意后，10 个工作日内办理完毕"。可见对该项目优化设计、增加面积是该协议各方的共识，否则用原来设计方案就可以，还要苏福伦、香港益群公司规划方案何用？而且在杰昌公司完成新的设计方案并上报立项变更的过程中，华茂公司是参与的。从该协议约定及证人杜自美等人的有关证言中可以得到印证。对华茂公司安置补偿 11070 平方米的面积是在其知情的情况下才确定的，而华茂公司在三份协议确立的权利与义务之外没有任何新的投入，因此，履行约定的义务获得约定的权利，不存在显失公平。3. 优化设计、增加建筑面积是各方签订《房地产合作开发协议书》的前提。原立项批文中项目总建筑面积 43787 平方米，其中地下停车场及相关配套项目幼儿园、老年娱乐中心、物业管理等无法销售的建筑面积共 15300 平方米，本项目拆迁面积高达 26889 平方米（实际拆迁面积达到 30000 多平方米）。按 1∶1 安置补偿，可销售面积只有 43787－15300－26889＝1598 平方米。如果不增加项目面积，杰昌公司要亏损，不获得利润杰昌公司就不会与华茂公司签订协议。在新设计方案完成且新的立项批文下达后，2003 年 1 月 23 日，华茂公司给杰昌公司总经理苏福伦的公函中提到"现《假日阳光广场平面位置图》已经城建规划部门认可，项目各层平面图已经定稿"充分说明，华茂公司对新的规划设计和新的项目名称没有提出任何异议。新的项目名称"假日阳光广场"是在新的立项批文中，与增加项目面积、变更项目开发主体、确定资金来源等事项一并下达的。华茂公司不可能只知道项目名称改

变，却不知道项目面积增加。而且在《补充协议书》中明确"设计变更相关事项，双方同意项目整体根据深圳设计装饰工程有限公司绘制的，并经长治市建设管理部门审批的全套施工图纸施工。"因此，华茂公司完全知情且没有提出任何异议。4. 在民事权益显失公平的情况下，当事人完全可以在法定的期限内请求法院变更或撤销，而华茂公司并没有在法定的期限内请求。而且，从签订《拆迁安置协议》和其后的《补充协议书》的行为来看，华茂公司也是对自己权利的再次确认。

（二）一审判决认定华茂公司并非合作开发协议的一方当事人是正确的，但认定华茂公司属于项目合作开发主体是错误的。1. 《房地产合作开发协议书》虽然名称上为合作开发协议，但因为华茂公司既没有投入资金到项目公司共同经营，拆迁后的土地也不是作为投资进入到项目公司，又不愿意承担任何风险，所以实质上华茂公司不具备合作开发的主体资格，其只是将土地转让给了杰昌公司，其权利的获得在该协议中已经被确立为不承担任何风险的拆迁安置补偿之法律关系。一审判决认为该协议中约定了华茂公司应履行的义务，即拆迁地上建筑物、达到"三通一平"并承担由此发生的费用等内容，认定华茂公司系该项目的合作开发主体，是错误的。这些约定不属于合作开发合同要求的必须内容，而是被拆迁人为了转让土地而将生地变为熟地应当履行的约定义务，是华茂公司获得约定的 11070 平方米面积的前提条件之一。2. 《房地产合作开发协议书》主体之间的权利与义务已经通过两种不同的法律关系得到了分解。其一是除华茂公司以外的主体约定将出资进入了杰昌公司，他们的权利义务根据股份出资比例在杰昌公司中体现；其二是华茂公司与变更后的项目开发主体杰昌公司签订《拆迁安置协议》，华茂公司的权利和义务在与杰昌公司的拆迁安置补偿法律关系中得到落实。3. 杰昌公司作为该建

设项目的项目公司，不仅受让了华茂公司的土地，而且还受让了其他被拆迁主体的土地。被拆迁人的权利已经在《拆迁安置协议》中得到落实。杰昌公司独立承担着经营风险，依法只能按公司法的规定由公司变更后的股东承受权利与义务。华茂公司不再占有杰昌公司股份，也就不能认定为项目的合作开发主体。

（三）杰昌公司与华茂公司之间只有唯一的一种拆迁安置法律关系。双方的拆迁安置法律关系在《房地产合作开发协议书》中已经事先约定好，又在《拆迁安置协议》和《补充协议书》中得到了充分的确认。无论是签订协议的主体称谓，还是实体上的权利与义务的细化约定，都充分地证明了双方的权利与义务关系是拆迁安置的法律关系。

本院二审查明的事实与一审法院查明的事实相同。

本院认为，本案所涉华茂公司和杰昌公司之间是合作开发关系还是拆迁安置补偿关系、杰昌公司是否违约及应否承担违约责任、新增加的面积应该如何处理等三个方面的问题，是双方当事人二审中的争议焦点。

（一）关于华茂公司和杰昌公司之间是合作开发关系还是拆迁安置补偿关系的问题。

从涉案项目的开发建设过程看，在华茂公司与苏福伦、香港益群公司、陈培森签订《房地产合作开发协议书》之前，华茂公司已提交了《关于华茂商业园区开发改造方案的报告》，并经政府批复同意获得对华茂商业园区进行开发的权利，获得了开发华茂商业园区的建设项目选址意见书和建设用地规划许可证。为开发建设需要，刘华川等股东在该协议签订前即注册成立了杰昌公司。该项目前期的立项、规划等审批手续均为华茂公司运作的结果，也是该协议签订的基础。该协议明确约定了各方的分工合作内容。华茂公司及杰昌公司提交的证据显示，该项目所占19983.19平方米土地面积中的17762.59平方米，是由华茂公司取得土地使用权的自有土

地变更登记至杰昌公司名下，有2220.6平方米土地面积为杰昌公司直接以挂牌出让方式取得。华茂公司依照该协议将其已拥有土地使用权证的自有土地投入到合作项目中。《房地产合作开发协议书》的约定内容和实际履行过程表明，杰昌公司是该项目合作的载体，是为运作双方的合作项目设立的。华茂公司与杰昌公司在《房地产合作开发协议书》中不是合同的相对方，但是，华茂公司与苏福伦、香港益群公司、陈培森作为合同的相对方，约定了该项目开发方式以杰昌公司作为对"华茂商住步行街"改造建设的项目公司，原改造建设单位由华茂公司变更为杰昌公司改造建设经营；约定除华茂公司承担"三通一平"的费用外，由苏福伦和香港益群公司负责本项目开发建设经营所需的全部资金的投入，并负责杰昌公司具体运作和本项目整体进行规划设计、施工、销售。且约定"本项目整体竣工并完成销售归物业公司管理后，协议终止，项目公司注销"等内容。此后的《拆迁安置协议》及《补充协议书》内容也都是以《房地产合作开发协议书》为前提，由华茂公司与杰昌公司直接签订的。因此，杰昌公司在该项目合作中具有双重的地位，一方面作为华茂公司与苏福伦、香港益群公司、陈培森合作开发该项目的项目公司，另一方面随着协议的履行，替代苏福伦、香港益群公司、陈培森成为合作主体，与华茂公司继续进行项目的合作，并先后签订了《拆迁安置协议》及《补充协议书》。

合作开发房地产合同，是当事人订立的以提供土地使用权、资金等作为共同出资，共享利润、共担风险合作开发房地产为基本内容的协议。在一方以资金为投入，另一方以取得的土地使用权为投入的合作开发房地产合同中，土地使用权投入方将土地使用权变更为合作各方共有或者变更至项目公司名下，通常是合作开发房地产合同约定的重要内容，有的还要另行签订土地使用权转让合同。其真实意思表示是以土地使用权作价出

资的合作，还是单一的土地使用权转让，合作各方是否共享利润、共担风险是主要的认定依据。各方约定共同成立专门的项目公司开发房地产，无论项目公司是否成立，以及土地使用权是否已经变更登记为项目公司享有，均不影响合作开发房地产合同的效力。《房地产合作开发协议书》中合作各方关于房产的分配，并没有无论项目盈亏任何一方都不承担合作风险亦获取固定利益的约定。合作各方均承担了实际的合作风险。该协议的实质是华茂公司以土地使用权出资，与相对方合作开发。因此，华茂公司与苏福伦、香港益群公司、陈培森之间通过《房地产合作开发协议书》及对该协议的实际履行行为形成合作关系。《房地产合作开发协议书》签订后，就该合作协议未尽事宜，又签订了《拆迁安置协议》和《补充协议书》，在此，杰昌公司是合作协议的主体，并承担了《房地产合作开发协议书》中苏福伦、香港益群公司、陈培森的权利和义务，负责履行该协议约定的有关内容。因此，华茂公司与杰昌公司之间存在实际合作开发关系。《拆迁安置协议》所确定的内容，是华茂公司与杰昌公司就具体拆迁安置事项形成的另一法律关系。

（二）关于杰昌公司是否违约及应否承担违约责任的问题。

1. 杰昌公司单方增加面积是否违约。该项目新增加的 27762.8 平方米建筑面积在《房地产合作开发协议书》中虽然没有约定，但是杰昌公司对项目重新进行优化设计，并变更立项进行开发建设，均符合《房地产合作开发协议书》关于该项目由苏福伦、香港益群公司具体实施，苏福伦、香港益群公司负责杰昌公司具体运作，并对本项目整体进行规划设计、施工、销售等约定内容的要求，是具体实际履行《房地产合作开发协议书》的行为，不属于单方增加面积的违约行为。

2. 变更所争议房地产项目名称是否违约。如上所述，杰昌公司既作为该合作项目实际的合作主体，又作为合作各方运作项目

的项目公司，杰昌公司是合作方委托开发该项目的具有独立法人资格的项目公司，其享有独立经营活动的资格，且《房地产合作开发协议书》也赋予了杰昌公司相应的权利。在开发过程中，该项目已登记在杰昌公司名下，项目名称曾变更为"假日阳光广场"，华茂公司在往来函件中也实际认可"假日阳光广场"的名称，后杰昌公司报经山西省长治市计委批准又将该项目更名为"凯旋都汇广场"。杰昌公司变更所争议房地产项目名称并不违约。华茂公司请求恢复原"华茂商住步行街"名称的理据不足，其因此请求赔偿造成的 100 万元经济损失，庭审中也未提供相应的证据，一审法院对此不予支持，并无不当。

（三）关于新增加的面积应该如何处理的问题。

《房地产合作开发协议书》《拆迁安置协议》是以山西省长治市改革发展计划委员会以长计投字（2001）216 号立项批准的开发建设规模总面积为 43787 平方米的华茂商业园区项目为基础的，该协议中约定华茂公司应分配 11070 平方米的房产，是依据 43787 平方米这个前提确定的。《补充协议书》载明"根据 2002 年 7 月 6 日四方签订的《房地产合作开发协议书》和双方签订的《拆迁安置协议》，并根据市、区两级政府协调会议精神，现就项目分配补偿等具体问题，经平等协商达成如下补充协议"，可见，合作各方仍然以原来的《房地产合作开发协议书》和《拆迁安置协议》为依据进行面积的分配补偿，并未就项目优化设计后的 71549.8 平方米建筑面积中增加部分的分配进行新的约定。华茂公司主张分配多增加的房屋面积，并非以股东身份对项目利润分配的主张，而是依据合作合同关系对《房地产合作开发协议书》有关约定房产分配面积发生变更而提出的请求。新增加的面积是合作项目的产物，理应归合作各方共同所有。但上述三份协议均未就新增的 27762.8 平方米建筑面积的分配再予约

定，一审法院认为华茂公司请求的合同依据不足，并无不当。

该项目 71549.8 平方米的建筑面积是以杰昌公司名义报批，政府有关部门以长计（2002）130 号文件批复为依据建设的，项目所占 19983.19 平方米土地面积中的 17762.59 平方米原来是华茂公司取得土地使用权的自有土地，2220.6 平方米土地面积为杰昌公司直接以挂牌出让方式取得。一审法院根据各方合作情况，对各方未作约定的新增面积，适用公平原则按照 20％的比例确定给华茂公司，与参照双方最初约定分配面积所占分配比例以及合同履行过程中分配面积所占比例的变化等合作项目实际履行情况，综合考虑的结果大致相当，也符合本案实际，可予维持。

综上所述，华茂公司、杰昌公司的上诉请求缺乏有关事实及法律依据，均不予支持。一审判决对部分事实的认定虽不够准确，但对本案的实际处理结果没有造成影响，并不失公平，可予维持。根据《中华人民共和国民事诉讼法》第一百五十三条第一款第（一）项之规定，判决如下：

驳回上诉，维持原判。

二审案件受理费 74087.15 元，由长治市华茂副食品有限公司负担 44452.15 元，长治市杰昌房地产开发有限公司负担 29635 元。

本判决为终审判决。

审　判　长　×××
代理审判员　×××
代理审判员　×××
二○○六年九月二十六日
书　记　员　×××

中国有色金属工业长沙勘察设计研究院与海南省汇富房地产开发公司长沙公司、海南省汇富房地产开发公司合作建房合同纠纷案

《最高人民法院公报》2006 年第 11 期

【裁判摘要】

依照审判监督程序对案件进行再审的基础，是已经发生法律效力的判决、裁定确有错误，或者有证据证明已经发生法律效力的调解书违反调解自愿原则或调解协议的内容违法。纠正原审错误是再审的基本功能。因此，再审应当依据原审的审理范围进行，而不能超出原审范围进行裁判。

最高人民法院
民事判决书

（2006）民一终字第 28 号

上诉人（原审原告）：中国有色金属工业长沙勘察设计研究院，住所地湖南省长沙市韶山北路 81 号。

法定代表人：杨传德，该院院长。

委托代理人：金义元，该院副院长。

委托代理人：杨万林，北京市长安律师事务所律师。

被上诉人（原审被告）：海南省汇富房地产开发公司长沙公司，住所地湖南省长沙市红旗区2片15栋4门1楼。

负责人：付晓华，该公司经理。

被上诉人（原审被告）：海南省汇富房地产开发公司，住所地海南省海口市甸花新村5栋3楼。

法定代表人：唐宇光，该公司总经理。

被上诉人（原审第三人）：湖南雄新建筑有限公司，住所地湖南省长沙市开福区史家坡。

法定代表人：周奇飞，该公司总经理。

委托代理人：车宁，男，1970年10月12日出生，湖南省长沙市人，住湖南省长沙市天心区劳动西路226号2栋602房。

委托代理人：龚自平，湖南广济律师事务所律师。

原审原告中国有色金属工业长沙勘察设计研究院（以下简称长勘院）与原审被告海南省汇富房地产开发公司长沙公司（以下简称汇富长沙公司）、海南省汇富房地产开发公司（以下简称汇富公司）合作建房合同纠纷一案，湖南省高级人民法院于1998年3月19日作出（1997）湘民初字第7号民事调解书，已经发生法律效力。案外人中国东方资产管理公司长沙办事处（以下简称东方资产公司长沙办事处）提出异议。湖南省高级人民法院于2004年9月8日作出（2004）湘高法民监字第148号民事裁定，决定对该案进行再审。在此期间，湖南雄新建筑有限公司（以下简称雄新公司）受让东方资产公司长沙办事处的债权，并申请参加诉讼。湖南省高级人民法院依法另行组成合议庭，追加了雄新公司为本案第三人，并于2006年2月21日作出（2004）湘高法民再字第148号民事判决。上诉人长勘院不服该判决，向本院提起上诉。本院依法组成合议庭，于2006年7月6日对本案进行了开庭审理。长勘院的委托代理人金义元、杨万林，雄新公司的委托代理人车宁、龚自平到庭参加诉讼，汇富长沙公司和

汇富公司经本院传票传唤未到庭。本案现已审理终结。

湖南省高级人民法院再审查明，1994年11月25日，长勘院与汇富长沙公司签订一份《合作建房合同》约定，长勘院用其行政划拨取得的位于长沙市韶山北路81号的7.928亩土地的使用权，作为投资与汇富长沙公司合作建房。同年12月16日，长勘院与国土管理部门签订了该宗土地使用权的出让合同，并按规定缴纳了土地出让金。与此同时，长勘院应汇富长沙公司的要求，申请将该土地使用权转让至汇富长沙公司名下，国土管理部门审查后办理了有关该宗土地的红线图及出让、转让手续，并给汇富长沙公司颁发了该宗土地的国有土地使用权证。1994年12月28日，长勘院与汇富长沙公司正式签订了《合作共建"金富大厦"合同书》约定，长勘院提供建设用地，汇富长沙公司承担全部与建设相关的资金，并约定了对所建房屋的分配、违约责任等内容。合同签订后，长勘院依约进行了建设用地上的房屋拆迁安置等工作，汇富长沙公司则投入了部分建设资金，着手拆迁补偿、工程前期立项、报建、组织勘察、设计及部分基础基建工程、水电增容等方面的工作。合作期间，汇富长沙公司另行租借了长勘院部分办公用房，尚欠长勘院部分房租、水电费。此后，由于汇富长沙公司后续建设资金不能到位，合建工程于1996年7月停工，双方多次协商未果。长勘院于1997年8月4日向湖南省长沙市中级人民法院提起诉讼。汇富长沙公司提出管辖异议，湖南省高级人民法院对该案进行提审。经湖南省高级人民法院原审主持调解，双方当事人于1998年3月19日自愿达成如下协议：1.因汇富长沙公司主体资格不符等方面的原因，其与长勘院所签订的合作建房合同、土地使用权转让协议及与此相关的有关合同（协议）均无效，汇富长沙公司无条件返还长勘院韶山路81号7.928亩土地的使用权，并将合作项目有关的所有资料一并移交长勘院。2.该

土地上合建项目的基坑现有工程移交长勘院。此调解协议之前汇富长沙公司在该项目上的债务（包括基坑土方、土建、设计等款项）均由汇富长沙公司承担。3. 汇富长沙公司现在租用的长勘院办公用房内的空调、办公桌等办公家具全部折款冲减其所欠长勘院的部分房租、水电费。此外，汇富长沙公司另行赔偿长勘院 300 万元经济损失。4. 案件受理费 122910 元，财产保全费 10 万元，由汇富长沙公司负担。5. 汇富公司对上述协议中汇富长沙公司的义务承担连带责任。该调解书经双方签收发生法律效力后，长勘院申请执行，该土地于 1998 年 9 月从汇富长沙公司过户到长勘院名下。长勘院对该土地进行开发，修建了商品房对外出售，土地使用权已分摊到各住户的名下。

湖南省高级人民法院再审另查明，1995 年 3 月，汇富长沙公司在建设"金富大厦"项目过程中，以"金富大厦"项目的土地为长沙高新技术开发区金海股份有限公司海口公司长沙分公司（以下简称金海长沙公司）借中国银行长沙市分行 300 万元和 100 万元贷款的两份《借款合同》进行担保，并办理了抵押登记手续。由于金海长沙公司没有归还借款，中国银行长沙市分行向湖南省长沙市天心区人民法院提起诉讼。该院于 1997 年 12 月 22 日对两起借款合同纠纷案分别作出 (1997) 天经初字第 354 号和 367 号民事判决，判决认定抵押有效，由金海长沙公司偿还借款本金 400 万元及利息，长沙高新技术开发区金海股份有限公司海口公司负连带清偿责任；汇富长沙公司在抵押担保的范围内承担连带责任。各方当事人均未上诉，判决已发生法律效力。2000 年 6 月，该债权从中国银行长沙市分行剥离到东方资产公司长沙办事处。截至 2000 年 3 月 31 日，该债权本金为 400 万元，利息为 1964290.36 元。2004 年 12 月，东方资产公司长沙办事处以公开拍卖方式，将此债权转让给雄新公司，雄新公司提供成交拍卖确认书、支付拍卖价款凭证、本

息清单，表明其向拍卖行支付佣金 10.8 万元，以 360 万元成交价购买了 8901509.5 元的债权。

湖南省高级人民法院再审还查明，汇富公司于 1993 年初成立，主管部门为中国国民党革命委员会海南省委员会，注册资金 2000 万元，法定代表人唐安云。1997 年 5 月，该公司将法定代表人变更为唐安云之弟唐宇光。2003 年 11 月，汇富公司因未年检被海南省工商局吊销营业执照。汇富长沙公司的开办单位为汇富公司，其注册资金 500 万元没有到位，负责人唐安云，后变更为付晓华。2001 年 8 月，汇富长沙公司被长沙市工商局吊销营业执照。以上两公司的负责人因涉嫌诈骗犯罪，现均下落不明。

东方资产公司长沙办事处向湖南省高级人民法院提出异议称：1. 争议土地已对申诉人设立了抵押，申诉人有优先受偿的权利。本案的处理结果与申诉人有法律上的利害关系，法院应通知其参加诉讼；2. 调解书处理该土地损害了申诉人的利益。

雄新公司在受让了东方资产公司长沙办事处的债权后，向湖南省高级人民法院请求：1. 作为第三人参加本案诉讼；2. 判令长勘院赔偿因抵押权无法实现的损失 8901509.5 元。

湖南省高级人民法院再审认为，长勘院与汇富长沙公司在原审中达成调解协议，依约由汇富长沙公司将韶山路 81 号 7.928 亩土地使用权返还给长勘院。而在调解返还之前，汇富长沙公司已经以该土地为金海长沙公司的债务设置了抵押，且该抵押经湖南省长沙市天心区人民法院 (1997) 天经初字第 354 号和 367 号民事判决确认有效。现雄新公司受让了对金海长沙公司的债权，在本案中主张对该土地的抵押权。因抵押权是附着在物上的权利，随抵押物的转移而转移，抵押权人可在抵押物上行使优先受偿权。长勘院所接受汇富长沙公司返还的土地上已附着了汇富长沙公司所设置的抵押，并且，不因为抵押物的转让而影响抵押权的效力，故雄新公

司向长勘院行使追及权，符合法律规定，依法应予支持。由于长勘院已将土地进行了开发，修建了商品房对外出售，土地使用权已分摊到各住户的名下，变卖土地已不现实，长勘院应依法承担代替债务人清偿全部抵押债务的义务，使汇富长沙公司的抵押债务依法得以履行，并在清偿抵押债务后长勘院依法享有向汇富长沙公司追偿的权利。同时，长勘院与汇富长沙公司、汇富公司对双方合作建房合同纠纷所达成的调解协议，是当事人的真实意思表示，内容符合法律规定，该院予以确认。但因为该调解书对汇富长沙公司返还长勘院的土地所涉及的抵押债权未予处理，故依法在对返还土地的调解协议予以确认的同时，还应对土地上的抵押债权予以处理，才能依法公平保护土地上各方当事人的合法权益。依照《中华人民共和国民法通则》第八十九条（二）项及最高人民法院《关于贯彻执行〈中华人民共和国民法通则〉若干问题的意见（试行）》第一百一十二条、《中华人民共和国民事诉讼法》第一百八十条、第一百三十条之规定，经湖南省高级人民法院审判委员会讨论决定，判决：（一）维持湖南省高级人民法院（1997）湘民初字第7号民事调解书；（二）由长勘院代汇富长沙公司承担对雄新公司抵押债权的清偿责任。长勘院在清偿抵押债务后，可依法向汇富公司和汇富长沙公司追偿。

上诉人长勘院不服一审判决，向本院提起上诉称：1. 本案土地使用权转移本身不合法，其收回土地使用权是依法进行的；2. 一审判决本身存在矛盾，原调解书既然被维持，则其不应对第三人承担赔偿责任，且一审判决第二项不确定、不具体，无法履行。故请求撤销一审判决第二项。本院开庭审理前，长勘院向本院递交追加当事人申请书和补充上诉状，申请追加中国国民党革命委员会海南省委员会、中国建设银行海南省分行、海南从信会计师事务所和湖南高新实业股份有限公司为本案第三人，并请求判决对汇富公

司、汇富长沙公司、长沙高新技术开发区金海股份有限公司海口公司的法人人格予以否认，判决汇富公司、汇富长沙公司的债务由中国国民党革命委员会海南省委员会清偿，中国建设银行海南省分行、海南从信会计师事务所、湖南高新实业股份有限公司对汇富公司、汇富长沙公司的债务承担连带清偿责任。庭审中，长勘院另提出：本案系适用审判监督程序审理的案件，原审中并未涉及土地使用权抵押的内容，再审程序中追加雄新公司为第三人不当；其与雄新公司之间没有直接的法律关系，且雄新公司不属于有独立请求权第三人，其不应对雄新公司承担责任。被上诉人雄新公司答辩称：1. 本案土地使用权已设置合法抵押且被湖南省长沙市天心区人民法院的生效判决确认，长勘院受让土地使用权后，应依法承担土地使用权已抵押的担保责任；2. 一审判决明确、具体，无矛盾之处；3. 一审没有遗漏当事人，长勘院提出的追加当事人及相应的诉讼主张，不属于本案审理的范围。针对长勘院庭审中提出的主张，雄新公司答辩称：本案再审的原因是原审调解书侵害了作为抵押权人的雄新公司的利益，雄新公司加入再审程序中并无不当；原审调解书关于抵押物转移的约定是对抵押权人的直接侵害，土地使用权转移不能妨碍抵押权人的权利，故一审判决长勘院对雄新公司承担责任是正确的。

本院二审查明的事实与一审法院查明的事实相同。

本院认为，本案一审程序系湖南省高级人民法院基于审判监督程序提起，因此，本案的审理范围应当受原审审理范围的限制。由于原审调解协议达成前，雄新公司受让的抵押权已经湖南省长沙市天心区人民法院（1997）天经初字第354号和367号生效民事判决确认，基于抵押权的追及效力，抵押权人可以向抵押物的最终受让人追偿，故该项抵押权已经获得可以在执行程序中实现的法律依据。原审中，长勘院与汇富公司、汇富

长沙公司之间的合作建房合同纠纷并不涉及土地抵押权的内容。故一审判决在维持原审调解协议的同时，对抵押权作出处理，超出了原审的审理范围。

由于雄新公司是基于其申请，由一审法院通知参加诉讼，根据《中华人民共和国民事诉讼法》第五十六条的规定，其诉讼地位为无独立请求权第三人。一审判决判令一审原告长勘院向无独立请求权第三人雄新公司承担责任，违反了民事诉讼"不告不理"原则。

关于长勘院二审期间提出的"申请追加中国国民党革命委员会海南省委员会等为本案第三人、请求判决对汇富公司、汇富长沙公司、长沙高新技术开发区金海股份有限公司海口公司的法人人格予以否认，判决汇富公司、汇富长沙公司的债务由中国国民党革命委员会海南省委员会清偿，中国建设银行海南省分行、海南从信会计师事务所、湖南高新实业股份有限公司对汇富公司、汇富长

沙公司的债务承担连带清偿责任"的主张，亦超出了本案审理范围。

综上，本案原调解已生效数年，并非确有错误，应予维持。再审判决适用法律错误，应予撤销。依照《中华人民共和国民事诉讼法》第一百五十三条第一款第（二）项之规定，判决如下：

一、撤销湖南省高级人民法院（2004）湘高法民再字第148号民事判决；

二、维持湖南省高级人民法院（1997）湘民初字第7号民事调解。

二审案件受理费122910元，由湖南雄新建筑有限公司负担。

本判决为终审判决。

审　判　长　×××
审　判　员　×××
代理审判员　×××
二○○六年八月二十一日
书　记　员　×××

重庆台华房地产开发有限公司与重庆晨光实业发展（集团）有限责任公司、重庆晨光百货有限责任公司、重庆晨光大酒店有限责任公司房屋搬迁纠纷案

《最高人民法院公报》2006年第10期

【裁判摘要】

吊销企业法人营业执照是工商行政管理机关依据国家工商行政法规对违法企业法人作出的行政处罚。企业法人被吊销营业执照后应当依法进行清算，清算程序结束并办理工商注销登记后，该企业法人才归于消灭。判断企业法人资格存续与否，应当以工商行政管理机关是否注销其法人资格为标准，只要该企业尚未被注销，即使被吊销营业执照，仍具有法人资格，仍具有诉讼的权利能力和行为能力，有权以自己的名义进行诉讼活动。

中华人民共和国最高人民法院
民事裁定书

（2005）民一终字第57号

上诉人（原审原告）：重庆台华房地产开

发有限公司，住所地重庆市高新区石桥铺转盘红育坡。

法定代表人：吴胜刚，董事长。

委托代理人：董家维，重庆汇聚律师事务所律师。

被上诉人（原审被告）：重庆晨光实业发展（集团）有限责任公司，住所地重庆市沙坪坝区小新街33—37号。

法定代表人：李志刚，董事长。

委托代理人：白樯，重庆聚杰律师事务所律师。

被上诉人（原审被告）：重庆晨光百货有限责任公司，住所地重庆市高新区石桥铺红育坡。

法定代表人：贾志林，董事长。

委托代理人：白樯，重庆聚杰律师事务所律师。

被上诉人（原审被告）：重庆晨光大酒店有限责任公司，住所地重庆市高新区石桥铺渝州路1号。

法定代表人：贾志林，董事长。

委托代理人：白樯，重庆聚杰律师事务所律师。

上诉人重庆台华房地产开发有限公司（以下简称台华公司）与被上诉人重庆晨光实业发展（集团）有限责任公司（以下简称晨光集团）、重庆晨光百货有限责任公司（以下简称晨光百货）、重庆晨光大酒店有限责任公司（以下简称晨光酒店）房屋搬迁纠纷一案，重庆市高级人民法院于2005年3月24日作出（2003）年度渝高法民初字第12号民事裁定，上诉人台华公司不服该裁定，向本院提起上诉。本院依法组成合议庭，于2005年8月4日开庭审理了本案。上诉人台华公司的委托代理人董家维及被上诉人晨光集团、晨光百货、晨光酒店的委托代理人白樯到庭参加诉讼。本案现已审理终结。

一审法院经审理查明：1992年9月20日，重庆上桥实业总公司（以下简称上桥公司）、重庆市沙坪坝物资公司（以下简称物资公司）与台商鲍扬波签订《合资经营重庆台华房地产开发有限公司合同书》（以下简称《合营合同》），约定由上桥公司出资82万美元等值的人民币，占40%股份；物资公司出资20.5万美元等值的人民币，占10%股份；鲍扬波出资102.5万美元，占50%股份，共同兴办台华公司。合营期限10年，从领取营业执照之日起计算。董事会由三人组成，上桥公司、物资公司和鲍扬波三个股东各委派一名，董事长由鲍扬波委派，董事和董事长的任期为三年，经委派方继续委派可以连任。董事长是合营企业的法定代表人。《合营合同》签订后，由鲍扬波任台华公司董事长。同年10月22日，中华人民共和国工商行政管理局核发了台华公司的企业法人营业执照。

台华公司成立一段时间后，物资公司将其拥有台华公司的10%股份转让给上桥公司。1994年3月30日，鲍扬波与吴胜刚（台湾人）签订《股份转让合约书》，鲍扬波将其持有的台华公司50%的股份转让给吴胜刚，吴胜刚全权委托鲍扬波代为处理台华公司的一切事宜。1994年4月1日，台华公司董事会决定由吴胜刚担任董事长，同年6月14日，台华公司报经重庆市工商行政管理局（以下简称市工商局）变更该公司董事长暨法定代表人为吴胜刚。1996年7月23日，吴胜刚的全权代理人鲍扬波与重庆晨光实业发展有限公司（以下简称晨光实业）签订股份转让合同，约定吴胜刚将持有的台华公司50%的股份以1310万元的价款转让给晨光实业。晨光实业分别于同年7月24日、8月1日，付款800万元、410万元给鲍扬波。同年7月24日，上桥公司也与晨光实业签订《股份转让合同》，将其持有的台华公司50%的股份转让给晨光实业。

1996年7月24日，吴胜刚的全权代理人鲍扬波与上桥公司将台华公司开发的富豪商业广场现有整栋商业裙楼依现状移交晨光实业，同时移交的还有台华公司印章。之后，晨光实业于1996年12月变更为晨光集团，并将富豪商业广场更名为晨光大厦，然后开始对其投资，增加设施、设备和装饰、装修。1998 年 12 月 2 日，晨光集团以台华公司名义申领房屋所有权证，该证载明房屋用途为非住宅商场，建筑面积 15654.741d。晨光实业受让台华公司后未变更台华公司法定代表人。

1997 年，吴胜刚以原晨光实业（现晨光集团）未付股份转让金尾款 100 万元为由，向重庆市第一中级人民法院（以下简称市一中院）提起诉讼，请求判决股份转让无效，由吴胜刚回到台华公司继续担任董事长。市一中院于 1999 年 5 月 14 日作出（1997）渝一中经初字第 1055 号民事判决，认定吴胜刚不是台华公司 50% 股份的合法所有人，不具备向晨光实业（现晨光集团）转让股份的主体资格，也未履行法律规定的股份转让生效的要式法律行为，故双方股份转让无效，并认定导致转让无效的主要责任由吴胜刚承担。遂判决吴胜刚与晨光实业（现晨光集团）签订的股份转让合同无效，驳回吴胜刚的其他诉讼请求。

1999 年底，鲍扬波依《合营合同》仲裁条款的约定，向中国国际经济贸易仲裁委员会深圳分会申请仲裁，该会于 2001 年 4 月 25 日作出（2001）深国仲结字第 31 号裁决：物资公司与上桥公司之间、上桥公司与晨光实业（现晨光集团）之间的股权转让行为无效；责令晨光集团立即退出台华公司，归还台华公司经营管理权；台华公司董事长应按《合营合同》的约定由鲍扬波委派。因晨光集团未履行该仲裁裁决，2001 年 5 月 22 日，鲍扬波向市一中院申请强制执行。同年 6 月 4 日，晨光集团向市一中院提出不予执行仲裁裁决的申请。该院经审查作出（2001）渝一中民他执字第 247-1 号民事裁定书，裁定：对中国国际经济贸易仲裁委员会深圳分会（2001）深国仲结字第 31 号裁决第 2、3、5、7 项不予执行。

2001 年 7 月 19 日，晨光集团以吴胜刚为被告向市一中院提起诉讼，请求判令吴胜刚

返还已收取 1210 万元股份转让款及资金占用损失。2002 年 9 月 10 日，市一中院作出（2001）渝一中民初字第 437 号民事判决，支持了晨光集团的诉讼请求。现该判决已生效，但因吴胜刚为台湾人无法执行。

2001 年，晨光集团向市一中院提起诉讼，请求判令上桥公司返还股份转让款 1700 万元。胜诉后，晨光集团申请市一中院执行，因上桥公司无其他可供执行的财产，双方在市一中院的主持下自行达成和解协议，由上桥公司用其持有的台华公司 50% 的股份抵偿股份转让款。上桥公司并书面委托晨光集团行使其在台华公司股东会、董事会的权利，并有权以股东全权代表身份参与台华公司的决策。

2001 年 7 月，晨光集团向市一中院提起诉讼，请求判令台华公司返还投资款 31720045.53 元。同年 9 月 10 日，市一中院以缺席审理方式，作出（2001）渝一中民初字第 353 号民事判决，判令台华公司返还投资款 31720045.53 元。2001 年 9 月 10 日，晨光集团向市一中院提起诉讼，请求判令台华公司给付投入的资金利息 13993887.40 元。同年 12 月 7 日，市一中院亦以缺席审理方式，作出（2001）渝一中民初字第 550 号民事判决，判令台华公司给付晨光集团投资款利息 13993887.40 元。上述两份判决生效进入执行程序时，鲍扬波方知该两宗诉讼，并向市一中院及重庆市人民检察院（以下简称市检察院）申诉。市检察院受理后，提出（2002）渝检民抗字 11 号和 12 号民事抗诉，经重庆市高级人民法院指令，由市一中院再审。再审中，市一中院委托审计部门对晨光集团于 1996 年 7 月 24 日接收台华公司后，投入台华公司的资金（含代偿债务）进行审计，并委托重庆汇通资产评估有限责任公司（以下简称汇通评估公司）对晨光集团于 1996 年 7 月 24 日接收台华公司后，投入台华公司的资产进行评估。晨光集团向汇通评估公司提供的账册等评估资料含托管中心、晨光集团、

晨光百货、晨光酒店的相关资料。经评估，结论为：晨光公司于 1996 年 7 月 24 日至 2003 年 4 月 3 日投入晨光大厦的设备设施的评估值为 7044128.56 元，装饰装修评估值为 2417166.06 元，评估总值为 9461294.62 元。

2003 年 12 月 18 日，市一中院作出 (2002) 渝一中民再初字第 385 号民事判决，判令台华公司返还晨光集团投资款孳息 12750782 元，返还晨光集团代偿欠款 65 万元的孳息（该款从 1998 年 9 月 10 日起至付清止，按中国人民银行同期贷款利率计付）。同日，市一中院作出 (2002) 渝一中民再初字 386 号民事判决，判令台华公司返还晨光集团投资款 10210864.39 元，赔偿晨光集团对晨光大厦的添附物损失 8515165.10 元。上述两案均是吴胜刚以台华公司法定代表人的身份委托代理人董家维以台华公司的名义参加的诉讼。两案判决后，台华公司不服，向重庆市高级人民法院提起上诉，目前该案正在二审审理中。

一审法院同时查明：2001 年 2 月 5 日，重庆市外商投资企业联合年检办公室在《重庆晚报》上发布《2000 年度外商投资企业联合年检及换发营业执照、注册证公告》，要求在渝"三资"企业在同年 4 月 30 日前年检，逾期不参加年检将依法处理。同年 5 月 15 日，鲍扬波向市工商局提出变更董事长登记申请书，市工商局认为鲍扬波不是适格申请人，未予处理。同年 6 月 8 日，市工商局在《重庆商报》上发布《关于 2000 年度外商投资企业补办年检公告》，台华公司仍未申报年检。同年 8 月 30 日，市工商局在《重庆商报》上发布《关于吊销不依法参加 2000 年度企业年检的外商投资企业法人营业执照的听证公告》，台华公司未参加听证。同年 12 月 18 日，市工商局作出重工商外处字 (2001) 313 号《行政处罚决定书》，以台华公司未依法年检为由，决定吊销其法人营业执照。吴胜刚委托代理人董家维以台华公司名义不服该决定向重庆市人民政府申请复议。重庆市人民政府经复议审理认为：台华公司的法定代表人为吴胜刚，尽管台华公司原投资方鲍扬波与晨光集团之间的纠纷已经仲裁裁决，吴胜刚与晨光集团的纠纷也经法院判决，但工商登记仍为吴胜刚，吴胜刚仍为目前合法的法定代表人；在市工商局发布公告后，吴胜刚及台华公司均未向其提出年检的申请或意见，仅由鲍扬波提出变更董事长登记申请，但鲍扬波不是法定的申请人，在无董事会意见及法定代表人意见的情况下，市工商局无法作出变更董事长登记的决定，台华公司不能以内部经济纠纷为由拒绝年检。遂作出渝府复 (2002) 99 号《行政复议决定书》，决定维持重工商外处字 (2001) 313 号处罚决定。台华公司在收到该决定书后的法定期间内未向法院起诉，该决定书生效。

再查明：晨光实业是 1995 年 10 月由重庆市沙坪坝区投资公司出资 800 万元，重庆市沙坪坝区房地产开发总公司出资 400 万元组建成立的。1996 年 10 月，晨光实业出资 300 万元、重庆市沙坪坝投资公司出资 200 万元成立重庆晨光百货有限责任公司。1996 年 11 月 25 日，晨光实业出资 200 万元（固定资产），晨光百货出资 100 万元，成立重庆晨光大酒店有限责任公司。1996 年 12 月，由重庆市沙坪坝区投资公司出资 800 万元，台华公司出资 450 万元，重庆华业塑料制品有限公司出资 300 万元，晨光百货出资 300 万元，南充金诚有限公司出资 150 万元，组建了晨光集团，其注册资金 2000 万元。1997 年 1 月 3 日，台华公司与晨光酒店签订《房屋租赁合同》，约定将晨光大厦建筑面积 11000 ㎡ 的经营用房无偿租赁给晨光酒店使用二十年，即 1997 年 1 月起至 2017 年 1 月止。由于重庆市沙坪坝区投资公司属于金融"三乱"机构，1999 年 4 月至今，重庆市沙坪坝区人民政府区投资公司托管中心（以下简称托管中心）对重庆市沙坪坝区投资公司开办的晨光集团、晨光百货、台华公司、重庆渝东塑料厂等在内的所有企业的资产进行托管。

本案诉讼的启动是吴胜刚以台华公司法定代表人的身份委托代理人董家维进行的，本案诉状无台华公司印章，法定代表人的签名是董家维代签。

台华公司向一审法院提起诉讼，请求判令：晨光集团、晨光百货、晨光酒店立即从台华公司所有的位于重庆市高新区渝洲路1号的晨光大厦房屋搬迁、腾空返还台华公司；本案全部诉讼费用由晨光集团、晨光百货、晨光酒店负担。

晨光集团答辩认为，台华公司的起诉既没有事实依据，也没有法律依据，且起诉的主体不适格，请求依法驳回其诉讼请求。

晨光百货、晨光酒店答辩认为，其不存在占用台华公司房屋之事实，在整个事件中不存在任何过错，更不应承担所谓连带清偿责任。请求依法驳回台华公司的诉讼请求。

一审法院经审理认为，本案双方当事人争议的主要问题有：1. 吴胜刚能否代表台华公司行使诉权；2. 台华公司是否为本案适格原告。

1. 吴胜刚不能代表台华公司行使诉权。理由如下：（1997）渝一中经初字第1055号民事判决认定吴胜刚不是台华公司股东，并驳回了吴胜刚要求回到台华公司担任董事长的请求。1999年底，鲍扬波以吴胜刚被1055号生效判决确认不是台华公司的合法股东为由，申请仲裁请求确认其为台华公司的董事长。仲裁裁决：台华公司的董事长应按《合营合同》的约定由鲍扬波委派，鲍扬波收到裁决书后亦没有履行委派职责。按1992年9月20日上桥公司、物资公司及鲍扬波三方签订的《合营合同》约定，合营企业的董事会由三人组成，上桥公司、物资公司及鲍扬波三个股东各委派一人，董事长由鲍扬波委派，董事和董事长任期三年，经委派方继续委派可以连任，董事长是合营企业的法定代表人。也就是说吴胜刚从1994年4月1日起担任台华公司董事长到1997年4月2日任期已满，因此，台华公司从1997年4月2日起董事长

的位置是空缺的。吴胜刚既不是台华公司股东，亦不是合营企业的董事会成员，担任台华公司董事长的期限已满。按照《合营合同》的约定和《中华人民共和国中外合资经营企业法实施条例》的规定，不是董事长就不是合营企业的法定代表人。虽然现工商登记台华公司的法定代表人是吴胜刚，但就其实质吴胜刚已不是台华公司的法定代表人，故吴胜刚不能代表台华公司行使诉权。

2. 台华公司不是本案适格原告。理由如下：1995年10月，晨光实业由重庆市沙坪坝区投资公司出资开办，1996年7月，晨光实业通过受让方式取得了台华公司100%的股权。重庆市沙坪坝区投资公司属于金融"三乱"机构，1999年4月，晨光实业与台华公司同时被纳入清理、整顿范围，台华公司已无法继续经营，且吴胜刚以台华公司法定代表人身份委托代理人董家维以台华公司名义提起本案诉讼时，台华公司的合营期限已满。对于台华公司来说法定的和约定的解散原因已经出现，应按《中华人民共和国中外合资经营企业法实施条例》第九十一条、第九十三条的规定和《合营合同》的约定，成立清算委员会，清偿债权、债务。

综上，依照《中华人民共和国民事诉讼法》第一百四十条第一款第（三）项之规定，裁定：驳回台华公司的起诉。案件受理费50元，由台华公司负担。

台华公司不服一审裁定，向本院提起上诉，请求撤销一审裁定，判决支持其一审的起诉请求，或者指令异地法院对本案进行审理。其理由主要为：台华公司的营业执照被吊销后，因公司对外没有债务，故公司股东没有、暂时也不愿组织清算组进行公司的清算，且均以明示或者默示的方式认可相关的诉讼行为。台华公司具备原告的诉讼主体资格，吴胜刚可以代表或者委托代理人代表台华公司进行诉讼。根据相关法律的立法精神，吊销是引起注销的事由之一，但不等于注销，台华公司的法人资格并未消灭，吊销营业执

照后的企业仍可以以自己的名义通过诉讼方式清理债权债务。从工商登记看，台华公司的法定代表人为吴胜刚，吴胜刚仍可以履行台华公司法定代表人的职责。吴胜刚代表台华公司进行诉讼，没有也不会侵害台华公司及其股东的权益。此外，现行公司法的规定中，公司解散的情形不包括公司被吊销营业执照。吴胜刚特别委托代理人代表台华公司进行诉讼是真实合法的。在没有公司印章的情况下，吴胜刚只能以签字方式委托代理人进行诉讼，相关的委托手续已经"公证""认证"。因此，台华公司的诉讼请求有事实及法律依据，一审法院应当作出实体判决。

晨光集团、晨光百货及晨光酒店答辩认为，一审裁定认定事实清楚，适用法律正确，请求驳回上诉，维持原裁定。

本院二审查明：董家维参加诉讼的授权委托书系吴胜刚本人亲自签字认可，其诉讼授权为特别授权。本案一审的起诉状及二审的上诉状为董家维书写，其中吴胜刚的签字为董家维代签。本院在二审庭审期间就此问题如何处理征求双方当事人的意见。晨光集团、晨光百货及晨光酒店表示不再对台华公司委托代理人委托授权的真实性问题持有异议。另，双方当事人均在二审期间当庭认可台华公司的公章现由晨光集团持有的事实。

本院二审查明的其他事实与一审法院查明的事实基本相同。

本院认为，本案的争议主要涉及两个问题：（一）台华公司是否具备本案原告的诉讼主体资格；（二）吴胜刚是否有权代表台华公司行使诉讼权利。

（一）台华公司是否具备本案原告的诉讼主体资格。台华公司系于 1992 年 10 月 22 日依法注册成立的企业法人，当时台华公司的董事长即法定代表人为鲍扬波。后台华公司于 1994 年 6 月 14 日将董事长变更为吴胜刚至今。2001 年 12 月 18 日，市工商局以台华公司未依法进行年检为由，吊销台华公司的企业法人营业执照，但并未注销台华公司。台

华公司作为一个独立的企业法人，其法人资格存续与否应以工商行政管理机关是否已经注销其法人资格为标准。尽管按照《合营合同》的约定，台华公司的合营期限已满，但只要其未被注销就不能否定其仍具有法人资格。吊销企业法人营业执照是工商行政管理机关依据国家工商行政法规对违法的企业法人作出的一种行政处罚。企业法人被吊销营业执照后，应当依法进行清算，清算程序结束并办理工商注销登记后，该企业法人才归于消灭。企业法人被吊销营业执照至其被注销登记前，该企业法人仍应视为存续，可以自己的名义进行诉讼活动。故台华公司在被吊销营业执照后，仍然具有诉讼的权利能力和行为能力，有权以自己的名义提起民事诉讼。台华公司没有成立清算组织，不应成为限制其参与民事诉讼的理由。一审裁定认为台华公司不具备原告的诉讼主体资格，适用法律错误。

（二）吴胜刚是否有权代表台华公司行使诉讼权利。按照台华公司在工商行政管理部门的注册登记，吴胜刚至今仍然是台华公司的法定代表人，在台华公司没有成立清算组织的情况下，吴胜刚可以行使台华公司法定代表人的职权。即使按照仲裁裁决的内容，鲍扬波也没有按照《合营合同》另行委派法定代表人。在双方当事人均认可台华公司公章被晨光集团持有的情况下，只要吴胜刚作为法定代表人以台华公司名义行使诉权的意思真实，且符合法律规定，吴胜刚即可以台华公司的名义行使诉权。因此，一审裁定认为吴胜刚不能代表台华公司提起诉讼的理由是错误的。此外，吴胜刚虽然没有直接参加诉讼，但其已委托诉讼代理人代其行使诉讼权利，且委托手续的真实性已得到对方当事人的认可，故本案亦不存在台华公司起诉的障碍。

综上，一审裁定驳回台华公司的起诉，适用法律错误，应予纠正。依据《中华人民共和国民事诉讼法》第一百零八条、第一百

五十四条和最高人民法院《关于适用〈中华人民共和国民事诉讼法〉若干问题的意见》第 187 条之规定，裁定如下：

一、撤销重庆市高级人民法院（2003）年度渝高法民初字第 12 号民事裁定；

二、本案由重庆市高级人民法院进行审理。

审 判 长 ×××
代理审判员 ×××
代理审判员 ×××
二○○五年九月二十日
书 记 员 ×××

北京新中实经济发展有限责任公司、海南中实（集团）有限公司与华润置地（北京）股份有限公司房地产项目权益纠纷案

《最高人民法院公报》2006 年第 08 期

【裁判摘要】

根据最高人民法院《关于民事诉讼证据的若干规定》的规定，一审诉讼中，当事人主张的法律关系的性质或民事行为的效力与法院根据案件事实作出的认定不一致的，法院应当告知当事人可以变更诉讼请求；当事人坚持不变更诉讼请求的，法院应当驳回其起诉，而不应作出实体判决；法院径行对当事人未予主张的法律关系作出裁判，既是代替当事人行使起诉权利，又剥夺了对方当事人的抗辩权利，构成程序违法。

中华人民共和国最高人民法院
民事裁定书

（2004）民一终字第 107 号

上诉人（原审被告）：北京新中实经济发展有限责任公司，住所地北京市宣武区宣武门东大街 24 号越秀饭店南楼三层东区。

法定代表人：王天怡，该公司董事长。

委托代理人：张玮，该公司法律顾问。

委托代理人：党继军，北京市大都律师事务所律师。

上诉人（原审被告）：海南中实（集团）有限公司，住所地海南省海口市滨海大道南洋大厦 11 层。

法定代表人：王天怡，该公司董事长。

委托代理人：张玮，该公司法律顾问。

委托代理人：党继军，北京市大都律师事务所律师。

被上诉人（原审原告）：华润置地（北京）股份有限公司，住所地北京市西城区西直门内大街 118 号冠华大厦 11—14 层。

法定代表人：工印，该公司董事长。

委托代理人：付朝晖，北京市颐合律师事务所律师。

委托代理人：呼爱军，北京市颐合律师事务所律师。

上诉人北京新中实经济发展有限责任公司（以下简称新中实公司）和上诉人海南中实（集团）有限公司（以下简称海南中实公司）与被上诉人华润置地（北京）股份有限公司（以下简称华润公司）房地产项目权益纠纷一案，北京市高级人民法院于 2004 年 8 月 6 日作出（2003）高民初字第 715 号民事判

决。新中实公司和海南中实公司对该判决不服，向本院提起上诉。本院依法组成合议庭于2005年3月1日、3月4日开庭审理了本案，新中实公司和海南中实公司的委托代理人张玮、党继军，华润公司的委托代理人付朝晖、呼爱军到庭参加诉讼。本案现已审理终结。

经审查，2003年8月7日，华润公司向一审法院起诉称，1992年6月25日，海南中实企业有限公司（海南中实公司前身）与北京市西城区华远建设开发公司（华润公司前身，以下简称华远公司）签订合作开发北京市西城区阜外大街危改区房地产项目协议约定，华远公司负责项目三通一平及工程建设的各种手续，分得房屋售后利润的20%，海南中实公司负责资金安排，分得利润的80%。同年9月19日，双方签订补充协议，进一步明确分工，约定华润公司利润扩大到25%。1993年2月8日，双方签订危改公建工程补充合同，约定将补充协议中的利润分成改为一次性包死，由海南中实公司支付5000万元并交付5000平方米的房产。华远公司出具委托书，全权委托海南中实公司开发项目。1994年10月20日，新中实公司承诺代为履行上述协议项下应由海南中实公司履行的全部义务。1995年12月26日，华远公司与新中实公司签订了双方分配股利和利润的补充协议，将原约定交付5000平方米房屋改为支付现金方式。新中实公司于1996年8月9日及1997年1月27日分别支付了1000万元利润和200万元逾期付款的利息后，未再付款。故要求新中实公司支付项目转让费9000万元、违约金4579万元（截止到2003年7月9日止）并承担诉讼费用。

新中实公司和海南中实公司辩称，华润公司提出支付项目转让费9000万元及违约金的要求，缺乏事实及法律依据，不应得到保护和支持，请求依法驳回华润公司的诉讼请求。

一审法院经审理查明：1992年5月，北京市西城区计划经济委员会、北京市西城区城市建设管理委员会对华远公司关于阜外大街危旧房改造可行性研究报告批复，同意华远公司对阜外大街破旧危房进行改造；总占地约8.3公顷、代征地6公顷、规划用地2.3公顷；小区危房改造按照北京市建设总体规划要求，以商业办公及相应配套设施建设为主，拆除危旧房面积52042平方米，新建房屋面积15万平方米；总投资7.0838亿元，其中拆迁费3.3560亿元、建设费3.7278亿元，建设资金通过房改和房地产开发筹措，做到资金平衡并有节余；要求据此同有关部门进行拨地、拆迁、规划设计等前期准备工作。同年5月，华远公司取得了北京市城市规划管理局同意对北京市西城区阜外大街进行危房改造（建筑面积待定）的规划设计条件通知书。

1992年6月25日，华远公司与海南中实公司签订合作开发北京市西城区阜外大街危改项目协议书约定，合作开发危改区地上面积4.79万平方米，地下面积1万平方米，占地约2万平方米（含市政分摊部分）；总投资3.0309亿元，单方造价5229元/平方米，其中三通一平以前的总投资1.7558亿元，预计工程建设投资1.1591亿元，四源费、电贴等1160万元；预计全部外售后回收资金4.64亿元（单方售价8000元/平方米），总利润为1.6091亿元；华远公司负责办理项目三通一平前的所有手续及拆迁安置工作，如立项、拨地、拆迁等；负责工程建设期内的各种手续；协助海南中实公司组织设计、施工监理、组织竣工验收；提供前期的工作计划、拆迁进度、使用资金计划等，海南中实公司根据计划安排资金，及时支付各类款项，按房屋售后利润的20%（扣除前期费用）一次性付给华远公司；海南中实公司得80%，其中包括协助海南中实公司组织资金和销售的香港大通有限公司应获的20%的利润；双方组成联合办公室，对外以华远公司名义开发组织资金，对内为华远公司的一个业务部等。同年9月，华远公司取得了北京市城市规划管理局颁发的项目建设用地规划许可证，确认阜外大街危改项目用地面积约7.3公顷。

1992年9月19日，华远公司与海南中实公司签订补充协议约定，海南中实公司组织全部资金，双方按华远公司25％和海南中实公司75％利润分成；组成指挥部，华远公司负责立项、规划批文、报建、办理土地使用批文、开工证等手续和组织拆迁；海南中实公司负责资金、设计、施工、装修等；双方成立合资公司；本协议签订后，华远公司提供给海南中实公司红线图批文、土地证等全部正式、合法、有效批准文件复印件，待海南中实公司支付第一笔拆迁费4000万元，华远公司用该款所购房屋合同或土地证进行抵押，待合资公司成立后，由海南中实公司转给合资公司，同时华远公司将全部批文正本提供给海南中实公司，以后转给合资公司；在搬迁费中扣除前期工作中的海南中实公司支付的1180万元前期费用；工程分：一期6万平方米定名为富豪公寓，二期为该公寓东侧，三期为该公寓西侧；本协议与1992年6月25日协议有抵触以补充协议为准；海南中实公司支付定金50万元等。同年12月，北京市城市规划管理局下发审定设计方案通知书，确定危改小区占地面积7.3公顷，其中规划用地4.17公顷，规划建筑性质为商业办公、写字楼。

1993年2月8日，华远公司与海南中实公司签订危改区公建工程补充合同，就合作开发事宜双方约定：合作开发项目总用地约8.3公顷，其中代征地约6公顷，规划用地2.3公顷左右，规划审定总面积为20万平方米左右（含地下）；该项目要求建成现代化地区级综合业务用房、大型公建配套、商住、公寓及市区干道，并配置7条大市政管线；合作方式：（一）资金投入，项目全部投资由海南中实公司负责筹措；（二）利润分成，双方将1992年9月19日签订的合作协议25％和75％分成修改为，华远公司分成利润一次

性包死，在保证华远公司提供规划批准图上面积情况下，海南中实公司向华远公司支付5000万元及交付该项目中5000平方米商业及办公用房，其余利润统归海南中实公司所有；华远公司除提供项目已获批准规划方案及各种批件.办理手续外，委托海南中实公司全权开发项目及对外销售；海南中实公司负责项目规划审定方案批准后的全部工程前期工作、项目红线内拆迁安置和平地及项目的建设、商品房销售经营；华远公司在上述合作条件下，同意海南中实公司对该项目进行具体操作和实施；在一期工程开工后，销售部分的60％—80％海南中实公司向华远公司支付2500万元，二期工程竣工后再支付2500万元；一期工程竣工后交付5000平方米面积用房作为利润；土地使用权出让和土地使用费缴纳，在华远公司协助下由海南中实公司承担。双方1992年9月19日合作合同与本协议冲突部分，以本协议为准等。

1993年2月，北京市经济体制改革办公室批准成立北京华远房地产股份有限公司（以下简称华远股份公司），该公司总资本为25000万元，其中法人股为22500万元，华远公司在其中占国有法人股8703万元。1993年6月，华远公司注销工商登记。2001年12月，华远股份公司变更名称为华润公司。

1993年9月23日，北京市城市规划管理局复函新中实公司，同意新中实公司提前施工，按设计方案先行土方工程。同年10月20日，华远股份公司与新中实公司共同向北京市西城区计划经济委员会提出立项更名申请称，双方共同承接的危改项目已经开始动迁，土地有偿出让手续正在办理，外销工作正全面展开。为便于新中实公司外销内销和回迁手续的办理，申请在不改变新中实公司与华远股份公司原有合作条件和利润分成的前提下，准许以新中实公司名义办理计委立项更名手续。同年11月6日，北京市西城区计划经济委员会、北京市西城区建设管理委员会批复华远股份公司和新中实公司，同意项目

立项单位变更为新中实公司，危改任务仍按原定规划计划和改造要求由上述两单位合作承担。同年 11 月 11 日，北京市城市规划管理局批文通知，同意以（92）市建地字 136 号（即建设用地规划许可证）批准华远公司开发的 7.3 公顷用地，变更为新中实公司使用。同年 11 月 27 日，新中实公司取得了北京市西城区阜成门大街现状路北侧的国有土地使用权证。

1994 年 10 月 20 日，新中实公司致函华远股份公司称：新中实公司是海南中实公司的全资子公司，海南中实公司与华远公司签署的合作开发协议，由新中实公司代海南中实公司履行。

1994 年 11 月 7 日，华远股份公司与海南中实公司签订 137 号补充协议约定，双方原 1993 年 2 月 8 日合同书约定的海南中实公司应于 1994 年底支付华远公司 5000 万元，双方同意该 5000 万元作为海南中实公司向华远股份公司的股东贷款，借款自 1994 年 12 月 31 日起，月息 12‰。当日，华远股份公司与海南中实公司签订关于 137 号补充协议的内部协议约定，双方签订的 137 号补充协议，只是海南中实公司配合华远股份公司对外融资需要，对海南中实公司没有任何法律约束力。对该内部补充协议，华润公司在庭审质证中表示不予认可。

1995 年 12 月 26 日，华远股份公司与新中实公司签订 184 号关于应分配股利房和利润的补充协议约定，阜外大街首期建筑已进行 60% 以上面积的销售工作，应向华远股份公司交付 2500 万元利润，该 2500 万元于 1995 年 12 月 31 日前实际支付给华远股份公司，同时华远股份公司将 2500 万元借给新中实公司作为周转金，期限半年，于 1996 年 6 月 30 日归还，贷款协议双方另签；原约定交付 5000 平方米用房，改为以现金方式于 1995 年 12 月 31 日前向华远股份公司支付，每平方米 1 万元，合计支付 5000 万元。该 5000 万元作为新中实公司贷款，期限 11 个月，于

1996 年 11 月 30 日前归还，贷款协议另行签订；二期工程竣工后应支付的 2500 万元，仍按原协议执行。同时，新中实公司与华远股份公司就上述协议内容签订了两份借款合同约定，新中实公司 2500 万元借款，于 1996 年 7 月 31 日（7 个月借期）一次还本付息；5000 万元，于 1996 年 12 月 30 日（12 个月借期）一次还本付息，月息 12.06‰，逾期计复利，本金按月加收 10% 罚息。

1996 年 12 月 20 日，华远股份公司与新中实公司签订危改工程利润分配第二补充协议约定，新中实公司同意提前支付华远股份公司利润，在新中实公司支付华远股份公司利润后，华远股份公司同意放弃全部项目权益。双方经协商对 6 月 25 日协议、2 月 8 日协议、12 月 26 日协议内容进行修改：将原合同中二期工程竣工后应支付给华远公司的 2500 万元利润仍按原协议执行，改为 2500 万元利润提前到 1996 年 12 月 31 日前支付华远股份公司；除本协议修改内容外，原协议其他内容不变。在新中实公司全部支付利润后，华远股份公司放弃原协议中项目所有权益（提供的贷款除外），但仍承担协助完成项目的未尽事宜。同年 12 月 20 日和 12 月 28 日，华远股份公司与新中实公司分别签订借款合同约定，新中实公司向华远股份公司分别借款 2500 万元和 6500 万元，并分别于 1997 年 12 月 28 日和 1997 年 6 月 30 日偿还本息。

1997 年 3 月 13 日，新中实公司向华远股份公司出具确认书，主要内容为：根据 1995 年 12 月签署的合同，新中实公司应在 1997 年 1 月向华远股份公司支付 777 万元利息，由于资金紧张，不能按期如数支付，于 1997 年 1 月支付了 200 万元，尚欠 577 万元，新中实公司承诺上述欠款于 1997 年 6 月 30 日前支付。

2001 年 3 月 20 日，华远股份公司与新中实公司对阜外项目应付款及利息签订协议约定，新中实公司 2001 年 3 月 30 日前支付 50 万元；在新中实公司与中行北京分行、建行

西四支行诉讼完成前，华远股份公司不向新中实公司提出还款要求；项目二期竣工时，支付全部尾款；新中实公司同意将国宾饭店1万平方米办公楼抵押给华远股份公司。

根据双方签订的上述合作协议、补充协议约定和双方的共同申请，新中实公司陆续取得了项目的土地使用权证和建设手续，并变更了房地产项目立项人为新中实公司，对危改项目进行了开发建设。一期工程包括道路改造及公寓、酒店，项目建设在1994年开工，现该部分项目已基本完成，新中实公司称由于项目投入资金较大，且全部工程还没有完成，向银行还贷尚在进行，没有对项目进行结算，还未取得利润收益，至今二期工程没有开工建设。在此期间，在华远股份公司的催促下，新中实公司在1996年和1997年支付给华远股份公司共1000万元，双方约定的其他应付款（借款）新中实公司未向华远股份公司支付。

一审庭审中，华润公司承认，其在1993年取得立项和规划用地许可证后，未对项目进行投资和办理建设用地的征地手续，也没有取得土地使用证。关于双方约定的组建项目公司和抵押财产等事项，双方没有落实办理。

一审期间，一审法院通知海南中实公司参加诉讼。海南中实公司表示，海南中实公司最初与华远公司就北京市西城区阜外大街危改项目所签的一系列协议，海南中实公司均未实际履行，合同的全部权利义务均转由其所属的全资子公司新中实公司履行。海南中实公司认可并同意新中实公司替代协议中海南中实公司的合同主体地位并承担相应的权利义务。华润公司和新中实公司对此均表示认同。

一审法院另查明，华润公司的前身为华远公司。新中实公司是海南中实公司的全资子公司，负责北京项目的开发建设。海南中实企业有限公司于1997年12月变更名称为海南中实公司。

一审法院经审理认为，房地产的开发经营和转让应当依法进行。华润公司与海南中实公司为合作开发危改项目于1992年6月和9月签订了合作开发协议及补充协议，两份协议均是以华润公司负责立项并提供相应的建设用地手续，海南中实公司负责建设资金及建设施工，双方按照约定的比例分配利润等为主要内容，协议体现了双方真实意思，不违背法律。由此，可确认上述两份协议具有合作开发房地产项目的性质，属有效合同。在此基础上，双方于1993年2月8日签订补充协议，对1992年9月签订协议中华润公司利润分成部分进行修改，变为华润公司的利润分成一次性包死，但双方合作开发的性质并无改变。双方签订的该份协议仍是以合作开发为基础，具有合作的性质，双方在向政府申报立项的文件中明确，不改变原有合作条件和利润分成，准许以新中实公司的名义办理立项更名手续。政府在批准变更立项单位为新中实公司的同时，要求危改任务仍由华润公司和新中实公司合作承担。故应确认为在不改变合作关系的前提下，双方同意将项目交新中实公司开发建设，新中实公司因此取得了项目的开发建设手续，成为项目所有人也实际进行了建设。根据上述查明的事实和证据，新中实公司取得危改项目开发建设权完全是基于双方的合作关系，并非华润公司的项目权的转让。华润公司主张项目转让缺乏依据，不予确认。

1993年2月8日，双方签订补充协议，约定华润公司将在合作项目中享有的利润分成一次性包死，由海南中实公司给付华润公司，应视为华润公司对双方合作项目中自己应获权益的转让，新中实公司和海南中实公司多次通过不同形式对华润公司应取得收益，向华润公司付款予以确认并承诺给付，但至今未向华润公司全部兑现，违背了诚信原则。故对华润公司要求新中实公司给付转让款9000万元的诉讼请求，予以支持。因海南中实公司是双方合作协议及补充协议的签约主体，其将合同权利义务转由其所属的新中实公司享有和履行，属企业内部行为，华润公司并无异议，现项目虽由新中实公司取得但不能免除海南中实公司的合同责任。因此，海南中实公司应与新中实公司共同对华润公司承担给付责任。

考虑到双方对房地产项目进行合作开发，运作得不够规范，鉴于双方对华润公司所获利益的形式和条件多次进行变化，对造成现在的纠纷均有一定责任，根据本案实际情况，对新中实公司和海南中实公司未付款的行为不宜按违约处理。对华润公司要求支付违约金的请求，不予支持。综上，依照《中华人民共和国民法通则》第八十八条第一款、第一百零六条第一款的规定，判决：（一）新中实公司和海南中实公司于判决生效后三十日内给付华润公司 9000 万元；（二）驳回华润公司的其他诉讼请求。案件受理费 688960元，由华润公司负担 238960 元，由新中实公司和海南中实公司负担 45 万元。

新中实公司和海南中实公司不服一审判决，向本院提起上诉，请求撤销一审判决，驳回华润公司的全部诉讼请求，由华润公司承担诉讼费用。主要理由：1. 华润公司主张双方为项目转让关系，一审法院根据已查明的事实，认为双方之间没有项目转让关系而是合作开发关系，在华润公司经释明坚持不变更诉讼请求的情况下，应驳回其诉讼请求。一审法院在对合作开发未予审理的情形下，擅自将项目转让纠纷变更为合作开发并迳行判决由新中实公司承担付款责任，属未诉而判，违反了民事诉讼法中不告不理的基本原则，剥夺了新中实公司和海南中实公司的抗辩权利。2. 海南中实公司没有实际履行合同，华润公司亦没有向海南中实公司提出任何权利主张，新中实公司替代海南中实公司属合同主体变更，因此，海南中实公司不应列为原审被告，亦不应承担共同付款责任。3. 华润公司提供的其前身为华远公司的证明材料不能证明其合法的原审原告主体身份。4. 本

案已超过诉讼时效。5. 华润公司的行为属倒卖批文，双方 1993 年 2 月 28 日的补充协议违反了国务院关于房地产公司不得转手倒卖、不得转让商品房建设计划的行政法规的强制性规定，应认定无效。所谓项目转让款亦属非法利润，不应支持。

华润公司答辩称，一审判决认定事实清楚，适用法律正确，应予维持。主要理由：1. 华润公司提起诉讼的依据是双方之间自愿签署若干份协议书的法律事实，非项目转让的法律关系。一审法院围绕华润公司的起诉依据进行审理，双方进行了充分的举证、质证及法庭辩论，不存在剥夺新中实公司抗辩权利的情形。2. 华润公司起诉时确定的案由为房地产项目转让纠纷，一审法院通过对证据的审查，将本案案由进一步确定为房地产项目权益（转让）纠纷，并无不当。法院在结案时有权也应当依据法庭查明的当事人之间实际存在的法律关系确定案由。3. 一审法院依职权追加海南中实公司为原审被告并进行了告知，新中实公司对此当庭表示认可。4. 华润公司不仅提交了关于主体资格的相应证据，且双方签署的若干有延续性的协议亦表明新中实公司及海南中实公司对华润公司的名称变更及主体身份是认可的。5. 双方就转让款的数额及支付事宜一直在进行磋商，本案债权未超过诉讼时效。6. 本案协议性质为合作开发房地产项目，是双方在平等自愿基础上的真实意思表示，且不违反当时的法律规定，属有效协议。华润公司已依约履行了义务，对项目进行投资和缴纳土地出让金属新中实公司的合同义务。7. 新中实公司引用的"倒卖批文"的两个规定，因不能用来调整民事法律行为及不属于法律和行政法规而不能适用于本案。

本院二审查明：一审庭审结束后，一审法院经审理认为华润公司诉请主张的"房地产项目转让关系"不成立，遂向华润公司行使释明权，告知其变更诉讼请求。华润公司坚持不予变更。

本院二审查明的其他事实与一审法院查明的事实基本相同。

本院认为，一审期间，华润公司在起诉状、庭审陈述及所附证据材料中，均明确表示其主张项目转让款的依据为双方之间存在房地产项目转让的法律关系。一审法院基于审理查明的事实认为，华润公司诉请主张的"项目转让关系"不能成立，遂于庭审结束后至一审判决前，多次向华润公司行使释明权，告知其变更诉讼请求，否则自行承担诉讼风险，但华润公司拒绝对诉讼请求予以变更。

根据最高人民法院《关于民事诉讼证据的若干规定》的规定，一审诉讼过程中，当事人主张的法律关系的性质或民事行为的效力与一审法院根据案件事实作出的认定不一致，一审法院应当告知当事人可以变更诉讼请求。本案中，经一审法院告知后，华润公司仍未变更诉讼请求，由于华润公司主张的法律关系性质与一审法院根据案件事实认定的不一致，一审法院不应作出实体判决，而应驳回华润公司的起诉。一审法院在华润公司经释明仍未变更诉讼请求的情形下，径行对华润公司未予主张的法律关系予以裁判，既替行了华润公司的起诉权利，又剥夺了新中实公司和海南中实公司的抗辩权利，违反了人民法院审理民事案件的法定程序。

综上，一审判决违反法定程序，应予纠正。根据《中华人民共和国民事诉讼法》第一百零八条第（一）项、第（三）项，最高人民法院《关于适用〈中华人民共和国民事诉讼法〉若干问题的意见》第 186 条及最高人民法院《关于民事诉讼证据的若干规定》第三十五条之规定，裁定如下：

一、撤销北京市高级人民法院（2003）高民初字第 715 号民事判决；

二、驳回华润置地（北京）股份有限公司的起诉。

一审、二审案件受理费各 50 元，均由华润置地（北京）股份有限公司负担。

本裁定为终审裁定。

审　判　长　×××
代理审判员　×××
代理审判员　×××
二〇〇五年九月十二日
书　记　员　×××

李明柏诉南京金陵置业发展有限公司
商品房预售合同纠纷案

《最高人民法院公报》2016 年第 12 期

【裁判摘要】

一、对于政府机关及其他职能部门出具的证明材料，人民法院应当对其真实性、合法性以及与待证事实的关联性进行判断，如上述证据不能反映案件的客观真实情况，则不能作为人民法院认定案件事实的根据。

二、因出卖人所售房屋存在质量问题，致购房人无法对房屋正常使用、收益，双方当事人对由此造成的实际损失如何计算未作明确约定的，人民法院可以房屋同期租金作为标准计算购房人的实际损失。

原告：李明柏。

被告：南京金陵置业发展有限公司。

法定代表人：赵裕源，该公司董事长。

原告李明柏因与被告南京金陵置业发展有限公司（以下简称金陵置业公司）发生商

品房预售纠纷，向江苏省南京市江宁区人民法院提起诉讼。

原告李明柏诉称：2007年6月7日，其与被告金陵置业公司签订商品房买卖契约，约定由其购买金陵置业公司开发的位于南京市江宁区将军大道8号美仕别墅辣椒街区58幢01室房屋，因该房屋存在质量问题，其诉至法院要求金陵置业公司赔偿损失，但当时仅主张了2010年4月20日前的租金损失，现再次诉至法院，要求金陵置业公司赔偿其损失357000元（自2010年4月21日至2011年9月21日止，按21000元/月计算），并赔偿其向物业公司支付的2008年7月至2011年9月21日期间发生的所有费用29638元。

被告金陵置业公司辩称：原告李明柏主张租金损失计算到2011年9月21日没有依据，其对李明柏房屋加固后，李明柏不配合其进行检测，导致检测报告出具迟延，从检测结果来看，其完成加固后房屋完全可以使用，且即使租金损失继续存在，也应当以前一判决确定的租金标准为依据；本案与物业公司向李明柏主张物业管理费用不属于同一合同关系，且该房屋不具备安全居住条件并不表示李明柏不需要支付物业管理费用，该诉讼请求应当驳回。

南京市江宁区人民法院一审查明：

2007年6月7日，原告李明柏（乙方）与被告金陵置业公司（甲方）签订《美仕别墅》商品房买卖契约，约定：乙方向甲方购买位于江宁区将军大道8号美仕别墅辣椒街区58幢01室房屋，建筑面积276平方米，同年6月24日，金陵置业公司向李明柏交付了房屋（实际建筑面积为280.22平方米）。2008年，李明柏向金陵置业公司报告该房屋存在质量问题。2010年3月18日，锋固建筑公司针对该房屋出具了结构加固设计图、工程报价单，并于2010年3月29日进场施工，施工期为8天。施工结束后，双方仍存在争议，李明柏诉至法院，要求金陵置业公司对房屋楼板进行修复以达到安全使用的合格标

准并赔偿损失50万元。该案审理中，李明柏与金陵置业公司进行协商，双方约定对房屋加固后的楼板是否达到安全使用的合格标准进行鉴定；鉴定机构为南京建研建设工程鉴定有限公司（以下简称建研鉴定公司）；双方均不得以不是法院委托鉴定推翻鉴定结论。此后，由金陵置业公司委托建研公司进行了鉴定，2011年3月28日，建研鉴定公司作出（2011）建鉴字第5144号鉴定报告，结论为：该建筑一层客厅楼面板承载力满足相关规范要求。另外，就租金标准，一审法院曾向南京市江宁区物价局价格认证中心咨询，2010年，与本案讼争房屋同地段同类型的精装修房屋（建筑面积为240平方米－250平方米）月租金价格为7000元至8000元，毛坯房的租金价格为2000元（建筑面积为280.22平方米）。2007年至2010年，房屋租金上涨的幅度为8%－10%。法院对该案审理后认为，金陵置业公司交付的房屋存在质量问题，致使李明柏不能居住使用该房屋，故金陵置业公司应当赔偿因此给李明柏造成的租金损失，该损失应当截止李明柏知道房屋可以安全居住为止，故判决支持了李明柏就该房屋在2010年4月之前的租金损失（自2008年7月起算，扣除2008年12月至2009年3月装修期）。

现原告李明柏再次起诉，请求法院判令被告金陵置业公司支付2010年4月21日至2011年9月21日的租金损失及其他费用。审理中，关于租金损失计算的截止时间，金陵置业公司未举证证明其向李明柏寄送（2011）建鉴字第5144号鉴定报告的情况，从前一案件的审理情况来看，双方曾于2011年7月22日对该鉴定报告进行质证，李明柏认为在2011年7月22日之后还应当给其合理的准备时间，故其可主张租金损失至2011年9月21日；对于租金标准，李明柏提供租赁协议、租金发票等证据，证明2011年10月起，其房屋出租的月租金为21000元，金陵置业公司则认为租金标准应当按照法院询价结果确

定。此外，李明柏还向金陵置业公司主张其支付的物业服务费20522.46元以及逾期付款违约金、诉讼费等共计29638元，金陵置业公司认为该部分损失与本案无关，该费用亦不属于其应当承担的经济损失。

南京市江宁区人民法院一审认为：

原告李明柏与被告金陵置业公司签订的商品房买卖合同合法有效。金陵置业公司交付的房屋存在质量问题导致李明柏不能居住使用，故李明柏有权向金陵置业公司主张由此给其造成的损失，因李明柏在2011年7月22日已经知道该房屋可以安全居住，故该租金损失计算截止时间应当为2011年7月22日，关于李明柏提出的还应当再给其一定的合理准备时间的主张，无正当依据，不予支持。即李明柏可主张2010年4月22日至2011年7月22日间的租金损失；关于租金计算标准，法院根据此前南京市江宁区物价局价格认证中心给出的意见确定，其中2010年5月至2010年12月为72000元（9000元/月×8个月），2011年1月1日至2011年7月22日为66660元（9900元/月×6个月零22天），合计138660元。对于李明柏提出的第二项诉讼请求，虽金陵置业公司已于2007年6月将房屋交付给了李明柏，但因金陵置业公司的房屋质量存在问题，导致李明柏无法正常居住使用该房屋，故2008年7月至11月以及2009年4月至2011年7月22日发生的物业服务费，李明柏可视为因金陵置业公司违约给其造成的损失，现李明柏仅提供2009年1月1日开始的物业费发票。故2009年4月之前部分，李明柏未提供证据，不予支持，之后的部分，费用共计为18181.2元，应当由金陵置业公司赔偿，至于李明柏主张的逾期付款违约金以及诉讼费，不应当由金陵置业公司负担。

据此，南京市江宁区人民法院依据《中华人民共和国合同法》第一百零七条、第一百一十三条第一款、《中华人民共和国民事诉讼法》第六十四条第一款之规定，于2013年

6月13日作出判决：

被告金陵置业公司赔偿原告李明柏损失138660元及物业费18181.2元，合计156841.2元。

李明柏与金陵置业公司均不服，向南京市中级人民法院提出上诉：（1）原审判决租金计算标准没有事实和法律依据，所谓"江宁区物价局价格论证中心给出的意见"完全是工作人员的个人意见，没有任何数据支撑该工作人员的观点。上诉人已经提供同地段房屋租赁合同和发票，足以证明当前其房屋市场租赁价格不应低于21000元。（2）损失计算到2011年7月22日不符合损失发生的实际情况。上诉人在2011年7月22日拿到鉴定报告，不可能当天就可以住进去，还需要进行装修整理，这段时间也是和房屋质量有问题有因果关系的。（3）2009年4月之前的上诉人物业费用，有证据可以支持。

金陵置业公司上诉称：（1）原一审法院以金陵置业公司未举证证明向李明柏寄送鉴定报告的情况为由，认定租金损失计算截止时间应当为2011年7月22日不当。房屋经加固后就已经完全可以使用，被上诉人没有积极配合房屋的检测，造成不必要的损失扩大应由其个人承担。（2）原一审判决认定金陵置业公司应赔偿李明柏支付的物业损失不当。

南京市中级人民法院经二审，确认了一审查明的事实。

二审中，上诉人李明柏提交2013年7月10日出具的付款方为辣椒58—1李明柏的物业公司代收公共电费561元发票存根联复印件一份，2013年7月11日编制的2008年9月—2013年4月辣椒58—1公摊电费明细表一份，2008年11月28日物业公司出具的付款方为辣椒58—1的2008年1月—12月物业管理费4612元发票复印件一份，欲证明其缴纳了相关费用及费用标准，上诉人金陵置业公司对该证据的真实性予以认可。

南京市中级人民法院二审认为：上诉人李明柏与上诉人金陵置业公司的商品房预售

合同合法有效，双方均应按约履行。因房屋质量问题导致李明柏无法对涉案房屋使用、收益，金陵置业公司应该赔偿李明柏的相关损失。关于租金损失的计算标准问题，原审法院根据此前南京市江宁区物价局价格认证中心给出的意见确定租金损失，较为合理。李明柏要求按其2011年12月以后出租的价格计算2010年5月至2011年7月的租金损失，对此不予支持。关于损失计算截止时间问题，根据原审查明的事实，双方曾于2011年7月22日对鉴定报告进行质证，此时李明柏才看到建研公司的鉴定报告，原审法院认定的损失截止时间为7月22日，较为合乎情理，故金陵置业公司对此的上诉意见，法院不予支持。因鉴定报告表明房屋已可居住，故李明柏对此的上诉意见，法院不予采纳。关于物业费是否应当作为损失进行赔偿问题，因金陵置业公司交付的房屋质量不符合合同约定，金陵置业公司应当赔偿李明柏物业费的损失。故对金陵置业公司的上诉意见，法院不予采纳。李明柏在二审中提交的新证据可以证明2008年7月—11月期间其缴纳的物管费用为1922元（4612元÷12×5），该费用在其原审主张的时间范围内（扣除2008年12月至2009年3月的装修期），法院予以支持。对于超出其原审诉讼请求主张时间范围的物管费用，法院不予理涉。对于公共电费损失的上诉主张，因其在原审诉讼请求中并未提出，对该部分不予理涉。

综上，因上诉人李明柏在二审中提供了新证据，原审判决赔偿的物业费数额应变更为20103.2元，与租金损失138660元合计应为158763.2元。南京市中级人民法院依据《中华人民共和国民事诉讼法》第一百七十条第一款第（二）项的规定，于2013年11月8日作出判决：

一、撤销南京市江宁区人民法院（2012）江宁开民初字第808号民事判决；二、金陵置业公司于本判决发生法律效力之日起10日内一次性赔偿李明柏损失共158763.2元。

李明柏仍不服，向江苏省高级人民法院申请再审，其申请再审理由与上诉理由一致。

江苏省高级人民法院在申请再审审查期间，向南京市住建局调取了2010年至2012年间江宁区将军大道8号玛斯兰德辣椒街区多幢别墅的出租单价，调查结果表明，该街区别墅出租单价综合均价为：2010年度每平方米每月租金61.36元，2011年度每平方米每月租金67.82元。根据该标准，涉案房屋2010年月租金价格为17194.3元，2011年月租金价格为19004.52元。另查明，双方签订的《商品房买卖契约》第12条约定，该房屋在保修期内因质量问题造成乙方（李明柏）经济损失的，甲方（金陵置业公司）负责修理、更换，并承担乙方由此造成的、实际的、直接的损失。但对造成的实际的直接损失如何计算问题，双方在合同中没有明确约定。在审查期间，江苏省高级人民法院组织双方当事人对上述证据进行了质证。

江苏省高级人民法院经审查认为：人民法院应当以证据能够证明的案件事实为依据依法作出裁判，无论是当事人提供的证据，还是人民法院依职权调取的证据，均应客观真实的反映案件事实，并经双方当事人质证后，才能作为定案的依据。对于政府机关及其他职能部门出具的询价意见、咨询意见等证据材料，人民法院应当对其真实性、合法性以及与待证事实的关联性进行判断，如上述证据不能反映案件的客观真实情况，则不能作为人民法院认定案件事实的根据。本案中，金陵置业公司违反合同约定，交付的房屋存在质量问题致李明柏不能正常居住，应承担违约责任。李明柏请求以同期房屋租金为标准计算其因房屋质量问题而造成的实际损失，人民法院应予支持。关于租金损失的计算标准问题，原审法院以南京市江宁区物价局价格认证中心咨询的意见作为涉案房屋的租金标准，并以此计算房屋租金损失，即2010年涉案房屋租金认定为9000元/月，2011年认定为9900元/月。根据市场一般行情，决定房屋租赁价格的因素主要包括房屋面积、户型、地理位置、装潢档次、周边环境等因素，物价局价格认证中心出具的询价意见仅是认定房屋租赁价格的参考和证据材料，而不应成为认定涉案房屋租金标准的直接依据。根据法院查明的事实，物价局价格认证中心出具的房屋租金标准远低于美仕别墅区位的同类房屋实际市场租赁价格，故该询价标准不符合当时涉案房屋租赁市场价格的实际情形。因此，原审法院仅以向物价局的询价标准来认定涉案房屋租金损失显失公平，在计算涉案房屋租金实际损失时，应当综合房屋市场租赁价格真实情况据实予以认定。而李明柏提交的同地段房屋租赁协议虽证明涉案小区有业主出租房屋租金可达到每月21000元以上，但该租金价格仅系个别业主根据自己房屋的区位及装修情况，结合租房人的实际需求，协商达成的价格，并不具有普遍性。

基于上述事实和理由，江苏省高级人民法院于2014年10月8日作出裁定，认为李明柏的再审申请符合《中华人民共和国民事诉讼法》第二百条第（一）项、第（二）项规定的情形，裁定指令江苏省南京市中级人民法院再审本案。江苏省南京市中级人民法院于2014年12月18日作出裁定：撤销江苏省南京市中级人民法院（2013）宁民终字第2605号民事判决及南京市江宁区人民法院（2012）江宁开民初字第808号民事判决，并将本案发回南京市江宁区人民法院重审。

南京市江宁区人民法院再审一审认为，原审原告李明柏与原审被告金陵置业公司签订的商品房预售合同合法有效，双方均应按约履行。因房屋质量问题，致李明柏无法对涉案房屋使用、收益，金陵置业公司应该赔偿李明柏的相关的租金及物业费损失。比较物价部门的询价意见和上级法院调取的同区域别墅租金清册，差距悬殊，后者所体现的租金单价更能反映案涉房屋当时的真实租赁价格，应予以采用。关于2010年4月21日至

12月的租金损失，法院酌定为143229元（61.36×280.22元/月×8.33个月）；2011年1月至7月22日的租金损失，法院酌定为127330元（67.82×280.22元/月×6.7个月），以上合计270559元。李明柏2008年7月至11月期缴纳的物业费用损失1922元（扣除2008年12月至2009年3月的装修期）、2009年4月至2011年7月22日缴纳的物业费用18181.2元，应当由金陵置业公司赔偿。

南京市江宁区人民法院依照《中华人民共和国合同法》第四十四条第一款、第六十条第一款、第一百零七条、一百一十三条、《中华人民共和国民事诉讼法》第六十四条第一款、第二百零七条之规定，于2015年4月23日作出再审一审判决：

一、原审被告金陵置业公司于本判决发生法律效力之日起十日内赔偿原告李明柏损失290662.2元（其中租金损失270559元，物业费损失20103.2元），扣除原审生效后金陵置业公司已赔付李明柏的160322.12元，原审被告金陵置业公司还应赔偿原审原告李明柏损失130340.08元。

二、驳回原审原告李明柏的其他诉讼请求。

李明柏、金陵置业公司均不服再审一审判决，向南京市中级人民法院提起上诉。

南京市中级人民法院经审理认为，因金陵置业公司交付的房屋存在质量问题，致李明柏无法正常居住，李明柏要求赔偿损失，符合法律规定。关于损失计算标准问题，李明柏提交的房屋租赁协议虽证明涉案小区有业主出租房屋租金可达到每月21000元以上，但该租金价格并不具有普遍性，而江苏省高级人民法院向南京市住建局调取的同区域别墅租金清册载明的价格，系综合多方因素得出的平均租金价格，更具有普遍性，再审一审法院在双方均不申请对案涉房屋装修前后出租价格进行评估的基础上，结合案涉房屋的具体情况，参考该租金清册所确定的租金价格并无不当。李明柏要求至少按每月21000

元标准进行补偿，不予支持。综上，再审一审判决认定事实清楚，所作判决并无不当。李明柏、金陵置业公司的上诉请求均不能成立，不予支持。

南京市中级人民法院依据《中华人民共和国民事诉讼法》第一百七十条第一款第（一）项之规定，于 2015 年 9 月 25 日作出再审二审判决：

驳回上诉，维持原判。

本判决为终审判决。

周显治、俞美芳与余姚众安房地产开发有限公司商品房销售合同纠纷案

《最高人民法院公报》2016 年第 11 期

【裁判摘要】

商品房买卖中，开发商的交房义务不仅仅局限于交钥匙，还需出示相应的证明文件，并签署房屋交接单等。合同中分别约定了逾期交房与逾期办证的违约责任，但同时又约定开发商承担了逾期交房的责任之后，逾期办证的违约责任就不予承担的，应认定该约定属于免除开发商按时办证义务的无效格式条款，开发商仍应按照合同约定承担逾期交房、逾期办证的多项违约之责。

原告：周显治，男，32 岁，汉族，住浙江省余姚市。

原告：俞美芳，女，32 岁，汉族，住浙江省余姚市。

被告：余姚众安房地产开发有限公司，住所地：浙江省余姚市城区胜山西路。

法定代表人：董水校，该公司总经理。

原告周显治、俞美芳因与被告余姚众安房地产开发有限公司（以下简称众安公司）发生商品房销售合同纠纷，向浙江省余姚市人民法院提起诉讼。

原告周显治、俞美芳共同起诉称：两原告与被告众安公司于 2012 年 11 月 12 日签订《商品房买卖合同》一份，合同约定出卖人应当在 2012 年 12 月 31 日前，将符合条件的余姚市城区悦龙湾 X 幢 X 号房产交付买受人使用；出卖人逾期交房的，应按日向买受人支付已交付房款万分之二的违约金。出卖人应当于 2013 年 3 月 31 日前，取得相应的土地、房屋权属证书，交付给买受人，并代买受人办理该商品房转移登记；出卖人逾期交付权属证书的，应当按日向买受人支付已交付房款万分之三的违约金。现两原告已经支付了全部购房款合计人民币 5162730 元，但至今被告仍未能依据合同约定书面正式通知两原告交房，也未依约交付并代办土地、房屋权属证书，致使两原告合同目的不能实现。且在 2013 年 9 月 23 日，原告与被告相关工作人员一同勘查房屋，被告销售总监左新、销售员郑孟、工程部、售后服务陈亮等工作人员自检并出具书面说明确认房屋存在 33 处质量问题，并作出了维修及交房时间承诺，但至今被告未履行该承诺。根据《合同法》及相关司法解释的规定，被告的行为实属根本违约，故要求被告立即履行 2013 年 9 月 23 日出具的书面说明确定的维修义务，维修结果应与图纸相符，达到国家标准；被告立即向二原告交付余姚市城区悦龙湾 X 幢 X 号房产，并承担自 2013 年 1 月 1 日起至实际交付之日止按日向二原告支付已付房价人民币 5162730 元的万分之二的违约金（暂算至 2014 年 1 月 1 日违约金为：376879.29 元）；被告立即向

二原告交付余姚市城区悦龙湾 X 幢 X 号房产的《房产所有权证》和《国有土地使用权证》，办理相关变更登记，并承担自 2013 年 4 月 1 日起至实际交付权属证书之日止按日向二原告支付已付房款人民币 5162730 元的万分之三的违约金（暂算至 2014 年 1 月 1 日违约金为：425925.23 元）；被告承担本案的诉讼费。

原告周显治、俞美芳对其主张提供如下证据材料：

1. 商品房买卖合同 1 份，原告周显治、俞美芳提供此证据证明双方成立的商品房买卖合同关系及被告众安公司违反合同约定的事实。

2. 销售不动产统一发票、交通银行分行借款凭证、交通银行补发入账证明申请书 1 组，原告周显治、俞美芳提供此证据证明原告已经支付完毕全部购房款人民币 5162730 元的事实。

3. 照片、房产所在问题的承诺 1 组，原告周显治、俞美芳提供此证据证明涉案房产到目前为止没有接到通知已经整改完毕，被告众安公司存在迟延交房的事实。

被告众安公司辩称：一、涉案房屋不存在原告周显治、俞美芳所称的质量问题。二、被告已明确告知原告交房的时间，但原告因其自身原因一直未配合办理交房手续。理由：1. 2012 年 11 月 12 日二原告向被告出具双方同意书，载明"本人知晓该房原先为众安公司工程部办公用房，按照合同约定将于 2012 年 12 月 31 日前完成房子交付手续"，从该文字可以看出实际上在签署双方同意书之日原告既已经完全了解房屋情况，知晓房屋已在实际使用，并明知被告已具备交房条件，同时原告也进一步承诺将在一个月之后按照合同约定配合办理相关的交房手续，因此，被告已就房屋交房情况向原告作了明确说明，且原告已经知晓被告无须再在 2012 年 12 月 31 日另行书面通知。2. 双方同意书载明"经本人与众安公司协商一致，本人按照合同时

间，配合办理相关交房工作，以便办理相关产权等手续，但不领取 X 幢 X 号钥匙等物料……"，可以说明原告已向被告承诺将于约定日期即 2012 年 12 月 31 日前配合被告办理相关交房手续，以便按期办理产权手续，现原告无正当理由不予以配合交房工作是明显违约行为。3. 原告在双方同意书中明确"本人承诺愿意在 2013 年 6 月 30 日之前将 X 幢 X 号作为众安公司工程部办公用房使用，待期满后 2013 年 7 月 1 日将房屋钥匙等相关东西重新交接，如不能如期交付，按照商品房买卖合同第 10 条逾期交房违约责任来处理……"，该文字可以看出原告承诺在 2013 年 7 月 1 日之前将房屋钥匙等相关物料重新交接，如不能如期交付则按合同第 10 条处理，此处交付与之前的交接是一致的，范围仅仅为钥匙等物料而已。4. 被告作为房地产开发公司已在双方同意书中以及其他途径通知原告前来办理交房手续，但是原告一直没有回应，导致至今仍未完全交房，原告为此应该承担全部责任。三、被告已于 2013 年 3 月 9 日取得涉案房屋所有权证，于 2013 年 3 月 25 日取得土地使用权证，上述均属于合同约定的 2013 年 3 月 31 日前，只有在买卖双方办理完毕交房手续后上述权证才可以过户到原告名下，因此因原告无故不去办理交房手续，致房屋所有权证及其土地使用权证等无法顺利过户到原告名下，应当由原告自行承担责任。同时，合同附件 8 补充协议第 6 条第 2 款约定"若出卖人逾期交房并承担了逾期交房违约责任后的本合同第 16 条卖人承诺取得土地房屋权属证书时间相应顺延"，即使认定被告逾期交房，那么逾期交房屋权属证书时间应当与认定的逾期交房时间一致，不能简单套用合同约定的 2013 年 3 月 31 日。综上，请求法院依法驳回原告的全部诉讼请求。

经当庭质证，被告众安公司对原告周显治、俞美芳提供证据的真实性均无异议。

浙江省余姚市人民法院一审查明：

2012 年 11 月 12 日，原告周显治、俞美

芳（买受人）与被告众安公司（出卖人）签订《商品房买卖合同》一份，约定：买受人购买的商品房为预售商品房（住宅，悦龙湾X幢X号），商品房房款合计5162730元，买受人按其他方式按期付款；出卖人应当在2012年12月31日前，将符合各项条件的商品房交付买受人使用；出卖人如未按本合同规定的期限将该商品房交付买受人使用，逾期不超过90日，自本合同第九条规定的最后交付期限的第二天起至实际交付之日止，出卖人按日向买受人支付已交付房价款万分之一的违约金，合同继续履行，逾期超过90日后，买受人有权解除合同，买受人要求继续履行合同的，合同继续履行，自本合同第九条规定的最后交付期限的第二天起至实际交付之日止，出卖人按日向买受人支付已交付房价款万分之贰的违约金；商品房达到交付使用条件后，出卖人应当书面通知买受人办理交付手续，双方进行验收交接时，出卖人应当出示本合同第九条规定的证明文件，并签署房屋交接单，在签署房屋交接单前，出卖人不得拒绝买受人查验房屋，所购商品房为住宅的，出卖人还需提供《住宅质量保证书》和《住宅使用说明书》，出卖人不出示证明文件或出示证明文件不齐全，买受人有权拒绝交接，由此产生的延期交房责任由出卖人承担；出卖人负责办理土地使用权初始登记，取得《土地使用权证书》或土地使用证明，出卖人负责申请该商品房所有权初始登记，取得该商品房《房屋所有权证》，出卖人承诺于2013年3月31日前，取得前款规定的土地、房屋权属证书，交付给买受人，买受人委托出卖人办理该商品房转移登记，出卖人不能在前款约定期限内交付权属证书，双方同意按照下列约定处理，约定日期起30日内，出卖人交付权属证书或登记证明的，按已付房价款的1%承担违约责任，约定日期起30日以后，出卖人仍不能交付权属证书或登记证明的，买受人退房，出卖人在买受人提出退房要求之日起30日内将买受人已付房价

款退还给买受人，并自约定日期至实际退款日止，按日向买受人支付已交付房价款万分之三的违约金，买受人不退房，出卖人自约定日期起至实际交付权属证书或登记证明之日止，按日向买受人支付已交付房价款万分之三的违约金；若出卖人逾期交房并承担了逾期交房违约责任的，则本合同第十六条中出卖人承诺取得土地、房屋权属证书的时间相应顺延，顺延期限与商品房交付的逾期期限相同等。2012年11月12日，二原告出具《双方同意书》一份，言明："本人俞美芳、周显治购买悦龙湾X幢X号房源，本人知晓该房原先为众安公司工程部办公用房，按照合同约定将于2012年12月31日前完成房子的交付手续，经本人与余姚众安公司协商一致，本人按照合同约定时间配合办理相关交房工作，以便按期办理相关产证等手续，但不领取X幢X号钥匙等物料。本人承诺愿意在2013年6月30前将X幢X号作为众安公司工程部办公使用，待期满后于2013年7月1日将房屋钥匙等相关物料重新交接，如不能如期交付按商品房买卖合同第十条逾期交房的违约责任来处理，房屋内部恢复合同交房标准，特此承诺。"2013年9月23日，原告至被告处就房屋的质量瑕疵问题与被告交涉，众安公司的工作人员（黄志亮）在《悦龙湾X幢X号房产所在问题》上书写说明："2013年9月6日悦龙湾X幢X号经业主与房产公司在交房前进行现场勘查验房发现并确认以上未打'×'26条问题，房产公司承诺在2013年10月5日前整改完毕，打'×'7条问题在经业主与房产公司进一步核实设计图纸和有关证据后确认，房产公司承诺在将所有房屋质量问题解决之后再履行交房手续。"2013年3月9日，被告登记取得余姚市城区悦龙湾X幢X号的房屋所有权证（初始登记）；2013年3月25日，被告取得余姚市城区悦龙湾X幢X号的土地使用权（土地使用权分割登记）。二原告依照合同约定将房屋价款5162730元支付给被告。至起诉之日，被

告未与原告办理房屋交付手续，亦未向原告交付房地产权属证书。

浙江省余姚市人民法院一审认为：

本案的争议焦点：一是涉案房屋的交付；二是违约责任的承担。

本案中，原告周显治、俞美芳与被告众安公司签订的《商品房买卖合同》系双方当事人真实意思表示，属有效合同，对当事人具有法律约束力。双方当事人应按照约定全面履行自己的权利义务。当事人一方不履行合同义务或者履行合同义务不符合约定的，应当承担继续履行、采取补救措施或者赔偿损失等违约责任。

一、涉案房屋的交付。最高人民法院《关于审理商品房买卖合同纠纷案件适用法律若干问题的解释》第十一条规定：对房屋的转移占有，视为房屋的交付使用，但当事人另有约定的除外。依据原告周显治、俞美芳与被告众安公司双方所签订的《商品房买卖合同》的约定，"出卖人应当在2012年12月31日前，将符合各项条件的商品房交付买受人使用；商品房达到交付使用条件后，出卖人应当书面通知买受人办理交付手续，双方进行验收交接时，出卖人应当出示本合同第九条规定的证明文件，并签署房屋交接单，在签署房屋交接单前，出卖人不得拒绝买受人查验房屋，所购商品房为住宅的，出卖人还需提供《住宅质量保证书》和《住宅使用说明书》，出卖人不出示证明文件或出示证明文件不齐全，买受人有权拒绝交接，由此产生的延期交房责任由出卖人承担。"被告认为依据二原告出具的《双方同意书》，被告已就房屋交房情况向原告作了明确说明，原告已经知晓被告无须再在2012年12月31日前另行书面通知原告办理交房手续。二原告在该《双方同意书》上言明"经本人与众安公司协商一致，本人按照合同约定时间配合办理相关交房工作，以便按期办理相关产证等手续，但不领取X幢X号钥匙等物料"，该文字表述并没有包含被告无须书面通知原告方办理房屋交付手续的意思表示，只是原告表明愿意按照合同约定的时间配合被告办理相关交房工作，即并未免除被告的书面通知以及签署交接单等义务，因此商品房达到交付使用条件后，被告仍应当按照合同的约定以书面的方式通知原告方办理房屋交付手续，双方进行验收交接，并签署房屋交接单等，且不仅仅局限于"领取X幢X号钥匙等物料"。被告辩称原告在该《双方同意书》上已向被告承诺将于约定日期即2012年12月31日前配合被告办理相关交房手续，以便按期办理产权手续，现原告无正当理由不予以配合交房工作是明显违约行为，但被告未向法院提供证据以证明确系原告不配合导致被告无法完全交房。且在2013年9月23日，原告就X幢X号房产的有关车库、地下室、进户门、阳台等方面的质量瑕疵问题至被告处交涉，被告方的工作人员在《悦龙湾X幢X号房产所在问题》上进行了说明，并提出整改意见（在2013年10月5日前整改完毕）。可见，双方事实上也认可涉案房屋尚未具备交付条件，该房屋亦未实际转移给原告方占有使用。同时，依据二原告在该《双方同意书》上的承诺"本人承诺愿意在2013年6月30前将X幢X号作为众安公司工程部办公使用待期满后于2013年7月1日将房屋钥匙等相关物料重新交接，如不能如期交付按商品房买卖合同第十条逾期交房的违约责任来处理，房屋内部恢复合同交房标准，特此承诺"，可推断出原告方同意将涉案房屋延迟至2013年7月1日交付。综合分析上述情况，法院认定被告尚未依照约定将涉案房屋交付给原告方，故被告的逾期交付行为已构成违约。

二、违约责任的承担。1.原告俞美芳、周显治认为被告众安公司应当承担逾期交房和逾期交付房产证、土地证的违约责任；被告认为被告已经于2013年3月9日取得涉案房屋所有权证，于2013年3月25日取得土地使用权证，上述均属于合同约定2013年3月31日之前，只有在买卖双方办理完毕交房手续后上述权证才可以过户到原告名下，因原告原因导致产权证无法过户，即使认定被告逾期交房，那么逾期交房屋权属证书时间应当相应的顺延。首先，《商品房买卖合同》载明："出卖人负责办理土地使用权初始登记，取得《土地使用权证书》或土地使用证明，出卖人负责申请该商品房所有权初始登记，取得该商品房《房屋所有权证》，出卖人承诺于2013年3月31日前，取得前款规定的土地、房屋权属证书，交付给买受人"，该内容明确被告应当于2013年3月31日前取得土地、房屋权属证书，并交付给原告方，而不能理解为被告自身于2013年3月31日前取得《土地使用权证书》《房屋所有权证》的初始登记，否则无法确定原告方何时才能取得房地产权证（将房产从被告公司转移登记过户至原告个人名下），现被告已逾期交付房地产权属证书，显然与此相悖，被告亦未提供证据证明系可归责于原告方的原因导致逾期交付房地产权属证书。其次，依照合同约定，被告负有按时交房与按时交付权属证书的义务。现被告以合同中的条款（附件八补充协议第6条第2款）"若出卖人逾期交房并承担了逾期交房违约责任的，则本合同第十六条中出卖人承诺取得土地、房屋权属证书的时间相应顺延，顺延期限与商品房交付的逾期期限相同等"为由，认为即使认定被告逾期交房，那么逾期交房屋权属证书时间也应当相应的顺延。根据《中华人民共和国合同法》第三十九条、第四十条规定：采用格式条款订立合同的，提供格式条款的一方应当遵循公平原则确定当事人之间的权利和义务，并采取合理的方式提清对方注意免除或者限制其责任的条款，按照对方的要求，对该条款予以说明；格式条款具有本法第五十二条和第五十三条规定情形的，或者提供格式条款一方免除其责任、加重对方责任、排除对方主要权利的，该条款无效。附件八补充协议第6条第2款系被告方提供，其内容显然置原告方的利益于不顾，导致其权益处于不确

定状态，免除了被告按时交付房地产权属证书的义务，应当为无效的格式条款，故被告不能因为双方有此条款的约定而免除其逾期交付权属证书的违约责任。2. 二原告要求被告支付逾期交房的违约金以及逾期交付权证书的违约金；被告余姚众安房地产开发有限公司认为，即使认定构成违约情况下恳请按照法律规定适当减少违约金。最高人民法院《关于审理商品房买卖合同纠纷案件适用法律若干问题的解释》第十六条规定：当事人以约定的违约金过高为由请求减少的，应当以违约金超过造成的损失30％为标准适当减少；当事人以约定的违约金低于造成的损失为由请求增加的，应当以违约造成的损失确定违约金数额。从双方订立《商品房买卖合同》的目的来看，二原告与被告之间关于逾期交房和交付房地产权属证书的违约金约定更具惩罚性质（惩罚性违约金），换言之，是合同双方对于违约所约定的一种制裁。二原告已按照合同约定将购房款5162730元全部支付给被告，为防止被告怠于履行其合同义务，敦促其及时履行交付房屋和交付房地产权属证书的义务，违约金仍应按照合同约定计算。二原告诉请被告立即履行2013年9月23日出具的《悦龙湾X幢X号房产所在问题》维修单确定的维修义务，维修结果应与图纸相符，达到国家标准，其实质在于要求被告按约及时交付房屋。

综上，浙江省余姚市人民法院依照《中华人民共和国合同法》第三十九条、第四十条、第四十四条、第六十条、第一百零七条、第一百一十四条，最高人民法院《关于审理商品房买卖合同纠纷案件适用法律若干问题的解释》第十一条、第十六条，《中华人民共和国民事诉讼法》第六十四条的规定，于2014年5月23日判决：

一、被告众安公司于本判决生效之日起三十日内向原告周显治、俞美芳交付余姚市城区悦龙湾X幢X号房屋；

二、被告众安公司于本判决生效之日起

三十日内向原告周显治、俞美芳交付余姚市城区悦龙湾X幢X号房屋的房地产权属证书（即被告众安公司办理余姚市城区悦龙湾X幢X号房屋的转移登记过户手续，办理过户所需应当由买方缴纳的税费由原告周显治、俞美芳承担）；

三、被告众安公司按原告周显治、俞美芳已付购房款5162730元从2013年7月1日起按日万分之二向原告方支付逾期交房违约金至实际交付房屋之日止（2013年7月1日至2014年1月1日，违约金为191021.01元）；

四、被告众安公司按原告周显治、俞美芳已付购房款5162730元从2013年4月1日起按日万分之三向原告方支付逾期交付房地产权属证书违约金至本判决生效之日止（2013年4月1日至2014年1月1日，违约金为425925.23元）；

五、驳回原告周显治、俞美芳的其他诉讼请求。

以上款项限在本判决发生法律效力后十日内付清。如果未按本判决指定的期间履行给付金钱义务，应当依照《中华人民共和国民事诉讼法》第二百五十三条之规定，加倍支付迟延履行期间的债务利息。本案案件受理费11828元，减半收取5914元，保全费4770元，合计10684元，由原告周显治、俞美芳承担2473元、被告余姚众安房地产开发有限公司承担8211元。

众安公司不服一审判决，向浙江省宁波市中级人民法院提起上诉称：一审认定事实错误，适用法律不当，请求驳回被上诉人的诉讼请求或发回重审。

被上诉人周显治、俞美芳答辩称：一审判决认定事实清楚，适用法律正确，请求驳回上诉，维持原判。

浙江省宁波市中级人民法院经二审，确认了一审查明的事实。

浙江省宁波市中级人民法院二审认为：

上诉人众安公司与被上诉人周显治、俞美芳签订的《商品房买卖合同》系双方当事人真实意思表示，属有效合同，双方应按照约定全面履行自己的权利义务。根据双方所签订《商品房买卖合同》的约定，"出卖人应当在2012年12月31日前，将符合各项条件的商品房交付买受人使用；商品房达到交付使用条件后，出卖人应当书面通知买受人办理交付手续，……。"说明上诉人应当书面通知被上诉人办理交付手续；而依据被上诉人出具的《双方同意书》，被上诉人会按照双方约定的时间配合办理交房手续，故上诉人无须在2012年12月31日前另行书面通知被上诉人办理交房手续。但根据双方在2013年9月23日就涉案房产有关车库、地下室、进户门、阳台等方面存在的质量瑕疵问题的说明及一直未对存在问题的整改作出结论情况看，双方至今并未解决交房问题，上诉人存在逾期交房的违约行为。对于《商品房买卖合同》中约定的"出卖人负责办理土地使用权初始登记，取得《土地使用权证书》或土地使用证明，出卖人负责申请该商品房所有权初始登记，取得该商品房《房屋所有权证》，出卖人承诺于2013年3月31日前，取得前款规定的土地、房屋权属证书，交付给买受人"，明确了上诉人应当于2013年3月31日前取得土地、房屋权属证书，并交付给被上诉人，而不能理解为上诉人自身于2013年3月31日前取得《土地使用权证书》《房屋所有权证》的初始登记，否则无法确定被上诉人何时才能取得房地产权证书（将房产从上诉人公司转移登记过户至被上诉人名下），现上诉人已逾期交付房地产权属证书，应当承担违约责任。至于附件八补充协议第6条第2款关于"若出卖人逾期交房并承担了逾期交房违约责任的，则本合同第十六条中出卖人承诺取得土地、房屋权属证书的时间相应顺延，顺延期限与商品房交付的逾期期限相同"的约定，根据《中华人民共和国合同法》第三十九条、第四十条规定：采用格式条款订立合同的，提供格式条款的一方应当遵循公平原则确定当事人之间的权利和义务，并采取合理的方式提请对方注意免除或者限制其责任的条款，按照对方的要求，对该条款予以说明；格式条款具有本法第五十二条和第五十三条规定情形的，或者提供格式条款一方免除其责任、加重对方责任、排除对方主要权利的，该条款无效。该补充协议的格式条款系上诉人提供，并没有采取合理的方式提请对方注意，而其内容显然对被上诉人利益不利，导致被上诉人权益处于不确定状态，免除了上诉人按时交付房地产权属证书的义务，应当为无效。

综上，浙江省宁波市中级人民法院依照《中华人民共和国民事诉讼法》第一百七十条第一款第（一）项、第一百七十五条，于 2014 年 8 月 13 日判决：

驳回上诉，维持原判。二审案件受理费 9969 元，由上诉人众安公司负担。

本判决为终审判决。

黄光娜与海口栋梁实业有限公司、广东省阳江市建安集团有限公司海南分公司商品房销售合同纠纷案

《最高人民法院公报》2016 年第 09 期

【裁判摘要】

一、案件争议不动产的登记所有权人，同案件处理结果具有法律上的利害关系，可以作为案件第三人。

二、一方当事人大股东在案件诉讼过程中受让争议标的物，但未作为第三人参加诉讼，在案件判决生效后，又提起第三人撤销之诉的，法院推定其知悉案件情况，非因不能归责于本人的原因未参加诉讼的，符合常理和交易惯例。上述大股东所提第三人撤销之诉不符合起诉条件，应裁定不予受理。

中华人民共和国最高人民法院
民事裁定书

（2015）民一终字第 37 号

上诉人（一审起诉人）：黄光娜。

委托代理人：褚丽琴，女，汉族，住海南省海南大学。系黄光娜所在的海南省海口市琼山区云龙镇长泰村民委员会推荐的公民。

黄光娜为与海口栋梁实业有限公司、广东省阳江市建安集团有限公司海南分公司（以下简称阳江公司）商品房销售合同纠纷一案，不服海南省高级人民法院（2015）琼立一初字第 2 号民事裁定，向本院提起上诉。本院依法组成合议庭进行了审理，现已审理终结。

黄光娜于 2014 年 8 月 18 日向海南省高级人民法院提起民事诉讼称：2012 年 10 月 31 日，黄光娜与海口栋梁实业有限公司（以下简称栋梁公司）签订《商品房买卖合同》，约定黄光娜以单价 21250 元/㎡ 的价格，购置栋梁公司位于海南省海口市龙昆南路 97 - 1 号华源大厦一层，建筑面积共计 1320.6㎡ 的 101 房。合同签订后，栋梁公司依约为黄光娜办理了商品房买卖合同备案登记及房屋预告登记。黄光娜依约向栋梁公司支付全部购房款共计人民币 28062750 元，其中黄光娜自付 16062750 元，并将上述房产向平安银行股份有限公司海口分行（以下简称平安银行）抵押贷款人民币 1200 万元。黄光娜已经通过受

让方式取得该房屋的所有权,现该房产已由黄光娜出租给他人使用。

2012年期间,广东省阳江市建安集团有限公司海南分公司与栋梁公司因建筑施工合同纠纷诉至海南省海口市中级人民法院,该案诉争标的中涉及黄光娜拥有所有权的房屋。尽管栋梁公司已于一审举证期限内向法院提交了涉案房屋已经出售给黄光娜,且已经完善不动产交易的所有法律要件,但历经两审裁判,无论是作为所有权人的黄光娜还是作为抵押权人的平安银行均未知晓该诉讼的存在,一、二审法院也从未将两权益人列为第三人追加参与该诉讼,更甚二审法院在未经审查涉案房屋实际产权归属前,就于2014年6月26日作出(2014)琼环民终字第7号民事判决,将涉案房屋部分产权裁判给阳江公司,已经严重侵害了房屋所有权人黄光娜的合法权益。根据《中华人民共和国民事诉讼法》第五十六条、《中华人民共和国民法通则》第七十五条、《中华人民共和国合同法》第八条及《中华人民共和国物权法》第三十七条、三十九条等规定,现诉请撤销海南省高级人民法院(2014)琼环民终字第7号民事判决,依法保障黄光娜的合法权益。

海南省高级人民法院认为:一,根据《中华人民共和国民事诉讼法》第五十六条的规定,有独立请求权的第三人和无独立请求权的第三人,因不能归责于本人的事由未参加诉讼,但有证据证明发生法律效力的判决、裁定、调解书的部分或者全部内容错误,损害其民事权益的,可以自知道或者应当知道其民事权益受到损害之日起六个月内,向作出该判决、裁定、调解书的人民法院提起第三人撤销之诉。该规定确立了第三人可以提起撤销之诉的权利,因第三人撤销之诉申请撤销的是已经生效的判决、裁定及调解书,其后果将直接影响生效裁判的既判力,因此法律也严格规定了提起第三人撤销之诉的主体条件:即提起第三人撤销之诉的原告必须是第三人,包括有独立请求权的第三人和无

独立请求权的第三人,且提起第三人撤销之诉的原告只能是原诉中的第三人。在黄光娜诉请撤销的海南省高级人民法院(2014)琼环民终字第7号民事诉讼中,一审原告阳江公司于2012年9月18日向海南省海口市中级人民法院起诉,该院于2012年9月20日立案受理,而黄光娜与栋梁公司签订《商品房买卖合同》的时间是在2012年10月31日,即在该案立案受理一个多月后,故在原诉形成之时,黄光娜尚不是原诉的第三人,其并不具备提起第三人撤销之诉原告的主体资格。二,提起第三人撤销之诉的条件之一是第三人因不能归责于本人的事由未参加诉讼。栋梁公司的工商登记档案显示,自2009年9月17日至2014年1月27日,黄光娜都是栋梁公司持股50%的股东,到提起本案诉讼时,黄光娜也仍持有栋梁公司25%的股份。栋梁公司在(2014)琼环民终字第7号民事诉讼的一、二审均向人民法院提交了黄光娜购买涉案房屋的证据材料,作为持有该公司50%股份的黄光娜,应当知晓该案的诉讼情况。且直到提起本案诉讼,黄光娜也未能提供证据证明是因不能归责于其本人的事由未参加该案诉讼,因此,黄光娜提起本案诉讼亦不符合第三人撤销之诉的受理条件。综上,依照《中华人民共和国民事诉讼法》第五十六条、第一百二十三条之规定,裁定不予受理黄光娜的起诉。

黄光娜不服上述裁定,以该裁定认定事实不清、适用法律错误为由向本院提出上诉,请求撤销一审裁定,指令一审法院审理本案。主要理由为:一,上诉人系(2014)琼环民终字第7号民事判决涉及房产的所有权人,该判决结果损害其合法权益,其应为该判决所涉诉讼的第三人。二,上诉人作为栋梁公司股东有权依法取得案涉房产产权,一审裁定以其是公司股东为由,推定其知晓栋梁公司涉及的上述诉讼情况,缺乏证据证明。本案符合第三人撤销之诉的受理条件。

本院认为:本案争议焦点一是黄光娜能

否作为阳江公司诉栋梁公司建设工程施工合同纠纷一案的第三人；二是黄光娜未参加前述诉讼能否归责于其本人。

关于黄光娜能否作为阳江公司诉栋梁公司建设工程施工合同纠纷一案的第三人的问题。根据《中华人民共和国民事诉讼法》第五十六条，民事诉讼的第三人包括对案件诉讼标的有独立请求权的人，及虽无此请求权，但同案件处理结果有法律上利害关系的人。在阳江公司诉栋梁公司建设工程施工合同纠纷一案中，海南省海口市中级人民法院二审以（2014）琼环民终字第 7 号民事判决，判决栋梁公司将案涉华源大厦一层 334㎡ 交付阳江公司并协助办理过户手续。而本案黄光娜主张其已向栋梁公司买受了 1320㎡ 的华源大厦一层，并办理了过户手续。故上述阳江公司诉栋梁公司一案的终审判决结果影响黄光娜对案涉房产的权利，其应为该案第三人。

关于黄光娜未参与前述诉讼能否归责于其本人的问题。根据（2014）琼环民终字第 7 号民事判决查明的事实及黄光娜本案起诉内容，其与栋梁公司系在阳江公司诉栋梁公司一案诉讼过程中，就案涉房屋签订买卖合同，当时黄光娜为持有栋梁公司 50% 股份的股东。在前述阳江公司诉栋梁公司一案审理结果势必影响黄光娜重大权益的情况下，黄光娜未举证证明其在提起本案撤销之诉前，知悉二

审判决结果较知晓该案整个诉讼过程的条件有何不同。本案一审法院依据黄光娜股东身份、当时持股比例，及案涉房屋买卖合同签订与前案起诉时间的关系，推定黄光娜知晓前案，符合常理和企业一般经营决策惯例。一审裁定认定黄光娜应当知晓前案诉讼情况，其不能证明因不能归责于本人的事由未参加该案诉讼，故其提起的本案诉讼不符合《中华人民共和国民事诉讼法》第五十六条关于第三人撤销之诉的受理条件的规定正确。

综上，一审裁定关于黄光娜不是（2014）琼环民终字第 7 号民事判决所涉案件第三人的认定不当，本院予以纠正。上诉人黄光娜关于其因不能归责于其本人的原因未参加前述案件诉讼的理由，缺乏证据证明不能成立。依据《中华人民共和国民事诉讼法》第五十六条、第一百七十条第（一）项、第一百七十一条之规定，裁定如下：

驳回上诉，维持原裁定。

本裁定为终审裁定。

审 判 长　×××
代理审判员　×××
代理审判员　×××
二〇一五年十月十六日
书 记 员　×××

洪秀凤与昆明安钡佳房地产开发有限公司房屋买卖合同纠纷案

《最高人民法院公报》2016 年第 01 期

【裁判摘要】

一、合同在性质上属于原始证据、直接证据，应当重视其相对于传来证据、间接证据所具有的较高证明力，并将其作为确定当事人法律关系性质的逻辑起点和基本依据。若要否定书面证据所体现的法律关系，并确定当事人之间存在缺乏以书面证据为载体的其他民事法律关系，必须在证据审核方面给

予更为审慎的分析研判。

二、在两种解读结果具有同等合理性的场合，应朝着有利于书面证据所代表法律关系成立的方向作出判定，借此传达和树立重诺守信的价值导向。

三、透过解释确定争议法律关系的性质，应当秉持使争议法律关系项下之权利义务更加清楚，而不是更加模糊的基本价值取向。在没有充分证据佐证当事人之间存在隐藏法律关系且该隐藏法律关系真实并终局地对当事人产生约束力的场合，不宜简单否定既存外化法律关系对当事人真实意思的体现和反映，避免当事人一方不当摆脱既定权利义务约束的结果出现。

最高人民法院
民事判决书

（2015）民一终字第 78 号

上诉人（原审原告）：洪秀凤。

委托代理人：万秋琴，北京市中伦律师事务所律师。

委托代理人：沈汉卿，云南八谦律师事务所律师。

被上诉人（原审被告）：昆明安钡佳房地产开发有限公司。

法定代表人：张晓霞，该公司总经理。

委托代理人：杨小平，云南睿信律师事务所律师。

上诉人洪秀凤与被上诉人昆明安钡佳房地产开发有限公司（以下简称安钡佳公司）房屋买卖合同纠纷一案，云南省高级人民法院于 2014 年 12 月 17 日作出（2014）云高民一初字第 9 号民事判决。洪秀凤不服该判决，向本院提起上诉。本院受理后，依法组成合议庭，于 2015 年 4 月 23 日公开开庭审理了本案。洪秀凤的委托代理人万秋琴、沈汉卿，安钡佳公司的委托代理人杨小平到庭参加诉讼。本案现已审理终结。

一审法院查明：2013 年 8 月 21 日，安钡佳公司（甲方）与洪秀凤（乙方）签订两份《商品房购销合同》，就洪秀凤购买安钡佳公司开发建设的百富琪商业广场一、二层商铺的具体事项进行了约定。001 号《商品房购销合同》约定：一层商业用房按套内建筑面积计价，该商品房套内建筑面积为 3143.02 平方米，单价为每平方米 2 万元（已包含分摊的共有建筑面积的价格），总金额 62860400 元；乙方应在 2013 年 8 月 18 日前支付 56574360 元，2014 年 1 月 20 日前支付 6286040 元；交房时间为 2013 年 12 月 14 日；甲方逾期交房，自交房时间届满次日起至实际交房之日止 30 天内，按每天 314302 元向乙方支付违约金，合同继续履行。逾期 30 天后，甲方按购房款总金额的千分之五支付违约金，合同继续履行。002 号《商品房购销合同》约定：二层商业用房按套内建筑面积计价，该商品房套内建筑面积为 3601.29 平方米，单价为每平方米 9869 元（已包含分摊的共有建筑面积的价格），总金额 35541130 元；乙方应在 2013 年 8 月 18 日前支付 31987017 元，2014 年 1 月 20 日前支付 3554113 元；交房时间和违约责任与 001 号合同约定相同。同日，双方当事人对上述两份合同进行了登记备案。洪秀凤按照安钡佳公司出具的付款委托书载明的收款账户，于当日通过银行转账方式向安钡佳公司汇款 56574360 元和 22825640 元，同时还向安钡佳公司法定代表人张晓霞汇款 1900 万元，共计汇款 9840 万元。安钡佳公司向洪秀凤出具十张收据，每张金额 984 万元，共计 9840 万元。2013 年 8 月 26 日、9 月 18 日，张晓霞向洪秀凤各汇款 368 万元。

一审法院另查明，2011 年 10 月 28 日，百富琪商业广场竣工验收。2013 年 6 月 2 日，安钡佳公司与昆明力邦房屋拆迁有限公司（以下简称力邦公司）签订《商铺租赁合同》，将百富琪商业广场一、二层商铺出租给力邦公司，租期自 2013 年 6 月 1 日起至 2033 年 5

月 31 日止。

洪秀凤起诉称，双方当事人于 2013 年 8 月 21 日签订两份《商品房购销合同》后，洪秀凤依约付清了全部购房款，但安钡佳公司拒不履行合同义务。故请求：1. 判令安钡佳公司交付昆明百富琪商业广场 a 幢一层和二层整层商铺，并于交付之日起 40 日内协助洪秀凤办理所有权证；2. 判令安钡佳公司承担逾期交房的违约责任，支付违约金 19350128 元；3. 案件受理费、律师费（300 万元）等相关费用由安钡佳公司承担。

安钡佳公司答辩称，本案实际是民间借贷纠纷，房屋买卖合同仅是民间借贷的担保形式，应为无效。洪秀凤主张的逾期交房违约责任，没有合同及法律依据。案件受理费由法院判定，而律师费不是必须发生的费用。

一审法院经审理认为，（一）双方当事人虽然形式上签订了《商品房购销合同》，但百富琪商业广场已于 2011 年 10 月 28 日完成竣工验收，案涉房产于双方签约前也整体出租给力邦公司，且洪秀凤明知上述情况。在已经具备交付条件的情况下，双方却将交房时间约定为 2013 年 12 月 14 日，有违常理。（二）从安钡佳公司提交的 2010 年 4 月 9 日其与案外人张琳婕签订的《商品房购销合同》看，双方约定的百富琪商业广场第四层商铺的买卖价格为每平方米 40936.06 元，而案涉一层、二层房产交易价格为每平方米 2 万元及 9869 元，明显低于安钡佳公司与案外人约定的价格。（三）洪秀凤按约应在 2014 年 1 月 20 日前，分两期支付全部房价款，但其在签约当日就分别向安钡佳公司汇款 56574360 元和 22825640 元，同时还向安钡佳公司法定代表人张晓霞汇款 1900 万元（共计 9840 万元），已经付清了全部房款，这与正常买房人的付款习惯不符。安钡佳公司在收到上述款项后出具给洪秀凤的是十张收据而非购房发票，此亦违背房屋买卖的交易习惯。（四）在洪秀凤与安钡佳公司无其他业务往来的情况下，安钡佳公司法定代表人张晓霞于 2013 年

8 月 26 日、9 月 18 日向洪秀凤各汇款 368 万元。对该款项，安钡佳公司认为其与洪秀凤之间实际的借款金额是 8000 万元，月息 4.6%，每月利息即 368 万元。洪秀凤则认为 736 万元是安钡佳公司给洪秀凤的销售返点，但双方在合同中并无约定，也无其他证据予以证实。双方当事人上述一系列行为明显不符合房屋买卖的一般交易习惯，故应认定双方所签《商品房购销合同》名为房屋买卖实为借款担保，双方之间系名为房屋买卖实为借贷民事法律关系。洪秀凤主张其与安钡佳公司之间是房屋买卖关系，与法院认定的法律关系不一致。一审法院向洪秀凤进行了释明，洪秀凤仍坚持其诉讼请求不予变更。综上，一审法院依照《中华人民共和国民事诉讼法》第一百五十二条和最高人民法院《关于民事诉讼证据的若干规定》第二条、第三十五条之规定，判决驳回洪秀凤的诉讼请求。案件受理费 630558.30 元，由洪秀凤负担。

洪秀凤不服一审判决，向本院提起上诉。

洪秀凤上诉称，一审法院将非常清晰的买卖合同法律关系认定为名为房屋买卖实为借贷民事法律关系，属认定事实和适用法律错误。一审判决所依据的四点理由无任何事实和法律依据。故请求撤销一审判决，支持洪秀凤全部诉讼请求。

安钡佳公司答辩称，一审法院认定本案法律关系名为房屋买卖实为借贷客观真实，驳回洪秀凤诉请认定事实清楚。故请求驳回上诉，维持原判。

本院二审查明：安钡佳公司于 2013 年 8 月 14 日出具付款委托书，委托洪秀凤将购房款 9840 万元汇至张晓霞及该公司账户。中国农业银行股份有限公司昆明吴井路支行银行卡取款业务回单记载，张晓霞于 2013 年 8 月 21 日向吴基协账户内转款 1840 万元。2013 年 8 月 21 日，安钡佳公司出具十张收据，载明内容为收到洪秀凤购房款共计 9840 万元。2013 年 8 月 26 日、9 月 18 日，张晓霞向洪秀凤汇款各 368 万元，款项用途一栏均记载为

私人汇款。

2014年9月23日一审庭审中，安钡佳公司述称，百富琪商业广场共有四层商铺，有些对外出租，有些对外出让，出让的单价是每平方米1.8万元。二审庭审中，安钡佳公司述称，百富琪商业广场四层商铺在开盘时的价格是1.8万元。本院就"张晓霞向吴基协付款1840万元的原因为何，是否基于洪秀凤的指令，有无证据""吴基协是什么人"等问题询问安钡佳公司，安钡佳公司称，该款是返还给吴基协，没有证据证明该汇款是基于洪秀凤的指令；张晓霞在借款之前认识吴基协，不认识洪秀凤；吴基协是联恒投资总经理，洪建华是联恒投资董事长，洪秀凤和洪建华是亲属关系。本院就洪秀凤与洪建华之间的关系问题询问洪秀凤，其称需要核实。

洪秀凤当庭向本院提交十一份"二审新证据"，分别为：1. 洪秀凤实地考察案涉房产所拍摄的照片，证明目的：在签约前，洪秀凤进行了实地考察，其真实意思就是购房；2. 安钡佳公司向洪秀凤提供的各项开发建设手续和证照，证明目的：洪秀凤非常关注案涉房产的合法性；3. 洪秀凤一审代理律师沈汉卿2014年11月份手机通话详单，沈汉卿与安钡佳公司法定代表人张晓霞2014年11月10日手机通话录音的光盘及文字整理稿（时间为当日12时12分，时长4分54秒），通话内容主要为，商谈向承租人转售案涉房产事宜。张晓霞在通话中称："因为我们换产权人了嘛，他的想法能不能就是要不他来买，然后呢我跟他说，原来也提出过他要买，我才跟你们说赶快做准备卖给他嘛"。证明目的：一审庭审结束后，张晓霞自认洪秀凤系案涉房产的产权人，有权决定将案涉房产转售他人或向承租人收取租金；4. 安钡佳公司向洪秀凤提供的昆明奥佳物业服务有限公司（以下简称奥佳公司）与平安银行股份有限公司昆明分行于2013年5月13日签订的《营业机构房屋租赁合同》，证明目的：在洽商房屋买卖过程中，安钡佳公司提供该份租赁合同以说明案涉房产具有投资价值；5. 关于百富琪商业广场涉嫌违规建设的新闻报道，证明目的：因洪秀凤在购房前了解到该问题，双方才对案涉房产交易价格和交付日期作出符合实际情况的约定；6. 张晓霞与张传文户口准予迁入证明、户口迁移证存根，以及张传文居民身份证号查询信息网页打印件，该证据显示，张传文（女，身份证号5302×××××××，升位后为5302×××××××××××××）与张晓霞于1998年3月20日，将户籍由"东川市汤丹镇314队"迁入"西南有色地质局309队"，迁移原因系"家属随迁"。证明目的：张琳婕与张传文为同一人，其与安钡佳公司法定代表人张晓霞存在亲属关系，双方所签《商品房购销合同》的真实性存疑；7. 张琳婕与安钡佳公司《商品房购销合同》被注销的买卖合同登记备案表（合同登记号：km2010042018568），证明目的：（1）张琳婕所购房屋总金额为842.725万元，折算每平方米仅5000元，并非一审判决所认定的每平方米40936.06元。（2）该《商品房购销合同》已于2014年4月22日（一审开庭前）被注销（注销类型为退房注销），安钡佳公司故意隐瞒事实，误导一审法院作出错误判决；8—9. 一审法院2014年9月23日、10月23日庭审笔录。根据记载，安钡佳公司对其支付吴基协的1840万元款项的性质作出"本金""利息"的不同陈述，另对借款期限、计息标准、付息时间等情况的陈述也存在矛盾。证明目的：安钡佳公司对其主张的借贷关系不能自圆其说；10. 昆明市人民政府小公厅关于转发昆明市进一步加强商品房预售管理实施意见的通知，该意见第二条第一项规定："取得预售许可的商品住房项目，房地产开发企业要在10日内一次性向社会公布经住房和城乡建设行政主管部门审核确认的全部准售房源及每套房屋价格，并严格按照申报价格，明码标价对外销售。实际销售价格与申报价格上下波动超出15%的，必须及时重新申报，重新申报次数为一次，否则，房产登记机关不予登记备案。"证明目的：案涉合同已在房管部门登记备案，约定价格符合安锁佳公司在房管部门申报备案的价格区间；11. 安锁佳公司与力邦公司于2013年6月2日签订的《商铺租赁合同》、力邦公司于2013年6月10日委托奥佳公司对外租赁百富琪商业广场的授权委托书及三家公司的登记卡片，证明目的：安锁佳公司与奥佳公司之间存在关联关系，安锁佳公司与力邦公司约定的租金价格仅为实际承租人的百分之一，且奥佳公司与实际承租人的签约时间早于《商铺租赁合同》，该份合同的交易价格和交易时间不符合逻辑。

上述证据8—9为一审法院庭审笔录，不属于二审程序中新的证据。其余证据在一审期间亦已存在，但综合本案情况，洪秀凤逾期提供该等证据难谓存在故意或者重大过失的情形。根据相关证据与案件基本事实的关系，本院当庭要求安锁佳公司在指定期间内就前述证据3、6、7、10提交质证意见。

安锁佳公司在二审庭审中认为上述证据均不属于新证据。对前述相关证据，安锁佳公司在二审庭审后提交质证意见：1. 沈汉卿与张晓霞的通话，产生于双方应一审法官要求就如何还款进行调解的过程中，其内容不能证明洪秀凤就是产权人；2. 张琳婕与张传文身份证号一致，是否与张晓霞系亲属关系不得而知；3. 针对张琳婕买卖合同备案登记表及该房屋价格，安锁佳公司提供张琳婕购房公证书及个人房屋抵押借款合同、首期付款37418000元发票、北京中企华房地产估价有限公司于2014年10月10日作出的《房地产估价报告初评结果》（其结论为：百富琪商业广场一至四层商业、四层全部公寓及负一层地下车位建筑面积19794.54平方米房地产，市场价值初评结果70200万元，价值时点2014年9月24日），认为案涉合同备案登记价格明显低于当时市场价格；4. 昆明市进一步加强商品房预售管理实施意见是真实的，但该意见系2011年1月1日生效，案涉楼盘销售时间为2010年1月3日，当时不需要公布和申报价格。

综合安锁佳公司质证意见，因其对洪秀凤所提供二审证据3、6、7、10的真实性未提出异议，本院确认其真实性。

2014年9月23日一审庭审中，安锁佳公司述称，案涉房产应该是已经竣工验收了，但是房产证还没有办下来，涉及规划方面的问题，是因为楼层问题，规划是25层，后来建了32层，本来增加的楼层要求分两次报批，但是尚未报批的时候就已经建好了。洪秀凤在二审庭审后提交的代理意见中，未向本院说明其与洪建华之间的关系，并称百富琪商业广场无法办理产权的原因系涉嫌违规超建，安锁佳公司依法缴纳罚款后即可办理产权登记。

本院查明的其他案件事实与一审法院查明的案件事实相同。

本院认为，根据当事人上诉、答辩意见，并经其当庭确认，本案二审争议焦点为：一、双方当事人之间法律关系的性质；二、安锁佳公司应否向洪秀凤交付案涉房产并协助办理所有权变更登记；三、安锁佳公司应否以及如何承担逾期交房的违约责任，应否承担洪秀凤支付的律师费。

一、关于双方当事人之间法律关系的性质问题

民事法律关系是民事法律规范调整社会关系过程中形成的民事主体之间的民事权利义务关系。除基于法律特别规定，民事法律关系的产生、变更、消灭，需要通过法律关系参与主体的意思表示一致才能形成。判断民事主体根据法律规范建立一定法律关系时所形成的一致意思表示，目的在于明晰当事人权利义务的边界、内容。一项民事交易特别是类似本案重大交易的达成，往往存在复杂的背景，并非一蹴而就且一成不变。当事人的意思表示于此间历经某种变化并最终明确的情况并不鲜见。有些已经通过合同确立的交易行为，恰恰也经历过当事人对法律关

系性质的转换过程。而基于各自诉讼利益考量，当事人交易形成过程中的细节并不都能获得有效诉讼证据的支撑。合同在性质上属于原始证据、直接证据。根据《最高人民法院关于民事诉讼证据的若干规定》第七十七条有关证据证明力认定原则的规定，其应作为确定当事人法律关系性质的逻辑起点和基本依据，应当重视其相对于传来证据、间接证据所具有的较高证明力。仅可在确有充分证据证明当事人实际履行行为与书面合同文件表现的效果意思出现显著差异时，才可依前者确定其间法律关系的性质。亦即，除在基于特定法政策考量，有必要在书面证据之外对相关事实予以进一步查证等情形，推翻书面证据之证明力应仅属例外。民事诉讼中的案件事实，应为能够被有效证据证明的案件事实。此外，透过解释确定争议法律关系的性质，应当秉持使争议法律关系项下之权利义务更加清楚，而不是更加模糊的基本价值取向。在没有充分证据佐证当事人之间存在隐藏法律关系且该隐藏法律关系真实并终局地对当事人产生约束力的场合，不宜简单否定既存外化法律关系对当事人真实意思的体现和反映，避免当事人一方不当摆脱既定权利义务约束的结果出现。此外，即便在两种解读结果具有同等合理性的场合，也应朝着有利于书面证据所代表法律关系成立的方向作出判定，借此传达和树立重诺守信的价值导向。综上，若要否定书面证据所体现的法律关系，并确定当事人之间存在缺乏以书面证据为载体的其他民事法律关系，必须在证据审核方面给予更为审慎的分析研判。

根据最高人民法院《关于适用〈中华人民共和国合同法〉若干问题的解释（二）》第七条规定，"交易习惯"是指，不违反法律、行政法规强制性规定的，在交易行为当地或者某一领域、某一行业通常采用并为交易对方订立合同时所知道或者应当知道的做法，或者当事人双方经常使用的习惯做法。《中华人民共和国合同法》针对"交易习惯"问题

作出相关规定，其意旨侧重于完善和补充当事人权利义务的内容，增强当事人合同权利义务的确定性。而本案并不涉及运用交易习惯弥补当事人合同约定不明确、不完整所导致的权利义务确定性不足的问题。在前述立法意旨之外，运用"交易习惯"认定当事人交易行为之"可疑性"，应格外谨慎。首先，关于房屋交付时间问题。案涉房产存在违反规划超建楼层且尚未报批即行出售的事实，在此情况下，当事人约定在合同签订之日后近四个月时交付房产。而即便不考虑前述事实，在现房买卖情形中，如何约定交房期限方符合"交易习惯"，有无必要乃至是否形成"交易习惯"，同类一般交易判断是否已经形成普遍共识，尚存较大疑问。其次，关于房屋价格问题。抛开此节是否属于"交易习惯"的问题，对不合理低价的判断，亦须以当时当地房地产管理部门公布的同等房地产之价格信息为参考依据。虽安钡佳公司称对其法定代表人张晓霞与张琳婕是否为亲属关系不得而知，但其确认张琳婕同张传文（与张晓霞户籍迁移时间、原因，迁出及迁入地均相同）身份证号相同的事实。张琳婕与安钡佳公司《商品房购销合同》的备案登记，已于2014年4月22日（一审庭审时间为2014年9月23日）因退房原因被注销。一审法院未查明相关事实，亦未对安钡佳公司在一审庭审中所作陈述与前述合同约定单价出现明显差异的事实给予必要关注，径以双方当事人约定价格明显低于安钡佳公司与张琳婕在案涉合同签订之日近30个月前所订合同中约定价格为主要理由，否定本案双方当事人之间存在房屋买卖法律关系，理据不足。此外，至本案当事人签约时（2013年8月21日），昆明市进一步加强商品房预售管理实施意见已经在当地施行（2011年1月1日生效）。根据该意见的前述相关规定，可以认定洪秀凤所持本案交易价格符合合理区间的主张成立。再次，关于付款问题。案涉合同约定的购房款支付方式为分期支付，但在洪秀凤所为一

次性支付及安钡佳公司受领给付的共同作用下，应当认定其属于合同履行之变更。将此种合同履行变更视作与正常买房人的付款习惯相悖，理据尚不充分。而洪秀凤向安钡佳公司法定代表人张晓霞付款 1900 万元，也符合该公司所出具付款委托书的要求。购房发票系当事人办理房地产变更登记过程中所必需，一审法院认定安钡佳公司此前先行开具购房款收据违背房屋买卖"交易习惯"，并得出当事人之间不存在房屋买卖法律关系的结论，缺乏足够的事实和法律依据。对本案 736 万元款项性质，双方所述均无合同依据且无其他证据佐证。然据前所述及，也不宜基此通过解释和推断得出推翻书面证据所反映当事人法律关系存在的结论。最后，关于借贷法律关系问题。洪秀凤与安钡佳公司签订了房屋买卖合同且已经备案登记，在实际履行过程中，虽然有些事实可能引发不同认识和判断，但在没有任何直接证据证明洪秀凤与安钡佳公司之间存在民间借贷法律关系，且安钡佳公司对其所主张民间借贷法律关系诸多核心要素的陈述并不一致的情况下，认定双方当事人之间存在民间借贷法律关系，缺乏充分的事实依据。本案二审庭审时，当庭播放了沈汉卿与安钡佳公司法定代表人张晓霞于 2014 年 11 月 10 日（一审庭审之后）的通话录音。其时，安钡佳公司一审所持抗辩意见已经固定，但安钡佳公司法定代表人张晓霞在通话中对洪秀凤之购房人身份却是认可的。至于安钡佳公司主张支付吴基协的 1840 万元系其所归还的借款本金问题，因其未提供任何证据支持，本院难予采信。如有争议，当事人可另循法律途径解决。

证明标准是负担证明责任的人提供证据证明其所主张法律事实所要达到的证明程度。本案中，洪秀凤已经完成双方当事人之间存在房屋买卖法律关系的举证证明责任，安钡佳公司主张其与洪秀凤之间存在民间借贷法律关系。按照最高人民法院《关于适用〈中华人民共和国民事诉讼法〉的解释》第一百零八条规定，安钡佳公司之举证应当在证明力上足以使人民法院确信该待证事实的存在具有高度可能性。而基于前述，安钡佳公司为反驳洪秀凤所主张事实所作举证，没有达到高度可能性之证明标准。较之高度可能性这一一般证明标准而言，合理怀疑排除属于特殊证明标准。最高人民法院《关于适用〈中华人民共和国民事诉讼法〉的解释》第一百零九条对排除合理怀疑原则适用的特殊类型民事案件范围有明确规定。一审法院认定双方当事人一系列行为明显不符合房屋买卖的"交易习惯"，进而基于合理怀疑得出其间系名为房屋买卖实为借贷民事法律关系的认定结论，没有充分的事实及法律依据，也不符合前述司法解释的规定精神，本院予以纠正。

二、关于安钡佳公司应否向洪秀凤交付案涉房产并协助办理所有权变更登记的问题

安钡佳公司与洪秀凤所签两份《商品房购销合同》，不违反法律、行政法规的效力性强制性规定，应认定有效。《中华人民共和国合同法》第八条、第六十条第一款规定，依法成立的合同，受法律保护，当事人应当按照约定全面履行自己的义务。在洪秀凤已经按约支付全部价款的情况下，安钡佳公司应当依法按约向洪秀凤交付房产并协助办理所有权变更登记。百富琪商业广场存在违规超建的事实，但该行政违法并不针对本案争议房产，安钡佳公司向洪秀凤交付房产并不存在法律上和事实上的障碍，对洪秀凤有关安钡佳公司交付案涉房产的诉请，本院予以支持。而因前述行政违法行为构成案涉房产所有权变更登记之法律障碍，于本案中直接判决安钡佳公司履行办理所有权变更登记义务并不妥当。安钡佳公司应在相关行政违法事项消除后，协助洪秀凤办理所有权变更登记。后续事项如因新的事实出现而再起争议，洪秀凤可另循法律途径解决。

三、关于安钡佳公司应否以及如何承担逾期交房的违约责任，应否承担洪秀凤支付

的律师费的问题

《中华人民共和国合同法》第一百零七条规定，当事人一方不履行合同义务或者履行合同义务不符合约定的，应当承担继续履行、采取补救措施或者赔偿损失等违约责任。本案中，安钡佳公司逾期交房构成违约，理应依法承担相应的违约责任。按照双方当事人有关安钡佳公司逾期交房违约责任的约定，安钡佳公司应承担的违约金为：314302 元×30 日× = 18858120 元；62860400 元×5‰ = 314302 元；35541130 元×5‰ = 177705.65 元；以上合计 19350127.65 元。洪秀凤要求安钡佳公司承担 19350128 元的违约责任有合同依据。考虑到洪秀凤对其收取的 736 万元款项性质的主张未能提供充分证据，为更好平衡当事人利益，该款可从违约金总额中予以相应扣减。据此，安钡佳公司应向洪秀凤支付违约金 11990128 元。根据《中华人民共和国合同法》第一百一十三条第一款规定，当事人一方不履行合同义务或者履行合同义务不符合约定，给对方造成损失的，损失赔偿额应当相当于因违约所造成的损失。律师费 300 万元的支出，并非洪秀凤主张权利必然发生的费用，在当事人对此并无特别约定的情况下，洪秀凤亦未充分证明该损失额与安钡佳公司违约行为之间的直接因果关系，故对洪秀凤此项诉讼请求，本院不予支持。

综上所述，一审判决认定双方当事人之间名为房屋买卖实为借贷法律关系，并据此驳回洪秀凤的诉讼请求，认定事实和适用法律错误，本院予以纠正。洪秀凤上诉主张其与安钡佳公司之间存在房屋买卖法律关系，并要求安钡佳公司承担继续履行等违约责任，

有事实和法律依据，对其合理部分，本院予以支持。本院依照《中华人民共和国民事诉讼法》第一百七十条第一款第二项之规定，判决如下：

一、撤销云南省高级人民法院（2014）云高民一初字第 9 号民事判决；

二、昆明安钡佳房地产开发有限公司于本判决生效后十日内向洪秀凤交付百富琪商业广场一层、二层商业用房；

三、昆明安钡佳房地产开发有限公司于百富琪商业广场所涉行政违法事项消除后四十日内协助洪秀凤办理一层、二层商业用房所有权变更登记；

四、昆明安钡佳房地产开发有限公司于本判决生效之日起十日内向洪秀凤支付违约金 11990128 元；

五、驳回洪秀凤的其他诉讼请求。

昆明安钡佳房地产开发有限公司如果未按本判决指定的期间履行给付金钱义务，应当按照《中华人民共和国民事诉讼法》第二百五十三条之规定，加倍支付迟延履行期间的债务利息。

一审案件受理费 630558.30 元，二审案件受理费 630558.30 元，共计 1261116.60 元，由昆明安钡佳房地产开发有限公司负担。

本判决为终审判决。

审　判　长　×××
代理审判员　×××
代理审判员　×××
二〇一五年六月一日
书　记　员　×××

朱俊芳与山西嘉和泰房地产开发有限公司
商品房买卖合同纠纷案

《最高人民法院公报》2014 年第 12 期

【裁判摘要】

1. 双方当事人基于同一笔款项先后签订《商品房买卖合同》和《借款协议》，并约定如借款到期，偿还借款，《商品房买卖合同》不再履行；若借款到期，不能偿还借款，则履行《商品房买卖合同》。在合同、协议均依法成立并已生效的情况下，应当认定当事人之间同时成立了商品房买卖和民间借贷两个民事法律关系。该行为并不违反法律、行政法规的强制性规定。

2. 借款到期，借款人不能按期偿还借款。对方当事人要求并通过履行《商品房买卖合同》取得房屋所有权，不违反《担保法》第四十条、《物权法》第一百八十六条有关"禁止流押"的规定。

最高人民法院
民事判决书

(2011) 民提字第 344 号

申请再审人（一审原告、二审被上诉人、原被申诉人）：朱俊芳，女，汉族，住山西省大同市。

委托代理人：王珂，北京市博然律师事务所律师。

委托代理人：马洪涛，北京市博然律师事务所律师。

被申请人（一审被告、二审上诉人、原申诉人）：山西嘉和泰房地产开发有限公司，住所地：山西省太原市并州南路西一巷 10 号。

法定代表人：范维明，该公司执行董事。

委托代理人：张刚，山西元升律师事务所律师。

委托代理人：范晓东，山西元升律师事务所律师。

申请再审人朱俊芳与被申请人山西嘉和泰房地产开发有限公司（以下简称嘉和泰公司）商品房买卖合同纠纷一案，山西省高级人民法院（以下简称山西高院）于 2011 年 2 月 17 日作出 (2010) 晋民再终字第 103 号民事判决。朱俊芳不服该判决，向本院申请再审。本院于 2011 年 9 月 16 日作出 (2011) 民申字第 816 号民事裁定：1. 本案由本院提审；2. 再审期间，中止原判决的执行。本院依法组成合议庭，于 2011 年 11 月 23 日开庭审理了本案。朱俊芳的委托代理人王珂、马洪涛，嘉和泰公司的委托代理人张刚、范晓东到庭参加诉讼。本案现已审理终结。

朱俊芳向山西省太原市小店区人民法院（以下简称一审法院）起诉称，2007 年 1 月 25 日，其与嘉和泰公司签订商品房买卖合同，1 月 26 日，嘉和泰公司向朱俊芳借款 1100 万元，为保证还款，朱俊芳与嘉和泰公司约定用嘉和泰公司开发的百桐园小区十号楼 14 套商铺作抵押，抵押方式为和嘉和泰公司签订商品房买卖合同，并办理备案手续，开具发票。双方约定如嘉和泰公司偿还借款，朱俊芳将抵押手续（合同、发票、收据）退回嘉和泰公司；如到期不能偿还借款，嘉和泰公司以抵押物抵顶借款。2007 年 4 月 26 日，还款期限届满后,嘉和泰公司未能还款。故请求确认朱俊芳与嘉和泰公司签订的十四份《商品房买卖合同》有效,判令嘉和泰公司履行商品房买卖合同。

嘉和泰公司答辩称,嘉和泰公司实际只借朱俊芳1023万元,其余77万元为利息。朱俊芳和嘉和泰公司签订的商品房买卖合同是对借款的抵押担保,没有形成真实的买卖合同关系。担保未办理登记手续,双方约定的条款为绝押条款,抵押无效。朱俊芳与嘉和泰公司之间为借款担保纠纷而非房屋买卖合同纠纷,朱俊芳起诉案由错误。故应驳回其诉讼请求。

一审法院查明:2007年1月25日,朱俊芳与嘉和泰公司签订十四份《商品房买卖合同》,主要约定朱俊芳向嘉和泰公司购买当地百桐园小区十号楼14套商铺等。同日嘉和泰公司将该十四份合同办理了销售备案登记手续,并于次日向朱俊芳出具两张总额10354554元的销售不动产发票。

2007年1月26日,朱俊芳与嘉和泰公司签订一份《借款协议》,主要约定:嘉和泰公司向朱俊芳借款1100万元,期限至2007年4月26日;嘉和泰公司自愿将其开发的当地百桐园小区十号楼商铺抵押给朱俊芳,抵押的方式为和朱俊芳签订商品房买卖合同,并办理备案手续,开具发票;如嘉和泰公司偿还借款,朱俊芳将抵押手续(合同、发票、收据)退回,如到期不能偿还,嘉和泰公司将以抵押物抵顶借款,双方互不支付对方任何款项等。该合同签订后,朱俊芳向嘉和泰公司发放了1100万元借款,嘉和泰公司出具了收据。至2007年4月26日,嘉和泰公司未能偿还该借款。

一审法院认为:双方签订的十四份《商品房买卖合同》,意思表示真实,依法办理了备案登记手续,应当受到法律保护。根据双方在后签订的《借款协议》约定,可以认为借款协议的约定,实际为商品房买卖合同签订生效后,在履行合同过程中,双方对商品房买卖合同作出的补充。其中《借款协议》约定将到期不还的借款作为给付的房款,实际上是为已签订并正在履行的十四份《商品房买卖合同》附加了解除条件,即到期还款买卖合同解除,到期不能还款买卖合同继续履行。现嘉和泰公司到期未能还款,十四份《商品房买卖合同》所附解除条件未成就,应当继续履行。

2007年9月3日,一审法院作出(2007)小民初字第1083号民事判决:一、朱俊芳与嘉和泰公司签订的14份《商品房买卖合同》有效;二、嘉和泰公司应当按照该《商品房买卖合同》的内容履行合同。一审案件受理费87800元,保全费5000元,共计92800元,由嘉和泰公司负担。

嘉和泰公司不服一审判决,向山西省太原市中级人民法院(以下简称太原中院)提出上诉称,朱俊芳持有的收据数额虽然是1100万元,但嘉和泰公司实际收到的款项为1023万元,在借款时朱俊芳已扣除了77万元利息。嘉和泰公司出具的发票金额是1035.4554万元,此金额是根据双方借款抵押的房地产面积和单价折算而来,所以与收据的金额不一致。嘉和泰公司与朱俊芳之间是借款法律关系,双方签订的《商品房买卖合同》及发票只是属于《借款合同》的抵押手续,并没有形成真实的买卖合同关系。而借款合同关于抵押的约定违反了担保法解释的相关规定,且未在相关部门进行登记,属于无效约定,不应受法律的保护。请求撤销一审判决,驳回朱俊芳的诉讼请求。

朱俊芳答辩称,双方签订的《商品房买卖合同》进行了登记备案,已经成立生效。借款协议是朱俊芳在付房款的过程中在嘉和泰公司要求下才签订,是为保证朱俊芳权益才写的条款,不影响买卖合同成立生效。故请求维持原判。

太原中院认为,双方签订的商品房买卖合同是双方当事人的真实意思表示,且在国家规定的相关部门登记备案,应认定有效。

双方在合同履行过程中又签订了借款合同，该合同仅是商品房买卖合同的补充，故一审判决继续履行商品房买卖合同并无不妥。另外，由于嘉和泰公司向朱俊芳出具1100万元的收款收据，其主张仅收到10354554元，证据不足，不予支持。

2008年5月4日，太原中院作出（2007）并民终字第1179号民事判决：驳回上诉，维持原判。二审案件受理费43900元，由嘉和泰公司负担。

嘉和泰公司不服该判决，向山西省人民检察院提出申诉，山西省人民检察院于2009年12月4日作出晋检民抗（2009）60号民事抗诉书，向山西高院提起抗诉。山西高院于2009年12月31日作出（2009）晋民抗字第69号民事裁定，裁定提审本案。

山西省人民检察院抗诉认为，二审法院判决认定的事实缺乏证据证明，适用法律错误。（一）本案争议双方签订的主合同为借款合同，房屋买卖合同只是从属于借款合同的抵押担保内容，属从合同。根据朱俊芳在其民事起诉状中关于"2007年1月，被告拟向原告借款，1月26日，原、被告签订借款协议，约定被告向原告借款1100万元……。为保证原告资金安全，原、被告在协议中约定：被告将其开发的百桐园小区十号楼商铺抵押给原告。抵押方式为和原告签订商品房买卖合同……"的陈述，以及嘉和泰公司与朱俊芳所签订的借款协议关于"为保证甲方的资金安全，乙方自愿将本公司开发的百桐园小区十号楼商铺以四千六百元每平方米的价格抵押给甲方，抵押面积为贰仟贰佰伍拾点玖玖平方米，和甲方签订商品房买卖合同并到太原市房地局办理备案手续，同时给甲方开具与备案买卖合同相对应的不动产销售发票"之约定，证明嘉和泰公司与朱俊芳在借款协议中已明确约定了抵押担保，商品房买卖合同的真实意思是以买卖房屋作为借款合同的抵押担保内容，借款合同是主合同，商品房买卖合同是从合同。且从双方签订商品房买

卖合同后并未实际履行的情况可知，双方签订的商品房买卖合同，是不以买受方支付房款及出卖方交付房屋为目的，双方的真实意思表示并非买卖商品房，而是将该"商品房买卖合同"以及"发票、收据"共同作为借款合同的抵押担保内容，是为保证借款合同的履行而采取的一种担保措施。原审判决认定借款合同是商品房买卖合同的补充，缺乏证据证明。（二）主合同中关于抵押担保部分无效，从合同亦属无效。（1）嘉和泰公司为保障朱俊芳借款安全，将其开发的百桐园小区十号楼商铺抵押给朱俊芳，但是双方未办理抵押登记，根据《中华人民共和国担保法》第四十一条规定，抵押合同并未生效。（2）嘉和泰公司与朱俊芳在借款合同中约定借款到期嘉和泰公司一次性还清朱俊芳借款后，朱俊芳将抵押手续（合同、发票、收据）退回嘉和泰公司，如嘉和泰公司到期不能偿还或无力偿还借款，将用抵押物来抵顶借款，双方互不支付对方任何款项。从上述内容可知，"商品房买卖合同、发票、收据"的作用在于，不能偿还借款时，将抵押物即所"买卖"的房屋所有权转移为朱俊芳所有，该约定内容违反法律的强制性规定，属绝押条款，应属无效。原审判决认定双方之间的商品房买卖合同有效，属适用法律错误。

朱俊芳答辩称，双方之间是商品房买卖合同关系，借款协议是商品房买卖合同的补充，商品房买卖合同合法有效。一审、二审判决完全正确。

山西高院再审查明，2007年1月25日，朱俊芳与嘉和泰公司签订十四份《商品房买卖合同》，主要约定朱俊芳以每平方米4600元价格向嘉和泰公司购买百桐园小区十号楼14套商铺。同日办理了十四份《商品房买卖合同》的销售备案登记手续。嘉和泰公司于次日向朱俊芳出具两张总额1035.4554万元的销售不动产发票。2007年1月26日，朱俊芳与嘉和泰公司签订一份《借款协议》，约定嘉和泰公司向朱俊芳借款1100万元，借款期

限自借款到账之日起三个月即 2007 年 1 月 26 日至 2007 年 4 月 26 日止；嘉和泰公司自愿将其开发的百桐园小区十号楼商铺以每平方米 4600 元的价格抵押给朱俊芳，抵押的方式为和朱俊芳签订商品房买卖合同，并办理备案手续，开具发票；借款到期，嘉和泰公司一次性还清借款，朱俊芳将抵押手续（合同、发票、收据）退回嘉和泰公司，如到期不能偿还，嘉和泰公司将以抵押物抵顶借款，双方互不支付对方任何款项等。同日，嘉和泰公司向朱俊芳出具 1100 万元收据。

另查明，朱俊芳与嘉和泰公司签订十四份《商品房买卖合同》购买的百桐园小区十号楼 14 套商铺，与嘉和泰公司抵押给朱俊芳的百桐园小区十号楼 14 套商铺为同一标的。双方当事人在《借款协议》中约定的"乙方（嘉和泰公司）一次性还清甲方（朱俊芳）借款后，甲方将以上抵押手续（合同、发票、收据）退回乙方"，合同即为朱俊芳与嘉和泰公司签订的十四份《商品房买卖合同》；发票即为嘉和泰公司向朱俊芳出具的两张总额 1035.4554 万元的销售不动产发票；收据即为嘉和泰公司向朱俊芳出具的 1100 万元借款收据。

山西高院认为，双方当事人再审争议的焦点是：1. 本案双方是民间借贷合同关系还是商品房买卖合同关系；2.《借款协议》中"到期不能还款用抵押物抵顶借款，双方之间互不支付对方任何款项"的约定是否违反法律的强制性规定。

关于本案双方是民间借贷合同关系还是商品房买卖合同关系问题。山西高院认为，本案双方是民间借贷合同关系而非商品房买卖合同关系。嘉和泰公司与朱俊芳签订的借款协议约定"为保证甲方的资金安全，乙方自愿将本公司开发的百桐园小区十号楼商铺以四千六百元每平方米的价格抵押给甲方，抵押面积为贰仟贰佰伍拾点玖玖平方米，和甲方签订商品房买卖合同并到太原市房地局办理备案手续，同时给甲方开具与备案买卖

合同相对应的不动产销售发票。"证明朱俊芳的真实意思表示是嘉和泰公司以商铺作为向朱俊芳借款的抵押担保。朱俊芳在起诉状中陈述："2007 年 1 月，被告拟向原告借款，1 月 26 日，原、被告签订借款协议，约定被告向原告借款 1100 万元……。为保证原告资金安全，原、被告在协议中约定：被告将其开发的百桐园小区十号楼商铺抵押给原告，抵押方式为和原告签订商品房买卖合同……。"朱俊芳在一审中的辩论意见也说"是怕不给钱才签订了协议，……当然就是为了保证资金安全。"也印证了借款是其真实意思表示，而商品房买卖合同是借款合同的抵押担保内容。

关于《借款协议》中"到期不能还款用抵押物抵顶借款，双方之间互不再支付对方任何款项"的约定是否违反法律的强制性规定问题。山西高院认为，《借款协议》中"到期不能还款用抵押物抵顶借款，双方之间互不再支付对方任何款项"的约定违反法律的强制性规定，应属无效。综上，检察机关的抗诉理由成立。鉴于就争议法律关系的性质释明后，朱俊芳仍不变更诉讼请求，朱俊芳关于确认双方签订的房屋买卖合同有效并继续履行的请求不予支持，但朱俊芳可依法另行提起诉讼主张其权利。

2011 年 2 月 17 日，山西高院作出（2010）晋民再终字第 103 号民事判决：撤销太原市小店区人民法院（2007）小民初字第 1083 号民事判决和太原市中级人民法院（2007）并民终字第 1179 号民事判决；驳回朱俊芳的诉讼请求。本案一、二审案件受理费由朱俊芳负担。

朱俊芳不服山西高院（2010）晋民再终字第 103 号民事判决，向本院申请再审称，（一）双方当事人之间签订的 14 份《商品房买卖合同》是真实的意思表示，合法有效。（二）《借款协议》是对买卖合同履行设定的解除条件，解除条件不成就时，继续履行《商品房买卖合同》，并非抵押给朱俊芳。

（三）朱俊芳对起诉状的陈述并不知情，系其代理律师施冬生错误理解事实，在起诉状中作出了错误的描述。对此，朱俊芳从未起诉状上签字或按手印，庭审时也未参加，直至再审时才发现此问题。因此，起诉状里对事实的错误描述不能认定为朱俊芳的本意。根据《中华人民共和国民事诉讼法》第一百七十九条第一款第（二）项之规定，申请再审。请求确认双方当事人之间的买卖合同关系有效，判令嘉和泰公司履行商品房买卖合同。

嘉和泰公司答辩称，一、嘉和泰公司与朱俊芳之间是借贷关系，而非商品房买卖合同关系。《借款协议》明确表明双方是借贷关系，签订十四份《商品房买卖合同》的真实意思是为借款提供担保，并非双方有买卖商品房的意思表示。朱俊芳在一审诉状中对此亦有同样表述。二、《借款协议》中"到期不能还款用抵押物抵顶借款，双方之间互不再支付对方任何款项"的约定违反法律的强制性规定，是无效的。

本院再审查明的事实与山西高院再审查明的事实相同。

本院认为，在本院再审中，朱俊芳与嘉和泰公司对于山西高院再审判决认定的事实均无异议，但对于双方之间的法律关系性质和效力存在争议，故本案再审的焦点问题就是双方当事人之间法律关系的性质和效力。

朱俊芳主张其与嘉和泰公司之间是商品房买卖合同关系。嘉和泰公司主张双方之间是民间借贷关系。山西高院再审认为，双方是民间借贷合同关系而非商品房买卖合同关系，商品房买卖合同是借款合同的抵押担保内容，借款协议中"到期不能还款用抵押物抵顶借款，双方之间互不支付对方任何款项"的约定违反法律的强制性规定，应属无效。本院认为，本案中，十四份《商品房买卖合同》涉及的款项和《借款协议》涉及的款项，在数额上虽有差额，但双方当事人对于十四份《商品房买卖合同》所涉款项和《借款协议》所涉款项属同一笔款项并无异议。也就

是说双方当事人基于同一笔款项先后签订了十四份《商品房买卖合同》和《借款协议》，且在太原市房地产交易所办理了十四份《商品房买卖合同》销售备案登记手续。根据《中华人民共和国合同法》第三十二条规定："当事人采用合同书形式订立合同的，自双方当事人签字或盖章时合同成立。"第四十四条第一款规定："依法成立的合同，自成立时生效。"案涉十四份《商品房买卖合同》和《借款协议》均为依法成立并已生效的合同。本案双方当事人实际上就同一笔款项先后设立商品房买卖和民间借贷两个法律关系。山西高院再审认为本案双方是民间借贷合同关系而非商品房买卖合同关系不当，应予纠正。从本案十四份《商品房买卖合同》和《借款协议》约定的内容看，案涉《商品房买卖合同》与《借款协议》属并立又有联系的两个合同。案涉《商品房买卖合同》与《借款协议》之间的联系表现在以下两个方面：其一是案涉《商品房买卖合同》与《借款协议》涉及的款项为同一笔款项；其二是《借款协议》约定以签订商品房买卖合同的方式为《借款协议》所借款项提供担保，即双方当事人实际是用之前签订的十四份《商品房买卖合同》为之后签订的《借款协议》提供担保。同时《借款协议》为案涉《商品房买卖合同》的履行附设了解除条件，即借款到期，嘉和泰公司还清借款，案涉《商品房买卖合同》不再履行；借款到期，嘉和泰公司不能偿还借款，则履行案涉《商品房买卖合同》。关于《借款协议》中"如到期不能偿还，或已无力偿还，乙方（嘉和泰公司）将用以上抵押物来抵顶借款，双方互不再支付对方任何款项"的约定是否违反法律的强制性规定问题。《中华人民共和国担保法》第四十条规定："订立抵押合同时，抵押权人和抵押人在合同中不得约定在债务履行期届满抵押权人未受清偿时，抵押物的所有权转移为债权人所有。"《中华人民共和国物权法》第一百八十六条规定："抵押权人在债务履行期届满前，不得与

抵押人约定债务人不履行到期债务时抵押财产归债权人所有。"这是法律上禁止流押的规定。禁止流押的立法目的是防止损害抵押人的利益,以免造成对抵押人实质上的不公平。本案《借款协议》中"如到期不能偿还,或已无力偿还,乙方(嘉和泰公司)将用以上抵押物来抵顶借款,双方互不再支付对方任何款项"的约定,并非法律上禁止的流押条款。首先,《借款协议》上述条款并非约定嘉和泰公司到期不能偿还借款,《借款协议》所称抵押物所有权转移为朱俊芳所有。在嘉和泰公司到期未偿还借款时,朱俊芳并不能直接按上述约定取得《借款协议》所称的"抵押物"所有权。朱俊芳要想取得《借款协议》所称的"抵押物"即十四套商铺所有权,只能通过履行案涉十四份《商品房买卖合同》实现。正基于此,朱俊芳在本案一审提出的诉讼请求也是确认十四份《商品房买卖合同》有效,判令嘉和泰公司履行商品房买卖合同。其次,案涉十四份《商品房买卖合同》和《借款协议》均为依法成立并生效的合同,双方当事人在《借款协议》中约定以签订商品房买卖合同的形式为《借款协议》提供担保,并为此在《借款协议》中为案涉十四份《商品房买卖合同》附设了解除条件,该约定并不违反法律、行政法规的强制性规定。实际上,双方当事人对于是履行十四份《商品房买卖合同》,还是履行《借款协议》具有选择性,即商品房买卖合同的解除条件成就,就履行《借款协议》;商品房买卖合同的解除条件未成就,就履行十四份《商品房买卖合同》。无论是履行十四份《商品房买卖合同》,还是履行《借款协议》,均符合双方当事人的意思表示,且从合同的选择履行的角度看,嘉和泰公司更具主动性。嘉和泰公司如果认为履行十四份《商品房买卖合同》对其不公平,损害了其利益,其完全可以依据《中华

人民共和国合同法》第五十四条第一款第(二)项的规定,请求人民法院撤销案涉十四份《商品房买卖合同》,但嘉和泰公司在法定的除斥期间内并未行使合同撤销权,而是拒绝履行生效合同,其主张不符合诚信原则,不应得到支持。因此,《借款协议》上述关于到期不能偿还,或已无力偿还,嘉和泰公司抵押物来抵顶借款的约定,不符合《中华人民共和国担保法》第四十条和《中华人民共和国物权法》第一百八十六条禁止流押的规定。山西高院再审认为,《借款协议》中"到期不能还款用抵押物抵顶借款,双方之间互不再支付对方任何款项"的约定违反法律的强制性规定,应属无效,缺乏事实和法律依据,本院予以纠正。

综上,案涉十四份《商品房买卖合同》和《借款协议》均为依法成立并生效的合同。《借款协议》约定的商品房买卖合同的解除条件未成就,故应当继续履行案涉十四份《商品房买卖合同》。山西高院再审判决适用法律错误,应予撤销。太原中院二审判决虽在判决理由表述上不够准确和充分,但判决结果正确,可予以维持。依照《中华人民共和国民事诉讼法》第一百五十三条第一款第(二)项、第(三)项、第一百八十六条第一款之规定,判决如下:

一、撤销山西省高级人民法院(2010)晋民再终字第103号民事判决;

二、维持山西省太原市中级人民法院(2007)并民终字第1179号民事判决。

本判决为终审判决。

审　判　长　×××
审　判　员　×××
代理审判员　×××
二〇一二年十二月八日
书　记　员　×××

徐州大舜房地产开发有限公司诉王志强
商品房预售合同纠纷案

《最高人民法院公报》2013 年第 12 期

【裁判摘要】

房地产开发企业以规避国家对房地产行业调控为目的，借他人名义与自身签订虚假商品房买卖合同，抵押套取银行信贷资金的，如果商品房买受人明知合同非双方真实意思表示，则该情形符合《中华人民共和国合同法》第五十二条第（三）项的规定，应当认定合同无效。

原告：徐州大舜房地产开发有限公司，住所地：江苏省徐州市夹河街。

法定代表人：闫长印，该公司总经理。

被告：王志强，男，63 岁，汉族，退休干部，住江苏省邳州市运河镇。

原告徐州大舜房地产开发有限公司（以下简称大舜公司）因与被告王志强发生商品房预售合同纠纷，向徐州市泉山区人民法院提起诉讼。

原告大舜公司诉称，原告为企业融资需要，想通过签订虚假的商品房买卖合同获得银行贷款供企业临时使用，待企业资金充足后如数归还银行。被告（原告方职工、法定代表人闫长印的亲戚）王志强表示同意，并以自己的名义签订合同，房屋价款及利息均由原告承担，获得的银行贷款由原告使用，原告享有房屋所有权。2008 年 4 月 2 日，原告与被告签订一份虚假的《商品房买卖合同》，合同约定将原告开发的位于夹河街的舜禾宫寓综合楼 1 单元 1701 室房屋出售给被告，房屋总价款为 106 万元，付款方式为按揭贷款。2008 年 4 月 2 日支付首期房款 318000 元，2008 年 4 月 13 日前将余款

742000 元付清。合同签订后原告支付了首付款及相关契税，2008 年 4 月 23 日在被告的配合下以被告的名义办理了银行抵押贷款，所得贷款由原告使用，每月银行贷款均由原告偿还，被告均无异议。2009 年 8 月 19 日原告将名为被告实为自己所有的诉争房屋出售给买受人赵静，合同约定赵静先支付原告房款 39 万元，从 2009 年 8 月 19 日起贷款余额均由赵静承担，产权归赵静所有，赵静一直归还贷款至 2012 年 3 月，被告均无异议。2012 年 4 月 20 日赵静去还款时被告知贷款户已被被告销掉。原告为维护自身合法权益，请求法院依法确认 2008 年 4 月 2 日原被告双方签订的商品房买卖合同无效，被告在诉争房屋抵押借款结清之日配合注销诉争房屋的抵押登记，并将诉争房屋产权户名恢复登记至原告名下。

原告大舜公司提交了如下证据：

1. 原告大舜公司的企业法人营业执照、组织机构代码证，证明原告主体适格。

2. 落款日期为 2008 年 4 月 2 日、签订双方为原告大舜公司和被告王志强的《商品房买卖合同》一份以及落款日期为 2008 年 4 月 24 日的房地产抵押合同一份及首付款收据、售房发票、开具日期为 2008 年 4 月 7 日的徐州市财政局契税完税证、开具日期为 2008 年 4 月 8 日的徐州市物业维修基金缴款凭证、出具日期分别为 2008 年 4 月 15 日、4 月 29 日徐州市房产管理局产权管理处所有权登记费收据原件。证明原告为了获得银行贷款，于 2008 年 4 月 2 日与被告签订了一份虚假的商

品房买卖合同，但被告未实际履行商品房买卖合同确定的义务。

3. 落款日期为 2009 年 8 月 19 日、签订双方为原告大舜公司（甲方）和赵静（乙方）的《售房合同》一份，2012 年 4 月 20 日赵静书写的证明材料一份，证明原告于 2009 年 8 月 19 日已将诉争房屋卖给真正购买人赵静，自 2009 年 8 月 19 日后由赵静按月偿还诉争房屋的银行贷款。

4. 户名为王志强、账号为 1251019980110795143 的账户自 2008 年 5 月至 2012 年 3 月银行存款明细一份以及 2011 年 2 月至 2011 年 8 月银行存款凭条一组．证明涉案房屋 2008 年 5 月至 2009 年 8 月的银行贷款由原告大舜公司偿还、2009 年 9 月起的银行贷款由实际购房人赵静转账还款，被告曾于 2011 年 7 月向该账户存入现金 5000 元但随后于 2011 年 7 月 18 日将该 5000 元取出。

5. 户名为王志强、开户日期为 2008 年 4 月 22 日的存折复印件（原件交银行）一份，户名为王志强、换折日期为 2010 年 8 月 25 日的存折原件一本，2011 年 8 月至 2012 年 3 月存款凭条的客户回单一组和原告大舜公司张会计书写的证明，证明诉争房屋的银行贷款由原告和实际购房人按月偿还，存折原件上显示 2010 年 8 月 23 日曾经加过磁，加磁是在被告同意的情况下才进行的，被告对其未履行抵押贷款合同是明知的。

6. 被告王志强在徐州大舜环保建材有限公司的部分工资表、徐州大舜环保建材有限公司营业执照．证明被告原为原告大舜公司法定代表人闫长印控股的公司职工。

7. 落款日期为 2007 年 4 月 8 日，签订双方为大舜公司（出卖人、原告）和王志强（买受人、被告）的《商品房买卖合同》（合同编号为 No0049275）复印件一份，证明被告曾经在 2007 年 4 月 8 日从原告处购买过前舜新村房屋一套，因此诉争房屋并不是原告真正要卖给被告的，同时也不影响被告行使首套房的权利。

8. 落款日期为 2008 年 4 月 2 日、原告大舜公司作为出卖人分别与买受人阎岩、张丽云、阎磊、李德民、刘东签订的《商品房买卖合同》五份，及编号为 7000761－7000767 的连号收据及贷款情况表，落款日期为 2008 年 4 月 24 日、抵押人徐斌林以舜禾宫寓 2－1702 室房屋为抵押与中国农业银行徐州市分行签订的房地产抵押合同一份，所有人为阎岩、刘东、张丽云的房屋产权证及土地证原件各一份，证明原告于 2008 年 4 月 2 日与包括被告在内的上述人员签订虚假的商品房买卖合同以获取银行贷款，其中部分人的房屋产权证和土地证在原告处，被告王志强以其孩子要到徐州上学为由将办证材料拿去办理产权证和土地证后未将证件原件交给原告。

9. 证人李德民出庭作证，其作证称：我妻子是大舜公司法定代表人闫长印的妹妹，我妻子让我帮忙，大舜公司以我的名义办理产权并向银行贷款，贷款由大舜公司使用并按月向银行偿还，我只负责签字，其他的都不问。当时签合同时听说王志强也来了，我们不认识，所以没有说话。我退休后在大舜公司任物业经理。

被告王志强辩称：原告大舜公司所述与事实不符。1. 关于签订合同的本意。在 2009 年 10 月前被告不是原告大舜公司的职工，不了解原告急需资金的状况，不可能主动表示愿意以自己的名义签订虚假合同套取银行资金。被告于 2007 年左右就想在徐州买房子，原告的法定代表人和执行董事都是被告的亲戚，原告是一个家族企业，所以本着两便两利的想法就在原告处定了一个约 100 平方的房屋，后来被原告另售他人，又在原告的推荐下于 2008 年 4 月 2 日签订了正式的售房合同，订购了诉争房屋。在主观上讲被告从未和原告合意订立虚假合同，商品房买卖合同及后来的银行贷款合同、抵押合同都是被告的真实意思表示。2. 关于首付和银行贷款的偿还问题。在签订合同的时候约定首付款 31.8 万元由被告支付，但此款是先向被告的姑父即原告的执行董事阎长印借的，同时约定上房前的银行还贷和前期的办证费由原告代为支付，等到上房时一并结清。合同签订后，多次向原告要求上房，但原告都以种种理由推脱，被告并不是无异议，是因被告在购房合同中处于弱势，也不愿意撕破脸与亲戚打官司，致使被告的利益一再被侵犯。3. 关于赵静二次购房的问题。据原告诉状所述，原告在 2009 年 8 月 19 日就将诉争房屋擅自二次出售给了赵静，但被告并不知道这件事，直至 2010 年年底因还款存折消磁需要更换，被告才从原告工作人员处得知他的房子被二次出售，且当时银行贷款已经由赵静偿还的事实，被告十分气愤，当即就找到了阎长印要求履行合同，算账上房。在被告的一再要求下，原告于 2011 年 6 月份同意履行合同，将诉争房屋的产权证件办理到被告的名下。被告还于 2011 年 7 月份挂失还款存折、变更密码，准备自己直接偿还银行贷款，但此后不久原告再次变卦，被告只好于 2012 年 2 月份变换了银行还款账户以偿还银行贷款，并于 2012 年 5 月份向原告发函要求履行合同。如果是虚假合同则剥夺了被告较大的实体利益。如按照原告自称该合同是为骗取银行贷款而签订的虚假合同，即可能涉嫌刑事犯罪，则本案应终止审理，将案件移送给公安机关处理。

被告王志强提交了如下证据：

1. 落款日期为 2008 年 4 月 2 日，签订双方为大舜公司（出卖人、原告）、王志强（买受人、被告）的《商品房买卖合同》（合同编号 No.0130315）原件一份，落款日期为 2008 年 4 月 24 日的房地产抵押合同复印件一份、贷款合同复印件一份，证明原被告双方合意后签订商品房买卖合同，并且经过备案，被告将涉诉房屋抵押给了建设银行并签订了贷款合同，取得的 74.2 万元贷款已作为购房款交给了原告。

2. 办理银行抵押贷款时提供的资料复印件共计 14 张，用以证明被告王志强在办理银

行贷款手续时因是首次贷款利率打 8.5 折，享有较大的优惠。证明被告是诚心诚意要购买房屋的。

3. 涉诉房屋的产权证（徐房权证泉山字第 156752 号）原件及土地证〔徐土国用（2011）第 29338 号〕原件，证明双方签订的商品房买卖合同是真实有效的，现诉争房屋已经属于被告王志强所有。

4. 日期为 2011 年 7 月 7 日的存折挂失业务收费凭证一张、开户日期为 2012 年 2 月 9 日的存折复印件一张、落款日期为 2012 年 5 月 2 日函件一份，证明被告王志强自 2012 年 2 月起已直接支付银行贷款，并在 2012 年 5 月 2 日要求原告大舜公司尽快履行合同交付房屋。

5. 徐州市房屋所有权登记审核表盖章复印件两张，购房发票办证联原件一张，配图费发票原件一张，产权登记费原件一张以及土地登记申请书复印件两张，土地使用权分割转让证复印件一份及变更申请书复印件一张，土地登记费发票原件一张。证明房屋所有权证和土地使用权证是在 2011 年 6 月份左右原告大舜公司同意继续履行合同并提供相关资料协助被告王志强办理的，而不是原告所说的被告向原告借用。

徐州市泉山区人民法院一审查明：

2008 年 4 月 2 日，原告大舜公司与被告王志强签订商品房买卖合同，约定王志强购买的商品房为舜禾宫寓综合楼 1 单元 1701 室（建筑面积 171.14 平方米），该商品房单价为每平方米 6193.76 元，总价款 106 万元，其中首付款 31.8 万元，余款 74.2 万元于 2008 年 4 月 13 日前付清。首付款一式三联收据均由原告保管。2008 年 4 月 7 日，徐州市财政局出具了户名为王志强、金额为 42400 元的契税完税证；2008 年 4 月 8 日，徐州市物业维修基金出具了户名为王志强、金额为 7695 元的物业维修基金缴款凭证；2008 年 4 月 15 日和 4 月 29 日徐州市房产管理局产权管理处出具了金额为 160 元的所有权登记费收据。以

上缴费款项均由原告交纳并持有缴费凭证原件。

2008年4月24日，被告王志强作为借款人、原告大舜公司作为保证人与中国建设银行股份有限公司徐州分行签订《房地产抵押合同》，约定被告王志强以其位于徐州市舜禾宫寓综合楼1单元1701室的房产作为抵押向该行贷款74.2万元，享受利率8.5折优惠，期限自2008年4月24日至2024年4月24日。抵押贷款到账后，原告每月按约定的还款数额向户名为王志强、账号为125101998110795143的账户偿还银行贷款。

2009年8月19日原告大舜公司与第三人赵静签订售房合同将舜禾宫寓综合楼1单元1701室出售给赵静，约定房屋价格为101万元。自此涉诉房屋的银行贷款由赵静偿还。

2011年6月27日，徐州市房产管理局产权管理处出具金额为80元的所有权登记费收据、徐州市宏伟测绘制图公司出具金额为20元的配图费发票，当日被告王志强取得了徐房权证泉山字第156752号房屋所有权证，房屋所有权证上载明建筑面积171.66平方米；2011年6月29日，徐州市国土资源局出具金额为18元的土地登记费收款收据，当日被告取得了徐土国用（2011）第29338号国有土地使用证。以上缴费凭证原件及产权证、土地证原件由被告持有。

2011年7月7日被告王志强向涉诉房屋贷款账户存款5000元，后于2011年7月18日将该款取出。2012年2月王志强挂失了原还款存折，2012年3月20日赵静通过建行ATM机还款5600元。自2012年3月21日后涉诉房屋的银行贷款由被告偿还。

另查明，2008年4月2日，原告大舜公司与包括被告王志强在内的闫岩、张丽云、闫磊、李德民、徐斌林、刘东等人分别签订商品房买卖合同，合同编号为No.0130312—No.0130318。上述买卖合同原件及首付款等办理相关证件必需的原件均由原告持有。被告王志强的合同编号No.0130315。

再查明，被告王志强原系邳州市公安局水上警察大队教导员，于2009年9月退居二线。2009年10月至2012年1月，被告在徐州大舜环保建材有限公司工作，该公司系原告大舜公司法定代表人闫长印控股的企业法人。

本案的争议焦点是：1.双方签订商品房买卖合同时是否明知非双方真实意思表示；2.本案商品房买卖合同是否有效。

徐州市泉山区人民法院一审认为：

1.原被告双方签订商品房买卖合同时明知该合同非双方真实意思表示。本案中，原、被告双方对于2008年4月2日签订商品房买卖合同的事实不持异议，原告大舜公司主张其与被告王志强签订该合同是为了获取银行贷款而借用被告的名义且被告明知，被告则主张双方签订合同为其购房的真实意思表示，争议在于被告签订合同时是否明知该合同非双方真实意思表示。法院认为，一方面，合同签订后，合同约定的购房首付款由原告支付，随后，原告亦以被告名义缴纳了42400元契税、7695元物业维修基金和160元所有权登记费，故应认定被告签订合同时明知自己不需要履行合同且也不准备实际履行合同。另一方面，原、被告双方分别以保证人和借款人名义于2008年4月24日与中国建设银行股份有限公司徐州分行签订了以涉案房地产作为抵押的《房地产抵押借款合同》，之后，被告亦未按约归还贷款，而是原告以被告的名义偿还；被告虽然曾于2011年7月7日向涉诉房屋贷款账户存款5000元但随即取出，至2012年3月20日前并未对贷款予以偿还。被告虽然主张其曾要求原告交付房屋并与闫长印发生争执，且于2011年6月取得了涉案房屋所有权证和土地使用权证，但在该过程中其既未向原告缴纳购房款也未主张偿还购房贷款。此外，2008年4月2日，原告与包括被告王志强在内的闫岩、张丽云、闫磊、李德民、徐斌林、刘东等七人签订了合同编号为No.0130312—No.0130318的《商品房买卖合同》共七份，王志强名下的编号为No0130315的合同在其中间。根据提交的证据及出庭证人的证言，其中闫岩、刘东、张丽云的房屋产权证及土地证仍在原告处、徐斌林的贷款由原告偿还、李德民明确表示其只是应其妻（闫长印的妹妹）的要求在合同及归还借款的手续上签名，上述各合同签订人均无对合同载明的房屋主张权利的意思表示。故综上本案应认定被告对原告借其名义签订商品房买卖合同进行所有权转移为非其真实目的是明知的。2. 本案商品房买卖合同应当认定无效。合同是平等主体的自然人、法人、其他组织之间设立、变更、终止民事权利义务关系的协议，当事人在订立合同时，除应遵循自愿公平、等价有偿、诚实信用的原则外，还应当遵守法律、行政法规，尊重社会公德，不得扰乱社会经济秩序，损害社会公共利益。因本案原被告当事人借签订商品房买卖合同之名，掩盖违规向银行抵押贷款套取银行信贷资金的目的，故依照《中华人民共和国合同法》第五十二条第（三）项的规定，依法应为无效。双方因该合同所取得的财产，应当予以返还。因此涉案房屋仍为原告所有，被告在2012年3月21日以后所偿还的贷款原告应向被告返还，但被告在本案中并未举证说明其已偿还贷款的数额且未提出返还要求，因此法院在本案中不予理涉，双方可另行解决。

综上，徐州市泉山区人民法院依照《中华人民共和国合同法》第五条、第六条、第七条、第五十二条第（三）项、第五十六条、第五十八条的规定，于2012年12月25日作出判决：

一、原告大舜公司与被告王志强于2008年4月2日签订的合同编号为No0130315的《商品房买卖合同》无效；

二、被告王志强在涉案房屋抵押借款结清之日起十日内协助原告大舜公司注销房屋抵押登记，并协助原告大舜公司办理涉案房屋产权登记。

王志强不服一审判决，向徐州市中级人民法院提起上诉。因王志强未在规定期限内交纳上诉费，徐州市中级人民法院于2013年5月13日作出徐民诉终字第0006号民事裁定：本案按自动撤回上诉处理。

宋宇与北京盛和发房地产开发有限公司、广东粤财投资控股有限公司、北京城乡建设集团有限责任公司商品房预售合同纠纷案

《最高人民法院公报》2013年第03期

【裁判摘要】

买受人与开发商均主张双方之间存在真实有效的商品房买卖关系，并依据最高人民法院《关于建设工程价款优先受偿权问题的批复》第二条"消费者交付购买商品房的全部或者大部分款项后，承包人就该商品房享有的工程价款优先受偿权不得对抗买受人"的规定，对抗承包人建设工程价款请求权，但在签订购房合同、支付购房款等重要事实上存在众多疑点，双方多次陈述不一、前后矛盾，据以认定双方之间存在真实的商品房买卖关系的依据明显不足。在此情况下，买受人请求开发商按照商品房买卖合同约定，办理房屋过户登记的，应予驳回。

最高人民法院
民事判决书

（2011）民提字第 331 号

申诉人（一审原告、二审上诉人、申请再审人）：宋宇，男，汉族，1967 年 7 月 8 日出生，住北京市海淀区复兴路 14 号院东区 7 号。

委托代理人：刘飞，北京市威灵律师事务所律师。

被申诉人（一审被告、二审被上诉人、被申请人）：北京盛和发房地产开发有限公司，住所地北京市东城区史家胡同 24 号。

法定代表人：杨晓南，该公司董事长。

委托代理人：钟宇清，北京市金励律师事务所律师。

被申诉人（一审第三人、二审被上诉人、被申请人）：广东粤财投资控股有限公司（原为广东发展银行股份有限公司北京分行），住所地广东省广州市越秀区东风中路 481 号粤财大厦 15 楼。

法定代表人：梁棠，该公司董事长。

委托代理人：张学明，广东三良律师事务所律师。

被申诉人（一审第三人、二审被上诉人、被申请人）：北京城乡建设集团有限责任公司，住所地北京市丰台区草桥东路 8 号院 7 号楼。

法定代表人：刘崇泽，该公司董事长。

委托代理人：景保华，该公司职员。

委托代理人：陈新华，北京市中运律师事务所律师。

申诉人宋宇因与被申诉人北京盛和发房地产开发有限公司（以下简称盛和发公司）、广东粤财投资控股有限公司（以下简称粤财公司）、北京城乡建设集团有限责任公司（以下简称城乡建设）商品房预售合同纠纷一案，不服北京市高级人民法院（2010）高民再终

字第 1715 号民事判决，向本院申请再审。本院于 2011 年 8 月 24 日作出（2011）民监字第 369 号民事裁定，提审本案并中止原判决的执行。本院依法组成合议庭，于 2011 年 11 月 11 日进行了开庭审理。宋宇的委托代理人刘飞，盛和发公司的委托代理人钟宇清，粤财公司的委托代理人张学明，城乡建设的委托代理人景保华、陈新华到庭参加诉讼。本案现已审理终结。

北京市第二中级人民法院（以下简称北京二中院）一审查明：盛和家园系盛和发公司投资建设的项目，共有两栋 24 层的住宅楼，一栋配套楼。1999 年 9 月 7 日，盛和发公司取得盛和家园项目的建设用地规划许可证。2000 年 3 月，盛和发公司取得建设工程开工证。2000 年 9 月，盛和发公司取得国有土地使用证。2002 年 12 月，盛和发公司取得盛和家园 1♯－3♯楼的预售许可证。该项目于 2002 年 4 月 26 日竣工验收。2006 年 7 月，盛和发公司取得该项目的大产权证。

2001 年 4 月 25 日，宋宇与盛和发公司签订了 17 份编号分别为 No.125415、No.125418、No.125416、No.125417、No.125419、No.125420、No.125421、No.125422、No.125423、No.125424、No.125425、No.130131、No.130132、No.130133、No.130134、No.130135、No.130136 的商品房买卖合同。上述 17 份合同约定宋宇购买盛和发公司开发的位于北京市朝阳区安慧东里 2 号院盛和家园 2 号楼内 23－A2、7－C2、20－D1、6－C2、8－C2、14－B2、15－B2、16－B2、18－B2、19－B2、21－B2、3－A1、3－B1、3－D2、2－D1、4－C2、17－C2 号房屋。该 17 套房屋单价均为每平方米 5082 元，价款总计 10190728 元。上述 17 份合同第十五条均约定："出卖人应当在商品房交付使用后 360 日内将办理权属登记需由出卖人提供的资料报产权登记机关备案。如因出卖人的责任，买受人不能在规定的期限内取得房地产权属证书的，双方同

意按下列第①②项处理: 1. 买受人退房, 出卖人在买受人提出退房要求之日起 30 日内将买受人已付房价款退还买受人, 并按已付房价款的 1‰赔偿买受人损失; 2. 买受人不退房, 出卖人按已付房价款的 1‰向买受人支付违约金。"

合同签订后, 宋宇于 2001 年 4 月 26 日至 2002 年 4 月 28 日期间将全部房价款支付给盛和发公司, 盛和发公司认可收到全部房价款, 并为宋宇开具收款收据。盛和发公司未依合同约定到房地产管理部门申请合同登记备案。2003 年 5 月 28 日, 盛和发公司向宋宇发出房屋入住通知书, 通知宋宇到盛和家园物业公司办理入住手续。宋宇认可于 2003 年 5 月 28 日实际接收全部房屋。

另查, 2001 年 7 月 12 日, 盛和发公司为向广东发展银行股份有限公司北京分行(以下简称广发行北京分行)申请贷款, 将诉争 17 套房屋在内的盛和家园 2 号楼 129 套在建房屋抵押给广发行北京分行, 并在房地产管理部门进行抵押登记, 抵押权权利范围为 4000 万元。由于盛和发公司不能按期偿还贷款, 2003 年 7 月 10 日, 盛和发公司与广发行北京分行再次签订借款合同, 借款 1868 万元, 以偿还之前借款, 本次贷款期限为 2003 年 9 月 18 日至 2004 年 4 月 17 日, 盛和发公司以其拥有的包括诉争 17 套房屋在内的盛和家园 2 号楼 71 套房产作为抵押, 同日, 双方签订抵押合同。2003 年 9 月 15 日, 上述房屋在房地产管理部门完成抵押登记手续。

2004 年 3 月, 广发行北京分行向北京二中院提起民事诉讼, 要求盛和发公司提前偿还剩余贷款, 给付利息、复利及相关费用, 并要求就抵押房产享有优先受偿权。2004 年 6 月 2 日, 北京二中院就广发行北京分行诉盛和发公司一案作出 (2004) 二中民初字第 04276 号民事判决, 确认广发行北京分行与盛和发公司签订的借款合同和抵押合同有效, 盛和发公司偿还广发行北京分行借款本金 1748 万元、利息、复利及律师费, 广发行北

京分行对盛和发公司抵押的房产(包括诉争 17 套房屋)享有优先受偿权。该判决已经生效。

又查, 2004 年 11 月 5 日北京仲裁委员会裁决盛和发公司将诉争房屋之一盛和家园 2 号楼 15－B2 号房屋交付北京君晓科技发展研究所(以下简称君晓所), 并为君晓所办理商品房买卖合同登记备案手续, 并协助君晓所办理房屋所有权证。经释明, 宋宇仍坚持要求继续履行其与盛和发公司所签关于购买盛和家园 2 号楼 15－B2 号房屋的商品房买卖合同, 坚持要求盛和发公司为其办理盛和家园 2 号楼 15－B2 号房屋的房屋所有权证。

再查, 广发行北京分行对宋宇与盛和发公司签订的商品房买卖合同的真实性提出异议, 并举出如下证据佐证其说法: 1. 2002 年 4 月 29 日盛和发公司盖章出具的钥匙移交书和盛和家园 2 号楼销售一览表。该表格显示宋宇购买的 17 套房屋未列入已销售的房产中; 2. 2002 年 5 月 22 日盛和发公司盖章出具的借条及明细单。该借条及附表仍显示宋宇购买的 17 套房屋未售出; 3. 2003 年盛和发公司再次将诉争房屋抵押给广发行北京分行时, 并未声明已将诉争房屋卖与宋宇; 4. 2001 年 10 月盛和发公司委托北京新生代会计师事务所有限公司(以下简称新生代事务所)作出的审计报告。该审计报告显示, 2001 年 5 月 8 日, 盛和发公司与华南实业有限公司(以下简称华南实业)签订了借款合同, 向华南实业借款 1100 万元, 借期一个月。后盛和发公司于 2001 年 7 月 25 日已将借款归还华南实业。在公司账目及记账凭证中, 此 1100 万元记载为向宋宇借款 1100 万元, 并已归还。因此, 宋宇与盛和发公司之间系借贷关系, 并非房屋买卖关系。

宋宇一审起诉称, 2001 年, 其与盛和发公司签订了 17 份商品房买卖合同, 购买盛和发公司开发的北京市朝阳区安慧东里 2 号院盛和家园的 17 套房屋。自 2001 年 4 月 26 日至 2002 年 4 月 28 日, 共计向盛和发公司支付

全部购房款 10190728 元。2003 年 5 月 28 日，盛和发公司为其办理了入住手续，但时至今日，盛和发公司仍然未按照合同的约定办理房产证，故诉至法院，请求：1. 确认 17 份商品房买卖合同合法有效；2. 判令盛和发公司支付延期办证的违约金 101907.28 元及经济损失 5898092.72 元；3. 判令盛和发公司为其办理相应房屋的产权证；4. 判令盛和发公司承担本案的诉讼费。

盛和发公司辩称，同意宋宇第一项、第三项诉讼请求，同意按照合同约定给付宋宇迟延办证的违约金，就迟延办证未给宋宇造成其他损失，不同意赔偿损失。

广发行北京分行称，盛和发公司为在广发行北京分行贷款，已经将本案诉争房屋全部抵押给广发行北京分行，且已在房地产行政管理部门进行抵押登记。北京二中院生效判决已经确认其就包括诉争房屋在内的抵押房产享有优先受偿权，且广发行北京分行有充分证据证明盛和发公司与宋宇签订的商品房买卖合同是虚假的。因此，宋宇无权取得诉争房屋的所有权。

北京二中院一审认为，宋宇与盛和发公司均认可 2001 年 4 月 25 日所签 17 份商品房买卖合同系双方当事人自愿签订，且上述 17 份商品房买卖合同亦不存在违反法律、行政法规的强制性、禁止性规定之处，应当认定该 17 份商品房买卖合同系双方当事人真实意思表示，合法有效。广发行北京分行虽然举证证明盛和发公司曾经否认诉争房屋售出，且盛和发公司与宋宇之间存在借贷关系，但上述证据并不足以否定宋宇与盛和发公司所签 17 份商品房买卖合同的真实性，广发行北京分行该项诉讼主张证据不足，不予支持。

盛和发公司认可宋宇依约交纳了全部购房款，则宋宇已经充分履行了合同义务，盛和发公司亦应当按照合同约定的期限协助宋宇办理所购房屋的房屋所有权证。现宋宇起诉要求盛和发公司为其办理诉争房屋的房屋所有权证，盛和发公司亦同意宋宇的诉讼主张，故宋宇的该项请求应予支持。但生效仲裁裁决已经确认盛和发公司将诉争房屋之一盛和家园 2 号楼 15－B2 号房屋交付君晓所，并协助君晓所办理房屋所有权证。则宋宇与盛和发公司之间就购买盛和家园 2 号楼 15－B2 号房屋所签商品房买卖合同已无继续履行的可能，鉴于宋宇经释明后仍坚持其诉讼主张，故驳回其要求盛和发公司为其办理盛和家园 2 号楼 15－B2 号房屋所有权证的诉讼请求。

另，宋宇基于其与盛和发公司签订的商品房买卖合同主张盛和发公司为其办理诉争房屋的所有权证，其仅享有针对诉争房屋的债权，而生效判决已经确认广发行北京分行对盛和发公司抵押的房产（包括诉争 17 套房屋）享有优先受偿权，该优先受偿权来源于抵押物权。则在盛和发公司未向广发行北京分行及时清偿时，抵押权人广发行北京分行可以以抵押物折价或者从抵押物的变价中优先于一般债权人获得先位清偿，抵押权人行使抵押权后，剩余部分盛和发公司才能履行其与宋宇所签商品房买卖合同，为宋宇办理所购房屋的房屋所有权证。因此，只有在广发行北京分行就抵押物享有的优先受偿权充分实现后，盛和发公司才能为宋宇办理剩余房屋的房屋所有权证。

盛和发公司未在合同约定的期限内为宋宇办理诉争房屋的房屋所有权证，违反了合同第十五条的约定，应当承担违约责任。关于延期办证违约金的数额，商品房买卖合同第十五条有明确的约定，盛和发公司亦同意按照合同约定给付，宋宇要求盛和发公司依据合同第十五条约定支付延期办证违约金的诉讼主张，合同依据充分，应予支持。宋宇称因盛和发公司迟延办证，致使其产生违约金之外的损失，就该部分损失宋宇未举证证明，不予支持。综上，作出（2006）二中民初字第 16218 号民事判决：一、宋宇与盛和发公司签订的编号为 No. 125415、No. 125418、 No. 125416、 No. 125417、

No125419、No.125420、No.125421、No.125422、No.125423、No.125424、No.125425、No.130131、No.130132、No.130133、No.130134、No.130135、No.130136 的商品房买卖合同有效;二、在广发行北京分行就诉争房屋享有的优先受偿权实现后三十日内,盛和发公司为宋宇办理判决第一项所指合同项下除因广发行北京分行行使优先受偿权而被折价、拍卖或变卖的房屋及 No.125421 号商品房买卖合同项下 15－B2 号房屋以外房屋的所有权证;三、盛和发公司于判决生效后七日内给付宋宇延期办证违约金 101907.28 元;四、驳回宋宇其他诉讼请求;五、驳回广发行北京分行其他诉讼请求。案件受理费 40010 元,由宋宇负担 39310 元;由盛和发公司负担 700 元。

上述判决生效后,城乡建设以该判决侵害其合法权益为由,向北京市高级人民法院(以下简称北京高院)申请再审,北京高院于 2008 年 12 月 26 日作出(2008)高民申字第 3230 号民事裁定,指令北京二中院再审本案。

北京二中院再审过程中,城乡建设申请作为第三人参加诉讼,法院依法予以准许。宋宇称,其购房不是常规的购房行为,第三人提供的证据均是间接证据,不足以证明宋宇与盛和发公司签订的商品房买卖合同虚假无效,坚持原诉意见。原审判决正确,请求再审维持原判。粤财公司述称,坚持原诉意见,其依生效判决对讼争房屋享有优先受偿权,宋宇与盛和发公司签订的商品房买卖合同是虚假合同。城乡建设辩称,宋宇与盛和发公司恶意串通,所签订的商品房买卖合同是虚假无效合同,请求再审依法改判。

北京二中院再审对本案原审另查及又查部分事实,予以确认。并另查明,盛和家园系盛和发公司投资建设的项目,其有两栋 24 层的住宅楼,一栋配套楼。1999 年 9 月 7 日,盛和发公司取得盛和家园项目的建设用地规划许可证。2000 年 3 月,盛和发公司取得建设工程开工证。2000 年 9 月,盛和发公司取

得国有土地使用证。2002 年 4 月 26 日,盛和家园项目竣工验收,并于同年 5 月开始办理入住手续。2002 年 12 月,盛和发公司取得盛和家园 1♯－3♯楼预售许可证。2006 年 7 月,盛和发公司取得盛和家园项目大产权证。

再审诉讼中,宋宇称,2001 年 4 月,时任盛和发公司法定代表人的王勇伟向其借款 1100 万元,2004 年 5 月 8 日,宋宇与盛和发公司签订了两份借款金额分别为 1000 万元和 100 万元的借款合同。后王勇伟表示将盛和家园房屋以较低价格卖与宋宇抵作借款,于是宋宇分别以宋宇本人、案外人张京生和关宏彪三人名义与盛和发公司签订了 37 套商品房买卖合同,并将合同签订时间写为 2001 年 4 月 25 日。合同签订后,宋宇称自 2001 年 4 月至 2002 年陆续通过银行转账、现金方式支付剩余购房款,直至 2002 年 4 月 28 日付清全部购房款 23776740 元,并称盛和发公司一直拖延拒开购房发票,均向其开具的收据,并在盛和发公司法定代表人更换为杨晓南后换开了新的收据。关于 2001 年 5 月 8 日盛和发公司与华南实业签订的借款合同及还款凭证,宋宇原审期间称,2001 年 6 月底因欲退购房屋索要房款,盛和发公司表示可先退款 1100 万元,但需签订借款合同方便财务账目处理,据此宋宇以华南实业名义签订了借款合同,退回 1100 万元,后宋宇又欲继续购房,故将退回的 1100 万元以现金形式交回盛和发公司;宋宇再审期间称,2001 年 7 月王勇伟让宋宇帮其走账,故以华南实业名义签订了 1100 万元借款合同,王勇伟以支票形式支付给华南实业,后将 1100 万元以现金形式提走。城乡建设辩称,宋宇关于购房过程的陈述前后多处矛盾,购房行为虚假,并申请法院调取了公安局卷宗中北京市建设委员会房屋交易市场管理处(以下简称建委房管处)证明、北京武夷房地产开发有限公司证明、北京市京津彩印有限公司证明、蒋磊(北京万泉花园物业开发有限公司职员)询问笔录、宋宇与盛和发公司签订的借款合同、宋宇询

问笔录、王宝崧询问笔录、王兵询问笔录、刘茜询问笔录、宗秋祥询问笔录、盛和发公司会计报表、审计报告、盛和发公司销控表等证据材料。粤财公司同意城乡建设意见。

经查，2005年3月15日之前，房地产开发企业预售商品房使用的商品房买卖合同文本均是从建委房管处或直接到印刷厂领取，编号为125401至125425的空白合同由北京武夷房地产开发有限公司领取，编号为130126至130150的空白合同由北京万泉花园物业开发有限公司领取，诉争编号为125415、125417－125423、125425、130131－130135等合同文本已由上述两公司签约使用。

盛和发公司原出纳王兵在公安局询问笔录中称，其在1999年10月至2001年11月任职期间，时任盛和发公司法定代表人王勇伟于2001年4月底左右让其与刘茜、梁爱军到宋宇处取借款1100万元支票、现金、银行卡，并于2001年7月以支票形式还清，并表示其任职期间未听说过宋宇、张京生、关宏彪购房，公司亦未收到过大额购房款。在房屋销售财务手续上交定金时开具收据，交首付款时开具发票。对宋宇提供的2001年购房款收据表示不是其开具的，具体情况不知情。

盛和发公司原会计刘茜在公安局询问笔录中称，其在2000年5月至2001年11月任职期间，时任盛和发公司法定代表人的王勇伟让其与王兵、梁爱军到宋宇处取借款1100万元支票、现金、银行卡（具体时间记不清），并于2001年7月以支票形式还清，并表示其任职期间宋宇未购过房，在房屋销售财务手续上只开具过定金收据，交购房款是开具发票，对宋宇提供的2001年购房款收据表示未见过。

盛和发公司原副总经理宗秋祥在公安局询问笔录中称，其在2000年至2001年11月任职期间，负责监管盛和家园房屋销售，未曾有宋宇、张京生、关宏彪三人购过房，但听时任盛和发公司法定代表人的王勇伟说过向宋宇借款1100万元。

盛和发公司原副总经理王宝崧在公安局询问笔录中称，其在2002年初来公司任职后，听时任盛和发公司法定代表人杨晓南称，宋宇、张京生、关宏彪三人从前任法定代表人王勇伟处购买了37套房屋，前后共支付了2300万元左右购房款，开具的均是收据，并表示杨晓南在任期间系由其经手开具的收据，并对王勇伟在任期间开具的收据收回换开了新的收据，同时王宝崧表示对王勇伟在任期间签订合同及付款情况不清楚。

另查一，2002年4月29日盛和发公司盖章出具的钥匙移交书、盛和家园2号楼销售一览表、2002年5月22日盛和发公司盖章出具的借条及明细单、盛和发公司销控表等证据材料，均显示诉争37套房屋（含以宋宇名义购买的17套房屋）未售出，未列入已销售房屋中。

另查二，2001年1月至9月盛和发公司会计报表中发生额及余额表科目名称宋宇一栏记载：本期发生借方1100万元，贷方1100万元。2001年11月，新生代事务所接受盛和发公司委托作出的审计报告显示：2001年5月8日，盛和发公司与华南实业签订了借款合同，向华南实业借款1100万元，借款期限一个月。2001年7月25日，盛和发公司将1100万元借款归还华南实业。在盛和家园项目资金来源明细表、往来明细表中，该1100万元记载为向宋宇借款，并记载已归还。

另查三，诉争商品房买卖合同签订后未依约到房地产管理部门申请办理合同登记备案手续。宋宇称，2003年5月28日，盛和发公司发出房屋入住通知书（通知书上办理日期空白），其当日办理了入住手续，但未实际进住，亦未签订物业管理合同。

又查，2000年3月13日，城乡建设与盛和发公司签订了北京市建设工程施工合同，约定由城乡建设承建盛和家园1♯－3♯楼商住及配套公建工程，合同总价款为112842092元。该工程于2000年3月27日开工，2002年4月26日如约竣工验收并交付使用。2003

年 8 月 8 日, 城乡建设与盛和发公司签订了工程结算补充协议, 双方确定工程最终结算总价为 116000000 元, 盛和发公司除已支付 68106400 元外, 尚欠 47393600 元。上述协议签订后, 盛和发公司除于 2003 年 10 月 14 日、17 日向城乡建设付款 50 万元外, 其余款项包括违约金均未支付。后城乡建设分别两次诉至北京二中院, 请求判令盛和发公司给付工程款及相应违约金等, 并请求确认城乡建设对已完工程享有优先受偿权。北京二中院于 2004 年 7 月 1 日分别作出 (2004) 二中民初字第 623 号、(2004) 二中民初字第 4023 号民事判决, 判令盛和发公司给付城乡建设工程款共计 47393600 元及相应违约金, 驳回城乡建设要求确认对已完工程享有优先受偿权等诉讼请求。上述判决已经生效。

再查, 广发行北京分行依据 2005 年 12 月 31 日广东发展银行股份有限公司与粤财公司签订的不良资产转让协议, 于 2006 年 10 月 31 日与粤财公司签订单项贷款债权的债权转让协议, 将广发行北京分行对盛和发公司基于借款合同享有的债权及由此债权产生的全部权益转让给粤财公司。后于 2006 年 11 月 20 日将债权转让及催收通知、担保权利转让及催收通知、还款账户通知送达盛和发公司, 并对送达进行了公证。2007 年 6 月 27 日, 广发行北京分行在人民法院报上发布债权转让及催收公告。

另, 2008 年 10 月 20 日, 盛和发公司被依法吊销企业法人营业执照。

北京二中院再审认为, 当事人行使权利、履行义务应当遵循诚实信用原则。本案宋宇虽提供了其与盛和发公司签订的商品房买卖合同、购房款收据及入住通知书等支持其诉讼请求, 但其在签订合同、支付房款、借款等重要事实上原审及再审中陈述前后不一致, 综合本案法院调取的公安局卷宗中相关证据以及盛和发公司销售记录等资料, 表明宋宇未实际购买诉争房屋, 诉争房屋均未售出。故现有证据不足以证明宋宇与盛和发公司之间存在商品房买卖关系, 宋宇请求确认双方商品房买卖合同有效及其他相应诉讼请求, 不予支持。粤财公司在原审中申请作为有独立请求权的第三人参加诉讼, 请求确认其对诉争房屋的优先受偿权, 鉴于已有生效判决确认其对盛和发公司抵押房产 (包括诉争房屋) 享有优先受偿权, 不再重复处理。综上, 作出 (2009) 二中民再初字第 17337 号民事判决: 一、撤销 (2006) 二中民初字第 16218 号民事判决; 二、驳回宋宇的诉讼请求; 三、驳回粤财公司的诉讼请求。案件受理费 40010 元, 由宋宇负担。

宋宇不服该判决, 向北京高院提起上诉称, 其多次提交了商品房买卖合同和购房款收据、入住通知单等证据, 上述证据已经形成了完整的证据链, 足以证明其实际取得了房屋所有权的事实, 一审判决以效力低的证据否定效力高的证据, 得出的判决结论是错误的, 应当予以撤销, 请法院查明事实, 依法判决撤销本案的一审判决, 维持 (2006) 二中民初字第 16218 号民事判决, 由城乡建设承担诉讼费用。盛和发公司辩称, 同意宋宇的上诉请求。粤财公司辩称, 粤财公司享有优先受偿权, 事实部分同意城乡建设的意见, 本案一审判决正确, 请求二审法院依法驳回上诉, 维持一审判决。城乡建设辩称, 本案的商品房买卖合同虚假, 诉争 17 份合同文本是伪造的。合同签订时间及购房收据均是假的, 宋宇未实际支付购房款, 未实际入住, 通过查阅案卷可以看出宋宇根本没有购买诉争房屋。城乡建设主张的证人证言效力远远高于宋宇提供的书证。综上所述, 请求依法驳回上诉, 维持一审判决。

北京高院二审查明的事实除与一审查明的事实一致外, 庭审中, 宋宇对有关付款情况陈述为: 1100 万元的发生是基于借款, 后来才产生宋宇和盛和发公司借款合同的存在, 宋宇与盛和发公司的法定代表人是朋友, 是基于双方的信任而借款。2001 年 4 月 30 日之前, 宋宇借给盛和发公司 1100 万元, 是通过支票、现金、银行卡的方式支付的，2001年5月8日宋宇与盛和发公司签署了两份借款合同，分别为1000万元和100万元的合同，宋宇当日在借款合同上签字，但留在盛和发公司没有拿走，盛和发公司当时没有签字盖章，应该是在此之后签的，这些都是宋宇后来才想起来的。2001年5月份宋宇又陆续借款给盛和发公司450万元，是通过银行卡及现金方式支付的，但未签任何合同。2001年6月中旬到7月份时，盛和发公司告诉宋宇该公司无力还款1550万元，希望宋宇能够购买盛和发公司的房子，使借款变成房款，经过协商，宋宇同意以本人及张京生、关宏彪的名义按照略低于市场价格的每平方米5082元购买37套房产，借款数额折抵65%的房款，2001年6月底签订商品房买卖合同，将日期倒签至2001年4月25日。由于房屋当时还没有盖好，所以双方协商剩余房款等房屋建好后宋宇再支付。2001年7月15日，王勇伟、杨晓南找宋宇希望套取现金，于是签订借款合同，并由盛和发公司以还款为名给华南实业1050万元的支票，在该笔支票款项到达华南实业账后，宋宇个人又用现金1050万元交还盛和发公司，是分两次给付的，一次是500万元，一次是550万元，华南实业和盛和发公司签订合同的时间是2001年5月8日，金额为1100万元，2001年7月25日由华南实业给盛和发公司出具收据，数额是1050万元，项目为往来款，过账用的。2002年宋宇又陆续向盛和发公司支付房款800多万元，其中650万元是以支票方式支付的。

另，宋宇所述与盛和发公司签订的17份商品房买卖合同编号为No.125415、No.125418、No.125416、No.125417、No.125419、No.125420、No.125421、No.125422、No.125423、No.125424、No.125425、No.130131、No.130132、No.130133、No.130134、No.130135、No.130136，系位于北京市朝阳区安慧东里2号院盛和家园2号楼内23-A2、7-C2、20-D1、6-C2、8-C2、14-B2、15-B2、16-B2、18-B2、19-B2、21-B2、3-A1、3-B1、3-D2、2-D1、4-C2、17-C2号房屋，该17套房屋单价均为每平方米5082元，价款总计10190728元。

北京高院二审认为，当事人行使权利、履行义务应当遵循诚实信用原则。本案宋宇虽提供了其与盛和发公司签订的商品房买卖合同、购房款收据及入住通知书等证据支持其诉讼请求，但其在签订合同、支付房款、借款等重要事实上所做陈述前后不一致，综合本案法院调取的公安局卷宗中相关证据以及盛和发公司销售记录等证据，表明诉争房屋均未售出，故现有证据不足以证明宋宇与盛和发公司之间存在真实有效的商品房买卖关系，宋宇请求确认双方商品房买卖合同有效及其他相应诉讼请求，不予支持。综上，作出（2009）高民再终字第5744号民事判决：驳回上诉，维持原判。一审案件受理费40010元，由宋宇负担；二审案件受理费2338元，由宋宇负担。

宋宇不服北京高院二审判决，向本院申请再审称，（一）其多次提交了商品房买卖合同和购房款收据、入住通知单等证据，上述证据已经形成了完整的证据链，足以证明其实际取得了房屋所有权的事实。（二）再审判决认定的还款数额与相关借款协议约定的应还款数额相差巨大，1100万元借款是否归还等问题再审判决无法说清。（三）其诉盛和发公司的商品房预售合同的确认之诉与城乡建设无关，城乡建设不是本案适格的当事人，原再审程序违法。故请求撤销再审判决，维持原审判决，由城乡建设承担诉讼费用。

本院于2010年6月28日以（2010）民再申字第64号民事裁定指令北京高院再审。

北京高院再审查明，再审期间城乡建设提供了以下新证据：2005年2月28日、同年5月20日、2007年8月7日马艳云、李铁英、张长青分别与盛和发公司签订的购房合同及发票，购买的房屋是盛和家园2号楼15-C1、

23—D2、3—D2，售出的盛和家园 2 号楼 3—D2 包括在本案诉争的房产内。

另据北京二中院执行庭调查，目前查封的盛和发公司房产大部分已有新的权利人且已入住使用。

再审查明的其他事实与二审查明的事实一致。

北京高院再审认为，当事人行使权利、履行义务应当遵循诚实信用原则。宋宇虽提供了其与盛和发公司签订的商品房买卖合同、购房款收据及入住通知书等证据支持其诉讼请求，但宋宇在签订购房合同、支付房款、与盛和发公司借款合同履行情况等重要事实上所做陈述前后矛盾，其陈述内容涉及大量现金支付且没有其他证据予以佐证，亦与常理相悖；宋宇所购房屋在房管部门没有备案的记载，宋宇亦未提供正式购房发票；盛和发公司销售记录、钥匙移交单、盛和发公司工作人员的有关证言均显示：宋宇所购房屋未售出。再审查明盛和发公司自 2005 年开始又将诉争房产陆续卖与他人，这些证据进一步证实，宋宇与盛和发公司之间不存在真实有效的商品房买卖关系，宋宇请求确认商品房买卖合同有效及其他相应诉讼请求，不予支持。综上，作出（2010）高民再终字第 1715 号民事判决：维持（2009）高民再终字第 5744 号民事判决。

宋宇仍不服北京高院再审判决，再次向本院提出申诉称，（一）原再审存在程序错误。城乡建设并非一审第三人，在本案中不具备作为第三人的法定条件。诉争房屋本身与城乡建设无关，城乡建设对当事人双方的诉讼标的既没有独立请求权，也没有法律上的利害关系。城乡建设作为盛和发公司的债权人是其他案件的诉讼主体，不是本案的诉讼主体，不符合第三人的法律规定，将其作为第三人的诉讼主体地位没有法律依据。原审强行违法设立第三人，并由其启动再审，是最基本的程序错误。（二）北京高院再审判决认定事实错误。其与盛和发公司之间基于

合意将原先的借款转化为购房款并不违反法律相关规定，购房属实，真实付款，合同合法有效，证据完整充分。再审判决中的基本证据"丰台公安局询问笔录"，不具有真实性、合法性和关联性，是违法证据，没有证据效力。再审判决对宋宇支付余下的 800 余万元事实以及付款收据、入住通知书等证据在法庭调查中已查明，但在判决中却不予认定，用猜想来推断事实，有明显偏袒之嫌。综上，请求撤销北京高院（2010）高民再终字第 1715 号民事判决，维持北京二中院（2006）二中民初字第 16218 号民事判决。

盛和发公司辩称，同意宋宇的申诉主张，北京二中院将城乡建设列为第三人没有依据。

粤财公司辩称，宋宇的申诉主张不能成立，本案已经多次审理，盛和发公司和宋宇之间确实存在虚假串通的可能，北京高院再审判决正确，应予维持。粤财公司对案涉房屋享有优先受偿权。

城乡建设辩称，（一）城乡建设是本案的适格当事人。讼争房产是盛和发公司清偿其工程款债务的责任财产，故城乡建设与本案有法律上的利害关系，完全有资格作为第三人参加诉讼。（二）宋宇提供的商品房买卖合同、购房款收据和入住通知单都是虚假的，宋宇等人与盛和发公司之间的商品房买卖合同关系完全是虚构的：从宋宇和盛和发公司之间的资金往来情况看，双方不存在真实的购房付款关系，北京高院从公安机关调取的对有关人员的询问笔录也佐证了双方并不存在真实的购房关系；宋宇关于购房的时间、款项支付等情况的陈述，前后矛盾，有些甚至截然相反。综上，北京高院再审判决认定事实清楚，适用法律正确，审判程序合法，应予维持。

本院经审理查明：根据宋宇与盛和发公司的一致认可，宋宇所购 37 套房屋（以宋宇名义购买 17 套，以张京生名义购买 10 套，以关宏彪名义购买 10 套）总价款为 23776740 元，其中，现金部分共计 7276503.61 元，由

權威案例篇／三、房地產流轉 • 945 •

其他单位或个人转账部分共计16500236.39元，转账部分具体为：北京永信喷胶棉有限公司996685.47元（支付时间为2001年4月30日）；北京市东城区竹源食品店2236000元（支付时间为2001年4月30日）；北京聚亿鑫商贸有限公司3764000元（支付时间为2001年4月30日）；王兵100万元；北京宏世源商贸有限公司200万元（支付时间为2001年5月9日）；北京瑞龙森物流有限公司1303550.92元（支付时间为2002年3月19日）；北京富海华进出口有限公司220万元（支付时间为2002年3月25日）；北京瑞龙森物流有限公司300万元（支付时间为2002年4月28日）。上述单位中，北京永信喷胶棉有限公司、北京市东城区竹源食品店、北京瑞龙森物流有限公司和北京富海华进出口有限公司对所付款项作出《资金说明》，均称，其汇入盛和发公司的款项是用于宋宇购买盛和发公司开发的盛和家园2号楼部分商品房屋。

另查，本院再审庭审中，对于北京高院再审查明的案涉房屋大部分已有新权利人且已和入住使用的事实，宋宇的委托代理人称，对于盛和发公司再行出售案涉房屋，一开始到底卖给谁了宋宇不知道，当时案涉房屋交付宋宇后，宋宇没有实际入住。对方销售征求宋宇，价格高的时候卖不卖，宋宇说如果价格合适可以卖，最后卖了多少，宋宇不知道。迄今为止，盛和发公司未将售房款返还宋宇。盛和发公司称，案涉房屋2006年开始已售出大部分，是宋宇委托其卖的，并认可宋宇方关于委托过程的上述陈述。同时，盛和发公司承认，已收到售房款，但对于是否给宋宇不清楚。宋宇的委托代理人后又称，盛和发公司没有和宋宇说过是否出售。

又查，根据法庭要求，盛和发公司庭后提交了2001年宋宇购房前后盛和发公司签订的其他商品房买卖合同文本四份，编号分别为 NO.079876、NO.079878、NO.079877、NO.079899，签订时间为2001年10月或11月，四份合同的最后一页均盖有"朝阳区房屋土地管理局商品房预售预购登记专用章"。盛和发公司据此认为，案外其他购房者的合同编号与案涉合同编号存在接近或连号现象，同属一批，说明案涉合同是正常的。

本院再审查明的其他事实与北京高院再审查明的事实一致。

本院经审理认为，综合当事人的申诉请求和理由，本案的争议焦点为：一、原判决是否存在程序错误；二、宋宇与盛和发公司之间的商品房买卖关系是否真实有效。

（一）关于原判决是否存在程序错误的问题。

《中华人民共和国民事诉讼法》第一百七十七条第二款规定，最高人民法院对地方各级人民法院已经发生法律效力的判决、裁定，上级人民法院对下级人民法院已经发生法律效力的判决、裁定，发现确有错误的，有权提审或者指令下级人民法院再审。故北京高院根据该条规定，对北京二中院（2006）二中民初字第16218号民事判决依职权启动的再审程序，符合法律规定，在程序上并无不当。关于再审诉讼中，北京二中院允许城乡建设作为无独立请求权第三人参加诉讼的问题。根据《中华人民共和国民事诉讼法》第五十六条第二款规定，对当事人双方的诉讼标的，第三人虽然没有独立请求权，但案件处理结果同他有法律上的利害关系的，可以申请参加诉讼。本案中，案涉房屋2004年即已在城乡建设诉盛和发公司建设工程施工合同纠纷一案中被查封，并作为强制执行的标的，且盛和发公司目前已被吊销营业执照，基本上无其他财产可供执行，因此，本案处理结果同城乡建设有法律上的利害关系，北京二中院在再审中将城乡建设作为无独立请求权第三人参加诉讼，并无不妥。宋宇的此项申诉请求，无事实和法律依据，本院不予支持。

（二）关于宋宇与盛和发公司之间的商品房买卖关系是否真实有效的问题。

宋宇主张商品房买卖合同真实有效的主

要证据有：1.17 份商品房买卖合同，对于合同书中签章的真实性，各方均无异议；2.10 张购房款收据，证明盛和发公司认可其付清 37 套房屋（以宋宇名义购买 17 套）的全部购房款；3. 入住通知书，证明其已实际接收案涉房屋。该三份证据均发生在盛和发公司和宋宇内部，商品房买卖合同仅有双方签字盖章，无相关房地产管理部门的备案登记；10 张收据仅是盛和发公司单方开具，无正式发票；房屋入住通知书也是仅有盛和发公司的盖章。

根据本案现已查明的事实以及宋宇、盛和发公司在历次诉讼中所作陈述，本案商品房买卖关系在真实性上存在以下疑点：

1. 本案是源于 2004 年城乡建设因建设工程施工合同纠纷一案申请对盛和发公司财产（主要是案涉的 17 套房屋和分别以张京生、关宏彪名义各购买的 10 套房屋）的强制执行。宋宇为对抗该强制执行，提起本案诉讼，导致上述强制执行措施的中止。而正是在中止执行期间，盛和发公司又陆续将大部分案涉房屋售出。对于自己购置的大量房产，宋宇只是委托盛和发公司"价格合适可以卖"，对具体销售时间、价格、售出的套数以及资金收回情况，并不关注。自 2006 年 10 月宋宇在北京二中院提起本案一审诉讼至本院再审期间，盛和发公司一方面陆续另行出售前述房屋中的大部分，另一方面又认可宋宇关于已购案涉房屋的主张。对上述情况，双方均无合理解释。

2. 商品房买卖合同本身存在疑点。根据原审查明的事实，编号为 125401 至 125425 的空白合同由北京武夷房地产开发有限公司领取，编号为 130126 至 130150 的空白合同由北京万泉花园物业开发有限公司领取，诉争编号为 125415、125417－125423、125425、130131－130135 等合同文本已由上述两公司签约使用。盛和发公司对案涉合同文本的来源无合理解释。另外，案涉合同未在房地产管理部门进行合同登记备案，而盛和发公司

在本院庭审后提交的四份案外人购房合同上均盖有房地产管理部门的登记备案章。

3. 案涉合同的履行过程存在疑点。从总体看，案涉合同履行得非常随意。关于款项支付情况，本案所涉购房款的支付存在大量现金交易（700 余万元），仅有宋宇本人的陈述，无其他证据佐证。盛和发公司一方面主张该现金部分主要被其前法定代表人王勇伟收取，另一方面又认可宋宇已付清全部购房款；转账部分，北京市东城区竹源食品店和北京永信喷胶棉有限公司向盛和发公司的转账日期均为 2001 年 4 月 30 日，其在本案原审诉讼期间对支付该笔款项出具《资金说明》均称，支付的款项用于宋宇购买盛和发公司开发的盛和家园 2 号楼部分商品房屋，但根据宋宇陈述，其与盛和发公司在 2001 年 4 月是借款关系，在 2001 年 6 月后该笔借款才转为购房款的，两者存在明显矛盾。关于付款凭证，宋宇仅提交了盛和发公司出具的 10 张收据，无正式发票。在北京二中院再审期间，宋宇对此的解释是，"我买的房子都没开过发票，对于开发票的事情我都没想。"该解释难以让人信服。形式上，10 张发票的编号与开具时间顺序存在颠倒现象，收据所载的数额与具体每次所付款项亦不能一一对应。关于入住情况，盛和家园项目 2002 年 4 月 26 日竣工验收，同年 5 月开始办理入住手续，而宋宇 2001 年已经签订购房合同，2002 年 4 月 28 日已经付清全部购房款，盛和发公司却在 2003 年 5 月才向其发出房屋入住通知书。宋宇虽称已办理入住手续，但却未与物业公司签订物业服务合同，亦未实际入住。

4. 粤财公司在 2001 年 7 月和 2003 年 9 月两次对案涉房屋进行了抵押登记。签订抵押合同时，盛和发公司并未告知粤财公司案涉房屋已销售。盛和发公司给宋宇的入住通知书时间为 2003 年 5 月 28 日，宋宇也主张当日办理了入住手续，而案涉房屋第二次抵押登记日期为 2003 年 9 月 15 日，宋宇此时却未提任何异议。作为支付了全款的买房人，在

一审判决其权利落后于在后的银行抵押权时，亦未提出上诉。

5.《盛和家园项目资金来源明细表》（截至 2001 年 10 月 10 日）其中一栏载明，单位：宋宇；性质：借款；金额：1100 万元，同时列出的还有预收售楼款 11441 万元。按照盛和发公司与宋宇的主张，2001 年 10 月，双方已经将 1100 万元借款转化为购房款，但该表仍将宋宇的 1100 万元借款与售楼款同时并列列出。而在同时的《盛和家园项目资金往来明细表》（截至 2001 年 10 月 10 日）其中一栏记载：还宋宇借款 1100 万元。现宋宇和盛和发公司均主张 1100 万元借款已转化为购房款，而对上表中所载的已还款情况未能作出合理解释，且对如此大额的资金往来和大量的房屋交易，双方仅以口头陈述为凭，亦未能提供借款转换成购房款的任何书面协议。对于借款如何转换为购房款以及购房经过，宋宇多次陈述不一、前后矛盾，又未能提供其他证据证明。

6.2002 年 4 月 29 日城乡建设与盛和发公司签署的钥匙移交书，载明案涉工程 2002 年 4 月 24 日验收合格，城乡建设将已经预售的房屋每户五把钥匙移交盛和发公司。2002 年 5 月 22 日城乡建设与盛和发公司签署的借条载明，为配合盛和发公司售楼需要，城乡建设借给盛和发公司盛和家园 1♯、2♯ 楼尚未售出居室户门钥匙（各户一把）。其中所附的盛和家园 2 号楼销售一览表中，案涉房屋显示尚未售出。双方签署上述文件的主要目的是进行房屋移交以及配合盛和发公司后续售楼的需要，此时隐瞒对宋宇的销售行为并无任何意义。

本院认为，案涉商品房买卖关系是否真实存在是本案争议的关键所在。本案商品房买卖关系明显与同类的正常交易不符。虽然盛和发公司与宋宇在诉讼中均主张双方之间存在真实有效的商品房买卖关系，但对签订购房合同、支付购房款等重要事实，宋宇多次陈述不一、前后矛盾。在存在上述众多疑点的情况下，认定宋宇与盛和发公司之间存在真实商品房买卖关系，依据明显不足。原审判决认定宋宇与盛和发公司之间不存在真实的商品房买卖关系，并无不当，本院予以维持。

宋宇主张，2001 年 7 月 25 日盛和发公司以支票形式汇到华南实业账户上的 1050 万元与宋宇与盛和发公司签订的借款合同数额不符，原审判决未予明确，而且 2002 年其支付给盛和发公司的 800 余万元款项原审判决也无法说明。本院认为，本案判决仅否定了宋宇与盛和发公司之间房屋买卖关系的真实性，而宋宇与盛和发公司资金往来情况，为另一法律关系，不属本案审理范围。

综上所述，根据《中华人民共和国民事诉讼法》第一百八十六条第一款、第一百五十三条第一款第（一）项之规定，判决如下：

维持北京市高级人民法院（2010）高民再终字第 1715 号民事判决。

本判决为终审判决。

审　判　长　×××
代理审判员　×××
代理审判员　×××
二〇一一年十二月十六日
书　记　员　×××

俞财新与福建华辰房地产有限公司、魏传瑞
商品房买卖（预约）合同纠纷案

《最高人民法院公报》2011年第08期

【裁判摘要】

根据合同的相对性原则，涉案合同一方当事人以案外人违约为由，主张在涉案合同履行中行使不安抗辩权的，人民法院不予支持。

最高人民法院
民事判决书

（2010）民一终字第13号

上诉人（原审原告）：俞财新，男，1968年2月4日出生，汉族，住福建省南平市延平区江滨中路219号1408室。

委托代理人：田岷，北京市惠中律师事务所律师。

委托代理人：罗辉勇，福建浩辰律师事务所律师。

上诉人（原审被告）：福建华辰房地产有限公司，住所地福建省福州市台江区台江路47号华联商厦10—12层。

法定代表人：蔡红，该公司总经理。

委托代理人：韩梅，北京市德恒律师事务所律师。

委托代理人：韩玮，女，汉族，1982年11月11日出生，住山东省章丘市明水白云路87号。

原审被告：魏传瑞，男，1959年10月28日出生，香港特别行政区居民，身份证号码为P018353（2），现住福建省福州市台江区台江路47号华联商厦12层。

委托代理人：韩梅，北京市德恒律师事务所律师。

委托代理人：王建宁，北京市德恒律师事务所律师。

上诉人俞财新与上诉人福建华辰房地产有限公司（以下简称华辰公司）、原审被告魏传瑞商品房买卖（预约）合同纠纷一案，福建省高级人民法院于2009年10月27日作出（2009）闽民初字第8号民事判决。俞财新、华辰公司均不服该判决，向本院提起上诉。本院依法组成合议庭，于2010年4月19日开庭审理了本案。俞财新的委托代理人田岷，华辰公司的委托代理人韩梅、韩玮，魏传瑞的委托代理人韩梅到庭参加了诉讼。本案现已审理终结。

福建省高级人民法院一审查明：2007年12月10日，甲方华辰公司与乙方俞财新、丙方魏传瑞签订的《商铺认购书》约定，俞财新向华辰公司认购"君临盛世茶亭"一号地块的一、二、三层店面，面积约2378平方米，每平方米价格72798元，总价款17275.0198万元。俞财新在签订本认购书后10日内支付给华辰公司订金6360万元；华辰公司应当在收到俞财新订金后30日内领取《商品房预售许可证》，并与俞财新签订《商品房买卖合同》，同时保证在签订《商品房买卖合同》后的10日内在房地产交易管理部门备案登记。如华辰公司不能在上述约定的期限内领取《商品房预售许可证》，俞财新即放弃认购，华辰公司必须于收到订金后的第31日起两个月内将俞财新支付的订金全部返还；

逾期返还，其利息按月利率10％计（不足一个月的，按实际天数计算）。华辰公司收到订金后的第31日起两个月未全部返还订金的，视为逾期返还；逾期三个月未全部返还订金及其利息的，俞财新可采取"以房抵欠款"的方式实现债权，即将华辰公司尚欠的订金和利息转为购买华辰公司上述项目的房产（具体店面房号由俞财新选定），其店面售价按第一条约定的出售价的30％计价。如在"以房抵欠款"后，华辰公司仍欠俞财新余款，则华辰公司应提供其他地块的店面抵扣其余欠款（仍按售价30％计价），双方签订《商品房买卖合同》。俞财新不同意"以房抵欠款"的方式实现债权的，则华辰公司应以现金返还和支付。俞财新支付订金6360万元部分为现金，部分为汇款等。魏传瑞对华辰公司的债务承担连带保证责任，保证期间为两年。

上述《商铺认购书》签订后，俞财新或其指令有关单位通过银行账户向华辰公司支付八笔共计4900万元，具体为：2007年12月10日支付一笔2000万元，2007年12月11日支付两笔900万元及400万元，2007年12月20日支付两笔800万元及200万元，2007年12月21日支付两笔400万元及100万元，2008年1月7日支付一笔100万元。在上述八笔银行《付款凭证》的附加信息及用途或用途栏目中，2007年12月20日的800万元凭证的栏目上注明周转金，2007年12月21日的400万元凭证上此栏目为空白，其余六笔凭证的相应栏目均注明借款。相应地，华辰公司出具六张共计4900万元的《收款收据》，具体为：2007年12月10日的一张2000万元，2007年12月11日的一张1300万元，2007年12月21日的三张分别是1000万元、400万元及100万元计1500万元，2008年1月7日的一张100万元。另华辰公司还分别于2007年12月10日、2007年12月11日、2007年12月21日向俞财新出具400万元、260万元、300万元计960万元三张《收款收据》，即华辰公司先后共向俞财新出具九张计5860万元的《收款收据》，其在该九张《收款收据》的款项内容栏目内均写明"认购君临盛世茶亭一号地块1－3层店面订金（详见2007年12月10日协议书）"等内容。华辰公司在上述400万元、260万元、300万元计960万元三张《收款收据》的存根联中，除记载"认购君临盛世茶亭一号地块1－3层店面订金（详见2007年12月10日协议书）"内容外，还分别注明"回报率部分2％另计""回报率部分20％另计""100＋1000＋400＝1500万元回报率20％"的内容。

一审法院另查明，华辰公司于2008年6月26日取得讼争商铺的《商品房预售许可证》。

俞财新向一审法院起诉称，2007年12月10日，其作为乙方与甲方华辰公司、丙方魏传瑞签订《商铺认购书》，约定购买华辰公司开发的房地产项目"君临盛世茶亭"一号地块的一、二、三层店面，面积2378平方米，每平方米价格72798元，总价款17275.0198万元。乙方在签订本认购书后10日内支付给甲方订金6360万元，甲方应当在收到乙方订金后30日内领取《商品房预售许可证》并与乙方签订《商品房买卖合同》，同时在签订《商品房买卖合同》后的10日内在房地产交易管理部门备案登记。如甲方不能在上述约定的期限内领取《商品房预售许可证》，乙方即放弃认购，甲方必须于收到订金后的第31日起两个月内将订金全部返还给乙方，逾期返还，甲方应按月利率10％支付乙方本息。甲方收到订金后的第31日起两个月未全部返还订金的，视为逾期返还，逾期三个月未全部返还订金及其利息的，乙方可采取"以房抵欠款"的方式实现债权，店面售价按本认购书约定的出售价30％计价。乙方不同意"以房抵欠款"的方式实现债权的，则甲方应以现金返还和支付。丙方对甲方的债务承担连带责任，保证期间为两年，认购书还对乙方付款方式等作了约定。合同签订后，俞财新分期向华辰公司支付购房款 5860 万元，华辰公司对此没有异议。在付款期间，俞财新了解到华辰公司无法按期办理《商品房预售许可证》，暂缓支付订金余款 500 万元，符合《中华人民共和国合同法》（以下简称《合同法》）第六十八条的规定，经多次催告，华辰公司以各种理由拒不与俞财新签订《商品房买卖合同》，后将《商铺认购书》项下的商铺转卖他人，其已无履约的可能。综上，华辰公司的行为违反了《合同法》第六十条、最高人民法院《关于审理商品房买卖合同纠纷案件适用法律若干问题的解释》第八条的规定，应当承担违约责任。魏传瑞的行为违反了最高人民法院《关于适用中华人民共和国担保法若干问题的解释》有关规定，其变更后的诉讼请求为：（一）解除双方签订的《商铺认购书》；（二）华辰公司返还购房订金 5860 万元；（三）华辰公司以俞财新已付购房订金每月 10% 的金额支付违约金，自 2008 年 3 月 22 日起计至还清款项之日止，暂计至 2009 年 3 月 22 日止为 7032 万元（5860 万元 ×12 个月 ×10% ＝7032 万元）；（四）魏传瑞对华辰公司的上述 2、3 项债务承担连带保证责任；5、华辰公司、魏传瑞承担本案诉讼费用。

华辰公司一审答辩称，华辰公司与俞财新之间商铺认购一事并不存在，华辰公司向他人出售商铺与俞财新无关。双方实际为借贷关系，俞财新借出款项金额只是其通过银行转账的 4900 万元，其主张另行支付 960 万元现金并未实际支付，该 960 万元是借款 4900 万元的 20% 回报即利息，俞财新称向华辰公司支付 5860 万元不真实。双方签订的《商铺认购书》是以合法形式掩盖非法的高利贷目的，为无效合同。即便《商铺认购书》有效，俞财新未依据认购书约定在 10 日内支付 6360 万元，构成先行违约。华辰公司有权拒绝履行办理《商品房预售许可证》等相关义务，俞财新诉请华辰公司承担违约责任的理由不能成立。请求认定双方为借贷关系，

且借款本金为 4900 万元。

魏传瑞一审答辩称，本案为借贷纠纷，当事人之间并未建立过商铺认购关系。2007 年 12 月 10 日的《商铺认购书》是以合法形式掩盖高利贷的非法目的，应认定无效。担保合同是从合同，主合同无效，担保合同当然无效，魏传瑞依法不承担本案担保还款责任。请求驳回俞财新要求魏传瑞承担担保责任的诉讼请求。

2009 年 3 月 11 日，一审法院根据俞财新的财产保全申请作出（2009）闽民初字第 8 号民事裁定，冻结华辰公司名下的"君临盛世茶亭"项目河东 3、5、7、8 地块（土地证号为榕国用 32334400071、32334500073、32334600075、32434500076 号等四地块）土地使用权。后经两次变更为，依法冻结华辰公司名下的君临盛世茶亭地块七河东部分的二、三层商铺。

一审法院认为，双方当事人对华辰公司出具的《收款收据》中所记载的 5860 万元款项，其性质及华辰公司实际收款数额存在争议。俞财新认为，该 5860 万元款项系其为履行双方签订的《商铺认购书》所支付的订金，其中 4900 万元是通过银行账户支付，另 960 万元是分三次以现金支付的，即其分别于 2007 年 12 月 10 日、2007 年 12 月 11 日、2007 年 12 月 21 日向华辰公司支付 400 万元、260 万元、300 万元，该 960 万元是俞财新向亲戚及南平市融鑫物资回收有限公司筹集的，有相关银行转账、960 万元现金来源凭证以及华辰公司出具的《收款收据》加以证实。华辰公司及魏传瑞则认为，（1）华辰公司实际只收到俞财新通过银行账户支付的 4900 万元，俞财新主张另有 960 万元分三次以现金方式支付是不真实的。事实上，华辰公司向俞财新开具的《收款收据》不仅是 960 万元这三张，还有一张 20 万元的，俞财新不予提供，四张《收款收据》计 980 万元是借期三个月 4900 万元借款的 20% 回报即利息。（2）华辰公司与俞财新间借贷关系还可以通过以

下事实加以印证：《商铺认购书》第三条约定华辰公司在"收到订金后的第31日起两个月内"未返还全部订金应按10%支付利息，第四条约定逾期三个月未全部返还订金及利息，以30%价以房抵债；俞财新在部分银行转账凭证上记载款项用途为借款；华辰公司在960万元的《收款收据》存根、登账联上注明"回报率"或"借款回报率"；俞财新在变更诉讼请求前的起诉状中，请求华辰公司按同期银行贷款基准利率四倍支付违约利息等事实，均可证明双方当事人讼争的法律关系为借贷，且借款本金为4900万元并非5860万元。一审法院认为，华辰公司向俞财新出具九张《收款收据》，确认依据《商铺认购书》收取俞财新5860万元，款项性质应认定履行《商铺认购书》的订金。根据《商铺认购书》第五条约定，俞财新支付订金部分为现金，部分为银行转账，故俞财新主张上述5860万元中的4900万元为银行转账、960万元为现金支付，符合常理，应予采信。俞财新的部分银行转账凭证上记载款项用途为借款，华辰公司在960万元《收款收据》存根、登账联上注明"回报率"或"借款回报率"，俞财新在起诉状中以利息计算违约金等事实，不足以证明俞财新实际支付款项为4900万元，以及相关款项为借贷的性质。由上，应当认定俞财新向华辰公司支付《商铺认购书》项下的订金为5860万元。

根据《商品房销售管理办法》第十六条的规定，商品房销售时，房地产开发企业和买受人应当订立书面商品房买卖合同，明确交易的主要内容。本案中，双方当事人签订的《商铺认购书》对所出售商品房的坐落、面积、单价、总价款等商品房买卖核心条款作出约定，符合商品房买卖合同的基本特征。但因该《商铺认购书》同时又明确约定在华辰公司取得《商品房预售许可证》后，应另行签订商品房买卖合同，且约定内容与《商品房销售管理办法》第十六条规定相比有不少欠缺，故应当认定《商铺认购书》系双方当事人为将来签订商铺买卖合同而事先达成的合意，本案为商品房买卖预约合同纠纷。华辰公司主张本案为借贷纠纷，证据不足，不予采信。

涉案《商铺认购书》系双方当事人真实意思表示，内容不违反国家法律、行政法规的禁止性规定，应认定有效。从该认购书第二条及第三条约定的内容看，俞财新应在签订本认购书后10日内支付给华辰公司订金6360万元；华辰公司则应当在收到俞财新订金后30日内领取《商品房预售许可证》，否则必须于收到订金后的第31日起两个月内将订金全部返还俞财新，逾期返还的，应按月利率10%支付俞财新本息。据此，华辰公司领取《商品房预售许可证》的履行期限为俞财新付清6360万元后的30日内，因俞财新只支付5860万元订金，即便在其支付订金过程中，存在因华辰公司不能如期办理《商品房预售许可证》而依法行使不安抗辩权导致未全额支付订金的情形，华辰公司也不构成违约。因为俞财新在知道华辰公司于2008年6月26日取得《商品房预售许可证》后，无证据证明此后其向华辰公司要求继续支付订金余额，实际上也未支付。因此，应当认定俞财新至今没有依约付清6360万元订金，华辰公司取得《商品房预售许可证》时并未超过《商铺认购书》约定的履行期限。俞财新以华辰公司逾期领取《商品房预售许可证》及未在收取订金后的第31日起两个月内返还全部订金为由，请求华辰公司按俞财新已付订金5860万元每月10%承担违约金，缺乏事实依据，一审法院不予支持。

俞财新以讼争商铺已由华辰公司售予他人为由，提出请求解除《商铺认购书》，华辰公司及魏传瑞对商铺售予他人的事实亦不持异议，《商铺认购书》继续履行已不可能，依法应予解除。华辰公司依《商铺认购书》收取俞财新订金5860万元及其法定孳息应予返还。俞财新请求解除《商铺认购书》及华辰公司返还收取的5860万元订金，应予支持。

华辰公司应向俞财新返还认购商铺订金 5860 万元及支付自收取相关款项之日起的利息。魏传瑞作为签订《商铺认购书》的当事人之一，愿为华辰公司履行该认购书的相关债务提供两年的连带保证责任担保，根据《中华人民共和国担保法》第十八条关于连带责任保证的规定，魏传瑞应对华辰公司返还俞财新 5860 万元及其利息的款项承担连带责任。一审法院依照《中华人民共和国民事诉讼法》第六十四条、《合同法》第九十四条、《中华人民共和国担保法》第十八条的规定，判决：（一）解除三方当事人签订的《商铺认购书》；（二）华辰公司应于本判决生效之日起十日内向俞财新支付 5860 万元及其利息（其中 2400 万元自 2007 年 12 月 10 日、1560 万元自 2007 年 12 月 11 日、1800 万元自 2007 年 12 月 21 日、100 万元自 2008 年 1 月 7 日起至本判决确定的还款之日止按中国人民银行同期贷款利率计算）；（三）魏传瑞应对华辰公司的上述第二项债务承担连带偿还责任；（四）驳回俞财新的其他诉讼请求。案件受理费 686400 元，由俞财新负担 356400 元，华辰公司、魏传瑞负担 330000 元；诉讼保全费 5000 元，由俞财新负担 3000 元，华辰公司、魏传瑞负担 2000 元。

俞财新、华辰公司不服一审判决，分别向本院提起上诉。

俞财新上诉称，一审判决认定事实不清，适用法律不当，判决结果明显失衡，故请求：（一）撤销（2009）闽民初字第 8 号民事判决第二项、第四项；（二）判令华辰公司返还俞财新购房订金 5860 万元人民币，并以俞财新已付购房订金每月 10% 的金额支付违约金，自 2008 年 3 月 22 日起计至还清款项止（暂计至 2009 年 3 月 22 日止，计 7032 万元人民币）。主要事实和理由是：

（一）一审判决认定事实不清。1. 一审判决认定合同约定的华辰公司取得《商品房预售许可证》的时间不符合客观事实。根据涉案《商铺认购书》约定，俞财新在 10 日内付

给华辰公司订金 6360 万元：华辰公司应当在收到俞财新支付订金后的 30 日内领取《商品房预售许可证》并与俞财新签订规范的《商品房买卖合同》，同时保证在签订《商品房买卖合同》后的 10 日内在房地产交易管理部门备案登记。《商铺认购书》签订于 2007 年 12 月 10 日，华辰公司取得《商品房预售许可证》的期限应当是 2008 年 1 月 21 日前，该事实在一审庭审中双方当事人均无异议，并非一审判决认定的履行期限，即"俞财新付清 6360 万元后的 30 日内"。2. 一审判决认定"俞财新明知华辰公司于 2008 年 6 月 26 日取得《商品房预售许可证》"与客观事实不符。俞财新在支付 5860 万元购房订金，履行了主要义务后，因华辰公司未能按合同于 2008 年 1 月 21 日前取得《商品房预售许可证》，加之由魏传瑞实际控制的福州华辰房地产有限公司（以下简称福州华辰公司）与俞财新在签订购买"君临天华 B 组团 5♯7♯连幢 2 层 23 号店面"时存在欺诈行为，因此俞财新未继续支付余款 500 万元。而华辰公司在未按合同约定取得《商品房预售许可证》后，从未告知俞财新何时能取得《商品房预售许可证》，取得《商品房预售许可证》后也从未告知俞财新，在一审庭审中也未提供证据证明该事实。俞财新是在华辰公司已将《商铺认购书》中约定的商铺卖给他人后，在起诉前才在律师指导下于 2009 年 1 月 7 日从福州房地产信息网上查到华辰公司取得 A 区地块一商业综合楼预售许可的，批准日期为 2008 年 6 月 26 日。对于上述事实，俞财新在一审提供的证据 11 能够证明。因此，一审判决认定"俞财新明知华辰公司于 2008 年 6 月 26 日取得《商品房预售许可证》"与客观事实不符，据此认定俞财新没有依约付清 6360 万元及华辰公司没有违约，违背客观事实。

（二）一审判决适用法律不当。1. 俞财新有权行使不安抗辩权。因华辰公司未按合同约定的时间取得《商品房预售许可证》，俞财新据此暂缓支付尾款 500 万元，符合《合同

法》第六十八条的规定。俞财新有证据证明华辰公司丧失了商业信誉，具有可能丧失履行债务能力的其他情形。俞财新与魏传瑞实际控制的福州华辰公司曾于2007年8月3日签订合同，约定购买其名下"君临天华B组团5♯7♯连幢2层23号商铺"，在俞财新依照合同约定以现金方式一次性付款后，福州华辰公司却违反合同第二十四条约定，未在合同生效之日起30日内，向福州市房地产交易登记中心申请登记备案。后俞财新通过福州房地产信息网及向福州市房地产交易登记中心了解，上述合同约定的商品房用于抵押贷款。据此，俞财新未将剩余购房款500万元支付华辰公司的行为，符合相关法律规定。2.本案《商铺认购书》被解除的原因是华辰公司存在根本违约行为。俞财新已支付了购房款的92.14%，履行了合同约定的主要义务，华辰公司存在根本违约行为，一审判决显失公平。

华辰公司上诉称，一审判决认定事实不清，适用法律错误，故请求本院：（一）撤销本案一审判决第二项，改判华辰公司仅需返还俞财新购房订金4900万元；（二）判令俞财新承担本案的全部诉讼费用。主要事实和理由是：

（一）俞财新实际仅向华辰公司支付4900万元购房订金。根据涉案《商铺认购书》的约定，俞财新应在认购书签订后的10日内即2007年12月21日前向华辰公司支付购房订金6360万元。一审中俞财新提供了《收款收据》，以证明向华辰公司支付5860万元购房订金．但根据双方提供的银行转账回单，俞财新通过银行转账的形式向华辰公司共支付购房订金人民币4900万元。一审中俞财新称另以现金方式支付了960万元，但当华辰公司当庭多次要求俞财新讲清这960万元现金交付的时间、地点、接受人员时，俞财新及其代理人均无法正面回答。近千万元的巨额现金不通过转账，而又无法说明交付情节，显然不合常理，其实质是4900万元所生的利

息。由此可见，俞财新自称以现金方式支付的960万元根本不存在。因其仅向华辰公司支付4900万元的购房订金，一审判决认定俞财新向华辰公司支付购房订金5860万元，并判令华辰公司返还购房订金5860万元是错误的，应当予以纠正。

（二）因俞财新的过错导致《商铺认购书》无法履行而解除，华辰公司仅需退还4900万元款项，无须支付利息。

本院二审查明的事实与一审法院查明的事实一致。

二审中，本院曾组织本案当事人进行调解，但因对事实和违约金的承担争议很大而调解未果。

本院认为，一审法院将本案案由定为商品房买卖（预售）合同纠纷，并根据俞财新的诉讼请求，判决解除合同，三方当事人未就此提起上诉，本院予以确认。华辰公司、魏传瑞对华辰公司收到俞财新通过转账支付的4900万元订金不持异议，本院予以确认。二审中本案当事人争议的焦点问题是：（一）俞财新是否已向华辰公司支付现金960万元购房订金；（二）俞财新少支付500万元订金是否属于行使不安抗辩权；（三）华辰公司是否应当承担违约责任。现分述如下：

（一）关于俞财新是否已向华辰公司支付现金960万元购房订金的问题。

本院认为，根据查明的事实，应认定俞财新已向华辰公司支付现金960万元购房订金。理由是：1.《商铺认购书》约定俞财新支付订金6360万元部分为现金，部分为汇款，故俞财新支付华辰公司现金960万元购房订金，符合合同约定；2.华辰公司在收到俞财新交付的960万元现金后，向俞财新出具了《收款收据》，其对收据本身的真实性没有异议，收据上载明的付款用途是购买涉案合同项下的房屋。俞财新向一、二审法院提交的《收款收据》上并无"回报率"的记载，而华辰公司出具的《收款收据》存根联上却载有"回报率"，说明这是华辰公司在收据存

根联上后加的，应以俞财新提供的《收款收据》作为认定事实的依据；3.《收款收据》上添加的"回报率"相互矛盾，有的是 2%，有的是 20%，按上述两种比例计算，均不能得出借款 4900 万元产生 960 万元利息的结论；4. 华辰公司虽否认俞财新向其支付 960 万元现金，但无充分证据推翻其向俞财新出具的《收款收据》，俞财新所述的付款地点虽然不常见，但不能排除这种可能性。综上，华辰公司关于俞财新未向其支付现金 960 万元的主张，证据不足，本院不予支持。

（二）关于俞财新少支付 500 万元订金是否属于行使不安抗辩权的问题。

本院认为，俞财新主张不安抗辩权的理由是华辰公司丧失商业信誉，依据是其与福州华辰公司签订另一购房合同后，福州华辰公司将合同约定的房屋设定抵押。然而，福州华辰公司与华辰公司是两个不同的法人，以案外人违约为由在本案合同履行中行使不安抗辩权，不符合合同相对性原则。根据《合同法》第六十八条的规定，俞财新关于其行使不安抗辩权的主张，依据不足。《合同法》第六十九条规定了行使不安抗辩权的要件，即使俞财新有权行使不安抗辩权，也应当及时通知对方。但无证据证明俞财新履行过通知义务。因此，俞财新关于其行使不安抗辩权的主张，缺乏事实和法律依据，本院不予支持。

（三）关于华辰公司应否承担违约责任的问题。

本院认为，俞财新虽主张其已向华辰公司支付了大部分订金，履行了支付订金的主要义务，并享有不安抗辩权，但按照《商铺认购书》的约定，华辰公司应在收到俞财新订金后 30 日内领取《商品房预售许可证》并与俞财新签订购房合同。据此，应认定俞财新负有先履行义务，其应在 2007 年 10 月 20 日之前付清 6360 万元订金，但俞财新至今仅支付了 5860 万元订金，其主张行使不安抗辩权的理由不能成立。因此，应认定俞财新违约，故其无权向华辰公司主张违约金。由于俞财新违约在先，即使后来华辰公司没有及时领取《商品房预售许可证》并与俞财新签订购房合同，也不应向俞财新支付违约金。本案《商铺认购书》解除后，双方当事人的权利义务终止。因房屋交易尚未完成，应当返还一方占有另一方的财产。华辰公司占有俞财新的 5860 万元购房订金及所生利息，理应一并返还，故对华辰公司关于只应向俞财新返还 4900 万元订金的主张，本院不予支持。

综上，一审判决认定事实清楚，适用法律正确。涉案《商铺认购书》解除后，华辰公司、魏传瑞应当向俞财新返还订金及利息。因俞财新违约在先，对其关于华辰公司应向其支付违约金的请求，本院不予支持。华辰公司关于其只应向俞财新返还 4900 万元订金的请求，于法无据，本院不予支持。依照《中华人民共和国民事诉讼法》第一百五十三条第一款第（一）项的规定，判决如下：

驳回上诉，维持原判。

二审案件受理费人民币 686400 元，由俞财新负担 565000 元，福建华辰房地产有限公司、魏传瑞负担 121400 元。

本判决为终审判决。

审　判　长　×××
审　判　员　×××
审　判　员　×××
二〇一〇年十一月二十六日
书　记　员　×××

广西桂冠电力股份有限公司与广西泳臣房地产开发有限公司房屋买卖合同纠纷案

《最高人民法院公报》2010 年第 05 期

【裁判摘要】

《中华人民共和国合同法》第九十七条规定："合同解除后，尚未履行的，终止履行，已经履行的，根据履行情况和合同性质，当事人可以请求恢复原状、采取其他补救措施，并有权要求赔偿损失。"合同解除导致合同关系归于消灭，故合同解除的法律后果不表现为违约责任，而是返还不当得利、赔偿损失等形式的民事责任。

最高人民法院
民事判决书

（2009）民一终字第 23 号

上诉人（原审被告）：广西泳臣房地产开发有限公司，住所地广西南宁市东葛路 135 号岭南家园 D 座 2 单元 301 号房。

法定代表人：程海裕，该公司董事长。

委托代理人：刘志洪，北京市尚公律师事务所律师。

委托代理人：欧阳泽明，广天一律师事务所律师。

被上诉人（原审原告）：广西桂冠电力股份有限公司，住所地广西南宁市民主路北四里 6 号。

法定代表人：杨庆，该公司董事长。

委托代理人：张杰，北京市炜衡律师事务所律师。

委托代理人：魏秀敏，北京市炜衡律师事务所律师。

上诉人广西泳臣房地产开发有限公司（以下简称泳臣公司）与被上诉人广西桂冠电力股份有限公司（以下简称桂冠公司）房屋买卖合同纠纷一案，广西壮族自治区高级人民法院于 2008 年 12 月 25 日作出（2007）桂民一初字第 2 号民事判决。泳臣公司对该判决不服，向本院提起上诉。本院依法组成合议庭，于 2009 年 5 月 26 日进行了开庭审理，泳臣公司的委托代理人刘志洪、欧阳泽明，桂冠公司的委托代理人张杰、魏秀敏到庭参加了诉讼。本案现已审理终结。

一审法院经审理查明：2003 年 3 月 12 日，桂冠公司（甲方）与泳臣公司（乙方）签订《基地定向开发建设协议书》（以下简称《定向开发协议》），委托泳臣公司在广西南宁市琅东凤岭段为桂冠公司建设办公综合楼和商品住宅小区。协议约定：办公楼主楼初定 21 层，占地面积约 30 亩，建筑面积约 3 万平方米，办公楼总投资包括：土地每亩按 53 万元（含土地平整费）计算；开发建设费造价暂按建筑面积每平方米 2500 元计算。商品住宅小区为 6 层框架式结构，占地面积约 30 亩，单价按每平方米 1500 元计算。同时双方就设立共管账户、付款方式、合同工期、担保义务、双方其他权利义务以及违约责任等方面进行了约定。协议签订后，桂冠公司分别于 2003 年 4 月 16 日、10 月 17 日、2004 年 11 月 15 日向泳臣公司支付 50 万元、1950 万元、590 万元，共计 2590 万元。2003 年 7 月 8 日，泳臣公司取得了南宁市规划管理局颁发的《建设用地规划许可证》。2005 年 2 月 5

日，泳臣公司完成凤岭商住小区财富国际广场A区1—3♯综合楼土方开挖、桩基础、基坑支护的招标工作。2005年3月28日，泳臣公司取得凤岭商住小区财富国际广场A区1—3♯综合楼基础的《建筑工程施工许可证》。

2005年3月30日，桂冠公司（甲方）与泳臣公司（乙方）签订《广西桂冠电力股份有限公司基地定向开发建设补充协议书》（以下简称《补充协议》），约定将办公楼主楼初定为26层，建筑面积为45955平方米。办公楼土地补偿费每亩95万元，土地补偿费共计2850万元，土地平整费200万元。基本开发建设费每平方米4350元，合计19990.425万元；在付款方式上双方约定，桂冠公司在2005年3月30日前支付的费用作为已付部分土地补偿费，本《补充协议》签订后5个工作日内再支付其余土地补偿费。平整场地工程完工后10个工作日内桂冠公司向泳臣公司支付200万元。泳臣公司取得办公楼开工许可证后7日内，桂冠公司支付基本开发建设费的25％，合计约5000万元，扣除首期付款2000万元，实付工程预付款为3000万元。工程形象进度款的拨付办法：办公楼桩基础工程完工后7日内，桂冠公司支付基本开发建设费的5％，即1000万元给泳臣公司；办公楼地下室工程完工后7日内，桂冠公司支付基本开发建设费的10％，即2000万元给泳臣公司；办公楼四层楼面结构完工后7日内，桂冠公司支付基本开发建设费的10％，即2000万元给泳臣公司；办公楼八层楼面结构完工后7日内，桂冠公司支付基本开发建设费的10％，即2000万元给泳臣公司……。双方对工作周期约定：本协议生效后，泳臣公司在15个工作日内提供规划定点图和《建设用地规划许可证》，在30个工作日内取得《国有土地使用权证》；施工图设计通过审批后在2005年6月内完成监理、施工招标；施工招投标结束后在2005年7月内取得办公楼开工许可证；2005年8月办公楼桩基础工程完工；2005年12月办公楼地下室工程完工；

2006年2月办公楼四层楼面结构完工……；办公楼主体工程开工6个月内取得办公楼商品房预售许可证，与桂冠公司签订商品房预售合同并到房产局备案；办公楼主体工程开工28个月内竣工验收，通过验收合格后2个月内交付桂冠公司使用。在权利义务方面，双方约定：桂冠公司有权监督工程进展，在工程形象进度未达到计划要求时，有权拒绝支付任何款项。在交付方面约定：当泳臣公司无法按期交付时，则桂冠公司可以选择通知泳臣公司解除协议或继续等待。如果桂冠公司选择继续等待，则等待时间由桂冠公司决定，等待后仍然可以解除协议。泳臣公司保证在桂冠公司取得《南宁市房屋所有权证》前，未经桂冠公司同意，不得以任何形式抵押土地使用权给第三方。在违约责任方面，双方约定：桂冠公司须按本协议规定的时间及工程建设进度向泳臣公司支付工程款，逾期未付的，桂冠公司每天应向泳臣公司支付应付价款万分之二的违约金。如逾期30天未支付视为桂冠公司无力继续履行协议，泳臣公司有权单方终止协议。因泳臣公司开发手续等原因造成本协议无效、无法履行或抵押土地使用权给第三方的，泳臣公司必须承担违约责任，向桂冠公司退回全部开发资金本息，双倍返还定金，并赔偿因此给桂冠公司造成的经济损失。泳臣公司不能按本补充协议工作周期规定的时间完成有关工作的，视为违约，对每一笔付款逾期的违约，泳臣公司每天应向桂冠公司支付已收价款万分之二的违约金。如逾期30天则视为泳臣公司无力继续履行协议，桂冠公司有权单方面终止协议。如泳臣公司无法按协议约定的时间交付工程，桂冠公司有权要求泳臣公司按日支付违约金，每日违约金为基本建设开发费的万分之三。泳臣公司违反土地抵押约定，则应当按日支付违约金，每日违约金标准为基本建设开发费的万分之三，并且赔偿桂冠公司因此而产生的一切损失。如果泳臣公司无法按时取得定向开发建设房产的《南宁市房屋所有权证》及他项权利证书，则应当按日支付违约金，每日违约金为基本建设开发费的万分之三，并且赔偿桂冠公司因此而产生的一切损失：包括银行的贷款利息、银行的罚息、诉讼费用、律师费用、装修费用、误工费用、交通费用、因重新购建而产生价格上涨的损失等。双方约定本《补充协议》签订后，原协议仍然有效，本《补充协议》与原协议有冲突的，以《补充协议》为准。

《补充协议》签订后，桂冠公司分别于2005年4月12日、2006年8月9日、2006年9月7日向泳臣公司支付5460万元、1000万元、2000万元。至此，桂冠公司向泳臣公司总共支付11050万元用于办公楼建设。2006年1月4日，泳臣公司完成对土建（含桩基）、水电防雷、空调通风、通风、消防人防的招标工作。2006年4月6日，办公楼工程完成桩基础工程。2006年5月25日，泳臣公司取得了南宁市规划管理局颁发的A区1#办公楼的《建设工程规划许可证》及附件。2006年6月21日，泳臣公司取得南宁市建设委员会颁发的凤岭商住小区（二期）财富国际广场A、B、C区工程的《建筑工程施工许可证》。2006年8月16日，泳臣公司完成了办公楼地下室工程。2006年12月5日，泳臣公司完成办公楼四层楼面结构工程。2006年12月9日，承建财富国际广场工程的中国建筑总公司致函泳臣公司，称因泳臣公司长期欠付工程进度款造成材料供应中断，生产陷入半瘫痪，决定于2006年12月10日全部停工。2007年3月21日，南宁市建筑工程质量检测中心组织对凤岭商住小区（二期）财富国际广场A区一号综合楼进行综合检测。2007年5月23日，南宁市建设主管部门在财富国际广场工程质量事故处理工作协调会议纪要上明确：财富国际广场工程存在的安全和质量问题，属重大工程质量事故。该工程至今处于停工状态。

诉讼期间，桂冠公司委托广西普生土地房地产评估有限公司对桂冠公司综合办公楼房地产重新购置而产生价格上涨的损失价格评估。该评估机构于2008年3月2日的作出评估结论为：综合办公楼需重新购置而产生价格上涨的损失为13123.3万元。泳臣公司在质证中认为该评估报告是桂冠公司单方委托评估，内容不客观公正，并且以重置价主张损失没有合同约定和法律根据，不存在重置的理由和事实。经一审法院庭审及庭后询问意见，泳臣公司均表示不申请法院委托重新评估。

一审法院另查明，2003年9月29日，泳臣公司取得了南宁市民族大道凤岭段北面地号分别为0419239，0419211、0419210、0419117号的四块土地的国有土地使用权。2003年10月9日，泳臣公司以0419211、0419210、0419117三块土地使用权作为担保与商业银行签订了1亿元的《最高额抵押合同》，并于2003年11月5日办理抵押登记，其中地号0419210地块为桂冠公司办公楼用地。

2008年3月28日，根据桂冠公司提出的诉讼保全申请，一审法院以（2007）桂民一初字第2-1号民事裁定书依法查封了泳臣公司位于南宁市民族大道凤岭段北面地号为0419239、0419211的土地使用权及位于该两块土地上的在建工程。

2007年7月30日，桂冠公司起诉称，2003年3月12日，其（甲方）与泳臣公司（乙方）签订《定向开发协议》，委托乙方在南宁市琅东凤岭段为甲方建设办公楼和商品住宅小区。协议约定：办公楼建筑面积约3万平方米，占地面积约30亩；按每亩53万元的土地费和每平方米2500元的开发建设费计算；住宅小区占地面积约30亩，单价按每平方米1500元计算；同时双方就设立共管账户、付款方式、合同工期、担保义务、双方其他权利义务以及违约责任等方面进行了约定。协议签订后，桂冠公司积极履行合同，但泳臣公司却怠于履行合同义务，实际工期大大拖延。2005年3月30日，双方又签订了

《补充协议》，将土地补偿费由每亩53万元调整到95万元，土地补偿费总额由1590万元调整到2850万元，基本开发建设费由每平方米2500元调高至4350元；办公楼由21层调整到26层，建筑面积由30000平方米调整为45955平方米。同时，双方对原《定向开发协议》中约定的合同工期、付款方式、违约责任等条款进行了补充和修改。签约后由于泳臣公司存在工期延误、质量不合格以及违反抵押禁止义务等多处严重违约行为，已经构成根本违约，合同目的根本无法实现，桂冠公司有权依法解除合同。请求法院判令：1. 解除《定向开发协议》以及《补充协议》。2. 泳臣公司返还桂冠公司已付投资款11050万元及利息1476.04万元（暂算至2007年7月30日，应算至判决作出之日）。3. 泳臣公司返还桂冠公司定金100万元。4. 由泳臣公司承担本案全部诉讼费用。2008年2月29日，桂冠公司增加以下诉讼请求：1. 判令泳臣公司支付工期逾期违约金5187万元（暂算至2007年7月30日，应算至判决生效之日）；2. 判令泳臣公司支付办公楼抵押违约金5037.59万元（暂算至2007年7月30日，应算至判决生效之日）；3. 判令泳臣公司赔偿桂冠公司办公楼项目损失13123.3万元（暂算至2008年2月29日，应算至判决生效之日）。

泳臣公司答辩称，一、本案应该定性为商品房买卖合同纠纷。定向经营行为的实质是泳臣公司按照桂冠公司的要求建成商品房交付给桂冠公司，而桂冠公司通过预付房款获得低价的商品房。根据法律规定，双方签订的合同应该认定为商品房买卖合同。二、桂冠公司迟延付款违约在先，无权要求工程如期完成。工程进度延误虽然是事实，但是延误的原因有因为桂冠公司的行为造成的，有因为承建人中国建筑总公司的行为造成的，不能完全归责于泳臣公司。三、工程不存在无法修复的质量问题。四、办公楼项目土地当时已经去国土局办理了抵押，但是国土局认为没有债务关系所以没有给办理抵押。泳臣公司在抵押土地方面没有违反禁止土地抵押义务的行为。综上，请求人民法院依法驳回桂冠公司的诉讼请求。

一审法院认为，根据当事人的诉辩意见，案件的争议焦点归纳为：一、本案合同的性质及效力问题。二、履行合同中哪方当事人违约，违约方如何承担责任问题以及合同应否解除问题。

关于本案合同的性质及效力问题。一审法院认为，双方当事人签订的《定向开发协议》和《补充协议》既有合作开发房地产的内容，也有建筑工程承包合同的条款，但双方当事人最终目的是由桂冠公司向泳臣公司支付购房对价款，泳臣公司交付预定的办公综合楼所有权给桂冠公司的一种交易。该交易行为中双方当事人权利义务关系的实质符合房屋买卖合同的本质特征。因此，本案合同应认定为名为基地定向开发，实为房屋买卖合同纠纷。泳臣公司主张本案合同应认定为商品房买卖合同。对此，一审法院认为，商品房应是由房地产开发企业开发建设并向社会不特定公众公开出售的房屋。出售行为的社会化、公开化是商品房买卖的特征之一。本案中，当事人签订的合同名称冠有"定向开发"字样，合同内容约定由泳臣公司为桂冠公司建设办公综合楼，桂冠公司负责房地产开发全部建设资金，所建成的房屋全部由桂冠公司购买，因而本案泳臣公司所开发的该办公楼出售对象是特定的而非向社会公众出售。因此，一审法院对泳臣公司主张的商品房买卖合同性质不予支持。一审认定本案当事人所签订的《定向开发协议》《补充协议》是双方当事人真实意思表示，没有违反法律和行政法规的禁止性规定，属合法有效合同。

关于履行合同中哪方当事人违约、违约方如何承担责任，合同应否解除的问题。一审法院认为，桂冠公司与泳臣公司于2003年3月12日签订《定向开发协议》后，桂冠公司依约支付了2590万元购房款，泳臣公司虽履行了部分合同义务，但未能在约定的时间交付房屋，对桂冠公司构成违约。在此情况下，桂冠公司没有按该合同的约定主张解除合同或要求泳臣公司承担违约责任，继而于2005年3月30日又与泳臣公司签订《补充协议》，并在《补充协议》中就办公楼开发的面积、价款、付款方式、合同工期、担保义务、双方其他权利义务以及违约责任等合同的条款方面进行了重新约定并实际履行了部分《补充协议》的义务。据此可以认定桂冠公司与泳臣公司以自己的行为表明，双方对《定向开发协议》进行了实质性的合同变更，并履行变更后的《补充协议》，不再履行《定向开发协议》。因此，桂冠公司仍起诉要求泳臣公司承担2003年签订的《定向开发协议》中的违约责任，一审法院不予支持。

《补充协议》签订后，桂冠公司依约向泳臣公司累计支付购房款共达11050万元，泳臣公司未能按协议约定的进度完成桂冠公司的办公综合楼工程，且泳臣公司在建设桂冠公司的办公楼过程中，整个财富国际广场工程被南宁市建设主管部门认定存在安全和质量问题，属重大工程质量事故，该工程自2006年12月10日全面停工。泳臣公司在建设过程中每期工期均有迟延，至合同约定交付之日2008年2月29日已根本无法实际交付，且该工程至今因质量事故仍未能复工，致使桂冠公司购买办公综合楼的合同目的不能实现，泳臣公司构成履行合同中的根本违约。根据《中华人民共和国合同法》第九十四条第一款规定："有下列情形之一的，当事人一方可以解除合同：……（四）当事人一方迟延履行债务或者有其他违约行为致使不能实现合同目的"。因此，本案符合法定解除合同的条件，对于桂冠公司解除合同的主张，一审法院予以支持。泳臣公司主张桂冠公司不支付进度款违约在先，并且本案合同仍可继续履行不同意解除合同。对此，一审法院认为，本案合同标的物不能按约定竣工交付的责任在于泳臣公司所开发的国际财富广场

工程存在重大质量事故，而非桂冠公司不支付工程进度款。泳臣公司在2006年12月5日完成了四层楼面施工，按《补充协议》约定桂冠公司最迟应于完工后7日内，即2006年12月13日前支付2000万元，但该工程承建商中国建筑总公司于2006年12月10日全面停工，桂冠公司中止履行义务是行使不安抗辩权，不构成违约。由于该项目按约定应于2008年2月29日交付，但至今仍因质量原因未能复工，对泳臣公司提出可继续履行合同的主张，一审法院不予支持。

对合同解除后的责任承担问题，桂冠公司诉请泳臣公司返还购房款、双倍返还定金、支付违约金并且赔偿购房款利息损失、办公楼重置费损失。一审法院认为，本案合同解除是基于泳臣公司的违约事实而产生的法律后果，解除合同不属于违约责任方式，而属于合同违约后的一种补救措施；合同解除后的法律后果不表现为违约责任，而是主要表现为包括不当得利返还和损害赔偿的民事责任。《中华人民共和国合同法》第97条对合同解除后的法律后果明确规定："合同解除后，尚未履行的，终止履行，已经履行的，根据履行情况和合同性质，当事人可以请求恢复原状、采取其他补救措施，并有权要求赔偿损失。"因此，合同解除后，应由泳臣公司返还桂冠公司的购房款11050万元及赔偿桂冠公司重置办公综合楼的损失13123.3万元。因重置费损失的赔偿足以弥补桂冠公司的损失，因而不再支持桂冠公司要求赔偿购房款利息的损失。对于双倍返还定金问题，一审法院认为，《补充协议》第2.3.4条约定："桂冠公司在2005年3月30日前支付的费用作为已付部分土地补偿费"，因此，桂冠公司于2003年4月16日支付的具有履约定金性质的50万元因《补充协议》重新约定为预付土地款而不再具有定金性质，双方当事人也不再履行《定向开发协议》而是实际履行《补充协议》，且《补充协议》已没有关于定金条款的约定。因此，对桂冠公司主张双倍

返还定金一审法院不予支持。关于桂冠公司要求泳臣公司支付工期逾期违约金和泳臣公司擅自抵押土地的违约金的诉请。一审法院认为，由于本案合同本质上属于房屋买卖合同，合同中关于施工工期和抵押土地的内容约定不符合房屋买卖合同的特征，并且根据《合同法》第九十七条的规定，合同解除的法律效果是使合同关系归于消灭，解除合同的后果，违约方的责任承担方式也不表现为支付违约金。因此，对桂冠公司要求支付违约金的主张，一审法院亦不予支持。至于泳臣公司认为桂冠公司没有重新购买办公楼并未造成实际损失，其提出的重置费损失并不存在，损失的评估报告系桂冠公司单方委托评估不能作为损失的证据使用，不应赔偿的抗辩。一审法院认为，桂冠公司未实际购买办公楼是事实，其未购买办公楼是由于购房款有 11050 万元已投入到本案的项目中。在泳臣公司根本违约的情况下要求桂冠公司另行投入大笔资金购买同样一栋办公楼才能赔偿损失，这对桂冠公司的要求过于苛刻，也是不公平的。经一审法院两次庭审质证及庭后询问，泳臣公司仅对评估报告结果不予认可，但未能提出相反证据，反而明确表示不申请法院委托重新评估，是对自己诉讼权利的放弃，即使该评估报告所评估的损失结论与实际损失有出入，也应由泳臣公司承担对自己不利的法律后果。因此，对泳臣公司不予赔偿损失的抗辩，一审法院不予采纳。

综上所述，一审法院认定，本案合同名为基地定向开发，实为房屋买卖合同纠纷，泳臣公司在履行合同中构成根本违约，桂冠公司主张解除合同、返还购房款及赔偿重置办公楼损失有理，一审法院予以支持；泳臣公司主张桂冠公司违约在先、合同可继续履行与事实不符，一审法院不予采信。依照《中华人民共和国合同法》第九十四条、第九十七条和《中华人民共和国民事诉讼法》第一百二十八条的规定，经一审法院审判委员会讨论决定，作出如下判决：一、解除桂冠公司与泳臣公司签订的《定向开发协议》及《补充协议》；二、泳臣公司返还桂冠公司购房款 11050 万元；三、泳臣公司赔偿桂冠公司损失 13123.3 万元。四、驳回桂冠公司的其他诉讼请求。案件受理费 1840496 元，诉讼保全费 5000 元，合计 1845496 元，由泳臣公司负担 1107297.6 元，桂冠公司负担 738198.4 元。

泳臣公司对一审判决不服，向本院上诉称，一审判决认定事实错误，双方所签的《定向开发协议》及《补充协议》不属于商品房买卖合同；涉案合同无效，桂冠公司在签订合同前明知泳臣公司未取得房屋预售许可证；泳臣公司未支付工程进度款为行使不安抗辩权，一审判决认定泳臣公司根本违约属于认定事实错误；一审判决认定泳臣公司赔偿桂冠公司 13123.3 万元没有事实根据；一审判决遗漏当事人，违反法定程序。

桂冠公司答辩称，一审判决认定事实清楚，适用法律正确，应予维持。

本院二审查明，涉案工程至今未取得商品房预售许可证。

本院二审查明的其他事实与一审法院查明的事实相同。

本院认为，双方当事人争议的焦点为：涉案合同的效力以及合同是否应当解除，如果合同解除该如何处理。

关于涉案合同的效力。依据本案事实，2003 年 3 月 12 日，桂冠公司（甲方）与泳臣公司（乙方）签订《定向开发协议》，委托泳臣公司在广西南宁市琅东凤岭段为桂冠公司建设办公综合楼和商品住宅小区。协议约定：办公楼主楼初定 21 层，占地面积约 30 亩，建筑面积约 3 万平方米，办公楼总投资包括：土地每亩按 53 万元（含土地平整费）计算；开发建设费造价暂按建筑面积每平方米 2500 元计算。商品住宅小区为 6 层框架式结构，占地面积约 30 亩，单价按每平方米 1500 元计算。同时双方就设立共管账户、付款方式、合同工期、担保义务、双方其他权利义务以及违约责任等方面进行了约定。从双方当事人的约定来看，双方所签订的《定向开发协议》，是双方当事人真实意思表示，且不违反法律的禁止性规定，应为有效合同。

关于合同是否应当解除以及合同解除后如何处理的问题。关于工程工期及交付问题，双方作如下规定：主体工程开工 28 个月内竣工验收，通过验收合格后 2 个月内交付桂冠公司使用。在权利义务方面双方约定：桂冠公司有权监督工程进展，在工程形象进度未达到计划要求时，有权拒绝支付任何款项。在交付方面约定：当泳臣公司无法按期交付时，则桂冠公司可以选择通知泳臣公司解除协议或继续等待。如果桂冠公司选择继续等待，则等待时间由桂冠公司决定，等待后仍然可以解除协议。依据本案事实，现泳臣公司并未按期交工，依据双方合同约定，桂冠公司有权解除合同。

对合同解除后的责任承担问题，桂冠公司诉请泳臣公司返还购房款、双倍返还定金、支付违约金并且赔偿购房款利息损失、办公楼重置费损失。本院认为，依照《中华人民共和国合同法》第九十七条的规定："合同解除后，尚未履行的，终止履行，已经履行的，根据履行情况和合同性质，当事人可以请求恢复原状、采取其他补救措施，并有权要求赔偿损失。"因此，合同解除后，应由泳臣公司返还桂冠公司的购房款和利息。关于桂冠公司主张的双倍返还定金问题，《补充协议》第 2.3.4 条约定："桂冠公司在 2005 年 3 月 30 日前支付的费用作为已付部分土地补偿费"，因此，桂冠公司于 2003 年 4 月 16 日支付的具有履约定金性质的 50 万元因《补充协议》重新约定为预付土地款而不再具有定金性质。因此，不应予以返还。关于桂冠公司要求泳臣公司支付工期逾期违约金和泳臣公司擅自抵押土地的违约金的诉讼请求。本院认为，合同解除的法律效果是使合同关系归于消灭，解除合同的后果，违约方的责任承担方式也不表现为支付违约金。因此，对桂

冠公司要求支付违约金的主张，本院亦不予支持。鉴于本案合同解除后桂冠公司另行购买办公楼等需要支付费用，而泳臣公司专门按照桂冠公司的要求定向建设的住宅楼和商品住宅小区，合同不履行后也会给泳臣公司造成一定损失。综合考虑本案的实际情况，本院酌定泳臣公司赔偿桂冠公司损失 1000 万元。依照《中华人民共和国民事诉讼法》第一百五十三条第一款第（三）项之规定，判决如下：

一、维持广西壮族自治区高级人民法院（2007）桂民一初字第 2 号民事判决第一项、第四项；

二、变更广西壮族自治区高级人民法院（2007）桂民一初字第 2 号民事判决第二项为：广西泳臣房地产开发有限公司在本判决生效后三个月内返还桂冠公司 11050 万元，并按中国人民银行同期同类贷款利率支付每笔款项自收到之次日起至实际给付之日止的利息；

三、变更广西壮族自治区高级人民法院（2007）桂民一初字第 2 号民事判决第三项为：广西泳臣房地产开发有限公司赔偿广西桂冠电力股份有限公司损失 1000 万元。

如果未按照本判决确定的期间履行给付金钱义务，应当按照《中华人民共和国民事诉讼法》第二百二十九条的规定，加倍支付迟延履行期间的债务利息。

一审案件受理费及诉讼保全费共计 1845496 元，由广西桂冠电力股份有限公司负担 1107297.6 元，广西泳臣房地产开发有限公司负担 738198.4 元；二审案件受理费 967965 元，由广西桂冠电力股份有限公司负担 677575.5 元，广西泳臣房地产开发有限公司负担 290389.5 元。

审　判　长　×××
代理审判员　×××
代理审判员　×××
二〇〇九年十二月十五日
书　记　员　×××

仲崇清诉上海市金轩大邸房地产项目
开发有限公司合同纠纷案

《最高人民法院公报》2008 年第 04 期

【裁判摘要】

预约合同，一般指双方当事人为将来订立确定性本合同而达成的合意。预约合同生效后，双方当事人均应当按照约定履行自己的义务。一方当事人未尽义务导致本合同的谈判、磋商不能进行，构成违约的，应当承担相应的违约责任。

原告：仲崇清，男，46 岁，住江苏省赣榆县石桥乡杨洼村。

被告：上海市金轩大邸房地产项目开发有限公司，住所地：上海市四平路。

法定代表人：朱金轩，该公司董事长。

原告仲崇清因与被告上海市金轩大邸房地产项目开发有限公司（以下简称金轩大邸公司）发生商品房预售合同纠纷，向上海市虹口区人民法院提起诉讼。

原告仲崇清诉称：2002 年 7 月 12 日，原告与被告金轩大邸公司签订了《金轩大邸商铺认购意向书》，约定原告向被告支付 2000 元意向金后即取得被告所开发的小区金轩大邸商铺的优先认购权，被告负责在正式对外认购时通知原告前来认购。该意向书同时确定该商铺的销售均价为每平方米 7000 元，可能有 1500 元左右的浮动。此后，原告按照约定支付了意向金，但被告对外发售商铺时未通知原告前来认购。原告得知被告已经对外发售商铺立即同被告交涉，被告以楼价上涨为由拒绝与原告签订正式买卖合同。被告的行为违反了双方的约定，请求人民法院判令被告按 105 万元的销售价格向原告出售涉案商铺，如果被告不能履行，请求判令被告赔

偿原告经济损失 100 万元。

原告仲崇清提交以下证据：

1. 《金轩大邸商铺认购意向书》一份，用以证明原告与被告金轩大邸公司就购买金轩大邸商铺事宜签订认购意向书的事实。

2. 被告向原告开具的 2000 元意向金收据，用以证明原告按照约定向被告支付了意向金。

被告金轩大邸公司辩称：被告与原告仲崇清签订《金轩大邸商铺认购意向书》的时间为 2002 年 7 月 12 日，被告在 2002 年 11 月 4 日取得房屋拆迁许可证，2003 年 5 月 29 日取得建设工程规划许可证，双方签订意向书的时间在取得上述许可之前。根据有关法律规定，未取得上述许可前，被告不能对外预售房屋，故双方签订的意向书属无效合同。另外，双方签订的意向书只明确了原告有优先认购商铺的权利，而对商铺的总面积、位置、户型、朝向等具体事项未加明确，故该意向书属于预约合同，被告收取的 2000 元意向金相当于定金。即使预约合同有效，因一方原因未能最终正式订立商品房买卖合同的，应按定金规定处理。由于地价、工程费等费用上涨，导致成本提高，涉案商铺正式预售时的价格较原、被告在意向书中约定的价格上涨很多，因此，被告不愿与原告正式签订买卖合同，愿意按定金罚则处理。原告要求被告赔偿其合同预期利益损失的诉讼请求没有法律依据，其诉讼请求应当驳回。

被告金轩大邸公司提交以下证据：

被告开发楼盘的房屋拆迁许可证、建设

工程规划许可证、商品房预售许可证各一份，用以证明被告与原告仲崇清签订意向书的时间在取得上述许可之前，因此，签订意向书之时被告尚不能对外预售涉案商铺。

上海市虹口区人民法院一审查明：

2002年7月12日，原告仲崇清与被告金轩大邸公司签订《金轩大邸商铺认购意向书》一份，约定原告向被告支付购房意向金2000元，原告随后取得小区商铺优先认购权，被告负责在小区正式认购时优先通知原告前来选择认购中意商铺，预购面积为150平方米，并明确小区商铺的均价为每平方米7000元（可能有1500元的浮动）。如原告未在约定期限内认购，则视同放弃优先认购权，已支付的购房意向金将无息退还。如原告按约前来认购，则购房意向金自行转为认购金的一部分。意向书对楼号、房型未作具体明确约定。上述意向书签订之后，原告向被告支付了2000元意向金。2002年11月4日被告取得房屋拆迁许可证，2003年5月29日取得建设工程规划许可证，2003年6月30日被告取得预售许可证。但被告在销售涉案商铺时未通知原告前来认购。2006年初原告至售楼处与被告交涉，要求被告按意向书签订正式买卖合同。被告称商铺价格飞涨，对原约定价格不予认可，并称意向书涉及的商铺已全部销售一空，无法履行合同，原告所交2000元意向金可全数退还。双方因此发生争议，原告遂诉至法院。

本案一审的争议焦点是：一、原告仲崇清与被告金轩大邸公司签订的《金轩大邸商铺认购意向书》的法律性质；二、涉案意向书是否有效；三、如果涉案意向书有效，原告缴纳的2000元意向金是否属于定金。

上海市虹口区人民法院认为：

关于涉案意向书的法律性质问题。原告仲崇清与被告金轩大邸公司签订《金轩大邸商铺认购意向书》，约定原告向被告交付购房意向金，双方初步确认交易金轩大邸商铺的有关事宜，从而对双方在金轩大邸商铺正式

认购时签订商品房预售合同达成了合意。对于意向书的签订及其内容双方均无异议，应予以认定。涉案意向书中虽对意欲交易的商铺的楼号、房型、价格没有作明确约定，但其主要内容是对将来进行房屋买卖的预先约定，主要预约事项内容是完整的，而商铺的楼号、房型、价格等内容均可由双方最终签订正式商品房预售合同时予以确认。因此，涉案意向书不是通常意义的"意向书"，而具有预约合同的性质。

关于涉案意向书是否有效的问题。被告金轩大邸公司辩称在其未取得相关许可之前，依法不能对外预售房屋，因此其同原告仲崇清签订的意向书应属无效。根据本案事实，涉案意向书是在原、被告双方均对被告能够合法取得相关许可证书有合理的预期的情形下，对原、被告将来签订房屋预售合同的预先约定，涉案意向书并非预售合同，法律对商品房预售合同的强制性规定并不适用于预约合同。即使金轩大邸公司出于种种原因最终没有取得相关许可，也不因此导致对预约合同本身效力的否定。此外，本案的事实是被告最终取得了相关开发及销售房产的许可，也进行了对涉案商铺的实际销售，因此，被告的该项抗辩理由没有事实根据和法律依据，不能成立，应认定原告与被告签订的涉案意向书合法有效。

关于原告仲崇清向被告金轩大邸公司缴付的2000元意向金是否属于定金的问题。《中华人民共和国合同法》（以下简称合同法）第一百一十五条规定："当事人可以依照《中华人民共和国担保法》约定一方向对方给付定金作为债权的担保。债务人履行债务后，定金应当抵作价款或者收回。给付定金的一方不履行约定的债务的，无权要求返还定金；收受定金的一方不履行约定的债务的，应当双倍返还定金。"本案中金轩大邸公司虽然实际收取了仲崇清的2000元意向金，但双方在涉案意向书中约定的是"仲崇清未在约定期限内认购的，则视同放弃优先认购权，已支

付的购房意向金将无息退还。如仲崇清前来认购单元的，则购房意向金自行转为认购金的一部分。"从原、被告双方的上述约定看，涉案意向金显然不符合定金的表现形式，因此，被告关于涉案意向金相当于定金的抗辩理由不能成立。

被告金轩大邸公司没有按照涉案意向书的约定，在正式出售房屋时通知原告仲崇清前来认购，造成双方无法进一步磋商签订正式商品房预售合同，构成违约。由于目前被告已经将商铺全部售出，原、被告双方签订的涉案意向书已无法继续履行，应予解除，被告应承担违反预约合同的违约责任。综上，根据涉案意向书的预约合同性质，结合被告的过错程度、原告履约的支出及其信赖利益的损失等因素，酌定被告赔偿原告损失10000元并返还意向金2000元。

据此，上海市虹口区人民法院于2007年3月22日判决：

一、解除原告仲崇清与被告金轩大邸公司签订的《金轩大邸商铺认购意向书》；二、被告返还原告意向金2000元；三、被告赔偿原告经济损失10000元；四、驳回原告的其他诉讼请求。

一审案件受理费15260元，由被告金轩大邸公司负担。

仲崇清不服一审判决，向上海市第二中级人民法院提起上诉，主要理由是：涉案意向书合法有效，且完全可以实际履行。虽然涉案商铺的价格有所波动，但是意向书已经明确作出了相应的约定，价格波动不能成为金轩大邸公司毁约的理由。金轩大邸公司为了能高价出售涉案商铺，在实际出售商铺时，违反双方约定，故意不通知仲崇清，存在过错，并实际导致仲崇清基于该意向书预期可得到的收益完全丧失。另外，金轩大邸公司称商铺已经全部售出没有事实根据。综上，请求二审法院撤销原判，依法改判支持仲崇清一审提出的诉讼请求。

仲崇清申请二审法院向上海市城市建设档案馆调取以下证据：

1. 2001年6月15日，金轩大邸公司向上海市虹口区计划委员会递交的《上海市建设项目选址意见书申请表》；

2. 2001年11月26日，上海市虹口区计划委员会作出的《关于四平路新港路地块商品住宅项目建议书的批复》［虹计投字（2001）第108号］；

3. 2001年12月18日，金轩大邸公司向上海市虹口区计划委员会递交的《上海市建设用地规划许可证申请表》及所附建设工程计划批准文件、国有土地使用权出让合同文本、地形图等材料；

4. 2002年4月2日，上海市虹口区城市规划管理局向金轩大邸公司发出的《关于核发新港路164街坊旧住房改造工程建设用地规划许可证的通知》［虹规建（2002）第054号］。

上述证据用以证明在双方自愿签订涉案意向书之前，金轩大邸公司已取得"金轩大邸"项目的立项批复、建设用地规划许可证，意向书具备了商铺买卖合同的主要条款，因此具有预约合同的法律性质，且合法有效。仲崇清按约支付了意向金，该行为使其取得了届时正式与金轩大邸公司订立买卖合同的权利。

仲崇清申请二审法院向上海市虹口区房地产交易中心调取以下证据：

5. 金轩大邸公司开发的"金轩大邸"商铺对应的《上海市房地产登记册房屋状况及产权人信息》；

6. 金轩大邸公司就"金轩大邸"商铺分别与案外人签订的三份《上海市商品房出售合同》，涉及的商铺每平方米房屋建筑面积的单价分别为15000元、17000元、20500元。

上述证据用以证明至本案诉讼时，金轩大邸仍有部分商铺未出售，从有关预售合同的情况看，上述金轩大邸的商铺每平方米房屋建筑面积的单价在15000至20500元之间，金轩大邸公司未按约定通知仲崇清前来订立正式的商铺买卖合同，构成违约，应承担违约责任。如不履行意向书，就应根据上述已出售商铺的价格赔偿仲崇清的经济损失。

金轩大邸公司亦不服一审判决，向上海市第二中级人民法院提起上诉，称：按照房屋买卖交易习惯，届时不能签订认购书的，意向书自然失效，一审法院认定涉案意向书具有预约合同性质，没有事实根据和法律依据。一审判决解除双方合同，由金轩大邸公司向仲崇清返还意向金等，违反了"不告不理"的原则。金轩大邸公司因为房地产开发实际成本大幅增加，有权依据情势变更原则不与仲崇清正式签订房屋买卖合同，对此，金轩大邸公司主观上不存在过错，客观上也未给仲崇清造成任何损失，一审法院以信赖利益损失为由，判决金轩大邸公司赔偿10000元法律依据不足。综上，请求二审法院撤销原判，依法改判。

金轩大邸公司没有提交新的证据。

上海市第二中级人民法院依法组织了质证。金轩大邸公司认为：仲崇清申请调取的证据均已超过了举证期限，不属于新证据。证据1、2、3、4均系金轩大邸公司开发、立项的相关事宜，与本案无关。涉案意向书不属于预约合同，仅仅是约定了双方可以签订认购书，没有就不签署认购合同的情形约定任何法律责任，支付的意向金对双方均无约束力。证据5、6中涉及的商铺是分期开发、分批销售的，不能证明仲崇清所称的部分商铺尚未出售等内容。故上述证据均与本案没有关联性。上海市第二中级人民法院认为，证据1、2、3、4与本案讼争焦点关系密切，不审理该批证据材料可能导致裁判失当，因此，对金轩大邸公司以该批证据已超过举证时限、不属于新证据的抗辩意见，不予采纳。证据1、2、3、4证明：双方签订意向书之前，金轩大邸公司已经申请取得了有关政府部门的立项核准和建设用地规划许可证，即该意向书签订的时间在金轩大邸公司办理有关项目的立项、规划等主要手续之后、取得

"金轩大邸"房产预售许可证之前。双方在意向书中所指向的商铺并非虚构，其交易意向存在现实履行的基础。因此，前述证据与本案关键事实存在关联性，其证明效力可予确认。证据5、6仅表明目前"金轩大邸"的有关房地产开发情况，尚不能完全证明该意向书所指商铺的确切情况，与本案关联性不足，因此不予确认。

上海市第二中级人民法院经审理，确认了一审查明的事实。

本案二审的争议焦点是：一、《金轩大邸商铺认购意向书》的法律性质是否属于预约合同；二、金轩大邸公司是否构成违约；如果构成违约，应如何承担违约责任。

上海市第二中级人民法院二审认为：

预约合同，一般指当事人双方为将来订立确定性本合同而达成的合意。根据本案查明的事实，金轩大邸公司与仲崇清签订的《金轩大邸商铺认购意向书》是双方当事人的真实意思表示，不违背法律、行政法规的强制性规定，其效力应予认定。在双方签订意向书之前，金轩大邸公司已经申请取得了有关政府部门的立项核准和建设用地规划许可证，该意向书签订的时间在金轩大邸公司办理有关项目的立项、规划等主要手续之后、取得"金轩大邸"房产预售许可证之前。双方在涉案意向书中所指向的商铺并非虚构，所约定的房屋买卖意向存在现实履行的基础。同时，该意向书明确了双方当事人的基本情况，对拟购商铺的面积、价款计算、认购时间等均作了较为清晰且适于操作的约定。这表明双方当事人经过磋商，就条件成就时实际进行商铺买卖的主要内容达成了合意，对将来正式签署房屋买卖合同进行了预先安排，并以书面形式明确将来商铺正式预售时金轩大邸公司优先同仲崇清订立正式的商品房预售合同。综上，涉案意向书是具有法律约束力的预约合同。一审法院关于涉案意向书是有效的预约合同的认定正确。

涉案意向书约定：金轩大邸公司应在其

开发的房地产项目对外认购时，优先通知仲崇清在约定的期限内前来认购。金轩大邸公司辩称由于房地产开发中动拆迁及工程造价等成本增加，基于情势变更的原因，没有通知仲崇清认购商铺，但未就成本增加的问题提供足够的证据予以证明，故对其上述抗辩理由不予采信。涉案意向书是合法有效的预约合同，双方当事人均应依法履行意向书的约定。合同法第六条规定："当事人行使权利、履行义务应当遵循诚实信用原则。"合同当事人不仅应依照诚实信用的原则行使合同权利，而且在履行合同义务中也应以善意的方式，依照诚实信用的原则履行，不得规避合同约定的义务。金轩大邸公司未按约履行其通知义务，并将商铺销售一空，导致涉案意向书中双方约定将来正式签订商铺买卖合同的根本目的无法实现，甚至在争议发生时主张双方签订的意向书无效，其行为违背了民事活动中应遵循的诚实信用原则，应认定为违约。合同法第一百零七条规定："当事人一方不履行合同义务或者履行合同义务不符合约定的，应当承担继续履行、采取补救措施或者赔偿损失等违约责任。"第一百一十三条规定："当事人一方不履行合同义务或者履行合同义务不符合约定，给对方造成损失的，损失赔偿额应当相当于因违约所造成的损失，包括合同履行后可以获得的利益，但不得超过违反合同一方订立合同时预见到或者应当预见到的因违反合同可能造成的损失。"金轩大邸公司的违约行为导致守约方仲崇清丧失了优先认购涉案商铺的机会，使合同的根本目的不能实现，金轩大邸公司也承认双方现已无法按照涉案意向书的约定继续履行。因此，金轩大邸公司应当承担相应的违约责任。

一审法院认为金轩大邸公司违反预约合同约定的义务，应当赔偿上诉人仲崇清相应的损失，并无不妥，但一审判决确定的10000元赔偿金额，难以补偿守约方的实际损失。为促使民事主体以善意方式履行其民事义务，维护交易的安全和秩序，充分保护守约方的民事权益，在综合考虑上海市近年来房地产市场发展的趋势以及双方当事人实际情况的基础上，酌定金轩大邸公司赔偿仲崇清150000元。仲崇清要求金轩大邸公司按照商铺每平方米建筑面积15000至20500元的价格赔偿其经济损失，但由于其提交的证据不能完全证明涉案意向书所指商铺的确切情况，且根据金轩大邸公司将有关商铺出售给案外人的多个预售合同，商铺的价格存在因时而异、因人而异的情形。另外，虽然仲崇清按约支付了意向金，但是双方签订的预约合同毕竟同正式的买卖合同存在法律性质上的差异。故仲崇清主张的赔偿金额，不能完全支持。

据此，上海市第二中级人民法院依照《中华人民共和国民事诉讼法》第一百五十三条之规定，于2007年10月19日判决：

一、维持上海市虹口区人民法院（2007）虹民三（民）初字第14号民事判决第一、二、四项；

二、撤销上海市虹口区人民法院（2007）虹民三（民）初字第14号民事判决第三项；

三、金轩大邸公司赔偿仲崇清人民币150000元。

一审案件受理费人民币15260元，二审案件受理费人民币14350元，均由金轩大邸公司公司负担。

本判决为终审判决。

泛华工程有限公司西南公司与中国人寿
保险（集团）公司商品房预售合同纠纷案

《最高人民法院公报》2008 年第 02 期

【裁判摘要】

根据《中华人民共和国公司法》第十三条的规定，公司可以设立分公司，分公司不具有企业法人资格，其民事责任由公司承担。因此，公司分支机构于公司法人变更过程中是否已实际经工商部门注销完毕，不影响公司基于独立法人资格行使其分支机构所享有的民事权利、承担其分支机构所负有的民事义务。

最高人民法院
民事判决书

（2005）民一终字第 85 号

上诉人（原审被告）：泛华工程有限公司西南公司。住所地重庆市渝中区民族路15 号。

法定代表人：张涛，该公司董事长。

委托代理人：王万吉，北京市信杰律师事务所律师。

委托代理人：陈晓莺，北京市信杰律师事务所律师。

被上诉人（原审原告）：中国人寿保险（集团）公司。住所地北京市西城区冠英园百区 5 号。

法定代表人：杨超，该公司总经理。

委托代理人：陈志刚，重庆百君律师事务所律师。

委托代理人：孙渝，重庆百君律师事务所律师。

上诉人泛华工程有限公司西南公司（以下简称泛华公司）与被上诉人中国人寿保险（集团）公司［以下简称人寿（集团）公司］商品房预售合同纠纷一案，重庆市高级人民法院于 2005 年 7 月 29 日作出（2005）渝高法民初字第 13 号民事判决，泛华公司不服一审判决，向本院提起上诉。本院依法组成合议庭，于 2006 年 1 月 18 日进行了开庭审理。泛华公司的委托代理人王万吉、陈晓莺，人寿（集团）公司的委托代理人陈志刚到庭参加诉讼。本案现已审理终结。

一审法院经审理查明：人寿（集团）公司原名为中保人寿保险有限公司，1996 年 9 月经批准设立了中保人寿保险有限公司重庆市分公司（以下简称中保人寿重庆分公司）。1998 年 5 月 18 日，泛华公司与中保人寿重庆分公司签订了《商品房预售（预购）合同》约定：泛华公司将其开发建设的重庆市渝中区新华路筷子街泛华大厦二区 9 楼至 28 楼房屋 14400 平方米和四区负一层车库 600 平方米，共计 15000 平方米以 6624 万元的价格预售给中保人寿重庆分公司。第一次缴付购房款在合同签字后付定金 20 万元；第二次在登记时付房款总额的 20%（含定金）1325 万元；第三次在工程进行到第九层时付总价的 10%，共计 662 万元；第四次在工程每上升五层时付总价的 10%，共计 662 万元。泛华公司在 1999 年 8 月 31 日将竣工并经验收合格的上述房屋移交给中保人寿重庆分公司。该合同关于违约责任的约定为：合同签订后，双方均不得擅自变更或撤销，中保人寿重庆分公司如违反约定的期限延迟缴付房款，应向泛华公司缴纳违约金，违约金每日按房价的 0.2‰ 累加计算；泛华公司如违反约定的期限延迟交移房屋，应向中保人寿重庆分公司缴纳违约金，违约金每日按房价款的 0.2‰ 累加计算。合同签订后，泛华公司和中保人寿重庆分公司在重庆市房地产交易所办理了预售合同登记，登记号为（98）预售（购）第 0953 号。1998 年 7 月 6 日至 1999 年 1 月 11 日，中保人寿重庆分公司分八次向泛华公司共计支付了 5875 万元的房款。

2003 年 2 月 12 日，泛华公司向中国人寿保险公司重庆市分公司（以下简称中国人寿重庆分公司）发出《商品房入住通知》称，现已按照中国人寿重庆分公司的变更要求及施工图完全竣工，设备安装已全部就位，并已调试完毕。请中国人寿重庆分公司即日起入住该楼，进一步完善精装修，尽快支付剩余房款，以便泛华公司尽早为中国人寿重庆分公司完善房屋产权证及国土使用证。但是，泛华公司至今未向人寿（集团）公司提交泛华大厦通过竣工验收和消防验收并达到合格可以入住的证据。

2003 年 10 月 28 日，中国人寿重庆分公司称以邮件挂号的方式，向泛华公司送达了《关于催交我司购买的办公用房的公函》，但未向一审法院提交邮政送达的回执单据。

目前，讼争房屋已完成主体结构建设，尚未竣工验收，不具备交付使用条件。

1999 年 3 月，中保人寿保险有限公司更名为中国人寿保险公司，同年 4 月，中保人寿重庆分公司更名为中国人寿重庆分公司。2003 年 6 月，中国人寿保险公司独家发起设立了中国人寿保险股份有限公司，同年 8 月，中国人寿保险公司又更名为中国人寿保险（集团）公司。2003 年 9 月 18 日，中国人寿保险股份有限公司设立了中国人寿保险股份有限公司重庆市分公司。2004 年 7 月，人寿（集团）公司发文同意注销中国人寿重庆分公司及其所属分支机构营业执照，原中国人寿

重庆分公司及其直属机构的相关债权债务由人寿（集团）公司承担。

2005 年 2 月，人寿（集团）公司在向一审法院提起诉讼的同时，申请对泛华大厦的房屋予以诉讼保全。一审法院于 2005 年 3 月 11 日作出（2005）渝高法民初字第 13 号民事裁定书，查封了泛华大厦价值 6624 万元的房产。

2005 年 2 月 23 日，人寿（集团）公司向一审法院提起诉讼称：1998 年 5 月 18 日，该公司下属非法人营业组织—中保人寿重庆分公司与泛华公司协商签订了购买泛华公司开发的重庆市渝中区民族路 15 号泛华大厦部分房屋的《商品房预售（预购）合同》。合同约定：中保人寿重庆分公司向泛华公司购买泛华大厦三区 9 楼至 28 楼房屋 14400 平方米和四区 600 平方米车库，共计 15000 平方米。工程竣工交付时间为 1999 年 8 月 31 日。中保人寿重庆分公司应分数次向泛华公司支付购房款 6624 万元。鉴于泛华大厦三区共计 29 层，故竣工验收前中保人寿重庆分公司支付房款为总房款的 70%，计 4636.80 万元。合同签订后，双方办理了预售合同登记，中保人寿重庆分公司超额支付购房款共计 5875 万元。但至今为止，泛华公司仍未交付竣工验收合格的房屋，构成违约。购房合同签订后，中保人寿保险有限公司经批准变更为中国人寿保险公司，2003 年 6 月中国人寿保险公司又更名为人寿（集团）公司，现人寿（集团）公司享有 1998 年 5 月 18 日购房合同的全部权利。为此请求判令：1. 泛华公司立即履行交房义务；2. 泛华公司从逾期之日起至交房之日止向人寿（集团）公司支付违约金（截至 2005 年 1 月 31 日违约金为 2543.62 万元）；3. 由泛华公司承担诉讼费用。

泛华公司答辩称：一、人寿（集团）公司主体不适格。从人寿（集团）公司提交的现有证据来看，无法证明中国人寿重庆分公司已更名为人寿（集团）公司，人寿（集团）公司不是购房合同的相对方，不享有购房合

同的权利。二、即使人寿（集团）公司主体适格，泛华公司申请中止案件审理的要求合理合法，本案应中止审理。三、关于实体问题，对于交房泛华公司无异议，但对于违约金，人寿（集团）公司的请求已超过诉讼时效，泛华公司不予认可。

一审法院经审理认为，关于人寿（集团）公司是否属于适格原告问题。1998年5月18日，与泛华公司签订《商品房预售（预购）合同》的中保人寿重庆分公司，系由原中保人寿保险有限公司设立，原中保人寿保险有限公司变更名称为中国人寿保险公司后，原中保人寿重庆分公司也变更名称为中国人寿重庆分公司，其隶属关系没有变化。《中华人民共和国公司法》第十三条规定，分公司不具有企业法人资格，其民事责任由公司承担。目前，中国人寿保险公司又更名为人寿（集团）公司，且已下文注销中国人寿重庆分公司，其相关债权债务由人寿（集团）公司承担。因此，人寿（集团）公司以原告身份向泛华公司主张权利是正当的。

关于人寿（集团）公司主张的违约金请求是否超过了诉讼时效的问题。首先，本案违约金系基于泛华公司未按约履行交房义务的违约行为而产生的。按照双方当事人在《商品房预售（预购）合同》中的约定，泛华公司如违反约定的期限延迟移交房屋，应向人寿（集团）公司缴纳违约金，违约金每日按房价款的0.2‰累加计算。从该约定内容分析，延迟交房的违约金是根据违约行为持续发生的状况而"累加计算"的，即相对于购房方来讲，主张自合同约定的逾期交房之日至实际交房之日的违约金，是双方当事人在合同中所确定的一个整体的合同权利，而不是按照违约的天数具体分割为若干分别计算诉讼时效的独立的权利，购房方可以在该项整体权利没能实现时提出主张。如果将本案违约金请求权分割为若干独立的请求权，并以分别起算的诉讼时效予以限制，这必将改变本案双方当事人在合同中约定的"累加计

算"的本意，违背当事人意思自治的基本原则；其次，本案中双方当事人在合同中仅约定了违约金的计算方法，并没有约定违约金的支付期限。对于没有支付期限的债务，债权人任何时候都可以主张，只有当债务人明确表示不履行时，才能认定债权人"知道或者应当知道权利受到侵害"，诉讼时效才可依法起算；再次，就本案的实际情况而言，要求购房方在房屋交付之前单独就违约金债权提起诉讼或申请仲裁，均不符合社会公众在日常生活中所遵循的公序良俗。总之，泛华公司关于违约金债权应当按照违约时间分别计算诉讼时效的抗辩理由，因无现行法律、司法解释明文规定的支持，不予采纳。

综上，人寿（集团）公司与泛华公司签订的《商品房预售（预购）合同》符合法律规定，系双方真实意思表示，应当受到法律保护。泛华公司应当按照合同忠实履行义务，避免因违约造成其损失的扩大。人寿（集团）公司的诉讼请求及其理由成立，依照《中华人民共和国合同法》第六十条第一款、第一百零七条、第一百一十四条之规定，判决：（一）泛华公司在判决生效后三十日内按双方签订的《重庆市商品房预售（预购）合同》将验收合格的泛华大厦三区9楼至28楼房屋14400平方米和四区600平方米车库交付人寿（集团）公司，并办理有关产权过户手续。（二）泛华公司在判决生效后立即向人寿（集团）公司支付截至2005年1月31日的逾期交房违约金2543.62万元，并按每日6624万元的0.2‰向人寿（集团）公司支付从2005年2月1日起至履行本判决第一项交房义务时止的逾期交房违约金。案件受理费430960元、保全费331720元，共计762680元，由泛华公司负担。

泛华公司不服一审判决，向本院提起上诉，请求撤销一审判决，改判驳回人寿（集团）公司的诉讼请求并由人寿（集团）公司承担本案诉讼费用。主要理由是：1.一审判决关于人寿（集团）公司享有本案诉讼主体

资格的认定错误，人寿（集团）公司提供的证据不足以证明其享有《商品房预售（预购）合同》的权利，其无权提起本案的诉讼。据2005年5月18日，重庆市工商行政管理局出具的工商查询记录表明，截至该日，中国人寿重庆分公司仍为合法存续的经过工商登记的法人分支机构，并未办理注销、撤销及主体资格变更等手续。人寿（集团）公司提供的证据，不能表明人寿（集团）公司合法承继了中保人寿重庆分公司的债权债务，及人寿（集团）公司合法享有中保人寿重庆分公司在《商品房预售（预购）合同》中的权利。人寿（集团）公司提供的证据自相矛盾，无法体现中保人寿重庆分公司的债权债务究竟由谁承担。2.一审判决认定泛华公司违约并判令泛华公司承担违约责任错误。其一，根据人寿（集团）公司提供的泛华公司及中国人寿重庆分公司的往来函件，双方已对交房时间达成了新的约定，泛华公司并不存在违约行为。本案讼争房屋于1998年年底已主体封顶，1999年8月竣工并经结构验收合格，泛华公司已经具备依约交付房屋的条件，但因泛华公司前任法定代表人被撤销职务后，拒不交出全部工程资料，故泛华公司无法调取相应的证据。泛华公司在一审期间已向法院提出《调查取证申请书》，但一审法院未予理睬。人寿（集团）公司提出变更设计的要求是导致泛华公司未能按照《重庆市商品房预售（预购）合同》约定时间交付房屋的根本原因。中国人寿重庆分公司出具的《关于催交我司购买的办公用房的公函》表明，双方已就房屋交付的时间形成了新的合意，人寿（集团）公司不能再按照《商品房预售（预购）合同》的约定主张泛华公司违约。其二，假设泛华公司违约，人寿（集团）公司主张的违约金也已超过诉讼时效，已丧失胜诉权。《商品房预售（预购）合同》约定了明确的履行期限，即1999年9月1日起泛华公司应当给付违约金，本案违约金是有给付期限的。自约定交付房屋之日起至今近六年时

间，人寿（集团）公司从未催促泛华公司交付房屋，更未主张过违约金，故人寿（集团）公司主张的违约金已经超过诉讼时效，法律不应保护。

人寿（集团）公司当庭答辩称：一审判决认定事实清楚，适用法律正确，应予维持。主要理由：1.人寿（集团）公司主体适格。2.《商品房预售（预购）合同》约定泛华公司于1999年8月31日交付的房屋应为竣工验收合格的房屋，而不是主体封顶即可。人寿（集团）公司所发的两份函件本意为催交房屋，与变更交房时间非同一概念，双方从未就交房条件进行过变更。3.《商品房预售（预购）合同》未约定违约金的支付时间，故应从发生争议之日，即2003年10月28日和2004年4月13日，人寿（集团）公司分别发函至泛华公司催收房屋遭到拒绝之日开始起算诉讼时效。

本院二审查明的事实与一审法院查明的事实相同。

本院认为，本案双方当事人争议焦点有二：其一，人寿（集团）公司的诉讼主体资格问题；其二，违约责任的认定及人寿（集团）公司主张违约金是否超过诉讼时效问题。

（一）人寿（集团）公司的诉讼主体资格问题。

经审查，本案所涉《商品房预售（预购）合同》的一方签约主体为中保人寿重庆分公司。该公司系属中保人寿保险有限公司设立的分公司。1999年3月22日，经中国保险监督管理委员会批准，中保人寿保险有限公司更名为中国人寿保险公司，随之，作为中保人寿保险有限公司分公司的中保人寿重庆分公司亦于同年4月20日变更公司名称为中国人寿重庆分公司。2003年7月8日，中国人寿保险公司再次更名为人寿（集团）公司。上述事实表明，人寿（集团）公司与本案签约主体中保人寿重庆分公司的总公司中保人寿保险有限公司仅为变更前后公司名称的差异，实系同一法人。人寿（集团）公司变更

设立后，中国人寿重庆分公司虽未因之变更相应名称，但 2004 年 7 月 14 日，人寿（集团）公司向重庆市工商行政管理局出具《关于注销原中国人寿重庆市分公司及其所属分支机构的函》，申请注销中国人寿重庆分公司，同时表明原中国人寿重庆分公司及所属分支机构的相关债权债务由该公司承担。人寿（集团）公司申请注销中国人寿重庆分公司的行为，属公司基于经营发展需要对其分支机构的变更调整。根据《中华人民共和国公司法》第十三条的规定，公司可以设立分公司，分公司不具有企业法人资格，其民事责任由公司承担。因此，公司分支机构于法人变更过程中是否已实际经工商注销完毕，不影响公司基于独立法人性质行使对其分支机构所享有的民事权利和民事义务。人寿（集团）公司于本案中以原告身份向泛华公司主张《商品房预售（预购）合同》项下的合同权利符合法律规定。泛华公司上诉提出的截至 2005 年 5 月 18 日，中国人寿重庆分公司未办理注销手续，仍为合法存续的法人分支机构，人寿（集团）公司不具备合法诉讼主体资格，无权提起本案诉讼的主张，与事实不符，亦无法律根据。一审判决认为人寿（集团）公司属于本案适格原告，认定事实及适用法律正确，予以维持。

（二）违约责任的认定及人寿（集团）公司主张违约金是否超过诉讼时效问题。

本案双方当事人签订的《商品房预售（预购）合同》约定，泛华公司应在 1999 年 8 月 31 日将竣工并验收合格的房屋移交给中保人寿重庆分公司。泛华公司上诉提出，根据泛华公司与中国人寿重庆分公司的往来函件，双方已对交房时间达成了新的约定，泛华公司不存在违约行为。经审查，中国人寿重庆分公司分别于 2003 年 10 月 28 日及 2004 年 4 月 13 日，向泛华公司发出两份函件，名称为《关于催交我司购买的办公用房的公函》。其中 2004 年 4 月 13 日函件的邮政送达回执单据上载明泛华公司拒收。该函件内容为中国人

寿重庆分公司基于函发之日，泛华公司仍未完成工程竣工验收、消防验收和环境配套设施的整治工作的现状，为避免损失继续扩大而要求泛华公司尽快依约交付竣工验收合格房屋的催告。未见双方于此函件中对房屋交付期限存有明确具体的合意变更，且于此之外泛华公司亦没有再提供其他形式的证据证明其主张的本案双方当事人就讼争房屋交付时间存在协商一致的变更，因此，泛华公司的上述主张与事实不符，不予支持。泛华公司上诉亦提出，本案讼争房屋于 1999 年 8 月竣工并经结构验收合格，已具备依约交付的条件及人寿（集团）公司提出变更设计的要求是导致泛华公司未能按照约定时间交付房屋的根本原因两项主张，作为其不应承担违约责任的抗辩理由。经查，自本案诉讼伊始，泛华公司一直未能就讼争房屋已通过竣工验收合格及人寿（集团）公司于合同履行过程中存在不符合合同约定的设计变更提供有效证据。对此，泛华公司主张系由其前任法定代表人隐匿工程资料导致其举证不能所致。泛华公司法定代表人的变更属于其公司内部人员的调整变化，在公司依法存续期间，法定代表人的更迭不构成影响公司民事责任承担的法定抗辩理由，故泛华公司该项上诉主张亦不能成立。

按照双方当事人在《商品房预售（预购）合同》中的约定，泛华公司如违反约定的期限延迟移交房屋，应向人寿（集团）公司缴纳违约金，违约金每日按房价款的 0.2‰ 累加计算。泛华公司上诉提出人寿（集团）公司从未催促泛华公司交付房屋，其关于违约金的主张已经超过诉讼时效，不应支持。结合本案查明事实分析，人寿（集团）公司购买泛华大厦的目的系为解决办公用房之需，因泛华公司一直未能交付讼争房屋，人寿（集团）公司至今仍于他处租赁房屋办公。于此情形下，依泛华公司的上诉主张人寿（集团）公司于房屋交付期限届至后长期不主张权利，既不符合本案《商品房预售（预购）合同》

的订立目的，亦有违常理。且泛华公司于上诉请求中一方面主张，根据相互往来函件，双方已对交房期限达成了新的变更，另一方面又认为双方对交房事宜从来没有协商过，人寿（集团）公司从未催促过泛华公司交付房屋。该两项上诉主张，前后表述矛盾，本院不予采信。2004 年 4 月 14 日，中国人寿重庆分公司向泛华公司发出《关于催交我司购买的办公用房的公函》的函件，要求泛华公司于 2004 年 6 月底前交付竣工验收合格的房屋，对此泛华公司予以拒收，此时应视为权利人主张权利而义务人拒绝履行义务，权利人始知其权利遭到侵害，诉讼时效应从此发生争议之日起计算。故泛华公司关于本案违约金债权已经超过诉讼时效的上诉主张，与事实不符亦无法律依据，不予支持。

综上，一审判决认定事实清楚，适用法律正确。泛华公司的上诉理由不能成立，本院不予支持。根据《中华人民共和国民事诉讼法》第一百五十三条第一款第（一）项之规定，判决如下：

驳回上诉，维持原判。

如逾期不履行本判决确定之金钱给付义务，应当按照《中华人民共和国民事诉讼法》第二百三十二条之规定，加倍支付迟延履行期间的债务利息。

二审案件受理费 430960 元，由泛华工程有限公司西南公司负担。

本判决为终审判决。

审　判　长　×××
代理审判员　×××
代理审判员　×××
二○○七年五月十四日
书　记　员　×××

鸿润锦源（厦门）房地产开发有限公司与彭雄浑、鸿润集团房地产投资有限公司商品房预售合同纠纷案

《最高人民法院公报》2006 年第 12 期

【裁判摘要】

根据《中华人民共和国民事诉讼法》第一百零八条第（四）项和第三十八条的规定，管辖权异议是指当事人对案件是否属于人民法院受理范围或者是否由受诉人民法院管辖提出的异议。当事人有权提出管辖权异议，但当事人以其不是适格被告为由提出管辖权异议，不符合上述规定，不属于管辖权异议。当事人是否属于适格被告，应当经人民法院实体审理确定。

中华人民共和国最高人民法院
民事裁定书

（2006）民一终字第 34 号

上诉人（原审被告）：鸿润锦源（厦门）房地产开发有限公司，住所地福建省厦门市禾祥西路 325 号华鸿花园 4 座 1 楼 A、B、C 单元。

法定代表人：许礼评，该公司董事长。

委托代理人：林涛，福建知圆律师事务

所律师。

被上诉人（原审原告）：彭雄浑（PENG STEPHEN），男，1945年8月15日出生，香港居民，住香港九龙红磡民乐街21号富高工业中心9楼28室。

委托代理人：王萍，北京市天亚律师事务所律师。

委托代理人：王英，北京市天亚律师事务所律师。

上诉人鸿润锦源（厦门）房地产开发有限公司与被上诉人彭雄浑（PENC STEPHEN）及原审被告鸿润集团房地产投资有限公司（HUNG YUN GROUP LIMITED）商品房预售合同纠纷一案，福建省高级人民法院作出（2005）闽民初字第38号民事裁定，驳回鸿润锦源（厦门）房地产开发有限公司对本案提出的管辖权异议。鸿润锦源（厦门）房地产开发有限公司对该裁定不服，向本院提起上诉。本院依法组成合议庭对本案进行了审查。现已审查终结。

经审查，鸿润锦源（厦门）房地产开发有限公司在一审提交答辩状期间以其不是该案适格被告为由提出管辖权异议，请求驳回原告的起诉。

一审法院经审查认为，《中华人民共和国民事诉讼法》第一百零八条第（一）、（二）、（三）项规定起诉必须符合的条件是：原告是与本案有直接利害关系的公民、法人和其他组织；有明确的被告；有具体的诉讼请求和事实、理由。可见，就被告而言，只要明确，该项条件就具备。本案原告彭雄浑起诉的两个被告均是明确的，且具备诉讼主体资格。因此，依照《中华人民共和国民事诉讼法》第二十四条"因合同纠纷提起的诉讼，由被告所在地或者合同履行地人民法院管辖"、第二十二条第三款"同一诉讼的几个被告住所地、经常居住地在两个以上人民法院辖区的，各该人民法院都有管辖权"的规定，一审法院

对本案有管辖权。由于鸿润锦源（厦门）房地产开发有限公司关于"其及鸿润集团房地产投资有限公司（HUNG YUN GROUP LIMITED）均不是适格被告"的主张，与本案管辖权的确定无关，其以此为由对一审法院受理本案提出管辖权异议，一审法院不予采纳。依照《中华人民共和国民事诉讼法》第三十八条、第一百四十条第一款第（二）项、第二款之规定，裁定驳回鸿润锦源（厦门）房地产开发有限公司对本案提出的管辖权异议。

鸿润锦源（厦门）房地产开发有限公司对一审裁定不服，仍以其不是适格被告、一审法院适用法律错误为由，向本院提起上诉。

本院认为，当事人有权提出管辖权异议。但根据《中华人民共和国民事诉讼法》第一百零八条第（四）项和第三十八条的规定，管辖权异议是指是否属于人民法院主管或管辖的案件。本案鸿润锦源（厦门）房地产开发有限公司以其不是本案适格被告为由提出管辖权异议，不属于民事诉讼法规定的管辖权异议的情形。鸿润锦源（厦门）房地产开发有限公司是否是本案的适格被告，应经人民法院的实体审理确定。一审法院以管辖权异议作出裁定，适用法律错误，应予撤销。

由于一审裁定仅针对鸿润锦源（厦门）房地产开发有限公司提出的管辖权异议作出的，不涉及鸿润集团房地产投资有限公司（HUNG YUN GROUP LIMITED）的诉讼权利，故本裁定无须列明鸿润集团房地产投资有限公司（HUNG YUN GROUP LIMITED）在本上诉案中的诉讼地位。

根据《中华人民共和国民事诉讼法》第一百五十四条、最高人民法院《关于适用〈中华人民共和国民事诉讼法〉若干问题的意见》第188条第（二）、（三）项的规定，裁定如下：

撤销福建省高级人民法院（2005）闽民初字第 38 号民事裁定。

审 判 长 ×××

审 判 员 ×××
代理审判员 ×××
二〇〇六年六月二日
书 记 员 ×××

郑州二建公司诉王良础公有住房出售协议违约纠纷案

《最高人民法院公报》2006 年第 11 期

【裁判摘要】

一、建筑物区分所有权人只能在该建筑物中自己专有的部位行使所有权四项权能，未经该建筑物的其他区分所有权人和物业经营管理者、维修者许可，不得对该建筑物的共用部位行使权利。

二、公有住房售出单位对公有住房的共用部位承担着维修责任。售出单位在与公有住房买受人签订的售房协议中，为了不加重自己一方在住房售出后的维修负担，约定买受人不得实施有碍公有住房共用部位安全的行为，这样的约定没有限制买受人正当行使自己的权利，因此是合法有效的。

原告：河南省郑州市第二建筑工程公司，住所地：郑州市金水区红旗路。

法定代表人：邓玉坤，该公司经理。

被告：王良础，男，78 岁，住郑州市金水区黄河路 92 号院 1 号楼。

原告河南省郑州市第二建筑工程公司（以下简称郑州二建公司）因与被告王良础发生公有住房出售协议违约纠纷，向河南省郑州市金水区人民法院提起诉讼。

原告诉称：被告违反协议约定且未经原告同意，趁黄河路改造之机，在其从原告处购买的郑州市黄河路 92 号院 1 号楼 11 号住房内擅自开窗扒门，其行为严重影响 1 号楼的房屋质量和其他住户安全。作为 1 号楼的建设者和管理者，原告曾向被告发出通告，限令其将改动的房屋恢复原状，但被告置之不理。请求判令被告遵守协议约定，立即将擅自改动的房屋恢复原状。

被告辩称：1. 1 号楼虽然由原告建设，但原告已将该楼房出售。现在原告既不是 1 号楼的业主委员会，也不是 1 号楼的物业管理者，更不是 1 号楼的房屋所有权人，无权因 1 号楼的使用问题起诉被告。2. 原告向被告出售 1 号楼 11 号住房时，双方确实签订过协议，该协议第六条里也确实有"不准开门、挖窗"等规定。房屋既然出售，买受人就是房屋新的所有权人，依照《中华人民共和国民法通则》（以下简称民法通则）第七十一条规定，有权对自己的财产行使占有、使用、收益和处分的权利。协议第六条侵害买受人对房屋的所有权，违反了民法通则的规定，是无效条款，没有法律约束力。被告只是对自己的房屋依法行使所有权，并不违约，应当驳回原告的起诉。

郑州市金水区人民法院经审理查明：

郑州市金水区黄河路 92 号院 1 号楼，是原告郑州二建公司于 1980 年底建设的五层公有住宅楼房，其中的 11 号房间位于一层且临街，分配给本公司职工、被告王良础居住。1996 年住房制度改革中，郑州二建公司以成本价每平方米 649 元向职工出售公有住宅楼房。在折算了工龄等项优惠后，王良础以10540.29元价款，购买了建筑面积56.82平方米的11号房间。

公有住房出售并由买受人住用5年后，依法可以进入市场流通。2000年9月1日，为办理房屋进入市场流通所需的房屋所有权证，以原告郑州二建公司为甲方，被告王良础为乙方，双方补签了一份《公有住房出售协议书》。协议书除约定由乙方享有11号房间的所有权外，还在第五条约定：住房售出后，甲方负责国家规定保修期内的正常维修；保修期过后，乙方负责自用部分的维修，甲方负责1号楼外墙面、走廊通道及其他共用部位的维修。第六条约定了售出房屋的管理办法，其中①为：未经甲方同意，乙方不得实施挖门、开窗、打隔墙等改变房屋结构的行为，不得移动设备位置，不得在房上加层，否则应负责恢复原状，拆除违章建筑；②为：售出的房屋不得出租，乙方要改变房屋使用性质，必须经甲方同意，并办理有关手续；③为：乙方要爱护房屋共用部分，不得侵占房屋共用部分，也不得妨碍他人对房屋共用部分的正常使用。

协议签订后，被告王良础取得了1号楼11号房间的所有权证。2004年，王良础在11号房间的临街墙上开挖了门窗。原告郑州二建公司认为王良础的行为违约，在劝阻无效后提起本案诉讼，要求王良础将该房屋恢复原状。

郑州市金水区人民法院认为：

双方当事人所签的《公有住房出售协议书》，是双方当事人的真实意思表示，且不违背法律规定，应当认定合法有效。《中华人民共和国合同法》第八条规定："依法成立的合同，对当事人具有法律约束力。当事人应当按照约定履行自己的义务，不得擅自变更或者解除合同。""依法成立的合同，受法律保护。"被告王良础在取得1号楼11号房间的所有权后，违反双方所签协议的约定，未经原告郑州二建公司许可，任意在11号房间墙

上开挖门、窗，改变了1号楼的承重结构，且对楼上住户造成不安全隐患。民法通则第一百一十一条规定："当事人一方不履行合同义务或者履行合同义务不符合约定条件的，另一方有权要求履行或者采取补救措施，并有权要求赔偿损失。"在王良础违约后，郑州二建公司有权要求王良础依照民法通则第一百三十四条第一款第（五）项的规定，恢复11号房间原状。

据此，郑州市金水区人民法院于2005年9月25日判决：

被告王良础于本判决书生效后10日内，将位于郑州市金水区黄河路92号院1号楼11号房间中私自开挖门窗的改动部分恢复原状。

案件受理费50元，由被告王良础负担。

一审宣判后，王良础不服，向河南省郑州市中级人民法院提起上诉称：1.《公有住房出售协议书》第六条明显与民法通则第七十一条关于财产所有权的规定相抵触，因此不具有法律效力。该协议书是被上诉人提供的格式合同，因双方买卖的是公有住房，且上诉人是被上诉人的职工，不敢直接公开拒绝格式合同中的不合理条款，故才在该格式合同上签字。一审未查明协议签订的真实情形，将协议中的无效条款认定为合法有效，是认定事实错误；2.11号房间的所有权已归上诉人所有，被上诉人现与该房屋无任何关系，无权干涉上诉人处置自己房屋的行为；3.上诉人在11号房间开挖门窗是否会对楼上住户的安全形成隐患，不能空口无凭地推断。一审中，关于上诉人开挖门窗是否会给楼上住户造成不安全隐患，被上诉人没有提供证据证明。一审在没有任何证据的情况下，推断上诉人开挖门窗给楼上住户造成不安全隐患，这一推断不能成立；4.在被上诉人出售的公有住房中，对住房进行过改动的共有20余户，但被上诉人仅对上诉人提起诉讼，明显是不平等待遇，是欺压上诉人等弱小群体。综上，一审判决确有错误，请求二审改判维护上诉人的合法权益。

被上诉人郑州二建公司辩称：1. 被上诉人出售给上诉人的住房，是整幢楼房的一部分。为了保证买受人在购买房屋后不实施危害整幢楼房以及楼上其他住户安全的行为，《公有住房出售协议书》第六条才对买受人购买房屋后不得实施的一些行为作出约定。2.《中华人民共和国建筑法》第五十八条第一款规定："建筑施工企业对工程的施工质量负责。"第六十二条第一款规定："建筑工程实行质量保修制度。"第七十条规定："违反本法规定，涉及建筑主体或者承重结构变动的装修工程擅自施工的，责令改正，处以罚款；造成损失的，承担赔偿责任；构成犯罪的，依法追究刑事责任。"第七十一条第一款规定："建筑施工企业违反本法规定，对建筑安全事故隐患不采取措施予以消除的，责令改正，可以处以罚款；情节严重的，责令停业整顿，降低资质等级或者吊销资质证书；构成犯罪的，依法追究刑事责任。"第七十五条规定："建筑施工企业违反本法规定，不履行保修义务或者拖延履行保修义务的，责令改正，可以处以罚款，并对在保修期内因屋顶、墙面渗漏、开裂等质量缺陷造成的损失，承担赔偿责任。"第八十条规定："在建筑物的合理使用寿命内，因建筑工程质量不合格受到损害的，有权向责任者要求赔偿。"被上诉人不仅是1号楼的建设单位，而且是1号楼的建筑施工企业，依法对1号楼负有保修责任，并非将1号楼出售后就可以不承担这些责任；上诉人购买了11号住房后，虽然对该住房享有所有权，但权利的行使不能不受限制，必须顾及国家的、社会的、集体的利益和其他公民的合法的自由和权利。《公有住房出售协议书》确实是被上诉人提供的格式合同，但这个格式合同的内容符合建筑法及其他行政规章的相关规定。因此是合法有效的；3. 上诉人在楼房上任意开挖门窗，破坏了建筑物原来设计的承重结构。这个违约行为当然会给建筑物的安全留下隐患，这是根据日常生活经验法则能推定出的、众所周知的事

实，无须举证证明；4. 至于还有多少户人家与上诉人一样有违约行为，被上诉人对这些人家是同时起诉还是嗣后起诉，抑或不起诉，都是被上诉人的诉讼权利，谈不到不平等待遇或者欺压弱小群体。一审对本案的判处正确，二审应当维持。

郑州市中级人民法院经审理，确认了一审查明的事实。

本案争议焦点是：1.《公有住房出售协议书》的第六条是否合法有效？2. 王良础对其开挖门窗的行为应否承担责任？承担何种责任？3. 对王良础在11号房间开挖门窗的行为，郑州二建公司能否起诉？

郑州市中级人民法院认为：

一、郑州市金水区黄河路92号院1号楼，是被上诉人郑州二建公司建设的一幢五层公有住宅楼房。郑州二建公司既是1号楼的建设单位，也是1号楼的售房单位。任何一幢楼房，都由各个房间等可供独立使用部分以及楼盖、屋顶、梁、柱、内外墙面、基础和上下水管道等整幢楼房的共用部分组成。建设部1992年6月15日发布的《公有住宅售后维修养护管理暂行办法》第四条第二款规定："住宅的共用部位，是指承重结构部位（包括楼盖、屋顶、梁、柱、内外墙体和基础等）、外墙面、楼梯间、走廊通道、门厅、楼内自行车存车库等。"第六条规定："公有住宅出售后，住宅共有部位和共用设施设备的维修养护由售房单位承担维修养护责任，也可以由售房单位在售房时委托房地产经营管理单位承担维修养护责任。"根据这一规定，郑州二建公司在《公有住房出售协议书》的第五条中明确了自己对1号楼共用部位的维修责任，在第六条中从楼房维修者的角度出发，明文禁止楼房使用者实施有碍楼房安全的行为。这一条内容有利于延长楼房的使用寿命，且不影响楼房使用者依法正确行使自己的权利，因此是合法有效的协议条款。

二、被上诉人郑州二建公司出售给上诉人王良础的11号房间，位于1号楼一层，是

1号楼的组成部分，并非独立房屋。鉴于楼房的建筑特性，王良础对11号房间享有的所有权，并非独立、完整的所有权，而是建筑物区分所有权。建筑物区分所有权人，只是对整幢建筑物中属于其专用的部分享有包括占有、使用、收益和处分四项权能在内的完整所有权；而整幢建筑物中的共用部位，则由整幢建筑物的全部区分所有权人共有。11号房间的临街墙，是1号楼不可或缺的共用部位，不能由王良础专有。王良础未经许可在此墙上开挖门、窗，此举不仅侵犯1号楼中其他共有权人的共有权利，也因违反了《公有住房出售协议书》第六条的约定，而应当对郑州二建公司承担违约责任。

三、根据《公有住宅售后维修养护管理暂行办法》第六条规定，被上诉人郑州二建公司虽然不是1号楼的物业经营管理单位，也不是1号楼的业主委员会或者房屋所有权人，但在1号楼售出后至新的物业经营管理单位没有接手前，作为1号楼的建设单位、售房单位，郑州二建公司对1号楼的共用部位承担着维修责任。上诉人王良础在1号楼

11号房间临街墙上开挖门窗，加重了郑州二建公司的维修负担，直接影响到郑州二建公司的利益，郑州二建公司有权依照《公有住房出售协议书》起诉王良础的违约行为。

综上所述，《公有住房出售协议书》是双方当事人的真实意思表示，不违反法律规定，应认定真实有效。上诉人王良础违反协议约定，在1号楼共用部位擅自开挖门窗，应当承担违约责任。郑州二建公司以《公有住房出售协议书》的签约方、1号楼维修管理者的身份，起诉追究王良础的违约责任，要求王良础恢复原状，并无不当。一审判决认定事实清楚，适用法律正确，应当维持。王良础的上诉理由不能成立，应当驳回。据此，郑州市中级人民法院依照《中华人民共和国民事诉讼法》第一百五十三条第一款第（一）项规定，于2006年4月24日判决：

驳回上诉，维持原判。

二审案件受理费50元，由上诉人王良础负担。

本判决为终审判决。

戴雪飞诉华新公司商品房订购协议定金纠纷案

《最高人民法院公报》2006年第08期

【裁判摘要】

购房者对开发商的样板房表示满意，与开发商签订订购协议并向其交付了定金，约定双方于某日订立商品房预售合同。后由于开发商提供的商品房预售格式合同中有样板房仅供参考等不利于购房者的条款，购房者对该格式条款提出异议要求删除，开发商不能立即给予答复，以致商品房预售合同没有在订购协议约定的日期订立的，属于最高人民法院《关于审理商品房买卖合同纠纷案件

适用法律若干问题的解释》第四条规定的"不可归责于当事人双方的事由"，开发商应当将收取的定金返还给购房者。

原告：戴雪飞，女，34岁，香港居民，住上海市古北新区。

被告：江苏省苏州工业园区华新国际城市发展有限公司，住所地：苏州工业园区都市花园。

法定代表人：奚正刚，该公司董事长。

原告戴雪飞因与被告江苏省苏州工业园

区华新国际城市发展有限公司（以下简称华新公司）发生商品房订购协议定金纠纷，向江苏省苏州工业园区人民法院提起诉讼。

原告戴雪飞诉称：2004 年 4 月 18 日，原告与被告华新公司签订一份协议，约定由原告支付定金 5 万元，订购被告开发的房屋一套；如果原告在被告通知的时间不与被告签订正式的商品房预售合同，5 万元定金不返还；如果被告在此之前卖出房屋，应当双倍返还定金。收到被告的签订合同通知后，原告于 4 月 25 日至被告处，与被告商定，待原告的丈夫 5 月 7 日从香港回来后再签合同。5 月 7 日原告至被告处签合同时，由于被告出具的格式合同中有样板房仅供参考的条款，原告对此持有异议，与被告协商未果，特以书面表达了由于被告"不能给予明确答复，需要另择日签约"的意见，希望与被告继续协商，被告的工作人员表示同意。不料被告竟于 5 月 9 日通知原告，要没收原告的定金，并要将房屋售与他人。请求判令被告双倍返还定金，并负担本案诉讼费。

被告华新公司辩称：4 月 18 日签订的协议，是双方当事人的真实意思表示。签订该协议的目的，是要约束双方当事人签订正式商品房预售合同的行为。双方当事人应当在 4 月 25 日签订正式商品房预售合同。但到了该日，原告戴雪飞并未就签约事宜与被告进行磋商。由于原告违约在先，被告已决定拒绝与其签约，故对原告 5 月 7 日所写的"客户意见"，被告工作人员仅作"已收到"处理。原告所称 5 月 7 日双方就合同上的样板房装修条款未能达成一致意见，不是签约不成的理由，其诉讼请求应当驳回。

苏州工业园区人民法院经审理查明：

2004 年 4 月 18 日，原告戴雪飞以戴雪飞及其夫丘荣的名义作为乙方，与作为甲方的被告华新公司签订《都市花园·天域住宅订购协议（红表）》（以下简称订购协议）一份，约定：乙方向甲方交付定金 5 万元，订购甲方的苏州工业园区星汉街 189 号都市花园·天域 2 幢 203 室住宅一套，面积约为 248.26 平方米，销售单价 7720 元/平方米；乙方若在甲方通知的签约日前选择放弃已取得的物业购买权，或者到期不签约，5 万元定金不退还；甲方若在签约日前将该房屋转售他人，应当向乙方双倍返还定金。当日华新公司开具收据，言明收到戴雪飞、丘荣定金 5 万元，并通知戴雪飞于 4 月 25 日至华新公司处签订正式商品房预售合同。5 月 7 日，戴雪飞向华新公司提交一份书面意见，内容是："本人于 2004 年 5 月 7 日与华新公司签约时，要求所购房屋的装修标准与样板房一致，删除合同附件二中'样板房仅供参考，华新公司保留最终解释权'字样，华新公司不能给予明确答复，需另择日签约。"华新公司销售部副经理廖庆在该书面意见上注明："该客户意见已收到。"5 月 9 日，华新公司通知戴雪飞，因其未按约于 4 月 25 日到华新公司签订商品房预售合同，已违反订购协议之约定，特将原协议项下的定金没收。双方为此发生纠纷后协商未果，戴雪飞提起诉讼。

苏州工业园区人民法院认为：《中华人民共和国担保法》第八十九条规定："当事人可以约定一方向对方给付定金作为债权的担保。债务人履行债务后，定金应当抵作价款或者收回。给付定金的一方不履行约定的债务的，无权要求返还定金；收受定金的一方不履行约定的债务的，应当双倍返还定金。"订购协议是双方当事人的真实意思表示，合法有效，对双方当事人产生拘束力。按照订购协议约定，双方当事人承诺在将来签订商品房预售合同，5 万元定金是履行这一承诺的担保。原告戴雪飞应当在被告华新公司通知的 2004 年 4 月 25 日到华新公司处协商签订商品房预售合同。在华新公司否认戴雪飞当日有订约行为，指陈戴雪飞违约的情况下，戴雪飞不能证明其已于当日实践了签订合同的承诺。戴雪飞以证人胡永明的证言主张其已与华新公司商定将订约日期推迟至 5 月 7 日。胡永明是戴雪飞的姻亲，其证言缺乏强有力的证明力。戴雪飞不能以其他证据印证胡永明证言的真实性，该证言不能采信，故戴雪飞关于订约日期推迟的主张不能成立。根据订购协议的约定，戴雪飞既然在 4 月 25 日未能与华新公司协商订约，应当承担违约的民事责任，即无权要求返还其交付的定金，当然更不得要求双倍返还定金。据此，苏州工业园区人民法院于 2004 年 9 月 10 日判决：

驳回原告戴雪飞的诉讼请求。

案件受理费 3510 元，由原告戴雪飞负担。

一审宣判后，戴雪飞不服，向江苏省苏州市中级人民法院提出上诉。理由是：2004 年 4 月 25 日，上诉人戴雪飞到过被上诉人华新公司处。对这一事实，被上诉人并不否认，只是认为上诉人当日没有与其磋商签约。购置商品房是家庭中的一件大事，上诉人表示要等丈夫丘荣 5 月 7 日从香港回来后再签合同，被上诉人的工作人员表示理解上诉人的这一要求，因此 4 月 25 日被上诉人的工作人员并未给上诉人看商品房预售合同文本。这个合同文本是 5 月 7 日上诉人再到被上诉人处时才看到的，故双方当事人磋商签订商品房预售合同的时间应该是 5 月 7 日。一审忽略了本案中的这一重要事实，以上诉人不能证明自己在 4 月 25 日实践了签订合同的承诺，错误地认定上诉人违约，与事实不符。5 月 7 日，在双方洽谈签订商品房预售合同时，由于被上诉人在其提供的商品房预售格式合同中，以附件二的形式添加了"样板房供参考，华新公司保留最终解释权"的格式条款，上诉人对此有不同意见，认为这个格式条款违背了平等协商的原则，要求删除，在被上诉人的工作人员表示不能立即给予明确答复的情况下，上诉人将自己的意见写成书面材料，并强调希望与被上诉人继续协商。而被上诉人置上诉人的合理合法要求于不顾，5 月 9 日就通知没收上诉人交付的定金，还要将房屋另售他人，简直是霸道行径。请求撤销一审判决，改判被上诉人给上诉人双倍返还定

金，并由被上诉人负担本案的一、二审诉讼费用。

被上诉人华新公司辩称：2004 年 4 月 25 日，上诉人戴雪飞虽然到达被上诉人处，但只是试图压低约定的房价，遭到被上诉人的拒绝。根据订购协议约定，此日是双方当事人签订正式商品房预售合同的日期。上诉人此日前来无论是谈价格还是要求延期，其行为均是对订购协议约定内容进行变更，显然违反了订购协议的约定。在此情况下被上诉人没收上诉人的定金，合理合法。一审认定上诉人违反订购协议，理应适用定金罚则承担违约责任，事实清楚，适用法律正确。二审应当驳回上诉，维持原判。

苏州市中级人民法院经审理查明：

2004 年 4 月 25 日，上诉人戴雪飞曾前往被上诉人华新公司的售楼处，如约与华新公司洽谈。对此次洽谈的内容，双方当事人的陈述不一致。戴雪飞主张，其要求待丈夫从香港回来后再签订合同，但在该延期请求是否得到华新公司同意一事上，前后陈述不一致；华新公司主张，戴雪飞此日前来是要求降低房价，因遭到拒绝故未订约。对各自的主张，双方当事人均不能以证据证实。除此以外，二审确认一审查明的其他事实。

二审应解决的争议焦点是：4 月 25 日双方当事人洽谈后未能签订《商品房预售合同》的原因何在？双方当事人是否存在违反订购协议约定的行为？

苏州市中级人民法院认为：

《中华人民共和国合同法》（以下简称合同法）第三条规定："合同当事人的法律地位平等，一方不得将自己的意志强加给另一方。"第五条规定："当事人应当遵循公平原则确定各方的权利和义务。"第六条规定："当事人行使权利、履行义务应当遵循诚实信用原则。"最高人民法院《关于审理商品房买卖合同纠纷案件适用法律若干问题的解释》第四条规定："出卖人通过认购、订购、预订等方式向买受人收受定金作为订立商品房买

卖合同担保的，如果因当事人一方原因未能订立商品房买卖合同，应当按照法律关于定金的规定处理；因不可归责于当事人双方的事由，导致商品房买卖合同未能订立的，出卖人应当将定金返还买受人。"相对商品房预售合同来说，订购协议是本约订立之前先行订立的预约合同。订立预约合同的目的，是在本约订立前先行约明部分条款，将双方一致的意思表示以合同条款的形式固定下来，并约定后续谈判其他条款，直至本约订立。预约合同的意义，是为在公平、诚信原则下继续进行磋商，最终订立正式的、条款完备的本约创造条件。因此在继续进行的磋商中，如果一方违背公平、诚信原则，或者否认预约合同中的已决条款，或者提出令对方无法接受的不合理条件，或者拒绝继续进行磋商以订立本约，都构成对预约合同的违约，应当承担预约合同中约定的违约责任。反之，如果双方在公平、诚信原则下继续进行了磋商，只是基于各自利益考虑，无法就其他条款达成一致的意思表示，致使本约不能订立，则属于不可归责于双方的原因，不在预约合同所指的违约情形内。这种情况下，预约合同应当解除，已付定金应当返还。

本案是因被上诉人华新公司没收了上诉人戴雪飞交付的定金而引发纠纷。华新公司没收定金的理由，是认为戴雪飞没有在4月25日与华新公司签订商品房预售合同，违反了订购协议的约定。订购协议此条约定的全文是："乙方（戴雪飞）若在甲方（华新公司）通知的签约日前选择放弃已取得的物业购买权，或者到期不签约，5万元定金不退还。"从此可以看出，华新公司不退还定金的情形有两种，第一种即是戴雪飞在签约日前放弃房屋购买权。本案事实证明，直至5月7日，戴雪飞仍在书面意见中表达着"需另择日签约"的愿望，自始没有放弃房屋购买权的意思表示，因此不存在此种情形。戴雪飞到期不签订商品房预售合同是华新公司可以不退还定金的第二种情形。4月25日是商品

房预售合同的签订到期日。此日戴雪飞曾到达华新公司处，双方进行过洽谈，对这些事实双方当事人认识一致。确定是否存在不退还定金的第二种情形，涉及双方当事人此日的洽谈内容，而对此双方当事人有不同的陈述，进而也在是否发生违约事实上存在认识分歧。戴雪飞说，由于其要待丈夫回来后再签订合同，故请求延期签约，华新公司亦表示同意，未向其出示商品房预售合同文本，当日的签约活动被取消，因此不存在违约。华新公司主张，戴雪飞此日前来是要求降低房价，因遭到拒绝故未订约，进而认为订购协议约定的内容是"乙方到期不签约，5万元定金不退还"，此日戴雪飞前来无论是谈价格还是要求延期，都是对订购协议约定内容进行变更，均属于到期不签约，显然违反订购协议的约定。能否将订购协议中"到期不签约"一语理解为无论存在何种理由，只要不签约就是违约，双方当事人显然有不同解释。

合同法第四十一条规定："对格式条款的理解发生争议的，应当按照通常理解予以解释。对格式条款有两种以上解释的，应当作出不利于提供格式条款一方的解释。格式条款和非格式条款不一致的，应当采用非格式条款。"第一百二十五条第一款规定："当事人对合同条款的理解有争议的，应当按照合同所使用的词句、合同的有关条款、合同的目的、交易习惯以及诚实信用原则，确定该条款的真实意思。"无论是订购协议还是双方当事人拟订立的商品房预售合同，都是被上诉人华新公司提供的格式合同。当对格式条款有两种以上解释时，应当作出不利于华新公司的解释。预约合同的作用，只是为在公平、诚信原则下订立本约创造条件。从这一认识出发来理解订购协议中的"到期不签约"一语，显然不包括由于不可归责于双方的原因而到期不签约的情形。在买受方只见过出售方提供的样板房，尚未见过商品房预售合同文本的情形下，若将此语理解为无论出于何种原因，只要买受方到期不签本约均是违

约，势必将买受方置于要么损失定金，要么被迫无条件全部接受出售方提供的商品房预售格式合同的不利境地，出售方则可以借此获利。双方在订立本约时的地位极不平等，显然违背公平、诚信原则。

就本案说，尽管对 4 月 25 日的洽谈内容双方当事人有不同陈述，但在此日，上诉人戴雪飞到被上诉人华新公司处，与华新公司进行过商谈，是可以认定的事实。这一情节证明，戴雪飞有守约如期前往磋商的表现，有别于到期不去签约。其次，从 5 月 7 日戴雪飞仍在与华新公司进行磋商的情节看，其没有拒签商品房预售合同的明确表现。第三，对 4 月 25 日的洽谈内容双方虽有不同陈述，但都不能举证证明自己的陈述属实，应合理推定为磋商未成。第四，按照戴雪飞的陈述，其是要待丈夫丘荣回来而未在 4 月 25 日签约。购买商品房乃一个家庭中的重大事件，理当由家庭成员共同协商确定。鉴于仅见过样板房、还不知商品房预售合同内容，戴雪飞提出等丈夫回来后签约，这个要求合情合理，不违反订立预约合同是为本约创造公平磋商条件的本意。华新公司既然收受了以戴雪飞、丘荣二人名义交付的定金，就应当对戴雪飞关于等丘荣回来订约的要求表示理解。第五，按照华新公司的陈述，戴雪飞 4 月 25 日来是要求减让房价。房价属订购协议中的已决条款，戴雪飞如果在本约磋商中提出减价，华新公司当然有权拒绝减价，但在戴雪飞愿意继续磋商本约的情形下，华新公司不能以此为由拒绝与戴雪飞继续磋商本约，更不得以此为由将 4 月 25 日没有订立本约的责任强加给戴雪飞承担。第六，5 月 7 日戴雪飞看过商品房预售合同后写下一纸书面意见，华新公司工作人员在这纸书面意见上签署了"该客户意见已收到"。华新公司的这一签署，当然不能证明华新公司同意并接受了戴雪飞的意见，但可以证明戴雪飞在此日与华新公司进行了订立本约的磋商，见到了商品房预售格式合同的原文，并有与华新公司继续进行磋商的愿望。华新公司在以样板房获取购房者满意并与之订立预约合同后，却在商品房预售合同中以附件形式列入样板房仅供参考和合同解释权归华新公司的格式条款，这对购房者来说显失公平。戴雪飞对这样显失公平的格式条款提出异议，是合理的。戴雪飞提出异议的行为，间接证明直至 5 月 7 日，双方当事人仍在对本约进行协商，但未协商一致，华新公司关于此前已决定拒绝与戴雪飞签约的主张不能成立，同时也反证出 4 月 25 日戴雪飞即使不要求等丈夫回来后签合同，也不可能同意并签署这个含有显失公平的格式条款的商品房预售合同。因此，在双方当事人均不能以证据证明自己陈述真实的情形下，应当认定 4 月 25 日未能订立商品房预售合同的原因是双方当事人磋商不成，并非哪一方当事人对订购协议无故反悔。

综上，由于磋商未成是导致双方当事人未能在 4 月 25 日订立商品房预售合同的真正原因，上诉人戴雪飞按订购协议交付给被上诉人华新公司的 5 万元定金，依法应当由华新公司返还，故戴雪飞关于华新公司返还 5 万元定金的上诉请求予以支持，但对华新公司恶意违约应当双倍返还定金的上诉请求不予支持。华新公司关于戴雪飞压价使本约不能订立已构成违约的抗辩主张，因无证据，不予支持。一审对本案的定性处理失当，应当纠正。据此，苏州市中级人民法院依照《中华人民共和国民事诉讼法》第一百五十三条第一款第（二）项规定，于 2005 年 5 月 18 日判决：

一、撤销一审民事判决；

二、被上诉人华新公司于本判决生效后 3 日内，给上诉人戴雪飞返还定金 5 万元。

一、二审案件受理费各 3510 元，由双方当事人各半负担。

本判决为终审判决。

徐州市路保交通设施制造有限公司与徐州市华建房地产开发有限公司、第三人尤安庆房屋买卖合同纠纷案

《最高人民法院公报》2006 年第 06 期

【裁判摘要】

当事人对已经发生法律效力的判决不服，或者人民法院发现已经发生法律效力的判决确有错误，只有通过依法启动审判监督程序撤销原审判决，才能对案件进行重新审判，否则均应受该已经发生法律效力的判决的拘束，当事人不得在以后的诉讼中主张与该判决相反的内容，人民法院也不得在以后的判决中作出与该判决冲突的认定和处理。

中华人民共和国最高人民法院

民事裁定书

(2005) 民一终字第 65 号

上诉人（原审原告）：徐州市路保交通设施制造有限公司，住所地江苏省徐州市津浦西路 160 号。

法定代表人：李承，该公司董事长。

委托代理人：尤安生，该公司职员。

委托代理人：张爱琴，该公司法律顾问。

被上诉人（原审被告）：徐州市华建房地产开发有限公司，住所地江苏省徐州市金山桥开发区管委办 1301 号。

法定代表人：胡治国，该公司总经理。

委托代理人：王伯庭，江苏徐州金台律师事务所律师。

委托代理人：胡冠平，该公司顾问。

原审第三人：尤安庆，男，汉族，1969 年 2 月 23 日生，住江苏省徐州市铁路 23 宿舍 3 栋二单元 301 室。

上诉人徐州市路保交通设施制造有限公司（以下简称路保公司）与被上诉人徐州市华建房地产开发有限公司（以下简称华建公司）及第三人尤安庆房屋买卖合同纠纷一案，江苏省高级人民法院于 2005 年 5 月 18 日作出 (2004) 苏民初字第 3 号民事判决。路保公司不服该判决，向本院提起上诉。本院依法组成合议庭，于 2005 年 9 月 13 日开庭进行了审理。路保公司的委托代理人尤安生、张爱琴，华建公司的委托代理人王伯庭、胡冠平到庭参加了诉讼。尤安庆接到本院开庭传票但未到庭参加诉讼。本案现已审理终结。

一审法院经审理查明：2000 年 5 月 8 日，路保公司与华建公司签订编号为 0024999 的《商品房购销合同》约定：华建公司以每平方米 2000 元、总金额 1473.69 万元的价格，将位于江苏省徐州市津浦西路 160 号综合楼（以下简称综合楼）出售给路保公司。路保公司于 2000 年 5 月 31 日前支付华建公司购房款 804 万元，华建公司于 2000 年 8 月 31 日前，将具有竣工验收合格证的该商品房交付给路保公司使用。签约当日，华建公司将综合楼负一层至三层 3222.04 ㎡、综合楼 4－8 层 4146.41㎡ 出售给尤安生，尤安生取得了房屋产权证。

2000 年 10 月 9 日，路保公司为办理按揭贷款，由尤安生、尤安庆等 8 人与华建公司签订综合楼 1－3 层商品房买卖合同。2000 年 10 月 31 日，路保公司法定代表人，尤安生书

面向华建公司承诺"我公司为办理按揭贷款，需签8份商品房销售合同，并出具8份预付款收据复印件（款不付）。请贵公司配合办理，由此所涉及的一切费用及造成的有关责任损失等后果，均由我公司承担"。2001年1月22日，尤安生、尤安庆等8人在中国建设银行永安支行办理个人贷款600万元整，所有个人住房贷款通知书中借款人签名均由尤安生代签。2000年11月18日，尤安生、尤安庆等11人又与华建公司签订综合楼4—8层商品房买卖合同。中国农业银行泉山支行为11人共贷款10756778.68元。

2001年1月22日，路保公司与华建公司签订《0024999号商品房销售合同补充协议（一）》[以下简称《补充协议（一）》]约定：华建公司负责提供有关手续，在建设银行办理综合楼1—3层按揭贷款；建设银行办理按揭后剩余房产由路保公司在农业银行或者其他银行办理按揭贷款，手续由华建公司提供。双方还约定华建公司应在2001年3月1日前将综合楼交由路保公司接收、看管。

2001年3月21日，路保公司与华建公司签订《0024999号商品房销售合同补充协议（二）》[以下简称《补充协议（二）》]约定：路保公司在中国农业银行泉山支行按揭贷款，"首先归还农行云西299万元，同时抽回华建公司抵押贷款用的土地证"；双方还约定了路保公司办理按揭贷款后欠华建公司500万元购房款的偿还期限。

2001年4月19日，尤安生、司毅（二人系夫妻关系）与华建公司签订协议约定：因尤安生、司毅无力承担综合楼4—8层的购房款，华建公司同意尤安生、司毅退回综合楼4—8层，所办权属证交产权部门予以注销。同日，尤安生、司毅向江苏省徐州市房产局产权处提交具结书表述：因无力承担综合楼的购房款，经双方协商，退回房屋，所办权属证请予以具结。

2001年4月18日，路保公司与华建公司办理了综合楼移交手续。

综合楼规划建筑面积为7151.37㎡，后经当地房产局测绘队依据施工图纸及现场测量，实测面积为7368.45㎡。1999年8月11日，华建公司办理综合楼3—5层计2700㎡商品房预售许可证；2003年6月30日，华建公司根据规划面积补办了综合楼4451.37㎡商品房预售许可证的手续。

2002年9月，华建公司向江苏省徐州市云龙区人民法院提起诉讼，要求路保公司偿还到期购房款330万元。江苏省徐州市云龙区人民法院以（2002）云民初字第1664号民事判决判令路保公司偿付华建公司购房款2705407元，江苏省徐州市中级人民法院以（2003）徐民一终字第1006号民事判决维持了该一审判决。尤安生、尤安庆等8人购买综合楼1—3层在中国建设银行永安支行办理抵押贷款600万元；尤安生、尤安庆等11人购买综合楼4—8层在中国农业银行泉山支行办理贷款10756778.68元，该两批贷款均办理了具有强制执行效力的债权文书公证书。现两家银行均申请法院强制执行，华建公司亦申请法院执行，执行程序均正在进行中。

一审法院还查明，路保公司由尤安生、陈国勇两股东设立，尤安生占出资比例90%。徐州市云都餐饮有限公司系尤安生与尤安福两人成立，公司注册资金50万元，尤安生占90%，尤安福占10%。

路保公司向一审法院起诉称，路保公司与华建公司签订《商品房购销合同》约定：路保公司向华建公司购买综合楼，房屋总面积7368.45㎡、总价款1473.69万元。路保公司于2000年5月31日前支付给华建公司全部房款，华建公司于2000年8月31日前将具有竣工验收合格证的该商品房交付给路保公司使用。合同履行过程中，双方于2001年1月22日签订《补充协议（一）》约定用该综合楼在建设银行办理按揭贷款以支付购房款事宜，并约定华建公司应于2001年3月1日前将综合楼交路保公司接收、看管。2001年3月21日，双方又签订《补充协议（二）》约定购房款的付款方式及期限。2001 年 4 月 18 日，双方办理了综合楼移交手续。路保公司已依约支付购房款 10331493 元。路保公司接收综合楼后，花费 800 万元对综合楼进行了全面装修。综合楼规划建设面积为 3756㎡，而江苏省徐州市房管局核定的商品房预售面积仅为 2700㎡。2001 年，华建公司又将综合楼分割出卖给尤安庆等 11 人，办理了房地产抵押贷款，导致路保公司一直无法取得综合楼的房屋所有权。另外，经调查发现，华建公司所售综合楼的土地使用权性质为国有划拨土地，不符合商品房销售的条件。据此请求：1. 解除双方于 2000 年 5 月 8 日签订的《商品房购销合同》及 2001 年 1 月 22 日、2001 年 3 月 21 日签订的《补充协议（一）》和《补充协议（二）》；2. 由华建公司返还路保公司已付购房款 10331493 元及其利息；3. 由华建公司赔偿路保公司装修及其他损失 1000 万元；4. 华建公司承担路保公司已付购房款一倍的赔偿责任；5. 华建公司承担本案的诉讼费用。以上各项费用共计 30662986 元。

华建公司答辩称，华建公司只将综合楼销售给了路保公司，并未另售给他人，且合同已经履行，路保公司已占有、使用综合楼。所谓华建公司将综合楼 1—3 层销售给尤安生等 8 人、4—8 层销售给尤安庆等 11 人的商品房买卖合同，是华建公司应路保公司要求为其办理贷款之用而签订的。因此，路保公司的诉讼请求无事实及法律依据，请求法院依法予以驳回。

第三人尤安庆称，2000 年 10 月 9 日，尤安庆从华建公司购得综合楼一层 3 号、二层 3 号及三层 3 号套房，建筑面积共为 261.11㎡。后又向华建公司购得同一楼房的 401、406 两处房屋，建筑面积分别为 244.32㎡、112.5㎡。现路保公司诉华建公司商品房买卖合同纠纷案的讼争标的，正是尤安庆所购之房屋，该案的审理与尤安庆有密切联系，请求法院在审理该案时保护尤安庆作为第三人的合法权益。

一审法院将当事人争议焦点归纳为：双方签订的合同是否有效、路保公司是否具有法定的解约事由及华建公司是否应对路保公司进行赔偿；尤安庆作为第三人其权利是否应予保护。

（一）关于双方签订的《商品房购销合同》的效力、路保公司解除合同的请求应否支持及华建公司对路保公司的损失应否赔偿的问题。路保公司主张其与华建公司签订的《商品房购销合同》应予解除，其主要理由：1. 综合楼所占土地性质为划拨用地，不能用于从事房地产开发；2. 华建公司只有 2700㎡ 的商品房预售许可证，却销售了 7368.45㎡ 的房屋；3. 华建公司与路保公司签订合同后又将综合楼卖给尤安庆等人，致使路保公司无法取得综合楼的所有权，合同目的无法实现，故合同应予解除，且华建公司应双倍返还已付购房款并赔偿路保公司的损失。华建公司主张，综合楼所占土地虽系划拨土地，但因城市建设需要，已经土地管理部门和房产管理部门批准，故双方所签合同应认定有效。华建公司在出售综合楼时，虽然只有 2700㎡ 商品房预售许可证明，但超出销售许可证部分的销售面积已经得到江苏省徐州市房产管理局认可。而且，对综合楼所占土地系划拨土地之事，路保公司早在签订合同之时就已经知道。另外，本案所涉《商品房购销合同》的有效性已经为江苏省徐州市中级人民法院生效判决所确认。现双方所签合同已经履行，路保公司已于 2001 年 4 月占有、使用综合楼，其根本没有损失，故路保公司要求解除合同、赔偿损失的请求没有道理，应予驳回。

一审法院认为，华建公司在出售综合楼时，虽然只有 2700㎡ 的商品房预售许可证，但在起诉前，已于 2003 年 6 月 30 日经江苏省徐州市房产管理局批准，补办了其余面积的商品房预售许可证手续，故应认定华建公司具备综合楼的预售资格。路保公司主张综合楼所占土地系划拨土地，不能用于商品房的开发、销售，但相关房地产管理部门的批复意见是该综合楼属危改项目，系历史遗留问题，同意补办商品房预售许可证，且双方《商品房购销合同》签订于 2000 年 5 月 8 日，可适用最高人民法院《关于审理商品房买卖合同纠纷案件适用法律若干问题的解释》的有关规定，根据该解释第二条规定的精神，华建公司于起诉前已经补办了商品房预售许可证，应认定合同有效。路保公司以此为由主张解除合同，不符合法律规定，不予支持。另外，尤安生、尤安庆等 11 人与华建公司签订购房合同是为路保公司向银行办理按揭贷款所用，乃虚假的购房合同，尤安生、尤安庆等 11 人与华建公司之间并未形成真实的房屋买卖合同关系，故路保公司以因华建公司与尤安生等 11 人之间签订购房合同，致使办理综合楼房产证时遇到障碍、合同目的不能实现为由要求解除合同，理由亦不能成立，不予支持。对路保公司要求赔偿损失的主张也予以驳回。

（二）关于尤安庆的权利应否保护的问题。一审法院认为，商品房买卖合同是指房地产开发企业，将尚未建成或者已竣工的房屋向社会销售并移转房屋所有权于买受人，买受人支付价款的行为。尤安庆与华建公司虽然签订了房屋买卖合同，但尤安庆并未支付房屋的对价，华建公司也未将房屋转移给尤安庆，尤安庆虽然形式上取得房屋产权证，但该房屋一直由路保公司占有和使用。双方签订合同的目的，并非购买房屋，而是为获取银行贷款。该虚假购房合同不是当事人真实意思表示，尤安庆依据该虚假购房合同主张保护其权利，不予支持。综上，路保公司与华建公司签订的《商品房购销合同》有效，路保公司要求解除合同、赔偿损失的请求，缺乏事实和法律依据，不予支持。尤安庆依据与华建公司签订的虚假购房合同要求在本案处理中保护其权益，缺乏事实及法律依据，不予支持。依照《中华人民共和国民法通则》第五十五条、第八十五条，《中华人民共和国合同法》第八条、第六十条、第一百三十条，

最高人民法院《关于审理商品房买卖合同纠纷案件适用法律若干问题的解释》第一条、第二条和《中华人民共和国民事诉讼法》第一百二十八条之规定，判决：驳回路保公司的诉讼请求；驳回第三人尤安庆的诉讼请求。案件受理费 163325 元，由路保公司负担；案件受理费 17655 元，由第三人尤安庆负担。

路保公司和尤安庆不服一审判决，分别向本院提起上诉。

路保公司上诉称，一审判决认定事实和适用法律错误，请求二审法院依法改判。其主要理由：（一）一审判决事实不清。 1. 一审判决认定华建公司在起诉前已经江苏省徐州市房产管理局批准，补办了其余面积的商品房预售许可手续，与事实不符。华建公司确实于 2003 年 6 月 27 日向江苏省徐州市房管局递交申请补办 4451.37 ㎡商品房预售许可证的报告，不过，仅有该局某副局长批示"同意补办手续，但不发商品房预售许可证"，除此之外，华建公司至今也未能提供任何其补办的商品房预售许可手续。一审法院仅依据此前后矛盾的个人批示就认定华建公司已经具备综合楼的预售资格，显属不当。 2. 一审法院对华建公司与尤安庆等人关系的认识问题上，事实不清。一审法院认为，"尤安庆与华建房产公司虽签订了房屋买卖合同，但尤安庆未支付房屋的对价，华建房产公司也未将房屋转移给尤安庆，尤安庆虽形式上取得房产证，但该房屋一直由路保公司占有和使用。双方签订合同的目的，并非购买房屋，而是为获取银行贷款，该虚假购房合同，不是双方当事人真实意思表示"，与事实不符。房屋权属应依房产证来确认和公示，不能以占有和使用状态来确认归属。尤安庆与华建公司签订并履行购房合同后，房管部门为其发放了房屋产权证，事实上尤安庆已经取得了该房屋的所有权。而且，尤安庆与金融机构签订住房借款合同并经江苏省徐州市第二公证处公证，金融机构于房屋上设定抵押后为尤安庆等 11 人发放了个人贷款并将购房款

直接划入华建公司账户。因尤安庆等未及时履行还贷义务，金融机构已经依据经公证的债权文书向人民法院申请强制执行，请求评估、拍卖所有的抵押房屋（即本案的讼争房产）。可见，一审法院无视尤安庆等人已经支付房屋对价、已经合法取得房屋产权证的事实，认定尤安庆等人未支付房屋对价，将其所签订的购房合同认定为虚假购房合同，进而否定第三人的权利，显属错误。3. 一审判决认定"综合楼规划建筑面积为 7151.37㎡，后经房产局测绘队依据施工图纸及现场测量，实测面积为 7368.45㎡"，与事实不符。1999年 7 月 23 日江苏省徐州市规划局颁发给华建公司的《建设工程规划许可证》，载明建设面积为 3756㎡，该《建设工程规划许可证》至今未变更，故一审法院查明综合楼规划建筑面积为 7151.37㎡无从谈起。（二）一审判决适用法律错误。一审判决无视华建公司在划拨土地上进行商品房开发销售、损害国家利益和商品房买受人利益的行为，认定路保公司与华建公司所签合同有效，认定尤安庆与华建公司所签合同为虚假合同，显属适用法律错误。华建公司向路保公司及尤安庆等 11个自然人出售在划拨土地上建成的商品房，依法应补办出让手续或报有批准权的政府批准，但至今华建公司也未能证明其已经办理了相关手续。相反，路保公司有证据证明该宗土地至今仍为划拨土地，本案讼争房屋为不可售之房屋。故一审法院认定双方所签合同有效、华建公司具备预售资格等，显属适用法律错误。据此请求：1. 判令双方所签《商品房购销合同》无效；2. 华建公司返还给路保公司购房款 1075 万元及其利息并赔偿装修费用及损失 1289 万元；3. 由华建公司负担案件受理费。

尤安庆的上诉请求及理由与路保公司的上诉请求及理由基本相同。

华建公司答辩称，关于销售面积超出预售许可证所载面积之外的部分，华建公司已经补办了合法手续，一审认定华建公司具备预售资格并无不当。经规划部门审定的设计施工图（面积为 7368.45㎡）具有规划许可的效力，所以华建公司所建综合楼没有超规划建设。至于房产证办给尤安庆等人，完全是路保公司为办理贷款所需，主动要求华建公司配合并承诺一切责任及后果均由其自行承担。另外，双方所签合同已经被生效的判决认定为有效，故路保公司主张合同无效不应得到支持。路保公司和尤安庆的上诉请求没有事实和法律依据，一审判决认定事实清楚、适用法律正确，请求二审法院依法驳回上诉、维持原判。

本院二审查明，2000 年 5 月 8 日，双方签订的《商品房购销合同》第一条约定，华建公司以划拨方式取得位于江苏省徐州市津浦西路 160 号地块的土地使用权，地块用途为综合楼。2001 年 1 月 22 日，双方签订《补充协议（一）》第七条约定，华建公司所提供的手续，仅作为路保公司按揭贷款用，在办理过程中，一切费用、责任及后果均由路保公司承担。

本院查明的其他事实与一审法院查明的事实相同。

本院认为，当事人对已经发生法律效力的判决不服，或者法院发现生效判决确有错误，只有依法通过启动审判监督程序，撤销原判，才能对案件重新审理。否则，当事人和法院都应受该生效判决的拘束，当事人不得在以后的诉讼中主张与该判决相反的内容，法院也不得在以后的诉讼中作出与该判决冲突的认定和处理。

根据查明的事实可知，在一审法院受理本案之前，华建公司已于 2002 年 9 月，向江苏省徐州市云龙区人民法院提起民事诉讼，基于双方所签《商品房购销合同》要求路保公司偿还到期购房款。江苏省徐州市云龙区人民法院以（2002）云民初字第 1664 号民事判决判令路保公司偿付华建公司购房款2705407 元，江苏省徐州市中级人民法院以（2003）徐民一终字第 1006 号民事判决维持了该一审判决。上述一、二审判决中，均认定双方所签《商品房购销合同》有效，并在认定合同有效的基础上判令继续履行合同。换言之，对合同效力问题及如何处理后续问题，在路保公司提起本案诉讼之前，已经为人民法院依法作出的生效判决所解决，该生效判决对当事人和法院具有约束力。有鉴于此，路保公司在本案中，无论是主张合同解除、抑或主张合同无效，均与（2003）徐民一终字第 1006 号民事判决相矛盾，一审法院对路保公司及尤安庆所提诉讼请求进行实体审理不当，应予纠正。

尤安庆不服一审判决，向本院提起上诉，本院委托一审法院向其送达了开庭传票。尤安庆接到本院开庭传票后，无正当理由拒不到庭。根据《中华人民共和国民事诉讼法》第一百二十九条、第一百五十七条规定，对尤安庆的上诉按自动撤回上诉处理，故将尤安庆依原审诉讼地位列明。

综上，依照《中华人民共和国民事诉讼法》第一百四十条第一款第（三）项、第一百五十八条、第一百一十一条第（五）项和最高人民法院《关于适用〈中华人民共和国民事诉讼法〉若干问题的意见》第 186 条之规定，裁定如下：

一、撤销江苏省高级人民法院（2004）苏民初字第 3 号民事判决；

二、驳回徐州市路保交通设施制造有限公司的起诉。

一审案件受理费 50 元，二审案件受理费 50 元，共计 100 元，由徐州市路保交通设施制造有限公司和尤安庆各自负担 50 元。

本裁定为终审裁定。

审　判　长　×××
代理审判员　×××
代理审判员　×××
二〇〇六年四月十一日
书　记　员　×××

厦门东方设计装修工程有限公司与福建省实华房地产开发有限公司商品房包销合同纠纷案

《最高人民法院公报》2006 年第 04 期

【裁判摘要】

当事人签订的合同中，对某一具体事项使用了不同的词语进行表述，在发生纠纷后双方当事人对这些词语的理解产生分歧的，人民法院在审判案件时应当结合合同全文、双方当事人经济往来的全过程，对当事人订立合同时的真实意思表示作出判断，在此基础上根据诚实信用的原则，对这些词语加以解释。不能简单、片面地强调词语文义上存在的差别。

中华人民共和国最高人民法院
民事判决书

（2005）民一终字第 51 号

上诉人（原审原告、原审反诉被告）：厦门东方设计装修工程有限公司，住所地福建省厦门市鹭江道海光大厦 23 楼。

法定代表人：许腾辉，该公司董事长。

委托代理人：于宁杰，福建天泽广业律

师事务所律师。

委托代理人：郑水园，福建天衡联合律师事务所律师。

上诉人（原审被告、原审反诉原告）：福建省实华房地产开发有限公司，住所地福建省福州市鼓楼区东街 33 号武夷中心 10 层。

法定代表人：李立明，该公司董事长。

委托代理人：吴妙华，福建君立律师事务所律师。

委托代理人：张健，福建君立律师事务所北京分所律师。

上诉人厦门东方设计装修工程有限公司（以下简称东方公司）与上诉人福建省实华房地产开发有限公司（以下简称实华公司）因商品房包销合同纠纷一案，不服福建省高级人民法院（2004）闽民初字第 59 号民事判决，向本院提起上诉。本院依法组成合议庭于 2005 年 7 月 28 日公开开庭审理了本案。上诉人东方公司的委托代理人于宁杰、郑水园，上诉人实华公司的委托代理人吴妙华、张健到庭参加了诉讼。本案现已审理终结。

一审法院经审理查明：2003 年 8 月，东方公司与实华公司签订了一份《房产包销合同》，双方约定：一、实华公司将其开发建设的"实华公寓"楼盘全部交由东方公司包销，该楼盘建筑面积 93602.7 平方米，其中店面 5174.4 平方米，住宅 85727.1 平方米，车位 224 个。二、包销权限：东方公司作为该物业的包销商，全权负责该楼盘的销售及销售过程中的广告实施及整个楼盘园林景观、绿化的设计施工。三、包销期限：自《商品房预售许可证》签发之日起 30 个月内，车位包销期限为 42 个月。四、包销保证金：东方公司应向实华公司支付 200 万元人民币的包销保证金。在本合同签订之日起五个工作日内，支付第一期保证金 100 万元，余下 100 万元待《商品房预售许可证》颁发之日起一个月内付清。逾期三个工作日未交足第二笔保证金，实华公司有权没收第一笔保证金并终止合同。上述保证金在房屋销售和交房后退还。

五、包销底价及包销利润：住宅 2600 元/平方米，店面 6000 元/平方米，车位 7 万元/个，合同销售价超出上述底价的溢价部分，作为东方公司的包销利润全部归其所有。六、双方的权利义务：实华公司在东方公司售楼人员填定合同后，最终对售楼合同签章确认（合同样本经实华公司认可后生效）；东方公司在《商品房预售许可证》下达之日起 45 天内，景观绿化投入量达 20%，半年内达 40%，一年内达 80%，一年半内投入量达 100%。七、包销业绩确认：购房人与实华公司签订《商品房预售合同》，并付首期款（分期或按揭），分期付款的首期款不低于总房款的 30%，按揭付款在银行正式收件前，即确认成交，计入东方公司业绩，但东方公司不得就该部分溢价款主张权利。银行正式收件后，则按本合同约定执行。八、包销进度及期限：第一阶段，东方公司在取得预售许可证后 60 天内完成已取得预售许可证楼体销售面积的 20% 的销售业绩。第二阶段，东方公司保证在预售许可证颁发后 180 天内完成已取得预售许可证楼体销售面积的 50% 的销售业绩。第三阶段，东方公司保证在预售许可证颁发后 240 天内完成已取得预售许可证楼体销售面积的 60% 的销售业绩。第四阶段，东方公司保证在预售许可证颁发后 15 个月内完成已取得预售许可证楼体销售面积的 70% 的销售业绩。第五阶段，东方公司保证在预售许可证颁发后 18 个月内完成已取得预售许可证楼体销售面积的 85% 的销售业绩。第六阶段，东方公司保证在预售许可证颁发后 24 个月内完成已取得预售许可证楼体销售面积的 95% 的销售业绩。第七阶段，东方公司保证在预售许可证颁发后 30 个月内完成已取得预售许可证楼体销售面积的 100% 的销售业绩。第八阶段，车位自《商品房预售许可证》签发之日起三年零六个月完成 80% 的销售业绩。九、违约事项：实华公司应在 2003 年 11 月 30 日前办妥该楼盘的《商品房预售许可证》，否则逾期三个月，实华公司应双倍返还东方公司已付保证金，东方公司有权终止合同，或继续履约。

合同签订后，东方公司于2003年7月23日向实华公司支付了第一笔包销保证金100万元，并委托他人进行景观设计、绿化施工和广告发布，投入费用达603100元。实华公司分别于2004年2月12日、3月18日、5月11日分三批取得该楼盘19幢楼体的《商品房预售许可证》，东方公司对实华公司迟延办理《商品房预售许可证》未提出异议，但对销售业绩计算起始日及其确定的开盘日期提出异议。2004年2月23日，实华公司与东方公司召开"实华·蓝湾雅境"楼盘包销等相关事宜协调会，并形成福建省实华房地产开发有限公司"关于'实华·蓝湾雅境'楼盘包销等相关事宜协调会会议纪要"。该纪要第一条载明：实华公司分批向东方公司提供《商品房预售许可证》。实华公司根据"实华·蓝湾雅境"项目建设进展情况，分批申办《商品房预售许可证》，并将分批所取得的《商品房预售许可证》提供给东方公司；实华公司以实际所取得预售楼盘幢数考核东方公司销售业绩。在此期间，东方公司与部分购房者签订了《商品房预售合同》，并收取了部分购房者的定金。此外，实华公司与东方公司还对部分房产的售价、购房款的银行按揭贷款及销售业绩的确认等问题产生争议，双方以函件形式进行过协商。

2004年3月30日，福州市房地产管理局分别致函实华公司与东方公司，函称：根据购房者的投诉，实华公司与东方公司签订了商品房包销合同。经查，东方公司未在该局进行房地产中介企业资质登记备案，根据建设部《城市房地产中介服务管理规定》和《福建省房地产经纪人管理办法》的有关规定，凡没有取得房地产中介企业资格的企业不得从事房地产中介业务，请两公司终止双方签订的商品房包销合同。同日，实华公司函告东方公司，除依照福州市房地产管理局通知必须终止《房产包销合同》外，东方公司未按合同约定支付第二笔保证金，实华公司可以终止合同。东方公司收到实华公司解除合同的通知后直至起诉前未提出异议。2004年7月29日，福州市房地产管理局致函东方公司和实华公司，撤销了其2004年3月30日向上述两公司的致函。

东方公司于2004年10月27日以实华公司严重违约、应承担全部违约责任为由，将实华公司诉至福建省高级人民法院，请求判令实华公司承担违约责任并赔偿东方公司经济损失5000万元人民币；请求判令实华公司退还东方公司包销保证金100万元，并由实华公司承担本案所发生的一切诉讼费用。实华公司辩称，东方公司的违约是导致《房产包销合同》终止和无法继续履行的主要原因，实华公司对此并无过错；东方公司要求实华公司赔偿经济损失5000万元没有事实依据，既然双方签订的《房产包销合同》已于2004年3月30日终止，东方公司则不得依据已经终止的合同主张未实际包销房产的可得利益；东方公司要求返还包销保证金100万元违背了《房产包销合同》的约定。据此，实华公司请求驳回东方公司的诉讼请求。

实华公司在一审中提起反诉，请求判决实华公司与东方公司签订的《房产包销合同》已经依约终止；判决实华公司对东方公司已交的第一笔包销保证金100万元不予返还；判决东方公司承担本案的全部诉讼费用。东方公司辩称，双方约定的全额支付包销保证金的条件没有成立，根据包销合同第十条约定，实华公司应于2003年11月30日办妥全部的《商品房预售许可证》，直至2004年2月和3月实华公司才办好部分房屋的预售许可证，合同约定的交房时间是2005年6月，而实际交房是2005年8月，由于实华公司没有履行办理预售许可证的义务，导致东方公司无法履行保证金的交付义务；由于实华公司的违约行为，导致东方公司的绿化设计和绿化施工无法进行；福州市房地产管理局的通知从形式到内容均违法，对当事人不具有强制力，该局已自行撤销了该行政行为，故应驳回实华公司的反诉请求。

一审法院审理认为：从东方公司与实华公司签订的《房产包销合同》中对包销期限、包销保证金以及违约事项的约定来看，东方公司应当自第一份预售许可证颁发后即支付第二笔包销保证金。如果将包销保证金的支付时间理解为全部预售许可证颁发之后，显然与约定保证金的目的和保证金的属性相悖。实华公司未在《房产包销合同》的约定时间内办妥实华公寓楼盘的《商品房预售许可证》，东方公司未选择解除合同，也未请求实华公司双倍支付包销保证金，而是选择了继续履行合同，即应履行合同约定的支付第二笔包销保证金的义务。东方公司在接到实华公司通知后，未在第一次《商品房预售许可证》颁发之日起约定的时间内支付第二笔包销保证金，实华公司依合同约定可以行使解除合同的权利。依据《房产包销合同》第四条的约定，东方公司未如期支付包销保证金，实华公司可以终止合同并没收东方公司已交的第一笔包销保证金 100 万元。《房产包销合同》终止前，东方公司已经与他人签订商品房预售合同并收取定金的部分房产，可依照合同的约定，予以计算包销溢价。合同终止后，原合同约定的内容均不发生法律效力，即不依原合同约定计算包销溢价。东方公司主张实华公司违约应承担违约责任，应退还包销保证金，并赔偿合同解除时未包销部分房产溢价损失的请求，缺乏事实和法律依据，不予支持。实华公司反诉东方公司未按约支付第二笔包销保证金，致双方签订的合同终止，其已支付的第一笔包销保证金不予返还的请求有理，应予支持。根据《中华人民共和国合同法》第九十一条第一款第七项、第九十三条、第九十六条第一款、第九十七条的规定，遂判决：一、东方公司与实华公司签订的《房产包销合同》从 2004 年 3 月 30 日起就已解除的事实予以确认；二、东方公司已经支付给实华公司的第一笔包销保证金 100 万元不予返还；三、实华公司应支付给东方公司在《房产包销合同》解除前，已签订《商品房预售合同》、交纳定金，并在《房产包销合同》解除后实际支付首期款的部分房产的溢价 3776604.8 元；四、驳回东方公司的其他诉讼请求。本诉案件受理费 265010 元，由东方公司负担 240010 元，实华公司负担 25000 元；反诉案件受理费 15010 元，由东方公司负担。

东方公司与实华公司均不服一审判决，向本院提起上诉。

东方公司上诉称：第一、一审法院以东方公司未支付第二笔包销保证金为由，认定实华公司有权解除合同，认定事实和适用法律均有错误。根据合同约定，东方公司支付第二笔 100 万元包销保证金的期限是包销楼盘的预售许可证颁发之日起一个月，一审判决已经认定实华公司直至违约终止合同履行时，尚未取得全部楼盘的预售许可证，故东方公司支付第二笔包销保证金的条件一直未成就。保证金是履行全部楼盘包销义务的保证，而取得全部楼盘的预售许可证是包销合同能够全部履行的前提。根据合同约定，实华公司未能在 2003 年 11 月 30 日前办妥预售许可证，东方公司有权解除合同，而东方公司不行使解除权并不等于支付保证金的条件也同时改变。因此，一审判决东方公司应当履行合同约定的支付第二笔包销保证金的义务，违反法律规定。第二、一审判决认定该合同符合约定的解除条件，违背事实和法律。实华公司通知解约的理由是房管部门要求解约和东方公司未支付第二笔包销保证金，东方公司收到该通知后即申请行政复议，福州市房管局已正式发文撤销了该通知。实华公司作为违约一方，根本不享有通知对方解约的权利，且东方公司已在时效内提起诉讼，故一审判决认定东方公司未提出异议，与事实不符。此外，合同解除必须具备法定条件，将一方当事人未提出异议作为符合约定解除条件的理由没有依据。第三，一审判决关于东方公司实际销售事实的认定错误。一审期间，东方公司提交了厦门宏隆升房地产代理有限公司出具的有关房屋实际销售情况的相关证据，并提交了315套住宅和51户店面的定金收据，还申请法院对商品房预售登记的情况进行了调查。实华公司对此未提交任何反证，并对定金收据等证据当庭确认。故一审判决认定实际销售184套住宅和41户店面的情况不符合事实。据此请求：1. 撤销福建省高级人民法院（2004）闽民初字第59号民事判决；2. 依法改判实华公司承担违约责任，赔偿东方公司损失5000万元，退还东方公司所付包销保证金100万元，驳回实华公司的反诉请求；3. 一、二审诉讼费用均由被上诉人承担。

实华公司上诉称：一审判决东方公司可以对合同终止前已经与他人签订商品房预售合同并收取定金的部分房产计算包销溢价，与《房产包销合同》第八条的约定是自相矛盾的。根据《房产包销合同》的约定，东方公司主张已售房产的溢价款必须同时具备两个条件：一是与他人签订正式的《商品房预售合同》；二是收取不低于30%的首付款。此外，根据《房产包销合同》的其他条款规定，东方公司主张已售房产的溢价款还必须完成整个楼盘的全部广告和景观绿化并承担其所需的一切费用，以及支付第二笔保证金100万元等。但根据一审查明的事实，东方公司在《房产包销合同》终止前，仅签订了部分《商品房预售合同》，并未依约收取已签《商品房预售合同》部分30%的首付款，也没有依约履行整个楼盘的销售广告及景观绿化等合同义务，根本不具备主张已售房产的溢价款的条件。据此请求：1. 撤销一审判决第三项并改判驳回东方公司的诉讼请求；2. 判令东方公司承担本案一、二审全部诉讼费用。

本院二审查明：

一、东方公司于2004年2月19日接到实华公司关于第一批《商品房预售许可证》已经办妥的通知后，当日即向实华公司提出书面异议，明确指出："该《商品房预售许可证》仅为实华·蓝湾雅境楼盘的部分许可证，而非全部。"

二、2004年2月23日，实华公司与东方公司在"关于'实华·蓝湾雅境'楼盘包销等相关事宜协调会会议纪要"中，经双方协商，对实华公司分批向东方公司提供《商品房预售许可证》达成了共识，但对实华公司"分批提供"的时间和东方公司支付第二笔保证金的时间未明确约定。

三、截至2005年8月5日，实华公司承认由东方公司实际销售的住宅189套、店面42户，按照《房产包销合同》中双方约定计算房屋销售溢价的标准和方法，东方公司共计实现销售溢价为3896074元。此外，双方还一致确认：由东方公司收取定金但实华公司没有出具合同签收单而合同实际履行的有住宅65套、店面2户；由东方公司收取定金但实华公司没有出具合同签收单并由实华公司转售他人的有住宅58套、店面7户。

本院二审查明的其他事实与一审法院查明的事实相同。

本院认为：东方公司与实华公司在本案二审中的争议焦点主要有以下三点：

第一，实华公司终止合同的条件是否已经成就。东方公司认为，由于实华公司直至"违约终止合同履行时"尚未能取得全部楼盘的预售许可证，故东方公司支付第二笔包销保证金的条件一直未成就。实华公司认为，根据《房产包销合同》第四条的约定："……余下100万元人民币待《商品房预售许可证》颁发之日起一个月内付清。逾期三个工作日内未交足第二笔保证金，甲方（实华公司）有权没收第一笔保证金，并终止本合同。"而第一期《商品房预售许可证》于2004年2月12日颁发，东方公司也于2004年2月19日知道了颁发的事实，故东方公司应当在2004年3月19日之前支付第二笔保证金。

东方公司与实华公司关于合同终止条件是否已经成就的争议，缘起于双方对"《商品房预售许可证》颁发之日"的不同理解。根据《房产包销合同》第四条的约定，东方公司应当在《商品房预售许可证》颁发之日起的一个月内支付第二笔包销保证金，逾期三个工作日内未交足第二笔保证金，实华公司有权没收第一笔保证金，并终止该合同。这里强调"颁发之日"的《商品房预售许可证》是指整个楼盘的《商品房预售许可证》，还是指单个楼体的《商品房预售许可证》，仅凭该条款中的文字表述尚难以准确判定。在《房产包销合同》中，当事人双方曾多次使用"签发""颁发""下达"和"办妥"来表述《商品房预售许可证》的办理情况，双方除对"办妥"是指"整个楼盘"的《商品房预售许可证》不存异议外，对其他"签发""颁发"和"下达"因约定不明而存在分歧。从《房产包销合同》第九条、第十条关于"包销进度"和"违约事项"的约定来看，合同约定本身存在一定的矛盾。因此，如何理解"颁发之日"的真实意思表示，即成为判断实华公司终止合同的条件是否已经成就的重要标准。

本院认为，对《房产包销合同》第四条关于"《商品房预售许可证》颁发之日"的约定应当结合该合同的全文、尊重当事人在订立合同时的意思表示以及诚实信用的原则予以解释。首先，从《房产包销合同》第三条关于包销期限的约定来看，双方一致确认包销期限自《商品房预售许可证》签发之日起30个月内，其中车位包销期限延长一年即车位包销期限为42个月。因此，《商品房预售许可证》签发之日也就是开始计算东方公司包销期限之日，办妥整个楼盘的《商品房预售许可证》是东方公司在包销期限内履行全部包销义务的必要条件。其次，从《房产包销合同》中关于违约事项的约定来看，双方一致确认"甲方（实华公司）应在2003年11月30日前办妥该楼盘的《商品房预售许可证》"，这一条明确约定了实华公司办妥整个楼盘的《商品房预售许可证》的具体期限，

而这一期限应当成为解释合同中关于《商品房预售许可证》"签发""颁发""下达"等不同用语的逻辑基础，也是当事人双方计算包销期限、确定包销保证金支付条件以及判断一方是否违约的时间界限。由于实华公司在2003年11月30日之前不仅未能办妥整个楼盘的《商品房预售许可证》，而且在此之前也未能办妥该楼盘中任何一份单个楼体的《商品房预售许可证》，故实华公司率先违约已成为本案中不争的事实，在此基础上探究"颁发之日"的真实意思表示已失去意义。再次，从东方公司于2004年2月19日给实华公司的回函中可以看出，东方公司对双方在《房产包销合同》第四条中所约定的"颁发之日"，一直主张是指整个楼盘《商品房预售许可证》的办妥之日。东方公司于2004年2月19日接到实华公司"关于'实华·蓝湾雅境'《商品房预售许可证》已批准发出的通知"，后当日即提出了异议，明确表示了该《商品房预售许可证》仅为部分而非全部，由于该异议的提出是在双方诉讼发生之前，所以应当成为判断当事人真实意思表示的重要证据。一审认定东方公司对实华公司未按合同约定在2003年11月30日前办妥"实华公寓"楼盘的《商品房预售许可证》的事实未曾提出异议，属于认定事实错误。故此，一审判决仅凭《房产包销合同》中个别用语的不同，将"签发""颁发"解释为"单份"《商品房预售许可证》的签发或颁发，而将"办妥"解释为整个楼盘《商品房预售许可证》的办妥，无充分的证据支持。

实华公司与东方公司关于《商品房预售许可证》"颁发之日"的争议源于《房产包销合同》的约定不明。2004年2月23日，实华公司与东方公司就"实华·蓝湾雅境"楼盘包销所出现的问题及"商品房买卖合同"补充条款进行协商后达成了共识，并形成了"关于'实华·蓝湾雅境'楼盘包销等相关事宜协调会会议纪要"。在该纪要中，双方对实华公司分批向东方公司提供《商品房预售许

可证》的事项达成了共识，但对实华公司"分批提供"的具体时间、最后期限以及东方公司支付第二笔包销保证金的条件未明确约定。如前所述，实华公司向东方公司提供《商品房预售许可证》是东方公司完成包销义务和支付第二笔包销保证金的必要条件，而"一次性提供"和"分批提供"又直接决定东方公司支付第二笔包销保证金的条件是否已经成就。由于双方对东方公司支付第二笔包销保证金的条件约定不明，故根据《房产包销合同》第四条的约定，尚不能认定东方公司支付第二笔包销保证金的条件已经成就。据上所述，实华公司在双方对支付第二笔包销保证金的条件存在分歧且争议未解决的前提下，即以东方公司未支付第二笔包销保证金为由单方宣布终止合同，显属不当。因此，实华公司应当对其因未能在合同约定的最后期限内办妥该楼盘的《商品房预售许可证》的违约行为以及单方宣布终止合同给东方公司造成的损失承担赔偿责任。

第二，东方公司已交付给实华公司的100万元包销保证金应否返还。根据《房产包销合同》第四条的约定，东方公司应当在该合同签订之日起五个工作日内向实华公司支付第一笔包销保证金100万元，该保证金是东方公司对自己履行合同的保证。2004年3月30日，实华公司以福州市房地产管理局通知要求终止合同以及东方公司未按合同约定支付第二笔包销保证金为由，单方以书面形式宣布终止了与东方公司的《房产包销合同》后，东方公司即申请行政复议，福州市房地产管理局于2004年7月29日以书面通知的形式撤销了由其于2004年3月30日做出的关于要求实华公司与东方公司终止《房产包销合同》的函件。东方公司又于2004年10月27日以实华公司违约为由将实华公司诉至福建省高级人民法院，请求判令实华公司承担违约责任并赔偿东方公司经济损失共计5000万元，请求实华公司退还东方公司所付包销保证金100万元，并以此作为对实华公司单方

终止合同的一种异议。

本院认为，东方公司要求实华公司返还第一笔包销保证金的请求及理由能否成立，取决于东方公司支付第二笔包销保证金的条件是否成就。根据《房产包销合同》第四条的约定，东方公司应当在《商品房预售许可证》颁发之日起的一个月内付清第二笔包销保证金，逾期三个工作日内未交足第二笔保证金，实华公司有权没收第一笔保证金，并终止该合同。因此，东方公司未按约定交付第二笔保证金，是实华公司没收第一笔保证金的必要条件。如第一个问题所述，由于双方在《房产包销合同》中对单个楼体还是整个楼盘的《商品房预售许可证》"颁发之日"约定不明，故东方公司对支付第二笔保证金的条件是否成就持有异议。在异议未解决之前，双方之间的包销合同因实华公司的单方终止行为而无法继续履行，包销保证金作为对东方公司的一种履约保证已失去意义，实华公司理应返还东方公司已经支付的第一笔包销保证金100万元。一审判决以东方公司未如期支付第二笔包销保证金为由，认定实华公司可以终止合同并没收东方公司已交付的第一笔包销保证金100万元，认定事实错误，适用法律不当。

第三，东方公司主张溢价款和赔偿损失的权利应否得到保护。实华公司以福州市房地产管理局的通知为由，在合同约定的终止条件成就之前，单方终止《房产包销合同》，应当承担违约责任并赔偿东方公司因合同不能实际履行所造成的损失。在本案中，福州市房地产管理局作为房地产业的行政主管部门于2004年3月30日以书面通知的形式要求实华公司终止与东方公司的包销合同，其具体行政行为导致合同不能实际履行的后果也不能完全由实华公司承担。此外，东方公司也认可了合同在客观上已无法实际履行的事实，故在本案诉讼中未提出实际履行合同的诉讼请求。同时，在实华公司单方宣布终止合同之前，东方公司在广告投入、景观绿化

等方面也未能完全按照《房产包销合同》的约定履行自己的义务。综合以上因素，对东方公司主张溢价款和赔偿损失的范围应当限定在《房产包销合同》已经履行和已经部分履行的范围之内，并参酌当事人双方的过错程度以及东方公司实际损失的程度来确定实华公司的赔偿范围。

根据本院二审查明的事实，在实华公司单方宣布终止合同之前，由东方公司实际收取购房定金的有住宅312套和店面51户，扣除购房人退房并由实华公司转售他人的住宅58套和店面7户之外，应当认定由东方公司完成销售和已完成前期销售工作的有住宅254套和店面44户。参照《房产包销合同》中双方计算包销溢价的标准，东方公司可以实现的包销溢价款为7310061元。虑及东方公司在广告投入、景观绿化等方面履约不足以及实华公司在后期销售过程中需要支出的费用和付出的劳动等综合因素，应当在东方公司可以实现的包销溢价款7310061元中酌减80万元。

综上所述，根据《中华人民共和国民事诉讼法》第一百五十三条第一款第（二）项、第（三）项，《中华人民共和国合同法》第一百二十条之规定，判决如下：

一、撤销福建省高级人民法院（2004）闽民初字第59号民事判决；

二、终止福建省实华房地产开发有限公司与厦门东方设计装修工程有限公司在本案中的房产包销合同关系；

三、福建省实华房地产开发有限公司于本判决生效后三十日内向厦门东方设计装修工程有限公司返还包销保证金100万元，并向厦门东方设计装修工程有限公司支付包销溢价款和其他损失费共计6510061元。

四、驳回厦门东方设计装修工程有限公司、福建省实华房地产开发有限公司的其他诉讼请求。

一审本诉案件受理费、二审案件受理费共计530020元，由福建省实华房地产开发有限公司负担30万元，厦门东方设计装修工程有限公司负担230020元。一审反诉案件受理费15010元，由福建省实华房地产开发有限公司负担。

本判决为终审判决。

审　判　长　×××
审　判　员　×××
审　判　员　×××
二〇〇五年九月十九日
书　记　员　×××

黄颖诉美晟房产公司商品房预售合同纠纷案

《最高人民法院公报》2006 年第 02 期

【裁判摘要】

对所购房屋显而易见的瑕疵，业主主张已经在开发商收执的《业主入住验收单》上明确提出书面异议。开发商拒不提交有业主签字的《业主入住验收单》，却以业主已经入住为由，主张业主对房屋现状认可。根据最高人民法院《关于民事诉讼证据的若干规定》，可以推定业主关于已提出异议的主张成立。

根据《合同法》第一百零七条规定，交付房屋不符合商品房预售合同中的约定，应由开发商向业主承担违约责任。交付房屋改变的建筑事项，无论是否经过行政机关审批或者是否符合建筑规范，均属另一法律关系，不能成为开发商不违约或者免除违约责任的理由。

原告：黄颖，女，35岁，职员，住北京市宣武区虎坊路。

被告：北京美晟房地产开发有限公司，住所地：北京市大兴区旧宫镇。

法定代表人：杨美玲，该公司总经理。

原告黄颖因与被告北京美晟房地产开发有限公司（以下简称美晟房产公司）发生商品房预售合同纠纷，向北京市大兴区人民法院提起诉讼。

原告诉称：原告通过签订合同，购买了被告预售的一套房屋。在办理入住手续时原告发现，该房屋客厅窗外有一根用于装饰的钢梁。这个钢梁不仅遮挡窗户，给原告造成视觉和心理障碍，还威胁原告的人身、财产安全和隐私权。在原告与被告签订合同过程中，被告没有以售楼处的沙盘图、展示的样板间或者其他任何宣传资料，向原告明示窗外有这个钢梁，更没有在购房合同中约定窗外有钢梁。原告多次以书面方式要求被告解决这个问题，但被告均以各种借口拒绝。请求判令被告拆除原告窗外的装饰钢梁，并负担本案诉讼费用。

被告辩称：原告所诉窗外有钢梁情况属实。这个钢梁是从整个小区的美观与协调考虑，按照经政府相关部门批准的小区建设设计图纸安装的，且符合建筑规范。现在整个小区已经竣工，并经验收合格。原告应该考虑整个小区的利益，况且现在原告已入住，表明其对房屋的现状也认可。不同意原告的诉讼请求。

北京市大兴区人民法院经审理查明：

2003年8月17日，原告黄颖与被告美晟房产公司签订一份《商品房买卖合同》，约定：黄颖（买受人）购买美晟房产公司（出卖人）预售的美然北美态度（又名"美利新世界"）E—7幢2单元502号商品房一套，建筑面积143.4平方米，总金额567864元。2004年8月16日，美晟房产公司给黄颖发出《入住通知书》，现在黄颖已办理入住手续，并已交纳所购房屋价款。同月，黄颖给美晟房产公司发函反映窗外钢梁一事。

另查明，2003年6月30日，北京市建筑设计研究院审查批准的被告美晟房产公司施工图中，诉争房屋外设计有装饰钢梁。在美晟房产公司为预售房屋而展示的沙盘图上，诉争房屋外无装饰钢梁。双方当事人签订的《商品房买卖合同》中，对客厅外存在钢梁一事未约定。现诉争房屋经验收合格，竣工图也经政府有关部门审核批准。

上述事实，有双方当事人陈述、《商品房买卖合同》、沙盘图照片、北京市建筑工程施工图、设计文件审查报告、竣工图等证据证实。

北京市大兴区人民法院认为：

原告黄颖与被告美晟房产公司签订的《商品房买卖合同》，是双方当事人的真实意思表示，内容不违反法律法规，应当确认合法有效。美晟房产公司为预售房屋展示的沙盘图，只能反映整个小区外部的总体概况，不能反映建筑设施的各个细节。因此，预售房屋外墙及室内装修的标准，应以经政府有关部门审核批准的施工图、竣工图以及《商品房买卖合同》中的约定为准。经政府有关部门审核批准的竣工图表明，诉争房屋的设计不违反法律法规的强制性规定，且建造符合相应建筑规范。在交接房屋时，黄颖未提出异议，并实际办理了入住手续，现以窗外钢梁侵犯其人身、财产安全和隐私权，造成视觉和心理障碍为由，诉请美晟房产公司拆除该钢梁，因无合同依据及损害后果，不予支持。

据此，北京市大兴区人民法院于2005年3月20日判决：

驳回原告黄颖的诉讼请求。

诉讼费50元，由原告黄颖负担。

黄颖不服一审判决，向北京市第一中级

人民法院提起上诉称：1. 本案是合同纠纷，双方都应当按合同约定行事，法院也应当按合同约定解决纠纷。一审既然承认双方在合同中对有无横梁并未约定，就不能对这个合同未约定的问题添附"政府有关部门审核批准"等条款；2. 上诉人购买的是期房而非现房，故只能依照宣传册、沙盘的展示来签订购买房屋合同，这是合同中未提及钢梁一事的根本原因。而在签订合同前，被上诉人对有无钢梁是清楚的，却故意隐瞒了这一情节，已经违约在先。以无合同依据驳回上诉人的诉讼请求，是颠倒黑白；3. 在入住前，被上诉人并未将该房屋外有横梁一事告知上诉人。入住时，上诉人是在没有任何选择余地的情况下，才在《业主入住验收单》上签字，但同时在此单上对窗外有装饰钢梁一事提出明确的书面异议。一审认定上诉人在房屋交接时未提出异议，不是事实。请求：1. 撤销一审判决；2. 判令被上诉人将装饰横梁上移55厘米。

美晟房产公司同意一审判决。

北京市第一中级人民法院经审理查明：

上诉人黄颖所购房屋之楼号，已经由《商品房买卖合同》中表述的E—7幢2单元502号，变更为10号楼2单元502号。对此处房屋窗外的钢梁，黄颖在一审中一再陈述，其已通过《业主入住验收单》明确提出书面异议，该《业主入住验收单》由被上诉人美晟房产公司保存。二审中，经法院要求，美晟房产公司拒不交出有黄颖签名的《业主入住验收单》。

经实地观察，诉争房屋窗外的钢梁，纯属该幢楼房外立面的装饰造型，对楼房主体结构没有影响。装饰造型底部的横梁位于5楼与6楼之间，对5楼部分房屋的窗户造成一定程度且永久性遮挡，从而影响窗内人的视觉感受。

除此以外，二审确认一审查明的其他事实。

二审中，上诉人黄颖提交由有资质证书的北京首都工程建筑设计有限公司出具的一份报告。报告主要内容为：为不影响黄颖、王永旗、吴卫兵、韩峻巍、莫莉、刘羽、赵远昭等5楼住户的采光，美利新世界D户型5层房屋外装饰钢梁的底部横梁以从现位置上移55厘米重新焊接为宜。经质证，对北京首都工程建筑设计有限公司的上述报告，双方当事人均无异议。

本案争议焦点为：1. 对诉争房屋窗外的钢梁，黄颖入住时是否认可？2. 钢梁的存在是否构成美晟房产公司违约？美晟房产公司对此应否承担违约责任？

北京市第一中级人民法院认为：

房屋是价值昂贵的不动产，日常生活经验法则说明，对所购房屋显而易见的瑕疵，业主收房时一般不会轻易忽视。上诉人黄颖在一审中一再陈述，收房时对窗外有装饰钢梁一事，其已在《业主入住验收单》上明确提出书面异议。《业主入住验收单》是被上诉人美晟房产公司单方保存的证据，经法院要求，美晟房产公司拒不提交。最高人民法院《关于民事诉讼证据的若干规定》第七十五条规定："有证据证明一方当事人持有证据无正当理由拒不提供，如果对方当事人主张该证据的内容不利于证据持有人，可以推定该主张成立。"据此，可以推定黄颖关于收房时已对窗外有钢梁一事提出书面异议的主张成立。一审认定黄颖在交接房屋时未提出异议，不符合事实，应当纠正。

本案是商品房预售合同纠纷，双方当事人签订的《商品房买卖合同》合法有效。《中华人民共和国合同法》第一百零七条规定："当事人一方不履行合同义务或者履行合同义务不符合约定的，应当承担继续履行、采取补救措施或者赔偿损失等违约责任。"因装饰钢梁影响窗内人的视觉感受，上诉人黄颖诉请判令被上诉人美晟房产公司承担将装饰横梁上移55厘米的责任；美晟房产公司坚称，是从整个小区的美观与协调考虑，且在经过政府有关部门批准与符合建筑规范的情况下才安装这个钢梁，黄颖应顾及整个小区的利益。在美晟房产公司与黄颖签订的合同中，没有约定预售的房屋外有装饰钢梁；在美晟房产公司给黄颖展示的沙盘上，房屋模型外也没有装饰钢梁；而美晟房产公司交付给黄颖的房屋，窗外却有装饰钢梁遮挡。美晟房产公司履行合同义务不符合约定，依法应承担违约责任。至于安装钢梁是否经过行政审批与是否符合建筑规范，属另一法律关系，不能成为美晟房产公司不构成违约或者免除违约责任的理由。业主花费巨额资金购买房屋，注重的不是房屋外墙立面美观，而是房屋内各项设施是否有利于居住使用。只有在这一前提下，黄颖才可能与美晟房产公司签订《商品房买卖合同》。衡法酌理，不能为保全钢梁的装饰功能，而牺牲业主签订《商品房买卖合同》要达到的合同目的。黄颖主张

将装饰横梁上移 55 厘米，既有北京首都工程建筑设计有限公司证明在技术上可行，又可以用较低的成本补救装饰钢梁带来的不当影响，此意见应予采纳。

综上所述，一审判决认定事实不清，导致判决结果失当，应当纠正。据此，北京市第一中级人民法院依照《中华人民共和国民事诉讼法》第一百五十三条第一款第（三）项规定，于 2005 年 7 月 8 日判决：

一、撤销一审民事判决；

二、本判决生效后 10 日内，被上诉人美晟房产公司将上诉人黄颖所购房屋窗外的装饰钢梁横梁上移 55 厘米并重新焊接。

一、二审案件受理费各 50 元，由被上诉人美晟房产公司负担。

本判决为终审判决。

长城公司诉远洋大厦公司商品房买卖合同纠纷案

《最高人民法院公报》2004 年第 10 期

【裁判摘要】

房屋出卖人交付使用的房屋建筑面积超出商品房买卖合同约定面积的，应按照最高人民法院《关于审理商品房买卖合同纠纷案件适用法律若干问题的解释》第十四条的规定处理。

原告：长城国际传播有限责任公司，住所地：北京市海淀区。

法定代表人：黄宇光，该公司董事长。

被告：北京远洋大厦有限公司，住所地：北京市西城区。

法定代表人：李明，该公司董事长。

原告长城国际传播有限责任公司（以下简称长城公司）因与被告北京远洋大厦有限公司（以下简称远洋大厦公司）发生商品房

买卖合同纠纷，向北京市西城区人民法院提起诉讼。

原告诉称：1999 年 3 月 1 日，我公司与远洋大厦公司在《外销商品房预售契约》中约定：我公司购买远洋大厦的 G01 单位，建筑面积为 105.62 平方米，每平方米 2800 美元，合计 295736 美元；远洋大厦公司应在 1999 年 9 月 30 日前交付房屋，并在房屋交付后 30 日内办理房屋买卖过户手续。合同签订后，我公司交付了全部购房款，远洋大厦公司延期至 1999 年 11 月 30 日交付了房屋，但至今未办理房屋买卖过户手续。2003 年 4 月 22 日，我公司得知所购房屋实测面积比合同减少了 28.12 平方米，面积误差比为购房合同的 26.6%，实际多付房款共计人民币

653508.8 元。根据最高人民法院《关于审理商品房买卖合同纠纷案件适用法律若干问题的解释》（以下简称《解释》）中的"面积误差比超过 3％部分的房价款由出卖人双倍返还"规定，被告应返还我公司房价款共计人民币 1233314.26 元。此外，远洋大厦公司至今未替我公司办理房产证，严重损害了我公司利益，应承担赔偿责任。

原告提交的证据有：

1.《外销商品房预售契约》一份，用以证明双方的房屋买卖合同关系。

2.《北京"远洋大厦"预售契约补充协议》一份，用以证明该补充协议与原协议的关系和法律效力。

3. 长城公司的函件二份，用以证明 2001 年 9 月该公司催促远洋大厦公司办理房屋产权过户手续的情况。

4. 长城公司《关于〈外销商品房预售契约〉相关问题的通知》一份，用以证明该公司催促办理房屋产权过户手续并要求被告承担损失的情况。

5. 长城公司《专函》一份，用以证明该公司催促办理房屋产权过户手续的情况。

6. 远洋大厦公司《关于贵司购买的远洋大厦 G01 单位的房产证事宜》函件一份，用以证明该公司出售的房屋面积缩水及承诺在办理产权证后退还房款的情况。

7. 远洋大厦公司出具的购房《发票》一张，用以证明已于 1999 年 2 月 13 日全额交纳购房款。

8.《房屋产权证》一册，用以证明远洋大厦公司在 2002 年 9 月 12 日才取得远洋大厦的大产权，合同约定的办理产权过户手续的期限根本不能实现。

9. 众天中瑞律师事务所出具的《发票》一张，用以证明长城公司依约向远洋大厦公司指定的律师事务所交纳律师费，以办理房产证的情况。

10.《众天中瑞律师事务所工作流程》一份，用以证明长城公司按照律师要求履行了

办理产权证的相关手续。

被告辩称：2003 年 4 月 22 日，我公司向长城公司发函通知其办理房屋产权过户手续，但对方未予答复，故房屋产权未过户是其自己造成的。关于售房面积缩水的情况，我公司已通过函件书面通知长城公司，对原购房契约进行了变更，长城公司没有在合理的期限内提出异议。因此，双方实际已在原告要求继续履行合同的情况下，就超过合理误差范围外面积的房款按契约的单价进行结算达成了补充协议，故不应将《解释》适用于本案。

被告提交的证据有：

1.《房屋产权证》一册，用以证明该公司已取得远洋大厦的完整房屋产权。

2.《外销商品房预售契约》一份，用以证明双方在合同中约定的房屋买卖权利和义务。

3. 远洋大厦的验收意见一份，用以证明远洋大厦的交楼时间。

4.《外销商品房预售契约》一份，用以证明合同双方已同意修改了关于申领房地产权属证件的条件。

5.《北京远洋大厦二次装修进场协议书》一份，用以证明长城公司已免除远洋大厦公司延期交房的责任。

6.《协助函》一份，用以证明长城公司虽未取得房屋产权证，但已将所购房屋抵押给北京中关村科技担保有限公司。

7.《北京市海淀区人民法院民事裁定书》及《协助执行通知书》各一份，用以证明法院冻结了长城公司房屋过户手续。

8. 远洋大厦公司《关于贵司购买的远洋大厦 G01 单位的房产证事宜》函件及《关于贵司购买远洋大厦 G01、G02、G02B、F401A、F401B、F402A 单位的房产证事宜》函件，用以证明该公司已通知长城公司办理产权证。

9.《众天中瑞律师事务所工作流程》一份，用以证明该律师事务所办理的是按揭，

而不是产权证。

10. 众天中瑞律师事务所出具的《发票》一张，用以证明该律师事务所的收费是办理按揭。

11. 长城公司致众天中瑞律师事务所的函件，用以证明原、被告双方正在进行通过申请按揭付款方式支付原告应付被告的剩余房款。

12.《抵押协议》一份，用以证明长城公司已将全部购房抵押给北京中关村科技担保有限公司。

法庭调查中，被告对原告提供证据的真实性无异议，但认为原告证据9证明的律师费应是办理房屋按揭的费用。原告对被告提交的证据1至证据10的真实性无异议，但是认为证据9应包括办理产权证；证据10不能证明存在按揭购房的问题，而是为了办理房屋产权证，因为G01号房产已全部交纳了购房款；作为证据11、证据12的两文件均未盖单位公章，不具有法律效力。

经法庭调查，北京市西城区人民法院认定如下事实：

原告长城公司和被告远洋大厦公司于1999年3月1日签订《外销商品房预售契约》，该契约约定：长城公司自愿购买由远洋大厦公司预售的北京远洋大厦G层01（暂定号）房屋，房屋用途为写字楼，远洋大厦公司已收到原告定金人民币36800元；还约定：G层01（暂定号）的建筑面积为105.62平方米，国有土地使用面积16.84平方米，上述各项面积为暂测面积，该商品房交付时，房屋的实际面积与暂测面积的差别不超过暂测面积的±5%（不含）时，按照本契约约定的所售房屋售价进行结算；实测面积与暂测面积之差超过暂测面积的±5%（含）时，自远洋大厦公司向长城公司出示北京市房屋土地管理局实测面积文件之日起15日内，长城公司有权解除契约。契约解除自长城公司书面通知送达远洋大厦公司之日起生效。远洋大厦公司除在契约解除后30日内向长城公司双

倍返还定金外，并需将长城公司已付的房价款及利息全部退还，利息按照中国人民银行固定资产贷款利率或按照中国人民银行外汇贷款利率计算。同时约定：双方同意上述预售房屋售价为每建筑平方米2800美元，价款合计为295736美元。长城公司同意在双方签订预售契约后即付清全部购房价款。长城公司已支付的定金在原告最后一次付款时转为购房价款。还约定：被告须于1999年9月30日前，将房屋交付给原告。双方同意房屋交付后30日内共同到北京市房屋土地管理局房地产市场管理处办理房屋买卖过户审批手续。办理上述手续时发生的税费，由双方依照有关规定交纳。

《外销商品房预售契约》签订同日，双方又签订一份《北京"远洋大厦"预售契约补充协议》，作为对《外销商品房预售契约》的补充。在上述两份文件签订前，长城公司于1999年2月13日已向远洋大厦公司交纳了全部购房款，共计人民币2454608.80元。1999年11月30日，远洋大厦公司延期两个月向长城公司交房，随后双方就延期交房问题达成谅解。后长城公司多次催促远洋大厦公司办理房屋产权过户手续，远洋大厦公司于2002年9月12日才取得其销售房屋的房屋产权证。长城公司于2002年11月12日向远洋大厦公司委托的北京市众天中瑞律师事务所交纳了办理相关法律手续的律师费。2003年4月22日，远洋大厦公司向长城公司发函，称：根据北京市房地产勘察测绘队对远洋大厦的勘测报告，长城公司购房的实测面积为77.5平方米（其中套内面积为56.09平方米，公共分摊面积为21.41平方米），比契约规定的面积减少28.12平方米。远洋大厦公司承认，实测面积与预售面积的误差已经超过合同约定的5%的范围，并告诉长城公司：如选择解除原合同，需在接到通知的15日内书面回复，如选择继续履行合同，远洋大厦公司将在办理完房产证后退还减少面积部分的房价款78736美元，还要求长城公司

在收到此函后 7 日内与其联系办理有关手续。此函的附件包括：北京市房地产勘察测绘所出具的北京市房屋登记表、分户产权账务结算表、长城公司应准备的文件清单及授权委托书样本。长城公司收到函件及附件后，未书面答复远洋大厦公司，亦未按要求提交有关授权及相关文件以办理房产证事宜。长城公司称已口头答复远洋大厦公司，但远洋大厦公司予以否认。现长城公司当庭表示不同意解除契约，要求远洋大厦公司继续履行。

北京市西城区人民法院认为：

《中华人民共和国合同法》（以下简称合同法）第六十条规定："当事人应当按照约定全面履行自己的义务。"第一百零七条规定："当事人一方不履行合同义务或者履行合同义务不符合约定的，应当承担继续履行、采取补救措施或者赔偿损失等违约责任。"原告长城公司与被告远洋大厦公司签订的外销商品房预售契约及其附属的相关文件，均是双方当事人的真实意思表示，属有效合同，双方应按合同约定的内容履行相应义务。远洋大厦公司虽未按合同的约定日期交房，但远洋大厦公司延期交房的行为已得到长城公司的谅解，双方同意对合同约定的交房日期变更为远洋大厦公司的实际交房日，即 1999 年 11 月 30 日。

本案中，远洋大厦公司承认实际欠付长城公司的房屋面积超过了合同中暂测面积的 26.6%，故应承担违约责任。由于双方在合同中未约定实际欠付面积超过暂测面积 5%后如何具体追究违约责任，现长城公司要求适用《解释》的有关规定并无不当。根据《最高人民法院关于审理商品房买卖合同纠纷案件适用法律若干问题的解释》的规定，实测面积小于合同约定面积的，面积误差比在 3%以内（含 3%）部分的房价款及利息由出卖人返还买受人。但长城公司在与远洋大厦公司签订的购房合同中，已经约定实际面积与暂测面积的差别不超过±5%（不含）时，应按照合同房屋售价进行结算，双方当事人应遵

守该约定。故本案应以双方在合同中约定的 5%作为追究远洋大厦公司违约责任的起点，即实际面积与暂测面积的差别在 5%（不含）之内部分的房款，按照双方当事人在合同中约定的售价予以返还，而实际面积与暂测面积的差别在 5%之外的房款，应按照《最高人民法院关于审理商品房买卖合同纠纷案件适用法律若干问题的解释》的规定，由远洋大厦公司双倍返还。长城公司主张所购房屋实际面积误差比超过 3%的部分房价款均由远洋大厦公司双倍返还，明显不妥，故不予支持。

远洋大厦公司将不能按照合同约定的期限（交房后 30 日内）办理房产证，归责为政府相关部门没有及时办理有关手续是没有说服力的。因为远洋大厦公司签订合同时，即明知自己尚未取得该房产项目的房产证，亦明知在取得房产证后，对建成的楼房分户测量仍需要一定的时间，但仍向长城公司承诺交房后 30 日内办理房产证，故理应承担没有按承诺为长城公司办理房产证的违约责任。但长城公司在远洋大厦公司 2003 年 4 月 22 日提出为其办理房产证后，不能证明已按远洋大厦公司的要求提供相关文件，并将此后没有办理房产证归责于远洋大厦公司缺乏依据，故不予支持。

综上所述，依据合同法第六十条、第一百零七条，《解释》第十四条、第十八条第一款第一项、第二十八条第一款第一项之规定，判决：

一、被告北京远洋大厦公司返还原告长城公司购房款 1183121 元。

二、被告北京远洋大厦公司给付原告长城公司自 1999 年 12 月 30 日至 2003 年 4 月 29 日的违约金（违约金按照中国人民银行规定的金融机构计收逾期贷款利息的标准计算，总额以购房款人民币 2454608.80 元计算）。

三、驳回原告长城公司其他诉讼请求。

一审宣判后，远洋大厦公司不服，向北京市第一中级人民法院提出上诉。

远洋大厦公司的主要理由是：（1）一审

法院判令我公司双倍支付减少部分面积的房款没有合同及法律依据。根据预售契约第二条规定，在实际面积与暂测面积的误差比超过±5%的范围内时，买方有权在卖方出示北京市房屋土地管理局实测面积文件之日起十五天内做出退房的决定，但没有规定在买方要求继续履行合同的情况下，超过合理误差范围外部分的房款如何进行结算。我公司取得北京市房地产勘察测绘队出具的测绘表后，已向长城公司发函明确说明了实测面积与暂测面积的误差比例和数额，告知长城公司在规定的期限内行使解除合同的权利，并说明如果要求继续履行合同，我公司会退还减少部分面积的房款。我公司通过上述函件已经明确对预售契约第二条进行了补充规定，即在实测面积与暂测面积的误差比超过预售契约规定的合理误差的范围内时，在买方要求继续履行合同的情况下，就超过合理误差范围外的房款如何进行结算，提出了明确的补充规定。长城公司在收函件后，没有在规定的期限内行使解除合同的权利，也没有在合理的期限内提出任何异议，应视为认可继续履行合同，同意对超过合理误差范围外面积的房款按预售契约的单价进行结算。退一步讲，如果一审法院认定当事人双方没有就继续履行合同达成合意，那么就应该按照方唯一有效的合同履行，即在超出双方约定的合理误差时，双方应该解除合同；如果长城公司既不解除合同，又要求我公司双倍退还超出面积部分的房款，实际上是不当得利。（2）一审法院判令我公司自1999年12月30日至2003年4月29日承担长城公司所购的G01单位的房产证没有按期取得的违约金是不符合当时实际情况，因为我公司在与长城公司签署合同时，远洋大厦正在建设中，当时是不可能取得大产权证的；办理房产证首先需经有关测量部门对已经交付的房屋的面积进行测量，而在房屋交付使用后30天就完成上述测量并开始进行产权过户手续，在实际上是根本不可能的，故北京市房屋土地管理局对

此专门进行了修改；在2002年4月底，我公司将需要办理大产权证的全部材料提交北京市房屋土地管理局后，直到2002年9月12日才取得大产权证。在取得大产权证后，上诉人立即正式开始申请北京房地产勘察测绘队对包括被上诉人所购买的房屋进行分户产权的测量工作，北京房地产勘察测绘队于2002年11月29日出具测绘后的房屋登记表。这两段时间是由于政府部门内部工作的程序而导致的时间延误，不应该由我公司承担过错责任。我公司在2002年11月29日取得房屋登记表后，由于长城公司于2002年11月初向上诉人提出配合办理按揭付款事宜，且当时按揭方案正在进行当中，故亦不可能办理房产证，只是由于长城公司在办理按揭上一直没有进展，故我公司于2003年4月22日只好按照正常的工作程序发函给被上诉人以避免责任，故判令我公司自2000年1月1日开始承担延期办理房产证的违约金不符合实际情况。另外，我公司自2002年4月底起即开始办理大产权证，是由于行政部门的原因导致的办理延误，故不应由我公司承担责任。虽然长城公司至今还没有取得房产证，但在我公司的配合下，长城公司仍以G01单位进行抵押贷款、从而达到其融资的目的，故并没有因为未及时得到房产证而产生实际的经济损失。

长城公司同意一审法院的判决。

二审审理期间，远洋大厦公司和长城公司均未提交新证据。北京市第一中级人民法院经查，对一审法院查明的案件事实予以确认。

北京市第一中级人民法院认为：

原审法院认定长城公司与远洋大厦公司签订的外销商品房预售契约及其附属的相关文件有效，并认定双方实际变更交房日为1999年11月30日并无不当。长城公司与远洋大厦公司理应严格按照契约及相关文件的约定履行各自义务。远洋大厦公司提出以2003年3月19日的长城公司的传真件及远洋

大厦、长城公司、北京中关村科技担保有限公司三方均未签字盖章的协议，证明远洋大厦公司与长城公司已经在履行原契约过程中因长城公司要求办理按揭购房而发生变化，从而远洋大厦公司在其上诉状中提出原审法院没有认定上述证据不符合事实的上诉理由，由于远洋大厦公司提交的有关协议没有三方的签字和盖章而并未成立，不足以证明其主张，故不予支持。

对于远洋大厦提出的"一审法院判令上诉人双倍支付被上诉人减少部分面积的房款没有合同及法律依据"及"一审法院判令上诉人自 1999 年 12 月 30 日至 2003 年 4 月 29 日止承担被上诉人所购的 G01 单位的房产证没有按期取得的违约金是不符合当时实际情况"的主张，远洋大厦公司是 2003 年 4 月 22 日向长城公司发函的，但并未得到长城公司的确认，故其不能以此认定长城公司已表示同意远洋大厦公司变更双方签订契约内容的提议，即双方并没有就房屋减少面积超过 5% 部分的房款退还问题达成新的约定，故对远洋大厦公司的上述主张不予支持。《解释》于 2003 年 6 月 1 日起施行，根据上述司法解释第二十八条的规定，原审法院适用该司法解释审理本案正确。

综上，依照《中华人民共和国民事诉讼法》第一百五十三条第一款第（一）项、第一百五十八条之规定，北京市第一中级人民法院于 2004 年 6 月 28 日判决：

驳回上诉，维持原判。

三门峡水利管理局诉郑州市配套建设公司房屋买卖合同纠纷案

《最高人民法院公报》2004 年第 08 期

【裁判摘要】

房屋买卖合同的出卖人，在收取了买受人支付的大部分款项后，不能以房屋的工程价款需优先受偿为由，拒绝按合同约定向房屋买受人交付房屋。

原告：水利部黄河水利委员会三门峡水利枢纽管理局。住所地：河南省三门峡市崤山路。

法定代表人：李春安，该局局长。

被告：郑州市配套建设股份有限公司。住所地：河南省郑州市管城区商阜新村。

法定代表人：康建新，该公司董事长。

原告水利部黄河水利委员会三门峡水利枢纽管理局（以下简称水利管理局）因与被告郑州市配套建设股份有限公司（以下简称配套建设公司）发生房屋买卖合同纠纷，向河南省高级人民法院提起诉讼。

原告诉称：我局与被告签订的《房产交易合同》约定：配套建设公司应于 1994 年 6 月 30 日前，最迟不能晚于 1994 年 10 月 30 日，交付位于郑州市西大街与北下街交汇口西北侧的商阜城商住楼 B 座房产 1 至 13 层，交易额为 1842.75 万元，分期付款。合同签订后，截至 1993 年 12 月，我局已支付购房款 1198.8 万元，现该项目已基本完工，而配套建设公司至今未能交付房产，却与左坤鹏等 24 人另行签订了出售该房产的合同，构成违约。请求判令被告按合同约定交付房产并支付违约金及赔偿损失共 2357.62 万元。

原告提交的证据有：双方所签《房产交易合同》、补充协议及转账支票、付款凭证等，用以证明与被告签订的房屋买卖合同生效后的履行情况。

被告辩称：我公司与原告签订《房产交易合同》时，尚未取得该房产的国有土地使用权证、建筑规划许可证、建筑施工许可证和预售房屋许可证等法律法规规定的房地产开发建设以及转让所必需的手续，即使在合同约定的最后履行期限届满时也未具备各项法定手续，且未实际投入资金进行建设开发。因此，双方所签订的《房产交易合同》应为无效合同。原告明知该合同无效仍与其签订该合同，主观上存在过错，亦应承担相应责任。本案所涉的房屋因已处置给第三方并办理了相应的法律手续而客观上已无法向原告交付，因此，请求依法解除，由双方各自承担相应的责任。

配套建设公司提交的主要证据有：

1. 该项目的国有土地使用证、建设工程规划许可证、建筑工程施工许可证、商品房预售许可证等发证时间分别为 1996 年 7 月 9 日、1993 年 10 月 20 日、2000 年 12 月 14 日、2002 年 3 月 20 日，均在双方合同签订之后、本案一审诉讼之前办理，用以证明在双方签订合同时其不具备必要的法律手续。

2. 郑州市计划委员会（1997）121 号文件、（2002）370 号文件、其与荥阳一建的建设工程施工合同、开工通知等，用以证明双方签订《房产交易合同》时不仅手续不完备，而且实际也未投入建设资金。

3. 配套建设公司与荥阳一建签订的《商阜城综合楼工程补充协议书》，用以证明荥阳一建因工程价款优先受偿使用了该房产。

4. 配套建设公司与左坤鹏等 24 人签订的《商品房买卖合同》、与花园路工商银行签订的按揭业务合作协议、左坤鹏等 22 人与花园路工商银行及配套建设公司所签订的《个人购房借款合同》《房地产抵押合同》、公证书及银行存折等，用以证明该房产已出售给第三方。

本案在质证、认证中，双方当事人对对方所提供证据形式的真实性均无异议。

河南省高级人民法院查明：

1992 年 12 月 27 日，原告水利管理局与被告配套建设公司签订了 4 份《房产交易合同》，并在郑州市公证处进行了公证。合同约定：水利管理局购买配套建设公司开发的位于郑州市西大街与北下街交汇口西北侧商阜城商住楼 B 座 1 层至 13 层房产，总面积为 5441.26 平方米；交易总额为 1842.75 万元，分期付款，第一期均按合同价款的 40％支付，并作为定金；房产交付期限为 1994 年 6 月 30 日前，最迟不能晚于 1994 年 10 月 31 日。若水利管理局延期付款，则每拖延一个月按应缴金额的 1‰向配套建设公司缴纳滞纳金，拖延付款超过两个月视为中止合同，配套建设公司有权另售，定金不退；若配套建设公司不按合同规定期限交付使用，除不可抗拒因素外，每拖延一个月，按拖延部分赔偿水利管理局 1‰的延工金，拖延两个月为严重违约，应向水利管理局赔偿与定金全额相等的经济损失；任何单方中止合同，必须征得对方同意，并向对方赔偿定金全额的损失。合同签订后，水利管理局依约于 1992 年 12 月 30 日分三笔向配套建设公司支付了 4 份合同的第一期款项共计 736 万元作为定金，后又陆续支付了部分房款。截至 1993 年 12 月，水利管理局共向配套建设公司支付款项 1198.79 万元。该项工程自 1992 年 7 月动工至 1993 年底，仅完成基础施工部分。后因资金不足，至 1994 年 10 月 31 日双方合同约定的最后交房期限，该工程仍未完工，后一直处于停工状态。2001 年 4 月 26 日，该工程复工，至今尚未竣工。1993 年 10 月 29 日，双方就工程进度及第三期付款达成补充协议，约定按工程进度付款。至本案诉讼前，配套建设公司未向水利管理局交付房屋，水利管理局尚有 643.95 万元购房款未付。

另查明，配套建设公司在与水利管理局签订 4 份《房产交易合同》时，尚未取得开发房产所占土地使用权证、建筑规划许可证、建筑施工许可证及预售房屋许可证等相关手续。2002年3月20日，郑州市土地管理局向配套建设公司颁发了商阜城综合楼商品房预售许可证。2001年1月10日，配套建设公司与荥阳一建签订商阜城综合楼补充协议，约定若配套建设公司未依约支付工程款，则荥阳一建有权将五层以下按原设计降低标准装修后使用，直到本息收回或配套公司支付工程款后，荥阳一建将该部分交还。后因拖欠工程款，荥阳一建实际占有该房产B座一至三层共计1437平方米。B座四至十三层已卖出24套，房产交易合同均在郑州市房地产管理处登记备案。所卖24套房产中，2001年10月31日至12月6日卖出20套，2002年3月至4月份卖出4套。其中21套买受人通过银行按揭方式购买，并到郑州市房产管理局办理了抵押登记手续。该24套房至今未交付，也未办理产权过户登记手续，24套买受人未取得房产证。配套建设公司认可21名按揭方式购买人中，包括公司副总经理李冰和副总经理康杰的妹妹康萍。诉讼前，水利管理局向河南省高级人民法院申请诉前财产保全。2002年3月6日，河南省高级人民法院以（2002）豫法立民保字第2号民事裁定冻结配套建设公司存款3556.42万元或查封该公司房产5441.26平方米。

河南省高级人民法院认为：

本案系商品房买卖合同纠纷，双方当事人的主要争议焦点为：（1）合同效力及责任承担；（2）合同可否继续履行。由于双方的房屋买卖合同签订于《中华人民共和国城市房地产管理法》（以下简称房地产管理法）施行前，故应适用《中华人民共和国民法通则》和最高人民法院《关于审理房地产管理法施行前房地产开发经营案件若干问题的解答》（以下简称《解答》）。

关于合同效力及责任承担问题。

《解答》第25条规定："商品房的预售方没有取得土地使用证，但投入一定的开发建设资金，进行了施工建设，预售商品房的，在一审诉讼期间补办了土地使用证、商品房预售许可证明的，可认定预售合同有效。"本案中，原告水利管理局与被告配套建设公司于1992年12月27日所签4份《房地产交易合同》及1993年10月29日达成的补充协议均系双方真实意思表示，且不违反国家法律、法规禁止性规定。虽然合同签订时，配套建设公司尚未取得土地使用证等相关手续，但在案件成讼前已投入了一定的开发建设资金，进行了施工建设，并取得了土地使用证，办理了相关的开发建设及预售手续，因此，双方所签预售合同应为有效合同。配套建设公司辩称双方合同无效的理由与相关司法解释的规定不符，故不予采纳。合同签订后，水利管理局已依约向配套建设公司支付了大部分购房款，履行了合同约定的义务。而配套建设公司不但至今未能依约按期交付房产，反而将有关房产擅自处置，售予他人或交给施工方占有使用并从收益中优先抵偿所欠工程款。配套建设公司的行为违反了与水利管理局的合同约定，严重侵犯了水利管理局的合法权益，应对此承担违约责任。配套建设公司主张与水利管理局签订的合同无效，水利管理局也有过错，亦应承担相应责任的请求无事实根据和法律依据，不予支持。

关于合同可否继续履行问题。

《解答》第27条规定："预售商品房合同签订后，预购方尚未取得房屋所有权证之前，预售方未经预购方同意，又就同一预售商品房与他人签订预售合同的，应认定后一个预售合同无效；如后一个合同的预购方已取得房屋所有权证的，可认定后一个合同有效，但预售方给前一个合同的预购方造成损失的，应承担相应的民事责任。"本案中，配套建设公司与水利管理局的合同签订在先，与左坤鹏等24位购房人的房屋买卖合同签订在后，左坤鹏等24人所购房产虽然在房产管理部门办理了登记手续，但所购房产并未交付，也未实际取得房屋所有权证。因此，配套建设公司将房产出售给左坤鹏等24人的行为，不能对抗水利管理局作为购房人的权利。此外，荥阳一建虽然因工程价款优先受偿权而占有部分房产，但并未实际取得所有权，它通过与配套建设公司的合同所取得的权利只是对房屋的占有权、使用权、收益权，不能对抗水利管理局所享有的权利。此外，房屋尚未竣工交付使用，荥阳一建和左坤鹏等 24 位购房人的权利也可以通过其他途径进行保护。配套建设公司作为房屋买卖合同的出卖人，在收取了买受人支付的大部分款项后，不能以房屋的工程价款需优先受偿为由，拒绝按合同约定向房屋买受人交付房屋。因此，水利管理局的诉讼请求应予以支持。从合同约定及诚实信用、公平原则出发，配套建设公司应向水利管理局赔偿与定金全额相等的经济损失。依双方合同约定，配套建设公司拖延两个月以上交付房屋，应赔偿水利管理局与定金相等的损失，即 736 万元。由于水利管理局尚有 643.95 万元购房款未付，可与配套建设公司支付的赔偿金相抵。配套建设公司辩称房屋已处置给第三方，合同不能继续履行的主张不符合法律规定，不予采信。

据此，河南省高级人民法院依照《中华人民共和国民法通则》第四条、最高人民法院《关于审理房地产管理法施行前房地产开发经营案件若干问题的解答》第 25 条、第 27 条之规定，于 2003 年 7 月 26 日判决：

一、水利部黄河水利委员会三门峡水利枢纽管理局与郑州市配套建设股份有限公司签订的商阜城综合楼房产交易合同及补充协议合法有效，应继续履行；

二、郑州市配套建设股份有限公司应于判决生效后六十日内向水利部黄河水利委员会三门峡水利枢纽管理局交付合同约定房产；

三、郑州市配套建设股份有限公司应于判决生效后十日内向水利部黄河水利委员会三门峡水利枢纽管理局支付违约金 736 万元，水利部黄河水利委员会三门峡水利枢纽管理局应向郑州市配套建设股份有限公司支付购房款 643.95 万元，以上给付款项相抵后，郑州市配套建设股份有限公司应于判决生效后十日内向水利部黄河水利委员会三门峡水利枢纽管理局支付 92.05 万元，逾期则双倍支付迟延履行期间的债务利息。

案件受理费 187831 元及案件保全费 178350 元，共计 366181 元，由郑州市配套建设股份有限公司负担。

宣判后，配套建设公司曾向最高人民法院提起上诉，后又以有望庭外和解为由申请撤诉。

最高人民法院经审查认为，配套建设公司申请撤诉的意思表示真实，不违反法律规定。根据《中华人民共和国民事诉讼法》第一百五十六条、《人民法院诉讼收费办法》第二十三条第一款的规定，于 2004 年 3 月 11 日裁定：

准许郑州市配套建设股份有限公司撤回上诉。

二审案件受理费 93915.5 元由郑州市配套建设股份有限公司负担。

海军航空兵海南办事处诉深圳市三九旅游酒店有限公司等房屋租赁合同纠纷上诉案

《最高人民法院公报》2003 年第 04 期

上诉人(原审被告):中国人民解放军海军航空兵部海南办事处,住所地海南省海口市桥东区机场路 33 号。

负责人:邵方兵,该办事处主任。

委托代理人:赵炳金,中国人民解放军海军航空兵部房地产管理处干部。

委托代理人:何宝忠,北京市翱翔律师事务所律师。

被上诉人(原审原告):深圳市三九旅游酒店有限公司(原名深圳三九旅游酒店(集团)有限责任公司),住所地广东省深圳市深南东路 2 号三九大酒店。

法定代表人:李春,该公司总经理。

委托代理人:丁一虹,海南三九旅游服务有限公司总经理。

委托代理人:樊志勇,北京市亿中律师事务所律师。

被上诉人(原审原告):海南三九旅游服务有限公司,住所地海南省海口市蓝天路 33 号 412 室。

法定代表人:丁一虹,该公司总经理。

委托代理人:樊志勇,北京市亿中律师事务所律师。

上诉人中国人民解放军海军航空兵部海南办事处与被上诉人深圳市三九旅游酒店有限公司、海南三九旅游服务有限公司房屋租赁合同纠纷一案,中国人民解放军军事法院于 2003 年 3 月 18 日作出(2002)军民初字第 1 号民事判决,中国人民解放军海军航空兵部海南办事处对该判决不服,向本院提起上诉。本院依法组成合议庭于 2003 年 7 月 10 日对本案进行了公开审理,上诉人中国人民解放军海军航空兵部海南办事处的委托代理人赵炳金、何宝忠,被上诉人深圳市三九旅游酒店有限公司的委托代理人丁一虹、樊志勇,被上诉人海南三九旅游服务有限公司的法定代表人丁一虹及其委托代理人樊志勇到庭参加诉讼。本案现已审理终结。

一审法院查明:1994 年 1 月 25 日,深圳三九旅游服务有限公司(以下简称深圳三九公司)与中国人民解放军海军航空兵部海南办事处(以下简称海航办事处)签订《京航大厦租赁合同》,双方约定:海航办事处将其独资兴建的京航大厦(建筑面积 22000 平方米及大厦东侧、南侧前的场地 1500 平方米)出租给深圳三九公司经营,租期为 12 年,从 1995 年 4 月 1 日起至 2007 年 3 月 30 日止,年租金为人民币 1500 万元。每月一日前付清每月租金 125 万元,逾期三个月不交清租金,甲方有权收回乙方房产经营权(包括乙方投资装修的不动产)。同日,双方还签订了《京航大厦装修标准及设备标准》,对土建设备、设施部分作了约定。为了履行合同,深圳三九公司出资,以京航大厦为住所地和经营场所,于 1994 年 2 月 18 日注册成立了海南三九旅游服务有限公司(以下简称海南三九公司),委任丁一虹为该公司法定代表人。海南三九公司成立后,又与海航办事处签订一份《京航大厦租赁合同》,时间、内容与深圳三九公司和海航办事处签订的《京航大厦租赁合同》基本相同。1994 年 11 月,经海航办事处同意,海南三九公司又注册成立了海南三九国际大酒店有限公司（法定代表人仍系丁一虹）、海南三九国际大酒店（非独立法人，负责人李启维）。1994 年 7 月 15 日，海南三九公司与海航办事处签订《京航大厦租赁合同补充协议书》，约定将京航大厦北侧的 1330 平方米空地划归海南三九公司兴建酒店、餐厅操作间、歌舞厅、锅炉房等附属用房，并对附属房的建设、管理等作了约定。1994 年 10 月 25 日和 1995 年 3 月 20 日，海南三九公司与海航办事处先后签订了《京航大厦部分楼层移交协议》和《京航大厦项目移交协议》。此后，海南三九公司组织施工，对大厦进行了设备安装、装修和对附楼进行土建。1995 年 4 月 26 日，海南三九国际大酒店有限公司与海航办事处签订了《京航大厦租赁合同推迟起租日期的补充协议》，将起租时间变为 1995 年 8 月 1 日起至 2007 年 7 月 30 日止。

签订《京航大厦租赁合同》后，海南三九公司于 1994 年 3 月 15 日付给海航办事处定金 500 万元，1997 年 5 月 8 日付租金 200 万元，1997 年 6 月 17 日支付 5 万元。合同约定的其余租金，深圳三九公司和海南三九公司未付。京航大厦的装饰工程亦因深圳三九公司、海南三九公司资金不足，未能按计划和标准完成。在此期间，海南三九公司就水、电、通信等问题曾多次向海航办事处提出要求未果。1996 年 6 月 1 日至 1998 年 5 月 27 日期间，海航办事处曾多次致函深圳三九公司、海南三九公司、海南三九国际大酒店有限公司索要房租，否则终止《京航大厦租赁合同》及所有补充协议，按合同约定无条件收回京航大厦的使用权。1998 年 7 月 12 日，海南三九公司与海航办事处签署了《会谈纪要》，双方同意从 1998 年 7 月 13 日起，海南三九公司将京航大厦交还海航办事处管理。同时，海南三九公司提出保留通过法律程序解决这一问题的权利。

另查明，1992 年 7 月 18 日、8 月 30 日，海航办事处向海口市城市规划局申报兴建海军航空兵部综合楼、商住楼项目。海口市城市规划局于 1992 年 11 月 2 日批复同意。但海航办事处未能提交关于兴建京航大厦项目的军队报批文件。京航大厦 1992 年 12 月开工，1994 年 7 月 30 日竣工，外墙装饰工程与内墙四、五、六层装饰工程已完工，其余楼层及室外工程和水电部分未完工，亦未验收。京航大厦建成以后，海航办事处至原一审期间未向一审法院提供《国有土地使用证》和《房屋所有权证》。1994 年 10 月 15 日，海军航空兵后勤技术部曾批复同意京航大厦出租，但要求海航办事处办理房产经营许可证。一审期间，海航办事处提交了 1995 年 1 月 1 日由海军房地产管理局签发的《中国人民解放军利用房地产开展经营活动许可证》复印件，载明房屋地址是海口市机场路 33 号。但经一审法院查明，该大厦原坐落系机场路 1 号，1997 年 7 月 29 日才编制为机场路 33 号。一审法院重审期间，海航办事处向该院提交了海口市房产管理局 1999 年 8 月 20 日向海航办事处签发的《房屋所有权证》复印件和海口市国土海洋资源局 2000 年 7 月 10 日的证明函，函中称：1999 年 8 月向海航办事处核发了包括京航大厦建筑在内的《国有土地使用证》。

1998 年 8 月 20 日，深圳三九公司向一审法院起诉，要求海航办事处赔偿损失 1100 万元。1998 年 10 月 20 日，深圳三九公司变更诉讼请求，请求判决双方签订的所有合同无效，由对方承担全部责任，除返还其全部投入外，赔偿损失 1340.2 万元，承担诉讼费用。1999 年 1 月 27 日，中国人民解放军军事法院作出（1998）军经初字第 2 号民事判决。海航办事处对该判决不服，向本院提出上诉。本院经审理，于 2001 年 12 月 22 日以（1999）经终字第 138 号民事裁定将该案发回重审。

重审期间，根据海南三九公司的申请，一审法院决定追加海南三九公司为共同原告参加诉讼。海航办事处对此提出管辖权异议申请，认为军事法院对海南三九公司无管辖权，更不应追加其为共同原告。一审法院依法裁定驳回该办事处的管辖异议申请。海航办事处对此未再上诉。2002 年 6 月 21 日，海航办事处就其与海南三九公司的房屋租赁合同纠纷向海南省海口市中级人民法院起诉，请求确认双方签订的《京航大厦租赁合同》有效，判令海南三九公司给付房屋租金 2825 万元。同年 9 月 9 日，海口市中级人民法院裁定将该案移送军事法院审理。一审法院重审期间，深圳三九公司、海南三九公司提出变更诉讼请求为：请求判令海航办事处返还其工程投资款 1722 万元和其直接支付的租金 705 万元；赔偿其缔约损失 2919521.26 元和贷款利息损失 1633.49 万元，并要求重新进行评估。一审法院鉴于双方当事人对原评估报告提出的异议和海航办事处的请求，于 2002 年 10 月 10 日委托北京市金利安房地产咨询评估有限责任公司进行重新评估，结论为：深圳三九公司、海南三九公司安装在京航大厦主楼的装饰及设备 1995 年 8 月 1 日的价格为 12528880.43 元，1998 年 7 月 12 日的价格为 8770216 元；深圳三九公司、海南三九公司对附属楼土建 1998 年 7 月 12 日的价格为 486.0486 万元，到 2002 年 10 月 12 日的折旧价格为 437.4437 万元（均包括建设附属楼的外欠工程款 159 万元）；海南三九公司在 1998 年 7 月 12 日将京航大厦移交给海航办事处时从现场领走设备及有关物品，按照当时的价格为 1462248.3 元；海航办事处 1995 年 8 月 1 日至 1998 年 7 月 12 日期间京航大厦房地产收益损失即合理使用费为 13890178 元。

一审法院认为，被告海航办事处在该案重审期间，以原告的身份向海南省海口市中级人民法院起诉海南三九公司，海口市中级人民法院裁定移送该院审理；因海航办事处起诉海南三九公司讼争所指向的标的以及依据的事实均相同，所以该院不再另行作出判决。深圳三九公司 1994 年 1 月 25 日与海航办事处签订《京航大厦租赁合同》后，为履行合同，经申请并经当时的中国人民解放军海南经营开发办事处批准和当地工商管理部门

注册成立了海南三九公司，深圳三九公司出资由海南三九公司具体履行合同。海南三九公司 1994 年 2 月 18 日成立后，又与海航办事处签订了和深圳三九公司与海航办事处同一时间和内容的《京航大厦租赁合同》。其间，海南三九公司也从银行贷款用于京航大厦的装修和附属楼的建设。因此，该案的诉讼结果与深圳三九公司和海南三九公司均有直接的利害关系，根据海南三九公司的申请，追加其作为共同原告参加该案的诉讼活动符合法律规定。被告海航办事处提出深圳三九公司没有履行合同，其有起诉权利，但诉讼请求缺乏依据及军事法院对海南三九公司无管辖权、更不应追加其为共同原告参加诉讼的理由不能成立。海航办事处向该院提交的 1995 年 1 月 1 日由海军房地产管理局签发的坐落于海口市机场路 33 号 3 万平方米的京航大厦的《中国人民解放军利用房地产开展经营活动许可证》不具有真实性，不予采信。考虑原、被告双方对原评估结果提出的异议，该院另委托评估单位进行了重新评估，重新评估的结论，已经双方当事人质证，是为司法裁判的参考依据。海南三九公司保存和自行处理价值 1462248.3 元设备物品，由深圳三九公司、海南三九公司自行负责。深圳三九公司、海南三九公司装修京航大厦外欠工程款 28 万元，随京航大厦的移交由海航办事处负责清偿。深圳、海南三九公司错误估计市场，盲目投资，对于损失的扩大未采取及时有效的措施，应该承担已投入资金的利息损失的责任。海航办事处投资 46734692 元所建 22344.7 平方米的京航大厦，违反了中央军委关于必须向总后勤部报批的规定，出租京航大厦亦没有报总后勤部审批和办理《中国人民解放军利用房地产开展经营活动许可证》，违反了《中华人民共和国城市房地产管理法》，未在法律规定的期限内到有关主管部门登记、办理《国有土地使用证》《房屋所有权证》，故海航办事处与深圳三九公司、海南三九公司所签订的《京航大厦租赁合同》及

《补充协议》等附属合同均无效。海航办事处提出应认定其与海南三九公司签订的《京航大厦租赁合同》合法有效的理由，该院不予支持。对此，原告与被告均有过错。海航办事处违反国家和军队的有关规定，建设、出租京航大厦，应承担相应的责任，深圳三九公司和海南三九公司明知海航办事处违反国家规定无权出租，而盲目签约，亦应承担相应的责任。依照《中华人民共和国合同法》第五十二条第五项和《中华人民共和国民法通则》第四条、第六十一条第一款的规定，判决如下：一、海航办事处与深圳三九公司、海南三九公司签订的《京航大厦租赁合同》及附属合同均无效。二、海航办事处返还深圳三九公司、海南三九公司以定金等方式支付的705万元及该款利息的50%（利息从付款之日起算至还款之日止，按中国人民银行规定的同期流动资金一年期贷款利息计算）；三、深圳三九公司、海南三九公司独资建筑的附属楼随主楼移交给海航办事处。海航办事处支付深圳三九公司、海南三九公司建筑附属楼至2002年10月12日价值4374437元的投资款（不含159万元工程款的中国人民银行规定的同期流动资金一年期贷款利息）；四、海航办事处给付深圳三九公司、海南三九公司1998年7月12日移交京航大厦时的投资折价款8770216元；五、深圳三九公司、海南三九公司的投资折旧经济损失4244713.43元，自己承担2122356.72元，海航办事处承担2122356.72元；六、深圳三九公司、海南三九公司给付海航办事处占用京航大厦期间的合理使用费1120万元；以上相抵后，被告海航办事处支付给原告深圳、海南三九公司11117089.72元（不含第二条中705万元利息的50%、第三条中159万元的利息）。驳回双方当事人的其他诉讼请求。原告深圳三九公司缴纳的诉讼费和被告海航办事处缴纳的上诉费，由原告、被告各自承担。

海航办事处不服一审判决向本院上诉。

二审期间，经本院主持调解，双方当事人经友好协商，互谅互让，达成如下调解协议：

一、海航办事处同意将其应返还给深圳三九公司、海南三九公司定金及其利息、京航大厦装修及附楼的折价、以及现存于京航大厦、由海航办事处实际保管的卫生洁具等，与深圳三九公司、海南三九公司应当支付给其的房屋使用费进行折抵后，海航办事处再支付给深圳三九公司、海南三九公司900万元，双方就此了结京航大厦房屋租赁合同纠纷。

二、双方同意上述900万元款项分三期支付：2003年9月30日之前，海航办事处支付300万元；2004年7月31日之前海航办事处支付300万元，并按中国人民银行规定的同期贷款利率给付利息，利息按欠款600万元计；2005年7月31日之前支付300万元，并按中国人民银行规定的同期贷款利率给付该款的利息。

三、如果前一笔款项到期后，海航办事处不履行义务，则应当支付罚息；深圳三九公司、海南三九公司也可以就全部债权申请法院强制执行。

四、一审案件受理费由深圳三九公司负担；二审案件受理费由海航办事处负担。鉴定费、诉讼保全费双方已付部分，由双方各自负担。

本院经审查认为，以上调解协议是双方自愿达成的真实意思表示，不违反法律规定，本院予以确认。

本调解书经双方当事人签收后即具有法律效力。

审　判　长　×××
审　判　员　×××
审　判　员　×××
二○○三年七月十日
书　记　员　×××

四、物业管理

公报案例

张一诉郑中伟、中国联合网络通信有限公司武汉市分公司建筑物区分所有权纠纷案

《最高人民法院公报》2014 年第 11 期

【裁判摘要】

在审理建筑物区分所有权案件时，即使业主对房屋的使用没有给其他区分所有权人造成噪音、污水、异味等影响，只要房屋的用途发生改变，由专供个人、家庭日常生活居住使用改变为用于商业、工业、旅游、办公等经营性活动，即可认定该行为影响了业主的安宁生活，属于将住宅改变为经营性用房，应依照《物权法》第七十七条关于业主改变住宅用途的规定处理。

房屋使用人将住宅改变为经营性用房的，应承担与业主相同的法定义务，除遵守法律、法规和管理规约外，还应当经有利害关系的业主同意。

原告：张一。

被告：郑中伟。

被告：中国联合网络通信有限公司武汉市分公司。

原告张一因与被告郑中伟、中国联合网络通信有限公司武汉市分公司（以下简称联通武汉分公司）发生建筑物区分所有权纠纷，向湖北省武汉市武昌区人民法院提起诉讼。

原告张一诉称：被告郑中伟系武汉市武昌区中北路白玫瑰花苑 X 栋 X 单元 A 室的业主。2011 年 12 月，被告郑中伟与被告联通武汉分公司未经小区内相关业主的同意，擅自将光纤传输机柜、电源柜、蓄电池等设备安置在 A 室，将 A 室建成通信机房，该机房 24 小时运转，无人值班，存在安全隐患，相关业主及白玫瑰花苑物业管理处曾多次对两被告进行劝阻，但两被告均未予理会。现原告诉至法院要求判令两被告拆除位于武汉市武昌区中北路白玫瑰花苑 X 栋 X 单元 A 室的光纤传输设备，恢复房屋住宅用途，并承担本案诉讼费用。

原告张一提交了如下证据：

1. 产权登记信息查询单 1 份，证明位于武昌区中北路白玫瑰花苑 X 栋 X 单元 A 室房屋所有权人为被告郑中伟，该房屋的设计用途是住房。

2. 武房权证洪字第 2007010794 号房屋所有权证 1 份，证明原告张一的住房在被告郑中伟房屋的楼下，是与本案有利害关系的业主。

3. 照片五张、关于武汉联通在中北路白玫瑰花苑小区放置光纤传输设备的说明 1 份、违约窃电停（限）电通知书 1 份，证明中北路白玫瑰花苑 X 栋 X 单元 A 室里放置着光纤传输设备，联通公司将其改建为通信机房，被告郑中伟在 A 室使用 380 伏非家用电源。

4. 证人叶国军、证人马占军的证言。证明证人都是与白玫瑰花苑 X 栋 X 单元 A 室房屋有利害关系的业主，证人不同意将白玫瑰花苑 X 栋 X 单元 A 室房屋改为经营性用房，要求拆除相关光纤传输设备。

5. 依原告张一申请法院到武汉武昌供电公司武昌供电营业厅取得的违约窃电停（限）电通知书 1 份。

被告郑中伟辩称：郑中伟是武昌区中北路白玫瑰花苑 X 栋 X 单元 A 室的业主，依据相关法律规定对此房屋享有使用、处分的权利，将房屋出租给联通武汉分公司的行为是合法合理，并没有给其他业主造成危害，也没有任何的安全隐患；白玫瑰花苑物业管理处确实下了整改通知，但我们认为是无效的，白玫瑰花苑小区另有各种公共服务公司的设备安放在业主共有的公共区域内，而联通公司的设备只放置在本人房屋内，并没有占用任何公摊面积；请求依法驳回原告的诉讼请求，本案诉讼费用由原告承担。

被告联通武汉分公司辩称：依据电信条例和物权法，联通武汉分公司与被告郑中伟签订租赁合同后有权放置电信设备；联通武汉分公司放置电信设备的房间不属于经营性用房，没有对小区居民生活造成任何影响；请求依法驳回原告张一的诉讼请求。

湖北省武汉市武昌区人民法院一审查明：

被告郑中伟于 2003 年 4 月 28 日取得位于武汉市武昌区中北路白玫瑰花苑 X 栋 X 单元 A 室、设计用途住宅的房屋（以下简称 A 室房屋）的房屋所有权证，张一于 2007 年取得位于武汉市武昌区中北路白玫瑰花苑 X 栋 X 单元 B 室、设计用途住宅的房屋的房屋所有权证。郑中伟与张一系同一单元上下楼层邻居关系。

被告联通武汉分公司于 2010 年 5 月 13 日与武汉市公安局等签订武汉市城市视频监控系统项目建设、运维服务和租赁合同。

刘保姣（被告郑中伟之嫂）于 2011 年 10 月 8 日与被告联通武汉分公司签订白玫瑰花苑通信机房租赁合同，约定联通武汉分公司利用 A 室房屋建设通信机房，租期自 2011 年 10 月 8 日起至 2015 年 10 月 7 日止，年租金为 29800 元；刘保姣负责周边群众的协调工作，保证联通武汉分公司正常施工及日常维护；联通武汉分公司保证改造、装修房屋不影响房屋的建筑结构安全，设备在工作中或因老化等不影响周边群众的生活、休息。

被告联通武汉分公司于 2011 年 12 月入驻使用 A 室房屋至今。与此同时，郑中伟之兄郑中良仍居住使用 A 室房屋。

白玫瑰花苑物业管理处、白玫瑰花苑业主自 2012 年 3 月 19 日起，多次要求 A 室房屋业主"停止生产经营、恢复原住房性质、消除安全隐患"。

被告联通武汉分公司于 2012 年 4 月 8 日领取武汉市重大项目认定证书，载明项目名称为无线城市综合项目—"中国联通无线城市"，有效期至 2014 年 4 月 8 日。

武汉武昌供电公司于 2012 年 7 月 17 日认为 A 室房屋业主存在高价低接用电行为，发出违约窃电停（限）电通知。

被告联通武汉分公司在 A 室房屋内放置光纤传输机柜作为数据传输汇聚节点，用以建设有线光纤传输宽带网络，解决"平安城市"视频监控录像传输、无线城市综合项目 WLAN（无线宽带局域网）、周边居民小区宽带、固定电话等接入业务的汇聚、交换需求。

原告张一于 2013 年 1 月 16 日起诉被告郑中伟、联通武汉分公司至法院，请求判令郑中伟、联通武汉分公司拆除位于武汉市武昌区中北路白玫瑰花苑 X 栋 X 单元 A 室房屋内的光纤传输设备，恢复房屋住宅用途。

湖北省武汉市武昌区人民法院一审认为：

本案案由应确定为建筑物区分所有权纠纷。《中华人民共和国物权法》第七十七条的立法目的，实际上主要针对的是利用住宅从事经营生产企业，规模较大的餐饮及娱乐、洗浴或者作为公司办公用房等动辄给其他区分所有权人带来噪音、污水、异味、过多外来人员出入等影响其安宁生活的营业行为，即并非所有将住宅改变的行为都是《中华人民共和国物权法》第七十七条规制的行为。被告郑中伟、武汉联通公司并未改变涉案房屋的住宅性质，即或改变亦是用于公益事业，且原告张一未提供其房屋价值、生活质量受到或者可能受到不利影响的证据。故对原告的诉请，不予支持。

据此，武汉市武昌区人民法院依照《中华人民共和国民事诉讼法》第六十四条的规定，于2013年9月26日判决：

驳回原告张一的诉讼请求。

张一不服一审判决，向湖北省武汉市中级人民法院提起上诉称：一、一审判决遗漏重大事实，且认定事实错误。被上诉人联通武汉分公司在一审提交的证据四即2012年5月13日武汉市城市视频监控系统项目建设、运维服务和租赁合同书中，合同金额高达数亿元，一审判决遗漏此重大事实，导致错误认定被上诉人郑中伟、被上诉人联通武汉分公司没有改变讼争房屋的住宅性质，即或改变也是用于公益事业。被上诉人郑中伟在一审提交的证据二即2013年3月25日照片两张，照片的内容只是一些生活用品，一审以此证据认定郑中伟的哥哥郑中良一直居住使用302室房屋，属于认定事实错误。二、一审判决擅自进行司法解释明显违法。一审判决错误地将《中华人民共和国物权法》第七十七条的立法目的解释为主要针对的是利用住宅从事经营生产企业，规模较大的餐饮及娱乐、洗浴或者公司办公用房等动辄给其他区分所有权人带来噪音、污水、异味、过多外来人员出入等影响其安宁生活的营业行为，而《中华人民共和国立法法》规定，法律解释权属于全国人民代表大会常务委员会，一审的解释行为违背了《中华人民共和国立法法》的规定。三、两被上诉人的行为已经严重侵犯有利害关系业主的权利，人民法院应责令其立即拆除以消除隐患。综上，请求：一、依法撤销一审判决，发回重审，或者查

清事实后予以改判；二、判令两被上诉人拆除位于武汉市武昌区中北路白玫瑰花苑X栋X单元A室房屋的光纤传输设备，恢复房屋住宅用途。

上诉人张一在二审中提交了一份证据，即民事上诉状一份，证明全体业主反对被上诉人联通武汉分公司的行为。

被上诉人郑中伟答辩称：一、郑中伟将自有产权房屋租赁给被上诉人联通武汉分公司合理合法。《中华人民共和国物权法》赋予所有权人对自身动产或不动产享有占有、使用、收益权。二、一审判决合情合理。一审法院对《中华人民共和国物权法》第七十七条所作的解释正确。现行法律没有规定答辩人将房屋租赁给联通武汉分公司安装光纤设备的行为违法。三、答辩人不仅在一审中提交照片证明房屋可以正常居住，而且一审法院审判人员也实地查看过讼争房屋，房屋内有人居住生活。四、上诉人张一声称联通武汉分公司侵犯其权利，但没有举出证据证明到底侵犯其何种权利。联通武汉分公司曾请专业人员对辐射进行检测，没有检测出辐射，但上诉人不相信该意见。五、小区公共场所内还有其他通信设备，如果要拆除答辩人家中的通信设备，小区公共场所内的其他通信设备也应当拆除。综上，请求二审法院驳回上诉，维持原判。

被上诉人郑中伟在二审中提交一份证据，即近1年的水、电、燃气的发票一套，证明讼争房屋内一直有人居住生活。

被上诉人联通武汉分公司答辩称：上诉人张一片面理解了公益事业的概念。联通武汉分公司的情况与电力公司、自来水公司相似，虽然对用户收取费用，但仍然是公益事业。请求二审法院驳回上诉，维持原判。

被上诉人联通武汉分公司在二审中提交一份证据，即《武汉市人民政府办公厅关于进一步加强无线城市建设工作的通知》一份，证明武汉市人民政府要求全社会支持基础设施建设，支持无线城市建设，严格落实《住

宅区和住宅建筑内光纤到户通信设施工程设计规范》和《住宅区和住宅建筑内光纤到户通信设施工程施工及验收规范》两项国家标准要求。

湖北省武汉市中级人民法院经二审，确认了一审查明的事实。

另查明，被上诉人郑中伟对刘保姣于2011年10月8日与被上诉人联通武汉分公司签订的白玫瑰花苑通信机房租赁合同予以认可。联通武汉分公司于2010年5月13日与武汉市公安局签订的武汉市城市视频监控系统项目建设、运维服务和租赁合同约定，合同基准价即招标采购过程中联通武汉分公司和金鹏电子信息机器有限公司的中标价格为1.86亿元。

本案二审的争议焦点是：一、被上诉人联通武汉分公司在讼争房屋内放置光纤传输机柜作为数据传输汇聚节点的行为是否属于将住宅改变为经营性用房；二、如果联通武汉分公司的上述行为属于将住宅改变为经营性用房，是否应当经过上诉人张一的同意。

湖北省武汉市中级人民法院二审认为：

一、关于第一个争议焦点。

被上诉人联通武汉分公司在讼争房屋内放置光纤传输机柜作为数据传输汇聚节点的行为，属于将住宅改变为经营性用房。理由如下：住宅是指专供个人、家庭日常生活居住使用的房屋。经营性用房是指用于商业、工业、旅游、办公等经营性活动的房屋。两者因用途不同而有本质区别。住宅的用途主要是生活居住，经营性用房的用途主要是经营性活动。本案中，联通武汉分公司租赁讼争房屋用于放置光纤传输机柜作为数据传输汇聚节点，以建设有线光纤传输宽带网络，解决"平安城市"视频监控录像传输、无线城市综合项目 WLAN（无线宽带局域网）、周边居民小区宽带、固定电话等接入业务的汇聚、交换需求。从其用途可以看出，其租赁讼争房屋并不是为了生活居住，而是为了从事经营性活动，因此联通武汉分公司的上述

行为属于将住宅改变为经营性用房。

二、关于第二个争议焦点。

被上诉人联通武汉分公司在讼争房屋内放置光纤传输机柜作为数据传输汇聚节点的行为，应当经过上诉人张一的同意。理由如下：首先，联通武汉分公司将住宅改变为经营性用房的行为应当经过有利害关系的业主同意。依照《中华人民共和国物权法》第七十七条"业主不得违反法律、法规以及管理规约，将住宅改变为经营性用房。业主将住宅改变为经营性用房的，除遵守法律、法规以及管理规约外，应当经有利害关系的业主同意"的规定，业主将住宅改变为经营性用房，其行为的合法性需要同时满足两个条件：1. 遵守法律、法规以及管理规约；2. 应当经有利害关系的业主同意。即使没有违反法律、法规以及管理规约，只要没有经过有利害关系的业主同意，将住宅改变为经营性用房的行为的合法性仍不具备。《中华人民共和国物权法》第七十七条的条款语义清楚、内涵明确，一审对该条款中的"业主将住宅改变为经营性用房"作限缩性解释不当，予以纠正。依照最高人民法院《关于审理建筑物区分所有权纠纷案件具体应用法律若干问题的解释》第十条第一款"业主将住宅改变为经营性用房，未按照物权法第七十七条的规定经有利害关系的业主同意，有利害关系的业主请求排除妨害、消除危险、恢复原状或者赔偿损失的，人民法院应予支持"和第十六条第一款"建筑物区分所有权纠纷涉及专有部分的承租人、借用人等物业使用人的，参照本解释处理"的规定，联通武汉分公司作为讼争房屋的承租人将住宅改变为经营性用房，应承担与业主相同的法定义务，故也应当经过有利害关系的业主同意。

其次，上诉人张一应认定为有利害关系的业主。依照最高人民法院《关于审理建筑物区分所有权纠纷案件具体应用法律若干问题的解释》第十一条"业主将住宅改变为经营性用房，本栋建筑物内的其他业主，应当

认定为物权法第七十七条所称'有利害关系的业主'。建筑区划内,本栋建筑物之外的业主,主张与自己有利害关系的,应证明其房屋价值、生活质量受到或者可能受到不利影响"的规定,上诉人张一作为本栋建筑物内的业主,无须举证证明其房屋价值、生活质量受到或者可能受到不利影响,即可认定为有利害关系的业主。

综上,被上诉人联通武汉分公司租赁被上诉人郑中伟的房屋用于放置光纤传输机柜作为数据传输汇聚节点的行为属于将住宅改变为经营性用房,该行为未经有利害关系的业主上诉人张一的同意,依照前述最高人民法院《关于审理建筑物区分所有权纠纷案件具体应用法律若干问题的解释》第十条第一款和第十六条第一款的规定,联通武汉分公司应承担相应责任。被上诉人郑中伟明知其嫂子刘保姣将讼争房屋出租给被上诉人联通武汉分公司用于建设通信机房,仍对该房屋

租赁合同予以认可,其应与联通武汉分公司共同承担责任。故对于张一关于郑中伟、联通武汉分公司拆除位于武汉市武昌区中北路白玫瑰花苑 X 栋 X 单元 A 室房屋的光纤传输设备、恢复房屋住宅用途的上诉请求,予以支持。一审判决认定事实清楚,但适用法律不当,据此,武汉市中级人民法院依照《中华人民共和国民事诉讼法》第一百七十条第一款第(二)项的规定,于 2014 年 1 月 20 日判决:

一、撤销武汉市武昌区人民法院(2013)鄂武昌民初字第 00444 号民事判决;

二、郑中伟、中国联合网络通信有限公司武汉市分公司于本判决生效后六十日内拆除位于武汉市武昌区中北路白玫瑰花苑 X 栋 X 单元 A 室房屋的光纤传输设备,恢复房屋住宅用途。

本判决为终审判决。

徐州西苑艺君花园(一期)业主委员会诉徐州中川房地产开发有限公司物业管理用房所有权确认纠纷案

《最高人民法院公报》2014 年第 06 期

【裁判摘要】

业主委员会依照《中华人民共和国物权法》第七十五条第一款规定成立,具有一定目的、名称、组织机构与场所,管理相应财产,是《中华人民共和国民事诉讼法》第四十九条第一款规定的"其他组织"。业主委员会依据业主共同或业主大会决议,在授权范围内,以业主委员会名义从事法律行为,具备诉讼主体资格。

物业管理用房依规划定点建造,为区分所有权建筑物管理人进行管理维护业务必须

的场所,依照《中华人民共和国物权法》第七十二条第一款的规定,为业主共有。在建筑物竣工验收交付后,物业管理用房的分割、转移、调整或重新配置,应当由业主共同或业主大会决定。

原告:徐州西苑艺君花园(一期)业主委员会。

负责人:侯立申,该委员会主任。

被告:徐州中川房地产开发有限公司。

法定代表人:孙勇,该公司董事长。

原告徐州西苑艺君花园(一期)业主委

员会（以下简称艺君业委会）因与被告徐州中川房地产开发有限公司（以下简称中川公司）发生物业管理用房所有权确认纠纷，向徐州市泉山区人民法院提起诉讼。

原告艺君业委会诉称：位于徐州市泉山区黄河南路 369 号艺君花园（一期）是被告中川公司于 2000 年开发建设的居民小区。2001 年 8 月交付使用时，被告仅提供 2 间车库供物管使用。后得知，被告出租给他人经营幼儿园的 8♯ 楼东侧 168 平方米的房屋系本小区的物业管理用房。2008 年 8 月，原告起诉要求被告交付物管用房时，被告出示了物管用房已变更为营业房的规划变更手续。2008 年 12 月，原告向徐州市人民政府提起行政复议，撤销徐州市规划局的前述变更规划决定。后被告对此提起行政诉讼，经过徐州市中级人民法院、江苏省高级人民法院的审理，均判决维持了徐州市人民政府的复议决定。判决生效后，双方就物管用房的交付问题协商未果，原告故诉至法院，请求判决确认位于徐州市泉山区黄河南路 369 号艺君花园 8♯ 楼东侧的 168 平方米物业管理用房（具体见规划定点图）归徐州西苑艺君花园（一期）全体业主所有，诉讼费由被告承担。

被告中川公司辩称，1. 本案的原起诉主体为徐州西苑艺君花园（一期）全体业主，属于集团诉讼，当时起诉时徐州艺君花园业主委员会已经成立，因此徐州西苑艺君花园（一期）全体业主的诉讼主体是不适格的，原徐州西苑艺君花园（一期）全体业主的起诉应依法撤回或驳回。2. 物业管理用房作为配套设施建设，在 2000 年之前并没有强制性的规定。涉案的艺君花园小区于 1997 年规划定点、2000 年 6 月开工建设、2001 年 8 月 29 日验收通过。房屋交付后，被告即和物业公司签订了物业管理委托合同，把有关房屋作为物业管理用房移交给物业管理公司使用，完成了被告作为开发商的义务。故在当时对物业管理用房没有强制性规定的情况下，被告已经完成了约定或者惯例的义务。1997 年规

划定点的物业管理用房是针对规划图中共110500 平方米的建筑面积设计的，而本案原告所在的小区仅 21403 平方米，根据江苏省物业管理条例的规定，被告至多向原告交付85.6 平方米的物业用房即符合法律规定。3. 规划定点图中记载了营业房和物业管理用房，但图中"营业"二字体现的地点不一定就是营业房，"物业管理"四字体现的地点不一定就是物业管理用房，而是营业房、物业管理共两层，至于具体如何分配，应由被告来决定，只要能满足法律的基本要求即可。4. 就目前的房屋状况来讲，将涉案房屋的二层交付给原告，既能满足原告的要求，也满足法律的规定。

徐州市泉山区人民法院经审理查明：被告中川公司是原告艺君业委会所在的徐州市西苑艺君花园（一期）小区的开发企业。2000 年 6 月 21 日，被告取得徐州市规划局徐市规地（2000）编号 81《建设用地规划许可证》，规划定点图对西苑艺君花园（一期）物业用房规划为：2 层（限高 6 米），物业用房260 平方米。2000 年 11 月 15 日，徐州市规划局为被告建设的西苑艺君花园项目核发了徐市规建（2000）268 号《建设工程规划许可证》，核准建设 7 栋 6 层住宅楼 21403 平方米，车库 3006 平方米，阁楼 3322 平方米，营业房2032 平方米，物管、公厕及泵房 300 平方米，共计 30063 平方米。在许可证附图和《放（验）线回单》对前述建筑物分别进行定点规划。徐州市规划局在规划定点图上许可的艺君花园 8♯ 楼分为三个部分，从东向西依次为：物业管理（2 层、限高 6 米、东西长 12米、南北宽 7 米）、营业（1 层、东西长 6米）、公厕（1 层、东西长 10 米）。具体分布为，物业管理用房的面积是 12×7×2＝168平方米；泵房面积 8×5＝40 平方米；公厕面积（梯形）［(7＋3)＼2］×10＝50 平方米，共计 258 平方米物业用房。2001 年 8 月 30日，徐州市建设局就被告的该建设项目签发了徐建验证（27）号住宅竣工验收合格证书，

被告随即交付房屋，通知西苑艺君花园（一期）业主上房。后被告向徐州市规划局提交《关于变更中川"艺君花园"8#楼用途的申请报告》，申请将 2000 年 11 月规划的"艺君花园"8#楼物业管理用房大部分变更为营业房，而在保持原规划面积，在 7#楼西侧底层设置相当面积的物业管理用房。2001 年 11 月 6 日，徐州市规划局在原规划定点图上签署了"同意原物业管理用房 126 平方米变更为营业用房"的意见，同日为被告填发了徐市规建 20010214 号《建设工程规划许可证》，许可建设 126 平方米营业房。2001 年 11 月 7 日，徐州市规划局相关负责人员分别在被告的《徐州市建设工程规划许可证申请书》中签署了"同意调整。物管用房面积不少于原定点面积和"同意"的意见。变更后的规划图显示，在 8#二楼保留二间物业管理用房，分别记载为 28.45 平方米和 22.67 平方米。西苑艺君花园竣工交付房屋后，被告所交付并由原告使用至今的物业管理用房，有两间位于小区 7#楼西侧的底层、两间位于 4#楼的底层，均为原规划的车库范围。

另查明，2008 年 12 月，徐州西苑艺君花园（一期）全体业主向徐州市人民政府提起行政复议，请求撤销徐州市规划局所作的"将徐州西苑艺君花园（一期）物业管理用房 126 平方米规划变更为营业房，并将 7#楼西侧相同面积的车库变更为物业管理用房"的变更规划行政行为。2009 年 3 月 4 日，徐州市人民政府作出（2008）徐行复第 146 号行政复议决定书，决定：撤销徐州市规划局所作的将徐州西苑艺君花园（一期）物业管理用房 126 平方米规划变更为营业房，并将 7#楼西侧相同面积的车库变更为物业管理用房的具体行政行为。2009 年 4 月 22 日，被告中川公司不服徐州市人民政府的上述复议决定，向徐州市中级人民法院提起行政诉讼，请求撤销徐州市人民政府的上述复议决定，维持徐州市规划局将原物业管理用房变更为营业房及 7#楼西侧相同面积的车库变更为物业管

理用房的行政行为。徐州市中级人民法院经审理，于 2009 年 6 月 16 日作出（2009）徐行初字第 23 号行政判决书，驳回了被告的诉讼请求。被告不服向江苏省高级人民法院提起上诉。江苏省高级人民法院于 2009 年 11 月 27 日作出（2009）苏行终字第 79 号行政判决，驳回上诉，维持原判。

后查明，2003 年 1 月 17 日，徐州市房产管理局将包括本案诉争物业管理用房在内的位于徐州市泉山区黄河南路 369 号艺君花园 8#楼的房产登记在被告中川公司名下（不含该楼西侧规划为公厕的部分），其房屋所有权证显示一层建筑面积为 135.28 平方米，二至三层建筑面积为 165.9 平方米；该房的房产档案显示该 8#楼东侧上下为两层的部分东西长 12 米、南北宽 7 米。

2013 年 3 月 5 日，法院组织双方当事人对本案所涉艺君花园 8#楼进行了现场勘察。确认艺君花园 8#楼目前正由被告中川公司向外出租作为幼儿园经营使用，在整体上，其外观分为三个部分：东侧为两层、中间为三层、西侧为一层，该楼东侧及北侧均有通向二层的简易楼梯的客观状态。

本案立案时的原告主体为徐州西苑艺君花园（一期）全体业主，后根据原告的申请，原告主体变更为徐州西苑艺君花园（一期）业主委员会。

本案双方当事人的争议焦点是：1. 艺君业委会是否具有原告诉讼主体资格；2. 行政机关的规划定点对本案当事人产生何种效力；3. 被告中川公司重新调配物业用房的效力如何；4. 争议建筑物的属性是物业管理用房还是经营性用房。

徐州市泉山区人民法院经审理认为：

1. 艺君业委会原告诉讼主体适格。依照最高人民法院《关于适用〈中华人民共和国民事诉讼法〉若干问题的意见》第四十条的规定，民事诉讼法第四十九条规定的其他组织是指法成立、有一定的组织机构和财产，但又不具备法人资格的组织。原告为对西苑

艺君花园进行管理，依照《中华人民共和国物权法》第七十五条第一款的规定成立，具有一定目的、名称、组织机构与场所，管理相应财产，以特定代表人对外代表团体，是《中华人民共和国民事诉讼法》第四十九条第一款规定的"其他组织"。原告依据业主共同或业主大会决议，在授权范围内，以业主委员会名义，依照最高人民法院《关于审理建筑物区分所有权纠纷案件具体应用法律若干问题的解释》第十四条规定的物权请求权，向被告主张确认物业管理用房所有权，具备原告诉讼主体资格。

2. 行政机关的定点规划对本案当事人产生拘束力。建筑物建造规划定点是对建筑物地域及其范围、公共设施面积及负担率等特定事项的确定。依照《中华人民共和国城市规划法》第三十二条的规定，在城市规划区内新建、扩建和改建建筑物、构筑物、道路、管线和其他工程设施，必须持有关批准文件向城市规划行政主管部门提出申请，由城市规划行政主管部门根据城市规划提出的规划设计要求，核发建设工程规划许可证件。建设单位或者个人在取得建设工程规划许可证件和其他有关批准文件后，方可申请办理开工手续。定点规划为建筑物施工前，行政机关对土地使用人的权利义务的确定，属于行政许可行为。如土地使用人在特定期间内未对建筑物定点规划提出异议，即对其产生拘束力。本案中，被告中川公司在行政机关核发建设工程规划许可证后，未对定点规划提出异议，故被告应当遵守定点规划确定的义务建造物业管理用房。被告辩称物业管理用房是针对规划图中共 110500 平方米的建筑面积设计的，而非本案原告艺君业委会所在的小区 21403 平方米设计，并没有向法院提供相应的证据，故其辩称不予支持。另被告又辩称，根据江苏省物业管理条例规定的无偿提供设计面积的 3‰－4‰ 物业管理用房，被告至多向原告交付 85.6 平方米的物业用房即符合法律规定，目前提供的物业管理用房已

经远远超过这个标准。因被告在申请建设工程规划许可，行政机关在其申请进行核准规划定点时，被告并未向行政机关提出异议，应当认定被告认可行政机关的定点规划，故其辩称不予支持。规划定点在建筑物竣工验收后，作为物业资料移送管理人，即成为管理规约的一部分，对业主、管理人等产生约束。

3. 被告中川公司重新调配物业用房的行为因违法而不具有效力。江苏省人民政府 1998 年 9 月 4 日发布施行的《江苏省城市住宅区物业管理办法》第三十八条规定"住宅区开发建设单位应当按照有关规定建设物业管理用房，在住宅区整体移交时，一并移交给住宅区业主委员会。物业管理用房的产权属住宅区全体业主共有。"江苏省人大常委会制定、2001 年 3 月 1 日起施行的《江苏省物业管理条例》第二十六条亦明确规定"新建物业在规划建设时，应当建设必要的物业管理配套设施，制定物业管理实施方案并报物业管理行政主管部门备案。建成后，物业管理行政主管部门应当进行物业管理配套设施验收。物业管理服务用房，其产权属该住宅区全体业主共有。"徐州市人民政府 1999 年 3 月 31 日公布实施的《徐州市城市住宅区物业管理暂行办法》第二十二条规定"开发建设单位应当按照规划要求，建设物业管理用房，并在住宅区整体移交时，将物业管理用房移交给住宅区业主委员会，尚未成立业主委员会的，移交给物业管理行政主管部门。物业管理用房产权属住宅区全体业主共有，由物业管理企业使用，任何单位和个人不得擅自转让物业管理用房或者改变物业管理用房的使用性质。"根据上述规定，2001 年 8 月 30 日，徐州市建设局为原告该建设项目签发了徐建验证（27）号住宅竣工验收合格证书，原告随即通知业主上房后，该处物业管理用房依法应属西苑艺君花园（一期）全体业主共有。本案中被告在西苑艺君花园竣工验收交付后，既对西苑艺君花园物业管理用房无

处分权,而其申请行政部门对物业管理用房变更,违反《中华人民共和国民法通则》第七十一条的规定,当属无效。

4. 本案诉争房产属性应当确认为物业管理用房。虽然徐州市规划局曾于2001年11月7日核准将原规划的物业管理用房大部分变更为营业房,并将7#楼西侧相同面积车库变更为物业管理用房,并予以核发建设工程许可证。但这种变更应当征得西苑艺君花园全体业主的同意,徐州市规划局未经业主同意即准予变更,实属滥用职权。因该变更规划行为被徐州市人民政府撤销,故应当恢复原状。从本案原规划定点图分析,规划的艺君花园小区的物业管理用房应为该小区8#楼东侧两层面积为168平方米的部分。被告中川公司辩称其已经提供4#、7#楼各两间车库作为物业管理用房,满足了西苑艺君花园全体业主的需求。因物业管理用房在于促使管理人对居住环境进行管理,满足全体业主对居住环境安全、健康、便利、舒适需求所必需的场所,其分割、转移、调整或重新配置,依照《中华人民共和国物权法》第七十六条第一款第七项规定,须经过业主大会决议。故被告再辩称其重新调配物业管理用房,采取用部分车库充当相当面积物业管理用房方式供原告使用,已经满足了原告实际需求,仅能认定是被告自认为而已,这种减损原告

停车需求等其他利益需求而填补原告此种物业管理必须用房的利益,实为侵害原告利益而不当。因被告无证据支持其确已满足原告利益,故其此辩称不予支持。

综上,原告艺君业委会请求确认位于徐州市泉山区黄河南路369号艺君花园8#楼东侧以徐市规建(2000)268号《建设工程规划许可证》规划定点图记载的物业管理用房归徐州西苑艺君花园(一期)全体业主共有,请求转移本案所设争议建筑物所有权登记的诉请符合法律规定,予以支持。依照《中华人民共和国民事诉讼法》第四十九条第一款、最高人民法院《关于适用〈中华人民共和国民事诉讼法〉若干问题的意见》第四十条、《中华人民共和国物权法》第三十三条、第七十三条、最高人民法院《关于审理建筑物区分所有权纠纷案件具体应用法律若干问题的解释》第十四条之规定,徐州市泉山区人民法院于2013年12月16日作出判决:

确认位于徐州市泉山区黄河南路369号艺君花园8#楼东侧(两层) [徐市规建(2000)268号《建设工程规划许可证》规划定点图记载的]物业管理用房归徐州西苑艺君花园(一期)全体业主共同所有。

一审宣判后,双方当事人在法定期限内均未提出上诉,本判决已经发生法律效力。

夏浩鹏等人诉上海市闸北区精文城市家园小区业主委员会业主知情权纠纷案

《最高人民法院公报》2011年第10期

【裁判摘要】

业主知情权是指业主了解建筑区划内涉及业主共有权以及共同管理权相关事项的权利。根据最高人民法院《关于审理建筑物区

分所有权纠纷案件具体应用法律若干问题的解释》第十三条的规定,业主请求公布、查阅建筑物及其附属设施的维修基金使用、业委会的决定及会议记录、共有部分的收益、

物业服务合同等情况和资料的，人民法院应予支持。司法解释对于业主知情权的范围作出了明确的规定，业主以合理的方式行使知情权，应当受到法律保护。

原告：夏浩鹏。

原告：杨建平。

原告：杨荣华。

原告：罗光亚。

原告：周修安。

被告：上海市闸北区精文城市家园小区业主委员会。

负责人：姜宏章，该业主委员会主任。

原告夏浩鹏、杨建平、杨荣华、罗光亚、周修安因与被告上海市闸北区精文城市家园小区业主委员会（以下简称精文业委会）发生业主知情权纠纷，向上海市闸北区人民法院提起诉讼。

原告夏浩鹏、杨建平、杨荣华、罗光亚、周修安诉称：五名原告系上海市闸北区精文城市家园小区业主，被告精文业委会系该小区业主委员会。根据法律规定，原告享有要求公布、查阅业委会决定及会议记录、维修基金使用情况的权利。被告应每月与开户银行核对维修基金账目，每半年向业主公布一次，但被告至今未按规定公布2007年下半年至2009年上半年小区维修基金和公共收益的有关账目情况，剥夺了原告的知情权。原告现对已公布账目中的停车费、广告费及清洗玻璃、景观灯改造及业委会值班津贴19023元有异议，被告应提供相关凭证以供原告核对。维修基金开户银行曾给被告实物回扣，被告在账目中未予公开。此外，被告选聘的上海精文物业管理有限公司（以下简称精文物业）超资质接盘，为此原告向有关部门反映，上海市闸北区住房保障和房屋管理局（以下简称闸北区房地局）在《信访答复》中称"我局曾就物业超资质接盘的问题与业委会进行沟通，业委会还专门提交报告，说明情况"，但该报告未向业主公开。原告请求判令：1. 精文业委会公布2009年7月14日闸北区房地局在《信访答复》中所提及的"为此业委会还专门提交报告"之"报告"以及"与精文城市家园业委会进行沟通"的全部情况和同意"续聘"精文物业的全部会议记录；2. 精文业委会公布关于讨论精文物业超资质接盘的业主大会或业主委员会的决定及会议记录；3. 精文业委会公布自2007年下半年至2009年上半年按每半年一次的小区维修资金和公共收益账目情况（公共收益账目具体指机动车停车费、广告费收支情况），并要求将上述账目张贴在小区及每个门牌号幢前面；4. 精文业委会提供上述账目的费用清单、发票原件和按户分摊费用清单以供原告进行核对和查询，原告享有复印权（复印费由原告承担）；5. 精文业委会向原告出示《物业服务合同》之附件，原告对该合同附件享有复印权（复印费由原告承担）；6. 精文业委会向原告出示维修资金的会计账目，原告对该账目享有复印权（复印费由原告承担）；7. 精文业委会向原告出示《物业服务合同》中提及的物业公司各项工作报告，原告享有复印权（复印费由原告承担）。

原告夏浩鹏、杨建平、杨荣华、罗光亚、周修安提交以下证据：

1. 公共收益、维修资金收入财务管理账目公布明细表以及广告展示箱、蒸汽房、灯箱的照片，旨在证明被告精文业委会公布的账目存在收支不清、部分收益未入账以及被告擅自动用公共收益资金的情况。

2. 2009年9月16日业主委员会公告、2009年7月14日闸北区房地局的《信访答复》、2008年6月10日被告精文业委会与精文物业签订的《物业服务合同》及业主大会议事规则、业主公约，旨在证明被告隐瞒精文物业超资质的情况，擅自签订《物业服务合同》，侵犯业主权益。

3. 小区灯具、玻璃墙窗的照片，旨在证明小区擦玻璃、安装灯具工程未经公示、表决。

4. 上海市商品房预售合同、2009年9月

7 日政府信息公开申请答复书以及精文物业资质证书，旨在证明精文物业并非商品房预售合同中约定的物业公司。

5. 2009 年 11 月 19 日小区部分业主签名的《关于精文城市家园业委会侵犯业主知情权的经过》，旨在证明被告精文业委会多次侵犯业主知情权、监督权。

6. 2009 年 9 月 16 日闸房管答字（2009）第 36 号回复，旨在证明前期物业管理合同未经备案。

7. 维修资金业主年度结存单，旨在证明维修基金开户银行定期向小区业主寄送年度结存单。

被告精文业委会辩称：1. 闸北区房地局在《信访答复》中所提及的"为此业委会还专门提交报告""与精文城市家园业委会进行沟通"的事实并不存在。为此，精文业委会向闸北区房地局投诉，芷江西房地办已对此做出书面澄清，所以被告无法提供五原告要求的上述材料。有关"续聘"精文物业的全部会议记录已提交法庭；2. 精文物业是经有关部门批准的前期物业，选聘是按程序选举产生。签约时，精文业委会并不知道精文物业超资质，也未就此进行过专门讨论，无法提供讨论精文物业超资质接盘的相关决定及会议记录；3. 精文业委会成立于 2007 年 12 月，自 2008 年始小区公共收益账目已按每半年一次在小区及每个门牌号幢张贴公布，即使账目形式上存在缺陷，并不影响其真实性。关于小区的维修基金，由于至今尚未动用，故无相关账目可供公布，且开户银行上海银行闸北支行定期向小区业主寄发业主年度结存单，故不同意原告的第三项诉讼请求；4. 已公布的收益账目中涉及业委会开支（办公费、会议费、电话费、培训费、值班津贴）的清单及发票虽在精文业委会处，但精文业委会担心原告可能作出断章取义的行为，经讨论决定不向原告提供。其他清单及发票均由精文物业保管，被告无法提供，且精文业委会认为该部分的知情权不包括在法定范围

之内；5. 2008 年 6 月精文业委会与精文物业签订的《物业服务合同》之《补充协议书》已提交法庭；6. 上海市闸北区精文城市家园小区的维修基金未曾使用，无会计账目可供提供，不同意原告的该项诉讼请求；7. 精文物业从未向精文业委会提供过书面的工作报告，双方仅是口头上的沟通，无法提供原告要求的相关材料。针对原告的诉讼请求，精文业委会还认为：原告曾向被告提出查阅相关资料的要求，精文业委会为此请示芷江西房地办，房地办根据当时的法律规定认为个人无权查阅，故精文业委会拒绝了原告的查阅请求。有关物权法司法解释实施后，原告未再与精文业委会进行沟通即提起诉讼。现精文业委会愿意按法律规定接受业主的查询，但原告的知情权仅限于司法解释规定的五项内容。此外，由于原告采取暴力手段阻碍被告的正常工作，限制业委会委员的人身自由，应芷江西房地办的要求被告已停止工作，新一届的业委会选举工作正在筹备中。

被告精文业委会提交以下证据：

1. 2009 年 9 月 18 日被告精文业委会针对《信访答复》的投诉、2009 年 11 月 30 日芷江西房地办的回复，旨在证明闸北区房地局在《信访答复》中所提及的"为此业委会还专门提交报告""与精文城市家园业委会进行沟通"的事实并不存在。

2. 2008 年 6 月 10 日被告精文业委会与精文物业签订的《物业服务合同》《补充协议书》及"续聘"的会议记录、续聘物业的公告、几点说明、结果公告、选票样张，旨在证明精文物业是按程序选举产生。

3. 公共收益账目明细表，旨在证明被告精文业委会已每半年一次在小区公布公共收益账目。

4. 2009 年 2 月 14 日《关于城上城小区续订物业服务合同的情况汇报》以及 2009 年 4 月 5 日、9 月 16 日两次业委会公告，旨在证明被告精文业委会已就续聘物业及维修基金等问题做出说明。

上海市闸北区人民法院一审查明：

原告夏浩鹏、杨建平、杨荣华、罗光亚、周修安系上海市闸北区精文城市家园小区业主。

2007年12月6日，上海市闸北区房屋土地管理局向上海市闸北区精文城市家园小区业主大会、被告精文业委会颁发了《业主大会、业主委员会备案证》，其中明确业委会负责人为姜宏章、许富琪、王耀宗。

2008年6月10日，被告精文业委会与精文物业签订《物业服务合同》，委托精文物业对小区实施物业服务与管理。合同期3年，自2008年6月10日至2011年6月9日止。之后，精文业委会与精文物业又就小区内公益收入的分配签订了《补充协议书》。

2008年4月5日、7月18日，精文物业对小区2005年8月至2007年12月、2008年上半年的公共收益账目制表并在小区公布。上述账目中显示1—23号业主外墙玻璃清洗费为人民币4.9万元。

2009年1月、7月，被告精文业委会与精文物业共同对小区2008年下半年及2009年上半年的公共收益账目进行公布。上述账目中显示清洗玻璃费用共计10万元（第一次4.9万元、第二次5.1万元）；2007年11月至2008年12月期间办公费、会议费、业委会值班津贴支出19023元；划入小区维修基金账户10万元；2009年上半年南区景观灯改造费用35050元以及办公费、电话费、会议费、培训费、业委会值班津贴支出7505.7元。

2009年7月14日，闸北区房地局就原告周修安的信访做出《信访答复》，称："精文物业以三级资质承接精文城市家园超出了其资质的承接范围。我局曾就精文物业超资质接盘的问题与业委会进行沟通，业委会表示小区刚完成物业选聘，重新选聘需花费大量人力物力，不利于小区建设，且大多数业主也认可精文物业的管理水平，为此业委会还专门提交报告，说明情况。我局对精文物业保留处罚的权力。"

由于被告精文业委会认为上述《信访答复》的内容与实际不符，遂向闸北区房地局提出投诉。2009年11月30日，芷江西房地办做出书面答复如下：一、关于"我局曾就精文物业超资质接盘的问题与业委会进行沟通"的提法，是指业委会与房办或我局各部门之间的各种形式的联系、咨询等，并非拘泥于专门派人当面沟通。二、关于"业委会专门提交报告"的提法，实际是我局根据贵委2008年9月2日针对有关投诉答复的一份材料，即"关于城上城有关情况的汇报"的部分摘录引用，而非"专门报告"。三、关于选聘物业，我局认定物业超资质接盘，保留对物业处罚权力，并未认定业委会责任，相反，肯定续聘是经业主大会表决通过的，是走过程序的。

2008年，被告精文业委会与上海银行闸北支行就小区维修基金签订存款合同，将维修基金存入该行。诉讼中，法院与该行取得联系，该行向法院表示：精文城市家园小区维修基金至今未有支出，维修基金的利息系由电脑操作平摊至每户业主名下，银行按期向每户业主寄发维修基金年度结存单。不存在银行给精文业委会回扣一事。

诉讼中，法院与精文物业取得联系，精文物业表示其确未向被告精文业委会提交过书面的工作报告，双方均是口头沟通。小区清洗玻璃、景观灯改造、广告费及停车费的费用清单和发票均由其负责保管，如法院认为应向原告夏浩鹏、杨建平、杨荣华、罗光亚、周修安提供，其愿意配合被告予以提供。由于小区公共收益尚未进入维修基金账户，故无按户分摊费用清单。

鉴于被告精文业委会当庭提交了原告夏浩鹏、杨建平、杨荣华、罗光亚、周修安要求的部分材料，原告自愿撤回第一、第二、第五、第七项诉讼请求。

以上事实，有原告夏浩鹏、杨建平、杨荣华、罗光亚、周修安提供的公共收益账目明细表、《信访答复》、业委会公告、《物业服务合同》、维修资金业主年度结存单、被告精文业委会提供的对"信访答复"的投诉、芷江西房地办的回复、《关于城上城小区续订物业服务合同的情况汇报》《物业服务合同》《补充协议书》、公共收益账目明细表、"续聘"的会议记录等证据证实，足以认定。

本案的争议焦点是：业主有权请求公布、查阅资料和情况的范围以及业委会应当如何公布上述资料和情况。

上海市闸北区人民法院一审认为：

根据最高人民法院《关于审理建筑物区分所有权纠纷案件具体应用法律若干问题的解释》的规定，业主有权请求公布、查阅维修基金的使用情况、业委会的决定及会议记录、物业服务合同、共有部分的收益情况以及其他应当向业主公开的情况和资料。根据《上海市商品住宅维修基金管理办法》（以下简称《维修基金管理办法》）的规定，业委会应将物业管理区域内收取的停车费、广告费等经营性收益及时存入维修基金账户。业委会每月应与开户银行核对维修基金账目，并按每半年一次向业主公布以下情况：维修基金交纳、使用和结存的金额；发生物业维修、更新的项目和费用及按户分摊情况；业委会活动经费在维修基金中列支的项目和费用及按户分摊情况；维修基金使用和管理的其他有关情况。维修基金公示的目的在于能充分反映出资金的使用情况和业主分摊情况，以便于业主及时进行监督。基于以上规定，被告精文业委会虽已公布四次公共收益账目，但不完整，维修基金的结存及按户分摊情况亦未能在其中全面体现。原告夏浩鹏、杨建平、杨荣华、罗光亚、周修安认为已公布的维修基金、公共收益账目不符合规定的理由成立，被告应按照《维修基金管理办法》第十九条的规定重新公布维修基金账目，以提高维修基金的透明度。至于上述账目在何处公布的问题，法院认为在该小区的公告栏内张贴既能够起到公示的作用又较为便利，原告要求精文业委会将所有账目张贴于各个门牌号码前的要求，不具备合理性和必要性，亦有违经济原则，法院难以支持。

关于原告夏浩鹏、杨建平、杨荣华、罗光亚、周修安第四项诉讼请求，根据《维修基金管理办法》中有关核对账目的规定，业主对公布的维修基金账目情况有异议的，可以要求业委会和物业公司提供有关的费用清单、发票原件和按户分摊费用清单进行核对。本案中，原告对于被告已公布账目中的停车费、广告费及清洗玻璃、景观灯改造、业委会值班津贴（19023元）的收支情况有异议，被告精文业委会有义务提供相应的发票、清单等以便原告进行查阅、核对及复印。如需精文物业协助的，被告应督促其予以配合。

关于原告夏浩鹏、杨建平、杨荣华、罗光亚、周修安第六项诉讼请求，鉴于原告上述权利的行使已足以保障原告对维修基金管理和使用的知情权，原告再行要求被告提供维修资金的会计账目缺乏法律依据，亦超出了业主知情权的合理范围，法院难以支持。

原告夏浩鹏、杨建平、杨荣华、罗光亚、周修安在诉讼中自愿撤回部分诉请，并无不妥，可予准许。

据此，上海市闸北区人民法院于2010年8月11日判决：

一、被告精文业委会应于本判决生效之日起三十日内重新公布2007年下半年至2009年上半年的维修资金和公共收益账目（按每半年一次），并将上述账目张贴于小区公告栏内；

二、被告精文业委会应于本判决生效之日起三十日内向原告周修安、夏浩鹏、杨建平、杨荣华、罗光亚出示上述账目中的停车费、广告费及清洗玻璃、景观灯改造、业委会值班津贴（19023元）的费用清单、发票原件和按户分摊费用清单（原告如需复印的，被告应予提供，复印费由原告自行承担）；

三、原告周修安、夏浩鹏、杨建平、杨荣华、罗光亚其余的诉讼请求，不予支持。

一审判决宣判后，双方当事人均未提出上诉，一审判决已经发生法律效力。

无锡市春江花园业主委员会诉上海陆家嘴物业
管理有限公司等物业管理纠纷案

《最高人民法院公报》2010 年第 05 期

【裁判摘要】

根据《中华人民共和国物权法》第七十二条的规定，业主对建筑物专有部分以外的共有部分，享有权利，承担义务。共有部分在物业服务企业物业管理（包括前期物业管理）期间所产生的收益，在没有特别约定的情况下，应属全体业主所有，并主要用于补充小区的专项维修资金。物业服务企业对共有部分进行经营管理的，可以享有一定比例的收益。

原告：江苏省无锡市春江花园业主委员会。

代表人：常本靖，该业主委员会主任。

被告：上海陆家嘴物业管理有限公司无锡分公司。

代表人：袁国栋，该公司经理。

被告：上海陆家嘴物业管理有限公司。

法定代表人：徐而进，该公司董事长。

原告江苏省无锡市春江花园业主委员会（以下简称业委会）因与被告上海陆家嘴物业管理有限公司无锡分公司（以下简称无锡分公司）、被告上海陆家嘴物业管理有限公司（以下简称物业公司）发生物业管理纠纷，向江苏省无锡市锡山区人民法院提起诉讼。

原告业委会诉称：2002 年 11 月 25 日，被告物业公司与无锡市春江花园住宅小区的开发商无锡聚江房地产开发有限责任公司（以下简称聚江公司）签订前期物业管理委托合同一份，约定聚江公司委托物业公司对春江花园进行物业管理，管理期限为 2002 年 11 月 25 日起至春江花园小区业委会成立时止。

合同成立后，物业公司安排被告无锡分公司具体对春江花园实施物业管理。2007 年 12 月 22 日，原告业委会依法成立。2008 年 6 月 21 日，业委会根据春江花园业主大会作出的业主自治决议，致函物业公司，明确不再与其签订物业管理合同，并要求物业公司及时办理移交。2008 年 7 月 17 日，物业公司即派员与业委会正式办理移交，并签订了移交清单一份，明确物业公司应向业委会移交的物业管理费等费用总额为 2327931.87 元，其中小区共有部分收益结算的期间为 2008 年 1 月至 6 月。业委会经审查物业公司移交的资料发现，无锡分公司在 2004 年至 2007 年间，收取了小区共有部分收入 5967370.31 元未列入移交。为维护全体业主的利益，遂诉至法院，要求物业公司和无锡分公司立即返还移交清单确认的 2327931.87 元中的 2273872.32 元（差额部分 54059.55 元为双方协议订立后业委会认可应返还给物业公司部分），及 2004 年至 2007 年共有部分收益的 70% 即 4177159.22 元，两项合计 6451031.54 元。

原告业委会提交了以下证据：

1. 原告业委会备案证明及无锡市物业管理区域内业主委员会备案回执各一份，用以证明业委会依法成立的事实。

2.2008 年 1 月 11 日原告业委会和被告无锡分公司的会议纪要一份，用以证明业委会与无锡分公司开会要求进行资料移交。

3.2008 年 6 月 23 日被告物业公司与原告业委会的会议纪要一份，用以证明双方协议商谈春江花园业主自治后双方的交接事宜。

4. 通知一份，用以证明原告业委会向被告物业公司发出通知，告知其春江花园业主大会决议实施业主自治，要求物业公司移交相关资料和结算相关工人工资和日常费用的事实。

5. 2008年6月29日的物资移交协议、2008年6月29日的资料移交协议、2008年6月30日无锡春江花园对外合同修正协议，用以证明原告业委会和被告物业公司协议商定进行相关物资和材料的移交。

6. 2008年6月29日，原告业委会和被告物业公司签订的无锡春江花园退盘人事关系处理协议，用以证明双方对相关人员进行安置的事实。

7. 2008年7月17日"关于无锡春江花园退盘移交协议"一份，用以证明被告物业公司同意于2008年6月23日退出对春江花园的物业管理，进行有关资料的移交。

8. 2008年7月17日"物业公司春江花园一期、二期结算款项移交清单"一份。证明双方就2008年间被告物业公司应移交给原告业委会的财物达成协议的事实。

9. 2008年7月21日原告业委会致被告物业公司的书函。证明业委会要求物业公司确认其经办人于2008年6月23日至2008年7月17日期间，与业委会签订的一系列协议的事实。

10. 2008年7月29日被告物业公司对原告业委会的回函，用以证明物业公司对双方签订的人事关系处理、资料移交、对外合同签订、物资移交四个方面的协议无异议，并要求在费用结算上双方应继续协商的事实。佐证2008年7月17日的移交清单并不是双方对所有事项的全部了结。

11. 2005年至2007年被告无锡分公司制作的当年的收支情况表，以及2004年部分收退费日报表等，用以证明被告物业公司2004年至2007年的共有部分收入共计5967370.31元应当移交。

被告物业公司、无锡分公司辩称：2002年11月25日，物业公司与聚江公司协商签订前期物业管理合同，并由无锡分公司具体实施对春江花园的物业管理属实。在原告业委会成立后，双方已陆续办理了资料等的移交，并通过结算，于2008年7月17日订立移交清单，该清单明确截止到2008年6月30日，物业公司应结算给业委会的款项总额为2327931.87元。这是双方对实施前期物业管理期间的总结算，是对应当移交给业委会所有资料和财产的一揽子处理方案。移交清单第十条也明确："双方约定，在各自管理期限内的应由各自承担的收入、支出由各自承担。"依据该约定可以看出，双方之间已经全部解决了所有争议，故现业委会的诉讼请求，超出了双方协议的范围，其超出部分的诉讼主张，不应得到法院的支持。根据协议，物业公司、无锡分公司应当移交给业委会的款项总额为2327931.87元，扣除业委会诉讼请求中已认可给物业公司的54059.55元，现已实际支付了1857995.72元，故尚需移交业委会415876.6元。对该部分款项，同意及时移交。

退一步讲，即使移交清单未包括2004年至2007年的共有部分收益，原告业委会的诉讼请求也无事实和法律依据，应予驳回。主要理由是：根据相关法规和地方性规章，该共有部分的收入应首先去除成本计算出收益，对该收益应当首先弥补物业公司的管理成本，超出部分还应当保证物业公司8%的利润，在此之后如还存余额的，才能按照一定的比例由物业管理企业和业主共享。就本案而言，物业公司和无锡分公司对春江花园的管理，本来就是微利，根本达不到8%的利润额，故对2004至2007年春江花园业主共有部分管理所得，在按照上述方法计算后，已经不存在可分配利润。此外，因小区部分业主尚结欠2008年6月30日之前的物业管理费131万元，而业委会系全体业主的代表，故要求对该部分欠款行使抵销权，从物业公司应向业委会移交的款项中扣除。

被告物业公司、无锡分公司提交了以下证据：

1. 2002 年 11 月 25 日，被告物业公司与聚江公司签订的春江花园前期物业管理委托合同一份，用以证明物业公司取得对春江花园实施前期物业管理资格。

2. 建设银行电子转账凭证一份，用以证明双方在 2008 年 7 月 17 日签订"物业公司春江花园一期、二期结算款项移交清单"后，被告物业公司已经履行 557995.72 元付款义务的事实。

3. 2006 年 7 月至 2008 年 6 月"春江花园管理处经营情况表"，用以证明被告物业公司在春江花园的物业管理经营为微利经营，仅取得 63539.46 元的利润，原告业委会的主张没有根据。

无锡市锡山区人民法院一审查明：

2002 年 11 月 25 日，被告物业公司与开发商聚江公司协商签订春江花园前期物业管理合同一份，约定由物业公司对聚江公司开发的春江花园住宅小区实施前期物业管理，管理范围为春江花园一、二、三期，占地面积为 32.3 万平方米，建筑面积为 60 万平方米；约定管理期间，物业公司按照物价局批准的标准，按建筑面积向业主和物业使用人收取物业管理服务费；对物业范围内的商铺、地下停车库、会所的物业成本不计入向业主所收取的物业费用中，须单列。合同约定的管理期限为 2002 年 11 月 25 日（即合同签订日）起至业委会成立时止。合同还约定有其他相关事项。合同成立后，物业公司指派其下属分支机构被告无锡分公司具体实施春江花园的前期物业管理。

2007 年 12 月 22 日，原告春江花园业委会成立。业委会成立后，于 2008 年 1 月 2 日在无锡市锡山区东亭街道办理了登记备案手续。2008 年 6 月 21 日，业委会根据业主大会作出的实施业主自治的决议，致函被告物业公司明确与其终止物业管理服务合同，同时要求物业公司在接函后 15 天内，向业委会移交相关资料和财产，并交接完毕。物业公司接函后即派其副总经理朱继丰，于 2008 年 7 月 17 日与业委会主任常本靖协商，并达成了移交协议性质的"移交清单"一份。该协议确认：物业公司截至 2008 年 6 月 30 日，应当返还业委会预收的 2008 年 7 月 1 日后的物业管理费、保管的业主各类押金、2008 年 1 月至 6 月的小区共有部分收益等合计 2327931.87 元。其中 1890931.87 元于 2008 年 7 月 31 日前全部付清，另 437000 元于 2009 年 4 月 30 日前付清。协议第十条还约定，"双方约定，在各自管理期限内的应由各自承担的收入、支出由各自承担"。该协议附有双方确认的"结算项目表"和"支付协议"各一份。其中"结算项目表"记载 2008 年收取的春江花园小区共有部分停车费为 629035 元，2007 年预收 2008 年共有部分停车费 160180 元。该部分停车费的 70％归业委会管理，由物业公司将此款移交给业委会。

本案在审理中，被告物业公司于 2008 年 8 月 26 日主动履行了 557995.72 元的付款义务。后经原告业委会申请，法院裁定先予执行了物业公司的银行存款 130 万元，合计物业公司实际支付了 185799532 元。

另查明：根据被告无锡分公司进行前期物业管理期间的财务报表显示：无锡分公司对春江花园业主共有部分物业实施管理的收入包括场地租赁费、停车管理费、会所收入三项，具体为：2005 年度 1415112.82 元，2006 年度 1808004.50 元，2007 年度 2144933 元，共有部分物业管理的支出为 2005 年度 298155.95 元，2006 年度 497204.12 元，2007 年度 430131.07 元，收入和支出的差额为 4142559.18 元。上述支出项目中，包括物业服务支出、停车管理费用、会所支出（包括泳池支出、维修支出、其他支出）、其他业务税金（包括营业税、城建税、教育费附加、物价调解基金、粮食风险基金、防洪保安基金）等。双方对财务报表确认的上述事实均无异议。

上述事实，有原告业委会和被告物业公司、无锡分公司所供证据材料，以及本案开庭笔录等在卷佐证，足以认定。

本案一审的争议焦点是：一、2008 年 7 月 17 日双方移交协议是否已包含了所有结算事项，特别是否包含 2004 年至 2007 年业主共有部分的共有部分收益；二、2004 年至 2007 年业主共有部分收益的界定和分配问题；三、被告物业公司能否对部分业主结欠的物业管理费行使抵销权。

无锡市锡山区人民法院一审认为：

关于争议焦点一，移交协议所体现的内容。法院认为，2008 年 7 月 17 日的移交协议系双方真实意思的表示，该协议对被告物业公司 2008 年度实施管理期间应当返还给原告业委会的款项以及在整个前期物业管理期间代管的业主押金等事项和交付时间均作出了详细的规定。根据该协议记载，物业公司应当返还业委会的款项为 2327931.87 元。但值得注意的是，该协议对 2004 年至 2007 年间，物业公司、被告无锡分公司实施业主共有部分物业管理的收益没有具体记载，而该部分收益依据无锡分公司的财务报表数目相当巨大。物业公司、无锡分公司在本案审理中将该协议第十条"双方约定，在各自管理期限内的应由各自承担的收入、支出由各自承担"解释为：通过签订该条款，双方就移交内容作出了一揽子解决，已经不存有其他纠葛，即使还有纠纷，双方也应各自承受，而不应向对方主张。而业委会则认为，该条款仅表明就清单列明的移交内容不再存在纠葛，并不表明其已经放弃了共有部分收益的分配请求权。法院认为，双方的移交协议，明确移交的是 2008 年 1—6 月的共有部分收益，而协议第十条内容，也无法理解为业委会对 2008 年前春江花园业主共有部分收益作出放弃的意思表示。故该协议应为一个不完全的移交协议，其没有将 2004 年至 2007 年共有部分收益纳入其中。且依据无锡分公司的报表记载，2004 年至 2007 年共有部分收益数目

巨大，业委会作为代表全体业主行使权利的组织，其权限来自于业主大会的授权，在无全体业主授权的情形下，其不能以自己的意志对业主的重大权利作出放弃，即使作出放弃的意思表示，该行为也为无效民事行为。据此，法院认为，2004 年至 2007 年共有部分物业的收益，在上述移交协议中没有得到体现，该部分收益应当在物管企业和全体业主之间依法分配。

关于争议焦点二，2004 年至 2007 年业主共有部分收益的界定和分配问题。法院认为，本案中所谓共有部分的物业管理收益应为共有部分收入与成本支出的差额，双方在本案审理中已经达成一致，即 2004 年至 2007 年春江花园小区业主共有部分的收入和支出以被告无锡分公司的报表为准。该双方的民事行为不违反法律法规的禁止性规定，法院予以确认。经法院审查该部分报表，2005 年至 2007 年小区业主共有部分的总收入为 5368050.32 元，其间的总支出为 1225491.14 元，故总收益为 4142559.18 元。原告业委会主张的 2004 年的收益，因其提供的报表对该收益无法判断，双方对该年度共有部分的收益也无法统一，业委会作为主张权利方对此负有举证义务，应当对其举证不能承担不利后果。故因证据不足，法院对业委会主张的 2004 年度收益分配的诉讼请求不予支持。

关于收益的分配，法院认为，本案中争讼收益之产生，一方面得益于被告物业公司、无锡分公司的管理行为，另一方面也应注意到物管企业管理的物业属于全体业主共有。共有人对共有物享有收益权，这是一项法定权利。对该部分的收益分配，全体业主和物管企业可以通过合同约定进行分配，在没有约定的情形下，应当依法分配。本案中双方对该部分收益的分配没有合同根据，故应当按照法律规定进行分配。由于我国法律对此没有具体规定，故法院认为应当在不违反法律原则的前提下，公平合理分配共有部分物业的管理收益。物业管理有其特殊性，物管

企业在实施物业管理期间其服务的对象为小区业主，而其对共有部分进行管理时业主并不给予报酬。如物管企业付出管理成本后不能获得经济回报，这对物管企业是不公平的。同时，小区共有部分作为小区全体业主的共有物，全体业主才是该物的所有权人，如果在收益分配上排除业主的权利，显而易见，这有悖法律原则。据此，在存有小区共有部分管理收益的情形下，该收益应主要归属于全体业主享有，同时物管企业付出了管理成本，也应享有合理的回报。综上，根据公平原则的要求，并参照《江苏省物业管理条例》第三十三条"经批准设置的经营性设施的收益，在扣除物业管理企业代办费用后，应当将收益的 30% 用于补贴物业管理公共服务费，收益的 70% 纳入维修基金，但合同另有约定的除外"的精神。同时考虑到原被告双方自行协商确定的 2008 年上半年共有部分收益的分配方案，即业主得七成，物管企业得三成。法院认为本案对共有部分收益分配的比例，确定为原告业委会得 70%、物业公司得 30% 较为合理。据此，业委会代表春江花园全体业主对 4142559.18 元的收益享有其中的 2899791.43 元。值得注意的是，该部分款项，业委会不具有自行处置的权利，依据相关法律法规，该款应用作小区的维修基金，业委会作为执行机构，使用该款应按照业主的意志和法律的规定行使。关于物业公司提出的对上述收益应当首先弥补物管企业管理费用开支，多余部分还应满足物管企业 8% 的利润，余额再行分配的意见，因缺乏法律依据和双方合意，法院不予采纳。

关于争议焦点三，被告物业公司能否对部分业主结欠的物业管理费行使抵销权的问题。物业公司提出有部分业主尚结欠 2008 年 6 月 30 日以前的物业管理费 131 万元，并未提交充分证据予以证明，更重要的是，《中华人民共和国合同法》第九十九条规定："当事人互负到期债务，该债务的标的物种类、品质相同的，任何一方可以将自己的债务与对方的债务抵销，但依照法律规定或者按照合同性质不得抵销的除外。"根据该规定，要进行债务抵销，当事人之间应当互负债务，互享债权。本案中诉讼的双方当事人为原告业委会和物业公司、被告无锡分公司，而结欠物业管理费的为部分业主，为单个的主体。业委会系代表小区全体业主提起诉讼，虽然包括了该部分欠费业主，但两者有本质的区别。因此，双方债权债务主体不同，不符合法定抵销的规定，因此，对物业公司行使抵销权的主张不予支持。

综上所述，被告物业公司应当将移交清单确认的款项（扣除 54059.55 元）和 2005 年至 2007 年间小区共有部分收益的 70% 返还给原告业委会，即双方确认的 2273872.32 元，以及应当返还给业主的共有部分收益 2899791.43 元，合计 5173663.75 元。鉴于物业公司已经履行了 1857995.72 元，其仍应返还给业委会 3315668.03 元。因被告无锡分公司系物业公司下属不具有法人资格的分支机构，其合法成立并有一定的组织机构和财产，也具体实施了物业管理行为，故其应与物业公司共同承担上述返还之责。据此，无锡市锡山区人民法院依照《中华人民共和国物权法》第七十条、第七十三条、第七十四条第三款、第七十九条，国务院《物业管理条例》第五十四条第二款、第五十五条，参照适用《江苏省物业管理条例》第三十三条的规定，于 2009 年 6 月 12 日判决如下：

一、被告物业公司、无锡分公司共同于本判决生效后三日内返还原告业委会 3315668.03 元。

二、驳回原告业委会的其他诉讼请求。

一审宣判后，双方当事人在法定期限内均未提出上诉，判决已经发生法律效力。

青岛中南物业管理有限公司南京分公司诉徐献太、陆素侠物业管理合同纠纷案

《最高人民法院公报》2007 年第 09 期

【裁判摘要】

一、业主与所在小区的物业管理公司签订物业管理服务协议后，即与物业管理公司之间建立了物业管理服务合同关系。物业管理公司作为提供物业管理服务的合同一方当事人，有义务依约进行物业管理，要求业主遵守业主公约及小区物业管理规定，有权对于违反业主公约及物业管理规定的行为加以纠正，以维护小区正常的物业管理秩序，维护小区全体业主的共同利益。当业主不按照整改要求纠正违反业主公约和物业管理规定的行为时，物业管理公司作为合同一方当事人，有权依法提起诉讼。

二、对于与业主所购房屋毗邻庭院绿地的权属问题，不能仅仅依据房地产开发商的售楼人员曾向业主口头承诺"买一楼房屋送花园"，以及该庭院绿地实际为业主占有、使用的事实，即认定业主对该庭院绿地享有独占使用权。该庭院绿地作为不动产，其使用权的归属必须根据房屋买卖双方正式签订的商品房买卖协议及物权登记情况加以确定。

三、业主不得违反业主公约及物业管理规定，基于个人利益擅自破坏、改造与其房屋毗邻的庭院绿地。即使业主对于该庭院绿地具有独占使用权，如果该庭院绿地属于小区绿地的组成部分，业主在使用该庭院绿地时亦应遵守业主公约、物业管理规定关于小区绿地的管理规定，不得擅自破坏该庭院绿地，损害小区其他业主的合法权益。

原告：青岛中南物业管理有限公司南京分公司，住所地：南京市江宁区汤山街道悦民路南开城路西。

代表人：陈兴无，该分公司经理。

被告：徐献太，男，52 岁，住南京市江宁区汤山街道悦民路开城路 188 号麒麟锦城。

被告：陆素侠，女，39 岁，住址同徐献太。

原告青岛中南物业管理有限公司南京分公司（以下简称中南物业南京公司）因与被告徐献太、陆素侠发生物业管理合同纠纷，向江苏省南京市江宁区人民法院提起诉讼。

原告中南物业南京公司诉称：2005 年 3 月 10 日，被告徐献太、陆素侠购买了由原告管理的麒麟锦城小区房屋一套，同年 10 月 1 日办理了房屋交付手续。同年 12 月，二被告对该房屋进行装修，并擅自将该房屋南阳台外的公共绿地破坏，改建为水泥地坪和鱼池。二被告的上述行为已严重违反了《中南麒麟锦城业主公约》和《中南麒麟锦城物业管理服务协议》的相关规定，侵犯了小区其他业主的合法权益。请求判令二被告拆除违法改建的水泥地坪和鱼池，恢复为原有的绿地。

被告徐献太、陆素侠辩称：1. 原告中南物业南京公司无权作为本案原告起诉；2. 开发建设麒麟锦城小区的南京常锦房地产开发有限公司（以下简称常锦公司）在销售房屋时向被告方承诺买一楼送花园，被告方所购房屋南阳台外的庭院即为常锦公司所送，故被告方对南阳台外的庭院绿地具有使用权，其改造该庭院绿地的行为他人无权干涉；3. 被告方改造庭院绿地时中南物业南京公司的管理人员是知晓的，但并未阻止被告方的改

建行为，说明中南物业南京公司同意被告方改造。故被告方不同意将该庭院绿地恢复原状，请求法院判决驳回中南物业南京公司的诉讼请求。

南京市江宁区人民法院一审查明：

2005 年 3 月 10 日，被告徐献太、陆素侠与常锦公司签订《商品房买卖契约》1 份，约定徐献太、陆素侠购买常锦公司开发的麒麟锦城小区房屋 1 套，总价款为 323470 元。合同签订后，徐献太、陆素侠一次性付清了房款。

原告中南物业南京公司受常锦公司委托对麒麟锦城小区进行前期物业管理。2005 年 10 月 1 日，被告徐献太、陆素侠办理了房屋交付手续。当日，徐献太、陆素侠签署了《中南麒麟锦城业主公约》，并与中南物业南京公司签订《中南麒麟锦城物业管理服务协议》。《中南麒麟锦城业主公约》第三章第二条第 5 项规定，业主应当遵守政府有关部门关于房屋使用及装修的规定，不得擅自改变使用房屋及公共设施的用途、外观、结构。该条第 8 项规定，业主应当自觉维护区域内的公共秩序和环境卫生，不得私搭乱建、乱停放车辆、随意占用绿地或破坏绿地、污染环境及制造噪音扰民。《中南麒麟锦城业主公约》第五章第二条第 6 项规定，物业管理服务的内容包括庭院绿地及其他设施的养护管理。《中南麒麟锦城业主公约》第六章第二条第 3 项规定，业主不得在天井、庭院、平台、房顶、绿地、道路或其他公用部位、场地搭建建筑物、构筑物。该条第 4 项规定，业主不得侵占或损害道路、绿地、花卉树木、艺术景观和文娱、体育及休闲设施。《中南麒麟锦城物业管理服务协议》第二条第 9 项约定，中南物业南京公司向业主提供的物业管理服务内容包括对公共绿地、花木、建筑小品的养护与管理。

被告徐献太、陆素侠所购麒麟锦城小区的房屋南阳台外有一庭院绿地，该庭院绿地周边有高 50 厘米左右的木栅栏围挡，常锦公司建设该房屋时在南阳台上预留了出入门。徐献太、陆素侠与常锦公司签订的购房合同中并未就该庭院绿地的使用权归属问题作出明确约定。徐献太、陆素侠亦尚未领取房屋所有权证及国有土地使用权证。2005 年 12 月，徐献太、陆素侠在对所购麒麟锦城小区房屋进行装修时，将该房屋南阳台外的庭院绿地进行了改造，破坏原有绿地后在庭院里铺设水泥地、砌花台、建鱼池。为此，原告中南物业南京公司分别于 2005 年 11 月 1 日、2006 年 3 月 21 日向徐献太、陆素侠发出整改通知，要求徐献太、陆素侠停止对该庭院绿地的改建，恢复原状。徐献太两次签收了中南物业南京公司出具的整改通知单。因徐献太、陆素侠未按物业管理要求加以整改，2006 年 11 月，中南物业南京公司就本案纠纷向法院提起诉讼。

一审期间，被告徐献太、陆素侠申请证人出庭作证，以证明其在常锦公司售楼处购房时，售楼人员曾口头承诺买一楼送花园。徐献太并提出其仅签收过一次中南物业南京公司出具的整改通知，而且在签收时并未查阅整改通知的具体内容。

上述事实，有被告徐献太、陆素侠与常锦公司签订的商品房买卖契约、《中南麒麟锦城业主公约》《中南麒麟锦城物业管理服务协议》、现场勘验照片、原告中南物业南京公司出具并经徐献太签收的整改通知单、证人证言及双方当事人的陈述等证据证实，足以认定。

本案的争议焦点是：一、原告中南物业南京公司是否本案适格诉讼主体，能否作为原告提起本案诉讼；二、被告徐献太、陆素侠对所购麒麟锦城小区的房屋南阳台外的庭院绿地是否具有独占使用权；三、被告徐献太、陆素侠是否有权对上述庭院绿地实施改建。

南京市江宁区人民法院一审认为：

一、原告中南物业南京公司是本案适格诉讼主体，有权提起本案诉讼。

根据本案事实，原告中南物业南京公司受常锦公司委托对麒麟锦城小区进行前期物业管理。被告徐献太、陆素侠购买麒麟锦城小区房屋后，于 2005 年 10 月 1 日办理了房屋交付手续，并于当日签署了《中南麒麟锦城业主公约》，并与中南物业南京公司签订了《中南麒麟锦城物业管理服务协议》。因此，徐献太、陆素侠与中南物业南京公司之间建立了物业管理服务合同关系。中南物业南京公司作为提供物业管理服务的合同一方当事人，有义务依约进行物业管理，要求业主遵守业主公约及小区物业管理规定，有权对于违反业主公约及物业管理规定的行为加以纠正，以维护小区正常的物业管理秩序，维护小区全体业主的共同利益。当业主不按照整改要求纠正违反业主公约和物业管理规定的行为时，中南物业南京公司作为合同一方当事人，有权依法提起诉讼。

二、根据本案事实，不能认定被告徐献太、陆素侠对所购麒麟锦城小区的房屋南阳台外的庭院绿地享有独占使用权。

被告徐献太、陆素侠主张常锦公司的售楼人员曾口头承诺买一楼送花园，并有证人证实常锦公司的售楼人员确实做出过上述口头承诺。根据现场勘查情况，徐献太、陆素侠所购麒麟锦城小区房屋的南阳台外的庭院绿地设有栅栏围挡，常锦公司建设该房屋时在南阳台上预留了出入门。据此，徐献太、陆素侠一家可以进入该庭院绿地，而小区其他业主则不能进入，即从该庭院绿地的建造设计情况看，似乎该庭院绿地仅供徐献太、陆素侠一家使用。但是，根据上述事实，尚不能认定徐献太、陆素侠对所购麒麟锦城小区房屋南阳台外的庭院绿地享有独占使用权。该庭院绿地作为不动产，其使用权的归属不能仅仅依据现实占有、使用的情况进行判断，必须根据房屋买卖双方的协议内容及物权登记情况加以确定。

首先，即使常锦公司的售楼人员曾向被告徐献太、陆素侠口头承诺买一楼送花园，

但在常锦公司与徐献太、陆素侠正式签订的商品房买卖契约中，并未对徐献太、陆素侠所购麒麟锦城小区房屋南阳台外的庭院绿地的使用权作出明确约定。常锦公司的售楼人员做出口头承诺在先，徐献太、陆素侠签订商品房买卖契约在后，且商品房买卖契约系书面合同，故房屋买卖双方关于该庭院绿地使用权归属问题的约定，应当依据常锦公司与徐献太、陆素侠正式签订的商品房买卖契约的内容加以确定，而根据该商品房买卖契约，不能认定徐献太、陆素侠在购买麒麟锦城小区房屋的同时取得了该房屋南阳台外庭院绿地的使用权。

其次，如果被告徐献太、陆素侠对其所购麒麟锦城小区房屋南阳台外的庭院绿地具有独占使用权，则该项事实应当在房屋所有权证、国有土地使用权证书中加以明确记载。鉴于徐献太、陆素侠尚未领取房屋所有权证及国有土地使用权证，不能以物权证书证明其对该庭院绿地享有独占使用权，因此，徐献太、陆素侠关于其对该庭院绿地享有独占使用权的主张，缺乏事实根据。

综上，根据本案事实，只能认定被告徐献太、陆素侠对其所购麒麟锦城小区房屋南阳台外的庭院绿地享有一般使用权，不能认定徐献太、陆素侠对该庭院绿地享有独占使用权。

三、被告徐献太、陆素侠无权擅自对所购麒麟锦城小区房屋南阳台外的庭院绿地实施改建。

首先，鉴于不能认定被告徐献太、陆素侠对其所购麒麟锦城小区房屋南阳台外的庭院绿地享有独占使用权，徐献太、陆素侠关于他人无权干涉其改建该庭院绿地的抗辩主张不能成立。

其次，根据本案事实，原告中南物业南京公司在发现被告徐献太、陆素侠对所购麒麟锦城小区房屋南阳台外的庭院绿地实施改建后，分别于 2005 年 11 月 1 日、2006 年 3 月 21 日向徐献太、陆素侠发出整改通知，要

求徐献太、陆素侠停止对该庭院绿地的改建，恢复原状。徐献太两次签收了中南物业南京公司出具的整改通知单。庭审中，徐献太虽然主张其仅签收过一次中南物业南京公司出具的整改通知单，而且在签收时并未查阅整改通知单的具体内容，但未能举证加以证明，且其关于未查阅整改通知单的具体内容即予以签收的主张有悖常理，故不予支持。根据中南物业南京公司向徐献太、陆素侠两次送达整改通知，在徐献太、陆素侠拒不整改后即向法院起诉的行为，可以认定中南物业南京公司不同意徐献太、陆素侠改建庭院绿地的行为，徐献太、陆素侠系擅自改建庭院绿地，其关于中南物业南京公司明知其改造庭院绿地而未予阻止，应当视为同意改造的抗辩主张不能成立。

第三，被告徐献太、陆素侠签署的《中南麒麟锦城业主公约》及其与原告中南物业南京公司签订的《中南麒麟锦城物业管理服务协议》，系其真实意思表示，且不违反法律、行政法规的强制性规定，应认定为合法有效。故《中南麒麟锦城业主公约》《中南麒麟锦城物业管理服务协议》均对徐献太、陆素侠具有约束力，二被告应当依据《中南麒麟锦城业主公约》《中南麒麟锦城物业管理服务协议》履行相应义务。根据《中南麒麟锦城业主公约》《中南麒麟锦城物业管理服务协

议》的规定，徐献太、陆素侠不能破坏其所购麒麟锦城小区房屋南阳台外的庭院绿地，不能擅自对该庭院绿地进行改造。退一步讲，即使徐献太、陆素侠对于该庭院绿地具有独占使用权，鉴于该庭院绿地属于小区绿地的组成部分，根据物权的公益性原则，徐献太、陆素侠在使用该庭院绿地时亦应遵守《中南麒麟锦城业主公约》《中南麒麟锦城物业管理服务协议》关于小区绿地的管理规定，不得擅自破坏该庭院绿地，损害小区其他业主的合法权益。因此，徐献太、陆素侠擅自改造该庭院绿地的行为已违反了《中南麒麟锦城业主公约》《中南麒麟锦城物业管理服务协议》的规定，中南物业南京公司要求徐献太、陆素侠停止对该庭院绿地的改建，拆除水泥地、鱼池、花台，恢复该庭院绿地原状的诉讼请求，应予支持。

据此，南京市江宁区人民法院依照《中华人民共和国民法通则》第一百零六条第一款、第一百一十一条之规定，于2006年11月30日判决：

被告徐献太、陆素侠于本判决发生法律效力之日起60日内拆除在其所购麒麟锦城小区房屋南阳台外庭院绿地内改建的水泥地、鱼池、花台，恢复该庭院绿地原状。

一审宣判后，双方当事人在法定期间内均未提出上诉，一审判决已经发生法律效力。